Handbuch Europarecht

Walter Frenz

Handbuch Europarecht

Band 4/II Europäische Grundrechte: Wirtschaftsgrundrechte, Gleichheits-, soziale und Bürgerrechte

2. Auflage

Walter Frenz
RWTH Aachen University
Aachen, Deutschland

ISBN 978-3-662-68578-5   ISBN 978-3-662-68579-2 (eBook)
https://doi.org/10.1007/978-3-662-68579-2

Die Deutsche Nationalbibliothek verzeichnet diese Publikation in der Deutschen Nationalbibliografie; detaillierte bibliografische Daten sind im Internet über https://portal.dnb.de abrufbar.

© Der/die Herausgeber bzw. der/die Autor(en), exklusiv lizenziert an Springer-Verlag GmbH, DE, ein Teil von Springer Nature 2024
Das Werk einschließlich aller seiner Teile ist urheberrechtlich geschützt. Jede Verwertung, die nicht ausdrücklich vom Urheberrechtsgesetz zugelassen ist, bedarf der vorherigen Zustimmung des Verlags. Das gilt insbesondere für Vervielfältigungen, Bearbeitungen, Übersetzungen, Mikroverfilmungen und die Einspeicherung und Verarbeitung in elektronischen Systemen.
Die Wiedergabe von allgemein beschreibenden Bezeichnungen, Marken, Unternehmensnamen etc. in diesem Werk bedeutet nicht, dass diese frei durch jedermann benutzt werden dürfen. Die Berechtigung zur Benutzung unterliegt, auch ohne gesonderten Hinweis hierzu, den Regeln des Markenrechts. Die Rechte des jeweiligen Zeicheninhabers sind zu beachten.
Der Verlag, die Autoren und die Herausgeber gehen davon aus, dass die Angaben und Informationen in diesem Werk zum Zeitpunkt der Veröffentlichung vollständig und korrekt sind. Weder der Verlag noch die Autoren oder die Herausgeber übernehmen, ausdrücklich oder implizit, Gewähr für den Inhalt des Werkes, etwaige Fehler oder Äußerungen. Der Verlag bleibt im Hinblick auf geografische Zuordnungen und Gebietsbezeichnungen in veröffentlichten Karten und Institutionsadressen neutral.

Planung/Lektorat: Brigitte Reschke
Springer ist ein Imprint der eingetragenen Gesellschaft Springer-Verlag GmbH, DE und ist ein Teil von Springer Nature.
Die Anschrift der Gesellschaft ist: Heidelberger Platz 3, 14197 Berlin, Germany

Das Papier dieses Produkts ist recycelbar.

*Meiner Mutter Anne Frenz
1940–2023*

Vorwort Teilband II

Die Dogmatik und die aktuellen Problemlagen der EU-Grundrechte haben sich derart stark fortentwickelt, dass nunmehr Band 4 des Handbuchs Europarecht in zwei Teilbänden vorgelegt wird. Diese Fortentwicklung betrifft vor allem die Wirtschaftsgrundrechte, in denen der EuGH die bisherige grobmaschige Kontrolle verlassen und durch eine einzelfallbezogene, differenzierte Verhältnismäßigkeitsprüfung ausgewechselt hat. Daraus ergeben sich bedeutende Rückwirkungen für den Klimaschutz: Wird er etwa durch veränderte Produktionsmethoden oder anspruchsvollere Gebäude- und Heizungsstandards umgesetzt, geht es um den Schutz der Betroffenen vor allem durch die Wirtschaftsgrundrechte, zu denen auch der Schutz des privaten Eigentums gehört.

Umgekehrt wird das Wirtschaftswachstum nach der EU-Kommission maßgeblich durch den Klimaschutz geprägt und so zum nachhaltigen Wirtschaftswachstum entsprechend SDG 8 und auch 9 der UN-Agenda 2030. Insoweit werden zahlreiche Interessengegensätze und Konflikte auftreten, die nach spezifisch europäischen Parametern zu lösen sind, welche teilweise von der Konzeption des BVerfG-Klimabeschlusses abweichen und intensiveren Schutz versprechen.

Damit ist das europäische Recht der Wirtschaft ohne die Grundrechte unvollständig. Spezifisch Band 4/II des Handbuchs Europarecht komplettiert daher die ebenfalls bereits in 2. Auflage publizierten Bände 1–3, welche die traditionellen wirtschaftlichen Freiheiten behandeln, nämlich die Grundfreiheiten und die Wettbewerbsfreiheit einschließlich des Beihilferechts. Das Vergaberecht ist gesondert erschienen (Vergaberecht EU und national, 2018).

Schon diese Beispiele lassen eine weitere hohe Konjunktur der hier behandelten Grundrechte für die Zukunft erwarten. Erhebliche Stärkungen hat etwa die unternehmerische Freiheit erfahren, bei den Gleichheitsrechten geht es immer noch um die Herstellung der Geschlechter-Gleichheit (SDG 5) sowie um die Reichweite der Verpflichtung von Unternehmen (Urteil *Egenberger*).

Vom Typ her gänzlich neu in der europäischen Grundrechtsdogmatik sind die sozialen und solidaritätsbezogenen Grundrechte (z. B. der Umweltschutz und die Gewährleistung des Zugangs zu Einrichtungen der Daseinsvorsorge). Sie bilden vielfach lediglich Grundsätze und sind damit nur Maßstäbe, indes keine konkreten Einzelrechte. Daraus ergaben und ergeben sich aber wichtige Konsequenzen für die europäischen Einzelmaßnahmen, so für die Corona-Bekämpfung und für den Klimaschutz. Diese Erwartung aus dem Vorwort zur 1. Auflage kann nur nochmals unterstrichen werden.

Diverse Fortentwicklungen erfolgten auch im Bereich der Bürgerrechte. Dies betrifft die justiziellen Grundrechte, aber auch das Wahlrecht: Eine Sperrklausel zu den Europawahlen geht nunmehr von der EU-Ebene aus.

Für ihre zuverlässige Unterstützung bei der Materialsichtung und -sammlung danke ich sehr herzlich meinen wissenschaftlichen Mitarbeiterinnen und Mitarbeitern Lorenna Aleixo de Carvalho, Dr. phil. Kristina Fischer, Michael Quandt und Dr. jur. Julian Rahe. Meiner Sekretärin Desiree Dietrich gilt mein großer Dank für die Eingabe der zahlreichen Änderungen und Ergänzungen sowie für die umfangreichen Formatierungsarbeiten, ebenso den studentischen Hilfskräften Lisa Frohreich, Eva Herdegen, Luisa Bettin und Joana Jung.

Frau Dr. jur. Brigitte Reschke vom Springer-Verlag ermöglichte mit ihrer Flexibilität, dass dieser Band noch um aktuelle Entwicklungen ergänzt werden konnte. Bearbeitungsstand ist, soweit möglich, Ende 2023. Über Rückmeldungen, auch zu den anderen Bänden, freue ich mich sehr. Ich erbitte sie an:

Univ-Prof. Dr. jur. Walter Frenz
RWTH Aachen University
Wüllnerstr. 2
52062 Aachen
T: (0241) 80-95691
e-mail: frenz@bur.rwth-aachen.de

Aachen, Deutschland   Walter Frenz
2. März 2024

Inhaltsverzeichnis

Teil I	**Wirtschaftsbezogene Grundrechte**	1
Kapitel 1 Wirtschaftsgrundrechte		3
§ 1 Berufsfreiheit		3
	A. Grundlagen	3
	B. Stellung und Abgrenzung	7
	C. Beruf	14
	D. Berechtigte und Verpflichtete	18
	E. Gewährleistungsebenen: Umfasste Betätigungen	26
	F. Beeinträchtigung	43
	G. Rechtfertigung	47
	H. Prüfungsschema zu Art. 15 EGRC	63
§ 2 Unternehmerische Freiheit		64
	A. Grundlagen	64
	B. Schutzbereichsbezogene Konzeption des Art. 16 EGRC	67
	C. Persönlicher Schutzbereich	70
	D. Sachlicher Schutzbereich	72
	E. Beeinträchtigungen und ihre Rechtfertigung	88
	F. Wesensgehaltsgarantie	99
	G. Schutzpflichten	100
	H. Prüfungsschema zu Art. 16 EGRC	101
§ 3 Eigentumsfreiheit		102
	A. Verschiedene Grundlagen	102
	B. Berechtigte	112
	C. Eigentum	116
	D. Eigentumsentzug	142
	E. Nutzungsregelungen	165
	F. Sonstige Eingriffe	181

G. Wesensgehaltsgarantie 183
H. Schutzpflichten 185
J. Prüfungsschema zu Art. 17 EGRC 186
§ 4 Vertrauensschutz und Rechtssicherheit 187
A. Bezug zu den Wirtschaftsgrundrechten 187
B. Anwendungsfelder 194
C. Allgemeine Voraussetzungen 223
D. Rechtsfolgen 247

Teil II   Gleichheits-, Solidaritäts- und Schutzrechte   253

Kapitel 2 Gleichheits- und besondere Schutzrechte 255
§ 1 Das Gleichheitskapitel der EGRC 255
A. Gleichheitsrechte und soziale Rechte 255
B. Systematik der Gleichheitsrechte 256
C. Prüfungsaufbau 262
§ 2 Allgemeine Gleichheit vor dem Gesetz 263
A. Grundlagen 263
B. Gewährleistungsbereich und Verhältnismäßigkeit 267
C. Folgen eines Verstoßes 276
D. Prüfungsschema zu Art. 20 EGRC 278
§ 3 Nichtdiskriminierung 278
A. Grundlagen 278
B. Diskriminierungsverbot nach Art. 21 Abs. 1 EGRC 289
C. Diskriminierungsverbot wegen der Staatsangehörigkeit nach
   Art. 21 Abs. 2 EGRC 303
D. Folgen eines Verstoßes 311
E. Prüfungsschemata zu Art. 21 EGRC 313
§ 4 Vielfalt der Kulturen, Religionen und Sprachen 314
A. Grundlagen 314
B. Vielfalt der Kulturen 319
C. Vielfalt der Religionen 320
D. Vielfalt der Sprachen 321
E. Achtungsgebot 321
F. Prüfungsschema zu Art. 22 EGRC 322
§ 5 Gleichheit von Männern und Frauen 323
A. Grundlagen 323
B. Allgemeines Diskriminierungsverbot nach Art. 23 Abs. 1 EGRC ... 332
C. Art. 23 Abs. 2 EGRC 341
D. Prüfungsschema zu Art. 23 EGRC 343
§ 6 Kinder 344
A. Grundlagen 344
B. Kinder als Grundrechtsträger 352
C. Anspruch auf Schutz und Fürsorge 353

D. Meinungsäußerungsfreiheit und Berücksichtigung der
   Kindesmeinung... 356
E. Vorrangige Erwägung des Kindeswohls................... 358
F. Anspruch auf persönliche Beziehungen zu den Eltern.......... 361
G. Prüfungsschemata zu Art. 24 EGRC...................... 365
§ 7 Ältere Menschen.. 367
   A. Grundlagen.. 367
   B. Gewährleistungsbereich.................................. 372
   C. Rechtsfolgen... 374
   D. Prüfungsschema zu Art. 25 EGRC........................ 375
§ 8 Integration von Menschen mit Behinderung.................... 376
   A. Grundlagen.. 376
   B. Gewährleistungsbereich.................................. 380
   C. Rechtsfolgen... 384
   D. Prüfungsschema zu Art. 26 EGRC........................ 385

Kapitel 3 Soziale und solidarische Grundrechte.................. 387
§ 1 Die Aufnahme sozialer Grundrechte in die Charta.............. 387
   A. Die Grundlagen.. 388
   B. Die Auseinandersetzung im Grundrechtekonvent........... 391
   C. Soziale Grundrechte...................................... 392
   D. Solidarische Rechte...................................... 405
   E. Funktionen der sozialen Grundrechte..................... 409
   F. Kompetenzen.. 413
§ 2 Betriebsbezogene Rechte..................................... 414
   A. Unterrichtung und Anhörung der Arbeitnehmer............ 414
   B. Kollektivverhandlungen und -maßnahmen................. 438
§ 3 Individuelle Arbeitnehmerrechte.............................. 470
   A. Zugang zu einem Arbeitsvermittlungsdienst............... 470
   B. Schutz bei ungerechtfertigter Entlassung.................. 481
   C. Gerechte und angemessene Arbeitsbedingungen........... 498
   D. Kinder und Jugendliche.................................. 517
   E. Vereinbarkeit von Familien- und Berufsleben.............. 533
§ 4 Schutz der Familie... 550
   A. Grundlagen.. 551
   B. Einordnung.. 554
   C. Gewährleistungsbereich.................................. 557
   D. Rechtsfolgen... 558
   E. Prüfungsschema zu Art. 33 Abs. 1 EGRC.................. 559
§ 5 Sozialer Schutz.. 559
   A. Zweiteilung.. 559
   B. Soziale Sicherheit.. 560
   C. Gleichbehandlung.. 582
   D. Soziale Unterstützung.................................... 600

§ 6 Gesundheitsschutz 611
  A. Grundlagen 611
  B. Einordnung 615
  C. Zugang zur Gesundheitsvorsorge und ärztliche Versorgung 624
  D. Hohes Gesundheitsschutzniveau 629
  E. Prüfungsschemata zu Art. 35 EGRC 631
§ 7 Zugang zu gemeinwohlbezogenen Dienstleistungen 633
  A. Vorhandener europäischer Standard als Grundlage 633
  B. Einordnung 635
  C. Gewährleistungsbereich 637
  D. Rechtsfolgen 644
  E. Prüfungsschema zu Art. 36 EGRC 648
§ 8 Umweltschutz 648
  A. Vorhandener europäischer Standard als Grundlage 648
  B. Grundsatz entsprechend dem Status quo 649
  C. Umweltschutz 653
  D. Hohes Schutzniveau 659
  E. Nachhaltige Entwicklung 664
  F. Übergreifende Berücksichtigung 674
  G. Prüfungsschema zu Art. 37 EGRC 677
§ 9 Verbraucherschutz 677
  A. Grundlagen 677
  B. Einordnung 682
  C. Gewährleistungsbereich 686
  D. Rechtsfolgen 689
  E. Prüfungsschema zu Art. 38 EGRC 690

Teil III Klassische und neue Bürgerrechte 693

Kapitel 4 Bürgerrechte 695
§ 1 Wahlrechte 695
  A. Wahlrecht zum Europäischen Parlament (Art. 39 EGRC) 695
  B. Kommunalwahlrecht (Art. 40 EGRC) 721
§ 2 Das Recht auf eine gute Verwaltung 731
  A. Grundlagen 731
  B. Das allgemeine Recht auf eine gute Verwaltung
     (Art. 41 Abs. 1 EGRC) 735
  C. Einzelne Rechte auf eine gute Verwaltung 745
  D. Haftungsregelung 757
  E. Sprachengarantie 764
  F. Abgrenzung zu anderen Grundrechten 766
  G. Prüfungsschemata zu Art. 41 EGRC 767
§ 3 Zugang zu Dokumenten 770
  A. Rechtliche Rahmenbedingungen 770
  B. Schutzbereich 781

C. Beeinträchtigung und Rechtfertigung	787
D. Prüfungsschema zu Art. 42 EGRC	809
§ 4 Der Bürgerbeauftragte	810
A. Grundlagen	810
B. Das Amt des Bürgerbeauftragten	814
C. Befassungsanspruch	817
D. Beeinträchtigungen und Rechtfertigung	820
E. Prüfungsschema zu Art. 43 EGRC	821
§ 5 Petitionsrecht	821
A. Grundlagen	821
B. Schutzbereich	825
C. Beeinträchtigungen und Rechtfertigung	829
D. Abgrenzung zur Beschwerde beim Bürgerbeauftragten	830
E. Prüfungsschema zu Art. 44 EGRC	830
§ 6 Freizügigkeit und Aufenthaltsrecht	831
A. Rechtliche Rahmenbedingungen	831
B. Schutzbereich	832
C. Sekundärrechtliche Konkretisierung durch die FreizügigkeitsRL 2004/38/EG	843
D. Abgrenzung zu anderen Vorschriften	870
E. Beeinträchtigungen	872
F. Schranken	878
G. Rechtfertigungsschranken	882
H. Prüfungsschema zu Art. 45 EGRC	885
§ 7 Diplomatischer und konsularischer Schutz	885
A. Dreifacher Bezug	885
B. Genese	886
C. Regelungen auf anderen Normebenen	886
D. Praktische Relevanz	890
E. Personelle Reichweite	890
F. Gewährleistungsinhalt	893
G. Beeinträchtigung und Rechtfertigung	897
H. Prüfungsschema zu Art. 46 EGRC	897
Kapitel 5 Justizielle Grundrechte	899
§ 1 Gesteigerte Bedeutung seit dem Lissabonner Vertrag	899
§ 2 Effektiver Rechtsschutz	900
A. Grundkonzeption	900
B. Der gerichtliche Rechtsschutz nach Art. 47 Abs. 1 EGRC	901
C. Recht auf ein gerichtliches und faires Verfahren nach Art. 47 Abs. 2 EGRC	907
D. Recht auf Prozesskostenhilfe	919
E. Prüfungsschema zu Art. 47 EGRC	921

§ 3 Strafverfolgung 921
    A. Relevanz 921
    B. Unschuldsvermutung 922
    C. Verteidigungsrechte 932
    D. Gesetzmäßigkeit (Art. 49 Abs. 1, 2 EGRC) ... 934
    E. Verhältnismäßigkeit (Art. 49 Abs. 3 EGRC) .. 944
    F. Verbot der Doppelbestrafung – „ne bis in idem" (Art. 50 EGRC) ... 946
    G. Übersicht zu strafrechtlichen Garantien 954

Literatur 957

Stichwortverzeichnis 1001

Abkürzungsverzeichnis[1]

a. A.	anderer Ansicht
a. a. O.	am angegebenen Ort
abgedr.	abgedruckt
abl.	ablehnend
ABl.	Amtsblatt
Abs.	Absatz
abw.	abweichend
AcP	Archiv für civilistische Praxis
a. E.	am Ende
AEUV	Vertrag über die Arbeitsweise der Europäischen Union
a. F.	alte Fassung
AfP	Archiv für Presserecht
AG	Aktiengesellschaft
AGG	Allgemeines Gleichbehandlungsgesetz vom 14.8.2006, BGBl. I S. 1897, zuletzt geändert durch Gesetz vom 22.12.2023, BGBl. I Nr. 414 S. 7
AKP	afrikanische, karibische und pazifische Länder
AktG	Aktiengesetz vom 6.9.1965, BGBl. I S. 1089, zuletzt geändert durch Gesetz vom 11.12.2023, BGBl. I Nr. 354 S. 13
Alt.	Alternative
Anh.	Anhang
Anm.	Anmerkung
AöR	Archiv des öffentlichen Rechts
Art.	Artikel
AT	Allgemeiner Teil

---

[1] Die übrigen Abkürzungen erklären sich selbst bzw. ergeben sich aus Kirchner, Hildebert/ Butz, Cornelie, Abkürzungsverzeichnis der Rechtssprache, 10. Aufl. 2021.

AufenthG	Gesetz über den Aufenthalt, die Erwerbstätigkeit und die Integration von Ausländern im Bundesgebiet (Aufenthaltsgesetz) in der Fassung der Bekanntmachung vom 25.2.2008, BGBl. I S. 162, zuletzt geändert durch Gesetz vom 20.12.2023, BGBl. I Nr. 390 S. 2
Aufl.	Auflage
AuR	Arbeit und Recht
AVR	Archiv des Völkerrechts
Az.	Aktenzeichen
BadWürttSchulG	Baden-Württembergisches Schulgesetz vom 1.8.1983, GBl. 1983, 397, zuletzt geändert durch Gesetz vom 5.12.2023, GBl. 2023, 437
BaföG	Bundesgesetz über individuelle Förderung der Ausbildung (Bundesausbildungsförderungsgesetz) in der Fassung der Bekanntmachung vom 7.12.2010, BGBl. I S. 1952, zuletzt geändert durch Gesetz vom 22.12.2023, BGBl. I Nr. 408 S. 23
BAG	Bundesarbeitsgericht
BAnz.	Bundesanzeiger
BayGLKrWG	Bayerisches Gesetz über die Wahl der Gemeinderäte, der Bürgermeister, der Kreistage und der Landräte (Gemeinde- und Landkreiswahlgesetz) vom 7.11.2006, GVBl. S. 834, zuletzt geändert durch Gesetz vom 24.7.2023, GVBl. S. 385
BayVBl.	Bayerische Verwaltungsblätter
BayVerfGH	Bayerischer Verfassungsgerichtshof
BayVGH	Bayerischer Verwaltungsgerichtshof
BB	Betriebs-Berater
Bd.	Band
Ber.	Bericht
ber.	berichtigt
BEEG	Gesetz zum Elterngeld und zur Elternzeit (Bundeselterngeld- und Elternzeitgesetz) in der Fassung der Bekanntmachung vom 27.1.2015, BGBl. I S. 33, zuletzt geändert durch Gesetz vom 22.12.2023, BGBl. I Nr. 412 S. 1
bes.	besonders
Beschl.	Beschluss
Bez.	Bezeichnung
Bf.	Beschwerdeführer
BGB	Bürgerliches Gesetzbuch in der Fassung der Bekanntmachung vom 2.1.2002, BGBl. I S. 42, 2909, BGBl. I 2003 S. 738 zuletzt geändert durch Gesetz vom 22.12.2023, BGBl. I Nr. 411 S. 30, 65
BGBl.	Bundesgesetzblatt
BGH	Bundesgerichtshof
BGHZ	Entscheidungen des Bundesgerichtshofes in Zivilsachen

BImSchG	Gesetz zum Schutz vor schädlichen Umwelteinwirkungen durch Luftverunreinigungen, Geräusche, Erschütterungen und ähnliche Vorgänge (Bundes-Immissionsschutzgesetz) in der Fassung der Bekanntmachung vom 17.5.2013, BGBl. I S. 1274; 2021 I S. 123, zuletzt geändert durch Gesetz vom 26.7.2023, BGBl. I Nr. 202 S. 22
BNatSchG	Gesetz über Naturschutz und Landschaftspflege (Bundesnaturschutzgesetz) vom 29.7.2009, BGBl. I S. 2542, zuletzt geändert durch Gesetz vom 8.12.2022, BGBl. I S. 2240
BSE	Bovine Spongiform Encephalopathy
bspw.	beispielsweise
BT-Drucks.	Bundestags-Drucksache
BVerfG	Bundesverfassungsgericht
BVerfGE	Entscheidungen des Bundesverfassungsgerichts
BVerfGG	Bundesverfassungsgerichtsgesetz in der Fassung der Bekanntmachung vom 11.8.1993, BGBl. I S. 1473, zuletzt geändert durch Gesetz vom 20.11.2019, BGBl. I S. 1724
BVerwG	Bundesverwaltungsgericht
BVerwGE	Entscheidungen des Bundesverwaltungsgerichts
B-VG	Bundes-Verfassungsgesetz (Österreich) in der Fassung von 2.1.1930, BGBl. 1930, S. 1
bzgl.	bezüglich
bzw.	beziehungsweise
CD	Collection of Decisions, Sammlung der Entscheidungen der EKMR (1960–1974)
CEEP	Centre européen des entreprises à participation publique
CHARTE	Teil der Dokumentenbezeichnung von Konvents- und Ratsdokumenten, die sich auf die Grundrechtecharta, ihre Entwürfe und Erläuterungen beziehen; abrufbar im Dokumentenregister des Rates im Internet: http://register.consilium.europa.eu (Bereich: Suche im Register/detaillierte Suche) unter ihrer jeweiligen Nummer
CMLR	Common Market Law Review
CNTA	Comptoir National Technique Agricole
CTC	Counter-Terrorism-Committee
DB	Der Betrieb
DDR	Deutsche Demokratische Republik
ders.	derselbe
d. h.	das heißt
DKP	Deutsche Kommunistische Partei
DÖV	Die Öffentliche Verwaltung
DR	Decisions and Reports, Sammlung der Entscheidungen der EKMR (1975–1998)

DRK	Deutsches Rotes Kreuz
DVBl	Deutsches Verwaltungsblatt
DVD	Digitale Versatile Disk
DVP	Deutsche Verwaltungspraxis
DVR	Datenverarbeitung im Recht
EAG	Vertrag zur Gründung der Europäischen Atomgemeinschaft
EAGFL	Europäischer Ausgleichs- und Garantiefonds für die Landwirtschaft
ecolex	Fachzeitschrift für Wirtschaftsrecht
EEA	Einheitliche Europäische Akte
EG	Vertrag zur Gründung der Europäischen Gemeinschaft in der Fassung des Vertrags von Nizza
EGB	Europäischer Gewerkschaftsbund
EGBGB	Einführungsgesetz zum Bürgerlichen Gesetzbuch in der Fassung der Bekanntmachung vom 21.9.1994, BGBl. I S. 2494, 1997 I S. 1061, zuletzt geändert durch Gesetz vom 11.12.2023, BGBl. I Nr. 354 S. 4
EGKS	Europäische Gemeinschaft für Kohle und Stahl
EGMR	Europäischer Gerichtshof für Menschenrechte
EGRC	Europäische Grundrechtecharta, ABl. 2007 C 303, S. 1
EGV	Vertrag zur Gründung der Europäischen Gemeinschaft in der Fassung des Vertrags von Maastricht/Amsterdam
EHRLR	European Human Rights Law Review
Einl.	Einleitung
EKMR	Konvention zum Schutz der Menschenrechte und Grundfreiheiten in der Fassung vom 22.10.2010, BGBl. II S. 1198, zuletzt geändert durch 15. EMRK-Protokoll vom 24.6.2013, BGBl. 2014 II S. 1034, 1035
ELJ	European Law Journal
ELRev	European Law Review
EMRK	Europäische Menschenrechtskonvention vom 4.11.1950 in der Fassung der Bekanntmachung vom 17.5.2002, BGBl. II S. 1055
endg.	endgültig
engl.	englisch
Entsch.	Entscheidung
ERT	Elliniki Radiofonia Tileorasi Anonymi Etaira
ESC	Europäische Sozialcharta vom 18.10.1961, Europarat SEV-Nr. 035, abrufbar über das virtuelle Vertragsbüro des Europarats unter https://www.coe.int/de/web/conventions/full-list?module=treaty-detail&treatynum=035
ECSR	European Committee for Social Rights

EStG	Einkommensteuergesetz in der Fassung der Bekanntmachung vom 8.10.2009, BGBl. I S. 3366, zuletzt geändert durch Gesetz vom 22.12.2023, BGBl. I Nr. 411 S. 56
etc.	et cetera (und so weiter)
EU	Europäische Union/Vertrag über die Europäische Union in der Fassung des Vertrags von Nizza
EuG	Gericht erster Instanz der Europäischen Gemeinschaften
EuGH	Europäischer Gerichtshof
EuGRZ	Europäische Grundrechte-Zeitschrift
EuHbG	Gesetz zur Umsetzung des Rahmenbeschlusses über den Europäischen Haftbefehl und die Übergabeverfahren zwischen den Mitgliedstaaten der Europäischen Union (Europäisches Haftbefehlsgesetz) vom 20.7.2006, BGBl. I S. 1721
EuR	Europarecht
Euratom	Europäische Atomgemeinschaft
Eurocontrol	Europäische Organisation zur Sicherung der Luftfahrt
EURODAC	European Automated Fingerprint Recognition System
EUV	Vertrag über die Europäische Union in der Fassung des Vertrags von Lissabon; in gekennzeichneten Altfällen in der Fassung des Vertrags von Maastricht/Amsterdam
EuWG	Gesetz über die Wahl der Abgeordneten des Europäischen Parlaments aus der Bundesrepublik Deutschland (Europawahlgesetz) in der Fassung der Bekanntmachung vom 8.3.1994, BGBl. I S. 423, 555, zuletzt geändert durch Gesetz vom 11.1.2023, BGBl. I Nr. 11, S. 1
EuZW	Europäische Zeitschrift für Wirtschaftsrecht
e. V.	eingetragener Verein
EWG	Europäische Wirtschaftsgemeinschaft
EWGV	Vertrag zur Gründung der Europäischen Wirtschaftsgemeinschaft vom 25.3.1957
EWS	Europäisches Wirtschafts- und Steuerrecht
EZB	Europäische Zentralbank
f./ff.	folgende Seite(n)
FAZ	Frankfurter Allgemeine Zeitung
FFH-RL	Fauna-Flora-Habitat-Richtlinie
Fn.	Fußnote
FPR	Familie – Partnerschaft – Recht
FreizügG/EU	Gesetz über die allgemeine Freizügigkeit von Unionsbürgern vom 30.7.2004, BGBl. I S. 1950, 1986, zuletzt geändert durch Gesetz vom 20.4.2023, BGBl. I Nr. 106 S. 7
FS	Festschrift
G	Gesetz

G10-Gesetz	Gesetz zur Neuregelung von Beschränkungen des Brief-, Post- und Fernmeldegeheimnisses (Artikel 10-Gesetz-G10) vom 26.6.2001, BGBl. I S. 1254, 2298 (Berichtigung), zuletzt geändert durch Gesetz vom 22.12.2023, BGBl. I Nr. 413 S. 9
GAin/GA/GAe	Generalanwältin/-anwalt/-anwälte
GASP	Gemeinsame Außen- und Sicherheitspolitik
GATT	General Agreement on Tariffs and Trade, zu finden über die Internet-Seite der WTO unter http://www.wto.org
GCSGA	Gemeinschaftscharta der sozialen Grundrechte der Arbeitnehmer, KOM (1989) 248 endg.
gem.	gemäß
GeschO	Geschäftsordnung
GeschOEP	Geschäftsordnung des Europäischen Parlaments in der Fassung vom 22.11.2019, ABl. L 302, S. 1
GeschORat	Geschäftsordnung des Rates der Europäischen Union, in der Fassung vom 1.12.2009, ABl. L 315, S. 51
GewArch.	Gewerbearchiv
GG	Grundgesetz
ggf.	gegebenenfalls
GGK I	Grundgesetzkommentar, Band 1
GmbH	Gesellschaft mit beschränkter Haftung
GO	Gemeindeordnung
GRCh, GR-Charta	Grundrechtecharta
grds.	grundsätzlich
GRUR	Gewerblicher Rechtsschutz und Urheberrecht
GRUR Int.	Gewerblicher Rechtsschutz und Urheberrecht, Internationaler Teil
GS	Gedächtnisschrift
h. M.	herrschende Meinung
Hrsg.	Herausgeber
hrsg.	herausgegeben
HS.	Halbsatz
HStR	Handbuch des Staatsrechts
IAO	Internationale Arbeitsorganisation, deren Abkommen sind im Internet über das ILOLEX-System abrufbar, http://www.ilo.org/berlin/lang–de/index.htm
ICJ	International Court of Justice
i. d. F.	in der Fassung
i. d. R.	in der Regel
IFAW	Internationaler Tierschutzfonds
IFG	Gesetz zur Regelung des Zugangs zu Informationen des Bundes vom 5.9.2005 (Informationsfreiheitsgesetz), BGBl. I S. 2722, zuletzt geändert durch Gesetz vom 19.6.2020, BGBl. I S. 1328

IGH	Internationaler Gerichtshof
ILO	International Labour Organization
insbes.	insbesondere
Int.	International
IPbpR	Internationaler Pakt für bürgerliche und politische Rechte vom 19.12.1966, auch UN-Zivilpakt, UN-Dokument mit der Nr. A/RES/2200 A (XXI), deutsche amtl. Fassung: BGBl. II 1973 S. 1553. Im Internet auf deutsch abrufbar auf den Seiten des Regionalen Informationszentrums der Vereinten Nationen für Westeuropa http://www.unric.org/index.php?option=com_content&task=view&id=1097&Itemid=232
IPwskR	Internationaler Pakt für wirtschaftliche, soziale und kulturelle Rechte vom 19.12.1966, auch UN-Spezialpakt, UN-dokument mit der Nr. A/RES/2200 A (XXI), deutsche amtl. Fassung: BGBl. II 1973 S. 1570. Im Internet auf deutsch abrufbar auf den Seiten des Regionalen Informationszentrums der Vereinten Nationen für Westeuropa http://www.unric.org/index.php?option=com_content&task=view&id=1097&Itemid=232
IR	Irish Reports
IRIS plus	Redaktionsbeilage von IRIS – Rechtliche Rundschau der Europäischen Audiovisuellen Informationsstelle
i. S. d.	im Sinne des/der
i. S. v.	im Sinne von
i. V. m.	in Verbindung mit
JA	Juristische Arbeitsblätter
JöR	Jahrbuch des öffentlichen Rechts der Gegenwart
JR	Juristische Rundschau
Jura	Juristische Ausbildung
JuS	Juristische Schulung
JZ	Juristenzeitung
Kap.	Kapitel
KG	Kommanditgesellschaft
KOM	Dokument der Europäischen Kommission
KOME	Kommissionsentscheidung
krit.	kritisch
KritV	Kritische Vierteljahresschrift für Gesetzgebung und Rechtsprechung
KSchG	Kündigungsschutzgesetz in der Fassung der Bekanntmachung vom 25.8.1969, BGBl. I S. 1317, zuletzt geändert durch Gesetz vom 14.6.2021, BGBl. I S. 1762
KUG	Gesetz betreffend das Urheberrecht an Werken der bildenden Künste und der Fotografie (Kunsturhebergesetz) in der im BGBl. III, Gliederungsnummer 440-3, veröffentlichten bereinigten Fassung, zuletzt geändert durch Gesetz vom 16.2.2001, BGBl. I S. 266

LG	Landgericht
lit.	Buchstabe
Lit.	Literatur
LKV	Landes- und Kommunalverwaltung
LPartG	Lebenspartnerschaftsgesetz vom 16.2.2001, BGBl. I S. 266, zuletzt geändert durch Gesetz vom 31.10.2022, BGBl. I S. 1966
LSG	Landessozialgericht
LVerf. Bay	Verfassung des Freistaates Bayern in der Fassung vom 15.12.1998, GVBl. S. 991, zuletzt geändert durch Gesetze vom 11.11.2013, GVBl. S. 638, 639, 640, 641, 642
LVerf. Bbg	Verfassung des Landes Brandenburg vom 20.8.1992, GBl. I S. 298, zuletzt geändert durch Gesetz vom 5.7.2022, GVBl. I Nr. 19 S. 1
LVerf. BW	Verfassung des Landes Baden-Württemberg vom 11.11.1953, GBl. S. 173, zuletzt geändert durch Gesetz vom 26.4.2022, GBl. S. 237
LVerf. NRW	Verfassung des Landes Nordrhein-Westfalen in der Fassung vom 28.6.1950, GV. NRW S. 127, zuletzt geändert durch Gesetz vom 30.6.2020, GV. NRW S. 644
LVerf. Sächs	Verfassung des Freistaates Sachsen vom 27.5.1992, SächsGVBl. S. 243, zuletzt geändert durch Gesetz vom 11.7.2013, SächsGVBl. S. 502
MEMO	Ökumenischer Manuskriptdienst für religiöse Sendungen im ORF
MJ	Maastricht Journal of European and Comparative Law
MMR	Multimedia und Recht
m. N.	mit Nachweisen
m. w. N.	mit weiteren Nachweisen
NATO	North Atlantic Treaty Organization (Nordatlantikvertrag-Organisation)
NdsVBl.	Niedersächsische Verwaltungsblätter
NJW	Neue Juristische Wochenschrift
NJW-RR	Neue Juristische Wochenschrift – Rechtsprechungsreport
Nr(n).	Nummer(n)
NRW	Nordrhein-Westfalen
NuR	Natur und Recht
n. v.	nicht veröffentlicht
NVwZ	Neue Zeitschrift für Verwaltungsrecht
NVwZ-RR	Neue Zeitschrift für Verwaltungsrecht – Rechtsprechungsreport
NZA	Neue Zeitschrift für Arbeitsrecht
NZS	Neue Zeitschrift für Sozialrecht
o.	oben

OBG	Gesetz über den Aufbau und Befugnisse der Ordnungsbehörden (Ordnungsbehördengesetz) vom 13.5.1980, GV. NRW S. 528, zuletzt geändert durch Gesetz vom 23.6.2021, GV. NRW S. 762
OECD	Organisation für wirtschaftliche Zusammenarbeit und Entwicklung
ÖJZ	Österreichische Juristenzeitung
OLAF	Europäisches Amt für Betrugsbekämpfung
OLG	Oberlandesgericht
OSZE	Organisation für Sicherheit und Zusammenarbeit in Europa
ÖVerfGH	Österreichischer Verfassungsgerichtshof
OVG	Oberverwaltungsgericht
ÖZDEP	Partei der Freiheit und Demokratie gegen die Türken
ÖZW	Österreichische Zeitschrift für Wirtschaftsrecht
PBefG	Personenbeförderungsgesetz in der Fassung der Bekanntmachung vom 8.8.1990, BGBl. I S. 1690, zuletzt geändert durch Gesetz vom 2.3.2023, BGBl. I Nr. 56 S. 5
PC	Personal Computer
PJZS	Polizeiliche und justizielle Zusammenarbeit in Strafsachen
PKW	Personenkraftwagen
Plc./Ltd.	private limited company
RabelsZ	Rabels Zeitschrift für ausländisches und internationales Privatrecht
RdA	Recht der Arbeit
RdE	Recht der Energiewirtschaft
RdJB	Recht der Jugend und des Bildungswesens
RdM	Recht der Medizin
REACH	Verordnung (EG) Nr. 1907/2006 des Europäischen Parlaments und des Rates vom 18.12.2006 zur Registrierung, Bewertung, Zulassung und Beschränkung chemischer Stoffe, ABl. L 396, S. 1, zuletzt geändert durch Gesetz vom 13.11.2023, ABl. L, 2023/2482
RED	Revue Européenne de Droit Public
Rep.	Reports of the European Court of Human Rights (ECHR), Entscheidungssammlung des EGMR (1996–1998)
rev. ESC	revidierte Europäische Sozialcharta vom 3.5.1996, Europarat SEV-Nr. 163, abrufbar über das virtuelle Vertragsbüro des Europarates unter https://www.coe.int/de/web/conventions/full-list?module=treaty-detail&treatynum=163
RIW	Recht der internationalen Wirtschaft
RJD	Reports of Judgments and Decisions, Entscheidungssammlung des EGMR (seit 1996)
RL(n)	Richtlinie(n)
Rn.	Randnummer(n)

Rs.	Rechtssache
Rspr.	Rechtssprechung
RTL	Radio Télévision Luxembourg
RUDH	Revue universelle des droits de l'homme
s.	siehe
S.	Satz/Seite
s. a.	siehe auch/aber
SaarlABl.	Amtsblatt des Saarlandes
SächsGemO	Gemeindeordnung für den Freistaat Sachsen in der Fassung der Bekanntmachung vom 9.3.2018, SächsGVBl. S. 62, zuletzt geändert durch Gesetz vom 28.11.2023, SächsGVBl. S. 870
SDÜ	Schengener Durchführungsübereinkommen
SE	Societas Europeae (Europäische Gesellschaft)
SEAG	Gesetz zur Ausführung der VO (EG) Nr. 2157/2001 des Rates vom 8.10.2001 über das Statut der Europäischen Gesellschaft (SE) (SE-Ausführungsgesetz – SEAG) vom 22.12.2004, BGBl. I S. 3675, zuletzt geändert durch Gesetz vom 19.6.2023, BGBl. I Nr. 154 S. 16
SED	Sozialistische Einheitspartei Deutschlands
SE-Kommentar	Societas Europeae Kommentar
Ser.	Serie
SEV	Sammlung der Europäischen Verträge (bis 2022), ab 1949: Sammlung der Europaratsverträge, im Internet zu finden unter https://www.coe.int/de/web/conventions/full-list
SE-VO	Societas Europeae Verordnung
SGB II	Zweites Buch Sozialgesetzbuch – Bürgergeld, Grundsicherung für Arbeitsuchende in der Fassung der Bekanntmachung vom 13.5.2011, BGBl. I S. 850, ber. S. 2094, zuletzt geändert durch Gesetz vom 22.12.2023, BGBl. I Nr. 412 S. 2
SGB IX	Neuntes Buch Sozialgesetzbuch – Rehabilitation und Teilhabe von Menschen mit Behinderungen vom 23.12.2016, BGBl. I S. 3234, zuletzt geändert durch Gesetz vom 22.12.2023, BGBl. I Nr. 412 S. 3
Slg.	Sammlung der Rechtsprechung des Europäischen Gerichtshofes und des Gerichts erster Instanz
s. o.	siehe oben
sog.	sogenannte(r, s)
StGB	Strafgesetzbuch in der Fassung der Bekanntmachung vom 13.11.1998, BGBl. I S. 3322, zuletzt geändert durch Gesetz vom 26.7.2023, BGBl. I Nr. 203 S. 1, geändert durch Gesetz vom 16.8.2023, BGBl. I Nr. 218 S. 3
StGH	Staatsgerichtshof

StPO	Strafprozessordnung in der Fassung der Bekanntmachung vom 7.4.1987, BGBl. I S. 1074, 1313, zuletzt geändert durch Gesetz vom 26.7.2023, BGBl. I Nr. 203 S. 2
str.	strittig
st. Rspr.	ständige Rechtsprechung
StV	Strafverteidiger
s. u.	siehe unten
Tbc	Tuberculose
TdL	Tarifgemeinschaft deutscher Länder
TEHG	Gesetz über den Handel mit Berechtigungen zur Emission von Treibhausgasen (Treibhausgas-Emissionshandelsgesetz) vom 21.7.2011, BGBl. I S. 1475, zuletzt geändert durch Gesetz vom 10.8.2021, BGBl. I S. 3436
TRIPS	Trade-Related Aspects of Intellecetual Property Rights
TVE	Television Espanola – Spanische Rundfunkanstalt
u.	und/unten
u. a.	und andere/unter anderem
UAbs.	Unterabsatz
UIG	Umweltinformationsgesetz vom 27.10.2014, BGBl. I S. 1643, zuletzt geändert durch Gesetz vom 25.2.2021, BGBl. I S. 306
UN	United Nations (Vereinte Nationen)
UNICE	Union of Industrial and Employers' Confederation of Europe
UNO	United Nations (Vereinte Nationen)
UPR	Umwelt- und Planungsrecht
UrhG	Urheberrechtsgesetz vom 9.9.1965, BGBl. I S. 1273, zuletzt geändert durch Gesetz vom 23.6.2021, BGBl. I S. 1858
Urt.	Urteil
USA	United States of America
usw.	und so weiter
UVP	Umweltverträglichkeitsprüfung
UVP-RL	Umweltverträglichkeitsprüfungs-Richtlinie
UWG	Gesetz gegen den unlauteren Wettbewerb in der Fassung der Bekanntmachung vom 3.3.2010, BGBl. I S. 254, zuletzt geändert durch Gesetz vom 8.10.2023, BGBl. I Nr. 272 S. 32
v.	von/van
v. a.	vor allem
VDSÖ	Vereinigung demokratischer Soldaten Österreichs
VE	Vertrag über eine Verfassung für Europa (Entwurf), am 13.6. und 10.7.2003 vom Europäischen Konvent angenommen, am 18.7.2003 dem Präsidenten des Europäischen Rates überreicht, CONV 850/03
verb.	verbundene
VerfO	Verfahrensordnung

VerfSchGNRW	Gesetz über den Verfassungsschutz in Nordrhein-Westfalen (Verfassungsschutzgesetz Nordrhein-Westfalen) vom 20.12.1994 GV. NRW 1995, S. 28, zuletzt geändert durch Gesetz vom 17.5.2018, GV. NRW S. 244
VergabeR	Vergaberecht
VerwArch.	Verwaltungsarchiv
VG	Verwaltungsgericht
VGH	Verwaltungsgerichtshof
vgl.	vergleiche
VgT	Verein gegen Tierfabriken
VIG	Verbraucherinformationsgesetz in der Fassung vom 1.9.2012, BGBl. I S. 2166, ber. S. 2725, zuletzt geändert durch Gesetz vom 27.7.2021, BGBl. I S. 3146
VO	Verordnung
VOen	Verordnungen
Vorbem.	Vorbemerkung
vs.	versus
VVDStRL	Veröffentlichungen der Vereinigung Deutscher Staatsrechtslehrer
VwGO	Verwaltungsgerichtsordnung in der Fassung der Bekanntmachung vom 19.3.1991, BGBl. I S. 686, zuletzt geändert durch Gesetz vom 22.12.2023, BGBl. I Nr. 409, S. 36
VwVfG	Verwaltungsverfahrensgesetz in der Fassung der Bekanntmachung vom 23.1.2003, BGBl. I S. 102, zuletzt geändert durch Gesetz vom 4.12.2023, BGBl. I Nr. 344 S. 1
WHO	World Health Organisation
WiVerw.	Wirtschaft und Verwaltung
w. N.	weitere Nachweise
WKÜ	Wiener Übereinkommen über konsularische Beziehungen vom 24.4.1963, BGBl. 1969 II S. 1585
WRV	Verfassung des Deutschen Reichs (Weimarer Reichsverfassung) vom 11.8.1919, RGBl. S. 1383, ber. 1920 S. 328
WTO	World Trade Organisation
WWU	Wirtschafts- und Währungsunion
YB	Yearbook of the European Convent on Human Rights
zahlr.	zahlreich
ZaöRV	Zeitschrift für ausländisches öffentliches Recht und Völkerrecht
ZAR	Zeitschrift für Ausländerrecht und Ausländerpolitik
z. B.	zum Beispiel
ZBR	Zeitschrift für Beamtenrecht
ZEuP	Zeitschrift für Europäisches Privatrecht

ZEuS	Zeitschrift für Europarechtliche Studien
ZESAR	Zeitschrift für europäisches Sozial- und Arbeitsrecht
ZevKR	Zeitschrift für evangelisches Kirchenrecht
ZG	Zeitschrift für Gesetzgebung
Ziff.	Ziffer
ZIP	Zeitschrift für Wirtschaftsrecht und Insolvenzpraxis
ZP	Zusatzprotokoll
ZPO	Zivilprozessordnung
ZRP	Zeitschrift für Rechtspolitik
z. T.	zum Teil
z. Zt.	zur Zeit
ZuG	Gesetz über den nationalen Zuteilungsplan für Treibhausgas-Emissionsberechtigungen in der Zuteilungsperiode 2008 bis 2012 (Zuteilungsgesetz 2012 – ZuG 2012) vom 7.8.2007, BGBl. I S. 1788, zuletzt geändert durch Gesetz vom 19.6.2020, BGBl. I S. 1328
ZUR	Zeitschrift für Umweltrecht
zust.	zustimmend

Teil I
Wirtschaftsbezogene Grundrechte

Kapitel 1
Wirtschaftsgrundrechte

§ 1 Berufsfreiheit

A. Grundlagen

I. Genese

Die Berufsfreiheit als klassisches Wirtschaftsgrundrecht durfte in der EGRC nicht fehlen. Es kann in der Rechtsprechung des EuGH auf eine **lange Tradition** zurückblicken[1] und wurde daher insbesondere auch auf diese gestützt. Die Erläuterungen zur Charta der Grundrechte[2] verweisen aber auch auf Nr. 4 GCSGA[3] sowie auf Art. 1 Abs. 2 ESC.[4] Daraus folgt, dass nicht nur die klassischen Gehalte der Berufswahl- und -ausübungsfreiheit enthalten sind, sondern **auch** das **Recht zu arbeiten** aufgeführt ist.

2874

II. Rechtsgrundlagen

1. EuGH

Hauptgrundlage für das Grundrecht der Berufsfreiheit ist die Rechtsprechung des EuGH, die bereits mit dem Urteil *Nold* im Jahre 1974 begann.[5] Der EuGH erkannte

2875

---

[1] Näher u. Rn. 2875 f.
[2] Erläuterungen zur Charta der Grundrechte, ABl. 2007 C 303, S. 17 (23).
[3] Gemeinschaftscharta der sozialen Grundrechte der Arbeitnehmer, KOM (1989) 248 endg., s. Rn. 4051.
[4] Europäische Sozialcharta vom 18.10.1961, Europarat SEV-Nr. 035, s. Rn. 4046 ff.
[5] EuGH, Rs. C-4/73, ECLI:EU:C:1974:51 – Nold.

sowohl die **Berufswahl-**[6] als auch die **Berufsausübungsfreiheit** an.[7] Er legte eine **umfassende Freiheit der Arbeit** zugrunde.[8]

2876 Im Laufe der Zeit leitete der EuGH aus dem Berufsgrundrecht verschiedene Teilaspekte ab, so bereits im Urteil *Nold* die Handelsfreiheit[9] sowie später die Freiheit, die Geschäftspartner frei zu wählen[10] und damit die Vertragsfreiheit,[11] überhaupt die wirtschaftliche Betätigungsfreiheit[12] bzw. Handlungsfreiheit.[13] Damit befindet man sich bereits im Anwendungsbereich der **unternehmerischen Freiheit** nach Art. 16 EGRC. Die vom EuGH entwickelte und immer weiter ausgeformte Berufsfreiheit wurde mithin in der EGRC **aufgespalten** und in zwei Grundrechte gefasst. Für beide Stränge steht indes die Rechtsprechung des EuGH Pate.[14] Dabei unterschied der EuGH vielfach nicht klar die Berufs- von der Eigentumsfreiheit, sondern prüfte beide Grundrechte oft zusammen[15] und konzentrierte sich auf die – großzügig gehandhabte – **Rechtfertigung von Grundrechtseinschränkungen**.[16]

2. Nr. 4 GCSGA

2877 Die zweite in den Erläuterungen zur Charta der Grundrechte[17] erwähnte Stütze für die Berufsfreiheit ist Nr. 4 GCSGA.[18] Danach hat jeder „das Recht auf freie Wahl und Ausübung seines Berufs nach den für den jeweiligen Beruf geltenden Vorschriften". Darin wird also ebenfalls zwischen **Wahl und Ausübung des Berufs** unterschieden und ein Recht auf beide Komponenten eingeräumt.

---

[6] EuGH, Rs. C-116/82, ECLI:EU:C:1986:322 (Rn. 27) – Qualitätswein b.A.; Rs. C-40/21, ECLI:EU:C:2023:367 (Rn. 77) – Agenția Naționala de Integritate.

[7] S. z. B. EuGH, Rs. C-44/79, ECLI:EU:C:1979:290 (Rn. 32) – Hauer; Rs. C-234/85, ECLI:EU:C:1986:377 (Rn. 8) – Keller; Rs. C-248 u. 249/95, ECLI:EU:C:1997:377 (Rn. 72) – SAM u. Stapf; Rs. C-40/21, ECLI:EU:C:2023:367 (Rn. 77) – Agenția Naționala de Integritate.

[8] EuGH, Rs. C-4/73, ECLI:EU:C:1974:51 (Rn. 14) – Nold; Rs. C-40/21, ECLI:EU:C:2023:367 (Rn. 76 f.) – Agenția Naționala de Integritate.

[9] EuGH, Rs. C-4/73, ECLI:EU:C:1974:51 (Rn. 14) – Nold; später z. B. Rs. C-240/83, ECLI:EU:C:1985:59 (Rn. 9) – ADBHU; Rs. C-72/15, ECLI:EU:C:2017:236 (Rn. 148) – Rosneft.

[10] EuGH, Rs. C-90 u. 91/90, ECLI:EU:C:1991:303 (Rn. 13) – Neu; Rs. C-307/91, ECLI:EU:C:1993:940 (Rn. 14) – Luxlait.

[11] So bereits EuGH, Rs. C-151/78, ECLI:EU:C:1979:4 (Rn. 20) – Sukkerfabriken Nykøbing.

[12] EuGH, Rs. C-230/78, ECLI:EU:C:1979:216 (Rn. 21 ff.) – Eridania; Rs. C-63 u. 147/84, ECLI:EU:C:1985:358 (Rn. 23 f.) – Finsider.

[13] EuGH, Rs. C-418/01, ECLI:EU:C:2004:257 (Rn. 48) – IMS Health.

[14] Näher zu Art. 16 EGRC u. Rn. 3055.

[15] Im Ansatz auch EuGH, Rs. C-177/90, ECLI:EU:C:1992:2 (Rn. 16 f.) – Kühn; Rs. C-280/93, ECLI:EU:C:1994:367 (Rn. 78) – Bananen.

[16] Näher dazu u. Rn. 3006 ff.

[17] Erläuterungen zur Charta der Grundrechte, ABl. 2007 C 303, S. 17 (23).

[18] Gemeinschaftscharta der sozialen Grundrechte der Arbeitnehmer, KOM (1989) 248 endg., s. Rn. 4051.

3. Art. 1 Abs. 2 ESC

Der dritte Bezugspunkt nach den Erläuterungen zur Charta der Grundrechte[19] ist Art. 1 Abs. 2 ESC.[20] Als Bestandteil des Rechts auf Arbeit haben danach die Vertragsparteien das Recht der Arbeitnehmerinnen und Arbeitnehmer wirksam zu schützen, den Lebensunterhalt in einer frei gewählten Beschäftigung zu verdienen. Allerdings ist nach Art. 1 Abs. 1 ESC ein hohes und stabiles Beschäftigungsniveau nur als eines der ersten Ziele und Verantwortlichkeiten zu akzeptieren und unter den Vorbehalt des Bestmöglichen gestellt. Damit ist ein **Recht auf Arbeit** zwar aufgestellt, aber **nicht individuell durchsetzbar**, wie ohnehin die ESC **keine echten** durchsetzbaren **Individualrechte** gewährt.[21]

2878

In diesem Rahmen enthält die ESC weitere Aspekte, um ausländischen Arbeitnehmerinnen und Arbeitnehmern das Arbeiten in einem anderen Staat zu erleichtern. Allerdings garantiert auch Art. 18 ESC trotz einiger Erleichterungen und vorgegebener Anerkennungen keine umfassende Gleichstellung der Arbeitsbedingungen mit einheimischen Arbeitnehmerinnen und Arbeitnehmern, wie dies Art. 15 Abs. 3 EGRC zugunsten von Staatsangehörigen dritter Länder vorsieht, die in einem EU-Staat tätig sind.

2879

4. EMRK

Die EMRK enthält **kein eigenes Grundrecht der Berufsfreiheit**. Sie verbietet nur in Art. 4 Abs. 2 die Zwangs- oder Pflichtarbeit und schützt damit auch die negative Berufsfreiheit.[22] Darüber hinaus lassen sich nur **mittelbar Teilbereiche** der Berufsfreiheit ableiten.[23] Insbesondere reicht die Gewährleistung von **Art. 1 des ZPs** zur EMRK über das eigentliche Eigentumsrecht hinaus und schützt auch vor einem **Entzug staatlicher Konzessionen**, die für die Entfaltung einer wirtschaftlichen Tätigkeit die Basis bilden.[24] Damit besteht zumindest ein gewisser Berührungspunkt zur Berufswahlfreiheit. Daneben sind berufliche Aktivitäten in bestimmten Bereichen indirekt geschützt, so durch die Medienfreiheit nach Art. 10 EMRK. Die Geltendmachung zivilrechtlicher Ansprüche im Rahmen der Berufstätigkeit folgt aus **Art. 6 Abs. 1 S. 1 EMRK**.

2880

---

[19] Erläuterungen zur Charta der Grundrechte, ABl. 2007 C 303, S. 17 (23).
[20] Europäische Sozialcharta vom 18.10.1961, Europarat SEV-Nr. 035, s. Rn. 4046 ff.
[21] *Notthoff*, RIW 1995, 541 (544).
[22] S.u. Rn. 2956.
[23] Im Einzelnen zum Folgenden *Nowak*, in: Heselhaus/Nowak, § 34 Rn. 5 f.
[24] S. EGMR, Urt. vom 26.6.1986, Nr. 8543/79 (Rn. 11), EuGRZ 1988, 35 (35) – van Marle u. a./Niederlande; Urt. vom 25.3.1999, Nr. 31107/96 (Rn. 54), EuGRZ 1999, 316 (317) – Iatridis/Griechenland.

5. Nationale Verfassungen

2881 Die nationalen Verfassungen enthalten durchgehend ein Recht der freien Berufsausübung bzw. Berufswahl,[25] indes regelmäßig kein oder jedenfalls kein über einen bloßen Programmsatz hinausgehendes Recht auf Arbeit.[26] Damit bewegt sich Art. 15 Abs. 1 EGRC auch in dem durch die Verfassungsüberlieferungen der Mitgliedstaaten aufgestellten Rahmen.

6. Grundfreiheiten

2882 Einen engen Bezug hat die Berufsfreiheit auch und vor allem zu den Grundfreiheiten. Diese **gewährleisten grenzüberschreitende berufliche Aktivitäten**, nämlich die Freizügigkeit, in einem anderen Mitgliedstaat Arbeit zu suchen und auszuüben, die Freiheit, sich dort niederzulassen und die Freiheit, jenseits der eigenen Grenzen Dienstleistungen zu erbringen. Genau diese Aspekte zählt auch Art. 15 Abs. 2 EGRC auf, ohne allerdings explizit einen grenzüberschreitenden Bezug zu fordern.

2883 Spinnt man diesen letzten Gedanken fort, kommt man zu einer Einbeziehung von Inländerdiskriminierungen, welche nach der Konzeption der Grundfreiheiten gerade auszuschließen sind, die aber auch das BVerfG im Rahmen der Verhältnismäßigkeitsprüfung eine Rolle spielen lässt.[27]

2884 Eine solche Anwendung auf **Inländerdiskriminierungen** widerspricht generell den Grundrechten,[28] deren Anknüpfungspunkt nach Art. 51 Abs. 1 EGRC vielmehr die Durchführung von Unionsrecht ist, sei es durch die Unionsorgane, sei es durch

---

[25] S. z. B. Art. 12 Abs. 1 GG; s. auch Art. 23 Abs. 1 u. 3 Nr. 1 der Verfassung Belgiens; Art. 48 Abs. 3 der Verfassung Bulgariens; § 74 der Verfassung Dänemarks; § 29 Abs. 1 der Verfassung Estlands; § 18 der Verfassung Finnlands; § 106 der Verfassung Lettlands; Art. 11 Abs. 6 der Verfassung Luxemburgs; Art. 19 Abs. 3 der Verfassung der Niederlande; Art. 18 der Verfassung Österreichs; Art. 65 Abs. 1 der Verfassung Polens; Art. 47 Abs. 1 der Verfassung Portugals; Art. 38 Abs. 1 S. 2 der Verfassung Rumäniens; Kap. 2 §§ 17, 25 S. 1 Nr. 8 der Verfassung Schwedens; Art. 35 Abs. 1 der Verfassung der Slowakei; Art. 49 der Verfassung Sloweniens; Art. 35 Abs. 1 der Verfassung Spaniens; Art. 3, 112 Abs. 1 der Verfassung Tschechiens i. V. m. Art. 26 Abs. 1 der tschechischen Grundrechtedeklaration; Art. 70/B Abs. 1 der Verfassung Ungarns.

[26] Dieses fehlt gänzlich etwa im Grundgesetz. S. dagegen im Sinne eines Programmsatzes Art. 23 Abs. 1 und Abs. 3 Nr. 1 der Verfassung Belgiens; § 18 der Verfassung Finnlands; Art. 4 Abs. 1 der Verfassung Italiens; Art. 11 Abs. 4 der Verfassung Luxemburgs; Art. 58 Abs. 1 der Verfassung Portugals; Kap. 1 § 2 S. 3 der Verfassung Schwedens; Art. 35 Abs. 3 der Verfassung der Slowakei; Art. 35 Abs. 1 der Verfassung Spaniens; Art. 3, Art. 12 Abs. 1 der Verfassung Tschechiens i. V. m. Art. 26 Abs. 3 S. 1 der tschechischen Grundrechtedeklaration; Art. 70/B Abs. 1 der Verfassung Ungarns. Ein Recht zu arbeiten gewährleisten § 75 Abs. 1 der Verfassung Dänemarks; Art. 22 Abs. 1 der Verfassung Griechenlands; Art. 66 der Verfassung Sloweniens; s. die ausführliche Analyse von *Nowak*, in: Heselhaus/Nowak, § 34 Rn. 12 ff.

[27] S. BVerfG, JZ 2007, 354 (355); dagegen *Frenz*, JZ 2007, 343 (344 ff.). Die Wertungen der Grundfreiheiten auf Art. 12 Abs. 1 GG übertragend auf der Basis des *Bosman*-Urteils BAG, NZA 1997, 647 (652) sowie BGH, NJW 1999, 3552; NJW 2000, 1028.

[28] S. spezifisch u. Rn. 2923.

die Mitgliedstaaten. Darin liegt auch ein **wesentlicher Unterscheidungspunkt zwischen Grundrechten und Grundfreiheiten**. Dieser ändert aber nichts an den inhaltlichen Bezügen und Parallelen,[29] die auch der EuGH anerkennt. So hat der EuGH die Arbeitnehmerfreizügigkeit als berufsrelevantes Grundrecht qualifiziert.[30]

Tiefergehend bildet die **Berufsfreiheit** letztlich die **Basis für** die Ausübung der **Grundfreiheiten**. So hält es auch der EuGH für möglich, dass „eine Prüfung für den Zugang zum Beruf des Rechtsanwalts sicherlich ein Hemmnis für die Niederlassungsfreiheit darstellen" kann.[31] Das gilt selbst für die Warenverkehrsfreiheit, ist doch auch sie Ausdruck beruflicher Aktivitäten. Daher bestehen generelle Berührungspunkte.[32] Art. 15 EGRC ersetzt damit aber nicht etwa Grundfreiheiten. Vielmehr greift Art. 15 Abs. 2 EGRC nur einige Aspekte von ihnen auf und fasst sie unter die berufliche Gewährleistung. Deshalb ist das Verhältnis eher umgekehrt, dass nämlich die Berufsfreiheit die **Grundfreiheiten ergänzt** und nicht etwa diese ersetzt.

2885

B. Stellung und Abgrenzung

I. Die Berufsfreiheit als Teil der freiheitlichen Wirtschaftsverfassung

Der Blick auf die Grundfreiheiten zeigte bereits die Grundlagenfunktion der Berufsfreiheit für entscheidende wirtschaftliche Freiheiten des Europarechts.[33] Tiefergehend bildet die Berufsfreiheit neben der Eigentumsfreiheit und nunmehr auch der unternehmerischen Freiheit ein **Hauptgrundrecht der wirtschaftlichen Betätigung**. Damit sichert sie zugleich die berufliche Entfaltung in einer freiheitlichen Wirtschaftsverfassung.

2886

Die Berufsfreiheit steht gerade dafür, dass sich die einzelne Person mit ihren beruflichen Vorstellungen grundsätzlich frei von staatlichen Eingriffen entwickeln kann. Das gilt zumal dann, wenn man die **Berufsfreiheit** auf die am Beginn der EGRC platzierte Menschenwürde bezieht und damit als **Ausfluss des selbstbestimmten Menschen** begreift. Eine vollständige Ordnung und Prägung des Berufslebens durch den Staat würde diesem Bezugspunkt und dieser Grundkonzeption widersprechen. Damit ist berufliche Entfaltung grundsätzlich nach den Vorstellungen der jeweiligen Wirtschaftsteilnehmenden möglich. Staatliche Eingriffe und Regelungen sind demgegenüber rechtfertigungsbedürftig. Die **Regel** bildet daher

2887

---

[29] Im Einzelnen *Frenz*, Europarecht 1, Rn. 47 ff.
[30] EuGH, Rs. C-222/86, ECLI:EU:C:1987:442 (Rn. 14) – Heylens; Rs. C-415/93, ECLI:EU:C:1995:463 (Rn. 129) – Bosman.
[31] EuGH, Rs. C-250/03, ECLI:EU:C:2005:96 (Rn. 42) – Mauri.
[32] Näher *Frenz*, Europarecht 1, Rn. 67 ff.
[33] S.o. Rn. 2882 ff.

die **Freiheit**, die **Ausnahme** die **staatliche Regulierung**. Das ist zugleich Kennzeichen einer freiheitlichen Wirtschaftsverfassung.

2888   Art. 119 Abs. 1 und 120 S. 2 AEUV verpflichten die Union und die Mitgliedstaaten auf eine offene Marktwirtschaft mit freiem Wettbewerb.[34] Damit sind für die Marktteilnehmenden die gleichen und unverfälschten Wettbewerbschancen verbunden. Diese wirtschaftspolitische Grundentscheidung wird durch die Berufsfreiheit grundrechtlich abgesichert.

2889   Die Berufsfreiheit steht dabei insbesondere für **Chancengleichheit**. Daher hat sie auch einen engen Bezug zum **freien Wettbewerb**.[35] Das europäische Freiheitssystem hat in wirtschaftlicher Hinsicht damit drei Koordinaten: Grundfreiheiten, Wettbewerbsregeln und Grundrechte.[36] Sie begrenzen zugleich diejenigen Agierenden, die eine freie Wirtschaftsordnung gefährden, nämlich Unionsorgane, Mitgliedstaaten und private Wirtschaftsteilnehmende.[37]

2890   Dabei bedingen und verstärken sich die drei Komponenten gegenseitig. Das gilt z. B. für die Wettbewerbsregeln und die Berufsfreiheit. Soweit man die **Wettbewerbsfreiheit** auf der Basis des Vertragsrechts noch nicht **subjektiv-rechtlich** fasst,[38] vermag diese Qualifikation **aus** dem Grundrecht der **Berufsfreiheit** gewonnen zu werden,[39] da diese als Teilelement die Wettbewerbsfreiheit enthält.[40] Mit der Aufspaltung des vom EuGH konzipierten umfassenden Grundrechts der Berufsfreiheit in Art. 15 und 16 EGRC lässt sich die Wettbewerbsfreiheit auch und gerade aus der unternehmerischen Freiheit ableiten.[41] Damit wurde eine zusätzliche wirtschaftsbezogene grundrechtliche Säule errichtet, ohne aber die subjektiv-rechtliche Reichweite zu verkürzen.

II. Grundfreiheiten

2891   Der enge Bezug zwischen Berufsfreiheit und Grundfreiheiten führt vielfach zu **Überlappungen**, die eine nähere Abgrenzung und Klärung der Konkurrenzen notwendig machen. Besitzt die Berufsfreiheit eine Grundlagenfunktion für die Ausübung der Grundfreiheiten, so überschneiden sich die Anwendungsbereiche und die Berufsfreiheit ist **parallel zu prüfen**, außer der Schwerpunkt der Maßnahme liegt im

---

[34] Näher WRP 2023, 273 ff.
[35] Ausführlich *Frenz*, Europarecht 2, Rn. 227, 235 ff.
[36] *Frenz*, Europarecht 2, Rn. 240; *Nowak*, in: Heselhaus/Nowak, § 34 Rn. 4 f.
[37] S. *Hatje*, in: v. Bogdandy/Bast (Hrsg.), Europäisches Verfassungsrecht, 2009, S. 801 (812 f.); bereits *Schwarze*, EuZW 2001, 517 (518); auch *Rengeling*, DVBl 2004, 453 (455 f.).
[38] Dafür *Schubert*, Der gemeinsame Markt als Rechtsbegriff, 1999, S. 220 ff.; *Birk*, Das Prinzip des unverfälschten Wettbewerbs und seine Bedeutung im europäischen Gemeinschaftsrecht, 2000, S. 151 u. 168 f.; *ders.*, EWS 2003, 159 (160). Umfassend zur Wettbewerbsfreiheit als Grundfreiheit *Frenz*, Europarecht 2, Rn. 125 ff.
[39] *Nowak*, in: Heselhaus/Nowak, § 34 Rn. 11.
[40] S. EuGH, Rs. C-280/93, ECLI:EU:C:1994:367 (Rn. 81) – Bananen.
[41] S.u. Rn. 2893, 3118 ff.

Bereich der jeweiligen Grundfreiheit. Dann werden die grundrechtlichen Beeinträchtigungen eher in den Hintergrund treten. Das verhält sich hingegen anders, wenn die Berufsfreiheit als solche angetastet wird und nicht nur der reibungslose Verkehr zwischen den Mitgliedstaaten betroffen ist, weil nicht nur Kontrollen eingreifen, sondern etwa die Berufsausübung derart behindert wird, dass sie aufgegeben werden muss.[42] Bei Sachverhalten mit **grenzüberschreitendem Bezug** werden regelmäßig die **Grundfreiheiten** dominieren, weil der grenzüberschreitende Moment und die spezifische berufliche Betätigung wie etwa die Verbringung von Waren in einen anderen Mitgliedstaat den Ausschlag geben werden.

Folgen Grundrechte und Grundfreiheiten einander zeitlich nach, etwa weil die grenzüberschreitende Errichtung einer Niederlassung grundfreiheitlich geschützt ist, demgegenüber die anschließende Ausübung des Berufs in dem anderen Mitgliedstaat grundrechtlich, soweit nicht die grenzüberschreitende Niederlassung tangiert wird,[43] so sind die **Anwendungsbereiche zeitlich voneinander getrennt**.[44]

III. Wettbewerbsfreiheit

Die Wettbewerbsfreiheit ist nach der Rechtsprechung des EuGH[45] ein **Ausfluss der Berufsfreiheit**, wird mittlerweile allerdings eher unter die **unternehmerische Freiheit** nach Art. 16 EGRC gefasst.[46] Zwischen Privaten gelten aber die Wettbewerbsregeln nach Art. 101 ff. AEUV. Diese zu erlassen ist wiederum Ausfluss einer **grundrechtlichen Schutzpflicht**.[47] Insoweit wirken die Grundrechte und damit insbesondere auch die Berufsfreiheit auf die Wettbewerbsvorschriften ein, indem diese so wirksam angewendet werden müssen, dass eine möglichst unverfälschte **Berufsausübung im Wettbewerb** sicher gestellt bleibt. Dass Wettbewerbsregeln und Berufsfreiheit parallel eingreifen, ist damit eher selten der Fall.[48] Am ehesten ist dies denkbar, wenn der **Staat im Wettbewerb** handelt und zugleich an die Berufsfreiheit gebunden ist, weil es sich um einen staatlich Agierenden handelt, er aber zudem den Wettbewerbsregeln unterliegt, da er sich erwerbswirtschaftlich betätigt. Insoweit ist auch der Staat Adressat der Wettbewerbsregeln, weil er als Unternehmer agiert.[49]

---

[42] S. näher *Frenz*, Europarecht 1, Rn. 72 ff.
[43] Auch für die Niederlassungsfreiheit ist die *Keck*-Rspr., wenngleich modifiziert, heranzuziehen, *Frenz*, Europarecht 1, Rn. 2423 ff.
[44] Weitere Beispiele bei *Frenz*, Europarecht 1, Rn. 69 ff.
[45] EuGH, Rs. C-280/93, ECLI:EU:C:1994:367 (Rn. 81) – Bananen.
[46] S.u. Rn. 3118 ff., aber auch nachstehend Rn. 2897 ff.
[47] Näher *Frenz*, Europarecht 2, Rn. 233 ff.
[48] *Frenz*, Europarecht 2, Rn. 240.
[49] *Stockenhuber*, in: Grabitz/Hilf/Nettesheim, Art. 101 AEUV Rn. 67; *Frenz*, Europarecht 2, Rn. 658 ff. m. w. N.

IV. Eigentumsfreiheit

2894 Vom Ansatz her schützt auch auf europäischer Ebene die **Berufsfreiheit** den **Erwerb** und die **Eigentumsfreiheit** das **Erworbene**. Bei Eingriffen in Rechtspositionen von Wirtschaftsteilnehmenden etwa durch **Marktregulierungen** zerfließen aber die Schutzbereiche, weil sowohl die künftigen Erwerbsmöglichkeiten als auch die bereits aufgebauten Erwerbspositionen beeinträchtigt werden. Daher verwundert es nicht,[50] dass der EuGH vielfach auf eine nähere Abgrenzung beider Grundrechte verzichtete und im Wesentlichen die **Rechtfertigung** einer **Beeinträchtigung nach einer parallelen Formel** prüfte.[51]

2895 Damit nimmt der EuGH im Ergebnis **Idealkonkurrenz** an.[52] Allerdings betraf dies nur Fälle, in denen nicht nur die berufliche Tätigkeit, sondern auch die Nutzung der Produktionsstätte oder Produktionsmittel selbst beschränkt wurde, wie schon der Fall *Hauer* zeigt.[53] Wurde die Nutzung des Eigentums nicht oder nur am Rande beschränkt, zog der EuGH allein das Grundrecht der Berufsfreiheit heran,[54] sodass auch er nach der vom BVerfG verwendeten Formel verfährt: Die Eigentumsfreiheit schützt das Erworbene als Ergebnis der Betätigung, die Berufsfreiheit den Erwerb und damit die Betätigung selbst.[55] Insoweit zählte jeweils der Schwerpunkt.

2896 Der **Erwerb durch Erworbenes** wird gleichwohl an **beiden Grundrechten** gemessen, wie das Beispiel *Hauer* zeigt und auch der Fall *The Queen* belegt, in dem Fischereifahrzeuge nur noch eine bestimmte Zahl von Tagen pro Jahr auf See verbringen durften.[56] Den Auswirkungen auf beide Grundrechte wird erst auf diese Weise hinreichend Rechung getragen. Es ist eine **unterschiedliche Perspektive**, inwieweit künftige Erwerbsaktivitäten beschränkt werden und inwieweit dadurch die bereits angeschafften Güter darunter leiden. Entsprechendes gilt bei **Quotierungen** oder auch **Abgabenverpflichtungen**. Sie betreffen ebenfalls sowohl die künf-

---

[50] Krit. allerdings etwa *Calliess*, Rechtsstaat und Umweltstaat, 2001, S. 288; offener hingegen *Pauly*, EuR 1998, 242 (254 f.).

[51] S. EuGH, Rs. C-280/93, ECLI:EU:C:1994:367 (Rn. 78) – Bananen; auch etwa Rs. C-265/87, ECLI:EU:C:1989:303 (Rn. 15 ff.) – Schräder; Rs. C-177/90, ECLI:EU:C:1992:2 (Rn. 16 f.) – Kühn.

[52] So auch die herrschende Lit., etwa *Rengeling/Szczekalla*, Rn. 781; *Ruffert*, in: Ehlers, Europäische Grundrechte und Grundfreiheiten, § 19 Rn. 14; im Anschluss daran *Nowak*, in: Heselhaus/Nowak, § 34 Rn. 54.

[53] EuGH, Rs. C-44/79, ECLI:EU:C:1979:290 (Rn. 18 ff.) – Hauer: Verbot der Neuanpflanzung von Weinreben auf dem eigenen Grundstück.

[54] S. EuGH, Rs. C-234/85, ECLI:EU:C:1986:377 (Rn. 8 ff.) – Keller; Rs. C-370/88, ECLI:EU:C:1990:392 (Rn. 27 f.) – Marshall.

[55] *Wunderlich*, Das Grundrecht der Berufsfreiheit im Europäischen Gemeinschaftsrecht, 2000, S. 126 f.; s. BVerfGE 30, 292 (335); 88, 366 (377).

[56] EuGH, Rs. C-44/94, ECLI:EU:C:1995:325 (Rn. 55 ff.) – Fishermen's Organisations.

tigen Aktivitäten als auch das bereits Geschaffene.[57] Diesen Ansatz verfolgt mittlerweile, bezogen auf das Eigentumsgrundrecht, partiell auch das BVerfG.[58]

V. Unternehmerische Freiheit

Der EuGH hat aus der Berufsfreiheit verschiedene **Teilaspekte wirtschaftlicher Betätigungsfreiheit** wie die Handels- und Vertragsfreiheit abgeleitet.[59] Diese sind zugleich Ausdruck unternehmerischer Freiheit, wie sie in Art. 16 EGRC garantiert wird. Daher liegt es nahe, insoweit **Art. 16 EGRC** als **lex specialis** anzusehen.[60]   2897

Allerdings ändert dieses zusätzliche Grundrecht nichts daran, dass **verschiedene wirtschaftliche Handlungen integraler Bestandteil der Berufsausübung** sind. Dann hängt es im Falle der Spezialität von der Eigenschaft des jeweils Handelnden ab, ob eine Maßnahme zur unternehmerischen Freiheit oder zur Berufsfreiheit gehört. Fasst man etwa **freiberuflich tätige Personen** nicht unter die Unternehmenden, würden deren Handlungen allenfalls unter die Berufsfreiheit fallen, die von Unternehmensgesellschaften hingegen unter Art. 16 EGRC. Umgekehrt würde der Schutz Letzterer einheitlich mit dem der Nicht-Unternehmenden ausfallen, wenn auch ihre Handlungen zur Berufsfreiheit gehören würden. Das spricht für **Idealkonkurrenz**.[61]   2898

Damit wird auch vermieden, dass das Schutzniveau für unternehmerische Handlungen dadurch abgesenkt wird, dass Art. 16 EGRC die unternehmerische Freiheit nur nach dem Unionsrecht und den einzelstaatlichen Rechtsvorschriften und Gepflogenheiten anerkennt, während das Berufsgrundrecht einen solchen Vorbehalt nicht kennt. Legte man diesem Vorbehalt eine grundrechtabsenkende Bedeutung bei,[62] würde das Schutzniveau für unternehmerische Handlungen auch dann, wenn sie Ausdruck der Berufsfreiheit sind, reduziert, nur weil ein zusätzliches Grundrecht   2899

---

[57] S. EuGH, Rs. C-248 u. 249/95, ECLI:EU:C:1997:377 (Rn. 71 ff.) – SAM u. Stapf für eine Beitragsverpflichtung an einen Fonds; s. aber noch Rs. C-143/88 u. 92/89, ECLI:EU:C:1991:65 (Rn. 74 f.) – Süderdithmarschen, wo eine Abgabenverpflichtung nur an der Berufsfreiheit gemessen wurde; dahin auch *Wunderlich*, Das Grundrecht der Berufsfreiheit im Europäischen Gemeinschaftsrecht, 2000, S. 127; krit. zu der letztgenannten EuGH-Entscheidung indes *Günter*, Berufsfreiheit und Eigentum in der Europäischen Union, 1998, S. 41 f.
[58] BVerfGE 115, 97 (112), allerdings in Ablehnung eines Halbteilungsgrundsatzes (so noch BVerfGE 93, 121 (138) – Vermögensteuer) im Zusammenhang mit Abgaben und Art. 14 GG; erweiternd *Frenz*, Öffentliches Recht, 9. Aufl. 2022, Rn. 547; näher *ders.*, GewArch. 2006, 282 ff. sowie bezogen auf die Berufsfreiheit *ders.*, in: FS für Stober, 2008, S. 243 ff.
[59] S.o. Rn. 2876.
[60] *Bernsdorff*, in: Meyer/Hölscheidt, Art. 16 Rn. 12 ff.; *Jarass/Kment*, § 20 Rn. 4; darauf hinauslaufend auch die Konzeption von *Nowak*, in: Heselhaus/Nowak, § 34 Rn. 54 a. E.
[61] Dafür *Rengeling/Szczekalla*, Rn. 780.
[62] Das wird teilweise vertreten, s.u. Rn. 3064, abl. aber Rn. 3065 ff.

geschaffen wurde. Das kann aber nur dann angenommen werden, wenn eine solche Absenkung bewusst in Kauf genommen wurde. Dafür liegen jedoch keine Anhaltspunkte vor.[63] Vielmehr wollte die EGRC den grundrechtlichen Schutz verstärken und nicht absenken.

VI. Bereichsbezogene Grundrechte

2900   Wie bei der Erörterung der EMRK-Rechte deutlich wurde,[64] sichern spezifische Grundrechte wie die Meinungsfreiheit indirekt auch die berufliche Tätigkeit. Dabei handelt es sich aber regelmäßig um spezifische Aspekte, die durch diese bereichsbezogenen Grundrechte gewährleistet werden. Demgegenüber erfasst die **Berufsfreiheit** die **allgemeinen Rahmenbedingungen** beruflicher Tätigkeit. Daher haben beide grundsätzlich nebeneinander Platz. Sie stehen in **Idealkonkurrenz**.[65]

2901   Es kommt aber immer auf die konkreten Umstände an. Ein möglicher Maßstab ist der betroffene **Schwerpunkt**. Hingegen ist es problematisch, die Berufsfreiheit generell hinter bereichsspezifischeren Grundrechten zurücktreten zu lassen. Dann besteht nämlich die Gefahr, dass der Schutz von Berufen je nach betroffenem Bereich unterschiedlich ausfällt. Schließlich existieren viele mögliche Verbindungen zu Freiheitsgrundrechten, so nicht nur zur Meinungsfreiheit, sondern auch etwa zur Forschungsfreiheit[66] oder zur Versammlungs- und Vereinigungsfreiheit.[67]

2902   Zudem drohen **Schutzlücken**, wenn man bei einem potenziellen Bezug zu einem anderen Grundrecht eine Einzelhandlung dort herausfallen lässt, wie dies bei der Wirtschaftswerbung im Hinblick auf die Meinungsäußerungsfreiheit befürwortet wird.[68] Vielfach hat ein **Vorgang** auch ein **doppeltes Gesicht**, so wenn sich Arbeitnehmerinnen und Arbeitnehmer bzw. Arbeitgeberinnen und Arbeitgeber zu einer Vereinigung zusammenschließen, um ihre beruflichen Interessen wahrzunehmen. Die Bildung einer solchen Vereinigung ist Ausfluss der Berufsausübung. Wird die Vereinigung selbst tätig, erfolgt dies ebenfalls berufsbezogen. Auch insoweit besteht daher **Idealkonkurrenz**.[69]

---

[63] S.u. Rn. 3064 ff.
[64] S.o. Rn. 2880.
[65] *Nowak*, in: Heselhaus/Nowak, § 34 Rn. 54.
[66] *Nowak*, in: Heselhaus/Nowak, § 34 Rn. 54.
[67] Zu Letzterer exemplarisch EuGH, Rs. C-415/93, ECLI:EU:C:1995:463 (Rn. 79 f.) – Bosman; näher *Wunderlich*, Das Grundrecht der Berufsfreiheit im Europäischen Gemeinschaftsrecht, 2000, S. 130 f.
[68] So *Wunderlich*, Das Grundrecht der Berufsfreiheit im Europäischen Gemeinschaftsrecht, 2000, S. 129; gegenteilig GA Fennelly, EuGH, Rs. C-376/98, ECLI:EU:C:2000:324 (Rn. 154 ff.) – Deutschland/Parlament u. Rat sowie o. Rn. 2123 ff. und u. Rn. 3126.
[69] *Wunderlich*, Das Grundrecht der Berufsfreiheit im Europäischen Gemeinschaftsrecht, 2000, S. 131.

VII. Berufliche und soziale Sonderrechte

Spezieller als die Berufsfreiheit sind hingegen berufsbezogene Sonderrechte wie das Recht auf Zugang zur **beruflichen Aus- und Weiterbildung** nach **Art. 14 Abs. 1 EGRC** sowie das Recht auf Zugang zu einem **Arbeitsvermittlungsdienst** nach Art. 29 EGRC.[70] Insoweit handelt es sich um **besondere Gewährleistungen**, die daher den dort aufgestellten spezifischen Regeln unterliegen. Das trifft auch für spezifische Verbote zu wie das der Zwangs- und Pflichtarbeit nach Art. 5 EGRC sowie das der Kinderarbeit nach Art. 32 EGRC. Entsprechendes gilt für Schutzrechte während der Mutterschaft nach Art. 33 Abs. 2 EGRC (Kündigungsschutz und bezahlter Mutterschafts- bzw. Elternurlaub) oder spezifische Arbeitnehmerinnen- und Arbeitnehmerschutzrechte wie auf Unterrichtung und Anhörung nach Art. 27 EGRC, auf Kollektivverhandlungen nach Art. 28 EGRC sowie auf gerechte und angemessene Arbeitsbedingungen nach Art. 31 EGRC. Insoweit handelt es sich um **soziale Rechte**, die dort einen **besonderen Gehalt** bekommen haben. Würden diese Rechte auch über die Berufsfreiheit garantiert, so würde dieser spezifische Gehalt über Art. 15 EGRC eingeebnet und umgangen. Regelmäßig handelt es sich ohnehin um solch spezifische Ausprägungen, dass diese nicht aus dem allgemeinen Grundrecht der Berufsfreiheit ableitbar sind.

2903

Art. 30 EGRC enthält einen Anspruch auf Schutz vor ungerechtfertigter Entlassung und deckt damit den **Kündigungsschutz** ab. Dieser Anspruch besteht aber nur nach dem Unionsrecht und den einzelstaatlichen Rechtsvorschriften und Gepflogenheiten. Daher ist diese Bestimmung **speziell**, um keine Widersprüche zu dieser Ausgestaltung auftreten zu lassen.[71] Das gilt auch deshalb, weil Art. 30 EGRC ein soziales Recht mit Schutzcharakter darstellt, sodass die allgemeine Schutzpflichtdogmatik für Freiheitsrechte nicht passt.[72] Ein Eingreifen der **Berufsfreiheit** ist höchstens insoweit denkbar, als aus einem ungenügenden Kündigungsschutz **Rückwirkungen auf** die **Freiheit der Berufsausübung** ausgehen. Dann wird nämlich die Berufsfreiheit als Freiheitsrecht tangiert. Das ist vorstellbar, wenn Beschäftigte in einer bestimmten Branche wie der Zeitarbeit nur sehr unzureichenden Kündigungsschutzvorschriften unterliegen, sodass sie von vornherein von der Aufnahme einer Tätigkeit abgeschreckt werden.

2904

VIII. Gleichheitsrechte

Eine **gänzlich andere Zielrichtung** als die Berufsfreiheit verfolgen Gleichheitsrechte und Diskriminierungsverbote. Sie gründen auf der Behandlung anderer bzw. schließen eine Ungleichbehandlung aufgrund besonderer Merkmale aus. Es geht

2905

---

[70] *Nowak*, in: Heselhaus/Nowak, § 34 Rn. 56; *Rengeling/Szczekalla*, Rn. 782.
[71] *Blanke*, in: Stern/Sachs, Art. 15 Rn. 38; a. A. *Rengeling/Szczekalla*, Rn. 789; *Hüpers/Reese*, in: Meyer/Hölscheidt, Art. 30 Rn. 8 f.
[72] *Schmitz*, JZ 2001, 833 (840).

daher nicht um die Verwirklichung von Freiheit, sondern von Gleichheit. Das gilt beispielsweise für das Diskriminierungsverbot nach Art. 40 Abs. 2 UAbs. 2 AEUV im Rahmen der gemeinsamen Agrarpolitik. Daher sind diese Rechte neben der Berufsfreiheit zu prüfen.[73]

C. Beruf

I. Ansatz und Anknüpfung an die Grundfreiheiten

2906 Der Schlüsselbegriff, zur Definition des Anwendungsbereichs von Art. 15 EGRC, ist der Beruf. An ihn ist das Recht der freien Berufsausübung und der vorgelagerten Berufswahl geknüpft. Er bildet zugleich den Rahmen, in dem das gleichfalls aufgeführte Recht zu arbeiten wahrgenommen werden kann. Das gilt zumal dann, wenn auch Gelegenheitsarbeitsverhältnisse mit einer Arbeit von sehr wenigen Tagen pro Woche oder Stunden pro Tag wie im Rahmen der Arbeitnehmerfreizügigkeit als ausreichend angesehen werden.[74]

2907 Ein enger Zusammenhang nicht nur der Berufsfreiheit als solcher, sondern auch des **Berufsbegriffs mit den Grundfreiheiten** ergibt sich aus **Art. 15 Abs. 2 EGRC**. Da danach die Freiheit besteht, in jedem Mitgliedstaat Arbeit zu suchen, zu arbeiten, sich niederzulassen oder Dienstleistungen zu erbringen, müssen sich diese Handlungen jedenfalls im Wesentlichen innerhalb des Berufsbegriffs nach Art. 15 Abs. 1 EGRC befinden. Ansonsten könnten sie nicht im Rahmen der Berufsfreiheit gewährleistet werden. Das **Recht zu arbeiten**, das Art. 15 Abs. 1 EGRC ebenfalls enthält, ist zwar an erster Stelle genannt, hält sich aber auch zumindest weitestgehend im Rahmen des Berufsbegriffs[75] und ist gleichfalls im Wesentlichen als **berufliche Entfaltungsfreiheit** zu verstehen, **nicht** hingegen als **Recht auf Arbeit**.

II. Merkmale

2908 Art. 15 EGRC schützt die **Berufsfreiheit umfassend** und differenziert nicht zwischen selbstständigen und unselbstständigen Tätigkeiten. Beide sind gleichermaßen umfasst, wie auch Art. 15 Abs. 2 EGRC belegt, wo sowohl auf die Arbeitnehmer-

---

[73] Zum allgemeinen Gleichheitssatz EuGH, Rs. C-306/93, ECLI:EU:C:1994:407 (Rn. 20 ff.) – Winzersekt; Rs. C-248 u. 249/95, ECLI:EU:C:1997:377 (Rn. 50 ff., 71 ff.) – SAM u. Stapf; spezifisch für Art. 40 Abs. 2 Uabs. 2 AEUV etwa Rs. C-113/88, ECLI:EU:C:1989:265 (Rn. 19 f.) – Leukhardt; Rs. C-265/87, ECLI:EU:C:1989:303 (Rn. 13 ff.) – Schräder; Rs. C-63/93, ECLI:EU:C:1996:51 (Rn. 25 ff.) – Duff; zum Ganzen näher *Wunderlich*, Das Grundrecht der Berufsfreiheit im Europäischen Gemeinschaftsrecht, 2000, S. 132 ff.
[74] EuGH, Rs. C-357/89, ECLI:EU:C:1992:87 (Rn. 9 ff.) – Raulin.
[75] S.o. Rn. 2875, 2906 zur Rspr. des EuGH.

freizügigkeit als auch auf die Selbstständigenfreiheiten der Niederlassung und der Dienstleistungserbringung verwiesen wird.

Indem alle diese Freiheiten in Art. 15 Abs. 2 EGRC in Bezug genommen werden, sind die für eine erfasste Tätigkeit maßgeblichen Voraussetzungen jeweils zusammen zu sehen. Die **berufliche Tätigkeit** ist daher **europaweit einheitlich** und **nach objektiven Kriterien** zu bestimmen, und zwar **weit** und nicht einschränkend, wird doch der Anwendungsbereich eines elementaren Grundrechts festgelegt.[76] Erforderlich ist eine **tatsächliche und echte Tätigkeit**, die nicht einen so geringen Umfang hat, dass sie sich als völlig untergeordnet und unwesentlich darstellt.[77] Es werden für eine bestimmte Zeit und damit für eine gewisse Dauer[78] Leistungen erbracht, die vergütet werden.[79] Voraussetzung ist mithin ein **gewisser wirtschaftlicher Wert**.[80] Dann ist eine Leistung auch Bestandteil des Wirtschaftslebens, was Grundvoraussetzung für eine selbstständige Erwerbstätigkeit ist. Ausdruck dessen ist, dass sie nur gegen Entgelt ausgeübt wird. 2909

Damit trägt die betroffene wirtschaftliche Tätigkeit regelmäßig zum **Lebensunterhalt** bei. Diese Bedingung wird daher ebenfalls für das Vorliegen eines Berufs nach Art. 15 EGRC aufgestellt,[81] allerdings aus der Judikatur zwar vom BVerfG für Art. 12 GG zugrunde gelegt,[82] nicht jedoch vom EuGH im Rahmen der Grundfreiheiten. Hintergrund ist, dass das BVerfG die Berufsfreiheit als Selbstverwirklichung und Persönlichkeitsentfaltung ansieht, woraus eine entsprechende Kernfunktion der beruflichen Tätigkeit und damit der Charakter als Lebensaufgabe und zugleich Beitrag zur gesellschaftlichen Gesamtleistung folgen soll.[83] Zwar steht auch an der Spitze der EGRC die Menschenwürde. Daher kann die Berufsfreiheit in der EGRC als Entfaltung der Anlagen der einzelnen Person im gesamtgesellschaftlichen Kontext angesehen werden. 2910

Indes bleibt der stärkere **Bezug auf die wirtschaftliche Tätigkeit** aufgrund der engen Verbindung zu den Grundfreiheiten nach **Art. 15 Abs. 2 EGRC**, für die darin 2911

---

[76] Vgl. EuGH, Rs. C-66/85, ECLI:EU:C:1986:284 (Rn. 16 f.) – Lawrie-Blum zur Arbeitnehmerfreizügigkeit; Rs. C-47/14, ECLI:EU:C:2015:574 (Rn. 41) – Holterman Ferho Exploitatie u. a.; Rs. C-143/16, ECLI:EU:C:2017:566 (Rn. 19) – Abercrombie & Fitch Italia; Rs. C-260/17, ECLI:EU:C:2018:864 (Rn. 28) – Anodiki Services EPE.

[77] Für die Berufsfreiheit explizit etwa *Ruffert*, in: Ehlers, Europäische Grundrechte und Grundfreiheiten, § 19 Rn. 11; *Wunderlich*, Das Grundrecht der Berufsfreiheit im Europäischen Gemeinschaftsrecht, 2000, S. 105; sich dem anschließend *Nowak*, in: Heselhaus/Nowak, § 34 Rn. 35 a. E.

[78] *Bernsdorff*, in: Meyer/Hölscheidt, Art. 15 Rn. 17; auf der Basis schon des Berufsbegriffs *Ruffert*, in: Ehlers, Europäische Grundrechte und Grundfreiheiten, § 19 Rn. 11.

[79] Vgl. EuGH, Rs. C-337/97, ECLI:EU:C:1999:284 (Rn. 13) – Meeusen.

[80] EuGH, Rs. C-66/85, ECLI:EU:C:1986:284 (Rn. 18) – Lawrie-Blum für die Arbeitnehmerfreizügigkeit; zu dieser im Einzelnen *Frenz*, Europarecht 1, Rn. 1425 ff.

[81] *Nowak*, in: Heselhaus/Nowak, § 34 Rn. 35; *Penski/Elsner*, DÖV 2001, 265 (271); *Wunderlich*, Das Grundrecht der Berufsfreiheit im Europäischen Gemeinschaftsrecht, 2000, S. 105.

[82] S. BVerfGE 7, 377 (397).

[83] S. BVerfGE 7, 377 (397).

das Hauptunterscheidungsmerkmal liegt. Zudem sollen gerade die Grundrechte lediglich die Durchführung des Rechts der Union betreffen und müssen sich daher in ihrem Anwendungsbereich an den Geltungsbereich des Unionsrechts halten, der immer noch vom Wirtschaftsleben dominiert wird.[84]

2912 Deshalb zählt letztlich die wirtschaftliche Tätigkeit als solche und **nicht** ihr **Beitrag zum Lebensunterhalt**. Ebenso wenig kann damit notwendigerweise eine **Gewinnerzielungsabsicht** gefolgert werden. Vielfach erfolgt eine Mischkalkulation, nach der einige Tätigkeiten durchaus Verluste erbringen können, wenn nur insgesamt ein Gewinn verbleibt. Hier können nicht etwa Teilbereiche von der beruflichen Tätigkeit Selbstständiger ausgeblendet werden, würde doch ansonsten eine rechtssichere Zuordnung nicht mehr möglich sein, da sich das Erzielen von Erträgen auch rasch ändern kann. Daher ist auch **nicht** erforderlich, dass eine **Tätigkeit notwendig kostendeckend** ist.[85]

2913 Diese Anknüpfung an die wirtschaftliche Erwerbstätigkeit sichert einen **umfassenden Anwendungsbereich**. Er schließt die **freien Berufe** und **gewerbliche Tätigkeiten** ein und bezieht sich ebenso auf die **Produktion** industrieller Art sowie die Landwirtschaft. Inwieweit die Tätigkeit das Leben der einzelnen Person prägt, ist demgegenüber von untergeordneter Bedeutung. Erforderlich ist nur eine gewisse wirtschaftliche Relevanz für die einzelne Person. Reine Hobbytätigkeiten und Liebhabereien werden damit nicht umfasst. Allerdings genügen auch **Teilzeitbeschäftigungen** und **Gelegenheitsarbeitsverhältnisse** sowie **zeitlich befristete Beschäftigungen** von einigen Monaten wie im Rahmen der Arbeitnehmerfreizügigkeit.[86] Auch mehrere parallel ausgeübte Tätigkeiten können jeweils für sich einen Beruf darstellen, auch wenn der Lebensunterhalt nicht aus einer von ihnen bestritten werden kann. Selbst die **zusätzliche Abhängigkeit von staatlichen Mitteln** steht dem Eingreifen der Berufsfreiheit nicht entgegen.[87]

III. Verbotene und sittenwidrige Tätigkeiten

2914 Infolge der europarechtlichen Dimension der wirtschaftlichen Tätigkeit kann es nicht darauf ankommen, ob es sich um eine national erlaubte oder verbotene bzw. als sittenwidrig eingestufte Tätigkeit handelt. Ansonsten könnten die Mitgliedstaa-

---

[84] S. *Wunderlich*, Das Grundrecht der Berufsfreiheit im Europäischen Gemeinschaftsrecht, 2000, S. 105; zur Fortentwicklung, die an diesem Befund letztlich nichts ändert, *Frenz*, Europarecht 1, Rn. 2205.

[85] Für die Niederlassungsfreiheit *Frenz*, Europarecht 1, Rn. 2206 ff. m. w. N.

[86] S. EuGH, Rs. C-53/81, ECLI:EU:C:1982:105 (Rn. 15 f.) – Levin; Rs. C-357/89, ECLI:EU:C:1992:87 (Rn. 9 ff.) – Raulin; Rs. C-413/01, ECLI:EU:C:2003:600 (Rn. 32) – Ninni-Orasche. Dazu *Frenz*, Europarecht 1, Rn. 1438 m. w. N.

[87] Für die Arbeitnehmerfreizügigkeit EuGH, Rs. C-139/85, ECLI:EU:C:1986:223 (Rn. 14) – Kempf; Rs. C-22/08 u. 23/08, ECLI:EU:C:2009:344 (Rn. 28) – Vatsouras.

§ 1 Berufsfreiheit

ten nach eigenem Belieben wichtige wirtschaftliche Freiheitsrechte der Bürgerinnen und Bürger einschränken. Dieser Aspekt gilt insbesondere bei den Grundfreiheiten.[88] Indes werden die Mitgliedstaaten nach Art. 51 Abs. 1 EGRC auch aus den Grundrechten verpflichtet, soweit ein hinreichender Europabezug besteht.[89]

Um eine europaweit einheitliche Anwendung sicherzustellen, ist höchstens daran zu denken, in allen Mitgliedstaaten bzw. durch Europarecht verbotene Tätigkeiten aus dem Schutzbereich der Berufsfreiheit auszuklammern.[90] Bei einem **Verbot in allen Mitgliedstaaten** ist parallel zu den Grundfreiheiten und wegen der Rückführung der Berufsfreiheit auch auf die nationalen Verfassungstraditionen eine **Reduktion des Schutzbereichs** denkbar.[91] Akzeptiert man darüber hinaus ein europarechtliches Verbot einer Berufstätigkeit, würden damit etwa auch **Tätigkeitsausschlüsse** nach gemeinsamen Marktordnungen gem. Art. 40 AEUV im Bereich der Landwirtschaft den Anwendungsbereich der Berufsfreiheit verkürzen.[92]

2915

Allerdings hat der EuGH die Rechtfertigung eines solchen Eingriffs in die Berufsfreiheit geprüft.[93] Damit können auch landwirtschaftliche Marktorganisationen bzw. -ordnungen den Schutzbereich der Berufsfreiheit nicht verkürzen, sondern stellen ggf. Eingriffe in dieses Grundrecht dar.[94] Ansonsten könnte der Unionsgesetzgeber durch die Einführung entsprechender Marktorganisationen und -ordnungen jedenfalls im landwirtschaftlichen Bereich den Anwendungsbereich der Berufsfreiheit nahezu beliebig gestalten. Daher sind die entsprechenden Aspekte auf der **Ebene der Rechtfertigung** zu prüfen. Sie werden dabei regelmäßig durchdringen, besteht doch im Rahmen gemeinsamer Marktorganisationen und -ordnungen kaum ein Schutz gegenüber Veränderungen.[95]

2916

---

[88] Näher zur Arbeitnehmerfreizügigkeit *Frenz*, Europarecht 1, Rn. 1469 ff., zur Niederlassungsfreiheit Rn. 2259 ff.

[89] S.o. Rn. 323 ff.

[90] Dafür im Bereich der Berufsfreiheit *Nowak*, in: Heselhaus/Nowak, § 34 Rn. 36 a. E.; näher *Wunderlich*, Das Grundrecht der Berufsfreiheit im Europäischen Gemeinschaftsrecht, 2000, S. 70 ff.; aus der Perspektive der Grundfreiheiten *Frenz*, Europarecht 1, Rn. 1693 f., 2217 ff.

[91] Näher o. Rn. 568.

[92] Vgl. EuGH, Rs. C-230/78, ECLI:EU:C:1979:216 (Rn. 22) – Eridania; Rs. C-133-136/85, ECLI:EU:C:1987:244 (Rn. 18) – Rau/BALM.

[93] EuGH, Rs. C-280/93, ECLI:EU:C:1994:367 (Rn. 81 ff.) – Bananen; s. später auch EuG, Rs. T-254/97, ECLI:EU:T:1999:178 (Rn. 74) – Fruchthandelsgesellschaft Chemnitz.

[94] *Nowak*, in: Heselhaus/Nowak, § 34 Rn. 37; auch bereits *Günter*, Berufsfreiheit und Eigentum in der Europäischen Union, 1998, S. 20 ff.; *Wunderlich*, Das Grundrecht der Berufsfreiheit im Europäischen Gemeinschaftsrecht, 2000, S. 117 f.; a. A. *Rengeling*, in: Schwarze (Hrsg.), Der Verfassungsentwurf des Europäischen Konvents, 2004, S. 331 (346 f.).

[95] S.u. Rn. 3443 ff., 3601 f. im Rahmen des Vertrauensschutzes.

D. Berechtigte und Verpflichtete

I. Unterschiedliche Berechtigte

1. Natürliche Personen

a) Keine Beschränkung auf Unionsbürgerinnen und Unionsbürger

2917 Art. 15 Abs. 1 EGRC statuiert ein Jedermann-Recht der Berufsfreiheit, ist aber nicht entsprechend Art. 12 Abs. 1 GG nur auf die Unionsbürgerinnen und Unionsbürger sowie die Staatsangehörigen der Mitgliedstaaten bezogen,[96] sondern von vornherein **auch** auf **Drittstaatsangehörige**. Davon ging auch der EuGH in der Rechtssache *Bosphorus* aus, indem er sogleich materiell eine etwaige Grundrechtsverletzung der Bosphorus Airways prüfte.[97] Der jetzige Wortlaut „jede Person" ist insoweit eindeutig. Daher kann der personelle Schutz auch nicht mehr unter Rückgriff auf die Nichterwähnung der Berufsfreiheit in der EMRK und auf die Verfassungstraditionen der Mitgliedstaaten auf Unionsbürgerinnen und Unionsbürger beschränkt werden.[98]

2918 Nunmehr werden praktisch in Art. 15 Abs. 1 EGRC die Berechtigten aus Art. 15 Abs. 2 EGRC und aus Art. 15 Abs. 3 EGRC addiert. Auch dies zeigt, dass Art. 15 Abs. 1 EGRC gleichsam den Überbau darstellt und Art. 15 Abs. 2 und Abs. 3 EGRC bereichsbezogene Konkretisierungen bilden. Daran erweist sich ebenfalls, dass die Berufsfreiheit weiter reicht als die in Art. 15 Abs. 2 EGRC in Bezug genommenen Grundfreiheiten in Form der Personenverkehrsfreiheiten, die auf Staatsangehörige eines Mitgliedstaates beschränkt sind.[99]

2919 Während Art. 15 Abs. 1 EGRC jede Person berechtigt, begünstigt Art. 15 Abs. 2 EGRC lediglich alle Unionsbürgerinnen und Unionsbürger und Art. 15 Abs. 3 EGRC die Staatsangehörigen dritter Länder, die im Hoheitsgebiet der Mitgliedstaaten arbeiten dürfen. Letztere sind also personell begrenzt. Das erste Recht ist hingegen umfassend ausgestaltet. Damit können sich Bürgerinnen und Bürger aus EU-Staaten wie aus Nicht-EU-Staaten in vollem Umfang darauf berufen.

b) Bereichsausnahmen?

2920 Es erfolgt **keine bereichsmäßige Begrenzung**. Anders als auf die Arbeitnehmerfreizügigkeit bzw. die Niederlassungsfreiheit können sich daher auf die Berufsfreiheit **auch** solche **Personen** berufen, die in der **öffentlichen Verwaltung** eines

---

[96] Zur Vermeidung einer Diskriminierung sind Bürger aus den anderen Mitgliedstaaten gleichgestellt, s. *Breuer*, in: Isensee/Kirchhof, HStR VIII, § 170 Rn. 43; *Frenz*, Öffentliches Recht, 9. Aufl. 2022, Rn. 357; a. A. *Bauer/Kahl*, JZ 1995, 1077 (1083).
[97] S. EuGH, Rs. C-84/95, ECLI:EU:C:1996:312 (Rn. 22 ff.) – Bosphorus.
[98] Dagegen schon *Wunderlich*, Das Grundrecht der Berufsfreiheit im Eurpäischen Gemeinschaftsrecht, 2000, S. 124 f.
[99] S. bereits *Wunderlich*, Das Grundrecht der Berufsfreiheit im Europäischen Gemeinschaftsrecht, 2000, S. 127 f.; zu den Berechtigten der Personenverkehrsfreiheiten *Frenz*, Europarecht 1, Rn. 229. Nur die Produktverkehrsfreiheiten reichen weiter, *Frenz*, a. a. O., Rn. 230 f.

Mitgliedstaates i. S. v. Art. 45 Abs. 4 AEUV beschäftigt sind bzw. öffentliche Gewalt nach Art. 51 AEUV ausüben. Diese Personen könnten höchstens deshalb nicht erfasst sein, weil insoweit Unionsrecht keine Anwendung findet[100] und damit auch nach Art. 51 Abs. 1 EGRC die Grundrechte nicht eingreifen. Zwar sind die öffentliche Verwaltung und die Ausübung öffentlicher Gewalt nationale Refugien geblieben. Indes ist nicht auszuschließen, dass das europäische Recht auch insoweit indirekte Auswirkungen hat. Solche können etwa durch inhaltliche Vorgaben entstehen, die beispielsweise nationale Sicherheitsbehörden betreffen und die Rückwirkungen auf berufliche Tätigkeiten haben. Damit kann **indirekt** die **berufliche Entfaltung beeinträchtigt** sein, und zwar **durch Vorgaben des Europarechts**. Dieses muss dann von den Mitgliedstaaten durchgeführt werden. Insoweit befindet man sich auch nach Art. 51 Abs. 1 EGRC im Bereich der Grundrechte. Die Berufsfreiheit ist dabei durchaus von den Grundfreiheiten zu unterscheiden. Daher ist der Bereichsausschluss für die Grundfreiheiten lediglich für diese relevant, nicht aber notwendig automatisch für die Grundrechte und insbesondere für die Berufsfreiheit.

Im Übrigen legt der EuGH die Ausnahmeklauseln der Tätigkeit in der öffentlichen Verwaltung und der Ausübung öffentlicher Gewalt sehr eng aus.[101] Darüber hinaus finden die Grundfreiheiten voll Anwendung. Das muss dann auch für die Berufsfreiheit gelten.[102]

c) EU-Verbeamtete

Von vornherein nationalen Regelungen und daran anknüpfenden Ausnahmeklauseln entzogen sind die Verbeamteten und sonstigen Angehörigen des öffentlichen Dienstes der Europäischen Union. Sie können sich daher grundsätzlich auf das Grundrecht der Berufsfreiheit berufen. Allerdings ist ihre Tätigkeit in die Notwendigkeiten der Unionsorganisation eingebunden. Daraus ergibt sich eine **breite Rechtfertigung von Sonderregeln** durch das Beamtenstatut,[103] welche die Berufsfreiheit aus funk-

---

[100] So *Blanke*, in: Stern/Sachs, Art. 15 Rn. 39; abl. auch *Stadler*, Die Berufsfreiheit in der Europäischen Gemeinschaft, 1980, S. 344; *Wunderlich*, Das Grundrecht der Berufsfreiheit im Europäischen Gemeinschaftsrecht, 2000, S. 120.
[101] Z. B. EuGH, Rs. C-66/85, ECLI:EU:C:1986:284 (Rn. 27) – Lawrie-Blum bzw. Rs. C-114/97, ECLI:EU:C:1998:519 (Rn. 38 f.) – Kommission/Spanien; m. w. N. *Frenz*, Europarecht 1, Rn. 1648 ff., 2372 ff.
[102] So auch *Wunderlich*, Das Grundrecht der Berufsfreiheit im Europäischen Gemeinschaftsrecht, 2000, S. 120.
[103] VO (EWG, Euratom, EGKS) Nr. 259/68 des Rates zur Festlegung des Statuts der Beamten der Europäischen Gemeinschaften und der Beschäftigungsbedingungen für die sonstigen Bediensteten dieser Gemeinschaften sowie zur Einführung von Sondermaßnahmen, die vorübergehend auf die Beamten der Kommission anwendbar sind, vom 29.2.1968, ABl. 1968 L 56, S. 1; geändert durch VO (EG, EGKS, Euratom) Nr. 2458/98 des Rates vom 12.11.1998 zur Änderung der VO (EWG, Euratom, EGKS) Nr. 259/68 zur Festlegung des Statuts der Beamten der Europäischen Gemeinschaften, der Beschäftigungsbedingungen für die sonstigen Bediensteten dieser Gemeinschaften sowie der anderen auf die Beamten und sonstigen Bediensteten der Europäischen Gemeinschaften anwendbaren VOen hinsichtlich der Festsetzung der Dienst- und Versorgungsbezüge und der sonstigen finanziellen Ansprüche in Euro, ABl. 1998 L 307, S. 1.

tionellen Gründen zulässig beschränken.[104] Dadurch wird das **Grundrecht der Berufsfreiheit weitgehend überlagert**. Das ändert allerdings nichts daran, dass etwaige Änderungen dieses Beamtenstatuts an Art. 15 Abs. 1 EGRC zu messen sind.

d) Art. 15 Abs. 2 EGRC

2923 Diese Erstreckung auf alle Personen gilt nicht für Art. 15 Abs. 2 EGRC. Dieser ist **nur Unionsbürgerinnen und Unionsbürgern** eröffnet, und zwar für die Ausübung spezifisch der bereits bislang bestehenden **Grundfreiheiten**.[105] Daher müssen auch die Anwendungsbereiche gleich sein, sollen nicht Beschränkungen der Grundfreiheiten über Art. 15 Abs. 2 EGRC einfach umgangen werden können. Es bedarf insoweit eines **grenzüberschreitenden Bezugs**. Unionsbürgerinnen und Unionsbürger sind demnach nur insoweit berechtigt, als sie auch über die Grenzen Arbeit suchen, arbeiten, sich niederlassen oder Dienstleistungen erbringen, nicht hingegen auf nationaler Ebene.[106]

e) Art. 15 Abs. 3 EGRC

2924 Während es bei Art. 15 Abs. 2 EGRC auf die Zugehörigkeit zu einem EU-Staat ankommt, werden aus Art. 15 Abs. 3 EGRC alle **Staatsangehörigen dritter Länder** berechtigt, die **im Hoheitsgebiet der Mitgliedstaaten arbeiten dürfen**. Damit werden alle Beschäftigten berechtigt, welche nicht die Unionsbürgerschaft besitzen.[107] Von Art. 15 Abs. 3 EGRC werden aber nicht alle Staatsangehörige dritter Länder erfasst, die im Hoheitsgebiet der Mitgliedstaaten tatsächlich arbeiten, sondern nur diejenigen, die dies auch dürfen. Damit ist eine **Arbeitserlaubnis konstitutiv**. Da auf sie kein Anspruch besteht, haben es die Mitgliedstaaten in der Hand, eine solche Erlaubnis zu verleihen. Dadurch können sie die Anwendungsreichweite von Art. 15 Abs. 3 EGRC steuern.

2925 Vom Wortlaut her wird eigentlich vorausgesetzt, dass die Staatsangehörigkeit eines solchen Drittstaates besteht. Gleichermaßen schutzbedürftig sind aber **staatenlose Arbeitnehmerinnen und Arbeitnehmer**. Auf sie ist daher Art. 15 Abs. 3 EGRC **analog** anzuwenden, ohne dass dadurch die Mitgliedstaaten übermäßig belastet werden: Ihnen obliegt immer noch die Steuerung, inwieweit sie Arbeitnehmerinnen oder Arbeitnehmern von außerhalb der Union eine Arbeitserlaubnis erteilen.[108] Es geht um die Gleichstellung im Arbeitsprozess und diese ist unabhängig von einer konkreten Staatsangehörigkeit. Ihrer bedürfen nur Staatsangehörige von EU-Ländern nicht, weil sie nach Art. 15 Abs. 2 EGRC weitergehend berechtigt sind.

---

[104] *Wunderlich*, Das Grundrecht der Berufsfreiheit im Europäischen Gemeinschaftsrecht, 2000, S. 120; s. bereits *A. Weber*, ZBR 1978, 326 (328).
[105] Näher u. Rn. 2967 ff.
[106] S. auch o. Rn. 2884 f.
[107] *Rengeling*, DVBl 2004, 453 (457).
[108] *Blanke*, in: Stern/Sachs, Art. 15 Rn. 62.

§ 1 Berufsfreiheit

Die Grundfreiheiten, auf die verwiesen wird, enthalten nämlich nicht nur Diskriminierungs-, sondern auch Beschränkungsverbote.[109]

Solchermaßen abgekoppelt von den Grundfreiheiten erstreckt sich, im Gegensatz zu diesen, Art. 15 Abs. 3 EGRC auch **nicht** auf **Familienangehörige**. Letztere werden im Gegensatz zu Art. 19 ESC[110] nicht einbezogen, obwohl dessen Abs. 4 Vorbild bei der Entstehung von Art. 15 Abs. 3 EGRC war.[111] Indes beschränkt sich der Wortlaut des Grundrechts ausdrücklich auf die Staatsangehörigen dritter Länder, die im Hoheitsgebiet der Mitgliedstaaten arbeiten dürfen, knüpft also nicht an den Aufenthalt oder die Familienzugehörigkeit zu einer solchen Arbeitnehmerin oder einem solchen Arbeitnehmer an. Zudem beschränkt sich der Regelungsgegenstand auf die Arbeitsbedingungen und bezieht sich nicht auf soziale Rechte, die im Rahmen der Grundfreiheiten auch Familienangehörige berechtigen.

2926

2. Juristische Personen und sonstige Unternehmen

a) Art. 15 Abs. 1 EGRC

Die Berufsfreiheit betrifft entsprechend der Formulierung in Art. 15 EGRC „jede Person" nicht nur natürliche Personen, sondern auch und sogar in erster Linie Wirtschaftsteilnehmende und damit Unternehmen, welche vor allem als juristische Personen verfasst sind. Daher ist die Wendung „jede Person" so zu verstehen, dass es auf die Organisation der Person nicht ankommt und damit **sowohl natürliche als auch juristische Personen** umfasst sind. Der EuGH geht von der Grundrechtsberechtigung von Wirtschaftsteilnehmenden gerade auch im beruflichen Bereich selbstverständlich aus, ohne näher zu differenzieren, ob es sich um natürliche oder juristische Personen handelt.[112] Damit sind **sämtliche Wirtschaftsteilnehmenden** umfasst, unabhängig davon, ob sie in einer juristischen Person wie einer GmbH oder AG organisiert sind oder aber in einer Gesellschaft des bürgerlichen Rechts bzw. des Handelsrechts oder in einer Genossenschaft oder als natürliche Person am Wirtschaftsverkehr teilnehmen. Nicht nur **Arbeitnehmerinnen und Arbeitnehmer** sind demnach umfassend aus Art. 15 Abs. 1 EGRC berechtigt, sondern auch **unternehmerisch tätige Personen**.

2927

b) Art. 15 Abs. 2 EGRC

Art. 15 Abs. 2 EGRC bezieht sich **ebenfalls** auf **Unternehmen**. Denn auch aus den Grundfreiheiten sind die Unternehmen **umfassend** berechtigt. Die Gleichstellung in

2928

---

[109] Näher allgemein *Frenz*, Europarecht 1, Rn. 149 ff.
[110] Europäische Sozialcharta vom 18.10.1961, Europarat SEV-Nr. 035, s. Rn. 4046 ff.
[111] *Blanke*, in: Stern/Sachs, Art. 15 Rn. 62.
[112] S. etwa EuGH, Rs. C-280/93, ECLI:EU:C:1994:367 (Rn. 75) – Bananen.

Art. 54 Abs. 1 AEUV ist auf die anderen Grundfreiheiten zu übertragen.[113] Insoweit zählt der satzungsmäßige Sitz bzw. die Hauptverwaltung oder -niederlassung innerhalb der Union. Für Unternehmen greifen in erster Linie die Rechte ein, sich niederzulassen oder Dienstleistungen zu erbringen, wenngleich der EuGH das Recht der **Arbeitnehmerfreizügigkeit** auch auf eine Arbeitgeberin oder einen Arbeitgeber in Gestalt einer GmbH erstreckte.[114] Das gilt allerdings nur in dem Umfang, in dem ansonsten Arbeitnehmerrechte durch eine Beschränkung der Arbeitgeberin bzw. des Arbeitgebers beeinträchtigt werden könnten.

c) Art. 15 Abs. 3 EGRC

2929 Hingegen bezieht sich Art. 15 Abs. 3 EGRC auf die konkreten Arbeitsbedingungen am Arbeitsplatz und damit auf die **Arbeitnehmerinnen und Arbeitnehmer**, die als natürliche Personen Staatsangehörige dritter Länder sind. Ansonsten wäre auch auf den Sitz bzw. die Hauptniederlassung abgestellt worden. Zudem sind Arbeitserlaubnisse, welche von Art. 15 Abs. 3 EGRC vorausgesetzt werden, typischerweise auf natürliche Personen zugeschnitten und nicht auf juristische.

d) Personen des öffentlichen Rechts

2930 Grundrechte berechtigen grundsätzlich Private und nicht den Staat. Juristische Personen des öffentlichen Rechts sind daher auch im Rahmen der Berufsfreiheit grundsätzlich von der Grundrechtsträgerschaft ausgeschlossen. Der Staat handelt aber vielfach in Unternehmensform. Diese andere Organisationsform soll nicht entscheidend sein. Vielmehr wird eine Berufsfreiheit für öffentliche und auch gemischtwirtschaftliche Unternehmen nach Art. 15 Abs. 1 EGRC verneint.[115]

2931 Indes können sich **erwerbswirtschaftliche Aktivitäten öffentlicher und** erst recht **gemischt-wirtschaftlicher Unternehmen** in Bereichen bewegen, die auch von privaten Wirtschaftsteilnehmenden wahrgenommen werden. Zudem ist der Wortlaut von Art. 15 Abs. 1 EGRC „jede Person" offen. Damit kommt es eher auf eine erwerbswirtschaftliche berufliche Tätigkeit an als auf die Organisationsform. Deshalb ist für die Grundfreiheiten eine Berechtigung öffentlicher Unternehmen zu befürworten.[116] In deren Rahmen erfolgt allerdings eine Gleichstellung von Gesellschaften in Art. 54 AEUV, die auch auf öffentliche Träger und Unternehmen zu übertragen ist. Indes wird eine solche **Gleichstellung** von Unternehmen auch über den offenen Begriff „jede Person" in Art. 15 Abs. 1 EGRC erreicht. Zudem ist

---

[113] Näher *Frenz*, Europarecht 1, Rn. 230 ff.

[114] EuGH, Rs. C-350/96, ECLI:EU:C:1998:205 (Rn. 19 ff.) – Clean Car; teilweise krit. *Frenz*, Europarecht 1, Rn. 1441 ff.

[115] *Blanke*, in: Stern/Sachs, Art. 15 Rn. 40; bejahend hingegen *Bernsdorff*, in: Meyer/Hölscheidt, Art. 16 Rn. 18; *Rengeling*, DVBl 2004, 453 (455); *Wunderlich*, Das Grundrecht der Berufsfreiheit im Europäischen Gemeinschaftsrecht, 2000, S. 121 ff.

[116] Ausführlich *Frenz*, Europarecht 1, Rn. 241 ff.

zumindest im Rahmen von Art. 15 Abs. 2 EGRC die Berechtigung gleich weit zu ziehen wie im Rahmen der Grundfreiheiten, um Wertungswidersprüche und Divergenzen zu vermeiden. Da Grundfreiheiten und die Berufsfreiheit sehr eng zusammenhängen, ist diese Reichweite auch auf Art. 15 Abs. 1 EGRC als umfassenderes Grundrecht zu erstrecken. Ansonsten treten innerhalb der Berufsfreiheit sehr leicht Brüche auf.[117]

Damit muss man auch nicht den Gleichheitssatz bemühen, der zu gleichen Regelungen für öffentlich und privatrechtlich organisierte Unternehmen im Wettbewerb führen soll.[118] **Art. 106 Abs. 2 AEUV** setzt insoweit zwar Unterschiede voraus. Grundsätzlich gelten aber nach dieser Bestimmung doch die Vorschriften „dieses Vertrages", welcher mittlerweile auch auf die europäischen Grundrechte verweist und nicht nur Verpflichtungen, sondern eben auch Berechtigungen enthält. Diese können durchaus in einer Person zusammenfallen. Jedenfalls enthält **Art. 106 Abs. 1 AEUV** Schutz vor staatlichen Maßnahmen.[119]

2932

II. Grundrechtsverpflichtete

1. Union und Mitgliedstaaten

a) Sekundärrecht

Aus der Berufsfreiheit sind wie bei den anderen Grundrechten nach Art. 51 Abs. 1 S. 1 EGRC die Organe, Einrichtungen und sonstigen Stellen der Union und die Mitgliedstaaten bei der Durchführung des Unionsrechts verpflichtet. In erster Linie wird die **Berufsfreiheit** Bedeutung haben, wenn das zahlreiche **wirtschaftsbezogene Sekundärrecht** ergeht und umgesetzt wird und dabei die beruflichen Entfaltungsmöglichkeiten der Betroffenen mit bedacht werden müssen.

2933

b) Bei nationalen Beeinträchtigungen des grenzüberschreitenden Verkehrs

Bedeutung kann die Berufsfreiheit für die Mitgliedstaaten auch jenseits der Umsetzung des Sekundärrechts erlangen, wenn ihre Maßnahmen den grenzüberschreitenden Verkehr betreffen und dadurch die Berufsfreiheit von Wirtschaftsteilnehmenden aus anderen EU-Staaten beeinträchtigen. Zwar betrafen die EuGH-Urteile *ERT*,[120]

2934

---

[117] Vgl. im Übrigen allgemein o. Rn. 400 ff.
[118] Darauf abhebend *Bernsdorff*, in: Meyer/Hölscheidt, Art. 16 Rn. 18; *Rengeling*, DVBl 2004, 453 (455); *Tettinger*, in: FS für Börner, 1992, S. 625 (638); *Wunderlich*, Das Grundrecht der Berufsfreiheit im Europäischen Gemeinschaftsrecht, 2000, S. 121 ff.; insoweit abl. auch *Blanke*, in: Stern/Sachs, Art. 16 Rn. 16.
[119] *Frenz*, Europarecht 1, Rn. 248.
[120] EuGH, Rs. C-260/89, ECLI:EU:C:1991:254 – ERT.

Familiapress[121] und *Carpenter*,[122] auf die *Blanke* verweist,[123] nicht auch die Berufsfreiheit. Indes bilden die Meinungs- und Pressefreiheit spezifische Bereiche,[124] die ebenfalls wirtschaftliche Aktivitäten betreffen.[125] Damit belegen diese Urteile, dass grenzüberschreitende wirtschaftliche Aktivitäten beeinträchtigt sein können, wenn Mitgliedstaaten Maßnahmen mit grenzüberschreitenden Auswirkungen ergreifen. Diese können auch nicht vollständig durch die Grundfreiheiten erfasst werden.[126] Da die **Berufsfreiheit** gerade weiter reicht, kann sie etwa **vorbereitende Aspekte** für grenzüberschreitende Aktivitäten oder **Rahmenbedingungen** erfassen, die vor allem infolge der *Keck*-Rechtsprechung von den Grundfreiheiten ausgeklammert sind, gleichwohl aber eine solch bedeutende Grundlagenfunktion besitzen, dass sie über die Berufsfreiheit erfasst werden können.[127] Für spezifische unternehmerische Handlungen wird allerdings vor allem die unternehmerische Freiheit nach Art. 16 EGRC einschlägig sein.

2. Private

a) Art. 15 Abs. 3 EGRC

2935 Art. 15 Abs. 3 EGRC wird unmittelbare Drittwirkung zugemessen, verpflichtet doch auch Art. 157 AEUV Private.[128] Beide Bestimmungen geben materiell gleiche **Arbeitsbedingungen** vor und können letztlich effektiv nur dadurch verwirklicht werden, dass sie private Arbeitgeberinnen und Arbeitgeber verpflichten.[129] Ansonsten wären sie von ihrem Anwendungsbereich auf staatliche Arbeitgeberinnen und Arbeitgeber beschränkt und würden somit weitestgehend leer laufen.

b) Art. 15 Abs. 2 EGRC

2936 Auf dieser Basis lässt sich sogar eine Verpflichtung privater Arbeitgeberinnen und Arbeitgeber aus der Arbeitnehmerfreizügigkeit herleiten, soweit es um **Diskriminierungen** geht.[130] Insoweit stützte sich auch der EuGH im Urteil *Angonese* auf eine

---

[121] EuGH, Rs. C-368/95, ECLI:EU:C:1997:325 – Familiapress.

[122] EuGH, Rs. C-60/00, ECLI:EU:C:2002:434 – Carpenter.

[123] *Blanke*, in: Stern/Sachs, Art. 15 Rn. 40.

[124] Darauf verweisend *Wunderlich*, Das Grundrecht der Berufsfreiheit im Europäischen Gemeinschaftsrecht, 2000, S. 182.

[125] S.o. Rn. 2900.

[126] Dahin wohl *Blanke*, in: Stern/Sachs, Art. 15 Rn. 40 a. E.

[127] S.o. Rn. 2891.

[128] Zu seiner unmittelbaren Drittwirkung bereits EuGH, Rs. C-43/75, ECLI:EU:C:1976:56 (Rn. 38, 39) – Defrenne; *Blanke*, in: Stern/Sachs, Art. 15 Rn. 64.

[129] Abl. *Jarass/Kment*, § 20 Rn. 25.

[130] Näher *Frenz*, Europarecht 1, Rn. 1387 f.

notwendig einheitliche Anwendung des Gemeinschaftsrechts sowie auf einen Erstrecht-Schluss aus Art. 157 AEUV und zudem aus dem allgemeinen Diskriminierungsverbot nach Art. 18 AEUV.[131] Um **keine Widersprüche zur Arbeitnehmerfreizügigkeit** auftreten zu lassen, ist daher in diesem Rahmen auch Art. 15 Abs. 2 EGRC zulasten Privater anzuwenden. Diese dürfen damit auch nach Art. 15 Abs. 2 EGRC nicht Unionsbürgerinnen und Unionsbürger diskriminieren, wenn sie Arbeit suchen bzw. arbeiten.

Der **Niederlassungsfreiheit und Dienstleistungsfreiheit** kommt hingegen keine unmittelbare Drittwirkung zu. Sie beziehen sich vor allem auf staatliche Maßnahmen. Diesen vergleichbar sind nur Maßnahmen von **privaten Verbänden** etc., die eine staatlichen Einrichtungen vergleichbare Machtposition haben.[132]

2937

c) Art. 15 Abs. 1 EGRC

Die Berufsfreiheit nach Art. 15 Abs. 1 EGRC schützt – wie die Niederlassungs- und die Dienstleistungsfreiheit – vor allem vor **staatlichen Beeinträchtigungen**. So schützt dieses Grundrecht nicht die Annahme eines Berufs, sondern setzt einen angenommenen Beruf voraus, der frei ausgeübt und vorher gewählt werden darf. Zudem wird **kein Recht auf Arbeit** als individuell einforderbarer Anspruch gewährleistet, zumal nicht gegenüber privaten Unternehmen.[133]

2938

Damit kommt der Berufsfreiheit wie etwa auch im deutschen Verfassungsrecht **keine unmittelbare Drittwirkung** zu. Eine **Ausnahme** besteht höchstens dann, wenn es sich um **private Vereinigungen** handelt, die eine staatlichen Einrichtungen vergleichbare **Machtposition** besitzen. Weil aber die Grundrechte nach Art. 51 Abs. 1 EGRC grundsätzlich nur die Union und die Mitgliedstaaten verpflichten, muss auch diese Machtposition auf deren Handeln rückführbar sein. Das ist am ehesten der Fall, wenn diese Vereinigungen **von der Union bzw. von Mitgliedstaaten** eingesetzt wurden und auf dieser Basis eine staatlichen Einrichtungen vergleichbare Machtposition gegenüber Privaten ausüben.

2939

---

[131] EuGH, Rs. C-281/98, ECLI:EU:C:2000:296 (Rn. 34 f.) – Angonese; daraus folgt aber nicht notwendig eine unmittelbare Drittwirkung des allgemeinen Diskriminierungsverbotes, *Frenz*, Europarecht 1, Rn. 3926.

[132] S. insbes. EuGH, Rs. C-90/76, ECLI:EU:C:1977:101 (Rn. 28) – Van Ameyde für die Niederlassungsfreiheit; Rs. C-36/74, ECLI:EU:C:1974:140 (Rn. 16, 19) – Walrave für die Dienstleistungsfreiheit; zu Gewerkschaften o. Rn. 573; eine Verpflichtung Privater im Übrigen abl. *Frenz*, Europarecht 1, Rn. 2158 ff. für die Niederlassungsfreiheit, Rn. 2978 ff. für die Dienstleistungsfreiheit.

[133] Näher u. Rn. 2959 ff.

E. Gewährleistungsebenen: Umfasste Betätigungen

I. Berufswahl und Berufsausübung

1. Begriffliche Trennung bei einheitlicher Behandlung

2940 Schon in einem seiner ersten Urteile zur Berufsfreiheit, nämlich in der Rechtssache *Hauer*, unterscheidet der EuGH zwischen der Aufnahme eines Berufs und dessen freier Ausübung.[134] Eine nähere begriffliche Abgrenzung erfolgt nicht. Sie kann vor allem nicht darin gesehen werden, dass unmittelbare Beeinträchtigungen als Berufswahl- und mittelbare Eingriffe als Berufsausübungsregelungen zu qualifizieren seien.[135] Die dafür angeführte Entscheidung *Kommission/Deutschland* verneint vielmehr gänzlich einen Eingriff in die freie Berufswahl und befürwortet nur eine mittelbare, nicht aber eine unmittelbare Auswirkung auf die freie Berufsausübung.[136] Vielmehr behandelt der **EuGH Eingriffe in die Berufswahl und die Berufsausübung gleich**.[137]

2941 Der EuGH benutzt nicht etwa eine Stufenleiter von einer einfachen Berufsausübungsregelung über eine subjektive Berufswahlregelung bis hin zu einer objektiven Berufszulassungsschranke, welche nur zur Abwehr nachweisbarer oder höchstwahrscheinlicher Gefahren für ein überragend wichtiges Gemeinschaftsgut möglich ist.[138] Aber selbst bei einer derart unterschiedlichen Prüfung mit der Rechtfertigung von Eingriffen zerfließen die Grenzen zwischen Berufswahl und Berufsausübung. Daher wird ein **einheitliches Grundrecht der Berufsfreiheit** angenommen.[139] Das gilt erst recht auf der Ebene der europäischen Grundrechte,[140] wo doch in Art. 15 Abs. 1 EGRC Berufswahl und Berufsausübung in einem Satz zusammengefasst sind. Nur die Berufsausübung wird ausdrücklich als Recht garantiert, während die freie Berufswahl nur bezogen auf den ausgeübten Beruf erwähnt ist („Recht ... frei gewählten ... Beruf auszuüben."). Der **Schwerpunkt** der **Prüfung des EuGH** liegt

---

[134] EuGH, Rs. C-44/79, ECLI:EU:C:1979:290 (Rn. 32) – Hauer; ebenso bereits *GA Capotorti*, Rs. C-44/79, ECLI:EU:C:1979:254 (Rn. 10) – Hauer; näher *Borrmann*, Der Schutz der Berufsfreiheit im deutschen Verfassungsrecht und im europäischen Gemeinschaftsrecht, 2002, S. 158 ff. m. w. N.

[135] Dahin *Günter*, Berufsfreiheit und Eigentum in der Europäischen Union, 1998, S. 17; ebenso *Ruffert*, in: Calliess/Ruffert, Art. 15 GRCh Rn. 10.

[136] EuGH, Rs. C-116/82, ECLI:EU:C:1986:322 (Rn. 27) – Qualitätswein b.A.; ebenso *Wunderlich*, Das Grundrecht der Berufsfreiheit im Europäischen Gemeinschaftsrecht, 2000, S. 112 f.

[137] *Nowak*, in: Heselhaus/Nowak, § 34 Rn. 38.

[138] Grundlegend BVerfGE 7, 377 (405 ff.) – Apothekenzulassung.

[139] *Kühling*, in: Pechstein/Nowak/Häde, Frankfurter Kommentar, Art. 15 EGRC Rn. 8; s. für Art. 12 Abs. 1 GG BVerfGE 7, 377 (400 ff.); *Jarass*, in: ders./Pieroth, Art. 12 Rn. 2; *Scholz*, in: Dürig/Herzog/Scholz, GG, Art. 12 Rn. 22 ff.

[140] *Wunderlich*, Das Grundrecht der Berufsfreiheit im Europäischen Gemeinschaftsrecht, 2000, S. 113; a. A. *Emmerich-Fritsche*, Der Grundsatz der Verhältnismäßigkeit als Direktive und Schranke der EG-Rechtsetzung, 2000, S. 392, die von zwei einzelnen Grundrechten ausgeht, die nur thematisch verbunden sind.

bislang im Bereich der **Berufsausübung**, entsprechend dem Wortlaut von Art. 15 Abs. 1 EGRC wird auch an die Arbeitsaufnahme, Berufswahl und Berufsausübung angeknüpft.[141]

2. Berufswahl

Eingriffe in die Berufswahl lehnte der **EuGH** bislang **regelmäßig ab**.[142] Dabei gibt es durchaus Ansatzpunkte in Entscheidungen, welche eine Beeinträchtigung der Berufswahl nahe legen. Das gilt etwa dann, wenn bestimmte Tätigkeiten faktisch durch Marktregelungen unmöglich werden. Gleichwohl hat der EuGH im *Bananen*-Urteil nur eine Berufsausübungsregelung geprüft.[143] Zumindest faktisch wird durch eine solche Marktregelung der weiteren Aufnahme einer solchen Tätigkeit die wirtschaftliche Grundlage entzogen, wenn bestimmte Modalitäten nicht mehr wahrgenommen werden können, so der Import von Bananen in großem Stile auch aus Ländern außerhalb der AKP-Zone.

2942

Auch das BVerfG unterscheidet zwischen Berufswahl und Berufsausübung nach formalen Kriterien, hat allerdings die Figur entwickelt, dass eine Berufsausübungsregelung in ihren Wirkungen einer Berufswahlregelung gleich kommen kann und daher nach den Maßstäben Letzterer zu prüfen ist.[144] Eine solche Figur ist der bisherigen europarechtlichen Grundrechtsdogmatik fremd. Sie ist auch nicht notwendig, weil die Prüfungsmaßstäbe für beide Eingriffsarten praktisch identisch sind. Damit **zählen** letztlich die **in Frage stehenden Belange** und damit etwa das **Maß** der **Antastung** der einheitlichen **Berufsfreiheit** und nicht, ob es sich um eine Berufswahl- oder um eine Berufsausübungsregelung handelt. Der EuGH hat bislang ohnehin soweit ersichtlich noch keine europarechtliche Regelung wegen Verstoßes gegen die Berufsfreiheit für nichtig erklärt.[145]

2943

3. Abgrenzung zur Berufsausübung

Die Berufsausübung erstreckt sich auf die näheren Modalitäten der beruflichen Tätigkeit. Sie betrifft mithin nicht das „Ob", sondern das „Wie" der beruflichen Tätigkeit. So bejaht auch der EuGH, nachdem er eine Beeinträchtigung der freien Berufswahl verneint, die Berührung eines mittelbar damit zusammenhängenden

2944

---

[141] So etwa EuGH, Rs. C-544/10, ECLI:EU:C:2012:526 (Rn. 44 u. 54) – Deutsches Weintor; ebenso Rs. C-1/11, ECLI:EU: C:2012:194 (Rn. 43) – Interseroh Scrap and Metals Trading; s. *Kühling*, in: Pechstein/Nowak/Häde, Art. 15 EGRC Rn. 8.
[142] S. bereits EuGH, Rs. C-44/79, ECLI:EU:C:1979:290 (Rn. 32) – Hauer; ebenso Rs. C-116/82, ECLI:EU:C:1986:322 (Rn. 27) – Qualitätswein b.A.
[143] S. EuGH, Rs. C-280/93, ECLI:EU:C:1994:367 (Rn. 81) – Bananen.
[144] BVerfGE 11, 30 (44 f.) – Kassenarztzulassung; krit. insoweit *Erichsen/Frenz*, Jura 1995, 542 (543).
[145] S.o. Rn. 2940 ff.

Rechts, die sich auf die Berufsausübung auswirkt.[146] Zur **Berufsausübung** gehört auch, wo und bei wem jemand arbeitet, mithin die **Wahl des Ortes** und der **Arbeitgeberin oder des Arbeitgebers**.[147] Damit ist zugleich die in Art. 15 Abs. 1 EGRC eigens erwähnte Arbeitsaufnahme angesprochen. Sie ist in ihrer konkreten Ausprägung mit der Berufsausübung kohärent. Zu Letzterer gehört ebenfalls die **Arbeitszeit**; dass sie der Arbeitgebende gegenüber der Arbeitnehmerin oder dem Arbeitnehmer festlegt, beruht auf Tarif- und Individualvertrag. Auch deshalb haben die Unionsorgane die Tarifautonomie zu wahren.[148]

2945 Das Vorliegen einer Berufswahl- oder Ausübungsregelung kann maßgeblich davon abhängen, ob durch eine Regelung, die eine bestimmte berufliche Tätigkeit ordnet, ein Berufsstand betroffen ist, dessen Wahl dadurch erschwert wird, oder aber nur ein Teilbereich eines weiter reichenden Berufsbildes, sodass nur eine **Modalität** betroffen ist. Erschwert wird die Abgrenzung dadurch, dass gesetzlich fixierte Berufsbilder, woran das BVerfG in Deutschland anknüpft,[149] und Traditionen auf europäischer Ebene nicht einheitlich sein werden.

4. Bedeutung der Berufsanerkennungs- und der Dienstleistungsrichtlinie

2946 Soweit daher europäische **Regelungen zu beruflichen Tätigkeiten** erfolgen, kann höchstens an normative Typisierungen in diesen angeknüpft werden. Solche finden sich namentlich in der Berufsanerkennungs-[150] und der Dienstleistungsrichtlinie.[151] Darin werden aber verschiedene **Berufstypen** zu Obergruppen zusammengefasst. Daher kommt dieser **Einteilung nur begrenzte Bedeutung** zu. Auch wegen dieser Schwierigkeiten erweist es sich als Vorteil, dass nach den Maßstäben des EuGH eine nähere Abgrenzung von Berufswahl und Berufsausübung nicht zu erfolgen hat.

2947 **Rückwirkungen auf** die **Berufswahl** haben vor allem **Qualifikationsanforderungen**, um eine Tätigkeit aufzunehmen. Daher sind auch die Berufsanerkennungs- und die Dienstleistungsrichtlinie an dem Grundrecht der Berufsfreiheit zu messen.[152] Das gilt zumal dann, wenn solche Rechtsakte Harmonisierungen enthalten, die nationale Unterschiede ausschließen und damit die Grundfreiheiten erst gar nicht eingreifen lassen. Insoweit können nur die europäischen Grundrechte ins

---

[146] EuGH, Rs. C-116/82, ECLI:EU:C:1986:322 (Rn. 27) – Qualitätswein b.A.

[147] Zu Letzterem EuGH, Rs. C-132 u. a./91, ECLI:EU:C:1992:517 (Rn. 32) – PCO Stauereibetrieb; *Jarass/Kment*, § 20 Rn. 8.

[148] S. im Übrigen o. Rn. 2626, 2641.

[149] BVerfGE 75, 246 (265); 13, 97 (117).

[150] RL 2005/36/EG des Europäischen Parlaments und des Rates vom 7.9.2005 über die Anerkennung von Berufsqualifikationen, ABl. 2005 L 255, S. 22, zuletzt geändert durch VO (EU) 2021/2183, ABl. 2021 L 444, S. 16.

[151] RL 2006/123/EG des Europäischen Parlaments und des Rates vom 12.12.2006 über Dienstleistungen im Binnenmarkt, ABl. 2006 L 376, S. 36.

[152] Im Hinblick auf die Grundfreiheiten ausführlich *Frenz*, Handwerkliche Qualifikation und EU-Recht, 2006.

Feld geführt werden.¹⁵³ Entscheidend sind letztlich die tatsächlichen Auswirkungen auf die beruflichen Möglichkeiten.

5. Vertrauensschutz

Grundlage einer wirksamen Ausübung und auch Ergreifung eines Berufs ist, sich auf bestehende Regelungen in Normen oder durch Verwaltungsentscheidungen und sonstiges staatliches Verhalten verlassen zu können. Insbesondere im gewerblichen und industriellen Bereich ist ansonsten eine **langfristige Planung** unmöglich. Sie ist aber **Voraussetzung für effektive Investitionen**, ja überhaupt für das längerfristige Anbieten von Dienstleistungen und das Produzieren von Waren. Daher ist auch der Vertrauensschutz Ausfluss der Berufsfreiheit.¹⁵⁴ Er ist auch Grundlage für einen **effektiven Klimaschutz**, der mit Planungssicherheit und Entwicklungsdruck einhergeht, um wie erforderlich langfristig wirksam konzipiert zu werden.¹⁵⁵ Insoweit gehen Klimaschutz und Berufsfreiheit, durch deren Emanationen in Gestalt wirtschaftlicher Betätigung der Klimaschutz erheblich vorangebracht werden muss,¹⁵⁶ Hand in Hand.

2948

Klimafreundliche Berufstätigkeit ist daher auf **Vertrauensschutz in die Zukunft** gebaut, dass also staatliche Vorgaben langfristig währen und dementsprechend frühzeitig erlassen werden, um ein rechtzeitiges klimagerechtes Umsteuern zu ermöglichen. Umso mehr Bedenken erweckt es, dass der EuGH, welcher den Vertrauensschutz als allgemeinen Rechtsgrundsatz betrachtet und nicht grundrechtlich fundiert, insbesondere normative Änderungen auch gravierender Art regelmäßig als zulässig ansieht, jedenfalls wenn sie erst für die Zukunft wirken.¹⁵⁷ Umgekehrt kann damit die Berufstätigkeit ohne lange Übergangsfristen den Erfordernissen des Klimaschutzes angepasst werden, wenn die Maßnahmen in die Zukunft gerichtet werden. Dabei müssen sie aber im Interesse eines wirksamen Klimaschutzes langfristig konzipiert sein. Insoweit wird die Berufsfreiheit durch das Erfordernis eines effektiven Klimaschutzes aus diversen Grundrechtsgehalten geprägt.

2949

Der EuGH prüft insbesondere die **Veränderung von Rahmenbedingungen innerhalb einer Marktorganisation** der europäischen Agrarordnung nicht spezi-

2950

---

¹⁵³ Allgemein *Möstl*, EuR 2002, 318 (323); *Blanke*, in: Stern/Sachs, Art. 15 Rn. 12.
¹⁵⁴ S.u. Rn. 3451 f.
¹⁵⁵ BVerfGE 157, 30 (Rn. 249) – Klimabeschluss.
¹⁵⁶ S. Mitteilung der Kommission an das Europäische Parlament, den Rat, den Europäischen Wirtschafts- und Sozialausschuss und den Ausschuss der Regionen vom 14.7.2021, „Fit für 55": auf dem Weg zur Klimaneutralität – Umsetzung des EU-Klimaziels für 2030, COM(2021) 550 final, S. 2: Wachstum durch Klimaschutz; näher *Frenz*, in: ders., Gesamtkommentar Klimaschutzrecht, 2. Aufl. 2022, Einf. A Rn. 60.
¹⁵⁷ Ausführlich dazu u. Rn. 3457 ff.

fisch am Maßstab der Berufsfreiheit.[158] Lediglich dann greift der EuGH mittlerweile auf die **Berufsausübungsfreiheit** zurück, **wenn eine Marktorganisation neu errichtet** wird und damit solche Wirtschaftsteilnehmenden erfasst, die bislang noch nicht einbezogen werden.[159] Solche Unternehmen werden gerade mit einer Neuregelung überstülpt, welche die bisher freie Berufsausübung reglementiert. Damit liegt ein klassischer Fall eines Eingriffs in die Berufsfreiheit vor.[160] Im Effekt ist aber eine Belastung, die durch eine in bestimmter Weise ausgestaltete Reglementierung zustande gekommen ist, gleichermaßen und unabhängig davon, ob ein Unternehmen bereits einer solchen Marktorganisation unterworfen war oder nicht. Daher können auch bereits in eine Marktorganisation **einbezogene Unternehmen** die **Berufsfreiheit** geltend machen.[161] Die bestehende Einbeziehung in eine Marktordnung kann allerdings erhebliche Auswirkungen für den Vertrauensschutz haben. Wer bislang in eine **Marktorganisation einbezogen** war, musste ggf. mit **fortlaufenden und** auch **erheblichen Änderungen** rechnen.[162]

6. Rahmenbedingungen beruflicher Tätigkeit

2951 Führt man den Ansatz des EuGH fort, bereits in Marktorganisationen einbezogene Wirtschaftsteilnehmende ohne den Schutz durch die Berufsfreiheit zu lassen, wenn es um Veränderungen geht, kommt man zu einer Ausblendung dieses Grundrechts, sofern der Staat die wirtschaftlichen Rahmenbedingungen ändert. Eine solche Konzeption ergibt sich vor allem dann, wenn man mit der früheren Rechtsprechung des EuGH[163] auch die **außerhalb einer Marktorganisation stehenden Wirtschaftsteilnehmenden** nicht in den Schutz von Art. 15 EGRC einbezieht, sofern eine solche Marktorganisation auf sie ausgedehnt wird. Das erinnert an die Konzeption des BVerfG, wonach die Berufsfreiheit grundsätzlich nicht vor Änderungen der Marktdaten und Rahmenbedingungen der unternehmerischen Entscheidungen schützen soll. Danach haben die Marktteilnehmenden keinen Anspruch darauf, dass die Wettbewerbsbedingungen für sie gleich bleiben. Insbesondere gewährleistet das

---

[158] *Blanke*, in: Stern/Sachs, Art. 15 Rn. 32 unter Verweis auf EuGH, Rs. C-230/78, ECLI:EU:C:1979:216 (Rn. 22) – Eridania; krit. auch *Günter*, Berufsfreiheit und Eigentum in der Europäischen Union, 1998, S. 19 f.; s. auch *Penski/Elsner*, DÖV 2001, 265 (271); für ein Eingreifen der Berufsfreiheit hingegen auch *Rengeling/Szczekalla*, Rn. 793; *Wunderlich*, Das Grundrecht der Berufsfreiheit im Europäischen Gemeinschaftsrecht, 2000, S. 118.

[159] S. EuGH, Rs. C-280/93, ECLI:EU:C:1994:367 (Rn. 81) – Bananen; s. bereits o. Rn. 2916; auch insoweit noch abl. Rs. C-133-136/85, ECLI:EU:C:1987:244 (Rn. 18) – Rau/BALM.

[160] Für eine Einbeziehung aus der Lit. entgegen der früheren EuGH-Rspr. auch z. B. *Hilf/Willms*, EuGRZ 1989, 189 (194); *Günter*, Berufsfreiheit und Eigentum in der Europäischen Union, 1998, S. 20.

[161] *Wunderlich*, Das Grundrecht der Berufsfreiheit im Europäischen Gemeinschaftsrecht, 2000, S. 118.

[162] S.u. Rn. 3443, 3601 f.

[163] EuGH, Rs. C-133-136/85, ECLI:EU:C:1987:244 (Rn. 18) – Rau/BALM.

Grundrecht „keinen Anspruch auf eine erfolgreiche Marktteilhabe oder künftige Erwerbsmöglichkeiten. Vielmehr unterliegen die Wettbewerbsposition und damit auch die erzielbaren Erträge dem Risiko laufender Veränderung je nach den Verhältnissen am Markt und damit nach Maßgabe seiner Funktionsbedingungen".[164]

Noch deutlicher trat dieser Ansatz in der auch im *Ökosteuer*-Urteil in Bezug genommenen Entscheidung des BVerfG zu staatlichen Warnungen und Empfehlungen im Hinblick auf glykolhaltige Substanzen enthaltende Weine zum Vorschein. In diesem Beschluss sieht das BVerfG als Grundlage für einen funktionierenden Wettbewerb ein möglichst hohes Maß an Information der Marktteilnehmenden über marktrelevante Faktoren. Dabei soll der Staat fördernd wirken können.[165] Er vermag danach fairen Wettbewerb mit zu schaffen; er gestaltet die Funktionsbedingungen der Berufsausübung mit. Art. 12 Abs. 1 GG soll nur die Teilhabe am Wettbewerb nach Maßgabe seiner Funktionsbedingungen sichern.[166]

2952

„Die Reichweite des Freiheitsschutzes" wird damit „auch durch die rechtlichen Regeln mitbestimmt, die den Wettbewerb ermöglichen und begrenzen".[167] „Die grundrechtliche Gewährleistung umfasst dementsprechend nicht einen Schutz vor Einflüssen auf die wettbewerbsbestimmenden Faktoren."[168]

2953

So zerfließen jedoch die Grenzen zwischen grundrechtlich geschützter privater Gestaltung und abwehrbarem staatlichen Eingreifen in den freien Wettbewerb als Grundlage beruflicher Entfaltung. Dabei steht der Berufsbegriff fest[169] und ist gerade nicht normabhängig.[170] Die gravierenden Auswirkungen zeigen sich in den aufgezeigten Sachverhalten. **Bereits die Änderung einer Agrarmarktordnung** beeinträchtigt ebenso wie die Veröffentlichung einer Liste mit als gefährlich eingestuften Produkten die Wettbewerbsposition der Betroffenen und **beeinträchtigt** daher faktisch den **künftigen Absatz**.

2954

Diese **Komponenten** sind **staatlich bedingt und individuell belastend**. Die davon ausgehende inhaltliche Prägung übersteigt den vom Staat zu gewährleistenden Wettbewerbsrahmen und fällt daher nicht bereits aus dem Schutzbereich von Art. 15 EGRC heraus. Das gilt entsprechend für neue **Regelungen zum Klimaschutz**, auch wenn sie in eine „**neue Klimaordnung**" eingebettet sein sollten oder „nur" **Informationen** bzw. **Empfehlungen** für einen **Veggie-Day**, gegen **Inlandsflüge** etc. beinhalten, dadurch aber das Verbraucherverhalten beeinflussen. Solche Maßnahmen werden in Zukunft eine vermehrte Bedeutung erhalten, geht es doch um ein **verantwortungsvolles Konsum- und Produktionsverhalten**, wie es das 12.

2955

---

[164] BVerfGE 110, 274 – Ökosteuer.
[165] BVerfGE 102, 252 (266 f.) – Glykolweine.
[166] BVerfGE 105, 252 (265) – Glykolweine; ebenso 106, 275 (298) – Festbeträge für Arzneimittel.
[167] BVerfGE 105, 252 (265) – Glykolweine; ebenso 106, 275 (298) – Festbeträgen für Arzneimittel.
[168] BVerfGE 105, 252 (265) – Glykolweine.
[169] S.o. Rn. 2906 ff.
[170] BVerwGE 96, 293 (296); 87, 37 (41); 22, 286 (289); *Scholz*, in: Dürig/Herzog/Scholz, GG, Art. 12 Rn. 29; s. aber BVerfGE 81, 70 (85 f.); 7, 377 (397).

UN-Nachhaltigkeitsziel (SDG 12) vorsieht. Umso mehr sind dann solche Maßnahmen an den Grundrechten zu messen.

7. Freiheit von Arbeit

2956 **Art. 5 Abs. 2 EGRC** schützt vor Zwangs- oder Pflichtarbeit. Das schließt aber nur aus, dass die Arbeit aufgrund von körperlichem oder moralischem Zwang sowie unter Androhung irgendeiner Strafe unfreiwillig geleistet werden muss.[171] Damit ist die bloße **Arbeitsverweigerung nicht umfasst**. Das gilt zumal dann, wenn man wie die EKMR für die Unfreiwilligkeit der Arbeit verlangt, dass die Arbeit oder der Dienst ungerecht unterdrückt bzw. mit vermeidbaren Härten einhergeht.[172] Daher bleibt immer noch ein Anwendungsbereich für ein **Grundrecht der negativen Berufsfreiheit**. Diese würde allgemein in der Freiheit bestehen, einen bestimmten Beruf nicht zu wählen bzw. wahrzunehmen oder eine bestimmte Arbeit nicht auszuüben oder gar nichts zu tun.

2957 Auch ansonsten haben Freiheitsrechte als Kehrseite ihrer Gewährleistung eines positiven Tuns eine negative Freiheit.[173] Eine solche Kehrseite der positiven Freiheit zu arbeiten wird aber abgelehnt.[174] Zwar mag die Entscheidung gegen die Ausübung eines bestimmten Berufs regelmäßig das Optieren für eine andere Tätigkeit darstellen.[175] Indes müssen diese beiden Schritte nicht notwendig zusammenfallen. Dann bildet die freie Entscheidung gegen einen bestimmten Beruf erst die Grundlage dafür, sich einem anderen Beruf zuzuwenden. Zudem muss es jeder Person auch **freistehen**, überhaupt **keinen Beruf auszuüben** bzw. die gelernte Tätigkeit nicht mehr wahrzunehmen, ohne eine andere zu ergreifen. So kann jemand, der es sich leisten kann, von seinem Vermögen leben, ohne noch einer beruflichen Tätigkeit nachzugehen. Das betrifft jedenfalls diejenigen, die über Vermögen verfügen, dessen Verwaltung selbst nicht schon eine berufliche Tätigkeit darstellt.

2958 Anerkennt man eine solche negative Berufsfreiheit, bestünde möglicherweise ein Hindernis, jemanden beim Empfang **staatlicher Leistungen** zu einer beruflichen Tätigkeit zu veranlassen. Indes werden bei der Weigerung, eine Tätigkeit aufzunehmen, lediglich Sanktionen verhängt. Damit obliegt es immer noch der Entscheidung der einzelnen Person, ob sie diese Sanktionen in Kauf nimmt oder aber eine Tätigkeit

---

[171] EGMR, Urt. vom 23.11.1983, Nr. 8919/80 (Rn. 32), EuGRZ 1985, 477 (481) – Van der Mussele/Belgien; näher dazu o. Rn. 1208 ff. Bei jeder nicht freiwillig übernommenen Arbeit oder Dienstleistung Pflichtarbeit annehmend *Höfling/Kempny*, in: Stern/Sachs, Art. 5 Rn. 13.

[172] EKMR, Entsch. vom 17.12.1963, Nr. 1468/62, EuGRZ 1975, 51 (52) – Iversen/Norwegen; Entsch. vom 1.4.1974, Nr. 4653/70, EuGRZ 1975, 47 – Husman/Deutschland; Entsch. vom 11.12.1976, Nr. 7641/76, DR 10, 224 (229 f.) – X. u. Y./Deutschland; diese weiteren Voraussetzungen abl. EGMR, Urt. vom 23.11.1983, Nr. 8919/80 (Rn. 37), EuGRZ 1985, 477 (482) – Van der Mussele/Belgien.

[173] *Rengeling/Szczekalla*, Rn. 785 f. auch zum vorhergehenden Argument.

[174] *Bernsdorff*, in: Meyer/Hölscheidt, Art. 15 Rn. 14. Bejahend hingegen auch *Jarass/Kment*, § 20 Rn. 8.

[175] So *Blanke*, in: Stern/Sachs, Art. 15 Rn. 36 a. E.

ausübt. Solche **Sanktionen** stehen damit **nicht in Widerspruch zu einer negativen Berufsfreiheit**, sind sie doch in das System staatlicher Leistungen eingebunden. Die verlangte **Bereitschaft zu arbeiten**, bildet **nur** die **Voraussetzung** für den Erhalt dieser **Leistungen**, ohne jemanden zu einer beruflichen Tätigkeit zu zwingen. Jemand, der sich dafür entscheidet, überhaupt keine berufliche Tätigkeit ausüben zu wollen, muss eben die Konsequenzen selbst tragen und kann diese nicht über staatliche Leistungen kompensieren.

II. Recht auf Arbeit?

1. Genese

An erster Stelle nennt Art. 15 Abs. 1 EGRC das Recht zu arbeiten. Es wurde damit kein „Recht auf Arbeit" verankert. Das zeigt die **Entstehungsgeschichte**.[176] Die Berufsfreiheit wurde bewusst als Freiheitsrecht festgeschrieben. Das gilt zum einen für die Platzierung. Die Berufsfreiheit wurde nicht, wie anfangs vorgesehen,[177] den wirtschaftlichen und sozialen Rechten zugeordnet.[178] Vielmehr wurde sie im ersten Entwurf eines vollständigen Textes der Charta[179] bei den Freiheitsrechten platziert. Dabei wurde sie zum anderen inhaltlich verändert. Sie war zunächst entsprechend Art. 1 Nr. 2 ESC[180] und Art. 6 Abs. 1 IPwskR durch die Formulierung „um ihren Lebensunterhalt zu verdienen" angereichert. Dadurch war sie funktional mit den wirtschaftlichen und sozialen Rechten verbunden. Dieser Passus war aber aufgegeben worden, als die im Wesentlichen unveränderte Fassung zu Art. 15 Abs. 1 EGRC unter Wiederaufnahme des Rechts zu arbeiten festgelegt wurde.[181] Das Recht zu arbeiten war sogar gänzlich gestrichen worden, wurde aber nach starker Kritik[182] wieder hineingenommen, aber eben im **Kontext eines Freiheitsrechts** und ohne inhaltlichen Anklang an die wirtschaftlichen und sozialen Rechte. So hatte auch ein Vorstoß, dieses Recht mit dem Ziel eines hohen Beschäftigungsstandes zu kombinieren, keine Billigung erfahren.[183] Sowohl die Entstehungsgeschichte als auch

2959

---

[176] Von einer bewussten Wahl insoweit ausgehend *Blanke*, in: Stern/Sachs, Art. 15 Rn. 24 a. E.; *Grabenwarter*, DVBl 2001, 1 (5); *Ruffert*, in: Ehlers, Europäische Grundrechte und Grundfreiheiten, § 19 Rn. 6.; *Schmitz*, JZ 2001, 833 (841); *Tettinger*, NJW 2001, 1010 (1014).
[177] S. CHARTE 4192/00 CONVENT 18.
[178] Dies führte zu Kritik, als der Präsidiumsvorschlag in der 7. Sitzung des Grundrechtekonvents am 3./4.4.2000 beraten wurde, vgl. *Bernsdorff/Borowsky*, Die Charta der Grundrechte der Europäischen Union, 2002, S. 211.
[179] CHARTE 4422/00 CONVENT 45.
[180] Europäische Sozialcharta vom 18.10.1961, Europarat SEV-Nr. 035, s. Rn. 4046 ff.
[181] In CHARTE 4470/00 CONVENT 47, s. *Bernsdorff*, in: Meyer/Hölscheidt, Art. 15 Rn. 9.
[182] In der 16. Sitzung des Grundrechtekonvents am 11./12.9.2000, s. *Bernsdorff/Borowsky*, Die Charta der Grundrechte der Europäischen Union, 2002, S. 362 ff.
[183] *Blanke*, in: Stern/Sachs, Art. 15 Rn. 1.

die systematische Stellung wie der Wortlaut sprechen damit gegen ein Recht auf Arbeit in Art. 15 Abs. 1 EGRC.

2. Vorbildcharakter von Art. 1 ESC und Art. 6 IPwskR

2960 Ein solches Recht wird auch nicht durch die internationalen sozialen Konventionen begründet, denen teilweise Vorbildcharakter für Art. 15 Abs. 1 EGRC zukommt. Es greift daher auch nicht die Meistbegünstigungsklausel nach Art. 53 EGRC.[184] Art. 1 ESC erhebt nur zum Ziel, die wirksame Ausübung des Rechts auf Arbeit zu gewährleisten. In diesem Zusammenhang werden verschiedene Verpflichtungen genannt, so zwecks Verwirklichung der Vollbeschäftigung die Erreichung und Aufrechterhaltung eines möglichst hohen und stabilen Beschäftigungsstandes zu einer der wichtigsten Zielsetzungen und Aufgaben zu machen. Darüber hinaus ist das Recht der Arbeitnehmerin bzw. des Arbeitnehmers wirksam zu schützen, seinen Lebensunterhalt durch eine frei übernommene Tätigkeit zu verdienen. Damit wird aber zum einen keine **Vollbeschäftigung** garantiert, sondern **lediglich angestrebt**. Zum anderen wird **an die frei übernommene Tätigkeit** einer Arbeitnehmerin bzw. eines Arbeitnehmers **angeknüpft**. Das setzt nicht voraus, dass der Staat sie verschafft haben muss. Damit ist aus Art. 1 ESC **kein Recht auf Arbeit in einem individuell einforderbaren Sinne** abzuleiten. Damit kann dahin stehen, welche Bedeutung der Verdienst des Lebensunterhalts durch eine frei übernommene Tätigkeit hat. Dieser Passus wurde auf europäischer Ebene gerade herausgenommen. Dass mit der Arbeit Lohn verbunden ist, schließt zudem auch Art. 15 Abs. 1 EGRC nicht aus.

2961 Noch stärker tritt der **programmatische Charakter** beim **IPwskR** hervor. Vor diesem Hintergrund ist **auch Art. 23 Nr. 1 der Allgemeinen Erklärung der Menschenrechte**[185] zu sehen, wonach jeder Mensch das Recht auf Arbeit, auf freie Berufswahl, auf angemessene und befriedigende Arbeitsbedingungen sowie auf Schutz gegen Arbeitslosigkeit hat; zudem handelt es sich dabei um eine bloße Erklärung, „das von allen Völkern und Nationen zu erreichende gemeinsame Ideal".[186] Zwar enthält Art. 6 Abs. 1 IPwskR das Recht auf Arbeit, verlangt aber von den Vertragsstaaten nur, geeignete Schritte zum Schutz dieses Rechts zu unternehmen. Dazu gehören nach Art. 6 Abs. 2 IPwskR „fachliche und berufliche Beratung und Ausbildungsprogramme sowie die Festlegung von Grundsätzen und Verfahren zur Erzielung einer stetigen wirtschaftlichen, sozialen und kulturellen Entwicklung und einer produktiven Vollbeschäftigung unter Bedingungen, welche die politischen und wirtschaftlichen Grundfreiheiten des Einzelnen schützen". Die Vertragsstaaten haben sich also zu bemühen, das Ziel zu erreichen. Schaffen sie dies nicht, verletzen

---

[184] S.o. Rn. 78 f.

[185] Am 10.12.1948 von der UN-Generalversammlung genehmigt und verkündet (Resolution 217 (A) III, im Internet z. B. abrufbar unter http://www.unric.org oder http://www.un.org (letzter Abruf: 30.9.2023)), heute als Völkergewohnheitsrecht anerkannt.

[186] S. die Präambel der Allgemeinen Erklärung der Menschenrechte, letzte Erwägung.

sie den internationalen Pakt nicht. Es handelt sich mithin um eine ganz andere Konzeption des Menschenrechtsschutzes.[187]

Zwar wird auch in Art. 6 Abs. 1 IPwskR auf das Verdienen des Lebensunterhalts abgestellt. Dazu besteht aber nur die „Möglichkeit", und zwar „durch frei gewählte oder angenommene Arbeit". Daran zeigt sich die enge Verbindung des Rechts auf Arbeit mit dem Recht auf Ausübung einer frei gewählten oder angenommenen Arbeit. Auch daraus ergibt sich, dass schwerlich eine staatliche Garantie bestehen kann, sondern sich das **Recht auf Arbeit** jedenfalls im Wesentlichen **durch** die **individuelle Berufsentfaltung** verwirklicht. Zumindest handelt es sich dabei auch nach dem IPwskR um eine wesentliche Modalität dieses Rechts. 2962

3. Beschränkter Gehalt von Art. 15 Abs. 1 EGRC

In Art. 15 Abs. 1 EGRC wurde das Recht auf die Modalität beschränkt, einen frei gewählten oder angenommenen Beruf auszuüben. Der Staat darf dieses Recht nicht beeinträchtigen. Damit dürfen weder die Union noch die Mitgliedstaaten aktiv dazu beitragen, Menschen an der Arbeitsaufnahme zu hindern.[188] Behinderungen selbstständiger oder unselbstständiger Arbeit dürfen nicht hoheitlich veranlasst werden. 2963

Daraus wird abgeleitet, der Rechtfertigungsdruck für hoheitliche Regelungen von Berufswahl und -ausübung würde steigen.[189] Indes geht es hier eher um die **Gewährleistung von Rahmenbedingungen**, in denen sich die individuelle Berufsfreiheit entfalten kann. Diese hat selbst bereits ein solch starkes Gewicht im Wirtschaftsleben, dass sich daraus ein erheblicher Rechtfertigungsdruck aufbaut. 2964

So wird denn auch gefolgert, der Staat müsse für die realen Möglichkeiten der Berufsausübung sorgen, „mithin das Ziel der Vollbeschäftigung" anstreben.[190] Allerdings ist das Grundrecht der Berufsfreiheit gerade freiheitsrechtlich ausgerichtet. Daher hat der **Staat Belastungen fernzuhalten, nicht** aber **notwendig** auf **Vollbeschäftigung** und auf die **reale Möglichkeit zur Berufsausübung** hinzuwirken. Damit hätte man wiederum eine soziale Komponente der Berufsfreiheit eingeführt. Ohnehin haben die Mitgliedstaaten nur sehr geringe Möglichkeiten, Personen auch tatsächlich Arbeitsplätze zur Verfügung zu stellen, wird doch der öffentliche Dienst teilweise zurückgefahren und bieten selbst Subventionen keine dauerhafte Arbeitsplatzgarantie.[191] Auch deshalb besteht **kein subjektiver Erfüllungsanspruch**. Würde ein solcher Erfüllungsanspruch über eine Bindung privater Unternehmen gewonnen, würde dies den Grundrechten der Berufsfreiheit, der unternehmerischen Freiheit und des Eigentums auf nationaler Ebene widersprechen.[192] 2965

---

[187] *Blanke*, in: Stern/Sachs, Art. 15 Rn. 26.
[188] *Blanke*, in: Stern/Sachs, Art. 15 Rn. 25; *Meyer/Engels*, ZRP 2000, 368 (370).
[189] *Ruffert*, in: Ehlers, Europäische Grundrechte und Grundfreiheiten, § 19 Rn. 6.
[190] So *Ruffert*, in: Ehlers, Europäische Grundrechte und Grundfreiheiten, § 19 Rn. 6 a. E.
[191] *Blanke*, in: Stern/Sachs, Art. 15 Rn. 24.
[192] *Bernsdorff*, in: Meyer/Hölscheidt, Art. 15 Rn. 15.

2966 Gewährleistet Art. 15 Abs. 1 EGRC kein Recht auf Arbeit, gilt dies auch für **asylbewerbende Personen**. Trotz des „Jedermann"-Charakters von Art. 15 EGRC haben diese damit nicht notwendig das Recht, in der Union eine Arbeit aufzunehmen. Finden sie aber eine Arbeit, so kann sie ihnen aufgrund eben dieses „Jedermann"-Charakters kaum verboten werden.[193] Sie können nicht durch aktive staatliche Schritte an einer **Arbeitsaufnahme** gehindert werden, **ohne** dass Art. 15 Abs. 1 EGRC ein **Recht auf Zuwanderung** enthält.[194] Allerdings kann diese Möglichkeit der Arbeitsaufnahme an eine Arbeitserlaubnis geknüpft werden („arbeiten dürfen").[195]

III. Grundfreiheiten (Art. 15 Abs. 2 EGRC)

1. Maßgeblichkeit der Grundfreiheiten

2967 Art. 15 Abs. 2 EGRC nimmt mit der Gewährleistung der Freiheit, in jedem Mitgliedstaat Arbeit zu suchen, zu arbeiten, sich niederzulassen oder Dienstleistungen zu erbringen, die Garantien der Arbeitnehmerfreizügigkeit, der Niederlassungsfreiheit und der Dienstleistungsfreiheit auf. Indem damit praktisch auf diese Grundfreiheiten verwiesen wird, gelten die dafür maßgeblichen Regeln. Insbesondere bedarf es eines grenzüberschreitenden Bezugs, um nicht die begrenzte Reichweite der Grundfreiheiten über Art. 15 Abs. 2 EGRC auszuhöhlen.[196] Damit geht **Art. 15 Abs. 2 EGRC** nicht über den **bereits bestehenden Gehalt der Grundfreiheiten** hinaus. Der maßgebliche Inhalt ergibt sich deshalb aus Art. 45 ff. AEUV.

2968 Damit greift **Art. 52 Abs. 2 EGRC** ein, wonach die Ausübung der in anderen Teilen des Vertrags geregelten Rechte im Rahmen der dort festgelegten Bedingungen und Grenzen erfolgt. Das gilt auch für die Frage der Berechtigten. Zwar benennt Art. 15 Abs. 2 EGRC ausdrücklich die Unionsbürgerinnen und Unionsbürger. Darin kann aber allenfalls eine Klarstellung gesehen werden, die den näheren Gehalt von Art. 45 ff. AEUV nicht überlagert. Art. 52 Abs. 2 EGRC setzt sich auch insoweit durch.[197] Damit sind für den Kreis der Berechtigten weiterhin die präzisen Festlegungen in Art. 45 ff. AEUV heranzuziehen. Insbesondere sind gem. Art. 54 AEUV **Gesellschaften** mit satzungsmäßigem Sitz bzw. Hauptverwaltung oder Hauptniederlassung innerhalb der Union **gleichzustellen**.

---

[193] *Meyer/Engels*, ZRP 2000, 368 (370).
[194] *Blanke*, in: Stern/Sachs, Art. 15 Rn. 25.
[195] *Blanke*, in: Stern/Sachs, Art. 15 Rn. 25.
[196] S.o. Rn. 2882 ff., 2891 f., 2907. Wie hier *Blanke*, in: Stern/Sachs, Art. 15 Rn. 56; *Kühling*, in: Pechstein/Nowak/Häde, Art. 15 GR-Charta Rn. 11; a. A. *Grabenwarter*, DVBl 2001, 1 (5); *ders.*, EuGRZ 2004, 563 (567 f.).
[197] *Blanke*, in: Stern/Sachs, Art. 15 Rn. 56.

Letztlich besitzt daher **Art. 15 Abs. 2 EGRC** keinen eigenständigen grundrechtlichen Gehalt,[198] sondern ist eher **plakativer Natur** und bildet nur eine **Rechtsgrundverweisung**: Voraussetzungen und Rechtsfolgen ergeben sich aus den Grundfreiheiten. Er unterstreicht aber die enge Verbindung von Berufsfreiheit und Grundfreiheiten und zeigt, dass die **Berufsfreiheit** das umfassendere Freiheitsrecht darstellt, für dessen Verwirklichung die **personenbezogenen Grundfreiheiten wichtige Ausprägungen** darstellen.[199]

2969

2. Grundfreiheiten als Konkretisierungen der Berufsfreiheit

Dass die Grundfreiheiten Konkretisierungen des übergreifenden und umfassenden Grundrechts der Berufsfreiheit bilden, wird bereits durch die bisherige Diktion des EuGH genährt. Schon 1987 betrachtete er die Arbeitnehmerfreizügigkeit als ein Grundrecht, das jeder Arbeitnehmerin bzw. jedem Arbeitnehmer der Gemeinschaft individuell vom Vertrag verliehen ist.[200] Diesen Faden nahm der EuGH in der *Bosman*-Entscheidung wieder auf und folgerte aus Art. 45 AEUV konkret ein Grundrecht auf freien Zugang zur Beschäftigung.[201] Ausgehend davon wurden die **Personenverkehrsfreiheiten** gar **als Grundrecht der Berufsfreiheit angesehen**.[202]

2970

Indem die EGRC ausdrücklich das Grundrecht der Berufsfreiheit in Art. 15 normiert hat, ist allerdings klargestellt, dass jedenfalls das Hauptgrundrecht der Berufsfreiheit darin zu suchen ist. Die Personenfreiheiten bilden jedoch eng damit zusammenhängende zusätzliche Garantien für den grenzüberschreitenden Verkehr, welche **Teilaspekte der Berufsfreiheit** herausgreifen und angepasst an die Schwierigkeiten der Personenfreiheit zwischen den Mitgliedstaaten garantieren. Die **Gesamtheit** des europäischen **Grundrechts der Berufsfreiheit** erschließt sich daher erst aus einer **Zusammenschau von Art. 15 EGRC und den Personenverkehrsfreiheiten**. Weitergehend können auch die **Warenverkehrsfreiheit** und die **Kapitalverkehrsfreiheit** einbezogen werden, sind doch letztlich auch sie regelmäßig Ausprägungen beruflicher Tätigkeiten und Positionen.[203]

2971

---

[198] *Streinz*, in: ders., Art. 15 GR-Charta Rn. 14; *Blanke*, in: Stern/Sachs, Art. 15 Rn. 56 a. E.; *Kühling*, in: Pechstein/Nowak/Häde, Art. 15 GR-Charta Rn. 11
[199] S. auch o. Rn. 2885.
[200] EuGH, Rs. C-222/86, ECLI:EU:C:1987:442 (Rn. 12) – Heylens.
[201] EuGH, Rs. C-415/93, ECLI:EU:C:1995:463 (Rn. 129) – Bosman.
[202] *Borrmann*, Der Schutz der Berufsfreiheit im deutschen Verfassungsrecht und im europäischen Gemeinschaftsrecht, 2002, S. 261 ff. auch in Auseinandersetzung mit Gegenargumenten.
[203] S. grds. näher o. Rn. 2882 ff.

IV. Gleichbehandlung von Drittstaatsangehörigen (Art. 15 Abs. 3 EGRC)

1. Bezug und Unterschiede zu den Grundfreiheiten

2972 Wie die Grundfreiheiten enthält auch Art. 15 Abs. 3 EGRC ein **Diskriminierungsverbot**, allerdings bezogen auf **Drittstaatsangehörige**, die aus den Grundfreiheiten gerade nicht berechtigt sind. Zugleich ist diese Vorschrift enger als die Grundfreiheiten, weil sie kein Beschränkungsverbot enthält, sondern auf einen Gleichbehandlungsanspruch in den Arbeitsbedingungen beschränkt bleibt. Wie die Arbeitnehmerfreizügigkeit entfaltet die Vorschrift **unmittelbare Drittwirkung**, weil sie ansonsten weitestgehend leer liefe.[204]

2973 Dadurch dass Art. 15 Abs. 3 EGRC voraussetzt, dass die Staatsangehörigen dritter Länder im Hoheitsgebiet der Mitgliedstaaten arbeiten dürfen, wird ein **Zugang zum Arbeitsmarkt** eines Mitgliedstaates gerade **nicht garantiert**;[205] die Freizügigkeit als solche kommt also nur Unionsbürgerinnen und Unionsbürgern nach Art. 15 Abs. 2 EGRC zu.

2. Anspruchscharakter

a) Wortlaut und systematische Stellung

2974 Art. 15 Abs. 3 EGRC ist als Anspruch auf Arbeitsbedingungen, die denen der Unionsbürgerinnen und Unionsbürger entsprechen, formuliert. Das legt ein individuell einforderbares subjektives Recht nahe. Zwar handelt es sich dabei weniger um einen Abwehr- als um einen **Anspruch auf Gleichstellung**, der eigentlich nicht der systematischen Stellung unter den klassischen Freiheitsrechten entspricht. So wurde die Berufsfreiheit von den sozialen Rechten gelöst.[206] Jedoch geht es vor allem um die Abwehr von Diskriminierungen. Ein solches Recht beinhalten auch die Grundfreiheiten, auf die in Art. 15 Abs. 2 EGRC verwiesen wird,[207] und zwar als einforderbares subjektives Recht.[208]

b) Genese und sozialbezogener Hintergrund

2975 Der freiheitsbezogene Wortlaut in Art. 15 Abs. 3 EGRC stößt auf einen erheblichen sozialen Bezug in der Entstehungsgeschichte. Art. 15 Abs. 3 EGRC hat nämlich nach den Erläuterungen zur Charta der Grundrechte[209] **Art. 153 Abs. 1 lit. g) AEUV**

---

[204] S.o. Rn. 2924 ff.; a. A. *Jarass/Kment*, § 20 Rn. 25.
[205] *Bernsdorff*, in: Meyer/Hölscheidt, Art. 15 Rn. 25 a. E.; *Kühling*, in: Pechstein/Nowak/Häde, Art. 15 GR-Charta Rn. 12.
[206] S.o. Rn. 2959.
[207] S.o. Rn. 2967 ff.
[208] S.o. Rn. 2959, 2965.
[209] Erläuterungen zur Charta der Grundrechte, ABl. 2007 C 303, S. 17 (23).

§ 1 Berufsfreiheit

sowie **Art. 19 Abs. 4 ESC**[210] zum **Vorbild**. Vor diesem Hintergrund wurde eigens Art. 52 Abs. 2 EGRC herangezogen, wonach die in anderen Teilen des Vertrags anerkannten Rechte nach den dort festgelegten Bedingungen und Grenzen ausgeübt werden sollen.[211]

Art. 153 AEUV regelt die Zusammenarbeit in sozialen Fragen, sieht aber nur eine unterstützende und ergänzende Tätigkeit unter anderem auf dem Gebiet der Beschäftigungsbedingungen der Staatsangehörigen dritter Länder vor, die sich rechtmäßig im Gebiet der EU aufhalten. Damit handelt es sich um eine bloße Kompetenznorm.[212] Diese ist zwar eingebunden in das Ziel, die Lebens- und Arbeitsbedingungen eingedenk der sozialen Grundrechte zu verbessern (Art. 151 Abs. 1 AEUV). Indes wird dieses Ziel in Art. 151 ff. AEUV nicht durch die Festlegung individueller Rechte verfolgt, sondern durch eine Kooperation mit den Mitgliedstaaten (Art. 153 AEUV) sowie mit den Sozialpartnerinnen und Sozialpartnern (Art. 154 f. AEUV unter Ergänzung durch Art. 152 AEUV) und durch Fördermaßnahmen (Art. 156 AEUV). Nur hinsichtlich des gleichen Entgelts für Männer und Frauen wird ausdrücklich ein einforderbares Recht in Art. 157 AEUV festgelegt.

2976

Daher kann jedenfalls aus Art. 153 AEUV nicht etwa über Art. 52 Abs. 2 EGRC ein individuelles Recht in Art. 15 Abs. 3 EGRC hineingelesen werden, das nach den im AEUV festgelegten Bedingungen und Grenzen auszuüben ist.[213] Bei einer solchen Sicht enthielte Art. 15 Abs. 3 EGRC gerade kein subjektiv einforderbares Grundrecht und würde weitgehend leer laufen.

2977

Damit könnte höchstens eine sekundärrechtliche Konkretisierung auf der Basis der Kompetenznorm nach Art. 153 AEUV eine Grundlage für individuell einforderbare Rechte in dem durch Art. 15 Abs. 3 EGRC geregelten Bereich bilden. Indes verweisen die Erläuterungen zur Charta der Grundrechte[214] nur auf Art. 153 AEUV sowie auf Art. 19 Abs. 4 ESC,[215] nicht aber auf eine sekundärrechtliche Ausgestaltung, wie dies etwa für das Grundrecht auf Datenschutz zutrifft.[216] Auch wenn man Art. 52 Abs. 2 EGRC ebenfalls teilweise auf sekundärrechtlich begründete Freiheiten bezieht,[217] ergibt sich immer noch das Problem, dass weder in Art. 153 AEUV noch in Art. 156 AEUV ein subjektives Recht niedergelegt ist,[218] das sekundärrecht-

2978

---

[210] Europäische Sozialcharta vom 18.10.1961, Europarat SEV-Nr. 035, s. Rn. 4046 ff.
[211] In Bezug genommen auch in den Erläuterungen zur Charta der Grundrechte, ABl. 2007 C 303, S. 17 (23).
[212] Etwa *Dorf*, JZ 2005, 126 (128); *Eichenhofer*, in: Streinz, Art. 153 AEUV Rn. 3.
[213] *Blanke*, in: Stern/Sachs, Art. 15 Rn. 60; a. A. *Barriga*, Die Entstehung der Charta der Grundrechte der Europäischen Union, 2003, S. 98 f., 161 f.
[214] Erläuterungen zur Charta der Grundrechte, ABl. 2007 C 303, S. 17 (23).
[215] Europäische Sozialcharta vom 18.10.1961, Europarat SEV-Nr. 035, s. Rn. 4046 ff.
[216] S.o. Rn. 1393 ff.
[217] S. *Rengeling/Szczekalla*, Rn. 465.
[218] *Blanke*, in: Stern/Sachs, Art. 15 Rn. 61.

lich näher konkretisiert werden könnte. Damit schlägt auch insoweit der Charakter von Art. 153 AEUV als bloßer Kompetenznorm durch.[219]

2979 Kann damit **Art. 15 Abs. 3 EGRC nicht sinnvoll durch Art. 52 Abs. 2 EGRC i. V. m. Art. 153, 156 AEUV ausgefüllt** werden, muss Art. 15 Abs. 3 EGRC einen eigenständigen Gehalt haben.

2980 Dieser könnte sich aus **Art. 19 Abs. 4 ESC**[220] erschließen, der ebenfalls in den Erläuterungen zur EGRC[221] in Bezug genommen worden war. Danach verpflichten sich die Vertragsparteien, um die wirksame Ausübung des Rechts der Wanderarbeitnehmerinnen und Wanderarbeitnehmer sowie ihrer Familien auf Schutz und Beistand im Hoheitsgebiet jeder anderen Vertragspartei zu gewährleisten, unter anderem Folgendes sicherzustellen: Diese Arbeitnehmerinnen und Arbeitnehmer dürfen, sofern sie sich rechtmäßig in ihrem Hoheitsgebiet befinden, nicht weniger günstig behandelt werden als die eigenen Staatsangehörigen in Bezug auf die folgenden Umstände, soweit diese durch Rechtsvorschriften geregelt oder der Überwachung durch die Verwaltungsbehörden unterstellt sind:

- das Arbeitsentgelt und andere Beschäftigungs- sowie Arbeitsbedingungen,
- den Beitritt zu gewerkschaftlichen Organisationen und den Genuss der Vorteile, die durch Gesamtarbeitsverträge geboten werden,
- die Unterkunft.

2981 Damit geht es **nur** um die **Sicherstellung bestimmter Rahmenbedingungen** durch die Vertragsparteien, **nicht** hingegen um ein **konkretes Recht auf Gleichbehandlung**. Auf diese Weise verhält es sich wie mit dem Recht auf Arbeit, das gleichfalls keinen individuellen Anspruch vermittelt.[222]

2982 Damit kann aber auch Art. 19 Abs. 4 ESC nicht das für den Rechtscharakter von Art. 15 Abs. 3 EGRC maßgebliche Vorbild sein. Die Erläuterungen zur Charta der Grundrechte[223] gehen insoweit teilweise fehl. Weil sie aber nicht selbst Verfassungsnormen sind und lediglich gebührend berücksichtigt werden müssen, kann von ihnen abgewichen werden, wenn dafür gute Gründe vorliegen.[224] Der Anspruchscharakter ist daher unabhängig von der Entstehungsgeschichte und dem sozialen Hintergrund festzulegen.

---

[219] Dahin auch *Grabenwarter*, DVBl 2001, 1 (5); *Bernsdorff*, in: Meyer/Hölscheidt, Art. 15 Rn. 26 m. w. N.
[220] Europäische Sozialcharta vom 18.10.1961, Europarat SEV-Nr. 035, s. Rn. 4046 ff.
[221] Erläuterungen zur Charta der Grundrechte, ABl. 2007 C 303, S. 17 (23).
[222] S.o. Rn. 2959 ff.
[223] Erläuterungen zur Charta der Grundrechte, ABl. 2007 C 303, S. 17 (23).
[224] In diesem Zusammenhang *Blanke*, in: Stern/Sachs, Art. 15 Rn. 60 (Fn. 158); s. auch *Dorf*, JZ 2005, 126 (130).

c) Sinn und Zweck

Durch den Verweis in den Erläuterungen zur EGRC, dass Art. 19 Abs. 4 ESC[225] von allen Mitgliedstaaten ratifiziert wurde,[226] zeigt sich der Zweck des Art. 15 Abs. 3 EGRC, die darin enthaltene **Vorgabe gleicher Arbeitsbedingungen für Drittstaatsangehörige**, die sich rechtmäßig im Hoheitsgebiet des anderen Staates aufhalten, umzusetzen. Das kann am **wirksamsten** dadurch erfolgen, dass ein **subjektiv einforderbarer Anspruch** gewährt wird. Damit stimmt die teleologische Auslegung dieser Vorschrift mit Wortlaut und Systematik überein. Sogar aus der Entstehungsgeschichte lässt sich ein Anhalt dafür herleiten, dass ein subjektives Recht und nicht bloß ein Grundsatz gewährt werden soll.[227]

2983

3. Anspruchsinhalt

Damit haben Staatsangehörige dritter Länder, die im Hoheitsgebiet der Mitgliedstaaten arbeiten dürfen, mithin eine Arbeitserlaubnis haben bzw. sich sonst wie rechtmäßig in Arbeit befinden bzw. sich um Arbeit bemühen können,[228] Anspruch auf Arbeitsbedingungen, die denen der Unionsbürgerinnen und Unionsbürger entsprechen. Es geht damit um einen **umfassenden Gleichbehandlungsanspruch bezüglich der Arbeitsbedingungen**.

2984

Die **Reichweite** bemisst sich damit nach dem Inhalt dieses Begriffs. Hier wird relevant, dass Art. 15 Abs. 3 EGRC an **Art. 153 AEUV** anknüpft. Dort sind nämlich von dem Anwendungsbereich dieses Artikels in Abs. 5 das **Arbeitsentgelt**, das **Koalitionsrecht**, das **Streikrecht** sowie das **Aussperrungsrecht ausgenommen**. Das ist aber insofern unschädlich, als die drei letzten Punkte in der Vereinigungsfreiheit bzw. eigens als Streikrecht in den sozialen Grundrechten geregelt sind. Dass das Arbeitsentgelt nicht diskriminierend sein darf, sondern gleich sein muss, ergibt sich bereits aus dem Diskriminierungsverbot, das ebenfalls allgemein Anwendung findet. Die Entlohnung wird auch in Art. 45 Abs. 2 AEUV eigens und neben den sonstigen Arbeitsbedingungen genannt.[229] Sie ist gleichfalls von Art. 15 Abs. 3 EGRC nicht erfasst.[230] Damit geht es um die jenseits dieser Bereiche befindlichen Arbeitsbedingungen.

2985

Auch dabei handelt es sich nur um die **Kernarbeitsbedingungen**, mithin nicht etwa die soziale Sicherheit und den sozialen Schutz bzw. den Kündigungsschutz,

2986

---

[225] Europäische Sozialcharta vom 18.10.1961, Europarat SEV-Nr. 035, s. Rn. 4046 ff.
[226] Erläuterungen zur Charta der Grundrechte, ABl. 2007 C 303, S. 17 (23).
[227] Dahin auch *Jarass/Kment*, § 20 Rn. 24.
[228] S.o. Rn. 2924.
[229] *Blanke*, in: Stern/Sachs, Art. 15 Rn. 63.
[230] Ebenfalls *Bernsdorff*, in: Meyer/Hölscheidt, Art. 15 Rn. 25; *Jarass/Kment*, § 20 Rn. 27.

werden doch diese Elemente in Art. 153 Abs. 1 AEUV eigens benannt. So fällt die Befristung von Arbeitsverträgen aus Art. 15 Abs. 3 EGRC heraus.[231] Den **sozialen Schutz** gewährleisten **eigene soziale Grundrechte**, so etwa der Anspruch auf Unterrichtung und Anhörung der Arbeitnehmerinnen und Arbeitnehmer in Art. 27 EGRC. Diese dort speziell geregelten Rechte sind daher ebenfalls **nicht** von **Art. 15 Abs. 3 EGRC** umfasst.

2987   Es handelt sich damit nur um die Kernarbeitsbedingungen, die auch in Art. 153 Abs. 1 lit. b) AEUV genannt werden. Dass sie in Art. 156 2. Spiegelstrich AEUV neben das Arbeitsrecht gestellt sind, bedeutet allerdings nur eine Bekräftigung, schließt mithin das Arbeitsrecht nicht aus.[232] **Arbeitsbedingungen** sind dabei **enger als Beschäftigungsbedingungen** zu sehen.[233] Daher bleibt die Bestimmung sowohl hinter Art. 19 Abs. 4 ESC[234] als auch hinter Art. 153 Abs. 1 lit. g) AEUV zurück. Sie ist **parallel zu Art. 31 EGRC** zu interpretieren,[235] wird doch nur so eine begriffliche Einheit in der EGRC sichergestellt. Dort geht es um gesunde, sichere und würdige Arbeitsbedingungen.[236]

2988   Es geht damit **im Wesentlichen** um die **aus dem Individualarbeitsverhältnis erwachsenden Berechtigungen**, wenn sie **nichtentgeltlicher Art** sind[237] und zudem nicht über das konkrete Arbeitsverhältnis hinausreichen, also nicht etwa die Einfügung in den Betrieb und die soziale Sicherheit betreffen, mithin um die Bedingungen bei der Arbeit.

2989   Ein konkretes Beispiel kann in den Ausländerklauseln gesehen werden, die im **Profisport nur** eine **begrenzte Zahl von Drittstaatsangehörigen** für ein Spiel erlauben.[238] Dies ist unzulässig und verstößt gegen Art. 15 Abs. 3 EGRC.

2990   Die Erläuterungen zur EGRC gehen spezifisch auf die **Anheuerung von Seeleuten** ein, die Staatsangehörige von Drittstaaten sind und in der Besatzung von Schiffen unter der Flagge eines Mitgliedstaates der Union arbeiten. Diese soll durch das Unionsrecht und die einzelstaatlichen Rechtsvorschriften und Gepflogenheiten geregelt werden.[239]

---

[231] *Blanke*, in: Stern/Sachs, Art. 15 Rn. 65.

[232] *Eichenhofer*, in: Streinz, Art. 153 AEUV Rn. 17.

[233] S. *Bernsdorff*, in: Meyer/Hölscheidt, Art. 15 Rn. 25 mit Fn. 61. Für eine enge Auslegung auch *Jarass/Kment*, § 20 Rn. 27.

[234] Europäische Sozialcharta vom 18.10.1961, Europarat SEV-Nr. 035, s. Rn. 4046 ff.

[235] Darauf verweisend *Jarass/Kment*, § 20 Rn. 27.

[236] Näher u. Rn. 4449 ff.

[237] *Blanke*, in: Stern/Sachs, Art. 15 Rn. 63; nur wegen der Besonderheiten von Art. 153 AEUV einschränkend *Eichenhofer*, in: Streinz, Art. 153 AEUV Rn. 17.

[238] S. auch EuGH, Rs. C-438/00, ECLI:EU:C:2003:255 – Kolpak.

[239] Erläuterungen zur Charta der Grundrechte, ABl. 2007 C 303, S. 17 (23).

§ 1 Berufsfreiheit

F. Beeinträchtigung

I. Art. 15 Abs. 3 EGRC

Das Gleichbehandlungsgebot nach Art. 15 Abs. 3 EGRC wird beeinträchtigt, wenn **Staatsangehörige dritter Länder**, die im Hoheitsgebiet der Mitgliedstaaten arbeiten dürfen, Arbeitsbedingungen unterliegen, die nicht denen der Unionsbürgerinnen und Unionsbürger entsprechen. Diese müssen also **schlechter als eine inländische Person behandelt** werden, und zwar im Rahmen der gleichen oder einer gänzlich vergleichbaren Tätigkeit.[240] Bejaht man eine **unmittelbare Drittwirkung**,[241] ist es gleichgültig, ob die Schlechterbehandlung durch öffentliche oder private Arbeitgeberinnen und Arbeitgeber erfolgt. 2991

Es sind daher stets zunächst die **Arbeitsbedingungen der Unionsbürgerinnen und Unionsbürger** herauszuarbeiten. Dann sind diese **mit denen zu vergleichen**, die für **Drittstaatsangehörige** gelten. Ergeben sich daraus Differenzen, sind diese rechtfertigungsbedürftig. Ein erheblicher Regelungsspielraum soll sich daraus ergeben,[242] dass die Erläuterungen zur EGRC auf die Kompetenznorm des Art. 153 AEUV verweisen und dabei noch Art. 52 Abs. 2 EGRC anführen[243] sowie für das Anheuern von ausländischen Seeleuten das Unionsrecht und die einzelstaatlichen Rechtsvorschriften und Gepflogenheiten in Bezug nehmen.[244] Indes würde damit der Charakter als durchsetzbares Grundrecht[245] erheblich relativiert. Der Verweis auf die Kompetenznormen ist daher nur auf den inhaltlichen Rahmen zu beziehen, nicht das Anspruchssystem. 2992

Letztlich besteht eine **Prüfungsabfolge parallel zu den Gleichheitsrechten**. Das ist aber auch im Rahmen eines Freiheitsrechtes wie der Berufsfreiheit möglich, weil dieser Gleichbehandlungsanspruch thematisch zur Berufsfreiheit gehört und dadurch wichtige Impulse erhält, insbesondere seinen klaren Anspruchscharakter. Im Übrigen sind in Form der Grundfreiheiten in Gestalt von Freiheitsrechten sowohl Diskriminierungs- als auch Beschränkungsverbote vereinigt. Art. 15 Abs. 3 EGRC unterscheidet sich freilich von den Grundfreiheiten gerade dadurch, dass er lediglich ein Diskriminierungsverbot enthält. Dieses Zusammenspiel ergab sich auch historisch in den Grundrechten.[246] 2993

Um die Einhaltung des Gleichbehandlungsgebots nach Art. 15 Abs. 3 EGRC durch die Arbeitgeberinnen und Arbeitgeber sicherzustellen, bedarf es **bei Schutzlücken konkretisierender normativer Regelungen**. Das gilt zumal dann, wenn 2994

---

[240] *Jarass/Kment*, § 20 Rn. 30.
[241] S.o. Rn. 2935.
[242] *Jarass/Kment*, § 20 Rn. 31.
[243] Erläuterungen zur Charta der Grundrechte, ABl. 2007 C 303, S. 17 (23); s. bereits o. Rn. 2975.
[244] S. vorstehend Rn. 2990.
[245] S.o. Rn. 2970 ff.
[246] Näher *Borrmann*, Der Schutz der Berufsfreiheit im deutschen Verfassungsrecht und im europäischen Gemeinschaftsrecht, 2002, S. 250 f.

eine unmittelbare Verpflichtung privater Arbeitgeberinnen und Arbeitgeber abgelehnt wird.[247] Insoweit bestehen, wie im Rahmen grundrechtlicher Schutzpflichten üblich,[248] erhebliche **Regelungsspielräume**, solange die getroffenen Regelungen nicht offensichtlich ungeeignet sind. Zudem müssen sich Unionsorgane an ihre begrenzten Kompetenzen nach Art. 153 ff. AEUV halten. Damit geht es vor allem um eine gemeinsame Lösung mit den Mitgliedstaaten und eine Vorgabe von Mindeststandards, möglichst unter Anknüpfung an bestehende nationale Regelungen.

II. Art. 15 Abs. 2 EGRC

2995   Art. 15 Abs. 2 EGRC greift die Grundfreiheiten der Arbeitnehmerfreizügigkeit, der Niederlassungsfreiheit und der Dienstleistungsfreiheit auf, ohne einen weitergehenden Gehalt zu umfassen. Entsprechend dem Charakter als Rechtsgrundverweis sind daher die **Grundfreiheiten zu prüfen**. Nach deren Regeln bemisst sich daher, inwieweit eine Beeinträchtigung vorliegt.[249]

III. Art. 15 Abs. 1 EGRC

1. Formenvielfalt unter Einbeziehung mittelbarer Beeinträchtigungen

2996   Der Schwerpunkt von Beeinträchtigungen der Berufsfreiheit liegt auf Eingriffen in Art. 15 Abs. 1 EGRC und damit in das übergreifende Berufsfreiheitsrecht. Da sowohl die Berufswahl als auch die Berufsausübung umfasst werden, sind Eingriffe in beide Gebiete gleichermaßen relevant. Weil allerdings eine **Beeinträchtigung der Berufswahl** regelmäßig tiefergehend in die Freiheitssphäre der Bürgerin oder des Bürgers eingreift, liegt darin der schwerwiegendere Eingriff. Er ist daher **zuerst zu prüfen**. So geht auch der EuGH vor.[250]

2997   Auch **mittelbare Beeinträchtigungen** unterfallen dem Schutz der Berufsfreiheit. Daher kann diese nicht nur unmittelbar beeinträchtigt werden.[251] Beide Formen sind oft schwer zu unterscheiden.[252] Ohnehin ist nach Art. 52 Abs. 1 EGRC „jede Einschränkung" relevant.[253] Auch der EuGH misst „jede(r) Sanktionsmaßnahme definitionsgemäß Auswirkungen" zu, „die die Eigentumsrechte und die freie Berufsausübung beeinträchtigen", ohne zwischen unmittelbarer oder mittelbarer Beein-

---

[247] Auf dieser Basis *Jarass/Kment*, § 20 Rn. 25.
[248] S.o. Rn. 446 ff.
[249] Dazu allgemein näher *Frenz*, Europarecht 1, Rn. 469 ff.
[250] S.o. Rn. 2940 ff. zur Unterscheidung von Berufswahl und Berufsausübung in der Rspr. des EuGH.
[251] S.o. Rn. 2940.
[252] *Ruffert*, in: Ehlers, Europäische Grundrechte und Grundfreiheiten, § 19 Rn. 30.
[253] In diesem Zusammenhang *Blanke*, in: Stern/Sachs, Art. 15 Rn. 36; allgemein dazu o. Rn. 594 ff.

§ 1 Berufsfreiheit

trächtigung zu unterscheiden.[254] Das EuG prüfte in einem Fall die Rechtfertigung näher, obgleich es ausdrücklich lediglich eine mittelbare Beeinträchtigung der Berufsausübung der Klägerin feststellte, bei der durch die Abschaffung von Zoll- und Steuerformalitäten die tatsächlichen Voraussetzungen für ihre Möglichkeit, ein Unternehmen zu betreiben, geändert wurden.[255]

Damit kommt es **entscheidend** auf die **Auswirkung einer Maßnahme** auf die Berufsfreiheit an, **nicht** aber auf ihre **formale Gestalt** oder ihre **Wirkungsweise**. Damit ist es gleichgültig, ob eine Beeinträchtigung in einer normativen Regelung enthalten ist oder auf einem nicht normativen Verhalten beruht. Erfasst werden daher auch **Warnungen und Empfehlungen**, etwa bestimmte Produkte nicht zu kaufen. Indirekt für die eigene Wirtschaftsposition relevante Vorgänge können ebenfalls eingreifen, so wenn Subventionen an Konkurrenten bezahlt werden oder **europarechtlich** eine **Konkurrenz durch öffentliche Unternehmen veranlasst** wird,[256] so im Rohstoffbereich.[257]

2998

Entscheidend sind die **nachteiligen Auswirkungen** bei Grundrechtsträgerinnen und Grundrechtsträgern und die **Rückführbarkeit auf einen Hoheitsträger**, dem damit die Grundrechtsbeeinträchtigung zugerechnet werden kann.[258] Gerade bei mittelbaren Eingriffen ist entscheidend, dass die geschädigten Parteien für die beeinträchtigende Situation nicht verantwortlich sind.[259]

2999

2. Unmittelbare Eingriffe – Einzelbereiche

Unmittelbare Eingriffe sind weit gefächert – von Harmonisierungsmaßnahmen zur Anerkennung von Diplomen, sodass die Nichtanerkennung die Berufswahl beschränkt,[260] welche im Alter durch Ruhestandsregelungen begrenzt wird,[261] bis zu Lenkungen der Berufsausübung aus Gründen des Umwelt- und Klimaschutzes[262] sowie in gemeinsamen Marktordnungen.[263]

3000

---

[254] EuGH, Rs. C-84/95, ECLI:EU:C:1996:312 (Rn. 22) – Bosphorus; Rs. C-430/16 P, ECLI:EU:C:2018:668 (Rn. 60) – Bank Mellat.
[255] EuG, Rs. T-113/96, ECLI:EU:T:1998:11 (Rn. 75) – Dubois et fils.
[256] *Blanke*, in: Stern/Sachs, Art. 15 Rn. 43.
[257] Zu insoweit möglichen staatlichen Aktionen *Frenz*, WRP 2023, 273 ff.; *ders.*, BB 2023, 585 ff.
[258] *Penski/Elsner*, DÖV 2001, 265 (267).
[259] So EuGH, Rs. C-84/95, ECLI:EU:C:1996:312 (Rn. 22) – Bosphorus; Rs. C-430/16 P, ECLI:EU:C:2018:668 (Rn. 60) – Bank Mellat.
[260] *Nowak*, in: Heselhaus/Nowak, § 34 Rn. 46; *Stork*, GewArch 2015, 236 ff.
[261] EuGH, verb. Rs. C-159 u. 160/10, ECLI:EU:C:2011:508 (Rn. 62 ff.) – Fuchs und Köhler; Rs. C-190/16, ECLI:EU:C:2017:513 (Rn. 70 ff.) – Fries; *Franzen/Roth*, EuZA 2018, 187 (190 f.); *Junker*, RIW 2018, 19 (19 f.); *Nowak*, in: Heselhaus/Nowak, § 34 Rn. 47.
[262] Namentlich im Emissionshandel s. EuG, Rs. T-614/13, ECLI:EU:T:2014:835 – Romonta; näher dazu sogleich Rn. 3003 ff.
[263] *Kühling*, in: Pechstein/Nowak/Häde, Art. 15 EGRC Rn. 15.

a) Agrarsektor

3001 Maßnahmen, die unmittelbar in die Berufsfreiheit eingreifen finden sich vor allem im Agrarsektor.[264] Das gilt beispielsweise, wenn die Wettbewerbsstellung von Wirtschaftsteilnehmenden aufgrund bestimmter **Kontingente** verändert,[265] eine bestimmte **wirtschaftliche Tätigkeit zeitlich begrenzt**[266] oder in der Art und Weise näher reglementiert wird[267] oder **Produkte** nicht mehr durchgehend in einer bestimmten Weise **etikettiert** werden dürfen.[268] Ein mittelbarer Eingriff wird hingegen darin zu sehen sein, dass zwar die Referenzmengen gekürzt werden, aber nur bei der Wahl einer bestimmten Geschäftspartnerin oder eines bestimmten Geschäftspartners. Dadurch wird nämlich deren freie Auswahl mittelbar beeinträchtigt.[269]

b) Abgaben

3002 Die Auferlegung von Abgaben wird ebenfalls als Eingriff in die Berufsfreiheit angesehen, wenn auch unter dem Blickwinkel einer Einschränkung der wirtschaftlichen Betätigungsfreiheit,[270] welche nunmehr eher der **unternehmerischen Freiheit** nach Art. 16 EGRC zuzuordnen ist.[271] Gleichwohl **beeinträchtigt** die Erhebung von Abgaben spezifisch die **berufliche Entfaltung**.[272]

c) Abgrenzung im Umwelt- und Klimaschutz

3003 Aber auch in anderen Bereichen können unmittelbare Grundrechtseingriffe in die Berufsfreiheit eintreten. Das gilt insbesondere im Umweltbereich und dabei vor allem für den Klimaschutz, wie die EmissionshandelsRL 2003/87/EG[273] zeigt.[274] Der Emissionshandel schränkt die Berufsausübung bereits dadurch ein, dass für mit

---

[264] *Nowak*, in: Heselhaus/Nowak, § 34 Rn. 47; *Wunderlich*, Das Grundrecht der Berufsfreiheit im Europäischen Gemeinschaftsrecht, 2000, S. 113.
[265] EuGH, Rs. C-280/93, ECLI:EU:C:1994:367 (Rn. 81) – Bananen.
[266] EuGH, Rs. C-44/94, ECLI:EU:C:1995:325 – Fishermen's Organisations.
[267] EuGH, Rs. C-370/88, ECLI:EU:C:1990:392 – Marshall: Untersagung der Mitführung eines bestimmten Netztypes bei der Fischerei.
[268] EuGH, Rs. C-306/93, ECLI:EU:C:1994:407 (Rn. 20, 24) – Winzersekt.
[269] EuGH, Rs. C-90 u. 91/90, ECLI:EU:C:1991:303 (Rn. 13) – Neu.
[270] EuGH, Rs. C-143/88 u. 92/89, ECLI:EU:C:1991:65 (Rn. 76) – Süderdithmarschen.
[271] S.u. Rn. 2897 ff.
[272] S.o. Rn. 2896.
[273] Des Europäischen Parlaments und des Rates vom 13.10.2003 über ein System für den Handel mit Treibhausgasemissionszertifikaten in der Gemeinschaft und zur Änderung der RL 96/61/EG des Rates, ABl. 2003 L 275, S. 32, zuletzt geändert durch VO (EU) 2023/435, ABl. 2023 L 63, S. 1.
[274] Näher dazu etwa EuG, Rs. T-614/13, ECLI:EU:T:2014:835 (54 ff.) – Romonta; *Nowak*, in: Heselhaus/Nowak, § 34 Rn. 47; ausführlich dazu *Frenz*, Emissionshandelsrecht, § 9 TEHG Rn. 49 sowie Rn. 52 ff. zur Verhältnismäßigkeit.

der Industrieproduktion verbundene **Verschmutzungen Zertifikate erworben werden müssen**, mithin eine **Verhaltenspflicht** auferlegt wird. Diese wurde nochmals erheblich verschärft.[275]

Allein schon die Beteiligung am Emissionshandelssystem mit den damit verbundenen **Anzeige-, Dokumentations- und Abgabepflichten beeinträchtigt** die Berufsausübung **direkt** und stellt damit einen unmittelbaren Eingriff dar. Nur indirekt werden die Erwerbsmöglichkeiten negativ berührt. Ebenso **mittelbar** werden die **Produktionsverfahren beeinflusst**, indem diese der angestrebten Reduktion von CO_2-Emissionen angepasst werden müssen. Auch darin ist eine Handlungspflicht mit Eingriffscharakter zu sehen,[276] die allerdings nur indirekt wirkt, weil sich ein Unternehmen durch den Kauf von Emissionshandelszertifikaten von dieser Pflicht lösen kann. 3004

Macht die Notwendigkeit von Zertifikatkäufen die weitere **Ausübung** oder die **Aufnahme eines Gewerbes unmöglich**, wird die **Berufswahlfreiheit beeinträchtigt**.[277] Aber auch insoweit wird eine **mittelbare Grundrechtsbeeinträchtigung** vorliegen, verbietet doch der Staat nicht die Ausübung bzw. die Aufnahme einer bestimmten Tätigkeit, sondern erzeugt höchstens eine faktische **abschreckende Wirkung** bzw. errichtet eine finanzielle Hürde, die sich erst durch die Herausbildung eines entsprechend hohen Zertifikatpreises am Markt ergibt. 3005

G. Rechtfertigung

I. Ansatz des EuGH: Abstufung nach Dreistufentheorie?

Nach klassischem Ansatz des EuGH kann die freie Berufsausübung „Beschränkungen unterworfen werden, sofern diese Beschränkungen tatsächlich dem Gemeinwohl dienenden Zielen der Gemeinschaft entsprechen und nicht einen im Hinblick auf den verfolgten Zweck unverhältnismäßigen, nicht tragbaren Eingriff darstellen, der die so gewährleisteten Rechte in ihrem Wesensgehalt antastet".[278] Dieser Ansatz hat nun Eingang in Art. 52 Abs. 1 EGRC gefunden.[279] 3006

---

[275] *Frenz*, NuR 2023, 175 ff.
[276] *Giesberts/Hilf*, Handel mit Emissionszertifikaten, 2002, Rn. 308.
[277] *Rehbinder*, in: Endres/Rehbinder/Schwarze, Umweltzertifikate und Kompensationslösungen aus ökonomischer und juristischer Sicht, 1994, S. 92 (119 f.); *Burgi*, NJW 2003, 2486 (2490 f.): objektive Berufswahlschranke; regelmäßig allerdings eine Berufsausübungsregelung annehmend *Mehrbrey*, Verfassungsrechtliche Grenzen eines Marktes handelbarer Emissionsrechte, 2003, S. 159 ff.
[278] EuGH, Rs. C-280/93, ECLI:EU:C:1994:367 (Rn. 78) – Bananen; unter Verweis bereits auf Rs. C-265/87, ECLI:EU:C:1989:303 (Rn. 15) – Schrader; Rs. C-5/88, ECLI:EU:C:1989:321 (Rn. 18) – Wachauf; Rs. C-177/90, ECLI:EU:C:1992:2 (Rn. 16) – Kühn; später etwa Rs. C-44/94, ECLI:EU:C:1995:325 (Rn. 55) – Fishermen's Organisations; Rs. C-293/97, ECLI:EU:C:1999:215 (Rn. 54) – Standley; Rs. C-37 u. 38/02, ECLI:EU:C:2004:443 (Rn. 82) – Dilexport; Rs. C-210/03, ECLI:EU:C:2004:802 (Rn. 72) – Swedish Match; auch noch Rs. C-190/16, ECLI:EU:C:2017:513 (Rn. 74 ff.) – Fries; näher zur Kritik an diesem Ansatz o. Rn. 729 ff.
[279] S. allgemein näher o. Rn. 703 ff.

3007 Bei der **Rechtfertigungsprüfung unterscheidet der EuGH nicht näher zwischen Berufsausübung und Berufswahl**. Er gibt allerdings einen Hinweis, dass die Einschränkungen der Berufsausübung weniger gewichtig sind. Im *Winzersekt*-Urteil formuliert er, dass eine Maßnahme „nur die Modalitäten der Ausübung eines solchen Rechts betrifft, ohne dessen Bestand selbst zu gefährden".[280] Aus diesem Urteil wurde sogar in Analogie zur Dreistufentheorie[281] des BVerfG[282] abgeleitet, Eingriffe in die Berufsausübungsfreiheit seien leichter als solche in die Berufswahlfreiheit zu rechtfertigen.[283]

3008 Allerdings bezieht sich diese Formulierung darauf, dass die untersuchte Vorschrift nicht in den Wesensgehalt des geltend gemachten Rechts auf freie Berufsausübung eingreift. Damit geht es darum, ob die Berufsausübungsfreiheit selbst in ihrem Wesensgehalt beeinträchtigt wird, nicht darum, ob ein Eingriff in die Berufswahlfreiheit vorliegt. Die Entscheidung hat also einen gänzlich anderen Bezug und lässt daher keine Schlüsse darauf zu, dass die Rechtfertigung von Eingriffen in die Berufsausübungsfreiheit erleichtert wird.

3009 Die fehlende Abstufung in der bisherigen Judikatur ändert aber in der Sache nichts daran, dass **Eingriffe in die Berufswahlfreiheit gravierender** sind und daher **schwerer gerechtfertigt** werden können als solche in die Berufsausübungsfreiheit. Das liegt indes darin begründet, dass dann das Grundrecht im Einzelfall stärker tangiert wird. Die Abgrenzung zwischen Berufswahl und Berufsausübung ist ohnehin vielfach schwierig.[284] Entscheidend für die Eingriffsintensität ist, inwieweit die Betroffenen einen bestimmten Beruf partiell oder gar komplett nicht mehr ausüben können.[285]

3010 Allerdings muss es sich dann nicht notwendigerweise um eine Berufswahlregelung handeln. Vielmehr kann **auch die Berufsausübung in schwerwiegender Weise tangiert** werden. Beispiel dafür ist der **Emissionshandel**[286] zumal in seiner jüngsten Verschärfung und seine Ausdehnung als zweite Säule entsprechend dem deutschen BEHG in die Bereiche Gebäude und Verkehr.[287] Je teurer die Zertifikate werden, desto eher sind die betroffenen Branchen in ihrer Berufsausübung betroffen, ohne dass sie notwendigerweise ihre Produktion stilllegen. Sie werden diese höchstens reduzieren bzw. nur unter erschwerten wirtschaftlichen Voraussetzungen wahrnehmen können.

---

[280] Vgl. EuGH, Rs. C-306/93, ECLI:EU:C:1994:407 (Rn. 24) – Winzersekt; s. auch Rs. C-234/85, ECLI:EU:C:1986:377 (Rn. 9) – Keller.
[281] Gegen eine Übertragung *Ruffert*, in: Ehlers, Europäische Grundrechte und Grundfreiheiten, § 19 Rn. 29.
[282] BVerfGE 7, 377 – Apothekenzulassung.
[283] S. insbes. *Wunderlich*, Das Grundrecht der Berufsfreiheit im Europäischen Gemeinschaftsrecht, 2000, S. 201.
[284] *Nowak*, in: Heselhaus/Nowak, § 34 Rn. 52.
[285] S. *Ruffert*, in: Ehlers, Europäische Grundrechte und Grundfreiheiten, § 19 Rn. 29; ebenso *Nowak*, in: Heselhaus/Nowak, § 34 Rn. 52.
[286] Zu seinem Eingriffscharakter schon o. Rn. 3003 ff.
[287] Dazu *Frenz*, NuR 2023, 175 ff.

Eine strikte Abstufung der Rechtfertigungslast nach Regelungen zur Berufswahl 3011
und solchen zur Berufsausübung würde auch dazu führen, dass Grundrechtseingriffe, die lediglich kleine Branchen betreffen, von vornherein einer höheren Rechtfertigung unterlägen als solche, die breite industrielle Bereiche betreffen und daher eher Berufsausübungsregelungen darstellen, weil sie nicht Marktteilnehmende gänzlich von ihrem Tätigkeitsfeld verdrängen. Das gälte unabhängig davon, ob sie insgesamt gesehen die Berufsfreiheit stärker beeinträchtigt.

II. Gesetzliche Grundlage

Im Gegensatz zu Art. 12 Abs. 1 GG enthält Art. 15 EGRC keinen ausdrücklichen 3012
Gesetzesvorbehalt. Dieser wird aber **allgemein in Art. 52 Abs. 1 S. 1 EGRC** angeordnet. Er entspricht auch der Judikatur des EuGH. Diese bezieht sich zwar, wie die vorstehend aufgeführte Formel zeigt, nicht explizit auf das Grundrecht der Berufsfreiheit. Im Urteil *Hoechst* hat aber der EuGH allgemein für Eingriffe der öffentlichen Gewalt in die Sphäre der privaten Betätigung eine Rechtsgrundlage sowie eine Rechtfertigung aus den gesetzlich vorgesehenen Gründen verlangt.[288] Grundlage dieses Erfordernisses waren die Rechtsordnungen sämtlicher Mitgliedstaaten. Damit hat der EuGH eine allgemeine Grenze für Eingriffe in Freiheitsrechte der einzelnen Person aufgestellt, die sich auch auf die Berufsfreiheit bezieht.[289] Für diese gelten daher keine Besonderheiten.

Die Erfordernisse nach Art. 52 Abs. 1 EGRC finden somit in vollem Umfang 3013
Anwendung. Sie entsprechen praktisch denen, die zu Art. 12 Abs. 1 GG aufgestellt wurden. Eine Erleichterung ergibt sich allerdings insbesondere im Hinblick auf die erfassten Normen, die als gesetzliche Grundlage in Frage kommen. Das beruht auf dem besonderen Normsystem auf europäischer Ebene sowie der in Art. 52 Abs. 1 EGRC implantierten weiteren Gesetzeskonzeption nach der EMRK.[290]

III. Legitimierende Gemeinwohlziele

1. EU-Ziele als Ansatz

Nach Art. 52 Abs. 1 EGRC müssen in Übereinstimmung mit der schon bisher gerade 3014
im Bereich der Berufsfreiheit gebräuchlichen Standardformel des EuGH tatsächlich dem Gemeinwohl dienende Ziele der Union vorliegen, um einen Eingriff zu recht-

---

[288] EuGH, Rs. C-46/87 u. 227/88, ECLI:EU:C:1989:337 (Rn. 19) – Hoechst.
[289] *Wunderlich*, Das Grundrecht der Berufsfreiheit im Europäischen Gemeinschaftsrecht, 2000, S. 185 f.
[290] S.o. Rn. 627 ff.

fertigen. Schon im Urteil *Nold* hielt der EuGH die Berufsfreiheit „in der Regel nur unter dem Vorbehalt von Einschränkungen geschützt, die im öffentlichen Interesse liegen". Begrenzungen sind möglich, „die durch die dem allgemeinen Wohl dienenden Ziele der Gemeinschaft gerechtfertigt sind".[291]

3015 Dabei kommt es **nur** auf die **europäischen Ziele** an, **nicht** auf die **nationalen**, obwohl der EuGH im Urteil *Nold* den Vorbehalt von Einschränkungen auf der Basis öffentlicher Interessen darauf gestützt hat, dass die Berufsfreiheit nur so in den Verfassungsordnungen der Mitgliedstaaten garantiert ist.[292] Ansonsten würde der Schutz der Berufsfreiheit gleichsam „nationalisiert". Es geht aber um den Schutz von Freiheitsrechten auf der EU-Ebene und damit vor Eingriffen der Unionsorgane oder auch nationaler Organe in Durchführung des Europarechts (Art. 51 Abs. 1 EGRC). Daher müssen auch die auf europäischer Ebene relevanten Gemeinwohlinteressen maßgeblich sein,[293] ohne dass diese allerdings in den Verträgen ausdrücklich verankert sein müssen.[294]

2. Agrarpolitik

3016 Entsprechend einer Vielzahl von Entscheidungen im Bereich der Landwirtschaft spielten bislang oft Zielsetzungen agrarpolitischer Natur eine Rolle. So ging es um die Herstellung eines dauerhaften Gleichgewichts auf dem Weinmarkt sowie eines Preisniveaus, das einerseits für die Erzeugenden einträglich und andererseits für die Verbrauchenden angemessen ist – bei Verbesserung der Qualität.[295] Allerdings wurden nicht immer die **Ziele der zentralen Vorschrift aus dem Agrarsektor** herangezogen,[296] sondern auch nur **Teilaspekte** bzw. Ziele, die nicht notwendig explizit in Art. 39 AEUV niedergelegt sind, aber daraus abgeleitet werden können, so die Beseitigung von Überschüssen.[297]

---

[291] EuGH, Rs. C-4/73, ECLI:EU:C:1974:51 (Rn. 14) – Nold; Rs. C-72/15, ECLI:EU:C:2017:236 (Rn. 148) – Rosneft.
[292] S. EuGH, Rs. C-4/73, ECLI:EU:C:1974:51 (Rn. 14) – Nold; auf dieser Basis differenzierend indes *Günter*, Berufsfreiheit und Eigentum in der Europäischen Union, 1998, S. 24.
[293] Ebenso *Wunderlich*, Das Grundrecht der Berufsfreiheit im Europäischen Gemeinschaftsrecht, 2000, S. 190 f. mit dem Hinweis auf mögliche Divergenzen zwischen europäischen und nationalen Gemeinwohlinteressen.
[294] S. näher o. Rn. 741 ff.
[295] EuGH, Rs. C-44/79, ECLI:EU:C:1979:290 (Rn. 25) – Hauer.
[296] S. allerdings auch EuGH, Rs. C-280/93, ECLI:EU:C:1994:367 (Rn. 82) – Bananen.
[297] S. EuGH, Rs. C-177/90, ECLI:EU:C:1992:2 (Rn. 17) – Kühn; auch EuG, Rs. T-390/94, ECLI:EU:T:1997:51 (Rn. 128) – Schröder u. a., wo die Ausbreitung der Schweinepest bekämpft wurde; m. w. N. *Wunderlich*, Das Grundrecht der Berufsfreiheit im Europäischen Gemeinschaftsrecht, 2000, S. 191 mit Fn. 911.

3. Rechtfertigungsgründe parallel zu den Grundfreiheiten

Neben Zielsetzungen aus der Agrarpolitik bediente sich der EuGH verschiedener Rechtfertigungsgründe, die in anderen Vorschriften des AEUV niedergelegt sind. Besonders herauszuheben ist der **Schutz des Urheberrechts** als Bestandteil des gewerblichen kommerziellen Eigentums nach Art. 36 AEUV. Hier bezog sich der EuGH sogar eigens auf eine Parallele der Berufsfreiheit zu den Grundfreiheiten.[298]

3017

Darüber hinaus bemühte der Gerichtshof andere Politiken, so das Ziel der kulturellen Entwicklung der Gemeinschaft und der Förderung des künstlerischen und literarischen Schaffens auf der Basis von **Art. 167 AEUV**.[299] Weitere Gesichtspunkte waren – parallel zu den Grundfreiheiten – Aspekte wie der **Umweltschutz**,[300] die zu dem Zeitpunkt, als sie erstmals herangezogen wurden, noch nicht ausdrücklich im AEUV enthalten waren.

3018

Mittlerweile sind sie ausdrücklich im AEUV verankert. Das gilt auch für den **Verbraucherschutz**[301] sowie die **Volksgesundheit**.[302] Damit verliert die Frage erheblich an Bedeutung, ob der EuGH auch Ziele heranziehen darf, die nicht explizit in den Verträgen niedergelegt sind.[303] Schließlich geht es gerade im Rahmen der Berufsfreiheit um den **Ausgleich sämtlicher wirtschaftlicher Interessen**; diese können auch eine Einschränkung der Berufsfreiheit anderer erfordern,[304] so wenn es um den Schutz der Konkurrenz vor ungerechtfertigten Subventionen geht.

3019

Zudem ist das Ziel wirtschaftlichen Wachstums in Art. 3 Abs. 3 S. 3 EUV mit der – vorangestellten – Nachhaltigkeit gekoppelt, sodass in dessen Rahmen notwendig auch soziale und umweltbezogene Belange Eingang finden müssen. Diese werden in Art. 3 Abs. 3 S. 2 EUV auch eigens benannt. Das Klimapaket „Fit for 55" vom 14.7.2021 konkretisiert diesen Ansatz vor allem dahin, dass nur noch **klimafreund-**

3020

---

[298] EuGH, Rs. C-200/96, ECLI:EU:C:1998:172 (Rn. 24) – Metronome Musik; allgemein zum engen Zusammenhang von Berufsfreiheit und Warenverkehrsfreiheit o. Rn. 2885.
[299] EuGH, Rs. C-200/96, ECLI:EU:C:1998:172 (Rn. 23) – Metronome Musik.
[300] EuGH, Rs.C-240/83, ECLI:EU:C:1985:59 (Rn. 13) – ADBHU; Rs. C-416/10, ECLI:EU:C:2013:8 (Rn. 114) – Križan u. a.; Rs. C-221/09, ECLI:EU:C:2011:153 (Rn. 83) – AJD Tuna; Rs. C-611/12 P, ECLI:EU:C:2014:2282 (Rn. 50) – Giordano zum Schutz der Fischbestände im Mittelmeer.
[301] EuGH, Rs. C-234/85, ECLI:EU:C:1986:377 (Rn. 14) – Keller; s. Art. 169 AEUV; Rs. C-28/20, ECLI:EU:2021:256 (Rn. 49) – Airhelp.
[302] EuGH, Rs. C-183/95, ECLI:EU:C:1997:373 (Rn. 43) – Affish; Rs. C-210/03, ECLI:EU:C:2004:802 (Rn. 74) – Swedish Match, s. Art. 168 AEUV; EuGH, Rs. C-544/10, ECLI: EU: C:2012:526 (Rn. 48 ff.) – Deutsches Weintor zum Gesundheitsschutz.
[303] S.o. Rn. 741 ff. sowie EuGH, Rs. C-348/12 P, ECLI:EU:C:2013:776 (Rn. 124) – Manufacturing Support & Procurement Kala Naft zur Erhaltung des Weltfriedens und der internationalen Sicherheit.
[304] Spezifisch für die Berufsfreiheit näher *Wunderlich*, Das Grundrecht der Berufsfreiheit im Europäischen Gemeinschaftsrecht, 2000, S. 195 f.

liches Wachstum in Betracht kommt,[305] und füllt so die ökonomische Komponente der Nachhaltigkeit klimagerecht aus.[306] Damit hat man jedenfalls für den Bereich der Berufsfreiheit über Art. 3 Abs. 3 EUV eine große Breite möglicher Rechtfertigungsgründe für Einschränkungen.[307] Begrenzungen zeigen sich eher über die **Notwendigkeit eines Gesetzes**. Dieses muss nämlich **auf** einer **bestehenden Kompetenzgrundlage** erlassen worden sein. Hier tauchen eher Schwierigkeiten auf.[308] Das gilt allerdings nicht für den Umwelt- und Klimaschutz auf der Basis von Art. 191, 192 AEUV, die auch umweltenergiepolitische Maßnahmen abdecken[309] und somit weit in den Energiebereich ragen.[310]

3021 Die Rechtsprechung des EuGH deutet insgesamt darauf, dass er genauso verfährt wie bei den Grundfreiheiten, wo auch nicht ausdrücklich im AEUV verankerte, zwingende Gemeinwohlbelange als Rechtfertigungsgrund herangezogen werden.

4. Völkerrechtliche Verpflichtungen

3022 Weitergehend wurden – ebenfalls vergleichbar zu den Grundfreiheiten – völkerrechtliche Verpflichtungen herangezogen, um eine Beeinträchtigung zu rechtfertigen. Das gilt für den Agrarsektor wegen der aus dem Abkommen von Cotonou[311] übernommenen Verpflichtungen, welche den Import aus AKP-Staaten privilegierten und den aus anderen Staaten begrenzten,[312] sowie im Bereich des Urheberrechtsschutzes aus dem Übereinkommen über handelsbezogene Aspekte der Rechte des

---

[305] Mitteilung der Kommission an das Europäische Parlament, den Rat, den Europäischen Wirtschafts- und Sozialausschuss und den Ausschuss der Regionen vom 14.7.2021, „Fit für 55": auf dem Weg zur Klimaneutralität – Umsetzung des EU-Klimaziels für 2030, COM(2021) 550 final, S. 2.

[306] Näher *Frenz*, in: ders. (Hrsg.), Gesamtkommentar Klimaschutzrecht, 2. Aufl. 2022, Einf. A Rn. 60 ff.

[307] Diese allgemeinen Zielvorstellungen für untauglich haltend *Wunderlich*, Das Grundrecht der Berufsfreiheit im Europäischen Gemeinschaftsrecht, 2000, S. 197. Indes werden hierdurch auch Ziele festgelegt, die regelmäßig oder später näher konkretisiert werden, so die Umweltkomponente der Nachhaltigkeit in Art. 191 ff. AEUV. Im Übrigen werden hier die zentralen Zielvorstellungen genannt, welche die Union erst umsetzen muss, allerdings auf einer tauglichen Kompetenzgrundlage. Daher erwächst daraus die Schranke, nicht hingegen schon aus der Allgemeinheit der in Art. 3 Abs. 3 EUV verankerten Zielvorstellungen.

[308] *Wunderlich*, Das Grundrecht der Berufsfreiheit im Europäischen Gemeinschaftsrecht, 2000, S. 196.

[309] *Schlacke*, in: Nowak, Konsolidierung und Entwicklungsperspektiven des Europäischen Umweltrechts, 2015, S. 299 (312); *Frenz*, Grundzüge des Klimaschutzrechts, 3. Aufl. 2023, Rn. 290, 306.

[310] Abl. daher *Heselhaus*, in: Nowak, Konsolidierung und Entwicklungsperspektiven des Europäischen Umweltrechts, 2015, S. 327 (351 f.).

[311] Partnerschaftsabkommen zwischen den Mitgliedern der Gruppe der Staaten in Afrika, im Karibischen Raum und im Pazifischen Ozean einerseits und der Europäischen Gemeinschaft und ihren Mitgliedstaaten andererseits, unterzeichnet in Cotonou am 23.6.2000, ABl. 2000 L 317, S. 3.

[312] EuGH, Rs. C-280/93, ECLI:EU:C:1994:367 (Rn. 82) – Bananen.

geistigen Eigentums (**TRIPS**).³¹³ Die EU ist zwar nicht UN-Mitglied, hat aber einen erweiterten Beobachterstatus und wirkt über ihre Mitgliedstaaten und deren Abstimmung im Rahmen der UN. Dementsprechend können auch die UN-Nachhaltigkeitsziele (**Sustainable Developments Goals**) herangezogen werden, zumal im Bereich des Klimaschutzes, in dem sich die EU eine Vorreiterrolle zumisst. SDG 13 sieht eigens Maßnahmen für den Klimaschutz vor, SDG 9 eine nachhaltige Industrialisierung sowie SDG 12 ein nachhaltiges Konsum- und Produktionsverhalten.

IV. Verhältnismäßigkeit

1. Ansatz

Der Schwerpunkt der Prüfung des EuGH liegt darin, ob eine Beschränkung tatsächlich Gemeinwohlzielen der Union entspricht und den Wesensgehalt der Berufsfreiheit nicht antastet.³¹⁴ Zwar wird die Verhältnismäßigkeit erwähnt, aber unmittelbar neben das Verbot eines nicht tragbaren Eingriffs gestellt und auf die Antastung des Wesensgehalts bezogen.³¹⁵ Diese Konzeption wird damit in Verbindung gebracht, dass der EuGH Regelungen der gemeinsamen Agrarpolitik aufrecht erhalten wollte, die strukturell im Gegensatz zu freier wirtschaftlicher Betätigung und so zum Grundrecht der Berufsfreiheit stehen.³¹⁶   3023

Beziehen sich auch zahlreiche Entscheidungen mit dieser Standardformel auf den Landwirtschaftsbereich, ließ der EuGH seine Konzeption „namentlich im Rahmen einer gemeinsamen Marktorganisation" Anwendung finden.³¹⁷ Damit wird dieser Bereich nur herausgehoben. Tieferer Grund für den EuGH ist indes, dass die freie **Berufsausübung** nicht uneingeschränkte Geltung beanspruchen kann, sondern „**im Hinblick auf ihre gesellschaftliche Funktion gesehen** werden" muss.³¹⁸   3024

Damit liegt dieser **Ansatz im Kontext der Berufsfreiheit begründet**, nicht notwendig hingegen in der gemeinsamen Agrarpolitik. In dieser aktualisiert sich nur die gesellschaftliche Funktion. Diese hebt der EuGH noch in der Entscheidung   3025

---

³¹³ Die Erfüllung des TRIPS-Abkommens, BGBl. II 1994 S. 1730, ist verpflichtend für die WTO-Mitgliedschaft; es ist eine Ergänzung des GATT (deutsches Zustimmungsgesetz zum GATT, BGBl. II 1994 S. 1438). S. EuGH, Rs. C-200/96, ECLI:EU:C:1998:172 (Rn. 25) – Metronome Musik.
³¹⁴ S.o. Rn. 3007 sowie allgemein o. Rn. 729 ff.
³¹⁵ S. etwa EuGH, Rs. C-306/93, ECLI:EU:C:1994:407 (Rn. 22) – Winzersekt; auch noch Rs. C-210/03, ECLI:EU:C:2004:802 (Rn. 72) – Swedish Match; Rs. C-544/10, ECLI:EU:C:2012:526 (Rn. 54) – Deutsches Weintor.
³¹⁶ *Rengeling*, in: Schwarze (Hrsg.), Der Verfassungsentwurf des Europäischen Konvents, 2004, S. 331 (346); *Ruffert*, in: Ehlers, Europäische Grundrechte und Grundfreiheiten, § 19 Rn. 3; *ders.*, in: Calliess/Ruffert, Art. 15 GRCh Rn. 17; *Streinz*, in: ders., Art. 15 GR-Charta Rn. 5.
³¹⁷ Z. B. EuGH, Rs. C-306/93, ECLI:EU:C:1994:407 (Rn. 22) – Winzersekt.
³¹⁸ EuGH, Rs. C-306/93, ECLI:EU:C:1994:407 (Rn. 22) – Winzersekt; in Bezug auf Art. 16 EGRC s. Rs. C-283/11, ECLI:EU:C:2013:28 (Rn. 45) – Sky.

Fries hervor, wonach die Berufsfreiheit im Zusammenhang mit ihrer gesellschaftlichen Funktion zu sehen ist.[319] Daher ist dieses **Zurücktreten der Verhältnismäßigkeitsprüfung** nicht bereichsspezifisch zu sehen, sondern vom EuGH allgemein angelegt. Umso mehr **widerspricht sie der freiheitsbezogenen Konzeption der Berufsfreiheit** wie dem generellen Charakter der Grundrechte.[320] Auch Art. 52 Abs. 1 S. 2 EGRC erfordert eine akzentuiertere Verhältnismäßigkeitsprüfung. Im Urteil *Fries* verweist der EuGH auf diese Vorschrift und prüft die Verhältnismäßigkeit voll.[321]

2. Ermessensspielraum

3026   Die Prüfungsschärfe des EuGH im Bereich der Berufsfreiheit ist auch deshalb gering, weil er dem europäischen Gesetzgeber ein **weites Ermessen** zubilligt. Daher kann die Rechtmäßigkeit einer „erlassenen Maßnahme nur dann beeinträchtigt sein ..., wenn diese **Maßnahme** zur Erreichung des Zieles, das das zuständige Organ verfolgt, **offensichtlich ungeeignet** ist".[322] Damit räumt er „ein fast schrankenloses Ermessen mit entsprechendem **Kontrolldefizit**" ein.[323] Dieses Ermessen bezieht der EuGH freilich auf das Gebiet der gemeinsamen Agrarpolitik mit der dabei eingeräumten politischen Verantwortung und führt nur die in diesem Bereich erlassenen Maßnahmen als Referenz an.[324] Die Einbindung in eine gemeinsame Marktorganisation führt praktisch aber vor allem dazu, dass Vertrauensschutz auf Beibehaltung einer Regelung weitgehend ausgeschlossen ist.[325]

3027   Indes räumt der EuGH auch in anderen Bereichen einen weiten Ermessensspielraum ein, weil politische, wirtschaftliche bzw. soziale Entscheidungen zu treffen und/oder komplexe Prüfungen bzw. Beurteilungen vorzunehmen sind.[326] Das gilt

---

[319] EuGH, Rs. C-190/16, ECLI:EU:C:2017:513 (Rn. 73) – Fries.

[320] Ausführlich o. Rn. 729 ff.

[321] EuGH, Rs. C-190/16, ECLI:EU:C:2017:513 (Rn. 77 ff.) – Fries.

[322] EuGH, Rs. C-306/93, ECLI:EU:C:1994:407 (Rn. 21) – Winzersekt; ebenso etwa Rs. C-280/93, ECLI:EU:C:1994:367 (Rn. 89 f.) – Bananen.; Rs. C-59/11, ECLI:EU:C:2012:447 (Rn. 39) – Association Kokopelli; st. Rspr.

[323] So *Streinz*, in: ders., Art. 15 GR-Charta Rn. 5 a. E.; vgl. z. B. EuGH, Rs. C-306/93, ECLI:EU:C:1994:407 (Rn. 21 f.) – Winzersekt; Rs. C-343/07, ECLI:EU:C:2009:415 (Rn. 81) – Bavaria NV u. a.; Rs. C-59/11, ECLI:EU:C:2012:447 (Rn. 39) – Association Kokopelli; a. A. *Nowak*, in: Heselhaus/Nowak, § 34 Rn. 59: „Die jüngere Rechtsprechung weist im Hinblick auf die schrankensystematische Kontrolldichte insoweit durchaus in die richtige Richtung." unter Verweis auf EuGH, Rs. C-190/16, ECLI:EU:C:2017:513 (Rn. 70 ff.) – Fries.

[324] EuGH, Rs. C-306/93, ECLI:EU:C:1994:407 (Rn. 21) – Winzersekt.

[325] S.u. Rn. 3443, 3601 f.

[326] *Nowak*, in: Heselhaus/Nowak, § 34 Rn. 53; vgl. bezogen auf restriktive Maßnahmen im GASP-Bereich EuGH, Rs. C-348/12 P, ECLI:EU:C:2013:776 (Rn. 120) – Manufacturing Support & Procurement Kala Naft; Rs. C-72/15, ECLI:EU:C:2017:236 (Rn. 146) – Rosneft; Rs. C-225/17 P, ECLI:EU:C:2019:82 (Rn. 103) – Islamic Republic of Iran Shipping Lines u. a.; für die Bereiche des Verbraucher- und Gesundheitsschutzes Rs. C-296/16 P, ECLI:EU:C:2017:437 (Rn. 50) – Dextro Energy.

§ 1 Berufsfreiheit

für den **Umweltschutz** wegen seines notwendig vorsorgenden Charakters[327] und im Hinblick auf den Grundsatz der nachhaltigen Entwicklung.[328]

Die **Wirtschaftspolitik** ist generell davon geprägt, komplexe Sachverhalte zu bewältigen und divergierende Interessen auszugleichen. Damit bestehen viele Eckpunkte, mit denen eine Maßnahme begründet werden kann. Entsprechend weit ist der bestehende Ermessensspielraum. Er wird im Übrigen auch im strengen deutschen Verfassungsrecht zugebilligt.[329] Da **Wirtschaft und Berufsfreiheit** in einem **engen Zusammenhang** stehen, ist damit ein **weiter Ermessensspielraum** der die Berufsfreiheit einschränkenden staatlichen Organe gleichsam **inhärent**. 3028

Allerdings darf dieser Ermessensspielraum **nicht** so weit ausgedehnt werden, dass die einschränkenden Organe gleichsam einen **Freibrief** bekommen, das betroffene Recht zu beschneiden.[330] Vielmehr muss die **Kontrolle der Verhältnismäßigkeit** jedenfalls **in ihrem Gerüst gewahrt** bleiben und auch dazu führen können, dass eine ergriffene beeinträchtigende Maßnahme als grundrechtswidrig eingestuft wird. Dies war aber bislang im Bereich der Berufsfreiheit soweit ersichtlich nicht der Fall.[331] 3029

Immerhin hat der EuGH im Bereich des **Gesundheitsschutzes**, der wie der Umweltschutz auf ein hohes Niveau zielt, den Prüfungsrahmen nicht auf eine offensichtliche Ungeeignetheit verengt.[332] Die Frage des Ermessensmissbrauchs wurde in dieser Entscheidung im Hinblick auf die Kompetenzausübung geprüft.[333] Dieser Ansatz korrespondiert damit, dass die Rechtsprechung in neueren Urteilen die Verhältnismäßigkeit intensiver prüft.[334] 3030

---

[327] S. für den Klimaschutz BVerfGE 157, 30 (Ls. 3b)) – Klimabeschluss.
[328] S. näher u. Rn. 4899 ff.
[329] S. etwa BVerfGE 53, 135 (145); 46, 246 (257); 39, 210 (225 f.); 30, 250 (262 f.). Auf diese Judikatur verweisend auch *Nowak*, in: Heselhaus/Nowak, § 34 Rn. 53; *Ruffert*, in: Ehlers, Europäische Grundrechte und Grundfreiheiten, § 19 Rn. 39; *Wunderlich*, Das Grundrecht der Berufsfreiheit im Europäischen Gemeinschaftsrecht, 2000, S. 208. Danach wird etwa die Geeignetheit nur dann nicht gewahrt, wenn eine Maßnahme eindeutig als zweckuntauglich eingestuft werden kann, BVerfGE 39, 210 (230). S. näher *Frenz*, Selbstverpflichtungen der Wirtschaft, 2001, S. 129 f. m. w. N.
[330] Ebenso *Wunderlich*, Das Grundrecht der Berufsfreiheit im Europäischen Gemeinschaftsrecht, 2000, S. 210.
[331] Näher o. Rn. 730 sowie Rn. 2943; s. auch *Ruffert*, in: Calliess/Ruffert, Art. 15 GRCh Rn. 17; *Streinz*, in: ders., Art. 15 GR Charta Rn. 5.
[332] EuGH, Rs. C-210/03, ECLI:EU:C:2004:802 (Rn. 74) – Swedish Match.
[333] EuGH, Rs. C-210/03, ECLI:EU:C:2004:802 (Rn. 75 ff.) – Swedish Match.
[334] *Nowak*, in: Heselhaus/Nowak, § 34 Rn. 53, 59 unter Verweis auf EuGH, Rs. C-190/16, ECLI:EU:C:2017:513 (Rn. 70 ff.) – Fries sowie bereits EuG, Rs. T-13/99, ECLI:EU:T:2002:209 – Pfizer; Rs. T-70/99, ECLI:EU:T:2002:210 – Alpharma sowie *Keser*, in: Bruha/Nowak/Petzold (Hrsg.), Grundrechtsschutz für Unternehmen im europäischen Binnenmarkt, 2004, S. 139 ff.

3. Geeignetheit

3031 Ist das durch die beeinträchtigende Maßnahme zu erreichende Gemeinwohlziel definiert,[335] wird auch vom EuGH an erster Stelle geprüft, ob die vorgesehene Maßnahme im Hinblick auf dieses Ziel geeignet ist. Im Urteil *Swedish Match* wird nach Bejahung dieser Frage sogar unmittelbar festgestellt, dass es sich nicht um eine unverhältnismäßige Beeinträchtigung des Rechts auf freie Berufsausübung handelt.[336] Auch dann, wenn der EuGH aufgrund des weiten Ermessens der handelnden Organe nur die offensichtliche Geeignetheit einer Maßnahme prüfte, stand dieser Aspekt am **Ausgangspunkt** der Prüfung – vielfach, ohne dass noch die Erforderlichkeit oder Angemessenheit eigens geprüft worden wäre.[337]

3032 Inwieweit der Prüfungsmaßstab auf eine **evidente Ungeeignetheit** reduziert wird, hängt davon ab, in welchem Umfang man den zuständigen Organen einen **Ermessensspielraum** zugesteht, der nicht voll überprüfbar ist. Wegen des engen Bezugs der Berufsfreiheit zu wirtschaftsrelevanten Sachverhalten und den dabei auftretenden komplexen Zusammenhängen wird ein solcher Einschätzungsspielraum **regelmäßig gegeben** sein. Das gilt **auch bei gravierenden Grundrechtsbeeinträchtigungen** wie objektiven Zulassungsschranken und damit auch im Bereich von Berufswahlregelungen.[338] Für eine altersbedingte Berufsbeschränkung prüfte der EuGH aber die Geeignetheit voll.[339]

3033 Bei einem reduzierten Maßstab ist nur zu prüfen, ob eine **Maßnahme den verfolgten Zweck evident nicht fördern kann.** Das wird kaum der Fall sein. Am ehesten fehlt die Eignung noch dann, wenn Ziele nur vorgetäuscht werden, in Wahrheit aber etwa eine bestimmte Gruppe sachwidrig zulasten der Konkurrenz privilegiert werden soll. Dann aber fehlt regelmäßig schon die legitime Zielsetzung, weil diese tatsächlich verfolgt werden muss. Die Eignungsprüfung bildet insoweit lediglich eine zusätzliche Kontrollstation.

3034 Wenn der Eintritt eines bestimmten Schadens auf ein Gemeinwohlgut ausgeschlossen werden soll, dieser **Schaden** aber **bereits irreversibel eingetreten** ist, dann **fehlt die Geeignetheit** allerdings.[340] Jedoch obliegt es auch der Beurteilung der zuständigen Organe, inwieweit ein Vorgang bereits abgeschlossen ist, es sei denn, dies ist evident. Das wird aber selten der Fall sein. So werden sich selbst bei der Eindämmung von gesundheitlichen Beeinträchtigungen, die bereits häufiger auftraten, immer noch Ansatzpunkte finden, um Maßnahmen gegen eine noch weitere Verschlimmerung zu treffen, so ein völliges Verbot eines Produkts, auf dessen Auslösereigenschaft einige Anhaltspunkte deuten.

---

[335] S.o. Rn. 3014 ff.
[336] EuGH, Rs. C-210/03, ECLI:EU:C:2004:802 (Rn. 74) – Swedish Match.
[337] So in EuGH, Rs. C-306/93, ECLI:EU:C:1994:407 (Rn. 21) – Winzersekt.
[338] Im vorliegenden Zusammenhang im Vergleich zum BVerfG betonend *Wunderlich*, Das Grundrecht der Berufsfreiheit im Europäischen Gemeinschaftsrecht, 2000, S. 208.
[339] EuGH, Rs. C-190/16, ECLI:EU:C:2017:513 (Rn. 77 i. V. m. Rn. 45 ff.) – Fries.
[340] Vgl. zu den Grundfreiheiten *Frenz*, Europarecht 1, Rn. 592.

§ 1 Berufsfreiheit

Im Bereich des **Klimaschutzes** gilt es wegen der ernsten Bedrohung durch den Klimawandel und seinen Folgen alle Versuche zu unternehmen, durch die **Vorbildrolle der EU** andere Staaten zu verstärkten Anstrengungen zu animieren. Ihnen fehlt daher auch dann nicht die **Geeignetheit, wenn andere Staaten** (noch) **kaum Anstrengungen** zur CO_2-Reduktion unternehmen[341] oder das **1,5-Grad-Ziel** nach dem Pariser Klimaabkommen **nicht mehr erreicht** werden kann oder (alsbald) überschritten ist: Umso stärkere Anstrengungen sind zu unternehmen, um den Klimawandel doch noch möglichst zu begrenzen. 3035

Etwas anderes kann sich höchstens ergeben, **wenn** offensichtlich ausgeschlossen ist, dass **andere Staaten** dem Beispiel der EU sowie ihrer Mitglieder folgen und **keine verstärkten Anstrengungen zur CO_2-Reduktion** unternehmen, mithin die **Vorbildfunktion** der **EU versagt** oder als Anmaßung missverstanden wird und so kontraproduktiv wirkt. Dann können die Anstrengungen der EU aber immer noch selbst zur CO_2-Reduktion beitragen, was ebenfalls einer Begrenzung des weltweiten Temperaturanstiegs dient – wenn auch nicht so stark wie bei einem internationalen Multiplikatoreffekt. Jedenfalls handelt so die EU für sich entsprechend den UN-Nachhaltigkeitszielen 12 und 13 in Gestalt eines verantwortungsvollen Produktionsverhaltens und von Klimaschutzmaßnahmen. 3036

4. Erforderlichkeit

Die Erforderlichkeit setzt voraus, dass es kein Mittel gibt, welches den angestrebten Erfolg mit weniger starken Beeinträchtigungen genauso effektiv erreichen kann.[342] Damit hat ein **Vergleich der in Betracht kommenden Mittel** zu erfolgen, und zwar bezogen auf das **Maß der erfolgenden Grundrechtsbeschränkung**. Inwieweit bei den Betroffenen die Berufsfreiheit beeinträchtigt wird, blendete indes der **EuGH** bislang in seiner Rechtsprechung regelmäßig **aus**. Er stellte nur darauf ab, ob die Beschränkung der Berufsfreiheit im Hinblick auf das angestrebte Ziel verhältnismäßig ist und einen tragbaren Eingriff darstellt.[343] Damit stellte er lediglich das **verfolgte Ziel** der gegebenen **Grundrechtsbeeinträchtigung gegenüber**. Er bezog aber nicht ein, in welchem Ausmaß die betroffenen Wirtschaftsteilnehmenden in ihrer Berufsfreiheit beeinträchtigt werden. 3037

Die betroffenen Individualinteressen wurden daher nicht, wie für individuelle Freiheitsrechte erforderlich, näher einbezogen.[344] Auch in den Urteilen *Bosphorus* und *Affish*, wo konkrete Personen spezifisch ihre Betroffenheit geltend machten, verwies der EuGH nur allgemein auf erhebliche negative Konsequenzen für „be- 3038

---

[341] BVerfGE 157, 30 (Rn. 203) – Klimabeschluss.
[342] S.o. Rn. 762.
[343] S.o. Rn. 3023.
[344] S. allgemein o. Rn. 729 ff.; im hiesigen Zusammenhang etwa *Wunderlich*, Das Grundrecht der Berufsfreiheit im Europäischen Gemeinschaftsrecht, 2000, S. 204 f. auch zum folgenden Aspekt.

stimmte Wirtschaftsteilnehmer".³⁴⁵ Damit bedarf es, soweit bisher nicht erfolgt, noch einer Angleichung in der Rechtsprechung des EuGH, dass dem elementaren Wirtschaftsgrundrecht der Berufsfreiheit tatsächlich zu diesem Charakter verholfen wird. Regelmäßig muss sich daher an die Eignungsprüfung eine auch freiheitsbezogene Erforderlichkeitskontrolle anschließen.

3039 Immerhin spricht der EuGH auch an, dass Maßnahmen „beträchtliche negative Folgen für bestimmte Wirtschaftsteilnehmer haben können" und diesen muss „neben dem verfolgten Hauptziel in vollem Umfang Rechnung getragen" worden sein.³⁴⁶ Nach Bejahung der Geeignetheit auf dieser Basis prüft der EuGH in derselben Entscheidung im nächsten Schritt, „ob diese Regelung über das für die Erreichung dieser Ziele Erforderliche hinausgeht",³⁴⁷ und zwar im Hinblick auf das Vorbringen des Rates der EU, „jedenfalls seien andere, weniger einschneidende Maßnahmen wie die Etikettierung kein ebenso wirksames Mittel, um das mit der Richtlinie 2002/55 verfolgte Produktivitätsziel zu gewährleisten"³⁴⁸ Damit erfolgt die klassische Erforderlichkeitsprüfung durch einen **Mittelvergleich im Hinblick auf eine effektive Zielerreichung** und eine damit verbundene Grundrechtsbeschränkung.

3040 Auch in einer anderen, wenn auch nicht grundrechts-, sondern kompetenzbezogenen Entscheidung zu Staatsanleihenkäufen durch die EZB erfolgte eine konventionelle Abschichtung der Geeignetheits- und der Erforderlichkeitsprüfung, indem „zweitens zu prüfen (ist), ob ein solches Programm nicht offensichtlich über das hinausgeht, was zur Erreichung dieser Ziele erforderlich ist".³⁴⁹ Anschließend kam die Angemessenheit: „Drittens ist zu konstatieren, dass das ESZB die verschiedenen beteiligten Interessen in der Weise gegeneinander abgewogen hat, dass tatsächlich vermieden wird, dass sich bei der Durchführung des fraglichen Programms Nachteile ergeben, die offensichtlich außer Verhältnis zu dessen Zielen stehen."³⁵⁰ Damit erfolgt in dieser Kompetenzentscheidung die **klassische Abfolge** der **Verhältnismäßigkeitsprüfung**, wie sie auch im Bereich der Berufsfreiheit durchzuführen ist.

5. Angemessenheit

3041 Ebenso wenig wie die Erforderlichkeit wurde indes die Angemessenheit vom EuGH bislang im Einzelnen geprüft. Dies hängt ebenfalls damit zusammen, dass die

---

[345] EuGH, Rs. C-84/95, ECLI:EU:C:1996:312 (Rn. 23) – Bosphorus; Rs. C-183/95, ECLI:EU: C:1997:373 (Rn. 42) – Affish; so auch erneut verb. Rs. C-570 u. C-571/07, ECLI:EU:C:2010:300 (Rn. 90) – Blanco Pérez und Chao Gómez; ebenso im Vorgehen EuG, Rs. T-390/94, ECLI:EU: T:1997:51 (Rn. 127 f.) – Schröder u. a.

[346] EuGH, Rs. C-59/11, ECLI:EU:C:2012:447 (Rn. 40) – Association Kokopelli unter Verweis auf Rs. C-504/04, ECLI:EU:C:2006:30 (Rn. 37) – Agrarproduktion Staebelow.

[347] So auch EuGH, Rs. C-190/16, ECLI:EU:C:2017:513 (Rn. 68 i. V. m. Rn. 78) – Fries (aber im Rahmen der Angemessenheit).

[348] EuGH, Rs. C-59/11, ECLI:EU:C:2012:447 (Rn. 51 f.) – Association Kokopelli.

[349] EuGH, Rs. C-62/14, ECLI:EU:C:2015:400 (Rn. 81) – Gauweiler u. a.

[350] EuGH, Rs. C-62/14, ECLI:EU:C:2015:400 (Rn. 91) – Gauweiler u. a.

individuellen Grundrechtsbeeinträchtigungen weitestgehend ausgeblendet und höchstens pauschal einbezogen wurden. Die Angemessenheit ist nämlich dann **verletzt, wenn die mit** einer **Maßnahme erreichten Vorteile** für das angestrebte Ziel die **Beeinträchtigung des Grundrechts nicht überwiegen**. Daher sind die Vorteile der Maßnahme den individuellen Grundrechtsbeeinträchtigungen gegenüberzustellen. Es genügt nicht ein bloßer Vergleich des angestrebten Ziels mit dem Grundrecht, das beeinträchtigt wird. Insoweit erfolgt nämlich **in der traditionellen EuGH-Judikatur** nur ein **abstrakter Vergleich**, kein konkreter, der auch die in der Situation gegebenen Beeinträchtigungen einbezieht und den erreichbaren Vorteilen gegenüberstellt. Genau dies ist aber der Kern eines individuellen Grundrechtsschutzes, wie er durch die EGRC gerade auch in Art. 15 verankert ist. Immerhin prüfte der EuGH im Urteil *Fries* die Abwägung des individuellen Rechts des Betroffenen mit dem verfolgten Ziel.[351]

6. Übergangsbestimmungen

Die Berufsfreiheit kann deshalb (besonders scharf) beeinträchtigt werden, weil eine Maßnahme zu rasch greift, mithin keine Übergangsfrist lässt. Das ist etwa dann möglich, wenn eine gemeinsame Marktorganisation im Bereich der Landwirtschaft eingeführt wird.[352] Auch Klimaschutzmaßnahmen können, um CO_2-Reduktionsziele zu erreichen, sehr rasch eingeführt werden. Solche Vorgaben existieren in Deutschland mit der Heizungsaustauschpflicht seit 1.1.2024, wenn eine Heizung mit Öl und Gas nach diesem Zeitpunkt kaputt geht.[353] In diesen Fällen kann zwar die **Grundrechtsbeeinträchtigung als solche verhältnismäßig** sein, aber **nicht in der vorgesehenen Schnelle**. Dementsprechend hat der EuGH eine Einschränkung der Warenverkehrsfreiheit nur in dem Maße für erforderlich gehalten, wie **ausreichende Übergangsfristen** gewahrt wurden.[354] Das hat auch im Rahmen der Grundrechte zu gelten.[355] Insoweit bestehen vielfach Verbindungen zum Vertrauensschutz. Eine

3042

---

[351] EuGH, Rs. C-190/16, ECLI:EU:C:2017:513 (Rn. 78) – Fries.
[352] EuGH, Rs. C-68/95, ECLI:EU:C:1996:452 (Rn. 40) – T. Port.
[353] Im Einzelnen §§ 71 ff. GEG. Gebäudeenergiegesetz vom 8.8.2020 (BGBl. I S. 1728), das zuletzt durch Artikel 1 des Gesetzes vom 16.10.2023 (BGBl. 2023 I Nr. 280) geändert worden ist.
[354] Vgl. EuGH, Rs. C-463/01, ECLI:EU:C:2004:797 (Rn. 79 ff.) – Kommission/Deutschland; Rs. C-309/02, ECLI:EU:C:2004:799 (Rn. 80) – Radlberger. Zur Notwendigkeit von Übergangsregelungen als Ausfluss des Verhältnismäßigkeitsgrundsatzes im Kontext der Warenverkehrsfreiheit EuG, Rs. T-629/13 – ECLI:EU:T:2014:834, (Rn. 39 ff, 59 ff.) – Molda.
[355] S. unter spezifischem Blickwinkel bereits *Frenz*, in: ders./Schink (Hrsg.), Die Abfallwirtschaft im normgeberischen Dauergriff, 2005, S. 117 (125).

Übergangsfrist ist umso eher und in umso längerem Ausmaß geboten, wie **schützenswertes Vertrauen** entfaltet wurde, das jedenfalls nicht sofort enttäuscht werden darf.[356]

3043 Dabei setzt sich allerdings der Gedanke des Vertrauensschutzes kaum durch, wenn Wirtschaftsteilnehmende bereits in eine Marktorganisation eingebunden waren und diese nur verschärft wurde, weil regelmäßig eine Angleichung jedenfalls in begrenztem Rahmen vorhersehbar ist.[357] Vergleichbar können Sachverhalte zu beurteilen sein, die schon mit Klimaschutzregimes wie dem **EU-Emissionshandel** belegt waren. Auch in diesem Bereich war und ist mit fortlaufenden **Verschärfungen** zu rechnen. **Anders** verhält es sich hingegen mit **Bereichen**, die wie der Verkehr und der Gebäudesektor **neu in den Emissionshandel** einbezogen werden, und dies in einem neuen, nämlich brennstoff- und nicht CO_2-emissionsbezogenen System, vergleichbar dem deutschen nach dem BEHG. Diese Situation ist vergleichbar damit, dass Wirtschaftsteilnehmende, ohne dass sie dies vorhersehen konnten, in eine gemeinsame Marktorganisation einbezogen werden und vorher ohne Berücksichtigung dieser Entwicklung geschäftlich auf der Grundlage der vorher bestehenden (nationalen) Regelung disponiert haben. Beispielhaft lässt sich die Bananenmarktordnung anführen, welche Bananenimporte aus den Dollar-Staaten weitgehend beschränkte und auf solche aus den AKP-Staaten konzentrierte.[358] Diese Marktteilnehmenden müssen die Möglichkeit haben, sich auf die neue Regelung einzustellen. Daraus ergibt sich die **Notwendigkeit von Übergangsmaßnahmen**.

3044 Eine solche Maßnahme ist daher nur insoweit angemessen, als sich die Wirtschaftsteilnehmenden aufgrund einer **hinreichend langen Übergangszeit** auf die **neue Rechtssituation** einrichten können. Inwieweit dies der Fall ist, richtet sich nach den **Schwierigkeiten**, die mit dem **Übergang** zu einer neuen Regelung verbunden sind. Daraus ergibt sich die **Erforderlichkeit von Übergangsmaßnahmen**. Dabei haben allerdings die europäischen Organe ein **weites Ermessen**.[359] Insoweit trifft sich auch die Rechtsprechung zu den Übergangsregelungen mit dem allgemeinen Ansatz zu Einschränkungen der Berufsfreiheit, wonach die Unionsorgane ein weites Ermessen haben.[360]

3045 Der andere Eckpunkt, dieses Ermessen auszuüben, liegt in den Notwendigkeiten, die eine neue Regelung bedingen. Hier zählt dann das entsprechende **europäische Interesse**. Dieses ist für den **Klimaschutz sehr hoch**, wie das Klimapaket „Fit for 55" belegt. Zudem sind die **konkreten Vorteile** zu benennen, die eine Maßnahme hat, um das angestrebte Ziel zu erreichen. Aber auch in diesem Rahmen prüft der EuGH näher, inwieweit überhaupt **Wirtschaftsteilnehmende** eines solchen Schut-

---

[356] Näher u. Rn. 3460 ff., 3540 ff., 3616 ff.

[357] S.u. Rn. 3443, 3601 f. sowie o. Rn. 2950 zur Einschlägigkeit der Berufsfreiheit.

[358] Zur Verhältnismäßigkeit der grundlegenden VO (Nr. 404/93 des Rates vom 13.2.1993 über die gemeinsame Marktorganisation für Bananen, ABl. 1993 L 47, S. 1; aufgehoben durch VO (EG) Nr. 1234/2007, ABl. 2007 L 299, S. 1): EuGH, Rs. C-280/93, ECLI:EU:C:1994:367 – Bananen. Dazu bereits o. Rn. 727 sowie Rn. 2942.

[359] EuGH, Rs. C-68/95, ECLI:EU:C:1996:452 (Rn. 38) – T. Port.

[360] S.o. Rn. 3026 ff.

zes durch Übergangsmaßnahmen bedürfen. Erforderlich ist, dass sie bislang mit normaler Sorgfalt im Hinblick auf die bestehenden Regelungen gehandelt haben und auch **nicht Kenntnis** haben konnten, dass sich eine Neuregelung in Gestalt einer gemeinsamen Marktorganisation ergibt.[361]

Die Bereiche **Verkehr und Gebäude** waren zwar schon im Klimapaket „Fit for 55" benannt, konnten **aber nicht** mit der **Auferlegung eines neuen Emissionshandelssystems** rechnen, zumal sich das EU-Klimapaket insoweit nicht **eindeutig** äußerte und lediglich eine Absichtserklärung bildet. Die deutsche Regelung nach dem BEHG zählt als insoweit rein nationales Regime – das bislang einzige in der EU – nicht. 3046

Werden angesichts dieser Eckpunkte diejenigen Anforderungen gestellt, die der EuGH auch beim Vertrauensschutz anwendet, so wird oft eine solche Schutzbedürftigkeit nicht bestehen. Schließlich kündigen sich gemeinsame Marktorganisationen oft durch **lange Beratungen** an. Wird bereits dieses Stadium als mögliche Kenntnisquelle zugrunde gelegt, so müssen sich **Wirtschaftsteilnehmende** bereits sehr **früh auf neue Entwicklungen einstellen**. Genau dies aber lässt die Rechtssicherheit weitgehend schwinden. Daher können solche Entwicklungen erst relevant sein, wenn die Wirtschaftsteilnehmenden absehen können, welche Regelung sich tatsächlich ergibt.[362] 3047

In den Bereichen **Verkehr** und **Gebäude** war ein **Emissionshandel** jedenfalls **in einer bestimmten Form erst durch die Beratung des Sekundärrechts absehbar** und nicht schon mit dem EU-Klimapaket „Fit for 55", welches zwar Überlegungen für ein eigenständiges Emissionshandelsregime für diese Bereiche enthielt, aber dieses nicht eindeutig zementierte.[363] 3048

7. Härtefallregelungen

Ein anderer Punkt, um eine Verhältnismäßigkeitsprüfung positiv ausfallen zu lassen, sind Härtefallregelungen. Dadurch werden Extremfälle aufgefangen, die im Einzelfall die Verhältnismäßigkeit und dabei vor allem die Angemessenheit problematisch erscheinen lassen. Dies hat auch der EuGH im Hinblick auf die Bananenmarktordnung geprüft.[364] 3049

---

[361] EuGH, Rs. C-68/95, ECLI:EU:C:1996:452 (Rn. 41) – T. Port.
[362] S. näher u. Rn. 3548 ff., 3551 ff. im Rahmen des Vertrauensschutzes, wo umgekehrt überlegt wird, ob nicht bereits Entwürfe einen gewissen Vertrauenstatbestand bilden, der eine bestimmte wirtschaftliche Ausrichtung erlaubt.
[363] S. spekulierend *Frenz*, in: ders. (Hrsg.), Gesamtkommentar Klimaschutzrecht, 2. Aufl. 2022, Einf. A Rn. 82.
[364] S. EuGH, Rs. C-280/93 R, ECLI:EU:C:1993:270 (Rn. 41) – Bananen (einstweiliger Rechtsschutz); zur Relevanz von Härtefallklauseln für die Eingriffsrechtfertigung auch EuGH, Rs. C-59/11, ECLI:EU:C:2012:447 (Rn. 62) – Association Kokopelli; *Jarass*, EuGRZ 2011, 360 (364).

V. Wesensgehaltsgarantie

3050 Vom EuGH ausdrücklich geprüft wurde neben der Verhältnismäßigkeit auch im Rahmen der Berufsfreiheit immer wieder die Wesensgehaltsgarantie.[365] Eine Beeinträchtigung durfte die gewährleisteten Rechte nicht in ihrem Wesensgehalt antasten.[366] Allerdings hat der EuGH nicht näher definiert, wann der Wesensgehalt berührt ist. Er folgert vielmehr, dass die gewährleisteten Rechte in ihrem Wesensgehalt betroffen sind, wenn es sich um einen im Hinblick auf den verfolgten Zweck **unverhältnismäßigen, nicht tragbaren Eingriff** handelt.[367] Daher wird ein unverhältnismäßiger Eingriff mit der Wesensgehaltstheorie gleichgesetzt.[368] Dies entspricht der relativen Theorie der Wesensgehaltstheorie, wonach diese nicht absolut zu sehen ist.

3051 Diese Theorie ist indes auch im Hinblick auf die europäische Grundrechtsdogmatik abzulehnen.[369] Es handelt sich vielmehr um eine **äußerste Grenze**, wie gerade auch die Entscheidung *Winzersekt* zeigt.[370] Es darf der **Bestand des Rechtes selbst nicht gefährdet** werden.[371] Es muss der Kern des beeinträchtigten Grundrechts erhalten bleiben. Das muss im Einzelfall geschehen, und zwar durch die geprüfte Regelung.[372]

3052 Das Recht der **Berufsfreiheit** darf folglich **nicht ausgehöhlt** werden. Auf dieser Grundlage wird die **praktische Bedeutung** der **Wesensgehaltsgarantie** eher **gering** sein,[373] weil regelmäßig immer noch eine gewisse Bedeutung der Berufsfreiheit bleibt. Es geht aber auch darum, dass **nicht** insgesamt eine **schleichende Aushöhlung** des Grundrechts erfolgt. Das kann dadurch erfolgen, dass die Berufsfreiheit in vielen Punkten tangiert wird, sodass insgesamt den Wirtschaftsteilnehmenden praktisch kein Freiraum mehr bleibt, sich kraftvoll zu entfalten, wie es die Berufsfreiheit als Freiheitsrecht – zumal vor dem Hintergrund ihres Bezugs zur Menschenwürde und damit zur Persönlichkeitsentfaltung – voraussetzt.

3053 Dadurch wird dann die Berufsfreiheit durch eine Gesamtheit von Maßnahmen letztlich in ihrer Substanz ausgehöhlt und damit, wie der EuGH im Urteil *Winzersekt* ausführt, in ihrem Bestand selbst gefährdet. Das ist zumal deshalb beachtlich, weil auch auf europäischer Ebene immer mehr **Regulierungen** kommen, die in ihren

---

[365] Z. B. EuGH, Rs. C-190/16, ECLI:EU:C:2017:513 (Rn. 75) – Fries.

[366] Etwa EuGH, Rs. C-306/93, ECLI:EU:C:1994:407 (Rn. 22) – Winzersekt.

[367] EuGH, Rs. C-306/93, ECLI:EU:C:1994:407 (Rn. 22) – Winzersekt; Rs. C-544/10, ECLI:EU:C:2012:526 (Rn. 54) – Deutsches Weintor; Rs. C-190/16, ECLI:EU:C:2017:513 (Rn. 73) – Fries.

[368] S. etwa *Pernice*, NJW 1990, 2409 (2416); *Huber*, EuZW 1997, 517 (521).

[369] S. allgemein Teilband I Rn. 773 ff.

[370] *Wunderlich*, Das Grundrecht der Berufsfreiheit im Europäischen Gemeinschaftsrecht, 2000, S. 214.

[371] EuGH, Rs. C-306/93, ECLI:EU:C:1994:407 (Rn. 24) – Winzersekt.

[372] EuGH, Rs. C-190/16, ECLI:EU:C:2017:513 (Rn. 75) – Fries.

[373] *Wunderlich*, Das Grundrecht der Berufsfreiheit im Europäischen Gemeinschaftsrecht, 2000, S. 215.

Auswirkungen am ehesten **in ihrer Gesamtheit übersehen** werden können. Daher bedarf es nicht nur im Umweltschutz und aktuell im **Klimaschutz** einer **integrativen Betrachtung der Umweltauswirkungen**, sondern für die Berufsfreiheit umgekehrt einer integrativen Betrachtung sämtlicher Auswirkungen von europäischen Regulierungen und Maßnahmen auf dieses Grundrecht.

H. Prüfungsschema zu Art. 15 EGRC

1. Schutzbereich   3054

a) „Jedermann"-Recht auch für Drittstaatsangehörige sowie öffentliche Unternehmen bei erwerbswirtschaftlicher Aktivität
b) Beruf: jede selbstständige oder unselbstständige Tätigkeit von gewisser Dauer und gewissem wirtschaftlichen Wert, gegen Entgelt erbracht und nicht völlig untergeordnet oder unwesentlich
c) Berufswahl- und Berufsausübungsfreiheit
d) Freiheit von, aber kein Recht auf Arbeit
e) Maßgeblichkeit Arbeitnehmerfreizügigkeit, Niederlassungsfreiheit und Dienstleistungsfreiheit gem. Art. 15 Abs. 2 i. V. m. Art. 52 Abs. 2 EGRC
f) Diskriminierungsverbot für Drittstaatsangehörige gem. Art. 15 Abs. 3 EGRC auch zulasten Privater

2. Beeinträchtigung

a) jede unmittelbare oder mittelbare Regelung, die einen Nachteil für den Grundrechtsinhaber bewirkt, unabhängig von der formalen Gestalt oder Wirkungsweise der Maßnahme
b) Berufswahlfreiheit ist als schwerwiegendste Berufsbeeinträchtigung vor der Berufsausübungsfreiheit zu prüfen
c) Art. 15 Abs. 2: Prüfung der jeweiligen Grundfreiheit
d) Art. 15 Abs. 3 EGRC: Schlechterstellung von Drittstaatsangehörigen in Bezug auf die Arbeitsbedingungen bei gleicher oder gänzlich vergleichbarer Tätigkeit

3. Rechtfertigung

a) einheitlicher Rechtfertigungsmaßstab des Art. 52 Abs. 1 EGRC für Berufswahl- und Berufsausübungsregelungen
b) gesetzliche Grundlage
c) Gemeinwohlziel: parallel zu den Grundfreiheiten auch Verbraucherschutz, Volksgesundheit, völkerrechtliche Verpflichtungen
d) Verhältnismäßigkeit mit enger werdendem Beurteilungsspielraum; ggf. Übergangsbestimmungen
e) Wesensgehaltsgarantie

§ 2 Unternehmerische Freiheit

A. Grundlagen

I. Stellung in den Wirtschaftsgrundrechten und der Wirtschaftsverfassung

3055 Die unternehmerische Freiheit findet sich als Art. 16 EGRC zwischen der Berufsfreiheit des Art. 15 EGRC und dem Eigentumsrecht nach Art. 17 EGRC. Schon diese systematische Verklammerung mit den anderen beiden Wirtschaftsgrundrechten verdeutlicht den **Bezug** der unternehmerischen Freiheit zur **Berufsfreiheit** und ihre **Brückenfunktion zum Eigentumsrecht**.[374] Gemeinschaftlich bilden sie die **Trias der wirtschaftsbezogenen Grundrechte**.[375]

3056 Die Aufnahme eines eigenständigen Artikels zum Schutz der unternehmerischen Freiheit in der EGRC war lange Zeit umstritten.[376] Die Notwendigkeit einer selbstständigen Gewährleistung kann schon deshalb angezweifelt werden, da die unternehmerische Freiheit in der einen oder anderen Formulierung nach der Rechtsprechung des EuGH auch bereits vom Schutzbereich der Berufsfreiheit erfasst war.[377] Gleichwohl kann Art. 16 EGRC eine darüber hinausgehende rechtspolitische Aussage entnommen werden. Die besondere Hervorhebung der Unternehmen in Art. 16 EGRC ist ein **Bekenntnis zur herausragenden Rolle unternehmerischer Tätigkeit für den europäischen Binnenmarkt**. Denn gerade die Unternehmen sind die treibenden Kräfte der europäischen Wirtschaftsverfassung. Die unternehmerische Freiheit beeinflusst daher das Wertesystem der EGRC im Allgemeinen erheblich. Sie hat zentrale Bedeutung auch für die wirtschaftsbezogenen Aussagen im AEUV und wird umgekehrt durch diese geprägt.

3057 Schließlich greifen die Erläuterungen zur EGRC auch auf **Art. 119 Abs. 1 AEUV** zurück,[378] der ein Bekenntnis zu der **vom Wettbewerb geprägten Marktwirtschaft** enthält.[379] Dabei ist allerdings mittlerweile die **Marktwirtschaft sozial- und klimaschutzbedingten Wandlungen** unterworfen,[380] die auch auf die unternehmerische Freiheit zurückwirken. Die **Grundstruktur** der zentralen Aussagen des AEUV zum **freien Wettbewerb** sind aber auch durch den Klimaschutz **nicht modifiziert**, wie der Green Deal bezüglich der Dekarbonisierung zum Beihilfen-

---

[374] Vgl. auch *Bernsdorff*, in: Meyer/Hölscheidt, Art. 16 Rn. 7.
[375] *Jarass/Kment*, § 21 Rn. 2; *Rengeling*, DVBl 2004, 453 (459); *Schwarze*, EuZW 2001, 517 (518); *Bernsdorff*, in: Meyer/Hölscheidt, Art. 16 Rn. 1; *Schöbener*, in: GS für Tettinger, 2007, S. 159 (159).
[376] Zur Entstehungsgeschichte *Bernsdorff*, in: Meyer/Hölscheidt, Art. 16 Rn. 4 ff.; *Schöbener*, in: GS für Tettinger, 2007, S. 159 (159 f.).
[377] Näher sogleich Rn. 3066.
[378] Erläuterungen zur Charta der Grundrechte, ABl. 2007 C 303, S. 17 (23).
[379] *Häde*, in: Calliess/Ruffert, Art. 119 AEUV Rn. 8.
[380] *Frenz*, WRP 2023, 273 ff.

verbot betont.³⁸¹ Nur die **Bedeutung der Klimaschutzbelange** ist **verstärkt** und zugleich **prägend für die wirtschaftliche Entwicklung** (klimafreundliches Wachstum).³⁸²

II. Rechtsquellen der unternehmerischen Freiheit

1. EuGH-Judikatur unter Rückgriff auf nationale Verfassungstraditionen

Die wirtschaftliche Betätigungsfreiheit³⁸³ und **Unternehmerfreiheit**³⁸⁴ hatte der Gerichtshof bereits **frühzeitig anerkannt**. Synonym spricht der EuGH ferner von wirtschaftlicher Handlungsfreiheit.³⁸⁵ Auch der Begriff der unternehmerischen Freiheit ist inzwischen vom EuGH aufgegriffen worden.³⁸⁶

Art. 16 EGRC räumt nunmehr mit der terminologischen Vielfalt³⁸⁷ des EuGH auf und kodifiziert die geltenden Grundsätze einer eigenständigen Rechtsprechung in der unternehmerischen Freiheit.³⁸⁸ Die **Erläuterungen** zur Charta der Grundrechte beziehen sich auf die Rechtsprechung des EuGH zur Freiheit, eine **Wirtschafts- oder Geschäftstätigkeit** auszuüben³⁸⁹ und zur **Vertragsfreiheit**.³⁹⁰

Bei der Entwicklung dieses Grundrechts konnte sich der EuGH teilweise auch an explizite Verankerungen der unternehmerischen Freiheit in den Verfassungen der Mitgliedstaaten anlehnen. So ist der irische Staat laut seiner Verfassung auf die Förderung der Privatinitiative in Industrie und Handel verpflichtet. Auch die italie-

3058

3059

3060

---

[381] Ziff. 4.3.4. der Mitteilung der Kommission an das Europäische Parlament, den Rat, den Europäischen Wirtschafts- und Sozialausschuss und den Ausschuss der Regionen – „Investitionsplan für ein zukunftsfähiges Europa, Investitionsplan für den europäischen Grünen Deal" COM (2020) 21 final; *Frenz*, EuR 2020, 605 ff.
[382] Mitteilung der Kommission an das Europäische Parlament, den Rat, den Europäischen Wirtschafts- und Sozialausschuss und den Ausschuss der Regionen vom 14.7.2021, „Fit für 55": auf dem Weg zur Klimaneutralität – Umsetzung des EU-Klimaziels für 2030, COM(2021) 550 final, S. 2; *Frenz*, in: ders. (Hrsg.), Gesamtkommentar Klimaschutzrecht, 2. Aufl. 2022, Einf. A Rn. 60 ff.
[383] EuGH, Rs. C-4/73, ECLI:EU:C:1974:51 (Rn. 14) – Nold; Rs. C-230/78, ECLI:EU:C:1979:216 (Rn. 20 ff.) – Eridania; Rs. C-359/89, ECLI:EU:C:1991:145 (Rn. 14, 22) – SAFA; Rs. C-104/97 P, ECLI:EU:C:1999:498 (Rn. 41) – Atlanta; Rs. C-317/00 P(R), ECLI:EU:C:2000:621 (Rn. 53, 57) – Invest; Rs. C-184 u. 223/02, ECLI:EU:C:2004:497 (Rn. 60) – Spanien u. Finnland/Parlament u. Rat; EuG, Rs. T-521/93, ECLI:EU:T:1996:184 (Rn. 62 f.) – Atlanta AG.
[384] EuGH, Rs. C-143/88 u. 92/89, ECLI:EU:C:1991:65 (Rn. 72 f.) – Süderdithmarschen.
[385] EuGH, Rs. C-418/01, ECLI:EU:C:2004:257 (Rn. 48) – IMS Health.
[386] EuGH, Rs. C-184 u. 223/02, ECLI:EU:C:2004:497 (Rn. 51) – Spanien u. Finnland/Parlament u. Rat; Rs. C-283/11, ECLI:EU:C:2013:28 (Rn. 41, 44 ff.) – Sky.
[387] Vgl. *Blanke*, in: Stern/Sachs, Art. 16 Rn. 2; *Nowak*, in: Heselhaus/Nowak, § 35 Rn. 2; *Schöbener*, in: GS für Tettinger, 2007, S. 159 (165 f.).
[388] *Jarass/Kment*, § 21 Rn. 1.
[389] Erläuterungen zur Charta der Grundrechte, ABl. 2007 C 303, S. 17 (23).
[390] EuGH, Rs. C-151/78, ECLI:EU:C:1979:4 (Rn. 19) – Sukkerfabriken Nykøbing; Rs. C-240/97, ECLI:EU:C:1999:479 (Rn. 99) – Spanien/Kommission; *Schwarze*, EuZW 2001, 517 (519).

nische Verfassung garantiert die Freiheit privatwirtschaftlicher Initiative.[391] Weitere explizite – wenn auch im Einzelnen sprachlich abweichende – Bestimmungen zum Schutz der unternehmerischen Freiheit finden sich in der luxemburgischen, portugiesischen, spanischen, griechischen, estnischen, slowakischen, slowenischen, irischen, kroatischen und ungarischen Verfassung.[392]

3061 Aber auch wenn die unternehmerische Freiheit – wie etwa im deutschen Verfassungsrecht – keine ausdrückliche Erwähnung findet, so ist sie doch **als mittelbare Folge der Berufsfreiheit** oder des Rechts auf freie Entfaltung der Persönlichkeit in einer **Vielzahl der Mitgliedstaaten** auf Verfassungsebene anerkannt.[393] Das BVerfG hat beispielsweise ausgeführt, dass „grundsätzlich auch die ‚Unternehmerfreiheit' im Sinne freier Gründung und Führung von Unternehmen durch Art. 12 Abs. 1 GG geschützt" ist.[394] Zudem geht das BVerfG weiterhin davon aus, dass die allgemeine Handlungsfreiheit nach Art. 2 Abs. 1 GG auch die wirtschaftliche Betätigung schützt, so namentlich für die Vertragsfreiheit.[395] Nur ist für das Berufsrecht Art. 12 Abs. 1 GG speziell.[396]

2. EMRK

3062 Wie die Berufsfreiheit[397] kann sich auch die unternehmerische Freiheit nicht auf eine geschriebene Bestimmung der EMRK stützen.[398] Allerdings hat der **EGMR** die **Vertragsfreiheit** und unter Umständen auch das **Recht zur Unternehmensgründung** auf das **Eigentumsrecht nach Art. 1 des ZPs** zur EMRK gestützt.[399] Die Gewährleistungen nach der EMRK sind gleichwohl rudimentär und ergeben kein einheitliches Bild. Sie können deshalb auch nicht als tragende Stütze der unternehmerischen Freiheit nach Art. 16 EGRC dienen,[400] sodass Art. 52 Abs. 3 EGRC nicht eingreift.

---

[391] Vgl. die wörtliche Wiedergabe der Verfassungen bei *Blanke*, in: Stern/Sachs, Art. 16 Rn. 3 f.
[392] S. die Aufzählungen und Erläuterungen bei *Bernsdorff*, in: Meyer/Hölscheidt, Art. 16 Rn. 2; *Nowak*, in: Heselhaus/Nowak, § 35 Rn. 11 ff., 15 f.; *Schöbener*, in: GS für Tettinger, 2007, S. 159 (163 f.).
[393] *Bernsdorff*, in: Meyer/Hölscheidt, Art. 16 Rn. 2; *Blanke*, in: Stern/Sachs, Art. 16 Rn. 4; *Nowak*, in: Heselhaus/Nowak, § 35 Rn. 19, 14 f., 17, 19.
[394] BVerfGE 50, 290 (363).
[395] BVerfGE 4, 7 (15 f.); 18, 315 (327 ff.); 31, 145 (173).
[396] BVerfGE 77, 84 (118); *Blanke*, in: Stern/Sachs, Art. 16 Rn. 4.
[397] S.o. Rn. 2880.
[398] *Blanke*, in: Stern/Sachs, Art. 16 Rn. 1; *Nowak*, in: Heselhaus/Nowak, § 35 Rn. 1, 4; *Schöbener*, in: GS für Tettinger, 2007, S. 159 (161).
[399] EGMR, Urt. vom 25.3.1999, Nr. 31107/96 (Rn. 55), EuGRZ 1999, 316 (317) – Iatridis/Griechenland; *Grabenwarter*, DVBl 2001, 1 (5); *Rengeling/Szczekalla*, Rn. 799; *Bernsdorff*, in: Meyer/Hölscheidt, Art. 16 Rn. 3.
[400] *Hilf/Hörmann*, NJW 2003, 1 (7); *Nowak*, in: Heselhaus/Nowak, § 35 Rn. 4.

§ 2 Unternehmerische Freiheit

Die unternehmerische Freiheit findet ihre Grundlagen vielmehr im Europarecht im engeren Sinne,[401] d. h. im AEUV, den Verfassungstraditionen der Mitgliedstaaten und vor allem in der Rechtsprechung des EuGH.[402]

3063

B. *Schutzbereichsbezogene Konzeption des Art. 16 EGRC*

I. Keine doppelte Schranke

1. Verschiedene Verständnismöglichkeiten

Art. 16 EGRC anerkennt die unternehmerische Freiheit nach dem Unionsrecht und den einzelstaatlichen Rechtsvorschriften und Gepflogenheiten. Danach lässt sich **streiten**, ob das **Unionsrecht sowie die Rechtsvorschriften und Gepflogenheiten der Mitgliedstaaten** zur **Konkretisierung des Schutzbereichs** heranzuziehen sind[403] **oder** aufgrund der Bezugnahme auf die mitgliedstaatliche Ebene als so genannte **vertikale Schrankenregelung** Bedeutung erlangen.[404] Letztere Ansicht teilt sich in solche Stimmen, die selbst den genauen Schrankeninhalt nicht zu bestimmen wissen[405] und andere, die trotz einer Befürwortung der eigenständigen Bedeutung des Vorbehalts in Art. 16 EGRC dennoch Art. 52 Abs. 1 EGRC als Mindestmaßstab der Schrankenerfordernisse ansetzen.[406] Teilweise wird aus der Formulierung des Art. 16 EGRC auch ein weniger weitreichender Schutz der unternehmerischen Freiheit abgeleitet.[407] Auf die bei diesem Verständnis nahe liegende Regelung des Art. 52 Abs. 2 EGRC wird allerdings nur von der Gegenseite hingewiesen.[408]

3064

2. Historische und genetische Auslegung

Die Deutung des Unionsrechts sowie der nationalen Rechtsvorschriften und Gepflogenheiten als zusätzliche Schranke findet augenscheinlich in den Beratungen des

3065

---

[401] Zur Begrifflichkeit *Streinz*, Europarecht, Rn. 1.
[402] Vgl. zum WTO-Recht als Anknüpfungspunkt einer wirtschaftsvölkerrechtlichen Unternehmerfreiheit *Nowak*, in: Heselhaus/Nowak, § 35 Rn. 6 ff.
[403] *Blanke*, in: Stern/Sachs, Art. 16 Rn. 2, 17.
[404] *Grabenwarter*, DVBl 2001, 1 (5); *Nowak*, in: Heselhaus/Nowak, § 35 Rn. 23.
[405] *Nowak*, in: Heselhaus/Nowak, § 35 Rn. 23.
[406] *Bernsdorff*, in: Meyer/Hölscheidt, Art. 16 Rn. 16; *Ruffert*, in: Calliess/Ruffert, Art. 16 GRCh Rn. 5; *Rengeling*, DVBl 2004, 453 (459). Dass von diesen Vertretern dennoch am Begriff der doppelten Schranke festgehalten wird, kritisiert *Blanke*, in: Stern/Sachs, Art. 16 Rn. 16.
[407] *Grabenwarter*, DVBl 2001, 1 (5); *Schwarze*, EuZW 2001, 517 (519, 521); *ders.*, Europäisches Wirtschaftsrecht, Rn. 455; wohl auch *Jarass/Kment*, § 21 Rn. 20 f.
[408] *Blanke*, in: Stern/Sachs, Art. 16 Rn. 16.

Grundrechtekonvents eine Stütze. Das Präsidium hatte sich dazu entschlossen, die unternehmerische Freiheit ausdrücklich unter einen Vorbehalt zu stellen, da sich einige Stimmen bis zuletzt gegen die Aufnahme der unternehmerischen Freiheit in die Charta ausgesprochen hatten.[409]

3066 Aufgrund dieser Entstehungsgeschichte kann die Formulierung des Art. 16 EGRC aber schon deshalb nicht als zusätzliche Schranke gedeutet werden, weil der ansonsten über die Berufsfreiheit nach Art. 15 EGRC gewährleistete Schutz der unternehmerischen Freiheit auch lediglich unter der allgemeinen Schrankenregelung des Art. 52 Abs. 1 EGRC gestanden hätte. Der EuGH hat der unternehmerischen Freiheit als Teilgewährleistung der Berufsfreiheit insoweit einen ihr gleichwertigen Schutzstandard eingeräumt.[410] Daher konnte dieses **Schutzniveau durch die Hervorhebung der unternehmerischen Freiheit** in Art. 16 EGRC **nicht hinter den durch den EuGH geschaffenen Standard** zurückfallen.[411]

3. Systematische und teleologische Auslegung

3067 Unter systematischen Gesichtspunkten besteht Ähnlichkeit mit den Formulierungen der Art. 9, 10 Abs. 2, 14 Abs. 3 EGRC. Die darin enthaltenen Grundrechte werden „nach den einzelstaatlichen Gesetzen gewährleistet, welche die Ausübung dieser Rechte regeln". Darin kommt ein ausdrücklicher Regelungsvorbehalt zum Tragen.

3068 In Art. 34 Abs. 3 EGRC lautet die Formulierung „nach Maßgabe des Unionsrechts und der einzelstaatlichen Rechtsvorschriften und Gepflogenheiten". Ähnliche Formulierungen finden sich auch in **Art. 35 S. 1 und Art. 36 EGRC**. Bei diesen Bestimmungen handelt es sich um **echte Schranken**, die die **sozialen Grundrechte** unter den Vorbehalt des nationalen Rechts stellen.[412] Der Zweck dieses Vorbehalts liegt bei den sozialen Grundrechten allerdings darin, im Recht der sozialen Leistungen die **Autonomie der Mitgliedstaaten** zu **erhalten**, da keine europäische Kompetenz in diesem Gebiet besteht.[413]

3069 Ganz im Gegenteil steht **bei Art. 16 EGRC** die **Freiheits- und Abwehrfunktion** des Grundrechts **im Vordergrund**. Diese birgt nicht die Gefahr, dass durch die Anwendung der Grundrechte in ansonsten unzulässigem Maße in die verfassungsmäßige Ordnung der Mitgliedstaaten eingegriffen wird.[414] Das gilt bei der unternehmerischen Freiheit gerade auch aufgrund ihrer Verwobenheit mit den Grund-

---

[409] Vgl. *Bernsdorff*, in: Meyer/Hölscheidt, Art. 16 Rn. 6; *Nowak*, in: Heselhaus/Nowak, § 35 Rn. 24; *Rengeling/Szczekalla*, Rn. 797.
[410] Vgl. EuGH, Rs. C-143/88 u. 92/89, ECLI:EU:C:1991:65 (Rn. 72 f.) – Süderdithmarschen.
[411] So ebenfalls *Rengeling*, DVBl 2004, 453 (459); *v. Danwitz/Röder*, in: Stern/Tettinger (Hrsg.), Die europäische Grundrechte-Charta im wertenden Verfassungsvergleich, 2005, S. 31 (36).
[412] S. *Nußberger/Lang*, in: Stern/Sachs, Art. 35 Rn. 46; *Pielow*, in: Stern/Sachs, Art. 36 Rn. 52.
[413] S. *Nußberger/Lang*, in: Stern/Sachs, Art. 34 Rn. 134.
[414] *Blanke*, in: Stern/Sachs, Art. 16 Rn. 17; *Schöbener*, in: GS für Tettinger, 2007, S. 159 (174 f.).

freiheiten.⁴¹⁵ Diese unterstreicht ebenso wie die Verbindung mit den anderen Wirtschaftsgrundrechten den notwendig starken Freiheitscharakter, der nicht durch einen eigenen Schrankenvorbehalt eingeschränkt werden darf.

Der **Vorbehalt** des Art. 16 EGRC ist damit wie auch derjenige des Art. 52 Abs. 6 EGRC **rein deklaratorischer Natur** und **erschöpft sich in der sprachlichen Genugtuung kritischer Stimmen.**⁴¹⁶   3070

II. Ausdruck des Prinzips wertenden Rechtsvergleichs

Lehnt man daher Art. 16 EGRC als doppelte Schranke der unternehmerischen Freiheit ab, lässt sich dessen Formulierung auch als Hinweis auf die **Konkretisierung** des **Schutzbereichs durch** das **Unionsrecht** und die **Verfassungstraditionen der Mitgliedstaaten** begreifen.⁴¹⁷ Art. 16 EGRC ist damit besonderer Ausdruck des in Art. 52 Abs. 4 EGRC enthaltenen Grundsatzes wertenden Rechtsvergleichs.⁴¹⁸ Nach Art. 52 Abs. 4 EGRC werden in der EGRC anerkannte Grundrechte, wie sie sich aus den gemeinsamen Verfassungstraditionen der Mitgliedstaaten ergeben, im Einklang mit diesen Überlieferungen ausgelegt. Das Unionsrecht findet über die Grundfreiheiten Eingang in die Herausbildung des Schutzbereichs der unternehmerischen Freiheit,⁴¹⁹ wie es der engen thematischen Verbindung⁴²⁰ entspricht.   3071

III. Schrankenfunktion nur im Rahmen des Art. 52 Abs. 1 EGRC

Ist die Formulierung des Art. 16 EGRC als Hinweis auf die Konkretisierung der unternehmerischen Freiheit durch das Unionsrecht, die nationalen Rechtsvorschriften und staatlichen Gepflogenheiten zu verstehen, können diese die unternehmerische Freiheit nur insoweit einschränken, als sie auch die Voraussetzungen der allgemeinen Schrankenregelung des Art. 52 Abs. 1 EGRC erfüllen.⁴²¹   3072

Das entspricht letztlich auch den **Erläuterungen zur Charta** der Grundrechte, die ebenfalls davon ausgehen, dass Einschränkungen der unternehmerischen Freiheit im Rahmen des Art. 52 Abs. 1 EGRC zu erfolgen haben.⁴²² Insbesondere wäre es   3073

---

⁴¹⁵Vgl. dazu u. Rn. 3139 ff.
⁴¹⁶Wohl auch *Ruffert*, in: Calliess/Ruffert, Art. 16 GRCh Rn. 5. Vgl. zu Art. 52 Abs. 6 EGRC *Streinz/Michl*, in: Streinz, Art. 52 GR-Charta Rn. 1, 35.
⁴¹⁷*Blanke*, in: Stern/Sachs, Art. 16 Rn. 18.
⁴¹⁸*Blanke*, in: Stern/Sachs, Art. 16 Rn. 6, 16.
⁴¹⁹Zum Verhältnis der unternehmerischen Freiheit zu den Grundfreiheiten u. Rn. 3139 ff.; im Hinblick auf das Unionsrecht wohl a. A. *Blanke*, in: Stern/Sachs, Art. 16 Rn. 16, der in diesem Punkt von einer Schrankenbestimmung auszugehen scheint.
⁴²⁰S. zum „Muttergrundrecht" der Berufsfreiheit *Frenz*, Europarecht 1, Rn. 67 ff.
⁴²¹*Bernsdorff*, in: Meyer/Hölscheidt, Art. 16 Rn. 16; *Rengeling/Szczekalla*, Rn. 796.
⁴²²Erläuterungen zur Charta der Grundrechte, ABl. 2007 C 303, S. 17 (23).

mit **rechtsstaatlichen Grundsätzen** schwerlich zu vereinbaren, die staatlichen Gepflogenheiten des Art. 16 EGRC als eine Freistellung vom Gesetzesvorbehalt des Art. 52 Abs. 1 EGRC zu verstehen.[423]

C. Persönlicher Schutzbereich

I. Natürliche Personen und juristische Personen des Privatrechts

3074 Art. 16 EGRC gewährleistet die unternehmerische Freiheit, ohne zugleich auch die Grundrechtsträgerschaft explizit mitzuregeln. Er unterscheidet sich dadurch von den anderen Wirtschaftsgrundrechten, namentlich der Berufsfreiheit und dem Eigentumsrecht, die jede Person als Grundrechtsträgerin oder Grundrechtsträger ausdrücklich benennen.

3075 Da sie der **Berufsfreiheit entnommen** wurde und nicht hinter deren Schutzstandard zurückfallen sollte, ist sie dennoch als potenzielles **„Jedermann"-Recht** anzuerkennen,[424] wenngleich die Freiheiten des Art. 16 EGRC nur in Ausübung einer unternehmerischen Betätigung aktiviert werden. Deshalb sind **neben natürlichen gerade juristische Personen** Tragende der unternehmerischen Freiheit.[425] Juristische Personen des Privatrechts sind in der Wirtschaftswirklichkeit die Hauptagierenden der unternehmerischen Freiheit, weshalb auch die vom EuGH entwickelte Grundrechtskasuistik[426] auf juristische Personen zugeschnitten scheint.[427]

II. Öffentliche Unternehmen

3076 Demgegenüber werden öffentliche Unternehmen,[428] d. h. auch insbesondere juristische Personen des Privatrechts in öffentlicher Hand, zumeist nicht unter den Schutz des Art. 16 EGRC gestellt.[429]

3077 Indes greifen die gleichen Argumente, die auch für die Grundrechtsfähigkeit öffentlicher Unternehmen im Hinblick auf das Eigentumsrecht bestehen.[430] Die

---

[423] *Rengeling*, DVBl 2004, 453 (459).

[424] *Bernsdorff*, in: Meyer/Hölscheidt, Art. 16 Rn. 19; *Rengeling*, DVBl 2004, 453 (459); *Blanke*, in: Stern/Sachs, Art. 16 Rn. 11; *Jarass/Kment*, § 21 Rn. 8; vgl. zu Drittstaatsangehörigen und Staatenlosen u. Rn. 3079 f.

[425] *Bernsdorff*, in: Meyer/Hölscheidt, Art. 16 Rn. 18; *Nowak*, in: Heselhaus/Nowak, § 35 Rn. 39.

[426] Vgl. dazu u. Rn. 3083 ff.

[427] *Nowak*, in: Heselhaus/Nowak, § 35 Rn. 39.

[428] Näher zur Begrifflichkeit u. Rn. 3223.

[429] *Blanke*, in: Stern/Sachs, Art. 16 Rn. 12; *Jarass/Kment*, § 21 Rn. 8; *Weiß*, EuR 2003, 165 (180 ff.); *Ruffert*, in: Calliess/Ruffert, Art. 16 GRCh Rn. 3.

[430] Dazu ausführlich und m. w. N. u. Rn. 3223 ff. In Bezug auf die Berufsfreiheit *Wunderlich*, Das Grundrecht der Berufsfreiheit im Europäischen Gemeinschaftsrecht, 2000, S. 120 ff.

§ 2 Unternehmerische Freiheit

EU lebt als Wirtschaftsgemeinschaft von der unternehmerischen Tätigkeit der natürlichen und juristischen Personen im Binnenmarkt. **Öffentliche Unternehmen beteiligen sich wie private Unternehmen** an diesem **Markt**. Für alle Unternehmen gelten im Ansatz[431] die **gleichen Wettbewerbsvorschriften**.[432] Dadurch werden die Unterscheidungsmerkmale zur Privatwirtschaft „öffentliche Aufgabe" und „Ausübung von Hoheitsgewalt" eingeebnet, die ansonsten gegen die Grundrechtsträgerschaft öffentlicher Unternehmen angeführt werden.[433] Für private und öffentliche unternehmerische Tätige besteht insoweit die **gleiche grundrechtstypische Gefährdungslage**. Zwar bleibt der Staat selbst bei der Erfüllung seiner Aufgaben unabhängig von der Rechtsform immer auch **Staat** und darf sich nicht ins Privatrecht flüchten.[434] Indes ist er **auch jenseits seiner öffentlichen Aufgaben wirtschaftlich aktiv**. Da die Grundrechtsfähigkeit öffentlicher Unternehmen auf diese Fälle beschränkt wird, steht die staatliche Hoheitsfunktion gerade nicht im Vordergrund.[435]

Stehen also öffentliche und private Unternehmen im Wettbewerb und sind sie im Ansatz denselben Wettbewerbsregeln unterworfen, so muss auch die **unternehmerische Freiheit** in gleicher Weise **für beide gewährleistet** sein.[436]

3078

III. Drittstaatsangehörige und Staatenlose

Neben den Staatsangehörigen der Mitgliedstaaten sind auch Angehörige von Drittstaaten und Staatenlose Tragende der unternehmerischen Freiheit.[437] Diese Ansicht lässt sich durch das Urteil des EuGH in der Rechtssache *Bosphorus* untermauern.[438] Darin hat der Gerichtshof das Grundrecht der Berufsfreiheit implizit auch auf Drittstaatsangehörige angewandt.[439] Da der EuGH die unternehmerische Freiheit als einen Teilaspekt der Berufsfreiheit behandelt, liegt die Einbeziehung der Angehörigen von Drittstaaten auch in den persönlichen Schutzbereich des Art. 16 EGRC nahe.[440]

3079

Die im Grundrechtekonvent mit dem Argument der **Kohärenz zu den Beschränkungen der Grundfreiheiten** vorgebrachte Beschränkung der unternehmerischen

3080

---

[431] Die Unterschiede folgen aus Art. 106 Abs. 2 AEUV, sind aufgabenbezogen und können daher auch rein private Unternehmen begünstigen; näher *Frenz*, Europarecht 2, Rn. 4259 ff., 4288 ff.
[432] *Bernsdorff*, in: Meyer/Hölscheidt, Art. 16 Rn. 18.
[433] A. A. *Blanke*, in: /Stern/Sachs, Art. 16 Rn. 12.
[434] *Blanke*, in: Stern/Sachs, Art. 16 Rn. 12.
[435] Vgl. auch o. Rn. 370 ff. sowie u. Rn. 3223 ff.
[436] *Bernsdorff*, in: Meyer/Hölscheidt, Art. 16 Rn. 18; *Rengeling*, in: Schwarze (Hrsg.), Der Verfassungsentwurf des Europäischen Konvents, 2004, S. 331 (338).
[437] *Bernsdorff*, in: Meyer/Hölscheidt, Art. 16 Rn. 19; *Jarass/Kment*, § 21 Rn. 8; *Rengeling*, DVBl 2004, 453 (459).
[438] EuGH, Rs. C-84/95, ECLI:EU:C:1996:312 (Rn. 2 i. V. m. 19 ff.) – Bosphorus.
[439] *Wunderlich*, Das Grundrecht der Berufsfreiheit im Europäischen Gemeinschaftsrecht, 2000, S. 125.
[440] Vgl. *Nowak*, in: Heselhaus/Nowak, § 35 Rn. 39.

Freiheit auf Unionsbürgerinnen und Unionsbürger[441] ist schon deshalb nicht erforderlich, weil diese Kohärenz durch **Art. 52 Abs. 2 EGRC** abgesichert wird.[442] Auf eine Beschränkung durch das in Art. 16 EGRC angesprochene Unionsrecht kommt es daher nicht an.[443] Überdies führt dieser Ansatz auch im Rahmen der Berufsfreiheit nur zu einer partiellen Beschränkung der Grundrechtsträgerschaft, nämlich für die sich überschneidenden Bereiche nach **Art. 15 Abs. 3 EGRC**.[444]

IV. Keine unmittelbare Drittwirkung

3081 Auch wenn damit verschiedene Personengruppen berechtigt sind, die miteinander in Geschäftsbeziehungen stehen, entfaltet Art. 16 EGRC grundsätzlich keine Drittwirkung und gilt damit **nicht unmittelbar unter Privaten**; immerhin wirkt er als **Auslegungsmaßstab** in das Privatrecht hinein.[445]

3082 Im Übrigen gewährleistet Art. 16 EGRC, dass die nach Art. 51 EGRC auch zu ihrer Wahrung verpflichteten Organe, Einrichtungen und sonstige Stellen der Union sowie die Mitgliedstaaten bei der Durchführung des Unionsrechts nicht diese Geschäftsbeziehungen stören und behindern.

D. Sachlicher Schutzbereich

I. Unternehmensbegriff

1. Ansatz

3083 Die unternehmerische Freiheit ist schon ihrem Wortlaut nach auf ein Unternehmen oder – aktivisch formuliert – auf eine Unternehmung angelegt. Jede von Art. 16 EGRC gewährleistete Freiheit setzt entsprechend eine **unternehmerische Betätigung** als Ausgangspunkt ihrer freien Ausübung voraus.[446] Es ist deshalb erforderlich den Rechtsbegriff des Unternehmens näher zu bestimmen.

3084 In einer Vielzahl von Fällen knüpfen sowohl nationale als auch europäische Rechtsgebiete an den Unternehmensbegriff an.[447] So umfasst der kartellrechtliche Unternehmensbegriff der Art. 101 ff. AEUV jede eine wirtschaftliche Tätigkeit

---

[441] Vgl. *Bernsdorff*, in: Meyer/Hölscheidt, Art. 16 Rn. 19 und ferner *Weber*, NJW 2000, 537 (542).
[442] *Jarass/Kment*, § 21 Rn. 8, § 20 Rn. 9 f.
[443] *Nowak*, in: Heselhaus/Nowak, § 35 Rn. 39; *Bernsdorff*, in: Meyer/Hölscheidt, Art. 16 Rn. 19; insoweit inkonsequent zur Argumentation bei der Schrankenqualität des Art. 16 EGRC *Blanke*, in: Stern/Sachs, Art. 16 Rn. 13, 16.
[444] S.o. Rn. 2929.
[445] *Jarass/Kment*, § 21 Rn. 3.
[446] *Jarass/Kment*, § 21 Rn. 6.
[447] Zum deutschen Recht *Schmidt*, Handelsrecht, S. 73 ff.

ausübende Einheit unabhängig von Rechtsform, privater oder öffentlicher Eignerschaft, Art der Finanzierung oder Gewinnerzielungsabsicht.[448]

Da diese Rechtsgebiete mit ihrem Unternehmensbegriff aber jeweils eine besondere Ziel- und Zweckrichtung verfolgen, muss auch für Art. 16 EGRC ein Unternehmensbegriff gebildet werden, der die **Grundrechtsfunktion** aufgreift.[449]

3085

2. Sachliches Substrat

Der Unternehmensbegriff des Art. 16 EGRC ist zunächst wie jeder andere europarechtliche Begriff nach **einheitlichen Maßstäben** zu bilden und daher nicht davon abhängig, ob ein Unternehmen eine entsprechende Anerkennung im mitgliedstaatlichen Recht findet.

3086

Ausgangspunkt der europarechtlichen Prägung des Unternehmensbegriffs ist die Union als Wirtschaftsgemeinschaft und die vom Wettbewerb geprägte Marktwirtschaft,[450] auf die auch die unternehmerische Freiheit nach Art. 16 EGRC bezogen ist.[451] Die Teilnahme in der Marktwirtschaft setzt eine **anbietende Tätigkeit am Markt** voraus.[452] Wer keine Leistung mit wirtschaftlichem Wert anbietet, wird auch nicht unternehmerisch tätig.[453] Demnach ist die reine Vermögens- oder Anteilsverwaltung sowie die Eigenbedarfsproduktion oder Selbstversorgung nicht als unternehmerische Tätigkeit von Art. 16 EGRC erfasst.

3087

Unternehmerisch handelt weiter nur, wer seine Tätigkeit mit gewisser Nachhaltigkeit betreibt, also **auf Dauer anlegt**.[454] Die Möglichkeit zur dauerhaften Teilnahme am Markt soll die Erzielung eines gewissen Unternehmensgewinns voraussetzen.[455] Indes kann der Gewinn sehr leicht in einen Verlust umschlagen. Zudem sind **auch verlustbringende unternehmerische Tätigkeiten** denkbar. Durch ihre Einbeziehung wird auch ein Gleichlauf mit der Berufsfreiheit und den Grundfreiheiten erzielt.[456]

3088

Die **Gemeinnützigkeit** eines Unternehmens steht daher der Anwendung des Art. 16 EGRC ebenfalls **nicht entgegen**, solange nur eine selbstständige, dauerhafte Tätigkeit vorliegt. Karitative und kulturelle Einrichtung nehmen demgegenüber nicht am Markt teil. Die bloße Entgeltlichkeit einer Leistung ist noch kein zureichendes Kriterium einer Wirtschafts- oder Geschäftstätigkeit.

3089

---

[448] *Frenz*, Europarecht 2, Rn. 584 ff.; *Weiß*, in: Calliess/Ruffert, Art. 101 AEUV Rn. 25.
[449] A. A. *Blanke*, in: Stern/Sachs, Art. 16 Rn. 6, der den Unternehmensbegriff des gemeinschaftlichen Wettbewerbsrechts überträgt.
[450] Vgl. zur Wirtschaftsgemeinschaft *Häde*, in: Calliess/Ruffert, Art. 119 AEUV Rn. 8 ff.
[451] S.o. Rn. 3056.
[452] Vgl. EuGH, Rs. C-222/04, ECLI:EU:C:2006:8 (Rn. 105) – Cassa di Risparmio di Firenze.
[453] Zum Gedankengang für das deutsche Recht *Schmidt*, Handelsrecht, S. 353 ff.
[454] *Jarass/Kment*, § 21 Rn. 6.
[455] *Blanke*, in: Stern/Sachs, Art. 16 Rn. 6.
[456] S.o. Rn. 2912.

3090   Dem unternehmerisch Tätigen steht die Arbeitnehmerin und der Arbeitnehmer begrifflich gegenüber. Davon geht auch die EGRC aus, wenn in Art. 27 EGRC das Recht der Arbeitnehmerinnen und Arbeitnehmer auf Unterrichtung und Anhörung im Unternehmen benannt ist. Die Arbeitnehmerin oder der Arbeitnehmer im unionsrechtlichen Sinne ist in einem unselbstständigen Arbeitsverhältnis gegen Lohn oder Gehalt tätig.[457] Demgegenüber erfordert der Unternehmensbegriff eine **selbstständige Tätigkeit**.[458] Eine solche selbstständige Tätigkeit nehmen **auch freiberuflich tätige Personen** wahr.[459]

3091   Mithin wird unternehmerisch tätig, wer **selbstständig und dauerhaft** eine **anbietende Tätigkeit am Markt gegen Entgelt** erbringt. Der in dieser Definition anklingende Bezug zwischen unternehmerischer Freiheit und dem **Gewerbebegriff** geht auch aus der Entstehungsgeschichte des Art. 16 EGRC hervor. Ursprünglich war die Freiheit, eine gewerbliche Tätigkeit auszuüben, in der Berufsfreiheit selbst verankert worden, bevor sie in einen eigenständigen Artikel gefasst und als unternehmerische Freiheit formuliert wurde.[460]

3. Personelles Substrat

3092   Da das Unternehmen als Zusammenfassung seiner sachlichen und personellen Mittel nicht selbst Rechtssubjekt ist, stellt sich die Frage, wem das Unternehmen, die Unternehmung und damit das Recht der unternehmerischen Freiheit zugewiesen ist. Das ist diejenige natürliche oder juristische Person, welche das Unternehmen betreibt (**unternehmenstragende Person**).

3093   Natürliche Personen nehmen die unternehmerische Freiheit als gewerbetreibende Person wahr, juristische Personen als Gesellschaftsunternehmen. Die Gesellschaftserstellung einer verselbstständigten juristischen Person konstituiert jedoch selbst keine unternehmerisch tätige Person. Eine **gesellschaftsrechtliche Beteiligung** selbst **genügt noch nicht** den Anforderungen an eine Unternehmung, da die Verwaltung von Gesellschaftsanteilen allein keine anbietende Tätigkeit am Markt darstellt.[461]

3094   Der Begriff der unternehmerischen Freiheit umfasst also ein sachliches und ein personelles Substrat. In sachlicher Hinsicht werden Anforderungen an das Unternehmen oder die Unternehmung gestellt. In personeller Hinsicht geht es um die **rechtliche Zuweisung** des Unternehmens oder der Unternehmung **zu einer unternehmenstragenden Person**, die die Freiheiten des Unternehmens oder der Unternehmung verwirklicht.

---

[457] Vgl. *Frenz*, Europarecht 1, Rn. 1428 ff.; *Brechmann*, in: Calliess/Ruffert, Art. 45 AEUV Rn. 11.
[458] *Tiedje*, in: v. der Groeben/Schwarze/Hatje, Art. 49 AEUV Rn. 55; so auch *Jarass/Kment*, § 21 Rn. 6; *Ruffert*, in: Calliess/Ruffert, Art. 16 GRCh Rn. 1 f.; *Blanke*, in: Stern/Sachs, Art. 16 Rn. 6.
[459] *Ruffert*, in: Calliess/Ruffert, Art. 16 GRCh Rn. 1.
[460] Zur Diskussion im Grundrechtekonvent *Bernsdorff*, in: Meyer/Hölscheidt, Art. 16 Rn. 4 ff.
[461] Zum Gedankengang für das deutsche Recht *Schmidt*, Handelsrecht, S. 92 ff., 105 ff.

II. Die Freiheiten des Unternehmens

1. Weite Konzeption

Die unternehmerische Freiheit ist in einem weiten Sinn zu verstehen.[462] Insofern ist grundsätzlich **jede Wirtschafts- oder Geschäftstätigkeit** als Ausprägung der unternehmerischen Freiheit zu qualifizieren.[463]

Wie auch bei der Berufsfreiheit sind hingegen **bloße unternehmerische Interessen oder Aussichten nicht** von Art. 16 EGRC geschützt, da solche Risiken dem Wesen einer jeden wirtschaftlichen Tätigkeit immanent sind.[464] Die wirtschaftliche Betätigungsfreiheit garantiert daher kein bestimmtes Geschäftsvolumen oder einen bestimmten Marktanteil.[465] Dieser richtet sich nach den eigenen Anstrengungen, die ihrerseits durch Art. 16 EGRC geschützt sind, sowie den **äußeren Rahmenbedingungen**, die als solche **nicht von Art. 16 EGRC** gewährleistet sind.

Wenn allerdings der **Staat** diese **Rahmenbedingungen verschiebt**, etwa um das **Klima stärker zu schützen**, sind solche **Maßnahmen an Art. 16 EGRC zu prüfen** – so ein schärferer **Emissionshandel** oder dessen Begründung in den Bereichen Verkehr und Gebäude, womit auch unternehmerische Fahrzeuge und Liegenschaften betroffen sind. Im Gegensatz dazu ist die **Verschlechterung des Klimas** eine **nicht staatlich veranlasste äußere Rahmenbedingung**, an die sich Unternehmen daher anzupassen haben, **ohne abwehrrechtliche Ansprüche** gegen den Staat zu haben. Höchstens Jungunternehmende nachfolgender Generationen haben freiheitsrechtliche Ansprüche auf stärkere Klimaschutzmaßnahmen, damit nicht später sie die ganze Last zu tragen haben[466] und daher unternehmerische Betätigung kaum mehr möglich ist.

Im Übrigen greift die **Unternehmensfreiheit** nur **als grundrechtliche Schutzpflicht** ein, die Rahmenbedingungen zu gewährleisten, die für die Realisierung von Art. 16 EGRC unabdingbar sind. Dazu gehören **klimatische Rahmenbedingungen**, die eine unternehmerische Entfaltung erlauben, so Schutz vor Hochwasser und vor Temperaturen, die ein Arbeiten im Freien nicht mehr zulassen und so etwa Bauarbeiten im Freien ausschließen. Zur Erfüllung solcher Schutzpflichten haben die zuständigen

3095

3096

3097

3098

---

[462] *Nowak*, in: Heselhaus/Nowak, § 35 Rn. 27.
[463] EuGH, Rs. C-540/16, ECLI:EU:C:2018:565 (Rn. 34) – Spika u. a.; Rs. C-534/16, ECLI:EU:C:2017:820 (Rn. 35) – BB construct; Rs. C-477/14, ECLI:EU:C:2016:324 (Rn. 155) – Pillbox 38; Rs. C-101/12, ECLI:EU:C:2013:661 (Rn. 25) – Schaible; *Bernsdorff*, in: Meyer/Hölscheidt, Art. 16 Rn. 12.
[464] EuGH, Rs. C-4/73, ECLI:EU:C:1974:51 (Rn. 14) – Nold; EuG, Rs. T-521/93, ECLI:EU:T:1996:184 (Rn. 62) – Atlanta AG; *Jarass/Kment*, § 21 Rn. 10; *Nowak*, in: Heselhaus/Nowak, § 35 Rn. 29.
[465] EuG, Rs. T-521/93, ECLI:EU:T:1996:184 (Rn. 62) – Atlanta AG.
[466] S. allgemein im Hinblick auf nachfolgende Generationen BVerfGE 157, 30 (Rn. 193 ff.) – Klimabeschluss.

Stellen indes ein **breites Ermessen**. Dessen Grenze besteht allerdings darin, dem nicht gänzlich ungeeignete oder völlig erfolglose Maßnahmen ergriffen werden.[467]

2. Konstitutionsfreiheit

3099 Die Unternehmenskonstitution ist die Keimzelle marktwirtschaftlicher Betätigung, sie geht ihr denknotwendig voraus. Deshalb sind von Art. 16 EGRC zunächst die **Gründung eines Unternehmens** und die **Aufnahme** einer **unternehmerischen Betätigung** geschützt.[468]

3100 Auch der Gegenstand der Unternehmung steht nach Art und Umfang im Belieben der unternehmerisch tätigen Person, seien es Dienstleistungen, die Erzeugung von Wirtschaftsgütern[469] oder deren Vertrieb auf dem Großhandels- oder dem Verbrauchermarkt.

3101 Aus der Rechtsprechung des EuGH lassen sich exemplarisch die Land-[470] und Wein-[471] sowie die Transportwirtschaft,[472] die Fischerei[473] und das Import-/Exportgewerbe[474] nennen.

3. Organisationsfreiheit

3102 Der Schutzbereich der unternehmerischen Freiheit erstreckt sich weiterhin auch auf die **Organisation des Unternehmens**.[475] Die Organisationsfreiheit umfasst das Selbstbestimmungsrecht über die eigene **Rechtsform**, den Inhalt der Unternehmenssatzung und das **Verfahren der Willensbildung** sowie die **Führung der Geschäfte**.

3103 Essenziell ist auch die **Binnenorganisation**, zumal wenn sie wie bei einem **Kopftuchverbot** das **Auftreten nach außen** mitbestimmt: Will ein Unternehmen seine Kunden ein Bild der Neutralität vermitteln, gehört dies zur unternehmerischen

---

[467] Vgl. BVerfGE 157, 30 (Rn. 143 f.) – Klimabeschluss.

[468] *Blanke*, in: Stern/Sachs, Art. 16 Rn. 6; *Jarass/Kment*, § 21 Rn. 7; wohl auch *Nowak*, in: Heselhaus/Nowak, § 35 Rn. 29.

[469] Vgl. EuGH, Rs. C-143/88 u. 92/89, ECLI:EU:C:1991:65 (Rn. 76) – Süderdithmarschen; EuG, Rs. T-13/99, ECLI:EU:T:2002:209 (Rn. 457 ff.) – Pfizer; *Jarass/Kment*, § 21 Rn. 7.

[470] EuGH, Rs. C-63/93, ECLI:EU:C:1996:51 (Rn. 28 f.) – Duff.

[471] EuGH, Rs. C-234/85, ECLI:EU:C:1986:377 (Rn. 8 f.) – Keller.

[472] EuGH, Rs. C-248 u. 249/95, ECLI:EU:C:1997:377 (Rn. 71 ff.) – SAM u. Stapf; Rs. C-84/95, ECLI:EU:C:1996:312 (Rn. 19 ff.) – Bosphorus.

[473] EuGH, Rs. C-370/88, ECLI:EU:C:1990:392 (Rn. 27 f.) – Marshall.

[474] EuGH, Rs. C-183/95, ECLI:EU:C:1997:373 (Rn. 41 ff.) – Affish.

[475] *Jarass/Kment*, § 21 Rn. 7.

Freiheit nach Art. 16 EGRC zumal dann, wenn nur die Arbeitnehmerinnen und Arbeitnehmer einbezogen werden, die mit Kundschaft in Kontakt treten sollen.[476] Auch dies ist Ausdruck der Frage, in welcher Art und Weise sowie unter welchen Bedingungen die im Betrieb anfallenden Arbeiten organisiert und erledigt werden sowie in welcher Form Produkte und Dienstleistungen angeboten werden.[477] Soweit der Kundschaftskontakt betroffen ist, überwiegt auch nicht die **Religionsfreiheit** der Arbeitnehmerinnen, die Kopftuch tragen wollen.[478] Eine Abwägung mit Gemeinwohlzwecken bedürfen **Kennzeichnungs- und Registerpflichten**. Auch sie beschränken die unternehmerische Freiheit,[479] die damit die **Freiheit von** solchen Pflichten umfasst. Nur deshalb ist ihre Auferlegung daher rechtsfertigungspflichtig.

4. Planungs- und Dispositionsfreiheit

Der wirtschaftliche Erfolg einer Unternehmung wird wesentlich durch eine gute **Unternehmensplanung** beeinflusst. Die unternehmerische Freiheit muss daher auch die Möglichkeit erfassen, die Unternehmens-, Investitions-, Personal-, Finanz-, Vertriebs- und Preispolitik des Unternehmens nach eigenen Vorstellungen festzulegen. Grundlage dafür ist, die **eigenen Ressourcen nach** den **eigenen Wünschen** einzusetzen, um so die gefassten Planungen realisieren zu können. Eine „Zusatzfreiheit"[480] im Rahmen der Organisations- und Dispositionsfreiheit ist daher das Recht jedes Unternehmers, in den Grenzen seiner Verantwortlichkeit für seine eigenen Handlungen frei über seine wirtschaftlichen, technischen und finanziellen Ressourcen verfügen zu können.[481] Dazu gehört die freie Nutzung der bestehenden finanziellen Mittel.[482]

3104

---

[476] EuGH, Rs. C-157/15, ECLI:EU:C:2017:203 (Rn. 38) – Achbita; dazu *Franzen/Roth*, EuZA 2018, 187 (189 f.); *Germann*, EuR 2018, 235 (235 ff.); *Jacobs*, RdA 2018, 263 (265 f.); *Junker*, RIW 2018, 19 (21 f.); *Klein*, NVwZ 2017, 920 (920 ff.); *Mangold/Payandeh*, EuR 2017, 700 (700 ff.); *Preis/Morgenbrodt*, ZESAR 2017, 309 (309 ff.); *Sagan*, EuZW 2017, 457 (457 ff.); *Sandhu*, KJ 2017, 517 (517 ff.); *Wagner*, EuR 2018, 724 (724 ff.).
[477] *GA Kokott*, Rs. C-157/15, ECLI:EU:C:2016:382 (Rn. 81) – Achbita.
[478] EuGH, Rs. C-804/18 u. 341/19, ECLI:EU:C:2021:594 – Kopftuchverbot mit Anm. *Frenz*, DVBl 2022, 231 ff.
[479] EuGH, Rs. C-101/12, ECLI:EU:C:2013:661 (Rn. 26) – Schaible, zu den Pflichten nach der VO (EG) 21/2004 des Rates vom 17.12.2003 zur Einführung eines Systems zur Kennzeichnung und Registrierung von Schafen und Ziegen und zur Änderung der VO (EG) Nr. 1782/2003 sowie der RLen 92/102/EWG und 64/432/EWG, ABl. 2008 L 256, S. 5.
[480] *Nowak*, in Heselhaus/Nowak, § 35 Rn. 32 auch für das Folgende.
[481] EuGH, Rs. C-314/12, ECLI:EU:C:2014:192 (Rn. 49) – UPC Telekabel Wien; Rs. C-134/15, ECLI:EU:C:2016:498 (Rn. 27) – Lidl, mAnm *Streinz*, JuS 2017, 798 (798 ff.).
[482] EuGH, Rs. C-534/16, ECLI:EU:C:2017:820 (Rn. 38) – BB construct.

5. Vertragsfreiheit

a) Grundlagenfunktion

3105 Auch die Vertragsfreiheit ist für die Marktwirtschaft von wesentlicher Bedeutung. Sie ist das rechtliche **Bindungsglied zwischen** den verschiedenen **Marktseiten** und ermöglicht die Realisierung des Mehrwertes der Unternehmensleistung. Der EuGH hat die Vertragsfreiheit entsprechend frühzeitig anerkannt.[483] Sie gründet auf der **Privatautonomie**[484] und ist ebenso implizite – weil notwendige – Voraussetzung der effektiven Inanspruchnahme der Grundfreiheiten des AEUV.[485]

b) Freie Wahl der Geschäftspartnerinnen und Geschäftspartner

3106 Als eine **besondere Ausprägung der Vertragsfreiheit** hat der EuGH die freie Wahl der Geschäftspartnerin oder des Geschäftspartners hervorgehoben.[486] Sie gestattet jeder unternehmerisch tätigen Person, sich seine Vertragspartnerinnen und Vertragspartner nach eigenem Gutdünken auszusuchen und umfasst **auch** die Freiheit, einen **Vertrag nicht** zu schließen. Verbunden mit diesem Recht ist der grundsätzliche Schutz vor einer Sanktionierung des Wechsels einer Vertragspartnerin oder eines Vertragspartners.[487]

c) Freiheit der Vertragsgestaltung

3107 Neben der freien Wahl der Geschäftspartnerin oder des Geschäftspartners ist die Freiheit der Vertragsgestaltung als weitere Ausprägung der Vertragsfreiheit zu nennen.[488] Auf der Grundlage der **Privatautonomie** ist es grundsätzlich den Vertragsparteien überlassen, die **Modalitäten und Bedingungen** ihres **Leistungsaustausches** selbst festzulegen.[489] Dazu gehört vor allem die Freiheit, den Preis zu bestimmen.[490] Diese **Preisfestlegungsfreiheit** bildet einen integralen Bestandteil

---

[483] Vgl. EuGH, Rs. C-151/78, ECLI:EU:C:1979:4 (Rn. 19 f.) – Sukkerfabriken Nykøbing; Rs. C-240/97, ECLI:EU:C:1999:479 (Rn. 99) – Spanien/Komission.

[484] EuGH, Rs. C-434/08, ECLI:EU:C:2010:285 (Rn. 36) – Harms; *Wernsmann*, JZ 2005, 224 (232); *Nowak*, in: Heselhaus/Nowak, § 35 Rn. 33; *Riesenhuber*, Europäisches Vertragsrecht, Rn. 131.

[485] *Szczekalla*, DVBl 2005, 286 (287); *Schöbener*, in: GS für Tettinger, 2007, S. 159 (167 f.).

[486] EuGH, Rs. C-90 u. 91/90, ECLI:EU:C:1991:303 (Rn. 13) – Neu; Rs. C-307/91, ECLI:EU:C:1993:940 (Rn. 14) – Luxlait; Rs. C-283/11, ECLI:EU:C:2013:28 (Rn. 43) – Sky; Rs. C-277/16, ECLI:EU:C:2017:989 (Rn. 50) – Polkomptel.

[487] EuGH, Rs. C-90 u. 91/90, ECLI:EU:C:1991:303 (Rn. 13) – Neu.

[488] EuGH, Rs. C-434/08, ECLI:EU:C:2010:285 (Rn. 36) – Harms; *Jarass/Kment*, § 21 Rn. 7.

[489] EuGH, Rs. C-201/15, ECLI:EU:C:2016:972 (Rn. 68) – AGET Iraklis; Rs. C-426/11, ECLI:EU:C:2013:521 (Rn. 32 f.) – Alemo-Herron u. a.

[490] EuGH, Rs. C-277/16, ECLI:EU:C:2017:989 (Rn. 50) – Polkomptel; Rs. C-283/11, ECLI:EU:C:2013:28 (Rn. 43) – Sky; Rs. C-213/10, ECLI:EU:C:2012:215 (Rn. 45) – F-Tex SIA.

der Vertragsfreiheit als eine spezielle Ausprägung der unternehmerischen Freiheit dar.[491] Die Freiheit der Vertragsgestaltung umfasst auch die Möglichkeit, bestehende Verträge zu ändern.[492]

Gemeinsam mit der Organisationsfreiheit gewährleistet die Freiheit der Vertragsgestaltung gerade für Unternehmen im Grundsatz die Möglichkeit zur **freien Gestaltung des Gesellschaftsvertrages**. 3108

d) Ambivalenz der Vertragsfreiheit

Wie die unternehmerische Freiheit im Allgemeinen eine Ausprägung der Berufsfreiheit ist, so leitet sich auch die Vertragsfreiheit im Rahmen des Art. 16 EGRC mittelbar aus der Berufsfreiheit ab. Darüber hinaus ist die Vertragsfreiheit auch eine **Teilgewährleistung der Berufsfreiheit** selbst, wie sie in Art. 15 EGRC verankert ist.[493] 3109

Warum die Vertragsfreiheit jedoch primär ein Schutzgut des einen oder anderen Grundrechts sein soll,[494] ist nicht ersichtlich. In der **Berufsfreiheit** tritt der **Persönlichkeitsbezug** besonders hervor, während die **unternehmerische Freiheit** vor allem den **Wirtschaftsbezug** der Unternehmung umfasst.[495] Entsprechend dieser Differenzierung kommt die **Vertragsfreiheit** im einen oder anderen Grundrecht jeweils eigenständig zur Geltung. Letztlich hat sie aber den **gleichen Kern**: die **Entfaltung der Vertragsschließenden**. Daran zeigt sich wiederum, wie eng Berufs- und unternehmerische Freiheit zusammenfallen und daher denselben Schutzrahmen haben müssen, um Widersprüche zu vermeiden. 3110

6. Handelsfreiheit

a) Binnenhandelsfreiheit

Der **EuGH** hat in mehreren Urteilen auch die Handelsfreiheit als Ausprägung der **Berufsfreiheit** anerkannt,[496] deren Inhalt jedoch nicht näher umschrieben. Auch die Literatur hat die Konturen der Handelsfreiheit bislang nicht fortentwickelt.[497] 3111

Aufgrund ihres unternehmerischen Bezuges ist die Handelsfreiheit **nunmehr** von **Art. 16 EGRC** erfasst. In Abgrenzung zur Erzeugung beinhaltet die Handelsfreiheit 3112

---

[491] *Heselhaus*, in: ders./Nowak, § 35 Rn. 34.
[492] EuGH, Rs. C-240/97, ECLI:EU:C:1999:479 (Rn. 99) – Spanien/Kommission.
[493] S.o. Rn. 2876.
[494] *Nowak*, in: Heselhaus/Nowak, § 35 Rn. 33.
[495] Vgl. zu den Konkurrenzen näher bei Rn. 3134.
[496] EuGH, Rs. C-4/73, ECLI:EU:C:1974:51 (Rn. 14) – Nold; Rs. C-240/83, ECLI:EU:C:1985:59 (Rn. 9) – ADBHU; Rs. C-11/70, ECLI:EU:C:1970:114 (Rn. 2) – Internationale Handelsgesellschaft.
[497] *Nowak*, in: Heselhaus/Nowak, § 35 Rn. 31.

den **Vertrieb von Wirtschaftsgütern**. Allerdings sind die **Modalitäten** des rechtlichen **Austauschs** von Wirtschaftsgütern am Markt Gegenstand der **Vertragsfreiheit** zwischen den Parteien.

3113 Unter systematischen Gesichtspunkten hat die Handelsfreiheit ihren Anwendungsbereich zwischen der Erzeugung eines Wirtschaftsgutes und der Veräußerung an weitere Marktteilnehmende. Dementsprechend **schützt** die Handelsfreiheit **vor generellen Beschränkungen oder Verboten des Ankaufs von Wirtschaftsgütern** zum weiteren Vertrieb überhaupt und vor Beschränkungen oder Verboten **des Verkaufs** solcher Güter. Von der Klammerwirkung zwischen Ankauf und Verkauf sind auch das **Angebot**, die **Ausstellung**, der **Besitz** und die **Beförderung** von Wirtschaftsgütern erfasst. Die Handelsfreiheit weist damit Bezugspunkte zur Warenverkehrsfreiheit nach Art. 34 AEUV auf,[498] ebenso zur Zollfreiheit. Daher sind etwa Zölle und zollgleiche Abgaben oder Einfuhr- und Ausfuhrbeschränkungen nunmehr auch vor dem Hintergrund der Handelsfreiheit des Art. 16 EGRC rechtfertigungsbedürftig.

b) Außenhandelsfreiheit

3114 Ob auch die Außenhandelsfreiheit als Teilgewährleistung der unternehmerischen Freiheit anzusehen ist,[499] berührt Grundlagen des Europarechts. Die **unternehmerische Freiheit** gewährt **nicht die Außenhandelsfreiheit gegenüber einem Drittstaat**. Im Rahmen der EU steht vielmehr die Frage im Vordergrund, ob die unternehmerische Freiheit lediglich die Freiheit der Teilnahme am Binnenmarkt schützt oder auch die **Freiheit der Teilnahme an jedem anderen Markt**, etwa dem **Weltmarkt**. Die zweite Ausprägung wirkt auf die erste dadurch zurück, dass die Teilnahme am Weltmarkt zugleich die Wettbewerbsposition auf dem Binnenmarkt verbessert, ja ggf. erst ermöglicht. Diese Märkte hängen durch die **Globalisierung** schon aufgrund des weltweiten Güteraustausches eng zusammen, sodass eine Trennung schwerlich möglich ist.

3115 Die unternehmerischen Aktivitäten erstrecken sich vielfach gleichermaßen auf beide Märkte und werden daher gleichermaßen eingeschränkt, egal welcher Markt betroffen ist. Die **Betätigung auf dem Weltmarkt** ist häufiger, oft sogar **notwendiger Bestandteil der Unternehmensbetätigung** und damit auch der unternehmerischen Freiheit nach Art. 16 EGRC, die insoweit auch keine Grenze im Wortlaut aufstellt. Umso mehr bedarf sie der grundrechtlichen Absicherung, welche die

---

[498] Vgl. *Frenz*, Europarecht 1, Rn. 609 ff.; *Kingreen*, in: Calliess/Ruffert, Art. 34-36 AEUV Rn. 123.
[499] *Blanke*, in: Stern/Sachs, Art. 16 Rn. 7; *Nowak*, in: Heselhaus/Nowak, § 35 Rn. 31.

sekundärrechtliche Regelung der Ausfuhr-[500] wie der Einfuhrfreiheit[501] verstärkt – zusammen mit Art. 47 EGRC (effektiver Rechtsschutz).[502]

Schließlich werden auch die **Wettbewerbsregeln** auf international tätige Unternehmen erstreckt.[503] Anders als dort geht es aber nicht um die Erfassung von Auswirkungen auf den Wettbewerb im Binnenmarkt, sondern um die Behinderung von Aktivitäten außerhalb davon, also vom Binnenmarkt aus. 3116

Die Ausdehnung von Art. 16 EGRC auf die Außenhandelsfreiheit richtet sich tiefer gehend danach, ob die **unternehmerische Freiheit als Freiheitsaxiom** der **Rechtsordnung vorangeht** oder dieser nachfolgt. Mit dem Bekenntnis zur Freiheit als Grundlage der Union in Art. 2 EUV[504] wird Ersteres anzunehmen sein. Damit kann auch die unternehmerische Außenhandelsfreiheit von Art. 16 EGRC umfasst sein. 3117

7. Wettbewerbsfreiheit

a) Bisheriger Entwicklungsstand

Ob die unternehmerische Freiheit auch die Wettbewerbsfreiheit subjektiv-rechtlich verbürgt, ist umstritten. Teilweise wird vorgebracht, Art. 16 EGRC manifestiere lediglich den objektiv-rechtlichen Grundsatz der Wettbewerbsfreiheit.[505] Andere leiten aus Art. 16 EGRC zusätzlich eine subjektiv-rechtliche Garantie der Wettbewerbsfreiheit ab.[506] Schließlich wird keine der beiden Ansichten unter argumentativen Gesichtspunkten für zwingend gehalten.[507] 3118

Der **EuGH** hat den **subjektiv-rechtlichen Gehalt der Wettbewerbsfreiheit** bislang **offen gelassen**.[508] Das gilt sowohl für die Grundrechte als auch in Bezug auf Art. 3 Abs. 1 lit. b) AEUV und individualschützende Wettbewerbsvorschriften, 3119

---

[500] Vgl. dazu insb. Art. 1 der VO (EU) 2015/479 des Europäischen Parlaments und des Rates vom 11.3.2015 über eine gemeinsame Ausfuhrregelung, ABl. 2015 L 83, S. 34, wo es heißt: „Die Ausfuhren der Union nach dritten Ländern sind frei, d. h. keinen mengenmäßigen Beschränkungen unterworfen, mit Ausnahme derjenigen, die in Übereinstimmung mit dieser Verordnung Anwendung finden."

[501] Vgl. dazu insb. Art. 1 Abs. 2 der VO (EU) 2015/478 des Europäischen Parlaments und des Rates vom 11.3.2015 über eine gemeinsame Einfuhrregelung, ABl. 2015 L 83, S. 16, wo es heißt: „Die Einfuhr der in Absatz 1 genannten Waren in die Union ist frei und unterliegt mithin – unbeschadet etwaiger Schutzmaßnahmen gemäß Kapitel V – keinen mengenmäßigen Beschränkungen."

[502] *Nowak*, in: Heselhaus/Nowak, § 35 Rn. 31.

[503] Näher *Frenz*, Europarecht 2, Rn. 385.

[504] Vgl. zum Freiheitsbegriff *Calliess*, in: ders./Ruffert, Art. 2 EUV Rn. 19 f.

[505] *Jarass/Kment*, § 21 Rn. 2.

[506] *Ruffert*, in: Calliess/Ruffert, Art. 16 GRCh Rn. 2; *Nowak*, in: Heselhaus/Nowak, § 35 Rn. 35; ohne Bezug zu Art. 16 EGRC schon *Wunderlich*, Das Grundrecht der Berufsfreiheit im Europäischen Gemeinschaftsrecht, 2000, S. 109.

[507] So wohl *Bernsdorff*, in: Meyer/Hölscheidt, Art. 16 Rn. 15; *Rengeling/Szczekalla*, Rn. 801 f.

[508] EuGH, Rs. C-280/93, ECLI:EU:C:1994:367 (Rn. 58 i. V. m. 62) – Bananen.

wie Art. 101 Abs. 1 AEUV.[509] Insbesondere prüfte der EuGH die Beeinträchtigung und teilweise Unterminierung der Wettbewerbsstellung der betroffenen Bananenimportierenden nur anhand des objektiven Grundsatzes des unverfälschten Wettbewerbs nach dem heutigen Art. 3 Abs. 1 lit. b) AEUV.[510] Ein progressiver Ansatz findet sich allerdings darin, dass der EuGH eine Änderung der Wettbewerbsstellung eines Unternehmens durch Einführung eines Zollkontingents vor dem Hintergrund der Berufsfreiheit als rechtfertigungsbedürftig eingestuft hat.[511] Implizit hat er damit auch den **Grundsatz unverfälschten Wettbewerbs** als **Teilgewährleistung der Berufsfreiheit anerkannt**. Diese ist entsprechend auf die unternehmerische Freiheit als Teilaspekt der Berufsfreiheit zu übertragen.[512] Der EuGH bezog aber nicht ausdrücklich Stellung.

3120 Diese **Zurückhaltung des EuGH** lässt sich damit erklären, dass die Wettbewerbsfreiheit lediglich in Deutschland und Italien grundrechtlichen Verfassungsrang beansprucht[513] und damit nicht schon im Allgemeinen der Verfassungstradition der Mitgliedstaaten entspricht.

3121 Auch der Hinweis auf den Grundsatz des freien Wettbewerbs aus Art. 119 Abs. 1 AEUV in den Erläuterungen zur Grundrechtecharta trägt nicht die subjektiv-rechtliche Qualität der Wettbewerbsfreiheit, da Art. 119 Abs. 1 AEUV allgemein als **ordnungspolitischer Programmsatz** verstanden wird.[514]

3122 Der **Entstehungshintergrund** von Art. 16 EGRC spricht ebenfalls gegen die subjektiv-rechtliche Garantie der Wettbewerbsfreiheit. Die anderen Ausprägungen spiegeln den Stand der bisherigen Entwicklung im Rahmen der vom EuGH entfalteten Berufsfreiheit wider. Wäre in der EGRC die bislang nicht fest anerkannte subjektiv-rechtliche Verbürgung der Wettbewerbsfreiheit beabsichtigt gewesen, so hätte eine entsprechende Aufnahme im Wortlaut des Art. 16 EGRC nahe gelegen.

b) Teleologische Auslegung der Wettbewerbsfreiheit

3123 Wie im deutschen Verfassungsrecht[515] lässt sich auch auf der Ebene der EGRC argumentieren, dass die Wettbewerbsfreiheit **grundlegende Voraussetzung einer erfolgreichen unternehmerischen Tätigkeit** ist.[516] Soll diese effektiv ausgenutzt

---

[509] *Nowak*, in: Heselhaus/Nowak, § 35 Rn. 35.

[510] *Wunderlich*, Das Grundrecht der Berufsfreiheit im Europäischen Gemeinschaftsrecht, 2000, S. 109; *Schöbener*, in: GS für Tettinger, 2007, S. 159 (169).

[511] EuGH, Rs. C-280/93, ECLI:EU:C:1994:367 (Rn. 81) – Bananen.

[512] *Nowak*, in: Heselhaus/Nowak, § 35 Rn. 35.

[513] Vgl. *Nowak*, in: Heselhaus/Nowak, § 35 Rn. 19.

[514] *Bernsdorff*, in: Meyer/Hölscheidt, Art. 16 Rn. 15 mit Hinweis auf *Bandilla*, in: Grabitz/Hilf/Nettesheim, Art. 119 AEUV Rn. 17, 23 f., 27 ff., 35 ff.; *Hatje*, in: Schwarze/Becker/Hatje/Schoo, Art. 119 AEUV Rn. 8 ff.; vgl. auch *Rengeling/Szczekalla*, Rn. 802.

[515] BVerfGE 32, 311 (317); 46, 120 (137); *Scholz*, in: Dürig/Herzog/Scholz, GG, Art. 12 Rn. 88, 144.

[516] *Blanke*, in: Stern/Sachs, Art. 16 Rn. 8; *Wunderlich*, Das Grundrecht der Berufsfreiheit im Europäischen Gemeinschaftsrecht, 2000, S. 109; *Nowak*, in: Heselhaus/Nowak, § 35 Rn. 36.

werden, muss sich die einzelne Person frei entfalten können. Dies beruht maßgeblich auf einem unverfälschten Wettbewerb.[517] Daher ist es nur konsequent, wenn sich der **Einzelne gegen Beeinträchtigungen wehren kann** und damit die **Wettbewerbsfreiheit subjektiv-rechtlich unterlegt** ist. Damit sichert Art. 16 EGRC den Wettbewerb im Interesse unternehmerischer Entfaltungsfreiheit maßgeblich ab. Er schafft einen Eckpfeiler zu seiner Durchsetzung über die Wettbewerbsregeln hinaus und damit auch umfassend gegen staatliche Eingriffe. Das ist dann die eigentliche Funktion der eigenständigen Festschreibung der unternehmerischen Freiheit in Art. 16 EGRC, die in ihren Teilelementen im Übrigen aus der Berufsfreiheit gewonnen werden kann. Insoweit wird die EuGH-Rechtsprechung auch nur fortgeschrieben und nicht etwa verändert, schimmert doch dieser Zusammenhang schon in der *Bananenmarkt*-Entscheidung durch,[518] wenn er auch nicht eigens benannt wird.

Entsprechend der Zielrichtung der Wettbewerbsfreiheit bezieht sich der Gehalt der Gewährleistung eines der unternehmerischen Freiheit in diesem Sinne immanenten Wettbewerbsschutzes auf die Abwehr staatlicher Eingriffe in die Gleichheit und Freiheit am Markt.[519] **3124**

8. Werbefreiheit

Auch die Werbefreiheit bzw. die Freiheit der kommerziellen Kommunikation[520] ist als **Teilgewährleistung** von **der unternehmerischen Freiheit** des Art. 16 EGRC erfasst.[521] Relevanz hat die Werbefreiheit vor allem aufgrund der RL 98/43/EG zur Tabakwerbung[522] erlangt. Während der EuGH diese Richtlinie lediglich aus kompetenzrechtlichen Gründen für nichtig befunden hat,[523] sah *GA Fenelly* auch das Grundrecht der wirtschaftlichen Betätigungsfreiheit durch die Bestimmungen dieser ersten Tabakrichtlinie verletzt.[524] **3125**

---

[517] Näher *Frenz*, Europarecht 2, Rn. 22 ff.
[518] S.u. Rn. 3174.
[519] Vgl. *Nowak*, in: Heselhaus/Nowak, § 35 Rn. 10; *Scholz*, in: Dürig/Herzog/Scholz, GG, Art. 12 Rn. 145.
[520] *Nowak*, in: Heselhaus/Nowak, § 35 Rn. 30.
[521] IdS vgl. auch *GA Tanchev*, Rs. C-430/17, ECLI:EU:C:2018:759 (Rn. 82 ff.) – Walbusch Walter Busch; *Nowak*, in: Heselhaus/Nowak, § 35 Rn. 30.
[522] Des Europäischen Parlaments und des Rates vom 6.7.1998 zur Angleichung der Rechts- und Verwaltungsvorschriften der Mitgliedstaaten über Werbung und Sponsoring bei Tabakerzeugnissen (erste Tabakrichtlinie), ABl. 1998 L 213, S. 9 ff.
[523] EuGH, Rs. C-376/98, ECLI:EU:C:2000:544 (Rn. 118) – Deutschland/Parlament u. Rat.
[524] *GA Fenelly*, Rs. C-376/98, ECLI:EU:C:2000:324 (Rn. 151) – Deutschland/Parlament u. Rat.

3126 Im Hinblick auf die zweite Tabakrichtlinie 2003/33/EG[525] hat der EuGH unter besonderer Hervorhebung des dem Gemeinschaftsgesetzgeber eingeräumten Ermessens eine Grundrechtsverletzung abgelehnt. Die Erforderlichkeit des weitgehenden Verbots der Werbung für Tabakerzeugnisse in gedruckten Veröffentlichungen hielt er wegen der Verpflichtung des Gemeinschaftsgesetzgebers, ein hohes Gesundheitsschutzniveau zu gewährleisten, für gegeben.[526] Der EuGH hat in seiner Prüfung jedoch lediglich auf das Grundrecht der Presse- und Meinungsfreiheit abgestellt, die unternehmerische Freiheit hingegen nicht bemüht.

3127 Dabei ist eher zu überlegen, ob nicht in erster Linie die unternehmerische Freiheit einschlägig ist.[527] Der EuGH nennt sie mittlerweile gleichgeordnet mit der Meinungsäußerungs- und Informationsfreiheit, hält aber nach beiden Maßstäben unvollständige, mehrdeutige und **irreführende Informationen**, die dem Verbraucher in die Irre führen, **nicht** als **geschützt**.[528]

3128 Weiter liegt im Rahmen der Verhältnismäßigkeitsprüfung das Problem der Werbefreiheit von tabakproduzierenden Unternehmen weniger in der Relation zum Gesundheitsschutz der Bevölkerung als in der Frage, in welchem Umfang die Union den Gesundheitsschutz bemühen darf, um die Bevölkerung vor einer Schädigung durch sich selbst zu schützen. Dies richtet sich einerseits danach, wie viel Selbstverantwortung die Union ihren Unionsbürgerinnen und Unionsbürgern zugestehen möchte, und andererseits nach Art. 168 Abs. 5 AEUV.[529]

9. Schutz von Betriebs- und Geschäftsgeheimnissen

3129 Die Rechtsprechung des EuGH lässt auch auf den Schutz von Geschäftsunterlagen[530] und Geschäftsgeheimnissen[531] als Teilgewährleistung der unternehmerischen Freiheit schließen. Das ist folgerichtig, da der Schutz von Betriebsgeheimnissen und Geschäftsunterlagen die Erhaltung marktwirtschaftlich erarbeiteter Wettbewerbsvorteile sichert.

---

[525] Des Europäischen Parlaments und des Rates vom 26.5.2003 zur Angleichung der Rechts- und Verwaltungsvorschriften der Mitgliedstaaten über Werbung und Sponsoring zugunsten von Tabakerzeugnissen (zweite Tabakrichtlinie), ABl. 2003 L 152, S. 16, berichtigt durch ABl. 2004 L 67, S. 34.
[526] EuGH, Rs. C-380/03, ECLI:EU:C:2006:772 (Rn. 147, Rn. 157) – Deutschland/Parlament u. Rat (Tabakrichtlinie).
[527] S.u. Rn. 3137.
[528] EuGH, Rs. C-296/16 P, ECLI:EU:C:2017:437 (Rn. 54) – Dextro Energy; *Nowak*, in: Heselhaus/Nowak, § 35 Rn. 30.
[529] Krit. zum Ganzen auch *Stein*, EuZW 2007, 54 ff. Anmerkung zu EuGH, Rs. C-380/03, ECLI:EU:C:2006:772 (Rn. 46 ff.) – Deutschland/Parlament u. Rat (Tabakrichtlinie).
[530] EuGH, Rs. C-435/02 u. 103/03, ECLI:EU:C:2004:552 (Rn. 49) – Axel Springer Verlag.
[531] EuGH, Rs. C-450/06, ECLI:EU:C:2008:91 (Rn. 48 f.) – Varec; Rs. C-15/16, ECLI:EU:C:2018:464 (Rn. 53) – Baumeister.

§ 2 Unternehmerische Freiheit

10. Informationsanspruch

Für die unternehmerische Freiheit wird teilweise auch diskutiert, ob sich aus Art. 16 EGRC ein unionsverfassungsunmittelbarer Informations-, Auskunfts- oder Dokumentenzugangsanspruch ableiten lässt.[532] Die Diskussion zeigt jedoch praktisch selbst die Regelung des **Art. 42 EGRC** auf, welche allen Unionsbürgerinnen und Unionsbürgern und jeder natürlichen und juristischen Person mit Wohnsitz oder satzungsmäßigem Sitz in einem Mitgliedstaat das Recht auf Zugang zu den Dokumenten des Europäischen Parlaments, des Rates und der Kommission zuspricht. Mit der Charta erübrigt sich daher eine Herleitung des Informationsanspruchs aus dem Grundrecht der Berufsfreiheit oder der unternehmerischen Freiheit.[533]

3130

11. Schutz des Mittelstandes

Ist mit der unternehmerischen Freiheit auch die Pflicht zum Schutz des Mittelstandes[534] oder gar der Förderung des Mittelstandes verbunden?[535] Für eine solche Schutzpflicht außerhalb des allgemeinen Anwendungsbereichs des Kartell- und Wettbewerbsrechts[536] ist kein Grund ersichtlich und wird auch nicht vorgetragen.

3131

Das **Prinzip freien Wettbewerbs verpflichtet** den **Staat** vielmehr, sich jeder **Einflussnahme auf marktwirtschaftliche Positionen zu enthalten**. Vor diesem Hintergrund sind Beihilfen gem. Art. 107 Abs. 1 AEUV gerade besonders rechtfertigungsbedürftig. Aus Art. 16 EGRC kann mithin **keine Pflicht zum Schutz des Mittelstandes** abgeleitet werden.

3132

III. Konkurrenzen

1. Grundrechtskonkurrenzen

Die unternehmerische Freiheit ist eine verselbstständigte Ausprägung der Berufsfreiheit.[537] Die Berufsgruppe der unternehmerisch Tätigen wird in der EGRC damit besonders hervorgehoben. Gleichwohl wird **Art. 16 EGRC nicht** als eine **Abkehr**

3133

---

[532] *Nowak*, in: Heselhaus/Nowak, § 35 Rn. 38.
[533] Davon ausgehend auch *Nowak*, in: Heselhaus/Nowak, § 35 Rn. 38.
[534] *Tettinger*, NJW 2001, 1010 (1014). Weitergehend wohl auch *Wollenschläger*, in: v. der Groeben/Schwarze/Hatje, Art. 16 GRCh Rn. 9; a. A. *Ruffert*, in: Calliess/Ruffert, Art. 16 GRCh Rn. 3: „Eine leistungsrechtliche Dimension dergestalt, dass aus dem Freiheitsrecht des Art. 16 ein Recht auf Mittelstandsförderung abgeleitet würde, erscheint nicht möglich."
[535] Dafür *Tettinger*, NJW 2001, 1010 (1014).
[536] Zu dahin gehenden Schutzpflichten vgl. u. Rn. 3180 ff.
[537] *Rengeling*, DVBl 2004, 453 (459); *Jarass/Kment*, § 21 Rn. 1, 4; *Bernsdorff*, in: Meyer/Hölscheidt, Art. 16 Rn. 1; vgl. auch *Schwarze*, Europäisches Wirtschaftsrecht, Rn. 424.

von der **Rechtsprechung des EuGH** verstanden,[538] der die unternehmerische Freiheit aus der Berufsfreiheit abgeleitet hat. Teilweise wird diese Hervorhebung der unternehmerischen Freiheit damit begründet, dass sie dem Ausgleich der Aufnahme der Arbeitnehmergrundrechte und der sozialen Grundrechte diene.[539]

3134 Das Grundrecht der Berufsfreiheit deckt ihre unternehmensbezogenen Ausprägungen vorrangig selbst ab, wenn es um die Verwirklichung der Persönlichkeit des Menschen in seinem Beruf oder seiner Unternehmung geht.[540] In der **Berufsfreiheit** sticht damit der Persönlichkeitsbezug besonders hervor, während die **unternehmerische Freiheit** vor allem den **Wirtschaftsbezug** der Unternehmung umfasst.

3135 Der **Schutz der Arbeits-, Betriebs- und Geschäftsräume** ist nicht Gegenstand der unternehmerischen Freiheit, sondern bestimmt sich nach **Art. 7 EGRC**.[541]

3136 Die unternehmerische Freiheit des **Art. 16 EGRC** ist **im Hinblick auf die Organisationsfreiheit der Unternehmen gegenüber** der Vereinigungsfreiheit des **Art. 12 Abs. 1 EGRC** das **speziellere** Grundrecht.[542]

3137 Arbeitet ein **Unternehmen im Anwendungsbereich eines weiteren Grundrechts**, so kommt dieses **neben der unternehmerischen Freiheit** zum Tragen. Dies gilt etwa im Bereich der Medienunternehmen in Bezug auf die Wirtschaftswerbung oder bei Galerien hinsichtlich der Kunstfreiheit.[543] Bei der Werbung wird auch die Abgrenzung zur Meinungsäußerungsfreiheit relevant. Beide Grundrechte sollen parallel eingreifen, soweit die Werbung mit einer Wertungskomponente aufgeladen ist.[544] Zwar ist **Werbung** i. d. R. nicht Gegenstand einer geistigen Auseinandersetzung, sondern dient der Absatzsteigerung. Auch der Hintergrund der demokratischen Funktion der Meinungsfreiheit spricht dafür, die Werbefreiheit vorwiegend über Art. 16 EGRC zu gewährleisten. Indes ist die **Meinungsäußerungsfreiheit** weit konzipiert und schließt **wirtschaftliche Inhalte** nicht aus,[545] die im Übrigen auch in der Demokratie eine wichtige Rolle spielen. Umgekehrt werden auch andere Inhalte im Wettstreit der Meinungen werbend dargeboten. Daher ist eine Sonderbehandlung der Wirtschaftswerbung nicht angezeigt. Diese ist deshalb auch durch die Meinungsfreiheit und nicht nur durch die unternehmerische Freiheit geschützt.

---

[538] Vgl. hierzu dessen Rechtsprechung: EuGH, Rs. C-157/14, ECLI:EU:C:2015:823 – Neptun Distribution; Rs. C-477/14, ECLI:EU:C:2016:324 – Pillbox 38 Ltd.; Rs. C-134/15, ECLI:EU: C:2016:498 – Lidl; Rs. C-484/14, ECLI:EU:C:2016:689 – McFadden; *Bernsdorff*, in: Meyer/Hölscheidt, Art. 16 Rn. 8; *Streinz*, in: ders., Art. 16 GR-Charta Rn. 6.

[539] *Mayer*, in: Grabitz/Hilf/Nettesheim, Art. 6 EUV Rn. 197.

[540] *Bernsdorff*, in: Meyer/Hölscheidt, Art. 16 Rn. 8.

[541] Vgl. dazu Rn. 1474 f.

[542] Vgl. auch *Ruffert*, in: Calliess/Ruffert, Art. 16 GRCh Rn. 22.

[543] *Jarass/Kment*, § 21 Rn. 4.

[544] *Ruffert*, in: Ehlers, Europäische Grundrechte und Grundfreiheiten, § 19 Rn. 15; *Nowak*, in: Heselhaus/Nowak, § 35 Rn. 30; *Rengeling*, in: Schwarze (Hrsg.), Der Verfassungsentwurf des Europäischen Konvents, 2004, S. 331 (335).

[545] Näher o. Rn. 2123 ff.

§ 2 Unternehmerische Freiheit

Gegenüber der unternehmerischen Freiheit hat **Art. 14 Abs. 3 EGRC** bei der **Gründung von Lehranstalten Vorrang**.[546] Hier ist die besondere Schranke der demokratischen Grundsätze zu beachten.[547]

3138

2. Beziehung zu den Grundfreiheiten

Die wirtschaftsbezogenen Grundrechte stehen in enger Beziehung zu den Grundfreiheiten.[548] Die Warenverkehrs-, Dienstleistungs-, Niederlassungs- und Kapitalverkehrsfreiheit sind ebenso wie die unternehmerische Freiheit des Art. 16 EGRC **Ausdruck der europäischen Wirtschaftsverfassung**. Das zeigt schon die Entstehungsgeschichte des Art. 16 EGRC, denn die explizite Verankerung der unternehmerischen Freiheit wurde von einigen Konventionsmitgliedern mit der Begründung gefordert, die Gewährleistungen der Niederlassungsfreiheit und der Dienstleistungsfreiheit müssten in der EGRC stärker berücksichtigt werden.[549]

3139

Dem unternehmensbezogenen Gewährleistungsgehalt der Grundfreiheiten verleiht Art. 16 EGRC nunmehr grundrechtliche Bedeutung. Demnach ist etwa die **Gründung einer Unternehmensniederlassung** in einem anderen Mitgliedstaat **sowohl** von der **Niederlassungsfreiheit**[550] **als auch** auf **grundrechtlicher Ebene** von der unternehmerischen Freiheit geschützt. Ebenso gilt dies **für den Schutz der Unternehmerinteressen vor nationalen Regelungen** zur Entlassung von Arbeitnehmerinnen und Arbeitnehmern: Es bedarf einer Abwägung der Beschäftigteninteressen mit den „Interessen, die auf der Niederlassungsfreiheit und der in den Art. 49 AEUV und 16 der Charta verankerten unternehmerischen Freiheit der Wirtschaftsteilnehmer beruhen".[551] Gleichwohl ist **im Anwendungsbereich der Grundfreiheiten** auch die **unternehmerische Freiheit gem. Art. 52 Abs. 2 EGRC an die Bedingungen und Grenzen der Grundfreiheiten gebunden**.[552] Schließlich gilt diese Ausrichtung und Begrenzung sogar für die Berufsfreiheit, welche grundfreiheitliche Gewährleistungen ausdrücklich nennt.[553]

3140

---

[546] *Rengeling/Szczekalla*, Rn. 800; *Jarass/Kment*, § 21 Rn. 4; *Nowak*, in: Heselhaus/Nowak, § 35 Rn. 47.
[547] *Rengeling/Szczekalla*, Rn. 800.
[548] *Rengeling*, in: Schwarze (Hrsg.), Der Verfassungsentwurf des Europäischen Konvents, 2004, S. 331 (339); *Frenz*, Europarecht 1, Rn. 67 ff.; *Nowak*, in: Heselhaus/Nowak, § 35 Rn. 48.
[549] Vgl. zur Diskussion im Grundrechtekonvent *Bernsdorff*, in: Meyer/Hölscheidt, Art. 16 Rn. 5
[550] EuGH, Rs. C-208/00, ECLI:EU:C:2002:632 (Rn. 2, 17 ff., 56 ff.) – Überseering.
[551] EuGH, Rs. C-201/15, ECLI:EU:C:2016:972 (Rn. 90) – AGET Iraklis. Näher zum engen Verhältnis zwischen Art. 16 EGRC und Art. 49 AEUV zuletzt auch Rs. C-230/18, ECLI:EU: C:2019:383 (Rn. 65) – PI.
[552] *Jarass/Kment*, § 21 Rn. 4.
[553] S.o. Rn. 2882 ff., 2891 ff.

E. Beeinträchtigungen und ihre Rechtfertigung

I. Formen der Beeinträchtigungen

1. Grundsätzliche Parallelität zur Berufsfreiheit

3141 Für die unternehmerische Freiheit als verselbstständigte Teilgewährleistung der Berufsfreiheit gelten die dortigen Prinzipien zu Eingriff und Rechtfertigung grundsätzlich entsprechend.[554] Demnach liegt zumindest in jeder Regelung, die einen Nachteil des Grundrechtsinhabers bezweckt oder mit einem solchen hinreichend verbunden ist, ein Eingriff in die unternehmerische Freiheit.[555] Der spezifizierte Schutzbereich der unternehmerischen Freiheit macht gleichwohl einige besondere Anmerkungen erforderlich.

2. Beeinträchtigung unternehmerischer Interessen

3142 Da bloße unternehmerische Interessen oder Aussichten nicht von Art. 16 EGRC geschützt sind,[556] hat die **Absenkung von Konkurrenzpreisen** als Ausdruck des Marktrisikos **keinen Eingriffscharakter**.[557] Auch die **Abschaffung gesetzlicher Anforderungen**, an die Beratungsdienstleistungen anknüpfen, wirkt sich gegenüber den Dienstleistenden nicht als Eingriff aus.[558]

3. Gesellschaftsrecht

3143 Die Organisations- und Willensbildungsautonomie von Gesellschaften ist durch das Gesellschaftsrecht maßgeblich geregelt. Diese gesetzgeberische Ausgestaltung ist notwendig, um Unternehmen in die allgemeine Rechtsordnung einzufügen, die Sicherheit des Rechtsverkehrs zu gewährleisten und die schutzbedürftigen Belange Dritter und der Allgemeinheit angemessen zu berücksichtigen.

3144 Der Gesetzgebende muss jedoch auf die schutzbedürftigen Belange der Unternehmen Rücksicht nehmen, ihnen eine **angemessene Vielfalt an Rechtsformen** zur Verfügung stellen und die **Funktionsfähigkeit ihrer Organe** gewährleisten. Für die Regelungsintensität ist dabei der jeweilige Sachbereich, die Ordnungs- und die Schutznotwendigkeit maßgebend.[559]

---

[554] Vgl. Rn. 703 ff., 3006 ff.
[555] *Jarass/Kment*, § 21 Rn. 9 bei unmittelbarer Auswirkung; weiter o. Rn. 3001 ff.
[556] Vgl. o. Rn. 3096.
[557] EuGH, Rs. C-133-136/85, ECLI:EU:C:1987:244 (Rn. 18) – Rau/BALM; *Jarass/Kment*, § 21 Rn. 10, 28; zum Vertrauensschutz u. Rn. 3443, 3453, 3574.
[558] EuG, Rs. T-113/96, ECLI:EU:T:1998:11 (Rn. 75) – Dubois et Fils; *Jarass/Kment*, § 21 Rn. 10.
[559] Zum Gedanken für das deutschen Recht *Scholz*, in: Dürig/Herzog/Scholz, GG, Art. 9 Rn. 69.

§ 2 Unternehmerische Freiheit

Während in die Organisations- und Willensbildungsautonomie der nach nationalem Recht bereits bestehenden Rechtsformen i. d. R. nicht bei der Durchführung des Unionsrechts eingegriffen wird, verhält sich dies bei der ersten europäischen Gesellschaft, der Societas Europaea (SE),[560] anders. Diese beruht auf der **europäischen SE-Verordnung**,[561] einem nationalen Begleitgesetz und dem nationalen Aktiengesetz. Im Hinblick auf die **Organisations- und Willensbildungsautonomie** gestattet Art. 38 lit. b) SE-VO etwa die Wahl zwischen dem aus dem deutschen Aktienrecht bekannten dualistischen System, bei dem der Vorstand als Führungs- und der Aufsichtsrat als Überwachungsorgan fungiert, und dem aus dem angloamerikanischen Recht stammenden monistischen System, bei dem ein Verwaltungsorgan an der Spitze des Unternehmens sämtliche Aufgaben allein wahrnimmt.[562] Im Übrigen besteht Satzungsautonomie bei der SE nur dort, wo die SE-VO diese ausdrücklich zulässt.[563] Da das monistische System dem deutschen Recht bislang fremd ist, hat der deutsche Gesetzgebende eine SE-spezifische Ausgestaltung in den §§ 20-29 des nationalen Ausführungsgesetzes (SEAG) erlassen.[564]

3145

Insbesondere die organisationsrechtlichen Vorgaben der **Art. 39 ff. SE-VO** und ihre Umsetzung ins nationale Recht regeln die Organisations- und Willensbildungsautonomie nach Art. 16 EGRC, gestalten diese aber näher aus und **stellen Optionen bereit**, sind also auch vor dem Hintergrund der unternehmerischen Freiheit nicht als Verstoß gegen die Organisations- und Willensbildungsautonomie zu werten. Soweit sie **Handlungsmöglichkeiten beschränken**, werden sie im Allgemeinen zur Einfügung der SE in die allgemeine Rechtsordnung, zur Gewährleistung der Sicherheit des Rechtsverkehrs und zum Schutze der Belange Dritter und der Allgemeinheit **gerechtfertigt** sein.

3146

4. Vertragsrecht

Im Bereich des Vertragsrechts wirkt eine **Vielzahl von europäischen Richtlinien** auf das nationale Recht und gleichsam auf die Vertragsfreiheit ein. Allesamt zeigen sie der **Willkür Privater Grenzen** auf.[565]

3147

---

[560] Näher *Frenz*, Europarecht 1, Rn. 2850 ff.
[561] VO (EG) Nr. 2157/2001 des Rates vom 8.10.2001 über das Statut der Europäischen Gesellschaft (SE), ABl. 2001 L 294, S. 1, zuletzt geändert durch VO (EU) 517/2013, ABl. 2013 L 158, S. 1.
[562] *Teichmann*, in: Lutter/Hommelhoff/Teichmann, SE-Kommentar, Art. 38 SE-VO Rn. 14 ff.; *Frenz*, Europarecht 1, Rn. 2871 ff.
[563] *Teichmann*, in: Lutter/Hommelhoff/Teichmann, SE-Kommentar, Art. 38 SE-VO Rn. 44.
[564] *Teichmann*, in: Lutter/Hommelhoff/Teichmann, SE-Kommentar, Art. 38 SE-VO Rn. 45.
[565] Vgl. auch *Wernsmann*, JZ 2005, 224 (224).

3148 Zu diesem so genannten europäischen Vertragsrecht gehören namentlich die RL 2008/48/EG[566] zu Verbraucherkrediten, die Verbraucherrechte-RL[567] sowie die RL (EU) 2019/771[568] zum Warenverkauf. Darüber hinaus sind Richtlinien für bestimmte Absatzformen wie Haustür- und Fernabsatzgeschäfte erlassen worden. Sie sind in ihrem Anwendungsbereich jeweils zwingendes Vertragsrecht. Eine Richtlinie zu allgemeinen Geschäftsbedingungen wirkt sich darüber hinaus auch auf die Inhaltskontrolle von Verträgen aus.[569]

3149 Insbesondere die Vorschriften über den **Verbrauchsgüterkauf** in §§ 474-479 BGB, die auf der RL (EU) 2019/771[570] beruhen, schränken die Vertragsfreiheit insoweit ein, als Vereinbarungen zwischen einer verbrauchenden Person und einer unternehmenden Person im Hinblick auf eine für die verbrauchende Person nachteilige Abweichung von ihren gesetzlichen Rechten auf Mängelgewährleistung unwirksam sind.[571] Ähnliches gilt auch bei **Verbraucherkreditverträgen** nach den §§ 491-505e BGB.[572]

3150 Darüber hinaus haben **drei europäische Richtlinien zur Anwendung des Gleichbehandlungsgrundsatzes** ohne Unterschied der Rasse oder ethnischen Herkunft,[573] zur Verwirklichung der Gleichbehandlung in Beschäftigung und Beruf[574] sowie von Männern und Frauen beim Zugang zu und bei der Versorgung mit Gütern und Dienstleistungen[575] wesentlichen Einfluss auf die Vertragsfreiheit genommen. Für unternehmende Personen hat dies neben der Wirkung der **Gender-Richtlinien** auf die Arbeitswelt auch **Auswirkungen im Zivilrechtsverkehr**. Danach kann etwa der Anspruch der geschädigten Person auf Naturalrestitution wegen einer unzulässigen Benachteiligung im Zivilrechtsverkehr unter Umständen auch in einem Kon-

---

[566] Des Europäischen Parlaments und des Rates vom 23.4.2008 über Verbraucherkreditverträge und zur Aufhebung der RL 87/102/EWG des Rates, ABl. 2008 L 133, S. 66.

[567] Des Europäischen Parlaments und des Rates vom 25.10.2011 über die Rechte der Verbraucher, ABl. 2011 L 304, S. 64: zweite wichtige europarechtliche Grundlage des Verbrauchsgüterkaufrechts, *Oetker/Maultzsch*, Vertragliche Schuldverhältnisse, § 2 Rn. 2.

[568] Des Europäischen Parlaments und des Rates vom 20.5.2019 über bestimmte vertragsrechtliche Aspekte des Warenkaufs, zur Änderung der VO (EU) 2017/2394 und der RL 2009/22/EG sowie zur Aufhebung der RL 1999/44/EG, ABl. 2019 L 136, S. 28.

[569] Ausführlich *Riesenhuber*, Europäisches Vertragsrecht, Rn. 4 ff.

[570] Des Europäischen Parlaments und des Rates vom 20.5.2019 über bestimmte vertragsrechtliche Aspekte des Warenkaufs, zur Änderung der VO (EU) 2017/2394 und der RL 2009/22/EG sowie zur Aufhebung der RL 1999/44/EG, ABl. 2019 L 136, S. 28.

[571] Vgl. eingehend *Oetker/Maultzsch*, Vertragliche Schuldverhältnisse, § 2 Rn. 2, 578, 608.

[572] Vgl. eingehend *Oetker/Maultzsch*, Vertragliche Schuldverhältnisse, § 3 Rn. 47 ff.

[573] RL 2000/43/EG des Rates vom 29.6.2000 zur Anwendung des Gleichbehandlungsgrundsatzes ohne Unterschied der Rasse oder ethnischen Herkunft (Antidiskriminierungs-RL), ABl. 2000 L 180, S. 22.

[574] RL 2000/78/EG des Rates vom 27.11.2000 zur Festlegung eines allgemeinen Rahmens für die Verwirklichung der Gleichbehandlung in Beschäftigung und Beruf, ABl. 2000 L 303, S. 16.

[575] RL 2004/113/EG des Rates vom 13.12.2004 zur Verwirklichung des Grundsatzes der Gleichbehandlung von Männern und Frauen beim Zugang zu und bei der Versorgung mit Gütern und Dienstleistungen, ABl. 2004 L 373, S. 37.

trahierungszwang bestehen. So wird es jedenfalls für § 21 Abs. 1 des Allgemeinen Gleichbehandlungsgesetzes (AGG) diskutiert, welches die europäischen Richtlinien in deutsches Recht umgesetzt hat.[576]

Als weitere Bestimmungen, die in die Vertragsfreiheit eingreifen, lassen sich aus der Rechtsprechung des EuGH Regelungen zur Begrenzung der Arbeitszeit selbstständiger Kraftfahrer[577] und Beschränkungen der freien Preisfestsetzung[578] anführen. 3151

5. Wettbewerbsrecht

Art. 16 EGRC steht als Ausdruck des Prinzips freien Wettbewerbs grundsätzlich Regelungen entgegen, die den freien **Wettbewerb einschränken**. Umgekehrt stellt es vorbehaltlich des Vertrauensschutzes keinen Eingriff in die unternehmerische Freiheit dar, wenn Beschränkungen des Wettbewerbs aufgehoben werden.[579] Allerdings sind in begrenztem Umfang **Schutzpflichten zugunsten schwächerer Unternehmen** zu wahren. 3152

Weiter können sich in der Marktwirtschaft Strukturen und Verhaltensweisen entwickeln, die den Wettbewerb als Marktinstitution gefährden. Der Bekämpfung solcher Gefährdungen dient das Wettbewerbsrecht.[580] Es rechtfertigt sich über die **Bewahrung der Wirtschaftsfreiheit vor** den Gefahren **endgültiger Machtpositionen**.[581] Aus diesen Gründen ist auch ein Zwangsgeld, mit dem ein Verstoß gegen Wettbewerbsrecht sanktioniert wird, gerechtfertigt.[582] 3153

6. Abgabenrecht

In die Unternehmerfreiheit wird nach der Rechtsprechung des EuGH auch durch die Auferlegung von Abgaben eingegriffen, die an die unternehmerische Tätigkeit und damit etwa an die Erzeugung[583] oder den Import[584] bestimmter Produkte wie 3154

---

[576] *Bauer/Krieger/Günther*, § 21 AGG Rn. 6.
[577] EuGH, Rs. C-184 u. 223/02, ECLI:EU:C:2004:497 (Rn. 53) – Spanien u. Finnland/Parlament u. Rat.
[578] EuGH, Rs. C-363/01, ECLI:EU:C:2003:548 (Rn. 59) – Flughafen Hannover.
[579] *Jarass/Kment*, § 21 Rn. 10.
[580] *Emmerich/Lange*, Kartellrecht, § 1 Rn. 3.
[581] *Emmerich/Lange*, Kartellrecht, § 1 Rn. 7.
[582] EuGH, Rs. C-317/00 P(R), ECLI:EU:C:2000:621 (Rn. 59) – Invest.
[583] EuGH, Rs. C-265/87, ECLI:EU:C:1989:303 (Rn. 18) – Schräder; Rs. C-143/88 u. 92/89, ECLI:EU:C:1991:65 (Rn. 76) – Süderdithmarschen.
[584] EuGH, Rs. C-359/89, ECLI:EU:C:1991:145 (Rn. 15 ff.) – SAFA.

Rohstoffe[585] oder die Zugehörigkeit zu einer bestimmten Unternehmergruppe[586] anknüpft,[587] ebenso durch eine abgabebedingte Beschränkung der freien Nutzung der dem Unternehmen zur Verfügung stehenden Mittel.[588]

7. Gemeinsame Marktordnung

3155 **Produktionsquoten** beeinträchtigen die unternehmerische Freiheit im Hinblick auf das Erzeugen von Wirtschaftsgütern,[589] **Ein- und Ausfuhrbeschränkungen** die Handelsfreiheit.[590] Wird ein Marktteilnehmender bei der Zuteilung eines Zollkontingentes nicht berücksichtigt, so greift dies ebenso in dessen Handelsfreiheit ein.[591]

3156 Verschaffen Maßnahmen der gemeinsamen Marktordnung einem Marktteilnehmer hingegen einen Vorteil, so ist zumindest dessen unternehmerische Freiheit durch eine Egalisierung dieses Vorteils nicht beeinträchtigt. So liegt der Fall, wenn eine Referenzquote einem Markteilnehmenden einen im internationalen Vergleich hohen und abgesicherten Preis für seine Produkte einräumt.[592] Die Kürzung der Referenzmenge oder gar ihre Abschaffung stellt daher unter dem Gesichtspunkt unternehmerischer Freiheit keine Beeinträchtigung dar, denn sie hindert den Unternehmenden grundsätzlich nicht an der Erzeugung.[593]

3157 Knüpft die Marktordnung an eine **Überproduktion** hingegen eine **Abgabe**, so stellt dies einen Eingriff in die unternehmerische Freiheit dar, da sich die Verteilung der Referenzmengen in diesem Fall **wie** eine **Produktionsbeschränkung** auswirkt.[594] Vergleichbar sind Abgaben einzustufen, die einen (hohen) Verbrauch an raren Rohstoffen belasten[595] oder eine als klimaschädlich eingestufte Produktionsweise.

---

[585] Dazu *Frenz*, BB 2023, 585 ff.
[586] Vgl. EuGH, Rs. C-248 u. 249/95, ECLI:EU:C:1997:377 (Rn. 6, 71 ff.) – SAM u. Stapf.
[587] Vgl. zum Eigentumsrecht u. Rn. 3278.
[588] EuGH, Rs. C-534/16, ECLI:EU:C:2017:820 (Rn. 38) – BB construct; *Jarass*, Art. 16 Rn. 16.
[589] *Jarass/Kment*, § 21 Rn. 14.
[590] Vgl. EuGH, Rs. C-295/03 P, ECLI:EU:C:2005:413 (Rn. 91) – Alessandrini Srl; Rs. C-183/95, ECLI:EU:C:1997:373 (Rn. 42 f.) – Affish; Rs. C-280/93, ECLI:EU:C:1994:367 (Rn. 82) – Bananen; Rs. C-359/89, ECLI:EU:C:1991:145 (Rn. 14, 22) – SAFA; *Jarass/Kment*, § 21 Rn. 14.
[591] EuGH, Rs. C-37 u. 38/02, ECLI:EU:C:2004:443 (Rn. 83) – Dilexport; *Jarass/Kment*, § 21 Rn. 14.
[592] EuGH, Rs. C-230/78, ECLI:EU:C:1979:216 (Rn. 20 ff.) – Eridania; *Jarass/Kment*, § 21 Rn. 14.
[593] *Jarass/Kment*, § 21 Rn. 14; zur eigentumsrechtlichen Beurteilung vgl. Rn. 3265 f., 3253 ff.; zum Vertrauensschutz vgl. Rn. 3443, 3453, 3574.
[594] A. A. wohl *Jarass/Kment*, § 21 Rn. 14.
[595] Dazu *Frenz*, BB 2023, 585 ff.

8. Sonstige Rechtsvorschriften

Weitere Einschränkungen der unternehmerischen Freiheit bestehen im Bereich von **Erzeugungs- und Produktionsvorschriften**. Das gilt etwa für die Untersagung der Verwendung bestimmter Zusatzstoffe in dem herzustellenden Produkt,[596] ferner auch für Beschränkungen bezüglich der Erzeugungsmethoden[597] sowie die Untersagung der Verwendung bestimmter Herstellungsverfahren.[598] Das betrifft die Pflicht zur **Verwendung** von **Sekundärrohstoffen**, verbunden mit dem Verbot, Primärrohstoffe einzusetzen, ebenso die Vorgabe **CO_2-einsparender Produktionsmethoden** etwa mit **Wasserstoff** anstelle mit konventionellen Energieträgern, so in der Stahlindustrie.

3158

Durch **Etikettierungsvorschriften**[599] wird in die Handelsfreiheit eingegriffen. Etikettierungen spielen eine Rolle im Hinblick auf die elektronische Einsortierkennzeichnung; sie war verbunden mit der Führung eines Bestandsregisters.[600] Auch eine sekundärrechtlich begründete Etikettierungspflicht wurde nach Art. 16 EGRC geprüft.[601] Das zeigte sich allerdings an einem EU-sekundärrechtlich geregelten Verbot von kommerzieller Werbung.[602] Auch die Art der Werbung kann reglementiert werden, so durch das Verbot bestimmter Angaben, die den Verbrauchenden hinsichtlich des Gehalts etwa von Mineralwässern irreführen können.[603]

3159

Oft ist die **Betriebsorganisation** durch äußere Umstände beeinträchtigt.[604] Einen tiefen Eingriff bildet, wenn eine Rahmenregelung für Massenentlassungen geschaffen wird, ohne dass Unternehmen ihre Interessen noch wirksam geltend machen und die Entwicklung der Arbeitsbedingungen der die Arbeitnehmerinnen und Arbeitnehmer bestimmenden Faktoren aushandeln können.[605] Auch restriktive Maßnahmen im Rahmen der **GASP** sind relevant[606] wie sich auch aktuell bei Vermögensbeschlagnahmen für Oligarchen aus Russland und ihre Verwandten zeigt.[607] Weiter beachtlich sind **steuerrechtliche Regelungen**, auch wenn sie Sicherheiten vor-

3160

---

[596] EuG, Rs. T-13/99, ECLI:EU:T:2002:209 (Rn. 456 ff., 459) – Pfizer; vgl. auch *Rengeling*, in: Schwarze (Hrsg.), Der Verfassungsentwurf des Europäischen Konvents, 2004, S. 331 (334).
[597] EuGH, Rs. C-370/88, ECLI:EU:C:1990:392 (Rn. 28) – Marshall.
[598] EuGH, Rs. C-306/93, ECLI:EU:C:1994:407 (Rn. 20 ff.) – Winzersekt.
[599] EuGH, Rs. C-234/85, ECLI:EU:C:1986:377 (Rn. 9) – Keller.
[600] EuGH, Rs. C-101/12, ECLI:EU:C:2013:661 (Rn. 26) – Schaible.
[601] EuGH, Rs. C-134/15, ECLI:EU:C:2016:498 (Rn. 26, 29) – Lidl; *Bernsdorff*, in: Meyer/Hölscheidt, Art. 16 Rn. 20.
[602] EuGH, Rs. C-477/14, ECLI:EU:C:2016:324 (Rn. 156) – Pillbox 38.
[603] EuGH, Rs. C-157/14, ECLI:EU:C:2015:823 (Rn. 67) – Neptune Distribution.
[604] EuGH, Rs. C-73/16, ECLI:EU:C:2017:725 (Rn. 114) – Puškár; *Jarass*, Art. 16 Rn. 16.
[605] EuGH, Rs. C-201/15, ECLI:EU:C:2016:972 (Rn. 68 f.) – AGET Iraklis; *Nowak*, in: Heselhaus/Nowak, § 35 Rn. 41 auch zu den folgenden Beispielen wie auch zu einigen vorhergehenden.
[606] EuGH, Rs. C-72/15, ECLI:EU:C:2017:236 (Rn. 143 ff.) – Rosneft.
[607] EuG, Rs. T-212/22, ECLI:EU:T:2023:104 – Prigoschina.

schreiben und damit beschränken, wie Unternehmen ihre zur Verfügung stehenden finanziellen Mittel frei nutzen.[608]

3161 Weiter kann die Betriebsorganisation durch die Pflicht zur jährlichen Aktualisierung der verlangten Preise und die Unterwerfung unter eine **regelmäßige Kontrolle** beeinträchtigt werden.[609] Zudem sind **Informationspflichten** relevant, so durch die Wahrnehmung des unionsrechtlichen Umweltinformationsanspruchs.[610] Das äußere Ansehen kann beeinträchtigt werden, wenn eine Person in eine Liste zur Verbrechensbekämpfung aufgenommen wird, die mit dem Unternehmen in Zusammenhang gebracht werden kann.[611] Die unternehmerischen Möglichkeiten werden beeinträchtigt, wenn eine bestimmte Methode festgelegt wurde, Fangmöglichkeiten zuzuteilen.[612] Mit dieser Palette wird nur die Vielfalt möglicher Eingriffe in die Unternehmensfreiheit deutlich gemacht. Die dargestellten Beispiele sind damit nicht abschließend.[613]

II. Rechtfertigung

1. Schranken der Berufsfreiheit

3162 Als verselbstständigte Teilgewährleistung der Berufsfreiheit finden deren Schranken auch auf die unternehmerische Freiheit Anwendung.[614] Entsprechend kann die unternehmerische Freiheit keine uneingeschränkte Geltung beanspruchen, da auch sie im Hinblick auf ihre gesellschaftliche Funktion zu sehen ist.[615]

3163 Die Rechtfertigung eines Eingriffs in die unternehmerische Freiheit erfolgt daher allgemein am Maßstab des Art. 52 Abs. 1 EGRC.[616] Sie hat auf der Grundlage eines Gesetzes zu erfolgen und muss sich auf Beschränkungen beziehen, die „tatsächlich dem **Gemeinwohl dienenden Zielen** entsprechen und **nicht** einen im Hinblick auf den verfolgten Zweck **unverhältnismäßigen**, nicht tragbaren **Eingriff**

---

[608] EuGH, Rs. C-534/16, ECLI:EU:C:2017:820 (Rn. 38) – BB construct.
[609] EuGH, Rs. C-277/16, ECLI:EU:C:2017:989 (Rn. 51) – Polkomtel.
[610] EuGH, Rs. C-442/14, ECLI:EU:C:2016:890 (Rn. 97 ff.) – Bayer CropScience u. a.
[611] EuGH, Rs. C-73/16, ECLI:EU:C:2017:725 (Rn. 114) – Puškár; *Jarass*, Art. 16 Rn. 16.
[612] EuGH, Rs. C-540/16, ECLI:EU:C:2018:565 (Rn. 33) – Spika u. a.
[613] Dies am Ende auch betonend *Nowak*, in: Heselhaus/Nowak, § 35 Rn. 41.
[614] *Nowak*, in: Heselhaus/Nowak, § 35 Rn. 43; *Blanke*, in: Stern/Sachs, Art. 16 Rn. 15.
[615] EuGH, Rs. C-210/03, ECLI:EU:C:2004:802 (Rn. 72) – Swedish Match; Rs. C-317/00 P(R), ECLI:EU:C:2000:621 (Rn. 58) – Invest; Rs. C-184 u. 223/02, ECLI:EU:C:2004:497 (Rn. 52) – Spanien u. Finnland/Parlament u. Rat; EuG, Rs. T-521/93, ECLI:EU:T:1996:184 (Rn. 62) – Atlanta AG; Rs. C-544/10, ECLI:EU:C:2012:526 (Rn. 54) – Deutsches Weintor; Rs. C-283/11, ECLI:EU:C:2013:28 (Rn. 45) – Sky; Rs. C-12/11, ECLI:EU:C:2013:43 (Rn. 60) – McDonagh; Rs. C-201/15, ECLI:EU:C:2016:972 (Rn. 85) – AGET Iraklis; Rs. C-277/16, ECLI:EU:C:2017:989 (Rn. 50) – Polkomtel.
[616] *Ruffert*, in: Calliess/Ruffert, Art. 16 GRCh Rn. 5; *Jarass/Kment*, § 21 Rn. 15; *Nowak*, in: Heselhaus/Nowak, § 35 Rn. 44.

darstellen, der die unternehmerische Freiheit in ihrem **Wesensgehalt** antastet".[617] Darüber hinaus müssen die Regelungen hinreichend bestimmt, zugänglich und vorhersehbar sein.[618]

Wie oben bereits erläutet wurde, enthält Art. 16 EGRC keine über den Gehalt des Art. 52 Abs. 1 EGRC hinausgehende Schranke.[619] Diese Vorschrift wird gerade für Art. 16 EGRC mit seinen üblichen Prüfungspunkten und Maßstäben angewendet. Damit profitiert auch der Schutz der unternehmerischen Freiheit von der in letzter Zeit **engeren Prüfung** namentlich der **Verhältnismäßigkeit**.[620] Art. 16 EGRC wird nicht etwa wegen der vielen Eingriffe[621] sowie seines Verweises auf Unionsrecht sowie einzelstaatliche Rechtsvorschriften und Gepflogenheiten schwächer kontrolliert.[622] Dieser Schrankenvorbehalt hat keine die Schrankensystematik begrenzende Wirkung.[623] Vielmehr **befürchtet** bzw. beklagt der **EuGH** sogar – wohl erstmals bei einem Grundrecht – eine **Beschränkung des Wesensgehalts**.[624]

3164

2. Wohl der Allgemeinheit

Als Belang des Gemeinwohls, der selbst erhebliche negative Konsequenzen für bestimmte Wirtschaftsteilnehmende rechtfertigen kann, hat der EuGH den **Schutz der Menschenrechte** anerkannt.[625] Ferner kommt der **Volksgesundheit** gegenüber

3165

---

[617] EuGH, Rs. C-184 u. 223/02, ECLI:EU:C:2004:497 (Rn. 52) – Spanien u. Finnland/Parlament u. Rat, st. Rspr.; ähnlich Rs. C-544/10, ECLI:EU:C:2012:526 (Rn. 54) – Deutsches Weintor; Rs. C-283/11, ECLI:EU:C:2013:28 (Rn. 48) – Sky.

[618] *Jarass/Kment*, § 21 Rn. 15.

[619] Vgl. Rn. 2995 ff.

[620] EuGH, Rs. C-283/11, ECLI:EU:C:2013:28 (Rn. 45 ff.) – Sky; Rs. C-201/15, ECLI:EU:C:2016:972 (Rn. 79 ff.) – AGET Iraklis; Rs. C-101/12, ECLI:EU:C:2013:661 (Rn. 27 ff.) – Schaible; Rs. C-540/16, ECLI:EU:C:2018:565 (Rn. 36 ff.) – Spika u. a.

[621] S. nur EuGH, Rs. C-348/12 P, ECLI:EU:C:2013:776 (Rn. 123) – Rat/Manufacturing Support & Procurement Kala Naft; Rs. C-477/14, ECLI:EU:C:2016:324 (Rn. 158) – Pillbox 38; Rs. C-134/15, ECLI:EU:C:2016:498 (Rn. 34) – Lidl; Rs. C-201/15, ECLI:EU:C:2016:972 (Rn. 86) – AGET Iraklis; Rs. C-534/16, ECLI:EU:C:2017:820 (Rn. 36) – BB construct; Rs. C-380/16, ECLI:EU:C:2018:76 (Rn. 64) – Kommission/Deutschland.

[622] *Gundel*, ZHR 2016, 323 (342 f.); *Nowak*, in: Heselhaus/Nowak, § 35 Rn. 45; *Wollenschläger*, EuZW 2015, 285 (286 f.).

[623] *Nowak*, in: Heselhaus/Nowak, § 35 Rn. 45 unter Verweis auf EuGH, Rs. C-134/15, ECLI:EU:C:2016:498 (Rn. 30 ff.) – Lidl; Rs. C-442/14, ECLI:EU:C:2016:890 (Rn. 98 ff.) – Bayer CropScience u. a.; Rs. C-534/16, ECLI:EU:C:2017:820 (Rn. 34 ff.) – BB construct.

[624] *Nowak*, in: Heselhaus/Nowak, § 35 Rn. 45 unter Nennung von EuGH, Rs. C-426/11, ECLI:EU:C:2013:521 (Rn. 34 f.) – Alemo-Herron u. a. mAnm *Weatherill*, ERCL 2014, 167 (167 ff.); Rs. C-201/15, ECLI:EU:C:2016:972 (Rn. 87) – AGET Iraklis.

[625] EuGH, Rs. C-317/00 P(R), ECLI:EU:C:2000:621 (Rn. 60) – Invest mit Hinweis auf EuGH, Rs. C-84/95, ECLI:EU:C:1996:312 (Rn. 22 f., 26) – Bosphorus.

den Interessen der Wirtschaftsteilnehmenden Vorrang zu.[626] Auch der **Umweltschutz**[627] und die Sicherheit des Straßenverkehrs gehören zu den Belangen des Gemeinwohls,[628] welche die unternehmerische Freiheit einschränken können.

3166 Eine von Unternehmen zu leistende Tilgungsabgabe kann den Zielen des Gemeinwohls dienen, indem sie verhindert, dass Verluste eines Wirtschaftssektors von der Union zu tragen sind.[629] Darüber hinaus werden der **Schutz** des Binnenmarktes vor **Unternehmen aus Drittstaaten**[630] oder **Schwankungen des Weltmarktes**[631] regelmäßig dem Gemeinwohl dienen.

3167 Angesichts dieser Eingriffskasuistik werden auch der Schutz des **Rechtsverkehrs**, der **Verbraucherschutz** sowie die Herstellung des Binnenmarktes und der **Schutz des Wettbewerbs** als Belange des Gemeinwohls zur Einschränkung der unternehmerischen Freiheit anzuerkennen sein.[632]

3. Das Verhältnismäßigkeitsprinzip in der Rechtsprechung des EuGH zur unternehmerischen Freiheit

a) Weiter Beurteilungsspielraum

3168 Das Verhältnismäßigkeitsprinzip verpflichtet Union und Mitgliedstaaten bei der Durchführung des Unionsrechts auch im Rahmen von Art. 16 EGRC dazu, nur solche Eingriffe vorzunehmen, die zur Erreichung eines anerkannten Gemeinwohlziels geeignet, erforderlich und angemessen sind.[633] Die Kontrolldichte leidet indes gerade auch bei der unternehmerischen Freiheit unter dem **weiten Beurteilungsspielraum**, den der EuGH den Grundrechtsadressaten einräumt.[634] Indes hat der EuGH jedenfalls im Rahmen der unternehmerischen Freiheit wie auch Berufsfreiheit die **Verhältnismäßigkeitskontrolle** verschärft.[635] Letzteres ist auf die aus diesem Grundrecht abgeleitete unternehmerische Freiheit zu übertragen.

---

[626] EuGH, Rs. C-183/95, ECLI:EU:C:1997:373 (Rn. 43) – Affish; verb. Rs. C-570 u. 571/07, ECLI: EU:C:2010:300 (Rn. 90) – Blanco Pérez und Chao Gómez; Rs. C-221/10 P, ECLI:EU:C:2012:216 (Rn. 99).

[627] EuGH, Rs. C-240/83, ECLI:EU:C:1985:59 (Rn. 11, 13) – ADBHU; EuG, Rs. T-483/11, ECLI: EU:T:2013:407 (Rn. 85) – Sepro Europe; verb. Rs. T-429 u. 451/13, ECLI:EU:T:2018:280 (Rn. 587) – Bayer CropScience u. a.

[628] EuGH, Rs. C-184 u. 223/02, ECLI:EU:C:2004:497 (Rn. 53) – Spanien u. Finnland/Parlament u. Rat.

[629] EuGH, Rs. C-143/88 u. 92/89, ECLI:EU:C:1991:65 (Rn. 76) – Süderdithmarschen.

[630] Vgl. EuGH, Rs. C-280/93, ECLI:EU:C:1994:367 (Rn. 82) – Bananen.

[631] EuGH, Rs. C-359/89, ECLI:EU:C:1991:145 (Rn. 22) – SAFA.

[632] Vgl. o. Rn. 3017 ff. zur Berufsfreiheit.

[633] *Jarass/Kment*, § 21 Rn. 17.

[634] Vgl. EuGH, Rs. C-280/93, ECLI:EU:C:1994:367 (Rn. 94 f.) – Bananen; Rs. C-184 u. 223/02, ECLI:EU:C:2004:497 (Rn. 56) – Spanien u. Finnland/Parlament u. Rat; *Jarass/Kment*, § 21 Rn. 26 f.; allgemein o. Rn. 724 ff. sowie Rn. 3026 ff.

[635] S.o. Rn. 3030.

Auf Unternehmensseite hat der EuGH den **Beurteilungsspielraum erheblich beschränkt**, als es um eine **Einschränkung der Gleichbehandlung i. V. m. Religionsfreiheit durch** ein **betriebliches Kopftuchverbot** ging: Zwar anerkannte er eine Kundenpolitik der politischen und weltanschaulichen oder religiösen **Neutralität** als **zulässigen Ausdruck** der nach **Art. 16 EGRC** anerkannten unternehmerischen Freiheit,[636] hat jedoch ein **tatsächliches Bedürfnis** dafür nachzuweisen, wenn es um die Einschränkung von Grundrechten der Beschäftigen geht.[637] Es musste sich um den Wunsch aus der Kundschaft handeln und nicht ohne Nachteile für das Unternehmen vonstatten gehen.[638] Weiter verlangte der EuGH eine **kohärente und systematische Verwirklichung** dieses Ziels in Unternehmen.[639]

3169

Damit wurde der unternehmerische Gestaltungsspielraum erheblich beschränkt. Hintergrund war aber das Gleichbehandlungsgebot, das wesentlich durch die Religionsfreiheit geprägt wurde. Daher war die Beschränkung auf das bedingt Erforderliche verlangt.[640] Letztlich **schränkt** damit die erforderliche Gleichbehandlung der Arbeitnehmerschaft vor dem Hintergrund der **Religionsfreiheit** die **unternehmerischen Gestaltungsmöglichkeiten erheblich ein** und verlangt eine **strenge Verhältnismäßigkeitsprüfung**. Dies ist fallspezifisch und keine allgemeine Leitlinie für Art. 16 EGRC, der sich in diesem Fall gerade entfalten wollte und somit andere Grundrechtssätze beschränkt.

3170

b) Eignung und Erforderlichkeit

Eine Maßnahme ist geeignet, wenn sie das verfolgte Ziel fördern kann – so etwa eine Produktionsbeschränkung, wenn dadurch im Interesse des Klimaschutzes CO_2-Emissionen reduziert werden. Das gilt selbst dann, wenn sich andere Staaten nicht durch die EU-Anstrengungen mitziehen lassen.[641] Es genügt die Verminderung der CO_2-Emissionen in der EU.

3171

Maßnahmen des Unionsrechts dürfen insbesondere nicht die Grenzen dessen überschreiten, was erforderlich ist, um die Erreichung der mit der fraglichen Regelung verfolgten Ziele zu gewährleisten. Unter mehreren geeigneten Maßnahmen ist diejenige zu wählen, welche die am **wenigsten belastende Wirkung** entfaltet.[642] Dabei scheint die Rechtsprechung des EuGH jedoch die Tendenz aufzuweisen, der betroffenen Person die **Darlegungslast** aufzubürden, inwieweit mildere Sanktionen

3172

---

[636] EuGH, Rs. C-188/15, ECLI:EU:C:2017:204 (Rn. 33) – Bougnaoui und ADDH.
[637] EuGH, Rs. C-804/18 u. 341/19, ECLI:EU:C:2021:594 (Rn. 64) – Kopftuchverbot.
[638] EuGH, Rs. C-804/18 u. 341/19, ECLI:EU:C:2021:594 (Rn. 65, 67) – Kopftuchverbot; näher Anm. *Frenz*, DVBl 2022, 231 ff.
[639] EuGH, Rs. C-804/18 u. 341/19, ECLI:EU:C:2021:594 (Rn. 68) – Kopftuchverbot.
[640] EuGH, Rs. C-804/18 u. 341/19, ECLI:EU:C:2021:594 (Rn. 69 ff.) – Kopftuchverbot.
[641] Vgl. BVerfGE 157, 30 (Rn. 203) – Klimabeschluss.
[642] EuGH, Rs. C-184 u. 223/02, ECLI:EU:C:2004:497 (Rn. 57) – Spanien u. Finnland/Parlament u. Rat; Rs. C-283/11, ECLI:EU:C:2013:28 (Rn. 50) – Sky; Rs. C-134/15, ECLI:EU:C:2016:498 (Rn. 33) – Lidl; *Jarass/Kment*, § 21 Rn. 19.

praktikabel sind und mit dem Regelungszweck der Sanktion vereinbar sein könnten.⁶⁴³ In der Entscheidung *Zuckerfabrik Süderdithmarschen* hat der EuGH hingegen den Hinweis der Kommission aufgenommen, die Erhebung einer Abgabe belaste die betroffenen Unternehmen geringer als die Verringerung einer Produktionsquote, da Letztere auf lange Sicht auch zu einer Verringerung des Anteils am Weltmarkt führe.⁶⁴⁴

3173 In der Sache *Neu* hielt der EuGH die Kürzung einer Referenzmenge wegen des Wechsels des Vertragspartners mit dem Ziel der gemeinsamen Marktorganisation für unvereinbar. Die Kürzung der Referenzmenge aus Gründen des Wechsels des Vertragspartners ist nicht durch die **Notwendigkeit der Beschränkung der Produktion** in der gemeinsamen Marktorganisation gerechtfertigt, da der Käuferwechsel nicht dazu führt, dass zusätzliche Mengen dieser Erzeugnisse auf den Markt gebracht werden.⁶⁴⁵ Das klingt fast so, als sei die Kürzung der Referenzmenge zur Erreichung des Ziels, die Gesamtmenge der Produktion zu begrenzen, schon nicht geeignet.⁶⁴⁶ Da gleichwohl jede Kürzung der Referenzmenge nicht lediglich verhindert, dass keine zusätzliche Mengen auf den Markt gebracht werden, sondern die zulässige Menge reduziert, wird es eher an der Erforderlichkeit der Maßnahme gefehlt haben.

3174 In der *Bananenmarkt*-Entscheidung hat der EuGH die Beschränkung des Volumens der Einfuhr von Drittlandsbananen für erforderlich gehalten, damit Gemeinschafts- und AKP-Bananen, die unter Ausschluss der Konkurrenz von Drittbananen Absatzsicherheit hatten, nicht vom Gemeinsamen bzw. nunmehr vom Binnenmarkt verdrängt würden.⁶⁴⁷

c) Angemessenheit

3175 Eine Maßnahme muss schließlich angemessen sein. Die dabei zu wahrende Relation zwischen dem verfolgten Gemeinwohlziel und der fraglichen Beeinträchtigung untersucht der EuGH auch in Bezug auf die unternehmerische Freiheit fallbezogen. So rechtfertigt nach dem sich auch auf die wirtschaftliche Betätigungsfreiheit beziehenden Urteil *Invest* die Bedeutung der verfolgten Ziele „selbst erhebliche negative Konsequenzen für bestimmte Wirtschaftsteilnehmer",⁶⁴⁸ wie der EuGH schon im Urteil *Bosphorus* ansetzte und näher ausführte, sogar unter ausdrücklicher Benennung der Unangemessenheit.⁶⁴⁹

---

⁶⁴³ EuGH, Rs. C-317/00 P(R), ECLI:EU:C:2000:621 (Rn. 61) – Invest; *Jarass/Kment*, § 21 Rn. 19.
⁶⁴⁴ EuGH, Rs. C-143/88 u. 92/89, ECLI:EU:C:1991:65 (Rn. 76) – Süderdithmarschen.
⁶⁴⁵ EuGH, Rs. C-90 u. 91/90, ECLI:EU:C:1991:303 (Rn. 14) – Neu.
⁶⁴⁶ So bereits *Jarass*, EU-Grundrechte, § 21 Rn. 19.
⁶⁴⁷ EuGH, Rs. C-280/93, ECLI:EU:C:1994:367 (Rn. 82) – Bananen.
⁶⁴⁸ EuGH, Rs. C-317/00 P(R), ECLI:EU:C:2000:621 (Rn. 57, 60) – Invest, aber nur unter Prüfung einer offenkundigen Unverhältnismäßigkeit.
⁶⁴⁹ EuGH, Rs. C-84/95, ECLI:EU:C:1996:312 (Rn. 23, 26) – Bosphorus.

Solche **erheblichen** negativen **Konsequenzen** für bestimmte Wirtschaftsteilnehmende können sich vor allem im Bereich des **Klimaschutzes** ergeben, so bei **Produktionsbeschränkungen**. Dabei ist zu berücksichtigen, dass der Druck zur Abwendung der negativen Folgen des Klimawandels immer stärker wird und daher immer stärkere Freiheitsbeschränkungen zu rechtfertigen vermag. Das **relative Gewicht des Klimaschutzes in der Abwägung nimmt** damit bei fortschreitendem Klimawandel immer weiter zu.[650] **Selbst gravierende Freiheitsbeeinträchtigungen** werden damit **angemessen**. Allerdings müssen die ergriffenen Maßnahmen auch entsprechend große Erfolge erwarten lassen, zumal wenn den Unternehmen hohe Kosten erwachsen. Dabei spielt auch eine Rolle, inwieweit andere Staaten dem Vorbild der EU folgen und so ein **Multiplikatoreffekt** auftritt. Fehlt er, ergreift die EU immer noch für sich **Klimaschutzmaßnahmen entsprechend dem 13. UN-Nachhaltigkeitsziel**. 3176

Als **Abwägungsaspekte** in der Verhältnismäßigkeitsprüfung bei Eingriffen in die unternehmerische Freiheit hat der EuGH bei **Abgabepflichten** die Höhe der Abgabe[651] und Möglichkeit zur Abwälzung der Belastung[652] angesehen. Im Klimaschutz kann auch relevant sein, welche Übergangsfristen und vor allem inwieweit **Subventionen** gewährt werden. 3177

F. Wesensgehaltsgarantie

Allgemein hat der EuGH vorgegeben, dass ein Eingriff in die unternehmerische Freiheit nicht deren Wesensgehalt verletzen darf.[653] Analog zur Rechtsprechung des EuGH im Bereich der Berufsfreiheit und des Eigentumsrechts ist die Wesensgehaltsgarantie verletzt, wenn der betroffenen Person durch die Maßnahme seine **unternehmerische Tätigkeit in Gänze versagt** wird und er sich **auch anderweitig nicht** mehr unter zumutbaren Bedingungen **unternehmerisch betätigen** kann. 3178

Eine Verletzung der Wesensgehaltsgarantie der freien Berufswahl hat der EuGH in der Sache *Qualitätswein b.A.* mit dem Argument verneint, dass die Beschränkung der Verarbeitung von Wein besonderer Anbaugebiete auf deren unmittelbare Nähe nicht schon die Existenz solcher Unternehmen gefährde, welche die Verarbeitung 3179

---

[650] Bezogen auf das Klimaschutzgebot nach Art. 20a GG BVerfGE 157, 30 (Rn. 198 a. E.) – Klimabeschluss.
[651] EuGH, Rs. C-248 u. 249/95, ECLI:EU:C:1997:377 (Rn. 74) – SAM u. Stapf.
[652] EuGH, Rs. C-143/88 u. 92/89, ECLI:EU:C:1991:65 (Rn. 76) – Süderdithmarschen.
[653] EuGH, Rs. C-184 u. 223/02, ECLI:EU:C:2004:497 (Rn. 52) – Spanien u. Finnland/Parlament u. Rat; zur regelmäßigen Verneinung einer Verletzung der Wesensgehaltsgarantie im Kontext des Art. 16 EGRC etwa EuGH, Rs. C-544/10, ECLI:EU:C:2012:526 (Rn. 58) – Deutsches Weintor; Rs. C-314/12, ECLI:EU:C:2014:192 (Rn. 51) – UPC Telekabel Wien; eine Verletzung der Wesensgehaltsgarantie im Kontext des Art. 16 EGRC für möglich haltend EuGH, Rs. C-426/11, ECLI:EU:C:2013:521 (Rn. 34 f.) – Alemo-Herron u. a.; Rs. C-201/15, ECLI:EU:C:2016:972 (Rn. 87) – AGET Iraklis. S. bereits o. Rn. 3162.

ihres Qualitätsweins b.A. bislang außerhalb des Anbaugebietes vorgenommen hatten.[654] Die Kommission hatte darüber hinaus angeführt, dass die Verarbeitung von Qualitätsweinen b.A. nur einen Teil der Herstellungsvorgänge bildet.[655] Wenn die unternehmerische Freiheit – wie hier – als verselbstständige Teilgewährleistung der Berufsfreiheit verstanden wird, so lässt sich aus der **Existenzgefährdung für die unternehmerische Tätigkeit als solche** ein Indiz für den Wesensgehalt der unternehmerischen Freiheit ableiten. Das bestätigt eine Analogie zum Wesensgehalt des Eigentumsrechts.[656]

G. Schutzpflichten

I. Klimaschutz

3180 Zwar ist Art. 16 EGRC vorrangig ein Abwehrrecht, doch kann die unternehmerische Freiheit eine Schutzdimension entfalten, wenn die Möglichkeit freier unternehmerischer Tätigkeit in unverfälschtem Wettbewerb gefährdet wird. Sind die **Grundbedingungen unternehmerischen Handelns** wie möglicher **Aufenthalt im Freien** trotz klimabedingten Temperaturanstiegs, der daher zu begrenzen ist, in Gefahr, ist schützendes staatliches Handeln gefordert. Branchenspezifisch können daher Schutzmaßnahmen für eine ausreichende **Wasserversorgung der Industrie** erforderlich sein. Dabei besteht aber ein breiter Gestaltungsspielraum der handelnden Organe. In diesem Rahmen bestehen **Klimaschutzpflichten** zugunsten von Unternehmen. Klimaschutz kann also auch Unternehmen zugute kommen und sie nicht nur beeinträchtigen.

II. Wettbewerb

3181 Im Bereich der unternehmensbezogenen Schutzpflichten entfaltet insbesondere das **Wettbewerbsrecht** seine Bedeutung. Eine konkrete, zum Handeln zwingende Schutzpflicht wird jedoch auf **Monopolgefahren** und **unlautere Wettbewerbspraktiken** beschränkt sein. Dies ist etwa bei Preisabsprachen, Preisdumping oder Output-Reduzierungen der Fall.[657]

3182 Das bloße Bestehen erheblicher Marktmacht begründet hingegen noch keine Schutzpflicht zugunsten der Konkurrenten des marktbeherrschenden Unternehmens. Vom Grundsätzlichen her zeigt sich hier der Charakter der Schutzpflichten als

---

[654] EuGH, Rs. C-116/82, ECLI:EU:C:1986:322 (Rn. 27) – Qualitätswein b.A.

[655] Vgl. EuGH, Rs. C-116/82, ECLI:EU:C:1986:322 (Rn. 26) – Qualitätswein b.A.

[656] Dazu u. Rn. 3430 ff.

[657] *Frenz*, Europarecht 2, Rn. 1046 ff., 1052 ff.

allgemeine Vorgaben, **die nur bei Unterschreitung eines unabdingbaren Mindeststandards** konkrete Maßnahmen erfordern.

Sachgebietsspezifisch lässt sich diese Beschränkung aus dem Urteil in der Sache *IMS Health* ableiten. Dort hat der EuGH ausgeführt, dass „bei der Abwägung zwischen dem Interesse am Schutz des Rechts des geistigen Eigentums und der wirtschaftlichen Handlungsfreiheit seines Inhabers auf der einen Seite und dem Interesse am Schutz des freien Wettbewerbs auf der anderen Seite das zuletzt genannte Interesse nur dann überwiegen kann, wenn die Verweigerung der Lizenz die Entwicklung des Marktes zum Nachteil der Verbraucher verhindert".[658]

3183

Zwar bezieht sich diese Abwägung auf einen konkreten wettbewerbsrechtlichen Fall.[659] Indes zeigt dieser Satz die gebotene **Schutzintensität**, nämlich eine **Entwicklung des Marktes zum Wohl der Konsumierenden** sicherzustellen. Blockiert wird eine solche Entwicklung indes gerade bei Monopolgefahren und unlauteren Wettbewerbspraktiken, nicht indes bereits bei jeglicher wettbewerbsverzerrender Verhaltensweise. Da aber ein solches Vorgehen durch Art. 101 AEUV weitestgehend erfasst wird,[660] genügen die vorhandenen Wettbewerbstatbestände den gebotenen Schutzstandards.

3184

H. Prüfungsschema zu Art. 16 EGRC

1. Schutzbereich

a) „Jedermann"-Recht auch für Drittstaatsangehörige sowie öffentliche Unternehmen bei erwerbswirtschaftlicher Betätigung
b) keine unmittelbare Drittwirkung
c) verselbstständigte Ausprägung der Berufsfreiheit
d) unternehmerische Betätigung: jede selbstständige, dauerhaft betriebene anbietende Wirtschafts- oder Geschäftstätigkeit am Markt gegen Entgelt durch einen Unternehmensträger
e) Ausdrucksformen: Unternehmenskonstitution und Aufnahme einer unternehmerischen Betätigung, Organisations- und Planungsfreiheit, Vertrags-, Handels-, Wettbewerbs- und Werbefreiheit, Schutz von Betriebsgeheimnissen
f) nicht vom Schutzbereich erfasst sind bloße unternehmerische Interessen oder Aussichten, ferner weder Informationsansprüche noch ein besonderer Schutz des Mittelstandes
g) Unionsrecht und nationale Regeln nicht konstitutiv, nur konkretisierend

3185

---

[658] EuGH, Rs. C-418/01, ECLI:EU:C:2004:257 (Rn. 48) – IMS Health.
[659] Näher dazu *Frenz*, Europarecht 2, Rn. 2079 ff.
[660] Im Einzelnen *Frenz*, Europarecht 2, Rn. 704 ff.

2. Beeinträchtigung

a) Eingriff ist jede Regelung mit Nachteil für den Grundrechtsinhabenden, jedenfalls wenn bezweckt oder mit jener hinreichend verbunden (vgl. auch Prüfungsschema zur Berufsfreiheit)

b) z. B. regelt Gesellschaftsrecht die Organisations- und Willensbildungsautonomie von Unternehmen, Vertragsrecht die Vertragsfreiheit von Unternehmen, Wettbewerbsrecht regelt Marktstrukturen und Marktverhalten

c) Regelungswirkung haben ferner Abgaben, Marktordnungen, Erzeugungs- und Produktionsvorschriften

d) kein hinreichender Schutz vor Monopolgefahren und unlauterem Wettbewerb

3. Rechtfertigung

a) Rechtfertigung am Maßstab des Art. 52 Abs. 1 EGRC (wie Berufsfreiheit); Unionsrecht, nationales Recht und nationale Gepflogenheiten sind keine zusätzliche, darüber hinausgehende Schranke

b) gesetzliche Grundlage

c) Gemeinwohlziel (wie bei Berufsfreiheit)

d) Verhältnismäßigkeit

e) Wesensgehaltsgarantie

§ 3 Eigentumsfreiheit

A. *Verschiedene Grundlagen*

I. Anknüpfung der Beratungen an vorhandene Grundlagen

3186 Das **Eigentumsrecht** wird **in Art. 17 EGRC** selbst **nicht näher erläutert**. Gleichwohl konnten die Beratungen über das Eigentumsrecht im Grundrechtekonvent an bereits vorhandene europarechtliche Grundlagen und völkerrechtliche Menschenrechtstradition anknüpfen.

3187 Schon **Art. 17 der Allgemeinen Erklärung der Menschenrechte**[661] bestimmt: „Jeder Mensch hat allein oder in der Gemeinschaft mit anderen Recht auf Eigentum. Niemand darf willkürlich seines Eigentums beraubt werden." Das Eigentumsrecht zählt damit zu den **klassischen Menschenrechten**, wenngleich der Allgemeinen

---

[661] Am 10.12.1948 von der UN-Generalversammlung genehmigt und verkündet (Resolution 217 (A) III, im Internet z. B. abrufbar unter http://www.unric.org oder http://www.un.org (letzter Abruf: 30.9.2023)), heute als Völkergewohnheitsrecht anerkannt.

Erklärung der Menschenrechte vornehmlich nur eine politische Bedeutung zukam und sich ihr völkergewohnheitsrechtlicher Gehalt erst mit der Zeit entwickelte.[662]

Vor diesem Hintergrund überrascht es nicht, dass das **Eigentumsrecht** bereits **im ersten Vorschlag** des Präsidiums zur **Grundrechtecharta** enthalten war.[663] Seine Formulierung stand zu diesem Zeitpunkt noch in der Tradition des Eigentumsschutzes aus **Art. 1 des ZPs zur EMRK**. Im Rahmen der Beratungen wurde der Wortlaut jedoch zeitgemäßer gefasst. So wurde „das Recht auf Achtung des Eigentums" aus Art. 1 des ZPs zur EMRK zunächst in das Eigentum „wird gewährleistet" abgewandelt und schließlich in der geltenden Fassung an die Verwendungsmöglichkeiten des Eigentums angeknüpft.[664]

3188

Dennoch hat das Präsidium des Grundrechtekonvents in seinen Erläuterungen zur Charta der Grundrechte hervorgehoben, dass dem Eigentumsrecht der Charta trotz sprachlicher Unterschiede inhaltlich die **gleiche Bedeutung und Tragweite** zukommen soll **wie** dem in der **EMRK** garantierten Recht.[665] Darüber hinaus nehmen die Erläuterungen Bezug auf alle **einzelstaatlichen Verfassungen** und greifen auf die **Rechtsprechung des EuGH** zurück. Entsprechend formen alle drei vorgenannten Rechtserkenntnisquellen die Grundlage des Eigentumsschutzes und sind bei der Ausformung und Weiterentwicklung eines eigenständigen europäischen Eigentumsrechts der Grundrechtecharta zu berücksichtigen.

3189

II. EMRK

Die besondere Bedeutung der EMRK als Bezugspunkt für das europäische Eigentumsrecht erschließt sich bereits daraus, dass der Eigentumsschutz seine erste rechtliche Verankerung für den europäischen Raum in Art. 1 des ZPs zur EMRK von 1952 gefunden hatte. Die **Rechtsprechung des EGMR** zum Eigentumsschutz ist **umfangreich**.[666] Daher ist ihre Ausstrahlungswirkung auf die Herausbildung des Eigentumsschutzes nach der Grundrechtecharta nicht zu unterschätzen.

3190

Hinter dieser ausgeprägten Judikatur tritt der mangelnde Normunterbau[667] des Eigentumsschutzes nach Art. 1 des ZPs zur EMRK zurück.[668] **Art. 52 Abs. 3 EGRC**

3191

---

[662] *Malzahn*, Bedeutung und Reichweite des Eigentumsschutzes in der Europäischen Menschenrechtskonvention, 2007, S. 171 f.

[663] *Bernsdorff*, in: Meyer/Hölscheidt, Art. 17 Rn. 8; *Kühling*, in: Pechstein/Nowak/Häde, Art. 16 GRCh Rn. 2.

[664] Zum Entwicklungsgang des Artikels vgl. *Bernsdorff/Borowsky*, Die Charta der Grundrechte der Europäischen Union, 2002, S. 196 f., 304 ff.; *Bernsdorff*, in: Meyer/Hölscheidt, Art. 17 Rn. 8 ff.; *Vosgerau*, in: Stern/Sachs, Art. 17 Rn. 1 ff.

[665] Erläuterungen zur Charta der Grundrechte, ABl. 2007 C 303, S. 17 (23).

[666] *Meyer-Ladewig/v. Raumer*, in: Meyer-Ladewig/Nettesheim/v. Raumer, EMRK, ZP Art. 1 Schutz des Eigentums Rn. 1.

[667] Zu diesem Problem u. Rn. 3201 ff.

[668] S. dagegen *Calliess*, in: Ehlers, Europäische Grundrechte und Grundfreiheiten, § 20 Rn. 15.

gibt den Grundrechtsschutz nach der EMRK als Bedeutungsgehalt vor.[669] Auf diese Bestimmung nehmen die Erläuterungen explizit Bezug.[670] Daher fordert der Eigentumsschutz nach Art. 17 EGRC die **volle Einbeziehung** des Eigentumsschutzes nach **Art. 1 des ZPs zur EMRK**.[671]

III. EuGH unter Rückgriff auch auf nationale Traditionen

3192   Der EuGH bemühte das Eigentumsrecht frühzeitig schon im Rahmen des EGKS-Vertrages von 1952,[672] ohne dass er jedoch aus dem „Recht der Gemeinschaft, wie es im EGKS-Vertrag niedergelegt ist", einen eigentumsrechtlichen Schutz herleitete.[673] Als **europäischen Rechtsgrundsatz** hat der EuGH das Eigentumsrecht erstmalig in seiner Entscheidung *Nold* aus dem Jahr 1974 erwähnt.[674] Ausdrücklich anerkannt hat er die Gewährleistung des Eigentumsrechts in der Gemeinschaftsrechtsordnung dann in der Entscheidung *Hauer* aus dem Jahr 1979.[675]

3193   Das Eigentumsrecht ist **tief in der Rechtsgeschichte der europäischen Rechtsfamilie verwurzelt**[676] und hat in allen Mitgliedstaaten der EU Verfassungsrang.[677] Daher konnte sich der EuGH in der Entscheidung *Hauer* auf die Feststellung beschränken, dass das europäische Eigentumsrecht „gemäß den gemeinsamen Verfassungskonzeptionen der Mitgliedstaaten, die sich auch im ZP zur Europäischen Menschenrechtskonvention widerspiegeln",[678] gewährleistet wird. Darüber hinaus liegt dieses Recht als eine Keimzelle marktwirtschaftlichen Denkens auch dem Konzept der EU als Wirtschaftsgemeinschaft zugrunde.[679]

3194   Damit war zwar das Eigentumsrecht als europäischer Rechtsgrundsatz für den EuGH selbstverständlich, doch blieb die Entwicklung des Eigentumsrechts hinter den umfangreicheren Ausformungen anderer europäischer Grundrechte zurück.

---

[669] S.o. Rn. 45 ff.

[670] Erläuterungen zur Charta der Grundrechte, ABl. 2007 C 303, S. 17 (23).

[671] Zum Problem abw. Rspr. von EuGH und EGMR u. Rn. 3235, 3320 ff.

[672] EuGH, Rs. C-18/57, ECLI:EU:C:1959:6 (S. 107, 113) – I. Nold KG; der EuGH hatte die Klage jedoch bereits wegen unzureichender Begründung der Entscheidung der hohen Behörde für begründet erachtet, sodass er die Prüfung der restlichen Klagegründe für entbehrlich hielt (113 ff.).

[673] EuGH, Rs. C-36 u. a./59, ECLI:EU:C:1960:36 (920 f.) – Ruhrkohlenverkaufsgesellschaft.

[674] EuGH, Rs. C-4/73, ECLI:EU:C:1974:51 (Rn. 13 f.) – Nold.

[675] EuGH, Rs. C-44/79, ECLI:EU:C:1979:290 (Rn. 17) – Hauer.

[676] Zur historischen und philosophischen Entwicklung der Theorie des Eigentumsrechts vgl. *Heselhaus*, in: ders./Nowak, § 36 Rn. 1 ff.; *Cremer*, in: Dörr/Grote/Marauhn, Kap. 22 Rn. 1 ff.

[677] Schon EuGH, Rs. C-4/73, ECLI:EU:C:1974:51 (Rn. 14) – Nold; vgl. ferner die Auflistung mitgliedstaatlicher Verfassungen bei *Vosgerau*, in: Stern/Sachs, Art. 17 Rn. 20; *Bernsdorff*, in: Meyer/Hölscheidt, Art. 17 Rn. 2; *Rengeling/Szczekalla*, S. 629.

[678] EuGH, Rs. C-44/79, ECLI:EU:C:1979:290 (Rn. 17) – Hauer. Bei dem genannten Protokoll handelt es sich um Protokoll Nr. 12 zur EMRK, hier dessen Art. 1.

[679] *Calliess*, in: ders./Ruffert, Art. 17 GRCh Rn. 1 ff.; *ders.*, in: Ehlers, Europäische Grundrechte und Grundfreiheiten, § 20 Rn. 2.

§ 3 Eigentumsfreiheit

Wesentliche Inhalte des Eigentumsschutzes, wie sie auf mitgliedstaatlicher Ebene gewährleistet werden, sind für das Europarecht noch ungeklärt. Erst recht ist der **europäische Eigentumsschutz** weitaus **weniger diversifiziert** als das Eigentumsgrundrecht nach den mitgliedstaatlichen Verfassungen.[680] So hat keine auf das Eigentumsrecht gestützte Beschwerde vor dem EuGH zum Erfolg geführt.[681]

Gestaltete sich die Konkretisierung des europäischen Eigentumsschutzes mangels einer verbindlichen Rechtsgrundlage auf der Ebene der Verträge lange Zeit schwierig,[682] so hat die Grundrechtecharta der Entwicklung des europäischen Eigentumsrechts eine **neue Dynamik** verliehen.

3195

IV. Weitere Verankerungen im EU-Recht

Neben Art. 17 EGRC findet das Eigentum ferner in Art. 36 und 345 AEUV Erwähnung.

3196

1. Gewerbliches oder kommerzielles Eigentum als Grenze der Warenverkehrsfreiheit

Gem. Art. 36 AEUV steht die Warenverkehrsfreiheit Einfuhr-, Ausfuhr- und Durchfuhrverboten oder -beschränkungen nicht entgegen, die unter anderem zum Schutz des gewerblichen und kommerziellen Eigentums gerechtfertigt sind.[683] Auch wenn Art. 36 AEUV weder dem Wortlaut noch seinem Sinn und Zweck nach den Schutz subjektiv-rechtlicher Eigentumspositionen nahe legt, sondern die Warenverkehrsfreiheit beschränkt, zeugt die Erwähnung des gewerblichen und kommerziellen Eigentums jedenfalls von einem gewissen, dem AEUV vorausgehenden Begriffsverständnis und Anerkenntnis des Eigentums als Rechtsinstitut.[684] Im Rahmen des Art. 36 AEUV hatte der EuGH bereits umfassend Gelegenheit, zum Eigentumsbegriff Stellung zu nehmen.[685] Das **geistige Eigentum**, das der EuGH in enge Verbindung zum gewerblichen und kommerziellen Eigentum gesetzt hat,[686] sichert **Art. 17 Abs. 2 EGRC** eigens ab. Die Erläuterungen verweisen aber auf die sinngemäße Geltung der Garantien nach Art. 17 Abs. 1 EGRC.[687]

3197

---

[680] Mit Beispielen *Heselhaus*, in: ders./Nowak, § 36 Rn. 15.
[681] *Calliess*, in: ders./Ruffert, Art. 17 GRCh Rn. 34.
[682] *Jarass*, NVwZ 2006, 1089 (1089)
[683] Näher *Frenz*, Europarecht 1, Rn. 1075 ff.
[684] *Ipsen*, Europäisches Gemeinschaftsrecht, 1972, S. 729; *Thiel*, JuS 1991, 274 (275).
[685] Zu den Einzelheiten u. Rn. 3232 ff.
[686] S.u. Rn. 3268.
[687] Erläuterungen zur Charta der Grundrechte, ABl. 2007 C 303, S. 17 (23); s. näher u. Rn. 3267.

2. Eigentumsordnung der Mitgliedstaaten

3198 Gem. Art. 345 AEUV lässt der AEUV die Eigentumsordnung der Mitgliedstaaten unberührt. Während Art. 345 AEUV aus der Besorgnis heraus in den AEUV aufgenommen wurde, die mitgliedstaatlichen Eigentumsordnungen könnten durch europäisches Recht beeinflusst werden,[688] hatte die Rechtsprechung des EuGH im Gegenteil vornehmlich eigentumsrelevante Maßnahmen der Mitgliedstaaten zum Gegenstand.[689] Diese hat der EuGH trotz der Regelung des Art. 345 AEUV nicht von der Beachtung der Grundfreiheiten freigestellt.[690] Erst in jüngerer Zeit ist die **Diskussion um Art. 345 AEUV als Kompetenzausübungsschranke** der europäischen Organe wieder aufgekommen.[691] Gleichwohl hat der EuGH Änderungen der Eigentumsordnung durch die Mitgliedstaaten in Form von **Privatisierungen** bzw. **Verstaatlichungen** an den **Grundfreiheiten** und dem Diskriminierungsverbot gemessen.[692]

3199 Weder der Gerichtshof[693] noch die Literatur[694] haben Art. 345 AEUV ein Grundrecht auf Eigentum entnommen. Seine Relevanz für das europäische Eigentumsrecht findet Art. 345 AEUV allerdings beim **Begriff der Eigentumsordnung**.[695] So entnahm der EuGH Art. 345 AEUV ein **Gebot der Neutralität** gegenüber den mitgliedstaatlichen Eigentumsordnungen, sodass die Mitgliedstaaten Privatisierungen oder Verstaatlichungen durchführen können,[696] ohne aber von der Beachtung der anderen Vertragsbestimmungen, wie der Grundfreiheiten und den Diskriminierungsverboten befreit zu sein.[697]

---

[688] *Thiel*, JuS 1991, 274 (276); *Bär-Bouyssière*, in: v. der Groeben/Schwarze/Hatje, Art. 345 AEUV Rn. 1; *Kingreen*, in: Calliess/Ruffert, Art. 345 AEUV Rn. 2; *Jarass*, NVwZ 2006, 1089 (1090). Einzig Art. 86 EAG stellt spaltbare Stoffe in das Eigentum der Gemeinschaft und lässt die Eigentumsordnung der Mitgliedstaaten im Übrigen unberührt.
[689] Vgl. *Kingreen*, in: Calliess/Ruffert, Art. 345 AEUV Rn. 7.
[690] EuGH, Rs. C-182/83, ECLI:EU:C:1984:335 (Rn. 7) – Fearon; Rs. C-503/99, ECLI:EU:C:2002:328 (Rn. 44) – Goldene Aktien III (Kommission/Belgien).
[691] *Schmidt-Preuß*, EuR 2006, 463 (474); *Kingreen*, in: Calliess/Ruffert, Art. 345 AEUV Rn. 5; s.u. Rn. 3367 ff.
[692] EuGH, verb. Rs. C-105-107/12, ECLI:EU:C:2013:677 (Rn. 29 f.) – Essent NV u. a.
[693] EuGH, Rs. C-44/79, ECLI:EU:C:1979:290 (Rn. 17) – Hauer erwähnt Art. 295 EG/345 AEUV bei der Begründung des Eigentumsrechts nicht.
[694] *Bär-Bouyssière*, in: v. der Groeben/Schwarze/Hatje, Art. 345 Rn. 3; *Kingreen*, in: Calliess/Ruffert, Art. 345 AEUV Rn. 4; *Jarass*, NVwZ 2006, 1089 (1090).
[695] S.u. Rn. 3205 ff.
[696] EuGH, verb. Rs. C-105-107/12, ECLI:EU:C:2013:677 (Rn. 29 f.) – Essent NV u. a.
[697] EuGH, verb. Rs. C-105-107/12, ECLI:EU:C:2013:677 (Rn. 36) – Essent NV u. a.; *Heselhaus*, in: ders./Nowak, § 36 Rn. 28.

V. Das Eigentum zwischen europäischer und nationaler Rechtsordnung

1. Eigentum als offener Rechtsbegriff

Während sich der Schutzgehalt einiger Grundrechte wie etwa des Rechts auf Leben gem. Art. 2 EGRC bereits aus der Natur ihres zentralen Begriffs erschließt, erhält der Schutzbereich des **Eigentums** sein **Gepräge** erst durch eine **rechtliche Ausgestaltung**.[698] Dieses Erfordernis normativer Konstitution verleiht dem Eigentumsbegriff eine inhaltliche Dynamik und gestattet ihm eine **progressive Entwicklung**. Da das europäische Recht – jedenfalls bislang – keine Zivilrechtsordnung kennt,[699] fehlt es aber insoweit an einer solchen Konkretisierung des Eigentumsbegriffs auf europäischer Ebene. Allerdings gibt es mittlerweile andere Konkretisierungen des Eigentums, so das geistige Eigentum und dessen Schutz vor Nachahmungen.[700]

3200

2. Konkretisierung des Eigentumsbegriffs

Die Herausbildung eines europarechtlichen Eigentumsbegriffs sieht sich daher zwei Schwierigkeiten ausgesetzt. Zum einen nähme eine genuin europarechtliche Herangehensweise dem Eigentumsbegriff insoweit seine Tiefe, als er **kaum durch** einen **Normunterbau** geprägt werden könnte. Zum anderen macht ein Rückgriff auf die nationalen Eigentumsordnungen als Normunterbau des Eigentumsbegriffs die Herausbildung eines europäischen Eigentumsrechts besonders anfällig für Unterschiede in den Rechtsordnungen der Mitgliedstaaten. Dieser Umstand verkompliziert sich noch dadurch, dass selbst auf nationaler Ebene zwischen einem einfach-rechtlichen und einem verfassungsrechtlichen Eigentumsbegriff zu unterscheiden ist.[701]

3201

Vor diesem Hintergrund hatte der **EGMR** den Begriff des **Eigentums** nach Art. 1 des ZPs zur EMRK **autonom ausgelegt** und ihn nicht davon abhängig gemacht, ob nach dem Recht eines Vertragsstaates ebenfalls eine formelle Einordnung einer Position als Eigentum erfolgte.[702] Für den Schutz nach der EMRK lässt sich spekulieren, dass der EGMR auch aus rechtspolitischen Gründen eine autonome Auslegung zur Gewährleistung des effektiven Grundrechtsschutzes als erforderlich

3202

---

[698] *Calliess*, in: Ehlers, Europäische Grundrechte und Grundfreiheiten, § 20 Rn. 15; *Cremer*, in: Dörr/Grote/Marauhn, Kap. 22 Rn. 21.
[699] Zur Entwicklung eines europäischen Zivilgesetzbuches *Hirsch*, ZIP 2007, 937 ff.; *Wiesner*, DB 2005, 871 ff.; *Schwintowski*, JZ 2002, 205 ff.
[700] EuGH, Rs. C-476/17, ECLI:EU:C:2019:624 – Sampling; dazu *Frenz*, DVBl 2019, 1471 ff.
[701] Für das deutsche Recht BVerfGE 58, 300 (334 ff.).
[702] EGMR, Urt. vom 5.1.2000, Nr. 33202/96 (Rn. 100), NJW 2003, 654 (655 f.) – Beyeler/Italien; Urt. vom 23.11.2000, Nr. 25701/94 (Rn. 60), NJW 2002, 45 (47) – Früherer König von Griechenland u. a./Griechenland; Urt. vom 6.11.2012, Nr. 30086/05 (Rn. 98) – Dimov u. a./Bulgarien; vgl. auch *Cremer*, in: Dörr/Grote/Marauhn, Kap. 22 Rn. 21, 57.

ansah, um Umgehungen durch nationales Recht vorzubeugen. In der EU ist eine solche Rechtspraxis weniger zu befürchten.

3203 Für das europäische Eigentumsrecht lässt sich der oben benannte Konflikt dadurch lösen, dass die „**großen Bahnen**" des Rechtsbegriffs Eigentum **originär europarechtlich** und ausschließlich nach den hergebrachten Gemeinschaftsgrundsätzen gezogen werden.[703] Damit sind die Grundlinien fest gefügt und von nationalen Divergenzen unbehelligt.

3204 Hingegen können auf diesem Weg mangels konkreter Vorgaben insbesondere im Zivilrecht die näheren Konturen dessen, was Eigentum bildet, nicht bestimmt werden. Daher können die „**feinen inhaltlichen Linien**" **nur durch** die **nationalen Eigentumsordnungen** gezeichnet werden.[704] Auf diese Weise wird das Eigentumsgrundrecht durch die mitgliedstaatlichen Rechtsordnungen und das europäische Recht gemeinsam bestimmt.[705] Es handelt sich also um ein **Zusammenspiel**, wenngleich mit unterschiedlichen Rollen.

3. Nationale Eigentumsordnung und europäischer Eigentumsschutz

a) Bedeutung von Art. 345 AEUV

3205 Durch den rechtspraktisch notwendigen **Rückgriff auf die nationalen Rechtsordnungen als Normunterbau** des europäischen Eigentumsrechts ist jedoch noch nicht geklärt, inwieweit Art. 345 AEUV den Rückgriff auf nationale Eigentumsvorschriften auch gebietet und entsprechend eine europarechtliche Ausgestaltung auch der „feinen Linien" des Eigentumsschutzes verbietet. Die Beantwortung dieser Frage richtet sich nach dem **begrifflichen Umfang der Eigentumsordnung**.

3206 Wesentlich für das Verständnis dieses Begriffs ist die Festlegung seines Anknüpfungspunktes. Eigentumsordnung kann **einerseits** die **Rechtsvorschriften zur Ordnung des Eigentums** meinen, **andererseits** aber auch die **Zuordnung konkreter Eigentumspositionen zu** einer bestimmten **Rechtsperson** betreffen. Möglicherweise kann auch **beides** europarechtlich als Eigentumsordnung verstanden werden.[706] Da es bei der Konkretisierung des Eigentumsbegriffs lediglich auf die Eigentumsordnung als Rechtsvorschriften zur Ordnung des Eigentums ankommt,

---

[703] *Heselhaus*, in: ders./Nowak, § 36 Rn. 29 spricht von einem primärrechtlich vorausgesetzten Eigentumsbegriff.

[704] So zum Schutz immaterieller Güter EuGH, Rs. C-317/91, ECLI:EU:C:1993:908 (Rn. 20) – Deutsche Renault AG/Audi AG; zum Muster-/Modellrecht Rs. C-238/87, ECLI:EU:C:1988:477 (Rn. 7) – Volvo; zum Patentrecht Rs. C-35/87, ECLI:EU:C:1988:353 (Rn. 12 f.) – Thetford; *Jarass*, NVwZ 2006, 1089 (1090).

[705] *Calliess*, in: Ehlers, Europäische Grundrechte und Grundfreiheiten, § 20 Rn. 15.

[706] Die Frage, inwieweit die Eigentumsordnung in Art. 345 AEUV auch die konkrete Zuordnung von Eigentumspositionen zu bestimmten Rechtspersonen umfasst, soll an späterer Stelle beim Abschnitt zur Enteignung unter Rn. 3367 ff. behandelt werden.

§ 3 Eigentumsfreiheit

sollen sich die Ausführungen zu Art. 345 AEUV an dieser Stelle auf den Umfang solcher Rechtsvorschriften begrenzen.

b) Die Eigentumsordnung als Gesamtheit eigentumsrechtlicher Vorschriften

Begreift man die in Art. 345 AEUV genannte Eigentumsordnung der Mitgliedstaaten als Rechtsvorschriften zur Ordnung des Eigentums, so kann darunter wiederum die Gesamtheit eigentumsrechtlicher Vorschriften verstanden werden. Davon wären sowohl die Fragen der Zuordnung von Eigentum zum öffentlichen oder privaten Bereich als auch Ausübungs- und Nutzungsregelungen sowie die Rechte beim Entzug des Eigentums erfasst.[707] Diese weite Definition der Eigentumsordnung führt letztlich zu einer Gleichstellung der Begriffe „nationale Eigentumsordnung" und „nationales Eigentumsrecht". In dieser Folge wären etwa auch die Regelungen des BGB zum Eigentum von Art. 345 AEUV erfasst.[708]

3207

c) Die Eigentumsordnung als wirtschaftspolitische Systemfrage

Eine andere Betrachtungsweise, auf die auch der **EuGH** einzuschwenken scheint, beschränkt den Anwendungsbereich des Art. 345 AEUV hingegen auf eine wirtschaftspolitische Systemfrage, nämlich der **Frage nach dem Umfang öffentlicher Wirtschaftsbetätigung** und damit der Frage nach einer **verstaatlichten oder privatisierten nationalen Wirtschaftsstruktur**.[709]

3208

In seiner Entscheidung *British American Tobacco*[710] hat der EuGH geurteilt, dass Art. 345 AEUV „nicht jede Gemeinschaftsmaßnahme verbietet, die sich auf die Ausübung des Eigentumsrechts auswirkt" und sich damit gegen die erstgenannte Ansicht ausgesprochen.[711] Dass umgekehrt die Mitgliedstaaten bei der Ausgestaltung von Ausübungs- und Nutzungsregelungen nicht vollends frei sind, lässt sich

3209

---

[707]*Bär-Bouyssière*, in: v. der Groeben/Schwarze/Hatje, Art. 345 AEUV Rn. 6; *Riegel*, RIW 1979, 744 (745).
[708]Vgl. *Thiel*, JuS 1991, 274 (275).
[709]*Kingreen*, in: Calliess/Ruffert, Art. 345 AEUV Rn. 10 f.; *Everling*, in: FS für Raiser, 1974, S. 379 (383). Zwar handelt es sich auch bei Verstaatlichung und Privatisierung um eine Frage der Eigentumszuordnung, doch bezieht sich diese auf eine höhergelagerte abstraktere Ebene als bei der Zuordnung konkreter Eigentumspositionen. Nur bei diesem Verständnis kann *Kingreen* zu der Schlussfolgerung kommen, dass „Maßnahmen der Gemeinschaft ... sogar enteignenden Charakter haben können, ohne damit den grundsätzlichen Entscheidungsprimat der Mitgliedstaaten über die Eigentumszuordnung in Frage zu stellen".
[710]EuGH, Rs. C-491/01, ECLI:EU:C:2002:741 (Rn. 147) – British American Tobacco.
[711]Schon zu Art. 222 EGV (heute Art. 345 AEUV) hatte der EuGH entschieden, dass dieser Artikel „nicht jeglichen Einfluss des Gemeinschaftsrechts auf die Ausübung gewerblicher Schutzrechte des innerstaatlichen Rechts" ausschließt, EuGH, Rs. C-56 u. 58/64, ECLI:EU:C:1966:41 (394) – Consten Grundig; auch *Streinz*, in: ders., Art. 17 GR-Charta Rn. 4.

aus der Rechtsprechung des EuGH zu Art. 345 AEUV im Übrigen folgern. Danach bilden **jedenfalls** die **Grundfreiheiten** eine **Schranke** für die Ausübung des Eigentumsrechts.[712]

3210 Darüber hinaus zeigt sich auch an der gemeinsamen Agrar- und Umweltpolitik[713] und ebenso am Wettbewerbsrecht,[714] wie das **Europarecht Einfluss** auf die **Ausübungsmodalitäten des Eigentums** nimmt.

3211 Ein weiteres Argument lässt sich aus Art. 17 EGRC selbst ableiten: Wenn auf europäischer Ebene mit Art. 17 EGRC die Grundzüge der Enteignung geregelt werden, setzt dies auch eine solche Einflussnahme auf nationale Eigentumsrechte als möglich voraus.[715] Allerdings wird eine solche Kompetenz nicht schon durch Art. 17 EGRC selbst geschaffen, da gem. Art. 51 Abs. 2 EGRC keine neuen Zuständigkeiten und Aufgaben der Union begründet werden.

3212 Schließlich hätten auch in Art. 36 AEUV nationale Vorschriften zum Eigentumsschutz nicht gesondert genannt werden müssen, wenn bereits der Begriff der Eigentumsordnung nach Art. 345 AEUV sämtliche Eigentumsvorschriften erfasste.[716]

3213 **Art. 345 AEUV hindert** demnach **nicht** eine **europarechtlichen Ausgestaltung der „feinen Linien"** des Eigentumsschutzes nach Art. 17 EGRC. In Ermangelung solcher Vorschriften versagt er freilich **auch nicht** den **rechtspraktisch notwendigen Rückgriff** auf die nationalen Rechtsordnungen.[717] Rechtspolitisch wäre der Homogenität des europäischen Eigentumsschutzes aber mit einer europarechtlichen Vorgabe sehr geholfen.

VI. Folgerungen

3214 Die Einflüsse auf das europäische Eigentumsrecht nach Art. 17 EGRC sind mithin zahlreich. Über die Rechtsprechung des **EuGH** wirken die **gemeinsamen Verfassungsüberlieferungen der Mitgliedstaaten** in der durch den EuGH judizierten Weise auf das Eigentumsrecht ein. Darüber hinaus hat der EuGH auch stets die EMRK als Rechtserkenntnisquelle zur Herausbildung seiner Rechtsprechung zu den europäischen Grundrechten herangezogen. **Art. 52 Abs. 3 EGRC** gibt den Eigentumsschutz nach **Art. 1 des ZPs zur EMRK** nunmehr als Bedeutungsgehalt des europäischen Eigentumsrechts nach Art. 17 EGRC vor. Nicht zuletzt erhält Art. 17

---

[712] EuGH, Rs. C-182/83, ECLI:EU:C:1984:335 (Rn. 7) – Fearon; Rs. C-503/99, ECLI:EU:C:2002:328 (Rn. 44) – Goldene Aktien III (Kommission/Belgien); verb. Rs. C-105-107/12, ECLI:EU:C:2013:677 (Rn. 36) – Essent NV u. a.

[713] *Heselhaus*, in: ders./Nowak, § 36 Rn. 30; s. auch u. Rn. 3369 f.

[714] Bereits *Riegel*, RIW 1979, 744 (747).

[715] In diese Richtung auch *Kingreen*, in: Calliess/Ruffert, Art. 345 AEUV Rn. 11; dagegen *Schmidt-Preuß*, EuR 2006, 463 (475).

[716] *Thiel*, JuS 1991, 274 (275).

[717] *Heselhaus*, in: ders./Nowak, § 36 Rn. 34.

§ 3 Eigentumsfreiheit

EGRC ein besonderes Gepräge durch die **EU als Wirtschaftsunion** und hebt damit die Freiheitsfunktion des Eigentumsrechts im vermögensrechtlichen Bereich besonders hervor.

Die **Harmonisierung dieser Ansätze** zu einem einheitlichen und kohärenten europäischen Eigentumsrecht gestaltet sich zuweilen schwierig. Dennoch sieht sich die Entwicklung des europäischen Eigentumsrechts in der Rechtsprechung des EGMR und des EuGH keinen grundlegenden Widersprüchen ausgesetzt, sondern kann vielmehr als eine **gegenseitige und dynamische Erweiterung und Ergänzung** begriffen werden.

3215

Inwieweit der EuGH die Einflüsse und Grundsätze des EGMR zum Eigentumsrecht im Einzelnen aufnimmt, ist noch nicht abschließend im Detail geklärt. Ansatzpunkte werden im Folgenden aufgezeigt. Es ist ebenso denkbar, dass der EuGH einzelne Aspekte des Eigentumsrechts in die Berufsfreiheit oder die unternehmerische Freiheit integriert und dadurch ein gleiches Schutzniveau gewährleistet. Das kann insbesondere deshalb der Fall sein, weil die EMRK kein Grundrecht der Berufsfreiheit kennt und der EGMR sich deshalb beim Schutzbereich des Eigentumsrechts großzügiger gezeigt hat.

3216

Allerdings ist bei der Rechtsprechung des EuGH zum Eigentumsrecht nicht die Zurückhaltung des EGMR bei der Beurteilung politisch initiierter Eigentumsbeeinträchtigungen zu erwarten. Hier wirkt die Fortentwicklung der Union zur Werteunion als Korrektiv des souveränen staatlichen Beurteilungsspielraums[718] bei Eingriffen in das Eigentumsrecht. Es bleibt zu hoffen, dass der EuGH auch dem Unionsgesetzgeber in diesem Sinne engere Grenzen setzt.

3217

VII. Widerspiegelung im Wortlaut

Bei der Genese des Eigentumsrechts wurde im Ausgangspunkt eine **enge Anlehnung an die Formulierung des Art. 1 des ZPs zur EMRK** gewählt. Die EMRK sollte inhaltlich auch in den Schutzbereich des Art. 17 der Charta aufgenommen werden.[719] Gleichwohl geht der **Wortlaut des Art. 17 EGRC** letztlich **teilweise** über denjenigen des Art. 1 des ZPs zur EMRK **hinaus**, teilweise bleibt er aber auch dahinter zurück. Ersteres gilt exemplarisch für den positiven Schutzbereich wie auch für das in Art. 17 Abs. 2 EGRC explizit erwähnte Recht des geistigen Eigentums. Letzteres trifft hingegen für den persönlichen Schutzbereich zu, ohne dass sich aber daraus in der Sache Einschränkungen ergeben.[720]

3218

In der teilweisen Übernahme des Wortlautes des Art. 1 des ZPs zur EMRK perpetuiert sich der Wille zur Einbeziehung des Eigentumsschutzes nach der EMRK, und zwar auch, soweit dieser durch den EGMR inhaltlich angereichert

3219

---

[718] EGMR, Entsch. vom 9.5.2007, Nr. 29005/05, EuGRZ 2008, 24 (26 f.) – Brückl/Deutschland; bereits Urt. vom 7.7.1989, Nr. 10873/84 (Rn. 58, 62), Ser. A 159 – Tre Traktörer/Schweden.
[719] S.o. Rn. 3191.
[720] S.u. Rn. 3221 ff.

wurde. Der darüber hinausgehende Wortlaut des Art. 17 EGRC nimmt daneben die **Einflüsse der Rechtsprechung des EuGH** auf und führt damit alle Rechtsquellen zur Ausprägung eines europäischen Eigentumsschutzes nach Art. 17 EGRC zusammen.

3220 Für eine dogmatische Strukturierung des Eigentumsgrundrechts nach Art. 17 EGRC erweist sich die **kasuistische Herangehensweise** von EGMR und EuGH bei der Konkretisierung des Eigentumsschutzes als wenig ergiebig. Entsprechend wurde eine **allgemeine Definition des Eigentumsbegriffs bislang noch nicht** aufgestellt.[721] Dies bedeutet aber auch, dass weder der EGMR[722] noch der EuGH eine Fortentwicklung des Eigentumsschutzes behindern, indem sie in ihrer Rechtsprechung starre inhaltliche Grenzen des Eigentums festlegten.

B. Berechtigte

I. „Jede Person"

3221 Träger des Eigentumsrechts nach Art. 17 EGRC ist „jede Person". Die Offenheit dieses Begriffs legt grundsätzlich die Einbeziehung **aller natürlichen und juristischen Personen** in den Schutz des Art. 17 EGRC nahe.[723] Unglücklich ist dennoch, dass die EGRC an anderer Stelle explizit eine Berechtigung natürlicher sowie auch juristischer Personen vorsieht[724] und die Uneinheitlichkeit der Wortwendungen somit den Anschein abweichender Regelungsinhalte hervorruft. Auch enthält die EGRC keine Bestimmung, die juristische Personen allgemein unter den Schutz der EGRC stellt, soweit diese ihrem Wesen nach anwendbar sind, wie es vergleichsweise in Art. 19 Abs. 3 GG vorgesehen ist.[725]

3222 Dass auch juristische Personen vom Schutz des Art. 17 EGRC erfasst sind, lässt sich aber durch Rückgriff auf den Bedeutungsgehalt nach der EMRK gem. **Art. 52 Abs. 3 EGRC** gewinnen. **Art. 1 des ZPs zur EMRK berechtigt ausdrücklich** „jede natürliche oder juristische Person".[726] Auch der EuGH hat juristischen Personen den Schutz des europäischen Eigentumsrechts **implizit** zugesprochen. Er problematisierte die Grundrechtsfähigkeit juristischer Personen für das Eigentumsrecht nicht, sondern setzte diese durch seinen Prüfungsgang voraus.[727] Gleichwohl hat er bislang noch bei keiner juristischen Person eine Verletzung des Eigentums-

---

[721] *Cremer*, in: Dörr/Grote/Marauhn, Kap. 22 Rn. 73.

[722] *V. Danwitz*, in: ders./Depenheuer/Engel, Bericht zur Lage des Eigentums, 2002, S. 215 (223).

[723] *Vosgerau*, in: Stern/Sachs, Art. 17 Rn. 42; *Heselhaus*, in: ders./Nowak, § 36 Rn. 52.

[724] Vgl. Art. 42 und 43 EGRC.

[725] *Ehlers*, in: ders., Europäische Grundrechte und Grundfreiheiten, § 14 Rn. 56, will diesen Grundsatz auch ohne entsprechende Normierung übertragen; vgl. auch *Rengeling/Szczekalla*, Rn. 390.

[726] *Cremer*, in: Dörr/Grote/Marauhn, Kap. 22 Rn. 82.

[727] EuGH, Rs. C-20 u. 64/00, ECLI:EU:C:2003:397 (Rn. 65 ff.) – Booker Aquaculture.

rechts angenommen, sodass er sich auch nicht abschließend zu deren Grundrechtsberechtigung äußern musste.[728]

II. Juristische Personen des öffentlichen Rechts

1. Privateigentum und Eigentum Privater

Bislang ist über den Eigentumsschutz zugunsten juristischer Personen des öffentlichen Rechts[729] sowie juristischer Personen des Privatrechts, deren Anteile mehrheitlich in öffentlicher Hand liegen (im Folgenden: **öffentliche Unternehmen**), weder durch den EGMR[730] noch den EuGH abschließend entschieden worden.[731] Der EuGH hat dies immerhin für **ausländische** Unternehmen des öffentlichen Rechts **bejaht**.[732] In der Lit. wird ein solcher Schutz mehrheitlich abgelehnt.[733] Es werden lediglich die klassischen Ausnahmen bei einer Tätigkeit im Wirkungsbereich eines Grundrechts und damit nur für dieses jeweilige Grundrecht zugelassen. Dies gilt etwa für öffentlich-rechtliche Religionsgemeinschaften und die Religionsfreiheit sowie für öffentlich-rechtliche Rundfunkanstalten und die Rundfunkfreiheit,[734] des Weiteren für Universitäten und die Wissenschaftsfreiheit.[735]

3223

Nahme man Art. 17 EGRC wörtlich, so müssten vom Begriff „jede Person" auch öffentliche Unternehmen erfasst sein. Diesen Rückschluss haben der EuGH[736] und die Lit.[737] jedenfalls für die Klagebefugnis in Art. 263 Abs. 4 AEUV, die für „jede

3224

---

[728] Vgl. auch *Cremer*, in: Dörr/Grote/Marauhn, Kap. 22 Rn. 83; *Müller-Michaels*, Grundrechtlicher Eigentumsschutz in der Europäischen Union, 1997, S. 43.

[729] Allgemein dazu o. Rn. 364 ff.

[730] Vgl. aber u. Rn. 3231 zu EGMR, Urt. vom 9.12.1994, Nr. 13092/87 u. 13984/88 (Rn. 49), ÖJZ 1995, 428 (429) – Holy Monasteries/Griechenland.

[731] *Heselhaus*, in: ders./Nowak, § 36 Rn. 53; *Kingreen*, in: Calliess/Ruffert, Art. 52 GRCh Rn. 54. Es handelt sich dabei auch um ein allgemeines Problem der Grundrechtsberechtigung juristischer Personen des öffentlichen Rechts, s.o. 298 ff.

[732] EuG, Rs. T-494/10, ECLI:EU:2013:59 (Rn. 33 ff.) – Bank Sederat Iran; *Heselhaus*, in: ders./Nowak, § 36 Rn. 53.

[733] *Heselhaus*, in: ders./Nowak, § 36 Rn. 53; *Rengeling/Szczekalla*, Rn. 392; *Jarass/Kment*, § 22 Rn. 16.

[734] *Jarass*, Art. 51 Rn. 60: „Der EuGH hat Art. 16 EGRC auf eine öffentlich-rechtliche Rundfunkanstalt angewandt.", vgl. EuGH, Rs. C-510/10, ECLI:EU:C:2012:244 (Rn. 57) – DR und TV2 Danmark.

[735] Vgl. dazu *Cremer*, in: Dörr/Grote/Marauhn, Kap. 22 Rn. 99 f.

[736] EuGH, Rs. C-222/83, ECLI:EU:C:1984:266 (Rn. 8 ff.) – Differdange; Rs. C-62 u. 72/87, ECLI:EU:C:1988:132 (Rn. 8) – Exécutif régional Wallon; EuG, Rs. T-132 u. 143/96, ECLI:EU:T:1999:326 (Rn. 81) – Freistaat Sachsen.

[737] *Gaitanides*, in: v. der Groeben/Schwarze/Hatje, Art. 263 AEUV Rn. 45; *Cremer*, in: Calliess/Ruffert, Art. 263 AEUV Rn. 27.

natürliche oder juristische Person" besteht, gezogen und damit den Begriff der juristischen Person im europarechtlichen Sinne weit ausgelegt.[738]

3225 Eine solche Auslegung des Art. 17 EGRC kommt allerdings in Konflikt mit der aus dem deutschen Verfassungsrecht bekannten Lehrformel: das Eigentumsgrundrecht „schützt nicht das Privateigentum, sondern das Eigentum Privater".[739] Dabei handelt es sich um eine Ausprägung des Grundsatzes, dass Grundrechtsverpflichtung und Grundrechtsberechtigung i. d. R. nicht in einer Person zusammenfallen können.[740] Historische Grundlage des Eigentumsgrundrechts sei der Schutz vor hoheitlichen Übergriffen, der sich bei juristischen Personen des öffentlichen Rechts jedoch lediglich als Kompetenzkonflikt darstellen könne.[741]

2. Das Eigentumsrecht öffentlicher Unternehmen in der Wirtschaftsunion

a) Wirtschaftseigentum öffentlicher Unternehmen

3226 Die Richtigkeit dieser Prämisse für das europäische Eigentumsrecht steht jedoch gerade vor dem Hintergrund der Union als Wirtschaftsunion in Frage. **Öffentliche Unternehmen beteiligen sich wie private Unternehmen am europäischen Binnenmarkt**. Dadurch werden die Unterscheidungsmerkmale zur Privatwirtschaft in Form einer öffentlichen Aufgabe und der Ausübung von Hoheitsgewalt eingeebnet, welche das Eigentumsrecht öffentlicher Unternehmen ansonsten auf einen Kompetenzkonflikt staatlicher Organe reduzierten.[742]

3227 Wird ein öffentliches Unternehmen am Markt tätig, so „wird es den Wettbewerbsregeln unterstellt, wie es die elementaren Grundsätze des Gemeinschaftsrechts vorschreiben. Das ist keine Beeinträchtigung des öffentlichen Eigentums, sondern eine Gleichbehandlung der öffentlichen und der privates Eigentum besitzenden Person."[743] Diese Gleichbehandlung findet zwar an der partiellen Entbindung von Unternehmen, die mit Dienstleistungen von allgemeinem wirtschaftlichem Interesse betraut sind, ihre Grenzen.[744] Immerhin aber sind **im Ansatz die Wettbewerbsregeln gleichermaßen** heranzuziehen. Zudem kann sich diese Ausnahmeklausel des Art. 106 Abs. 2 AEUV auch auf private Unternehmen beziehen, da auch diese für die genannten gemeinwohlbezogenen Dienstleistungen eingeschaltet worden sein können.[745] Damit handelt es sich um eine Sonderbehandlung wegen der Art der übertragenen Aufgabe und nicht wegen der Rechtsform. Vor allem sind öffent-

---

[738] *Gaitanides*, in: v. der Groeben/Schwarze/Hatje, Art. 263 AEUV Rn. 45.
[739] BVerfGE 61, 82 (108 f.) – Sasbach.
[740] *Rengeling/Szczekalla*, Rn. 392.
[741] BVerfGE, 61, 82 (101); *Jarass/Kment*, § 22 Rn. 16.
[742] Zu diesem Argument auch *Cremer*, in: Dörr/Grote/Marauhn, Kap. 22 Rn. 91.
[743] EuGH, Rs. C-83 u. a./01, ECLI:EU:C:2003:388 (Rn. 7) – Chronopost.
[744] Näher *Frenz*, Europarecht 2, Rn. 4201 f., 4380.
[745] *Frenz*, Europarecht 2, Rn. 4259.

§ 3 Eigentumsfreiheit

liche Unternehmen wie private aus den Grundfreiheiten berechtigt, wenn sie einen Erwerbszweck verfolgen.[746]

Stehen also öffentliche und private Unternehmen im Wettbewerb und findet daher eine weitgehende Gleichstellung des öffentlichen und des privaten Eigentums auf europäischer Ebene im Binnenmarkt statt, so kann auch für den **Eigentumsschutz als Grundlage wirtschaftlicher Bewegungsfreiheit**[747] nichts anderes gelten.[748] Für private und öffentlich unternehmerisch tätige Personen besteht dann die **gleiche grundrechtstypische Gefährdungslage**.[749] Dies ist der beachtliche Ansatzpunkt.[750] Soweit daher ein **öffentliches Unternehmen** wie ein privates Unternehmen am Binnenmarkt teilnimmt, steht auch dessen Eigentum unter dem Schutz des **Art. 17 EGRC**.[751]

3228

Im Gegensatz zu den nach deutschem Verfassungsrecht geltenden Grundsätzen[752] können sich daher auch **kommunale Energieversorgungsunternehmen** und öffentlich-rechtliche **Sparkassen** auf den Eigentumsschutz nach Art. 17 EGRC berufen. Pointiert lässt sich formulieren: **Art. 17 EGRC schützt das Wirtschaftseigentum**, nicht lediglich das Eigentum der Privatwirtschaft. Damit kommt es auch nicht darauf an, dass Private am Gesellschaftsvermögen beteiligt sind:[753] Insoweit handelt es sich zwar um eine hinreichende Bedingung für den EU-Eigentumsschutz, aber nicht um eine notwendige.

3229

Diese These wird auch durch den allgemeinen Gleichheitsgrundsatz des **Art. 20 EGRC** gestützt. Diesen wendet der EuGH auch auf juristische Personen des öffentlichen Rechts an.[754]

3230

b) Negativkriterium Hoheitsgewalt

Erste Ansätze zu einem solch weiten Verständnis des Eigentumsschutzes juristischer Personen des öffentlichen Rechts auf europäischer Ebene hat der EGMR in der Entscheidung *Holy Monasteries* zu erkennen gegeben.[755] Griechisch-orthodoxe

3231

---

[746] *Frenz*, Europarecht 1, Rn. 241 ff.

[747] Zu diesem Verständnis des Eigentums auch BVerfGE 50, 290 (339).

[748] *Tettinger*, in: FS für Börner, 1992, S. 625 (637, 640); *Müller-Michaels*, Grundrechtlicher Eigentumsschutz in der Europäischen Union, 1997, S. 70 f.

[749] *Müller-Michaels*, Grundrechtlicher Eigentumsschutz in der Europäischen Union, 1997, S. 43.

[750] Auch *Heselhaus*, in: ders./Nowak, § 36 Rn. 53; *Vosgerau*, in: Stern/Sachs, Art. 17 Rn. 42; grundsätzlich zu diesem Ansatz in Deutschland BVerfGE 61, 82 (105, 109); BayVerfGH BayVBl. 1976, 589.

[751] Vgl. allgemein o. Rn. 370 ff.

[752] Dazu *Papier/Shirvani*, in: Dürig/Herzog/Scholz, GG, Art. 14 Rn. 335 ff.

[753] Darauf abstellend *Milczweski*, Der grundrechtliche Schutz des Eigentums im Europäischen Gemeinschaftsrecht, 1994, S. 279 f.

[754] EuGH, Rs. C-188 u. 190/80, ECLI:EU:C:1982:257 (Rn. 21) – Frankreich u. a./Kommission; *v. der Decken*, in: Heselhaus/Nowak, § 47 Rn. 14; s.u. Rn. 3650, 3677.

[755] S. EGMR, Urt. vom 9.12.1994, Nr. 13092/87 u. 13984/88 (Rn. 49), ÖJZ 1995, 428 (429) – Holy Monasteries/Griechenland.

Klöster hatten eine Verletzung ihres Eigentumsrechts aus Art. 1 des ZPs zur EMRK gerügt, weil ihnen durch Gesetz Grundeigentum entzogen wurde. Der **EGMR** erkannte die Grundrechtsberechtigung der Klöster für das Eigentumsrecht an, obschon es sich bei ihnen um **juristische Personen des öffentlichen Rechts** handelte. Bei seiner Entscheidung hat auch der EGMR wesentlich darauf abgestellt, dass die Klöster gerade **keine Hoheitsgewalt** ausüben[756] und aufgrund ihrer Zwecksetzung als religiöse Einrichtung nicht mit Verwaltungseinrichtungen gleichzusetzen sind.[757] Dies muss nach der oben entwickelten Argumentation auch für juristische Personen des öffentlichen Rechts gelten, bei denen die **wirtschaftliche Tätigkeit am Markt im Vordergrund** steht. Die Gefährdungslage ist nur bei einer gemeinen Staatsferne vergleichbar, so bei gemischtwirtschaftlichen Unternehmen oder selbstständigen juristischen Personen des öffentlichen Rechts, die nicht befugt sind, Hoheitsgewalt auszuüben.[758] Damit können sich nicht etwa die Mitgliedstaaten auf die Grundrechte berufen, weil ihnen gehörende Unternehmen betroffen sind.[759]

C. Eigentum

I. Grundlagen

3232   Der **Begriff des Eigentums**, d. h. der sachlich gegenständliche Schutzbereich des Art. 17 EGRC, ist in der Charta, **mit Ausnahme** des in Art. 17 Abs. 2 EGRC genannten **geistigen Eigentums, nicht vorgegeben**.

3233   Im Gegensatz zu anderen Rechtsakten, die den Eigentumsschutz gewährleisten, nennt Art. 17 EGRC allerdings ausdrücklich einen **positiven Schutzbereich**, nämlich das **Besitzen**, **Nutzen**, **Verfügen über** und **Vererben** des Eigentums. Indem die Verwendungsmöglichkeiten des Eigentums bereits durch den positiven Schutzbereich skizziert und damit aus dem Eigentumsbegriff selbst herausgehoben werden, hat sich die Definition des Eigentumsbegriffs auf dessen **Substanz** zu beschränken. Diese bildet die **Grundlage für die Verwendungsmöglichkeiten**, die daher darauf aufbauend dargestellt werden.[760]

3234   Bei der Ausformung des Schutzbereichs nach Art. 17 EGRC gilt es, zwei Leitlinien gerecht zu werden. Zum einen **Art. 52 Abs. 3 EGRC**, wonach die **EMRK** den

---

[756] S. aus der Lit. ebenso allgemein *Cremer*, in: Dörr/Grote/Marauhn, Kap. 22 Rn. 98; *Pielow/Ehlers*, IR 2007, 259 (263).

[757] Religionsgesellschaften genießen auch nach deutschem Verfassungsrecht den Schutz des Art. 14 GG. Dies ergibt sich aus Art. 140 i. V. m. Art. 138 Abs. 2 WRV, *Papier/Shirvani*, in: Dürig/Herzog/Scholz, GG, Art. 14 Rn. 215.

[758] *Jarass*, Art. 17 Rn. 16 i.V. m. Art. 51 Rn. 62; *Müller-Michaels*, Grundrechtlicher Eigentumsschutz in der Europäischen Union, 1997, S. 70 f.

[759] *Heselhaus*, in: ders./Nowak, § 36 Rn. 53.

[760] S.u. Rn. 3284 ff.

§ 3 Eigentumsfreiheit

Bedeutungsgehalt für die EGRC vorgibt. Zum anderen muss der Gedanke der **EU als Wirtschaftsunion** angemessen gewürdigt werden.

Für die Bestimmung des Eigentumsschutzes nach Art. 17 EGRC dienen sowohl die Rechtsprechung des **EuGH** als auch die **EMRK** als Rechtserkenntnisquellen.[761] Die Rechtsprechung des EGMR und des EuGH ist allerdings **nicht in jeder Hinsicht kohärent**. Das gilt etwa für den eingerichteten und ausgeübten Gewerbebetrieb, für öffentlich-rechtliche Positionen und den Vermögensschutz[762] sowie beim Verhältnis von Berufsfreiheit und Eigentum.[763] Bei dieser Differenzierung **widersprechen sich** der EuGH und der EGMR jedoch **nicht grundsätzlich**, sondern gehen in ihren Urteilen teilweise etwas weiter als das jeweils andere Gericht. Nicht ausgeschlossen ist damit, dass auch das bislang zurückhaltendere Gericht den Weg zu einem erweiterten Schutzbereich einschlägt. 3235

Schon vor diesem Hintergrund ist der **Eigentumsbegriff** nach Art. 17 EGRC **weit** auszulegen.[764] Auch der EGMR hatte den Eigentumsbegriff des Art. 1 des ZPs zur EMRK weit zu interpretieren,[765] um durch die Möglichkeit zur Einbeziehung eines jeden nach den nationalen Rechtsordnungen geschützten Eigentumsrechts den mangelnden Normunterbau der EMRK zu kompensieren.[766] 3236

II. Erworbenes und Erwerbschancen

Der **EGMR** hat den Schutz von Art. 1 des ZPs zur EMRK in der Entscheidung *Marckx* **nur** für **bereits vorhandene Eigentumspositionen** gelten lassen und dies mit einem Verweis auf den Wortlaut „Achtung seines Eigentums" begründet.[767] Art. 1 des ZPs zur EMRK garantiert daher kein Recht auf Eigentumserwerb.[768] **Erwartungen und Chancen** werden **nicht geschützt**.[769] Ungewissheit gehört nach 3237

---

[761] S.o. Rn. 3190 ff.

[762] *Bernsdorff*, in: Meyer/Hölscheidt, Art. 17 Rn. 13 mit Fn. 14.

[763] *Vosgerau*, in: Stern/Sachs, Art. 17 Rn. 32.

[764] *Bernsdorff*, in: Meyer/Hölscheidt, Art. 17 Rn. 13.

[765] *Frowein/Peukert*, Art. 1 des 1. ZP Rn. 2.

[766] *Heselhaus*, in: ders./Nowak, § 36 Rn. 34.

[767] EGMR, Urt. vom 13.6.1979, Nr. 6833/74 (Rn. 50), NJW 1979, 2449 (2452) – Marckx/Belgien; darauf erneut eingehend EGMR, Entsch. vom 19.10.2021, Nr. 11666/13 (Rn. 26) – Aghenie u. a.

[768] EGMR, Entsch. vom 2.3.2005, Nr. 71916/01 u. a. (Rn. 74c), NJW 2005, 2530 (2531) – Maltzan u. a./Deutschland; *Bernsdorff*, in: Meyer/Hölscheidt, Art. 17 Rn. 13 mit Fn. 16: „Dieser unterfällt dem Schutz des Art. 15 Abs. 1 EGRC" unter Verweis auf EuGH, Rs. C-201/11 P, ECLI:EU:C:2013:519 – UEFA/Kommission; Rs. C-314/12, ECLI:EU:C:2014:192 – UPC Telekabel Wien GmbH; Rs. C-98/14, ECLI:EU:C:2015:386 – Berlington Hungary u. a.; Rs. C-273/15, ECLI:EU:C:2016:364 – Ezernieki; Rs. C-484/14, ECLI:EU:C:2016:689 – McFadden.

[769] EuGH, Rs. C-154/78, ECLI:EU:C:1980:81 (Rn. 89) – Valsabbia; *Heselhaus*, in: ders./Nowak, § 36 Rn. 39; vgl. aber die rechtlich gesicherten Erwartungen bei den obligatorischen Rechten Rn. 3241 ff.

dem EuGH zum **Wesen wirtschaftlicher Tätigkeit**.[770] Dieser Grundsatz ist auch auf Art. 17 EGRC übertragen worden[771] und deckt sich ebenso mit der aus dem deutschen Verfassungsrecht geläufigen Regel, dass Art. 14 GG lediglich das Erworbene, nicht hingegen den Erwerb schützt.[772]

3238 Diese Abgrenzung ist allerdings sehr schematisch und lässt die bestehenden **Verbindungen** außer Acht. Das **Erworbene** bildet **vielfach die Grundlage für den Erwerb**. In der Nutzung vorhandener Produktionsmittel für geschäftliche Vorgänge laufen beide Positionen ineinander und beeinflussen sich auch gegenseitig. Werden geschäftliche Möglichkeiten staatlich beschränkt, wirkt sich dies auf die Produktionsmittel und damit das Bestehende aus, und zwar auch jenseits einer Entwertung etwa durch Entzug einer Zulassung[773] oder einer sonstigen Funktionsuntauglichkeit. So kann ein Umbau notwendig sein oder eine Umschichtung.

3239 Tiefer gehend wird dann die **Nutzung des Erworbenen beschränkt** und damit die Freiheit, das **Eigentum nach seinen Vorstellungen zu gebrauchen**.[774] Genau darin liegt aber vielfach der Kern des Eigentums. Immerhin haben EuGH und EGMR im Fall *Bosphorus* Nutzungsrechte als Eigentum angesehen, wenngleich isoliert auf der Basis eines Leasingvertrages[775] bzw. in Form des Ertrags aus der Anmietung des Flugzeugs.[776] An dieser letzten Wendung zeigt sich die besonders enge Verbindung von Erworbenem und Erwerb. Daher muss der **Erwerb durch Erworbenes eigentumsrechtlich geschützt** sein, soweit er in dem jeweiligen Eigentumsgegenstand angelegt ist wie z. B. die Baufreiheit in einem bebaubaren Grundstück.

III. Sach- und Grundeigentum

3240 Vom Schutzbereich des Art. 17 EGRC ist zunächst das Eigentum an **Mobilien und Immobilien** erfasst.[777] Obwohl der EuGH und der EGMR sich in ihrer Recht-

---

[770] S. bereits EuGH, Rs. C-4/73, ECLI:EU:C:1974:51 (Rn. 14) – Nold; Rs. C-798 u. 799/18, ECLI: EU:C:2021:280 (Rn. 33) – Federazione nazionale delle imprese elettrotecniche ed elettroniche (Anie) u. a.

[771] *Bernsdorff*, in: Meyer/Hölscheidt, Art. 17 Rn. 13; *Jarass*, NVwZ 2006, 1089 (1090).

[772] Bereits BVerfGE 30, 292 (334 f.); *Cremer*, in: Dörr/Grote/Marauhn, Kap. 22 Rn. 33.

[773] Für eine Apotheke EGMR, Entsch. vom 9.5.2007, Nr. 29005/05, EuGRZ 2008, 24 (26) – Brückl/Deutschland.

[774] Bereits *Frenz*, Vergaberecht EU und national, Rn. 162 unter Bezug auf BVerfGE 88, 366 (377); *Papier/Shirvani*, in: Dürig/Herzog/Scholz, GG, Art. 14 Rn. 64. S. auch u. Rn. 3258 ff. zum Schutz des eingerichteten und ausgeübten Gewerbebetriebs.

[775] EuGH, Rs. C-84/95, ECLI:EU:C:1996:312 (Rn. 19, 22) – Bosphorus.

[776] EGMR, Urt. vom 30.6.2005, Nr. 45036/98 (Rn. 140), NJW 2006, 197 (200) – Bosphorus/Irland.

[777] *Calliess*, in: ders./Ruffert, Art. 17 GRCh Rn. 6; *Bernsdorff*, in: Meyer/Hölscheidt, Art. 17 Rn. 13; *Heselhaus*, in: ders./Nowak, § 36 Rn. 36; *Jarass/Kment*, § 22 Rn. 7; *Vosgerau*, in: Stern/Sachs, Art. 17 Rn. 43; *Müller-Michaels*, Grundrechtlicher Eigentumsschutz in der Europäischen Union, 1997, S. 65.

sprechung dazu nicht eindeutig äußerten, haben beide den Schutz von Sach- und Grundeigentum in ihren Urteilen vorausgesetzt.[778] Auch **sonstige dingliche Rechte**[779] und das **Vorbehaltseigentum**[780] werden vom Eigentumsrecht erfasst.

IV. Obligatorische Rechte und Forderungen

Neben dem sachgegenständlichen Eigentum zählen auch obligatorische Rechte zum Schutzbereich des Eigentumsrechts.[781] Das muss gerade für die EU als Wirtschaftsunion gelten, da sich auch in obligatorischen Rechten die **Freiheitsfunktion im vermögensrechtlichen Bereich** wieder findet[782] und diese Rechte ebenso wie dingliche **Rechte Ergebnis eigener Leistung** sind.[783] 3241

In der Beschlagnahme-Entscheidung *Bosphorus* im Gefolge des Jugoslawien-Krieges hat der EuGH **Nutzungsrechte** aufgrund eines **Leasingvertrags** als Bestandteil des Eigentumsrechts angesehen.[784] Auch der EGMR war in derselben Sache, allerdings Jahre später nach dem Urteil des dem EuGH vorlegenden Gerichts, mit dieser Problematik befasst. An der Zuordnung zum Eigentumsschutz hat auch der EGMR keinen Zweifel gelassen, wenngleich das Eigentum im Urteil als „der Ertrag aus der Anmietung des Flugzeuges" umschrieben wurde.[785] 3242

Der Ansatz des EuGH lässt sich für **sämtliche schuldrechtlichen Forderungen** verallgemeinern, sodass auch Forderungen aus Darlehen, Miet- und Pachtrechten vom europäischen Eigentumsrecht erfasst sind.[786] **Private Forderungsrechte** werden **umfassend** einbezogen, wie auch von der EMRK[787] und den nationalen Ver- 3243

---

[778] EuGH, Rs. C-44/79, ECLI:EU:C:1979:290 (Rn. 17) – Hauer; EGMR, Urt. vom 23.9.1982, Nr. 7151 u. 7152/75 (Rn. 60), NJW 1984, 2747 (2747) – Sporrong u. Lönnroth/Schweden; Rs. C-501/11 P, ECLI:EU:C:2013:522 (Rn. 124) – Schindler Holding u. a.; deutlicher EGMR, Urt. vom 23.2.1995, Nr. 15375/89 (Rn. 57), Ser. A 306-B – Gasus Dosier- und Fördertechnik GmbH/Niederlande; *Moshnyagul*, Zum Eigentumsschutz im Sinne der EMRK im ukrainischen und russischen Recht, 2007, S. 40.

[779] EGMR, Urt. vom 12.12.2002, Nr. 37290/97 (Rn. 10 i. V. m. 42 f.), EuGRZ 2003, 224 (227) – Wittek/Deutschland; *Jarass*, NVwZ 2006, 1089 (1091); *ders./Kment*, § 22 Rn. 7; *Vosgerau*, in: Stern/Sachs, Art. 17 Rn. 44; *Meyer-Ladewig/v. Raumer*, in: Meyer-Ladewig/Nettesheim/v. Raumer, EMRK, ZP Art. 1 Schutz des Eigentums Rn. 11.

[780] EGMR, Urt. vom 23.2.1995, Nr. 15375/89 (Rn. 57), Ser. A 306-B – Gasus Dosier- und Fördertechnik GmbH/Niederlande; *Jarass*, NVwZ 2006, 1089 (1091).

[781] *Vosgerau*, in: Stern/Sachs, Art. 17 Rn. 45; *Frowein/Peukert*, Art. 1 des 1. ZP Rn. 4.

[782] Zu diesem Gedanken BVerfGE 83, 201 (208); 89, 1 (6).

[783] *Müller Michaels*, Grundrechtlicher Eigentumsschutz in der Europäischen Union, 1997, S. 38.

[784] EuGH, Rs. C-84/95, ECLI:EU:C:1996:312 (Rn. 19, 22) – Bosphorus.

[785] EGMR, Urt. vom 30.6.2005, Nr. 45036/98 (Rn. 140), NJW 2006, 197 (200) – Bosphorus/Irland.

[786] *Calliess*, in ders./Ruffert, Art. 17 GRCh Rn. 6; *Meyer-Ladewig/v. Raumer*, in: Meyer-Ladewig/Nettesheim/v. Raumer, EMRK, ZP Art. 1 Schutz des Eigentums Rn. 9; *Jarass*, NVwZ 2006, 1089 (1091).

[787] S. etwa EGMR, Urt. vom 23.11.1983, Nr. 8919/80 (Rn. 47 ff.) – Van Mussele.

fassungsüberlieferungen.[788] Diese Forderungen gehen, wenn sie auf einen konkreten Gegenstand bezogen sind, vielfach mit einem **Besitzanspruch** einher. Dann ist vom jeweiligen Nutzungsrecht auch der Besitz als vom Eigentum trennbare Eigentumsposition erfasst.[789]

3244 Die EKMR hat den Eigentumsschutz in diesem Sinne auch bei einem Anspruch auf **Entschädigung nach** einer **Grundstücksenteignung** greifen lassen.[790] Allerdings ist der Schutz von Forderungen an die Bedingung geknüpft, dass diese wirksam ausgeübt[791] und klageweise durchgesetzt werden können[792] sowie vollstreckbar sind[793] und damit **rechtlich gesicherte Erwartungen** darstellen.[794] Die rechtliche Fundiertheit der Ansprüche kann sich aus Rechtsnormen oder gefestigter Rechtsprechung ergeben.[795] Dies trifft etwa für Ansprüche aus **Deliktsrecht**,[796] arbeitsrechtliche **Vergütungsansprüche**,[797] **Honorare**[798] und **Vorkaufsrechte** zu.[799]

3245 Darüber hinaus sind auch **Jagd- und Fischereirechte**[800] dem Eigentumsschutz unterstellt.[801] Auch vermögenswerte Anteile etwa in Form gesellschaftsrechtlichen Anteilseigentums durch **Aktien**[802] oder als Anteil an einer **Erbengemeinschaft**[803] sind vom EGMR als Eigentumsposition anerkannt worden. Sie beziehen sich auf

---

[788] *Heselhaus*, in: ders./Nowak, § 36 Rn. 34; *Müller-Michaels*, Grundrechtlicher Eigentumsschutz in der Europäischen Union, 1997, S. 151, 192 ff.; *v. Milczewski*, Der grundrechtliche Schutz des Eigentums im europäischen Gemeinschaftsrecht, 1994, S. 178 ff.

[789] Zum deutschen Recht *Papier/Shirvani*, in: Dürig/Herzog/Scholz, GG, Art. 14 Rn. 323.

[790] S. EGMR, Entsch. vom 2.3.2005, Nr. 71916/01 u. a. (Rn. 74d), NJW 2005, 2530 (2531 f.) – Maltzan u. a./Deutschland; Urt. vom 22.6.2004, Nr. 31443/96 (Rn. 129 ff.), NJW 2005, 2521 (2523) – Broniowski/Polen.

[791] EKMR, Beschl. vom 4.3.1996, Nr. 18890/91 u. a., NJW 1996, 2291 (2292) – Weidlich u. a./Deutschland.

[792] EKMR, Entsch. vom 3.10.1984, Nr. 10438/83, DR 41, 170 (173) – Batelaan u. Huiges/Niederlande.

[793] EGMR, Urt. vom 9.12.1994, Nr. 13427/87 (Rn. 58), ÖJZ 1995, 432 (433) – Stran Greek Refineries/Griechenland.

[794] EGMR, Entsch. vom 2.3.2005, Nr. 71916/01 u. a. (Rn. 74c), NJW 2005, 2530 (2531) – Maltzan u. a./Deutschland; Urt. vom 10.7.2002, Nr. 39794/98 (Rn. 69), RJD 2002-VII – Gratzinger u. Gratzingerova/Tschechien.

[795] EGMR, Urt. vom 28.9.2004, Nr. 44912/98 (Rn. 52), RJD 2004-IX – Kopecký/Slowakei.

[796] EGMR, Urt. vom 20.11.1995, Nr. 17849/91 (Rn. 31), ÖJZ 1996, 275 (276) – Pressos Companía Naviera S.A./Belgien.

[797] EGMR, Urt. vom 25.10.2001, Nr. 41879/98 (Rn. 25 f.) – Saggio/Italien.

[798] EGMR, Urt. vom 19.10.2000, Nr. 31227/96 (Rn. 24) – Ambruosi/Italien.

[799] EGMR, Urt. vom 5.1.2000, Nr. 33202/96 (Rn. 105), NJW 2003, 654 (656) – Beyeler/Italien.

[800] EGMR, Urt. vom 24.9.2002, Nr. 27824/95 (Rn. 76), RJD 2002-VII – Posti u. Rahku/Finnland.

[801] *Frowein/Peukert*, Art. 1 des 1. ZP Rn. 13.

[802] EGMR, Urt. vom 8.7.1986, Nr. 9006/80 u. a. (Rn. 107), EuGRZ 1988, 350 (356) – Lithgow u. a./Vereinigtes Königreich; Urt. vom 25.7.2002, Nr. 48553/99 (Rn. 91), RJD 2002-VII – Sovtransavto/Ukraine; *Moshnyagul*, Zum Eigentumsschutz im Sinne der EMRK im ukrainischen und russischen Recht, 2007, S. 40 f.

[803] EGMR, Urt. vom 20.2.2003, Nr. 47316/99 (Rn. 8, 32 f.) – Forrer-Niedenthal/Deutschland.

Gesamtheiten, die ihrerseits Eigentum umfassen. Daher haben diesen Charakter auch **Anteile** an ihnen, selbst wenn die Gesamtheit als solche wie etwa eine Erbengemeinschaft selbst kein Eigentum darstellt.[804]

Nachträgliche Änderungen der **Gesetzeslage** haben auf den Bestand bereits geschützter Forderungen **keine Auswirkungen**; sie sind weiterhin als Eigentum zu schützen.[805]

3246

V. Eigentum an öffentlich-rechtlichen Positionen

1. Subjektive öffentlich-rechtliche Positionen aus Eigenleistung

a) Früchte eigener Arbeit als Ansatz

Nach der Entscheidung *Wachauf* wäre eine Regelung, die eine pachtende Person „nach Ablauf des Pachtverhältnisses entschädigungslos um die Früchte seiner Arbeit und der von ihm in dem verpachteten Betrieb vorgenommenen Investitionen" bringen würde, „mit den Erfordernissen des Grundrechtsschutzes in der Gemeinschaftsordnung unvereinbar".[806] In der Sache ging es um Vergütungsansprüche gegen das Bundesamt für Ernährung und Forstwirtschaft, die der Pächter durch Aufgabe der Milcherzeugung für diesen Betrieb erworben hatte und welche ihm auch nach Ablauf des Pachtverhältnisses erhalten bleiben sollten.

3247

Besonderes Augenmerk legt der EuGH auf die vom VG Frankfurt a. M. im Vorlagebeschluss geprägte Wendung „um die Früchte seiner Arbeit ... gebracht würde".[807] Diese Formulierung ist zunächst vom Leistungsgedanken getragen.[808] Daneben geht aus ihr auch der Äquivalenzgedanke hervor. Gesetzliche Abfindungsansprüche beruhen ebenfalls auf diesen Säulen und sind daher geschützt.[809] Aufgrund dieser tragenden Erwägungen lässt sich die Entscheidung *Wachauf* bei abstrakter Betrachtung in die Kategorie der öffentlich-rechtlichen Ansprüche aus Eigen-

3248

---

[804] Zu Unternehmensgesamtheiten s.u. Rn. 3258 ff. beim eingerichteten und ausgeübten Gewerbebetrieb.

[805] EGMR, Urt. vom 20.11.1995, Nr. 17849/91 (Rn. 31), ÖJZ 1996, 275 (276) – Pressos Compania Naviera S.A./Belgien.

[806] EuGH, Rs. C-5/88, ECLI:EU:C:1989:321 (Rn. 19) – Wachauf.

[807] In den Entscheidungen *von Deetzen* und *Bostock* hat der EuGH hingegen negativ festgestellt, dass das Eigentumsrecht jedenfalls keine Rechte zur kommerziellen Verwertung von Vorteilen schützt, die weder aus dem Eigentum noch aus der Berufstätigkeit des Betroffenen herrühren. In der Sache ging es um gemeinschaftsrechtlich eingeräumte Lizenzen zur Milcherzeugung, die der EuGH nicht unter den Eigentumsschutz gestellt hat, EuGH, Rs. C-44/89, ECLI:EU:C:1991:401 (Rn. 27) – von Deetzen; Rs. C-2/92, ECLI:EU:C:1994:116 (Rn. 19) – Bostock; s.u. Rn. 3254.

[808] So auch *v. Danwitz*, in: ders./Depenheuer/Engel, Bericht zur Lage des Eigentums, 2002, S. 215 (262) mit Hinweis auf EuGH, Rs. C-44/89, ECLI:EU:C:1991:401 (Rn. 27) – von Deetzen; Rs. C-2/92, ECLI:EU:C:1994:116 (Rn. 19) – Bostock.

[809] Für Art. 1des 1 ZPs zur EMRK. EGMR, Urt. vom 14.5.2013, Nr. 66529/11 (Rn. 36) – N.K.M./Ungarn; *Grabenwarter/Pabel*, § 25 Rn. 6.

leistung einordnen.⁸¹⁰ Unter diese Kategorie fallen auch **Leistungen der sozialen Sicherheit**⁸¹¹ wie ein Ruhegehalt⁸¹² sowie **Rentenanwartschaften**,⁸¹³ zu denen der EuGH jedoch bislang nicht abschließend Stellung bezogen hat.⁸¹⁴

b) Kein Ausschluss durch nationale Besonderheiten

3249 Der Einbeziehung von Sozialversicherungsansprüchen in den Schutzbereich des Eigentumsrechts ist teilweise mit Hinweis auf die Besonderheit des deutschen Sozialrechts entgegengetreten worden, die sich nicht unvermittelt auf EU-Ebene übertragen ließe.⁸¹⁵ Dieses Argument geht jedoch an einem wesentlichen Grundsatz des europäischen Eigentumsrechts vorbei: Wie oben dargelegt, bedarf das Eigentumsrecht einfachgesetzlicher Konkretisierung.⁸¹⁶ Diese **Konkretisierung erfolgt durch nationales Recht**. Wenn durch dieses Recht eine Eigentumsposition begründet wird, dann ist sie auch durch das europäische Eigentumsrecht zu schützen. Die Übertragung dieser Positionen auf die europäische Ebene ist für die anderen Mitgliedstaaten schon deshalb unschädlich, weil sich die **Entstehung eigentumsrechtlich geschützter Sozialversicherungsansprüche nach dem Recht des jeweiligen Mitgliedstaates** richtet. Es zeigt sich hier die oben⁸¹⁷ bereits dargestellte Problematik, dass der Eigentumsschutz auf europäischer Ebene aufgrund der mitgliedstaatlichen einfachgesetzlichen Konkretisierung des Eigentums nicht zwingend einheitlich ausfällt.

c) Loslösung von den Beiträgen

3250 Dass auch Sozialleistungen zum Schutzbereich des Eigentumsrechts zählen können, wird durch die Rechtsprechung des EGMR gestützt.⁸¹⁸ Zwar hat er es abgelehnt, aus Art. 1 des ZPs zur EMRK eine Pensionsgarantie abzuleiten, gleichwohl aber auch nicht ausgeschlossen, dass ein auf Arbeit basierender **Pensionsanspruch** zum Ei-

---

⁸¹⁰ Zum deutschen Recht *Papier/Shirvani*, in: Dürig/Herzog/Scholz, GG, Art. 14 Rn. 247.

⁸¹¹ EuGH, Rs. C-41 u. a./79, ECLI:EU:C:1980:163 (Rn. 17, 22) – Testa; *Rengeling/Szczekalla*, Rn. 811; *Jarass*, NVwZ 2006, 1089 (1091).

⁸¹² EuGH, Rs. C-258/14, ECLI:EU:C:2017:448 (Rn. 49 f.) – Florescu u. a.; *Jarass*, EGRC, Art. 17 Rn. 11.

⁸¹³ S. EuGH, Rs. C-227/89, ECLI:EU:C:1991:52 – Rönfeldt. Der EuGH nimmt in dieser Entscheidung nicht zum Eigentumsrecht an Rentenanwartschaften Stellung. Er konnte diese bereits dadurch schützen, dass er der Arbeitnehmerfreizügigkeit im Ergebnis eine Anrechnung von im europäischen Ausland geleisteten Rentenversicherungsbeiträgen entnahm.

⁸¹⁴ *Jarass/Kment*, § 22 Rn. 9.

⁸¹⁵ *Schilling*, EuZW 1991, 310 (311); a. A. *Kühling*, in: Pechstein/Nowak/Häde, Art. 17 GR-Charta Rn. 18.

⁸¹⁶ Vgl. Rn. 3200.

⁸¹⁷ Vgl. Rn. 3201 ff.

⁸¹⁸ *Wollenschläger*, in: v. der Groeben/Schwarze/Hatje, Art. 17 GR-Charta Rn. 15.

gentumsrecht erwachsen kann.[819] Das kann unter anderem dann der Fall sein, wenn besondere Beiträge geleistet werden oder eine Pensionsvereinbarung mit der Arbeitgeberin bzw. dem Arbeitgeber arbeitsvertraglich abgesichert ist.[820] Eine ausreichende Grundlage im nationalen Recht bildet etwa die Bestätigung durch ein rechtskräftiges Gerichtsurteil; dann kann ein „Anspruch" auf eine Rente einen „Besitz" im Sinne von Art. 1 des ZP zur EMRK darstellen.[821] Gesetzliche Abfindungsansprüche können ebenfalls vermögenswerte Positionen bilden.[822]

Schafft ein Vertragsstaat nunmehr einen Anspruch auf Zahlung einer Sozialleistung, so erwächst dieser nach der Rechtsprechung des EGMR zum Eigentumsrecht des Anspruchsinhabenden unabhängig davon, ob dieser zuvor Beiträge entrichtet hat oder nicht.[823] **Grundlage** muss allerdings die **vorherige Arbeitsleistung** sein. Diese setzt sich dann unabhängig von Beiträgen in dem sozialversicherungsrechtlichen Anspruch fort.

3251

Dieser Ansatz hindert einen Staat gleichwohl nicht, die Höhe der Rente zu verringern, sofern dies im öffentlichen Interesse geboten ist.[824] Dieser Grundsatz stimmt auch mit deutschem Verfassungsrecht überein. Lediglich der Anspruch auf Rentenzahlung wird von Art. 14 GG geschützt, nicht hingegen deren Höhe, da diese aufgrund des solidarischen Verteilungsprinzips der Sozialversicherung nicht garantiefähig ist.[825]

3252

d) Einseitige Gewährungen

Im Gegensatz zu subjektiven öffentlich-rechtlichen Positionen aus Eigenleistung werden **einseitige Gewährungen nicht** vom europäischen Eigentumsrecht **geschützt**.[826] In diesen Fällen steht nicht die Entziehung erwirtschafteten Eigentums, sondern die Aufrechterhaltung staatlicher Leistungen im Vordergrund, die sich die

3253

---

[819] EGMR, Urt. vom 12.10.2004, Nr. 60669/00 (Rn. 39), RJD 2004-IX – Ásmundsson/Island; Urt. vom 20.6.2002, Nr. 56679/00 (Rn. 32) – Azinas/Zypern; Entsch. vom 27.9.2001, Nr. 40862/98 (Rn. 1), NJW 2003, 2441 (2441 f.) – Lenz/Deutschland; Urt. vom 4.3.1985, Nr. 10671/83, DR 42, 229 (232) – T./Schweden; *Moshnyagul*, Zum Eigentumsschutz im Sinne der EMRK im ukrainischen und russischen Recht, 2007, S. 48.
[820] EGMR, Urt. vom 4.3.1985, Nr. 10671/83, DR 42, 229 (232) – T./Schweden; vgl. auch EGMR, Urt. vom 29.5.1986, Nr. 8562/79 (Rn. 40), EuGRZ 1988, 14 (18) – Feldbrugge/Niederlande.
[821] EGMR, Urt. vom 15.4.2014, Nr. 21838/10 u. a. (Rn. 49) – Stefanetti u. a.
[822] Für Art. 1 des ZP zur EMRK EGMR, Urt. vom 14.5.2013, Nr. 66529/11 (Rn. 36) – N.K.M./Ungarn.
[823] EGMR, Urt. vom 2.2.2006, Nr. 51466/99 u. 70130/01 (Abschnitt I.4.), NVwZ 2006, 1274 (1275) – Buchheit u. Meinberg/Deutschland; Urt. vom 12.4.2006, Nr. 65731 u. 65900/01 (Rn. 53) – Stec u. a./Vereinigtes Königreich; in diese Richtung auch schon EGMR, Urt. vom 16.9.1996, Nr. 17371/90 (Rn. 39, 41), ÖJZ 1996, 955 (955) – Gaygusuz/Österreich; *Grabenwarter/Pabel*, § 25 Rn. 6.
[824] EGMR, Urt. vom 2.2.2006, Nr. 51466/99 u. 70130/01 (Abschnitt I.4.), NVwZ 2006, 1274 (1275) – Buchheit u. Meinberg/Deutschland.
[825] *Depenheuer*, AöR 120 (1995), 417 (444).
[826] *Vosgerau*, in: Stern/Sachs, Art. 17 Rn. 27.

Bürgerin und der Bürger jedoch nicht „verdient" hat. Exemplarisch für diese staatlichen Leistungen können **Interventionskäufe**,[827] **Subventionen**, Ausbildungsförderung und Kinderzulagen genannt werden,[828] jedenfalls solange sie nicht durch einen gesetzlichen Anspruch gesichert[829] oder sofern dessen Voraussetzungen entfallen sind.[830]

3254   Einen Fall der einseitigen gemeinschaftsrechtlichen Gewährung rechtlicher Positionen hat der EuGH bei der **Zuteilung von Milchquoten** angenommen.[831] Der EuGH entschied, dass das „in der Rechtsordnung der Gemeinschaft gewährleistete Eigentumsrecht nicht das Recht zur kommerziellen Verwertung eines Vorteils wie der im Rahmen einer gemeinsamen Marktorganisation zugeteilten Referenzmenge umfasst, der weder aus dem Eigentum noch aus der Berufstätigkeit des Betroffenen herrührt".[832]

3255   Die gemeinsame Ordnung des Milchmarktes diente der Beschränkung einer Überproduktion an Milchprodukten mittels Festlegung einer Obergrenze.[833] Die Zuteilung einer Milchquote war damit eine Befreiung von einer Freiheitsbeschränkung. Da die **Freiheit** aber dem **Recht vorgegeben** ist, kann auch die **Zuteilung von Freiheit keine einseitige gemeinschaftsrechtliche Gewährung** einer Rechtsposition darstellen. Wenn also die Zuteilung einer Milchquote ein geringeres Substitut der Freiheit ist, so muss bei aller Einschränkung der Freiheit zumindest die Rechtsposition geschützt sein, welche der vorgegebenen Freiheit am nächsten kommt. Wenn diese von ihrer Rechtsqualität her zur Eigentumsposition erwachsen kann, so ist sie über das Eigentumsrecht zu schützen.

3256   Dieser Gedankengang spiegelt sich auch in einer Entscheidung des EGMR zur Baufreiheit wider. Darin hat der EGMR den **Entzug einer Abbaugenehmigung** als **Nutzungsregelung** des Eigentums qualifiziert.[834] Es zeigt sich daran erneut, dass

---

[827] EuGH, Rs. C-296 u. 307/93, ECLI:EU:C:1996:65 (Rn. 64) – Frankreich u. Irland/Kommission; vgl. auch Rs. C-281/84, ECLI:EU:C:1987:3 (Rn. 25 f.) – Zuckerfabrik Bedburg.

[828] A. A. zum deutschen Recht *Papier/Shirvani*, in: Dürig/Herzog/Scholz, GG, Art. 14 Rn. 272.

[829] Vgl. EGMR, Urt. vom 2.2.2006, Nr. 51466/99 u. 70130/01 (Abschnitt I.4.), NVwZ 2006, 1274 (1275) – Buchheit u. Meinberg/Deutschland, wonach Ansprüche auf Zahlung von Sozialleistungen zum Eigentumsrecht erwachsen, wenn sie gesetzlich fixiert sind (dem Gesetzgeber ist dabei die Änderung der gesetzlichen Vorschriften gleichwohl unbenommen); vgl. im Übrigen zum Vertrauensschutz Rn. 3443.

[830] EKMR, Entsch. vom 3.10.1984, Nr. 10438/83, DR 41, 170 (173) – Batelaan u. Huiges/Niederlande.

[831] EuGH, Rs. C-44/89, ECLI:EU:C:1991:401 (Rn. 27) – von Deetzen; Rs. C-2/92, ECLI:EU:C:1994:116 (Rn. 19) – Bostock.

[832] EuGH, Rs. C-44/89, ECLI:EU:C:1991:401 (Rn. 27) – von Deetzen; *Jarass/Kment*, § 22 Rn. 9; dazu auch *Müller-Michaels*, Grundrechtlicher Eigentumsschutz in der Europäischen Union, 1997, S. 40; zum Argument des Vertrauensschutzes vgl. u. Rn. 3443.

[833] *Müller-Michaels*, Grundrechtlicher Eigentumsschutz in der Europäischen Union, 1997, S. 40.

[834] EGMR, Urt. vom 18.2.1991, Nr. 12033/86 (Rn. 47), ÖJZ 1991, 514 (515) – Fredin/Schweden (Nr. 1); der EGMR scheint an dieser Stelle allerdings ausschließlich auf den Eigentumsschutz am Grundstück abzustellen; vgl. aber u. Rn. 3321 ff. zum selbstständigen Eigentumsschutz von Genehmigungen.

§ 3 Eigentumsfreiheit

der Entzug einer Genehmigung, die **Substitut einer ohne das Gesetz naturgegebenen Freiheit** ist, zur schützenswerten Rechtsposition avanciert. Daher ist auch bei **Emissionsrechtszertifikaten** zum Ausstoß von CO_2 ein **eigentumsrechtlicher Schutz** anzunehmen.[835]

Für dieses Ergebnis spricht auch die Möglichkeit zum Verkauf der Referenzmengen[836] sowie der Emissionsrechte, denn darin realisiert sich deren geldwerter Vorteil. In diesem Sinne konsequent ist die Entscheidung des EuGH in der Sache *Acor*. In seinem Urteil hebt der EuGH hervor, dass „eine entgeltliche Übertragung den Unternehmen, die die Quoten erwerben würden, an diesen ein Eigentumsrecht verschaffen" würde.[837] Die konsequente Fortsetzung ist die eigentumsrechtliche Gewährleistung der **Quotenansprüche**, die sich auf eine reglementierte Erwerbstätigkeit beziehen.[838] Nur wenn es an einer solchen Basis aus eigener Leistung fehlt und diese damit entsprechend dem EuGH „weder aus dem Eigentum noch aus der Berufstätigkeit des Betroffenen herrührt", besteht kein eigentumsgrundrechtlicher Schutz.

3257

2. Eingerichteter und ausgeübter Gewerbebetrieb

a) Substanzschutz des Unternehmens

Das Eigentumsrecht am eingerichteten und ausgeübten Gewerbebetrieb, das im deutschen Verfassungsrecht als Rechtsbegriff bekannt,[839] aber nicht fest anerkannt ist,[840] sieht sich auf europäischer Ebene einigen Schwierigkeiten ausgesetzt. Der EuGH hat sich zwar vielfach mit dem Eigentumsschutz von Unternehmen auseinandergesetzt,[841] die Eigentumsrechte der Unternehmen dabei jedoch nicht als Eigentum am eingerichteten und ausgeübten Gewerbebetrieb zusammengefasst, sondern sich darauf beschränkt, **Unternehmen** prinzipiell unter den **Schutz des Eigentumsrechts** zu stellen.[842]

3258

Unproblematisch vom Eigentumsrecht geschützt sind dabei solche Positionen, die ohnehin bereits als Eigentum zu qualifizieren sind und lediglich dem Unterneh-

3259

---

[835] *Heselhaus*, in: ders./Nowak, § 36 Rn. 46, der in der Sache allerdings einen Eigentumsschutz aufgrund eigener Leistung annimmt.
[836] *Vosgerau*, in: Stern/Sachs, Art. 17 Rn. 27, 48.
[837] EuGH, Rs. C-416/01, ECLI:EU:C:2003:631 (Rn. 50) – Acor.
[838] Im Ergebnis ebenso GA *Jacobs*, EuGH, Rs. C-5/88, ECLI:EU:C:1989:179 (Rn. 25 f.) – Wachauf; *Vosgerau*, in: Stern/Sachs, Art. 17 Rn. 27.
[839] Dazu *Papier/Shirvani*, in: Dürig/Herzog/Scholz, GG, Art. 14 Rn. 200.
[840] Das BVerfG ließ diese Frage in seinen Entscheidungen bislang offen, BVerfGE 51, 193 (221 f.) und BVerfG, NJW 2005, 589 (590).
[841] Das gilt insbes. für die gemeinsamen Marktordnungen; vgl. dazu u. Rn. 3265 f.
[842] *Müller-Michaels*, Grundrechtlicher Eigentumsschutz in der Europäischen Union, 1997, S. 38 f.

men als Rechtsträger zugeordnet werden. Das gilt etwa für **Betriebsmittel** und **Betriebsgrundstücke**, also die einzelnen **Substanzwerte des Unternehmens**.[843]

3260 Der Begriff des **eingerichteten und ausgeübten Gewerbebetriebes** geht jedoch über den Schutz einzelner Eigentumspositionen hinaus und bezeichnet das **Unternehmen in seiner Gesamtheit**.[844] Umfasst werden sämtliche Faktoren, die sich auf den wirtschaftlichen Wert des Betriebes auswirken,[845] denn dadurch ist die Substanz des Unternehmens mittelbar betroffen.[846] Beruhen diese Faktoren auch auf der **Eigenleistung des Unternehmens**, so werden sie als Bestandteile des eingerichteten und ausgeübten Gewerbebetriebes **vom Eigentumsrecht geschützt**.[847]

3261 Auf der Grundlage dieses Gedankenganges hat der EGMR einzelne solcher Einflussfaktoren unter den Schutz des Art. 1 des 1. ZPs zur EMRK gestellt. Erfasst wird danach der **Goodwill**[848] sowie der **Kundenstamm**[849] eines Unternehmens.[850] In diesem Punkt zeigt sich auch eine Überschneidung mit den **einseitigen unionsrechtlichen Gewährungen**.[851] Führt die **Rücknahme** einer solchen Gewährung zu einer **Beeinträchtigung** des Goodwill oder des **Kundenstamms** eines Unternehmens, so liegt ein **Eingriff** in das Eigentumsrecht vor.[852]

3262 Die vorgenannten Beispiele deuten darauf, dass unabhängig von der Begrifflichkeit beim eingerichteten und ausgeübten Gewerbebetrieb in der Sache eine schutzwürdige Eigentumsposition lediglich dann vorliegt, wenn das **Unternehmen in seiner Substanz betroffen** oder zumindest bedroht ist.[853] Dies lässt sich auch aus

---

[843] *Vosgerau*, in: Stern/Sachs, Art. 17 Rn. 35.
[844] *Jarass*, NVwZ 2006, 1089 (1091).
[845] *Vosgerau*, in: Stern/Sachs, Art. 17 Rn. 35.
[846] *Rengeling/Szczekalla*, Rn. 809.
[847] *Vosgerau*, in: Stern/Sachs, Art. 17 Rn. 35.
[848] EGMR, Urt. vom 7.7.1989, Nr. 10873/84 (Rn. 53), Ser. A 159 – Tre Traktörer/Schweden; Urt. vom 13.3.2012, Nr. 23780/08 (Rn. 91) – Malik/Vereinigtes Königreich; Urt. vom 7.6.2018, Nr. 44460/16 (Rn. 87) – O'Sullivan McCarthy Mussel Development Ltd/Irland.
[849] S. EGMR, Urt. vom 26.6.1986, Nr. 8543/79 (Rn. 41), EuGRZ 1988, 35 (38) – van Marle u. a./Niederlande; Entsch. vom 25.5.1999, Nr. 37592/97, NJW 2001, 1558 – Olbertz/Deutschland; Entsch. vom 9.11.1999, Nr. 37595/97, NJW 2001, 1556 – Döring/Deutschland; Entsch. vom 20.4.1999, Nr. 33099/96, NJW 2001, 1555 – Hoerner Bank GmbH/Deutschland; EGMR, Entsch. vom 9.5.2007, Nr. 29005/05, EuGRZ 2008, 24 (26) – Brückl/Deutschland.
[850] *Vosgerau*, in: Stern/Sachs, Art. 17 Rn. 35.
[851] Dazu o. Rn. 3253 ff.
[852] Vgl. *v. Danwitz*, in: ders./Depenheuer/Engel, Bericht zur Lage des Eigentums, 2002, S. 215 (232) mit Hinweis auf EGMR, Urt. vom 7.7.1989, Nr. 10873/84 (Rn. 53), Ser. A 159 – Tre Traktörer/Schweden; Urt. vom 7.6.2018, Nr. 44460/16 (Rn. 87) – O'Sullivan McCarthy Mussel Development Ltd/Irland.
[853] Dafür *Heselhaus*, in: ders./Nowak, § 36 Rn. 42; *Rengeling/Szczekalla*, Rn. 809; *Calliess*, in: ders./Ruffert, Art. 17 GRCh Rn. 10.

der Rechtsprechung des EuGH herauslesen.[854] Dementsprechend werden die künftigen **Einkünfte aus dem** (beeinträchtigten) **Kundenstamm** nicht einbezogen.[855] Indes entfallen auch sie infolge der Beeinträchtigung der Substanz.

Die Rechtsprechung des EGMR wird teilweise jedoch auch so gedeutet, dass **jede Beeinträchtigung der Rentabilität oder des Wertes des Unternehmens** eine **Beeinträchtigung eigentumsrechtlicher Positionen** darstellt.[856] Dafür spricht, dass sich der **Wert eines Unternehmens** weniger aus den einzelnen Bestandteilen als vielmehr **erst aus** einer **Gesamtschau** ergibt. Ein Unternehmen muss daher als Ganzes eigentumsrechtlich geschützt sein, wenn es in seiner vollen vorhandenen und damit vorher geschaffenen Ausprägung erfasst werden soll. Deshalb ist der wirtschaftliche Gesamtwert zugrunde zu legen. **Wertbildende Faktoren** sind dabei vor allem der **Goodwill** und der **Kundenstamm**, die der EGMR bereits beide dem Eigentumsrecht unterstellt hat. Die Gewährleistung auch des wirtschaftlichen Gesamtwertes bildet damit nur die konsequente Fortsetzung. Eine Begrenzung des Eigentumsgrundrechts darf daher nicht auf Schutzbereichsebene erfolgen. Nicht staatlich bedingte Einflüsse können dann aus den Beeinträchtigungen ausgeschieden werden, um eine allzu starke Aufladung des Eigentumsgrundrechts zu verhindern.

3263

Darüber hinaus deutet die Absicherung der Unternehmerfreiheit im vorstehenden Art. 16 EGRC darauf hin, dass auch unternehmerische Aktivitäten abgesichert sein sollen.[857] In der Gesamtschau mit dem Grundrecht der Berufsfreiheit legt dies einen **umfassenden Schutz des eingerichteten und ausgeübten Gewerbebetriebs auch in seiner wirtschaftlichen Entfaltung** nahe. Dies spricht ebenfalls für eine gemeinsame Betrachtung von Erwerb und Erworbenem.[858]

3264

b) Eigentumsschutz von Marktanteilen und Marktrechten

Eine eigentumsfähige Rechtsposition hat der EuGH für Marktanteile von Unternehmen verneint. Auf einem freien Markt ist ein Marktanteil eine faktische, jedoch keine verrechtlichte Position. Sie kann sich jederzeit nach den Grundsätzen der Marktwirtschaft ändern, sodass auch **jede künftige Marktposition lediglich** eine **Erwartung** an eine faktische Stellung sein kann.[859] Unter diesen Voraussetzungen

3265

---

[854] *Jarass/Kment*, § 22 Rn. 12 mit Hinweis auf EuGH, Rs. C-363/01, ECLI:EU:C:2003:548 (Rn. 55, 58) – Flughafen Hannover; vgl. ferner Rs. C-258/81, ECLI:EU:C:1982:422 (Rn. 13) – Metallurgiki Halyps; Rs. C-172/83, ECLI:EU:C:1985:355 (Rn. 29) – Hoogovens Groep; Rs. C-154/78, ECLI:EU:C:1980:81 (Rn. 89) – Valsabbia; Rs. C-59/83, ECLI:EU:C:1984:380 (Rn. 21 f.) – Biovilac; vgl. auch EuG, Rs. T-16/04, ECLI:EU:T:2010:54 (Rn. 154 f.) – Arcelor SA.
[855] EGMR, Urt. vom 13.3.2012, Nr. 23780/08 (Rn. 93) – Malik/Vereinigtes Königreich; *Grabenwarter/Pabel*, § 25 Rn. 13.
[856] *Moshnyagul*, Zum Eigentumsschutz im Sinne der EMRK im ukrainischen und russischen Recht, 2007, S. 43 f.
[857] S. auch u. Rn. 3455.
[858] S.o. Rn. 3219, 3239 sowie *Frenz*, Vergaberecht EU und national, Rn. 163.
[859] EuGH, Rs. C-280/93, ECLI:EU:C:1994:367 (Rn. 79) – Bananen; Rs. C-4/73, ECLI:EU:C:1974:51 (Rn. 13 f.) – Nold; *Vosgerau*, in: Stern/Sachs, Art. 17 Rn. 46.

hat der EuGH den mit der Einführung einer gemeinsamen Marktorganisation für Bananen verbundenen Verlust von Marktanteilen nicht als Einwirkung auf eine Eigentumsposition der betroffenen Unternehmen angesehen.

3266 Jedoch führt eine gemeinsame Marktordnung auch ein rechtliches Regime der Markttätigkeit ein, sodass die **Zuteilung von Referenzmengen innerhalb** dieser **Marktordnung nicht mehr lediglich** eine **faktische Marktstellung** begründet, sondern zu einem **Marktrecht** avanciert.[860] Dieses Marktrecht macht den wirtschaftlichen Wert eines marktregulierten Unternehmens aus. Es ist deshalb essenziell für den Substanzwert des Unternehmens und damit auch dem Schutz des Eigentumsrechts zu unterstellen.[861] Inwieweit diese Position auch für die Zukunft grundrechtlich geschützt wird und damit über bloße Erwartungen und Gewinnchancen hinausgeht, ist hingegen eine Frage des Vertrauensschutzes und kann regelmäßig mit **Übergangsregelungen** grundrechtskonform gelöst werden.[862]

3. Geistiges Eigentum

3267 Geistiges Eigentum ist **Eigentum an immateriellen Gütern**,[863] die ihren eigentumsspezifischen Vermögenswert **aus** einer **schöpferischen Geistesleistung** erhalten[864] und deshalb anderen Eigentumspositionen gleichzustellen sind. Es ist nach **Art. 17 Abs. 2 EGRC** ausdrücklich geschützt. Die **besondere Hervorhebung** des geistigen Eigentums wird mit dessen zunehmender Bedeutung und dem abgeleiteten Unionsrecht erläutert.[865] Der **Gewährleistungsgehalt** des geistigen Eigentums ist daher trotz der besonderen Stellung des Art. 17 Abs. 2 EGRC **mit** demjenigen des **Art. 17 Abs. 1 EGRC identisch.**[866]

3268 Während der EGMR die Schutzfähigkeit geistigen Eigentums zunächst offen gelassen hat,[867] wurde es von der Lit. zur EMRK ohne weiteres zum Schutzstandard des Eigentumsrechts gezählt.[868] In seiner neueren Rechtsprechung hat sich der EGMR dann auch wie selbstverständlich angeschlossen.[869] Der EuGH hat in seiner

---

[860] Zu diesem Gedankengang schon o. Rn. 3247 ff.
[861] So schon zur öffentlich-rechtlichen Eigentumsposition o. Rn. 3247 ff.; a. A. EuGH, Rs. C-44/89, ECLI:EU:C:1991:401 (Rn. 27) – von Deetzen; *Jarass*, NVwZ 2006, 1089 (1091).
[862] Vgl. dazu u. Rn. 3443; ferner *Calliess*, in: Ehlers, Europäische Grundrechte und Grundfreiheiten, § 20 Rn. 21.
[863] *Jarass*, Art. 17 Rn. 10.
[864] EuGH, Rs. C-15/74, ECLI:EU:C:1974:114 (Rn. 9) – Sterling; EuG, Rs. T-691/14, ECLI:EU:T:2018:922 (Rn. 234) – Servier u. a.; BVerfGE 31, 229 (240 ff.).
[865] Erläuterungen zur Charta der Grundrechte, ABl. 2007 C 303, S. 17 (23).
[866] *Wollenschläger*, in: v. der Groeben/Schwarze/Hatje, Art. 17 GR-Charta Rn. 40.
[867] EGMR, Urt. vom 20.11.1995, Nr. 19589/92 (Rn. 91), Ser. A 331 – British-American Tobacco Company Ltd/Niederlande.
[868] *Meyer-Ladewig/v. Raumer*, in: Meyer-Ladewig/Nettesheim/v. Raumer, EMRK, ZP Art. 1 Schutz des Eigentums Rn. 21; *Frowein/Peukert*, Art. 1 des 1. ZP Rn. 6.
[869] EGMR, Urt. vom 11.1.2007, Nr. 73049/01 (Rn. 66, 47) – Anheuser-Busch Inc./Portugal.

§ 3 Eigentumsfreiheit

Rechtsprechung ebenfalls geistiges Eigentum anerkannt.[870] Allerdings hat der EuGH das geistige Eigentum in seinen Entscheidungen jeweils in Bezug zum gewerblichen und kommerziellen Eigentum nach Art. 36 AEUV gesetzt und nicht ausdrücklich unter das grundrechtliche Eigentumsrecht subsumiert.[871]

Vom geistigen Eigentum sind insbesondere auch **literarische und künstlerische Urheberrechte**[872] sowie **Patent-**,[873] **Verlags-**,[874] **Marken-**[875] und sonstige verwandte **Schutzrechte**,[876] weiterhin **Warenzeichen**,[877] Muster und Modelle[878] erfasst. Ferner hat der EuGH in seiner Entscheidung *Generics* auch Ergebnisse von **Untersuchungen**[879] **über bestimmte Handelsprodukte** als geistiges Eigentum qualifiziert. In dieser Entscheidung führt der EuGH aus, „dass der Inhaber der Rechte an dieser Arzneispezialität ein ausschließliches Recht zur Verwertung der Ergebnisse der pharmakologischen, toxikologischen sowie ärztlichen oder klinischen Versuche erhält, die innerhalb eines Zeitraums von sechs bzw. zehn Jahren ab der ersten Zulassung dieses Erzeugnisses in der Gemeinschaft zu den Akten genommen wurden".[880] Dementsprechend dürfen die Mitgliedstaaten nicht unionsrechtlich eingeräumte Verwertungsrechte verwehren. Dann entziehen sie geistiges Eigentum.[881] Dieses ist auch in Konflikten mit anderen grundrechtlichen Positionen hinreichend zu wahren, so im Verhältnis zur künstlerischen Entfaltungsfreiheit etwa beim **Sampling**.[882] Im Internet geht es um Verpflichtungen von Telekommunikationsunternehmen, personenbezogene Verkehrsdaten über die Nutzung des Internets

3269

---

[870] EuGH, Rs. C-92 u. 326/92, ECLI:EU:C:1993:847 (Rn. 21) – Phil Collins; Rs. C-200/96, ECLI:EU:C:1998:172 (Rn. 20 ff.) – Metronome Musik.

[871] In dieser Hinsicht möglicherweise anders EuGH, Rs. C-306/93, ECLI:EU:C:1994:407 (Rn. 22 f.) – Winzersekt.

[872] EuGH, Rs. C-200/96, ECLI:EU:C:1998:172 (Rn. 22 ff.) – Metronome Musik; *Calliess*, in: ders./Ruffert, Art. 17 GRCh Rn. 6; *Vosgerau*, in: Stern/Sachs, Art. 17 Rn. 44.

[873] EuGH, Rs. C-15/74, ECLI:EU:C:1974:114 (Rn. 9) – Sterling; *Calliess*, in: ders./Ruffert, Art. 17 GRCh Rn. 3; *Vosgerau*, in: Stern/Sachs, Art. 17 Rn. 44; *Rengeling/Szczekalla*, Rn. 806.

[874] *Calliess*, in: ders./Ruffert, Art. 17 GRCh Rn. 6; *Vosgerau*, in: Stern/Sachs, Art. 17 Rn. 44.

[875] *Calliess*, in: ders./Ruffert, Art. 17 GRCh Rn. 6 *Vosgerau*, in: Stern/Sachs, Art. 17 Rn. 44; *Rengeling/Szczekalla*, Rn. 806.

[876] EuGH, Rs. C-200/96, ECLI:EU:C:1998:172 (Rn. 22 ff.) – Metronome Musik; *Calliess*, in: ders./Ruffert, Art. 17 GRCh Rn. 6.

[877] EuGH, Rs. C-258/78, ECLI:EU:C:1982:211 (Rn. 35) – Nungesser; *Heselhaus*, in: ders./Nowak, § 36 Rn. 36.

[878] EuGH, Rs. C-144/81, ECLI:EU:C:1982:289 (Rn. 14) – Keurkoop; *Heselhaus*, in: ders./Nowak, § 36 Rn. 36.

[879] *Jarass*, NVwZ 2006, 1089 (1091) fasst dies allgemein unter „Informationen" zusammen.

[880] EuGH, Rs. C-368/96, ECLI:EU:C:1998:583 (Rn. 81) – Generics.

[881] EuGH, Rs. C-277/10 – ECLI:EU:C:2012:65 (Rn. 68 ff.) – Luksan, *Wollenschläger*, in: v. der Groeben/Schwarze/Hatje, Art. 17 GR-Charta Rn. 40 unter Verweis auch auf EuGH, Rs. C-360/10, ECLI:EU:C:2012:85 (Rn. 40 ff.) – SABAM; Rs. C-180/11, ECLI:EU:C:2012:717 (Rn. 76 ff.) – Bericap Záródástechnikai bt.

[882] EuGH, Rs. C-476/17, ECLI:EU:C:2019:624 – Sampling; näher *Frenz*, DVBl 2019, 1471 ff.

an Inhaber von Schutzrechten weiterzugeben.[883] Internet-Provider müssen urheberrechtsverletzende Inhalte sperren.[884]

3270 Der Schutz einer Position als geistiges Eigentum setzt eine **gewisse Exklusivität** voraus, sodass allgemein gebräuchliche oder verwendbare Begriffe oder Methoden nicht in den Schutzbereich des Art. 17 EGRC fallen. Dies hat der EuGH etwa für den Begriff **Champagnerverfahren**, als Aufdruck auf einem Flaschenetikett, angenommen.[885]

4. Eigentumsrechtlicher Vermögensschutz

a) Kein Ausschluss durch das Urteil Zuckerfabrik Süderdithmarschen

3271 Ob auch das Vermögen in seiner Gesamtheit in den Schutzbereich des Eigentumsrechts einbezogen ist, wird sehr unterschiedlich beurteilt. Die Rechtslage wird teilweise als offen bezeichnet,[886] teilweise wird der Schutz des Vermögens unter Hinweis auf die Rechtsprechung des EuGH ausgeschlossen.[887] Nach letzterer Auffassung würden hoheitlich auferlegte **Geldleistungspflichten** nicht am Eigentumsrecht gemessen werden, wie es auch überwiegend für das deutsche Recht vertreten wird.[888] Eine weitere Ansicht verneint zwar einen allgemeinen eigentumsrechtlichen Vermögensschutz, misst aber gleichwohl Geldleistungspflichten am Eigentumsrecht,[889] wobei hier teilweise auch gefordert wird, dass die Abgabenregelung an die Verwendung des Eigentums anzuknüpfen hat.[890]

3272 Nach der EuGH-Entscheidung *Süderdithmarschen* kann „die Verpflichtung, eine Abgabe zu zahlen, nicht als Verstoß gegen das Eigentumsrecht angesehen werden". „Somit ist festzustellen, dass die besondere Tilgungsabgabe das Eigentum der Zucker-

---

[883] EuGH, Rs. C-275/06, ECLI:EU:C:2008:54 (Rn. 61 ff.) – Promusicae.

[884] EuGH, Rs. C-314/12, ECLI:EU:C:2014:192 (Rn. 42 ff.) – UPC Telekabel Wien; *Wollenschläger*, in: v. der Groeben/Schwarze/Hatje, Art. 17 GR-Charta Rn. 40 unter Bezug auf *Karl*, EuZW 2014, 391; *Nordemann*, ZUM 2014, 499.

[885] EuGH, Rs. C-306/93, ECLI:EU:C:1994:407 (Rn. 23) – Winzersekt.

[886] *Rengeling/Szczekalla*, Rn. 810.

[887] *Streinz*, in: ders., Art. 17 GR-Charta Rn. 6; *Müller-Michaels*, Grundrechtlicher Eigentumsschutz in der Europäischen Union, 1997, S. 42; jeweils mit Hinweis auf EuGH, Rs. C-143/88 u. 92/89, ECLI:EU:C:1991:65 (Rn. 74) – Süderdithmarschen.

[888] BVerfGE 4, 7 (17); 91, 207 (220 f.); 95, 267 (300); anders BVerfGE 115, 97 (112) – Halbteilungsgrundsatz; abl. *Wernsmann*, NJW 2006, 1169 (1171); aus der Lit. ebenso *Papier/Shirvani*, in: Dürig/Herzog/Scholz, GG, Art. 14 Rn. 278, 291; *Wieland*, in: Dreier, GG-Kommentar, Art. 14 Rn. 57 f.; anders *Frenz*, Öffentliches Recht, 9. Aufl. 2022, Rn. 547.

[889] *Vosgerau*, in: Stern/Sachs, Art. 17 Rn. 38.

[890] *Heselhaus*, in: ders./Nowak, § 36 Rn. 51; *Wollenschläger*, in: v. der Groeben/Schwarze/Hatje, Art. 17 GR-Charta Rn. 13.

§ 3 Eigentumsfreiheit

hersteller nicht verletzt."[891] Entgegen einiger Stimmen in der Lit.[892] muss aus einem hier fehlenden Verstoß nicht auch der Ausschluss des Vermögens aus dem Schutzbereich abgeleitet werden,[893] denn der EuGH hat nur kurz vor der vorstehend zitierten Einlassung noch ausgeführt, „dass die Ausübung des Eigentumsrechts und die freie Berufsausübung namentlich im Rahmen einer gemeinsamen Marktorganisation Beschränkungen unterworfen werden können".[894] Deren Vorliegen wurde also trotz Antastung nur des Vermögens, wenn auch durch eine Abgabe, nicht ausgeschlossen.

Dafür, dass auch Geldleistungspflichten am Eigentumsrecht zu messen sind, spricht die Entscheidung des EuGH in der Sache *Faroe Seafood*.[895] Hier thematisiert der EuGH „die sich aus dem Eigentumsrecht und dem Grundsatz der Verhältnismäßigkeit ergebenden Anforderungen einer Nacherhebung von Eingangsabgaben".[896]

3273

b) Schlussfolgerungen aus der EMRK und Rechtsprechung des EGMR

Auch die jüngere Rechtsprechung des EGMR wird gem. Art. 52 Abs. 3 i. V. m. Abs. 7 EGMR als Beleg dafür angesehen, die „Abgabenerhebung generell dem Eigentumsschutz zuzuordnen:[897] ‚since it deprives the person concerned of a possession, namely the amount of money which must be paid'.[898]" Ansatz ist also der Abfluss von Eigentum durch die Zahlung von Steuern.

3274

Gerade die Erwähnung der Zahlung von Steuern oder sonstiger Abgaben als Recht der Staaten, welches gem. Art. 1 Abs. 2 des ZPs zur EMRK vom Eigentumsrecht unberührt bleibt, lässt darauf schließen, dass das Vermögen grundsätzlich zum Schutzbereich des Eigentumsrechts nach Art. 1 Abs. 1 des ZPs zur EMRK zählt[899]

3275

---

[891] EuGH, Rs. C-143/88 u. 92/89, ECLI:EU:C:1991:65 (Rn. 74) – Süderdithmarschen.

[892] *Wollenschläger*, in: v. der Groeben/Schwarze/Hatje, Art. 17 GR-Charta Rn. 13; *Streinz*, in: ders., Art. 17 GR-Charta Rn. 6; *Müller-Michaels*, Grundrechtlicher Eigentumsschutz in der Europäischen Union, 1997, S. 42; *v. Danwitz*, in: ders./Depenheuer/Engel, Bericht zur Lage des Eigentums, 2002, S. 215 (268).

[893] *Rengeling/Szczekalla*, Rn. 810 mit Fn. 114; *Heselhaus*, in: ders./Nowak, § 36 Rn. 50.

[894] EuGH, Rs. C-143/88 u. 92/89, ECLI:EU:C:1991:65 (Rn. 73) – Süderdithmarschen; so auch schon EuGH, Rs. C-265/87, ECLI:EU:C:1989:303 (Rn. 15) – Schräder.

[895] *Heselhaus*, in: ders./Nowak, § 36 Rn. 50.

[896] EuGH, Rs. C-153 u. 204/94, ECLI:EU:C:1996:198 (Rn. 116) – Faroe Seafood.

[897] *Wollenschläger*, in: v. der Groeben/Schwarze/Hatje, Art. 17 GR-Charta Rn. 13.

[898] EGMR, Urt. vom 24.9.2008, Nr. 13378/05 (Rn. 59) – Burden/Vereinigtes Königreich; vgl. ferner EGMR, Urt. vom 20.9.2011, Nr. 14902/04 (Rn. 552 ff.) – OAO Neftyanaya Kompaniya Yukos/Russland.

[899] *Frowein/Peukert*, Art. 1 des 1. ZP Rn. 74; *Müller-Michaels*, Grundrechtlicher Eigentumsschutz in der Europäischen Union, 1997, S. 69 (anders noch zum Vermögensschutz für das europarechtliche Eigentumsrecht, S. 42); *Moshnyagul*, Zum Eigentumsschutz im Sinne der EMRK im ukrainischen und russischen Recht, 2007, S. 44; a. A. *Jarass*, NVwZ 2006, 1089 (1090) der argumentiert, dass es bei Art. 1 Abs. 1 des ZPs zur EMRK um Regelungen des Eigentums „zur Sicherung der Zahlung von Steuern" und nicht um die Auferlegung von Steuerpflichten geht, ohne dabei zu präzisieren, was sich hinter diesem Verständnis von Art. 1 Abs. 2 des ZPs zur EMRK in der Sache verbergen soll.

und damit auch zum Standard nach Art. 17 EGRC erwachsen ist. Teilweise wird zwar das Argument aus Art. 1 Abs. 2 des ZPs zur EMRK anerkannt, gleichwohl nicht die entsprechende Konsequenz für Art. 17 EGRC gezogen.[900] Jedoch bestimmt die **EMRK** gem. Art. 52 Abs. 3 EGRC den Bedeutungsgehalt der EGRC und setzt den **Mindeststandard**. Wenn hiergegen vorgebracht wurde, dass es für eine vergleichbare Schutzintensität ausreichend sei, dass der EuGH Abgabepflichten am Grundsatz der Verhältnismäßigkeit messe,[901] so ist dies vor dem Hintergrund der damals noch fehlenden Verbindlichkeit der EGRC zu sehen.

3276 In der Entscheidung *Darby/Schweden* hat der EGMR ausdrücklich festgestellt, dass „der zweite Absatz von Art. 1 ZP bestimmt, dass die Pflicht zur Zahlung von Steuern in den Anwendungsbereich dieser Bestimmung fällt".[902] Zudem hat der EGMR in seiner Entscheidung *Fredin/Schweden* den Terminus der „economic interests" geprägt, welche ebenfalls vom Eigentumsschutz erfasst sein sollen.[903] Da **wirtschaftliche Interessen** ein ebenso **abstrakter Oberbegriff geldwerter Rechtspositionen** ist wie der Vermögensbegriff, spricht auch dieses Urteil des EGMR für die Einbeziehung des Vermögens in den Schutzbereich des europäischen Eigentumsrechts.[904] Allerdings verlangt der EGMR eine hinreichende Grundlage im staatlichen Recht, die etwa in Deutschland für entgangenen Gewinn fehlt.[905] Insoweit handelt es sich aber um eine „feine Linie", die sich nach nationalem Recht richtet und an der „groben Linie" der grundsätzlichen Einbeziehung des Vermögens nichts ändert.

3277 Möglicherweise abweichend ist hingegen ein früheres Urteil des EGMR in der Sache *van der Mussele* zu beurteilen. Hier hat der EGMR für die Verpflichtung eines Rechtsbeistands zur Übernahme von Gerichtskosten seines mittellosen Mandanten das Eigentumsrecht für nicht anwendbar erachtet.[906] Ferner hat der EGMR in der Sache *Langborger* die Unvereinbarkeit einer Zahlungspflicht mit dem Eigentums-

---

[900] *Vosgerau*, in: Stern/Sachs, Art. 17 Rn. Rn. 38, 52.
[901] *Heselhaus*, in: ders./Nowak, § 36 Rn. 51.
[902] EGMR, Urt. vom 23.10.1990, Nr. 11581/85 (Rn. 30), NJW 1991, 1404 (1404) – Darby/Schweden; vgl. ferner EGMR, Urt. vom 16.4.2002, Nr. 36677/97 (Rn. 44, 48), EuGRZ 2007, 671 (674 f.) – S.A. Dangeville/Frankreich.
[903] EGMR, Urt. vom 18.2.1991, Nr. 12033/86 (Rn. 40), ÖJZ 1991, 514 (514) – Fredin/Schweden (Nr. 1). Allerdings gründet die Terminologie des EGMR und seine Subsumtion unter das Eigentumsrecht möglicherweise darauf, dass die EMRK kein Grundrecht der Berufsfreiheit kennt; vgl. dazu *Müller-Michaels*, Grundrechtlicher Eigentumsschutz in der Europäischen Union, 1997, S. 67 mit Hinweis auf EGMR, Urt. vom 26.6.1986, Nr. 8543/79 (Rn. 41), EuGRZ 1988, 35 (38) – van Marle u. a./Niederlande.
[904] *Müller-Michaels*, Grundrechtlicher Eigentumsschutz in der Europäischen Union, 1997, S. 69; *Moshnyagul*, Zum Eigentumsschutz im Sinne der EMRK im ukrainischen und russischen Recht, 2007, S. 44.
[905] EGMR. Urt. vom 19.1.2017, Nr. 32377/12 (Rn. 39), NVwZ 2017, 1273 – Werra Naturstein/Deutschland.
[906] EGMR, Urt. vom 23.11.1983, Nr. 8919/80 (Rn. 49), EuGRZ 1985, 477 (484) – van der Mussele/Belgien.

§ 3 Eigentumsfreiheit

recht aufgrund der Geringfügigkeit der Summe begründet.[907] Dabei handelt es sich aber um besondere Konstellationen.

c) Eigentumsbezug von Abgabenpflichten

Jedenfalls der Hauptanwendungsfall der Diskussion um den Eigentumsschutz des Vermögens, die Abgabenpflicht, ist in den Schutzbereich des Art. 17 EGRC einzubeziehen. Auch wenn die Bürgerin und den Bürger die Steuer- oder Abgabenpflicht zunächst abstrakt in seinem Vermögen trifft, ohne dass sie selbst den konkret abzuführenden Vermögensgegenstand bestimmt, so wirkt sie sich dennoch konkret aus, wenn die Bürgerin und der Bürger diese Pflichtwahl trifft. Die **Erfüllung der Steuer- oder Abgabenpflicht** erfolgt damit im Ergebnis **durch Abführung einer konkreten Eigentumsposition**. Hierin liegt der Zugriff auf das Eigentum.[908]

3278

Nach der Rechtsprechung des EGMR gewährleistet das Eigentumsrecht hingegen **keinen Schutz vor Wertverlust von Geldforderungen durch Inflation**.[909]

3279

5. Definition des Eigentums

Unter Zugrundelegung des vom EuGH und EGMR kasuistisch vorgeprägten Schutzbereichs lässt sich der Eigentumsbegriff des Art. 17 EGRC wie folgt definieren: Eigentum ist **jedes kraft eigener Leistung entstandene und nach den Rechtsvorschriften der Mitgliedstaaten einer Person zugeordnete**[910] oder in seiner Entstehung **rechtlich abgesicherte Vermögensrecht** einer jeden natürlichen oder juristischen Person, das die Substanz wirtschaftlicher Selbstbestimmung konstituiert und damit Grundlage der wirtschaftlichen Freiheit ist. Die Elemente der durch die Rechtsordnung gesicherten Position und der Ermöglichung der selbstständigen Ausübung dieser Rechte betonte der EuGH in der Entscheidung *Sky Österreich*.[911]

3280

Bereits zu Art. 1 des ZPs zur EMRK wurde der Vermögenswert eines Rechtes als konstitutives Merkmal des Eigentumsbegriffs herausgearbeitet.[912] Entsprechend hat der EGMR in seiner Rechtsprechung das Eigentum auch nur gegen solche staatli-

3281

---

[907] EGMR, Urt. vom 22.6.1989, Nr. 11179/84 (Rn. 40), Ser. A 155 – Langborger/Schweden.
[908] *Vosgerau*, in: Stern/Sachs, Art. 17 Rn. 52; s. auch BVerfG, NJW 2006, 1191 (1193) – Halbteilungsgrundsatz; insoweit zust. *Frenz*, GewArch. 2006, 282 (284 ff.).
[909] EGMR, Urt. vom 29.8.2002, Nr. 67578/01 (Abschnitt The Law) – Appolonov/Russland.
[910] So schon zur Rspr. des EuGH *v. Danwitz*, in: ders./Depenheuer/Engel, Bericht zur Lage des Eigentums, 2002, S. 215 (262).
[911] EuGH, Rs. C-283/11, ECLI:EU:C:2013:28 (Rn. 34) – Sky; so auch EuGH, Rs. C-798 u. 799/18, ECLI:EU:C:2021:280 (Rn. 33) – Federazione nazionale delle imprese eletrotecniche ed elektronische (Anie) u. a.; darauf abhebend auch *Heselhaus*, in: ders./Nowak, § 36 Rn. 34; *Wollenschläger*, in: v. der Groeben/Schwarze/Hatje, Art. 17 GR-Charta Rn. 13.
[912] EGMR, Urt. vom 26.6.1986, Nr. 8543/79 (Rn. 41), EuGRZ 1988, 35 (38) – van Marle u. a./Niederlande; Urt. vom 16.10.2018, Nr. 21623/13 (Rn. 31) – Könyv-Tár Kft u. a./Ungarn; *v. Danwitz*, in: ders./Depenheuer/Engel, Bericht zur Lage des Eigentums, 2002, S. 215 (224 f.).

chen Maßnahmen in Schutz genommen, die den Vermögenswert einer Eigentumsposition zu beinträchtigen vermochten. Nach der EKMR können Umwelteinwirkungen auf ein Grundstück das Eigentumsrecht nur dann beeinträchtigen, wenn diese **Umwelteinwirkungen** den **wirtschaftlichen Wert des Grundstücks mindern**.[913] Grundlage ist der privatrechtliche Charakter der Eigentumsposition.[914]

3282 Neben dem Vermögenswert eines Rechts kommt der **Zuordnungsfunktion des Eigentums** besondere Bedeutung zu. Die Zuordnung von Eigentum ist dem Recht der Mitgliedstaaten unterstellt. Mit der Zuordnungsfunktion des Eigentums durch die Rechtsvorschriften der Mitgliedstaaten **korreliert** die **Ausschlussfunktion**, d. h. die Möglichkeit einer Person zur Nutzung ihres Eigentums unter Ausschluss Dritter.[915]

3283 Während bei Art. 1 des ZPs zur EMRK auch die freie Verfügbarkeit als Kriterium des Eigentumsbegriffs genannt wurde, ist in Art. 17 EGRC eine Differenzierung zwischen dem sachlichen Eigentumsbegriff und dem positiven Schutzbereich des Eigentumsrechts angelegt. Allerdings betont der EuGH für vermögenswerte Rechte die selbstständige Ausübung dieser Rechte durch den Inhaber, die die Rechtsordnung durch eine gesicherte Rechtsposition ermöglicht.[916] Gerade die rechtliche Sicherung betonte auch der EGMR.[917]

VI. Verwendungsmöglichkeiten

1. Neuer Ansatz

3284 Der positive Schutzbereich des Eigentumsrechts im Sinne einer aktiven, tätigkeitsbezogenen Grundrechtsausübung ist in Art. 17 EGRC explizit genannt. Darin geht Art. 17 EGRC über den Wortlaut der EMRK sowie des Art. 14 GG hinaus. Dadurch wird auch der Freiheitsbezug des Eigentums[918] neben dem bloßen Haberecht in Worte gefasst.[919] Nach Art. 17 EGRC hat jede Person das Recht, ihr rechtmäßig

---

[913] EKMR, Entsch. vom 16.7.1986, Nr. 9310/81 (Abschnitt The Law 2.), DR 47, 5 – Rayner/Vereinigtes Königreich.

[914] Etwa EGMR, Entsch. vom 9.5.2007, Nr. 29005/05, EuGRZ 2008, 24 (26) – Brückl/Deutschland.

[915] Vgl. *v. Danwitz*, in: ders./Depenheuer/Engel, Bericht zur Lage des Eigentums, 2002, S. 215 (224 f.); *Gelinsky*, Der Schutz des Eigentums gemäß Art. 1 des Ersten ZPs zur Europäischen Menschenrechtskonvention, 1996, S. 32.

[916] EuGH, Rs. C-283/11, ECLI:EU:C:2013:28 (Rn. 34) – Sky; Rs. C-798 u. 799/18, ECLI:EU:C:2021:280 (Rn. 33) – Federazione nazionale delle imprese elettrotecniche ed elettroniche (Anie) u. a.

[917] EGMR, Urt. vom 19.1.2017, Nr. 32377/12 (Rn. 39), NVwZ 2017, 1273 – Werra Naturstein/Deutschland.

[918] Zum Eigentum als Grundlage der Freiheit *Depenheuer/Froese*, in: v. Mangoldt/Klein/Starck, GG, Art. 14 Rn. 1 ff.

[919] Vgl. zum freiheitsrechtlichen Defizit der Rspr. des EGMR *v. Danwitz*, in: ders./Depenheuer/Engel, Bericht zur Lage des Eigentums, 2002, S. 215 (237).

erworbenes Eigentum zu besitzen, zu nutzen, darüber zu verfügen und es zu vererben. Die **positive Freiheit des Eigentumsrechts** ergibt sich damit bereits aus der Charta und muss nicht erst in den Umfang des Schutzbereichs des Eigentums hineindefiniert werden.[920]

2. Besitzrecht

Nach der deutschen Rechtsdogmatik ist das Besitzrecht die **Ergänzung der rechtlichen Zuordnungsfunktion des Eigentums** durch die Befugnis zur **tatsächlichen Herrschaftsmacht**.[921] Entsprechend kann auch für Art. 17 EGRC angenommen werden, dass das Besitzrecht in Abgrenzung zum Eigentumsbegriff das „In-der-Hand-haben" des Eigentums gewährleistet.[922]

3285

Die Auflistung des „Besitzens" als Ausübungsaspekt des Eigentums ist jedoch teilweise in die Kritik geraten, weil die Differenzierung zwischen Eigentum und Besitz nicht allen Rechtsordnungen der Mitgliedstaaten geläufig ist.[923] Gleichwohl hat auch der **EuGH** die **Unterscheidung** zwischen **Besitz und Eigentum** aufgegriffen.[924] Dem Schutzgehalt des Art. 17 EGRC entsteht durch die Begriffsdifferenzierung jedenfalls kein Schaden. Soweit diese in den nationalen Rechtsordnungen nicht stattfindet, ist der Besitz für diese als Bestandteil des Eigentums selbstverständlich, für die übrigen Rechtsordnungen hingegen klarstellend.

3286

3. Nutzungsrecht

Das Nutzungsrecht aus Art. 17 EGRC betrifft die Verwendungsmöglichkeiten des Eigentums und stellt sie zur Disposition der Eigentum besitzenden Person. Der EGMR betrachtet das wirtschaftliche Interesse aus der Nutzung als Eigentum.[925] Die **Nutzungsmöglichkeiten** sind entsprechend der Anzahl der Eigentumsgegenstände vielfältig.

3287

EGMR und EuGH haben zu Einzelfällen der Nutzung des Eigentums bereits Stellung genommen. So ist insbesondere auch die **Baufreiheit** als bauliche Nutzung

3288

---

[920] Anders z. B. bei Art. 14 GG. Danach wird lediglich das Eigentum gewährleistet. Dass die Nutzung des Eigentums neben dem Bestand desselben ebenfalls vom Schutzbereich erfasst ist, bedarf daher einer näheren, den Wortlaut des GG ausfüllenden Erörterung; vgl. dazu *Depenheuer/Froese*, in v. Mangoldt/Klein/Starck, GG, Art. 14 Rn. 65.
[921] Vgl. *Schäfer*, in Münchener Kommentar zum BGB, § 854 Rn. 4.
[922] *Bernsdorff*, in: Meyer/Hölscheidt, Art. 17 Rn. 16; *Jarass/Kment*, § 22 Rn. 13.
[923] *Heselhaus*, in: ders./Nowak, § 36 Rn. 37.
[924] EuGH, Rs. C-343/04, ECLI:EU:C:2006:330 (Rn. 30) – Land Oberösterreich.
[925] EGMR, Urt. vom 19.1.2017, Nr. 32377/12 (Rn. 37), NVwZ 2017, 1273 – Werra Naturstein/Deutschland.

des Grundeigentums vom Eigentumsrecht erfasst.[926] Das **Jagdrecht** hat der EGMR ebenfalls in den Katalog der Nutzungsbefugnisse aufgenommen.[927] Ferner umfasst das Nutzungsrecht die Gebrauchsüberlassung an Dritte im Wege der **Vermietung**[928] oder **Leihe**[929] und allgemein die Nutzung des Eigentums zur Gewinnerzielung.[930]

3289 Nur scheinbar keine Nutzung des Eigentums bildet der **Erwerb**, das bloße **Halten** und die **Veräußerung von Aktien**. Die diese Vorgänge erfassende EuGH-Entscheidung[931] bezog sich auf die Steuerpflichtigkeit der Ausgabe neuer Aktien und damit auf die Frage einer wirtschaftlichen Tätigkeit i. S. d. Sechsten Richtlinie zur Umsatzsteuer,[932] nicht aber auf die Reichweite des Eigentumsrechts. Auch Aktien bilden Vermögenswerte und können gerade in den beschriebenen Formen genutzt werden. Die Dividendeneinnahmen bleiben regelmäßig hinter den Kursgewinnen zurück. Jedenfalls aber bildet die Veräußerung oder auch erstmalige Ausgabe von Aktien eine Verfügung über einen Vermögenswert, sei es über Wertpapiere, sei es über an die Börse gebrachtes Firmenvermögen.

3290 Nach der *Booker-Aquaculture*-Entscheidung des EuGH stellt hingegen die Vernichtung eines seuchenbefallenen Fischbestandes keine Beeinträchtigung des Nutzungsrechts an dem zugehörigen Aquakulturbetrieb dar, da diese Vernichtung den Eigentum besitzenden Personen gerade die sofortige Wiederbestockung ermöglicht.[933] Indes wird der Fischbestand vernichtet, sodass auf diesen staatlich zugegriffen wurde.

---

[926] EGMR, Urt. vom 23.9.1982, Nr. 7151 u. 7152/75 (Rn. 60), NJW 1984, 2747 (2747) – Sporrong u. Lönnroth/Schweden; *Jarass*, NVwZ 2006, 1089 (1091 f.).

[927] EGMR, Urt. vom 29.4.1999, Nr. 25088/94 u. a. (Rn. 74), NJW 1999, 3695 (3696) – Chassagnou u. a./Frankreich.

[928] EuG, Rs. T-65/98, ECLI:EU:T:2003:281 (Rn. 171) – van den Bergh Foods; EGMR, Urt. vom 19.12.1989, Nr. 10522/83 u. a. (Rn. 43 f.), ÖJZ 1990, 150 (151) – Mellacher u. a./Österreich.

[929] EuGH, Rs. C-53/05, ECLI:EU:C:2006:448 (Rn. 34) – Kommission/Portugal; Rs. C-174/15, ECLI:EU:C:2016:856 (Rn. 59) – Vereniging Openbare Bibliotheken; EGMR, Urt. vom 19.12.1989, Nr. 10522/83 u. a. (Rn. 43 f.), ÖJZ 1990, 150 (151) – Mellacher u. a./Österreich; *Jarass*, NVwZ 2006, 1089 (1091).

[930] EuGH, Rs. C-363/01, ECLI:EU:C:2003:548 (Rn. 58) – Flughafen Hannover.

[931] EuGH, Rs. C-465/03, ECLI:EU:C:2005:320 (Rn. 19) – Kretztechnik AG; vgl. auch EuGH, Rs. C-421/17, ECLI:EU:C:2018:432 (Rn. 44) – Polfarmex.

[932] Sechste RL 77/388/EWG des Rates vom 17.5.1977 zur Harmonisierung der Rechtsvorschriften der Mitgliedstaaten über die Umsatzsteuern – Gemeinsames Mehrwertsteuersystem: einheitliche steuerpflichtige Bemessungsgrundlage, ABl. 1977 L 145, S. 1 (aufgehoben durch RL 2006/112/EG des Rates vom 28.11.2006 über das gemeinsame Mehrwertsteuersystem, ABl. 2006 L 347, S. 1, zuletzt geändert durch RL 2008/8/EG des Rates vom 12.2.2008 zur Änderung der RL 2006/112/EG bzgl. des Ortes der Dienstleistung, ABl. 2008 L 44, S. 11).

[933] EuGH, Rs. C-20 u. 64/00, ECLI:EU:C:2003:397 (Rn. 80 f.) – Booker Aquaculture.

§ 3 Eigentumsfreiheit

4. Verfügungsrecht

Das Verfügungsrecht des Art. 17 EGRC erstreckt sich auf den Status des Eigentums. Auch der EGMR hat schon frühzeitig hervorgehoben, dass das Recht über sein Eigentum zu verfügen, zu den „**traditionellen und grundlegenden Bestandteilen des Eigentums**" gehört.[934] Der EuGH hat jedenfalls die **Übereignung und Verpfändung** unter den Begriff der Verfügung gefasst.[935] Damit scheint der EuGH auf europäischer Ebene an den klassischen Verfügungsbegriff anzuknüpfen, wonach Verfügung jede **Aufhebung**, **Übertragung**, **Belastung oder inhaltliche Änderung eines Rechts** ist.[936]

3291

5. Erbrecht

Das **Erbrecht** ist in Art. 17 EGRC **explizit** verankert. Es hat traditionell zwei Gewährleistungsgehalte. Zum einen schützt es das **Recht der erblassenden Person** zu vererben, zum anderen gewährleistet es dem **Erbenden** das **Recht**, die Erbschaft kraft Erbfolge zu **erwerben**.[937]

3292

Das **Recht des Erblassenden**, über sein Eigentum lebzeitig und letztwillig zu verfügen, hatte der EGMR bereits in **Art. 1 des ZPs zur EMRK** hineingelesen.[938] Nach der Rechtsprechung des EGMR gewährleistet Art. 1 des ZPs zur EMRK hingegen kein Recht auf Eigentumserwerb im Wege der Intestaterbfolge, da es sich dabei lediglich um eine Chance des Erbenden zum Eigentumserwerb handele.[939] Etwas anderes gilt nur, wenn sich die Stellung des **Erbenden** schon zu einer ausreichend gesicherten **Anwartschaft** entwickelt hat.[940] Dies ist für den testamentarischen oder gesetzlichen Erbenden spätestens mit dem Eintritt des Erbfalles anzunehmen.[941]

3293

---

[934] EGMR, Urt. vom 13.6.1979, Nr. 6833/74 (Rn. 63), NJW 1979, 2449 (2454) – Marckx/Belgien.
[935] EuGH, Rs. C-123 u. 124/04, ECLI:EU:C:2006:542 (Rn. 29) – Industrias Nucleares do Brasil SA.
[936] Vgl. zum Verfügungsbegriff nach deutschem Recht *Bayreuter*, in: Münchener Kommentar zum BGB, § 185 Rn. 3.
[937] *Cremer*, in: Dörr/Grote/Marauhn, Kap. 22 Rn. 43.
[938] EGMR, Urt. vom 13.6.1979, Nr. 6833/74 (Rn. 63), NJW 1979, 2449 (2454) – Marckx/Belgien.
[939] EGMR, Urt. vom 13.6.1979, Nr. 6833/74 (Rn. 50), NJW 1979, 2449 (2452) – Marckx/Belgien.
[940] EGMR, Urt. vom 28.10.1987, Nr. 8695/79 (Rn. 38), Ser. A 126 – Inze/Österreich; *Jarass*, NVwZ 2006, 1089 (1092).
[941] *Vosgerau*, in: Stern/Sachs, Art. 17 Rn. 56; *Frowein/Peukert*, Art. 1 des 1. ZP Rn. 9; *Cremer*, in: Dörr/Grote/Marauhn, Kap. 22 Rn. 43; a. A. wohl *Bernsdorff*, in: Meyer/Hölscheidt, Art. 17 Rn. 16.

VII. Grenze des Schutzbereichs: Rechtmäßiger Erwerb

1. Rechtmäßigkeitsmaßstab

3294 Jede nach Art. 17 EGRC schützenswerte Eigentumsposition muss rechtmäßig erworben sein. In diesem Merkmal spiegelt sich das Verhältnis zwischen dem europäischen Eigentumsgrundrecht und dem nationalen Normunterbau wider,[942] wie es schon zu Art. 345 AEUV diskutiert wurde.[943]

3295 Die **Rechtmäßigkeit des Eigentumserwerbs** richtet sich grundsätzlich **nach dem nationalen Recht** der Mitgliedstaaten.[944] Im deutschen Recht kommt es für eine schutzfähige Eigentumsposition sowohl auf die Regelungen des Zivilrechts als auch auf sonstige Rechtsvorschriften an, mit denen der Gesetzgebende das Eigentumsrecht ausgestaltet.[945] Diese müssen ihrerseits grundgesetzkonform sein.

3296 Zu denken ist etwa an § 47 BNatSchG. So bildet es eine verfassungsrechtlich nicht zu beanstandende Inhalts- und Schrankenbestimmung des Eigentums, wenn der Gesetzgebende zum Schutz bestandsbedrohter Arten frei lebender Tiere und Pflanzen den Einzug vorschreibt, sofern davon Exemplare ohne entsprechende Genehmigungspapiere eingeführt werden.[946] Für diesen Fall handelt es sich mithin auch nicht um eine rechtmäßig erworbene Eigentumsposition nach Art. 17 EGRC. Der Eigentumserwerb an solchen Sachen wird schon aufgrund der Natur der Sache ausgeschlossen.[947]

3297 In solchen Fällen ist daher auch eine **Beschlagnahme** möglich. Ist aber der Erwerb rechtmäßig gewesen, greift der Eigentumsschutz ein, etwa auch für russische Oligarchen im Dienste Putins. Daher sind Wirtschafts- und **Vermögenssanktionen** nach Art. 215 Abs. 2 AEUV **näher zu begründen** und voll an den EU-Grundrechten zu messen.[948]

3298 Nicht ausgeschlossen ist, dass auch **Europarecht als Maßstab für die Rechtmäßigkeit des Eigentumserwerbs** heranzuziehen ist.[949] Das kann etwa bei **Erwerbsverboten im Rahmen von Umwelt- und Tierschutzmaßnahmen** oder **Wirtschaftssanktionen** der Fall sein, die auf Europarecht zurückgehen. Im vorstehend vom BVerfG entschiedenen Fall hatten die Zollbehörden den Einzug afri-

---

[942] *Jarass/Kment*, § 22 Rn. 15; *Calliess*, in: Ehlers, Europäische Grundrechte und Grundfreiheiten, § 20 Rn. 15.
[943] Vgl. dazu o. Rn. 3205 ff.
[944] *Jarass/Kment*, § 22 Rn. 6, 15; *Bernsdorff*, in: Meyer/Hölscheidt, Art. 17 Rn. 15.
[945] BVerfG, NJW 1990, 1229 (1229).
[946] BVerfG, NJW 1990, 1229 (1229).
[947] *Oechsler*, in: Münchener Kommentar zum BGB, § 958 Rn. 7 f.; *Hamdorf*, a. a. O., § 937 Rn. 36 ff.
[948] EuGH, Rs. C-402/05 P, ECLI:EU:C:2008:461 – Al Barakaat; EuG, Rs. T-212/22, ECLI:EU:T:2023:104 – Prigoschina; *Frenz*, EWS 2023, 187 ff.
[949] *Jarass/Kment*, § 22 Rn. 6, 15; *Bernsdorff*, in: Meyer/Hölscheidt, Art. 17 Rn. 15; *Heselhaus*, in: ders./Nowak, § 36 Rn. 35.

kanischen Elfenbeins zunächst auch auf § 5 Abs. 2 des Gesetzes zur Durchführung der VO (EWG) Nr. 3626/82 vom 22.12.1983[950] gestützt.

2. Rechtmäßiger Erwerb und Straftaten

Das Merkmal des rechtmäßigen Erwerbs steht in besonders enger Verbindung zur Bedeutung von Straftaten. Am engsten ist diese, wenn man jedes aufgrund von Straftaten erlangte Eigentum (**producta sceleris**) aus dem Schutzbereich des Eigentums herausnimmt.[951] Teilweise wird aber auch solches Eigentum generell in den Eigentumsschutz nach Art. 17 EGRC einbezogen.[952]

3299

Entscheidend für die Zuordnung des Eigentums ist letztlich nicht das Straf-, sondern das Zivilrecht. Hat der Erwerbsvorgang im Rahmen einer **Straftat** stattgefunden, so wirkt sich dies auf den grundsätzlichen Eigentumsschutz nach Art. 17 EGRC deshalb nur dann aus, wenn das strafrechtlich relevante Verhalten auch **auf die Wirksamkeit des zivilrechtlichen Erwerbsvorgangs durchschlägt**.[953] Das wird bei Betrug (§ 263 StGB) in einem Zweiparteienverhältnis i. d. R. nicht anzunehmen sein, da der Vermögensschaden hinsichtlich des Eigentums an einer Sache erst durch Übereignung eines Gegenstandes eintritt. Die Verwirklichung des Betrugstatbestandes setzt damit die Wirksamkeit der Übereignung voraus. Die Übereignung ist in diesen Fällen nicht schon nach § 134 BGB nichtig, sondern lediglich nach § 123 BGB anfechtbar.[954] Darin zeigt sich, dass anders als bei den oben thematisierten Erwerbsverboten das strafrechtlich relevante Verhalten zunächst nichts am Zuweisungsgehalt der zivilrechtlichen Eigentumsvorschriften ändert.

3300

Beim Diebstahl (§ 242 StGB) liegt dagegen schon überhaupt **kein Erwerbsvorgang vor**, sodass das **Diebesgut** gar nicht erst zur Eigentumsposition erwachsen kann. Da der Schutz des Eigentums nicht lediglich an die Besitzposition einer Person anknüpft,[955] fällt Diebesgut für den Straftätigen ohnehin aus dem Schutzbereich des Eigentumsrechts nach Art. 17 EGRC heraus.

3301

Gerade für das deutsche Recht, welches auch dem europäischen Eigentumsrecht als Normunterbau dient, verbietet sich daher eine generalisierende Einordnung durch Straftaten erlangter Gegenstände.[956] Dass eine Eigentumsposition im Rahmen einer Straftat erworben wurde, kann im Übrigen im Rahmen der Entschädigung Berücksichtigung finden.[957]

3302

---

[950] BGBl. I S. 1571; außer Kraft seit dem 31.12.1986.
[951] So *Vosgerau*, in: Stern/Sachs, Art. 17 Rn. 51.
[952] *Rengeling/Szczekalla*, Rn. 808.
[953] *Jarass/Kment*, § 22 Rn. 6.
[954] *Armbrüster*, in: Münchener Kommentar zum BGB, § 134 Rn. 70.
[955] *Vosgerau*, in: Stern/Sachs, Art. 17 Rn. 51; *Heselhaus*, in: ders./Nowak, § 36 Rn. 37.
[956] Im Ergebnis zust. *Heselhaus*, in: ders./Nowak, § 36 Rn. 35; *Bernsdorff*, in: Meyer/Hölscheidt, Art. 17 Rn. 15; inkonsequent ist es jedoch, wenn *Bernsdorff* anschließend in Rn. 20 jede Einziehung von aus Straftaten erlangtem Eigentum als Regelung zur Nutzung des Eigentums qualifiziert.
[957] *Jarass*, NVwZ 2006, 1089 (1093).

3. Dogmatische Einordnung

3303 Dogmatisch stellt sich die Frage, ob der rechtmäßige Erwerb des Eigentums Tatbestandsvoraussetzung für den Schutzbereich des Eigentumsrechts oder unselbstständiger Teil der Einschränkung des Eigentums durch eine Nutzungsregelung ist. Wortlaut und Systematik des Art. 17 EGRC sprechen für die erste Alternative. Eine **von der Nutzungsregelung getrennte Nennung des rechtmäßigen Erwerbs** wäre nicht erforderlich, wenn dem nicht auch eine eigenständige Bedeutung zukommen sollte. Darüber hinaus fällt auch systematisch auf, dass im Vergleich zum deutschen Recht die Nutzungsregelung nicht explizit von einer Inhaltsbestimmung flankiert wird.[958] Insofern kann zumindest das Merkmal des rechtmäßigen Erwerbs als ein inhaltliches Erfordernis an die Entstehung von Eigentum angesehen werden.[959] Ein Beispiel für solche Entstehungsvoraussetzungen bilden wiederum die Fälle der **Erwerbsverbote**.[960] Dementsprechend ist die Frage der Rechtmäßigkeit eines Eigentumserwerbs zunächst eine Frage der Eigentumsfähigkeit und damit der Entstehung einer Position und anschließend eine Frage der Zuweisung einer solchen Position durch zivilrechtliche Eigentumsvorschriften.

3304 Allerdings kennt Art. 1 des ZPs zur EMRK eine solche Einschränkung nicht. Deshalb wird in einer Tatbestandswirkung des rechtmäßigen Erwerbs eine nach **Art. 52 Abs. 3 S. 1 EGRC** untersagte Abweichung des Standards der EMRK gesehen.[961] Zudem kann nach dem EGMR in der Rechtssache *Jahn u. a./Deutschland*[962] die Rechtmäßigkeit des einmal erworbenen vollwertigen Eigentums nicht in Zweifel gezogen werden.[963]

3305 Die Annahme der Tatbestandswirkung des Rechtmäßigkeitsmerkmals in Art. 17 EGRC und die Rechtsprechung des EGMR sind jedoch miteinander vereinbar, wenn das Rechtmäßigkeitsmerkmal im oben skizzierten Sinne[964] verstanden wird. Danach **bezieht sich die Rechtmäßigkeit auf die Eigentumsfähigkeit einer Position** und

---

[958] *Leisner*, in: Isensee/Kirchhof, HStR VIII, § 173 Rn. 18 ff. zum deutschen Verfassungsrecht. Teilweise wird die Differenzierung zwischen Inhalts- und Schrankenbestimmung für obsolet erachtet, *Papier/Shirvani*, in: Dürig/Herzog/Scholz, GG, Art. 14 Rn. 417.
[959] Vgl. zum Begriff der Nutzungsregelung u. Rn. 3378 ff.
[960] Vgl. dazu o. Rn. 3295.
[961] Vgl. *Rengeling/Szczekalla*, Rn. 808.
[962] S. EGMR, Urt. vom 22.1.2004, Nr. 46720/99 u. a. (Rn. 67, 89 f.), NJW 2004, 923 (924 ff.) – Jahn u. a./Deutschland. Die nachfolgende Entscheidung der Großen Kammer des EGMR vom 30.6.2005, NJW 2005, 2907 ff., hat in diesem Punkt keine Abweichung ergeben. In Rn. 79 führt sie unter Bezugnahme auf die Entscheidung der Kammer lediglich aus, dass im vorliegenden Fall die Entziehung von Eigentum vorliege.
[963] Darauf hier ebenfalls verweisend *Rengeling/Szczekalla*, Rn. 808.
[964] S.o. Rn. 3300 ff.

die **Zuweisung durch zivilrechtliche Vorschriften**. Ein diesen Vorschriften zuwiderlaufender Erwerb ist rechtswidrig i. S. d. Art. 17 EGRC und erstarkt nicht zu einer Eigentumsposition.

Rechtswidrig i. S. d. Art. 17 EGRC bedeutet daher in den Worten deutscher Rechtsterminologie, dass der **Eigentumserwerb entweder rechtlich unmöglich oder der Erwerbsakt als solcher nichtig** ist. Unter dieser Prämisse wird einmal erworbenes Eigentum nicht in Zweifel gezogen, wie es der EGMR in der Entscheidung *Jahn u. a./Deutschland* gefordert hat. 3306

Auch der Mindeststandard nach der EMRK wird durch diese Auslegung des Art. 17 EGRC nicht unterschritten, da ebenfalls nach der EMRK nur solche Rechtspositionen in den Eigentumsschutz einbezogen werden, die das nationale Recht einer Person als Eigentum zuordnet.[965] 3307

4. Grundrechtskonkurrenzen

Das Eigentumsrecht steht als spezielles Freiheitsrecht grundsätzlich in **Idealkonkurrenz** zu den anderen Freiheitsrechten.[966] Besondere Bedeutung hat dabei das Verhältnis zur Berufsfreiheit, da ein Lebenssachverhalt häufig sowohl das Eigentumsrecht als auch die Berufsfreiheit betrifft. Das gilt etwa bei Einschränkungen beruflicher Betätigung, durch die im Zusammenhang damit angeschaffte Eigentumsgegenstände nutzlos werden. 3308

I. d. R. bemüht sich der EuGH mangels Relevanz für das Ergebnis der Prüfung einer Grundrechtsverletzung jedoch nicht um eine Abgrenzung zwischen Eigentumsrecht und Berufsfreiheit.[967] Die EMRK enthält kein Grundrecht der Berufsfreiheit, sodass die Spruchpraxis der Konventionsorgane insoweit nicht einschlägig ist. Relevant ist der Begriff der „**economic interests**', die jedenfalls in Zusammenhang mit einer unternehmerischen Tätigkeit als ‚possessions' ebenfalls vom Eigentumsschutz erfasst sein sollen".[968] Damit wird der Eigentumsschutz ausgedehnt und auf ökonomische Interessen beruflicher unternehmerischer Tätigkeit erstreckt. 3309

Im Übrigen wird der Grundsatz bemüht, dass das Eigentumsrecht nur bereits bestehende Positionen – also das Erworbene – schützt, während der Erwerb in den Schutzbereich der Berufsfreiheit fällt.[969] Indes gibt es **Zwischenbereiche**, die an 3310

---

[965] *Bernsdorff*, in: Meyer/Hölscheidt, Art. 17 Rn. 15.
[966] *Heselhaus*, in: ders./Nowak, § 36 Rn. 86; *Jarass/Kment*, § 22 Rn. 3.
[967] EuGH, Rs. C-248 u. 249/95, ECLI:EU:C:1997:377 (Rn. 72 ff.) – SAM u. Stapf, Rs. C-200/96, ECLI:EU:C:1998:172 (Rn. 21 ff.) – Metronome Musik; *Heselhaus*, in: ders./Nowak, § 36 Rn. 86.
[968] EGMR, Urt. vom 7.6.2018, Nr. 44460/16 (Rn. 87) – O'Sullivan McCarthy Mussel Development Ltd; Urt. vom 19.1.2017, Nr. 32377/12 (Rn. 37) – Werra Naturstein; *Vosgerau*, in: Stern/Sachs, Art. 17 Rn. 34.
[969] *Jarass/Kment*, § 22 Rn. 3; *Bernsdorff*, in: Meyer/Hölscheidt, Art. 15 Rn. 12; *Streinz*, in: ders., Art. 15 GR-Charta Rn. 7.

beiden Grundrechten** gemessen werden können. Das zeigt das vorerwähnte Beispiel und allgemeiner, wenn es um den Erwerb durch Erworbenes geht.[970]

3311 Neben der Berufsfreiheit erlangt die Abgrenzung zur **allgemeinen Handlungsfreiheit**[971] bei der Auferlegung **staatlicher Geldleistungspflichten** besondere Bedeutung. Indes kann es für einen Eingriff in das Eigentumsrecht nicht auf die Wahlfreiheit zwischen unterschiedlichen Vermögensgegenständen zur Begleichung der staatlichen Geldleistungspflicht ankommen.[972] Geldleistungspflichten sind damit anhand des spezielleren Maßstabs des Eigentumsrechts zu prüfen. Auch insoweit ist aber eine parallele Prüfung der Berufsfreiheit angezeigt.[973]

D. Eigentumsentzug

I. Zuerst geprüfte Form der Eigentumsbeeinträchtigung

3312 Art. 17 EGRC nennt zwei zulässige Formen der Beeinträchtigung des Eigentumsrechts. Gem. Art. 17 Abs. 1 S. 2 EGRC darf niemandem sein Eigentum entzogen werden, es sei denn aus Gründen des öffentlichen Interesses in den Fällen sowie unter den Bedingungen, die in einem Gesetz vorgesehen sind, und gegen eine rechtzeitige und angemessene Entschädigung für den Verlust des Eigentums. Darüber hinaus kann nach Art. 17 Abs. 1 S. 3 EGRC die Nutzung des Eigentums gesetzlich geregelt werden, soweit dies für das Wohl der Allgemeinheit erforderlich ist. Aufgrund der stärkeren Eingriffsintensität und strengeren Rechtfertigungsvoraussetzungen der Eigentumsentziehung prüft der EGMR zunächst, ob ein Eingriff als Entziehung des Eigentums zu werten ist.[974]

II. Zurechenbarkeit

3313 Der Eigentumsentziehung und der Nutzungsregelung ist gemeinsam, dass sie auf eine **dem Staat zurechenbare Handlung** zurückgeführt werden müssen.[975] Ausgenommen von Eingriffen in das Eigentum sind damit Rechtsvorschriften, die ausschließlich Privatrechtsverhältnisse regeln. So vollzieht sich etwa die zwangsweise Vollstreckung eines Gerichtsurteils aus einem Rechtsstreit zwischen Privaten

---

[970] S. auch *Frenz*, Vergaberecht EU und national, Rn. 162 sowie o. Rn. 3239.

[971] Vgl. zur Diskussion einer allgemeinen Handlungsfreiheit nach Art. 6 EGRC *Ogorek*, in: Stern/Sachs, Art. 6 Rn. 4 sowie o. Rn. 1230 ff.

[972] Vgl. o. Rn. 3271 ff.

[973] *Frenz*, in: FS für Stober, 2008, S. 243 ff.

[974] *Reininghaus*, Eingriffe in das Eigentumsrecht nach Art. 1 des ZPs zur EMRK, 2002, S. 17.

[975] EGMR, Urt. vom 25.4.1996, Nr. 15573/89 (Rn. 60), ÖJZ 1996, 869 (871) – Gustafsson/Schweden; *Reininghaus*, Eingriffe in das Eigentumsrecht nach Art. 1 des ZPs zur EMRK, 2002, S. 6 f.

lediglich in einem solchen **Privatverhältnis** und kann dem Staat **nicht** als **Eigentumseingriff** zugerechnet werden.[976] Dies gilt jedoch nur **vorbehaltlich** einer **ordnungsgemäßen Ausgestaltung des Gerichtsverfahrens** zum Schutz eigentumsrechtlicher Ansprüche.[977]

Den Vorrang privatrechtlicher Interessenkonflikte hat die EKMR auch bei einem Ausschluss von Minderheitsaktionären aus einer Aktiengesellschaft angenommen und damit einen dem Staat zurechenbaren Entzug von Eigentumspositionen abgelehnt.[978] Gleiches wird bezüglich des deutschen Rechts auch für die entsprechenden Vorschriften nach den §§ 327a-327f AktG angenommen.[979]

3314

III. Völkerrechtliche Ansätze zu einem Schutz vor Enteignung

Bereits im völkerrechtlichen ius gentium (Fremdenrecht) hatten sich erste Ansätze zu einem **internationalen Schutz vor Enteignungen** entwickelt. Danach ist eine Enteignung ausländischer Staatsbürgerinnen und Staatsbürger nach der so genannten **Hull-Formel** nur zulässig, **wenn** diesen unverzüglich eine **angemessene und wirksame Entschädigung** gewährt wird.[980] Art. 1 des ZPs zur EMRK hat diese allgemeinen Grundsätze des Völkerrechts in seinen Gewährleistungsgehalt aufgenommen. Allerdings ist streitig geblieben, ob die Hull-Formel auch für inländische Personen zu einem völkerrechtlichen Standard erwachsen ist.[981]

3315

IV. Begriff der Eigentumsentziehung nach Art. 17 EGRC

Art. 17 EGRC wie auch Art. 1 des ZPs zur EMRK verwenden den Begriff der Eigentumsentziehung. Schon für Art. 1 des ZPs zur EMRK wurde der Terminus der Eigentumsentziehung aufgrund seines neutralen Bedeutungsgehaltes gewählt, während Begriffe wie Nationalisierung, Verstaatlichung und Enteignung unterschiedliche Prägungen durch die Rechtssysteme der Vertragsstaaten erfahren hatten.[982] In Abgrenzung zum engeren Begriff der Enteignung umfasst die **Eigentumsentzie-**

3316

---

[976] *Frowein/Peukert*, Art. 1 des 1. ZP Rn. 37; *Reininghaus*, Eingriffe in das Eigentumsrecht nach Art. 1 des ZPs zur EMRK, 2002, S. 6 f.

[977] *Frowein/Peukert*, Art. 1 des 1. ZP Rn. 37.

[978] EKMR, Entsch. vom 12.10.1982, Nr. 8588 u. 8589/79, DR 29, 76 (81) – Bramelid u. Malmström/Schweden.

[979] *Fleischer/Schoppe*, Der Konzern 2006, 329 (333 f.).

[980] *Herdegen*, Völkerrecht, § 54 Rn. 2; *Müller-Michaels*, Grundrechtlicher Eigentumsschutz in der Europäischen Union, 1997, S. 91.

[981] Vgl. *Moshnyagul*, Zum Eigentumsschutz im Sinne der EMRK im ukrainischen und russischen Recht, 2007, S. 62 ff.; *Müller-Michaels*, Grundrechtlicher Eigentumsschutz in der Europäischen Union, 1997, S. 92 f.

[982] *Mittelberger*, Der Eigentumsschutz nach Art. 1 des Ersten ZPs zur EMRK im Lichte der Rechtsprechung der Straßburger Organe, 2000, S. 60 f.

hung neben der **Enteignung auch Nationalisierungsmaßnahmen** und die **Konfiskation** von Eigentum.[983] Während die Enteignung und Nationalisierung als Eigentumsentziehungen Eingang in die Rechtsprechung des EGMR zu Art. 1 Abs. 1 S. 2 des ZPs zur EMRK gefunden haben, hat dieser die Konfiskation von Eigentum hingegen als Nutzungsregelung nach Art. 1 Abs. 2 des ZPs zur EMRK qualifiziert.[984]

V. Formelle Enteignung

3317 Der Begriff der Enteignung lässt sich unter Einbeziehung der Rechtsprechung des EGMR definieren als eine **dauerhafte**[985] **ganze oder teilweise**[986] **Übertragung**[987] von nach Art. 17 EGRC geschützten **Eigentumspositionen auf den Staat oder eine dritte Person**[988] kraft eines Gesetzes und aus Gründen des öffentlichen Interesses.[989] Diese Entziehung des Eigentums kann durch unmittelbaren staatlichen Zugriff oder mittelbar etwa durch Auferlegung einer Übertragungsverpflichtung[990] sowie durch Ausübung eines gesetzlichen Vorkaufsrechts erfolgen.[991] Die zielgerichtete vollständige Entziehung des Eigentums auf Dauer bildet die klassische **formelle Enteignung**.[992] Dazu gibt es aber mangels Enteignungsbefugnissen der EU kaum Rechtsprechung des EuGH.[993]

---

[983] *V. Danwitz*, in: ders./Depenheuer/Engel, Bericht zur Lage des Eigentums, 2002, S. 215 (239); *Mittelberger*, Der Eigentumsschutz nach Art. 1 des Ersten ZPs zur EMRK im Lichte der Rechtsprechung der Straßburger Organe, 2000, S. 60 f.

[984] Vgl. u. Rn. 3388.

[985] EGMR, Urt. vom 7.12.1976, Nr. 5493/72 (Rn. 62 f.), EuGRZ 1977, 38 (48 f.) – Handyside/Vereinigtes Königreich; Urt. vom 30.10.1991, Nr. 11796/85 (Rn. 72), ÖJZ 1992, 238 (240 f.) – Wiesinger/Österreich; *Cremer*, in: Dörr/Grote/Marauhn, Kap. 22 Rn. 145, 136; *Moshnyagul*, Zum Eigentumsschutz im Sinne der EMRK im ukrainischen und russischen Recht, 2007, S. 52.

[986] *Heselhaus*, in: ders./Nowak, § 36 Rn. 60.

[987] EGMR, Urt. vom 23.9.1982, Nr. 7151 u. 7152/75 (Rn. 63), NJW 1984, 2747 (2747 f.) – Sporrong u. Lönnroth/Schweden; *Reininghaus*, Eingriffe in das Eigentumsrecht nach Art. 1 des ZPs zur EMRK, 2002, S. 27.

[988] *Cremer*, in: Dörr/Grote/Marauhn, Kap. 22 Rn. 146; *Moshnyagul*, Zum Eigentumsschutz im Sinne der EMRK im ukrainischen und russischen Recht, 2007, S. 52.

[989] EGMR, Urt. vom 9.12.1994, Nr. 13092/87 u. 13984/88 (Rn. 61 ff.), ÖJZ 1995, 428 (430) – Holy Monasteries/Griechenland; *Reininghaus*, Eingriffe in das Eigentumsrecht nach Art. 1 des ZPs zur EMRK, 2002, S. 21.

[990] EGMR, Urt. vom 21.2.1990, Nr. 11855/85 (Rn. 9, 43 f.), EuGRZ 1992, 5 (5, 8) – Håkansson u. Sturesson/Schweden.

[991] EGMR, Urt. vom 22.9.1994, Nr. 13616/88 (Rn. 35), EuGRZ 1996, 593 (597) – Hentrich/Frankreich.

[992] EuGH, Rs. C-277/10, ECLI:EU:C:2012:65 (Rn. 70) – Luksan; *Heselhaus*, in: ders./Nowak, § 36 Rn. 60.

[993] *Calliess*, in: ders./Ruffert, Art. 17 EGRC Rn. 16; *Streinz*, in: ders., Art. 17 GR-Charta Rn. 12 noch unter Verweis auf EuGH, Rs. C-347/03, ECLI:EU:C:2005:285 (Rn. 123) – ERSA.

§ 3 Eigentumsfreiheit

Der Entziehung eines Sachgegenstandes ist die Beseitigung einer Rechtsposition durch nachträgliche Aberkennung einer rechtskräftigen Gerichtsentscheidung[994] oder durch **Neuordnung von Rechtsvorschriften**[995] gleichgestellt. Eine Forderung aus einem Urteil kann Eigentum bilden. Ist dies der Fall, stellt es einen Eingriff in das Recht auf Achtung des Eigentums dar, wenn ein solches **Urteil aufgehoben** wird bzw. **nicht vollstreckt** werden kann.[996] Gerade aus letzterem Aspekt lässt sich der Schluss ziehen, dass die **Enteignung** nach Art. 17 EGRC **keinen Güterbeschaffungsvorgang voraussetzt**.[997]

3318

Neben der Individualenteignung können im Rahmen von Nationalisierungsmaßnahmen selbst ganze Wirtschaftszweige unter den Tatbestand der Eigentumsentziehung fallen.[998] Die Berufung auf das Eigentumsrecht ist ebenfalls zur Abwehr einer erst noch bevorstehenden Enteignung möglich.[999] Die Übertragung einer Eigentumsposition setzt damit **nicht zwingend** auch den **Übergang der Sachherrschaft** voraus.[1000]

3319

VI. Faktische Enteignung

1. Kriterium der Eingriffsintensität nach dem EGMR

a) Ansatz

Der formellen Enteignung stellt der EGMR die faktische Enteignung gleich. Eine solche ist anzunehmen, wenn die mit dem Eigentum verbundenen **Nutzungs- und Verfügungsrechte derart eingeschränkt** werden, dass der berechtigten Person lediglich eine **formale Eigentümerstellung** zukommt, während die **wirtschaftli-**

3320

---

[994] EGMR, Urt. vom 28.10.1999, Nr. 28342/95 (Rn. 73 f.), RJD 1999-VII – Brumarescu/Rumänien; Urt. vom 18.1.2005, Nr. 77317/01 (Rn. 45) – Poltorachenko/Ukraine.
[995] EGMR, Urt. vom 21.2.1986, Nr. 8793/79 (Rn. 34 ff.), EuGRZ 1988, 341 (342) – James u. a./Vereinigtes Königreich.
[996] EGMR, Urt. vom 19.12.2006, Nr. 14385/04 (Rn. 113 f.), NJW 2007, 3409 (3410) – Oferta Plus/Moldau.
[997] Anders BVerfGE 143, 246. Zusammenfassend zur abw. Rspr. des BVerfG *Cremer*, in: Dörr/Grote/Marauhn, Kap. 22 Rn. 168.
[998] EGMR, Urt. vom 8.7.1986, Nr. 9006/80 u. a. (Rn. 10 ff. i. V. m. 107), EuGRZ 1988, 350 (356) – Lithgow u. a./Vereinigtes Königreich; *Reininghaus*, Eingriffe in das Eigentumsrecht nach Art. 1 des ZPs zur EMRK, 2002, S. 38; *Mittelberger*, Der Eigentumsschutz nach Art. 1 des Ersten ZPs zur EMRK im Lichte der Rechtsprechung der Straßburger Organe, 2000, S. 66.
[999] EGMR, Urt. vom 9.12.1994, Nr. 13092/87 u. 13984/88 (Rn. 61 ff.), ÖJZ 1995, 428 (430) – Holy Monasteries/Griechenland.
[1000] EGMR, Urt. vom 9.12.1994, Nr. 13092/87 u. 13984/88 (Rn. 65), ÖJZ 1995, 428 (430) – Holy Monasteries/Griechenland; *Reininghaus*, Eingriffe in das Eigentumsrecht nach Art. 1 des ZPs zur EMRK, 2002, S. 28 ff.

chen Auswirkungen mit jenen der **Enteignung gleichzusetzen** sind.[1001] Die Eigentümerstellung wird mithin aufgrund der Intensität der Maßnahme wie durch eine formelle Enteignung beeinträchtigt.[1002] Erforderlich ist, dass dem Eigentum Besitzenden jede sinnvolle Nutzungsmöglichkeit genommen wird oder das Eigentum gänzlich seinen Wert verliert.[1003] Das muss dauerhaft erfolgen. Die vorübergehende Schließung einer Betriebsstätte – wie etwa in Corona-Zeiten –[1004] genügt dafür nicht, zumal wenn nicht nur eine neue Zulassung erlangt, sondern der vorhandene Kundenstamm verkauft werden kann.[1005]

3321   Einen Fall der Enteignung hat der EGMR auch nicht beim **Widerruf einer behördlichen Genehmigung zur Ausbeutung einer Kiesgrube** angenommen. Schließlich bilde die Ausbeutung der Kiesgrube nur eine Nutzungsmöglichkeit des Grundstücks und sei **im Verhältnis zur Gesamtfläche der Ländereien** der Beschwerdeführerin nicht mehr als eine erhebliche Beeinträchtigung zu betrachten.[1006] Parallel dazu **verneinte der EGMR eine Enteignung, weil** ein **Steinbruchbetrieb** trotz des Baus einer Autobahn **an anderer Stelle fortgesetzt** werden konnte.[1007] Damit stützte sich der EGMR auf die aus den **wirtschaftlichen Auswirkungen der Maßnahme** im Einzelfall folgende **Eingriffsintensität**, hier bezogen auf das Eigentum am Grundstück.

3322   Der Blick des EGMR auf das Grundstück als solches lässt jedoch eine eigentumsrechtliche Bewertung des Widerrufs der Ausbeutungsgenehmigung selbst vermissen.[1008] Infolge ihrer **Ausfüllung durch wirtschaftliches Handeln** und Investieren bildet dieses **Rohstoffgewinnungsrecht bereits für sich** gesehen **Eigentum** und ist daher (auch) isoliert zu betrachten, wenn es durch eine behördliche Entscheidung vereitelt wird.

[1001] Vgl. EGMR, Urt. vom 23.9.1982, Nr. 7151 u. 7152/75 (Rn. 63), NJW 1984, 2747 (2747 f.) – Sporrong u. Lönnroth/Schweden; Urt. vom 18.2.1991, Nr. 12033/86 (Rn. 42 ff.), ÖJZ 1991, 514 (515) – Fredin/Schweden (Nr. 1); Urt. vom 19.12.1989, Nr. 10522/83 u. a. (Rn. 43 f.), ÖJZ 1990, 150 (151) – Mellacher u. a./Österreich; Urt. vom 9.2.2023, Nr. 43932 u. 43995/19 (Rn. 56) – Katona u. Závarský/Slowakei; *Frowein/Peukert*, Art. 1 des 1. ZP Rn. 21; *Cremer*, in: Dörr/Grote/Marauhn, Kap. 22 Rn. 155.

[1002] *Wollenschläger*, in: v. der Groben/Schwarze/Hatje, Art. 17 EGRC Rn. 27.

[1003] *Mittelberger*, Der Eigentumsschutz nach Art. 1 des Ersten ZPs zur EMRK im Lichte der Rechtsprechung der Straßburger Organe, 2000, S. 64 f.; *v. Danwitz*, in: ders./Depenheuer/Engel, Bericht zur Lage des Eigentums, 2002, S. 215 (241 f.).

[1004] Dazu ausführlich *Frenz*, GewArch 2020, 246 ff.

[1005] EGMR, Entsch. vom 9.5.2007, Nr. 29005/05, EuGRZ 2008, 24 (26) – Brückl/Deutschland: Widerruf einer Approbation als Apothekerin.

[1006] EGMR, Urt. vom 18.2.1991, Nr. 12033/86 (Rn. 42 f.), ÖJZ 1991, 514 (515) – Fredin/Schweden (Nr. 1).

[1007] EGMR, Urt. vom 19.1.2017, Nr. 32377/12 (Rn. 40), NVwZ 2017, 1273 – Werra Naturstein/Deutschland.

[1008] Vgl. dazu u. Rn. 3403 ff.; zusammenfassend zur ähnlichen Perspektive des BVerfG im Nassauskiesungsbeschluss *Cremer*, in: Dörr/Grote/Marauhn, Kap. 22 Rn. 168.

§ 3 Eigentumsfreiheit

Das BVerfG erkennt im Gegensatz dazu den Entzug öffentlich-rechtlicher Genehmigungen nicht als Eigentumseingriff an,[1009] sondern verlangt eine Entwertung unternehmerischer Aufwendungen und Investitionen etwa in Anlagen – so durch den vorzeitigen Atomausstieg, für dessen Beurteilung dann die zugewiesenen Elektrizitätsmengen als maßgebliche Nutzungsgrößen am Eigentumsschutz der Anlagen teihaben.[1010] Bei einer separaten Betrachtung, losgelöst vom Grundstück, liegt eine **Enteignung** vor, kann doch die Ausbeutungsgenehmigung nicht mehr ausgeübt werden. Damit wird auch die darauf gebaute **betriebliche Investition wertlos**. 3323

Die **Genehmigung** als solche bleibt aber **erhalten, wenn** sie an **anderer Stelle ausgeübt** werden kann, sodass jedenfalls dann keine Enteignung vorliegt. Wohl aber ist eine Nutzungsregelung in Bezug darauf gegeben, dass infolge eines Autobahnbaus die Anlage, die Maschinen, Wege und Gebäude nicht mehr genutzt werden konnten, weil Steinbruchbetrieb und Aufbereitungsanlage zusammen liegen müssen.[1011] Damit wurden sie freilich praktisch völlig entwertet, sodass die formal aufrechterhaltene Genehmigung nur mit einem Neuaufbau der Anlagen fortgeführt werden konnte. Dann hätten diese auch gleich zerstört werden können. Das Ergebnis für den Betroffenen ist das gleiche. Daher ist jedenfalls aus Verhältnismäßigkeitsgründen eine Entschädigung zu zahlen,[1012] die in solchen Ausnahmefällen auch bei einer Nutzungsregelung zuzubilligen ist.[1013] 3324

b) Einbeziehung von faktischen Enteignungen

Ähneln sich formelle und faktische Enteignung hinsichtlich ihrer wirtschaftlichen Auswirkungen, so fehlt bei der faktischen gegenüber der formellen Enteignung eine Übertragung des jeweiligen Rechts.[1014] Mangels eines solchen Übertragungsakts können auch Realakte wie die Besetzung eines Grundstücks[1015] oder die Zerstörung eines Gebäudes[1016] oder von Eigentum durch Streitkräfte[1017] eine solche faktische Enteignung bewirken, wenn die Eingriffsintensität derjenigen einer formellen Enteignung gleichkommt. Das gilt nach dem EGMR auch, wenn ein Privatgrundstück 3325

[1009] BVerfGE 143, 246 (Ls. 3b).
[1010] BVerfGE 143, 246 (Ls. 3a).
[1011] EGMR. Urt. vom 19.1.2017, Nr. 32377/12 (Rn. 41), NVwZ 2017, 1273 – Werra Naturstein/Deutschland.
[1012] EGMR. Urt. vom 19.1.2017, Nr. 32377/12 (Rn. 46 ff.), NVwZ 2017, 1273 – Werra Naturstein/Deutschland.
[1013] S.u. Rn. 3351 ff.
[1014] *Moshnyagul*, Zum Eigentumsschutz im Sinne der EMRK im ukrainischen und russischen Recht, 2007, S. 53, *Mittelberger*, Der Eigentumsschutz nach Art. 1 des Ersten ZPs zur EMRK im Lichte der Rechtsprechung der Straßburger Organe, 2000, S. 63.
[1015] EGMR, Urt. vom 24.6.1993, Nr. 14556/89 (Rn. 42 ff.), ÖJZ 1994, 177 (177 f.) – Papamichalopoulos u. a./Griechenland.
[1016] EGMR, Urt. vom 24.9.2003, Nr. 35179/97 (Rn 50) – Allard/Schweden.
[1017] EGMR, Urt. vom 24.2.2005, Nr. 57950/00 (Rn. 233), EuGRZ 2006, 41 (46) – Isayeva/Russland; Urt. vom 1.6.2004, Nr. 24561/94 (Rn. 62 f.) – Altun/Türkei.

zum öffentlichen Wald erklärt[1018] oder einfach für öffentliche Bauwerke in Anspruch genommen wird.[1019]

3326 Demgegenüber erfüllen nach deutschem Verfassungsrecht nur die Legal- und Administrativenteignungen den Tatbestand der Enteignung.[1020] Damit ist die **Enteignungskonzeption des EGMR erheblich weiter als die des BVerfG** in seiner Atomausstiegsentscheidung, in der das Kriterium der Eigentumsübertragung auf den Staat und der Güterbeschaffung eine Enteignung durch eine vorgezogene Abschaltung der Kernkraftwerke hinderte.[1021] Deren **Funktionslosigkeit nach diesem Zeitpunkt** bildete nur eine Inhalts- und Schrankenbestimmung, die aber in ihren Auswirkungen (Entzug konkreter Eigentumsoptionen) einer Enteignung gleichkam und daher ausnahmsweise wie diese einen Entschädigungsanspruch auslösen konnte.[1022] Nur in dieser Beziehung behandelt daher das BVerfG in der möglichen Rechtsfolge faktische Enteignungen wie formelle, ansonsten aber als Inhalts- und Schrankenbestimmungen.

3327 Dieser signifikante **Unterschied** zur Rechtsprechung des EGMR lässt sich auch damit erklären, dass die Entschädigung bei einer Enteignung nach der Regelung der EMRK nicht gesetzlich fixiert sein muss.[1023] Dagegen könnte die **Junktim-Klausel** nach deutschem Verfassungsrecht bei einer faktischen Enteignung zwangsläufig gar nicht erst beachtet werden. Entsprechend könnte die Annahme einer faktischen Enteignung im deutschen Verfassungsrecht niemals dem Rechtmäßigkeitsmaßstab des Art. 14 GG genügen. Nach Art. 17 EGRC sind nur die Bedingungen der Enteignung, nicht hingegen die Entschädigung gesetzlich zu regeln. Damit setzt sich die **größere Flexibilität im europäischen Eigentumsrecht** unter Einbeziehung der Rechtsprechung des EGMR fort.

2. Kriterium der Finalität nach dem EuGH

3328 Im Gegensatz zum EGMR, der durch die Anerkennung der faktischen Enteignung die Eingriffsintensität und tatsächlichen Auswirkungen zum Abgrenzungskriterium zwischen Eigentumsentziehung und Nutzungsregelung erhoben hat,[1024] fordert der EuGH für den Enteignungstatbestand einen „**gezielten**" **Entzug** und beschränkt sich damit auf die formelle Enteignung.[1025] Dieses Erfordernis der Finalität der Eigen-

---

[1018] EGMR, Urt. vom 22.7.2008, Nr. 35785/03 (Rn. 84 f.) – Köktepe/Türkei.
[1019] EGMR, Urt. vom 31.5.2007, Nr. 35941/03 (Rn. 81 f.) – Gianni u. a./Italien; *Wollenschläger*, in: v. der Groben/Schwarze/Hatje, Art. 17 EGRC Rn. 27.
[1020] Vgl. dazu *Papier/Shirvani*, in: Dürig/Herzog/Scholz, GG, Art. 14 Rn. 659.
[1021] BVerfGE 143, 246 (Ls. 3b).
[1022] BVerfGE 143, 246 (Ls. 5, 7).
[1023] Vgl. zu den Modalitäten der Entschädigung u. Rn. 3351 ff.
[1024] S. *Vosgerau*, in: Stern/Sachs, Art. 17 Rn. 36; *Frowein/Peukert*, Art. 1 des 1. ZP Rn. 21 f.
[1025] *Müller-Michaels*, Grundrechtlicher Eigentumsschutz in der Europäischen Union, 1997, S. 45; *v. Danwitz*, in: ders./Depenheuer/Engel, Bericht zur Lage des Eigentums, 2002, S. 215 (270 f.).

§ 3 Eigentumsfreiheit

tumsentziehung nimmt Maßnahmen, die lediglich enteignende Wirkungen haben, eigentlich vom Tatbestand der Eigentumsentziehung aus.[1026] Damit scheint der EuGH auf der Linie des BVerfG in seinem Atomausstiegsjudikat zu liegen. Dementsprechend hat der Gerichtshof nicht als (faktische) Enteignung angesehen, sondern als bloße Nutzungsbeschränkung, dass Konten für die Terrorismusbekämpfung eingefroren wurden.[1027] Gleiches geschieht nunmehr im Gefolge des Russland-Ukraine-Krieges gegen russische Oligarchen auf der Basis von Art. 215 Abs. 2 AEUV. Dabei werden aber völkerrechtliche Sanktionen durchgesetzt und es wird nur eine damit rechtswidrige Nutzung des Eigentums untersagt, dieses mithin nicht als rechtmäßig zugeordneter, unbelasteter Gegenstand dauerhaft entzogen.

Dieser Gleichklang gilt ohnehin nur im Ansatz. Nach der Rechtsprechung des EuGH ist nämlich eine **Enteignung** anzunehmen, wenn dem Eigentum **Besitzenden die Möglichkeit genommen** ist, **über** sein **Eigentum zu verfügen** und es jeder nicht untersagten Nutzung zuzuführen,[1028] mithin sämtliche damit verbundenen Rechte genommen werden,[1029] oder wenn **jede sinnvolle Art der Vermarktung eines Produktes ausgeschlossen** ist.[1030] Das deutet auf die Notwendigkeit einer **Gewinnspanne**,[1031] die vor allem bei hohen Energiepreisen und Klimaschutzmaßnahmen in Gefahr geraten kann.

3329

Mit den letztgenannten Ausführungen nähert sich der EuGH der Rechtsprechung des EGMR in der Formulierung bezüglich der Nutzungs- und Verfügungsrechte an. Der Rechtsprechung beider Gerichte kann damit der Grundsatz entnommen werden, dass eine **Enteignung** die **Einschränkung jeder Nutzungs- und Verfügungsmöglichkeit** erfordert.[1032] Die Grenze zwischen faktischer Enteignung und rechtswidriger Nutzungsbeschränkung wird damit fließend.[1033]

3330

Eine Enteignung erfordert allerdings, dass **keine vernünftige Nutzung oder Verfügung mehr möglich** ist oder ein **vollständiger Wertverlust** des Eigentums eintritt.[1034] Darauf deutet auch ein Gegenschluss dazu, dass der EuGH das Verbot,

3331

[1026] *Calliess*, in ders./Ruffert, Art. 17 GRCh Rn. 18; *Müller-Michaels*, Grundrechtlicher Eigentumsschutz in der Europäischen Union, 1997, S. 45 f.; weiter *Pielow/Ehlers*, IR 2007, 259 (263).

[1027] EuGH, verb. Rs. C-402 u. 415/05 P, ECLI:EU:C:2008:461 (Rn. 358) – Kadi u. a.; ferner EuG, Rs. T-187/11, ECLI:EU:T:2013:273 (Rn. 76) – Trabelsi u. a.; *Heselhaus*, in: ders./Nowak, § 36 Rn. 62; *Wollenschläger*, in: v. der Groben/Schwarze/Hatje, Art. 17 EGRC Rn. 27 a. E.

[1028] EuGH, Rs. C-44/79, ECLI:EU:C:1979:290 (Rn. 19) – Hauer; *Müller-Michaels*, Grundrechtlicher Eigentumsschutz in der Europäischen Union, 1997, S. 45 f.

[1029] S. EuGH, Rs. C-363/01, ECLI:EU:C:2003:548 (Rn. 55 f.) – Flughafen Hannover.

[1030] EuGH, Rs. C-347/03, ECLI:EU:C:2005:285 (Rn. 122) – Regione Autonoma Friuli-Venezia Giulia.

[1031] *Calliess*, in ders./Ruffert, Art. 17 GRCh Rn. 20 unter Verweis auf EuGH, Rs. C-363/01, ECLI: EU:C:2003:548 (Rn. 55 f.) – Flughafen Hannover.

[1032] Vgl. auch *Vosgerau*, in: Stern/Sachs, Art. 17 Rn. 59 ff.; *Bernsdorff*, in: Meyer/Hölscheidt, Art. 17 Rn. 19.

[1033] So zur EMRK auch *v. Danwitz*, in: ders./Depenheuer/Engel, Bericht zur Lage des Eigentums, 2002, S. 215 (243).

[1034] *Kühling*, in: Pechstein/Nowak/Häde, Art. 17 EGRC Rn. 22.

bestimmte Herkunftsbezeichnungen für Wein zu verwenden, nicht als Eigentumsentzug ansieht, weil es „nicht jede sinnvolle Art der Vermarktung der betroffenen ... Weine ausschließt".[1035] Damit stellen umgekehrt gravierende Nutzungsbeschränkungen einen Eigentumsentzug dar, auch wenn sie die Eigentümerstellung unberührt lassen. So hat der EuGH das Absprechen entsprechender Verwertungsrechte am Filmwerk einem Eigentumsentzug gleichgesetzt.[1036]

3332 Soweit der EuGH allerdings lediglich den finalen Entzug von Eigentumspositionen als Enteignung wertet und Maßnahmen mit enteignender Wirkung vom Enteignungstatbestand ausnimmt,[1037] umgeht er auch eine Stellungnahme zu einer entsprechenden Enteignungskompetenz der Union.[1038] Unter Einbeziehung der nach **Art. 52 Abs. 3 EGRC** maßgeblichen Rechtsprechung des EGMR wird er sich unter Geltung des Art. 17 EGRC dazu zwangsläufig äußern müssen.

3333 Zwischen den Positionen des EGMR und des EuGH spiegelt sich in umgekehrter Weise die Entwicklung wider, die der Enteignungsbegriff im deutschen Verfassungsrecht vollzogen hat. Während der BGH zunächst einen weiten Enteignungsbegriff vertrat, der für den Enteignungstatbestand maßgeblich an die Auswirkungen einer hoheitlichen Maßnahme anknüpfte,[1039] hat das BVerfG lediglich den finalen Eigentumsentzug als Enteignung qualifiziert[1040] und verlangt nunmehr auch noch eine staatliche Güterbeschaffung.[1041] So weit ging der EuGH indes nicht.

VII. Ausschluss einer Enteignung wegen rechtswidriger Eigentumsnutzung?

3334 Trotz des substanziellen Verlusts von Eigentum wirkt sich die **Einziehung eines Gegenstands** aus Gründen der Verletzung von straf-,[1042] steuer-[1043] oder zollrechtlichen[1044] Vorschriften, der Unterbindung sozialschädlicher Einflüsse[1045] oder

---

[1035] EuGH, Rs. C-347/03, ECLI:EU:C:2005:285 (Rn. 122) – ERSA; *Wollenschläger*, in: v. der Groeben/Schwarze/Hatje, Art. 17 GR-Charta Rn. 27.
[1036] EuGH, Rs. C-277/10, ECLI:EU:C:2012:65 (Rn. 70) – Luksan.
[1037] EuG, Rs. T-113/96, ECLI:EU:T:1998:11 (Rn. 57) – Dubois et fils.
[1038] *Müller-Michaels*, Grundrechtlicher Eigentumsschutz in der Europäischen Union, 1997, S. 46 f.
[1039] BGHZ 37, 44 (47).
[1040] Vgl. zum Ganzen *Papier/Shirvani*, in: Dürig/Herzog/Scholz, GG, Art. 14 Rn. 641.
[1041] BVerfGE 143, 246 (Ls. 4).
[1042] EGMR, Urt. vom 22.2.1994, Nr. 12954/87 (Rn. 27), ÖJZ 1994, 562 (562 f.) – Raimondo/Italien; Urt. vom 19.1.2021, Nr. 23079/11 (Rn. 83) – Aktiva Doo.
[1043] EGMR, Urt. vom 7.12.1983, Nr. 10378/83, DR 35, 235 (236 f.) – K./Dänemark.
[1044] EGMR, Urt. vom 24.10.1986, Nr. 9118/80 (Rn. 51), EuGRZ 1988, 513 (517) – AGOSI/Vereinigtes Königreich; Urt. vom 19.1.2021, Nr. 23079/11 (Rn. 83) – Aktiva Doo.
[1045] EGMR, Urt. vom 7.12.1976, Nr. 5493/72 (Rn. 62 f.), EuGRZ 1977, 38 (48 f.) – Handyside/Vereinigtes Königreich; *Frowein/Peukert*, Art. 1 des 1. ZP Rn. 22.

zwecks Durchsetzung völkerrechtlicher Sanktionen[1046] sowie die Vernichtung eines Gegenstands aus Gründen der Gesundheitsvorsorge[1047] nicht als Enteignung, sondern als **Regelung zur Nutzung des Eigentums** aus.[1048] Dies wird mit dem Argument begründet, dass die wegen der vorstehend genannten Gründe **rechtswidrige Nutzung des Eigentums untersagt** ist. Daher stellt die Durchsetzung dieser Regelung auch als solche lediglich eine Nutzungsregelung dar. Hingegen liegt eine Enteignung vor, wenn solche Motive nicht im Vordergrund stehen.[1049] Damit ist es aber weitgehend eine **Sache der staatlichen Begründung**, ob eine Enteignung vorliegt oder nicht. Diese kann darüber nur gerechtfertigt, nicht jedoch ausgeschlossen werden. Letztlich muss es auf das **Maß der Beeinträchtigung** und die **tatsächlich bestehenden Gemeinwohlgründe** ankommen, um staatliche Manipulationen zu vermeiden und das Eigentum wirksam zu schützen.

VIII. Rechtfertigung der Enteignung

1. Grundvoraussetzungen

Eine Enteignung kann gem. Art. 17 Abs. 1 S. 2 EGRC gerechtfertigt sein, wenn **kumulativ drei Voraussetzungen** erfüllt werden.[1050] Erstens müssen die Bedingungen der Enteignung in einem **Gesetz** vorgesehen sein. Zweitens darf die Enteignung nur aus **Gründen des öffentlichen Interesses** erfolgen. Drittens muss die Enteignung durch eine **rechtzeitige und angemessene Entschädigung** kompensiert werden. Als ungeschriebenes viertes Erfordernis lässt sich aus der Rechtsprechung des EGMR[1051] ein **vernünftiges und angemessenes Verhältnis** zwischen den eingesetzten Mitteln und dem angestrebten Ziel ableiten.

Im Gegensatz zum EGMR hat der **EuGH** in seiner bisherigen Rechtsprechung zum Eigentumsrecht **in keinem** der ihm vorgelegten **Fälle** einen **Entzug** des

3335

3336

[1046] EGMR, Urt. vom 30.6.2005, Nr. 45036/98 (Rn. 142), NJW 2006, 197 (200) – Bosphorus/Irland.

[1047] EuGH, Rs. C-20 u. 64/00, ECLI:EU:C:2003:397 (Rn. 79 ff.) – Booker Aquaculture; in Übereinstimmung mit der Rspr. des BVerfGE 20, 351 (351).

[1048] *Vosgerau*, in: Stern/Sachs, Art. 17 Rn. 86; *Reininghaus*, Eingriffe in das Eigentumsrecht nach Art. 1 des ZPs zur EMRK, 2002, S. 52 ff.; *Mittelberger*, Der Eigentumsschutz nach Art. 1 des Ersten ZPs zur EMRK im Lichte der Rechtsprechung der Straßburger Organe, 2000, S. 95 ff.

[1049] Vgl. EGMR, Urt. vom 24.9.2003, Nr. 35179/97 (Rn. 50), RJD 2003-VII – Allard/Schweden; Urt. vom 7.12.1976, Nr. 5493/72 (Rn. 63), EuGRZ 1977, 38 (49) – Handyside/Vereinigtes Königreich.

[1050] *Bernsdorff*, in: Meyer/Hölscheidt, Art. 17 Rn. 19; *Rengeling/Szczekalla*, Rn. 818.

[1051] EGMR, Urt. vom 21.2.1986, Nr. 8793/79 (Rn. 50), EuGRZ 1988, 341 (345) – James u. a./Vereinigtes Königreich; Urt. vom 20.11.1995, Nr. 17849/91 (Rn. 38), ÖJZ 1996, 275 (276) – Pressos Compania Naviera S.A./Belgien; Urt. vom 21.12.2010, Nr. 41696/07 (opinion dissidente commune aux juges karakas et raimondi, Rn. 3) – Almeida Ferreira u. a./Portugal.

Eigentums angenommen[1052] und sich entsprechend auch nicht abschließend zu dessen Voraussetzungen geäußert.[1053]

2. Gesetzlich vorgesehene Enteignungsbedingungen

3337 Die Bedingungen der Enteignung müssen gem. Art. 17 Abs. 1 S. 2 EGRC in einem Gesetz vorgesehen sein. Der Gesetzesbegriff des Art. 17 EGRC ist jedoch nicht auf Gesetze im formellen Sinne zu beschränken. Schon aufgrund der unterschiedlichen Rechtssysteme der Mitgliedstaaten müssen **auch Verordnungen** oder **Prinzipien des common law**[1054] als gesetzliche Grundlage ausreichen.[1055] Allerdings darf auch in letzteren Fällen die demokratische Legitimationskette zum Parlament nicht unterbrochen sein.[1056]

3338 Auf europäischer Ebene werden teilweise alle nach Art. 288 AEUV möglichen und verbindlichen Rechtsakte, also Richtlinien, Verordnungen und Beschlüsse, als Gesetze i. S. d. Art. 17 EGRC qualifiziert.[1057] Da dem Begriff des Gesetzes bei allen Unterschieden der europäischen Rechtssysteme aber ein **Mindestmaß an Abstraktheit** innewohnt, sind auf europäischer Ebene nur **Richtlinien** und **Verordnungen** als Gesetze i. S. d. Art. 17 EGRC anzuerkennen.[1058]

3339 Die **Bedingungen der Enteignung** müssen durch das Gesetz **hinreichend bestimmt sein**.[1059] Aus dem Grundsatz der Gesetzmäßigkeit folgert der EGMR auch, dass die innerstaatlichen Rechtsvorschriften hinreichend zugänglich, bekannt und vorhersehbar sein müssen.[1060] Das gilt entsprechend für europäische Rechtsakte.[1061] Ein **behördlicher Ermessensspielraum** muss durch Ausübungskriterien **gesetzlich**

[1052] Vgl. EuGH, Rs. C-20 u. 64/00, ECLI:EU:C:2003:397 (Rn. 86) – Booker Aquaculture; *Calliess*, in ders./Ruffert, Art. 17 GRCh Rn. 16; *Streinz*, in: ders., Art. 17 GR-Charta Rn. 12; *Schmidt-Preuß*, EuR 2006, 463 (484); *Müller-Michaels*, Grundrechtlicher Eigentumsschutz in der Europäischen Union, 1997, S. 45.

[1053] Vgl. *Mayer*, in: Grabitz/Hilf/Nettesheim, nach Art. 6 EUV Rn. 200 ff.; *Rengeling/Szczekalla*, Rn. 821; aus der Rspr. EuGH, Rs. C-5/88, ECLI:EU:C:1989:321 (Rn. 19) – Wachauf; ferner EuG, Rs. T-113/96, ECLI:EU:T:1998:11 (Rn. 57) – Dubois et fils.

[1054] Auch nach dem Austritt Großbritanniens weiterhin in Irland und Malta.

[1055] *Kühling*, in: Pechstein/Nowak/Häde, Art. 17 GR-Charta Rn. 26 i. V. m. Art. 52 GR-Charta Rn. 21.

[1056] *Moshnyagul*, Zum Eigentumsschutz im Sinne der EMRK im ukrainischen und russischen Recht, 2007, S. 59.

[1057] *Calliess*, in: Ehlers, Europäische Grundrechte und Grundfreiheiten, § 20 Rn. 39.

[1058] *Heselhaus*, in: ders./Nowak, § 36 Rn. 64. Allgemein Teilband I Rn. 672 ff.

[1059] EGMR, Urt. vom 8.7.1986, Nr. 9006/80 u. a. (Rn. 110), EuGRZ 1988, 350 (356) – Lithgow u. a./Vereinigtes Königreich; Urt. vom 22.6.2004, Nr. 31443/96 (Rn. 147), NJW 2005, 2521 (2524) – Broniowski/Polen; Urt. vom 14.2.2017, Nr. 36480/07 (Rn. 87) – Lekić/Slowenien; Urt. vom 19.3.2020, Nr. 22662 (Rn. 43) – Khachaturyan/Armenien; *Jarass*, NVwZ 2006, 1089 (1093).

[1060] EGMR, Urt. vom 5.1.2000, Nr. 33202/96 (Rn. 109), NJW 2003, 654 (656 f.) – Beyeler/Italien.

[1061] S. Teilband I Rn. 628 f. sowie Rn. 3338.

dirigiert werden.[1062] Schließlich dürfen Entschädigungsansprüche nicht durch ineffektiven Rechtsschutz unterlaufen werden.[1063]

3. Gründe des öffentlichen Interesses

a) Beurteilungsspielraum

Die Enteignung muss aus Gründen des öffentlichen Interesses erfolgen. Dabei hat der EGMR den Staaten einen Beurteilungsspielraum eingeräumt, welchen er mit der **Komplexität politischer, wirtschaftlicher und sozialer Fragen** begründet.[1064] Die **Grenzen** dieses Beurteilungsspielraums sieht er überschritten, wenn die Beurteilung **offensichtlich** einer **vernünftigen Begründung** entbehrt.[1065] Daneben prüft der EGMR auch, ob diejenigen Tatsachen und Umstände, auf deren Grundlage die staatlichen Behörden gehandelt haben, auch vorlagen.[1066]

3340

Ebenso hat der **EuGH** einen solchen **Beurteilungsspielraum der Mitgliedstaaten** hinsichtlich **öffentlicher Belange** zur Rechtfertigung staatlicher Maßnahmen anerkannt, obschon den Gründen des öffentlichen Interesses im europäischen Raum durch die Mitgliedstaaten nicht zwingend das gleiche Gewicht beigemessen werden muss.[1067] Da auch **Unionsorgane** komplexe politische, wirtschaftliche und soziale Fragen zu bewältigen haben, ist ihnen der **gleiche Beurteilungsspielraum** zuzubilligen.

3341

b) Enteignung zugunsten Privater und zugunsten privater Interessen

Da eine Enteignung gem. Art. 17 Abs. 1 S. 2 EGRC nur aus Gründen des öffentlichen Interesses erfolgen darf, wird eine solche allein zugunsten privater Interessen

3342

[1062] EGMR, Urt. vom 18.2.1991, Nr. 12033/86 (Rn. 50), ÖJZ 1991, 514 (515 f.) – Fredin/Schweden (Nr. 1); *Frowein/Peukert*, Art. 1 des 1. ZP Rn. 47.
[1063] EGMR, Urt. vom 18.2.1991, Nr. 12033/86 (Rn. 50), ÖJZ 1991, 514 (515 f.) – Fredin/Schweden (Nr. 1); Urt. vom 14.2.2017, Nr. 36480/07 (Rn. 87) – Lekić/Slowenien.
[1064] EGMR, Urt. vom 21.2.1986, Nr. 8793/79 (Rn. 46), EuGRZ 1988, 341 (344) – James u. a./Vereinigtes Königreich; Urt. vom 30.6.2005, Nr. 46720/99 u. a. (Rn. 91), NJW 2005, 2907 (2908 f.) – Jahn u. a./Deutschland; Urt. vom 23.11.2000, Nr. 25701/94 (Rn. 87), NJW 2002, 45 (49) – Früherer König von Griechenland u. a./Griechenland; Urt. vom 22.6.2004, Nr. 31443/96 (Rn. 149), NJW 2005, 2521 (2524 f.) – Broniowski/Polen; Urt. vom 8.12.2011, Nr. 35023/04 (Rn. 42) – Göbel/Deutschland, *Bernsdorff*, in: Meyer/Hölscheidt, Art. 17 Rn. 21.
[1065] EGMR, Urt. vom 21.2.1986, Nr. 8793/79 (Rn. 46), EuGRZ 1988, 341 (344) – James u. a./Vereinigtes Königreich; Urt. vom 22.6.2004, Nr. 31443/96 (Rn. 149), NJW 2005, 2521 (2524 f.) – Broniowski/Polen; Urt. vom 8.12.2011, Nr. 35023/04 (Rn. 42) – Göbel/Deutschland.
[1066] EGMR, Urt. vom 21.2.1986, Nr. 8793/79 (Rn. 46), EuGRZ 1988, 341 (344) – James u. a./Vereinigtes Königreich.
[1067] Vgl. EuGH, Rs. C-36/02, ECLI:EU:C:2004:614 (Rn. 31) – Omega.

ausgeschlossen.[1068] Gleichwohl ist aus dieser Zweckbindung nicht abzuleiten, dass die Eigentumsübertragung zwingend zugunsten des Staates zu erfolgen hat.[1069] Soweit eine **private dritte Person** mit der Bewirtschaftung oder Unterhaltung des ihr übertragenen Eigentums die **Erfüllung** des **öffentlichen Zwecks** gewährleistet – so beim Rohstoffabbau,[1070] ist auch eine Enteignung zu ihren Gunsten statthaft.[1071] Nach der Rechtsprechung des EGMR ist auch nicht erforderlich, dass ein erheblicher Teil der Allgemeinheit unmittelbaren Nutzen aus der Enteignung ziehen kann.[1072]

c) Gründe des öffentlichen Interesses und Allgemeininteresse

3343 In der Lit. wird überwiegend angenommen, dass die in Art. 52 Abs. 1 EGRC verwendete Formulierung „von der Union anerkannten dem Gemeinwohl dienenden Zielsetzungen" den Kreis der Gründe des öffentlichen Interesses eingrenzt.[1073] Für diese Ansicht kann jedenfalls nicht an den Unterschied zwischen den in Art. 17 EGRC verwendeten „Gründen des öffentlichen Interesses" und dem in Art. 52 Abs. 1 EGRC angesprochenen „Gemeinwohl" angeknüpft werden. Auch Art. 1 des ZPs zur EMRK gebrauchte ebenso wie Art. 17 EGRC selbst die Begriffe des öffentlichen Interesses und des Allgemeininteresses. Weder die Lit.[1074] noch der EGMR[1075] haben aber aus den beiden Begriffen einen Unterschied in der Sache abgeleitet. Es ist auch für Art. 17 EGRC kein sachlicher Grund ersichtlich, warum von einer divergierenden Begrifflichkeit von öffentlichem Interesse und Allgemeinwohl ausgegangen werden soll.

3344 Soweit die Eingrenzung des Gemeinwohls mit den spezifischen Strukturen und Zielen der Union begründet wird,[1076] geht auch dabei der Aspekt verloren, dass jede Maßnahme der EU potenziell in jeden denkbaren Lebensbereich einwirken und entsprechend **jeder Lebensbereich** ein **potenzielles Gemeinwohlziel** darstellen

---

[1068] EGMR, Urt. vom 21.2.1986, Nr. 8793/79 (Rn. 40), EuGRZ 1988, 341 (343) – James u. a./ Vereinigtes Königreich; *Jarass*, NVwZ 2006, 1089 (1093); *Müller-Michaels*, Grundrechtlicher Eigentumsschutz in der Europäischen Union, 1997, S. 90.

[1069] *Reininghaus*, Eingriffe in das Eigentumsrecht nach Art. 1 des ZPs zur EMRK, 2002, S. 34 ff.

[1070] BVerfGE 134, 242.

[1071] EGMR, Urt. vom 21.2.1986, Nr. 8793/79 (Rn. 39), EuGRZ 1988, 341 (343) – James u. a./ Vereinigtes Königreich; *Vosgerau*, in: Stern/Sachs, Art. 17 Rn. 81; *Frowein/Peukert*, Art. 1 des 1. ZP Rn. 42.

[1072] EGMR, Urt. vom 21.2.1986, Nr. 8793/79 (Rn. 41), EuGRZ 1988, 341 (343) – James u. a./ Vereinigtes Königreich.

[1073] *Jarass/Kment*, § 22 Rn. 21; *Heselhaus*, in: ders./Nowak, § 36 Rn. 74.

[1074] *Frowein/Peukert*, Art. 1 des 1. ZP Rn. 42; *Müller-Michaels*, Grundrechtlicher Eigentumsschutz in der Europäischen Union, 1997, S. 90; *Mittelberger*, Der Eigentumsschutz nach Art. 1 des Ersten ZPs zur EMRK im Lichte der Rechtsprechung der Straßburger Organe, 2000, S. 115 ff.; *Moshnyagul*, Zum Eigentumsschutz im Sinne der EMRK im ukrainischen und russischen Recht, 2007, S. 57.

[1075] EGMR, Urt. vom 21.2.1986, Nr. 8793/79 (Rn. 43), EuGRZ 1988, 341 (344) – James u. a./ Vereinigtes Königreich.

[1076] *Bernsdorff*, in: Meyer/Hölscheidt, Art. 17 Rn. 21.

§ 3 Eigentumsfreiheit

kann. Der **Begriff des europäischen Gemeinwohls** ist damit nicht minder **offen** oder erweiterungsfähig wie der Begriff des Gemeinwohls im Allgemeinen.[1077] Ohnehin ist für die Schranken entsprechend dem inhaltlichen Bezug zu Art. 1 des ZPs zur EMRK auf **Art. 52 Abs. 3 EGRC** als spezielle Vorschrift zu Art. 52 Abs. 1 EGRC zurückzugreifen,[1078] wie auch die Erläuterungen zur EGRC gerade zu Art. 17 belegen.[1079] Im Übrigen ist auch die Wendung „von der Union anerkannten dem Gemeinwohl dienenden Zielsetzungen" sehr offen, wie die Rechtsprechung des EuGH zeigt, sind doch in der Union zahlreiche Gemeinwohlziele anerkannt.[1080]

Entfällt der **öffentliche Zweck** oder wird die Erreichung desselben im Nachhinein aufgegeben, so kann der Rechtsprechung der EKMR[1081] teilweise entnommen werden, dass **Enteignungsmaßnahmen** oder Beschränkungen des Eigentums **rückgängig** zu machen sind.[1082] Dies entspräche im Ergebnis auch der Rechtsprechung des BVerfG.[1083]

3345

4. Verhältnismäßigkeit

a) Ansatz

Die Formel des Art. 52 Abs. 1 EGRC, dass Einschränkungen der in der Charta verankerten Rechte und Freiheiten nur unter Wahrung des Verhältnismäßigkeitsgrundsatzes vorgenommen werden dürfen, wenn sie erforderlich sind und dem Gemeinwohl dienen, wird auch hier herangezogen.[1084] Sie findet aber nur dann Anwendung, wenn man Art. 52 Abs. 1 S. 2 EGRC als allgemeine oder zumindest ergänzende Schranken-Schranke für Grundrechtseingriffe ansieht.[1085] Bei Annahme eines Exklusivverhältnisses[1086] greift das Verhältnismäßigkeitsprinzip aber immer noch als beim Eigentumsgrundrecht gebräuchlicher Rechtsgrundsatz ein. Im ZP zur EMRK enthalten,[1087] gilt der dabei durch den **EGMR** herausgebildete **Standard nach Art. 52 Abs. 3 EGRC**.

3346

[1077] Im Ergebnis wohl auch *Calliess*, in: ders./Ruffert, Art. 17 GRCh Rn. 28.
[1078] S. allgemein Teilband I Rn. 640 ff.
[1079] Erläuterungen zur Charta der Grundrechte, ABl. 2007 C 303, S. 17 (23).
[1080] Näher allgemein Teilband I Rn. 741 ff.
[1081] Vgl. EKMR, Entsch. vom 3.10.1979, Nr. 8003/77 (Abschnitt 3.b.), EuGRZ 1979, 574 (575) – X./Österreich; Entsch. vom 17.12.1987, Nr. 4982/81 (Rn. 106), DR 58, 5 – Scott's of Greenock Ltd./Vereinigtes Königreich.
[1082] *Frowein/Peukert*, Art. 1 des 1. ZP Rn. 43.
[1083] BVerfG, EuGRZ 1975, 23 (24).
[1084] *Jarass/Kment*, § 22 Rn. 19.
[1085] S. Teilband I Rn. 642.
[1086] *Bernsdorff*, in: Meyer/Hölscheidt, Art. 17 Rn. 18.
[1087] S.o. Rn. 3190.

b) Die Verhältnismäßigkeit in der Rechtsprechung von EGMR und EuGH

3347 Der Grundsatz der Verhältnismäßigkeit ist zwar nicht in Art. 1 des ZPs zur EMRK explizit verankert. Der EGMR hat gleichwohl in seiner Rechtsprechung den Grundsatz aufgestellt, „dass bei einem Eingriff in das Recht auf Achtung des Eigentums ... ein **gerechter Ausgleich** zwischen den Erfordernissen des Allgemeininteresses und den Erfordernissen des Schutzes der Grundrechte des Einzelnen hergestellt werden" muss. Der EGMR stellt im Rahmen dieser Prüfung fest, „ob die gewählten Mittel als vernünftig und angemessen (**Angemessenheit**) zur Erzielung (**Geeignetheit**) des legitimen Zwecks erachtet werden können".[1088] „Insbesondere muss bei jeder Maßnahme, mit der das Eigentum einer Person entzogen wird, ein angemessenes Verhältnis zwischen den angewandten Mitteln und dem verfolgten Ziel bestehen"[1089] (**Erforderlichkeit**).

3348 Wenn die Bedeutung der Geeignetheit und Erforderlichkeit in der Rechtsprechung des EGMR teilweise bestritten wird,[1090] so ist dem entgegen zu halten, dass keine Maßnahme auch im engeren Sinne verhältnismäßig sein kann, die weder geeignet noch erforderlich ist.[1091] Allerdings gesteht der EGMR den Staaten auch in dieser Hinsicht einen **Beurteilungsspielraum** zu.[1092] Der Grundsatz der **Verhältnismäßigkeit** ist **verletzt**, wenn der betroffenen **Person** eine **besondere und unmäßige Last** aufgebürdet wird.[1093]

3349 Aus der oben zitierten Rechtsprechung des EGMR lässt sich entnehmen, dass der EGMR seiner Prüfung den auch aus dem deutschen Verfassungsrecht bekannten Verhältnismäßigkeitsgrundsatz zugrunde legt – wenn auch mit einigen Besonderheiten.[1094] Die Verhältnismäßigkeit einer Eigentumsbeeinträchtigung erfordert demnach zunächst einen legitimen Zweck, die Geeignetheit und Erforderlichkeit des angewandten Mittels sowie dessen Angemessenheit. Im Vergleich zur Prüfung

---

[1088] EGMR, Urt. vom 21.2.1986, Nr. 8793/79 (Rn. 51), EuGRZ 1988, 341 (345) – James u. a./Vereinigtes Königreich.

[1089] S. EGMR, Urt. vom 30.6.2005, Nr. 46720/99 u. a. (Rn. 93), NJW 2005, 2907 (2909) – Jahn u. a./Deutschland; Urt. vom 23.11.2000, Nr. 25701/94 (Rn. 89), NJW 2002, 45 (49) – Früherer König von Griechenland u. a./Griechenland; EGMR, Entsch. vom 17.9.2013, Nr. 38353/05 (Rn. 36) – Diaconescu/Rumänien.

[1090] *Mittelberger*, EuGRZ 2001, 364 (368).

[1091] Allgemein Teilband I Rn. 755 ff. und 761 ff.

[1092] EGMR, Urt. vom 29.3.2006, Nr. 36813/97 (Rn. 94), NJW 2007, 1259 (1260) – Scordino/Italien (Nr. 1).

[1093] Vgl. EGMR, Urt. vom 23.9.1982, Nr. 7151 u. 7152/75 (Rn. 73), NJW 1984, 2747 (2748) – Sporrong u. Lönnroth/Schweden; Urt. vom 21.2.1986, Nr. 8793/79 (Rn. 50), EuGRZ 1988, 341 (345) – James u. a./Vereinigtes Königreich; Urt. vom 23.11.2000, Nr. 25701/94 (Rn. 89), NJW 2002, 45 (49) – Früherer König von Griechenland u. a./Griechenland; Urt. vom 12.11.2019, Nr. 44457/11 (Rn. 51) – S.A. Bio d'Ardennes/Belgien; EGMR, Entsch. vom 17.9.2013, Nr. 38353/05 (Rn. 36) – Diaconescu/Rumänien.

[1094] *Müller-Michaels*, Grundrechtlicher Eigentumsschutz in der Europäischen Union, 1997, S. 84; *Mittelberger*, Der Eigentumsschutz nach Art. 1 des Ersten ZPs zur EMRK im Lichte der Rechtsprechung der Straßburger Organe, 2000, S. 119.

durch das BVerfG lassen sich bei der Prüfung des Verhältnismäßigkeitsgrundsatzes gleichwohl zwei Unterschiede ausmachen. Zunächst scheint die Prüfungsdichte des BVerfG tendenziell etwas strenger zu sein.[1095] Insbesondere die **Erforderlichkeit** beurteilt der **EGMR nicht anhand des Interventionsminimums**.[1096] Ferner hat der auf den konkreten Fall gerichtete Blickwinkel des EGMR zur Folge, dass **auch** das **Verhalten** des Straftätigen[1097] und die **Ausgestaltung des Verfahrens**, welches zum Eingriff in das Eigentumsrecht führt, **in** die **Verhältnismäßigkeitsprüfung** miteinbezogen werden.[1098]

Auch der **EuGH** hat in ständiger Rechtsprechung das Verhältnismäßigkeitsprinzip als allgemeinen Rechtsgrundsatz des Unionsrechts anerkannt,[1099] wenngleich sich seine **Rechtsprechung** zum **Verhältnismäßigkeitsprinzip** bei Eingriffen in das Eigentumsrecht bislang auf **Nutzungsregelungen** beschränkt.[1100] In diesem Rahmen gestand der EuGH[1101] einen **breiten Beurteilungsspielraum** zu und beschränkte sich auf eine **Evidenzkontrolle**.[1102] Unabhängig von der generellen Kritik daran, bedarf es für eine **Enteignung** tendenziell **schärferer Maßstäbe,** bildet diese doch einen wesentlich gravierenderen Eingriff als eine Nutzungsregelung. Allerdings gesteht der **EGMR** auch insoweit einen **breiten Beurteilungsspielraum** zu, der über **Art. 52 Abs. 3 EGRC** durchschlägt.

3350

IX. Entschädigung

1. Herleitung

Der Entzug des Eigentums in Art. 17 EGRC ist in naher Anlehnung an Art. 1 des ZPs zur EMRK formuliert worden.[1103] Während die Entschädigung in Art. 17 Abs. 1 S. 2 EGRC jedoch als Rechtmäßigkeitsvoraussetzung für die Enteignung explizit genannt ist, fehlt eine entsprechende Regelung in Art. 1 des ZPs zur EMRK. Aus dem Verhältnismäßigkeitsprinzip hat der EGMR gleichwohl den Grundsatz gefolgert,

3351

[1095] *Cremer,* in: Dörr/Grote/Marauhn, Kap. 22 Rn. 219.
[1096] *Müller-Michaels,* Grundrechtlicher Eigentumsschutz in der Europäischen Union, 1997, S. 84; *Mittelberger,* Der Eigentumsschutz nach Art. 1 des Ersten ZPs zur EMRK im Lichte der Rechtsprechung der Straßburger Organe, 2000, S. 123 f.; *v. Danwitz,* in: ders./Depenheuer/Engel, Bericht zur Lage des Eigentums, 2002, S. 215 (253).
[1097] EGMR, Urt. vom 24.10.1986, Nr. 9118/80 (Rn. 54), EuGRZ 1988, 513 (518) – AGOSI/Vereinigtes Königreich; Urt. vom 11.5.2023, Nr. 3405/21 (Rn. 63) – Zaghini.
[1098] EGMR, Urt. vom 24.10.1986, Nr. 9118/80 (Rn. 55, 62), EuGRZ 1988, 513 (519) – AGOSI/Vereinigtes Königreich.
[1099] *Calliess,* in: ders./Ruffert, Art. 5 EUV Rn. 44.
[1100] Vgl. dazu u. bei der Verhältnismäßigkeit von Nutzungsregelungen Rn. 3411 ff.
[1101] S. allerdings nunmehr EuG, Rs. T-170/06, ECLI:EU:T:2007:220 (Rn. 108 f.) – Alrosa.
[1102] Krit. *Schmidt-Preuß,* EuR 2006, 463 (470).
[1103] *Bernsdorff,* in: Meyer/Hölscheidt, Art. 17 Rn. 19; *Streinz,* in: ders., Art. 17 GR-Charta Rn. 19; näher o. Rn. 3190 ff.

dass eine rechtmäßige Enteignung i. d. R. eine Entschädigung voraussetzt.[1104] Das **Entschädigungserfordernis in Art. 17 EGRC** kann entsprechend dieser Tradition als **spezielle Ausformulierung des Verhältnismäßigkeitsgrundsatzes** begriffen werden.[1105]

3352 Das EuG hat in seiner Rechtsprechung einen Gemeinschaftsrechtsgrundsatz zur Enteignungsentschädigung lediglich als vorstellbar erwogen.[1106] In seiner Entscheidung *Wachauf* hat der EuGH geurteilt, dass eine Regelung, die einen Pächter „nach Ablauf des Pachtverhältnisses **entschädigungslos** um die **Früchte** seiner **Arbeit** und der von ihm in dem verpachteten Betrieb vorgenommenen **Investitionen**" bringen würde, „mit den Erfordernissen des Grundrechtsschutzes in der Gemeinschaftsordnung **unvereinbar** wäre".[1107]

3353 In seiner Entscheidung *Regione Autonoma Friuli-Venezia Giulia* hat der EuGH schließlich geäußert, dass „das vom vorlegenden Gericht geltend gemachte Fehlen einer Entschädigung … nicht bereits für sich einen Umstand dar(stellt), der die Unvereinbarkeit der Verbotsmaßnahme mit dem Eigentumsrecht belegen würde".[1108] Diese Äußerung ist jedoch in Zusammenhang mit dem Umstand zu sehen, dass der EuGH zuvor einen Entzug des Eigentums abgelehnt hatte und folglich auch nicht über das Fehlen einer Entschädigung im Rahmen einer Enteignung zu urteilen hatte.

2. Entschädigungsmodalitäten

3354 Die Modalitäten der Entschädigung sind nach Art. 17 Abs. 1 S. 2 EGRC im Gegensatz zu den Bedingungen der Enteignung **nicht** auch in dem **Enteignungsgesetz** zu regeln.[1109] Nach der Rechtsprechung des EuGH wird den Anforderungen an eine Entschädigung auch dann Genüge getan, wenn sie von der Exekutive im Rahmen einer Ermessensentscheidung geleistet wird.[1110] Damit hängt auch die Rechtmäßigkeit der Enteignung nicht von der gesetzlichen Ausgestaltung der Entschädigung ab.

3355 Eine solche Regelung ist freilich möglich und besonders zu begrüßen. **In Deutschland** ist sie nach **Art. 14 Abs. 3 S. 2 GG** zwingend. Diese Anforderung

---

[1104] EGMR, Urt. vom 30.6.2005, Nr. 46720/99 u. a. (Rn. 94), NJW 2005, 2907 (2909) – Jahn u. a./Deutschland; Urt. vom 9.12.1994, Nr. 13092/87 u. 13984/88 (Rn. 71), ÖJZ 1995, 428 (430) – Holy Monasteries/Griechenland; *GA Saugmandsgaard Øe*, EuGH, Rs. C-235/17, ECLI:EU:C:2018:971 (Rn. 163): „…das Fehlen jeglicher Entschädigung im Bereich des Art. 1 kann nur bei Vorliegen außergewöhnlicher Umstände gerechtfertigt sein".

[1105] *Rengeling/Szczekalla*, Rn. 819.

[1106] EuG, Rs. T-113/96, ECLI:EU:T:1998:11 (Rn. 57) – Dubois et fils.

[1107] EuGH, Rs. C-5/88, ECLI:EU:C:1989:321 (Rn. 19) – Wachauf.

[1108] EuGH, Rs. C-347/03, ECLI:EU:C:2005:285 (Rn. 122 f.) – Regione Autonoma Friuli-Venezia Giulia.

[1109] *Jarass*, NVwZ 2006, 1089 (1093); anders hingegen im deutschen Recht Art. 14 Abs. 3 GG.

[1110] EuGH, Rs. C-5/88, ECLI:EU:C:1989:321 (Rn. 22) – Wachauf.

§ 3 Eigentumsfreiheit

gilt also **nur für nationale Enteignungsmaßnahmen**, nicht für europäische und auch mitgliedstaatliche in Vollzug von Unionsrecht.

Da die Regelung der Entschädigung in Art. 17 EGRC nicht der Legislative vorbehalten ist, erscheint zur Gewährleistung eines effektiven Grundrechtsschutzes auch eine **richterliche Festsetzung der Entschädigung** möglich. Anders als im deutschen Recht[1111] kommt daher bei Art. 17 EGRC für die betroffene Person die **Duldung der Enteignung mit anschließender Liquidation** ihres Schadens in Betracht. Daher sind auch faktische Enteignungen vorstellbar.[1112] 3356

Aus Art. 17 EGRC ergeben sich des Weiteren Anforderungen hinsichtlich der **Rechtzeitigkeit und Angemessenheit der Entschädigung**. Die Entschädigung erfolgt rechtzeitig, wenn sie unverzüglich und rechtswirksam geleistet wird.[1113] Sie muss zumindest zeitgleich mit dem Rechtsentzug gewährt werden.[1114] Allerdings gehen Rechtsstreitigkeiten in der Sache zulasten der betroffenen Person.[1115] 3357

3. Entschädigungshöhe

Die Entschädigung muss gem. Art. 17 Abs. 1 S. 2 EGRC zudem **angemessen** sein. Damit ist eine volle Kompensation für die Eigentumsentziehung durch Ausrichtung der Höhe der Entschädigung am Marktwert zwar nicht zwingend vorgeschrieben.[1116] Auch nach Art. 1 des ZPs zur EMRK ist eine volle Entschädigung nicht gewährleistet,[1117] obschon der EGMR in seiner jüngeren Rechtsprechung für die Enteignung eines Vermögensgegenstandes eine „auf angemessene Weise seinem Wert entsprechende Entschädigung" verlangt.[1118] 3358

Im **Regelfall** wird jedoch **nur** eine **volle Entschädigung** als in vernünftiger Weise dem Wert des Eigentums entsprechend angesehen werden können. Das hat der EGMR exemplarisch für die Enteignung von Grundstücken zum Straßenbau angenommen.[1119] Im Falle der **Nationalisierung von Unternehmen** hat der EGMR 3359

[1111] BVerfGE 58, 300 (324) – Nassauskiesung.

[1112] S.o. Rn. 3320 ff.

[1113] *Bernsdorff*, in: Meyer/Hölscheidt, Art. 17 Rn. 19; *Jarass*, NVwZ 2006, 1089 (1093).

[1114] *Vosgerau*, in: Stern/Sachs, Art. 17 Rn. 82.

[1115] *Vosgerau*, in: Stern/Sachs, Art. 17 Rn. 82.

[1116] *Vosgerau*, in: Stern/Sachs, Art. 17 Rn. 83; *Müller-Michaels*, Grundrechtlicher Eigentumsschutz in der Europäischen Union, 1997, S. 94.

[1117] EGMR, Urt. vom 21.2.1986, Nr. 8793/79 (Rn. 54), EuGRZ 1988, 341 (346) – James u. a./Vereinigtes Königreich; Urt. vom 8.7.1986, Nr. 9006/80 u. a. (Rn. 121), EuGRZ 1988, 350 (358) – Lithgow u. a./Vereinigtes Königreich; Urt. vom 15.10.2013, Nr. 28686 u. 50135/06 (Rn. 51) – Sekulić u. Kučević/Serbien; *Frowein/Peukert*, Art. 1 des 1. ZP Rn. 72.

[1118] EGMR, Urt. vom 29.3.2006, Nr. 36813/97 (Rn. 95), NJW 2007, 1259 (1260) – Scordino/Italien; Urt. vom 24.4.2012, Nr. 22022/03 (Rn. 13) – S.C. Granitul S.A.; so auch EuG, Rs. T-379/16, ECLI:EU:T:2022:770 (Rn. 282) – Basicmed Enterprises Ltd.

[1119] EGMR, Urt. vom 29.3.2006, Nr. 36813/97 (Rn. 96), NJW 2007, 1259 (1260) – Scordino/Italien.

es hingegen als zulässig erachtet, die **Bewertung** der Unternehmen **an** deren **durchschnittlichen Börsenkurs** auszurichten.[1120]

3360 Im Einzelfall ermöglicht das Angemessenheitskriterium eine **wertende Relation zwischen** den **Interessen der Allgemeinheit** und den **Rechten der betroffenen Person**. Zur näheren Bestimmung der Angemessenheit der Entschädigung können der Wert des enteigneten Gutes, die individuelle oder kollektive Ausrichtung der Maßnahme, die Wichtigkeit und Dringlichkeit des Gemeinwohlziels, die Sozialfunktion der Maßnahme sowie die wirtschaftliche Lage des enteignenden Staates berücksichtigt werden.[1121] Solche Einzelfälle, in denen eine Entschädigung **unter dem Marktwert** angemessen ist, können sich etwa im Rahmen von **Wirtschaftsreformen**,[1122] grundsätzlichen Änderungen des politischen Systems eines Staates[1123] oder zur Herbeiführung größerer **sozialer Gerechtigkeit**[1124] ergeben.[1125]

3361 Ebenso haben die Dauer der Eigentumsentziehung und die Verzögerung[1126] bis zu deren Kompensation durch die Entschädigungsleistung bei der Bestimmung der Entschädigungshöhe mit einzufließen.[1127] Eine Reduzierung der Entschädigung ist möglich, wenn das **Eigentum durch rechtswidriges Verhalten** erlangt wurde.[1128] Nahe liegt ein solcher niedriger Wertansatz daher auch bei **Enteignungen als Sanktion** auf völkerrechtlicher Grundlage nach Art. 215 Abs. 2 AEUV,[1129] falls keine bloße Einfrierung oder vorübergehende Beschlagnahme und damit eine Nutzungsregelung erfolgt, sondern ein gänzlicher Entzug.

[1120] EGMR, Urt. vom 8.7.1986, Nr. 9006/80 u. a. (Rn. 127 ff.), EuGRZ 1988, 350 (359) – Lithgow u. a./Vereinigtes Königreich.

[1121] Vgl. *Moshnyagul*, Zum Eigentumsschutz im Sinne der EMRK im ukrainischen und russischen Recht, 2007, S. 66.

[1122] So die Sachlage bei EGMR, Urt. vom 8.7.1986, Nr. 9006/80 u. a., EuGRZ 1988, 350 – Lithgow u. a./Vereinigtes Königreich; Urt. vom 21.2.1986, Nr. 8793/79, EuGRZ 1988, 341 – James u. a./Vereinigtes Königreich.

[1123] So die Sachlage bei EGMR, Urt. vom 23.11.2000, Nr. 25701/94, NJW 2002, 45 – Früherer König von Griechenland u. a./Griechenland; Urt. vom 22.6.2004, Nr. 31443/96, NJW 2005, 2521 – Broniowski/Polen; Urt. vom 30.6.2005, Nr. 46720/99 u. a., NJW 2005, 2907 – Jahn u. a./Deutschland; Urt.vom 25.10.2012, Nr. 71243/01 (Rn. 112 f.) – Vistiņš et Perepjolkins/Lettland; EGMR, Entsch. vom 17.3.2020, Nr. 29026/06 u. a. (Rn. 189) – Beshiri u. a./Albanien.

[1124] So die Sachlage bei EGMR, Urt. vom 21.2.1986, Nr. 8793/79, EuGRZ 1988, 341 – James u. a./Vereinigtes Königreich; Urt.vom 25.10.2012, Nr. 71243/01 (Rn. 112) – Vistiņš et Perepjolkins/Lettland.

[1125] EGMR, Urt. vom 29.3.2006, Nr. 36813/97 (Rn. 97 f.), NJW 2007, 1259 (1260 f.) – Scordino/Italien mit Hinweis auf die vorstehend zitieren Fälle *James, Lithgow, Früherer König von Griechenland, Broniowski* und *Jahn*.

[1126] EGMR, Urt. vom 9.12.1994, Nr. 13427/87 (Rn. 82), ÖJZ 1995, 432 (435) – Stran Greek Refineries/Griechenland; Urt. vom 9.7.1997, Nr. 19263/92 (Rn. 29), ÖJZ 1998, 356 (356) – Akkus/Türkei.

[1127] *Jarass*, NVwZ 2006, 1089 (1093).

[1128] *Jarass*, NVwZ 2006, 1089 (1093).

[1129] S.o. Rn. 3328.

§ 3 Eigentumsfreiheit

Die Entschädigung kann entgangenen Gewinn und nicht realisierte Nutzungsmöglichkeiten unberücksichtigt lassen.[1130] Bei einem **Kulturgut** ist indes der **historische Wert** einzubeziehen.[1131] Das Verfahren zur Erlangung der Entschädigung ist so auszugestalten, dass nicht die von den Betroffenen zu tragenden Kosten des nationalen Verfahrens die ihnen zugesprochene Entschädigung übersteigen.[1132] 3362

Die Einräumung von **Rechtsvorteilen** im Gegenzug für die Entziehung des Eigentums kann nur dann bei der Entschädigung **berücksichtigt** werden, **wenn die Betroffenen ein Interesse** an den eingeräumten Rechtsvorteilen haben.[1133] Dies ist etwa der Fall bei **Infrastrukturvorteilen**, die eine Grundstückseigentum besitzende Person aufgrund der Umsetzung des Planvorhabens erhält, zu dessen Zwecken ihr Grundstück enteignet wurde.[1134] 3363

4. Entschädigung in Naturalien

I. d. R. wird die Entschädigung für eine Enteignung in der Form einer **Geldleistung** erfolgen. Darin zeigt sich die Umwandlung der eigentumsrechtlichen Bestandsgarantie in eine Wertgarantie. 3364

In Einzelfällen kann die Eigentum besitzende Person etwa bei einer Grundstücksenteignung durch eine Entschädigung in Naturalien, also in der **Übereignung anderer Grundstücke**, besser entschädigt werden als durch eine Geldleistung. Dies gilt beispielsweise in Fällen, in denen die Eigentum besitzende Person auf einen gewissen Umfang von Grundstückswerten angewiesen ist, um ihr Unternehmen rentabel führen zu können.[1135] 3365

5. Entschädigungslose Enteignung

Nach der Rechtsprechung des **EGMR** kann eine Enteignung ohne Entschädigung **nur unter außerordentlichen Umständen gerechtfertigt** sein.[1136] Das Fehlen 3366

[1130] EKMR, Entsch. vom 13.12.1979, Nr. 7987/77, DR 18, 31 (48) – Company X./Österreich; *Grabenwarter/Pabel*, § 25 Rn. 23.
[1131] EGMR, Urt. vom 19.2.2009, Nr. 2334/03 (Rn. 69 ff.) – Kozacıoğlu/Türkei für ein Gebäude.
[1132] EGMR, Urt. vom 16.11.2010, Nr. 24768/06 (Rn. 67 ff.) – Perdigão/Portugal; *Grabenwarter/Pabel*, § 25 Rn. 23.
[1133] S. EGMR, Urt. vom 29.4.1999, Nr. 25088/94 u. a. (Rn. 82), NJW 1999, 3695 (3697) – Chassagnou u. a./Frankreich.
[1134] *St. Weber*, in: Bröhmer, Der Grundrechtsschutz in Europa, 2002, S. 109 (118 ff.).
[1135] EGMR, Urt. vom 11.4.2002, Nr. 46044/99 (Rn. 23) – Lallement/Frankreich; *Grabenwarter/Pabel*, § 25 Rn. 23.
[1136] EGMR, Urt. vom 30.6.2005, Nr. 46720/99 u. a. (Rn. 94), NJW 2005, 2907 (2909) – Jahn u. a./Deutschland; Urt. vom 23.11.2000, Nr. 25701/94 (Rn. 89), NJW 2002, 45 (49) – Früherer König von Griechenland u. a./Griechenland; Urt. vom 9.12.1994, Nr. 13092/87 u. 13984/88 (Rn. 71), ÖJZ 1995, 428 (430) – Holy Monasteries/Griechenland; Urt. vom 22.6.2004, Nr. 31443/96 (Rn. 176), NJW 2005, 2521 (2527) – Broniowski/Polen; EGMR, Entsch. vom 10.7.2012, Nr. 34940/10 (Rn. 37) – Grainger u. a./Vereinigtes Königreich; Entsch. vom 17.3.2020, Nr. 29026/06 u. a. (Rn. 189) – Beshiri u. a./Albanien.

einer Entschädigung macht die Enteignung durch den Staat entsprechend nicht automatisch rechtswidrig.[1137] Solche Ausnahmen sind jedoch **für Art. 17 EGRC nicht mehr anzuerkennen**. Das ergibt sich bereits daraus, dass Art. 17 EGRC im Gegensatz zu Art. 1 des ZPs zur EMRK explizit eine Entschädigung fordert.[1138]

X. Enteignungskompetenz der EU

1. Wortlaut des Art. 17 EGRC

3367 Die Frage nach einer europäischen Enteignungskompetenz ist im Hinblick auf den Wortlaut des Art. 17 EGRC, der explizit den Entzug des Eigentums als Beeinträchtigung des Eigentumsrechts gestattet, augenscheinlich leicht beantwortet.

3368 Aus der Anerkennung eines Rechts samt seiner Schranken folgt jedoch nicht notwendig die Kompetenz zu einer solchen Einschränkung.[1139] Dass der Wortlaut des Art. 17 EGRC nicht alleine eine Enteignungskompetenz der EU trägt, ergibt sich auch schon aus der Klarstellung in **Art. 51 Abs. 2 EGRC**, wonach die EGRC keine neuen Kompetenzen schaffen soll. Es greift demnach der in Art. 5 Abs. 2 EUV verankerte Grundsatz der beschränkten Einzelermächtigung.[1140] Dem Wortlaut des Art. 17 EGRC kann daher allenfalls entnommen werden, dass eine solche Kompetenz vorausgesetzt wird.

2. Gegenwärtige unionsrechtliche Enteignungskompetenz

3369 Für das (derzeitige) Fehlen einer solchen Enteignungskompetenz auf europäischer Ebene spricht die Entscheidung des EuGH in der Rechtssache *Annibaldi*.[1141] In seinem Urteil führt der Gerichtshof aus: „Da schließlich eine spezifische Gemeinschaftsregelung für die Enteignung fehlt und die Maßnahmen über die gemeinsame Organisation der Agrarmärkte die Eigentumsordnung für landwirtschaftliches Eigentum unberührt lassen, betrifft das Regionalgesetz gem. Art. 222 des Vertrages (heute Art. 345 AEUV) einen Bereich, der in die Zuständigkeit der Mitgliedstaaten fällt."[1142]

[1137] EGMR, Urt. vom 23.11.2000, Nr. 25701/94 (Rn. 90), NJW 2002, 45 (49) – Früherer König von Griechenland u. a./Griechenland.
[1138] *Jarass/Kment*, § 22 Rn. 23.
[1139] *Schmidt-Preuß*, EuR 2006, 463 (475).
[1140] *Calliess*, in: ders./Ruffert, Art. 5 EUV Rn. 6 ff.
[1141] EuGH, Rs. C-309/96, ECLI:EU:C:1997:631 – Annibaldi.
[1142] EuGH, Rs. C-309/96, ECLI:EU:C:1997:631 (Rn. 23) – Annibaldi.

Nach dieser Entscheidung soll es generell keine Enteignungskompetenz auf europäischer Ebene geben.[1143] Dieser Schluss ist dem Urteil jedoch nicht zwingend zu entnehmen. Zum einen hat sich der EuGH in seinem Urteil nur zu einer spezifischen gemeinschaftsrechtlichen Enteignungsregelung geäußert und damit seine Feststellungen auf die gemeinsame Organisation der Agrarmärkte beschränkt. Zum anderen besteht zumindest nach der Rechtsprechung des EGMR neben der formellen Enteignung als einer spezifischen Unionsregelung das Institut der faktischen Eigentumsentziehung.[1144] Die EU verfügt etwa in den Bereichen der Landwirtschafts- und Umweltpolitik über derart weitreichende Kompetenzen, dass europarechtlichen Regelungen die Intensität einer faktischen Enteignung zukommen kann.[1145] Gerade **klimaschützende Maßnahmen**, wie sie das Klimapaket „Fit for 55" aufzeigt, können bei raschem Eingreifen faktische Eigentumsentziehungen beinhalten, so wenn Produktionsanlagen oder Gebrauchsgegenstände mit hohen CO_2-Emissionen sehr rasch nicht mehr nutzbar sein sollen, etwa durch Verwendungsverbote und Austauschpflichten. Das zeigten auch die Pläne zum **Ownership Unbundling** in der Energiewirtschaft anschaulich.[1146]

3370

3. Potenzielle europäische Enteignungskompetenz

a) Eigentumsordnung und Eigentumszuordnung

Allerdings stellt sich tiefgehend die Frage, ob die Schaffung einer europäischen Enteignungskompetenz generell an Art. 345 AEUV scheitert. Oben wurde bereits dargelegt, dass die Eigentumsordnung in Art. 345 AEUV nicht als die Gesamtheit mitgliedstaatlicher Eigentumsvorschriften, sondern nur als wirtschaftspolitische Systemfrage aufgefasst werden kann.[1147]

3371

Offengelassen wurde hingegen die Frage, ob Art. 345 AEUV auch eine europarechtlich veranlasste Eigentumsentziehung verbietet. Das kann nur der Fall sein, wenn der Begriff der Eigentumsordnung in Art. 345 AEUV auch die individuelle Zuordnung von Eigentumspositionen zu konkreten Rechtssubjekten erfasst.

3372

Teilweise ist entsprechend argumentiert worden, dass Art. 345 AEUV den europarechtlich veranlassten Entzug von mitgliedstaatlich konstituiertem Eigentum verbiete,[1148] da die Eigentumsordnung in Art. 345 AEUV den Bestand von Eigen-

3373

[1143] Vgl. hierzu *Mayer*, in: Grabitz/Hilf/Nettesheim, Art. 6 EUV Rn. 214; außerdem auch *Müller-Michaels*, Grundrechtlicher Eigentumsschutz in der Europäischen Union, 1997, S. 46 f.
[1144] Vgl. dazu o. Rn. 3320 ff.
[1145] *Heselhaus*, in: ders./Nowak, § 36 Rn. 63.
[1146] *Pielow/Ehlers*, IR 2007, 259 (262); s. auch *Baur/Pritzsche/Pooschke*, DVBl 2008, 483 (487 ff.); nur aus Sicht von Art. 345 AEUV *Pießkalla*, EuZW 2008, 199 (201 ff.).
[1147] Vgl. Rn. 3208 ff.
[1148] *Vosgerau*, in: Stern/Sachs, Art. 17 Rn. 64; *v. Danwitz*, in: ders./Depenheuer/Engel, Bericht zur Lage des Eigentums, 2002, S. 215 (271).

tum voraussetze.[1149] Damit ist jedoch der Begriff der Eigentumsordnung nicht schlüssig erklärt. Auch wenn die Eigentumsordnung den Bestand von Eigentum voraussetzt, folgt daraus noch nicht, dass die Unberührtheit der Eigentumsordnung auch die Unberührtheit der im Einzelnen bestehenden Eigentumspositionen erfasst. Dem Begriff der Eigentumsordnung liegt vielmehr die Abstraktheit eines Rechtsnormenkomplexes zugrunde, sodass die **Eigentumsordnung** in Art. 345 AEUV die Ordnung des Eigentumssystems durch Rechtsvorschriften, nicht aber die **Zuordnung des Eigentums zum Individuum** meint.

b) Historische Auslegung des Begriffs der Eigentumsordnung

3374 Dass die Eigentumsordnung nicht auch die Zuordnung konkreter Eigentumspositionen zum Individuum erfasst, wird ebenfalls durch die historische Entwicklung des Art. 345 AEUV gestützt. Als Art. 345 AEUV in seiner ursprünglichen Fassung (Art. 222 EWGV) entstand, waren die Grundrechte, wie sie in den Verfassungskonzeptionen der Mitgliedstaaten und internationalen Verträgen über den Schutz der Menschenrechte gewährleistet werden, noch nicht als allgemeine Grundsätze des Gemeinschaftsrechts vom EuGH herausgearbeitet worden. Ein solches Bedürfnis entstand erst mit Maßnahmen der Gemeinschaft, die auf nationaler Ebene grundrechtsrelevant wurden. Dies gilt insbesondere für das Eigentumsrecht, welches erst mit der Entscheidung *Hauer* aus dem Jahr 1979 zum festen Bestandteil des Gemeinschaftsrechts erwachsen ist.

3375 Wenn sich aber die Mitgliedstaaten bei der Genese des Art. 345 AEUV nicht der Grundrechtsrelevanz und hier insbesondere der Eigentumsrelevanz von Maßnahmen der Gemeinschaft bewusst waren, können sie bei der Formulierung des Art. 345 AEUV bei dem Begriff „Eigentumsordnung" auch nicht Enteignungen durch europäische Organe haben ausschließen wollen. Der Zweck des Art. 345 AEUV war vielmehr, die europäische Ebene aus wirtschaftspolitischen Systemfragen auszuschließen.[1150]

3376 Dass Art. 345 AEUV die Eigentumsordnung in den Mitgliedstaaten auch in Bezug auf konkrete Eigentumspositionen unberührt lässt, würde demnach eine Novellierung der Definition der Eigentumsordnung und mithin eine Funktionsänderung des Art. 345 AEUV erfordern, die historisch nicht angelegt ist.

3377 Dass auch der EuGH den Zugriff auf konkrete Eigentumspositionen durch Enteignung nicht von der Eigentumsordnung des Art. 345 AEUV erfasst sieht, lässt sich aus dessen Urteil in der oben zitierten Rechtssache *Annibaldi*[1151] ableiten. Darin **trennt der EuGH** die **Enteignungsbefugnis** begrifflich **von der Eigentumsordnung** nach Art. 345 AEUV. Es liegt daher der Schluss nahe, dass ihr auch ein eigenständiger Bedeutungsgehalt zukommt.

[1149] *Vosgerau*, in: Stern/Sachs, Art. 17 Rn. 64; *Schmidt-Preuß*, EuR 2006, 463 (475); *Storr*, EuZW 2007, 232 (235).
[1150] Vgl. dazu o. Rn. 3208 ff.
[1151] S.o. Rn. 3369.

E. Nutzungsregelungen

I. Ansatz

Die Befugnis der Staaten, die Nutzung des Eigentums zu regeln, ist die zweite von Art. 17 Abs. 1 S. 3 EGRC explizit zugelassene Form der Beeinträchtigung des Eigentumsrechts. Die Regelung muss **durch ein Gesetz** erfolgen und **für das Wohl des Allgemeininteresses** erforderlich sein. Auch die Regelung der Eigentumsnutzung ist damit der Schrankensystematik des Art. 1 des ZPs zur EMRK nachempfunden,[1152] für die der EGMR schon gefordert hat, dass ein **gerechter Ausgleich** zwischen dem Allgemeininteresse und den Rechten des Einzelnen herzustellen ist.[1153] Synoym ist die Wendung eines herzustellenden **angemessenen Gleichgewichts** zwischen dem öffentlichen Interesse und den Grundrechten der Beschwerdeführerin.[1154]

3378

Auch nach der Rechtsprechung des EuGH ist das Eigentumsrecht nicht schrankenlos gewährleistet, sondern in Zusammenhang mit seiner gesellschaftlichen Funktion zu sehen. Folglich kann die Ausübung des Eigentumsrechts Beschränkungen unterworfen werden, sofern diese Beschränkungen tatsächlich dem Gemeinwohl dienenden Zielen der Union entsprechen und nicht einen im Hinblick auf den verfolgten Zweck unverhältnismäßigen, nicht tragbaren Eingriff darstellen, der die so gewährleisteten Rechte in ihrem Wesensgehalt antastet.[1155] Die **Orientierung der Nutzungsregelung am Gemeinwohl** wurde daher auch vom **EuGH** zum wesentlichen Kriterium der Rechtfertigung von Nutzungsregelungen erhoben.[1156]

3379

II. Definition der Nutzungsregelung

1. Weiter Begriff der Nutzungsregelung

Der Schutzbereich des Eigentumsrechts nach Art. 17 EGRC gestattet jeder Person, ihr Eigentum zu besitzen, zu nutzen, darüber zu verfügen und es zu vererben. Angesichts dieser Differenzierung erscheint die Formulierung des Art. 17 Abs. 1 S. 3 EGRC zu kurz gegriffen, wenn sie lediglich die Regelung der Nutzung des Eigentums gestattet. Die Regelung zur Nutzung des Eigentums umfasst dennoch

3380

[1152] *Rengeling/Szczekalla*, Rn. 823.
[1153] EGMR, Urt. vom 15.2.2001, Nr. 37095/97 (Rn. 57) – Pialopoulos/Griechenland.
[1154] EGMR-Entscheidung vom 12.11.2019, Nr. 44457/11 (Rn. 51) – S.A. Bio d'Ardennes/Belgien.
[1155] EuGH, Rs. C-44/79, ECLI:EU:C:1979:290 (Rn. 23) – Hauer; Rs. C-265/87, ECLI:EU:C:1989:303 (Rn. 15) – Schräder; Rs. C-5/88, ECLI:EU:C:1989:321 (Rn. 18) – Wachauf; Rs. C-177/90, ECLI:EU:C:1992:2 (Rn. 16) – Kühn; Rs. C-22/94, ECLI:EU:C:1997:187 (Rn. 27) – Irish Farmers Association; EuG, Rs. T-65/98, ECLI:EU:T:2003:281 (Rn. 170) – van den Bergh Foods; Rs. C-379 u. 380/08, ECLI:EU:C:2010:127 (Rn. 80) – ERG u. a.; EuG, Rs. T-429 u. 451/13, ECLI:EU:T:2018:280 (Rn. 586) – Bayer CropScience.
[1156] *Calliess*, in: ders./Ruffert, Art. 17 GRCh Rn. 28.

auch **Regelungen** über den **Besitz**, die **Verfügungsfreiheit** und das **Erbrecht**. Die sprachliche Ungenauigkeit des Art. 17 EGRC rechtfertigt es nicht, weite Teile der Nutzung von Eigentumspositionen ungeregelt zu lassen. Vielmehr ist das Eigentumsgrundrecht als strukturelle Einheit formuliert. Die vorgesehenen **Einschränkungsmöglichkeiten** beziehen sich daher vom Ansatz her **auf alle geschützten Bestandteile**. Entsprechend ist bei Art. 17 Abs. 1 S. 3 EGRC ein weiter und umfassender Begriff der Nutzungsregelung zugrunde zu legen.

2. Typisierung der Nutzungsregelung

a) Eingriffszweck und Eingriffsintensität

3381 Nutzungsregelung i. S. d. Art. 17 EGRC ist zunächst **jede hoheitliche Maßnahme**, die das **Recht einer Person**, ihr **Eigentum** zu besitzen, zu nutzen, darüber zu verfügen oder es zu vererben, in zeitlicher, räumlicher oder sachlicher Hinsicht **zu beeinträchtigen bezweckt**, sodass diese nicht in jeder Hinsicht nach ihrem Belieben damit verfahren kann. Gleichzeitig darf die Nutzungsregelung noch nicht die **Intensität** einer **Enteignung** erreichen. Die Beeinträchtigung kann sich in Form eines Verbots oder eines Gebots auf die positive Eigentumsfreiheit auswirken.[1157]

3382 Ähnlich der **Finalität** bei der Enteignung lässt sich der Rechtsprechung des EuGH auch für Nutzungsregelungen entnehmen, dass eine Beschränkung des Eigentumsrechts durch die entsprechenden gesetzlichen Vorschriften bezweckt wird oder notwendig mit diesen verbunden sein muss.[1158] Auch der **EGMR** hat den **Eingriffszweck** in seiner Rechtsprechung zu einem Begriffsmerkmal der Nutzungsregelungen erhoben.[1159] Negative Auswirkungen auf das Eigentumsrecht, die nur **mittelbare Folgen** von Rechtsnormen sind, tasten das Eigentumsrecht danach hingegen nur an, wenn sie auch dessen **Wesensgehalt** beeinträchtigen.[1160]

3383 Neben dem Eingriffszweck kommt der Eingriffsintensität – gerade in Abgrenzung zur faktischen Enteignung – eine besondere Bedeutung zu. Um ihren Charakter als Nutzungsregelung nicht zu verlieren, darf die Beschränkung des Eigentums der Eigentum besitzenden Person nicht jedwede Nutzungsmöglichkeit entziehen oder zu einem absoluten Wertverfall führen.[1161]

3384 Wegen der notwendigen Finalität können zahlreiche Nutzungsregelungen Art. 17 EGRC nicht beeinträchtigen, weil sie entweder keine Nutzungsbeschränkung bezwecken oder bei nur mittelbarer Auswirkung keine hinreichende Eingriffsintensität

---

[1157] *Jarass/Kment*, § 22 Rn. 25; *Grabenwarter/Pabel*, § 25 Rn. 14.

[1158] *Vosgerau*, in: Stern/Sachs, Art. 17 Rn. 74; *Jarass/Kment*, § 22 Rn. 26 mit Hinweis auf EuGH, Rs. C-200/96, ECLI:EU:C:1998:172 (Rn. 28) – Metronome Musik.

[1159] *Mittelberger*, Der Eigentumsschutz nach Art. 1 des Ersten ZPs zur EMRK im Lichte der Rechtsprechung der Straßburger Organe, 2000, S. 70.

[1160] EuGH, Rs. C-59/83, ECLI:EU:C:1984:380 (Rn. 21 f.) – Biovilac.

[1161] *Mittelberger*, Der Eigentumsschutz nach Art. 1 des Ersten ZPs zur EMRK im Lichte der Rechtsprechung der Straßburger Organe, 2000, S. 64, 70, 86 ff.

erreichen. Dadurch drohen aber **mittelbare Beeinträchtigungen** allzu sehr **aus dem Blick** zu geraten, obwohl sie vor allem in ihrer Summe die Eigentumsnutzung gravierend beeinträchtigen können. Zudem sind dann **staatliche Organe** versucht, Eingriffe in das Eigentum mit **anderem Zweck** vorzunehmen und so aus dem Anwendungsbereich von Art. 17 EGRC herauszuhalten. Aus Sicht der betroffenen Person ist es indes gleichgültig, ob die Nutzung ihres Eigentums gezielt oder ungezielt beeinträchtigt wird. Daher müssen **beide Formen gleichermaßen relevant** sein.

Um eine unübersehbare Zahl von Beeinträchtigungen zu vermeiden, eignet sich vielmehr ein grundrechtsimmanenter Ansatzpunkt. Art. 17 EGRC knüpft an die erbrachte Leistung und damit das **Verhalten der einzelnen Person** an. Verändert diese die **Wirkung staatlicher Maßnahmen** so sehr, dass diese im Wesentlichen auf den wirtschaftlichen Verhaltensweisen und Abläufen beruht, handelt es sich nicht mehr um eine staatliche Beeinträchtigung.[1162]

3385

b) Nutzungsbeschränkung und Inhaltsbestimmung

Die Möglichkeit zur Regelung der Eigentumsnutzung umfasst zunächst die Befugnis, die **Freiheiten der Eigentum besitzenden Person** in Bezug auf ihr Eigentum zu **beschränken** (Nutzungsbeschränkung). Die Nutzung eines Grundstücks wird etwa durch Versagung einer Baugenehmigung[1163] oder eines bergbaulichen Betriebsplans,[1164] durch Verhängung eines Bauverbots,[1165] durch Erlass einer Abrissverfügung,[1166] aus Gründen des Denkmalschutzes,[1167] durch Aussetzung der Vollstreckung von Räumungsurteilen[1168] oder aufgrund eines Anpflanzungsverbots[1169] sowie durch Vorschriften über die Art und Weise der Bestellung landwirtschaftli-

3386

[1162] S. bereits *Frenz*, Das Verursacherprinzip im Öffentlichen Recht, 1997, S. 278.
[1163] EKMR, Entsch. vom 9.5.1988, Nr. 12258/86 (Abschnitt En Droit), DR 56, 222 – Skärby/Schweden.
[1164] S. EGMR. Urt. vom 19.1.2017, Nr. 32377/12, NVwZ 2017, 1273 – Werra Naturstein/Deutschland.
[1165] EGMR, Urt. vom 23.9.1982, Nr. 7151 u. 7152/75 (Rn. 60), NJW 1984, 2747 (2747) – Sporrong u. Lönnroth/Schweden; Urt. vom 25.10.1989, Nr. 10842/84 (Rn. 54), ÖJZ 1990, 246 (247) – Jacobsson/Schweden (Nr. 1); Urt. vom 29.11.1991, Nr. 12742/87 (Rn. 51), ÖJZ 1992, 459 (461) – Pine Valley Developments/Irland; EGMR, Entsch. vom 19.6.2012, Nr. 42625/02 (Rn. 41) – Tasevi/Bulgarien.
[1166] EGMR, Urt. vom 8.11.2005, Nr. 4251/02 (Rn. 33) – Saliba/Malta.
[1167] EGMR, Urt. vom 29.3.2011, Nr. 33949/05 (Rn. 63) – Potomska u. Potomski/Polen; *Grabenwarter/Pabel*, § 25 Rn. 27.
[1168] EGMR, Urt. vom 28.9.1995, Nr. 12868/87 (Rn. 28), ÖJZ 1996, 189 (190) – Spadea u. Scalabrino/Italien.
[1169] EuGH, Rs. C-44/79, ECLI:EU:C:1979:290 (Rn. 19) – Hauer.

chen Bodens[1170] beeinträchtigt. Der letzte Punkt ist vor allem bei Normierungen zum **Bodenschutz** relevant.

3387   Das Recht zur freien Verfügung über das Eigentum ist beim **Einfrieren von Geldern** betroffen[1171] sowie bei insolvenzrechtlichen Verfügungsbeschränkungen der insolvenzschuldenden Person.[1172] Die **Verfügungsfreiheit** ist ferner tangiert, wenn der Eigentum besitzenden Person **kartellrechtliche Beschränkungen** beim Einsatz ihrer Wirtschaftsgüter aufgegeben werden.[1173]

3388   Verfügungsfreiheit und Besitz sind bei der **Konfiskation von Eigentum** aus Gründen der Sozialschädlichkeit,[1174] der Verletzung von Zollbestimmungen,[1175] der Kriminalprävention,[1176] der Kriminalrepression[1177] oder zwecks Eintreibung von Steuerschulden[1178] und Durchsetzung völkerrechtlicher Sanktionen[1179] sowie bei der Vernichtung einer Sache aus Gründen der Gesundheitsvorsorge[1180] beeinträchtigt.[1181] Im letzten Fall wird zwar die Gemeinwohlbezogenheit des Eigentums aktualisiert, dieses aber gleichwohl der einzelnen Person dauerhaft entzogen und damit faktisch enteignet. Allerdings handelt es sich um rechtswidriges Eigentum, für

---

[1170] EuGH, Rs. C-293/97, ECLI:EU:C:1999:215 (Rn. 55) – Standley; Rs. C-44/79, ECLI:EU: C:1979:290 (Rn. 21) – Hauer; *Jarass/Kment*, § 22 Rn. 25.

[1171] EuGH, verb. Rs. C-402 u. 415/05 P, ECLI:EU:C:2008:461 (Rn. 358) – Kadi u. a.; bereits EuG, Rs. T-306/01, ECLI:EU:T:2005:331 (Rn. 285, 299) – Yusuf u. Al Barakaat sowie später Rs. T-187/11, ECLI:EU:T:2013:273 (Rn. 76) – Trabelsi u. a.

[1172] Vgl. EGMR, Urt. vom 17.6.2002, Nr. 56298/00 (Rn. 28) – Bottaro/Italien; Urt. vom 17.7.2003, Nr. 32190/96 (Rn. 67), RJD 2003-IX – Luordo/Italien; Urt. vom 2.6.2016, Nr. 7031/05 (Rn. 123) – International Bank for Commerce and Development AD/Bulgarien.

[1173] EuG, Rs. T-65/98, ECLI:EU:T:2003:281 (Rn. 171) – van den Bergh Foods; *Jarass/Kment*, § 22 Rn. 25.

[1174] EGMR, Urt. vom 7.12.1976, Nr. 5493/72 (Rn. 62 f.), EuGRZ 1977, 38 (48 f.) – Handyside/Vereinigtes Königreich; Urt. vom 8.10.2009, Nr. 23202/05 (Rn. 27) – Adzhigovich/Russland.

[1175] EGMR, Urt. vom 24.10.1986, Nr. 9118/80 (Rn. 51), EuGRZ 1988, 513 (517) – AGOSI/Vereinigtes Königreich; Urt. vom 19.1.2021, Nr. 23079/11 (Rn. 83) – Aktiva Doo.

[1176] EGMR, Urt. vom 5.5.1995, Nr. 18465/91 (Rn. 34), ÖJZ 1995, 755 (755) – Air Canada/Vereinigtes Königreich; EGMR, Entsch. vom 6.12.2022, Nr. 21274/08 u. a. (Rn. 70) – Yusifli u. a./Aserbaidschan.

[1177] Vgl. EGMR, Urt. vom 22.2.1994, Nr. 12954/87 (Rn. 27, 29), ÖJZ 1994, 562 (562 f.) – Raimondo/Italien; Urt. vom 5.7.2001, Nr. 52024/99 (Abschnitt The Law Rn. 1), RJD 2001-VII – Arcuri u. a./Italien; Urt. vom 10.4.2012, Nr. 20496/02 (Rn. 66) – Silickienė/Litauen; Urt. vom 19.1.2021, Nr. 23079/11 (Rn. 83) – Aktiva Doo.

[1178] EGMR, Urt. vom 23.2.1995, Nr. 15375/89 (Rn. 59), Ser. A 306-B – Gasus Dosier- und Fördertechnik GmbH/Niederlande; Urt. vom 20.9.2011, Nr. 14902/04 (Rn. 604) – OAO Neftyanaya Kompaniya Yukos/Russland.

[1179] EGMR, Urt. vom 30.6.2005, Nr. 45036/98 (Rn. 142), NJW 2006, 197 (200) – Bosphorus/Irland.

[1180] EuGH, Rs. C-20 u. 64/00, ECLI:EU:C:2003:397 (Rn. 79 ff.) – Booker Aquaculture; in Übereinstimmung mit der Rspr. von BVerfGE 20, 351 (351); EGMR, Urt.vom 12.11.2019 (Rn. 48) – S. A. Bio d'Ardennes/Belgien.

[1181] *Heselhaus*, in: ders./Nowak, § 36 Rn. 75; *Cremer*, in: Dörr/Grote/Marauhn, Kap. 22 Rn. 151.

§ 3 Eigentumsfreiheit

das eine Nutzungsregelung angenommen wird.[1182] Im Übrigen zeigen die in Abs. 1 Art. 2 des ZPs zur EMRK angeführten Rechtfertigungsgründe spezifisch für Nutzungsregelungen, dass solche auch Sicherungen der Zahlung von Steuern und sonstigen Abgaben oder von Geldstrafen bilden. Dazu gehört dann auch die ohne Weiteres erfolgende Beschlagnahme von Liegenschaften bei rechtswidriger Baulanderschließung; ist dafür aber keine Abwägung im Einzelfall vorgesehen, verstößt dies gegen das Eigentumsrecht.[1183]

Die **Nutzung eines obligatorischen Rechts** wird exemplarisch bei Vorschriften über bestimmte Fischereimethoden für ein auf einem Pachtvertrag beruhendes Fischereirecht beschränkt.[1184] Ein **Jagdrecht** ist **beschränkt**, wenn eine Person entgegen seinen Vorstellungen jagen muss[1185] bzw. sich einer Jagdgenossenschaft anzuschließen hat, ohne dass sie widersprechen kann: Dies ist unverhältnismäßig, wenn der Betroffene die Jagd aus ethischen Gründen ablehnt, ohne dass eine Entschädigungsregelung daran etwas ändern kann.[1186]

3389

Nutzungen von Internetdomains können im Interesse des Markenschutzes beschränkt werden.[1187] Auch die Verhinderung der Ausübung einer Tätigkeit einer Lizenz gemäß bildet eine Nutzungsregelung,[1188] ebenso die Untersagung, registrierte Internetdomains zu nutzen[1189] sowie die Regulierung eines nicht regulierten Marktes, wodurch der Kundenstamm verloren geht.[1190] Eine Lizenz darf nicht schon verloren gehen, wenn ein Internetprovider eine Adressänderung zu spät bekannt gibt: Eine solche Nutzungsregelung ist unverhältnismäßig.[1191]

3390

Neben den Beschränkungen der dem Eigentum entspringenden positiven Freiheiten sind vom Begriff der Nutzungsregelung weiterhin auch **inhaltliche Bestimmungen des Eigentumsrechts** selbst erfasst. Das sind solche Rechtsvorschriften,

3391

[1182] S.o. Rn. 3334.
[1183] EGMR, Urt. vom 28.6.2018 (GK), Nr. 1828/06 (Rn. 303) – G.I.E.M. S.r.l./Italien; *Grabenwarter/Pabel*, § 25 Rn. 27.
[1184] EGMR, Urt. vom 24.9.2002, Nr. 27824/95 (Rn. 76 i. V. m. 11), RJD 2002-VII – Posti u. Rahku/Finland.
[1185] EGMR, Urt. vom 26.2.2008, Nr. 11811/05 – Nilsson/Schweden.
[1186] EGMR, Urt. vom 10.7.2007, Nr. 2113/04 (Rn. 45 ff.) – Schneider/Luxemburg; Urt. vom 22.9.2011, Nr. 29953/08 (Rn. 38 ff.) – A.S.P.A.S. u. Lasgrezas/Frankreich; Urt. vom 26.6.2012 (GK), Nr. 9300/07 (Rn. 77 ff.) = NJW 2012, 3629 – Herrmann/Deutschland; dazu *Frowein*, Is the European Court of Human Rights in the danger of overreaching?, in FS für Klein, 2013, S. 1053 (1055 f.); vgl. auch EGMR, Urt. vom 4.10.2012 (GK), Nr. 57412/08 (Rn. 41 ff.) – Chabauty/Frankreich; *Maierhöfer*, NVwZ 2012, 1521; *Michl*, JZ 2013, 504; *Grabenwarter/Pabel*, § 25 Rn. 27.
[1187] EGMR, Entsch. vom 18.9.2007, Nr. 25379/04 u. a. – Paeffgen GmbH/Deutschland.
[1188] EGMR, Urt. vom 7.6.2012 (GK), Nr. 38433/09 (Rn. 186) (Maßnahmen gegen eine landesweite Lizenz zur terrestrischen Fernsehübertragung, die den Sendebeginn verzögerten) – Centro Europa 7 S.r.l. u. Di Stefano/Italien.
[1189] EGMR, Entsch. vom 18.9.2007, Nr. 25379/04 u. a. – Paeffgen GmbH/Deutschland.
[1190] EGMR, Urt. vom 16.10.2018, Nr. 21623/13 (Rn. 43) – Könyv-Tár Kft u. a./Ungarn; *Grabenwarter/Pabel*, § 25 Rn. 14.
[1191] EGMR, Urt. vom 8.4.2008, Nr. 21151/04 (Rn. 79) – Megadat.com SRL/Moldawien.

die den gegenständlichen Begriff des Eigentums prägen. Auch die Ausgestaltung des Eigentumsrechts durch Rechtsvorschriften ist dementsprechend eine Regelung zur Nutzung des Eigentums.[1192]

3. Problemfälle

a) Produktionsbeschränkungen

3392 **Quantitative Produktionsbeschränkungen** führen nach der EuGH-Rechtsprechung nicht zu einem Verstoß gegen das Eigentumsrecht.[1193] Sie können unter Berufung auf den EuGH als Nutzungsregelungen qualifiziert werden.[1194] Vorhandene Eigentumsgegenstände können dann nur noch für eine zahlenmäßig begrenzte Produktionsmenge eingesetzt werden. Daher wird auch in Vorhandenes eingegriffen und nicht nur der Erwerb beschränkt.

3393 Entsprechendes gilt für **qualitative Produktionsbeschränkungen**, so **aus Klimaschutzgründen**, wenn etwa der verstärkte **Einsatz von Sekundärrohstoffen** anstelle von Primärrohstoffen vorgegeben wird oder fossile Brennstoffe in der Produktion ausgetauscht werden müssen (z. B. **Green Steel** unter Verwendung von Wasserstoff). Die vorhandenen Produktionsanlagen können dann nur noch solchermaßen qualitativ ausgerichtet werden.

3394 Hingegen führt hier das Recht am eingerichteten und ausgeübten Gewerbebetrieb nur bedingt weiter, soweit es nach der Konzeption der Judikatur lediglich bei einem Eingriff in die Substanz des Unternehmens aktiviert wird. Marktanteile und damit auch Produktabsatzzahlen sind nicht geschützt.[1195] Ein Ansatz ist höchstens, die **Einschränkung der Nutzungsmöglichkeiten vorhandener Betriebsmittel zugleich** als **Eingriff in den eingerichteten und ausgeübten Gewerbebetrieb** zu qualifizieren. Zwar sind die Betriebsmittel bereits unabhängig davon eigentumsrechtlich geschützt.[1196] Jedoch reicht ihre Bedeutung im eingerichteten und ausgeübten Gewerbebetrieb über diesen Selbstwert hinaus. Ihre Beschränkung kann den **Betriebsablauf** ganz **erheblich antasten**.

3395 Diese **Folgewirkungen** werden nur über eine Einbeziehung des Rechts am eingerichteten und ausgeübten Gewerbebetrieb vollständig erfasst. Durch sie wird die bisher unternehmerisch aufgebaute **Arbeitsfähigkeit** dieses **Betriebs beeinträchtigt**, sei es durch eine Begrenzung, sei es durch eine andere etwa klimaschutzgeprägte Ausrichtung. Die bisherige Arbeitsweise und der bestehende Arbeits-

---

[1192] Vgl. zum begrifflichen Unterschied zwischen Nutzungsbeschränkung und Nutzungsregelung nach Art. 1 des ZPs zur EMRK *Reininghaus*, Eingriffe in das Eigentumsrecht nach Art. 1 des ZPs zur EMRK, 2002, S. 40.

[1193] EuGH, Rs. C-258/81, ECLI:EU:C:1982:422 (Rn. 13) – Metallurgiki Halyps.

[1194] *Jarass/Kment*, § 22 Rn. 25 mit Hinweis auf EuGH, Rs. C-258/81, ECLI:EU:C:1982:422 (Rn. 13) – Metallurgiki Halyps.

[1195] Dazu o. Rn. 3265 ff.

[1196] S.o. Rn. 3259.

§ 3 Eigentumsfreiheit

umfang liegen den Marktanteilen und Produktabsatzzahlen voraus und bilden deren Grundlage. Daher sind sie unabhängig davon geschützt. Wenn auf diese Weise aufgrund der Produktionsbeschränkungen in die Substanz des Unternehmens eingegriffen wird, liegt bereits ein teilweiser Entzug von Eigentumspositionen vor.

b) Vermarktungsmöglichkeiten

Nach der Rechtsprechung des EuGH führt die Senkung von Stützpreisen für Agrarprodukte innerhalb einer gemeinsamen Marktorganisation und die damit verbundene Wertminderung von Agrarbeständen der betroffenen Wirtschaftsteilnehmenden nicht zu einem Eingriff in das Eigentumsrecht.[1197] Teilweise ist unter Berufung auf dieses Urteil der Schluss gezogen worden, die **Beeinträchtigung profitabler Nutzungsmöglichkeiten**, z. B. in Form der Beseitigung bestehender Vermarktungsmöglichkeiten für vorhandene Produkte, sei keine Nutzungsregelung i. S. d. Art. 17 Abs. 1 S. 3 EGRC.[1198]   3396

Gerade die **wirtschaftliche Nutzung des Eigentums** ist aber eine der wesentlichen Ausprägungen des Eigentumsrechts. Aus diesem Grunde stellen jedenfalls Verfügungsbeschränkungen beim Einsatz von Wirtschaftsgütern Regelungen zur Nutzung des Eigentums dar.[1199] Aus demselben Grund sind auch **Einschränkungen von Vermarktungsmöglichkeiten** als Nutzungsregelungen zu qualifizieren. Dazu können etwa **Transportverbote** gehören, durch die verkehrsbedingte CO_2-Emissionen verhindert werden sollen.   3397

Zwar fallen diese **Vermarktungsmöglichkeiten** nicht selbst unter den Eigentumsbegriff. Indes wurden sie von denjenigen, die davon profitieren, ausgefüllt und **mit Investitionen unterlegt**, also mit eigener Leistung verbunden. Daher schlagen Beschränkungen auf diese auch individuell geschaffene unternehmerische Erwerbsposition durch, und zwar wegen der erfolgten Verbindung mit den Vermarktungsmöglichkeiten unmittelbar. Diese private Erwerbsposition hängt allerdings dann von vornherein am staatlichen seidenen Faden, wenn sie allein auf einer Normierung ohne nähere Garantie beruht.   3398

Vor diesem Hintergrund ist die **Senkung von Stützpreisen** nicht mit der Beseitigung einer Vermarktungsmöglichkeit gleichzustellen. Vielmehr bilden Stützpreise einseitige unionsrechtliche Gewährungen, die nicht in den Schutzbereich des Eigentumsrechts fallen.[1200]   3399

[1197] EuGH, Rs. C-281/84, ECLI.EU.C.1987.3 (Rn. 25 f.) – Zuckerfabrik Bedburg.
[1198] So auch für die Einschränkung von Interventionskäufen *v. Danwitz*, in: ders./Depenheuer/Engel, Bericht zur Lage des Eigentums, 2002, S. 215 (269 f.) unter Bezugnahme auf EuGH, Rs. C-296 u. 307/93, ECLI:EU:C:1996:65 (Rn. 64) – Frankreich u. Irland/Kommission.
[1199] EuG, Rs. T-65/98, ECLI:EU:T:2003:281 (Rn. 171) – van den Bergh Foods; *Jarass/Kment*, § 22 Rn. 25.
[1200] Näher dazu o. Rn. 3253 ff.

c) Verselbstständigte Eigentumsrechte aus Eigentumsnutzung

3400   Die **staatliche Regulierung von Wohnraummiete**, welche Mietzinsansprüche **aus bestehenden Mietverträgen** reduziert, hat der EGMR als Nutzungsregelung des Grundeigentums angesehen. Zwar zählten auch Forderungen zu den eigenständigen Positionen des Eigentumsrechts, doch würde die Möglichkeit zur Nutzungsbeschränkung des Grundeigentums leer laufen, wenn jede Realisierung einer Nutzungsmöglichkeit des Grundeigentums eine eigenständige Eigentumsposition darstellte.[1201]

3401   Indes erwächst nicht aus jeder Nutzung einer Eigentumsposition eine weitere selbstständige Eigentumsposition. Die Nutzung des Eigentums zu privaten Zwecken und damit etwa die Nutzung des Wohnraums zum eigenen Bedarf ist unmittelbar mit dem Eigentumsobjekt verbunden und beschränkt den eigentumsrelevanten Eingriff auf ein Verhältnis zwischen dem Staat und der Eigentum besitzenden Person.

3402   Regelt der Staat aber die **Wohnraummiete**, also die Nutzung des Eigentums durch eine dritte Person, so wirkt sich der Eingriff in einem Dreipersonenverhältnis aus und betrifft **auch Rechtsbeziehungen zwischen Privaten, die über** die reine **Eigentümerstellung des Vermietenden hinausgehen**. Wenn diese Rechtsbeziehungen für zumindest eine Partei eine selbstständige Eigentumsposition begründen kann, so muss diese auch als solche bewertet werden. Dabei sind dann beide Seiten adäquat zu berücksichtigen. Dies hat spezifisch zu erfolgen, zumal im Wohnungsrecht ein breiter Spielraum zugestanden wird.[1202] Es darf der Vermietende nicht durch jahrelange Blockaden von Räumungen in seinem Recht auf Eigentumsnutzung beschränkt werden.[1203] Umgekehrt kann aber gesetzlich verboten werden, einen langfristigen Mietvertrag zu kündigen,[1204] nicht jedoch ein Anspruch eingeräumt werden, den Pachtvertrag zu unveränderten Bedingungen verlängert zu bekommen.[1205] Hieran zeigt sich der spezifische Charakter **einiger Eigentumsrechte**, die daher **selbstständig** zu betrachten sind.

[1201] EGMR, Urt. vom 19.12.1989, Nr. 10522/83 u. a. (Rn. 44), ÖJZ 1990, 150 (151) – Mellacher u. a./Österreich; *Müller-Michaels*, Grundrechtlicher Eigentumsschutz in der Europäischen Union, 1997, S. 66.

[1202] EGMR, 10.7.2014, Nr. 12027/10 (Rn. 140) – Statileo/Kroatien.

[1203] EGMR, Urt. vom 29.1.2004, Nr. 64258/01 (Rn. 27 ff.) – Bellini (Nr. 1)/Italien; Urt. vom 4.3.2004, Nr. 48171/99 (Rn. 45 ff.) – Fossi u. Mignolli/Italien; Urt. vom 11.3.2004, Nr. 64098/00 (Rn. 26 ff.) – Bellini (Nr. 2)/Italien, s. auch Urt. vom 19.6.2006 (GK), Nr. 35014/97 (Rn. 223 ff.) – Hutten-Czapska/Polen; Urt. vom 15.9.2009, Nr. 47045/06 (Rn. 56 ff.) – Amato Gauci/Malta; Urt. vom 28.1.2014, Nr. 30255/09 (Rn. 94 ff.) – Bittó u. a./Slowakei; *Grabenwarter/Pabel*, § 25 Rn. 27 auch für das Folgende.

[1204] EGMR, Urt. vom 21.12.2010, Nr. 41696/07 (Rn. 35 f.) – Almeida Ferreira u. Melo Ferreira/Portugal.

[1205] EGMR, Urt. vom 12.6.2012, Nr. 13221/08 u. a. (Rn. 126 ff.) – Lindheim u. a./Norwegen.

§ 3 Eigentumsfreiheit

d) Genehmigte Nutzungsrechte als verselbstständigte Eigentumspositionen

Im Fall *Fredin/Schweden* hat der EGMR den **Widerruf einer behördlichen Genehmigung zur Ausbeutung einer Kiesgrube** als Nutzungsregelung qualifiziert.[1206] Eine faktische Enteignung liegt danach nicht vor, weil die durch den Entzug der Ausbeutungsgenehmigung beschränkte Nutzung des Grundstücks in ihren wirtschaftlichen Auswirkungen **nicht** einer **formellen Enteignung gleichkomme**. Ähnlich hat der EGMR zuvor im Fall *Tre Traktörer*[1207] den Entzug einer Genehmigung zum Ausschank alkoholischer Getränke nicht als Entziehung einer Eigentumsposition bewertet, sondern als Nutzungsregelung eingestuft.[1208] Dies entspricht den Grundsätzen der Atomausstiegsentscheidung des BVerfG.[1209]

3403

Bei seiner Entscheidung lässt der EGMR jedoch unberücksichtigt, dass dem Beschwerdeführer die einzeln genehmigte Befugnis zur Nutzung seines Grundeigentums entzogen wurde. Zwar sind Regelungen zur Nutzung des Grundeigentums grundsätzlich als Nutzungsregelungen zu qualifizieren, doch führt das Erfordernis der **Genehmigung einzelner Nutzungsmöglichkeiten bei Erteilung** einer solchen zu einer rechtlich eigens **eingeräumten** und damit selbstständigen **Eigentumsposition**. Deren Entzug wirkt dann nicht mehr auf das Grundeigentum als solches in seiner Gesamtheit ein, sondern beschränkt sich auf die genehmigte Nutzungsmöglichkeit und entzieht diese damit.[1210] Dies ist der generelle Ansatz des EGMR im Gegensatz zum BVerfG namentlich in seiner Atomausstiegsentscheidung.[1211]

3404

Wird das Eigentumsrecht aus einer wirtschaftlichen Perspektive betrachtet, wie es für die EU als Wirtschaftsunion angezeigt ist, so ist die entscheidende Frage für die Anerkennung einer Genehmigung als eigenständige Eigentumsposition: Kann diese **Rechtsposition** selbst **zum wirtschaftlichen Nutzen des Eigentümers** eingesetzt werden? Ist diese Frage zu bejahen, so kommt der Rechtsposition ein **eigener Vermögenswert** zu. Bedarf eine bestimmte Nutzung des Eigentums einer Genehmigung, geht diese regelmäßig über das bloße Eigentum hinaus. Schließlich ist sie eigens gesetzlich angeordnet und **nicht automatisch mit dem Grundeigentum verbunden**. Gestaltet sich die Genehmigung dazu noch als Ausnahme von einem präventiven Verbot mit Erlaubnisvorbehalt, so steht auch nicht eine einseitige staatli-

3405

[1206] EGMR, Urt. vom 18.2.1991, Nr. 12033/86 (Rn. 47), ÖJZ 1991, 514 (515) – Fredin/Schweden (Nr. 1).
[1207] EGMR, Urt. vom 7.7.1989, Nr. 10873/84 (Rn. 55), Ser. A 159 – Tre Traktörer/Schweden; so auch EGMR, Urt. vom 2.6.2020, Nr. 71130/13 (Rn. 27) – Gospodăria țărănească Chiper Terenti Grigore/Moldawien.
[1208] Zur Beeinträchtigung des Goodwill am Unternehmen vgl. o. Rn. 3261.
[1209] BVerfGE 143, 246; näher o. Rn. 3326 f.
[1210] Vgl. zu diesem Gedankengang auch *Cremer*, in: Dörr/Grote/Marauhn, Kap. 22 Rn. 168; *Reininghaus*, Eingriffe in das Eigentumsrecht nach Art. 1 des ZPs zur EMRK, 2002, S. 81 f.
[1211] EGMR. Urt. vom 19.1.2017, Nr. 32377/12 (Rn. 42), NVwZ 2017, 1273 – Werra Naturstein/Deutschland.

che Gewährung im Vordergrund.¹²¹² Vielmehr muss die begünstigte Person bestimmte selbst geschaffene Voraussetzungen erfüllen. Daher muss auch eine staatliche Genehmigung als Eigentumsrecht nach Art. 17 EGRC anerkannt werden.¹²¹³

3406   Inwieweit sich eine Entziehung einer solchen Genehmigung als Enteignung auswirkt, ist schließlich davon abhängig, ob die Genehmigung bereits zum Zeitpunkt ihres Erlasses mit Rechtsinstrumenten wie einem **Widerrufsvorbehalt** oder einer **Befristung** belastet ist. Solche Rechtsinstrumente wirken sich als **inhaltliche Ausgestaltung** der **Genehmigung** aus und sind ihr inhärent. Ihre Ausübung kann daher nicht zu einer Beschränkung des Eigentumsrechts führen. Das gilt auch dann, wenn eine Zulassung an den Tatbestand grundlegender Voraussetzungen geknüpft ist und bei deren Entfallen nicht notwendig dauerhaft entzogen wird, sondern wiedererlangt werden kann.¹²¹⁴

III. Gesetzliche Regelung

3407   Die Regelung zur Nutzung des Eigentums hat gem. Art. 17 Abs. 1 S. 3 EGRC gesetzlich zu erfolgen. Nutzungsregelungen unterliegen damit ebenso wie die Enteignung einem **Gesetzesvorbehalt**.¹²¹⁵ Die Anforderungen sind identisch.¹²¹⁶ Insbesondere kommen neben formellen Gesetzen **auch Verordnungen** und **Prinzipien des common law** sowie auf europäischer Ebene **Richtlinien** und **Verordnungen** als gesetzliche Nutzungsregelung in Frage. Die Regelungen müssen hinreichend bestimmt, zugänglich und vorhersehbar sein.¹²¹⁷

IV. Wohl der Allgemeinheit

3408   Die Regelungen zur Nutzung des Eigentums müssen durch Belange des Allgemeinwohls gerechtfertigt sein. Der Begriff ist weit zu verstehen und kann **nicht abschließend** umrissen werden.¹²¹⁸ Es besteht wie für die Legitimation von Enteignungen ein **weiter Beurteilungsspielraum**.¹²¹⁹ Dieser ist hier **tendenziell größer**, weil Eigentum

---

¹²¹² Zu diesem Problem vgl. o. Rn. 3253 ff.

¹²¹³ Offengelassen von BVerfGE 17, 232 (247 f.); vgl. zum deutschen Verfassungsrecht auch *Dederer*, in: Bonner Kommentar zum GG, Art. 14 Rn. 144 ff.

¹²¹⁴ EGMR, Entsch. vom 9.5.2007, Nr. 29005/05, EuGRZ 2008, 24 (26) – Brückl/Deutschland.

¹²¹⁵ S.o. Rn.

¹²¹⁶ Zum Gesetzesvorbehalt von Art. 17 Abs. 1 S. 3 EGRC *Heselhaus*, in: ders./Nowak, § 36 Rn. 71, 73.

¹²¹⁷ Vgl. zu den Einzelheiten o. Rn. 628 sowie Rn. 3339.

¹²¹⁸ *Heselhaus*, in: ders./Nowak, § 36 Rn. 74.

¹²¹⁹ Vgl. zu den Einzelheiten o. Rn. 3340 f.; speziell zum Evidenzmaßstab des EuGH *Müller-Michaels*, Grundrechtlicher Eigentumsschutz in der Europäischen Union, 1997, S. 50 f.

nicht entzogen, sondern beschränkt wird und damit der Eingriff eher geringer ausfällt. So hat der EGMR als nicht mehr von einem Belang des Allgemeinwohls gedeckt angesehen, dass die Umsetzung eines Gerichtsurteils zur Rückerstattung von zuvor aus Gründen der Kriminalrepression beschlagnahmten Gegenstände über vier Jahre dauerte.[1220] Gegen den Staat gerichtlich festgestellte Forderungen müssen diese nicht erst in einem Zwangsvollstreckungsverfahren beigetrieben werden.[1221]

Im Rahmen von Nutzungsregelungen hat auch der EuGH **vielfach** bestimmte **Zielsetzungen** als **Gründe des Allgemeinwohls** anerkannt. Dazu zählen etwa der Schutz der öffentlichen Gesundheit,[1222] der Verbraucherschutz,[1223] der Umweltschutz[1224] einschließlich des – auch im 13. UN-Nachhaltigkeitsziel eigens aufgeführten – **Klimaschutzes**, agrarpolitische Zielsetzungen,[1225] das Urheberrecht,[1226] die Vollendung des Binnenmarktes,[1227] die Bekämpfung des internationalen Terrorismus[1228] sowie von Tierseuchen[1229] Insbesondere der Klimaschutz, der zahlreiche Maßnahmen bedingen wird, die auch in Nutzungsregelungen bestehen, wie das **EU-Klimapaket „Fit for 55"**[1230] zeigt, hat eine starke legitimierende Kraft, die mit zunehmendem Klimawandel immer stärker wird.[1231] Das gilt auch wegen des damit verbundenen Schutzes der Rechte anderer, und zwar nicht nur der nachfolgenden Generationen,[1232] sondern auch der heute Lebenden, wie etwa das Jahr-

3409

[1220] EGMR, Urt. vom 22.2.1994, Nr. 12954/87 (Rn. 36), ÖJZ 1994, 562 (563) – Raimondo/Italien; *Mittelberger*, Der Eigentumsschutz nach Art. 1 des Ersten ZPs zur EMRK im Lichte der Rechtsprechung der Straßburger Organe, 2000, S. 66; *Cremer*, in: Dörr/Grote/Marauhn, Kap. 22 Rn. 218.

[1221] EGMR, Urt. vom 8.12.2020, Nr. 54525/07 (Rn. 27) – Azizoğlu et Azizoğlu A.Ş./Türkei; s. mutatis mutandis Ak v. Türkei, Nr. 27150/02, § 25, 31. Juli 2007 sowie Urt. vom, 22.2.1994, Nr. 12954/87, § 36, Serie A Nr. 281-A – Raimondo v. Italien.

[1222] EuGH, Rs. C-293/97, ECLI:EU:C:1999:215 (Rn. 56) – Standley.

[1223] EuGH, Rs. C-306/93, ECLI:EU:C:1994:407 (Rn. 25) – Winzersekt.

[1224] S. EuGH, Rs. C-44/79, ECLI:EU:C:1979:290 (Rn. 20) – Hauer, Rs. C-234/20, ECLI:EU:C:2022:56 (Rn. 64) – Sātiņi-S; auch EGMR, Urt. vom 18.2.1991, Nr. 12033/86 (Rn. 47 f.), ÖJZ 1991, 514 (515) – Fredin/Schweden (Nr. 1); Urt. vom 24.9.2002, Nr. 27824/95 (Rn. 77), RJD 2002-VII – Posti u. Rahku/Finnland; EGMR, Entsch. vom 17.11.2020, Nr. 14901/15 (Rn. 44) – Mastelica u. a./Serbien.

[1225] EuGH, Rs. C-113/88, ECLI:EU:C:1989:265 (Rn. 20) – Leukhardt.

[1226] EuGH, Rs. C-200/96, ECLI:EU:C:1998:172 (Rn. 20 ff.) – Metronome Musik.

[1227] EuGH, Rs. C-20 u. 64/00, ECLI:EU:C:2003:397 (Rn. 78) – Booker Aquaculture; Rs. C-101/12, ECLI:EU:C:2013:661 (Rn. 35) – Schaible.

[1228] EuGH, verb. Rs. C-402 u. 415/05 P, ECLI:EU:C:2008:461 (Rn. 363) – Kadi u. a.; ferner EuG, Rs. T-187/11, ECLI:EU:T:2013:273 (Rn. 95) – Trabelsi u. a.

[1229] EGMR, Urt. vom 12.11.2019, Nr. 44457/11 (Rn. 48) – S.A. Bio d'Ardennes/Belgien; *Hesel haus*, in: ders./Nowak, § 36 Rn. 86.

[1230] Mitteilung der Kommission an das Europäische Parlament, den Rat, den Europäischen Wirtschafts- und Sozialausschuss und den Ausschuss der Regionen vom 14.7.2021, „Fit für 55": auf dem Weg zur Klimaneutralität – Umsetzung des EU-Klimaziels für 2030, COM(2021) 550 final.

[1231] BVerfGE 157, 30 (Rn. 198) – Klimabeschluss.

[1232] Darauf ablehnend BVerfGE 157, 30 (Rn. 182 ff.) – Klimabeschluss.

hunderthochwasser im Juli 2021[1233] und die zahlreichen schweren Waldbrände (Griechenland, Spanien) sowie die Überschwemmungen im August 2023 in Slowenien und Österreich zeigten.

3410 Nach Art. 52 Abs. 1 S. 2 EGRC[1234] kommt generell der **Schutz der Rechte und Freiheiten** anderer hinzu. Aus der Rechtsprechung des EGMR folgen noch die Gewährleistung **sozialer Gerechtigkeit**[1235] – ein Aspekt mit besonderer Bedeutung für den Klimaschutz angesichts der oft schwer tragbaren Kostenbelastungen –, der Schutz des sozialen Friedens[1236] sowie Maßnahmen zur Verbrechensbekämpfung,[1237] Anliegen städtebaulicher Planung,[1238] der insolvenzrechtliche Gläubigerschutz[1239] und die Gewähr fachgerechter sowie gesetzeskonformer Berufsausübung.[1240] Art. 1 Abs. 2 des ZPs zur EMRK nennt eigens die Sicherung der Zahlung von Steuern oder sonstigen Abgaben oder von Geldstrafen und rechtfertigt sogar Konfiskationen des Eigentums zu solchen Zwecken.

V. Verhältnismäßigkeit

1. Rechtsprechungsgrundsätze des EuGH und des EGMR

a) Ansatz

3411 Wie die Enteignung müssen sich auch Nutzungsregelungen am Maßstab der Verhältnismäßigkeit messen lassen. Wenn der Prüfung des Verhältnismäßigkeitsgrundsatzes durch den EuGH mangelnde Schärfe vorgeworfen wurde und auch deshalb über Struktur und Inhalt der Verhältnismäßigkeitsprüfung Unklarheit bestand,[1241] so ergibt sich die Geltung des Verhältnismäßigkeitsgrundsatzes für Art. 17 EGRC nunmehr eindeutig aus Art. 52 EGRC, unabhängig davon, ob man Abs. 3 oder (auch) Abs. 1 heranzieht.[1242]

[1233] *Frenz*, DÖV 2021, 715 ff.
[1234] Zu dessen Ergänzungsfunktion auch im Falle des Art. 52 Abs. 3 EGRC o. Rn. 653 ff.
[1235] S. EGMR, Urt. vom 19.12.1989, Nr. 10522/83 u. a. (Rn. 45 f.), ÖJZ 1990, 150 (152) – Mellacher u. a./Österreich.
[1236] EGMR, Urt. vom 28.7.1999, Nr. 22774/93 (Rn. 47 f.), RJD 1999-V – Immobiliare Saffi/Italien.
[1237] EGMR, Urt. vom 22.2.1994, Nr. 12954/87 (Rn. 30), ÖJZ 1994, 562 (563) – Raimondo/Italien; Urt. vom 5.5.1995, Nr. 18465/91 (Rn. 41 f.), ÖJZ 1995, 755 (755) – Air Canada/Vereinigtes Königreich; Urt. vom 13.7.2021, Nr. 50705/11 u. a. (Rn. 186) – Todorov u. a./Bulgarien.
[1238] EGMR, Urt. vom 25.10.1989, Nr. 10842/84 (Rn. 57), ÖJZ 1990, 246 (247 f.) – Jacobsson/Schweden (Nr. 1).
[1239] Vgl. EGMR, Urt. vom 17.6.2002, Nr. 56298/00 (Rn. 29) – Bottaro/Italien; Urt. vom 17.7.2003, Nr. 32190/96 (Rn. 68), RJD 2003-IX – Luordo/Italien.
[1240] EGMR, Entsch. vom 9.5.2007, Nr. 29005/05, EuGRZ 2008, 24 (26) – Brückl/Deutschland.
[1241] *Heselhaus*, in: ders./Nowak, § 36 Rn. 77 f., 79 ff.; *Calliess*, in: ders./Ruffert, Art. 17 GRCh Rn. 30; *v. Danwitz*, in: ders./Depenheuer/Engel, Bericht zur Lage des Eigentums, 2002, S. 215 (275 ff.).
[1242] S.o. Rn. 640 ff., auch o. Rn. 3344.

§ 3 Eigentumsfreiheit

b) Milderes Mittel

Der EGMR hat für Einschränkungen nach Art. 1 des ZPs zur EMRK die Kriterien des legitimen Zwecks, der Geeignetheit und Erforderlichkeit der angewandten Mittel sowie deren Angemessenheit geprüft.[1243] Diese lassen sich auch in Entscheidungen des EuGH wieder finden.[1244] So hat der EuGH unter Bezug auf die Rechte an geistigem Eigentum in der Entscheidung *Metronome Musik* ausgeführt, es sei nicht zu erkennen, „dass die verfolgten Ziele durch Maßnahmen hätten erreicht werden können, die die freie Berufsausübung ... stärker schützen".[1245] Der EuGH lässt in dieser Formulierung erkennen, dass er die **Erforderlichkeitsprüfung** anhand eines milderen Mittels zugrunde legt.[1246] Dies stellt eine gewisse Erweiterung des Schutzniveaus des europäischen Eigentumsrechts gegenüber Art. 1 des ZPs zur EMRK dar, denn der **EGMR** hat auch bei denkbaren Alternativen den Staaten einen **Beurteilungsspielraum für die Erforderlichkeit** eingeräumt.[1247] So hat der EGMR den Entzug einer Schanklizenz nicht beanstandet, obschon mildere Mittel hätten gewählt werden können.[1248]

3412

In der neueren Rechtsprechung des EGMR sind allerdings Tendenzen erkennbar, den Erforderlichkeitsmaßstab etwas strenger anzuwenden. So hat der EGMR einen Lizenzentzug in seinem Urteil *Rosenzweig* aus dem Jahr 2005 gegenüber anderen milderen Mitteln nicht für erforderlich erachtet.[1249] Generell haftet der Rechtsprechung des **EGMR** zur **Verhältnismäßigkeit von Nutzungsregelungen** die Tendenz an, einen **stärkeren Schutz** zu gewährleisten, **je persönlicher** die Nutzung durch die Eigentum besitzende Person wird.[1250] Demgegenüber spielt die individuelle Betroffenheit der grundrechtstragenden Person in der Rechtsprechung des EGMR eine untergeordnete Rolle.[1251]

3413

[1243] EGMR, Entsch. vom 9.5.2007, Nr. 29005/05, EuGRZ 2008, 24 (27) – Brückl/Deutschland, vgl. dazu o. Rn. 3347 ff., 3411 ff.

[1244] EuGH, Rs. C-265/87, ECLI:EU:C:1989:303 (Rn. 21) – Schräder; EuG, Rs. T-457/09, ECLI:EU:T:2014:683 (Rn. 346) – Westfälisch-Lippischer Sparkassen- und Giroverband; Rs. T-421/09 RENV, ECLI:EU:T:2016:748 (Rn. 147) – DEI, s. zur Angemessenheit EuGH, verb. Rs. C-402 u. 415/05 P, ECLI:EU:C:2008:461 (Rn. 360) – Kadi u. a.; Rs. C-379/08, ECLI:EU:C:2010:127 (Rn. 86) – ERG u. a.; EuG, Rs. T-187/11, ECLI:EU:T:2013:273 (Rn. 81) – Trabelsi u. a.; *Müller-Michaels*, Grundrechtlicher Eigentumsschutz in der Europäischen Union, 1997, S. 49 f.

[1245] EuGH, Rs. C-200/96, ECLI:EU:C:1998:172 (Rn. 26) – Metronome Musik.

[1246] *Jarass/Kment*, § 22 Rn. 31.

[1247] Zur Rspr. des EGMR *Cremer*, in: Dörr/Grote/Marauhn, Kap. 22 Rn. 226 mit Hinweis auf EGMR, Urt. vom 7.7.1989, Nr. 10873/84 (Rn. 62), Ser. A 159 – Tre Traktörer/Schweden; Urt. vom 19.12.1989, Nr. 10522/83 u. a. (Rn. 53), ÖJZ 1990, 150 (152) – Mellacher u. a./Österreich.

[1248] EGMR, Urt. vom 7.7.1989, Nr. 10873/84 (Rn. 62), Ser. A 159 – Tre Traktörer/Schweden.

[1249] Vgl. EGMR, Urt. vom 28.7.2005, Nr. 51728/99 (Rn. 56) – Rosenzweig and Bonded Warehouses/Polen.

[1250] *Müller-Michaels*, Grundrechtlicher Eigentumsschutz in der Europäischen Union, 1997, S. 86.

[1251] *V. Danwitz*, in: ders./Depenheuer/Engel, Bericht zur Lage des Eigentums, 2002, S. 215 (277).

c) Angemessenheit

3414 Im Rahmen der Verhältnismäßigkeit stellt der EGMR die vorgesehenen Nutzungsregelungen in Art. 1 Abs. 2 des ZPs zur EMRK in Bezug zum Recht auf Achtung des Eigentums in Absatz 1. Er leitet hieraus die Bedingung ab, „dass ein Eingriff einen ‚**gerechten Ausgleich**' zwischen den Erfordernissen des **Allgemeininteresses** der Gemeinschaft und den Anforderungen an den **Schutz der Grundrechte** des Einzelnen herbeizuführen hat".[1252] „Die **eingesetzten Mittel** müssen" also „**in einem angemessenen Verhältnis** zu dem angestrebten **Ziel** stehen".[1253]

3415 In der Entscheidung *Bosphorus* anerkennt der **EuGH** ebenfalls die besondere **Relation** zwischen dem **Gemeinwohlziel** und der fraglichen **Maßnahme** und stellt diese in der konkreten Fallbeziehung einander gegenüber.[1254] Damit wendet der EuGH jedenfalls in der Sache den Angemessenheitsmaßstab an.[1255]

2. Abwägungsaspekte in der Verhältnismäßigkeitsprüfung

3416 Abwägungsaspekte mit herausragender Zielsetzung sind nach der Judikatur des EGMR etwa die Bedeutung des öffentlichen Gesundheitssystems und das Vertrauen der Öffentlichkeit in Berufstätige, die wie Apotheker besonders hohen Anforderungen an Integrität und Sittlichkeit unterworfen sind,[1256] nach der Rechtsprechung des EuGH etwa der **Schutz der Menschenrechte**,[1257] die menschliche **Gesundheit**[1258] sowie die **Vollendung des Binnenmarktes**.[1259] Für diese ist angesichts des unabdingbaren klimafreundlichen Wirtschaftswachstums[1260] der **Klimaschutz unverzichtbar**, der über die Nachhaltigkeit schon als Element der ökonomischen Komponente[1261] Teil einer nachhaltigen Union ist (Art. 3 EUV). Daneben erhält auch

---

[1252] Bereits EGMR, Urt. vom 7.7.1989, Nr. 10873/84 (Rn. 59), Ser. A 159 – Tre Traktörer/Schweden.
[1253] EGMR, Entsch. vom 9.5.2007, Nr. 29005/05, EuGRZ 2008, 24 (27) – Brückl/Deutschland.
[1254] EuGH, Rs. C-84/95, ECLI:EU:C:1996:312 (Rn. 26) – Bosphorus.
[1255] *Jarass/Kment*, § 22 Rn. 32.
[1256] EGMR, Entsch. vom 9.5.2007 Nr. 29005/05, EuGRZ 2008, 24 (27) – Brückl/Deutschland.
[1257] EuGH, Rs. C-84/95, ECLI:EU:C:1996:312 (Rn. 22 f., 26) – Bosphorus; EuG, Rs. T-125/22, ECLI:EU:T:2022:483 (Rn. 166) – RT France.
[1258] EuG, Rs. T-13/99, ECLI:EU:T:2002:209 (Rn. 456) – Pfizer; s. auch EGMR, Entsch. vom 9.5.2007, Nr. 29005/05, EuGRZ 2008, 24 (27) – Brückl/Deutschland.
[1259] EuGH, Rs. C-20 u. 64/00, ECLI:EU:C:2003:397 (Rn. 72) – Booker Aquaculture; Rs. C-101/12, ECLI:EU:C:2013:661 (Rn. 35) – Schaible.
[1260] Mitteilung der Kommission an das Europäische Parlament, den Rat, den Europäischen Wirtschafts- und Sozialausschuss und den Ausschuss der Regionen vom 14.7.2021, „Fit für 55": auf dem Weg zur Klimaneutralität – Umsetzung des EU-Klimaziels für 2030, COM(2021) 550 final.
[1261] *Frenz*, in: ders. (Hrsg.), Gesamtkommentar Klimaschutzrecht, 2. Aufl. 2022, Einf. A. Rn. 60 ff.

jeder anerkannte Grund des Allgemeinwohls sein Gewicht in der Verhältnismäßigkeitsprüfung.[1262]

Weitere maßnahmenspezifische Abwägungsaspekte sind der **Umfang**[1263] und das zeitliche **Ausmaß** der **Maßnahme**,[1264] d. h. auch, ob eine eventuelle Rückwirkung besteht[1265] oder die Maßnahme nur pro futuro greift.[1266] So zählt bei einem Lizenzentzug die Dauer bis zum Inkrafttreten des Verkaufsverbots, das Fehlen jeglicher Entschädigung und die willkürliche Ausgestaltung des Prozesses zur Wiedererlangung einer Lizenz.[1267] Bei **rasch eingreifenden CO_2-Minderungsmaßnahmen** wie einem **Heizungsaustausch** ist darauf besonders zu achten, wenn in der Vergangenheit getätigte Investitionen betroffen sind und nutzlos werden: **Je kürzer** die noch **verbleibende Nutzungsdauer** ist, desto **belastender** ist eine **Maßnahme**.

3417

Dabei sind **besondere Härten** zu berücksichtigen.[1268] Beachtung finden umgekehrt die Dringlichkeit der Grundrechtsbeeinträchtigung,[1269] Vermeidungsmöglichkeiten der betroffenen Person[1270] sowie Ausnahmetatbestände von den Eingriffsregelungen[1271] oder deren Kompensation durch anderweitige Vorteile.[1272] So können notwendige Umgestaltungen aus Klimaschutzgründen durch **Förderungsleistungen** für die betroffenen Eigentümerinnen und Eigentümer aufgefangen werden, wodurch auch ein Preisanstieg verhindert und so die **soziale Balance** gehalten wird, welche die Kommission in ihrem Klimapakct „Fit for 55" als besonders wichtig herausgearbeitet hat; eine Förderung zur Vermeidung von Ungleichgewichten kommt schon bei durchschnittlichen Privathaushalten in Betracht,[1273] womit bereits diese extra für einen klimaschutzbedingten Heizungsaustausch finanziell unterstützt werden können.

3418

[1262] *Calliess*, in: ders./Ruffert, Art. 17 GRCh Rn. 28.

[1263] EuGH, Rs. C-200/96, ECLI:EU:C:1998:172 (Rn. 26 f.) – Metronome Musik; Rs. C-368/96, ECLI:EU:C:1998:583 (Rn. 81) – Generics; Rs. C-248 u. 249/95, ECLI:EU:C:1997:377 (Rn. 74) – SAM u. Stapf; *Cremer*, in: Dörr/Grote/Marauhn, Kap. 22 Rn. 225.

[1264] Vgl. EuGH, Rs. C-44/79, ECLI:EU:C:1979:290 (Rn. 28, 30) – Hauer; EuG, Rs. T-13/99, ECLI:EU:T:2002:209 (Rn. 460) – Pfizer; *Cremer*, in: Dörr/Grote/Marauhn, Kap. 22 Rn. 225.

[1265] EGMR, Urt. vom 23.10.1997, Nr. 21319/93 u. a. (Rn. 81), Rep. 1997-VII – The National & Provincial Building Society/Vereinigtes Königreich.

[1266] EGMR, Urt. vom 19.12.1989, Nr. 10522/83 u. a. (Rn. 51), ÖJZ 1990, 150 (152) – Mellacher u. a./Österreich.

[1267] EGMR, Urt. vom 13.1.2015, Nr. 65681/13 (Rn. 35 f.) – Vékony/Ungarn.

[1268] EGMR, Entsch. vom 9.5.2007, Nr. 29005/05, EuGRZ 2008, 24 (27) – Brückl/Deutschland.

[1269] EuGH, Rs. C-20 u. 64/00, ECLI:EU:C:2003:397 (Rn. 79) – Booker Aquaculture.

[1270] EuG, Rs. T-13/99, ECLI:EU:T:2002:209 (Rn. 459) – Pfizer; s. auch EGMR, Entsch. vom 9.5.2007, Nr. 29005/05, EuGRZ 2008, 24 (27) – Brückl/Deutschland.

[1271] EuGH, Rs. C-41 u. a./79, ECLI:EU:C:1980:163 (Rn. 21) – Testa.

[1272] EuGH, Rs. C-41 u. a./79, ECLI:EU:C:1980:163 (Rn. 20) – Testa.

[1273] Mitteilung der Kommission an das Europäische Parlament, den Rat, den Europäischen Wirtschafts- und Sozialausschuss und den Ausschuss der Regionen vom 14.7.2021, „Fit für 55": auf dem Weg zur Klimaneutralität – Umsetzung des EU-Klimaziels für 2030, COM(2021) 550 final.

3419 Auch das eigene Fehlverhalten als Grund[1274] bzw. die **Risikoverantwortlichkeit**[1275] und -wahrscheinlichkeit[1276] für die Eigentumsbeeinträchtigung sowie die Streuwirkung der Nutzungsregelung[1277] können in die Verhältnismäßigkeitsprüfung einbezogen werden. Eine **Risikoverantwortlichkeit** kann **für** den **Klimaschutz** leicht konstruiert werden, stoßen doch schon gewöhnliche Hauseigentümer mit konventioneller Heizung CO_2-**Emissionen aus**. Allerdings läuft oft noch die gewöhnliche Nutzungsdauer einer Heizung. Damit ist diese Frage mit dem Vertrauensschutz verwoben, der auf EU-Ebene aber schwach ausgeprägt ist.[1278]

3420 Zu berücksichtigen ist bei der Verhältnismäßigkeitsprüfung auch das **Ausmaß der Gefahr**, die durch die Eigentumsbeeinträchtigung abgewendet werden soll.[1279] Angesichts des Vorsorgeprinzips (Art. 191 Abs. 2 AEUV) können auch sich langfristig entwickelnde Gefährdungen wie der Klimawandel frühzeitig bekämpft werden, und zwar auch bei ungewissem weiterem Ablauf: Diese Ungewissheit hindert keine wirksame Vorsorge.[1280]

VI. Ausgleichspflichtige Nutzungsregelung

3421 Nach der Systematik des Art. 17 EGRC ist eine Entschädigung für eine Eigentumsbeeinträchtigung grundsätzlich nur bei einer Entziehung des Eigentums vorgesehen.[1281] Gleichwohl können Ausgleichszahlungen für Nutzungsregelungen bei der Beurteilung der Verhältnismäßigkeit der Beeinträchtigungen relevant werden.[1282]

3422 Nach der Entscheidung *Booker Aquaculture* gibt es **keinen gemeinschaftsrechtlichen Grundsatz**, der **in jedem Fall** zur Gewährung einer **Entschädigung** verpflichtet.[1283] Daran anknüpfend hat der EuGH die entschädigungslose Schlachtung eines seuchenbefallenen Fischbestandes in diesem Fall nicht als unrechtmäßige Beeinträchtigung des Eigentumsrechts aufgefasst. Allerdings standen bei dieser Entscheidung die Gesundheitsgefahren, die Dringlichkeit der Maßnahme und die Risikoanfälligkeit des Eigentumsgegenstandes im Vordergrund. Nicht auszuschlie-

---

[1274] EGMR, Entsch. vom 9.5.2007, Nr. 29005/05, EuGRZ 2008, 24 (27) – Brückl/Deutschland.

[1275] EuGH, Rs. C-11/70, ECLI:EU:C:1970:114 (Rn. 9, 15) – Internationale Handelsgesellschaft.

[1276] EuGH, Rs. C-20 u. 64/00, ECLI:EU:C:2003:397 (Rn. 83) – Booker Aquaculture; EGMR, Urt. vom 23.2.1995, Nr. 15375/89 (Rn. 66 ff.), Ser. A 306-B – Gasus Dosier- und Fördertechnik GmbH/Niederlande.

[1277] EuGH, Rs. C-258/81, ECLI:EU:C:1982:422 (Rn. 13) – Metallurgiki Halyps.

[1278] S. krit. u. Rn. 3443 ff.

[1279] EGMR, Urt. vom 22.2.1994, Nr. 12954/87 (Rn. 27), ÖJZ 1994, 562 (562 f.) – Raimondo/Italien.

[1280] Vgl. BVerfGE 157, 30 (Ls. 3b) – Klimabeschluss.

[1281] *Jarass/Kment*, § 22 Rn. 35.

[1282] EGMR, Urt. vom 24.6.2003, Nr. 44277/98 (Rn. 40 f.) – Stretch/Vereinigtes Königreich; *Vosgerau*, in: Stern/Sachs, Art. 17 Rn. 88; *Jarass/Kment*, § 22 Rn. 35.

[1283] EuGH, Rs. C-20 u. 64/00, ECLI:EU:C:2003:397 (Rn. 85) – Booker Aquaculture; so auch EuGH, Rs. C-56/13, ECLI:EU:C:2014:352 (Rn. 48) – Érsekcsanádi Mezőgazdasági Zrt.

§ 3 Eigentumsfreiheit

ßen ist daher, dass ohne solche besonderen Umstände im Einzelfall nur eine Entschädigung die Unverhältnismäßigkeit einer Nutzungsregelung abzuwenden vermag[1284] oder eine solche praktisch den Tierbestand vernichtende Maßnahme als Enteignung eingestuft wird.

Allerdings ist nach dem Urteil *Sātiņi-S* eine Nutzungsbeschränkung nicht mit einem Entzug von Eigentumspositionen zu vergleichen, für die der EuGH[1285] eine Entschädigungspflicht befürwortete.[1286] Wohl aber sind bei **Eingriffen** etwa **in einen noch möglichen Abbaubetrieb** bzw. durch den Verlust eines Abbaurechts die Auswirkungen so **gravierend**, dass sie einer teilweisen Enteignung gleichkommen, für die eine **Entschädigung** bezahlt wurde. Sie darf daher auch insoweit nur unter außergewöhnlichen Umständen unterbleiben, für welche aber noch nicht einmal die Wiedervereinigung Deutschlands ausreichte,[1287] wenn der Erwerb nicht gerade durch ein früheres Gesetz eines undemokratischen Parlaments erfolgte und nun korrigiert werden musste:[1288] In allen anderen Fällen ist zu entschädigen.

3423

F. Sonstige Eingriffe

Im deutschen Verfassungsrecht gilt der Grundsatz, dass **jeder Eigentumseingriff**, der **keine Enteignung** darstellt, sich **zumindest** als **Nutzungsregelung** qualifizieren lässt.[1289] Ähnlich kann auch die bisherige Rechtsprechung des EuGH interpretiert werden, obwohl er bislang in keinem Urteil eine explizite Beschränkung auf diese beiden Eingriffskategorien vorgenommen hat.[1290]

3424

Der **EGMR** hat in seiner Rechtsprechung hingegen hervorgehoben, dass die in Art. 1 des ZPs zur EMRK explizit verankerten zulässigen Eingriffe, namentlich der Entzug des Eigentums und die Regelung der Nutzung, **lediglich besondere Formen** der zulässigen Eingriffe in das Eigentumsrecht benennen.[1291] Im Fall *Sporrong und Lönnroth* hat der EGMR geurteilt, dass es neben den hergebrachten Beeinträchtigungen des Eigentumsrechts, nämlich der Enteignung und der Nutzungsregelung,

3425

[1284] Vgl. auch *Jarass/Kment*, § 22 Rn. 35.
[1285] EuGH, Rs. C-78 u. 79/16, ECLI:EU:C:2016:428 – Pesce u. a.
[1286] EuGH, Rs. C-234/20, ECLI:EU:C:2022:56 (Rn. 49 ff.) – Sātiņi-S.
[1287] EGMR. Urt. vom 19.1.2017, Nr. 32377/12 (Rn. 48, 55 f.), NVwZ 2017, 1273 – Werra Naturstein/Deutschland.
[1288] EGMR, Urt.vom 25.10.2012, Nr. 71243/01 (Rn. 123) – Vistiņš et Perepjolkins/Lettland; Urt. vom 30.6.2005, Nr. 46720/99, 72203/01, 72552/01, NJW 2005, 2907 – Jahn/Deutschland.
[1289] *Cremer*, in: Dörr/Grote/Marauhn, Kap. 22 Rn. 177 f.
[1290] Vgl. dazu *Heselhaus*, in: ders./Nowak, § 36 Rn. 32.
[1291] EGMR, Urt. vom 21.2.1986, Nr. 8793/79 (Rn. 37), EuGRZ 1988, 341 (343) – James u. a./Vereinigtes Königreich; Urt. vom 8.7.1986, Nr. 9006/80 u. a. (Rn. 106), EuGRZ 1988, 350 (356) – Lithgow u. a./Vereinigtes Königreich; Urt. vom 22.6.2004, Nr. 31443/96 (Rn. 136), NJW 2005, 2521 (2523) – Broniowski/Polen.

noch eine weitere Art der Eigentumsbeeinträchtigung gibt, die sich nicht unter die klassischen Eingriffsarten fassen lasse.[1292]

3426 Im konkreten Fall hatte der EGMR über eine Enteignungsermächtigung nach schwedischem Recht zu entscheiden, die selbst unmittelbar noch keine Enteignung bedingte, sondern lediglich zu einer solchen ermächtigte. Die Qualifizierung als Nutzungsregelung lehnte die Mehrheit des Spruchkörpers mit dem Argument ab, dass nicht ersichtlich sei, in welcher Weise die Enteignungsermächtigung eine Regelung der Nutzung des Grundstückseigentums bezwecke. Seine Rechtsprechung zu sonstigen Eingriffen hat der EGMR in mehreren Urteilen fortgesetzt.[1293]

3427 Art. 1 Abs. 1 des ZP zur EMRK wird als Auffangtatbestand für alle Eingriffe eingestuft, die weder einer Enteignung noch einer Nutzungsregelung zugeordnet werden können,[1294] und sei es wegen komplexer Sach- und Rechtslage.[1295] Dies betrifft die Verhinderung der Erlangung des Eigentums über Jahrzehnte wegen überlanger Verfahrensdauer,[1296] die Unmöglichkeit der Vollstreckung eines Urteils oder einer anderen das Eigentum betreffenden behördlichen Entscheidung[1297] ebenso wie der Eingriff in laufende Verfahren durch den Gesetzgeber[1298] und der gesetzlich angeordnete verpflichtende Umtausch von Staatsanleihen gegen neue im Rahmen eines Schuldenschnitts.[1299] Sonstige Eingriffe nach dem EGMR bilden auch, wenn eine Gebietskörperschaft die Begleichung gerichtlich festgestellter Schulden verweigert,[1300] oder Gehälter öffentlicher Bediensteter und Rentenleistungen gekürzt werden.[1301]

[1292] EGMR, Urt. vom 23.9.1982, Nr. 7151 u. 7152/75 (Rn. 69), NJW 1984, 2747 (2748) – Sporrong u. Lönnroth/Schweden.

[1293] EGMR, Urt. vom 9.12.1994, Nr. 13427/87 (Rn. 68), ÖJZ 1995, 432 (434) – Stran Greek Refineries/Griechenland; Urt. vom 30.10.1991, Nr. 11796/85 (Rn. 72), ÖJZ 1992, 238 (240 f.) – Wiesinger/Österreich; Urt. vom 5.1.2000, Nr. 33202/96 (Rn. 106), NJW 2003, 654 (656) – Beyeler/Italien; Urt. vom 15.2.2001, Nr. 37095/97 (Rn. 56) – Pialopoulos/Griechenland.

[1294] EGMR, Urt. vom 5.1.2000 (GK), Nr. 33202/96 (Rn. 106) – Beyeler/Italien.

[1295] *Grabenwarter/Pabel*, § 25 Rn. 16 auch für die folgenden Beispiele.

[1296] EGMR, Urt. vom 23.4.1987, Nr. 9616/81 (Rn. 76) – Erkner u. Hofauer/Österreich.

[1297] EGMR, Urt. vom 2.3.2004, Nr. 48102/99 (Rn. 80) – Popescu/Rumänien; Urt. vom 13.11.2007, Nr. 38222/02 (Rn. 83 f.) – Ramadhi u. a./Albanien; Urt. vom 17.4.2012, 5734/08 u. a. (Rn. 58) (Nichtdurchsetzung eines Auftrags zur Wohnraumschaffung) – Ilyushkin/Russland; Urt. vom 31.7.2012, Nr. 604/07 u. a. (Rn. 93) (Verzögerung bei der Durchsetzung rechtskräftiger Entscheidungen) – Manushaqe Puto u. a./Albanien.

[1298] EGMR, Urt. vom 9.12.1994, Nr. 13427/87 (Rn. 68) – Stran Greek Refineries u. a./Griechenland; Urt. vom 20.11.1995, Nr. 17849/91 (Rn. 34) – Pressos Compania Navierra/Belgien.

[1299] EGMR, Urt. vom 21.7.2016, Nr. 63066/14 u. a. (Rn. 94) – Mamatas u. a./Griechenland.

[1300] EGMR, Urt. vom 24.9.2013, Nr. 43870/04 (Rn. 52) – De Luca/Italien.

[1301] EGMR, Urt. vom 12.10.2004, Nr. 60669/00 (Rn. 40) – Ásmundsson/Island; Urt. vom 25.10.2011, Nr. 2033/04 u. a. (Rn. 88) – Valkov u. a./Bulgarien; EGMR, Entsch. vom 7.5.2013, Nr. 57665 u. 57657/12 u. a. (Rn. 34) – Koufaki u. Adedy/Griechenland.

Vom Begriff der sonstigen Eigentumseingriffe sind die formelle Enteignung sowie die De-facto-Enteignung auszunehmen.[1302] Sie fallen schon unter die Enteignung.[1303] Die Qualifizierung als **sonstiger Eingriff** setzt daneben voraus, dass die **Regelung nicht auf die Nutzung des Eigentums abzielt**.[1304] Hieran zeigt sich ebenfalls das Problem einer finalen Konzeption bei der Enteignung und der Nutzungsregelung.[1305] Stellt man **demgegenüber** auf die **tatsächlichen Wirkungen** ab, entstehen **keine Schutzlücken** mehr. Auch die Rechtfertigung eines sonstigen Eingriffs erfordert eine **gesetzliche Grundlage**, welche den Interessen des Allgemeinwohls dient, und die Beachtung des Verhältnismäßigkeitsgrundsatzes.[1306]

3428

In der Lit. ist der Kategorie des sonstigen Eingriffs für Art. 17 EGRC teilweise die Erforderlichkeit abgesprochen worden.[1307] Von argumentativem Erkenntniswert ist hingegen die These, dass **Art. 17 EGRC** mit der Nennung von Enteignung und Nutzungsregelung nicht die Anzahl aller denkbaren Eingriffe in das Eigentumsrecht erfasst, sondern die Voraussetzungen solcher Eingriffe festlegt, die überhaupt gerechtfertigt werden können. Die **Beschränkung auf Enteignung und Nutzungsregelung** ist damit eine Beschränkung auf die Anzahl der denkbaren rechtmäßigen Eingriffe.[1308] Entsprechend fällt das Schutzniveau des Art. 17 EGRC gegenüber demjenigen des Art. 1 des ZPs zur EMRK höher aus, sodass auch keine Konfliktlage zu Art. 52 Abs. 3 EGRC besteht.

3429

G. Wesensgehaltsgarantie

I. Grundzüge der Rechtsprechung des EuGH

Die Wesensgehaltsgarantie des europäischen Eigentumsrechts ist hinsichtlich ihres Inhalts und ihrer Abgrenzung zum Verhältnismäßigkeitsgrundsatz unklar.[1309] Insbesondere die Rechtsprechung des EuGH bereitet Schwierigkeiten. So führt der EuGH in der Rechtssache *Hauer* aus, eine Regelung dürfe keinen „im Hinblick

3430

[1302] *Moshnyagul*, Zum Eigentumsschutz im Sinne der EMRK im ukrainischen und russischen Recht, 2007, S. 55; unklar *Jarass/Kment*, § 22 Rn. 36 mit Fn. 153.
[1303] S.o. Rn. 3312 ff.
[1304] *Moshnyagul*, Zum Eigentumsschutz im Sinne der EMRK im ukrainischen und russischen Recht, 2007, S. 55.
[1305] S. bereits o. Rn. 3328 ff. u. 3382 ff.
[1306] *Jarass/Kment*, § 22 Rn. 37 f.
[1307] *Kühling*, in: Pechstein/Nowak/Häde, Art. 17 EGRC Rn. 21; s. *Bernsdorff*, in: Meyer/Hölscheidt, Art. 17 Rn. 20 mit Fn. 44.
[1308] *Heselhaus*, in: ders./Nowak, § 36 Rn. 19 ff.; 31 ff.
[1309] *Calliess*, in: ders./Ruffert, Art. 17 GRCh Rn. 30.

auf den verfolgten Zweck unverhältnismäßigen, nicht tragbaren Eingriff in die Vorrechte des Eigentümers darstellen, der das Eigentumsrecht in seinem Wesensgehalt antastet".[1310]

3431 Die Verletzung der Wesensgehaltsgarantie wird i. d. R. vom EuGH mit der Begründung verneint, dass die **Rechtsposition** der Betroffenen **nicht gänzlich entwertet** sei und ihm auch **anderweitige Nutzungsmöglichkeiten erhalten** geblieben seien.[1311]

3432 Teilweise ist angenommen worden, der Wesensgehalt könne nach den Kriterien des EuGH nur bei einer Eigentumsentziehung angetastet werden.[1312] Doch selbst wenn dem Eigentümer durch eine Regelung jedwede Nutzungsmöglichkeit genommen wäre, könnte darin lediglich eine faktische Enteignung gesehen werden, die in der Rechtsprechung des EuGH nur eingeschränkt (o. Rn. 3328 ff.) anerkannt ist. Wesensgehaltsgarantie und Enteignung fallen demnach nicht zwangsläufig zusammen – im Gegenteil: Die in Art. 17 EGRC vorgesehene Enteignung nimmt jeder Eigentumsposition zwangsläufig den Wesensgehalt, da sich durch diese rechtmäßige Beeinträchtigung des Eigentums die Bestandsgarantie in eine Wertgarantie wandelt.[1313] Die Wesensgehaltsgarantie kann entsprechend für den Entzug des Eigentums gar nicht erst gelten.

3433 Diese Feststellungen klären jedoch noch nicht die nebulösen Formulierungen in den Urteilen des EuGH zum Wesensgehalt des Eigentumsrechts. Die Ausführungen des EuGH können den Grundsatz der Verhältnismäßigkeit und die Wesensgehaltsgarantie einerseits als kumulative Voraussetzungen für die Rechtswidrigkeit einer Maßnahme erscheinen lassen, andererseits aber auch eine synonyme Begriffsverwendung nahe legen.[1314]

II. Grundzüge der Rechtsprechung des EGMR

3434 In seinem Urteil *Broniowski/Polen* hat der EGMR ausgeführt: „Wie die polnischen Gerichte festgestellt haben und die Analyse des Verhaltens des beklagten Staates durch den Gerichtshof bestätigt hat, haben die Behörden im vorliegenden Fall das Recht auf Verrechnung des Bf. illusorisch gemacht und seinen Wesensgehalt beschränkt, indem sie seine Ausübung nach und nach beschränkt und eine Verwaltungsübung entwickelt haben, die es praktisch nicht durchsetzbar und wertlos

---

[1310] Vgl. EuGH, Rs. C-44/79, ECLI:EU:C:1979:290 (Rn. 28, 30) – Hauer; auch z. B. Rs. C-20 u. 64/00, ECLI:EU:C:2003:397 (Rn. 68) – Booker Aquaculture. S. bereits o. Rn. 3050 ff., 3379.

[1311] EuGH, Rs. C-368/96, ECLI:EU:C:1998:583 (Rn. 85) – Generics; Rs. C-59/83, ECLI:EU:C:1984:380 (Rn. 22) – Biovilac; Rs. C-22/94, ECLI:EU:C:1997:187 (Rn. 29) – Irish Farmers Association.

[1312] *Müller-Michaels*, Grundrechtlicher Eigentumsschutz in der Europäischen Union, 1997, S. 53; *v. Danwitz*, in: ders./Depenheuer/Engel, Bericht zur Lage des Eigentums, 2002, S. 215 (279).

[1313] Vgl. zu ähnlichen Überlegungen in Bezug auf das deutsche Verfassungsrecht *Papier/Shirvani*, in: Dürig/Herzog/Scholz, GG, Art. 14 Rn. 445.

[1314] *Heselhaus*, in: ders./Nowak, § 36 Rn. 84: Gleichsetzung unter Verweis auf EuGH, verb. Rs. C-402 u. 415/05 P, ECLI:EU:C:2008:461 (Rn. 355, 357) – Kadi u. a.

§ 3 Eigentumsfreiheit

gemacht hat."¹³¹⁵ Im Gegensatz zum EuGH scheint der EGMR damit einen **absoluten Wesenskern** des Eigentumsrechts vorauszusetzen.

Wie auch im deutschen Verfassungsrecht¹³¹⁶ darf eine Regelung der Eigentumsnutzung daher **nicht** so weit gehen, dass der Eigentum besitzenden Person **jede wesentliche Nutzungsmöglichkeit und Verfügungsmacht** über eine konkrete Eigentumsposition **genommen** wird. Das Eigentum setzt als Grundlage vermögensrechtlicher Freiheit immer auch die **Privatnützigkeit des Eigentums** voraus. 3435

In der Sache stimmt zwar auch der **EuGH** mit diesem Grundsatz überein, wonach der Wesensgehalt angetastet ist, wenn die entsprechende Maßnahme zu einem Entzug des Eigentums führen oder ihm dessen freie Nutzung unmöglich machen würde.¹³¹⁷ Trotz dieser **Übereinstimmung** findet sich in der Rechtsprechung des EuGH das **Verhältnismäßigkeitsprinzip** letztlich **immer** noch als **Korrektiv**.¹³¹⁸ 3436

H. Schutzpflichten

Nach der Rechtsprechung des EGMR kann die wirksame Ausübung des Eigentumsrechts positive Handlungspflichten umfassen, die dem Staat notwendige Maßnahmen zum Schutz des Eigentumsrechts Privater vor Beeinträchtigungen Dritter abverlangen.¹³¹⁹ Solche Schutzpflichten sind in der Lit. auch bereits für Art. 17 EGRC anerkannt worden.¹³²⁰ Soweit ersichtlich, hat sich der EuGH noch nicht zu Schutzpflichten aus dem Eigentumsrecht geäußert.¹³²¹ 3437

Eine eigentumsrechtliche Schutzpflicht sah der EGMR bei Unterlassung präventiver Maßnahmen zur **Abwendung einer Katastrophengefahr** verletzt, deren Realisierung zur Vernichtung von Eigentum führte,¹³²² ferner bei Rechtsschutzdefiziten zulasten der Eigentum besitzenden Person, um sich gerichtlich gegen Gefahren für ihr Eigentum zu verteidigen.¹³²³ 3438

---

¹³¹⁵ EGMR, Urt. vom 22.6.2004, Nr. 31443/96 (Rn. 185), NJW 2005, 2521 (2528) – Broniowski/Polen.

¹³¹⁶ Dazu *Papier/Shirvani*, in: Dürig/Herzog/Scholz, GG, Art. 14 Rn. 446 ff.

¹³¹⁷ EuGH, Rs. C-368/96, ECLI:EU:C:1998:583 (Rn. 85) – Generics; Rs. C-59/83, ECLI:EU:C:1984:380 (Rn. 22) – Biovilac; Rs. C-22/94, ECLI:EU:C:1997:187 (Rn. 29) – Irish Farmers Association.

¹³¹⁸ *Calliess*, in: ders./Ruffert, Art. 17 GRCh Rn. 30.

¹³¹⁹ EGMR, Urt. vom 22.6.2004, Nr. 31443/96, NJW 2005, 2521 – Broniowski/Polen; Urt. vom 25.7.2002, Nr. 48553/99 (Rn. 96), RJD 2002-VII – Sovtransavto/Ukraine; *Cremer*, in: Dörr/Grote/Marauhn, Kap. 22 Rn. 182.

¹³²⁰ *Jarass/Kment*, § 22 Rn. 39; *Bernsdorff*, in: Meyer/Hölscheidt, Art. 17 Rn. 17.

¹³²¹ *Cremer*, in: Dörr/Grote/Marauhn, Kap. 22 Rn. 182.

¹³²² *Grabenwarter/Pabel*, § 25 Rn. 33.

¹³²³ EGMR, Urt. vom 25.7.2002, Nr. 48553/99 (Rn. 96), RJD 2002-VII – Sovtransavto/Ukraine; Urt. vom 13.5.2014, Nr. 6219/08 (Rn. 67 f.) – Paulet/Vereinigtes Königreich.

3439 Relevant kann auch der **Schutz vor Umwelteinwirkungen** sein.[1324] Das gilt vor allem im Hinblick auf den Klimawandel. Allerdings besitzt der Gesetzgebende einen großen Gestaltungsspielraum. Dementsprechend sah das BVerfG 2021 noch keine grundrechtlichen Klimaschutzpflichten verletzt.[1325] Ob dies vor dem Hintergrund der zahlreichen eigentumsrelevanten Phänomene des Klimawandels wie Hochwasser, Waldbrände, Trockenheit immer noch gilt, ist allerdings erneut zu prüfen.

3440 Ebenso wie ein Eingriff in das Eigentumsrecht muss die Unterlassung einer Schutzpflicht gerechtfertigt sein. Dabei sind die gleichen Kriterien anzusetzen wie bei der Rechtfertigung eines Eingriffs.[1326] Insbesondere muss die Unterlassung der Schutzpflicht ein berechtigtes Ziel verfolgen und einen gerechten Ausgleich zwischen den Erfordernissen des Allgemeininteresses und den Erfordernissen des Schutzes der Grundrechte der einzelnen Person herstellen.[1327]

3441 Auch nach der Rechtsprechung des EGMR treffen den Staat hingegen **keine** Schutzpflichten im Sinne **positiver Leistungspflichten** im Verhältnis vom Staat zur Eigentum besitzenden Person,[1328] etwa zum Schutz vor Geldentwertung durch Inflation.[1329]

J. Prüfungsschema zu Art. 17 EGRC

3442 **1. Schutzbereich**
  a) „Jedermann-Recht"
  b) Eigentum:
    • kraft eigener Leistung entstanden
    • nach den Rechtsvorschriften der Mitgliedstaaten einer natürlichen oder juristischen Person zugeordnetes oder in seiner Entstehung rechtlich abgesichertes Vermögensrecht
  c) Sach- und Grundeigentum, obligatorische Rechte und Forderungen, öffentlich-rechtliche Rechtspositionen, geistiges Eigentum, Unternehmenssubstanz, weitergehend: eingerichteter und ausgeübter Gewerbebetrieb und das Vermögen selbst (str.)

[1324] Vgl. dazu o. Rn. 1428 ff.

[1325] BVerfGE 157, 30 (Rn. 153 ff.) – Klimabeschluss.

[1326] EGMR, Urt. vom 22.6.2004, Nr. 31443/96 (Rn. 147 ff.), NJW 2005, 2521 (2524 ff.) – Broniowski/Polen.

[1327] EGMR, Urt. vom 22.6.2004, Nr. 31443/96 (Rn. 148, 150), NJW 2005, 2521 (2524 f.) – Broniowski/Polen; Urt. vom 3.4.2012 (GK), Nr. 54522/00 (Rn. 110) – Kotov/Russland.

[1328] EKMR, Entsch. vom 19.12.1974, Nr. 6776/74, DR 2, 123 (123 f.) – X./Schweden; *Frowein/Peukert*, Art. 1 des 1. ZP Rn. 34.

[1329] EKMR, Entsch. vom 6.3.1980, Nr. 8724/79, DR 20, 226 (228) – X./Deutschland; Urt. vom 8.10.2009, Nr. 68444/01 (Rn. 50) – Merzhoyev/Russland; das gilt auch für Beträge, die bei Nicht-Finanzinstituten hinterlegt sind, s. EGMR, Urt. vom 29.5.2012, Nr. 2489/09 (Rn. 54 ff.).

d) Besitz, Nutzung, Verfügung und Vererbung
e) Grundlage: rechtmäßiger Erwerb

2. Beeinträchtigung
a) Eigentumsentzug: dauerhafte ganze oder teilweise Übertragung von Eigentumspositionen auf den Staat oder eine dritte Person; Gleichstellung faktischer Enteignungen nach Intensität (keine vernünftige Nutzung oder Verfügung mehr)
b) Nutzungsregelung: jede hoheitliche Maßnahme, die das Recht einer Person, ihr Eigentum zu besitzen, zu nutzen, darüber zu verfügen oder es zu vererben, in zeitlicher, räumlicher oder sachlicher Hinsicht beeinträchtigt (nach Rspr. zudem Bezweckung); auch Produktions- und Vermarktungsbeschränkungen, jede inhaltliche Bestimmung des Eigentumsrechts

3. Rechtfertigung
a) Eigentumsentzug:
   - gesetzlich vorgesehene Enteignungsbedingungen
   - Gemeinwohlziel
   - Verhältnismäßigkeit
   - rechtzeitige und angemessene Entschädigung
b) Nutzungsregelungen:
   - gesetzliche Grundlage
   - Gemeinwohlziel (Klimaschutz)
   - Verhältnismäßigkeit
   - Wesensgehaltsgarantie, ggf.
   - Ausgleichspflichtigkeit

§ 4 Vertrauensschutz und Rechtssicherheit

A. Bezug zu den Wirtschaftsgrundrechten

I. Veränderung der Wettbewerbspositionen durch staatliche Maßnahmen ohne Grundrechtsschutz?

Die **wirtschaftliche Entfaltung basiert** maßgeblich darauf, dass sich die unternehmerisch tätige Person **auf Weichenstellungen und Einzelentscheidungen der öffentlichen Hand verlassen** kann. Davon hängt ab, wie sich ihr zukünftiges Geschäft entwickelt und ob ihre Investitionsentscheidungen Erfolg haben können. 3443

Eine grundrechtliche Relevanz scheidet freilich in dem Maße aus, in dem grundrechtlicher Schutz wirtschaftlicher Aktivitäten nur innerhalb der staatlich gesetzten Rahmenbedingungen zugebilligt wird. Damit würde grundrechtlicher Schutz entfallen, wenn der Staat lediglich die Wettbewerbsbedingungen verschiebt und dadurch eine erfolgreiche Marktteilhabe bzw. künftige Erwerbsmöglichkeiten beeinträchtigt werden. Zählt man diese Umstände zu den Funktionsbedingungen des Marktes, 3444 werden indes staatliche Steuerungen des Wirtschaftsgeschehens weitgehend nicht erfasst, auch wenn diese sehr fühlbar sind.[1330] Daher kann insbesondere nicht der Schutz von Vertrauen ausgeschlossen sein, indem man die Veränderung von Wettbewerbspositionen durch staatliche Maßnahmen zu den Funktionsbedingungen des Marktes zählt und damit außerhalb des Grundrechtsschutzes sieht.[1331] Darauf läuft allerdings im Ergebnis die **EuGH-Rechtsprechung** hinaus, wenn sie die **Veränderbarkeit von Marktordnungen** betont,[1332] wodurch viele das Maß der Berufsfreiheit geprägt sehen,[1333] eine Information der Wirtschaftsteilnehmenden über und deren Anpassung an eine geänderte Rechtslage verlangt[1334] und die **Gesetzmäßigkeit der Verwaltung** regelmäßig **gegenüber** dem individuellen **Vertrauensschutz durchschlagen** lässt.[1335] Umso wichtiger ist eine grundlegende rechtliche Fundierung.

II. Eigentumsgrundrecht

3445   In besonders engem Zusammenhang steht der Vertrauensschutz mit der Eigentumsfreiheit.[1336] Dieses Grundrecht schützt das **Eigentum** vor späterer staatlicher **Entwertung** bzw. Verminderung. Eine solche tritt ein, wenn die einzelne Person auf den Fortbestand einer staatlichen Regulierung oder Entscheidung vertraut hat und dadurch Schaden erleidet, dass diese Komponenten wegfallen oder verändert werden. Auf diese Weise können Investitionen, welche mit Blick auf staatliche Maßnahmen getroffen wurden, in ihrer Rentabilität beeinträchtigt sein. Damit besteht eine Verbindung zum Eigentumsrecht nicht nur, wenn unternehmerische Positionen völlig untergehen, etwa weil ein Unternehmen Insolvenz anmelden muss, sondern auch bei **Beschränkungen der Amortisation von Investitionen**. Das belegen die eigentumsrechtlich abgeleiteten langen Restlaufzeiten für die verbliebenen Kernkraftwerke im Gefolge des Ausstiegs aus der wirtschaftlichen Nutzung der

---

[1330] Krit. zu dieser Konzeption des BVerfG etwa in BVerfGE 105, 252 (265) – Glykolweine; 106, 275 (298) – Festbeträge für Arzneimittel; 110, 274 – Ökosteuer und BVerfGE 118, 1, DVBl 2007, 754 (756): *Frenz*, Emissionshandelsrecht, § 9 TEHG Rn. 104 ff.

[1331] So *Ruffert*, in: Calliess/Ruffert, Art. 15 GRCh Rn. 24.

[1332] Z. B. EuGH, Rs. C-120/86, ECLI:EU:C:1988:213 (Rn. 23) – Mulder.

[1333] *Ruffert*, in: Calliess/Ruffert, Art. 15 GRCh Rn. 24; s. bereits *Günter*, Berufsfreiheit und Eigentum in der Europäischen Union, 1998, S. 19; *Jarass/Kment*, § 21 Rn. 14; *Penski/Elsner*, DÖV 2001, 265 (271 f., 275). Im Ergebnis ebenso für die Eigentumsfreiheit *Vosgerau*, in: Stern/Sachs, Art. 17 Rn. 48.

[1334] Hier geht es aus grundrechtlicher Sicht um Grundrechtsschutz durch Verfahren, auch zur Anpassungspflicht u. Rn. 3567.

[1335] S. *Schwarz*, Vertrauensschutz als Verfassungsprinzip, 2002, S. 378. Näher u. Rn. 3601 f.

[1336] Vgl. *Vosgerau*, in: Stern/Sachs, Art. 17 Rn. 48; *Bungenberg*, in: Heselhaus/Nowak, § 37 Rn. 87.

Kernenergie.¹³³⁷ Auch getätigte Investitionen sind Bestandteile des vorhandenen Eigentums. Zudem werden diese Bestandteile in ihrer Nutzung beeinträchtigt, wenn staatliche Regulierungen und Festlegungen, welche diese Nutzung erlauben, wegfallen oder verändert werden.

Schutz und Erhaltung des Eigentums einschließlich seiner weiteren Nutzung beruhen also gerade auch darauf, dass **etablierte Regelungen fortgeführt** und inhaltlich nicht modifiziert werden. Dass dem so ist, geht vielfach mit Vertrauen einher und ermöglicht erst kapitalintensive Investitionen etwa im Energiebereich oder zugunsten des Klimaschutzes. Daher steht der Schutzbereich des europäischen Eigentumsgrundrechts nicht nur in einem engen Zusammenhang mit Vertrauensschutzgesichtspunkten,¹³³⁸ sondern ohne gesicherten Vertrauensschutz verliert das Eigentumsgrundrecht einen tragenden Pfeiler. Es kann in vielerlei Hinsicht für wirtschaftlich unverzichtbare Sachverhalte nicht greifen. Das gilt auch für eigentumsgrundrechtlich geschützte vermögenswerte Rechte. Sie werden daher nicht lediglich über den allgemeinen Vertrauensschutzgrundsatz vor Entziehung und Beschränkung bewahrt,¹³³⁹ sondern auch durch das Eigentumsgrundrecht selbst. 3446

Ist lediglich das Vermögen als solches betroffen, stellt sich die Frage, inwieweit bei einer Änderung staatlicher Regulierungen finanzielle Aufwendungen erforderlich sind, welche gleichfalls aus dem vorhandenen Eigentum bestritten werden müssen und daher dessen freie Verwendbarkeit beschränken.¹³⁴⁰ Auch im nationalen Verfassungsrecht wird aus dem Eigentumsgrundrecht ein **Schutz von Vertrauen unmittelbar** abgeleitet.¹³⁴¹ Ebenso besteht ein Schutz wohlerworbener Rechte. Dabei handelt es sich um vom Gesetzgebenden anerkannte, individualisierte Rechtspositionen.¹³⁴² Damit befindet man sich bereits im Bereich des **Bestandsschutzes**.¹³⁴³ 3447

Die Eigentumsfreiheit ist grundsätzlich statisch, wie besonders der Schutz wohlerworbener Rechte zeigt. Daher steht sie in besonderer Verbindung zum ebenfalls eher statischen **Grundsatz der Rechtssicherheit**. Das ist die **objektive Seite des Vertrauensschutzes** und daher nicht wie dieser in erster Linie als subjektives Recht 3448

---

¹³³⁷ BVerfGE 143, 246; näher *Ossenbühl*, AöR 124 (1999), 1 (9 ff.); *Schmidt-Preuß*, NJW 2000, 1524 ff.; zum Ganzen *Di Fabio*, Der Ausstieg aus der wirtschaftlichen Nutzung der Kernenergie, 1999, S. 127 ff.; anders *Denninger*, Verfassungsrechtliche Fragen des Ausstiegs aus der Nutzung der Kernenergie zur Stromerzeugung, 2000, S. 51 ff.; *Koch*, NJW 2000, 1529 (1533 ff.).
¹³³⁸ So *Bungenberg*, in: Heselhaus/Nowak, § 37 Rn. 87.
¹³³⁹ Dafür *Bungenberg*, in: Heselhaus/Nowak, § 37 Rn. 87; vgl. bereits *Fuß*, in: FS für Kutscher, 1981, S. 201 (208 ff.); *v. Milczewski*, Der grundrechtliche Schutz des Eigentums im europäischen Gemeinschaftsrecht, 1994, S. 107.
¹³⁴⁰ Vgl. BVerfGE 115, 97, NJW 2006, 1191 (1193) – Halbteilungsgrundsatz sowie o. Rn. 3271 ff.
¹³⁴¹ BVerfGE 95, 64 (82).
¹³⁴² *Gilsdorf*, RIW 1983, 22 (23); *Schwarz*, Vertrauensschutz als Verfassungsprinzip, 2002, S. 399; *Schwarze*, Europäisches Verwaltungsrecht, S. 926 f.; s. EuGH, Rs. C-74/74, ECLI:EU:C:1975:59 (Rn. 41/43) – Comptoir National Technique Agricole (CNTA).
¹³⁴³ *Bungenberg*, in: Heselhaus/Nowak, § 37 Rn. 87.

zu begreifen, sondern als objektive Komponente.[1344] Indem allerdings die Rechtssicherheit nur die Kehrseite des Vertrauensschutzes ist, besteht auf sie ebenfalls ein subjektiver Anspruch, wenn die entsprechenden Voraussetzungen vorhanden sind. Diese können auch aus der Eigentumsfreiheit erwachsen.

3449 Der EuGH begreift allerdings die Rechtssicherheit als einen der Gemeinschaftsrechtsordnung innewohnenden **allgemeinen Rechtsgrundsatz**.[1345] Dabei wird die Rechtssicherheit vielfach in einem Atemzug mit dem Vertrauensschutz genannt,[1346] der sich aus Ersterer ableitete.[1347] Beide Grundsätze werden nunmehr im Rechtsstaatsprinzip des Art. 2 EUV verortet.[1348]

3450 Dementsprechend sind beide Komponenten gleichermaßen zu behandeln. Daher ist auch die **Rechtssicherheit vom Eigentumsgrundrecht umfasst**. Auf ihr dürfte vielfach der Schwerpunkt liegen, wenn es um die Änderung von bereits lange währenden Vorgängen geht, für die ein früher entfaltetes Vertrauen kaum mehr nachweisbar ist. Grund dafür ist, dass die Eigentumsfreiheit etwas Vorhandenes gegen Änderungen in Gegenwart und Zukunft schützen will.

III. Berufsfreiheit

3451 Dies verhält sich anders bei der Berufsfreiheit, für die in erster Linie der Vertrauensschutz eine Rolle spielen wird, wenngleich die Rechtssicherheit auch Planungen für die Zukunft maßgeblich prägen kann. Das BVerfG verlangt sie für **klimaschutzbedingte Verhaltensänderungen**, die **langfristig** und **vorhersehbar** zu konzipieren und festzulegen sind.[1349] Dabei geht es um laufende und künftige Verhaltensweisen.

3452 Die Nutzung des Eigentums und die Berufsfreiheit können leicht ineinanderfließen. Erstere dient nämlich vielfach dazu, die Berufsfreiheit zu realisieren. Nur ist die Berufsfreiheit nahezu ausschließlich zukunftsbezogen, während die Nutzung des Eigentums gerade die Verbindung von Geschaffenem und dessen Gebrauch in Gegenwart und Zukunft betont, gleichsam die Brücke zwischen Vergangenheit und Gegenwart sowie in die Zukunft schlägt. Eine **langfristige berufliche Entfaltung** beruht indes gerade darauf, dass vorhandene **Regulierungen auch in Zukunft**

[1344] S. *Schwarz*, Vertrauensschutz als Verfassungsprinzip, 2002, S. 391; *Schwarze*, Europäisches Verwaltungsrecht, S. 920.

[1345] EuGH, Rs. C-24/86, ECLI:EU:C:1988:43 (Rn. 28) – Blaizot.

[1346] S. EuGH, Rs. C-120/86, ECLI:EU:C:1988:213 (Rn. 21 ff.) – Mulder und u. Rn. 3457 ff.

[1347] EuGH, Rs. C-63/93, ECLI:EU:C:1996:51 (Rn. 20) – Duff u. a.; Rs. C-201/08, ECLI:EU:C:2009:539 (Rn. 46) – Plantanol; Rs. C-362/12, ECLI:EU:C:2013:834 (Rn. 44) – Test Claimants in the Franked Investment Income Group Litigation; Rs. C-98/14, ECLI:EU:C:2015:386 (Rn. 77) – Berlington Hungary.

[1348] *Bungenberg*, in: Heselhaus/Nowak, § 37 Rn. 2; *Terhechte* (Hrsg.), HdB-EuVerwR, § 7 Rn. 24; s. auch *Steiner*, Die außervertragliche Haftung der Europäischen Union nach Art. 340 Abs. 2 AEUV für rechtswidriges Verhalten, 2015, S. 51; vgl. *Classen*, EuR-Beih. 3/2008, 7 (7 f.).

[1349] BVerfGE 157, 30 (Rn. 249) – Klimabeschluss.

§ 4 Vertrauensschutz und Rechtssicherheit

erhalten bleiben. Damit hängt nicht nur der Schutz von in der Vergangenheit Geschaffenem von Rechtssicherheit und Vertrauensschutz ab, sondern auch eine langfristige Entwicklung in die Zukunft hinein. So ist der Vertrauensschutz auch ein maßgeblicher Pfeiler der Berufsfreiheit. Nur durch ihn kann sich unternehmerische Betätigung langfristig entfalten. Lediglich auf diese Weise lässt sich Klimaschutz etwa durch eine Veränderung der Produktionsbedingungen wirksam entfalten. **Berufsbezogener Vertrauensschutz** bildet daher eine **Wirksamkeitsbedingung des Klimaschutzes**, ist Ausfluss von dessen effet utile.

Im Rahmen der Berufsfreiheit hat vor diesem Hintergrund der Vertrauensschutz eine stärker zukunftsgerichtete Bedeutung. Die Perspektive ist nicht die, dass in der Vergangenheit Geschaffenes entwertet oder in seinen Nutzungsmöglichkeiten eingeschränkt wird, sondern dass künftige Entwicklungsmöglichkeiten zunichte gemacht werden, wenn sich etwa eine staatliche Regulierung ändert. **Zukunftschancen** werden allerdings auch im europäischen Recht **nur** sehr **zurückhaltend unter den Schutz der Berufsfreiheit gefasst**.[1350] **3453**

Damit birgt der **Vertrauensschutz** die Chance, die grundsätzlich schwache Absicherung von **Zukunftschancen** zu **verstärken**, wenn sie sich aus einem schutzwürdigen Vertrauen heraus ergeben. Sie gänzlich auszublenden hieße wie im Rahmen des Eigentumsrechts, wirtschaftliche Entfaltung weitgehend schutzlos zu stellen und dem Staat und staatlicher Gestaltung von Rahmenbedingungen zu überantworten. Das aber widerspricht dem grundsätzlichen Schutz vor staatlichem Verhalten, welches das freie Spiel der marktwirtschaftlichen Kräfte beeinflusst. Auch nach dem EuGH stellt die Änderung der Wettbewerbsstellung von Wirtschaftsteilnehmenden einen Eingriff in das Recht auf freie Berufsausübung dar.[1351] Ansonsten würde der staatlichen Lenkung des Wettbewerbs Tür und Tor geöffnet, ohne dass einer damit einhergehenden Beschränkung beruflicher Entfaltungsmöglichkeiten ein Riegel vorgeschoben werden kann. Dass der Staat wettbewerbliche Abläufe und unternehmerische Entfaltung nicht schleichend zunichte machen kann, beruht maßgeblich auf dem Vertrauensschutz. **3454**

IV. Unternehmerfreiheit

Damit ist man bei der Unternehmerfreiheit angelangt, einem entsprechend der systematischen Stellung wichtigen Scharnier zwischen Eigentums- und Berufsfreiheit. Sie schützt vor allem die unternehmerische Entfaltung.[1352] Deren Grundlage bildet die **Wettbewerbsfreiheit**,[1353] und zwar insbesondere in ihrer Ausprägung als **3455**

[1350] Abl. *Rengeling/Szczekalla*, Rn. 799.
[1351] EuGH, Rs. C-280/93, ECLI:EU:C:1994:367 (Rn. 81) – Bananen.
[1352] Zu den verschiedenen Bestandteilen *Nowak*, in: Heselhaus/Nowak, § 35 Rn. 29 ff.
[1353] Sie für Selbstständige ausschließlich der Unternehmerfreiheit zuordnend *Ruffert*, in: Calliess/Ruffert, Art. 16 GRCh Rn. 2.

die Chancengleichheit wahrende Gleichbehandlung.[1354] Das ist auch der Hintergrund, weshalb rechtswidrige Beihilfen zurückgenommen werden müssen, und steht von daher dem Vertrauensschutz des Empfangenden gerade entgegen.[1355] Die umstrittene subjektiv-rechtliche Qualität der Wettbewerbsfreiheit[1356] kann daher hier dahin stehen.[1357]

3456 Die Unternehmerfreiheit bedarf auch einer Basis, auf welcher das Unternehmen beruht. Das ist der **eingerichtete und ausgeübte Gewerbebetrieb**.[1358] Dass die Bestandteile eines Unternehmens so genutzt werden können, wie sich dies der Inhaber vorgestellt hat, tangiert sowohl die Ausübung des Gewerbebetriebs als auch, wie dieser eingerichtet wurde. Beides gehört letztlich zusammen. Dass die Ausübung des Gewerbebetriebs so erfolgen kann, wie er eingerichtet wurde, **sichert** maßgeblich der **Vertrauensschutz**. Er bildet gleichsam das **Rückgrat der Unternehmerfreiheit**. Allerdings ist diese gem. Art. 16 EGRC nur nach dem Unionsrecht sowie nach einzelstaatlichen Rechtsvorschriften und Gepflogenheiten anerkannt,[1359] sichert also danach den jeweiligen Besitzstand, zu dem die grundrechtliche Ableitung des Vertrauensschutzes jedenfalls auf europäischer Ebene gerade nicht gehört. Zu einer Weiterung kommt man dadurch, dass man in der Unternehmerfreiheit ein voll wirksames Unionsgrundrecht mit lediglich begrenzt ausgedehnten Rechtfertigungsmöglichkeiten sieht.[1360] Der EuGH behandelt sie mittlerweile als ebenbürtiges Grundrecht.[1361]

V. Eigenständiger Rechtsgrundsatz nach dem EuGH

3457 Trotz der vorstehend aufgezeigten engen Verbindungen fasst der EuGH den Grundsatz des Vertrauensschutzes nicht unter das Eigentumsrecht bzw. die Berufsfreiheit,

---

[1354] Ausführlich *Frenz*, Europarecht 2, Rn. 30 ff.
[1355] Näher u. Rn. 3465 ff., 3502 ff.
[1356] Etwa *Streinz*, in: ders., Art. 16 GR-Charta Rn. 6 f. m. w. N. Sie jedenfalls aus der Berufsfreiheit herleitend *Nowak*, in: Heselhaus/Nowak, § 35 Rn. 35 und unter speziellem Bezug auf die Beihilfekontrolle *ders.*, DVBl 2000, 20 ff.
[1357] Sie spielt höchstens für die Einforderbarkeit der Rücknahme von Beihilfen an einen Konkurrenten eine Rolle, die allerdings vor dem EuGH schon durch die Notwendigkeit einer individuellen Betroffenheit erheblich eingeschränkt ist; näher *Frenz*, Europarecht 3, Rn. 2780 ff. auch zum Rechtsschutz vor nationalen Gerichten. Zur materiellen Grenze allerdings u. Rn. 3499 ff.
[1358] Dessen Grundrechtsschutz war vorher ungeklärt; dazu *Günter*, Berufsfreiheit und Eigentum in der Europäischen Union, 1998, S. 11 f.; *v. Milczewski*, Der grundrechtliche Schutz des Eigentums im europäischen Gemeinschaftsrecht, 1994, S. 68 sowie o. Rn. 3258 ff.
[1359] Zum daher schwachen Schutz *Grabenwarter*, DVBl 2001, 1 (5); *Schwarze*, EuZW 2001, 517 (521).
[1360] So *Jarass/Kment*, § 21 Rn. 18; *Rengeling/Szczekalla*, Rn. 797; *Ruffert*, in: Calliess/Ruffert, Art. 16 GRCh Rn. 5 sowie hier o. Rn. 3064 ff.
[1361] Etwa EuGH, Rs. C-134/15, ECLI:EU:C:2016:498 (Rn. 33) – Lidl; Rs. C-283/11, ECLI:EU:C:2013:28 (Rn. 50) – Sky; näher o. Rn. 3164.

§ 4 Vertrauensschutz und Rechtssicherheit   193

sondern **prüft** ihn **separat** und anders.[1362] Er begreift ihn als selbstständigen allgemeinen Rechtsgrundsatz des Unionsrechts.[1363] Dieser besitzt danach originäre Rechtsgeltung im Unionsrecht[1364] und gehört sogar zu den „fundamentalen"[1365] bzw. „den tragenden Grundsätzen"[1366] bildet ein „systemtragendes Prinzip".[1367] Zwar wäre der Rückgriff auf die gemeinsamen Verfassungsüberlieferungen der Mitgliedstaaten nach Art. 6 Abs. 3 EUV vorgezeichnet. Darauf stützte sich der EuGH bislang in diesem Kontext aber nicht.[1368] Schließlich ist der Grundsatz des Vertrauensschutzes nicht in allen nationalen Rechtsordnungen als allgemeines Prinzip anerkannt, so insbesondere nicht in Frankreich.

Daher kann es nur um den **Rückgriff** auf die den **Mitgliedstaaten gemeinsamen Werte und Gedanken** als Erkenntnisquellen gehen; zu diesen gehört auch eine grundsätzliche Anerkennung des Schutzes von Vertrauen in die geltende Rechtsordnung und der Beständigkeit erworbener Rechtspositionen.[1369] Nur ist die rechtliche Grundlage in vielen Staaten das **Prinzip der Rechtssicherheit**.[1370] In einer früheren Entscheidung stellte der EuGH den Grundsatz der Rechtssicherheit, den er mit dem Schutz des berechtigten Vertrauens der Betroffenen definierte, allerdings neben den allgemein anerkannten Grundsatz, dass „Gesetzesänderungen, soweit nichts Abweichendes bestimmt ist, auf die künftigen Wirkungen unter dem alten Recht entstandener Sachverhalte anwendbar" sind,[1371] also das **Rückwirkungsver-**

3458

[1362] Anschaulich EuGH, Rs. C-177/90, ECLI:EU:C:1992:2 (Rn. 13 ff. bzw. 16 f.) – Kühn.

[1363] Z. B. EuGH, Rs. C-281/82, ECLI:EU:C:1984:165 (Rn. 25) – Unifrex; Rs. C-316/86, ECLI:EU:C:1988:201 (Rn. 22) – Krücken; Rs. C-170/86, ECLI:EU:C:1988:214 (Rn. 11 f., 16) – von Deetzen; Rs. C-104/89 u. 37/90, ECLI:EU:C:1992:217 (Rn. 15) – Mulder; Rs. C-22/94, ECLI:EU:C:1997:187 (Rn. 17 ff.) – Irish Farmers Association; bereits Rs. C-111/63, ECLI:EU:C:1965:76 (S. 911) – Lemmerz-Werke für das Verwaltungsrecht; Rs. C-1/73, ECLI:EU:C:1973:78 (Rn. 5) – Westzucker für die Rechtsetzung; Rs. C-36/21, ECLI:EU:C:2022:556 (Rn. 26) – Sense Visuele Communicatie en Handel; zur Entwicklung *Schwarz*, Vertrauensschutz als Verfassungsprinzip, 2002, S. 385 ff.

[1364] Ausführlich *Borchardt*, Der Grundsatz des Vertrauensschutzes im europäischen Gemeinschaftsrecht, 1988, S. 13 ff., 60 ff., 69.

[1365] EuGH, Rs. C-104/97 P, ECLI:EU:C:1999:498 (Rn. 52) – Atlanta.

[1366] Etwa EuGH, Rs. C-258 u. 259/90, ECLI:EU:C:1992:199 (Rn. 34) – Pesquerias De Bermeo u. Naviera Laida; Rs. C-133 u. a./93, ECLI:EU:C:1994:364 (Rn. 57) – Crispoltoni II; Rs. C-104/97 P, ECLI:EU:C:1999:498 (Rn. 46) – Atlanta; Rs. C-99/22, ECLI:EU:C:2023:382 (Rn. 29) – Kapniki A. Michailidis.

[1367] *Schwarz*, Vertrauensschutz als Verfassungsprinzip, 2002, S. 382.

[1368] *Bungenberg*, in: Heselhaus/Nowak, § 37 Rn. 5; *Schwarz*, Vertrauensschutz als Verfassungsprinzip, 2002, S. 379.

[1369] *Schwarz*, Vertrauensschutz als Verfassungsprinzip, 2002, S. 405 f.; s. bereits EuGH, Rs. C-7/56 u. a., ECLI:EU:C:1957:7 (S. 118) – Algera auf der Basis der Vergleichung des Rechts der sechs Gründerstaaten: grundsätzlich kein Widerruf rechtmäßiger Verwaltungsakte, welche den Betroffenen subjektive Rechte verleihen.

[1370] In Griechenland, Irland, Schweden und Spanien ist es sogar verfassungsrechtlich eigens verankert, s. *Schwarz*, Vertrauensschutz als Verfassungsprinzip, 2002, S. 404.

[1371] EuGH, Rs. C-1/73, ECLI:EU:C:1973:78 (Rn. 5) – Westzucker; so auch EuG, Rs. T-720/16, ECLI:EU:T:2018:853 (Rn. 122) – ARFEA.

bot. Auch dieses entstammt letztlich dem **Rechtsstaatsprinzip** und als dessen Ausfluss dem Grundsatz der Rechtssicherheit.[1372]

3459 Zwar werden in der Entscheidung *Westzucker* wie auch in anderen Judikaten[1373] das Rückwirkungsverbot und der Grundsatz der Rechtssicherheit nebeneinander gestellt. Indes erfolgt dies in einer Randnummer und unter Definition des Prüfungsansatzes,[1374] sodass ein enger Zusammenhang sichtbar wird. In der Sache ging es um den **Schutz von Vertrauen beim Erlass neuer Vorschriften**. Damit steht der Grundsatz des Vertrauensschutzes nach der Konzeption des EuGH nicht in einer grundrechtlichen **Tradition**, sondern in einer **rechtsstaatlichen**. Das zeigt sich auch in verschiedenen Prüfungsmaßstäben. Im Urteil *Kühn* untersuchte der EuGH im Hinblick auf den Vertrauensschutz, inwieweit die Union eine Situation geschaffen hat, die ein berechtigtes Vertrauen wecken kann.[1375] Demgegenüber stellt der EuGH das Eigentumsrecht ebenso wie das Recht auf freie Berufsausübung in einen gesellschaftlichen Kontext und prüft auf dieser Basis, ob ein Eingriff nicht tragbar bzw. unverhältnismäßig ist. Die Rechtfertigung erfolgt im Ansatz darüber, dass dieser Eingriff dem Gemeinwohl dienenden Zielen der Union entspricht, wurde allerdings mittlerweile erheblich verfeinert.[1376]

B. Anwendungsfelder

I. Folgen einer grundrechtlichen Fundierung

3460 Der Anwendungsbereich des Grundsatzes des Vertrauensschutzes wird durch die Ableitung aus den Grundrechten nicht etwa verengt. Vielmehr betont diese Ableitung seinen Bezug insbesondere auf wirtschaftliche Sachverhalte. Diese können sich sowohl aus Entscheidungen der Verwaltung als auch des Gesetzgebenden und von Gerichten ergeben. Damit bleibt der grundsätzlich **allumfassende Anwendungsbereich** gewahrt, den auch der EuGH auf der Basis eines eigenständigen Vertrauensschutzgrundsatzes zugrunde gelegt hat.[1377]

3461 Soweit Lebenssachverhalte nicht von den Wirtschaftsgrundrechten erfasst werden, kann immer noch die Ableitung aus dem Rechtsstaatsprinzip greifen. Diese

---

[1372] S. BVerfGE 63, 343 (356 f.); 67, 1 (14).

[1373] Z. B. EuGH, Rs. C-205-215/82, ECLI:EU:C:1983:233 (Rn. 27 f.) – Deutsche Milchkontor; Rs. C-338/85, ECLI:EU:C:1988:194 (Rn. 26) – Fratelli Pardini, allerdings mit strikter Trennung im Folgenden; vgl. auch Rs. C-212-217/80, ECLI:EU:C:1981:270 (Rn. 10) – Meridionale Industria Salumi; aus jüngerer Zeit Rs. C-381/97, ECLI:EU:C:1998:589 (Rn. 27) – Belgocodex.

[1374] EuGH, Rs. C-1/73, ECLI:EU:C:1973:78 (Rn. 5) – Westzucker.

[1375] EuGH, Rs. C-177/90, ECLI:EU:C:1992:2 (Rn. 14) – Kühn.

[1376] EuGH, Rs. C-177/90, ECLI:EU:C:1992:2 (Rn. 16 f.) – Kühn. S. Teilband I Rn. 724 ff., 741 ff. sowie o. Rn. 3014 ff., 3407 ff.

[1377] S. auch die Zusammenstellung bei *Bungenberg*, in: Heselhaus/Nowak, § 37 Rn. 51 ff.; *Altmeyer*, Vertrauensschutz im Recht der Europäischen Union und im deutschen Recht, 2003, S. 55 ff.

schließt eine solche aus den Grundrechten nicht aus. Im deutschen Recht stehen auch beide Grundlagen nebeneinander.[1378] Die **zusätzliche Absicherung aus den Grundrechten** ermöglicht nur eine **stärker situationsspezifische Behandlung**. Sie bewirkt deshalb tendenziell eine weitergehende Berücksichtigung wirtschaftlicher Abläufe und damit **eher** einen **größeren Vertrauensschutz** als lediglich die Gewinnung aus dem Rechtsstaatsprinzip bzw. eine völlig eigenständige Fundierung. Das gilt zumal dann, wenn die Grundrechte in einem Verfassungstext verankert sind und daher eine explizit festgelegte Grundlage haben.

II. Die klassischen Verwaltungskonstellationen

1. Beihilfefälle als Hauptausgangspunkt

a) Ursprünge und Gesamtbild

Einen „Anspruch der Klägerin auf Vertrauensschutz" hat der EuGH erstmals in einem Verfahren bejaht, welches das Vertrauen auf die Rechtmäßigkeit und den Fortbestand einer Freistellungsentscheidung einer Gemeinschaftsbehörde betraf.[1379] Schon zuvor behandelte der EuGH das Überwiegen des Vertrauens auf Fortbestand gegenüber dem Widerrufsinteresse der Verwaltung an ihrer Entscheidung im Hinblick auf den Widerruf von rechtswidrigen Verwaltungsakten.[1380] Damit berührt die erste Entscheidung den klassischen Anwendungsfall des Vertrauensschutzes, nämlich die **Aufhebung rechtswidriger Verwaltungsakte**. 3462

Dieser Strang ist bis in die jüngere Zeit aktuell geblieben[1381] und hat im **Beihilfe- recht** zu einer vielfältigen Rechtsprechung geführt.[1382] Dabei hat der EuGH herausgestellt, dass grundsätzlich einer Rückforderung **rechtswidrig gewährter Beihilfen Vertrauensschutz nicht** entgegengehalten werden kann, außer die Kommission hat selbst Anlass zu diesem Vertrauen gegeben.[1383] Auf Fehler der nationalen Behörden kann sich eine Geschäftsperson nicht berufen;[1384] die Anmeldung einer Beihilfe bei 3463

[1378] S. BVerfGE 95, 64 (82): „in Art. 14 Abs. 1 GG eine eigenständige Ausprägung"; *Frenz*, Öffentliches Recht, 9. Aufl. 2022, Rn. 254 f.

[1379] EuGH, Rs. C-111/63, ECLI:EU:C:1965:76 (S. 911) – Lemmerz-Werke.

[1380] EuGH, Rs. C-7/56 u. a., ECLI:EU:C:1957:7 – Algera.

[1381] S. *Rennert*, DVBl 2007, 400 ff.

[1382] Ausführlich *Frenz*, Europarecht 3, Rn. 2642 ff.; *Schwarz*, Vertrauensschutz als Verfassungsprinzip, 2002, S. 438 ff. m. w. N. auch aus der Lit.

[1383] EuG, Rs. T-6/99, ECLI:EU:T:2001:145 (Rn. 140 ff., 188) – ESF; Rs. T-394/08 u. a., ECLI:EU: T:2011:493 (Rn. 280) – Regione autonoma della Sardegna u. a.

[1384] Dies gilt selbst bei Rechtsirrtümern und bewusster Falschanwendung von Unionsrecht, EuGH, Rs. C-94/05, ECLI:EU:C:2006:185 (Rn. 61) – Emsland-Stärke; aus der Lit. *Huber*, KritV 1999, 359 (367); *Scheuing*, Die Verwaltung 2001, 107 (126 ff.).

der Kommission bildet die Grundlage dafür, dass sich Vertrauen überhaupt entfalten kann.[1385] Dementsprechend können auch nicht nationale Rücknahmefristen etwa nach § 48 Abs. 4 VwVfG einer Rückforderung entgegenstehen.[1386]

3464 Das durch nationale Verfahrensvorschriften eingeräumte **Ermessen** wird **europarechtlich** geprägt und damit gleichsam **auf null reduziert**.[1387] Das gilt regelmäßig aufgrund der tangierten europäischen **Wettbewerbsfreiheit**[1388] oder spezifischer Unionsinteressen wie die Schonung der (Agrar-)Finanzen,[1389] wobei der erste Ansatz dominiert: Geht es nicht um die Neutralisierung von Wettbewerbsvorteilen, bestehen nach dem EuGH nationale Spielräume für eine unterlassene Rücknahme.[1390] § 48 VwVfG als nationale Ermessensgrundlage bildet daher lediglich eine formale Rechtsgrundlage, welche von europarechtlichen Vorgaben durchdrungen und geprägt ist.[1391] Die Berufung auf Vertrauensschutz ist praktisch ausgeschlossen.[1392] Er kann gar nicht auf nationale Vorschriften gestützt werden, soweit die Entscheidungskompetenz der europäischen Organe reicht.[1393] Damit zählt ausschließlich Europarecht. Danach ist grundsätzlich die sofortige Vollziehung des Rückzahlungsbescheids anzuordnen,[1394] um die durch die Zahlung einer Beihilfe eingetretene Wettbewerbsverzerrung möglichst rasch zu beseitigen.[1395] Der rechtswidrig begünstigten Person bleibt im Wesentlichen **nur** die **Einrede der absoluten Unmöglichkeit**.[1396]

[1385] EuGH, Rs. C-24/95, ECLI:EU:C:1997:163 (Rn. 25) – Alcan; EuG, Rs. T-309/12, ECLI:EU:T:2014:676 (Rn. 236) – Zweckverband Tierkörperbeseitigung; Rs. T-620/11, ECLI:EU:T:2016:59 (Rn. 188) – GFKL Financial Services.

[1386] Etwa *Sachs*, in: Stelkens/Bonk/Sachs, VwVfG, § 48 Rn. 287.

[1387] EuGH, Rs. C-24/95, ECLI:EU:C:1997:163 (Rn. 34) – Alcan; Rs. C-627/18, ECLI:EU:C:2020:321 (Rn. 57) – Nelson Antunes da Cunha Ltd.

[1388] S. EuGH, Rs. C-392 u. 422/04, ECLI:EU:C:2006:586 (Rn. 70) – I-21 Germany u. Arcor; *Rennert*, DVBl 2007, 400 (402).

[1389] EuGH, Rs. C-298/96, ECLI:EU:C:1998:372 (Rn. 23 f.) – Oelmühle; bereits Rs. C-205-215/82, ECLI:EU:C:1983:233 (Rn. 17 ff.) – Deutsche Milchkontor; Rs. C-516/16, ECLI:EU:C:2017:1011 (Rn. 94 f.) – Erzeugerorganisation Tiefkühlgemüse eGen.

[1390] EuGH, Rs. C-298/96, ECLI:EU:C:1998:372 (Rn. 37) – Oelmühle.

[1391] Ebenso *Bungenberg*, in: Heselhaus/Nowak, § 37 Rn. 79; im Ansatz offener BVerwGE 92, 81 (84 ff.); s. auch BVerfG, NJW 2000, 2015; dagegen *Frenz*, Öffentliches Recht, 9. Aufl. 2022, Rn. 1105.

[1392] S. *Berninghausen*, Die Europäisierung des Vertrauensschutzes, 1998, S. 85; *Middendorf*, Amtshaftung und Gemeinschaftsrecht, 2001, S. 9 f.

[1393] Näher *Rennert*, DVBl 2007, 400 (406).

[1394] V. *Wallenberg/Schütte*, in: Grabitz/Hilf/Nettesheim, Art. 108 AEUV Rn. 108.

[1395] S. EuGH, Rs. C-232/05, ECLI:EU:C:2006:651 (Rn. 49) – Kommission/Frankreich.

[1396] EuGH, Rs. C-499/99, ECLI:EU:C:2002:408 (Rn. 21) – Kommission/Spanien; EuG, Rs. T-268/13, ECLI:EU:T:2014:900 (Rn. 55) – Italien/Kommission.

§ 4 Vertrauensschutz und Rechtssicherheit

b) Grundrechtlicher Ansatz

aa) Basis

Gerade die Beihilferückforderung betrifft schon vom Tatbestand des Art. 107 Abs. 1 AEUV Unternehmen. Daher hätte es in diesen Fällen nahe gelegen, die Rückforderung von Beihilfen und den etwa entgegenstehenden Vertrauensschutz anhand der Grundrechte zu prüfen. Hierin kann ein Ansatz liegen, ein **europarechtlich fundiertes Vertrauensschutzkonzept** zu schaffen,[1397] welches die Interessen der Beteiligten adäquat berücksichtigt und ein **eigenständiges Gewicht neben dem Wettbewerbskonzept hat**, das sich bislang regelmäßig durchsetzte. Die Beeinträchtigungen der weiteren unternehmerischen Entwicklung sowie bereits aufgrund der zugewendeten Gelder aufgebauten Unternehmenspositionen wären dann dem Unionsinteresse an einer Rückforderung der Beihilfen gegenüber zu stellen.

3465

bb) Keine rechtswidrige Begünstigung im Wettbewerb

Allerdings wäre auch bei einem solchen Prüfungsansatz das **Unionsinteresse regelmäßig vorrangig**, wenn die Unternehmen rechtswidrig im Wettbewerb begünstigt wurden. Eine **rechtswidrig erlangte Vorzugsstellung** ist **weder durch die Berufsfreiheit noch durch die Eigentumsfreiheit geschützt**. Daher würde ein grundrechtlicher Schutz von vornherein nicht eingreifen. Wenn indes europäische Organe selbst den Eindruck der Rechtmäßigkeit erwecken, kommt zu dem ergangenen Verwaltungsakt ein zusätzliches Verhalten, welches einen weiteren Anschein der Beständigkeit und damit der Rechtssicherheit erweckt, woraus jedenfalls i. V. m. dem Rechtsstaatsprinzip geschütztes Vertrauen erwächst.[1398] Dazu können auch Rechtsänderungen wie eine Verschiebung der De-minimis-Schwellen führen.[1399]

3466

cc) Reduktion auf Evidenz-Maßstab bei der Rücknahme belastender Verwaltungsakte

Unternehmen werden im Wettbewerb nicht begünstigt, sondern benachteiligt, wenn ihnen gegenüber ein belastender Verwaltungsakt ergangen ist. Der **Grundrechtseingriff** und damit verbunden vielfach eine Wettbewerbsbeeinträchtigung liegt hier aber **schon in dem Ursprungsverwaltungsakt**. Von daher könnte es grundrechtlich geboten sein, ihn wieder zu beseitigen. Die **Rücknahme** würde von vornherein nicht zum Recht, sondern zur **Pflicht**. Indes nimmt der EuGH eine solche nur **bei offensichtlicher Unionsrechtswidrigkeit** an, sofern dieser Evidenzmaßstab auch

3467

[1397] Dieses fordernd *Rennert*, DVBl 2007, 400 (406); bereits *Kokott/Henze/Sobotta*, JZ 2006, 633 (641).
[1398] S.o. Rn. 3458.
[1399] *Rennert*, DVBl 2007, 400 (405); im Zusammenhang mit normativen Regelungen u. Rn. 3541, 3548.

bei inländischen Sachverhalten gilt.[1400] In den anderen Fällen kann die (bloß einfach) rechtswidrige Belastung bestehen bleiben. Schließlich werden damit die anderen Wettbewerber nicht belastet. Zudem hatte es die betroffene Person in der Hand, sich gegen den Ursprungsverwaltungsakt zu wehren.[1401] Hat sie dies nicht getan, liegt darin grundrechtlich gesehen ein (partieller) Verzicht.

dd) Insolvenzgefahr

3468 Eine Ausnahme vom fehlenden Schutz rechtswidriger Positionen könnte weiter dann bestehen, wenn die begünstigte Person objektiv nicht in der Lage ist, die Beihilfe zurückzuzahlen, ohne dass der Betrieb Insolvenz anmelden muss. Aber selbst in solchen Fällen stellt sich die Frage, ob nicht eine staatliche Beihilfe die natürliche Selektion der Unternehmen im Wettbewerbsprozess verhindert hat. Dann würde es sich ebenfalls um eine **wettbewerbswidrige Begünstigung** handeln, die **zu neutralisieren** ist, werden doch möglicherweise andere, nicht staatlich geförderte Unternehmen in krisenanfälligen Branchen von einer Insolvenz betroffen.

ee) Absolute Unmöglichkeit

3469 Es bleibt die Einrede der absoluten Unmöglichkeit. Diese bezieht sich nach dem EuGH darauf, dass es für einen Mitgliedstaat völlig unmöglich gewesen ist, die Entscheidung richtig durchzuführen.[1402] Sie greift deshalb schon dann nicht, wenn der Mitgliedstaat nicht loyal mit der Kommission zusammengearbeitet hat. Zudem ist Rechtsgrundlage dafür Art. 4 Abs. 3 EUV.[1403]

3470 Freilich kann eine solche Unmöglichkeit daher rühren, dass die **Unternehmen** bereits **insolvent** geworden sind.[1404] Dann aber ist der auf das Eigentumsgrundrecht bezogene Schadensfall, nämlich der Untergang eines Unternehmens und die damit verbundene Entwertung der dazu gehörigen Eigentumspositionen, bereits eingetreten. Der Fortbestand eines solchen Unternehmens würde indes die durch die Beihilfen eingetretene Wettbewerbsverzerrung zementieren und widerspricht daher dem vorrangigen Unionsinteresse auf Wiederherstellung der Wettbewerbsgleichheit. Dieses Unionsinteresse ist auch angesichts des Eigentumsgrundrechts zu beachten, weil die Nutzung des Eigentums ebenso wie die Berufs- bzw. die Unternehmerfreiheit gerade darauf beruht, dass der Staat die Wettbewerbsfreiheit

---

[1400] EuGH, Rs. C-392 u. 422/04, ECLI:EU:C:2006:586 (Rn. 55 ff.) – I-21 Germany u. Arcor.
[1401] Das entspricht den Grundsätzen des Urteils *Kühne & Heitz*, s.u. Rn. 3471.
[1402] Vgl. EuGH, Rs. C-348/93, ECLI:EU:C:1995:95 (Rn. 16) – Kommission/Italien; Rs. C-261/99, ECLI:EU:C:2001:179 (Rn. 23) – Kommission/Frankreich; EuG, Rs. T-268/13, ECLI:EU:T:2014:900 (Rn. 55) – Italien/Kommission.
[1403] S. EuGH, Rs. C-499/99, ECLI:EU:C:2002:408 (Rn. 24 ff.) – Kommission/Spanien m. w. N.; Rs. C-622-624/16 P, ECLI:EU:C:2018:873 (Rn. 90 ff.) – Scuola Elementare Maria Montessori/Kommission.
[1404] EuGH, Rs. C-499/99, ECLI:EU:C:2002:408 (Rn. 28) – Kommission/Spanien.

§ 4 Vertrauensschutz und Rechtssicherheit 199

gewährleistet.¹⁴⁰⁵ Dem dient die Durchsetzung des Beihilfenverbotes und damit die Rückforderung rechtswidrig gewährter Beihilfen.¹⁴⁰⁶ Von daher geht es auch um einen Ausgleich divergierender Belange innerhalb derselben Grundrechte.

2. Stärkerer Vertrauensschutz bei fehlender Wettbewerbsrelevanz

Außerhalb der **Rückforderung von den Wettbewerb verzerrenden Leistungen** ist das **Unionsinteresse** an einer Aufhebung rechtswidriger Handlungen **nicht** so stark, dass es sich **in** praktisch **jedem Fall** gegenüber dem Vertrauensschutz **durchsetzt**. Dafür spricht nicht nur die bereits erwähnte¹⁴⁰⁷ Entscheidung *Oelmühle*, die ausdrücklich eine andere Behandlung von nicht mit einem Wettbewerbsvorteil für nationale Unternehmen einhergehende Beihilfen eröffnete,¹⁴⁰⁸ sowie das Urteil *I-21-Germany und Arcor*¹⁴⁰⁹ mit seinem bloßen Evidenzmaßstab¹⁴¹⁰ sowie die Entscheidung *Kühne & Heitz* zur Rückerstattung zu Unrecht zurückgeforderter Beihilfen.¹⁴¹¹ Eine solche Rückerstattung hielt der EuGH jedenfalls dann für geboten, wenn eine nationale Regelung eine Rücknahme trotz Bestandskraft vorsah¹⁴¹² und zudem der Rechtsweg bis zur letzten Instanz ausgeschöpft wurde, ohne dass der EuGH angerufen wurde, und sich die betroffene Person an die nationale Behörde gewandt hat, nachdem sie von einer konträr zur nationalen Rechtsprechung ausfallenden EuGH-Entscheidung Kenntnis erlangt hatte.¹⁴¹³ Vom System des Beihilferechts her sind allerdings diese Voraussetzungen nicht zwingend. **Entscheidend** ist vielmehr, ob eine **gegenteilige Entscheidung europäischer Organe** eine solche **Rückerstattung zu Unrecht zurückgeforderter Beihilfen vorsieht**.¹⁴¹⁴

3471

Im hier untersuchten Zusammenhang ist maßgeblich, dass der EuGH eine Begünstigung der einzelnen Person fordert, die zunächst eine Beihilfe erhalten hat, der diese dann genommen wurde, aber zu Unrecht. Dabei geht es also nicht um die Herstellung von Wettbewerbsgleichheit, sondern um die **Neutralisierung einer rechtswidrigen staatlichen Entscheidung**, welche gerade **nicht rechtswidrig in den Wettbewerb** eingriff. Eine solche Neutralisierung ist daher bei fehlender Wettbewerbsrelevanz tendenziell **eher möglich** und nicht durch das wichtige Unionsinteresse an einem nicht verzerrten Wettbewerb gesperrt. Damit kommt es in solchen Fällen nur auf eine **Abwägung** zwischen dem durch die Unternehmen entwickelten

3472

---

¹⁴⁰⁵ S.o. Rn. 3152 f.
¹⁴⁰⁶ Näher *Frenz*, Europarecht 3, Rn. 74 ff.
¹⁴⁰⁷ S.o. Rn. 3464.
¹⁴⁰⁸ EuGH, Rs. C-298/96, ECLI:EU:C:1998:372 (Rn. 37) – Oelmühle.
¹⁴⁰⁹ EuGH, Rs. C-392 u. 422/04, ECLI:EU:C:2006:586 – I-21 Germany u. Arcor.
¹⁴¹⁰ S.o. Rn. 3467.
¹⁴¹¹ S. EuGH, Rs. C-453/00, ECLI:EU:C:2004:17 (Rn. 24 ff.) – Kühne & Heitz.
¹⁴¹² Dies ausdrücklich begrüßend *Hatje*, in: FS für Rengeling, 2008, S. 249 (262).
¹⁴¹³ EuGH, Rs. C-453/00, ECLI:EU:C:2004:17 (Rn. 25) – Kühne & Heitz.
¹⁴¹⁴ Näher *Frenz*, Europarecht 3, Rn. 2714 ff.

Vertrauen und Bestandsinteresse gegenüber dem Rücknahmeinteresse der Verwaltung an, welches nicht durch ein Unionsinteresse an der Wiederherstellung von Wettbewerbsgleichheit dominiert wird.

3473 In solchen Fällen kann deshalb **auch** eine **Abwägung im Rahmen von § 48 VwVfG** stattfinden, ohne dass diese im Ergebnis bereits durch das Europarecht in nahezu allen Fällen vorbestimmt ist. Es müssen aber auch dann die allgemeinen Grundsätze eingehalten werden, welche für die Anwendung des nationalen Verfahrensrechts beim Vollzug von Europarecht gelten. Die Verwirklichung des Europarechts darf nicht praktisch unmöglich oder übermäßig erschwert werden. Zudem darf der Mitgliedstaat Fälle mit europäischem Bezug nicht anders und vor allem nicht schlechter behandeln als rein nationale Sachverhalte.[1415] Jedenfalls muss das europäische Interesse an der Aufhebung eines Rechtsaktes voll berücksichtigt werden.[1416]

3474 Damit kommt es letztlich darauf an, wie gewichtig das europäische Interesse und die betroffenen **Belange der vormals durch den Rechtsakt begünstigten Person** sind. Auch dies spricht dafür, die **Grundrechte** für den Vertrauensschutz maßgeblich sein zu lassen. Denn nach ihnen richtet sich insbesondere, inwieweit etwa die berufliche Entwicklung oder das beeinträchtigte Eigentum betroffen sind. Dabei kann allerdings gerade in der Frage der Bestandskraft die Rechtssicherheit und damit das **Rechtsstaatsprinzip** nicht ausgeblendet werden. Ausgehend von ihm ist entscheidend, inwieweit sich tatsächlich Vertrauen entfaltet hat. Umso schützenswerter sind allerdings grundrechtlich geschützte Belange, sodass auch nach dieser Seite hin eine Verknüpfung möglich ist.

3475 Über die Grundrechte kann auch die Bedeutung einer Rechtswegerschöpfung erschlossen werden. Ruft die beeinträchtigte Person nicht die (nationalen) Gerichte an, um eine Korrektur der bestandskräftigen Entscheidung zu erreichen, verzichtet sie auf die Verwirklichung ihrer Berufsfreiheit und bei einer Antastung mithilfe staatlicher Beihilfen aufgebauter Unternehmenspositionen auch des Eigentumsgrundrechts. Diese können hier nur über die Beseitigung der Bestandskraft der belastenden Rücknahmeentscheidung Wirkung entfalten, weshalb diese anzugreifen ist. Allerdings würde es zu weit führen, wenn sich die einzelne Person selbst auf von Amts wegen zu beachtendes europäisches Recht berufen müsste.[1417]

[1415] Z. B. EuGH, Rs. C-188/92, ECLI:EU:C:1994:90 (Rn. 13 ff.) – TWD; Rs. C-366/95, ECLI:EU:C:1998:216 (Rn. 15) – Steff-Houlberg Export.

[1416] EuGH, Rs. C-205-215/82, ECLI:EU:C:1983:233 (Rn. 33) – Deutsche Milchkontor unmittelbar nach der notwendigen Berücksichtigung des Vertrauensschutzes sowie des vorstehend genannten Äquivalenzgrundsatzes.

[1417] EuGH, Rs. C-2/06, ECLI:EU:C:2008:78 (Rn. 44 f.) – Kempter; Rs. C-18/13, ECLI:EU:C:2014:69 (Rn. 34) – Maks Pen.

§ 4 Vertrauensschutz und Rechtssicherheit

Weil aber die Wettbewerbsrelevanz fehlt, ist nach den Maßstäben des Urteils *I-21-Germany und Arcor*[1418] eine **Korrektur nur bei offensichtlichen Verstößen** notwendig. Zu solchen führt auch eine unterlassene Vorlage an den EuGH.[1419]

3476

3. Ausschlussgründe

Ist die tatsächliche Entfaltung von Vertrauen maßgeblich dafür, inwieweit Vertrauensschutz vor späteren anders gelagerten Verwaltungsentscheidungen bewahrt, scheidet ein solcher Schutz bei **Bösgläubigkeit** von vornherein aus. Insoweit greift der Ansatz von § 48 Abs. 2 VwVfG auch europarechtlich. Das gilt ebenfalls bei einer Ableitung des Vertrauensschutzes aus den Wirtschaftsgrundrechten. Auch diese schützen nur eine redliche Wirtschaftstätigkeit und gewährleisten nicht, dass ein Wirtschaftsteilnehmender in böser Absicht handelt. Daher greifen auch hier die **Einzelfälle, wie sie in § 48 Abs. 2 S. 3 VwVfG** festgelegt sind, nämlich die Erwirkung eines Verwaltungsaktes durch arglistige Täuschung, Drohung oder Bestechung bzw. durch Angaben, die in wesentlicher Beziehung unrichtig oder unvollständig waren. Da der EuGH an die Entwicklung von Vertrauen hohe Anforderungen stellt und insbesondere eine adäquate Befassung der europäischen Organe mit dem Fall verlangt, bevor sich Vertrauen entwickeln kann, kann auch das dritte Fallbeispiel übernommen werden, dass nämlich die begünstigte Person die Rechtswidrigkeit des Verwaltungsaktes kannte oder infolge grober Fahrlässigkeit nicht kannte.

3477

Nicht übernommen werden kann hingegen – auch außerhalb des Beihilferechts – eine **feste Endfrist**, bis zu der Verwaltungsakte aufgehoben werden können. Damit würde nämlich die Durchsetzung des Unionsinteresses zeitlich begrenzt. Bezogen auf den Vertrauensschutz könnte allerdings ein Ansatz sein, dass dieser umso stärker wiegt, je länger die fragliche Verwaltungsentscheidung zurückliegt, sodass er mit zunehmendem Zeitablauf das Unionsinteresse an einer Aufhebung tendenziell überwiegt. Jedenfalls verlangt auch der EuGH, einen **begünstigenden Verwaltungsakt innerhalb eines angemessenen Zeitraums rückwirkend zurückzunehmen,** also innerhalb von drei[1420] oder sieben Monaten[1421] und nicht erst nach zwei Jahren,[1422]

3478

[1418] EuGH, Rs. C-392 u. 422/04, ECLI:EU:C:2006:586 – I 21 Germany u. Arcor. S.o. Rn. 3467, 3471.
[1419] S. EuGH, Rs. C-224/01, ECLI:EU:C:2003:513 (Rn. 51, 55 f.) – Köbler; Rs. C-173/03, ECLI:EU:C:2006:391 (Rn. 30 ff.) – Traghetti del Mediterraneo; EuGH, Gutachten Nr. 1/09, ECLI:EU:C:2011:123 (Rn. 83, 86); daher die Brücke zur gemeinschaftlichen Staatshaftung schlagend *Rennert*, DVBl 2007, 400 (407 f.).
[1420] Z. B. EuGH, Rs. C-248/89, ECLI:EU:C:1991:264 (Rn. 23) – Cargill.
[1421] EuGH, Rs. C-7/56 u. a., ECLI:EU:C:1957:7 (S. 119) – Algera.
[1422] Vgl. EuGH, Rs. C-15/85, ECLI:EU:C:1987:111 (Rn. 15 ff.) – Consorzio Cooperative d'Abruzzo. Eine allgemeine Festlegung erfolgte bislang nicht; krit. bereits *GA Lagrange*, EuGH, Rs. C-14/61, ECLI:EU:C:1962:19 (S. 570) – Koninklijke Nederlandsche Hoogovens en Staalfabrieken; nunmehr *Schwarz*, Vertrauensschutz als Verfassungsprinzip, 2002, S. 434.

ohne umgekehrt einen europarechtlichen Endzeitpunkt zu bestimmen.[1423] Daher erfolgt schon der Vorwurf „einer fast beliebigen Einzelfalljudikatur".[1424]

3479 Dieses **Erfordernis einer Rücknahme in angemessener Zeit** steht neben der Notwendigkeit, das berechtigte Vertrauen des Adressierten des Rechtsaktes in dessen Rechtmäßigkeit zu beachten.[1425] Ist dieses Vertrauen einmal entstanden, kann es später nicht mehr erschüttert werden[1426] und bleibt damit zu berücksichtigen. Daraus erklärt sich, dass europarechtlich die **Überprüfung bestandskräftiger Verwaltungsakte zeitlich nicht beschränkt** ist, **aber durch angemessene nationale Rechtsbehelfsfristen limitiert** werden kann.[1427]

3480 Damit ist die Rücknahme rechtswidriger begünstigender Verwaltungsakte auch mit Wirkung für die Vergangenheit möglich, jedoch durch die beiden vorgenannten Anforderungen eingeschränkt.[1428] Die Rechtsordnungen aller Mitgliedstaaten lassen den rückwirkenden Widerruf allerdings stets dann zu, wenn der betreffende Verwaltungsakt auf falschen oder unvollständigen Angaben der Beteiligten beruhte. Diesen Satz übertrug der EuGH schon früh ins Gemeinschaftsrecht.[1429]

4. Deklaratorische Verwaltungsakte

3481 Der Vertrauensschutz ist auch bei der Aufhebung rechtswidriger deklaratorischer Verwaltungsakte[1430] zu beachten. Es bedarf einer **einzelfallbezogenen Interessenabwägung**.[1431] Bei ihnen ergibt sich die Rechtsposition ausschließlich aus der

---

[1423] EuGH, Rs. C-2/06, ECLI:EU:C:2008:78 (Rn. 56 f.) – Kempter.

[1424] *Schwarz*, Vertrauensschutz als Verfassungsprinzip, 2002, S. 434 f.; dahin auch *Bungenberg*, in: Heselhaus/Nowak, § 37 Rn. 74.

[1425] EuGH, Rs. C-14/81, ECLI:EU:C:1982:76 (Rn. 10) – Alpha Steel; Rs. C-15/85, ECLI:EU:C:1987:111 (Rn. 12 ff.) – Consorzio Cooperative d'Abruzzo; Rs. C-248/89, ECLI:EU:C:1991:264 (Rn. 20) – Cargill; Rs. C-365/89, ECLI:EU:C:1991:266 (Rn. 18) – Cargill; Rs. C-362/09 P, ECLI:EU:C:2010:783 (Rn. 59) – Athinaïki Techniki AE.

[1426] EuGH, Rs. C-90/95 P, ECLI:EU:C:1997:198 (Rn. 39) – De Compte.

[1427] EuGH, Rs. C-2/06, ECLI:EU:C:2008:78 (Rn. 56 f.) – Kempter.

[1428] St. Rspr., EuGH, Rs. C-90/95 P, ECLI:EU:C:1997:198 (Rn. 35) – De Compte; EuG, Rs. T-233/16 P, ECLI:EU:T:2017:435 (Rn. 27) – Ruiz Molina; Rs. T-245/17, ECLI:EU:T:2021:128 (Rn. 121) – ViaSat Inc.

[1429] EuGH, Rs. C-42 u. 49/59, ECLI:EU:C:1961:5 (S. 173) – SNUPAT.

[1430] Diese werden allgemein von den selbst rechtsbegründenden Verwaltungsakten unterschieden, etwa *Schwarz*, Vertrauensschutz als Verfassungsprinzip, 2002, S. 433 ff.; s. auch *Erichsen/Buchwald*, Jura 1995, 84 (86); *Haratsch*, EuR 1998, 387 (391); bereits *Lecheler*, Der Europäische Gerichtshof und die allgemeinen Rechtsgrundsätze, 1971, S. 75; grundlegend *GA Lagrange*, EuGH, Rs. C-14/61, ECLI:EU:C:1962:19 (S. 565) – Koninklijke Nederlandsche Hoogovens en Staalfabrieken.

[1431] Grundlegend EuGH, Rs. C-14/61, ECLI:EU:C:1962:28 (S. 549 f.) – Koninklijke Nederlandsche Hoogovens en Staalfabrieken in Abweichung von der französischen Doktrin einer freien auch rückwirkenden Widerruflichkeit ohne Interessenabwägung, s. *GA Lagrange*, a. a. O., 567 f.

zugrunde liegenden Norm, welche nur angewendet bzw. ggf. auch ausgelegt wird. Sie sind stets ex nunc aufhebbar.[1432]

5. Aufhebung für die Zukunft

Auch die Aufhebung eines rechtswidrig begünstigenden und nicht lediglich deklaratorischen Verwaltungsaktes mit Wirkung für die Zukunft ist eher möglich als die Aufhebung eines Verwaltungsaktes mit Konsequenzen in die Vergangenheit hinein. Hier muss **kein Vertrauen überwunden** werden, etwas behalten zu dürfen. Aus grundrechtlicher Sicht wird nicht etwas bereits Vorhandenes entzogen. Das Eigentumsgrundrecht ist daher nicht einschlägig, es sei denn, man betrachtet die Zuerkennung einer staatlichen Leistung für die Zukunft als vermögenswertes Recht. Das gilt vor allem dann, wenn **Leistungen bereits lange Zeit** gewährt wurden, an eigene Leistungen der empfangenden Person anknüpfen[1433] bzw. zu solchen anreizten und es nur noch um den **Abschluss einer fortlaufenden Zahlungsreihe** geht. Vielfach wird aber der eigentumsgrundrechtliche Schutz in solchen „**Mischfällen**" bezüglich der vom Staat dazu gegebenen und damit den privaten Beitrag überschießenden Leistungen nicht stark ausgeprägt sein. Dann gelten nur die allgemeinen rechtsstaatlichen Prinzipien wie die **Verhältnismäßigkeit** und der **Vertrauensschutz**.[1434] Letzterer wird daher zumindest **nicht eigentumsgrundrechtlich verstärkt**.

3482

Die **Berufsfreiheit** könnte beeinträchtigt sein, wenn eine **geschäftliche Aktivität** darauf **gegründet** wurde, auch **für die Zukunft Leistungen zu erhalten**. Insoweit können zwar gravierende Geschäftseinbußen eintreten, zumal wenn auf den Erhalt solcher Leistungen bereits feste Vermögensdispositionen gestützt wurden. Damit geht dann regelmäßig auch das Vertrauen einher, solche Leistungen für den zugebilligten Zeitraum bekommen zu dürfen. Jedoch kann eine **berufliche Tätigkeit schwerlich auf** eine **staatliche Unterstützung gebaut** werden. Sie ist vielmehr Ausdruck individueller Initiative und Leistung. Stellt man schon gleich bleibende Wettbewerbsbedingungen und künftige Erwerbschancen außerhalb des grundrechtlichen Schutzbereichs,[1435] gilt das erst recht für staatliche Leistungen. Jedenfalls

3483

[1432] EuGH, Rs. C-15/60, ECLI:EU:C:1961:11 (S. 259) – Simon; Rs. C-111/63, ECLI:EU:C:1965:76 (S. 911) – Lemmerz-Werke; Rs. C-54/77, ECLI:EU:C:1978:45 (Rn. 37/41) – Herpels; dazu sogleich u. Rn. 3484.

[1433] So ist für Sozialleistungen ein eigentumsgrundrechtlicher Schutz im Ganzen anerkannt, wenn diese nicht ausschließlich auf einseitiger staatlicher Gewährung beruhen, sondern „durch die persönliche Arbeitsleistung des Versicherten mitbestimmt sind", BVerfGE 53, 257 (291); ebenso BVerfGE 69, 272 (301); 97, 271 (283 f.); näher mit weiteren Fällen und Nachweisen *Papier/Shirvani*, in: Dürig/Herzog/Scholz, GG, Art. 14 Rn. 247 ff. Staatliche Zuwendungen sind vielfach ebenfalls an bestimmte private Leistungen geknüpft, mit denen sie sich dann zu einem untrennbaren Ganzen vermischen, sodass auch die weitere staatliche Zahlung eigentumsgrundrechtlichem Schutz unterfällt. Näher zum Ganzen o. Rn. 3247 ff.

[1434] *Papier/Shirvani*, in: Dürig/Herzog/Scholz, GG, Art. 14 Rn. 248; s. etwa BVerfGE 75, 78 (96).

[1435] S. BVerfGE 110, 274 – Ökosteuer; krit. allerdings *Frenz*, Öffentliches Recht, 9. Aufl. 2022, Rn. 602.

vermag die Berufsfreiheit ebenso wenig wie das Eigentumsgrundrecht den Vertrauensschutz zu verstärken.

3484 Der EuGH begrenzt allerdings den Widerruf rechtswidriger Verwaltungsakte[1436] für die Zukunft nicht durch Vertrauensschutzgesichtspunkte.[1437] Er verlangt für die **Aufhebung mit Wirkung ex nunc** höchstens die **Einhaltung** einer **angemessenen Frist**.[1438] Die Rücknahme einer deklaratorischen Entscheidung ist für die Zukunft stets möglich.[1439]

3485 Der EuGH schließt ausdrücklich aus, dass sich die begünstigte Person auf ein **berechtigtes Vertrauen** berufen kann, weil sie die relevante Bestimmung zumindest kennen musste.[1440] Damit aber prüft auch der EuGH, ob ein berechtigtes Vertrauen enttäuscht wird, wenngleich er dies verneint. Dadurch spielt diese Komponente auch bei einer Aufhebung mit Wirkung ex nunc eine Rolle. Nur wird sie vielfach nicht vorhanden bzw. **schwächer ausgeprägt** sein. Das gilt auch und erst recht für bereits getroffene Vermögensdispositionen.

3486 Daher ist im Ergebnis gleichwohl die Rücknahme von Leistungen für die Zukunft weitaus eher möglich als nach den strengen Voraussetzungen für die Rückforderung auch in die Vergangenheit hinein. Jedenfalls verlangt der EuGH eine angemessene Frist. Diese steht indes ebenfalls i. V. m. dem Vertrauensschutzgedanken, weil die einzelne Person jedenfalls dann Vertrauen entwickelt, wenn eine Leistung längere Zeit nicht zurückgefordert wird.

6. Rechtmäßige Verwaltungsakte

3487 Eine wesentlich stärkere Rechtsposition hat die begünstigte Person, wenn es sich um eine rechtmäßige Entscheidung handelt. Sie kann regelmäßig nicht widerrufen werden, da das **Vertrauen** auf den dauernden Fortbestand der geschaffenen Rechtstellung das **Interesse der Verwaltungsbehörde überwiegt**, ihre Entscheidung rückgängig zu machen.[1441] Jedenfalls eine **Aufhebung mit Wirkung ex tunc** ist daher **unzulässig**.[1442] Für die Zukunft wird hingegen ein Widerruf für zulässig

---

[1436] Der EuGH beschränkt in seiner Diktion den Widerruf nicht auf rechtmäßige Verwaltungsakte, sondern erstreckt ihn auch auf die Aufhebung rechtswidriger, beispielsweise nach EuGH, Rs. C-90/95 P, ECLI:EU:C:1997:198 (Rn. 41 f.) – De Compte; Rs. C-298/96, ECLI:EU:C:1998:372 (Rn. 24 f.) – Oelmühle.
[1437] EuGH, Rs. C-15/60, ECLI:EU:C:1961:11 (S. 260) – Simon; *Bungenberg*, in: Heselhaus/Nowak, § 37 Rn. 73.
[1438] EuGH, Rs. C-7/56 u. a., ECLI:EU:C:1957:7 (S. 119) – Algera.
[1439] So ausdrücklich EuGH, Rs. C-54/77, ECLI:EU:C:1978:45 (Rn. 37/41) – Herpels.
[1440] EuGH, Rs. C-54/77, ECLI:EU:C:1978:45 (Rn. 37/41) – Herpels.
[1441] EuGH, Rs. C-7/56 u. a., ECLI:EU:C:1957:7 (S. 118) – Algera.
[1442] EuGH, Rs. C-42 u. 49/59, ECLI:EU:C:1961:5 (S. 162) – SNUPAT; Rs. C-159/82, ECLI:EU:C:1983:242 (Rn. 8) – Verli-Wallace: Verstoß gegen allgemeine Rechtsgrundsätze; so auch EuG, Rs. T-233/16 P, ECLI:EU:T:2017:435 (Rn. 26) – Ruiz Molina.

gehalten, so wenn der Verwaltungsakt wegen einer veränderten Sach- oder Rechtslage nicht oder anders zu ergehen hätte. Verwiesen wird auf das französische Recht, nach dem Verwaltungsakte frei widerruflich sind, solange keine „droit acquis" begründet wurden,[1443] sowie auf die EuGH-Entscheidung *Simon*.[1444]

Zwar ist die Rechtsprechung nicht eindeutig.[1445] Indes bezieht sich das Urteil *Simon* explizit nur auf einen Widerruf wegen Rechtswidrigkeit „infolge irriger Auslegung einer Vorschrift" und hält lediglich darauf bezogen einen Widerruf ex nunc und einen solchen ex tunc mit Rücksicht auf wohlerworbene Rechte für möglich.[1446] Eine Übertragung dieser Entscheidung verbietet sich gleichwohl schon wegen der ursprünglichen Rechtmäßigkeit eines Verwaltungsaktes, die als solche eine Rechtsposition begründet. Auf dieser Basis ist dann zu prüfen, inwieweit die begünstigte Person etwa infolge einer auf die **Zuschüsse** bauenden **langfristigen Unternehmensstrategie Vertrauen** entwickelt hat, dieses angesichts der (vorherigen) Rechtslage schutzwürdig ist und gegenläufige Gesichtspunkte überwiegen. 3488

Handelt es sich demgegenüber um **belastende Verwaltungsakte**, ist die **Aufhebung auch bei Rechtmäßigkeit unproblematisch**, wird doch die einzelne Person nur begünstigt: Grenzen ergeben sich höchstens daraus, dass ein Unionsorgan zum Erlass verpflichtet ist.[1447] 3489

III. Duldung und Verwirkung

1. Treu und Glauben als Ansatzpunkt

Die Begrenzung der Aufhebung von Verwaltungsakten wurde vom EuGH bei einer wertenden Vergleichung der nationalen Rechtsordnungen auch mit dem Grundsatz von Treu und Glauben in Verbindung gebracht.[1448] Damit ist auch die Verbindung geschaffen zu Instituten, welche namentlich im deutschen Verwaltungsrecht aus diesem Grundsatz entwickelt wurden. Das gilt insbesondere für die Verwirkung.[1449] Dieser voraus liegt die Duldung. 3490

[1443] S. *Geurtz*, Der Grundsatz des Vertrauensschutzes bei der Aufhebung von Verwaltungsakten im deutschen, französischen und europäischen Recht, 1997, S. 224 f. und auch *Prevedourou*, RED 1999, 1155 ff.
[1444] *Schwarz*, Vertrauensschutz als Verfassungsprinzip, 2002, S. 433.
[1445] S. auch *Huber*, KritV 1999, 359 (371); *Schwarze*, Europäisches Verwaltungsrecht, S. 958.
[1446] EuGH, Rs. C-15/60, ECLI:EU:C:1961:11 (S. 259 f.) – Simon; s.o. Rn. 3448.
[1447] *Erichsen/Buchwald*, Jura 1995, 84 (86); *Haratsch*, EuR 1998, 387 (391); bereits *Ipsen*, Europäisches Gemeinschaftsrecht, 1972, S. 526 und *Däubler*, NJW 1965, 1646 (1650).
[1448] EuGH, Rs. C-7/56 u. a., ECLI:EU:C:1957:7 (S. 119) – Algera bzgl. des deutschen Rechts.
[1449] S. BVerwGE 44, 339 (343).

2. Duldung

3491 Schreitet eine Behörde nicht ein, obwohl sie die tatsächlichen Umstände kennt und die rechtlichen Voraussetzungen vorliegen, so liegt eine Duldung vor.[1450] Infolge der Rechtsförmlichkeit der Genehmigung kann in einer Duldung keine konkludente Genehmigung gesehen werden.[1451] Aufgrund des Nichthandelns der Verwaltung zustande gekommen, ist sie kein Verwaltungs-, sondern ein bloßer Realakt, der keine Bindungs- und schon deshalb keine Legalisierungswirkung zu entfalten vermag.[1452]

3492 Allerdings kann die Duldung rechtswidrig sein, weil der Staat hätte einschreiten müssen. Meist aber verfügt die Verwaltung über ein Opportunitätsermessen, wann sie einschreitet.[1453] Dann muss die Bürgerin und der Bürger auch jederzeit mit ihrem Einschreiten rechnen. Selbst wenn die Behörde längere Zeit[1454] oder rechtswidrig geduldet hat, berührt dies den Verursacherbeitrag der Bürgerin und des Bürgers nicht. Indes kann dann ein **Vertrauenstatbestand** entstanden sein, die zuständigen Organe schritten auch weiterhin nicht ein, worauf sich die einzelne Person verlassen durfte.[1455]

3493 Ein solcher Vertrauenstatbestand ist hingegen **ausgeschlossen, wenn** die Bürgerin und der Bürger **um** die **Gefährlichkeit** ihres und seines Tuns **wusste** oder wissen musste. Legt man die strengen Anforderungen des EuGH, **sich zu informieren**, zugrunde,[1456] wird davon regelmäßig auszugehen sein.[1457] Andernfalls kann bei Überwiegen des Vertrauenstatbestandes eine Inanspruchnahme unverhältnismäßig sein[1458] oder ist jedenfalls zu vermindern.[1459] Die **bestehende Rechtswidrigkeit**

[1450] Vgl. *Randelzhofer/Wilke*, Die Duldung als Form flexiblen Verwaltungshandelns, 1981, S. 54 ff.

[1451] *Reich*, Ordnungsverfügungen im Rahmen der Bewältigung des Altlastenproblems, 1990, S. 109; *Kloepfer*, NuR 1987, 7 (12); *Papier*, DVBl 1985, 873 (877); *Schrader*, Altlastensanierung nach dem Verursacherprinzip?, 1988, S. 151.

[1452] *Seibert*, DVBl 1992, 664 (671); *Papier*, Altlasten und polizeirechtliche Störerhaftung, 1985, S. 41.

[1453] Darauf verweisen *Randelzhofer/Wilke*, Die Duldung als Form flexiblen Verwaltungshandelns, 1981, S. 55 f.

[1454] Darauf hebt *Papier*, DVBl 1985, 873 (877) ab.

[1455] Vgl. für die Gemeinschaftsebene *Borchardt*, Der Grundsatz des Vertrauensschutzes im europäischen Gemeinschaftsrecht, 1988, S. 95; *Gornig/Trüe*, JZ 2000, 501 (505). Darauf abstellend auch *Pietzcker*, JZ 1985, 209 (215).

[1456] S. – krit. – u. Rn. 3567 ff.

[1457] Vertrauen unabhängig davon ausschließend *GA Capotorti*, EuGH, Rs. C-1252/79, ECLI:EU:C:1980:261 (Rn. 4) – Lucchini; s. auch *Schwarz*, Vertrauensschutz als Verfassungsprinzip, 2002, S. 502 mit Fn. 65 jedenfalls für den Fall verfahrensbegleitender Anhörungen über noch ausstehende Maßnahmen.

[1458] Vgl. BVerwG, DVBl 1979, 67 (70).

[1459] *Kloepfer*, NuR 1987, 7 (12).

verringert allerdings das **Gewicht des entfalteten Vertrauens**.[1460] Eine Rechtfertigung durch Duldung scheidet aus.[1461]

3. Verwirkung

Ohne dass das staatliche Verhalten den Grad einer Duldung erreichen muss, verwirkt die Verwaltung die Befugnis zur Ausübung eines Rechts, wenn **seit der Möglichkeit der Geltendmachung längere Zeit verstrichen** ist und **besondere Umstände** hinzutreten, welche die verspätete Geltendmachung als Verstoß gegen Treu und Glauben erscheinen lassen.[1462] Befürwortet wird dies aber nur für **verzichtbare Rechte**, also für solche, über welche die Beteiligten verfügen können.[1463] Das wird bei Befugnissen zur Aufrechterhaltung von Belangen der Allgemeinheit und privater Interessen Dritter verneint.[1464]

Ist die Verzichtbarkeit als Kriterium derart absolut, ergibt sich das Problem, dass die Wurzel der Verwirkung, der Grundsatz von Treu und Glauben[1465] und damit das entwickelte Vertrauen auf ein (hier staatliches) Nichtstun, außer Acht gelassen und nicht in einen Ausgleich mit den durch staatliches Handeln zu wahrenden Belangen gebracht wird. Erfolgt dies hingegen, fungiert wiederum der **Vertrauensschutz als Grenze für eine Inanspruchnahme**.[1466] Dadurch wird die konkrete Situation der jeweils betroffenen Person entscheidend.[1467] Das entspricht auch dem personenbezogenen Charakter des Verzichts, der nicht die Kompetenz als solche erfasst.[1468]

Damit kommt es insbesondere auf die **bereits vergangene Zeit** an, in der ein Anspruch nicht geltend gemacht wurde, sowie auf **diesem Verhalten widersprechende Anhaltspunkte**. Diese liegen vor allem dann vor, wenn trotz Kenntnis ein

3494

3495

3496

[1460] *Schwarz*, Vertrauensschutz als Verfassungsprinzip, 2002, S. 502.
[1461] EuGH, Rs. C-1252/79, ECLI:EU:C:1980:288 (Rn. 9 f.) – Lucchini; *Pietzcker*, JZ 1985, 209 (215). Für eine Rechtfertigungswirkung aus Gründen der Verhältnismäßigkeit dagegen *Papier*, Altlasten und polizeirechtliche Störerhaftung, 1985, S. 43; *ders.*, DVBl 1985, 873 (877).
[1462] BVerwGE 44, 339 (343).
[1463] BayVGH, BayVBl. 1974, 559; auch *Wolff/Bachof/Stober/Kluth*, Verwaltungsrecht I, § 37 Rn. 17a f.; *Bauer*, Die Verwaltung 1990, 211 (214); *Brandt*, Altlastenrecht, 1993, S. 144; auch BVerwGE 76, 176.
[1464] Etwa *Papier*, Altlasten und polizeirechtliche Störerhaftung, 1985, S. 45; *Kloepfer*, NuR 1987, 7 (12); weitergehend *Striewe*, ZfW 1986, 273 (275 ff.).
[1465] BVerwGE 44, 294 (298 ff.), 48, 247 (251); BVerwG, NVwZ 1988, 730 f.; VGH Mannheim, NVwZ 1989, 76 (78).
[1466] S. *Ossenbühl*, Zur Haftung des Gesamtrechtsnachfolgers für Altlasten, 1995, S. 79 f.
[1467] Daher den Vertrauensschutz als sachangemessenes Kriterium begreifend *Ossenbühl*, Zur Haftung des Gesamtrechtsnachfolgers für Altlasten, 1995, S. 54.
[1468] Näher *Ossenbühl*, Zur Haftung des Gesamtrechtsnachfolgers für Altlasten, 1995, S. 73 f.; ebenso VG Köln, NVwZ 1994, 927 (930 f.).

Anspruch nicht eingefordert wurde,[1469] jedenfalls wenn dies mit entsprechenden Äußerungen im konkreten Fall oder gleichen Verhaltensweisen in Parallelfällen einher ging.[1470] Die betroffene Person muss sich selbst rechtstreu[1471] und kooperativ[1472] verhalten haben.

IV. Legalisierungswirkung von Genehmigungen

1. Verbindung zum Vertrauensschutz

3497 Während bei der Duldung, weniger bei der Verwirkung, ein Vertrauenstatbestand daraus erwachsen kann, dass eine Behörde nichts getan hat, kann er sich bei einer Genehmigung daraus ergeben, dass eine Behörde positiv gehandelt und ein bestimmtes Verhalten erlaubt hat. Ist eine Genehmigung vorhanden, wird der aus dem Rechtsstaatsprinzip folgende Vertrauensschutz anerkanntermaßen aktiviert.[1473] Der Vertrauensschutz ist allerdings im Rahmen der vorstehend aufgezeigten Beispiele durch Abwägung überwindbar. Daher stellt sich die weitergehende Frage, ob er bei einer vorhandenen Genehmigung, die immerhin die staatliche Billigung eines einmal beantragten Verhaltens beinhaltet, darüber hinaus geht und möglicherweise einen absoluten **Bestandsschutz** gewährt, welcher nicht durch Abwägung durchbrochen werden kann.

3498 Wurden auf der Basis dieser Genehmigung **Investitionen getätigt**, könnte eine durch die Genehmigung **erlangte Position** möglicherweise **durch das Eigentumsgrundrecht verstärkt** worden sein. Das kann sich auch daraus ergeben, dass eine Genehmigung etwa einer Anlage und damit im Hinblick auf die Bebaubarkeit eines Grundstücks die eigentumsrechtliche Gewährleistung erst konkretisiert hat.[1474] Zudem bauen berufliche Aktivitäten oftmals auf Genehmigungen auf. Daher stellt sich die Frage einer umfassenden Legalisierungswirkung von Genehmigungen.

[1469] Vgl. EuGH, Rs. C-127/80, ECLI:EU:C:1982:86 (Rn. 34) – Grogan; Rs. C-223/85, ECLI:EU:C:1987:502 (Rn. 17) – RSV zu einer 26 Monate nicht beanstandeten Beihilfe.

[1470] S. zu Beihilfen KOME 2003/81/EG, ABl. 2003 L 31, S. 26 (Rn. 40 ff.) – Koordinierungszentrum Vizcaya; *Frenz*, Europarecht 3, Rn. 2593 f.

[1471] S. EuGH, Rs. C-5/89, ECLI:EU:C:1990:320 (Rn. 17) – Kommission/Deutschland; EuG, Rs. T-126 u. 127/96, ECLI:EU:T:1998:207 (Rn. 69) – BFM u. EFIM; Rs. T-92 u. 103/00, ECLI:EU:T:2002:61 (Rn. 54) – Territorio Histórico zum notwendigen rechtmäßigen Verhalten nationaler Behörden bei Beihilfen; Rs. T-394/08 u. a., ECLI:EU:T:2011:493 (Rn. 276) – Regione autonoma della Sardegna.

[1472] S. EuGH, Rs. C-303/88, ECLI:EU:C:1991:136 (Rn. 40 ff.) – Italien/Komission.

[1473] S. BVerfGE 50, 244 (249 f.); 63, 215 (223 f.); BVerwGE 91, 306 (312 f.).

[1474] BVerfG, NVwZ 2003, 727; BVerwGE 85, 289 (294); 88, 191 (203); 106, 228 (234 f.).

§ 4 Vertrauensschutz und Rechtssicherheit

2. Legalisierungswirkung von Genehmigungen über den Vertrauensschutz hinaus?

a) Begrenzte Wirkung von Genehmigungen

Die ganz h. M. in Deutschland befürwortet eine solche **Legalisierungswirkung**[1475] von Genehmigungen seit Langem, wenngleich zumeist nicht pauschal, sondern **entsprechend dem Inhalt der Genehmigungen und der erkennbaren Auswirkungen zum Zeitpunkt** ihrer Erteilung.[1476]

Durch die Erteilung von Genehmigungen haben sich indes die Auswirkungen und damit auch eine etwaige Schädlichkeit bzw. Gefährlichkeit der entsprechenden Sachverhalte nicht verändert. Die Genehmigung gestattet nur die Ausübung der erlaubten Tätigkeit. Sie nimmt dieser daher weder negative Folgen noch leitet sie die Verantwortlichkeit für sie von den Privaten auf den Staat über.[1477] Ansonsten würden Inhabende weniger problematischer und daher nicht genehmigungsbedürftiger Tätigkeiten und Anlagen trotz der von ihrer Ausübung bzw. ihrem Betrieb ausgehenden regelmäßig geringeren schädlichen Auswirkungen schlechter gestellt.[1478]

Die **Verursachungsbeiträge** und damit auch die Verursacherverantwortung bleiben mithin **von Genehmigungen unberührt**. Das zeigt sich vor allem im Bereich des **Klimaschutzes**. Dessen Verwirklichung bedarf aber auch der **Akzeptanz**. Diese Komponente betonte das BVerfG in diesem Zusammenhang und befürwortete eine darauf ausgerichtete Maßnahme für Windparks, auch wenn dadurch die

3499

3500

3501

[1475] Begriffsprägend BVerwGE 55, 118 (121).
[1476] BVerwGE 55, 118 (120 f., 123); VGH Mannheim, BB 1990, 237 (238), wenngleich zurückhaltender: „allenfalls"; *Breuer*, NVwZ 1987, 751 (755); *Fluck*, VerwArch. 1988, 406 (420 ff.); *Hermes*, in: Becker-Schwarze/Köck/Kupka/v. Schwanenflügel (Hrsg.), Wandel der Handlungsformen im Öffentlichen Recht, 1991, S. 187 (204 ff.); *Kloepfer*, NuR 1987, 7 (14); *Peine*, JZ 1990, 201 (211); *S. Schneider*, Altlastensanierung zwischen Verursacher- und Gemeinlastprinzip, 1989, S. 79 ff.; *Schrader*, Altlastensanierung nach dem Verursacherprinzip?, 1988, S. 177 ff.; *Selmer*, JuS 1992, 97 (100); *Ziehm*, Die Störerverantwortlichkeit für Boden- und Wasserverunreinigungen, 1992, S. 26 ff., 55 ff.; *Seibert*, DVBl 1992, 664 (671); *ders.*, Die Bindungswirkung von Verwaltungsakten, 1989, S. 449 ff. m. w. N.; auch *Schink*, VerwArch. 1991, 357 (382 f.); für ein Befristungsmodell und einen innerhalb der Befristung verstärkten Bestandsschutz *Wickel*, Bestandsschutz im Umweltrecht, 1996, S. 274 ff.; ohne Einschränkung *Martens*, DVBl 1981, 597 (605); *Papier*, Altlasten und polizeirechtliche Störerhaftung, 1985, S. 24 ff.; *ders.*, DVBl 1985, 873 (875 f.); *ders.*, NVwZ 1986, 256 (257 ff.); eine Legalisierungswirkung völlig abl. *Feldhaus/Schmitt*, WiVerw. 1984, 1 (11 f.); *Brandt/Lange*, UPR 1987, 11 (15); *Kokott*, DVBl 1992, 749 (753); s. auch OVG Münster, UPR 1984, 279 f.; NVwZ 1985, 355 (356); *Reinhardt*, Die Eingriffsbefugnisse der Wasserbehörden bei der Sanierung von Altlasten, 1989, S. 140 ff.
[1477] OVG Münster, UPR 1984, 279; NVwZ 1985, 355 (356); *Kokott*, DVBl 1992, 749 (753); *Scharnhoop*, DVBl 1975, 157 (158, Fn. 12).
[1478] *Hermes*, in: Becker-Schwarze/Köck/Kupka/v. Schwanenflügel (Hrsg.), Wandel der Handlungsformen im Öffentlichen Recht, 1991, S. 187 (205); *Kokott*, DVBl 1992, 749 (753).

Berufsfreiheit der Windparkbetreiber eingeschränkt wurde.[1479] Jedoch auch die Betroffenen müssen mitgenommen werden, damit der Klimaschutz effektiv realisiert und Eigeninitiative genutzt werden kann. Das selbst getragene, eigenmotivierte Verhalten gilt traditionell als die wirksamste Verwirklichungsform des Verursacherprinzips.[1480] Daher sind **Maßnahmen, welche entfaltetes Vertrauen nicht hinreichend wahren, schwerlich zielführend**. Der Vertrauensschutz ist daher entsprechend sorgfältig zu wahren.

b) Unerfüllte Schutzbedürfnisse

3502   Erweist sich, dass trotz Genehmigung einer Maßnahme Gefahren für öffentliche oder private Schutzgüter wie die Umwelt oder die Gesundheit ausgehen, die das tolerable Maß überschreiten, besteht allerdings ein **Bedarf an Schutz**. Diesem vermag der Staat trotz der ihm obliegenden Schutzpflichten[1481] nicht mehr nachzukommen, wenn man eine spätere staatliche Eingriffe ausschließende Legalisierungswirkung von Genehmigungen bejaht. Das gilt selbst dann, wenn entsprechende normative Befugnisse vorhanden sind, diese aber wegen einer angenommenen Spezialität besonderer gesetzlicher Genehmigungsvorschriften[1482] bzw. einer entsprechend weit gesehenen Bindungs- und Ausschlusswirkung der Genehmigung[1483] als verdrängt angesehen werden. Der Verfassungsrang grundrechtlicher Schutzpflichten gebietet jedoch unabhängig von einer objektiv- oder einer subjektiv-rechtlichen Ableitung[1484] eine Handhabung des einfachen Rechts, die ihre Einhaltung sicherstellt.

3503   Allerdings ist durch die **Schutzpflichten** nur ein **unabdingbares Mindestmaß individueller Entfaltungsbedingungen geschützt**. Zudem hat der Staat einen **breiten Einschätzungsspielraum**, wie er sie erfüllt.[1485] Von daher ist es denkbar, dass allein die Statuierung eines Genehmigungserfordernisses und damit verbundener Prüfungsmaßnahmen genügen. Indes ist dadurch von vornherein ein Eingreifen nach Genehmigungserteilung ausgeschlossen. Da Gefahren für öffentliche oder private Schutzgüter oft schwer vorherzusehen sind, kann eine solche Sperre aufgrund einer Genehmigung kaum die Einhaltung grundrechtlicher Schutzpflichten sicherstellen, auch wenn bei der Erteilung dieser Genehmigung eine nähere Prüfung erfolgte. Aber auch die Eröffnung von Eingriffsmöglichkeiten lediglich für bei

---

[1479] BVerfG, Beschl. v. 23.3.2022 – 1 BvR 1187/17 (Rn. 99) – Windparks; dazu krit. *Erbguth*, DVBl 2023, 133 (137).
[1480] *Frenz*, Das Verursacherprinzip im Öffentlichen Recht, 1997, S. 34 f. m. w. N.
[1481] S. Teilband I Rn. 430 ff.
[1482] BVerwGE 55, 118 (120 f.); *Papier*, Altlasten und polizeirechtliche Störerhaftung, 1985, S. 25 ff.
[1483] *Fluck*, VerwArch. 1988, 406 (410 ff.); *Kloepfer*, NuR 1987, 7 (12 f.); *Schink*, VerwArch. 1991, 357 (382).
[1484] Dazu Teilband I Rn. 430 ff.
[1485] S. Teilband I Rn. 446 ff.

§ 4 Vertrauensschutz und Rechtssicherheit

Genehmigungserteilung nicht erkennbare Gefahren lässt außer Acht, dass Gefährdungen als solche zwar vorhersehbar sein mögen, ihre Intensität – ggf. i. V. m. anderen auftretenden Phänomenen – dagegen schwerlich. Daher erfordern die grundrechtlichen Schutzpflichten regelmäßig **staatliche Eingriffsmöglichkeiten auch nach Erteilung einer Genehmigung**. Diese müssen freilich für eine effektive Verwirklichung sorgen können, was etwa für den Klimaschutz bei fehlender Akzeptanz schwerlich möglich ist.

Solche Handlungsbefugnisse sind z. T. in **speziellen Vorschriften** eigens festgelegt. In diesem Umfang fehlt es bereits aufgrund besonderer Normierung an einer Legalisierungswirkung.[1486] Zudem werden damit vielfach lediglich auf die besondere Funktion einer solchen Spezialnorm bezogene Gefahren erfasst. Von daher kann nicht daraus, dass nur einige Gesetze zu Nachbesserungen ermächtigen, geschlossen werden, in anderen Fällen kämen solche nicht in Betracht. 3504

c) Weitere Folgen einer „Legalisierungswirkung"

Könnte der Staat aufgrund der Genehmigung eines Verhaltens gegen dieses, obgleich es Gefahren für Dritte hervorruft, nicht mehr einschreiten, hätte die Genehmigung auch eine weit in die Zukunft reichende **belastende Drittwirkung**. Sollen sich dann die davon Betroffenen dagegen wenden können, wie es die ihnen zustehenden rechtlich geschützten Belange jedenfalls in Gestalt des Gesundheitsschutzes und des Eigentumsrechts fordern, muss ihnen dies bereits bei der Entscheidung über die Genehmigung möglich sein. Die Legalisierungswirkung wird dann aber zum Bestandteil der Genehmigung und damit Element von deren Rechtmäßigkeit; sie kann aus dieser Sicht nicht mehr im Bereich der weiteren Wirkungen der Genehmigung angesiedelt werden,[1487] wäre mithin als eigene Rechtsfigur obsolet. 3505

Als praktische Folge müsste die Genehmigungsbehörde die **künftigen Auswirkungen der betriebenen Tätigkeit wesentlich stärker in ihre Beurteilung einbeziehen** als bei späteren Eingriffsmöglichkeiten. Das gilt zumal dann, wenn man die „Legalisierungswirkung" nicht strikt auf zum Zeitpunkt der Genehmigungserteilung erkennbare Gefahren beschränkt.[1488] Dadurch würde sich die Prüfungsdauer für Genehmigungen tendenziell (weiter) verlängern, die Genehmigungspraxis würde eher restriktiv, um künftige Gefahren zu vermeiden. Die durch eine „Legalisierungswirkung" scheinbar Begünstigten erlitten sogar Nachteile, die aufgrund der vielfach ohnehin langen Genehmigungsdauer den Grad einer berufsprohibitiven Tendenz erreichen bzw. die Eigentumsfreiheit beeinträchtigen können. 3506

[1486] *Herrmann*, Flächensanierung als Rechtsproblem, 1989, S. 106.

[1487] *Herrmann*, Flächensanierung als Rechtsproblem, 1989, S. 106.

[1488] S. pauschal *Papier*, Altlasten und polizeirechtliche Störerhaftung, 1985, S. 25 f.; differenzierend *Schink*, VerwArch. 1991, 357 (383); für eine Begrenzung dagegen *Kloepfer*, NuR 1987, 7 (14).

3. Vertrauensschutz als bloße zusätzliche Grenze nachträglicher staatlicher Eingriffe

3507 Staatliche Eingriffsbefugnisse finden stets in den Grundrechten ihre Grenzen. Ist eine Genehmigung vorhanden, wird dadurch die Rechtslage verändert. Das ist zugunsten des Genehmigungsinhabenden zu berücksichtigen. Zu seinen Gunsten wirkt bei späteren staatlichen Eingriffen der dadurch begründete Vertrauensschutz.[1489] Das im Einzelfall gegebene Maß an **Vertrauensschutz** ist daher **mit den ein staatliches Handeln legitimierenden Schutzbelangen abzuwägen**. Es gelten somit die für das Rückwirkungsverbot aufgezeigten Grundsätze. Regelmäßig ist eine Tätigkeit wegen ihrer zumindest potenziellen Gefährlichkeit für öffentliche oder private Schutzgüter genehmigungsbedürftig. Das ist grundsätzlich auch den Begünstigten der Genehmigung bewusst. Daher ist der Vertrauensschutz häufig nachrangig. Umgekehrt darf aber entfaltetes Vertrauen nicht über Gebühr enttäuscht und so die **Wirksamkeit** einer **Maßnahme**, die stark auf Akzeptanz beruht, **nicht gefährdet** werden.[1490] Der Klimabeschluss des BVerfG weist eher den Weg einer Erhöhung laufender Betriebskosten etwa durch eine Verteuerung und Verknappung CO_2-relevanter Mobilität[1491] als den zwangsweisen Austausch der Fahrzeugflotte.

V. Gerichtsurteile

3508 Tendenziell stärker als die Natur und Tragweite der Bestandskraft von Verwaltungsentscheidungen ist die **Rechtskraftwirkung**, welche Gerichtsentscheidungen vorbehalten ist.[1492] Besteht sie, sollen nationale Gerichte nicht verpflichtet sein, Entscheidungen nochmals auf einen möglichen Verstoß gegen Europarecht hin zu überprüfen.[1493] Eine Rechtsverletzung durch rechtskräftige Gerichtsurteile soll regelmäßig nicht rückgängig gemacht werden können; es soll nur die Staatshaftung eingreifen.[1494] Jedenfalls unterliegt eine Aufhebung von Gerichtsentscheidungen schärferen Voraussetzungen als die von Verwaltungsakten.[1495]

3509 **Gerichtsverfahren** sind hingegen **noch nicht rechtskräftig abgeschlossen, wenn** eine **Vorlage an den EuGH** erfolgt ist und eine Vorabentscheidung noch aussteht. Diese bezieht sich auf den vorgelegten Sachverhalt und ergreift diesen deshalb auch, wenn er in der Vergangenheit liegt. Die nationalen Gerichte sind gerade dazu verpflichtet, die in einer Vorabentscheidung des EuGH getroffene

---

[1489] Auf diesen abstellend auch *Kutscheidt*, NVwZ 1986, 622 (624).
[1490] S. vorstehend Rn. 3501.
[1491] BVerfGE 157, 30 (Rn. 249) – Klimabeschluss.
[1492] *GA Tizzano*, EuGH, Rs. C-234/04, ECLI:EU:C:2005:674 (Rn. 25) – Kapferer.
[1493] EuGH, Rs. C-234/04, ECLI:EU:C:2006:178 (Rn. 24) – Kapferer.
[1494] EuGH, Rs. C-224/01, ECLI:EU:C:2003:513 (Rn. 34) – Köbler.
[1495] Für einen darauf bezogenen flexiblen Maßstab *Frenz*, Europarecht 3, Rn. 2729 f.

§ 4 Vertrauensschutz und Rechtssicherheit

Auslegung auf den von ihnen zu entscheidenden Sachverhalt anzuwenden, auch wenn er in der Vergangenheit liegt.[1496]

Allerdings können solche Vorabentscheidungen des EuGH überraschend sein. Deshalb muss auch insoweit der Vertrauensschutz als Grundsatz des Europarechts eine Grenze bilden. Werden daher **Rechtsverhältnisse** betroffen, welche **gutgläubig begründet** wurden, können diese **von den Wirkungen einer Vorabentscheidung ausgenommen** werden; diese kann insoweit lediglich für die Zukunft gelten.[1497]

3510

Wurden freilich **gegen** das **nationale Ausgangsurteil**, auf das sich die Vorlage an den EuGH letztlich bezieht, **Rechtsmittel** eingelegt, konnte dieses nicht rechtskräftig werden und daher auch **keinen Vertrauensschutz** begründen. Die Rechtsmittelführenden können sich deshalb auch für die Vergangenheit auf die Vorabentscheidung des EuGH stützen. Sie können sich etwa auf die Ungültigkeit eines Bescheids berufen, der auf einer vom EuGH für ungültig erklärten Gemeinschaftsverordnung basiert.[1498]

3511

Dabei ist nach der Art des ergangenen Urteis zu unterscheiden:[1499] Handelt es sich um **Auslegungsurteile** des EuGH gem. Art. 267 Abs. 1 lit. a AEUV, wirken diese ex tunc.[1500] Nur höchst ausnahmsweise wird aus zwingenden Gründen der Rechtssicherheit und des Vertrauensschutzes die Wirkung von Auslegungsurteilen für alle Betroffenen geboten sein,[1501] sodass sich die Entscheidung auf in gutem Glauben[1502] begründete Rechtsverhältnisse auf die Zukunft begrenzt.[1503] Das muss aber aus dem Auslegungsurteil unmittelbar folgen[1504] und damit einhergehen, dass sich nicht bereits aus vorherigen Vorabentscheidungsverfahren auch anderer Mitgliedstaaten eine Unionsrechtswidrigkeit des betreffenden nationalen Rechtsakts ergibt.[1505] Vielmehr muss die Ex-nunc-Wirkung aus dem erbetenen Auslegungs-

3512

[1496] S. EuGH, Rs. C-61/79, ECLI:EU:C:1980:100 (2. Ls.) – Denkavit; später etwa Rs. C-481/99, ECLI:EU:C:2001:684 (Rn. 49 ff.) – Heininger.

[1497] S. EuGH, Rs. C-262/88, ECLI:EU:C:1990:209 (Rn. 40 ff.) – Barber sowie bereits Rs. C-43/75, ECLI:EU:C:1976:56 (Rn. 69/70 ff.) – Defrenne; Rs. C-177 u. 181/99, ECLI:EU:C:2000:470 (Rn. 66) – Ampafrance.

[1498] EuGH, Rs. C-228/92, ECLI:EU:C:1994:168 (Rn. 30) – Roquette Frères II; *Bungenberg*, in: Heselhaus/Nowak, § 37 Rn. 87.

[1499] Im Einzelnen auch für das Folgende *Bungenberg*, in: Heselhaus/Nowak, § 37 Rn. 83 ff.

[1500] EuGH, Rs. C-400/15, ECLI:EU:C:2016:687 (Rn. 38) – Landkreis Potsdam-Mittelmark; Rs. C-348/22, ECLI:EU:C:2023:301 (Rn. 73) – Autorità Garante della Concorrenza e del Mercato; bereits Rs. C-61/79, ECLI:EU:C:1980:100 (Rn. 16) – Denkavit.

[1501] EuGH. Rs. C-43/75, ECLI:EU:C:1976:56 (Rn. 69 ff.) – Defrenne; Rs. C-61/79, ECLI:EU:C:1980:100 (Rn. 17) – Denkavit; Rs. C-177 u. 181/99, ECLI:EU:C:2000:470 (Rn. 66) – Ampafrance SA.

[1502] Dieser muss vorliegen. EuGH, Rs. C-92/11, ECLI:EU:C:2013:180 (Rn. 59) – RWE Vertrieb.

[1503] EuGH, Rs. C-82/12, ECLI:EU:C:2014:108 (Rn. 41) – Besora; Rs. C-190/12, ECLI:EU:C:2014:249 (Rn. 109) – DFA Investment.

[1504] EuGH, Rs. C-439/19, ECLI:EU:C:2021:504 (Rn. 133) – Latvijas Republikas Saeima.

[1505] EuGH, Rs. C-292/04, ECLI:EU:C:2007:132 (Rn. 38 ff.) – Meilicke u. a.

urteil selbst resultieren. Weiterhin muss die rückwirkende Anwendung zur Gefahr schwerwiegender Störungen.[1506] bzw. schwerwiegender wirtschaftlicher Auswirkungen führen,[1507] die existenzielle Ausmaße erreichen.[1508] Demgegenüber zählen erhebliche Haushaltsrisiken des betroffenen Mitgliedstaats nach dem EuGH nicht.[1509]

3513 Eine **Unwirksamkeitsentscheidung** des EuGH nach Art. 267 Abs. 1 lit. b AEUV betrifft eine konkrete Maßnahme in ihrer Rechtswirksamkeit und nicht nur in ihrer Auslegung und ist daher erst recht rückwirkend,[1510] außer dies wird analog durch Art. 264 Abs. 2 AEUV begrenzt.[1511] Dies erfolgt durch eine Abwägung der relevanten öffentlichen und privaten Interessen unter dem Gesichtspunkt der Rechtssicherheit.[1512]

3514 Bei einer Beschränkung der Rückwirkung einer Entscheidung können diejenigen, die bereits vor dem Urteil Rechtsmittel eingelegt haben, auch Wirkungen und Leistungen für die Vergangenheit verlangen.[1513] Generell kann der EuGH nach Art. 264 Abs. 2 AEUV bestimmte Wirkungen bzw. die komplette **Wirkung eines nichtigen Rechtsaktes** aus Gründen der Rechtssicherheit oder des Vertrauensschutzes, der Achtung von wohlerworbenen Rechten oder der Wahrung von überragenden öffentlichen Interessen **aufrechterhalten**.[1514] Ein solcher Rechtsakt kann nicht nur für die Zeit zwischen seinem Erlass und dem Nichtigkeitsurteil, sondern auch für die Zeit danach aufrechterhalten werden.[1515] Die Varianten reichen von der Aufrecht-

---

[1506] EuGH, Rs. C-92/11, ECLI:EU:C:2013:180 (Rn. 59) – RWE Vertrieb; Rs. C-262/12, ECLI:EU:C:2013:851 (Rn. 40) – Vent de Colère; Rs. C-562/12, ECLI:EU:C:2014:2229 (Rn. 81) – Liivima Lihaveis.

[1507] EuGH, Rs. C-73/08, ECLI:EU:C:2010:181 (Rn. 93) – Bressol u. a.; Rs. C-385/17, ECLI:EU:C:2018:1018 (Rn. 58) – Hein.

[1508] *Rosenkranz*, Die Beschränkung der Rückwirkung von Entscheidungen des Europäischen Gerichtshofs, 2015, S. 240; *Bungenberg*, in: Heselhaus/Nowak, § 37 Rn. 83.

[1509] EuGH, Rs. C-338/11 u. a., ECLI:EU:C:2012:286 (Rn. 62) – Santander Asset Management; Rs. C-82/12, ECLI:EU:C:2014:108 (Rn. 48) – Besora.

[1510] EuGH, Rs. C-228/92, ECLI:EU:C:1994:168 (Rn. 17) – Roquette Frères; *Gaitanides*, in: v. der Groeben/Schwarze/Hatje, Art. 267 AEUV Rn. 94.

[1511] EuGH, Rs. C-4/79, ECLI:EU:C:1980:232 (Rn. 44 ff.) – Providence agricole de la Champagne; *Karpenstein*, in: Leible/Terhechte, § 8 Rn. 126.

[1512] *Rosenkranz*, Die Beschränkung der Rückwirkung von Entscheidungen des Europäischen Gerichtshofs, 2015, S. 245 ff. mit weiteren Aspekten: Gültigkeitsvermutung einer Handlung als Ausgangspunkt für abstraktes Vertrauen; *Karpenstein*, in: Leible/Terhechte, § 8 Rn. 126.

[1513] EuGH, Rs. C-228/92, ECLI:EU:C:1994:168 (Rn. 30) – Roquette Frères.

[1514] *Bungenberg*, in: Heselhaus/Nowak, § 37 Rn. 81; *Ehricke*, in: Streinz, Art. 264 AEUV Rn. 6; *Schwarze/Voet van Vormizeele*, in: Schwarze/Becker/Hatje/Schoo, Art. 264 AEUV Rn. 9.

[1515] EuGH, verb. Rs. C-402 u. 415/05 P, ECLI:EU:C:2008:461 (Rn. 373 ff.) – Kadi u. a.; Rs. C-413/21 P, ECLI:EU:C:2023:306 (Rn. 113) – Rat/El-Qaddafi.

erhaltung ohne jede Einschränkung bzw. Befristung[1516] bis zu einem bestimmten Ereignis[1517] etwa in Gestalt des Erlasses eines Rechtsaktes.[1518]

VI. Rückwirkung von Gesetzen

1. Grundsätzlicher Ausschluss der echten Rückwirkung

a) Sachliche Übereinstimmung mit dem BVerfG

Inwieweit Gesetze rückwirken können, wird zumindest in Deutschland traditionell durch die **Unterscheidung zwischen echter und unechter Rückwirkung** geprägt. Diese **bestimmt** in der Sache **auch** die **Rechtsprechung des EuGH**.[1519] Unter **echter** oder nach einem EuGH-Urteil „**eigentlicher**"[1520] **Rückwirkung** versteht man Rechtsakte, die ihre **Geltungsdauer auf** einen **Zeitpunkt vor ihrer Veröffentlichung** legen. Ein Rechtsakt gilt mit dem Datum des ihn enthaltenen Amtsblatts als in der ganzen EU veröffentlicht, außer das Amtsblatt ist tatsächlich erst später verfügbar, was aber nachgewiesen werden muss. Dann zählt das tatsächliche Datum der Veröffentlichung.[1521] Das Verbot der echten Rückwirkung darf nur ausnahmsweise durchbrochen werden.

Änderungen in der Vergangenheit begründeter und abgeschlossener Sachverhalte sind also **regelmäßig unzulässig**. Demgegenüber können in der Vergangenheit zwar begründete, aber noch bestehende **Rechtsverhältnisse für die Zukunft angepasst** werden, wenn die **Interessen der Allgemeinheit**, die mit der Regelung verfolgt werden, das **Vertrauen** der einzelnen Person auf die Fortgeltung der bestehenden Rechtslage **überwiegen**.[1522] An diesen Satz des BVerfG knüpft jedenfalls in der Sache auch der EuGH an. Nach ihm verbietet es der Grundsatz der Rechtssicherheit, „den Beginn der Geltungsdauer eines Rechtsaktes der Gemeinschaft auf einen Zeitpunkt vor dessen Veröffentlichung zu legen".[1523] Anders aus-

3515

3516

[1516] EuGH, Rs. C-370/07, ECLI:EU:C:2009:590 (Rn. 66) – Kommission/Rat.
[1517] EuG, Rs. T-86/11, ECLI:EU:T:2011:260 (Rn. 59) – Bamba; Rs. T-509/10, ECLI:EU: T:2012:201 (Rn. 130) – Kala Naft; Rs. T-421/11, ECLI:EU:T:2012:646 (Rn. 69) – Qualitest.
[1518] EuGH, Rs. C-166/07, ECLI:EU:C:2009:499 (Rn. 75) – Parlament/Rat; Rs. C-490/10, ECLI: EU:C:2012:525 (Rn. 93) – Parlament/Rat.
[1519] Im Einzelnen *Schwarz*, Vertrauensschutz als Verfassungsprinzip, 2002, S. 414 ff.
[1520] EuGH, Rs. C-74/74, ECLI:EU:C:1975:59 (Rn. 29/32) – CNTA.
[1521] EuGH, Rs. C-337/88, ECLI:EU:C:1990:1 (Rn. 12) – SAFA; Rs. C-370/96, ECLI:EU: C:1998:567 (Rn. 27) – Covita; *Bungenberg*, in: Heselhaus/Nowak, § 37 Rn. 56.
[1522] Für das Grundgesetz s. BVerfGE 88, 384 (406 f.); zur Unterscheidung mit den Kategorien der echten und unechten Rückwirkung BVerfGE 72, 175 (196); 79, 29 (45 f.), aber auch BVerfGE 63, 343 (353); 72, 200 (241 ff.); 72, 302 (321 f.): Rückwirkung von Rechtsfolgen/tatbestandliche Rückanknüpfung; krit. etwa *Pieroth*, Rückwirkung und Übergangsrecht, 1981, S. 79 ff.
[1523] S. EuGH, Rs. C-98/78, ECLI:EU:C:1979:14 (Rn. 20) – Racke; Rs. C-99/78, ECLI:EU: C:1979:15 (Rn. 8) – Decker; EuG, Rs. T-471/11, ECLI:EU:T:2014:739 (Rn. 102) – Éditions Odile Jacob SAS.

gedrückt: „Ein Rechtsakt kann den Unionsbürgern nicht entgegengehalten werden, bevor diese die Möglichkeit haben, von dem entsprechenden Rechtsakt Kenntnis zu nehmen".[1524] Eine Ausnahme besteht nur dann, wenn zwingende Unionsinteressen eine solche Rückwirkung erfordern und das berechtigte Vertrauen der Betroffenen gebührend berücksichtigt wird.[1525]

3517 Allerdings zieht der EuGH diesen Satz unabhängig vom Vorliegen gerade einer echten Rückwirkung heran.[1526] Demgegenüber formuliert das BVerfG schon im Ausgangspunkt ein spezifisches Verbot der echten Rückwirkung,[1527] außer „zwingende Gründe des Gemeinwohls oder ein nicht … mehr … vorhandenes schutzbedürftiges Vertrauen des Einzelnen" gestatten eine Durchbrechung.[1528] Das ist insbesondere der Fall, wenn

- die betroffene Person mit einer Regelung rechnen musste (vor allem bei einem Gesetzesbeschluss),
- die Rechtslage unklar und verworren ist,
- sich eine neue **Rechtsnorm im Nachhinein** als **ungültig** erweist und **rückwirkend korrigiert** wird.

3518 Diese dritte Konstellation war Gegenstand der Entscheidung *Amylum*.[1529] Hier wurde eine Verordnung, welche zunächst für nichtig erklärt wurde, neu in geänderter Form erlassen, was zu Belastungen des beim ersten Erlass beschwerten Personenkreises führte. Insoweit bestand auch ein Handlungsauftrag der Gemeinschaft. Daher mussten die Betroffenen mit einer Regelung rechnen; zudem war die Rechtslage unklar bzw. zumindest offen. Somit liefen in diesem Fall alle drei vorgenannten Stränge zusammen.

b) Kumulative Voraussetzungen

3519 Den Ausgangspunkt des EuGH bildet indes stets die Prüfung der beiden kumulativen[1530] Voraussetzungen, dass das **angestrebte Ziel** die **zeitlich vor der Veröffentlichung greifende Wirkung verlangt** und das **berechtigte Vertrauen der Betrof-**

[1524] *Bungenberg*, in: Heselhaus/Nowak, § 37 Rn. 55 unter Verweis auf EuGH, Rs. C-161/06, ECLI:EU:C:2007:773 (Rn. 37) – Skoma-Lux sro; Rs. C-410/09, ECLI:EU:C:2011:294 (Rn. 23) – Polska Telefonia Cyfrowa sp. z o.o.; Rs. C-146/11, ECLI:EU:C:2012:450 (Rn. 33) – Pimix; EuG, Rs. T-229 u. 276/11, ECLI:EU:T:2013:127 (Rn. 32) – Lord Inglewood.
[1525] Auch EuGH, Rs. C-108/81, ECLI:EU:C:1982:322 (Rn. 4) – Amylum („Isoglucose"); Rs. C-434/17, ECLI:EU:C:2019:112 (Rn. 36) – Human Operator.
[1526] S. sogleich Rn. 3519 ff.
[1527] BVerfGE 13, 261 (271); 45, 142 (168).
[1528] BVerfGE 72, 200 (258).
[1529] EuGH, Rs. C-108/81, ECLI:EU:C:1982:322 – Amylum („Isoglucose").
[1530] S. etwa *Altmeyer*, Vertrauensschutz im Recht der Europäischen Union und im deutschen Recht, 2003, S. 111 f.; *Bungenberg*, in: Heselhaus/Nowak, § 37 Rn. 57 a. E.; *Schlockermann*, Rechtssicherheit als Vertrauensschutz in der Rechtsprechung des EuGH, 1984, S. 78; *Schwarz*, Vertrauensschutz als Verfassungsprinzip, 2002, S. 420.

fenen gebührend beachtet ist.[1531] Ein solches Vertrauen kann sich allerdings **nicht** entfalten, wenn die betroffene **Person mit einer Regelung rechnen** musste oder die **Rechtslage unklar und verworren** ist bzw. sich eine neue Rechtsnorm im Nachhinein als ungültig erweist und rückwirkend korrigiert wird.[1532] Die gebührende Beachtung des Vertrauens der Betroffenen liegt daher im Wesentlichen darin, ob ein solches **Vertrauen überhaupt besteht**.[1533] Dies genügt aber nach dem EuGH nicht.

Es muss die **Notwendigkeit einer echten Rückwirkung** aufgrund des angestrebten Zieles hinzukommen. Als rechtfertigende Ziele wurden beispielsweise die Vermeidung von Marktstörungen hinsichtlich des agrarmonetären Systems[1534] oder Antidumpingzölle[1535] anerkannt. Damit handelt es sich um konkret drohende Störungen. Der **Klimawandel** mit seinen negativen Folgen ist demgegenüber das Ergebnis einer längeren Entwicklung. Ihm kann auf verschiedener Weise begegnet werden. Er muss daher **nicht gerade durch Maßnahmen mit echter Rückwirkung** verwirklicht werden. Vielmehr bedarf es langfristig konzipierter Maßnahmen, welche die Adressaten zu langfristigem Umsteuern bewegen.[1536]   3520

Damit wird eine **sachgerechte Ausrichtung auf Unionsziele** sichergestellt, welche solche rückanknüpfenden Regelungen inhaltlich bindet. Zwingende Gemeinschaftsziele, wie sie etwa im Fall *Amylum* vorlagen,[1537] führen allerdings regelmäßig dazu, dass die Betroffenen mit einer Regelung rechnen mussten. Das gilt erst recht, wenn sich wie in der Rechtssache *Amylum* eine neue Rechtsnorm im Nachhinein als ungültig erweist und rückwirkend korrigiert wird.[1538] Damit ergeben sich im Ergebnis kaum praktische Unterschiede dadurch, dass die beiden Voraussetzungen der Notwendigkeit für das angestrebte Ziel und der gebührenden Beachtung des berechtigten Vertrauens der Betroffenen kumulativ vorliegen müssen.   3521

Jedenfalls verletzt eine europäische Regelung das Rückwirkungsverbot, wenn sie ungeeignet ist, das angestrebte Ziel zu erreichen oder das berechtigte Vertrauen der betroffenen Wirtschaftsteilnehmenden verletzt.[1539] Generell ist **Maßstab** der „um-   3522

[1531] EuGH, Rs. C-98/78, ECLI:EU:C:1979:14 (Rn. 20) – Racke; Rs. C-413/04, ECLI:EU:C:2006:741 (Rn. 75) – Parlament/Rat; Rs. C-434/17, ECLI:EU:C:2019:112 (Rn. 36) – Human Operator; EuG, Rs. T-471/11, ECLI:EU:T:2014:739 (Rn. 102) – Éditions Odile Jacob SAS.
[1532] Diese letzte Variante aufgreifend EuGH, Rs. C-331/88, ECLI:EU:C:1990:391 (Rn. 45 ff.) – Fedesa.
[1533] *Schwarz*, Vertrauensschutz als Verfassungsprinzip, 2002, S. 419 mit Fn. 53 unter Verweis u. a. auf EuGH, Rs. C-98/78, ECLI:EU:C:1979:14 (Rn. 20) – Racke; Rs. C-99/78, ECLI:EU:C:1979:15 (Rn. 8) – Decker.
[1534] EuGH, Rs. C-244/95, ECLI:EU:C:1997:551 (Rn. 77 ff.) – Moskof.
[1535] EuGH, Rs. C-246/87, ECLI:EU:C:1989:194 (Rn. 16) – Continentale Produkten-Gesellschaft.
[1536] BVerfGE 157, 30 (Rn. 249) – Klimabeschluss.
[1537] EuGH, Rs. C-108/81, ECLI:EU:C:1982:322 (Rn. 5) – Amylum („Isoglucose").
[1538] EuGH, Rs. C-108/81, ECLI:EU:C:1982:322 (Rn. 6) – Amylum („Isoglucose").
[1539] EuGH, Rs. C-368/89, ECLI:EU:C:1991:307 (Rn. 18 ff.) – Crispoltoni I.

sichtige und besonnene Wirtschaftsteilnehmer".[1540] Es wird untersucht, inwieweit für ihn klar und absehbar war, dass die Maßnahme erlassen werden würde. Das Vertrauen, das berechtigterweise entwickelt werden konnte, ist dementsprechend umso geringer, je kürzer der Zeitraum einer unklaren Rechtslage oder einer zu erwartenden Neu- bzw. Korrekturregelung ist. Daher ist eine Rückwirkung bei einer kurzen Zeitspanne zwischen Nichtigerklärung einer Richtlinie und der Veröffentlichung einer inhaltlich deckungsgleichen neuen Richtlinie möglich.[1541]

2. Fälle unechter Rückwirkung

a) Grundsätzlicher Nachrang des Vertrauensschutzes

3523 Wesentlich einfacher ist die Anpassung zwar ebenfalls in der Vergangenheit begründeter, aber noch bestehender Rechtsverhältnisse für die Zukunft. Hier handelt es sich nach klassischer deutscher verfassungsrechtlicher Terminologie um Fälle der unechten Rückwirkung bzw. tatbestandlichen Rückanknüpfung.[1542] Der EuGH stützt sich zwar – im Gegensatz zu Schlussanträgen[1543] – nicht auf diese Begrifflichkeit.[1544] Er benennt eine Problematik, „die nichts mit einer Rückwirkung im eigentlichen Wortsinn zu tun hat".[1545] Im Ausgangspunkt geht er gleichwohl von der Zulässigkeit solcher Regelungsanpassungen aus. „Nach einem allgemein anerkannten Grundsatz sind Gesetzesänderungen, soweit nichts Abweichendes bestimmt ist, auf die künftigen Wirkungen unter dem alten Recht entstandener Sachverhalte anwendbar."[1546] Daher gelten geänderte Artikel regelmäßig nicht nur für nach ihrem Inkrafttreten aufgetretene Sachverhalte, sondern auch für davor entstandene, sofern diese noch nicht abgeschlossen sind, also etwa das beabsichtigte Geschäft noch nicht durchgeführt wurde.

3524 Allerdings ist trotz dieses offenbar eine regelmäßige Zulässigkeit solcher Maßnahmen voraussetzenden Ansatzes zu **prüfen, ob** ein **Rechtsakt** „bei dieser Aus-

---

[1540] Vgl. EuGH, Rs. C-37 u. 38/02, ECLI:EU:C:2004:443 (Rn. 70) – Dilexport; Rs. C-324/96, ECLI:EU:C:1998:138 (Rn. 51) – Petridi u. a.; EuG, Rs. T-417/05, ECLI:EU:T:2006:219 (Rn. 170) – Endesa; EuGH, Rs. C-194/09 P, ECLI:EU:C:2011:497 (Rn. 71) – Alcoa Trasformazioni Srl; Rs. C-585/13 P, ECLI:EU:C:2015:145 (Rn. 95) – Europäisch-Iranische Handelsbank AG; EuG, Rs. T-8/18, ECLI:EU:T:2020:182 (Rn. 265) – easyJet Airline Co. Ltd.
[1541] EuGH, Rs. C-331/88, ECLI:EU:C:1990:391 (Rn. 47) – Fedesa.
[1542] S. BVerfGE 63, 343 (353); 72, 200 (241 f.).
[1543] Z. B. *GA Roemer*, EuGH, Rs. C-1/73, ECLI:EU:C:1973:61 (740) – Westzucker.
[1544] *Schwarz*, Vertrauensschutz als Verfassungsprinzip, 2002, S. 420.
[1545] *Bungenberg*, in: Heselhaus/Nowak, § 37 Rn. 60; unter Verweis auf EuGH, Rs. C-278/84, ECLI:EU:C:1987:2 (Rn. 35) – Deutschland/Kommission; EuG, T-76/11, ECLI:EU:T:2012:613 (Rn. 38) – Spanien/Kommission; s. auch *GA Trstenjak*, EuGH, Rs. C-162/09, ECLI:EU:C:2010:266 (Rn. 54) – Lassal; *GA Trstenjak*, C-482/09, ECLI:EU:C:2011:46 (Rn. 106) – Budvar.
[1546] EuGH, Rs. C-1/73, ECLI:EU:C:1973:78 (Rn. 5) – Westzucker; Rs. C-393/10, ECLI:EU:C:2012:110 (Rn. 25) – O'Brien; Rs. C-614/11, ECLI:EU:C:2013:544 (Rn. 25) – Kuso; Rs. C-303/13 P, ECLI:EU:C:2015:647 (Rn. 49) – Kommission/Andersen.

§ 4 Vertrauensschutz und Rechtssicherheit

legung **gegen** einen **Grundsatz der Rechtssicherheit verstößt,** wonach das berechtigte Vertrauen der Betroffenen zu schützen ist".[1547] Damit bildet der **Vertrauensschutz** die **Grenze** auch für eine solche lediglich tatbestandliche Rückanknüpfung von Rechtsänderungen. Auch wenn der EuGH kein Rückwirkungsverbot benennt,[1548] wird es so doch fundiert und ausgefüllt.

Das erforderliche Vertrauen muss aufgrund der konkreten Regelung, welche dann geändert wird, begründet sein. Deren Interpretation muss ergeben, dass eine gefestigte Rechtsposition bestand, deren Abänderung als Beeinträchtigung gesehen werden kann.[1549] **Grundvoraussetzung** ist also die **Bildung eines schützenswerten Vertrauens,** welches **Änderungen** überhaupt **entgegenstehen** kann. Eine bloße **Erwartung** von Vorteilen genügt hierfür nicht, wenn diese nicht **gewiss** ist. Eine solche Gewissheit kann dadurch zunichte gemacht werden, dass die Kommission durch Erklärungen die Absicht kundtut, eine Vorschrift ggf. anders anzuwenden.[1550]

3525

b) Fortführung

Damit hat der EuGH bereits in seiner Grundentscheidung die wesentlichen Eckpunkte markiert. Er führte diesen Gedanken dahin fort, dass ein Schutz von **Vertrauen ausgeschlossen** ist, **wenn** eine **umsichtige und besonnene wirtschaftsteilnehmende Person in der Lage** ist, den **Erlass einer Unionsmaßnahme vorauszusehen,** die ihre Interessen berühren kann.[1551] Indiz dafür ist vor allem, wenn eine Regelung auf eine ständige Anpassung an die Veränderungen der wirtschaftlichen Lage ausgerichtet ist, wie dies für die Gemeinsamen Agrarorganisationen zutrifft.[1552] Gerade dann darf der Vertrauensschutz nicht darauf gerichtet sein, dass eine neue Regelung künftige Folgen von Sachverhalten ausspart, die unter der Geltung der früheren Regelung entstanden sind.[1553] Diese Rückanknüpfung darf nicht „schlechthin ausgeschlossen" sein.

3526

Im Ergebnis geht es allerdings um eine **regelmäßige Zulässigkeit**.[1554] Für einen solchen Ausschluss von Vertrauen genügt bereits, wenn spätere Festsetzungen in das

3527

[1547] EuGH, Rs. C-1/73, ECLI:EU:C:1973:78 (Rn. 5) – Westzucker.
[1548] *Bungenberg,* in: Heselhaus/Nowak, § 37 Rn. 50.
[1549] EuGH, Rs. C-1/73, ECLI:EU:C:1973:78 (Rn. 8) – Westzucker.
[1550] EuGH, Rs. C-1/73, ECLI:EU:C:1973:78 (Rn. 9) – Westzucker.
[1551] EuGH, Rs. C-265/85, ECLI:EU:C:1987:121 (Rn. 44) – Van den Bergh en Jurgens; Rs. C-350/88, ECLI:EU:C:1990:71 (Rn. 37) – Delacre; EuG, Rs. T-489/93, ECLI:EU:T:1994:297 (Rn. 51) – Unifruit Hellas; Rs. T-466 u. a./93, ECLI:EU:T:1995:136 (Rn. 53) – O'Dwyer; Rs. T-8/18, ECLI:EU:T:2020:182 (Rn. 265) – easyJet Airline Co. Ltd.; Rs. T-607/17, ECLI:EU:T:2020:180 (Rn. 220) – Volotea SA.
[1552] Auch EuGH, Rs. C-280/93, ECLI:EU:C:1994:367 (Rn. 80) – Bananen.
[1553] EuGH, Rs. C-203/86, ECLI:EU:C:1988:420 (Rn. 19) – Spanien/Rat; EuG, Rs. T-472/93, ECLI:EU:T:1995:35 (Rn. 52) – Campo Ebro; Rs. C-168/09, ECLI:EU:C:2011:29 (Rn. 53) – Flos SpA.
[1554] S. EuG, Rs. T-466 u. a./93, ECLI:EU:T:1995:136 (Rn. 49 ff.) – O'Dwyer.

weite Ermessen des Rates zur Anpassung bestimmter Regelungen fallen.[1555] Diese **Konzeption** ist stark **auf** den **Agrarbereich ausgerichtet** und daher **nicht** ohne Weiteres **auf** den **Klimaschutz zu übertragen**. Insoweit fehlt eine Gesamtorganisation, die auf eine ständige Anpassung der Rechtsvorschriften gerichtet ist. Das **Klimapaket „Fit for 55"** begründet keine solche Organisation, sondern zeigt **nur** die **Pläne der Kommission** für notwendige Änderungen auf und **vermindert** so ggf. den **Vertrauensschutz** im Fortbestehen der Rechtslage, **lässt** aber **nicht** den **Erlass bestimmter Unionsmaßnahmen vorhersehen**. Diese müssen erst noch im Gesetzgebungsverfahren verabschiedet werden und können dabei noch erhebliche Änderungen erfahren.

c) Enttäuschung von Vertrauen

3528   Durch den Ausschluss bei Vorhersehbarkeit einer Maßnahme aus Sicht einer umsichtigen und besonnenen wirtschaftsteilnehmenden Person ist der Vertrauensschutz sehr stark eingeschränkt. Im Ergebnis ist allerdings auch auf der Ebene des Europarechts wie im deutschen Verfassungsrecht[1556] zu kontrollieren, ob der Vertrauensschutz die Gründe des Gemeinwohls überwiegt, welche eine rückwirkende Anknüpfung erfordern. Nur prüft der EuGH vorgelagert sehr restriktiv, ob überhaupt ein schutzwürdiges Vertrauen vorliegt. Verneint er dies, geht er auf die **Gemeinwohlbelange** gar nicht mehr ein. Dafür genügt es, wenn ein entsprechendes **Ermessen der europäischen Organe** besteht, **ursprünglich begonnene Regelungen bzw. Festsetzungen zu ändern**. Materielle Gemeinwohlgründe bleiben dann außen vor. Dies ist insofern bedenklich, als **auch in solchen Fällen** unechter Rückwirkung **Erwartungen enttäuscht** werden können. Rechtlich relevant ist dies nach dem **EuGH** aber nur, wenn sich diese Erwartungen **in einer sicheren Rechtsposition verdichtet** haben, was jedoch regelmäßig nicht der Fall ist.

d) Ausnahmen

3529   Eine solche Verdichtung der Rechtsposition, die eine unechte Rückwirkung auszuschließen vermag, kommt in einzelnen Fallgruppen in Betracht.[1557] Es müssen zu der rückwirkenden Normsetzung **weitere Umstände** hinzutreten. Diese können darin liegen, dass ein **Privater** der Behörde gegenüber **abschließende Verpflichtungen** übernommen hat und dadurch, wie in der Norm vorgesehen, vor künftigen Änderungen geschützt sein soll. Ein Mittel hierfür ist eine **Übergangsregelung**. Aber selbst diese kann aus zwingenden Gründen des Gemeininteresses ausgeschlos-

---

[1555] S. u. a. EuGH, Rs. C-203/86, ECLI:EU:C:1988:420 (Rn. 19 f.) – Spanien/Rat; EuG, Rs. T-466 u. a./93, ECLI:EU:T:1995:136 (Rn. 49) – O'Dwyer.
[1556] S. BVerfGE 72, 200 (242 f.).
[1557] S. *Schwarz*, Vertrauensschutz als Verfassungsprinzip, 2002, S. 422 ff.

sen sein.¹⁵⁵⁸ Immerhin erscheint in solchen Fällen die Durchbrechung des Vertrauensschutzes als Ausnahme.

Ein grundsätzliches Überwiegen des Vertrauensschutzes liegt auch nahe, wenn die einzelne Person bereits **konkrete Dispositionen getroffen** hat.¹⁵⁵⁹ Diese können aber auch einseitig durch den Normadressierten veranlasst sein. Sie bilden daher nur eine notwendige, aber keine hinreichende Bedingung.¹⁵⁶⁰ Vielmehr müssen sie gerade auf einem vertrauensbildenden Verhalten der Unionsorgane beruhen.¹⁵⁶¹

3530

Damit ist die Hauptgruppe der Fälle erreicht, in denen sich nach der Rechtsprechung noch am ehesten der Vertrauensschutz durchsetzen kann. **Vertrauensbildendes Verhalten der europäischen Organe** liegt in konkreten Maßnahmen, welche auf eine Stabilität der bestehenden Rechtslage weisen, so beispielsweise in einer Ermunterung zu bestimmten Maßnahmen,¹⁵⁶² einem langjährigen Gleichstand trotz bestehender Abänderungsmöglichkeiten¹⁵⁶³ und ausnahmsweise einer entsprechenden feststehenden Regelung selbst.¹⁵⁶⁴ Aber auch in diesen Fällen bedarf es der Abwägung mit den in Frage stehenden Unionsinteressen, setzt sich also der Vertrauensschutz nicht stets und umfassend durch.¹⁵⁶⁵

3531

Diese Begrenzung des Vertrauensschutzes durch Abwägung gilt auch für die Rechtsfolgen. Vielfach genügen **Übergangsregelungen**.¹⁵⁶⁶ Hat die einzelne Person schon Dispositionen getroffen, müssen diese ggf. amortisiert sein. Genügen sie nicht und führt auch Schadensersatz¹⁵⁶⁷ nicht weiter, kann die **Ungültigkeit der Norm** erforderlich sein. Insoweit setzt sich dann der Bestandsschutz durch, und zwar selbst bei Verletzung des Vertrauens nur einer normadressierten Person.¹⁵⁶⁸

3532

---

¹⁵⁵⁸ EuGH, Rs. C-84/78, ECLI:EU:C:1979:129 (Rn. 20 f.) – Tomadini.

¹⁵⁵⁹ S. *Borchardt*, Der Grundsatz des Vertrauensschutzes im europäischen Gemeinschaftsrecht, 1988, S. 96.

¹⁵⁶⁰ EuGH, Rs. C-125/77, ECLI:EU:C:1978:187 (Rn. 37/41) – Koninklijke Scholten-Honig; Rs. C-245/81, ECLI:EU:C:1982:277 (Rn. 27) – Edeka.

¹⁵⁶¹ S. EuGH, Rs. C-95-98/74, ECLI:EU:C:1975:172 (Rn. 35/37 ff.) – Union Nationale de Coopératives Agricoles des Céréales; Rs. C-68/77, ECLI:EU:C:1978:23 (Rn. 8) – IFG; zum Kausalitätserfordernis näher u. Rn. 3565.

¹⁵⁶² S. EuGH, Rs. C-170/86, ECLI:EU:C:1988:214 (Rn. 13) – von Deetzen.

¹⁵⁶³ EuGH, Rs. C-127/80, ECLI:EU:C:1982:86 (Rn. 34) – Grogan bei Anwendung einer vorläufigen Regelung.

¹⁵⁶⁴ S.u. Rn. 3548.

¹⁵⁶⁵ S. EuGH, Rs. C-127/80, ECLI:EU:C:1982:86 (Rn. 30) – Grogan und näher u. Rn. 3589 ff.

¹⁵⁶⁶ S. EuGH, Rs. C-74/74, ECLI:EU:C:1975:59 – CNTA; Rs. C-84/78, ECLI:EU:C:1979:129 – Tomadini.

¹⁵⁶⁷ Dazu u. Rn. 3618.

¹⁵⁶⁸ Vgl. EuGH, Rs. C-112/77, ECLI:EU:C:1978:94 (Rn. 22) – Töpfer; *Schwarz*, Vertrauensschutz als Verfassungsprinzip, 2002, S. 427 gegen *Gilsdorf*, RIW 1983, 22 (27); *GA Mayras*, EuGH, Rs. C-112/77, ECLI:EU:C:1978:80 (S. 1036) – Töpfer; *GA Trabucchi*, EuGH, Rs. C-47/75, ECLI:EU:C:1976:28 (Rn. 1) – Deutschland/Kommission.

3. Abgrenzung

3533 Ist solchermaßen eine unechte Rückwirkung wesentlich eher zulässig als eine echte, bedarf es der näheren Abgrenzung. Das entscheidende Merkmal ist, ob ein **Sachverhalt bereits gänzlich abgeschlossen** ist. Das bemisst sich insbesondere danach, ob schon sämtliche Rechtsfolgen eingetreten sind. Aber auch dies kann zweifelhaft sein.

3534 Hintergrund der beschränkten Rückwirkung ist der Vertrauensschutz. Daher ist darauf abzustellen, **ab wann** sich ein **Vertrauenstatbestand** gebildet hat, der eine **Rechtsänderung nicht mehr erwarten** lässt. Dabei kann es schwerlich auf den subjektiven Willen der betroffenen Person ankommen.[1569] Denn dadurch sind leicht Manipulationen möglich. Geht es um die Haftung für Alttatbestände, wird diejenige Person begünstigt, die sich gar keine Gedanken um die Gefährlichkeit gemacht hat und daher einen Sachverhalt als abgeschlossen betrachtet.[1570] Deshalb ist auf **objektive Umstände** abzustellen.

3535 Es lassen sich typische Situationen ausmachen, in denen sich bereits ein Vertrauenstatbestand gebildet hat, weil die betroffene Person die Situation gleichsam aus der Hand gegeben hat. Das ist etwa dann der Fall, wenn **Waren bereits unterwegs** sind, auch wenn sie noch nicht das Ziel erreicht haben. Mit der Absendung hat die liefernde bzw. die verkaufende Person das Geschehen aus der Hand gegeben. Daher sind die Wirtschaftsteilnehmenden berechtigt, darauf zu vertrauen, dass die Waren, die bereits in die EU unterwegs sind, nicht bei ihrer Ankunft zurückgewiesen werden. Eine Ausnahme besteht nur bei unbestreitbarem öffentlichem Interesse.[1571] Damit werden die Maßstäbe für eine echte Rückwirkung angelegt, bei der ein bereits abgeschlossener Sachverhalt geregelt wird.[1572]

3536 Bei über eine längere Zeit dauernden Sachverhalten kann das Vorliegen einer echten und einer unechten Rückwirkung verschieden zu beurteilen sein. Dies hängt davon ab, ob ein Sachverhalt vor oder nach Inkrafttreten des fraglichen Rechtsaktes abgeschlossen ist. Ist ein Sachverhalt dann bereits abgeschlossen, liegt eine rückwirkende Inkraftsetzung vor, die ein berechtigtes Rechtssicherheitsbedürfnis beeinträchtigen kann, außer es besteht ein besonderer Grund.[1573] Dieser Fall des EuGH betraf das **Inkrafttreten von Verordnungen**. Hier hing es davon ab, ob diese auf einen bereits vollständig abgeschlossenen Sachverhalt trafen. Damit ist letztlich

---

[1569] S. dagegen für das deutsche Recht BayVGH, BayVBl 1986, 590 (591); *Papier*, Altlasten und polizeirechtliche Störerhaftung, 1985, S. 3.
[1570] *Frenz*, Das Verursacherprinzip im Öffentlichen Recht, 1997, S. 325.
[1571] EuGH, Rs. C-152/88, ECLI:EU:C:1990:259 (Rn. 16) – Sofrimport; Rs. C-183/95, ECLI:EU:C:1997:373 (Rn. 57) – Affish; EuG, Rs. T-94 u. a./00, ECLI:EU:T:2002:273 (Rn. 222) – Rica Fruits; Rs. T-515 u. -719/13 RENV, ECLI:EU:T:2020:434 (Rn. 160) – Spanien/Kommission.
[1572] S.o. Rn. 3515 ff.
[1573] EuGH, Rs. C-17/67, ECLI:EU:C:1967:56 (S. 611) – Firma Max Neumann; unter Bezug darauf *Heukels*, Intertemporales Gemeinschaftsrecht, 1990, S. 46 ff.

§ 4 Vertrauensschutz und Rechtssicherheit

entscheidend, ob die **Tatbestände**, welche die maßgeblichen Rechtsfolgen begründen, **vor oder nach Inkrafttreten der Neuregelung erfüllt** sind.[1574]

4. Strafvorschriften

Die Rückwirkung von Strafvorschriften ist wie im deutschen Recht (Art. 103 Abs. 2 GG) völlig ausgeschlossen. Der Satz „**nulla poena sine lege**" folgt aus Art. 7 EMRK und den Rechtsordnungen der Mitgliedstaaten[1575] und ist in **Art. 49 Abs. 1 EGRC** explizit festgelegt. Es handelt sich damit um einen im Strafrecht maßgeblichen allgemeinen Rechtsgrundsatz.[1576] Er verbietet auch die Anwendung einer neuen richterlichen Interpretation, wenn deren Ergebnis zum Zeitpunkt der Begehung der Straftat „nicht hinreichend voraussehbar war."[1577] Dieser Grundsatz wird den Eigenheiten dieses Rechtsgebietes gerecht, indem er aufgrund des Eingriffscharakters der Straftatbestände jede Rückwirkung verbietet, und kann daher nicht auf andere Bereiche übertragen werden.[1578] Es sind aber im Ausgangspunkte auch angrenzende Felder wie die **Geldbußenpraxis** im Rahmen der **KartellVerfVO**[1579] betroffen, da der Begriff der Strafen weit verstanden wird und sich neben Normen mit strafrechtlichem Charakter **auch** auf **spezifische verwaltungsrechtliche Regelungen** bezieht, die die Verhängung von Sanktionen durch die Verwaltung vorschreiben oder gestatten.[1580]

3537

C. Allgemeine Voraussetzungen

I. Grundlagen

Bereits übergreifend haben sich verschiedene Grundvoraussetzungen herausgebildet, damit sich Vertrauensschutz entfalten kann. Die Grundlage bildet stets ein **schutzwürdiges Vertrauen**.[1581] Diese Grundbedingung zerfällt in zwei Bestand-

3538

[1574] *Heukels*, Intertemporales Gemeinschaftsrecht, 1990, S. 106 ff.; *Altmeyer*, Vertrauensschutz im Recht der Europäischen Union und im deutschen Recht, 2003, S. 104.
[1575] EuGH, Rs. C-14/81, ECLI:EU:C:1982:76 (Rn. 29) – Alpha Steel; Rs. C-63/83, ECLI:EU:C:1984:255 (Rn. 21 f.) – Regina; Rs. C-331/88, ECLI:EU:C:1990:391 (Rn. 42) – Fedesa; Rs. C-459/02, ECLI:EU:C:2004:454 (Rn. 35) – Gerekens u. Procola.
[1576] Zum Strafrecht u. Rn. 5693 ff.
[1577] EuG, Rs. T-324/17, ECLI:EU:T:2022:175 (Rn. 420) – SAS Cargo Group A/S.
[1578] *Schwarz*, Vertrauensschutz als Verfassungsprinzip, 2002, S. 430.
[1579] EuGH, Rs. C-189/02 P u. a., ECLI:EU:C:2005:408 (222 ff.) – Dansk Rørindustri A/S u. a.
[1580] EuG, Rs. T-69/04, ECLI:EU:T:2008:415 (Rn. 29) – Schunk GmbH u. a.; *Bungenberg*, in: Heselhaus/Nowak, § 37 Rn. 66; *Frenz*, Europarecht 2, Rn. 2889 ff., 2919 ff.
[1581] Etwa *Borchardt*, Der Grundsatz des Vertrauensschutzes im europäischen Gemeinschaftsrecht, 1988, S. 77 ff.; *Crones*, Selbstbindungen der Verwaltung im europäischen Gemeinschaftsrecht, 1997, S. 112; *Gornig/Trüe*, JZ 2000, 501 (503); *Schwarz*, Vertrauensschutz als Verfassungsprinzip, 2002, S. 490; *Schwarze*, Europäisches Verwaltungsrecht, S. 923.

teile: Europäische Organe müssen eine Situation geschaffen haben, in der sich Vertrauen entfalten konnte. Ein solches Vertrauen muss tatsächlich entstanden sein und Schutz verdienen. Inwieweit dieses Vertrauen schutzwürdig ist, hängt eng mit dem von den europäischen Organen geschaffenen Vertrauenstatbestand zusammen. Je konkreter dieser ist, desto eher ist auch entfaltetes Vertrauen schutzwürdig. Die Rechtsprechung benennt drei Voraussetzungen:[1582] „Erstens muss die Unionsverwaltung dem Betroffenen präzise, nicht an Bedingungen geknüpfte und übereinstimmende Zusicherungen von zuständiger und zuverlässiger Seite gegeben haben.[1583] Zweitens müssen diese Zusicherungen geeignet sein, bei dem Adressaten begründete Erwartungen zu wecken.[1584] Drittens müssen die gegebenen Zusicherungen den geltenden Vorschriften entsprechen."[1585]

3539 Konnte sich nach diesen Maßstäben schutzwürdiges Vertrauen bilden, sind die Unionsinteressen gegenüber zu stellen, welche eine rückwirkende Regelung von europäischen Organen erforderlich machen. In der **EuGH-Rechtsprechung überwiegen** diese **Unionsinteressen regelmäßig** den **Vertrauensschutz**.[1586] Indes ist der Vertrauensschutz einer der wichtigsten Sicherungen Privater gegen europäische Regulierung. Aus der Berufsfreiheit und dem Eigentumsgrundrecht abgeleitet, muss er eine sehr starke Ausbildung erfahren, kann sich doch nur so privates Unternehmertum, welches der AEUV voraussetzt, langfristig entfalten. So wie den Wirtschaftsgrundrechten insgesamt eine stärkere Absicherung zuzubilligen ist, gilt dies auch für den Vertrauensschutz.

II. Vertrauensbasis

1. Feststehende Rechtsstellungen

a) Einzelakte

3540 Die dargestellten Entscheidungen des EuGH zum Vertrauensschutz zeigen, wie hoch die Voraussetzungen gesteckt sind. Das gilt selbst für rechtmäßige Einzelakte.

[1582] EuG, Rs. T-432/18, ECLI:EU:T:2019:749 (Rn. 46) – Palo/Kommission.

[1583] EuGH, Rs. C-221/09, ECLI:EU:C:2011:153 (Rn. 71 f.) – AJD Tuna; Rs. C-545/11, ECLI:EU:C:2013:169 (Rn. 23 ff.) – Agrargenossenschaft Neuzelle.

[1584] EuGH, Rs. C-221/09, ECLI:EU:C:2011:153 (Rn. 71 f.) – AJD Tuna; Rs. C-545/11, ECLI:EU:C:2013:169 (Rn. 23 ff.) – Agrargenossenschaft Neuzelle; EuG, Rs. T-387/09, ECLI:EU:T:2012:501 (Rn. 57 f.) – Applied Microengineering; Rs. T-79/13, ECLI:EU:T:2015:756 (Rn. 75) – Accorinti/EZB.

[1585] EuGH, Rs. C-221/09, ECLI:EU:C:2011:153 (Rn. 71 f.) – AJD Tuna; Rs. C-545/11, ECLI:EU:C:2013:169 (Rn. 23 ff.) – Agrargenossenschaft Neuzelle; EuG, Rs. T-265/08, ECLI:EU:T:2012:434 (Rn. 150) – EFRE; EuGÖD, Rs. F-160/12, ECLI:EU:F:2014:33 (Rn. 47 ff.) – Montagut Viladot; EuG, Rs. T-696/14 P, EU:T:2016:30 (Rn. 43) – Montagut Viladot/Kommission; *Bungenberg*, in: Heselhaus/Nowak, § 37 Rn. 12.

[1586] *Bungenberg*, in: Heselhaus/Nowak, § 37 Rn. 43; *Borchardt*, Der Grundsatz des Vertrauensschutzes im europäischen Gemeinschaftsrecht, 1988, S. 127.

§ 4 Vertrauensschutz und Rechtssicherheit

Es muss sich um unbedingt und damit vorbehaltlos gewährte Rechtsstellungen handeln, die keiner weiteren Änderung mehr unterliegen.[1587] Eine solche Änderung darf sich auch nicht aus der Natur des Rechtsaktes bzw. der zugrunde liegenden Verordnung ergeben.[1588]

b) Normen

Kommt es solchermaßen auch auf die Ausgestaltung der Rechtsgrundlagen von Einzelakten an, so können Erstere auch selbst feststehende Rechtspositionen verleihen. Das gilt, wenn sie selbst hinreichend unbedingt und konkret sind und damit **konkrete und vorbehaltlose Rechtsansprüche begründen.**[1589] Hierzu sind neben **Verordnungen** auch inhaltlich unbedingte und hinreichend bestimmte **Richtlinien** geeignet, wenn sie mangels rechtzeitiger vollständiger Umsetzung **unmittelbar** wirken.[1590] Das ist der Fall, wenn sie die näheren Voraussetzungen, damit eine Rechtstellung entstehen kann, festlegen und diese im konkreten Fall auch erfüllt sind[1591] bzw. unbedingte Ansprüche auf eine solche Rechtsposition enthalten.[1592] Oder aber die **Wirtschaftsteilnehmenden** haben selbst ihre Position dadurch verbessert, dass sie **unwiderrufliche Verpflichtungen** gegenüber der europäischen Ebene übernommen haben, um sich vor Rechtsänderungen zu schützen.[1593] Dies muss aber auf der Basis einer diese Möglichkeit eröffnenden europäischen Regelung[1594] sowie gegenüber der zuständigen Behörde erfolgt sein.[1595]

3541

c) Zusagen

Bei einer Zusicherung bzw. Zusage kommt es auf deren **nähere Ausgestaltung** an, ob aus einer solchen Erklärung bereits eine feststehende Rechtsposition erwächst. Die entsprechende Festlegung auf ein künftiges Verhalten muss **ausdrücklich oder zumindest konkludent deutlich** ausgedrückt sein. Der Inhalt der Erklärung selbst

3542

[1587] Bereits EuGH, Rs. C-7/56 u. a., ECLI:EU:C:1957:7 – Algera.
[1588] S.o. Rn. 3508 ff.; ebenso *Bungenberg*, in: Heselhaus/Nowak, § 37 Rn. 14; s. bereits *Borchardt*, Der Grundsatz des Vertrauensschutzes im europäischen Gemeinschaftsrecht, 1988, S. 98.
[1589] S. EuGH, Rs. C-74/74, ECLI:EU:C:1975:59 (Rn. 41/43) – CNTA.
[1590] *Schwarz*, Vertrauensschutz als Verfassungsprinzip, 2002, S. 493; s. EuGH, Rs. C-148/78, ECLI:EU:C:1979:110 (Rn. 41 ff.) – Ratti.
[1591] S. EuGH, Rs. C-78/74, ECLI:EU:C:1975:44 (Rn. 11 ff.) – Deuka I; Rs. C-92/77, ECLI:EU:C:1978:36 (Rn. 26/28 ff.) – An bord bainne co-operative ltd.
[1592] S. *Schwarz*, Vertrauensschutz als Verfassungsprinzip, 2002, S. 491.
[1593] Vgl. hierzu EuGH, Rs. C-84/78, ECLI:EU:C:1979:129 (Rn. 20) – Tomadini; außerdem Rs. C-112/80, ECLI:EU:C:1981:94 (Rn. 48) – Dürbeck. Eine Auskunft allein reicht allerdings nicht, s. EuGH, Rs. C-315/96, ECLI:EU:C:1998:31 (Rn. 28) – Lopex sowie EuG, Rs. T-324/21, ECLI:EU:T:2023:101 (Rn. 144) – Harley-Davidson Europe Ltd.
[1594] S. EuGH, Rs. C-68/77, ECLI:EU:C:1978:23 (Rn. 8) – IFG.
[1595] EuGH, Rs. C-90/77, ECLI:EU:C:1978:91 (Rn. 6) – Stimming; *Schwarz*, Vertrauensschutz als Verfassungsprinzip, 2002, S. 492 f.

wie auch der Gehalt des zukünftigen Verhaltens muss **hinreichend konkret**, der Selbstbindungswille des erklärenden Organs genügend erkennbar sein.[1596] Es bedarf solchermaßen klarer Zusicherungen, die begründete Erwartungen wecken.[1597] Solche bilden nicht an Bedingungen geknüpfte und übereinstimmende Auskünfte unabhängig von der Form ihrer Mitteilung.[1598] Unbestimmte Zusagen reichen hingegen nicht.[1599] Zudem muss das europäische Organ zuständig gewesen sein, also im Rahmen seiner Kompetenzen gehandelt sowie zwingendes Europarecht beachtet haben.[1600] Schon bei rechtswidrigen Zusagen fehlt die stabile Rechtsstellung, sodass höchstens eine berechtigte Erwartung in Betracht kommt, wenn die begünstigte Person die Rechtswidrigkeit der Zusage nicht erkennen konnte.[1601]

d) Auskünfte

3543 Ein positives Verwaltungshandeln liegt auch vor, wenn Auskünfte gegeben wurden. Diese müssen grundsätzlich **vollständig und präzise** sein. Da sie etwas erklären, können sie eine feststehende Rechtsstellung suggerieren. Daher können sie auch Vertrauenstatbestände schaffen. Dies hat der EuGH für behördliche Erklärungen grundsätzlich anerkannt.[1602] Grundlage sind **bedingungslose, genaue Auskünfte** zuständiger und verlässlicher Stellen,[1603] die bei noch laufenden oder in der Zukunft liegenden Sachverhalten auch nicht explizit lediglich auf die gegenwärtige Rechtslage bezogen sein dürfen.[1604] Allerdings wird auch dadurch keine Rechtsstellung tatsächlich geschaffen, sondern nur beschrieben. Daher bleiben Normen immer noch veränderbar, ohne dass notwendig Vertrauensschutz besteht.[1605] Dieser wird höchs-

---

[1596] EuGH, Rs. C-303 u. 312/81, ECLI:EU:C:1983:129 (Rn. 28 ff.) – Klöckner.

[1597] EuGH, Rs. C-537/08 P; ECLI:EU:C:2010:769 (Rn. 63) – Kahla Thüringen Porzellan GmbH; vgl. u. a. Rs. C-506/03, ECLI:EU:C:2005:715 (Rn. 58) – Deutschland/Kommission und Rs. C-213/06 P, ECLI:EU:C:2007:453 (Rn. 33) – AER/Karatzoglou.

[1598] Vgl. in diesem Sinne EuGH, Rs. C-47/07 P, ECLI:EU:C:2008:726 (Rn. 34 und 81) – Masdar [UK]/Kommission.

[1599] S. EuG, Rs. T-72/99, ECLI:EU:T: ECLI:EU:T:2000:8 (Rn. 59) – Mehibas Dordtselaan; Rs. T-571/93, ECLI:EU:T:1995:163 (Rn. 72) – Lefebvre; Rs. T-144/07 u. a., ECLI:EU:T:2011:364 (Rn. 180) – ThyssenKrupp Liften Ascenseurs NV u. a.; Rs. T-305/11, ECLI:EU:T:2014:126 (Rn. 42) – Italmobiliare SpA.

[1600] Z. B. EuGH, Rs. C-303 u. 312/81, ECLI:EU:C:1983:129 (Rn. 32) – Klöckner; Rs. C-188/82, ECLI:EU:C:1983:329 (Rn. 10 f.) – Thyssen; krit. *Borchardt*, Der Grundsatz des Vertrauensschutzes im europäischen Gemeinschaftsrecht, 1988, S. 90.

[1601] *Schwarz*, Vertrauensschutz als Verfassungsprinzip, 2002, S. 496.

[1602] Bereits EuGH, Rs. C-54/65, ECLI:EU:C:1966:33 (S. 545) – Châtillon; auch Rs. C-47/07 P, ECLI:EU:C:2008:726 (Rn. 34) – Masdar (UK) Ltd; Rs. C-537/08 P; ECLI:EU:C:2010:769 (Rn. 63) – Kahla Thüringen Porzellan GmbH; Rs. C-630/11 P u. a., ECLI:EU:C:2013:387 (Rn. 132) – HGA; *Bungenberg*, in: Heselhaus/Nowak, § 37 Rn. 13.

[1603] EuG, Rs. T-273/01, ECLI:EU:T:2003:78 (Rn. 26) – Innova Privat-Akademie; Rs. T-276/16, ECLI:EU:T:2017:611 (Rn. 68) – Viridis Pharmaceutical Ltd.

[1604] Sonst sind sie nur vorläufig, s.u. Rn. 3579.

[1605] EuGH, Rs. C-315/96, ECLI:EU:C:1998:31 (Rn. 28) – Lopex; EuG, Rs. T-324/21, ECLI:EU:T:2023:101 (Rn. 144) – Harley-Davidson Europe Ltd.

§ 4 Vertrauensschutz und Rechtssicherheit

tens durch **vertragliche Verpflichtungen** begründet. Als **Rechtsfolge** gibt es wegen des deskriptiven und nicht konstitutiven Charakters der **Auskunft** keine Erfüllung, sondern **nur Schadensersatz**.[1606]

2. Begründete Erwartungen

a) Verhaltensbedingt

Mit den Zusicherungen und Zusagen werden zugleich Erwartungen begründet, die sogar einen Anspruch auf einen bestimmten Rechtsakt entstehen lassen können.[1607] Aber auch unterhalb dieser Schwelle können Erwartungen sich solchermaßen verdichtet haben, dass eine Vertrauensschutzposition besteht, die nicht ohne weiteres übergangen werden kann. 3544

Eine solche **qualifizierte Erwartung** kann insbesondere **durch** eine **bestimmte Rechtslage** begründet werden. Aber auch auf deren Fortführung besteht kein unbeschränkter Anspruch. Das gilt vor allem, wenn Änderungen im Recht angelegt sind. Dessen Systematik ist daher heranzuziehen. Sinn und Zweck einer Vorschrift müssen ebenfalls die Bildung einer Vertrauensposition ermöglichen.[1608] 3545

Eine wirtschaftsteilnehmende Person kann insbesondere dann nicht darauf bauen, dass die Rechtslage unverändert bleibt, wenn sie ihre **Produktion für einen bestimmten Zeitraum aus eigenem Antrieb aufgegeben** hat. Sie ist **nicht davor geschützt**, sie **unter anderen Bedingungen wieder aufzunehmen** und damit mittlerweile ergangenen neuen Bestimmungen zu unterliegen. Sie darf nur insoweit auf den Fortbestand einer Rechtslage vertrauen, wie sie dazu durch Unionsorgane veranlasst wurde. Wird sie so dazu bewegt, landwirtschaftliche Erzeugnisse gegen Zahlung einer Prämie vorübergehend nicht mehr zu vermarkten, darf sie nicht aufgrund genau dieser Tatsache neuen Beeinträchtigungen unterworfen werden.[1609] Dann kommt aber zu der Änderung der Rechtslage ein **Handeln der Unionsorgane**, das die Betroffenen zu einem bestimmten Verhalten veranlasste, für das sie nun gleichsam bestraft werden. Insoweit liegt auch ein **widersprüchliches Verhalten** vor, das gegen Treu und Glauben verstößt. Das gilt auch bei einem Unterlassen über mehrere Jahre.[1610] 3546

Damit begründet zwar eine bestehende Normlage als solche regelmäßig noch keinen Vertrauensschutz, zumal wenn ihrem System Änderungen immanent sind. Dieser kann aber daraus entstehen, dass auf der Basis dieser Rechtslage europäische 3547

[1606] S. EuGH, Rs. C-289/81, ECLI:EU:C:1983:142 (Rn. 25) – Vassilis Mavridis; *Schwarz*, Vertrauensschutz als Verfassungsprinzip, 2002, S. 499.
[1607] Sie dahin einordnend *Bungenberg*, in: Heselhaus/Nowak, § 37 Rn. 21.
[1608] EuGH, Rs. C-44-51/77, ECLI:EU:C:1978:14 (Rn. 12/18) – Union Malt; Rs. C-84/78, ECLI:EU:C:1979:129 (Rn. 21 f.) – Tomadini.
[1609] Insbes. EuGH, Rs. C-120/86, ECLI:EU:C:1988:213 (Rn. 23 f.) – Mulder; Rs. C-170/86, ECLI:EU:C:1988:214 (Rn. 13) – von Deetzen.
[1610] EuGH, Rs. C-127/80, ECLI:EU:C:1982:86 (Rn. 34) – Grogan.

Organe **zu bestimmtem Verhalten animieren** und damit zugleich signalisieren, dass jedenfalls in dem veranlassten Rahmen die Rechtslage unverändert bleibt. Jedenfalls darf sie nicht in einer Weise verändert werden, dass gerade durch das auf europäischer Ebene veranlasste Verhalten Nachteile eintreten. Davor bewahrt der Grundsatz des Vertrauensschutzes. Hingegen bleibt die Erwartung, dass eine Rechtslage beibehalten wird, ohne Vertrauensschutz, wenn diese durch die Unionsorgane im Rahmen des ihnen zustehenden Ermessens geändert werden kann.[1611]

b) Normbedingt

3548 Fehlt ein neben der Normierung liegendes Verhalten der europäischen Organe, kann eine qualifizierte Erwartung nur dadurch zustande kommen, dass die **Regelung selbst ihren unveränderten Fortbestand verspricht**.[1612] Das ist **ausgeschlossen**, wenn bereits in der Regelung Änderungen angelegt oder gar fest vorgesehen sind.[1613] Dieser Befund ergibt sich vor allem **bei** einer **Erprobung von Maßnahmen**.[1614]

3549 Aber auch in einer solchen Gesamtnormierung können einzelne **Elemente auf** einen **Fortbestand hindeuten**. So können bestimmte Vorschriften, wie in der EmissionshandelsRL 2003/87/EG,[1615] von einer Änderung ausgenommen sein.[1616] Oder aber bestimmte Vorschriften erstrecken sich bereits in die Zukunft und legen im Vorhinein auch für künftige Zeiträume bestimmte Regeln fest.

3550 Fehlen solche ausdrücklichen Anhaltspunkte im Normtext, ist es regelmäßig sehr schwierig, eine Vertrauensgrundlage zu gewinnen. Ein Ansatzpunkt kann sein, wenn eine bestimmte **Normierung** in eine **Gesamtstrategie** gebettet ist. Dann kann ein solcher Zusammenhang erwarten lassen, dass die europäischen Organe von dem eingeschlagenen Kurs nicht durch eine Änderung einer in diesem Gesamtzusammenhang stehenden Regelung abweichen werden, solange die generelle Strategie intakt bleibt. Andernfalls würde die **Normgebung widersprüchlich**, was auch auf europäischer Ebene grundsätzlich ausgeschlossen ist.[1617] Ein Beispiel dafür ist die Favorisierung von Umweltvereinbarungen und Selbstverpflichtungen der Wirt-

---

[1611] EuGH, Rs. C-201/08, ECLI:EU:C:2009:539 (Rn. 53) – Plantanol; Rs. C-221/09, ECLI:EU:C:2011:153 (Rn. 73) – AJD Tuna; Rs. C-545/11, ECLI:EU:C:2013:169 (Rn. 26) – Agrargenossenschaft Neuzelle; *Bungenberg*, in: Heselhaus/Nowak, § 37 Rn. 20.

[1612] S. EuGH, Rs. C-78/74, ECLI:EU:C:1975:44 (Rn. 11 ff.) – Deuka I; Rs. C-5/75, ECLI:EU:C:1975:88 (Rn. 7 ff.) – Deuka II; *Schwarz*, Vertrauensschutz als Verfassungsprinzip, 2002, S. 494.

[1613] S. EuGH, Rs. C-84/81, ECLI:EU:C:1982:187 (Rn. 15) – Staple Dairy Products.

[1614] EuGH, Rs. C-258 u. 259/90, ECLI:EU:C:1992:199 (Rn. 34) – Pesquerias De Bermeo u. Naviera Laida.

[1615] Des Europäischen Parlaments und des Rates vom 13.10.2003 über ein System für den Handel mit Treibhausgasemissionszertifikaten in der Gemeinschaft und zur Änderung der RL 96/61/EG des Rates, ABl. 2003 L 275, S. 32, zuletzt geändert durch RL (EU) 2023/959, ABl. 2023, L 130, S. 134.

[1616] Dazu *Frenz*, RdE 2007, 65 (68).

[1617] *Kahl*, in: Calliess/Ruffert, Art. 4 EUV Rn. 166; *Pechstein*, EuR 1995, 247 (253 f.): inhaltliche Kohärenz.

§ 4 Vertrauensschutz und Rechtssicherheit

schaft. Ist solchermaßen eine Strategie der Kooperation mit der Wirtschaft bzw. in der Wirtschaft angelegt, bildet es einen Bruch, wenn trotz vorheriger Anerkennung solcher freiwilliger Leistung in einer Richtlinie diese ab einem bestimmten Zeitpunkt nicht mehr fest berücksichtigt werden sollen.[1618]

c) Normierungsprozesse

Besondere Schwierigkeiten bereitet es, wenn Normierungen entstehen. Vielfach dauert dies mehrere Jahre. Ein besonders abschreckendes Beispiel dafür war die REACH-Verordnung.[1619] In solchen Situationen sind Industriebetriebe in einer Schwebelage und wissen nicht, welches Recht sie zu erwarten haben, wenn sie Investitionsentscheidungen treffen, die auf Jahre hinaus wirken. So werden etwa Mittel für den Kraftwerksbau 30 Jahre gebunden und sind erst dann amortisiert. Daher besteht eigentlich das dringende Bedürfnis, auch insoweit Vertrauenstatbestände anzuerkennen.

3551

Indes wird **Kommissionsvorschlägen** nach Art. 293 AEUV eine solche Wirkung abgesprochen,[1620] weil sie der Änderung durch die Kommission selbst oder den Rat unterliegen.[1621] Allerdings geben die Kommissionsvorschläge vielfach eine Richtung vor. Das gilt auch für das Kommissionsklimapaket „Fit for 55". Solche Vorschläge und generelle Konzeptionen sind der einzige Anhaltspunkt, an den sich Unternehmen halten können, solange Parlament und Rat in den Normierungsprozess noch nicht einbezogen waren. Das Parlament ist ebenfalls nicht das alleinige Rechtssetzungsorgan, sodass seine Stellungnahmen und Abänderungen mangels automatischer Bindungswirkung keine Erwartung über die Gestalt eines Rechtsaktes[1622] und damit kein Vertrauen begründen können.[1623]

3552

Daher haben die künftig von Rechtsakten Betroffenen gar keine andere Möglichkeit, als auf der Basis der Arbeiten der Kommission – ggf. auch unter Einbeziehung anderer maßgeblicher Strömungen – ihre Investitionsentscheidungen zu treffen. Sie sind vielfach zur Fortführung eines Unternehmens und damit zur weiteren Ausübung

3553

[1618] Zu den entsprechenden Regelungen für die zweite Emissionshandelsperiode *Frenz*, RdE 2007, 65 (67 ff.).
[1619] So abgekürzt wird die VO (EG) Nr. 1907/2006 des Europäischen Parlaments und des Rates vom 18.12.2006 zur Registrierung, Bewertung, Zulassung und Beschränkung chemischer Stoffe (REACH), zur Schaffung einer Europäischen Agentur für chemische Stoffe, zur Änderung der RL 1999/45/EG und zur Aufhebung der VO (EWG) Nr. 793/93 des Rates, der VO (EG) Nr. 1488/94 der Kommission, der RL 76/769/EWG des Rates sowie der RLn 91/155/EWG, 93/67/EWG, 93/105/EG und 2000/21/EG der Kommission (REACH-VO), ABl. 2007 L 396, S. 1, zuletzt geändert durch VO (EU) 2023/1132, ABl. 2023 L 149, S. 49.
[1620] EuGH, Rs. C-13/16/92, ECLI:EU:C:1993:828 (Rn. 33) – Driessen; bereits Rs. C-95-98/74, ECLI:EU:C:1975:172 (Rn. 42/46) – Union Nationale de Coopératives Agricoles des Céréales.
[1621] *Bungenberg*, in: Heselhaus/Nowak, § 37 Rn. 28.
[1622] *Schwarz*, Vertrauensschutz als Verfassungsprinzip, 2002, S. 497 auch im Hinblick auf das Mitentscheidungsverfahren.
[1623] EuGH, Rs. C-87/77 u. a., ECLI:EU:C:1985:318 (Rn. 59) – Salerno; ebenso *Borchardt*, Der Grundsatz des Vertrauensschutzes im europäischen Gemeinschaftsrecht, 1988, S. 92 f.

der Berufsfreiheit unabdingbar. Werden sie nicht getroffen, können sich existenzvernichtende Entwicklungen einstellen, sodass auch der Eigentumsschutz angesprochen wird. Die Wahrung beider Grundrechte beruht maßgeblich darauf, dass die Normgebungsorgane **verlässliche Investitionsbedingungen** bereit stellen.[1624] Wird von einem Kommissionsvorschlag durch die Kommission selbst unvermittelt abgerückt, werden Grundlagen von Investitionsentscheidungen zunichte gemacht. Fehlt hier ein Vertrauenstatbestand, sind Wirtschaftsteilnehmende dem Normierungsprozess, auch wenn er sich über Jahre erstreckt, fast hilflos ausgeliefert. Die **Grundrechtsverwirklichung im beruflichen Bereich** wird ernsthaft gefährdet. Der Vorteil einer **zwingend stringenten Linie bei der Normgebung** wäre eine hinreichende Disziplinierung der europäischen Organe, bereits im Vorfeld abgestimmte Vorschläge zu präsentieren und damit den Wirtschaftsteilnehmenden eine gewisse Sicherheit zu geben. Der Preis wäre eine **faktische Selbstbindung** der Gesetzgebung.[1625] Damit würden aber langfristig **vorausschaubare Eckpunkte** für **langfristige Investitionsentscheidungen** ermöglicht, wie sie namentlich für einen wirksamen Klimaschutz erforderlich sind.[1626]

d) Bedeutung der Handlungsform

3554 Grundsätzlich spielt es keine Rolle, durch welche Rechtshandlung europäische Organe einen Vertrauenstatbestand geschaffen haben. Entscheidend ist nur, dass aus Sicht der adressierten Person die **Erwartung** geweckt wird, dass die **bislang bestehende Rechtslage nicht später geändert** wird.[1627] So werden insbesondere die langfristigen Strategien, in deren Gefolge gebietsbezogene Richtlinien oder Verordnungen ergehen, in **Mitteilungen und Empfehlungen** gefasst. Insoweit handelt es sich um **keine rechtsverbindlichen Handlungen mit Außenwirkungen**. Diese Rechtsqualität ist auch den Wirtschaftsteilnehmenden bewusst. Sie können umso eher von einem gewollten Vertrauenstatbestand ausgehen, je verbindlicher der Rechtsakt selbst ist. Daher vermögen Einzelakte und Verordnungen, welche konkrete Rechtspflichten und Ansprüche festlegen, eher als Vertrauensgrundlage zu dienen als Empfehlungen und Stellungnahmen.[1628]

3555 Allerdings bestehen für bestimmte Maßnahmen etablierte Handlungsformen. So werden wie erwähnt **langfristige Strategien** in typischer Weise in **Mitteilungen** festgelegt und nicht in Einzelakten oder Verordnungen, welche umgekehrt ihrerseits

---

[1624] Vgl. o. Rn. 3451. S. allerdings BVerfGE 110, 274 (288, 290) – Ökosteuer.

[1625] U. a. deshalb abl. *Schwarz*, Vertrauensschutz als Verfassungsprinzip, 2002, S. 498.

[1626] S. BVerfGE 157, 30 (Rn. 249) – Klimabeschluss.

[1627] Ähnlich *Bungenberg*, in: Heselhaus/Nowak, § 37 Rn. 17.

[1628] Grds. bejahend, im konkreten Fall aber abl. EuGH, Rs. C-63 u. 147/84, ECLI:EU:C:1985:358 (Rn. 20) – Finsider; *Schwarz*, Vertrauensschutz als Verfassungsprinzip, 2002, S. 496 f.; s. auch *Borchardt*, Der Grundsatz des Vertrauensschutzes im europäischen Gemeinschaftsrecht, 1988, S. 91 ff.; *Crones*, Selbstbindungen der Verwaltung im Europäischen Gemeinschaftsrecht, 1997, S. 153 ff.; abl. noch EuGH, Rs. C-1 u. 14/57, ECLI:EU:C:1957:13 (226) – Société des usines à tubes de la Sarre zu Stellungnahmen nach Art. 54 Abs. 4 EGKS.

Relativierungen durch eine vorausgesetzte Änderung von Vorschriften erfahren können. Damit kommt es eher auf den Inhalt und die Art seiner Abfassung an, ob ein Vertrauenstatbestand geschaffen wird. Der Rechtscharakter einer Maßnahme schließt damit die Schaffung von Vertrauen nicht von vornherein aus. Vielmehr ist der **konkrete Kontext** zu betrachten. Bei den Wirtschaftsteilnehmenden können damit auch unverbindliche Rechtshandlungen jedenfalls eine gewisse Erwartung für die Rentabilität von Investitionen wecken.[1629]

e) Relevanz der Handlungsdauer

Neben dem Rechtscharakter einer Handlung und vor allem der näheren Ausgestaltung hat auch die Dauer von Handlungen eine Bedeutung dafür, inwieweit sich eine Vertrauensgrundlage herausbilden kann. Im Falle einer **Duldung** bzw. einer **Verwirkung** gilt Entsprechendes für Unterlassungen.[1630] Das wird auch deutlich, wenn eine europäische Konzeption und Strategie in einem bestimmten Bereich besteht und sich auf den zu erwartenden Inhalt von Richtlinien und Verordnungen auswirkt.[1631]

3556

f) Verwaltungspraxis

Parallel dazu kann auch eine **hinreichend lange Verwaltungspraxis** einen Vertrauenstatbestand schaffen. Hier wird allerdings der Gedanke der **Selbstbindung der Verwaltung** herangezogen.[1632] Hat die Verwaltung sich einmal für eine bestimmte Richtung entschieden, muss sie diese auch in gleich gelagerten Situationen beibehalten. Das gilt nicht nur gegenüber Dritten, sondern auch gegenüber den Adressierten der die Praxis begründenden Entscheidungen.

3557

Allerdings gibt es **keine Gleichheit im Unrecht**. Daher kann ein rechtswidriges Verwaltungshandeln zugunsten anderer in der Vergangenheit schwerlich einen Vertrauenstatbestand für die Zukunft schaffen,[1633] außer die Rechtswidrigkeit ist nicht erkennbar und die Beziehung der Verwaltung zur betroffenen Person war bereits nahe genug, dass sie mit einer Übertragung rechnen durfte. Aber selbst bei einem rechtswidrigen Verhalten gegenüber der betroffenen Person selbst verneinte der EuGH eine Kontinuitätsgewähr auf der Basis eines „**venire contra factum proprium**".[1634]

3558

[1629] EuGH, Rs. C-63 u. 147/84, ECLI:EU:C:1985:358 (Rn. 14 ff.) – Finsider.
[1630] S.o. Rn. 3491 ff.
[1631] S.o. Rn. 3555 f.
[1632] S. *Bungenberg*, in: Heselhaus/Nowak, § 37 Rn. 23 auch zum Folgenden.
[1633] S. *Borchardt*, Der Grundsatz des Vertrauensschutzes im europäischen Gemeinschaftsrecht, 1988, S. 96; *Kokott*, AöR 121 (1996), 599 (627).
[1634] EuGH, Rs. C-17 u. 20/61, ECLI:EU:C:1962:30 (689) – Klöckner-Werke; Rs. C-19/61, ECLI:EU:C:1962:31 (S. 752) – Mannesmann; s. dagegen *Borchardt*, Der Grundsatz des Vertrauensschutzes im europäischen Gemeinschaftsrecht, 1988, S. 94.

3559 Zwar mag eine nur tatsächlich etablierte rechtswidrige Praxis zumal für die Zukunft eine schwächere Position entstehen lassen, die jedenfalls leicht durch den Grundsatz der **Gesetzesbindung der Verwaltung** überwunden werden können soll.[1635] Indes zählt letztlich das **Maß des erweckten Vertrauens**. Dieses ist umso stärker, **je länger** eine **Verwaltungspraxis** anhält. Damit ist auch insoweit die Handlungsdauer entscheidend. Sie kann insbesondere **Übergangsfristen** für die Aufnahme einer neuen Verwaltungspraxis erforderlich machen. Der andere Weg ist die Beschränkung auf **Schadensersatzansprüche**, wird doch eine bestehende Rechtsposition ähnlich wie bei falschen Auskünften nur suggeriert.[1636]

g) Rechtswidriges tatsächliches Verwaltungshandeln

3560 Kann eine Praxis der Verwaltung zu einem Vertrauenstatbestand führen, kommen hierfür auch tatsächliche Handlungen in Betracht. Sogar ein **Unterlassen** kann dazu führen. Allerdings muss dieses den **Anschein** begründen, **dass** die europäischen Organe **auch in Zukunft nichts unternehmen** werden.[1637] Das gilt etwa, wenn ein rechtswidriger Zustand geduldet wird.[1638] Gerade insoweit spielt auch die Dauer eine Rolle, welche die europäischen Organe nicht gehandelt bzw. etwas geduldet haben. Normalerweise schafft jedoch die bloße Untätigkeit der Unionsorgane, so wenn die Kommission (noch) nicht gegen ihr bekannte rechtswidrige Beihilfemaßnahmen vorgeht oder lediglich auf Auskunftsersuchen nicht reagiert;[1639] selbst ein verwirrendes Verhalten genügt nicht.[1640]

3561 Eine **Vertrauensgrundlage** ist allerdings von vornherein **ausgeschlossen**, wenn die betroffene Person die **Rechtswidrigkeit des Handelns** oder Unterlassens **gekannt** hat oder hätte kennen müssen.[1641] Über diesen Ansatz ist auch eine Korrektur zu weiter Vertrauenstatbestände aufgrund von Duldungen rechtswidriger Zustände möglich.[1642]

3562 Liegt aber die Rechtswidrigkeit des Handelns von europäischen Organen nicht zutage und ist sie auch nicht erkennbar, so kann es durchaus einen Vertrauens-

---

[1635] *Schwarz*, Vertrauensschutz als Verfassungsprinzip, 2002, S. 501 m. w. N. für das nationale Recht.

[1636] Vgl. o. Rn. 3543. Einen Erfüllungsanspruch gänzlich ausschließend *Schwarz*, Vertrauensschutz als Verfassungsprinzip, 2002, S. 500.

[1637] *Borchardt*, Der Grundsatz des Vertrauensschutzes im europäischen Gemeinschaftsrecht, 1988, S. 79.

[1638] S. *Bungenberg*, in: Heselhaus/Nowak, § 37 Rn. 26. Offen hingegen EuG, Rs. T-346 u. a./99, ECLI:EU:T:2002:259 (Rn. 94 f.) – Territorio Histórico de Álava; a. A. *Schwarz*, Vertrauensschutz als Verfassungsprinzip, 2002, S. 501 f. S.o. Rn. 3491 ff.

[1639] *Bungenberg*, in: Heselhaus/Nowak, § 37 Rn. 26.

[1640] EuG, Rs. T-62/08, ECLI:EU:T:2010:268 (Rn. 282 f.) – ThyssenKrupp Acciai Speciali Terni SpA.

[1641] S. EuGH, Rs. C-111/63, ECLI:EU:C:1965:76 (S. 911) – Lemmerz-Werke.

[1642] *Bungenberg*, in: Heselhaus/Nowak, § 37 Rn. 26; dahin auch *Borchardt*, Der Grundsatz des Vertrauensschutzes im europäischen Gemeinschaftsrecht, 1988, S. 95 f.

§ 4 Vertrauensschutz und Rechtssicherheit

tatbestand begründen.[1643] Schließlich muss sich die einzelne Person grundsätzlich darauf verlassen können, dass das Handeln von europäischen Organen rechtmäßig ist. Etwas anderes gilt allerdings, wenn die europäischen Organe **von wesentlichen Verfahrensvorschriften abweichen**. So hat der EuGH die Gutgläubigkeit für empfangene Beihilfen verneint, wenn die Anmeldepflicht nach Art. 108 AEUV von nationalen Organen missachtet wurde.[1644] Bei Einhaltung des in Art. 108 AEUV vorgeschriebenen Verfahrens darf der Begünstigte hingegen auf die Ordnungsgemäßheit einer Beihilfe dann vertrauen, wenn diese unter Einhaltung des in Art. 108 AEUV vorgeschriebenen Verfahrens erfolgte.[1645] Zudem muss das Unternehmen für die Beihilfe selbst in gutem Glauben gewesen sein.[1646]

Bei europäischen Organen müssen die Anforderungen für die Erkennbarkeit der Rechtswidrigkeit höher liegen, sind doch sie besonders auf das europäische Recht verpflichtet. Demgegenüber will das Beihilfenverbot gerade mitgliedstaatliche Vergünstigungen verhindern. Damit wird eher der Verdacht begründet, dass **nationale Organe** vom Europarecht abweichen. Private müssen daher ihnen gegenüber misstrauischer sein. 3563

3. Begrenzte Schutzreichweite

Wie bei anderen Ersatzansprüchen auch muss die erlittene Beeinträchtigung im Schutzbereich der Norm liegen. Daher muss die Investition oder Handlung, die sich als wertlos oder als minderwertig erweist, im Anwendungs- und **Schutzbereich des Vertrauenstatbestandes** gelegen haben.[1647] Die fragliche Verhaltensweise muss also durch den Vertrauenstatbestand **veranlasst und im Vertrauen** auf ihn **vorgenommen** worden sein.[1648] Sie darf nicht bereits vorher vorgenommen worden sein.[1649] Ohne das Vertrauen muss es umgekehrt im Einzelnen möglich gewesen sein, den dann eingetretenen Nachteil zu verhindern.[1650] Die **Enttäuschung des** 3564

[1643] S. EuGH, Rs. C-316/86, ECLI:EU:C:1988:201 (Rn. 19 ff.) – Krücken.

[1644] EuGH, Rs. C-24/95, ECLI:EU:C:1997:163 (Rn. 25) – Alcan; EuG, Rs. T-620/11, ECLI:EU: T:2016:59 (Rn. 188) – GFKL Financial Services AG; Rs. T-454/13, ECLI:EU:T:2017:134 (Rn. 283) – SNCM; näher dazu *Frenz*, Europarecht 3, Rn. 2643 ff.

[1645] EuGH, Rs. C-408/04 P, ECLI:EU:C:2008:236 (Rn. 104) – Kommission/Salzgitter; EuG, Rs. T-394/08 u. a., ECLI:EU:T:2011:493 (Rn. 274) – Regione autonoma della Sardegna; *Bungenberg*, in: Heselhaus/Nowak, § 27 Rn. 77.

[1646] EuGH, Rs. C 336/00, ECLI:EU:C:2002:509 (Rn. 58) – Huber.

[1647] S. EuGH, Rs. C-1/73, ECLI:EU:C:1973:78 (Rn. 11) – Westzucker; Rs. C-125/77, ECLI:EU: C:1978:187 (Rn. 37/41) – Koninklijke Scholten-Honig.

[1648] EuGH, Rs. C-1/73, ECLI:EU:C:1973:78 (Rn. 12) – Westzucker.

[1649] *Weber-Dürler*, Vertrauensschutz im Öffentlichen Recht, 1983, S. 103.

[1650] *Borchardt*, Der Grundsatz des Vertrauensschutzes im europäischen Gemeinschaftsrecht, 1988, S. 98.

Vertrauens durch eine spätere Rechtsänderung muss also **ursächlich** für den Eintritt eines erlittenen Nachteils bzw. Schadens gewesen sein.[1651]

3565 Damit besteht ein **Kausalitätserfordernis zwischen** dem **Vertrauenstatbestand** und den **Verhaltensweisen der Geschädigten**.[1652] Wegen der bei Kausalitätsfragen notwendigen wertenden Betrachtung muss dieser Ablauf im Schutzzweck des Vertrauenstatbestandes liegen. Daran fehlt es, wenn die betroffene Person offenbar bereits die Zulässigkeit einer Rechtsänderung kannte sowie deren negativen Wirkungen abzuschätzen vermochte.[1653] Damit handelt es sich aber um einen subjektiven Umstand, sodass eher die Schutzwürdigkeit des Vertrauens in Frage steht. Ansonsten würde dieser Prüfungspunkt weitestgehend in der Kausalität aufgehen, fehlt doch die Ursächlichkeit, wenn die betroffene Person die Rechtsänderung kannte oder kennen musste.

III. Schutzwürdiges Vertrauen der betroffenen Person

1. Subjektiver Vertrauenstatbestand nach objektiven Maßstäben

3566 Besteht objektiv eine Grundlage aufgrund des Handelns oder auch Unterlassens der europäischen Organe, in die die betroffene Person Vertrauen entfalten konnte, muss dieses Vertrauen schutzwürdig sein. Das setzt voraus, dass die betroffene **Person auf diese Grundlage vertrauen konnte**. Da auf die betroffene Person abzustellen ist, muss also zu dem beschriebenen objektiven ein subjektiver Vertrauenstatbestand[1654] hinzukommen. Allerdings spielt dabei nicht allein die subjektive Perspektive der betroffenen Person eine Rolle. Vielmehr muss das entfaltete Vertrauen aufgrund objektiver Umstände schutzwürdig sein. Ansonsten genügte die bloße Behauptung der Schutzwürdigkeit.

3567 Die vom EuGH angelegten Maßstäbe sind streng. Die einzelne Person muss grundsätzlich mit einer Änderung der Rechtslage rechnen und kann nicht auf den Fortbestand vorhandener Regulierungen vertrauen.[1655] Zudem muss sich die einzelne Person **über laufende Veränderungen weitgehend selbst informieren**.[1656] Damit ist das Risiko einseitig zulasten der Wirtschaftsteilnehmenden verteilt.[1657] So kann es sogar sein, dass ein Wirtschaftsteilnehmender selbst von der Schutzwürdig-

---

[1651] *Bungenberg*, in: Heselhaus/Nowak, § 37 Rn. 30; s. z. B. EuGH, Rs. C-95-98/74, ECLI:EU:C:1975:172 (Rn. 35/37) – Union Nationale de Coopératives Agricoles des Céréales.
[1652] *Schwarz*, Vertrauensschutz als Verfassungsprinzip, 2002, S. 424, 503.
[1653] EuGH, Rs. C-169/73, ECLI:EU:C:1975:13 (Rn. 28/32) – Compagnie Continentale.
[1654] *Bungenberg*, in: Heselhaus/Nowak, § 37 Rn. 31 f.
[1655] Nachweise bei *Kokott*, AöR 121 (1996), 599 (626 f., 629 f.).
[1656] S. sogleich Rn. 3570 ff.
[1657] Bereits *Borchardt*, Der Grundsatz des Vertrauensschutzes im europäischen Gemeinschaftsrecht, 1988, S. 121; dahin auch *Bungenberg*, in: Heselhaus/Nowak, § 37 Rn. 41.

§ 4 Vertrauensschutz und Rechtssicherheit

keit seines Vertrauens ausgeht, diese aber letztlich aufgrund der angelegten objektiven Sorgfaltsanforderungen nicht besteht.

Wegen der starken Maßgeblichkeit objektiver Umstände kommt es sehr stark darauf an, welche **Vertrauensgrundlage** vorhanden ist. Je gesicherter diese objektiv ist, desto eher kann die einzelne Person in ihren Fortbestand Vertrauen entfalten. Das gilt in erster Linie für **gesicherte Rechtspositionen**, sind diese doch unbedingt und ohne Vorbehalte rechtmäßig gewährt. Sie sind daher per se schutzwürdig.[1658] Bei ihnen ist daher die Schutzwürdigkeit grundsätzlich nicht mehr im Einzelnen zu prüfen. Für sie sprechen bereits die objektiven Umstände, sodass die subjektive Perspektive nicht mehr näher in Augenschein zu nehmen ist. Es besteht eine Vermutung dafür, dass schutzwürdiges Vertrauen entfaltet wurde.[1659] 3568

Umgekehrt ist aufgrund der objektiven Verhältnisse schutzwürdiges **Vertrauen ausgeschlossen**, wenn ein Unternehmen bestehende **Bestimmungen** offenbar **verletzt** hat.[1660] Das gilt etwa, wenn **Mitwirkungspflichten** nicht erfüllt wurden.[1661] Bei einer Duldung ist schädlich, wenn die betroffene Person den durch die europäischen Organe hingenommenen Zustand selbst hervorgerufen hat.[1662] Auch darüber hinaus wird die Schutzwürdigkeit von Vertrauen ausgeschlossen, wenn die betroffene Person die beeinträchtigende **Maßnahme** der europäischen Organe **selbst hervorgerufen** hat.[1663] 3569

2. Kennen oder Kennenmüssen einer fehlerhaften oder entfallenen Vertrauensgrundlage

a) Strenge Konzeption des EuGH

Bereits die **Kenntnis** oder das **Kennenmüssen einer fehlerhaften Vertrauensgrundlage lässt die Schutzwürdigkeit entfallen**. Das gilt zumal bei positiver Kenntnis.[1664] Aber auch schon **vorhersehbare Änderungen** schließen einen Vertrauensschutz aus.[1665] Eine besonders starke Einschränkung der Schutzwürdigkeit 3570

[1658] *Schwarz*, Vertrauensschutz als Verfassungsprinzip, 2002, S. 504.
[1659] *Schwarz*, Vertrauensschutz als Verfassungsprinzip, 2002, S. 504: „Regelvermutung für die Schutzwürdigkeit".
[1660] EuGH, Rs. C-67/84, ECLI:EU:C:1985:506 (Rn. 21) – Sideradria.
[1661] EuGH, Rs. C-42 u. 49/59, ECLI:EU:C:1961:5 (S. 116) – SNUPAT.
[1662] EuGH, Rs. C-1252/79, ECLI:EU:C:1980:288 (Rn. 8 f.) – Lucchini.
[1663] Übereinstimmend *Bungenberg*, in: Heselhaus/Nowak, § 37 Rn. 31 f.; *Schwarz*, Vertrauensschutz als Verfassungsprinzip, 2002, S. 515 f.; bereits *Schwarze*, Europäisches Verwaltungsrecht, S. 982 f.; ausführlich *Borchardt*, Der Grundsatz des Vertrauensschutzes im europäischen Gemeinschaftsrecht, 1988, S. 117 ff.
[1664] S. EuGH, Rs. C-111/63, ECLI:EU:C:1965:76 (S. 911) – Lemmerz-Werke; Rs. C-112/77, ECLI:EU:C:1978:94 (Rn. 20) – Töpfer.
[1665] EuGH, Rs. C-350/88, ECLI:EU:C:1990:71 (Rn. 37) – Delacre; bereits Rs. C-95-98/74, ECLI:EU:C:1975:172 (Rn. 52/55) – Union Nationale de Coopératives Agricoles des Céréales.

des Vertrauens ergibt sich daraus, dass die betroffenen Wirtschaftsteilnehmenden **eigene Nachforschungen** anstellen müssen, **wenn Zweifel** aufkommen, ob eine für sie günstige Rechtslage weiter besteht.[1666]

b) Auflockerung durch Mitteilungspflicht von Änderungen?

3571 An dieser Pflicht ändert im Ergebnis auch die von der Rechtsprechung in der Entscheidung *Crispoltoni* angenommene **notwendige Mitteilung von potenziell investitionsrelevanten Änderungen der Rechtslage an** die betroffenen Wirtschaftsteilnehmenden[1667] wenig. Zwar trat damit vom Ansatz her diese Ankündigungspflicht der europäischen Organe an die Stelle der bisherigen Informationspflicht der Betroffenen.[1668] Insoweit liegt ein Paradigmenwechsel vor.[1669]

3572 Indes **genügt** für eine Ankündigung bereits ein **Vorschlag der Kommission an den Rat**[1670] oder die Veröffentlichung im Amtsblatt.[1671] Dies unterstreicht, dass für das **Kennenmüssen** eine **umsichtige Vorgehensweise** vorausgesetzt wird.[1672] Der EuGH nimmt also faktisch „eine erhebliche Verlagerung der Erkundigungsobligationen für die betroffenen Wirtschaftskreise in Kauf".[1673] Danach bestimmt sich auch der Zeitpunkt, ab dem mit einer modifizierten Rechtslage gerechnet werden muss.[1674] Dass eine umsichtige wirtschaftsteilnehmende Person eine veränderte Rechtslage kennen muss, können damit die **europäischen Organe** durch eine **Information über die Neuregelung** herbeiführen. Damit geht es letztlich immer noch darum, ob eine umsichtige Geschäftsperson davon Kenntnis hat oder haben muss, dass die fragliche Vertrauensgrundlage fehlerhaft ist oder nicht mehr besteht. Die **Pflichten zur Nachforschung** sind dabei umso stärker, je schwächer die eigene Rechtsposition ist.[1675]

[1666] EuGH, Rs. C-42 u. 49/59, ECLI:EU:C:1961:5 (S. 173) – SNUPAT.
[1667] EuGH, Rs. C-368/89, ECLI:EU:C:1991:307 (Rn. 21) – Crispoltoni I.
[1668] S. auch *Michels*, Vertrauensschutz beim Vollzug von Gemeinschaftsrecht und bei der Rückforderung rechtswidriger Beihilfen, 1997, S. 25.
[1669] So *Schwarz*, Vertrauensschutz als Verfassungsprinzip, 2002, S. 425: „fundamentaler Wechsel".
[1670] EuGH, Rs. C-95-98/74, ECLI:EU:C:1975:172 (Rn. 42/46 ff.) – Union Nationale de Coopératives Agricoles des Céréales.
[1671] EuGH, Rs. C-143/88 u. 92/89, ECLI:EU:C:1991:65 (Rn. 59) – Süderdithmarschen.
[1672] S. generell EuGH, Rs. C-98/78, ECLI:EU:C:1979:14 (Rn. 20) – Racke, Rs. C-99/78, ECLI:EU:C:1979:15 (Rn. 8) – Decker; w. N. bei *Schwarz*, Vertrauensschutz als Verfassungsprinzip, 2002, S. 505 Fn. 82.
[1673] *Schwarz*, Vertrauensschutz als Verfassungsprinzip, 2002, S. 511.
[1674] *Bungenberg*, in: Heselhaus/Nowak, § 37 Rn. 36.
[1675] *Bungenberg*, in: Heselhaus/Nowak, § 37 Rn. 34.

c) Folgen

Außer bei gesicherten Rechtspositionen ist danach im Ergebnis die **Schutzwürdigkeit** nach der Rechtsprechung des EuGH **regelmäßig** sehr **gering**. Es müssen außergewöhnliche Umstände vorliegen.[1676]

3573

aa) Reaktionen auf veränderte Umstände

So muss eine umsichtige wirtschaftsteilnehmende Person immer mit Reaktionen der europäischen Organe oder dazu ermächtigter nationaler Organe bei nicht vorhergesehenen Marktentwicklungen oder sonstigen Schwierigkeiten rechnen.[1677] Das gilt jedenfalls bei Regelungen, bei denen Reaktionen auf aktuelle Vorkommnisse wie im Bereich der **gemeinsamen Marktorganisationen** von vornherein **systemimmanent** sind,[1678] zumal wenn andernfalls die europäische Ebene überhaupt keine wirksamen Maßnahmen treffen könnte.[1679] Damit wird indes das Verhalten von **Unionsorganen allzu sehr privilegiert** und von Kontrolle freigestellt – anders als das nationaler Behörden.[1680]

3574

Oder aber die **Änderungen** sind in der früheren Regelung bereits **vorgezeichnet**.[1681] Allerdings müssen zwingende Gründe des Gemeinwohls eine Änderung erfordern. Vor dieser vorgenommene, nicht mehr rückgängig zu machende Geschäfte müssen durch Übergangsregelungen geschützt werden,[1682] außer dadurch würden die aus Gemeinwohlgründen getroffenen Maßnahmen leerlaufen, da ihnen jede praktische Wirksamkeit genommen würde.[1683]

3575

Lässt man gar **systemimmanente Unsicherheiten in bestimmten Politikbereichen** ausreichen, welche das Risiko wechselnder hoheitlicher Eingriffe bergen,[1684] dürfte die Schutzwürdigkeit des Vertrauens in nahezu sämtlichen europäischen

3576

[1676] Bereits *Borchardt*, EuGRZ 1988, 309 (312); aktuell *Schwarz*, Vertrauensschutz als Verfassungsprinzip, 2002, S. 504.

[1677] EuGH, Rs. C-169/73, ECLI:EU:C:1975:13 (Rn. 28/32) – Compagnie Continentale; Rs. C-44-51/77, ECLI:EU:C:1978:14 (Rn. 34/37) – Union Malt; im Ergebnis auch Rs. C-112/80, ECLI:EU:C:1981:94 (Rn. 48 f.) – Dürbeck.

[1678] EuGH, Rs. C-74/74, ECLI:EU:C:1975:59 (Rn. 38/40) – CNTA; Rs. C-335/09 P, ECLI:EU:C:2012:385 (Rn. 180) – Polen/Kommission; EuG, Rs. T-290/12, ECLI:EU:T:2015:221 (Rn. 56) – Polen/Kommission.

[1679] S. EuGH, Rs. C-120/86, ECLI:EU:C:1988:213 (Rn. 23) – Mulder; Rs. C-170/86, ECLI:EU:C:1988:214 (Rn. 12) – von Deetzen; Rs. C-177/90, ECLI:EU:C:1992:2 (Rn. 13) – Kühn; Rs. C-280/93, ECLI:EU:C:1994:367 (Rn. 79) – Bananen.

[1680] *Vosgerau*, in: Stern/Sachs, Art. 17 Rn. 31, 48.

[1681] EuGH, Rs. C-90/77, ECLI:EU:C:1978:91 (Rn. 7) – Stimming.

[1682] EuGH, Rs. C-74/74, ECLI:EU:C:1975:59 (Rn. 41/43) – CNTA; s. auch Rs. C-90/77, ECLI:EU:C:1978:91 (Rn. 6) – Stimming.

[1683] EuGH, Rs. C-112/80, ECLI:EU:C:1981:94 (Rn. 50) – Dürbeck.

[1684] So *Schwarz*, Vertrauensschutz als Verfassungsprinzip, 2002, S. 508 f.; s. EuGH, Rs. C-96/77, ECLI:EU:C:1978:26 (Rn. 54/58) – Bauche; Rs. C-203/86, ECLI:EU:C:1988:420 (Rn. 19) – Spanien/Rat; Rs. C-104/97 P, ECLI:EU:C:1999:498 (Rn. 52 f.) – Atlanta.

Kompetenzfeldern entfallen, da vielfach die Belastungswirkung abhängig von der weiteren wirtschaftlichen Entwicklung ist und diese regelmäßig nicht sicher vorhergesehen werden kann. Zudem bestehen Bewertungsunsicherheiten. Das gilt vor allem für den **Klimaschutz**.

3577 Indes besteht bei einer solchen Konzeption **praktisch kein Vertrauensschutz mehr** und lässt daher abwehrrechtliche Belange etwa aus der Eigentums-, Unternehmens- und Berufsfreiheit allzu sehr in den Hintergrund treten: Eine Abwägung mit darauf gestützten Vertrauensschutzaspekten findet kaum mehr statt. Ein Schutz vor raschen Änderungen auf der Basis des Klimaschutzes erfolgt damit nur noch höchst eingeschränkt. Dabei sind schon aus Gründen der Akzeptanz **langfristig konzipierte Maßnahmen** erforderlich.[1685] Und selbst das BVerfG lässt erst mit zunehmenden Klimawandel Klimaschutzaspekte regelmäßig durchschlagen.[1686]

bb) Ausdrücklicher Vorbehalt

3578 Wesentlich eindeutiger ist hingegen, wenn die Schutzwürdigkeit des Vertrauens durch eine entsprechende Regelung namentlich in dem begünstigenden Verwaltungsakt ausgeschlossen ist. Das gilt vor allem beim **Vorbehalt eines Widerrufes**[1687] oder sonstiger späterer Maßnahmen.[1688] Ein solcher Vorbehalt muss allerdings seinerseits rechtmäßig und damit auch sachlich erforderlich sein.[1689] Entsprechendes gilt für andere Nebenbestimmungen wie eine **zeitliche Befristung**. Lediglich innerhalb der Frist ist das Vertrauen der betroffenen Person auf das Ausbleiben einer Änderung geschützt.[1690] Tritt die in einem Vorbehalt bzw. in einer Nebenbestimmung vorgesehene Situation ein, bedarf es auch keiner Übergangsregelungen mehr, um eine Begünstigung zu widerrufen bzw. zu ändern. Dieses Erfordernis gilt in den anderen Fällen, wenn Geschäfte abgeschlossen wurden, ohne dass noch ein Rücktritt möglich wäre.[1691]

cc) Vorläufige Maßnahmen

3579 Von vornherein nur vorläufig sind **Änderungen vorbehaltende Maßnahmen**, weil sie diese beim Eintritt bestimmter Umstände vorsehen,[1692] durch einen ausdrück-

---

[1685] BVerfGE 157, 30 (Rn. 249) – Klimabeschluss.

[1686] BVerfGE 157, 30 (Rn. 198 a. E.) – Klimabeschluss.

[1687] EuGH, Rs. C-54/65, ECLI:EU:C:1966:33 (S. 545) – Châtillon.

[1688] EuGH, Rs. C-3/83, ECLI:EU:C:1985:283 (Rn. 27) – Roland Abrias; aus der Lit. *Borchardt*, EuGRZ 1988, 309 (312).

[1689] *Bungenberg*, in: Heselhaus/Nowak, § 37 Rn. 36; *Schwarz*, Vertrauensschutz als Verfassungsprinzip, 2002, S. 506.

[1690] *Borchardt*, Der Grundsatz des Vertrauensschutzes im europäischen Gemeinschaftsrecht, 1988, S. 109; *Schwarz*, Vertrauensschutz als Verfassungsprinzip, 2002, S. 510.

[1691] S. EuGH, Rs. C-74/74, ECLI:EU:C:1975:59 (Rn. 41/43 ff.) – CNTA.

[1692] EuGH, Rs. C-126/76, ECLI:EU:C:1977:211 (Rn. 9) – Dietz.

§ 4 Vertrauensschutz und Rechtssicherheit

lichen Vorbehalt ermöglichen[1693] bzw. ganz in das Ermessen der Unionsorgane stellen.[1694] Sie vermitteln gerade kein Vertrauen auf Beibehaltung, sondern implizieren ihre Änderung. Das gilt auch im Bereich der Verwaltungspraxis, wenn sich diese auf ein Verhalten stützt, bei dem eine Änderung explizit vorbehalten[1695] bzw. sonstwie vorgesehen war.[1696] Implizit ergibt sich eine Vorläufigkeit daraus, dass sich ein **Verwaltungshandeln eigens auf** die **aktuelle Rechtslage** bezieht, so etwa eine entsprechende Auskunft.[1697]

dd) Offene Normierungen

Noch unsicherer auch aus Sicht der empfangenden Person sind Maßnahmen, die das Eintreten einer bestimmten Rechtsfolge offen lassen, weil sie eine **Alternativregelung ermöglichen**[1698] oder **dispositiv** sind bzw. einen Sachverhalt ursprünglich gar nicht erfassten.[1699] Dann liegt es im Risiko der einzelnen Person,[1700] ob sie sich darauf einlässt, außer europäische Organe erwecken durch ihr Verhalten zusätzliche Erwartungen.[1701] Das gilt erst recht, wenn sie außerhalb des europarechtlich garantierten Ablaufs[1702] auf Preisänderungen wettet,[1703] zumal wenn die europäische Regelung Vorkehrungen gegen spekulative Geschäftspraktiken trifft.[1704]

3580

ee) Rechtswidrige Vertrauensgrundlagen

Ist ein europäischer Rechtsakt rechtswidrig, kann in ihn nur begrenzt schutzwürdiges Vertrauen entfaltet werden. Das gilt nach dem EuGH insbesondere dann nicht, wenn

3581

[1693] EuGH, Rs. C-276/82, ECLI:EU:C:1983:302 (Rn. 20) – De beste Boter.
[1694] EuGH, Rs. C-245/81, ECLI:EU:C:1982:277 (Rn. 27) – Edeka; Rs. C-52/81, ECLI:EU: C:1982:369 (Rn. 27) – Faust; Rs. C-424 u. 425/85, ECLI:EU:C:1987:296 (Rn. 33) – Frico; Rs. C-350/88, ECLI:EU:C:1990:71 (Rn. 33) – Delacre; Rs. C-258 u. 259/90, ECLI:EU:C:1992:199 (Rn. 34) – Pesquerias De Bermeo u. Naviera Laida; EuG, Rs. T-341/12, ECLI:EU:T:2015:51 (Rn. 153) – Evonik Degussa GmbH; Rs. T-345/12, ECLI:EU:T:2015:50 (Rn. 120) – Akzo Nobel NV u. a.
[1695] *Schwarz*, Vertrauensschutz als Verfassungsprinzip, 2002, S. 507; bereits EuGH, Rs. C-54/65, ECLI:EU:C:1966:33 (S. 545) – Châtillon.
[1696] EuGH, Rs. C-26/81, ECLI:EU:C:1982:318 (Rn. 22 f.) – Oleifici Mediterranei.
[1697] EuGH, Rs. C-90/77, ECLI:EU:C:1978:91 (Rn. 9) – Stimming; s. auch o. Rn. 3543.
[1698] EuGH, Rs. C-1/73, ECLI:EU:C:1973:78 (Rn. 9) – Westzucker.
[1699] EuGH, Rs. C-125/77, ECLI:EU:C:1978:187 (Rn. 37/41) – Koninklijke Scholten-Honig.
[1700] S.o. Rn. 3574 zum Urteil *Mulder*, EuGH, Rs. C-120/86, ECLI:EU:C:1988:213 (Rn. 24).
[1701] *Schwarz*, Vertrauensschutz als Verfassungsprinzip, 2002, S. 507; ebenso schon *Borchardt*, Der Grundsatz des Vertrauensschutzes im europäischen Gemeinschaftsrecht, 1988, S. 105; *Schlockermann*, Rechtssicherheit als Vertrauensschutz in der Rechtsprechung des EuGH, 1984, S. 130.
[1702] S. zur begrenzten, aber gerade nicht individual-, sondern systembezogenen Absicherung gegen Wechselkursrisiken EuGH, Rs. C-74/74, ECLI:EU:C:1975:59 (Rn. 38/40) – CNTA.
[1703] *Borchardt*, EuGRZ 1988, 309 (312); *Schwarz*, Vertrauensschutz als Verfassungsprinzip, 2002, S. 516.
[1704] So in EuGH, Rs. C-2/75, ECLI:EU:C:1975:66 (Rn. 4) – Mackprang.

dieser **Fehler** so **offensichtlich** war, dass sogleich am Tag der Veröffentlichung mehrere Wirtschaftsteilnehmende die Kommission auf ihn aufmerksam machen und sich über die von ihr deshalb beabsichtigten Maßnahmen informieren. Daher soll eine umsichtige wirtschaftsteilnehmende Person nicht auf die Rechtmäßigkeit eines solchermaßen fehlerbehafteten Rechtsaktes vertrauen dürfen.[1705] Zudem wurde in dem zugrunde liegenden Fall dieser Rechtsakt schon in weniger als drei Monaten korrigiert, nachdem der EuGH die Notwendigkeit seiner Rücknahme wegen offensichtlicher Rechtswidrigkeit deutlich gemacht hatte.[1706]

3582 Aber auch in anderen Fällen verneinte der EuGH ein schutzwürdiges Vertrauen, wenn die betroffene Person die Rechtswidrigkeit kannte oder hätte erkennen können.[1707] Soweit das **Recht unklar** ist bzw. ein Handlungsauftrag an die Union besteht, liegt eine Parallele zu einer ausnahmsweise möglichen echten Rückwirkung von Gesetzen vor.[1708] Das gilt aber nur für diese begrenzten Fälle. Grundsätzlich zählt die **Erkennbarkeit**, die aber sehr **strengen Maßstäben** unterliegt.

d) Überspannte Anforderungen

3583 Nach diesen Maßstäben wird **den Wirtschaftsteilnehmenden abverlangt**, sowohl die erlassenen europäischen **Rechtsakte auf** ihre **Plausibilität** hin **zu überprüfen** als auch die **Rechtsprechung des EuGH zu verfolgen**. Das können indes nur mit Rechtsabteilungen ausgerüstete größere Unternehmen leisten, schwerlich aber kleinere und mittlere Betriebe. Jedenfalls insoweit sind die **Sorgfaltsanforderungen** des EuGH an eine umsichtige wirtschaftsteilnehmende Person **zu hoch gesteckt** und die scharfen Kriterien an die Schutzwürdigkeit des Vertrauens abzuschwächen.

3584 Insgesamt werden damit die Anforderungen an die Schutzwürdigkeit des Vertrauens überspannt. Die **einzelne Person** ist **gezwungen**, sich **laufend um Änderungen** oder auch nur geplante Modifikationen von Regulierungen **zu kümmern**, selbst wenn sie die feste Erwartung hegt, dass ein Rechtszustand bleibt. Damit schwindet die Verlässlichkeit in die europäische Normierung und die Verwaltungspraxis. Die einzelne Person kann nicht darauf bauen, dass einmal eingeschlagene Strategien erhalten bleiben. Das ist erklärbar, wenn bereits in den maßgeblichen europäischen Rechtsakten eine laufende Änderung vorausgesetzt wird. Es ist noch eher hinnehmbar, wenn bereits der Einzelakt selbst den Vorbehalt einer solchen Änderung enthält.

3585 In den anderen Fällen indes setzt eine verlässliche Planung bei **Unternehmen** voraus, dass sie sich auch **langfristig auf die Beibehaltung von Rechtszuständen**

[1705] EuGH, Rs. C-248/89, ECLI:EU:C:1991:264 (Rn. 22) – Cargill.

[1706] EuGH, Rs. C-248/89, ECLI:EU:C:1991:264 (Rn. 23) – Cargill unter Verweis auf Rs. C-201/87, ECLI:EU:C:1989:100 – Cargill.

[1707] S. EuGH, Rs. C-169/73, ECLI:EU:C:1975:13 (Rn. 28, 32) – Compagnie Continentale: schon Verneinung der Kausalität; Rs. C-112/77, ECLI:EU:C:1978:94 (Rn. 20) – Töpfer: Rückforderung, sobald Unrichtigkeit feststeht.

[1708] *Schwarz*, Vertrauensschutz als Verfassungsprinzip, 2002, S. 514 f.

§ 4 Vertrauensschutz und Rechtssicherheit

einstellen können. Andernfalls ist eine gesicherte berufliche Entfaltung und auch eine Amortisierung getätigter Investitionen nicht möglich. Bei notwendigen **Anpassungen** etwa für den **Klimaschutz** ist ebenfalls auf langfristig konzipierte, frühzeitig angekündigte Maßnahmen zu setzen, um den **Betroffenen** in Wahrung des Vertrauens auf die bisherige Rechtslage ein **verlässliches Umsteuern** zu **ermöglichen**. Dies verlangt auch das BVerfG.[1709] Es ist ein Ausfluss eines wirksamen Klimaschutzes.

e) Stärkere Absicherung über die Grundrechte

Allgemein bedarf es stärkerer Absicherung, welche dogmatisch über eine **Verankerung des Vertrauensgrundsatzes in der Berufs-, der Unternehmens- und der Eigentumsfreiheit** gewonnen werden kann. Dadurch lässt sich auch absichern, dass der betroffenen Person für ihre Investitionstätigkeit relevante **Maßnahmen rechtzeitig mitgeteilt** werden müssen.[1710] So wird **Grundrechtsschutz durch Verfahren** erreicht. Je eher sich die einzelne Person jedenfalls faktisch[1711] selbst um die notwendigen Informationen kümmern muss, tritt gleichsam eine Umkehr des Grundrechtsschutzes ein. Damit er eingreift, muss die einzelne Person erst die Voraussetzungen schaffen. Sie ist deshalb auch in der Darlegungslast, sich hinreichend um Informationen gekümmert zu haben. Grundsätzlich aber sind die eingreifenden staatlichen Organe rechtfertigungspflichtig. Sie müssen daher auch die notwendigen Informationen liefern.

3586

f) Vertrauen als Ausgangspunkt

Indes kann der Vertrauensschutz auch vom System her **nicht allein** an einer entsprechenden **Information** durch die Unionsorgane scheitern. Ansonsten würde es in das Belieben der europäischen Organe gestellt, allein durch Informationen über Rechtsänderungen Vertrauensgrundlagen zu zerstören. Daher ist auch in solchen Fällen zunächst einmal von einem schutzwürdigen Vertrauen auszugehen. Die **Interessenabwägung** hat letztlich darüber zu entscheiden, ob das europäische Interesse an einer Zurückdrängung vorhandenen Vertrauens überwiegt. Schließlich haben die europäischen Organe in diesen Fällen auch eine Vertrauensgrundlage geschaffen, auf die sich der Einzelne eingestellt hat. Das gilt nur dann nicht, wenn die Wirtschaftsteilnehmenden eine solche Rechtsgrundlage überstrapaziert haben, indem sie etwa zusätzliche Risiken selbst übernommen haben.[1712]

3587

[1709] BVerfGE 157, 30 (Rn. 249) – Klimabeschluss.
[1710] EuGH, Rs. C-372/96, ECLI:EU:C:1998:412 (Rn. 25) – Pontillo; Rs. C-402/98, ECLI:EU: C:2000:366 (Rn. 39) – ATB; s.o. Rn. 3451, 3539.
[1711] S.o. Rn. 3559 f.
[1712] EuGH, Rs. C-2/75, ECLI:EU:C:1975:66 (Rn. 4) – Mackprang; Rs. C-62/83, ECLI:EU: C:1984:197 (Rn. 22 f.) – Eximo Molkereierzeugnisse.

3588 Der **EuGH** geht **implizit** davon aus, dass ein **Vertrauen auf den Fortbestand der geschaffenen Rechtslage besteht**. Das gilt auch dann, wenn er im Ergebnis eine Aufhebung bejaht. Dann kann nur das Aufhebungsinteresse überwogen haben. Ein Vertrauen auf Beibehaltung wird sich grundsätzlich auch auf die Zukunft erstrecken. Das zeigt namentlich das Beispiel der Beamtenernennung, welche i. d. R. auf Lebenszeit erfolgt. Daher sind rechtmäßige Entscheidungen grundsätzlich nicht für die Zukunft widerruflich, wenn sie Rechte der einzelnen Person begründen.[1713] Aufgrund der Beeinträchtigung der weiteren beruflichen oder sonstigen wirtschaftlichen Entfaltung sind auch diese Konstellationen grundrechtsrelevant. Eine Beeinträchtigung sowohl der Wirtschaftsgrundrechte als auch des Vertrauensschutzes fehlt hingegen, wenn eine Belastung widerrufen wird.[1714]

IV. Kein überwiegendes Unionsinteresse

1. Starke Betonung des Unionsinteresses

3589 Das von der einzelnen Person entfaltete schutzwürdige Vertrauen auf den Bestand von europäischen Rechtsakten setzt sich letztlich nur dann durch, wenn kein überwiegendes Unionsinteresse besteht. Nach klassischem Verständnis muss das individuelle Vertrauensschutzinteresse mit dem europäischen Änderungsinteresse abgewogen werden. Danach richtet sich, welches Interesse im konkreten Fall den Vorrang hat. Methodischer Maßstab hierfür ist die **Verhältnismäßigkeitskontrolle**.[1715] Verweist man in diesem Zusammenhang auf den **weiten Spielraum**, den der EuGH bei komplexen Abwägungen einräumt, kommt man **nur bei offensichtlichen Irrtümern oder Ermessensmissbräuchen** sowie offenkundigen Überschreitungen rechtlicher Grenzen zu einer **Verletzung** des **Vertrauensgrundsatzes**.[1716]

3590 Der **EuGH** hat **regelmäßig** das **Unionsinteresse** an einer Änderung des Rechtsaktes **über** den **Vertrauensschutz** der einzelnen Person **gestellt**.[1717] Allerdings werden die vorher genannten Prüfungspunkte vielfach mit der Gegenüberstellung

---

[1713] Ohne Unterscheidung zwischen Aufhebung ex tunc und ex nunc EuGH, Rs. C-7/56 u. a., ECLI:EU:C:1957:7 (S. 118) – Algera; ebenso spezifisch für einen Widerruf für die Zukunft *Nicolaysen*, Europarecht I, S. 143.

[1714] *Bungenberg*, in: Heselhaus/Nowak, § 37 Rn. 71 f.; *Altmeyer*, Vertrauensschutz im Recht der Europäischen Union und im deutschen Recht, 2003, S. 60.

[1715] *Bungenberg*, in: Heselhaus/Nowak, § 37 Rn. 43; ausführlich *Schwarz*, Vertrauensschutz als Verfassungsprinzip, 2002, S. 522 ff.

[1716] *Bungenberg*, in: Heselhaus/Nowak, § 37 Rn. 43 unter Verweis auf EuGH, Rs. C-84/94, ECLI:EU:C:1996:431 (Rn. 58) – Vereinigtes Königreich/Rat, der hier aber nicht im Zusammenhang mit dem Vertrauensschutz urteilte; s. auch EuGH, Rs. C-176/09, ECLI:EU:C:2011:290 (Rn. 35) – Luxemburg/Parlament und Rat; Rs. C-203/12, ECLI:EU:C:2013:664 (Rn. 35) – Billerud Karlsborg u. a.; begrenzend *Schwarz*, Vertrauensschutz als Verfassungsprinzip, 2002, S. 524.

[1717] *Borchardt*, Der Grundsatz des Vertrauensschutzes im europäischen Gemeinschaftsrecht, 1988, S. 127. An diesem Befund hat sich auch bis heute nichts geändert, s. *Altmeyer*, Vertrauensschutz im Recht der Europäischen Union und im deutschen Recht, 2003, S. 46 f.

§ 4 Vertrauensschutz und Rechtssicherheit

von individuellem Vertrauensschutzinteresse und europäischem Änderungsinteresse verwoben. Ausgangspunkt auch des EuGH ist aber ebenfalls die für die Abwägung im Rahmen der Verhältnismäßigkeit typische **Betrachtung der konkreten Situation**.[1718] So stellt der EuGH darauf ab, dass sehr ernste Schwierigkeiten im Handel mit den Drittländern sowie eine schwerer werdende finanzielle Belastung der Union eine Änderung erfordern.

Diese Umstände nahm der EuGH aber zur Grundlage, dass sich die Betroffenen der sich daraus ergebenden Änderungsbedürftigkeit hätten bewusst werden müssen. Deshalb war für ihn eine Verkürzung der bislang festgelegten Fristen „nicht so unvorhersehbar, dass sie ein berechtigtes Vertrauen der betroffenen Unternehmen hätte beeinträchtigen können".[1719] Letztlich hebt damit der EuGH bereits auf die durch die angelegten Änderungen **unsichere Vertrauensgrundlage** ab, welche ein schutzwürdiges Vertrauen ausschließt.[1720] Insoweit bedarf es dann auch **nur noch eines legitimierenden Unionsinteresses**, ohne dass dessen Gewicht noch näher den individuellen Vertrauensschutzinteressen gegenüber zu stellen wäre. 3591

Im Übrigen setzen sich die ins Spiel gebrachten Unionsinteressen zumal im Agrarbereich, der infolge der schwer vorhersehbaren Mengenentwicklungen generell starken Anpassungen und Änderungen unterliegt, regelmäßig durch. Das gilt auch dann, wenn der EuGH das Eigentumsrecht ins Spiel bringt, welches hier als grundsätzlicher Ansatzpunkt bejaht wird.[1721] So hält der EuGH zur Eindämmung von Überschüssen und zur Verbesserung der Struktur Zwangsverbote für gerechtfertigt. Das Eigentumsrecht würde dadurch nicht in seinem Wesensgehalt angetastet.[1722] In dieser Erwägung zeigt sich allerdings die **eher pauschale Prüfung des Eigentumsrechts**, die aus grundsätzlichen Erwägungen **durch eine stärker individualbezogene ersetzt werden muss**.[1723] Daraus ergibt sich dann auch eine tendenziell stärkere Abstützung individueller Vertrauensschutzinteressen, sodass sich der Vertrauensschutzgrundsatz eher durchsetzen könnte. 3592

Der EuGH gewichtet **Unionsinteressen** in der Abwägung zwischen Vertrauensschutz- und Änderungsinteresse sehr stark, lassen sie sich doch regelmäßig auf **wichtige Vertragsbestimmungen** zurückführen[1724] und sind die **einzelnen Politiken** im AEUV näher ausgestaltet.[1725] Indes sind **auch die Grundrechte europarechtlich etabliert**. Ihre Bedeutung ist für die Freiheitsentfaltung fundamental und hat sich erheblich verstärkt. Darüber hinaus ist die europäische Wirtschaftsordnung 3593

[1718] S. EuGH, Rs. C-224/82, ECLI:EU:C:1983:219 (Rn. 13) – Meiko-Konservenfabrik; in einer Gesamtbewertung *Borchardt*, Der Grundsatz des Vertrauensschutzes im europäischen Gemeinschaftsrecht, 1988, S. 125.
[1719] EuGH, Rs. C-44-51/77, ECLI:EU:C:1978:14 (Rn. 34/37) – Union Malt.
[1720] S.o. Rn. 3570.
[1721] S.o. Rn. 3445 ff.
[1722] EuGH, Rs. C-44/79, ECLI:EU:C:1979:290 (Rn. 30) – Hauer.
[1723] S.o. Rn. 729 ff.
[1724] S. *Schwarz*, Vertrauensschutz als Verfassungsprinzip, 2002, S. 520 f.
[1725] Darauf abhebend *Bungenberg*, in: Heselhaus/Nowak, § 37 Rn. 46.

nicht nur durch den Interventionismus im Bereich der Landwirtschaft geprägt, sondern in der Grundanlage eher auf Wettbewerb ausgerichtet, wie die Grundfreiheiten und spezifisch die Wettbewerbsfreiheit deutlich machen.[1726] Daher bedarf es grundsätzlich einer stärkeren Gewichtung individueller Belange. Eine effektive **wirtschaftliche Entfaltung** im freien Wettbewerb **beruht** maßgeblich **auf** einem **Vertrauen**, das selbst geschaffene Werte und Wirtschaftsgüter nicht durch staatliche Maßnahmen zu nichte gemacht werden.

3594 Umgekehrt spricht freilich die Wettbewerbsneutralität für eine **Neutralisierung von Verfälschungen** und damit für eine Aufhebung rechtswidriger Beihilfegewährungen.[1727] Die Rechtswidrigkeit einer Beihilfe schließt Vertrauen regelmäßig aus.[1728]

2. Einzelne Unionsinteressen

3595 Der EuGH hat verschiedene Unionsinteressen ins Spiel gebracht, um eine Rückwirkung zu legitimieren. Neben einer Durchsetzung der **Wettbewerbsprinzipien** zur Vermeidung von Vorzugsstellungen einzelner marktteilnehmender Personen[1729] spielten namentlich[1730] die letztendlich ebenfalls für Wettbewerbsneutralität sorgende Bekämpfung einer Diskriminierung anderer Wirtschaftsteilnehmer,[1731] finanzielle Belastungen der Gemeinschaft und ein funktionsfähiger Handel mit Drittländern[1732] sowie die **Funktionsfähigkeit eines Politikfeldes** eine Rolle; Letztere wurden vor allem im Bereich der Agrarpolitik relevant.[1733]

3596 Beim **Klimaschutz** zählt das Erreichen **zuverlässiger Ergebnisse**, wozu aber auch die **Akzeptanz** führt, um die von staatlichen Maßnahmen Betroffenen der

---

[1726] Näher dazu *Frenz*, Europarecht 1, Rn. 4 ff.; *ders.*, Europarecht 2, Rn. 2 ff.

[1727] *Schwarz*, Vertrauensschutz als Verfassungsprinzip, 2002, S. 521 f.

[1728] S. etwa EuGH, Rs. C-148/04, ECLI:EU:C:2005:774 (Rn. 104) – Unicredito; Rs. C-349/17, ECLI:EU:C:2019:172 (Rn. 98) – Eesti Pagar; EuG, Rs. T-171/02, ECLI:EU:T:2005:219 (Rn. 64) – Regione autonoma della Sardegna; Rs. T-95/21, ECLI:EU:T:2022:567 (Rn. 197) – Portugal/Kommission; im Einzelnen *Frenz*, Europarecht 3, Rn. 2591 ff.

[1729] EuGH, Rs. C-111/63, ECLI:EU:C:1965:76 (S. 913) – Lemmerz-Werke; Rs. C-54/65, ECLI:EU:C:1966:33 (S. 546) – Châtillon sowie bereits Rs. C-14/61, ECLI:EU:C:1962:28 (S. 545 ff.) – Koninklijke Nederlandsche Hoogovens en Staalfabrieken u. vorstehend Rn. 3594.

[1730] Eine vollständige Übersicht bietet *Schwarz*, Vertrauensschutz als Verfassungsprinzip, 2002, S. 519 f.

[1731] Bereits EuGH, Rs. C-42 u. 49/59, ECLI:EU:C:1961:5 (S. 172 f.) – SNUPAT; auch die vorstehend aufgeführten Entscheidungen Rs. C-111/63, ECLI:EU:C:1965:76 (S. 913) – Lemmerz-Werke; Rs. C-54/65, ECLI:EU:C:1966:33 (S. 546) – Châtillon; aus jüngerer Zeit Rs. C-108/81, ECLI:EU:C:1982:322 (Rn. 6) – Amylum („Isoglucose"); Rs. C-337/88, ECLI:EU:C:1990:1 (Rn. 15) – SAFA.

[1732] EuGH, Rs. C-44-51/77, ECLI:EU:C:1978:14 (Rn. 34/37) – Union Malt; s. bereits o. Rn. 3590.

[1733] EuGH, Rs. C-44/79, ECLI:EU:C:1979:290 (Rn. 27) – Hauer: Abwehr von Überproduktionen und Wahrung des Marktgleichgewichts; s. bereits o. Rn. 3592 sowie EuGH, Rs. C-84/81, ECLI:EU:C:1982:187 (Rn. 13 f.) – Staple Dairy Products.

§ 4 Vertrauensschutz und Rechtssicherheit

Befolgung und zu eigenständigen Handeln zu veranlassen. Bei enttäuschtem Vertrauen wird sich diese Akzeptanz schwerlich entwickeln und der erstrebte Klimaschutz lässt sich kaum erfolgreich erzielen. In solchen Fällen fehlt staatlichen Maßnahmen schon die Geeignetheit.

Weiter von Bedeutung ist die **Gesetzmäßigkeit der Verwaltung**.[1734] Sie verlangt grundsätzlich eine Wahrung der Rechtmäßigkeit und damit auch eine Beseitigung rechtswidriger Zustände, selbst wenn dies nur durch rückwirkende Aufhebungen möglich ist,[1735] und ist dem Grundsatz der Wahrung der Rechtssicherheit an die Seite zu stellen. Daraus ergibt sich die notwendige Abwägung beider.[1736] Und auch diese Abwägung wird auf Seiten der Vertrauensschutzinteressen Privater damit verbunden, ob sie in gutem Glauben entstanden sein konnten.[1737] Das passt dazu, dass der EuGH regelmäßig die Änderungsmöglichkeiten der europäischen Politiken betont und dahinter den Vertrauensschutz zurücktreten lässt bzw. bereits ein schutzwürdiges Vertrauen von vornherein verneint, sodass er vielfach zu einer Abwägung gar nicht erst kommt.

3597

3. Verhältnismäßigkeitsprüfung

Einer Gegenüberstellung von Vertrauensschutz und diesen beschränkenden Unionsinteressen vorgelagert ist die Frage, ob eine in bestehende Rechtspositionen eingreifende Maßnahme **geeignet** und **erforderlich** ist. Das setzt voraus, dass durch die Maßnahme geltend gemachte Unionsinteressen verwirklicht werden können,[1738] und zwar nur durch sie, also keine mildere Maßnahme zur Verfügung steht, die bei gleicher Wirksamkeit das schutzwürdige Vertrauen nicht oder weniger beeinträchtigt.[1739] Ihr Nutzen muss zudem das beeinträchtigte Vertrauen überwiegen.[1740] Damit erfolgt auch eine **Angemessenheitskontrolle**.[1741]

3598

Alle drei Prüfungsschritte sind allerdings dann, wenn der europäische Gesetzgebende wie in der Agrarpolitik über einen **Gestaltungsspielraum** verfügt, **nur**

3599

[1734] S. implizit EuGH, Rs. C-14/81, ECLI:EU:C:1982:76 (Rn. 30) – Alpha Steel; Rs. C-15/85, ECLI:EU:C:1987:111 (Rn. 14) – Consorzio Cooperative d'Abruzzo.
[1735] S. im Ansatz EuGH, Rs. C-248/89, ECLI:EU:C:1991:264 (Rn. 20) – Cargill.
[1736] EuGH, Rs. C-42 u. 49/59, ECLI:EU:C:1961:5 (S. 172 f.) – SNUPAT.
[1737] EuGH, Rs. C-42 u. 49/59, ECLI:EU:C:1961:5 (S. 173) – SNUPAT.
[1738] EuGH, Rs. C-74/74, ECLI:EU:C:1975:59 (Rn. 38/40) – CNTA.
[1739] S. nur EuGH, Rs. C-331/88, ECLI:EU:C:1990:391 (Rn. 13) – Fedesa; Rs. C-412/21, ECLI:EU:C:2023:234 (Rn. 71) – Dual Prod SRL: „(…) wenn mehrere geeignete Maßnahmen zur Auswahl stehen, die am wenigsten belastende zu wählen ist (…)".
[1740] Auch EuGH, Rs. C-44-51/77, ECLI:EU:C:1978:14 (Rn. 28/33) – Union Malt; Rs. C-112/80, ECLI:EU:C:1981:94 (Rn. 48) – Dürbeck.
[1741] *Schwarz*, Vertrauensschutz als Verfassungsprinzip, 2002, S. 523; Zur Angemessenheitskontrolle s. EuGH, Rs. C-412/21, ECLI:EU:C:2023:234 (Rn. 66): „(…) die durch sie bedingten Nachteile müssen in angemessenem Verhältnis zu den angestrebten Zielen stehen (Rs. C-117/20, ECLI:EU:C:2022:202, Rn. 48 – bpost)."

begrenzt gerichtlich nachprüfbar, ob nämlich die Maßnahme offensichtlich ungeeignet, nicht erforderlich oder unangemessen ist.[1742] Bei rückwirkenden Normen drückt sich diese Prüfung darin aus, dass ohne sie das angestrebte Ziel nicht erreicht werden kann. Zudem muss schutzwürdiges Vertrauen hinreichend beachtet worden sein.[1743] In diesem Rahmen kann auch eine Angemessenheitsprüfung erfolgen.[1744] Diese ist aber nur notwendig, wenn schutzwürdiges Vertrauen besteht.

3600 Kommt es deshalb zu einer **Abwägung**, spielt neben dem Gewicht der **Unionsinteressen** auch die **Intensität des entwickelten Vertrauens** eine Rolle. Diese ist schon dann geringer, wenn die europäischen Organe aufgrund der zugrunde liegenden Regelung einen Gestaltungsspielraum haben,[1745] sofern dieser nicht wie nach dem EuGH zumeist die Schutzwürdigkeit des Vertrauens ausschließt.[1746] Entsprechendes gilt bei den Wirtschaftsteilnehmenden erkennbaren Schwierigkeiten, die eine Anpassung der bisherigen Regelung bzw. Verwaltungspraxis erfordern.[1747]

4. Seltenes Überwiegen des Vertrauensschutzes

3601 Letztlich hat der EuGH nur in extremen Fällen den Vertrauensschutz überwiegen lassen. So hat die Kommission im Fall *Meiko* erst nachträglich die Gewährung einer Beihilfe vom Eingang der dafür maßgeblichen Verträge zum 31.7.1980 abhängig gemacht, und dieser Tag lag zeitgleich mit der Frist für die Unterzeichnung der Verträge. Damit wurde den Betroffenen, die wie vorgesehen ihren Vertrag erst am 31.7.1980 unterzeichneten, zugemutet, diesen am selben Tag zu übermitteln, was regelmäßig unmöglich war. Hier nahm der EuGH einen solch starken Vertrauensbruch an, dass er überwiegende Gemeinschaftsinteressen nicht ausreichen ließ.[1748]

3602 Hier kam aber der Umstand hinzu, dass von den Betroffenen **praktisch Unmögliches verlangt** wurde. Daher war in besonders grober Weise der Schutz von Vertrauen beeinträchtigt. Dies galt auch deshalb, weil der Beginn der Geltungsdauer eines Rechtsaktes auf einen Zeitpunkt vor dessen Veröffentlichung gelegt wurde,[1749] also ein Fall der so genannten **echten Rückwirkung** vorlag. Hier kann nur ausnahmsweise das berechtigte Vertrauen der Betroffenen dem damit angestrebten Gemeinschaftsziel weichen müssen.[1750]

[1742] EuGH, Rs. C-331/88, ECLI:EU:C:1990:391 (Rn. 14 ff.) – Fedesa; Rs. C-412/21, ECLI:EU:C:2023:234 (Rn. 66 ff.) – Dual Prod SRL; s.o. Rn. 724 ff.
[1743] S.o. Rn. 3519.
[1744] *Schwarz*, Vertrauensschutz als Verfassungsprinzip, 2002, S. 524.
[1745] *Schwarz*, Vertrauensschutz als Verfassungsprinzip, 2002, S. 524.
[1746] Etwa EuGH, Rs. C-256/84, ECLI:EU:C:1987:204 (Rn. 20) – Koyo Seiko.
[1747] Z. B. EuGH, Rs. C-44-51/77, ECLI:EU:C:1978:14 (Rn. 34/37) – Union Malt.
[1748] EuGH, Rs. C-224/82, ECLI:EU:C:1983:219 (Rn. 13 ff.) – Meiko-Konservenfabrik.
[1749] EuGH, Rs. C-224/82, ECLI:EU:C:1983:219 (Rn. 12) – Meiko-Konservenfabrik.
[1750] S.o. Rn. 3519 ff.

5. Fragliche Vereinbarkeit mit den Grundrechten

Damit kommt es weniger auf das abstrakte Gewicht der jeweils in Frage stehenden Unionsinteressen und individuellen Vertrauensgesichtspunkte an. **Entscheidend** ist vielmehr, **wie sich die geänderte Rechtslage konkret darstellt**, inwieweit also eine Änderung zurückwirkt und in welchem Maß sie bereits in dem geänderten Rechtsakt selbst angelegt war. So verkommt allerdings die Wahrung des Grundsatzes des Vertrauensschutzes eher zu einer **rechtstechnischen Betrachtung**. Die **materiellen Grundrechtspositionen** und sonstigen individuellen Rechtsbelange treten demgegenüber weitgehend in den **Hintergrund** und haben letztlich regelmäßig keine praktischen Auswirkungen. Das ist aber mit dem grundsätzlichen Gewicht der Grundrechte schwerlich zu vereinbaren. 3603

Eher mit den Grundrechten konform ist die **Zurückdrängung des Vertrauensschutzes aufgrund mangelnder Schutzwürdigkeit**. Sie begrenzt von vornherein die Geltungskraft der Grundrechte, ist sie doch auch individuell angelegt. Dann muss aber auch insoweit eine **stärker auf** die **Betroffenen abhebende Betrachtungsweise** erfolgen und kann nicht pauschal verlangt werden, dass sämtliche Entwicklungen auf europäischer Ebene intensiv verfolgt werden können, damit die notwendige Umsicht eines Wirtschaftsteilnehmenden gewahrt bleibt. 3604

D. Rechtsfolgen

I. Ausnahmsweise Ungültigkeit der Unionsregelung

1. Vollständige Durchsetzung des Vertrauensschutzes

Selbst in solchen Fällen, in denen der Schutz des Vertrauens in eine Beibehaltung der Rechtslage das Unionsinteresse an einer Änderung überwiegt, ist der Rechtszustand nicht notwendigerweise zementiert. Dies kann schon nach dem Prüfungsansatz anders sein, wenn das angestrebte Ziel eine Rückanknüpfung verlangt und das berechtigte Vertrauen der betroffenen Person gebührend beachtet ist.[1751] 3605

Allerdings ist eine vollständige Durchsetzung des Vertrauensschutzes nur möglich, wenn die entsprechende rückanknüpfende Regelung in dem Maße nicht greift, wie sich das Vertrauensschutzinteresse durchsetzt. Daher hat der EuGH im Fall *Meiko* die insoweit beeinträchtigende **Vorschrift** für **ungültig** erklärt.[1752] Voraussetzung ist damit ein entsprechendes Gewicht des **Vertrauensschutzes**. Dieser muss sich auch in der Abwägung **in vollem Umfang gegen die für eine Rechtsänderung geltend gemachten Belange durchsetzen**, um eine solche Regelung gänzlich zunichte zu machen. Dass eine europäische Regelung (gänzlich) ungültig ist, 3606

[1751] EuGH, Rs. C-224/82, ECLI:EU:C:1983:219 (Rn. 12) – Meiko-Konservenfabrik.
[1752] EuGH, Rs. C-224/82, ECLI:EU:C:1983:219 (Rn. 20) – Meiko-Konservenfabrik.

kommt zudem nur dann in Betracht, wenn der Vertrauensschutz nicht anders verwirklicht werden kann. **Im Übrigen** werden **Übergangsregelungen** und **Schadensersatz** als vorrangig betrachtet.[1753]

3607 Die Ungültigkeit einer rechtsändernden Regelung ist vor allem dann geboten, wenn **Bestandsschutz** greift. Er schließt grundsätzlich eine Rechtsänderung aus. Dies kann aber auch nur begrenzt zutreffen, so wenn beispielsweise Vertrauen nur insoweit geschützt ist, als es sich auf eine nachteilige Regelung gerade wegen einer bestimmten Handlung bezieht.[1754]

2. Rückwirkende Aufhebung von rechtmäßigen Einzelakten

3608 Eine solch starke vertrauensgeschützte Position besteht in erster Linie bei rechtmäßigen Begünstigungen. Sie verleihen subjektive Rechte, die jedenfalls nicht mehr rückwirkend entzogen werden können. Insoweit „überwiegt das Bedürfnis, das Vertrauen auf den dauernden Fortbestand der geschaffenen Rechtsstellung zu schützen, gegenüber dem Interesse der Verwaltungsbehörde an einer Rückgängigmachung ihrer Entscheidung".[1755]

3609 Bei Einzelakten, auf die sich die vorstehende Rechtsprechung bezieht, müssen **zumeist nur Einzelne betreffende Entscheidungen aufgehoben** werden, um dem beeinträchtigten Vertrauensschutz zum Durchbruch zu verhelfen. Damit wird aber nur ein subjektives Recht wiederhergestellt. Dieses kann anders auch nicht gewahrt werden. Schwierigkeiten entstehen allenfalls dann, wenn durch diese Entscheidungen andere begünstigt wurden, die nunmehr die Aufhebung belastet. Diesen wurde indes eine Position verschafft, auf die sie keinen Anspruch haben, weil die betroffene Person gerade ein subjektives Recht hatte, das verletzt wurde.

3. Echte Rückwirkung von Normen

3610 Die andere Konstellation, in denen eine europäische Regelung ungültig sein kann, ist die einer **rückwirkenden Änderung gesetzlich begründeter Rechtspositionen**. Auch diese können nur durch eine **Aufhebung der belastenden Regelung** wiederhergestellt werden. Eine Übergangsregelung hilft nur bei in die Zukunft gerichteten Maßnahmen, die dann zugunsten verfahrensgeschützter Personen später greifen, außer sie nimmt bereits abgeschlossene Sachverhalte von der Regelung aus. Dann hebt sie diese aber insoweit auf.

[1753] S. *Borchardt*, Der Grundsatz des Vertrauensschutzes im europäischen Gemeinschaftsrecht, 1988, S. 129; *Schwarz*, Vertrauensschutz als Verfassungsprinzip, 2002, S. 526.

[1754] EuGH, Rs. C-120/86, ECLI:EU:C:1988:213 (Rn. 28) – Mulder.

[1755] Grundlegend EuGH, Rs. C-7/56 u. a., ECLI:EU:C:1957:7 (S. 118) – Algera; ebenso Rs. C-42 u. 49/59, ECLI:EU:C:1961:5 (S. 162) – SNUPAT; Rs. C-159/82, ECLI:EU:C:1983:242 (Rn. 11) – Verli-Wallace; *Haratsch*, EuR 1998, 387 (391); *Kokott*, AöR 121 (1996), 599 (626).

§ 4 Vertrauensschutz und Rechtssicherheit

Bei Gesetzen ist allerdings im Gegensatz zu Einzelakten eine **Wiederherstellung individueller Rechtspositionen** auch dadurch denkbar, dass nur für diese eine **Rückbewirkung von Rechtsfolgen** vermieden wird. Das muss aber in **Ausnahmeregelungen** schon **in der Norm** selbst erfolgen. Ansonsten bleibt nur die Ungültigerklärung. Diese nur zugunsten der Betroffenen eingreifen zu lassen, widerspricht dem generellen Charakter von Normen. Zudem werden zumeist größere Gruppen erfasst. 3611

Wird allerdings **nur ein sehr kleiner Kreis** in seinem oder gar lediglich eine einzelne Person **in ihrem schutzwürdigen Vertrauen** verletzt, könnte eine Norm deshalb nicht für ungültig erklärt werden dürfen,[1756] weil dann wegen der Betroffenheit weniger die normative Gestaltungsfreiheit für Änderungen verloren ginge. Indes kann diese nicht einfach unter Verletzung wesentlicher Rechtsprinzipien wahrgenommen werden, auch wenn nur Wenige oder gar nur eine einzelne Person verletzt sind. Die Folge muss dann die Ungültig- bzw. Nichtigerklärung der verletzenden Regelung sein.[1757] Dies gilt zumal bei einer grundrechtlichen Absicherung des Bestandsschutzes durch die Eigentumsfreiheit.[1758] Gerade Grundrechte dienen in besonderer Weise dem **Minderheitenschutz**. Daher ist es auch problematisch, die Betroffenheit lediglich weniger in der Abwägung mit den Unionsinteressen zu berücksichtigen. 3612

4. Zukunftsbezogene Rechtsänderungen

Erfolgt eine Rechtsänderung nur für die Zukunft, ist die Vertrauensposition der Betroffenen nicht so stark. Daher ist eine **unechte Rückwirkung regelmäßig zulässig**.[1759] Tauchen wegen einer Verletzung gleichwohl angetasteter Vertrauensstellungen namentlich auf der Basis getroffener Dispositionen Schwierigkeiten auf, helfen bei Gesetzen regelmäßig **Übergangsregelungen** weiter, welche die Norm erst eingreifen lassen, wenn die getätigten Investitionen amortisiert sind. Einer (rückwirkenden) Ungültigerklärung bedarf es nicht. 3613

Bei **Einzelakten** wird hingegen die Rechtsposition einer einzelnen Person beeinträchtigt, wenn auch nur für die Zukunft. Entweder ist dies rechtmäßig; dann bedarf es keiner Abänderung einer Entscheidung. Oder dies ist rechtswidrig; dann hilft nur die Aufhebung der Entscheidung. Sie wird aber deshalb seltener notwendig sein, weil Anpassungen für die Zukunft materiell eher möglich sind als für die Vergan- 3614

[1756] So *GA Mayras*, EuGH, Rs. C-112/77, ECLI:EU:C:1978:80 (S. 1036) – Töpfer; bereits *GA Trabucci*, EuGH, Rs. C-47/75, ECLI:EU:C:1976:28 (Rn. 7) – Deutschland/Kommission; auch *Gilsdorf*, RJW 1983, 22 (27).
[1757] Unter Ablehnung im Einzelfall EuGH, Rs. C-112/77, ECLI:EU:C:1978:94 (Rn. 20) – Töpfer in Abweichung von *GA Mayras*, EuGH, Rs. C-112/77, ECLI:EU:C:1978:80 (S. 1036) – Töpfer. Unter Aufzeigung des genannten Spannungsfeldes *Schwarz*, Vertrauensschutz als Verfassungsprinzip, 2002, S. 525 f.
[1758] S.o. Rn. 3446.
[1759] S.o. Rn. 3523 ff.

genheit.[1760] Eine stärkere **Begrenzung solcher Anpassungen** kann aus der **Berufsfreiheit** erwachsen, wenn sich die betroffene Person in ihrer beruflichen Entfaltung auf die fragliche Maßnahme verlassen durfte. Durch eine Absicherung des Vertrauensschutzes (auch) über dieses Grundrecht[1761] lassen sich **Erwartungen an eine auch in Zukunft verlässliche Regulierung** eher rechtlich absichern, soweit man die Berufsfreiheit nicht ihrerseits in diesem Punkt eng fasst.[1762] Gerade eine solche stringente, zukunftssichere und verlässliche Regelung ist für den Klimaschutz zu fordern.[1763]

5. Rechtswidrige Maßnahmen

3615 Bei rechtswidrigen Maßnahmen ist der **Vertrauensschutz** regelmäßig **deutlich geringer** ausgeprägt als bei rechtmäßigen, zumal durch den EuGH die die korrekte Rechtslage kennende umsichtige wirtschaftsteilnehmende Person vorausgesetzt wird.[1764] Auch der **Grundsatz der Gesetzmäßigkeit** der Verwaltung streitet nicht gegen, sondern **für** die **Aufhebung** entsprechender Maßnahmen. Diese ist höchstens dann nicht rückgängig zu machen, wenn die europäischen Organe durch ihr Verhalten feste **Erwartungen erweckt** haben[1765] oder die adressierte Person die Rechtswidrigkeit der Maßnahme nicht kennen konnte. Auch insoweit verstärkt eine grundrechtliche Fundierung des Vertrauensschutzes die Position der betroffenen Person.[1766] Dieser kann aber gleichwohl ggf. durch eine **Übergangsregelung** zufrieden gestellt werden, bis sich ihre bisherigen Aufwendungen amortisiert haben.

II. Regelmäßige Übergangsregelungen

3616 Insbesondere bei **zukunftsbezogenen normativen Änderungen** wird dem Vertrauensschutz regelmäßig durch Übergangsregelungen entsprochen, falls sie überhaupt nötig sind.[1767] Dadurch haben die Einzelnen ausreichende Möglichkeiten, sich auf eine neue Rechtslage einzustellen. Umgekehrt wird den europäischen Organen nicht über Gebühr der notwendige Handlungsspielraum genommen.[1768] Die betroffenen

---

[1760] S.o. Rn. 3519 ff., 3602.
[1761] S.o. Rn. 3451 f., 3603 f.
[1762] S.o. Rn. 3453.
[1763] S. BVerfGE 157, 30 (Rn. 249) – Klimabeschluss.
[1764] S.o. Rn. 3581 f.
[1765] S.o. Rn. 3544 ff.
[1766] S.o. Rn. 3588.
[1767] S. EuGH, Rs. C-97/76, ECLI:EU:C:1977:98 (Rn. 5 f.) – Merkur; Rs. C-246/87, ECLI:EU:C:1989:194 (Rn. 17) – Continentale Produkten-Gesellschaft.
[1768] *Borchardt*, Der Grundsatz des Vertrauensschutzes im europäischen Gemeinschaftsrecht, 1988, S. 130 ff.; *Bungenberg*, in: Heselhaus/Nowak, § 37 Rn. 49.

Wirtschaftsteilnehmenden sind dann hinreichend geschützt, wenn sie **Verluste noch abwenden** können, die ihnen durch das Eingreifen einer neuen Regelung entstehen.[1769] Sie müssen also in der Lage sein, die getätigten Investitionen auszuführen und bzw. in Gang gesetzte **Wirtschaftsgeschäfte noch abzuwickeln**. Ist dies vollständig der Fall, können also getätigte Investitionen ganz amortisiert werden, wird letztlich voller Bestandsschutz sichergestellt.[1770]

Allerdings ist auch auf dieser **Rechtsfolgenebene** der **Verhältnismäßigkeitsgrundsatz** zu beachten. Eine Übergangsregelung kann aus zwingenden Gründen des Gemeinwohls ausgeschlossen sein.[1771] Dieser Fall tritt häufig auf. Ein Ansatz ist, dass ein **sofortiges Eingreifen einer Neuregelung** aufgrund veränderter Umstände **geboten** und nach der **Konzeption** der bisherigen Regelung für eine umsichtige wirtschaftsteilnehmende Person auch **vorgezeichnet** ist.[1772] Dann ist auf den Fortbestand der bisherigen Rechtslage berechtigterweise entwickeltes Vertrauen nur schwach ausgeprägt und geschützt, falls es überhaupt besteht.[1773] So kann Schutzmaßnahmen, welche in europäischen Verordnungen des Agrarsektors vorgesehen sind, bei ernsthaften Störungen jede praktische Wirksamkeit genommen werden, wenn sie mit Übergangsbestimmungen einhergehen.[1774]

3617

III. Ausgleich und Schadensersatz

Werden die Übergänge von Rechtsänderungen nicht solchermaßen abgefedert, muss den betroffenen Wirtschaftsteilnehmenden ein Ausgleich für Verluste aus nicht gebührend beachtetem, geschütztem Vertrauen zugestanden werden. Wird daher ein solcher Ausgleich nicht vorgesehen und auch keine Übergangsmaßnahme zum Schutz des berechtigten Vertrauens getroffen, hat das entsprechende Organ Europarecht verletzt und daher eine Haftung der Union nach Art. 340 Abs. 2 AEUV begründet.[1775] Weil der **Vertrauensschutz** einen tragenden Grundsatz des Europarechts bildet, wird in einem solchen Fall ein **hinreichend qualifizierter Verstoß** vorliegen, sodass die **Haftung regelmäßig gegeben** ist. Die Abwägung zugunsten des Vertrauensschutzes präjudiziert dieses Ergebnis.[1776]

3618

[1769] EuGH, Rs. C-74/74, ECLI:EU:C:1975:59 (Rn. 41/43) – CNTA.
[1770] *Schwarz*, Vertrauensschutz als Verfassungsprinzip, 2002, S. 527.
[1771] EuGH, Rs. C-84/78, ECLI:EU:C:1979:129 (Rn. 20) – Tomadini.
[1772] EuGH, Rs. C-97/76, ECLI:EU:C:1977:98 (Rn. 5) – Merkur; s. ebenfalls für den Agrarsektor den Beschl. EuGH, Rs. C-51/95 P, ECLI:EU:C:1997:53 (Rn. 21) – Unifruit Hellas.
[1773] So nicht in EuGH, Rs. C-126/76, ECLI:EU:C:1977:211 (Rn. 9) *Dietz*; Rs. C-104/97 P, ECLI:EU:C:1999:498 (Rn. 49 ff.) – Atlanta.
[1774] EuGH, Rs. C-112/80, ECLI:EU:C:1981:94 (Rn. 50) – Dürbeck.
[1775] EuGH, Rs. C-74/74, ECLI:EU:C:1975:59 (Rn. 44) – CNTA; EuG, Rs. T-434/13, ECLI:EU:T:2016:7 (Rn. 259) – Doux SA.
[1776] *Schwarz*, Vertrauensschutz als Verfassungsprinzip, 2002, S. 528; s. auch *Borchardt*, EuGRZ 1988, 309 (315).

3619 **Ersetzt** wird allerdings nur, **soweit** die **betroffene Person** mit Sicherheit **auf** die Beibehaltung der entsprechenden **Rechtslage bauen durfte**. Im Hinblick darauf braucht sie keine Einbußen zu erleiden. Sie kann hingegen nicht darauf vertrauen, unter allen Umständen die erwarteten Gewinne zu erzielen.[1777] Ausgeglichen werden mithin nur echte Verluste, nicht hingegen **Gewinnerwartungen** oder immaterielle Schäden.[1778] Allerdings hat die Kommission für die Dekarbonisierung auch den Ersatz von Gewinnen bejaht.[1779]

[1777] EuGH, Rs. C-74/74, ECLI:EU:C:1975:59 (Rn. 45/46) – CNTA.

[1778] EuGH, Rs. C-268/80, ECLI:EU:C:1981:217 (Rn. 5) – Guglielmi; Rs. C-289/81, ECLI:EU:C:1983:142 (Rn. 27) – Vassilis Mavridis; *Bungenberg*, in: Heselhaus/Nowak, § 37 Rn. 50.

[1779] Mitteilung der Kommission an das Europäische Parlament, den Rat, den Europäischen Wirtschafts- und Sozialausschuss und den Ausschuss der Regionen – „Investitionsplan für ein zukunftsfähiges Europa, Investitionsplan für den europäischen Grünen Deal" COM(2020) 21 final, Ziff. 4.3.4.

Teil II
Gleichheits-, Solidaritäts- und Schutzrechte

Kapitel 2
Gleichheits- und besondere Schutzrechte

§ 1 Das Gleichheitskapitel der EGRC

Nach Auffassung des Europäischen Rats von Köln 1999 sollte die EGRC unter anderem die „Gleichheitsrechte ... erfassen, wie sie in der Europäischen Konvention zum Schutz der Menschenrechte und Grundfreiheiten gewährleistet sind und wie sie sich aus den gemeinsamen Verfassungsüberlieferungen der Mitgliedstaaten als allgemeine Grundsätze des Gemeinschaftsrechts ergeben".[1] Diesem Auftrag ist der Grundrechtekonvent mit **Titel III der EGRC** nachgekommen.

3620

Im Vergleich zu den Freiheitsrechten weisen die Gleichheitsrechte einige **Besonderheiten** auf, insbesondere hinsichtlich des **Prüfungsaufbaus**. Daher wird im Folgenden zunächst auf diese Besonderheiten eingegangen (§ 1), bevor die einzelnen, in der EGRC enthaltenen Grundrechte thematisiert werden (§ 2 ff.).

3621

A. Gleichheitsrechte und soziale Rechte

Titel III ist mit „Gleichheit" überschrieben. Er enthält sieben Grundrechtsartikel, wobei das **allgemeine Gleichheitsgebot** in Art. 20 EGRC (Gleichheit vor dem Gesetz) vorangestellt ist. Es folgen **Diskriminierungsverbote** in Art. 21 EGRC (Nichtdiskriminierung) und Art. 23 EGRC (Gleichheit von Frauen und Männern).[2]

3622

In Art. 22 EGRC findet sich eine Bestimmung hinsichtlich der **Vielfalt der Kulturen, Religionen und Sprachen**. Deren Zusammenhang mit den Gleichheitsrechten erschließt sich nicht auf den ersten Blick. Die Einordnung lässt sich am

3623

---

[1] Europäischer Rat in Köln, 3./4.6.1999, Anhang IV; abgedruckt bei *Bernsdorff/Borowsky*, Die Charta der Grundrechte der Europäischen Union, 2002, S. 59 (59 f.) und in EuGRZ 1999, 364 (364).
[2] *Hölscheidt*, in: Meyer/Hölscheidt, vor Kap. III Rn. 2.

ehesten noch damit erklären, dass gerade keine „Gleichheit", sondern „Vielfalt" bestehen soll – sozusagen als „Gegenstück" zu den Gleichheitsrechten.³

3624   Art. 24 EGRC (Rechte des Kindes), Art. 25 EGRC (Rechte älterer Menschen) und Art. 26 EGRC (Integration von Menschen mit Behinderung) betreffen den **Schutz besonderer Personengruppen**.⁴ Sie lassen dabei den Bezug zur Gleichheit vermissen. Einen besseren Platz hätten sie im Rahmen der **sozialen Grundrechte** in Titel IV der EGRC gefunden.⁵ Dies gilt vor allem deshalb, weil sie auf Bestimmungen der ESC⁶ und der GCSGA⁷ beruhen, die nach dem Beschluss des Europäischen Rats von Köln 1999 als Grundlage für die sozialen Rechte dienen sollten.⁸ So wurden die Art. 24-26 EGRC im Grundrechtekonvent auch im Rahmen der sozialen Grundrechte diskutiert. Z. T. waren sie auch in der vom Präsidium des Grundrechtekonvents zu Beginn vorgelegten Grundrechteliste unter dem Titel „Wirtschaftliche und soziale Rechte/Ziele" enthalten. Dies wurde im Laufe der Verhandlungen jedoch geändert.⁹

B. Systematik der Gleichheitsrechte

3625   Das europäische Primärrecht kannte bereits vorher eine Vielzahl von Gleichheitsrechten.¹⁰ Mit der EGRC traten neben diese bekannten Normen die in Titel III enthaltenen Rechte. Es stellt sich daher die Frage nach ihrer Systematisierung.

I. Gleichheitsrechte und Diskriminierungsverbote

3626   Bereits im nationalen Verfassungsrecht ist es schwierig, Gleichheitsrechte zu kategorisieren.¹¹ Auch im europäischen Zusammenhang werden die Begriffe „allgemeiner Gleichheitssatz", „besonderer Gleichheitssatz", „allgemeines Diskriminierungsverbot", „besonderes Diskriminierungsverbot" häufig nicht stringent verwandt. Der

---

[3] *Streinz*, in: ders., vor Art. 20 GR-Charta Rn. 1.
[4] *Rengeling/Szczekalla*, Rn. 868.
[5] *Streinz*, in: ders., vor Art. 20 GR-Charta Rn. 1; *Hölscheidt*, in: Meyer/Hölscheidt, vor Kap. III Rn. 2; vgl. *Winkler*, Die Grundrechte der Europäischen Union, 2006, S. 451.
[6] Europäische Sozialcharta vom 18.10.1961, Europarat SEV-Nr. 035, s. Rn. 3535 ff.
[7] Gemeinschaftscharta der sozialen Grundrechte der Arbeitnehmer, KOM (1989) 248 endg., s. Rn. 3539.
[8] Europäischer Rat in Köln, 3./4.6.1999, Anhang IV; abgedruckt bei *Bernsdorff/Borowsky*, Die Charta der Grundrechte der Europäischen Union, 2002, S. 59 (59 f.) und in EuGRZ 1999, 364 (364).
[9] *Hölscheidt*, in: Meyer/Hölscheidt, Art. 24 Rn. 10 ff., Art. 25 Rn. 6 f., Art. 26 Rn. 9.
[10] *Kingreen*, in: Ehlers, Europäische Grundrechte und Grundfreiheiten, § 21 Rn. 1.
[11] *Kingreen*, in: Ehlers, Europäische Grundrechte und Grundfreiheiten, § 21 Rn. 1.

EuGH hat in der Vielzahl seiner zum Gleichheitssatz getroffenen Entscheidungen bislang ebenfalls **unterschiedliche Formulierungen** gewählt.[12]

Der Begriff der **Diskriminierung** entstammt ursprünglich dem amerikanischen Wirtschaftsrecht. Er bezeichnet dabei die **Ungleichbehandlung vergleichbarer Sachverhalte**.[13] Dies entspricht dem Inhalt des Gleichheitsgebots. Damit wird bereits das Verhältnis der beiden Rechtssätze zueinander deutlich: Bei dem **Diskriminierungsverbot** handelt es sich um die **negative Formulierung des Gleichheitsgebots**.[14] Beide Begriffe können als Synonyme angesehen werden. Dies entspricht auch der Rechtsprechung des EuGH, der die Diskriminierungsverbote als Anwendungsfälle des Gleichheitssatzes betrachtet.[15] Diese sind dessen besonderer Ausdruck.[16] Dabei werden beide Seiten einbezogen, dass nämlich gleiche Sachverhalte nicht unterschiedlich und unterschiedliche Sachverhalte nicht gleich behandelt werden dürfen, es sei denn, dass eine Differenzierung objektiv gerechtfertigt wäre.[17] Eine Maßnahme bildet damit eine Diskriminierung, wenn sie sich bei der Prüfung ihrer Bestimmungen als willkürlich darstellt, d. h. wenn sie nicht hinreichend gerechtfertigt und nicht auf objektive Gründe gestützt ist.[18]

3627

Eine **europäische Dogmatik** für die Kategorisierung der Gleichheitsrechte hat sich bislang **noch nicht** entwickelt.[19] Auch der EuGH lässt eine klare Linie vermissen, zumal er in seiner Begriffswahl nicht einheitlich ist.[20] In der Literatur wird häufig zwischen allgemeinen und besonderen Gleichheitsrechten unterschieden.[21] Wie sich im Folgenden zeigen wird, ist diese Terminologie jedoch noch ungenau. Es empfiehlt sich eine **Unterscheidung zwischen allgemeinem Gleichheitssatz, allgemeinem Diskriminierungsverbot** und **besonderem Diskriminierungsverbot**.[22]

3628

---

[12] *Sachs*, in: Stern/Sachs, Art. 20 Rn. 7; *Rengeling/Szczekalla*, Rn. 870; *Jarass/Kment*, § 24 Rn. 2; s. u. Rn. 3636.

[13] *Rengeling/Szczekalla*, Rn. 869.

[14] *Rengeling/Szczekalla*, Rn. 870; a. A. *Meyer-Ladewig/Lehner*, in: Meyer-Ladewig/Nettesheim/v. Raumer, EMRK, Art. 14 Rn. 9, der nur die ungerechtfertigte Ungleichbehandlung als Diskriminierung ansieht.

[15] Vgl. EuGH, Rs. C-15/95, ECLI:EU:C:1997:196 (Rn. 35) – EARL de Kerlast; auch Rs. C-292/97, ECLI:EU:C:2000:202 (Rn. 39) – Karlsson; s. ausführlich dazu u. Rn. 3636 ff.

[16] Für Art. 40 Abs. 2 AEUV EuG, Rs. T-481/11, ECLI:EU:T:2014:945 (Rn. 126) – Spanien/Kommission.

[17] Vgl. EuGH, Rs. C-365/08, ECLI:EU:C:2010:283 (Rn. 42) – Agrana Zucker und die dort angeführte Rechtsprechung.

[18] EuG, Rs. T-481/11, ECLI:EU:T:2014:945 (Rn. 126) – Spanien/Kommission.

[19] *Hölscheidt*, in: Meyer/Hölscheidt, vor Kap. III Rn. 4; *Kischel*, EuGRZ 1997, 1 (1).

[20] S. u. Rn. 3636.

[21] *Kingreen*, in: Ehlers, Europäische Grundrechte und Grundfreiheiten, § 21 Rn. 3 ff.; *Hölscheidt*, in: Meyer/Hölscheidt, vor Kap. III Rn. 2; *v. der Decken*, in: Heselhaus/Nowak, § 47 Rn. 1 f.; *Kischel*, EuGRZ 1997, 1 ff.; *Sattler*, in: FS für Rauschning, 2001, S. 251 ff. spricht von allgemeinen und speziellen Gleichheitssätzen.

[22] Vergleichbare Begriffe werden auch verwandt von *Streinz*, in: ders., Art. 20 GR-Charta Rn. 6.

II. Bestand im Primärrecht

3629 Im Primärrecht finden sich Diskriminierungsverbote unter anderem in den Grundfreiheiten,[23] in den Vorschriften zur Agrarpolitik,[24] der Verkehrspolitik,[25] im Wettbewerbsrecht[26] und der Sozialpolitik.[27] Sie betreffen damit spezielle wirtschaftliche Bereiche und können deshalb als **besondere Diskriminierungsverbote** qualifiziert werden.[28]

3630 Eine allgemeine Ausprägung des Diskriminierungsverbots enthält **Art. 18 AEUV**. Diese Norm verlangt eine **vollständige Gleichbehandlung** von Personen, die sich in einer unionsrechtlich geregelten Situation befinden, mit den Angehörigen des betreffenden Mitgliedstaates.[29] Art. 18 AEUV betrifft damit zwar ein spezielles Kriterium, nämlich die **Staatsangehörigkeit**. Gerade im Verhältnis zu den Grundfreiheiten ist Art. 18 AEUV aber allgemeiner, da er nicht an die Ausübung einer wirtschaftlichen Tätigkeit gebunden ist.[30] Er kann daher als „**allgemeines Diskriminierungsverbot**" bezeichnet werden.[31]

3631 Ein allgemeines Gleichheitsgebot fand sich vor der EGRC im geltenden Unionsrecht nicht. Jedoch gehört infolge der rechtlichen Gleichrangigkeit der EGRC mit dem EUV und dem AEUV nach Art. 6 Abs. 1 HS. 2 EUV der allgemeine Gleichheitssatz aus Art. 20 EGRC demnach seit dem Inkrafttreten des Vertrags von Lissabon zum geltenden Unionsrecht.[32]

3632 Der EuGH hatte bereits in den 70er-Jahren einen allgemeinen Gleichheitssatz angenommen.[33] So hat er das für den Agrarbereich geltende besondere Diskriminierungsverbot des Art. 40 Abs. 2 UAbs. 2 AEUV[34] als spezifischen Ausdruck des

---

[23] Art. 34, 35, 37 Abs. 1, 45 Abs. 2, 49, 56, 65 Abs. 3 AEUV.

[24] Art. 40 Abs. 2 UAbs. 2 AEUV.

[25] Art. 92 AEUV.

[26] Art. 107 Abs. 2 lit. a), 110 AEUV.

[27] Art. 157 AEUV.

[28] Ausführlich zu diesen Diskriminierungsverboten *Kischel*, EuGRZ 1997, 1 (1 ff.).

[29] EuGH, Rs. C-186/87, ECLI:EU:C:1989:47 (Rn. 10) – Cowan/Trésor Public.

[30] *Frenz*, Europarecht 1, Rn. 3929.

[31] *Frenz*, Europarecht 1, Rn. 3929; *Streinz*, in: ders., Art. 20 GR-Charta Rn. 6; *Kischel*, EuGRZ 1997, 1 (1) noch zu Art. 6 Abs. 1 EGV (= Art. 12 EG/18 AEUV); a. A. *v. der Decken*, in: Heselhaus/Nowak, § 49 Rn. 11, wo die Bezeichnung „allgemeines Diskriminierungsverbot aus Gründen der Staatsangehörigkeit" bevorzugt wird; *Rossi*, EuR 2000, 197 (197), der von einer „irreführenden Bezeichnung" spricht.

[32] Vgl. EuGH, Rs. C-550/07 P, ECLI:EU:C:2010:512 (Rn. 54) – Akzo und Akcros Chemicals; *Rossi*, in: Calliess/Ruffert, Art. 20 GRCh Rn. 1; *Sachs*, in: Stern/Sachs Art. 20 Rn. 7; *Pache*, in: Pechstein/Nowak/Häde, Art. 6 EUV Rn. 26; *v. der Decken*, in: Heselhaus/Nowak, § 47 Rn. 8.

[33] EuGH, Rs. C-48/70, ECLI:EU:C:1971:28 (Rn. 25, 27) – Bernardi; Rs. C-1/72, ECLI:EU:C:1972:56 (Rn. 19) – Frilli; Rs. C-131/73, ECLI:EU:C:1973:158 (Rn. 8) – Grosoli; Rs. C-117/76 u. 16/77, ECLI:EU:C:1977:160 (Rn. 7) – Ruckdeschel; Rs. C-124/76 u. 20/77, ECLI:EU:C:1977:161 (Rn. 14, 17) – Moulins et Huileries de Pont-à-Mousson.

[34] Art. 40 Abs. 3 UAbs. 2 EGV.

allgemeinen Gleichheitssatzes bezeichnet[35] und beide sogar mit derselben Formel geprüft,[36] sodass ein eigenständiger dogmatischer Gehalt der bereichsspezifischen Bestimmung fehlt.[37] Ebenso hat er das in Art. 18 AEUV niedergelegte allgemeine Diskriminierungsverbot aus Gründen der Staatsangehörigkeit als besondere Ausformung des allgemeinen Gleichheitssatzes betrachtet.[38] Der EuGH zählt den allgemeinen Gleichheitssatz zu den wesentlichen Grundsätzen des Gemeinschaftsrechts[39] und hat sich seitdem regelmäßig auf ihn berufen.[40]

III. Rechte in den EGRC-Vorschriften

Wie bereits die Erläuterungen zur EGRC[41] deutlich machen, ist in **Art. 20 EGRC** der vom EuGH als Grundprinzip des Gemeinschaftsrechts anerkannte allgemeine Gleichheitssatz normiert worden. Er gebietet in allen Lebenslagen **Schutz gegen jegliche unsachgemäße Differenzierung**.[42] 3633

Weitere Diskriminierungsverbote finden sich in Art. 15 Abs. 3 EGRC (Anspruch Drittstaatsangehöriger auf gleiche Arbeitsbedingungen), Art. 21 EGRC (Diskriminierungsverbot hinsichtlich beispielhaft genannter Merkmale wie dem Geschlecht, der Rasse, der Hautfarbe, der Staatsangehörigkeit etc.), Art. 23 EGRC (Gleichheit von Frauen und Männern) und Art. 34 Abs. 2 EGRC (Anspruch auf gleiche Leistungen der sozialen Sicherheit und auf soziale Vergünstigungen).[43] 3634

Auch hier kann differenziert werden: Verbieten die Normen eine **Ungleichbehandlung aufgrund eines bestimmten Merkmals**, können sie als **allgemeine Diskriminierungsverbote** bezeichnet werden. Dies gilt für Art. 21 EGRC und Art. 23 EGRC. Betreffen die Diskriminierungsverbote hingegen einen **speziellen wirtschaftlichen Bereich**, handelt es sich bei ihnen um **besondere Diskriminierungsverbote**. Darunter fallen Art. 15 Abs. 3 EGRC (betreffend die Arbeitsbedingungen) und Art. 34 Abs. 2 EGRC (betreffend die soziale Sicherheit und soziale Vergünstigungen). 3635

---

[35] S. EuGH, Rs. C-117/76 u. 16/77, ECLI:EU:C:1977:160 (Rn. 7) – Ruckdeschel; Rs. C-124/76 u. 20/77, ECLI:EU:C:1977:161 (Rn. 14, 17) – Moulins et Huileries de Pont-à-Mousson; Rs. C-125/77, ECLI:EU:C:1978:187 (Rn. 25, 27) – Koninklijke Scholten-Honig; Rs. C-245/81, ECLI:EU:C:1982:277 (Rn. 11) – Edeka auch EuG, Rs. T-481/11, ECLI:EU:T:2014:945 (Rn. 126) – Spanien/Kommission.
[36] EuGH, Rs. C-180/96, ECLI:EU:C:1998:192 (Rn. 114) – Vereinigtes Königreich/Kommission.
[37] *V. der Decken*, in: Heselhaus/Nowak, § 49 Rn. 3.
[38] EuGH, Rs. C-29/95, ECLI:EU:C:1997:28 (Rn. 14) – Pastoors u. Trans-Cap, die Entsch. spricht noch von Art. 6 EGV.
[39] Z. B. in EuGH, Rs. C-15/95, ECLI:EU:C:1997:196 (Rn. 35) – EARL de Kerlast; Rs. C-292/97, ECLI:EU:C:2000:202 (Rn. 39) – Karlsson.
[40] Ausführlich u. Rn. 3636 ff.
[41] Erläuterungen zur Charta der Grundrechte, ABl. 2007 C 303, S. 17 (24).
[42] *Kingreen*, in: Ehlers, Europäische Grundrechte und Grundfreiheiten, § 21 Rn. 4.
[43] *Rossi*, in: Calliess/Ruffert, Art. 20 GRCh Rn. 17; *Streinz*, in: ders., Art. 20 GR-Charta Rn. 6.

IV. Systematik

1. EuGH-Rechtsprechung

3636 Die Rechtsprechung des EuGH lässt bislang eine eindeutige Struktur der Gleichheitsrechte vermissen.[44] Die Terminologie wird nicht stringent und einheitlich verwendet, deutliche Worte zu Herleitung, Abgrenzung und Inhalt des allgemeinen Gleichheitssatzes hat der EuGH nicht fallen lassen. Auch in der Anwendung der Gleichheitsrechte ist eine klare Linie nicht erkennbar.[45] Häufig beruft sich der EuGH zwar gerade im Agrarbereich auf den allgemeinen Gleichheitssatz. Er macht dann aber nicht deutlich, ob er diesen oder doch das Diskriminierungsverbot des Art. 40 Abs. 2 UAbs. 2 AEUV anwendet.[46]

3637 Erst seit dem Ende der 80er-Jahre scheint der EuGH dazu zu tendieren,[47] nur noch auf die besonderen Diskriminierungsverbote aus den Grundfreiheiten abzustellen,[48] und diese als Konkretisierung des Art. 18 AEUV anzusehen.[49] Dies hat der EuGH in seinem Urteil zur *Pkw-Maut* bestätigt.[50] Jeder Verstoß gegen diese Bestimmungen führt laut EuGH deshalb zugleich zu einer Unvereinbarkeit mit Art. 18 AEUV.[51] Art. 18 AEUV ist danach nur noch zu prüfen, wenn die genannten Sonderbestimmungen keine Anwendung finden[52] bzw. neben ihnen das allgemeine Diskriminierungsverbot zum Tragen kommt.[53]

3638 Art. 18 AEUV soll eigenständig nur bei unionsrechtlich geregelten Fallgestaltungen zur Anwendung kommen, für die der AEUV keine besonderen Diskriminierungsverbote vorsieht.[54] Die nationalen Maßnahmen können daher nur insoweit im Hinblick auf **Art. 18 Abs. 1 AEUV** geprüft werden, als sie auf **Sachverhalte**

---

[44] So bereits *Rossi*, EuR 2000, 197 (198).

[45] *Rossi*, EuR 2000, 197 (205).

[46] EuGH, Rs. C-103 u. 145/77, ECLI:EU:C:1978:186 (Rn. 25, 27 ff.) – Royal Scholten-Honig; Rs. C-125/77, ECLI:EU:C:1978:187 (Rn. 25, 27 ff.) – Koninklijke Scholten-Honig; *Kischel*, EuGRZ 1997, 1 (3).

[47] *V. der Decken*, in: Heselhaus/Nowak, § 49 Rn. 8.

[48] EuGH, Rs. C-305/87, ECLI:EU:C:1989:218 (Rn. 12 ff.) – Kommission/Griechenland; Rs. C-175/88, ECLI:EU:C:1990:186 (Rn. 9 ff.) – Biehl; Rs. C-10/90, ECLI:EU:C:1991:107 (Rn. 12 ff.) – Masgio; Rs. C-419/92, ECLI:EU:C:1994:62 (Rn. 6) – Scholz; Rs. C-177/94, ECLI:EU:C:1996:24 (Rn. 14 f.) – Perfili; Rs. C-24/97, ECLI:EU:C:1998:184 (Rn. 11 ff.) – Kommission/Deutschland.

[49] EuGH, Rs. C-305/87, ECLI:EU:C:1989:218 (Rn. 12) – Kommission/Griechenland; Rs. C-186/87, ECLI:EU:C:1989:47 (Rn. 14) – Cowan/Trésor Public; Rs. C-20/92, ECLI:EU:C:1993:280 (Rn. 10) – Hubbard; Rs. C-13/76, ECLI:EU:C:1976:115 (Rn. 6, 7) – Donà/Mantero.

[50] EuGH, Rs. C-591/17, ECLI:EU:C:2019:504 (Rn. 40) – Österreich/Deutschland.

[51] Vgl. EuGH, Rs. C-10/90, ECLI:EU:C:1991:107 (Rn. 13) – Masgio.

[52] EuGH, Rs. C-305/87, ECLI:EU:C:1989:218 (Rn. 13) – Kommission/Griechenland; Rs. C-10/90, ECLI:EU:C:1991:107 (Rn. 12) – Masgio; Rs. C-419/92, ECLI:EU:C:1994:62 (Rn. 6) – Scholz. Näher zu diesem Subsidiaritätsverhältnis *Frenz*, Europarecht 1, Rn. 3919.

[53] S. EuGH, Rs. C-591/17, ECLI:EU:C:2019:504 (Rn. 41) – Österreich/Deutschland.

[54] EuGH, Rs. C-566/15, ECLI:EU:C:2017:562 (Rn. 25) – Erzberger und die dort angeführte Rechtsprechung.

Anwendung finden, die **nicht unter die** vom AEUV vorgesehenen **besonderen Diskriminierungsverbote** fallen.⁵⁵

Ausgehend von diesen Aussagen kann daher bei genauer Betrachtung der Rechtsprechung des EuGH eine Systematik der Gleichheitsrechte herausgearbeitet werden, wenn auch unter der Prämisse, dass der EuGH diese selbst nicht stringent einhält. 3639

2. Dreistufiges Spezialitätsverhältnis

Nach der Rechtsprechung des EuGH ist **Art. 18 AEUV** eine **spezielle, auf die Staatsangehörigkeit bezogene Ausformung des allgemeinen Gleichheitssatzes**.⁵⁶ Damit **geht** das allgemeine Diskriminierungsverbot des Art. 18 AEUV als speziellere Regelung **dem allgemeinen Gleichheitssatz vor**.⁵⁷ Gleiches gilt für die entsprechenden Bestimmungen der EGRC: Die allgemeinen Diskriminierungsverbote der Art. 21 und Art. 23 EGRC gehen dem allgemeinen Gleichheitssatz des Art. 20 EGRC vor.⁵⁸ 3640

Die besonderen, einen bestimmten Bereich betreffenden Diskriminierungsverbote aus dem AEUV⁵⁹ hat der EuGH wiederum als Konkretisierungen des allgemeinen Diskriminierungsverbots des Art. 18 AEUV qualifiziert.⁶⁰ Damit **gehen** sie und die **besonderen Diskriminierungsverbote** der Art. 15 Abs. 3 EGRC und Art. 34 Abs. 2 EGRC **dem allgemeinen Diskriminierungsverbot** des Art. 18 AEUV **vor**.⁶¹ Zugleich ist damit auch eine Aussage im Verhältnis zum allgemeinen Gleichheitssatz getroffen: die genannten Vorschriften genießen insoweit ebenfalls Vorrang.⁶² 3641

Es handelt sich damit insgesamt um ein **dreistufiges Spezialitätsverhältnis**: auf der ersten und allgemeinsten Stufe steht der **allgemeine Gleichheitssatz** (Art. 20 EGRC); auf der zweiten Stufe finden sich die **allgemeinen Diskriminierungsverbote** (Art. 18 AEUV, Art. 21 EGRC, Art. 23 EGRC),⁶³ auf der dritten Stufe folgen die **besonderen Diskriminierungsverbote** (aus den Grundfreiheiten,⁶⁴ den Vor- 3642

---

⁵⁵ EuGH, Rs. C-591/17, ECLI:EU:C:2019:504 (Rn. 41) – Österreich/Deutschland.
⁵⁶ EuGH, Rs. C-147/79, ECLI:EU:C:1980:238 (Rn. 7) – Hochstrass; *Rengeling/Szczekalla*, Rn. 901.
⁵⁷ *Frenz*, Europarecht 1, Rn. 3930 f.; *v. der Decken*, in: Heselhaus/Nowak, § 49 Rn. 90; *Rossi*, EuR 2000, 197 (209).
⁵⁸ *Sachs*, in: Stern/Sachs, Art. 20 Rn. 10; *Rossi*, in: Calliess/Ruffert, Art. 20 GRCh Rn. 17.
⁵⁹ S. o. Rn. 3647.
⁶⁰ EuGH, Rs. C-591/17, ECLI:EU:C:2019:504 (Rn. 40) – Österreich/Deutschland; bereits Rs. C-36/74, ECLI:EU:C:1974:140 (Rn. 4, 10) – Walrave; Rs. C-13/76, ECLI:EU:C:1976:115 (Rn. 6/7) – Donà/Mantero; Rs. C-90/76, ECLI:EU:C:1977:101 (Rn. 27) – van Ameyde.
⁶¹ *V. der Decken*, in: Heselhaus/Nowak, § 49 Rn. 91; *Hölscheidt*, in: Meyer/Hölscheidt, vor Kap. III Rn. 2, 28 f.; *Rossi*, in: Calliess/Ruffert, Art. 20 GRCh Rn. 17; *Wernsmann*, JZ 2005, 224 (228).
⁶² *Sattler*, in: FS für Rauschning, 2001, S. 251 (254).
⁶³ Zum internen Verhältnis dieser allgemeinen Diskriminierungsverbote s. u. Rn. 3696 ff., 3720 ff.
⁶⁴ Art. 34, 35, 37 Abs. 1, 45 Abs. 2, 49, 56, 65 Abs. 3 AEUV.

schriften zur Agrarpolitik,[65] der Verkehrspolitik,[66] dem Wettbewerbsrecht,[67] der Sozialpolitik, Art. 15 Abs. 3 EGRC, Art. 34 Abs. 2 EGRC).[68] Die Prüfungsreihenfolge ist umgekehrt.

C. Prüfungsaufbau

3643 Die Frage nach dem Prüfungsaufbau der Gleichheitsrechte ist für das Unionsrecht bislang kaum thematisiert worden.[69] Überwiegend wird eine dem deutschen Verfassungsrecht entsprechende **zweistufige Prüfung** favorisiert.[70] Sie ist auch vom EuGH vorgenommen worden.[71] Dabei wird auf einer ersten Stufe die Ungleichbehandlung vergleichbarer Sachverhalte (bzw. Gleichbehandlung unterschiedlicher Sachverhalte) festgestellt. Es schließt sich auf einer zweiten Stufe die Prüfung nach einer Rechtfertigung für die Ungleich- (bzw. Gleich-)behandlung an.[72]

3644 Diskutiert wird, ob auf einer **dritten Stufe die Verhältnismäßigkeit** zwischen der Ungleich- (bzw. Gleich-)behandlung und den Rechtfertigungsgründen zu prüfen ist.[73] Der EuGH nimmt eine derartige Prüfung vorwiegend im Agrarbereich,[74]

---

[65] Art. 40 Abs. 2 UAbs. 2 AEUV.
[66] Art. 92 AEUV.
[67] Art. 107 Abs. 2 lit. a), 110 AEUV.
[68] Art. 157 AEUV.
[69] *Kingreen*, in: Ehlers, Europäische Grundrechte und Grundfreiheiten, § 21 Rn. 8.
[70] S. *Hölscheidt*, in: Meyer/Hölscheidt, Art. 20 Rn. 21. Möglich ist auch eine den Freiheitsrechten gleichgesetzte dreistufige Prüfung mit Schutzbereich, Eingriff und Rechtfertigung; *Kingreen*, in: Ehlers, Europäische Grundrechte und Grundfreiheiten, § 21 Rn. 8 f.; *Rengeling/Szczekalla*, Rn. 878 f.; krit. zur Übertragbarkeit der deutschen Dogmatik *v. der Decken*, in: Heselhaus/Nowak, § 47 Rn. 4 ff.
[71] EuGH, Rs. C-147/79, ECLI:EU:C:1980:238 (Rn. 7 ff.) – Hochstrass; Rs. C-245/81, ECLI:EU:C:1982:277 (Rn. 11 ff.) – Edeka; Rs. C-398/92, ECLI:EU:C:1994:52 (Rn. 17) – Mund & Fester; Rs. C-29/95, ECLI:EU:C:1997:28 (Rn. 19) – Pastoors u. Trans-Cap.
[72] *Kingreen*, in: Ehlers, Europäische Grundrechte und Grundfreiheiten, § 21 Rn. 8; *Hölscheidt*, in: Meyer/Hölscheidt, Art. 20 Rn. 21.
[73] Dafür *Jarass/Kment*, § 24 Rn. 14; *Hölscheidt*, in: Meyer/Hölscheidt, Art. 20 Rn. 27; krit. *Kingreen*, in: Ehlers, Europäische Grundrechte und Grundfreiheiten, § 21 Rn. 16 und *Rossi*, in: Calliess/Ruffert, Art. 20 GRCh Rn. 26 f.; offen gelassen bei *Streinz*, in: ders., Art. 20 GR-Charta Rn. 9.
[74] Vgl. EuGH, Rs. C-245/81, ECLI:EU:C:1982:277 (Rn. 13) – Edeka; Rs. C-63 u. 69/72, ECLI:EU:C:1973:121 (Rn. 14 ff.) – Werhahn; Rs. C-114/76, ECLI:EU:C:1977:116 (Rn. 5 ff.) – Bela-Mühle/Grows-Farm; Rs. C-138/78, ECLI:EU:C:1979:46 (Rn. 9 ff.) – Stölting; Rs. C-292/97, ECLI:EU:C:2000:202 (Rn. 58 ff.) – Karlsson; ebenso EuG, Rs. T-481/11, ECLI:EU:T:2014:945 (Rn. 126) – Spanien/Kommission. *Kingreen*, in: Ehlers, Europäische Grundrechte und Grundfreiheiten, § 21 Rn. 16; *v. der Decken*, in: Heselhaus/Nowak, § 47 Rn. 34.

jedoch auch in anderen Fällen vor.[75] Der EGMR vermischt die Verhältnismäßigkeitsprüfung z. T. mit der Frage der Rechtfertigung. So sah er beispielsweise eine Rechtfertigung dann als nicht gegeben an, wenn die unterschiedliche Behandlung „kein berechtigtes Ziel verfolgt oder wenn kein angemessenes Verhältnis zwischen den angewendeten Mitteln und dem verfolgten Ziel besteht".[76]

Da bei einer nur zweistufigen Prüfung eine Ungleich- (bzw. Gleich-)behandlung und die daraus erwachsende Benachteiligung selbst dann gerechtfertigt wäre, wenn sie völlig außer Verhältnis zu dem angestrebten Ziel steht, ist eine derartige Verhältnismäßigkeitsprüfung vorzunehmen.[77]

3645

§ 2 Allgemeine Gleichheit vor dem Gesetz

A. Grundlagen

I. Zentrale Bedeutung der EuGH-Rechtsprechung

Gem. Art. 20 EGRC sind alle Personen vor dem Gesetz gleich. Nach den Erläuterungen zur EGRC[78] entspricht dieser Artikel dem allgemeinen Rechtsprinzip, das in allen europäischen Verfassungen verankert ist und das der Gerichtshof als ein **Grundprinzip des Gemeinschaftsrechts** angesehen hat. Dazu verweisen die Erläuterungen auf drei Urteile des EuGH aus den Jahren 1984–2000.[79]

3646

Die genannten EuGH-Urteile *Racke*,[80] *EARL*[81] und *Karlsson*[82] betrafen jeweils landwirtschaftliche Fälle und den dabei geltenden Art. 34 Abs. 2 UAbs. 2 EG/40 Abs. 2 UAbs. 2 AEUV.[83] Danach ist im Rahmen der gemeinsamen Agrarpolitik „jede Diskriminierung zwischen Erzeugern oder Verbrauchern innerhalb der Gemeinschaft/Union auszuschließen". Während sich das Urteil *Racke* (noch) mit dem

3647

---

[75] Z. B. Rs. C-273/97, ECLI:EU:C:1999:523 (Rn. 26) – Sirdar; Rs. C-350/96, ECLI:EU:C:1998:205 (Rn. 31) – Clean Car; Rs. C-190/16, ECLI:EU:C:2017:513 (Rn. 39 ff.) – Fries für einen auch die Berufsfreiheit betreffenden Fall.

[76] EGMR, Urt. vom 13.11.2007, Nr. 57325/00 (Rn. 196), NVwZ 2008, 533 (536) – D.H. u. a./Tschechien.

[77] *Hölscheidt*, in: Meyer/Hölscheidt, Art. 20 Rn. 27; vgl. auch *Jarass/Kment*, § 24 Rn. 14; *Frenz*, Europarecht 1, Rn. 4015. Nach *v. der Decken*, in: Heselhaus/Nowak, § 47 Rn. 34 ff. ist die Verhältnismäßigkeitsprüfung nicht integraler Bestandteil des Gleichheitssatzes, sondern eigenständiger Prüfungspunkt. S. auch EuGH, Rs. C-190/16, ECLI:EU:C:2017:513 (Rn. 39 ff.) – Fries.

[78] Erläuterungen zur Charta der Grundrechte, ABl. 2007 C 303, S. 17 (24).

[79] EuGH, Rs. C-283/83, ECLI:EU:C:1984:344 – Racke; Rs. C-15/95, ECLI:EU:C:1997:196 – EARL de Kerlast; Rs. C-292/97, ECLI:EU:C:2000:202 – Karlsson.

[80] EuGH, Rs. C-283/83, ECLI:EU:C:1984:344 – Racke.

[81] EuGH, Rs. C-15/95, ECLI:EU:C:1997:196 – EARL de Kerlast.

[82] EuGH, Rs. C-292/97, ECLI:EU:C:2000:202 – Karlsson.

[83] Bei den damaligen EuGH-Entscheidungen war noch von Art. 40 Abs. 3 UAbs. 2 EGV die Rede, der dem heutigen Art. 40 Abs. 2 UAbs. 2 AEUV entspricht.

reinen Diskriminierungsverbot und dessen Auslegung befasste,[84] führte der EuGH in den sich anschließenden Entscheidungen aus, dass es sich bei diesem Diskriminierungsverbot um einen „lediglich ... besonderen Ausdruck des allgemeinen Gleichheitsgrundsatzes (handelt), der zu den wesentlichen Grundsätzen des Gemeinschaftsrechts gehört und besagt, dass vergleichbare Sachverhalte nicht unterschiedlich und unterschiedliche Sachverhalte nicht gleich behandelt werden dürfen, es sei denn, dass eine unterschiedliche Behandlung objektiv gerechtfertigt wäre".[85] Der EuGH hatte dies bereits zu früheren Zeiten herausgestellt[86] und es auch nach den zitierten Entscheidungen in zahlreichen Urteilen wiederholt.[87] Weitere Worte zu Herleitung, Abgrenzung und Inhalt des allgemeinen Gleichheitssatzes sind dabei nicht gefallen.[88]

3648 Der allgemeine Gleichheitssatz gehört seither zur ständigen Rechtsprechung, ist damit **eines der ältesten Grundrechte auf Gemeinschaftsebene** überhaupt[89] und ging in die EGRC ein: Der Grundsatz der Gleichbehandlung ist ein allgemeiner Grundsatz des Unionsrechts, der in den Art. 20 und 21 der Charta der Grundrechte der Europäischen Union verankert ist.[90] In Übereinstimmung mit dieser langen Tradition beinhaltet dieser Grundsatz, dass vergleichbare Sachverhalte nicht unterschiedlich und unterschiedliche Sachverhalte nicht gleich behandelt werden dürfen, es sei denn, dass eine solche Behandlung objektiv gerechtfertigt ist.[91]

3649 Dabei sind die **Merkmale**, in denen sich unterschiedliche **Sachverhalte voneinander unterscheiden**, sowie ihre etwaige Vergleichbarkeit **im Licht des Ziels und des Zwecks der** in Rede stehenden **Vorschriften** zu bestimmen und zu beurteilen – unter Berücksichtigung der Grundsätze und Ziele des betreffenden Bereichs.[92] Der EuGH hat in seinen Entscheidungen allerdings leicht voneinander

---

[84] EuGH, Rs. C-283/83, ECLI:EU:C:1984:344 (Rn. 7) – Racke.
[85] EuGH, Rs. C-15/95, ECLI:EU:C:1997:196 (Rn. 35) – EARL de Kerlast; Rs. C-292/97, ECLI:EU:C:2000:202 (Rn. 39) – Karlsson.
[86] EuGH, Rs. C-117/76 u. 16/77, ECLI:EU:C:1977:160 (Rn. 7) – Ruckdeschel; Rs. C-124/76 u. 20/77, ECLI:EU:C:1977:161 (Rn. 14/17) – Moulins et Huileries de Pont-à-Mousson.
[87] Z. B. EuGH, Rs. C-203/86, ECLI:EU:C:1988:420 (Rn. 25) – Spanien/Rat; Rs. C-137/00, ECLI:EU:C:2003:429 (Rn. 126) – Milk Marque u. National Farmers' Union; Rs. C-280/93, ECLI:EU:C:1994:367 (Rn. 67) – Bananen.
[88] *Kischel*, EuGRZ 1997, 1 (3).
[89] *V. der Decken*, in: Heselhaus/Nowak, § 47 Rn. 1.
[90] EuGH, C-550/07 P, ECLI:EU:C:2010:512 (Rn. 54) – Akzo und Akcros Chemicals.
[91] Vgl. EuGH, Rs. C-344/04, ECLI:EU:C:2006:10 (Rn. 95) – IATA und ELFAA; Rs. C-303/05, ECLI:EU:C:2007:261 (Rn. 56) – Advocaten voor de Wereld; Rs. C-127/07, ECLI:EU:C:2008:728 (Rn. 23) – Arcelor Atlantique et Lorraine u. a.; Rs. C-164/07, ECLI:EU:C:2008:321 (Rn. 13) – Wood; Rs. C-402/07, ECLI:EU:C:2009:716 (Rn. 48) – Sturgeon u. a.; Rs. C-550/07 P, ECLI:EU:C:2010:512 (Rn. 55) – Akzo Nobel Chemicals und Akcros Chemicals/Kommission; Rs. C-149/10, ECLI:EU:C:2010:534 (Rn. 63) – Chatzi; Rs. C-580/12 P, ECLI:EU:C:2014:2363 (Rn. 51) – Guardian Industries und Guardian Europe/Kommission; Rs. C-477/14, ECLI:EU:C:2016:324 (Rn. 35) – Pillbox 38; Rs. C-390/15, ECLI:EU:C:2017:174 (Rn. 41) – RPO.
[92] EuGH, Rs. C 127/07, ECLI:EU:C:2008:728 (Rn. 26) – Arcelor Atlantique et Lorraine u. a.; Rs. C-390/15, ECLI:EU:C:2017:174 (Rn. 41) – RPO.

§ 2 Allgemeine Gleichheit vor dem Gesetz

abweichende Formulierungen verwendet.[93] So spricht er vom „allgemeinen Gleichheitssatz",[94] dem „allgemeinen Gleichheitsgrundsatz",[95] vor allem dem „Grundsatz der Gleichbehandlung",[96] aber auch dem „allgemeinen Diskriminierungsverbot"[97] oder einfach dem „Diskriminierungsverbot".[98]

Der EuGH wendet den allgemeinen Gleichheitssatz sowohl auf **natürliche** als auch auf **juristische Personen** an.[99] Dabei verpflichtet er nicht nur die europäischen Organe, sondern auch die Mitgliedstaaten bei nationalen Bestimmungen, die Europarecht umsetzen.[100] Zur Begründung führt er aus, dass die Mitgliedstaaten bei der Durchführung der unionsrechtlichen Regelungen die wesentlichen Grundsätze des Unionsrechts zu beachten hätten.[101] Ohne sich näher damit zu befassen, bindet der EuGH nicht nur die Exekutive und die Judikative, sondern auch den Gesetzgeber.[102]

3650

II. Internationale Übereinkommen

Ein allgemeiner Gleichheitssatz ist in internationalen Übereinkommen nur selten zu finden.[103] Normiert ist er in der Allgemeinen Erklärung der Menschenrechte.[104] Dort heißt es in Art. 7 S. 1: „Alle Menschen sind vor dem Gesetz gleich und haben ohne Unterschied Anspruch auf gleichen Schutz durch das Gesetz." Im Übrigen finden

3651

---

[93] *Sachs*, in: Stern/Sachs Art. 20 Rn. 7; *Rossi*, in: Calliess/Ruffert, Art. 20 GRCh Rn. 11; *Jarass/Kment*, § 24 Rn. 2.
[94] EuGH, Rs. C-122/95, ECLI:EU:C:1998:94 (Rn. 62) – Deutschland/Rat.
[95] EuGH, Rs. C-15/95, ECLI:EU:C:1997:196 (Rn. 35) – EARL de Kerlast; Rs. C-248 u. 249/95, ECLI:EU:C:1997:377 (Rn. 50) – SAM u. Stapf; Rs. C 368/96, ECLI:EU:C:1998:583 (Rn. 61) – Generics.
[96] EuGH, Rs. C-550/07 P, ECLI:EU:C:2010:512 (Rn. 54) – Akzo Nobel Chemicals und Akcros Chemicals/Kommission; Rs. C-580/12 P, ECLI:EU:C:2014:2363 (Rn. 51) – Guardian Industries und Guardian Europe/Kommission; Rs. C-390/15, ECLI:EU:C:2017:174 (Rn. 41) – RPO; bereits Rs. C-306/93, ECLI:EU:C:1994:407 (Rn. 30) – Winzersekt.
[97] EuGH, Rs. C-122/95, ECLI:EU:C:1998:94 (Rn. 54) – Deutschland/Rat.
[98] EuGH, Rs. C-354/95, ECLI:EU:C:1997:379 (Rn. 61) – National Farmers' Union u. a.
[99] EuGH, Rs. C-17 u. 20/61, ECLI:EU:C:1962:30 (S. 691 ff.) – Klöckner-Werke; Rs. C-124/76 u. 20/77, ECLI:EU:C:1977:161 (Rn. 14/17) – Moulins et Huileries de Pont-à-Mousson; Rs. C-245/81, ECLI:EU:C:1982:277 (Rn. 11 ff.) – Edeka; Rs. C-306/93, ECLI:EU:C:1994:407 (Rn. 30 ff.) – Winzersekt; Rs. C-364 u. 365/95, ECLI:EU:C:1998:95 (Rn. 81 ff.) – T.Port.
[100] *Sachs*, in: Stern/Sachs, Art. 20 Rn. 13.
[101] EuGH, Rs. C-15/95, ECLI:EU:C:1997:196 (Rn. 36) – EARL de Kerlast; Rs. C-351/92, ECLI:EU:C:1994:293 (Rn. 17) – Graff; Rs. C-2/92, ECLI:EU:C:1994:116 (Rn. 16) – Bostock.
[102] Bereits EuGH, Rs. C-8/57, ECLI:EU:C:1958:9 (S. 256 f.) – Groupement des hauts fourneaux et aciéries belges; *Jarass/Kment*, § 24 Rn. 2; *Sachs*, in: Stern/Sachs, Art. 20 Rn. 13; *Streinz*, in: ders., Art. 20 GR-Charta Rn. 7.
[103] *Hölscheidt*, in: Meyer/Hölscheidt, Art. 20 Rn. 2; *Rossi*, in: Calliess/Ruffert, Art. 20 GRCh Rn. 1.
[104] Am 10.12.1948 von der UN-Generalversammlung genehmigt und verkündet (Resolution 217 (A) III, abrufbar unter http://www.unric.org oder http://www.un.org (letzter Abruf: 30.9.2023)), heute als Völkergewohnheitsrecht anerkannt.

sich auf internationaler Ebene Gleichheitsbestimmungen hinsichtlich bestimmter aufgezählter Diskriminierungsmerkmale (so in Art. 14 EMRK und Art. 2 Abs. 1 IPbpR).[105] Nach dem hier gewählten Verständnis von allgemeinen und besonderen Gleichheitsrechten[106] handelt es sich dabei jedoch nicht um allgemeine Gleichheitsrechte, sondern um **allgemeine Diskriminierungsverbote**, weshalb darauf im Rahmen des allgemeinen Diskriminierungsverbots des Art. 21 EGRC eingegangen wird.[107]

III. Verfassungen der Mitgliedstaaten

3652   Die Erläuterungen zur Grundrechtecharta[108] beziehen sich auch auf den allgemeinen Gleichheitssatz in den Verfassungen der EU-Mitgliedstaaten. Tatsächlich ist die **Garantie der Gleichheit vor dem Gesetz in fast allen mitgliedstaatlichen Verfassungen** enthalten. Art. 20 EGRC ist fast wortgleich mit Art. 3 Abs. 1 GG und § 6 Abs. 1 der finnischen Verfassung.[109] Auch die nationalen Verfassungen, die keinen allgemeinen Gleichheitssatz enthalten, sprechen zumindest Teilaspekte an.[110] Das Gleichheitsgebot kann deshalb als gesicherter Bestand gemeinsamer Verfassungsüberlieferungen angesehen werden.[111]

3653   Die meisten Verfassungen garantieren die Gleichheit allerdings nur ihren Staatsbürgern,[112] z. T. auch denjenigen, die sich im räumlichen Geltungsbereich der Verfassung aufhalten.[113] Einige Verfassungen garantieren die Gleichheit – wie Art. 3 Abs. 1 GG – als Menschenrecht.[114]

---

[105] *Streinz*, in: ders., Art. 20 GR-Charta Rn. 4; *Hölscheidt*, in: Meyer/Hölscheidt, Art. 20 Rn. 2; *Rossi*, in: Calliess/Ruffert, Art. 20 GRCh Rn. 1.

[106] S. o. Rn. 3635.

[107] S. u. Rn. 3706 ff.

[108] Erläuterungen zur Charta der Grundrechte, ABl. 2007 C 303, S. 17 (24).

[109] *Hölscheidt*, in: Meyer/Hölscheidt, Art. 20 Rn. 4.

[110] S. zu den Bestimmungen in Dänemark, Schweden, den Niederlanden, der Slowakei, der Tschechischen Republik und Malta *Hölscheidt*, in: Meyer/Hölscheidt, Art. 20 Rn. 3.

[111] *Streinz*, in: ders., Art. 20 GR-Charta, Rn. 2; *Hölscheidt*, in: Meyer/Hölscheidt, Art. 20 Rn. 3; *Rossi*, in: Calliess/Ruffert, Art. 20 GRCh Rn. 2.

[112] So in der französischen (Art. 1 S. 2), der griechischen (Art. 4 Abs. 1), der irischen (Art. 40 Abs. 1 Nr. 1), der italienischen (Art. 3 S. 1), der luxemburgischen (Art. 10 Abs. 3), der österreichischen (Art. 7 Abs. 1 B-VG; Art. 2 Staatsgrundgesetz 1867 i. V. m. Art. 149 Abs. 1 B-VG) und der spanischen (Art. 14) Verfassung.

[113] Vgl. die belgische (Art. 40 Abs. 2, Art. 191) und die portugiesische (Art. 13 Abs. 1, Art. 15) Verfassung.

[114] S. die Verfassungen Finnlands (§ 6 Abs. 1), der Niederlande (Art. 1 S. 1), Schwedens (Kap. 1 § 9), Estlands (§ 12 Abs. 1), Lettlands (Art. 91), Litauens (Art. 29 Abs. 1), Polens (Art. Art. 32 Abs. 1), der Slowakei (Art. 12 Abs. 1), Sloweniens (Art. 14 Abs. 2) und Zyperns (Art. 28 Nr. 1).

IV. Abgrenzung

Art. 20 EGRC normiert den allgemeinen Gleichheitssatz. Ihm gehen die allgemeinen Diskriminierungsverbote der Art. 21 EGRC und Art. 23 EGRC voraus, da sie spezielle Diskriminierungsmerkmale wie Rasse, Herkunft, Sprache, Religion etc. (Art. 21 Abs. 1 EGRC), Staatsangehörigkeit (Art. 21 Abs. 2 EGRC) und Geschlecht (Art. 23 EGRC) betreffen.

3654

Die in Art. 15 Abs. 3, 34 Abs. 2 EGRC und in den Primärvorschriften des AEUV[115] enthaltenen **besonderen Diskriminierungsverbote** haben ebenfalls **Vorrang vor dem allgemeinen Gleichheitssatz des Art. 20 EGRC**.[116]

3655

B. *Gewährleistungsbereich und Verhältnismäßigkeit*

Das in Art. 20 EGRC aufgenommene allgemeine Gleichheitsgebot wird vom EuGH bereits seit langem als wesentlicher Grundsatz des Unionsrechts angesehen.[117] Die vielen Entscheidungen können deshalb bei der Bestimmung von Struktur und Gehalt des Art. 20 EGRC herangezogen werden.[118]

3656

I. Ungleichbehandlung

Das allgemeine Gleichheitsgebot erfährt zwei Ausprägungen: Zum einen dürfen **vergleichbare Sachverhalte nicht unterschiedlich** behandelt werden. Zum anderen dürfen **unterschiedliche Sachverhalte nicht gleich** behandelt werden.[119]

3657

Oder in der einprägsamen Kurzformel: Gleiches muss gleich, Ungleiches ungleich behandelt werden.[120]

3658

---

[115] Art. 34, 35, 37 Abs. 1, 40 Abs. 2, 45 Abs. 2, 49, 56, 65 Abs. 3, 92, 107 Abs. 2 lit. a) 110, 157 AEUV.

[116] Vgl. o. Rn. 3640 ff.

[117] S. o. Rn. 3648 ff.

[118] *Jarass/Kment*, § 24 Rn. 1; *Hölscheidt*, in: Meyer/Hölscheidt, Art. 20 Rn. 13; *Streinz*, in: ders., Art. 20 GR-Charta Rn. 8; *Sachs*, in: Stern/Sachs, Art. 20 Rn. 16 ff.; *v. der Decken*, in: Heselhaus/Nowak, § 47 Rn. 11.

[119] Aus jüngerer Zeit EuGH, Rs, C-550/07 P, ECLI:EU:C:2010:512 (Rn. 54 f.) – Akzo und Akcros Chemicals; Rs. C-149/10, ECLI:EU:C:2010:534 (Rn. 63 f.) – Chatzi; Rs. C-580/12 P, ECLI:EU:C:2014:2363 (Rn. 51) – Guardian Industries und Guardian Europe/Kommission; Rs. C-390/15, ECLI:EU:C:2017:174 (Rn. 41 f.) – RPO; bereits Rs. C-15/95, ECLI:EU:C:1997:196 (Rn. 35) – EARL de Kerlast; Rs. C-292/97, ECLI:EU:C:2000:202 (Rn. 39) – Karlsson; Rs. C-217/91, ECLI:EU:C:1993:293 (Rn. 37) – Spanien/Kommission; Rs. C-306/93, ECLI:EU:C:1994:407 (Rn. 30) – Winzersekt; *Kingreen*, in: Ehlers, Europäische Grundrechte und Grundfreiheiten, § 21 Rn. 13; *v. der Decken*, in: Heselhaus/Nowak, § 47 Rn. 19 m. w. N. zur Rspr.

[120] *Sachs*, in: Stern/Sachs, Art. 20 Rn. 16; *Sattler*, in: FS für Rauschning, 2001, S. 251 (258).

1. Vergleich der Sachverhalte

a) Ansatz

3659 Die Prüfung, ob eine Ungleichbehandlung vorliegt, beginnt mit der **Bildung von Vergleichsgruppen**.[121] Voraussetzung sind zumindest zwei Sachverhalte. Deren Vergleichspunkt muss auf objektiven Kriterien beruhen.[122] Es sind alle die eine Situation kennzeichnenden Merkmale einzubeziehen.[123] Die **Anforderungen** an die Vergleichbarkeit der Sachverhalte dürfen allerdings **nicht zu hoch** angesetzt werden,[124] um den Anwendungsbereich des Art. 20 EGRC nicht vorschnell einzuengen.[125] So ist die Vergleichbarkeit gegeben, wenn **Erzeugnisse austauschbar sind**[126] oder zwischen ihnen **Wettbewerb** besteht.[127]

b) Parallelen und Bedeutung für den Wettbewerb

3660 Dabei zählt die **Sicht der Verbraucher**, für die die Produkte gleiche Eigenschaften haben und denselben Bedürfnissen dienen müssen.[128] Diese Form der Substituierbarkeit erinnert an das Wettbewerbsrecht, wo dies das zentrale Merkmal für die Marktabgrenzung ist.[129] Danach ergibt sich, wer im Wettbewerb zueinander steht und daher gleich bzw. ungleich betroffen ist. Aus gemeinsamen Marktchancen ergibt sich eine gleichermaßen bestehende Betroffenheit sowohl gegenüber Verhal-

---

[121] *Kingreen*, in: Ehlers, Europäische Grundrechte und Grundfreiheiten, § 21 Rn. 14 m. w. N.; *Hölscheidt*, in: Meyer/Hölscheidt, Art. 20 Rn. 22; *Rossi*, in: Calliess/Ruffert, Art. 20 GRCh Rn. 20; *v. der Decken*, in: Heselhaus/Nowak, § 47 Rn. 20.

[122] EuGH, Rs. C-16/61, ECLI:EU:C:1962:29 (S. 615) – Acciaierie Ferriere e Fonderie di Modena; *Streinz*, in: ders., Art. 20 GR-Charta Rn. 10; *Rossi*, in: Calliess/Ruffert, Art. 20 GRCh Rn. 20; *v. der Decken*, in: Heselhaus/Nowak, § 47 Rn. 20.

[123] EuGH, Rs. C-406/15, ECLI:EU:C:2017:198 (Rn. 56) – Milkova; Rs. C-432/14, ECLI:EU: C:2015:643 (Rn. 31) – O/Philippe Auguste SARL; Rs. C 127/07, ECLI:EU:C:2008:728 (Rn. 25) – Arcelor Atlantique et Lorraine u. a.

[124] *Jarass/Kment*, § 24 Rn. 5; *Rossi*, in: Calliess/Ruffert, Art. 20 GRCh Rn. 21.

[125] *Rossi*, in: Calliess/Ruffert, Art. 20 GRCh Rn. 21.

[126] EuGH, Rs. C-117/76 u. 16/77, ECLI:EU:C:1977:160 (Rn. 8) – Ruckdeschel; Rs. C-124/76 u. 20/77, ECLI:EU:C:1977:161 (Rn. 18) – Moulins et Huileries de Pont-à-Mousson; *Streinz*, in: ders., Art. 20 GR-Charta Rn. 11; *Kingreen*, in: Ehlers, Europäische Grundrechte und Grundfreiheiten, § 21 Rn. 14; *Rossi*, in: Calliess/Ruffert, Art. 20 GRCh Rn. 20; *v. der Decken*, in: Heselhaus/Nowak, § 47 Rn. 21.

[127] EuGH, Rs. C-8/78, ECLI:EU:C:1978:157 (Rn. 26) – Milac/Hauptzollamt Freiburg; Rs. C-103 u. 145/77, ECLI:EU:C:1978:186 (Rn. 28, 32) – Royal Scholten-Honig; Rs. C-125/77, ECLI:EU: C:1978:187 (Rn. 28, 32) – Koninklijke Scholten-Honig; *Kingreen*, in: Ehlers, Europäische Grundrechte und Grundfreiheiten, § 21 Rn. 14; *v. der Decken*, in: Heselhaus/Nowak, § 47 Rn. 21; krit. insoweit *Mohn*, Der Gleichheitssatz im Gemeinschaftsrecht, 1990, S. 54. weitere Beispiele bei *Jarass/Kment*, § 24 Rn. 5 und 20 ff. und bei *v. der Decken*, in: Heselhaus/Nowak, § 47 Rn. 22 ff.

[128] EuGH, Rs. C-45/75, ECLI:EU:C:1976:22 (Rn. 12) – Rewe; Rs. C-140/79, ECLI:EU:C:1981:1 (Rn. 10) – Chemical Farmanceutici.

[129] Näher *Frenz*, Europarecht 2, Rn. 954.

tensweisen von marktbeherrschenden bzw. wettbewerbsfähig zusammenwirkenden Unternehmen als auch durch staatliche Maßnahmen, die einzelne Marktteilnehmende benachteiligen bzw. begünstigen.

In beiden Konstellationen werden Unternehmen durch übermächtige Akteure in ihren Möglichkeiten am Markt beeinträchtigt. Staatlichen Stellen unterläuft dies beispielsweise durch **unterschiedliche Kontrollanforderungen** oder **Formalitäten** oder divergierende Möglichkeiten der Bezeichnung für materiell gleichwertige Erzeugnisse. Damit hat auch der allgemeine Gleichheitssatz eine erhebliche Bedeutung für die Wettbewerbsfreiheit, die maßgeblich auf Chancengleichheit im Sinne gleicher Wettbewerbsbedingungen beruht.[130] Daher können auch die Maßstäbe parallel liegen. 3661

Die vom EuGH entschiedenen Fälle zur **Warenverkehrsfreiheit** bergen hier einen reichen **Beispielschatz** für Ungleichbehandlungen,[131] nur dass es im Bereich der Grundrechte nicht auf eine zumindest potenzielle Benachteiligung des grenzüberschreitenden Verkehrs ankommt, sondern auf eine Maßnahme mit hinreichendem Unionsrechtsbezug. 3662

c) Maßgeblichkeit der Beziehungen zum Staat

Beim Gleichheitssatz geht es wie im Rahmen der Warenverkehrsfreiheit um die Verhältnisse **zum Staat**. Daher muss in den Beziehungen zu diesem eine **Vergleichbarkeit** gegeben sein. Stehen zwei Unternehmen mit ihren substituierbaren Erzeugnissen im Wettbewerb, wird darüber die Beziehung zum Staat hergestellt, dass sie gleichermaßen auf dessen Neutralität in den gesetzlichen Regelungen sowie deren Anwendung angewiesen sind, um unverfälschte Ausgangsbedingungen zu haben. Unabhängig von Produkten im Wettbewerb sind Unternehmen darauf angewiesen, bei gleicher Struktur gleich behandelt zu werden – so etwa im Hinblick auf die Gesellschaftsform,[132] und die erhobenen Abgaben in ihrer Gesamtheit.[133] Insoweit müssen die Beziehungen zum Staat vergleichbar sein. Das ist aber die grundsätzliche Anforderung an den Gleichheitssatz und kann nicht erst seine Anwendung begründen, wäre doch sonst der Manipulation Tür und Tor geöffnet. 3663

d) Öffentliche und private Unternehmen

Das gilt auch und gerade für private und öffentliche Unternehmen. Soweit hier die Beziehungen des Unternehmens zum Staat zählen und daraus die Vergleichbarkeit 3664

---

[130] EuGH, Rs. C-553/12 P, ECLI:EU:C:2014:2083 (Rn. 43) – Dimosia Epicheirisi Ilektrismou AE; näher *Frenz*, AbfallR 2015, 24 ff.
[131] Im Einzelnen *Frenz*, Europarecht 1, Rn. 697 ff. sowie spezifisch EuGH, Rs. C-591/17, ECLI:EU:C:2019:504 – Österreich/Deutschland.
[132] S. EuGH, Rs. C-15/95, ECLI:EU:C:1997:196 (Rn. 37 f.) – EARL de Kerlast.
[133] Vgl. auf der Basis von Art. 18 AEUV EuGH, Rs. C-591/17, ECLI:EU:C:2019:504 – Österreich/Deutschland zur PKW-Maut und Kfz-Steuer in ihrem Zusammenspiel.

folgen soll,[134] so verzerren vielfach die besonderen Beziehungen und Förderungen öffentlicher Unternehmen die Wettbewerbsbedingungen erst.

3665 Das Eingreifen des Gleichheitssatzes muss daher von einer **vergleichbaren Marktposition** und damit potenziellem Wettbewerb abhängen. Allerdings setzt **Art. 106 Abs. 2 AEUV** eine **Ungleichbehandlung** voraus und ermöglicht diese in weitem Umfang.[135] Dadurch werden die besonderen Nachteile kompensiert, die öffentliche Unternehmen wegen spezifischer Lasten vor allem in Form einer flächendeckenden, gleichmäßigen Versorgung haben. Daher ist deren Ausgangssituation gerade verschieden und bedarf des Ausgleichs, um parallele Startbedingungen sicherzustellen. Mithin sind die Sachverhalte ungleich und daher verschieden zu behandeln. Soweit deshalb in diesen Fällen eine Beihilfe verneint wird,[136] liegt auch keine rechtswidrige Ungleichbehandlung vor. Ist gleichwohl eine Beihilfe gegeben, aber gerechtfertigt,[137] besteht eine solche Rechtfertigung auch im Rahmen des Gleichheitssatzes, um Wertungswidersprüche zu vermeiden. Den Maßstab bildet daher auch insoweit Art. 106 Abs. 2 AEUV.

2. Ungleichbehandlung durch gleichen Hoheitsträger

3666 Eine Diskriminierung kann nur durch den **Vergleich des Verhaltens desselben Hoheitsträgers** festgestellt werden.[138] Deshalb fehlt es an einer Ungleichbehandlung, wenn ein Mitgliedstaat (bei der Durchführung von Unionsrecht) anders handelt als ein anderer Mitgliedstaat.[139] Die sich hieraus ergebenden Unterschiede müssen hingenommen werden.[140] Maßgeblich ist lediglich, dass ein Sachverhalt in einem Mitgliedstaat einheitlich für alle Grundrechtsträger geregelt und angewendet wird.[141]

---

[134] S. EuGH, Rs. C-188-190/80, ECLI:EU:C:1982:257 (Rn. 21) – Frankreich u. a./Kommission.

[135] Ausführlich *Frenz*, Europarecht 2, Rn. 4152 ff.

[136] Vgl. EuGH, Rs. C-280/00, ECLI:EU:C:2003:415 – Altmark; dazu *Frenz*, Europarecht 3, Rn. 892 ff.

[137] *Frenz*, Europarecht 3, Rn. 221 ff.

[138] EuGH, Rs. C-320/00, ECLI:EU:C:2002:498 (Rn. 17 f.) – Lawrence u. a.; *Frenz*, Europarecht 1, Rn. 3941; *Rengeling/Szczekalla*, Rn. 904; *Rossi*, EuR 2000, 197 (210).

[139] EuGH, Rs. C-826/79, ECLI:EU:C:1980:198 (Rn. 15) – Amministrazione delle Finanze dello Stato/Mireco; *Jarass/Kment*, § 24 Rn. 6; *v. der Decken*, in: Heselhaus/Nowak, § 47 Rn. 26; *Rossi*, EuR 2000, 197 (210) m. w. N.

[140] *Frenz*, Europarecht 1, Rn. 3941.

[141] EuGH, Rs. C-14/68, ECLI:EU:C:1969:4 (Rn. 13) – Walt Wilhelm; Rs. C-185-204/78, ECLI:EU:C:1979:177 (Rn. 10 f.) – van Dam; Rs. C-308/86, ECLI:EU:C:1988:405 (Rn. 21 f.) – Ministère public/Lambert.

§ 2 Allgemeine Gleichheit vor dem Gesetz

3. Benachteiligung

Z. T. wird verlangt, dass die Ungleichbehandlung zu einer **Benachteiligung für den Grundrechtsträger** führt.[142] Dabei seien kompensierende Vorteile zu berücksichtigen.[143] Für eine derartige Ansicht finden sich jedoch im Wortlaut des Art. 20 EGRC keine Anhaltspunkte. Die Norm verlangt lediglich eine allgemeine Gleichbehandlung und differenziert nicht danach, ob eine ungleiche Behandlung Nachteile mit sich bringt.[144] Diese Frage kann ggf. im Rahmen der Verhältnismäßigkeitsprüfung[145] eingebunden werden. Im Übrigen dürften in der Praxis ohnehin nur solche Fälle Bedeutung erlangen, bei denen eine derartige Benachteiligung gegeben ist.

3667

4. Ergebnisorientierte Betrachtungsweise

Bei der Frage, ob eine Ungleichbehandlung vorliegt, ist allein der **tatsächliche Sachverhalt** bzw. das Ergebnis **maßgeblich**. Es ist möglich, dass eine neutral formulierte Regelung aufgrund von Begleitumständen zu einer Ungleichbehandlung führt.[146] Dies genügt für einen möglichen Verstoß gegen den allgemeinen Gleichheitssatz.

3668

5. Keine Gleichheit im Unrecht

Schon tatbestandsmäßig fehlt es an einer Ungleichbehandlung, wenn der vergleichbare Sachverhalt in einer **rechtswidrigen Handlung** besteht oder er rechtsfehlerhaft behandelt wurde. Es kann sich niemand auf eine fehlerhafte Rechtsanwendung zugunsten eines anderen berufen[147] und damit eine Gleichheit im Unrecht verlangen.[148]

3669

---

[142] EuGH, Rs. C-17 u. 20/61, ECLI:EU:C:1962:30 (S. 692 f.) – Klöckner-Werke; *Jarass/Kment*, § 24 Rn. 10; *Kingreen*, in: Ehlers, Europäische Grundrechte und Grundfreiheiten, § 21 Rn. 15.
[143] *Jarass/Kment*, § 24 Rn. 10.
[144] *Rossi*, in: Calliess/Ruffert, Art. 20 GRCh Rn. 22.
[145] S. u. Rn. 3675.
[146] *v. der Decken*, in: Heselhaus/Nowak, § 47 Rn. 25.
[147] EuGH, Rs. C-188/83, ECLI:EU:C:1984:309 (Rn. 15) – Witte/Parlament; Rs. C-134/84, ECLI: EU:C:1985:297 (Rn. 14) – Williams/Rechnungshof; *Kingreen*, in: Ehlers, Europäische Grundrechte und Grundfreiheiten, § 21 Rn. 15; *Jarass/Kment*, § 24 Rn. 7; *Rossi*, in: Calliess/Ruffert, Art. 20 GRCh Rn. 16; *v. der Decken*, in: Heselhaus/Nowak, § 47 Rn. 26.
[148] *Bühler*, Einschränkung von Grundrechten nach der Europäischen Grundrechtecharta, 2005, S. 153; *Winkler*, Die Grundrechte der Europäischen Union, 2006, S. 453.

II. Rechtfertigung

1. Ansatz

3670 Bei Art. 20 EGRC handelt es sich nicht um ein absolutes, sondern um ein so genanntes **relatives Diskriminierungsverbot**.[149] Denn auch wenn eine Ungleichbehandlung gleicher Sachverhalte gegeben ist, liegt nur dann ein Verstoß gegen das Gleichheitsgebot vor, wenn diese **unterschiedliche Behandlung nicht gerechtfertigt** ist.[150]

3671 Für die Frage, wann eine derartige Rechtfertigung gegeben ist, hat der EuGH bislang keine übergreifenden dogmatischen Leitsätze entwickelt.[151] So spricht er davon, dass die unterschiedliche Behandlung **nicht willkürlich** sein darf[152] oder auf **objektive Unterschiede**[153] gestützt sein muss. Wann dies der Fall ist, präzisiert er jedoch nicht.[154] Auch bei der **Prüfungsdichte** verfolgt er eine **uneinheitliche Linie**,[155] sowohl beim Prüfungsmaßstab als auch in betroffenen Bereichen und für handelnde Gewalten.[156] Während er z. T. den **weiten Beurteilungsspielraum des Gesetzgebers** betont,[157] verlangte er in anderen Entscheidungen eine substanziierte Darlegung der Differenzierungsgründe.[158]

---

[149] *Kischel*, EuGRZ 1997, 1 (4).

[150] EuGH, Rs. C-262/17, 263/17 u. 273/17 (Rn. 66) – Solvay Chimica Italia u. a.; Rs. C-127/07, ECLI:EU:C:2008:728 (Rn. 25) – Arcelor Atlantique et Lorraine u. a.; Rs. C-292/97, ECLI:EU: C:2000:202 (Rn. 39) – Karlsson; Rs. C-15/95, ECLI:EU:C:1997:196 (Rn. 35) – EARL de Kerlast; Rs. C-17 u. 20/61, ECLI:EU:C:1962:30 (692 f.) – Klöckner-Werke; *Rossi*, in: Calliess/Ruffert, Art. 20 GRCh Rn. 24; EGMR, Urt. vom 13.11.2007, Nr. 57325/00 (Rn. 196), NVwZ 2008, 533 (536) – D.H. u. a./Tschechien; *V. der Decken*, in: Heselhaus/Nowak, § 47 Rn. 28 m. w. N. zur Rspr.

[151] S. *Kingreen*, in: Ehlers, Europäische Grundrechte und Grundfreiheiten, § 21 Rn. 16; *Hölscheidt*, in: Meyer/Hölscheidt, Art. 20 Rn. 16; *Sachs*, in: Stern/Sachs, Art. 20 Rn. 23; *Rossi*, in: Calliess/Ruffert, Art. 20 GRCh Rn. 24.

[152] EuGH, Rs. C-139/77, ECLI:EU:C:1978:126 (Rn. 15) – Denkavit/Finanzamt Warendorf; Rs. C-245/81, ECLI:EU:C:1982:277 (Rn. 13) – Edeka; Rs. C-106/81, ECLI:EU:C:1982:291 (Rn. 22) – Kind/EWG; Rs. C-43/72, ECLI:EU:C:1973:108 (Rn. 22) – Merkur; Rs. C-370/88, ECLI:EU: C:1990:392 (Rn. 24) – Marshall; *Streinz*, in: ders., Art. 20 GR-Charta Rn. 10; *v. der Decken*, in: Heselhaus/Nowak, § 47 Rn. 28.

[153] EuGH, Rs. C-370/88, ECLI:EU:C:1990:392 (Rn. 24) – Marshall; Rs. C-250/83, ECLI:EU: C:1985:7 (Rn. 8) – Finsider; Rs. C-351/98, ECLI:EU:C:2002:530 (Rn. 57) – Spanien/Kommission; Rs. C-462/99, ECLI:EU:C:2003:297 (Rn. 115) – Connect Austria.

[154] *V. der Decken*, in: Heselhaus/Nowak, § 47 Rn. 28 f.

[155] *Sattler*, in: FS für Rauschning, 2001, S. 251 (256 f.).

[156] *Heselhaus*, in: Pechstein/Nowak/Häde, Art. 20 Rn. 41.

[157] EuGH, Rs. C-267-285/88, ECLI:EU:C:1990:79 (Rn. 14) – Wuidart u. a.

[158] EuGH, Rs. C-117/76 u. 16/77, ECLI:EU:C:1977:160 (Rn. 8 ff.) – Ruckdeschel; Rs. C-124/76 u. 20/77, ECLI:EU:C:1977:161 (Rn. 19/21 ff.) – Moulins et Huileries de Pont-à-Mousson.

2. Legitimes Ziel

Grundsätzlich kann die Rechtfertigung einer Ungleichbehandlung nur gegeben sein, wenn sie in der Verfolgung berechtigter Ziele geschieht.[159] Eine unterschiedliche Behandlung ist nach dem EuGH gerechtfertigt, wenn sie auf einem objektiven und angemessenen Kriterium beruht, d. h., wenn sie im Zusammenhang mit einem rechtlich zulässigen Ziel steht, das mit der in Rede stehenden Regelung verfolgt wird, und wenn diese unterschiedliche Behandlung in angemessenem Verhältnis zu dem mit der betreffenden Behandlung verfolgten Ziel steht.[160]

3672

Eine abstrakte Feststellung dessen, was als **legitim** anzusehen ist, ist nicht möglich. Es kommt jeweils auf den **konkreten Einzelfall** an.[161] Bislang hat der EuGH folgende Ziele anerkannt, wobei die Aufzählung nicht abschließend zu verstehen ist: **Verwaltungspraktikabilität**,[162] in deren Folge es zu Typisierungen und Pauschalierungen kommen darf,[163] **Wirksamkeit von Rechtsvorschriften**,[164] Wiederherstellung der **Wettbewerbsgleichheit** zwischen Gruppen von Wirtschaftsteilnehmenden,[165] Schutz der Interessen Dritter,[166] Verfolgung von **Zielen der Union**.[167]

3673

3. Selbstbindung der Verwaltung

Wenn die Verwaltung bei vergleichbaren Sachverhalten in einer bestimmten Weise gehandelt hat, führt das Gleichheitsgebot zu einer Selbstbindung der Verwaltung. Sie darf in diesem Fall nicht von ihrer üblichen Behandlung abweichen, auch wenn ihr vom Gesetzgeber grundsätzlich Ermessen eingeräumt wurde und die abweichende Behandlung für sich betrachtet rechtmäßig ist.[168] Nur bei einer rechtswidrigen Verwaltungspraxis besteht keine Bindungswirkung.[169]

3674

---

[159] Vgl. EuGH, Rs. C-273/97, ECLI:EU:C:1999:523 (Rn. 26) – Sirdar; Rs. C-350/96, ECLI:EU:C:1998:205 (Rn. 31) – Clean Car, dort unter Verhältnismäßigkeitsgesichtspunkten.
[160] EuGH, Rs. C-356/12, ECLI:EU:C:2014:350 (Rn. 43) – Glatzel; Rs. C-406/15, ECLI:EU:C:2017:198 (Rn. 55) – Milkova.
[161] *Rossi*, in: Calliess/Ruffert, Art. 20 GRCh Rn. 25.
[162] EuGH, Rs. C-248 u. 249/95, ECLI:EU:C:1997:377 (Rn. 60) – SAM u. Stapf.
[163] *Jarass/Kment*, § 24 Rn. 12.
[164] EuGH, Rs. C-84/87, ECLI:EU:C:1988:245 (Rn. 30) – Erpelding.
[165] S. EuGH, Rs. C-364 u. 365/95, ECLI:EU:C:1998:95 (Rn. 81) – T.Port; *Kingreen*, in: Ehlers, Europäische Grundrechte und Grundfreiheiten, § 21 Rn. 17; *v. der Decken*, in: Heselhaus/Nowak, § 47 Rn. 30.
[166] EuGH, Rs. C-435/02 u. 103/03, ECLI:EU:C:2004:552 (Rn. 69) – Axel Springer Verlag.
[167] Vgl. EuGH, Rs. C-106/81, ECLI:EU:C:1982:291 (Rn. 24) – Kind/EWG; Rs. C-351/92, ECLI:EU:C:1994:293 (Rn. 26) – Graff; Rs. C-292/97, ECLI:EU:C:2000:202 (Rn. 48 ff.) – Karlsson; *Jarass/Kment*, § 24 Rn. 15.
[168] EuG, Rs. T-214/95, ECLI:EU:T:1998:77 (Rn. 79) – Vlaams Gewest; *Jarass/Kment*, § 24 Rn. 19.
[169] *Jarass/Kment*, § 24 Rn. 19.

III. Verhältnismäßigkeit

3675 Nach der Feststellung einer Ungleichbehandlung und der möglichen Rechtfertigung schließt sich die Prüfung des Verhältnismäßigkeitsgrundsatzes an.[170] Dabei stellt sich die Frage, ob die Ungleich- (bzw. Gleich-)behandlung und das mit der Ungleich- bzw. (Gleich-)behandlung angestrebte Ziel in einem **angemessenen Verhältnis** zueinander stehen. Eine allgemeine Aussage kann hierzu nicht getroffen werden. Es kommt auf den Einzelfall an.

IV. Gleichbehandlung unterschiedlicher Sachverhalte

3676 Zwar verbietet der allgemeine Gleichheitssatz grundsätzlich nicht nur die Ungleichbehandlung vergleichbarer Sachverhalte, sondern auch die Gleichbehandlung unterschiedlicher Sachverhalte.[171] Trotzdem ist bereits nach dem Wortlaut des Art. 20 EGRC davon auszugehen, dass generelles Ziel des Art. 20 EGRC die Gleichbehandlung ist und deshalb ein **Normverstoß durch eine Gleichbehandlung unterschiedlicher Sachverhalte nur ausnahmsweise** angenommen werden kann.[172] Der Gestaltungsspielraum des Gesetzgebers ist insoweit weiter, als er unterschiedliche Sachverhalte nicht stets unterschiedlich behandeln und nicht jede Gleichbehandlung rechtfertigen muss.[173] So stellen z. B. unterschiedliche Wirkungen einer Regelung, die auf objektive Merkmale wie Unterschiede in der Größe eines Unternehmens oder des Standorts zurückzuführen sind, keinen Verstoß gegen den Gleichbehandlungsgrundsatz dar.[174]

V. Grundrechtsträger

3677 Art. 20 EGRC beschränkt sich dem Wortlaut nach nicht auf **Unionsbürgerinnen** und **Unionsbürger**. Die Bestimmung gilt für alle Personen, unabhängig von ihrer Staatsangehörigkeit.[175] Sie gilt auch für **juristische Personen**, obwohl dies nicht – wie in

---

[170] S. o. Rn. 3644 f.

[171] EuGH, Rs. C-390/15, ECLI:EU:C:2017:174 (Rn. 41 f.) – RPO; Rs. C-477/14, ECLI:EU:C:2016:324 (Rn. 35) – Pillbox 38; Rs. C-292/97, ECLI:EU:C:2000:202 (Rn. 39) – Karlsson; Rs. C-15/95, ECLI:EU:C:1997:196 (Rn. 35) – EARL de Kerlast; Rs. C-217/91, ECLI:EU:C:1993:293 (Rn. 37) – Spanien/Kommission; Rs. C-306/93, ECLI:EU:C:1994:407 (Rn. 30) – Winzersekt; *Kingreen*, in: Ehlers, Europäische Grundrechte und Grundfreiheiten, § 21 Rn. 13; *Bühler*, Einschränkung von Grundrechten nach der Europäischen Grundrechtecharta, 2005, S. 154.

[172] *Rossi*, in: Calliess/Ruffert, Art. 20 GRCh Rn. 28.

[173] *Rossi*, in: Calliess/Ruffert, Art. 20 GRCh Rn. 28.

[174] EuGH, Rs. C-52/79, ECLI:EU:C:1980:83 (Rn. 21) – Debauve; EuG, Rs. T-30/99, ECLI:EU:T:2001:96 (Rn. 78) – Bocchi Food Trade International.

[175] *Jarass/Kment*, § 24 Rn. 9; *Sachs*, in: Stern/Sachs, Art. 20 Rn. 11; *Rossi*, in: Calliess/Ruffert, Art. 20 GRCh Rn. 4.

§ 2 Allgemeine Gleichheit vor dem Gesetz   275

einigen anderen EGRC-Bestimmungen[176] – ausdrücklich angesprochen wird. Zum einen wurde der in einer ursprünglicheren Formulierung verwendete Begriff des „Menschen" in der abschließenden Fassung durch das Wort „Person" ersetzt.[177] Entgegen einiger sonstiger Bestimmungen der EGRC wurde dies auch im AEUV nicht wieder rückgängig gemacht. Zum anderen wendet der EuGH[178] den allgemeinen Gleichheitssatz wie selbstverständlich auch auf juristische Personen an.[179] Schließlich ergibt sich die Erstreckung auf juristische Personen auch aus dem Sinn und Zweck der Bestimmung, einen umfassenden Gleichheitsschutz zu gewährleisten.[180]

Juristische Personen des öffentlichen Rechts können sich allerdings **nicht** auf Art. 20 EGRC berufen.[181] Sie unterliegen der Hoheitsgewalt eines Grundrechtsadressierten und sind daher nicht selbst grundrechtsberechtigt.[182]   3678

VI. Staatliche Stellen und nicht Private als Normadressaten

Der allgemeine Gleichheitssatz bindet gem. Art. 51 Abs. 1 S. 1 EGRC die Organe, Einrichtungen und sonstigen Stellen der Union und die Mitgliedstaaten bei der Durchführung von Unionsrecht. Dies entspricht der bislang herrschenden EuGH-Rechtsprechung[183] und den meisten mitgliedstaatlichen Verfassungsnormen.[184] Daher besteht auch keine unmittelbare Drittwirkung.[185] Zwar werden Private mittlerweile auch durch die Arbeitnehmerfreizügigkeit als besonderer Ausprägung des allgemeinen Diskriminierungsverbots verpflichtet.[186]   3679

Indes kann die Arbeitnehmerfreizügigkeit erst durch diesen Schritt in vollem Umfang wirken, sind doch Arbeitnehmerinnen und Arbeitnehmer regelmäßig in den tendenziell überlegenen Umkreis privater Arbeitgebender gestellt.[187] Das gilt auch im Hinblick auf Arbeitnehmerrechte aus Art. 31 Abs. 2 EGRC.[188] Das trifft aber nicht allgemein auf sonstige Lebenssituationen zu. Die anderen Grundfreiheiten entfalten denn auch keine unmittelbare Drittwirkung. Parallel dazu kann daher auch der **allgemeine Gleichheitssatz Private nicht verpflichten**. Diese Wirkung können höchstens spezielle Ausprägungen haben, die ohne eine solche Ausdehnung weitgehend leer   3680

---

[176] Z. B. in Art. 42-44 EGRC.
[177] *Sachs*, in: Stern/Sachs, Art. 20 Rn. 2, 11; *Hölscheidt*, in: Meyer/Hölscheidt, Art. 20 Rn. 5.
[178] S. o. Rn. 3650.
[179] S. *Sachs*, in: Stern/Sachs, Art. 20 Rn. 12; *Rossi*, in: Calliess/Ruffert, Art. 20 GRCh Rn. 5.
[180] *Rossi*, in: Calliess/Ruffert, Art. 20 GRCh Rn. 5.
[181] A. A. *v. der Decken*, in: Heselhaus/Nowak, § 47 Rn. 14.
[182] *Rossi*, in: Calliess/Ruffert, Art. 20 GRCh Rn. 6; *Jarass/Kment*, § 24 Rn. 9.
[183] S. o. Rn. 3650.
[184] *Sachs*, in: Stern/Sachs, Art. 20 Rn. 13 f.
[185] *V. der Decken*, in: Heselhaus/Nowak, § 47 Rn. 13.
[186] EuGH, Rs. C-281/98, ECLI:EU:C:2000:296 (Rn. 29 ff.) – Angonese.
[187] Näher *Frenz*, Europarecht 1, Rn. 1387 ff.
[188] EuGH, Rs. C-569/16, ECLI:EU:C:2018:871 (Rn. 90 f.) – Bauer.

liefen bzw. einen unbedingten Charakter aufweisen, wie dies für das Diskriminierungsverbot nach Art. 21 Abs. 1 EGRC zutrifft, das besondere Merkmale hervorhebt und dem der EuGH als allgemeinen Grundsatz des Unionsrechts generell zwingenden Charakter zumisst.[189] Dabei verweist er auf verschiedene Bestimmungen der Gründungsverträge mit auch zwischen Privaten wirkenden Diskriminierungsverboten[190] und dabei entsprechend dem Urteil *Angonese*[191] auch auf Art. 45 AEUV, nicht aber auf Art. 20 EGRC. Der darin enthaltene allgemeine Gleichheitssatz hat damit **e contrario keine unmittelbare Wirkung** zwischen Privaten.

3681 Durch Art. 20 EGRC wird auch der **Gesetzgeber** gebunden,[192] obwohl sich dies nicht automatisch aus der in Art. 20 EGRC gewählten Formulierung ergibt, wonach alle Personen „vor" dem Gesetz gleich sind.[193] Die Gesetzgebung legt jedoch mit ihren Vorgaben und Gesetzesformulierungen den Grundstein dafür, dass die Gesetze gleich angewandt werden.[194] Bei der Gesetzesanwendung kann nicht mehr Gleichheit gewährt werden, als in der Bestimmung normiert ist.[195] Dies entspricht auch der bislang geltenden Rechtsprechung des EuGH zum allgemeinen Gleichheitsrecht.[196]

C. Folgen eines Verstoßes

I. Wahlmöglichkeit des Gesetzgebers

3682 Anders als bei einem Freiheitsrecht, bei dessen ungerechtfertigter Beeinträchtigung nur deren Behebung als Rechtsfolge in Betracht kommt, obliegt es bei einer Verletzung des Gleichheitsgebots dem Gesetzgeber, diesen Verstoß zu neutralisieren.[197] Er kann die eine Gruppe ebenso wie die andere, die andere ebenso wie die eine oder beide

---

[189] EuGH, Rs. C-414/16, ECLI:EU:C:2018:257 (Rn. 76 ff.) – Egenberger; näher u. Rn. 3767.

[190] U. A. EuGH, Rs. C-43/75, ECLI:EU:C:1976:56 (Rn. 4/6 ff.) – Defrenne/Sabena zu Art. 157 Abs. 1 AEUV; Rs. C-411/98, ECLI:EU:C:2000:530 (Rn. 50) – Ferlini; Rs. C-438/05, ECLI:EU:C:2007:772 (Rn. 57 ff.) – The International Transport Workers' Federation und The Finnish Seamen's Union.

[191] EuGH, Rs. C-281/98, ECLI:EU:C:2000:296 (Rn. 33 ff.) – Angonese.

[192] *Hölscheidt*, in: Meyer/Hölscheidt, Art. 20 Rn. 18; *v. der Decken*, in: Heselhaus/Nowak, § 47 Rn. 19.

[193] *Streinz*, in: ders., Art. 20 GR-Charta Rn. 7; *Sachs*, in: Stern/Sachs, Art. 20 Rn. 14; *Rossi*, in: Calliess/Ruffert, Art. 20 GRCh Rn. 7.

[194] *Hölscheidt*, in: Meyer/Hölscheidt, Art. 20 Rn. 18.

[195] *Rossi*, in: Calliess/Ruffert, Art. 20 GRCh Rn. 8.

[196] S. o. Rn. 3650.

[197] EuGH, Rs. C-117/76 u. 16/77, ECLI:EU:C:1977:160 (Rn. 13) – Ruckdeschel; Rs. C-124/76 u. 20/77, ECLI:EU:C:1977:161 (Rn. 27/29) – Moulins et Huileries de Pont-à-Mousson; *Hölscheidt*, in: Meyer/Hölscheidt, Art. 20 Rn. 29; *Jarass/Kment*, § 24 Rn. 3; *Rossi*, in: Calliess/Ruffert, Art. 20 GRCh Rn. 29 f.; *v. der Decken*, in: Heselhaus/Nowak, § 47 Rn. 37 ff.

§ 2 Allgemeine Gleichheit vor dem Gesetz

auf eine neue, dritte Weise behandeln.[198] Der EuGH hat i. d. R. bis zur Entscheidung des Gesetzgebers Begünstigungen auf die Benachteiligten ausgeweitet.[199]

II. Schadensersatz

Unabhängig von dieser direkten Folge stellt sich die Frage, inwiefern die von einem Verstoß gegen den Gleichheitssatz Betroffenen Schadensersatzansprüche geltend machen können.[200] Der EuGH hat bereits Fälle entschieden, in denen ein solcher Verstoß eine Haftung der Union nach Art. 340 AEUV auslöste.[201] Dabei stellte er zwar heraus, dass die Feststellung der Rechtswidrigkeit einer Regelung in europäischen Rechtsetzungsakten für sich allein nicht genügt, um eine Haftung auszulösen. Sie kann nur dann ausnahmsweise begründet werden, wenn das handelnde Organ die Grenzen seiner Befugnisse offenkundig und erheblich überschritten haben sollte.[202] Der **Gleichheitssatz** ist jedoch von derart „**besonderer Bedeutung**", dass seine **Verletzung** eine **Haftung** auslösen kann.[203]   3683

Auch das EuG stellte ausdrücklich heraus, dass der Gleichheitssatz „eine höherrangige, den Einzelnen schützende Rechtsnorm (sei), deren Verletzung die Haftung der Gemeinschaft auslösen" könne.[204] Es kommt dabei allerdings auf die weiteren Umstände des Einzelfalls an.   3684

Diese herausgehobene Bedeutung des Gleichheitssatzes bei der Auslösung von Schadensersatzansprüchen kompensiert teilweise, dass eine **konkrete Maßnahme** angesichts der Wahlmöglichkeiten des Normgebers **schwerlich eingefordert** werden kann. Aus diesem Grunde würde ohne eine besondere Betonung des Gleichheitssatzes ein Schadensersatzanspruch insoweit leerlaufen, als ein erhebliches und offenkundiges   3685

---

[198] *Kingreen*, in: Ehlers, Europäische Grundrechte und Grundfreiheiten, § 21 Rn. 18; *Hölscheidt*, in: Meyer/Hölscheidt, Art. 20 Rn. 33; *Rossi*, in: Calliess/Ruffert, Art. 20 GRCh Rn. 29; *v. der Decken*, in: Heselhaus/Nowak, § 47 Rn. 37.
[199] EuGH, Rs. C-300/86, ECLI:EU:C:1988:342 (Rn. 24) – Luc van Landschoot; Rs. C-265/87, ECLI:EU:C:1989:303 (Rn. 26) – Schräder; Rs. C-184/89, ECLI:EU:C:1991:50 (Rn. 21) – Nimz; Rs. C-187/00, ECLI:EU:C:2003:168 (Rn. 75) – Kutz-Bauer; *Rengeling/Szczekalla*, Rn. 882; *Jarass/Kment*, § 24 Rn. 3; *Rossi*, in: Calliess/Ruffert, Art. 20 GRCh Rn. 30; *Kischel*, EuGRZ 1997, 1 (9).
[200] *V. der Decken*, in: Heselhaus/Nowak, § 47 Rn. 40.
[201] EuGH, Rs. C-238/78, ECLI:EU:C:1979:226 – Ireks-Arkady; Rs. C-241 u. a./78, ECLI:EU:C:1979:227 – DGV; Rs. C-261 u. 262/78, ECLI:EU:C:1982:329 – Interquell Stärke-Chemie; Rs. C-64/76 u. a., ECLI:EU:C:1979:223 – Dumortier Frères; die Entsch. betreffen den damaligen Art. 215 Abs. 2 EGV (= Art. 288 EG/340 AEUV).
[202] EuGH, Rs. C-238/78, ECLI:EU:C:1979:226 (Rn. 9) – Ireks-Arkady; Rs. C-241 u. a./78, ECLI.EU:C:1979:227 (Rn. 9) – DGV; Rs. C-261 u. 262/78, ECLI:EU:C:1982:329 (Rn. 12) – Interquell Stärke-Chemie; Rs. C-64/76 u. a., ECLI:EU:C:1979:223 (Rn. 9) – Dumortier Frères.
[203] EuGH, Rs. C-238/78, ECLI:EU:C:1979:226 (Rn. 11) – Ireks-Arkady; Rs. C-241 u. a./78, ECLI:EU:C:1979:227 (Rn. 11) – DGV; Rs. C-261 u. 262/78, ECLI:EU:C:1982:329 (Rn. 14) – Interquell Stärke-Chemie; Rs. C-64/76 u. a., ECLI:EU:C:1979:223 (Rn. 11) – Dumortier Frères.
[204] EuG, Rs. T-390/94, ECLI:EU:T:1997:51 (Rn. 78) – Schröder u. a.

Überschreiten der gesetzgeberischen Befugnisse seltener als bei anderen Normen festgestellt werden kann. Der Schadensersatzanspruch gewährleistet, dass der Gesetzgeber nicht im Vertrauen auf eine bloße Anpassung der von ihm erlassenen Vorschriften einen Gleichheitsverstoß in Kauf nimmt, sondern finanziell belastet wird. Damit er auch eingreift, muss dem Gleichheitssatz eine „besondere Bedeutung" zugemessen werden. Diese bildet die **Kompensation** für inhaltliche Offenheit und damit die Absicherung der Einforderbarkeit auf Sekundärebene.

D. Prüfungsschema zu Art. 20 EGRC

3686   **1. Schutzbereich**
Gleiches muss gleich, Ungleiches ungleich behandelt werden

2. Beeinträchtigung
a) Ungleichbehandlung vergleichbarer Sachverhalte oder Gleichbehandlung unterschiedlicher Sachverhalte
b) Vergleich der Sachverhalte
c) ergebnisorientierte Betrachtungsweise
d) keine Gleichheit im Unrecht

3. Rechtfertigung
a) (Ungleich-)Behandlung erfolgte zur Erreichung eines legitimen Ziels
b) ggf. Selbstbindung der Verwaltung

4. Verhältnismäßigkeit
(Ungleich-)Behandlung in angemessenem Verhältnis zu angestrebtem Ziel

5. Folgen eines Verstoßes
a) Wahlmöglichkeit des Gesetzgebers
b) ggf. Schadensersatz

§ 3 Nichtdiskriminierung

A. Grundlagen

3687   Art. 21 EGRC beinhaltet **zwei allgemeine Diskriminierungsverbote**. Nach seinem Absatz 1 sind Diskriminierungen insbesondere wegen des Geschlechts, der Rasse, der Hautfarbe, der ethnischen oder sozialen Herkunft, der genetischen Merkmale, der Sprache, der Religion oder der Weltanschauung, der politischen oder sonstigen Anschauung, der Zugehörigkeit zu einer nationalen Minderheit, des Vermögens, der Geburt, einer Behinderung, des Alters oder der sexuellen Ausrichtung verboten.

Gem. Art. 21 Abs. 2 EGRC ist unbeschadet besonderer Bestimmungen der Verträge in ihrem Anwendungsbereich jede Diskriminierung aus Gründen der Staatsangehörigkeit verboten.

I. Entstehung

Die beiden Absätze waren zu Beginn des Grundrechtekonvents in zwei unterschiedlichen Artikeln vorgesehen, wurden aber im Laufe der Beratungen zu einer Norm zusammengefasst.[205]   3688

Nach den Erläuterungen zur EGRC[206] lehnt sich Art. 21 Abs. 1 EGRC an Art. 13 EG/19 AEUV und Art. 14 EMRK sowie an Art. 11 des Übereinkommens über Menschenrechte und Biomedizin[207] an. Soweit er mit Art. 14 EMRK zusammenfällt, findet er nach diesem Artikel Anwendung.   3689

Art. 21 Abs. 2 EGRC korrespondiert mit Art. 18 AEUV und findet entsprechend Anwendung.   3690

II. Parallelen im europäischen Primärrecht

1. Entwicklung

Bis zum Amsterdamer Vertrag fanden sich im europäischen Primärrecht jenseits der Grundfreiheiten als spezifische Diskriminierungsverbote für den grenzüberschreitenden Verkehr nur zwei Diskriminierungsverbote, nämlich das Diskriminierungsverbot aus Gründen der Staatsangehörigkeit (Art. 18 AEUV[208]) und das Verbot der Diskriminierung zwischen Erzeugenden und Verbrauchenden im Bereich der Landwirtschaft (Art. 40 Abs. 2 UAbs. 2 AEUV).[209] Mit dem Amsterdamer Vertrag wurden in Art. 13 EG/19 AEUV weitere Diskriminierungsmerkmale eingeführt, allerdings nicht in Form eines Diskriminierungsverbots, sondern als Ermächtigungsgrundlage.[210]   3691

2. Art. 18 AEUV

Art. 18 AEUV enthält ein – im Vergleich mit Art. 21 Abs. 2 EGRC beinahe gleichlautendes – allgemeines Diskriminierungsverbot aus Gründen der Staatsange-   3692

---

[205] *Hölscheidt*, in: Meyer/Hölscheidt, Art. 21 Rn. 23 ff.
[206] Erläuterungen zur Charta der Grundrechte, ABl. 2007 C 303, S. 17 (24).
[207] Europarat SEV-Nr. 164.
[208] Zunächst Art. 7 Abs. 1 EWGV, nach Maastricht Art. 6 Abs. 1 EGV, ab Amsterdam Art. 12 Abs. 1 EG, ab Lissabon Art. 18 Abs. 1 AEUV.
[209] *V. der Decken*, in: Heselhaus/Nowak, § 49 Rn. 1.
[210] *Wernsmann*, JZ 2005, 224 (224); s. u. Rn. 3694 ff.

hörigkeit. Die Bestimmung war von Beginn an Bestandteil des Gemeinschaftsrechts.[211] Aufgrund ihrer **zentralen Bedeutung für das Integrationsvorhaben der Union** nimmt sie eine elementare Position im gesamten Europarecht ein.[212] Es handelt sich bei ihr um ein Leitmotiv der Union.[213] Sie verlangt eine vollständige Gleichstellung und Gleichbehandlung von Angehörigen anderer Mitgliedstaaten mit den eigenen Staatsangehörigen,[214] wie das **Urteil zur *Pkw-Maut*** anschaulich belegt,[215] und schützt zugleich die eigenen Staatsangehörigen, wenn sie von ihrem Freizügigkeitsrecht Gebrauch machen.[216] Mit der Aufnahme von Art. 21 Abs. 2 EGRC wird die vom EuGH bereits lange als Grundrecht anerkannte Norm des Art. 18 AEUV auch formal in den Rang eines Grundrechts gehoben.[217]

3693 Die Übereinstimmung von Art. 21 Abs. 2 EGRC mit Art. 18 AEUV hat nach Art. 52 Abs. 2 EGRC zur Folge, dass die Ausübung des Art. 21 Abs. 2 EGRC im Rahmen der in Art. 18 AEUV festgelegten Bedingungen und Grenzen zu erfolgen hat.[218] Dies bedeutet, dass sowohl der Gewährleistungsbereich als auch die Beeinträchtigungsmöglichkeiten miteinander übereinstimmen müssen.[219] Art. 21 Abs. 2 EGRC darf mithin nicht anders ausgelegt und eingeschränkt werden als das aus Art. 18 AEUV entsprungene Grundrecht.[220] Damit ist vor allem der **weite Anwendungsbereich** durch Einbeziehung auch relativ geringfügiger indirekter bzw. mittelbarer Beeinträchtigungen **nach** dem ***Pkw-Maut*-Urteil**[221] zugrunde zu legen.

3. Art. 19 AEUV

a) Inhalt

3694 Art. 18 AEUV wird ergänzt durch Art. 19 AEUV, der eine Kompetenz der Union begründet, die erforderlichen Maßnahmen zur Bekämpfung von Diskriminierungen aus Gründen des Geschlechts, der Rasse, der ethnischen Herkunft, der Religion oder der Weltanschauung, einer Behinderung, des Alters oder der sexuellen Ausrichtung

---

[211] Zunächst in Art. 7 Abs. 1 EWGV, nach Maastricht in Art. 6 Abs. 1 EGV und seit Amsterdam in Art. 12 Abs. 1 EG; *v. der Decken*, in: Heselhaus/Nowak, § 49 Rn. 4.

[212] *Kischel*, EuGRZ 1997, 1 (1).

[213] *Frenz*, Europarecht 1, Rn. 3929; *v. der Decken*, in: Heselhaus/Nowak, § 49 Rn. 4; *Kischel*, EuGRZ 1997, 1 (1); *Jarass/Kment*, § 25 Rn. 29.

[214] *Frenz*, Europarecht 1, Rn. 3901.

[215] EuGH, Rs. C-591/17, ECLI:EU:C:2019:504 – Österreich/Deutschland.

[216] *Jarass/Kment*, § 25 Rn. 29.

[217] *Rossi*, in: Calliess/Ruffert, Art. 21 GRCh Rn. 11.

[218] *Sachs*, in: Stern/Sachs, Art. 21 Rn. 27.

[219] *Jarass/Kment*, § 25 Rn. 28; *Borowsky*, in: Meyer/Hölscheidt, Art. 52 Rn. 26; allgemein s. Rn. 183 ff.

[220] *Borowsky*, in: Meyer/Hölscheidt, Art. 52 Rn. 26.

[221] EuGH, Rs. C-591/17, ECLI:EU:C:2019:504 – Österreich/Deutschland.

§ 3 Nichtdiskriminierung

zu ergreifen.[222] Im Unterschied zu Art. 18 AEUV enthält **Art. 19 AEUV kein unmittelbar anwendbares Diskriminierungsverbot**.[223] Es handelt sich vielmehr um eine Ermächtigungsgrundlage.[224] Um Diskriminierungen aus den genannten Gründen zu verbieten, bedarf es des Erlasses von Umsetzungsvorschriften.[225]

Die Union hat durch **vier Antidiskriminierungs-Richtlinien** von der Kompetenz in Art. 19 AEUV Gebrauch gemacht: die AntirassismusRL 2000/43/EG,[226] die RL 2000/78/EG (die Richtlinie betrifft Diskriminierungen aus Gründen der Religion oder Weltanschauung, einer Behinderung, des Alters oder der sexuellen Ausrichtung),[227] die RL 2004/113/EG[228] und die RL 2006/54/EG.[229]

3695

b) Verhältnis zu Art. 21 Abs. 1 EGRC

aa) Überschneidung bei divergierender Wirkung

Art. 19 AEUV und Art. 21 Abs. 1 EGRC überschneiden sich in einer Reihe der verbotenen Diskriminierungsmerkmale. Anders als Art. 19 AEUV **verbietet Art. 21 Abs. 1 EGRC** die **Diskriminierung** allerdings **direkt**. Art. 21 Abs. 1 EGRC ist damit grundsätzlich unmittelbar anwendbar, Art. 19 AEUV hingegen nicht. Es stellt sich daher die Frage nach dem Verhältnis der beiden Normen.[230]

3696

bb) Erläuterungen zur EGRC

Nach den Erläuterungen zur EGRC[231] haben Art. 21 Abs. 1 EGRC und 19 AEUV verschiedene Anwendungsbereiche und Zwecke, ohne in Widerspruch zueinander

3697

---

[222] *Kingreen*, in: Ehlers, Europäische Grundrechte und Grundfreiheiten, § 21 Rn. 22; *Epiney*, in: Calliess/Ruffert, Art. 19 AEUV (ex-Art. 13 EGV) Rn. 1; *Rossi*, EuR 2000, 197 (197).

[223] *V. der Decken*, in: Heselhaus/Nowak, § 49 Rn. 48. m. w. N.; *Dieball*, EuR 2000, 274 (278); *Wernsmann*, JZ 2005, 224 (227); *Rossi*, EuR 2000, 197 (197); *Bühler*, Einschränkung von Grundrechten nach der Europäischen Grundrechtecharta, 2005, S. 159.

[224] *Hölscheidt*, in: Meyer/Hölscheidt, Art. 21 Rn. 3; *v. der Decken*, in: Heselhaus/Nowak, § 49 Rn. 44; *Epiney*, in: Calliess/Ruffert, Art. 19 AEUV (ex-Art. 13 EGV) Rn. 1; *Dieball*, EuR 2000, 274 (278); *Wernsmann*, JZ 2005, 224 (227); *Rossi*, EuR 2000, 197 (197).

[225] *Frenz*, Europarecht 1, Rn. 3903.

[226] Des Rates vom 29.6.2000 zur Anwendung des Gleichbehandlungsgrundsatzes ohne Unterschied der Rasse oder ethnischen Herkunft (AntirassismusRL), ABl. 2000 L 180, S. 22.

[227] Des Rates vom 27.11.2000 zur Festlegung eines allgemeinen Rahmens für die Verwirklichung der Gleichbehandlung in Beschäftigung und Beruf, ABl. 2000 L 303, S. 16.

[228] Des Rates vom 13.12.2004 zur Verwirklichung des Grundsatzes der Gleichbehandlung von Mann und Frau beim Zugang zu und bei der Versorgung mit Gütern und Dienstleistungen, ABl. 2004 L 373, S. 37. S. zu den drei RLn *Epiney*, in: Calliess/Ruffert, Art. 19 AEUV Rn. 10 ff.

[229] Des Europäischen Parlaments und des Rates vom 5.7.2006 zur Verwirklichung des Grundsatzes der Chancengleichheit und Gleichbehandlung von Männern und Frauen in Arbeits- und Beschäftigungsfragen, ABl. 2006 L 204, S. 23.

[230] *Griller*, in: Duschanek/Griller, Grundrechte für Europa, 2002, S. 131 (147 ff.).

[231] Erläuterungen zur Charta der Grundrechte, ABl. 2007 C 303, S. 17 (24).

zu stehen oder unvereinbar miteinander zu sein: **Art. 19 AEUV als Unionszuständigkeit**, Gesetzgebungsakte – unter anderem auch betreffend die Harmonisierung der Rechtsvorschriften der Mitgliedstaaten – zur Bekämpfung bestimmter Formen der Diskriminierung, die in diesem Artikel erschöpfend aufgezählt sind, zu erlassen. Diese Rechtsvorschriften können Maßnahmen der Behörden der Mitgliedstaaten (sowie die Beziehungen zwischen Privatpersonen) in jedem Bereich innerhalb der Grenzen der Zuständigkeiten der Union umfassen. Art. 21 Abs. 1 EGRC hingegen begründet weder eine Zuständigkeit zum Erlass von Antidiskriminierungsgesetzen in diesen Bereichen des Handelns von Mitgliedstaaten oder Privatpersonen noch ein umfassendes Diskriminierungsverbot, sondern behandelt die **Diskriminierung seitens** der Organe und Einrichtungen **der Union** im Rahmen der Ausübung der ihr nach den Verträgen zugewiesenen Zuständigkeiten und seitens der **Mitgliedstaaten** im Rahmen der Umsetzung des Unionsrechts. Rückwirkungen auf Art. 19 AEUV ergeben sich daher nicht.[232]

cc) Unmittelbare Anwendbarkeit des Art. 21 Abs. 1 EGRC

3698 Damit ist jedoch noch nicht geklärt, inwiefern sich die einzelne Bürgerin oder der einzelne Bürger auf Art. 21 Abs. 1 EGRC berufen kann bzw. inwieweit die grundsätzlich unmittelbare Anwendbarkeit des Art. 21 Abs. 1 EGRC durch die nur mittelbare Wirkung des Art. 19 AEUV beeinflusst wird. Der **EuGH** hat sogar eine **unmittelbare Wirkung** von Art. 21 Abs. 1 EGRC **zwischen Privaten** bejaht, wenn es um eine **Diskriminierung** wegen der **Religion** oder **Weltanschauung** geht,[233] nachdem er schon das Recht zur direkten Geltendmachung des Verbots der **Altersdiskriminierung** in einem Rechtsstreit bejaht hatte.[234] Er bezog sich dabei nicht auf Art. 19 AEUV, sondern auf die klassischen Diskriminierungsverbote der Gründungsverträge (Art. 45, 157 AEUV).[235]

3699 Wenn die **Diskriminierung aufgrund eines nur in Art. 21 Abs. 1 EGRC**, nicht aber in Art. 19 AEUV **genannten Kriteriums** erfolgt, ist die **unmittelbare Anwendbarkeit** des Art. 21 Abs. 1 EGRC aufgrund seiner Grundrechtsqualität **unproblematisch zu bejahen**. Das gilt für die Hautfarbe, die soziale Herkunft, die genetischen Merkmale, die Sprache, die politische oder sonstige Anschauung, die Zugehörigkeit zu einer nationalen Minderheit, das Vermögen und die Geburt. Der umgekehrte Fall, dass ein Merkmal in Art. 19 AEUV, nicht aber in Art. 21 Abs. 1 EGRC genannt würde, existiert nicht, weil Art. 21 Abs. 1 EGRC weiter gefasst ist als Art. 19 AEUV und alle dort genannten Merkmale aufzählt.

---

[232] Dieser Absatz war in den Erläuterungen des Präsidiums des Grundrechtekonvents vom 7.12.2000, CHARTE 4473/00 CONVENT 49, S. 23, noch nicht enthalten.

[233] EuGH, Rs. C-414/16, ECLI:EU:C:2018:257 (Rn. 76) – Egenberger.

[234] EuGH, Rs. C-176/12, ECLI:EU:C:2014:2 (Rn. 47) – Association de médiation sociale; s. auch Rs. C-190/16, ECLI:EU:C:2017:513 – Fries.

[235] EuGH, Rs. C-414/16, ECLI:EU:C:2018:257 (Rn. 77) – Egenberger; näher u. Rn. 3768 ff.

Problematisch ist aber der Fall, bei dem ein **Diskriminierungsmerkmal sowohl** 3700
in Art. 21 Abs. 1 EGRC als auch in Art. 19 AEUV genannt wird, auch wenn der
EuGH, ohne ausführliche Erläuterungen in seiner *Egenberger*-Entscheidung, eine
unmittelbare Wirkung unter Verweis auf die Eigenschaft als allgemeiner Grundsatz
des Unionsrechts und die klassischen Diskriminierungsverbote der Gründungsverträge auch zwischen Privaten annahm.[236] Dies ist der Fall bei einer Diskriminierung
aus Gründen des Geschlechts, der Rasse, der ethnischen Herkunft, der Religion oder
Weltanschauung, einer Behinderung, des Alters oder der sexuellen Ausrichtung.[237]
Schwierigkeiten bereitet insoweit die Bestimmung des Art. 52 Abs. 2 EGRC, die der
EuGH nicht erwähnte. Danach erfolgt die Ausübung der durch die EGRC anerkannten Rechte, die in den Verträgen geregelt sind, im Rahmen der darin festgelegten
Bedingungen und Grenzen.

dd) Problem des Art. 52 Abs. 2 EGRC

Solange auf der Grundlage des Art. 19 AEUV noch keine Maßnahme ergriffen 3701
worden ist, könnten die in Art. 21 Abs. 1 EGRC enthaltenen Diskriminierungsverbote insoweit nicht in den Verträgen i. S. d. Art. 52 Abs. 2 EGRC „geregelt" sein,
wenn dieser sich auf Sekundärrecht erstreckt.[238] Art. 52 Abs. 2 EGRC würde damit
keine Wirkung entfalten und Art. 19 AEUV müsste keine Beachtung geschenkt
werden, sodass Art. 21 Abs. 1 EGRC unmittelbar anwendbar wäre. Wenn hingegen
das Europäische Parlament und der Rat eine Maßnahme nach Art. 19 AEUV
beschlossen hätten, wäre Art. 52 Abs. 2 EGRC anwendbar, sodass sich der Umfang
von Art. 21 Abs. 1 EGRC nach diesen Maßnahmen bestimmen würde. Dann
könnten aber die Unionsorgane den Gehalt von Art. 21 EGRC durch ihre Maßnahmen relativieren, was dem Charakter eines zumal elementaren Grundrechts wie
des Diskriminierungsverbots widerspräche.

Würden hingegen die Diskriminierungsverbote aus Art. 21 Abs. 1 EGRC für die 3702
übereinstimmenden Merkmale grundsätzlich in Art. 19 AEUV geregelt, hätte dies
zur Folge, dass Art. 52 Abs. 2 EGRC stets anzuwenden wäre. Betrachtet man die
nicht unmittelbare Wirkung des Art. 19 AEUV dann als eine der „Bedingungen und
Grenzen" dieser Norm, würde dies die unmittelbare Wirkung des Art. 21 Abs. 1
EGRC ausschließen. Unmittelbare Diskriminierungsverbote würden sich dann erst
aus dem auf der Grundlage von Art. 19 AEUV erlassenen Sekundärrecht ergeben.

Schließlich können die Diskriminierungsverbote des Art. 21 Abs. 1 EGRC als 3703
nicht in Art. 19 AEUV, sondern **im richterrechtlich entwickelten allgemeinen
Gleichheitssatz** „geregelt" sein. Art. 52 Abs. 2 EGRC fände in diesem Fall keine
Anwendung mit der Folge, dass Art. 21 Abs. 1 EGRC als Grundrechtsnorm generell

---

[236] EuGH, Rs. C-414/16, ECLI:EU:C:2018:257 (Rn. 76 f.) – Egenberger.

[237] *Bühler*, Einschränkung von Grundrechten nach der Europäischen Grundrechtecharta, 2005, S. 296.

[238] Bejahend o. Rn. 557 sowie m. w. N. auch zur Gegenansicht u. Rn. 5442 f.

unmittelbar anwendbar wäre.[239] Diesen Weg wählte der EuGH in seinem Urteil *Egenberger*, indem er auf das in Art. 21 Abs. 1 EGRC niedergelegte Verbot jeder Art von Diskriminierung wegen der Religion oder der Weltanschauung als allgemeinen Grundsatz des Unionsrechts mit zwingendem Charakter abstellte.

ee) Art. 21 Abs. 1 EGRC als Präzisierung des allgemeinen Gleichheitssatzes

3704 Für diese letztgenannte Ansicht spricht, dass sich der EuGH regelmäßig auf den allgemeinen Gleichheitssatz beruft und die **Diskriminierungsverbote** als **Konkretisierung des allgemeinen Gleichheitssatzes** ansieht.[240] Art. 21 Abs. 1 EGRC bildet eine besondere Ausprägung dieses allgemeinen Grundsatzes nach Art. 20 EGRC.[241] Zwar nehmen die Erläuterungen zur EGRC[242] bei Art. 21 Abs. 1 EGRC auf Art. 19 AEUV Bezug. Allerdings lehnt sich nach ihrer Ansicht Art. 21 EGRC an Art. 19 AEUV nur „an". Damit ist jedenfalls nicht gesagt, dass die Diskriminierungsverbote des Art. 21 Abs. 1 EGRC in Art. 19 AEUV i. S. d. Art. 52 Abs. 2 EGRC „geregelt" sind. So verweisen die Erläuterungen auch nicht auf Art. 52 Abs. 2 EGRC.

3705 Hinzu kommt, dass Art. 19 AEUV nach Systematik und Genese offensichtlich neben dem bereits unmittelbar geltenden Art. 18 AEUV zusätzliche Maßnahmen ermöglichen will.[243] Es ist nicht anzunehmen, dass er die bekämpften Diskriminierungen bis zum Erlass einer Maßnahme erlauben will.[244] Auch Art. 19 AEUV ist damit letztlich eine besondere Ausprägung des allgemeinen Gleichheitssatzes. Daher sind die Diskriminierungsmerkmale des Art. 21 Abs. 1 EGRC nicht als in Art. 19 AEUV, sondern im allgemeinen Gleichheitssatz als „geregelt" anzusehen. **Art. 52 Abs. 2 EGRC** enfaltet somit **keine Sperrwirkung**, sodass die **unmittelbare Anwendbarkeit von Art. 21 Abs. 1 EGRC insgesamt** bejaht werden kann.

ff) Systematik von Art. 21 Abs. 1 EGRC

3706 **Ansonsten** ergäbe sich das widersinnige Ergebnis, dass die gegenüber Art. 19 AEUV **hinzugekommenen Diskriminierungsmerkmale** wie die soziale Herkunft eine unmittelbare und damit **stärkere Wirkung** entfalteten **als die traditionellen**. Dabei sind sie in der Natur oft schwächer, so die politische oder sonstige Anschauung. Daher

---

[239] S. zu den unterschiedlichen Lösungsansätzen und deren Vertretern in der Lit. *Bühler*, Einschränkung von Grundrechten nach der Europäischen Grundrechtecharta, 2005, S. 296 ff.; *Griller*, in: Duschanek/Griller, Grundrechte für Europa, 2002, S. 131 (147 ff.).
[240] EuGH, Rs. C-29/95, ECLI:EU:C:1997:28 (Rn. 14) – Pastoors u. Trans-Cap, die Entsch. spricht noch von Art. 6 EGV; s. o. Rn. 3632.
[241] EuGH, Rs. C-190/16, ECLI:EU:C:2017:513 (Rn. 29) – Fries.
[242] Erläuterungen zur Charta der Grundrechte, ABl. 2007 C 303, S. 17 (24).
[243] *Bühler*, Einschränkung von Grundrechten nach der Europäischen Grundrechtecharta, 2005, S. 299.
[244] *Bühler*, Einschränkung von Grundrechten nach der Europäischen Grundrechtecharta, 2005, S. 298 f. m. w. N.; *Griller*, in: Duschanek/Griller, Grundrechte für Europa, 2002, S. 131 (149).

kann auch die Abgrenzung schwierig sein, etwa von der politischen zur Weltanschauung. Manche Kriterien überschneiden sich, z. B. die Rasse und die Hautfarbe.

Deshalb ist eine unterschiedliche Einstufung in unmittelbar und nicht unmittelbar 3707
wirkende Merkmale problematisch. Sie würde auch Divergenzen mit den zugleich in
Art. 14 EMRK genannten Merkmalen hervorrufen, für die Art. 52 Abs. 3 EGRC
heranzuziehen ist. Sie würde dazu führen, dass die traditionellen Merkmale, denen
ganz ähnliche neue Merkmale an die Seite gestellt wurden, von letzteren überlagert
würden, außer diese werden restriktiv ausgelegt. Dann aber liefe die durch Art. 21
Abs. 1 EGRC ermöglichte Fortentwicklung des Diskriminierungsverbotes, die sich
gerade in der Aufnahme weiterer Merkmale zeigt, weitgehend leer. Das Verbot fiele
dann auch aus dem **Rahmen der anderen Gleichheitsrechte**, in die es systematisch
eingebettet ist. Als bloßer nicht unmittelbar wirkender Grundsatz hätte es in Titel IV
„Solidarität" mit verschiedenen, nicht unmittelbar wirkenden Bestimmungen seinen
richtigen Platz gehabt.

III. EuGH-Rechtsprechung

Entsprechend den Bestimmungen im Primärrecht hat sich der EuGH bislang vor- 3708
wiegend mit dem Diskriminierungsverbot aus Gründen der Staatsangehörigkeit
beschäftigt.[245] Hierzu gibt es eine große Zahl von Entscheidungen.[246] Dabei hat
der EuGH Art. 18 AEUV ein Grundrecht entnommen. Zwar hat er die Norm nicht
ausdrücklich als solches bezeichnet.[247] Seine Verankerung in Art. 18 Abs. 1 AEUV
macht das Diskriminierungsverbot formal zu einem primärrechtlichen Recht, nicht
zu einem EU-Grundrecht.[248]

Aus den Entscheidungen jedoch folgt, dass der EuGH von einer **Grundrechts-** 3709
qualität ausgeht, zumal er **Art. 18 AEUV** als spezifischen Ausdruck des allgemeinen Gleichheitssatzes ansieht.[249] Aufgrund der Übereinstimmung von Art. 18
AEUV mit Art. 21 Abs. 2 EGRC ist die zu Art. 18 AEUV ergangene Rechtsprechung von großer Bedeutung und kann für die Bestimmung des Gewährleistungsbereichs von Art. 21 Abs. 2 EGRC herangezogen werden.[250]

Der EuGH hat sich zudem mit den auf der Grundlage des Art. 19 AEUV 3710
geschaffenen Richtlinien und mit den dort genannten Diskriminierungsmerkmalen
befasst.[251]

---

[245] *V. der Decken*, in: Heselhaus/Nowak, § 49 Rn. 2.
[246] *Rengeling/Szczekalla*, Rn. 897.
[247] A. A. *v. der Decken*, in: Heselhaus/Nowak, § 49 Rn. 5.
[248] *V. der Decken*, in: Heselhaus/Nowak, § 49 Rn. 5.
[249] Vgl. o. Rn. 3632.
[250] *Jarass/Kment*, § 25 Rn. 28; *Rengeling/Szczekalla*, Rn. 897.
[251] S. EuGH, Rs. C-411/05, ECLI:EU:C:2007:604 – Félix Palacios de la Villa; Rs. C-267/06, ECLI:EU:C:2008:179 – Maruko ; Rs. C-555/07, ECLI:EU:C:2010:21 (Rn. 3 ff.) – Kücükdeveci; Rs. C-303/06, ECLI:EU:C:2008:415 (Rn. 3 ff.) – Coleman.

IV. Internationale Übereinkommen

3711 Die Erläuterungen zur EGRC[252] verweisen auch auf Art. 14 EMRK und Art. 11 des Übereinkommens über Menschenrechte und Biomedizin.[253]

1. Art. 14 EMRK

3712 Gem. Art. 14 EMRK ist der Genuss der in der EMRK anerkannten Rechte und Freiheiten ohne Diskriminierungen insbesondere wegen des Geschlechts, der Rasse, der Hautfarbe, der Sprache, der Religion, der politischen oder sonstigen Anschauung, der nationalen oder sozialen Herkunft, der Zugehörigkeit zu einer nationalen Minderheit, des Vermögens, der Geburt oder eines sonstigen Status zu gewährleisten.

3713 **Art. 14 EMRK** bezieht sich mithin nur auf die in der EMRK anerkannten Rechte und Freiheiten. Es handelt sich um ein so genanntes **akzessorisches Verbot**,[254] wobei die Beschränkung vom EGMR recht großzügig behandelt wird.[255] Art. 21 Abs. 1 EGRC geht über eine derartige Beschränkung hinaus und gebietet den diskriminierungsfreien Genuss aller Rechte, nicht nur der Grundrechte.[256]

3714 Nach den Erläuterungen zur EGRC[257] soll Art. 21 EGRC, soweit er mit Art. 14 EMRK zusammenfällt, nach diesem Artikel Anwendung finden. Damit beziehen sich die Erläuterungen auf Art. 52 Abs. 3 EGRC. Hiernach haben die Charta-Rechte, die den durch die EMRK garantierten Rechten entsprechen, die gleiche Bedeutung und Tragweite, wie sie ihnen in der genannten Konvention verliehen wird. Art. 14 EMRK spielt in der **Rechtsprechung des EGMR** eine **große Rolle**.[258] Auch die Rechtsprechung kann deshalb zur Bestimmung der Gewährleistungen und zur Auslegung der Diskriminierungsmerkmale des Art. 21 Abs. 1 EGRC herangezogen werden.

3715 Nach Art. 1 Abs. 1 des Protokolls Nr. 12 zur EMRK ist der Genuss eines jeden gesetzlich niedergelegten Rechts ohne Diskriminierung insbesondere wegen des Geschlechts, der Rasse, der Hautfarbe, der Sprache, der Religion, der politischen oder sonstigen Anschauung, der nationalen oder sozialen Herkunft, der Zugehörigkeit zu einer nationalen Minderheit, des Vermögens, der Geburt oder eines sonstigen Status zu gewährleisten. Gem. Art. 1 Abs. 2 des Protokolls Nr. 12 zur EMRK darf niemand von einer Behörde diskriminiert werden, insbesondere nicht aus einem der in Absatz 1

---

[252] Erläuterungen zur Charta der Grundrechte, ABl. 2007 C 303, S. 17 (24).
[253] Europarat SEV-Nr. 164.
[254] *Hölscheidt*, in: Meyer/Hölscheidt, Art. 21 Rn. 4.
[255] *Sachs*, in: Stern/Sachs, Art. 21 Rn. 10 ff.
[256] *Jarass/Kment*, § 25 Rn. 1.
[257] Erläuterungen zur Charta der Grundrechte, ABl. 2007 C 303, S. 17 (24).
[258] *Rengeling/Szczekalla*, Rn. 899.

§ 3 Nichtdiskriminierung

genannten Gründe. Das Protokoll Nr. 12 zur EMRK ist 2005 in Kraft getreten.[259] Die Bundesrepublik hat es zwar unterzeichnet, jedoch noch nicht ratifiziert.[260]

2. Art. 11 des Übereinkommens über Menschenrechte und Biomedizin

Das Übereinkommen über Menschenrechte und Biomedizin[261] ist ein 1997 auf der Ebene des Europarats ausgehandelter, 1999 in Kraft getretener Vertrag, der eine Reihe von Grundsätzen und Verboten betreffend die Genetik, die medizinische Forschung, die Einwilligung der betreffenden Person, das Recht auf Achtung der Privatsphäre und das Recht auf Auskunft, die Organverpflanzung, die öffentliche Debatte zu diesen Themen usw. enthält. Das Übereinkommen ist bislang allerdings nicht von allen Mitgliedern des Europarats unterzeichnet und ratifiziert worden. So lehnen beispielsweise Belgien, Deutschland, Irland, Luxemburg, Österreich und Liechtenstein die Ratifikation der Konvention bis heute ab.[262] Den Grund für die ablehnende Haltung Deutschlands bildet allerdings nicht die Formulierung des hier einschlägigen Artikels 11, sondern anderer Normen.[263] Art. 11 des Übereinkommens ist – ebenso wie Art. 21 EGRC – überschrieben mit dem Begriff Nichtdiskriminierung. Er verbietet jede Diskriminierung einer Person wegen ihres genetischen Erbes.

3716

V. Verfassungen der Mitgliedstaaten

Seit Ende des 18. Jahrhunderts haben **Diskriminierungsverbote** aufgrund bestimmter Merkmale Eingang in die europäischen Verfassungen gefunden, zunächst bezogen auf die Unterschiede des Standes und der Religion. Insbesondere im Anschluss an den ersten und zweiten Weltkrieg wurden die Verbote häufig auf weitere Merkmale ausgeweitet.[264]

3717

Heute enthalten viele mitgliedstaatliche Verfassungen einen mit Art. 21 Abs. 1 EGRC vergleichbaren Katalog besonderer Diskriminierungsmerkmale. Sie ergänzen

3718

---

[259] *Sachs*, in: Stern/Sachs, Art. 21 Rn. 2.
[260] *Council of Europe*, Unterschriften und Ratifikationsstand des Vertrags 177 Protokoll Nr. 12 zur Konvention zum Schutze der Menschenrechte und Grundfreiheiten, Datum 20/11/2020, abrufbar unter https://www.coe.int/de/web/conventions/full-list/-/conventions/treaty/177/signatures?p_auth=ZuKjMrd7 (letzter Abruf: 30.9.2023).
[261] Europarat SEV-Nr. 164.
[262] *Council of Europe*, Unterschriften und Ratifikationsstand des Vertrags 164 Übereinkommen zum Schutz der Menschenrechte und der Menschenwürde im Hinblick auf die Anwendung von Biologie und Medizin: Übereinkommen über Menschenrechte und Biomedizin, abrufbar unter https://www.coe.int/de/web/conventions/full-list?module=treaty-detail&treatynum=164 (letzter Abruf: 30.9.2023).
[263] *Hölscheidt*, in: Meyer/Hölscheidt, Art. 21 Rn. 4.
[264] Noch *Sachs*, in: Tettinger/Stern, 2006, Art. 21 Rn. 12.

regelmäßig einen allgemeinen Gleichheitssatz (wie in Art. 20 EGRC).[265] Dabei sind die mitgliedstaatlichen Normen allerdings häufig in ihrem Anwendungsbereich begrenzter als Art. 21 EGRC.[266] So ist z. B. der von den Verboten betroffene Personenkreis enger,[267] das Diskriminierungsverbot bezieht sich nur auf die Garantie bestimmter Rechte[268] oder es sind nur Besserstellungen ausgeschlossen.[269] Die einzelnen in Art. 21 Abs. 1 EGRC genannten Merkmale finden sich weitestgehend in den mitgliedstaatlichen Verfassungen wieder, wenngleich mit leichten Formulierungsdifferenzen.[270]

3719 Art. 21 Abs. 2 EGRC findet sich in keiner mitgliedstaatlichen Verfassung.[271] Lediglich die Verfassungen Litauens[272] und Sloweniens[273] nennen in ihren Katalogen verbotener Diskriminierungsmerkmale auch die Staatsangehörigkeit.

VI. Abgrenzung der Diskriminierungsverbote

3720 Art. 21 Abs. 1 und 2 EGRC normieren **allgemeine Diskriminierungsverbote** aufgrund bestimmter Differenzierungskriterien, so der Staatsangehörigkeit in Art. 21 Abs. 2 EGRC. Sie gehen deshalb dem allgemeinen Gleichheitssatz des Art. 20 EGRC vor.[274]

3721 **Besondere Diskriminierungsverbote**, die einen speziellen wirtschaftlichen Tätigkeitsbereich betreffen, finden sich im AEUV in den Vorschriften über die Grundfreiheiten[275] und in einigen Bestimmungen der EGRC, beispielsweise in Art. 34 Abs. 2 EGRC. Sie **gehen den allgemeinen Diskriminierungsverboten** des Art. 21

---

[265] So die Verfassungen Deutschlands, Estlands, Finnlands, Italiens, Litauens, Maltas, Österreichs, Portugals, der Slowakei, Sloweniens, Spaniens, Tschechiens, Ungarns, Zyperns, der Niederlande und Schwedens; ausführlich *Hölscheidt*, in: Meyer/Hölscheidt, Art. 21 Rn. 5 ff.

[266] Vgl. schon *Sachs*, in: Tettinger/Stern, 2006, Art. 21 Rn. 13 mit ausführlichen Beispielen.

[267] Er ist beispielsweise auf die eigenen Staatsbürger beschränkt, vgl. Art. 3 S. 1 der italienischen Verfassung.

[268] S. z. B. die Beschränkung auf Grund- und Menschenrechte in Art. 11 der belgischen Verfassung oder in Art. 91 S. 2 der Verfassung Lettlands.

[269] S. Art. 7 Abs. 1 S. 2 Bundesverfassungsgesetz von Österreich.

[270] *Rossi*, in: Calliess/Ruffert, Art. 21 GRCh Rn. 2; ausführlicher *Hölscheidt*, in: Meyer/Hölscheidt, Art. 21 Rn. 6 ff.

[271] *V. der Decken*, in: Heselhaus/Nowak, § 49 Rn. 36.

[272] Art. 29 Abs. 2 der litauischen Verfassung.

[273] Art. 14 Abs. 1 der slowenischen Verfassung.

[274] *Kingreen*, in: Ehlers, Europäische Grundrechte und Grundfreiheiten, § 21 Rn. 20; *Jarass/Kment*, § 25 Rn. 5, 34.

[275] Art. 34, 35, 37 Abs. 1, 40 Abs. 2 UAbs. 2, 45 Abs. 2, 49, 56, 65 Abs. 3, 92, 107 Abs. 2 lit. a), 110, 157 AEUV.

EGRC vor.[276] Dies zeigt sich bei Art. 21 Abs. 2 EGRC deutlich im Wortlaut, wonach das Diskriminierungsverbot nur „unbeschadet besonderer Bestimmungen" der Verträge gilt.[277]

Auch wenn Art. 21 Abs. 1 und 2 EGRC sowie Art. 23 EGRC allesamt als allgemeine Diskriminierungsverbote qualifiziert werden können,[278] betreffen Art. 21 Abs. 2 und Art. 23 EGRC doch speziellere Bereiche als Art. 21 Art. 1 EGRC. Während Letzterer alle Diskriminierungen gleichermaßen verbietet, bezieht sich Art. 21 Abs. 2 EGRC speziell auf Diskriminierungen wegen der Staatsangehörigkeit und Art. 23 EGRC auf solche zwischen Frauen und Männern. Deshalb tritt **Art. 21 Abs. 1 EGRC hinter** beide Vorschriften zurück.[279] **Art. 21 Abs. 2 EGRC und Art. 23 EGRC** stellen auf unterschiedliche Diskriminierungsmerkmale ab und sind deshalb nebeneinander anwendbar.[280] 3722

Während Art. 10 Abs. 1 EGRC die Ausübung der Gewissens-, Religions- und Weltanschauungsfreiheit gewährleistet,[281] verbietet Art. 21 Abs. 1 EGRC eine Diskriminierung aus diesen Gründen und ergänzt damit das Freiheitsrecht um ein umfassendes Gleichheitsrecht, ohne dass negative Rückwirkungen auf die Freiheitsausübung eintreten müssen. Die **Ungleichbehandlung** ist als solche **verboten, unabhängig von Behinderungen der religiösen oder weltanschaulichen Entfaltung.** 3723

B. Diskriminierungsverbot nach Art. 21 Abs. 1 EGRC

I. Grundstruktur

Art. 21 EGRC beinhaltet zwei allgemeine Diskriminierungsverbote, die Diskriminierungen aufgrund bestimmter Merkmale verbieten.[282] Gem. Art. 21 Abs. 1 EGRC sind Diskriminierungen insbesondere wegen des Geschlechts, der Rasse, der Hautfarbe, der ethnischen oder sozialen Herkunft, der genetischen Merkmale, der Sprache, der Religion oder der Weltanschauung, der politischen oder sonstigen Anschauung, der Zugehörigkeit zu einer nationalen Minderheit, des Vermögens, der Geburt, einer Behinderung, des Alters oder der sexuellen Ausrichtung verboten. Art. 21 Abs. 1 EGRC enthält damit ein **umfassendes allgemeines Diskriminierungsverbot.**[283] 3724

---

[276] Vgl. o. Rn. 3640 f.
[277] *V. der Decken*, in: Heselhaus/Nowak, § 49 Rn. 6; *Rengeling/Szczekalla*, Rn. 905.
[278] S. o. Rn. 3635.
[279] S. *Jarass/Kment*, § 25 Rn. 5, 34, *Rengeling/Szczekalla*, Rn. 902; *Sachs*, in: Stern/Sachs, Art. 21 Rn. 28.
[280] Vgl. *Rossi*, EuR 2000, 197 (298 f.) zu Art. 12 Abs. 1/18 AEUV und Art. 141 EG/157 AEUV.
[281] S. Teilband I Rn. 1852 ff.
[282] *Kingreen*, in: Ehlers, Europäische Grundrechte und Grundfreiheiten, § 21 Rn. 21; *Winkler*, Die Grundrechte der Europäischen Union, 2006, S. 453; s. o. Rn. 3687.
[283] *Streinz*, in: ders., Art. 21 GR-Charta Rn. 4.

3725 Es werden nur **verschiedene Merkmale besonders genannt**. Diese sind **nicht abschließend** zu verstehen, wenngleich sie wegen ihrer großen Zahl und weiten inhaltlichen Bestandteile die meisten Konstellationen abdecken dürften.[284] Sie bilden den Ausgangspunkt und Maßstab, um ein tatbestandsrelevantes Verhalten in Form einer Ungleichbehandlung feststellen zu können. Daher sind sie auch schon auf Tatbestands- und nicht erst auf Rechtfertigungsebene zu prüfen.[285]

II. Ungleichbehandlung

1. Parallele zu Art. 20 EGRC

3726 Art. 21 Abs. 1 EGRC kommt zum Tragen, wenn eine Ungleichbehandlung aufgrund einer bestimmten Eigenschaft oder eines bestimmten Merkmals eines Grundrechtsträgers vorliegt.[286] Dazu muss **zunächst** eine **Ungleichbehandlung vergleichbarer Sachverhalte** festgestellt werden.[287] Dieses Grundmerkmal liegt parallel zu dem nach Art. 20 EGRC und kann gleichermaßen beschrieben werden,[288] zumal beide Vorschriften unmittelbar nebeneinander stehen.

2. Diskriminierungsmerkmale

3727 Art. 21 Abs. 1 EGRC nennt **verschiedene** Merkmale, aufgrund derer eine Diskriminierung verboten ist. Die Auflistung enthält nur **Beispiele**, wie sich an dem Wort „insbesondere" zeigt.[289] Art. 21 Abs. 1 EGRC beinhaltet damit ein **umfassendes Diskriminierungsverbot**, das sich nicht auf bestimmte Merkmale beschränkt.[290] Die Bedeutung der genannten Merkmale liegt darin, auf bestimmte, häufig verwandte Diskriminierungsmerkmale hinzuweisen und dafür zu sensibilisieren.[291]

---

[284] Näher sogleich Rn. 3726 ff.

[285] Zur Prüfung der Diskriminierungsmerkmale erst auf Rechtfertigungsebene *Kingreen*, in: Ehlers, Europäische Grundrechte und Grundfreiheiten, § 21 Rn. 21.

[286] *Jarass/Kment*, § 25 Rn. 6.

[287] *Jarass/Kment*, § 25 Rn. 10.

[288] S. daher o. Rn. 3657 ff.

[289] *Streinz*, in: ders., Art. 21 GR-Charta Rn. 4; *Jarass/Kment*, § 25 Rn. 7; *Hölscheidt*, in: Meyer/Hölscheidt, Art. 21 Rn. 30; *Rossi*, in: Calliess/Ruffert, Art. 21 GRCh Rn. 8a; *v. der Decken*, in: Heselhaus/Nowak, § 49 Rn. 69; *Rengeling/Szczekalla*, Rn. 902.

[290] *Hölscheidt*, in: Meyer/Hölscheidt, Art. 21 Rn. 30.

[291] *Hölscheidt*, in: Meyer/Hölscheidt, Art. 21 Rn. 30; ähnlich *Winkler*, Die Grundrechte der Europäischen Union, 2006, S. 454.

§ 3 Nichtdiskriminierung

Da die Diskriminierungsmerkmale in Art. 21 Abs. 1 EGRC nur beispielhaft aufgezählt werden, können die **Begriffe** selbst **weit** ausgelegt werden.[292] Sie **entsprechen weitestgehend** den in **Art. 19 AEUV** genannten Merkmalen, erweitern diese allerdings um zusätzliche.[293] Eine **größere Konvergenz** ergibt sich **mit** den in **Art. 14 EMRK** genannten Merkmalen. Noch stärker ist die Übereinstimmung mit **Art. 1 des Protokolls Nr. 12 zur EMRK**.[294] Aufgrund der **Harmonisierungsklausel** des Art. 52 Abs. 3 EGRC kann auf die Begriffsauslegung zu diesen beiden Übereinkommen zurückgegriffen werden.[295]

3728

3. Personengebundene Merkmale

Bei den genannten Merkmalen handelt es sich um so genannte personengebundene Merkmale.[296] Das sind solche Merkmale, die dem **Menschen** entweder unveränderlich anhaften oder die von ihm nur unter Schwierigkeiten geändert werden können, weshalb er auf die Merkmale **keinen oder nur geringen Einfluss** hat.[297]

3729

Bei der Frage, welche weiteren, in Art. 21 Abs. 1 EGRC nicht explizit erwähnten Merkmale als Differenzierungskriterium verboten sind, könnten deshalb aufgrund des Beispielcharakters der genannten Merkmale nur solche in Betracht kommen, die ebenfalls personenbezogen sind. Die Reichweite des Diskriminierungsverbots wäre dann **auf vergleichbare personenbezogene Merkmale beschränkt**.[298] Eine solche limitierte und von daher enge Sicht führt jedoch zu Schwierigkeiten, da die Definition eines personenbezogenen Merkmals keine präzise Abgrenzung erkennen lässt und sich damit häufig **nicht** eindeutig herauskristallisiert, ob ein Merkmal als personenbezogen einzuordnen ist. Zudem ist wegen des Zusammenhangs von Art. 21 EGRC mit den übrigen Gleichheitsrechten und auch der Wahl der Überschrift „Nichtdiskriminierung" davon auszugehen, dass Art. 21 Abs. 1 EGRC ein **umfassendes Diskriminierungsverbot** enthalten soll.

3730

In der Praxis dürfte die Frage nach der Begrenzung des Diskriminierungsverbots auf personenbezogene Merkmale ohnehin keine Rolle spielen, da für alle Fälle von Ungleichbehandlungen aufgrund eines sonstigen Merkmals auf den allgemeinen Gleichheitssatz des Art. 20 EGRC zurückgegriffen werden könnte.[299]

3731

---

[292] *Streinz*, in: ders., Art. 21 GR-Charta Rn. 4; *Hölscheidt*, in: Meyer/Hölscheidt, Art. 21 Rn. 30; a. A. *Jarass/Kment*, § 25 Rn. 7.
[293] *Streinz*, in: ders., Art. 21 GR-Charta Rn. 4.
[294] S. o. Rn. 3715.
[295] *Sachs*, in: Stern/Sachs, Art. 21 Rn. 8.
[296] *Rossi*, in: Calliess/Ruffert, Art. 21 GRCh Rn. 3.
[297] *Jarass/Kment*, § 25 Rn. 2; *Rossi*, in: Calliess/Ruffert, Art. 21 GRCh Rn. 3.
[298] *Sachs*, in: Stern/Sachs, Art. 21 Rn. 20 ff.
[299] Vgl. *Sachs*, in: Stern/Sachs, Art. 21 Rn. 8, 21.

4. Einzelne Merkmale

a) Geschlecht

3732 Während **Art. 23 EGRC nur** die **Gleichheit von Frauen und Männern** betrifft und insoweit Vorrang vor der allgemeinen Regelung des **Art. 21 Abs. 1 EGRC** genießt,[300] erfasst Art. 21 Abs. 1 EGRC mit dem Merkmal des Geschlechts **auch Transsexuelle** und **Zwitter**.[301] **Nicht** einbezogen sind hingegen **Homosexuelle**, da sie keine Ungleichbehandlung aufgrund des Geschlechts, sondern aufgrund ihrer **sexuellen Orientierung** erfahren.[302] Dieses Merkmal ist in **Art. 21 Abs. 1 EGRC** allerdings **ebenfalls** genannt.[303]

b) Rasse

3733 Unter einer Rasse ist eine **Gruppe von Menschen** zu verstehen, die sich durch ihre **gemeinsamen Erbanlagen** von anderen Gruppen unterscheidet.[304] Dabei ist unerheblich, ob die Vererbbarkeit naturwissenschaftlich nachweisbar ist oder lediglich behauptet wird.[305] Rassendiskriminierung ist eine in besonderem Maße zu verurteilende Form der Diskriminierung; sie verlangt wegen ihrer gefährlichen Auswirkungen von den Behörden besondere Aufmerksamkeit und energische Reaktion.[306]

c) Hautfarbe

3734 Das Merkmal der Hautfarbe bezieht sich auf die **ererbte Hautfarbe**.[307] Damit handelt es sich um eine **gemeinsame Erbanlage**, die einer bestimmten Gruppe und damit Rasse eigen ist, mithin vielfach Letztere gerade kennzeichnet. Damit sind beide Merkmale eng verbunden. Allerdings ist eine **Diskriminierung wegen der Hautfarbe** spezifischer und damit **spezieller**. Ihre Nennung zeigt die besonders diskriminierende Wirkung dieses Merkmals und verlangt seine Verhinderung auch und gerade in seiner spezifischen Ausprägung.

---

[300] S. o. Rn. 3722 und u. Rn. 3866.

[301] *Streinz*, in: ders., Art. 21 GR-Charta Rn. 4; *Jarass/Kment*, § 25 Rn. 12; *Hölscheidt*, in: Meyer/Hölscheidt, Art. 21 Rn. 40; *Rossi*, in: Calliess/Ruffert, Art. 21 GRCh Rn. 8a.

[302] EuGH, Rs. C-249/96, ECLI:EU:C:1998:63 (Rn. 42 ff.) – Lisa Jacqueline Grant.

[303] S. u. Rn. 3753.

[304] *Hölscheidt*, in: Meyer/Hölscheidt, Art. 21 Rn. 44.

[305] *Hölscheidt*, in: Meyer/Hölscheidt, Art. 21 Rn. 44.

[306] EGMR, Urt. vom 13.11.2007, Nr. 57325/00 (Rn. 176), NVwZ 2008, 533 (534) – D.H. u. a./Tschechien.

[307] *Jarass/Kment*, § 25 Rn. 13.

d) Ethnische oder soziale Herkunft

Unter ethnischer Herkunft ist die **Abstammung von einem bestimmten Volk** zu verstehen.[308] Sie ist eng mit dem Merkmal der Rasse verbunden. In einem aktuellen Fall hat der EGMR die Diskriminierung wegen der ethnischen Herkunft sogar als besondere Form der Rassendiskriminierung angesehen.[309] Dieser Befund trifft regelmäßig auch für Art. 21 Abs. 1 EGRC zu. Auch bei der ethnischen Herkunft spielt es dementsprechend parallel zur Rassendiskriminierung keine Rolle, ob die Vererbbarkeit tatsächlich oder nur vermeintlich besteht.[310]

3735

Die soziale Herkunft betrifft die **soziale Stellung** und das **soziale Umfeld der Vorfahren**.[311] Sie ist – **Art. 14 EMRK entnommen** – eines der über die in Art. 19 AEUV enthaltenen hinausgehenden zusätzlichen Merkmale und steht für den auch sozialen Charakter der EGRC und mittlerweile auch des Unionsrechts überhaupt.

3736

e) Genetische Merkmale

Unter genetischen Merkmalen sind solche zu verstehen, die mit den **ererbten Genen** zusammenhängen. Ob sie für die betroffene Person positiv oder negativ sind, ist unerheblich.[312]

3737

Dieses Merkmal wurde in Art. 21 Abs. 1 EGRC aufgenommen, weil **Gentests** hinsichtlich einer genetischen Krankheit oder einer Anfälligkeit für eine solche denkbar sind, deren Ergebnis **Anlass für Diskriminierungen** sein kann,[313] so z. B. im Bereich des Arbeitsleben. Hierin zeigt sich, dass moderne Entwicklungen Eingang in die EGRC gefunden haben, da vor einigen Jahren dieses Merkmal wohl nur wenig Beachtung gefunden hätte.[314] Inzwischen hat auch der EGMR genetische Merkmale unter expliziter Bezugnahme auf Art. 21 Abs. 1 EGRC in den Katalog des Art. 14 EMRK hineingelesen hat.[315]

3738

---

[308] *Jarass/Kment*, § 25 Rn. 13.
[309] EGMR, Urt. vom 13.11.2007, Nr. 57325/00 (Rn. 176), NVwZ 2008, 533 (534) – D.H. u. a./Tschechien.
[310] *Hölscheidt*, in: Meyer/Hölscheidt, Art. 21 Rn. 44.
[311] *Jarass/Kment*, § 25 Rn. 13; *Hölscheidt*, in: Meyer/Hölscheidt, Art. 21 Rn. 46.
[312] *Jarass/Kment*, § 25 Rn. 13.
[313] *Streinz*, in: ders., Art. 21 GR-Charta Rn. 4; *Hölscheidt*, in: Meyer/Hölscheidt, Art. 21 Rn. 46; *Rossi*, in: Calliess/Ruffert, Art. 21 GRCh Rn. 8a; *Sachs*, in: Stern/Sachs, Art. 21 Rn. 25.
[314] Vgl. *Winkler*, Die Grundrechte der Europäischen Union, 2006, S. 450.
[315] EGMR, Urt. vom 1.12.2009, Nr. 43134/05 (Rn. 126) – G.N. u. a./Italien; *Rossi*, in: Calliess/Ruffert, Art. 21 GRCh Rn. 8a.

f) Sprache

3739 Unter dem Begriff der Sprache ist die **Muttersprache** zu verstehen.[316] Erfasst sind auch **Dialekte**.[317] Infolge der offenen Begrifflichkeit werden also nicht nur die nationalen Amtssprachen, sondern auch die regionalen bzw. lokalen Sprachen erfasst. Der Schutz greift damit auch unterhalb der mitgliedstaatlichen Ebene[318] und erfasst sich gegen eine Zentralregierung stellende Regionen mit ihren Sprachen wie das Katalonische. Daraus erwächst ein **Minderheitenschutz**, wenn auch nur **hinsichtlich der Sprache**: Deretwegen darf niemand ungleich behandelt werden. Ein umfassender Schutz nationaler Minderheiten wird aber eigens gewährleistet.[319]

g) Religion oder Weltanschauung

3740 Das Diskriminierungsverbot wegen der Religion oder Weltanschauung, für das der EuGH eine **unmittelbare Wirkung** zwischen Privaten bejahte (s. o. Rn. 3698 ff. sowie 3768 ff.), **sichert das Freiheitsrecht des Art. 10 EGRC gleichheitsrechtlich ab**.[320] Daher können die Begriffe gleich ausgelegt werden, sind doch sie ebenfalls Ausdruck der religiösen weltanschaulichen Überzeugung, die gem. Art. 10 EGRC auch in ihrem Bekenntnis nach außen geschützt ist. Nicht nur die Begriffe, sondern auch die **Anwendungsbereiche** sind damit **parallel**.[321]

3741 Erfasst sind auch **Handlungen**, die aufgrund einer religiösen oder weltanschaulichen Auffassung vorgenommen werden.[322]

h) Politische oder sonstige Anschauung

3742 Das Merkmal der politischen oder sonstigen Anschauung ist **weit auszulegen**. Es ergänzt die engere Weltanschauung und ist durch die **Einbeziehung nicht nur politischer, sondern auch sonstiger Anschauungen** wenig spezifiziert, sondern vielmehr offen formuliert. Erfasst ist **jede Meinung**, d. h. jede subjektive Einschätzung.[323] Geschützt ist auch **jede Äußerung** zur politischen oder sonstigen Anschauung, nicht nur das geheime „In-Sich-Tragen" dieser Meinung, zumal es nur aufgrund der Äußerung überhaupt zu Diskriminierungen kommen kann.[324] Die Reichweite ist damit parallel zum Merkmal der Religion oder Weltanschauung.

---

[316] *Jarass/Kment*, § 25 Rn. 14.

[317] *Streinz*, in: ders., Art. 21 GR-Charta Rn. 4; *Jarass/Kment*, § 25 Rn. 14; *Rossi*, in: Calliess/Ruffert, Art. 21 GRCh Rn. 8a.

[318] *Heselhaus*, in: ders./Nowak, § 50 Rn. 71 f.

[319] S. u. Rn. 3743 ff.

[320] S. o. Rn. 3723.

[321] S. Teilband I Rn. 1852 ff.

[322] *Jarass/Kment*, § 25 Rn. 15.

[323] *Jarass/Kment*, § 25 Rn. 15; *Hölscheidt*, in: Meyer/Hölscheidt, Art. 21 Rn. 48.

[324] *Hölscheidt*, in: Meyer/Hölscheidt, Art. 21 Rn. 48.

j) Zugehörigkeit zu einer nationalen Minderheit

Unter einer nationalen Minderheit soll eine **ethnische Teilgruppe** zu verstehen sein, unabhängig davon, ob diese tatsächlich oder nur vermeintlich existiert.[325] Da der Begriff der ethnischen Herkunft in dieser Vorschrift schon besetzt ist, kommt es darauf allerdings nicht notwendig an, wenngleich vielfach Parallelen bestehen werden. Entsprechendes gilt für die Religion und die Sprache. Bei den Betroffenen unterscheidet sich regelmäßig jedenfalls eines der vorgenannten Elemente vom Rest der Bevölkerung. Das hebt sie von der Mehrheit der übrigen Angehörigen dieses Staates ab. Nur wenn die **Minderheit ebenfalls** die **Staatsangehörigkeit** hat, handelt es sich aber um eine **nationale Minderheit**.[326] Neben diesen objektiven Kriterien muss die einzelne Person auch zu dieser Minderheit gehören wollen.[327]

3743

In mehreren Mitgliedstaaten werden nationale Minderheiten bereits geschützt, so z. B. in Deutschland die dänische Minderheit.[328] In anderen Mitgliedstaaten wird jedenfalls ihre staatliche Entfaltung bekämpft, so in Spanien in Hinblick auf **Katalonien**. In Art. 21 Abs. 1 EGRC geht es aber um den Schutz der Personen, die nicht diskriminiert werden dürfen. Dazu gehört **nicht** die **Unabhängigkeit als Teilstaat**. Insoweit handelt es sich zudem nicht um Angelegenheiten der EU, sondern der Mitgliedstaaten.

3744

Das Diskriminierungsverbot nach **Art. 21 EGRC** sichert den in **Art. 7 EGRC** freiheitsrechtlich angelegten Minderheitenschutz **gleichheitsrechtlich ab**. Ein Schutz von Minderheiten folgt auch aus den Teilelementen des nachfolgenden Art. 22 EGRC.[329]

3745

Weiterungen für **Minderheiten**, die gerade **außerhalb der entsprechenden Nation** bleiben und deren Staatsangehörigkeit nicht annehmen wollen, könnten sich mit Blick auf die nicht abschließende Aufzählung in Art. 21 Abs. 1 EGRC ergeben.[330] Jedoch sind mit Bezug dazu so viele Merkmale in Art. 21 Abs. 1 EGRC detailliert benannt, dass diese schwerlich einfach umgangen werden können. Daher bietet sich statt deren Erweiterung über den Wortlaut hinaus eher ein **Rückgriff auf andere Diskriminierungsmerkmale** wie die ethnische Herkunft, die Sprache oder die Religion an.

3746

k) Vermögen

Unter dem Vermögen sind alle **vermögenswerten Rechte einer Person** zu verstehen.[331] Art. 21 Abs. 1 EGRC ist weiter formuliert als Art. 17 EGRC, sodass es

3747

---

[325] Jarass/Kment, § 25 Rn. 14.
[326] Im Einzelnen Heselhaus, in: ders./Nowak, § 50 Rn. 50, Rn. 43 ff. mit Aufzeigen der bestehenden Divergenzen.
[327] Heselhaus, in: ders./Nowak, § 50 Rn. 54.
[328] Hölscheidt, in: Meyer/Hölscheidt, Art. 21 Rn. 49.
[329] Näher u. Rn. 3692 ff., 3835 ff.
[330] Dahin Heselhaus, in: ders./Nowak, § 50 Rn. 53.
[331] Jarass/Kment, § 25 Rn. 16; Hölscheidt, in: Meyer/Hölscheidt, Art. 21 Rn. 50.

hier auch nicht darauf ankommt, inwieweit das Vermögen als solches durch das Eigentumsrecht geschützt ist.³³² Entscheidend ist, dass das Vermögen nicht über die Art der Behandlung entscheidet. **Arm und Reich** sind **gleich zu behandeln**. Damit folgen aus Art. 21 Abs. 1 EGRC nicht notwendig besondere Ansprüche von **Personen ohne Vermögen**. Diese sind höchstens insoweit denkbar, als sie notwendig sind, **um** ansonsten eintretende **Diskriminierungen auszuschalten**, so bei der Rechtsverfolgung vor Gericht durch Kostennachlass oder Prozesskostenhilfe.

3748 Hingegen setzt auch Art. 21 Abs. 1 EGRC vorhandene Unterschiede voraus. Er verlangt **keine materielle Gleichheit**. Eine solche muss daher der Staat nicht sicherstellen. Es geht nur um **Chancengerechtigkeit** unter Beibehaltung der bestehenden Vermögensverhältnisse. Art. 21 Abs. 1 EGRC bildet **kein Leistungsrecht**. **Existenzsicherungsansprüche** können deshalb aus diesem Gleichheitsrecht **nicht** gefolgert werden. Sie sind aber umgekehrt nicht ausgeschlossen. Besondere Leistungen für vermögenslose Personen diskriminieren nicht solche mit Vermögen.

3749 Indes kann die **Stigmatisierung von vermögenden Personen** diskriminierend sein, ebenso eine über Gebühr erfolgende **steuerliche Belastung** etwa durch eine Sondersteuer auf große Vermögen, ja eine progressive Besteuerung überhaupt. Insoweit muss ein **rechtfertigender Grund** bestehen, etwa in Form einer stärkeren Heranziehung leistungsfähiger Personen zur Finanzierung von allgemeinen Aufgaben. Die stärkere Belastung vermögender Personen muss sich aber in die Struktur des jeweiligen Steuerkonzepts einfügen und damit **systemgerecht** sein, soll keine **Diskriminierung durch** eine spezifische „**Reichensteuer**" vorliegen.

l) Geburt

3750 Das Merkmal der Geburt erfasst **alle Umstände im Zusammenhang mit der Geburt**.³³³ Praktisch relevant dürfte es für **nichtehelich geborene Kinder** sein.³³⁴ Es geht damit um Benachteiligungen wegen der natürlichen Herkunft, welche von der ausdrücklich benannten ethnischen und sozialen Herkunft nicht vollständig, sondern höchstens unter einem besonderen Aspekt umfasst sind.

m) Behinderung

3751 **Art. 26 EGRC** befasst sich ausführlich mit der Integration von Menschen mit Behinderung, aber in Form von Ansprüchen auf Maßnahmen. **Art. 21 Abs. 1 EGRC** sichert die allgemeine Gleichbehandlung. Beide Vorschriften **ergänzen sich** also. Der Begriff der Behinderung kann parallel ausgelegt werden.³³⁵

---

[332] S. o. Rn. 3271 ff.
[333] *Jarass/Kment*, § 25 Rn. 13.
[334] *Jarass/Kment*, § 25 Rn. 13; *Rossi*, in: Calliess/Ruffert, Art. 21 GRCh Rn. 8a.
[335] S. u. Rn. 4029.

n) Alter

Das Alter erfasst **alle Altersstufen**, weshalb beispielsweise **auch Kinder** darunter fallen.[336] Hierbei sind die **Sonderregelungen** in **Art. 24 EGRC** (betreffend Kinder) und **Art. 25 EGRC** (ältere Menschen) zu beachten.[337] Diese sind **spezieller**, soweit sich ihr Regelungsbereich erstreckt. Er bezieht sich allerdings auf Schutz und Teilhabe und verlangt darauf bezogene Maßnahmen. Er schließt hingegen nicht eine **allgemeine Gleichbehandlung** ein. Gegen eine **Ungleichbehandlung wegen des Alters sichert erst Art. 21 Abs. 1 EGRC** ab – so für die Ausübung einer beruflichen Tätigkeit, die daher ab 65 nur aus bestimmten Rechtfertigungsgründen verweigert werden darf.[338]

3752

o) Sexuelle Ausrichtung

Der Begriff der sexuellen Ausrichtung ist **sehr weit** zu verstehen.[339] Er betrifft heterosexuelle, homosexuelle, bisexuelle, asexuelle Menschen und alle weiteren denkbaren Formen.[340] Erfasst wird **auch jede sexuelle Verhaltensweise**.[341] Wegen der engen Verbindung zum Merkmal des Geschlechts hätte die sexuelle Ausrichtung besser im Anschluss an dieses Verbot aufgeführt werden sollen.[342] Damit wäre auch umgehend in unmittelbarer Nähe dem Problem begegnet, dass eine Ungleichbehandlung von **Homosexuellen** zwar nicht als Diskriminierung des Geschlechts, aber als Diskriminierung aus Gründen der sexuellen Ausrichtung verboten ist.[343]

3753

p) Bildung

Ein in der Praxis häufiges Diskriminierungsmerkmal ist die **Bildung**. Sie wird in Art. 21 Abs. 1 EGRC **nicht aufgezählt**, was als **Versehen** gewertet werden kann.[344] Die in Art. 21 Abs. 1 EGRC genannten Merkmale sind ohnehin nicht abschließend aufgezählt. Geschützt wird aber – wie auch im Übrigen – nur vor Ungleichbehandlungen. Weniger gebildete Personen dürfen nicht schlechter behandelt werden. Das

3754

---

[336] *Jarass/Kment*, § 25 Rn. 16; *Hölscheidt*, in: Meyer/Hölscheidt, Art. 21 Rn. 51; *Rossi*, in: Calliess/Ruffert, Art. 21 GRCh Rn. 8a.
[337] *Streinz*, in: ders., Art. 21 GR-Charta Rn. 4; *Hölscheidt*, in: Meyer/Hölscheidt, Art. 21 Rn. 51.
[338] EuGH, Rs. C-190/16, ECLI:EU:C:2017:513 (Rn. 32 ff.) – Fries.
[339] *Streinz*, in: ders., Art. 21 GR-Charta Rn. 4.
[340] *Jarass/Kment*, § 25 Rn. 12; *Hölscheidt*, in: Meyer/Hölscheidt, Art. 21 Rn. 42.
[341] *Jarass/Kment*, § 25 Rn. 12; *Hölscheidt*, in: Meyer/Hölscheidt, Art. 21 Rn. 42; a. A. *Sachs*, in: Stern/Sachs, Art. 21 Rn. 25.
[342] *Hölscheidt*, in: Meyer/Hölscheidt, Art. 21 Rn. 42.
[343] Vgl. EuGH, Rs. C-249/96, ECLI:EU:C:1998:63 (Rn. 42 ff.) – Lisa Jacqueline Grant; Rs. C-267/06, ECLI:EU:C:2008:179 – Maruko; s. o. Rn. 3732.
[344] *Hölscheidt*, in: Meyer/Hölscheidt, Art. 21 Rn. 39; *Streinz*, in: ders., Art. 21 GR-Charta Rn. 4.

schließt aber nicht aus, sachlich gerechtfertigte Zugangsvoraussetzungen festzulegen, so für ein Studium das Abitur.

3755   Auch wird eine **Bewerberauswahl nach** dem Grad der vorhandenen **Bildung nicht ausgeschlossen**: Hier gilt das **Prinzip der Bestenauslese** nach der Leistung. Die geforderten Merkmale müssen mit der zu besetzenden Stelle korrespondieren. Dabei dürfen aber umgekehrt nicht Bewerbende mit einer hohen Bildung diskriminiert werden. So dürfen Sekretariatsstellen nicht einfach Personen ohne Studienabschluss vorbehalten werden. In einem solchen Fall erfolgte eine Diskriminierung wegen der Bildung.

3756   Es besteht anders als nach Maßgabe von Art. 14 EGRC **kein Anspruch auf Bildung**, auch nicht um vorhandene Ungleichgewichte auszugleichen. Auch insoweit bildet Art. 21 Abs. 1 EGRC **kein Leistungsrecht**.

q) Staatsangehörigkeit

3757   Nicht explizit in Art. 21 Abs. 1 EGRC genannt ist die Staatsangehörigkeit. Da Art. 21 Abs. 1 EGRC mit den genannten Merkmalen nur Beispiele aufzählt und damit grundsätzlich offen ist für weitere Merkmale,[345] könnte prinzipiell auch die Staatsangehörigkeit erfasst sein.

3758   Dagegen spricht allerdings die Existenz von **Art. 21 Abs. 2 EGRC**. Dieser behandelt **speziell Diskriminierungen aufgrund der Staatsangehörigkeit**. Zudem nennt Art. 21 Abs. 1 EGRC als verbotenes Diskriminierungsmerkmal nicht die nationale Herkunft, obwohl der als Vorlage dienende Art. 14 EMRK diese explizit aufzählt.[346]

III. Rechtfertigung

3759   Art. 21 EGRC enthält ein **relatives Diskriminierungsverbot**, d. h. eine Ungleichbehandlung kann gerechtfertigt sein.[347] Dabei kommt es neben der Intensität des Eingriffs und dem Gewicht der Rechtfertigungsgründe auch auf das Merkmal an, aufgrund dessen eine Differenzierung vorgenommen worden ist.[348] So ist eine **Besserstellung der (herkömmlichen) Ehe** gegenüber gleichgeschlechtlichen Lebensgemeinschaften[349] mit ausreichenden Sachgründen möglich,[350] auch wenn

---

[345] S. o. Rn. 3727.
[346] *Jarass/Kment*, § 25 Rn. 18.
[347] *Streinz*, in: ders., Art. 21 GR-Charta Rn. 7; *Jarass/Kment*, § 25 Rn. 23; *Rossi*, in: Calliess/Ruffert, Art. 21 GRCh Rn. 9; *Winkler*, Die Grundrechte der Europäischen Union, 2006, S. 457. Zu höheren Steuern o. Rn. 3749.
[348] *Rossi*, in: Calliess/Ruffert, Art. 21 GRCh Rn. 9; *Kingreen*, in: Ehlers, Europäische Grundrechte und Grundfreiheiten, § 21 Rn. 21 stellt deshalb auch erst auf der Rechtfertigungsebene auf die unterschiedlichen Diskriminierungsmerkmale ab.
[349] Z. B. hinsichtlich der Hinterbliebenenrente.
[350] EuGH, Rs. C-117/01, ECLI:EU:C:2004:7 (Rn. 28) – National Health Service.

§ 3 Nichtdiskriminierung

Art. 21 Abs. 1 EGRC grundsätzlich eine Diskriminierung aufgrund der sexuellen Orientierung verbietet.[351] Auch **Ungleichbehandlungen aufgrund der Sprache** sind bei Vorliegen gewichtiger Gründe, z. B. einer Verringerung der Verfahrenskosten, möglich,[352] ebenso **Ungleichbehandlungen wegen des Alters** etwa zur Gewährleistung eines hohen Niveaus der Flugsicherheit.[353] **Rassisch motivierte Diskriminierungen** stellen hingegen regelmäßig eine Beeinträchtigung der Menschenwürde dar, weshalb sie, wenn überhaupt, allenfalls in Ausnahmefällen einer Rechtfertigung zugänglich sein dürften.[354] Nach Ansicht des EGMR kann eine Rassendiskriminierung in einer demokratischen Gesellschaft, die auf den Grundsätzen des Pluralismus und des Respekts für unterschiedliche Kulturen beruht, **niemals** gerechtfertigt sein.[355] Diese strenge Linie ist mit Blick auf Art. 52 Abs. 3 EGRC und schon Art. 1 EGRC auch für Art. 21 Abs. 1 EGRC heranzuziehen.

IV. Verhältnismäßigkeit

Auch wenn eine Ungleichbehandlung gegeben ist und diese grundsätzlich gerechtfertigt erscheint, ist der Grundsatz der Verhältnismäßigkeit zu beachten.[356] Die **Ungleichbehandlung** und das damit verfolgte **Ziel** müssen danach in einem **angemessenen Verhältnis** zueinander stehen.[357] Dies ist im Einzelnen zu prüfen, und zwar bezogen auf die Rechte des Betroffenen.[358]

3760

V. Gleichbehandlung unterschiedlicher Sachverhalte

Wie bei Art. 20 EGRC kommt auch bei Art. 21 Abs. 1 EGRC nicht nur eine Ungleichbehandlung vergleichbarer Sachverhalte, sondern auch eine Gleichbehandlung ungleicher Sachverhalte in Betracht.[359] Wenn zwischen zwei Sachverhalten ein signifikanter Unterschied besteht und dieser nicht berücksichtigt wird, kann darin eine Diskriminierung liegen.[360]

3761

---

[351] *Jarass/Kment*, § 25 Rn. 26.
[352] EuGH, Rs. C-361/01 P, ECLI:EU:C:2003:434 (Rn. 92 ff.) – Kik/HABM; *Rossi*, in: Calliess/Ruffert, Art. 21 GRCh Rn. 8a.
[353] EuGH, Rs. C-190/16, ECLI:EU:C:2017:513 (Rn. 41 ff.) – Fries
[354] *Jarass/Kment*, § 25 Rn. 26; *Rossi*, in: Calliess/Ruffert, Art. 21 GRCh Rn. 8a.
[355] EGMR, Urt. vom 13.11.2007, Nr. 57325/00 (Rn. 176), NVwZ 2008, 533 (534) – D.H. u. a./ Tschechien.
[356] S. o. Rn. 3644.
[357] *Jarass/Kment*, § 25 Rn. 24.
[358] EuGH, Rs. C-190/16, ECLI:EU:C:2017:513 (Rn. 44 ff.) – Fries.
[359] Zu Art. 20 EGRC s. o. Rn. 3657 ff.
[360] *Jarass/Kment*, § 25 Rn. 11; EGMR, Urt. vom 6.4.2000, Nr. 34369/97 (Rn. 44), ÖJZ 2001, 518 (519) – Thlimmenos/Griechenland; Urt. vom 29.4.2002, Nr. 2346/02 (Rn. 88), NJW 2002, 2851 (2855) – Pretty/Vereinigtes Königreich; EuGH, Rs. C-411/96, ECLI:EU:C:1998:506 (Rn. 39) – Boyle u. a.; *Jarass/Kment*, § 25 Rn. 11.

VI. Grundrechtsträger

3762 Grundrechtsträger sind zum einen alle **natürlichen Personen**.[361] Zum anderen sind manche der in Art. 21 Abs. 1 EGRC genannten Merkmale auch auf **juristische Personen** anwendbar, z. B. das Merkmal der Religion oder Weltanschauung auf **Religionsgemeinschaften** oder das Vermögen auf alle juristischen Personen.[362] Da die in Art. 21 Abs. 1 EGRC genannten Merkmale ohnehin nur Beispiele für ein umfassendes Diskriminierungsverbot darstellen, können juristische Personen **allgemein** als **Grundrechtsträger** qualifiziert werden.[363]

VII. Mittelbare Diskriminierung

3763 Da das Diskriminierungsverbot des Art. 21 Abs. 1 EGRC alle Diskriminierungen aus Gründen eines bestimmten Merkmals verbietet, kann grundsätzlich davon ausgegangen werden, dass neben den unmittelbaren Diskriminierungen auch mittelbare verboten sind.[364] Um eine **unmittelbare Diskriminierung**[365] handelt es sich, wenn eine Diskriminierung offen an ein Merkmal anknüpft, wenn also eine Person aufgrund eines bestimmten Merkmals in einer vergleichbaren Situation eine weniger günstige Behandlung erfährt als eine andere Person.[366] **Fehlt** es an einer derart **offenen Anknüpfung** an ein verbotenes Merkmal, **führt aber** eine **Regelung**, die sich auf ein anderes, nicht verbotenes Merkmal stützt, im Ergebnis immer oder **in den weitaus meisten Fällen zu einer Diskriminierung** aufgrund des verbotenen Merkmals, handelt es sich um eine so genannte **mittelbare Diskriminierung**.[367] Beispiel für eine mittelbare Diskriminierung aus Gründen des Alters ist die Anknüpfung an die Zugehörigkeitsdauer zu einer Institution, da dadurch typischerweise die lebensälteren Mitglieder betroffen sind.[368]

3764 Für eine derartige Ausdehnung auf mittelbare Diskriminierungen besteht allerdings insofern kein Erfordernis, als die in Art. 21 Abs. 1 EGRC genannten Merkmale nur beispielhaft aufgezählt sind und deshalb bei der Prüfung unmittelbar auf das verwandte Differenzierungsmerkmal selbst abgestellt werden kann.[369] Ansonsten würde es auch leicht zu Überschneidungen kommen. Jedoch wird durch die

---

[361] *Streinz*, in: ders., Art. 21 GR-Charta Rn. 5; *Jarass/Kment*, § 25 Rn. 19; *Hölscheidt*, in: Meyer/Hölscheidt, Art. 21 Rn. 33; *Rossi*, in: Calliess/Ruffert, Art. 21 GRCh Rn. 4.
[362] *Streinz*, in: ders., Art. 21 GR-Charta Rn. 5; *Jarass/Kment*, § 25 Rn. 19; *Hölscheidt*, in: Meyer/Hölscheidt, Art. 21 Rn. 33; *Rossi*, in: Calliess/Ruffert, Art. 21 GRCh Rn. 4; *Sachs*, in: Stern/Sachs, Art. 21 Rn. 13.
[363] *Sachs*, in: Stern/Sachs, Art. 21 Rn. 13.
[364] So *Kingreen*, in: Ehlers, Europäische Grundrechte und Grundfreiheiten, § 21 Rn. 21; *Streinz*, in: ders., Art. 21 GR-Charta Rn. 7; *Hölscheidt*, in: Meyer/Hölscheidt, Art. 21 Rn. 38.
[365] Auch „offene", „direkte", „formale", „rechtliche" oder „formelle" Diskriminierung genannt.
[366] *Hölscheidt*, in: Meyer/Hölscheidt, Art. 21 Rn. 38.
[367] Auch „versteckte", „indirekte", „materielle" oder „faktische" Diskriminierung genannt.
[368] *Wernsmann*, JZ 2005, 224 (227).
[369] *Sachs*, in: Stern/Sachs, Art. 21 Rn. 19.

Einbeziehung mittelbarer Diskriminierungen erst ein bestimmter Typ von Benachteiligungen erfasst. Die Erfassung mittelbarer Diskriminierungen betrifft die Funktionsweise von Verhaltensweisen und nicht nur deren diskriminierenden Bezugspunkt. Damit würde das Ausweichen auf ein anderes Differenzierungskriterium nicht notwendig weiterhelfen, um diese Verhaltensweisen voll zu erfassen.

Die mittelbare Diskriminierung ist dabei **wesentlich häufiger**. Soll daher das Diskriminierungsverbot eine umfassende Wirkung entfalten können, muss es auch auf mittelbare Diskriminierungen erstreckt werden. Der praktische Unterschied ist allerdings dann deutlich reduziert, wenn man wie im Rahmen von Art. 18 AEUV (dem grundlegenden allgemeinen Diskriminierungsverbot wegen der Staatsangehörigkeit) mittelbare Diskriminierungen schon aufgrund objektiver Umstände rechtfertigen kann.[370]

3765

VIII. Behinderung durch Private

1. Notwendige Zwischenschaltung von Sekundärrecht

Art. 21 Abs. 1 EGRC greift zahlreiche Merkmale auf, die auch im privaten Verkehr und dabei vor allem im Arbeitsleben eine große Bedeutung haben. Das macht die Bestimmung mit der Arbeitnehmerfreizügigkeit vergleichbar. Dem darin enthaltenen Diskriminierungsverbot kommt unmittelbare Drittwirkung zu, da nur so seine effektive Umsetzung gesichert ist.[371] Auch einige Richtlinien, die auf der Basis des heutigen Art. 19 AEUV erlassen wurden, haben die Einhaltung einiger in Art. 21 Abs. 1 EGRC vorgegebener Diskriminierungsmerkmale in den Beziehungen zwischen Privaten verpflichtend gemacht. Ein Beispiel ist die RL 2000/78/EG.[372]

3766

Würde indes Art. 21 Abs. 1 EGRC unabhängig davon unmittelbar wirken, wären diese Richtlinienvorgaben und damit letztlich Art. 19 AEUV überflüssig. So wie Art. 19 AEUV nicht die Wirkung von Art. 21 Abs. 1 EGRC begrenzt,[373] so darf letztere die Funktion ersterer Vorschrift nicht unterlaufen und von daher nur staatliche Stellen unmittelbar verpflichten, nicht hingegen private. Insoweit bedarf es auf der Grundlage von Art. 19 AEUV erlassenen Sekundärrechts. Indes ist Art. 21 EGRC als Präzisierung des allgemeinen Gleichheitssatzes zu sehen, sodass eine „Regelung" nach Art. 52 Abs. 2 EGRC vorliegt (S. o. Rn. 3703 ff.).

3767

Allerdings nahm der EuGH in seinem *Egenberger*-Urteil auf die klassischen Diskriminierungsverbote der Gründungsverträge Bezug,[374] für die der EuGH schon vorher eine unmittelbare Drittwirkung bejahte, so für die Arbeitnehmerfrei-

3768

---

[370] Vgl. EuGH, Rs. C-398/92, ECLI:EU:C:1994:52 (Rn. 16 ff.) – Mund & Fester; Rs. C-29/95, ECLI:EU:C:1997:28 (Rn. 19 ff.) – Pastoors u. Trans-Cap; *Frenz*, Europarecht 1, Rn. 3994.

[371] Näher *Frenz*, Europarecht 1, Rn. 1367 ff.

[372] Des Rates vom 27.11.2000 zur Festlegung eines allgemeinen Rahmens für die Verwirklichung der Gleichbehandlung in Beschäftigung und Beruf, ABl. 2000 L 303, S. 16.

[373] S. o. Rn. 3696 ff.

[374] EuGH, Rs. C-414/16, ECLI:EU:C:2018:257 (Rn. 77) – Egenberger.

zügigkeit im Urteil *Angonese*.³⁷⁵ Diese ist ebenso wie die arbeitnehmerbezogenen Merkmale des Art. 21 Abs. 1 EGRC nur effektiv zu verwirklichen, wenn auch die Arbeitgebenden verpflichtet sind, die zudem in einer überlegenen Stellung sind, die staatlichen Organen vergleichbar sein kann.³⁷⁶ Hinzu kommen andere Diskriminierungsvorschriften, die schon früh gegen Private gerichtet werden konnten.³⁷⁷ Mit diesen setzt der EuGH Art. 21 Abs. 1 EGRC in eine Linie.³⁷⁸

3769 Die unmittelbare Wirkung folgt schon aus dem **zwingenden Charakter des Verbots jeder Art von Diskriminierung wegen der Religion oder der Weltanschauung** als allgemeinen Grundsatz des Unionsrechts. Diese beiden Elemente sind **grundlegend** für die Entfaltung des Menschen. Als **menschenwürdebezogen** sind die Diskriminierungen wegen der Rasse anerkannt.³⁷⁹ Die Menschenwürde wirkt auch zwischen Privaten. Die Religionsfreiheit schlägt ebenfalls auf das Arbeitsrecht durch.³⁸⁰ Damit müssen diese Merkmale auch im Rahmen von Art. 21 Abs. 1 EGRC zwischen Privaten wirken.

3770 **Art. 51 Abs. 1 EGRC** trifft **keine Regelung** darüber, **ob Privatpersonen** ggf. unmittelbar zur Einhaltung einzelner Bestimmungen der Charta **verpflichtet** sein können, und kann demnach nicht dahin ausgelegt werden, dass dies kategorisch ausgeschlossen wäre. Dass manche Bestimmungen des Primärrechts in erster Linie an die Mitgliedstaaten gerichtet sind, sperrt auch nicht, dass diese auch für Rechtsbeziehungen zwischen Privatpersonen gelten können.³⁸¹ Art. 47 EGRC kann ebenso ohne weitere Konkretisierung der einzelnen Person Rechte verleihen.³⁸² Dies kann daher auch für Art. 21 EGRC gelten, soweit es um das Verhältnis von Arbeitnehmerinnen und Arbeitnehmern zu Arbeitgebenden geht.³⁸³

2. Weitgehende unmittelbare Drittwirkung von Sekundärrecht: die Urteile *Mangold* und *Palacios*

3771 Im Übrigen erkennt der EuGH dem Sekundärrecht zur Verhinderung von Diskriminierung inzwischen in weitem Umfang unmittelbare Drittwirkung zu. So hielt der EuGH die Festlegung genereller Altersgrenzen auch für in Tarifverträgen rechtfer-

---

³⁷⁵ EuGH, Rs. C-281/98, ECLI:EU:C:2000:296 – Angonese.
³⁷⁶ *Frenz*, Europarecht 1, Rn. 1374 ff.
³⁷⁷ EuGH, Rs. C-43/75, ECLI:EU:C:1976:56 (Rn. 39) – Defrenne.
³⁷⁸ EuGH, Rs. C-414/16, ECLI:EU:C:2018:257 (Rn. 77) – Egenberger.
³⁷⁹ EGMR, Urt. vom 13.11.2007, Nr. 57325/00 (Rn. 176), NVwZ 2008, 533 (534) – D.H. u. a./Tschechien; s. o. Rn. 3733.
³⁸⁰ EuGH, Rs. C-804/18 u. 341/19, ECLI:EU:C:2021:594 – WABE m. Anm. *Frenz*, DVBl 2022. 231 ff. S. für das Kopftuchverbot BVerfGE 138, 296 = NJW 2015, 1359 – Lehrerin mit Kopftuch; schon EGMR, NVwZ 2006, 1389 – Leyla Sahin.
³⁸¹ EuGH, Rs. C-569/16, ECLI:EU:C:2018:871 (Rn. 87 f.) – Bauer; bereits in diesem Sinne Rs. C-414/16, ECLI:EU:C:2018:257 (Rn. 77) – Egenberger.
³⁸² EuGH, Rs. C-414/16, ECLI:EU:C:2018:257 (Rn. 78) – Egenberger.
³⁸³ Abl. *Hölscheidt*, in: Meyer/Hölscheidt, Art. 21 Rn. 34.

§ 3 Nichtdiskriminierung

tigungsbedürftig und -fähig. Im entschiedenen Fall *Palacios* ging es freilich um eine staatliche Regelung, die solche Vereinbarungen für zulässig erklärt. Es muss nur eine abstrakte Regelung vorliegen, die generell geeignet ist, zu einem legitimen beschäftigungspolitischen Ziel wie der Eindämmung der Arbeitslosigkeit beizutragen. Die Angemessenheit folgt jedenfalls daraus, dass die tarifvertraglich festgelegte und normativ gebilligte Altersgrenze mit der vollen gesetzlichen Altersrente zusammenfällt.[384]

Damit geht es im Kern doch um eine tarifvertraglich und somit privat vereinbarte Maßnahme, die nur staatlich gebilligt wurde. Ist diese Billigung europarechtswidrig, teilt dieses Schicksal nach der Aussage der EuGH-Entscheidung auch die Tarifvereinbarung. Deren Zuschnitt entscheidet nämlich darüber, ob sie durch eine nationale Stelle richtlinienkonform für zulässig erklärt werden kann, und ohne diese positive Maßnahme kann sie nicht zwischen Privaten wirken. Prüfungsmaßstab ist die in Art. 2 Abs. 1 RL 2000/78/EG[385] verbotene Altersdiskriminierung sowie die notwendige Rechtfertigung von Durchbrechungen nach Art. 6 Abs. 1 RL 2000/78/EG. Der EuGH greift nicht mehr auf europäisches Primärrecht zurück wie noch in der Entscheidung *Mangold*.[386] Solange aber kein Sekundärrecht vorliegt, greift für die Wahrung der Grundlagen das europäische Primärrecht und damit auch Art. 21 Abs. 1 EGRC. Dadurch wird **Art. 19 AEUV** auch **nicht durch Art. 21 Abs. 1 EGRC unterlaufen**.

3772

C. Diskriminierungsverbot wegen der Staatsangehörigkeit nach Art. 21 Abs. 2 EGRC

I. Übereinstimmung mit Art. 18 AEUV

Gem. Art. 21 Abs. 2 EGRC ist unbeschadet besonderer Bestimmungen der Verträge in ihrem Anwendungsbereich jede Diskriminierung aus Gründen der Staatsangehörigkeit verboten. Damit ist ein Leitmotiv und die **allgemeinste Kurzformel der europäischen Integrationsidee**[387] in die EGRC aufgenommen worden. Das Ziel einer immer engeren Union kann nur erreicht werden, wenn keine Unionsbürgerin und kein Unionsbürger aus Gründen der Staatsangehörigkeit bevorzugt oder benachteiligt wird.[388]

3773

---

[384] S. EuGH, Rs. C-411/05, ECLI:EU:C:2007:604 (Rn. 73) – Félix Palacios de la Villa.
[385] ABl. 2000 L 303, S. 16.
[386] EuGH, Rs. C-144/04, ECLI:EU:C:2005:709 – Mangold. Davon abrückend *Gas*, EuZW 2007, 713; s. aber *Bauer/Krieger*, NJW 2007, 3672 (3673).
[387] *Frenz*, Europarecht 1, Rn. 3929 m. w. N.
[388] *Hölscheidt*, in: Meyer/Hölscheidt, Art. 21 Rn. 59.

3774 Art. 21 Abs. 2 EGRC entspricht mit leicht abgewandelter Formulierung **Art. 18 AEUV**.[389] Aufgrund der Bestimmung des **Art. 52 Abs. 2 EGRC** müssen deshalb sowohl der Gewährleistungsbereich als auch die Beeinträchtigungsmöglichkeiten von Art. 21 Abs. 2 EGRC und Art. 18 AEUV miteinander übereinstimmen.[390] Art. 21 Abs. 2 EGRC darf nicht anders ausgelegt und eingeschränkt werden als Art. 18 AEUV.[391] Dabei kann auch die Rechtsprechung zu Art. 18 AEUV herangezogen werden.[392]

II. Ungleichbehandlung

3775 Art. 21 Abs. 2 EGRC verbietet eine **Ungleichbehandlung aufgrund der Staatsangehörigkeit**. Insoweit handelt es sich um ein **besonderes Diskriminierungsmerkmal**, das sich nach nationalem Recht bestimmt, da es bislang keine EU-Staatsangehörigkeit gibt. Es geht aber **wie bei** den Diskriminierungsmerkmalen nach **Art. 21 Abs. 1 EGRC** um die **Unterbindung von Ungleichbehandlungen**. Daher gelten die gleichen Maßstäbe dafür, wann eine solche Ungleichbehandlung gegeben ist.[393]

III. Rechtfertigung

3776 Bei Art. 21 Abs. 2 EGRC handelt es sich – wie bei Art. 18 AEUV – nicht um ein absolutes, sondern um ein **relatives Diskriminierungsverbot**.[394] Die Ungleichbehandlung kann daher durch **objektive, von der Staatsangehörigkeit der Betroffenen unabhängige Erwägungen** gerechtfertigt sein.[395]

---

[389] *Streinz*, in: ders., Art. 21 GR-Charta Rn. 8; *Hölscheidt*, in: Meyer/Hölscheidt, Art. 21 Rn. 58.

[390] *Jarass/Kment*, § 25 Rn. 28; *Schwerdtfeger*, in: Meyer/Hölscheidt, Art. 52 Rn. 46 f.

[391] *Schwerdtfeger*, in: Meyer/Hölscheidt, Art. 52 Rn. 46 f.

[392] S. o. Rn. 3693.

[393] S. o. Rn. 3657 ff.

[394] *Rengeling/Szczekalla*, Rn. 912; *Bühler*, Einschränkung von Grundrechten nach der Europäischen Grundrechtecharta, 2005, S. 158 (zu Art. 12 EG); *Rossi*, EuR 2000, 197 (212 f.) m.N. zur Gegenmeinung bei Art. 12 EG.

[395] EuGH, Rs. C-155/09, ECLI:EU:C:2011:22 (Rn. 68) – Kommission/Griechenland; Rs. C-164/07, ECLI:EU:C:2008:321 (Rn. 13) – Wood; Rs. C-524/06, ECLI:EU:C:2008:724 (Rn. 75) – Huber; Rs. C-148/02, ECLI:EU:C:2003:539 (Rn. 31) – Garcia Avello; Rs. C-29/95, ECLI:EU:C:1997:28 (Rn. 19) – Pastoors u. Trans-Cap; Rs. C-274/96, ECLI:EU:C:1998:563 (Rn. 27) – Bickel u. Franz für Art. 18 AEUV; *Rossi*, EuR 2000, 197 (212 f.); *Jarass/Kment*, § 25 Rn. 41; *v. der Decken*, in: Heselhaus/Nowak, § 49 Rn. 28.

IV. Verhältnismäßigkeit

Bei festgestellter Ungleichbehandlung und der grundsätzlichen Rechtfertigungsmöglichkeit ist schließlich der Grundsatz der Verhältnismäßigkeit zu wahren.[396] Die Ungleichbehandlung muss demnach in einem **angemessenen Verhältnis zu dem Zweck** stehen, der mit der Regelung verfolgt wird.[397]

3777

V. Gleichbehandlung unterschiedlicher Sachverhalte

Das Diskriminierungsverbot des Art. 21 Abs. 2 EGRC verbietet – wie dasjenige nach Art. 21 Abs. 1 EGRC[398] – nicht nur Ungleichbehandlungen, sondern verlangt auch, dass **keine Gleichbehandlung aus Gründen der Staatsangehörigkeit wesentlich unterschiedlicher Sachverhalte** vorgenommen wird.[399] Wenn demnach wegen der unterschiedlichen Staatsangehörigkeit auch unterschiedliche Sachverhalte gegeben sind, verstößt eine Gleichbehandlung gegen das Diskriminierungsverbot des Art. 21 Abs. 2 EGRC.[400]

3778

VI. Grundrechtsträger

1. Natürliche und juristische Personen

Alle natürlichen Personen sind grundrechtsberechtigt.[401] Auch wenn dies für den deutschen Sprachgebrauch zunächst ungewöhnlich klingt, können sich auch **juristische Personen** auf Art. 21 Abs. 2 EGRC berufen.[402] Gerade diese beteiligen sich am **grenzüberschreitenden Verkehr** und sind daher Benachteiligungen wegen ihrer Herkunft und damit infolge ihrer Staatsangehörigkeit bzw. ihres Sitzes besonders ausgesetzt.

3779

---

[396] *V. der Decken*, in: Heselhaus/Nowak, § 49 Rn. 31; *Rossi*, EuR 2000, 197 (214).

[397] EuGH, Rs. C-274/96, ECLI:EU:C:1998:563 (Rn. 27) – Bickel u. Franz; Rs. C-224/00, ECLI:EU:C:2002:185 (Rn. 20) – Kommission/Italien; Rs. C-367/11, ECLI:EU:C:2012:668 (Rn. 32) – Prete; Rs. C-148/02, ECLI:EU:C:2003:539 (Rn. 31) – Garcia Avello; *Jarass/Kment*, § 25 Rn. 41.

[398] S. o. Rn. 3761.

[399] EuGH, Rs. C-106/83, ECLI:EU:C:1984:394 (Rn. 28) – Sermide/Cassa Conguaglio Zucchero; Rs. C-309/89, ECLI:EU:C:1994:197 (Rn. 26) – Codorniu; a. A. *Sachs*, in: Stern/Sachs, Art. 21 Rn. 36.

[400] *Jarass/Kment*, § 25 Rn. 38.

[401] *Jarass/Kment*, § 25 Rn. 39.

[402] Vgl. EuGH, Rs. C-398/92, ECLI:EU:C:1994:52 (Rn. 16) – Mund & Fester; *Rossi*, EuR 2000, 197 (200 f.); *Frenz*, Europarecht 1, Rn. 3964; *Sachs*, in: Stern/Sachs, Art. 21 Rn. 30.

2. Drittstaatsangehörige und Staatenlose

3780 Bei Art. 18 AEUV ist streitig, ob das Grundrecht nur Unionsbürgerinnen und Unionsbürgern oder auch Drittstaatsangehörigen und Staatenlosen zusteht, zumal der Wortlaut des Art. 18 AEUV keine Aussage dazu trifft. Soweit ersichtlich, ist diese Frage vom EuGH bislang noch nicht eindeutig entschieden worden,[403] auch wenn einige Stimmen in der Literatur davon ausgehen.[404] Aufgrund der Vergleichbarkeit der Formulierungen von Art. 18 AEUV und Art. 21 Abs. 2 EGRC setzt sich dieser Streit bei Art. 21 Abs. 2 EGRC fort.

3781 Ziel des Art. 18 AEUV ist eine immer **engere Integration** der Mitgliedstaaten und ihrer Bürgerinnen und Bürger. Dieses Ziel kann nur erreicht werden, wenn keine Unionsbürgerin und kein Unionsbürger aus Gründen der Staatsangehörigkeit bevorzugt oder benachteiligt wird.[405] Dies trifft jedoch **nicht auf Drittstaatsangehörige und Staatenlose** zu. Zwar mag die Integration von Nicht-Unionsbürgerinnen und -Unionsbürgern, die sich rechtmäßig in der Union aufhalten, aus gesellschaftlichen Gründen wünschenswert sein. Sie ist jedoch nicht Leitgedanke der europäischen Idee. Daher können sich Drittstaatsangehörige und Staatenlose **nicht** auf das **Diskriminierungsverbot aus Gründen der Staatsangehörigkeit** berufen.[406] Sie können allerdings durch sekundärrechtliche Vorschriften begünstigt werden[407] oder an völkerrechtlichen Verträgen der EU mit Drittstaaten partizipieren.[408]

3782 Bei Art. 21 Abs. 2 EGRC kommt zu diesem allgemeinen, auch im Rahmen von Art. 18 AEUV gültigen Argument hinzu, dass bei einer generellen Einbeziehung Drittstaatsangehöriger und Staatenloser in den Kreis der Grundrechtsberechtigten des Art. 21 Abs. 2 EGRC die Vorschrift des **Art. 15 Abs. 3 EGRC** unterlaufen werden könnte. Art. 15 Abs. 3 EGRC beschränkt sich nämlich darauf, **Drittstaatsangehörigen** einen **Anspruch auf gleiche Arbeitsbedingungen** zu gewährleisten.[409]

3. Inländerdiskriminierung

a) Problematik

3783 Bereits bei Art. 18 AEUV stellte sich die Frage, ob sich eine inländische Person gegenüber ihrem/seinem Heimatstaat auf diese Vorschrift berufen kann, wenn die

---

[403] *V. der Decken*, in: Heselhaus/Nowak, § 49 Rn. 19.
[404] Z. B. *Sachs*, in: Stern/Sachs, Art. 21 Rn. 30.
[405] *Hölscheidt*, in: Meyer/Hölscheidt, Art. 21 Rn. 59.
[406] S. *Streinz*, in: ders., Art. 18 AEUV Rn. 39; *Epiney*, in: Calliess/Ruffert, Art. 18 AEUV Rn. 41; *Rossi*, EuR 2000, 197 (202); *v. der Decken*, in: Heselhaus/Nowak, § 49 Rn. 19; *Winkler*, Die Grundrechte der Europäischen Union, 2006, S. 452.
[407] *Epiney*, in: Calliess/Ruffert, Art. 18 AEUV Rn. 41; *Streinz*, in: ders., Art. 18 AEUV Rn. 40; *v. der Decken*, in: Heselhaus/Nowak, § 49 Rn. 19.
[408] *Michl*, in: Pechstein/Nowak/Häde, Art. 18 AEUV Rn. 59.
[409] *Jarass/Kment*, § 25 Rn. 35.

inländische Person gegenüber anderen Unionsbürgerinnen und Unionsbürgern ungleich behandelt wird.[410] Diese Problematik wird unter dem Stichwort „Inländerdiskriminierung"[411] behandelt.[412]

Ein Fall der Inländerdiskriminierung ist immer dann gegeben, wenn die ausländische Person im Inland etwas darf oder auf etwas Anspruch hat, das die inländische Person bei im Übrigen gleicher Sachlage nicht darf oder worauf er keinen Anspruch hat; der inländischen Person wird also allein wegen ihrer/seiner Inländereigenschaft etwas verweigert. Diese Fälle kommen in erster Linie auf zweierlei Weise zustande: wenn das Europarecht einen beschränkenden nationalen Rechtssatz, die inländische Person und ausländische Person in gleicher Weise behandelt, insoweit für europarechtswidrig erklärt, als er EU-Ausländerinnen und -Ausländer betrifft, und wenn das Europarecht nur EU-Ausländerinnen und -Ausländern weitergehende Rechte gewährt, als sie inländischen Personen nach nationalem Recht zustehen.[413]   3784

b) EuGH-Rechtsprechung

Nach der Rechtsprechung des EuGH findet das **allgemeine Diskriminierungsverbot** des Art. 18 AEUV auf diese Fälle **keine Anwendung**.[414] Wenn beispielsweise das Europarecht eine bestimmte Behandlung von Unionsbürgerinnen und Unionsbürgern vorschreibt, dürfen nach der Rechtsprechung des EuGH die Mitgliedstaaten bei der Behandlung ihrer eigenen Staatsangehörigen zu deren Nachteil von der europarechtlichen Regelung abweichen, solange es sich um rein inländische Sachverhalte handelt. Die Grundfreiheiten verbieten in solchen Fällen eine Schlechterstellung von inländischen Personen nicht.[415] Auch wenn dies faktisch eine Diskriminierung aufgrund der Staatsangehörigkeit darstellt, misst der EuGH das Verhalten der Mitgliedstaaten nicht am allgemeinen Diskriminierungsverbot.   3785

Der Anwendungsbereich des Europarechts ist in diesen Fällen nicht eröffnet, da es an einem **grenzüberschreitenden Bezug fehlt** oder keine Vollharmonisierung vorliegt.[416] Es obliegt deshalb den Mitgliedstaaten, ob sie bei derart internen, nationalen Sachverhalten ihren Staatsangehörigen die gleichen günstigen Handlun-   3786

---

[410] *Rossi*, EuR 2000, 197 (201).

[411] Auch als „umgekehrte Diskriminierung" bezeichnet, s. z. B. *Epiney*, in: Calliess/Ruffert, Art.18 AEUV Rn. 27; *Kischel*, EuGRZ 1997, 1 (8).

[412] *Kischel*, EuGRZ 1997, 1 (8).

[413] *Schilling*, JZ 1994, 8 (8). Näher im Rahmen der Grundfreiheiten *Frenz*, Europarecht 1, Rn. 273 ff.

[414] Bereits EuGH, Rs. C-180/83, ECLI:EU:C:1984:233 (Rn. 14 ff.) – Moser; Rs. C-44/84, ECLI:EU:C:1986:2 (Rn. 55) – Hurd/Jones; Rs. C-355/85, ECLI:EU:C:1986:410 (Rn. 11) – Cognet; *Kingreen*, in: Ehlers, Europäische Grundrechte und Grundfreiheiten, § 21 Rn. 15; *Rossi*, in: Calliess/Ruffert, Art. 20 GRCh Rn. 15; *Rengeling/Szczekalla*, Rn. 889; *v. der Decken*, in: Heselhaus/Nowak, § 49 Rn. 23 m. w. N. zur Rspr.

[415] *Jarass/Kment*, § 25 Rn. 31. Im Einzelnen *Frenz*, Europarecht 1, Rn. 273 ff.

[416] *Rossi*, in: Calliess/Ruffert, Art. 20 GRCh Rn. 15; *Rengeling/Szczekalla*, Rn. 889; *Schilling*, JZ 1994, 8 (9).

gen zugutekommen lassen, welche sie den übrigen Unionsbürgerinnen und Unionsbürgern aufgrund unionsrechtlicher Vorschriften zukommen lassen müssen.[417]

3787 Erst wenn die **eigene Staatsbürgerin** oder der **eigene Staatsbürger von** ihrem/seinen **europarechtlich gewährten Rechten**, z. B. den Grundfreiheiten **Gebrauch macht**, ist der Anwendungsbereich des AEUV eröffnet und er kann sich auch gegenüber dem eigenen Mitgliedstaat auf das allgemeine Diskriminierungsverbot berufen.[418] Dann befindet er sich nämlich in einer Lage, die der einer anderen Unionsbürgerin bzw. eines anderen Unionsbürgers vergleichbar ist, zumal ihn die Aussicht auf eine mögliche bevorstehende Diskriminierung davon abhalten könnte, die europarechtlichen Freiheiten überhaupt in Anspruch zu nehmen.[419] Dies gilt z. B. für die Fälle, dass er nach Ausübung des Freizügigkeitsrechts wieder in seinen Heimatstaat zurückkehrt[420] oder er ein im Ausland erworbenes Diplom anerkannt haben möchte.[421]

c) *Übertragung auf Art. 21 Abs. 2 EGRC*

3788 Dieses von der Literatur sehr kritisch betrachtete Problem der so genannten Inländerdiskriminierung[422] gilt nicht nur vor dem Hintergrund des Art. 18 AEUV, sondern auch bei Art. 21 Abs. 2 EGRC. Der EuGH verneint in diesen Fällen nämlich die Anwendbarkeit des AEUV. Art. 21 Abs. 2 EGRC bezieht sich ebenfalls auf den Anwendungsbereich der Verträge. Nur in deren Anwendungsbereich ist gem. Art. 21 Abs. 2 EGRC jede Diskriminierung aus Gründen der Staatsangehörigkeit verboten. Folglich können Fälle der so genannten **Inländerdiskriminierung** auch **keinen Verstoß gegen Art. 21 Abs. 2 EGRC** begründen.

VII. Normadressaten

1. Bindung der Union

3789 Das Diskriminierungsverbot des Art. 21 Abs. 2 EGRC bindet gem. Art. 51 Abs. 1 S. 1 EGRC die Organe, Einrichtungen und sonstigen Stellen der Union. Sie wird in Art. 18 AEUV zum Erlass von Regelungen ermächtigt, die das Diskriminierungsverbot umsetzen.[423]

---

[417] *Rengeling/Szczekalla*, Rn. 889.
[418] *V. der Decken*, in: Heselhaus/Nowak, § 49 Rn. 23; *v. Bogdandy*, in: Grabitz/Hilf/Nettesheim, Art. 18 AEUV Rn. 51.
[419] *Rossi*, EuR 2000, 197 (201).
[420] EuGH, Rs. C-370/90, ECLI:EU:C:1992:296 (Rn. 19 ff.) – Singh.
[421] EuGH, Rs. C-136/78, ECLI:EU:C:1979:34 (Rn. 19 ff.) – Auer.
[422] S. *Kischel*, EuGRZ 1997, 1 (8) m. w. N. in Fn. 99.
[423] *Jarass/Kment*, § 25 Rn. 28 f.

2. Bindung der Mitgliedstaaten

Gem. Art. 51 Abs. 1 S. 1 EGRC binden die Bestimmungen der EGRC auch die **Mitgliedstaaten, soweit sie Unionsrecht durchführen**. Art. 21 Abs. 2 EGRC enthält noch eine weitere Einschränkung: Er verbietet Diskriminierungen aus Gründen der Staatsangehörigkeit nämlich nur im Anwendungsbereich der Verträge. Dies hat zur Folge, dass **rein interstaatliche Sachverhalte**, die keinerlei Bezug zum Unionsrecht aufweisen, schon deshalb **nicht erfasst** sind.[424] Der Grund für diese Beschränkung liegt darin, dass der Union nur bestimmte Befugnisse übertragen wurden und daher ihre Einwirkung auf die nationalen Rechtsordnungen limitiert ist.[425] Als unionsrechtliches Diskriminierungsverbot soll die Bindung auch auf den Anwendungsbereich des Unionsrechts beschränkt bleiben.[426]

3790

Allerdings ist nach der Rechtsprechung des EuGH der geforderte **Unionsbezug recht schnell** gegeben.[427] Es ist bereits zu bejahen, wenn irgendwelche mittelbaren Auswirkungen auf den unionsinternen Austausch von Gütern und Dienstleistungen bestehen,[428] bzw. wenn „Berührungspunkte mit irgendeinem der Sachverhalte ..., auf die das Gemeinschaftsrecht abstellt", vorhanden sind.[429] Da der Anwendungsbereich der Verträge durch die letzten Vertragsänderungen sehr stark ausgeweitet worden ist, dürfte ein derartiger Bezug nicht nur in den Fällen gegeben sein, in denen die Mitgliedstaaten unmittelbar Unionsrecht durchführen, sondern auch in vielen weiteren.[430] Damit erscheint der Bezug auf den Anwendungsbereich der Verträge weniger streng als die generelle Beschränkung der Anwendbarkeit der EGRC gem. Art. 51 Abs. 1 S. 1 EGRC.[431] Indes genügt auch hier die **Einschlägigkeit** insbesondere der **Grundfreiheiten**.[432]

3791

3. Bindung Privater

Bei Art. 18 AEUV ist streitig, ob auch Privatpersonen zur Beachtung des Diskriminierungsverbots verpflichtet werden.[433] Im Ergebnis ist eine **generelle unmittelbare**

3792

---

[424] *Jarass/Kment*, § 25 Rn. 30.
[425] *Frenz*, Europarecht 1, Rn. 3944.
[426] *Kischel*, EuGRZ 1997, 1 (6).
[427] *V. der Decken*, in: Heselhaus/Nowak, § 49 Rn. 22; *Sachs*, in: Stern/Sachs, Art. 21 Rn. 32 ff.
[428] EuGH, Rs. C-323/95, ECLI:EU:C:1997:169 (Rn. 17) – Hayes; Rs. C-43/95, ECLI:EU: C:1996:357 (Rn. 15) – Data Delecta u. Forsberg.
[429] EuGH, Rs. C-35 u. 36/82, ECLI:EU:C:1982:368 (Rn. 16) – Morson u. Jhanjan.
[430] *V. der Decken*, in: Heselhaus/Nowak, § 49 Rn. 22.
[431] *Jarass/Kment*, § 25 Rn. 30.
[432] S. o. Rn. 323 f.
[433] *Rossi*, EuR 2000, 197 (216).

Drittwirkung des Art. 18 AEUV als **zu weitgehend** abzulehnen.[434] Bei Art. 21 Abs. 2 EGRC werden diese grundsätzlichen Bedenken noch durch die ausdrückliche Regelung des Art. 51 Abs. 1 S. 1 EGRC verstärkt. Danach gilt die EGRC für die Organe, Einrichtungen und sonstigen Stellen der Union und für die Mitgliedstaaten bei der Durchführung von Unionsrecht. Nach dem EuGH folgt daraus keine Regelung für eine unmittelbare Verpflichtung Privater.[435] Eine Ausweitung auf Private bedarf aber gewichtiger Gründe.[436] Diese werden im Rahmen von Art. 21 Abs. 1 EGRC durch den EuGH bejaht, allerdings unter Bezug auf die spezifischen Diskriminierungsverbote der Gründungsverträge wie Art. 45 und Art. 157 AEUV.[437] Unter Hinweis darauf wird auch für Art. 18 AEUV eine unmittelbare Drittwirkung bejaht.[438] Diese Brücke hat aber der EuGH bisher zu Art. 18 AEUV nicht geschlagen.[439] Sie besteht daher auch nicht für Art. 21 Abs. 2 EGRC. Zwar ist das Diskriminierungsverbot elementar und gilt generell. Indes bestehen diverse spezifische Ausprägungen, die besonders sensible Bereiche betreffen – so das im Urteil *Egenberger* erfasste Diskriminierungsverbot wegen der Religion oder der Weltanschauung. Insoweit kann mit dem EuGH[440] eine **unmittelbare Drittwirkung** bejaht werden[441] – **nicht** aber **für** das **allgemeine Diskriminierungsverbot** wegen der Staatsangehörigkeit des Art. 21 Abs. 2 EGRC.

VIII. Mittelbare Diskriminierung

3793   Da Art. 21 Abs. 2 EGRC „jede" Diskriminierung aus Gründen der Staatsangehörigkeit verbietet, sind nicht nur so genannte unmittelbare Diskriminierungen erfasst,[442] bei denen die diskriminierende Regelung offen an die Staatsangehörigkeit anknüpft.[443] Das Diskriminierungsverbot gilt **auch** für so genannte **mittelbare Dis-**

---

[434] *Frenz*, Europarecht 1, Rn. 3928; ähnlich *Rossi*, EuR 2000, 197 (216 f.); *Streinz*, in: ders., Art. 18 AEUV, Rn. 44; a. A. *v. der Decken*, in: Heselhaus/Nowak, § 49 Rn. 15.
[435] EuGH, Rs. C-569/16, ECLI:EU:C:2018:871 (Rn. 87) – Bauer.
[436] Gegen eine Bindung Privater durch Art. 21 Abs. 2 EGRC auch *Jarass/Kment*, § 25 Rn. 32.
[437] EuGH, Rs. C-414/16, ECLI:EU:C:2018:257 (Rn. 77) – Egenberger unter Verweis u. a. auf Rs. C-281/98, ECLI:EU:C:2000:296 (Rn. 33 ff.) – Angonese; Rs. C-43/75, ECLI:EU:C:1976:56 (Rn. 39.) – Defrenne/Sabena; o. Rn. 3768 ff.
[438] *Geiger/Kotzur*, in: Geiger/Khan/Kotzur/Kirchmair, Art. 18 AEUV Rn. 4; bei privater Rechtsetzungsbefugnis *Michl*, in Pechstein/Nowak/Häde, Art. 18 AEUV Rn. 64; *Holoubek*, in Schwarze, Art. 18 AEUV Rn. 35, 45; *Lenz*, in: Lenz/Borchard, Art. 18 AEUV Rn. 10; *Rust*, in: v. der Groeben/Schwarze/Hatje, Art. 18 AEUV Rn. 44.
[439] Es erfolgte noch keine Entscheidung, *Streinz*, in: ders., Art. 18 AEUV Rn. 44.
[440] EuGH, Rs. C-414/16, ECLI:EU:C:2018:257 (Rn. 76 ff.) – Egenberger.
[441] S. o. Rn. 3768 ff.
[442] Auch „offene", „direkte", „formale", „rechtliche" oder „formelle" Diskriminierung genannt.
[443] *Frenz*, Europarecht 1, Rn. 3929; *v. der Decken*, in: Heselhaus/Nowak, § 49 Rn. 27; *Rossi*, EuR 2000, 197 (210 f.).

§ 3 Nichtdiskriminierung

kriminierungen[444] aus Gründen der Staatsangehörigkeit.[445] Sie sind gegeben, wenn die Regelung zwar nicht direkt auf die Staatsangehörigkeit Bezug nimmt, die **Unterscheidung nach anderen Merkmalen** aber **in der großen Mehrzahl der Fälle** zu einem **solchen Ergebnis** führt.[446] Dies ist beispielsweise regelmäßig der Fall, wenn auf den Wohnsitz oder die Niederlassung,[447] den Zulassungsort eines Fahrzeugs[448] oder die Muttersprache[449] abgestellt wird.[450]

Auch wenn in diesen Fällen eine Diskriminierung aufgrund eines bestimmten Merkmals erfolgt, ist ein Rückgriff auf **Art. 21 Abs. 1 EGRC** zu vermeiden. Dieses **subsidiäre Diskriminierungsverbot**[451] kommt nur zum Tragen, wenn **weder eine unmittelbare noch eine mittelbare Diskriminierung aus Gründen der Staatsangehörigkeit** vorliegt. 3794

D. Folgen eines Verstoßes

Art. 21 Abs. 1 EGRC spricht ein umfassendes Diskriminierungsverbot aus. Art. 21 Abs. 2 EGRC verbietet im Speziellen Diskriminierungen aus Gründen der Staatsangehörigkeit. 3795

I. Unterlassungspflicht

Damit begründen Art. 21 Abs. 1 und Abs. 2 EGRC unmittelbare Unterlassungspflichten.[452] Sie richten sich an die allgemeinen Adressierten der EGRC, nämlich 3796

---

[444] Auch „versteckte", „indirekte", „materielle" oder „faktische" Diskriminierung genannt.
[445] EuGH, Rs. C-398/92, ECLI:EU:C:1994:52 (Rn. 14) – Mund & Fester; *GA Kokott*, Rs. C-607/17, ECLI:EU:C:2019:8 (Rn. 34) – Memira Holding; *Frenz*, Europarecht 1, Rn. 3901.
[446] EuGH, Rs. C-22/80, ECLI:EU:C:1980:251 (Rn. 9) – Boussac/Gerstenmeier; Rs. C-398/92, ECLI:EU:C:1994:52 (Rn. 14) – Mund & Fester; Rs. C-29/95, ECLI:EU:C:1997:28 (Rn. 16) – Pastoors u. Trans-Cap; verb. Rs. C-570/07 u. 571/07, ECLI:EU:C:2010:300 (Rn. 117 f.) – Blanco Pérez und Chao Gómez; *Jarass/Kment*, § 25 Rn. 36; *Frenz*, Europarecht 1, Rn. 3929; *v. der Decken*, in: Heselhaus/Nowak, § 49 Rn. 27; *Sattler*, in: FS für Rauschning, 2001, S. 251 (261); *Sachs*, in: Stern/Sachs, Art. 21 Rn. 37 f.
[447] EuGH, Rs. C-388/01, ECLI:EU:C:2003:30 (Rn. 14) – Kommission/Italien; Rs. C-29/95, ECLI:EU:C:1997:28 (Rn. 15 ff.) – Pastoors u. Trans-Cap.
[448] EuGH, Rs. C-224/00, ECLI:EU:C:2002:185 (Rn. 18 f.) – Kommission/Italien.
[449] *Rengeling/Szczekalla*, Rn. 908.
[450] *Jarass/Kment*, § 25 Rn. 36.
[451] S. o. Rn. 3722.
[452] *Streinz*, in: ders., Art. 21 GR-Charta Rn. 6.

gem. Art. 51 Abs. 1 S. 1 EGRC die Organe, Einrichtungen und sonstigen Stellen der Union und die Mitgliedstaaten bei der Durchführung von Unionsrecht. Diesen ist daher jede Diskriminierung verboten.[453] Das gilt auch zulasten von Privaten, wenn sie unmittelbar verpflichtet sind, wie dies für Art. 21 Abs. 1 EGRC vielfach bejaht wird.[454]

II. Unterbindungspflicht

3797 Art. 21 Abs. 1 EGRC beinhaltet keine Pflicht der Union und der Mitgliedstaaten, Diskriminierungen durch Privatpersonen zu unterbinden.[455] Dies ergibt sich – wie auch die Erläuterungen zur EGRC[456] betonen – aus einem Zusammenspiel mit Art. 19 AEUV, welcher dem Europäischen Parlament und dem Rat[457] eine Ermächtigung zum Erlass von Diskriminierungsverboten gibt.[458] Durch diese dann geschaffenen Regelungen können auch Private gebunden werden.[459] Ob und inwiefern der europäische Gesetzgeber Gebrauch von dieser Ermächtigungsgrundlage macht, bleibt ihm überlassen.[460] Darauf ist aber nicht zu warten, wenn und soweit Art. 21 Abs. 1 EGRC unmittelbare Drittwirkung hat.

III. Verstoß gegen die Unterlassungspflicht

3798 Kommt es zu einem Verstoß gegen die Unterlassungspflicht, steht es dem Gesetzgeber frei, wie er diesen Verstoß behebt.[461] Es greifen dieselben Maßstäbe ein wie für Art. 20 EGRC.[462] Dies gilt auch für die Frage, inwieweit ein von der Diskriminierung Betroffener **Schadensersatzansprüche** geltend machen kann.

---

[453] *Hölscheidt*, in: Meyer/Hölscheidt, Art. 21 Rn. 34.

[454] S. o. Rn. 3698 f.

[455] *Streinz*, in: ders., Art. 21 GR-Charta Rn. 6; *Hölscheidt*, in: Meyer/Hölscheidt, Art. 21 Rn. 34; a. A. *Jarass/Kment*, § 25 Rn. 27, 43; vorsichtiger *Sachs*, in: Stern/Sachs, Art. 21 Rn. 14.

[456] Erläuterungen zur Charta der Grundrechte, ABl. 2007 C 303, S. 17 (24).

[457] Art. 13 EG ermächtigt nur den Rat, Art. 19 AEUV spricht vom Europäischen Parlament und dem Rat.

[458] *Sachs*, in: Stern/Sachs, Art. 21 Rn. 7.

[459] *Rossi*, in: Calliess/Ruffert, Art. 21 GRCh Rn. 5. S. o. Rn. 3766.

[460] *Rossi*, in: Calliess/Ruffert, Art. 21 GRCh Rn. 10.

[461] *Rossi*, EuR 2000, 197 (215).

[462] *Jarass/Kment*, § 25 Rn. 4, 33; *Rossi*, in: Calliess/Ruffert, Art. 21 GRCh Rn. 7; s. zu den Folgen eines Verstoßes gegen Art. 20 EGRC o. Rn. 3682 ff.

E. Prüfungsschemata zu Art. 21 EGRC

I. Prüfungsschema zu Art. 21 Abs. 1 EGRC

1. Schutzbereich 3799
allgemeines Diskriminierungsverbot

2. Beeinträchtigung
a) Diskriminierung (auch mittelbar) aufgrund einer bestimmten Eigenschaft oder eines bestimmten Merkmals eines Grundrechtsträgers
b) auch durch Private wegen Weltanschauung und Religion (Urteil *Egenberger*) sowie Rasse
c) Diskriminierungsmerkmale nach Art. 21 Abs. 1 EGRC nur Beispiele
d) Vergleich der Sachverhalte
e) ergebnisorientierte Betrachtungsweise
f) keine Gleichheit im Unrecht

3. Rechtfertigung
a) legitimes Ziel
b) ggf. Selbstbindung der Verwaltung

4. Verhältnismäßigkeit neben der Intensität des Eingriffs und dem Gewicht der Rechtfertigungsgründe kommt es auch auf das Merkmal an, aufgrund dessen eine Differenzierung vorgenommen worden ist; rassisch motivierte Diskriminierungen kaum zu rechtfertigen

5. Folgen eines Verstoßes
a) Wahlmöglichkeit des Gesetzgebers
b) ggf. Schadensersatz

II. Prüfungsschema zu Art. 21 Abs. 2 EGRC

1. Schutzbereich 3800
Diskriminierungsverbot aus Gründen der Staatsangehörigkeit

2. Beeinträchtigung
a) Diskriminierung aus Gründen der Staatsangehörigkeit, auch mittelbare
b) Vergleich der Sachverhalte
c) ergebnisorientierte Betrachtungsweise
d) keine Gleichheit im Unrecht
e) Inländerdiskriminierung nicht erfasst

3. Rechtfertigung
a) legitimes Ziel
b) nur objektive, von der Staatsangehörigkeit des Betroffenen unabhängige Erwägungen
c) ggf. Selbstbindung der Verwaltung

4. Verhältnismäßigkeit

5. Folgen eines Verstoßes
a) Wahlmöglichkeit des Gesetzgebers
b) ggf. Schadensersatz

§ 4 Vielfalt der Kulturen, Religionen und Sprachen

A. Grundlagen

I. Gleichheit in Vielfalt

1. Verbindung von Vielfalt und Gleichheit

3801 Dass die Union gem. Art. 22 EGRC die Vielfalt der Kulturen, Religionen und Sprachen achtet, erscheint zunächst als Fremdkörper im Rahmen der Gleichheitsrechte. Schließlich geht es hier gerade um die **Respektierung unterschiedlicher Ausprägungen**, während die Gleichheitsrechte grundsätzlich auf Gleichbehandlung zielen. Allerdings ist auch die Gleichbehandlung von Ungleichem ein Verstoß gegen den Gleichheitssatz.[463]

3802 Art. 22 EGRC betont dementsprechend, dass die Vielfalt der Kulturen, Religionen und Sprachen zu respektieren ist, mithin daraus gerade eine **unterschiedliche Behandlung** folgen kann. Dadurch schränkt Art. 22 EGRC den Gleichheitsgedanken ein und prägt ihn zugleich mit, indem die Gleichbehandlung verschiedener Kulturen, Religionen und Sprachen gegen ihn verstoßen kann. Umgekehrt ist die Vielfalt unterschiedlicher Kulturen, Religionen und Sprachen in gleicher Weise zu respektieren. Erfolgt dies nicht, indem etwa eine bevorzugt wird, kann ebenfalls eine Ungleichbehandlung vorliegen.[464]

---

[463] S. o. Rn. 3657, 3676.
[464] Näher u. Rn. 3833 ff.

§ 4 Vielfalt der Kulturen, Religionen und Sprachen

2. Entstehungshintergrund

Dass Art. 22 EGRC zu den Gleichheitsrechten passt, belegt gerade der Entstehungshintergrund. Ursprünglich war ein **Minderheitenschutzrecht** gefordert. Dieses fand aber **keine Aufnahme in die Grundrechtecharta**, da es sich nicht durchsetzen konnte. Als **Minus** hierzu wurde die Zugehörigkeit zu einer **nationalen Minderheit als Diskriminierungsmerkmal** nach Art. 21 Abs. 1 EGRC **und eine Achtung der Vielfalt der Kulturen, Religionen und Sprachen** in Art. 22 EGRC verlangt.[465] Damit ist auch **Art. 22 EGRC Teil des Minderheitenschutzes**. 3803

Ob jemand einer nationalen Minderheit zugehört, zeigt sich vielfach an einer anderen Religion oder Sprache oder – oft als deren Ausdruck – einer anderen Kultur. Die Achtung der Vielfalt der Kulturen, Religionen und Sprachen nach Art. 22 EGRC verlangt daher **faktisch** das **Verbot der Nichtdiskriminierung wegen der Zugehörigkeit zu einer nationalen Minderheit**, ohne allerdings selbst rechtlich ein solches Verbot zu enthalten. 3804

Damit kann auch **nicht** die **Kultur** einfach als **Diskriminierungsmerkmal in Art. 21 Abs. 1 EGRC** hineingelesen werden, obwohl für ihre fallbezogene Heranziehung die nicht abschließende Aufzählung in Art. 21 Abs. 1 EGRC sowie die Gleichstellung mit der explizit darin genannten Religion und Sprache in Art. 22 EGRC sprechen. Insoweit vermag Art. 22 EGRC in begrenztem Umfang auf Art. 21 EGRC einzuwirken. Obwohl Letzterer das stärkere Recht enthält, kann nicht in umgekehrter Richtung über Art. 21 Abs. 1 EGRC ein umfassendes Minderheitenschutzrecht konstruiert und damit Art. 22 EGRC aufgeladen werden. Schließlich scheiterte eine Aufnahme dieses Rechts während der Beratungen im Grundrechtekonvent. 3805

Zudem ist Art. 22 EGRC unter den Gleichheitsrechten angesiedelt, sodass sich daraus **kein umfassendes Minderheitenschutzrecht** ergibt. Ein solches enthält auch nicht Art. 21 Abs. 1 EGRC, sondern es wird nur die Zugehörigkeit zu einer nationalen Minderheit als Diskriminierungsmerkmal ausgewiesen. 3806

II. Rechtsgrundlagen

1. Primärrecht

Art. 18, 19 AEUV betreffen Diskriminierungen und sind Vorbilder für Art. 21 EGRC, nicht aber für Art. 22 EGRC. Dieser erstreckt sich über die in Art. 19 AEUV ebenfalls enthaltene Religion hinaus auch auf Sprache und Kultur.[466] 3807

---

[465] Näher s. *Bernsdorff/Borowsky*, Die Charta der Grundrechte der Europäischen Union, 2002, S. 243; *Hölscheidt*, in: Meyer/Hölscheidt, Art. 22 Rn. 10.

[466] Näher zu der bloßen Handlungsermächtigung des Art. 19 AEUV o. Rn. 3694 ff. Für ein unmittelbar anwendbares Diskriminierungsverbot im Hinblick auf die in 19 Abs. 1 AEUV genannten Kriterien hingegen *Holoubek*, in: Schwarze/Becker/Hatje/Schoo, Art. 19 AEUV Rn. 11, *Heselhaus*, in: ders./Nowak, § 50 Rn. 58; anders die h.M., etwa *Epiney*, in: Calliess/Ruffert, Art. 19 AEUV Rn. 1; *Rossi*, EuR 2000, 197 ff.

3808 Spezifisch die Kultur greift Art. 167 AEUV auf. Danach leistet die Union einen Beitrag zur Entfaltung der Kulturen der Mitgliedstaaten unter Wahrung ihrer nationalen und regionalen Vielfalt sowie gleichzeitiger Hervorhebung des gemeinsamen kulturellen Erbes. Damit werden verschiedene Kulturebenen erfasst, nämlich sowohl eine gemeineuropäische[467] als auch die nationale und die regionale, die beide in ihrer Vielfalt benannt werden. Gleichwohl handelt es sich nicht spezifisch um den Schutz von „**Minderheitskulturen**", gleichermaßen eingeschlossen sind auch „**Mehrheitskulturen**".[468]

3809 Dabei ist der **Begriff der Kultur** nicht fest gefügt. Vielmehr geht es um die **dynamische Entwicklung** in ihrer Komplexität.[469] Schließlich hebt Art. 167 Abs. 4 AEUV nicht nur auf die Wahrung, sondern auch auf die Förderung der Vielfalt der Kulturen ab. In dieser Vorschrift wird verlangt, im Hinblick darauf den kulturellen Aspekten bei der Tätigkeit der europäischen Organe Rechnung zu tragen.

3810 Damit sind **kulturelle Aspekte nur zu berücksichtigen**, nicht etwa notwendig bestmöglich zu verwirklichen. Besteht schon kein Grundsatz des bestmöglichen Umweltschutzes,[470] so besteht erst recht **kein Grundsatz bestmöglicher Kulturentfaltung**,[471] ist doch Art. 167 Abs. 4 AEUV schon nicht so zentral platziert und zudem auch die kulturelle europäische Identität nach Art. 167 Abs. 1 AEUV umfasst und förderbar.[472]

3811 Dieser Befund der bloßen Berücksichtigung kultureller Belange deckt sich mit Art. 4 Abs. 2 AEUV. Danach achtet die Union die **nationale Identität ihrer Mitgliedstaaten**, zu der auch kulturelle Aspekte gehören.[473] Das Achten ist im Sinne einer bloßen Berücksichtigung zu sehen, ohne dass den nationalen Identitäten ein Vorrang zukäme.[474]

3812 Speziell die Religion ist bislang im Primärrecht nicht näher geschützt. Lediglich die so genannte **Kirchenerklärung zum Amsterdamer Vertrag**[475] verlangt die Achtung des Status der Kirchen und religiösen Vereinigungen oder Gemeinschaften in den Mitgliedstaaten nach deren Rechtsvorschriften, ebenso von weltanschaulichen Gemeinschaften.[476] Diese Klausel hat aber einen **kirchenrechtlichen Bezug** und erfasst damit nicht umfassend die Vielfalt der Religionen. Deren Wahrung folgt

---

[467] Diese darf spezifisch gefördert werden, *Sparr*, in: Schwarze/Becker/Hatje/Schoo, Art. 167 AEUV Rn. 15 ff.; ausführlicher zu diesem Punkt *Nettesheim*, JZ 2002, 157 (163 ff.).

[468] *Heselhaus*, in: ders./Nowak, § 50 Rn. 66 a. E.

[469] S. *Hochbaum*, BayVBl. 1997, 680 (685); s. auch *Blanke*, in: Calliess/Ruffert, Art. 167 AEUV Rn. 3.

[470] Näher u. Rn. 4950 f.

[471] *Ukrow/Ress*, in: Grabitz/Hilf/Nettesheim, Art. 167 AEUV Rn. 21: Umfang der Handlungsbefugnis der EU beschränkt sich auf Maßnahmen, die die kulturelle Tätigkeit der Mitgliedstaaten fördern, unterstützen und ergänzen.

[472] Darauf abhebend *Heselhaus*, in: ders./Nowak, § 50 Rn. 67 a. E.

[473] Etwa *Pechstein*, in: Streinz, 2003, Art. 6 EUV Rn. 25.

[474] Bereits *Hilf*, in: Gedächtnisschrift für Grabitz, 1995, S. 157 (167 f.).

[475] Erklärung zum Status der Kirchen und weltanschaulichen Gemeinschaften.

[476] Näher o. Rn. 1873.

§ 4 Vielfalt der Kulturen, Religionen und Sprachen 317

allerdings indirekt aus der **Religionsfreiheit nach Art. 10 EGRC**, indes in einem **abwehrrechtlichen Sinn**.[477]

Sprachen werden im bisherigen Primärrecht nur gem. **Art. 24 AEUV** hinsichtlich der **EU-Amtssprachen** nach Art. 55 Abs. 1 EUV gewährleistet, in denen sich die einzelne Person an die Unionsorgane und Einrichtungen wenden kann. Geschützt ist hingegen nicht die gesamte Vielfalt der Sprachen in Europa.   3813

2. EMRK

Die Vielfalt der Kulturen ist bislang in der EMRK nicht näher als Grundrecht niedergelegt. Das Gleiche gilt im Hinblick auf Sprachen. Allerdings ist die Religionsfreiheit umfassend nach Art. 9 EMRK gewährleistet, ebenso ein Verbot der Diskriminierung wegen der Religion. Auch aufgrund der Sprache darf gem. Art. 14 EMRK niemand diskriminiert werden. Sie frei auszuüben ist letztlich Ausfluss des Rechts der freien Meinungsäußerung, welche auch die näheren Umstände und damit die gewählte Sprache umfasst. Der **Schutz kultureller Eigenheiten** kann **höchstens über den Schutz von Minderheiten** gewonnen werden, der aus dem **Recht auf Achtung des Privatlebens** gefolgert wird.[478] Diese Gewährleistungen beziehen sich dabei auch auf die jeweilige Vielfalt. Sowohl die Religions- als auch die Meinungsäußerungsfreiheit leben von der Pluralität. Der Minderheitenschutz umschließt die Wahrung der jeweiligen Eigenheiten.   3814

Art. 1 des Protokolls Nr. 12 zur EMRK verlangt die **diskriminierungsfreie Wahrnehmung eines jeden gesetzlich niedergelegten Rechts** und führt als insoweit verbotene Merkmale u. a. die Sprache, die Religion sowie die nationale Herkunft und die Zugehörigkeit zu einer nationalen Minderheit auf. Mit Letzterem werden die Anhaltspunkte für eine Gewährleistung der kulturellen Vielfalt verstärkt. Allerdings findet sich Art. 1 des Protokolls Nr. 12 zur EMRK schon in **Art. 21 EGRC** wieder. Sein Gehalt ist damit dort **spezifisch aufgenommen**.   3815

3. Internationaler Pakt über bürgerliche und politische Rechte (IPbpR)

Im IPbpR[479] steht neben dem Gleichheitsrecht des Art. 26 das Recht nach Art. 27, in Staaten mit ethnischen, religiösen oder sprachlichen Minderheiten zusammen mit anderen Angehörigen dieser Gruppe das eigene kulturelle Leben zu pflegen, die eigene Religion zu bekennen und auszuüben oder sich der eigenen Sprache zu bedienen. Damit ist dort die Vielfalt der Kulturen, Religionen und Sprachen nicht (nur) gleichheitsrechtlich gefasst. Umgekehrt aber bleibt **Art. 27 IPbpR** hinter   3816

---

[477] S. u. Rn. 3826.
[478] S. Teilband I Rn. 1414.
[479] BGBl. II 1973 S. 1534.

Art. 22 EGRC deshalb zurück, weil es sich nicht um ein umfassendes Recht handelt, sondern um ein **bloßes Achtungsgebot**.

4. EuGH

3817 Die allgemeine Forderung nach Achtung der Vielfalt der Kulturen, Religionen und Sprachen hat der EuGH bislang nicht aufgestellt. Er hat allerdings **im Rahmen der Grundfreiheiten kulturellen, religiösen und sprachlichen Aspekten Bedeutung** zugemessen. So bildet für ihn die Förderung von Sprachen ein legitimes Ziel, um Grundfreiheiten einschränken zu können.[480]

3818 Hingegen werden selbst religiös motivierte Handlungen nicht aus dem Anwendungsbereich der Grundfreiheiten ausgenommen, wenn sie Teil einer gewerblichen Tätigkeit sind.[481] Damit kommt es auf die **Gewerblichkeit der Handlung** an, die **durch** den **religiösen Charakter nicht ausgeschlossen** sein darf. Das ist aber keine Frage religiöser Vielfalt.

3819 Demgegenüber geht es spezifisch um die **Förderung kultureller Vielfalt**, wenn **Beihilfen** das kulturelle Erbe erhalten sollen und deshalb etwa bestimmte Fernsehsendungen gefördert werden.[482]

III. Rechtscharakter

3820 Dass die Union die Vielfalt der Kulturen, Religionen und Sprachen entsprechend Art. 22 EGRC achtet, erinnert eher an die **Querschnittsklausel** nach Art. 167 Abs. 4 AEUV bzw. die **Grundlagenbestimmung** nach Art. 4 Abs. 2 EUV als an ein subjektiv einforderbares Grundrecht. Die darin genannten Aspekte sind daher im Rahmen der Unionspolitiken zu berücksichtigen. Es handelt sich um einen **Grundsatz**, welcher eine **Abwägung** verlangt, **nicht** hingegen um ein **Grundrecht im engeren Sinne** entsprechend der Unterscheidung nach Art. 51 Abs. 1, 52 Abs. 5 EGRC. Damit ist zwar nicht ausgeschlossen, dass die **einzelne Person** eine **Verletzung** von Art. 22 EGRC **geltend machen** kann. Dies hat aber **inzidenter** zu geschehen.[483]

---

[480] EuGH, Rs. C-379/87, ECLI:EU:C:1989:599 (Rn. 20 f.) – Anita Groener; s. auch Rs. C-274/96, ECLI:EU:C:1998:563 (Rn. 29) – Bickel u. Franz: Schutz von Minderheiten.

[481] EuGH, Rs. C-196/87, ECLI:EU:C:1988:475 (Rn. 9 ff.) – Steymann; dazu *Frenz*, Europarecht 1, Rn. 3036.

[482] Näher *Frenz*, Europarecht 3, Rn. 2182 ff. zum Kulturbegriff nach Art. 107 Abs. 3 lit. d) AEUV.

[483] *Heselhaus*, in: ders./Nowak, § 50 Rn. 65; enger bezogen auf Art. 167 AEUV *Sparr*, in: Schwarze/Becker/Hatje/Schoo, Art. 167 AEUV Rn. 17: Rechtsdurchsetzung nur durch die Mitgliedstaaten und die EU-Organe; subjektive Rechte gänzlich ausschließend im hiesigen Zusammenhang *Grabenwarter*, DVBl 2001, 1 (6); *Hölscheidt*, in: Meyer/Hölscheidt, Art. 22 Rn. 17; *Jarass/Kment*, § 25 Rn. 45. S. allgemein Teilband I Rn. 783 f.

IV. Abgrenzung

Als bloßer **Grundsatz flankiert Art. 22 EGRC** das Verbot der Nichtdiskriminierung unter anderem aus Gründen der Sprache, der Religion und der Zugehörigkeit zu einer nationalen Minderheit nach **Art. 21 EGRC**, schließt dieses Grundrecht aber nicht aus. Daher finden beide **Bestimmungen nebeneinander** Anwendung. Das gilt auch für die Freiheitsrechte, welche auf den jeweiligen Gegenstand bezogen sind, so insbesondere die Religionsfreiheit, die Meinungsäußerungsfreiheit und das Recht auf Achtung des Privatlebens, welches auch den Minderheitenschutz und damit letztlich die damit verbundenen kulturellen Eigenheiten umfasst. 3821

Diese Freiheitsrechte werden ebenfalls nicht etwa durch Art. 22 EGRC reduziert, sondern verstärkt und zusätzlich abgesichert, indem nämlich auf die in Art. 22 EGRC genannten Punkte bereits bei der Festlegung der Unionspolitiken Rücksicht genommen werden muss, sodass Freiheitseinschränkungen möglicherweise schon dadurch verhindert oder abgemildert werden. 3822

B. *Vielfalt der Kulturen*

Zwar prägt Art. 22 EGRC die Ausgestaltung der Unionspolitiken, wie dies auch für Art. 167 AEUV zutrifft.[484] Gleichwohl ist Art. 167 AEUV wesentlich stärker in das Kompetenzgefüge der Verträge eingebunden. Art. 22 EGRC sichert diese durchgehende Berücksichtigung kultureller Vielfalt im Rahmen der Grundrechte zusätzlich ab. 3823

Daher geht es vor allem um die **Abgrenzung** anderer Politikbereiche, so der **Bildungspolitik** nach Art. 165 f. AEUV.[485] Art. 22 EGRC soll demgegenüber die **Vielfalt der Kulturen** und damit die **bestehenden Eigenheiten** etwa auch auf nationaler Ebene spezifisch absichern. Das erinnert an die Herangehensweise im Rahmen von Art. 107 Abs. 3 lit. d) AEUV, bei der gleichfalls an die nationalen Eigenheiten angeknüpft wird. Daher werden teilweise alle die Bereiche einbezogen, in denen die Mitgliedstaaten traditionell Kulturförderung betrieben haben[486] bzw. soweit eine Tätigkeit nach allgemeiner Auffassung der Kultur zugeordnet wird.[487] 3824

Folglich zählt das **nationale Kulturverständnis**. Es wird damit gerade das umfasst, was nach den typischen nationalen Eigenheiten Kultur ausmacht und so – bezogen auf die europäische Ebene – die nationale Vielfalt widerspiegelt. Im Hinblick darauf, dass Art. 22 EGRC ein Weniger zum ursprünglich teilweise gewollten Min- 3825

---

[484] S. o. Rn. 3808.
[485] S. *Heselhaus*, in: ders./Nowak, § 46 Rn. 65 sowie 67.
[486] *Ress*, in: Gedächtnisschrift für Grabitz, 1995, S. 595 (622).
[487] KOME NN 70/98 vom 24.2.1999 n.v. (Ziff. 6.2) – KIKA/Phoenix, Genehmigung veröffentlicht in ABl. 1999 C 283, S. 3. Näher *Frenz*, Europarecht 3, Rn. 2182 ff.

derheitenschutz bildet, geht es insbesondere auch um die **Vielfalt der Kulturen innerhalb der Mitgliedstaaten** und damit den **Schutz von Minderheitskulturen**.[488]

C. Vielfalt der Religionen

3826   Die Religionsfreiheit nach der EGRC beruht gerade wie sein **Vorbild** nach **Art. 9 EMRK** auf der **Pluralität der Religionen**. Insbesondere darf nicht eine in der Minderheit befindliche Religion gegenüber einer **Mehrheitsreligion** oder **Staatsreligion** benachteiligt werden.[489] Damit besteht eine weitgehend **parallele Schutzrichtung zu Art. 22 EGRC**. Deshalb kann für den **Religionsbegriff** an die Definition in **Art. 10 EGRC** angeknüpft werden. Wie dort sind **auch Weltanschauungen** einzubeziehen, obwohl diese in Art. 22 EGRC nicht genannt sind. Weil die Weltanschauung in Art. 10 Abs. 1 S. 2 und Art. 21 Abs. 1 EGRC ausdrücklich benannt ist, wird allerdings im Rahmen von Art. 22 EGRC gerade e contrario geschlossen, dass sie darin nicht erfasst ist.[490] Diese unterschiedliche Fassung ist indes missglückt und daher Art. 22 EGRC durch Auslegung zu erweitern.[491]

3827   Für eine restriktive Interpretation spricht freilich, dass die **Religion** entsprechend der **Präambel**, welche auf das geistig-religiöse und sittliche Erbe abstellt, eine Weltanschauung hingegen nicht **erwähnt** wird. Die Religion wird daher offenbar in ihrem Beitrag zur europäischen Identität für bedeutsamer gehalten als die Weltanschauungen.[492]

3828   Für diese engere, aber dafür spezifische Sicht spricht ebenfalls der aus Art. 22 EGRC abgeleitete Grundsatz des **religionsfreundlichen Unionshandelns**, welcher die **staatskirchenrechtlichen Besonderheiten der Mitgliedstaaten** achtet.[493] Einen entsprechenden Grundsatz zugunsten von Weltanschauungen gibt es soweit ersichtlich nicht. Er würde auch die Frage einer hinreichenden Neutralität der Unionsorgane aufwerfen.

3829   Nach der Erklärung Nr. 11 zur Schlussakte des Vertrages von Amsterdam betreffend den Status der Kirchen und weltanschaulichen Gemeinschaften, deren Inhalt in Art. 17 AEUV aufgenommen wurde, müssen Religionen und Weltanschauungen gleich geachtet werden; dem widerspräche der Ausschluss von Weltanschauungen aus dem Achtungsgebot in Art. 22 GRC.[494] Zudem kann die **Abgrenzung von Religion und Weltanschauung schwierig** sein. Nicht zuletzt deshalb werden sie sowohl in Art. 10 EGRC als auch in dem unmittelbar vorgelagerten Art. 21

---

[488] *Heselhaus*, in: ders./Nowak, § 50 Rn. 66 f.
[489] S. o. Rn. 3814.
[490] *Hölscheidt/Mund*, EuR 2003, 1083 (1092).
[491] *Heselhaus*, in: ders./Nowak, § 50 Rn. 69.
[492] *Ennuschat*, in: Stern/Sachs, Art. 22 Rn. 20.
[493] Dazu näher *Ennuschat*, in: Stern/Sachs, Art. 22 Rn. 21 sowie u. Rn. 3833.
[494] *Thiele*, in: Pechstein/Nowak/Häde – GRC, Art. 22 Rn. 11.

§ 4 Vielfalt der Kulturen, Religionen und Sprachen

EGRC gleichgestellt. Daraus kann daher auch eine generelle Gleichsetzung gefolgert werden, die nur in Art. 22 EGRC unterblieb, ohne dass damit Konsequenzen beabsichtigt wurden.

Bei der **Entstehung** von Art. 22 EGRC wurden **Weltanschauungsgemeinschaften nicht ausdrücklich ausgenommen, sondern** einfach **nicht näher problematisiert**. Dass nur die Religionen genannt sind, nicht aber die Weltanschauungsgemeinschaften, lässt sich mit dem Bezug auf den Minderheitenschutz erklären, der regelmäßig mit ethnischen, religiösen und sprachlichen Aspekten verbunden wird.[495] Damit ist ein entsprechender **Gleichklang zur Religionsfreiheit** hergestellt, der durch Art. 22 EGRC flankiert wird.[496] Entsprechendes gilt für den Schutz von religiösen Vereinigungen oder Gemeinschaften. Diese fassen vielfach Glaubensgemeinschaften organisatorisch zusammen und sind damit ebenfalls Ausdruck der Vielfalt der Religionen bzw. pflegen und bewahren sie. Daher bedürfen sie ebenfalls der Achtung im Rahmen von Art. 22 EGRC.

3830

D. Vielfalt der Sprachen

Unter Sprachen fallen nicht nur die **Amtssprachen** der EU, sondern aufgrund der geschützten Vielfalt auch die weniger verbreiteten und bedeutenden **Sprachen auf regionaler und lokaler Ebene**. Gerade die **Dialekte** formen erst die europäische Vielfalt.

3831

Dabei kommt es auf die **natürlichen Gegebenheiten** an. Die **Anerkennung** als Sprache kann **nicht von nationaler Festlegung** abhängen. Ansonsten hätten es die Staaten in der Hand, die auf ihrem Territorium befindlichen, nicht geliebten regionalen Dialekte erst gar nicht als Sprache anzuerkennen und damit von der Vielfalt auszuschließen. Leistungsansprüche und damit verbundene Konflikte ergeben sich daraus schon deshalb nicht, weil die Förderung in Art. 22 EGRC nicht verlangt wird und aus dem bloßen Achtungsgebot keine finanziellen Ansprüche abgeleitet werden können, um Sprachen von Minderheiten zu gewährleisten.[497]

3832

E. Achtungsgebot

Die Achtung der Vielfalt der Kulturen, Religionen und Sprachen in den vorgenannten Definitionen verlangt nicht, dass diese Vielfalt in keiner Weise angetastet wird. So wird auch das Achtungsgebot der nationalen Identität nach Art. 4 Abs. 2 EUV nur

3833

---

[495] *Heselhaus*, in: ders./Nowak, § 50 Rn. 69; *Hölscheidt*, in: Meyer/Hölscheidt, Art. 22 Rn. 25.
[496] S. o. Rn. 3821.
[497] S. *Heselhaus*, in: ders./Nowak, § 50 Rn. 73.

im Sinne einer **Berücksichtigungspflicht** interpretiert.[498] Ist dies schon im Rahmen dieser Grundlagenvorschrift der Fall, kann Art. 22 EGRC schwerlich darüber hinausgehen. Ansonsten würde damit möglicherweise auch der Charakter von Art. 4 Abs. 2 EUV verändert.

3834 Ohnehin sind **Grundsätze** nach Art. 52 Abs. 5 EGRC gerade dadurch gekennzeichnet, dass sie **erst umgesetzt und dann** in diesem Rahmen **bei der Auslegung** von den Gerichten **herangezogen** werden müssen. Weil damit normative Maßnahmen zwischengeschaltet werden, ist eine **Abwägung** und nähere Beurteilung im Rahmen der gegebenen Umstände vorgezeichnet. Diese Notwendigkeit ergibt sich auch daraus, dass mehrere Grundsätze in den Grundrechten enthalten sind, die damit nicht vollständig verwirklicht werden können.

3835 Allerdings ist das **Gewicht** der betroffenen kulturellen, religiösen bzw. sprachlichen Aspekte **umso stärker, je erheblicher** sie im Einzelfall **tangiert** werden. So wird eine **schwerwiegende Beeinträchtigung** der Entfaltung von Kulturen für **unzulässig** gehalten.[499] Aber **auch geringfügige Antastungen** sind **rechtfertigungsbedürftig**, wird doch den genannten Elementen in ihrer Vielfalt ein Eigenwert zugemessen. Das gilt **vor allem** dann, wenn **Minderheiten beeinträchtigt** werden, ist doch Art. 22 EGRC von der Entstehungsgeschichte her ein Minus zu einem Minderheitenschutzrecht.[500]

3836 Sind **mehrere Kulturen, Religionen oder Sprachen** im jeweiligen Fall **beteiligt**, handelt es sich um einen **komplexen Sachverhalt**, für welchen den entscheidenden Organen jeweils ein **Beurteilungsspielraum** zusteht. Sind Minderheiten betroffen, ergibt sich die Komplexität regelmäßig daraus, dass der Minderheitskultur bzw. -sprache oder -religion eine Mehrheitskultur bzw. -sprache oder -religion gegenübersteht. Dann müssen die betroffenen **Belange sorgfältig ausgeglichen** und die Wirkungen näher untersucht werden.

3837 Die Situation vor Ort werden am ehesten die nationalen bzw. regionalen Organe einschätzen können. Insgesamt darf der Minderheitenschutz aber nicht über einen solchen Beurteilungsspielraum ausgehöhlt werden. Die **Belange der Minderheit** sind **daher sachgerecht zu ermitteln** und **in ihrer hinreichenden Bedeutung in** die **Abwägung** einzustellen. Damit geht es vor allem um einen **Schutz** der Minderheiten **durch Verfahren** auch im Rahmen des Achtungsgebotes nach Art. 22 EGRC.

F. Prüfungsschema zu Art. 22 EGRC

3838 **1. Gewährleistungsbereich**
    a) kein subjektives Recht, sondern Grundsatz
    b) Achtungsgebot

---

[498] S. o. Rn. 3811.
[499] So *Ress/Ukrow*, in: Grabitz/Hilf, Art. 151 EGV Rn. 76.
[500] *Heselhaus*, in: ders./Nowak, § 50 Rn. 34; zu Letzterem s. o. Rn. 3803.

c) Vielfalt der Kulturen nach nationalem Verständnis; insbes. Schutz von Minderheitskulturen
d) Vielfalt der Religionen einschl. Weltanschauungen, relig. Vereinigungen
e) Vielfalt der Sprachen, insbes. auch Dialekte

2. Rechtsfolgen
a) sachgerechte Ermittlung
b) Abwägung mit begrenztem Beurteilungsspielraum
c) Schutz von Minderheiten durch Verfahren

§ 5 Gleichheit von Männern und Frauen

A. Grundlagen

Art. 23 EGRC ist überschrieben mit „Gleichheit von Frauen und Männern". Gem. Abs. 1 ist die Gleichheit von Frauen und Männern in allen Bereichen, einschließlich der Beschäftigung, der Arbeit und des Arbeitsentgelts, sicherzustellen. Nach Abs. 2 steht der Grundsatz der Gleichheit der Beibehaltung oder Einführung spezifischer Vergünstigungen für das unterrepräsentierte Geschlecht nicht entgegen. 3839

I. Entstehungshintergrund

Nach den Erläuterungen zur EGRC[501] **stützt sich Art. 23 S. 1 EGRC auf** Art. 2 und 3 Abs. 2 EG/**3 Abs. 3 UAbs. 2 EUV** und **8 AEUV**, die die Union auf das Ziel der Förderung der Gleichstellung von Männern und Frauen verpflichten, sowie auf Art. 141 Abs. 1 EG/**157 Abs. 1 AEUV**. Art. 23 S. 1 EGRC lehnt sich zudem an Art. 20 der rev. ESC[502] und an Nr. 16 GCSGA[503] an. Er stützt sich auch auf Art. 141 Abs. 3 EG/**157 Abs. 3 AEUV** und auf **Art. 2 Abs. 4 RL 76/207/EWG**[504] des Rates zur Verwirklichung des Grundsatzes der Gleichbehandlung von Männern und Frauen hinsichtlich des Zugangs zur Beschäftigung, zur Berufsbildung und zum beruflichen Aufstieg sowie in Bezug auf die Arbeitsbedingungen. 3840

Art. 23 Abs. 2 EGRC übernimmt nach diesen Erläuterungen in einer kürzeren Formulierung Art. 141 Abs. 4 EG/**157 Abs. 4 AEUV**, wonach der Grundsatz der 3841

---

[501] Erläuterungen zur Charta der Grundrechte, ABl. 2007 C 303, S. 17 (25).
[502] Revidierte Europäische Sozialcharta vom 3.5.1996, Europarat SEV-Nr. 163, s. Rn. 4046 ff.
[503] S. u. Rn. 4051.
[504] ABl. 1976 L 39, S. 40, zuletzt geändert durch RL 2002/73/EG, ABl. 2002 L 269, S. 15. Die RL 76/207/EWG ist am 14.8.2009 außer Kraft getreten und durch die RL 2006/54/EG des Europäischen Parlaments und des Rates vom 5.7.2006 zur Verwirklichung des Grundsatzes der Chancengleichheit und Gleichbehandlung von Männern und Frauen in Arbeits- und Beschäftigungsfragen (Neufassung), ABl. 2006 L 204, S. 23, abgelöst worden.

Gleichbehandlung der Beibehaltung oder der Einführung spezifischer Vergünstigungen zur Erleichterung der Berufstätigkeit des unterrepräsentierten Geschlechts oder zur Verhinderung oder zum Ausgleich von Benachteiligungen in der beruflichen Laufbahn nicht entgegensteht. Nach Art. 52 Abs. 2 EGRC[505] ändert Art. 23 Abs. 2 EGRC nicht Art. 157 Abs. 4 AEUV.

II. Rechtsgrundlagen

1. Grundlagenbestimmungen

3842 Art. 2 EG machte es unter anderem zur Aufgabe der Gemeinschaft, die Gleichstellung von Männern und Frauen zu fördern. Art. 3 EG benannte die Tätigkeitsbereiche der Gemeinschaft und führte in Abs. 2 aus, dass bei allen diesen genannten Tätigkeiten die Gemeinschaft darauf hinwirkt, „die Gleichstellung von Männern und Frauen zu fördern." Damit wurde das so genannte **gender mainstreaming** zum **übergreifenden europäischen Prinzip** gemacht.[506]

3843 Gleiches gilt für den Reformvertrag von Lissabon, der die vorgenannten Bestimmungen aufnahm. Gem. Art. 3 Abs. 3 UAbs. 2 EUV fördert die Union die Gleichstellung von Frauen und Männern. Nach Art. 8 AEUV wirkt die Union bei allen ihren Tätigkeiten darauf hin, Ungleichheiten zu beseitigen und die Gleichstellung von Männern und Frauen zu fördern.

3844 Es handelt sich bei allen diesen Normen allerdings lediglich um politische Zielbestimmungen, aus denen sich keine rechtlich unmittelbar wirkenden Konsequenzen ergeben. Insbesondere kann sich keine Bürgerin und kein Bürger darauf berufen.[507] **Art. 23 EGRC** fordert hingegen einen umfassenden Geltungsanspruch für die Geschlechtergleichheit. Er ist **konkreter als die Normen aus EUV und AEUV**.[508] Er ist zwar auch als Grundsatz gewährleistet, aber konkreter formuliert und gibt ein **einklagbares (subjektives) Recht** bzw. einen Rechtsanspruch gegen die Adressierten, geht also darüber hinaus,[509] und zwar deutlich. Er beinhaltet zudem einen über ein Diskriminierungsverbot hinausreichenden Schutzauftrag, der umgekehrt auf Art. 3 Abs. 3 UAbs. 2 EUV zurückstrahlt.[510]

---

[505] Die Erläuterungen des Präsidiums des Grundrechtekonvents vom 7.12.2000, CHARTE 4473/00 CONVENT 49, S. 24 sprechen von Art. 51 Abs. 2 EGRC; dabei ist von einem Redaktionsversehen auszugehen, das in den aktualisierten Erläuterungen zur EGRC geändert wurde, s. *Rengeling/ Szczekalla*, Rn. 918.

[506] *Weber*, in: Stern/Sachs, Art. 23 Rn. 4 a. E.; *Schmidt am Busch*, BayVBl. 2000, 737 (738); *Dieball*, EuR 2000, 274 (274 f.).

[507] *Schmidt am Busch*, BayVBl. 2000, 737 (738 f.); *Dieball*, EuR 2000, 274 (277).

[508] *Streinz*, in: ders., Art. 23 GR-Charta Rn. 5.

[509] *Rowe*, in: Pechstein/Nowak/Häde, Art. 23 Rn. 29.

[510] *Frenz*, Europarecht 6, Rn. 2140.

2. Art. 157 AEUV

a) Inhalt

Gem. Art. 157 Abs. 1 AEUV stellt jeder Mitgliedstaat die Anwendung des **Grundsatzes des gleichen Entgelts für Männer und Frauen** bei gleicher oder gleichwertiger Arbeit sicher.[511] Die Gleichwertigkeit kam mit dem Amsterdamer Vertrag hinzu. Die Ursprungsbestimmung des Art. 119 EWGV bezog sich auf gleiche Arbeit.[512] Nach Absatz 2 sind unter „Entgelt" im Sinne dieses Artikels die üblichen Grund- oder Mindestlöhne und -gehälter sowie alle sonstigen Vergünstigungen zu verstehen, die der Arbeitgebende aufgrund des Dienstverhältnisses der Arbeitnehmerin bzw. dem Arbeitnehmer unmittelbar oder mittelbar in bar oder in Sachleistungen zahlt. Gleichheit des Arbeitsentgelts ohne Diskriminierung aufgrund des Geschlechts bedeutet, a) dass das Entgelt für eine gleiche nach Akkord bezahlte Arbeit aufgrund der gleichen Maßeinheit festgesetzt wird, b) dass für eine nach Zeit bezahlte Arbeit das Entgelt bei gleichem Arbeitsplatz gleich ist.

3845

Art. 157 Abs. 3 AEUV enthält eine Ermächtigungsgrundlage:[513] Danach beschließen das Europäische Parlament und der Rat Maßnahmen zur Gewährleistung der Anwendung des Grundsatzes der Chancengleichheit und der Gleichbehandlung von Männern und Frauen in Arbeits- und Beschäftigungsfragen, einschließlich des Grundsatzes des gleichen Entgelts bei gleicher oder gleichwertiger Arbeit.

3846

Art. 157 Abs. 4 AEUV schließlich beinhaltet eine an die Mitgliedstaaten gerichtete Öffnungsklausel:[514] Danach hindert im Hinblick auf die effektive Gewährleistung der vollen Gleichstellung von Männern und Frauen im Arbeitsleben der Grundsatz der Gleichbehandlung die Mitgliedstaaten nicht daran, zur Erleichterung der Berufstätigkeit des unterrepräsentierten Geschlechts oder zur Verhinderung bzw. zum Ausgleich von Benachteiligungen in der beruflichen Laufbahn spezifische Vergünstigungen beizubehalten oder zu beschließen. Damit dient **Art. 157 Abs. 4 AEUV** der **Verwirklichung realer Gleichheit**.[515] Da historisch gewachsen vorwiegend Frauen am Arbeitsplatz benachteiligt sind, kann Art. 157 Abs. 4 AEUV das politische Ziel entnommen werden, der **Ausweitung der Frauenerwerbstätigkeit Vorrang vor der Gleichbehandlung** zukommen zu lassen.[516] Eine Rechtfertigung von Frauenbegünstigungen ergibt sich vor dem Hintergrund des Gesamtzusammenhangs mit Art. 19 AEUV (Bekämpfung der Diskriminierung wegen des Geschlechts) und Art. 3 Abs. 3 UAbs. 2 EUV.[517] Diese dürfte aber **nicht unbegrenzt** sein, um das Gleichheitsgrundrecht des Art. 23 EGRC auch zugunsten von Männern

3847

---

[511] Im Überblick *Frenz*, Europarecht 6, Rn. 3971 f.
[512] *Krebber*, in: Calliess/Ruffert, Art. 157 AEUV Rn. 2.
[513] *Dieball*, EuR 2000, 274 (282).
[514] *Kingreen*, in: Ehlers, Europäische Grundrechte und Grundfreiheiten, § 21 Rn. 26; *Krebber*, in: Calliess/Ruffert, Art. 157 AEUV Rn. 73 ff.
[515] *Eichenhofer*, in: Streinz, Art. 157 AEUV Rn. 1 f., 21.
[516] *Eichenhofer*, in: Streinz, Art. 157 AEUV Rn. 2. Zu den Grenzen u. Rn. 3884 f.
[517] *Eichenhofer*, in: Streinz, Art. 157 AEUV Rn. 21.

zu wahren.⁵¹⁸ Der bisherige Rückstand in der Gleichbehandlung von Frauen ist freilich aufzuholen, wie die zentrale Zielvorschrift des Art. 3 Abs. 3 UAbs. 2 EUV in Gestalt der Förderung der Gleichstellung von Frauen und Männern zeigt.

b) Vergleich mit Art. 23 EGRC

3848 Während Art. 23 EGRC die Gleichbehandlung von Frauen und Männern in allen Lebensbereichen betrifft und nur beispielhaft auf die arbeitsrechtlichen Bereiche „Beschäftigung, Arbeit und Arbeitsentgelt" abstellt, beschränkt sich Art. 157 AEUV auf eine **arbeitsrechtliche Gleichstellung**.⁵¹⁹ Ursprünglich waren auch im Grundrechtekonvent lediglich Bestimmungen in den Bereichen Arbeit und Beschäftigung vorgesehen.⁵²⁰ Dies wurde jedoch vielfach kritisiert⁵²¹ und letztlich zugunsten der Gleichbehandlung in sämtlichen Lebensbereichen aufgegeben.⁵²²

3849 Auch die **Adressierten** von Art. 23 EGRC und Art. 157 AEUV sind **unterschiedlich**. Während Art. 23 EGRC die Union und die Mitgliedstaaten ausschließlich bei der Durchführung von Unionsrecht bindet,⁵²³ wendet sich Art. 157 AEUV außerhalb der Ermächtigungsgrundlage des Abs. 3 lediglich an die Mitgliedstaaten,⁵²⁴ bindet diese jedoch umfassend, d. h. auch für den Fall, dass sie kein Unionsrecht durchführen.⁵²⁵

3. Art. 20 rev. ESC

3850 In Art. 20 rev. ESC⁵²⁶ verpflichten sich die Vertragsparteien, um die wirksame Ausübung des Rechts auf Chancengleichheit und Gleichbehandlung in Beschäftigung und Beruf ohne Diskriminierung aufgrund des Geschlechts zu gewährleisten, dieses Recht anzuerkennen und geeignete Maßnahmen zu ergreifen, um dessen Anwendung in den folgenden Bereichen zu gewährleisten oder zu fördern:

- Zugang zu Beschäftigung, Kündigungsschutz und berufliche Wiedereingliederung,

---

⁵¹⁸ S. u. Rn. 3884 f.
⁵¹⁹ *Kingreen*, in: Ehlers, Europäische Grundrechte und Grundfreiheiten, § 21 Rn. 25; *Streinz*, in: ders., Art. 23 GR-Charta Rn. 5; *Hölscheidt*, in: Meyer/Hölscheidt, Art. 23 Rn. 22; *Krebber*, in: Calliess/Ruffert, Art. 23 GRCh Rn. 5.
⁵²⁰ S. *Hölscheidt*, in: Meyer/Hölscheidt, Art. 23 Rn. 8 f.
⁵²¹ S. die Diskussion bei *Bernsdorff/Borowsky*, Die Charta der Grundrechte der Europäischen Union, 2002, S. 369.
⁵²² S. *Hölscheidt*, in: Meyer/Hölscheidt, Art. 23 Rn. 14; *Weber*, in: Stern/Sachs, Art. 23 Rn. 4 a. E.
⁵²³ Art. 51 Abs. 1 S. 1 EGRC.
⁵²⁴ *Streinz*, in: ders., Art. 23 GR-Charta Rn. 6; *v. der Decken*, in: Heselhaus/Nowak, § 48 Rn. 2, 8 f.
⁵²⁵ *Kingreen*, in: Ehlers, Europäische Grundrechte und Grundfreiheiten, § 21 Rn. 25.
⁵²⁶ Revidierte Europäische Sozialcharta vom 3.5.1996, Europarat SEV-Nr. 163, s. Rn. 4046 ff.

- Berufsberatung und berufliche Ausbildung, Umschulung und berufliche Rehabilitation,
- Beschäftigungs- und Arbeitsbedingungen, einschließlich des Entgelts,
- beruflicher Werdegang, einschließlich des beruflichen Aufstiegs.

Diese Bestimmung bezieht sich **nur** auf das **Arbeitsleben**. Im Unterschied zu Art. 23 EGRC wird eine Gleichbehandlung damit nicht in allen Lebensbereichen normiert.[527]

3851

4. Nr. 16 GCSGA

Gem. Nr. 16 GCSGA[528] ist „die Gleichbehandlung von Männern und Frauen ... zu gewährleisten. Die Chancengleichheit für Männer und Frauen ist weiter auszubauen. Zu diesem Zweck sind überall dort, wo dies erforderlich ist, die **Maßnahmen** zu **verstärken**, mit denen die **Verwirklichung der Gleichheit** von Männern und Frauen vor allem im Hinblick auf den Zugang zu Beschäftigung, Arbeitsentgelt, Arbeitsbedingungen, sozialen Schutz, allgemeine und berufliche Bildung sowie beruflichen Aufstieg sichergestellt wird. Auch sind die Maßnahmen auszubauen, die es Männern und Frauen ermöglichen, ihre beruflichen und familiären Pflichten besser miteinander in Einklang zu bringen". Wie in Art. 23 EGRC wird die **Arbeitswelt** damit **besonders herausgestellt**, ist aber nicht ausschließlich umfasst.

3852

5. EU-Sekundärrecht

Die **allgemeine Gleichbehandlungs-RL 76/207/EWG**[529] hatte nach ihrem Art. 1 Abs. 1 zum Ziel, dass in den Mitgliedstaaten der Grundsatz der Gleichbehandlung von Männern und Frauen hinsichtlich des Zugangs zur Beschäftigung, einschließlich des Aufstiegs, und des Zugangs zur Berufsbildung sowie in Bezug auf die Arbeitsbedingungen und in Bezug auf die soziale Sicherheit verwirklicht wird.

3853

Art. 1 Abs. 1 der **RL 2006/54/EG** formuliert nunmehr umfassender als Ziel, die **Verwirklichung des Grundsatzes der Chancengleichheit und Gleichbehandlung von Männern und Frauen in Arbeits- und Beschäftigungsfragen sicherzustellen**. Zu diesem Zweck enthält die Richtlinie nach ihrem Art. 1 Abs. 2 Be-

3854

---

[527] Weber, in: Stern/Sachs, Art. 23 Rn. 4.
[528] Gemeinschaftscharta der sozialen Grundrechte der Arbeitnehmer, KOM (1989) 248 endg., s. Rn. 4051.
[529] Des Rates vom 9.2.1976 zur Verwirklichung des Grundsatzes der Gleichbehandlung von Männern und Frauen hinsichtlich des Zugangs zur Beschäftigung, zur Berufsbildung und zum beruflichen Aufstieg sowie in Bezug auf die Arbeitsbedingungen (allgemeine Gleichhandlungs-RL), ABl. 1976 L 39, S. 40. Diese RL wurde am 15.8.2009 durch die RL 2006/54/EG des Europäischen Parlaments und des Rates vom 5.7.2006 zur Verwirklichung des Grundsatzes der Chancengleichheit und Gleichbehandlung von Männern und Frauen in Arbeits- und Beschäftigungsfragen (Neufassung), ABl. 2006 L 204, S. 23, abgelöst.

stimmungen zur Verwirklichung des Grundsatzes der Gleichbehandlung in Bezug auf a) den Zugang zur Beschäftigung einschließlich des beruflichen Aufstiegs und zur Berufsbildung, b) Arbeitsbedingungen einschließlich des Entgelts, c) betriebliche Systeme der sozialen Sicherheit. Art. 2 Abs. 1 der RL 2006/54/EG befasst sich fernerhin mit den Begriffsbestimmungen der Ausdrücke: a) „unmittelbare Diskriminierung", b) „mittelbare Diskriminierung", c) „Belästigung", d) „sexuelle Belästigung", e) „Entgelt", f) „betriebliche Systeme sowie mit dem Begriff der Diskriminierung" der sich auch auf (sexuelle) Belästigungen (Art. 2 Abs. 2 der RL 2006/54/ EG) erstreckt. Art. 4 RL 2006/54/EG zieht positive Maßnahmen zur vollen Gleichstellung von Männern und Frauen nach Art. 157 Abs. 4 AEUV vor.

3855 Während Art. 157 AEUV nur die Gleichbehandlung hinsichtlich des „Entgelts" verlangt, gewährt die **allgemeine Gleichbehandlungs-RL** 2006/54/EG wie schon die RL 76/207/EWG **auch Schutz vor sonstigen arbeitsrechtlichen Ungleichbehandlungen**, wobei die Abgrenzung im Einzelfall allerdings schwierig sein kann.[530] Art. 23 EGRC geht über beides hinaus und enthält ein **umfassendes Gleichheitsgebot**.

III. EuGH-Rechtsprechung

3856 Der EuGH hat sich bereits vielfach mit dem Grundsatz des gleichen Entgelts für Männer und Frauen aus Art. 157 AEUV und dem Gleichheitsgebot des Art. 2 Abs. 1 RL 76/207/EWG bzw. nunmehr der RL 2006/54/EG beschäftigt.[531] Umstritten war lange, ob er der Bestimmung des Art. 157 AEUV dabei Grundrechtsqualität zukommen lässt – eine Frage, die durch Art. 23 Abs. 1 EGRC mit seinem eindeutigen Grundrechtscharakter und weiterem Geltungsbereich praktisch überholt ist.[532]

1. Grundrechtsqualität des Art. 157 AEUV

3857 Die meisten Stimmen in der deutschen Literatur gingen schon bei Art. 141 EG von einem Grundrecht aus, ohne dies näher zu erläutern – wie nunmehr auch bei dem fast wortgleichen Art. 157 AEUV.[533] Andere hingegen verneinen diesen Charakter.[534]

---

[530] *Kingreen*, in: Ehlers, Europäische Grundrechte und Grundfreiheiten, § 21 Rn. 34.

[531] EuGH, Rs. C-116/06, ECLI:EU:C:2007:536 (Rn. 46) – Sari Kiiski; s. im Übrigen die Beispiele bei *Weber*, in: Stern/Sachs, Art. 23 Rn. 29 ff.

[532] *v. der Decken*, in: Heselhaus/Nowak, § 48 Rn. 32 f.

[533] *Kingreen*, in: Ehlers, Europäische Grundrechte und Grundfreiheiten, § 21 Rn. 6; *Lenz*, EuGRZ 1993, 585 (587); *Rebhahn*, in: Schwarze/Becker/Hatje/Schoo, Art. 157 AEUV Rn. 8; *Dieball*, EuR 2000, 274 (282); *Jarass/Kment*, § 26 Rn. 3; *Schmidt am Busch*, BayVBl. 2000, 737 (738).

[534] *v. der Decken*, in: Heselhaus/Nowak, § 48 Rn. 33; *Langenfeld*, in: Grabitz/Hilf/Nettesheim, Art. 157 AEUV Rn. 2 ff.

Der EuGH hat Art. 141 EG bereits in den 70er-Jahren für unmittelbar anwendbar **3858** erklärt,[535] sodass sich Unionsbürgerinnen und Unionsbürger direkt auf die Norm berufen können. Zudem gilt Art. 157 AEUV – anders als die Grundfreiheiten – auch für rein innerstaatliche Sachverhalte und umfassend gegen den eigenen Mitgliedstaat. Deshalb kann jede Arbeitnehmerin bzw. jeder Arbeitnehmer in jedem Mitgliedstaat die **unmittelbare Anwendung von Art. 157 AEUV einklagen**.[536] Schließlich gehen Art. 157 Abs. 3 und 4 AEUV offensichtlich von einem allgemein gültigen Grundsatz der Gleichberechtigung aus.[537]

Der EuGH hat betont, dass die „Beseitigung der auf dem Geschlecht beruhenden **3859** Diskriminierungen zu (den) Grundrechten gehört".[538] Erst in jüngerer Zeit hat er ein klassisches, auch zwischen Privaten wirkendes Diskriminierungsverbot bejaht.[539] Weiter hat er erklärt, dass das „soziale Ziel des Art. 157 AEUV[540] Ausdruck eines Grundrechts ist".[541] Auch wenn der EuGH damit nicht explizit davon spricht, dass Art. 157 AEUV ein Grundrecht bildet, kann der Rechtsprechung dennoch diese Einordnung entnommen werden. **Art. 157 AEUV** ist daher **insgesamt** als **echte Grundrechtsnorm** zu qualifizieren.[542]

2. Kein allgemeines Gleichheitsgrundrecht zwischen Männern und Frauen

Es stellt sich in diesem Zusammenhang die Frage, ob bereits das bislang geltende **3860** Europarecht ein allgemeines Gleichbehandlungsgrundrecht zwischen Frauen und Männern enthält, das sich nicht wie Art. 157 AEUV auf das Arbeitsleben beschränkt.

Ausgangspunkt ist die vorstehend genannte Rechtsprechung des EuGH, wonach **3861** „die Beseitigung der auf dem Geschlecht beruhenden Diskriminierungen zu (den)

---

[535] EuGH, Rs. C-43/75, ECLI:EU:C:1976:56 (Rn. 4, 6 ff.) – Defrenne/Sabena (bekannt als Defrenne II); *Eichenhofer*, in: Streinz, Art. 157 AEUV Rn. 7; *v. der Decken*, in: Heselhaus/Nowak, § 48 Rn. 16.

[536] *Dieball*, EuR 2000, 274 (282); *Eichenhofer*, in: Streinz, Art. 157 AEUV Rn. 7; *Rebhahn*, in: Schwarze/Becker/Hatje/Schoo, Art. 157 AEUV Rn. 7.

[537] *V. der Decken*, in: Heselhaus/Nowak, § 48 Rn. 16 f.; *Langenfeld*, in: Grabitz/Hilf/Nettesheim, Art. 157 AEUV Rn. 5.

[538] EuGH, Rs. C-149/77, ECLI:EU:C:1978:130 (Rn. 26/29) – Defrenne/Sabena (bekannt als Defrenne III); Rs. C-25/02, ECLI:EU:C:2003:435 (Rn. 25) – Rinke; Rs. C-75 u. 117/82, ECLI:EU:C:1984:116 (Rn. 16) – Razzouk u. Beydoun; Rs. C-13/94, ECLI:EU:C:1996:170 (Rn. 19) – P./S.; Rs. C-50/96, ECLI:EU:C:2000:72 (Rn. 56) – Deutsche Telekom; Rs. C-270 u. 271/97, ECLI:EU:C:2000:76 (Rn. 56) – Deutsche Post.

[539] EuGH, Rs. C-414/16, ECLI:EU:C:2018:257 (Rn. 77) – Egenberger; s. o. Rn. 3698.

[540] Die Entscheidung spricht noch von Art. 119 EGV.

[541] EuGH, Rs. C-50/96, ECLI:EU:C:2000:72 (Rn. 57) – Deutsche Telekom; Rs. C-270 u. 271/97, ECLI:EU:C:2000:76 (Rn. 57) – Deutsche Post.

[542] *Frenz*, Europarecht 1, 1. Aufl., Rn. 1824.

Grundrechten gehört", deren Einhaltung der EuGH zu sichern hat[543] bzw. „das Recht, nicht aufgrund des Geschlechts diskriminiert zu werden, eines der Grundrechte des Menschen dar(stellt), deren Einhaltung (der Gerichtshof) zu sichern hat."[544] Daher könnte der **EuGH** bereits in der Vergangenheit ein allgemeines Diskriminierungsverbot aus Gründen des Geschlechts angenommen haben, das sich nicht auf das Erwerbsleben beschränkt.[545]

3862 Die Entscheidungen betrafen aber jeweils **Fälle aus dem Arbeitsleben**, zumal Diskriminierungen aufgrund des Geschlechts in diesem Bereich in der Praxis am häufigsten vorkommen dürften. Im Urteil *Egenberger* bezieht sich der EuGH auf in den Gründungsverträgen enthaltene spezifische Diskriminierungsverbote zur Interpretation von Art. 21 EGRC und damit ausgehend von deren durch die Rechtsprechung geprägtem Gehalt[546] – aber ohne allgemeine Erweiterung über das Arbeitsleben hinaus und unter ausdrücklicher Beschränkung auf die im Art. 21 EGRC geregelte Nichtdiskriminierung.

3863 Gegen ein allgemeines Gleichbehandlungsgebot zwischen Männern und Frauen spricht auch die Regelung des **Art. 19 AEUV**. Sie erteilt **lediglich** eine **Kompetenz** für den Erlass von Vorschriften, die eine Diskriminierung aus Gründen des Geschlechts verbieten sollen, wirkt aber selbst nicht unmittelbar.[547] Anders als Art. 18 AEUV beinhaltet sie kein unmittelbar geltendes Diskriminierungsverbot.[548] Daher ist davon auszugehen, dass das bisherige Primärrecht kein allgemeines Grundrecht der Geschlechtergleichheit kennt.

IV. Verfassungen der Mitgliedstaaten

3864 Die **Mehrzahl der mitgliedstaatlichen Verfassungen** enthält ein **Verbot der Diskriminierung aufgrund des Geschlechts**.[549] Dies kommt in unterschiedlichen Bestimmungen zum Ausdruck: Während beispielsweise in Deutschland,[550] Griechenland,[551] Malta,[552] Polen[553] und Ungarn[554] die **Gleichberechtigung** betont

---

[543] EuGH, Rs. C-149/77, ECLI:EU:C:1978:130 (Rn. 26, 29) – Defrenne/Sabena; Rs. C-25/02, ECLI:EU:C:2003:435 (Rn. 25) – Rinke; Rs. C-75 u. 117/82, ECLI:EU:C:1984:116 (Rn. 16) – Razzouk u. Beydoun.

[544] EuGH, Rs. C-13/94, ECLI:EU:C:1996:170 (Rn. 19) – P./S.

[545] So *v. der Decken*, in: Heselhaus/Nowak, § 48 Rn. 77 f.

[546] EuGH, Rs. C-414/16, ECLI:EU:C:2018:257 (Rn. 77) – Egenberger.

[547] S. o. Rn. 3694.

[548] *Dieball*, EuR 2000, 274 (278); ausführlicher zu Art. 18, 19 AEUV o. Rn. 3692 ff.

[549] *Streinz*, in: ders., Art. 23 GR-Charta Rn. 3; ausführlich *Hölscheidt*, in: Meyer/Hölscheidt, Art. 23 Rn. 4 ff.

[550] Art. 3 Abs. 2 S. 1 GG.

[551] Art. 4 Abs. 2 der griechischen Verfassung.

[552] Art. 14 der maltesischen Verfassung.

[553] Art. 33 Abs. 1 der Verfassung Polens.

[554] Art. 66 Abs. 1 der ungarischen Verfassung.

§ 5 Gleichheit von Männern und Frauen

wird, enthalten die niederländische,[555] die estnische,[556] die litauische,[557] die slowakische,[558] die tschechische[559] und die zyprische[560] Verfassung ein **geschlechtsbezogenes Diskriminierungsverbot**. In manchen Verfassungen wird die Gleichstellung auch zum **Staatsziel** erklärt oder eine auf die Gleichstellung zielende Politik verlangt, so in Deutschland,[561] Finnland,[562] Italien,[563] Malta,[564] Österreich,[565] Portugal[566] sowie Schweden.[567] Die Verfassungen Belgiens, Luxemburgs, Dänemarks und Lettlands erwähnen die Geschlechtergleichstellung nicht ausdrücklich.[568]

Wie Art. 23 Abs. 2 EGRC erlauben die Verfassungen Österreichs[569] und Schwedens[570] die **Förderung der Gleichstellung von Frauen und Männern**. Einige Verfassungen gewährleisten auch **besondere Vergünstigungen für Frauen**.[571]

3865

V. Abgrenzung

1. Art. 20, 21 Abs. 1 EGRC

Da **Art. 23 EGRC** auf ein bestimmtes Diskriminierungsmerkmal, nämlich das Geschlecht abstellt, geht er dem allgemeinen Gleichheitssatz des Art. 20 EGRC und dem allgemeinen Diskriminierungsverbot des Art. 21 Abs. 1 EGRC als **spezielle Vorschrift** vor.[572]

3866

---

[555] Art. 1 S. 2 der niederländischen Verfassung.
[556] § 12 Abs. 1 der Verfassung Estlands.
[557] Art. 29 Abs. 2 der litauischen Verfassung.
[558] Art. 12 Abs. 2 der slowakischen Verfassung.
[559] Art. 3 der Verfassung der tschechischen Republik i. V. m. Art. 3 der Charta der Grundrechte und Grundfreiheiten.
[560] Art. 26 Nr. 2 der Verfassung Zyperns.
[561] Art. 3 Abs. 2 S. 2 GG.
[562] § 6 Abs. 4 der finnischen Verfassung.
[563] Art. 3 S. 2 der Verfassung Italiens.
[564] Art. 14 der Verfassung Maltas.
[565] Art. 7 Abs. 2 der Verfassung Österreichs.
[566] Art. 9 lit. h) der portugiesischen Verfassung.
[567] Kap. 1 § 2 Abs. 3 S. 2 der Verfassung Schwedens.
[568] *Streinz*, in: ders., Art. 23 GR-Charta Rn. 3; *Hölscheidt*, in: Meyer/Hölscheidt, Art. 23 Rn. 4.
[569] Art. 7 Abs. 2 S. 2 der österreichischen Verfassung.
[570] Kap. 2 § 16 der Verfassung Schwedens.
[571] Ausführlich *Hölscheidt*, in: Meyer/Hölscheidt, Art. 23 Rn. 6.
[572] Vgl. *Jarass/Kment*, § 26 Rn. 6; *v. der Decken*, in: Heselhaus/Nowak, § 48 Rn. 93; s. bereits o. Rn. 3640 ff.

2. Art. 21 Abs. 2 EGRC

3867 Art. 21 Abs. 2 EGRC verbietet Diskriminierungen aus Gründen der Staatsangehörigkeit. Er betrifft damit ein **anderes Diskriminierungsmerkmal** als Art. 23 EGRC und ist deshalb daneben anwendbar.[573]

3. Art. 33 Abs. 2 EGRC

3868 Eine Ungleichbehandlung wegen Schwangerschaft oder Mutterschaft ist eine Diskriminierung aus Gründen des Geschlechts und deshalb gem. Art. 23 S. 1 EGRC verboten. Explizit ist das Verbot einer Entlassung aus einem mit der Mutterschaft zusammenhängenden Grund in Art. 33 Abs. 2 EGRC normiert. Bei einer derartigen Entlassung kommen **Art. 23 Abs. 1 und Art. 33 Abs. 2 EGRC** regelmäßig **nebeneinander** zum Tragen.[574]

4. Art. 157 AEUV

3869 Das aus Art. 157 AEUV entnommene Grundrecht auf Gleichbehandlung bei den Arbeitsbedingungen[575] könnte als Spezialvorschrift Vorrang vor Art. 23 Abs. 1 EGRC haben, da sich letztere Norm auf alle Bereiche, nicht nur auf das Arbeitsrecht bezieht. Allerdings werden in **Art. 23 EGRC** exemplarisch die Beschäftigung, die Arbeit und das Arbeitsentgelt als besonders relevante Bereiche genannt. Daher sind beide Vorschriften **parallel** anzuwenden.[576]

B. Allgemeines Diskriminierungsverbot nach Art. 23 Abs. 1 EGRC

I. Anordnung als subjektives Recht

3870 Gem. Art. 23 Abs. 1 EGRC ist die Gleichheit von Frauen und Männern in allen Bereichen, einschließlich der Beschäftigung, der Arbeit und des Arbeitsentgelts, sicherzustellen. Diese Vorschrift enthält damit zwei Regelungen: Zum einen wird ein **allgemeines Diskriminierungsverbot** normiert, das alle geschlechtsbezogenen Diskriminierungen zwischen Frauen und Männern verbietet. Die angesprochenen Bereiche „Beschäftigung, ... Arbeit und ... Arbeitsentgelt" sind dabei nur beispiel-

---

[573] Vgl. *Rossi*, EuR 2000, 197 (198 f.) zu Art. 18 AEUV und Art. 157 Abs. 4 AEUV.
[574] *Jarass/Kment*, § 31 Rn. 12; *Weber*, in: Stern/Sachs, Art. 23 Rn. 9, 15.
[575] S. o. Rn. 3857 f.
[576] *Jarass/Kment*, § 26 Rn. 6.

§ 5 Gleichheit von Männern und Frauen

haft benannt und betreffen **besonders wichtige Bereiche**, in denen es häufig zu geschlechtsbezogenen Diskriminierungen kommt.[577] Zum anderen verpflichtet Art. 23 Abs. 1 EGRC die Union und die Mitgliedstaaten[578] zur „Sicherstellung" der Gleichheit von Frauen und Männern und enthält damit einen über ein Diskriminierungsverbot hinausreichenden **Schutzauftrag**.[579]

Zwar spricht Art. 23 Abs. 2 EGRC von einem „Grundsatz der Gleichheit". Auch in dem als Grundlage dienenden Art. 157 Abs. 1 AEUV ist von einem „Grundsatz des gleichen Entgelts für Männer und Frauen" die Rede. Dennoch handelt es sich bei Art. 23 Abs. 1 EGRC um ein **subjektives Recht**,[580] zumal bereits der als Grundlage dienende Art. 157 Abs. 1 AEUV als echte Grundrechtsnorm zu qualifizieren ist.[581]

3871

II. Ungleichbehandlung

1. Unmittelbar

Art. 23 Abs. 1 EGRC enthält ein **umfassendes Gleichstellungsgebot für Frauen und Männer**.[582] Das Grundrecht kommt damit zur Anwendung, wenn es zu einer Ungleichbehandlung von Frauen und Männern in einer vergleichbaren Lage kommt und diese unterschiedliche Behandlung an die Eigenschaft als Frau oder Mann anknüpft. Nach der Rechtsprechung des EuGH werden **auch Transsexuelle** erfasst,[583] gleiches muss für **Zwitter** gelten. Nicht geschützt sind laut EuGH hingegen Homosexuelle, da es sich in einem derartigen Fall der Ungleichbehandlung nicht um eine Diskriminierung zwischen Frauen und Männern, sondern **aufgrund der sexuellen Orientierung** handelt.[584]

3872

Ob eine **Ungleichbehandlung zwischen Frauen und Männern** vorliegt, ist **objektiv** zu beurteilen und nicht nach der subjektiven Einschätzung der betroffenen Person.[585] Entscheidend ist die **Wirkung** einer Norm bzw. Maßnahme.[586] Im

3873

---

[577] *Jarass/Kment*, § 26 Rn. 9.
[578] S. Art. 51 Abs. 1 S. 1 EGRC.
[579] S. u. Rn. 3892.
[580] Vgl. *Jarass/Kment*, § 26 Rn. 3; *Weber*, in: Stern/Sachs, Art. 23 Rn. 5; *Winkler*, Die Grundrechte der Europäischen Union, 2006, S. 450.
[581] S. o. Rn. 3857 f.
[582] *Streinz*, in: ders., Art. 23 GR-Charta Rn. 4; *Hölscheidt*, in: Meyer/Hölscheidt, Art. 23 Rn. 15 f.
[583] EuGH, Rs. C-13/94, ECLI:EU:C:1996:170 (Rn. 20 ff.) – P./S.; Rs. C-117/01, ECLI:EU:C:2004:7 (Rn. 29 ff.) – National Health Service.
[584] EuGH, Rs. C-249/96, ECLI:EU:C:1998:63 (Rn. 42 ff.) – Lisa Jacqueline Grant.
[585] Vgl. EuGH, Rs. C-400/93, ECLI:EU:C:1995:155 (Rn. 32 f.) – Royal Copenhagen; *Jarass/Kment*, § 26 Rn. 8 m. w. N.; *v. der Decken*, in: Heselhaus/Nowak, § 48 Rn. 40.
[586] EuGH, Rs. C-170/84, ECLI:EU:C:1986:204 (Rn. 36) – Bilka/Weber von Hartz.

Übrigen richtet sich die Einstufung nach den sonst für Gleichheitsrechte geltenden Grundsätzen.[587]

3874 Zu einer Diskriminierung aufgrund des Geschlechts zählt der EuGH auch Fälle, in denen es zu einer **Ungleichbehandlung wegen einer Schwangerschaft** oder Geburt kommt, da von diesem Zustand nur Frauen betroffen sein können.[588]

3875 Dazu zählen beispielsweise die **Kündigung**, die Verweigerung der Einstellung oder Rückkehr an den Arbeitsplatz oder die Nichterneuerung eines befristeten Vertrags.[589] Eine **Entlassung während** des **Mutterschaftsurlaubs oder davor wegen der Schwangerschaft** scheidet daher aus.[590] Nicht als unmittelbare Diskriminierungen stuft der EuGH hingegen berufliche Nachteile ein, die mit der Mutterschaft zusammenhängen, z. B. die Entlassung aufgrund nicht schwangerschaftsbedingter Krankheit nach Ablauf der Mutterschutzfrist[591] oder die Gewährung einer Arbeitgeberleistung allein an Arbeitnehmerinnen und Arbeitnehmer in einem aktiven Beschäftigungsverhältnis und damit den Ausschluss der in Erziehungsurlaub befindlichen Frauen.[592]

3876 Wie Art. 2 Abs. 2 RL 2006/54/EG deutlich macht, sind auch Belästigungen einzubeziehen, insbesondere sexuelle, begründen doch gerade sie häufig eine Ungleichbehandlung zulasten von Frauen.

2. Mittelbare Diskriminierung

3877 Art. 23 Abs. 1 EGRC verbietet nicht nur unmittelbare Diskriminierungen,[593] d. h. solche, bei denen offen an die Eigenschaft als Mann oder Frau angeknüpft wird.[594] Verboten sind auch mittelbare Diskriminierungen.[595] Sie sind immer dann gegeben, wenn eine **Behandlung** zwar offiziell nicht an das Geschlecht, sondern an **ein anderes Merkmal anknüpft, „jedoch tatsächlich prozentual erheblich mehr Frauen** als Männer **benachteiligt"** oder umgekehrt.[596] Dabei wird eine statistische

---

[587] S. daher auch o. Rn. 3657 ff.
[588] EuGH, Rs. C-177/88, ECLI:EU:C:1990:383 (Rn. 12) – Dekker; Rs. C-394/96, ECLI:EU: C:1998:331 (Rn. 24) – Brown; Rs. C-66/96, ECLI:EU:C:1998:549 (Rn. 35) – Høj Pedersen u. a.; Rs. C-191/03, ECLI:EU:C:2005:513 (Rn. 53 ff.) – McKenna.
[589] V. der Decken, in: Heselhaus/Nowak, § 48 Rn. 42.
[590] EuGH, Rs. C-191/03, ECLI:EU:C:2005:513 (Rn. 54) – McKenna.
[591] EuGH, Rs. C-179/88, ECLI:EU:C:1990:384 (Rn. 14 ff.) – Handels-og Kontorfunktionaererens Forbund.
[592] EuGH, Rs. C-333/97, ECLI:EU:C:1999:512 (Rn. 37 f.) – Lewen.
[593] Auch „offene", „direkte", „formale", „rechtliche" oder „formelle" Diskriminierung genannt.
[594] V. der Decken, in: Heselhaus/Nowak, § 48 Rn. 44.
[595] Auch „versteckte", „materielle", „faktische" oder „indirekte" Diskriminierung genannt; s. insbes. Stampe, Das Verbot der indirekten Diskriminierung wegen des Geschlechts, 2001.
[596] EuGH, Rs. C-226/98, ECLI:EU:C:2000:191 (Rn. 29) – Jørgensen; Rs. C-1/95, ECLI:EU: C:1997:452 (Rn. 30) – Gerster; Rs. C-25/02, ECLI:EU:C:2003:435 (Rn. 33) – Rinke; Jarass/Kment, § 26 Rn. 8; Rengeling/Szczekalla, Rn. 921; v. der Decken, in: Heselhaus/Nowak, § 48 Rn. 44 ff.

§ 5 Gleichheit von Männern und Frauen

Erhebung vorgenommen: Verglichen wird das Geschlechterverhältnis in der benachteiligten Gruppe mit dem Geschlechterverhältnis in der bevorzugten Gruppe.[597] Eine vom EuGH beispielsweise als mittelbare Diskriminierung angesehene Bestimmung betraf die **Unterscheidung zwischen Voll- und Teilzeitarbeit**.[598] Eine subjektive Benachteiligungsabsicht ist für eine mittelbare Diskriminierung nicht erforderlich. Es genügt, dass objektiv die Angehörigen eines Geschlechts benachteiligt werden.[599]

3. Gleichbehandlung unterschiedlicher Sachverhalte

Ein Verstoß gegen das Gleichheitsgebot ist auch gegeben, wenn **Frauen und Männer in einer nicht vergleichbaren Lage gleich behandelt** werden,[600] obwohl die unterschiedlichen Geschlechter eine Differenzierung verlangen.

3878

III. Rechtfertigung

1. Ansatz

Da Art. 23 Abs. 1 EGRC eine **relative Gleichbehandlungsnorm** bildet, kann eine Ungleichbehandlung von Frauen und Männern gerechtfertigt sein.[601] Sie ist wie im Rahmen von Art. 157 AEUV[602] denkbar, wenn die mit der Ungleichbehandlung verfolgten Ziele „nichts mit der (Zugehörigkeit) zu einem bestimmten Geschlecht zu tun haben."[603] Zudem müssen **Ziele geschlechtsneutral** angewendet werden. Das gilt für die Dauer einer beruflichen Tätigkeit und den Erwerb eines bestimmten Kenntnis- oder Erfahrungsstands. Insoweit lassen sich verallgemeinernd keine objektiven Kriterien entnehmen, die nichts mit einer Diskriminierung aufgrund des Geschlechts zu tun haben. Zwar geht das Dienstalter Hand in Hand mit der dienstlichen Erfahrung, jedoch hängt der objektive Charakter eines solchen Kriteriums von

3879

---

[597] *V. der Decken*, in: Heselhaus/Nowak, § 48 Rn. 45.
[598] EuGH, Rs. C-96/80, ECLI:EU:C:1981:80 (Rn. 13 ff.) – Jenkins/Kingsgate; *Weber*, in: Stern/Sachs, Art. 23 Rn. 19.
[599] *Weber*, in: Stern/Sachs, Art. 23 Rn. 19.
[600] *V. der Decken*, in: Heselhaus/Nowak, § 48 Rn. 34.
[601] *Rengeling/Szczekalla*, Rn. 923; *v. der Decken*, in: Heselhaus/Nowak, § 48 Rn. 52; *Bühler*, Einschränkung von Grundrechten nach der Europäischen Grundrechtecharta, 2005, S. 160 zu Art. 141 EG/157 AEUV.
[602] EuGH, Rs. C-486/18, ECLI:EU:C:2019:379 (Rn. 79) – Praxair MRC; bereits Rs. C 399/92 u. a., ECLI:EU:C:1994:415 (Rn. 20) – Helmig u. a., sowie Rs. C 173/13, ECLI:EU:C:2014:2090 (Rn. 40) – Leone.
[603] EuGH, Rs. C-96/80, ECLI:EU:C:1981:80 (Rn. 11) – Jenkins/Kingsate; Rs. C-236/98, ECLI:EU:C:2000:173 (Rn. 50) – Jämo; *Jarass/Kment*, § 26 Rn. 13, *Weber*, in: Stern/Sachs, Art. 23 Rn. 19; *v. der Decken*, in: Heselhaus/Nowak, § 48 Rn. 53, 89.

allen Umständen des Einzelfalls und insbesondere davon ab, welche Beziehung zwischen der Art der ausgeübten Tätigkeit und der Erfahrung besteht, die durch die Ausübung dieser Tätigkeit nach einer bestimmten Anzahl geleisteter Arbeitsstunden erworben wird.[604] Damit muss der **konkrete Fall betrachtet und einbezogen** werden, inwieweit Frauen auf geringere Zahlen von Arbeitnehmenden kommen.

2. Unmittelbare Diskriminierungen

3880 Bei unmittelbaren Diskriminierungen wird eine Ungleichbehandlung im Allgemeinen **schwer zu begründen** sein,[605] auch wenn sie grundsätzlich rechtfertigungsfähig sind,[606] handelt es sich doch schließlich um kein absolutes Verbot. So können **Frauen von** besonderen **Kampfeinheiten ausgeschlossen werden**,[607] bei denen es vor allem auf körperliche Kraft ankommt, **nicht** aber **vom Dienst an der Waffe** als solchem.[608] In erster Linie kommen **Schutzmaßnahmen für Frauen wegen ihrer besonderen Verfassung** in der Schwangerschaft und nach der Entbindung in Betracht,[609] etwa ein Nachtarbeitsverbot für Schwangere,[610] nicht aber allgemein gegenüber Frauen.[611]

3881 Umgekehrt ist auch **Männern** ein **enger Bezug zu ihren Kindern** durch einen **Erziehungsurlaub** zuzubilligen. Eine solche Auszeit nur auf Frauen zu beschränken ist daher ebenfalls unmittelbar diskriminierend.[612]

3882 Zudem bietet Art. 23 Abs. 2 EGRC eine **Grundlage für die Rechtfertigung von Ungleichbehandlungen**, deren Ziele dennoch an das Geschlecht der betroffenen Personen anknüpfen:[613] Nach Art. 23 Abs. 2 EGRC steht der Grundsatz der Gleichheit der Beibehaltung oder der Einführung spezifischer Vergünstigungen für das unterrepräsentierte Geschlecht nicht entgegen. Die spezifischen Vergünstigungen sind dem-

---

[604] EuGH, Rs. C-274/18, ECLI:EU:C:2019:828 (Rn. 39) – Schuch-Ghannadan; dahin bereits Rs. C-196/02, ECLI:EU:C:2005:141 (Rn. 55) – Nikoloudi und die dort angeführte Rechtsprechung.
[605] *V. der Decken*, in: Heselhaus/Nowak, § 48 Rn. 54 ff.; im Einzelnen *Langenfeld*, in: Grabitz/Hilf/Nettesheim, Art. 157 AEUV Rn. 29, 83 ff., 109 ff.
[606] EuGH, Rs. C-381/99, ECLI:EU:C:2001:358 (Rn. 63 ff.) – Brunnhofer.
[607] EuGH, Rs. C-273/97, ECLI:EU:C:1999:523 (Rn. 32) – Sirdar.
[608] EuGH, Rs. C-285/98, ECLI:EU:C:2000:2 (Rn. 31) – Tanja Kreil.
[609] Vgl. Art. 2 Abs. 2 lit. c) der RL 2006/54/EG sowie Erwägungsgründe 23 und 24.
[610] EuGH, Rs. C-421/92, ECLI:EU:C:1994:187 (Rn. 18) – Habermann-Beltermann.
[611] EuGH, Rs. C-13/93, ECLI:EU:C:1994:39 (Rn. 19) – Minne; bereits Rs. C-345/89, ECLI:EU:C:1991:324 (Rn. 15) – Stoeckel.
[612] S. dagegen noch EuGH, Rs. C-184/83, ECLI:EU:C:1984:273 (Rn. 28) – Hofmann für den Mutterschaftsurlaub. Daran zweifelnd auch *v. der Decken*, in: Heselhaus/Nowak, § 48 Rn. 43.
[613] *Winkler*, Die Grundrechte der Europäischen Union, 2006, S. 455; s. zu der Frage, ob der nahezu gleich lautende Art. 141 Abs. 4 EG/157 Abs. 4 AEUV bereits den Tatbestand einer Ungleichbehandlung ausschließt oder einen Rechtfertigungsgrund normiert, *Krebber*, in: Calliess/Ruffert, Art. 157 AEUV Rn. 74; *Bühler*, Einschränkung von Grundrechten nach der Europäischen Grundrechtecharta, 2005, S. 288 f.

nach zulässig, obwohl sie eine **geschlechtsspezifische Ungleichbehandlung** bedeuten. In Anlehnung an Art. 157 Abs. 4 AEUV kommen beispielsweise Maßnahmen zur **Erleichterung der Berufstätigkeit** des unterrepräsentierten Geschlechts oder zur Verhinderung bzw. zum **Ausgleich von Benachteiligungen** in der beruflichen Laufbahn in Betracht.[614] Dabei dürften die Vergünstigungen regelmäßig auf die Förderung von Frauen als das unterrepräsentierte Geschlecht zielen, eine Vergünstigung zugunsten von Männern ist aber ebenso denkbar.[615] So kommt ein Anreiz spezifisch für Männer in Betracht, in Elternzeit zu gehen, da sie insoweit unterrepräsentiert sind. Grenzen ergeben sich allerdings aus der Verhältnismäßigkeit.[616]

3. Mittelbare Diskriminierung

Die ebenfalls von Art. 23 Abs. 1 EGRC erfassten mittelbaren Diskriminierungen lassen sich im Allgemeinen **eher rechtfertigen**. Nicht in der Ungleichbehandlung von Frau und Mann haben namentlich sozialpolitische Motive ihren Grund.[617] Sie wirken sich aber mittelbar auf die Situation der Betroffenen aus und fördern so indirekt die Gleichheit. So erleichtert eine **Befreiung von der Sozialversicherungspflicht geringfügige Beschäftigungsverhältnisse**,[618] die vor allem von Frauen eingegangen werden. Oder **Verzögerungen der Ausbildung** werden dadurch kompensiert, dass Bewerbende mit Wehr- oder Ersatzdienst, den grundsätzlich nur Männer abgeleistet haben, bevorzugt werden.[619] Oder vor allem Frauen treffende Ausfallzeiten im Berufsleben werden dadurch ausgeglichen, dass Zeiten der Elternzeit bzw. Kindererziehung gleichermaßen angerechnet werden.

3883

IV. Verhältnismäßigkeit

Es muss der Grundsatz der Verhältnismäßigkeit gewahrt sein.[620] Daher muss die Ungleichbehandlung geeignet[621] und erforderlich[622] sein sowie in einem angemessenen Verhältnis zu dem verfolgten Zweck stehen.[623]

3884

---

[614] *Jarass/Kment*, § 26 Rn. 17.
[615] *Jarass/Kment*, § 26 Rn. 17.
[616] S. sogleich Rn. 3884 f.
[617] *V. der Decken*, in: Heselhaus/Nowak, § 48 Rn. 59.
[618] EuGH, Rs. C-317/93, ECLI:EU:C:1995:438 (Rn. 36) – Nolte.
[619] EuGH, Rs. C-79/99, ECLI:EU:C:2000:676 (Rn. 44) – Schnorbus. S. mit zusätzlichen Fällen *Epiney/Freiermuth Abt*, Das Recht der Gleichstellung von Mann und Frau in der EU, 2003.
[620] *V. der Decken*, in: Heselhaus/Nowak, § 48 Rn. 67 ff., 90.
[621] EuGH, Rs. C-171/88, ECLI:EU:C:1989:328 (Rn. 14) – Rinner-Kühn/FWW Spezial-Gebäudereinigung; Rs. C-170/84, ECLI:EU:C:1986:204 (Rn. 36) – Bilka/Weber von Hartz.
[622] EuGH, Rs. C-285/02, ECLI:EU:C:2004:320 (Rn. 12) – Elsner-Lakeberg; Rs. C-171/88, ECLI:EU:C:1989:328 (Rn. 14) – Rinner-Kühn/FWW Spezial-Gebäudereinigung.
[623] *Jarass/Kment*, § 26 Rn. 14.

3885 In seiner Rechtsprechung zog der EuGH für positive Diskriminierungen, d. h. Maßnahmen zur gezielten Förderung des bislang benachteiligten Geschlechts,[624] **klare Grenzen**. Dies betraf vor allem so genannte **starre Quoten**, die Frauen bis zum Erreichen eines bestimmten Prozentsatzes automatisch begünstigen, während so genannte **weiche Quoten** nur die Chancen von Frauen verbessern, und zwar durch Härte- oder soziale Öffnungsklauseln. Mit Art. 157 Abs. 4 AEUV ist eine **Vorrangregelung** für Frauen dann **vereinbar, wenn** sie **weiblichen Bewerbern**, die die gleiche Qualifikation wie ihre männlichen Mitbewerber besitzen, **keinen automatischen und unbedingten Vorrang** einräumt und wenn die Bewertungen Gegenstand einer objektiven Beurteilung sind, bei der die besondere persönliche Lage aller Bewerbenden berücksichtigt wird.

3886 Diese Grenzen gelten weiterhin[625] und auch im Rahmen von Art. 23 Abs. 2 EGRC.[626] Zwar ist darin die positive Diskriminierung wie in Art. 157 Abs. 4 AEUV eigens festgelegt. Auch diese Bestimmung lässt aber laut EuGH unter keinen Umständen unverhältnismäßige Maßnahmen zu.[627] Entscheidend ist damit der konkrete Einzelfall. Es kann nicht durchgehend zugunsten der **positiven Diskriminierung** entschieden werden. Diese bildet **nur** einen **geeigneten Rechtfertigungsansatz**, der aber in der jeweils betroffenen Konstellation **verhältnismäßig ausgestaltet** sein muss. Ansonsten hätte es einer entsprechenden Bereichsausnahme für das allgemeine Diskriminierungsverbot in Art. 23 EGRC bedurft.

V. Folgen eines Verstoßes

3887 Für die Folgen eines Verstoßes gegen das Diskriminierungsverbot des Art. 23 Abs. 1 EGRC gilt das Gleiche **wie bei allen Verstößen gegen ein Gleichheitsgebot**: Der Verstoß kann behoben werden, indem die Begünstigung auf beide Geschlechter ausgeweitet, die Begünstigung abgeschafft oder eine dritte Regelung für beide Geschlechter gefunden wird.[628] Bis zur Entscheidung des Gesetzgebers sind die Angehörigen des benachteiligten Geschlechts so zu stellen wie diejenigen des bevorzugten Geschlechts.[629]

---

[624] S. z. B. *v. der Decken*, in: Heselhaus/Nowak, § 48 Rn. 70, 62 ff.
[625] Anders *Krebber*, in: Calliess/Ruffert, Art. 157 AEUV Rn. 75 ff.
[626] Grds. auch *v. der Decken*, in: Heselhaus/Nowak, § 48 Rn. 70, 65 f., aber mit offenerer Tendenz.
[627] EuGH, Rs. C-407/98, ECLI:EU:C:2000:367 (Rn. 55) – Abrahamsson; Rs. C-319/03, ECLI:EU:C:2004:574 (Rn. 31) – Briheche.
[628] *V. der Decken*, in: Heselhaus/Nowak, § 48 Rn. 74.
[629] EuGH, Rs. C-231-233/06, ECLI:EU:C:2007:373 (Rn. 39) – Jonkman u. a.; Rs. C-184/89, ECLI:EU:C:1991:50 (Rn. 18) – Nimz; Rs. C-200/91, ECLI:EU:C:1994:348, (Rn. 32) – Colorell Pension Trustees; *v. der Decken*, in: Heselhaus/Nowak, § 48 Rn. 72 m. w. N. zur Rspr.

VI. Grundrechtsträger

Grundrechtsträger sind natürliche Personen jeden Alters und jeder Staatsangehörigkeit.[630] Trotz gegenteiliger Bestrebungen kommt es noch häufig zu Benachteiligungen von Frauen. Gegen diese historisch gewachsene Benachteiligung geht die Union mit Art. 23 EGRC vor.[631] Dabei schützt das Grundrecht allerdings nicht nur **Frauen**, sondern **in gleicher Weise Männer**, sofern und soweit sie benachteiligt werden.[632]

3888

Juristische Personen können sich schon der Natur der Sache nach **nicht** auf Art. 23 Abs. 1 EGRC berufen.[633]

3889

VII. Normadressat

Normadressat sind – wie bei allen EGRC-Normen – die Organe, Einrichtungen und sonstigen Stellen der **Union** und die **Mitgliedstaaten bei Durchführung von Unionsrecht**.[634] Damit weicht Art. 23 Abs. 1 EGRC von dem als Grundlage dienenden Art. 157 Abs. 1 AEUV ab. Dieser richtet sich nämlich nicht an die Union, sondern an die Mitgliedstaaten, wobei diese allerdings nicht nur bei der Durchführung von Unionsrecht gebunden werden.[635]

3890

Der in Art. 23 Abs. 1 EGRC formulierte Auftrag, die Gleichheit von Frauen und Männern sicherzustellen, bezieht sich auf „alle Bereiche" und damit auch auf **Privatrechtsverhältnisse**.[636] Daraus darf jedoch nicht geschlossen werden, dass Privatpersonen unmittelbar durch das Grundrecht gebunden wären. Auch wenn der EuGH bei Art. 157 AEUV eine unmittelbare Bindung Privater angenommen hat,[637] kann dies nicht auf Art. 23 EGRC übertragen werden.[638] Zum einen nennt Art. 51 Abs. 1 S. 1 EGRC explizit den Adressatenkreis der EGRC, wenngleich der EuGH durch diese Norm Private nicht ausgeschlossen sah.[639] Zum anderen bindet Art. 157 AEUV lediglich die Arbeitgebenden, bei Art. 23 EGRC würden alle Privatpersonen

3891

---

[630] *Jarass/Kment*, § 26 Rn. 11.
[631] *Jarass/Kment*, § 26 Rn. 2.
[632] *Jarass/Kment*, § 26 Rn. 2.
[633] *Jarass/Kment*, § 26 Rn. 11; *v. der Decken*, in: Heselhaus/Nowak, § 48 Rn. 85; a. A. *Winkler*, Die Grundrechte der Europäischen Union, 2006, S. 452, der auf die hinter der juristischen Person stehenden natürlichen Personen abstellt.
[634] S. Art. 51 Abs. 1 S. 1 EGRC.
[635] *Weber*, in: Stern/Sachs, Art. 23 Rn. 23.
[636] *Streinz*, in: ders., Art. 23 GR-Charta Rn. 5.
[637] Vgl. EuGH, Rs. C-43/75, ECLI:EU:C:1976:56 (Rn. 30/34) – Defrenne/Sabena (bekannt als Defrenne II); Rs. C-28/93, ECLI:EU:C:1994:351 (Rn. 21) – van den Akker; Rs. C-400/93, ECLI:EU:C:1995:155 (Rn. 45) – Royal Copenhagen; Rs. C-320/00, ECLI:EU:C:2002:498 (Rn. 13) – Lawrence u. a.; *Jarass/Kment*, § 26 Rn. 5; *v. der Decken*, in: Heselhaus/Nowak, § 48 Rn. 84.
[638] *Weber*, in: Stern/Sachs, Art. 23 Rn. 23, dieser geht insofern von einer „mittelbaren Grundrechtsbindung" aus.
[639] EuGH, Rs. C-569/16, ECLI:EU:C:2018:871 – Bauer; s. o. Rn. 3770.

verpflichtet.⁶⁴⁰ **Privatpersonen** können daher **lediglich durch Sekundärrecht**, das in Umsetzung des Auftrags zur Sicherstellung der Gleichheit von Frauen und Männern ergeht, gebunden werden.⁶⁴¹

VIII. Schutzauftrag nach Art. 23 Abs. 1 EGRC

3892 Art. 23 Abs. 1 EGRC verbietet nicht nur Diskriminierungen zwischen Frauen und Männern. Er enthält auch einen **Auftrag zur Sicherstellung der Gleichheit**.⁶⁴² Damit verpflichtet die Norm die Union und Mitgliedstaaten in Durchführung von Unionsrecht,⁶⁴³ im Rahmen ihrer Kompetenzen geschlechtsbezogene Ungleichbehandlungen (auch) durch Privatpersonen zu verbieten.⁶⁴⁴ Das betrifft auch den besonderen **Schutz während der Schwanger- und Mutterschaft**, durch den die natürliche Benachteiligung von Frauen ausgeglichen werden muss. Ausdruck dessen ist auch der **Mutterschaftsurlaub** 14 Wochen um die Entbindung,⁶⁴⁵ wie ihn Art. 8 Mutterschutz-RL 92/85/EWG⁶⁴⁶ vorgibt. In der EGRC gewährleistet allerdings **Art. 33 Abs. 2** einen Mutterschafts- und Elternurlaub, um Familien- und Berufsleben zu versöhnen.⁶⁴⁷

3893 **Art. 23 EGRC** sichert die **gleichheitsrechtliche Komponente** ab. Ein nicht nur der Vereinbarkeit von Familie und Beruf geschuldeter Schutz erweist sich vor allem dann als notwendig, wenn eine Frau schon ein kleines Kind hat und erneut schwanger wird. Die zweite Schwangerschaft beeinträchtigt, je mehr sie voranschreitet, auch die Möglichkeiten, ein bereits vorhandenes Kind zu erziehen. Es handelt sich um eine Doppelbelastung wie bei Beruf und Betreuung eines Babys. Daher muss eine Frau auch eine Erziehungszeit dieser besonderen Situation anpassen und zeitlich mit Beantragung ihres neuerlichen Mutterschaftsurlaubs ändern können.⁶⁴⁸ Insoweit muss sie das Arbeitsverhältnis flexibel unterbrechen können, um nicht

---

⁶⁴⁰ *Jarass/Kment*, § 26 Rn. 4.

⁶⁴¹ *Jarass/Kment*, § 26 Rn. 4; s. u. Rn. 3898 f.

⁶⁴² *Krebber*, in: Calliess/Ruffert, Art. 23 GRCh Rn. 3.

⁶⁴³ S. Art. 51 Abs. 1 S. 1 EGRC.

⁶⁴⁴ *Jarass/Kment*, § 26 Rn. 20; *Streinz*, in: ders., Art. 23 GR-Charta Rn. 5.

⁶⁴⁵ EuGH, Rs. C-116/06, ECLI:EU:C:2007:536 (Rn. 46) – Sari Kiiski; bereits Rs. C-366/99, ECLI: EU:C:2001:648 (Rn. 43) – Griesmar; Rs. C-342/01, ECLI:EU:C:2004:160 (Rn. 32) – Merino Gómez; Rs.-, ECLI:EU:C:2005:234 (Rn. 32) – Kommission/Luxemburg.

⁶⁴⁶ Des Rates vom 19.10.1992 über die Durchführung von Maßnahmen zur Verbesserung der Sicherheit und des Gesundheitsschutzes von schwangeren Arbeitnehmerinnen, Wöchnerinnen und stillenden Arbeitnehmerinnen am Arbeitsplatz (zehnte Einzelrichtlinie im Sinne des Art. 16 Abs. 1 der RL 89/391/EWG) (Mutterschutz-RL), ABl. 1992 L 348, S. 1, zuletzt geändert durch VO (EG) Nr. 1137/2009, ABl. 2008 L 311, S. 1.

⁶⁴⁷ S. u. Rn. 4527 ff.

⁶⁴⁸ EuGH, Rs. C-116/06, ECLI:EU:C:2007:536 (Rn. 50 ff.) – Sari Kiiski auch unter Gleichheitsaspekten wegen der Ausgestaltung der betroffenen Regelung.

§ 5 Gleichheit von Männern und Frauen 341

wegen des Geschlechts diskriminiert zu werden.⁶⁴⁹ Damit ist zugleich eine **diskriminierungsfreie Ausgestaltung von Schutzregelungen** verlangt. Art. 23 Abs. 1 EGRC hat dieses Erfordernis weiter verstärkt.

Diese Verpflichtung aus Art. 23 Abs. 1 EGRC auf Sicherstellung der Gleichheit von Frauen und Männern ist ein **einklagbares Recht**.⁶⁵⁰ Zwar sind die in den Art. 35 S. 2, Art. 37 und Art. 38 EGRC ähnlich formulierten Aufträge zur Sicherstellung allesamt als Grundsätze zu qualifizieren.⁶⁵¹ Art. 23 Abs. 1 EGRC ist aber insgesamt als Grundrecht einzuordnen.⁶⁵² Die rechtliche Qualität einer Norm ist nicht teilbar. 3894

C. Art. 23 Abs. 2 EGRC

Gem. Art. 23 Abs. 2 EGRC steht der Grundsatz der Gleichheit der Beibehaltung oder der Einführung **spezifischer Vergünstigungen für das unterrepräsentierte Geschlecht** nicht entgegen. Damit erlaubt Art. 23 Abs. 2 EGRC derartige Vergünstigungen, die eine **tatsächliche Gleichstellung** fördern sollen. Praktisch relevant dürfte dies in erster Linie für die (noch) häufig bestehende **Benachteiligung von Frauen in der Arbeitswelt** sein. Art. 23 Abs. 2 EGRC erfasst aber zum einen auch die geringe Präsenz von Männern, z. B. in „typischen Frauenberufen" im Bereich von Pflege und Erziehung. Zum anderen beschränkt sich Art. 23 Abs. 2 EGRC – anders als Art. 157 Abs. 4 AEUV – nicht nur auf die Arbeits- und Beschäftigungsbedingungen. Die Norm lässt vielmehr **Vergünstigungen in allen Bereichen** zu.⁶⁵³ 3895

I. Übernahme des Art. 157 Abs. 4 AEUV

Art. 23 Abs. 2 EGRC übernimmt in einer veränderten Formulierung Art. 157 Abs. 4 AEUV. Nach den Erläuterungen zur EGRC⁶⁵⁴ soll die – im Vergleich zu Art. 141 Abs. 4 EG/157 Abs. 4 AEUV vorgenommene – Änderung im Wortlaut **keine inhaltliche Änderung** bedeuten.⁶⁵⁵ Daher kann auf die Kommentierungen zu Art. 157 Abs. 4 AEUV verwiesen werden. Dabei ist allerdings zu beachten, dass Art. 157 Abs. 4 AEUV lediglich die Gleichstellung von Männern und Frauen im Arbeitsleben betrifft, während **Art. 23 Abs. 2 EGRC keine bereichsmäßige Einschränkung** enthält. Die Vergünstigungen nach Art. 23 Abs. 2 EGRC müssen daher 3896

---

⁶⁴⁹ EuGH, Rs. C-116/06, ECLI:EU:C:2007:536 (Rn. 55) – Sari Kiiski.
⁶⁵⁰ *Jarass/Kment*, § 26 Rn. 20; a. A. *Hölscheidt*, in: Meyer/Hölscheidt, Art. 23 Rn. 23.
⁶⁵¹ S. Rn. 4793, 4902 u. Rn. 5004.
⁶⁵² S. o. Rn. 3871.
⁶⁵³ *Weber*, in: Stern/Sachs, Art. 23 Rn. 26 f.
⁶⁵⁴ Erläuterungen zur Charta der Grundrechte, ABl. 2007 C 303, S. 17 (25).
⁶⁵⁵ So der Hinweis in den Präsidiumserläuterungen auf Art. 52 Abs. 2 EGRC.

nicht auf die Stellung des unterrepräsentierten Geschlechts in der Arbeitswelt bezogen sein, sie können auch andere Bereiche erfassen.[656]

II. Rechtfertigungsnorm

3897   Wie oben dargelegt, kann Art. 23 Abs. 2 EGRC als **Grundlage für die Rechtfertigung einer Ungleichbehandlung** dienen.[657] Dies gilt allerdings nicht unbegrenzt. Die Verhältnismäßigkeit ist zu wahren. Dadurch ist auch das Maß positiver Diskriminierungen beschränkt.[658]

III. Auftragsfunktion

3898   Zugleich enthält Art. 23 Abs. 2 EGRC einen **Auftrag** an die Union und die Mitgliedstaaten,[659] Ungleichheiten zwischen den Geschlechtern durch Beibehaltung oder Einführung spezifischer Vergünstigungen auszugleichen.[660] Die Union und die Mitgliedstaaten dürfen deshalb **Maßnahmen zur gezielten Förderung** ergreifen.[661]

3899   Zu denken ist an **Informationen, Aufklärung, aktive Hilfen** für die Vereinbarkeit von Familie und Beruf bis hin zur Festlegung von **Quoten**, die bestimmen, wie hoch die Anzahl von Männern bzw. Frauen in einem Bereich sein soll.[662] Die Auswahl muss aber immer noch leistungsbezogen sein; eine automatische Bevorzugung eines Geschlechts ist wie im Rahmen der Vorbildvorschrift des Art. 157 Abs. 4 AEUV ausgeschlossen.[663] Vor allem insoweit ist die Verhältnismäßigkeit im Hinblick auf das dadurch nicht zum Zuge kommende Geschlecht zu wahren.

IV. Grundsatz

3900   Nach den Erläuterungen zur Grundrechtecharta bei Art. 52 Abs. 5 EGRC[664] enthält Art. 23 EGRC sowohl Elemente eines Rechts als auch eines Grundsatzes. Während

---

[656] *Weber*, in: Stern/Sachs, Art. 23 Rn. 26 f.
[657] S. o. Rn. 3882.
[658] S. o. Rn. 3885.
[659] S. Art. 51 Abs. 1 S. 1 EGRC; anders Art. 157 Abs. 4 AEUV, der sich lediglich an die Mitgliedstaaten wendet.
[660] *Jarass/Kment*, § 26 Rn. 21.
[661] *Eichenhofer*, in: Streinz, Art. 157 AEUV Rn. 21, 25. Diese Maßnahmen werden häufig als „positive Diskriminierung" bezeichnet, s. z. B. *v. der Decken*, in: Heselhaus/Nowak, § 48 Rn. 88.
[662] *Weber*, in: Stern/Sachs, Art. 23 Rn. 29 f.
[663] S. o. Rn. 3847.
[664] Erläuterungen zur Charta der Grundrechte, ABl. 2007 C 303, S. 17 (35).

es sich bei Art. 23 Abs. 1 EGRC um ein Grundrecht handelt,[665] beinhaltet **Art. 23 Abs. 2 EGRC** einen **Grundsatz**. Eine **gerichtliche Erzwingung von Förderungsmaßnahmen** ist deshalb ebenso **ausgeschlossen** wie die Geltendmachung von Schadensersatzansprüchen.[666] Lediglich eine Überprüfung der Vereinbarkeit von Rechtsvorschriften mit dem Grundsatz im Rahmen einer **Inzidentkontrolle** ist vorstellbar.[667]

D. Prüfungsschema zu Art. 23 EGRC

1. Schutzbereich 3901
a) geschlechtsbezogenes Diskriminierungsverbot zwischen Frauen und Männern
b) gilt auch für Transsexuelle und Zwitter, nicht hingegen für Homosexuelle hinsichtlich einer Ungleichbehandlung wegen der sexuellen Orientierung

2. Beeinträchtigung
a) Ungleichbehandlung von Frauen und Männern in einer vergleichbaren Lage oder Gleichbehandlung von Frauen und Männern in unterschiedlichen Situationen, wobei die jeweilige Behandlung an die Eigenschaft als Frau oder Mann anknüpft
b) „Beschäftigung, Arbeit und Arbeitsentgelt" sind nur Beispiele
c) objektive Sicht maßgeblich
d) Wirkung einer Norm bzw. Maßnahme entscheidend
e) auch mittelbare Diskriminierungen

3. Rechtfertigung
a) verfolgtes Ziel hat nichts mit der Zugehörigkeit zu einem bestimmten Geschlecht zu tun
b) schwer zu begründen bei unmittelbaren Diskriminierungen, einfacher bei mittelbaren
c) zulässig nach Art. 23 Abs. 2 EGRC: spezifische Vergünstigungen für das unterrepräsentierte Geschlecht

4. Verhältnismäßigkeit
(Ungleich-)Behandlung geeignet, erforderlich und in angemessenem Verhältnis zu dem verfolgten Zweck

---

[665] S. o. Rn. 3871.
[666] *Jarass/Kment*, § 26 Rn. 3, 22.
[667] *Jarass/Kment*, § 26 Rn. 22.

5. Folgen eines Verstoßes
a) Wahlmöglichkeit des Gesetzgebers
b) ggf. Schadensersatz

§ 6 Kinder

A. Grundlagen

I. Bedeutung und Hintergrund

3902 Art. 24 EGRC behandelt die Rechte des Kindes. Gem. **Art. 24 Abs. 1 EGRC** haben **Kinder Anspruch auf** den **Schutz und** die **Fürsorge**, die für ihr Wohlergehen notwendig sind. Sie können ihre **Meinung frei** äußern. Ihre Meinung wird in den Angelegenheiten, die sie betreffen, in einer ihrem Alter und ihrem Reifegrad entsprechenden Weise berücksichtigt. Gem. **Art. 24 Abs. 2 EGRC** muss bei allen Kinder betreffenden Maßnahmen öffentlicher Stellen oder privater Einrichtungen das **Wohl des Kindes** eine **vorrangige** Erwägung sein. Gem. **Art. 24 Abs. 3 EGRC** hat jedes Kind Anspruch auf regelmäßige **persönliche Beziehungen** und direkte Kontakte **zu beiden Elternteilen**, es sei denn, dies steht seinem Wohl entgegen.

3903 Der Schutz der Rechte des Kindes ist ein wichtiges Anliegen der Union.[668] Dies zeigt sich bereits darin, dass mit Art. 24 EGRC eine eigenständige Norm geschaffen wurde, die – wie auch schon die Überschrift, die im Plural von den „Rechten des Kindes" spricht, andeutet – mehrere Gewährleistungen enthält.[669] **Kinder** werden darin als **eigene Grundrechtsträger** wahrgenommen.[670] Auch der Verfassungsentwurf wies gleich zu Beginn auf die Rechte des Kindes hin, wenn gem. Art. I-3 Abs. 3 UAbs. 2 VE die Union den Schutz der Rechte des Kindes fördern und nach Art. I-3 Abs. 4 VE einen Beitrag zum Schutz der Menschenrechte, insbesondere der Rechte des Kindes, leisten sollte.[671] Auch Art. 3 Abs. 3 Uabs. 2 a.E. EUV postuliert explizit, den Schutz der Rechte des Kindes zu fördern.

3904 Nach den Erläuterungen zur EGRC[672] stützt sich Art. 24 EGRC auf die **UN-Kinderrechtskonvention**.[673]

3905 Mit **Art. 24 Abs. 3 EGRC** wird nach diesen Erläuterungen[674] der Umstand berücksichtigt, dass als Teil der Errichtung des Raums der Freiheit, der Sicherheit und des Rechts die Gesetzgebung der Union in Bereichen des Zivilrechts mit

---

[668] *Jarass/Kment*, § 27 Rn. 3.
[669] *Jarass/Kment*, § 27 Rn. 2.
[670] *Kingreen*, in: Calliess/Ruffert, Art. 24 GRCh Rn. 1.
[671] *Jarass/Kment*, § 27 Rn. 3; *Hölscheidt*, in: Meyer/Hölscheidt, Art. 24 Rn. 1.
[672] Erläuterungen zur Charta der Grundrechte, ABl. 2007 C 303, S. 17 (25).
[673] UN-Dokument mit der Nr. A/RES/44/25; s. sogleich u. Rn. 3906 ff.
[674] Dieser Absatz war in den Erläuterungen des Präsidiums des Grundrechtekonvents vom 7.12.2000 (CHARTE 4473/00 CONVENT 49, S. 25) noch nicht enthalten.

grenzüberschreitenden Bezügen – für die in Art. 81 AEUV[675] die entsprechende Zuständigkeit vorgesehen ist – insbesondere auch das **Umgangsrecht** umfassen kann, mit dem sichergestellt wird, dass Kinder regelmäßige persönliche Beziehungen und direkte Kontakte zu beiden Elternteilen unterhalten können.

II. Rechtsgrundlagen

1. UN-Kinderrechtskonvention

a) Grundkonzeption

Art. 24 EGRC wurde vom Grundrechtekonvent in den Formulierungen **bewusst an die UN-Kinderrechtskonvention**[676] **angelehnt**.[677] Dieses Übereinkommen über die Rechte des Kindes, wurde am 20.11.1989 von der UN-Generalversammlung verabschiedet und trat am 20.09.1990 in Kraft. Die Kinderrechtskonvention hat die größte Akzeptanz aller UN-Konventionen, zumal mit Ausnahme der USA und Somalias weltweit alle Länder die Konvention ratifiziert haben. Sie ist damit auch für alle EU-Mitgliedstaaten gültig.[678] 3906

Die Konvention legt wesentliche Standards zum Schutz der Kinder weltweit fest. Allerdings leidet ihre Wirksamkeit darunter, dass ihre unmittelbare Anwendung umstritten ist.[679] So hat beispielsweise die Bundesrepublik bei Hinterlegung der Ratifikationsurkunde beim Generalsekretär der Vereinten Nationen erklärt, dass nach ihrer Auffassung die Konvention nicht unmittelbar gelte.[680] Deutschland hat aber seine Vorbehalte zum Übereinkommen revidiert und am 15.07.2010 zurückgenommen.[681] 3907

Für die ursprüngliche Ansicht sprechen viele Formulierungen in der Konvention, die die Vertragsstaaten nur zum Handeln verpflichten und keine unmittelbaren Rechte gewähren. Untermauert wird dies insbesondere durch Art. 4 S. 1 der Konvention, wonach die Vertragsstaaten alle geeigneten Gesetzgebungs-, Verwaltungs- und sonstige Maßnahmen zur Verwirklichung der in dem Übereinkommen anerkannten Rechte treffen. 3908

---

[675] So auch schon im VE, s. Art. III-269 VE.
[676] UN-Dokument mit der Nr. A/RES/44/25.
[677] S. *Ennuschat*, in: Stern/Sachs, Art. 24 Rn. 1; vgl. *Hölscheidt*, in: Meyer/Hölscheidt, Art. 24 Rn. 12.
[678] *Streinz*, in: ders., Art. 24 GR-Charta Rn. 1.
[679] *Böhringer*, in: Heselhaus/Nowak, § 45 Rn. 5.
[680] *Ennuschat*, in: Stern/Sachs, Art. 24 Rn. 5.
[681] *Bundesministerium für Familie, Senioren, Frauen und Jugend*, Übereinkommen über die Rechte des Kindes: VN-Kinderrechtskonvention im Wortlaut mit Materialien, 6. Auflage, Dezember 2018; vgl. auch *Böhringer*, in: Heselhaus/Nowak, § 45 Rn. 5 (Fn. 27 a. E.).

3909   Die Erläuterungen zur EGRC⁶⁸² beziehen sich insbesondere auf Art. 3, 9, 12 und 13 der Kinderrechtskonvention.

b) Art. 24 Abs. 1 S. 1 EGRC

3910   Art. 24 Abs. 1 S. 1 EGRC basiert auf **Art. 3 Abs. 2 der Kinderrechtskonvention**.⁶⁸³ Dieser lautet: „Die Vertragsstaaten verpflichten sich, dem Kind unter Berücksichtigung der Rechte und Pflichten seiner Eltern, seines Vormunds oder anderer für das Kind gesetzlich verantwortlicher Personen den Schutz und die Fürsorge zu gewährleisten, die zu seinem Wohlergehen notwendig sind; zu diesem Zweck treffen sie alle geeigneten Gesetzgebungs- und Verwaltungsmaßnahmen."

c) Art. 24 Abs. 1 S. 2 und 3 EGRC

3911   Art. 24 Abs. 1 S. 2 EGRC ist auf **Art. 13 Abs. 1 der Kinderrechtskonvention** gegründet.⁶⁸⁴ Danach hat das Kind das **Recht auf freie Meinungsäußerung**. Dieses Recht schließt die Freiheit ein, ungeachtet der Staatsgrenzen Informationen und Gedankengut jeder Art in Wort, Schrift oder Druck, durch Kunstwerke oder andere vom Kind gewählte Mittel sich zu beschaffen, zu empfangen und weiterzugeben.

3912   Art. 24 Abs. 1 S. 3 EGRC entstammt **Art. 12 Abs. 1 der Kinderrechtskonvention**.⁶⁸⁵ Darin sichern die Vertragsstaaten dem Kind, das fähig ist, sich eine eigene Meinung zu bilden, das Recht zu, diese Meinung in allen das Kind berührenden Angelegenheiten frei zu äußern, und berücksichtigen die Meinung des Kindes angemessen und entsprechend seinem Alter und seiner Reife.

d) Art. 24 Abs. 2 EGRC

3913   Art. 24 Abs. 2 EGRC stützt sich auf **Art. 3 Abs. 1 der Kinderrechtskonvention**.⁶⁸⁶ Danach ist bei allen Maßnahmen, die Kinder betreffen, gleichviel ob sie von öffentlichen oder privaten Einrichtungen der sozialen Fürsorge, Gerichten, Verwaltungsbehörden oder Gesetzgebungsorganen getroffen werden, das **Wohl des Kindes** ein Gesichtspunkt, der vorrangig zu berücksichtigen ist.

---

⁶⁸²Erläuterungen zur Charta der Grundrechte, ABl. 2007 C 303, S. 17 (25).

⁶⁸³*Kingreen*, in: Calliess/Ruffert, Art. 24 GRCh Rn. 3; *Hölscheidt*, in: Meyer/Hölscheidt, Art. 24 Rn. 2; *Ennuschat*, in: Stern/Sachs, Art. 24 Rn. 8; *Böhringer*, in: Heselhaus/Nowak, § 45 Rn. 12.

⁶⁸⁴*Hölscheidt*, in: Meyer/Hölscheidt, Art. 24 Rn. 3; *Böhringer*, in: Heselhaus/Nowak, § 45 Rn. 12.

⁶⁸⁵*Hölscheidt*, in: Meyer/Hölscheidt, Art. 24 Rn. 3; *Kingreen*, in: Calliess/Ruffert, Art. 24 GRCh Rn. 4; *Ennuschat*, in: Stern/Sachs, Art. 24 Rn. 14; *Jarass/Kment*, § 27 Rn. 10.

⁶⁸⁶*Hölscheidt*, in: Meyer/Hölscheidt, Art. 24 Rn. 4; *Kingreen*, in: Calliess/Ruffert, Art. 24 GRCh Rn. 7; *Ennuschat*, in: Stern/Sachs, Art. 24 Rn. 17; *Böhringer*, in: Heselhaus/Nowak, § 45 Rn. 12.

e) Art. 24 Abs. 3 EGRC

Art. 24 Abs. 3 EGRC ist auf **Art. 9 Abs. 3 der Kinderrechtskonvention** zurückzuführen.[687] Danach achten die Vertragsstaaten das Recht des Kindes, das von einem oder beiden Elternteilen getrennt ist, regelmäßige persönliche **Beziehungen und** unmittelbare **Kontakte zu beiden Elternteilen** zu pflegen, soweit dies nicht dem Wohl des Kindes widerspricht.

3914

2. EuGH-Rechtsprechung

Soweit ersichtlich hat sich der EuGH bislang nicht unmittelbar mit den Grundrechten von Kindern befasst.[688] Er hat sich aber zumeist auf der Basis des Sekundärrechts im Rahmen der Grundfreiheiten im Hinblick auf mittelbare Diskriminierungen wegen der Staatsangehörigkeit etwa für Beihilfen zur häuslichen Kinderbetreuung geäußert und auch etwa die Bildungschancen von Kindern thematisiert.[689] **Art. 24 EGRC** prägt, wie der EuGH betont,[690] die **Auslegung des Sekundärrechts**. Der EGMR akzentuiert für Art. 8 und 14 EMRK die besondere Schutzbedürftigkeit von Kindern und Jugendlichen:[691] Allerdings ist der **EuGH zurückhaltend, im Elnzelfall Rechte abzuleiten**.[692] So folgt aus dem Recht auf Schutz und Fürsorge nicht zwingend die Anerkennung eines individuellen Rechts von Kindern darauf, dass ihren Eltern Elternurlaub gewährt wird. Es reicht aus, dass ein solches Recht den Eltern selbst eingeräumt wird.[693] Dabei ist aber für den EuGH maßgeblich, dass den Eltern als Erziehungsverpflichtete die elterliche Verantwortung obliegt und daher ihnen dieses Recht zusteht: Sie können demgemäß entscheiden, ob sie Elternurlaub in Anspruch nehmen oder nicht.[694] Indes müssen in anderen Situationen die Elternrechte begrenzt und eigene Kinderrechte bejaht werden. Das betrifft Eltern, die ihre Kinder in z. T. kompromittierenden bzw. intimen Lebenssituationen filmen, um die Aufnahmen später via Youtube der Öffentlichkeit zugänglich zu machen. Der Vorrang des Kindeswohls nach Art. 24 Abs. 2 EGRC genügt insoweit nicht. Dieses ist durchzusetzen und staatlich zu schützen. Hier besteht auch Bezug zu Art. 5 EGRC.

3915

---

[687] *Hölscheidt*, in: Meyer/Hölscheidt, Art. 24 Rn. 5; *Kingreen*, in: Calliess/Ruffert, Art. 24 GRCh Rn. 10; *Ennuschat*, in: Stern/Sachs, Art. 24 Rn. 19; *Böhringer*, in: Heselhaus/Nowak, § 45 Rn. 12; *Jarass/Kment*, § 27 Rn. 19.

[688] *Ennuschat*, in: Stern/Sachs, Art. 24 Rn. 3; *Rengeling/Szczekalla*, Rn. 941.

[689] *Böhringer*, in: Heselhaus/Nowak, § 45 Rn. 10.

[690] EuGH, Rs. C-356/11 u. 357/11, ECLI:EU:C.2012.776 (Rn. 77) – O. und S.; Rs. C-129/18, ECLI:EU:C:2019:248 (Rn. 67) – SM; bereits Rs. C 540/03, ECLI:EU:C:2006:429, (Rn. 58) – Parlament/Rat; Rs. C 403/09 PPU, ECLI:EU:C:2009:810 (Rn. 54) – Detiček; Rs. C 133/15, ECLI:EU:C:2017:354 (Rn. 70) – Chavez-Vilchez u. a.

[691] *Ennuschat*, in: Stern/Sachs, Art. 24 Rn. 3.

[692] *Ennuschat*, in: Stern/Sachs, Art. 24 Rn. 3.

[693] EuGH, Rs. C-149/10, ECLI:EU:C:2010:534 (Rn. 36) – Chatzi.

[694] EuGH, Rs. C-149/10, ECLI:EU:C:2010:534 (Rn. 36) – Chatzi.

3916 Art. 24 EGRC lässt sich auch als **Ansatzpunkt** für die Rechtfertigung von **Einschränkungen der Grundfreiheiten** entsprechend der *Schmidberger*-Judikatur des EuGH[695] nutzen.[696] Der Schutz- und Fürsorgeanspruch des Kindes gem. Art. 24 Abs. 1 S. 1 EGRC bildet ein berechtigtes Interesse, mit dem die Grundfreiheiten abzuwägen sind.

3. Internationales Recht

3917 Art. 17 der rev. ESC[697] gewährt Kindern und Jugendlichen ein Recht auf sozialen, gesetzlichen und wirtschaftlichen Schutz. **Art. 24 IPbpR** enthält ebenfalls rudimentäre Kinderrechte zur Nichtdiskriminierung, Registereintragung und Staatsangehörigkeit.

3918 Im Rahmen des Europarats wurde das **Europäische Übereinkommen über die Ausübung von Kinderrechten**[698] vom 25.01.1996[699] geschlossen. Mit dem Ziel, Kindern prozessuale Rechte zu gewähren und die Ausübung dieser Rechte zu erleichtern,[700] enthält es Verfahrensrechte von Kindern und kommt damit der Verpflichtung der Vertragsparteien aus Art. 4 der UN-Kinderrechtskonvention[701] nach, wonach die Vertragsparteien alle geeigneten Gesetzgebungs-, Verwaltungs- und sonstigen Maßnahmen zur Verwirklichung der in dem genannten Übereinkommen anerkannten Rechte zu treffen haben.[702] Das Europäische Übereinkommen über die Ausübung von Kinderrechten ist allerdings noch nicht von allen Mitgliedstaaten des Europarats ratifiziert worden.[703]

4. Verfassungen der Mitgliedstaaten

3919 Außer der Verfassung Zyperns enthalten **alle mitgliedstaatlichen Verfassungen spezielle Vorschriften zum Schutz von Kindern**.[704] Allerdings gehen nur wenige

---

[695] EuGH; Rs. C-112/00, ECLI:EU:C:2003:333 – Schmidberger; näher *Frenz*, Europarecht 1, Rn. 1215 ff.

[696] *Hölscheidt*, in: Meyer/Hölscheidt, Art. 24 Rn. 23.

[697] Revidierte Europäische Sozialcharta vom 3.5.1996, Europarat SEV-Nr. 163, s. Rn. 4046 ff.

[698] SEV-Nr. 160.

[699] In Kraft seit dem 1.7.2000.

[700] S. Art. 1 Abs. 2 des Europäischen Übereinkommens über die Ausübung von Kinderrechten.

[701] UN-Dokument mit der Nr. A/RES/44/25.

[702] S. o. Rn. 3907.

[703] Hinsichtlich der EU-Mitgliedstaaten sind dies Deutschland, Finnland, Frankreich, Griechenland, Italien, Kroatien, Lettland, Malta, Österreich, Polen, Portugal, Slowenien, Spanien, Tschechische Republik und Zypern.

[704] Ausführlich *Hölscheidt*, in: Meyer/Hölscheidt, Art. 24 Rn. 6 ff.

§ 6 Kinder 349

Verfassungen über eine objektive Schutzpflicht hinaus. **Subjektive Kinderrechte** werden **regelmäßig nicht** statuiert.[705]

III. Qualifizierung als Grundrechte

Art. 24 EGRC enthält mehrere Gewährleistungen, die bereits bei der Frage, ob sie als Grundrechte oder Grundsätze[706] zu qualifizieren sind, auseinander gehalten werden müssen. Auch der EuGH verweist im Zusammenhang mit dem Erwägungsgrund der VO Nr. 2201/2003 auf die Grundrechte und Grundsätze der EGRC und bezieht sich dann auf die zu gewährleistenden „Grundrechte des Kindes i. S. d. Art. 24 der Charta."[707] „Eins dieser Grundrechte des Kindes" ist „sein in Art. 24 Abs. 3 der Charta niedergelegter Anspruch auf regelmäßige persönliche Beziehungen und direkte Kontakte zu beiden Elternteilen".[708] Jedenfalls Art. 24 Abs. 3 EGRC ist ein klassisches Grundrecht.[709] Indem Grundrechte in Plural steht, ist es aber nicht das einzige. Die Grundrechte bezieht der EuGH pauschal auf Art. 24 EGRC.[710]

3920

1. Art. 24 Abs. 1 S. 1 EGRC

Art. 24 Abs. 1 S. 1 EGRC enthält mit den Begriffen „Schutz", „Fürsorge" und „Wohlergehen" recht abstrakte Formulierungen, weshalb der Norm nicht auf den ersten Blick entnommen werden kann, welche Rechtsfolge sie auslösen soll. Aufgrund der vagen Formulierung könnte man Art. 24 Abs. 1 S. 1 EGRC deshalb als Grundsatz ansehen, der die nachfolgenden Gewährleistungen einleitet und lediglich die Wichtigkeit des Kindeswohls betont.[711]

3921

Andererseits spricht Art. 24 Abs. 1 S. 1 EGRC davon, dass Kinder einen „Anspruch" auf den Schutz und die Fürsorge haben, die für ihr Wohlergehen notwendig sind. Diese Begriffswahl spricht für ein subjektives Recht,[712] zumal ein Vergleich mit anderen Vorschriften in der EGRC zeigt, dass bei der Ausgestaltung als Grundsatz eine andere Formulierung hätte gewählt werden können.[713] Auch

3922

---

[705] *Böhringer*, in: Heselhaus/Nowak, § 45 Rn. 4.
[706] Vgl. Art. 51 Abs. 1 S. 2 EGRC.
[707] EuGH, Rs. C-403/09, ECLI:EU:C:2009:810 (Rn. 53) – Detiček.
[708] EuGH, Rs. C-403/09, ECLI:EU:C:2009:810 (Rn. 54) – Detiček.
[709] Explizit auch EuGH, Rs. C-400/10, ECLI:EU:C:2010:582 (Rn. 60) – PPU.
[710] Auch EuGH, Rs. C-400/10, ECLI:EU:C:2010:582 (Rn. 60) – PPU.
[711] *Jarass/Kment*, § 27 Rn. 3.
[712] *Kingreen*, in: Calliess/Ruffert, Art. 24 GRCh Rn. 3.
[713] S. z. B. die Formulierungen in Art. 35 S. 2, Art. 37 und Art. 38 EGRC.

abstrakte Begriffsverwendungen dürfen nicht dazu führen, dass Rechte abgeschwächt als Grundsätze anzusehen sind. Es bedarf in solchen Fällen vielmehr der Begriffspräzisierung durch Literatur und Rechtsprechung. Daher ist Art. 24 Abs. 1 S. 1 EGRC als **subjektives Recht** einzuordnen.[714]

2. Art. 24 Abs. 1 S. 2 und 3 EGRC

3923 **Art. 24 Abs. 1 S. 2 EGRC** wiederholt die **Meinungsäußerungsfreiheit** des Art. 11 EGRC, die sich schon aus diesem Grundrecht ergibt[715] und bereits deshalb als **subjektives** Recht einzuordnen ist. Nach **Art. 24 Abs. 1 S. 3 EGRC** ist die **Kindesmeinung zu berücksichtigen**. Dieser Pflicht entspricht das **subjektive Recht der Kinder**. Art. 24 Abs. 1 S. 2 und 3 EGRC enthalten daher einklagbare Rechte.[716]

3924 Ein spezifischer Aspekt von Art. 24 Abs. 1 S. 2 EGRC gegenüber Art. 11 EGRC ergibt sich in der Zusammenschau mit Art. 24 Abs. 1 S. 3 EGRC insofern, als es um die **Meinungsäußerung von Kindern gerade gegenüber Behörden** geht, die für ihr Wohlergehen sorgen. Diese Meinungsäußerung fließt damit in Maßnahmen des Schutzes und der Fürsorge ein. Dadurch handelt es sich um eine Vorstufe zu Art. 24 Abs. 1 S. 3 EGRC, wonach die Meinung der Kinder in den sie betreffenden Angelegenheiten adäquat berücksichtigt wird. Diesen Zusammenhang bestätigt der Bezug zu Art. 12 Abs. 1 der UN-Kinderrechtskonvention,[717] der vor der gewöhnlichen Meinungsäußerungsfreiheit in deren Art. 13 Abs. 1 platziert ist, welcher ebenfalls für Art. 24 Abs. 1 EGRC Pate stand.[718]

3. Art. 24 Abs. 2 EGRC

3925 Art. 24 Abs. 2 EGRC verpflichtet zur vorrangigen Erwägung des Kindeswohls. Dieser Pflicht entspricht ein **Recht des Kindes**. Daher ist auch Art. 24 Abs. 2 EGRC als subjektives Recht und nicht als bloßer Grundsatz einzustufen.[719]

---

[714] *Kingreen*, in: Calliess/Ruffert, Art. 24 GRCh Rn. 3; *Jarass/Kment*, § 27 Rn. 3; *Winkler*, Die Grundrechte der Europäischen Union, 2006, S. 451.
[715] S. o. Rn. 2094.
[716] *Jarass/Kment*, § 27 Rn. 10 f.; zurückhaltender *Ennuschat*, in: Stern/Sachs, Art. 24 Rn. 5; a. A. *Winkler*, Die Grundrechte der Europäischen Union, 2006, S. 451.
[717] UN-Dokument mit der Nr. A/RES/44/25.
[718] S. o. Rn. 3911 f.
[719] *Jarass/Kment*, § 27 Rn. 14; *Hölscheidt*, in: Meyer/Hölscheidt, Art. 24 Rn. 17, 28 ff.; a. A. *Winkler*, Die Grundrechte der Europäischen Union, 2006, S. 451.

4. Art. 24 Abs. 3 EGRC

Gem. Art. 24 Abs. 3 EGRC hat jedes Kind Anspruch auf regelmäßige persönliche **3926** Beziehungen und direkte Kontakte zu den Eltern. Wie bei Art. 24 Abs. 1 S. 1 EGRC[720] ist aufgrund dieser Formulierung die Vorschrift als **subjektives Recht** des Kindes zu qualifizieren.[721] Es handelt sich dabei um ein Recht des Kindes, nicht der Eltern. Ein Recht der Eltern auf Umgang mit den Kindern ist in dieser Bestimmung nicht normiert.[722]

IV. Abgrenzung

Dass der Schutz des Kindes ein wichtiges Anliegen der EGRC ist, kommt unter **3927** anderem darin zum Ausdruck, dass mehrere der in der EGRC enthaltenen Normen das Wohlergehen von Kindern betreffen.

1. Gewährleistungen innerhalb des Art. 24 EGRC

Art. 24 EGRC enthält mehrere Gewährleistungen betreffend der Rechte des Kindes. **3928** Da sie unterschiedliche Inhalte behandeln, stehen sie nebeneinander.

2. Sonstige EGRC-Vorschriften

a) Erwachsenenrechte

Kindern stehen die gleichen Rechte wie Erwachsenen zu, weshalb die in der EGRC **3929** enthaltenen Grundrechte auch für sie gelten. Beispielsweise schützt **Art. 5 EGRC** allgemein vor Sklaverei, Zwangsarbeit und Menschenhandel. Darin inbegriffen ist der **Schutz der Kinder vor Kinderhandel** und auch die Bewahrung vor *kompromittierend*en oder gar intimen Aufnahmen, die der Öffentlichkeit zugänglich gemacht werden sollen: Eine Monetarisierung von Kindern darf nicht erfolgen, zumal nicht bei sexuellem Missbrauch. Art. 14 EGRC enthält ein Recht auf Bildung und Ausbildung und betrifft damit insbesondere Kinder und Jugendliche.

Bei manchen Vorschriften ist die **Schutzbedürftigkeit von Kindern** im Rahmen **3930** des Gewährleistungsbereichs besonders zu beachten. So darf beispielsweise gem. Art. 4 EGRC niemand der Folter oder unmenschlicher oder erniedrigender Strafe oder Behandlung unterworfen werden. Wann eine **Behandlung unmenschlich oder erniedrigend** ist, hängt unter anderem mit der Schutzbedürftigkeit der betreffenden

---

[720] S. o. Rn. 3921 f.
[721] *Jarass/Kment*, § 27 Rn. 19; *Thiele*, in: Pechstein/Nowak/Häde, Art. 24 Rn. 17; a. A. *Winkler*, Die Grundrechte der Europäischen Union, 2006, S. 451.
[722] *Hölscheidt*, in: Meyer/Hölscheidt, Art. 24 Rn. 35; s. allerdings o. Rn. 1371.

Person zusammen. Daher kann bei Kindern infolge ihrer besonderen Verwundbarkeit ein weitreichender Schutz angenommen werden, beispielsweise gegen **Prügelstrafen** oder **sexuelle Übergriffe**.[723]

b) Familienrechte

3931   Manche EGRC-Vorschriften beziehen **Kinder als Teil der Familie** ein. Dies gilt beispielsweise für das in **Art. 7 EGRC** normierte Recht auf Achtung des Familienlebens, die Gewährleistung des rechtlichen, wirtschaftlichen und sozialen Schutzes der Familie in **Art. 33 Abs. 1 EGRC** und die besonderen Schutzrechte des **Art. 33 Abs. 2 EGRC** (Rechte auf Schutz vor Entlassung aus einem mit der Mutterschaft zusammenhängenden Grund, auf einen bezahlten **Mutterschaftsurlaub** und auf Elternurlaub).

c) Besondere Schutzrechte

3932   **Art. 32 EGRC** bezieht sich bereits nach seinem Wortlaut besonders auf Kinder und Jugendliche. Er verbietet Kinderarbeit und enthält besondere Bestimmungen für den Schutz Jugendlicher am Arbeitsplatz.

3933   Zudem werden Kinder durch das Verbot der Diskriminierung aus Gründen des Alters in Art. **21 Abs. 1 EGRC** besonders geschützt.[724]

B. Kinder als Grundrechtsträger

3934   Art. 24 EGRC enthält in seinen unterschiedlichen Sätzen mehrere Gewährleistungen, die allesamt dem Schutz der Rechte des **Kindes** dienen. Diesen stehen **Grundrechte** selbst zu,[725] ihre **Eltern** werden **nicht** berechtigt.

3935   Unter dem in Art. 24 EGRC verwandten Begriff des Kindes sind entsprechend Art. 1 der UN-Kinderrechtskonvention[726] alle Menschen zu verstehen, die das **18. Lebensjahr noch nicht vollendet** haben.[727] Bei erwachsenen Menschen kann unterstellt werden, dass sie nicht in besonderer Weise schutzbedürftig sind.[728] Der

---

[723] *Jarass/Kment*, § 10 Rn. 8; *Rengeling/Szczekalla*, Rn. 952 unter Hinweis auf den EGMR.
[724] *Kingreen*, in: Calliess/Ruffert, Art. 24 GRCh Rn. 1; s. o. Rn. 3752.
[725] *Streinz*, in: ders., Art. 24 GR-Charta Rn. 5.
[726] UN-Dokument mit der Nr. A/RES/44/25.
[727] *Jarass/Kment*, § 27 Rn. 5; *Hölscheidt*, in: Meyer/Hölscheidt, Art. 24 Rn. 18; *Streinz*, in: ders., Art. 24 GR-Charta Rn. 5; *Kingreen*, in: Calliess/Ruffert, Art. 24 GRCh Rn. 2; *Ennuschat*, in: Stern/Sachs, Art. 24 Rn. 8.
[728] *Böhringer*, in: Heselhaus/Nowak, § 45 Rn. 20.

§ 6 Kinder

Begriff des Kindes ist damit in Art. 24 EGRC weiter gefasst als die in Art. 32 EGRC getroffene Unterscheidung zwischen Kindern und Jugendlichen.[729]

Ungeborene Kinder sind **nicht** Grundrechtsträger. Auch wenn Art. 24 EGRC diese nicht ausdrücklich vom Schutzgehalt ausnimmt, würde dies doch zu einer Überdehnung des Kindesbegriffs führen, insbesondere angesichts der europaweit hoch streitigen Frage nach dem Schutz ungeborenen Lebens. Diese Problematik ist im Rahmen des **Art. 2 EGRC** zu behandeln und nicht bei den Rechten des Kindes.[730]

3936

C. Anspruch auf Schutz und Fürsorge

I. Gewährleistungsbereich

Gem. Art. 24 Abs. 1 S. 1 EGRC haben Kinder Anspruch auf den Schutz und die Fürsorge, die für ihr Wohlergehen notwendig sind.

3937

1. Schutz

Dieser Anspruch richtet sich gegen die allgemeinen Grundrechtsadressierten, d. h. gem. Art. 51 Abs. 1 S. 1 EGRC gegen die Union und die Mitgliedstaaten bei der Durchführung von Unionsrecht. Sie werden verpflichtet, bei allen ihren Maßnahmen stets auch die **Auswirkungen auf Kinder zu berücksichtigen**.[731] Zugleich müssen sie aufgrund der Schutzverpflichtung einer **Beeinträchtigung des Kindeswohls** durch Dritte **entgegentreten**. Dies gilt **auch im Verhältnis zu den Eltern**.[732] Entsprechend dem Charakter von Schutzansprüchen werden konkrete Maßnahmen aber nur dann gefordert, wenn andernfalls eine evidente Beeinträchtigung eintreten würde. Dabei ist das **kindliche Wohlergehen** der Maßstab. Ein **vorsorgender Schutz** ist indes – parallel zu den allgemeinen grundrechtlichen Schutzpflichten – auch möglich.

3938

2. Fürsorge

Unter Fürsorge sind sonstige **Leistungen für das Wohlergehen des Kindes** zu verstehen, wie z. B. Pflege, Erziehung, Bildung etc.[733] Der Begriff geht damit über den des Schutzes hinaus.[734]

3939

---

[729] S. u. Rn. 4500 ff.
[730] *Ennuschat*, in: Stern/Sachs, Art. 24 Rn. 8. S. daher Teilband I Rn. 1018 ff.
[731] *Kingreen*, in: Calliess/Ruffert, Art. 24 GRCh Rn. 3.
[732] *Jarass/Kment*, § 27 Rn. 7.
[733] *Jarass/Kment*, § 27 Rn. 7.
[734] *Ennuschat*, in: Stern/Sachs, Art. 24 Rn. 9.

3. Wohlergehen

3940 Mit „Wohlergehen" ist ein sehr vager Begriff gewählt worden, der in der EGRC nicht näher definiert wird und daher schwer zu erfahren ist.[735] Eine allgemeine Begriffserklärung ist aufgrund der Abstraktheit kaum möglich, zumal der Begriff gesellschaftspolitischen Wertungen unterliegt.[736] **Orientierungspunkt** kann allenfalls das Ziel der Vorschrift sein, nämlich die **Entwicklung des Kindes zu einer eigenverantwortlichen und gemeinschaftsfähigen Persönlichkeit**.[737] Das Kind soll sich zu einer in der modernen Gesellschaft reifen Person entwickeln können. Alle insoweit auftretenden Beeinträchtigungen widersprechen dem Schutzanspruch.

3941 Allerdings folgt daraus nicht automatisch, dass ein Anspruch auf Beseitigung aller Beeinträchtigungen besteht. Jedes **Kind** ist **in** eine **bestimmte Umgebung gestellt**, die es sich nicht ausgesucht hat, die es aber selbst auch nicht ändern kann. Das vermögen auch nicht staatliche Organe. Eine wesentlich staatsgeprägte Erziehung ist nicht gewollt, sondern eine solche durch die Eltern, wie Art. 24 Abs. 3 EGRC deutlich macht. Dabei sind auch bestimmte Konflikte und Streitigkeiten nichts Ungewöhnliches.

3942 Das Wohlergehen der Kinder ist damit gewahrt, wenn sie sich in ihrer Umgebung natürlich entwickeln. Was das **Wohlergehen** ausmacht, hängt auch vom **Alter und Reifegrad** ab, wie Art. 24 Abs. 1 S. 3 EGRC deutlich macht. Bedeutsame inhaltliche Komponenten sind bei Betrachtung der anderen Charta-Bestimmungen, die sich auf Kinder beziehen, auch Bildung (Art. 14 Abs. 1 EGRC), Achtung demokratischer Grundsätze (Art. 14 Abs. 3 EGRC), das Familienleben (Art. 7 EGRC) sowie Sicherheit, Gesundheit, körperliche, geistige und soziale Entwicklung (Art. 32 EGRC).[738] Alle diese Komponenten sind aber nicht absolut, sondern sie hängen jeweils von der Umgebung ab, in der das Kind lebt.

3943 **Nur bei deutlichen Abweichungen** von dem durch die vorhandene Umgebung absehbaren Gang der Entwicklung erwächst im Allgemeinen ein **Anspruch auf Schutz und Fürsorge**. Problematisch ist allerdings, wenn ein Kind von vornherein **in Verhältnisse** etwa mit Gewalt und Alkoholismus hineingeboren wird. Hier hängt es vom Ausmaß ab, ob nicht doch ein staatliches Eingreifen gefordert wird. Das ist dann näher zu prüfen, allerdings infolge des Bezugs auf die vorhandene Umgebung nicht ohne Weiteres zu bejahen, wenn die gegebenen Verhältnisse eine **Entwicklung zu einer reifen Person in einer modernen Gesellschaft** ausschließen. Dabei ist auf das Wohlergehen des Kindes als Leitmaßstab abzustellen. Jedoch ist es Definitionssache, was eine reife Person ist. Daher können nur evidente Fälle erfasst werden, zumal die staatlichen Mittel begrenzt sind. Indes ist das Wohlergehen eher gefährdet, wenn solche Verhältnisse im Laufe der Zeit oder plötzlich auftreten.

---

[735] *Hölscheidt*, in: Meyer/Hölscheidt, Art. 24 Rn. 22 m. w. N.
[736] Vgl. *Böhringer*, in: Heselhaus/Nowak, § 45 Rn. 18.
[737] *Ennuschat*, in: Stern/Sachs, Art. 24 Rn. 10.
[738] *Hölscheidt*, in: Meyer/Hölscheidt, Art. 24 Rn. 22.

§ 6 Kinder

Eine solche Schwelle für das Eingreifen eines Schutzanspruchs korrespondiert mit der Dogmatik der grundrechtlichen Schutzpflichten. Sie führen erst bei evidenten Beeinträchtigungen von Schutzgütern zu staatlichen Handlungspflichten.[739] Entsprechend limitiert ist auch der Anspruch auf Schutz und Fürsorge nach Art. 24 Abs. 1 EGRC.

3944

4. Notwendigkeit

Dieser Anspruch setzt voraus, dass Schutz und Fürsorge für das Wohlergehen notwendig sind. In dem Begriff der Notwendigkeit lässt sich die Schwelle für das staatliche Eingreifen steuern.

3945

Problematisch ist, wer entscheidet, welcher Schutz und welche Fürsorge für das Wohlergehen eines Kindes „notwendig" sind.[740] Z. T. werden Ansätze für eine elterliche Entscheidungsbefugnis ausgemacht.[741] Indes schützt Art. 24 EGRC die Kinder und nicht die Eltern. Die Notwendigkeit ist daher aus der **Perspektive des Kindes** zu bestimmen, dessen Wohlergehen auf dem Spiel steht. Davon hängt auch ab, ob eine so starke Abweichung von der natürlichen Umgebung vorliegt, dass Schutz und Fürsorge für das kindliche Wohlergehen notwendig sind.

3946

Unter Umständen ist dieses **Wohlergehen auch gegen die Eltern** zu schützen. Elternbefugnisse ergeben sich eher aus dem Recht auf Achtung des Familienlebens. Indes sind Familien- und Kinderwohl in der EGRC nicht notwendig gleichgesetzt.

3947

II. Beeinträchtigung

Aufgrund der Schutzverpflichtung[742] kann Art. 24 Abs. 1 S. 1 EGRC dadurch beeinträchtigt werden, dass staatliche Organe nicht genügend vor **Verwahrlosung** und **Übergriffen in Familien** schützen. Wenn das Wohl von Kindern beeinträchtigt zu werden droht oder bereits beeinträchtigt wird, verpflichtet der Schutzanspruch die Union und die Mitgliedstaaten mithin, aktiv für das Wohlergehen des Kindes einzutreten.[743]

3948

Allerdings wird den zuständigen Stellen ein **großer Beurteilungsspielraum** zustehen, ausgehend vom Kindeswohl die erforderlichen Schutzmaßnahmen zu bestimmen. Zudem müssen sie **bei** anderen „**Brennpunkten**" nach den für sie sichtbaren Umständen entscheiden, **wo** sie **(zuerst) tätig** werden. Allerdings werden sie genügend Personal vorhalten müssen, um im Regelfall wirksamen Schutz sicherstellen zu können. Andernfalls liegt eine **Beeinträchtigung durch mangelhafte**

3949

---

[739] S. Teilband I Rn. 433 ff.
[740] *Ennuschat*, in: Stern/Sachs, Art. 24 Rn. 11.
[741] *Ennuschat*, in: Stern/Sachs, Art. 24 Rn. 11; *Tettinger*, NJW 2001, 1010 (1013).
[742] S. o. Rn. 3938.
[743] *Hölscheidt*, in: Meyer/Hölscheidt, Art. 24 Rn. 20; *Kingreen*, in: Calliess/Ruffert, Art. 24 GRCh Rn. 3.

Organisation vor. Eine Rechtfertigung dafür ist auf den ersten Blick schwer vorstellbar. Knappe Finanzmittel bedürfen unter Umständen einer anderen Verteilung. Allerdings wird man auch insoweit den zuständigen Organen einen Beurteilungsspielraum zubilligen müssen.

D. Meinungsäußerungsfreiheit und Berücksichtigung der Kindesmeinung

3950 Gem. Art. 24 Abs. 1 S. 2 EGRC können Kinder ihre Meinung frei äußern. Nach S. 3 wird die Meinung der Kinder in den Angelegenheiten, die sie betreffen, in einer ihrem Alter und ihrem Reifegrad entsprechenden Weise berücksichtigt. Die Einflussmöglichkeit von Kindern wird hierdurch betont und damit ein „**partizipatorischer Aspekt**"[744] aufgenommen.

I. Enger Zusammenhang zwischen Art. 24 Abs. 1 S. 2 und S. 3 EGRC

3951 Art. 24 Abs. 1 S. 2 EGRC bezieht die in Art. 11 EGRC garantierte **Meinungsäußerungsfreiheit** nochmals explizit auf **Kinder**.[745] Aus dieser Sicht hätte es der Norm nicht bedurft, da Art. 11 EGRC für jeden Menschen und damit auch für Kinder gilt.[746] Art. 24 Abs. 1 S. 2 EGRC hat von daher nur **klarstellenden Charakter**.[747] Er verdeutlicht zum einen, dass Kinder eigenständige Personen und damit auch Grundrechtsträger sind.[748] Zum anderen wird klargestellt, dass die Freiheit der Meinungsäußerung Voraussetzung für die in Art. 24 Abs. 1 S. 3 EGRC gewährleistete Berücksichtigungspflicht ist.[749] Daraus ergibt sich freilich der spezifische Kontext des Art. 24 Abs. 1 S. 2 EGRC und damit auch der durch diese Vorschrift geschützten Meinungsäußerung. Daraus resultiert ihre spezifische Bedeutung auch im Hinblick auf die allgemeine Meinungsäußerungsfreiheit.[750] Beide Sätze sind daher in engem Zusammenhang zu sehen,[751] wie auch in der englischen und der französische Sprachfassung deutlich wird.[752]

---

[744] *Böhringer*, in: Heselhaus/Nowak, § 45 Rn. 17.

[745] *Jarass/Kment*, § 27 Rn. 9.

[746] *Hölscheidt*, in: Meyer/Hölscheidt, Art. 24 Rn. 24; *Ennuschat*, in: Stern/Sachs, Art. 24 Rn. 13; abgeschwächt auch *Böhringer*, in: Heselhaus/Nowak, § 45 Rn. 17; s. o. Rn. 2094.

[747] *Jarass/Kment*, § 27 Rn. 9.

[748] *Ennuschat*, in: Stern/Sachs, Art. 24 Rn. 13.

[749] *Kingreen*, in: Calliess/Ruffert, Art. 24 GRCh Rn. 4 f.

[750] S. bereits Rn. 3923.

[751] *Jarass/Kment*, § 27 Rn. 9; *Kingreen*, in: Calliess/Ruffert, Art. 24 GRCh Rn. 4.

[752] In der englischen Fassung wird in Art. 24 Abs. 1 S. 3 EGRC von „such views", in der französischen von „celle-ci" gesprochen.

§ 6 Kinder

II. Berücksichtigungspflicht

Art. 24 Abs. 1 S. 3 EGRC verstärkt die **Meinungsäußerungsfreiheit**, da die Union und die Mitgliedstaaten verpflichtet werden, die **Meinung der Kinder zu berücksichtigen**. Sie müssen sich mit der Kindermeinung auseinandersetzen, sie in ihren Erkenntnisprozess einbeziehen und bei ihrer Entscheidungsfindung bedenken.[753] Nicht zwingend ist eine Zustimmung zu der Kindesmeinung.[754]

3952

III. Recht des Kindes

Zugleich wird mit Art. 24 Abs. 1 S. 3 EGRC sichergestellt, dass den **Kindern selbst Gehör** gewährt wird und sie ihr **Grundrecht** auf freie Meinungsäußerung **selbstständig wahrnehmen** können, sofern sie aufgrund ihres Alters und ihres Reifegrads die notwendige Einsichtsfähigkeit besitzen. Kinder sind **eigenständige Grundrechtsträger**.[755] Das Kindesrecht kann in dem Fall neben dem Grundrecht der Eltern stehen.[756] Es kann auch zu Konflikten mit dem elterlichen Erziehungsrecht kommen.[757] Es handelt sich nicht nur um ein **Recht** des einzelnen Kindes, sondern auch der **Kinder als Teil der Gesellschaft**, wobei sich die Frage stellt, wie die Gesamtheit der Kinder repräsentiert werden kann.[758]

3953

IV. Kinderspezifische Angelegenheiten

Art. 24 Abs. 1 S. 3 EGRC verlangt die **Berücksichtigung** der Kindesmeinung „in den Angelegenheiten, die sie betreffen." Eine kinderspezifische, individuelle Betroffenheit ist daher notwendig,[759] wobei es unerheblich ist, ob die Angelegenheit für Kinder begünstigend oder belastend wirkt.[760] Der Kreis der **Angelegenheiten, die Kinder betreffen**, ist **weit** zu fassen.[761]

3954

Diese Begrenzung auf kinderspezifische Angelegenheiten gilt nicht für die Meinungsäußerungsfreiheit des Art. 24 Abs. 1 S. 2 EGRC, da sie dort nicht enthalten ist. Ansonsten entstünde auch ein Widerspruch zur allgemeinen Gewährleistung des Art. 11 EGRC.[762]

3955

---

[753] *Hölscheidt*, in: Meyer/Hölscheidt, Art. 24 Rn. 26; *Ennuschat*, in: Stern/Sachs, Art. 24 Rn. 15.
[754] *Kingreen*, in: Calliess/Ruffert, Art. 24 GRCh Rn. 5; *Ennuschat*, in: Stern/Sachs, Art. 24 Rn. 15.
[755] *Rengeling/Szczekalla*, Rn. 958; *Thiele*, in: Pechstein/Nowak/Häde, Art. 24 Rn. 9.
[756] *Jarass/Kment*, § 27 Rn. 11.
[757] *Rengeling/Szczekalla*, Rn. 958.
[758] *Kingreen*, in: Calliess/Ruffert, Art. 24 GRCh Rn. 5.
[759] *Kingreen*, in: Calliess/Ruffert, Art. 24 GRCh Rn. 5.
[760] *Jarass/Kment*, § 27 Rn. 10.
[761] *Ennuschat*, in: Stern/Sachs, Art. 24 Rn. 15.
[762] *Ennuschat*, in: Stern/Sachs, Art. 24 Rn. 13.

V. Keine unmittelbare Drittwirkung

3956 Privatpersonen werden durch Art. 24 Abs. 1 S. 2 und 3 EGRC nicht unmittelbar gebunden.[763] Grundrechte haben – wie Art. 51 Abs. 1 S. 1 EGRC zeigt[764] – grundsätzlich **keine unmittelbare Drittwirkung**. Bei einer weitergehenden Konzeption spezifisch von Art. 24 Abs. 1 S. 2 und 3 EGRC würde das **private Familienleben** grundrechtlich geprägt und nicht nur geschützt, wie es auch Art. 7 EGRC vorsieht.

VI. Beeinträchtigung

3957 Art. 24 Abs. 1 S. 2 EGRC wird beeinträchtigt, wenn den **Kindern keine ausreichende Möglichkeit** geboten wird, ihre **Meinung zu äußern**.[765] Art. 24 Abs. 1 S. 3 EGRC wird beeinträchtigt, wenn den **Kindern nicht ausreichend Gehör** verschafft wird, sei es in Form einer Einschränkung oder einer kompletten Versagung.[766] Gleichzustellen ist, wenn sie nur zum Schein bzw. pro forma angehört werden, ohne dass die vorgebrachten Belange ernst genommen und verarbeitet werden.

E. Vorrangige Erwägung des Kindeswohls

I. Gewährleistungsbereich

3958 Gem. Art. 24 Abs. 2 EGRC muss bei allen Kinder betreffenden Maßnahmen öffentlicher Stellen oder privater Einrichtungen das Wohl des Kindes eine vorrangige Erwägung sein.

1. Kinder betreffende Maßnahmen

3959 Der Begriff der Maßnahmen ist **weit** zu verstehen.[767] Erfasst sind alle Kinder betreffende Maßnahmen. Auf die Art kommt es nicht an. Sie müssen nur Kinder betreffen, was aber weit zu verstehen ist – parallel zu Art. 24 Abs. 1 S. 3 EGRC. das Wohl des Kindes eine vorrangige Erwägung sein muss.

---

[763] *Jarass/Kment*, § 27 Rn. 10; *Kingreen*, in: Calliess/Ruffert, Art. 24 GRCh Rn. 6; *Hölscheidt*, in: Meyer/Hölscheidt, Art. 24 Rn. 19 (mittlerweile auch für eine nur „mittelbare Drittwirkung"); a. A. *Schmitz*, JZ 2001, 833 (840).

[764] S. aber EuGH, Rs. C-569/16, ECLI:EU:C:2018:871 – Bauer.; s. o. Rn.

[765] *Jarass/Kment*, § 27 Rn. 12.

[766] *Kingreen*, in: Calliess/Ruffert, Art. 24 GRCh Rn. 6.

[767] *Hölscheidt*, in: Meyer/Hölscheidt, Art. 24 Rn. 30.

2. Öffentliche Stellen und private Einrichtungen

Unter den „Stellen" und „Einrichtungen" sind alle solche Institutionen zu verstehen, die für das Aufwachsen von Kindern Bedeutung haben, beispielsweise **Kindertagesstätten** und **Schulen**.[768] Dazu gehören aber auch **Behörden, Gerichte** etc.[769] Unter privaten Einrichtungen sind solche von privaten Trägern zu verstehen.[770] Sie sind insbesondere im Bereich von Schulen und **Kindergärten** zu finden.

3960

3. Vorrangige Erwägung

Anders als bei Art. 24 Abs. 1 S. 3 EGRC ist das Wohl des Kindes nicht zu „berücksichtigen", sondern muss eine „vorrangige Erwägung" sein. Zwar erscheint der Begriff des Erwägens auf den ersten Blick etwas schwächer als die Berücksichtigungspflicht.[771] Da aber von vorrangiger Erwägung gesprochen wird, dürfte es sich in der Praxis um die gleiche Intensität handeln,[772] wenn nicht der Vorrang auf ein größeres Gewicht deutet. In der englischen und der französischen Fassung der EGRC wird aber in beiden Normen der gleiche Begriff verwandt.[773] „Eine vorrangige Erwägung" bedeutet, dass auch andere Erwägungen eine Rolle spielen dürfen; das **Kindeswohl** hat **nicht stets Vorrang**. Es bedarf jedoch gewichtiger Gegenargumente.[774]

3961

4. Wohl des Kindes

Der Begriff des Kindeswohls dürfte so zu verstehen sein wie der des Wohlergehens in Art. 24 Abs. 1 EGRC.[775] Deshalb gelten dieselben Maßstäbe.[776] Es wird ohnehin eine parallele Begrifflichkeit gefordert.[777]

3962

---

[768] *Hölscheidt*, in: Meyer/Hölscheidt, Art. 24 Rn. 29; *Ennuschat*, in: Stern/Sachs, Art. 24 Rn. 17.

[769] *Kingreen*, in: Calliess/Ruffert, Art. 24 GRCh Rn. 7; *Ennuschat*, in: Stern/Sachs, Art. 24 Rn. 17.

[770] *Jarass/Kment*, § 27 Rn. 15.

[771] *Hölscheidt*, in: Meyer/Hölscheidt, Art. 24 Rn. 31; zweifelnd *Ennuschat*, in: Stern/Sachs, Art. 24 Rn. 18.

[772] *Hölscheidt*, in: Meyer/Hölscheidt, Art. 24 Rn. 31.

[773] In der englischen Version wird jeweils von „consideration" gesprochen, in der französischen von „considération".

[774] *Jarass/Kment*, § 27 Rn. 16 f.; vgl. *Kingreen*, in: Calliess/Ruffert, Art. 24 GRCh Rn. 9.

[775] *Jarass/Kment*, § 27 Rn. 16.

[776] S. o. Rn. 3940.

[777] *Hölscheidt*, in: Meyer/Hölscheidt, Art. 24 Rn. 22.

5. Keine unmittelbare Drittwirkung

3963 Art. 24 Abs. 2 EGRC bezieht ausdrücklich **private Einrichtungen** in den Kreis derjenigen ein, die das Kindeswohl vorrangig in ihre Erwägungen einzubeziehen haben. Daraus wird überwiegend geschlossen, dass Art. 24 Abs. 2 EGRC unmittelbare Drittwirkung entfaltet.[778] Sie beträfe allerdings nur die genannten privaten „Einrichtungen", nicht aber eine natürliche Person als Einzelmensch.[779]

3964 Eine unmittelbare Drittwirkung widerspricht aber der allgemeinen Regel des Art. 51 Abs. 1 S. 1 EGRC, wonach die EGRC nur für die Organe, Einrichtungen und sonstigen Stellen der Union und für die Mitgliedstaaten bei Durchführung von Unionsrecht gilt.[780] Eine Ausnahme von dieser Regelung hätte deutlicher zum Ausdruck gebracht werden müssen.[781] Der EuGH verneinte aber in anderem Zusammenhang eine ausschließende Wirkung von Art. 51 Abs. 1 S. 1 EGRC.[782]

3965 Art. 24 Abs. 2 EGRC lehnt sich stark an Art. 3 Abs. 1 der **Kinderrechtskonvention** an,[783] die ausweislich ihres **Art. 4** die Vertragsstaaten dazu verpflichtet, alle geeigneten Maßnahmen zur Verwirklichung der in der Konvention anerkannten Rechte zu treffen. Art. 24 Abs. 2 EGRC ist daher vielmehr derart zu verstehen, dass die Union und die Mitgliedstaaten verpflichtet sind, sicherzustellen, dass die öffentlichen Stellen und privaten Einrichtungen das Wohl des Kindes berücksichtigen. Wenn die **Union** und die **Mitgliedstaaten** entsprechend gesetzgeberisch tätig werden, **können** sie **auch Dritte verpflichten**.[784]

3966 Die zuständigen Organe müssen in jedem Fall darauf achten, dass die relevanten **Einrichtungen unabhängig von ihrer Organisationsform** erfasst werden. Ansonsten könnte die Wirkkraft von Art. 24 Abs. 2 EGRC ausgehebelt werden. Zudem ist es aus Sicht seines Wohles gleichgültig, welche Einrichtung ein Kind besucht. Die Gleichstellung von öffentlichen Stellen und privaten Einrichtungen bezieht sich darauf und auf die staatlichen Vorkehrungen, begründet aber **keine unmittelbare Drittwirkung**.

II. Beeinträchtigung

3967 Zum einen wird in das Grundrecht des Art. 24 Abs. 2 EGRC eingegriffen, wenn die Union und die Mitgliedstaaten als Betreiber öffentlicher Stellen oder privater Ein-

---

[778] *Hölscheidt*, in: Meyer/Hölscheidt, Art. 24 Rn. 19; *Schmitz*, JZ 2001, 833 (840); *Streinz*, in: ders., Art. 24 GR-Charta Rn. 5; *Böhringer*, in: Heselhaus/Nowak, § 45 Rn. 21; a. A. *Jarass/Kment*, § 27 Rn. 10 a. E., 15; *Rengeling/Szczekalla*, Rn. 960.
[779] *Rengeling/Szczekalla*, Rn. 960.
[780] *Ennuschat*, in: Stern/Sachs, Art. 24 Rn. 7; *Jarass*, Art. 24 Rn. 17.
[781] *Kingreen*, in: Calliess/Ruffert, Art. 24 GRCh Rn. 8.
[782] EuGH, Rs. C-569/16, ECLI:EU:C:2018:871 – Bauer; s. o. Rn. 3770.
[783] UN-Dokument mit der Nr. A/RES/44/25, s. o. Rn. 3906 ff.
[784] *Ennuschat*, in: Stern/Sachs, Art. 24 Rn. 7.

richtungen dem **Kindeswohl** bei den Kinder betreffenden Maßnahmen **kein vorrangiges Gewicht** einräumen.⁷⁸⁵ Zum anderen kommt es zu einer Beeinträchtigung des Art. 24 Abs. 2 EGRC, wenn die Grundrechtsadressierten ihrer Verpflichtung nicht nachkommen, sicherzustellen, dass öffentliche Stellen und private Einrichtungen dem Wohl des Kindes vorrangige Erwägung zukommen lassen. Rechtfertigend wirken nicht innerstaatliche organisatorische Schwierigkeiten wie ein fehlender Durchgriff auf private Einrichtungen. Es ist **Aufgabe der Mitgliedstaaten**, eine den europarechtlichen Vorgaben entsprechende **Organisation** sicherzustellen.

F. Anspruch auf persönliche Beziehungen zu den Eltern

I. Gewährleistungsbereich

Gem. Art. 24 Abs. 3 EGRC hat jedes Kind Anspruch auf regelmäßige persönliche Beziehungen und direkte Kontakte zu beiden Elternteilen, es sei denn, dies steht seinem Wohl entgegen. Diese Vorschrift spiegelt die **heutige Wirklichkeit** wider, dass häufig der Kontakt eines Elternteils zum Kind verloren geht, so beim Scheitern einer Ehe oder anderen Beziehungen der Eltern oder wenn diese nie wirklich existiert hat. Zugleich werden die Konstellationen erfasst, in denen gerichtliche oder behördliche Maßnahmen den Kontakt zwischen den Kindern und den Eltern unterbinden oder erschweren.⁷⁸⁶ So darf auch einem **Drittstaatsangehörigen** mit Vorstrafen die **Aufenthaltserlaubnis** nicht automatisch verweigert werden, wenn er mit seinem Kind, das Unionsbürgerin oder Unionsbürger ist, im Aufnahmemitgliedstaat lebt und ihm Unterhalt gewährt.⁷⁸⁷

3968

1. Persönliche Beziehung und direkte Kontakte

Kinder sollen aufgrund direkter Kontakte eine persönliche Beziehung zu beiden Elternteilen aufbauen und pflegen können. Daher müssen die Kontakte über eine bloße Rechtsbeziehung, beispielsweise im Rahmen einer Unterhaltspflicht, hinausgehen. Sie müssen **tatsächlich sowie unmittelbar** sein und dürfen auch **nicht durch eine weitere Person gestört** werden.⁷⁸⁸ Bei getrennt lebenden Eltern hat das Kind insbesondere einen **Anspruch auf direkte Kontakte** zu dem Elternteil, bei dem es nicht lebt.⁷⁸⁹

3969

---

⁷⁸⁵ *Jarass/Kment*, § 27 Rn. 16.
⁷⁸⁶ *Ennuschat*, in: Stern/Sachs, Art. 24 Rn. 19.
⁷⁸⁷ EuGH, Rs. C-165/14, ECLI:EU:C:2016:675 (Rn. 66 f.) – Marín; Rs. C-414/16, ECLI:EU:C:2018:257 – Egenberger.
⁷⁸⁸ *Ennuschat*, in: Stern/Sachs, Art. 24 Rn. 21.
⁷⁸⁹ *Jarass/Kment*, § 27 Rn. 19.

3970 Unter direkten Kontakten sind Kontakte aller Art zu verstehen, d. h. z. B. das unmittelbare Zusammensein durch **Besuche**, aber auch der Kontakt über **Briefe, Telefonate** etc. Regelmäßig sind diese Kontakte, wenn sie in überschaubaren Intervallen stattfinden, wobei die **Häufigkeit von Alter und Reife des Kindes abhängig** ist.[790]

2. Eltern

3971 Unter „Eltern" könnten aufgrund des Ziels der Vorschrift, persönliche Beziehungen und Kontakte der Kinder zu schützen und zu stabilisieren, nicht **nur** die **leiblichen Eltern**, sondern auch sonstige Bezugspersonen zu verstehen sein, die die Rolle der Eltern einnehmen, beispielsweise Großeltern oder Pflegeeltern.[791] Damit wäre zwar ein Gleichklang zum Schutz des Familienlebens nach Art. 7 EGRC hergestellt.[792] Allerdings würde der Kreis der Bezugspersonen sehr weit gezogen und es bedürfte jeweils einer Einzelfallentscheidung, wann eine elternähnliche Verbindung zum Kind besteht. Zudem ist der **Wortlaut des Art. 24 Abs. 3 EGRC eindeutig eng**. Erfasst sind daher lediglich die leiblichen oder ihnen **gleichgestellte Adoptiveltern, unabhängig von der Sorgeberechtigung**.[793] Dies gilt auch unabhängig von der Staatsangehörigkeit. Da die Kinder berechtigt sind, müssen nur sie Unionsbürgerin bzw. Unionsbürger sein; die **Eltern** können auch **aus Drittstaaten** kommen.[794]

3. Mangelnde Unionskompetenz

3972 Die Erläuterungen zur EGRC[795] weisen auf Art. 81 AEUV hin, der auch das Umgangsrecht umfassen kann, mit dem sichergestellt werden soll, dass Kinder regelmäßige persönliche Beziehungen und direkte Kontakte zu beiden Elternteilen unterhalten können.[796] Allerdings betrifft Art. 81 AEUV lediglich die justizielle Zusammenarbeit in Zivilsachen. Bei einem Rechtsstreit über das Umgangsrecht kann es auf der Grundlage von Art. 81 AEUV zu einer Verbesserung der Zusammenarbeit zwischen den Mitgliedstaaten und der Beseitigung von nationalen Hindernissen kommen. Bereits derzeit statuierte die Union auf der Grundlage der Art. 61

---

[790] *Ennuschat*, in: Stern/Sachs, Art. 24 Rn. 21.
[791] *Kingreen*, in: Calliess/Ruffert, Art. 24 GRCh Rn. 10.
[792] S. o. Rn. 1371.
[793] *Ennuschat*, in: Stern/Sachs, Art. 24 Rn. 20.
[794] EuGH, Rs. C-165/14, ECLI:EU:C:2016:675 (Rn. 66 f.) – Marín.
[795] Erläuterungen zur Charta der Grundrechte, ABl. 2007 C 303, S. 17 (25).
[796] Dieser Absatz war in den Erläuterungen des Präsidiums des Grundrechtekonvents vom 7.12.2000, CHARTE 4473/00 CONVENT 49, S. 25, noch nicht enthalten.

§ 6 Kinder

lit. c), 65 EG die so genannten Brüssel II-[797] und IIa-Verordnungen[798] über die Zuständigkeit und die Anerkennung und Vollstreckung von Entscheidungen in Ehesachen und in Verfahren betreffend die elterliche Verantwortung für die gemeinsamen Kinder der Ehegatten.[799]

Hinsichtlich des in **Art. 24 Abs. 3 EGRC** normierten Anspruchs des Kindes gibt es derzeit jedoch **keine Unionskompetenz**, außer bezüglich des grenzüberschreitenden Umgangs von Kindern mit ihren Eltern unter den Voraussetzungen des Art. 81 Abs. 3 AEUV.[800] Diese Kompetenzverteilung ist auch bei der Auslegung von Sekundärrecht zu beachten. **Nur die Durchführung von Unionsrecht** wird nach Art. 51 EGRC von den EU-Grundrechten interpretativ **bestimmt**.[801] Dazu ist zu prüfen, ob mit der in Rede stehenden nationalen Regelung eine Durchführung einer Bestimmung des Unionsrechts bezweckt wird, welchen Charakter diese Regelung hat und ob mit ihr andere als die unter das Unionsrecht fallenden Ziele verfolgt werden, selbst wenn sie das Unionsrecht mittelbar beeinflussen kann, sowie ob es eine Regelung des Unionsrechts gibt, die für diesen Bereich spezifisch ist oder ihn beeinflussen kann.[802] Bei nationalem Recht ist dies dann nicht der Fall, wenn die Voraussetzungen des Unionsrecht, etwa für die Ausstellung einer „Aufenthaltskarte für Familienangehörige eines Unionsbürgers" nicht vorliegen und auch kein Antrag auf Ausstellung eines anderen unionsrechtlichen vorgesehenen Dokuments gestellt wurde.[803]

3973

Selbst den **Mitgliedstaaten** unionsrechtlich **eröffnete Spielräume** sind **zu belassen**. Dementsprechend besteht auch kein Anspruch eines Kindes auf Aufnahme in das Hoheitsgebiet eines Staates, etwa weil eine Ermessensreduzierung auf Null bei Anträgen auf Familienzusammenführung besteht. Vielmehr lassen die Richtlinienbestimmungen insoweit einen Spielraum, der sich nach dem Grad der Integration der Kinder richtet. Dieser darf nicht einfach durch Art. 24 EGRC überspielt werden, wenn das Wohl minderjähriger Kinder hinreichend berücksichtigt wird.[804] Art. 24 EGRC hat also auch im Rahmen der Durchführung von Unionsrecht keine

3974

---

[797] VO (EG) Nr. 1347/2000 des Rates vom 29.5.2000 über die Zuständigkeit und die Anerkennung und Vollstreckung von Entscheidungen in Ehesachen und in Verfahren betreffend die elterliche Verantwortung für die gemeinsamen Kinder der Ehegatten, ABl. 2000 L 160, S. 19; aufgehoben durch die sog. Brüssel-IIa-VO (EG) Nr. 2201/2003, ABl. 2003 L 338, S. 1.

[798] VO (EG) Nr. 2201/2003 des Rates vom 27.11.2003 über die Zuständigkeit und die Anerkennung und Vollstreckung von Entscheidungen in Ehesachen und in Verfahren betreffend die elterliche Verantwortung und zur Aufhebung der VO (EG) Nr. 1347/2000, ABl. 2003 L 338, S. 1, zuletzt geändert durch VO (EG) Nr. 2116/2004, ABl. 2004 L 367, S. 1.

[799] *Ennuschat*, in: Stern/Sachs, Art. 24 Rn. 24.

[800] *Hölscheidt*, in: Meyer/Hölscheidt, Art. 24 Rn. 39.

[801] EuGH, Rs. C-40/11, ECLI:EU:C:2012:691 (Rn. 78 ff.) – Iida.

[802] EuGH, Rs. C-40/11, ECLI:EU:C:2012:691 (Rn. 79) – Iida.

[803] EuGH, Rs. C-40/11, ECLI:EU:C:2012:691 (Rn. 80 f.) – Iida.

[804] EuGH, Rs. C-540/03, ECLI:EU:C:2006:429 (Rn. 60 ff.) – Parlament/Rat.

absolute Wirkung, zumal wenn es um die Richtlinienvorgaben in auch nationaler Kompetenz unterliegendenden Bereichen geht. Im Übrigen muss Unionsrecht mit Art. 24 EGRC übereinstimmen.

4. Recht des Kindes

3975 Geschützt wird **nur** der **Anspruch des Kindes, nicht der** der **Eltern**.[805] Ein derartiger Anspruch kann sich allenfalls aus dem Recht auf Achtung des Familienlebens in Art. 7 EGRC ergeben.[806]

5. Keine unmittelbare Drittwirkung

3976 Der Anspruch des Kindes richtet sich wie üblich gegen die allgemeinen Grundrechtsadressierten, d. h. gem. Art. 51 Abs. 1 S. 1 EGRC gegen die Union und die Mitgliedstaaten in Durchführung des Unionsrechts. Eine unmittelbare Drittwirkung ist abzulehnen,[807] da sie zum einen dem Wortlaut des Art. 24 Abs. 3 EGRC nicht zu entnehmen ist und zum anderen eine begründungsbedürftige Ausnahme darstellen würde.[808]

3977 Art. 24 Abs. 3 EGRC ist damit derart zu verstehen, dass die **Union** und die **Mitgliedstaaten verpflichtet** sind, den **Anspruch von Kindern auf regelmäßige persönliche Beziehungen und direkte Kontakte zu den Eltern zu ermöglichen und sicherzustellen**. Art. 24 Abs. 3 EGRC verlangt daher ein aktives Handeln der Grundrechtsadressierten. Durch die auf dieser Grundlage ergehende Gesetzgebung von Union und Mitgliedstaaten können auch Private verpflichtet werden,[809] aber nicht aus Art. 24 Abs. 3 EGRC unmittelbar parallel zu Art. 24 Abs. 2 EGRC.

II. Beeinträchtigung

3978 Der Anspruch des Kindes wird beeinträchtigt, wenn die Grundrechtsadressierten ihrer Verpflichtung zur Sicherstellung der persönlichen Beziehung und der direkten Kontakte zwischen Kindern und Eltern nicht nachkommen. Eine besonders gravierende Beeinträchtigung liegt in der **Trennung des Kindes** von einem oder beiden Elternteilen.[810]

---

[805] *Jarass/Kment*, § 27 Rn. 5, 19.
[806] *Kingreen*, in: Calliess/Ruffert, Art. 24 GRCh Rn. 10. Näher Teilband I Rn. 1371.
[807] S. *Jarass/Kment*, § 4 Rn. 19 ff.; *Rengeling/Szczekalla*, Rn. 961; *Ennuschat*, in: Stern/Sachs, Art. 24 Rn. 7; *Hölscheidt*, in: Meyer/Hölscheidt, Art. 24 Rn. 19.
[808] *Kingreen*, in: Calliess/Ruffert, Art. 24 GRCh Rn. 11.
[809] *Ennuschat*, in: Stern/Sachs, Art. 24 Rn. 7; näher vorstehend Rn. 3972.
[810] *Jarass/Kment*, § 27 Rn. 20.

Eine **Rechtfertigung** ist nach Art. 24 Abs. 3 EGRC lediglich für den Fall 3979
möglich, dass das **Wohl des Kindes** einer regelmäßigen persönlichen Beziehung
entgegensteht.[811] Dabei geht die Norm offensichtlich davon aus, dass das Kindeswohl grundsätzlich durch die regelmäßige persönliche Beziehung und die direkten Kontakte gefördert wird. Daher ist die Rechtfertigungsmöglichkeit **eng auszulegen**.[812] Es müssen schwerwiegende Gründe einem persönlichen Kontakt entgegenstehen. Das Wohl des Kindes ist schon aus Gründen der Normeinheit wie an anderer Stelle des Art. 24 EGRC zu interpretieren.[813]

G. Prüfungsschemata zu Art. 24 EGRC

I. Prüfungsschema zu Art. 24 Abs. 1 S. 1 EGRC

1. Schutzbereich 3980
 a) Anspruch auf Schutz und Fürsorge
 b) Fürsorge: sonstige Leistungen für das Wohlergehen des Kindes, z. B. Pflege, Erziehung, Bildung
 c) Auswirkungen auf Kinder zu berücksichtigen
 d) Beeinträchtigung des Kindeswohls durch Dritte entgegentreten, auch im Verhältnis zu den Eltern

2. Beeinträchtigung
 a) Wohl von Kindern droht beeinträchtigt zu werden oder wird bereits beeinträchtigt, ohne dass die Union oder die Mitgliedstaaten aktiv für das Wohlergehen des Kindes eintreten
 b) Beurteilungsspielraum der zuständigen Stellen

3. Rechtfertigung

II. Prüfungsschema zu Art. 24 Abs. 1 S. 2 und S. 3 EGRC

1. Schutzbereich 3981
 a) S. 2: Meinungsäußerungsfreiheit explizit bezogen auf Kinder
 b) S. 3: Verpflichtung, sich mit der Kindermeinung auseinanderzusetzen, sie in Erkenntnisprozess einzubeziehen und bei Entscheidungsfindung zu bedenken
 c) keine unmittelbare Drittwirkung

---

[811] *Kingreen*, in: Calliess/Ruffert, Art. 24 GRCh Rn. 12; *Jarass/Kment*, § 27 Rn. 20.
[812] Vgl. *Ennuschat*, in: Stern/Sachs, Art. 24 Rn. 22 unter Hinweis auf die Rspr. des EGMR, Urt. vom 26.2.2004, Nr. 74969/01 (Rn. 48), NJW 2004, 3397 (3399) – Görgülü/Deutschland.
[813] S. o. Rn. 3940.

2. Beeinträchtigung

a) S. 2 Kindern keine ausreichende Möglichkeit geboten, ihre Meinung zu äußern
b) S. 3 Kinder ohne ausreichendes Gehör, sei es in Form einer Einschränkung oder einer kompletten Versagung

3. Rechtfertigung

III. Prüfungsschema zu Art. 24 Abs. 2 EGRC

3982
1. Schutzbereich

a) Kindeswohl vorrangig erwägen (Kindeswohl ohne steten Vorrang, Nachrang aber nur bei gewichtigen Gegenargumenten)
b) Sicherstellung, dass die öffentlichen Stellen und privaten Einrichtungen das Wohl des Kindes berücksichtigen
c) für alle Kinder betreffenden Maßnahmen
d) „Stellen" und „Einrichtungen" sind als solche Institutionen zu verstehen, die für das Aufwachsen von Kindern Bedeutung haben, etwa Kindertagesstätten und Schulen, aber auch Behörden, Gerichte etc.
e) private Einrichtungen: solche von privaten Trägern; dennoch: keine unmittelbare Drittwirkung

2. Beeinträchtigung

a) Union oder Mitgliedstaaten räumen als Betreiber öffentlicher Stellen oder privater Einrichtungen dem Kindeswohl bei Kinder betreffenden Maßnahmen kein vorrangiges Gewicht ein
b) öffentliche Stellen und private Einrichtungen lassen dem Wohl des Kindes keine vorrangige Erwägung zukommen

3. Rechtfertigung

IV. Prüfungsschema zu Art. 24 Abs. 3 EGRC

3983
1. Schutzbereich

a) Anspruch von Kindern auf regelmäßige persönliche Beziehungen und darauf, direkte Kontakte zu den Eltern zu ermöglichen und sicherzustellen:
b) z. B. Besuche, der Kontakt über Briefe, Telefonate etc. in überschaubaren Intervallen, abhängig von Alter und Reife des Kindes
c) nur für leibliche oder ihnen gleichgestellte Adoptiveltern, unabhängig von der Sorgeberechtigung
d) keine unmittelbare Drittwirkung

2. Beeinträchtigung
a) persönliche Beziehung und direkter Kontakt zwischen Kindern und Eltern nicht sichergestellt
b) v. a. Trennung des Kindes von einem oder beiden Elternteilen

3. Rechtfertigung
a) Wohl des Kindes steht einer regelmäßigen persönlichen Beziehung entgegen
b) eng auszulegen

§ 7 Ältere Menschen

A. Grundlagen

I. Entstehungshintergrund

Gem. Art. 25 EGRC anerkennt und achtet die Union das Recht älterer Menschen auf ein würdiges und unabhängiges Leben und auf Teilnahme am sozialen und kulturellen Leben. Diese Bestimmung wurde erst spät im Laufe des Grundrechtekonvents in die EGRC aufgenommen,[814] da sie nicht zu den zentralen Anliegen des Konvents gehörte.[815] Thematisch hätte sie besser in den mit „Solidarität" überschriebenen Titel IV der EGRC gepasst, da die Norm **kein Gleichheitsrecht**, sondern eine **soziale Vorschrift** enthält.[816] So wurde auch im Grundrechtekonvent im Laufe der Diskussion zu den sozialen Rechten eine Bestimmung zum Schutz älterer Menschen gefordert.[817]

3984

Nach den Erläuterungen zur EGRC[818] lehnt sich Art. 25 EGRC an Art. 23 rev. ESC[819] und an Nr. 24 und 25 GCSGA[820] an. Die Teilnahme am sozialen und kulturellen Leben umfasse auch die Teilnahme am politischen Leben.

3985

---

[814] S. die Chronologie bei *Hölscheidt*, in: Meyer/Hölscheidt, Art. 25 Rn. 6 ff.
[815] *Böhringer*, in: Heselhaus/Nowak, § 46 Rn. 14.
[816] S. o. Rn. 3624.
[817] Vgl. *Bernsdorff/Borowsky*, Die Charta der Grundrechte der Europäischen Union, 2002, S. 326.
[818] Erläuterungen zur Charta der Grundrechte, ABl. 2007 C 303, S. 17 (25).
[819] Revidierte Europäische Sozialcharta vom 3.5.1996, Europarat SEV-Nr. 163, s. Rn. 4046 ff.
[820] Gemeinschaftscharta der sozialen Grundrechte der Arbeitnehmer, KOM (1989) 248 endg., s. Rn. 4051.

II. Rechtsgrundlagen

1. Art. 23 rev. ESC

3986 In Art. 23 rev. ESC[821] verpflichten sich die Vertragsparteien, um die wirksame Ausübung des Rechts älterer Menschen auf sozialen Schutz zu gewährleisten, unmittelbar oder in Zusammenarbeit mit öffentlichen oder privaten Organisationen geeignete Maßnahmen zu ergreifen oder zu fördern, die insbesondere

- älteren Menschen die Möglichkeit geben sollen, so lange wie möglich vollwertige Mitglieder der Gesellschaft zu bleiben, und zwar durch:
  a) ausreichende Mittel, die es ihnen ermöglichen, ein menschenwürdiges Leben zu führen und aktiv am öffentlichen, sozialen und kulturellen Leben teilzunehmen,
  b) die Bereitstellung von Informationen über Dienste und Einrichtungen für ältere Menschen und über ihre Möglichkeiten, diese in Anspruch zu nehmen;
- älteren Menschen die Möglichkeit geben sollen, ihre Lebensweise frei zu wählen und in ihrer gewohnten Umgebung, solange sie dies wollen und können, ein eigenständiges Leben zu führen, und zwar durch:
  a) die Bereitstellung von ihren Bedürfnissen und ihrem Gesundheitszustand entsprechenden Wohnungen oder von angemessenen Hilfen zur Anpassung der Wohnungen,
  b) die gesundheitliche Versorgung und die Dienste, die aufgrund ihres Zustands erforderlich sind;
- älteren Menschen, die in Heimen leben, angemessene Unterstützung unter Achtung ihres Privatlebens sowie die Beteiligung an der Festlegung der Lebensbedingungen im Heim gewährleisten sollen.

3987 Im Vergleich zu Art. 25 EGRC listet Art. 23 rev. ESC sehr detailliert auf, welche Maßnahmen von den Vertragsstaaten getroffen werden sollen. Damit erscheint ein facettenreiches Bild, welche Maßnahmen getroffen werden können, um älteren Menschen effektiv ein aktives Leben zu gewährleisten. Art. 25 EGRC verpflichtet hingegen nur die Union zur Anerkennung und Achtung bestehender Rechte.[822]

---

[821] Revidierte Europäische Sozialcharta vom 3.5.1996, Europarat SEV-Nr. 163, s. Rn. 4046 ff.
[822] S. u. Rn. 4007 ff.

2. Nr. 24, Nr. 25 GCSGA

Nr. 24 und Nr. 25 GCSGA[823] sind überschrieben mit „ältere Menschen". Danach muss entsprechend den jeweiligen Gegebenheiten der einzelnen Länder jede Arbeitnehmerin bzw. jeder Arbeitnehmer in der Europäischen Gemeinschaft, wenn sie bzw. er in den Ruhestand geht, über Mittel verfügen können, welche ihm einen angemessenen Lebensstandard sichern (Nr. 24). Zudem muss jeder, der das Rentenalter erreicht hat, aber keinen Rentenanspruch besitzt oder über keine sonstigen ausreichenden Unterhaltsmittel verfügt, ausreichende Zuwendungen, Sozialhilfeleistungen und Sachleistungen bei Krankheit erhalten können, die seinen spezifischen Bedürfnissen angemessen sind (Nr. 25). **3988**

Nr. 24 und Nr. 25 GCSGA beziehen sich damit lediglich auf einen Teil älterer Menschen, nämlich die **Arbeitnehmenden**.[824] Art. 25 EGRC erfasst hingegen alle älteren Menschen. **3989**

3. EuGH-Rechtsprechung

Der EuGH hat sich soweit ersichtlich bislang nicht ausdrücklich mit einem Grundrecht für ältere Menschen befasst.[825] Er hat das Alter vielmehr im Zusammenhang mit dem Diskriminierungsverbot behandelt.[826] **3990**

4. Verfassungen der Mitgliedstaaten

Eine mit Art. 25 EGRC vergleichbare Bestimmung findet sich in keiner der mitgliedstaatlichen Verfassungen.[827] Manche Verfassungen beinhalten überhaupt keine Bestimmung bezüglich älterer Menschen,[828] andere beziehen sich lediglich auf die mangelnde Erwerbsfähigkeit[829] oder thematisieren das Alter im Zusammenhang mit **3991**

---

[823] Gemeinschaftscharta der sozialen Grundrechte der Arbeitnehmer, KOM (1989) 248 endg.; s. Rn. 4051.
[824] *Hölscheidt*, in: Meyer/Hölscheidt, Art. 25 Rn. 2.
[825] *Rengeling/Szczekalla*, Rn. 941; *Nowak*, in: Pechstein/Nowak/Häde, Art. 25 Rn. 5.
[826] S. *Weber*, in: Stern/Sachs, Art. 25 Rn. 2 f.; *Streinz*, in: ders., Art. 25 GR-Charta Rn. 3; s. EuGH, Rs. C-144/04, ECLI:EU:C:2005:709 (Rn. 55 ff.) – Mangold; vgl. auch *Rengeling/Szczekalla*, Rn. 946.
[827] *Böhringer*, in: Heselhaus/Nowak, § 46 Rn. 5; am ehesten vergleichbar sind noch Art. 72 der portugiesischen und Art. 50 der spanischen Verfassung; s. *Weber*, in: Stern/Sachs, Art. 25 Rn. 2.
[828] So die slowenische und die zyprische Verfassung.
[829] Z. B. die französische Verfassung von 1946, die finnische, die irische, die italienische und die maltesische Verfassung.

der nachlassenden Gesundheit.[830] Die polnische Verfassung verpflichtet in Art. 68 Abs. 3 die öffentliche Gewalt auf den Schutz der Älteren.

3992 Manche Verfassungen enthalten auch Bestimmungen hinsichtlich eines Systems der sozialen Sicherheit im Alter,[831] was jedoch in der EGRC in Art. 34 Abs. 1 EGRC und nicht in Art. 25 EGRC normiert wurde.[832]

III. Qualifizierung als Grundsatz

3993 In Art. 25 EGRC wird älteren Menschen kein Recht auf ein würdiges und unabhängiges Leben und auf Teilnahme am sozialen und kulturellen Leben gewährt. Vielmehr werden diese **Rechte „anerkannt und geachtet"**. Die Formulierung entspricht der des Art. 26 EGRC und der von Art. 34 Abs. 1 und Abs. 3 EGRC. Diese sind insbesondere wegen ihres Wortlauts als Grundsätze zu qualifizieren.[833] Das gleiche gilt für Art. 25 EGRC.[834] Auch die Erläuterungen zur EGRC[835] nennen bei Art. 52 Abs. 5 EGRC als Beispiel für eine Grundsatzbestimmung Art. 25 EGRC.

3994 Subjektive Rechte können höchstens daraus erwachsen, dass Art. 25 EGRC an das Recht älterer Menschen anknüpft, also **bestehende Rechte älterer Menschen** auf ein würdiges und unabhängiges Leben sowie auf Teilnahme am sozialen und kulturellen Leben voraussetzt. Es ist aber nicht näher umschrieben, woraus diese Rechte stammen können. Teilweise wird vertreten, sie sollen sich aus **mitgliedstaatlichen Normen** ergeben können.[836] Damit würde zugleich die Kompetenz der Mitgliedstaaten in diesem Bereich gewahrt. Auch an anderer Stelle geht es darum, dass die Grundrechte nicht die bisherigen Unionskompetenzen überschreiten, sondern vielmehr an diese anknüpfen und sich in derer Rahmen halten.

3995 Da es sich um europäische Grundrechte handelt, liegt es nahe, dass die **Unionsrechte** gemeint sind. Im weiteren Sinne gehört dazu auch die revidierte Europäische Sozialcharta.[837] Weil es sich um europäische Grundrechte handelt, liegt aber der Zusammenhang mit EU-Recht besonders nahe. Damit kommen die **sekundärrecht-**

---

[830] Vgl. die Verfassungen Frankreichs, Griechenlands, Polens, Irlands, Portugals und Spaniens; *Streinz*, in: ders., Art. 25 GR-Charta Rn. 2; *Hölscheidt*, in: Meyer/Hölscheidt, Art. 25 Rn. 4; ausführlicher zu den mitgliedstaatlichen Verfassungsnormen *Weber*, in: Stern/Sachs, Art. 25 Rn. 2.

[831] S. die Verfassungen Finnlands, Frankreichs, Irlands, Italiens, Estlands, Lettlands, Litauens, Maltas, Polens, Portugals, der Slowakei, Spaniens, der Tschechischen Republik und Ungarns; zu den dort geltenden Bestimmungen *Weber*, in: Stern/Sachs, Art. 25 Rn. 2.

[832] *Streinz*, in: ders., Art. 25 GR-Charta Rn. 3; *Weber*, in: Stern/Sachs, Art. 25 Rn. 2.

[833] S. u. Rn. 4026 u. Rn. 4642 ff., 4752 ff.

[834] Vgl. *Hölscheidt*, in: Meyer/Hölscheidt, Art. 25 Rn. 13; *Winkler*, Die Grundrechte der Europäischen Union, 2006, S. 450 f.; *Kingreen*, in: Calliess/Ruffert, Art. 25 GRCh Rn. 1; *Jarass/Kment*, § 28 Rn. 1 f.; *Nowak*, in: Pechstein/Nowak/Häde, Art. 25 Rn. 5 f.

[835] Erläuterungen zur Charta der Grundrechte, ABl. 2007 C 303, S. 17 (35).

[836] *Schmahl*, EnzEuR, Bd 2, § 15 Rn. 108.

[837] *Schmahl*, EnzEuR, Bd 2, § 15 Rn. 108; *Weber*, in: Stern/Sachs, Art. 25 Rn. 3; *Ross*, in: Schwarze, Art. 25 GRC Rn. 3.

lichen Altersregelungen zum Zuge. In dem diese dann auch in Art. 25 EGRC aufgenommen werden, wird an subjektive Rechte aus Unionsrecht angeknüpft.

Insoweit kommt sogar eine **Doppelnatur** in Frage, welche nach den Erläuterungen zur EGRC nicht ausgeschlossen wird; beispielsweise werden insoweit Art. 23, 33 und 34 EGRC genannt, sodass Art. 25 EGRC zwar nicht ausdrücklich erfasst, aber auch nicht ausgeschlossen ist.[838] Damit würde aber über Art. 25 EGRC praktisch das **EU-Sekundärrecht implantiert**. Die Vorschrift würde sekundärrechtlich aufgeladen, was dem Wesen als Grundrecht widerspricht. Dieses würde dann an den Wandlungen der Rechte älterer Menschen im Sekundärrecht teilhaben. Sein Gehalt wäre schwerlich genau übersehbar, wie es gerade für Grundrechte unabdingbar ist, und durch konkrete, detaillierte Rechte gekennzeichnet, welche der einfache EU-Gesetzgeber begründen könnte. Dies widerspricht dem generellen Charakter von Art. 25 EGRC als **Grundsatz**, welcher aufgrund der Formulierung und der Erläuterungen zur EGRC eindeutig ist. Zudem würde sich dann die Frage stellen, ob die subjektiven Rechte auf Einhaltung des EU-Sekundärrechts über Art. 25 EGRC praktisch zu Grundrechten würden und damit möglicherweise auch **finanzielle Leistungspflichten** begründen würden.

3996

IV. Abgrenzung

Die in der EGRC enthaltenen Rechte stehen selbstverständlich auch älteren Menschen zu.[839] Nur in wenigen Bestimmungen wird der besonderen Schutzbedürftigkeit älterer Menschen Rechnung getragen.

3997

1. Art. 21 Abs. 1 EGRC

Art. 21 Abs. 1 EGRC verbietet Diskriminierungen unter anderem wegen des Alters.[840] Art. 25 EGRC ergänzt dieses Diskriminierungsverbot[841] und schafft eine eigenständige Norm für ältere Menschen.[842] Art. 21 Abs. 1 EGRC kommt im Vergleich dennoch große Bedeutung zu, weil die Norm – **anders als Art. 25 EGRC** – ein **Grundrecht** enthält.[843]

3998

---

[838] *Schmahl*, EnzEuR, Bd 2, § 15 Rn 108; *Weber*, in: Stern/Sachs, Art. 25 Rn. 3; *Ross*, in: Schwarze, Art. 25 GRC Rn. 3.
[839] *Rengeling/Szczekalla*, Rn. 963.
[840] S. o. Rn. 3752.
[841] *Kingreen*, in: Calliess/Ruffert, Art. 25 GRCh Rn. 1.
[842] *Weber*, in: Stern/Sachs, Art. 25 Rn. 3.
[843] *Jarass/Kment*, § 28 Rn. 2.

2. Art. 34 Abs. 1 EGRC

3999 Art. 34 Abs. 1 EGRC spricht davon, dass Leistungen der sozialen Sicherheit z. B. im Fall von Pflegebedürftigkeit oder im Alter Schutz gewährleisten. Die Bestimmung betrifft einen **Teilaspekt steigender Bedürftigkeit im Alter**. Sie wird **durch Art. 25 EGRC vervollständigt**.

B. Gewährleistungsbereich

I. Bedeutung

4000 Seiner Formulierung entsprechend enthält Art. 25 EGRC, wie bereits die Überschrift andeutet, die im Plural von den „Rechten älterer Menschen" spricht, zwei Bereiche: zum einen das **Recht auf ein eigenes würdiges und unabhängiges Leben**, zum anderen das **Recht auf Teilnahme am sozialen und kulturellen Leben** in der Gesellschaft.[844]

4001 Die Vorschrift trägt der demografischen Entwicklung in den Mitgliedstaaten Rechnung.[845] Zugleich wird berücksichtigt, dass ältere Menschen häufig größere Schwierigkeiten mit der fortschreitenden Technisierung der Lebenswelt haben und in vielen Bereichen unter gesellschaftlicher Ausgrenzung leiden.[846] Schließlich leben viele Menschen heute nicht mehr in der traditionellen Großfamilie, in der älteren Menschen im Falle von alters- oder pflegebedingter Hilfsbedürftigkeit Beistand geleistet werden kann.[847] Es hat vielmehr eine Verschiebung in den familiären Strukturen von der Groß- zur Kleinfamilie gegeben, die häufig mit einer größeren räumlichen Distanz zwischen Familienmitgliedern einhergeht.[848]

II. Ältere Menschen

4002 Der Begriff „ältere Menschen" lässt sich nicht genau definieren,[849] insbesondere im Hinblick auf die immer weiter steigende Lebenserwartung.[850] Kinder, d. h. Personen bis zur Vollendung des 18. Lebensjahrs, fallen jedoch eindeutig nicht darunter, da

---

[844] *Hölscheidt*, in: Meyer/Hölscheidt, Art. 25 Rn. 10 f.; *Weber*, in: Stern/Sachs, Art. 25 Rn. 3, 5 f.
[845] Vgl. *Weber*, in: Stern/Sachs, Art. 25 Rn. 4.
[846] *Weber*, in: Stern/Sachs, Art. 25 Rn. 6.
[847] So noch *Mann*, in: Tettinger/Stern, 2006, Art. 25 Rn. 15.
[848] *Böhringer*, in: Heselhaus/Nowak, § 46 Rn. 2.
[849] *Böhringer*, in: Heselhaus/Nowak, § 46 Rn. 20; *Jarass/Kment*, § 28 Rn. 3.
[850] *Hölscheidt*, in: Meyer/Hölscheidt, Art. 25 Rn. 15; *Streinz*, in: ders., Art. 25 GR-Charta Rn. 5; *Kingreen*, in: Calliess/Ruffert, Art. 25 GRCh Rn. 2; *Weber*, in: Stern/Sachs, Art. 25 Rn. 4

ihre Rechte in Art. 24 EGRC eigenständig geregelt sind.[851] Das „Ältersein" beginnt deshalb aber selbstverständlich nicht automatisch mit 18 Jahren. Häufig werden mit älteren Menschen diejenigen **ab 60 Jahren** bezeichnet.[852] Eine Anknüpfungsmöglichkeit ist auch das **Rentenalter**,[853] zumal die Erläuterungen zur EGRC[854] auf Nr. 24 und 25 GCSGA[855] verweisen, die ihrerseits auf das Rentenalter abstellen.[856] Allerdings ist das Ausscheiden aus dem aktiven Erwerbsleben nicht in allen Berufen und allen Mitgliedstaaten gleich. Es wird daher die Rechtsprechung des EuGH abzuwarten sein, ab welchem Lebensalter Menschen als „älter" anzusehen sind. Die **Tendenz** dürfte im **Laufe der Zeit nach oben** gehen.

III. Würdiges und unabhängiges Leben

Mit dem Hinweis auf ein würdiges Leben knüpft Art. 25 EGRC an Art. 1 EGRC an. Die nochmalige Erwähnung kann mit der besonderen Schutzbedürftigkeit älterer Menschen begründet werden.[857] Sie sollen möglichst lange ein selbstbestimmtes Leben nach eigenen Vorstellungen führen. Darin liegt ein wichtiger Kern der Menschenwürde.[858] Diese erstreckt sich aber auch auf die Gemeinschaftsbezogenheit. Sie zerfließt daher mit der eigens in Art. 25 EGRC gewährleisteten Teilnahme am sozialen und kulturellen Leben als feste Bestandteile der Menschenwürde,[859] die aber in Art. 25 EGRC über den durch Art. 1 EGRC umfassten Kernbestand hinausreicht. 4003

Insbesondere ein **unabhängiges Leben** bedarf einer soliden **wirtschaftlichen Grundlage**. Art. 25 EGRC spricht zwar nicht explizit von der Sicherung einer ökonomischen Basis. Die als Grundlage dienenden Art. 23 rev. ESC[860] und Nr. 24, Nr. 25 GCSGA[861] behandeln aber eben dieses Thema und machen deutlich, dass ausreichende finanzielle Mittel Voraussetzung sind für ein menschenwürdiges Leben und eine aktive Teilnahme am öffentlichen, sozialen und kulturellen Leben. Mit der Bereitstellung der für einen angemessenen Lebensstandard notwendigen 4004

---

[851] S. *Hölscheidt*, in: Meyer/Hölscheidt, Art. 25 Rn. 15; *Streinz*, in: ders., Art. 25 GR-Charta Rn. 5; *Kingreen*, in: Calliess/Ruffert, Art. 25 GRCh Rn. 2; *Böhringer*, in: Heselhaus/Nowak, § 46 Rn. 20.
[852] *Hölscheidt*, in: Meyer/Hölscheidt, Art. 25 Rn. 15; *Weber*, in: Stern/Sachs, Art. 25 Rn. 4.
[853] *Jarass/Kment*, § 28 Rn. 3.
[854] Erläuterungen zur Charta der Grundrechte, ABl. 2007 C 303, S. 17 (25).
[855] Gemeinschaftscharta der sozialen Grundrechte der Arbeitnehmer, KOM (1989) 248 endg., s. Rn. 4051.
[856] *Weber*, in: Stern/Sachs, Art. 25 Rn. 3.
[857] *Weber*, in: Stern/Sachs, Art. 25 Rn. 5.
[858] S. Teilband I Rn. 1083.
[859] S. o. Rn. 4091 ff.
[860] Revidierte Europäische Sozialcharta vom 3.5.1996, Europarat SEV-Nr. 163, s. Rn. 4046 ff.
[861] Gemeinschaftscharta der sozialen Grundrechte der Arbeitnehmer, KOM (1989) 248 endg., s. Rn. 4051.

finanziellen Mittel wird die Lebensleistung älterer Menschen anerkannt.⁸⁶² **Subjektive Ansprüche** darauf bestehen aber entsprechend dem Charakter von Art. 25 EGRC als Grundsatznorm **nicht**.

IV. Teilnahme am sozialen und kulturellen Leben

4005 Nach den Erläuterungen zur EGRC⁸⁶³ umfasst die Teilnahme am sozialen und kulturellen Leben „natürlich" auch die **Teilnahme am politischen Leben**. Dies hätte explizit in die Norm aufgenommen werden sollen. Alternativ hätte es auch einen mit Art. 26 EGRC vergleichbaren Hinweis auf die „Teilnahme am Leben der Gemeinschaft" geben können, da so Unstimmigkeiten aufgrund der engeren Formulierung in Art. 25 EGRC hätten ausgeräumt werden können.⁸⁶⁴

4006 Mit dem „würdigen und unabhängigen Leben" wird der Fokus auf das eigene Leben gerichtet. Die „Teilnahme am sozialen und kulturellen Leben" behandelt hingegen die **Eingliederung älterer Menschen** in das gesellschaftliche Leben und damit auch die Teilnahme an „fremdem Leben", wozu man auch das politische wird rechnen können. Insoweit ist ohnehin das Wahlrecht entscheidend, für das Art. 39 f. EGRC eine altersunabhängige, allerdings nicht alle Wahlen umfassende Garantie geben.⁸⁶⁵

C. Rechtsfolgen

4007 Gem. Art. 25 EGRC „anerkennt und achtet" die Union die Rechte auf ein würdiges und unabhängiges Leben und auf Teilnahme am sozialen und kulturellen Leben. Die Norm gewährt die **Rechte** nicht selbst, sondern setzt deren **Existenz** vielmehr voraus.⁸⁶⁶ Damit wird auch dem Problem mangelnder Unionskompetenz Rechnung getragen.⁸⁶⁷ Auffällig ist, dass die Norm **nur** die **Union zur Anerkennung** und Achtung **verpflichtet**, nicht hingegen die Mitgliedstaaten.

4008 Das **Anerkennungs- und Achtungsgebot** bedeutet, dass die Union keine Maßnahmen ergreifen darf, welche die Rechte auf ein würdiges und unabhängiges Leben und auf Teilnahme am sozialen und kulturellen Leben gefährden oder beeinträchti-

---

⁸⁶² *Böhringer*, in: Heselhaus/Nowak, § 46 Rn. 15.
⁸⁶³ Erläuterungen zur Charta der Grundrechte, ABl. 2007 C 303, S. 17 (25).
⁸⁶⁴ *Hölscheidt*, in: Meyer/Hölscheidt, Art. 25 Rn. 16; *Weber*, in: Stern/Sachs, Art. 25 Rn. 6.
⁸⁶⁵ *Böhringer*, in: Heselhaus/Nowak, § 46 Rn. 17.
⁸⁶⁶ *Hölscheidt*, in: Meyer/Hölscheidt, Art. 25 Rn. 11, 13; *Streinz*, in: ders., Art. 25 GR-Charta Rn. 4; *Weber*, in: Stern/Sachs, Art. 25 Rn. 3; *Böhringer*, in: Heselhaus/Nowak, § 46 Rn. 16.
⁸⁶⁷ *Weber*, in: Stern/Sachs, Art. 25 Rn. 3.

§ 7 Ältere Menschen 375

gen könnten.⁸⁶⁸ Dies ergibt sich insbesondere aus der Formulierung des Anerkennens, da diese über ein bloßes Achten hinaus geht.⁸⁶⁹

Von der Union wird allerdings lediglich verlangt, die anerkannten Rechte nicht zu verletzen.⁸⁷⁰ Sie muss **weder aktive Maßnahmen** zu ihrem Schutz ergreifen, **noch** die **Rechte** selbst durch bestimmte Einrichtungen oder eine bestimmte Infrastruktur **fördern**.⁸⁷¹ Gewachsene nationale Strukturen sind aber von ihr zu wahren. Dadurch entsteht auch eine **Schutzwirkung für die Mitgliedstaaten**. 4009

Eine gerichtliche Geltendmachung ist wegen der Grundsatzqualität von Art. 25 EGRC nicht möglich, sodass Klagen auf Erlass von Durchführungsakten oder die Geltendmachung von Schadensersatzansprüchen ausscheiden.⁸⁷² Art. 52 Abs. 5 EGRC eröffnet die gerichtliche Auslegung bereits erlassener Durchführungsakte am Maßstab des Art. 25 EGRC. 4010

Lediglich **Inzidentkontrollen** über die Vereinbarkeit von Rechtsvorschriften mit dem Grundsatz sind denkbar.⁸⁷³ Da Art. 25 EGRC nur die Union zur Anerkennung und Achtung verpflichtet, sind die nationalen Normen, welche die Rechte älterer Menschen regeln, ebenfalls nicht im Rahmen des Art. 25 EGRC gerichtlich überprüfbar. 4011

D. Prüfungsschema zu Art. 25 EGRC

1. Gewährleistungsbereich 4012
kein subjektives Recht, sondern Grundsatz

a) noch unsicher, ab wann Menschen als „älter" anzusehen sind; Anknüpfungsmöglichkeiten: ab 60 Jahre, Rentenalter
b) würdiges und unabhängiges Leben bedarf einer soliden wirtschaftlichen Grundlage
c) auch Teilnahme am politischen Leben

2. Rechtsfolgen
a) keine Maßnahmen, welche die Rechte auf ein würdiges und unabhängiges Leben und auf Teilnahme am sozialen und kulturellen Leben gefährden oder beeinträchtigen könnten

---

⁸⁶⁸ *Hölscheidt*, in: Meyer/Hölscheidt, Art. 25 Rn. 17; *Böhringer*, in: Heselhaus/Nowak, § 46 Rn. 16; *Jarass/Kment*, § 28 Rn. 5.
⁸⁶⁹ *Weber*, in: Stern/Sachs, Art. 25 Rn. 7.
⁸⁷⁰ *Streinz*, in: ders., Art. 25 GR-Charta Rn. 4.
⁸⁷¹ Vgl. *Nußberger/Lang*, in: Stern/Sachs, Art. 34 Rn. 63 ff. zu der gleich lautenden Formulierung in Art. 34 Abs. 1 EGRC.
⁸⁷² *Jarass/Kment*, § 28 Rn. 1.
⁸⁷³ S. auch den im Verfassungsentwurf neu eingefügten Art. 52 Abs. 5 EGRC. Dazu allgemein Teilband I Rn. 838 ff., 851 ff.

b) nicht gefordert: aktive Maßnahmen zum Schutz älterer Menschen oder Förderung durch bestimmte Einrichtungen oder eine bestimmte Infrastruktur
c) Klagen auf Erlass von Durchführungsakten oder die Geltendmachung von Schadensersatzansprüchen sind nicht möglich; nur Inzidentkontrollen über die Vereinbarkeit von Rechtsvorschriften mit dem Grundsatz

§ 8 Integration von Menschen mit Behinderung

A. Grundlagen

I. Kontext

4013 Gem. Art. 26 EGRC anerkennt und achtet die Union den Anspruch von Menschen mit Behinderung auf Maßnahmen zur Gewährleistung ihrer Eigenständigkeit, ihrer sozialen und beruflichen Eingliederung und ihrer Teilnahme am Leben der Gemeinschaft. Ebenso wie Art. 24 EGRC, der die Rechte des Kindes und Art. 25 EGRC, der die Rechte älterer Menschen behandelt, widmet sich Art. 26 EGRC den **Rechten einer besonders schutzbedürftigen Gruppe** von Menschen.

4014 Menschen mit Behinderung gehören auch heute noch zu den Randgruppen der Gesellschaft.[874] Sie wurden früher als Objekt und nicht als selbstständiges Subjekt gesellschaftlicher und staatlicher Fürsorge wahrgenommen. Seit Mitte der 1990er-Jahre hat sich das Bestreben durchgesetzt, sie als gleichwertige Personen anzusehen, Integrationshemmnisse abzubauen und ihnen eine gleichberechtigte Teilnahme am öffentlichen Leben zu ermöglichen.[875]

4015 Darauf zielt auch Art. 26 EGRC, welcher deshalb als **soziales Recht** einzuordnen ist. Daher verwundert seine Eingliederung unter den Gleichheitstitel.[876] Auch im Grundrechtekonvent wurde die Norm zunächst im Rahmen der sozialen Rechte diskutiert.[877] Die Einordnung von Art. 26 EGRC unter den Gleicheitstitel lässt sich am ehesten damit erklären, dass eine **Gleichbehandlung von Menschen mit und ohne Behinderung** erreicht werden soll.

4016 Entsprechend enthält auch die RL 2000/78/EG[878] zur Festlegung eines allgemeinen Rahmens für die Verwirklichung der Gleichbehandlung in Beschäftigung und Beruf in Art. 5 eine Bestimmung, die Arbeitgebende verpflichtet, geeignete und im konkreten Fall erforderliche Maßnahmen zu ergreifen, um den Menschen mit Behin-

---

[874] *Mann*, in: Stern/Sachs, Art. 26 Rn. 11.
[875] *Böhringer*, in: Heselhaus/Nowak, § 46 Rn. 3; *Nowak*, in: Pechstein/Nowak/Häde, Art. 26 Rn. 1.
[876] S. o. Rn. 3624.
[877] *Hölscheidt*, in: Meyer/Hölscheidt, Art. 26 Rn. 9; *Mann/Ennuschat*, in: Stern/Sachs, Art. 26 Rn. 1.
[878] ABl. 2000 L 303, S. 16.

§ 8 Integration von Menschen mit Behinderung

derung den Zugang zur Beschäftigung, die Ausübung eines Berufes, den beruflichen Aufstieg und die Teilnahme an Aus- und Weiterbildungsmaßnahmen zu ermöglichen.

Nach den Erläuterungen zur EGRC[879] stützt sich der in Art. 26 EGRC aufgeführte Grundsatz auf Art. 15 ESC[880] und lehnt sich ferner an Nr. 26 GCSGA[881] an. Nach den ursprünglichen Erläuterungen zur EGRC[882] orientiert sich Art. 26 EGRC zudem an Art. 23 rev. ESC.[883]

4017

II. Rechtsgrundlagen

1. Art. 15 ESC

In Art. 15 ESC[884] verpflichten sich die Vertragsparteien, um die wirksame Ausübung des Rechtes der körperlich, geistig oder seelisch Behinderten auf berufliche Ausbildung sowie auf berufliche und soziale Eingliederung oder Wiedereingliederung zu gewährleisten,

4018

1. geeignete Maßnahmen zu treffen für die Bereitstellung von Ausbildungsmöglichkeiten, erforderlichenfalls unter Einschluss von öffentlichen oder privaten Sondereinrichtungen;
2. geeignete Maßnahmen zu treffen für die Vermittlung Behinderter auf Arbeitsplätze, namentlich durch besondere Arbeitsvermittlungsdienste, durch Ermöglichung wettbewerbsgeschützter Beschäftigung und durch Maßnahmen, die den Arbeitgebenden einen Anreiz zur Einstellung von Behinderten bieten.

Art. 15 ESC behandelt mit der **beruflichen und sozialen Eingliederung** einen **Teilaspekt des Art. 26 EGRC**. Dieser spricht ebenfalls von einem „Anspruch auf Maßnahmen zur sozialen und beruflichen Eingliederung", enthält daneben jedoch weitere Bereiche.[885]

4019

---

[879] Erläuterungen zur Charta der Grundrechte, ABl. 2007 C 303, S. 17 (25).
[880] Europäische Sozialcharta vom 18.10.1961, Europarat SEV-Nr. 035, s. Rn. 4046 ff.
[881] Gemeinschaftscharta der sozialen Grundrechte der Arbeitnehmer, KOM (1989) 248 endg., s. Rn. 4051.
[882] Erläuterungen des Präsidiums des Grundrechtekonvents vom 7.12.2000, CHARTE 4473/00 CONVENT 49, S. 26.
[883] Revidierte Europäische Sozialcharta vom 3.5.1996, Europarat SEV-Nr. 163, s. Rn. 4046 ff.
[884] Europäische Sozialcharta vom 18.10.1961, Europarat SEV-Nr. 035, s. Rn. 4046 ff.
[885] *Mann/Ennuschat*, in: Stern/Sachs, Art. 26 Rn. 12.

2. Art. 23 rev. ESC

4020 Art. 23 rev. ESC[886] behandelt die **Rechte älterer Menschen**, weshalb er laut den Erläuterungen zur EGRC[887] auch als Grundlage für Art. 25 EGRC dient.[888] Da Art. 23 rev. ESC keine Aussagen zu Behinderten trifft,[889] verwundert es, dass die ursprünglichen Erläuterungen zur EGRC[890] bei Art. 26 EGRC auf diese Norm verweisen. Die Bezugnahme ist in den aktualisierten Erläuterungen[891] nicht mehr enthalten, weshalb bei dem **ursprünglichen Hinweis** von einem **Redaktionsversehen** ausgegangen werden kann, das durch die veränderten Erläuterungen ausgeräumt wurde.[892]

3. Nr. 26 GCSGA

4021 Gem. Nr. 26 GCSGA[893] müssen alle Behinderten unabhängig von der Ursache und Art ihrer Behinderung konkrete **ergänzende Maßnahmen**, die ihre berufliche und soziale **Eingliederung** fördern, in Anspruch nehmen können. Diese Maßnahmen zur Verbesserung der Lebensbedingungen müssen sich je nach den Fähigkeiten der Betreffenden auf berufliche Bildung, Ergonomie, Zugänglichkeit, Mobilität, Verkehrsmittel und Wohnung erstrecken.

4. EuGH-Rechtsprechung

4022 Soweit ersichtlich hat sich der EuGH bislang nur in wenigen Entscheidungen mit behinderten Menschen befasst. Dabei hat er jedoch keine spezifischen Integrationsansprüche anerkannt:[894] Obwohl Art. 26 EGRC demnach verlangt, dass die Union den Anspruch von Menschen mit Behinderung auf Maßnahmen zur Integration anerkennt und achtet, führt der in diesem Artikel niedergelegte Grundsatz nicht dazu, dass der Unionsgesetzgeber diese oder jene besondere Maßnahme erlassen müsste. Damit

---

[886] Revidierte Europäische Sozialcharta vom 3.5.1996, Europarat SEV-Nr. 163, s. Rn. 4046 ff.
[887] Erläuterungen zur Charta der Grundrechte, ABl. 2007 C 303, S. 17 (25).
[888] S. zum Wortlaut des Art. 23 rev. ESC o. Rn. 3986.
[889] *Hölscheidt*, in: Meyer/Hölscheidt, Art. 26 Rn. 1; *Streinz*, in: ders., Art. 26 GR-Charta Rn. 1.
[890] Erläuterungen des Präsidiums des Grundrechtekonvents vom 7.12.2000, CHARTE 4473/00 CONVENT 49, S. 26.
[891] Erläuterungen zur Charta der Grundrechte, ABl. 2007 C 303, S. 17 (25).
[892] *Mann/Ennuschat*, in: Stern/Sachs, Art. 26 Rn. 12.
[893] Gemeinschaftscharta der sozialen Grundrechte der Arbeitnehmer, KOM (1989) 248 endg., s. Rn. 4051.
[894] *Rengeling/Szczekalla*, Rn. 941; vgl. *Mann/Ennuschat*, in: Stern/Sachs, Art. 26 Rn. 5.

§ 8 Integration von Menschen mit Behinderung

dieser Artikel seine volle Wirksamkeit entfaltet, muss er vielmehr durch Bestimmungen des Unionsrechts oder des nationalen Rechts konkretisiert werden.[895]

5. Internationales Recht

Auf internationaler Ebene hat die EU das UN-Übereinkommen zum Schutz von Menschen mit Behinderungen[896] am 30.3.2007 unterzeichnet und am 23.12.2010 ratifiziert.[897] Sämtliche Mitgliedstaaten haben es ebenfalls unterzeichnet,[898] allerdings nicht alle ratifiziert.[899] **4023**

Es beeinflusst die Auslegung von Art. 26 EGRC, schafft aber weder neue noch besondere Rechte für Menschen mit Behinderungen.[900] Nach Art. 1 Abs. 1 des Übereinkommens ist es das wichtigste Ziel, „den vollen und gleichberechtigten Genuss aller Menschenrechte und Grundfreiheiten durch alle Menschen mit Behinderungen zu fördern, zu schützen und zu gewährleisten". **4024**

6. Verfassungen der Mitgliedstaaten

Während sich in den Verfassungen der fünfzehn alten Mitgliedstaaten nur vereinzelt Bestimmungen zu Menschen mit Behinderung finden,[901] befassen sich die Verfassungen der neuen Mitgliedstaaten intensiver mit der Schutzbedürftigkeit von Behinderten. Die entsprechenden Normen sind allerdings sehr unterschiedlich gefasst.[902] Sie reichen von reinen Benachteiligungsverboten[903] über Handlungspflichten für den Staat[904] bzw. Schutzpflichten[905] bis hin zu Ansprüchen Behinderter auf besondere Hilfe bei Arbeitsbedingungen, Berufsausbildung oder in finanzieller Hinsicht.[906] **4025**

---

[895] EuGH, Rs. C-356/12, ECLI:EU:C:2014:350 (Rn. 78) – Glatzel.
[896] Am 13.12.2006 von der Generalversammlung der Vereinten Nationen verabschiedet.
[897] Beschluss des Rates vom 26.11.2009, ABl. 2010 L 23, S. 35.
[898] *Mann/Ennuschat*, in; Stern/Sachs, Art. 26 Rn. 15.
[899] Ausnahmen sind Finnland, Irland und die Niederlande.
[900] *Mann/Ennuschat*, in; Stern/Sachs, Art. 26 Rn. 15.
[901] Ausführlich *Streinz*, in: ders., Art. 26 GR-Charta Rn. 2.
[902] Ausführlich *Hölscheidt*, in: Meyer/Hölscheidt, Art. 26 Rn. 2 ff. und *Mann/Ennuschat*, in: Stern/Sachs, Art. 26 Rn. 7 ff.
[903] Z. B. Art. 3 Abs. 3 S. 2 GG, Art. 7 Abs. 1 S. 2 österreichische Verfassung, § 6 Abs. 2 finnische Verfassung.
[904] S. hierzu Art. 71 portugiesische Verfassung ebenso wie Art. 49 S. 1 spanische Verfassung.
[905] S. Art. 68 Abs. 3 polnische Verfassung.
[906] S. Art. 38 der slowakischen Verfassung, Art. 17 Abs. 3 der Verfassung Maltas, Art. 52 der slowenischen Verfassung und Art. 52 der Verfassung Litauens.

III. Qualifizierung als Grundsatz

4026 Bereits der **Wortlaut** des Art. 26 EGRC spricht für die Qualifizierung der Norm als Grundsatz, da die genannten Ansprüche nicht von der Norm selbst gewährt werden, sondern lediglich von der Union anerkannt und geachtet werden müssen. Ursprünglich wurde im Grundrechtekonvent eine Formulierung diskutiert, die einen Anspruch gewährte. Sie wurde jedoch zugunsten der heutigen Fassung aufgegeben.[907] Zudem sprechen die Erläuterungen zur EGRC sowohl bei der Kommentierung zu Art. 26 EGRC[908] als auch bei der zu Art. 52 Abs. 5 EGRC[909] von einem „Grundsatz". Schließlich deckt sich die Formulierung des Art. 26 EGRC mit der der Art. 25, Art. 34 Abs. 1 und Abs. 3 EGRC, die allesamt insbesondere wegen ihres Wortlauts als Grundsätze zu qualifizieren sind.[910] Daher ist auch Art. 26 EGRC als Grundsatz anzusehen.[911] Der EuGH schloss ein subjektives Recht ausdrücklich aus; es kann nicht als solches geltend gemacht werden, sondern Art. 26 EGRC bedarf der Konkretisierung.[912] Auch diese **Unbestimmtheit** und **Ausgestaltungsbedürftigkeit** ist typisch für einen Grundsatz.

IV. Abgrenzung

4027 Art. 21 Abs. 1 EGRC verbietet Diskriminierungen unter anderem aus Gründen einer Behinderung. Diese Vorschrift wird ergänzt durch Art. 26 EGRC, der eine eigenständige Bestimmung für Menschen mit Behinderung normiert und damit die Schutzbedürftigkeit dieser Menschen betont.[913] Da Art. 21 Abs. 1 EGRC allerdings – anders als Art. 26 EGRC – ein subjektives Recht gewährt, kommt dem Diskriminierungsverbot eine wichtige Bedeutung zu.[914]

B. Gewährleistungsbereich

I. Integration

4028 In der Überschrift des Art. 26 EGRC wird der Begriff „Integration" verwendet. Dieser bedeutet, dass behinderte Menschen trotz ihrer **Behinderung** am gesell-

---

[907] Vgl. *Mann/Ennuschat*, in: Stern/Sachs, Art. 26 Rn. 1 ff.
[908] Erläuterungen zur Charta der Grundrechte, ABl. 2007 C 303, S. 17 (25).
[909] Erläuterungen zur Charta der Grundrechte, ABl. 2007 C 303, S. 17 (35).
[910] S. o. Rn. 3993 und u. Rn. 4642 ff., 4752 ff.
[911] *Kingreen*, in: Calliess/Ruffert, Art. 26 GRCh Rn. 4; *Winkler*, Die Grundrechte der Europäischen Union, 2006, S. 450 f.; *Jarass/Kment*, § 28 Rn. 7 f.; *Hölscheidt*, in: Meyer/Hölscheidt, Art. 26 Rn. 16; *Streinz*, in: ders., Art. 26 GR-Charta Rn. 5.
[912] EuGH, Rs. C-356/12, ECLI:EU:C:2014:350 (Rn. 78) – Glatzel.
[913] *Mann/Ennuschat*, in: Stern/Sachs, Art. 26 Rn. 11.
[914] *Jarass/Kment*, § 28 Rn. 8.

schaftlichen Leben teilhaben sollen, indem ihre **Umwelt** an ihre **Bedürfnisse** angepasst wird.[915] Dieses Ziel kommt im Normtext des Art. 26 EGRC zum Ausdruck, da die Eigenständigkeit, die Eingliederung und die Teilnahme am Leben der Gemeinschaft in den Vordergrund gestellt werden. Diese Elemente werden durch Maßnahmen gewährleistet, auf die ein Anspruch besteht, den die Union anerkennt und achtet.

II. Behinderung

Art. 26 EGRC spricht von „Menschen mit Behinderung". Darunter fallen sowohl **körperliche** als auch **geistige Behinderungen**, ebenso seelische bzw. psychische Beeinträchtigungen.[916] Dies hat der EuGH für die RL 2000/78, die ebenfalls keine eigenständige Begriffsdefinition enthält, im Urteil *Chacón Navas* entschieden.[917] Zwar ging es dabei um Hindernisse für die Teilhabe des Betreffenden am Berufsleben, indes bezieht sich auch Art. 26 EGRC auf die berufliche Eingliederung und die damit verbundene Teilhabe. Nur wird diese gleichgestellt mit der sozialen Eingliederung sowie der Teilnahme am Leben der Gemeinschaft allgemein. Die Hindernisse für diese Bereiche sind jeweils parallel zu sehen.   4029

Danach stützte sich der EuGH auf die UN-Behindertenrechtskonvention, welche die Europäische Union deutlich nach der Verkündung des Urteils *Chacón Navas* am 11.07.2006 mit Beschluss vom 26.11.2009 ratifiziert hat. Dieses Konvention geht in seiner Präambel (lit. e)) von einer ständigen Weiterentwicklung des Verständnisses von Behinderung aus.[918] Damit besteht also ein **dynamisches Verständnis** des Begriffs der Behinderung. So sind mittlerweile **seelische Beeinträchtigungen** selbstverständlich eingeschlossen.   4030

Infolge der Ratifikation der UN-Behindertenrechtskonvention durch die Europäische Union kann auf deren Art. 1 Abs. 2 zurückgegriffen werden. In Übernahme dieser Definition erfasst der Begriff „Behinderung" „eine Einschränkung" ... „die insbesondere auf physische, geistige oder psychische Beeinträchtigungen zurückzuführen ist, die in Wechselwirkung mit verschiedenen Barrieren dem Betreffenden an der vollen und wirksamen Teilhabe am Berufsleben, gleichberechtigt mit den anderen Arbeitnehmenden, hindern können." Dabei muss es sich um **langfristige Beeinträchtigungen** handeln.[919] Dabei bezieht der EuGH auch Sinnesbeeinträchtigungen ein, wie es Art. 1 Abs. 2 der UN-Behindertenrechtskonvention entspricht.   4031

Diese Konvention stellt nicht nur auf die Teilhabe am Berufsleben ab, sondern auf die volle, wirksame und gleichberechtigte Teilhabe an der Gesellschaft insgesamt. Entsprechend dem weiteren Bezugsrahmen von Art. 26 EGRC, der über   4032

---

[915] *Kingreen*, in: Calliess/Ruffert, Art. 26 GRCh Rn. 2.
[916] *Mann/Ennuschat*, in: Stern/Sachs, Art. 26 Rn. 17.
[917] EuGH, Rs. C-13/05, ECLI:EU:C:2006:456 (Rn. 43) – Chacón Navas.
[918] Darauf verweisend EuGH, Rs. C-335/11, ECLI:EU:C:2013:222 (Rn. 37) – HK Danmark.
[919] EuGH, Rs. C-335/11, ECLI:EU:C:2013:222 (Rn. 38 f.) – HK Danmark.

das Berufsleben hinausreicht, ist dieser weitere Blickwinkel von Art. 1 Abs. 2 UN-Behindertenrechtskonvention zugrunde zu legen.

4033 Auch das BVerfG versteht in seiner Rechtsprechung unter einer Behinderung eine nicht nur vorübergehende und geringfügige **Funktionsbeeinträchtigung eines Menschen**, die auf einem regelwidrigen körperlichen, geistigen oder seelischen Zustand beruht.[920] Regelwidrig ist ein Zustand, der von dem Zustand nicht nur geringfügig abweicht, der für das Lebensalter typisch ist.[921] Mangels eigenständiger Definition im Europarecht[922] konnte diese Begriffsbestimmung auch für Art. 26 EGRC herangezogen werden,[923] beschreibt sie doch treffend den Sachverhalt. Nunmehr bildet aber Art. 1 Abs. 2 UN-Behindertenrechtskonvention den europaweiten Bezugspunkt.[924]

4034 **Unerheblich** sind **Art, Ursache und Ausmaß der Behinderung**.[925] Der EuGH bezieht nicht nur **angeborene** und **aus Unfällen herrührende Behinderungen** ein, sondern auch solche, die durch eine **Krankheit** verursacht sind. Eine Differenzierung nach der Ursache würde dem Ziel, eine Gleichbehandlung zu verwirklichen, widersprechen.[926] Zwar bezieht sich diese Erwägung des EuGH auf die RL 2000/78. Jedoch will auch Art. 26 EGRC Menschen trotz ihrer Behinderung am gesellschaftlichen Leben teilhaben lassen, was den Abbau von Hindernissen und damit letztlich eine Gleichbehandlung einschließt. Daraus ergibt sich dann doch ein Sinn, dass Art. 26 EGRC unter den Gleichheitsgrundrechten steht, auch wenn sein Gehalt sehr stark sozial ausgerichtet ist. Es geht um die **Verwirklichung sozialer Gleichbehandlung**. Dabei zählen die Effekte und weniger die Ursachen.

4035 **Entscheidend** ist daher, welches **Ausmaß an Einschränkungen** eine Krankheit mit sich bringt. Es ist dann auch unbeachtlich ob es sich um eine **heilbare oder unheilbare Krankheit** handelt. Entscheidend ist, dass sie in Wechselwirkung mit verschiedenen Barrieren den Betroffenen lang andauernd in der Teilhabe an der Gesellschaft einschränkt.[927] Bringt eine Krankheit hingegen keine solche starke Einschränkung mit sich, fällt sie nicht unter den Begriff der Behinderung. Die Krankheit bildet keinen eigenständigen Grund bzw. Tatbestand einer Behin-

---

[920] BVerfGE 96, 288 (301); ähnlich die Definition in § 2 SGB IX.
[921] In Anlehnung an die Definition in § 2 SGB IX.
[922] Auch die o. genannten Grundlagen Art. 15 ESC und Nr. 26 GCSGA enthalten keine Definition.
[923] *Streinz*, in: ders., Art. 26 GR-Charta Rn. 6; *Jarass/Kment*, § 28 Rn. 9.
[924] *Hölscheidt*, in: Meyer/Hölscheidt, Art. 26 Rn. 19 f.; *Mann/Ennuschat*, in: Stern/Sachs, Art. 26 Rn. 17 f.
[925] *Hölscheidt*, in: Meyer/Hölscheidt, Art. 26 Rn. 18; *Streinz*, in: ders., Art. 26 GR-Charta Rn. 7.
[926] EuGH, Rs. C-335/11, ECLI:EU:C:2013:222 (Rn. 40) – HK Danmark.
[927] EuGH, Rs. C-335/11, ECLI:EU:C:2013:222 (Rn. 41) – HK Danmark.

§ 8 Integration von Menschen mit Behinderung

derung.⁹²⁸ Dementsprechend ist es auch gleichgültig, durch welche Maßnahmen Hindernisse für einen Menschen mit Behinderung beseitigt bzw. abgemildert werden können.⁹²⁹

III. Anspruch auf Maßnahmen

1. Anerkennung und Achtung

Gem. Art. 26 EGRC „anerkennt und achtet" die Union den Anspruch von Menschen mit Behinderung auf Maßnahmen zur Gewährleistung ihrer Eigenständigkeit, ihrer sozialen und beruflichen Eingliederung und ihrer Teilnahme am Leben der Gemeinschaft. Diese **Formulierung entspricht** der des **Art. 25 EGRC**, weshalb die dafür entwickelten Maßstäbe entsprechend gelten:⁹³⁰ **Art. 26 EGRC** gewährt die genannten **Ansprüche** von Menschen mit Behinderung nicht selbst, er **setzt** deren **Existenz** vielmehr **voraus**.⁹³¹ Der Anspruch auf Maßnahmen ergibt sich aus anderen Rechtsakten, beispielsweise den nationalen Normen.⁹³²

4036

2. Maßnahmen zur Gewährleistung der Eigenständigkeit

Bei den Maßnahmen zur Gewährleistung der Eigenständigkeit handelt es sich um **Unterstützungshandlungen**, die darauf zielen, Menschen mit Behinderung Möglichkeiten zu bieten, ihre Lebensumstände eigenverantwortlich zu regeln, ohne auf ständige Hilfe Dritter angewiesen zu sein. Darunter fallen finanzielle Unterstützungsleistungen, die Schaffung von Möglichkeiten zu **behindertengerechtem Wohnen** etc.⁹³³

4037

3. Maßnahmen zur Gewährleistung der sozialen und beruflichen Eingliederung

Die Maßnahmen zur Gewährleistung der sozialen und beruflichen Eingliederung haben zum Ziel, Menschen mit Behinderung Gleichberechtigung erfahren zu lassen, da sie häufig im Alltagsleben mit schwierigeren Umständen konfrontiert werden. Ein

4038

---

⁹²⁸ EuGH, Rs. C-335/11, ECLI:EU:C:2013:222 (Rn. 42) – HK Danmark.
⁹²⁹ Bezogen auf Arbeitgebende EuGH, Rs. C 335/11, ECLI:EU:C:2013:222 (Rn. 47 a. E.) – HK Danmark.
⁹³⁰ Näher o. Rn. 4007 ff.
⁹³¹ Zum gleichlautenden Art. 25 EGRC: *Hölscheidt*, in: Meyer/Hölscheidt, Art. 25 Rn. 10; *Streinz*, in: ders., Art. 25 GR-Charta Rn. 4; *Weber*, in: Stern/Sachs, Art. 25 Rn. 3.
⁹³² *Mann/Ennuschat*, in: Stern/Sachs, Art. 26 Rn. 19.
⁹³³ *Mann/Ennuschat*, in: Stern/Sachs, Art. 26 Rn. 21.

Beispiel sind **behindertengerechte Arbeitsplätze**.[934] Hier ist an die auf Behinderungen bezogenen Fälle der RL 2000/78/EG anzuknüpfen.[935]

4. Maßnahmen zur Gewährleistung der Teilnahme am Leben der Gemeinschaft

4039 Die Maßnahmen zur Teilnahme am Leben der Gemeinschaft umfassen den weitesten Bereich und decken sich teilweise mit der sozialen und beruflichen Eingliederung, soweit diese den Teilaspekt des Arbeitslebens (der Gemeinschaft) betrifft. Unter die Teilnahme am Leben der Gemeinschaft fällt auch die in Art. 25 EGRC genannte **Teilnahme am sozialen und kulturellen Leben**. Die in Art. 26 EGRC genannten Maßnahmen erstrecken sich daher auf alle Unterstützungsmöglichkeiten, die Menschen mit Behinderung den **Zugang zu kulturellen, Bildungs- oder sonstigen sozialen Angeboten** ermöglichen. Auch Behörden, Gerichte und sonstige Einrichtungen sind aufgrund der weiten Formulierung des Art. 26 EGRC erfasst.[936]

C. Rechtsfolgen

4040 Folge des Anerkennungs- und Achtungsgebot ist, dass die Union **keine Maßnahmen** ergreifen darf, welche die **Ansprüche** auf Maßnahmen zur Gewährleistung der Eigenständigkeit, der sozialen und beruflichen Eingliederung und der Teilnahme am Leben der Gemeinschaft **gefährden oder beeinträchtigen** könnten.[937] Dabei muss die **Union** aber **weder aktive Maßnahmen** ergreifen, **noch** die **Rechte** selbst durch bestimmte Einrichtungen oder eine bestimmte Infrastruktur **fördern**.[938]

4041   **Klagen** auf Erlass von **Durchführungsakten** oder die Geltendmachung von **Schadensersatzansprüchen** sind **nicht** möglich, da es sich bei Art. 26 EGRC nicht um ein subjektives Recht, sondern um einen Grundsatz handelt.[939] **Lediglich Inzidentkontrollen** über die Vereinbarkeit von Rechtsvorschriften mit dem Grundsatz sind denkbar.[940]

---

[934] *Mann/Ennuschat*, in: Stern/Sachs, Art. 26 Rn. 22.
[935] S. EuGH, Rs. C-13/05, ECLI:EU:C:2006:456 – Chacón Navas; Rs. C-335/11, ECLI:EU:C:2013:222 – HK Danmark.
[936] *Mann/Ennuschat*, in: Stern/Sachs, Art. 26 Rn. 23.
[937] *Böhringer*, in: Heselhaus/Nowak, § 46 Rn. 25; *Jarass/Kment*, § 28 Rn. 11; zum gleichlautenden Art. 25 EGRC: *Hölscheidt*, in: Meyer/Hölscheidt, Art. 25 Rn. 17.
[938] Vgl. *Nußberger/Lang*, in: Stern/Sachs, Art. 34 Rn. 63 ff. zu der gleich lautenden Formulierung in Art. 34 Abs. 1 EGRC.
[939] *Jarass/Kment*, § 28 Rn. 7; näher o. Rn. 4026.
[940] S. Art. 52 Abs. 5 EGRC.

Art. 26 EGRC verpflichtet nur die Union, nicht hingegen die Mitgliedstaaten. **4042**
Dies hat zur Folge, dass die **nationalen Normen**, die die Ansprüche von Menschen
mit Behinderung regeln, ebenfalls **nicht** im Rahmen des Art. 26 EGRC gerichtlich
überprüfbar sind.

D. Prüfungsschema zu Art. 26 EGRC

1. Gewährleistungsbereich **4043**
kein subjektives Recht, sondern Grundsatz
a) hierfür Umwelt an ihre Bedürfnisse anpassen
b) sowohl körperliche als auch geistige Behinderungen
c) Anspruch auf Maßnahmen ergibt sich aus anderen Rechtsakten, beispielsweise den nationalen Normen

2. Rechtsfolgen
a) keine Maßnahmen, welche die Ansprüche auf Maßnahmen zur Gewährleistung der Eigenständigkeit, der sozialen und beruflichen Eingliederung und der Teilnahme am Leben der Gemeinschaft gefährden oder beeinträchtigen könnten
b) weder aktive Maßnahmen notwendig noch Rechte selbst durch bestimmte Einrichtungen oder eine bestimmte Infrastruktur
c) Keine Klagen auf Erlass von Durchführungsakten oder die Geltendmachung von Schadensersatzansprüchen; nur Inzidentkontrollen über die Vereinbarkeit von Rechtsvorschriften mit dem Grundsatz

Kapitel 3
Soziale und solidarische Grundrechte

In Titel IV der EGRC sind unter der **Überschrift „Solidarität"** verschiedene betriebsbezogene Rechte (§ 2), individuelle Arbeitnehmerrechte (§ 3), Rechte zum besonderen Schutz der Familie, Mütter und Eltern (§ 4), Rechte betreffend den sozialen Schutz (§ 5) sowie der Gesundheitsschutz (§ 6), der Zugang zu gemeinwohlbezogenen Dienstleistungen (§ 7), der Umweltschutz (§ 8) und der Verbraucherschutz (§ 9) geregelt. Diese Rechte werden für gewöhnlich als soziale Rechte bezeichnet. Im Grundrechtekonvent war ihre Aufnahme in die Charta höchst umstritten (§ 1). 4044

§ 1 Die Aufnahme sozialer Grundrechte in die Charta

Nach dem **Beschluss des Europäischen Rats von Köln 1999** sollten in der EGRC neben den Freiheits-, Gleichheits-, Verfahrens- und Unionsbürgerrechten auch die **„wirtschaftlichen und sozialen Rechte"** berücksichtigt werden, „wie sie in der Europäischen Sozialcharta und in der Gemeinschaftscharta der sozialen Grundrechte der Arbeitnehmer enthalten sind (Art. 136 EGV[1]), soweit sie nicht nur Ziele für das Handeln der Union begründen".[2] 4045

---

[1] Entspricht nach dem Lissabonner Vertrag Art. 151 AEUV.
[2] Europäischer Rat in Köln, 3./4.6.1999, Anhang IV; abgedruckt bei *Bernsdorff/Borowsky*, Die Charta der Grundrechte der Europäischen Union, 2002, S. 59 (59 f.) und in EuGRZ 1999, 364 (364).

A. Die Grundlagen

I. ESC

4046 Die ESC[3] ist ein vom Europarat initiierter und 1961 in Turin von der Mehrheit seiner Mitglieder beschlossener völkerrechtlicher Vertrag, der die Vertragsparteien auf eine Reihe sozial- und wirtschaftspolitischer Grundsätze und auf bestimmte Maßnahmen zur Verwirklichung dieser Grundsätze verpflichtet.[4] Die **ESC** trat **1965** in Kraft. Im Jahr **1996** wurde eine **revidierte Fassung** ausgearbeitet, die ihrerseits 1999 in Kraft trat.[5]

4047 Die ESC formuliert weitreichende soziale Grundrechte, stellt den Staaten aber frei, nach einem **„choose and pick"-Verfahren** einzelne Verbürgungen nicht zu übernehmen (so genanntes teilweises opting out), solange nur eine Mindestzahl von Kernverbürgungen akzeptiert wird.[6] Daran knüpfen die sozialen Grundrechte insofern an, als die mitgliedstaatlichen Sozialstandards bekräftigt wurden und so die nationale Souveränität im Verhältnis zum Unionsrecht betont wurde; es geht um die „Achtung mitgliedstaatlicher Standards ohne deren Vergemeinschaftung".[7]

4048 In diese Linie passt, dass die ESC nicht von allen Mitgliedstaaten der EU in gleicher Weise umgesetzt wurde, weshalb ihre rechtliche Bindung äußerst unterschiedlich ist.[8] Die Bundesrepublik hat die ESC von 1961 am 27.1.1965 ratifiziert, die revidierte Fassung von 1996 zunächst nur unterzeichnet[9] und erst am 29.3.2021 ratifiziert.

4049 Zudem sind die Verpflichtungen der ESC **nur** als **Staatsverpflichtungen** und **nicht** als **subjektive Rechte** formuliert,[10] weshalb sich der Einzelne nicht unmittelbar auf die fraglichen Bestimmungen gegenüber seinem Heimatstaat berufen kann.[11] Die ESC bildet im Bereich der wirtschaftlichen und sozialen Grundrechte zwar das Gegenstück zur EMRK,[12] zumal die EMRK selbst keine sozialen Grundrechte

---

[3] Europäische Sozialcharta vom 18.10.1961, Europarat SEV-Nr. 035.
[4] *Badura*, Staatsrecht, D Rn. 158.
[5] Revidierte Europäische Sozialcharta vom 3.5.1996, Europarat SEV-Nr. 163 von Deutschland im März 2021 ratifiziert, am 1.5.2021 in Kraft getreten, BGBl. II, S. 1060 (ausgenommen wurden Art. 30 und 31).
[6] S. *Hilpold*, in: FS für Pernthaler, 2005, S. 167 (175); aber auch *Hüpers/Reese*, in: Meyer/Hölscheidt, Vor Titel IV Rn. 21.
[7] *Hüpers/Reese*, in: Meyer/Hölscheidt, Vor Titel IV Rn. 21.
[8] *Magiera*, DÖV 2000, 1017 (1023).
[9] *Hilbrandt*, in: Heselhaus/Nowak, § 39 Rn. 12 a. E.
[10] *Bernsdorff*, VSSR 2001, 1 (7); *Dorfmann*, Soziale Gewährleistungen in der Charta der Grundrechte der Europäischen Union, 2002, S. 24.
[11] *Badura*, Staatsrecht, D Rn. 158.
[12] *Hilpold*, in: FS für Pernthaler, 2005, S. 167 (174); Arbeitsdokument des Europäischen Parlaments, Generaldirektion Wissenschaft, Soziale Grundrechte in Europa, SOCI 104 DE, S. 8.

enthält.[13] Anders als bei der EMRK sind die sozialen Rechte jedoch nicht vor einem internationalen Gericht einklagbar.

Die EU selbst ist nicht Vertragspartei der ESC.[14] Gleichwohl haben sich die Mitgliedstaaten der Union schon in der Präambel der Einheitlichen Europäischen Akte (EEA) 1987 auf die in der „Europäischen Sozialcharta anerkannten Grundrechte, insbesondere Freiheit, Gleichheit und soziale Gerechtigkeit" bezogen. Auch in Art. 151 AEUV wird auf die ESC Bezug genommen. Ist damit die ESC auch nicht in das Unionsrecht eingegliedert, wird sie doch benutzt, um Maßstäbe für das Handeln der Union zu schaffen.[15] Der EuGH hat in seiner Rechtsprechung ebenfalls schon Bezug auf die ESC genommen.[16] Sie dient ihm als **Rechtserkenntnisquelle** bei der Aufstellung **allgemeiner Grundsätze des Unionsrechts**.[17]

4050

II. Gemeinschaftscharta der sozialen Grundrechte der Arbeitnehmer

Die Gemeinschaftscharta der sozialen Grundrechte der Arbeitnehmer (GCSGA),[18] auch **Sozialcharta** genannt, wurde am 9.12.1989 von allen damaligen Mitgliedstaaten mit Ausnahme Großbritanniens auf dem Gipfeltreffen von Straßburg unterzeichnet. Sie enthält die Hauptgrundsätze, auf denen das europäische Arbeitsrechtsmodell und die Stellung der Arbeit in der Gesellschaft beruhen. Die in ihr festgelegten Sozialstandards sollten in den Mitgliedstaaten verwirklicht werden; dieser Zweck ist erfüllt, weshalb keine Aktualisierung erfolgt und das Dokument auch nicht mehr den derzeitigen Stand der Arbeitnehmerrechte widerspiegelt.[19] Ihr kommt **keine unmittelbare Rechtswirkung** zu,[20] auch wenn die Formulierungen den Eindruck subjektiver Rechte erwecken.[21] Die GCSGA stellte lediglich eine feierliche Erklärung der Staats- und Regierungschefs dar und diente als „programmatischer Wegweiser".[22] Dennoch besitzt sie in der Rechtsprechungspraxis des EuGH eine erhebliche Bedeutung,[23] da sie die gemeinsamen Ansichten und

4051

---

[13] *Dorfmann*, Soziale Gewährleistungen in der Charta der Grundrechte der Europäischen Union, 2002, S. 24.
[14] *Zuleeg*, EuGRZ 1992, 329 (329).
[15] *Zuleeg*, EuGRZ 1992, 329 (329).
[16] Z. B. EuGH, Rs. C-149/77, ECLI:EU:C:1978:130 (Rn. 26, 29) – Defrenne/Sabena, bekannt als „Defrenne III".
[17] Arbeitsdokument des Europäischen Parlaments, Generaldirektion Wissenschaft, Soziale Grundrechte in Europa, SOCI 104 DE, S. 8.
[18] KOM (1989) 248 endg.
[19] Gemeinschaftscharta der sozialen Grundrechte der Arbeitnehmer, Zusammenfassung der EU-Gesetzgebung v. 29.9.2011, abrufbar unter https://eur-lex.europa.eu/legal-content/DE/TXT/?uri=LEGISSUM%3Ac10107 (letzter Abruf: 30.9.2023).
[20] *Hilpold*, in: FS für Pernthaler, 2005, S. 167 (178).
[21] *Bernsdorff*, VSSR 2001, 1 (7).
[22] *Zuleeg*, EuGRZ 1992, 329 (331).
[23] *Hilbrandt*, in: Heselhaus/Nowak, § 39 Rn. 16.

Traditionen der Mitgliedstaaten widerspiegelt und eine Erklärung von Grundprinzipien darstellt, an die sich die EU und ihre Mitgliedstaaten halten wollen.[24]

III. Unterschiede zur EGRC

4052 Z. T. wird kritisiert, im Vergleich zur ESC[25] würden der EGRC einige Rechte ganz fehlen.[26] Das insoweit immer wieder genannte **Recht auf Arbeit** (Art. 1 ESC) findet sich jedoch in seinen Einzelgehalten in Art. 14 EGRC, Art. 15 EGRC und Art. 29 EGRC wieder. Grundsätzlich könnte der EGRC der Vorwurf gemacht werden, gerade im Bereich der sozialen Rechte unvollständig zu sein.[27] Indes können **soziale Rechte schwerlich vollständig** sein.[28] Zum einen wandeln sich die gesellschaftlichen Vorstellungen hinsichtlich dessen, was als „sozial" anzusehen ist, zum anderen wird die Festlegung von sozialen Ansprüchen stets auf Kompromissen beruhen. Das gilt gerade für die EGRC, die das Ergebnis eines zähen Ringens um einen Konsens darstellt.[29]

4053 Schließlich ist zu fragen, inwiefern die konkreten Regelungen der ESC und der GCSGA unverrückbare Kernpositionen formulieren. Um dem Charakter eines Grundrechtekatalogs gerecht zu werden, durften jedoch nur derartige Kernpositionen in die Charta aufgenommen werden, was z. T. bereits bei einigen in der EGRC aufgenommenen Rechten bezweifelt werden kann.[30] Aus dieser Sicht geht die EGRC in ihren sozialen Rechten zu weit.

4054 Die ESC wird in ihrem Wortlaut häufig konkreter als die EGRC, so z. B. bezüglich des Rechts auf gerechte und angemessene Arbeitsbedingungen in Art. 2 ESC im Vergleich zu Art. 31 EGRC.[31] Ähnliches gilt für die GCSGA. Diese enthält beispielsweise ein Recht auf ein gerechtes Arbeitsentgelt (Nr. 5 GCSGA), welches nicht ausdrücklich in der EGRC formuliert ist.

4055 Allerdings bilden die **ESC und die GCSGA kein unmittelbar verbindliches Recht**.[32] Daher können aus ihnen **keine subjektiven**, vor einem internationalen Gericht einklagbaren **Rechte** abgeleitet werden, während Entsprechendes bei der

---

[24] Arbeitsdokument des Europäischen Parlaments, Generaldirektion Wissenschaft, Soziale Grundrechte in Europa, SOCI 104 DE, S. 9.
[25] Unter diesen Oberbegriff fallen die Europäische Sozialcharta vom 18.10.1961, Europarat SEV-Nr. 035 und die revidierte Europäische Sozialcharta vom 3.5.1996, Europarat SEV-Nr. 163, s. Rn. 4046 ff.
[26] *Krebber*, in: Calliess/Ruffert, Art. 27 GRCh Rn. 1; *Lörcher*, AuR 2000, 241 (242).
[27] A.A. *Engels*, in: Frank/Jenichen/Rosemann (Hrsg.), Soziale Menschenrechte – die vergessenen Rechte?, 2001, S. 77 (85).
[28] *Hilpold*, in: FS für Pernthaler, 2005, S. 167 (186).
[29] *Weiss*, AuR 2001, 374 (377).
[30] Vgl. u. Rn. 4093.
[31] *Krebber*, in: Calliess/Ruffert, Art. 27 GRCh Rn. 1.
[32] S.o. Rn. 4049, 4051.

EGRC intendiert (gewesen) ist. Anders als die ESC formuliert die EGRC diverse subjektive soziale Rechte und nicht lediglich Zielbestimmungen.[33]

B. Die Auseinandersetzung im Grundrechtekonvent

Mit dem Bezug auf die ESC[34] und die GCSGA[35] hatte der Europäische Rat von Köln neben dem allgemeinen Wunsch, wirtschaftliche und soziale Rechte in der Charta zu berücksichtigen, sogar die Quellen angegeben, aus denen der Konvent die sozialen Rechte gewinnen sollte. Problematisch war allerdings die im Kölner Beschluss vorgenommene Einschränkung, dass **keine Zielbestimmungen** in die Charta aufgenommen werden sollten.[36] Damit war der Konvent in eine schwierige Lage gebracht worden, weil eine Vielzahl von Artikeln aus der ESC nur als Zielbestimmungen formuliert sind.[37] Entsprechend war es in dem mit der Erarbeitung der EGRC beauftragten Konvent schwierig, sich darüber zu verständigen, welche wirtschaftlichen und sozialen Grundrechte in die Charta aufgenommen werden sollten. Es war eines der **umstrittensten Titel der Charta**.[38]

4056

Die ohnehin streitige Frage nach dem Erfordernis einer Grundrechtecharta im Allgemeinen setzte sich in der Uneinigkeit über den Inhalt fort und gipfelte in der Diskussion, ob, in welchem Ausmaß und mit welcher Verbindlichkeit soziale Rechte in die Charta Eingang finden sollten.[39] Diejenigen, denen bereits eine Verbriefung von klassischen Freiheits- und Gleichheitsrechten zu weit ging, wollten keinerlei

4057

---

[33] *Engels*, in: Frank/Jenichen/Rosemann (Hrsg.), Soziale Menschenrechte – die vergessenen Rechte?, 2001, S. 77 (87 f.).
[34] Unter diesen Oberbegriff fallen die Europäische Sozialcharta vom 18.10.1961, Europarat SEV-Nr. 035 und die revidierte Europäische Sozialcharta vom 3.5.1996, Europarat SEV-Nr. 163, s. Rn. 4046 ff.
[35] Gemeinschaftscharta der sozialen Grundrechte der Arbeitnehmer, KOM (1989) 248 endg., s. Rn. 4051.
[36] S. die Formulierung des Europäischen Rats von Köln, 3./4.6.1999, Anhang IV; abgedruckt bei *Bernsdorff/Borowsky*, Die Charta der Grundrechte der Europäischen Union, 2002, S. 59 f. und in EuGRZ 1999, 364.
[37] *Engels*, in: Frank/Jenichen/Rosemann (Hrsg.), Soziale Menschenrechte – die vergessenen Rechte?, 2001, S. 77 (84).
[38] S. *Hüpers/Reese*, in: Meyer/Hölscheidt, Vor Titel IV Rn. 13 ff.; *Lang*, in: Stern/Sachs, Art. 27 Rn. 1; *Kingreen*, in: Ehlers (Hrsg.), Europäische Grundrechte und Grundfreiheiten, 2015, § 22 Rn. 3; *Krebber*, in: Calliess/Ruffert, Art. 27 GRCh Rn. 2 f.; *Streinz*, in: ders., Kap. IV (vor Art. 27 GR-Charta) Rn. 2; *Hirsch*, in: Blank (Hrsg.), Soziale Grundrechte in der Europäischen Grundrechtscharta, 2002, S. 9 (14).
[39] *Losch/Radau*, NVwZ 2003, 1440 (1441) m. w. N.; *Hüpers/Reese*, in: Meyer/Hölscheidt, Vor Titel IV Rn. 14 ff.

Sozialbezug aufnehmen.⁴⁰ Demgegenüber forderten andere ein hohes Schutzniveau und verstanden freiheitliche und soziale Grundrechte als untrennbare Einheit.⁴¹

4058 Innerhalb des Konvents wurden **alle denkbaren Positionen** vertreten: völlige Ablehnung der Verankerung sozialer Rechte, Aufnahme sozialer Rechte wenigstens als Programmsätze, Ausgestaltung sozialer Grundrechte als echte Leistungsrechte gegen die Union und die Mitgliedstaaten.⁴² Gegner und Befürworter einer Aufnahme sozialer Grundrechte standen sich zu Beginn des Konvents derart **unversöhnlich** gegenüber, dass der Verhandlungsprozess gar zu scheitern drohte.⁴³ Entsprechend unsicher ist auch die **Auslegung**. Der gefundene **Kompromiss** schließt eine allzu sehr einer vertretenen Richtung zuneigende Interpretation aus.

C. Soziale Grundrechte

I. Unterschiedlicher Bestand in den Mitgliedstaaten

1. Allgemeine Bedeutung sozialer Rechte

4059 Diese Unsicherheit betrifft bereits die Bedeutung sozialer Grundrechte als solcher. Die Meinungsgegensätze im Grundrechtekonvent sind unter anderem damit zu begründen, dass bislang **in den Mitgliedstaaten kein gemeinsamer Standard** sozialer Grundrechte herrscht.⁴⁴ Alle Mitgliedstaaten kennen soziale Rechte auf der Ebene des einfachen Rechts. Sie finden sich insbesondere im Arbeitsrecht etwa in Regelungen über Kündigungsschutz, Mindestlohn, Urlaub, sichere Arbeitsbedingungen etc. Ferner werden die Systeme der sozialen Sicherheit durch einfache Gesetze geregelt, die verschiedene Sozialleistungen für Notlagen oder bestimmte

---

[40] So im Konvent z. B. die britische Auffassung, s. *Bernsdorff*, VSSR 2001, 1 (2).

[41] So im Konvent etwa der französische Vertreter, s. *Bernsdorff*, VSSR 2001, 1 (2); *Pernice*, DVBl 2000, 847 (853); *Weber*, NJW 2000, 537 (541); *Eickmeier*, DVBl 1999, 1026 (1028); *Pitschas*, VSSR 2000, 207 (214); *Weiss*, AuR 2001, 374 (375); *Engels*, in: Unteilbarkeit auf Europäisch, 2001, S. 7 (9).

[42] *Bernsdorff*, NdsVBl. 2001, 177 (179); *Dorfmann*, Soziale Gewährleistungen in der Charta der Grundrechte der Europäischen Union, 2002, S. 26.

[43] So der Vertreter der italienischen Regierung im Konvent, *Rotata*, zitiert in *Bernsdorff*, VSSR 2001, 1 (Fn. 3); *Hüpers/Reese*, in: Meyer/Hölscheidt, Vor Titel IV Rn. 13 f.; *Meyer/Engels*, ZRP 2000, 368 (370); *Lang*, in: Stern/Sachs, Art. 27 Rn. 1 f.

[44] *Dorfmann*, Soziale Gewährleistungen in der Charta der Grundrechte der Europäischen Union, 2002, S. 28; *Rengeling/Szczekalla*, Rn. 996; *Knöll*, NVwZ 2001, 392 (393); *Everling*, in: GS für Heinze, 2005, S. 157 (161).

Lebenssituationen gewährleisten.⁴⁵ Soziale Rechte auf der Ebene des Verfassungsrechts sind jedoch sehr unterschiedlich ausgeprägt.⁴⁶

2. Verschiedene Ansätze in nationalen Verfassungen

Die Verfassungen, in denen das klassisch-liberale Grundrechtsdenken vorherrscht, welches Grundrechte als bürgerliche und politische Abwehrrechte versteht, enthalten keine oder nur eine schwache Ausprägung sozialer Grundrechte. Das gilt beispielsweise für Österreich, Frankreich, Großbritannien (bei der Entstehung der EGRC noch EU-Mitglied), Dänemark und Schweden. Südeuropäische Verfassungen, insbesondere die Verfassungen Griechenlands, Italiens, Portugals und Spaniens, gehen hingegen detailliert auf soziale Grundrechte ein.⁴⁷ Tatsächlich wird jedoch auch in Österreich, Großbritannien und in den skandinavischen Staaten sozialer Schutz gewährt, während die subjektiv formulierten sozialen Grundrechte in den südeuropäischen Verfassungen allgemein lediglich als Staatsaufgaben und nicht als unmittelbar einklagbare Rechte verstanden werden.⁴⁸ 4060

Entsprechend den **unterschiedlichen Verfassungstraditionen** in den Mitgliedstaaten standen sich **im Grundrechtekonvent zwei Lager** gegenüber: Die Länder, deren Verfassungen soziale Grundrechte kennen, bestanden auf einer Ausbalancierung der Freiheits- und Gleichheitsrechte durch soziale Rechte, während Länder, deren Verfassungen keine solchen Rechte oder differenzierende soziale Bestimmungen kennen, eher ablehnend waren.⁴⁹ 4061

3. Deutsches Grundgesetz

Auch das Grundgesetz der Bundesrepublik enthält **keine** Normierung **sozialer Grundrechte im Sinne originärer Leistungsrechte**.⁵⁰ Der Parlamentarische Rat 4062

---

⁴⁵ Arbeitsdokument des Europäischen Parlaments, Generaldirektion Wissenschaft, Soziale Grundrechte in Europa, SOCI 104 DE, S. 6.

⁴⁶ Ausführlich zu den sozialen Grundrechten in den Verfassungen der Mitgliedstaaten Arbeitsdokument des Europäischen Parlaments, Generaldirektion Wissenschaft, Soziale Grundrechte in Europa, SOCI 104 DE, S. 11 ff.

⁴⁷ *Magiera*, DÖV 2000, 1017 (1023); *Meyer/Engels*, ZRP 2000, 368 (369); *Hüpers/Reese*, in: Meyer/Hölscheidt, Vor Titel IV Rn. 11; *Krieger*, in: Dörr/Grote/Marauhn, Kap. 6 Rn. 110; vgl. auch *Hirsch*, in: Blank (Hrsg.), Soziale Grundrechte in der Europäischen Grundrechtscharta, 2002, 9 (15); *Dorfmann*, Soziale Gewährleistungen in der Charta der Grundrechte der Europäischen Union, 2002, S. 28.

⁴⁸ *Magiera*, DÖV 2000, 1017 (1023); vgl. Arbeitsdokument des Europäischen Parlaments, Generaldirektion Wissenschaft, Soziale Grundrechte in Europa, SOCI 104 DE, S. 11–28.

⁴⁹ *Hirsch*, in: Blank (Hrsg.), Soziale Grundrechte in der Europäischen Grundrechtscharta, 2002, 9 (15).

⁵⁰ S. *Dreier*, in: ders., GG-Kommentar, Vorb. Rn. 81; *Grzeszick*, in: Dürig/Herzog/Scholz, GG, Art. 20 Abs. VIII Rn. 18 ff.; *Knöll*, NVwZ 2001, 392 (394); *Kingreen*, in: Ehlers (Hrsg.), Europäische Grundrechte und Grundfreiheiten, 2015, § 22 Rn. 10 f.; *Zimmerling/Beplat*, DVP 2001, 3 (5); *Brohm*, JZ 1994, 213 (215); *Bieback*, EuGRZ 1985, 657 (665).

lehnte bewusst die Aufnahme eines Rechts auf ein **Mindestmaß an Nahrung, Kleidung und Wohnung** ab.[51] In den 90er-Jahren wurde in Deutschland eine Diskussion geführt, ob durch eine Änderung des Grundgesetzes soziale Grundrechte aufgenommen werden sollten.[52] Dies wurde letztendlich abgelehnt. Dennoch ergeben sich auch aus dem Grundgesetz, insbesondere aus dem Sozialstaatsprinzip, **soziale Mindestansprüche**,[53] wie auch vom BVerfG anerkannt.[54] Insbesondere wird i. V. m. Art. 1 Abs. 1 GG das **soziale Existenzminimum** gewährleistet.[55] Die deutschen Landesverfassungen enthalten hingegen eine Vielzahl sozialer Garantien und Grundsätze.[56]

II. Der Begriff der sozialen Grundrechte

1. Unterschiedliches Verständnis in den Mitgliedstaaten

4063 Soziale Grundrechte sind nicht nur in den Verfassungen der Mitgliedstaaten verschieden stark ausgeprägt, auch der Begriff der „sozialen Grundrechte" wird in den einzelnen Mitgliedstaaten unterschiedlich ausgelegt. Manche Mitgliedstaaten verstehen darunter z. B. das Streikrecht und das Recht auf körperliche Unversehrtheit, was unter deutschen dogmatischen Gesichtspunkten irritieren mag.[57] Auch zählen seit Langem auf europäischer Ebene Sachverhalte zu den sozialen Angelegenheiten, die in Deutschland dem Arbeitsrecht und nicht dem Sozialrecht unterliegen.[58] Soweit hierzulande Definitionen vorhanden sind,[59] werden alle grundrechtlich verbürgten sozialen Leistungsansprüche als soziale Grundrechte bezeichnet. Andere sehen alle Grundrechte, die ihrem Inhalt nach einen Bezug zum Sozialen haben, als

---

[51] Vgl. BVerfGE 1, 97 (104 f.); *Krieger*, in: Dörr/Grote/Marauhn, Kap. 6 Rn. 107; schon *Stern*, Staatsrecht I, S. 936 f.
[52] S. dazu *Brohm*, JZ 1994, 213 ff.
[53] Vgl. *Brohm*, JZ 1994, 213 (218).
[54] BVerfGE 40, 121 (133); 45, 187 (228); 48, 346 (365); 82, 60 (85); 110, 412 (445); vgl. nunmehr auch: 115, 25 (49) – Entscheidung betreffend die gesetzliche **Krankenversicherung** sowie 125, 175 (223) – Hartz IV; *Krieger*, in: Dörr/Grote/Marauhn, Kap. 6 Rn. 108.
[55] BVerfGE 125, 175 (223) – Hartz IV.
[56] Vgl. z. B. LVerf. Bay Art. 106 Abs. 1 (Recht auf Wohnung), Art. 128 (Recht auf Ausbildung); LVerf. BW Art. 11 Abs. 1 (Recht auf Erziehung und Ausbildung); LVerf. NRW Art. 24 Abs. 1 S. 1 (Recht auf Arbeit), Art. 24 Abs. 3 (Recht auf Urlaub); LVerf. Bbg Art. 29 (Recht auf Bildung), Art. 47 (Recht auf Wohnung), Art. 48 (Recht auf Arbeit); LVerf. Sächs Art. 7 (Recht auf Arbeit, Wohnraum, Lebensunterhalt, soziale Sicherung, Bildung – allerdings als Staatsziele formuliert).
[57] *Rengeling/Szczekalla*, Rn. 996; *Magiera*, DÖV 2000, 1017 (1023).
[58] *Zuleeg*, EuGRZ 1992, 329 (329).
[59] In der deutschen Lit. wird der Begriff der sozialen Grundrechte oftmals verwandt, ohne ihn inhaltlich zu charakterisieren, *Geesmann*, Soziale Grundrechte im deutschen und französischen Verfassungsrecht, 2005, S. 21.

soziale Grundrechte an. Ein anderer Teil des Schrifttums verwendet keine Definitionen, sondern zieht eine Kasuistik sozialer Grundrechte vor.[60]

Die **deutschen Begriffsbestimmungen** orientieren sich zumeist an dem im Grundgesetz verankerten Sozialstaatsprinzip,[61] an den in den Landesverfassungen aufgenommenen sozialen Rechten[62] oder an der in den 90er-Jahren geführten Diskussion, ob soziale Grundrechte in das Grundgesetz aufgenommen werden sollen.[63] Häufig werden die Definitionsversuche auch in Zusammenhang mit den möglichen Erscheinungsformen sozialer Grundrechte als subjektiv-öffentliche Rechte, Programmsätze, Einrichtungsgarantien, Leitprinzipien, Staatszielbestimmungen oder Gesetzgebungsaufträge gebracht.[64] Diese Problematik korrespondiert mit den verschiedenen Bedeutungsgehalten des Begriffs „Grundrechte" in der EGRC.[65]

4064

Die in der EGRC vorgenommene Einordnung des **Umweltschutzes** als soziales Grundrecht verwundert ebenfalls auf den ersten Blick. Der Schutz der Umwelt wird in der wissenschaftlichen und rechtspolitischen Diskussion aber seit Langem den sozialen Grundrechten zugeordnet, sei es, dass er von vornherein nur als Teilausschnitt des Rechts auf Gesundheit formuliert oder als eigenständiges, wenngleich in systematischem Zusammenhang mit den sozialen Grundrechten auf Wohnung, Erholung und Gesundheit stehendes Recht begriffen oder schließlich als einer Sondergruppe zugehörendes soziales Grundrecht angesehen wird.[66]

4065

2. Europarechtliche Definition

a) Vorhandene Ansätze

Gerade die Tatsache, dass der Begriff der sozialen Grundrechte in den Mitgliedstaaten unterschiedlich ausgelegt wird, zeigt, dass es vorliegend einer **europarechtlichen Begriffsbestimmung** bedarf. Eine Definition der europäischen sozialen Grundrechte ist allerdings schwierig,[67] da es sich um einen Begriff mit einem

4066

---

[60] *Dörfler*, Die Vereinbarkeit sozialer Grundrechte mit dem Grundgesetz der Bundesrepublik Deutschland, 1978, S. 62 f.; *Wildhaber*, in: GS für Imboden, 1972, S. 371 (374 f.).
[61] Z. B. *Grzeszick*, in: Dürig/Herzog/Scholz, Art. 20 Abs. VIII; zum Verhältnis von Sozialstaatsprinzip und Grundrechten *Rixen* in: Stern/Sodan/Möstl, Staatsrecht I, § 21 Rn. 41 f.
[62] Z. B. *Diercks*, LKV 1996, 231 ff.
[63] *Brohm*, JZ 1994, 213 ff.
[64] Vgl. *Lücke*, AöR 107 (1982), 15 (18 ff.); *Diercks*, LKV 1996, 231 (232).
[65] *Hüpers/Reese*, in: Meyer/Hölscheidt, Vor Titel IV Rn. 3.
[66] *Lücke*, AöR 107 (1982), 15 (17) m. w. N.; *Brunner*, Die Problematik der sozialen Grundrechte, 1971, S. 12; vgl. *Brohm*, JZ 1994, 213 (216); s. auch u. Rn. 4071.
[67] *Hirsch*, in: Blank (Hrsg.), Soziale Grundrechte in der Europäischen Grundrechtscharta, 2002, 9 (15).

hohen Abstraktionsgrad handelt, der ein „unbegrenztes Assoziationsfeld"[68] eröffnet, und häufig nicht deutlich entschieden werden kann, was als „sozial" anzusehen ist.[69]

4067 Manche verstehen darunter jedes Recht, dessen Inhalt im Sozialen wurzelt,[70] oder das einen Bereich betrifft, der für die Regelung des Arbeitslebens zentral ist.[71] Andere klammern bewusst alle traditionellen Rechte, die den Menschen als Person, seine Familie, seine Freiheits- und Persönlichkeitsrechte sowie seine Bürgerrechte betreffen, aus, selbst wenn sich die Rechte auf sozialem Gebiet auswirken können.[72]

4068 In einem **Arbeitsdokument der Generaldirektion Wissenschaft des Europäischen Parlaments über die sozialen Grundrechte in Europa**, das im Vorfeld der Schaffung des Grundrechtekatalogs der EGRC erstellt wurde und als Grundlage für die Diskussion im Grundrechtekonvent diente, werden die sozialen Rechte beschrieben als Rechte, „die dem einzelnen Bürger zukommen und die er nur in seiner Verbindung zu anderen Menschen als Mitglied einer Gruppe wahrnehmen kann und die nur verwirklicht werden können, wenn die staatliche Gemeinschaft Leistungen zur Sicherung der Lebensgestaltung des einzelnen Bürgers erbringt."[73] Diese Definition geht auf eine in der deutschen Literatur bereits 1986 verwandte Begriffsbestimmung zurück.[74]

4069 Allerdings können auch die meisten klassischen Grundrechte „nur in ... Verbindung zu anderen Menschen als Mitglied einer Gruppe" wahrgenommen werden, so die kollektive Religionsfreiheit und verschiedene kommunikative Grundrechte wie insbesondere die Versammlungsfreiheit. Wenn die Definition darauf abstellt, dass die sozialen Rechte nur verwirklicht werden können, „wenn die staatliche Gemeinschaft Leistungen zur Sicherung der Lebensgestaltung des einzelnen Bürgers erbringt", betrifft dies nur eine mögliche Funktion der sozialen Grundrechte, nämlich die Qualifizierung als Leistungsrecht. Nicht jedes als soziales Grundrecht einzuordnende Recht ist jedoch ein Leistungsrecht.[75]

b) Normative Anhaltspunkte aus dem EUV und AEUV

4070 Allein eine begriffliche Herangehensweise hilft daher schwerlich, den Begriff der sozialen Grundrechte auf der Ebene des Europarechts zu definieren. Erforderlich ist vielmehr eine Ableitung, die sich an den europarechtlichen Normen orientiert.

4071 Gleich zu Beginn des in Art. 2 EUV enthaltenen Katalogs von Unionszielen wurde die „Förderung des wirtschaftlichen und sozialen Fortschritts ..., insbesondere durch ... Stärkung des wirtschaftlichen und sozialen Zusammenhalts" erwähnt. Ähnliche Formulierungen finden sich in Art. 3 Abs. 3 EUV. Gem. Art. 9 AEUV trägt

---

[68] *Isensee*, Der Staat 19 (1980), 367 (373).
[69] Vgl. schon *Stern*, Staatsrecht I, S. 891 ff.
[70] *Lücke*, AöR 107 (1982), 15 (18).
[71] Vgl. *Weiss*, AuR 2001, 374 (376).
[72] *Everling*, in: GS für Heinze, 2005, S. 157 (162 f.).
[73] Arbeitsdokument des Europäischen Parlaments, Generaldirektion Wissenschaft, Soziale Grundrechte in Europa, SOCI 104 DE, S. 5.
[74] *Wipfelder*, ZRP 1986, 140 (140).
[75] S.u. Rn. 4109 ff.

§ 1 Die Aufnahme sozialer Grundrechte in die Charta

die Union bei der Festlegung und Durchführung ihrer Politik und ihrer Maßnahmen den Erfordernissen im Zusammenhang mit der Förderung eines hohen Beschäftigungsniveaus, mit der Gewährleistung eines angemessenen sozialen Schutzes, mit der Bekämpfung der sozialen Ausgrenzung sowie mit einem hohen Niveau der allgemeinen und beruflichen Bildung und des Gesundheitsschutzes Rechnung. Das Niveau der Beschäftigung sowie das Wirtschaftsleben als solches sind mit sozialen Komponenten verknüpft. Die Verbindung zur Umwelt wird über die sowohl in Art. 3 Abs. 3 EUV als auch in Art. 11 AEUV aufgenommene nachhaltige Entwicklung hergestellt;[76] Art. 11 AEUV verlangt zudem explizit ein hohes Maß an Umweltschutz und Verbesserung der Umweltqualität.

Der **Dreiklang Ökonomie-Soziales-Ökologie**[77] ist daher elementar für die Aufgabenstellung der europäischen Ebene. Daraus folgt auch ohne Bruch die Einbeziehung des Umweltschutzes jedenfalls in die solidarischen Grundrechte: Die wirtschaftliche Entwicklung hat die Umwelt in den Blick zu nehmen und ist mit deren Schutz notwendig verbunden. Nimmt man die **Auswirkungen** einer **vernachlässigten Umwelt** hinzu, erhält man auch leicht eine **soziale Komponente**, da die **negativen Folgen** vor allem die **sozial Schwachen** treffen, die keine Ausweichmöglichkeit haben. Dies zeigt sich namentlich an den Folgen des **Klimawandels**.

4072

Konkret wird im AEUV auf die Sozialpolitik in erster Linie im Titel über die Sozialvorschriften/Sozialpolitik (Art. 151 ff. AEUV) eingegangen, der in dieser Form erst seit dem Vertrag von Amsterdam besteht.[78] Der dabei neu geschaffene fünfte Erwägungsgrund bekennt sich zu den sozialen Grundrechten der Europäischen Sozialcharta und der Gemeinschaftscharta der sozialen Grundrechte der Arbeitnehmer. Der Vertrag von Lissabon begründete die „**soziale Marktwirtschaft**" (Art. 3 Abs. 3 EUV) ebenso wie eine neue horizontale – stark erweiterte und systematisch prominent platzierte – **Sozialklausel** (Art. 3 Abs. 3 UAbs. 2 EUV) und anerkannte Bedeutung der Sozialpartner (Art. 154 ff. AEUV)[79] Als **sozialpolitische Ziele** bestimmt **Art. 151 AEUV** die Förderung der Beschäftigung, die Verbesserung der Lebens- und Arbeitsbedingungen, einen angemessenen sozialen Schutz, den sozialen Dialog, die Entwicklung des Arbeitskräftepotenzials im Hinblick auf ein dauerhaft hohes Beschäftigungsniveau und die Bekämpfung von Ausgrenzungen. Art. 151 AEUV bezieht sich dabei ebenso wie das Kölner Mandat auf die ESC[80] und die GCSGA.[81]

4073

---

[76] Ausführlich bereits *Frenz/Unnerstall*, Nachhaltige Entwicklung im Europarecht, 1999, S. 174 ff.
[77] *Kahl*, in: Streinz, EUV/AEUV, 3. Aufl. 2018, Art. 11 AEUV Rn. 20: Drei-Säulen-Konzept.
[78] *Hilpold*, in: FS für Pernthaler, 2005, S. 167 (179).
[79] *Terhechte*, in: Grabitz/Hilf/Nettesheim, Präambel EUV Rn. 27.
[80] Unter diesen Oberbegriff fallen die Europäische Sozialcharta vom 18.10.1961, Europarat SEV-Nr. 035 und die revidierte Europäische Sozialcharta vom 3.5.1996, Europarat SEV-Nr. 163, s. Rn. 4046 ff.
[81] Gemeinschaftscharta der sozialen Grundrechte der Arbeitnehmer, KOM (1989) 248 endg., s. Rn. 4051.

4074 Sowohl aus diesem Bezug als auch vor allem aus der thematischen Ausrichtung von Art. 151 AEUV folgt die **Einbeziehung von Arbeitnehmerrechten in** den Begriff der **sozialen Rechte**. Das gilt nicht nur für soziale Schutzstandards, sondern auch für die **Stellung des Arbeitnehmers**: Dieser soll in seinem Potenzial entwickelt und daher (angemessen) beschäftigt und nicht ausgegrenzt werden. Damit korrespondieren materiell gerechte und angemessene Arbeitsbedingungen (Art. 31 EGRC) sowie Schutz bei ungerechtfertigter Entlassung (Art. 30 EGRC) und formell das Recht auf Zugang zu einem Arbeitsvermittlungsdienst (Art. 29 EGRC) sowie auf Information und Beteiligung im Betrieb (Art. 27, 28 EGRC).

c) ESC und GCSGA

4075 Weiteren Aufschluss über die Reichweite sozialer Rechte in der EGRC vermitteln die Vorbilder ESC[82] und GCSGA,[83] die beide entsprechend ihrer Bezeichnung soziale Inhalte haben. Die ESC enthält in ihrer revidierten Fassung von 1996 Bestimmungen zu den Rechten der Arbeitnehmerinnen und Arbeitnehmer, Rechte im Bereich Bildung, Gesundheitsschutz, soziale Sicherheit, Fürsorge, Rechte Behinderter auf Integration, Rechte der Familie, Kinder, Jugendlichen und älteren Menschen auf besonderen Schutz, Schutz gegen Armut und soziale Ausgrenzung und das Recht auf Wohnung. Die GCSGA enthält ähnliche Bestimmungen.

4076 In der EGRC finden sich insbesondere in Titel IV derartige Rechte, nämlich das Recht auf Unterrichtung und Anhörung der Arbeitnehmerinnen und Arbeitnehmer im Unternehmen (Art. 27 EGRC), auf Kollektivverhandlungen und Kollektivmaßnahmen (Art. 28 EGRC), auf Zugang zu einem Arbeitsvermittlungsdienst (Art. 29 EGRC), Schutz bei ungerechtfertigter Entlassung (Art. 30 EGRC), gerechte und angemessene Arbeitsbedingungen (Art. 31 EGRC), Verbot der Kinderarbeit und Schutz der Jugendlichen am Arbeitsplatz (Art. 32 EGRC), Familien- und Berufsleben (Art. 33 EGRC), soziale Sicherheit und soziale Unterstützung (Art. 34 EGRC) sowie Gesundheitsschutz (Art. 35 EGRC). Thematisch darüber hinaus gehen allerdings der Zugang zu den Dienstleistungen von allgemeinem wirtschaftlichem Interesse (Art. 36 EGRC), der Umweltschutz (Art. 37 EGRC) und der Verbraucherschutz (Art. 38 EGRC).

4077 Da sich die meisten der in der EGRC in Titel IV aufgenommenen Rechte auf die **ESC** oder die **GCSGA** stützen, liegt ihre Einordnung als soziales Recht nahe. Die in der Charta aufgenommenen Rechte haben ihre **Qualifizierung als soziales Recht** gerade dadurch erhalten, dass sie zuvor in den internationalen Abkommen als solche bezeichnet worden sind.[84]

---

[82] Unter diesen Oberbegriff fallen die Europäische Sozialcharta vom 18.10.1961, Europarat SEV-Nr. 035 und die revidierte Europäische Sozialcharta vom 3.5.1996, Europarat SEV-Nr. 163, s. Rn. 4046 ff.

[83] Gemeinschaftscharta der sozialen Grundrechte der Arbeitnehmer, KOM (1989) 248 endg., s. Rn. 4051.

[84] *Krebber*, in: Calliess/Ruffert, Art. 27 GRCh Rn. 3 f.

§ 1 Die Aufnahme sozialer Grundrechte in die Charta

d) Weite Begrifflichkeit

Eine Begriffsbestimmung der sozialen Rechte hat sich demnach an den genannten Normen von EUV, AEUV, ESC und GCSGA zu orientieren, die sprachlich weitgehend einfach gefasst sind.[85] Dabei spiegelt die Vielgestaltigkeit der in der obigen Aufzählung angesprochenen Rechtspositionen die Unklarheit des Begriffs „sozial" wider. Sie zeigt zudem, dass der Begriff der sozialen Rechte auf europäischer Ebene sehr weit gefasst werden muss[86] und ganz unterschiedliche Komponenten umfasst, die ihrerseits besonders neuen Entwicklungen ausgesetzt und daher dynamisch sowie offen zu handhaben sind. Daraus ergibt sich ein Effektivierungspostulat.[87]

4078

Die in EUV, AEUV, in der ESC[88] und des GCSGA[89] formulierten Rechte lassen sich ihrem Gegenstand nach in vier Gruppen ordnen, wobei Überschneidungen möglich sind. Die sozialen Rechte umfassen danach:[90]

4079

- Rechte, die den Bereich des **Berufslebens** und die **Stellung als Arbeitnehmer** betreffen. Ausgangspunkt ist das Recht auf Arbeit, das ergänzt wird durch Rechte auf angemessenen Lohn, Arbeitspausen, bezahlten Urlaub, sichere und soziale Arbeitsbedingungen, geeignete Berufsberatung und -ausbildung und besondere Schutzrechte im Arbeitsleben für Kinder und Frauen.
- Rechte, die ein **Mindestmaß an sozialer Sicherheit** garantieren. Dazu gehören insbesondere die Einführung und Beibehaltung eines Systems der sozialen Sicherheit, das Recht auf Fürsorge sowie das Recht auf Inanspruchnahme sozialer Dienste, auf ärztliche Versorgung und besondere Rechte für Familien, Mütter oder Behinderte.
- Rechte auf **soziokulturelle Entfaltung**. Grundlegend ist hierbei das Recht auf Bildung, das Basis für Entwicklungsmöglichkeiten ist.
- Eine Sondergruppe von Rechten, die als **grundlegend für befriedigende Lebensverhältnisse** angesehen werden können und die maßgeblich auf dem Prinzip der **Solidarität** basieren. Dazu zählen der Gesundheits-, Umwelt- und Verbraucherschutz.[91]

---

[85] *Lang*, in Stern/Sachs, Art. 27 Rn. 4.
[86] Vgl. *Everling*, in: GS für Heinze, 2005, S. 157 (162).
[87] *Lang*, in Stern/Sachs, Art. 27 Rn. 4.
[88] Unter diesen Oberbegriff fallen die Europäische Sozialcharta vom 18.10.1961, Europarat SEV-Nr. 035 und die revidierte Europäische Sozialcharta vom 3.5.1996, Europarat SEV-Nr. 163, s. Rn. 4046 ff.
[89] Gemeinschaftscharta der sozialen Grundrechte der Arbeitnehmer, KOM (1989) 248 endg., s. Rn. 4051.
[90] Bereits *Murswiek*, in: Isensee/Kirchhof, HStR V, § 112 Rn. 41 ff.; *Diercks*, LKV 1996, 231 (232).
[91] Ausführlich hierzu Rn. 4095 ff.

III. Soziale Rechte in Titel IV

4080 Werden die in Titel IV der EGRC enthaltenen Rechte in die vorstehend genannten vier Gruppen der Begriffsbestimmung eingeordnet, ergibt sich folgendes Bild: **Arbeitnehmerrechte** finden sich in Art. 27 EGRC, Art. 28 EGRC, Art. 29 EGRC, Art. 30 EGRC, Art. 31 EGRC, Art. 32 EGRC und Art. 33 Abs. 2 EGRC. Rechte bezüglich der **sozialen Sicherheit** sind zu finden in Art. 33 Abs. 1 und Art. 34 EGRC sowie auch in Art. 36 EGRC, jedenfalls soweit soziale Dienste betroffen sind. Der letztgenannten Sondergruppe der **solidarischen Rechte für befriedigende Lebensverhältnisse** gehören Art. 35 EGRC, Art. 37 EGRC und Art. 38 EGRC an.

4081 Damit sind die wesentlichen sozialen Rechte trotz ihrer Vielfalt und Verschiedenartigkeit nahezu vollständig in Titel IV der EGRC vereinigt. Das für die dritte Gruppe der soziokulturellen Entfaltung elementare Recht auf **Bildung** ist demgegenüber bei den kommunikativen Grundrechten in **Art. 14 EGRC** angesiedelt. Das ist ein Beleg für die **Verbindung sozialer und kommunikativer Grundrechte** insofern, als beide an die Einbindung des Einzelnen in die Gemeinschaft anknüpfen. Die Perspektive der kommunikativen Grundrechte ist allerdings vor allem auf die Demokratie gerichtet. Die kommunikativen Grundrechte sind in erster Linie Abwehrrechte.

IV. Soziale Rechte außerhalb des Titels IV

1. Fließende Grenzen und Janusköpfigkeit der Grundrechte

4082 Soziale Grundrechte finden sich nicht nur in Titel IV der EGRC. **An anderen Stellen** sind sie allerdings regelmäßig **Teilaspekte anderer Rechte**. Solchermaßen enthalten auch die mit „Würde des Menschen", „Freiheiten" und „Gleichheit" überschriebenen Titel soziale Grundrechte.[92] Darin zeigt sich, dass die Grenzen zwischen klassisch-bürgerlichen Grundrechten und sozialen Grundrechten fließend sind[93] und viele Rechte zugleich mehrere Aspekte aufweisen.[94] Insbesondere wenn Normen der EGRC auf Bestimmungen der ESC oder der GCSGA beruhen oder an diese anknüpfen, weisen sie auch einen sozialen Gehalt auf. Sowohl die ESC

---

[92] *Dorfmann*, Soziale Gewährleistungen in der Charta der Grundrechte der Europäischen Union, 2002, S. 37; speziell zu den Arbeitnehmerrechten: s. *Lörcher*, in: Unteilbarkeit auf Europäisch, 2001, S. 37 (41 f.); *Hilpold*, in: FS für Pernthaler, 2005, S. 167 (185).

[93] *Weiss*, AuR 2001, 374 (376); vgl. *Hirsch*, in: Blank (Hrsg.), Soziale Grundrechte in der Europäischen Grundrechtscharta, 2002, 9 (16); *Hilpold*, in: FS für Pernthaler, 2005, S. 167 (185); *Engels*, in: Frank/Jenichen/Rosemann (Hrsg.), Soziale Menschenrechte – die vergessenen Rechte?, 2001, S. 77 (85).

[94] Vgl. *Hüpers/Reese*, in: Meyer/Hölscheidt, Vor Titel IV Rn. 1; *Hilpold*, in: FS für Pernthaler, 2005, S. 167 (167).

als auch die GCSGA enthalten bereits dem Titel nach lediglich solche Rechte, die international als soziale Rechte anerkannt sind.[95]

2. Verbot der Zwangsarbeit

Das in Art. 5 Abs. 2 EGRC normierte Verbot der Zwangsarbeit betrifft einen eng mit der Berufsfreiheit[96] verknüpften Bereich. In Deutschland sind deshalb auch beide Regelungen in einem Grundrechtsartikel (Art. 12 Abs. 1 und 2 GG) enthalten. In die gleiche Richtung zielt Art. 1 Nr. 2 ESC, wonach das Recht des Arbeitnehmers, seinen Lebensunterhalt durch eine frei übernommene Tätigkeit zu verdienen, wirksam geschützt werden muss. Das Verbot der Zwangsarbeit ist Voraussetzung für alle sozialen Grundrechte betreffend das Berufsleben und die Stellung als Arbeitnehmer. Es handelt sich mithin um ein **elementares Arbeitnehmerrecht**. Art. 5 Abs. 2 EGRC selbst weist daher einen sozialen Gehalt auf.[97]

4083

3. Achtung des Privat- und Familienlebens

Das in Art. 7 EGRC normierte **Recht auf Achtung der Wohnung** ist grundlegend für eine menschenwürdige Existenz und auch Ausdruck der sozialen Sicherheit. Auch **Art. 31 rev. ESC**[98] normiert ein Recht auf Wohnung. Allerdings zielt Art. 7 EGRC auf den Schutz der Privatsphäre und sichert somit lediglich vor darauf bezogenen Beeinträchtigungen. Er postuliert **keinen Leistungsanspruch** auf Verschaffung einer Wohnung, sondern beschränkt sich auf die Achtung einer vorhandenen Wohnung. Einen Unterstützungsanspruch sieht nur das soziale Grundrecht nach Art. 34 Abs. 3 EGRC vor, aber ohne selbst einen Leistungsanspruch zu gewähren.

4084

4. Versammlungs- und Vereinigungsfreiheit

Gem. **Art. 12 Abs. 1 EGRC** hat jede Person das Recht, sich auch im gewerkschaftlichen Bereich auf allen Ebenen frei und friedlich mit anderen zu versammeln und zusammenzuschließen. Das umfasst explizit das Recht jeder Person, zum Schutz ihrer Interessen Gewerkschaften zu gründen und Gewerkschaften beizutreten. Damit sind der Bereich des Berufslebens und die Arbeitnehmerstellung im Unternehmen betroffen, weshalb Art. 12 Abs. 1 EGRC eng verbunden ist mit dem in Art. 28 EGRC normierten Recht auf Kollektivverhandlungen und Kollektivmaßnahmen.

4085

---

[95] S.o. Rn. 4046 ff., 4051.
[96] Zum sozialen Gehalt der Berufsfreiheit, s. Rn. 4087.
[97] Vgl. *Hüpers/Reese*, in: Meyer/Hölscheidt, Vor Titel IV Rn. 2; *Weiss*, AuR 2001, 374 (376).
[98] Revidierte Europäische Sozialcharta vom 3.5.1996, Europarat SEV-Nr. 163, s.o. Rn. 4046 ff.

Vergleichbare Rechte sind auch in Art. 5 ESC und Nr. 11 GCSGA formuliert. Art. 12 Abs. 1 EGRC weist damit einen **sozialen Bezug** auf.[99]

5. Recht auf Bildung

4086 **Art. 14 EGRC** normiert das Recht auf Bildung. Diese ist Grundlage für ein späteres Berufsleben und deshalb mit den arbeitsrechtlichen Regelungen verknüpft. Es weist unstreitbar einen **wirtschaftlich-sozialen Gehalt** auf.[100] Ein Recht auf Berufsausbildung ist auch in Art. 10 ESC und Nr. 15 GCSGA normiert.

6. Berufsfreiheit und Recht zu arbeiten

4087 **Art. 15 EGRC** normiert die Berufsfreiheit und das Recht zu arbeiten. Nach den Erläuterungen zur EGRC[101] lehnt sich Abs. 1 an Art. 1 Abs. 2 ESC und an Nr. 4 GCSGA an. Art. 15 Abs. 3 EGRC stützt sich auf Art. 19 Abs. 4 ESC. Darin sind wie in Art. 31 EGRC die Arbeitsbedingungen angesprochen. Drittstaatsangehörige erlangen damit in der EU ebenfalls ein Recht auf gerechte und angemessene Arbeitsbedingungen, wie sie den Unionsbürgern zustehen. Da das **Recht zu Arbeiten** weitergehend die **Grundvoraussetzung** für alle **nachfolgenden arbeitsrechtlichen Bestimmungen** bildet, ist Art. 15 EGRC insgesamt als **soziales Recht** einzuordnen.[102]

7. Nichtdiskriminierung

4088 Art. 21 Abs. 1 EGRC enthält ein **Verbot von Diskriminierungen** unter anderem **wegen** der **sozialen Herkunft**, einer **Behinderung** oder des **Alters**. Diese Fälle weisen einen starken **Bezug zu sozialen Rechten**, namentlich dem Schutz älterer Menschen und dem Integrationsrecht Behinderter auf. Auch die übrigen in Art. 21 Abs. 1 EGRC genannten Elemente betreffen besonders schutzwürdige Gruppen. Nichtdiskriminierung ist zudem für Arbeitnehmer besonders relevant. Art. 21 Abs. 1 EGRC weist daher auch einen sozialen Gehalt auf.[103]

---

[99] *Dorfmann*, Soziale Gewährleistungen in der Charta der Grundrechte der Europäischen Union, 2002, S. 38, 78; *Hüpers/Reese*, in: Meyer/Hölscheidt, Vor Titel IV Rn. 2.

[100] *Dorfmann*, Soziale Gewährleistungen in der Charta der Grundrechte der Europäischen Union, 2002, S. 79; *Calliess*, EuZW 2001, 261 (264).

[101] Erläuterungen zur Charta der Grundrechte, ABl. 2007 C 303, S. 17 (23).

[102] *Weiss*, AuR 2001, 374 (376); *Funk*, in: Duschanek/Griller (Hrsg.), Grundrechte für Europa, 2002, S. 39 (51); *Dorfmann*, Soziale Gewährleistungen in der Charta der Grundrechte der Europäischen Union, 2002, S. 38, 82.

[103] *Hüpers/Reese*, in: Meyer/Hölscheidt, Vor Titel IV Rn. 2; *Weiss*, AuR 2001, 374 (376); *Dorfmann*, Soziale Gewährleistungen in der Charta der Grundrechte der Europäischen Union, 2002, S. 38, 83.

8. Gleichheit von Männern und Frauen

In eine ähnliche Richtung wie die Nichtdiskriminierung nach Art. 21 Abs. 1 EGRC, nur bezogen auf einen besonderen Bereich, geht **Art. 23 EGRC**, wonach die Gleichheit von Männern und Frauen in allen Bereichen, einschließlich der Beschäftigung, der Arbeit und des Arbeitsentgelts, sicherzustellen ist. Ein Recht auf Chancengleichheit und Gleichbehandlung im Arbeitsleben ist auch in Art. 20 und Art. 27 rev. ESC und in Nr. 16 GCSGA enthalten. Art. 23 EGRC umfasst daher ebenfalls einen **sozialen Aspekt**.[104]

4089

9. Rechte des Kindes

Art. 24 EGRC befasst sich mit den Rechten des Kindes. Er lässt diesen besonderen Schutz zukommen und gibt ihnen damit Möglichkeiten zur Entfaltung und Entwicklung. **Art. 24 EGRC** hat somit **dieselbe Stoßrichtung wie Art. 32 EGRC**, der den Schutz für Kinder und Jugendliche im Sonderbereich des Arbeitsplatzes normiert und damit allerdings in spezifisch arbeitsrechtlicher Tradition steht.[105] Besonderen Schutz für Kinder und Jugendliche gebietet auch Art. 17 rev. ESC und hinsichtlich des Arbeitslebens Art. 7 ESC und Nr. 20–23 GCSGA. Art. 24 EGRC ist daher als **soziales Grundrecht** zu qualifizieren.[106]

4090

10. Rechte älterer Menschen

Art. 25 EGRC gewährt älteren Menschen einen besonderen Schutz, indem er festlegt, dass die Union das Recht älterer Menschen auf ein würdiges und unabhängiges Leben und auf Teilnahme am sozialen und kulturellen Leben anerkennt und achtet. Nach den Erläuterungen zur EGRC[107] lehnt sich dieser Artikel an Art. 23 rev. ESC und an Nr. 24 und Nr. 25 GCSGA an. Art. 25 EGRC ist somit gleichfalls den **sozialen Rechten** zuzuordnen.[108]

4091

---

[104] S. *Hüpers/Reese*, in: Meyer/Hölscheidt, Vor Titel IV Rn. 2; *Funk*, in: Duschanek/Griller (Hrsg.), Grundrechte für Europa, 2002, S. 39 (52).
[105] *Böhringer*, in: Heselhaus/Nowak, § 45 Rn. 14.
[106] S. *Everling*, in: GS für Heinze, 2005, S. 157 (170); *Funk*, in: Duschanek/Griller (Hrsg.), Grundrechte für Europa, 2002, S. 39 (52) *Dorfmann*, Soziale Gewährleistungen in der Charta der Grundrechte der Europäischen Union, 2002, S. 38, 84.
[107] Erläuterungen zur Charta der Grundrechte, ABl. 2007 C 303, S. 17 (25).
[108] *Funk*, in: Duschanek/Griller (Hrsg.), Grundrechte für Europa, 2002, S. 39 (52); *Dorfmann*, Soziale Gewährleistungen in der Charta der Grundrechte der Europäischen Union, 2002, S. 38, 84.

11. Integration von Menschen mit Behinderung

4092 Das in **Art. 26 EGRC** normierte Recht von Menschen mit Behinderung auf Integration stützt sich nach den Erläuterungen zur EGRC[109] auf Art. 15 ESC und lehnt sich ferner an Art. 23 rev. ESC und an Nr. 26 GCSGA an. Es gewährt diesen Menschen einen besonderen Schutz und bietet Möglichkeiten zur Entfaltung und Entwicklung. Es ist folglich ebenfalls als **soziales Recht** zu qualifizieren.[110]

V. Grundrechtsqualität

4093 Die Zuordnung eines Rechts als soziales Recht besagt noch nichts über dessen Grundrechtsqualität. **Grundrechte** sollen die Grundlagen und Werte eines Gemeinwesens bilden, weshalb es sich bei ihnen um **fundamentale Rechte** handeln muss. **Bei einigen** in die EGRC aufgenommenen **sozialen Rechten** kann dies **bezweifelt** werden.[111] So stellt es keine unverrückbare, für eine Wertegemeinschaft essenzielle Kernposition dar, wenn in Art. 29 EGRC jedem Menschen das Recht auf Zugang zu einem unentgeltlichen Arbeitsvermittlungsdienst gewährt wird,[112] zumal es Gruppen von Arbeitsuchenden geben dürfte, für die das Vorhandensein eines solchen unentgeltlich fungierenden Dienstes ganz und gar unwichtig ist.[113] Dass in Art. 31 Abs. 2 EGRC jeder Arbeitnehmerin und jedem Arbeitnehmer das Recht auf eine Begrenzung der Höchstarbeitszeit, auf tägliche und wöchentliche Ruhezeiten sowie auf bezahlten Jahresurlaub gewährt wird, bildet lediglich einen konkret ausformulierten Unterfall von Art. 31 Abs. 1 EGRC, der jeder Arbeitnehmerin und jedem Arbeitnehmer das Recht auf gesunde, sichere und würdige Arbeitsbedingungen gibt.[114]

4094 Die **Aufnahme in die EGRC** verleiht den Rechten jedoch den **Rechtscharakter** eines **Grundrechts**, ungeachtet dessen, ob es sich um fundamentale Kernpositionen handelt. Die Aufnahme auf den ersten Blick sehr spezieller Nebenrechte hat zum Hintergrund, dass die **Aufnahme** der **sozialen Grundrechte** in die Charta in besonderem Maße **umstritten** war. Die Tatsache, dass ein bestimmtes Recht Eingang in die EGRC gefunden hat und ein anderes nicht, hängt mitunter nicht so sehr mit der tatsächlichen Bedeutung des Rechts zusammen.[115]

---

[109] Erläuterungen zur Charta der Grundrechte, ABl. 2007 C 303, S. 17 (25).

[110] *Weiss*, AuR 2001, 374 (376); *Funk*, in: Duschanek/Griller (Hrsg.), Grundrechte für Europa, 2002, S. 39 (52); *Dorfmann*, Soziale Gewährleistungen in der Charta der Grundrechte der Europäischen Union, 2002, S. 38, 84; s. auch *Hüpers/Reese*, in: Meyer/Hölscheidt, Vor Titel IV Rn. 2.

[111] Vgl. *Knecht*, Die Charta der Grundrechte der Europäischen Union, 2005, S. 197.

[112] *Krebber*, in: Calliess/Ruffert, Art. 27 GRCh Rn. 4; *Everling*, in: GS für Heinze, 2005, S. 157 (164).

[113] *Weiss*, AuR 2001, 374 (376).

[114] *Weiss*, AuR 2001, 374 (376).

[115] *Krebber*, in: Calliess/Ruffert, Art. 27 GRCh Rn. 4.

D. Solidarische Rechte

I. Genetischer Hintergrund

Die sozialen Grundrechte sind in die Charta vornehmlich unter dem mit „Solidarität" überschriebenen Titel IV (Art. 27–38 EGRC) aufgenommen worden. Es gilt als „geschickter Schachzug"[116] des Konventspräsidiums, den Streit im Grundrechtekonvent um die sozialen Rechte dadurch entschärft zu haben, dass die einschlägigen Rechtspositionen unter dem von den Konventsmitgliedern *Braibant* und *Meyer* vorgeschlagenen Begriff der **Solidarität**[117] zusammengefasst wurden. Damit wurde das **Reizwort der sozialen Grundrechte** vermieden.

4095

Zudem ist unter den Mitgliedstaaten unbestritten, dass einer der fundamentalen Werte die Solidarität ist, die dem gesamten Gemeinschaftssystem zugrunde liegt.[118] Daher bedurfte es im Grundrechtekonvent auch keiner größeren Diskussion, als in die Präambel der EGRC der **Grundsatz der Solidarität** aufgenommen und als **unteilbarer und universeller Wert** neben die Würde des Menschen, die Freiheit und die Gleichheit gestellt wurde.[119]

4096

II. Solidarität im Europarecht

Bereits im französischen Text der Präambel des Vertrags über die Gründung einer Europäischen Gemeinschaft für Kohle und Stahl von 1952 ist von Solidarität die Rede.[120] EU und EG sowie nunmehr EUV und AEUV sind von dem Begriff der Solidarität durchzogen.[121] Die Präambel der EU nennt als Wunsch der Unterzeichnenden, die Solidarität zwischen ihren Völkern zu stärken. Art. 2 EG bezeichnete es als Aufgabe der Gemeinschaft, die Solidarität zwischen den Mitgliedstaaten zu fördern. Art. 1 Abs. 3 EU sah es als Aufgabe der Union an, „die Beziehungen zwischen den Mitgliedstaaten sowie zwischen ihren Völkern ... solidarisch zu gestalten". In ähnlicher Weise fördert die Union gem. Art. 3 Abs. 3 EUV „die Solidarität zwischen den Generationen ... und zwischen den Mitgliedstaaten". Sie leistet zudem gem. Art. 3 Abs. 5 EUV einen Beitrag zur „Solidarität und gegenseitiger Achtung unter den Völkern". Gem. Art. 24 Abs. 3 EUV unterstützen die Mitgliedstaaten „die Außen- und Sicherheitspolitik der Union aktiv und vorbehaltlos

4097

---

[116] *Tettinger*, NJW 2001, 1010 (1014).

[117] Vgl. *Bernsdorff*, VSSR 2001, 1 (15 f.); *Hüpers/Reese*, in: Meyer/Hölscheidt, Vor Titel IV Rn. 16 ff.

[118] *Zimmerling/Beplat*, DVP 2001, 3 (5), *Magiera*, DÖV 2000, 1017 (1023); vgl. EuGH, Rs C-6 u. 11/69, ECLI:EU:C:1969:68 (Rn. 14/17) – Kommission/Frankreich.

[119] Vgl. zur Diskussion im Grundrechtekonvent *Meyer*, in: ders./Hölscheidt, Präambel Rn. 19; *Bernsdorff*, NdsVBl. 2001, 177 (179 f.).

[120] *Zuleeg*, EuGRZ 1992, 329 (329).

[121] *Bieber*, in: v. Bogdandy/Kadelbach (Hrsg.), Solidarität und Europäische Integration, 2002, S. 41 (43); vgl. hierzu ausführlich *Calliess*, in: ders./Ruffert, Art. 222 AEUV Rn. 3 ff.

im Geiste der Loyalität und der gegenseitigen Solidarität". Art. 80 AEUV unterstellt die Asylpolitik der Solidarität,[122] Art. 2 Abs. 2 EU-Klimaschutzgesetz die Klimapolitik als Ausdruck der Umweltpolitik, die damit jedenfalls insoweit gleichfalls von einem solidarischen Miteinander der Mitgliedstaaten beherrscht wird.[123] Es handelt sich um einen **allgemeinen Grundsatz**, der als solcher die Energiepolitik prägt[124] und bis in die Haushaltspolitik reicht.[125]

4098 Im Sekundärrecht, in der Rechtsprechung des EuGH und in der europarechtlichen Literatur wurde der Begriff der Solidarität zwar vielfach verwendet.[126] Eine Definition des Begriffs „Solidarität" findet sich auf unionsrechtlicher Ebene jedoch nicht.[127] Er wird als konturlos ohne dahinter stehendes materielles Konzept angesehen, sodass die Platzierung eines Rechts in Kapitel IV des EGRC keine nähere Bedeutung habe, sind doch auch an anderer Stelle Rechte mit Bezug zur Solidarität enthalten.[128]

4099 Umgekehrt ist der Begriff der Solidarität nicht auf die EGRC beschränkt. Diese übergreifende Bedeutung zeigt jedoch den **fundamentalen Stellenwert der Solidarität im Unionsrecht**. Die jeweilige Funktion kann in den verschiedenen Gebieten unterschiedlich sein. Dennoch weist allein schon der Begriff eine Grundbedeutung auf, die gerade in Krisenzeiten wie aktuell von hohem Wert ist: Sowohl die Corona-Krise als auch die sich in deren Gefolge wieder abzeichnende Schulden-Krise wie auch die Flüchtlings-Krise und der Klimaschutz können nur durch Solidarität bewältigt werden. Dieser **Solidaritätsgedanke** auf der Ebene der Union und der Mitgliedstaaten **schlägt** auch **auf die Grundrechte durch**, so im Bereich des Klimaschutzes als Bestandteil des Umweltgrundrechts: Bestehen grundrechtliche Verpflichtungen zu solidarischem Handeln der Mitgliedstaaten in ihrer Verbundenheit auf der Ebene der Union, wie sie der EuGH für die Verteilung der Flüchtlinge auf der Basis von Art. 80 AEUV[129] angenommen hat? Inwieweit haben Arbeitnehmerinnen und Arbeitnehmer Anspruch auf Solidarität im Gefolge der Corona-Krise aus den Arbeitnehmergrundrechten heraus? Welche Konsequenzen ergeben sich aus

---

[122] EuGH, Rs C-715 u. a./17, ECLI:EU:C:2020:257 (Rn. 80, 181 ff.) – Kommission/Polen sowie Rs. C-643/15, ECLI:EU:C:2017:631 (Rn. 231 ff.) – Slowakei/Rat.

[123] Näher *Frenz*, EuR 2020, 605 (614 ff.).

[124] EuGH, Rs. T-883/16, ECLI:EU:T:2019:567 – Polen/Kommission, Rs. C-848/19 P, ECLI:EU:C:2021:598 – Deutschland/Polen.

[125] *Frenz*, EWS 2018, Heft 4, Erste Seite.

[126] *Bieber*, in: v. Bogdandy/Kadelbach (Hrsg.), Solidarität und Europäische Integration, 2002, S. 41 (43).

[127] *Bieber*, in: v. Bogdandy/Kadelbach (Hrsg.), Solidarität und Europäische Integration, 2002, S. 41 (44).

[128] *Krebber*, in: Calliess/Ruffert, Art. 27 GRCh Rn. 2.

[129] EuGH, Rs C-715 u. a./17, ECLI:EU:C:2020:257 (Rn. 80, 181) – Kommission/Polen sowie Rs. C-643/15, ECLI:EU:C:2017:631 (Rn. 231 ff.) – Slowakei/Rat.

der Corona-Pandemie für die Zugangsansprüche zu Gesundheitsschutz und Einrichtungen der Daseinsvorsorge?

Damit ergeben sich für die sozialen Grundrechte zahlreiche spezifisch mit der **Solidarität** verknüpfte Fragen. Dieser Begriff kann gerade in **Krisensituationen** zum **Leitprinzip** werden. Er kann bis in die grundrechtlichen Schutzpflichten etwa auf Lebens- und Gesundheitsschutz wirken. 4100

III. Begriffsbestimmung

Grundsätzlich steht die Solidarität für eine bewusste Verbindung von Menschen, die darauf beruht, dass individuelle Interessen und Rechte zugunsten der solidarisch verbundenen Gemeinschaft und des gemeinschaftlich verfolgten Ziels zurücktreten.[130] Eine **solidarische Gemeinschaft** ist bereit, für diese gemeinsamen Ziele und Werte einzutreten und sich an ihrem Schutz zu beteiligen.[131] Dies lässt sich auf die EU-Mitgliedstaaten übertragen. 4101

Der EuGH führt bereits in einer frühen Entscheidung aus, dass die **Mitgliedstaaten** durch ihren Beitritt zur Gemeinschaft die **Pflicht zur Solidarität** übernommen haben.[132] Er sah in dem zu entscheidenden Fall einen Verstoß gegen die Solidarität darin, dass ein Staat europäische Vorschriften unter Berufung auf nationale Interessen nicht einhielt.[133] Damit versteht der EuGH unter Solidarität eine **Selbstbindung** der Mitgliedstaaten, in deren Folge die Mitgliedstaaten Zielen und Werten zustimmen, die jedenfalls nicht vollständig und identisch mit den jeweiligen subjektiven Zielen und Werten übereinstimmen müssen und wonach die Mitgliedstaaten die **europäischen Regeln** auch dann **loyal** zu befolgen haben, **wenn sie den eigenen subjektiven Vorstellungen zuwider** laufen.[134] Das gilt zumal dann, wenn die Unionsverträge wie in Art. 80 AEUV den Solidaritätsgedanken ausdrücklich festlegen.[135] Dieser gilt aber als allgemeiner Grundsatz und fordert **im Energiebereich gegenseitige Rücksichtnahme**.[136] Dadurch wird die staatsbezogene Solidarität bestimmt: **gemeinsames Befolgen der Unionsregeln** durch alle Mitgliedstaaten und gegenseitige Rücksichtnahme zwischen ihnen. 4102

---

[130] *Kingreen*, in: Ehlers (Hrsg.), Europäische Grundrechte und Grundfreiheiten, 2015, § 22 Rn. 1.
[131] *Bieber*, in: v. Bogdandy/Kadelbach (Hrsg.), Solidarität und Europäische Integration, 2002, S. 41 (46).
[132] EuGH, Rs. C-39/72, ECLI:EU:C:1973:13 (Rn. 25) – Kommission/Italien.
[133] EuGH, Rs. C-39/72, ECLI:EU:C:1973:13 (Rn. 24 f.) – Kommission/Italien.
[134] Vgl. *Bieber*, in: v. Bogdandy/Kadelbach (Hrsg.), Solidarität und Europäische Integration, 2002, S. 41 (46).
[135] EuGH, Rs C-715 u. a./17, ECLI:EU:C:2020:257 (Rn. 80, 181 ff.) – Kommission/Polen; Rs. C-643/15, ECLI:EU:C:2017:631 (Rn. 231 ff.) – Slowakei/Rat.
[136] EuGH, Rs. C-848/19 P, ECLI:EU:C:2021:598 – Deutschland/Polen.

IV. Gesundheits-, Umwelt- und Verbraucherschutz

4103 Dadurch, dass sich die Mitgliedstaaten darauf geeinigt haben, Normen in die EGRC aufzunehmen, erkennen sie die in ihnen verbrieften Werte als gemeinsame Ziele an und erklären sich bereit, diese **Werte gemeinschaftlich zu schützen**. Dieses Schutzes bedürfen insbesondere die in der Charta enthaltenen Grundsätze, da sie – anders als die subjektiven Grundrechte – ansonsten nur geringe Wirkung entfalten können. Zudem betreffen die **Grundsätze** regelmäßig Bereiche, in denen das Handeln eines einzelnen Mitgliedstaates nur wenig wirkungsvoll ist, während ein gemeinsames Handeln aller Mitgliedstaaten Erfolg verspricht.

4104 Wenn die EGRC in Art. 35 S. 2 EGRC, Art. 37 EGRC und Art. 38 EGRC festlegt, dass **hohe Gesundheits-, Umweltschutz- und Verbraucherschutzniveaus** sichergestellt werden, ist damit eine **Wertentscheidung** zugunsten dieser Güter getroffen, deren **Schutz allen in der Solidarität verbundenen Mitgliedstaaten und den Organen und Einrichtungen der EU** obliegt. Diese Grundsätze können daher auch als **solidarische Grundrechte** bezeichnet werden, da bei ihnen der **Gedanke der Solidarität** – weitergehend als bei den übrigen sozialen Rechten – **im Vordergrund** steht. Das gilt zumal in Krisenzeiten, so im Zuge der Corona-Pandemie und des Klimaschutzes: Auf beiden Ebenen können Erfolge, wie sie für ein hohes Schutzniveau nötig sind, nur durch **gemeinsame Anstrengungen** und damit durch die Solidarität der Mitgliedstaaten erzielt werden. Dabei muss jeder Mitgliedstaat auf den anderen Rücksicht nehmen – so bei Lockerungen von Schutzmaßnahmen gegen die Corona-Pandemie oder bei Energieversorgungskrisen im Zuge des Russland-Ukraine-Krieges: Hier kann dann die Solidarität durch Aufgabenbewältigung und damit durch gegenseitiges Aushelfen bei Versorgungslücken zum Tragen kommen.

4105 Zudem müssen die **wirtschaftlich starken Mitgliedstaaten größere Lasten** tragen als die schwächeren – so beim **Klimaschutz**. Daher kommen auf Deutschland über den EU-Zielwerten liegende CO_2-Reduktionsverpflichtungen zu.[137] Allerdings sind bei der Frage der Stärke auch (Energie-)Versorgungsprobleme mit einzubeziehen, sodass die Solidarität darin bestehen kann, das Verfehlen von Klimaschutzzielen etwa infolge stärkerer Kohleverstromung (vorübergehend) hinzunehmen, wie es der EuGH zur Wahrung der nationalen Energieversorgungssicherheit für die UVP- und FFH-Standards zuließ, die vorübergehend nicht eingehalten wurden.[138]

4106 Gesundheits-, Umwelt- und Verbraucherschutz können deshalb zu einer Gruppe sozialer Rechte zusammengefasst werden.[139] Sie stehen miteinander im Zusammenhang, was sich bereits in ihrer gleichartigen Formulierung in Art. 35 S. 2 EGRC, Art. 37 EGRC und Art. 38 EGRC zeigt. Auch inhaltlich sind sie miteinander **verbunden**, insbesondere **durch** den Aspekt der **Gesundheit**.

---

[137] *Frenz*, EuR 2020, 605.
[138] EuGH, Rs. C-411/17, ECLI:EU:C:2019:622 (Rn. 182) – Doel.
[139] S.o. Rn. 4079.

Eine gesunde **Umwelt** und der **Schutz der Verbraucher** vor typischen Gefahren, die von gewinnorientierten Unternehmen ausgehen können, bilden die **Grundlage** für ein **gesundes Leben**. Auch in Art. 169 Abs. 1 AEUV wird zwischen dem Verbraucherschutz und dem Schutz der Gesundheit ein enger Zusammenhang hergestellt, wenn es dort heißt, dass die Union zur Gewährleistung eines hohen Verbraucherschutzniveaus einen Beitrag zum Schutz der Gesundheit leistet. Art. 191 Abs. 1 AEUV verbindet den Umweltschutz mit der menschlichen Gesundheit. Beide werden zu Zielen der europäischen Umweltpolitik erklärt. Gerade bei dem **Schutz der menschlichen Gesundheit** spielt der **solidarische Gedanke** eine **große Rolle**, was sich unter anderem darin zeigt, dass europäische Gesundheitssysteme regelmäßig solidarisch finanziert werden.

4107

V. Andere soziale Rechte

Bei den anderen sozialen Rechten geht es weniger um eine gemeinsame Erledigung, sondern um den **Schutz Einzelner**. Jedoch bedürfen die **sozial** bzw. ökonomisch **Schwächeren** in besonderem Maße der Solidarität anderer. Auch in den Betrieben wird die Produktivität wesentlich höher liegen, wenn alle an einem Strang ziehen, mithin **Solidarität zwischen Unternehmern und Arbeitnehmern** herrscht, was deren besonderen Schutz impliziert.

4108

E. Funktionen der sozialen Grundrechte

I. Leistungsrechte

Ein vielfach im Grundrechtekonvent hervorgebrachtes Argument gegen die Aufnahme sozialer Grundrechte war, dass die sozialen Rechte kostspielige Leistungsrechte seien, die dem Staat Lasten aufbürden würden und in Krisenzeiten aus Kostengründen nicht eingehalten werden könnten.[140] Die klassischen politischen Rechte hingegen seien Freiheitsrechte, die kostenlos zu verwirklichen seien. Damit würden Grundrechte abhängig von der **Leistungsfähigkeit des Staates**. Die sozialen Grundrechte seien schwerlich justiziabel.[141]

4109

Die traditionelle Unterscheidung zwischen Abwehr- und Leistungsrechten, wobei die erste Kategorie die Untätigkeit des Staates, die zweite ein gezieltes Tätigwerden impliziert, lässt sich in dieser Trennschärfe jedoch nicht aufrechterhalten.[142] So ist auch eine **Vielzahl klassischer Grundrechte** untrennbar mit der Leistungsfähigkeit des Staates gekoppelt, wenn z. B. effektiver Rechtsschutz durch die Bereitstellung

4110

---

[140] *Zimmerling/Beplat*, DVP 2001, 3 (5 f.).
[141] *Kocher*, in: Pechstein/Nowak/Häde, Art. 27 GRC Rn. 9.
[142] *Hilpold*, in: FS für Pernthaler, 2005, S. 167 (169).

eines äußerst kostenintensiven Rechtssystems gewährt wird. Zur Ausübung des Rechts auf Versammlungsfreiheit müssen auch immer wieder kostspielige Polizei- und Ordnungskräfte bereitgestellt werden.[143] Zu denken ist zudem beispielsweise auch an die Kosten eines wirkungsvollen Datenschutzes.[144] Im **Ansatz** enthalten **Freiheitsrechte** neben der Abwehrkomponente **Schutzanforderungen**, die der Staat erfüllen muss.[145] Das gilt im Bereich des **Klima- und Umweltschutzes**, damit **Leben, Gesundheit und Eigentum hinreichend vor** den **Folgen des Klimawandels bewahrt** werden, wie das **Jahrhunderthochwasser im Rheinland** im Juli 2021[146] ebenso wie die Überschwemmungen in Österreich und Slowenien sowie diverse Waldbrände im Sommer 2023 deutlich belegen.

4111 Umgekehrt enthalten zudem auch viele soziale Rechte Abwehransprüche gegen staatliche Einmischung etwa in Tarifverhandlungen (Art. 28 EGRC) sowie eine Unterlassungspflicht, vor allem wenn es um die Anerkennung und Achtung von Zugangsansprüchen nach Art. 34 Abs. 1 EGRC, Art. 35 EGRC und Art. 36 EGRC durch die Union geht. Die Regelungen zum Kündigungsschutz, der wöchentlichen Arbeitszeit, dem bezahlten Urlaub und zu gesunden und sicheren Arbeitsbedingungen sind Bereiche, in denen der Staat eine **Schutzpflicht** hat, **ohne** dass diese mit **kostspieligen Leistungsansprüchen** gegen den Staat verbunden wäre.[147]

II. Grundrechtsdogmatik

4112 Wie die tatsächlich in die EGRC aufgenommenen Bestimmungen dogmatisch einzuordnen sind, ist noch nicht abschließend geklärt. Es ist dabei auch fraglich, inwiefern die deutsche Grundrechtsdogmatik auf die europäische EGRC übertragen werden kann.[148]

1. Grundsätze

4113 In Titel IV der Charta finden sich viele Grundsätze, die anders als Grundrechte gerade **keine subjektiven** Rechte formulieren.[149] Vereinzelt wird zwar bestritten, dass die Charta derartige Grundsätze enthalte, da alle Normen wegen ihrer Aufnahme in die EGRC als subjektive Rechte zu qualifizieren seien.[150] Am Ende der

---

[143] *Meyer/Engels*, ZRP 2000, 368 (369).
[144] *Hilpold*, in: FS für Pernthaler, 2005, S. 167 (169).
[145] *Kocher*, in: Pechstein/Nowak/Häde, Art. 27 GRC Rn. 9.
[146] *Frenz*, DÖV 2021, 715 ff.
[147] *Meyer/Engels*, ZRP 2000, 368 (370).
[148] *Krebber*, in: Calliess/Ruffert, Art. 27 GRCh Rn. 5; *Bernsdorff*, VSSR 2001, 1 (17); *Zachert*, NZA 2001, 1041 (1044).
[149] Allgemein z. B. o. Rn. 534 ff., 783 ff.
[150] *Schmitz*, JZ 2001, 833 (841).

§ 1 Die Aufnahme sozialer Grundrechte in die Charta 411

Präambel wird jedoch bereits auf diese Unterscheidung Bezug genommen, wenn es dort heißt, die Union erkennt „die nachstehend aufgeführten Rechte, Freiheiten und Grundsätze an". Auch **Art. 51 Abs. 1 S. 2 EGRC unterscheidet** zwischen **Grundrechten**, die zu „achten" sind, und **Grundsätzen**, an die sich die Organe und Einrichtungen der Union und die Mitgliedstaaten zu „halten" haben. Diese Bestimmung des Art. 51 Abs. 1 S. 2 EGRC wurde vom Grundrechtekonvent im Zuge der Diskussion um die sozialen Rechte aufgenommen, nachdem ursprünglich die sozialen Rechte der Charta mit einer ähnlich formulierten Bestimmung eingeleitet werden sollten.[151]

Die Ausgestaltung als Grundsatz widerspricht allerdings grundsätzlich dem **Kölner Mandat** von 1999,[152] in dem explizit festgelegt wurde, dass bei den sozialen Rechten keine Zielbestimmungen, sondern **nur individuelle Rechte** in die Charta aufgenommen werden sollten.[153] Auch in der aktualisierten EGRC ist als klarstellender Hinweis Art. 52 Abs. 5 EGRC aufgenommen worden, der verdeutlicht, dass die Grundsätze der Konkretisierung durch den europäischen und/oder den mitgliedstaatlichen Gesetzgeber bedürfen.[154] Die Erläuterungen zur EGRC[155] weisen in ihrer Kommentierung zu Art. 52 EGRC ebenfalls auf die unterschiedliche Ausgestaltung von Rechten einerseits und Grundsätzen andererseits hin.[156] 4114

Losgelöst von der EGRC wird die verfassungsrechtliche Verwirklichung sozialer Grundrechte in Gestalt von subjektiven Rechten einerseits und Programmsätzen, Einrichtungsgarantien, Leitprinzipien, Staatszielbestimmungen oder Gesetzgebungsaufträgen andererseits für möglich gehalten.[157] Die in der EGRC aufgeführten Grundsätze sind nicht verallgemeinernd einer dieser möglichen Erscheinungsformen zuzuordnen. Vielmehr bedarf es der **näheren Bestimmung** im **Einzelfall**, ggf. in **Abgleich mit Parallelbestimmungen in den Verträgen**, so mit Art. 11 AEUV für ein hohes Umweltschutzniveau und die Verbesserung der Umweltqualität als Vertragsziel[158] und abzuwägende Querschnittskomponente. 4115

Diese notwendige materienbezogene Bestimmung spiegelt sich auch in der uneinheitlichen Terminologie zur EGRC wider. In der Literatur wird zumeist von Grundsätzen[159] gesprochen, andere verwenden hingegen den Begriff der Prinzi- 4116

---

[151] Vgl. zur Diskussion im Konvent die Darstellung bei *Schwerdtfeger*, in: Meyer/Hölscheidt, Art. 51 Rn. 16 ff.
[152] S.o. Rn. 4045.
[153] *Engels*, in: Friedrich-Ebert-Stiftung, Unteilbarkeit auf Europäisch, 2001, S. 7 (8).
[154] Vgl. *Weber*, DVBl 2003, 220 (223).
[155] Erläuterungen zur Charta der Grundrechte, ABl. 2007 C 303, S. 17 (35).
[156] Danach gehören zu den in der Charta anerkannten Grundsätzen beispielsweise die Art. 25, 26 und 37 EGRC. In einigen Fällen kann ein Charta-Artikel sowohl Elemente eines Rechts als auch eines Grundsatzes enthalten, beispielsweise Art. 23, 33 u. 34 EGRC.
[157] So bereits *Lücke*, AöR 107 (1982), 15 (18 f.); vgl. auch *Diercks*, LKV 1996, 231 (232).
[158] *Streinz*, in: ders., EUV/AEUV, 3. Aufl. 2018, Kap. IV (vor Art. 27 GR-Charta) Rn. 12.
[159] *Hüpers/Reese*, in: Meyer/Hölscheidt, Vor Titel IV Rn. 35; *Kingreen*, in: Ehlers (Hrsg.), Europäische Grundrechte und Grundfreiheiten, 2015, § 22 Rn. 4; *Jarass/Kment*, § 7 Rn. 23 ff.; *Calliess*, EuZW 2001, 261 (264).

pien[160] oder Zielbestimmungen.[161] Z. T. vermischen sich die Begriffe auch.[162] Die möglichen Erscheinungsformen finden sich in unterschiedlicher Ausprägung in der EGRC wieder. Der Begriff der **Grundsätze** dient insoweit als **Oberbegriff**, der die Unterscheidung zu den subjektiven Grundrechten verdeutlicht. So sollte für den **Umweltschutz** im Konvent **gerade kein Individualrecht** begründet werden.[163]

2. Einordnung

4117 Legt man bei der Einordnung der Grundrechte die deutsche Grundrechtsdogmatik mit dem Zusatz der Grundsätze zugrunde,[164] wird man wie folgt differenzieren können: ein Freiheitsrecht gewährt Art. 28 EGRC;[165] Grundrechte, die Schutzansprüche vermitteln, finden sich in Art. 30 EGRC, Art. 31 EGRC, Art. 32 EGRC und Art. 33 EGRC;[166] Teilhaberechte gewähren Art. 29 EGRC und Art. 34 Abs. 2 EGRC;[167] Grundsätze werden formuliert in Art. 34 Abs. 1, 3 EGRC, Art. 35 S. 2 EGRC, Art. 36 EGRC, Art. 37 EGRC und Art. 38 EGRC,[168] aber weitestgehend auch in Art. 27 EGRC.[169]

4118 Die Auseinandersetzung mit dieser Thematik ist immer noch zentral. Es bleibt insofern auch immer noch abzuwarten, wie der EuGH im Einzelnen differenzieren wird.[170]

---

[160] *Riedel*, in: Meyer, Vor Titel IV Rn. 33; *Grabenwarter*, DVBl 2001, 1 (10).

[161] *Streinz*, in: ders., EUV/AEUV, 3. Aufl. 2018, Kap. IV (vor Art. 27 GR-Charta) Rn. 2; *Krieger*, in: Dörr/Grote/Marauhn, Kap. 6 Rn. 121: („Staatszielbestimmung"); *Hirsch*, in: Blank (Hrsg.), Soziale Grundrechte in der Europäischen Grundrechtscharta, 2002, 9 (16).

[162] Vgl. *Grabenwarter*, EuGRZ 2004, 563 (565), wonach es sich bei den „Grundsätzen" um „Gesetzgebungsaufträge" handele.

[163] *Streinz*, in: ders., EUV/AEUV, 3. Aufl. 2018, Kap. IV (vor Art. 27 GR-Charta) Rn. 12.

[164] So die meisten Stimmen in der deutschen Lit., z. B. *Jarass/Kment*, § 7 Rn. 23 ff.; *Lang*, in: Stern/Sachs, Art. 27 Rn. 3; *Hüpers/Reese*, in: Meyer/Hölscheidt, Vor Titel IV Rn. 33; *Streinz*, in: ders., Kap. IV (vor Art. 27 GR-Charta) Rn. 3; *Grabenwarter*, DVBl 2001, 1 (9); *Calliess*, EuZW 2001, 261 (264).

[165] *Streinz*, in: ders., Kap. IV (vor Art. 27 GR-Charta) Rn. 3; *Grabenwarter*, DVBl 2001, 1 (10).

[166] *Hüpers/Reese*, in: Meyer/Hölscheidt, Vor Titel IV Rn. 33; *Streinz*, in: ders., Kap. IV (vor Art. 27 GR-Charta) Rn. 3; *Grabenwarter*, DVBl 2001, 1 (9); *Calliess*, EuZW 2001, 261 (264); *Lang*, in: Stern/Sachs, Art. 27 Rn. 3.

[167] *Jarass/Kment*, § 5 Rn. 7; *Lang*, in: Stern/Sachs, Art. 27 Rn. 3; *Hüpers/Reese*, in: Meyer/Hölscheidt, Vor Titel IV Rn. 33; *Streinz*, in: ders., Kap. IV (vor Art. 27 GR-Charta) Rn. 3; *Grabenwarter*, DVBl 2001, 1 (10); *Calliess*, EuZW 2001, 261 (264).

[168] *Jarass/Kment*, § 7 Rn. 27; *Hüpers/Reese*, in: Meyer/Hölscheidt, Vor Titel IV Rn. 33; *Streinz*, in: ders., Kap. IV (vor Art. 27 GR-Charta) Rn. 3; *Grabenwarter*, DVBl 2001, 1 (10); *Calliess*, EuZW 2001, 261 (264); *Kingreen*, in: Ehlers (Hrsg.), Europäische Grundrechte und Grundfreiheiten, 2015, § 22 Rn. 7; *ders.*, EuGRZ 2004, 570 (571).

[169] Näher u. Rn. 4144 ff.

[170] *Krebber*, in: Calliess/Ruffert, Art. 27 GRCh Rn. 5; *Zachert*, NZA 2001, 1041 (1044); *Streinz*, in: ders., Kap. IV (vor Art. 27 GR-Charta) Rn. 4; *Lang*, in: Stern/Sachs, Art. 27 Rn. 8.

F. Kompetenzen

I. Befürchtete Ausweitung europäischer Sozialpolitik

Ein im Grundrechtekonvent vorgetragener Hauptkritikpunkt gegen die Aufnahme sozialer Grundrechte in die Charta war die Befürchtung, weitgehende Regelungen würden in die mitgliedstaatlichen Regelungskompetenzen hineinwirken, die in den Verträgen festgelegten Kompetenzen der Union ausweiten[171] („**unzulässige Kompetenzerweiterung**")[172] und damit als Einfallstor für eine weitgehende sozialpolitische Betätigung der europäischen Ebene dienen.[173]

4119

II. Art. 51 Abs. 2 EGRC

Dieser Befürchtung ist allgemein in Art. 51 Abs. 2 EGRC dadurch entgegengetreten worden, dass die Charta weder neue Zuständigkeiten noch neue Aufgaben für die Union begründet noch die in den Verträgen festgelegten Zuständigkeiten und Aufgaben ändert.[174] Damit bleibt die **Sozialkompetenz der Mitgliedstaaten** gewahrt, wie dies nach Art. 151 AEUV vorgesehen ist.

4120

III. Verweis auf die einzelstaatlichen Rechtsvorschriften und Gepflogenheiten

Der Angst einiger Konventsmitglieder vor der „kompetenzansaugenden Wirkung" der Charta[175] ist insbesondere bei Grundrechten des Titels IV, spezifisch durch den Vorbehalt entgegengetreten worden, dass die Rechte nur nach Maßgabe der einzelstaatlichen Rechtsvorschriften und Gepflogenheiten gewährleistet werden (vgl. Art. 27 EGRC, Art. 28 EGRC, Art. 30 EGRC und Art. 34 EGRC).[176] In diesen Fällen überlässt die Charta den **Mitgliedstaaten** die **konkrete Ausgestaltung** der Rechte. Der Einschub dient somit der Klarstellung, dass die Mitgliedstaaten für die

4121

---

[171] *Zimmerling/Beplat*, DVP 2001, 3 (6); vgl. *Pernice*, DVBl 2000, 847 (853); *Knöll*, NVwZ 2001, 392 (393); *Tettinger*, NJW 2001, 1010 (1014); *Pitschas*, VSSR 2000, 207 (212); *Calliess*, EuZW 2001, 261 (261).

[172] *Hüpers/Reese*, in: Meyer/Hölscheidt, Vor Titel IV Rn. 13, 15.

[173] *Krebber*, in: Calliess/Ruffert, Art. 27 GRCh Rn. 3.

[174] *Hüpers/Reese*, in: Meyer/Hölscheidt, Vor Titel IV Rn. 31; *Pache*, EuR 2001, 475 (491); *Dorfmann*, Soziale Gewährleistungen in der Charta der Grundrechte der Europäischen Union, 2002, S. 32 f.

[175] *Schwerdtfeger*, in: Meyer/Hölscheidt, Art. 51 Rn. 8; *Hilpold*, in: FS für Pernthaler, 2005, S. 167 (182 f.); *Engels*, in: Frank/Jenichen/Rosemann (Hrsg.), Soziale Menschenrechte – die vergessenen Rechte?, 2001, S. 77 (86).

[176] *Losch/Radau*, NVwZ 2003, 1440 (1444); *Bernsdorff*, VSSR 2001, 1 (18); *Dorfmann*, Soziale Gewährleistungen in der Charta der Grundrechte der Europäischen Union, 2002, S. 33.

Maßnahmen im Sozialbereich zuständig sind.[177] Verstärkt wird dies noch durch den in der EGRC von 2007 neu geschaffenen **Art. 52 Abs. 6 EGRC**, wonach den einzelstaatlichen Rechtsvorschriften und Gepflogenheiten, wie es in der Charta bestimmt ist, in vollem Umfang Rechnung zu tragen ist.

4122 Der eigenständige Regelungsgehalt der Grundrechtsverbürgung wird damit jedoch weitgehend relativiert.[178] Durch ihre Aufnahme in die Charta werden die **Rechte lediglich** als **grundlegende Werte für die Union** festgehalten. Dieser Zusatz war jedoch notwendig, da er erst das Zustandekommen eines Konsenses zwischen den Mitgliedstaaten ermöglichte.[179]

§ 2 Betriebsbezogene Rechte

A. Unterrichtung und Anhörung der Arbeitnehmer

4123 Art. 27 EGRC behandelt das Recht der Arbeitnehmerinnen und Arbeitnehmer auf eine rechtzeitige Unterrichtung und Anhörung im Unternehmen. Danach muss für die Arbeitnehmerinnen und Arbeitnehmer oder ihre Vertreter auf den geeigneten Ebenen eine rechtzeitige Unterrichtung und Anhörung in den Fällen und unter den Voraussetzungen gewährleistet sein, die nach dem Unionsrecht und den einzelstaatlichen Rechtsvorschriften und Gepflogenheiten vorgesehen sind.

I. Grundlagen

1. ESC und GCSGA

4124 Nach den Erläuterungen zur EGRC[180] ist Art. 27 EGRC in Art. 21 rev. ESC[181] und in Nr. 17 und Nr. 18 GCSGA[182] enthalten.

4125 Gem. **Art. 21 lit. a) rev. ESC** verpflichten sich die Vertragsparteien, um die **wirksame** Ausübung des Rechts der Arbeitnehmer auf **Unterrichtung und Anhörung im Unternehmen** zu gewährleisten, im Einklang mit den innerstaatlichen Rechtsvorschriften und Gepflogenheiten Maßnahmen zu ergreifen oder zu fördern,

---

[177] *Engels*, in: Frank/Jenichen/Rosemann (Hrsg.), Soziale Menschenrechte – die vergessenen Rechte?, 2001, S. 77 (86).
[178] *Streinz*, in: ders., Art. 27 GR-Charta Rn. 2; *Lang*, in: Stern/Sachs, Art. 27 Rn. 24; *Hüpers/Reese*, in: Meyer/Hölscheidt, Art. 27 Rn. 25 ff.; *Pache*, EuR 2001, 475 (481); *Dorf*, JZ 2005, 126 (130).
[179] *Funk*, in: Duschanek/Griller (Hrsg.), Grundrechte für Europa, 2002, S. 39 (44).
[180] Erläuterungen zur Charta der Grundrechte, ABl. 2007 C 303, S. 17 (26).
[181] Revidierte Europäische Sozialcharta vom 3.5.1996, Europarat SEV-Nr. 163, s.o. Rn. 4046 ff.
[182] Gemeinschaftscharta der sozialen Grundrechte der Arbeitnehmer, KOM (1989) 248 endg., s. Rn. 4051.

§ 2 Betriebsbezogene Rechte

die den Arbeitnehmern oder ihren Vertretern die Möglichkeit geben, regelmäßig oder zu gegebener Zeit in einer verständlichen Weise über die wirtschaftliche und finanzielle Lage des sie beschäftigenden Unternehmens unterrichtet zu werden. Allerdings kann die Erteilung bestimmter **Auskünfte**, die **für das Unternehmen nachteilig** sein könnte, **verweigert oder** der Pflicht zur **vertraulichen Behandlung** unterworfen werden. Nach Art. 21 lit. b) rev. ESC verpflichten sich die Vertragsparteien, Maßnahmen zu ergreifen oder zu fördern, die den Arbeitnehmern oder ihren Vertretern die Möglichkeit geben, rechtzeitig zu beabsichtigten Entscheidungen gehört zu werden, welche die Interessen der Arbeitnehmer erheblich berühren könnten. Das gilt insbesondere für Entscheidungen, die wesentliche Auswirkungen auf die Beschäftigungslage im Unternehmen haben könnten.

Gem. **Nr. 17 GCSGA** müssen **Unterrichtung, Anhörung und Mitwirkung der Arbeitnehmer** in geeigneter Weise unter Berücksichtigung der in den verschiedenen Mitgliedstaaten herrschenden Gepflogenheiten weiterentwickelt werden. Dies gilt insbesondere für Unternehmen und Unternehmenszusammenschlüsse mit Betriebsstätten bzw. Unternehmen in mehreren Mitgliedstaaten der Europäischen Union. 4126

Nach **Nr. 18 GCSGA** sind Unterrichtung, Anhörung und Mitwirkung rechtzeitig vor allem **in folgenden Fällen** vorzusehen: bei der Einführung technologischer Veränderungen in den Unternehmen, wenn diese die Arbeitsbedingungen und die Arbeitsorganisation der Arbeitnehmer entscheidend verändern; bei der Umstrukturierung oder Verschmelzung von Unternehmen, wenn dadurch die Beschäftigung der Arbeitnehmer berührt wird; bei Massenentlassungen; im Falle von Arbeitnehmern, insbesondere Grenzgängern, die von den Beschäftigungsmaßnahmen des sie beschäftigenden Unternehmens betroffen sind. 4127

Im Vergleich zu Art. 27 EGRC formulieren diese Vorschriften **wesentlich konkreter**, in welchen Fällen eine Unterrichtung und Anhörung stattzufinden hat. Auffällig ist außerdem, dass die Bestimmungen in der GCSGA neben der Unterrichtung und Anhörung **auch die Mitwirkung der Arbeitnehmer** fordern.[183] Diese Unterschiede lassen sich mit der kontroversen Diskussion im Grundrechtekonvent und dem erheblichen Widerstand gegen die Aufnahme des Rechts auf Unterrichtung und Anhörung erklären.[184] So war auch gefordert worden, in **Art. 27 EGRC** ein Recht auf **Mitbestimmung** aufzunehmen.[185] Die Forderung blieb jedoch letztlich **unberücksichtigt**.[186] Die jetzige Formulierung von Art. 27 EGRC vermeidet eine konkrete inhaltliche Festlegung und war damit konsensfähig.[187] 4128

---

[183] Vgl. *Orfanidis*, Eigentumsproblematik und Mitbestimmung hinsichtlich der Europäischen Verfassung, 2006, S. 200; *Dorfmann*, Soziale Gewährleistungen in der Charta der Grundrechte der Europäischen Union, 2002, S. 42.

[184] Vgl. *Weiss*, AuR 2001, 374 (376).

[185] Vgl. *Weiss*, AuR 2001, 374 (376); *Lörcher*, AuR 2000, 241 (243).

[186] *Hüpers/Reese*, in: Meyer/Hölscheidt, Art. 27 Rn. 8 ff.; *Weiss*, AuR 2001, 374 (376).

[187] Vgl. *Krebber*, in: Calliess/Ruffert, Art. 27 GRCh Rn. 10; *Funk*, in: Duschanek/Griller (Hrsg.), Grundrechte für Europa, 2002, S. 39 (44).

2. Europäischer Besitzstand

4129 Den bisherigen primärrechtlichen europäischen Besitzstand bilden Art. 151–155 AEUV. Die Erläuterungen weisen zudem auf das im Bereich der Unterrichtungs- und Anhörungsrechte bestehende Sekundärrecht hin, nämlich die RLn 2002/14/EG, 98/59/EG, 2001/23/EG und 94/45/EG.[188]

a) Art. 151–155 AEUV

4130 Art. 1 AEUV, der den Titel der Sozialvorschriften einleitet und die sozialen Ziele der Union festlegt, verweist ausdrücklich auf die ESC und die GCSGA und damit indirekt auch auf die oben genannten Art. 21 rev. ESC und Nr. 17 und 18 GCSGA. Als Ziel der Union und der Mitgliedstaaten nennt Art. 151 AEUV unter anderem den in den Art. 154 und 155 AEUV näher geregelten sozialen Dialog. Unter **sozialem Dialog** ist die zwischen der Europäischen Kommission und den auf Unionsebene angesiedelten Sozialpartnern (Arbeitgeber- und Arbeitnehmerverbänden) angestrebte Konsultation und Kooperation (Art. 154 AEUV, so genannter **dreiseitiger Dialog**) und das einvernehmliche Zusammenwirken der Sozialpartner mit dem Ziel der autonomen Gestaltung von Arbeitsbeziehungen durch die Sozialpartner selbst (Art. 155 AEUV, so genannter **zweiseitiger Dialog**) zu verstehen.[189]

4131 Zwar betreffen die **Art. 154 und 155 AEUV** damit den **Dialog zwischen den Arbeitgeber- und Arbeitnehmerverbänden** im Verhältnis zur Kommission und untereinander und nicht konkret die Unterrichtung und Anhörung der Arbeitnehmerinnen und Arbeitnehmer im Unternehmen.[190] Aber **auch die Anhörung und Unterrichtung im Unternehmen** sollen den **Dialog zwischen Arbeitgebern und Arbeitnehmern** fördern. Der im AEUV verankerte soziale Dialog entspricht damit auf Unionsebene den Unterrichtungs- und Anhörungsrechten bzw. -pflichten im Unternehmen. Er gehört zum europarechtlichen Besitzstand hinsichtlich Art. 27 EGRC.[191] Dies zeigt sich auch in **Art. 153 Abs. 1 lit. e) AEUV**, der ausdrücklich die Unterrichtung und Anhörung der Arbeitnehmer als ein Gebiet nennt, in dem die Union die Tätigkeit der Mitgliedstaaten unterstützt und ergänzt, um die Ziele des Art. 151 AEUV zu verwirklichen.

4132 Daraus kann gefolgert werden, dass die Unterrichtung und Anhörung der Arbeitnehmer in einem Zusammenhang mit den in Art. 151 AEUV genannten Zielen der Verbesserung der Lebens- und Arbeitsbedingungen und auch dem sozialen

---

[188] S.u. im Einzelnen genau zur jeweiligen RL Rn. 4133 ff.

[189] Vgl. *Eichenhofer*, in: Streinz, Art. 155 AEUV Rn. 1 und Art. 152 AEUV Rn. 2 ff.

[190] *Krebber*, in: Calliess/Ruffert, Art. 27 GRCh Rn. 18 sieht Art. 154 f. AEUV deshalb nicht als europarechtliche Konkretisierung des Rechts auf Unterrichtung und Anhörung der Arbeitnehmer an.

[191] Vgl. *Streinz*, in: ders., Art. 27 GR-Charta Rn. 3; *Lang*, in: Stern/Sachs, Art. 27 Rn. 12; *Rengeling/Szczekalla*, Rn. 1005.

Dialog zu sehen sind.[192] Art. 153 Abs. 1 lit. e) i. V. m. Abs. 2 lit. b) AEUV gibt dem Rat die Befugnis, durch Richtlinien **Mindestvorschriften** zur Unterstützung der Tätigkeit der Mitgliedstaaten **bei** der **Unterrichtung und Anhörung der Arbeitnehmer** zu erlassen.[193] In Umsetzung dieser Richtlinienbefugnis wurden bereits mehrere Richtlinien erlassen.

b) RL 2002/14/EG

Die RL 2002/14/EG[194] zielt darauf ab, einen allgemeinen **Rahmen mit Mindestvorschriften für das Recht auf Unterrichtung und Anhörung der Arbeitnehmer** von in der Union ansässigen Unternehmen oder Betrieben festzulegen (Art. 1 Abs. 1). **4133**

Diese Richtlinie gilt für **Unternehmen mit mindestens 50 Arbeitnehmern** in einem Mitgliedstaat oder für **Betriebe mit mindestens 20 Arbeitnehmern** in einem Mitgliedstaat (Art. 3 Abs. 1). Unternehmen sind öffentliche oder private Unternehmen, sofern sie eine wirtschaftliche Tätigkeit ausüben, unabhängig davon, ob sie einen Erwerbszweck verfolgen oder nicht, und die im Hoheitsgebiet der Mitgliedstaaten ansässig sind (Art. 2 lit. a)). Unter einem Betrieb ist eine gemäß den einzelstaatlichen Rechtsvorschriften und Gepflogenheiten definierte Unternehmenseinheit zu verstehen, die im Hoheitsgebiet eines Mitgliedstaates ansässig ist und in der kontinuierlich unter Einsatz personeller und materieller Ressourcen eine wirtschaftliche Tätigkeit ausgeübt wird (Art. 2 lit. b)). **4134**

Unterrichtung wird definiert als die Übermittlung von Informationen durch den Arbeitgeber an die Arbeitnehmervertreter, um ihnen Gelegenheit zur Kenntnisnahme und Prüfung der behandelten Frage zu geben (Art. 2 lit. f)). Bei der **Anhörung** wird ein Meinungsaustausch bzw. Dialog zwischen Arbeitnehmervertretern und Arbeitgebern durchgeführt (Art. 2 lit. g)). **4135**

Wie das Recht auf Unterrichtung und Anhörung im Einzelnen wahrgenommen wird, bestimmen die Mitgliedstaaten (Art. 4 Abs. 1). Sie haben dafür Sorge zu tragen, dass über die **jüngste Entwicklung** und die **wahrscheinliche Weiterentwicklung** der Tätigkeit und der wirtschaftlichen Situation des Unternehmens oder des Betriebs unterrichtet wird. Weiter müssen Unterrichtung und Anhörung zu **Beschäftigungssituation**, **Beschäftigungsstruktur** und wahrscheinlicher **Beschäftigungsentwicklung** im Unternehmen oder Betrieb sowie zu ggf. geplanten antizipierten Maßnahmen, insbesondere bei einer Bedrohung für die Beschäftigung erfolgen. Schließlich müssen eine Unterrichtung und Anhörung zu Entscheidungen **4136**

---

[192] *Hilbrandt*, in: Heselhaus/Nowak, § 39 Rn. 15, 21.
[193] *Funk*, in: Duschanek/Griller (Hrsg.), Grundrechte für Europa, 2002, S. 39 (45).
[194] Des Europäischen Parlaments und des Rates vom 11.3.2002 zur Festlegung eines allgemeinen Rahmens für die Unterrichtung und Anhörung der Arbeitnehmer in der Europäischen Gemeinschaft – Gemeinsame Erklärung des Europäischen Parlaments, des Rates und der Kommission zur Vertretung der Arbeitnehmer, ABl. 2002 L 80, S. 29.

vorgesehen sein, die wesentliche Veränderungen der Arbeitsorganisation oder der Arbeitsverträge mit sich bringen können (Art. 4 Abs. 2).

c) RL 98/59/EG

4137   Die RL 98/59/EG[195] verpflichtet den Arbeitgeber im Fall beabsichtigter **Massenentlassungen**, die Arbeitnehmervertreter rechtzeitig zu konsultieren, um zu einer Einigung zu gelangen (Art. 2 Abs. 1). Diese **Konsultationen** haben sich zumindest auf die Möglichkeit zu erstrecken, Massenentlassungen zu vermeiden oder zu beschränken, sowie auf die Möglichkeit, ihre Folgen durch soziale Begleitmaßnahmen, die insbesondere Hilfen für eine anderweitige Verwendung oder Umschulung der entlassenen Arbeitnehmer zum Ziel haben, zu mildern (Art. 2 Abs. 2).

d) RL 2001/23/EG

4138   Die RL 2001/23/EG[196] betrifft den Fall des **Übergangs von Unternehmen**, Betrieben oder Unternehmens- bzw. Betriebsteilen auf einen anderen Inhaber durch vertragliche Übertragung oder durch Verschmelzung (Art. 1 Abs. 1 lit. a)). Sie schreibt **umfängliche Informations- und Konsultationspflichten** für Unternehmens- bzw. Betriebsveräußerer und -erwerber vor (Art. 7).

e) RL 94/45/EG und RL 2009/38/EG

4139   Ziel der RL 94/45/EG[197] war die **Stärkung des Rechts auf Unterrichtung und Anhörung** der Arbeitnehmer **in unionsweit operierenden Unternehmen und** Unternehmensgruppen (Art. 1 Abs. 1). Mittlerweile wurde diese Richtlinie durch die RL 2009/38/EG abgelöst. Dazu schrieb bereits die RL 94/45/EG vor, dass nach näher dargelegten Bedingungen und Modalitäten und mit den darin vorgesehenen Wirkungen ein **Europäischer Betriebsrat** eingesetzt oder ein Verfahren zur Unterrichtung und Anhörung der Arbeitnehmer geschaffen werden muss (Art. 1 Abs. 2). Dies betraf und betrifft jedoch nur Unternehmen mit mindestens 1000 Arbeitnehmern in den Mitgliedstaaten und mit jeweils 150 Arbeitnehmern in mindestens zwei

---

[195] Des Rates vom 20.7.1998 zur Angleichung der Rechtsvorschriften der Mitgliedstaaten über Massenentlassungen, ABl. 1998 L 225, S. 16.

[196] Des Rates vom 12.3.2001 zur Angleichung der Rechtsvorschriften der Mitgliedstaaten über die Wahrung von Ansprüchen der Arbeitnehmer beim Übergang von Unternehmen, Betrieben oder Unternehmens- oder Betriebsteilen, ABl. 2001 L 82, S. 16.

[197] Des Rates vom 22.9.1994 über die Einsetzung eines Europäischen Betriebsrats oder die Schaffung eines Verfahrens zur Unterrichtung und Anhörung der Arbeitnehmer in gemeinschaftsweit operierenden Unternehmen und Unternehmensgruppen, ABl. 1994 L 254, S. 64, zuletzt geändert durch RL 2006/109/EG, ABl. 2006 L 363, S. 416. Aufgehoben durch RL 2009/38/EG des Europäischen Parlaments und des Rates vom 6.5.2009 über die Einsetzung eines Europäischen Betriebsrats oder die Schaffung eines Verfahrens zur Unterrichtung und Anhörung der Arbeitnehmer in gemeinschaftsweit operierenden Unternehmen und Unternehmensgruppen, ABl. 2009 L 122, S. 28, zuletzt geändert durch RL (EU) 2015/1794, ABl. 2015 L 263, S. 1.

Mitgliedstaaten oder Unternehmensgruppen mit ähnlichen Voraussetzungen (Art. 2 Abs. 1 lit. a-c)).

Der Begriff der **Anhörung** wird definiert als Meinungsaustausch und Dialog zwischen den Arbeitnehmervertretern und der zentralen Leitung oder einer anderen, angemessenen Leitungsebene, wobei unter zentraler Leitung die zentrale Unternehmensleitung zu verstehen ist (Art. 2 Abs. 1 lit. e) und f) bzw. nunmehr lit. g)). Der Begriff der Unterrichtung wurde ursprünglich nicht definiert und wird nun bestimmt als Übermittlung von Informationen der Arbeitgeber an die Arbeitnehmervertreter, um ihnen Gelegenheit zur Kenntnisnahme und Prüfung zu geben (Art. 2 Abs. 1 lit. f.) RL 2009/38/EG). 4140

3. Verfassungen der Mitgliedstaaten

In den Verfassungen der Mitgliedstaaten finden sich keine ausdrücklich dem Wortlaut des Art. 27 EGRC entsprechende Regelungen. Äußerungen zu Anhörungs-, Informations- und Mitwirkungsrechten der Arbeitnehmer sind in den Verfassungen von Belgien, Niederlande, Frankreich, Italien und Portugal enthalten.[198] 4141

II. Einordnung

Die dogmatische Einordnung von Art. 27 EGRC ist noch nicht abschließend geklärt. Eine EuGH-Rechtsprechung zur Frage der Grundrechtsqualität der Unterrichtungs- und Anhörungsrechte der Arbeitnehmer gibt es bislang nicht.[199] 4142

Während die meisten Vertreter in der deutschen Literatur darin ein **Schutzgewährrecht** sehen,[200] qualifizieren andere Art. 27 EGRC lediglich als **Grundsatz**;[201] z. T. wird darin im Kern ein gleichheitsrechtlicher Gehalt gesehen.[202] 4143

1. Qualifizierung als Grundsatz

Die Zuordnung von Art. 27 EGRC als subjektives Recht oder als Grundsatz hat sich wie gewöhnlich an Wortlaut, Genese, Systematik und Zweck zu orientieren.[203] 4144

---

[198] Vgl. *Hilbrandt*, in: Heselhaus/Nowak, § 39 Rn. 7 f.; *Hüpers/Reese*, in: Meyer/Hölscheidt, Art. 27 Rn. 6 f.; *Lang*, in: Stern/Sachs, Art. 27 Rn. 5; *Streinz*, in: ders., Art. 27 GR-Charta Rn. 4.
[199] *Hilbrandt*, in: Heselhaus/Nowak, § 39 Rn. 19 ff.; vgl. *Rengeling/Szczekalla*, Rn. 1003; *Lang*, in: Stern/Sachs, Art. 27 Rn. 4.
[200] *Lang*, in: Stern/Sachs, Art. 27 Rn. 3; *Hilbrandt*, in: Heselhaus/Nowak, § 39 Rn. 19; *Kingreen*, in: Ehlers (Hrsg.), Europäische Grundrechte und Grundfreiheiten, 2015, § 22 Rn. 24.
[201] *Jarass/Kment*, § 29 Rn. 2; *Rengeling/Szczekalla*, Rn. 1005; *Weiss*, AuR 2001, 374 (376).
[202] *Bernsdorff*, VSSR 2001, 1 (19).
[203] Vgl. *Rengeling/Szczekalla*, Rn. 1003.

a) Wortlaut

4145 In der amtlichen Überschrift wird von einem „Recht auf Unterrichtung und Anhörung" gesprochen. Dies legt auf den ersten Blick nahe, dass Art. 27 EGRC ein subjektives Recht gewährt.[204] Der Text der Norm selbst besagt allerdings, dass für die Arbeitnehmerinnen und Arbeitnehmer eine rechtzeitige Unterrichtung und Anhörung „gewährleistet sein muss", und dies auch nur „in den Fällen und unter den Voraussetzungen ..., die nach dem Unionsrecht und den einzelstaatlichen Rechtsvorschriften und Gepflogenheiten vorgesehen sind".

4146 Art. 27 EGRC legt damit nicht selbst fest, in welchen Fällen die Unterrichtung und Anhörung stattfinden soll. Es bedarf erst der Umsetzung durch den europäischen und nationalen Gesetzgeber. Mangels Präzisierung ist **Art. 27 EGRC selbst zu unbestimmt**, um unmittelbar anspruchsbegründend zu wirken.[205] Ein subjektives Recht kann sich erst aus den unionsrechtlichen[206] oder nationalen Normen ergeben, die in Umsetzung von Art. 27 EGRC konkret festlegen, wann die Arbeitnehmerinnen und Arbeitnehmer ein Recht auf Unterrichtung und Anhörung haben.

b) Genese

4147 Die Grundlagen des Art. 27 EGRC, nämlich Art. 21 rev. ESC und Nr. 17 und Nr. 18 GCSGA, sind hinsichtlich der Frage, ob sie ein subjektives Recht gewähren oder lediglich einen Grundsatz bestimmen, gegensätzlich ausgestaltet. Während **Art. 21 rev. ESC** lediglich als **Staatsverpflichtung** formuliert ist, erwecken die Formulierungen in **Nr. 17 und Nr. 18 GCSGA** den **Eindruck subjektiver Rechte**.[207] Da die GCSGA **jedoch insgesamt lediglich feierlich proklamiert** wurde und keine unmittelbare Rechtswirkung entfaltet, lassen sich auch daraus keine subjektiven Rechte ableiten.

4148 Im Grundrechtekonvent wurde die Vorschrift des Art. 27 EGRC kontrovers diskutiert,[208] sowohl im Hinblick auf ihre Aufnahme in die Charta als auch wegen ihres Inhalts.[209] Der erste Präsidiumsvorschlag vom 27.3.2000 statuierte unter der Überschrift „Pflicht zur Unterrichtung und Aufklärung der Arbeitnehmer", dass „die Arbeitnehmer und ihre Vertreter ... Anspruch auf effektive Unterrichtung und Anhörung" haben.[210] An dieser Formulierung entfachte sich eine heftige Debatte. So lehnten manche Teilnehmer die Aufnahme der Bestimmung gerade mit dem

---

[204] S. *Kingreen*, in: Ehlers (Hrsg.), Europäische Grundrechte und Grundfreiheiten, 2015, § 22 Rn. 5; vgl. *Lang*, in: Stern/Sachs, Art. 27 Rn. 7 f.

[205] *Weiss*, AuR 2001, 374 (376); *Rengeling/Szczekalla*, Rn. 1005; vgl. auch *Jarass/Kment*, § 29 Rn. 2.

[206] Z. B. RL 2002/14/EG; RL 98/59/EG; RL 2001/23/EG; RL 2009/38/EG.

[207] S.o. Rn. 4125 f.

[208] *Lang*, in: Stern/Sachs, Art. 27 Rn. 1 f.

[209] S. die Diskussionen bei *Bernsdorff/Borowsky*, Die Charta der Grundrechte der Europäischen Union, 2002, S. 212 f., 323.

[210] Zitiert bei *Hüpers/Reese*, in: Meyer/Hölscheidt, Art. 27 Rn. 8.

§ 2 Betriebsbezogene Rechte   421

Hinweis vehement ab, dass es sich nicht um ein Grundrecht handele.[211] Andere kritisierten die Formulierung, weil der Text den Eindruck erwecke, dass er ein subjektives Recht gewähre. Der zugrunde liegende Art. 21 rev. ESC gewähre aber gerade kein subjektives Recht.[212]

Diesen Aussagen lässt sich entnehmen, dass die **Konventsmitglieder Art. 27 EGRC nicht als subjektives Recht** ausgestalten wollten. Als Reaktion wurde im ersten Gesamtentwurf der Charta vom 28.7.2000 die Bestimmung im relevanten Textbereich entsprechend dem heutigen Chartatext geändert. Danach musste „für die Arbeitnehmer und ihre Vertreter … eine rechtzeitige Unterrichtung und Anhörung … gewährleistet sein".[213] Auch die sich anschließenden Textentwürfe übernahmen diese Formulierung.[214] Sie betont – wie oben dargelegt[215] – den Grundsatzcharakter.[216]   4149

c) Systematik

Art. 27 EGRC leitet die nachfolgenden unter der Überschrift „Solidarität" zusammengefassten Bestimmungen der Charta ein. Diese Vorschriften sind jedoch nicht einheitlich als subjektive Rechte oder Grundsätze ausgestaltet. Während manche Normen eindeutig ein subjektives Recht gewähren,[217] sind andere unzweifelhaft als Grundsätze zu qualifizieren.[218] Der sich anschließende Art. 28 EGRC ist ein subjektives Recht. Er ist jedoch derart anders als Art. 27 EGRC formuliert, dass daraus keine Rückschlüsse auf die Zuordnung von Art. 27 EGRC gezogen werden können.   4150

d) Zweck

Die RL 2002/14/EG,[219] 98/59/EG,[220] 2001/23/EG[221] und nunmehr die RL 2009/38/EG[222] als Nachfolgerin der RL 94/45/EG[223] benennen konkrete Fälle, in denen eine Unterrichtung und Anhörung der Arbeitnehmerinnen und Arbeitnehmer oder ihrer   4151

---

[211] So der britische Vertreter, s. *Bernsdorff/Borowsky*, Die Charta der Grundrechte der Europäischen Union, 2002, S. 212 u. 323.
[212] So der österreichische und der schwedische Vertreter, vgl. *Bernsdorff/Borowsky*, Die Charta der Grundrechte der Europäischen Union, 2002, S. 212 u. 323.
[213] Zitiert bei *Hüpers/Reese*, in: Meyer/Hölscheidt, Art. 27 Rn. 9.
[214] Vgl. *Hüpers/Reese*, in: Meyer/Hölscheidt, Art. 27 Rn. 10 f.
[215] S.o. Rn. 4145 f.
[216] *Hüpers/Reese*, in: Meyer/Hölscheidt, Art. 27 Rn. 8.
[217] Z. B. Art. 29–34 EGRC.
[218] Z. B. Art. 35 S. 2, Art. 37, Art. 38 EGRC.
[219] ABl. 2002 L 80, S. 29.
[220] ABl. 1998 L 225, S. 16.
[221] ABl. 2001 L 82, S. 16.
[222] ABl. 2009 L 122, S. 28.
[223] Aufgehoben durch RL 2009/38/EG, ABl. 2015 L 263, S. 1.

Vertreter im Unternehmen stattfinden muss. Zudem werden die Mitgliedstaaten verpflichtet, dafür zu sorgen, dass die sich aus den Richtlinien ergebenden Verpflichtungen auch gerichtlich durchgesetzt werden können.[224] Die **Richtlinien** gewähren damit **einklagbare Rechte**. Art. 27 EGRC bezieht sich auf diese Richtlinien, wenn es heißt, dass Unterrichtung und Anhörung in den Fällen und unter den Voraussetzungen gewährleistet sein müssen, „die nach dem Unionsrecht ... vorgesehen sind". Der Zweck von Art. 27 EGRC liegt somit unter anderem darin, Unterrichtungs- und Anhörungsverpflichtungen, deren Bedeutung im Unionsrecht durch einen beachtlichen Besitzstand dokumentiert wird,[225] durch die Aufnahme in die EGRC ein besonderes Gewicht zukommen zu lassen.

4152 Allerdings wird in Art. 27 EGRC lediglich ein Bezug zu den **Richtlinien** hergestellt, sie werden **nicht in die Charta aufgenommen**. Art. 27 EGRC formuliert gerade nicht präzise, wann Unterrichtung und Anhörung stattzufinden haben. Dies ergibt sich erst aus dem unionsrechtlichen Sekundärrecht oder aus nationalen Normen. Art. 27 EGRC übernimmt damit nicht die in den Richtlinien oder sonstigen Vorschriften formulierten subjektiven Rechte. Folglich gewähren zwar die Richtlinien und ggf. sonstige Umsetzungsakte subjektive Rechte, nicht jedoch Art. 27 EGRC selbst.[226]

e) Folgerungen

4153 Art. 27 EGRC stellt lediglich den Grundsatz auf, dass für die Arbeitnehmerinnen und Arbeitnehmer oder ihre Vertreter eine rechtzeitige Unterrichtung und Anhörung gewährleistet sein muss. Er trifft jedoch keine Aussagen dazu, wann oder wie eine solche Unterrichtung und Anhörung stattzufinden haben.[227] Dies ist dem europäischen und den mitgliedstaatlichen Gesetzgebern überlassen. Damit bildet Art. 27 EGRC kein Grundrecht. **Unterrichtung und Anhörung** sind **nicht subjektiv allein aus Art. 27 EGRC einforderbar**.

f) Zusammenspiel mit der Menschenwürde

4154 Werden allerdings Arbeitnehmerinnen und Arbeitnehmer in keiner Weise angehört oder auch nur unterrichtet, müssen sie gleichsam „ahnungslos" im Betrieb arbeiten. Sie werden nicht in ihren Informationsbedürfnissen respektiert, mithin in ihrer Persönlichkeit geachtet, obwohl sich diese auch in der Arbeit entfaltet, sondern eher wie Arbeitsmaterial behandelt. **Ohne Unterrichtung und Anhörung** zu den sie betreffenden essenziellen Belangen werden die **Arbeitnehmerinnen und Ar-**

---

[224] Art. 8 Abs. 1 RL 2002/14/EG; Art. 6 RL 98/59/EG; Art. 9 RL 2001/23/EG; Art. 11 Abs. 3 RL 94/45/EG sowie nunmehr Art. 11 Abs. 2 RL 2009/38/EG.
[225] *Hilbrandt*, in: Heselhaus/Nowak, § 39 Rn. 17.
[226] In diesem Sinne wohl auch *Jarass/Kment*, § 29 Rn. 2; vgl. auch *Everling*, in: GS für Heinze, 2005, S. 157 (172).
[227] Vgl. *Funk*, in: Duschanek/Griller (Hrsg.), Grundrechte für Europa, 2002, S. 39 (44).

beitnehmer zum Objekt herabgewürdigt. Daher ist dieses Thema auch für die Menschenwürde relevant. Dementsprechend wurde im Grundrechtekonvent[228] eine Ausdehnung auf alle Arbeitnehmer und nicht nur auf solche aus der EU diskutiert und nach der offenen Formulierung in Art. 27 EGRC auch verwirklicht.[229] Gem. **Art. 1 EGRC** ist die Würde des Menschen unantastbar. Sie ist zu achten und zu schützen. Die Menschenwürdegarantie als **subjektiver Anspruch auf Wahrung der Subjektivität des Menschen** ist betroffen, **wenn** Arbeitnehmerinnen und Arbeitnehmern Unterrichtung und Anhörung **gänzlich verweigert** werden.

Gleichwohl bleibt der inhaltliche Bezug zu Art. 27 EGRC. Diese Bestimmung wird insoweit über Art. 1 EGRC aufgewertet und verdichtet. Dies betrifft allerdings nur ihren **Elementargehalt**. Damit geht es lediglich um eine Anhörung und Unterrichtung als solche. Gegenständlich werden nur elementare Gesichtspunkte erfasst, welche den zentralen Gehalt und die Zukunft des Arbeitslebens ausmachen, so beispielsweise eine **Gefährdung der Existenz des Unternehmens**, die zum Arbeitsplatzverlust nahezu der gesamten Belegschaft führen kann. Daraus können sich Anhörungspflichten in **insolvenzbedrohenden Situationen** wie der **Corona-Krise** oder im Gefolge der massiven Erhöhung der Brennstoffpreise zumal für energieintensive Branchen ergeben.

4155

Damit ergibt sich aus einer Zusammenschau von Art. 27 EGRC mit Art. 1 EGRC ein subjektiv **einklagbarer unabdingbarer Mindeststandard, dass** nämlich **überhaupt Unterrichtung und Anhörung in Unternehmen** vorgesehen sein müssen. Er entspricht auch der engen Verwandtschaft von Art. 1 EGRC und Art. 1 Abs. 1 GG[230] und der sich daran anknüpfenden Rechtsprechung. So erkennt das BVerfG in ständiger Rechtsprechung Minimalstandards im sozialen Bereich auf der Grundlage von Art. 1 Abs. 1 GG i. V. m. mit dem Sozialstaatsprinzip an.[231]

4156

2. Kollektiv und individuell

Die Qualifizierung als Grundsatz besagt noch nicht, ob die in Art. 27 EGRC vorgesehene Unterrichtung und Anhörung von den Arbeitnehmerinnen und Arbeitnehmern lediglich kollektiv wahrgenommen werden kann oder ob sich Art. 27 EGRC auch auf eine individuelle Ausübung bezieht. Dies war von Anfang an streitig.[232]

4157

---

[228] S. *Bernsdorff/Borowsky*, Die Charta der Grundrechte der Europäischen Union, 2002, S. 212; *Hüpers/Reese*, in: Meyer/Hölscheidt, Art. 27 Rn. 10.

[229] S.o. Rn. 939 sowie u. Rn. 4164. Unter Bezug auf die sog. Dürig'sche Objektformel *Höfling/Kempny*, in: Stern/Sachs, Art. 1 Rn. 15 ff.

[230] S.o. Rn. 922 ff. Art. 1 EGRC wurde vom Präsidenten des Grundrechtekonvents, *Herzog*, in der Formulierung und Platzierung entsprechend Art. 1 GG vorgeschlagen, s. *Höfling/Kempny*, in: Stern/Sachs, Art. 1 Rn. 7, 12.

[231] S. BVerfGE 134, 242 (Rn. 298) – Hartz IV; *Krieger*, in: Dörr/Grote/Marauhn, Kap. 6 Rn. 108.

[232] *Hüpers/Reese*, in: Meyer/Hölscheidt, Art. 27 Rn. 8 ff.

4158 Im Grundrechtekonvent vertrat der Vertreter der Kommission die Auffassung, das Recht auf Unterrichtung und Anhörung sei nur kollektiv ausübbar.[233] Auch in der deutschen Literatur wird von den „kollektiven Arbeitnehmergrundrechten in Art. 27 und Art. 28" gesprochen, und diese werden den folgenden Charta-Artikeln als Individualrechte gegenübergestellt.[234]

4159 Art. 27 und 28 EGRC bilden indes keine solchermaßen zusammengehörende Einheit, sondern ihr Wortlaut unterscheidet sich, sodass sie nebeneinander anwendbar sind.[235] Während Art. 27 EGRC von den „Arbeitnehmerinnen und Arbeitnehmern oder ihren Vertretern" spricht, wird das Recht aus Art. 28 EGRC den „Arbeitnehmerinnen und Arbeitnehmern ... oder ihren jeweiligen Organisationen" gewährt. Zudem machen die Überschrift und der Wortlaut von Art. 28 EGRC deutlich, dass dieses Recht kollektiv auszuüben ist, während der Begriff der **Kollektivität in Art. 27 EGRC nirgends verwandt** wird.

4160 Der Zweck von Unterrichtung und Anhörung, nämlich Arbeitnehmerinteressen bei unternehmerischen Entscheidungen Gehör zu verschaffen, spricht für eine individuelle und eine kollektive Wahrnehmbarkeit. Die Interessen der Arbeitnehmerinnen und Arbeitnehmer können sowohl bei individuellen als auch bei kollektiven Maßnahmen betroffen sein. So bekommen Unterrichtung und Anhörung beispielsweise bei der Kündigung des Arbeitnehmers eine individuelle Dimension. Demgegenüber berühren alle Maßnahmen, welche die personelle Zusammensetzung der Belegschaft betreffen, durch das Erfordernis der Einschaltung der Arbeitnehmervertretung die kollektive Ebene.[236] Daher bezieht sich **Art. 27 EGRC sowohl** auf eine **individuelle als auch** auf eine **kollektive Unterrichtung und Anhörung** der Arbeitnehmerinnen und Arbeitnehmer.

III. Gewährleistungsbereich

4161 Gem. Art. 27 EGRC muss für die Arbeitnehmerinnen und Arbeitnehmer oder ihre Vertreter auf den geeigneten Ebenen eine rechtzeitige Unterrichtung und Anhörung gewährleistet sein, und zwar in den Fällen und unter den Voraussetzungen, die nach dem Unionsrecht und den einzelstaatlichen Rechtsvorschriften und Gepflogenheiten vorgesehen sind. Daher steht der **Gewährleistungsbereich unter einem doppelten Vorbehalt**, nämlich in der **Ausdehnung** („in den Fällen") und in der **Tiefe** („unter den Voraussetzungen"). Es handelt sich daher nicht um ein Grundrecht, sondern um eine **grundsätzliche Zielbestimmung**[237] mit einem **Gewährleistungsbereich**, der **von** den **Unionsorganen und** den **Mitgliedstaaten näher ausgefüllt** wird.

---

[233] S. *Bernsdorff/Borowsky*, Die Charta der Grundrechte der Europäischen Union, 2002, S. 213; *Hüpers/Reese*, in: Meyer/Hölscheidt, Art. 27 Rn. 10.

[234] *Zachert*, NZA 2001, 1041 (1045); *Lörcher*, in: Unteilbarkeit auf Europäisch, 2001, S. 37 (49).

[235] *Hüpers/Reese*, in: Meyer/Hölscheidt, Art. 27 Rn. 30.

[236] Vgl. *Lang*, in: Stern/Sachs, Art. 27 Rn. 11.

[237] S.o. Rn. 4153.

§ 2 Betriebsbezogene Rechte

1. Arbeitnehmer

Im Unionsrecht ist der **Arbeitnehmerbegriff** an vielen Stellen relevant. Im Primärrecht wird er beispielsweise bei der Arbeitnehmerfreizügigkeit (Art. 45 AEUV) oder den Sozialvorschriften (Art. 151 ff. AEUV) verwandt. Es findet sich aber keine primärrechtliche Definition. In der RL 2001/23/EG[238] über den Übergang von Unternehmen wird der Begriff des Arbeitnehmers definiert als **jede Person**, die in dem betreffenden Mitgliedstaat **aufgrund des einzelstaatlichen Arbeitsrechts geschützt** ist. In der RL 2002/14/EG[239] zur Festlegung eines allgemeinen Rahmens für die Unterrichtung und Anhörung der Arbeitnehmer wird Letzteres noch auf die **einzelstaatlichen Gepflogenheiten** ausgeweitet. Die **Richtlinien** verweisen damit auf den jeweiligen nationalen Begriff, enthalten aber keine autonome Begriffsbestimmung.[240] Auch im nationalen Recht der Mitgliedstaaten findet sich kein einheitlicher Arbeitnehmerbegriff.[241]

4162

Nach der ständigen Rechtsprechung des **EuGH** zu Art. 45 AEUV ist der **Arbeitnehmerbegriff europarechtlich**[242] und **weit**[243] auszulegen. Arbeitnehmer ist danach derjenige, der während einer bestimmten Zeit für einen anderen **nach** dessen **Weisung Leistungen** erbringt, für die er als **Gegenleistung** eine **Vergütung** erhält.[244] Der EuGH hat diese Definition auch für den Arbeitnehmerbegriff in Art. 157 AEUV verwandt.[245] Die Rechtsprechung zu Art. 45 AEUV und Art. 157 AEUV kann **auch auf Art. 27 EGRC** übertragen werden,[246] zumal von einer einheitlichen Auslegung innerhalb des Europarechts auszugehen ist.

4163

Im Grundrechtekonvent war die Frage, ob sich Art. 27 EGRC nur auf Unionsbürger beschränkt oder alle Arbeitnehmer erfasst, heftig umstritten. Einige Vertreter waren der Auffassung, dass es um Rechte und Pflichten der Unionsbürger gehe. Andere hielten eine Ausweitung auf alle Arbeitnehmer für erforderlich.[247] Diese zweite Konzeption wurde unter anderem damit begründet, dass bei Art. 27 EGRC

4164

---

[238] ABl. 2001 L 82, S. 16.
[239] ABl. 2002 L 80, S. 29.
[240] *Hüpers/Reese*, in: Meyer/Hölscheidt, Art. 27 Rn. 14, 22 ff.; vgl. *Orfanidis*, Eigentumsproblematik und Mitbestimmung hinsichtlich der Europäischen Verfassung, 2006, S. 100 f.
[241] *Hüpers/Reese*, in: Meyer/Hölscheidt, Art. 27 Rn. 17.
[242] EuGH, Rs. C-53/81, ECLI:EU:C:1982:105 (Rn. 11) – Levin; Rs. C-66/85, ECLI:EU:C:1986:284 (Rn. 16) – Lawrie-Blum; Rs. C-197/86, ECLI:EU:C:1988:323 (Rn. 21) – Brown.
[243] EuGH, Rs. C-139/85, ECLI:EU:C:1986:223 (Rn. 13) – Kempf; Rs. C-66/85, ECLI:EU:C:1986:284 (Rn. 16) – Lawrie-Blum.
[244] St. Rspr. EuGH, Rs. C-66/85, ECLI:EU:C:1986:284 (Rn. 17) – Lawrie-Blum; Rs. C-197/86, ECLI:EU:C:1988:323 (Rn. 21) – Brown; Rs. C-357/89, ECLI:EU:C:1992:87 (Rn. 10) – Raulin; näher *Frenz*, Europarecht 1, Rn. 1423 ff.
[245] EuGH, Rs. C-256/01, ECLI:EU:C:2004:18 (Rn. 66 f.) – Allonby.
[246] *Hüpers/Reese*, in: Meyer/Hölscheidt, Art. 27 Rn. 17.
[247] S. *Bernsdorff/Borowsky*, Die Charta der Grundrechte der Europäischen Union, 2002, S. 212.

die **Würde des Menschen im Arbeitsleben** im Vordergrund stehe und diese unteilbar sei; daher müsse auch Art. 27 EGRC für jedermann gelten.[248]

4165 Zwar greift Art. 27 EGRC einen Bereich auf, der über die Menschenwürde weit hinausreicht. Gegen diese verstößt aber eine völlige Rechtlosigkeit des Arbeitnehmers, die ihn zum „Arbeitsobjekt" degradiert.[249] Dazu zählt auch ein Abschneiden von jeder Information. Das gilt jedenfalls in Situationen, die den Status als Arbeitnehmer betreffen, so wenn wie in der Corona-Krise die Existenz eines Unetrnehmens auf dem Spiel steht.

4166 Allerdings gehört zu diesem von der Menschenwürde umfassten Kerngehalt nicht jede Unterrichtung und Information über Betriebsabläufe. Schließlich soll Art. 27 EGRC auch den **sozialen Dialog zwischen Arbeitgebern und Arbeitnehmern** fördern und steht deshalb **in einer Linie mit Art. 154 f. AEUV**,[250] welche nicht Bestandteil der Menschenwürdegarantie sind; sie fördern eher indirekt die Lebens- und Arbeitsbedingungen der Arbeitnehmer.

4167 Die **umfassende Begriffsbestimmung**, wonach jedermann Arbeitnehmer i. S. d. Art. 27 EGRC sein kann, entspricht aber der begriffs- und herkunftsbezogenen **EuGH-Rechtsprechung** zur weiten Auslegung des Arbeitnehmerbegriffs und ist daher zu befürworten.[251] Art. 27 EGRC ist offen formuliert und nicht wie Art. 45 Abs. 2 AEUV explizit auf Arbeitnehmer der Mitgliedstaaten beschränkt.[252]

2. Vertreter

4168 In der RL 94/45/EG[253] und nunmehr in der RL 2009/38/EG (Art. 2 Abs. 1 lit. d))[254] über die Einsetzung eines Europäischen Betriebsrats, der RL 98/59/EG[255] über Massenentlassungen, der RL 2001/23/EG[256] über den Übergang von Unternehmen und der RL 2002/14/EG[257] zur Festlegung eines allgemeinen Rahmens für die Unterrichtung und Anhörung der Arbeitnehmer wird für den Begriff der „Vertreter der Arbeitnehmer" auf die **mitgliedstaatlichen Rechtsvorschriften und Gepflogenheiten** und die dortige **Praxis** verwiesen. Die Richtlinien verweisen damit auf den jeweiligen nationalen Begriff, enthalten aber keine autonome Begriffsbestim-

---

[248] So der österreichische EP-Abgeordnete *Voggenhuber*, s. *Bernsdorff/Borowsky*, Die Charta der Grundrechte der Europäischen Union, 2002, S. 212; vgl. *Hüpers/Reese*, in: Meyer/Hölscheidt, Art. 27 Rn. 10; s. auch *Lang*, in: Stern/Sachs, Art. 27 Rn. 26 f.

[249] S.o. Rn. 4154 ff.

[250] S.o. Rn. 4130 f.

[251] *Lang*, in: Stern/Sachs, Art. 27 Rn. 27.

[252] S. *Frenz*, Europarecht 1, Rn. 1538.

[253] ABl. 1994 L 254, S. 64, aufgehoben durch RL 2009/38/EG.

[254] ABl. 2009 L 122, S. 28.

[255] ABl. 1998 L 225, S. 16.

[256] ABl. 2001 L 82, S. 16.

[257] ABl. 2002 L 80, S. 29.

§ 2 Betriebsbezogene Rechte

mung.[258] Da auch Art. 27 EGRC hinsichtlich seines Regelungsgehalts weitestgehend auf das Unionsrecht und die einzelstaatlichen Rechtsvorschriften und Gepflogenheiten verweist, kann diese Verweistechnik aus den Richtlinien übernommen werden. Schließlich existiert im Gegensatz zum Arbeitnehmer auch **keine sonstige europarechtliche Definition**. Der Begriff der Vertreter in Art. 27 EGRC bezeichnet demnach die Vertreter der Arbeitnehmer nach den Rechtsvorschriften oder der Praxis der Mitgliedstaaten.

In der RL 77/187/EWG,[259] die ebenfalls auf die mitgliedstaatlichen Rechtsvorschriften und die dortige Praxis verweist, wurden die Mitglieder der Verwaltungs-, Leitungs- und Aufsichtsorgane von Gesellschaften ausgenommen, die diesen Organen in bestimmten Mitgliedstaaten als Arbeitnehmervertreter angehören. Allerdings wurde die RL 77/187/EWG durch die oben zitierte RL 2001/23/EG[260] aufgehoben. In letztgenannter ist diese Ausnahme vom Vertreterbegriff nicht aufgegriffen worden, weshalb ihr keine Bedeutung mehr beizumessen ist und zur Begriffsbestimmung nicht mehr auf sie zurückgegriffen werden kann.[261] Sie ist auch sachlich nicht begründet, sofern die **Arbeitnehmervertreter** etwa **im Aufsichtsrat** hinreichend informiert werden und dann die Arbeitnehmer unterrichten. Das muss aber gewährleistet sein, um die angestrebte Offenheit zwischen Arbeitgeber und Arbeitnehmer zu wahren. Entsprechendes gilt für die Anhörung. Hier müssen sich die Arbeitnehmervertreter rückkoppeln, um auch tatsächlich die Interessen der Arbeitnehmer vorbringen zu können.

4169

Nach dem Wortlaut des Art. 27 EGRC muss eine Unterrichtung und Anhörung für die Arbeitnehmerinnen und Arbeitnehmer oder ihre Vertreter gewährleistet sein. Die Verwendung des Wortes „oder" anstelle eines „und" kann Anlass zu Meinungsverschiedenheiten über die Auslegung geben. So ist unklar, ob durch eine bloße Unterrichtung oder Anhörung der Vertreter der Arbeitnehmer ohne jegliche Beteiligung Letzterer den Anforderungen des Art. 27 EGRC Genüge getan ist.[262] Die bislang in diesem Bereich erlassenen **Richtlinien**[263] sehen jeweils die **Unterrichtung und Anhörung der Arbeitnehmervertreter** vor und verpflichten nicht zur individuellen Konsultation jedes einzelnen Arbeitnehmers.[264] Da die Erläuterungen

4170

---

[258] Vgl. *Orfanidis*, Eigentumsproblematik und Mitbestimmung hinsichtlich der Europäischen Verfassung, 2006, S. 100 f.

[259] RL 77/187/EWG des Rates vom 14.2.1977 zur Angleichung der Rechtsvorschriften der Mitgliedstaaten über die Wahrung von Ansprüchen der Arbeitnehmer beim Übergang von Unternehmen, Betrieben oder Betriebsteilen, ABl. 1977 L 61, S. 26.

[260] ABl. 2001 L 82, S. 16.

[261] *Lang*, in: Stern/Sachs, Art. 27 Rn. 28; in Abweichung von der Voraufl. *Tettinger/Stern*, Art. 27 Rn. 22.

[262] *Dorfmann*, Soziale Gewährleistungen in der Charta der Grundrechte der Europäischen Union, 2002, S. 42.

[263] Die RL 2002/14/EG, die RL 98/59/EG, die RL 2001/23/EG und die RL 94/45/EG, ersetzt durch die RL 2009/38/EG.

[264] S. Art. 2 RL 2002/14/EG, Art. 2 RL 98/59/EG, Art. 7 RL 2001/23/EG, Art. 1 Abs. 3 RL 2009/38/EG.

zur EGRC²⁶⁵ auf diese Richtlinien als europäischen Besitzstand hinweisen, ist davon auszugehen, dass mit ihren Bestimmungen Art. 27 erfüllt ist. Danach genügt es, wenn die Arbeitnehmervertreter unterrichtet und angehört werden.²⁶⁶

4171 Dem widerspricht auch nicht, dass Art. 27 EGRC entsprechend seinem Zweck, nämlich Arbeitnehmerinteressen bei unternehmerischen Entscheidungen Gehör zu verschaffen, sowohl eine kollektive als auch eine individuelle Dimension hat.²⁶⁷ Selbst im Falle der individuellen Betroffenheit eines einzelnen Arbeitnehmers können seine Interessen durch einen Vertreter gegenüber dem Arbeitgeber vorgetragen und wahrgenommen werden. Ein **direkter Kontakt zwischen** dem betroffenen **Arbeitnehmer und** dem **Arbeitgeber** ist dazu **nicht erforderlich**. Es genügt folglich, wenn eine der beiden in Art. 27 EGRC genannten Stellen, nämlich entweder der betroffene Arbeitnehmer oder sein Vertreter, unterrichtet und angehört werden.

3. Unternehmen

a) Bedeutung

4172 Die Überschrift des Art. 27 EGRC weist auf das Unternehmen hin, während der Begriff im Text selbst nicht verwandt wird. Dennoch ist der Status der Arbeitnehmer im Verhältnis zu den **Arbeitgebern** innerhalb der wirtschaftlichen Einheit, in der sie tätig sind, mithin im Unternehmen, betroffen. Nicht erfasst sind die Unterrichtung und Anhörung durch staatliche Stellen sowie Arbeitgeberverbände, wie die Existenz von Art. 28 EGRC verdeutlicht.²⁶⁸

b) Weiter Begriff

4173 Im AEUV wird der Begriff des Unternehmens namentlich in Art. 101 AEUV verwandt, ohne dass er näher definiert wird. Auch in der in engem thematischen Bezug zu Art. 27 EGRC stehenden RL 94/45/EG²⁶⁹ sowie nunmehr der RL 2009/38/EG²⁷⁰ über die Einsetzung eines Europäischen Betriebsrats werden die Begriffe des „gemeinschaftsweit operierenden Unternehmens", der „Unternehmensgruppe" und der „gemeinschaftsweit operierenden Unternehmensgruppe" näher bestimmt. Der Begriff des Unternehmens selbst wird jedoch ebenfalls nicht definiert.

4174 In der gleichfalls inhaltlich einschlägigen RL 2002/14/EG²⁷¹ zur Festlegung eines allgemeinen Rahmens für die Unterrichtung und Anhörung der Arbeitnehmer

---

²⁶⁵ Erläuterungen zur Charta der Grundrechte, ABl. 2007 C 303, S. 17 (26).
²⁶⁶ A.A. *Dorfmann*, Soziale Gewährleistungen in der Charta der Grundrechte der Europäischen Union, 2002, S. 42.
²⁶⁷ S.o. Rn. 4157 ff.
²⁶⁸ *Krebber*, in: Calliess/Ruffert, Art. 27 GRCh Rn. 15.
²⁶⁹ ABl. 1994 L 254, S. 64.
²⁷⁰ ABl. 2009 L 122 S.28.
²⁷¹ ABl. 2002 L 80, S. 29; s.o. Rn. 4133 ff.

wird der Begriff des Unternehmens als **öffentliches oder privates Unternehmen** verstanden, das eine **wirtschaftliche Tätigkeit** ausübt, unabhängig davon, ob es einen Erwerbszweck verfolgt oder nicht, und das im Hoheitsgebiet der Mitgliedstaaten ansässig ist. Diese Begriffsbestimmung legt zwar genauer fest, für welche Art des Unternehmens die Richtlinie Wirkung entfaltet. Sie bestimmt jedoch nicht konkret, was unter dem Begriff Unternehmen selbst zu verstehen ist.

Der **EuGH** versteht unter einem Unternehmen **jede eine wirtschaftliche Tätigkeit ausübende Einheit**, unabhängig von ihrer Rechtsform und der Art ihrer Finanzierung.[272] Eine Gewinnerzielungsabsicht ist nicht notwendig.[273] Der Unternehmensbegriff ist damit **weit** zu fassen.[274] Diese Definition durch den EuGH kann auch für Art. 27 EGRC herangezogen werden, zumal sie auch mit der Umschreibung nach der RL 2002/14/EG übereinstimmt.

4175

c) Transnationale Konzerne

Streitig war im Grundrechtekonvent, ob unter den Unternehmensbegriff auch grenzüberschreitende, transnationale Konzerne oder Unternehmensgruppen fallen.[275] Dies ist heute fest anerkannt. Es genügt, dass ein Beschäftigungsverhältnis mit einem Arbeitnehmer vorliegt.[276]

4176

In der RL 2002/14/EG[277] wird der Begriff des Unternehmens so definiert, dass darunter öffentliche und private Unternehmen fallen, die im Hoheitsgebiet der Mitgliedstaaten ansässig sind. Damit genügt für die Anwendbarkeit der Richtlinie, dass ein Unternehmen seinen Sitz in einem Mitgliedstaat hat. Unerheblich ist, ob es in weiteren Mitgliedstaaten oder auch in Drittstaaten operiert.

4177

In Art. 4 Abs. 1 der RL 2009/38/EG[278] wird die Schaffung eines Europäischen Betriebsrats oder eines Verfahrens zur Unterrichtung und Anhörung der Arbeitnehmer nur in gemeinschaftsweit operierenden Unternehmen und Unternehmensgruppen verlangt. Diese werden in Art. 2 lit. c) der Richtlinie definiert als Unternehmen mit Arbeitnehmern in mindestens zwei Mitgliedstaaten. Art. 27 EGRC spricht nicht von unionsweit operierenden Unternehmen. Deshalb ist im Umkehrschluss Art. 27 EGRC auf **alle Unternehmen** anwendbar, und diese müssen **nicht notwendigerweise in mindestens zwei Mitgliedstaaten** operieren.

4178

---

[272] EuGH, Rs. C-41/90, ECLI:EU:C:1991:161 (Rn. 21) – Höfner u. Elser; Rs. C-244/94, ECLI:EU:C:1995:392 (Rn. 14) – Fédération française des sociétés d'assurance; Rs. C-222/04, ECLI:EU:C:2006:8 (Rn. 107) – Cassa di Risparmio di Firenze.
[273] EuGH, Rs. C-244/94, ECLI:EU:C:1995:392 (Rn. 21) – Fédération française des sociétés d'assurance; im Einzelnen *Frenz*, Europarecht 2, Rn. 584 ff.
[274] *Lang*, in: Stern/Sachs, Art. 27 Rn. 29.
[275] *Bernsdorff/Borowsky*, Die Charta der Grundrechte der Europäischen Union, 2002, S. 213.
[276] *Hüpers/Reese*, in: Meyer/Hölscheidt, Art. 27 Rn. 21.
[277] ABl. 2002 L 80, S. 29.
[278] ABl. 2009 L 122, S. 28.

4179 In Zusammenschau mit der Begriffsdefinition in der RL 2002/14/EG[279] können als Unternehmen i. S. d. Art. 27 EGRC damit alle solche qualifiziert werden, die einen **Firmensitz in der Europäischen Union** haben. Unerheblich ist, ob sie unionsweit operieren, ob sie auch in Drittstaaten tätig sind und ob sie die Nationalität eines Drittstaates haben. Diese weite Auslegung wird dem Wortlaut des Art. 27 EGRC und der Rechtsprechung des EuGH am besten gerecht.[280]

4. Rechtzeitige Unterrichtung und Anhörung

a) Abgrenzung zur Mitbestimmung

4180 Als materiellen Kern postuliert Art. 27 EGRC eine rechtzeitige Unterrichtung und Anhörung. In Art. 153 Abs. 1 lit. e) AEUV finden sich bereits die Begriffe „Unterrichtung und Anhörung". Darin ist – ebenso wie in Art. 27 EGRC – kein intensiveres Beteiligungsrecht wie das einer Zustimmung der Arbeitnehmervertretung zu einer Maßnahme des Arbeitgebers vorgeschrieben.[281] So ist in Art. 27 EGRC anders als in den als Vorlage dienenden Nr. 17 und 18 der GCSGA[282] bewusst **auf** das Erfordernis der **Mitwirkung der Arbeitnehmer verzichtet** worden.[283] **Unterrichtung und Anhörung** bilden lediglich **Vorstufen zur Mitbestimmung.**[284] Bei echter Mitbestimmung würde der Arbeitgeber ohne die Zustimmung der Arbeitnehmer nicht entscheiden und handeln können.[285]

4181 **Anhörung** verlangt hingegen eine **Berücksichtigung der Auffassungen der Arbeitnehmer** im Rahmen der Entscheidung. Der Arbeitgeber ist jedoch anders als bei der Mitbestimmung nicht gebunden.[286] Die Entscheidungsfreiheit des Unternehmers wird dadurch nicht beschränkt.[287]

---

[279] ABl. 2002 L 80, S. 29.
[280] Vgl. *Lang*, in: Stern/Sachs, Art. 27 Rn. 29 ff.
[281] *Rebhahn/Reiner*, in: Schwarze/Becker/Hatje/Schoo, Art. 153 AEUV Rn. 49.
[282] Gemeinschaftscharta der sozialen Grundrechte der Arbeitnehmer, KOM (1989) 248 endg., s. Rn. 4051.
[283] Vgl. *Weiss*, AuR 2001, 374 (376); s. auch *Lörcher*, AuR 2000, 241 (243); *Hüpers/Reese*, in: Meyer/Hölscheidt, Art. 27 Rn. 17 f.
[284] Ähnlich *Orfanidis*, Eigentumsproblematik und Mitbestimmung hinsichtlich der Europäischen Verfassung, 2006, S. 200.
[285] *Krebber*, in: Calliess/Ruffert, Art. 27 GRCh Rn. 15.
[286] *Jarass/Kment*, § 29 Rn. 5.
[287] *Hüpers/Reese*, in: Meyer/Hölscheidt, Art. 27 Rn. 15; *Rebhahn/Reiner*, in: Schwarze/Becker/Hatje/Schoo, Art. 153 AEUV Rn. 49.

b) Anhörung

In der RL 94/45/EG[288] und nunmehr in der RL 2009/38/EG[289] über die Einsetzung eines Europäischen Betriebsrats wird der Begriff „Anhörung" definiert als **Meinungsaustausch und Dialog** zwischen den Arbeitnehmervertretern und der zentralen Leitung oder einer anderen, angemessenen Leitungsebene. Dies hat dann zu geschehen, wenn eine Einbeziehung des Arbeitnehmerstandpunkts noch möglich ist, und damit zu einem Zeitpunkt, in einer Weise und in einer inhaltlichen Ausgestaltung, die es den Arbeitnehmervertretern auf der Grundlage der erhaltenen Informationen ermöglichen, unbeschadet der Zuständigkeiten der Unternehmensleitung innerhalb einer angemessenen Frist zu den vorgeschlagenen Maßnahmen, die Gegenstand der Anhörung sind, eine Stellungnahme abzugeben, die innerhalb des gemeinschaftsweit operierenden Unternehmens oder der gemeinschaftsweit operierenden Unternehmensgruppe berücksichtigt werden kann (Art. 2 Abs. 1 lit. g) RL 2009/38/EG). Die RL 2002/14/EG[290] zur Festlegung eines allgemeinen Rahmens für die Unterrichtung und Anhörung der **Arbeitnehmer** ersetzt die Leitungsebene durch den allgemeinen Begriff des **Arbeitgebers**. Diese Definition kann auf Art. 27 EGRC übertragen werden, zumal die Erläuterungen zur EGRC[291] ausdrücklich auf die Richtlinien verweisen.

4182

c) Unterrichtung

Gleiches gilt für den Begriff der Unterrichtung. In der RL 2002/14/EG[292] zur Festlegung eines allgemeinen Rahmens für die Unterrichtung und Anhörung der Arbeitnehmer wird der Begriff der Unterrichtung definiert als die **Übermittlung von Informationen durch den Arbeitgeber an die Arbeitnehmervertreter**, um ihnen Gelegenheit zur Kenntnisnahme und Prüfung der behandelten Frage zu geben und ggf. noch miteinander beraten. Damit müssen die Informationen so umfassend sein, dass sich die Arbeitnehmer bzw. deren Vertreter ein sachgerechtes Urteil bilden können. Entsprechend ist die Definition in Art. 2 Abs. 1 lit. f) RL 2009/38/EG, der eine mögliche Bewertung und ggf. Anhörung mit dem zuständigen Organ des/(der) unionsweit operierenden Unternehmens(-gruppen) verlangt. Es dürfen also keine **wesentlichen Elemente** zurückgehalten oder falsch dargestellt werden. Umgekehrt muss nicht über unwesentliche Details informiert werden.

4183

---

[288] ABl. 1994 L 254, S. 64.
[289] ABl. 2009 L 122, S. 28.
[290] ABl. 2002 L 80, S. 29.
[291] Erläuterungen zur Charta der Grundrechte, ABl. 2007 C 303, S. 17 (26).
[292] ABl. 2002 L 80, S. 29.

d) Rechtzeitig

4184 Der Zweck von Art. 27 EGRC liegt darin, den Interessen der Arbeitnehmer Gehör zu verschaffen, sodass sie bei den unternehmerischen Entscheidungen durch die Arbeitgeber berücksichtigt werden können. Die Rechtzeitigkeit der Unterrichtung und Anhörung gem. Art. 27 EGRC verlangt daher – in Übereinstimmung mit den bei der Entstehung in Bezug genommenen Richtlinien – eine so **frühzeitige Mitteilung** der beabsichtigten Entscheidung des Arbeitgebers, dass die Arbeitnehmer bzw. ihre Vertreter noch die Möglichkeit haben, vor ihrer Durchführung eine Meinung zu bilden und zu äußern. Dabei sind je nach Fall Dringlichkeit und Gewicht der Entscheidung maßgeblich, ebenso deren **Komplexität**. Je stärker diese Faktoren ausgeprägt sind, desto **frühzeitiger** ist zu unterrichten und anzuhören. Es gilt ein **gleitender Maßstab**. Eine allgemeine zeitliche Festlegung ist nicht sachgerecht.[293]

5. Geeignete Ebenen

4185 Art. 27 EGRC schreibt eine rechtzeitige Unterrichtung und Anhörung auf den „geeigneten Ebenen" vor. Nach den Erläuterungen zur EGRC[294] wird damit auf die **nach** dem **Unionsrecht und** den **einzelstaatlichen Rechtsvorschriften bestimmten Ebenen** verwiesen, was die europäische Ebene einschließen kann, wenn die Rechtsvorschriften der Union dies vorsehen. Damit wird zum einen an den bereits bestehenden und zukünftigen Besitzstand des Unionsrechts angeknüpft;[295] zum anderen wird den Mitgliedstaaten überlassen, auf welcher Unternehmensebene sie eine Unterrichtung und Anhörung ausgestalten wollen.[296] Zu denken ist dabei an das Unternehmen selbst, die Unternehmensgruppe, den Betriebszweig, die Abteilung, die Sparte, den Betrieb, die Gruppe oder den Konzern.[297]

4186 Entsprechend der Formulierung im Plural ist auch eine Unterrichtung bzw. Anhörung auf mehreren Ebenen möglich. Diese beiden Vorgänge müssen nur zu einer hinreichenden Einbeziehung der Arbeitnehmer führen. Eine **Beteiligung auf mehreren Ebenen** gewährleistet zwar eine häufigere Ansprache, **nicht** aber **notwendig** eine **umfassendere Berücksichtigung von Arbeitnehmerbelangen**. Entscheidend ist vielmehr jeweils eine umfassende Unterrichtung bzw. Anhörung, damit die Sachlage bzw. die vorgebrachten Gesichtspunkte hinreichend gewürdigt werden können. Dies aber kann durch eine Aufspaltung der Unterrichtung bzw. Anhörung auf mehrere Ebenen vereitelt werden, wenn die Vorgänge nur formal erfolgen, ohne sie mit materiellem Gehalt zu füllen oder der Arbeitnehmer lediglich

---

[293] *Lang*, in: Stern/Sachs, Art. 27 Rn. 25.
[294] Erläuterungen zur Charta der Grundrechte, ABl. 2007 C 303, S. 17 (26).
[295] S.o. Rn. 4129 ff.
[296] *Lang*, in: Stern/Sachs, Art. 27 Rn. 33 f.
[297] S. *Hüpers/Reese*, in: Meyer/Hölscheidt, Art. 27 Rn. 24; *Krebber*, in: Calliess/Ruffert, Art. 27 GRCh Rn. 11.

§ 2 Betriebsbezogene Rechte   433

tröpfchenweise informiert bzw. angehört wird und daher niemals eine umfassende Einbeziehung erfolgt.

IV. Verweis auf Unionsrecht und einzelstaatliche Rechtsvorschriften und Gepflogenheiten

1. Verweis hinsichtlich des „Wie"

a) Notwendige Ausgestaltung

Art. 27 EGRC trifft weder eine Aussage dazu, in welchen Fällen, noch unter welchen Voraussetzungen, noch auf welchen Ebenen eine rechtzeitige Unterrichtung und Anhörung stattzufinden haben. Es wird diesbezüglich auf das Unionsrecht und die einzelstaatlichen Rechtsvorschriften und Gepflogenheiten verwiesen. Der europäische und die einzelstaatlichen Gesetzgeber haben damit über das „Wie" von Unterrichtungs- und Anhörungsrechten und damit über Fragen wie Voraussetzung, Zeitpunkt, Ebene, Teilnehmer und organisatorische Ausgestaltung zu entscheiden.[298] **Anhaltspunkte** dafür, wo und inwiefern dies geschehen kann, geben die **Vorlagen** und das **europäische Sekundärrecht**, welches auch verbindliche Vorgaben enthält.

4187

b) ESC und GCSGA

Als Situationen, in denen an Unterrichtung und Anhörung zu denken wäre, kommen insbesondere die in Art. 21 rev. ESC[299] und Nr. 18 GCSGA genannten Fälle in Betracht.[300] Danach sind Unterrichtung und Anhörung bei der Einführung **technologischer Veränderungen** in den Unternehmen zu berücksichtigen, wenn diese die Arbeitsbedingungen und die Arbeitsorganisation der Arbeitnehmer einschneidend verändern, bei der **Umstrukturierung** oder **Verschmelzung von Unternehmen**, wenn dadurch die Beschäftigung der Arbeitnehmer berührt wird, bei **Massenentlassungen** und im Falle von Arbeitnehmern, insbesondere Grenzgängern, die von den **Beschäftigungsmaßnahmen** des sie beschäftigenden Unternehmens betroffen sind.[301] Darüber hinaus ist an eine regelmäßige Unterrichtung über die wirtschaftliche und finanzielle Lage des Unternehmens zu denken und über vom Unternehmen beabsichtigte **Entscheidungen**, die **wesentliche Auswirkungen auf die Beschäftigungslage** im Unternehmen haben können.[302] Dazu gehören etwa Festlegungen, um die Auswirkungen der **Corona-Krise** oder der **Explosion der Brennstoffpreise** zu bewältigen.

4188

---

[298] *Krebber*, in: Calliess/Ruffert, Art. 27 GRCh Rn. 11.
[299] Revidierte Europäische Sozialcharta vom 3.5.1996, Europarat SEV-Nr. 163, s.o. Rn. 4046 ff.
[300] *Jarass/Kment*, § 29 Rn. 7.
[301] Vgl. Nr. 18 GCSGA.
[302] Vgl. Art. 21 rev. ESC.

c) Richtlinien

4189 Nach der RL 2002/14/EG[303] hat eine Unterrichtung über die jüngste Entwicklung und die wahrscheinliche Weiterentwicklung der Tätigkeit und der wirtschaftlichen Situation des Unternehmens oder des Betriebs stattzufinden. Unterrichtung und Anhörung haben zu **Beschäftigungssituation, Beschäftigungsstruktur** und **wahrscheinlicher Beschäftigungsentwicklung** im Unternehmen oder Betrieb sowie zu ggf. geplanten antizipierten Maßnahmen zu erfolgen, insbesondere bei einer Bedrohung für die Beschäftigung. Unterrichtung und Anhörung müssen zudem zu Entscheidungen stattfinden, die **wesentliche Veränderungen der Arbeitsorganisation oder der Arbeitsverträge** mit sich bringen können (Art. 4). Dazu gehört etwa auch die Frage einer (vermehrten) **Heimarbeit im Gefolge der Corona-Pandemie** oder zur **Energieeinsparung** sowie zur **CO_2-Reduktion** durch Wegfall der Fahrten zur Arbeit sowie eine abgesetzte Heiztemperatur in betrieblichen Räumen.

4190 Die RL 98/59/EG[304] verpflichtet den Arbeitgeber, im Fall beabsichtigter Massenentlassungen die Arbeitnehmervertreter zu konsultieren (Art. 2).

4191 Die RL 2001/23/EG[305] schreibt umfängliche Informations- und Konsultationspflichten für den Fall des Übergangs von Unternehmen, Betrieben oder Unternehmens- bzw. Betriebsteilen auf einen anderen Inhaber durch vertragliche Übertragung oder durch Verschmelzung vor (Art. 7).

4192 Die RL 94/45/EG[306] und nunmehr die RL 2009/38/EG[307] (Art. 4 i. V. m. Art. 2 Abs. 1 lit. a) und c), Art. 5 i. V. m. Art. 1 Abs. 1) sieht die allgemeine Einsetzung eines Europäischen Betriebsrats oder eines Verfahrens zur Unterrichtung und Anhörung bei Unternehmen mit mindestens 1000 Arbeitnehmern in den Mitgliedstaaten und mit jeweils 150 Arbeitnehmern in mindestens zwei Mitgliedstaaten oder bei Unternehmensgruppen mit ähnlichen Voraussetzungen vor.

2. Verweis hinsichtlich des „Ob"

a) Grundsätzliches Wahlrecht

4193 Der Verweis auf das Unionsrecht und die einzelstaatlichen Rechtsvorschriften und Gepflogenheiten hat auch zur Folge, dass es dem **europäischen und** den **nationalen Gesetzgebern überlassen** wird, **ob Unterrichtungs- und Anhörungsrechte** gewährt werden. Da Art. 27 EGRC eine Unterrichtung und Anhörung nur in den Fällen vorsieht, in denen sich der europäische und/oder die nationalen Gesetzgeber dafür entschieden haben, diese zu gewährleisten, obliegt es ihnen grundsätzlich auch, sich ggf. gegen eine Gewährung von Unterrichtungs- und Anhörungsrechten zu ent-

---

[303] ABl. 2002 L 80, S. 29.
[304] ABl. 1998 L 225, S. 16.
[305] ABl. 2001 L 82, S. 16.
[306] ABl. 1994 L 254, S. 64, aufgehoben durch RL 2009/38/EG.
[307] ABl. 2009 L 122, S. 28.

scheiden. Soweit damit weder das Unionsrecht noch die einzelstaatlichen Rechtsvorschriften eine Unterrichtung und Anhörung der Arbeitnehmer vorsehen, läuft die Gewährleistung folglich ins Leere.[308]

b) Kein konkreter Gesetzgebungsauftrag

Art. 27 EGRC enthält keinen Gesetzgebungsauftrag hinsichtlich der Einführung von Unterrichtungs- und Anhörungsrechten. Ein **Mindeststandard** wird darin **nicht** festgeschrieben. Der Formulierung selbst ist eine Pflicht zur Einführung oder Beibehaltung irgendeiner Form der Unterrichtung und Anhörung der Arbeitnehmer nicht zu entnehmen.[309] Zum einen wird es gerade dem Unionsrecht bzw. den einzelstaatlichen Rechtsvorschriften überlassen, zu entscheiden, in welchen Fällen Unterrichtung und Anhörung stattzufinden haben. Zum anderen ist die Norm als Gesetzgebungsauftrag (auch hinsichtlich eines Mindeststandards) zu unbestimmt. Ihr ist gerade nicht zu entnehmen, wann und wie Unterrichtungs- und Anhörungsrechte gewährt werden müssen.

4194

Dass Art. 27 EGRC selbst keinen konkreten oder gar einforderbaren Gesetzgebungsauftrag enthält, ergibt sich auch aus seiner **Qualifizierung als Grundsatz**. Gem. Art. 52 Abs. 5 EGRC können nämlich die Bestimmungen dieser Charta, in denen Grundsätze festgelegt sind, durch Akte der Gesetzgebung und der Ausführung der Organe, Einrichtungen und sonstigen Stellen der Union sowie durch Akte der Mitgliedstaaten zur Durchführung des Rechts der Union in Ausübung ihrer jeweiligen Zuständigkeiten umgesetzt werden. Es ist nicht davon die Rede, dass die Grundsätze umgesetzt werden müssen.

4195

c) Mindeststandard wegen Betroffenheit der Menschenwürde

Allerdings kann sich ein **Anspruch** auf Gewährung eines Mindeststandards an Unterrichtung und Anhörung **aus Art. 1 i. V. m. Art. 27 EGRC** ergeben.[310] Der Arbeitnehmer wird zum Objekt herabgewürdigt, wenn er über die ihn betreffenden essenziellen Belange weder unterrichtet noch angehört wird. Daher besteht die Pflicht, Unterrichtung und Anhörung überhaupt vorzusehen. Dieser **Mindeststandard** ist auch **individuell einforderbar**.

4196

Entsprechend dem in Art. 51 EGRC festgelegten Anwendungsbereich der EGRC richtet sich dieser subjektive Anspruch gegen die Union. Wegen der **bereits vielfältigen Aktivitäten des europäischen Gesetzgebers** in diesem Bereich und der daraus resultierenden Existenz der oben genannten Richtlinien[311] wird das Problem

4197

---

[308] *Krebber*, in: Calliess/Ruffert, Art. 27 GRCh Rn. 12.
[309] *Krebber*, in: Calliess/Ruffert, Art. 27 GRCh Rn. 12.
[310] S.o. Rn. 4156.
[311] S.o. Rn. 4133 ff.

allerdings erst relevant, wenn der Unionsgesetzgeber das Niveau in den derzeit bestehenden Richtlinien senken bzw. Unterrichtungs- und Anhörungsrechte gänzlich abschaffen würde und auch die einzelnen mitgliedstaatlichen Rechtsvorschriften keinerlei Unterrichtung und Anhörung der Arbeitnehmer mehr vorsehen würden.[312]

d) Geringer Regelungsgehalt

4198 Der Regelungsgehalt des Art. 27 EGRC wird folglich durch den Verweis auf das Unionsrecht und die einzelstaatlichen Rechtsvorschriften und Gepflogenheiten weitgehend relativiert.[313] Seine Errungenschaft liegt darin, dass durch die Aufnahme in die EGRC **Unterrichtungs- und Anhörungsrechte der Arbeitnehmer im Unternehmen als grundlegende Werte für die Union anerkannt** und festgehalten werden und sich aus dem Zusammenspiel **mit Art. 1 EGRC** ein **Anspruch** auf einen Mindeststandard an Unterrichtung und Anhörung ergibt. **Im Übrigen** besteht nur eine **Leitlinie für die Gesetzgebung**.

e) Tribut an Kompetenzstreit

4199 Die Bezugnahme auf die einzelstaatlichen Rechtsvorschriften und Gepflogenheiten trägt dem Kompetenzstreit im Grundrechtekonvent Rechnung. Manche Vertreter hatten die Aufnahme sozialer Grundrechte in die Charta mit der Befürchtung abgelehnt, weitgehende Regelungen würden in die mitgliedstaatlichen Regelungskompetenzen hineinwirken und die in den Verträgen festgelegten Kompetenzen der Union ausweiten.[314] Der Verweis auf die einzelstaatlichen Vorschriften und Gepflogenheiten ist somit ein Tribut an diese Meinungsverschiedenheiten und „spiegelt" den politischen Kompromiss wider.

V. Rechtsfolgen

4200 Da Art. 27 EGRC als Grundsatz zu qualifizieren ist,[315] müssen sich gem. Art. 51 Abs. 1 EGRC die Organe und Einrichtungen der Union und die Mitgliedstaaten bei der Durchführung des Rechts der Union daran halten. Die genannten Stellen haben danach im Rahmen ihrer Zuständigkeiten den Vorgaben des Art. 27 EGRC Rech-

---

[312] *Krebber*, in: Calliess/Ruffert, Art. 27 GRCh Rn. 12.

[313] *Streinz*, in: ders., Art. 27 GR-Charta Rn. 2; *Lang*, in: Stern/Sachs, Art. 27 Rn. 33 f.; *Hüpers/ Reese*, in: Meyer/Hölscheidt, Art. 27 Rn. 14; *Pache*, EuR 2001, 475 (481).

[314] *Zimmerling/Beplat*, DVP 2001, 3 (6); vgl. *Pernice*, DVBl 2000, 847 (853); *Knöll*, NVwZ 2001, 392 (393); *Tettinger*, NJW 2001, 1010 (1014); *Pitschas*, VSSR 2000, 207 (212); *Calliess*, EuZW 2001, 261 ff.; s. auch o. Rn. 4119.

[315] S.o. Rn. 4153.

§ 2 Betriebsbezogene Rechte

nung zu tragen. Jedoch sind sie **über** ein **unabdingbares, aber eng begrenztes Mindestmaß** hinaus **nicht verpflichtet**, Regelungen zur Unterrichtung und Anhörung zu **erlassen**.[316] Art. 27 EGRC enthält selbst **jedenfalls keinen verbindlichen Gesetzgebungsauftrag**.[317]

Der **Grundsatz** des **Art. 27 EGRC**, wonach die Unterrichtung und die Anhörung der Arbeitnehmer bzw. ihrer Vertreter gewährleistet sein müssen, ist daher lediglich **bei** der **Auslegung** des einschlägigen Sekundärrechts[318] und des in Umsetzung von Unionsrecht erlassenen nationalen Rechts **zu berücksichtigen**.[319] Dementsprechend bestimmt auch Art. 52 Abs. 5 S. 2 EGRC, dass die Grundsätze „vor Gericht nur bei Auslegung dieser (Umsetzungs-)Akte und bei Entscheidungen über deren Rechtmäßigkeit herangezogen werden" können. Art. 27 EGRC hat deshalb nur dann Bedeutung für ein Gericht, wenn Rechtsakte, die in Umsetzung von Art. 27 EGRC erlassen worden sind, ausgelegt oder überprüft werden.[320] Die Grundsätze begründen **kein Klagerecht** auf Erlass solcher Durchführungsakte.

4201

Erst recht ergibt sich aus Art. 27 EGRC **keine Verpflichtung Privater**, insbesondere der Arbeitgeber, zur Unterrichtung und/oder Anhörung der Arbeitnehmer.[321] Derartige Verpflichtungen und die entsprechenden gerichtlich einklagbaren subjektiven Unterrichtungs- und Anhörungsrechte der Arbeitnehmer ergeben sich erst aus den Durchführungsakten.

4202

VI. Prüfungsschema zu Art. 27 EGRC

1. Gewährleistungsbereich
kein subjektives Recht, sondern Grundsatz

4203

a) Arbeitnehmer: erbringt während einer bestimmten Zeit für einen anderen nach dessen Weisung Leistungen, für die er als Gegenleistung eine Vergütung erhält

b) Vertreter der Arbeitnehmer nach den Rechtsvorschriften oder der Praxis der Mitgliedstaaten

c) Unterrichtung oder Anhörung der betroffenen Arbeitnehmer oder ihrer Vertreter

---

[316] A.A. *Jarass/Kment*, § 29 Rn. 6 f
[317] S.o. Rn. 4194 f.
[318] S. die o. genannten Richtlinien, Rn. 4133 ff.
[319] *Jarass/Kment*, § 29 Rn. 6 f.; *Rengeling/Szczekalla*, Rn. 1005.
[320] Vgl. die Erläuterungen zur Charta der Grundrechte hinsichtlich Art. 52 Abs. 5, ABl. 2007 C 303, S. 17 (35).
[321] *Jarass/Kment*, § 29 Rn. 2, 5 ff.

d) in Unternehmen: jede eine wirtschaftliche Tätigkeit ausübende Einheit, unabhängig von ihrer Rechtsform und der Art ihrer Finanzierung; Gewinnerzielungsabsicht nicht notwendig; Firmensitz in der EU; unerheblich ist, ob es EU-weit operiert, ob es auch in Drittstaaten tätig ist und ob es die Nationalität eines Drittstaates hat
e) Anhörung: Meinungsaustausch und Dialog zwischen den Arbeitnehmervertretern und dem Arbeitgeber
f) Unterrichtung: Übermittlung von Informationen durch den Arbeitgeber an die Arbeitnehmervertreter, um ihnen Gelegenheit zur Kenntnisnahme und Prüfung der behandelten Frage zu geben
g) keine Mitbestimmung
h) Rechtzeitigkeit der Unterrichtung und Anhörung: frühzeitige Mitteilung der beabsichtigten Entscheidung des Arbeitgebers, sodass vor ihrer Durchführung die Arbeitnehmer bzw. ihre Vertreter noch die Möglichkeit haben, eine Meinung zu bilden und zu äußern
i) betroffene Ebenen und Voraussetzungen nach Unionsrecht und einzelstaatlichen Rechtsvorschriften; z. B. Unternehmen, Unternehmensgruppe, Betriebszweig, Abteilung, Sparte, Betrieb, Gruppe oder Konzern
j) Mindeststandards an Unterrichtung und Anhörung aus Art. 1 i. V. m. Art. 27 EGRC
k) keine Drittwirkung

2. Rechtsfolgen
a) kein konkreter Gesetzgebungsauftrag: Union und Mitgliedstaaten sind über ein unabdingbares, aber eng begrenztes Mindestmaß hinaus nicht verpflichtet, Regelungen zur Unterrichtung und Anhörung zu erlassen
b) Grundsatz des Art. 27 EGRC lediglich bei der Auslegung des einschlägigen Sekundärrechts und des in Umsetzung von Unionsrecht erlassenen nationalen Rechts zu berücksichtigen
c) kein Klagerecht auf Erlass von Durchführungsakten

B. Kollektivverhandlungen und -maßnahmen

4204 Art. 28 EGRC behandelt das Recht auf Kollektivverhandlungen und Kollektivmaßnahmen. Danach haben die Arbeitnehmerinnen und Arbeitnehmer sowie die Arbeitgeberinnen und Arbeitgeber oder ihre jeweiligen Organisationen nach dem Unionsrecht und den einzelstaatlichen Rechtsvorschriften und Gepflogenheiten das Recht, Tarifverträge auf den geeigneten Ebenen auszuhandeln und zu schließen sowie bei Interessenkonflikten kollektive Maßnahmen zur Verteidigung ihrer Interessen, einschließlich Streiks, zu ergreifen.

§ 2 Betriebsbezogene Rechte

I. Grundlagen

1. ESC und GCSGA

Nach den Erläuterungen zur EGRC[322] stützt sich Art. 28 EGRC auf Art. 6 ESC[323] sowie auf die Nr. 12–14 GCSGA.[324]

4205

a) ESC

Art. 6 ESC beinhaltet in vier Unterpunkten das **Recht auf Kollektivverhandlungen**. Die Vertragsparteien verpflichten sich danach:

4206

1. gemeinsame Beratungen zwischen Arbeitnehmern und Arbeitgebern zu fördern;
2. Verfahren für freiwillige Verhandlungen zwischen Arbeitgebern oder Arbeitgeberorganisationen einerseits und Arbeitnehmerorganisationen andererseits, soweit dies notwendig und zweckmäßig ist, mit dem Ziele, die Beschäftigungen durch Gesamtarbeitsverträge zu regeln;
3. die Einrichtungen und die Benutzung geeigneter Vermittlungs- und freiwilliger Schlichtungsverfahren zur Beilegung von Arbeitsstreitigkeiten zu fördern;

und

4. das Recht der Arbeitnehmer und der Arbeitgeber auf kollektive Maßnahmen einschließlich des Streikrechts im Falle von Interessenkonflikten vorbehaltlich etwaiger Verpflichtungen aus geltenden Gesamtarbeitsverträgen anzuerkennen.

Die **Streikgarantie** ist eine der bekanntesten Vorschriften der ESC, da es sich bei ihr um die **erste völkerrechtlich verbindliche Festschreibung des Streikrechts** handelt und sie erheblich über national übliche Regelungen des Arbeitskampfrechts hinausgeht.[325]

4207

b) GCSGA

Nr. 12–14 GCSGA erfassen den Bereich der **Tarifverhandlungen**. Danach haben die Arbeitgeber und Arbeitgebervereinigungen einerseits und die Arbeitnehmervereinigungen andererseits das Recht, Tarifverträge auszuhandeln und zu schließen (Nr. 12). Zudem dürfen bei Interessenkonflikten Kollektivmaßnahmen einschließlich des Streiks ergriffen werden (Nr. 13). Ob diese Rechte auch für die Streitkräfte, die Polizei und den öffentlichen Dienst gelten, wird den Mitgliedstaaten überlassen (Nr. 14).

4208

---

[322] Erläuterungen zur Charta der Grundrechte, ABl. 2007 C 303, S. 17 (26).
[323] Europäische Sozialcharta vom 18.10.1961, Europarat SEV-Nr. 035, s. Rn. 4046 ff.
[324] Gemeinschaftscharta der sozialen Grundrechte der Arbeitnehmer, KOM (1989) 248 endg., s. Rn. 4051.
[325] *Hüpers/Reese*, in: Meyer/Hölscheidt, Art. 28 Rn. 2.

c) Vergleich

4209 Die Bestimmungen in der ESC und der GCSGA enthalten im Vergleich zu Art. 28 EGRC zusätzliche Gewährleistungen.[326] Während die Bestimmungen der ESC und der GCSGA detaillierte Ausführungen zur Förderung des Rechts auf Kollektivverhandlungen und -maßnahmen beinhalten, beschränkt sich Art. 28 EGRC auf die knappe Formulierung der allgemeinen Gewährleistung dieses Rechts.[327] Insbesondere Art. 6 Nr. 1 sowie Nr. 3 ESC und Nr. 14 GCSGA gehen thematisch deutlich über das in Art. 28 EGRC Geregelte hinaus. Es verwundert daher, dass die Erläuterungen zur EGRC[328] auch auf diese Regelungen verweisen. Exakter wäre ein Hinweis auf Art. 6 Nr. 2 und Nr. 4 ESC sowie Nr. 12 und Nr. 13 GCSGA gewesen.[329]

4210 Im Vergleich zu Art. 28 EGRC enthalten die Bestimmungen der **ESC** und der **GCSGA** allerdings **keine Grundrechte**, sondern lediglich Verpflichtungen der Mitgliedstaaten.[330] Während sich dies bei der ESC bereits aus der Formulierung der Vorschrift ergibt, ist bei der GCSGA dessen lediglich feierliche Proklamation ohne Rechtsverbindlichkeit maßgeblich.[331]

2. EMRK und EGMR

4211 Nach den Erläuterungen zur EGRC[332] wurde das **Recht auf kollektive Maßnahmen** vom EGMR als einer der **Bestandteile des gewerkschaftlichen Vereinigungsrechts** anerkannt, das durch **Art. 11 EMRK** festgeschrieben ist. Danach hat jede Person das Recht, sich frei und friedlich mit anderen zu versammeln und sich frei mit anderen zusammenzuschließen; dazu gehört auch das Recht, zum Schutz seiner Interessen Gewerkschaften zu gründen und Gewerkschaften beizutreten.

4212 Damit wird aber in Art. 11 EMRK in erster Linie die Versammlungs- und Vereinigungsfreiheit gewährleistet und nur zweitrangig die Koalitionsfreiheit.[333] Versammlungs-, Vereinigungs- und Koalitionsfreiheit sind in der EGRC in Art. 12 Abs. 1 geregelt. Letztere verleiht danach jeder Person das Recht, sich im gewerkschaftlichen Bereich auf allen Ebenen frei und friedlich mit anderen zu versammeln und sich frei mit anderen zusammenzuschließen. Dies umfasst das Recht jeder Person, zum Schutz ihrer Interessen Gewerkschaften zu gründen und Gewerkschaften beizutreten. Mit diesem Gehalt entspricht Art. 12 Abs. 1 EGRC Art. 11 EMRK.

---

[326] *Krebber*, in: Calliess/Ruffert, Art. 28 GRCh Rn. 1 f.; *Dorfmann*, Soziale Gewährleistungen in der Charta der Grundrechte der Europäischen Union, 2002, S. 44.

[327] *Hüpers/Reese*, in: Meyer/Hölscheidt, Art. 28 Rn. 1 ff.; *Krebber*, in: Calliess/Ruffert, Art. 28 GRCh Rn. 2.

[328] Erläuterungen zur Charta der Grundrechte, ABl. 2007 C 303, S. 17 (26).

[329] *Rixen/Scharl*, in: Stern/Sachs, Art. 28 Rn. 1 Fn. 2 u. 3.

[330] *Hilbrandt*, in: Heselhaus/Nowak, § 39 Rn. 12 ff.

[331] S.o. Rn. 4051.

[332] Erläuterungen zur Charta der Grundrechte, ABl. 2007 C 303, S. 17 (26).

[333] *Rixen/Scharl*, in: Stern/Sachs, Art. 28 Rn. 1.

§ 2 Betriebsbezogene Rechte   441

Das **Gegenstück** zu Art. 11 EMRK ist folglich **nicht Art. 28 EGRC, sondern Art. 12 EGRC**.[334]

Diese Sicht stimmt auch mit den Erläuterungen zur EGRC überein. Sie verweisen im Hinblick auf Art. 28 EGRC nicht direkt auf Art. 11 EMRK, sondern auf die dazugehörige **Rechtsprechung des EGMR**.[335] Der EGMR hat **Art. 11 EMRK** das **Recht der Gewerkschaften zur effektiven Interessenwahrnehmung** und zur Verteidigung dieser Interessen durch **kollektive Maßnahmen** entnommen.[336] Ob er in Art. 11 EMRK auch ein **Recht zu Kollektivverhandlungen und** ein **Streikrecht** gewährleistet sieht, ist **umstritten**.[337] Ein Teil der Lehre vertritt die Ansicht, der EGMR sehe von der Koalitionsfreiheit des Art. 11 EMRK auch die Tarifhoheit und das Streikrecht umfasst.[338] Die (frühere) Gegenansicht verneint dies.[339] Der EGMR habe es bislang deutlich vermieden zu sagen, dass Art. 11 EMRK die Einräumung eines Streikrechts verlange.[340] Er sehe vielmehr in dem Abschluss eines Tarifvertrags und im Streik nur eine unter zahlreichen Möglichkeiten der Gewerkschaften, ihre Interessen durchzusetzen.[341] Dabei handelt es sich aber um eines der wichtigsten Instrumente der Interessenswahrnehmung durch die Gewerkschaften.[342] Daher muss es auch von Art. 11 EMRK umfasst sein, jedenfalls wenn ohne seinen Gebrauch die wirksame Interessenwahrung der Arbeitnehmer beeinträchtigt ist,[343]

4213

---

[334] *Rixen/Scharl*, in: Stern/Sachs, Art. 28 Rn. 1.

[335] Erläuterungen zur Charta der Grundrechte, ABl. 2007 C 303, 17 (26).

[336] EGMR, Urt. vom 6.2.1976, Nr. 5614/72 (Rn. 40), EuGRZ 1976, 62 (65) – Schwedischer Lokomotivführerverband/Schweden; Urt. vom 10.1.2002, Nr. 53574/99 (Abschnitt The Law 1.2.), ÖJZ 2003, 276 (277) – UNISON/Vereinigtes Königreich; Urt. vom 25.4.1996, Nr. 15573/89 (Rn. 45), ÖJZ 1996, 869 (870 f.) – Gustafsson/Schweden; Urt. vom 2.7.2002, Nr. 30668/96 u. a. (Rn. 42), ÖJZ 2003, 729 (730) – Wilson u. a./Vereinigtes Königreich; *Frowein/Peukert*, Art. 11 Rn. 11; *Hüpers/Reese*, in: Meyer/Hölscheidt, Art. 28 Rn. 58; *Hilbrandt*, in: Heselhaus/Nowak, § 39 Rn. 36.

[337] Näher Teilband I Rn. 2618.

[338] *Jarass/Kment*, § 29 Rn. 15; *Marauhn*, RabelsZ 1999, 538 (547).

[339] *Rengeling/Szczekalla*, Rn. 1006.

[340] *Bröhmer*, in: Dörr/Grote/Marauhn, Kap. 19 Rn. 129 ff.; *Rebhahn*, in: GS für Heinze, 2005, S. 649 (650).

[341] *Rengeling/Szczekalla*, Rn. 1006 noch unter Berufung auf EGMR, Urt. vom 6.2.1976, Nr. 5614/72 (Rn. 40), EuGRZ 1976, 62 (65) – Schwedischer Lokomotivführerverband/Schweden; Urt. vom 10.1.2002, Nr. 53574/99 (Abschnitt The Law 1.2.), ÖJZ 2003, 276 (277) – UNISON/Vereinigtes Königreich (schon dieses Urteil gegenteilig einordnend *Hilbrandt*, in: Heselhaus/Nowak, § 39 Rn. 39); Urt. vom 6.2.1976, Nr. 5589/72 (Rn. 36), EuGRZ 1976, 68 (70) – Schmidt u. Dahlström/Schweden; Urt. vom 2.7.2002, Nr. 30668/96 u. a. (Rn. 44 f.), ÖJZ 2003, 729 (730) – Wilson u. a./Vereinigtes Königreich.

[342] *Bröhmer*, in: Dörr/Grote/Marauhn, Kap. 19 Rn. 129 ff.

[343] So schon der Ansatz in EGMR, Urt. vom 10.1.2002, Nr. 53574/99 – UNISON/Vereinigtes Königreich sowie dann Urt. vom 2.7.2002, Nr. 30668/96 u. a. (Rn. 44 f.) – Wilson u. a./Vereinigtes Königreich, wenn auch ohne zwingende Herleitung, sondern in flexibler Handhabung, *Bröhmer*, in: Dörr/Grote/Marauhn, Kap. 19 Rn. 130.

was sich mittlerweile aus der EGMR-Judikatur ergibt:[344] Der EGMR beanstandete ausdrücklich die Untersagung einer Teilnahme aller Staatsbediensteten am Streik; nur bestimmte Gruppen von Beamten durften ausgenommen werden.[345]

4214 Hat damit der EGMR das Recht zu Kollektivverhandlungen und das Streikrecht auf der Grundlage des Art. 11 EMRK anerkannt, ist es auch vor dem Hintergrund des Art. 12 Abs. 3 EGRC und des Verweises der Beratungen in die EGMR-Judikatur **von Art. 28 EGRC umfasst**. Für dieses Grundrecht kann aufgrund der eindeutigen Formulierung kein entsprechender Streit entstehen, da Kollektivverhandlungen und Kollektivmaßnahmen, einschließlich des Streiks, ausdrücklich geschützt sind.[346]

3. Europäischer Besitzstand

a) Explizite Anknüpfung an das Unionsrecht

4215 Art. 28 EGRC knüpft das Recht auf Kollektivverhandlungen und -maßnahmen explizit an das Unionsrecht, das aber der **europäischen Ebene nur** eine **begrenzte Kompetenz** in diesen Bereichen gibt. Weil die EGRC der Union nach **Art. 51 Abs. 2** keine neuen Kompetenzen eröffnen wollte, folgt aus diesem Bezug auch eine **Begrenzung** der Geltungskraft des in **Art. 28 EGRC** enthaltenen Grundrechts. Dass die **einzelstaatlichen Rechtsvorschriften und Gepflogenheiten** ebenfalls ausdrücklich genannt werden, verweist im Übrigen auf diese.[347] Zugleich sind sie von den Unionsorganen sowohl kompetenziell als **auch materiell zu achten**. Letzteres spielt insofern eine Rolle, als die Unionsorgane auch dann, wenn sie sich strikt an ihre Zuständigkeiten halten, inhaltlich darauf achten müssen, dass etwa das außerhalb ihrer Regelungskompetenz liegende **Streikrecht** auch indirekt und faktisch nicht beeinträchtigt wird. Dies sichert die Gewährleistung des Art. 28 EGRC ab.

b) Art. 153 AEUV

4216 **Art. 153 Abs. 1 lit. f) i. V. m. Abs. 2 lit. b) AEUV** gibt dem Rat die Befugnis, durch Richtlinien **Mindestvorschriften** zur Unterstützung der Tätigkeit der Mitgliedstaaten bei der Vertretung und kollektiven Wahrnehmung der Arbeitnehmer- und Arbeitgeberinteressen zu erlassen. Allerdings sind das **Arbeitsentgelt, Koalitions-, Streik- und Aussperrungsrecht** in Art. 153 Abs. 5 AEUV ausdrücklich aus der Regelungskompetenz der Union **ausgenommen**. Daher wird in diesen Bereichen

---

[344] *Hilbrandt*, in: Heselhaus/Nowak, § 39 Rn. 36 mit Verweis auf EGRM, Urt. vom 12.11.2008, Nr. 34503/97 (Rn. 147) – Demir u. Baykara/Türkei; Urt. vom 21.4.2009, Nr. 68959/01 (Rn. 24) – Enerji Yapi-Yol Sen/Türkei.
[345] EGMR, Urt. vom 21.04.2009, Nr, 68959/01 – Enerji Yapi-Yol Sen/Türkei.
[346] *Jarass/Kment*, § 29 Rn. 15.
[347] S. zur Einordnung näher u. Rn. 4292 ff.

eine Alleinzuständigkeit der Mitgliedstaaten angenommen.[348] Jedoch ist streitig, welche Regelungsmaterien unter den Bereich des Abs. 1 lit. f) und welche unter das Koalitionsrecht i. S. d. Abs. 5 fallen.[349] Vorliegend bedarf dies nicht allgemein, sondern nur in Bezug auf die Regelungsmaterien des Art. 28 EGRC, d. h. Kollektivverhandlungen und Kollektivmaßnahmen, einer näheren Betrachtung.

aa) Arbeitskampf

Soweit es um kollektive Arbeitskampfmaßnahmen des Streiks und die Aussperrung geht, ist eine Zuständigkeit der Union nach dem insoweit klaren Wortlaut von Art. 153 Abs. 5 AEUV ausgeschlossen.[350] Dieser bezieht sich aber nicht notwendig auf sonstige Kollektivmaßnahmen und damit auf solche Formen des Arbeitskampfes, die nicht als Streik oder Aussperrung zu qualifizieren sind. Nur bei einem weiten Verständnis des Art. 153 Abs. 5 AEUV sind auch sie aus der Regelungskompetenz der Union ausgenommen.[351]

4217

Art. 153 Abs. 5 AEUV verwendet mit dem Koalitionsrecht, dem Streikrecht sowie dem Aussperrungsrecht Begriffe, die in den einzelnen Mitgliedstaaten unterschiedlich verstanden werden.[352] Daher sind die Begriffe „Streikrecht" und „Aussperrungsrecht" als Beispiele und allumfassend zu verstehen, da andernfalls zwischen den Mitgliedstaaten Streit darüber entstehen könnte, welche kollektive Maßnahme als Streik oder Aussperrung zu verstehen ist und welche kollektiven Aktivitäten deshalb nicht von der Union, sondern den Mitgliedstaaten geregelt werden dürfen. Dies wird nur durch eine weite Begriffsauslegung und ein jegliche Formen des Arbeitskampfrechts umfassendes Verständnis des Art. 153 Abs. 5 AEUV vermieden. Die **Ausschlusstatbestände „Streikrecht" und „Aussperrungsrecht" schließen** daher **jede europarechtliche Regelung im Bereich des Arbeitskampfes aus**.[353]

4218

Aber auch der nationalen Regulierung vorbehaltene Bereiche unterliegen bei grenzüberschreitendem Bezug den europäischen Grundfreiheiten und Grundrechten, wie die Entscheidungen *Viking*[354] und *Laval*[355] zeigen: Danach verstoßen Regelun-

4219

---

[348] *Hilbrandt*, in: Heselhaus/Nowak, § 39 Rn. 41; *Benecke*, in: Grabitz/Hilf/Nettesheim, Art. 153 AEUV Rn. 101.

[349] *Frenz*, Europarecht 6, Rn. 3831 ff.

[350] *Birk*, in: Oetker/Preis/Rieble (Hrsg.), 50 Jahre Bundesarbeitsgericht, 2004, S. 1165 (1166).

[351] *Rebhahn/Reiner*, in: Schwarze/Becker/Hatje/Schoo, Art. 153 AEUV Rn. 66; *Krebber*, in: Calliess/Ruffert, Art. 28 GRCh Rn. 4 ff.; a.A. *Benecke*, in: Grabitz/Hilf/Nettesheim, Art. 153 AEUV Rn. 103.

[352] *Benecke*, in: Grabitz/Hilf/Nettesheim, Art. 153 AEUV Rn. 102 f.; *Krebber*, in: Calliess/Ruffert, Art. 28 GRCh Rn. 6.

[353] *Rebhahn/Reiner*, in: Schwarze/Becker/Hatje/Schoo, Art. 153 AEUV Rn. 66; *Krebber*, in: Calliess/Ruffert, Art. 28 GRCh Rn. 6; a.A. *Benecke*, in: Grabitz/Hilf/Nettesheim, Art. 153 AEUV Rn. 102.

[354] EuGH, Rs. C-438/05, ECLI:EU: C:2007:772 – Viking.

[355] EuGH, Rs. C-341/05, ECLI:EU:C: 2007:809 – Laval.

gen zum notwendigen Abschluss eines Tarifvertrags bzw. zur Privilegierung nationaler Tarifverträge und Ermöglichung von Arbeitskämpfen gegen die Niederlassungs- und die Dienstleistungsfreiheit ebenso wie nationale Tariftreueregelungen.[356] Hieran zeigt sich der intensive europarechtliche Einfluss auf das nationale Koalitionsrecht trotz Art. 153 Abs. 5 AEUV.[357] Indes ändert dies nichts an der begrenzten EU-Regelungsbefugnis, die auch auf Art. 28 EGRC durchschlägt. Jedoch kommen grundlegende Elemente der Grundfreiheiten und der Grundrechte einschließlich der in Art. 28 EGRC geregelten und damit etwa das Streikrecht trotzdem zur Geltung, wenn das Unionsrecht generell für nationale Regelungen wegen des Unionsbezugs des betroffenen Sachverhalts eingreift. Art. 28 EGRC begrenzt nur aus sich selbst heraus eine Ausdehnung des Unionsrechts, ohne aber dessen allgemeinen Geltungsanspruch zurückdrängen zu können.

bb) Tarifvertragsrecht

4220 Trotz des engen Sachzusammenhangs mit dem Arbeitskampfrecht wird man das **Tarifvertragsrecht nicht unter** die Ausschlussklausel des **Art. 153 Abs. 5 AEUV** subsumieren können.[358] Die Berufung auf Art. 5 ESC[359] hat insoweit nur begrenzte Bedeutung, da es um die Struktur des Art. 153 AEUV geht und dieser nur bestimmte Bereiche ausnimmt, die nicht einfach erweitert werden können.

4221 Bei einer anderen Auslegung würde Art. 153 Abs. 1 lit. f) AEUV leer laufen, da die „kollektive Wahrnehmung der Arbeitnehmer- und Arbeitgeberinteressen" vorwiegend über die Aushandlung von Kollektivvereinbarungen erfolgt.[360] Als Ausnahmetatbestand ist Art. 153 Abs. 5 AEUV eng auszulegen.[361] Zwar nimmt er ausdrücklich „das Koalitionsrecht" als Regelungsmaterie aus. Das Recht zu Kollektivvereinbarungen ist jedoch nicht mit dem Begriff des Koalitionsrechts gleichzusetzen. Dies zeigt sich in Art. 156 AEUV, der zwischen dem Koalitionsrecht einerseits und den Kollektivverhandlungen zwischen Arbeitgebern und Arbeitnehmern andererseits unterscheidet.[362] Der **Union** ist daher **im Bereich der Kollektivvereinbarungen** eine **Regelungskompetenz auf der Grundlage von Art. 153**

---

[356] EuGH, Rs. C-346/06, ECLI:EU:C:2008:189 – Rüffert.

[357] *Benecke*, in: Grabitz/Hilf/Nettesheim, Art. 153 AEUV Rn. 102.

[358] *Benecke*, in: Grabitz/Hilf/Nettesheim, Art. 153 AEUV Rn. 104; *Rebhahn/Reiner*, in: Schwarze/Becker/Hatje/Schoo, Art. 153 AEUV Rn. 65; *Hilbrandt*, in: Heselhaus/Nowak, § 39 Rn. 41; a.A. *Krebber*, in: Calliess/Ruffert, Art. 28 GRCh Rn. 6 sowie Art. 153 AEUV Rn. 12.

[359] *Krebber*, in: Calliess/Ruffert, Art. 153 AEUV Rn. 12.

[360] *Rebhahn/Reiner*, in: Schwarze/Becker/Hatje/Schoo, Art. 153 AEUV Rn. 65; *Benecke*, in: Grabitz/Hilf/Nettesheim, Art. 153 AEUV Rn. 104.

[361] *Hilbrandt*, in: Heselhaus/Nowak, § 39 Rn. 37.

[362] *Rebhahn/Reiner*, in: Schwarze/Becker/Hatje/Schoo, Art. 153 AEUV Rn. 63.

§ 2 Betriebsbezogene Rechte   445

Abs. 1 lit. f) i. V. m. Abs. 2 lit. b) AEUV gegeben³⁶³ – mit der Folge, dass dann auch Art. 28 EGRC eingreift.

c) Art. 154, 155 AEUV

Die sich an Art. 153 AEUV anschließenden Art. 154 und 155 AEUV betreffen den so genannten **sozialen Dialog**. Art. 154 AEUV regelt den **dreiseitigen Dialog** zwischen der Europäischen Kommission und den auf Unionsebene angesiedelten Arbeitgeber- und Arbeitnehmerverbänden. Art. 155 AEUV betrifft den **zweiseitigen Dialog**, d. h. das einvernehmliche Zusammenwirken der Arbeitgeber- und Arbeitnehmerverbände mit dem Ziel der autonomen Gestaltung von Arbeitsbeziehungen durch sie selbst.³⁶⁴   4222

Art. 155 AEUV befasst sich somit zwar mit dem Dialog von Arbeitgeber- und Arbeitnehmerverbänden und deren Möglichkeit, Vereinbarungen abzuschließen. Dies ist jedoch **nicht mit den in Art. 28 EGRC genannten Kollektivverhandlungen vergleichbar**. Zum einen behandelt Art. 155 AEUV die Möglichkeit von Vereinbarungen zwischen den Arbeitgeber- und Arbeitnehmerverbänden lediglich auf Unionsebene. Zum anderen ist umstritten, ob die im Rahmen von Art. 155 AEUV geschlossenen Vereinbarungen als Kollektivverträge im üblichen Sinn anzuerkennen sind.³⁶⁵   4223

Dagegen spricht, dass die nach Art. 155 AEUV geschlossenen Vereinbarungen auf Unionsebene geschlossen werden und gem. Art. 155 Abs. 2 AEUV noch der Durchführung auf nationaler Ebene nach den einzelstaatlichen Regelungen oder durch Ratsbeschluss bedürfen.³⁶⁶ Nach überwiegend vertretener Ansicht steht es den Mitgliedstaaten und ihren Arbeitgeber- und Arbeitnehmerverbänden frei, ob sie die Vereinbarungen überhaupt umsetzen und inwieweit sie im Falle einer Umsetzung den Inhalt der Vereinbarung übernehmen.³⁶⁷   4224

d) Sekundärrecht

Auf dem Gebiet des kollektiven Arbeitsrechts finden sich bisher fast keine europarechtlichen Regelungen, was sich zum einen mit den sehr verschiedenen und folglich schwer zu harmonisierenden nationalen Regelungen und zum anderen mit der   4225

---

³⁶³ *Benecke*, in: Grabitz/Hilf/Nettesheim, Art. 153 AEUV Rn. 104; *Rebhahn/Reiner*, in: Schwarze/Becker/Hatje/Schoo, Art. 153 AEUV Rn. 65; a.A. *Krebber*, in: Calliess/Ruffert, Art. 153 GRCh Rn. 12, 20. In der Praxis ist dies jedoch schwierig umzusetzen, da der Beschl. des Rates nach Art. 153 Abs. 2 AEUV jedenfalls für lit. f) Einstimmigkeit voraussetzt, s. *Rebhahn/Reiner*, in: Schwarze/Becker/Hatje/Schoo, Art. 153 AEUV Rn. 67.
³⁶⁴ Vgl. *Eichenhofer*, in: Streinz, Art. 151 AEUV Rn. 20 und Art. 154 AEUV Rn. 1.
³⁶⁵ *Rixen/Scharl*, in: Stern/Sachs, Art. 28 Rn. 4 m. w. N. in Fn. 11; *Krebber*, in: Calliess/Ruffert, Art. 28 GRCh Rn. 6.
³⁶⁶ *Rebhahn*, in: GS für Heinze, 2005, S. 649 (657).
³⁶⁷ *Krebber*, in: Calliess/Ruffert, Art. 155 AEUV Rn. 21 m. w. N.; *Rebhahn*, in: GS für Heinze, 2005, S. 649 (657).

Bestimmung des Art. 153 Abs. 5 AEUV erklären lässt.[368] So finden sich im europäischen Sekundärrecht zwar viele Richtlinien, die auf kollektive Vereinbarungen Bezug nehmen.[369] Das Sekundärrecht enthält bislang **jedoch keine allgemein gültigen Regeln hinsichtlich Kollektivvereinbarungen** und insbesondere kein mit Art. 28 EGRC vergleichbares Recht auf **Kollektivverhandlungen**. Das bislang existierende Sekundärrecht nimmt lediglich Bezug auf das Ergebnis der Kollektivverhandlungen, regelt diese aber nicht als solche.[370]

4226 Gleiches gilt für das **Arbeitskampfrecht**, zu dem bislang keine europarechtlichen Regelungen existieren. Aus der VO (EG) Nr. 2679/98[371] ergibt sich vielmehr, dass auf europäischer Ebene bislang kein Recht auf Kollektivmaßnahmen verfügbar ist. In Art. 2 S. 1 dieser Verordnung wird nämlich von den „in den Mitgliedstaaten anerkannten Grundrechte(n), einschließlich des Rechts oder der Freiheit zum Streik" gesprochen und damit gerade nicht von in der EU anerkannten Grundrechten.[372]

e) EuGH-Rechtsprechung

4227 Der EuGH hat zu der Frage, ob die europäischen Normen ein Recht auf Kollektivverhandlungen und Kollektivmaßnahmen enthalten, ohne die EGRC nicht Stellung genommen.[373] Zwar hat in einem Verfahren aus dem Jahr 1999 *GA Jacobs* ausführlich dargelegt, dass seines Erachtens das europäische Recht kein Grundrecht auf Kollektivmaßnahmen kenne.[374] Der EuGH ist in der entsprechenden Entscheidung jedoch nicht auf diesen Punkt eingegangen.[375] Der EuGH hat mittlerweile unter Berufung auf Art. 28 EGRC ein „Recht auf Durchführung einer kollektiven Maßnahme einschließlich des Streikrechts als Grundrecht" anerkannt,[376] aber unter gleichzeitiger Erwähnung der ESC und der GCSGA und als allgemeiner Grundsatz des Unionsrechts, dessen Einhaltung der EuGH sicherzustellen hat und der durch

---

[368] *Sigemann*, RdA 2003, 18 (22).
[369] S. z. B. Art. 21 RL 2006/54/EG (des Europäischen Parlaments und des Rates vom 5.7.2006 zur Verwirklichung des Grundsatzes der Chancengleichheit und Gleichbehandlung von Männern und Frauen in Arbeits- und Beschäftigungsfragen, ABl. 2006 L 204, S. 23) oder Art. 3 Nr. 3 RL 2001/23/EG (ABl. 2001 L 82, S. 16).
[370] *Rebhahn*, in: GS für Heinze, 2005, S. 649 (657).
[371] Des Rates vom 7.12.1998 über das Funktionieren des Binnenmarktes im Zusammenhang mit dem freien Warenverkehr zwischen den Mitgliedstaaten, ABl. 1998 L 337, S. 8.
[372] *Rixen/Scharl*, in: Stern/Sachs, Art. 28 Rn. 3; vgl. *Birk*, in: Oetker/Preis/Rieble (Hrsg.), 50 Jahre Bundesarbeitsgericht, 2004, S. 1165 (1167).
[373] *Rixen/Scharl*, in: Stern/Sachs, Art. 28 Rn. 3; *Hilbrandt*, in: Heselhaus/Nowak, § 39 Rn. 35 ff.; *Zachert*, NZA 2000, 621 (625); *Deinert*, RdA 2004, 211 (218).
[374] *GA Jacobs*, EuGH, Rs. C-67/96, ECLI:EU:C:1999:28 (Rn. 132 ff.) – Albany; vgl. *Deinert*, RdA 2004, 211 (218).
[375] EuGH, Rs. C-67/96, ECLI:EU:C:1999:430 – Albany; vgl. *Deinert*, RdA 2004, 211 (218).
[376] EuGH, Rs. C-438/05, ECLI:EU:C:2007:772 (Rn. 44) – Viking; auch Rs. C-341/05, ECLI:EU:C:2007:809 (Rn. 91) – Laval im Bezug auf Blockademaßnahmen und ohne explizite Benennung des Streikrechts; *Hilbrandt*, in: Heselhaus/Nowak, § 39 Rn. 36; s. zu den Grenzen aus den Grundfreiheiten o. Rn. 573.

§ 2 Betriebsbezogene Rechte

Art. 28 EGRC nur bekräftigt wird.³⁷⁷ Damit hat er schon vorher existiert, ohne dass der EuGH allerdings bereits bestehende Rechtsprechung zitierte.

Vorher hatte der EuGH lediglich im Bereich des europäischen **Beamtenrechts** die in Art. 24a³⁷⁸ Beamtenstatut³⁷⁹ anerkannte **Vereinigungsfreiheit** dahin ausgelegt, dass die Beamten der europäischen Organe und Einrichtungen nicht nur das Recht haben, freie Vereinigungen ihrer Wahl zu gründen. Er erkannte auch das Recht dieser Vereinigungen an, sich zur Verteidigung der beruflichen Interessen ihrer Mitglieder jeder erlaubten Tätigkeit widmen zu können.³⁸⁰ Eine Stellungnahme zum Bestehen eines Streikrechts der Beamten hat der EuGH allerdings vermieden.³⁸¹

4228

4. Verfassungen der Mitgliedstaaten

Art. 28 EGRC knüpft nicht nur an den sehr lückenhaften europarechtlichen Besitzstand an, sondern gleichermaßen an die einzelstaatlichen Rechtsvorschriften und Gepflogenheiten.³⁸² In den Verfassungen der Mitgliedstaaten finden sich **unterschiedliche Ausprägungen des Rechts auf Kollektivverhandlungen und Kollektivmaßnahmen**. Das Recht auf Kollektivverhandlungen wird etwa in Italien, Spanien, Portugal und Griechenland ausdrücklich gewährleistet. Einige Verfassungen enthalten auch eine ausdrückliche Absicherung des Streiks, so in Frankreich, Italien, Spanien, Portugal, Griechenland und Schweden.³⁸³ Ein universelles Streikverbot existiert nirgends.³⁸⁴ Die Aussperrung wird in Portugal durch die Verfassung hingegen ausdrücklich verboten.³⁸⁵

4229

In den Verfassungen sind die Grundrechtsträger jedoch nicht immer die gleichen: So ist das Recht auf Kollektivverhandlungen und Kollektivmaßnahmen beispiels-

4230

---

³⁷⁷ EuGH, Rs. C-438/05, ECLI:EU:C:2007:772 (Rn. 43 f.) – Viking.
³⁷⁸ Heute Art. 24b; geändert durch VO (EG, Euratom) Nr. 723/2004, ABl. 2004 L 124, S. 1.
³⁷⁹ VO (EWG, Euratom, EGKS) Nr. 259/68 des Rates vom 29.2.1968 zur Festlegung des Statuts der Beamten der Europäischen Gemeinschaften und der Beschäftigungsbedingungen für die sonstigen Bediensteten dieser Gemeinschaften sowie zur Einführung von Sondermaßnahmen, die vorübergehend auf die Beamten der Kommission anwendbar sind (Statut der Beamten), ABl. 1968 L 56, S. 1, zuletzt geändert durch die VO (EG, Euratom) Nr. 420/2008 des Rates vom 14.5.2008 zur Angleichung der Dienst- und Versorgungsbezüge der Beamten und sonstigen Bediensteten der Europäischen Gemeinschaften mit Wirkung vom 1.7.2007, ABl. 2008 L 127, S. 1.
³⁸⁰ EuGH, Rs. C-175/73, ECLI:EU:C:1974:95 (Rn. 14, 16) – Gewerkschaftsbund, Massa u. Kortner; Rs. C-18/74, ECLI:EU:C:1974:96 (Rn. 10, 12) – Allgemeine Gewerkschaft der Europäischen Beamten; *Hilbrandt*, in: Heselhaus/Nowak, § 39 Rn. 36.
³⁸¹ EuGH, Rs. C-44 u. a./74, ECLI:EU:C:1975:42 (Rn. 11, 16) – Acton; *Däubler*, in: FS für Hanau, 1999, S. 489 (496).
³⁸² Zur Bedeutung schon o. Rn. 4215 sowie ausführlich u. Rn. 4292 ff.
³⁸³ *Rebhahn*, in: GS für Heinze, 2005, S. 649 (651).
³⁸⁴ *Däubler*, in: FS für Hanau, 1999, S. 489 (496).
³⁸⁵ *Rixen/Scharl*, in: Stern/Sachs, Art. 28 Rn. 2.

weise in Griechenland als Recht der Gewerkschaften ausgestaltet, in Lettland, Litauen und Spanien als Recht der Arbeitnehmer, speziell für Kampfmaßnahmen in Spanien auch als Recht der Arbeitgeber, in Estland und Schweden als Recht nur der Arbeitgebervereinigungen.[386]

4231 **Art. 9 Abs. 3 GG** schützt **primär** die in **Art. 12 EGRC** gewährleistete Koalitionsfreiheit.[387] Zwar sind die Tarifautonomie und damit das Recht der Tarifpartner auf Abschluss von Tarifverträgen zur Regelung über Löhne und Gehälter sowie sonstige Arbeitsbedingungen nicht ausdrücklich in Art. 9 Abs. 3 GG erwähnt.[388] Dennoch geht das BVerfG fest davon aus, dass Art. 9 Abs. 3 GG „mit der Koalitionsfreiheit auch die sog. Tarifautonomie und damit den Kernbereich eines Tarifvertragssystems" gewährleistet, „weil sonst die Koalitionen ihre Funktion, in dem von der staatlichen Rechtsetzung frei gelassenen Raum das Arbeitsleben im Einzelnen durch Tarifverträge zu ordnen, nicht sinnvoll erfüllen könnten".[389] Deshalb erstreckt das BVerfG die Koalitionsfreiheit auch auf Arbeitskampfmaßnahmen, die auf den Abschluss von Tarifverträgen gerichtet sind, „jedenfalls insoweit ..., als sie erforderlich sind, um eine funktionierende Tarifautonomie sicherzustellen".[390] Dazu zählen der **Streik**[391] und die **Aussperrung** des von Kampfmaßnahmen betroffenen Arbeitgebers, soweit sie „zur Herstellung der Verhandlungsparität eingesetzt" werden.[392] In der digitalisierten Arbeitswelt unterliegt der Arbeitskampf besonderen Gegebenheiten.[393]

II. Einordnung

4232 Die meisten Stimmen in der Literatur sehen in Art. 28 EGRC ein subjektives Recht.[394] Die Zuordnung hat sich wie auch sonst[395] an Wortlaut, Genese, Systematik und Zweck zu orientieren.

---

[386] *Rixen/Scharl*, in: Stern/Sachs, Art. 28 Rn. 2.

[387] *Bauer*, in: Dreier, GG-Kommentar, Art. 9 Rn. 81 ff.

[388] *Bauer*, in: Dreier, GG-Kommentar, Art. 9 Rn. 83.

[389] BVerfGE 20, 312 (317); vgl. 4, 96 (108); 18, 18 (28); 44, 322 (340 f.); 50, 290 (367); 58, 233 (246); 84, 212 (224).

[390] BVerfGE 92, 365 (393 f.), st. Rspr.

[391] BVerfGE 88, 103 (114); 92, 365 (394).

[392] BVerfGE 84, 212 (225).

[393] Dazu *Giesen/Kersten*, NZA 2018, 1 ff.

[394] Z. B. *Jarass/Kment*, § 29 Rn. 12; *Rixen/Scharl*, in: Stern/Sachs, Art. 28 Rn. 3.

[395] S.o. Rn. 4144 ff. zu Art. 27 EGRC.

§ 2 Betriebsbezogene Rechte

1. Qualifizierung als Grundrecht

a) Wortlaut

Bereits die Überschrift von Art. 28 EGRC spricht von einem **„Recht"**. Auch in der textlichen Formulierung wird den Arbeitnehmerinnen und Arbeitnehmern sowie den Arbeitgeberinnen und Arbeitgebern und ihren jeweiligen Organisationen „das Recht" eingeräumt, Tarifverträge auszuhandeln und zu schließen sowie kollektive Maßnahmen zu ergreifen. Zwar wird auch Art. 27 EGRC von seiner Überschrift als „Recht" benannt, obwohl es sich dabei gerade nicht um ein subjektives Recht, sondern um einen Grundsatz handelt.[396] **Art. 28 EGRC** ist aber im Übrigen textlich anders ausgestaltet und enthält eine wesentlich **präzisere Ausformulierung** dessen, was den Arbeitnehmern und Arbeitgebern und ihren jeweiligen Organisationen zu gewähren ist.[397]

4233

b) Genese

Art. 11 EMRK, auf den in den Erläuterungen zur EGRC[398] Bezug genommen wird,[399] vermittelt ebenfalls ein subjektives Recht.[400] Auch wenn sich Art. 28 EGRC nicht auf Art. 11 EMRK, sondern auf die dazugehörige Rechtsprechung stützt,[401] spricht dies für eine subjektive Ausprägung des Art. 28 EGRC, da der **EGMR aus Art. 11 EMRK** ein **Recht auf kollektive Maßnahmen** und nicht lediglich einen Grundsatz abgeleitet hat.[402]

4234

c) Systematik

Art. 28 EGRC ist als betriebsbezogene Norm zwar inhaltlich eng mit Art. 27 EGRC verbunden, der als Grundsatz ausgestaltet kein subjektives Recht verleiht.[403] Er ist jedoch im Wortlaut derart **unterschiedlich zu Art. 27 EGRC**, dass aus der inhaltlichen Nähe kein Rückschluss auf die Qualifizierung von Art. 28 EGRC gezogen werden kann. Die im Titel „Solidarität" enthaltenen Vorschriften sind nicht einheitlich als subjektives Recht oder als Grundsatz zu qualifizieren.[404] Die systematische Einordnung von Art. 28 EGRC führt daher bei der Qualifizierung als Grundrecht oder Grundsatz nicht weiter.

4235

---

[396] S.o. Rn. 4153.
[397] *Jarass/Kment*, § 29 Rn. 12.
[398] Erläuterungen zur Charta der Grundrechte, ABl. 2007 C 303, S. 17 (26).
[399] S.o. Rn. 4211 ff.
[400] *Jarass/Kment*, § 29 Rn. 12.
[401] S.o. Rn. 4213.
[402] S.o. Rn. 4218.
[403] S.o. Rn. 4153.
[404] S.o. Rn. 4113 ff.

d) Zweck

4236 Art. 28 EGRC soll den am Wirtschaftsleben beteiligten Privatparteien den Freiraum geben, Beschäftigungsbedingungen und betriebliche Interessenkonflikte unabhängig von staatlichen Einflüssen zu regeln. Er soll der **Privatautonomie** Rechnung tragen. Damit sich die Betroffenen wirksam gegen Vorgaben von staatlicher Seite wehren und Beeinflussungsversuchen eine direkte Absage erteilen können, ist es jedoch notwendig, ihnen ein **subjektives Recht auf Abwehr** solcher Beeinträchtigungen zu gewähren.

e) Folgerungen

4237 Nach Wortlaut, Genese und Zweck der Vorschrift verleiht Art. 28 EGRC ein **subjektives Recht**. Wegen seiner inhaltlichen Zweiteilung handelt es sich genauer um zwei Rechte: das Recht, **Tarifverträge auszuhandeln und zu schließen** einerseits und das Recht, bei **Interessenkonflikten kollektive Maßnahmen zu ergreifen**, andererseits.[405]

2. Abwehrrecht und Schutzpflicht

4238 Art. 28 EGRC enthält ein Abwehr- bzw. Freiheitsgrundrecht,[406] das auf die **Abwehr von Beeinträchtigungen** seitens der Organe und Einrichtungen der EU und der Mitgliedstaaten[407] gerichtet ist. Art. 28 EGRC soll gewährleisten, dass es den **Privatparteien überlassen** wird, betriebliche Belange und Konflikte zu lösen, ohne dass eine staatliche Stelle Einfluss nimmt.

4239 Zugleich enthält Art. 28 EGRC eine **Schutzfunktion**, die von den Organen und Einrichtungen der EU im Rahmen ihrer Kompetenzen[408] und auch von den Mitgliedstaaten bei der Durchführung von Unionsrecht verlangt, Kollektivverhandlungen und -maßnahmen **gegen Behinderungen durch Private** zu schützen.[409] So muss beispielsweise der Staat die Organisatoren eines von Art. 28 EGRC geschützten **Streiks vor privatrechtlichen Folgen** (insbesondere Schadensersatzansprüchen) **schützen**.[410] Diesen Pflichten der EU und der Mitgliedstaaten stehen entsprechende Rechte der Grundrechtsberechtigten gegenüber.[411]

---

[405] *Rixen/Scharl*, in: Stern/Sachs, Art. 28 Rn. 10; *Jarass/Kment*, § 29 Rn. 14 f.; vgl. auch *Dorfmann*, Soziale Gewährleistungen in der Charta der Grundrechte der Europäischen Union, 2002, S. 44, die darin allerdings drei Regelungsinhalte sieht.

[406] *Jarass/Kment*, § 29 Rn. 12; *Rixen/Scharl*, in: Stern/Sachs, Art. 28 Rn. 7; allgemein o. Rn. 430 ff.

[407] Vgl. Art. 51 Abs. 1 EGRC.

[408] Art. 51 Abs. 2 EGRC: Die Charta begründet keine neuen Kompetenzen. Spezifisch im Hinblick auf Kollektivverhandlungen und -maßnahmen o. Rn. 4215 ff.

[409] *Jarass/Kment*, § 29 Rn. 24; *Rixen/Scharl*, in: Stern/Sachs, Art. 28 Rn. 12, 18.

[410] *Rixen/Scharl*, in: Stern/Sachs, Art. 28 Rn. 15 f.; *Rebhahn*, in: GS für Heinze, 2005, S. 649 (653).

[411] *Rebhahn*, in: GS für Heinze, 2005, S. 649 (653).

Allerstill ist dem Gesetzgeber bei Schutzpflichten generell und in Art. 28 EGRC **4240**
wegen des Bezugs auf das Unionsrecht und die einzelstaatlichen Rechtsvorschriften
und Gepflogenheiten im Besonderen ein **weiter Gestaltungsspielraum** eröffnet.[412]
Deshalb ist der **Schutzanspruch** nicht als Recht auf ein bestimmtes Tätigwerden,
sondern **auf eine generell schützende Regelung** zu verstehen.[413]

3. Kollektiv und individuell

Problematisch ist, ob die Rechte aus Art. 28 EGRC **nur** den **Koalitionen** zustehen **4241**
und damit auch lediglich kollektiv ausgeübt werden können **oder** ob **daneben jede
Einzelperson berechtigt** ist. Bei Anerkennung einer individuellen Dimension
würde beispielsweise das Streikrecht nicht nur den Gewerkschaften, sondern auch
einzelnen Arbeitnehmern zustehen.[414]

a) Hintergrund

In **Deutschland** wird das **Streikrecht nur Koalitionen** zugestanden, was auf Kritik **4242**
seitens des Ministerkomitees des Europarates gestoßen ist,[415] der in der deutschen
Beschränkung des Streikrechts einen Verstoß gegen Art. 6 Nr. 4 ESC[416] sieht.[417]
Nach Letzterem sind die Vertragsparteien verpflichtet, „das Recht der Arbeitnehmer
und der Arbeitgeber auf kollektive Maßnahmen einschließlich des Streikrechts im
Falle von Interessenkonflikten", anzuerkennen. Diese Vorschrift war nach den
Erläuterungen zur EGRC[418] auch Vorlage für Art. 28 EGRC.

In den **romanischen Ländern** herrscht im Unterschied zu Deutschland die **4243**
Vorstellung, das **Streikrecht** sei ein **individuelles (Menschen-)Recht** und nicht
streng funktional auf die Tarifautonomie bezogen.[419]

---

[412] *Jarass/Kment*, § 29 Rn. 24; *Rixen/Scharl*, in: Stern/Sachs, Art. 28 Rn. 15; s.u. Rn. 4296.
[413] *Rixen/Scharl*, in: Stern/Sachs, Art. 28 Rn. 15.
[414] *Jarass/Kment*, § 29 Rn. 18 f.; *Rixen/Scharl*, in: Stern/Sachs, Art. 28 Rn. 5 ff.; *Zachert*, NZA 2001, 1041 (1045); *Hüpers/Reese*, in: Meyer/Hölscheidt, Art. 28 Rn. 25 f.
[415] Empfehlung des Ministerkomitees des Europarats vom 3.2.1998, ArbuR 1998, 156 (156); ausführlich dazu *Däubler*, AuR 1998, 144 ff.
[416] Europäische Sozialcharta vom 18.10.1961, Europarat SEV-Nr. 035, s. Rn. 4046 ff.
[417] *Rixen/Scharl*, in: Stern/Sachs, Art. 28 Rn. 8; *Zachert*, NZA 2001, 1041 (1045).
[418] Erläuterungen zur Charta der Grundrechte, ABl. 2007 C 303, S. 17 (26).
[419] *Rixen/Scharl*, in: Stern/Sachs, Art. 28 Rn. 5, 8; *Zachert*, NZA 2001, 1041 (1045); *Hüpers/Reese*, in: Meyer/Hölscheidt, Art. 28 Rn. 31; *Streinz*, in: ders., Art. 28 GR-Charta Rn. 6.

b) Wortlaut

4244 Nach dem Wortlaut des Art. 28 EGRC stehen die Rechte den Arbeitnehmern sowie den Arbeitgebern oder ihren jeweiligen Organisationen zu. Danach sind **Individuen und Organisationen nebeneinander** berechtigt.[420]

4245 Allerdings ist sowohl in der Überschrift als auch im Wortlaut des Art. 28 EGRC von Kollektivverhandlungen und Kollektivmaßnahmen die Rede. Zudem wird von „Tarifverträgen" gesprochen. Diese betreffen jeweils auf der einen Seite eine Vielzahl von Arbeitnehmern, während auf der anderen Seite ein Arbeitgeber (so genannter Haustarifvertrag) oder Arbeitgeberverbände stehen können. Ein einzelner Arbeitnehmer kann keinen Tarifvertrag, sondern lediglich einen für sich individuell geltenden Arbeitsvertrag aushandeln und schließen.

4246 Diese enge Sicht gilt aber nur für das deutsche Verständnis. Der Begriff Tarifvertrag wird in den Mitgliedstaaten sehr unterschiedlich ausgelegt. Von dem in Art. 28 EGRC verwandten Begriff sind **alle nach den einzelstaatlichen Rechtsvorschriften und Gepflogenheiten zulässigen Kollektivvereinbarungen** erfasst.[421] Es ist daher grundsätzlich möglich, dass auch einzelne Arbeitnehmer einen „Tarifvertrag" abschließen. Gleiches gilt für die Begriffe Kollektivverhandlungen und Kollektivmaßnahmen, die Vorgänge und Maßnahmen erfassen, die auch eine individuelle Dimension haben können.[422]

4247 Hinzu kommt, dass nach dem Wortlaut des Art. 28 EGRC den „Arbeitnehmerinnen und Arbeitnehmern sowie den Arbeitgeberinnen und Arbeitgebern" die Rechte auf Kollektivverhandlungen und Kollektivmaßnahmen zustehen. Sie werden sogar zuerst genannt, vor „ihre(n) jeweiligen Organisationen". Diese Formulierung entspricht dem Wortlaut des Art. 27 EGRC, der ebenfalls an erster Stelle von den „Arbeitnehmerinnen und Arbeitnehmern" spricht und sowohl die individuelle als auch die kollektive Ebene umfasst.[423]

c) Folgerungen

4248 Die in **Art. 28 EGRC** gewährten Rechte stehen damit **sowohl** den **Organisationen** der Arbeitnehmer und Arbeitgeber **als auch** den **Einzelpersonen** zu.[424] Daraus ergeben sich aber **keine Konsequenzen für** die **deutsche (Verfassungs-)Rechtslage**, weil auf diese die europäischen Grundrechte gem. Art. 51 EGRC nicht einwirken, außer es bestehen weitere europarechtliche Vorgaben, die von den Mitgliedstaaten durchzuführen sind.

---

[420] S. *Rixen/Scharl*, in: Stern/Sachs, Art. 28 Rn. 5; *Jarass/Kment*, § 29 Rn. 18 f.; *Hüpers/Reese*, in: Meyer/Hölscheidt, Art. 28 Rn. 25 ff.
[421] S.u. Rn. 4277.
[422] S.u. Rn. 4276 ff.
[423] S.o. Rn. 4157 ff.
[424] S. *Rixen/Scharl*, in: Stern/Sachs, Art. 28 Rn. 6; *Jarass/Kment*, § 29 Rn. 18 f.; *Hüpers/Reese*, in: Meyer/Hölscheidt, Art. 28 Rn. 25 ff.; *Zachert*, NZA 2001, 1041 (1045).

§ 2 Betriebsbezogene Rechte   453

Indes **fehlt der Union** die **Regelungskompetenz** jedenfalls für das Streik- und   4249
das Aussperrungsrecht und darüber hinaus für das gesamte **Arbeitskampfrecht**.[425]
Daher bleiben diese Gebiete europarechtlich ungeregelt, sodass Art. 28 EGRC
keinen Einfluss darauf ausübt, es sei denn, die **Grundfreiheiten** greifen wegen des
grenzüberschreitenden Bezugs des betroffenen Sachverhalts ein.[426]

Auch dann ist aber zu **prüfen**, in welcher Funktion die **EU-Grundrechte** zur   4250
Geltung kommen – etwa als **Rechtfertigungsgrund zur Beschränkung** der Grundfreiheiten.[427] Jedoch kann auch in diesem Rahmen relevant sein, ob nur Koalitionen
aus Art. 28 EGRC berechtigt sind oder auch Individuen. Es gilt auch insoweit die
unionsgrundrechtlich maßgebliche Reichweite.

Eine andere Frage ist, ob selbst bei bestehender Unionsrechtsgeltung bzw.   4251
-kompetenz nicht gem. Art. 28 EGRC wegen seines **Verweises auf die einzelstaatlichen Rechtsvorschriften und Gepflogenheiten** diese zu beachten sind.
Indes würde damit Art. 28 EGRC auf den kleinsten gemeinsamen Nenner reduziert.
Durch die Einräumung auch individueller Arbeitskampfrechte geht er über die
deutschen Garantien hinaus. Er kann daher schwerlich über die Hintertür einzel-
staatlicher Rechtsvorschriften und Gepflogenheiten schon in seinem Gewährleis-
tungsansatz wieder zurückgenommen werden. Für Maßnahmen auf Unionsebene
gilt daher der europäische Grundrechtsstandard. Ist dieser auch unter Rückgriff auf
die einzelstaatlichen Vorschriften und Gepflogenheiten mit zu bestimmen, erfolgt
dies im Rahmen einer **Gesamtschau**, also nicht auf der Basis des schwächsten
nationalen Rechts. Diese europarechtliche Ausfüllung des Gewährleistungsansatzes
ändert aber nichts daran, dass seine konkrete Wirksamkeit weitgehend normativer
Gestaltung anheim gegeben ist.[428]

4. Abgrenzung

a) Art. 12 EGRC

Art. 28 EGRC betrifft einen Bereich, der auch von der Vereinigungsfreiheit des   4252
Art. 12 EGRC berührt wird. Art. 12 EGRC, der ausdrücklich auf gewerkschaftliche
Zusammenschlüsse eingeht, schützt die Koalitionsfreiheit als solche und damit die
Gründungsfreiheit für Arbeitnehmer- und Arbeitgebervereinigungen.[429] Art. 28
EGRC ergänzt diese Freiheit um das Recht auf Kollektivverhandlungen und Kol-
lektivmaßnahmen. Ursprünglich sollten die Koalitionsfreiheit und das Recht auf
Kollektivverhandlungen und Kollektivmaßnahmen in einer Grundrechtsnorm be-

---

[425] S.o. Rn. 4217.
[426] S. EuGH, Rs. C-438/05, ECLI:EU:C:2007:772 (Rn. 44) – Viking; s.o. Rn. 4219.
[427] So in den Entscheidungen EuGH, Rs. C-438/05, ECLI:EU:C:2007:772 (Rn. 81 f.) – Viking; Rs. C-341/05, ECLI:EU:C:2007:809 (Rn. 103 ff.) – Laval; s. sogleich Rn. 4253.
[428] S.u. Rn. 4292 ff.
[429] *Rixen/Scharl*, in: Stern/Sachs, Art. 28 Rn. 10.

handelt werden. Die **Koalitionsfreiheit** wurde dann jedoch **als politisches Recht gemeinsam mit der Vereinigungsfreiheit** geregelt.[430]

4253   Während damit Art. 12 EGRC die allgemeine Koalitionsfreiheit verbürgt, behandelt Art. 28 EGRC einen speziellen Bereich der Betätigung, nämlich das **Tarifvertrags- und** das **Arbeitskampfrecht**.[431] In diesem Bereich ist **Art. 28 EGRC das speziellere Recht**, welches der allgemeinen Regelung des Art. 12 EGRC vorgeht.[432] Auch der EuGH führt in den Entscheidungen *Viking*[433] und *Laval*[434] für kollektive Maßnahmen nur Art. 28 EGRC auf. Sonstige Aktivitäten der Koalitionen unterfallen jedoch nicht dem Schutzbereich des Art. 28 EGRC. Der Wortlaut der Vorschrift ist insoweit eindeutig. Andere Maßnahmen können allenfalls über Art. 12 EGRC Schutz genießen.[435]

b) Grundfreiheiten

4254   In der Vergangenheit ist es immer wieder zu Situationen gekommen, in denen aufgrund eines Streiks die Waren- oder Dienstleistungsfreiheit anderer EU-Bürger betroffen war.[436] Besondere Aufmerksamkeit hat die Entscheidung des EuGH erlangt, der die französische Regierung verurteilte, weil sie gegen Blockaden spanischer Agrarimporte durch französische Landwirte nicht alle Maßnahmen ergriffen hatte, damit der freie Warenverkehr mit Obst und Gemüse nicht durch Handlungen von Privatpersonen beeinträchtigt wird.[437] Ob vergleichbare Streiks durch Art. 28 EGRC geschützt sind und wie die Kollision zwischen den Grundfreiheiten und den Grundrechten aus Art. 28 EGRC aufzulösen ist,[438] muss im Einzelfall entschieden werden. Die Anwendung von **Gewalt** ist allerdings **unzulässig**.[439]

4255   Demgegenüber sind **gewerkschaftliche Blockademaßnahmen** grundsätzlich abgedeckt. Der Schutzbereich der Grundfreiheiten wird dadurch aber nicht eingeschränkt. Vielmehr sind **auch die Gewerkschaften an die Grundfreiheiten** gebunden.[440] Diese kommen insoweit in ihrer Abwehrdimension und nicht (nur) als Schutzpflichten zum Tragen. Inwieweit solche Maßnahmen im Einzelfall die Grund-

---

[430] *Hüpers/Reese*, in: Meyer/Hölscheidt, Art. 28 Rn. 20 f.

[431] *Rixen/Scharl*, in: Stern/Sachs, Art. 28 Rn. 10 f.; *Krebber*, in: Calliess/Ruffert, Art. 28 GRCh Rn. 5.

[432] *Jarass/Kment*, § 29 Rn. 13; *Hilbrandt*; in: Heselhaus/Nowak, § 39 Rn. 36.

[433] EuGH, Rs. C-438/05, ECLI:EU:C:2007:772 (Rn. 43) – Viking.

[434] EuGH, Rs. C-341/05, ECLI:EU:C:2007:809 (Rn. 91) – Laval.

[435] *Jarass/Kment*, § 29 Rn. 17.

[436] S. Sachverhalte und Nachweise bei *Szczekalla*, DVBl 1998, 219 (219, insbes. Fn. 2).

[437] EuGH, Rs. C-265/95, ECLI:EU:C:1997:595 – Kommission/Frankreich (Agrarblockaden); *Szczekalla*, DVBl 1998, 219 ff.; *Zachert*, NZA 2000, 621 (625); *Däubler*, in: FS für Hanau, 1999, S. 489 (490 f.); *Frenz*, Europarecht 1, Rn. 726 ff.

[438] Vgl. *Rengeling/Szczekalla*, Rn. 1008.

[439] EuGH, Rs. C-112/00, ECLI:EU:C:2003:333 (Rn. 65 ff.) – Schmidberger (Brenner-Blockade).

[440] S. Teilband I Rn. 573.

freiheiten beeinträchtigen können, bedarf der Rechtfertigung und hängt von einer einzelfallbezogenen Abwägung ab. Eine generelle Aussage ist insoweit nicht möglich.[441]

So hält der EuGH **Blockaden von Unternehmen aus anderen EU-Staaten** im Hinblick auf die vermehrte soziale Ausrichtung Europas aus Gründen des Arbeitnehmerschutzes namentlich **gegen Sozialdumping** für **rechtfertigungsfähig**, aber nur um **Mindeststandards** wie einen Mindestlohn durchzusetzen, nicht hingegen darüber hinaus.[442] Der Abschluss von **Tarifverträgen** aus anderen EU-Staaten kann ebenfalls durchgesetzt werden, aber nur im Rahmen der **Verhältnismäßigkeit**. Die ergriffenen kollektiven Maßnahmen müssen also dieses Ziel tatsächlich erreichen können und die beeinträchtigte Grundfreiheit möglichst wenig antasten. Es müssen daher erst weniger beschränkende Maßnahmen ausgeschöpft werden.[443]

4256

III. Gewährleistungsbereich

Gem. Art. 28 EGRC haben die Arbeitnehmerinnen und Arbeitnehmer sowie die Arbeitgeberinnen und Arbeitgeber oder ihre jeweiligen Organisationen nach dem Unionsrecht und den einzelstaatlichen Rechtsvorschriften und Gepflogenheiten das Recht, Tarifverträge auf den geeigneten Ebenen auszuhandeln und zu schließen sowie bei Interessenkonflikten kollektive Maßnahmen zur Verteidigung ihrer Interessen, einschließlich Streiks, zu ergreifen. Damit beinhaltet Art. 28 EGRC zwei Gewährleistungen, nämlich erstens das **Recht**, **Tarifverträge** auszuhandeln und zu schließen, und zweitens das **Recht**, bei Interessenkonflikten **kollektive Maßnahmen** zur Interessenverteidigung zu ergreifen. Gemeinsam sind beiden Gewährleistungen der Bezug auf die **Arbeitnehmer sowie die Arbeitgeber und ihre jeweiligen Organisationen** und der Verweis auf das Unionsrecht und die einzelstaatlichen Rechtsvorschriften und Gepflogenheiten.

4257

1. Arbeitnehmer

Hinsichtlich des Begriffs **Arbeitnehmer** kann auf die Ausführungen zu **Art. 27 EGRC** verwiesen werden,[444] ist doch diese Vorschrift unmittelbar vorangestellt, gleich formuliert und strukturiert sowie im selben Titel platziert. Danach ist die Rechtsprechung des EuGH zu Art. 45 AEUV und Art. 157 AEUV zugrunde zu legen, wonach Arbeitnehmer derjenige ist, der während einer **bestimmten Zeit für**

4258

---

[441] Vgl. für die Versammlungsfreiheit EuGH, Rs. C-112/00, ECLI:EU:C:2003:333 (Rn. 86) – Schmidberger (Brenner-Blockade); *Frenz*, Europarecht 1, Rn. 735, 1215 f.
[442] EuGH, Rs. C-341/05, ECLI:EU:C:2007:809 (Rn. 103 ff.) – Laval; s. näher Teilband I Rn. 493 f.
[443] EuGH, Rs. C-438/05, ECLI:EU:C:2007:772 (Rn. 81 ff.) – Viking.
[444] S.o. Rn. 4162 ff.

einen anderen nach dessen Weisung **Leistungen** erbringt, für die er als **Gegenleistung** eine **Vergütung** erhält.[445]

4259 Da Art. 28 EGRC anders als Nr. 14 GCSGA,[446] auf den sich die Erläuterungen zur EGRC[447] beziehen, die **Streitkräfte**, die **Polizei** und den **öffentlichen Dienst** nicht aus dem Arbeitnehmerbegriff ausnimmt, sind die Angehörigen dieser Berufszweige grundsätzlich **ebenfalls** Träger der aus Art. 28 EGRC erwachsenden Rechte.[448] **Inwieweit** ihnen die **Rechte tatsächlich** zugestanden werden, entscheiden durch den Verweis auf das **Unionsrecht** und die **einzelstaatlichen Rechtsvorschriften und Gepflogenheiten** der europäische und die nationalen Gesetzgeber. Letztere können aber jedenfalls im Anwendungsbereich der europäischen Grundrechte nach Art. 51 Abs. 1 EGRC nicht den Arbeitnehmerbegriff beliebig verengen, würde doch sonst Art. 28 EGRC leer laufen. Es handelt sich daher um einen **europäischen Arbeitnehmerbegriff**.

4260 Vom Ansatz her unterfallen mithin auch die Arbeitnehmerinnen und Arbeitnehmer aus den vorgenannten besonderen Bereichen dem Gewährleistungsbereich des Art. 28 EGRC. Bei Regulierungen auf europäischer Ebene müssen sie daher prinzipiell einbezogen werden; ihre **Ausklammerung** bedarf der **Rechtfertigung**. Zwar untersteht Art. 28 EGRC mit dem EuGH einem generellen Ausgestaltungsvorbehalt.[449] Aber auch dann gibt es zu wahrende Mindeststandards vor allem in personeller Hinsicht, um nicht dem materiellen Grundrechtsgehalt die Berechtigten zu entziehen.[450] Daher können Gruppen nicht beliebig ausgeklammert werden. Zudem ist auch der Gleichheitssatz zu wahren.

4261 Unabhängig davon kann eine **europäische Normierung** den **Mitgliedstaaten Spielräume lassen**, ob die Streitkräfte, die Polizei und der öffentliche Dienst erfasst sind. Dann kommen insoweit die einzelstaatlichen Rechtsvorschriften und Gepflogenheiten zum Zuge. Diese können sich in diesem Fall trotz Art. 51 Abs. 1 EGRC auch im Rahmen des nationalen Umsetzungsrechts durchsetzen, weil eine unionsrechtliche Vorgabe fehlt und deshalb insoweit nur die nationalen Grundrechte eingreifen.

4262 Besteht aber eine unionsrechtliche Festlegung, gelten die europäischen Grundrechtsstandards. Die lediglich teilweise Gewährung von Rechten nach Art. 28 EGRC kann allerdings durch **zwingende Besonderheiten in manchen Mitgliedstaaten** begründet werden, wo doch die jeweiligen Gepflogenheiten in Art. 28 EGRC eigens benannt werden. Dieser Ansatz kommt vor allem zum Tragen, wenn man den

---

[445] St. Rspr. EuGH, Rs. C-66/85, ECLI:EU:C:1986:284 (Rn. 17) – Lawrie-Blum; Rs. C-197/86, ECLI:EU:C:1988:323 (Rn. 21) – Brown; Rs. C-357/89, ECLI:EU:C:1992:87 (Rn. 10) – Raulin; Rs. C-337/97, ECLI:EU:C:1999:284 (Rn. 13) – Meeusen sowie zum Vergaberecht *Frenz*, Vergaberecht EU und national, 2018, Rn. 1550 ff.; *ders.*, VergabeR 2017, 434 (439); näher *Frenz*, Europarecht 1, Rn. 1423 ff.

[446] S.o. Rn. 4208.

[447] Erläuterungen zur Charta der Grundrechte, ABl. 2007 C 303, S. 17 (26).

[448] *Rixen/Scharl*, in: Stern/Sachs, Art. 28 Rn. 5.

[449] So u. Rn. 4292.

[450] Näher u. Rn. 4299.

Verweis auf Unionsrecht und einzelstaatliche Rechtsvorschriften als Einschränkungsermächtigung interpretiert,[451] aber auch dann, wenn man auf der Basis eines Ausgestaltungsvorbehalts jedenfalls die großflächige Ausklammerung von Personengruppen für begründungspflichtig hält, um einen Mindeststandard zu wahren. Wegen dieses zu sichernden Mindeststandards können nicht bestimmte Personengruppen von vornherein ausgegrenzt werden.

Daher sind auch **arbeitnehmerähnliche Personen**, wie die **neuen digitalen Soloselbstständigen**, die Crowd- und Clickworker, einzubeziehen, wofür auch die englische Sprachfassung „workers" und nicht „employees" streitet, ohne dass Art. 153 AEUV entgegensteht.[452] Hier geht es um die begriffliche Ausdehnung des Kreises der Berechtigten und (noch) nicht um die Reichweite der erfassten Materien. Insoweit ist die bei der Schaffung des Art. 28 EGRC gefundene Wortwahl maßgeblich, die durch kompetenzielle Erwägungen höchstens bezüglich einiger Gruppen wie vor allem dem öffentlichen Dienst beschränkt, aber nicht für eine Fortentwicklung gesperrt ist.

4263

Gerade im **Gefolge** der **Corona-Pandemie** droht eine weitere **Ausdehnung von ausgelagerten Tätigkeiten**, die mit **digitalen Soloselbstständigen** besetzt werden. Daraus erwachsen **zusätzliche Schutzbedürfnisse**, welchen Art. 28 EGRC nachkommen kann und muss, um Schutzlücken zu vermeiden. Daher ist die insoweit offene englische Fassung zugrunde zu legen. So kann auch diese neue Tätigkeitsform von der grundrechtlich angelegten Solidarität profitieren, zumal wenn nationale Regelungen ergehen und so zugleich über Art. 28 EGRC vor Eingriffen durch Unionsrecht geschützt werden.[453] Jedenfalls haben die Mitgliedstaaten wie auch die Unionsorgane im Geltungsbereich des Unionsrechts die Reichweite von Art. 28 EGRC und seine Erstreckung auf arbeitnehmerähnliche Personen zu wahren, wenn sie Regulierungen erlassen.

4264

Die **Staatsangehörigkeit der Arbeitnehmer** ist **ohne Bedeutung**, da Art. 28 EGRC nicht auf die Unionsbürger beschränkt ist.[454] Dies korrespondiert auch mit der in Art. 12 EGRC normierten Koalitionsfreiheit, die ebenfalls „jede(r) Person" zusteht. Wegen der generell beschränkten europäischen Regelungskompetenz muss es sich aber auch bei internationalen Konzernen um Arbeitnehmer handeln, die in einem EU-Mitgliedstaat tätig sind.

4265

2. Arbeitgeber

Arbeitgeber ist, wer **mindestens einen Arbeitnehmer beschäftigt**. Maßgeblich ist die **Funktion als Arbeitgeber**. Deshalb zählen dazu nicht nur Unternehmen, sondern auch individuelle Personen, solange sie Arbeitgeberfunktionen ausüben.[455]

4266

---

[451] S.u. Rn. 4292.
[452] *Hüpers/Reese*, in: Meyer/Hölscheidt, Art. 28 Rn. 29.
[453] Darauf abhebend *Hüpers/Reese*, in: Meyer/Hölscheidt, Art. 28 Rn. 29.
[454] *Rixen/Scharl*, in: Stern/Sachs, Art. 28 Rn. 5; *Jarass/Kment*, § 29 Rn. 18.
[455] *Rixen/Scharl*, in: Stern/Sachs, Art. 28 Rn. 5.

4267 Der **Staat** übt häufig ebenfalls eine Arbeitgeberfunktion aus. Allerdings kann er **nicht Grundrechtsträger** i. S. d. Art. 28 EGRC sein, da Sinn und Zweck dieser Vorschrift ist, den Privatparteien einen Freiraum zu bieten, indem sie eigenständig und unabhängig Tarifverhandlungen führen und Interessenkonflikte austragen können. Als Abwehrrecht gegen den Staat[456] können die Rechte aus Art. 28 EGRC daher nicht dem Staat zustehen. Die beim Staat beschäftigten Arbeitnehmer können sich unabhängig davon dennoch auf die Rechte aus Art. 28 EGRC berufen, da die Vorschrift nicht voraussetzt, dass beide an Kollektivverhandlungen oder bei Interessenkonflikten beteiligten Stellen grundrechtsberechtigt sind.[457]

4268 Die **Staatsangehörigkeit der Arbeitgeber** ist **ohne Bedeutung**.[458] Es gilt das Gleiche wie bei den Arbeitnehmern.[459] Auch die Arbeitgeber müssen aber **in der EU tätig** sein. Unter dieser Voraussetzung sind aber **auch Unternehmen von außerhalb der EU** berechtigt.

3. Organisationen

a) Ansatz

4269 Organisationen sind Zusammenschlüsse und Vereinigungen von Arbeitnehmern (**Gewerkschaften**) oder **Arbeitgebern**. Eine Organisation ist eine **feste, auf Dauer angelegte Verbindung,** die von losen, kurzzeitigen Zusammenschlüssen zu unterscheiden ist. Merkmale einer Organisation können die Pflicht zum Eintritt bzw. Erklärung der Mitgliedschaft und eine innere Struktur sein. Die gebietsmäßige Verbreitung ist unbeachtlich. Daher können **auch Zusammenschlüsse von Arbeitnehmern in einem Betrieb** berechtigt sein und nicht nur die klassischen Gewerkschaftsorganisationen.

b) Atypische Formen

4270 Auch **atypische Organisationsformen** sind umfasst, wenn sie im nationalen Recht so ausgestaltet sind, dass sie kollektiv Arbeitnehmerinteressen wahrnehmen und entsprechend der englischen Wortfassung „**collective agreements**" herbeiführen, ohne dass es sich dabei um Tarifverträge nach dem spezifisch deutschen System handeln muss.[460] Es genügt auch die Hinwirkung und Ergreifung kollektiver Maßnahmen einschließlich Streiks. Daher werden auch **Organisationen** einbezogen, die **nicht gewerkschaftliche wilde Streiks** durchführen.[461]

---

[456] S.o. Rn. 4238.
[457] *Rixen/Scharl*, in: Stern/Sachs, Art. 28 Rn. 7.
[458] *Rixen/Scharl*, in: Stern/Sachs, Art. 28 Rn. 7; *Jarass/Kment*, § 29 Rn. 5.
[459] S.o. Rn. 4265.
[460] *Hüpers/Reese*, in: Meyer/Hölscheidt, Art. 28 Rn. 31.
[461] *Hüpers/Reese*, in: Meyer/Hölscheidt, Art. 28 Rn. 31.

§ 2 Betriebsbezogene Rechte

c) Individuelle Arbeitnehmermaßnahmen

Zwar sind individuelle Arbeitnehmermaßnahmen nicht eigens von Art. 28 EGRC benannt und übergehen eine nationale Ausrichtung auf eine geordnete Arbeitnehmerinteressenwahrnehmung durch eine Arbeitnehmerorganisation. Dadurch ist eine kollektive Interessenwahrnehmung wie durch Art. 28 EGRC gefordert, gesichert und damit ein Mindeststandard sichergestellt. Damit folgt aus Art. 28 EGRC nicht notwendig die Zulassung mehrerer Arbeitnehmerorganisationen. Wohl aber sind **individuelle Arbeitnehmermaßnahmen alternativ gewährleistet.**[462]

4271

d) Betriebsräte

Betriebsräte sind gewählte Vertreter im Betrieb, welche Arbeitnehmerrechte wahrnehmen und daher gleichfalls in Art. 28 EGRC einbezogen werden.[463] Allerdings haben sie dort eine institutionelle, gesetzlich näher ausgeformte Stellung. Daher sind sie **nicht** mehr **Ausdruck der privat selbst organisierten Interessenwahrnehmung**. Dementsprechend handeln sie nach deutschem Recht auch keine Tarifverträge aus, die von Art. 28 EGRC genannt sind. Jedenfalls insoweit sind sie aus Art. 28 EGRC nicht berechtigt.[464] Auf die EGMR-Rechtsprechung zu Art. 11 Abs. 1 lit. a) EMRK kommt es daher nicht an. Etwas anderes ergibt sich höchstens, wenn Betriebsräte nach nationalem Recht Tarifvereinbarungen treffen.

4272

e) Ausschließlichkeit

Unter den Organisationen i. S. d. Art. 28 EGRC sind nach dem Wortlaut der Vorschrift nur solche Organisationen zu verstehen, deren **Mitglieder ausschließlich Arbeitnehmer oder Arbeitgeber** sind. Art. 28 EGRC spricht von den „jeweiligen" Organisationen, weshalb **Mischorganisationen ausscheiden**. Unschädlich dürfte die Mitgliedschaft einer einzelnen Person mit gegnerischer Funktion allenfalls dann sein, wenn die Mehrheit der Mitglieder einheitlich dem einen oder anderen Bereich zuzuordnen ist und die einzelne gegnerische Person keinen entscheidenden Einfluss und keine bedeutsame Funktion in der Organisation innehat.[465]

4273

f) Keine staatlichen Arbeitgeber

Vereinigungen von rein staatlichen Arbeitgebern, wie in Deutschland z. B. die Tarifgemeinschaft deutscher Länder (**TdL**), sind **nicht** grundrechtsberechtigt i. S. d.

4274

---

[462] Insoweit ist *Hüpers/Reese*, in: Meyer/Hölscheidt, Art. 28 Rn. 31 zu folgen.
[463] *Hüpers/Reese*, in: Meyer/Hölscheidt, Art. 28 Rn. 31 m. w. N.
[464] So wohl auch *Hüpers/Reese*, in: Meyer/Hölscheidt, Art. 28 Rn. 31.
[465] *Rixen/Scharl*, in: Stern/Sachs, Art. 28 Rn. 6.

Art. 28 EGRC, da Art. 28 EGRC als Freiheitsrecht gerade den Einfluss staatlicher Stellen verhindern soll.[466]

g) Kumulative Berechtigung

4275   Nach dem Wortlaut des Art. 28 EGRC stehen die Rechte den Arbeitnehmern sowie den Arbeitgebern oder ihren jeweiligen Organisationen zu. Dies ist jedoch nicht im Sinne eines Alternativverhältnisses zu verstehen. Anders als bei Art. 27 EGRC[467] ist bei der Formulierung von Art. 28 EGRC daher von einer terminologischen Ungenauigkeit auszugehen.[468] Die Verwendung des Wortes „und" wäre der Ausgestaltung von Art. 28 EGRC als Grundrecht besser gerecht geworden.

4. Kollektivverhandlungen

a) Tarifverträge

4276   Kollektivverhandlungen dienen dazu, Tarifverträge auszuhandeln und zu schließen. Geschützt werden durch Art. 28 EGRC alle **Maßnahmen, die der Vorbereitung und dem Abschluss von tarifvertraglichen Vereinbarungen** dienen.[469]

4277   Der Begriff der Tarifverträge ist allerdings nicht so zu verstehen, dass nur solche kollektiven Vereinbarungen erfasst werden, die in Deutschland als Tarifverträge zu qualifizieren sind. Die nationalen Regelungen der Mitgliedstaaten weichen in Bezug auf Rechtsqualität, Wirkungen, zulässige Ebenen und Regelungsgegenstände beträchtlich voneinander ab.[470] Von dem in Art. 28 EGRC verwandten Begriff sind **alle** diese **nach den mitgliedstaatlichen Rechtsvorschriften und Gepflogenheiten zulässigen Kollektivvereinbarungen erfasst**. Dies ergibt sich zum einen bereits daraus, dass lediglich in der deutschen Übersetzung der Begriff „Tarifvertrag" verwendet wird, während beispielsweise in der französischen Fassung von „conventions collectives" und in der englischen von „collective agreements" gesprochen wird und darunter nach französischem oder englischem Verständnis andere Vereinbarungen als die nach deutschem Recht zulässigen Tarifverträge zu verstehen sind. Zum anderen verweist Art. 28 EGRC auf das Unionsrecht und die einzelstaatlichen Rechtsvorschriften und Gepflogenheiten und überlässt die Ausgestaltung des Rechts auf Kollektivverhandlungen dem europäischen und den nationalen Gesetzgebern.[471] Diese dürfen auch entscheiden, welche Kollektivvereinbarungen sie anerkennen.

---

[466] Zur Arbeitgebereigenschaft des Staates s.o. Rn. 4266.
[467] S.o. Rn. 4170.
[468] *Dorfmann*, Soziale Gewährleistungen in der Charta der Grundrechte der Europäischen Union, 2002, S. 42, 44.
[469] *Jarass/Kment*, § 29 Rn. 14.
[470] *Rebhahn*, in: GS für Heinze, 2005, S. 649 (654); ausführlich *ders.*, NZA 2001, 763 ff.
[471] S.u. Rn. 4292 ff.

§ 2 Betriebsbezogene Rechte

Art. 28 EGRC erfasst daher alle **Kollektivverhandlungen**, die darauf gerichtet 4278
sind, einen Vertrag abzuschließen, **der nach** dem **Unionsrecht oder** der jeweiligen
einzelstaatlichen Rechtsvorschrift oder Gepflogenheit **als Tarifvertrag qualifiziert wird**.

b) Negative Freiheit

Als negative Freiheit fällt in den Schutzbereich des Art. 28 EGRC auch das **Recht**, 4279
keine Kollektivverhandlungen zu führen **oder** durch den **Abschluss von Tarifverträgen** zu beenden.[472] Es darf daher niemand zu Kollektivverhandlungen oder Tarifverträgen gezwungen werden. Damit gibt es auch keinen Anspruch auf Abschluss eines Tarifvertrags mit einem bestimmten Arbeitgeber, beispielsweise dem Staat.[473] Einzelne Arbeitnehmer bzw. Arbeitgeber dürfen nicht gegen ihren Willen in einen Tarifvertrag einbezogen werden.

Indes gehört es nach dem **EuGH zu den grundsätzlich zulässigen Zielen eines** 4280
Streiks, einen bislang nicht tarifgebundenen **Arbeitgeber in** einen **Tarifvertrag**
einzubeziehen.[474] Dieser wird damit ja noch nicht gezwungen, sondern durch tariflich vorgesehene Mittel unter Druck gesetzt. Allerdings muss die **Verhältnismäßigkeit** gewahrt und streng geprüft sein. Die Anforderungen sind umso höher anzusetzen, je stärker eine Maßnahme Druck erzeugt. Zunächst sind mildere Mittel einzusetzen.[475]

c) Geeignete Ebenen

Art. 28 EGRC schützt das Recht, Tarifverträge „auf den geeigneten Ebenen" aus- 4281
zuhandeln. Die Erläuterungen zur EGRC[476] weisen diesbezüglich auf die Erläuterungen zu Art. 27 EGRC hin. Danach bedeuten die geeigneten Ebenen die nach dem Unionsrecht und den einzelstaatlichen Rechtsvorschriften vorgesehenen Ebenen. Das kann die europäische Ebene einschließen, wenn die Rechtsvorschriften der Union dies vorsehen. Damit wird es dem **europäischen und** den **mitgliedstaatlichen Gesetzgebern überlassen**, bei der Ausgestaltung des Rechts auf Kollektivverhandlungen auch die **Ebene** festzulegen, **auf der Tarifverträge ausgehandelt**
und geschlossen werden können.[477] Zu denken ist an das Unternehmen, die Unter-

---

[472] *Jarass/Kment*, § 29 Rn. 16; *Rixen/Scharl*, in: Stern/Sachs, Art. 28 Rn. 14; so auch: *Hilbrandt*, in: Heselhaus/Nowak, § 39 Fn. 38.

[473] *Rixen/Scharl*, in: Stern/Sachs, Art. 28 Rn. 14.

[474] EuGH, Rs. C-438/05, ECLI:EU:C:2007:772 (Rn. 90) – Viking bei strenger Prüfung der Verhältnismäßigkeit.

[475] S. EuGH, Rs. C-438/05, ECLI:EU:C:2007:772 (Rn. 87) – Viking.

[476] Erläuterungen zur Charta der Grundrechte, ABl. 2007 C 303, S. 17 (26).

[477] *Rixen/Scharl*, in: Stern/Sachs, Art. 28 Rn. 13.

nehmensgruppe, den Betriebszweig, die Abteilung, die Sparte, den Betrieb, die Gruppe, den Konzern oder die Branche.[478]

5. Kollektivmaßnahmen

a) Streik

4282 Bei Interessenkonflikten haben die Arbeitnehmer sowie die Arbeitgeber oder ihre jeweiligen Organisationen das Recht, kollektive Maßnahmen zur Verteidigung ihrer Interessen, einschließlich Streiks, zu ergreifen. Unter den kollektiven Maßnahmen sind danach alle Maßnahmen des Arbeitskampfes zu verstehen. Der Streik wird nur beispielhaft benannt. Erfasst werden daher **auch** andere, **unterhalb des Streiks angesiedelte Maßnahmen**.[479] Dazu gehören etwa **Blockadeaktionen** gegenüber Betrieben.

4283 Geht es dabei um die Durchsetzung von Arbeitnehmerschutzstandards gegenüber grenzüberschreitend agierenden Unternehmen, sind die **Grundfreiheiten zu wahren**, an die auch **Gewerkschaften** als Organisationen mit kollektiver Rechtsetzungsmacht gebunden sind.[480] Die Grundfreiheiten sind zwar aus Arbeitnehmerschutzgründen beschränkbar, aber im Hinblick auf die erfolgte Harmonisierung im Rahmen der Entsenderichtlinie nur zur **Durchsetzung von Mindeststandards**, nicht hingegen für darüber hinausgehende Rechte.[481] Daran ändern auch die Grundrechte und hier spezifisch Art. 28 EGRC nichts.[482]

4284 Die **Aufnahme des Streikbegriffs** war ein besonders heftig umstrittenes Thema im Grundrechtekonvent.[483] Er wurde schließlich aufgenommen, nachdem sich mit unterschiedlichen Argumenten eine deutliche Mehrheit der Konventsmitglieder dafür aussprach.[484]

---

[478] Vgl. *Rixen/Scharl*, in: Stern/Sachs, Art. 28 Rn. 13; *Hüpers/Reese*, in: Meyer/Hölscheidt, Art. 28 Rn. 37.

[479] *Rixen/Scharl*, in: Stern/Sachs, Art. 28 Rn. 11.

[480] S. Teilband I Rn. 493 m.N.

[481] S. bereits o. Rn. 4254.

[482] S. Teilband I Rn. 494, 573 in näherer Darstellung von EuGH, Rs. C-341/05, ECLI:EU:C:2007:809 – Laval; Rs. C-438/05, ECLI:EU:C:2007:772 – Viking sowie in Abgleich mit Rs. C-346/06, ECLI:EU:C:2008:189 (Rn. 33) – Rüffert.

[483] *Lörcher*, NZA 2003, 184 (191).

[484] *Hüpers/Reese*, in: Meyer/Hölscheidt, Art. 28 Rn. 14 ff. auch zu den einzelnen Argumenten für und gegen die explizite Aufnahme des Streikbegriffs; näher *Bernsdorff/Borowsky*, Die Charta der Grundrechte der Europäischen Union, 2002, S. 324.

§ 2 Betriebsbezogene Rechte

b) Aussperrung

Da das Recht zu den Kollektivmaßnahmen nicht nur den Arbeitnehmern, sondern auch den Arbeitgebern zugestanden wird, ist auch die Aussperrung geschützt.[485] Im Grundrechtekonvent wurde wegen der konkreten Erwähnung des Streikrechts sogar erwogen, als Pendant und Gebot der Waffengleichheit auch die Aussperrung als Beispiel für eine Maßnahme des Arbeitskampfs in Art. 28 EGRC explizit aufzunehmen.[486] Dass dies letztlich nicht geschehen ist, ändert jedoch wegen der eindeutigen Formulierung des Art. 28 EGRC, der kollektive Maßnahmen zur Interessenverteidigung sowohl den Arbeitnehmern als auch den Arbeitgebern zugesteht, nichts an der Einbeziehung der Aussperrung. Diese ist das **Pendant zum Streik**.

4285

Ob den Arbeitnehmern das Streikrecht und den Arbeitgebern das Recht zur Aussperrung **tatsächlich** zusteht, ergibt sich allerdings aufgrund des Ausgestaltungsspielraums des Art. 28 EGRC **erst aus** dem **Unionsrecht und den einzelstaatlichen Rechtsvorschriften** und Gepflogenheiten.[487] Das in der portugiesischen Verfassung enthaltene Verbot der Aussperrung hat daher auch nach dem Verbindlichwerden der EGRC Bestand, solange nur (sonstige) Mindestrechte zur Interessenwahrnehmung vorhanden sind.[488] Anderslautende sekundärrechtliche Vorgaben sind wegen mangelnder Unionskompetenz nicht zu erwarten.

4286

c) Zweck des Arbeitskampfs

Aus der zweigeteilten Formulierung des Art. 28 EGRC, wonach erstens das Recht gewährt wird, Tarifverträge auszuhandeln, und zweitens das Recht besteht, bei Interessenkonflikten kollektive Maßnahmen zur Verteidigung der Interessen zu ergreifen, ergibt sich, dass die **kollektiven Maßnahmen in allen Konfliktsituationen** geschützt sind und nicht lediglich bei der Aushandlung von Tarifverträgen,[489] sondern schon zur Erzwingung solcher Verhandlungen durch Erreichung der Tarifbindung von Unternehmen.[490]

4287

Kollektive Maßnahmen sind in allen Situationen erlaubt, die aus Sicht der Arbeitnehmer oder Arbeitgeber den eigenen Status und das eigene Handeln betreffen.[491] Dies entspricht auch der Ansicht des Sachverständigenausschusses der ESC zu Art. 6 Nr. 4 ESC,[492] der Grundlage für die vorliegende Bestimmung in Art. 28

4288

---

[485] S. *Jarass/Kment*, § 29 Rn. 15; *Rixen/Scharl*, in: Stern/Sachs, Art. 28 Rn. 11; *Hüpers/Reese*, in: Meyer/Hölscheidt, Art. 28 Rn. 38 f.
[486] *Hüpers/Reese*, in: Meyer/Hölscheidt, Art. 28 Rn. 17.
[487] S.u. Rn. 4292 ff.
[488] Zu beachten ist allerdings der Garantiegehalt des Art. 28 EGRC, s.u. Rn. 4298 f.
[489] *Jarass/Kment*, § 29 Rn. 15; *Streinz*, in: ders., Art. 28 GR-Charta Rn. 6; *Zachert*, NZA 2001, 1041 (1045).
[490] S. EuGH, Rs. C-341/05, ECLI:EU:C:2007:809 (Rn. 86, 90) – Laval; Rs. C-438/05, ECLI:EU:C:2007:772 (Rn. 32, 44) – Viking.
[491] *Rixen/Scharl*, in: Stern/Sachs, Art. 28 Rn. 11.
[492] Europäische Sozialcharta vom 18.10.1961, Europarat SEV-Nr. 035, s. Rn. 4046 ff.

EGRC war.[493] Der Sachverständigenausschuss kritisierte die Beschränkung des Streikrechts auf Arbeitskämpfe um tariflich regelbare Ziele.[494] Geschützt sind folglich auch Arbeitskampfmaßnahmen zu anderen Zwecken, so im Hinblick auf **Sozialpläne** und **Standortverlagerungen**.[495]

4289 Aus dem Zusammenhang der Kollektivmaßnahmen mit den Kollektivverhandlungen, die nur zwischen den beiden Gruppen der **Arbeitnehmer** und der **Arbeitgeber** abgeschlossen werden können, ergibt sich, dass die **Interessenkonflikte i. S. d.** Art. 28 EGRC auch nur zwischen diesen beiden Gegenspielern bestehen dürfen. Daher ist der **Streik gegen arbeitsrechtliche oder soziale Gesetze nicht** geschützt,[496] wohl aber gegen einzelne Unternehmen, um diese an Tarifverträge zu binden und damit in die Gesamtheit der Arbeitgeber einzubinden.[497]

d) Kein Zwang

4290 Als negative Freiheit fällt in den Schutzbereich auch das **Recht, keine Kollektivmaßnahmen** durchzuführen. Es darf deshalb niemand zu Streik oder Aussperrung gezwungen werden.[498]

6. Sonstige Aktivitäten

4291 Entsprechend dem Wortlaut der Vorschrift schützt Art. 28 EGRC lediglich Maßnahmen, die mit dem Abschluss von Tarifverträgen oder Interessenkonflikten zusammenhängen. Sonstige Aktivitäten der Koalitionen sind nicht geschützt. Ein solcher Schutz könnte sich allenfalls aus **Art. 12 EGRC** ergeben.[499]

7. Verweis auf Unionsrecht und einzelstaatliche Rechtsvorschriften und Gepflogenheiten

a) Ausgestaltungsvorbehalt

4292 Gem. Art. 28 EGRC haben die Arbeitnehmerinnen und Arbeitnehmer sowie die Arbeitgeberinnen und Arbeitgeber oder ihre jeweiligen Organisationen nach dem Unionsrecht und den einzelstaatlichen Rechtsvorschriften und Gepflogenheiten das

---

[493] S.o. Rn. 4207.
[494] *Hüpers/Reese*, in: Meyer/Hölscheidt, Art. 28 Rn. 14 ff.
[495] S. für das deutsche Recht zu Tarifsozialplänen, welche die Nachteile einer Standortverlagerung oder Betriebsschließung ausgleichen sollen, BAG, NJW 2007, 3661 f.
[496] *Rebhahn*, in: GS für Heinze, 2005, S. 649 (653).
[497] S. EuGH, Rs. C-341/05, ECLI:EU:C:2007:809 (Rn. 86, 90) – Laval; Rs. C-438/05, ECLI:EU:C:2007:772 (Rn. 32, 44) – Viking.
[498] *Jarass/Kment*, § 29 Rn. 16; *Rixen/Scharl*, in: Stern/Sachs, Art. 28 Rn. 14.
[499] S.o. Rn. 4252 f.

§ 2 Betriebsbezogene Rechte

Recht, Tarifverträge auszuhandeln und zu schließen sowie bei Interessenkonflikten kollektive Maßnahmen zur Verteidigung ihrer Interessen zu ergreifen. Dieser Verweis auf das Unionsrecht und die einzelstaatlichen Rechtsvorschriften und Gepflogenheiten wird z. T. als (bloße) **Einschränkungsermächtigung** verstanden.[500]

Der EuGH sieht durch Art. 28 EGRC „erneut bekräftigt", dass die Ausübung des Rechts auf Durchführung einer kollektiven Maßnahme „bestimmten Beschränkungen unterworfen werden" kann.[501] Damit sieht er aber schon die Ausübung als regelbar an, wie es im hier relevanten finnischen Recht vorgesehen ist, allerdings wegen Verstoßes gegen die guten Sitten, das innerstaatliche Recht oder das Gemeinschaftsrecht.[502] 4293

Damit ist indes ein weiter Regelungsbogen gespannt. Korrelat ist der weite Prüfungsspielraum der nationalen Gerichte.[503] Zudem verweist der EuGH auf den Wortlaut von Art. 28 EGRC.[504] Dieser Wortlaut spricht dafür, dass die Rechte des Art. 28 EGRC von vornherein nur in den Grenzen von Unionsrecht und einzelstaatlichen Rechtsvorschriften und Gepflogenheiten gewährleistet werden. Es wird damit dem **europäischen und den nationalen Gesetzgebern überlassen**, die **Reichweite und die Modalitäten des Schutzbereiches des Art. 28 EGRC** zu bestimmen und auszugestalten. 4294

Für diese Interpretation sprechen neben dem Wortlaut der Vorschrift auch die **Erläuterungen zur EGRC**.[505] Danach werden die Modalitäten und Grenzen für die Durchführung von Kollektivmaßnahmen, darunter auch Streiks, durch die einzelstaatlichen Rechtsvorschriften und Gepflogenheiten geregelt. Zudem ist die gegenteilige Ansicht, der Verweis auf die einzelstaatlichen Rechtsvorschriften und Gepflogenheiten sei als Einschränkungsermächtigung zu verstehen, nicht mit der Regelung des **Art. 52 Abs. 1 EGRC** in Einklang zu bringen, der jedenfalls für alle nicht der EMRK oder den europäischen Verträgen nachgebildeten Grundrechte gleiche Schrankenregelungen aufstellt.[506] 4295

b) Weiter Gestaltungsspielraum

Aufgrund des Verweises auf das Unionsrecht und die einzelstaatlichen Rechtsvorschriften und Gepflogenheiten wird es dem europäischen und den nationalen Gesetzgebern überlassen, auszugestalten, unter welchen Voraussetzungen, in welchem 4296

---

[500] *Jarass/Kment*, § 29 Rn. 23; *Borowsky*, in: Meyer/Hölscheidt, Art. 52 Rn. 91 f.; *Grabenwarter*, DVBl 2001, 1 (5); *Rengeling*, DVBl 2004, 453 (459).
[501] EuGH, Rs. C-438/05, ECLI:EU:C:2007:772 (Rn. 44) – Viking.
[502] Ähnlich die schwedische Regelung in EuGH, Rs. C-341/05, ECLI:EU:C:2007:809 (Rn. 92) – Laval.
[503] EuGH, Rs. C-438/05, ECLI:EU:C:2007:772 (Rn. 80) – Viking.
[504] EuGH, Rs. C-438/05, ECLI:EU:C:2007:772 (Rn. 44) – Viking; Rs. C-341/05, ECLI:EU:C:2007:809 (Rn. 91) – Laval.
[505] Erläuterungen zur Charta der Grundrechte, ABl. 2007 C 303, S. 17 (26).
[506] *Rixen/Scharl*, in: Stern/Sachs, Art. 28 Rn. 12. Allgemein o. Rn. 642 f.

Umfang, unter Einhaltung welcher Regeln und in welchen Grenzen die Arbeitnehmerinnen und Arbeitnehmer sowie die Arbeitgeberinnen und Arbeitgeber oder ihre jeweiligen Organisationen das Recht haben, Tarifverträge auszuhandeln und zu schließen, sowie bei Interessenkonflikten kollektive Maßnahmen zur Verteidigung ihrer Interessen, einschließlich Streiks, zu ergreifen. Nach den Erläuterungen zur EGRC[507] gilt dies auch für die Frage, ob Kollektivmaßnahmen in mehreren Mitgliedstaaten parallel durchgeführt werden können.

4297 Den Normgebern wird damit bei der Ausgestaltung ein weiter Spielraum eingeräumt.[508] Sie entscheiden über so kontrovers diskutierte Fragen wie die **Zulässigkeit der Aussperrung, Voraussetzungen eines rechtmäßigen Streiks, Arbeitskampf im öffentlichen Dienst, Wirkung eines Tarifvertrags**, Rechtsträgerschaft etc.[509] Als mögliche Ausgestaltungsregelungen kommen die Beschränkung von Kollektivverhandlungen auf bestimmte Gegenstände, die Einführung von Vorwarnfristen bei Streiks, Verfahrensregeln über eine Urabstimmung[510] oder die Verpflichtung, in genauer bestimmten Fällen Vermittlungs-, Schlichtungs- oder Schiedsverfahren durchzuführen, in Betracht.[511] Es ist danach **auch möglich**, wie in der portugiesischen Verfassung, die **Aussperrung gänzlich zu verbieten**.[512]

c) Garantiegehalt des Art. 28 EGRC

4298 Wegen des Verweises auf das Unionsrecht und die einzelstaatlichen Rechtsvorschriften und Gepflogenheiten und dem dadurch eröffneten weiten Ausgestaltungsspielraum der Union und der Mitgliedstaaten ist der **eigenständige Regelungsgehalt des Art. 28 EGRC weitgehend relativiert**.[513]

4299 Allerdings enthält Art. 28 EGRC ein Grundrecht[514] und damit für die Arbeitnehmer sowie die Arbeitgeber und ihre jeweiligen Organisationen die Garantie, Kollektivverhandlungen und Kollektivmaßnahmen durchführen zu können. Das **Streikrecht** ist dabei **elementar**. Es wird vom EuGH eigens erwähnt. Dieses bildet wie das Recht auf Durchführung sonstiger kollektiver Maßnahmen einen **festen Bestandteil der bisherigen allgemeinen Grundsätze des Gemeinschaftsrechts**,[515] hinter die

---

[507] Erläuterungen zur Charta der Grundrechte, ABl. 2007 C 303, S. 17 (26).
[508] *Rebhahn*, in: GS für Heinze, 2005, S. 649 (655).
[509] *Krebber*, in: Calliess/Ruffert, Art. 28 GRCh Rn. 5 f.
[510] *Rebhahn*, in: GS für Heinze, 2005, S. 649 (655).
[511] Vgl. Art. 6 ESC und Nr. 13 GCSGA; *Hüpers/Reese*, in: Meyer/Hölscheidt, Art. 28. 9 zum Vorhandensein einer Schlichtungsstelle.
[512] *Streinz*, in: ders., Art. 28 GR-Charta Rn. 4.
[513] Vgl. *Streinz*, in: ders., Art. 28 GR-Charta Rn. 5; *Pache*, EuR 2001, 475 (481); *Hilbrandt*, in: Heselhaus/Nowak, § 39 Rn. 35 f.; s. auch o. Rn. 4122; weitergehend *Krebber*, in: Calliess/Ruffert, Art. 28 GRCh Rn. 3, der Art. 28 EGRC als überflüssige Norm ansieht.
[514] S.o. Rn. 4237.
[515] EuGH, Rs. C-438/05, ECLI:EU:C:2007:772 (Rn. 44) – Viking.

Art. 28 EGRC nicht zurückgeht, sondern die es bekräftigt.[516] Daher ist es dem **europäischen und den nationalen Gesetzgebern** trotz des grundsätzlich weiten Gestaltungsspielraums **verboten, Kollektivverhandlungen und Kollektivmaßnahmen gänzlich unmöglich zu machen**.[517] Zudem können **nicht bestimmte Arbeitnehmer- oder Arbeitgebergruppen völlig rechtlos** gestellt werden. Ansonsten könnte auf diesem personenbezogenen Weg Art. 28 EGRC bis auf wenige Restgruppen praktisch ausgehöhlt werden.

Daher müssen **grundsätzlich alle Arbeitnehmerinnen und Arbeitnehmer sowie auch Arbeitgeberinnen und Arbeitgeber** über **kollektive Rechte nach Art. 28 EGRC** verfügen, **außer** es liegt ein **sachlicher Grund für** eine personelle **Ausklammerung** vor. Das trifft auf die in Nr. 14 GCSGA[518] genannten Fallgruppen zu, auf die sich auch die Erläuterungen zur EGRC beziehen,[519] also die **Streitkräfte**, die **Polizei** und den **öffentlichen Dienst**. Hier geht es nämlich um den reibungslosen Ablauf staatlicher Kernfunktionen, den namentlich das Streikrecht gefährdete. Aber auch insoweit können **Mindestrechte** gewährt werden, so die Vertretung durch Berufsorganisationen bei der näheren Gestaltung der Arbeitsbedingungen. Dadurch wird die Funktionsfähigkeit nicht angetastet.

4300

d) Geringe Regelungskompetenz der EU

Auch wenn dem europäischen Gesetzgeber neben dem nationalen ein Ausgestaltungsspielraum eingeräumt wird, darf nicht vergessen werden, dass zum jetzigen Zeitpunkt die Union wegen der Existenz des Art. 153 Abs. 5 AEUV nur eine geringe Regelungskompetenz im Bereich der Kollektivverhandlungen hat und Kollektivmaßnahmen sogar der alleinigen Zuständigkeit der Mitgliedstaaten unterfallen.[520] Gem. Art. 51 Abs. 2 EGRC werden durch die EGRC auch keine neuen Zuständigkeiten begründet. Eine **europarechtliche Konkretisierung** der Rechte aus **Art. 28 EGRC** ist daher **derzeit nur begrenzt** möglich.[521] Erhebliche Grenzen für nähere (nationale) Regelungen ergeben sich **aber** aus den **Grundfreiheiten**.[522]

4301

---

[516] EuGH, Rs. C-438/05, ECLI:EU:C:2007:772 (Rn. 44) – Viking bzgl. der nationalen Regelungsunmöglichkeiten.

[517] *Rixen/Scharl*, in: Stern/Sachs, Art. 28 Rn. 12; *Rebhahn*, in: GS für Heinze, 2005, S. 649 (655); a. A. *Krebber*, in: Calliess/Ruffert, Art. 28 GRCh Rn. 3 ff.: Art. 28 EGRC enthalte keine Gewährleistung.

[518] Gemeinschaftscharta der sozialen Grundrechte der Arbeitnehmer, KOM (1989) 248 endg., s. Rn. 4051.

[519] Erläuterungen zur Charta der Grundrechte, ABl. 2007 C 303, S. 17 (26); s.o. Rn. 4208.

[520] S.o. Rn. 4217 f.

[521] Vgl. *Krebber*, in: Calliess/Ruffert, Art. 28 GRCh Rn. 7 f., der eine Konkretisierung allerdings für ausgeschlossen hält, da nach seiner Ansicht Art. 153 Abs. 5 AEUV als Ausschlusstatbestand auch das Tarifvertragsrecht umfasst.

[522] S.o. Rn. 493 f., 573, 4254.

IV. Beeinträchtigung und Rechtfertigung

4302 Eine rechtfertigungspflichtige Beeinträchtigung verlangt zunächst eine Grundrechtsbindung derjenigen, deren Handlungen den Gewährleistungsbereich betreffen.[523] Gem. Art. 51 Abs. 1 EGRC gilt die EGRC für die Organe und Einrichtungen der Union und für die Mitgliedstaaten bei der Durchführung des Unionsrechts. In den für Art. 28 EGRC maßgeblichen Bereichen des Arbeitsentgelts, Koalitionsrechts, des Streikrechts und des Aussperrungsrechts besitzt die Union derzeit jedoch keine Kompetenzen, wie Art. 153 Abs. 5 AEUV klarstellt.[524] Lediglich in den Fällen, in denen bei der **Ausübung anderer Kompetenztitel** das **Recht auf Kollektivverhandlungen und Kollektivmaßnahmen berührt** wird[525] oder wenn der europäische Gesetzgeber von den Regelungskompetenzen des Art. 153 Abs. 1 lit. f) i. V. m. Abs. 2 lit. b) AEUV Gebrauch macht und das Tarifvertragsrecht ausgestaltet,[526] kann eine Bindung an Art. 28 EGRC und eine mögliche Beeinträchtigung in Betracht kommen.[527] Hinzu kommen Beeinträchtigungen der **Grundfreiheiten**.[528]

4303 Zu beachten ist zudem der **weite Spielraum**, der dem **europäischen und den mitgliedstaatlichen Gesetzgebern** bei der Ausgestaltung des Art. 28 EGRC überlassen wird.[529] Da dieser grundsätzlich die Freiheit bietet, auszugestalten, unter welchen Voraussetzungen, in welchem Umfang, unter Einhaltung welcher Regeln und in welchen Grenzen die Rechte aus Art. 28 EGRC gewährt werden,[530] ist eine **rechtfertigungsbedürftige Beeinträchtigung der Rechte nur in seltenen Fällen denkbar**. Es wird jeweils im Einzelfall abzuwägen sein, ob die europarechtliche oder mitgliedstaatliche Regelung eine zulässige Ausgestaltung oder eine bereits unzulässige Beschränkung bedeutet.[531] Zum jetzigen Zeitpunkt ist das Konfliktpotenzial im Hinblick auf Art. 28 EGRC jedenfalls als gering anzusehen.[532]

4304 Das verhält sich **anders** im Hinblick auf die **Grundfreiheiten**. Sie beschränken kollektive Maßnahmen und dabei vor allem Streiks und Blockaden gegen grenzüberschreitend tätige Unternehmen, wenn Arbeitnehmerinteressen über einen Mindestschutz hinaus durchgesetzt werden sollen, weil dann der durch die EntsendeRL

---

[523] *Rixen/Scharl*, in: Stern/Sachs, Art. 28 Rn. 16.
[524] S.o. Rn. 4217.
[525] S. *Hilbrandt*, in: Heselhaus/Nowak, § 35 Rn. 36 f.
[526] S.o. Rn. 4220.
[527] *Rebhahn*, in: GS für Heinze, 2005, S. 649 (656).
[528] EuGH, Rs. C-341/05, ECLI:EU:C: 2007:809 – Laval; Rs. C-438/05, ECLI:EU: C:2007:772 – Viking.
[529] S.o. Rn. 4296 f.
[530] Zu den Grenzen des Gestaltungsspielraums, s.o. Rn. 4298 f.
[531] *Rixen/Scharl*, in: Stern/Sachs, Art. 28 Rn. 18.
[532] *Rixen/Scharl*, in: Stern/Sachs, Art. 28 Rn. 20; *Rebhahn*, in: GS für Heinze, 2005, S. 649 (659); *Everling*, in: GS für Heinze, 2005, S. 157 (174).

96/71/EG⁵³³ auf einen Basisstandard festgelegte Rahmen überdehnt und umgekehrt gerade die nationalen Regelungsunterschiede grundsätzlich beibehaltenden Grundfreiheiten über Gebühr verkürzt würden.⁵³⁴

V. Prüfungsschema zu Art. 28 EGRC

1. Schutzbereich 4305

a) Arbeitnehmer: erbringt während einer bestimmten Zeit für einen anderen nach dessen Weisung Leistungen, für die er als Gegenleistung eine Vergütung erhält; auch individuell berechtigt und nicht nur über Kollektiv
b) Arbeitgeber: beschäftigt mindestens einen Arbeitnehmer, auch Unternehmen
c) Organisationen: Zusammenschlüsse und Vereinigungen von Arbeitnehmern (Gewerkschaften) oder Arbeitgebern; feste, auf Dauer angelegte Verbindung, die von losen, kurzzeitigen Zusammenschlüssen zu unterscheiden ist; Mitglieder ausschließlich Arbeitnehmer oder Arbeitgeber; keine Mischorganisationen
d) nicht: Vereinigungen von rein staatlichen Arbeitgebern
e) Kollektivverhandlungen dienen dazu, Tarifverträge (weit zu verstehen) auszuhandeln und zu schließen; geschützt sind alle Maßnahmen, die der Vorbereitung und dem Abschluss von tarifvertraglichen Vereinbarungen dienen
f) negative Freiheit: niemand darf zu Kollektivverhandlungen oder Tarifverträgen gezwungen werden; kein Anspruch auf Abschluss eines Tarifvertrags mit einem bestimmten Arbeitgeber; einzelne Arbeitnehmer bzw. Arbeitgeber dürfen nicht gegen ihren Willen in einen Tarifvertrag einbezogen werden, aber diesbezügliche Streiks ggf. zulässig
g) Ebene auswählbar, auf der Tarifverträge ausgehandelt und geschlossen werden können (Unternehmen, Unternehmensgruppe, Branche etc.)
h) kollektive Maßnahmen: alle Maßnahmen des Arbeitskampfes, z. B. Streik
i) auch Aussperrung
j) Recht auf kollektive Maßnahmen in allen Konfliktsituationen und nicht lediglich bei der Aushandlung von Tarifverträgen
k) negative Freiheit: Recht, keine Kollektivmaßnahmen durchzuführen, Streik oder Aussperrung fernzubleiben
l) Ausgestaltungsvorbehalt; Kollektivverhandlungen und Kollektivmaßnahmen dürfen aber nicht gänzlich unmöglich gemacht werden

---

⁵³³ RL 96/71/EG des Europäischen Parlaments und des Rates vom 16.12.1996 über die Entsendung von Arbeitnehmern im Rahmen der Erbringung von Dienstleistungen (EntsendeRL), ABl. 1997 L 18, S. 1, zuletzt geändert durch RL (EU) 2018/957, ABl. 2018 L 173, S. 16.
⁵³⁴ S. dazu EuGH, Rs. C-341/05, ECLI:EU:C:2007:809 (Rn. 108 ff.) – Laval; näher Teilband I Rn. 493 f. sowie o. Rn. 4254.

2. Beeinträchtigung

a) Wahrscheinlichkeit einer Beeinträchtigung gering, da die Union nur wenige Kompetenzen in diesem Bereich besitzt (vgl. Art. 153 Abs. 5 AEUV)
b) zudem weiter Spielraum des europäischen und der mitgliedstaatlichen Gesetzgeber bei der Ausgestaltung

3. Rechtfertigung

a) v. a. Grundfreiheiten begrenzen Blockaden und Streiks, die gegen grenzüberschreitende agierende Unternehmen mehr als soziale Mindeststandards durchsetzen sollen (*Laval*)
b) Verhältnismäßigkeit: Beurteilung im Einzelnen obliegt nationalen Gerichten, welche allerdings strikte Eckpunkte des EuGH beachten müssen

§ 3 Individuelle Arbeitnehmerrechte

A. Zugang zu einem Arbeitsvermittlungsdienst

4306 Gem. Art. 29 EGRC hat jeder Mensch das Recht auf Zugang zu einem unentgeltlichen Arbeitsvermittlungsdienst.

I. Diskussion im Grundrechtekonvent

4307 Ursprünglich hatte in die EGRC ein Recht auf Arbeit aufgenommen werden sollen, in dem in Abs. 2 der Zugang zu einem unentgeltlichen Arbeitsvermittlungsdienst geregelt war.[535] Dies entspricht der Normierung in der ESC.[536] Dort ist in Art. 1 Abs. 3 die Verpflichtung des Staates zur Einrichtung eines unentgeltlichen Arbeitsvermittlungsdienstes als ein Teilaspekt des Rechts auf Arbeit formuliert.[537]

4308 Das **Recht auf Arbeit** war jedoch höchst **umstritten**. Schließlich wurde auf seine Aufnahme in die EGRC **verzichtet**.[538] Auch gegen die Aufnahme eines Rechts auf Zugang zu einem Arbeitsvermittlungsdienst wurde eingewandt, die Regelung falle

---

[535] *Hüpers/Reese*, in: Meyer/Hölscheidt, Art. 29 Rn. 6; *Lang*, in: Stern/Sachs, Art. 29 Rn. 2; *Bernsdorff/Borowsky*, Die Charta der Grundrechte der Europäischen Union, 2002, S. 319 f.
[536] S.u. Rn. 4309.
[537] *Dorfmann*, Soziale Gewährleistungen in der Charta der Grundrechte der Europäischen Union, 2002, S. 47, Fn. 113.
[538] *Lang*, in: Stern/Sachs, Art. 29 Rn. 2.

§ 3 Individuelle Arbeitnehmerrechte

nicht in den Kompetenzbereich der Union[539] und sei unmöglich zu verwirklichen.[540] Strittig war zudem, ob eine Unentgeltlichkeit festgeschrieben werden sollte.[541] Schließlich wurde das **Recht auf Zugang** zu einem unentgeltlichen Arbeitsvermittlungsdienst in Art. 29 EGRC **aufgenommen**, unter Hinweis auf den „**Mehrwert**",[542] den die EGRC durch dieses Recht erfahre, da mit ihr Arbeitslosigkeit als Zentralproblem benannt werde.[543]

II. Grundlagen

1. ESC und GCSGA

Nach den Erläuterungen zur EGRC[544] stützt sich Art. 29 EGRC auf Art. 1 Abs. 3 ESC[545] sowie auf Nr. 13 GCSGA.[546] Gem. **Art. 1 Abs. 3 ESC** verpflichten sich die Vertragsparteien, um die wirksame Ausübung des Rechtes auf Arbeit zu gewährleisten, **unentgeltliche Arbeitsvermittlungsdienste für alle Arbeitnehmer** einzurichten oder aufrecht zu erhalten. 4309

Nach **Nr. 13 GCSGA** ist, um die Beilegung von Arbeitsstreitigkeiten zu erleichtern, in Übereinstimmung mit den einzelstaatlichen Gepflogenheiten die Einführung und Anwendung von Vermittlungs-, Schlichtungs- und Schiedsverfahren auf geeigneter Ebene zu erleichtern. Nr. 13 GCSGA nennt damit nur kurz sowie **beiläufig** den **Vermittlungsdienst** und bezieht diesen auf die **Streitbeilegung**, nicht auf die Arbeitsvermittlung.[547] Inhaltlich ist Nr. 13 GCSGA, der gemeinsam mit Nr. 11, 12 und 14 GCSGA mit „Koalitionsfreiheit und Tarifverhandlungen" überschrieben ist, auf **Kollektivmaßnahmen bei Interessenkonflikten** fokussiert.[548] Daher verwundert der Hinweis in den Erläuterungen zur EGRC.[549] Überzeugender wäre ein 4310

---

[539] So der schwedische Vertreter *Tarschys*, s. *Bernsdorff/Borowsky*, Die Charta der Grundrechte der Europäischen Union, 2002, S. 320; *Lang*, in: Stern/Sachs, Art. 29 Fn. 3; *Hüpers/Reese*, in: Meyer/Hölscheidt, Art. 29 Rn. 7 f.
[540] So die Auffassung des Niederländers *Patijn*, unterstützt von dem Vertreter Großbritanniens, *Bowness*, s. *Bernsdorff/Borowsky*, Die Charta der Grundrechte der Europäischen Union, 2002, S. 321; *Lang*, in: Stern/Sachs, Art. 29 Fn. 3; *Hüpers/Reese*, in: Meyer/Hölscheidt, Art. 29 Rn. 8.
[541] *Lörcher*, in: Unteilbarkeit auf Europäisch, 2001, S. 37 (47 f.).
[542] So der spanische Vertreter *Bereijo*, s. *Bernsdorff/Borowsky*, Die Charta der Grundrechte der Europäischen Union, 2002, S. 320; *Lang*, in: Stern/Sachs, Art. 29 Fn. 5 f.
[543] *Lang*, in: Stern/Sachs, Art. 29 Rn. 13.
[544] Erläuterungen zur Charta der Grundrechte, ABl. 2007 C 303, S. 17 (26).
[545] Europäische Sozialcharta vom 18.10.1961, Europarat SEV-Nr. 035, s. Rn. 4046 ff.
[546] Gemeinschaftscharta der sozialen Grundrechte der Arbeitnehmer, KOM (1989) 248 endg., s. Rn. 4051.
[547] *Hüpers/Reese*, in: Meyer/Hölscheidt, Art. 29 Rn. 1.
[548] *Hüpers/Reese*, in: Meyer/Hölscheidt, Art. 29 Rn. 1.
[549] *Jarass/Kment*, § 30 Rn. 1; *Lang*, in: Stern/Sachs, Art. 29 Rn. 6; *Rengeling/Szczekalla*, Rn. 1009; *Hüpers/Reese*, in: Meyer/Hölscheidt, Art. 29 Rn. 1; *Streinz*, in: ders., Art. 29 GR-Charta Rn. 1.

Verweis auf **Nr. 6 GCSGA** gewesen, wonach „jeder ... die Dienste der Arbeitsämter unentgeltlich in Anspruch nehmen können" muss.[550]

2. Europäischer Besitzstand

4311   Bislang ist das Recht auf Zugang zu einem Arbeitsvermittlungsdienst europarechtlich nicht konkretisiert.[551] Art. 153 Abs. 1 lit. h) i. V. m. Abs. 2 lit. b) AEUV gibt dem Rat die Befugnis, durch Richtlinien Mindestvorschriften zur Unterstützung der Tätigkeit der Mitgliedstaaten bei der beruflichen Eingliederung der aus dem Arbeitsmarkt ausgegrenzten Personen zu erlassen. **Art. 153 Abs. 1 lit. h) AEUV** bietet mithin grundsätzlich eine **Grundlage** für alle **Regelungen**, die das Ziel der **Eingliederung** verfolgen.[552] Darunter könnte auch die Einführung von Arbeitsvermittlungsdiensten gefasst werden, da diese dazu dienen, Arbeitssuchende beim Wiedereinstieg in das Berufsleben zu unterstützen.

4312   Allerdings ist Art. 166 AEUV zu beachten, zumal Art. 153 Abs. 1 lit. h) AEUV darauf Bezug nimmt. Art. 166 AEUV behandelt die europäische Kompetenz für die **berufliche Bildung**. Danach unterstützt und ergänzt die Union im betreffenden Bereich lediglich die Maßnahmen der Mitgliedstaaten und beachtet deren Verantwortung für Inhalt und Gestaltung. Nach Art. 166 AEUV verbleibt damit die **grundsätzliche Kompetenz bei** den **Mitgliedstaaten**,[553] weshalb den europäischen Handlungsmöglichkeiten enge Grenzen gesetzt sind.[554] Wenn die Union in diesen Grenzen im Bereich der beruflichen Bildung tätig wird, verfolgt sie unter anderem gem. Art. 166 Abs. 2 2. Spiegelstrich AEUV das Ziel der Verbesserung der beruflichen Erstausbildung und Weiterbildung zur Erleichterung der beruflichen Eingliederung und Wiedereingliederung in den Arbeitsmarkt.

4313   Aufgrund der bereits begrifflichen Überschneidungen von Art. 153 Abs. 1 lit. h) AEUV und Art. 166 Abs. 2 2. Spiegelstrich AEUV sind die Grenzen zwischen den beiden Zuständigkeiten nicht eindeutig.[555]

4314   So kann die **berufliche Bildung** auch der **beruflichen Eingliederung** der aus dem Arbeitsmarkt Ausgegliederten dienen. Bei den Maßnahmen nach Art. 166 AEUV liegt jedoch der Schwerpunkt auf der beruflichen Bildung und Qualifikation, während der Hauptakzent bei **Art. 153 AEUV** auf die **Integration der Beschäfti-**

---

[550] *Lang*, in: Stern/Sachs, Art. 29 Rn. 6; *Rengeling/Szczekalla*, Rn. 1009; *Hilbrandt*, in: Heselhaus/Nowak, § 42 Rn. 10.

[551] *Krebber*, in: Calliess/Ruffert, Art. 29 GRCh Rn. 5.

[552] *Krebber*, in: Calliess/Ruffert, Art. 153 AEUV Rn. 27.

[553] *Ruffert*, in: Calliess/Ruffert, Art. 166 AEUV Rn. 5; *Simm*, in: Schwarze/Becker/Hatje/Schoo, Art. 166 AEUV Rn. 15 f.

[554] *Ruffert*, in: Calliess/Ruffert, Art. 166 AEUV Rn. 5 m. w. N. in Fn. 3.

[555] *Eichenhofer*, in: Streinz, Art. 153 AEUV Rn. 23; *Krebber*, in: Calliess/Ruffert, Art. 153 AEUV Rn. 27.

§ 3 Individuelle Arbeitnehmerrechte   473

gungslosen gerichtet ist.[556] Die **reine Arbeitsvermittlung** fällt daher unter Art. 153 AEUV, sodass gem. Art. 153 Abs. 1 lit. h) i. V. m. Abs. 2 lit. b) AEUV eine **europäische Kompetenz** besteht.[557]

Sollte die Vermittlungstätigkeit jedoch auch Bereiche im Rahmen von beruflichen Qualifizierungsmaßnahmen erfassen, wie es teilweise bei der deutschen Agentur für Arbeit der Fall ist, sind Maßnahmen der Union nur in den engen Grenzen des Art. 166 AEUV zulässig. 4315

3. EuGH-Rechtsprechung

Der EuGH hat soweit ersichtlich bislang **kein Grundrecht auf Zugang zu einem unentgeltlichen Arbeitsvermittlungsdienst anerkannt**.[558] Da sich der EuGH zur Herausbildung von Grundrechten insbesondere auf die gemeinsamen Verfassungsüberlieferungen der Mitgliedstaaten berief, verwundert dieses Ergebnis nicht. 4316

4. Verfassungen der Mitgliedstaaten

In **keiner** der Verfassungen der Mitgliedstaaten findet sich eine **explizite Normierung** eines Rechts auf Zugang zu einem unentgeltlichen Arbeitsvermittlungsdienst.[559] Allerdings wird z. T. der Versuch unternommen, ein solches Recht dem **Recht auf Arbeit**, der Berufsfreiheit oder anderen berufsbezogenen Grundrechten zu entnehmen.[560] 4317

III. Einordnung

1. Qualifizierung als Grundrecht

Die meisten Stimmen in der deutschen Literatur sehen in Art. 29 EGRC keinen Grundsatz, sondern ein voll subjektiv einforderbares Grundrecht.[561] Diese Einordnung entspricht Wortlaut, Genese, Systematik sowie, wenngleich nicht eindeutig, auch dem Zweck der Vorschrift. 4318

---

[556] *Eichenhofer*, in: Streinz, Art. 153 AEUV Rn. 23.
[557] Nur für Teilaspekte *Krebber*, in: Calliess/Ruffert, Art. 29 GRCh Rn. 5.
[558] *Hilbrandt*, in: Heselhaus/Nowak, § 42 Rn. 12.
[559] *Lang*, in: Stern/Sachs, Art. 29 Rn. 4; *Hüpers/Reese*, in: Meyer/Hölscheidt, Art. 29 Rn. 5; *Streinz*, in: ders., Art. 29 GR-Charta Rn. 2; *Hilbrandt*, in: Heselhaus/Nowak, § 38 Rn. 2.
[560] S. *Streinz*, in: ders., Art. 29 GR-Charta Rn. 2; *Hilbrandt*, in: Heselhaus/Nowak, § 38 Rn. 6 (mit Verweis auf Art. 29 EGRC, der aber auch kein explizites Recht enthält); ausführlich *Hüpers/Reese*, in: Meyer/Hölscheidt, Art. 29 Rn. 5.
[561] *Rengeling/Szczekalla*, Rn. 1025; *Jarass/Kment*, § 30 Rn. 2; nur für Recht auf gleiche Teilhabe *Hüpers/Reese*, in: Meyer/Hölscheidt, Art. 29 Rn. 19 ff.; *Lang*, in: Stern/Sachs, Art. 29 Rn. 7.

a) Wortlaut

4319 Art. 29 EGRC ist überschrieben als **Recht auf Zugang** zu einem Arbeitsvermittlungsdienst. Dazu gehört nur ein Teilhaberecht, kein Recht auf Schaffung oder auch nur Erweiterung, und damit Elementen, denen kein Grundrechtscharakter zugebilligt wird,[562] ja die gar nicht umfasst sind, zumal nicht im Sinne eines echten Leistungsrechts.[563] Auch im Normtext wird von einem Recht gesprochen.

b) Genese

4320 Ursprünglich hatte Art. 29 EGRC als Teilaspekt eines „**Rechts auf Arbeit**" geregelt werden sollen. Dies hatte sich jedoch **nicht durchsetzen** können, da dem Recht auf Arbeit entgegengehalten wurde, dass damit ein einklagbares Recht auf einen Arbeitsplatz gegeben würde.[564] In der EGRC fand letztlich nur der dem heutigen Art. 29 EGRC entsprechende Abs. 2 des ursprünglichen Entwurfs des „Rechts auf Arbeit" Eingang.[565] Auch wenn damit gegen das Recht auf Arbeit eingewandt wurde, dass es kein subjektives Recht darstellen dürfe, schienen diese Bedenken offensichtlich bei dem Zugang zu einem unentgeltlichen Arbeitsvermittlungsdienst nicht zu bestehen. Die Genese ergibt daher zwar nicht eindeutig, dass Art. 29 EGRC als subjektives Recht zu qualifizieren ist, es schließt dies jedoch auch nicht aus.

c) Systematik

4321 Art. 29 EGRC entspricht in Überschrift und textlicher Ausgestaltung Art. 28 EGRC, der ebenfalls von einem „Recht auf ..." spricht. Art. 28 EGRC verleiht nicht zuletzt aufgrund dieser Formulierung ein einforderbares Grundrecht.[566] Gleiches muss daher für Art. 29 EGRC gelten.

d) Zweck

4322 Sinn und Zweck von Art. 29 EGRC ist es, Arbeitslosigkeit als Zentralproblem zu benennen. **Arbeitslose Menschen** sollen bei ihrer Suche nach einer neuen Beschäftigung **unterstützt** werden. Ihnen ist am besten geholfen, wenn ihnen ein **subjektives Recht** auf Zugang zu einem unentgeltlichen Arbeitsvermittlungsdienst eingeräumt wird.

4323 Würde man Art. 29 EGRC als Grundsatz verstehen, wäre damit dem Hauptziel der Vorschrift, Arbeitslosigkeit als Problem zu benennen, allerdings ebenfalls Rechnung getragen. Daher lassen Sinn und Zweck des Art. 29 EGRC keine eindeutige

---

[562] *Hüpers/Reese*, in: Meyer/Hölscheidt Art. 29 Rn. 19-22.
[563] *Lang*, in: Stern/Sachs, Art. 29 Rn. 7.
[564] Vgl. *Blanke*, in: Stern/Sachs, Art. 15 Rn. 2; auch *Losch/Radau*, NVwZ 2003, 1440 (1444).
[565] *Lang*, in: Stern/Sachs, Art. 29 Rn. 2.
[566] S.o. Rn. 4233 ff.

§ 3 Individuelle Arbeitnehmerrechte

Zuordnung als subjektives Recht oder Grundsatz zu. Aufgrund des Wortlauts und des Vergleichs mit Art. 28 EGRC ist **Art. 29 EGRC insgesamt** jedoch als **subjektives Recht** zu qualifizieren.

2. Funktion

Es ist umstritten, ob das Recht auf Zugang zu einem Arbeitsvermittlungsdienst als reines Abwehrrecht[567] oder als Leistungsrecht oder aber als Teilhaberecht[568] zu verstehen ist.[569] 4324

a) Kein Abwehrrecht

Die Auslegung von Art. 29 EGRC als reines Abwehrrecht würde bedeuten, dass Art. 29 EGRC eine **Freiheitssphäre** schafft, in der jeder Mensch vor Eingriffen durch die Union und die Mitgliedstaaten[570] geschützt ist.[571] Dies hätte zur Folge, dass die Union und die Mitgliedstaaten keine Maßnahmen ergreifen dürften, welche die Menschen[572] daran hindern würden, unentgeltliche Arbeitsvermittlungsdienste in Anspruch zu nehmen.[573] 4325

Dies ist jedoch **bereits durch die Berufsfreiheit** des Art. 15 EGRC **geschützt**. Gem. Art. 15 Abs. 1 EGRC hat jede Person das Recht, zu arbeiten. Dies ist nicht als subjektive Anspruchsposition im Sinne eines Rechts auf Verschaffung eines Arbeitsplatzes, sondern als reine Abwehr zu verstehen.[574] Daraus folgt, dass die Union und die Mitgliedstaaten keine aktiven Schritte unternehmen dürfen, um Menschen an der Arbeitsaufnahme zu hindern.[575] Diese aus Art. 15 Abs. 1 EGRC resultierende Verpflichtung umfasst auch, Menschen nicht daran zu hindern, einen Arbeitsvermittlungsdienst aufzusuchen, da dies nur einen Zwischenschritt zur Erlangung eines Arbeitsplatzes darstellt.[576] 4326

---

[567] *Meyer/Engels*, in: Deutscher Bundestag (Hrsg.), Die Charta der Grundrechte der Europäischen Union, 2001, S. 7 (27); *Krebber*, in: Calliess/Ruffert, Art. 29 GRCh Rn. 4; so auch *Hüpers/Reese*, in: Meyer/Hölscheidt Art. 29 Rn. 22, welcher insofern von der „besonderen Abwehrdimension" des Art. 29 spricht.
[568] *Lang*, in: Stern/Sachs, Art. 29 Rn. 7; *Jarass/Kment*, § 30 Rn. 2.
[569] S. *Streinz*, in: ders., Art. 29 GR-Charta Rn. 3; *Hilbrandt*, in: Heselhaus/Nowak, § 42 Rn. 16.
[570] S. Art. 51 Abs. 1 S. 1 EGRC.
[571] Vgl. *Jarass/Kment*, § 5 Rn. 3.
[572] S.u. Rn. 4334 ff.
[573] *Streinz*, in: ders., Art. 29 GR-Charta Rn. 3; *Krebber*, in: Calliess/Ruffert, Art. 29 GRCh Rn. 4; *Hilbrandt*, in: Heselhaus/Nowak, § 38 Rn. 16.
[574] *Blanke*, in: Stern/Sachs, Art. 15 Rn. 5; *Bernsdorff*, in: Meyer/Hölscheidt, Art. 15 Rn. 16. Näher o. Rn. 2959 ff.
[575] *Blanke*, in: Stern/Sachs, Art. 15 Rn. 32; vgl. *Meyer/Engels*, ZRP 2000, 368 (370).
[576] Vgl. *Hüpers/Reese*, in: Meyer/Hölscheidt, Art. 29 Rn. 22 a.E.

4327 Würde man in Art. 29 EGRC ein auf alle Personen bezogenes Abwehrrecht sehen, würde man der Norm folglich den eigenständigen Regelungsgehalt absprechen. Dass Art. 29 EGRC neben Art. 15 EGRC jedoch einen zusätzlichen Bereich erfasst, zeigt sich bereits daran, dass der Zugang zu einem unentgeltlichen Arbeitsvermittlungsdienst ursprünglich zusammen mit der Berufsfreiheit geregelt werden sollte,[577] schließlich jedoch als eigenständiger Grundrechtsartikel in die EGRC aufgenommen wurde.[578] Das spricht auch dagegen, Art. 29 EGRC als Abwehrrecht von – auch juristische Personen bildenden – Arbeitsvermittlungsdiensten zu betrachten welches wegen seiner Reichweite einer Qualifikation des Art. 29 EGRC als subjektives Recht entgegenstehen könnte.[579] Art. 29 EGRC ist daher nicht als Abwehrrecht zu qualifizieren.

b) Kein originäres Leistungsrecht

4328 Aufgrund der Formulierung des Art. 29 EGRC, wonach lediglich „Zugang" gewährt werden muss, ist Art. 29 EGRC nicht die Verpflichtung zu entnehmen, dass Arbeitsvermittlungsdienste durch den Staat neu eingerichtet oder erweitert werden müssen.[580] Geschützt wird **lediglich die Partizipation an vorhandenen Vermittlungsdiensten.**[581] Bei Art. 29 EGRC handelt es sich demnach nicht um ein originäres Leistungsrecht, etwa gegen die Annahme von **Wettbewerbsverstößen**.[582] Insoweit greift höchstens die Berufsfreiheit der Arbeitsvermittlungsdienste nach Art. 15 EGRC. Das gilt auch im Hinblick auf negative Folgen aus der Inanspruchnahme von unentgeltlichen Arbeitsvermittlungsdiensten;[583] im Übrigen wird dadurch der Zugang und damit die Teilhabedimension beeinträchtigt.[584]

c) Teilhaberecht

4329 Art. 29 EGRC ist vielmehr ein Teilhaberecht.[585] Die Union und die Mitgliedstaaten müssen sicherstellen, dass **jeder Mensch an bestehenden Arbeitsvermittlungs-**

---

[577] Als „Recht auf Arbeit", s.o. Rn. 4307.
[578] S.o. Rn. 4308.
[579] Insoweit abl. *Hüpers/Reese*, in: Meyer/Hölscheidt, Art. 29 Rn. 19 ff.; *Lang*, in Stern/Sachs, Art. 29 Rn. 7.
[580] *Hüpers/Reese*, in: Meyer/Hölscheidt, Art. 29 Rn. 19 f.; *Lang*, in: Stern/Sachs, Art. 29 Rn. 7; *Krebber*, in: Calliess/Ruffert, Art. 29 GRCh Rn. 4; *Bernsdorff*, VSSR 2001, 1 (19).
[581] *Bernsdorff*, VSSR 2001, 1 (19).
[582] Dafür *Hüpers/Reese*, in: Meyer/Hölscheidt, Art. 29 Rn. 22.
[583] Insoweit für Art. 29 EGRC als Abwehrrecht *Hüpers/Reese*, in: Meyer/Hölscheidt, Art. 29 Rn. 22.
[584] *Hüpers/Reese*, in: Meyer/Hölscheidt, Art. 29 Rn. 19 f.; *Lang*, in: Stern/Sachs, Art. 29 Rn. 7.
[585] S. *Lang*, in: Stern/Sachs, Art. 29 Rn. 7; *Jarass/Kment*, § 30 Rn. 2: Leistungsgrundrecht in der Variante eines Teilhaberechts; *Losch/Radau*, NVwZ 2003, 1440 (1444).

diensten teilhaben kann.[586] Sie müssen den **Zugang diskriminierungsfrei und gleichheitskonform** ausgestalten.[587]

Grundsätzlich sind Teilhaberechte auf die Teilhabe bzw. den Zugang zu staatlichen Einrichtungen gerichtet.[588] Art. 29 EGRC lässt hingegen offen, ob die Vermittlungsdienste öffentlich oder privat organisiert sind.[589] Da allerdings gem. Art. 29 EGRC der Zugang von der Union und den Mitgliedstaaten[590] gewährleistet sein muss, kann die **Arbeitsvermittlung** nur dann **auf Private** übertragen werden, **wenn** gleichzeitig ein **Zugangsrecht** zu ihren Diensten gewährleistet ist.[591]

4330

Die Union und die Mitgliedstaaten müssen daher sicherstellen, dass jeder Mensch in gleicher Weise Zugang zu einem unentgeltlichen Arbeitsvermittlungsdienst hat, unabhängig davon, ob die bestehenden Vermittlungsdienste öffentlich oder durch Private organisiert sind.

4331

3. Abgrenzung

a) Art. 15 EGRC

Im Verhältnis zur Berufsfreiheit des Art. 15 EGRC geht Art. 29 EGRC als lex specialis vor.[592] Überschneidungen dürften jedoch nur selten entstehen, da Art. 15 EGRC und Art. 29 EGRC **unterschiedliche Zielrichtungen** aufweisen. Während **Art. 15 EGRC** ein **reines Freiheitsrecht** ist, das vor Eingriffen seitens der Union und der Mitgliedstaaten schützen soll,[593] so auch in die Berufsfreiheit der (privaten) Arbeitsvermittlungsdienste, gewährleistet Art. 29 EGRC den Zugang zu Arbeitsvermittlungsdiensten und verleiht damit einen Anspruch auf diskriminierungsfreien und gleichheitskonformen Zugang.[594]

4332

b) Art. 36 EGRC

Der **Arbeitsvermittlungsdienst** bildet einen **Sonderfall** einer Dienstleistung von allgemeinem wirtschaftlichem Interesse nach Art. 36 EGRC.[595] Schließlich steht der

4333

---

[586] Vgl. *Jarass*, § 5 Rn. 7.
[587] *Lang*, in: Stern/Sachs, Art. 29 Rn. 7; *Bernsdorff*, VSSR 2001, 1 (19).
[588] *Jarass/Kment*, § 5 Rn. 7.
[589] *Hüpers/Reese*, in: Meyer/Hölscheidt, Art. 29 Rn. 21.
[590] Vgl. Art. 51 Abs. 1 S. 1 EGRC.
[591] *Krebber*, in: Calliess/Ruffert, Art. 29 GRCh Rn. 4.
[592] *Jarass/Kment*, § 30 Rn. 3; *Rengeling/Szczekalla*, Rn. 1033; s.o. Rn. 2903.
[593] S.o. Rn. 4326 f.
[594] S.u. Rn. 4342.
[595] *Rengeling/Szczekalla*, Rn. 1010, 1025.

allgemeine Zugang im Vordergrund. Dieser wird aber speziell und stärker ausgeprägt als im Rahmen von Art. 36 EGRC geregelt. **Art. 29 EGRC** ist daher **lex specialis**.

IV. Gewährleistungsbereich

1. Grundrechtsträger

a) Nur natürliche Personen

4334 In der ursprünglichen Fassung der **EGRC von 2000** war davon die Rede, dass „**jede Person**" das Recht auf Zugang zu einem unentgeltlichen Arbeitsvermittlungsdienst hat. Bei dieser Formulierung könnte zweifelhaft sein, ob nur natürliche oder auch juristische Personen berechtigt sind.

4335 In der aktualisierten Fassung der **EGRC von 2007** ist der Begriff „jede Person" durch die Formulierung „**jeder Mensch**" ersetzt worden. Damit ist jedoch keine inhaltliche Änderung vorgenommen, sondern lediglich eine missverständliche Übersetzung aus der französischen Ausgangsfassung korrigiert worden. Der Begriff Person war auch in der französischen, spanischen und portugiesischen Fassung der EGRC verwandt worden („personne", „persona" und „pessoa"). Da neben dem Begriff „Person" in der EGRC jedoch auch der Begriff „Mensch" verwandt wurde (beispielsweise in Art. 1 EGRC „Würde des Menschen"), war insbesondere in Deutschland die Frage aufgekommen, welche unterschiedlichen Inhalte die Begriffe bezeichnen.

4336 Es entfachte sich eine Debatte, ob mit der Verwendung der beiden Begriffe in die in der Philosophie und Bioethik diskutierte Unterscheidung zwischen Menschen und Personen eingegriffen wurde. Die Verwendung des Begriffs „**Person**" basierte aber lediglich auf einer **missglückten Übersetzung der französischen Ausgangsfassung**. Diese sprach geschlechtsneutral von „personne" anstatt von „homme", da Letzteres zwar einerseits „Mensch", aber andererseits auch „Mann" bedeutet. Das Missverständnis wurde durch die veränderte Fassung im Text der Europäischen Verfassung ausgeräumt, ohne dass es zu einer inhaltlichen Änderung gekommen ist.

4337 Folglich ist die Formulierung des Art. 29 EGRC dahin auszulegen, dass lediglich Menschen und damit nur natürliche Personen Träger des Rechts auf einen unentgeltlichen Arbeitsvermittlungsdienst sind. **Juristische Personen** können sich **nicht** auf das Recht aus Art. 29 EGRC berufen.[596]

4338 Da Art. 29 EGRC allgemein von „Menschen" spricht, greift die Gewährleistung unabhängig von einer bestehenden Arbeitnehmereigenschaft, vom Alter oder ähnlichem ein.[597] Auch auf die **Staatsangehörigkeit** kommt es **nicht** an.[598]

---

[596] *Jarass/Kment*, § 30 Rn. 5.
[597] *Krebber*, in: Calliess/Ruffert, Art. 29 GRCh Rn. 3.
[598] *Jarass/Kment*, § 30 Rn. 5; *Hüpers/Reese*, in: Meyer/Hölscheidt, Art. 29 Rn. 11; a.A. *Hilbrandt*, in: Heselhaus/Nowak, § 42 Rn. 13, der aufgrund einer teleologischen Reduktion nur Unionsbürger erfasst sehen will.

§ 3 Individuelle Arbeitnehmerrechte

b) Nur Arbeitnehmerinnen und Arbeitnehmer

Allerdings ist nach Sinn und Zweck der Vorschrift, arbeitslosen Menschen eine Hilfestellung bei der Arbeitssuche zu bieten, die Grundrechtsträgerschaft auf Arbeitnehmerinnen bzw. Arbeitnehmer beschränkt.[599] Die Berechtigten müssen dies zumindest werden wollen und dürfen aktuell bislang keine Arbeit gefunden haben.

Arbeitgeberinnen und Arbeitgeber haben **kein** aus Art. 29 EGRC resultierendes **Recht** auf Zugang zu einem unentgeltlichen Arbeitsvermittlungsdienst. Zwar mag es in ihrem Interesse liegen, mit einem solchen Vermittlungsdienst zu kooperieren, ihnen steht jedoch kein subjektives Recht auf Zugang zu – es sei denn, sie wollen ihre Selbstständigkeit aufgeben und Arbeitnehmerinnen und Arbeitnehmer werden, so im Gefolge der Corona-Krise.

4339

4340

2. Arbeitsvermittlungsdienst

Arbeitsvermittlung ist eine Tätigkeit, die darauf gerichtet ist, **Arbeitssuchende und Arbeitgeber** im Interesse der Begründung eines neuen Arbeitsverhältnisses **zusammenzubringen**.[600] Das tatsächliche Zustandekommen eines Arbeitsvertrags wird den beteiligten Privatpersonen überlassen, weshalb Art. 29 EGRC **keinen Anspruch auf** Erzielung eines **Vermittlungserfolges** enthält.[601]

Ob solche Dienste durch staatliche Stellen oder privatwirtschaftlich angeboten werden, lässt Art. 29 EGRC offen.[602] Grundsätzlich ist daher **sowohl** eine **öffentlich-rechtliche als auch eine privatrechtliche Organisation** in staatlicher Hand wie auch eine komplette Ausübung durch **private Vermittler** möglich.[603] Allerdings verlangt Art. 29 EGRC als Teilhaberecht,[604] dass die Union und die Mitgliedstaaten sicherstellen, dass jeder Mensch Zugang zu einem unentgeltlichen Arbeitsvermittlungsdienst hat. Sie haben daher dafür Sorge zu tragen, dass auch bei privaten Arbeitsvermittlungen ein diskriminierungsfreier und gleichheitskonformer Zugang gewährt wird.[605]

4341

4342

---

[599] *Krebber*, in: Calliess/Ruffert, Art. 29 GRCh Rn. 3; a.A. *Hilbrandt*, in: Heselhaus/Nowak, § 42 Rn. 14.
[600] *Jarass/Kment*, § 30 Rn. 4; *Lang*, in: Stern/Sachs, Art. 29 Rn. 8.
[601] *Lang*, in: Stern/Sachs, Art. 29 Rn. 8.
[602] *Hüpers/Reese*, in: Meyer/Hölscheidt, Art. 29 Rn. 17; *Hilbrandt*, in: Heselhaus/Nowak, § 42 Rn. 15.
[603] *Krebber*, in: Calliess/Ruffert, Art. 29 GRCh Rn. 4; *Dorfmann*, Soziale Gewährleistungen in der Charta der Grundrechte der Europäischen Union, 2002, S. 46; zur privaten Arbeitsvermittlung in Deutschland *Kühl/Breitkreuz*, NZS 2004, 568 ff.
[604] S.o. Rn. 4329.
[605] *Krebber*, in: Calliess/Ruffert, Art. 29 GRCh Rn. 4.

3. Unentgeltlich

4343 Obwohl das Recht auf einen unentgeltlichen Arbeitsvermittlungsdienst schon lange durch Art. 1 Abs. 3 ESC[606] anerkannt ist,[607] war im Grundrechtekonvent nur mit Mühe zu erreichen, dass die Unentgeltlichkeit auch im EU-Rahmen festgeschrieben wird.[608] Sie wurde seitens der Wirtschaft mit dem Argument kritisiert, die Bedingung der Unentgeltlichkeit komme einer Bestandsgarantie für das öffentliche Arbeitsvermittlungswesen gleich.[609] Indes ist auch eine gänzliche Übertragung auf private Vermittler möglich, wenn nur der allgemeine Zugangsanspruch gewahrt wird.[610]

4344 Da das Recht aus Art. 29 EGRC auf Arbeitnehmer als Grundrechtsträger beschränkt ist,[611] dürfen von den Arbeitsuchenden **keine Gebühren, Kosten, Honorare** oder Ähnliches für die Vermittlung erhoben werden.[612] **Für Arbeitgeber** muss die Arbeitsvermittlung hingegen **nicht unentgeltlich** sein.[613] Sie sind durch Art. 29 EGRC nicht begünstigt.[614] In der Praxis wird allerdings häufig auch für die Arbeitgeber die Zusammenarbeit mit einem Arbeitsvermittlungsdienst unentgeltlich erfolgen, da der Vermittlungsdienst auf die Kooperation der Arbeitgeber angewiesen ist und andernfalls eine Vermittlung von Arbeitsuchenden erheblich erschwert würde.[615]

4. Negative Freiheit

4345 Art. 29 EGRC enthält ein Recht auf Zugang zu einem unentgeltlichen Arbeitsvermittlungsdienst. Als negative Freiheit enthält er damit auch die **Möglichkeit, die Dienste nicht in Anspruch zu nehmen**.[616]

4346 Die in Deutschland im Hinblick auf die als Teil der so genannten **Hartz IV**-Gesetzgebung eingeführten **Sanktionen** bei einer Nicht- oder „Schlecht"-Inanspruchnahme von Arbeitsvermittlungsdiensten[617] sind daher problematisch.[618]

---

[606] Europäische Sozialcharta vom 18.10.1961, Europarat SEV-Nr. 035, s. Rn. 4046 ff.
[607] S.o. Rn. 4309.
[608] *Lörcher*, in: Unteilbarkeit auf Europäisch, 2001, S. 37 (47 f.).
[609] *Lang*, in: Stern/Sachs, Art. 29 Rn. 9.
[610] S.o. Rn. 4342.
[611] S.o. Rn. 4339.
[612] *Jarass/Kment*, § 30 Rn. 4.
[613] *Krebber*, in: Calliess/Ruffert, Art. 29 GRCh Rn. 4.
[614] S.o. Rn. 4339.
[615] *Krebber*, in: Calliess/Ruffert, Art. 29 GRCh Rn. 4.
[616] *Lang*, in: Stern/Sachs, Art. 29 Rn. 9 a.E.; *Rengeling/Szczekalla*, Rn. 1011.
[617] S. § 31 SGB II.
[618] *Rengeling/Szczekalla*, Rn. 1011; *Hüpers/Reese*, in: Meyer/Hölscheidt, Art. 29 Rn. 21 a.E. in Fn. 43; *Streinz*, in: ders., Art. 29 GR-Charta Rn. 4.

Indes lässt sich ein solcher Eingriff dadurch rechtfertigen, dass die betroffenen Personen wegen bislang erfolgloser Arbeitssuche Geld erhalten und daher für diesen Zweck zur Verfügung stehen sowie sich um Arbeit bemühen müssen.

Eingriffe können weiter darin bestehen, dass **bestimmte Personen keinen** oder keinen **unentgeltlichen Zugang** zu einem Arbeitsvermittlungsdienst erhalten.[619] Da Art. 29 EGRC gerade einen allgemeinen, kostenlosen Zugangsanspruch aufstellt, sind an solche Beschränkungen **strenge Anforderungen** zu stellen. Sie können beispielsweise in **schweren Verfehlungen** des Beeinträchtigten liegen, so bei einem **Missbrauch** durch bloßes Vortäuschen von Arbeitsbereitschaft.

4347

V. Prüfungsschema zu Art. 29 EGRC

1. Schutzbereich

4348

a) Zugang zu Arbeitsvermittlung: Tätigkeit, die darauf gerichtet ist, Arbeitssuchende und Arbeitgeber im Interesse der Begründung eines neuen Arbeitsverhältnisses zusammenzubringen; das tatsächliche Zustandekommen eines Arbeitsvertrags wird den beteiligten Privatpersonen überlassen; kein Anspruch auf Erzielung eines Vermittlungserfolges

b) unentgeltlich für den Arbeitssuchenden (keine Gebühren, Kosten, Honorare oder Ähnliches), nicht für den Arbeitgeber

c) negative Freiheit: Möglichkeit, unentgeltliche Arbeitsvermittlungsdienste nicht in Anspruch zu nehmen

2. Beeinträchtigung

a) Personen erhalten keinen oder keinen unentgeltlichen Zugang zu einem Arbeitsvermittlungsdienst

b) Sanktionen bei einer Nicht- oder „Schlecht"-Inanspruchnahme von Arbeitsvermittlungsdiensten

3. Rechtfertigung

a) Erhalt staatlicher Leistungen bei Arbeitslosigkeit

b) Missbrauch staatlicher Förderung durch bloßes Vortäuschen von Arbeitsbereitschaft

B. Schutz bei ungerechtfertigter Entlassung

Gem. Art. 30 EGRC hat jede Arbeitnehmerin und jeder Arbeitnehmer nach dem Unionsrecht und den einzelstaatlichen Rechtsvorschriften und Gepflogenheiten Anspruch auf Schutz vor ungerechtfertigter Entlassung.

4349

---

[619] *Hilbrandt*, in: Heselhaus/Nowak, § 42 Rn. 18.

I. Grundlagen

1. Internationale Abkommen

a) ESC, GCSGA und EMRK

4350 Die **ESC**[620] enthält in **Art. 8 Nr. 2** die Verpflichtung der Vertragsparteien, „es als ungesetzlich zu betrachten, dass ein Arbeitgeber einer Frau während ihrer Abwesenheit infolge Mutterschaftsurlaub oder so kündigt, dass die Kündigungsfrist während einer solchen Abwesenheit abläuft". Gem. **Art. 4 Nr. 4 ESC** verpflichten sich die Vertragsparteien, „das Recht aller Arbeitnehmer auf eine angemessene Kündigungsfrist im Falle der Beendigung des Arbeitsverhältnisses anzuerkennen". Einen mit Art. 30 EGRC vergleichbaren allgemeinen Schutz vor ungerechtfertigter Entlassung enthält die ESC jedoch nicht.[621] Der in Art. 8 Nr. 2 ESC behandelte Kündigungsschutz während des Mutterschaftsurlaubs ist in der EGRC vom speziellen Kündigungsschutz des Art. 33 Abs. 2 EGRC umfasst.[622]

4351 Die **GCSGA**[623] und die **EMRK** enthalten **kein mit Art. 30 EGRC vergleichbares Recht**.[624]

b) Rev. ESC

4352 Nach den Erläuterungen zur EGRC[625] lehnt sich Art. 30 EGRC an **Art. 24 rev. ESC**[626] an. Danach verpflichten sich die Vertragsparteien, das Recht der Arbeitnehmer anzuerkennen, nicht ohne einen triftigen Grund gekündigt zu werden, der mit ihrer Fähigkeit oder ihrem Verhalten zusammenhängt oder auf den Erfordernissen der Tätigkeit des Unternehmens, des Betriebs oder des Dienstes beruht. Dasselbe gilt für das Recht der ohne triftigen Grund gekündigten Arbeitnehmer auf eine angemessene **Entschädigung** oder einen anderen zweckmäßigen **Ausgleich**. Durch diese beiden Rechte sollen die Vertragsparteien die wirksame Ausübung des Rechts auf Schutz bei Kündigung gewährleisten. Zu diesem Zweck verpflichten sich die Vertragsparteien zudem, sicherzustellen, dass ein Arbeitnehmer, welcher der Auffassung ist, dass seine Kündigung ohne triftigen Grund erfolgte, das Recht hat, diese bei einer unparteiischen Stelle anzufechten.

---

[620] Europäische Sozialcharta vom 18.10.1961, Europarat SEV-Nr. 035, s. Rn. 4046 ff.
[621] *Hilbrandt*, in: Heselhaus/Nowak, § 41 Rn. 10.
[622] Zur Abgrenzung s.u. Rn. 4373.
[623] Gemeinschaftscharta der sozialen Grundrechte der Arbeitnehmer, KOM (1989) 248 endg., s. Rn. 4051.
[624] Vgl. *Hilbrandt*, in: Heselhaus/Nowak, § 41 Rn. 10, 15 f.
[625] Erläuterungen zur Charta der Grundrechte, ABl. 2007 C 303, S. 17 (26).
[626] Revidierte Europäische Sozialcharta vom 3.5.1996, Europarat SEV-Nr. 163, von Deutschland im März 2021 ratifiziert; am 1.5.2021 in Kraft getreten, BGBl. II, S. 1060 (ausgenommen wurden Art. 30 und 31); s.o. Rn. 4046 ff.

§ 3 Individuelle Arbeitnehmerrechte

Im Anhang zur rev. ESC[627] finden sich Definitionen und Erläuterungen zu den Bestimmungen des Art. 24 rev. ESC. Dieser Anhang zur rev. ESC bildet gem. Art. N des Teils IV der rev. ESC einen integralen Bestandteil der rev. ESC, weshalb er bei der Interpretation der Normen der rev. ESC heranzuziehen ist.[628] Allerdings ist die ESC von 1961 von vielen Staaten unterzeichnet worden, während die rev. ESC von 1996 nur sehr zögerlich ratifiziert wird und auch die Mitgliedstaaten der Union sich sehr viel Zeit lassen.[629]

4353

Die rev. ESC enthält weitere Regelungen im Zusammenhang mit dem Kündigungsschutz: **Art. 20 lit. a) rev. ESC** gegenüber Diskriminierungen aufgrund des Geschlechts, **Art. 25 rev. ESC** zum Schutz bei Zahlungsunfähigkeit des Arbeitgebers, **Art. 27 Nr. 3 rev. ESC** zur Unzulässigkeit, das Arbeitsverhältnis wegen Wahrnehmung von Familienverpflichtungen zu beenden, **Art. 28 lit. a) rev. ESC** zum Kündigungsschutz der Arbeitnehmervertreter.[630] Diese betreffen jedoch **spezielle Kündigungsschutzgründe**, während Art. 24 rev. ESC und Art. 30 EGRC den allgemeinen Kündigungsschutz behandeln.

4354

c) Vergleich

Art. 24 rev. ESC formuliert erheblich konkreter als Art. 30 EGRC, welche Rechtsfolgen bei ungerechtfertigter Entlassung eintreten.[631] In enger Anlehnung an die rev. ESC war auch **Art. 30 EGRC** in früheren Beratungsphasen des Grundrechtekonvents umfassender formuliert. Zunächst war entsprechend der Regelung in Art. 24 rev. ESC ein **Anspruch auf Entschädigung und Wiedergutmachung** enthalten.[632] Dieser wurde jedoch sehr schnell **beseitigt**.[633] Die zunächst ebenfalls aus Art. 24 rev. ESC übernommene Formulierung der „missbräuchlichen" Entlassung wurde später entfernt.[634] Gegen Ende der Beratungen wurde der Normgehalt des Art. 30 EGRC durch die Aufnahme der Formulierung „nach dem Unionsrecht und den einzelstaatlichen Rechtsvorschriften und Gepflogenheiten" wesentlich eingeschränkt.[635]

4355

---

[627] S. Anhang zur rev. ESC, Teil II, Artikel 24.
[628] *Hüpers/Reese*, in: Meyer/Hölscheidt, Art. 30 Rn. 1, 9; *Lang*, in: Stern/Sachs, Art. 30 Rn. 5.
[629] *Hüpers/Reese*, in: Meyer/Hölscheidt, Art. 30 Rn. 1; Council of Europe, Unterschriften und Ratifikationsstand des Vertrags 163 – Europäische Sozialcharta (revidiert) Datum 02/12/2020, abrufbar unter https://www.coe.int/de/web/conventions/full-list/-/conventions/treaty/163/signatures?p_auth=OBqwF7yz, (letzter Abruf 30.9.2023).
[630] *Hilbrandt*, in: Heselhaus/Nowak, § 41 Rn. 14.
[631] S. *Hüpers/Reese*, in: Meyer/Hölscheidt, Art. 30 Rn. 16; zu den Rechtsfolgen bei Art. 30 EGRC s.u. Rn. 4388.
[632] *Lang*, in: Stern/Sachs, Art. 30 Rn. 2; *Hüpers/Reese*, in: Meyer/Hölscheidt, Art. 30 Rn. 6.
[633] *Lang*, in: Stern/Sachs, Art. 30 Rn. 2; *Hüpers/Reese*, in: Meyer/Hölscheidt, Art. 30 Rn. 6 und 8.
[634] *Lang*, in: Stern/Sachs, Art. 30 Rn. 2 a.E.
[635] *Lörcher*, in: Unteilbarkeit auf Europäisch, 2001, S. 37 (49); s.u. Rn. 4390 ff.

4356 Aufgrund der vielen Veränderungen sprechen die Erläuterungen zur EGRC[636] zu Recht davon, dass sich **Art. 30 EGRC lediglich an Art. 24 rev. ESC „anlehnt".**[637] Die großen Unterschiede zwischen Art. 30 EGRC und Art. 24 rev. ESC lassen sich zum einen mit dem allgemeinen Widerstand gegen die Aufnahme sozialer Rechte in die EGRC erklären.[638] Zum anderen ist ein mit Art. 30 EGRC vergleichbares Recht international bislang lediglich in der rev. ESC und damit in einem von nur wenigen Staaten unterzeichneten Grundrechteübereinkommen enthalten.[639]

2. Europäischer Besitzstand

a) Art. 153 Abs. 1 lit. d) und Art. 157 AEUV

4357 Gem. Art. 153 Abs. 1 lit. d) AEUV unterstützt und ergänzt die Union die Tätigkeit der Mitgliedstaaten auf dem Gebiet des Schutzes der Arbeitnehmer bei Beendigung des Arbeitsvertrags. Art. 153 Abs. 1 lit. d) i. V. m. Abs. 2 lit. b) AEUV gibt dem Rat die Befugnis, durch Richtlinien Mindestvorschriften zur Unterstützung der Tätigkeit der Mitgliedstaaten in diesem Bereich zu erlassen. Eine spezielle Rechtsgrundlage für den Entlassungsschutz gegenüber Diskriminierungen aufgrund des Geschlechts enthält Art. 157 AEUV,[640] der die Grundsätze der Chancengleichheit, der Gleichbehandlung und des gleichen Entgelts für Männer und Frauen behandelt.

4358 **Trotz** dieser **europäischen Regelungskompetenzen** sind **allgemeine Regelungen zum Kündigungsschutz im Sekundärrecht bislang nicht zu finden.** Dort finden sich vielmehr punktuelle Regelungen, die Kündigungsschutz in bestimmten Einzelfällen gewähren.[641]

b) RL 2001/23/EG, RL 80/987/EWG, RL 2002/74/EG

4359 Die Erläuterungen zur EGRC[642] verweisen ohne nähere Begründung[643] auf die RL 2001/23/EG[644] über die Wahrung von Ansprüchen der Arbeitnehmer beim Übergang von Unternehmen und auf die RL 80/987/EWG[645] über den Schutz der

---

[636] Erläuterungen zur Charta der Grundrechte, ABl. 2007 C 303, S. 17 (26).

[637] *Hüpers/Reese*, in: Meyer/Hölscheidt, Art. 30 Rn. 1; *Lang*, in: Stern/Sachs, Art. 30 Rn. 3.

[638] S.o. Rn. 4056 ff.

[639] *Krebber*, in: Calliess/Ruffert, Art. 30 GRCh Rn. 1.

[640] *Hilbrandt*, in: Heselhaus/Nowak, § 41 Rn. 9.

[641] *Krebber*, in: Calliess/Ruffert, Art. 30 GRCh Rn. 5 f.

[642] Erläuterungen zur Charta der Grundrechte, ABl. 2007 C 303, S. 17 (26).

[643] *Rengeling/Szczekalla*, Rn. 1012.

[644] ABl. 2001 L 82, S. 16 current consolidated version: https://eur-lex.europa.eu/legal-content/EN/TXT/?uri=CELEX%3A02001L0023-20151009 (letzter Abruf: 31.3.2023).

[645] ABl. 1980 L 283, S. 23 aufgehoben durch RL 2008/94/EG.

§ 3 Individuelle Arbeitnehmerrechte

Arbeitnehmer bei Zahlungsunfähigkeit des Arbeitgebers, welche durch die RL 2002/74/EG[646] geändert und durch die RL 2008/94/EG[647] abgelöst wurde.

Die RL 2001/23/EG betrifft den Übergang von Unternehmen, Betrieben oder Unternehmens- bzw. Betriebsteilen auf einen anderen Inhaber durch vertragliche Übertragung oder durch Verschmelzung (Art. 1 Abs. 1 lit. a)). In einem solchen Fall bleiben die Ansprüche und Rechte der Arbeitnehmer gewahrt, indem sie auf den Betriebs- bzw. Unternehmenserwerber übergehen (Art. 3). Der Übergang eines Unternehmens, Betriebs oder Unternehmens- bzw. Betriebsteils bildet als solcher für den Veräußerer oder den Erwerber keinen Grund zur Kündigung. Diese Bestimmung steht allerdings etwaigen Kündigungen aus wirtschaftlichen, technischen oder organisatorischen Gründen, die Änderungen im Bereich der Beschäftigung mit sich bringen, nicht entgegen (Art. 4 Nr. 1).

4360

Vorrangiges Ziel der Art. 30 EGRC zugrunde gelegten RL 80/987/EWG ebenso wie der ÄnderungsRL 2002/74/EG[648] war es, die Befriedigung nichterfüllter Ansprüche der Arbeitnehmer auf Arbeitsentgelt sicherzustellen (jeweils Art. 3 der Richtlinien). Da die Zahlungsunfähigkeit des Arbeitgebers jedoch häufig zu Entlassungen führt, betrafen die zum Schutz der Arbeitnehmeransprüche aufgestellten Regelungen auch die Folgen einer aufgrund der Zahlungsunfähigkeit des Arbeitgebers ausgesprochenen Kündigung. So mussten die Mitgliedstaaten gem. Art. 4 Abs. 2 2. Spiegelstrich der RL 80/987/EWG sicherstellen, dass zumindest für die drei letzten Monate des Arbeitsvertrags oder des Arbeitsverhältnisses vor dem Zeitpunkt der Kündigung die nichterfüllten Arbeitsgeldansprüche befriedigt wurden. Gem. Art. 3 RL 2002/74/EG mussten die Mitgliedstaaten Maßnahmen treffen, damit Garantieeinrichtungen die Befriedigung der nicht erfüllten Ansprüche der Arbeitnehmer aus Arbeitsverträgen und Arbeitsverhältnissen sicherstellten, einschließlich, sofern dies nach ihrem innerstaatlichen Recht vorgesehen war, einer Abfindung bei Beendigung des Arbeitsverhältnisses. Diese Regelungen wurden durch die RL 2008/49/EG abgelöst.

4361

c) Weitere Richtlinien und Verordnungen

Neben den genannten Richtlinien sehen viele weitere Richtlinien und Verordnungen **besondere Kündigungsschutztatbestände** vor.[649] Andere sprechen den Kündigungsschutz zumindest mittelbar an.[650] Sie haben häufig nicht konkret den Schutz

4362

---

[646] Des Europäischen Parlaments und des Rates vom 23.9.2002 zur Änderung der RL 80/987/EWG des Rates zur Angleichung der Rechtsvorschriften der Mitgliedstaaten über den Schutz der Arbeitnehmer bei Zahlungsunfähigkeit des Arbeitgebers, ABl. L 270, S. 10, aufgehoben durch die RL 2008/94/EG.
[647] Des Europäischen Parlaments und des Rates vom 22.10.2008 über den Schutz der Arbeitnehmer bei Zahlungsunfähigkeit des Arbeitgebers, ABl. 2008 L 283, S. 36.
[648] ABl. 1980 L 283, S. 23 und ABl. 2002 L 270, S. 10.
[649] S. die Aufzählungen bei *Krebber*, in: Calliess/Ruffert, Art. 30 GRCh Rn. 6; *Hilbrandt*, in: Heselhaus/Nowak, § 41 vor Rn. 1.
[650] *Krebber*, in: Calliess/Ruffert, Art. 30 GRCh Rn. 6.

vor Entlassung, sondern den **Schutz vor Diskriminierungen** zum Ziel.[651] So bezweckt z. B. die RL 2000/43/EG,[652] dass der Grundsatz der Gleichbehandlung in den Mitgliedstaaten verwirklicht wird (Art. 1). Die Richtlinie gilt dabei unter anderem in Bezug auf die Beschäftigungs- und Arbeitsbedingungen, einschließlich der Entlassungsbedingungen und dem Entgelt (Art. 3 Abs. 1 lit. c)). Gleiches gilt beispielsweise für die FreizügigkeitsVO (EWG) Nr. 1612/68[653] und die diese ablösende VO (EU) Nr. 492/2011,[654] welche die Freizügigkeit der Arbeitnehmer innerhalb der Union behandelt und das **Gebot der Inländergleichbehandlung auch für** die **Kündigung** festschreibt.

4363 Trotz der hohen Anzahl an Bestimmungen, die den Bereich des Kündigungsschutzes betreffen, enthält das Sekundärrecht **bislang keine allgemeinen Regelungen zum Kündigungsschutz**.[655]

3. EuGH-Rechtsprechung

4364 Der EuGH hat das Recht auf **Schutz bei ungerechtfertigter Entlassung in einer Vielzahl von Urteilen** behandelt,[656] was auch auf die hohe Anzahl von sekundärrechtlichen Regelungen[657] zurückzuführen ist. **Bislang hat der EuGH jedoch – soweit ersichtlich – dem Recht vor ungerechtfertigter Entlassung keine Grundrechtsqualität** beigemessen.[658]

4. Verfassungen der Mitgliedstaaten

4365 Nur die portugiesische und die slowakische Verfassung enthalten einen expliziten Schutz vor ungerechtfertigter Kündigung. In Art. 53 der portugiesischen Verfassung

---

[651] *Hilbrandt*, in: Heselhaus/Nowak, § 41 Rn. 24 ff.

[652] Des Rates vom 29.6.2000 zur Anwendung des Gleichbehandlungsgrundsatzes ohne Unterschied der Rasse oder ethnischen Herkunft, ABl. 2000 L 180, S. 22.

[653] Des Rates vom 15.10.1968 über die Freizügigkeit der Arbeitnehmer innerhalb der Gemeinschaft (FreizügigkeitsVO), ABl. 1968 L 295, S. 12.

[654] Des Europäischen Parlaments und des Rates vom 5.4.2011 über die Freizügigkeit der Arbeitnehmer innerhalb der Union, ABl. 2011 L 141, S. 1, zuletzt geändert durch VO (EU) 2019/1149, ABl. 2019 L 186, S. 21.

[655] *Krebber*, in: Calliess/Ruffert, Art. 30 GRCh Rn. 5.

[656] S. *Dorfmann*, Soziale Gewährleistungen in der Charta der Grundrechte der Europäischen Union, 2002, S. 51; s. z. B. EuGH, Rs. C-262/88, ECLI:EU:C:1990:209 – Barber; Rs. C-167/97, ECLI:EU:C:1999:60 – Seymour-Smith u. Perez; Rs. C-109/00, ECLI:EU:C:2001:513 – Tele Danmark; vgl. zudem Rs. C-201/15, ECLI:EU:C:2016:972 (Rn. 89 f.) – AGET Iraklis; Rs. C-32/20, ECLI:EU:C:2020:441 – Balga sowie systematisch *Hilbrandt*, in: Heselhaus/Nowak, § 41 Rn. 24 ff.

[657] S.o. Rn. 4359 ff.

[658] *Hilbrandt*, in: Heselhaus/Nowak, § 41 Rn. 17 f.

§ 3 Individuelle Arbeitnehmerrechte

heißt es: „Den Arbeitern wird die Sicherheit des Arbeitsplatzes garantiert; Entlassungen ohne rechtfertigenden Grund oder aus politischen oder ideologischen Gründen sind unzulässig."[659] Gem. Art. 36 der slowakischen Verfassung haben Beschäftigte „das Recht auf gerechte und zufrieden stellende Arbeitsbedingungen. Durch Gesetz wird ihnen vor allem gewährleistet ... b) der Schutz vor ungerechtfertigter Entlassung aus einem Arbeitsverhältnis ...".[660]

Allerdings enthalten einige Verfassungen ein **Recht auf Arbeit**, dem z. T. ein **Schutz vor ungerechtfertigter Entlassung** entnommen wird.[661] Gleiches gilt für Verfassungsbestimmungen über gerechte oder angemessene Arbeitsbedingungen, über ein Kündigungsverbot bei fehlender gesetzlicher Grundlage oder Ähnlichem.[662] Das **BVerfG** entnimmt der **Berufsfreiheit** des Art. 12 GG eine dem Staat obliegende **Schutzpflicht vor ungerechtfertigten Kündigungen**.[663]

4366

Daneben räumen alle Mitgliedstaaten Schutz vor ungerechtfertigter Entlassung auf einfachgesetzlicher Ebene ein.[664]

4367

II. Einordnung

1. Qualifizierung als Grundrecht

Bei der Frage, ob Art. 30 EGRC als Grundrecht oder Grundsatz zu qualifizieren ist, besteht **keine Einigkeit**.[665] Wortlaut, Genese, Systematik und Zweck haben unterschiedliche Aussagekraft.

4368

a) Wortlaut, Genese und Systematik

Gem. Art. 30 EGRC hat jede Arbeitnehmerin und jeder Arbeitnehmer einen **Anspruch** auf Schutz vor ungerechtfertigter Entlassung. Diese Formulierung spricht für

4369

---

[659] *Lang*, in: Stern/Sachs, Art. 30 Rn. 1; *Hüpers/Reese*, in: *Meyer/Hölscheidt*, Art. 30 Rn. 5; *Streinz*, in: ders., Art. 30 GR-Charta Rn. 2.
[660] *Hüpers/Reese*, in: Meyer/Hölscheidt, Art. 30 Rn. 5.
[661] *Lang*, in: Stern/Sachs, Art. 30 Rn. 1; *Hüpers/Reese*, in: Meyer/Hölscheidt, Art. 30 Rn. 5.
[662] Ausführlich *Hüpers/Reese*, in: Meyer/Hölscheidt, Art. 30 Rn. 5 und *Hilbrandt*, in: Heselhaus/Nowak, § 41 Rn. 3 ff.
[663] BVerfGE 84, 133 (146 f.); 92, 140 (150), 97, 169 (175, 179); *Lang*, in: Stern/Sachs, Art. 30 Rn. 1; *Hilbrandt*, in: Heselhaus/Nowak, § 41 Rn. 5; *Zachert*, NZA 2001, 1041 (1045).
[664] *Lang*, in: Stern/Sachs, Art. 30 Rn. 1; *Hüpers/Reese*, in: Meyer/Hölscheidt, Art. 30 Rn. 5; *Streinz*, in: ders., Art. 30 GR-Charta Rn. 2; *Hilbrandt*, in: Heselhaus/Nowak, § 41 Rn. 1; ausführlich *Tödtmann/Schauer*, NZA 2003, 1187 (1188); *Rebhahn*, RdA 2002, 272 (274 ff.).
[665] *Jarass/Kment*, § 30 Rn. 9; *Hilbrandt*, in: Heselhaus/Nowak, § 41 Rn. 18; *Schwarze*, EuZW 2001, 517 (522).

die Gewährung eines subjektiven Rechts, da von einem „Anspruch" gesprochen wird. Diese Einordnung entspricht dem Hinweis im **Grundrechtekonvent**, dass Art. 30 EGRC nicht als Zielbestimmung, sondern als **Recht** ausgestaltet ist.[666]

4370   Art. 30 EGRC gewährt einen allgemeinen Schutz bei ungerechtfertigter Entlassung, während Art. 33 Abs. 2 EGRC einen besonderen Kündigungsschutz normiert.[667] Nach Letzterem hat jeder Mensch das Recht auf Schutz vor Entlassung aus einem mit der Mutterschaft zusammenhängenden Grund. Bereits seinem Wortlaut nach gewährt **Art. 33 Abs. 2 EGRC** ein subjektives Recht.[668] Entsprechend ist bei dem allgemeinen Kündigungsschutz des Art. 30 EGRC ebenfalls von einem subjektiven Recht auszugehen, da **nicht** ersichtlich ist, weshalb der **allgemeine und der besondere Kündigungsschutz unterschiedlich** ausgestaltet sein sollten.

b) Kein entgegenstehender Zweck

4371   Sinn und Zweck des Art. 30 EGRC ist es, die Arbeitnehmer vor einer missbräuchlichen Behandlung seitens der Arbeitgeber zu schützen, die aufgrund ihrer beherrschenden Stellung die Arbeitskraft bzw. den Menschen als reine Ware behandeln könnten.[669] Dieser **Schutz** kommt den **Arbeitnehmern** am wirkungsvollsten zu, wenn ihnen ein subjektives Recht gewährt wird. Der effet utile spricht damit für ein subjektives Recht. Jedoch ist dies nicht zwingend, da die Bewertung der Arbeitskraft als anerkennungswürdiges und schützenswertes Gut auch durch einen Grundsatz zum Ausdruck gebracht werden kann.

4372   Aus dem Zweck des Art. 30 EGRC können daher keine eindeutigen Rückschlüsse auf die Zuordnung gezogen werden, wenngleich er eher für ein Grundrecht und keinen bloßen Grundsatz streitet. Er spricht jedenfalls nicht gegen die Qualifizierung als subjektives Recht nach Wortlaut, Genese und Systematik. Jede Arbeitnehmerin und jeder Arbeitnehmer hat daher gegen die Union und die Mitgliedstaaten (bei Durchführung des Unionsrechts)[670] einen einklagbaren Anspruch auf Schutz vor ungerechtfertigter Entlassung. Art. 30 EGRC normiert damit einen **Schutzanspruch**.[671]

---

[666] So der britische Vertreter *Goldsmith*, s. *Hüpers/Reese*, in: Meyer/Hölscheidt, Art. 30 Rn. 6 f.; *Bernsdorff/Borowsky*, Die Charta der Grundrechte der Europäischen Union, 2002, S. 222.
[667] *Rengeling/Szczekalla*, Rn. 1013.
[668] S.u. Rn. 4545.
[669] *Lang*, in: Stern/Sachs, Art. 30 Rn. 4.
[670] Vgl. Art. 51 Abs. 1 EGRC.
[671] *Zachert*, NZA 2001, 1041 (1044); *Hüpers/Reese*, in: Meyer/Hölscheidt, Vor Titel IV Rn. 34; *Grabenwarter*, DVBl 2001, 1 (9 f.); zurückhaltend *Hilbrandt*, in: Heselhaus/Nowak, § 41 Rn. 18.

§ 3 Individuelle Arbeitnehmerrechte   489

2. Abgrenzung

a) Art. 33 Abs. 2 EGRC

Ein **besonderer Kündigungsschutz** folgt aus Art. 33 Abs. 2 EGRC.[672] Danach hat   4373
jeder Mensch das Recht auf Schutz vor Entlassung aus einem mit der **Mutterschaft**
zusammenhängenden Grund. Dieser besondere Kündigungsschutz geht dem allgemeinen des Art. 30 EGRC vor.[673]

b) Art. 20 EGRC, Art. 21 EGRC, Art. 23 EGRC

Bei **diskriminierenden Entlassungen** kommen die Diskriminierungsverbote des   4374
Art. 21 EGRC und des Art. 23 EGRC sowie der allgemeine Gleichheitssatz des
Art. 20 EGRC zum Tragen.[674]

c) Art. 15 EGRC

Schwierig ist das Verhältnis zwischen der Berufsfreiheit des Art. 15 EGRC und dem   4375
Schutz vor ungerechtfertigter Entlassung in Art. 30 EGRC. Das **BVerfG** stützt den
arbeitsrechtlichen Kündigungsschutz auf die Berufsfreiheit des **Art. 12 GG**,[675]
weshalb sich die Frage stellt, ob nicht auch in der EGRC der allgemeine Kündigungsschutz bereits auf Art. 15 EGRC zurückgeführt werden kann.[676]

Nach dem Regelungsinhalt ist Art. 30 EGRC im Bereich des Kündigungsschut-   4376
zes spezieller als die allgemeine Grundrechtsbestimmung des Art. 15 EGRC. Grundsätzlich würde demnach **Art. 30 EGRC** als **lex specialis** gegenüber Art. 15 EGRC
Vorrang genießen.[677] Problematisch ist allerdings, dass in Art. 30 EGRC der Schutz
vor ungerechtfertigter Entlassung lediglich nach dem Unionsrecht und den einzelstaatlichen Rechtsvorschriften und Gepflogenheiten gewährt wird. Art. 30 EGRC
bestimmt deshalb den Gewährleistungsbereich nur in einem geringen Maße selbst
und überlässt die Ausgestaltung vielmehr dem europäischen und den nationalen
Gesetzgebern. Art. 15 EGRC hingegen enthält keinen Verweis auf das Unionsrecht
und die einzelstaatlichen Rechtsvorschriften und Gepflogenheiten. Man könnte
deshalb annehmen, dass Art. 15 EGRC zumindest eine ebenso detaillierte Norm
ist wie Art. 30 EGRC.[678]

Mag auch Art. 15 EGRC selbst den Gewährleistungsbereich detaillierter um-   4377
schreiben, stellt die lex-specialis-Regel aber nicht darauf ab, welches **Grundrecht**

---

[672] *Rengeling/Szczekalla*, Rn. 1013.
[673] *Krebber*, in: Calliess/Ruffert, Art. 30 GRCh Rn. 4; *Jarass/Kment*, § 30 Rn. 10.
[674] *Jarass/Kment*, § 30 Rn. 10.
[675] BVerfGE 84, 133 (146 f.); 92, 140 (150); 97, 169 (175); s.o. Rn. 4366.
[676] *Szczekalla*, DVBl 2001, 345 (347); *Rengeling/Szczekalla*, Rn. 789.
[677] *Jarass/Kment*, § 30 Rn. 10; *Rengeling/Szczekalla*, Rn. 1032.
[678] *Rengeling/Szczekalla*, Rn. 1032.

einen Sachbereich detaillierter, sondern welches ihn **spezieller** regelt. Während Art. 15 EGRC nur durch Auslegung zu entnehmen ist, dass die Berufsfreiheit auch den Kündigungsschutz umfasst, ist dies bei Art. 30 EGRC offenkundig. Dabei ist auch unsicher, ob der EuGH der Ansicht des BVerfG zu Art. 12 GG folgen und den Schutz vor ungerechtfertigter Entlassung als von Art. 15 EGRC umfasst ansehen würde.

4378 Offensichtlich hat auch der **Grundrechtekonvent**, dem auch deutsche Mitglieder angehörten, Art. 15 EGRC nicht die Funktion beigemessen, vor ungerechtfertigten Entlassungen zu schützen. Dies zeigt zum einen die Debatte im Grundrechtekonvent zu Art. 30 EGRC[679] und zum anderen die Tatsache, dass Art. 30 EGRC neben Art. 15 EGRC in die EGRC aufgenommen wurde. Der Grundrechtekonvent maß Art. 30 EGRC offensichtlich eine eigenständige Berechtigung zu.[680]

III. Gewährleistungsbereich

4379 Dass Art. 30 EGRC jeder Arbeitnehmerin und jedem Arbeitnehmer nach dem Unionsrecht und den einzelstaatlichen Rechtsvorschriften und Gepflogenheiten einen Anspruch auf Schutz vor ungerechtfertigter Entlassung gibt, geht mit sehr allgemein gehaltenen Begriffsbestimmungen einher.[681] Dies korrespondiert mit dem weiten Gestaltungsspielraum, der durch den Verweis auf das Unionsrecht und die einzelstaatlichen Rechtsvorschriften und Gepflogenheiten dem europäischen und den nationalen Gesetzgebern eingeräumt wird.[682]

1. Arbeitnehmer

4380 Der **Arbeitnehmerbegriff** stimmt wie der nach Art. 28 EGRC[683] mit dem gem. Art. 27 EGRC überein.[684] Die drei Vorschriften sind in unmittelbarer Nähe zueinander platziert, gleich formuliert und strukturiert. Für den Begriff des Arbeitnehmers ist somit die **Rechtsprechung des EuGH zu Art. 45 und Art. 157 AEUV** zugrunde zu legen. Arbeitnehmer ist danach derjenige, der während einer bestimm-

---

[679] S. *Hüpers/Reese*, in: Meyer/Hölscheidt, Art. 30 Rn. 6 f.; *Bernsdorff/Borowsky*, Die Charta der Grundrechte der Europäischen Union, 2002, S. 222 ff.
[680] A.A. *Krebber*, in: Calliess/Ruffert, Art. 30 GRCh Rn. 2, der Art. 30 EGRC als „überflüssige" Norm ansieht.
[681] *Hüpers/Reese*, in: Meyer/Hölscheidt, Art. 30 Rn. 12 ff.; *Hilbrandt*, in: Heselhaus/Nowak, § 41 Rn. 17.
[682] S.u. Rn. 4392.
[683] S.o. Rn. 4258.
[684] S.o. Rn. 4162 ff.

§ 3 Individuelle Arbeitnehmerrechte

ten Zeit für einen anderen nach dessen Weisung Leistungen erbringt, für die er als Gegenleistung eine Vergütung erhält.[685] Auf die Staatsangehörigkeit kommt es bei Art. 30 EGRC nicht an.[686]

Ob in Anlehnung an Nr. 2 des Anhangs zu Art. 24 rev. ESC[687] bestimmte Arbeitnehmer nicht den Schutz des Art. 30 EGRC genießen müssen und aus dem Schutzbereich ausgenommen werden können, ist nicht eine Frage des allgemeinen und weit zu fassenden Arbeitnehmerbegriffs.[688] Sie ist vielmehr im Zusammenhang mit dem Verweis auf das Unionsrecht und die einzelstaatlichen Rechtsvorschriften und Gepflogenheiten zu beantworten.[689]

4381

2. Ungerechtfertigte Entlassung

a) Entlassung

In Anlehnung an die Definition im Anhang zu Art. 24 rev. ESC,[690] ist unter „Entlassung" die **vorzeitige Beendigung des Arbeitsverhältnisses durch den Arbeitgeber gegen den Willen des Arbeitnehmers** zu verstehen.[691] **Aufhebungsverträge** fallen daher **nicht** unter Art. 30 EGRC.[692] Die Entlassung erfolgt durch die Kündigungserklärung selbst und nicht erst mit der tatsächlichen Beendigung des Arbeitsverhältnisses mit Ablauf der Kündigungsfrist. Letztere stellt nur die Wirkung der Entlassungsentscheidung dar.[693]

4382

Anders als Art. 24 rev. ESC[694] nennt Art. 30 EGRC keine Gründe für die Entlassung. Deshalb kommt es nicht darauf an, ob die Entlassung aus Gründen in der Person des Arbeitnehmers oder aus betrieblichen Gründen erfolgt.[695]

4383

---

[685] St. Rspr. EuGH, Rs. C-66/85, ECLI:EU:C:1986:284 (Rn. 17) – Lawrie-Blum; Rs. C-197/86, ECLI:EU:C:1988:323 (Rn. 21) – Brown; Rs. C-357/89, ECLI:EU:C:1988:323 (Rn. 10) – Raulin; näher *Frenz*, Europarecht 1, Rn. 1423 ff.
[686] *Jarass/Kment*, § 30 Rn. 11.
[687] S. Anhang zur rev. ESC, Teil II, Artikel 24; s.o. Rn. 4352 ff.
[688] *Hüpers/Reese*, in: Meyer/Hölscheidt, Art. 30 Rn. 13 und *Lang*, in: Stern/Sachs, Art. 30 Rn. 6 f. behandeln das Thema jedoch im Zusammenhang mit dem Arbeitnehmerbegriff.
[689] S.u. Rn. 4390 ff.
[690] S. Anhang zur rev. ESC, Teil II, Artikel 24; zur Bedeutung für die Interpretation s.o. Rn. 4352 ff.
[691] S. *Jarass/Kment*, § 30 Rn. 12; *Hüpers/Reese*, in: Meyer/Hölscheidt, Art. 30 Rn. 15; *Lang*, in: Stern/Sachs, Art. 30 Rn. 8.
[692] *Krebber*, in: Calliess/Ruffert, Art. 30 GRCh Rn. 3.
[693] EuGH, Rs. C-188/03, ECLI:EU:C:2005:59 (Rn. 36, 39) – Junk.
[694] Revidierte Europäische Sozialcharta vom 3.5.1996, Europarat SEV-Nr. 163, s.o. Rn. 4046 ff.
[695] *Jarass/Kment*, § 30 Rn. 12; *Hüpers/Reese*, in: Meyer/Hölscheidt, Art. 30 Rn. 16.

b) Ungerechtfertigt

4384 Eine Entlassung kann in vielen Fällen ungerechtfertigt sein. Zu denken ist an eine fragwürdige Auswahl unter den Arbeitnehmern, an eine Kündigung wegen begrenzter Verfehlungen oder ohne ausreichendes Verfahren.[696]

4385 In jedem Fall ist von einer ungerechtfertigten Entlassung auszugehen, wenn als Kündigungsgrund einer der Fälle angegeben wird, die in **Nr. 3 des Anhangs zu Art. 24 rev. ESC**[697] benannt sind:[698]

a) die Zugehörigkeit zu einer Gewerkschaft oder die gewerkschaftliche Betätigung außerhalb der Arbeitszeit oder, mit Zustimmung des Arbeitgebers, während der Arbeitszeit;
b) die Tatsache, dass sich jemand um das Amt eines Arbeitnehmervertreters bewirbt, ein solches Amt ausübt oder ausgeübt hat;
c) die Tatsache, dass jemand wegen einer behaupteten Verletzung von Rechtsvorschriften eine Klage gegen den Arbeitgeber einreicht, an einem Verfahren gegen ihn beteiligt ist oder die zuständigen Verwaltungsbehörden anruft;
d) Rasse, Hautfarbe, Geschlecht, Familienstand, Familienpflichten, Schwangerschaft, Religion, politische Anschauung, nationale oder soziale Herkunft;
e) Mutterschaftsurlaub oder Elternurlaub;
f) vorübergehende Abwesenheit von der Arbeit aufgrund einer Krankheit oder eines Unfalls.

4386 Die in lit. d) und e) genannten Fälle Schwangerschaft, Mutterschaftsurlaub und Elternurlaub fallen allerdings bereits unter Art. 33 Abs. 2 EGRC, welcher der allgemeinen Regelung des Art. 30 EGRC vorgeht,[699] weshalb sie vorliegend nicht näher von Belang sind.[700]

4387 Allgemein kann eine Entlassung als ungerechtfertigt angesehen werden, wenn sie einem **verfassungsrechtlichen oder gesetzlichen Verbot widerspricht** oder sie auf **keinem sachlichen Grund** basiert.[701] So werden beispielsweise durch die Kündi-

---

[696] *Jarass/Kment*, § 30 Rn. 13.
[697] S. Anhang zur rev. ESC, Teil II, Artikel 24; s.o. Rn. 4352 ff.
[698] *Jarass/Kment*, § 30 Rn. 16; *Hüpers/Reese*, in: Meyer/Hölscheidt, Art. 30 Rn. 16; *Lang*, in: Stern/Sachs, Art. 30 Rn. 9 f.
[699] S.o. Rn. 4373.
[700] *Jarass/Kment*, § 30 Fn. 10.
[701] *Lang*, in: Stern/Sachs, Art. 30 Rn. 10.

gungsverbote in der RL 2001/23/EG[702] und der MutterschutzRL 92/85/EWG[703] Fälle bezeichnet, in denen eine Entlassung ungerechtfertigt ist.[704]

3. Rechtsfolgen bei ungerechtfertigter Entlassung

Im Gegensatz zu dem als Vorlage dienenden Art. 24 rev. ESC[705] verzichtet Art. 30 EGRC auf jegliche Aussage zu den Rechtsfolgen bei einer ungerechtfertigten Entlassung.[706] Er spricht lediglich **allgemein** davon, dass „**Schutz**" gewährt werden muss. Ursprünglich sollte in Art. 30 EGRC ein Anspruch auf Entschädigung oder Wiedergutmachung aufgenommen werden. Dies wurde jedoch in den Diskussionen im Grundrechtekonvent bereits sehr früh verworfen.[707] Es ist daher davon auszugehen, dass die Frage nach den Rechtsfolgen bewusst offen gelassen wurde. **4388**

Aufgrund des Verweises auf die einzelstaatlichen Rechtsvorschriften und Gepflogenheiten ist es damit dem **europäischen und den nationalen Gesetzgebern überlassen**, über die **Rechtsfolgen** bei einer ungerechtfertigten Entlassung zu entscheiden.[708] Ob den Arbeitnehmerinnen und Arbeitnehmern bei einer ungerechtfertigten Entlassung ein Recht auf Wiedereinstellung gewährt wird oder ein Geldanspruch besteht, ergibt sich daher erst aus dem Unionsrecht und den einzelstaatlichen Rechtsvorschriften und Gepflogenheiten.[709] Entsprechend dem durch Art. 30 EGRC verliehenen Anspruch müssen diese aber einen **wirksamen Schutz** gewähren. **4389**

---

[702] ABl. 2001 L 82, S. 16, zuletzt geändert durch RL (EU) 2015/1794, ABl. 2015 L 263, S. 1; s.o. Rn. 4360.
[703] RL 92/85/EWG des Rates vom 19.10.1992 über die Durchführung von Maßnahmen zur Verbesserung der Sicherheit und des Gesundheitsschutzes von schwangeren Arbeitnehmerinnen, Wöchnerinnen und stillenden Arbeitnehmerinnen am Arbeitsplatz (zehnte Einzelrichtlinie im Sinne des Artikels 16 Absatz 1 der RL 89/391/EWG) (Mutterschutz-RL), ABl. L 348, S. 1, zuletzt geändert durch VO (EU) 2019/1243, ABl. 2019 L 198, S. 241.
[704] *Dorfmann*, Soziale Gewährleistungen in der Charta der Grundrechte der Europäischen Union, 2002, S. 50.
[705] Revidierte Europäische Sozialcharta vom 3.5.1996, Europarat SEV-Nr. 163, s.o. Rn. 4046 ff.
[706] *Hüpers/Reese*, in: Meyer/Hölscheidt, Art. 30 Rn. 16; *Lang*, in: Stern/Sachs, Art. 30 Rn. 11.
[707] S.o. Rn.
[708] *Hüpers/Reese*, in: Meyer/Hölscheidt, Art. 30 Rn. 16; *Dorfmann*, Soziale Gewährleistungen in der Charta der Grundrechte der Europäischen Union, 2002, S. 51; vgl. hierzu mit differenzierter Betrachtung und vergleichbarem Ergebnis *Rebhahn*, in: Grabenwarter, Europäischer Grundrechtsschutz, § 16 Rn. 46 f.
[709] *Dorfmann*, Soziale Gewährleistungen in der Charta der Grundrechte der Europäischen Union, 2002, S. 51; ausführlich zu den Rechtsfolgen in den einzelnen Mitgliedstaaten *Rebhahn*, RdA 2002, 272 (274 ff.).

4. Verweis auf Unionsrecht und einzelstaatliche Rechtsvorschriften und Gepflogenheiten

4390 In früheren Beratungsphasen des Grundrechtekonvents fehlt der Verweis auf das Unionsrecht und die einzelstaatlichen Rechtsvorschriften und Gepflogenheiten. Er wurde **erst am Schluss der Beratungen eingefügt**[710] und ist ein Tribut an den im Grundrechtekonvent allgemein zu den sozialen Grundrechten geführten **Kompetenzstreit**.[711] Einige Konventsmitglieder hatten die Aufnahme sozialer Grundrechte unter anderem mit der Befürchtung abgelehnt, weitgehende Regelungen würden in die mitgliedstaatlichen Regelungskompetenzen hineinwirken und die in den Verträgen festgelegten Kompetenzen der Union ausweiten.[712]

a) Ausgestaltungsvorbehalt

4391 Durch die Einfügung des Verweises auf das Unionsrecht und die einzelstaatlichen Rechtsvorschriften und Gepflogenheiten wurde der eigenständige Regelungsgehalt der **Grundrechtsverbürgung weitgehend relativiert**.[713] Wie bei Art. 28 EGRC, der gleich formuliert und strukturiert ist, handelt es sich bei dem Verweis auf das Unionsrecht und die einzelstaatlichen Rechtsvorschriften und Gepflogenheiten um einen Ausgestaltungsvorbehalt.[714] Der Anspruch auf Schutz vor ungerechtfertigter Entlassung wird daher von vornherein nur in den Grenzen des Unionsrechts und der einzelstaatlichen Rechtsvorschriften und Gepflogenheiten gewährleistet. Es wird damit dem europäischen und den nationalen Gesetzgebern überlassen, in welchen Fällen und mit welchen Rechtsfolgen Schutz gewährt wird,[715] sofern er den Schutzanspruch nicht gänzlich aushöhlt. Der EuGH hat Art. 27 EGRC mit gleicher Formulierung keine Gewährleistung für die konkrete unionsrechtliche Ausgestaltung entnommen.[716] Das ist auf Art. 30 EGRC zu übertragen.[717]

---

[710] *Lörcher*, in: Unteilbarkeit auf Europäisch, 2001, S. 37 (49).
[711] S.o. Rn. 4119 ff.
[712] *Zimmerling/Beplat*, DVP 2001, 3 (6); vgl. *Pernice*, DVBl 2000, 847 (853); *Knöll*, NVwZ 2001, 392 (393); *Tettinger*, NJW 2001, 1010 (1014); *Pitschas*, VSSR 2000, 207 (212); *Calliess*, EuZW 2001, 261 (261).
[713] *Streinz*, in: ders., Art. 27 GR-Charta Rn. 2; *Hüpers/Reese*, in: Meyer/Hölscheidt, Art. 27 Rn. 14 f.; *Pache*, EuR 2001, 475 (481); *Dorf*, JZ 2005, 126 (130); s.o. Rn. 3602.
[714] S.o. Rn. 4292 ff.
[715] A.A. *Hilbrandt*, in: Heselhaus/Nowak, § 41 Rn. 71 der in dem Verweis lediglich einen Rechtsfolgenverweis sieht.
[716] EuGH, Rs. C-176/12, ECLI:EU:C:2014:2 – AMS.
[717] *Hüpers/Reese*, in: Meyer/Hölscheidt, Art. 30 Rn. 11.

§ 3 Individuelle Arbeitnehmerrechte 495

b) Weiter Gestaltungsspielraum

Damit wird den Normgebern ein weiter Gestaltungsspielraum eingeräumt.[718] Dadurch ist es möglich, **künftigen Entwicklungen und dem sozialen Wandel Rechnung zu tragen**.[719] So kann als Folge einer ungerechtfertigten Entlassung deren Unwirksamkeit oder die Gewährung einer **Entschädigung** vorgesehen werden.[720] Es können auch **Fristen** für die Geltendmachung des Kündigungsschutzes eingeführt werden.[721]

4392

c) Mindestgarantiegehalt des Art. 30 EGRC

Da Art. 30 EGRC allerdings ein subjektives Recht enthält,[722] müssen die Gesetzgeber grundsätzlich einen **Anspruch auf Schutz vor ungerechtfertigter Entlassung** gewähren.[723] Anders als bei Art. 27 EGRC[724] ist den Normgebern damit kein Wahlrecht gegeben bei der Frage, ob sie Schutz gewähren. Lediglich hinsichtlich des „**Wie**" besteht ein **Gestaltungsspielraum**.[725] Dies dürfte jedoch derzeit unproblematisch sein, da auf einfachgesetzlicher Ebene alle Mitgliedstaaten einen Kündigungsschutz gewähren.[726]

4393

d) Begrenzung des Schutzbereichs

Da bei Art. 30 EGRC dem europäischen und den nationalen Gesetzgebern grundsätzlich ein weiter Ausgestaltungsspielraum gegeben ist, erscheint es prima facie möglich, bestimmte Arbeitnehmergruppen von vornherein von dem Schutz vor ungerechtfertigter Entlassung auszunehmen.[727] Als Beispiele kommen die in Nr. 2 des Anhangs zu Art. 24 rev. ESC[728] genannten Fälle in Betracht:

4394

a) Arbeitnehmer, die im Rahmen eines Arbeitsvertrags für eine bestimmte Zeit oder eine bestimmte Aufgabe eingestellt sind;
b) Arbeitnehmer, die eine Probe- oder Wartezeit ableisten, sofern diese im Voraus festgesetzt und von angemessener Dauer ist;
c) Arbeitnehmer, die zur vorübergehenden Aushilfe eingestellt sind.

---

[718] *Jarass/Kment*, § 30 Rn. 16; vgl. *Rebhahn*, in: GS für Heinze, 2005, S. 649 (655).
[719] Vgl. *Hüpers/Reese*, in: Meyer/Hölscheidt, Art. 30 Rn. 10.
[720] *Jarass/Kment*, § 30 Rn. 15.
[721] *Jarass/Kment*, § 30 Rn. 15.
[722] S.o. Rn. 4368 ff.
[723] A.A. *Krebber*, in: Calliess/Ruffert, Art. 30 GRCh Rn. 2, der von einer überflüssigen Norm spricht.
[724] S.o. Rn. 4193 ff.
[725] A.A. *Krebber*, in: Calliess/Ruffert, Art. 30 GRCh Rn. 2.
[726] *Lang*, in: Stern/Sachs, Art. 30 Rn. 1 f.; *Hüpers/Reese*, in: Meyer/Hölscheidt, Art. 30 Rn. 5; *Streinz*, in: ders., Art. 30 GR-Charta Rn. 2; s.o. Rn. 4367.
[727] S. *Jarass/Kment*, § 30 Rn. 16; *Hüpers/Reese*, in: Meyer/Hölscheidt, Art. 30 Rn. 16; *Lang*, in: Stern/Sachs, Art. 30 Rn. 7.
[728] S. Anhang zur rev. ESC, Teil II, Artikel 24; s.o. Rn. 4352 ff.

4395 Problematisch ist insoweit jedoch der Garantiegehalt des Art. 30 EGRC. Nach ihm hat „jede Arbeitnehmerin und jeder Arbeitnehmer" einen Anspruch auf Schutz vor ungerechtfertigter Entlassung. Würde man Ausnahmen vom Schutzbereich aufgrund des Verweises auf das Unionsrecht und die einzelstaatlichen Rechtsvorschriften und Gepflogenheiten zulassen,[729] hätte dies zur Folge, dass **bestimmte Personen gerade keinen Schutz** vor ungerechtfertigter Entlassung genießen. Damit würde der **Garantiegehalt des Art. 30 EGRC** auf diejenigen Arbeitnehmer **verkürzt**, die nicht dieser Ausnahmegruppe angehören. Dies kann jedoch nicht Sinn und Zweck eines als Jedermann-Recht formulierten Grundrechts sein. Problematisch erscheint in diesem Zusammenhang auch die deutsche Regelung, wonach das Kündigungsschutzgesetz erst ab einer näher bestimmten Betriebsgröße eingreift.[730]

4396 Eine solche im Ansatz weite Konzeption legt auch die Rechtsprechung des EuGH nahe. Die Ansicht, welche die in Nr. 2 des Anhangs zu Art. 24 rev. ESC[731] genannten Arbeitnehmer als vom Schutz der Art. 30 EGRC ausnehmbar ansieht,[732] ist unter anderem bereit, Arbeitnehmern in nur vorübergehenden Beschäftigungsverhältnissen und solchen mit Zeitverträgen keinen Schutz vor ungerechtfertigter Entlassung zukommen zu lassen. Der EuGH hat aber in einer Entscheidung klargestellt, dass auch Schwangere mit befristeten Arbeitsverträgen vor Entlassung geschützt sein müssen. Die **Befristung eines Arbeitsverhältnisses** darf **keinen Unterschied** machen.[733]

4397 Damit handelt es sich um Einschränkungen des umfassenden Schutzanspruchs nach Art. 30 EGRC, wenn bestimmte Gruppen bei ungerechtfertigter Entlassung schutzlos gestellt werden. Es bedarf daher der **Rechtfertigung durch** einen **sachlichen Grund**. Dessen Vorliegen wird durch die Aufführung in **Nr. 2** des **Anhangs zu Art. 24 rev. ESC**[734] nahe gelegt. Ob in anderen Fällen bei einer Begrenzung des Schutzes vor ungerechtfertigter Entlassung auf bestimmte Arbeitnehmerinnen und Arbeitnehmer noch in zulässiger Weise von der Reichweite des Ausgestaltungsspielraums des Art. 30 EGRC Gebrauch gemacht oder die Grenzen überschritten und der Garantiegehalt verletzt wird, ist jeweils im Einzelfall zu entscheiden.

IV. Beeinträchtigung und Rechtfertigung

4398 Die Formulierung des Art. 30 EGRC verleitet dazu, der Bestimmung Drittwirkung zu unterstellen und sie direkt auf das **Verhältnis zwischen Arbeitnehmer und Arbeit-**

---

[729] So *Hüpers/Reese*, in: Meyer/Hölscheidt, Art. 30 Rn. 16; *Lang*, in: Stern/Sachs. Art. 30 Rn. 7; *Jarass/Kment*, § 30 Rn. 16.
[730] S. § 23 KSchG.
[731] S. Anhang zur rev. ESC, Teil II, Artikel 24; s.o. Rn. 4352 ff.
[732] *Hüpers/Reese*, in: Meyer/Hölscheidt, Art. 30 Rn. 16; *Lang*, in: Stern/Sachs, Art. 30 Rn. 7; *Jarass/Kment*, § 30 Rn. 16.
[733] EuGH, Rs. C-109/00, ECLI:EU:C:2001:513 (Rn. 30 ff.) – Tele Danmark.
[734] Revidierte Europäische Sozialcharta vom 3.5.1996, Europarat SEV-Nr. 163, s. auch Rn. 4046 ff.

§ 3 Individuelle Arbeitnehmerrechte 497

geber anzuwenden.[735] Gem. **Art. 51 Abs. 1 S. 1 EGRC** gilt die EGRC jedoch nur für die Organe und Einrichtungen der Union und für die Mitgliedstaaten bei der Durchführung des Rechts der Union. Der EuGH hat eine unmittelbare Anwendbarkeit auf Rechtsverhältnisse zwischen Privaten abgelehnt, sondern auf die notwendige Konkretisierung durch das Unions- oder das nationale Recht zur Entfaltung der vollen Wirksamkeit verwiesen.[736] Art. 30 EGRC hat eine parallele Formulierung wie Art. 27 EGRC, zu der die EuGH-Entscheidung erging. Das Art. 51 EGRC nicht (mehr) diese Bedeutung zusprechende EuGH-Judikatur *Egenberger*[737] betraf spezifische Diskriminierungsverbote und nicht ein derart weites Feld wie Art. 30 EGRC.

Eingriffe in den Gewährleistungsbereich des Art. 30 EGRC liegen indes vor, wenn die **Union oder die Mitgliedstaaten** (bei Durchführung des Unionsrechts) selbst **Arbeitnehmer ungerechtfertigt entlassen**.[738] Eine **Rechtfertigung** dürfte in diesem Fall **regelmäßig ausgeschlossen** sein.[739]   4399

Aufgrund des Garantiegehalts, den Art. 30 EGRC wegen seiner Ausgestaltung als subjektives Recht besitzt, liegt eine Beeinträchtigung zudem vor, wenn die Union und die Mitgliedstaaten jedenfalls innerhalb des Mindestgewährleistungsgehalts[740] **keine wirksamen Regelungen zum Schutz vor ungerechtfertigten Entlassungen** treffen.[741] Das ist etwa dann der Fall, wenn nur ein sehr geringer Entschädigungsanspruch zugesprochen wird. Aufgrund des weiten Gestaltungsspielraums, den Art. 30 EGRC den Gesetzgebern überlässt,[742] ist eine solche Beeinträchtigung nur im tatsächlichen Garantiebereich gegeben. Es ist jeweils im Einzelfall zu prüfen, ob die Grenzen des Gestaltungsspielraums ausgeschöpft oder bereits in den Garantiegehalt des Art. 30 EGRC eingegriffen wurde. Bei Letzterem dürfte eine Rechtfertigung regelmäßig nicht möglich sein.   4400

V. Prüfungsschema zu Art. 30 EGRC

1. Schutzbereich   4401
a) Anspruch auf Schutz vor ungerechtfertigter Entlassung: vorzeitige Beendigung des Arbeitsverhältnisses durch den Arbeitgeber gegen den Willen des Arbeitnehmers, die einem verfassungsrechtlichen oder gesetzlichen Verbot widerspricht oder auf keinem sachlichen Grund basiert

---

[735] *Dorfmann*, Soziale Gewährleistungen in der Charta der Grundrechte der Europäischen Union, 2002, S. 51; vgl. *Schwarze*, EuZW 2001, 517 (522).
[736] EuGH, Rs. C-176/12, ECLI:EU:C:2014:2 – AMS.
[737] EuGH, Rs. C-414/16, ECLI:EU:C:2018:257 (Rn. 50, 78 f.) – Egenberger.
[738] *Jarass/Kment*, § 30 Rn. 16.
[739] *Jarass/Kment*, § 30 Rn. 16.
[740] S.o. Rn. 4393.
[741] *Jarass/Kment*, § 30 Rn. 15; *Dorfmann*, Soziale Gewährleistungen in der Charta der Grundrechte der Europäischen Union, 2002, S. 51.
[742] S.o. Rn. 4392.

b) Festlegung der Fälle und der Rechtsfolgen dem europäischen und den nationalen Gesetzgebern überlassen; weiter Gestaltungsspielraum; nur Verpflichtung, in irgendeiner Weise wirksamen Schutz zu gewährleisten
c) keine Drittwirkung

2. Beeinträchtigung
a) Union oder die Mitgliedstaaten entlassen selbst Arbeitnehmer ungerechtfertigt
b) Union und die Mitgliedstaaten treffen selbst im Mindestgarantiebereich keine wirksamen Regelungen zum Schutz vor ungerechtfertigten Entlassungen

3. Rechtfertigung
bei einer ungerechtfertigten Entlassung durch die Union oder die Mitgliedstaaten regelmäßig keine Rechtfertigung

C. Gerechte und angemessene Arbeitsbedingungen

4402 Art. 31 EGRC ist tituliert mit „gerechte und angemessene Arbeitsbedingungen". Gem. Absatz 1 hat jede Arbeitnehmerin und jeder Arbeitnehmer das Recht auf gesunde, sichere und würdige Arbeitsbedingungen. Nach Absatz 2 hat jede Arbeitnehmerin und jeder Arbeitnehmer das Recht auf eine Begrenzung der Höchstarbeitszeit, auf tägliche und wöchentliche Ruhezeiten sowie auf bezahlten Jahresurlaub.

I. Grundlagen

1. ESC und GCSGA

a) Art. 31 Abs. 1 EGRC

4403 Nach den Erläuterungen zur EGRC[743] lehnt sich Art. 31 Abs. 1 EGRC an Art. 3 ESC[744] und Nr. 19 GCSGA[745] sowie hinsichtlich des Rechts auf Würde am Arbeitsplatz an Art. 26 rev. ESC[746] an.

4404 Art. 3 ESC behandelt das Recht auf sichere und gesunde Arbeitsbedingungen. Um die wirksame Ausübung des Rechts auf sichere und gesunde Arbeitsbedingungen zu gewährleisten, verpflichten sich die Vertragsparteien darin,

---

[743] Erläuterungen zur Charta der Grundrechte, ABl. 2007 C 303, S. 17 (26).
[744] Europäische Sozialcharta vom 18.10.1961, Europarat SEV-Nr. 035, s. Rn. 4046 ff.
[745] Gemeinschaftscharta der sozialen Grundrechte der Arbeitnehmer, KOM (1989) 248 endg., s. Rn. 4051.
[746] Revidierte Europäische Sozialcharta vom 3.5.1996, Europarat SEV-Nr. 163, s. auch Rn. 4046 ff.

§ 3 Individuelle Arbeitnehmerrechte   499

1. Sicherheits- und Gesundheitsvorschriften zu erlassen;
2. für Kontrollmaßnahmen zur Einhaltung dieser Vorschriften zu sorgen;
3. die Arbeitgeber- und Arbeitnehmerorganisationen in geeigneten Fällen bei Maßnahmen zu Rate zu ziehen, die auf eine Verbesserung der Sicherheit und der Gesundheit bei der Arbeit gerichtet sind.

Nr. 19 GCSGA behandelt den Gesundheitsschutz und die Sicherheit in der Arbeitsumwelt. Danach muss jeder Arbeitnehmer in seiner Arbeitsumwelt zufriedenstellende Bedingungen für Gesundheitsschutz und Sicherheit vorfinden. Es sind geeignete Maßnahmen zu ergreifen. Dabei sind die Notwendigkeit einer Ausbildung, Unterrichtung, Anhörung und ausgewogene Mitwirkung der Arbeitnehmer hinsichtlich der Risiken, denen sie unterliegen, und der Maßnahmen, die zur Beseitigung oder Verringerung dieser Risiken getroffen werden, zu berücksichtigen. 4405

Art. 26 rev. ESC gewährt ein Recht auf Würde am Arbeitsplatz. Danach sind Arbeitnehmer vor sexueller Belästigung am Arbeitsplatz und gegen verwerfliche oder ausgesprochen feindselige und beleidigende Handlungen am Arbeitsplatz zu schützen. 4406

Art. 31 EGRC und Art. 3 ESC sprechen von „gesunden und sicheren Arbeitsbedingungen", in Art. 19 GCSGA ist von „zufriedenstellenden Bedingungen für Gesundheitsschutz und Sicherheit" die Rede.[747] Art. 31 EGRC erweitert die Gewährleistungen auf **würdige Arbeitsbedingungen** und lehnt sich damit an Art. 26 rev. ESC,[748] ein bislang nur von wenigen Mitgliedstaaten unterzeichnetes internationales Übereinkommen.[749] Diese Erweiterung wurde im Grundrechtekonvent auch erst nach einer Einigung auf sichere und gesunde Arbeitsbedingungen eingefügt.[750] 4407

b) Art. 31 Abs. 2 EGRC

Nach den Erläuterungen zur EGRC[751] stützt sich Art. 31 Abs. 2 EGRC auf Art. 2 ESC[752] und auf Nr. 8 GCSGA.[753] 4408

Art. 2 ESC behandelt das Recht auf gerechte Arbeitsbedingungen. Danach verpflichten sich die Vertragsparteien, 4409

1. für eine angemessene tägliche und wöchentliche Arbeitszeit zu sorgen und die Arbeitswoche fortschreitend zu verkürzen, soweit die Produktivitätssteigerung und andere mitwirkende Faktoren dies gestatten;
2. bezahlte öffentliche Feiertage vorzusehen;

---

[747] *Hüpers/Reese*, in: Meyer/Hölscheidt, Art. 31 Rn. 1.
[748] Dies hervorhebend *Hüpers/Reese*, in: Meyer/Hölscheidt, Art. 31 Rn. 1.
[749] Vgl. o. Rn. 4046 ff.
[750] *Hüpers/Reese*, in: Meyer/Hölscheidt, Art. 31 Rn. 21 f.
[751] Erläuterungen zur Charta der Grundrechte, ABl. 2007 C 303, S. 17 (26).
[752] Europäische Sozialcharta vom 18.10.1961, Europarat SEV-Nr. 035, s. Rn. 4046 ff.
[753] Gemeinschaftscharta der sozialen Grundrechte der Arbeitnehmer, KOM (1989) 248 endg., s. Rn. 4051.

3. die Gewährleistung eines bezahlten Jahresurlaubs von mindestens zwei Wochen sicherzustellen;
4. für die Gewährung zusätzlicher bezahlter Urlaubstage oder einer verkürzten Arbeitszeit für Arbeitnehmer zu sorgen, die mit bestimmten gefährlichen oder gesundheitsschädlichen Arbeiten beschäftigt sind;
5. eine wöchentliche Ruhezeit sicherzustellen, die, soweit möglich, mit dem Tag zusammenfällt, der in dem betreffenden Land oder Bezirk durch Herkommen oder Brauch als Ruhetag anerkannt ist.

4410 Gem. Nr. 8 GCSGA hat jeder Arbeitnehmer der Europäischen Gemeinschaft Anspruch auf wöchentliche Ruhezeit und auf bezahlten Jahresurlaub.

4411 Gegenüber Art. 2 ESC und Nr. 8 GCSGA enthält Art. 31 Abs. 2 EGRC eine flexible Formulierung; demgegenüber schreibt insbesondere Art. 2 ESC konkrete Regelungen vor.[754]

2. Sonstige internationale Erklärungen und Abkommen

4412 Ein Recht auf angemessene und gerechte Arbeitsbedingungen findet sich in unterschiedlichen Ausprägungen auch in anderen internationalen Erklärungen und Abkommen.[755] So statuiert z. B. Art. 23 der **Allgemeinen Erklärung der Menschenrechte**[756] ein Recht auf gerechte und befriedigende Arbeitsbedingungen und auf eine gerechte und befriedigende Entlohnung. Art. 24 der Allgemeinen Erklärung der Menschenrechte enthält ein Recht auf Erholung und Freizeit und insbesondere auf eine vernünftige Begrenzung der Arbeitszeit und regelmäßigen bezahlten Urlaub.[757] Auch **Art. 7 IPwskR**[758] normiert ein Recht auf gerechte und günstige Arbeitsbedingungen. Die EMRK befasst sich hingegen nicht mit diesem Bereich.[759]

3. Europäischer Besitzstand

4413 Art. 31 EGRC greift mit dem Recht auf gesunde und sichere Arbeitsbedingungen zwei Bereiche auf, für welche die Union gem. Art. 153 Abs. 1 i. V. m. Abs. 2 lit. b) AEUV eine Regelungskompetenz besitzt.[760] Hinzu kommt Art. 156 AEUV, auf den

---

[754] *Hüpers/Reese*, in: Meyer/Hölscheidt, Art. 31 Rn. 1.
[755] *Krebber*, in: Calliess/Ruffert, Art. 31 GRCh Rn. 1.
[756] Am 10.12.1948 von der UN-Generalversammlung genehmigt und verkündet (Resolution 217 (A) III, abrufbar unter www.unric.org oder www.un.org (letzte Abruf: 30.9.2023)), heute als Völkergewohnheitsrecht anerkannt.
[757] Vgl. *Hilbrandt*, in: Heselhaus/Nowak, § 40 Rn. 14.
[758] BGBl. II 1973 S. 1534.
[759] *Krebber*, in: Calliess/Ruffert, Art. 31 GRCh Rn. 1; *Hilbrandt*, in: Heselhaus/Nowak, § 40 Rn. 14.
[760] Vgl. *Krebber*, in: Calliess/Ruffert, Art. 31 GRCh Rn. 2.

§ 3 Individuelle Arbeitnehmerrechte

die Erläuterungen zur EGRC explizit verweisen, weshalb eine große Bandbreite der erfassten Arbeitsbedingungen angenommen wird.[761]

a) Schutz der Gesundheit und der Sicherheit der Arbeitnehmer

Gem. Art. 153 Abs. 1 lit. a) AEUV unterstützt und ergänzt die Union die Tätigkeit der Mitgliedstaaten bei der Verbesserung der Arbeitsumwelt zum Schutz der Gesundheit und der Sicherheit der Arbeitnehmer. Auf der Grundlage dieser Vorschrift[762] wurde im Bereich der Arbeitssicherheit die bislang größte Anzahl von arbeitsrechtlich relevanten Richtlinien erlassen.[763] Dazu gehören insbesondere die unten aufgeführten Arbeitsschutzrahmen-RL 89/391/EWG[764] und Arbeitszeit-RL 93/104/EG,[765] auf die sich auch die Erläuterungen zur EGRC[766] zu Art. 31 EGRC beziehen.

4414

b) Arbeitsbedingungen nach Art. 153 Abs. 1 lit. b) AEUV

Während Art. 153 Abs. 1 lit. a) AEUV die Gesundheit und Sicherheit der Arbeitnehmer betrifft, unterstützt und ergänzt die Gemeinschaft/Union gem. Art. 153 Abs. 1 lit. b) AEUV die Tätigkeit der Mitgliedstaaten auf dem Gebiet der Arbeitsbedingungen. Damit enthält die Norm einen Zentralbegriff des Art. 31 EGRC, nämlich den der Arbeitsbedingungen.

4415

aa) Begriff der Arbeitsbedingungen

In vielen Richtlinien und Verordnungen findet sich der Begriff der Arbeitsbedingungen, ohne dass er definiert wäre.[767] Auch der EuGH spricht ohne nähere Erläuterung von Arbeitsbedingungen.[768]

4416

---

[761] *Hüpers/Reese*, in: Meyer/Hölscheidt, Art. 31 Rn. 26.
[762] Allerdings ist der frühere Art. 118a EGV nur z. T. in Art. 153 AEUV aufgegangen, vgl. *Krebber*, in: Calliess/Ruffert, Art. 153 AEUV Rn. 24.
[763] *Krebber*, in: Calliess/Ruffert, Art. 153 AEUV Rn. 24.
[764] RL 89/391/EWG des Rates vom 12.6.1989 über die Durchführung von Maßnahmen zur Verbesserung der Sicherheit und des Gesundheitsschutzes der Arbeitnehmer bei der Arbeit (Arbeitsschutzrahmen-RL), ABl. 1989 L 183, S. 1, zuletzt geändert durch VO (EG) Nr. 1137/2008, ABl. 2008 L 311, S. 1.
[765] RL 93/104/EG des Rates vom 23.11.1993 über bestimmte Aspekte der Arbeitszeitgestaltung (Arbeitszeit-RL), ABl. 1993 L 307, S. 18, aufgehoben durch RL 2003/88/EG, ABl. 2003 L 299, S. 9.
[766] Erläuterungen zur Charta der Grundrechte, ABl. 2007 C 303, S. 17 (26).
[767] Z. B. RL 2002/73/EG des Europäischen Parlaments und des Rates vom 23.9.2002 zur Änderung der RL 76/207/EWG des Rates zur Verwirklichung des Grundsatzes der Gleichbehandlung von Männern und Frauen hinsichtlich des Zugangs zur Beschäftigung, zur Berufsbildung und zum beruflichen Aufstieg sowie in Bezug auf die Arbeitsbedingungen, ABl. 2002 L 269, S. 15; FreizügigkeitsVO (EWG) Nr. 1612/68, ABl. 1968 L 295, S. 12, zuletzt geändert durch RL 2004/38/EG, ABl. 2004 L 158, S. 77.
[768] S. z. B. EuGH, Rs. C-67/96, ECLI:EU:C:1999:430 (Rn. 57 ff.) – Albany; Rs. C-222/98, ECLI:EU:C:2000:475 (Rn. 25 f.) – Van der Woude.

4417 Nach allgemeinem Sprachgebrauch versteht man unter Arbeitsbedingungen sämtliche, nicht die Bezahlung betreffende Elemente der Gegenleistung des Arbeitgebers für die erlangte Arbeitsleistung.[769] Erfasst ist damit das **Arbeitsumfeld**, innerhalb dessen der Arbeitnehmer seine Tätigkeit ausübt, d. h. Räumlichkeiten, Ausstattung etc. Daneben sind die **Modalitäten**, wie der Arbeitnehmer seine Leistung erbringt, und damit die eigentliche Gestaltung der Arbeit, also z. B. die Verteilung der Arbeitsaufträge, Arbeitsrhythmus, Verteilung des Personals usw. umfasst.[770]

bb) Einschränkung

4418 Allerdings nimmt Art. 153 Abs. 5 AEUV das Arbeitsentgelt, das Koalitionsrecht, das Streikrecht sowie das Aussperrungsrecht aus dem Regelungsbereich des Art. 153 AEUV aus. Der zunächst „uferlos"[771] erscheinende Begriff der Arbeitsbedingungen ergreift daher nicht diese konkret genannten Bereiche. Der Anwendungsbereich wird dadurch stark eingeschränkt.[772]

4419 Bei einem im Übrigen weiten Begriffsverständnis würden allerdings auch die sonstigen in Art. 153 Abs. 1 AEUV genannten Bereiche erfasst, da beispielsweise die Arbeitsumwelt, die Sicherheit und der Schutz der Arbeitnehmer sowie die Unterrichtung und Anhörung der Arbeitnehmer unter den Begriff der Arbeitsbedingungen subsumiert werden können.[773] Art. 153 Abs. 1 lit. a), c)-k) AEUV hätten in diesem Fall keinen eigenständigen Regelungsgehalt.[774] Anstatt eines weit umfassenden Oberbegriffs kann der Begriff der Arbeitsbedingungen in Art. 153 Abs. 1 lit. b) AEUV daher nur als **Auffangbegriff** verstanden werden. Er steht für die Regelung derjenigen Arbeitsbedingungen, welche nicht durch die in Art. 153 Abs. 1 AEUV speziell angeführten Tatbestände erfasst sind.[775]

c) Arbeitsbedingungen nach Art. 156 2. Spiegelstrich AEUV

4420 Der Begriff der Arbeitsbedingungen wird auch in Art. 156 AEUV verwandt. Nach dessen 2. Spiegelstrich fördert die Kommission die Zusammenarbeit zwischen den Mitgliedstaaten insbesondere auf dem Gebiet des Arbeitsrechts und der Arbeitsbedingungen und erleichtert die Abstimmung ihres Vorgehens.

---

[769] Vgl. *Eichenhofer*, in: Streinz, Art. 153 AEUV Rn. 17.

[770] *Dorfmann*, Soziale Gewährleistungen in der Charta der Grundrechte der Europäischen Union, 2002, S. 53.

[771] *Rebhahn/Reiner*, in: Schwarze/Becker/Hatje/Schoo, Art. 153 AEUV Rn. 38; vgl. *Hüpers/Reese*, in: Meyer/Hölscheidt, Art. 31 Rn. 1.

[772] *Krebber*, in: Calliess/Ruffert, Art. 153 AEUV Rn. 25; *Hüpers/Reese*, in: Meyer/Hölscheidt, Art. 31 Rn. 1, 26; *Rebhahn/Reiner*, in: Schwarze/Becker/Hatje/Schoo, Art. 153 AEUV Rn. 38; vgl. *Rengeling/Szczekalla*, Rn. 1015.

[773] *Krebber*, in: Calliess/Ruffert, Art. 153 AEUV Rn. 25.

[774] Vgl. *Eichenhofer*, in: Streinz, Art. 153 AEUV Rn. 17.

[775] *Eichenhofer*, in: Streinz, Art. 153 AEUV Rn. 17 m. w. N.

§ 3 Individuelle Arbeitnehmerrechte

aa) Eigener Begriff der Arbeitsbedingungen

Aufgrund der inhaltlich und systematisch engen Verbindung von Art. 153 und 156 AEUV könnten die Begriffe der Arbeitsbedingungen in beiden Fällen gleich auszulegen sein. Allerdings verweisen die Erläuterungen zur EGRC[776] zum Begriff der Arbeitsbedingungen in Art. 31 Abs. 1 EGRC auf Art. 156 AEUV und nicht auf Art. 153 Abs. 1 lit. b) AEUV. Folglich scheint ein Unterschied in den Bestimmungen zu bestehen – mit Konsequenzen für einen weiten Anwendungsbereich von Art. 31 EGRC.[777] Außerdem nennt Art. 156 AEUV neben dem Arbeitsrecht und den Arbeitsbedingungen weitere Regelungsbereiche, die sich nicht mit der Aufzählung in Art. 153 Abs. 1 AEUV decken. Gerade das in Art. 156 7. Spiegelstrich AEUV genannte Koalitionsrecht ist in Art. 153 Abs. 5 AEUV ausdrücklich vom Regelungsbereich des Art. 153 AEUV ausgenommen. Dies spricht dafür, die Begriffe der Arbeitsbedingungen in Art. 153 Abs. 1 AEUV und Art. 156 AEUV getrennt zu betrachten.

4421

Ausgangspunkt für eine Begriffsbestimmung der Arbeitsbedingungen in Art. 156 AEUV ist erneut die allgemeine Definition, wonach Arbeitsbedingungen sämtliche, nicht die Bezahlung betreffende Elemente der Gegenleistung des Arbeitgebers für die erlangte Arbeitsleistung sind.[778]

4422

bb) Einschränkung

Anders als bei Art. 153 AEUV sind nicht von vornherein bestimmte Materien wie das Arbeitsentgelt, das Koalitionsrecht, das Streikrecht und das Aussperrungsrecht[779] vom Regelungsgehalt ausgenommen. Daher kann der Begriff der Arbeitsbedingungen grundsätzlich auch diese Bereiche umfassen.

4423

Allerdings nennt Art. 156 wie Art. 153 Abs. 1 AEUV neben dem Begriff der Arbeitsbedingungen weitere Bereiche, die nach allgemeinem Sprachgebrauch unter Arbeitsbedingungen verstanden werden, so z. B. die Beschäftigung, die berufliche Ausbildung und Fortbildung, die Verhütung von Berufsunfällen und Berufskrankheiten etc. Hier gilt das Gleiche wie bei Art. 153 Abs. 1 AEUV: Würde man den Begriff der Arbeitsbedingungen weit fassen, würden die übrigen in Art. 156 AEUV genannten Bereiche keinen eigenständigen Regelungsgehalt mehr haben. Von daher ist auch der in Art. 156 AEUV verwandte Begriff der **Arbeitsbedingungen eng** auszulegen,[780] sodass er als **Auffangbegriff** für die Regelung derjenigen Arbeitsbedingungen dient, welche nicht durch die in Art. 156 AEUV speziell angeführten Tatbestände erfasst sind.

4424

---

[776] Erläuterungen zur Charta der Grundrechte, ABl. 2007 C 303, S. 17 (26).
[777] *Hüpers/Reese*, in: Meyer/Hölscheidt, Art. 31 Rn. 26.
[778] Vgl. *Eichenhofer*, in: Streinz, Art. 153 AEUV Rn. 17; s.o. Rn. 4417.
[779] Vgl. Art. 153 Abs. 5 AEUV.
[780] *Rengeling/Szczekalla*, Rn. 1015; *Jarass/Kment*, § 30 Rn. 21.

4425 Schwierigkeiten bereitet schließlich die Tatsache, dass Art. 156 2. Spiegelstrich AEUV das **Arbeitsrecht** und die **Arbeitsbedingungen** nebeneinander nennt. Es könnte sich dabei um eine Wiederholung gleich lautender Synonyme handeln.[781] Ihre parallele Verwendung würde aber verwundern. Auch bei anderen, in Art. 156 AEUV genannten Bereichen, wie z. B. beim Koalitionsrecht und den Kollektivverhandlungen, ist von einem unterschiedlichen Inhalt der Begriffe auszugehen.[782] Deshalb kann der Begriff der Arbeitsbedingungen nicht dasselbe umfassen wie der des Arbeitsrechts.[783]

4426 Problematisch ist allerdings die Abgrenzung. Nach dem gewöhnlichen Sprachgebrauch ist der Begriff des Arbeitsrechts sehr weit zu verstehen und umfasst grundsätzlich auch den Bereich der Arbeitsbedingungen. Daher ist vorliegend hinsichtlich des Begriffs des Arbeitsrechts lediglich eine negative Abgrenzung möglich: Arbeitsrecht umfasst sämtliche Regelungen, die den Bereich des Berufslebens und das Verhältnis zwischen Arbeitgeber und Arbeitnehmer betreffen, mit Ausnahme der Arbeitsbedingungen. Im Umkehrschluss ist der Begriff der Arbeitsbedingungen in Art. 156 AEUV besonders eng auszulegen.[784] Alle übrigen Materien sind bereits von dem Begriff des Arbeitsrechts erfasst.

d) Arbeitsschutzrahmen-RL 89/391/EWG

4427 Nach den Erläuterungen zur EGRC[785] stützt sich Art. 31 Abs. 1 EGRC auf die Arbeitsschutzrahmen-RL 89/391/EWG[786] über die Durchführung von Maßnahmen zur Verbesserung der Sicherheit und des Gesundheitsschutzes der Arbeitnehmer am Arbeitsplatz. Die Richtlinie enthält allgemeine Grundsätze für die Verhütung berufsbedingter Gefahren, für die Sicherheit und den Gesundheitsschutz, die Ausschaltung von Risiko- und Unfallfaktoren, die Information, die Anhörung, die ausgewogene Beteiligung nach den nationalen Rechtsvorschriften bzw. Praktiken, die Unterweisung der Arbeitnehmer und ihrer Vertreter sowie allgemeine Regeln für die Durchführung dieser Grundsätze (Art. 1 Abs. 2).

---

[781] *Eichenhofer*, in: Streinz, Art. 153 AEUV Rn. 17.
[782] *Rebhahn/Reiner*, in: Schwarze/Becker/Hatje/Schoo, Art. 153 AEUV Rn. 38; s.o. Rn. 4282 ff.
[783] *Rebhahn/Reiner*, in: Schwarze/Becker/Hatje/Schoo, Art. 153 AEUV Rn. 38; *Hüpers/Reese*, in: Meyer/Hölscheidt, Art. 31 Rn. 1, 6.
[784] *Rengeling/Szczekalla*, Rn. 1015.
[785] Erläuterungen zur Charta der Grundrechte, ABl. 2007 C 303, S. 17 (26).
[786] RL 89/391/EWG des Rates vom 12.6.1989 über die Durchführung von Maßnahmen zur Verbesserung der Sicherheit und des Gesundheitsschutzes der Arbeitnehmer bei der Arbeit, ABl. 1989 L 183, S. 1, zuletzt geändert durch VO (EG) Nr. 1137/2008, ABl. 2008 L 311, S. 1.

§ 3 Individuelle Arbeitnehmerrechte

e) Arbeitszeit-RLn 93/104/EG, 2003/88/EG

Art. 31 Abs. 2 EGRC stützt sich nach den Erläuterungen zur EGRC[787] weiter auf die Arbeitszeit-RL 93/104/EG[788] über bestimmte Aspekte der Arbeitszeitgestaltung. Die Richtlinie enthält Mindestvorschriften für Sicherheit und Gesundheitsschutz bei der Arbeitszeitgestaltung (Art. 1 Abs. 1). Sie normiert Mindestruhezeiten pro Tag (Art. 3) und pro Woche (Art. 5) und Höchstarbeitszeiten pro Woche (Art. 6). Zudem schreibt sie eine tägliche Ruhepause (Art. 4) und ein Mindestmaß an Jahresurlaub vor (Art. 7). Sie enthält außerdem besondere Vorschriften für Nachtarbeit und Schichtarbeit (Art. 8–13).

4428

Allerdings gibt es eine Fülle von Berufen, in denen die Mitgliedstaaten von den Regelungen der Richtlinie abweichen dürfen (Art. 17), so leitende Angestellte oder sonstige Personen mit selbstständiger Entscheidungsbefugnis, Arbeitskräfte, die Familienangehörige sind, Arbeitnehmer, die im liturgischen Bereich von Kirchen oder Religionsgemeinschaften beschäftigt sind, Wachpersonal oder Hausmeister, Aufnahme-, Behandlungs- und/oder Pflegedienst von Krankenhäusern oder ähnlichen Einrichtungen, Heimen sowie Gefängnissen, Hafen- und Flughafenpersonal, Presse-, Rundfunk-, Fernsehdiensten oder kinematografischer Produktion, Post oder Telekommunikation, Ambulanz-, Feuerwehr- oder Katastrophenschutzdiensten usw.

4429

Zwischenzeitlich hat die Arbeitszeit-RL 93/104/EG[789] derartig viele Änderungen erfahren, dass sie aus Gründen der Übersichtlichkeit und Klarheit in der Arbeitszeit-RL 2003/88/EG[790] neu kodifiziert wurde.[791] Die oben genannten Bestimmungen sind jedoch beibehalten worden.[792]

4430

f) Weitere Richtlinien

Im Sekundärrecht finden sich viele weitere Bestimmungen, die den Gesundheitsschutz, den besonderen Schutz bestimmter Arbeitnehmer und den Arbeitszeitschutz

4431

---

[787] Erläuterungen zur Charta der Grundrechte, ABl. 2007 C 303, S. 17 (26).
[788] RL 93/104/EG des Rates vom 23.11.1993 über bestimmte Aspekte der Arbeitszeitgestaltung (Arbeitszeit-RL), ABl. 1993 L 307, S. 18, aufgehoben durch RL 2003/88/EG des Europäischen Parlaments und des Rates vom 4.11.2003 über bestimmte Aspekte der Arbeitszeitgestaltung, ABl. 2003 L 299, S. 9; s. auch sogleich Rn. 3877.
[789] ABl. 1993 L 307, S. 18.
[790] RL 2003/88/EG des Europäischen Parlaments und des Rates vom 4.11.2003 über bestimmte Aspekte der Arbeitszeitgestaltung (Arbeitszeit-RL), ABl. 2003 L 299, S. 9.
[791] S. 1. Erwägungsgrund der RL 2003/88/EG; *Hüpers/Reese*, in: Meyer/Hölscheidt, Art. 31 Rn. 7 (Fn. 19).
[792] Auch die Artikelnummern sind in der neuen RL 2003/88/EG beibehalten worden.

behandeln,[793] beispielsweise die Mutterschutz-RL 92/85/EWG,[794] die RL 89/654/EWG[795] über Mindestvorschriften für Sicherheit und Gesundheitsschutz in Arbeitsstätten, die RL 90/270/EWG[796] über Mindestvorschriften bezüglich der Sicherheit und des Gesundheitsschutzes bei der Arbeit an Bildschirmgeräten und die RL 91/383/EWG[797] zur Ergänzung der Maßnahmen zur Verbesserung der Sicherheit und des Gesundheitsschutzes von Arbeitnehmern mit befristetem Arbeitsverhältnis oder Leiharbeitsverhältnis.[798]

4. EuGH-Rechtsprechung

4432 Den Anspruch auf bezahlten Jahresurlaub hat der EuGH „als einen besonders bedeutsamen Grundsatz des Sozialrechts der Gemeinschaft" bezeichnet.[799] Damit hat er dem Anspruch jedoch keine Grundrechtsqualität beigemessen.[800] Er hat es vielmehr vermieden, auf die von *GA Tizzano* in den Schlussanträgen vertretene Auffassung, „dass die Charta die qualifizierteste und definitive Bestätigung des Grundrechtscharakters des Anspruchs auf bezahlten Jahresurlaub"[801] enthalte, einzugehen.[802]

---

[793] *Krebber*, in: Calliess/Ruffert, Art. 31 GRCh Rn. 4 und Art. 153 AEUV Rn. 24; *Dorfmann*, Soziale Gewährleistungen in der Charta der Grundrechte der Europäischen Union, 2002, S. 52.

[794] Des Rates vom 19.10.1992 über die Durchführung von Maßnahmen zur Verbesserung der Sicherheit und des Gesundheitsschutzes von schwangeren Arbeitnehmerinnen, Wöchnerinnen und stillenden Arbeitnehmerinnen am Arbeitsplatz (zehnte Einzelrichtlinie im Sinne des Art. 16 Abs. 1 der RL 89/391/EWG), ABl. 1992 L 348, S. 1, zuletzt geändert durch VO (EU) 2019/1243, ABl. 2019 L 198, S. 241.

[795] Erste Einzelrichtlinie im Sinne des Art. 16 Abs. 1 der RL 89/391/EWG, ABl. 1989 L 393, S. 1; geändert durch RL 2007/30/EG, ABl. 2007 L 165, S. 21, zuletzt geändert durch VO (EU) 2019/1243, ABl. 2019 L 198, S. 241.

[796] Fünfte Einzelrichtlinie im Sinne von Art. 16 Abs. 1 der RL 89/391/EWG, ABl. 1990 L 156, S. 14; geändert durch RL 2007/30/EG, ABl. 2007 L 165, S. 21, zuletzt geändert durch VO (EU) 2019/1243, ABl. 2019 L 198, S. 241.

[797] ABl. 1991 L 206, S. 19, zuletzt geändert durch RL 2007/30/EG, ABl. 2007 L 165, S. 21.

[798] *Streinz*, in: ders., Art. 31 GR-Charta Rn. 3.

[799] S. EuGH, Rs. C-173/99, ECLI:EU:C:2001:356 (Rn. 43) – BECTU; Rs. C-342/01, ECLI:EU:C:2004:160 (Rn. 29) – Merino Gómez.

[800] *Hilbrandt*, in: Heselhaus/Nowak, § 40 Rn. 1 u. 25 f.

[801] *GA Tizzano*, EuGH, Rs. C-173/99, ECLI:EU:C:2001:356 (Rn. 28) – BECTU.

[802] *Dorfmann*, Soziale Gewährleistungen in der Charta der Grundrechte der Europäischen Union, 2002, S. 54.

§ 3 Individuelle Arbeitnehmerrechte

5. Verfassungen der Mitgliedstaaten

Auf Verfassungsebene enthält die portugiesische Verfassung die detaillierteste Regelung zu den Arbeitsbedingungen.[803] Ihr Wortlaut ist dem des Art. 31 EGRC sehr ähnlich,[804] da beide von sicheren und würdigen Arbeitsbedingungen sprechen und explizit auf eine Begrenzung der Höchstarbeitszeit, auf tägliche und wöchentliche Ruhezeiten sowie auf bezahlten Urlaub eingehen. Auch andere Verfassungen enthalten Teilbereiche der Gewährleistungen des Art. 31 EGRC.[805] So spricht die Verfassung Luxemburgs von dem Schutz der Gesundheit und der Erholung der Arbeiter.[806] Die spanische Verfassung nimmt Bezug auf die Sicherheit und Hygiene am Arbeitsplatz, begrenzt die Arbeitszeit und beinhaltet einen regelmäßigen bezahlten Urlaub.[807] Die italienische Verfassung spricht von „angemessener Entlohnung".[808] In der belgischen Verfassung ist bestimmt, dass das Recht, ein menschenwürdiges Leben zu führen, unter anderem das Recht auf gerechte Arbeitsbedingungen und gerechte Entlohnung umfasst.[809] In den neuen Mitgliedstaaten wird regelmäßig auf die Gewährleistung angemessener Arbeitsbedingungen eingegangen.[810]

4433

II. Einordnung

1. Qualifizierung als Grundrecht

Nach Wortlaut, Genese und Systematik ist Art. 31 EGRC als subjektives Recht zu qualifizieren, das einen Schutzanspruch vermittelt.[811]

4434

a) Wortlaut

Nach dem Wortlaut des Art. 31 EGRC hat jede Arbeitnehmerin und jeder Arbeitnehmer ein „Recht" auf gesunde, sichere und würdige Arbeitsbedingungen (Abs. 1) bzw. auf eine Begrenzung der Höchstarbeitszeit, auf tägliche und wöchentliche

4435

---

[803] S. Art. 59 Abs. 1 portugiesische Verfassung, wiedergegeben bei *Lang*, in: Stern/Sachs, Art. 31 Fn. 4.
[804] *Lang*, in: Stern/Sachs, Art. 31 Rn. 2; *Hüpers/Reese*, in: Meyer/Hölscheidt, Art. 31 Rn. 9.
[805] *Lang*, in: Stern/Sachs, Art. 31 Rn. 2.
[806] S. Art. 11 Abs. 3 luxemburgische Verfassung, wiedergegeben bei *Lang*, in: Stern/Sachs, Art. 31 Fn. 5.
[807] Art. 40 Abs. 2 spanische Verfassung, wiedergegeben bei *Lang*, in: Stern/Sachs, Art. 31 Fn. 6.
[808] Art. 36 italienische Verfassung, wiedergegeben bei *Lang*, in: Stern/Sachs, Art. 31 Fn. 7.
[809] *Hilbrandt*, in: Heselhaus/Nowak, § 40 Rn. 3 unter Bezug auf Art. 23 der belgischen Verfassung.
[810] Ausführlich *Hüpers/Reese*, in: Meyer/Hölscheidt, Art. 31 Rn. 9 ff.
[811] *Lang*, in: Stern/Sachs, Art. 31 Rn. 3; *Jarass/Kment*, § 30 Rn. 18; *Krebber*, in: Calliess/Ruffert, Art. 31 GRCh Rn. 3.

Ruhezeiten sowie auf bezahlten Jahresurlaub (Abs. 2). Dies spricht bereits auf den ersten Blick für ein **subjektives Recht**. Allerdings bedarf die in Absatz 1 enthaltene Gewährleistung von gesunden, sicheren und würdigen Arbeitsbedingungen der Präzisierung. Es könnte sich deshalb auch um eine Grundsatzbestimmung handeln, die im Wege weiterer Rechtsetzung näher auszufüllen wäre.[812] Allerdings enthält Art. 31 Abs. 2 EGRC bereits eine solche Konkretisierung.[813] Außerdem sind Grundrechtsnormen grundsätzlich recht abstrakt in ihrer Formulierung, insbesondere um politischen und gesellschaftlichen Veränderungen Rechnung tragen zu können.

b) Genese

4436   Der EuGH hat den Anspruch auf bezahlten Jahresurlaub „als einen besonders bedeutsamen Grundsatz des Sozialrechts der Gemeinschaft" bezeichnet[814] und ihm damit keine Grundrechtsqualität zuerkannt.[815] Allerdings darf aus der Formulierung des EuGH, es handele sich um einen „bedeutsamen Grundsatz", nicht der Schluss gezogen werden, dass auch Art. 31 EGRC einen Grundsatz und kein subjektives Recht enthalte. Der EuGH unterscheidet in seinem Sprachgebrauch nämlich nicht stets präzise zwischen allgemeinen Rechtsgrundsätzen und Grundrechten.[816] Zudem bemaß der EuGH in dem zu entscheidenden Fall 2001 dem Recht auf bezahlten Jahresurlaub keine Grundrechtsqualität bei.

4437   Nach Inkrafttreten der EGRC hat der EuGH eine nationale Regelung mit ausnahmslosem Verfall von Urlaubsansprüchen auch bei durchgängig bestehender Arbeitsunfähigkeit wegen Verstoßes gegen einen besonders bedeutsamen Grundsatz des Sozialrechts der Gemeinschaft (heutigen Union), wie er in Art. 7 Abs. 1 RL 2003/88/EG seine Ausprägung findet, unanwendbar ist.[817,818] Damit hat Art. 31 EGRC jedenfalls i. V. m. Richtlinienrecht, auf das er gestützt wurde, konkrete Wirkung.

4438   *GA Tizzano* hat in dem vorherigen Fall in seinen Schlussanträgen die Auffassung vertreten, „dass die Charta die qualifizierteste und definitive Bestätigung des Grundrechtscharakters des Anspruchs auf bezahlten Jahresurlaub" enthalte.[819] Er hat damit die Grundrechtsqualität betont, ohne dass aber der EuGH darauf einging: Daher wird gefolgert, dass er danach noch ein (echtes) soziales **Grundrecht** annahm, aber einen allgemeinen bzw. besonders wichtigen Grundsatz auch vor Inkrafttreten der GRC

---

[812] *Schwarze*, EuZW 2001, 517 (522).
[813] S.u. Rn. 4460 ff.
[814] Dazu EuGH, Rs. C-173/99, ECLI:EU:C:2001:356 (Rn. 43) – BECTU; Rs. C-342/01, ECLI:EU:C:2004:160 (Rn. 29) – Merino Gómez.
[815] S.o. Rn. 4432.
[816] *Hilbrandt*, in: Heselhaus/Nowak, § 40 Rn. 25 f.
[817] EuGH, Rs. C-350 u. 520/06, ECLI:EU:C:2009:18 (Rn. 29 ff., 43 ff.) – Schultz-Hoff u. a.; Rs. C-277/08, ECLI:EU:C:2009:542 (Rn. 18 ff.) – Vicente Perada.
[818] Darauf verweist *Hilbrandt*, in: Heselhaus/Nowak, § 40 Rn. 30.
[819] *GA Tizzano*, EuGH, Rs. C-173/99, ECLI:EU:C:2001:356 (Rn. 28) – BECTU.

gleichsam als unmittelbare Vorstufe zur Feststellung einer unionsrechtlichen Grundrechtsverbürgung sah.[820] Jedenfalls ist die jetzige Entscheidung deutlicher.

c) Systematik

Art. 28 EGRC und Art. 29 EGRC sprechen ebenfalls davon, dass die jeweiligen Grundrechtsträger ein „Recht" haben. Beide Normen gewähren subjektive Rechte.[821] Aufgrund der Nähe der Vorschriften zu Art. 31 EGRC, ihrer inhaltlichen Verbindung und ihrer strukturellen Gleichheit ist auch bei Art. 31 EGRC von einem **subjektiven Recht** auszugehen. 4439

d) Zweck

Ziel des Art. 31 EGRC ist es, soziale Grundrechtsstandards im Arbeitsleben festzuschreiben.[822] Diesem Ziel wird die Ausgestaltung von Art. 31 EGRC als subjektives Recht am besten gerecht. Jedoch wäre auch eine Festschreibung sozialer Standards in Form eines Grundsatzes denkbar, da auch dieser zu beachten wäre. Es kann sich um einen besonders wichtigen Grundsatz handeln, wie der EuGH früher betonte.[823] Der Zweck der Vorschrift ergibt daher kein eindeutiges Ergebnis bei der Einordnung von Art. 31 EGRC. 4440

Da Wortlaut, Genese und Systematik jedoch für die Qualifizierung als subjektives Recht sprechen, ist trotz mangelnder Deutlichkeit beim Zweck von einem Grundrecht auszugehen. 4441

2. Abgrenzung

a) Art. 1 EGRC

Mit der Formulierung eines Rechts auf „würdige Arbeitsbedingungen" knüpft Art. 31 EGRC an Art. 1 EGRC an. Zwar könnte auch Art. 1 EGRC ein Recht auf Schutz der Gesundheit und Sicherheit der Arbeitnehmer entnommen werden. Mit **Art. 31 EGRC** haben diese Rechte jedoch eine **eigenständige Kodifizierung** erfahren, weshalb Art. 31 EGRC gegenüber Art. 1 EGRC als lex specialis Vorrang genießt.[824] 4442

---

[820] So *Hilbrandt*, in: Heselhaus/Nowak, § 40 Rn. 26.
[821] S.o. Rn. 4318 ff. u. Rn. 4233 ff.
[822] *Lang*, in: Stern/Sachs, Art. 31 Rn. 3; *Hüpers/Reese*, in: Meyer/Hölscheidt, Art. 31 Rn. 25 ff.
[823] S. vorstehende Rn. 4438.
[824] *Hilbrandt*, in: Heselhaus/Nowak, § 40 Rn. 46.

b) Art. 20, 21 EGRC

4443 Bei **diskriminierenden Arbeitsbedingungen** kommen die Diskriminierungsverbote des Art. 21 EGRC sowie der allgemeine Gleichheitssatz des Art. 20 EGRC zum Tragen.[825] Es ist jeweils im Einzelfall zu entscheiden, welches Grundrecht maßgeblich ist.

c) Art. 33 Abs. 2 EGRC

4444 Für den Mutterschafts- und Elternurlaub enthält Art. 33 Abs. 2 EGRC eine **spezielle Regelung**, die der allgemeinen des Art. 31 EGRC vorgeht.[826]

III. Gewährleistungsbereich

4445 Art. 31 EGRC enthält eine Regelung mit zwei Teilbereichen. Absatz 1 behandelt den allgemeinen Fall gesunder, sicherer und würdiger Arbeitbedingungen. Absatz 2 betrifft mit Höchstarbeitszeit, Ruhezeiten und Jahresurlaub einen Unterfall.[827]

1. Art. 31 Abs. 1 EGRC

4446 Gem. Art. 31 Abs. 1 EGRC hat jede Arbeitnehmerin und jeder Arbeitnehmer das Recht auf gesunde, sichere und würdige Arbeitsbedingungen. Überschrieben ist Art. 31 EGRC mit „gerechte und angemessene Arbeitsbedingungen".

a) Arbeitnehmer

4447 Für den Begriff der Arbeitnehmer kann – wie bei Art. 28 EGRC[828] und Art. 30 EGRC[829] – auf die Ausführungen zu Art. 27 EGRC verwiesen werden.[830] Es ist daher die **Rechtsprechung des EuGH** zu Art. 45 und Art. 157 AEUV zugrunde zu legen. Arbeitnehmer ist danach derjenige, der während einer bestimmten Zeit für einen anderen nach dessen Weisung Leistungen erbringt, für die er als Gegenleistung eine Vergütung erhält.[831]

---

[825] *Jarass/Kment*, § 30 Rn. 19.
[826] *Jarass/Kment*, § 30 Rn. 19.
[827] *Jarass/Kment*, § 30 Rn. 20 ff.
[828] S.o. Rn. 4258.
[829] S.o. Rn. 4380.
[830] S.o. Rn. 4162 ff.
[831] St. Rspr. EuGH, Rs. C-66/85, ECLI:EU:C:1986:284 (Rn. 17) – Lawrie-Blum; Rs. C-197/86, ECLI:EU:C:1988:323 (Rn. 21) – Brown; Rs. C-357/89, ECLI:EU:C:1992:87 (Rn. 10) – Raulin; näher *Frenz*, Europarecht 1, Rn. 1423 ff.

§ 3 Individuelle Arbeitnehmerrechte

Während des Grundrechtekonvents war heftig umstritten, ob die Rechte aus **4448**
Art. 31 EGRC nur Unionsbürgern oder auch **Drittstaatsangehörigen** zustehen
sollen.[832] Die heutige Formulierung des Art. 31 EGRC, der von „jeder Arbeitnehmerin und jedem Arbeitnehmer" spricht, hat diese Frage gelöst.[833] Auf die Staatsangehörigkeit der Arbeitnehmer kommt es folglich nicht an.[834]

b) Arbeitsbedingungen

Nach den Erläuterungen zur EGRC[835] ist der Begriff der Arbeitsbedingungen in **4449**
Art. 31 Abs. 1 EGRC i. S. d. Art. 156 AEUV zu verstehen. Dieser Verweis
verwundert ein wenig, weil bei Art. 140 EG früher und bei Art. 156 AEUV derzeit
noch nicht abschließend geklärt ist, was unter dem Begriff der Arbeitsbedingungen
zu verstehen ist.[836] Nach hier vertretener Ansicht sind unter den Arbeitsbedingungen
in Art. 156 AEUV sämtliche, nicht die Bezahlung betreffende Elemente der Gegenleistung des Arbeitgebers für die erlangte Arbeitsleistung zu verstehen, mit Ausnahme der übrigen in Art. 156 AEUV speziell genannten Bereiche, insbesondere
dem des Arbeitsrechts.[837]

Dies kann jedoch nicht unreflektiert für Art. 31 Abs. 1 EGRC übernommen **4450**
werden, weil bei Art. 156 AEUV mit der eigenständigen Nennung der Verhütung
von Berufsunfällen und Berufskrankheiten (5. Spiegelstrich) und dem Gesundheitsschutz bei der Arbeit (6. Spiegelstrich) gerade Bereiche gesondert aufgeführt sind,
die nach dem Wortlaut des Art. 31 Abs. 1 EGRC von den gesunden und sicheren
Arbeitsbedingungen erfasst sind.[838] Daher ist die enge Auslegung, die beim Begriff
der Arbeitsbedingungen in Art. 156 AEUV vorzunehmen ist, nicht auf Art. 31 Abs. 1
EGRC zu übertragen. Vielmehr gilt hier die allgemeine Definition, wonach **Arbeitsbedingungen sämtliche, nicht die Bezahlung betreffende Elemente** der Gegenleistung des Arbeitgebers für die erlangte Arbeitsleistung sind.[839] Eine Begrenzung
dieses „uferlosen"[840] Begriffs erfolgt bereits dadurch, dass Art. 31 Abs. 1 EGRC
„gesunde, sichere und würdige Arbeitsbedingungen" vorschreibt.

---

[832] S. *Bernsdorff/Borowsky*, Die Charta der Grundrechte der Europäischen Union, 2002, S. 216; *Riedel*, in: Meyer, 2. Aufl. 2006, Art. 31 Rn. 9.
[833] *Hüpers/Reese*, in: Meyer/Hölscheidt, Art. 31 Rn. 33.
[834] *Jarass/Kment*, § 30 Rn. 20; differenziert *Lang*, in: Stern/Sachs, Art. 31 Rn. 8 ff.
[835] Erläuterungen zur Charta der Grundrechte, ABl. 2007 C 303, S. 17 (26).
[836] S.o. Rn. 4420 ff.
[837] S.o. Rn. 4426.
[838] *Jarass/Kment*, § 30 Rn. 21 f.
[839] Vgl. *Eichenhofer*, in: Streinz, Art. 153 AEUV Rn. 17.
[840] *Rebhahn/Reiner*, in: Schwarze/Becker/Hatje/Schoo, 153 AEUV Rn. 38; vgl. *Hüpers/Reese*, in: Meyer/Hölscheidt, Art. 31 Rn. 25 f.

c) Gesunde und sichere Arbeitsbedingungen

4451 Nach den Erläuterungen zur EGRC[841] stützt sich Art. 31 Abs. 1 EGRC auf die Arbeitsschutzrahmen-RL 89/391/EWG.[842] Diese kann deshalb bei der Frage, was als gesunde und sichere Arbeitsbedingungen anzusehen ist, herangezogen werden. Insbesondere Art. 6 und Art. 8 der Richtlinie beschreiben Pflichten des Arbeitgebers, die dieser erfüllen muss, damit gesunde und sichere Arbeitsbedingungen gegeben sind.[843] **Art. 31 Abs. 1 EGRC** geht freilich darüber hinaus, da **allgemein** von **gesunden und sicheren Arbeitsbedingungen** gesprochen wird, weshalb die in der Arbeitsschutzrahmen-RL 89/391/EWG genannten Fälle lediglich als Beispiele und nicht als abschließend angesehen werden können.[844] Insoweit erging mittlerweile die RL 2009/104 EG.[845]

4452 Weitere Beispiele finden sich in der Mutterschutz-RL 92/85/EWG,[846] in der RL 89/654/EWG[847] über Mindestvorschriften für Sicherheit und Gesundheitsschutz in Arbeitsstätten, in der RL 90/270/EWG[848] über Mindestvorschriften bezüglich der Sicherheit und des Gesundheitsschutzes bei der Arbeit an Bildschirmgeräten und in der RL 91/383/EWG[849] zur Ergänzung der Maßnahmen zur Verbesserung der Sicherheit und des Gesundheitsschutzes von Arbeitnehmern mit befristetem Arbeitsverhältnis oder Leiharbeitsverhältnis.

4453 Verallgemeinert verlangen gesunde und sichere Arbeitsbedingungen die **Verhütung von betriebsbedingten Gefahren** und die Ausschaltung von Risiko und Unfallfaktoren (vgl. Art. 1 Abs. 2 Arbeitsschutzrahmen-RL 89/391/EWG).[850]

---

[841] Erläuterungen zur Charta der Grundrechte, ABl. 2007 C 303, S. 17 (26).

[842] Des Rates vom 12.6.1989 über die Durchführung von Maßnahmen zur Verbesserung der Sicherheit und des Gesundheitsschutzes der Arbeitnehmer bei der Arbeit, ABl. 1989 L 183, S. 1, zuletzt geändert durch VO (EG) Nr. 1137/2008, ABl. 2008 L 311, S. 1.

[843] *Lang*, in: Stern/Sachs, Art. 31 Rn. 15.

[844] *Lang*, in: Stern/Sachs, Art. 31 Rn. 15.

[845] RL 2009/104/EG des Europäischen Parlaments und des Rates vom 16.9.2009 über Mindestvorschriften für Sicherheit und Gesundheitsschutz bei Benutzung von Arbeitsmitteln durch Arbeitnehmer bei der Arbeit (Zweite Einzelrichtlinie im Sinne des Art. 16 Abs. 1 der RL 89/391/ EWG), ABl. 2009 L 260, S. 5.

[846] Des Rates vom 19.10.1992 über die Durchführung von Maßnahmen zur Verbesserung der Sicherheit und des Gesundheitsschutzes von schwangeren Arbeitnehmerinnen, Wöchnerinnen und stillenden Arbeitnehmerinnen am Arbeitsplatz (zehnte Einzelrichtlinie im Sinne des Art. 16 Abs. 1 der RL 89/391/EWG), ABl. 1992 L 348, S. 1, zuletzt geändert durch VO (EU) 2019/1243, ABl. 2019 L 198, S. 241.

[847] ABl. 1989 L 393, S. 1, geändert durch RL 2007/30/EG, ABl. 2007 L 165, S. 21, zuletzt geändert durch VO (EU) 2019/1243, ABl. 2019 L 198, S. 241.

[848] ABl. 1990 L 156, S. 14, geändert durch RL 2007/30/EG, ABl. 2007 L 165, S. 21, zuletzt geändert durch VO (EU) 2019/1243, ABl. 2019 L 198, S. 241.

[849] ABl. 1991 L 206, S. 19, zuletzt geändert durch RL 2007/30/EG, ABl. 2007 L 165, S. 21.

[850] *Jarass/Kment*, § 30 Rn. 21; *Hüpers/Reese*, in: Meyer/Hölscheidt, Art. 31 Rn. 40.

§ 3 Individuelle Arbeitnehmerrechte 513

Nach der Rechtsprechung des EuGH zur Arbeitszeit-RL 93/104/EG[851] umfasst **4454** die **Gesundheit** in Anlehnung an die Präambel der Satzung der Weltgesundheitsorganisation den Zustand des vollständigen körperlichen, geistigen und sozialen Wohlbefindens und nicht nur das Freisein von Krankheiten und Gebrechen.[852] Damit ist der Gesundheitsschutz im Arbeitsleben freilich weiter als der allgemeine Gesundheitsschutz nach **Art. 3 Abs. 1 EGRC**.[853] Dies ergibt sich allerdings daraus, dass der Einzelne besonders intensiv mit der Arbeitsumwelt in Berührung kommt.

d) Würdige Arbeitsbedingungen

Der Begriff der würdigen Arbeitsbedingungen stellt einen Bezug zu Art. 1 EGRC **4455** her.[854] Entsprechend der zum wortgleichen Art. 1 GG entwickelten so genannten Objektformel[855] sind deshalb als unwürdig solche Arbeitsbedingungen anzusehen, welche die personale Würde des Arbeitenden in Frage stellen, ihn lediglich als Mittel zur Produktion betrachten und ihn damit zum bloßen Objekt herabwürdigen.[856]

Nach den Erläuterungen zur EGRC[857] lehnt sich Art. 31 Abs. 1 EGRC für das **4456** Recht auf Würde am Arbeitsplatz an Art. 26 rev. ESC[858] an. In Anlehnung an Art. 26 rev. ESC verlangen würdige Arbeitsbedingungen daher die **Vorbeugung und Unterbindung sexueller Belästigung** am Arbeitsplatz und die **Verhinderung von wiederholten, verwerflichen oder ausgesprochen feindseligen und beleidigenden Handlungen am Arbeitsplatz**.[859]

e) Gerechte und angemessene Arbeitsbedingungen

Art. 31 EGRC ist mit „gerechte und angemessene" Arbeitsbedingungen überschrieben, während die Norm selbst von gesunden, sicheren und würdigen Arbeitsbedingungen spricht. Damit weichen Überschrift und Normtext beträchtlich voneinander ab.[860] Es stellt sich deshalb die Frage, ob durch die Überschrift des Art. 31 EGRC die Gewährleistung gerechter und angemessener Arbeitsbedingungen in Art. 31 Abs. 1 EGRC hineingelesen werden kann und/oder ob das in der Überschrift **4457**

---

[851] ABl. 1993 L 307, S. 18; aufgehoben durch Arbeitszeit-RL 2003/88/EG, ABl. 2003 L 299, S. 9.
[852] EuGH, Rs. C-84/94, ECLI:EU:C:1996:431 (Rn. 15) – Vereinigtes Königreich/Rat. Der EuGH hat dies gleichlautend und mit dem Verweis auf das vorgenannte Urteil auch in der Rs. C-151/02, ECLI:EU:C:2003:437 (Rn. 93) – Jaeger vertreten.
[853] S.o. Rn. 1094.
[854] *Lang*, in: Stern/Sachs, Art. 31 Rn. 11; *Jarass/Kment*, § 30 Rn. 22; *Hüpers/Reese*, in: Meyer/Hölscheidt, Art. 31 Rn. 8, 56 ff.
[855] *Höfling/Kempny*, in: Stern/Sachs, Art. 1 Rn. 15 ff. m. w. N.; s.o. Rn. 939.
[856] *Lang*, in: Stern/Sachs, Art. 31 Rn. 13.
[857] Erläuterungen zur Charta der Grundrechte, ABl. 2007 C 303, S. 17 (26).
[858] Revidierte Europäische Sozialcharta vom 3.5.1996, Europarat SEV-Nr. 163, s. auch Rn. 4046 ff.
[859] S. *Jarass/Kment*, § 30 Rn. 22; *Hüpers/Reese*, in: Meyer/Hölscheidt, Art. 31 Rn. 56; *Lang*, in: Stern/Sachs, Art. 31 Rn. 14.
[860] *Lang*, in: Stern/Sachs, Art. 31 Rn. 4.

verwandte Adjektiv „gerecht" verallgemeinerungsfähig die in Art. 31 Abs. 1 EGRC verwandten Begriffe „gesund, sicher und würdig" umfasst und Letztere nur als Konkretisierung anzusehen sind.[861] Dagegen spricht jedoch, dass die Adjektive „gerechte" und „angemessene" im Normtext nicht erscheinen. So wurde auch im Grundrechtekonvent vor allem die Reichweite und inhaltliche Ausdeutung des Begriffs „gerechte" Arbeitsbedingungen diskutiert,[862] während die Forderung nach sicheren und gesunden Arbeitsbedingungen weitgehend Zustimmung fand.[863] Art. 31 EGRC enthält deshalb **kein allgemeines Recht auf gerechte und angemessene Arbeitsbedingungen.**[864]

f) Gerechter Lohn

4458   Die Problematik des „gerechten Lohns" ist nicht in diesem Rahmen zu diskutieren.[865] Zum einen ist die **Entlohnung nicht vom Begriff der Arbeitsbedingungen umfasst**.[866] Zum anderen ist im Grundrechtekonvent mehrfach vorgeschlagen worden, ein Recht auf fairen und gleichen Lohn ausdrücklich in die EGRC aufzunehmen.[867] Dies ist jedoch nicht verwirklicht worden. Schließlich fehlt in den Erläuterungen zur EGRC[868] jeglicher Hinweis auf Art. 4 rev. ESC,[869] der ein Recht auf ein gerechtes Arbeitsentgelt gewährleistet.[870]

2. Art. 31 Abs. 2 EGRC

4459   Gem. Art. 31 Abs. 2 EGRC hat jede Arbeitnehmerin und jeder Arbeitnehmer das Recht auf eine Begrenzung der Höchstarbeitszeit, auf tägliche und wöchentliche Ruhezeiten sowie auf bezahlten Jahresurlaub.

---

[861] *Lang*, in: Stern/Sachs, Art. 31 Rn. 4.

[862] *Bernsdorff/Borowsky*, Die Charta der Grundrechte der Europäischen Union, 2002, S. 325; *Lang*, in: Stern/Sachs, Art. 31 Rn. 1.

[863] *Bernsdorff/Borowsky*, Die Charta der Grundrechte der Europäischen Union, 2002, S. 217; *Lang*, in: Stern/Sachs, Art. 31 Rn. 1; *Hüpers/Reese*, in: Meyer/Hölscheidt, Art. 31 Rn. 21.

[864] *Krebber*, in: Calliess/Ruffert, Art. 31 GRCh Rn. 2.

[865] Offen bei *Lang*, in: Stern/Sachs, Art. 31 Rn. 13; *Dorfmann*, Soziale Gewährleistungen in der Charta der Grundrechte der Europäischen Union, 2002, S. 53.

[866] S.o. Rn. 4450.

[867] *Hüpers/Reese*, in: Meyer/Hölscheidt, Art. 31 Rn. 15 ff.

[868] Erläuterungen zur Charta der Grundrechte, ABl. 2007 C 303, S. 17 (26).

[869] Revidierte Europäische Sozialcharta vom 3.5.1996, Europarat SEV-Nr. 163, s.o. Rn. 4046 ff.

[870] *Dorfmann*, Soziale Gewährleistungen in der Charta der Grundrechte der Europäischen Union, 2002, S. 53, Fn. 129.

§ 3 Individuelle Arbeitnehmerrechte

a) Verhältnis zu Art. 31 Abs. 1 EGRC

Die in Art. 31 Abs. 2 EGRC konkret formulierten Rechte sind schon in der allgemeinen Bestimmung des Art. 31 Abs. 1 EGRC über gesunde, sichere und würdige Arbeitsbedingungen enthalten.[871] Daher war auch im Grundrechtekonvent die Chartawürdigkeit des Abs. 2 umstritten.[872] Es wurde eine Reglementierung von Belanglosigkeiten befürchtet.[873] Deutlich wird die Überschneidung der beiden Regelungen an der Arbeitszeit-RL 93/104/EG,[874] auf die auch die Erläuterungen zur EGRC[875] verweisen. Diese (zwischenzeitlich aufgehobene)[876] Richtlinie zielte auf die Sicherheit und den Gesundheitsschutz bei der Arbeitszeitgestaltung.[877] Damit betraf sie einerseits die in Art. 31 Abs. 1 EGRC gewährleisteten gesunden und sicheren Arbeitsbedingungen. Zum anderen enthielt sie mit der Verpflichtung zu Mindestruhezeiten pro Tag (Art. 3) und pro Woche (Art. 5), zu Höchstarbeitszeiten pro Woche (Art. 6), täglichen Ruhepausen (Art. 4) und einem Mindestmaß an Jahresurlaub (Art. 7) Vorschriften, die der Gewährleistung des Art. 31 Abs. 2 EGRC entsprechen.

4460

b) Konkretisierung

Die Erläuterungen zur EGRC[878] weisen auf die Arbeitszeit-RL 93/104/EG[879] hin. Daher ist in Anlehnung an Art. 6 der Richtlinie unter der Höchstarbeitszeit in Art. 31 Abs. 2 EGRC die **wöchentliche Höchstarbeitszeit** zu verstehen, in Anlehnung an Art. 1 und Art. 5 der Richtlinie mit Ruhezeiten eine Zeit außerhalb der Arbeitszeit gemeint und als Jahresurlaub in Anlehnung an Art. 7 der Richtlinie bezahlter Mindestjahresurlaub anzusehen.[880] Die in der Arbeitszeit-RL 93/104/EG genannten Mindestvorschriften können daher als Konkretisierung der Bestimmung des Art. 31 Abs. 2 EGRC angesehen werden.

4461

---

[871] *Weiss*, AuR 2001, 374 (376); *Dorfmann*, Soziale Gewährleistungen in der Charta der Grundrechte der Europäischen Union, 2002, S. 52.
[872] *Lang*, in: Stern/Sachs, Art. 31 Rn. 1.
[873] *Bernsdorff/Borowsky*, Die Charta der Grundrechte der Europäischen Union, 2002, S. 216; *Lang*, in: Stern/Sachs, Art. 31 Rn. 17.
[874] ABl. 1993 L 307, S. 18; aufgehoben durch Arbeitszeit-RL 2003/88/EG, ABl. 2003 L 299, S. 9.
[875] Erläuterungen zur Charta der Grundrechte, ABl. 2007 C 303, S. 17 (26).
[876] S. Arbeitszeit-RL 2003/88/EG, ABl. 2003 L 299, S. 9.
[877] Vgl. Art. 1 der RL.
[878] Erläuterungen zur Charta der Grundrechte, ABl. 2007 C 303, S. 17 (26).
[879] ABl. 1993 L 307, S. 18; aufgehoben durch Arbeitszeit-RL 2003/88/EG, ABl. 2003 L 299, S. 9.
[880] *Jarass/Kment*, § 30 Rn. 23.

4462 Weitere Konkretisierungen finden sich in der Mutterschutz-RL 92/85/EWG[881] und in der RL 90/270/EWG[882] über die Mindestvorschriften bezüglich der Sicherheit und des Gesundheitsschutzes bei der Arbeit an Bildschirmgeräten.[883]

IV. Beeinträchtigung und Rechtfertigung

4463 Wie bei Art. 30 EGRC[884] verleitet die Formulierung des Art. 31 EGRC dazu, der Norm Drittwirkung zu unterstellen und sie direkt auf das Verhältnis zwischen Arbeitnehmer und Arbeitgeber anzuwenden.[885] Damit würden auch Privatpersonen verpflichtet, gerechte und angemessene Arbeitsbedingungen zu gewährleisten. Gem. Art. 51 Abs. 1 S. 1 EGRC gilt die EGRC jedoch nur für die Organe und Einrichtungen der Union und für die Mitgliedstaaten bei der Durchführung des Rechts der Union. Eingriffe in den Gewährleistungsbereich des Art. 31 EGRC liegen daher nur dann vor, wenn die Union oder die Mitgliedstaaten (bei Durchführung des Unionsrechts) gegenüber ihren **eigenen Bediensteten** keine gerechten und angemessenen Arbeitsbedingungen gewähren[886] oder wenn sie **keine Regelungen zur Sicherung** der in Art. 31 EGRC genannten Rechte erlassen.[887] Im ersten Fall dürfte eine Rechtfertigung ausgeschlossen sein.[888] Der zweite Fall ergibt sich aus der Schutzfunktion des Art. 31 EGRC.

4464 Bei der Umsetzung haben Union und Mitgliedstaaten allerdings einen gewissen **Spielraum**, der insbesondere durch den Bezug zur **Würde** und zum **Gesundheitsschutz** begrenzt wird. Jedenfalls die sich daraus ergebenden **Mindeststandards** sind zu wahren. Die Mitgliedstaaten können aber regeln, welche Folgen an ungesunde, unsichere und/oder unwürdige Arbeitsbedingungen geknüpft werden.[889] Es bedarf im Einzelfall der Beurteilung, ob die Gesetzgeber ihrer Schutzpflicht nachgekommen sind. Der Schutz davor ist freilich vorgegeben. Das gilt auch bei der Ausfüllung der vertraglichen Ermächtigungen durch die europäischen Organe, welche insbesondere nach Art. 153 Abs. 1 lit. a) und b) AEUV die Tätigkeit der Mitgliedstaaten zum Schutz der Gesundheit und der Sicherheit der Arbeitnehmer sowie bei den Arbeitsbedingungen unterstützt und ergänzt.[890] Daraus entsprangen schon verschiedene **Richtlinien**. Werden sie **erneuert** bzw. **erweitert**, muss auch der grundrechtliche

---

[881] ABl. 1992 L 348, S. 1, zuletzt geändert durch VO (EU) 2019/1243, ABl. 2019 L 198, S. 241.
[882] ABl. 1990 L 156, S. 14, zuletzt geändert durch VO (EU) 2019/1243, ABl. 2019 L 198, S. 241.
[883] S. Art. 7 der RL.
[884] S.o. Rn. 4398.
[885] *Dorfmann*, Soziale Gewährleistungen in der Charta der Grundrechte der Europäischen Union, 2002, S. 51; vgl. *Schwarze*, EuZW 2001, 517 (522).
[886] *Jarass/Kment*, § 30 Rn. 24.
[887] *Jarass/Kment*, § 30 Rn. 25; *Hilbrandt*, in: Heselhaus/Nowak, § 40 Rn. 43.
[888] *Jarass/Kment*, § 30 Rn. 26.
[889] *Jarass/Kment*, § 30 Rn. 25.
[890] S.o. Rn. 4414.

§ 3 Individuelle Arbeitnehmerrechte

Standard nach **Art. 31 EGRC** gewahrt bleiben. Soweit dieser den Gehalt der bisherigen Richtlinien widerspiegelt, ist dieser nunmehr grundrechtlich abgesichert und dadurch festgeschrieben. Wird er unterschritten, liegt eine Beeinträchtigung vor.

V. Prüfungsschema zu Art. 31 EGRC

1. Schutzbereich 4465
a) Arbeitsbedingungen sind sämtliche, nicht die Bezahlung betreffende Elemente der Gegenleistung des Arbeitgebers für die erlangte Arbeitsleistung
b) Anspruch auf gesunde, sichere und würdige Arbeitsbedingungen:
 – Verhütung von betriebsbedingten Gefahren und die Ausschaltung von Risiko und Unfallfaktoren
 – keine Arbeitsbedingungen, die die personale Würde des Arbeitenden in Frage stellen, ihn lediglich als Mittel zur Produktion betrachten und ihn damit zum bloßen Objekt herabwürdigen
 – konkret formulierte Rechte finden sich in Art. 31 Abs. 2 EGRC
c) Folgen an ungesunde, unsichere und/oder unwürdige Arbeitsbedingungen von Union und Mitgliedstaaten regelbar
d) keine Drittwirkung

2. Beeinträchtigung
a) Union oder die Mitgliedstaaten gewähren gegenüber ihren eigenen Bediensteten keine gesunden, sicheren und würdigen Arbeitsbedingungen
b) Union oder die Mitgliedstaaten erlassen keine Regelungen zur Sicherung der in Art. 31 EGRC genannten Rechte

3. Rechtfertigung
ohne Rechtfertigung, wenn die Union oder die Mitgliedstaaten gegenüber ihren eigenen Bediensteten keine gesunden, sicheren und würdigen Arbeitsbedingungen gewähren

D. Kinder und Jugendliche

Art. 32 EGRC beinhaltet das Verbot der Kinderarbeit und den Schutz der Jugendlichen am Arbeitsplatz. Gem. Absatz 1 ist Kinderarbeit verboten. Unbeschadet günstigerer Vorschriften für Jugendliche und abgesehen von begrenzten Ausnahmen darf das Mindestalter für den Eintritt in das Arbeitsleben das Alter, in dem die Schulpflicht endet, nicht unterschreiten. Gem. Absatz 2 müssen zur Arbeit zugelassene Jugendliche ihrem Alter angepasste Arbeitsbedingungen erhalten und vor wirtschaftlicher Ausbeutung sowie vor jeder Arbeit geschützt werden, die ihre Sicherheit, ihre Gesundheit, ihre körperliche, geistige, sittliche oder soziale Entwicklung beeinträchtigen oder ihre Erziehung gefährden könnte. 4466

I. Grundlagen

4467 Die verfassungs- und menschenrechtliche Gewährleistung **spezifischer Rechte** von **Kindern und Jugendlichen** ist eine **relativ neue Entwicklung**. Traditionelle Verfassungen erkennen allenfalls eine besondere verfassungsrechtliche Schutzbedürftigkeit von Kindern und Jugendlichen an, räumen diesen aber regelmäßig keine besonderen Rechte ein.[891] Mittlerweile gibt es jedoch mehrere internationale Regelungen, die als Grundlage für Art. 32 EGRC dienten.

1. ESC und GCSGA

4468 Nach den Erläuterungen zur EGRC[892] stützt sich Art. 32 EGRC auf Art. 7 ESC[893] und auf die Nr. 20–23 GCSGA.[894] Diese zielen insbesondere auf die Setzung von einzuhaltenden Mindeststandards.[895]

a) Art. 7 ESC

4469 Art. 7 ESC behandelt das Recht der Kinder und Jugendlichen auf Schutz und verpflichtet die Vertragsparteien zu diversen Maßnahmen: sie sollen

1. das Mindestalter für die Zulassung zu einer Beschäftigung auf 15 Jahre festsetzen, vorbehaltlich von Ausnahmen für Kinder, die mit bestimmten leichten Arbeiten beschäftigt werden, welche weder ihre Gesundheit noch ihre Moral noch ihre Erziehung gefährden;
2. ein höheres Mindestalter für die Zulassung zur Beschäftigung in bestimmten Berufen festsetzen, die als gefährlich oder gesundheitsschädlich gelten;
3. die Beschäftigung Schulpflichtiger mit Arbeiten verbieten, die verhindern würden, dass sie aus ihrer Schulausbildung den vollen Nutzen ziehen;
4. die Arbeitszeit von Jugendlichen unter 16 Jahren entsprechend den Erfordernissen ihrer Entwicklung und insbesondere ihrer Berufsausbildung begrenzen;
5. das Recht der jugendlichen Arbeitnehmer und Lehrlinge auf ein gerechtes Arbeitsentgelt oder eine angemessene Beihilfe anerkennen;
6. vorsehen, dass die Zeit, die Jugendliche während der normalen Arbeitszeit mit Zustimmung des Arbeitgebers für die Berufsausbildung verwenden, als Teil der täglichen Arbeitszeit gilt;
7. für Arbeitnehmer unter 18 Jahren die Dauer des bezahlten Jahresurlaubs auf mindestens drei Wochen festsetzen;

---

[891] *Böhringer*, in: Heselhaus/Nowak, § 45 Rn. 1.
[892] Erläuterungen zur Charta der Grundrechte, ABl. 2007 C 303, S. 17 (26).
[893] Europäische Sozialcharta vom 18.10.1961, Europarat SEV-Nr. 035, s. Rn. 4046 ff.
[894] Gemeinschaftcharta der sozialen Grundrechte der Arbeitnehmer, KOM (1989) 248 endg., s. Rn. 4051.
[895] *Böhringer*, in: Heselhaus/Nowak, § 45 Rn. 9.

§ 3 Individuelle Arbeitnehmerrechte

8. für Arbeitnehmer unter 18 Jahren Nachtarbeit verbieten, mit Ausnahme bestimmter, im innerstaatlichen Recht festgelegter Arbeiten;
9. vorsehen, dass Arbeitnehmer unter 18 Jahren, die in bestimmten, mit dem innerstaatlichen Recht festgelegten Beschäftigungen tätig sind, einer regelmäßigen ärztlichen Überwachung unterliegen;
10. einen besonderen Schutz gegen die körperlichen und sittlichen Gefahren sicherstellen, denen Kinder und Jugendliche ausgesetzt sind, insbesondere gegen Gefahren, die sich unmittelbar oder mittelbar aus ihrer Arbeit ergeben.

b) Nr. 20–23 GCSGA

Nr. 20–23 GCSGA befassen sich mit dem Kinder- und Jugendschutz. Gem. Nr. 20 GCSGA darf das Mindestalter für den **Eintritt in das Arbeitsleben** das Alter, in dem die Schulpflicht erlischt, nicht unterschreiten und **in keinem Fall unter 15 Jahren** liegen. Dies gilt unbeschadet günstigerer Vorschriften für Jugendliche, vor allem solcher Vorschriften, die ihre berufliche Eingliederung durch Berufsausbildung gewährleisten sowie abgesehen von auf bestimmte leichte Arbeiten beschränkten Ausnahmen. 4470

Nach Nr. 21 GCSGA muss jeder Jugendliche, der eine Beschäftigung ausübt, ein **angemessenes Arbeitsentgelt** gemäß den einzelstaatlichen Gepflogenheiten erhalten. 4471

Gem. Nr. 22 GCSGA sind die notwendigen Maßnahmen zu ergreifen, um die arbeitsrechtlichen Vorschriften für junge Arbeitnehmer so umzugestalten, dass sie den Erfordernissen ihrer **persönlichen Entwicklung** und ihrem Bedarf an beruflicher Bildung und an Zugang zur Beschäftigung entsprechen. Namentlich die **Arbeitszeit** der **Arbeitnehmer unter 18 Jahren** ist **zu begrenzen** – ohne dass dieses Gebot durch den Rückgriff auf Überstunden umgangen werden kann – und die Nachtarbeitszeit zu untersagen. Dabei können für bestimmte durch die einzelstaatlichen Rechtsvorschriften und Regelungen festgelegte berufliche Tätigkeiten Ausnahmen gelten. 4472

Gem. Nr. 23 GCSGA müssen Jugendliche nach Ablauf der Schulpflicht die Möglichkeit haben, eine hinreichende **berufliche Grundausbildung** zu erhalten, um sich den Erfordernissen ihres künftigen Erwerbslebens anpassen zu können; für die jungen Arbeitnehmer müsste diese Ausbildung während der Arbeitszeit stattfinden. 4473

c) Vergleich von ESC und GCSGA mit Art. 32 EGRC

Die Bestimmungen der ESC und der GCSGA enthalten damit nicht nur das **Verbot der Kinderarbeit**, sondern **detaillierte Regelungen**, welche Maßnahmen zur Umsetzung zu ergreifen sind. Art. 32 EGRC enthält keine derartigen Details, sondern allgemeine Prinzipien.[896] 4474

---

[896] *Nußberger/Ennuschat*, in: Stern/Sachs, Art. 32 Rn. 15 ff.

4475 Während Art. 7 Nr. 1 ESC und Nr. 20 GCSGA das Mindestalter für eine Arbeitstätigkeit auf 15 Jahre festlegen, sieht **Art. 32 EGRC keine ausdrückliche Altersgrenze** vor. Vielmehr verweist er implizit auf die Rechtsvorschriften der Mitgliedstaaten, welche die Dauer der Schulpflicht regeln.[897]

2. Sonstige internationale Übereinkommen

4476 Die **Allgemeine Erklärung der Menschenrechte**[898] und die **EMRK** enthalten **kein Verbot der Kinderarbeit** und **keine Regelungen zum Schutz Jugendlicher am Arbeitsplatz**.[899] Der EGMR hat zwar – ausgehend von Art. 3 und 8 EMRK – immer wieder punktuell zur Rechtsstellung von Kindern und Jugendlichen Stellung genommen. Dies geschah jedoch nicht im Hinblick auf Kinderarbeit oder besonderen Schutz am Arbeitsplatz,[900] sondern vorwiegend bei körperlichen und seelischen Misshandlungen und Ähnlichem.[901]

4477 Schutzrechte für Kinder und Jugendliche im Arbeitsleben sind hingegen in anderen internationalen Übereinkommen zu finden. Diese enthalten im Gegensatz zu bisherigen europäischen Rechtsakten einen detaillierten Verbots- und Rechtekanon, sie werden teilweise auch von der Kommission in Bezug genommen.

a) Internationale Arbeitsorganisation

4478 Die IAO, eine Sonderorganisation der Vereinten Nationen, hat **zahlreiche internationale Übereinkommen** ausgearbeitet, die den Bereich von **Kinder- und Jugendarbeit** betreffen.[902] Sie sollen insbesondere der ökonomischen Ausbeutung von Kindern entgegenwirken.[903] Zu nennen sind die Konvention Nr. C 138 über das Mindestalter für die Zulassung zur Beschäftigung und die Konvention Nr. C 182 über das Verbot und unverzügliche Maßnahmen zur Beseitigung der schlimmsten Formen der Kinderarbeit. Sie geben den derzeitigen aktuellen Mindeststandard wieder.[904]

---

[897] *Dorfmann*, Soziale Gewährleistungen in der Charta der Grundrechte der Europäischen Union, 2002, S. 56.
[898] Am 10.12.1948 von der UN-Generalversammlung genehmigt und verkündet (Resolution 217 (A) III, abrufbar unter www.unric.org oder www.un.org (letzter Abruf: 30.9.2023)), heute als Völkergewohnheitsrecht anerkannt.
[899] *Krebber*, in: Calliess/Ruffert, Art. 32 GRCh Rn. 1.
[900] *Nußberger/Ennuschat*, in: Stern/Sachs, Art. 32 Rn. 10.
[901] *Böhringer*, in: Heselhaus/Nowak, § 45 Rn. 7.
[902] Z. B. die Übereinkommen Nr. C 5, 6, 7, 10, 15, 16, 33, 58, 59, 60, 79, 90, 123, 124, 138, 182.
[903] *Böhringer*, in: Heselhaus/Nowak, § 45 Rn. 5.
[904] *Nußberger/Ennuschat*, in: Stern/Sachs, Art. 32 Rn. 12.

§ 3 Individuelle Arbeitnehmerrechte

aa) Konvention Nr. 138

In der Konvention Nr. 138 wird als **Mindestalter** für die Zulassung zur Beschäftigung grundsätzlich das Alter, in dem die Schulpflicht endet, mindestens jedoch das **15. Lebensjahr** angegeben (Art. 2 Nr. 3). Für Arbeiten, die für das Leben, die Gesundheit oder die Sittlichkeit der Jugendlichen gefährlich sind, wird das Mindestalter auf **18 Jahre** festgelegt (Art. 3 Nr. 1). Ausnahmemöglichkeiten sind für schulische Zwecke (Art. 6) und bei unschädlichen Arbeiten (Art. 7) vorgesehen.

4479

bb) Konvention Nr. 182

Nach langen und kontroversen Debatten ist es auch gelungen, mit der Konvention Nr. 182 ein **allgemeines Verbot der schlimmsten Formen der Kinderarbeit** zu verabschieden.[905] Zahlreiche Entwicklungsländer hatten moniert, dass westliche Vorstellungen eines völligen Verbots der Kinderarbeit in Ländern ohne funktionierende soziale Sicherheitssysteme zum Scheitern verurteilt seien.[906] Die Konvention Nr. 182 verpflichtet deshalb lediglich sicherzustellen, dass die schlimmsten Formen der Kinderarbeit vordringlich verboten und beseitigt werden (Art. 1). Als „schlimmste Formen der Kinderarbeit" werden angesehen (Art. 3):

4480

a) alle Formen der Sklaverei oder alle sklavereiähnlichen Praktiken, wie der Verkauf von Kindern und der Kinderhandel, Schuldknechtschaft und Leibeigenschaft sowie Zwangs- oder Pflichtarbeit, einschließlich der Zwangs- oder Pflichtrekrutierung von Kindern für den Einsatz in bewaffneten Konflikten;
b) das Heranziehen, Vermitteln oder Anbieten eines Kindes zur Prostitution, zur Herstellung von Pornografie oder zu pornografischen Darstellungen;
c) das Heranziehen, Vermitteln oder Anbieten eines Kindes zu unerlaubten Tätigkeiten, insbesondere zur Gewinnung von und zum Handel mit Drogen, wie diese in den einschlägigen Übereinkünften definiert sind;
d) Arbeit, die ihrer Natur nach oder aufgrund der Umstände, unter denen sie verrichtet wird, voraussichtlich für die Gesundheit, die Sicherheit oder die Sittlichkeit von Kindern schädlich ist.

Die Europäische Kommission empfiehlt die Ratifikation des Übereinkommens Nr. 182.[907]

4481

---

[905] Ausführlich *Düwell*, NZA 2000, 308 ff.
[906] Schon *Riedel*, in: Meyer, 2. Aufl. 2006, Art. 32 Rn. 9.
[907] Empfehlung der Kommission vom 15.9.2000 zur Ratifizierung des Übereinkommens 182 der Internationalen Arbeitsorganisation (IAO) vom 17.6.1999 über das Verbot und unverzügliche Maßnahmen zur Beseitigung der schlimmsten Formen der Kinderarbeit, ABl. 2000 L 243, S. 41.

b) Vereinte Nationen

4482 Auch Art. 32 des von den Vereinten Nationen 1989 ausgearbeiteten Übereinkommens über die Rechte des Kindes – so genannte **Kinderrechtskonvention** – enthält Bestimmungen zum Schutz vor wirtschaftlicher Ausbeutung und vor Arbeiten, die Gefahren mit sich bringen, die Erziehung des Kindes behindern oder die Gesundheit des Kindes oder seine körperliche, geistige, seelische, sittliche oder soziale Entwicklung schädigen könnte.[908] Allerdings ist die unmittelbare Anwendung dieses Übereinkommens umstritten und eine Durchsetzung der verbürgten Rechte in Form eines Gerichtsverfahrens oder ähnliches jedenfalls allgemein nicht geschaffen worden. Durch das 3. Fakultativprotokoll mit darin eingerichtetem Individualbeschwerde- und Untersuchungsverfahren zum Übereinkommen über die Rechte des Kindes betreffend ein Mitteilungsverfahren, UN Generalversammlung, Resolution 66/138, A/RES/66/138 V. 27.1.2012 ist dieses Übereinkommen aber in Teilen unmittelbar anwendbar.[909]

4483 Ein Verbot der Kinderarbeit und Schutzvorschriften für jugendliche Arbeitnehmer finden sich schließlich auch in Art. 10 Nr. 3 IPwskR.[910]

3. Europäischer Besitzstand

a) Art. 153 Abs. 1 lit. a) AEUV

4484 Der **Schutz der Kinder** wird im Primärrecht in Art. 3 Abs. 3 UAbs. 2 EUV ausdrücklich als **europäisches Ziel** genannt.[911] Der **Jugendarbeitsschutz** wird der allgemeinen **arbeitsrechtlichen Aufgabennorm** des Art. 153 Abs. 1 lit. a) AEUV zugerechnet.[912] Danach unterstützt und ergänzt die Union die Tätigkeit der Mitgliedstaaten unter anderem bei der Verbesserung insbesondere der Arbeitsumwelt zum Schutz der Gesundheit und der Sicherheit der Arbeitnehmer. Gem. Art. 153 Abs. 1 lit. a) i. V. m. Abs. 2 lit. b) AEUV besitzen das Europäische Parlament und der Rat eine Regelungskompetenz auf diesem Gebiet, auf dessen Grundlage unter anderem die RL 94/33/EG[913] erlassen wurde.

---

[908] *Nußberger/Ennuschat*, in: Stern/Sachs, Art. 32 Rn. 13.
[909] *Böhringer*, in: Heselhaus/Nowak, § 45 Rn. 5.
[910] BGBl. II 1973 S. 1534.
[911] *Nußberger/Ennuschat*, in: Stern/Sachs, Art. 32 Rn. 14.
[912] *Jarass/Kment, § 30* Rn. 27; *Eichenhofer*, in: Streinz, Art. 153 AEUV Rn. 16.
[913] ABl. 1994 L 216, S. 12, zuletzt geändert durch VO (EU) 2019/1243, ABl. 2019 L 198, S. 241.

b) RL 94/33/EG

Nach den Erläuterungen zur EGRC[914] stützt sich Art. 32 EGRC auf die RL 94/33/ EG[915] über den Jugendarbeitsschutz. Der Gegenstand der Richtlinie wird in Art. 1 umschrieben: Gem. Abs. 1 treffen die Mitgliedstaaten die erforderlichen Maßnahmen, um die Kinderarbeit zu verbieten. Sie tragen dafür Sorge, dass das Mindestalter für den Zugang zur Beschäftigung oder Arbeit nicht unter dem Alter, mit dem gemäß den einzelstaatlichen Rechtsvorschriften die Vollzeitschulpflicht endet und in keinem Fall unter 15 Jahren liegt. Nach Absatz 2 tragen die Mitgliedstaaten dafür Sorge, dass die Arbeit Jugendlicher streng geregelt und geschützt wird. Gem. Abs. 3 tragen die Mitgliedstaaten allgemein dafür Sorge, dass der Arbeitgeber dem Alter der jungen Menschen angepasste Arbeitsbedingungen gewährleistet. Sie sorgen weiter für den Schutz junger Menschen vor wirtschaftlicher Ausbeutung sowie vor Arbeiten, die ihrer Sicherheit, ihrer Gesundheit oder ihrer physischen, psychischen, moralischen oder sozialen Entwicklung schaden oder ihre Gesamtbildung beeinträchtigen könnten.

4485

Um diese Ziele zu erreichen, enthält die Richtlinie ein Verbot der Kinderarbeit mit detaillierten Ausnahmen (Art. 4, Art. 5), statuiert Pflichten des Arbeitgebers (Art. 6), enthält Beschäftigungsverbote für bestimmte Tätigkeiten (Art. 7) und beinhaltet Sonderregelungen für die Arbeitszeit (Art. 8), die Nachtarbeit (Art. 9), Ruhezeiten (Art. 10), Jahresruhezeit (Art. 11) und Pausen (Art. 12).

4486

4. EuGH-Rechtsprechung

Der EuGH und das EuG haben sich bislang nicht mit dem Verbot der Kinderarbeit oder Fragen zum Schutz der Jugendlichen am Arbeitsplatz auseinandergesetzt.[916]

4487

5. Verfassungen der Mitgliedstaaten

Ein Verbot der Kinderarbeit und Regelungen zum Schutz Jugendlicher am Arbeitsplatz sind in den Verfassungen der Mitgliedstaaten nur fragmentarisch enthalten.[917] Bezugspunkte finden sich in den Verfassungen Irlands, Italiens, Litauens, Maltas, Polens, Portugals, der Slowakei, Sloweniens, Tschechiens und Ungarns.[918] Sie

4488

---

[914] Erläuterungen zur Charta der Grundrechte, ABl. 2007 C 303, S. 17 (26).
[915] RL 94/33/EG des Rates vom 22.6.1994 über den Jugendarbeitsschutz, ABl. 1994 L 216, S. 12, zuletzt geändert durch VO (EU) 2019/1243, ABl. 2019 L 198, S. 241.
[916] *Nußberger/Ennuschat*, in: Stern/Sachs, Art. 32 Rn. 10; *Böhringer*, in: Heselhaus/Nowak, § 45 Rn. 10.
[917] S. *Böhringer*, in: Heselhaus/Nowak, § 45 Rn. 4; *Streinz*, in: ders., Art. 32 GR-Charta Rn. 3; *Hüpers/Reese*, in: Meyer/Hölscheidt, Art. 32 Rn. 6.
[918] *Nußberger/Ennuschat*, in: Stern/Sachs, Art. 32 Rn. 1; *Streinz*, in: ders., Art. 32 GR-Charta Rn. 3; ausführlich *Hüpers/Reese*, in: Meyer/Hölscheidt, Art. 32 Rn. 6.

werden teilweise zusammen mit dem Schutz der Frauen[919] und/oder dem Schutz Behinderter[920] genannt.[921]

4489 Alle Mitgliedstaaten treffen entsprechende Bestimmungen auf einfachgesetzlicher Ebene in ihren arbeitsrechtlichen Regelungen.[922]

II. Einordnung

1. Qualifizierung als Grundrecht

4490 Die Qualifizierung von Art. 32 EGRC als subjektives Recht oder Grundsatz ist noch nicht abschließend geklärt. Es wird sowohl vertreten, der Wortlaut der Vorschrift sei derart präzise, dass es sich um ein subjektives Recht handele,[923] als auch, dass Art. 32 EGRC gerade kein subjektives Recht einräume.[924] Für die Einordnung ist die Systematik am aussagekräftigsten.

a) Wortlaut

4491 Der recht präzise Wortlaut der Vorschrift spricht auf den ersten Blick für ein subjektives Recht.[925] Allerdings sind beim Gewährleistungsgehalt sehr allgemeine Begriffe gewählt worden, die der näheren Präzisierung und Auslegung bedürfen.[926] Damit wird dem **europäischen und den nationalen Gesetzgebern**[927] bei der Festlegung des Schutzbereichs ein **Spielraum** eröffnet, der grundsätzlich gegen eine Qualifikation als subjektives Recht spricht. Außerdem wird von den nationalen Gesetzgebern aufgrund ihrer Regelungskompetenz für die Schulpflicht das Alter festgelegt, bis zu dem das Verbot der Kinderarbeit gilt.[928] Der Wortlaut des Art. 32 EGRC ergibt daher kein eindeutiges Ergebnis.

b) Genese

4492 Im Grundrechtekonvent wurden vor der endgültigen Fassung des Art. 32 EGRC mehrere Formulierungsvorschläge diskutiert, die von einem „Anspruch" der Kinder

---

[919] So in der portugiesischen Verfassung.
[920] S. die slowenische und die tschechische Verfassung.
[921] *Nußberger/Ennuschat*, in: Stern/Sachs, Art. 32 Rn. 1.
[922] *Streinz*, in: ders., Art. 32 GR-Charta Rn. 3; *Böhringer*, in: Heselhaus/Nowak, § 45 Rn. 4.
[923] *Jarass/Kment*, § 30 Rn. 28.
[924] *Nußberger/Ennuschat*, in: Stern/Sachs, Art. 32 Rn. 15.
[925] Darauf gestützt *Jarass/Kment*, § 30 Rn. 28.
[926] S.u. Rn. 4500 ff.
[927] Vgl. Art. 51 Abs. 1 S. 1 EGRC.
[928] S.u. Rn. 4504.

und Jugendlichen sprachen.⁹²⁹ Schließlich wurde eine abstraktere Formulierung gewählt, sodass Art. 32 EGRC gerade kein subjektives Recht gewähren könnte.⁹³⁰ Allerdings war im Grundrechtekonvent unstreitig, dass Art. 32 EGRC dem Schutz der Kinder und Jugendlichen dienen sollte und dazu den Gesetzgebern **Schutzpflichten** auferlegt werden sollten. Dieser Schutzfunktion wird eine Ausgestaltung als subjektives Recht am besten gerecht.

c) Systematik

Der inhaltlich eng mit Art. 32 EGRC verwandte Art. 24 EGRC ist sowohl in seinem Abs. 1 als auch in Abs. 3 als subjektives Recht formuliert. Danach haben Kinder „Anspruch" auf Schutz und Fürsorge bzw. auf persönliche Beziehungen und direkte Kontakte.⁹³¹ Da Art. 32 EGRC eben nicht diese Formulierung enthält, sondern auf die Verwendung des Wortes „Anspruch" verzichtet, könnte Art. 32 EGRC gerade keinen Anspruch und damit kein subjektives Recht gewähren. 4493

Allerdings würde **Art. 32 EGRC** in diesem Fall hinter dem Schutz des Art. 24 EGRC zurückbleiben. Inhaltlich **konkretisiert** Art. 32 EGRC jedoch die allgemeine Bestimmung des **Art. 24 EGRC** im Bereich des Arbeitslebens. Würde man Art. 32 EGRC lediglich als Grundsatz verstehen, wäre der eigenständige Regelungsgehalt praktisch auf Null reduziert, da subjektive Ansprüche auf die inhaltlichen Gewährleistungen des Art. 32 EGRC über den allgemein formulierten Art. 24 EGRC gewährt werden könnten bzw. müssten. Da im Grundrechtekonvent über die Aufnahme vom Art. 32 EGRC jedoch allgemeiner Konsens bestand,⁹³² Art. 32 EGRC daher nicht als überflüssige Norm statuiert werden sollte, ist die Norm selbst als **subjektives Recht** zu qualifizieren. 4494

d) Zweck

Zweck des Art. 32 EGRC ist es, Kindern und Jugendlichen, denen es im Arbeitsleben an Erfahrung mangelt, denen regelmäßig ein Bewusstsein für tatsächliche oder potenzielle Gefahren fehlt und die in ihrer körperlichen und seelischen Entwicklung noch nicht abgeschlossen sind, **besonderen Schutz** zu gewähren. Dieser Schutz ist besonders effektiv bei der Ausgestaltung von Art. 32 EGRC als subjektives Recht gewährleistet. 4495

e) Folgerungen

Auch wenn Wortlaut, Genese und Zweck kein eindeutiges Bild ergeben, lässt der **systematische Zusammenhang zwischen Art. 32 EGRC und Art. 24 EGRC** den 4496

---

⁹²⁹ *Hüpers/Reese*, in: Meyer/Hölscheidt, Art. 32 Rn. 8 ff.
⁹³⁰ Vgl. *Hüpers/Reese*, in: Meyer/Hölscheidt, Art. 32 Rn. 12.
⁹³¹ *Böhringer*, in: Heselhaus/Nowak, § 45 Rn. 16.
⁹³² Vgl. *Hüpers/Reese*, in: Meyer/Hölscheidt, Art. 32 Rn. 8 ff.

Rückschluss zu, dass es sich bei Art. 32 EGRC um ein **subjektives Recht** und nicht lediglich um einen Grundsatz handelt.[933]

4497 Art. 32 EGRC enthält ein Schutz- und zugleich ein Abwehrrecht.[934] Kinderrechte lassen sich grundsätzlich nur in einer Kombination mehrerer Grundrechtsfunktionen effektiv verwirklichen. Dies ergibt sich aus dem Zweck der Kinderrechte, nämlich einer besonders schutzbedürftigen Gruppe eben diesen Schutz zukommen zu lassen.[935]

2. Abgrenzung

4498 Kindern und Jugendlichen stehen selbstverständlich nicht nur die spezifischen Gewährleistungen zum besonderen Schutz ihrer Rechte zu. Vielmehr treten diese neben die allgemeinen grundrechtlichen Gewährleistungen, die Kindern und Jugendlichen kraft ihres Menschseins zukommen.[936]

4499 Besondere Schutzrechte für Kinder und Jugendliche enthalten Art. 24 EGRC und Art. 32 EGRC. Der im Titel „Gleichheit" zu findende Art. 24 EGRC behandelt die allgemeinen Schutzrechte der Kinder, wobei die unterschiedliche systematische Einordnung zu Art. 32 EGRC kritisch gesehen werden kann.[937] Art. 32 EGRC konkretisiert das in Art. 24 EGRC enthaltene allgemeine Schutzrecht der Kinder,[938] bezieht es auf den Bereich des Arbeitslebens und geht deshalb als lex specialis vor.[939] Mit der Schaffung von Art. 32 EGRC (neben Art. 24 EGRC) wurde das Verbot der Kinderarbeit und der Schutz Jugendlicher am Arbeitsplatz grundrechtlich aufgewertet.[940]

III. Gewährleistungsbereich

4500 Art. 32 EGRC ist überschrieben mit „Verbot der Kinderarbeit und Schutz der Jugendlichen am Arbeitsplatz". Mit dieser Überschrift werden bereits die verschiedenen Aspekte, die in der Vorschrift aufgegriffen werden, kurz umrissen.[941]

---

[933] So auch *Jarass/Kment*, § 30 Rn. 28; a.A. *Nußberger/Ennuschat*, in: Stern/Sachs, Art. 32 Rn. 15; nicht eindeutig *Hüpers/Reese*, in: Meyer/Hölscheidt, Art. 32 Rn. 14.
[934] *Jarass/Kment*, § 30 Rn. 28; *Krebber*, in: Calliess/Ruffert, Art. 32 GRCh Rn. 2, 3; *Streinz*, in: ders., Art. 32 GR-Charta Rn. 4; *Hüpers/Reesé*, in: Meyer/Hölscheidt, Art. 32 Rn. 14.
[935] *Böhringer*, in: Heselhaus/Nowak, § 45 Rn. 22.
[936] *Böhringer*, in: Heselhaus/Nowak, § 45 Rn. 25.
[937] *Böhringer*, in: Heselhaus/Nowak, § 45 Rn. 14.
[938] Schon *Riedel*, in: Meyer, 2. Aufl. 2006, Art. 32 Rn. 17.
[939] *Jarass/Kment*, § 30 Rn. 29; *Nußberger/Ennuschat*, in: Stern/Sachs, Art. 32 Rn. 14.
[940] *Böhringer*, in: Heselhaus/Nowak, § 45 Rn. 15.
[941] *Nußberger/Ennuschat*, in: Stern/Sachs, Art. 32 Rn. 3.

§ 3 Individuelle Arbeitnehmerrechte

Gem. Art. 32 Abs. 1 EGRC ist Kinderarbeit verboten. Unbeschadet günstigerer Vorschriften für Jugendliche und abgesehen von begrenzten Ausnahmen darf das **Mindestalter** für den Eintritt in das Arbeitsleben das Alter, in dem die Schulpflicht endet, **nicht unterschreiten**. **4501**

Nach Art. 32 Abs. 2 EGRC müssen zur Arbeit zugelassene Jugendliche ihrem Alter angepasste Arbeitsbedingungen erhalten und vor wirtschaftlicher Ausbeutung und vor jeder Arbeit geschützt werden, die ihre Sicherheit, ihre Gesundheit, ihre körperliche, geistige, sittliche oder soziale Entwicklung beeinträchtigen oder ihre Erziehung gefährden könnte. **4502**

1. Kinderarbeit

Art. 32 Abs. 1 S. 1 EGRC spricht ein **generelles Verbot** der Kinderarbeit aus. **4503**

a) Kinder

Anders als im ersten Entwurf des Art. 32 EGRC[942] und im Gegensatz zu vielen internationalen Normen[943] nennt Art. 32 EGRC für die Frage, bis zu welchem Alter Menschen Kinder sind bzw. bis wann das Arbeitsverbot gilt, kein ausdrückliches Alter. Das Alter wird vielmehr mittelbar durch die Anknüpfung an das Alter der allgemeinen Schulpflicht festgelegt.[944] **Kinder** sind demnach diejenigen, die noch der **Schulpflicht** unterliegen. Da die Festlegung dieser Altersgrenzen im Kompetenzbereich der Mitgliedstaaten liegt, bestimmen auch grundsätzlich sie über das Alter, bis zu dem Arbeit verboten ist. **4504**

Mit der **RL 94/33/EG** existiert dennoch ein europarechtlich verbindliches Mindestalter.[945] Derzeit sind daher unter Kindern in Art. 32 Abs. 1 S. 1 EGRC in Anlehnung an Art. 3 lit. b) RL 94/33/EG (und auch Art. 7 Nr. 1 ESC,[946] Nr. 20 GCSGA[947] und Art. 2 Nr. 3 des ILO-Übereinkommens Nr. 138[948]) Personen zu verstehen, die noch nicht **15 Jahre** alt sind oder gemäß den einzelstaatlichen Rechtsvorschriften noch der Vollzeitschulpflicht unterliegen.[949] **4505**

Art. 32 Abs. 1 S. 2 EGRC legt dieses zweitgenannte Alter als Mindestgrenze fest. Die **Gesetzgeber** können durch eine Änderung der RL 94/33/EG und durch Fest- **4506**

---

[942] S. zum geplanten Wortlaut *Hüpers/Reese*, in: Meyer/Hölscheidt, Art. 32 Rn. 2.
[943] S.o. Rn. 4468 ff.
[944] *Nußberger/Ennuschat*, in: Stern/Sachs, Art. 32 Rn. 18.
[945] *Krebber*, in: Calliess/Ruffert, Art. 32 GRCh Rn. 1.
[946] S.o. Rn. 4469.
[947] S.o. Rn. 4470.
[948] S.o. Rn. 4479.
[949] S. *Jarass/Kment*, § 30 Rn. 30; *Rengeling/Szczekalla*, Rn. 1018; *Hüpers/Reese*, in: Meyer/Hölscheidt, Art. 32 Rn. 17.

legung des Schulpflichtalters **schärfere Altersgrenzen** vorsehen.[950] Dies kommt in Art. 32 Abs. 1 S. 2 EGRC zum einen durch den Begriff des „Mindestalters" zum Ausdruck, zum anderen dadurch, dass „günstigere Vorschriften für Jugendliche" erlassen werden können.

4507 Auf die Staatsangehörigkeit der Kinder kommt es bei Art. 32 EGRC nicht an.[951]

b) Arbeit

4508 Art. 32 EGRC schützt Kinder vor der Begründung und Fortführung eines Arbeitsverhältnisses. Ein **Arbeitsverhältnis** ist nach der Definition des **EuGH** zu Art. 45 und 157 AEUV dadurch gekennzeichnet, dass jemand während einer bestimmten Zeit für einen anderen **nach** dessen **Weisung Leistungen** erbringt, für die er als **Gegenleistung** eine Vergütung erhält.[952]

4509 Fehlt es an der **Gegenleistung**, ist demnach nicht Art. 32 EGRC einschlägig. Jedoch ist in einem solchen Fall die **Würde** des Kindes **verletzt**, weshalb Schutz über Art. 1 EGRC gewährt wird.[953] Dann dürfte vielfach eine Ausbeutungssituation vorliegen, die das Kind zum „**Arbeitsobjekt**" herabwürdigt.[954] Bei Zwang ist Art. 5 Abs. 3 EGRC zu prüfen.

4510 Der Begriff der **Kinderarbeit** ist grundsätzlich weit zu verstehen, zumal Art. 32 Abs. 1 S. 2 EGRC begrenzte Ausnahmen zulässt.[955] Ursprünglich war im Grundrechtekonvent hier ein Verweis auf bestimmte leichte Arbeiten und die Möglichkeit der beruflichen Eingliederung durch Berufsausbildung vorgesehen.[956] Dies wurde jedoch im Laufe der Beratungen gestrichen.[957] Da die heutige Fassung des Art. 32 Abs. 1 EGRC keine weiteren Vorgaben macht, wird dem europäischen und den nationalen Gesetzgebern[958] ein Gestaltungsspielraum eröffnet.[959] Da von „begrenzten Ausnahmen" gesprochen wird, müssen diese allerdings verhältnismäßig sein.[960] In Betracht kommen insbesondere die in Art. 4 Abs. 2 und Art. 5 RL 94/33/EG

---

[950] *Krebber*, in: Calliess/Ruffert, Art. 32 GRCh Rn. 2; *Hüpers/Reese*, in: Meyer/Hölscheidt, Art. 32 Rn. 19.
[951] *Jarass/Kment*, § 30 Rn. 30.
[952] St. Rspr. EuGH, Rs. C-66/85, ECLI:EU:C:1986:284 (Rn. 17) – Lawrie-Blum; Rs. C-197/86, ECLI:EU:C:1988:323 (Rn. 21) – Brown; Rs. C-357/89, ECLI:EU:C:1992:87 (Rn. 10) – Raulin; näher *Frenz*, Europarecht 1, Rn. 1423 ff.
[953] *Jarass/Kment*, § 30 Rn. 31.
[954] Vgl. o. Rn. 939.
[955] *Krebber*, in: Calliess/Ruffert, Art. 32 GRCh Rn. 2.
[956] Vgl. Art. 7 Nr. 1 ESC und Nr. 20 GCSGA, s.o. Rn. 4469 f.
[957] *Nußberger/Ennuschat*, in: Stern/Sachs, Art. 32 Rn. 5; *Bernsdorff/Borowsky*, Die Charta der Grundrechte der Europäischen Union, 2002, S. 218.
[958] Art. 51 Abs. 1 S. 1 EGRC.
[959] *Nußberger/Ennuschat*, in: Stern/Sachs, Art. 32 Rn. 21, 29.
[960] *Jarass/Kment*, § 30 Rn. 36.

§ 3 Individuelle Arbeitnehmerrechte 529

vorgesehenen Ausnahmemöglichkeiten beispielsweise für Betriebspraktika, kulturelle, künstlerische oder sportliche Tätigkeiten.[961]

2. Schutz der Jugendlichen

In Art. 32 Abs. 2 EGRC ist der Schutz der Jugendlichen am Arbeitsplatz verankert. Es wird damit ihrer mangelnden Erfahrung, ihrem fehlenden Bewusstsein für tatsächliche oder potenzielle Gefahren und der noch nicht abgeschlossenen körperlichen und seelischen Entwicklung Rechnung getragen.[962]   4511

a) Jugendliche

Art. 32 EGRC enthält keine genau bestimmte Altersgrenze für den Begriff der „Jugendlichen".[963] Das **Alter** wird vielmehr **indirekt bestimmt**: Art. 32 Abs. 1 S. 2 EGRC legt als Mindestalter, bis zu dem das Verbot der Kinderarbeit gilt, das Alter fest, in dem die Schulpflicht endet. Jugendliche, die zur Arbeit zugelassen werden und für welche die besonderen Schutzvorschriften des Art. 32 Abs. 2 EGRC gelten, sind daher alle diejenigen, die **nicht mehr** der **Schulpflicht** unterliegen. Abgesehen von dieser grundsätzlichen Stufung obliegt es somit – wie bei der Festlegung des Kindsalters[964] – den nationalen Gesetzgebern, ab wann sie Jugendliche zur Arbeit zulassen.   4512

Auf europäischer Ebene herrscht mit der **RL 94/33/EG** ein derzeit gültiger Standard. Jugendliche sind nach Art. 3 lit. c) der Richtlinie alle diejenigen Menschen, die **mindestens 15**, aber **noch nicht 18 Jahre alt** sind und gemäß den einzelstaatlichen Rechtsvorschriften nicht mehr der Vollzeitschulpflicht unterliegen. Die Grenze mit 18 Jahren wird gewählt, da man unterstellt, dass volljährige Personen nicht in besonderer Weise schutzwürdig sind, auch wenn Beeinträchtigungen der Einsichtsfähigkeit weder auf Kinder und Jugendliche beschränkt sind noch notwendig bei diesen auftreten.[965]   4513

Die Staatsangehörigkeit der Jugendlichen ist unerheblich.[966]   4514

b) Schutz

Gem. Art. 32 Abs. 2 EGRC müssen zur Arbeit zugelassene Jugendliche ihrem **Alter angepasste Arbeitsbedingungen** erhalten und **vor wirtschaftlicher Ausbeutung**   4515

---

[961] *Nußberger/Ennuschat*, in: Stern/Sachs, Art. 32 Rn. 22 f.; *Hüpers/Reese*, in: Meyer/Hölscheidt, Art. 32 Rn. 19.
[962] *Krebber*, in: Calliess/Ruffert, Art. 32 GRCh Rn. 3.
[963] *Nußberger/Ennuschat*, in: Stern/Sachs, Art. 32 Rn. 25.
[964] S.o. Rn. 4504.
[965] *Böhringer*, in: Heselhaus/Nowak, § 45 Rn. 20; *Rengeling/Szczekalla*, Rn. 959.
[966] *Jarass/Kment*, § 30 Rn. 30.

und vor jeder Arbeit **geschützt** werden, die ihre Sicherheit, ihre Gesundheit, ihre körperliche, geistige, sittliche oder soziale Entwicklung beeinträchtigen oder ihre Erziehung gefährden könnte. Wie sich der Schutz der Jugendlichen äußert, z. B. durch Beschäftigungsverbote oder arbeitsrechtliche Sonderregeln, überlässt Art. 32 Abs. 2 EGRC den Gesetzgebern.[967]

aa) Dem Alter angepasste Arbeitsbedingungen

4516 Art. 32 EGRC verlangt unter anderem „dem Alter angepasste Arbeitsbedingungen". Der Begriff der **Arbeitsbedingungen** wird auch in Art. 31 EGRC verwandt. Dort sind unter Arbeitsbedingungen **sämtliche, nicht die Bezahlung betreffende Elemente der Gegenleistung** des Arbeitgebers für die erlangte Arbeitsleistung zu verstehen.[968] In Anlehnung an Art. 6 Abs. 2 RL 94/33/EG sind darunter vorliegend insbesondere anzusehen:[969]

a) Einrichtung und Gestaltung der Arbeitsstätte und des Arbeitsplatzes;
b) Art, Grad und Dauer der physikalischen, chemischen und biologischen Einwirkungen;
c) Gestaltung, Auswahl und Einsatz von Arbeitsmitteln, insbesondere Arbeitsstoffen, Maschinen, Geräten und Anlagen sowie der Umgang damit;
d) Gestaltung von Arbeitsverfahren und Arbeitsabläufen und deren Zusammenwirken (Arbeitsorganisation);
e) Stand von Ausbildung und Unterweisung der jungen Menschen.

4517 Wann diese Arbeitsbedingungen als „dem Alter angepasst" anzusehen sind, wird in Art. 32 EGRC nicht näher präzisiert. Die Grundlagen dieser Bestimmung[970] sind hingegen konkreter und können deshalb als Beispiele herangezogen werden: So ist die Beschäftigung Schulpflichtiger mit Arbeiten zu verbieten, die verhindern würden, dass sie aus ihrer Schulausbildung den vollen Nutzen ziehen (Art. 7 Nr. 3 ESC[971]). Die Arbeitszeit von Jugendlichen ist entsprechend den **Erfordernissen** ihrer **Entwicklung** und insbesondere ihrer **Berufsausbildung** zu begrenzen (Art. 7 Nr. 4 ESC). Es sind die notwendigen Maßnahmen zu ergreifen, um die arbeitsrechtlichen Vorschriften für junge Arbeitnehmerinnen und Arbeitnehmer so umzugestalten, dass sie den Erfordernissen ihrer persönlichen Entwicklung und ihrem Bedarf an

---

[967] A.A. *Dorfmann*, Soziale Gewährleistungen in der Charta der Grundrechte der Europäischen Union, 2002, S. 55, die in dem von Art. 32 Abs. 2 EGRC geforderten Schutz vor Arbeit, die die Sicherheit, die Gesundheit, die körperliche, geistige, sittliche oder soziale Entwicklung beeinträchtigen oder die Erziehung gefährden könnte, ein Arbeitsverbot sieht.
[968] S.o. Rn. 4450.
[969] *Hüpers/Reese*, in: Meyer/Hölscheidt, Art. 32 Rn. 28.
[970] S.o. Rn. 4467 ff.
[971] Europäische Sozialcharta vom 18.10.1961, Europarat SEV-Nr. 035, s. Rn. 4046 ff.

§ 3 Individuelle Arbeitnehmerrechte

beruflicher Bildung und an Zugang zur Beschäftigung entsprechen (Nr. 22 GCSGA[972]).

Art. 6–8 ESC, Art. 22 S. 2 GCSGA und Art. 8 ff. RL 94/33/EG schreiben detailliert vor, inwiefern die **Arbeitszeit** zu **begrenzen**, die **Nachtarbeit** zu **verbieten** und **Ruhezeiten** besonders zu regeln sind.[973]

4518

bb) Schutz vor Ausbeutung

Der Schutz vor wirtschaftlicher Ausbeutung wird durch die Gewährung eines **gerechten Lohns** verwirklicht, wie er auch von Art. 7 Nr. 5 ESC[974] und in der italienischen und der maltesischen Verfassung vorgesehen ist.[975] Daraus folgt allerdings nicht zwingend, dass jugendliche Arbeitnehmer dasselbe Entgelt für ihre Leistungen erhalten müssen wie Erwachsene, welche die gleichen oder vergleichbaren Tätigkeiten ausüben. Es muss aber ein **Gleichgewicht** herrschen zwischen der Arbeitsleistung des Jugendlichen und der Entlohnung durch den Arbeitgeber.[976]

4519

Der Schutz vor Ausbeutung impliziert auch die Gewährung eines **ausreichenden Jahresurlaubs**, eine **angemessene Arbeitszeit** und entsprechende **Ruhepausen**.[977]

4520

cc) Gefährdungspotenziale

Schließlich sind die Jugendlichen gem. Art. 32 Abs. 2 EGRC vor jeder Arbeit zu schützen, die ihre Sicherheit, ihre Gesundheit, ihre körperliche, geistige, sittliche oder soziale Entwicklung beeinträchtigen oder ihre Erziehung gefährden könnte. Art. 7 Abs. 2 RL 94/33/EG verbietet deshalb eine Beschäftigung junger Menschen mit

4521

- Arbeiten, die objektiv ihre physische oder psychische Leistungsfähigkeit übersteigen,
- Arbeiten, die eine schädliche Einwirkung von giftigen, krebserregenden, erbgutverändernden, fruchtschädigenden oder in sonstiger Weise den Menschen chronisch schädigenden Gefahrstoffen mit sich bringen,
- Arbeiten, die eine schädliche Einwirkung von Strahlen mit sich bringen,
- Arbeiten, die mit Unfallgefahren verbunden sind, von denen anzunehmen ist, dass junge Menschen sie wegen mangelnden Sicherheitsbewusstseins oder wegen mangelnder Erfahrung oder Ausbildung nicht erkennen oder nicht abwenden können,
- Arbeiten, bei denen die Gesundheit durch extreme Kälte oder Hitze oder durch Lärm oder Erschütterung gefährdet wird.

---

[972] Gemeinschaftscharta der sozialen Grundrechte der Arbeitnehmer, KOM (1989) 248 endg., s. Rn. 4051.
[973] *Nußberger/Ennuschat*, in: Stern/Sachs, Art. 32 Rn. 26.
[974] S.o. Rn. 4469.
[975] *Nußberger/Ennuschat*, in: Stern/Sachs, Art. 32 Rn. 1; *Jarass/Kment*, § 30 Rn. 33.
[976] *Dorfmann*, Soziale Gewährleistungen in der Charta der Grundrechte der Europäischen Union, 2002, S. 56.
[977] *Nußberger/Ennuschat*, in: Stern/Sachs, Art. 32 Rn. 26 f.

4522 In diesem Zusammenhang sind auch **Informationspflichten des Arbeitgebers** über die möglichen Gefährdungspotenziale und eine regelmäßige Überwachung des Gesundheitszustands der Jugendlichen von Bedeutung.[978]

4523 Zudem sind alle die Tätigkeiten als **schädlich** anzusehen, die in der IAO-Konvention Nr. 182 als „**schlimmste Formen der Kinderarbeit**" angesehen werden.[979]

IV. Beeinträchtigung und Rechtfertigung

4524 Ein Eingriff in Art. 32 EGRC ist gegeben, wenn die Union und die Mitgliedstaaten[980] selbst gegen das Verbot der Kinderarbeit oder die übrigen Gewährleistungen des Art. 32 EGRC verstoßen.[981] Bei einem **Verstoß gegen das Kinderarbeitsverbot** dürfte **regelmäßig** eine **Rechtfertigung nicht möglich** sein. Die Beschäftigung von **Jugendlichen** sieht Art. 32 Abs. 2 EGRC durchaus vor, wenn auch nur zu adäquaten Bedingungen. Solange die Vorgaben des Art. 52 Abs. 1 EGRC und dabei insbesondere der **Verhältnismäßigkeitsgrundsatz** eingehalten sind, sind daher Rechtfertigungen möglich.[982] Die **altersangepassten Arbeitsbedingungen** werden aber regelmäßig Ausdruck der Verhältnismäßigkeit sein.

4525 Da es sich bei Art. 32 EGRC um ein **Grundrecht mit Schutzfunktion** handelt,[983] ist eine **Beeinträchtigung** zudem gegeben, wenn der europäische oder die nationalen Gesetzgeber **keine Vorschriften** zum Schutz der Gewährleistungen des Art. 32 EGRC erlassen.[984] Dabei müssen die vorgenannten Schutzstandards, welche den Gewährleistungsgehalt ausmachen, gewahrt sein. Im Übrigen ist jedoch – wie bei allen Schutzpflichten – ein **Gestaltungsspielraum** gegeben, weshalb im Einzelfall entschieden werden muss, inwiefern dessen Grenzen eingehalten oder eine rechtfertigungsbedürftige Beeinträchtigung gegeben ist.

V. Prüfungsschema zu Art. 32 EGRC

4526 **1. Schutzbereich**
 a) Art. 32 Abs. 1 S. 1 EGRC: Verbot der Kinderarbeit
 b) Kinder diejenigen, die noch der Schulpflicht unterliegen; da Mitgliedstaaten regelungsbefugt, bestimmen grundsätzlich sie über das Alter, ab dem Arbeit erlaubt ist; Mindestalter nach RL 94/33/EG derzeit: 15 Jahre

---

[978] *Nußberger/Ennuschat*, in: Stern/Sachs, Art. 32 Rn. 28.
[979] S.o. Rn. 4480.
[980] Art. 51 Abs. 1 S. 1 EGRC.
[981] *Jarass/Kment*, § 30 Rn. 34; *Nußberger/Ennuschat*, in: Stern/Sachs, Art. 32 Rn. 16 f.
[982] *Böhringer*, in: Heselhaus/Nowak, § 45 Rn. 24; *Jarass/Kment*, § 30 Rn. 35 f.
[983] S.o. Rn. 4490 ff.
[984] *Jarass/Kment*, § 30 Rn. 34; *Nußberger/Ennuschat*, in: Stern/Sachs, Art. 32 Rn. 21.

c) Kinderarbeit, wenn Leistungen für einen anderen nach dessen Weisung gegen Vergütung
d) Gestaltungsspielraum für „begrenzte Ausnahmen" der Kinderarbeit: z. B. Betriebspraktika, kulturelle, künstlerische oder sportliche Tätigkeiten
e) Art. 32 Abs. 2 EGRC: Schutz der Jugendlichen am Arbeitsplatz
f) Jugendliche ab Ende der Schulpflicht; nach RL 94/33/EG derzeit: zwischen 15 und 18 Jahren
g) ob Schutz durch Beschäftigungsverbote oder arbeitsrechtliche Sonderregeln, wird den Gesetzgebern überlassen
h) Beispiele für angepasste Arbeitsbedingungen und für Arbeit, die weder die Sicherheit, noch die Gesundheit, noch die körperliche, geistige, sittliche oder soziale Entwicklung beeinträchtigt oder die Erziehung gefährdet, findet sich in RL 94/33/EG
j) Schutz vor wirtschaftlicher Ausbeutung durch Gewährung eines gerechten Lohns, eines ausreichenden Jahresurlaubs, einer angemessenen Arbeitszeit und entsprechender Ruhepausen

2. Beeinträchtigung
a) Union oder die Mitgliedstaaten verstoßen selbst gegen das Verbot der Kinderarbeit oder die übrigen Gewährleistungen des Art. 32 EGRC oder
b) sie erlassen keine Vorschriften zum Schutz der Gewährleistungen des Art. 32 EGRC

3. Rechtfertigung
a) bei einem Verstoß gegen das Kinderarbeitsverbot keine Rechtfertigung
b) Beschäftigung von Jugendlichen sieht Art. 32 EGRC vor, nicht aber das Unterschreiten von Mindeststandards

E. Vereinbarkeit von Familien- und Berufsleben

Gem. Art. 33 Abs. 2 EGRC hat jeder Mensch, um Familien- und Berufsleben in Einklang bringen zu können, das Recht auf Schutz vor Entlassung aus einem mit der Mutterschaft zusammenhängenden Grund sowie Anspruch auf einen bezahlten Mutterschaftsurlaub und auf einen Elternurlaub nach der Geburt oder Adoption eines Kindes. Ursprünglich hatten Mutterschutz und Elternurlaub in zwei unterschiedlichen Grundrechtsartikeln geregelt werden sollen. Im Laufe des Grundrechtekonvents wurden sie jedoch zusammengelegt.[985]

4527

---

[985] *Rohleder*, in: Meyer/Hölscheidt, Art. 33 Rn. 20 ff.

I. Grundlagen

1. ESC

4528 Nach den Erläuterungen zur EGRC[986] stützt sich Art. 33 Abs. 2 EGRC auf Art. 8 ESC[987] und lehnt sich an Art. 27 rev. ESC[988] an.

a) Art. 8 ESC

4529 Art. 8 ESC behandelt das Recht der Arbeitnehmerinnen auf Schutz. Um dieses zu gewährleisten, verpflichten sich die Vertragsparteien,

1. sicherzustellen, dass Frauen vor und nach der Niederkunft eine Arbeitsbefreiung von insgesamt mindestens 12 Wochen erhalten, und zwar entweder in Form eines bezahlten Urlaubs oder durch angemessene Leistungen der Sozialen Sicherheit oder aus sonstigen öffentlichen Mitteln;
2. es als ungesetzlich zu betrachten, dass ein Arbeitgeber einer Frau während ihrer Abwesenheit infolge Mutterschaftsurlaubs oder so kündigt, dass die Kündigungsfrist während einer solchen Abwesenheit abläuft;
3. sicherzustellen, dass Mütter, die ihre Kinder stillen, für diesen Zweck Anspruch auf ausreichende Arbeitsunterbrechungen haben;
4. a) die Nachtarbeit von Arbeitnehmerinnen in gewerblichen Betrieben zu regeln;
   b) jede Beschäftigung von Arbeitnehmerinnen mit Untertagearbeiten in Bergwerken und ggf. mit allen sonstigen Arbeiten zu untersagen, die infolge ihrer gefährlichen, gesundheitsschädlichen oder beschwerlichen Art für sie ungeeignet sind.

b) Art. 27 rev. ESC

4530 Art. 27 rev. ESC normiert ein Recht der Arbeitnehmer mit Familienpflichten auf Chancengleichheit und Gleichbehandlung. Um die wirksame Ausübung des Rechts auf Chancengleichheit und Gleichbehandlung männlicher und weiblicher Arbeitnehmer mit Familienpflichten sowie dieser Arbeitnehmer und der übrigen Arbeitnehmer zu gewährleisten, verpflichten sich die Vertragsparteien:

1. geeignete Maßnahmen zu ergreifen:

   a) um Arbeitnehmern mit Familienpflichten zu ermöglichen, erwerbstätig zu werden und zu bleiben sowie nach einer durch diese Pflichten bedingten Abwesenheit wieder in das Erwerbsleben einzutreten, einschließlich Maßnahmen im Bereich der Berufsberatung und der beruflichen Ausbildung,

---

[986] Erläuterungen zur Charta der Grundrechte, ABl. 2007 C 303, S. 17 (27).
[987] Europäische Sozialcharta vom 18.10.1961, Europarat SEV-Nr. 035, s. Rn. 4046 ff.
[988] Revidierte Europäische Sozialcharta vom 3.5.1996, Europarat SEV-Nr. 163, s. auch Rn. 4046 ff.

b) um bei den Beschäftigungsbedingungen und der Sozialen Sicherheit ihren Bedürfnissen Rechnung zu tragen,
c) um öffentliche oder private Dienste zu entwickeln oder zu fördern, insbesondere Kindertagesstätten und andere Arten der Betreuung;

2. für jeden Elternteil die Möglichkeit vorzusehen, innerhalb eines auf den Mutterschaftsurlaub folgenden Zeitraums für die Betreuung eines Kindes einen Elternurlaub zu erhalten, dessen Dauer und Bedingungen durch innerstaatliche Rechtsvorschriften, Gesamtarbeitsverträge oder Gepflogenheiten festgelegt werden;
3. zu gewährleisten, dass Familienpflichten als solche kein triftiger Grund für eine Kündigung sein dürfen.

c) Vergleich mit Art. 33 Abs. 2 EGRC

Während Art. 33 Abs. 2 EGRC und Art. 27 rev. ESC den arbeitsrechtlichen Schutz neutral formuliert für jeden Elternteil garantieren, behandelt Art. 8 ESC lediglich den Schutz von Arbeitnehmerinnen. Art. 33 Abs. 2 EGRC und Art. 27 rev. ESC erfassen daher alle männlichen und weiblichen Arbeitnehmer mit Familienpflichten, während Art. 8 ESC nur Frauen schützt.

4531

Art. 8 Abs. 4 ESC und Art. 27 Nr. 1 rev. ESC beziehen sich nicht nur auf Geburt und Adoption eines Kindes, sondern erfassen auch einen weitergehenden Schutz für Arbeitnehmerinnen, der von der Mutterschaft unabhängig ist. Solche Regelungen über Arbeitsbedingungen für Frauen werden in Art. 33 Abs. 2 EGRC nicht erwähnt.[989]

4532

2. Europäischer Besitzstand

Nach den Erläuterungen zur EGRC[990] lehnt sich Art. 33 Abs. 2 EGRC an die Mutterschutz-RL 92/85/EWG[991] und an die RL 96/34/EG[992] zu der von UNICE, CEEP und EGB geschlossenen Rahmenvereinbarung über Elternurlaub an, welche mittlerweile durch die RL (EU) 2019/1158[993] ersetzt wurde. Die erstgenannte Richtlinie stützt sich auf Art. 153 Abs. 1 lit. a) AEUV.

4533

---

[989] *Rohleder*, in: Meyer/Hölscheidt, Art. 33 Rn. 9; *Böhringer*, in: Heselhaus/Nowak, § 44 Rn. 3.
[990] Erläuterungen zur Charta der Grundrechte, ABl. 2007 C 303, S. 17 (27).
[991] ABl. 1992 L 348, S. 1.
[992] ABl. 1996 L 145, S. 4. Diese RL wurde aufgehoben durch die RL 2010/18/EU, die wiederum durch RL (EU) 2019/1158, ABl. 2019 L 188, S. 79, ersetzt wurde.
[993] Des Europäischen Parlaments und des Rates vom 20.6.2019 zur Vereinbarkeit von Beruf und Privatleben für Eltern und pflegende Angehörige und zur Aufhebung der RL 2010/18/EU, ABl. 2019 L 188, S. 79.

a) Art. 153 Abs. 1 lit. a) AEUV

4534 Danach unterstützt und ergänzt die Union die Tätigkeit der Mitgliedstaaten bei der **Verbesserung** insbesondere der **Arbeitsumwelt zum Schutz** der **Gesundheit** und der Sicherheit der Arbeitnehmer. Unter diese Aufgabennorm fällt **auch** der **Mutterschutz**.[994]

b) Mutterschutz-RL 92/85/EWG

4535 Ziel der Mutterschutz-RL 92/85/EWG[995] ist die Durchführung von Maßnahmen zur Verbesserung der Sicherheit und des Gesundheitsschutzes von schwangeren Arbeitnehmerinnen, Wöchnerinnen und stillenden Arbeitnehmerinnen am Arbeitsplatz (Art. 1 Abs. 1). Dazu müssen alle Risiken für Sicherheit und Gesundheit sowie alle Auswirkungen auf Schwangerschaft oder Stillzeit abgeschätzt, die Arbeitnehmerinnen unterrichtet und die erforderlichen Maßnahmen zur Vermeidung der Gefährdung ergriffen werden (Art. 4 und 5). Zudem ist Nachtarbeit grundsätzlich verboten (Art. 7), Mutterschaftsurlaub von mindestens 14 Wochen ohne Unterbrechung zu gewähren (Art. 8) und die Arbeitnehmerin für Vorsorgeuntersuchungen von der Arbeit frei zu stellen (Art. 9).

4536 Außerdem gilt ein Kündigungsverbot (Art. 10): Die Mitgliedstaaten haben die erforderlichen Maßnahmen zu treffen, um die Kündigung der Arbeitnehmerinnen während der Zeit vom Beginn der Schwangerschaft bis zum Ende des Mutterschaftsurlaubs zu verbieten. Davon ausgenommen sind die nicht mit ihrem Zustand in Zusammenhang stehenden Ausnahmefälle, die entsprechend den einzelstaatlichen Rechtsvorschriften und/oder Gepflogenheiten zulässig sind, wobei ggf. die zuständige Behörde ihre Zustimmung erteilen muss (Art. 10 Nr. 1). Wird einer Arbeitnehmerin in der genannten Zeit gekündigt, muss der Arbeitgeber schriftlich berechtigte Kündigungsgründe anführen (Art. 10 Nr. 2). Die Mitgliedstaaten müssen die erforderlichen Maßnahmen treffen, um Arbeitnehmerinnen vor den Folgen einer widerrechtlichen Kündigung zu schützen (Art. 10 Nr. 3).

---

[994] *Jarass/Kment*, § 31 Rn. 8; *Eichenhofer*, in: Streinz, Art. 153 AEUV Rn. 15.

[995] RL 92/85/EWG des Rates vom 19.10.1992 über die Durchführung von Maßnahmen zur Verbesserung der Sicherheit und des Gesundheitsschutzes von schwangeren Arbeitnehmerinnen, Wöchnerinnen und stillenden Arbeitnehmerinnen am Arbeitsplatz (zehnte Einzelrichtlinie im Sinne des Art. 16 Abs. 1 der RL 89/391/EWG) (Mutterschutz-RL), ABl. 1992 L 348, S. 1, zuletzt geändert durch VO (EU) 2019/1243 des Europäischen Parlaments und des Rates vom 20.6.2019 zur Anpassung von Rechtsakten, in denen auf das Regelungsverfahren mit Kontrolle Bezug genommen wird, an Art. 290 und 291 des Vertrags über die Arbeitsweise der Europäischen Union, ABl. 2019 L 198, S. 241.

c) RL 96/34/EG als Ursprungsrichtlinie

Mit der RL 96/34/EG[996] sollte die am 14.12.1995 zwischen den europäischen Sozialpartnern (UNICE, CEEP und EGB) geschlossene Rahmenvereinbarung über Elternurlaub durchgeführt werden (Art. 1). Diese hatten UNICE,[997] CEEP[998] und EGB[999] im Rahmen des sozialen Dialogs (vgl. Art. 155 AEUV[1000]) mit dem Ziel geschlossen, die Vereinbarkeit von Berufs- und Familienleben erwerbstätiger Eltern zu erleichtern (§ 1 der Vereinbarung). Dazu wurde erwerbstätigen Männern und Frauen ein individuelles Recht auf Elternurlaub im Fall der Geburt oder Adoption eines Kindes gewährt, damit sie sich um dieses bis zu einem bestimmten Alter für die Dauer von mindestens drei Monaten kümmern können (§ 2 Nr. 1 der Vereinbarung). **4537**

Die RL 96/34/EG wurde zunächst durch die RL 2010/18/EU[1001] aufgehoben und ersetzt. Schließlich wurde „die Rahmenvereinbarung über den Elternurlaub aus dem Jahr 1995 vollständig" durch die europäischen Sozialpartner überarbeitet und der europäische Gesetzgeber wollte die Gelegenheit zur Neuausrichtung der unionsweiten „Verbesserung der Vereinbarkeit von Beruf, Familie und Privatleben für erwerbstätige Eltern sowie der Chancengleichheit von Männern und Frauen auf dem Arbeitsmarkt und der Gleichbehandlung am Arbeitsplatz" nutzen.[1002] Die neuen Regelungen „zur Durchführung der von BUSINESSEUROPE" (vormals UNICE), „UEAPME, CEEP und EGB geschlossenen überarbeiteten Rahmenvereinbarung über den Elternurlaub und zur Aufhebung der RL 96/34/EG" enthalten nunmehr differenzierte Aufträge an die Mitgliedstaaten, betreffend die Modalitäten des Elternurlaubs (Art. 3), das Diskriminierungsverbot und die Arbeitnehmerrechte (Art. 5), die Wiederaufnahme der Erwerbstätigkeit nach vollendetem Elternurlaub (Art. 6) sowie das Fernbleiben von der Arbeit aus Gründen höherer Gewalt (Art. 7). **4538**

---

[996] RL 96/34/EG des Rates vom 3.6.1996 zu der von UNICE, CEEP und EGB geschlossenen Rahmenvereinbarung über Elternurlaub, ABl. 1996 L 145, S. 4, mittlerweile aufgehoben durch RL (EU) 2019/1158. Die Rahmenvereinbarung ist im Anhang der RL abgedruckt.
[997] Europäische Arbeitgeberorganisation „Union of Industrial and Employers' Confederation of Europe"; seit Januar 2007 heißt sie offiziell „Businesseurope".
[998] Europäischer Zentralverband der öff. Wirtschaft zur Interessenvertretung von Unternehmen mit öff. Beteiligung und von Unternehmen, die Dienstleistungen im allgemeinen wirtschaftlichen Interesse erbringen.
[999] Europäischer Gewerkschaftsbund.
[1000] S.o. Rn. 4130 ff.
[1001] RL 2010/18/EU des Rates vom 8.3.2010 zur Durchführung der von BUSINESSEUROPE, UEAPME, CEEP und EGB geschlossenen überarbeiteten Rahmenvereinbarung über den Elternurlaub und zur Aufhebung der RL 96/34/EG, ABl. 2010 L 68, S. 13.
[1002] RL 2010/18/EU des Rates vom 8.3.2010 zur Durchführung der von BUSINESSEUROPE, UEAPME, CEEP und EGB geschlossenen überarbeiteten Rahmenvereinbarung über den Elternurlaub und zur Aufhebung der RL 96/34/EG, ABl. 2010 L 68, S. 13, Erwägungsgründe 4 ff., insbesondere 6 und 7.

4539 Die RL 2010/18/EU wurde zuletzt wiederum durch die **RL (EU) 2019/1158**[1003] ersetzt. Sie baut auf den Bestimmungen der letzten Richtlinie auf und ergänzt diese, indem bestehende Rechte gestärkt und neue eingeführt werden.[1004]

3. EuGH-Rechtsprechung

4540 Der EuGH hat sich wegen möglicher **Verstöße gegen das Diskriminierungsverbot** bereits vor der EGRC **mehrfach** mit arbeitsrechtlichen Vorschriften und Maßnahmen im Zusammenhang mit Schwangerschaft oder Mutterschaft befasst. So hat er eine Regelung, die für schwangerschaftsbedingte Erkrankungen eine geringere Lohnfortzahlung als für allgemeine Erkrankungen vorsah, für unzulässig erklärt,[1005] ebenso eine Kündigung wegen schwangerschaftsbedingter Fehlzeiten[1006] und eine Nichteinstellung wegen einer Schwangerschaft.[1007] Zudem muss ein Mutterschaftsentgelt, das sich am Arbeitslohn orientiert, Lohnerhöhungen während des Urlaubs berücksichtigen.[1008] Später ging es um ein individuelles Recht auf Elternurlaub im Fall der Geburt eines Kindes[1009] sowie die Regelung eines Bundeslands, nach der die Probezeit auch dann kraft Gesetzes und unter Ausschluss der Möglichkeit einer Verlängerung nach zwei Jahren endet, wenn die Abwesenheit auf einem Elternurlaub beruht.[1010]

4. Verfassungen der Mitgliedstaaten

4541 Die Gewährleistungen von Art. 33 Abs. 2 EGRC sind teilweise in den Verfassungen der Mitgliedstaaten enthalten:[1011] Elemente der Regelung finden sich in den Ver-

---

[1003] Des Europäischen Parlaments und des Rates vom 20.6.2019 zur Vereinbarkeit von Beruf und Privatleben für Eltern und pflegende Angehörige und zur Aufhebung der RL 2010/18/EU, ABl. 2019 L 188, S. 79.
[1004] Ebenda, ABl. 2019 L 188, S. 79 (Erwägungsgrund 15).
[1005] EuGH, Rs. C-66/96, ECLI:EU:C:1998:549 (Rn. 35) – Høj Pedersen u. a.
[1006] EuGH, Rs. C-394/96, ECLI:EU:C:1998:331 (Rn. 24) – Brown.
[1007] EuGH, Rs. C-207/98, ECLI:EU:C:2000:64 (Rn. 27) – Mahlburg.
[1008] EuGH, Rs. C-342/93, ECLI:EU:C:1996:46 (Rn. 22) – Gillespie.
[1009] EuGH, Rs. C-222/14, ECLI:EU:C:2015:473 – Maïstrellis.
[1010] EuGH, Rs. C-174/16, ECLI:EU:C:2017:637 – H.
[1011] *Rohleder*, in: Meyer/Hölscheidt, Art. 33 Rn. 11 ff.; *Böhringer*, in: Heselhaus/Nowak, § 44 Rn. 5.

fassungen Italiens,[1012] Irlands,[1013] Portugals,[1014] Litauens,[1015] Sloweniens,[1016] Polens,[1017] der Slowakei,[1018] Tschechiens[1019] und Ungarns.[1020]

Auch das deutsche Grundgesetz gewährt in **Art. 6 Abs. 4 GG** der **Mutter** einen **Anspruch auf Schutz und Fürsorge**. Das BVerfG hat im Übrigen aufgrund des Schutzes des ungeborenen Lebens, des Schutzauftrags für Ehe und Familie (Art. 6 GG) und der Gleichstellung von Mann und Frau in der Teilhabe am Arbeitsleben (Art. 3 Abs. 2 GG) eine Schutzpflicht des Staates und insbesondere des Gesetzgebers angenommen, „Grundlagen dafür zu schaffen, dass **Familientätigkeit nicht zu beruflichen Nachteilen** führt. Dazu zählen auch rechtliche und tatsächliche Maßnahmen, die ein Nebeneinander von Erziehungs- und Erwerbstätigkeit für beide Elternteile ebenso wie eine Rückkehr in eine Berufstätigkeit und einen beruflichen Aufstieg auch nach Zeiten der Kindererziehung ermöglichen."[1021]

4542

Im Übrigen sind die Gewährleistungen des Art. 33 Abs. 2 EGRC auf einfachgesetzlicher Ebene geregelt.[1022]

4543

II. Einordnung

1. Qualifizierung als Grundrecht

Mittlerweile wird Art. 33 Abs. 2 EGRC praktisch einhellig als Grundrecht qualifiziert[1023] und nicht (mehr) als Grundsatz. Diese zweite Einordnung ist ohnehin höchstens vom Zweck gedeckt, und auch dies nur bedingt, nicht aber von Wortlaut, Genese und Systematik.

4544

[1012] Art. 37 der Verfassung.
[1013] Art. 41 Abs. 2 Nr. 2 der Verfassung.
[1014] Art. 68 Abs. 3 der Verfassung.
[1015] Art. 38, 39 der Verfassung.
[1016] Art. 53 der Verfassung.
[1017] Art. 18 und zusätzlich Art. 68 Abs. 3 der Verfassung; *Rohleder*, in: Meyer/Hölscheidt, Art. 33 Rn. 15.
[1018] Art. 41 Abs. 2 der Verfassung; *Böhringer*, in: Heselhaus/Nowak, § 44 Rn. 5 verweist hier lediglich auf Art. 38 Abs. 3 der slowakischen Verfassung.
[1019] Art. 3 VerfTschechische Republik i. V. m. Art. 32 EGRC; s. auch *Böhringer*, in: Heselhaus/Nowak, Art. 3, 112 Abs. 1 VerfTschechische Republik i. V. m. Art. 29 Abs. 3 tschechGR-Deklaration.
[1020] Art. XIX Abs. 1, 2 der Verfassung.
[1021] BVerfGE 88, 203 (260).
[1022] *Streinz*, in: ders., Art. 33 GR-Charta Rn. 2.
[1023] *Jarass/Kment*, § 31 Rn. 9; *Kingreen*, in: Calliess/Ruffert, Art. 33 GRCh Rn. 5; *Rohleder*, in: Meyer/Hölscheidt, Art. 33 Rn. 35 in Abweichung von früheren Auflagen.

a) Wortlaut

4545 Nach dem Wortlaut der Vorschrift hat jeder Mensch „das Recht" auf Schutz vor Entlassung aus einem mit der Mutterschaft zusammenhängenden Grund sowie „Anspruch" auf einen bezahlten Mutterschaftsurlaub und auf einen Elternurlaub nach der Geburt oder Adoption eines Kindes. Bereits die verwandten **Begriffe** „**Recht**" und „**Anspruch**" sprechen für die Qualifizierung als subjektives Recht.[1024]

b) Genese

4546 Nach den Erläuterungen zur EGRC[1025] können EGRC-Artikel in einigen Fällen sowohl Elemente eines Rechts als auch eines Grundsatzes enthalten. Ausdrücklich genannt wird dabei Art. 33 EGRC. Betrachtet man den Wortlaut von Art. 33 Abs. 1 und Abs. 2 EGRC, dürfte mit dem Grundsatz Abs. 1 und mit dem Grundrecht Abs. 2 gemeint sein.[1026]

c) Systematik

4547 Der Wortlaut von Art. 33 Abs. 2 gleicht dem der Art. 28-31 EGRC. Diese gewähren ebenfalls subjektive Rechte.[1027]

d) Zweck

4548 Heutzutage stehen regelmäßig viele gut ausgebildete junge Frauen vor der Frage, ob sie sich für die begonnene berufliche Karriere entscheiden und kinderlos bleiben oder den Beruf zumindest vorübergehend und häufig unter Einbuße möglicher Aufstiegschancen und der damit verbundenen gesellschaftlichen Anerkennung aufgeben und sich der Kindererziehung widmen. Um diesen rigiden Alternativen[1028] entgegenzuwirken und um die europäische Zukunft durch Steigerung der derzeit immer weiter zurückgehenden Geburten zu sichern, sind **Familien- und Berufsleben** besser **ausgleichbar** zu machen. Diesem Zweck dient Art. 33 Abs. 2 EGRC, der ausdrücklich die Vereinbarkeit von Familien- und Berufsleben als Ziel nennt.[1029] Dieses Ziel kann allerdings sowohl bei einer Ausgestaltung von Art. 33 Abs. 2 EGRC als subjektives Recht als auch als Grundsatz verfolgt werden. Die Bedeutung und vor allem die **Durchsetzbarkeit** sind allerdings ungleich **stärker**, wenn es sich um ein **subjektives Recht** handelt. Gerade die mögliche Einforderung ist der Kern

---

[1024] *Kingreen*, in: Calliess/Ruffert, Art. 33 GRCh Rn. 5.
[1025] Erläuterungen zur Charta der Grundrechte, ABl. 2007 C 303, S. 17 (35).
[1026] *Jarass/Kment*, § 31 Rn. 9; *Kingreen*, in: Calliess/Ruffert, Art. 33 GRCh Rn. 5.
[1027] S. zu Art. 28 Rn. 4232 ff., zu Art. 29 o. Rn. 4318 ff., zu Art. 30 o. Rn. 4368 ff., zu Art. 31 o. Rn. 4434 ff.
[1028] *Tettinger/Muckel*, in: Stern/Sachs, Art. 33 Rn. 10.
[1029] *Tettinger/Muckel*, in: Stern/Sachs, Art. 33 Rn. 10; *Kingreen*, in: Calliess/Ruffert, Art. 33 GRCh Rn. 7.

dieser Regelung, ist doch das Bekenntnis zur besseren Vereinbarkeit von Familie und Beruf Allgemeingut.

e) Subjektives Recht – gegen den (privaten) Arbeitgeber?

Jedenfalls ist aufgrund von Wortlaut, Genese und Systematik bei Art. 33 Abs. 2 EGRC von einem einforderbaren Grundrecht auszugehen. Art. 33 Abs. 2 EGRC gewährt demnach subjektive Rechte auf Schutz vor Entlassung aus einem mit der Mutterschaft zusammenhängenden Grund, auf einen bezahlten Mutterschaftsurlaub und auf einen Elternurlaub.[1030] **4549**

Der Funktion nach enthält Art. 33 Abs. 2 eine **Schutzpflicht** und ein **Abwehrrecht**.[1031] Letzteres wäre dann am effektivsten, wenn es sich unmittelbar gegen den Arbeitgeber richtete. Gegen diesen müssen die Mutterschutzansprüche im konkreten Fall geltend gemacht werden können, um überhaupt realisierbar zu sein. Auch der Arbeitnehmerfreizügigkeit wird unmittelbare Direktwirkung zuerkannt.[1032] Allerdings sind die Grundfreiheiten ebenfalls grundsätzlich gegen staatliche Organe gerichtet. Ein Grund für die Abweichung liegt in der besonderen Schutzbedürftigkeit der Arbeitnehmer.[1033] Das trifft auf (werdende) Mütter noch stärker zu. **4550**

Indes sind die Anhaltspunkte gegen eine Verpflichtung auch privater Arbeitgeber durch Art. 33 Abs. 2 EGRC wesentlich stärker als bei Art. 45 AEUV. Die bei der Beratung Pate stehenden **Grundlagen** richten sich alle **nur an** die beteiligten **Staaten**.[1034] Diese Konstruktion liegt daher auch Art. 33 Abs. 2 EGRC zugrunde, obwohl sie im Wortlaut nicht zum Ausdruck kommt. Vielmehr wird ein generelles Recht formuliert, dessen Verpflichtetenkreis aber wie für die anderen Grundrechte aus **Art. 51 Abs. 1 EGRC** folgt. Diese Grenze gilt daher generell. Sie steht für die typische europäische Implantierung von Recht mittels Verordnungen und vor allem Richtlinien, die erst konkrete Vorgaben enthalten, die ggf. von den Mitgliedstaaten umzusetzen sind. Das davon abweichende EuGH-Judikat *Egenberger*[1035] bezog sich auf spezifische Diskriminierungen, die auch beim Mutterschutz vorliegen. Ansatz ist aber dann die Diskriminierung, die einen Gleichbehandlungsanspruch verleiht und nicht verdrängt wird.[1036] **4551**

Daher genügt eine Verpflichtung der Unionsorgane bei den Grundrechten eher als bei den regelmäßig konkret in Einzelsachverhalte eingreifenden **Grundfreiheiten**. Letztere prägen daher trotz zahlreicher Gemeinsamkeiten und Parallelen[1037] eher direkt **bestimmte Felder** unabhängig von den Verpflichteten, schaffen sie doch für **4552**

[1030] *Jarass/Kment*, § 31 Rn. 11 ff.; *Kingreen*, in: Calliess/Ruffert, Art. 33 GRCh Rn. 7 ff.

[1031] *Jarass/Kment*, § 31 Rn. 8; vgl. *Rohleder*, in: Meyer/Hölscheidt, Art. 33 Rn. 33 ff.

[1032] EuGH, Rs. C-281/98, ECLI:EU:C:2000:296 (Rn. 30 ff.) – Angonese.

[1033] *Frenz*, Europarecht 1, Rn. 1387 f.

[1034] S.o. Rn. 4528 ff.

[1035] EuGH, Rs. C-414/16, ECLI:EU:C:2018:257 – Egenberger.

[1036] S.o. Rn. 3700.

[1037] Ausführlich *Frenz*, Europarecht 1, Rn. 42 ff.

den Binnenmarkt elementare Freiräume. Die **Grundrechte** enthalten demgegenüber vor allem die **europäische Normierung steuernde einzelne Rechte**, wie gerade Art. 33 Abs. 2 EGRC zeigt. Handelt es sich daher wie hier um Schutzrechte, ist eine Verwirklichung auf der Basis grundrechtlicher Schutzpflichten typisch. Sie ist daher für die europäischen Grundrechte etwas Gewöhnliches, bei den Grundfreiheiten hingegen die bislang seltene Ausnahme.[1038]

4553　I. V. m. dem Entstehungshintergrund ist daher Art. 33 Abs. 2 EGRC so zu verwirklichen, dass die verpflichteten **staatlichen Organe** entsprechende **Normierungen** erlassen. Damit kann auch erst näher konkretisiert werden, z. B. wie lange Mutterschafts- und Elternurlaub dauern müssen. Dies erfolgte bereits in Richtlinienform.[1039] Daran kann weiter angeknüpft werden. Der dabei festgelegte Standard darf als europäischer Besitzstand nicht unterschritten werden. Dieser wird damit durch Art. 33 Abs. 2 EGRC garantiert. Er ergibt sich im Wesentlichen gleichermaßen aus den vertraglichen Grundlagen gem. Art. 8 ESC und Art. 27 rev. ESC.[1040] Selbst diese sind mithin wesentlich präziser, ebenso wie die Richtlinien. Eine größere Detailschärfe ist aber gerade das Kennzeichen von auch Private im konkreten Fall verpflichtenden Normen. Da diese Wirkung aber weder die ESC[1041] bzw. die rev. ESC[1042] noch die Richtlinien haben, welche erst von den Nationalstaaten umzusetzen sind, kann erst recht der viel allgemeiner formulierte Art. 33 Abs. 2 EGRC nicht Private verpflichten. Er verleiht daher kein gegen diese direkt einforderbares subjektives Recht, sondern nur **Schutzansprüche gegen staatliche Organe**. Diese haben zwar bei der Erfüllung grundsätzlich einen erheblichen **Spielraum**. Dieser ist hier aber durch den schon vor der EGRC garantierten **Mindeststandard** begrenzt.

2. Abgrenzung

a) Art. 21 EGRC

4554　Art. 33 Abs. 2 EGRC ist eine spezifische Ausgestaltung des Diskriminierungsverbots des Art. 21 EGRC. Art. 33 Abs. 2 EGRC geht deshalb vor.[1043]

b) Art. 23 EGRC

4555　Das Verbot einer Entlassung aus einem mit der Mutterschaft zusammenhängenden Grund ist Ausprägung des allgemeinen Gleichheitsgebots im Bereich des Arbeits-

---

[1038] Näher m. N. *Frenz*, Europarecht 1, Rn. 198 ff.
[1039] S.o. Rn. 4535 ff.
[1040] S.o. Rn. 4529f.
[1041] Europäische Sozialcharta vom 18.10.1961, Europarat SEV-Nr. 035, s. Rn. 40046 ff.
[1042] Revidierte Europäische Sozialcharta vom 3.5.1996, Europarat SEV-Nr. 163, s. auch Rn. 4046 ff.
[1043] *Böhringer*, in: Heselhaus/Nowak, § 44 Rn. 23.

lebens des Art. 23 EGRC.[1044] Bei einer Entlassung aus einem mit der Mutterschaft zusammenhängenden Grund wird **Art. 33 Abs. 2 EGRC** daher regelmäßig **neben Art. 23 EGRC** zum Tragen kommen.[1045]

c) Art. 30 EGRC

Bei der Entlassung aus Gründen der Mutterschaft geht **Art. 33 Abs. 2 EGRC** der Regelung des Art. 30 EGRC, die allgemein Schutz bei ungerechtfertigter Entlassung gewährt, als **lex specialis** vor.[1046]

4556

d) Art. 31 EGRC

Die Gewährung von bezahltem Mutterschaftsurlaub und von Elternurlaub ist eine **spezielle Ausprägung** des in Art. 31 EGRC gewährten Rechts auf gerechte und angemessene Arbeitsbedingungen. **Art. 33 Abs. 2 EGRC** genießt deshalb als lex specialis Vorrang.[1047]

4557

e) Art. 33 Abs. 1 EGRC

Aus Gründen der **Spezialität** geht das Grundrecht des Art. 33 Abs. 2 EGRC auch dem Grundsatz des Art. 33 Abs. 1 EGRC vor.[1048]

4558

f) Art. 34 Abs. 1 EGRC

Art. 34 Abs. 1 EGRC verwendet genauso wie Art. 33 Abs. 2 EGRC den Begriff der Mutterschaft. Während Art. 33 Abs. 2 EGRC Schutz vor Entlassung sowie einen Anspruch auf bezahlten Mutterschaftsurlaub und auf Elternurlaub gewährt, befasst sich Art. 34 Abs. 1 EGRC mit den **Leistungen der Sozialversicherung** im Fall der Mutterschaft.[1049] Zu Überschneidungen dürfte es insoweit nicht kommen.

4559

III. Gewährleistungsbereich

Gem. Art. 33 Abs. 2 EGRC hat jeder Mensch, um Familien- und Berufsleben in Einklang bringen zu können, das Recht auf Schutz vor Entlassung aus einem mit der

4560

[1044] *Kingreen*, in: Calliess/Ruffert, Art. 33 GRCh Rn. 11.
[1045] *Jarass/Kment*, § 31 Rn. 10.
[1046] *Jarass/Kment*, § 31 Rn. 10; *Kingreen*, in: Calliess/Ruffert, Art. 33 GRCh Rn. 8; s.o. Rn. 4373.
[1047] *Jarass/Kment*, § 31 Rn. 10.
[1048] *Jarass/Kment*, § 31 Rn. 10.
[1049] *Jarass/Kment*, § 31 Rn. 10.

Mutterschaft zusammenhängenden Grund sowie Anspruch auf einen bezahlten Mutterschaftsurlaub und auf einen Elternurlaub nach der Geburt oder Adoption eines Kindes.

1. Einklang von Familien- und Berufsleben

4561 Art. 33 Abs. 2 EGRC nennt ausdrücklich das mit der Norm verfolgte Ziel, nämlich Familien- und Berufsleben miteinander in Einklang zu bringen. Dieses Ziel ist damit der maßgebliche **Auslegungshintergrund** und prägt den Inhalt der Bestimmung. Die umfassten Bestandteile müssen so gewährleistet sein, dass sie das explizit bekannte Ziel wirksam verwirklichen können. Die ausdrückliche Erwähnung des angestrebten Zwecks sichert somit in besonderer Weise die Wirksamkeit dieses Grundrechts. Das gilt auch für das ausgestaltende Sekundärrecht.[1050] In ihm ist dieses Ziel ohnehin bereits verankert,[1051] namentlich in der nunmehrigen RL 2010/18/EU.[1052] Damit hat es schon deshalb maßgebliche interpretationsleitende Bedeutung.

2. Entlassung aus einem mit der Mutterschaft zusammenhängenden Grund

4562 Art. 33 Abs. 2 EGRC enthält in seiner ersten Variante ein Kündigungsverbot für eine Entlassung aus einem mit der Mutterschaft zusammenhängenden Grund. Damit wird dem Diskriminierungsschutz von Frauen aufgrund des Geschlechts Rechnung getragen.[1053]

a) Entlassung

4563 Wie bei Art. 30 EGRC[1054] ist unter „Entlassung" die vorzeitige Beendigung des Arbeitsverhältnisses durch den Arbeitgeber gegen den Willen des Arbeitnehmers zu verstehen.[1055] Nach einer Entscheidung des EuGH erfolgt die Entlassung durch die **Kündigungserklärung** selbst und nicht erst mit der tatsächlichen Beendigung des Arbeitsverhältnisses mit Ablauf der Kündigungsfrist. Letztere stellt nur die Wirkung der Entlassungsentscheidung dar.[1056]

[1050] S.o. Rn. 4533 ff.

[1051] *Jarass/Kment*, § 31 Rn. 8.

[1052] RL 2010/18/EU des Rates vom 8.3.2010 zur Durchführung der von BUSINESSEUROPE, UEAPME, CEEP und EGB geschlossenen überarbeiteten Rahmenvereinbarung über den Elternurlaub und zur Aufhebung der RL 96/34/EG, ABl. 2010 L 68, S. 13 vom 18.3.2010.

[1053] *Rohleder*, in: Meyer/Hölscheidt, Art. 33 Rn. 42.

[1054] S.o. Rn. 4382.

[1055] *Jarass/Kment*, § 30 Rn. 12; *Rohleder*, in: Meyer/Hölscheidt, Art. 30 Rn. 40; *Lang*, in: Stern/Sachs, Art. 30 Rn. 8.

[1056] EuGH, Rs. C-188/03, ECLI:EU:C:2005:59 (Rn. 36, 39) – Junk.

§ 3 Individuelle Arbeitnehmerrechte

Keine Kündigung liegt vor, wenn ein mehrfach befristeter Arbeitsvertrag nicht verlängert wird. Zwar betrachtete der EuGH in einem Fall eine solche **Nichtverlängerung aufgrund** einer **Schwangerschaft** der betroffenen Arbeitnehmerin als **Diskriminierung**. Jedoch ist lediglich eine Kündigung verboten,[1057] nicht jedoch die Nichtverlängerung eines befristeten Arbeitsvertrags.[1058]

4564

b) Mutterschaft

Nach den Erläuterungen zur EGRC[1059] deckt der Begriff „Mutterschaft" den Zeitraum **von der Zeugung bis zum Stillen des Kindes** ab. Es ist allerdings unklar, wie Letzteres zu verstehen ist – vermutlich ist der Zeitpunkt bis zum „Abstillen" des Kindes gemeint.[1060] Allerdings führt dies zu einer ungerechtfertigten Ungleichbehandlung zwischen stillenden und nicht stillenden Müttern und dient zudem nicht der Rechtssicherheit, da Mütter kurzfristig entscheiden können, ob und wie lange sie stillen.[1061] In Anlehnung an Art. 8 und 10 Mutterschutz-RL 92/85/EWG,[1062] die einen insgesamt 14-wöchigen Mutterschaftsurlaub vor und nach der Geburt garantieren, ist der Begriff der Mutterschaft in Art. 33 Abs. 2 EGRC deshalb so zu verstehen, dass der **Zeitraum von der Zeugung bis zum Ende des Mutterschaftsurlaubs** abgedeckt ist.[1063]

4565

3. Bezahlter Mutterschaftsurlaub

Gem. Art. 33 Abs. 2 EGRC hat jeder Mensch Anspruch auf bezahlten Mutterschaftsurlaub.

4566

a) Mutterschaftsurlaub

Die Dauer des Mutterschaftsurlaubs ist in Art. 33 Abs. 2 EGRC nicht geregelt. Derzeit herrscht mit Art. 8 Abs. 1 Mutterschutz-RL 92/85/EG[1064] ein europäischer Mindeststandard. Danach muss den Arbeitnehmerinnen ein Mutterschaftsurlaub von **mindestens 14 Wochen** ohne Unterbrechung gewährt werden, die sich entsprechend den einzelstaatlichen Rechtsvorschriften und/oder Gepflogenheiten auf die Zeit vor und/oder nach der Entbindung aufteilen.

4567

[1057] Aufgrund des Art. 10 Mutterschutz-RL 92/85/EG; s.o. Rn. 4535 f.
[1058] EuGH, Rs. C-438/99, ECLI:EU:C:2001:509 (Rn. 47) – Melgar.
[1059] Erläuterungen zur Charta der Grundrechte, ABl. 2007 C 303, S. 17 (27).
[1060] *Kingreen*, in: Calliess/Ruffert, Art. 33 GRCh Rn. 8.
[1061] Vgl. *Kingreen*, in: Calliess/Ruffert, Art. 33 GRCh Rn. 8.
[1062] ABl. 1992 L 348, S. 1; s.o. Rn. 4535 f.
[1063] *Jarass/Kment*, § 31 Rn. 11; *Kingreen*, in: Calliess/Ruffert, Art. 33 GRCh Rn. 8.
[1064] ABl. 1992 L 348, S. 1; s.o. Rn. 4535 f.

b) Bezahlt

4568 Wie Art. 33 Abs. 2 EGRC ausdrücklich hervorhebt, muss der Mutterschaftsurlaub bezahlt sein. Wer diese Leistung erbringt, lässt Art. 33 Abs. 2 EGRC hingegen offen. In Anlehnung an Art. 8 Nr. 1 ESC[1065] hat dies durch den Arbeitgeber oder durch Leistungen der sozialen Sicherheit oder aus sonstigen öffentlichen Mitteln zu erfolgen.[1066] Für die Höhe der Bezahlung sind entsprechend Art. 11 Nr. 2 und 3 Mutterschutz-RL 92/85/EG[1067] **mindestens** die **Bezüge** anzusetzen, welche die betreffende Arbeitnehmerin **im Falle einer Unterbrechung** ihrer Erwerbstätigkeit **aus gesundheitlichen Gründen** erhalten würde.[1068]

4. Elternurlaub

4569 Jede Person hat gem. Art. 33 Abs. 2 EGRC Anspruch auf Elternurlaub nach der Geburt oder Adoption eines Kindes. In Anlehnung an § 2 des Anhangs zur RL 96/34/EG[1069] hatte dieser mindestens drei Monate zu betragen. Hier gilt nun die aktuelle RL (EU) 2019/1158[1070] mit dem Verweis in Art. 5 Abs. 1 auf vier Monate, wobei mindestens ein Monat nicht übertragbar sein darf, „um eine ausgewogenere Inanspruchnahme des Elternurlaubs durch beide Elternteile zu fördern" (§ 2 Nr. 2).

4570 Angesichts der abweichenden Formulierung beim Elternurlaub gegenüber dem „bezahlten Mutterschaftsurlaub" besteht **kein Anspruch auf** einen **bezahlten Elternurlaub**.[1071] Im Grundrechtekonvent war zunächst diskutiert worden, auch einen „bezahlten" Elternurlaub vorzusehen.[1072] Dies wurde jedoch später lediglich für den Mutterschaftsurlaub festgeschrieben.

4571 Durch die **Parallelsetzung von Geburt und Adoption** sollen Männer und Frauen in die Lage versetzt werden, sich um ein Kleinkind besonders intensiv zu kümmern, unabhängig von Geburt oder Adoption.[1073] Zum einen haben Geburt oder Adoption keinen Einfluss auf die Schutzbedürftigkeit des Kindes, zum anderen sind die Eltern in beiden Fällen gleichermaßen von der Problematik der Vereinbarkeit des Familien- und des Berufslebens betroffen.

[1065] Europäische Sozialcharta vom 18.10.1961, Europarat SEV-Nr. 035, s. Rn. 4046 ff.
[1066] *Jarass/Kment*, § 31 Rn. 13; *Kingreen*, in: Calliess/Ruffert, Art. 33 GRCh Rn. 8.
[1067] ABl. 1992 L 348, S. 1; s.o. Rn. 4535 f.
[1068] *Jarass/Kment*, § 31 Rn. 13.
[1069] ABl. 1996 L 145, S. 4; geändert durch RL 97/95/EG, ABl. 1998 L 10, S. 24 und o. Rn. 4537.
[1070] ABl. 2019 L 188, S. 79.
[1071] *Jarass/Kment*, § 31 Rn. 14; *Kingreen*, in: Calliess/Ruffert, Art. 33 GRCh Rn. 9.
[1072] *Bernsdorff/Borowsky*, Die Charta der Grundrechte der Europäischen Union, 2002, S. 327.
[1073] *Tettinger/Muckel*, in: Stern/Sachs, Art. 33 Rn. 15; *Rohleder*, in: Meyer/Hölscheidt, Art. 33 Rn. 36.

5. Grundrechtsträger

Im Grundrechtekonvent wurde über den Kreis der Grundrechtsberechtigten gestritten.[1074] Die heutige Fassung des Art. 33 Abs. 2 EGRC spricht davon, dass „jeder Mensch" die Rechte hat. Grundrechtsträger sind daher **beide Elternteile**.[1075] Auch die Rechte, die sich wörtlich auf die „Mutterschaft" beziehen, stehen nicht nur Müttern zu.[1076] So können auch Väter von der „Entlassung aus einem mit der Mutterschaft zusammenhängenden Grund" betroffen sein, wenn sie beispielsweise wegen der Berufstätigkeit oder gesundheitlichen Beschwerden der (werdenden) Mutter in ihrer eigentlichen Berufstätigkeit eingeschränkt sind.[1077]

4572

Die Rechte gelten nicht nur für die biologischen Eltern, sondern aufgrund des Bezugs zur Adoption beispielsweise **auch für homosexuelle Elternpaare, die ein Kleinkind adoptiert** haben.[1078]

4573

Auch wenn im Grundrechtekonvent die zunächst gewählte Formulierung „jeder Arbeitnehmer" durch „jeder Mensch" ersetzt wurde,[1079] ist Voraussetzung in allen Fällen, dass die betroffene Person Arbeitnehmer ist. Nach der Rechtsprechung des EuGH ist **Arbeitnehmer** derjenige, der während einer bestimmten Zeit für einen anderen nach dessen Weisung Leistungen erbringt, für die er als Gegenleistung eine Vergütung erhält.[1080]

4574

Inwieweit Art. 33 Abs. 2 EGRC auch für **Selbstständige** eingreift, war umstritten. Dies wird darauf gestützt, dass die ursprünglich vorgesehene Beschränkung auf Arbeitnehmer im Laufe der Beratungen des Grundrechtekonvents weggefallen ist.[1081] Dies sollte aber nur Sinn ergeben, wenn es sich bei dem Elternurlaub des Art. 33 Abs. 2 EGRC um bezahlten Urlaub handele, was jedoch gerade nicht der Fall sei.[1082] Zudem bezögen sich die Erläuterungen zur EGRC[1083] mit der Mutterschutz-RL 92/85/EWG[1084] und der RL 96/34/EG[1085] (nunmehr RL (EU) 2019/1158[1086])

4575

[1074] *Rohleder*, in: Meyer/Hölscheidt, Art. 33 Rn. 23 f.
[1075] *Kingreen*, in: Calliess/Ruffert, Art. 33 GRCh Rn. 6; *Jarass/Kment*, § 31 Rn. 15.
[1076] *Tettinger/Muckel*, in: Stern/Sachs, Art. 33 Rn. 11; a.A. *Rohleder*, in: Meyer/Hölscheidt, Art. 33 Rn. 36; *Jarass/Kment*, § 31 Rn. 15.
[1077] *Kingreen*, in: Calliess/Ruffert, Art. 33 GRCh Rn. 6.
[1078] *Tettinger/Muckel*, in: Stern/Sachs, Art. 33 Rn. 9.
[1079] *Rohleder*, in: Meyer/Hölscheidt, Art. 33 Rn. 20 ff.; *Bernsdorff/Borowsky*, Die Charta der Grundrechte der Europäischen Union, 2002, S. 327.
[1080] St. Rspr. EuGH, Rs. C-66/85, ECLI:EU:C:1986:284 (Rn. 17) – Lawrie-Blum; Rs. C-197/86, ECLI:EU:C:1988:323 (Rn. 21) – Brown; Rs. C-357/89, ECLI:EU:C:1992:87 (Rn. 10) – Raulin; näher *Frenz*, Europarecht 1, Rn. 1423 ff.
[1081] *Rohleder*, in: Meyer/Hölscheidt, Art. 33 Rn. 20 ff.; *Tettinger/Muckel*, in: Stern/Sachs, Art. 33 Rn. 12.
[1082] So früher *Jarass*, EU-Grundrechte, 2005, § 31 Rn. 18.
[1083] Erläuterungen zur Charta der Grundrechte, ABl. 2007 C 303, S. 17 (27).
[1084] ABl. 1992 L 348, S. 1, zuletzt geändert durch VO (EU) 2019/1243, ABl. 2019 L 198, S. 241.
[1085] ABl. 1996 L 145, S. 4.
[1086] ABl. 2019 L 188, S. 79.

jeweils auf Rechtsakte, die allein auf Arbeitnehmer, nicht jedoch auf Selbstständige abzielen.[1087] Allerdings lehnt sich Art. 33 Abs. 2 EGRC nur an die genannten Richtlinien an. Sie werden nicht wörtlich übernommen und zu Grundrechtsnormen aufgewertet. Wegen der Streichung des Arbeitnehmer-Bezugs im Laufe des Grundrechtekonvents ist deshalb vielmehr vom gesetzgeberischen Willen auszugehen, Selbstständige in den Kreis der Grundrechtsberechtigten aufzunehmen. Ihnen stehen daher auch die Rechte aus Art. 33 Abs. 2 EGRC zu. Dies ist wie die Einbeziehung der **teilzeitbeschäftigten Personen** mittlerweile einhellig.[1088]

4576 Ursprünglich war in Art. 33 Abs. 2 EGRC vorgesehen, dass „jede Person" die genannten Rechte besitzt. Dies ist in der aktualisierten Fassung der EGRC verändert worden. Das Wort „jede Person" ist ersetzt worden durch „jeder Mensch". Damit wurde keine inhaltliche Änderung vorgenommen, sondern vielmehr einer Debatte Rechnung getragen, die sich zuvor an der missverständlichen Verwendung des Begriffs Person entfacht hatte. Insbesondere in Deutschland war aufgrund der ursprünglichen Formulierung die Frage aufgekommen, welche unterschiedlichen Inhalte die Begriffe Mensch und Person haben.[1089] Dabei war die in der Philosophie und Bioethik diskutierte Unterscheidung zwischen Menschen und Personen aufgegriffen worden.[1090] Die Verwendung des Begriffs „Person" basierte aber lediglich auf einer missglückten Übersetzung der französischen Ausgangsfassung. Diese sprach geschlechtneutral von „personne" anstatt von „homme", da Letzteres zwar einerseits „Mensch", aber andererseits auch „Mann" bedeutet. Das Missverständnis wurde durch die veränderte Fassung im Text der Europäischen Verfassung ausgeräumt,[1091] ist aber auch auf der Basis von Art. 33 Abs. 2 EGRC gegenstandslos.

IV. Beeinträchtigung und Rechtfertigung

4577 Gebunden sind durch Art. 33 Abs. 2 EGRC die allgemeinen Adressaten der EGRC, mithin gem. Art. 51 Abs. 1 S. 1 EGRC die Union sowie die Mitgliedstaaten bei der Durchführung von Unionsrecht. **Nicht unmittelbar gebunden** sind **Privatpersonen**, weshalb Arbeitgeber, die sich nicht an die Gewährleistungen des Art. 33 Abs. 2 EGRC halten, keinen Eingriff in das Grundrecht vornehmen.[1092] Aufgrund

---

[1087] Noch *Jarass*, EU-Grundrechte, 2005, § 31 Rn. 18.
[1088] *Jarass/Kment*, § 31 Rn. 15; *Rohleder*, in: Meyer/Hölscheidt, Art. 33 Rn. 36, 46; *Tettinger/Muckel*, in: Stern/Sachs, Art. 33 Rn. 12 sowie *Böhringer*, in: Heselhaus/Nowak, § 44 Rn. 19 a.E.
[1089] *Hölscheidt*, in: Meyer/Hölscheidt, Vor Titel III Rn. 20.
[1090] *Schmitz*, EuR 2004, 691 (702 f.).
[1091] *Meyer/Hölscheidt*, EuZW 2003, 613 (619); *Borowsky*, in: Meyer/Hölscheidt, Art. 2 Rn. 29 f.; *Schmitz*, EuR 2004, 691 (703).
[1092] *Jarass/Kment*, § 31 Rn. 16.

§ 3 Individuelle Arbeitnehmerrechte 549

der **Schutzpflicht**, die Art. 33 Abs. 2 EGRC der Union und den Mitgliedstaaten auferlegt,[1093] bedarf es auch keiner unmittelbaren Drittwirkung.[1094]

Eine Beeinträchtigung bzw. ein Eingriff in den Gewährleistungsbereich kann aufgrund der Schutz- und der Abwehrfunktion des Grundrechts[1095] in zweierlei Hinsicht vorliegen. Zum einen ist eine Beeinträchtigung gegeben, wenn der europäische und die Europarecht durchführenden nationalen Gesetzgeber **keine Vorschriften** erlassen, aufgrund derer die oben beschriebenen Vorgaben bei allen Arbeitnehmerinnen und Arbeitnehmern eingehalten werden müssen. Allerdings kommt den Gesetzgebern ein **Gestaltungsspielraum** zu.[1096] Zudem kommen **verhältnismäßige Einschränkungen** der Gewährleistungen des Art. 33 Abs. 2 EGRC in Betracht.[1097] So sind Einschränkungen wie die in Art. 11 Nr. 4 Mutterschutz-RL 92/85/EWG[1098] möglich, wonach der Anspruch auf eine Bezahlung des Mutterschaftsurlaubs davon abhängig gemacht werden kann, dass die betreffende Arbeitnehmerin die in den einzelstaatlichen Rechtsvorschriften vorgesehenen Bedingungen für das Entstehen eines Anspruchs auf diese Leistung erfüllt. 4578

Zum anderen liegt ein Eingriff in die Rechte aus Art. 33 Abs. 2 EGRC vor, wenn sich die **Union** und die **Mitgliedstaaten** bei der Durchführung von Unionsrecht selbst nicht an die Vorgaben des Art. 33 Abs. 2 EGRC halten und als **Arbeitgeber** gegen das Kündigungsverbot verstoßen oder keinen ausreichenden Mutterschafts- oder Elternurlaub gewähren. Erstreckt man dieses Grundrecht auf **Selbstständige**,[1099] muss auch diesen zugebilligt werden, während eines laufenden Auftrags **Elternurlaub** zu nehmen. Wird ein Werk geschuldet, ist mit der Natur eines solchen Vertrags die Bezahlung eines Mutterschaftsurlaubs nicht vereinbar. Insoweit sind dann höchstens die sozialen Sicherungssysteme gefragt, was Art. 33 Abs. 2 EGRC ebenfalls vorsieht. Allerdings ist die **Mutterschaftszeit für die Fertigstellung relevant**, wenn der Selbstständige nicht Ersatz verschaffen kann, weil er als Einzelner eine Firma betreibt und die Leistung auf ihn persönlich zugeschnitten ist. Eingriffe können gerechtfertigt sein, wenn die Vorgaben des Art. 51 Abs. 1 EGRC eingehalten sind, mithin eine gesetzliche Grundlage für den Eingriff gegeben und dieser verhältnismäßig ist.[1100] Daher sind aufgrund des gesetzgeberischen Spielraums verhältnismäßige Beeinträchtigungen wie die in Art. 11 Nr. 4 Mutterschutz-RL 92/85/EWG[1101] möglich. 4579

[1093] S.o. Rn. 4550 ff.
[1094] *Kingreen*, in: Calliess/Ruffert, Art. 33 GRCh Rn. 12.
[1095] S.o. Rn. 4550 ff.
[1096] *Tettinger/Muckel*, in: Stern/Sachs, Art. 33 Rn. 14.
[1097] *Jarass/Kment*, § 31 Rn. 17.
[1098] ABl. 1992 L 348, S. 1.
[1099] S.o. Rn. 4575.
[1100] *Jarass/Kment*, § 31 Rn. 15.
[1101] ABl. 1992 L 348, S. 1.

V. Prüfungsschema zu Art. 33 Abs. 2 EGRC

4580 **1. Schutzbereich**
   a) Normziel: Einklang von Familien- und Berufsleben
   b) Kündigungsverbot für eine Entlassung aus einem mit der Mutterschaft zusammenhängenden Grund
   c) Entlassung: vorzeitige Beendigung des Arbeitsverhältnisses durch den Arbeitgeber gegen den Willen des Arbeitnehmers
   d) Mutterschaft: Zeitraum von der Zeugung bis zum Ende des Mutterschaftsurlaubs
   e) Anspruch auf bezahlten Mutterschaftsurlaub: mindestens 14 Wochen ohne Unterbrechung als derzeitiger europäischer Mindeststandard
   f) Anspruch auf Elternurlaub nach der Geburt oder Adoption eines Kindes: mindestens vier Monate, allerdings kein Anspruch auf Bezahlung
   g) Rechte gelten für Mütter, Väter und Adoptiveltern, wenn betroffene Personen Arbeitnehmer oder Selbstständige sind
   h) keine Drittwirkung

2. Beeinträchtigung
   a) der europäische und die nationalen Gesetzgeber erlassen keine Vorschriften, aufgrund derer die oben beschriebenen Vorgaben bei allen Arbeitnehmerinnen und Arbeitnehmern eingehalten werden müssen
   b) Union oder Mitgliedstaaten verstoßen bei der Durchführung von Unionsrecht selbst als Arbeitgeber gegen das Kündigungsverbot oder gewähren keinen ausreichenden Mutterschafts- oder Elternurlaub

3. Rechtfertigung

§ 4 Schutz der Familie

4581 Gem. Art. 33 Abs. 1 EGRC wird der rechtliche, wirtschaftliche und soziale Schutz der Familie gewährleistet. Neben dem Schutz des Privat- und Familienlebens in Art. 7 EGRC und der Eheschließungs- und Familiengründungsfreiheit in Art. 9 EGRC enthält die EGRC damit eine weitere Schutznorm zugunsten von Familien.[1102]

[1102] *Böhringer*, in: Heselhaus/Nowak, § 44 Rn. 1.

§ 4 Schutz der Familie

A. Grundlagen

I. ESC

Nach den Erläuterungen zur EGRC[1103] stützt sich Art. 33 Abs. 1 EGRC auf **Art. 16 ESC**.[1104] Danach verpflichten sich die Vertragsparteien, um die erforderlichen Voraussetzungen für die Entfaltung der Familie als einer Grundeinheit der Gesellschaft zu schaffen, den wirtschaftlichen, gesetzlichen und sozialen Schutz des Familienlebens zu fördern, insbesondere durch Sozial- und Familienleistungen, steuerliche Maßnahmen, Förderung des Baus familiengerechter Wohnungen, Hilfen für junge Eheleute und andere geeignete Mittel jeglicher Art. 4582

Im Vergleich zu Art. 33 Abs. 1 EGRC ist der unterschiedliche Wortlaut zwischen der „Gewährleistung" (Art. 33 Abs. 1 EGRC) und der „**Förderung**" (Art. 16 ESC) des rechtlichen, wirtschaftlichen und sozialen Schutzes des Familie auffällig. Art. 33 Abs. 1 EGRC wird mit der „Gewährleistung" deutlicher.[1105] 4583

Während Art. 16 ESC **konkrete Beispiele** nennt, wie der Schutz der Familie gefördert werden soll, spricht Art. 33 Abs. 1 EGRC allgemein davon, den Schutz der Familie zu gewährleisten. Es wird nicht näher dargelegt, wie dies geschehen soll.[1106] Eine mit Art. 16 ESC vergleichbare Aufzählung wurde **in Art. 33 Abs. 1 EGRC bewusst nicht aufgenommen**.[1107] Damit sollte offensichtlich den Bedenken einiger Mitglieder des Grundrechtekonvents Rechnung getragen werden, die eine Erweiterung der Kompetenzen der Union befürchteten.[1108] 4584

Mit der jetzigen Formulierung verbleibt die Frage, wie eine konkrete Gewährleistung des rechtlichen, wirtschaftlichen und sozialen Schutzes der Familie ausgestaltet werden soll, eindeutig im **Zuständigkeitsbereich der Mitgliedstaaten**.[1109] Bestärkt wird damit die allgemeine Regelung des Art. 51 Abs. 2 EGRC, wonach die EGRC weder neue Zuständigkeiten noch neue Aufgaben für die Union begründet noch die in den Verträgen festgelegten Zuständigkeiten und Aufgaben ändert. 4585

Im Übrigen lehnt sich der Wortlaut des Art. 33 Abs. 1 EGRC sehr eng an Art. 16 ESC an, wenn vom „rechtlichen, wirtschaftlichen und sozialen Schutz der Familie" gesprochen wird.[1110] Lediglich der in Art. 16 ESC verwendete Begriff „**gesetzlich**" wurde **in Art. 33 Abs. 1 EGRC ersetzt durch „rechtlich"**.[1111] Mit der Gewährung 4586

[1103] Erläuterungen zur Charta der Grundrechte, ABl. 2007 C 303, S. 17 (27).
[1104] Europäische Sozialcharta vom 18.10.1961, Europarat SEV-Nr. 035, s. Rn. 4046 ff.
[1105] *Tettinger/Muckel*, in: Stern/Sachs, Art. 33 Rn. 8.
[1106] *Tettinger/Muckel*, in: Stern/Sachs, Art. 33 Rn. 2 und 8.
[1107] *Rohleder*, in: Meyer/Hölscheidt, Art. 33 Rn. 30; *Böhringer*, in: Heselhaus/Nowak, § 44 Rn. 3.
[1108] Ausführlich o. Rn. 4119 ff.
[1109] *Tettinger/Muckel*, in: Stern/Sachs, Art. 33 Rn. 8.
[1110] *Böhringer*, in: Heselhaus/Nowak, § 44 Rn. 3.
[1111] *Tettinger/Muckel*, in: Stern/Sachs, Art. 33 Rn. 2.

des „rechtlichen" Schutzes, geht Art. 33 Abs. 1 EGRC über den in Art. 16 ESC gewählten Begriff des „gesetzlichen" hinaus.[1112]

II. Erklärung des Europäischen Parlaments über Grundrechte und Grundfreiheiten von 1989

4587   1989 verabschiedete das Europäische Parlament die „Erklärung der Grundrechte und Grundfreiheiten",[1113] die einen umfassenden Grundrechtekatalog enthielt.[1114] Darin heißt es in **Art. 7**: „Die Familie genießt rechtlichen, wirtschaftlichen und sozialen Schutz". Unter Hinweis auf diese Norm war zunächst im Grundrechtekonvent eine Vorschrift diskutiert worden, die das Recht enthielt, eine Familie zu gründen, und dieses mit dem Auftrag an die Union verknüpfte, Sorge für den rechtlichen, wirtschaftlichen und sozialen Schutz der Familie zu tragen.[1115] Nach diverser Kritik an der geplanten Norm wurde diese stärker an Art. 12 EMRK orientiert und das Recht, eine Familie zu gründen, um die Eheschließungsfreiheit ergänzt. Dies hat schließlich Eingang in den heutigen **Art. 9 EGRC** gefunden.[1116]

4588   Der rechtliche, wirtschaftliche und soziale **Schutz des Kindes** wurden hingegen ausgeklammert und im Zusammenhang mit der Vereinbarkeit von Familien- und Berufsleben **in Art. 33 EGRC** geregelt. Es verwundert in diesem Zusammenhang jedoch, dass die Erläuterungen zur EGRC[1117] bei Art. 33 Abs. 1 EGRC nicht auf den wörtlich fast übereinstimmenden Art. 7 der Erklärung des Europäischen Parlaments über Grundrechte und Grundfreiheiten vom 12.4.1989 verweisen, obwohl der Kommentar zum ersten Präsidiumsvorschlag dies tat.[1118]

III. Sonstige internationale Übereinkommen

4589   Die **Familie ist Gegenstand vieler weiterer internationaler Übereinkommen**. So wird sie beispielsweise in der Allgemeinen Erklärung der Menschenrechte[1119] und

---

[1112] *Rohleder*, in: Meyer/Hölscheidt, Art. 33 Rn. 30 f.
[1113] ABl. 1989 C 120, S. 51.
[1114] *Jarass*, § 1 Rn. 14; *Walter*, in: Ehlers (Hrsg.), Europäische Grundrechte und Grundfreiheiten, 2005, § 1 Rn. 34; *Lenz*, NJW 1997, 3289 (3289).
[1115] *Bernsdorff*, in: Meyer/Hölscheidt, Art. 9 Rn. 7; *Rohleder*, in: Meyer/Hölscheidt, Art. 33 Rn. 16.
[1116] S. Teilband I Rn. 1803 ff.
[1117] Erläuterungen zur Charta der Grundrechte, ABl. 2007 C 303, S. 17 (27).
[1118] *Rohleder*, in: Meyer/Hölscheidt, Art. 33 Rn. 16.
[1119] Am 10.12.1948 von der UN-Generalversammlung genehmigt und verkündet (Resolution 217 (A) III, abrufbar unter www.unric.org oder www.un.org (letzter Abruf: 30.9.2023)), heute als Völkergewohnheitsrecht anerkannt.

§ 4 Schutz der Familie

in der EMRK behandelt.[1120] Ein ausdrückliches Schutzrecht wird in Art. 23 Abs. 1 IPbpR normiert.[1121]

IV. Europäischer Besitzstand

Zwar verweisen Art. 151 AEUV und die Präambel des EU auf die ESC[1122] und damit auch auf den in Art. 16 ESC[1123] enthaltenen Schutz der Familie. Dies geht jedoch nicht über die grundsätzliche Anerkennung der Schutzbedürftigkeit der Familien hinaus.[1124] Eine eigene Schutznorm zugunsten von Familien enthielt das europäische Recht vor der EGRC nicht. Dementsprechend besitzt die Union auf dem Gebiet des Familienrechts bislang grundsätzlich keine Kompetenzen.[1125]

4590

Dennoch ist dem besonderen Schutz von Familien im Rahmen von arbeitsrechtlichen Vorschriften Rechnung getragen worden, beispielsweise in der Mutterschutz-RL 92/85/EG[1126] und in der RL 96/34/EG,[1127] mittlerweile aufgehoben durch RL (EU) 2019/18.[1128] Dies erfolgte zwar auf anderer Kompetenzgrundlage, beinhaltet aber gleichwohl zu wahrende Schutzstandards.

4591

V. Verfassungen der Mitgliedstaaten

Art. 33 Abs. 1 EGRC entspricht fast wörtlich Art. 39 Abs. 1 der spanischen Verfassung.[1129] Weiter ist der allgemeine **Schutz der Familie in sehr vielen mitgliedstaatlichen Verfassungen** enthalten.[1130] So wird die Familie „unter den besonderen Schutz der staatlichen Ordnung" (Art. 6 Abs. 1 GG) oder „unter den Schutz des Staates" (Art. 21 Abs. 1 griechische Verfassung) gestellt. Z. T. wird auch der „Schutz der Familie, ihr Aufbau wie ihr Ansehen" (Art. 41 Abs. 1 Ziff. 2 der irischen

4592

[1120] *Tettinger/Geerlings*, EuR 2005, 419 (421, 423); *Hövelberndt*, FPR 2004, 117 (117).
[1121] *Tettinger/Geerlings*, EuR 2005, 419 (421); *Hövelberndt*, FPR 2004, 117 (117).
[1122] Unter diesen Oberbegriff fallen die Europäische Sozialcharta vom 18.10.1961, Europarat SEV-Nr. 035 und die revidierte Europäische Sozialcharta vom 3.5.1996, Europarat SEV-Nr. 163, s. Rn. 4046 ff.
[1123] Europäische Sozialcharta vom 18.10.1961, Europarat SEV-Nr. 035, s. Rn. 4046 ff.
[1124] *Böhringer*, in: Heselhaus/Nowak, § 44 Rn. 7.
[1125] *Böhringer*, in: Heselhaus/Nowak, § 44 Rn. 1.
[1126] ABl. 1992 L 348, S. 1, zuletzt geändert durch VO (EU) 2019/1243, ABl. 2019 L 198, S. 241. S.o. Rn. 4535.
[1127] S.o. Rn. 4537.
[1128] ABl. 2019 L 188, S. 79.
[1129] *Streinz*, in: ders., Art. 33 GR-Charta Rn. 2; *Rohleder*, in: Meyer/Hölscheidt, Art. 33 Rn. 2.
[1130] *Streinz*, in: ders., Art. 33 GR-Charta Rn. 2; *Rohleder*, in: Meyer/Hölscheidt, Art. 33 Rn. 3 f.

Verfassung) garantiert oder der Familie „ein Recht auf ... Schutz durch die Gesellschaft und den Staat" (Art. 67 Abs. 1 der portugiesischen Verfassung) gewährt.[1131] Einige Verfassungen schützen auch explizit das „Familienleben" (Art. 22 der belgischen Verfassung) oder den „familiären Lebensbereich" (Art. 26 Abs. 1 der portugiesischen Verfassung).[1132] Insgesamt ist der Schutz der Familie vor allem in den katholisch geprägten südeuropäischen Verfassungen zu finden, nicht jedoch in den laizistisch[1133] oder protestantisch[1134] geprägten Verfassungen.[1135]

B. Einordnung

I. Qualifizierung als Grundsatz

4593   Es ist umstritten, ob Art. 33 Abs. 1 EGRC als subjektives Recht[1136] oder als Grundsatz[1137] zu qualifizieren ist. Wortlaut, Genese und Systematik sprechen für eine Einordnung als Grundsatz.

1. Wortlaut

4594   Nach dem Wortlaut des Art. 33 Abs. 1 EGRC wird der Schutz der Familie „**gewährleistet**". Eine solche Gewährleistung kann in vielfacher Hinsicht erfolgen. Dazu ist es nicht notwendig, ein subjektives Recht zu gewähren. Der Wortlaut spricht vielmehr gegen ein solches Recht, da gerade nicht von einem „Anspruch" oder einem „Recht" auf rechtlichen, wirtschaftlichen und sozialen Schutz gesprochen wird.[1138]

4595   Zudem wird bei Art. 33 Abs. 1 EGRC nicht erläutert, in welcher Weise der rechtliche, wirtschaftliche und soziale Schutz gewährt werden sollen. Der Vergleich mit Art. 16 ESC,[1139] auf den die Erläuterungen zur EGRC[1140] verweisen, zeigt, dass bei Art. 33 Abs. 1 EGRC **auf ausdrückliche Hinweise zur Umsetzung** des

---

[1131] *Tettinger/Geerlings*, EuR 2005, 419 (423); *Hövelberndt*, FPR 2004, 117 (119).
[1132] *Hövelberndt*, FPR 2004, 117 (119).
[1133] Z. B. Frankreich.
[1134] Z. B. Niederlande und Dänemark.
[1135] S. *Streinz*, in: ders., Art. 33 GR-Charta Rn. 2; *Böhringer*, in: Heselhaus/Nowak, § 44 Rn. 5; *Rohleder*, in: Meyer/Hölscheidt, Art. 33 Rn. 3 f.
[1136] *Kingreen*, in: Calliess/Ruffert, Art. 33 GRCh Rn. 2; *Böhringer*, in: Heselhaus/Nowak, § 44 Rn. 14.
[1137] *Jarass/Kment*, § 31 Rn. 2.
[1138] A.A. *Kingreen*, in: Calliess/Ruffert, Art. 33 GRCh Rn. 2.
[1139] Europäische Sozialcharta vom 18.10.1961, Europarat SEV-Nr. 035, s. Rn. 4046 ff.
[1140] Erläuterungen zur Charta der Grundrechte, ABl. 2007 C 303, S. 17 (27).

§ 4 Schutz der Familie

Schutzes **verzichtet** wurde. Die mangelnde Präzisierung spricht gegen die Qualifizierung von Art. 33 Abs. 1 EGRC als subjektives Recht.[1141]

2. Genese

Die Erläuterungen zur EGRC[1142] nennen als Beispiel für einen EGRC-Artikel, der sowohl Elemente eines Rechts als auch eines Grundsatzes enthalten kann, unter anderem Art. 33 EGRC. Vergleicht man den Wortlaut von Art. 33 Abs. 1 mit dem des Art. 33 Abs. 2 EGRC, dürfte mit dem Grundsatz Abs. 1 und mit dem Grundrecht Abs. 2 gemeint sein.[1143]

Zudem hatte ursprünglich eine Vorschrift in die EGRC aufgenommen werden sollen, die den Auftrag an die Union enthielt, Sorge für den rechtlichen, wirtschaftlichen und sozialen Schutz der Familie zu tragen.[1144] Dies war im Grundrechtekonvent unter anderem kritisiert worden, weil dadurch eine Aktivrolle der Union begründet würde, die **Übertragung positiver Verpflichtungen auf die Union** aber **vermieden** werden müsse.[1145] Auch dies spricht dafür, dass bei der geänderten Fassung des Art. 33 Abs. 1 EGRC gerade kein Auftrag an die Union erteilt und damit kein Anspruch der Bürger gewährt werden sollte.

4596

4597

3. Systematik

Während Art. 28–31 EGRC und Art. 33 Abs. 2 EGRC wörtlich von einem „Recht" oder einem „Anspruch" sprechen und daraus der Rückschluss gezogen werden kann, dass die Normen subjektive Rechte gewähren,[1146] wird in Art. 33 Abs. 1 EGRC lediglich Schutz „gewährleistet". Der Vergleich legt deshalb nahe, dass Art. 33 Abs. 1 EGRC bewusst anders formuliert wurde und gerade kein subjektives Recht darstellen soll.

4598

4. Zweck

Art. 33 Abs. 1 EGRC trägt dem gesellschaftlichen Problem Rechnung, dass Familien heute oft mit schlechten sozialen und wirtschaftlichen Rahmenbedingungen konfrontiert werden. Die **wirtschaftliche Lage der Familien** hat sich in vielen Mit-

4599

[1141] *Jarass/Kment*, § 31 Rn. 2.
[1142] Erläuterungen zur Charta der Grundrechte, ABl. 2007 C 303, S. 17 (35).
[1143] *Jarass/Kment*, § 31 Rn. 9; *Kingreen*, in: Calliess/Ruffert, Art. 33 GRCh Rn. 2.
[1144] *Bernsdorff*, in: Meyer/Hölscheidt, Art. 9 Rn. 7.
[1145] *Bernsdorff*, in: Meyer/Hölscheidt, Art. 9 Rn. 7; *Bernsdorff/Borowsky*, Die Charta der Grundrechte der Europäischen Union, 2002, S. 157.
[1146] S. Rn. 4232 ff., 4318 ff., 4368 ff., 4434 ff., 4544 ff.

gliedstaaten in den letzten Jahren **verschlechtert**, und **Kinderarmut** wird immer häufiger zum Thema. Dabei gehen die Probleme und Gefährdungen weniger von staatlichen Eingriffen aus; sie liegen vielmehr in den starken gesellschaftlichen Veränderungen begründet.[1147]

4600 Der **Schutz der Familien** wird damit **kaum mit subjektiven Rechten erreicht**, zumal sich diese lediglich gegen die Union und die Mitgliedstaaten mit überdies großem Gestaltungsspielraum,[1148] nicht jedoch gegen einzelne Privatpersonen und gar Gesellschaftsgruppen richten könnten. Der Zweck des Art. 33 Abs. 1 EGRC steht daher einer Qualifizierung als Grundsatz nicht entgegen. Das gilt **auch angesichts der** derzeitigen jüngsten **inflationären Entwicklung vor allem durch steigende Energiepreise**. Sie werden höchstens staatlich durch einen **Energiepreisdeckel** begrenzt und nicht durch individuelle Ansprüche gegen den Staat oder gar Unternehmen. Das **EU-Klimapaket „Fit for 55"** sieht eigens eine **Unterstützung wirtschaftlich schwacher Haushalte** für preissteigende Maßnahmen im Interesse des Klimaschutzes durch Union und Mitgliedstaaten vor,[1149] ohne konkrete Ansprüche festzuschreiben.

5. Folgerungen

4601 Art. 33 Abs. 1 EGRC enthält kein subjektives Recht, sondern stellt lediglich den **Grundsatz** auf, dass der rechtliche, wirtschaftliche und soziale Schutz der Familie gewährleistet werden.[1150]

II. Abgrenzung

4602 Der Begriff der Familie wird neben der Nennung in Art. 33 Abs. 1 EGRC auch in **Art. 7 EGRC**, **Art. 9 EGRC** und **Art. 33 Abs. 2 EGRC** verwendet. Da die drei genannten Normen allesamt subjektive Rechte gewähren,[1151] **gehen** sie jeweils dem allgemeinen Grundsatz des Art. 33 Abs. 1 EGRC **vor**.[1152] Die z. T. schwierige

---

[1147] *Böhringer*, in: Heselhaus/Nowak, § 44 Rn. 2.

[1148] S.u. Rn. 4606. Feste und damit einklagbare Standards erwachsen höchstens aus der Menschenwürde, s.u. Rn. 4607.

[1149] Mitteilung der Kommission an das Europäische Parlament, den Rat, den Europäischen Wirtschafts- und Sozialausschuss und den Ausschuss der Regionen Empty: „Fit für 55": auf dem Weg zur Klimaneutralität – Umsetzung des EU-Klimaziels für 2030, COM (2021) 550 final, S. 6.; dazu *Frenz*, in: ders. (Hrsg.), Gesamtkommentar Klimaschutzrecht, 2. Aufl. 2022, Einf. A Rn. 88 ff.

[1150] *Jarass/Kment*, § 31 Rn. 2; a.A. *Kingreen*, in: Calliess/Ruffert, Art. 33 GRCh Rn. 2; *Böhringer*, in: Heselhaus/Nowak, § 44 Rn. 14.

[1151] S. zu Art. 7 EGRC o. Rn. 1376 ff., zu Art. 9 EGRC o. Rn. 1815 ff. und zu Art. 33 Abs. 2 EGRC o. Rn. 4544 ff.

[1152] *Jarass/Kment*, § 31 Rn. 3.

§ 4 Schutz der Familie   557

inhaltliche Abgrenzung zu Art. 33 Abs. 1 EGRC[1153] muss daher nicht vorgenommen werden. Vielmehr kann der Familienbegriff gleichermaßen definiert werden.

C. *Gewährleistungsbereich*

Gem. Art. 33 Abs. 1 EGRC wird der rechtliche, wirtschaftliche und soziale Schutz der Familie gewährleistet.   4603

I. Familie

Der **Familienbegriff** ist wie bei Art. 7 EGRC und Art. 9 EGRC **weit** auszulegen. Es kommt daher nicht darauf an, ob die Eltern vor der Familiengründung eine Ehe eingegangen sind oder ob überhaupt beide Elternteile eine Beziehung zum Kind unterhalten. Es sind vielmehr sämtliche gelebte Beziehungen zwischen Kindern und einem Elternteil erfasst. Daher fallen auch **nicht eheliche Lebensgemeinschaften**, sonstige unverheiratete Paare, **gleichgeschlechtliche Beziehungen** und alleinstehende Personen unter den Familienbegriff. Entscheidend ist lediglich, dass Kinder vorhanden sind und der feste Wille besteht, als Familie gemeinsam zu leben und dazu tatsächliche Verbindungen zu unterhalten. Auch durch Adoption begründete Familien und sogar enge verwandtschaftliche Beziehungen beispielsweise zwischen Großeltern und Enkeln können daher dem Familienbegriff des Art. 33 Abs. 1 EGRC unterfallen, sofern die Verbindung als Familie gelebt wird.[1154]   4604

II. Rechtlicher, wirtschaftlicher und sozialer Schutz

Auch wenn bei Art. 33 Abs. 1 EGRC im Vergleich zu dem als Grundlage dienenden **Art. 16 ESC**[1155] auf die Aufzählung von möglichen Mitteln zur Durchsetzung des gewährleisteten Schutzes verzichtet wurde, können die dort **genannten Maßnahmen** als **Beispiele** angesehen werden. Zur Umsetzung des Grundsatzes des Art. 33 Abs. 1 EGRC kommen daher **Sozial- und Familienleistungen, steuerliche Maßnahmen**, die **Förderung** des Baus familiengerechter Wohnungen und **Hilfen** für junge Eheleute in Betracht.[1156]   4605

Mit dem Hinweis auf den **rechtlichen Schutz** wird die zentrale Rolle des **Normgebers** anerkannt.[1157] Dieser entscheidet, wie er den Familienschutz im Detail   4606

[1153] Vgl. den Versuch von *Kingreen*, in: Calliess/Ruffert, Art. 33 GRCh Rn. 3.
[1154] Ausführlich Teilband I Rn. 1449 ff.
[1155] S.o. Rn. 4582.
[1156] *Jarass/Kment*, § 31 Rn. 5.
[1157] *Böhringer*, in: Heselhaus/Nowak, § 44 Rn. 14.

ausgestaltet. Dabei wird ihm ein **weiter Gestaltungsspielraum** eröffnet. Er entscheidet beispielsweise darüber, auf welche Personen die zur Umsetzung des Art. 33 Abs. 1 EGRC erlassenen Regelungen anzuwenden sind.

4607 So kann der Normgeber festlegen, ob auch **Drittstaatsangehörige** und **Staatenlose** in den Genuss wirtschaftlicher und sozialer Familienleistungen kommen. Da Art. 33 Abs. 1 EGRC allerdings keine Beschränkung des persönlichen Schutzbereichs vornimmt und allgemein von Familien spricht, ist allen Familien ein **Mindestmaß an Schutz** und damit auch an Leistungen zu gewähren. Dies ergibt sich auch aus dem Zusammenspiel von Art. 33 Abs. 1 EGRC mit der Menschenwürde, da allen Familien ein menschenwürdiges Dasein gewährt werden muss.[1158]

D. Rechtsfolgen

4608 Da es sich bei Art. 33 Abs. 1 EGRC lediglich um einen Grundsatz und nicht um ein subjektives Recht handelt, ist eine **gerichtliche Geltendmachung** der Gewährleistung des rechtlichen, wirtschaftlichen und/oder sozialen Schutzes nur im Rahmen einer **Inzidentprüfung** möglich, wenn nämlich die Vereinbarkeit einer Rechtsvorschrift mit dem Grundsatz in Zweifel steht. Direkt auf Art. 33 Abs. 1 EGRC gestützte Klagen wie beispielsweise zur Einforderung von Unterstützungsleistungen und Schadensersatzklagen sind ausgeschlossen.[1159]

4609 Als Grundsatz verpflichtet Art. 33 Abs. 1 EGRC jedoch gem. Art. 51 Abs. 1 EGRC die Union und die Mitgliedstaaten bei der Durchführung des Rechts der Union. Sie haben sich dementsprechend an die Grundsätze zu halten und müssen deren Anwendung gemäß ihren jeweiligen Zuständigkeiten fördern.[1160]

4610 Zudem ist der in Art. 33 Abs. 1 EGRC enthaltene Grundsatz auch bei der **Auslegung** einschlägigen Sekundärrechts und nationalen Rechts (bei der Durchführung von Unionsrecht) zu berücksichtigen.[1161]

4611 Dabei ist jedoch immer der weite Konkretisierungsspielraum zu beachten, der dem europäischen und den nationalen Normgebern aufgrund der Ausgestaltung als Grundsatz eingeräumt wird.[1162]

[1158] Vgl. *Böhringer*, in: Heselhaus/Nowak, § 44 Rn. 18.
[1159] *Jarass/Kment*, § 31 Rn. 2, 9.
[1160] S. Art. 51 Abs. 1 S. 2 EGRC.
[1161] *Jarass/Kment*, § 31 Rn. 2; *Rengeling/Szczekalla*, Rn. 995.
[1162] *Jarass/Kment*, § 31 Rn. 7.

E. Prüfungsschema zu Art. 33 Abs. 1 EGRC

1. Gewährleistungsbereich 4612
kein subjektives Recht, sondern Grundsatz

a) Familie: sämtliche gelebte Beziehungen zwischen Kindern und einem Erwachsenenteil; auch in nicht ehelichen Lebensgemeinschaften, sonstigen unverheirateten Paaren, gleichgeschlechtlichen Beziehungen und mit allein stehenden Personen; sogar enge verwandtschaftliche Beziehungen z. B. zwischen Großeltern und Enkeln
b) Gewährung rechtlichen, wirtschaftlichen und sozialen Schutzes durch z. B. Sozial- und Familienleistungen, steuerliche Maßnahmen, die Förderung des Baus familiengerechter Wohnungen und Hilfen für junge Eheleute

2. Rechtsfolgen
a) Wahrung und Förderung der Grundsätze des Art. 33 Abs. 1 EGRC durch Union und Mitgliedstaaten gemäß ihren jeweiligen Zuständigkeiten
b) Berücksichtigung bei der Auslegung einschlägigen Sekundärrechts und nationalen Rechts (bei der Durchführung von Unionsrecht)
c) gerichtliche Geltendmachung der Gewährleistung des rechtlichen, wirtschaftlichen und/oder sozialen Schutzes nur im Rahmen einer Inzidentprüfung möglich, wenn die Vereinbarkeit einer Rechtsvorschrift mit dem Grundsatz in Zweifel steht
d) keine direkt auf Art. 33 Abs. 1 EGRC gestützte Klagen z. B. auf Leistungen oder Schadensersatz

§ 5 Sozialer Schutz

A. Zweiteilung

Art. 34 EGRC befasst sich in **Abs. 1** mit den **Leistungen der sozialen Sicherheit** 4613 (sogleich B.) und in **Abs. 3** mit der **sozialen Unterstützung** (unter D. behandelt). Diese Zweiteilung kann mit der in Deutschland geläufigen Unterscheidung zwischen beitragsgestützter, einen Versicherungsfall voraussetzender Sozialversicherung und steuerfinanzierter, am individuellen Bedarf orientierter Sozialhilfe gleichgesetzt werden.[1163] Sie wird bereits durch die Überschrift des Art. 34 EGRC „Soziale Sicherheit und soziale Unterstützung" deutlich. **Nr. 10 GCSGA**,[1164] der als Grund-

---

[1163] *Funk*, in: Duschanek/Griller (Hrsg.), Grundrechte für Europa, 2002, S. 39 (49); *Streinz*, in: ders., Art. 34 GR-Charta Rn. 4.
[1164] S.u. Rn. 4623 f.

lage für Art. 34 EGRC dient, folgt ebenfalls der **Zweiteilung**.[1165] Gleiches gilt für die **ESC**,[1166] die zwischen sozialer Sicherheit (Art. 12 ESC) und sozialer Fürsorge (Art. 13 ESC) unterscheidet.[1167] Ursprünglich sollten auch in der EGRC die Rechte auf soziale Sicherheit und soziale Unterstützung getrennt normiert werden.[1168]

4614 Die Zweiteilung lässt sich unter anderem damit erklären, dass bei Wahrnehmung des Freizügigkeitsrechts innerhalb der Union und einem damit verbundenen Arbeitsplatzwechsel in einen anderen Mitgliedstaat die **sozialversicherungsrechtlichen Ansprüche** nicht gänzlich verloren gehen sollen. Die **Sozialhilfe ist hingegen nicht beitragsfinanziert**, weshalb auf sie das Argument der Arbeitnehmerfreizügigkeit nicht zutrifft.[1169] Die im Zusammenhang mit der Arbeitnehmerfreizügigkeit erworbenen Ansprüche werden daher anders behandelt als die beitragsunabhängigen Leistungen.[1170]

4615 Soziale Sicherheit und soziale Unterstützung lassen sich mit dem in Art. 3 Abs. 3 EUV und Art. 151 AEUV verwandten Begriff des **sozialen Schutzes** zusammenfassen.[1171] Er dient deshalb vorliegend als **Oberbegriff**.

4616 **Art. 34 Abs. 2 EGRC** weist zwar bereits durch seinen Wortlaut einen engen Bezug zur sozialen Sicherheit auf. Er beinhaltet jedoch – anders als Abs. 1 und Abs. 3 – ein **Gleichbehandlungsgebot**, weshalb er getrennt behandelt wird (im Folgenden unter C.).

B. Soziale Sicherheit

I. Grundlagen

4617 Gem. **Art. 34 Abs. 1 EGRC** anerkennt und achtet die Union das Recht auf Zugang zu den Leistungen der sozialen Sicherheit und zu den sozialen Diensten, die in Fällen wie Mutterschaft, Krankheit, Arbeitsunfall, Pflegebedürftigkeit oder im Alter sowie bei Verlust des Arbeitsplatzes Schutz gewährleisten, nach Maßgabe des Unionsrechts und der einzelstaatlichen Rechtsvorschriften und Gepflogenheiten. Nach den

---

[1165] *Rohleder*, in: Meyer/Hölscheidt, Art. 34 Rn. 5; *Marauhn/Böhringer*, in: Heselhaus/Nowak, § 26 Rn. 15.
[1166] S.u. Rn. 4618 ff.
[1167] *Kingreen*, in: Calliess/Ruffert, Art. 34 GRCh Rn. 2; *Rohleder*, in: Meyer/Hölscheidt, Art. 34 Rn. 3, 14.
[1168] *Nußberger/Lang*, in: Stern/Sachs, Art. 34 Rn. 21; *Rohleder*, in: Meyer/Hölscheidt, Art. 34 Rn. 38.
[1169] *Rohleder*, in: Meyer/Hölscheidt, Art. 34 Rn. 2, 7.
[1170] *Marauhn/Böhringer*, in: Heselhaus/Nowak, § 26 Rn. 15.
[1171] *Rohleder*, in: Meyer/Hölscheidt, Art. 34 Rn. 2; *Nußberger/Lang*, in: Stern/Sachs, Art. 34 Rn. 80; *Marauhn/Böhringer*, in: Heselhaus/Nowak, § 26 Rn. 15.

§ 5 Sozialer Schutz

Erläuterungen zur EGRC[1172] stützt sich dieser Grundsatz auf Art. 12 ESC[1173] und auf Nr. 10 GCSGA.[1174]

1. ESC

Art. 12 ESC[1175] behandelt das Recht auf soziale Sicherheit. Die Vertragsparteien verpflichten sich darin, um die wirksame Ausübung des Rechtes auf soziale Sicherheit zu gewährleisten,

1. ein System der sozialen Sicherheit einzuführen oder beizubehalten;
2. das System der sozialen Sicherheit auf einem befriedigenden Stand zu halten, der zumindest dem entspricht, der für die Ratifikation des Übereinkommens (Nr. 102) der Internationalen Arbeitsorganisation über die Mindestnormen der sozialen Sicherheit[1176] erforderlich ist;
3. sich zu bemühen, das System der sozialen Sicherheit fortschreitend auf einen höheren Stand zu bringen;
4. durch den Abschluss geeigneter zwei- und mehrseitiger Übereinkünfte oder durch andere Mittel und nach Maßgabe der in diesen Übereinkünften niedergelegten Bedingungen Maßnahmen zu ergreifen, die Folgendes gewährleisten:

   a) die Gleichbehandlung der Staatsangehörigen hinsichtlich der Ansprüche aus der sozialen Sicherheit einschließlich der Wahrung der nach den Rechtsvorschriften der sozialen Sicherheit erwachsenen Leistungsansprüche, gleichviel wo die geschützten Personen innerhalb der Hoheitsgebiete der Vertragsparteien ihren Aufenthalt nehmen;

   b) die Gewährung, die Erhaltung und das Wiederaufleben von Ansprüchen aus der sozialen Sicherheit, beispielsweise durch die Zusammenrechnung von Versicherungs- und Beschäftigungszeiten, die nach den Rechtsvorschriften jeder der Vertragsparteien zurückgelegt wurden.

4618

Ebenso wie Art. 34 Abs. 1 EGRC definiert Art. 12 ESC den Begriff der sozialen Sicherheit nicht.[1177] Art. 12 ESC verweist jedoch auf das **Übereinkommen (Nr. 102) der Internationalen Arbeitsorganisation über die Mindestnormen der sozialen**

4619

[1172] Erläuterungen zur Charta der Grundrechte, ABl. 2007 C 303, S. 17 (27).
[1173] Europäische Sozialcharta vom 18.10.1961, Europarat SEV-Nr. 035, s. Rn. 4046 ff.
[1174] Gemeinschaftscharta der sozialen Grundrechte der Arbeitnehmer, KOM (1989) 248 endg., s. Rn. 4051.
[1175] Europäische Sozialcharta vom 18.10.1961, Europarat SEV-Nr. 035, s. Rn. 4046 ff.
[1176] Von der Internationalen Arbeitsorganisation (IAO, englisch ILO), einer Sonderorganisation der Vereinten Nationen, 1952 verabschiedetes Übereinkommen.
[1177] *Birk*, in: FS für Baron von Maydell, 2002, S. 27 (32).

Sicherheit.[1178] Dieses enthält Bestimmungen zu den folgenden Bereichen: ärztliche Betreuung, Krankengeld, Leistungen bei Arbeitslosigkeit, Leistungen bei Alter, Leistungen bei Arbeitsunfällen, Familienleistungen, Leistungen bei Mutterschaft, Leistungen bei Invalidität, Leistungen an Hinterbliebene. Daraus lässt sich bereits erschließen, welche Leistungen als solche der sozialen Sicherheit anzusehen sind.[1179] Gleiches gilt für Art. 34 Abs. 1 EGRC, der beispielhaft die Fälle Mutterschaft, Krankheit, Arbeitsunfall, Pflegebedürftigkeit, Alter und Verlust des Arbeitsplatzes nennt.

4620   In Art. 12 Nr. 1 ESC verpflichten sich die Vertragsparteien zur originären Schaffung eines Systems der sozialen Sicherheit, soweit es nicht bereits besteht. Darin unterscheidet sich Art. 12 ESC von **Art. 34 Abs. 1 EGRC**, der **keine Neueinrichtung** verlangt.[1180] Vielmehr folgt Art. 34 Abs. 1 EGRC dem Grundgedanken des europäischen Rechts im Bereich der sozialen Sicherheit, nämlich der **Koordinierung der nationalen Sozialversicherungssysteme** und **nicht** deren **Harmonisierung**. Dagegen will **Art. 12 Abs. 1-3 ESC** vor allem inhaltliche **Mindeststandards** garantieren.[1181] Anders als Art. 34 EGRC enthält Art. 12 ESC zudem ein **Rückschrittsverbot**.[1182]

4621   Art. 12 Nr. 4 ESC behandelt mit dem Erfordernis der Gleichbehandlung einen Bereich, der nicht durch Art. 34 Abs. 1 EGRC, sondern durch Art. 34 Abs. 2 EGRC erfasst wird. Deshalb verweisen die Erläuterungen zur EGRC[1183] auch bei Art. 34 Abs. 2 EGRC auf Art. 12 Nr. 4.[1184] Insofern verwundert der Verweis bei Art. 34 Abs. 1 EGRC.

4622   Art. 12 ESC gehört zu den sieben Bestimmungen der ESC, von denen eine Vertragspartei mindestens fünf ratifizieren muss. Die Bundesrepublik hat Art. 12 ESC uneingeschränkt ratifiziert, einige Staaten akzeptieren die Norm nicht in vollem Umfang. Es gibt aber keinen Vertragsstaat, der Art. 12 ESC ganz abgewählt hat.[1185]

[1178] Mit dem Verweis auf das Übereinkommen (Nr. 102) der Internationalen Arbeitsorganisation über die Mindestnormen der Sozialen Sicherheit werden die Vertragsparteien der ESC auf die Mindeststandards der IAO verpflichtet, obwohl sie eventuell deren unmittelbare Verbindlichkeit gerade nicht für sich begründet haben. *Birk*, in: FS für Baron von Maydell, 2002, S. 27 (30).

[1179] *Marauhn/Böhringer*, in: Heselhaus/Nowak, § 26 Rn. 9.

[1180] S.u. Rn. 4667.

[1181] *Birk*, in: FS für Baron von Maydell, 2002, S. 27 (28).

[1182] *Birk*, in: FS für Baron von Maydell, 2002, S. 27 (32).

[1183] Erläuterungen zur Charta der Grundrechte, ABl. 2007 C 303, S. 17 (27).

[1184] S.u. Rn. 4684 ff.

[1185] *Birk*, in: FS für Baron von Maydell, 2002, S. 27 (28).

2. GCSGA

Nr. 10 GCSGA[1186] behandelt ebenfalls den sozialen Schutz. Danach hat entsprechend den Gegebenheiten der einzelnen Länder jeder Arbeitnehmer der Europäischen Gemeinschaft Anspruch auf einen angemessenen sozialen Schutz und muss unabhängig von seiner Stellung und von der Größe des Unternehmens, in dem er arbeitet, Leistungen der sozialen Sicherheit in ausreichender Höhe erhalten (1. Spiegelstrich). Zudem müssen alle, die vom Arbeitsmarkt ausgeschlossen sind, weil sie keinen Zugang dazu fanden oder sich nicht wieder eingliedern konnten, und die nicht über Mittel für den Unterhalt verfügen, ausreichende Leistungen empfangen und Zuwendungen beziehen können, die ihrer persönlichen Lage angemessen sind (2. Spiegelstrich).

4623

Nr. 10 GCSGA enthält damit **allgemein gehaltene Zielbestimmungen**[1187] zur Gewährung sozialen Schutzes. Während sich der 1. Spiegelstrich mit der sozialen Sicherheit befasst, behandelt der 2. Spiegelstrich die soziale Unterstützung. In Art. 34 EGRC ist Ersteres in Abs. 1, Letzteres in Abs. 3 geregelt. Daher wäre bei Art. 34 Abs. 1 EGRC ein Hinweis lediglich auf den 1. Spiegelstrich präziser gewesen. Entsprechend verweisen die Erläuterungen zur EGRC[1188] bei Art. 34 Abs. 3 EGRC ebenfalls auf Nr. 10 GCSGA.

4624

3. Europäischer Besitzstand

a) Art. 3 Abs. 3 EUV und Art. 151 AEUV

Gem. Art. 3 Abs. 3 EUV ist es unter anderem Aufgabe der Union, ein hohes Maß an sozialem Schutz zu fördern. Art. 151 AEUV nennt als Ziel ebenfalls „einen angemessenen sozialen Schutz". Die Vorschrift des Art. 34 EGRC greift dieses Ziel auf.[1189]

4625

b) Art. 153 und 156 AEUV

Nach den Erläuterungen zur EGRC[1190] stützt sich der in Art. 34 Abs. 1 EGRC aufgeführte Grundsatz auf Art. 153 und 156 AEUV.

4626

Gem. Art. 153 Abs. 1 AEUV unterstützt und ergänzt die Union die Tätigkeit der Mitgliedstaaten unter anderem auf den Gebieten der sozialen Sicherheit und dem sozialen Schutz der Arbeitnehmer (lit. c)), der beruflichen Eingliederung der aus dem Arbeitsmarkt ausgegrenzten Personen (lit. h)), der Bekämpfung der sozialen

4627

[1186] Gemeinschaftscharta der sozialen Grundrechte der Arbeitnehmer, KOM (1989) 248 endg., s. Rn. 4651.
[1187] *Funk*, in: Duschanek/Griller (Hrsg.), Grundrechte für Europa, 2002, S. 39 (50).
[1188] Erläuterungen zur Charta der Grundrechte, ABl. 2007 C 303, S. 17 (27).
[1189] *Jarass/Kment*, § 32 Rn. 2.
[1190] Erläuterungen zur Charta der Grundrechte, ABl. 2007 C 303, S. 17 (27).

Ausgrenzung (lit. j)) und der Modernisierung der Systeme des sozialen Schutzes (lit. k)). In diesen Bereichen sieht Art. 153 Abs. 2 AEUV den Erlass von Richtlinien mit Mindestvorschriften vor. Art. 153 AEUV ist damit die zentrale Kompetenzvorschrift für europäische sozialpolitische Maßnahmen.[1191] Art. 153 Abs. 4 AEUV macht allerdings deutlich, dass **grundsätzlich** die **Mitgliedstaaten über** ihre **Systeme der sozialen Sicherheit entscheiden**.

4628   Art. 156 AEUV ergänzt die Vorschrift des Art. 153 AEUV und gibt der Kommission eine Grundlage zur Förderung der Zusammenarbeit der Mitgliedstaaten.[1192] Eine eigenständige Entscheidungsbefugnis wird damit aber nicht eröffnet. Die **Sozialpolitik** soll vielmehr im **Schwerpunkt** bei den **Mitgliedstaaten** verbleiben.[1193]

c) Art. 48 AEUV

4629   In Art. 48 AEUV werden das Europäische Parlament und der Rat aufgefordert, die „auf dem Gebiet der sozialen Sicherheit für die Herstellung der Freizügigkeit der Arbeitnehmer notwendigen Maßnahmen" zu beschließen. Die Vorschrift soll folglich die Freizügigkeit im Bereich der sozialen Sicherheit sicherstellen.[1194]

4630   Als eine der vier europäischen Grundfreiheiten gesteht die in den Art. 45-48 AEUV normierte Freizügigkeit den Arbeitnehmern der Mitgliedstaaten vor allem das Recht zu, sich in einem anderen Mitgliedstaat um eine Arbeitsstelle zu bewerben und dort eine Beschäftigung auszuüben. Dieses Recht auf Freizügigkeit würde somit kontakariert, wenn im Zuge der Inanspruchnahme der primärrechtlich verbrieften Arbeitnehmerfreizügigkeit sozialrechtliche Nachteile entstünden.[1195] Daher sollen Arbeitnehmerinnen und Arbeitnehmer aus anderen Mitgliedstaaten sowie ihre Familienangehörigen ihre **Ansprüche auf soziale Leistungen durch Zusammenrechnung aller Versicherungszeiten behalten**, wenn sie von ihrem Recht auf Arbeitnehmerfreizügigkeit Gebrauch machen.[1196]

4631   Damit soll gewährleistet werden, dass die Arbeitnehmerinnen und Arbeitnehmer sowie ihre Familienangehörigen durch die Grenzüberschreitung nicht in eine ungünstigere Lage geraten, als wenn sie nur in einem Mitgliedstaat beschäftigt

---

[1191] S. *Marauhn*, in: Matscher (Hrsg.), Erweitertes Grundrechtsverständnis, 2003, S. 247 (248).

[1192] *Marauhn*, in: Matscher (Hrsg.), Erweitertes Grundrechtsverständnis, 2003, S. 247 (248).

[1193] *Rohleder*, in: Meyer/Hölscheidt, Art. 34 Rn. 2.

[1194] *Steinmeyer*, in: Hanau/Steinmeyer/Wank, Handbuch des europäischen Arbeits- und Sozialrechts, 2002, § 21 Rn. 2.

[1195] *Frenz*, Europarecht 1, Rn. 1752; *Kingreen*, in: Calliess/Ruffert, Art. 34 GRCh Rn. 3; *Steinmeyer*, in: Hanau/Steinmeyer/Wank, Handbuch des europäischen Arbeits- und Sozialrechts, 2002, § 21 Rn. 2; *Martínez Soria*, JZ 2002, 643 (644).

[1196] EuGH, Rs. C-100/63, ECLI:EU:C:1964:65 (1232) – van der Veen; Rs. C-4/66, ECLI:EU:C:1966:43 (645) – Hagenbeek; Rs. C-24/75, ECLI:EU:C:1975:129 (Rn. 11, 13) – Petroni; vgl. *Eichenhofer*, in: Streinz, Art. 48 AEUV Rn. 2.

sind.¹¹⁹⁷ Art. 48 AEUV enthält daher einen Rechtsetzungsauftrag an den Rat. Dieser ist aufgrund der Entstehungsgeschichte und der systematischen Stellung des Art. 48 AEUV dadurch begrenzt, dass es sich lediglich um einen Koordinierungsauftrag handelt.¹¹⁹⁸ Dem ist der europäische Gesetzgeber durch die VO (EWG) Nr. 1408/71¹¹⁹⁹ (weitgehend ersetzt duch: VO (EG) Nr. 883/2004¹²⁰⁰) und deren DurchführungsVO (EWG) Nr. 574/72¹²⁰¹ (nunmehr VO (EG) Nr. 987/2009¹²⁰²) nachgekommen.¹²⁰³

d) WanderarbeitnehmerVO (EWG) Nr. 1408/71 und VO (EG) Nr. 987/2009

Gegen ein einheitliches europäisches System der sozialen Sicherheit ist eingewandt worden, dass die Systeme der sozialen Sicherheit das Ergebnis lange zurückreichender Traditionen sind und tief in den nationalen Kulturen und Gepflogenheiten verwurzelt sind.¹²⁰⁴ Daher ist bislang kein einheitliches europäisches System der sozialen Sicherheit intendiert.¹²⁰⁵ Art. 153 Abs. 4 1. Spiegelstrich AEUV stellt vielmehr klar, dass die Befugnis bei den Mitgliedstaaten verbleibt, die Grundprinzipien ihres Systems der sozialen Sicherheit festzulegen.¹²⁰⁶

4632

Diesen Grundgedanken ist zunächst in den Verordnungen VO (EWG) Nr. 1408/71¹²⁰⁷ (weitgehend ersetzt duch: VO (EG) Nr. 883/2004¹²⁰⁸) und VO (EWG)

4633

---

¹¹⁹⁷ *Steinmeyer*, in: Hanau/Steinmeyer/Wank, Handbuch des europäischen Arbeits- und Sozialrechts, 2002, § 21 Rn. 3.

¹¹⁹⁸ *Fuchs*, ZIAS 2003, 379 (384).

¹¹⁹⁹ Des Rates vom 14.6.1971 zur Anwendung der Systeme der sozialen Sicherheit auf Arbeitnehmer und deren Familien, die innerhalb der Gemeinschaft zu- und abwandern (WanderarbeitnehmerVO), ABl. 1971 L 149, S. 2, zuletzt geändert durch VO (EG) Nr. 592/2008, ABl. 2008 L 177, S. 1.

¹²⁰⁰ VO (EG) Nr. 883/2004 des Europäischen Parlaments und des Rates vom 29.4.2004 zur Koordinierung der Systeme der sozialen Sicherheit, ABl. 2004 L 166, S. 1, zuletzt geändert durch VO (EU) 2019/1149, ABl. 2019 L 186, S. 21.

¹²⁰¹ Des Rates vom 21.3.1972 über die Durchführung der VO (EWG) Nr. 1408/71 zur Anwendung der Systeme der sozialen Sicherheit auf Arbeitnehmer und deren Familien, die innerhalb der Gemeinschaft zu- und abwandern, ABl. 1972 L 74, S. 1, zuletzt geändert durch VO (EG) Nr. 101/2008, ABl. 2008 L 31, S. 15, aufgehoben durch VO (EG) Nr. 987/2009.

¹²⁰² VO (EG) Nr. 987/2009 des Europäischen Parlaments und des Rates vom 16.9.2009 zur Festlegung der Modalitäten für die Durchführung der VO (EG) Nr. 883/2004 über die Koordinierung der Systeme der sozialen Sicherheit, ABl. 2009 L 284, S. 1, zuletzt geändert durch VO (EU) 2017/492, ABl. 2017 L 76, S. 13.

¹²⁰³ *Frenz*, Europarecht 1, Rn. 1754 ff.

¹²⁰⁴ *Sigemann*, RdA 2003, 18 (22).

¹²⁰⁵ *Fuchs*, NZS 2002, 337 (341).

¹²⁰⁶ *Marauhn/Böhringer*, in: Heselhaus/Nowak, § 26 Rn. 21.

¹²⁰⁷ ABl. 1971 L 149, S. 2.

¹²⁰⁸ ABl. 2004 L 166, S. 1.

Nr. 574/72[1209] (nunmehr VO (EG) Nr. 987/2009[1210]) Rechnung getragen worden. Die Verordnungen harmonisieren nicht die Sozialversicherungssysteme der Mitgliedstaaten, sondern **koordinieren die nationalen Systeme**.[1211] Es ist deshalb kein eigenständiges europäisches Sozialversicherungssystem errichtet worden, aus dem Rechte aller Bürger der Union entstehen könnten.[1212]

In diesem Zusammenhang sind auch die VO (EG) Nr. 647/2005[1213] sowie die VO (EU) Nr. 492/2011[1214] zu nennen.[1215]

4634 Vielmehr können die Mitgliedstaaten im Rahmen der Koordinierung weiterhin selbst über die Einzelheiten ihrer Sozialversicherungssysteme entscheiden. Sie haben lediglich **bestimmte gemeinsame Vorschriften und Grundsätze** zu beachten, die gewährleisten sollen, dass die Personen, die ihr Recht auf Freizügigkeit ausüben, durch die Anwendung der verschiedenen mitgliedstaatlichen Systeme nicht benachteiligt werden. Dagegen ist die zentrale Frage über das Niveau der sozialversicherungsrechtlichen Leistungen in den einzelnen Mitgliedstaaten durch das Unionsrecht nicht harmonisiert worden.[1216]

4635 Die so genannte **WanderarbeitnehmerVO** (EWG) Nr. 1408/71, welche inzwischen weitgehend duch die VO (EG) Nr. 883/2004[1217] ersetzt wurde, diente ursprünglich nur der Ausformung der in Art. 45 AEUV garantierten Arbeitnehmerfreizügigkeit.[1218] Daher war ihr persönlicher Anwendungsbereich ursprünglich auf Arbeitnehmer, soweit sie Staatsangehörige eines Mitgliedstaates, Staatenlose oder

---

[1209] ABl. 1972 L 74, S. 1.

[1210] ABl. 2009 L 284, S. 1.

[1211] Dazu *Marauhn/Böhringer*, in: Heselhaus/Nowak, § 26 Rn. 20; *Fuchs*, NZS 2002, 337 (341); *Steinmeyer*, in: Hanau/Steinmeyer/Wank, Handbuch des europäischen Arbeits- und Sozialrechts, 2002, § 21 Rn. 10; *Zuleeg*, EuGRZ 1992, 329 (332).

[1212] *Zuleeg*, EuGRZ 1992, 329 (332).

[1213] VO (EG) Nr. 647/2005 des Europäischen Parlaments und des Rates vom 13.4.2005 zur Änderung der VO (EWG) Nr. 1408/71 des Rates zur Anwendung der Systeme der sozialen Sicherheit auf Arbeitnehmer und Selbstständige sowie deren Familienangehörige, die innerhalb der Gemeinschaft zu- und abwandern, und der Verordnung (EWG) Nr. 574/72 des Rates über die Durchführung der Verordnung (EWG) Nr. 1408/71, ABl. 2005 L 117, S. 1.

[1214] VO (EU) Nr. 492/2011 des Europäischen Parlaments und des Rates vom 5.4.2011 über die Freizügigkeit der Arbeitnehmer innerhalb der Union, ABl. 2011 L 141, S. 1, zuletzt geändert durch VO (EU) 2019/1149 des Europäischen Parlaments und des Rates vom 20.6.2019 zur Errichtung einer Europäischen Arbeitsbehörde und zur Änderung der VO (EG) Nr. 883/2004, (EU) Nr. 492/2011 und (EU) 2016/589 sowie zur Aufhebung des Beschlusses (EU) 2016/344, ABl. 2019 L 186, S. 21.

[1215] *Marauhn/Böhringer*, in: Heselhaus/Nowak, § 26 Rn. 15.

[1216] *Sigemann*, RdA 2003, 18 (22).

[1217] ABl. 2004 L 166, S. 1.

[1218] *Nußberger/Lang*, in: Stern/Sachs, Art. 34 Rn. 97. Mit dem Verweis auf die nunmehr zusätzlich geltende VO (EU) Nr. 1231/2010 des Europäischen Parlaments und des Rates vom 24.11.2010 zur Ausdehnung der VO (EG) Nr. 883/2004 und der VO (EG) Nr. 987/2009 auf Drittstaatsangehörige, die ausschließlich aufgrund ihrer Staatsangehörigkeit nicht bereits unter diese VO fallen, ABl. 2010 L 344, S. 1.

§ 5 Sozialer Schutz

Flüchtlinge sind, sowie auf ihre Familienangehörigen und Hinterbliebenen beschränkt (Art. 2 Abs. 1 der Verordnung). Mit der VO (EWG) Nr. 1390/81[1219] wurde ihr Anwendungsbereich auch **auf Selbstständige** und mit der VO (EG) Nr. 307/1999[1220] zudem auf **Studierende ausgedehnt**.[1221] Unter Hinweis auf Art. 34 Abs. 2 EGRC wurde der Anwendungsbereich schließlich in der VO (EG) Nr. 859/2003[1222] sowie der VO (EU) Nr. 1231/2010[1223] auch auf **Drittstaatsangehörige** erweitert.[1224]

Zur Durchführung der WanderarbeitnehmerVO (EWG) Nr. 1408/71 wurde die VO (EWG) Nr. 574/72[1225] erlassen, die durch die VO (EG) Nr. 987/2009[1226] abgelöst wurde. Während die VO (EWG) Nr. 1408/71 überwiegend materiell-rechtliche Regelungen enthielt, regelte die VO (EWG) Nr. 574/72 verfahrensrechtlich die Koordinierung der mitgliedstaatlichen Systeme.[1227] Beide Verordnungen sind mehrfach geändert und schließlich abgelöst worden, um der Entwicklung der einzelstaatlichen Rechtsvorschriften sowie der fortschreitenden Entwicklung der Rechtsprechung des EuGH Rechnung zu tragen.[1228]

4636

[1219] VO (EWG) Nr. 1390/81 des Rates vom 12.5.1981 zur Ausdehnung der VO (EWG) Nr. 1408/71 zur Anwendung der Systeme der sozialen Sicherheit auf Arbeitnehmer und deren Familien, die innerhalb der Gemeinschaft zu- und abwandern, auf die Selbstständigen und ihre Familienangehörigen, ABl. 1981 L 143, S. 1.

[1220] VO (EG) Nr. 307/1999 des Rates vom 8.2.1999 zur Änderung der VO (EWG) Nr. 1408/71 zur Anwendung der Systeme der sozialen Sicherheit auf Arbeitnehmer, Selbstständige und deren Familienangehörige, die innerhalb der Gemeinschaft zu- und abwandern, und der VO (EWG) Nr. 574/72 über das Verfahren zur Durchführung der VO (EWG) Nr. 1408/71 mit dem Ziel der Ausdehnung ihrer Anwendungsbereiche auf Studierende, ABl. 1999 L 38, S. 1.

[1221] Ausführlich *Frenz*, Europarecht 1, Rn. 1757 ff.

[1222] VO (EG) Nr. 859/2003 des Rates vom 14.5.2003 zur Ausdehnung der Bestimmungen der VO (EWG) Nr. 1408/71 und der VO (EWG) Nr. 574/72 auf Drittstaatsangehörige, die ausschließlich aufgrund ihrer Staatsangehörigkeit nicht bereits unter diese Bestimmungen fallen, ABl. 2003 L 124, S. 1.

[1223] VO (EU) Nr. 1231/2010 des Europäischen Parlaments und des Rates vom 24.11.2010 zur Ausdehnung der VO (EG) Nr. 883/2004 und der VO (EG) Nr. 987/2009 auf Drittstaatsangehörige, die ausschließlich aufgrund ihrer Staatsangehörigkeit nicht bereits unter diese Verordnungen fallen, ABl. 2010 L 344, S. 1.

[1224] S. den 5. Erwägungsgrund der VO (EG) Nr. 859/2003 sowie den 2. Erwägungsgrund der VO (EU) Nr. 1231/2010.

[1225] ABl. 1972 L 74, S. 1.

[1226] VO (EG) Nr. 987/2009 des Europäischen Parlaments und des Rates vom 16.9.2009 zur Festlegung der Modalitäten für die Durchführung der VO (EG) Nr. 883/2004 über die Koordinierung der Systeme der sozialen Sicherheit, ABl. 2009 L 284, S. 1.

[1227] *Steinmeyer*, in: Hanau/Steinmeyer/Wank, Handbuch des europäischen Arbeits- und Sozialrechts, 2002, § 21 Rn. 8.

[1228] Die VO (EWG) Nr. 1408/71 wurde ersetzt durch die VO (EG) Nr. 883/2004, ABl. 2004 L 166, S. 1, die DurchführungsVO (EWG) Nr. 574/72 durch die VO (EG) Nr. 987/2009, ABl. 2009 L 284, S. 1.

e) VO (EG) Nr. 883/2004

4637 2004 wurde vom Europäischen Parlament und dem Rat die VO (EG) Nr. 883/2004[1229] verabschiedet. Sie ist der gegenwärtig relevanteste Bezugspunkt für die Koordinierung der Systeme der sozialen Sicherheit der Mitgliedstaaten und hat in weiten Teilen[1230] die WanderarbeitnehmerVO (EWG) Nr. 1408/71[1231] ersetzt.

4638 Gegenüber der WanderarbeitnehmerVO (EWG) Nr. 1408/71[1232] enthält die VO (EG) Nr. 883/2004 folgende **Änderungen** von Interesse:

- Der **persönliche Geltungsbereich** ist **erweitert**: die Verordnung gilt für Staatsangehörige eines Mitgliedstaates, Staatenlose und Flüchtlinge mit Wohnort in einem Mitgliedstaat sowie für ihre Familienangehörigen und Hinterbliebenen.[1233]
- Der **sachliche Geltungsbereich** ist ebenfalls **erweitert**: als Zweige der sozialen Sicherheit, für welche die Verordnung gilt, werden genannt: Leistungen bei Krankheit, Leistungen bei Mutterschaft und gleichgestellte Leistungen bei Vaterschaft, Leistungen bei Invalidität, Leistungen bei Alter, Leistungen an Hinterbliebene, Leistungen bei Arbeitsunfällen und Berufskrankheiten, Sterbegeld, Leistungen bei Arbeitslosigkeit, Vorruhestandsleistungen, Familienleistungen.[1234]
- Art. 24 der Verordnung enthält einen **Gleichbehandlungsgrundsatz**: Danach haben Personen, für die diese Verordnung gilt, die gleichen Rechte und Pflichten aufgrund der Rechtsvorschriften eines Mitgliedstaates wie die Staatsangehörigen dieses Staates.

4639 Zugleich trat mit der VO (EG) Nr. 883/2004 die Durchführungsverordnung VO (EG) Nr. 987/2009[1235] in Kraft, welche die VO (EWG) Nr. 574/72[1236] rechtswirksam ersetzte.[1237]

4. EuGH-Rechtsprechung

4640 Der EuGH hat sich bereits vielfach mit den Systemen und Leistungen der sozialen Sicherheit befasst, insbesondere im Rahmen der Rechtsprechung zur Wanderarbeit-

---

[1229] VO (EG) Nr. 883/2004 des Europäischen Parlaments und des Rates vom 29.4.2004 zur Koordinierung der Systeme der sozialen Sicherheit, ABl. 2004 L 166, S. 1, zuletzt geändert durch VO (EG) Nr. 1224/2012, ABl. 2012 L 349, S. 45.
[1230] S. Art. 90 VO (EG) Nr. 883/2004.
[1231] ABl. 1971 L 149, S. 2, zuletzt geändert durch VO (EG) Nr. 592/2008, ABl. 2008 L 177, S. 1.
[1232] ABl. 1971 L 149, S. 2, zuletzt geändert durch VO (EG) Nr. 592/2008, ABl. 2008 L 177, S. 1.
[1233] Art. 2 Abs. 1 VO (EG) Nr. 883/2004. Näher *Frenz*, Europarecht 1, Rn. 1768 ff.
[1234] Art. 3 Abs. 1 VO (EG) Nr. 883/2004. Ausführlich dazu *Frenz*, Europarecht 1, Rn. 1758 ff.
[1235] ABl. 2009 L 284, S. 1.
[1236] ABl. 1972 L 74, S. 1, zuletzt geändert durch VO (EG) Nr. 120/2009, ABl. 2009 L 39, S. 29.
[1237] Art. 91 VO (EG) Nr. 883/2004.

§ 5 Sozialer Schutz

nehmerVO (EWG) Nr. 1408/71.[1238] Er kennt bislang jedoch **kein Grundrecht auf soziale Sicherheit.**[1239]

5. Verfassungen der Mitgliedstaaten

Die Verfassungen der Mitgliedstaaten enthalten sehr unterschiedliche Bezugnahmen auf das Recht auf soziale Sicherheit.[1240] Ausdrücklich wird von einem Recht auf soziale Sicherheit in der portugiesischen,[1241] in der belgischen,[1242] in der spanischen,[1243] in der luxemburgischen,[1244] in der niederländischen,[1245] in der slowenischen,[1246] in der polnischen,[1247] in der ungarischen,[1248] in der zyprischen und in der litauischen[1249] Verfassung gesprochen. In Lettland[1250] wird in genau bezeichneten Fällen ein Recht auf soziale Absicherung beziehungsweise auf staatliche Hilfe gewährt.[1251]

4641

II. Qualifizierung als Grundsatz

Die Erläuterungen zur EGRC[1252] sehen Art. 34 Abs. 1 EGRC als Grundsatz. Dies entspricht der Qualifizierung nach Wortlaut, Genese, Systematik und Zweck.

4642

1. Wortlaut

So spricht bereits der Wortlaut von Art. 34 Abs. 1 EGRC für einen Grundsatz, da darin nicht ein Recht auf Zugang zu den Leistungen der sozialen Sicherheit und zu

4643

[1238] ABl. 1971 L 149, S. 2, zuletzt geändert durch VO (EG) Nr. 592/2008, ABl. 2008 L 177, S. 1. S. die zitierte Rspr. bei *Frenz*, Europarecht 1, Rn. 1757 ff.
[1239] *Nußberger/Lang*, in: Stern/Sachs, Art. 34 Rn. 30.
[1240] *Streinz*, in: ders., Art. 34 GR-Charta Rn. 4; ausführlich *Rohleder*, in: Meyer/Hölscheidt, Art. 34 Rn. f.
[1241] Art. 63 der portugiesischen Verfassung.
[1242] Art. 23 Nr. 2 der belgischen Verfassung.
[1243] Art. 41 der spanischen Verfassung.
[1244] Art. 11 der luxemburgischen Verfassung.
[1245] Art. 20 der niederländischen Verfassung.
[1246] Art. 50 der slowenischen Verfassung.
[1247] Art. 67 der polnischen Verfassung.
[1248] Art. 19 der ungarischen Verfassung.
[1249] Art. 48 Abs. 1 der litauischen Verfassung.
[1250] Art. 109 der lettischen Verfassung.
[1251] Ausführlich *Rohleder*, in: Meyer/Hölscheidt, Art. 34 Rn. 5.
[1252] Erläuterungen zur Charta der Grundrechte, ABl. 2007 C 303, S. 17 (27).

den sozialen Diensten gewährleistet, sondern dieses **Recht lediglich anerkannt und geachtet** wird.[1253]

4644   Zudem lässt der Wortlaut des Art. 34 Abs. 1 EGRC **nicht erkennen, wer Begünstigter** der Norm sein soll. Im Gegensatz zu Absatz 2, der jedem Menschen, „der in der Union seinen rechtmäßigen Wohnsitz hat und seinen Aufenthalt rechtmäßig wechselt", einen Anspruch zubilligt, wird in Absatz 1 nicht auf einen abgrenzbaren Personenkreis abgestellt. Eine Norm kann jedoch nur dann ein subjektives Recht vermitteln, wenn sie die Begünstigten erkennen lässt.[1254]

2. Genese

4645   Die Erläuterungen zur EGRC[1255] sprechen bei Art. 34 Abs. 1 EGRC von einem „Grundsatz", der von der Union zu wahren ist, „wenn sie im Rahmen ihrer Zuständigkeit ... tätig wird".

4646   Bestätigt wird dies durch die Erläuterungen zu Art. 52 EGRC.[1256] Darin heißt es, dass „in einigen Fällen ein Charta-Artikel sowohl Elemente eines Rechts als auch eines Grundsatzes enthalten" kann. Als Beispiel wird Art. 34 EGRC genannt. Mit dem Hinweis auf das subjektive Recht dürfte Art. 34 Abs. 2 EGRC gemeint sein.[1257]

4647   Schließlich ist der heutige Wortlaut der Vorschrift das Ergebnis mehrfacher Änderungen im Grundrechtekonvent. Zunächst war das Recht auf soziale Sicherheit als Anspruch formuliert. Anspruchsberechtigt sollten die Arbeitnehmer und ihre Angehörigen sein.[1258] Die **Normierung als Anspruch** wurde jedoch **heftig kritisiert**,[1259] zumal die Mitgliedstaaten durch Art. 34 EGRC nicht zur Gewährung bestimmter Rechte gegenüber ihren Bürgern verpflichtet werden sollten.[1260] Daher ist die heutige Formulierung gewählt worden. Dies spricht dafür, dass Art. 34 Abs. 1 EGRC gerade keine Anspruchsqualität zukommen soll.

3. Systematik

4648   Art. 34 Abs. 1 EGRC ist von Wortlaut, Systematik und Inhalt eng mit Art. 34 Abs. 3 EGRC verbunden. Dieser ist nicht nur aufgrund der Systematik, sondern auch wegen

---

[1253] Dazu *Kingreen*, in: Calliess/Ruffert, Art. 34 GRCh Rn. 4; a.A. *Rengeling/Szczekalla*, Rn. 1025.
[1254] Vgl. *Jarass/Kment*, § 32 Rn. 2.
[1255] Erläuterungen zur Charta der Grundrechte, ABl. 2007 C 303, S. 17 (27).
[1256] Erläuterungen zur Charta der Grundrechte, ABl. 2007 C 303, S. 17 (35).
[1257] *Jarass/Kment*, § 32 Rn. 2; *Kingreen*, in: Calliess/Ruffert, Art. 34 GRCh Rn. 4.
[1258] *Nußberger/Lang*, in: Stern/Sachs, Art. 34 Rn. 13.
[1259] Vgl. die Kritik bei *Bernsdorff/Borowsky*, Die Charta der Grundrechte der Europäischen Union, 2002, S. 226.
[1260] *Nußberger/Lang*, in: Stern/Sachs, Art. 34 Rn. 17.

seines Wortlauts und seines Zwecks als Grundsatz einzuordnen.[1261] Gleiches muss daher für Art. 34 Abs. 1 EGRC gelten.

4. Zweck

Würde man Art. 34 Abs. 1 EGRC als subjektives Recht verstehen, würden sich einklagbare Ansprüche auf Leistungen aus den Sozialversicherungen ergeben. Dies würde zu **erheblichen finanziellen Belastungen** führen, was jedoch bei der Schaffung der EGRC **vermieden** werden sollte.[1262] Es ist daher davon auszugehen, dass Art. 34 Abs. 1 EGRC kein subjektives Recht gewähren soll.[1263]

4649

5. Folgerungen

Bei Art. 34 Abs. 1 EGRC handelt es sich mithin um einen Grundsatz.[1264] Er ist gerichtet auf Achtung und Anerkennung der in den Mitgliedstaaten bestehenden Leistungssysteme. Damit wird der abwehrrechtliche Charakter der Vorschrift betont.[1265]

4650

Eine über diesen **abwehrrechtlichen Charakter** hinausgehende Formulierung hätte im Grundrechtekonvent wohl keine Mehrheit gefunden.[1266] Art. 34 Abs. 1 EGRC verpflichtet damit insbesondere **nicht zur originären Schaffung eines Systems der sozialen Sicherheit**. Letzterem wurde in den Erläuterungen zur EGRC[1267] eine deutliche Absage erteilt. Danach sollen nämlich durch den Hinweis auf die sozialen Dienste „die Fälle erfasst werden, in denen derartige Dienste eingerichtet wurden, um bestimmte Leistungen sicherzustellen." Keineswegs sollten aber dort „Dienste eingerichtet werden müssen, wo sie bislang nicht bestehen".

4651

[1261] S.u. Rn. 4752 ff.

[1262] Vgl. zum Streit über die finanzielle Belastung bei kostspieligen sozialen Leistungsrechten, o. Rn. 4109 ff.

[1263] *Jarass/Kment*, § 32 Rn. 2.

[1264] *Jarass/Kment*, § 32 Rn. 2; Kingreen, in: Calliess/Ruffert, Art. 34 GRCh Rn. 4; *Nußberger/Lang*, in: Stern/Sachs, Art. 34 Rn. 55 f.; *Rohleder*, in: Meyer/Hölscheidt, Art. 34 Rn. 50; vgl. *Birk*, in: FS für Baron von Maydell, 2002, S. 27 (31).

[1265] *Rohleder*, in: Meyer/Hölscheidt, Art. 34 Rn. 52 ff.; *Marauhn/Böhringer*, in: Heselhaus/Nowak, § 26 Rn. 27.

[1266] *Rohleder*, in: Meyer/Hölscheidt, Art. 34 Rn. 31 ff.; *Meyer/Engels*, in: Deutscher Bundestag (Hrsg.), Die Charta der Grundrechte der Europäischen Union, 2001, S. 7 (28); *Maurauhn*, in: Heselhaus/Nowak, § 22 Rn. 27; *Rohleder*, in: Meyer/Hölscheidt, Art. 34 Rn. 42 ff.

[1267] Erläuterungen zur Charta der Grundrechte, ABl. 2007 C 303, S. 17 (27).

III. Gewährleistungsbereich

1. Leistungen der sozialen Sicherheit

a) Erweiterte Grundkonzeption

4652 Der Begriff der sozialen Sicherheit wird in Art. 48, 153 Abs. 1 lit. c) und 156 AEUV verwandt, im Primärrecht jedoch nicht definiert.[1268] Art. 4 Abs. 1 VO (EWG) Nr. 1408/71[1269] nennt Fälle, die Leistungen der sozialen Sicherheit betreffen. Danach sind Leistungen der sozialen Sicherheit solche Leistungen, die bei Krankheit und Mutterschaft, bei Invalidität, zur Erhaltung oder Besserung der Erwerbsfähigkeit, bei Alter, an Hinterbliebene, bei Arbeitsunfällen und Berufskrankheiten, Tod, Arbeitslosigkeit oder zur Abgeltung von Pflichten zum Familienunterhalt gewährt werden. Davon ausgehend hat der EuGH als Leistung der sozialen Sicherheit alle solche Leistungen qualifiziert, die den Begünstigten aufgrund eines gesetzlich umschriebenen Tatbestandes gewährt werden, ohne dass im Einzelfall eine in das Ermessen gestellte Prüfung des persönlichen Bedarfs erfolgt. Zudem müssen sie sich auf eines der in Art. 4 Abs. 1 VO (EWG) Nr. 1408/71 ausdrücklich aufgezählten Risiken beziehen.[1270] Der Begriff der sozialen Leistungen wurde aber bislang eng ausgelegt.[1271] Art. 3 VO (EG) Nr. 883/2004 erweitert etwa Leistungen bei Mutterschaft um gleichgestellte Leistungen bei Vaterschaft und bezieht unter lit. i) Vorruhestandsleistungen ein.

4653 Auch **Art. 34 Abs. 1 EGRC** nennt ausdrücklich Fälle, in denen Leistungen der sozialen Sicherheit gezahlt werden: Mutterschaft, Krankheit, Arbeitsunfall, Pflegebedürftigkeit, Alter und Verlust des Arbeitsplatzes. Diese decken sich mit den Fällen in Art. 4 Abs. 1 VO (EWG) Nr. 1408/71 und Art. 3 VO (EG) Nr. 883/2004. Die in Art. 34 Abs. 1 EGRC genannten Fälle sind jedoch anders als bei Art. 4 Abs. 1 VO (EWG) Nr. 1408/71 und Art. 3 VO (EG) Nr. 663/2004 **nicht abschließend** aufgezählt, wie der Wortlaut des Art. 34 Abs. 1 EGRC durch Verwendung des Wortes „wie" deutlich macht.[1272]

4654 Im ersten Präsidiumsvorschlag zu Art. 34 Abs. 1 EGRC waren nicht einmal einzelne Risiken aufgezählt.[1273] Sie wurden im Laufe des Grundrechtekonvents

---

[1268] *Eichenhofer*, in: Streinz, Art. 48 AEUV Rn. 1.

[1269] ABl. 1971 L 149, S. 2, zuletzt geändert durch VO (EG) Nr. 592/2008, ABl. 2008 L 177, S. 1.

[1270] St. Rspr. EuGH, Rs. C-249/83, ECLI:EU:C:1985:139 (Rn. 12 ff.) – Hoeckx; Rs. C-122/84, ECLI:EU:C:1985:145 (Rn. 19 ff.) – Scrivner; Rs. C-78/91, ECLI:EU:C:1992:331 (Rn. 15) – Hughes; Rs. C-160/96, ECLI:EU:C:1998:84 (Rn. 20) – Molenaar; Rs. C-85/99, ECLI:EU:C:2001:166 (Rn. 28) – Offermanns.

[1271] *Nußberger/Lang*, in: Stern/Sachs, Art. 34 Rn. 110.

[1272] *Jarass/Kment*, § 32 Rn. 4; *Rengeling/Szczekalla*, Rn. 1034; *Nußberger/Lang*, in: Stern/Sachs, Art. 34 Rn. 83; *Rohleder*, in: Meyer/Hölscheidt, Art. 34 Rn. 61; *Marauhn/Böhringer*, in: Heselhaus/Nowak, § 26 Rn. 19; *Dorfmann*, Soziale Gewährleistungen in der Charta der Grundrechte der Europäischen Union, 2002, S. 65.

[1273] *Nußberger/Lang*, in: Stern/Sachs, Art. 34 Rn. 13.

§ 5 Sozialer Schutz

eingefügt und bewusst mit der gewählten Formulierung für weitere, nicht genannte Risiken geöffnet.[1274] Die vom EuGH auf der Grundlage von Art. 4 Abs. 1 VO (EWG) Nr. 1408/71 erarbeitete Definition zu den sozialen Leistungen bedarf daher künftig einer Erweiterung auf sonstige, nicht in Art. 4 Abs. 1 VO (EWG) Nr. 1408/71 genannte Fälle, die aber ähnlich gelagert sind, ohne dass sie durch die **Erweiterung in Art. 3 VO (EG) Nr. 883/2004** bereits vollständig erfasst sind.

b) Sozialversicherungssysteme

Die **Leistungen der sozialen Sicherheit** werden durch die Sozialversicherungssysteme bei Eintritt der abgedeckten sozialen Risiken gewährt.[1275] Sie **beruhen** – anders als bei der sozialen Unterstützung des Art. 34 Abs. 3 EGRC[1276] – regelmäßig **auf** einer **Eigenleistung des Versicherten** in Form einer ursprünglichen Beitragszahlung in das Sozialversicherungssystem vor Eintritt des abgedeckten Schutzfalles.[1277] Maßgeblich ist nicht die persönliche Bedürftigkeit,[1278] sondern ob für diesen Fall eine Leistung aus dem Sozialversicherungssystem aufgrund eines gesetzlich umschriebenen Tatbestandes vorgesehen ist.[1279] Einen solchen Tatbestand können die genannten Fälle wie Mutterschaft, Krankheit, Arbeitsunfall, Pflegebedürftigkeit, Alter, Verlust des Arbeitsplatzes oder Ähnliches bilden.

4655

c) Arbeitgeberleistungen

In einigen der genannten Fälle werden Leistungen nicht (nur) durch die Sozialversicherungssysteme, sondern (auch) durch die Arbeitgeber erbracht, so z. B. in Deutschland die Entgeltfortzahlung bei Mutterschaft und bei Krankheit und in den Niederlanden die Leistungen bei Invalidität und Krankheit. Gegen deren Qualifikationen als „Leistungen der sozialen Sicherheit" i. S. d. Art. 34 Abs. 1 EGRC spricht, dass die Leistungen aus den Sozialversicherungssystemen beitragsfinanziert werden und damit von der Eigenleistung des Versicherten profitieren, während die oben genannten Leistungen Arbeitgeberzahlungen darstellen.

4656

Indes werden auch diese Leistungen „nach Maßgabe der einzelstaatlichen Rechtsvorschriften und Gepflogenheiten" gezahlt. Zudem **hängt** es **von den gewachsenen Strukturen ab**, ob Leistungen über ein Sozialversicherungssystem oder vom Arbeitgeber gezahlt werden. Art. 34 Abs. 1 EGRC verpflichtet die Union unabhängig davon zur Anerkennung und Achtung der Rechte auf Zugang zu den Leistungen der sozialen Sicherheit. Die daraus resultierende Pflicht, die anerkannten

4657

[1274] *Nußberger/Lang*, in: Stern/Sachs, Art. 34 Rn. 18; *Rohleder*, in: Meyer/Hölscheidt, Art. 34 Rn. 43 f.
[1275] *Jarass/Kment*, § 32 Rn. 4; *Rengeling/Szczekalla*, Rn. 1034.
[1276] S.u. Rn. 4762.
[1277] *Jarass/Kment*, § 32 Rn. 4.
[1278] *Jarass/Kment*, § 32 Rn. 4.
[1279] Vgl. EuGH, Rs. C-215/99, ECLI:EU:C:2001:139 (Rn. 25) – Jauch.

Rechte nicht zu verletzten, gilt daher gleichermaßen für solche **Leistungen**, die aus den Sozialversicherungssystemen resultieren und für solche, die **aufgrund arbeitsrechtlicher Regelungen** vom Arbeitgeber gezahlt werden. Deshalb sind auch solche Leistungen als vom Begriff der **„sozialen Sicherheit"** umfasst anzusehen, die vom Arbeitgeber aufgrund einer nationalen Rechtsvorschrift im Fall der Verwirklichung eines bestimmten Risikos gezahlt werden.[1280]

2. Soziale Risiken

4658 Bei den in Art. 34 Abs. 1 EGRC genannten Leistungsfällen handelt es sich um die gängigen sozialrechtlichen Kategorien.[1281]

a) Mutterschaft

4659 Nach den Erläuterungen zur EGRC[1282] ist der Begriff der Mutterschaft in Art. 34 Abs. 1 EGRC i. S. d. vorangehenden Art. 33 EGRC zu verstehen. Dazu besagen die Erläuterungen, dass der Begriff der Mutterschaft den Zeitraum **von** der **Zeugung bis** zum **Stillen des Kindes** abdecke.

4660 Der letztgenannte Begriff ist jedoch nicht klar zu definieren. Zudem bringt die gewählte Anknüpfung an das Stillen eine Ungleichbehandlung zwischen stillenden und nicht stillenden Müttern. Schließlich führt sie zu Rechtsunsicherheit, da Mütter kurzfristig entscheiden können, ob und wie lange sie stillen.[1283] Daher ist in Anlehnung an Art. 8 und 10 Mutterschutz-RL 92/85/EWG,[1284] die einen insgesamt **14-wöchigen Mutterschaftsurlaub** vor und nach der Geburt garantieren, der Begriff der Mutterschaft in Art. 33 EGRC[1285] und 34 EGRC so zu verstehen, dass der Zeitraum von der Zeugung **bis** zum **Ende des Mutterschaftsurlaubs** abgedeckt ist.[1286]

b) Sonstige Risiken

4661 Im Übrigen definiert Art. 34 Abs. 1 EGRC die Fälle nicht näher, in denen Leistungen der sozialen Sicherheit eingreifen. So wird bei dem Begriff des Arbeitsunfalls beispielsweise nicht festgelegt, ob Wegeunfälle einzubeziehen sind[1287] und ob

---

[1280] *Nußberger/Lang*, in: Stern/Sachs, Art. 34 Rn. 84; so auch ohne Begründung *Rohleder*, in: Meyer/Hölscheidt, Art. 34 Rn. 61 f., 67.

[1281] *Rohleder*, in: Meyer/Hölscheidt, Art. 34 Rn. 61 ff.

[1282] Erläuterungen zur Charta der Grundrechte, ABl. 2007 C 303, S. 17 (27).

[1283] Vgl. *Kingreen*, in: Calliess/Ruffert, Art. 33 GRCh Rn. 8.

[1284] ABl. 1992 L 348, S. 1, zuletzt geändert durch VO (EU) 2019/1243, ABl. 2019 L 198, S. 241.

[1285] S.o. Rn. 4565.

[1286] *Jarass/Kment*, § 31 Rn. 13; *Kingreen*, in: Calliess/Ruffert, Art. 33 GRCh Rn. 8.

[1287] *Nußberger/Lang*, in: Stern/Sachs, Art. 34 Rn. 87.

§ 5 Sozialer Schutz   575

Berufskrankheiten als „schleichende Arbeitsunfälle"[1288] oder als Krankheit anzusehen sind. Auch im Falle des Alters ist nicht bestimmt, ab wann die Leistungen eintreten.[1289] Es wird zudem auf den Verlust des Arbeitsplatzes und nicht auf Arbeitslosigkeit abgestellt. Das könnte als Entscheidung dafür gewertet werden, dass Betroffene zuvor einen Arbeitsplatz innegehabt haben müssen.[1290]

Eine **genaue Beschreibung** der Fälle, in denen Leistungen der sozialen Sicherheit gezahlt werden, wird damit dem **Unionsrecht und den einzelstaatlichen Rechtsvorschriften und Gepflogenheiten überlassen**. Dabei darf nicht vergessen werden, dass die in Art. 34 Abs. 1 EGRC aufgezählten Risiken ohnehin nicht abschließend benannt sind.[1291] Indes geben die **genannten Beispiele** die **wichtigsten Kategorien** vor und zeigen daher auch, welcher **Art und Qualität** zusätzlich einzubeziehende **Fälle** sein müssen.   4662

3. Soziale Dienste

Nach den Erläuterungen zur EGRC[1292] sollen durch den Hinweis auf die sozialen Dienste die Fälle erfasst werden, in denen derartige Dienste eingerichtet wurden, um bestimmte Leistungen sicherzustellen. Es handelt sich demnach offensichtlich um **Dienstleistungen**, welche die **finanziellen Leistungen der sozialen Sicherheit ergänzen**.[1293] Im Grundrechtekonvent wurden als Beispiele **Haushaltshilfen, Pflege**, Essen auf Rädern und **präventive Drogenberatung** genannt.[1294] Derartige **soziale** Dienste sind in mehreren Mitgliedstaaten auf der Ebene der Verfassung[1295] abgesichert.[1296]   4663

4. Begünstigte

Die Leistungen aus den Sozialversicherungssystemen erhalten die Versicherten. Die Vorschrift ist daher nicht auf **Arbeitnehmer** zu beschränken, sondern erfasst auch   4664

[1288] *Rengeling/Szczekalla*, Rn. 1034.
[1289] *Nußberger/Lang*, in: Stern/Sachs, Art. 34 Rn. 89.
[1290] *Nußberger/Lang*, in: Stern/Sachs, Art. 34 Rn. 90.
[1291] S.o. Rn. 4653.
[1292] Erläuterungen zur Charta der Grundrechte, ABl. 2007 C 303, S. 17 (27).
[1293] *Jarass/Kment*, § 32 Rn. 5.
[1294] *Bernsdorff/Borowsky*, Die Charta der Grundrechte der Europäischen Union, 2002, S. 334; *Nußberger/Lang*, in: Stern/Sachs, Art. 34 Rn. 19.
[1295] Z. B. in Finnland, Polen und Spanien.
[1296] *Nußberger/Lang*, in: Stern/Sachs, Art. 34 Rn. 92.

Selbstständige[1297] und grundsätzlich sogar **Drittstaatsangehörige**,[1298] soweit sie sich durch Beitragsleistungen einen Anspruch auf Leistung erworben haben. Ursprünglich war im Grundrechtekonvent eine Formulierung diskutiert worden, die den Arbeitnehmern und ihren Angehörigen einen Anspruch auf sozialen Schutz gewährte. Dies wurde jedoch in die heutige Formulierung geändert.[1299]

5. Recht auf Zugang zu den Leistungen

4665 Art. 34 Abs. 1 EGRC spricht von einem „Recht auf Zugang zu den Leistungen der sozialen Sicherheit und zu den sozialen Diensten". Art. 34 Abs. 1 EGRC enthält nicht selbst eine Gewährleistung eines Leistungsrechts, sondern lediglich den **Grundsatz zur Anerkennung und Achtung** der Rechte. Inwiefern diese Rechte gewährt werden, entscheiden der europäische und die nationalen Gesetzgeber. Die Union ist daher lediglich in den Fällen, in denen sich aus dem Unionsrecht oder den einzelstaatlichen Rechtsvorschriften oder Gepflogenheiten ein subjektives Recht auf Zugang zu den Leistungen der sozialen Sicherheit oder zu den sozialen Diensten ergibt, dazu verpflichtet, dieses anzuerkennen und zu achten.

4666 Es muss sich entsprechend dem vollständigen Wortlaut von Art. 34 Abs. 1 EGRC um ein **Recht auf Zugang** handeln, **nicht um ein Recht auf Sozialleistungen**. Während im Grundrechtekonvent zunächst ein „Recht auf Leistungen" vorgesehen war, wurde dies im Laufe des Konvents auf das „Recht auf Zugang zu den Leistungen" eingeschränkt.[1300] Damit muss die Union lediglich ein **subjektives Recht auf Gleichbehandlung**[1301] beim Zugang zu den Leistungen anerkennen und achten.[1302]

[1297] Vgl. *Jarass/Kment*, § 32 Rn. 4 a.E.: „die Mitglieder des Systems sozialer Sicherheit, also die Versicherten".

[1298] *Nußberger/Lang*, in: Stern/Sachs, Art. 34 Rn. 76; *Marauhn/Böhringer*, in: Heselhaus/Nowak, § 26 Rn. 25; *Bernsdorff*, VSSR 2001, 1 (19).

[1299] *Rohleder*, in: Meyer/Hölscheidt, Art. 34 Rn. 32, 42 ff.

[1300] *Nußberger/Lang*, in: Stern/Sachs, Art. 34 Rn. 18.

[1301] *Nußberger/Lang*, in: Stern/Sachs, Art. 34 Rn. 77; *Marauhn*, in: Matscher (Hrsg.), Erweitertes Grundrechtsverständnis, 2003, S. 247 (248); *Losch/Radau*, NVwZ 2003, 1440 (1444); *Bernsdorff*, VSSR 2001, 1 (19).

[1302] In der englischen Fassung und in den EGRC-Versionen der neuen Mitgliedstaaten findet sich allerdings nur das „Recht auf Leistungen", nicht das „Recht auf Zugang zu den Leistungen". Die von der deutschen Fassung abw. Versionen in den neuen Mitgliedstaaten lassen sich damit erklären, dass die englische Version offensichtlich als Modell bei der Übersetzung der EGRC in die Sprachen der neuen Mitgliedstaaten diente. S. *Nußberger/Lang*, in: Stern/Sachs, Art. 34 Rn. 24 f.

6. Verweis auf Unionsrecht und einzelstaatliche Rechtsvorschriften und Gepflogenheiten

Mit dem Verweis auf das Unionsrecht und die einzelstaatlichen Rechtsvorschriften und Gepflogenheiten wird den Bedenken der Kritiker der Norm Rechnung getragen. Der Gewährleistungsbereich wird weitestgehend eingeschränkt. So wird berücksichtigt, dass die Union in diesem Bereich nur sehr eingeschränkte Befugnisse hat.[1303] Art. 34 Abs. 1 EGRC knüpft somit an den **sozialrechtlichen Bestand in den Mitgliedstaaten** an.[1304] Die sich daraus ergebenden Rechte auf Zugang zu den Leistungen der sozialen Sicherheit und zu den sozialen Diensten müssen von der Union anerkannt und geachtet werden. Sie ist keinesfalls verpflichtet, eigene Leistungen und Dienste einzurichten oder zugänglich zu machen.[1305]

4667

Beim Gewährleistungsgehalt kommt den Gesetzgebern ein **weiter Gestaltungsspielraum** zu. Insbesondere können sie den Zugang auf bestimmte Personengruppen beschränken.[1306] Sie müssen auch nicht das derzeit bestehende Niveau beibehalten, sondern können dieses unterschreiten.[1307] Da Art. 34 Abs. 1 EGRC gerade kein Grundrecht, sondern lediglich einen Grundsatz auf Anerkennung und Achtung durch die Union[1308] enthält, können die Mitgliedstaaten sogar ihre Sozialversicherungssysteme gänzlich abschaffen.[1309] Die Mitgliedstaaten sind schließlich auch nicht verpflichtet, einen Rechtsanspruch auf Zugang zu den Leistungen der sozialen Sicherheit und zu den sozialen Diensten zu gewährleisten.[1310]

4668

Der Verweis auf das Unionsrecht und die einzelstaatlichen Rechtsvorschriften und Gepflogenheiten ist als Kompromiss im Grundrechtekonvent verständlich, da eine Zustimmung aller Mitgliedstaaten nur zu erreichen war, wenn Kompetenzverluste der Mitgliedstaaten vermieden, den **Mitgliedstaaten keine neuen Leistungsverpflichtungen auferlegt** und **keine Harmonisierung** der nationalstaatlichen Sozialsysteme angestrebt wurde.[1311] Zwar wurde damit der zu gewährleistende Regelungsgehalt des Art. 34 Abs. 1 EGRC aufgrund des Verweises weitgehend relativiert.[1312] Immerhin wird aber durch die Aufnahme des Art. 34 Abs. 1 EGRC das soziale Wohlergehen des Einzelnen als wesentlicher Wert der Union anerkannt

4669

[1303] *Rohleder*, in: Meyer/Hölscheidt, Art. 34 Rn. 56 f.

[1304] *Kingreen*, in: Calliess/Ruffert, Art. 34 GRCh Rn. 2.

[1305] *Dorfmann*, Soziale Gewährleistungen in der Charta der Grundrechte der Europäischen Union, 2002, S. 65.

[1306] *Jarass/Kment*, § 32 Rn. 10.

[1307] *Nußberger/Lang*, in: Stern/Sachs, Art. 34 Rn. 58.

[1308] S.u. Rn. 4674.

[1309] Darin unterscheidet sich Art. 34 Abs. 1 EGRC deutlich von dem als Grundlage dienenden Art. 12 ESC; s.o. Rn. 4618 ff.

[1310] *Nußberger/Lang*, in: Stern/Sachs, Art. 34 Rn. 58.

[1311] Vgl. *Nußberger/Lang*, in: Stern/Sachs, Art. 34 Rn. 51.

[1312] *Streinz*, in: ders., Art. 34 GR-Charta Rn. 5; *Nußberger/Lang*, in: Stern/Sachs, Art. 34 Rn. 93 ff.; *Rohleder*, in: Meyer/Hölscheidt, Art. 34 Rn. 56 f.; *Pache*, EuR 2001, 475 (481); *Dorf*, JZ 2005, 126 (130).

und festgelegt.¹³¹³ Essenziell dafür ist der allgemeine Zugang, der daher auch in anderen Feldern im Blick zu halten ist.

4670 Zudem wird die Tätigkeit der europäischen Organe dadurch beschränkt, dass sie die nationale Ausgestaltung des Zugangs zu den Leistungen der sozialen Sicherheit und zu den sozialen Diensten zu respektieren haben. Damit geht es um **eine Erhaltung nationaler Systeme und nicht** um deren grundrechtlich abgestützte **Fortentwicklung**. Diese kann höchstens im Wege unionsrechtlicher Koordinierung nach den bisher vertraglich vorgesehenen Kompetenzen erfolgen. Mithin werden **mitgliedstaatliche Freiräume** garantiert und lediglich darüber und damit **indirekt individuelle soziale Rechte verbürgt**. Diese bestehen dann aber **auf nationaler Grundlage** und nicht auf europarechtlicher.

7. Einschränkung von Grundfreiheiten und Wettbewerbsfreiheit

4671 Europarechtliche Freiheiten können auf dieser Basis sogar eingeschränkt werden. Das gilt etwa für die grenzüberschreitende Inanspruchnahme von Gesundheitsleistungen auf der Basis der Dienstleistungsfreiheit. Diese kann jedenfalls bezüglich stationärer Behandlungen die **Funktionsfähigkeit** und damit letztlich die Existenz der **sozialen Sicherungssysteme** gefährden. Darin liegt daher ein schon bislang vom EuGH anerkannter **Rechtfertigungsgrund für Beschränkungen** vor allem der **Dienstleistungsfreiheit**.¹³¹⁴ Dieser erlangt nunmehr auch eine grundrechtliche Basis in Art. 34 Abs. 1 EGRC.¹³¹⁵

4672 Indes geht es dabei um eine **Abwägung** verschiedener Elemente des europäischen Rechts, **nicht** aber schon um eine **begriffliche Nivellierung** und Ausrichtung von Tatbestandsmerkmalen anderer Bestimmungen an Art. 34 EGRC.¹³¹⁶ Zwar nimmt der EuGH Krankenkassen bei rein sozialen Aufgaben von den Wettbewerbsregeln aus,¹³¹⁷ jedoch erfolgt dies auf der Basis der wettbewerbsrechtlichen Ausgestaltung des Unternehmensbegriffs.¹³¹⁸ Dieser wird also nicht etwa von Art. 34 Abs. 1 EGRC geprägt. Das **Anliegen** dieses **Grundrechts** ist daher allenfalls **bei den Freistellungen** nach Art. 101 Abs. 3 AEUV **hineinzulesen**, wo eine Abwägung mit der Wettbewerbsfreiheit erfolgt und eine Prägung auch durch andere Elemente des

---

¹³¹³ *Nußberger/Lang*, in: Stern/Sachs, Art. 34 Rn. 54.

¹³¹⁴ S. insbes. EuGH, Rs. C-215/99, ECLI:EU:C:2001:139 (Rn. 76 ff.) – Smits u. Peerbooms einerseits; Rs. C-385/99, ECLI:EU:C:2003:270 (Rn. 106 f.) – Müller-Fauré u. van Riet; zum Ganzen *Frenz*, Europarecht 1, Rn. 287 f., 1210 f.

¹³¹⁵ Auch *Nußberger/Lang*, in: Stern/Sachs, Art. 34 Rn. 95.

¹³¹⁶ Dahin *Nußberger/Lang*, in Stern/Sachs, Art. 34 Rn. 23 ff.

¹³¹⁷ EuGH, Rs. C-264/01 u. a., ECLI:EU:C:2004:150 (Rn. 51 ff.) – AOK-Bundesverband u. a.

¹³¹⁸ Näher *Frenz*, Europarecht 2, Rn. 4224, 4227; für eine ausschließlich gemeinnützige Tätigkeit von Einrichtungen des Gesundheitswesen EuGH, Rs. C-205/03 P, ECLI:EU:C:2006:453 (Rn. 26) – FENIN; s. bereits EuG, Rs. T-319/99, ECLI:EU:T:2003:50 (Rn. 36) – FENIN. Vgl. hierzu auch *Nußberger/Lang*, in: Stern/Sachs, Art. 34 Rn. 33 f.

§ 5 Sozialer Schutz

Unionsrechts stattfindet.[1319] So kann die **Verbesserung der Warenverteilung** dadurch eine **soziale Komponente** erhalten, dass z. B. auch kinderreiche Familien bzw. Pflegebedürftige und alte Menschen **Zugang zu unabdingbaren Arzneimitteln** haben, mithin ein ortsnahes, erschwingliches Angebot besteht.

Auf diese Weise ergibt sich ein eigenständiger Anwendungsbereich „im Spannungsfeld Wettbewerb – Markt – Sozialschutz."[1320] „Nach Maßgabe des Unionsrechts" bedeutet daher auch die **Abwägung verschiedener Werte** unter Einhaltung der sozialen Garantien nach Art. 34 Abs. 1 EGRC.[1321]

4673

8. Normadressat

Grundsätzlich sind Adressaten der EGRC gem. Art. 51 Abs. 1 S. 1 EGRC die Organe und Einrichtungen der Union und die Mitgliedstaaten, wenn sie das Recht der Union durchführen. Art. 34 Abs. 1 EGRC spricht jedoch ausdrücklich davon, dass „die Union" das Recht auf Zugang zu den Leistungen der sozialen Sicherheit anerkennt und achtet. Die Mitgliedstaaten werden nicht genannt. Deshalb ist Art. 34 Abs. 1 EGRC – abweichend von den übrigen EGRC-Normen – dahin gehend auszulegen, dass **ausnahmsweise nur die Union** verpflichtet wird.[1322] Schließlich sollten den Mitgliedstaaten keine zusätzlichen Pflichten auferlegt werden.[1323] Vielmehr geht es gerade um die **Erhaltung nationaler Errungenschaften** und damit um eine Begrenzung der europäischen Rechtsetzung.

4674

Aufgrund des Verweises auf das Unionsrecht und die einzelstaatlichen Rechtsvorschriften und Gepflogenheiten ist die Union damit zum einen Normadressatin, zum anderen **Gesetzgeberin**. In letzterer Funktion kann sie den Umfang des Gewährleistungsbereichs bestimmen,[1324] hat dabei aber den durch Art. 34 Abs. 1 EGRC betonten Wert des Zugangs zur sozialen Sicherheit[1325] im Blick zu behalten. Diese Bestimmungsmacht erscheint wegen der Sicherung nationaler Systeme vordergründig problematisch, weil damit die Union, obwohl sie zur Anerkennung und Achtung bestimmter Rechte verpflichtet ist, zugleich diese Rechte festlegen kann. Allerdings stehen der Union im Bereich des sozialen Schutzes **nur wenige Kompetenzen** zu. Eine Harmonisierung der nationalen Sozialversicherungssysteme wird derzeit nicht angestrebt. Und im Rahmen der Koordinierung ist der Unionsgesetzgeber auf die Wahrung der im nationalen Recht gewährleisteten Zugangsrechte verpflichtet. Genau dies belegt Art. 34 EGRC. Zudem ist er **Abwägungsposten in**

4675

[1319] Nach *Frenz*, Europarecht 2, Rn. 189 ff.
[1320] *Nußberger/Lang*, in Stern/Sachs, Art. 34 Rn. 95.
[1321] *Nußberger/Lang*, in: Stern/Sachs, Art. 34 Rn. 64 f., 93 ff.
[1322] *Nußberger/Lang*, in: Stern/Sachs, Art. 34 Rn. 57; a.A.; *Marauhn/Böhringer*, in: Heselhaus/Nowak, § 26 Rn. 26.
[1323] *Nußberger/Lang*, in: Stern/Sachs, Art. 34 Rn. 58.
[1324] *Nußberger/Lang*, in: Stern/Sachs, Art. 34 Rn. 94.
[1325] S.o. Rn. 4669 a.E.

anderen Gesetzgebungsbereichen bis hin zum **Recht des Binnenmarktes**, vor allem in Gestalt der **Grundfreiheiten und der Wettbewerbsregeln**.[1326] Vor allem auch insoweit ist die **Union Normadressatin beim Vollzug** und damit bei der **Normanwendung**.

4676 Im Übrigen ist der Gewährleistungsbereich des Art. 34 Abs. 1 EGRC aufgrund des Verweises auf das Unionsrecht und die einzelstaatlichen Rechtsvorschriften und Gepflogenheiten ohnehin stark relativiert,[1327] da er zur Disposition der nationalen und des europäischen Gesetzgebers steht. Dies ist eine Folge des in Titel IV der EGRC durchgängig verwandten Verweises, der jedoch notwendig war, um eine Zustimmung zur EGRC zu erhalten.

IV. Rechtsfolgen

4677 Gem. Art. 34 Abs. 1 „anerkennt und achtet" die Union die näher aufgeführten Rechte. Dies bedeutet, dass **die Union keine Maßnahmen** ergreifen darf, **welche die Rechte auf Zugang** zu den Leistungen der sozialen Sicherheit und zu den sozialen Diensten **gefährden** könnten.[1328] Damit wird von der Union allerdings lediglich verlangt, die anerkannten Rechte nicht zu verletzen. Sie muss weder aktive Maßnahmen zu ihrem Schutz ergreifen noch die Rechte selbst durch bestimmte Einrichtungen oder eine bestimmte Infrastruktur fördern.[1329] Dass es lediglich bei einer Anerkennung und Achtung bleibt, lässt sich mit der Rücksicht auf die im Sozialbereich im Vergleich zu anderen Regelungsfeldern besonders eng begrenzten Kompetenzen der Union erklären.[1330] Die in den Mitgliedstaaten bestehenden unterschiedlichen Sozialsysteme sollten mit der Regelung nicht harmonisiert und der Union keine Kompetenzen in diesem Bereich erteilt werden.

4678 Da es sich bei Art. 34 Abs. 1 EGRC um einen Grundsatz handelt, ist die Union gem. Art. 51 Abs. 1 S. 2 EGRC bei jeder ihrer Aktivitäten an Art. 34 Abs. 1 EGRC gebunden. Daher erscheint der Hinweis in den Erläuterungen zur EGRC,[1331] wonach der Grundsatz des Art. 34 Abs. 1 EGRC von der Union zu wahren ist, „wenn sie im Rahmen ihrer Zuständigkeiten nach Art. 153 und 156 AEUV tätig wird", als zu eng.[1332] So kann dieser Grundsatz auch bei den Grundfreiheiten und den Wettbewerbsregeln als Wert eine Rolle spielen.[1333]

[1326] S. vorstehend Rn. 4671.

[1327] S.o. Rn. 4667.

[1328] *Nußberger/Lang*, in: Stern/Sachs, Art. 34 Rn. 65; *Marauhn/Böhringer*, in: Heselhaus/Nowak, § 26 Rn. 28.

[1329] *Nußberger/Lang*, in: Stern/Sachs, Art. 34 Rn. 65 ff.

[1330] *Nußberger/Lang*, in: Stern/Sachs, Art. 34 Rn. 66.

[1331] Erläuterungen zur Charta der Grundrechte, ABl. 2007 C 303, S. 17 (27).

[1332] *Nußberger/Lang*, in: Stern/Sachs, Art. 34 Rn. 68.

[1333] S.o. Rn. 4669 a.E., 4671 f.

§ 5 Sozialer Schutz

Eine **gerichtliche Geltendmachung** ist wegen der Grundsatzqualität **grundsätz- 4679 lich nicht möglich**, sodass Klagen auf Erlass von Durchführungsakten oder die Geltendmachung von Schadensersatzansprüchen ausscheiden. Lediglich **Inzidentkontrollen** über die Vereinbarkeit von Rechtsvorschriften mit dem Grundsatz sind denkbar.[1334] Nach Art. 52 Abs. 5 S. 1 EGRC können die Grundsätze der EGRC vor Gericht nur bei der Auslegung von mitgliedstaatlichen Akten zur Durchführung von Unionsrecht und bei Entscheidungen über deren Rechtmäßigkeit herangezogen werden. Die Grundsätze sollen von den Gerichten daher nicht unmittelbar, sondern lediglich bei Auslegung und Anwendung der entsprechenden Gesetze als Kontrollmaßstab benutzt werden.[1335]

Die nationalen Normen, die das Recht auf Zugang zu den Leistungen der sozialen 4680 Sicherheit und zu den sozialen Diensten regeln, sind ebenfalls nicht im Rahmen des Art. 34 Abs. 1 EGRC gerichtlich überprüfbar, da die Bestimmung nur die Union zur Anerkennung und Achtung verpflichtet.[1336] Die Abschaffung oder Reduzierung der genannten Leistungen ist daher nicht unter Berufung auf Art. 34 Abs. 1 EGRC justiziabel.[1337]

V. Prüfungsschema zu Art. 34 Abs. 1 EGRC

1. Gewährleistungsbereich 4681
kein subjektives Recht, sondern Grundsatz

a) Leistungen der sozialen Sicherheit: durch die Sozialversicherungssysteme bei Eintritt der abgedeckten sozialen Risiken gewährt; beruhen regelmäßig auf einer Eigenleistung des Versicherten in Form einer ursprünglichen Beitragszahlung in das Sozialversicherungssystem vor Eintritt des abgedeckten Schutzfalles; nicht die persönliche Bedürftigkeit maßgeblich, sondern ob für diesen Fall eine Leistung aus dem Sozialversicherungssystem aufgrund eines gesetzlich umschriebenen Tatbestandes vorgesehen ist
b) Leistungsfälle: gängige sozialrechtliche Kategorien; nicht abschließend
c) soziale Dienste: Dienstleistungen, welche die finanziellen Leistungen der sozialen Sicherheit ergänzen, z. B. Haushaltshilfen, Pflege, Essen auf Rädern, präventive Drogenberatung
d) kein Leistungsrecht, sondern lediglich Grundsatz zur Anerkennung und Achtung der Rechte; inwiefern diese Rechte gewährt werden, entscheiden der europäische und die nationalen Gesetzgeber; Union ist lediglich in den Fällen, in denen sich aus dem Unionsrecht oder den einzelstaatlichen Rechtsvorschriften oder Gepflogenheiten ein subjektives Recht auf Zugang zu den

---

[1334] *Jarass/Kment*, § 32 Rn. 8.
[1335] *Rengeling/Szczekalla*, Rn. 1037.
[1336] S.o. Rn. 4668, 4674.
[1337] *Marauhn/Böhringer*, in: Heselhaus/Nowak, § 26 Rn. 28; *Rengeling/Szczekalla*, Rn. 1038.

Leistungen der sozialen Sicherheit oder zu den sozialen Diensten ergibt, dazu verpflichtet, dieses anzuerkennen und zu achten

e) weiter Gestaltungsspielraum; insbesondere Zugang auf bestimmte Personengruppen beschränkbar; derzeit bestehendes Niveau kann unterschritten werden

2. Rechtsfolgen

a) Union darf keine Maßnahmen ergreifen, welche die Rechte auf Zugang zu den Leistungen der sozialen Sicherheit und zu den sozialen Diensten gefährden könnten; Achtung des Wertes des Zugangs zur sozialen Sicherheit auch bei anderen Maßnahmen
b) gerichtliche Geltendmachung grundsätzlich nicht möglich
c) lediglich Inzidentkontrollen über die Vereinbarkeit von Rechtsvorschriften mit dem Grundsatz

C. Gleichbehandlung

I. Entstehung und Entwicklung

4682 Art. 34 Abs. 2 EGRC beinhaltet in Bezug auf die Leistungen der sozialen Sicherheit und die sozialen Vergünstigungen ein **Gleichbehandlungsgebot**. Danach hat jeder Mensch, der in der Union seinen rechtmäßigen Wohnsitz hat und seinen Aufenthalt rechtmäßig wechselt, Anspruch auf die Leistungen der sozialen Sicherheit und die sozialen Vergünstigungen nach dem Unionsrecht und den einzelstaatlichen Rechtsvorschriften und Gepflogenheiten. Mit dieser Vorschrift wird dem Beschluss des Europäischen Rats von Tampere[1338] Rechnung getragen, wonach **auch Drittstaatsangehörige**, die sich legal im Hoheitsgebiet eines Mitgliedstaates aufhalten, vergleichbare Rechte und Pflichten wie Unionsbürger erhalten sollen.[1339]

4683 Ursprünglich war die Formulierung des Art. 34 Abs. 2 EGRC noch deutlicher als Gleichheitsgebot ausgeprägt. So hieß es zunächst, dass ein Anspruch „auf die gleichen Leistungen der sozialen Sicherheit, auf die gleichen sozialen Vergünstigungen und auf den gleichen Zugang zur Gesundheitsfürsorge wie (bei den) Angehörigen dieses Mitgliedstaates" bestehe.[1340]

[1338] 15./16.10.1999.
[1339] *Nußberger/Lang*, in: Stern/Sachs, Art. 34 Rn. 101; *Bernsdorff*, VSSR 2001, 1 (19).
[1340] *Nußberger/Lang*, in: Stern/Sachs, Art. 34 Rn. 20.

II. Grundlagen

Nach den Erläuterungen zur EGRC[1341] stützt sich Art. 34 Abs. 2 EGRC auf Art. 12 Nr. 4 und Art. 13 Nr. 4 ESC[1342] sowie auf Nr. 2 GCSGA.[1343]

4684

1. ESC

Art. 12 ESC[1344] behandelt insgesamt das Recht auf soziale Sicherheit. In **Nr. 4** verpflichten sich die Vertragsparteien durch den Abschluss geeigneter zwei- und mehrseitiger Übereinkünfte oder durch andere Mittel und nach Maßgabe der in diesen Übereinkünften niedergelegten Bedingungen Maßnahmen zu ergreifen, die Folgendes gewährleisten:

4685

a) die Gleichbehandlung der Staatsangehörigen hinsichtlich der Ansprüche aus der Sozialen Sicherheit einschließlich der Wahrung der nach den Rechtsvorschriften der Sozialen Sicherheit erwachsenen Leistungsansprüche, gleichviel wo die geschützten Personen innerhalb der Hoheitsgebiete der Vertragsparteien ihren Aufenthalt nehmen;

b) die Gewährung, die Erhaltung und das Wiederaufleben von Ansprüchen aus der Sozialen Sicherheit, beispielsweise durch die Zusammenrechnung von Versicherungs- und Beschäftigungszeiten, die nach den Rechtsvorschriften jeder der Vertragsparteien zurückgelegt wurden.

Art. 12 Nr. 4 ESC verpflichtet damit nicht zur Gleichbehandlung der Staatsangehörigen aller Vertragsparteien, sondern dazu, **bi- und multilaterale Verträge abzuschließen**.[1345]

4686

Art. 13 ESC beinhaltet das **Recht auf Fürsorge**. Er verpflichtet die Vertragsparteien, um die wirksame Ausübung des Rechtes auf Fürsorge zu gewährleisten, die in den Absätzen 1, 2 und 3 genannten Bestimmungen[1346] auf die rechtmäßig in ihrem Hoheitsgebiet befindlichen Staatsangehörigen der anderen Vertragsparteien anzuwenden, und zwar auf der Grundlage der Gleichbehandlung und in Überein-

4687

[1341] Erläuterungen zur Charta der Grundrechte, ABl. 2007 C 303, S. 17 (27).
[1342] Europäische Sozialcharta vom 18.10.1961, Europarat SEV-Nr. 035, s. Rn. 4046 ff.
[1343] Gemeinschaftscharta der sozialen Grundrechte der Arbeitnehmer, KOM (1989) 248 endg., s. Rn. 4051.
[1344] Europäische Sozialcharta vom 18.10.1961, Europarat SEV-Nr. 035, s. Rn. 4046 ff.
[1345] *Nußberger/Lang*, in: Stern/Sachs, Art. 34 Rn. 100.
[1346] S.u. Rn. 4740.

stimmung mit den Verpflichtungen, die sie in dem am 11.12.1953 zu Paris unterzeichneten Europäischen Fürsorgeabkommen[1347] übernommen haben.

4688 Art. 34 Abs. 2 EGRC baut auf dem Grundgedanken der Art. 12 Nr. 4 und Art. 13 Nr. 4 ESC auf, dass bei einer Zuerkennung sozialer Leistungen **nicht nach** der **Staatsangehörigkeit unterschieden** werden darf.[1348] Während Art. 12 Nr. 4 ESC die Gleichbehandlung bei den Ansprüchen aus der sozialen Sicherheit und Art. 13 Nr. 4 ESC die Gleichbehandlung bei der Fürsorge behandeln,[1349] enthält **Art. 34 Abs. 2 EGRC** einen **allgemeinen Gleichbehandlungsgrundsatz**, der beide Bereiche, nämlich die **soziale Sicherheit** und die **soziale Unterstützung** erfasst.

2. GCSGA

4689 Nr. 2 GCSGA[1350] ist gemeinsam mit Nr. 1 GCSGA und Nr. 3 GCSGA mit dem Begriff der Freizügigkeit überschrieben. Gem. Nr. 2 GCSGA ermöglicht das Recht auf Freizügigkeit jedem Arbeitnehmer die Ausübung jedes Berufs oder jeder Beschäftigung in der Gemeinschaft, wobei hinsichtlich des Zugangs zur Beschäftigung, der Arbeitsbedingungen und des sozialen Schutzes des Aufnahmelandes der Grundsatz der Gleichbehandlung gilt.

4690 Anders als in der GCSGA ist in der EGRC das Gleichbehandlungsgebot hinsichtlich des sozialen Schutzes nicht im Zusammenhang mit der Freizügigkeit, sondern bei den sozialen Rechten geregelt. Während die Freizügigkeit als „Bürgerrecht" in Art. 45 EGRC behandelt wird, ist das spezielle Gleichbehandlungsgebot für den sozialen Schutz auch gemeinsam mit diesem normiert. Nr. 2 GCSGA erfasst **alle mit der Freizügigkeit zusammenhängenden Gleichheitsgebote**, während **Art. 34 Abs. 2 EGRC nur** den **sozialen Schutz** betrifft.

[1347] Das Europäische Fürsorgeabkommen wurde von den Mitgliedern des Europarats am 11.12.1953 in Paris unterzeichnet. Die Vertragsparteien verpflichten sich darin, Staatsangehörigen der anderen Vertragsschließenden, die sich in irgendeinem Teil ihres Gebietes erlaubt aufhalten und nicht über ausreichende Mittel verfügen, in gleicher Weise wie ihren eigenen Staatsangehörigen und unter den gleichen Bedingungen Fürsorgeleistungen zu gewähren, die in der jeweils geltenden Gesetzgebung vorgesehen sind.

[1348] *Nußberger/Lang*, in: Stern/Sachs, Art. 34 Rn. 101.

[1349] *Jarass/Kment*, § 32 Rn. 11.

[1350] Gemeinschaftscharta der sozialen Grundrechte der Arbeitnehmer, KOM (1989) 248 endg., s. Rn. 4051.

3. Europäischer Besitzstand

Nach den Erläuterungen zur EGRC[1351] spiegelt Art. 34 Abs. 2 EGRC die Regeln wider, die sich aus der WanderarbeitnehmerVO (EWG) Nr. 1408/71[1352] und der FreizügigkeitsVO (EWG) Nr. 1612/68[1353] ergeben; Letztere wurde inzwischen durch die VO (EU) Nr. 492/211[1354] abgelöst. Als Gleichbehandlungsrecht gibt es zudem Berührungspunkte mit dem allgemeinen Diskriminierungsverbot des Art. 18 AEUV.[1355]

4691

a) Art. 18 AEUV

Gem. Art. 18 AEUV ist jede Diskriminierung aus Gründen der Staatsangehörigkeit verboten. Der Rechtsträger erhält dadurch ein subjektives Recht, einer Inländerin bzw. einem Inländer gleichbehandelt zu werden.[1356] Art. 34 Abs. 2 EGRC konkretisiert dieses allgemeine Diskriminierungsverbot und bezieht es auf den speziellen Bereich des sozialen Schutzes.

4692

b) WanderarbeitnehmerVO (EWG) Nr. 1408/71

In den Erläuterungen zur EGRC[1357] wird bei Art. 34 Abs. 2 EGRC auf die so genannte WanderarbeitnehmerVO (EWG) Nr. 1408/71[1358] hingewiesen. Vorliegend ist Art. 3 VO (EWG) Nr. 1408/71 von besonderem Interesse. Nach dessen Art. 3 Abs. 1 hatten die Personen, die im Gebiet eines Mitgliedstaates wohnen und für die diese Verordnung gilt, die gleichen Rechte und Pflichten aufgrund der Rechtsvorschriften eines Mitgliedstaates wie die Staatsangehörigen dieses Staates, soweit besondere Bestimmungen dieser Verordnung nichts anderes vorsehen. Damit konkretisierte Art. 3 VO (EWG) Nr. 1408/71 das in Art. 45 Abs. 2 AEUV ausgesprochene Verbot einer auf der Staatsangehörigkeit basierenden unterschiedlichen Behandlung und das allgemeine Diskriminierungsverbot des Art. 18 AEUV. Zudem wurde der **Idee** Rechnung getragen, dass die Verwirklichung der Grundfreiheiten der Arbeitnehmer und Selbstständigen sich nur vollständig realisieren lässt, wenn **sämtliche Barrieren im Bereich der sozialen Sicherheit beseitigt** sind. Daher

4693

[1351] Erläuterungen zur Charta der Grundrechte, ABl. 2007 C 303, S. 17 (27).
[1352] ABl. 1971 L 149, S. 2, zuletzt geändert durch VO (EG) Nr. 592/2008, ABl. 2008 L 177, S. 1. Allerdings weitestgehend aufgehoben schon durch VO (EG) Nr. 883/2004, ABl. 2004 L 166, S. 1 (vgl. Rn. 4083).
[1353] ABl. 1968 L 295, S. 12.
[1354] VO (EU) Nr. 492/2011 des Europäischen Parlaments und des Rates vom 5.4.2011 über die Freizügigkeit der Arbeitnehmer innerhalb der Union, ABl. 2011 L 141, S. 1.
[1355] *Jarass/Kment*, § 32 Rn. 12.
[1356] *Martínez Soria*, JZ 2002, 643 (644); näher *Frenz*, Europarecht 1, Rn. 3901 ff.
[1357] Erläuterungen zur Charta der Grundrechte, ABl. 2007 C 303, S. 17 (27).
[1358] ABl. 1971 L 149, S. 2, zuletzt geändert durch VO (EG) Nr. 592/2008, ABl. 2008 L 177, S. 1.

wurde in Art. 3 der Verordnung dem betroffenen Personenkreis, sofern er in einem anderen Mitgliedstaat wohnt, diejenige Rechtsstellung eingeräumt, die Inländerinnen und Inländer innehaben.[1359]

4694 Die WanderarbeitnehmerVO (EWG) Nr. 1408/71 ist am 30.4.2010 weitestgehend aufgehoben und durch die VO (EG) Nr. 883/2004[1360] ersetzt worden. Sie erfasst über die WanderarbeitnehmerVO (EWG) Nr. 1408/71 hinaus alle wirtschaftlich inaktiven Personen. Bezugspunkt der Entstehung von Art. 34 Abs. 2 EGRC war freilich die VO (EWG) Nr. 1408/71, die sich aber auch schon auf Selbstständige und Studierende erstreckte. Mithin werden insbesondere Personen erfasst, die in mehreren Mitgliedstaaten beschäftigt bzw. beschäftigt gewesen sind oder solche, die in einem anderen als dem für sie zuständigen Mitgliedstaat wohnhaft sind oder sich dort zeitweise aufhalten.

c) FreizügigkeitsVO (EWG) Nr. 1612/68

4695 Die Erläuterungen zur EGRC[1361] beziehen sich auch auf die so genannte FreizügigkeitsVO (EWG) Nr. 1612/68,[1362] die inzwischen durch die VO (EU) Nr. 492/2011[1363] über die Freizügigkeit der Arbeitnehmer innerhalb der Union abgelöst wurde. Diese ist aber in ihrem neuen Art. 7 Abs. 2 identisch. Danach genießt ein Arbeitnehmer, der Staatsangehöriger eines Mitgliedstaates ist, im Hoheitsgebiet eines anderen Mitgliedstaates die gleichen sozialen und steuerlichen Vergünstigungen wie die inländischen Arbeitnehmer. Dieser Regelung liegt heute wie damals der Gedanke zugrunde, mittels eines Diskriminierungsverbots jede unterschiedliche Behandlung aufgrund der Staatsangehörigkeit in tatsächlicher und rechtlicher Hinsicht zu vermeiden, um die völlige Freizügigkeit der Arbeitnehmer auf dem Gebiet der Union zu erwirken.[1364] Nach einem erfolgreichen Arbeitsplatzwechsel sollte schon über Art. 7 Abs. 2 FreizügigkeitsVO (EWG) Nr. 1612/68 die soziale Integration des Arbeitnehmers im Aufnahmestaat gefördert werden. Diese stellt neben der geografischen und der beruflichen Mobilität die dritte Komponente der Freizügigkeit dar.

4696 Während die Regelungen der WanderarbeitnehmerVO (EWG) Nr. 1408/71[1365] lediglich die dort genannten Leistungen der sozialen Sicherheit erfassten, war die Regelung des Art. 7 Abs. 2 FreizügigkeitsVO (EWG) Nr. 1612/68 allgemeiner: Sie

---

[1359] *Steinmeyer*, in: Hanau/Steinmeyer/Wank, Handbuch des europäischen Arbeits- und Sozialrechts, 2002, § 21 Rn. 73.

[1360] ABl. 2004 L 166, S. 1, zuletzt geändert durch VO (EU) Nr. 2019/1149, ABl. 2019 L 186, S. 21.

[1361] Erläuterungen zur Charta der Grundrechte, ABl. 2007 C 303, S. 17 (27).

[1362] Des Rates vom 15.10.1968 über die Freizügigkeit der Arbeitnehmer innerhalb der Gemeinschaft (FreizügigkeitsVO), ABl. 1968 L 295, S. 12, zuletzt geändert durch RL 2004/38/EG, ABl. 2004 L 158, S. 77.

[1363] VO (EU) Nr. 492/2011 des Europäischen Parlaments und des Rates vom 5.4.2011 über die Freizügigkeit der Arbeitnehmer innerhalb der Union, ABl. 2011 L 141, S. 1.

[1364] *Steinmeyer*, in: Fuchs, Art. 7 VO (EWG) Nr. 1612/68 Rn. 1; *Zuleeg*, EuGRZ 1992, 329 (332).

[1365] ABl. 1971 L 149, S. 2, zuletzt geändert durch VO (EG) Nr. 1992/2006, ABl. 2006 L 329, S. 1.

dient dem **sozialen Schutz des Arbeitnehmers** auf dem Gebiet der Union **in Form einer möglichst weitgehenden Gleichbehandlung aller Unionsbürger**. Art. 7 Abs. 2 FreizügigkeitsVO (EWG) Nr. 1612/68 bildete somit einen Auffangtatbestand zur Vervollständigung des sozialrechtlichen Schutzes zugewanderter Arbeitnehmer.[1366] Daher fanden nach der Rechtsprechung des EuGH auch in einigen Fällen Art. 7 Abs. 2 FreizügigkeitsVO (EWG) Nr. 1612/68 und die WanderarbeitnehmerVO (EWG) Nr. 1408/71 parallel Anwendung.[1367]

d) FreizügigkeitsRL 2004/38/EG

Die VO (EU) Nr. 492/2011 über die Freizügigkeit der Arbeitnehmer innerhalb der Union wird durch die so genannte RL 2004/38/EG[1368] ergänzt.[1369] Diese behandelt das Recht der Unionsbürger und ihrer Familienangehörigen, sich im Hoheitsgebiet der Mitgliedstaaten frei zu bewegen und aufzuhalten.

4697

aa) Aufenthaltsrechte

Die FreizügigkeitsRL 2004/38/EG unterscheidet zwischen drei verschiedenen aufenthaltsrechtlichen Stufen: dem Aufenthalt von bis zu drei Monaten (Art. 6), dem Aufenthalt von mehr als drei Monaten (Art. 7) und dem Daueraufenthalt (Art. 16). Diese Aufenthaltsrechte werden an verschiedene Voraussetzungen geknüpft. So darf sich jeder Unionsbürger im Besitz eines Personalausweises oder Reisepasses in jedem Mitgliedstaat der Union drei Monate lang aufhalten, ohne weitere Voraussetzungen erfüllen zu müssen. Möchte er länger als diese drei Monate bleiben, muss er Arbeitnehmer oder Selbstständiger im Aufnahmemitgliedstaat sein oder[1370] über ausreichende Existenzmittel und eine umfassende Krankenversicherung verfügen. Nach fünf Jahren ununterbrochenem rechtmäßigen Aufenthalt besteht ein Daueraufenthaltsrecht. Ähnliche Regelungen enthält die FreizügigkeitsRL 2004/38/EG für Familienangehörige. Ihr Status leitet sich vom Aufenthaltsrecht des Unionsbürgers ab, den sie begleiten oder dem sie nachziehen.[1371]

4698

[1366] *Steinmeyer*, in: Fuchs, Art. 7 VO (EWG) Nr. 1612/68 Rn. 2.
[1367] *Frenz*, Europarecht 1, Rn. 1859 ff.
[1368] Des Europäischen Parlaments und des Rates vom 29.4.2004 über das Recht der Unionsbürger und ihrer Familienangehörigen, sich im Hoheitsgebiet der Mitgliedstaaten frei zu bewegen und aufzuhalten, zur Änderung der VO (EWG) Nr. 1612/68 und zur Aufhebung der RLn 64/221/EWG, 68/360/EWG, 72/194/EWG, 73/148/EWG, 75/34/EWG, 75/35/EWG, 90/364/EWG, 90/365/EWG und 93/96/EWG, ABl. 2004 L 158, S. 77, zuletzt geändert durch VO (EU) Nr. 492/2011, ABl. 2011 L 141, S. 1.
[1369] *Kingreen*, in: Calliess/Ruffert, Art. 34 GRCh Rn. 7.
[1370] Siehe Art. 7 Abs. 1 Buchst. a.
[1371] Ausführlich zur FreizügigkeitsRL u. Rn. 5445 ff.

bb) Gleichbehandlungsgrundsatz

4699 Vorliegend ist Art. 24 FreizügigkeitsRL 2004/38/EG von besonderem Interesse. Nach Absatz 1 genießt grundsätzlich jeder Unionsbürger, der sich aufgrund der Richtlinie im Hoheitsgebiet des Aufnahmemitgliedstaates aufhält, im Anwendungsbereich des Vertrags die **gleiche Behandlung** wie die Staatsangehörigen dieses Mitgliedstaates. Das Recht auf Gleichbehandlung erstreckt sich auch auf Familienangehörige, die nicht die Staatsangehörigkeit eines Mitgliedstaates besitzen und das Recht auf Aufenthalt oder das Recht auf Daueraufenthalt genießen. Nach Absatz 2 ist der Aufnahmestaat jedoch nicht verpflichtet, anderen Personen als Arbeitnehmern oder Selbstständigen, Personen, denen dieser Status erhalten bleibt, und ihren Familienangehörigen während der ersten drei Monate des Aufenthalts einen Anspruch auf Sozialhilfe oder vor Erwerb des Rechts auf Daueraufenthalt Studienbeihilfen, einschließlich Beihilfen zur Berufsbildung, in Form eines Stipendiums oder Studiendarlehens, zu gewähren. Mit dieser Regelung wird der Gleichbehandlungsanspruch des Absatzes 1 erheblich eingeschränkt.[1372]

4700 Der Gleichbehandlungsgrundsatz gem. Art. 24 FreizügigkeitsRL 2004/38/EG bezieht sich nach seinem Wortlaut und aufgrund des restriktiven personellen Anwendungsbereichs dieser Richtlinie lediglich auf Unionsbürger und ihre Familienangehörigen. Art. 34 Abs. 2 EGRC spricht hingegen davon, dass grundsätzlich jedem Menschen mit rechtmäßigem Wohnsitz und Aufenthaltswechsel in der Union[1373] ein Gleichbehandlungsrecht zustehe. Allerdings muss sich dieses aus „dem Unionsrecht und den einzelstaatlichen Rechtsvorschriften und Gepflogenheiten" ergeben.[1374] Insofern ist es unschädlich, dass **Art. 24 FreizügigkeitsRL 2004/38/ EG enger** ist. Der eigentliche Anspruch auf die Leistungen der sozialen Sicherheit und die sozialen Vergünstigungen ergibt sich ohnehin nicht aus Art. 34 Abs. 2 EGRC, sondern aus dem Unionsrecht oder den einzelstaatlichen Rechtsvorschriften oder Gepflogenheiten.[1375]

4. EuGH-Rechtsprechung

4701 Im Rahmen der genannten WanderarbeitnehmerVO (EWG) Nr. 1408/71[1376] und der FreizügigkeitsVO (EWG) Nr. 1612/68[1377] hat sich der EuGH bereits mit der

---

[1372] Zur Kritik an Abs. 2 s.u. Rn. 5511 f.
[1373] Näher u. Rn. 4721 ff.
[1374] S.u. Rn. 4729 ff.
[1375] S.u. Rn. 4729 ff.
[1376] ABl. 1971 L 149, S. 2, zuletzt geändert durch VO (EG) Nr. 592/2008, ABl. 2008 L 177, S. 1, weitestgehend aufgehoben durch VO (EG) Nr. 883/2004, ABl. 2004 L 166, S. 1.
[1377] ABl. 1968 L 295, S. 12, zuletzt geändert durch RL 2004/38/EG, ABl. 2004 L 158, S. 77; ersetzt durch VO (EU) Nr. 492/2011 des Europäischen Parlaments und des Rates vom 5.4.2011 über die Freizügigkeit der Arbeitnehmer innerhalb der Union, ABl. 2011 L 141, S. 1.

§ 5 Sozialer Schutz

Gleichbehandlung in Bezug auf Leistungen des sozialen Schutzes befasst. Soweit ersichtlich, hat er bislang jedoch kein entsprechendes Grundrecht anerkannt.

5. Verfassungen der Mitgliedstaaten

Die Verfassungen der Mitgliedstaaten garantieren soziale Rechte häufig nur den eigenen Staatsangehörigen.[1378] Mittlerweile werden sie aber vielfach auf alle Personen erstreckt, so für das Recht auf soziale Sicherheit in Finnland und Lettland.[1379]

4702

III. Einordnung

1. Qualifizierung als Grundrecht

a) Wortlaut

Art. 34 Abs. 2 EGRC verleiht dem Wortlaut nach einen „**Anspruch** auf die Leistungen der sozialen Sicherheit und die sozialen Vergünstigungen". Dies spricht für die Qualifizierung als subjektives Recht.[1380]

4703

Zudem ist der **Kreis der Berechtigten konkret** bestimmt, da lediglich die Menschen, die in der Union ihren „rechtmäßigen Wohnsitz" haben und ihren „Aufenthalt rechtmäßig" wechseln, Anspruch auf die Leistungen haben. Diesen Menschen kann die Norm folglich ein subjektives Recht vermitteln.[1381]

4704

b) Genese

Nach den Erläuterungen zur EGRC[1382] spiegelt Art. 34 Abs. 2 EGRC die Regeln wider, die sich aus den VOen (EWG) Nr. 1408/71[1383] und Nr. 1612/68[1384] – ersetzt durch VO (EU) Nr. 492/2011[1385] ergeben. Die darin enthaltenen Gleichbehandlungsregelungen[1386] wurden in die EGRC übernommen. Da die Normen in den

4705

[1378] *Nußberger/Lang*, in: Stern/Sachs, Art. 34 Rn. 104.

[1379] *Rohleder*, in: Meyer/Hölscheidt, Art. 34 Rn. 8 f. mit weiteren Beispielen.

[1380] *Nußberger/Lang*, in: Stern/Sachs, Art. 34 Rn. 55.

[1381] Vgl. *Jarass/Kment*, § 7 Rn. 1.

[1382] Erläuterungen zur Charta der Grundrechte, ABl. 2007 C 303, S. 17 (27).

[1383] ABl. 1971 L 149, S. 2, zuletzt geändert durch VO (EG) Nr. 592/2008, ABl. 2008 L 177, S. 1; weitestgehend aufgehoben durch VO (EG) Nr. 883/2004, ABl. 2004 L 166, S. 1.

[1384] ABl. 1968 L 295, S. 12.

[1385] VO (EU) Nr. 492/2011 über die Freizügigkeit der Arbeitnehmer innerhalb der Union, ABl. 2011 L 141, S. 1, zuletzt geändert durch VO (EU) 2019/1149, ABl. 2019 L 186, S. 21.

[1386] Art. 3 Abs. 1 VO (EWG) Nr. 1408/71 und Art. 7 Abs. 2 FreizügigkeitsVO (EWG) Nr. 1612/68; s. o. Rn.

Verordnungen subjektive Rechte gewähren, ist davon auszugehen, dass dies auch für Art. 34 Abs. 2 EGRC gelten soll.

c) Systematik

4706 Die Formulierung des Art. 34 Abs. 2 EGRC entspricht der des Art. 30 EGRC und ähnelt der in Art. 28 EGRC, Art. 29 EGRC, Art. 31 EGRC und Art. 33 Abs. 2 EGRC. Diese gewähren allesamt subjektive Rechte.[1387] Dies spricht dafür, dass auch Art. 34 Abs. 2 EGRC ein solches Recht gewährt.

d) Zweck

4707 Art. 34 Abs. 2 EGRC bezieht den allgemeinen Gleichbehandlungsgrundsatz der Art. 18 AEUV und Art. 21 EGRC auf den speziellen Bereich der Leistungen der sozialen Sicherheit und der sozialen Vergünstigungen. Aufgrund der **Fülle der Gleichheitsgebote im Primär- und im Sekundärrecht**[1388] ist erkennbar, dass es sich dabei um einen Grundwert des europäischen Rechts handelt. Dem wird am effektivsten Rechnung getragen, wenn Art. 34 Abs. 2 EGRC den Betroffenen einen einklagbaren Anspruch gewährt. Auch das allgemeine Diskriminierungsverbot des Art. 18 AEUV vermittelt ein **subjektives Recht** auf Gleichbehandlung.[1389]

e) Folgerungen

4708 Bei Art. 34 Abs. 2 EGRC handelt es sich damit nach praktisch einhelliger Auffassung um ein subjektives Recht.[1390] Es gewährt einen Anspruch auf Gleichbehandlung bei Sozialleistungen.[1391]

2. Abgrenzung

4709 Als Gleichheitsgebot, das an einen rechtmäßigen Aufenthaltswechsel anknüpft, hat Art. 34 Abs. 2 EGRC Berührungspunkte mit Art. 21 und Art. 45 EGRC.[1392]

[1387] S. Rn. 4232 ff., 4318 ff., 4368 ff., 4434 ff.

[1388] S. nur Art. 3 Abs. 1 VO (EWG) Nr. 1408/71 und Art. 7 Abs. 2 FreizügigkeitsVO (EWG) Nr. 1612/68 bzw. nunmehr Art. 7 Abs. 2 VO (EU) Nr. 492/2011.

[1389] *Martínez Soria*, JZ 2002, 643 (644).

[1390] S. *Jarass/Kment*, § 32 Rn. 13; *Kingreen*, in: Calliess/Ruffert, Art. 34 GRCh Rn. 6; *Rohleder*, in: Meyer/Hölscheidt, Art. 34 Rn. 71; *Marauhn/Böhringer*, in: Heselhaus/Nowak, § 26 Rn. 27; *Nußberger/Lang*, in: Stern/Sachs, Art. 34 Rn. 55.

[1391] *Kingreen*, in: Calliess/Ruffert, Art. 34 GRCh Rn. 6.

[1392] *Marauhn/Böhringer*, in: Heselhaus/Nowak, § 26 Rn. 31.

§ 5 Sozialer Schutz

a) Art. 20 und Art. 21 EGRC

Art. 20 EGRC beinhaltet den allgemeinen Gleichheitssatz. Art. 21 EGRC enthält ein allgemeines Diskriminierungsverbot. Art. 34 Abs. 2 EGRC bezieht das Gleichheitsgebot bzw. das Diskriminierungsverbot[1393] auf den speziellen Bereich der sozialen Sicherheit und der sozialen Vergünstigungen. Als **besonderes Diskriminierungsverbot** geht **Art. 34 Abs. 2 EGRC** der allgemeinen Regelung der Art. 20 und Art. 21 EGRC vor.[1394]

4710

b) Art. 45 EGRC

Das in Art. 45 EGRC enthaltene Freizügigkeitsrecht findet in **Art. 34 Abs. 2 EGRC** auch insoweit eine **spezielle Ausprägung**. Daher genießt Art. 34 Abs. 2 EGRC ebenfalls **Vorrang**.[1395]

4711

IV. Gewährleistungsbereich

Gem. Art. 34 Abs. 2 EGRC hat jeder Mensch, der in der Union seinen rechtmäßigen Wohnsitz hat und seinen Aufenthalt rechtmäßig wechselt, Anspruch auf die Leistungen der sozialen Sicherheit und die sozialen Vergünstigungen nach dem Unionsrecht und den einzelstaatlichen Rechtsvorschriften und Gepflogenheiten.

4712

1. Leistungen der sozialen Sicherheit

Die in Art. 34 Abs. 2 EGRC angesprochenen Leistungen der sozialen Sicherheit haben schon aufgrund der unmittelbaren Nähe der Vorschrift zu Art. 34 Abs. 1 EGRC dieselbe Bedeutung wie dort.[1396] Es handelt sich folglich um **Leistungen aus den Sozialversicherungssystemen**.[1397]

4713

2. Soziale Vergünstigungen

Der Begriff der sozialen Vergünstigungen findet sich bereits in Art. 7 Abs. 2 FreizügigkeitsVO (EWG) Nr. 1612/68,[1398] auf den auch die Erläuterungen zur

4714

[1393] Vgl. zur Austauschbarkeit der beiden Begriffe o. Rn. 3627 ff.
[1394] *Jarass/Kment*, § 32 Rn. 14.
[1395] *Jarass/Kment*, § 32 Rn. 14.
[1396] S.o. Rn. 4652 ff.
[1397] *Jarass/Kment*, § 32 Rn. 15.
[1398] ABl. 1968 L 295, S. 12 ersetzt durch VO (EU) Nr. 492/2011 über die Freizügigkeit der Arbeitnehmer innerhalb der Union, ABl. 2011 L 141, S. 1, zuletzt geändert durch VO (EU) 2019/1149, ABl. 2019 L 186, S. 21.

EGRC[1399] verweisen.[1400] Die nunmehr durch die VO (EU) Nr. 492/2011 ersetzte Verordnung behandelte das Freizügigkeitsrecht der Arbeitnehmer innerhalb der Union und wollte die Hindernisse beseitigen, die der Mobilität des Arbeitnehmers entgegenstehen.[1401] Dementsprechend bestimmte Art. 7 Abs. 2 FreizügigkeitsVO (EWG) Nr. 1612/68 wie nunmehr Art. 7 Abs. 2 VO (EU) Nr. 492/2011, dass ein Arbeitnehmer, der Staatsangehöriger eines Mitgliedstaates ist, im Hoheitsgebiet der anderen Mitgliedstaaten die gleichen sozialen und steuerlichen Vergünstigungen genießt wie die inländischen Arbeitnehmer.[1402]

4715 Der **EuGH interpretiert** diese Vorschrift sehr **weit**.[1403] Nach seiner Rechtsprechung umfasst der Begriff der sozialen Vergünstigungen i. S. d. Art. 7 Abs. 2 FreizügigkeitsVO (EWG) Nr. 1612/68 wie nunmehr auch Art. 7 Abs. 2 VO (EU) Nr. 492/2011 alle Sozialleistungen, die – ob sie an einen Arbeitsvertrag anknüpfen oder nicht – den inländischen Arbeitnehmern wegen ihrer objektiven Arbeitnehmereigenschaft oder einfach wegen ihres Wohnsitzes im Inland gewährt werden und deren Ausdehnung auf die Arbeitnehmer, die Staatsangehörige eines anderen Mitgliedstaates sind, deshalb als geeignet erscheint, deren Mobilität in der Union zu fördern.[1404]

4716 Leistungen i. S. d. Art. 7 Abs. 2 FreizügigkeitsVO (EWG) Nr. 1612/68 knüpfen neben der Arbeitnehmereigenschaft somit nicht zuletzt wegen des **Wohnsitzprinzips** an die Zugehörigkeit des Arbeitnehmers zur Gesellschaft des Gastlandes an.[1405] Der Begriff der sozialen Vergünstigungen ist damit weiter als der der sozialen Sicherheit. Die Leistungen der sozialen Sicherheit stellen vielmehr eine spezielle Form der sozialen Vergünstigungen dar.[1406] Entsprechend ordnete der EuGH bereits mehrfach Leistungen sowohl der sozialen Sicherheit[1407] als auch den sozialen Vergünstigungen[1408] zu, beispielsweise die luxemburgische Mutterschaftshilfe[1409] und das deutsche Erziehungsgeld.[1410] Dies gilt ebenso für den Art. 7 Abs. 2 FreizügigkeitsVO ersetzenden, identisch lautenden Art. 7 Abs. 2 VO (EU) Nr. 492/2011.[1411]

[1399] Erläuterungen zur Charta der Grundrechte, ABl. 2007 C 303, S. 17 (27).

[1400] *Nußberger/Lang*, in: Stern/Sachs, Art. 34 Rn. 110.

[1401] S. den 6. Erwägungsgrund der Verordnung.

[1402] S.o. Rn. 4695 f.

[1403] *Nußberger/Lang*, in: Stern/Sachs, Art. 34 Rn. 111.

[1404] St. Rspr. seit EuGH, Rs. C-32/75, ECLI:EU:C:1975:120 (Rn. 10, 13) – Cristini.

[1405] *Steinmeyer*, in: Fuchs, Art. 7 VO (EWG) Nr. 1612/68 Rn. 4.

[1406] *Steinmeyer*, in: Fuchs, Art. 7 VO (EWG) Nr. 1612/68 Rn. 4; *Martínez Soria*, JZ 2002, 643 (644).

[1407] Nach Art. 4 Abs. 1 VO (EWG) Nr. 1408/71; s.o. Rn. 4693.

[1408] Nach Art. 7 Nr. 2 VO (EU) Nr. 492/2011; s.o. Rn. 4695 f.

[1409] EuGH, Rs. C-111/91, ECLI:EU:C:1993:92 (Rn. 22 u. 30) – Kommission/Luxemburg.

[1410] EuGH, Rs. C-85/96, ECLI:EU:C:1998:217 (Rn. 24 ff.) – Martinéz Sala.

[1411] Vgl. *Nußberger/Lang*, in: Stern/Sachs, Art. 34 Rn. 110 f.

§ 5 Sozialer Schutz

Zugleich gehören zu den sozialen Vergünstigungen auch die **Leistungen der sozialen Unterstützung**.[1412] Nach der Rechtsprechung des EuGH sind beispielsweise die Sozialhilfe oder ähnliche bedürftigkeitsabhängige Leistungen zur Sicherung eines Existenzminimums,[1413] garantierte Mindesteinkommen im Alter,[1414] Sozialleistungen für Behinderte bzw. für deren Integration,[1415] Arbeitslosengeld,[1416] Ausbildungsförderung,[1417] Bestattungsgeld[1418] etc. als soziale Vergünstigungen anzusehen.[1419]

4717

3. Grundrechtsträger

a) Personenkreis

Träger des Gleichbehandlungsgrundrechts des Art. 34 Abs. 2 EGRC sind **alle Menschen**, die in der Union ihren „**rechtmäßigen Wohnsitz**" haben und ihren „Aufenthalt rechtmäßig" wechseln.

4718

Dabei muss es sich um **natürliche Personen** handeln. Juristische Personen sind nicht grundrechtsberechtigt,[1420] da davon gesprochen wird, dass „jeder Mensch" Anspruch auf die Leistungen der sozialen Sicherheit und die sozialen Vergünstigungen hat.

4719

Im Gegensatz zu den ersten Entwürfen im Grundrechtekonvent ist die **Arbeitnehmereigenschaft keine Voraussetzung** für eine Anspruchsberechtigung.[1421] Im Laufe des Grundrechtekonvents ist der geschützte Personenkreis bewusst erweitert worden.[1422]

4720

[1412] *Jarass/Kment*, § 32 Rn. 1 f.; *Rohleder*, in: Meyer/Hölscheidt, Art. 34 Rn. 77.
[1413] EuGH, Rs. C-122/84, ECLI:EU:C:1985:145 (Rn. 26) – Scrivner.
[1414] EuGH, Rs. C-1/72, ECLI:EU:C:1972:56 (Rn. 16, 18) – Frilli.
[1415] EuGH, Rs. C-76/72, ECLI:EU:C:1973:46 (Rn. 6, 10 f.) – Michel S.; Rs. C-187/73, ECLI:EU:C:1974:57 (Rn. 15) – Callemeyn; Rs. C-63/76, ECLI:EU:C:1976:192 (Rn. 18, 21) – Inzirillo; Rs. C-310/91, ECLI:EU:C:1993:221 (Rn. 16 ff.) – Schmid.
[1416] EuGH, Rs. C-94/84, ECLI:EU:C:1985:264 (Rn. 23 ff.) – Deak.
[1417] EuGH, Rs. C-39/86, ECLI:EU:C:1988:322 (Rn. 23 f.) – Lair; Rs. C-235/87, ECLI:EU:C:1988:460 (Rn. 11 ff.) – Matteuci; auch Rs. C-3/90, ECLI:EU:C:1992:89 (Rn. 23 ff.) – Bernini.
[1418] EuGH, Rs. C-237/94, ECLI:EU:C:1996:206 (Rn. 14) – O'Flynn.
[1419] Weitere Beispiele bei *Steinmeyer*, in: Fuchs, Art. 7 VO (EWG) Nr. 1612/68 Rn. 9 und bei *Martínez Soria*, JZ 2002, 643 (644).
[1420] *Kingreen*, in: Calliess/Ruffert, Art. 34 GRCh Rn. 10; *Jarass/Kment*, § 32 Rn. 18.
[1421] *Nußberger/Lang*, in: Stern/Sachs, Art. 34 Rn. 102 ff.
[1422] *Rohleder*, in: Meyer/Hölscheidt, Art. 34 Rn. 45 ff.

b) Rechtmäßiger Wohnsitz und Aufenthaltswechsel

aa) Maßgebliche Ankündigungspunkte

4721 Art. 34 Abs. 2 EGRC verlangt einen rechtmäßigen Wohnsitz und einen rechtmäßigen Aufenthaltswechsel in der Union. Es kommt damit nicht auf die Staatsangehörigkeit der betreffenden Person an, sondern vielmehr auf die **Rechtmäßigkeit** ihres **Wohnsitzes und** ihres **Aufenthaltswechsels**.[1423] Wohnsitz ist in Anlehnung an Art. 1 lit. h) VO (EWG) Nr. 1408/71[1424] der Ort des gewöhnlichen Aufenthalts. Unter Aufenthalt ist entsprechend der Begriffsbestimmung in Art. 1 lit. i) VO (EWG) Nr. 1408/71 der **vorübergehende Aufenthalt** zu verstehen.

4722 Bezüglich der Rechtmäßigkeit von Wohnsitz und Aufenthaltswechsel wird an das Recht auf Freizügigkeit angeknüpft.[1425] Dabei ist gem. Art. 45 EGRC zwischen Unionsbürgern und Drittstaatsangehörigen zu unterscheiden. Gem. Art. 45 Abs. 1 EGRC haben die Unionsbürgerinnen und Unionsbürger das Recht, sich im Hoheitsgebiet der Mitgliedstaaten frei zu bewegen und aufzuhalten. Nach Art. 45 Abs. 2 EGRC kann Staatsangehörigen dritter Länder, die sich rechtmäßig im Hoheitsgebiet eines Mitgliedstaates aufhalten, nach Maßgabe der Verträge Freizügigkeit und Aufenthaltsfreiheit gewährt werden. Drittstaatsangehörige genießen damit kein automatisches Freizügigkeitsrecht.

bb) Unionsbürger und ihre Familienangehörigen

4723 Der Regelung des Art. 45 Abs. 1 EGRC entspricht derzeit im europäischen Sekundärrecht die **FreizügigkeitsRL 2004/38/EG.**[1426] Sie bestimmt, inwiefern sich Unionsbürger und ihre Familienangehörigen im Hoheitsgebiet der Mitgliedstaaten frei bewegen und aufhalten dürfen. Danach darf sich jeder Unionsbürger im Besitz eines Personalausweises oder Reisepasses in jedem Mitgliedstaat drei Monate lang aufhalten, ohne weitere Voraussetzungen erfüllen zu müssen. Ein darüber hinaus gehender Aufenthalt setzt ausreichende Existenzmittel und eine umfassende Krankenversicherung voraus. Nach fünf Jahren ununterbrochenem rechtmäßigen Aufenthalt steht jedem Unionsbürger ein Daueraufenthaltsrecht zu. Die Familienangehörigen leiten ihr Aufenthaltsrecht von dem Unionsbürger ab, den sie begleiten oder dem sie nachziehen. Für sie enthält die FreizügigkeitsRL 2004/38/EG Sonderregelungen.[1427]

[1423] *Jarass/Kment*, § 32 Rn. 18; *Nußberger/Lang*, in: Stern/Sachs, Art. 34 Rn. 105.

[1424] ABl. 1971 L 149, S. 2, zuletzt geändert durch VO (EG) Nr. 592/2008, ABl. 2008 L 177, S. 1; weitestgehend aufgehoben durch VO (EG) Nr. 883/2004, ABl. 2004 L 166, S. 1, wo aber vergleichbare Regelungen vorhanden sind.

[1425] *Kingreen*, in: Calliess/Ruffert, Art. 34 GRCh Rn. 9.

[1426] ABl. 2004 L 158, S. 77, zuletzt geändert durch ABl. 2011 L 141, S. 1.

[1427] S.o. Rn. 4697 ff.; ausführlich zur FreizügigkeitsRL 2004/38/EG u. Rn. 5445 ff.

§ 5 Sozialer Schutz

Die FreizügigkeitsRL 2004/38/EG entscheidet damit, inwiefern ein Unionsbürger und/oder seine Familienangehörigen ihren rechtmäßigen Wohnsitz in der Union haben und ob ein Aufenthaltswechsel innerhalb der Union rechtmäßig erfolgt.[1428] **4724**

cc) Drittstaatsangehörige

Da Art. 34 Abs. 2 EGRC nicht an die Staatsangehörigkeit, sondern an den rechtmäßigen Wohnsitz und Aufenthaltswechsel anknüpft, können grundsätzlich auch Drittstaatsangehörige Grundrechtsträger sein. Sie müssen dazu lediglich in der **Union** ihren **rechtmäßigen Wohnsitz** haben und ihren Aufenthalt rechtmäßig wechseln. Damit werden illegale Einwanderer von der Regelung des Art. 34 Abs. 2 EGRC ausgeschlossen.[1429] **4725**

Inwiefern ein Drittstaatsangehöriger rechtmäßig in der Union wohnt und seinen Aufenthalt wechselt, beurteilt sich nicht nach der FreizügigkeitsRL 2004/38/EG,[1430] sondern nach nationalem Recht. So werden die Einreise und der Aufenthalt von Drittstaatsangehörigen in Deutschland beispielsweise durch das Gesetz über den Aufenthalt, die Erwerbstätigkeit und die Integration von Ausländern im Bundesgebiet (AufenthG) geregelt. Danach bedarf jeder Drittstaatsangehörige für den Aufenthalt in Deutschland eines Aufenthaltstitels, der in Form von Visum, Aufenthaltserlaubnis oder Niederlassungserlaubnis erteilt wird. **4726**

Problematisch sind allerdings die Fälle, in denen die Leistung der sozialen Sicherheit oder die soziale Vergünstigung von der Beziehung zu einer weiteren Person abhängt (so beim Kindergeld oder bei der Hinterbliebenenrente) und diese Person nicht ihren rechtmäßigen Wohnsitz in der Union hat. Als Beispiel mag der Fall dienen, bei dem die Kinder eines sich rechtmäßig in der Union aufhaltenden Drittstaatsangehörigen in dessen Herkunftsland außerhalb der Union geblieben sind.[1431] Fraglich ist in diesem Fall, wer in Bezug auf die Leistung der sozialen Sicherheit oder die soziale Vergünstigung anspruchsberechtigt ist: der Vater, der alle Voraussetzungen des Art. 34 Abs. 2 EGRC erfüllt, oder die Kinder, die dies nicht tun. Die Beantwortung dieser Frage richtet sich nach der jeweiligen Bestimmung, aufgrund derer die Leistung gewährt wird. **Erfüllt die anspruchsberechtigte Person alle Voraussetzungen des Art. 34 Abs. 2 EGRC**, hat sie auch einen **Anspruch auf Gleichbehandlung**. Erfüllt sie die Voraussetzungen nicht, kann sie sich nicht auf Art. 34 Abs. 2 EGRC berufen. **4727**

[1428] *Kingreen*, in: Calliess/Ruffert, Art. 34 GRCh Rn. 10.
[1429] *Nußberger/Lang*, in: Stern/Sachs, Art. 34 Rn. 105 f.; *Rengeling/Szczekalla*, Rn. 1040.
[1430] ABl. 2004 L 158, S. 77; berichtigt durch ABl. 2004 L 229, S. 35, zuletzt geändert durch ABl. 2011 L 141, S. 1.
[1431] *Nußberger/Lang*, in: Stern/Sachs, Art. 34 Rn. 106.

c) Innerhalb der Union

4728   Gem. Art. 34 Abs. 2 EGRC hat jeder Mensch, der in der Union seinen rechtmäßigen Wohnsitz hat und seinen Aufenthalt rechtmäßig wechselt, Anspruch auf die Leistungen der sozialen Sicherheit und die sozialen Vergünstigungen. In der englischen und französischen Fassung wird klargestellt, dass nicht nur der rechtmäßige Wohnsitz innerhalb der Union liegen muss, sondern auch der rechtmäßige Aufenthaltswechsel innerhalb der Union stattzufinden hat.[1432] Daher muss bei dem betreffenden Sachverhalt ein **grenzüberschreitender Bezug** gegeben sein.[1433] Rein innerstaatliche Vorgänge sind nicht erfasst. Die Vorschrift zielt nämlich auf die Probleme, die sich bei einem Wechsel über die innergemeinschaftlichen Grenzen hinweg ergeben,[1434] und ergänzt das Freizügigkeitsrecht. In Anlehnung an die WanderarbeitnehmerVO (EWG) Nr. 1408/71,[1435] die das gleiche Ziel verfolgt[1436] und Grundlage für die Bestimmung des Art. 34 Abs. 2 EGRC war,[1437] ist der Anwendungsbereich des Art. 34 Abs. 2 EGRC daher auf Fälle mit grenzüberschreitendem Bezug zu beschränken. **Personen**, die zwar rechtmäßig ihren Wohnsitz in der Union haben, ihren **Aufenthalt** jedoch **nicht rechtmäßig in einen anderen Staat wechseln**, können sich deshalb **nicht auf Art. 34 Abs. 2 EGRC berufen**.

4. Verweis auf Unionsrecht und einzelstaatliche Rechtsvorschriften und Gepflogenheiten

4729   Der Anspruch auf die Leistungen der sozialen Sicherheit und die sozialen Vergünstigungen ergibt sich aus „Unionsrecht und den einzelstaatlichen Rechtsvorschriften und Gepflogenheiten". Art. 34 Abs. 2 EGRC gewährt selbst keinen Anspruch auf die Leistungen, sondern enthält lediglich ein Grundrecht auf Gleichbehandlung.[1438] **Art. 34 Abs. 2 EGRC** ist daher **keine eigenständige Anspruchsgrundlage** für Leistungen der sozialen Sicherheit oder soziale Vergünstigungen, sondern begründet Ansprüche nur zusammen mit Vorschriften des nationalen und des Unionsrechts.[1439]

4730   Die Ausgestaltung der Systeme der sozialen Sicherheit und sozialen Unterstützung obliegt damit entsprechend der bestehenden Kompetenzverteilung weiterhin den Mitgliedstaaten. Deren Gesetzgeber entscheiden, ob sie Ansprüche auf Leistungen der sozialen Sicherheit und/oder soziale Vergünstigungen gewähren. Wenn

---

[1432] *Jarass/Kment*, § 32 Rn. 17.

[1433] Vgl. EuGH, Rs. C-95/99 u. 180/99, ECLI:EU:C:2001:532 (Rn. 72) – Khalil u. a.; Rs. C-153/91, ECLI:EU:C:1992:354 (Rn. 10) – Petit; *Nußberger/Lang*, in: Stern/Sachs, Art. 34 Rn. 108.

[1434] *Jarass/Kment*, § 32 Rn. 17.

[1435] ABl. 1971 L 149, S. 2, zuletzt geändert durch VO (EG) Nr. 592/2008, ABl. 2008 L 177, S. 1; weitestgehend aufgehoben durch VO (EG) Nr. 883/2004, ABl. 2004 L 166, S. 1.

[1436] EuGH, Rs. C-95/99 u. 180/99, ECLI:EU:C:2001:532 (Rn. 67) – Khalil u. a.

[1437] S.o. Rn. 4693 f.

[1438] Vgl. *Kingreen*, in: Calliess/Ruffert, Art. 34 GRCh Rn. 6.

[1439] *Nußberger/Lang*, in: Stern/Sachs, Art. 34 Rn. 113.

§ 5 Sozialer Schutz

sie dies tun, greift das Gleichbehandlungsgebot des Art. 34 Abs. 2 EGRC ein. Sehen die nationalen Rechtsordnungen hingegen keine Leistungen der sozialen Sicherheit vor, können diese auch nicht über Art. 34 Abs. 2 EGRC gefordert werden. Art. 34 Abs. 2 EGRC **verlangt lediglich** eine **diskriminierungsfreie Anwendung bestehender Regelungen**.[1440]

Zwar wird auch bei Art. 34 Abs. 2 EGRC der Regelungsgehalt der Norm aufgrund des Verweises auf das Unionsrecht und die einzelstaatlichen Rechtsvorschriften und Gepflogenheiten weitgehend relativiert.[1441] Die Aufnahme der Vorschrift in die EGRC hat jedoch wichtige **Signalwirkung**.[1442] Aufgrund des erlassenen Sekundärrechts[1443] herrscht bereits jetzt in der Union der Standard, dass ausländische Arbeitnehmer und ihre Familienangehörigen, die sich rechtmäßig im Unionsgebiet aufhalten und dort einen rechtmäßigen Wohnsitz haben, in Bezug auf Sozialleistungen gleich zu behandeln sind. Der EuGH hat die Positionen in einer Reihe von Entscheidungen ausgebaut und gefestigt.[1444] Durch Aufnahme des Art. 34 Abs. 2 EGRC in die EGRC hat dieser bereits bestehende Rechtsstandard ein zusätzliches Gewicht erhalten.[1445]

4731

5. Normadressat

Der Verweis auf die einzelstaatlichen Rechtsvorschriften und Gepflogenheiten hat zur Folge, dass Adressat des Art. 34 Abs. 2 EGRC nicht – wie gewöhnlich – die Union und die Mitgliedstaaten ausschließlich bei der **Durchführung des europäischen Rechts** sein können. Auch wenn darauf Art. 51 Abs. 1 S. 1 EGRC die Adressaten der EGRC begrenzt, müssen vorliegend die **Mitgliedstaaten** ebenso **bei der Durchführung nationalen Rechts** an Art. 34 Abs. 2 EGRC gebunden sein. Andernfalls würde die Bestimmung weitestgehend leerlaufen.[1446]

4732

[1440] *Nußberger/Lang*, in: Stern/Sachs, Art. 34 Rn. 124.

[1441] *Streinz*, in: ders., Art. 27 GR-Charta Rn. 2; *Lang*, in: Stern/Sachs, Art. 27 Rn. 35; *Hüpers/Reese*, in: Meyer/Hölscheidt, Art. 27 Rn. 14, 25 ff.; *Pache*, EuR 2001, 475 (481); *Dorf*, JZ 2005, 126 (130).

[1442] *Rohleder*, in: Meyer/Hölscheidt, Art. 34 Rn. 17.

[1443] S. die WanderarbeitnehmerVO (EWG) Nr. 1408/71 (ABl. 1971 L 149, S. 2, zuletzt geändert durch VO (EG) Nr. 592/2008, ABl. 2008 L 177, S. 1), die FreizügigkeitsVO (EWG) Nr. 1612/68 (ABl. 1968 L 295, S. 12, zuletzt geändert durch RL 2004/38/EG, ABl. 2004 L 158, S. 77), ersetzt durch VO (EU) Nr. 492/2011 über die Freizügigkeit der Arbeitnehmer innerhalb der Union (ABl. 2011 L 141, S. 1) und die FreizügigkeitsRL 2004/38/EG (ABl. 2004 L 158, S. 77, zuletzt geändert durch ABl. 2011 L 141, S. 1.); o. Rn. 4693 ff.

[1444] S. *Frenz*, Europarecht 1, Rn. 1859 ff.

[1445] *Rohleder*, in: Meyer/Hölscheidt, Art. 34 Rn. 17.

[1446] *Nußberger/Lang*, in: Stern/Sachs, Art. 34 Rn. 103.

V. Beeinträchtigung und Rechtfertigung

4733 Art. 34 Abs. 2 EGRC verbietet jegliche Ungleichbehandlung bei der Gewährung von Leistungen der sozialen Sicherheit und bei sozialen Vergünstigungen. **Bei einem grenzüberschreitenden Aufenthaltswechsel** darf es daher **nicht** zu einer **Ungleichbehandlung** zwischen einer Inländerin bzw. einem Inländer und der Person, die den Aufenthaltswechsel vorgenommen hat, kommen.[1447]

4734 Da das Grundrecht des Art. 34 Abs. 2 EGRC von vornherein nur auf Gleichbehandlung bei den nach Maßgabe des Unionsrechts und der einzelstaatlichen Rechtsvorschriften und Gepflogenheiten bestehenden Ansprüchen auf Leistungen der sozialen Sicherheit und soziale Vergünstigungen gerichtet ist, sind **Einschränkungen bei der Gleichbehandlung möglich**.[1448] So werden die Ansprüche nur unter Berücksichtigung der im Unionsrecht und in den nationalen Vorschriften enthaltenen Einschränkungen gewährt.[1449] Es ist lediglich der sich aus dem Grundrechtscharakter ergebende **Wesensgehalt** zu beachten. Die **Rechtfertigung** einer **Beeinträchtigung** des Gleichheitsgebots ist **bei Vorliegen objektiver Gründe** und bei Beachtung des Grundsatzes der **Verhältnismäßigkeit** denkbar.[1450]

4735 Ob die in Art. 24 Abs. 2 FreizügigkeitsRL 2004/38/EG[1451] vorgenommenen Ausnahmen vom Gleichbehandlungsgebot[1452] noch eine rechtmäßige Ausgestaltung des Art. 34 Abs. 2 EGRC darstellen oder schon in das Grundrecht eingreifen, mag zweifelhaft sein.

4736 Gegen einen Eingriff spricht die weitgehende **konstitutive Bedeutung der rechtlichen Ausgestaltung auch durch das Unionsrecht**.[1453] Diese darf nur nicht den Gehalt des Art. 34 Abs. 2 EGRC praktisch aushebeln. In Art. 24 Abs. 2 FreizügigkeitsRL 2004/38/EG wurden indes sachgerechte Anknüpfungspunkte gewählt. Diese rechtfertigen jedenfalls eine Einschränkung. Die Einschränkungen nach Art. 24 Abs. 2 FreizügigkeitsRL 2004/38/EG knüpfen neben schon nach den Grundfreiheiten besonders herausgehobenen Merkmalen an die Aufenthaltsdauer an, welche erst die **Zugehörigkeit zu einer neuen Solidargemeinschaft** auch für soziale Leistungen und damit deren finanzielle Belastung begründet. Soziale Leistungen beruhen schließlich wesentlich auf ihrer Finanzierbarkeit. Diese ist angesichts knapper öffentlicher Kassen zwingende Grundlage. Die anderen Absätze von Art. 34 EGRC sind nicht zuletzt zur Vermeidung finanzieller Lasten als Grundsatz aus-

---

[1447] *Kingreen*, in: Calliess/Ruffert, Art. 34 GRCh Rn. 11; *Marauhn/Böhringer*, in: Heselhaus/Nowak, § 26 Rn. 24, 29.

[1448] *Jarass/Kment*, § 32 Rn. 21.

[1449] *Nußberger/Lang*, in: Stern/Sachs, Art. 34 Rn. 113.

[1450] *Jarass/Kment*, § 32 Rn. 21; *Marauhn/Böhringer*, in: Heselhaus/Nowak, § 26 Rn. 30.

[1451] ABl. 2004 L 158, S. 77; berichtigt durch ABl. 2004 L 229, S. 35, zuletzt geändert durch ABl. 2011 L 141, S. 1.

[1452] S.o. Rn. 4697 ff.

[1453] Ebenso *Kingreen*, in: Calliess/Ruffert, Art. 34 GRCh Rn. 12.

gestaltet. Die Möglichkeit von Vorbehalten im Rahmen eines ansonsten subjektiv einforderbaren Rechts ist das unabdingbare Pendant dazu und daher **systembedingt**.

VI. Prüfungsschema zu Art. 34 Abs. 2 EGRC

1. Schutzbereich 4737
a) Anspruch auf Gleichbehandlung bei Sozialleistungen
b) Leistungen der sozialen Sicherheit: werden dem Begünstigten aufgrund eines gesetzlich umschriebenen Tatbestandes gewährt, ohne dass im Einzelfall eine in das Ermessen gestellte Prüfung des persönlichen Bedarfs erfolgt; beziehen sich auf ein Risiko, das einem der in Art. 34 Abs. 1 EGRC genannten Fälle zumindest ähnelt
c) Begriff der sozialen Vergünstigungen ist weiter: alle Sozialleistungen, die – ob sie an einen Arbeitsvertrag anknüpfen oder nicht – den inländischen Arbeitnehmern wegen ihrer objektiven Arbeitnehmereigenschaft oder einfach wegen ihres Wohnsitzes im Inland gewährt werden und deren Ausdehnung auf die Arbeitnehmer, die Staatsangehörige eines anderen Mitgliedstaates sind, deshalb als geeignet erscheint, deren Mobilität in der Union zu fördern; auch Leistungen der sozialen Unterstützung (vgl. Art. 34 Abs. 3 EGRC)
d) kein Anspruch auf Leistungen, sondern lediglich Grundrecht auf Gleichbehandlung; Ansprüche nur zusammen mit Vorschriften des nationalen oder des Unionsrechts
e) Ausgestaltung der Systeme der sozialen Sicherheit und sozialen Unterstützung obliegt weiterhin den Mitgliedstaaten
f) Träger des Gleichbehandlungsgrundrechts: alle Menschen, die in der Union ihren „rechtmäßigen Wohnsitz" haben und ihren „Aufenthalt rechtmäßig" wechseln, unabhängig von ihrer Staatsangehörigkeit; für Unionsbürger abhängig von FreizügigkeitsRL, bei Drittstaatsangehörigen vom nationalen Recht

2. Beeinträchtigung
Ungleichbehandlung zwischen einer Inländerin bzw. einem Inländer und der Person, die einen grenzüberschreitenden Aufenthaltswechsel vorgenommen hat

3. Rechtfertigung
bei sachgerechtem Anknüpfungspunkt: **Aufenthaltsdauer, Finanzierbarkeit**

D. Soziale Unterstützung

I. Grundlagen

4738 Gem. Art. 34 Abs. 3 EGRC anerkennt und achtet die Union, um die soziale Ausgrenzung und die Armut zu bekämpfen, das Recht auf eine soziale Unterstützung und eine Unterstützung für die Wohnung, die allen, die nicht über ausreichende Mittel verfügen, ein menschenwürdiges Dasein sicherstellen sollen, nach Maßgabe des Unionsrechts und der einzelstaatlichen Rechtsvorschriften und Gepflogenheiten. Nach den Erläuterungen zur EGRC[1454] lehnt sich diese Bestimmung an Art. 13 ESC[1455] und die Art. 30 und 31 rev. ESC[1456] sowie an Nr. 10 GCSGA[1457] an.

1. ESC

a) Art. 13 ESC

4739 Art. 13 ESC[1458] behandelt das Recht auf Fürsorge. Um die wirksame Ausübung des Rechts auf Fürsorge zu gewährleisten, verpflichtet er die Vertragsparteien,

1. sicherzustellen, dass jedem, der nicht über ausreichende Mittel verfügt und sich diese auch nicht selbst oder von anderen, insbesondere durch Leistungen aus einem System der Sozialen Sicherheit verschaffen kann, ausreichende Unterstützung gewährt wird und im Falle der Erkrankung die Betreuung, die seine Lage erfordert;
2. sicherzustellen, dass Personen, die diese Fürsorge in Anspruch nehmen, nicht aus diesem Grund in ihren politischen oder sozialen Rechten beeinträchtigt werden;
3. dafür zu sorgen, dass jedermann durch zweckentsprechende öffentliche oder private Einrichtungen die zur Verhütung, Behebung oder Milderung einer persönlichen oder familiären Notlage erforderliche Beratung und persönliche Hilfe erhalten kann;
4. die in den Absätzen 1, 2 und 3 genannten Bestimmungen auf die rechtmäßig in ihrem Hoheitsgebiet befindlichen Staatsangehörigen der anderen Vertragsparteien anzuwenden, und zwar auf der Grundlage der Gleichbehandlung und in Übereinstimmung mit den Verpflichtungen, die sie in dem am 11.12.1953 zu Paris unterzeichneten Europäischen Fürsorgeabkommen übernommen haben.

[1454] Erläuterungen zur Charta der Grundrechte, ABl. 2007 C 303, S. 17 (27).
[1455] Europäische Sozialcharta vom 18.10.1961, Europarat SEV-Nr. 035, s. Rn. 4046 ff.
[1456] Revidierte Europäische Sozialcharta vom 3.5.1996, Europarat SEV-Nr. 163, s. auch Rn. 4046 ff.
[1457] Gemeinschaftscharta der sozialen Grundrechte der Arbeitnehmer, KOM (1989) 248 endg., s. Rn. 4051.
[1458] Europäische Sozialcharta vom 18.10.1961, Europarat SEV-Nr. 035, s. Rn. 4046 ff.

Während sich **Art. 13 Nr. 1 ESC z. T. wörtlich in Art. 34 Abs. 3 EGRC** wiederfindet, sind die Gewährleistungen des Art. 13 Nr. 2 und Nr. 3 ESC gar nicht in die EGRC und ist Art. 13 Nr. 4 ESC in Art. 34 Abs. 2 EGRC aufgenommen worden. Daher verwundert der allgemeine Verweis in den Erläuterungen[1459] auf den gesamten Art. 13 ESC.

4740

b) Art. 30 rev. ESC

In Art. 30 rev. ESC[1460] verpflichten sich die Vertragsparteien, um die wirksame Ausübung des Rechts auf Schutz gegen Armut und soziale Ausgrenzung zu gewährleisten,

4741

a) im Rahmen eines umfassenden und koordinierten Ansatzes Maßnahmen zu ergreifen, um für Personen, die in sozialer Ausgrenzung oder Armut leben oder Gefahr laufen, in eine solche Lage zu geraten, sowie für deren Familien den tatsächlichen Zugang insbesondere zur Beschäftigung, zu Wohnraum, zur Ausbildung, zum Unterricht, zur Kultur und zur Fürsorge zu fördern;
b) diese Maßnahmen, falls erforderlich, im Hinblick auf ihre Anpassung zu überprüfen.

Vergleichbar mit Art. 30 rev. ESC, nennt Art. 34 Abs. 3 EGRC den Zweck der Vorschrift, nämlich „soziale Ausgrenzung und ... Armut zu bekämpfen". Anders als Art. 30 rev. ESC enthält Art. 34 Abs. 3 EGRC jedoch keine konkreten Verpflichtungen der Mitgliedstaaten, Maßnahmen zu ergreifen, um Bedürftigen Zugang zu Beschäftigung, Wohnraum, Ausbildung, Unterricht, Kultur und Fürsorge zu verschaffen.[1461] Art. 34 Abs. 3 EGRC verpflichtet nur zur Anerkennung und Achtung der Rechte auf soziale Unterstützung und Unterstützung für die Wohnung und belässt es damit bei einer abstrakteren Ebene.[1462] Insbesondere wird keine spezielle Förderung in den Bereichen Beschäftigung, Ausbildung, Unterricht und Kultur verlangt. Art. 34 Abs. 3 EGRC greift lediglich den **Teilaspekt** der **Wohnung** auf und bezieht sich **im Übrigen abstrakt** auf die Problemfelder der **sozialen Ausgrenzung und Armut**.[1463]

4742

[1459] Erläuterungen zur Charta der Grundrechte, ABl. 2007 C 303, S. 17 (27).
[1460] Revidierte Europäische Sozialcharta vom 3.5.1996, Europarat SEV-Nr. 163; von Deutschland im März 2021 ratifiziert, am 1.5.2021 in Kraft getreten, BGBl. II S. 1060 (ausgenommen wurden Art. 30 und 31). S.o. Rn. 4046 ff.
[1461] *Nußberger/Lang*, in: Stern/Sachs, Art. 34 Rn. 125.
[1462] *Rohleder*, in: Meyer/Hölscheidt, Art. 34 Rn. 83, 85.
[1463] *Marauhn/Böhringer*, in: Heselhaus/Nowak, § 26 Rn. 22 f.

c) Art. 31 rev. ESC

4743 Art. 31 rev. ESC[1464] befasst sich mit dem **Recht auf Wohnung**. Um die wirksame Ausübung des Rechts auf Wohnung zu gewährleisten, verpflichten sich die Vertragsparteien, Maßnahmen zu ergreifen, die darauf gerichtet sind:
1. den Zugang zu Wohnraum mit ausreichendem Standard zu fördern;
2. der Obdachlosigkeit vorzubeugen und sie mit dem Ziel der schrittweisen Beseitigung abzubauen;
3. die Wohnkosten für Personen, die nicht über ausreichende Mittel verfügen, so zu gestalten, dass sie tragbar sind.

4744 Auch **im Grundrechtekonvent** wurde ein „Recht auf Wohnung" diskutiert. Es wurde letztlich jedoch **abgelehnt**.[1465] In Art. 34 Abs. 3 EGRC hat lediglich die Anerkennung und Achtung des Rechts auf eine Unterstützung für die Wohnung Eingang gefunden. Damit verlangt Art. 34 EGRC – anders als Art. 31 rev. ESC – keine weitreichenden, konkreten Maßnahmen.[1466]

2. GCSGA

4745 Gem. **Nr. 10 GCSGA**[1467] hat entsprechend den Gegebenheiten der einzelnen Länder jeder Arbeitnehmer der Europäischen Gemeinschaft Anspruch auf einen angemessenen sozialen Schutz und muss unabhängig von seiner Stellung und von der Größe des Unternehmens, in dem er arbeitet, Leistungen der sozialen Sicherheit in ausreichender Höhe erhalten (1. Spiegelstrich). Zudem müssen alle, die vom Arbeitsmarkt ausgeschlossen sind, weil sie keinen Zugang dazu fanden oder sich nicht wieder eingliedern konnten, und die nicht über Mittel für den Unterhalt verfügen, ausreichende Leistungen empfangen und Zuwendungen beziehen können, die ihrer persönlichen Lage angemessen sind (2. Spiegelstrich).

4746 Damit behandelt nur der 2. Spiegelstrich von Nr. 10 GCSGA die soziale Unterstützung und damit den Regelungsgehalt von Art. 34 Abs. 3 EGRC. Nr. 10 1. Spiegelstrich GCSGA befasst sich hingegen mit der in Art. 34 Abs. 1 EGRC geregelten sozialen Sicherheit. Dem entspricht es, dass die Erläuterungen zur EGRC[1468] bei

---

[1464] Revidierte Europäische Sozialcharta vom 3.5.1996, Europarat SEV-Nr. 163; von Deutschland im März 2021 ratifiziert, am 1.5.2021 in Kraft getreten, BGBl. II S. 1060 (ausgenommen wurden Art. 30 und 31). S. auch Rn. 4046 ff.
[1465] *Nußberger/Lang*, in: Stern/Sachs, Art. 34 Rn. 133.
[1466] *Nußberger/Lang*, in: Stern/Sachs, Art. 34 Rn. 133; *Rohleder*, in: Meyer/Hölscheidt, Art. 34 Rn. 23.
[1467] Gemeinschaftscharta der sozialen Grundrechte der Arbeitnehmer, KOM (1989) 248 endg., s. Rn. 4051.
[1468] Erläuterungen zur Charta der Grundrechte, ABl. 2007 C 303, S. 17 (27).

§ 5 Sozialer Schutz

Art. 34 Abs. 1 EGRC ebenfalls auf Nr. 10 GCSGA verweisen. Bei Art. 34 Abs. 3 EGRC wäre ein Hinweis lediglich auf Nr. 10 2. Spiegelstrich GCSGA präziser gewesen.

3. Europäischer Besitzstand

Individuelle Sozialhilfe ist im AEUV nicht geregelt.[1469] Allerdings weisen die Erläuterungen zur EGRC[1470] bei Art. 34 Abs. 3 EGRC auf Art. 153 AEUV hin.[1471] **Art. 153 Abs. 1 lit. j) AEUV** nennt die **Bekämpfung der sozialen Ausgrenzung** als ein Gebiet, in dem die Union die Tätigkeit der Mitgliedstaaten unterstützt und ergänzt. Das gleiche Ziel nennt **Art. 34 Abs. 3 EGRC**. Damit erhält die **Armutsbekämpfung** eine **grundrechtliche Absicherung**.[1472]

4747

4. EuGH-Rechtsprechung

Der Begriff der sozialen Unterstützung wird bislang im Europarecht nicht verwandt.[1473] Dementsprechend hat der EuGH bislang auch **kein Grundrecht auf soziale Unterstützung** anerkannt.[1474]

4748

5. Verfassungen der Mitgliedstaaten

a) Recht auf soziale Unterstützung

Die Verfassungen der Mitgliedstaaten enthalten sehr unterschiedliche Bezugnahmen auf das Recht auf soziale Unterstützung.[1475] Die dänische Verfassung gewährt ein Recht auf soziale Unterstützung,[1476] worunter das Existenzminimum zu verstehen ist. Die finnische Verfassung enthält ein Recht auf lebensnotwendige Unterstützung und Fürsorge.[1477] In der niederländischen Verfassung findet sich ein Anspruch auf Sozialhilfe.[1478] Die tschechische Verfassung gewährt jedem Bürger, der sich in materieller Not befindet, ein Recht auf eine derartige Unterstützung, die zur Sicher-

4749

[1469] *Funk*, in: Duschanek/Griller (Hrsg.), Grundrechte für Europa, 2002, S. 39 (50).
[1470] ABl. 2004 C 310, S. 424 (444).
[1471] Erläuterungen zur Charta der Grundrechte, ABl. 2007 C 303, S. 17 (27).
[1472] Dazu *Marauhn*, in: Matscher (Hrsg.), Erweitertes Grundrechtsverständnis, 2003, S. 247 (249).
[1473] *Nußberger/Lang*, in: Stern/Sachs, Art. 34 Rn. 80.
[1474] *Nußberger/Lang*, in: Stern/Sachs, Art. 34 Rn. 30.
[1475] S. *Streinz*, in: ders., Art. 34 GR-Charta Rn. 4; ausführlich *Rohleder*, in: Meyer/Hölscheidt, Art. 34 Rn. 25 ff.
[1476] § 75 Abs. 2 der dänischen Verfassung.
[1477] § 19 der finnischen Verfassung.
[1478] Art. 20 der niederländischen Verfassung.

stellung der grundlegenden Lebensbedingungen notwendig ist.[1479] Die slowakische Verfassung gewährt jedem, der sich in materieller Not befindet, ein Recht auf die Unterstützung, die zur Gewährleistung des Lebensunterhalts notwendig ist.[1480] In der litauischen Verfassung[1481] und in der Verfassung Maltas wird Sozialhilfe in näher bezeichneten Fällen gewährleistet.

4750 Das deutsche Grundgesetz enthält keine ausdrückliche Bestimmung zur sozialen Unterstützung. Allerdings erkennt das **BVerfG** in ständiger Rechtsprechung auf der Grundlage von Art. 1 Abs. 1 GG i. V. m. mit dem Sozialstaatsprinzip ein **Recht auf ein Existenzminimum** an.[1482]

b) Recht auf Unterstützung für die Wohnung

4751 Auch hinsichtlich einer Wohnungsunterstützung sind die Gewährleistungen in den Verfassungen der Mitgliedstaaten sehr unterschiedlich.[1483] Hinzu kommt, dass Art. 34 Abs. 3 EGRC nicht ein Recht auf Wohnung statuiert, sondern lediglich von einer „Unterstützung für die Wohnung" spricht. Ein Recht auf Wohnung wird in der spanischen[1484] und in der finnischen Verfassung[1485] garantiert. Die griechische Verfassung enthält eine Staatszielbestimmung, die eine Beschaffung von Wohnungen für Obdachlose vorsieht.[1486] Die belgische Verfassung gewährleistet ein Recht auf eine angemessene Wohnung.[1487] In der slowenischen Verfassung wird der Staat dazu verpflichtet, die Voraussetzungen dafür zu schaffen, dass die Staatsbürger eine angemessene Wohnung erwerben können.[1488] Nach der polnischen Verfassung wird eine Politik verfolgt, die den Wohnbedürfnissen der Staatsbürger entgegenkommt, und insbesondere der Obdachlosigkeit entgegenwirkt, die Entwicklung des sozialen Wohnungsbaus fördert sowie die Bestrebungen der Staatsangehörigen, eigene Wohnungen zu erlangen, unterstützt.[1489]

[1479] Art. 30 der tschechischen Verfassung.

[1480] Art. 39 der slowakischen Verfassung.

[1481] Art. 48 Abs. 1 der litauischen Verfassung.

[1482] S. BVerfGE 45, 187 (228); 82, 60 (85); BVerfGE 157, 30 (Rn. 113 ff.) – Klimabeschluss zum ökologischen Existenzminimum; *Krieger*, in: Dörr/Grote/Marauhn, Kap. 6 Rn. 108; *Murswiek*, in: Isensee/Kirchhof, HStR V, § 112 Rn. 99; *Nußberger/Lang*, in: Stern/Sachs, Art. 34 Rn. 26 m. w. N.

[1483] Ausführlich *Rohleder*, in: Meyer/Hölscheidt, Art. 34 Rn. 28.

[1484] Art. 47 der spanischen Verfassung.

[1485] § 19 der finnischen Verfassung.

[1486] Art. 21 Abs. 4 der griechischen Verfassung.

[1487] Art. 23 Nr. 3 der belgischen Verfassung.

[1488] Art. 78 der slowenischen Verfassung.

[1489] Art. 75 Abs. 1 der polnischen Verfassung.

II. Einordnung

1. Qualifizierung als Grundsatz

a) Wortlaut

Der Wortlaut von Art. 34 Abs. 3 EGRC gleicht dem des Art. 34 Abs. 1 EGRC, wenn davon gesprochen wird, dass die Union das Recht auf eine soziale Unterstützung und eine Unterstützung für die Wohnung „anerkennt und achtet". Diese Formulierung spricht für die Qualifizierung als Grundsatz. Zum einen wird das Recht auf eine soziale Unterstützung nicht gewährleistet, sondern lediglich anerkannt und geachtet. Zum anderen ist der Kreis der begünstigten Personen nicht hinreichend erkennbar.

4752

b) Genese

Nach den Erläuterungen zur EGRC[1490] ist Art. 34 Abs. 3 EGRC „von der Union im Rahmen der Politiken zu wahren, die auf Art. 153 AEUV beruhen". Diese Formulierung spricht eher für die Qualifizierung als Grundsatz, jedoch kann keine eindeutige Schlussfolgerung daraus gezogen werden.

4753

In der ursprünglichen Fassung des Art. 34 Abs. 3 EGRC war eine Pflicht zur Gewährung einer angemessenen sozialen Unterstützung für jede Person, die nicht über ausreichende Mittel verfügt und sich diese auch nicht selbst oder von anderen verschaffen kann, vorgesehen. Erst im Verlauf des Grundrechtekonvents erfolgte eine Umformulierung in die heutige Fassung.[1491] Dies legt eine **bewusste Abwendung von einem subjektiven Recht** hin zu einem Grundsatz nahe.

4754

c) Systematik

Der in Wortlaut, Systematik und Inhalt eng mit Art. 34 Abs. 3 EGRC verbundene Art. 34 Abs. 1 EGRC enthält kein subjektives Recht, sondern einen Grundsatz.[1492] Dies spricht dafür, auch Art. 34 Abs. 3 EGRC als Grundsatz zu qualifizieren.

4755

d) Zweck

Art. 34 Abs. 3 EGRC nennt selbst den mit der Regelung verfolgten Zweck: es sollen die „soziale Ausgrenzung und die Armut" bekämpft werden. Dies soll erfolgen mit Hilfe eines „Rechts auf eine soziale Unterstützung und eine Unterstützung für die Wohnung". Würde man Art. 34 Abs. 3 EGRC selbst ein solches Recht auf soziale Unterstützung und für die Wohnung entnehmen, würde dies zu Leistungsansprüchen

4756

[1490] Erläuterungen zur Charta der Grundrechte, ABl. 2007 C 303, S. 17 (27).
[1491] *Nußberger/Lang*, in: Stern/Sachs, Art. 34 Rn. 21 f.
[1492] S.o. Rn. 4642 ff.

und damit zu erheblichen **finanziellen Lasten** führen.[1493] Da dies mangels Zustimmungsfähigkeit bei der Schaffung der EGRC grundsätzlich **vermieden** werden sollte,[1494] ist davon auszugehen, dass auch Art. 34 Abs. 3 EGRC kein subjektives Recht gewähren soll.[1495]

e) Folgerungen

4757 Nach Wortlaut, Genese, Systematik und Zweck beinhaltet Art. 34 Abs. 3 EGRC kein subjektives Recht, sondern einen Grundsatz.[1496] Aufgrund der Formulierung von Anerkennung und Achtung der bestehenden Rechte enthält Art. 34 Abs. 3 EGRC einen abwehrrechtlichen Charakter.[1497] Er vermittelt keine Leistungsrechte und verpflichtet nicht zur Schaffung von sozialen Unterstützungsrechten. Derartige Gewährleistungen wären im Konvent wohl nicht mehrheitsfähig gewesen.[1498]

2. Abgrenzung und Zusammenspiel mit Art. 1 EGRC

4758 **Art. 34 Abs. 3 EGRC** gewährt **keinen eigenständigen Anspruch** auf soziale Unterstützung, sondern verweist auf das Unionsrecht und die einzelstaatlichen Rechtsvorschriften und Gepflogenheiten. Wenn aber weder das Unionsrecht noch die Mitgliedstaaten soziale Unterstützung gewähren oder wenn jemand die in den jeweiligen Rechtsvorschriften oder Gepflogenheiten vorgesehenen Voraussetzungen nicht erfüllt, steht ihm folglich kein Recht auf soziale Unterstützung zu. In diesen Fällen stellt sich deshalb die Frage, inwiefern sich ein solches Recht aus der Menschenwürdegarantie des Art. 1 EGRC ergibt.[1499]

4759 Würde man auf der Grundlage des Art. 1 EGRC ein Grundrecht auf ein Existenzminimum für alle Menschen gewährleisten, wäre Art. 34 Abs. 3 EGRC nicht nur eine überflüssige Norm. Die in Art. 34 Abs. 3 EGRC bewusst vorgenommene Einschränkung durch den Verweis auf das Unionsrecht und die einzelstaatlichen Rechtsvorschriften und Gepflogenheiten würde damit vielmehr unterlaufen. Daher kann **Art. 1 EGRC** allenfalls **in Extremfällen** als **Grundlage für ein Recht auf ein Existenzminimum** dienen, z. B., wenn die zur Verfügung stehenden Mittel eine lebenserhaltende Ernährung unmöglich machen und keine Abhilfe geschaffen wer-

---

[1493] *Jarass/Kment*, § 32 Rn. 6.

[1494] Vgl. zum Streit über die finanzielle Belastung bei kostspieligen sozialen Leistungsrechten o. Rn. 4109 ff.

[1495] *Jarass/Kment*, § 32 Rn. 2.

[1496] *Jarass/Kment*, § 32 Rn. 2; *Kingreen*, in: Calliess/Ruffert, Art. 34 GRCh Rn. 15; *Nußberger/Lang*, in: Stern/Sachs, Art. 34 Rn. 125; *Rohleder*, in: Meyer/Hölscheidt, Art. 34 Rn. 83.

[1497] *Rohleder*, in: Meyer/Hölscheidt, Art. 34 Rn. 83 ff.; *Marauhn/Böhringer*, in: Heselhaus/Nowak, § 26 Rn. 27.

[1498] *Marauhn/Böhringer*, in: Heselhaus/Nowak, § 26 Rn. 27.

[1499] Bejahend *Rengeling/Szczekalla*, Rn. 1040; offen gelassen von *Marauhn/Böhringer*, in: Heselhaus/Nowak, § 26 Rn. 25. Allgemein zum sozialen Existenzminimum Teilband I Rn. 983.

§ 5 Sozialer Schutz

den soll, da der Betroffene wegen einer vermeintlichen Minderwertigkeit oder Andersartigkeit getroffen werden soll.[1500] Dies entschied auch der EuGH im Hinblick auf die EU-Freizügigkeit trotz limitierendem Sekundärrecht.[1501]

III. Gewährleistungsbereich

Gem. Art. 34 Abs. 3 EGRC anerkennt und achtet die Union, um die soziale Ausgrenzung und die Armut zu bekämpfen, das Recht auf eine soziale Unterstützung und eine Unterstützung für die Wohnung, die allen, die nicht über ausreichende Mittel verfügen, ein menschenwürdiges Dasein sicherstellen sollen, nach Maßgabe des Unionsrechts und der einzelstaatlichen Rechtsvorschriften und Gepflogenheiten.

4760

1. Bekämpfung von sozialer Ausgrenzung und Armut

Anders als die übrigen in Titel IV zusammengefassten Grundrechtsartikel nennt Art. 34 Abs. 3 EGRC ausdrücklich die mit der Norm verfolgte Zielrichtung, nämlich die Bekämpfung von sozialer Ausgrenzung und Armut. Damit knüpft die Vorschrift im Wortlaut an **Art. 30 rev. ESC**[1502] und an **Art. 153 Abs. 1 lit. j) AEUV**[1503] an. Die **Union** soll damit ein **„soziales Gesicht"** erhalten und auch die nicht erfolgreich am Wirtschaftsleben beteiligten Bürger einschließen.[1504]

4761

2. Soziale Unterstützung

Der Begriff der „sozialen Unterstützung" ist dem europäischen Recht bislang fremd. Aus der Zusammenschau mit dem Ziel des Art. 34 Abs. 3 EGRC, die soziale Ausgrenzung und die Armut zu bekämpfen und allen, die nicht über ausreichende Mittel verfügen, ein menschenwürdiges Dasein sicherzustellen, ergibt sich jedoch, dass unter der sozialen Unterstützung **Maßnahmen** zu verstehen sind, **die sich an der Bedürftigkeit des Einzelnen orientieren**.[1505] Im deutschen Sprachgebrauch ist darunter üblicherweise die **Sozialhilfe** zu verstehen.[1506] So war auch in vorher-

4762

[1500] *Rixen*, in: Heselhaus/Nowak, § 13 Rn. 17; vgl. zum Klimaschutz BVerfGE 157, 30 (Rn. 115) – Klimabeschluss: „existenzbedrohende Zustände katastrophalen oder gar apokalyptischen Ausmaßes"
[1501] EuGH, Rs. C-709/20, ECLI:EU:C:2021:602 (Rn. 57 ff.).
[1502] S.o. Rn. 4741.
[1503] S.o. Rn. 4747.
[1504] *Nußberger/Lang*, in: Stern/Sachs, Art. 34 Rn. 50 ff., 130.
[1505] *Nußberger/Lang*, in: Stern/Sachs, Art. 34 Rn. 130 ff.
[1506] *Jarass/Kment*, § 32 Rn. 6.

gehenden Entwürfen im Grundrechtekonvent zunächst die Überschrift „Recht auf Sozialhilfe" vorgesehen.[1507]

3. Unterstützung für die Wohnung

4763 Im Grundrechtekonvent wurde ein **„Recht auf Wohnung"** diskutiert, letztlich jedoch **abgelehnt**.[1508] In Art. 34 Abs. 3 EGRC wird daher auch nicht von einem Recht auf eine Wohnung gesprochen, sondern von einem Recht auf eine Unterstützung für die Wohnung. Dies ist mit Wohnungsbeihilfe in Form von Geldleistungen gleichzusetzen. Weitergehende Maßnahmen wie die Beeinflussung von Wohnraumpreisen, Bekämpfung von Obdachlosigkeit etc.[1509] werden nicht gefordert.[1510] Damit wird nur ein **Teilaspekt des Rechts auf Wohnen**, nämlich die **finanzielle Unterstützung**, erfasst.[1511]

4. Menschenwürdiges Dasein

4764 Mit dem Hinweis auf ein „menschenwürdiges Dasein" wird ein Bezug zu Art. 1 EGRC hergestellt.[1512] Dies entspricht der Konzeption des BVerfG, das in ständiger Rechtsprechung auf der Grundlage von Art. 1 Abs. 1 GG i. V. m. mit dem Sozialstaatsprinzip ein Recht auf ein Existenzminimum anerkennt.[1513] Dementsprechend werden unter dem „menschenwürdigen Dasein" z. T. ein „menschenrechtliches Minimum"[1514] oder „Mindestleistungen zur Existenzsicherung"[1515] verstanden.

4765 Allerdings stellen **andere Sprachversionen der EGRC keinen Bezug zu Art. 1 EGRC** her, da sie nicht auf ein „menschenwürdiges" Dasein abstellen, sondern allenfalls von einem „würdigen", in der englischen und ungarischen Version hingegen von einem **„anständigen" Dasein** sprechen.[1516] Es bleibt daher abzuwarten, inwiefern die soziale Unterstützung lediglich ein **physisches Existenzminimum oder darüber hinausgehende Leistungen** verlangt. Für Letzteres spricht, dass Art. 34 Abs. 3 EGRC überhaupt neben Art. 1 EGRC als eigenes Grundrecht festgelegt ist (vgl. o. Rn. 4759).

[1507] *Rohleder*, in: Meyer/Hölscheidt, Art. 34 Rn. 33.
[1508] *Nußberger/Lang*, in: Stern/Sachs, Art. 34 Rn. 133; *Rohleder*, in: Meyer/Hölscheidt, Art. 34 Rn. 38 f.
[1509] Vgl. Art. 31 rev. ESC; s.o. Rn. 4743.
[1510] *Nußberger/Lang*, in: Stern/Sachs, Art. 34 Rn. 133.
[1511] *Rohleder*, in: Meyer/Hölscheidt, Art. 34 Rn. 88.
[1512] S. *Maruahn*, in: Matscher (Hrsg.), Erweitertes Grundrechtsverständnis, 2003, S. 247 (249).
[1513] BVerfGE 45, 187 (228); 82, 60 (85); vgl. Teilband I Rn. 983, 985 f. auch zum ökologischen Existenzminimum; dazu BVerfGE 157, 30 (Rn. 113 ff.) – Klimabeschluss; dazu *Krieger*, in: Dörr/Grote/Marauhn, Kap. 6 Rn. 108; *Murswiek*, in: Isensee/Kirchhof, HStR V, § 112 Rn. 99; *Nußberger/Lang*, in: Stern/Sachs, Art. 34 Rn. 26 m. w. N.
[1514] *Rohleder*, in: Meyer/Hölscheidt, Art. 34 Rn. 87.
[1515] *Nußberger/Lang*, in: Stern/Sachs, Art. 34 Rn. 132.
[1516] *Nußberger/Lang*, in: Stern/Sachs, Art. 34 Rn. 27 f.

§ 5 Sozialer Schutz

5. Begünstigte

Art. 34 Abs. 3 EGRC geht davon aus, dass „allen, die nicht über ausreichende Mittel verfügen", ein Recht auf soziale Unterstützung und eine Unterstützung für die Wohnung zustehen kann. Art. 34 Abs. 3 EGRC differenziert nicht zwischen Unionsbürgern und Drittstaatsangehörigen, sodass grundsätzlich auch Letzteren die genannten Rechte zustehen können.

4766

Nach der Formulierung könnten sogar **illegale Einwanderer** von sozialer Unterstützung und einer Unterstützung für die Wohnung profitieren. Inwiefern dies bei Drittstaatsangehörigen und sich illegal in der Union aufhaltenden Personen tatsächlich der Fall ist, **entscheiden** aufgrund des Verweises das **Unionsrecht** und die **nationalen Rechtsvorschriften und Gepflogenheiten**. Für Menschen, welche die dort bestehenden jeweiligen Voraussetzungen nicht erfüllen, ergibt sich auch aus Art. 34 Abs. 3 EGRC kein Recht auf soziale Unterstützung und/oder eine Unterstützung für die Wohnung.

4767

6. Verweis auf das Unionsrecht und einzelstaatliche Rechtsvorschriften und Gepflogenheiten

Art. 34 Abs. 3 EGRC verweist auf das Unionsrecht und die einzelstaatlichen Rechtsvorschriften und Gepflogenheiten. Er bezieht sich damit auf den sozialrechtlichen Bestand in den Mitgliedstaaten und verpflichtet die Union zur Anerkennung und Achtung dieser Regelungen.[1517] Dem europäischen und den nationalen Gesetzgebern obliegen folglich wichtige Entscheidungen: Sie determinieren beispielsweise, inwiefern eine Unterstützung gewährt wird, insbesondere, wann ein „menschenwürdiges Dasein" erreicht ist. Dabei ist den Gesetzgebern ein **weiter Spielraum** eröffnet.[1518] So dürfte es z. B. zulässig sein, demjenigen, der sich nicht ausreichend um Arbeit bemüht oder eine zumutbare Arbeit verweigert, die Unterstützung zu versagen.[1519] Angesichts begrenzter Kompetenzen der Union in diesem Bereich sind vor allem die nationalen Vorschriften maßgeblich.[1520] Sie bestimmen auch das verfassungsrechtlich als Mindestmaß Gebotene. Den europäischen Organen obliegt es auch, diese Grenze zu wahren und nicht etwa durch eigene Rechtsetzung zu unterschreiten. Dem wird aber regelmäßig schon Art. 1 EGRC entgegenstehen.

4768

Zwar wird mit dem Verweis auf das Unionsrecht und die einzelstaatlichen Rechtsvorschriften und Gepflogenheiten der eigenständige Regelungsgehalt des Art. 34 Abs. 3 EGRC weitgehend relativiert.[1521] Mit der Verpflichtung der Union

4769

[1517] *Kingreen*, in: Calliess/Ruffert, Art. 34 GRCh Rn. 2.
[1518] *Jarass/Kment*, § 32 Rn. 6, 9.
[1519] *Rengeling/Szczekalla*, Rn. 1041, Vgl. *Jarass/Kment*, § 32 Rn. 9 f. für „unkooperative" Personengruppen.
[1520] *Nußberger/Lang*, in: Stern/Sachs, Art. 34 Rn. 134.
[1521] S.o. Rn. 4122.

zu Anerkennung und Achtung von sozialer Unterstützung und Unterstützung für die Wohnung werden diese jedoch als Werte festgesetzt, die bei der Auslegung des Unionsrechts allgemein zu beachten sind.[1522]

7. Normadressat

4770 Gem. Art. 34 Abs. 3 EGRC anerkennt und achtet „die Union" das Recht auf eine soziale Unterstützung und eine Unterstützung für die Wohnung. Die Mitgliedstaaten werden nicht genannt. Auch wenn grundsätzlich als Adressaten der EGRC die Organe und Einrichtungen der Union und die Mitgliedstaaten benannt sind,[1523] verpflichtet Art. 34 Abs. 3 EGRC ausnahmsweise nur die Union.[1524] Sie hat das gesamte Recht, soweit gewährleistet, zu respektieren. Der Grund für diese Einschränkung liegt darin, dass den **Mitgliedstaaten keine zusätzlichen Pflichten** auferlegt werden sollten.

8. Rechtsfolgen

4771 Aufgrund der strukturellen und begrifflichen Parallelität von Art. 34 Abs. 1 und Art. 34 Abs. 3 EGRC ergeben sich parallele Rechtsfolgen.[1525]

IV. Prüfungsschema zu Art. 34 Abs. 3 EGRC

4772 **1. Gewährleistungsbereich**
kein subjektives Recht, sondern Grundsatz

a) ausdrücklich genanntes Normziel: Bekämpfung von sozialer Ausgrenzung und Armut
b) soziale Unterstützung: alle Maßnahmen, die sich an der Bedürftigkeit des Einzelnen orientieren; im deutschen Sprachgebrauch üblicherweise die Sozialhilfe
c) Recht auf eine Unterstützung für die Wohnung: Wohnungsbeihilfe in Form von Geldleistungen; nicht weitergehende Maßnahmen wie die Beeinflussung von Wohnraumpreisen, Bekämpfung von Obdachlosigkeit etc.
d) str., inwiefern das Ziel eines menschenwürdigen Daseins lediglich ein physisches Existenzminimum oder darüber hinausgehende Leistungen verlangt

---

[1522] *Nußberger/Lang*, in: Stern/Sachs, Art. 34 Rn. 126. Vgl. o. Rn. 4669 a.E.
[1523] S. Art. 51 Abs. 1 S. 1 EGRC.
[1524] *Nußberger/Lang*, in: Stern/Sachs, Art. 34 Rn. 125; a.A. *Marauhn/Böhringer*, in: Heselhaus/Nowak, § 26 Rn. 26.
[1525] S. daher o. Rn. 4677 ff.

e) kein Recht auf soziale Unterstützung; Bezug auf den sozialrechtlichen Bestand in den Mitgliedstaaten und Verpflichtung der Union zur Anerkennung und Achtung dieser Regelungen
f) europäischer und nationale Gesetzgeber entscheiden, inwiefern eine Unterstützung gewährt wird, insbesondere, wann ein „menschenwürdiges Dasein" erreicht ist; dabei weiter Spielraum

2. Rechtsfolgen
a) Union darf keine Maßnahmen ergreifen, welche das Recht auf eine soziale Unterstützung und eine Unterstützung für die Wohnung gefährden könnten
b) grds. keine gerichtliche Geltendmachung
c) nur Inzidentkontrollen über die Vereinbarkeit von Rechtsvorschriften mit dem Grundsatz

§ 6 Gesundheitsschutz

A. Grundlagen

I. AEUV

Gem. **Art. 35 S. 1 EGRC** hat jeder Mensch das Recht auf **Zugang zur Gesundheitsvorsorge und auf ärztliche Versorgung** nach Maßgabe der einzelstaatlichen Rechtsvorschriften und Gepflogenheiten. Gem. **Art. 35 S. 2 EGRC** wird bei der Festlegung und Durchführung der Politik und Maßnahmen der Union in allen Bereichen ein **hohes Gesundheitsschutzniveau** sichergestellt. Diese beiden Regelungen stützen sich nach den Erläuterungen zur EGRC[1526] auf Art. 152 EG, der in dem heutigen Art. 168 AEUV aufgegangen ist. Letzterer begründet ein gesundheitsbezogenes Vorsorge- und Gefahrenabwehrrecht, bezieht sich indes nicht auf die Gesundheitssysteme der Mitgliedstaaten, wenngleich binnenmarktrechtliche und zunehmend auch haushaltsrechtliche Vorgaben für die Ausgestaltung der nationalen Gesundheitssysteme bestehen.[1527]

4773

Art. 168 Abs. 1 S. 1 AEUV entspricht fast wörtlich **Art. 35 S. 2 EGRC**.[1528] Die geringen Unterschiede beziehen sich lediglich auf die Formulierung, nicht auf den Inhalt.[1529] Damit hat die so genannte **Querschnittsklausel** des **Art. 168 Abs. 1 S. 1 AEUV**, welche die Union zur Sicherstellung eines hohen Gesundheitsschutzniveaus verpflichtet, Eingang in die EGRC gefunden. Die weiteren Absätze des **Art. 168 AEUV** regeln die europäischen Kompetenzen im Bereich des Gesundheitswesens

4774

[1526] Erläuterungen zur Charta der Grundrechte, ABl. 2007 C 303, S. 17 (27).
[1527] *Kingreen*, in: Calliess/Ruffert, Art. 168 AEUV Rn. 1.
[1528] *Giesecke*, in: Meyer/Hölscheidt, Art. 35 Rn. 3.
[1529] Vgl. *Streinz*, in: ders., Art. 35 GR-Charta Rn. 1.

und machen dabei deutlich, dass die **Tätigkeit der europäischen Ebene begrenzt** ist und diejenige der Mitgliedstaaten nur ergänzen soll. Deren Zusammenarbeit soll gefördert werden.[1530] Gem. 168 Abs. 5 AEUV dürfen die Fördermaßnahmen jedoch keine harmonisierenden Wirkungen haben.[1531]

4775 Auch in vielen sonstigen Bestimmungen des AEUV spielt der Gesundheitsschutz eine Rolle. Bei der **Verwirklichung des Binnenmarktes** ist gem. Art. 114 Abs. 3 AEUV der **Gesundheitsschutz zu berücksichtigen**. Art. 153 Abs. 1 lit. a) AEUV erklärt es zum besonderen Ziel, die Arbeitsumwelt zum Schutz der Gesundheit und der Sicherheit der Arbeitnehmer zu verbessern. Eine **Beeinträchtigung der Warenverkehrsfreiheit**, der Arbeitnehmerfreizügigkeit, der Niederlassungsfreiheit und der Dienstleistungsfreiheit können **aus Gesundheitsbelangen** gerechtfertigt sein.[1532] Gem. **Art. 6 lit. a) AEUV** unterstützt, koordiniert und ergänzt die Union die Mitgliedstaaten beim Schutz und der Verbesserung der menschlichen Gesundheit. Nach **Art. 9 AEUV** trägt die Union bei der Festlegung und Durchführung ihrer Politik und ihrer Maßnahmen den Erfordernissen im Zusammenhang mit einem hohen Niveau des Gesundheitsschutzes Rechnung.

II. ESC

4776 Nach den **Erläuterungen zur EGRC**[1533] stützen sich die in Art. 35 EGRC enthaltenen Grundsätze auf **Art. 11 und 13 ESC**.[1534]

4777 Art. 11 ESC enthält das Recht auf Schutz der Gesundheit. Die Vertragsparteien verpflichten sich darin, entweder unmittelbar oder in Zusammenarbeit mit öffentlichen oder privaten Organisationen geeignete Maßnahmen zu ergreifen, die unter anderem darauf abzielen,

1. soweit wie möglich die Ursachen von Gesundheitsschäden zu beseitigen;
2. Beratungs- und Schulungsmöglichkeiten zu schaffen zur Verbesserung der Gesundheit und zur Entwicklung des persönlichen Verantwortungsbewusstseins in Fragen der Gesundheit;
3. soweit wie möglich epidemischen, endemischen und anderen Krankheiten vorzubeugen.

4778 Im Vergleich zu Art. 35 EGRC sieht **Art. 11 ESC** konkrete Maßnahmen vor, um die Ausübung des Rechts auf Gesundheitsschutz zu gewährleisten.[1535] Art. 35 EGRC

[1530] *Giesecke*, in: Meyer/Hölscheidt, Art. 35 Rn. 3; *Bungenberg*, in: Heselhaus/Nowak, § 64 Rn. 11.
[1531] *Bungenberg*, in: Heselhaus/Nowak, § 64 Rn. 10 f.
[1532] S. Art. 36, 45 Abs. 3, 52 Abs. 1, 62 AEUV.
[1533] Erläuterungen zur Charta der Grundrechte, ABl. 2007 C 303, S. 17 (27).
[1534] Europäische Sozialcharta vom 18.10.1961, Europarat SEV-Nr. 035, s. Rn. 4046 ff.
[1535] *Giesecke*, in: Meyer/Hölscheidt, Art. 35 Rn. 2.

begnügt sich hingegen mit der Normierung eines allgemeinen Zugangs und Versorgungen und auch eines hohen Schutzniveaus ohne konkrete Verpflichtung.[1536]

Art. 13 ESC behandelt das **Recht auf Fürsorge**. Er verpflichtet die Vertragsparteien zu verschiedenen Einzelpunkten, um die wirksame Ausübung des Rechts auf Fürsorge zu gewährleisten.[1537]

4779

Der Hinweis auf Art. 13 ESC fehlt in den ursprünglichen Erläuterungen des Präsidiums des Grundrechtekonvents von 2000.[1538] Er ist in den aktualisierten Erläuterungen ergänzt worden. Da der von Art. 13 ESC erfasste Bereich in der EGRC in Art. 34 EGRC geregelt ist,[1539] verwundert diese Erweiterung in den Erläuterungen.

4780

III. EuGH-Rechtsprechung

Z. T. wird in der Literatur bereits aus dem Primärrecht ein Grundrecht des Verbrauchers auf Gesundheit und Sicherheit[1540] bzw. auf unionsweite bestmögliche Gesundheitsversorgung abgeleitet.[1541] Dies ist aber nicht allgemein anerkannt.[1542] Zwar hat sich der EuGH bereits vielfach mit Aspekten des Gesundheitsschutzes befasst, beispielsweise als Rechtfertigungsgrund für Einschränkungen der Grundfreiheiten[1543] wegen der Zielsetzung des hohen Gesundheitsschutzniveaus in Art. 168 Abs. 1 AEUV[1544] und schließlich im Rahmen sekundärrechtlicher Normen.[1545] Ein **Grundrecht auf Gesundheit** hat der **EuGH** – soweit ersichtlich – bislang jedoch **nicht anerkannt**,[1546] wohl aber die Generalanwälte.[1547] Das in Art. 35 EGRC garantierte Grundrecht auf Gesundheitsschutz bezweckt danach die Konkretisierung durch ein Verbot des Inverkehrbringens von Tabak zum oralen Gebrauch, welches freilich komplexe Beurteilungen nicht nur im Interesse der

4781

[1536] *Nußberger/Lang*, in: Stern/Sachs, Art. 35 Rn. 29.
[1537] S. den vollen Wortlaut o. Rn. 4739.
[1538] Erläuterungen des Präsidiums des Grundrechtekonvents vom 7.12.2000, CHARTE 4473/00 CONVENT 49, S. 32.
[1539] S.o. Rn. 4739 f.
[1540] *Zuleeg*, Bitburger Gespräche, Jahrbuch 1990, S. 13 (23).
[1541] S. *Rengeling/Szczekalla*, Rn. 1047; *Bungenberg*, in: Heselhaus/Nowak, § 64 Rn. 38; *Dauck/Nowak*, EuR 2001, 741 (745).
[1542] *Nußberger/Lang*, in: Stern/Sachs, Art. 35 Rn. 29 f.
[1543] *Nußberger/Lang*, in: Stern/Sachs, Art. 35 Rn. 41, S.u. Rn. 4811 ff.
[1544] S.o. Rn. 4774.
[1545] Vgl. *Bungenberg*, in: Heselhaus/Nowak, § 64 Rn. 35.
[1546] *Mayer*, in: Grabitz/Hilf/Nettesheim, nach Art. 6 EUV Rn. 212 f.; s. auch *Nußberger/Lang*, in: Stern/Sachs, Art. 35 Rn. 9 ff.
[1547] Unter Verweis auf die Rs. C-210/03, ECLI:EU:C:2004:802 (Rn. 48) – Swedish Match und Rs. C-434/02, ECLI:EU:C:2004:800 (Rn. 46) – Arnold André.

Raucher, sondern vielmehr der Bevölkerung insgesamt erfordert.[1548] Damit liegt einem solchen Verbot ein Grundrecht auf Gesundheitsschutz voraus, das in Art. 35 EGRC verortet ist.

4782 Der Schutz vor Tabakerzeugnissen lässt sich freilich sehr gut unter Art. 3 EGRC mit seinem Recht auf körperliche Unversehrtheit fassen, während bei Art. 35 EGRC die Zugangskomponente dominiert. Die fehlende Entwicklung eines allgemeinen Grundrechts auf Gesundheitsschutz durch den EuGH entspricht den lediglich punktuellen Ansatzpunkten des europarechtlichen Gesundheitsschutzes und der fortbestehenden nationalen Souveränität in diesem Bereich.[1549] Parallel dazu konnte sich auch kein allgemeiner Grundsatz bestmöglichen Umweltschutzes durchsetzen.[1550]

IV. Verfassungen der Mitgliedstaaten

4783 Die **Verfassungen der meisten Mitgliedstaaten enthalten** ausdrückliche Regelungen zum **Gesundheitsschutz**.[1551] Sie sind als „Recht",[1552] als „Recht auf Zugang"[1553] oder als „Verpflichtung des Staates"[1554] normiert.[1555] Eine **eigenständige Normierung fehlt** hingegen in den Verfassungen Deutschlands, Österreichs, Dänemarks, Schwedens, Großbritanniens und Maltas.[1556] In **Deutschland** finden sich spezielle Aspekte des Gesundheitsschutzes jedoch in Art. 2 Abs. 2 i. V. m. Art. 1 Abs. 1 GG.[1557] In den Mitgliedstaaten ohne Regelung im Verfassungstext sind

---

[1548] EuGH, Schlussanträge des Generalanwalts/der Generalanwältin vom 12.04.2018, C-151/17, Celex-Nr. 62017CC0151, ECLI:EU:C:2018:241, Rn. 19 unter Verweis v. a. auf EuGH, Rs. C-547/14, ECLI:EU:C:2016:325 (Rn. 176) – Philip Morris Brands u. a.
[1549] S.o. Rn. 4774.
[1550] S.u. Rn. 4950 f.
[1551] *Streinz*, in: ders., Art. 35 GR-Charta Rn. 2; *Giesecke*, in: Meyer/Hölscheidt, Art. 35 Rn. 4 f.; *Bungenberg*, in: Heselhaus/Nowak, § 64 Rn. 32.
[1552] So in der belgischen, der estnischen, der italienischen, der lettischen, der polnischen, der portugiesischen, der slowakischen, der slowenischen, der spanischen, der tschechischen und der ungarischen Verfassung; ausführlich *Giesecke*, in: Meyer/Hölscheidt, Art. 35 Rn. 4 f. und *Bungenberg*, in: Heselhaus/Nowak, § 64 Rn. 32.
[1553] Vgl. die polnische und die portugiesische Verfassung, die neben einem Recht auf Gesundheit auch ein Recht auf Zugang normieren; ausführlich *Giesecke*, in: Meyer/Hölscheidt, Art. 35 Rn. 5 und *Bungenberg*, in: Heselhaus/Nowak, § 64 Rn. 32.
[1554] S. die französische, die finnische, die niederländische, die spanische, die lettische, die litauische und die luxemburgische Verfassung; näher *Bungenberg*, in: Heselhaus/Nowak, § 64 Rn. 32; *Giesecke*, in: Meyer/Hölscheidt, Art. 35 Rn. 5.
[1555] *Nußberger/Lang*, in: Stern/Sachs, Art. 35 Rn. 19.
[1556] *Nußberger/Lang*, in: Stern/Sachs, Art. 35 Rn. 19; *Giesecke*, in: Meyer/Hölscheidt, Art. 35 Rn. 5.
[1557] *Streinz*, in: ders., Art. 35 GR-Charta Rn. 2; *Giesecke*, in: Meyer/Hölscheidt, Art. 35 Rn. 4; *Bungenberg*, in: Heselhaus/Nowak, § 64 Rn. 32.

Bestimmungen zum Gesundheitsschutz auf der Ebene der einfachen Gesetze und Verordnungen getroffen.[1558]

Die Rechtsprechung in den einzelnen Mitgliedstaaten entnimmt den verfassungsrechtlichen Normierungen **nicht immer subjektive Rechte**. Z. T. werden **Teilaspekte anerkannt**[1559] wie beispielsweise die Verwirklichung eines Mindestgehalts eines Rechts auf Gesundheit[1560] oder ein Recht auf ein effektives Gesundheitssystem.[1561] Dabei ist die **Tendenz** zu erkennen, einen gegen den Staat gerichteten **Anspruch** nicht allein dem Recht auf Gesundheit zu entnehmen, sondern **im Zusammenspiel mit dem Recht auf Menschenwürde, dem Recht auf Leben oder dem Gleichbehandlungsgrundsatz.**[1562]

4784

B. Einordnung

I. Qualifizierung von Art. 35 S. 1 EGRC als Grundrecht

1. Wortlaut

Ganz **überwiegend** wird **Art. 35 S. 1 EGRC als Grundrecht** qualifiziert.[1563] Da er explizit „das Recht auf Zugang zur Gesundheitsvorsorge und auf ärztliche Versorgung" gewährt, liegt es nahe, ihn als subjektives Recht zu qualifizieren.[1564]

4785

2. Genese

Die **Erläuterungen** zur EGRC[1565] sprechen demgegenüber von den „in diesem Artikel enthaltenen **Grundsätzen**". Das Präsidium ging danach offensichtlich davon aus, dass sowohl Art. 35 S. 1 EGRC als auch Art. 35 S. 2 EGRC Grundsätze enthalten.[1566]

4786

[1558] *Giesecke*, in: Meyer/Hölscheidt, Art. 35 Rn. 5.
[1559] Genauere Nachweise bei *Nußberger/Lang*, in: Stern/Sachs, Art. 35 Rn. 21, Fn. 41–44.
[1560] So vom italienischen Verfassungsgerichtshof entschieden: Enscheidung vom 26.5.1998 (Nr. 184'5), EuGRZ 1999, 132 ff.
[1561] So das polnische Verfassungsgericht: Urteil vom 7.1.2004, K 14/03, veröffentlicht in OTK ZU 2004, Nr. 1 A Pos. 1.
[1562] *Nußberger/Lang*, in: Stern/Sachs, Art. 35 Rn. 21, 26.
[1563] Für einen Grundsatz *Jarass/Kment*, § 33 Rn. 2; für ein Grundrecht hingegen *Streinz*, in: ders., Art. 35 GR-Charta Rn. 3; nur im Ansatz, sonst „Leitfunktion"; *Kingreen*, in: Calliess/Ruffert, Art. 35 GRCh Rn. 2; *Nußberger/Lang*, in: Stern/Sachs, Art. 35 Rn. 32; *Giesecke*, in: Meyer/Hölscheidt, Art. 35 Rn. 9; *Bungenberg*, in: Heselhaus/Nowak, § 64 Rn. 13; wohl auch *Krieger*, in: Dörr/Grote/Marauhn, Kap. 6 Rn. 113: derivatives Teilhaberecht.
[1564] *Bungenberg*, in: Heselhaus/Nowak, § 64 Rn. 36.
[1565] Erläuterungen zur Charta der Grundrechte, ABl. 2007 C 303, S. 17 (27).
[1566] *Jarass/Kment*, § 33 Rn. 2.

3. Systematik

4787 Ebenso wie Art. 35 S. 1 EGRC sprechen **Art. 28, 29, 31 und 33 Abs. 2 EGRC** von einem „Recht". In ähnlicher Weise wird in **Art. 30 EGRC** und in **Art. 34 Abs. 2 EGRC** der Begriff des „Anspruchs" verwandt. Die genannten Normen enthalten allesamt Grundrechte.[1567] **Parallel** dazu ist daher auch Art. 35 S. 1 EGRC als Grundrecht zu qualifizieren. Art. 38 EGRC ist demgegenüber gerade nicht als Recht formuliert und bildet daher einen bloßen Grundsatz.[1568]

4. Zweck

4788 Ein Recht auf Zugang zur Gesundheitsvorsorge und auf ärztliche Versorgung könnte weitreichende finanzielle Folgen haben. Dies darf hier jedoch kein Argument gegen eine Qualifizierung als Grundrecht sein.[1569] Zwar hatten die Mitglieder des Grundrechtekonvents **kostspielige Leistungsrechte verhindern** wollen.[1570] Zum einen bleibt aber abzuwarten, ob tatsächlich weitreichende finanzielle Belastungen auf die Mitgliedstaaten zukommen, da Art. 35 S. 1 EGRC **lediglich** ein Recht „nach Maßgabe der einzelstaatlichen Rechtsvorschriften und Gepflogenheiten" einräumt. Auf deren Maßgeblichkeit wird in diesem Zusammenhang verwiesen.[1571] Zum anderen ist die Intention des Gesetzgebers nur ein Indiz für eine Einordnung einer Norm. Maßgeblich ist die tatsächliche Ausgestaltung.

5. Folgerungen

4789 Nach dem eindeutigen Wortlaut und aufgrund eines systematischen Vergleichs mit wortlautgleichen oder ähnlichen Normen sowie Art. 38 EGRC e contrario enthält Art. 35 S. 1 EGRC ein subjektives Recht.[1572]

4790 Auf den ersten Blick könnte es sich um ein Leistungsrecht handeln. Dabei ist jedoch der Verweis auf die einzelstaatlichen Rechtsvorschriften und Gepflogenheiten zu beachten. Dieser hat zur Folge, dass der Unionsgesetzgeber selbst nicht verpflichtet wird, ein Recht auf Zugang zur Gesundheitsvorsorge und auf ärztliche Versorgung zu gewähren. Er **verpflichtet** die **Union** vielmehr **zur Anerkennung der sich aus den einzelstaatlichen Rechtsvorschriften und Gepflogenheiten ergebenden Rechte**.[1573] Diese darf die Union nicht einschränken. Folglich begrün-

---

[1567] Vgl. Rn. 4232 ff., 4318 ff., 4368 ff., 4434 ff., 4703 ff.
[1568] S.u. Rn. 5004 ff.
[1569] So aber *Jarass/Kment*, § 33 Rn. 2.
[1570] S.o. Rn. 4109 ff.
[1571] *Streinz*, in: ders., Art. 35 GR-Charta Rn. 3.
[1572] Ganz überwiegende Meinung, s.o. Rn. 4785.
[1573] S.u. Rn. 4829.

§ 6 Gesundheitsschutz

det Art. 35 S. 1 EGRC keinen gegen die Union gerichteten Leistungsanspruch.[1574] Es handelt sich vielmehr um ein **gegen die Union gerichtetes Abwehrrecht**.[1575]

Auch gegen die Mitgliedstaaten kann das „Recht auf Zugang zur Gesundheitsvorsorge" keinen Teilhabeanspruch und das „Recht ... auf ärztliche Versorgung" keinen Leistungsanspruch begründen.[1576] Auf der Grundlage der EGRC können **wegen** deren **Art. 51 Abs. 1 S. 1 keine Ansprüche gegen die Mitgliedstaaten** gestellt werden.[1577] Sie widersprächen aufgrund der im Wesentlichen **nationalen Kompetenzen im Gesundheitsbereich**[1578] auch Art. 51 Abs. 2 EGRC.

4791

Die Dominanz der mitgliedstaatlichen Gesundheitszuständigkeiten zeigte sich auch während der **Corona-Pandemie.** Höchstens aus **nationalem Verfassungsrecht** ergaben sich **Teilhabeansprüche auf Impfung**,[1579] nicht aber aus Unionsrecht. Die **EU** wurde **nur bei** der **Bestellung von Impfstoffen** tätig. Deren Kontrolle unterliegt freilich der EU-Harmonisierung.[1580]

4792

II. Qualifizierung von Art. 35 S. 2 EGRC als Grundsatz

Während die Einordnung von Art. 35 S. 1 EGRC problematisch ist, handelt es sich bei Art. 35 S. 2 EGRC nach Wortlaut, Genese, Systematik und Zweck unzweifelhaft um einen Grundsatz.[1581]

4793

1. Wortlaut

Anders als Art. 35 S. 1 EGRC spricht Art. 35 S. 2 EGRC **nicht** von einem **Recht**. Es wird lediglich „ein hohes Gesundheitsschutzniveau sichergestellt". Bei dieser Formulierung ist davon auszugehen, dass bewusst die Verwendung des Begriffs „Recht" vermieden wird. Dies spricht bereits dafür, Art. 35 S. 2 EGRC als Grundsatz anzusehen.[1582]

4794

[1574] *Kingreen*, in: Calliess/Ruffert, Art. 35 GRCh Rn. 5.
[1575] *Nußberger/Lang*, in: Stern/Sachs, Art. 35 Rn. 39; *Giesecke*, in: Meyer/Hölscheidt, Art. 35 Rn. 9.
[1576] A.A. *Krieger*, in: Dörr/Grote/Marauhn, Kap. 6 Rn. 111; *Jarass/Kment*, § 33 Rn. 2, der allerdings von einem „Leistungsgrundsatz in der Variante der Teilhabegewährleistung" spricht.
[1577] *Nußberger/Lang*, in: Stern/Sachs, Art. 35 Rn. 32.
[1578] S.o. Rn. 4781.
[1579] *Frenz*, DVBl 2021, 834 (837 f.).
[1580] *Frenz*, DVBl 2021, 834 (838).
[1581] Vgl. *Jarass/Kment*, § 33 Rn. 2; *Nußberger/Lang*, in: Stern/Sachs, Art. 35 Rn. 6, 47; *Giesecke*, in: Meyer/Hölscheidt, Art. 35 Rn. 36 ff.; *Kingreen*, in: Calliess/Ruffert, Art. 35 GRCh Rn. 1.
[1582] *Krieger*, in: Dörr/Grote/Marauhn, Kap. 6 Rn. 111: wie Staatszielbestimmungen formuliert.

4795 Zudem ist die Formulierung von Art. 35 S. 2 EGRC sehr unbestimmt. Ihr ist nicht zu entnehmen, welche justiziablen Folgen für die Bürger aus der Norm entstehen.[1583]

2. Genese

4796 Die Erläuterungen zur EGRC sprechen von den „in diesem Artikel enthaltenen Grundsätzen".[1584] Während die Einordnung von Art. 35 S. 1 EGRC umstritten ist,[1585] ist **Art. 35 S. 2 EGRC als Grundsatz** zu verstehen.[1586]

3. Systematik

4797 Die Formulierung des **Art. 35 S. 2 EGRC ähnelt** der des **Art. 33 Abs. 1 EGRC**. Während in Art. 33 Abs. 1 EGRC der „Schutz der Familie ... gewährleistet" wird, wird in Art. 35 S. 2 EGRC „ein hohes Gesundheitsschutzniveau sichergestellt". Art. 33 Abs. 1 EGRC enthält kein Grundrecht, sondern einen Grundsatz.[1587] Vor allem bilden einen solchen auch die ebenfalls explizit ein hohes Schutzniveau festschreibenden **Art. 37 EGRC und Art. 38 EGRC**. Dass diese beiden generell kein Grundrecht enthalten, schließt eine mögliche Parallele nicht aus. Schließlich ist eine unterschiedliche Einordnung verschiedener Absätze einer Vorschrift möglich. Art. 35 S. 1 EGRC gewährleistet nur den Zugang und gibt dem Einzelnen keinen weitergehenden Anspruch auf die Ausgestaltung zumal anderer Politiken. Daher ergreift ein subjektiver Charakter nicht etwa Art. 35 S. 2 EGRC. Dieser bildet nur einen Grundsatz.

4. Zweck

4798 Würde man Art. 35 S. 2 EGRC das subjektive Recht eines jeden Bürgers auf ein hohes Gesundheitsschutzniveau entnehmen, stellt sich neben der **Frage der Bestimmtheit der Norm**[1588] das Problem, dass ein unmittelbar einklagbares Recht möglicherweise weitreichende **finanzielle Folgen** hätte.[1589] Dies sollte jedoch bei der Schaffung der EGRC vermieden werden.[1590]

[1583] *Jarass/Kment*, § 33 Rn. 2.
[1584] Erläuterungen zur Charta der Grundrechte, ABl. 2007 C 303, S. 17 (27).
[1585] S.o. Rn. 4785, insbes. Fn. 1655.
[1586] *Jarass/Kment*, § 33 Rn. 2.
[1587] Vgl. o. Rn. 4593 ff.
[1588] S.o. Rn. 4795.
[1589] *Jarass/Kment*, § 33 Rn. 2.
[1590] S.o. Rn. 4109.

5. Folgerungen

Bildet somit Art. 35 S. 2 EGRC einen Grundsatz, haben sich gem. Art. 51 Abs. 1 S. 2 EGRC die Organe und Einrichtungen der Union und die Mitgliedstaaten bei der Durchführung des Rechts der Union daran zu halten, **ohne** dass eine **unmittelbare individuelle Einklagbarkeit** besteht (s. Art. 52 Abs. 5 S. 2 EGRC).

4799

III. Abgrenzung

1. Recht auf Grundversorgung

Neben Art. 35 EGRC dienen weitere Normen dem Gesundheitsschutz, so das in Art. 3 EGRC normierte Recht auf körperliche Unversehrtheit.[1591] Darum können staatliche Schutzpflichten für einen wirksamen Gesundheitsschutz erwachsen, der ohne eine medizinische Grundversorgung schwerlich sichergestellt ist. Bei einer tödlichen Erkrankung ist auch an das in Art. 2 EGRC enthaltene Recht auf Leben zu denken.[1592] Die in Art. 1 EGRC festgelegte Menschenwürde kann in Einzelfällen ebenfalls Bedeutung erlangen.[1593] Auch im Grundrechtekonvent wurde der Zusammenhang zwischen der Gesundheit und der Menschenwürde hervorgehoben.[1594]

4800

Die drei genannten Grundrechtsartikel beziehen sich auf für den Menschen **fundamentale, lebensbedrohliche Situationen** und vermitteln zum Schutz des Individuums subjektive Grundrechte. Diese beziehen sich auch auf einen effektiven Klimaschutz[1595] und liefern dabei jeweils eigenständige Anhaltspunkte, die zugleich ineinandergreifen und sich gegenseitig ergänzen sowie verstärken. Bei neuen gesundheitlichen Bedrohungen wie solchen durch das **Corona-Virus** wird diese subjektive grundrechtliche Berechtigung relevant und ist im vorstehenden Sinne zu lösen. Die **EU-Gesundheitsunion** kann daher **nur flankierend** sein.

4801

Diese beschränkte Rolle der EU wird aber unionsweiten Bedrohungen schwerlich gerecht und ist daher ausbaubedürftig. Das gebietet auch die effektive Verwirklichung der Grundrechte. Diese allein genügt aber nicht als Grundlage, da die EGRC nach ihrem Art. 51 Abs. 2 die EU-Kompetenzen nicht erweitern sollte. Zu einer Existenzbedrohung kann es auch in den Fällen kommen, in denen eine **gesundheitliche Grundversorgung** nicht sichergestellt ist. Aus einem Zusammenspiel der drei Grundrechtsartikel ergibt sich in einem solchen Fall ein subjektiver Anspruch auf

4802

[1591] *Jarass/Kment*, § 33 Rn. 3; *Giesecke*, in: Meyer/Hölscheidt, Art. 35 Rn. 8; *Rengeling/Szczekalla*, Rn. 1048; *Bungenberg*, in: Heselhaus/Nowak, § 64 Rn. 13.

[1592] *Jarass/Kment*, § 33 Rn. 3; *Rengeling/Szczekalla*, Rn. 1048; *Giesecke*, in: Meyer/Hölscheidt, Art. 35 Rn. 8; *Bungenberg*, in: Heselhaus/Nowak, § 64 Rn. 37.

[1593] *Giesecke*, in: Meyer/Hölscheidt, Art. 35 Rn. 8.

[1594] S. *Bernsdorff/Borowsky*, Die Charta der Grundrechte der Europäischen Union, 2002, S. 338.

[1595] Im Zusammenhang *Frenz*, EuR 2022, 3 (10 f.).

eine medizinische Grundversorgung,[1596] und zwar auf deren Schaffung, soweit nicht vorhanden, und nicht nur wie nach Art. 35 S. 1 EGRC auf Zugang. Das betrifft etwa einen hinreichenden **Schutz vor dem Coronavirus (COVID-19)**. Die intensiven Anstrengungen auch der Unionsorgane waren daher grundrechtlich geboten. Dabei kommt es freilich auf die bestehenden Möglichkeiten an. Diese sind hinreichend zu nutzen.[1597]

4803 Allerdings werden gem. Art. 51 Abs. 1 S. 1 EGRC durch die EGRC nur die Union und die Mitgliedstaaten ausschließlich bei der Durchführung des Unionsrechts gebunden. Ob die **Union** selbst eine **Kompetenz zur Einrichtung einer medizinischen Grundversorgung** besitzt, ist vor dem Hintergrund des Art. 168 AEUV **fraglich**.[1598] Die Union konnte sich daher auch bei der **Bekämpfung der Corona-Pandemie** auf eine ergänzende, die Mitgliedstaaten **begleitende Rolle** beschränken. Diese war aber sehr wichtig, so bei der **unionsbezogenen Bestellung des Impfstoffs gegen Corona**.

4804 Da jedoch derzeit alle Mitgliedstaaten eine gesundheitliche Grundversorgung vorsehen, ist diese Frage im Allgemeinen theoretisch und bedarf deshalb keiner Entscheidung.

2. EMRK und Parallelrechte in der EGRC

4805 Obwohl die EMRK kein Recht auf Gesundheit enthält, hat der EGMR bereits mehrfach aus mit EGRC-Bestimmungen gleichlautenden EMRK-Artikeln Ansprüche im Bereich des Gesundheitsschutzes abgeleitet.[1599]

4806 Dem in **Art. 8 Abs. 1 EMRK** normierten **Recht auf Achtung des Privatlebens**, das ebenso Art. 7 EGRC enthält, hat der EGMR beispielsweise einen **Anspruch auf Heilbehandlungsleistungen** bzw. auf Finanzierung einer Heilbehandlung entnommen.[1600] Das gleichfalls davon abgeleitete Recht auf **Selbstbestimmung am Lebensende** unter besonderer Berücksichtigung der Freiheit und Würde des Menschen[1601] hat aber ausschließlich einen Bezug zum Schutz der Privatsphäre; lebensbeendende Maßnahmen bilden keine „soins medicaux", also Heilbehandlungen.[1602] Daher erwächst daraus **kein Anspruch auf Zugang zu lebensbeendenden Maß-**

[1596] Vgl. *Rengeling/Szczekalla*, Rn. 1046; *Giesecke*, in: Meyer/Hölscheidt, Art. 35 Rn 25: tatsächliche Bereitstellung; vgl. auch o. Rn. 4784 zu den nationalen Rechten.

[1597] *Frenz*, EWS 2020, 129 ff., auch für die weiteren mit der Corona-Pandemie verbundenen Fragen.

[1598] S.o. Rn. 4774.

[1599] Ausführlich *Nußberger/Lang*, in: Stern/Sachs, Art. 35 Rn. 13 ff. und *Bungenberg*, in: Heselhaus/Nowak, § 64 Rn. 27 ff.

[1600] EGMR, Urt. vom 12.6.2003, Nr. 35968/97 (Rn. 66 ff.), NJW 2004, 2505 (2507 ff.) – van Kück/Deutschland.

[1601] EGMR, Urt. v. 19.7.2012 – 497/09 (Koch/Deutschland), Rn. 51, NJW 2013, 2953, Rn. 51.

[1602] EGMR, Urt. v. 29.4.2002 – 2346/02 (Pretty/Vereinigtes Königreich), NJW 2002, 2853 f.; EGMR, Urt. v. 19.7.2012 – 497/09 (Koch/Deutschland), NJW 2013, 2953.

nahmen, soweit solche in einem ggf. anderen Mitgliedstaat zugelassen sind, aus Art. 35 EGRC.[1603]

Auch im **Folterverbot** des Art. 3 EMRK, aufgenommen in Art. 4 EGRC, sah der EGMR einen Anspruch auf eine **medizinische Grundversorgung** enthalten.[1604] Inwiefern diese Einzelentscheidungen Auswirkungen auf die Rechtsprechung zur EGRC haben, bleibt abzuwarten. Dabei handelte es sich um spezifische Aspekte anderer Rechte und **nicht** um ein **generelles Recht auf Gesundheit**. Sie gehen auch über ein bloßes Recht nach Maßgabe der einzelstaatlichen Rechtsvorschriften und Gepflogenheiten hinaus, wie es in Art. 35 S. 1 EGRC enthalten ist.

4807

Daher sind diese Elemente auf die **Parallelrechte nach der EGRC** zurückzuführen, die insoweit **zu Art. 35 S. 1 EGRC speziell** sind. Allerdings vermögen auch sie wegen Art. 51 Abs. 2 EGRC die **begrenzten europäischen Kompetenzen** nicht zu erweitern und die Mitgliedstaaten nur bei der Durchführung des Unionsrechts zu verpflichten, zu der allerdings auch die Einhaltung der **Grundfreiheiten** gehört.[1605] Somit kommen die verstärkten Gehalte aus anderen Grundrechten dabei zum Tragen und können Ansprüche auf die grenzüberschreitende Inanspruchnahme von Gesundheitsdienstleistungen verstärken bzw. nationale Rechtfertigungen für die Beeinträchtigung einer Grundfreiheit beschränken.[1606]

4808

3. Diskriminierungsfreier Zugang

Art. 35 S. 1 EGRC gewährt ein Recht auf „Zugang zur Gesundheitsvorsorge" und verlangt damit einen diskriminierungsfreien Zugang. Sollten Streitigkeiten über diese Frage aufkommen, sind auch das Gleichheitsgebot des Art. 20 EGRC, das Diskriminierungsverbot des Art. 21 EGRC und das Gebot der Gleichbehandlung von Männern und Frauen in Art. 23 EGRC einschlägig.[1607] Soweit es um den **diskriminierungsfreien Zugang zur Gesundheitsvorsorge** geht, ist **Art. 35 S. 1 EGRC lex specialis**.[1608]

4809

4. Leistungen der sozialen Sicherheit

Gem. Art. 34 Abs. 1 EGRC anerkennt und achtet die Union das Recht auf Zugang zu den Leistungen der sozialen Sicherheit und zu den sozialen Diensten. Die Leistungen der sozialen Sicherheit werden unter anderem im Krankheitsfall und bei

4810

[1603] *Giesecke*, in: Meyer/Hölscheidt, Art. 35 Rn. 23.
[1604] *Nußberger/Lang*, in: Stern/Sachs, Art. 35 Rn. 16.
[1605] S. Teilband I Rn. 239 ff.
[1606] Dazu näher u. Rn. 4811 ff.
[1607] *Jarass/Kment*, § 33 Rn. 3; *Giesecke*, in: Meyer/Hölscheidt, Art. 35 Rn. 8; *Bungenberg*, in: Heselhaus/Nowak, § 64 Rn. 37.
[1608] *Nußberger/Lang*, in: Stern/Sachs, Art. 35 Rn. 30.

Unfällen gewährt. Damit gibt es Berührungspunkte zum Gesundheitsschutz des Art. 35 EGRC. Allerdings regeln beide Normen unterschiedliche Bereiche: Art. 34 EGRC behandelt die Frage, inwiefern ein Recht auf finanzielle Leistungen aus einem Sicherungssystem besteht. Art. 35 EGRC befasst sich allgemein mit den im Rahmen des Gesundheitsschutzes zu gewährenden Maßnahmen zur Gesundheitsvorsorge und zur ärztlichen Versorgung. Das Recht auf die Leistungen des **Art. 35 EGRC** besteht **unabhängig davon**, ob **Art. 34 Abs. 1 EGRC** ein **Recht auf finanzielle Leistungen** aus dem Sozialversicherungssystem gewährt.[1609]

5. Grundfreiheiten

a) Gesundheitsschutz als Rechtfertigungsgrund

4811 Der Gesundheitsschutz stellt nach geltendem Primärrecht einen Rechtfertigungsgrund für Einschränkungen des freien Warenverkehrs, der Arbeitnehmerfreizügigkeit, der Niederlassungsfreiheit sowie der Dienstleistungsfreiheit dar.[1610]

b) Zugang zu medizinischen Leistungen im EU-Ausland

4812 Aktivitäten von Unionsbürgern, welche die Gesundheitsvorsorge, die Behandlung von Krankheiten oder die Rehabilitation betreffen, können eine Ausübung der Grundfreiheiten darstellen. Wenn es um den immer stärker wahrgenommenen Zugang zu medizinischen Leistungen im EU-Ausland geht,[1611] sind insbesondere die Dienstleistungs- und die Warenverkehrsfreiheit zu beachten.[1612]

4813 So hat der EuGH den **Absatz medizinischer Erzeugnisse** und deren Einfuhrmöglichkeiten an der Warenverkehrsfreiheit gemessen.[1613] Eine Beeinträchtigung kann danach vorliegen, wenn eine **Krankenkasse Kosten** für ein im Ausland erworbenes medizinisches Erzeugnis **nicht übernimmt**, da damit die grenzüberschreitende Nachfrage und der Absatz behindert werden.[1614] Eine **Rechtfertigung** kann sich allenfalls aus einer **erheblichen Gefährdung des finanziellen Gleichgewichts des Krankenversicherungssystems** ergeben, da eine solche finanzielle Störung zu einer Verschlechterung des Gesundheitsschutzes führen kann.[1615]

[1609] *Nußberger/Lang*, in: Stern/Sachs, Art. 35 Rn. 31.

[1610] Näher z. B. *Frenz*, Europarecht 1, Rn. 1093 ff., Rn. 2004 ff., Rn. 2585, Rn. 3285 ff.

[1611] Vgl. etwa EuGH, Rs. C-8/02, ECLI:EU:C:2004:161– Leichtle; Rs. C-444/05, ECLI:EU:C:2007:231 – Stamatelaki; Rs. C-173/09, ECLI:EU:C:2010:581 – Elchinov; Rs. C-466/04, ECLI:EU:C:2006:405 – Herrera; Rs. C-322/01, ECLI:EU:C:2003:664 (Rn. 103) – Doc Morris sowie *Nowak*, EuR 2003, 644 ff.; *Bungenberg*, in: Heselhaus/Nowak, § 64 Rn. 38 f.

[1612] *Jarass/Kment*, § 33 Rn. 3; *Rengeling/Szczekalla*, Rn. 1047.

[1613] EuGH, Rs. C-120/95, ECLI:EU:C:1998:167 (Rn. 25) – Decker.

[1614] EuGH, Rs. C-120/95, ECLI:EU:C:1998:167 (Rn. 31 ff.) – Decker.

[1615] EuGH, Rs. C-120/95, ECLI:EU:C:1998:167 (Rn. 39) – Decker.

§ 6 Gesundheitsschutz

Eine **Arztbehandlung** hat der EuGH als Dienstleistung angesehen.[1616] Eine **4814** Beeinträchtigung der Dienstleistungsfreiheit kann deshalb vorliegen, wenn die **Behandlungskosten** bei einem Arzt in einem anderen Mitgliedstaat der Union **von der Krankenkasse nicht übernommen** werden. Eine **Rechtfertigung** ist allerdings möglich, wenn dies der Erhaltung einer **ausgewogenen, allen zugänglichen ärztlichen und klinischen Versorgung im Inland** dient und dies für die Gesundheit oder sogar das Überleben der Bevölkerung erforderlich ist.[1617] Dieser Ansatz ist aber dann zu begrenzen, wenn im Einzelfall konkrete grundrechtliche Ansprüche auf ärztliche Versorgung über den unter nationalem Gesetzgebungsvorbehalt stehenden Art. 35 S. 1 EGRC hinaus gegeben sind,[1618] zumal wenn sie im Inland nicht hinreichend erfüllt werden können.

6. Kollision mit anderen Grundrechten

Insbesondere bei Ausübung der wirtschaftlichen Grundrechte wie der **Berufsfreiheit** (Art. 15 EGRC), der unternehmerischen Freiheit (Art. 16 EGRC) und der Eigentumsfreiheit (Art. 17 EGRC) kann es zu Kollisionen mit dem Gesundheitsschutz kommen.[1619] Das gilt zumal dann, wenn individuelle Gesundheitsgefährdungen hervorgerufen werden, sodass **staatliche Schutzpflichten** auf der Basis von Art. 3 EGRC[1620] oder auch von Art. 7 EGRC[1621] eingreifen. Da gem. Art. 35 S. 2 EGRC bei der Festlegung und Durchführung der Politik und Maßnahmen der Union in allen Bereichen ein **hohes Gesundheitsschutzniveau** sichergestellt wird, muss versucht werden, **bei der Abwägung und** dem angestrebten **Ausgleich zwischen den kollidierenden Grundrechten** das „Bestmögliche" für den Gesundheitsschutz zu erreichen.[1622] **4815**

Dem Gesundheitsschutz gebührt jedoch wie auch dem Umweltschutz[1623] weder ein absoluter[1624] noch ein (automatischer) relativer Vorrang.[1625] Das gilt auch für die **Bekämpfung der Corona-Pandemie**. Wegen deren lebensbedrohlicher Dimension besteht aber ein starkes Gewicht der Einschränkungen rechtfertigenden Gesichtspunkte. Das hohe Gesundheitsschutzniveau spielt auch bei dieser Abwägung **4816**

[1616] EuGH, Rs. C-158/96, ECLI:EU:C:1998:171 (Rn. 29) – Kohll.
[1617] Vgl. EuGH, Rs. C-158/96, ECLI:EU:C:1998:171 (Rn. 50 f.) – Kohll; ebenso Rs. C-157/99, ECLI:EU:C:2001:404 (Rn. 76 ff.) – Smit u. Peerbooms; Rs. C-385/99, ECLI:EU:C:2003:270 (Rn. 37 ff.) – Müller-Fauré u. van Riet; zum Ganzen *Frenz*, Europarecht 1, Rn. 3302, 3318 f.
[1618] S.o. Rn. 4805.
[1619] *Bungenberg*, in: Heselhaus/Nowak, § 64 Rn. 15 ff.
[1620] S. Teilband I Rn. 1115 ff.
[1621] S. Teilband I Rn. 1376 ff.
[1622] *Schmidt am Busch*, in: Grabitz/Hilf/Nettesheim, Art. 168 AEUV Rn. 95 m. w. N.
[1623] Zu ihm u. Rn. 4972.
[1624] *Nußberger/Lang*, in: Stern/Sachs, Art. 35 Rn. 50.
[1625] *Schmidt am Busch*, in: Grabitz/Hilf/Nettesheim, Art. 168 AEUV Rn. 95.

herein. Entsprechend hohe Anstrengungen können daher unternommen werden, wenn es um die **Beschaffung von Impfstoffen** auf Unionsebene geht.

C. Zugang zur Gesundheitsvorsorge und ärztliche Versorgung

4817 Art. 35 EGRC behandelt in zwei Sätzen den Gesundheitsschutz. Zwar betreffen beide Bestimmungen den gleichen Bereich. Sie sind jedoch unterschiedlich ausgestaltet und haben derart unterschiedliche Auswirkungen, dass sie im Folgenden getrennt behandelt werden.[1626]

I. Gewährleistungsbereich

4818 Gem. Art. 35 S. 1 EGRC hat jeder Mensch das Recht auf Zugang zur Gesundheitsvorsorge und auf ärztliche Versorgung nach Maßgabe der einzelstaatlichen Rechtsvorschriften und Gepflogenheiten.

1. Gesundheit

4819 Der Begriff der Gesundheit wird im AEUV nicht definiert.[1627] Auch in der EGRC wird er nicht präzisiert.[1628] In der Präambel des Gründungsvertrags der WHO wird der Begriff der Gesundheit sehr **extensiv** ausgelegt.[1629] Gesundheit wird darin definiert als ein **Zustand des vollständigen körperlichen, geistigen und sozialen Wohlergehens** und nicht nur das Fehlen von Krankheit oder Gebrechen. Der EuGH hat sich in einer Entscheidung auf diese Definition berufen und sich für eine weite Auslegung des damals in Art. 118a EG[1630] enthaltenen Gesundheitsbegriffs ausgesprochen.[1631] Die weite Auslegung wird auch für den in Art. 168 AEUV verwandten Gesundheitsbegriff vertreten.[1632]

[1626] So auch *Nußberger/Lang*, in: Stern/Sachs, Art. 35 Rn. 32.

[1627] *Lurger*, in: Streinz, Art. 168 AEUV Rn. 17; *Schmidt am Busch*, in: Grabitz/Hilf/Nettesheim, Art. 168 AEUV Rn. 7; *Bungenberg*, in: Heselhaus/Nowak, § 64 Rn. 2.

[1628] *Giesecke*, in: Meyer/Hölscheidt, Art. 35 Rn. 14 ff.

[1629] *Jarass/Kment*, § 33 Rn. 4; *Giesecke*, in: Meyer/Hölscheidt, Art. 35 Rn. 15.

[1630] Der damalige Art. 118a EG ist im Wesentlichen gleichlautend mit dem heutigen Art. 153 Abs. 1 lit. a) AEUV.

[1631] EuGH, Rs. C-84/94, ECLI:EU:C:1996:431 (Rn. 15) – Vereinigtes Königreich/Rat.

[1632] *Lurger*, in: Streinz, Art. 168 AEUV Rn. 17; *Kingreen*, in: Calliess/Ruffert, Art. 168 AEUV Rn. 11 f.; *Schmidt am Busch*, in: Grabitz/Hilf/Nettesheim, Art. 168 AEUV Rn. 7.

Da von einer einheitlichen Auslegung in AEUV und EGRC auszugehen ist und 4820
Art. 35 S. 2 EGRC sogar fast wörtlich[1633] Art. 168 Abs. 1 S. 1 AEUV entspricht, ist
auch bei Art. 35 EGRC von einer **Übertragung des von der WHO vertretenen
Gesundheitsbegriffs** auszugehen.[1634] Eine Beschränkung des weiten Gesundheitsbegriffs erfolgt in Art. 35 EGRC bereits dadurch, dass Art. 35 S. 1 EGRC nicht ein
Recht auf Gesundheit normiert, sondern von einem Recht auf Zugang zur Gesundheitsvorsorge und auf ärztliche Versorgung spricht.

Zudem nehmen die in Art. 35 EGRC verwandten Begriffe der Gesundheitsvor- 4821
sorge und der ärztlichen Versorgung lediglich auf den **medizinischen Bereich**
Bezug und klammern die sozialen Faktoren aus.[1635] Damit entsteht auch nicht das
Problem einer unkontrollierten Ausweitung des Gesundheitsbegriffs in den Bereich
bloßer diffuser Ängste und Befindlichkeiten, die ohne konkrete gesundheitliche
Rückwirkungen sind. So ist die **Kohärenz mit der körperlichen Unversehrtheit**
nach Art. 3 EGRC gewahrt,[1636] wo noch enger auf negative Folgen für den Körper
abzustellen ist.

Hingegen gehören **psychische Krankheiten** zum mittlerweile gängigen Kanon 4822
gesundheitlicher Behandlung und führen mit am häufigsten zur vorzeitigen Pensio-
nierung. Das belegt auch die Bedeutung der Vorsorge. Daher darf dieser Bereich
nicht von vornherein vom Gesundheitsbegriff und damit vom Zugang zur Vorsorge
und von der Behandlung nach Art. 35 EGRC ausgenommen werden.[1637]

2. Gesundheitsvorsorge

Unter Gesundheitsvorsorge sind alle **präventiven Maßnahmen** zu verstehen, die 4823
einer Beeinträchtigung der Gesundheit vorbeugen.[1638] Beispielhaft seien hier die
Gesundheitserziehung, Hygienevorschriften und **Impfungen** genannt. Nicht darunter fallen die Krankheitsbehandlung und die Rehabilitation. Die Krankheitsbehandlung wird jedoch zum einen vom Begriff der ärztlichen Versorgung erfasst.[1639] Zum
anderen kommt es immer wieder zu praktischen Überschneidungen zwischen Prävention und Krankheitsbehandlung.[1640]

[1633] Mit minimaler Wortlautänderung, die den Inhalt unberührt lässt.
[1634] A.A. *Nußberger/Lang*, in: Stern/Sachs, Art. 35 Rn. 44; *Giesecke*, in: Meyer/Hölscheidt, Art. 35 Rn. 17; offen gelassen bei *Jarass/Kment*, § 33 Rn. 4.
[1635] *Nußberger/Lang*, in: Stern/Sachs, Art. 35 Rn. 44.
[1636] S. Teilband I Rn. 1090 ff.
[1637] S. auch u. Rn. 4825 a.E.
[1638] S. *Kingreen*, in: Calliess/Ruffert, Art. 35 GRCh Rn. 3; *Nußberger/Lang*, in: Stern/Sachs, Art. 35 Rn. 45; *Bungenberg*, in: Heselhaus/Nowak, § 64 Rn. 3.
[1639] S.u. Rn. 4251.
[1640] *Schmidt am Busch*, in: Grabitz/Hilf/Nettesheim, Art. 168 AEUV Rn. 8 f.

3. Zugang

4824 Art. 35 S. 1 EGRC spricht von einem „Recht auf Zugang zur Gesundheitsvorsorge" und nicht von einem „Recht auf Gesundheitsvorsorge". Es geht folglich **nicht** um einen **originären Leistungsanspruch**, sondern um ein **Recht auf diskriminierungsfreien Zugang**,[1641] um einen **Teilhabeanspruch** im Rahmen der bestehenden Versorgung.[1642]

4. Ärztliche Versorgung

4825 Mit der ärztlichen Versorgung ist der gesamte Bereich der **Behandlung von Krankheiten** gemeint, unabhängig davon, ob die Heilbehandlung erfolgreich ist, eine Verschlimmerung des Zustands verhindert oder auch nur lebensverlängernd wirkt.[1643] Während es in der deutschen Fassung des Art. 35 S. 1 EGRC „ärztliche Versorgung" heißt, wird in den meisten anderen Sprachfassungen der weite Begriff der „medizinischen Versorgung" verwandt.[1644] Daraus ergibt sich, dass die Versorgung nicht notwendig durch Ärzte geschehen muss.[1645] So werden psychische Krankheiten von Psychotherapeuten behandelt. Auch dies ist ein Beleg, dass auch die **Psyche zur Gesundheit** gehört.[1646]

4826 Anders als bei der Gesundheitsvorsorge gewährleistet Art. 35 S. 1 EGRC nicht nur ein Recht auf Zugang zur ärztlichen Versorgung, sondern ein **direktes Recht auf Leistung**.[1647] Ursprünglich war auch bei der ärztlichen Versorgung nur ein Zugangsrecht vorgesehen. Dies wurde jedoch im Grundrechtekonvent kritisiert, sodass schließlich die jetzt vorliegende Formulierung gewählt wurde.[1648] Indes steht diese **unter** einem **nationalen Gesetzesvorbehalt**, sodass es sich um **kein unmittelbar durchsetzbares Leistungsrecht** handelt.[1649]

[1641] *Krieger*, in: Dörr/Grote/Marauhn, Kap. 6 Rn. 111 a.E.: derivatives Teilhaberecht; *Bungenberg*, in: Heselhaus/Nowak, § 64 Rn. 36; vgl. *Jarass/Kment*, § 33 Rn. 7 mit Zweifeln an einer Pflicht der Grundrechtsverpflichteten zur tatsächlichen Sicherstellung; *Kingreen*, in: Calliess/Ruffert, Art. 35 GRCh Rn. 2 ff.

[1642] *Giesecke*, in: Meyer/Hölscheidt, Art. 35 EGRC Rn. 24.

[1643] *Nußberger/Lang*, in: Stern/Sachs, Art. 35 Rn. 45.

[1644] *Nußberger/Lang*, in: Stern/Sachs, Art. 35 Rn. 8; *Jarass/Kment*, § 33 Rn. 4.

[1645] *Jarass/Kment*, § 33 Rn. 4; *Kingreen*, in: Calliess/Ruffert, Art. 35 GRCh Rn. 3

[1646] S. bereits o. Rn. 4821.

[1647] *Nußberger/Lang*, in: Stern/Sachs, Art. 35 Rn. 7, 44; *Bungenberg*, in: Heselhaus/Nowak, § 64 Rn. 36.

[1648] *Nußberger/Lang*, in: Stern/Sachs, Art. 35 Rn. 1 f.

[1649] *Giesecke*, in: Meyer/Hölscheidt, Art. 35 Rn. 10; S. sogleich Rn. 4829.

5. Begünstigte

Gem. Art. 35 S. 1 EGRC hat „**jeder Mensch**" das Recht auf Zugang zur Gesundheitsvorsorge und auf ärztliche Versorgung. Darunter sind alle **natürlichen Personen** zu verstehen, **unabhängig von** ihrer **Staatsangehörigkeit**.[1650] Juristische Personen sind nicht erfasst, wie der Wortlaut des Art. 35 S. 1 EGRC klarstellt.

4827

Im Grundrechtekonvent war mehrfach diskutiert worden, ob auch sich illegal in der Union aufhaltende Personen erfasst sein sollen. Dabei war man sich einig, dass ein **Minimum an ärztlicher Versorgung** gewährleistet sein soll.[1651] Nach der jetzt gewählten offenen Formulierung stehen die Rechte aus Art. 35 S. 1 EGRC **auch** sich **illegal in der Union aufhaltenden Personen zu**.[1652]

4828

6. Verweis auf die einzelstaatlichen Rechtsvorschriften und Gepflogenheiten

Das Recht auf Zugang zur Gesundheitsvorsorge und auf ärztliche Versorgung wird in Art. 35 S. 1 EGRC nur „nach Maßgabe der einzelstaatlichen Rechtsvorschriften und Gepflogenheiten" gewährleistet. Dies bedeutet, dass sich aus Art. 35 S. 1 EGRC selbst **kein subjektives Recht auf Zugang zur Gesundheitsvorsorge und auf ärztliche Versorgung** ergibt. Es wird lediglich das sich aus den nationalen Vorschriften und Gepflogenheiten ergebende Recht gewährleistet. Dessen Erhaltung kann der Einzelne aber gegenüber der Union einfordern.

4829

a) Spielraum des Gesetzgebers

Den Mitgliedstaaten wird dabei **kein einheitlicher Standard** vorgeschrieben,[1653] sondern die nationalen Gesetzgeber entscheiden, inwiefern sie ein derartiges Recht auf Zugang zur Gesundheitsvorsorge und auf ärztliche Versorgung gewähren. Ihnen kommt dabei ein weiter Spielraum zu.[1654] Damit entscheiden letztlich auch sie, was sie im Einzelnen unter „Gesundheitsvorsorge" und „ärztlicher Versorgung" verstehen.[1655] Die konkreten Gesundheitssysteme können so von Mitgliedstaat zu Mitgliedstaat in Art und Umfang erheblich divergieren.[1656] Auch ein **Rückschrittsverbot** hinter dem bereits erreichten Gesundheitsstandard besteht **nicht**.[1657]

4830

[1650] *Jarass/Kment*, § 33 Rn. 6; *Kingreen*, in: Calliess/Ruffert, Art. 35 GRCh Rn. 2.
[1651] Vgl. *Nußberger/Lang*, in: Stern/Sachs, Art. 35 Rn. 4; *Bernsdorff/Borowsky*, Die Charta der Grundrechte der Europäischen Union, 2002, S. 227, 340.
[1652] *Nußberger/Lang*, in: Stern/Sachs, Art. 35 Rn. 36.
[1653] *Nußberger/Lang*, in: Stern/Sachs, Art. 35 Rn. 34.
[1654] *Jarass/Kment*, § 33 Rn. 8.
[1655] *Kingreen*, in: Calliess/Ruffert, Art. 35 GRCh Rn. 4.
[1656] *Nußberger/Lang*, in: Stern/Sachs, Art. 35 Rn. 46.
[1657] *Nußberger/Lang*, in: Stern/Sachs, Art. 35 Rn. 34.

4831   Es ist **nicht** einmal ein **Kernbestand auf Zugang zur Gesundheitsvorsorge und auf ärztliche Versorgung** durch Art. 35 S. 1 EGRC **gesichert**.[1658] Zwar handelt es sich dabei – wie festgestellt – um ein subjektives Recht. Es ist jedoch ein gegen die Union gerichtetes Abwehrrecht, kein Leistungsrecht.[1659] Und auch gegen die Mitgliedstaaten ergibt sich aufgrund der Bestimmung des Art. 51 Abs. 1 S. 1 EGRC kein Recht auf Bereitstellung eines Gesundheitsschutzsystems. Daher verpflichtet Art. 35 S. 1 EGRC die Mitgliedstaaten nicht einmal, überhaupt ein für alle zugängliches Gesundheitsschutzsystem vorzuhalten.[1660] Ein solcher Anspruch auf eine gesundheitliche Grundversorgung kann sich **allenfalls aus Art. 1, 2 oder 3 EGRC** ergeben,[1661] wenn die mangelnde Grundversorgung zu einer **Existenzbedrohung für den Menschen** führt.[1662]

b) Kein Verweis auf Unionsrecht

4832   Auffällig ist, dass Art. 35 S. 1 EGRC – anders als beispielsweise Art. 34 EGRC – nur auf die einzelstaatlichen Rechtsvorschriften und Gepflogenheiten verweist, nicht auf das Unionsrecht.[1663] Dies lässt sich damit erklären, dass die Verantwortung für den Gesundheitsschutz gem. Art. 168 AEUV grundsätzlich bei den Mitgliedstaaten liegt.[1664] Die **Union** hat in diesem Bereich **nur geringe Kompetenzen**.[1665] „Herren der Gesundheitspolitik"[1666] bleiben die Mitgliedstaaten. Dies sollte durch die EGRC nicht geändert werden. Insbesondere sollte die Union den einzelstaatlichen Gesundheitsschutz nicht durchkreuzen können.[1667] Die EGRC folgt damit dem in Art. 168 Abs. 7 S. 1 AEUV festgelegten Grundsatz, wonach „bei der Tätigkeit der Union im Bereich der Gesundheit der Bevölkerung ... die Verantwortung der Mitgliedstaaten für die Organisation des Gesundheitswesens und die medizinische Versorgung ... gewahrt" wird.[1668] Die Union wird in einer Linie auf der Basis von Art. 168 Abs. 4 und 5 AEUV tätig.

[1658] A.A. *Rengeling/Szczekalla*, Rn. 1046.

[1659] S.o. Rn. 4790.

[1660] *Nußberger/Lang*, in: Stern/Sachs, Art. 35 Rn. 39 f.; a.A. *Rengeling/Szczekalla*, Rn. 1046; *Bungenberg*, in: Heselhaus/Nowak, § 64 Rn. 36.

[1661] S.o. Rn. 4800 ff.

[1662] Vgl. *Rengeling/Szczekalla*, Rn. 1046.

[1663] *Giesecke*, in: Meyer/Hölscheidt, Art. 35 Rn. 10.

[1664] *Giesecke*, in: Meyer/Hölscheidt, Art. 35 Rn. 10; *Rengeling/Szczekalla*, Rn. 1045; s. bereits o. Rn. 4774.

[1665] *Schmidt am Busch*, in: Grabitz/Hilf/Nettesheim, Art. 168 AEUV Rn. 34; *Nußberger/Lang*, in: Stern/Sachs, Art. 35 Rn. 33.

[1666] *Berg/Augsberg*, in: Schwarze/Becker/Hatje/Schoo, Art. 168 AEUV Rn. 16.

[1667] *Nußberger/Lang*, in: Stern/Sachs, Art. 35 Rn. 3; vgl. *Bernsdorff/Borowsky*, Die Charta der Grundrechte der Europäischen Union, 2002, S. 227.

[1668] *Giesecke*, in: Meyer/Hölscheidt, Art. 35 Rn. 12.

II. Beeinträchtigung und Rechtfertigung

Als Adressaten der EGRC[1669] sind die Union und die Mitgliedstaaten bei der Durchführung von Unionsrecht verpflichtet, die sich aus den nationalen Vorschriften und Gepflogenheiten ergebenden **Rechte auf Zugang** zur Gesundheitsvorsorge und auf ärztliche Versorgung **anzuerkennen**. Sie dürfen diese nicht beeinträchtigen.[1670] Eine Rechtfertigung ist in den allgemeinen Grenzen des Art. 52 EGRC möglich. 4833

D. Hohes Gesundheitsschutzniveau

I. Gewährleistungsbereich

Gem. Art. 35 S. 2 EGRC wird bei der Festlegung und Durchführung der Politik und Maßnahmen der Union in allen Bereichen ein hohes Gesundheitsschutzniveau sichergestellt. 4834

1. Sicherstellung eines hohen Gesundheitsschutzniveaus

Der Begriff der Gesundheit ist wie nach Art. 35 S. 1 EGRC zu definieren.[1671] Der „Gesundheitsschutz" betont die **präventive Wahrung des Gesundheitszustands**.[1672] 4835

Art. 35 S. 2 EGRC spricht von der Sicherstellung eines hohen Gesundheitsschutzniveaus. Damit enthält die Norm ein **Optimierungsgebot**,[1673] d. h. es muss der größtmögliche Gesundheitsschutz normiert und verwirklicht werden. Dabei hat eine Orientierung am Stand der technischen und wissenschaftlichen Entwicklung und des wirtschaftlich Zumutbaren stattzufinden.[1674] Zudem können nicht alle Felder gleichzeitig bestellt werden. Daher können Prioritäten gesetzt werden.[1675] 4836

Da jedoch nicht das „höchste", sondern nur ein „hohes" Gesundheitsschutzniveau sichergestellt werden muss,[1676] kann im Fall der Kollision des Gesundheitsschutzes 4837

[1669] Art. 51 Abs. 1 S. 1 EGRC.
[1670] *Nußberger/Lang*, in: Stern/Sachs, Art. 35 Rn. 40.
[1671] S.o. Rn. 4819.
[1672] *Kingreen*, in: Calliess/Ruffert, Art. 168 AEUV Rn. 12.
[1673] *Lurger*, in: Streinz, Art. 168 AEUV Rn. 34; *Berg/Augsberg*, in: Schwarze/Becker/Hatje/Schoo, Art. 168 AEUV Rn. 10; *Schmidt am Busch*, in: Grabitz/Hilf/Nettesheim, Art. 168 AEUV Rn. 95.
[1674] *Lurger*, in: Streinz, Art. 168 AEUV Rn. 34; *Schmidt am Busch*, in: Grabitz/Hilf/Nettesheim, Art. 168 AEUV Rn. 95; *Nußberger/Lang*, in: Stern/Sachs, Art. 35 Rn. 50.
[1675] Vgl. näher u. Rn. 4934 ff. zum hohen Umweltschutzniveau.
[1676] Vgl. *Nußberger/Lang*, in: Stern/Sachs, Art. 35 Rn. 50.

mit anderen Vertragszielen eine **Abwägung** stattfinden.[1677] Dabei muss der **Gesundheitsschutz bestmöglich** gewahrt werden, ohne aber einen absoluten Vorrang zu genießen. Das gilt auch im Rahmen der **Corona-Bekämpfung**.

2. Festlegung und Durchführung der Politik und Maßnahmen der Union

4838 Art. 35 S. 2 EGRC verpflichtet alle Unionsorgane und die Mitgliedstaaten bei der Durchführung des Unionsrechts, im Rahmen der Verfolgung anderer Vertragsziele auch die Erreichung eines hohen Gesundheitsschutzniveaus anzustreben. Man kann insoweit von einem „**Sekundärziel**" sprechen.[1678] Anders als bei der in Art. 34 Abs. 1 und Abs. 3 EGRC gewählten Formulierung des Anerkennens und Achtens sind **aktive Maßnahmen** gefordert.[1679] Die Verpflichtung gilt **in allen Politikbereichen**. Zugleich gilt sie bei jeder Maßnahme, d. h. sowohl bei Legislativakten von Kommission, Parlament und Rat als auch beispielsweise bei Programmen und Empfehlungen.[1680] Schließlich gilt die Verpflichtung in jedem Stadium, d. h. sowohl bei der Erarbeitung als auch bei der Umsetzung und Durchführung der Politik und Maßnahmen.[1681]

4839 Den Belangen des Gesundheitsschutzes muss dabei so weit wie möglich Rechnung getragen werden.[1682] Dazu gehören auch intensive Anstrengungen zur **Beschaffung** hinreichender Mengen an **Impfstoff gegen COVID-19**.

II. Rechtsfolgen

4840 Die Verpflichtung zur Sicherstellung eines hohen Gesundheitsschutzniveaus trifft sowohl die Union als auch die Mitgliedstaaten bei der Durchführung von Unionsrecht.[1683] Die Hauptverantwortung für den Gesundheitsschutz liegt derzeit jedoch aufgrund der Kompetenzverteilung durch den AEUV bei den Mitgliedstaaten. Die Union hat nur begrenzte Zuständigkeiten.[1684] Deshalb ist eine aktive Tätigkeit der Union nur eingeschränkt möglich. Gem. Art. 51 Abs. 2 EGRC begründet die EGRC auch weder neue Zuständigkeiten noch neue Aufgaben für die Union und ändert die in den Verträgen festgelegten Zuständigkeiten und Aufgaben nicht. Daher bildet Art. 35 S. 2 EGRC auch nur eine materielle Vorschrift und keine Legitimation für

---

[1677] *Schmidt am Busch*, in: Grabitz/Hilf/Nettesheim, Art. 168 AEUV Rn. 95; vgl. *Bungenberg*, in: Heselhaus/Nowak, § 64 Rn. 40, der von „praktischer Konkordanz" spricht.
[1678] *Kingreen*, in: Calliess/Ruffert, Art. 168 AEUV Rn. 9.
[1679] *Nußberger/Lang*, in: Stern/Sachs, Art. 35 Rn. 51.
[1680] *Lurger*, in: Streinz, Art. 168 AEUV Rn. 34.
[1681] *Schmidt am Busch*, in: Grabitz/Hilf/Nettesheim, Art. 168 AEUV Rn. 86 f.
[1682] *Kingreen*, in: Calliess/Ruffert, Art. 168 AEUV Rn. 10.
[1683] Vgl. Art. 51 Abs. 1 S. 1 EGRC.
[1684] S.o. Rn. 4774.

Durchführungsakte, die das Ziel dieser Vorschrift fördern;[1685] diese müssen auf anderen Kompetenzen beruhen.[1686]

Der EuGH hat dementsprechend ein Vorabentscheidungsersuchen des italienischen Friedensgerichts Lanciano, welches sich nicht direkt auf Art. 35 EGRC, sondern auf die Wahrung der Freiheitsrechte bezog, als unzulässig abgewiesen. Die Frage, ob ein ungerechtfertigter Eingriff in dieselben durch die Entscheidung des Ministerrates zur Ausrufung des nationalen medizinischen **Ausnahmezustandes im Zuge der COVID-19-Pandemiebekämpfung** vorlag, da diese zu einem Stillstand der Zivil- und Strafjustiz sowie der Verwaltungstätigkeit der italienischen Gerichte führte, blieb damit in sachlicher Hinsicht ungeklärt. Insoweit ist der **hohe Gesundheitsschutz** jedenfalls **adäquat in die Abwägung** einzustellen. So kann im Einzelfall auch die temporäre Einführung nationaler Grenzkontrollen gerechtfertigt sein.[1687]

4841

Bei der **Auslegung von** Sekundärrecht und bei der Auslegung nationalen Rechts (im Rahmen der Durchführung von Unionsrecht) ist der Grundsatz des Art. 35 S. 2 EGRC aber zu berücksichtigen.[1688] Aufgrund des Grundsatzcharakters der Vorschrift ergeben sich aus Art. 35 S. 2 EGRC **jedoch keine Ansprüche auf Schadensersatz oder** auf **Erlass von Durchführungsakten**. Erst recht folgt aus dem Grundsatz **keine Verpflichtung Privater**.[1689] Lediglich im Rahmen einer Inzidentkontrolle können Gerichte überprüfen, ob Rechtsvorschriften mit Art. 35 S. 2 EGRC vereinbar sind.

4842

E. Prüfungsschemata zu Art. 35 EGRC

I. Prüfungsschema zu Art. 35 S. 1 EGRC

1. Schutzbereich

4843

a) Recht auf Gesundheitsvorsorge, also kein originärer Leistungsanspruch, sondern Recht auf diskriminierungsfreien Zugang
b) Gesundheit: Zustand des vollständigen körperlichen, geistigen und sozialen Wohlergehens, nicht nur das Fehlen von Krankheit oder Gebrechen

---

[1685] S. auch *Streinz*, in: ders., Art. 35 GR-Charta Rn. 4; a.A. *Giesecke*, in: Meyer/Hölscheidt, Art. 35 Rn. 41; *Jarass/Kment*, § 33 Rn. 9.
[1686] S. für Schutzmaßnahmen gegen BSE und die davon ausgehenden Risiken für die menschliche Gesundheit EuGH, Rs. C-393/01, ECLI:EU:C:2003:307 (Rn. 42) – Frankreich/Kommission sowie etwa bereits Rs. C-180/96, ECLI:EU:C:1998:192 (Rn. 48 ff.) – Vereinigtes Königreich/Kommission.
[1687] *Calliess*, NVwZ 2021, 505 (510).
[1688] *Jarass/Kment*, § 33 Rn. 7.
[1689] *Jarass/Kment*, § 33 Rn. 2, 5 ff.

c) Gesundheitsvorsorge: alle präventiven Maßnahmen, die einer Beeinträchtigung der Gesundheit vorbeugen, wie Gesundheitserziehung, Hygienevorschriften, Impfungen; nicht Krankheitsbehandlung und Rehabilitation
d) anders als bei der Gesundheitsvorsorge gewährleistet Art. 35 S. 1 EGRC nicht nur ein Recht auf Zugang zur ärztlichen Versorgung, sondern ein direktes Recht auf Leistung
e) ärztliche Versorgung: Behandlung von Krankheiten, unabhängig davon, ob sie erfolgreich ist, eine Verschlimmerung des Zustands verhindert oder auch nur lebensverlängernd wirkt
f) kein einheitlicher Standard vorgeschrieben, sondern die nationalen Gesetzgeber entscheiden, inwiefern sie ein Recht auf Zugang zur Gesundheitsvorsorge und auf ärztliche Versorgung gewähren
g) aus Art. 35 S. 1 EGRC selbst kein subjektives Recht auf Zugang zur Gesundheitsvorsorge und auf ärztliche Versorgung; es wird lediglich das sich aus den nationalen Vorschriften und Gepflogenheiten ergebende Recht gewährleistet

2. Beeinträchtigung
Union oder ein Mitgliedstaat bei Durchführung von Unionsrecht schmälert die sich aus den nationalen Vorschriften und Gepflogenheiten ergebenden Rechte auf Zugang zur Gesundheitsvorsorge und auf ärztliche Versorgung

3. Rechtfertigung

II. Prüfungsschema zu Art. 35 S. 2 EGRC

4844 **1. Gewährleistungsbereich**
kein subjektives Recht, sondern Grundsatz

a) Gesundheitsschutz betont die präventive Wahrung des Gesundheitszustands
b) Optimierungsgebot, d. h. es muss der größtmögliche Gesundheitsschutz normiert und verwirklicht werden; dabei hat eine Orientierung am Stand der technischen und wissenschaftlichen Entwicklung und des wirtschaftlich Zumutbaren stattzufinden
c) kollidiert der Gesundheitsschutz mit anderen Vertragszielen: Abwägung, bei der der Gesundheitsschutz bestmöglich gewahrt werden muss, ohne aber einen absoluten Vorrang zu genießen (Bsp. Corona-Bekämpfung)
d) Art. 35 S. 2 EGRC verpflichtet alle Unionsorgane und die Mitgliedstaaten bei der Durchführung des Unionsrechts, im Rahmen der Verfolgung anderer Vertragsziele auch die Erreichung eines hohen Gesundheitsschutzniveaus anzustreben; es sind aktive Maßnahmen gefordert

2. Rechtsfolgen

a) Hauptverantwortung für den Gesundheitsschutz liegt derzeit aufgrund der Kompetenzverteilung bei den Mitgliedstaaten; aktive Tätigkeit der Union nur begrenzt möglich

b) bei der Auslegung von Sekundärrecht und bei der Auslegung nationalen Rechts (im Rahmen der Durchführung von Unionsrecht) ist der Grundsatz des Art. 35 S. 2 EGRC zu berücksichtigen

c) jedoch keine Klagen auf Schadensersatz oder auf Erlass von Durchführungsakten möglich

d) nur gerichtliche Inzidentkontrolle, ob Rechtsvorschriften mit Art. 35 S. 2 EGRC vereinbar sind

§ 7 Zugang zu gemeinwohlbezogenen Dienstleistungen

A. Vorhandener europäischer Standard als Grundlage

I. Entstehung

Gem. Art. 36 EGRC anerkennt und achtet die Union den Zugang zu den Dienstleistungen von allgemeinem wirtschaftlichem Interesse, wie er durch die einzelstaatlichen Rechtsvorschriften und Gepflogenheiten im Einklang mit den Verträgen geregelt ist, um den sozialen und territorialen Zusammenhalt der Union zu fördern. Dieser Artikel ist im Grundrechtekonvent besonders stark kritisiert und nur aufgrund sehr nachdrücklichen Betreibens der französischen Vertreter aufgenommen worden.[1690]   4845

Nach den Erläuterungen zur EGRC[1691] steht Art. 36 EGRC allerdings **vollauf im Einklang mit Art. 14 AEUV** und begründet kein neues Recht. Art. 36 EGRC ist im Wesentlichen in Anlehnung an Art. 14 AEUV formuliert worden, um die inhaltlichen Angriffe gegen die Norm im Grundrechtekonvent abwehren zu können.[1692]   4846

Dabei stand ein Vorschlag des Präsidiums mit einer Garantie auf Zugang zu den Dienstleistungen von allgemeinem Interesse entsprechend dem EG und nach den nationalen Gesetzgebungen und Gepflogenheiten im Raum.[1693] Diese Gewährleistung sollte nach den Äußerungen der Befürworter durch die Ausgeschlossenen auch   4847

[1690] *Lörcher*, in: Unteilbarkeit auf Europäisch, 2001, S. 37 (51).

[1691] Erläuterungen zur Charta der Grundrechte, ABl. 2007 C 303, S. 17 (27).

[1692] *Lörcher*, in: Unteilbarkeit auf Europäisch, 2001, S. 37 (51 f.).

[1693] In Form eines französisch abgefassten, maschinenschriftlichen Zusatzes auf der Kopie des Sitzungsdokuments CHARTE 4383/00 CONVENT 41 mit Änderungsanträgen, *Bernsdorff/Borowsky*, Die Charta der Grundrechte der Europäischen Union, 2002, S. 343 f.: „L'accès aux services d'intérêt général est garanti, conformément au traité instituant la Communauté européenne et selon les législations et pratiques nationales."

gerichtlich einforderbar sein.[1694] Dies wurde indes auch stark kritisiert,[1695] insbesondere weil so ein von Art. 14 AEUV abweichendes, völlig neues Recht entstehe, welches das **Hauptproblem der finanziellen Ressourcen** überspiele.[1696] Daher wurde die Bestimmung nicht als Recht, sondern als **Achtungspostulat** gefasst und die Orientierung an Art. 14 AEUV gesucht.[1697]

II. Anknüpfung an Art. 14 AEUV

4848 Durch diese **Verweigerung eines subjektiven Rechts** knüpft Art. 36 EGRC an Art. 14 AEUV an, ohne diesen inhaltlich deutlich anzureichern. Was in Art. 14 AEUV als Gestaltungsauftrag niedergelegt ist, greift Art. 36 EGRC in Anknüpfung an die Regulierung als **Zugangspostulat** auf. Er enthält damit entsprechend dem Gegenstand der Grundrechte die Perspektive des Bürgers, während Art. 14 AEUV im Rahmen der allgemeinen Grundsätze die Union und auch die Mitgliedstaaten im Blick hat. Somit bilden beide Bestimmungen eine sich ineinanderfügende Einheit. Daher ist auch die in der deutschen Fassung von Art. 36 EGRC auftretende Formulierungsabweichung „Dienstleistungen von allgemeinem wirtschaftlichen Interesse" unschädlich.[1698] In Art. 106 AEUV, auf den Art. 14 AEUV explizit verweist, heißt es ebenso.

III. Notwendige Zusammenschau mit Art. 106 und 107 AEUV

4849 Art. 36 EGRC verweist zwar nicht wie Art. 14 AEUV explizit auf 106 und 107 AEUV, gewährt aber den Zugang zu den Dienstleistungen von allgemeinem wirtschaftlichem Interesse nur im Einklang mit den Verträgen, wozu auch die Vorschriften der Art. 106 f. AEUV gehören. Die beiden Bestimmungen sind bei dieser Frage der Europarechtskonformität zentral, wie die intensive Rechtsprechung zu einem (partiellen) Dispens von Wettbewerbsvorschriften und zum Beihilfenverbot gerade hinsichtlich der Dienstleistungen von allgemeinem wirtschaftlichem Interesse belegt.[1699] Vor allem darin spiegelt sich der **acquis communautaire** wider, an den Art. 36 EGRC anknüpft, ohne ihn zu verändern.[1700] Einen Zugang gewährleistete bisher das europäische Recht indes nicht, ebenso wenig die nationalen

---

[1694] S. *Pielow*, in: Stern/Sachs, Art. 36 Rn. 2; *Rohleder*, in: Meyer/Hölscheidt, Art. 36 Rn. 7.

[1695] S. *Barriga*, Die Entstehung der Charta der Grundrechte der Europäischen Union, 2003, S. 130.

[1696] Zum Einzelnen *Pielow*, in: Stern/Sachs, Art. 36 Rn. 2.

[1697] In einer eigenen Auslegungserläuterung CHARTE 4423/00 CONVENT 46, S. 46 der französischen Fassung.

[1698] Näher *Pielow*, in: Stern/Sachs, Art. 36 Rn. 7.

[1699] Mit zahlreichen Nachweisen *Frenz*, Europarecht 2, Rn. 4288 ff. sowie *ders.*, Europarecht 3, Rn. 464 ff.

[1700] S. daher u. Rn. 4864 ff.

§ 7 Zugang zu gemeinwohlbezogenen Dienstleistungen 635

Verfassungen.[1701] Art. 36 EGRC enthält daher eine über die bisherige Rechtsentwicklung in Europa hinausreichende Neuerung.[1702]

B. Einordnung

I. Qualifizierung als Grundsatz

1. Wortlaut

Nach Art. 36 EGRC anerkennt und achtet die Union den Zugang zu den Dienstleistungen von allgemeinem wirtschaftlichem Interesse, garantiert ihn aber nicht und gibt auch kein Recht darauf. Vielmehr knüpft die Vorschrift an die **nationalen Zugangsmöglichkeiten** an, die nur **unter die besondere Schutzgewährleistung auch der EGRC gestellt** werden, aber dort eben nicht als subjektives individuelles Grundrecht garantiert sind. Und selbst diese Anerkennung und Achtung erfolgt nur insoweit, als ein Zugang durch die einzelstaatlichen Rechtsvorschriften und Gepflogenheiten geregelt ist.[1703] Damit hängt es von der jeweiligen **nationalen Ausgestaltung** ab, **ob** ein Zugang bzw. ein **Recht auf Zugang** besteht.

4850

2. Genese

Nach den Erläuterungen zur EGRC[1704] begründet **Art. 36 EGRC kein neues Recht.** Er stellt lediglich den Grundsatz auf, dass die Union den Zugang zu den Dienstleistungen von allgemeinem wirtschaftlichem Interesse nach den einzelstaatlichen Bestimmungen achtet, sofern diese mit dem Unionsrecht vereinbar sind. Entsprechende Vorstöße für ein subjektiv geltend zu machendes Zugangsrecht konnten sich gerade nicht durchsetzen.[1705]

4851

3. Systematik

Titel IV der EGRC, der auch Art. 36 EGRC umfasst, enthält sowohl Grundrechte als auch Grundsätze. Dass der Zugang zu den Dienstleistungen von allgemeinem wirt-

4852

[1701] *Pielow*, in: Stern/Sachs, Art. 36 Rn. 8 ff.
[1702] Daher eine Überschreitung des Mandats zur Abbildung der Grundrechte in der EMRK und nach den gemeinsamen Verfassungstraditionen der Mitgliedstaaten annehmend; *Pielow*, in: Stern/Sachs, Art. 36 Rn. 5. Indes bleibt die Anknüpfung an Art. 14 AEUV (s.o. Rn. 4848), sodass jedenfalls keine Kompetenzerweiterung erfolgte.
[1703] *Frenz*, DÖV 2002, 1028 (1030).
[1704] Erläuterungen zur Charta der Grundrechte, ABl. 2007 C 303, S. 17 (27).
[1705] S.o. Rn. 4847.

schaftlichem Interesse nur einen Grundsatz bildet, zeigt etwa ein Gegenschluss zu Art. 35 S. 1 EGRC, wonach jeder Mensch das Recht auf Zugang zu Gesundheitsvorsorge und auf ärztliche Versorgung hat. Der enge **Bezug** des Zugangs zu den Dienstleistungen von allgemeinem wirtschaftlichem Interesse **zur Unionsbürgerschaft führt allein** noch **nicht zu** einem **einforderbaren Grundrecht**, wie auch der Umweltschutz zeigt.[1706] Die Kommission geht zwar von einem engen Verhältnis zwischen diesem Zugang und der Unionsbürgerschaft aus, erwähnt aber nicht die Existenz eines Rechts und hält „möglicherweise ein gemeinsames Konzept für Leistungen der Daseinsvorsorge von Nöten, um die Bindung an die Union zu stärken".[1707] In diesem Zusammenhang bewertet sie die Bestimmungen über den Zugang in der EGRC als einen wichtigen „Schritt in diese Richtung".[1708]

4. Zweck

4853 Obwohl von dem Zugang zu den Dienstleistungen von allgemeinem wirtschaftlichem Interesse der Einzelne profitiert, wird nicht deutlich, ob dessen Begünstigung tatsächlich die Hauptzielrichtung von Art. 36 EGRC ist. Im Vordergrund steht vielmehr die Anerkennung und Achtung des Zugangs, wie er in den Mitgliedstaaten ausgestaltet ist. Insoweit besteht ebenfalls eine **Schutzwirkung zugunsten der Mitgliedstaaten**. Auch wenn diese problematisch ist,[1709] bedarf es dafür nicht der Zuerkennung eines subjektiven Rechts an den Einzelnen.

4854 Vielmehr geht es um die Wahrung der mitgliedstaatlichen Strukturen und höchstens aus diesen wird der Einzelne begünstigt und auch subjektiv berechtigt. Wahrt die Union diese Zuständigkeitsverteilung, wird dadurch der **Einzelne lediglich indirekt begünstigt**. Damit wirkt die Schranke zulasten des Handelns der Unionsorgane für die Freiheit des Einzelnen, aber nicht auf der Basis eines subjektiv-öffentlichen Rechts. Dadurch werden die **Einzelnen vielfach** entsprechend der Platzierung des Art. 36 EGRC unter den **sozialen Grundrechten sozial abgesichert**, wenn nämlich der Zugang zu Dienstleistungen von allgemeinem wirtschaftlichem Interesse von sozialer Bedeutung ist, wie dies vor allem für die **klassische Daseinsvorsorge** zutrifft: Diese erfüllt etwa in Gestalt der Energie- und Wasserversorgung existenzielle Grundbedürfnisse, zu denen alle und damit auch die wirtschaftlich Schwächeren Zugang haben müssen, und zwar nicht nur abstrakt, sondern konkret und damit **zu erschwinglichen Preisen**.

[1706] S.u. Rn. 4902 ff.

[1707] Mitteilung der Kommission vom 20.9.2000, Leistungen der Daseinsvorsorge in Europa, KOM (2000) 580 endg., Anhang II, Rn. 64.

[1708] Mitteilung der Kommission vom 20.9.2000, Leistungen der Daseinsvorsorge in Europa, KOM (2000) 580 endg., Anhang II, Rn. 64.

[1709] *Pielow*, in: Stern/Sachs, Art. 36 Rn. 13, 17.

II. Abgrenzung

Da Art. 36 EGRC keine vergleichbaren Vorläufer oder Parallelbestimmungen in der Charta hat, bedarf es insoweit auch nicht der Abgrenzung. Das Recht auf Zugang zur Gesundheitsvorsorge und auf ärztliche Versorgung gem. **Art. 35 EGRC** berührt einen **speziellen Bereich**, der auch nicht notwendig eine Dienstleistung von allgemeinem wirtschaftlichem Interesse darstellen muss. Art. 36 EGRC steht vielmehr zu vertraglichen Vorschriften in Bezug, die diesen Bereich näher ausfüllen, nämlich insbesondere Art. 106 und 107 AEUV, auf die Art. 14 AEUV explizit verweist.[1710]

4855

C. Gewährleistungsbereich

Gem. Art. 36 EGRC anerkennt und achtet die Union den Zugang zu den Dienstleistungen von allgemeinem wirtschaftlichem Interesse, wie er durch die einzelstaatlichen Rechtsvorschriften und Gepflogenheiten im Einklang mit den Verträgen geregelt ist, um den sozialen und territorialen Zusammenhalt der Union zu fördern.

4856

I. Dienstleistungen von allgemeinem wirtschaftlichem Interesse

1. Ansatz

Der Begriff der Dienstleistungen von allgemeinem wirtschaftlichem Interesse bildet den zentralen gegenständlichen Bezugspunkt von Art. 36 EGRC und stimmt mit demjenigen nach Art. 106 Abs. 2 AEUV sowie mit den Diensten von allgemeinem wirtschaftlichem Interesse, wie sie in Art. 14 AEUV beschrieben werden, überein.[1711] Wie dort handelt es sich damit um **wirtschaftliche Tätigkeiten**, „die von den Mitgliedstaaten oder der Gemeinschaft **mit besonderen Gemeinwohlverpflichtungen** verbunden werden und für die das Kriterium gilt, dass sie **im Interesse der Allgemeinheit erbracht** werden". Sie können auch privatrechtlich organisiert sein.[1712]

4857

[1710] S.o. Rn. 4849.
[1711] S.o. Rn. 4848.
[1712] Weißbuch zu Dienstleistungen von allgemeinem Interesse vom 12.5.2004, KOM (2004) 374 endg., Anhang 1. Unter Verweis auf Art. 295 EG Mitteilung der Kommission vom 20.9.2000, Leistungen der Daseinsvorsorge in Europa, KOM (2000) 580 endg., Rn. 21 sowie *Burgi*, VerwArch. 2002, 255 (257).

2. Charakteristische Bereiche

4858 Die **Mitgliedstaaten** haben dabei einen **großen Ausgestaltungsspielraum**, der nur auf „offenkundige Fehler" überprüft wird. Grundlegend ist allerdings, dass die **Leistung** nicht im rein privaten, sondern **auch im öffentlichen Interesse** erfolgt. Typischerweise gehören die **klassischen Leistungen der Daseinsvorsorge** dazu, auf die der Einzelne unabdingbar angewiesen ist, so die **Wasserver-** oder **Abfallentsorgung**.[1713] Charakteristisch ist die **flächendeckende, gleichmäßige Versorgung der Bevölkerung** ohne Rücksicht auf Sonderfälle und auf die Wirtschaftlichkeit jedes einzelnen Vorgangs.[1714]

3. Energie- und Rohstoffversorgung angesichts des Russland-Ukraine-Krieges

4859 Zumal angesichts der im Zuge des Russland-Ukraine-Krieges auftretenden Knappheit ist die flächendeckende gleichmäßige Versorgung der Bevölkerung auch in den Bereichen **Energie** und **Rohstoffe** elementar, wie es den Charakteristiken der Dienstleistungen von allgemeinem wirtschaftlichem Interesse entspricht. Auf Energie sind alle unmittelbar unabdingbar angewiesen, auf Letztere zumindest mittelbar: Die meisten **Geräte** wie Handys werden aus Rohstoffen hergestellt. Sie sind für den Einzelnen ebenfalls oft unverzichtbar. Die **flächendeckende Versorgung** mit ihnen beruht daher darauf, dass **genügend Rohstoffe** vorhanden sind. Ihre Förderung und Beschaffung kann deshalb national als Dienstleistung von allgemeinen wirtschaftlichen Interessen festgelegt und **mit** ihre Erhältlichkeit sichernden **besonderen Gemeinwohlverpflichtungen** verbunden werden – so die obligatorische Anlage von **Vorratslagern**[1715] oder die **Zusammenarbeit mit einem Staatsunternehmen**, das eine **Grundversorgung** mit Rohstoffen für Güter des unabdingbaren Bedarfs wie Handys oder Lithium-Batterien im Hinblick auf die Mobilitätswende zu E-Autos sicherstellt.

4860 Eine **Lockerung der Wettbewerbsregeln** kann vor allem dann erfolgen, wenn anders eine Versorgung zu wirtschaftlich tragbaren Bedingungen nicht (mehr) erfolgen kann, so wie im Energiebereich durch die **Preissteigerungen** im Zuge des Russland-Ukraine-Krieges, wenn die mit Kunden vereinbarten Festpreise nicht (sogleich) erhöht werden können: Dann bleiben nur staatliche Beihilfen (z. B. an Uniper) und ggf. Übernahmen, finanziert durch Beiträge der Verbraucherinnen und Verbraucher.

[1713] EuGH, Rs. C-209/98, ECLI:EU:C:2000:279 (Rn. 75) – Sydhavnens Sten & Grus/Kopenhagen.
[1714] S. EuGH, Rs. C-320/91, ECLI:EU:C:1993:198 (Rn. 14) – Corbeau; Weißbuch zu Dienstleistungen von allgemeinem Interesse vom 12.5.2004, KOM (2004) 374 endg., Ziff. 3.3.; im Einzelnen *Frenz*, Europarecht 2, Rn. 4259 ff.
[1715] Vgl. zur unionsrechtlichen Zulässigkeit entsprechender Pläne der Bundesregierung *Frenz*, EuR 2023, 238 ff.

II. Zugang

Der in Art. 36 EGRC geregelte Zugang zu den Dienstleistungen von allgemeinem wirtschaftlichem Interesse ergibt sich bereits aus ihrem vorstehend aufgezeigten Charakter. Werden sie flächendeckend zur gleichmäßigen Versorgung der Bevölkerung vorgehalten, muss der Zugang zu ihnen **allgemein** sein. **Jede Person** muss damit Zugang haben, und zwar in gleichberechtigter Weise. Entsprechend der französischen Doktrin des Service public bezieht sich diese Gleichheit sowohl auf den Zugang zum Dienst als auch auf seine Nutzung und Inanspruchnahme (égalité „devant" et „dans" le service public).[1716]

4861

Art. 36 EGRC ist vom Bürger her zu sehen, der in eine solidarische Gemeinschaft eingebunden ist, welche auf bestimmten sozialen Rechten und Gewährleistungen fußt, unter anderem dem Zugang zu den Dienstleistungen von allgemeinem wirtschaftlichem Interesse. Art. 14 AEUV, der von der Aufgabenwahrnehmung der Dienste von allgemeinem wirtschaftlichem Interesse her konzipiert ist, enthält gerade kein solches **Zugangsrecht**.

4862

Daher kann es nicht über Art. 36 EGRC zugunsten der Diensterbringer hergeleitet werden. Es besteht daher **höchstens** für die **Empfänger** von solchen Dienstleistungen, **nicht hingegen** für die **Erbringer**,[1717] und auch dies nicht als unmittelbar einforderbares subjektives Recht auf der Basis von Art. 36 EGRC,[1718] sondern nur nach nationalem Recht. Damit sind Mitgliedstaaten und die EU **nicht** etwa **verpflichtet, Gaslieferanten** den **Zugang zu Gas zu sichern**. Empfangsbezogen sind hingegen Beihilfen, welche eine Belieferung der Verbraucher zu tragbaren Preisen gewährleisten. Sie sind auf der Basis von Art. 36 EGRC legitimierbar, weil sie den Zugang zu Gas absichern.[1719]

4863

III. Verweis auf einzelstaatliche Rechtsvorschriften und Gepflogenheiten

Den Mitgliedstaaten ist bereits weitestgehend überlassen, inwieweit und mit welchen Aufgaben sie Dienstleistungen von allgemeinem wirtschaftlichem Interesse führen.[1720] Art. 36 EGRC dehnt diesen nationalen Spielraum auf den Zugang zu solchen Dienstleistungen aus. Maßgeblich für Art. 36 EGRC ist damit, inwieweit die Mitgliedstaaten den Zugang durch ihre Rechtsvorschriften und Gepflogenheiten ausgestaltet haben. Sie können daher **nähere Bedingungen** festlegen und auch

4864

[1716] *Pielow*, in: Stern/Sachs, Art. 36 Rn. 18.
[1717] *Heselhaus/Schreiber*, in: Heselhaus/Nowak, § 38 Rn. 20; *Pielow*, in: Stern/Sachs, Art. 36 Rn. 17.
[1718] S.o. Rn. 4850 ff.
[1719] Näher u. Rn. 4868.
[1720] S.o. Rn. 4849.

bestimmte Personengruppen besonders behandeln, so insbesondere Private und privatisierte Versorgungsunternehmen.[1721]

4865 Dementsprechend sind die Mitgliedstaaten weitestgehend frei, etwa im Fall einer **Versorgungsknappheit bei Gas private Haushaltungen ungekürzt** zu versorgen und bei **Wirtschaftsunternehmen je nach** ihrer **Bedeutung abzustufen**, wie dies das EnWG vorsieht. Dabei ist aber das **Diskriminierungsverbot** zu wahren. Unionsbürger und Wirtschaftsunternehmen aus anderen EU-Staaten müssen die gleichen Zugangsbedingungen haben wie Einheimische, soweit sie derselben Gruppe bzw. Sparte angehören.

4866 Im Übrigen müssen die Mitgliedstaaten bei der Ausgestaltung den Grundcharakter der Dienstleistungen von allgemeinem wirtschaftlichem Interesse wahren. Wesentlicher Punkt ist dabei die stetige **allgemeine Zugänglichkeit**. Diese fehlt auch im Falle des Streiks. Daher müssen besondere Gründe bestehen, um davon abzuweichen, so das **Streikrecht nach Art. 28 EGRC**. Dieses ist dann aber im Lichte des Wesens der Dienstleistungen von allgemeinem wirtschaftlichem Interesse zu sehen und darf nicht über Gebühr strapaziert werden. Mit dieser Wertung stimmt es überein, dass das Arbeitsgericht Chemnitz früher den Bahnstreik im Fernverkehr verbot, weil „die Belange unbeteiligter Dritter und der Allgemeinheit in unerträglicher Weise in Mitleidenschaft gezogen werden".[1722]

4867 Allerdings werden **Bahnstreiks** in weitem Umfang zugelassen[1723] – mit entsprechend gravierenden Mobilitätseinschränkungen. Dadurch wird letztlich das **Zugangsrecht als Wesenskern** der Dienste von allgemeinem wirtschaftlichem Interesse **ausgehebelt**. Entsprechendes würde bei einem **Streik der Müllabfuhr** erfolgen, selbst wenn diese nur den Haus- und nicht den Sperrmüll beträfe. Handelt es sich beim Zugang zu den Dienstleistungen von allgemeinem wirtschaftlichem Interesse auch nicht um ein subjektives Recht, erwächst daraus jedenfalls ein gewichtiger **Rechtfertigungsgrund für eine Beschränkung des Streikrechts**. Eine solche Begrenzung ist aber für die Mitgliedstaaten **keine Pflicht**, besitzen sie doch einen großen Ausgestaltungsspielraum und hat auch das Streikrecht eine hohe Bedeutung.

4868 Zudem dürfen die Einzelbedingungen für den Zugang zu Diensten von allgemeinem wirtschaftlichem Interesse wegen deren allgemeiner Zugänglichkeit nicht dazu führen, dass einzelne Gruppen benachteiligt werden. Das gilt insbesondere für die ökonomisch Schwachen, ist doch Art. 36 EGRC im Titel IV „Solidarität" bzw. unter den sozialen Grundrechten der Charta angesiedelt. Damit muss etwa die **Gasversorgung trotz Engpässen** auch denen offen stehen, die sich **hohe Preise** nur schwerlich leisten können. Der Staat hat ggf. mit **Unterstützungsleistungen** die weiterhin allgemeine Zugänglichkeit zu gewährleisten, auch wenn Art. 36 EGRC kein Leistungsrecht bildet. Bei einem faktischen Ausschluss ganzer Bevölkerungs-

---

[1721] *Pielow*, in: Stern/Sachs, Art. 36 Rn. 18, 52 f.
[1722] ArbG Chemnitz, AuR 2007, 393 (394).
[1723] LAG Hessen, Urt. v. 3.9.2021 – 16 SaGa 1046/21; ArbG Frankfurt a.M., Urt. v. 11.3.2024 – 12 Ga 37/24; LAG Hessen, Urt. v. 12.3.2024 – 10 GLa 229/24.

gruppen würde aber der **Wesenskern** der Dienstleistungen von allgemeinem wirtschaftlichem Interesse in Gestalt der allgemeinen Zugänglichkeit **negiert**. Um solche Engpässe von vornherein zu verhindern, bieten sich staatliche Vorratslager bzw. Unterstützungen von Unternehmen an, damit diese die Versorgung zu bezahlbaren Preisen sicherstellen.[1724] Entsprechende Beihilfen wären über Art. 36 EGRC parallel zu Art. 106 Abs. 2 AEUV gerechtfertigt.[1725]

Jenseits dieser Grundbedingungen kann aber der Zugang zu den Dienstleistungen von allgemeinem wirtschaftlichem Interesse in den einzelnen Mitgliedstaaten gänzlich unterschiedlich geregelt sein. Art. 36 EGRC knüpft gerade an die **nationalen Eigenheiten** an, welche die Union anzuerkennen und zu achten hat. Ihr obliegt es damit nicht, den Zugang zu den Dienstleistungen von allgemeinem wirtschaftlichem Interesse näher auszugestalten. Jedenfalls aus Art. 36 EGRC erwächst den Unionsorganen keine Kompetenz. Es kommt vielmehr auf die nationalen Rechtsvorschriften und Gepflogenheiten an. Damit zählen einerseits die verfassungs- und einfachgesetzlichen Festlegungen der Mitgliedstaaten und andererseits auch das Gewohnheits- und Richterrecht, obwohl es nicht kodifiziert ist; auch das soft law gehört dazu.[1726]

4869

IV. Einklang mit dem Unionsrecht

1. Primär- und Sekundärrecht

Die Mitgliedstaaten sind auch dann, wenn sie regelungsbefugt sind, verpflichtet, die allgemeinen unionsrechtlichen Vorgaben einzuhalten. Das betrifft sowohl das Primär- als auch das Sekundärrecht. Dass Art. 36 EGRC lediglich die Verträge benennt und nicht das Unionsrecht insgesamt, ändert an dessen grundsätzlichem Vorrang und damit an der Pflicht zu seiner Einhaltung nichts. Art. 36 EGRC hebt damit nur die Verträge besonders hervor. Das korrespondiert mit Art. 14 AEUV, der explizit auf Art. 93, 106 und 107 AEUV verweist.

4870

2. Zentrale Bedeutung der Wettbewerbsregeln

Die beiden letztgenannten Vorschriften haben auch zentrale Bedeutung für die Ausgestaltung des Zugangs zu den Dienstleistungen von allgemeinem wirtschaftlichem Interesse durch die Mitgliedstaaten. Insoweit gelten daher dieselben Grenzen wie für die Ausgestaltung dieser Dienstleistungen als solche. Relevant werden diese Grenzen im Rahmen des Zugangs vor allem, wenn **bestimmte Gruppen besondere Zugangsrechte** erhalten, welche sie im Wettbewerb begünstigen bzw. ihnen einen

4871

[1724] Zur unionsrechtlichen Zulässigkeit solcher Maßnahmen *Frenz*, EuR 2023, 238 ff.
[1725] *Frenz*, WRP 2023, 273 ff.
[1726] *Pielow*, in: Stern/Sachs, Art. 36 Rn. 53.

finanziellen Vorteil aus staatlichen Mitteln und damit eine **Beihilfe** gewähren. Auch dafür bedarf es daher einer besonderen Rechtfertigung.

4872 Die Bedeutung von Art. 106 f. AEUV im vorliegenden Zusammenhang ist aber dadurch begrenzt, dass Art. 36 EGRC an ein Zugangsrecht für alle anknüpft, nicht aber für die Diensterbringer. Vielfach werden indes Unternehmen, die mit Dienstleistungen von allgemeinem wirtschaftlichem Interesse betraut sind, bei dieser Tätigkeit durch bevorzugte Zugangsrechte zu anderen Dienstleistungen von allgemeinem wirtschaftlichem Interesse wirtschaftliche Vorteile ziehen. Dann nutzen sie diese aber vielfach wie jede andere Person und sind insoweit auch alle. Im Übrigen ist die Leistungs- und Funktionsfähigkeit der Diensterbringer die Grundlage dafür, dass alle tatsächlich einen Zugang zu Dienstleistungen von allgemeinem wirtschaftlichem Interesse haben.

4873 Beachtlich ist Art. 36 EGRC daher insbesondere im Zusammenhang damit, dass für die Aufrechterhaltung von Zugangsrechten und damit für die Erbringung von Dienstleistungen von allgemeinem wirtschaftlichem Interesse bestimmte Voraussetzungen gegeben sein müssen. Die **Erbringer** dürfen daher **nicht überfordert** werden, weil ansonsten die Gefahr besteht, dass das Zugangsrecht beschränkt und damit der Bürger beeinträchtigt wird. Das gilt zumal dann, wenn wie im Gefolge der Russland-Sanktionen bei Gas wegen explodierender Bezugspreise die Erbringer insolvent zu gehen drohten, da sie noch zu vorher vereinbarten festen Preisen liefern mussten.

4874 Eine solche Überforderung besteht bereits dann, wenn eine **gemeinwohlbezogene Aufgabe nicht mehr zu wirtschaftlich ausgewogenen bzw. tragbaren Bedingungen erfüllt** werden kann.[1727] Ist dies der Fall, können die Erbringer einer solchen Aufgabe ganz oder teilweise von den Wettbewerbsregeln entbunden werden, weil sie ansonsten rechtlich bzw. tatsächlich behindert werden, die ihnen übertragene besondere Aufgabe unter Wahrung der damit verbundenen Sonderpflichten zu erfüllen.[1728] Eine besondere Bedeutung hat hier die Zulässigkeit von **Quersubventionierungen**.[1729] Insbesondere dürfen nur die sonderpflichtenbedingten Mehrkosten ausgeglichen werden.

3. Beihilfenverbot

4875 Damit ist die Brücke zum Beihilfenrecht geschlagen. Es besteht ebenfalls ein teilweiser Dispens vom Beihilfenverbot, wenn anders eine tragfähige **Erfüllung von gemeinwohlbezogenen Dienstleistungen** nicht **sichergestellt** ist.[1730] Das gilt

---

[1727] Beide Formulierungen verwendend s. EuGH, Rs. C-475/99, ECLI:EU:C:2001:577 (Rn. 57 f.) – Ambulanz Glöckner; auch etwa Rs. C-340/99, ECLI:EU:C:2001:281 (Rn. 54) – TNT Traco: wirtschaftlich annehmbar.
[1728] Im Einzelnen *Frenz*, Europarecht 2, Rn. 4288 ff.
[1729] Näher *Frenz*, Europarecht 2, Rn. 4302 ff. sowie bereits *ders.*, EWS 2007, 211 ff.
[1730] *Frenz*, Europarecht 3, Rn. 2232 ff.

zumal dann, wenn ohne staatliche Unterstützungen die Dienstleistung gar nicht mehr erbracht werden kann, so wie aktuell für Gaslieferungen infolge gewaltig gestiegener Preise, welche die Lieferanten wegen fester Verträge mit ihren Kunden (noch) nicht weiterzugeben vermögen.

Weitergehend verneint der EuGH seit seinem *Altmark*-Urteil das Vorliegen einer Beihilfe bereits dann, wenn diese Grenze der wirtschaftlich tragfähigen Dienstleistungserbringung gewahrt bleibt und zudem der Bezugspunkt feststeht, welcher die Zuwendungen begründet, der Ausgleich für solche gemeinwirtschaftlichen Verpflichtungen nach zuvor objektiv und transparent aufgestellten Parametern berechnet wird sowie der sich für die Erfüllung der gemeinwirtschaftlichen Verpflichtungen ergebende Ausgleichsbetrag nach Durchschnittswerten ermittelt werden kann bzw. vorher ein Vergabeverfahren stattgefunden hat.[1731]

4876

4. Richtlinien

Die nationale Ausgestaltung der Zugangsmöglichkeiten zu den Dienstleistungen von allgemeinem wirtschaftlichem Interesse wird weiter durch Sekundärrecht und dabei insbesondere durch Richtlinien beschränkt, welche zu solchen Dienstleistungen ergangen sind. Diese regeln vielfach auch den Zugang und dabei vor allem den Drittzugang zu Netzen, so im Telekommunikations- und im Energiebereich.[1732] Umgekehrt ist die Union aber bei dieser Regulierung durch Art. 36 EGRC dazu verpflichtet, die nationalen Regelungen für den Zugang anzuerkennen und zu achten.[1733]

4877

V. Förderung des sozialen und territorialen Zusammenhalts in der Union

Wie Art. 14 AEUV enthält Art. 36 EGRC die Wendung „um den sozialen und territorialen Zusammenhalt der Union zu fördern". In beiden Fällen handelt es sich um eine **Zielkomponente**. Während Art. 14 AEUV allerdings an die bestehende Bedeutung bei der Förderung des sozialen und territorialen Zusammenhalts anknüpft und dieses Element deshalb bei der Ausgestaltung der Dienste von allgemeinem wirtschaftlichem Interesse Eingang zu finden hat, ist diese Formel in Art. 36 EGRC ans Ende gestellt und bestimmt gleichsam die ganze Richtung. Diese Bedeutung haben aber die Dienstleistungen von allgemeinem wirtschaftlichem Interesse als solche und damit auch der Zugang zu ihnen. Ihre Anerkennung und Achtung dient daher grundsätzlich diesem Zweck. Sie passt auch dazu, dass Art. 36 EGRC bei den sozialen Grundrechten platziert ist.

4878

[1731] Vgl. EuGH, Rs. C-280/00, ECLI:EU:C:2003:415 (Rn. 87 ff., zusammengefasst in Rn. 95) – Altmark; näher dazu krit. *Frenz*, Europarecht 3, Rn. 893 ff.
[1732] *Pielow*, in: Stern/Sachs, Art. 36 Rn. 18.
[1733] S. sogleich Rn. 4883 ff.

4879 Daraus erklärt sich ebenfalls, dass nur der soziale und territoriale Zusammenhalt genannt wird, nicht aber der wirtschaftliche. Letzterer ist auch insbesondere mit einer Förderung durch spezifische Finanzierungsinstrumente verbunden. Mit einer solchen ist daher Art. 36 EGRC nicht verknüpft.[1734]

4880 Der **territoriale Zusammenhalt** wird durch den Zugang zu den Dienstleistungen von allgemeinem wirtschaftlichem Interesse insofern gefördert, als eine **flächendeckende Versorgung** mit Leistungen der Daseinsvorsorge elementar für die Verbindung verschiedener Territorien untereinander und die Versorgung der Bevölkerung mit solchen Leistungen auch in entlegenen Gebieten ist. Die territoriale Struktur der Union in ihrer gegenwärtigen Verbundenheit kann daher über solche Zugangsrechte gesichert werden.

4881 Fördert damit der Zugang zu den Dienstleistungen von allgemeinem wirtschaftlichem Interesse den sozialen und territorialen Zusammenhalt, muss dazu kein spezifischer Bezug im Sinne eines notwendigen rechtlichen Zusammenhangs mehr hergestellt werden.

4882 Daher können die Dienste von allgemeinem wirtschaftlichem Interesse unabhängig von einem solchen rechtlichen Kontext gesehen werden. Damit besteht insbesondere **kein notwendiger Bezug zu Art. 174 ff. AEUV**, wo der wirtschaftliche und soziale Zusammenhalt geregelt ist.[1735]

D. Rechtsfolgen

I. Unterlassen von Eingriffen

4883 Dass die **Union** nach Art. 36 EGRC den Zugang zu den Dienstleistungen von allgemeinem wirtschaftlichem Interesse anerkennt und achtet, bedeutet in erster Linie, dass sie sich **Eingriffen in die mitgliedstaatlichen Strukturen und Zugangsbedingungen enthält**. Es geht also um ein **Unterlassen**. Insbesondere darf der Zugang zu diesen Leistungen einschließlich der dabei geltenden Regelungen grundsätzlich nicht eingeschränkt werden, wenn etwa **Sekundärrecht** auf einem solchen Feld ergeht.[1736]

II. Begrenzte positive Verpflichtung

4884 Lässt sich damit das Achten noch auf diese negative Komponente zurückführen, wird die Anerkennung als darüber hinausgehend angesehen. Die Union soll daher

---

[1734] *Pielow*, in: Stern/Sachs, Art. 36 Rn. 57: jedenfalls kein „Automatismus" in Richtung einer EU-finanzierten Förderung.
[1735] Für Art. 14 AEUV näher *Frenz*, Europarecht 2, Rn. 4348 f.
[1736] *Pielow*, in: Stern/Sachs, Art. 36 Rn. 58 ff.

die nationalen Rechtsvorschriften und Gepflogenheiten auch aktiv gutheißen und bestätigen.[1737] Indes kann auch das Anerkennen aus einem bloßen Respektieren bestehen.

Eine positive Verpflichtung ergibt sich hingegen zumindest aus Art. 14 AEUV. Danach hat auch die Union das **Funktionieren** dieser **Dienste so zu gestalten**, dass die Erbringer ihren Aufgaben nachkommen können.[1738] Daraus folgt jedenfalls indirekt und mittelbar, dass die **Union** eine **positive Förderpflicht** für solche Dienstleistungen von allgemeinem wirtschaftlichem Interesse hat. Davon wird auch der Zugang profitieren.

4885

Allerdings muss die Union nicht dafür Sorge tragen, dass etwa ein möglichst großer Personenkreis Zugang zu solchen Dienstleistungen erhält. Andernfalls würde das Primat nationaler Gestaltung unterhöhlt. Daher besteht **keine unmittelbare Förderpflicht** aus Art. 36 EGRC.[1739] Jedoch haben die Mitgliedstaaten die **Grundbedingungen** der **Dienstleistungen** von allgemeinem wirtschaftlichem Interesse zu wahren, wenn sie erst einmal eine Leistung dafür festgelegt haben. Gehört dazu wie für Gaslieferungen und den klassischen Bereich der Daseinsvorsorge die **allgemeine Zugänglichkeit**, ist diese als **Wesenskern** zu gewährleisten. Daher haben die Mitgliedstaaten Fördermaßnahmen zu ergreifen, um einen im Ausgangspunkt **allgemeinen (Gas-)Zugang zu erhalten**.

4886

III. Garantie des nationalen Status quo?

1. Absicherung

Weil die Mitgliedstaaten in ihrer Regelungshoheit in Art. 36 EGRC weitestgehend respektiert werden, können sie auch die Zugangsrechte zu den Dienstleistungen von allgemeinem wirtschaftlichem Interesse ändern. Sie können sie damit etwa auch **abschaffen**. Damit haben diese **Zugangsrechte keine feste Kontur**, sondern ihre Reichweite unterliegt der Veränderung. Schon deshalb erscheint die Gewährleistung eines sich ohnehin stets wandelnden Status quo ausgeschlossen. Damit wäre aber auch der Unionsgesetzgeber frei, im Sekundärrecht Dienstleistungen von allgemeinem wirtschaftlichem Interesse weitergehend zu liberalisieren und damit auch die typisch auf gemeinwohlbezogene Dienstleistungen zugeschnittenen Zugangsrechte gleichsam zu unterhöhlen.[1740]

4887

Diese Möglichkeit bestünde aber bei einer fehlenden Absicherung der jeweiligen nationalen Ausgestaltung dieser Rechte und Dienste auch dann, wenn sie in einem

4888

[1737] So *Heselhaus/Schreiber*, in: Heselhaus/Nowak, § 38 Rn. 22.

[1738] Näher *Frenz*, Europarecht 2, Rn. 4361 ff.; insoweit auch *Pielow*, Grundstrukturen öffentlicher Versorgung, 2001, S. 100: „Sorge- und Schutzpflicht".

[1739] *Pielow*, in: Stern/Sachs, Art. 36 Rn. 51.

[1740] Abl. *Pielow*, in: Stern/Sachs, Art. 36 Rn. 55; anders hingegen *Rohleder*, in: Meyer/Hölscheidt, Art. 36 Rn. 12.

Mitgliedstaat sehr weitgehend verankert wären. Daher sind ihr **jeweiliger Zuschnitt** und damit der changierende **Status quo geschützt.** Nur wenn in allen Mitgliedstaaten in einem Bereich keine Zugangsrechte zu den Dienstleistungen von allgemeinem wirtschaftlichem Interesse bestehen, gibt es nichts zu respektieren.

4889 Zudem werden **bei einer Zurückdrängung der Dienstleistungen von allgemeinem wirtschaftlichem Interesse durch** Unionsorgane mittelbar auch **Zugangsrechte tangiert.** Daher wird nicht nur in die Zuständigkeitsordnung der Mitgliedstaaten eingegriffen, sondern auch der Rechtskreis des Bürgers berührt, welchen die Grundrechte schützen wollten.[1741] Dies erfolgt hier zumindest indirekt, indem die Einzelnen von der Wahrung und Respektierung nationaler Zugangsrechte zu Dienstleistungen von allgemeinem wirtschaftlichem Interesse profitieren.

2. Notwendige Rechtfertigung von Einschränkungen

4890 Auch wenn sich die Pflicht zur Anerkennung und Achtung nach Art. 36 EGRC auf den mitgliedstaatlichen Status quo bezieht, ist dieser damit nicht änderungsfest. Indes müssen die Unionsorgane Vorgaben für eine Modifizierung näher begründen und angesichts der Pflicht nach Art. 36 EGRC näher rechtfertigen. So wie Art. 14 AEUV mit seiner Grundentscheidung für Dienste von allgemeinem wirtschaftlichem Interesse bei anderen Politiken im Sinne einer **Querschnittsklausel** einzubeziehen ist,[1742] gilt dies auch für die weitgehend parallele Grundrechtsvorschrift des Art. 36 EGRC.

4891 Zwar ist eine solche umfassende Einbeziehung bei der Festlegung der Unionspolitik nicht wie in Art. 37 EGRC ausdrücklich vorgegeben. Indes handelt es sich um eine **Richtungsentscheidung,** den national gewährten Zugang zu den Dienstleistungen von allgemeinem wirtschaftlichem Interesse anzuerkennen und zu achten. Diese ist auch im Rahmen von Art. 106 Abs. 2 AEUV zu wahren, führen doch Lockerungen beim Wettbewerbsrecht zu weiteren Gestaltungsmöglichkeiten der Unternehmen bei der Erbringung gemeinwohlbezogener Dienstleistungen, die auch die Zugangsrechte verbessern können.[1743] Auch in diesem Rahmen ist daher Art. 36 EGRC dem Art. 14 AEUV an die Seite zu stellen.[1744]

3. Abwägung

4892 Damit bedarf es letztlich einer **Abwägung zwischen der grundsätzlichen Pflicht zur Anerkennung und Achtung des nationalen Zugangs zu den Dienstleistun-**

[1741] Anders *Pielow*, in: Stern/Sachs, Art. 36 Rn. 55.
[1742] Näher *Frenz*, Europarecht 2, Rn. 4374 ff.; vgl. auch zur umweltschutzbezogenen Querschnittsklausel des Art. 37 EGRC u. Rn. 4982 ff.
[1743] Vgl. o. Rn. 4873.
[1744] S. *Frenz*, Europarecht 2, Rn. 4355 ff.

gen von allgemeinem wirtschaftlichem Interesse und gegenläufigen Belangen, welche etwa im Interesse einer stärkeren Konkurrenz auf einem bestimmten Versorgungsfeld Dienste mit umfangreichen Gemeinwohlverpflichtungen generell zurückdrängen sollen.

Weil es sich dabei um eine politische Entscheidung handelt, ist den Unionsorganen ein breiter Beurteilungsspielraum zuzubilligen. Dabei haben sie allerdings die grundsätzliche Bedeutung von Diensten von allgemeinem wirtschaftlichem Interesse nach Art. 14 AEUV und das Gewicht des Zugangs nach Art. 36 EGRC in ihre Überlegungen hinreichend einzubeziehen. Dieses Gewicht wird bei **Versorgungskrisen** erheblich verstärkt. Dann dürfen tendenziell eher und schärfere Maßnahmen ergriffen werden, um den Zugang zu den Dienstleistungen von allgemeinem wirtschaftlichem Interesse zu sichern. Die Unionsorgane müssen dann solche Maßnahmen der Mitgliedstaaten akzeptieren, auch wenn sie den Wettbewerb stark einschränken wie hohe **staatliche Unterstützungen für Gaslieferanten, Staatsunternehmen** oder Vorgaben zur Zwangsbevorratung von seltenen Rohstoffen.[1745]

4893

Letztlich geht es um die **Herstellung praktischer Konkordanz**, unter anderem zwischen dem Wettbewerb und den Belangen der Dienste von allgemeinem wirtschaftlichem Interesse.[1746] Das Gewicht dieser Dienstleistungen wurde dabei durch die Aufnahme des Zugangs in Art. 36 EGRC weiter verstärkt. Das **Prinzip der Daseinsvorsorge** wird so zum **gleichrangigen Konterpart zum Wettbewerbsprinzip**.

4894

In welche Richtung die Gestaltung im Einzelfall geht, hängt von den jeweiligen Umständen und Vorstellungen ab. Allgemeine Regeln lassen sich daraus schwerlich entnehmen. Je bedeutsamer allerdings der Zugang zu den Dienstleistungen von allgemeinem wirtschaftlichem Interesse für den sozialen und territorialen Zusammenhalt in der Union ist, desto eher muss er erhalten bleiben. Das gilt namentlich bei einer ansonsten gefährdeten Versorgung finanzschwacher Bevölkerungsschichten oder ländlicher Regionen.

4895

Anderes gilt hingegen dann, wenn die verstärkte Einführung von Wettbewerb diesen Zugang zu für die Versorgung wichtigen Leistungen in gleicher Weise sicherzustellen vermag. Insoweit bedarf es regelmäßig einer **Prognose**. Hier haben die Unionsorgane einen Spielraum für die Beurteilung ungewisser Sachverhalte. Sie müssen aber bei der Ausfüllung dieses Spielraumes Tatsachen oder zumindest tatsächliche Anhaltspunkte zugrunde legen und können sich nicht einfach auf Vermutungen stützen.

4896

Zudem ist der **Gestaltungsspielraum der Mitgliedstaaten zu respektieren**, sodass vor allem die **Stringenz der Begründung** zählt und auch **genügt**. Diese darf **nicht evident unrichtig** oder unzulänglich sein. Das betrifft die von den Mitgliedstaaten herangezogenen Tatsachen als auch die daraus abgeleiteten Folgerungen.

4897

[1745] Näher *Frenz*, WRP 2023, 273 (277).
[1746] *Rohleder*, in: Meyer/Hölscheidt, Art. 36 Rn. 12; s. auch *Jarass/Kment*, § 34 Rn. 17 ff.; a.A. *Pielow*, in: Stern/Sachs, Art. 36 Rn. 30 f. a.E. mit Fn. 133.

E. Prüfungsschema zu Art. 36 EGRC

4898 1. Gewährleistungsbereich
kein subjektives Recht, sondern Grundsatz

a) Dienstleistungen von allgemeinem wirtschaftlichem Interesse wie in Art. 14 AEUV: wirtschaftliche Tätigkeiten im Interesse der Allgemeinheit mit besonderen Gemeinwohlverpflichtungen (z. B. Abfallentsorgung, Energie- und Wasserversorgung); Festlegung nach Ermessen der Mitgliedstaaten
b) Anerkennung und Achtung des Zugangs durch die Union
c) Zugang selbst schon wesensgemäß, aber Ausgestaltung nach nationalen Vorschriften und Gepflogenheiten, die indes in Einklang mit Europarecht (Wettbewerbsregeln, Beihilfenverbot) stehen müssen
d) Förderung des sozialen und territorialen Zusammenhalts: wird schon praktisch erfüllt

2. Rechtsfolgen

a) Union unterlässt Eingriffe in mitgliedstaatliche Strukturen und Zugangsbedingungen
b) Union fördert Dienstleistungen von allgemeinem wirtschaftlichem Interesse
c) keine Garantie des Status quo, aber Union muss Einschränkungen rechtfertigen
d) Abwägung: Daseinsvorsorge als gleichrangiges Prinzip z. B. zum Wettbewerb; überwiegt bei Versorgungsengpässen

§ 8 Umweltschutz

A. Vorhandener europäischer Standard als Grundlage

4899 Nach den Erläuterungen zur EGRC wurde der Umweltschutz nach Art. 37 EGRC **in Anlehnung an Art. 3 Abs. 3 EUV sowie Art. 11 und 191 AEUV** niedergelegt.[1747] Das zeigt sich auch in den Formulierungen und Anforderungen des hohen Umweltschutzniveaus und der Verbesserung der Umweltqualität, welche in die Politik der Union einbezogen werden müssen, ebenso wie in dem Grundsatz der nachhaltigen Entwicklung, der nach Art. 37 EGRC den Leitmaßstab für die Sicherstellung der vorstehenden Elemente bildet. Damit ist sowohl wegen der parallelen Begrifflichkeit als auch infolge des ausdrücklichen Bezugs auf die Politik der Union an das jeweils in den entsprechenden vertraglichen Festlegungen des AEUV gefundene Verständnis anzuknüpfen.

[1747] Erläuterungen zur Charta der Grundrechte, ABl. 2007 C 303, S. 17 (27).

Subjektivierungstendenzen im Völkerrecht,[1748] die bislang aber auch nicht in ein explizites und rechtsverbindliches, individuell einforderbares Recht auf Umweltschutz mündeten,[1749] und zwar selbst nicht im Klimaschutz,[1750] wurden **nicht aufgenommen**. Das deckt sich mit der EMRK, in die trotz Thematisierung **kein eigenes Menschenrecht auf Umweltschutz** Eingang fand.[1751] Die **Ableitungen** blieben **punktuell** und betonten den nationalen Gestaltungsspielraum.[1752]

Die **ESC**[1753] bezieht sich auch in ihrem Art. 11 nur auf die Arbeitsbedingungen, sodass daraus **kein allgemeines Recht auf Umweltschutz** folgt.[1754] Ohnehin enthält diese Bestimmung das Recht und den Schutz der Gesundheit und nicht der Umwelt. Auch wenn explizit die weitestmögliche Beseitigung der Ursachen von Gesundheitsschäden mit benannt ist, wird damit höchstens ein Ausschnitt des Umweltschutzes erfasst.

B. Grundsatz entsprechend dem Status quo

I. Genese

Geht damit der Umweltschutz im Gehalt nicht über die Festlegungen des AEUV hinaus, kann er in der EGRC auch schwerlich eine weitergehende Gewährleistung aufweisen. Schon dieser Entstehungshintergrund spricht dafür, dass es sich lediglich um **allgemeine Vorgaben ohne** einen **subjektiv einforderbaren Gehalt** handelt. Die Ausgestaltung des „Umweltgrundrechts" nach Art. 37 EGRC als einforderbares Individualrecht wurde denn auch trotz verschiedener Forderungen abgelehnt.[1755] Es sollte nach dem Präsidium ein Grundsatz und kein Recht sein.[1756]

[1748] Etwa *Calliess*, ZUR 2000, 246 ff.
[1749] *Orth*, Ein Grundrecht auf Umweltschutz in Europa?, 2007, S. 44 ff.
[1750] *Gärditz*, in: GfU (Hrsg), Dokumentation zur 1. Digitalen Sondertagung der Gesellschaft für Umweltrecht e.V. 2022, S. 73 ff. Zur Entwicklung *Frenz*, Grundzüge des Klimaschutzrechts, 3. Aufl. 2023, Rn. 1 ff.
[1751] *Orth*, Ein Grundrecht auf Umweltschutz in Europa?, 2007, S. 20 f.
[1752] EGMR (GR), Urt. v. 8.7.2003, Nr. 36022/97, Rn. 119 ff. – Hatton u. a./Vereinigtes Königreich; Urt. v. 20.3.2008, Nr. 15339/02, Rn. 128 ff., 147 ff. – Budayeva/Russland; näher *Groß*, NVwZ 2020, 337 (339); *Draig/Ehlers Hofherr*, NuR 2020, 589 ff.; *Frenz*, in: ders. (Hrsg.), Klimaschutzrecht Gesamtkommentar, 2. Aufl. 2022, Einf. F Rn. 31.
[1753] Europäische Sozialcharta vom 18.10.1961, Europarat SEV-Nr. 035, s. Rn. 4046 ff.
[1754] Abl. bereits *Rauschning*, in: FS für Weber, 1974, S. 719 (729).
[1755] Näher *Orth*, Ein Grundrecht auf Umweltschutz in Europa?, 2007, S. 108 ff.; *Winkler*, in: Stern/Sachs, Art. 37 Rn. 2.
[1756] S. *Schwerdtfeger*, in: Meyer/Hölscheidt, Art. 37 Rn. 15.

II. Wortlaut

4903   Diese Einstufung bestätigt der Wortlaut. Der Grundsatz der nachhaltigen Entwicklung, der für sich gesehen auf Ausgleich verschiedener Elemente beruht und damit in seinem konkreten Gehalt situationsbedingt erst politisch zu definieren ist, bildet den allgemeinen Fixpunkt von Art. 37 EGRC. Er hindert daher bereits ein subjektives Recht auf inhaltlich bestimmte Maßnahmen.

4904   Ein solches Individualrecht kann höchstens darin bestehen, dass überhaupt wirksame, wenn auch erst noch näher festzulegende Maßnahmen ergriffen werden. Indes liegt darin erst ein **verbindlicher Gesetzgebungsauftrag**.[1757] Dieser ist zwar nach dem BVerfG-Klimabeschluss[1758] subjektiv einforderbar, aber auf der Basis der Freiheitsgrundrechte künftiger Generationen und nicht der Umweltstaatszielbestimmung, der nur eine Maßstabs-, aber keine Anspruchsfunktion zukommt, auch wenn das BVerfG aus dem in Art. 20a GG enthaltenen Klimaschutzgebot konkrete Eckpunkte ableitete, die dann allerdings vom Gesetzgeber einzuhalten sind.[1759] Auch auf EU-Ebene bilden die klassischen Grundrechte die Basis für subjektive Ansprüche auf Klimaschutz, die indes der EuGH mit Urteil vom 25.3.2021 und damit just einen Tag nach dem BVerfG-Klimabeschluss schon auf der Ebene der Zulässigkeit verneinte.[1760] Dabei gibt es durchaus Ansatzpunkte aus der Menschenwürde (Art. 1 EGRC) und dem Schutz von Leben und Gesundheit (Art. 2, 3 EGRC).[1761]

4905   Zudem wird der politische und damit nicht individuell einforderbare Charakter der Vorschrift durch die anderen Elemente des Art. 37 EGRC weiter verstärkt. Das hohe Umweltschutzniveau und die Verbesserung der Umweltqualität müssen in die Politik der Union einbezogen werden. Damit handelt es sich entsprechend der parallel formulierten Querschnittsklausel des Art. 11 AEUV[1762] um Vorgaben bei der Ausarbeitung von europäischer Rechtsetzung und sonstiger Regulierung, nicht hingegen um individuelle Rechte.

III. Systematik

4906   Dadurch ergibt sich auch kein Widerspruch dazu, dass der Umweltschutz eigens in die EGRC aufgenommen wurde. Schließlich enthält der Titel IV „Solidarität" sowohl individuell einforderbare Grundrechte als auch lose Grundsätze. Das ist

---

[1757] S. *Orth*, Ein Grundrecht auf Umweltschutz in Europa?, 2007, S. 166 ff.; allgemein *Murswiek*, NuR 2002, 641 (647).

[1758] BVerfGE 157, 30 – Klimabeschluss.

[1759] BVerfGE 157, 30 (Rn. 197 ff.) – Klimabeschluss. Näher und krit. zur Problematik *Frenz*, in: ders. (Hrsg.), Gesamtkommentar Klimaschutzrecht, 2. Aufl. 2022, § 1 KSG Rn. 101 ff.

[1760] EuGH, Rs. C-565/19 P, ECLI:EU:C:2021:252 – Carvalho.

[1761] Im Einzelnen *Frenz*, EuR 2022, 3 (6 ff.).

[1762] Darin eine deklaratorische Bestätigung des Prinzipiencharakters sehend *Kahl*, in: Streinz, Art. 11 AEUV Rn. 10.

§ 8 Umweltschutz

sein besonderes Kennzeichen. Zudem wurden in diesem heftig umstrittenen Titel einzelne Bausteine als Resultat von Kompromissen zusammengefügt. Der Umweltschutz hat erst relativ spät Eingang gefunden.[1763] Er rundet damit eher die anderen Elemente ab, statt selbst ein zusätzliches einforderbares Recht zu enthalten.

Ein **subjektives Recht** ist daher auch bezogen auf den Umweltschutz **in anderen Bestimmungen** zu suchen und damit vor allem im **Grundrecht auf Leben und Gesundheit** oder in der **Menschenwürde**.[1764] Der EGMR zieht den Schutz des Privat- und Familienlebens vor.[1765] Dogmatische Basis dafür sind grundrechtliche Schutzpflichten, die nur einen Mindeststandard gewähren.[1766] Sie waren vor der Etablierung der EGRC nur wenig ausgeprägt, sodass durch eine lediglich begrenzte subjektive Einforderbarkeit von Umweltstandards nicht etwa der acquis communautaire entgegen Art. 53 EGRC unterschritten wird. Das gilt auch im Hinblick auf die Verfassungen der Mitgliedstaaten, die vielfach wie auch Art. 20a GG lediglich eine objektiv-rechtliche Gewährleistung und nur teilweise ein Individualrecht auf Umweltschutz enthalten.[1767] An diese Verfassungen ist Art. 37 EGRC denn auch ausdrücklich angelehnt.[1768] Der **Klimabeschluss** des BVerfG kam weitaus später und bejaht **subjektive Rechte** nur junger Generationen **auf der Basis von deren Freiheitsgrundrechten**;[1769] die Umweltstaatszielbestimmung des **Art. 20a GG** begründete nur die **Maßstäbe für** den **Klimaschutz** in Gestalt des Klimaschutzgebots, nicht jedoch eine subjektive Einforderbarkeit.

4907

IV. Zweck

Art. 37 EGRC verlangt ein hohes Umweltschutzniveau und die Verbesserung der Umweltqualität. Diese anspruchsvollen Ziele lassen sich eher erreichen, wenn sie subjektiv eingefordert werden können. Die praktische Notwendigkeit dazu ergibt sich insbesondere vor dem Hintergrund des Klimawandels. Manche Umweltrichtlinie vermochte auf nationaler Ebene erst dadurch zum Zuge zu kommen, dass sie nach Ablauf der Umsetzungspflicht bei fehlender oder defizitärer Umsetzung un-

4908

[1763] *Winkler*, in: Stern/Sachs, Art. 37 Rn. 2. Die wesentlichen Grundzüge der nunmehr geltenden Fassung des Art. 37 EGRC hat der Konvent in seinem Formulierungsvorschlag vom 4.7.2000 (CHARTE 4399/00 CONVENT 42, damalig noch Art. 44) festgelegt. Redaktionsschluss war September 2000.
[1764] *Frenz*, EuR 2022, 3 ff. Auch *Orth*, Ein Grundrecht auf Umweltschutz in Europa?, 2007, S. 278.
[1765] Grundlegend EGMR, Urt. vom 9.12.1994, Nr. 16798/90 – López Ostra. Dazu *Frenz*, EuR 2022, 3 (12 f.). S.o. Rn. 1424 ff.
[1766] S. *Breuer*, NVwZ 2022, 1233 (1238 f.); bereits *Faßbender*, NJW 2021, 2085 (2089); *Frenz*, DÖV 2021, 715 ff.
[1767] *Nowak*, in: Heselhaus/Nowak, § 63 Rn. 40 ff.; *Orth*, Ein Grundrecht auf Umweltschutz in Europa?, 2007, S. 36, 45 f. und ausführlich S. 181 ff.; *Winkler*, in: Stern/Sachs, Art. 37 Rn. 7 ff.
[1768] Erläuterungen zur Charta der Grundrechte, ABl. 2007 C 303, S. 17 (27).
[1769] BVerfGE 157, 30 (Rn. 117 ff.) – Klimabeschluss.

mittelbar wirken und damit vom Einzelnen geltend gemacht werden konnte, soweit sie inhaltlich unbedingt und hinreichend genau ist.[1770]

4909 Indes zeigt sich daran die Wirkungsweise des europäischen **Umweltschutzes**. Er wird **erst im Sekundärrecht konkretisiert** und auf dieser Basis in den Mitgliedstaaten implementiert, nicht aber unmittelbar auf der Grundlage des Primärrechts. Der Umweltschutz ist zu komplex und vielfältig, als dass er sich schon über die allgemeinen primärrechtlichen Vorgaben näher fassen ließe. Er droht dann verschwommen zu werden und seine Präzision zu verlieren, die letztlich Grundlage seiner Durchsetzung ist.[1771] Die Subjektivierung verstärkt damit nicht notwendig die Rechtssubstanz.[1772] Darüber hilft auch eine grundrechtliche Verstärkung durch Subjektivierung nicht hinweg.[1773] Individuell unmittelbar eingefordert werden kann nur, was materiell vorhanden ist.[1774] Daher ist für die Verwirklichung des Umweltschutzes die individuelle Einforderbarkeit des Sekundärrechts entscheidend,[1775] nicht aber die des Primärrechts.

4910 Dieser **abgestufte Wirkungsmechanismus** gilt nicht nur für die Vorgaben der Umweltpolitik nach Art. 3 Abs. 3 EUV sowie Art. 11 und 191 AEUV, sondern auch für Art. 37 EGRC,[1776] haben doch beide eine parallele Begrifflichkeit. Zudem könnte ansonsten Art. 37 EGRC trotz seiner bewussten Anknüpfung an das existierende Umweltprimärrecht[1777] das bisherige System des europäischen Umweltschutzes unterhöhlen. Der Zweck von Art. 37 EGRC gebietet daher zumal in Zusammenschau mit der Genese und der Systematik keine Subjektivierung.[1778]

V. Fazit und Folgen

4911 Art. 37 EGRC steht schon von der Entstehung und vom Wortlaut her in unlösbarem Zusammenhang mit dem vorhandenen europäischen Umweltrecht. Er ist daher in dessen Struktur einzufügen und nicht umgekehrt. Art. 37 EGRC verleiht deshalb kein subjektives Grundrecht, sondern bildet wie auch andere Vorschriften des Titels

---

[1770] Z. B. EuGH, Rs. C-8/81, ECLI:EU:C:1982:7 (Rn. 22) – Becker; Rs. C-80/86, ECLI:EU:C:1987:431 (Rn. 7) – Kolpinghuis; Rs. C-635/18, ECLI:EU:C:2021:437 – Luftreinhaltepläne; näher dazu *Frenz*, Grundzüge des Klimaschutzrechts, 3. Aufl. 2023, Rn. 1280 ff.

[1771] S. *Orth*, Ein Grundrecht auf Umweltschutz in Europa?, 2007, S. 39; krit. dazu aber *Elephteriades*, in: Alston (Hrsg.), The EU and Human Rights, 1999, S. 529 (544).

[1772] *Hobe*, ZUR 1994, 15 (18).

[1773] Dazu allgemein *Borowski*, Grundrechte als Prinzipien, 2. Aufl. 2007, S. 300 ff.

[1774] So auch letztlich *Borowski*, Grundrechte als Prinzipien, 2. Aufl. 2007, S. 303.

[1775] Darauf bezogen auch *Nettesheim*, in: Grabitz/Hilf/Nettesheim, Art. 191 AEUV Rn. 21 ff.; im Einzelnen Rn. 124 ff.

[1776] Parallel verneinend auch *Nettesheim*, in: Grabitz/Hilf/Nettesheim, Art. 191 AEUV Rn. 64.

[1777] S.o. Rn. 4899.

[1778] Letztlich ebenfalls *Orth*, Ein Grundrecht auf Umweltschutz in Europa?, 2007, S. 264 mit Fn. 1424.

IV „Solidarität" einen Grundsatz. Als solcher wirkt er wie Art. 11 AEUV bereichsübergreifend.

Damit stellt Art. 37 EGRC für die Grundrechte die parallele Rechtslage zur europäischen Politik her und verlangt daher auch insoweit eine Einbeziehung von Umweltschutzbelangen, als es etwa um grundrechtliche Grenzen für Maßnahmen auf europäischer Ebene geht. **4912**

So ist der Umweltschutz nicht nur auf der Ebene der Politikfestlegung, sondern auch bei den Schranken-Schranken zu berücksichtigen und vermag eine die Grundrechte beeinträchtigende Maßnahme zu legitimieren. Art. 37 EGRC bildet somit eine wichtige Grundlage für Freiheitseinschränkungen und wirkt daher grundrechtsbegrenzend. Darüber hinaus ist er aber zugleich freiheitsschützend für alle in ihrer solidarischen Verbundenheit, weil er die **Umwelt als Grundlage für die Freiheitsverwirklichung** erhält. Er sichert so die elementare Grundrechtsvoraussetzung der Umwelt auch über das Maß hinaus, das sich bereits aus den Garantien von Leben und Gesundheit[1779] sowie Privat- und Familienleben[1780] ergibt, auch wenn insoweit die subjektive Einforderbarkeit fehlt. **4913**

Ist folglich der Umweltschutz nach Art. 37 EGRC wie nach Art. 11 AEUV zu handhaben, sind die Begriffe und Bedeutungsgehalte parallel zu interpretieren. Der **Umweltschutz** hat seinen **Schwerpunkt** weiterhin im **europäischen Vertragsrecht**, aus dem sich nach Art. 52 Abs. 2 EGRC der **Mindestgewährleistungsgehalt** auch hier ergibt,[1781] und nicht in der EGRC. Art. 37 EGRC kann daher nur darüber voll erfasst werden. Besondere Bedeutung haben dabei die Änderungen im Lissabonner Reformvertrag. **4914**

C. Umweltschutz

I. Maßgeblichkeit der europäischen Umweltpolitik

Der Begriff der Umwelt wird in Art. 37 EGRC ebenso wenig wie im AEUV definiert. Die für die Aufgabenstellung der Union maßgeblichen und auch für Art. 37 EGRC beachtlichen[1782] **Teilelemente des Art. 191 Abs. 1 AEUV** verdeutlichen aber den Gehalt des europarechtlichen Begriffes „Umwelt(schutz)". Danach bezieht er sich auf die **menschliche Gesundheit** wie auch auf eine **nachhaltige Ressourcenbewirtschaftung**. Insbesondere Letztere greift in die natürliche Umwelt ein, wird gleichwohl nicht ausgeschlossen. **4915**

[1779] S.o. Rn. 4907.
[1780] Darauf greifen EKMR und EGMR zurück, ausgehend von EGMR, Urt. v. 9.12.1994, Nr. 16798/90 – López Ostra; zum Stand *Braig/Ehlers-Hofherr*, NuR 2020, 589 ff. – s.o. Rn. 1424 ff.
[1781] *Orth*, Ein Grundrecht auf Umweltschutz in Europa?, 2007, S. 143.
[1782] S.o. Rn. 4899.

4916 Daher lassen sich daraus auch keine verbindlichen Rückschlüsse für eine weitere Kohleverstromung trotz notwendiger Begrenzung des CO_2-Ausstoßes ziehen. Zwar dient die **Dekarbonisierung** dem Klima- und Umweltschutz, muss aber konkret durch die zuständigen Organe ausgestaltet werden. Die EU-Kommission nennt sie im Green Deal als Leitlinie.[1783]

4917 Der Abbau und die Verwendung von Ressourcen setzen eine vom Menschen geschaffene Umwelt voraus, die ebenfalls geschützt ist. Schließlich wirkt auch sie sich auf die menschliche Gesundheit aus. Dieser Bezug auf die menschliche Gesundheit zeigt auch, dass die Beziehungen der Umwelt und der menschlichen Gesundheit und damit zwischen Umwelt und Mensch umschlossen sind. Zudem werden alle **natürlichen Produktionsmittel** erfasst.

4918 Dabei handelt es sich aber um Einzelaspekte in Art. 191 Abs. 1 AEUV. An erster Stelle geht es um den Erhalt und Schutz der Umwelt als solcher. Dieser ist gerade losgelöst von einem notwendigen Bezug zur menschlichen Gesundheit bzw. auch zum Privatleben, worauf der EGMR bisher den Schutz vor Umweltbeeinträchtigungen stützte.[1784] Gleichwohl ist der **Umweltschutz** elementar für die Grundrechtsverwirklichung des Menschen, entfaltet sich doch dieser in seiner Umwelt. Diese bildet **in ihrer Gesamtheit** die **Grundlage nahezu jeder Grundrechtsverwirklichung**, wie gerade der Klimawandel deutlich macht. In dieser weitgesteckten Gestalt ist deshalb die Umwelt geschützt; Art. 37 EGRC enthält selbst keine Einschränkung oder Spezifizierung.

4919 Dabei geht es um den Erhalt einer **funktionierenden Umwelt**. Diese lebt auch von den Wechselwirkungen zwischen ihren Bestandteilen. Umweltschutz kann daher nur wirksam sichergestellt werden, wenn auch die **Interdependenzen zwischen** den **verschiedenen Umweltelementen** und auch verschiedenen umweltrelevanten Handlungen des Menschen eingeschlossen werden.[1785]

4920 Diese **Gesamtschau** ist gerade für die **Bekämpfung des Klimawandels** notwendig, der sich auf verschiedene Umweltmedien auswirkt und von diesen Folgen seinerseits beeinflusst wird. Diese Komponente wurde im Lissabonner Reformvertrag eigens in die Umweltpolitik – wenn auch nur in Art. 191 Abs. 1 4. Spiegelstrich AEUV – aufgenommen und prägt damit auch den Gehalt des Umweltabschnitts. Das BVerfG leitet aus dem deutschen Umweltstaatsziel des Art. 20a GG ein **Klimaschutzgebot** ab[1786] und hebt damit den Klimaschutz als am strengsten und konkretesten geschützten Bereich des Umweltstaatsziels heraus. Derart akzentuiert hat

---

[1783] Mitteilung der Kommission an das Europäische Parlament, den Rat, den Europäischen Wirtschafts- und Sozialausschuss und den Ausschuss der Regionen – „Investitionsplan für ein zukunftsfähiges Europa, Investitionsplan für den europäischen Grünen Deal", COM(2020) 21 final, Ziff. 4.1.3.
[1784] S. Teilband I Rn. 1424 ff.
[1785] *Nettesheim*, in: Grabitz/Hilf/Nettesheim, Art. 191 AEUV Rn. 51.
[1786] BVerfGE 157, 30 (Rn. 197 ff.) – Klimabeschluss.

der EuGH den Klimaschutz bislang nicht herausgearbeitet, sondern im Gegenteil Klimaschutzklagen bereits als unzulässig abgewiesen.[1787]

Darüber hinaus folgt schon aus dem Grundsatz der **nachhaltigen Entwicklung** nach Art. 3 Abs. 3 EUV, 11 AEUV eine übergreifende Betrachtungsweise, welche die Gesamtentwicklung mit sämtlichen Auswirkungen im Blick hat.[1788] 4921

Ist von daher der Begriff der Umwelt nach Art. 37 EGRC umfassend, ergeben sich doch Einschränkungen durch Überschneidungen mit anderen Vorschriften. Dass die **Arbeitsumwelt** gerade von Art. 37 EGRC nicht umschlossen ist, folgt aus der vom Umweltschutz getrennten Regelung der Arbeitsumwelt in anderen „sozialen" Grundrechten nach Art. 27 ff. EGRC. Der Umweltbegriff ist also auf die Umweltpolitik bezogen und reicht daher nur so weit, wie er nicht in Gegenstände anderer Grundrechte eindringt. Damit ist er auch aus der Perspektive der Grundrechte nicht „allumfassend".[1789] 4922

II. Soziale und kulturelle Umwelt?

Angesichts eigener Regelungen über die Kunst in Art. 13 EGRC und spezifische soziale Rechte in Art. 33 ff. EGRC können die kulturelle und die soziale Umwelt[1790] nicht in den grundrechtlichen Umweltbegriff eingeschlossen werden. Ansonsten würde die EGRC zudem entgegen ihrer allgemeinen Zielrichtung auf den Bereich der **Kultur** erstreckt, der bislang nach Art. 167 AEUV den **Mitgliedstaaten vorbehalten** war. Jedenfalls müsste insoweit ausweislich Art. 167 Abs. 4 AEUV auf die Vielfalt der Kulturen Rücksicht genommen werden. 4923

Die Umwelt nach Art. 37 EGRC erstreckt sich von daher nur auf die **„natürliche Umwelt"**, ohne dass diese aber mit einer unveränderten Umwelt, also einer solchen im Ursprungszustand, gleichzusetzen wäre. Der Mensch hat in nahezu alle Bereiche eingegriffen oder sie jedenfalls beeinflusst, sodass auch diese von ihm gestaltete bzw. geprägte Umwelt umfasst sein muss.[1791] Sieht man darin die soziale und die 4924

[1787] EuGH, Rs. C-565/19 P, ECLI:EU:C:2021:252 – Carvalho.

[1788] Zur Einordnung des BVerfG-Klimabeschlusses in den Nachhaltigkeitsgrundsatz *Frenz*, Grundzüge des Klimaschutzrechts, 3. Aufl. 2023, Rn. 1 ff.

[1789] Aus Sicht von Art. 191 AEUV *Nettesheim*, in: Grabitz/Hilf/Nettesheim, Art. 191 AEUV Rn. 50 etwa gegen *Calliess*, in: ders./Ruffert, Art. 191 AEUV Rn. 11; *Krämer*, in: v. der Groeben/Schwarze/Hatje, Art. 191 AEUV Rn. 3 f.

[1790] Für die Erfassung Letzterer allerdings *Orth*, Ein Grundrecht auf Umweltschutz in Europa?, 2007, S. 24, 160; für die EG-Umweltpolitik ebenfalls *Kahl*, Umweltprinzip und Gemeinschaftsrecht, 1993, S. 13 ff.; *Kahl*, in: Streinz, Art. 191 AEUV Rn. 41 f.

[1791] Ebenso hier *Winkler*, in: Stern/Sachs, Art. 37 Rn. 10; s. auch *Nettesheim*, in: Grabitz/Hilf/Nettesheim, Art. 191 AEUV Rn. 51; bereits *Henke*, EuGH und Umweltschutz, 1992, S. 6 ff.; *Palme*, Nationale Umweltpolitik in der EG, 1992, S. 24 ff. Auf die „natürlichen Lebensgrundlagen" beschränkend dagegen *Middeke*, Nationaler Umweltschutz im Binnenmarkt, 1994, S. 19 ff.

kulturelle Umwelt,[1792] ist sie ebenfalls eingeschlossen, und zwar als **veränderte natürliche Umwelt**.

III. Umfassende und flexible Konzeption

4925 In diesem durch die Ziele des Umweltschutzes definierten und sich aus der Abgrenzung zu anderen Grundrechten ergebenden Rahmen ist der Begriff „Umwelt" umfassend und flexibel. Das folgt aus der fehlenden textuellen Begrenzung. Zudem wurde bei der Schaffung der Umweltpolitik bewusst darauf verzichtet, die in diesem Bereich bestehenden Tätigkeitsfelder der Union abschließend zu benennen, um ihr nicht den notwendigen Handlungsspielraum zu nehmen.[1793] So ist nunmehr auch eine **Bekämpfung des Klimawandels** möglich, ohne dass dieser über die Benennung im Rahmen von international ausgerichteten Maßnahmen in Art. 191 Abs. 1 AEUV hinaus als eigener Punkt hätte erwähnt werden müssen.[1794]

4926 Eine Erweiterung der bestehenden Regelungskompetenzen brachte die Einführung einer Energiepolitik in Art. 194 AEUV, die „unter Berücksichtigung der Notwendigkeit der Erhaltung und Verbesserung der Umwelt" u. a. eine „Förderung der Energieeffizienz und von Energieeinsparungen sowie Entwicklung neuer und erneuerbarer Energiequellen" vorsieht. Damit wurde eine **Energiepolitik** eigens begründet und **auf den Schutz der Umwelt bezogen**.[1795] Sie ist nicht mehr nur über die Brücke des Umweltschutzes (s. Art. 192 Abs. 2 lit. c) AEUV) möglich (Umweltenergiepolitik),[1796] sondern bildet eine eigene Plattform für den Umweltschutz. Damit werden die Umwelt antastende menschliche Aktivitäten in einem elementaren Bereich erfasst. Auch hieran zeigt sich die Interdependenz beider Bereiche.

4927 Die **Verbindung von Umwelt und Wirtschaft** belegt die Entwicklung im Green Deal[1797] und in dem seiner Verwirklichung dienenden EU-Klimagesetz[1798] sowie

---

[1792] S. *Orth*, Ein Grundrecht auf Umweltschutz in Europa?, 2007, S. 160; *Kahl*, in: Streinz, Art. 191 AEUV Rn. 41.

[1793] *De Ruyt*, L'Acte unique européen, 2. Aufl. 1989, S. 14; *Krämer*, in: Rengeling (Hrsg.), Europäisches Umweltrecht und europäische Umweltpolitik, 1988, S. 137 (141 f.).

[1794] Ebenso *Fischer*, Der Vertrag von Lissabon, 2008, S. 320.

[1795] *Frenz*, Grundzüge des Klimaschutzrechts, 3. Aufl. 2023, Rn. 297; bereits *Kahl*, EuR 2009, 601 (601).

[1796] Dazu *Schlacke*, in: Nowak, Konsolidierung und Entwicklungsperspektiven des Europäischen Umweltrechts, 2015, S. 299 (312); *Frenz*, Grundzüge des Klimaschutzrechts, 3. Aufl. 2023, Rn. 290, 306; abl. *Heselhaus*, in: Nowak, Konsolidierung und Entwicklungsperspektiven des Europäischen Umweltrechts, 2015, S. 327 (351 f.).

[1797] Mitteilung der Kommission an das Europäische Parlament, den Rat, den Europäischen Wirtschafts- und Sozialausschuss und den Ausschuss der Regionen – „Investitionsplan für ein zukunftsfähiges Europa, Investitionsplan für den europäischen Grünen Deal", COM(2020) 21 final.

[1798] VO (EU) 2021/1119 des Europäischen Parlaments und des Rates vom 30.6.2021 zur Schaffung des Rahmens für die Verwirklichung der Klimaneutralität und zur Änderung der VOen (EG) Nr. 401/2009 und (EU) 2018/1999 („Europäisches Klimagesetz"), ABl. 2021 L 243, S. 1.

im EU-Klimapaket „Fit for 55".[1799] Das Wirtschaftswachstum soll vom steigenden Ressourcenverbrauch entkoppelt und auf CO_2-Neutralität bis 2050 ausgerichtet werden: **Klimaschutz** soll **durch** die **Neuausrichtung der Wirtschaft** verwirklicht werden und solchermaßen Bestandteil der ökonomischen Seite der Nachhaltigkeit.[1800]

Wie umfassend die EU-Kommission ihre Umweltpolitik sieht, zeigte schon ihr 8. Umweltaktionsprogramm[1801] mit Gültigkeit bis 31.12.2030 und seinen prioritären Zielen von der Klimaneutralität bis 2050 und Maßnahmen gegen die Folgen des Klimawandels über die Realisierung eines nachhaltigen Wachstumsmodells mit Entkoppelung von ökonomischem Wachstum und Ressourcenverbrauch sowie Etablierung einer Kreislaufwirtschaft bis zu einer Umwelt ohne Schadstoffe, Biodiversität und weniger Druck von nicht nachhaltigen Produktions- und Konsummustern auf Umwelt und Klima.[1802] Das **Klima** steht aber mittlerweile selbstverständlich und **gleichgeordnet neben der Umwelt** und die Verflechtung von **Ökonomie und Ökologie** tritt immer deutlicher zutage. 4928

IV. Grenzüberschreitende Dimension

Weil die Umwelt aufgrund vielfältiger Wechselwirkungen nur grenzüberschreitend wirksam geschützt werden kann, ist Art. 37 EGRC nicht auf das Gebiet der EU beschränkt zu sehen. Vielmehr sind auch Einwirkungen auf bzw. von andere(n) Staaten einzubeziehen. Das gilt insbesondere für den Klimaschutz.[1803] Nicht umsonst verlangt Art. 37 EGRC ein hohes Umweltschutzniveau und bezieht Art. 191 AEUV zudem die **internationale Ebene** explizit mit ein. Abs. 1 4. Spiegelstrich sieht eigens die Förderung von Maßnahmen auf internationaler Ebene insbesondere zur Bekämpfung des Klimawandels vor. Sie erfolgt in internationalen Organisationen, aber auch zusammen mit anderen Staaten als den Unionsmitgliedern. Diese doppelte Stoßrichtung resultiert aus Art. 191 Abs. 4 S. 1 AEUV, der diese Aufgabe näher konkretisiert. Aus Art. 3 Abs. 3 EUV folgen das hohe Maß und damit eine zahlreiche Beteiligung an auf ein hohes Umweltschutzniveau zielenden Maßnah- 4929

[1799] Mitteilung der Kommission an das Europäische Parlament, den Rat, den Europäischen Wirtschafts- und Sozialausschuss und den Ausschuss der Regionen Empty: „Fit für 55": auf dem Weg zur Klimaneutralität – Umsetzung des EU-Klimaziels für 2030, COM (2021) 550 final.
[1800] Näher *Frenz*, in: ders. (Hrsg.), Klimaschutzrecht Gesamtkommentar, 2. Aufl. 2022, Einf. A Rn. 60 ff.
[1801] Vorschlag für einen Beschluss des Europäischen Parlaments und des Rates über ein allgemeines Umweltaktionsprogramm der Union für die Zeit bis 2030, COM(2020) 652 final.
[1802] Zum Entwurf und zur vorherigen Entwicklung bereits *Calliess*, in: ders./Ruffert, Art. 191 AEUV Rn. 5 ff.
[1803] S. BVerfGE 157, 30 (Rn. 193) – Klimabeschluss.

men.[1804] Die EU und ihre Mitgliedstaaten sind prädestiniert als Motor bei stockenden Verhandlungen, wie diverse Klimakonferenzen zeigten.

4930 Gegenständlich erfasst sind zum einen regionale, also Einzelgebiete wie etwa problematische Anliegerstaaten betreffende Umweltprobleme (z. B. Sicherung des Reaktors von Tschernobyl). Zum anderen geht es um die Bewältigung globaler, mithin **weltweiter Umweltprobleme** wie der **Abholzung der Regenwälder**.[1805] Die Union selbst kann **Importverbote** etwa für solche Hölzer erlassen[1806] – mit ihren negativen Auswirkungen für die hiesigen Importeure. Sie kann weiter **Vorreiter in der Staatengemeinschaft** sein, wie beim Klimaschutz durch eigene ehrgeizige Vermeidungsziele beabsichtigt. Alle diese anspruchsvollen Maßnahmen sind von Art. 37 EGRC umfasst und daher auch mit ihnen einhergehende Beeinträchtigungen von Grundrechten und Grundfreiheiten jedenfalls im Ansatz gerechtfertigt.[1807]

V. Erhaltung und Schutz der Umwelt

4931 Dass der Schutz der Umwelt neben ihrer Erhaltung in Art. 191 Abs. 1 AEUV eigens aufgeführt ist, macht deutlich: Die Umwelt soll nicht nur vor aktuellen Gefahren bewahrt, sondern auch in einem weit vorausschauenden, heute noch gar nicht näher konkretisierten Gefährdungen vorbauenden Sinne geschützt werden. Zudem gilt es, bereits eingetretene Zerstörungen zu beheben und Belastungen zu neutralisieren[1808] bzw. **Entwicklungen aufzuhalten oder zumindest abzumildern** – so beim **Klimawandel**. Andernfalls lässt sich auch das in Art. 37 EGRC geforderte **hohe Umweltschutzniveau** gar nicht sicherstellen. Es ist daher sowohl der **repressive** als auch der **präventive Umweltschutz** umfasst, und das auch auf **unsicherer Tatsachengrundlage**, wie gerade der Klimaschutz zeigt.[1809] Das Reagieren auf künftige, wenn auch nicht sicher absehbare Entwicklungen ist insbesondere dem Grundsatz der **nachhaltigen Entwicklung** immanent, der den Schutz künftiger Generationen umfasst.[1810] Dass Art. 37 EGRC den Grundsatz der nachhaltigen

---

[1804] *Frenz*, Außenkompetenzen der Europäischen Gemeinschaften und der Mitgliedstaaten im Umweltbereich, 2001, S. 50 f.

[1805] *Frenz*, Europäisches Umweltrecht, 1997, Rn. 37 ff.

[1806] *Kahl*, in: Streinz, Art. 191 AEUV Rn. 44; im hiesigen Kontext *Winkler*, in: Stern/Sachs, Art. 37 Rn. 10 a.E.

[1807] Vgl. BVerfGE 157, 30 (Rn. 198) – Klimabeschluss. S. für den Emissionshandel bereits EuG, Urt. vom 23.11.2005, Rs. T-178/05, ECLI:EU:T:2005:412 – Vereinigtes Königreich/Kommission, s. auch BVerfGE 118, 79 – Emissionshandel; BVerwGE 124, 47 (64); BVerfG, NVwZ 2007, 942 (945); *Frenz*, Emissionshandelsrecht, § 9 TEHG Rn. 49 ff.

[1808] *Nettesheim*, in: Grabitz/Hilf/Nettesheim, Art. 191 AEUV Rn. 67 ff.

[1809] S. BVerfGE 157, 30 (Rn. 16) – Klimabeschluss.

[1810] Näher u. Rn. 4953 ff.

§ 8 Umweltschutz

Entwicklung eigens erwähnt, stützt diesen Befund zusätzlich ab, der für die Umweltpolitik selbst ansonsten nur über das Vorsorgeprinzip oder die Querschnittsklausel nach Art. 11 AEUV gewonnen werden kann.

VI. Verbesserung der Qualität der Umwelt

Endgültig weg vom Status quo und hin zu einer Verbesserung der bestehenden Situation führt das zweite Element von Art. 37 EGRC, die Verbesserung der Qualität der Umwelt. Es wurde durch seine Nennung als eigenständige Komponente des Umweltschutzes bereits in Art. 3 Abs. 3 EUV deutlich aufgewertet und qualitativ auf ein hohes Maß festgelegt. Gedeckt sind damit Maßnahmen, die den **gegenwärtigen Umweltstandard anheben** wollen, und zwar auch und gerade dann, wenn dies auf ein hohes Niveau erfolgen soll, zu dessen Erreichung etwa erst noch erhebliche Anstrengungen unternommen werden müssen. Das gilt etwa für die Stärkung der Biodiversität. 4932

Ausgangspunkt bleibt aber entsprechend der Rückbindung auf die Umwelt der **bestehende Umweltzustand**, nicht irgendein Idealzustand, der von einer unberührten Natur ausgeht, auch wenn eine solche etwa zur Stärkung der Biodiversität vermehrt wiederhergestellt werden soll. Eine Verbesserung der aktuellen Situation kann insbesondere durch gestufte, sich mit der Zeit verschärfende Qualitätsstandards EU-weit erreicht werden.[1811] Durch die Ausrichtung von Art. 37 EGRC auf den Grundsatz der **nachhaltigen Entwicklung** ist dabei auf den Ausgleich mit ökonomischen und sozialen Belangen zu achten, ohne dass der Umweltschutz einen automatischen Vorrang genießt.[1812] 4933

D. Hohes Schutzniveau

I. Kein durchgehendes Gebot

Art. 37 EGRC gibt ein hohes Umweltschutzniveau vor. Dieses Ziel findet sich nicht nur in Art. 3 Abs. 3 EUV, sondern vor allem in Art. 191 Abs. 2 S. 1 AEUV. Danach zielt die Umweltpolitik der Union unter Berücksichtigung der unterschiedlichen Gegebenheiten in den einzelnen Regionen auf ein hohes Schutzniveau ab. Art. 37 EGRC enthält durch das Wort „müssen" eine zwingende Verpflichtung, allerdings nur zur Einbeziehung von Umweltbelangen. **Die Unionsorgane** müssen daher ihre **Maßnahmen mit Blick auf ein hohes Schutzniveau für die Umwelt festlegen**. 4934

Es kann allerdings auch gegenläufige Gründe geben. Auch dann ist aber ein hohes Schutzniveau für die Umwelt im Blick zu halten. Es ist indes nicht stets und in vollem Umfang durchzusetzen. Damit ergibt sich letztlich dieselbe Bedeutung wie 4935

[1811] *Nettesheim*, in: Grabitz/Hilf/Nettesheim, Art. 191 AEUV Rn. 71.
[1812] Näher u. Rn. 4950 f.

für das „Abzielen" in Art. 191 Abs. 2 S. 1 AEUV. Eine rechtliche Verpflichtung besteht daher in Form einer **stets heranzuziehenden Zielvorgabe** und **nicht** eines **strikten Gebotes**.[1813]

4936 Ein solches hohes Schutzniveau kann allerdings nicht für alle Maßnahmen gleichermaßen verwirklicht werden. Die Möglichkeit seiner Festlegung richtet sich nach den **Bedingungen des Einzelfalls**, wie auch die Vorgabe einer Berücksichtigung der unterschiedlichen Gegebenheiten in den einzelnen Regionen in Art. 191 Abs. 2 AEUV deutlich macht. Erlauben diese nur Maßnahmen, die einen Minimalschutz gewährleisten, ist der Umwelt aber immer noch mehr gedient, als wenn gar keine Maßnahmen ergriffen werden. Der Maßstab eines hohen Schutzniveaus darf mithin nicht zu einer Blockade für Umweltschutzmaßnahmen führen. Er kann nicht durchgehend realisiert und daher nicht bei jeder einzelnen Maßnahme gesichert werden, sondern nur für die Umwelt insgesamt.[1814] Auch hier schlägt der Charakter von Art. 37 EGRC als nicht subjektiv einforderbarer Grundsatz durch.

4937 Umgekehrt verlangt der Grundsatz der nachhaltigen Entwicklung, dass die Umwelt insgesamt und auch die einzelnen Umweltbereiche einen Zustand haben, der die **grundlegenden Lebensbedingungen** auch künftiger Generationen nicht gefährdet. Da gegenwärtige und künftige Generationen gleichermaßen in ihren Interessen geschützt werden sollen, muss auch Letzteren ein hohes Schutzniveau zuteil werden. Darauf haben die verpflichteten Organe zu achten.

4938 Daraus folgen **langfristige Konzeptionen**[1815] und die Wahrung eines Sicherheitspuffers in gefährdeten Bereichen, damit sich negative Auswirkungen in einem Rahmen halten, der auch künftig ein **angemessenes Leben** ermöglicht – so beim Klimawandel.[1816] Insoweit bezieht sich das hohe Schutzniveau notwendig auch auf einzelne Umweltfelder. Jedenfalls müssen die **Lebensgrundlagen umfassend gesichert werden**. Das verlangem schon die **Menschenwürde** sowie die Schutzpflicht für Leben und Gesundheit, die insoweit subjektiv einforderbar sind.[1817] Das Umweltschutzziel konkretisiert insoweit den Maßstab – wie auch für das Klimaschutzgebot nach dem BVerfG.[1818]

II. Näherer Gehalt

4939 Was unter einem hohen Schutzniveau zu verstehen ist, wird weder in der EGRC noch in den Verträgen näher festgelegt. Indem sich das hohe Schutzniveau auf den

---

[1813] Bereits *Grabitz/Zacker*, NVwZ 1989, 297 (300); *Pernice*, Die Verwaltung 1989, 1 (9).
[1814] So auch *Krämer*, ZUR 1997, 303 (304); a.A. hier *Winkler*, in: Stern/Sachs, Art. 37 Rn. 11; auch *Calliess*, in: ders./Ruffert, Art. 191 AEUV Rn. 17 ff.; *Krämer*, in: v. der Groeben/Schwarze/Hatje, Art. 191 AEUV Rn. 16 f.; *Nettesheim*, in: Grabitz/Hilf/Nettesheim, Art. 191 AEUV Rn. 131 ff.
[1815] S. BVerfGE 157, 30 (Rn. 249) – Klimabeschluss.
[1816] BVerfGE 157, 30 (Rn. 203) – Klimabeschluss.
[1817] *Frenz*, EuR 2022, 3 ff. S. Teilband I Rn. 985 ff., 998 ff., 1047 ff., 1064, 1112 ff.
[1818] S. BVerfGE 157, 30 (Rn. 187 ff.) – Klimabeschluss.

§ 8 Umweltschutz

Umweltschutz bezieht, ist es von dessen **Erfordernissen und Elementen** her zu bestimmen. Heranzuziehen sind daher zum einen die Ziele und Aufgaben der europäischen Umweltpolitik insbesondere nach Art. 3 Abs. 3 EUV und 191 AEUV.[1819] Diese sind auf ein hohes Schutzniveau zu beziehen, nicht auf ein höchstes:[1820] dieses ist nicht verlangt. Es geht also um eine **an** einem **hohen Standard orientierte Verwirklichung**, nicht um die absolut beste. Es zählt daher nicht etwa das höchste in einem Mitgliedstaat verwirklichte Schutzniveau.[1821]

Es genügt ein Hinausgehen über das Schutzniveau nach internationalen Verpflichtungen[1822] – etwa auch durch eine **Beispielrolle**. Das BVerfG spricht von „Vorbildfunktion"[1823] und die EU will ausweislich ihres Klimapakets „Fit for 55" ebenso eine solche Rolle einnehmen.[1824] Allerdings kann bei grenzüberschreitenden Phänomenen wie vor allem dem Klimawandel ein weltweiter Kompromiss, bei dem sich alle einschließlich der EU auf einheitliche Standards verständigen, mehr bewirken als noch so ehrgeizige Ziele der EU, mit denen sie allein steht. Umgekehrt bilden eigene Anstrengungen die Basis für eine internationale Glaubwürdigkeit.[1825]

4940

Soweit unterschiedliche, miteinander in Konflikt stehende Elemente im Raum stehen, bedarf es eines Ausgleichs. Ausgehend von dem in Art. 3 Abs. 3 EUV geforderten umweltverträglichen Wachstum ist also die **wirtschaftliche Entwicklung** durch die europäische Umweltpolitik möglichst weitgehend **in Einklang mit der Umwelt** zu bringen, indem etwa Luftverschmutzung und Gewässerbelastung niedrig gehalten werden, ohne dadurch die wirtschaftliche Entwicklung allzu sehr zu bremsen.[1826]

4941

Dabei ist die Wirtschaft auf eine möglichst intakte Umwelt angewiesen, um langfristig tätig sein zu können. Für das Klima hat dies die EU-Kommission im EU-Klimapaket „Fit for 55" dahin festgeschrieben, dass wirtschaftliche Entwicklung durch **Klimaschutz** und klimafreundlich erfolgen muss, so durch eine **effektive**

4942

[1819] *Jarass/Kment*, § 34 Rn. 4; *Winkler*, in: Stern/Sachs, Art. 37 Rn. 11; *Schwerdtfeger*, in: Meyer/Hölscheidt, Art. 37 Rn. 24.
[1820] Dazu EuGH, Rs. C-284/95, ECLI:EU:C:1998:352 (Rn. 49) – Safety Hi-Tech; Rs. C-341/95, ECLI:EU:C:1998:353 (Rn. 47 ff.) – Bettati.
[1821] *Winkler*, in: Stern/Sachs, Art. 37 Rn. 11; *Krämer*, in: v. der Groeben/Schwarze/Hatje, Art. 191 AEUV Rn. 17.
[1822] S. EuGH, Rs. C-284/95, ECLI:EU:C:1998:352 (Rn. 48) – Safety Hi-Tech; auch Rs. C-341/95, ECLI:EU:C:1998:353 (Rn. 46) – Bettati.
[1823] BVerfGE 157, 30 (Rn. 203 ff.) – Klimabeschluss.
[1824] Mitteilung der Kommission an das Europäische Parlament, den Rat, den Europäischen Wirtschafts- und Sozialausschuss und den Ausschuss der Regionen Empty: „Fit für 55": auf dem Weg zur Klimaneutralität – Umsetzung des EU-Klimaziels für 2030, COM (2021) 550 final, S. 2.
[1825] *Calliess*, in: Calliess/Ruffert, Art. 191 AEUV Rn. 15; BVerfGE 157, 30 (Rn. 203) – Klimabeschluss.
[1826] EuG, Rs. T-178/05, ECLI:EU:T:2005:412 (Rn. 60) – Vereinigtes Königreich/Kommission.

Kreislaufwirtschaft.[1827] Damit wird die ökonomische Perspektive durch den Klimaschutz definiert: Wirtschaftlicher Fortschritt ist Klimaschutz. Daraus erwächst das Nachhaltigkeitsmodell der Zukunft.[1828]

4943 Damit bedarf es weiterhin des Ausbalancierens von ökologischen und ökonomischen Belangen. Dies verlangt insbesondere auch der in Art. 37 EGRC ausdrücklich zum Leitmaßstab erhobene Grundsatz der nachhaltigen Entwicklung. Nur ist der **Klimaschutz** (auch) **auf der wirtschaftlichen Seite** und dadurch **wesentlich gestärkt**.

4944 Entsprechend den in Art. 191 Abs. 1 AEUV genannten Elementen bedeutet ein hohes Schutzniveau, die bestehende Umwelt in weitgehendem Umfang zu erhalten und zugleich präventiv für sie zu sorgen sowie die Umweltqualität deutlich feststellbar zu verbessern. Ein Beispiel dafür ist der Bereich der **Biodiversität**. Beim **Klimaschutz** geht es demgegenüber darum, den **Temperaturanstieg zu begrenzen** und so den Klimawandel nicht noch stärker ausfallen zu lassen; durch eine solche Limitierung wird die Umweltqualität zumindest gesichert und von daher gegenüber der jetzigen Entwicklung verbessert.

4945 Ein weiteres Element ist, die **menschliche Gesundheit** gut zu schützen. Dabei genügt nicht der schon für den Schutz von Leben und Gesundheit wie des Privat- und Familienlebens unabdingbare Minimalstandard,[1829] wie er im Hinblick auf den Klimaschutz bislang vom EGMR zugrunde gelegt wurde.[1830] Indem ein hochwertiges Schutzniveau verlangt wird, bedarf es nicht lediglich einer Zurückdrängung, sondern einer **umfassenden Vorsorge und Gestaltung**, welche die umweltrelevanten Rahmenbedingungen für eine saubere und die menschliche Gesundheit kaum belastende Umwelt schafft, mithin einer „intakten, gesundheitsverträglichen und effizient genutzten".[1831]

4946 Ein hohes Schutzniveau beinhaltet zudem, die **Verwendung der natürlichen Ressourcen** sehr **umsichtig und rationell** zu gestalten (Art. 191 Abs. 1 3. Spiegelstrich AEUV). Das gilt sowohl wegen der **geringen Rohstoffvorkommen in Europa** als auch infolge der nunmehr durch den **Russland-Ukraine-Krieg** hervorgetretenen **Rohstofflieferengpässe**. Zudem gilt es, Maßnahmen auf internationaler Ebene deutlich und akzentuiert zu fördern, vor allem wenn dies für die anderen Elemente erforderlich ist, so im Bereich des Klimaschutzes. Insoweit hat die Erwähnung dieser Maßnahmen durchaus eine prägende Bedeutung,[1832] nämlich für die Ausfüllung des hohen Schutzniveaus.

4947 Gerade die Ressourcenverwendung, aber auch die Erhaltung und Verbesserung der Umwelt als solche sind i. V. m. der nachhaltigen Entwicklung als weiterem zentralen

---

[1827] Mitteilung der Kommission an das Europäische Parlament, den Rat, den Europäischen Wirtschafts- und Sozialausschuss und den Ausschuss der Regionen Empty: „Fit für 55": auf dem Weg zur Klimaneutralität – Umsetzung des EU Klimaziels für 2030, COM (2021) 550 final, S. 2.

[1828] *Frenz*, in: ders. (Hrsg.), Klimaschutzrecht Gesamtkommentar, 2. Aufl. 2022, Einf. A Rn. 65.

[1829] S.o. Rn. 4907.

[1830] Näher etwa *Groß*, NVwZ 2020, 337 ff.; *Frenz*, in: ders. (Hrsg.), Gesamtkommentar Klimaschutzrecht, 2. Aufl. 2023, Einf. F Rn. 30 ff. m. w. N.

[1831] *Nettesheim*, in: Grabitz/Hilf/Nettesheim, Art. 191 AEUV Rn. 60.

[1832] Sie auf die Betonung politischer Prioritäten reduzierend *Nettesheim*, in: Grabitz/Hilf/Nettesheim, Art. 191 AEUV Rn. 74 ff.

Element von Art. 37 EGRC zu sehen. Ein hohes Schutzniveau bestimmt sich daher inhaltlich für jeden Umweltbereich insbesondere auch danach, dass langfristig mit **Blick** auch **für künftige Generationen** der Umweltschutz verbessert wird.

Art. 191 Abs. 2 S. 2 AEUV nennt die Grundsätze, auf denen die Umweltpolitik der Union beruht: Das **Verursacher**-, das **Vorsorge**- und **Vorbeugungs**- sowie das **Ursprungsprinzip**.[1833] Damit geht diese Vorschrift zugleich davon aus, dass ohne Beachtung dieser Grundsätze die Umwelt schwerlich effektiv geschützt werden kann, mithin ein hohes Schutzniveau nicht erreichbar ist. Daher machen auch diese Grundsätze ein hohes Schutzniveau aus. Deshalb sind etwa die Verursacher weitgehend in die Pflicht zu nehmen. Neben die repressiven müssen präventive Handlungen mit erheblichem Gewicht treten. 4948

I. V. m. Art. 191 Abs. 3 1. Spiegelstrich AEUV abzuleiten, das Schutzniveau dürfe nicht hinter dem verfügbaren wissenschaftlichen Erkenntnisstand zurückbleiben,[1834] sondern müsse ihm entsprechen,[1835] widerspricht dem offenen Begriff des hohen Schutzniveaus. Auch die gleichfalls auf ein hohes Umweltschutzniveau bezogene Bestimmung des Art. 114 Abs. 3 AEUV verlangt nur eine **Berücksichtigung aller neuen auf wissenschaftliche Daten gestützten Entwicklungen**. Zudem sind nach Art. 191 Abs. 2 AEUV die unterschiedlichen regionalen Gegebenheiten zu berücksichtigen. Umgekehrt kann es aber etwa zur umfassenden Vorbeugung von noch ungenau erforschten bzw. erkennbaren Gefährdungen gerade geboten sein, das Schutzniveau jedenfalls langfristig über das aktuelle, nach dem technischen Standard erreichbare Niveau heraufzuheben. 4949

III. Grundsatz des bestmöglichen Umweltschutzes?

Die notwendige Beachtung regionaler Besonderheiten und die erforderliche Abwägung des nach Art. 37 EGRC nur einzubeziehenden hohen Umweltschutzniveaus mit anderen Elementen schließt auch einen Grundsatz des bestmöglichen Umweltschutzes aus. Dieser ist freilich in Deutschland – nicht aber auf europäischer Ebene[1836] – weitgehend anerkannt.[1837] Indem der Grundsatz der nachhaltigen Ent- 4950

[1833] Dazu näher *Frenz*, Europäisches Umweltrecht, 1997, Rn. 141 ff.
[1834] *Nettesheim*, in: Grabitz/Hilf/Nettesheim, Art. 191 AEUV Rn. 132 ff.
[1835] So *Winkler*, in: Stern/Sachs, Art. 37 Rn. 11.
[1836] Krit. *Winkler*, in: Stern/Sachs, Art. 37 Rn. 11.
[1837] S. resümierend *Calliess*, in: ders./Ruffert, Art. 191 AEUV, Rn. 22: nur vereinzelte Kritik. Bereits *Zuleeg*, NVwZ 1987, 280 (283 f.); *ders.*, NJW 1993, 31 (32 ff.); *Breier*, NuR 1992, 174 (180); *Kahl*, Umweltprinzip und Gemeinschaftsrecht, 1993, S. 10 ff.; *Pernice*, NVwZ 1990, 201 (203); *Scheuing*, EuR 1989, 152 (178 f.); *Vorwerk*, Die umweltpolitischen Kompetenzen der Europäischen Gemeinschaft und ihrer Mitgliedstaaten nach Inkrafttreten der EEA, 1990, S. 33 f.; *Wasmeier*, Umweltabgaben und Europarecht, 1995, S. 70; *Wiegand*, DVBl 1993, 533 (536); abl. *Everling*, in: Behrens/Koch (Hrsg.), Umweltschutz in der Europäischen Gemeinschaft, 1991, S. 29 (44); *Frenz*, Europäisches Umweltrecht, 1997, Rn. 169 f.; *Nettesheim*, in: Grabitz/Hilf/Nettesheim, Art. 191 AEUV Rn. 131 f.; *Schröder*, in: Rengeling (Hrsg.), Handbuch zum deutschen und europäischen Umweltrecht, 2. Aufl. 2003, Bd. 1, § 9 Rn. 65 ff.

wicklung ebenso wie ein hohes Maß an Umweltschutz und an Verbesserung der Umweltqualität auch in Art. 37 EGRC verankert sowie übergreifend einzubeziehen und sicherzustellen sind, gewinnen die für die Annahme eines Grundsatzes des bestmöglichen Umweltschutzes vorgebrachten Argumente verstärktes Gewicht.

4951 Den Umweltschutz bestmöglich zu verwirklichen ist Ausdruck des Gedankens, dieses Unionsziel möglichst wirksam umzusetzen, und folgt daher bereits aus dem **effet-utile-Gedanken**.[1838] Das aber stellt keinen spezifischen Gehalt gerade der europäischen Umweltbestimmungen dar. Diese enthalten zudem insoweit keine Vorgaben. Davon unabhängig sind sie wirksam zu verwirklichen und können daher selbst einen relativen Vorrang des Umweltschutzes begründen; dazu bedarf es keines eigenen Prinzips des bestmöglichen Umweltschutzes.[1839] Das Ziel eines hohen Schutzniveaus bezieht sich zwar auf den Gehalt der Umweltpolitik der Union, verlangt aber nur einen hohen Standard als solchen, nicht notwendig den bestmöglichen, und ist zudem erheblich modifiziert durch das Erfordernis, die unterschiedlichen Gegebenheiten in den einzelnen Regionen zu berücksichtigen.[1840]

4952 Die in Art. 191 Abs. 2 S. 2 AEUV genannten Grundsätze enthalten bestimmte Vorgaben, die kraft ihres Prinzipiencharakters eine grundsätzliche Beachtung verlangen. Das ist nicht gleichzusetzen mit einer optimalen Verwirklichung, sondern diese hängt von den tatsächlichen und rechtlichen Umständen ab. Die „Querschnittsklausel" verlangt die Einbeziehung des Umweltschutzes bei der Festlegung und Durchführung anderer Unionspolitiken, bestimmt aber dadurch nicht die Art und Weise des Umweltschutzes als solchen, sondern nur seine Berücksichtigung in anderen Feldern.

E. Nachhaltige Entwicklung

I. „Sustainable development" nach der Brundtland-Kommission

4953 Der Grundsatz der nachhaltigen Entwicklung ist im Europarecht anerkanntermaßen in seiner internationalen Bedeutung festgelegt[1841] und damit in der Form, wie ihn die Brundtland-Kommission definiert, die UN-Konferenz von Rio 1992 festgelegt sowie die UN-Vollversammlung durch die im September 2015 verabschiedeten Sustainable Development Goals fortentwickelt sowie spezifiziert hat.[1842]

[1838] Ebenso *Wasmeier*, Umweltabgaben und Europarecht, 1995, S. 70; ähnlich *Nettesheim*, in: Grabitz/Hilf/Nettesheim, Art. 191 AEUV Rn. 84, 131 f.

[1839] *Calliess*, in: ders./Ruffert; Art. 191 AEUV Rn. 23.

[1840] S. vorstehend Rn. 4939 ff.

[1841] Von einem Rückgriff auf das im Umweltvölkerrecht etablierte Konzept des sustainable development ausgehend etwa auch *Calliess*, in: Calliess/Ruffert, Art. 11 AEUV Rn. 13 f.; s. auch *Kotzur*, DÖV 2005, 313 (318 f.).

[1842] *Calliess*, in: ders./Ruffert, Art. 11 AEUV Rn. 13.

§ 8 Umweltschutz　　　　　　　　　　　　　　　　　　　　　　　　　　665

Darauf griff auch *GA Léger* zurück.[1843] Damit zählt immer noch die Definition der so genannten Brundtland-Kommission[1844] aus dem Jahre 1987, welche den Grundsatz der nachhaltigen Entwicklung auf internationaler Ebene etablierte. Sie definiert „sustainable development" als „eine dauerhafte Entwicklung, welche die Bedürfnisse der gegenwärtigen Generation erfüllt, ohne künftige Generationen der Fähigkeit zu berauben, ihre Bedürfnisse zu befriedigen und ihren Lebensstil zu wählen".[1845] Enthalten sind darin ein ökonomischer, ein ökologischer und ein sozialer Aspekt.[1846] Man kann daher auch von einem **Zieldreieck** der nachhaltigen Entwicklung sprechen.[1847]

4954

Es handelt sich hierbei **nicht** um ein rein **ökologisches Konzept**, sondern ganz im Gegenteil erfordern die genannten Ziele und deren Wechselwirkungen eine ganzheitliche Betrachtung, die jeweils die drei Aspekte und deren Wechselwirkungen untereinander einbezieht und dabei zu einem **gerechten Ausgleich** kommt.[1848] Oder, wie *GA Léger*[1849] betont: „Entwicklung und Umwelt ... (sind) ... nicht als Gegensätze zu betrachten, sondern sie sind in aufeinander abgestimmter Weise fortzuentwickeln."

4955

II. Abwägungserheblichkeit des Umweltschutzes

Allerdings folgerte *GA Léger*[1850] aus dem **Nachhaltigkeitsgrundsatz** bezogen auf den Habitatschutz nur die Notwendigkeit, die Umweltbelange durch den Ausweis von Schutzgebieten hinreichend zu gewährleisten; daher müssen die vorhandenen wirtschaftlichen Tätigkeiten in dem jeweiligen Gebiet mit dem Ziel vereinbar sein, natürliche Lebensräume und wild lebende Tiere und Pflanzen zu erhalten oder gar wiederherzustellen bzw. wiederanzusiedeln. Maßgebliche Perspektive ist daher die des Umweltschutzes. Dieser erscheint gleichsam vorrangig. Die wirtschaftliche Tätigkeit hat sich auf die Eigenheiten des jeweiligen Schutzgebietes auszurichten.

4956

Damit schimmert ein **reines Umweltrechtsprinzip** durch, nach dem die natürlichen Ressourcen durch vorausschauende Planung, Pflege und Bewirtschaftung lang-

4957

[1843] *GA Léger*, EuGH, Rs. C-371/98, ECLI:EU:C:2000:108 (Rn. 57) – First Corporate Shipping.

[1844] Nach ihrer Vorsitzenden, der damaligen norwegischen Ministerpräsidentin Gro Harlem Brundtland.

[1845] Im engl. Original: a „development that meets the needs of the present without compromising the ability of future generations to meet their own needs", World Commission on Environment and Development, Our Common Future, 1987, S. 43.

[1846] Etwa *Storm*, Nachhaltiges Deutschland, 2. Aufl. 1998, S. 9.

[1847] BT-Drucks. 13/7054, S. 1.

[1848] S. EuG, Rs. T-178/05, ECLI:EU:T:2005:412 (Rn. 60) – Vereinigtes Königreich/Kommission. Für eine eindimensionale Betrachtung hingegen *Kahl*, in: Streinz, Art. 11 AEUV Rn. 22; auch *Nettesheim*, in: Grabitz/Hilf/Nettesheim, Art. 11 AEUV Rn. 21; eine solche abl. *Calliess*, in: ders./Ruffert, Art. 11 AEUV Rn. 13.

[1849] *GA Léger*, EuGH, Rs. C-371/98, ECLI:EU:C:2000:108 (Rn. 56) – First Corporate Shipping.

[1850] *GA Léger*, EuGH, Rs. C-371/98, ECLI:EU:C:2000:108 (Rn. 58) – First Corporate Shipping.

fristig zu sichern sind. Ein solches Modell liegt vordergründig auch dem Emissionshandelssystem zugrunde.[1851] Dieses Verständnis wird für die zentrale Querschnittsklausel des Art. 11 AEUV vertreten,[1852] welche eine Einbeziehung der Erfordernisse des Umweltschutzes bei allen Unionspolitiken verlangt.

4958 Für das **Wettbewerbsrecht** könnte man daraus folgern, dass auch in seinem Rahmen von Anfang an die Umweltbelange zu integrieren sind, sodass ihnen tatbestandsprägende Kraft zukäme. Damit könnten Maßnahmen für einen effektiven, nachhaltigkeitsgerechten Umweltschutz von vornherein nicht gegen die Wettbewerbsregeln verstoßen, und sei es auch nur, dass ein entsprechender Spielraum der Kommission besteht, solche nachhaltigkeitsgerechten Maßnahmen nicht als unvereinbar mit dem Binnenmarkt anzusehen.[1853]

4959 Bezogen auf die Aussagen von *GA Léger* ist aber zu berücksichtigen, dass auf der Ebene der Schutzgebietsausweisung nach der FFH-RL 92/43/EWG[1854] erst die notwendige Plattform geschaffen wird, um den Umweltschutz überhaupt zur Geltung zu bringen. Diese Basis muss vorhanden sein, sodass die wirtschaftlichen und sozialen Belange damit ausgeglichen werden können.[1855] Sie werden daher nach fester EuGH-Judikatur noch nicht auf der Ebene der Schutzgebietsausweisung berücksichtigt.[1856] Jedoch sieht die FFH-Richtlinie in Art. 6 Abs. 4 die Einbeziehung wirtschaftlicher und sozialer Gesichtspunkte bei der Genehmigung von Vorhaben wie Industrieanlagen eigens vor. **Entscheidend** ist damit die **Berücksichtigung aller drei Eckpunkte des Nachhaltigkeitsdreiecks** als solche und nicht notwendig die Einbeziehung auf jeder Stufe eines Gesamtnormprogramms.

4960 Was für den Umweltschutz als Hauptanliegen der nachhaltigen Entwicklung recht ist, muss für den Wettbewerb als Ausfluss ökonomischer Belange billig sein. Das mögliche Einfallstor des Binnenmarktes im Rahmen von Art. 101 Abs. 1 und Art. 102 AEUV bezieht sich denn auch in erster Linie auf die Rechtsfolgenseite und vermag daher nicht die Tatbestandsvoraussetzungen zu derogieren.[1857] Ansonsten erfolgte schon keine Abwägung. Der richtige Ort, um ökonomische und ökologische

---

[1851] S. aber nachstehend Rn. 4979 ff.

[1852] *Kahl*, in: Streinz, Art. 11 AEUV Rn. 2, 22; näher zu diesem Konzept *ders.*, in: Geburtstagsschrift für R. Schmidt, 2002, S. 111 (126 ff.); ebenso *Epiney*, in: v. Mangoldt/Klein/Starck, GG, Art. 20a Rn. 100; *Murswiek*, NuR 2002, 641 (642 f.).

[1853] S. *Becker-Schwarze*, Steuerungsmöglichkeiten des Kartellrechts bei umweltschützenden Unternehmenskooperationen, 1997, S. 236 f.; *Portwood*, Competition Law and the Environment, 1994, S. 78.

[1854] Des Rates vom 21.5.1992 zur Erhaltung der natürlichen Lebensräume sowie der wildlebenden Tiere und Pflanzen, ABl. 1992 L 206, S. 7, zuletzt geändert durch RL 2006/105/EG, ABl. 2006 L 363, S. 368.

[1855] Vgl. *Frenz*, Bergrecht und Nachhaltige Entwicklung, 2001, S. 47 und auch 88 ff.; *ders.*, NuR 2023, 433 (433, 436 ff.).

[1856] Etwa EuGH, Rs. C-355/90, ECLI:EU:C:1993:331, Rn. 59 – Kommission/Niederlande; *Kahl*, in: Streinz, Art. 191 AEUV Rn. 31.

[1857] *Ehle*, Die Einbeziehung des Umweltschutzes in das europäische Kartellrecht, 1997, S. 110.

Belange auszugleichen, liegt daher in den Freistellungstatbeständen.[1858] Wegen deren Offenheit bedarf es auch keines eigenen Rechtfertigungsgrundes „Umweltschutz".[1859] Auch im Beihilferecht prüft die Kommission weiterhin die Tatbestandsmöglichkeit und verlangt eine Rechtfertigung etwa für Zwecke der Dekarbonisierung.[1860] Die Systematik ist also unverändert.[1861]

Allerdings wird für den **Rang** des **Umweltschutzes bereichsspezifisch differenziert** und für die Bewahrung des natürlichen Erbes, bei unmittelbarem Bezug zur menschlichen Gesundheit und beim Klimaschutz ein **relativer Vorrang** angenommen.[1862] Ein solcher ist aber **keinesfalls durchgehend**. So prüft die Kommission die Beihilfen für den deutschen Kohleausstieg und damit für den Klimaschutz sehr gründlich auf ihre Erforderlichkeit.[1863]

III. Nachhaltigkeit als Wirtschaftsgrundsatz

Insbesondere lässt sich die nachhaltige Entwicklung **nicht** auf einen **bloßen Umweltgrundsatz** reduzieren. Er kommt denn auch in den Umweltbestimmungen nur ansatzweise zum Vorschein. Bezogen auf den Rohstoffabbau wird dort in Art. 191 Abs. 1 3. Spiegelstrich AEUV eine umsichtige und rationale Verwendung der natürlichen Ressourcen postuliert.[1864] Damit wird aber umgekehrt vorausgesetzt, dass ein **weiterer Rohstoffabbau** erfolgt. Das gilt auch und gerade im Zeichen des **Klimaschutzes**, bedarf doch dieser selbst zahlreicher und umfangreicher Rohstoffe (Lithium für Elektrobatterien),[1865] die jedenfalls derzeit nicht durchgehend und dauerhaft durch Sekundärrohstoffe substituiert werden können.

Von daher darf nicht einseitig der Rohstoffabbau Umweltbelangen weichen müssen, sondern beide Elemente sind miteinander in Einklang zu bringen.[1866] So kann es sein, dass Umweltbelange beim Abbau von für den Klimaschutz besonders wichtigen Rohstoffen zurücktreten müssen: Insoweit zielen ökonomische und öko-

---

[1858] S. auch *Nowak*, in: Heselhaus/Nowak, § 63 Rn. 47.
[1859] Näher *Frenz*, Europarecht 2, Rn. 1418 f.
[1860] Mitteilung der Kommission an das Europäische Parlament, den Rat, den Europäischen Wirtschafts- und Sozialausschuss und den Ausschuss der Regionen – „Investitionsplan für ein zukunftsfähiges Europa, Investitionsplan für den europäischen Grünen Deal", COM(2020) 21 final, Ziff. 4.3.4; zur weiteren Entwicklung *Frenz*, EWS 2023, 121 (122 ff.).
[1861] *Frenz*, in: ders. (Hrsg.), Gesamtkommentar Klimaschutzrecht, 2. Aufl. 2022, Einf. G Rn. 32.
[1862] M. w. N. *Kahl*, in: Streinz, Art. 191 AEUV Rn. 31.
[1863] Komm. vom 2.3.2021 – SA 53625; näher *Frenz*, UPR 2021, 166 ff. sowie nunmehr EWS 2023, 121 (123 ff.) zur am 2.3.2023 erweiterten Prüfung nach dem in NRW auf 2030 vorgezogenen Kohleausstieg.
[1864] Näher *Frenz*, Europarecht 6, Rn. 4529 ff.
[1865] *Frenz*, DVBl 2022, 561 ff.
[1866] Im Einzelnen *Frenz*, Sustainable Development durch Raumplanung, 2000, S. 32 ff. Damit erlangt diese Rohstoffklausel auch eigenes Gewicht (dieses ansprechend *Nettesheim*, in: Grabitz/Hilf/Nettesheim, Art. 191 AEUV Rn. 26, 76), wie es der eigenständigen Aufführung entspricht.

logische Belange in dieselbe Richtung. Infolge der im Gefolge des Russland-Ukraine-Kriegs zutage getretenen Rohstoffengpässe können sich Rohstoffbelange indes weit darüber hinaus durchsetzen.[1867] Umso mehr zählt dann aber auch eine rationelle und umsichtige Nutzung. Eine solche bildet die Grundlage für die Rohstoffgewinnung und -verarbeitung.

4964 Der Hauptanknüpfungspunkt ist die Grundlagenvorschrift des Art. 3 Abs. 3 EUV.[1868] In dieser Bestimmung werden sowohl ökonomische als auch ökologische wie auch soziale Komponenten gleichberechtigt genannt. Vor allem aber ist die nachhaltige Entwicklung explizit mit dem Wirtschaftsleben verknüpft. Darin wird der Bezug dieses Grundsatzes auf den ökonomischen Bereich deutlich. Zugleich wird das **Wirtschaftsleben durch die nachhaltige Entwicklung maßgeblich geprägt**.[1869] Indem die nachhaltige Entwicklung gerade in diesem Zusammenhang in der Grundlagenbestimmung des Art. 3 Abs. 3 EUV genannt ist, wird verhindert, sie einseitig nur auf den Umweltschutz auszurichten. Dadurch wird zudem die Anwendung der Querschnittsklausel des Art. 11 AEUV wie auch des Art. 37 EGRC begrenzt, wo als Zielrichtung die nachhaltige Entwicklung primär genannt ist.

4965 Auch Umweltschutzmaßnahmen müssen sich daher in das wirtschaftliche Ziel der Binnenmarktverwirklichung einfügen.[1870] Zugleich ist aber die ökonomische Entwicklung ohne Klima- und damit Umweltschutz nicht möglich. In ihrem Klimapaket „Fit for 55" betont die EU-Kommission, dass wirtschaftlicher Fortschritt nur klimafreundlich möglich ist; Wirtschaft kann nur durch Klimaschutz bestehen.[1871] Somit wird die **ökonomische Seite der Nachhaltigkeit** zugleich **ökologisch geprägt**.[1872]

4966 Abgerundet und zusätzlich unterstrichen wird die Aufnahme der nachhaltigen Entwicklung durch die 9. Erwägung der Präambel zum EUV sowie durch Art. 3 Abs. 3 EUV. Auch dort wird die nachhaltige Entwicklung in den Zusammenhang sowohl von wirtschaftlichem als auch sozialem Fortschritt gestellt. Auf europäischer Ebene sind die grundrechtlichen Schutzpflichten bislang zu unkonturiert,[1873] um

---

[1867] *Frenz*, NuR 2023, 433 (440).

[1868] Dazu ausführlich *Beaucamp*, Das Konzept der zukunftsfähigen Entwicklung im Recht, 2002, S. 152 ff.; *Frenz/Unnerstall*, Nachhaltige Entwicklung im Europarecht, 1999, S. 176 ff.; auf den Umweltschutz abhebend allerdings *Appel*, Staatliche Zukunfts- und Entwicklungsvorsorge, 2005, S. 202 ff.

[1869] S. auch *Frenz*, WRP 2023, 273 ff.

[1870] Auch *Korte*, in: Calliess/Ruffert, Art. 26 AEUV Rn. 16.

[1871] Mitteilung der Kommission an das Europäische Parlament, den Rat, den Europäischen Wirtschafts- und Sozialausschuss und den Ausschuss der Regionen Empty: „Fit für 55": auf dem Weg zur Klimaneutralität – Umsetzung des EU Klimaziels für 2030, COM (2021) 550 final, S. 2.

[1872] *Frenz*, in: ders. (Hrsg.), Gesamtkommentar Klimaschutzrecht, 2. Aufl. 2022, Einf. A Rn. 62 ff.

[1873] Allgemein *Ladenburger/Vondung*, in: Stern/Sachs, Art. 51 Rn. 13, 17 f. Zum Stand s.o. Rn. 4899 sowie *Suerbaum*, EuR 2003, 390 ff.; ausführlich *Szczekalla*, Die sogenannten grundrechtlichen Schutzpflichten im deutschen und europäischen Recht, 2002, S. 549 ff.

dem etablierten dogmatischen Stand den Grundsatz der nachhaltigen Entwicklung entnehmen zu können.[1874]

IV. Instrumentelle Vorgaben: Langfristigkeit und Handeln bei Ungewissheiten

Notwendig für eine nachhaltige Entwicklung sind dabei **langfristig konzipierte Maßnahmen**, weil nur auf diese Weise den Interessen der zukünftigen Generationen entsprochen werden kann. Besonders deutlich zeigt sich dies im Klimaschutz.[1875] 4967

Damit verbunden ist ein **weit vorausschauendes Agieren**. Dieses kann sich nicht nur auf vorhandene oder konkret bevorstehende Umweltbeeinträchtigungen beschränken, sondern muss auf heute ggf. nur schemenhaft erkennbare Entwicklungen reagieren, welche die natürlichen Ressourcen vielleicht erst in 30 oder 40 Jahren gefährden. Die sich bis dahin abspielenden Entwicklungen lassen sich beim Erlass einer Maßnahme nicht im Einzelnen prognostizieren. Dementsprechend darf nach Grundsatz 15 der Rio-Deklaration[1876] gerade bezogen auf die postulierte weitgehende Anwendung des **Vorsorgegrundsatzes** „ein Mangel an vollständiger wissenschaftlicher Gewissheit kein Grund dafür sein, kostenwirksame Maßnahmen zur Vermeidung von Umweltverschlechterungen aufzuschieben", sofern „schwerwiegende und bleibende Schäden" drohen. 4968

Das BVerfG hat für den Klimaschutz festgelegt, dass der Staat „bereits **belastbare Hinweise** auf die Möglichkeit gravierender oder irreversibler Beeinträchtigungen berücksichtigen" und so auch **bei wissenschaftlichen Ungewissheiten** über umweltrelevante Zusammenhänge reagieren darf, und zwar auf der Basis der dem Gesetzgeber durch das Umweltstaatsziel auch zugunsten künftiger Generationen aufgegebenen besonderen Sorgfaltspflicht.[1877] Bereits jetzt lebende Generationen können unter den Auswirkungen des Klimawandels leiden, wie die Überschwemmungen und Waldbrände im Sommer 2023 sowie das Jahrhunderthochwasser vom Juli 2021 im Rheinland mit weit über 100 Toten und hohen Sachschäden deutlich belegen. Daher bedarf es eines wirksamen Klimaschutzes für alle auch bei Wirkungsunsicherheiten, da die **klimawandelbedingten Gefährdungen viel näher sind** als gedacht. 4969

Umso mehr dürfen auch Wirkungsunsicherheiten auftreten, ohne dass ein staatliches Handeln ausgeschlossen wäre. Die Bedrohungslage durch Klimawandel ist so stark, dass **alle aufgrund gewisser tatsächlicher Hinweise Erfolg versprechende** 4970

[1874] Anders für das Grundgesetz *Frenz*, in: Hendler/Marburger/Reinhardt/Schröder (Hrsg.), Jahrbuch des Umwelt- und Technikrechts 1999, S. 37 ff.

[1875] BVerfGE 157, 30 (Rn. 249) – Klimabeschluss.

[1876] Erklärung von Rio zu Umwelt und Entwicklung (Rio-Deklaration) der Konferenz der Vereinten Nationen für Umwelt und Entwicklung in Rio de Janeiro im Juli 1992. Das Dokument wurde vielfach abgedruckt, z. B. in: *Breuer/Kloepfer/Marburger/Schröder* (Hrsg.), Jahrbuch des Umwelt- und Technikrechts 1993, 1994, S. 411 ff.

[1877] BVerfGE 157, 30 (Ls. 2 b)) – Klimabeschluss.

Maßnahmen ergriffen werden können. Dadurch können dann auch Freiheitsgrundrechte in starkem Maße eingeschränkt werden – wenn auch nicht unbegrenzt.[1878] So hat die Kommission selbst für Beihilfen für den höchst klimarelevanten Bereich der Dekarbonisierung die Weiteranwendung des **Verhältnismäßigkeitsgrundsatzes** betont; es muss weiterhin eine **Abwägung ohne Dominanz des Klimaschutzes** erfolgen.[1879]

4971 Die Verbindung von Umweltschutz, wirtschaftlicher Entwicklung und sozialen Ausgleichsprozessen, mithin die **Verknüpfung von ökologischen, ökonomischen und sozialen Belangen** als Bestandteile eines einheitlichen Gestaltungsauftrages, zielt, jedenfalls auf konzeptioneller Ebene, auf eine **Gesamtschau** dieser Determinanten. Daher müssen diese Belange mittels Gesamtabwägung ausgeglichen werden. Erforderlich ist dabei eine medienübergreifende Sicht, die Durchführung von Umweltverträglichkeitsprüfungen,[1880] aber auch die Öffentlichkeitsbeteiligung.[1881]

V. Kein Vorrang des Umweltschutzes

4972 Die sowohl ökologische als auch ökonomische sowie auch soziale Prägung des Grundsatzes der nachhaltigen Entwicklung hat auch Auswirkungen auf den Stellenwert des Umweltschutzes. Vor allem Art. 3 Abs. 3 EUV als grundlegende Aufgaben- bzw. Zielbestimmung steht durch die **Verbindung der nachhaltigen Entwicklung mit dem Wirtschaftsleben** und die Aufnahme sowohl dieser ökonomischen als auch der sozialen wie der Umweltkomponente für einen Gleichrang dieser Elemente.[1882] Davon geht auch der **EuGH** aus, so im *EEG 2012-Urteil*[1883] wie in der vorherigen Rechtsprechung.[1884]

[1878] Vgl. BVerfGE 157, 30 (Rn. 198) – Klimabeschluss.

[1879] Mitteilung der Kommission an das Europäische Parlament, den Rat, den Europäischen Wirtschafts- und Sozialausschuss und den Ausschuss der Regionen – „Investitionsplan für ein zukunftsfähiges Europa, Investitionsplan für den europäischen Grünen Deal" COM(2020) 21 final, Ziff. 4.3.4.

[1880] Das in Grundsatz 17 der Rio-Deklaration enthaltene Postulat zur Durchführung von Umweltverträglichkeitsprüfungen bei Vorhaben, die wahrscheinlich wesentliche Auswirkungen auf die Umwelt haben und der Entscheidung durch eine nationale Behörde bedürfen, ist die einzige explizite Vorgabe der Rio-Deklaration, die ausdrücklich auf die instrumentelle Ebene Bezug nimmt, mithin für die nationale Umsetzung eine konkrete Vorgabe enthält.

[1881] Vgl. Grundsatz 10 der Rio-Deklaration: „Umweltfragen werden am besten unter Beteiligung aller betroffenen Bürger auf der jeweiligen Ebene behandelt. Auf nationaler Ebene erhält jeder einzelne angemessenen Zugang zu den im Besitz der öff. Verwaltung befindlichen Informationen über die Umwelt ... sowie die Möglichkeit, sich an Entscheidungsprozessen zu beteiligen."

[1882] S.o. Rn. 4953 ff. sowie *GA Léger*, EuGH, Rs. C-371/98, ECLI:EU:C:2000:108 (Rn. 46) – First Corporate Shipping: kein unbedingter und systematischer Vorrang von Umweltbelangen vor Belangen aus anderen Politiken, sondern notwendiger Ausgleich und Herstellung von Einklang. Dem folgend *Kahl*, in: Streinz, Art. 191 AEUV Rn. 31.

[1883] EuGH, Rs. C-405/16 P, ECLI:EU:C:2019:268 – Deutschland//Kommission; darauf bezogen *Frenz*, EuR 2019, 400 (419).

[1884] Näher *Calliess*, in: ders./Ruffert, Art. 191 AEUV Rn. 19 f.

§ 8 Umweltschutz

Die **Kommission** betont in ihrem **Klimapaket** „Fit for 55" vom 14.7.2021 die Bedeutung sozialer Belange, damit niemand zurückbleibt und ein gerechter Übergang sichergestellt bleibt.[1885] Spezifisch die Bedeutung des Klimaschutzes sichert die EU-Kommission über dessen Einbindung in die Ökonomie: Wirtschaftlicher Fortschritt muss klimafreundlich sein. Die Wirtschaft kann nur durch **Klimaschutz** zukunftsfähig sein.[1886] Dieser ist daher **Bestandteil der ökonomischen Komponente** und erscheint damit nicht (mehr) **als** Gegensatz, sondern als **integrierter Faktor**. Deshalb kommt er schon im Ausgangspunkt ökonomischer Erwägungen zum Tragen, sodass sich die Frage des Vorrangs via Ökologie gar nicht stellt.

4973

Demgegenüber wurden jedenfalls bislang vielfach in der Lit. Umweltbelange als grundsätzlich vorrangig betrachtet,[1887] jedenfalls bereichsspezfisch etwa für den Klimaschutz,[1888] oder aber zumindest bei Zweifeln in der Abwägung, ob sie überwiegen, vorgezogen.[1889]

4974

Indes **prägt** der in **Art. 3 Abs. 3 EUV** aufgenommene Gehalt der nachhaltigen Entwicklung **auch** die im Grundlagenteil sowie in **Art. 37 EGRC** angesiedelte Querschnittsklausel. Eine lediglich **gleichrangige** Berücksichtigung von Umweltbelangen ergibt sich zudem aus der **Querschnittsklausel** selbst, indem diese eine Einbeziehung der Erfordernisse des Umweltschutzes verlangt.[1890] Dadurch wird diesem nicht eine ausschlaggebende Kraft zugebilligt, sondern nur eine Berücksichtigung vorgegeben,[1891] mithin eine Abwägung der Erfordernisse des Umweltschutzes mit den Erfordernissen der jeweils betroffenen anderen Politik ohne Vorrang des Umweltschutzes.[1892] Die Vorgabe eines hohen Schutzniveaus bezieht sich

4975

[1885] Mitteilung der Kommission an das Europäische Parlament, den Rat, den Europäischen Wirtschafts- und Sozialausschuss und den Ausschuss der Regionen Empty: „Fit für 55": auf dem Weg zur Klimaneutralität – Umsetzung des EU Klimaziels für 2030, COM (2021) 550 final, S. 6; näher *Frenz*, in: ders. (Hrsg.), Gesamtkommentar Klimaschutzrecht, 2. Aufl. 2022, Einf. A Rn. 88 ff.

[1886] Mitteilung der Kommission an das Europäische Parlament, den Rat, den Europäischen Wirtschafts- und Sozialausschuss und den Ausschuss der Regionen Empty: „Fit für 55": auf dem Weg zur Klimaneutralität – Umsetzung des EU Klimaziels für 2030, COM (2021) 550 final, S. 2; näher *Frenz*, in: ders. (Hrsg.), Gesamtkommentar Klimaschutzrecht, 2. Aufl. 2022, Einf. A Rn. 60 ff.

[1887] S. *Calliess*, in: ders./Ruffert, Art. 191 AEUV Rn. 20; *Epiney*, NuR 1995, 497 (500); *Scheuing*, EuR 1989, 152 (176 f.). Demgegenüber bezeichnet *Kahl*, in: Streinz, Art. 191 AEUV Rn. 33 m. w. N. die Gleichrangigkeit als „herrschende Lehre", etwa *Nettesheim*, in: Grabitz/Hilf/Nettesheim, Art. 191 AEUV Rn. 14, tritt aber selbst für einen relativen Vorrang ein, Rn. 28; ausführlich *Kahl*, Umweltprinzip und Gemeinschaftsrecht, 1993, S. 166 ff.

[1888] Dafür *Kahl*, in: Streinz, Art. 191 AEUV Rn. 31.

[1889] Für Beides *Kahl*, in: Streinz, Art. 191 AEUV Rn. 35 ff.; zu Letzterem schon *Ehle*, Die Einbeziehung des Umweltschutzes in das europäische Kartellrecht, 1997, S. 154; *Güttler*, BayVBl. 2002, 225 (233); *Krämer*, in: Rengeling (Hrsg.), Umweltschutz und andere Politiken der Europäischen Gemeinschaft, 1993, S. 47 (63).

[1890] Anders wegen des „müssen" *Kahl*, in: Streinz, Art. 191 AEUV Rn. 37.

[1891] Bereits zur Vorläuferbestimmung des Art. 130 r Abs. 2 S. 2 EWGV *Grabitz*, in: FS für Sendler, 1991, S. 443 (447).

[1892] *Schröder*, NuR 1995, 117 (118); *Frenz*, Das Verursacherprinzip im Öffentlichen Recht, 1997, S. 223 f. Vgl. zur gesundheitsschutzbezogenen Querschnittsklausel ebenso *Kment*, EuR 2007, 275 (280 f.).

auf den Inhalt der Umweltpolitik, ohne bereits dadurch andere Politiken zu erfassen;[1893] überdies ist sie a priori offen.

4976 Ein gleichberechtigtes Nebeneinander des Umweltschutzes mit Belangen anderer Politiken wird freilich im Hinblick auf einen „**Grundsatz des bestmöglichen Umweltschutzes**" ausgeschlossen.[1894] Abgesehen davon, dass jedenfalls an einer eigenständigen Bedeutung eines solchen Grundsatzes erhebliche Zweifel bestehen,[1895] bezieht sich auch dieser Grundsatz ausschließlich auf den Umweltschutz und dessen Inhalt, ohne deshalb notwendig auf andere Politiken auszustrahlen.

4977 Spezifisch für die EGRC bezieht Art. 37 den Umweltschutz erst ein,[1896] ohne dadurch die **anderen Grundrechte** zu verdrängen. Das gilt auch im Bereich des Klimaschutzes.[1897] Die anderen Grundrechte bleiben in ihrer Wertigkeit unverändert und sind daher auch im Hinblick auf Umweltbelange a priori **gleichrangig**. Welches Interesse sich im Einzelfall durchsetzt, hängt von einer Abwägung in der konkreten Situation ab. Das gilt auch für die Bewältigung von Zukunftsaufgaben[1898] wie dem Klimaschutz, treten doch auch insoweit Konflikte mit Grundrechten auf, insbesondere mit der Berufs- und Eigentumsfreiheit.[1899] Die Beeinträchtigung von Freiheitsgrundrechten durch klimaschützende Maßnahmen kann aber verstärkt dadurch legitimiert werden, dass auch bei wissenschaftlichen Ungewissheiten gehandelt werden darf.[1900]

4978 Dabei ist es auch problematisch, die Schranken von vornherein, angeleitet durch die Prinzipien des Art. 191 AEUV, umweltfreundlich zu interpretieren.[1901] Zwar mag hier die EuGH-Entscheidung *Wallonische Abfälle* zu den Grundfreiheiten Pate stehen, die das Ursprungsprinzip zu Hilfe nahm, um eine Diskriminierung zu verneinen.[1902] Dieser Ansatz darf aber nicht zu einer Aushöhlung des grundrechtlichen Prüfungsansatzes führen. Dies wäre ein Vorrang des Umweltschutzes durch die Hintertür.[1903] Vielmehr bedarf es einer gleichgewichtigen Gegenüberstellung der

---

[1893] *Frenz*, Nationalstaatlicher Umweltschutz und EG-Wettbewerbsfreiheit, 1997, S. 67.
[1894] *Epiney*, NuR 1995, 497 (500); bereits *Scheuing*, EuR 1989, 152 (176 f.).
[1895] S.o. Rn. 4950 f.
[1896] Näher u. Rn. 4982 ff.
[1897] S. *Frenz*, in: ders. (Hrsg.), Gesamtkommentar Klimaschutzrecht, 2. Aufl. 2022, Einf. E Rn. 78.
[1898] *Nettesheim*, in: Grabitz/Hilf/Nettesheim, Art. 191 AEUV Rn. 43; vgl. näher *Hösch*, Eigentum und Freiheit, 2000, S. 280 ff.
[1899] Dazu *Frenz*, in: ders. (Hrsg.), Gesamtkommentar Klimaschutzrecht, 2. Aufl. 2022, Einf. F Rn. 43 ff.
[1900] S.o. Rn. 4968 ff.
[1901] *Nettesheim*, in: Grabitz/Hilf/Nettesheim, Art. 191 AEUV Rn. 31.
[1902] S. EuGH, Rs. C-2/90, ECLI:EU:C:1992:310 (Rn. 34) – Wallonische Abfälle; dazu *Frenz*, Europarecht 1, Rn. 1191 ff. m. w. N. v.a. aus der EuGH-Rspr.
[1903] *Nettesheim*, in: Grabitz/Hilf/Nettesheim, Art. 191 AEUV Rn. 31 hält sogar die Grundrechte gegenüber Art. 174 Abs. 2 EG für vorrangig.

§ 8 Umweltschutz   673

involvierten Belange. Diese wird gerade aus dieser EuGH-Entscheidung *Wallonische Abfälle* abgeleitet.[1904]

VI. Verknüpfung von Umweltzielen mit den Bedürfnissen der europäischen Wirtschaft: das Beispiel Emissionshandel

Wie Umweltziele unter Schonung der Grundrechte verwirklicht werden können, hat bereits das EuG in seiner Entscheidung vom 23.11.2005[1905] zur damaligen Emissionshandelsrichtlinie[1906] deutlich gemacht. Mit dieser Richtlinie sollte „ein effizienter europäischer Markt für Treibhausgasemissionszertifikate unter möglichst geringer Beeinträchtigung der wirtschaftlichen Entwicklung und der Beschäftigungslage geschaffen werden".[1907] Umweltpolitisches Ziel und ökonomische Rahmenbedingungen sind daher miteinander in Einklang zu bringen. Dementsprechend führte das EuG explizit aus: „So besteht zwar das Ziel der RL 2003/87/EG darin, die Treibhausgase gemäß den Verpflichtungen der Union und der Mitgliedstaaten im Rahmen des Protokolls von Kyoto zu verringern, doch muss dieses Ziel weitestgehend unter Berücksichtigung der Bedürfnisse der europäischen Wirtschaft verwirklicht werden."[1908]   4979

Somit wurde zwar die Erreichung der Festlegungen nach dem Kyoto-Protokoll,[1909] in dem die für die EU bzw. deren Mitgliedstaaten relevanten Zielverpflichtungen zur Emissionsreduzierung enthalten waren, als Hauptanliegen in den Raum gestellt. Mittlerweile sind die Klimaziele im Pariser Weltklimaabkommen und den Klimafolgekonferenzen enthalten. Jedoch wird durch das EuG zugleich der Weg   4980

[1904] *Calliess*, in: ders./Ruffert, Art. 191 AEUV Rn. 19.
[1905] EuG, Rs. T-178/05, ECLI:EU:T:2005:412 – Vereinigtes Königreich/Kommission.
[1906] Des Europäischen Parlaments und des Rates vom 13.10.2003 über ein System für den Handel mit Treibhausgasemissionszertifikaten in der Gemeinschaft und zur Änderung der RL 96/61/EG des Rates, ABl. 2003 L 275, S. 32, inzwischen aufgehoben durch RL 2008/1/EG des Europäischen Parlaments und des Rates vom 15.1.2008 über die integrierte Vermeidung und Verminderung der Umweltverschmutzung, welche wiederum ihrerseits durch die RL 2010/75/EU des Europäischen Parlaments und des Rates vom 24.11.2010 über Industrieemissionen (integrierte Vermeidung und Verminderung der Umweltverschmutzung) ersetzt wurde.
[1907] EuG, Rs. T-178/05, ECLI:EU:T:2005:412 (Rn. 60) – Vereinigtes Königreich/Kommission unter Rückgriff auf Art. 1 und die 5. Begründungserwägung zur EmissionshandelsRL 2003/87/EG. Die nach der EuG-Entsch. gleichfalls zu vermeidende Beeinträchtigung der Beschäftigungslage steht infolge ihrer gravierenden Auswirkungen auf die soziale Situation, die bis zur Gefährdung des sozialen Friedens gehen kann, für die soziale Komponente des Zieldreiecks der nachhaltigen Entwicklung, bereits *Frenz*, Sustainable Development durch Raumplanung, 2000, S. 71; vgl. nur leise anklingend im Hinblick auf soziale Sicherungssysteme und Arbeitsrecht(sschutz) *Beaucamp*, Das Konzept der zukunftsfähigen Entwicklung im Recht, 2002, S. 34, der aber im Hinblick auf soziale Aspekte allzu sehr das Schwergewicht auf den Gegensatz zwischen Industrie- und Entwicklungsländern legt, s. auch S. 28 ff.
[1908] EuG, Rs. T-178/05, ECLI:EU:T:2005:412 (Rn. 60) – Vereinigtes Königreich/Kommission.
[1909] Vom 11.12.1997. In Deutschland ratifiziert durch Gesetz vom 27.4.2002, BGBl. II S. 966.

näher konkretisiert, auf dem dieses Hauptanliegen verfolgt werden soll. Die Verträglichkeit soll mit den Anliegen der verpflichteten Unternehmen bestmöglich sichergestellt sein. Das schließt einen einseitigen Vorrang von Umweltbelangen aus. Vielmehr geht es um eine Versöhnung mit **ökonomischen Aspekten** und um deren **adäquate Wahrung**. Der normale wirtschaftliche Ablauf soll möglichst so weiter laufen können wie ohne umweltbezogene Belastungen.

4981 Im **EU-Klimapaket „Fit for 55"** wird allerdings der **ökonomische Fortschritt mit Klimaschutz verbunden**: wirtschaftliches Wachstum soll klimafreundlich erfolgen.[1910] Damit wird nicht etwa Klimaschutz um jeden Preis durchgesetzt, sondern mit der Wirtschaft versöhnt, aber als deren notwendiger und **integrierender Bestandteil, nicht als Gegenpol**.[1911]

F. Übergreifende Berücksichtigung

I. Relevante Belange

4982 Eine umweltrechtliche Querschnittsklausel[1912] wurde nunmehr über Art. 37 EGRC auch in die Grundrechte eingefügt und wie im Vorbild des Art. 11 AEUV explizit mit der nachhaltigen Entwicklung verbunden.[1913] Daher sind auch danach die Erfordernisse des Umweltschutzes und dabei spezifisch das eigens benannte hohe Umweltschutzniveau, das aber auf der Verwirklichung der Erfordernisse des Umweltschutzes beruht,[1914] sowie die Verbesserung der Umweltqualität bei der Gestaltung der Unionspolitiken einzubeziehen. Diese beiden in Art. 37 EGRC spezifisch erwähnten Elemente verlangen eine **Berücksichtigung mit anspruchsvoller Zielsetzung** und damit auf hohem Niveau, wie sich dies für Art. 11 AEUV nur aus einer Gesamtschau mit Art. 3 Abs. 3 EUV ergibt, der gleichfalls diese beiden Umweltcharakteristika enthält, ebenso eine nachhaltige Entwicklung. Letztere steht ebenso für einen wirksamen Umweltschutz, freilich versöhnt mit ökonomischen und sozialen Belangen.[1915]

4983 Die **Querschnittsklausel** dient zwar dadurch bereits als solche einer nachhaltigen Entwicklung, dass sie eine **Einbeziehung der Erfordernisse des Umweltschutzes bei anderen Politiken** und damit auch bei der Wirtschafts- und Sozialpolitik verlangt. Die Verbindung dieser Bereiche, die der Grundsatz der nachhaltigen Entwicklung einschließt, ist damit freilich nicht notwendig gewährleistet. Darüber hilft nur

---

[1910] Mitteilung der Kommission an das Europäische Parlament, den Rat, den Europäischen Wirtschafts- und Sozialausschuss und den Ausschuss der Regionen Empty: „Fit für 55": auf dem Weg zur Klimaneutralität – Umsetzung des EU Klimaziels für 2030, COM (2021) 550 final, S. 2.

[1911] *Frenz*, in: ders. (Hrsg.), Gesamtkommentar Klimaschutzrecht, 2. Aufl. 2022, Einf. A Rn. 61.

[1912] Begriffsprägend *Scheuing*, EuR 1989, 152 (176 ff.).

[1913] *Nowak*, in: Heselhaus/Nowak, § 63 Rn. 15.

[1914] S.o. Rn. 4939 ff.

[1915] S.o. Rn. 4953 ff.

scheinbar hinweg, dass diese Einbeziehung nach dem Grundsatz der nachhaltigen Entwicklung erfolgen muss. Zwar umfasst dieser Grundsatz eine Verbindung aller drei Elemente. Er steht aber in Art. 37 EGRC wie in Art. 11 AEUV als Zielkomponente.

Damit muss die Einbeziehung der Umweltschutzerfordernisse diesem Ziel entsprechen. Mit ihr muss indes **nicht durchgehend** eine Berücksichtigung auch der **sozialen Aspekte** einhergehen. Eine solche ist in Art. 37 EGRC ebenso wie in Art. 11 AEUV nicht eigens angeordnet. Eine Einbeziehung sozialer Determinanten über diese Bestimmung der nachhaltigen Entwicklungen könnte vielmehr ihre Beschränkung auf den Umweltschutz überspielen. Indes zeigt sich im Rahmen des Klimaschutzes immer mehr, dass **Umweltschutz ohne soziale Absicherung kaum zu verwirklichen** ist. Das EU-Klimapaket „Fit for 55" enthält eine ausführliche soziale Komponente mit umfangreichen Unterstützungsleistungen.[1916] Die soziale Seite gehört damit zum Umweltschutz und nicht erst zu dessen nachhaltiger Realisierung. Im Übrigen kann allein die Beachtung von Umweltbelangen im Rahmen anderer Politiken insofern die nachhaltige Entwicklung fördern, als wenigstens diese Komponente berücksichtigt wird.

4984

Soll freilich die nachhaltige Entwicklung besonders wirksam vorangetrieben werden, bedarf es neben der Berücksichtigung der wirtschaftlichen Belange auch einer Beachtung der sozialen Komponente. Dies geschieht bei einer Einbeziehung der Erfordernisse des Umweltschutzes in die Sozialpolitik ohnehin. In den anderen Bereichen wie vor allem der Energiepolitik kann eine **Erstreckung auf soziale Belange auch über** den **Umweltschutz** erfolgen, wenn sie nicht schon über andere Vertragsbestimmungen und dabei vor allem auch die sozialen Grundrechte gelingt.

4985

Eine Verbindung zum Umweltschutz besteht insofern, als er dauerhaft nur bei einem Blick auch auf soziale Belange verwirklicht zu werden vermag. Dies zeigen die hohen Kosten des Klimaschutzes. Bei materieller Not und sozialen Konflikten treten zudem Umweltbelastungen in den Hintergrund, wie besonders drastisch die Verhältnisse in den Entwicklungsländern belegen. Von daher ist eine Wahrung jedenfalls **sozialer Mindeststandards** bereits in der **Umweltkomponente angelegt**.

4986

Indem eine Betrachtung **sozialer Belange** weitergehend in besonderem Maße die nachhaltige Entwicklung fördert, auf welche die Berücksichtigung der Umwelterfordernisse zielen muss, ist ihre Einbeziehung über den Umweltschutz jedenfalls auf dieses Ziel gerichtet und damit im Rahmen des Art. 37 EGRC befindlich. Sie darf freilich die vom Ausgangspunkt her bestehende Beschränkung auf die Erfordernisse des Umweltschutzes nicht überspielen und muss daher über diese Komponente begründet sein, mithin einen entsprechend **engen Umweltbezug** aufweisen.

4987

Für eine Berücksichtigung der (sozialen) Situation der Bürger spricht auch das zusätzliche Anliegen jedenfalls der Querschnittsklausel nach Art. 11 AEUV, dass sie

4988

[1916] Mitteilung der Kommission an das Europäische Parlament, den Rat, den Europäischen Wirtschafts- und Sozialausschuss und den Ausschuss der Regionen Empty: „Fit für 55": auf dem Weg zur Klimaneutralität – Umsetzung des EU Klimaziels für 2030, COM (2021) 550 final, S. 6; näher *Frenz*, in: ders. (Hrsg.), Gesamtkommentar Klimaschutzrecht, 2. Aufl. 2022, Einf. A Rn. 88 ff.

mehr Bürgernähe bewirken soll[1917] und damit auf die übergreifende Vorgabe von Art. 1 UAbs. 2 EUV zurückgeführt wird, Entscheidungen in einer immer engeren Union der Völker Europas möglichst bürgernah zu treffen. Das aber ist angesichts der heutigen Bedeutung ohne eine Einbeziehung sozialer Belange nicht möglich. Sie stehen auch für Solidarität, der Titelüberschrift der Charta, unter die auch Art. 37 EGRC gefasst wird.

II. Ausmaß und Inhalt der Verpflichtung

4989 Eine rechtlich verpflichtende Wirkung zur Berücksichtigung von Umweltbelangen ergibt sich bereits aus dem Wortlaut „müssen".[1918] Diese Verbindlichkeit bedeutet allerdings nicht, dass dem Umweltschutz stets ein Vorrang zukommt. Eine Einbeziehung verlangt nicht, dass ihm ausschlaggebende Kraft zugebilligt wird;[1919] er muss nur berücksichtigt werden.[1920] Es geht mithin um eine **Abwägung der Erfordernisse des Umweltschutzes** mit den Erfordernissen der jeweils betroffenen anderen Politik, wie es auch dem Hintergrund des Nachhaltigkeitsgedankens entspricht, **Umweltschutz mit Wirtschaft und sozialer Gerechtigkeit zu versöhnen**. Umweltschutz ist damit ein zusätzlicher, nicht hingegen ein verdrängender Faktor.[1921]

4990 Diese Abwägung ist inhaltlich durch das Ziel einer Förderung der nachhaltigen Entwicklung vorgegeben. Indem gem. Art. 37 EGRC nach diesem Grundsatz ein hohes Umweltschutzniveau sowie die Verbesserung der Umweltqualität sichergestellt werden müssen, dürfen **Umweltbelange nicht** einfach „**weggewogen**" werden.[1922] Sie müssen integrativer Bestandteil einer Maßnahme werden und von daher deren Inhalt ersichtlich mit prägen.[1923]

4991 Auf diese Weise sind die Belange des **Umweltschutzes** unter dem Leitbild einer nachhaltigen Entwicklung **bei jeder Unionspolitik zu berücksichtigen**. Dies gilt sowohl auf der Ebene der **Ausarbeitung** der Politik als solcher als auch bei deren **Vollzug**. Zwar sind nicht beide Ebenen explizit erwähnt. Demgegenüber benennt die Querschnittsklausel nach Art. 11 AEUV die Durchführung der Unionspolitik ebenso wie die Durchführung der Unionsmaßnahmen und erstreckt sich damit eindeutig

---

[1917] S. Europäischer Rat – Tagung am 21. und 22.6.1996 in Florenz, Schlussfolgerungen des Vorsitzes, Abschnitt V. „Die Regierungskonferenz" 1. Spiegelstrich 2. Unterpunkt: „... mehr Bürgernähe, und zwar insbesondere ... dadurch, daß der Umweltschutz auf Ebene der Union wirksamer und kohärenter gestaltet wird, um eine nachhaltige Entwicklung zu gewährleisten". Abrufbar unter http://www.europarl.europa.eu/summits/fir1_de.htm (letzter Abruf: 30.9.2023).

[1918] S. bereits *Stroetmann*, in: Rengeling (Hrsg.), Umweltschutz und andere Politiken der Europäischen Gemeinschaft, 1993, S. 1 (3); *Kahl*, Umweltprinzip und Gemeinschaftsrecht, 1993, S. 58.

[1919] Anders *Kahl*, in: Streinz, Art. 191 AEUV Rn. 37.

[1920] S.o. Rn. 4972 ff.

[1921] S. *Schröder*, NuR 1995, 117 (118).

[1922] Noch Art. 6 EG *Calliess*, DVBl 1998, 559 (565).

[1923] Bereits *Scheuing*, EuR 1989, 152 (176).

auch auf den Verwaltungsvollzug.[1924] Nur auf diese Weise ist aber sichergestellt, dass Umweltbelange auch auf der wichtigen Verwaltungsebene beachtet werden und umfassend zur Geltung kommen. Genau darin liegt die Intention auch von Art. 37 EGRC. Auch das Leitbild einer nachhaltigen Entwicklung kann sich nur so in vollem Ausmaß durchsetzen, indem es die Anwendung der zu einer Konkretisierung erlassenen Normen mit prägt. Der Wortlaut von Art. 37 EGRC erlaubt diese weite Konzeption, weil er insoweit keine Einschränkung enthält, sondern im Gegenteil umfassend formuliert ist.

G. *Prüfungsschema zu Art. 37 EGRC*

1. Gewährleistungsbereich   4992
kein subjektives Recht, sondern Grundsatz

a) Umweltschutz wie in Art. 191 AEUV, menschengeprägte, aber nicht soziale und kulturelle Umwelt
b) Klimaschutz, aber keine konkreten Vorgaben etwa zur weiteren Kohleverstromung
c) Verbesserung der Umweltqualität, aber hohes Schutzniveau; auch Erhalt im Rahmen nachhaltiger Entwicklung (Zieldreieck)
d) kein Vorrang des Umweltschutzes, gleichgewichtige Abwägungskomponente bei allen Politiken (Querschnittsklausel)

2. Rechtsfolgen
a) Berücksichtigung bei allen Politiken einschließlich Vollzug
b) Umweltschutz als zusätzlicher, nicht verdrängender Faktor
c) Optimierungsgebot, aber kein eigener Grundsatz des bestmöglichen Umweltschutzes
d) Grundlage für die Einschränkung der (Wirtschafts-)Grundrechte

§ 9 Verbraucherschutz

A. *Grundlagen*

I. AEUV

Der Begriff des Verbraucherschutzes wird nicht nur in Art. 38 EGRC, wonach die   4993
Politiker der Union ein hohes Verbraucherschutzniveau sicherstellen, sondern an vielen Stellen im AEUV verwandt. Bereits in Art. 4 Abs. 2 lit. f) AEUV ist als ein

---

[1924] *Calliess*, DVBl 1998, 559 (566); zur Vorgängerbestimmung a.A. die h.M., etwa auch *Calliess*, ZAU 1994, 322 (333); *Breier*, NuR 1992, 174 (180); *Jahns-Böhm/Breier*, EuZW 1992, 49 (50).

Tätigkeitsbereich der Union die Verbesserung des Verbraucherschutzes bezeichnet. Er wird zudem – in unterschiedlichem Kontext – angesprochen in Art. 39 Abs. 1, 40 Abs. 2, 101 Abs. 3, 102, 107 Abs. 2, 114 Abs. 3 AEUV. Damit wird die Bedeutung deutlich, welche dem Verbraucherschutz zuerkannt wird.[1925]

1. Art. 169 AEUV

4994 Mit Art. 169 AEUV enthält der AEUV sogar einen eigenen Titel (Titel XV im AEUV) für den Verbraucherschutz. Nach den Erläuterungen zur EGRC[1926] stützt sich auch der in Art. 38 EGRC enthaltene Grundsatz auf Art. 169 AEUV.

4995 Gem. Art. 169 Abs. 1 AEUV leistet die Union zur Förderung der Interessen der Verbraucher und zur Gewährleistung eines hohen Verbraucherschutzniveaus einen Beitrag zum Schutz der Gesundheit, der Sicherheit und der wirtschaftlichen Interessen der Verbraucher sowie zur Förderung ihres Rechtes auf Information, Erziehung und Bildung von Vereinigungen zur Wahrung ihrer Interessen. Art. 12 AEUV verpflichtet in allen Politikbereichen, „den Erfordernissen des Verbraucherschutzes" Rechnung zu tragen (so genannte **Querschnittsklausel**). Art. 169 Abs. 2 und 3 AEUV legen fest, wie und in welchem Verfahren die in Absatz 1 genannten Ziele gefördert werden. Gem. Art. 169 Abs. 4 AEUV hindern die europäischen Maßnahmen die einzelnen Mitgliedstaaten aber nicht daran, strengere Schutzmaßnahmen beizubehalten oder zu ergreifen. Sie müssen lediglich mit den Verträgen vereinbar sein und der Kommission mitgeteilt werden. Damit begründet Art. 169 AEUV eine europäische Zuständigkeit neben der der Mitgliedstaaten.[1927] Primär verantwortlich bleiben jedoch die Mitgliedstaaten. Die **europäische Kompetenz** ist grundsätzlich **nachrangig**.[1928]

4996 Bei einem Vergleich mit Art. 169 AEUV fällt auf, dass **Art. 38 EGRC allgemein** von einem hohen Verbraucherschutzniveau spricht und keine nähere Präzisierung vornimmt. Art. 169 AEUV enthalten hingegen konkrete Angaben, auf welche Weise und mit welchen Mitteln die Gemeinschaft/Union das Ziel eines hohen Verbraucherschutzniveaus fördert.[1929]

2. Kein primärrechtliches Grundrecht auf Verbraucherschutz

4997 Ganz vereinzelt ist den bereits bestehenden primärrechtlichen Regelungen ein subjektives Grundrecht auf Schaffung eines hohen Verbraucherschutzniveaus entnom-

---

[1925] *Pielow*, in: Stern/Sachs, Art. 38 Rn. 5.
[1926] Erläuterungen zur Charta der Grundrechte, ABl. 2007 C 303, S. 17 (28).
[1927] *Giesecke*, in: Meyer/Hölscheidt, Art. 38 Rn. 7.
[1928] *Lurger*, in: Streinz, Art. 169 AEUV Rn. 17; *Krebber*, in: Calliess/Ruffert, Art. 169 AEUV Rn. 10.
[1929] *Giesecke*, in: Meyer/Hölscheidt, Art. 38 Rn. 1.

men worden.¹⁹³⁰ Jedoch impliziert der Wortlaut keiner der existierenden Bestimmungen ein subjektives Recht des einzelnen Verbrauchers.¹⁹³¹ So hat auch der EuGH bislang kein Grundrecht auf Verbraucherschutz anerkannt.¹⁹³²

3. Bedeutung des Art. 38 EGRC

Aufgrund der detaillierten Regelung des Art. 169 AEUV stellt sich allerdings die Frage, welche eigenständige Bedeutung Art. 38 EGRC zukommt.¹⁹³³ Dabei ist der leicht divergierende Wortlaut von Art. 169 AEUV und Art. 38 EGRC zu beachten. Während nach Art. 169 AEUV die Union die Interessen der Verbraucher fördern und ein hohes Verbraucherschutzniveau gewährleisten soll und sie gem. Art. 169 Abs. 2 AEUV zur Erreichung dieser Ziele einen „Beitrag" leistet, „stellt" die Politik der Union nach Art. 38 EGRC ein hohes Verbraucherschutzniveau „sicher". Damit geht die Verpflichtung, die sich für die Union aus Art. 38 EGRC ergibt, über das in Art. 169 AEUV Gesagte hinaus, auch wenn in der bisherigen Rechtsanwendung keine Eigenständigkeit gesehen und eine gleich gelagerte Schutzpflicht nach AEUV und EGRC angenommen wird:¹⁹³⁴ Der Wortlaut des **Art. 38 EGRC** ist stärker, indem die Union nicht nur einen Beitrag leistet, sondern ein hohes Verbraucherschutzniveau sicherstellt, und hat damit einen **stärkeren Ansatzpunkt** auch für etwaige Schutzpflichten der EU, ohne allerdings selbst subjektive Ansprüche zu beinhalten: Art. 38 EGRC bildet einen Grundsatz und kein subjektives Recht.¹⁹³⁵ Ein solches erwächst daher höchstens aus anderen Grundrechten wie dem Recht auf Unversehrtheit nach Art. 3 EGRC,¹⁹³⁶ das auch für einen wirksamen Klimaschutz subjektive Rechte verleiht, anders als Art. 37 EGRC.

Im Grundrechtekonvent war nämlich auch diskutiert worden, die Formulierung des Art. 38 EGRC stärker an den Wortlaut des Art. 169 AEUV anzulehnen und statt von „sicherstellen" von „fördern" und „gewährleisten" zu sprechen. Letztlich setzte sich jedoch die vorher vorgeschlagene Formulierung „sicherstellen" durch.¹⁹³⁷

4998

4999

---

¹⁹³⁰ *Schroeder*, DVBl 2002, 213 (214).
¹⁹³¹ *Cremer/Ostermann*, in: Heselhaus/Nowak, § 65 Rn. 8.
¹⁹³² *Cremer/Ostermann*, in: Heselhaus/Nowak, § 65 Rn. 7.
¹⁹³³ *Pielow*, in: Stern/Sachs, Art. 38 Rn. 16 ff.
¹⁹³⁴ *Pielow*, in: Stern/Sachs, Art. 38 Rn. 21 f.
¹⁹³⁵ S.u. Rn. 4787.
¹⁹³⁶ S. Teilband I Rn. 1076 ff.
¹⁹³⁷ S. *Bernsdorff/Borowsky*, Die Charta der Grundrechte der Europäischen Union, 2002, S. 343; *Giesecke*, in: Meyer/Hölscheidt, Art. 38 Rn. 6.

II. Europäischer Besitzstand

5000 Im Bereich des Verbraucherschutzes gibt es eine Vielzahl von europäischen Sekundärrechtsregelungen, zumal vielen Regelungskomplexen indirekt eine verbraucherschützende Wirkung zukommt, beispielsweise im Bereich des Kartell- und des Umweltschutzrechts.[1938] Die europarechtlichen Regelungen dienen allesamt dem **Ziel**, die wirtschaftlichen und gesundheitlichen Interessen der **Verbraucherinnen und Verbraucher vor unlauterem Verhalten** von Produzenten, Dienstleistern und Händlern zu **schützen** und Verbrauchende aufgrund angemessener Information in eine Lage zu versetzen, ihre Stellung am Markt **eigenverantwortlich** und in wirtschaftlich vernünftiger Weise ausüben zu können.[1939]

5001 Beispielhaft für derzeit bestehende sekundärrechtliche Regelungen seien genannt: die WerbeRL 2006/114/EG,[1940] die RL 93/13/EWG[1941] über missbräuchliche Klauseln in Verbraucherverträgen, die die RL 2011/83/EU,[1942] RL 85/577/EWG[1943] über Haustürgeschäfte und die FernabsatzRL 97/7/EG[1944] ersetzte, die E-Commerce-RL 2000/31/EG,[1945] die RL 2008/48/EG[1946] zu Verbraucherkrediten sowie die RL 2019/771/EU[1947] über den Verbrauchsgüterkauf.[1948] Besondere Be-

---

[1938] *Pielow*, in: Stern/Sachs, Art. 38 Rn. 5 ff.

[1939] S. *Pielow*, in: Stern/Sachs, Art. 38 Rn. 6; *Krebber*, in: Calliess/Ruffert, Art. 38 GRCh Rn. 2; *Giesecke*, in: Meyer/Hölscheidt, Art. 38 Rn. 7.

[1940] Des Europäischen Parlaments und des Rates vom 12.12.2006 über irreführende und vergleichende Werbung (WerbeRL), ABl. 2006 L 376, S. 21.

[1941] ABl. 1993 L 95, S. 29.

[1942] Des Europäischen Parlaments und des Rates vom 25.10.2011 über die Rechte der Verbraucher, zur Abänderung der RL 93/13/EWG des Rates und der RL 1999/44/EG des Europäischen Parlaments und des Rates sowie zur Aufhebung der RL 85/577/EWG des Rates und der RL 97/7/EG des Europäischen Parlaments und des Rates Text von Bedeutung für den EWR, ABl. 2011 L 304, S. 64.

[1943] Des Rates vom 20.12.1985 betreffend den Verbraucherschutz im Falle von außerhalb von Geschäftsräumen geschlossenen Verträgen, ABl. 1985 L 372, S. 31.

[1944] Des Europäischen Parlaments und des Rates vom 20.5.1997 über den Verbraucherschutz bei Vertragsabschlüssen im Fernabsatz – Erklärung des Rates und des Parlaments zu Art. 6 Abs. 1 – Erklärung der Kommission zu Art. 3 Abs. 1 erster Gedankenstrich (FernabsatzRL), ABl. 1997 L 144, S. 19.

[1945] Des Europäischen Parlaments und des Rates vom 8.6.2000 über bestimmte rechtliche Aspekte der Dienste der Informationsgesellschaft, insbesondere des elektronischen Geschäftsverkehrs, im Binnenmarkt (E-Commerce-RL), ABl. 2000 L 178, S. 1.

[1946] Des Europäischen Parlaments und des Rates vom 23.4.2008 über Verbraucherkreditverträge und zur Aufhebung der RL 87/102/EWG des Rates, ABl. 2008 L 133, S. 66.

[1947] Des Europäischen Parlaments und des Rates vom 20.5.2019 über bestimmte vertragsrechtliche Aspekte des Warenkaufs, zur Änderung der VO (EU) 2017/2394 und der RL 2009/22/EG sowie zur Aufhebung der RL 1999/44/EG (Text von Bedeutung für den EWR.), ABl. 2019 L 136, S. 28; s. bereits RL 1999/44/EG des Europäischen Parlaments und des Rates vom 25.5.1999 zu bestimmten Aspekten des Verbrauchsgüterkaufs und der Garantien für Verbrauchsgüter, ABl. 1999 L 171, S. 12.

[1948] Weitere Beispiele bei *Pielow*, in: Stern/Sachs, Art. 38 Rn. 12 ff.

§ 9 Verbraucherschutz

deutung kommt auch den Vorschriften zur Produktkennzeichnung im Lebensmittelbereich zu, so beispielsweise der VO (EU) Nr. 1169/2011.[1949]

III. EuGH-Rechtsprechung

Im Rahmen der diversen sekundärrechtlichen Regelungen hat sich der EuGH bereits vielfach mit Bestimmungen zum Verbraucherschutz befasst, **ohne** aber ein **subjektives Recht** darauf anzuerkennen.[1950]   5002

IV. Verfassungen der Mitgliedstaaten

In der portugiesischen,[1951] der spanischen,[1952] der polnischen,[1953] der litauischen[1954] und der bulgarischen[1955] Verfassung finden sich ausdrückliche Bezugnahmen auf den Verbraucherschutz.[1956] Sie verleihen jedoch **überwiegend keine subjektiven Rechte**, sondern werden als **objektive Normen** ausgelegt.[1957]   5003

[1949] Des Europäischen Parlaments und des Rates vom 25.10.2011 betreffend die Information der Verbraucher über Lebensmittel und zur Änderung der VOen (EG) Nr. 1924/2006 und (EG) Nr. 1925/2006 des Europäischen Parlaments und des Rates und zur Aufhebung der RL 87/250/EWG der Kommission, der RL 90/496/EWG des Rates, der RL 1999/10/EG der Kommission, der RL 2000/13/EG des Europäischen Parlaments und des Rates, der RLen 2002/67/EG und 2008/5/EG der Kommission und der VO (EG) Nr. 608/2004 der Kommission, ABl. 2011 L 304, S. 18; s. bereits RL 2000/13/EG des Europäischen Parlaments und des Rates vom 20.3.2000 zur Angleichung der Rechtsvorschriften der Mitgliedstaaten über die Etikettierung und Aufmachung von Lebensmitteln sowie die Werbung hierfür, ABl. 2000 L 109, S. 29, zuletzt geändert durch RL 2007/68/EG, ABl. 2007 L 310, S. 11.
[1950] S.u. Rn. 5004 ff.
[1951] Art. 60, Art. 81 lit. h), Art. 99 lit. e).
[1952] Art. 51.
[1953] Art. 76.
[1954] Art. 46 Abs. 5.
[1955] Art. 19 Abs. 2.
[1956] *Giesecke*, in: Meyer/Hölscheidt, Art. 38 Rn. 5; ausführlich *Rengeling/Szczekalla*, Rn. 1055 mit Fn. 2 und 3.
[1957] *Pielow*, in: Stern/Sachs, Art. 38 Rn. 18; *Giesecke*, in: Meyer/Hölscheidt, Art. 38 Rn. 14; *Cremer/Ostermann*, in: Heselhaus/Nowak, § 65 Rn. 7.

B. Einordnung

I. Qualifizierung als Grundsatz

5004   Bei Art. 38 EGRC handelt es sich nach Wortlaut, Genese, Systematik und Zweck nicht um ein subjektives Recht, sondern um einen Grundsatz.[1958]

1. Wortlaut

5005   Gem. Art. 38 EGRC stellt die Politik der Union ein **hohes Verbraucherschutzniveau** sicher. Dieser Wortlaut ist zu unbestimmt, um ein einklagbares Recht zu vermitteln,[1959] zumal nicht erkennbar wäre, wer konkret Begünstigter eines solchen Rechts sein sollte. Die Gesamtheit der Verbraucherinnen und Verbraucher zu nehmen würde auf EU-Ebene nicht zur Einklagbarkeit führen, ausgehend vom EuGH-Urteil *Carvalho*, das Klimaschutzklagen wegen fehlender Abgrenzbarkeit der Kläger schon als unzulässig abwies.[1960] Entgegen anderen Normen der EGRC gewährt Art. 38 EGRC nach seinem Wortlaut weder ein Recht noch einen Anspruch.[1961]

2. Genese

5006   Bereits die **Erläuterungen** zum ersten Präsidiumsentwurf im Grundrechtekonvent betonten, dass es sich bei Art. 38 EGRC um einen **Grundsatz** und nicht um ein subjektives Recht handeln soll. In der sich anschließenden Diskussion war nur vereinzelt gefordert worden, dem Verbraucher einen subjektiven Rechtsanspruch zu gewähren.[1962] Die abschließenden Präsidiumserläuterungen des Grundrechtekonvents von 2000[1963] und auch die aktuellen Erläuterungen zur EGRC[1964] sprechen daher bei Art. 38 EGRC von einem Grundsatz.

5007   Auch die Verbraucherschutznormen in den mitgliedstaatlichen Verfassungen werden überwiegend als objektive Normen ausgelegt.[1965] In internationalen Men-

---

[1958] *Jarass/Kment*, § 34 Rn. 9; *Giesecke*, in: Meyer/Hölscheidt, Art. 38 Rn. 11; *Pielow*, in: Stern/Sachs, Art. 38 Rn. 19 f., 24; *Streinz*, in: ders., Art. 38 GR-Charta Rn. 1; *Krebber*, in: Calliess/Ruffert, Art. 38 GRCh Rn. 4; *Rengeling/Szczekalla*, Rn. 1057; *Cremer/Ostermann*, in: Heselhaus/Nowak, § 65 Rn. 9 ff.
[1959] *Jarass/Kment*, § 34 Rn. 9.
[1960] EuGH, Rs. C-565/19 P, ECLI:EU:C:2021:252 – Carvalho.
[1961] So z. B. Art. 28-31 EGRC.
[1962] Vgl. *Bernsdorff/Borowsky*, Die Charta der Grundrechte der Europäischen Union, 2002, S. 343.
[1963] Erläuterungen des Präsidiums des Grundrechtekonvents vom 7.12.2000, CHARTE 4473/00 CONVENT 49, S. 34.
[1964] Erläuterungen zur Charta der Grundrechte, ABl. 2007 C 303, S. 17 (28).
[1965] *Pielow*, in: Stern/Sachs, Art. 38 Rn. 18; *Giesecke*, in: Meyer/Hölscheidt, Art. 38 Rn. 5.

§ 9 Verbraucherschutz 683

schenrechtsschutzbestimmungen ist ein Individualrecht auf Verbraucherschutz bislang ebenfalls nicht normiert.[1966]

3. Systematik

Anders als viele sonstige in Titel IV (Solidarität) enthaltene Bestimmungen spricht Art. 38 EGRC schon nicht davon, dass ein „Recht" oder ein „Anspruch" gewährt wird. Vielmehr wird – **vergleichbar zu Art. 35 S. 2 und Art. 37 EGRC** – ein „**hohes Verbraucherschutzniveau sichergestellt**". Art. 35 S. 2 und Art. 37 EGRC sind unter anderem aufgrund ihres Wortlauts als Grundsätze zu qualifizieren.[1967] Gleiches muss für Art. 38 EGRC gelten.

5008

4. Zweck

Würde man Art. 38 EGRC ein subjektives Recht entnehmen, hätte dies möglicherweise weitreichende **finanzielle Folgen**. Dies sollte bei der Schaffung der EGRC jedoch **vermieden** werden.[1968] Daher ist davon auszugehen, dass mit der gewählten Formulierung des Art. 38 EGRC kein einklagbares Recht gewährt werden sollte.

5009

II. Abgrenzung

Da der Bereich des Verbraucherschutzes einen weiten Lebensbereich umfasst, gibt es Berührungspunkte mit vielen anderen EGRC-Vorschriften und mit den Grundfreiheiten. Viele Grundrechte der EGRC finden deshalb auch auf den Verbraucher Anwendung, weil sie nicht speziell auf einen Personenkreis beschränkt sind, sondern die Individualpersonen auch in ihrer Rolle als Verbraucher schützen. So genießt beispielsweise der Mensch (auch) in seiner Rolle als Verbraucher Meinungsfreiheit.[1969] Allerdings gibt es einige Hauptberührungspunkte zwischen dem Verbraucherschutz und anderen EGRC-Vorschriften bzw. Grundfreiheiten.

5010

1. Gesundheit

Der Verbraucherschutz dient häufig der Erhaltung der Gesundheit. Insoweit kann es zu Überschneidungen mit dem Recht auf Leben (**Art. 2 EGRC**), dem Recht auf Unversehrtheit (**Art. 3 EGRC**) und dem Gesundheitsschutz (**Art. 35 EGRC**)

5011

[1966] *Giesecke*, in: Meyer/Hölscheidt, Art. 38 Rn. 1 ff.
[1967] S.o. Rn. 4793 ff. u. Rn. 4902 ff.
[1968] S.o. Rn. 4109 ff.
[1969] *Cremer/Ostermann*, in: Heselhaus/Nowak, § 65 Rn. 17 mit Fn. 36.

kommen.[1970] Soweit diese Bestimmungen **subjektive Rechte enthalten**,[1971] verbürgen sie für den Verbraucher **weitergehende Rechte als die Grundsatzbestimmung des Art. 38 EGRC** und sind deshalb **vorrangig**.[1972] Allerdings kann der Verbraucherschutz etwa das Recht auf ärztliche Versorgung nach Art. 35 S. 1 EGRC dergestalt mit prägen, dass diese verbraucherorientiert sein soll. Zumal wenn dies der Fall ist, hat die Union die nationale Gesundheitsversorgung zu wahren.[1973] Im Übrigen können **Art. 35 S. 2 EGRC und Art. 38 EGRC parallel** herangezogen werden und sind daher gleichermaßen bei den europäischen Politiken sicherzustellen.

2. Datenschutz

5012 Verbraucherdaten werden durch die spezielle Vorschrift des Art. 8 EGRC (Schutz personenbezogener Daten) geschützt, der zusammen mit Art. 7 EGRC gesehen wird.[1974] Aus dem in Art. 7 EGRC normierten Recht auf Achtung des Privatlebens kann sich zudem ein Anspruch auf Schutz vor bestimmten Werbeformen, beispielsweise dem so genannten Spam(ming), ergeben.[1975]

3. Information

5013 Soweit der Verbraucherschutz dadurch umgesetzt wird, dass die Bürgerinnen und Bürger Informationen erhalten, wird ein subjektiver Anspruch auf Verbraucherinformation bereits aus Art. 11 Abs. 1 S. 2 EGRC in Betracht gezogen.[1976] Allerdings verpflichtet dieses Grundrecht den Staat nur ausnahmsweise zu bestimmten Informationen und sichert im Wesentlichen lediglich ab, dass der Einzelne die von ihm gewünschten Informationen empfangen kann. Diese muss der Staat also nicht durchgehend liefern, außer es besteht insoweit eine zusätzliche Festlegung wie im

---

[1970] S. *Jarass/Kment*, § 34 Rn. 10; *Rengeling/Szczekalla*, Rn. 1058; *Pielow*, in: Stern/Sachs, Art. 38 Rn. 18.
[1971] S. Teilband I Rn. 1015 ff., 1082 ff. sowie o. Rn. 4785 ff.
[1972] *Rengeling/Szczekalla*, Rn. 1058.
[1973] Zu diesem Bedeutungsgehalt o. Rn. 4829.
[1974] Etwa EuGH, Rs. C-511/18 u. a., ECLI:EU:C:2020:791 – La Quadrature du Net u. a.; dazu *Frenz*, DVBl 2021, 173 ff.
[1975] *Rengeling/Szczekalla*, Rn. 1061.
[1976] Vgl. *Rengeling/Szczekalla*, Rn. 1060; *Jarass/Kment*, § 34 Rn. 11; *Pielow*, in: Stern/Sachs, Art. 38 Rn. 28.

§ 9 Verbraucherschutz

4. Eigentum und Vermögen

Das in Art. 17 EGRC normierte Eigentumsrecht enthält ebenfalls Überschneidungen mit dem Verbraucherschutz, wenn und soweit das **Verbrauchereigentum** und -vermögen betroffen sind.[1979] Allerdings geht es dabei um Schädigungen, die regelmäßig von Privaten ausgehen. Der Staat hat hier höchstens für einen hinreichenden **Schutz** privaten Eigentums zu sorgen,[1980] der dann aber wiederum am Eigentumsrecht[1981] bzw. der Berufsfreiheit der belasteten Unternehmen zu messen ist.

5014

5. Unternehmerische Freiheit

Der Verbraucherschutz agiert in dem Spannungsverhältnis zwischen dem Schutz und der Vertragsfreiheit der Verbraucherinnen und Verbraucher einerseits sowie der unternehmerischen (Vertrags-)Freiheit andererseits. Es kann deshalb zu häufigen Kollisionen mit der in Art. 16 EGRC normierten unternehmerischen Freiheit und jedenfalls bei schon hergestellten Waren mit dem Eigentumsrecht des Produzenten aus Art. 17 EGRC kommen. In diesem Fall hat eine **Abwägung unter Beachtung des in Art. 38 EGRC festgelegten Optimierungsgebots**[1982] stattzufinden.

5015

6. Grundfreiheiten

In ähnlicher Weise kann es zu Kollisionen mit den Grundfreiheiten kommen, die den Produzenten, Händlern und Dienstleistern Marktfreiheiten garantieren. Der EuGH hat jedoch bereits Beschränkungen der Grundfreiheiten aufgrund von Verbraucherschutzbelangen als gerechtfertigt angesehen.[1983]

5016

[1977] S. Teilband I Rn. 2150 ff., insbes. 2153 f.
[1978] *Rengeling/Szczekalla*, Rn. 1060, s. näher u. Rn. 5541 ff.
[1979] *Rengeling/Szczekalla*, Rn. 1059. Die Einbeziehung des Vermögens in den Eigentumsschutz ist allerdings str., s. Teilband I Rn. 3271 ff.
[1980] S. Teilband I Rn. 3472 ff.
[1981] Dieses greift allerdings insoweit nur begrenzt ein.
[1982] S.u. Rn. 5026.
[1983] S. *Frenz*, Europarecht 1, Rn. 1171 ff., 2602 ff., 3315.

C. Gewährleistungsbereich

5017   Gem. Art. 38 EGRC stellt die Politik der Union ein hohes Verbraucherschutzniveau sicher.

I. Verbraucher

5018   Der Verbraucherbegriff wird im Unionsrecht uneinheitlich verwandt[1984] und weder in Art. 38 EGRC noch im sonstigen Primärrecht definiert.[1985] Im Sekundärrecht finden sich aufgrund der verschiedenen Schutzbereiche, welche die verbraucherschützenden Bestimmungen betreffen, auch verschiedene Definitionen.[1986] Dabei kann zwischen einem weiten und einem engen Verbraucherbegriff unterschieden werden. Ersterer umfasst alle Kunden, unabhängig davon, ob sie privat oder gewerblich tätig werden. Dieser weite Begriff wird beispielsweise im Versicherungs-, Banken- und Anlagenrecht verwandt.[1987] Nach dem engen Begriffsverständnis, das in vielen klassischen Verbraucherschutz-Richtlinien benutzt und bei deren Auslegung auch vom EuGH vertreten wird, sind nur natürliche Personen erfasst, die bei ihrem Markthandeln nicht für gewerbliche oder berufliche, also nur für private Zwecke tätig sind.[1988]

5019   Der Verbraucherbegriff umfasst damit insgesamt nicht eine aus einer bestimmten Eigenschaft heraus schutzwürdige Personengruppe, sondern stellt auf die Rolle am Markt ab.[1989] Dass Art. 38 EGRC in den **sozialen Grundrechten** platziert ist, spricht für einen **besonderen Schutzcharakter** dieser Bestimmung. Dieses Schutzes bedürfen insbesondere die für **private Zwecke** Tätigen, da sie meist nicht die notwendige Erfahrung haben, um auf Augenhöhe mit den Anbietern von Waren und Dienstleistungen agieren zu können. Bei für gewerbliche oder berufliche Zwecke Handelnden ist die Situation regelmäßig günstiger. Sie benötigen daher vielfach kaum besonderen Schutz.

5020   Ohnehin erfasst Titel IV nur Rechte von Arbeitnehmern, sozial Schutzbedürftigen wie Familien, Kindern, Jugendlichen und Alten (Art. 27–34 EGRC) sowie darüber hinaus Personen in ihrer allgemeinen Lebenssituation (Gesundheitsschutz,

---

[1984] *Jarass/Kment*, § 34 Rn. 12.

[1985] Vgl. *Pielow*, in: Stern/Sachs, Art. 38 Rn. 28; *Krebber*, in: Calliess/Ruffert, Art. 38 GRCh Rn. 1.

[1986] *Pielow*, in: Stern/Sachs, Art. 38 Rn. 12 ff.; *Lurger*, in: Streinz, Art. 169 AEUV Rn. 11; *Giesecke*, in: Meyer/Hölscheidt, Art. 38 Rn. 16; *Krebber*, in: Calliess/Ruffert, Art. 38 GRCh Rn. 1; *Cremer/Ostermann*, in: Heselhaus/Nowak, § 65 Fn. 25.

[1987] *Lurger*, in: Streinz, Art. 153 EGV Rn. 11.

[1988] EuGH, Rs. C-541 u. 542/99, ECLI:EU:C:2001:625 (Rn. 15 ff.) – Cape u. Idealservice MN RE; *Jarass/Kment*, § 34 Rn. 12; *Lurger*, in: Streinz, Art. 169 AEUV Rn. 11; *Giesecke*, in: Meyer/Hölscheidt, Art. 38 Rn.16.

[1989] *Krebber*, in: Calliess/Ruffert, Art. 38 GRCh Rn. 1; *Cremer/Ostermann*, in: Heselhaus/Nowak, § 65 Rn. 34.

Zugang zu gemeinwohlbezogenen Diensten,[1990] Umweltrecht), regelmäßig nicht aber von Gewerbetreibenden. In diese Struktur fügt sich Art. 38 EGRC nur ein, wenn er **auf private Konstellationen beschränkt** bleibt und sich **nicht** auf den Schutz der wirtschaftlich Handelnden im **Geschäftsverkehr** erstreckt. In diesem Sinne ist ein **enger Verbraucherbegriff** zugrunde zu legen.

Eine weitere Frage ist, ob von einem so genannten mündigen Verbraucher, d. h. einem kritischen, aktiven, verständigen, aufmerksamen und informierbaren Verbraucher oder einem schutzbedürftigen, so genannten flüchtigen Verbraucher auszugehen ist.[1991] Für das zweitgenannte Verbraucherleitbild spricht der Schutzcharakter des Art. 38 EGRC und die Beschränkung auf natürliche Personen, die für private Zwecke handeln. Diese sind vielfach unaufmerksam und flüchtig. 5021

Allerdings sieht Art. 169 Abs. 1 AEUV **Verbraucherschutz auch durch Information** vor. Dann haben Verbraucherinnen und Verbraucher die Möglichkeit zur Information. Zudem impliziert diese Komponente, dass die Verbraucherinnen und Verbraucher informierbar sind. Indes muss dies nicht notwendig der Fall sein. Die Informationen machen es nur möglich, sich kundig zu machen. Sie bilden daher einen möglichen Weg, eine oftmals auftretende Unterlegenheit auszugleichen. Es ist aber nicht stets davon auszugehen, dass Verbraucherinnen und Verbraucher sich auch tatsächlich informieren. Art. 169 Abs. 1 AEUV nennt daher auch noch andere Elemente des Verbraucherschutzes. 5022

Davon unabhängig ist die Information auf die Bedürfnisse der jeweiligen Verbraucherinnen und Verbraucher abzustimmen. Unter Umständen muss sie besonders auffällig und deutlich erfolgen, um auch passive Verbraucherinnen und Verbraucher zu erreichen. Information und das **Leitbild eines schutzbedürftigen Verbrauchers** widersprechen sich daher nicht. 5023

II. Verbraucherschutz

Wie Art. 169 Abs. 1 AEUV entnommen werden kann, ist Ziel des Verbraucherschutzes der Schutz der Gesundheit, der Sicherheit und der wirtschaftlichen Interessen der Verbraucher.[1992] Auch im ersten Präsidiumsentwurf des Grundrechtekonvents wurde in der Vorschrift des Art. 38 EGRC die Formulierung gewählt: „Hinsichtlich der Gesundheit, der Sicherheit und der Interessen der Verbraucher wird durch die Politik der Union ein hohes Schutzniveau sichergestellt."[1993] Erst später wurde die abstraktere Formulierung des „hohen Verbraucherschutzniveaus" ver- 5024

[1990] Vgl. insoweit mit gerade begrenzter Erweiterung auf Gewerbliche o. Rn. 4872.
[1991] Zum sog. Verbraucherleitbild s. *Pielow*, in: Stern/Sachs, Art. 38 Rn. 29 ff.; *Lurger*, in: Streinz, Art. 169 AEUV Rn. 12; *Rengeling/Szczekalla*, Rn. 1065.
[1992] *Jarass/Kment*, § 34 Rn. 11; *Giesecke*, in: Meyer/Hölscheidt, Art. 38 Rn. 7; *Krebber*, in: Calliess/Ruffert, Art. 38 GRCh Rn. 2.
[1993] *Giesecke*, in: Meyer/Hölscheidt, Art. 38 Rn. 6.

wandt, ohne die einzelnen Verbraucherschutzbereiche zu benennen.¹⁹⁹⁴ Das ändert aber nichts am Bestehen der vorgenannten Teilbereiche. Diese sind daher vorauszusetzen und wie in Art. 169 Abs. 1 AEUV genannt, zugrunde zu legen.

5025   Der Verbraucherschutz wird gem. Art. 169 Abs. 1 AEUV gefördert durch Information, Erziehung und Bildung von Vereinigungen zur Wahrung der Verbraucherinteressen. Ziel des Verbraucherschutzes ist es, die wirtschaftlichen und gesundheitlichen Interessen der Verbraucher vor unlauterem Verhalten von Produzenten, Dienstleistern und Händlern zu schützen und Verbraucherinnen und Verbraucher aufgrund angemessener Information in eine Lage zu versetzen, in der sie ihre Stellung am Markt eigenverantwortlich und in wirtschaftlich vernünftiger Weise ausüben können.¹⁹⁹⁵

III. Sicherstellung eines hohen Verbraucherschutzniveaus

5026   Mit der Verpflichtung zur Sicherstellung eines hohen Verbraucherschutzniveaus enthält Art. 38 EGRC, ebenso wie Art. 35 S. 2 EGRC zum Gesundheitsschutz,¹⁹⁹⁶ ein **Optimierungsgebot**.¹⁹⁹⁷ Dies bedeutet, dass dem Verbraucherschutz im Rahmen aller Politiken¹⁹⁹⁸ soweit Rechnung zu tragen ist, wie es **technisch möglich** und **wirtschaftlich zumutbar** ist.¹⁹⁹⁹ Verbraucherpolitischen Anliegen muss auch bei der Ausübung anderer Kompetenzen und der Verfolgung anderer Vertragsziele Bedeutung eingeräumt werden.²⁰⁰⁰ Konkrete Mindest- oder Idealstandards werden nicht vorgeschrieben.²⁰⁰¹ Allerdings darf nicht hinter den bereits erreichten Stand des Verbraucherschutzes zurückgegangen werden.²⁰⁰²

5027   Art. 38 EGRC spricht von einem „hohen", nicht jedoch vom „höchsten" Verbraucherschutzniveau. Deshalb kann im Fall der Kollision des Verbraucherschutzes mit anderen Vertragszielen eine **Abwägung** stattfinden, wobei das „**Bestmögliche**" für den **Verbraucherschutz** herausgeholt werden, ihm allerdings **kein absoluter Vorrang** zukommen muss.²⁰⁰³

---

¹⁹⁹⁴ *Pielow*, in: Stern/Sachs, Art. 38 Rn. 3; *Giesecke*, in: Meyer/Hölscheidt, Art. 38 Rn. 6.

¹⁹⁹⁵ Vgl. *Pielow*, in: Stern/Sachs, Art. 38 Rn. 27 ff.; *Krebber*, in: Calliess/Ruffert, Art. 38 GRCh Rn. 2; *Giesecke*, in: Meyer/Hölscheidt, Art. 38 Rn. 17.

¹⁹⁹⁶ S.o. Rn. 4836.

¹⁹⁹⁷ *Pielow*, in: Stern/Sachs, Art. 38 Rn. 21.

¹⁹⁹⁸ S.u. Rn. 5029 f.

¹⁹⁹⁹ *Lurger*, in: Streinz, Art. 169 AEUV Rn. 24.

²⁰⁰⁰ *Krebber*, in: Calliess/Ruffert, Art. 38 GRCh Rn. 4.

²⁰⁰¹ *Pielow*, in: Stern/Sachs, Art. 38 Rn. 21.

²⁰⁰² *Krebber*, in: Calliess/Ruffert, Art. 38 GRCh Rn. 5.

²⁰⁰³ *Lurger*, in: Streinz, Art. 169 AEUV Rn. 24; s. zu der gleichen Formulierung beim Gesundheitsschutz in Art. 35 S. 2 EGRC o. Rn. 4837 zum Umweltschutz nach Art. 37 EGRC o. Rn. 4972 ff.

§ 9 Verbraucherschutz 689

Anders als Art. 169 AEUV spricht Art. 38 EGRC von der **Sicherstellung** und **nicht nur** einer **Förderung** eines hohen Schutzniveaus. Im Grundrechtekonvent wurde die Begriffsverwendung in Art. 38 EGRC als zu weit gehend kritisiert und eine stärkere Anlehnung an Art. 169 AEUV gefordert.[2004] Dieser Abschwächung folgte der Konvent jedoch nicht.[2005] 5028

IV. Sicherstellung durch die Politik der Union

Nach Art. 38 EGRC stellt „die Politik der Union" ein hohes Verbraucherschutzniveau sicher. Damit wird die in Art. 12 AEUV enthaltene **Querschnittsklausel**[2006] betont[2007] und die Union verpflichtet, im Rahmen der Verfolgung auch anderer Vertragsziele immer ein hohes Verbraucherschutzniveau anzustreben.[2008] 5029

Es verwundert allerdings die im Vergleich zu Art. 35 S. 2 EGRC unterschiedliche Formulierung. Bei Letzterem wird ausdrücklich von der „Festlegung und Durchführung der Politik und Maßnahmen der Union" gesprochen. Die Maßnahmen werden in Art. 38 EGRC nicht genannt, woraus geschlossen werden könnte, dass die Verpflichtung zur Sicherstellung eines hohen Verbraucherschutzniveaus zwar für jeden Politikbereich, nicht jedoch für jede Maßnahme gilt. Dies ist jedoch nicht praktikabel, da die Maßnahmen häufig nicht streng voneinander abgegrenzt werden können und vielfach miteinander verbunden sind bzw. aufeinander aufbauen. Daher gilt die **Verpflichtung** beispielsweise **auch bei Programmen und Empfehlungen** sowie bei der konkreten Anwendung von Normen in Form von Einzelakten. Sie ergreift zudem jedes Stadium, d. h. sowohl die Erarbeitung als auch die Umsetzung und Durchführung der Politik und Maßnahmen. Diese Reichweite liegt parallel zur Querschnittsklausel nach Art. 37 EGRC, die gleichfalls nur auf die Politiken abstellt. 5030

D. Rechtsfolgen

Als Adressaten der EGRC[2009] verpflichtet Art. 38 EGRC die Union und die Mitgliedstaaten bei Durchführung von Unionsrecht, für einen ausreichenden Schutz der Verbraucherinnen und Verbraucher zu sorgen, soweit sie über entsprechende Zuständigkeiten verfügen.[2010] Diese sollten über die EGRC nicht ausgedehnt werden. 5031

[2004] *Bernsdorff/Borowsky*, Die Charta der Grundrechte der Europäischen Union, 2002, S. 343.
[2005] *Giesecke*, in: Meyer/Hölscheidt, Art. 38 Rn. 6.
[2006] S.o. Rn. 4995.
[2007] *Pielow*, in: Stern/Sachs, Art. 38 Rn. 21; *Giesecke*, in: Meyer/Hölscheidt, Art. 38 Rn. 8.
[2008] *Giesecke*, in: Meyer/Hölscheidt, Art. 38 Rn. 8.
[2009] Vgl. Art. 51 Abs. 1 S. 1 EGRC.
[2010] *Jarass/Kment*, § 34 Rn. 13.

Dabei wird den Gesetzgebern ein weiter Gestaltungsspielraum eingeräumt.[2011] Außerdem enthält das Sekundärrecht bereits viele Vorschriften zum Verbraucherschutz,[2012] weshalb zum jetzigen Zeitpunkt keine Handlungspflicht bestehen dürfte.[2013]

5032 Der **Grundsatz des Art. 38 EGRC** ist **bei** der **Auslegung** von Sekundärrecht und bei der Auslegung nationalen Rechts im Rahmen der Durchführung von Unionsrecht zu berücksichtigen.[2014]

5033 Wegen des Grundsatzcharakters sind **Ansprüche auf Schadensersatz** oder auf Erlass von **Durchführungsakten ausgeschlossen**; das gilt auch für eine Verpflichtung Privater. Gem. Art. 52 Abs. 5 S. 2 EGRC kann nur im Rahmen von Inzidentkontrollen die Vereinbarkeit von Rechtsvorschriften mit dem Grundsatz gerichtlich überprüft werden.[2015]

E. Prüfungsschema zu Art. 38 EGRC

5034 **1. Gewährleistungsbereich
kein subjektives Recht, sondern Grundsatz**

a) Optimierungsgebot: Verbraucherschutz im Rahmen aller Politiken soweit Rechnung zu tragen, wie es technisch möglich und wirtschaftlich zumutbar ist
b) keine konkreten Mindest- oder Idealstandards; allerdings darf nicht hinter den bereits erreichten Stand des Verbraucherschutzes zurückgegangen werden
c) enger Verbraucherbegriff: nur natürliche Personen, die bei ihrem Markthandeln nicht für gewerbliche oder berufliche, also nur für private Zwecke tätig sind
d) auszugehen ist von schutzbedürftigen, so genannten flüchtigen Verbraucherinnen und Verbrauchern
e) Ziel des Verbraucherschutzes sind der Schutz der Gesundheit, der Sicherheit und der wirtschaftlichen Interessen der Verbraucherinnen und Verbraucher vor unlauterem Verhalten von Produzenten, Dienstleistern und Händlern
f) Union wird verpflichtet, im Rahmen der Verfolgung auch anderer Vertragsziele immer ein hohes Verbraucherschutzniveau anzustreben

---

[2011] Vgl. Art. 52 Abs. 5 EGRC.
[2012] S.o. Rn. 5000 f.
[2013] *Pielow*, in: Stern/Sachs, Art. 38 Rn. 12 ff.
[2014] *Jarass/Kment*, § 34 Rn. 9, 14.
[2015] *Jarass/Kment*, § 34 Rn. 14.

g) im Fall der Kollision des Verbraucherschutzes mit anderen Vertragszielen muss eine Abwägung stattfinden, wobei das „Bestmögliche" für den Verbraucherschutz herausgeholt werden, ihm allerdings kein absoluter Vorrang zukommen muss

2. Rechtsfolgen
a) Union und die Mitgliedstaaten sind verpflichtet, für einen ausreichenden Schutz der Verbraucher zu sorgen, soweit sie über entsprechende Zuständigkeiten verfügen
b) Grundsatz des Art. 38 EGRC ist bei der Auslegung von Sekundärrecht und bei der Auslegung nationalen Rechts (im Rahmen der Durchführung von Unionsrecht) zu berücksichtigen
c) jedoch keine Klagen auf Schadensersatz oder auf Erlass von Durchführungsakten möglich
d) nur Inzidentkontrolle, ob Rechtsvorschriften mit Art. 38 EGRC vereinbar sind

Teil III
Klassische und neue Bürgerrechte

Kapitel 4
Bürgerrechte

§ 1 Wahlrechte

A. Wahlrecht zum Europäischen Parlament (Art. 39 EGRC)

I. Grundlagen

1. Genese

Bei dem Gehalt des Art. 39 EGRC lässt sich differenzieren zwischen der Gewährleistung des **Wahlrechts zum Europäischen Parlament** in Art. 39 Abs. 1 EGRC und den dafür geltenden **Wahlrechtsgrundsätzen** des Art. 39 Abs. 2 EGRC. 5035

Das Wahlrecht war vor Verabschiedung der Charta bereits auf der Primärrechtsebene in Art. 19 Abs. 2 EG gewährleistet, die Wahlrechtsgrundsätze fanden sich in Art. 190 Abs. 1 und 4 EG. Im Vergleich zur Vorschrift des **Art. 19 Abs. 2 EG** wurde der Wortlaut des **Art. 39 EGRC vereinfacht** und kürzer gefasst, aber nicht mit neuen Gehalten versehen.[1] Unter anderem wurde der Verweis auf die sekundärrechtliche Ausgestaltung weggelassen. Diese bleibt schon aufgrund der Kongruenzklausel des Art. 52 Abs. 2 EGRC weiterhin relevant.[2] 5036

Im Übrigen wurde die Aufnahme der Wahlrechtsgrundsätze in die Charta nicht kontrovers diskutiert.[3] Strittig war im Konvent aber die **Aufnahme des Demokratieprinzips** im Rahmen der Gewährleistung des Wahlrechts zum Europäischen 5037

---

[1] *Magiera*, in: Meyer/Holscheidt, Art. 39 Rn. 10; *Hobe*, in: Stern/Sachs, Art. 39 Rn. 3.

[2] Zwar spricht der Verweis in Art. 52 Abs. 2 EGRC nur von den in den Gemeinschaftsverträgen enthaltenen Bedingungen und Grenzen, doch erfasst dies auch notwendige Ausgestaltungsregelungen des Sekundärrechts. Näher zur Relevanz auch des Sekundärrechts im Rahmen von Art. 52 Abs. 2 EGRC o. Rn. 222 ff., 557 sowie u. Rn. 5441 ff. m. w. N. auch zur Gegenansicht.

[3] *Barriga*, Die Entstehung der Charta der Grundrechte der Europäischen Union, 2003, S. 134.

Parlament.[4] Davon wurde letztlich unter anderem deshalb **abgesehen**, weil es sich hierbei nicht um eine Grundrechtsfrage handele.[5]

5038   Eine textliche Veränderung im Vergleich zu der bestehenden primärrechtlichen Rechtslage zeigt sich bei den **Wahlrechtsgrundsätzen**. In Erweiterung zu **Art. 190 Abs. 1 EG**, der lediglich eine allgemeine und unmittelbare Wahl garantierte, enthält **Art. 39 Abs. 2 EGRC** zusätzlich die **Grundsätze der freien und geheimen Wahl**. Aber auch dies stellt keine wirkliche Neuerung dar, da die **Wahlpraxis auch** schon **vor Erlass** der Charta diesen beiden letzten Wahlgrundsätzen genügte.[6]

5039   In der **Charta fehlt** allerdings eine Garantie des in Deutschland und in vielen anderen Mitgliedstaaten anerkannten **Grundsatzes der Gleichheit der Wahl**.[7] Trotz einer entsprechenden Forderung insbesondere der deutschen Delegierten einschließlich des deutschen Präsidenten des Grundrechtekonvents *Herzog* wurde dieser Grundsatz nicht in die Charta aufgenommen.[8] Hierin zeigt sich ein Zusammenhang mit dem bislang vergeblichen Bemühen, ein für alle Mitgliedstaaten einheitliches Wahlverfahren für die Wahl zum Europäischen Parlament einzuführen.[9] Zudem besteht in den verschiedenen Staaten keine **Erfolgsgleichheit der Wählerstimmen**, weil die kleinen Mitgliedsländer im Verhältnis zu ihrer Einwohnerzahl mehr Abgeordnete stellen.[10]

2. Das Wahlrecht nach dem Reformvertrag von Lissabon

5040   Nach Inkrafttreten des Reformvertrages ist das Wahlrecht zum Europäischen Parlament in **Art. 20 Abs. 2 lit. b)** sowie in **Art. 22 AEUV** geregelt, der im Wesentlichen Art. 19 Abs. 2 EG entspricht.[11] Eine eigenständige Regelung der Wahlrechtsgrundsätze, wie sie Art. 190 Abs. 1 EG enthielt, ist nicht mehr vorgesehen. **Art. 223 Abs. 1 AEUV** gibt lediglich dem Parlament den Auftrag, einen Entwurf für all-

---

[4] CHARTE 4170/00 CONVENT 17 Art. A, s. dazu *Bernsdorff/Borowsky*, Die Charta der Grundrechte der Europäischen Union, 2002, S. 199 f.

[5] *Bernsdorff/Borowsky*, Die Charta der Grundrechte der Europäischen Union, 2002, S. 199 f.

[6] Schon im Beschl. 76/787/EGKS, EWG, Euratom der im Rat vereinigten Vertreter der Mitgliedstaaten über den Akt zur Einführung allgemeiner unmittelbarer Wahlen der Abgeordneten der Versammlung vom 20.9.1976 (ABl. 1976 L 278, S. 1 – dort nur die Beschlussfassung), zuletzt geändert durch Beschl. des Rates 2002/772/EG, Euratom vom 25.6.2002 und 23.9.2002, ABl. 2002 L 283, S. 1. Die vom Verfasser bereinigte Fassung des Beschl. ist abgedruckt bei *Hölscheidt*, in: Grabitz/Hilf/Nettesheim, vor der Kommentierung zu Art. 223 AEUV; dort heißt es in Art. 1 Abs. 3: „Die Wahl erfolgt allgemein, unmittelbar, frei und geheim."; s. auch die konsolidierte Fassung des Direktwahlakts, abgedruckt im Zweiten Bericht Duff Dok. EP A7–0027/2012, S. 10.

[7] Vgl. Art. 38 Abs. 1 S. 1 GG.

[8] Vgl. *Bernsdorff/Borowsky*, Die Charta der Grundrechte der Europäischen Union, 2002, S. 200.

[9] *Barriga*, Die Entstehung der Charta der Grundrechte der Europäischen Union, 2003, S. 135.

[10] S. auch noch Art. 14 Abs. 2 S. 3 EUV: „degressiv proportional". Näher u. Rn. 5097.

[11] Lediglich die Regelung der Einzelheiten erfolgt danach in einem anderen Verfahren. Der Rat legt diese in einem besonderen Gesetzgebungsverfahren nach Anhörung des Europäischen Parlaments fest.

gemeine, unmittelbare Wahlen nach einem einheitlichen Verfahren auszuarbeiten und sieht dann eine einstimmige Verabschiedung im Rat sowie eine Zustimmung jedes Mitgliedstaates als Voraussetzung für das Inkrafttreten in Einklang mit den jeweiligen nationalen Verfassungsvorschriften vor. Dieses in Art. 223 AEUV gesetzte Ziel, ein einheitliches Verfahren zu beschließen, wozu das Parlament seine Zustimmung erteilen muss, wurde bislang nicht verwirklicht.[12]

3. EMRK

Für das Wahlrecht bestehen auch Bindungen an die EMRK. **Art. 3 des Zusatzprotokolls zur EMRK**[13] verpflichtet zu freien und geheimen Wahlen in angemessenen Zeitabständen unter Bedingungen, welche die freie Meinungsäußerung des Volkes bei der Wahl der gesetzgebenden Körperschaften gewährleisten. Diese Vorschrift hat der EGMR ausdrücklich auf die Wahlen zum Europäischen Parlament für anwendbar erklärt.[14] Diesen Anforderungen entsprechen die in Art. 39 Abs. 2 EGRC enthaltenen Wahlrechtsgrundsätze für die Wahlen zum Europäischen Parlament, sodass Art. 52 Abs. 3 S. 1 EGRC gewahrt bleibt.[15]

5041

Abweichend von den anderen Garantien der EMRK ist Art. 3 des Zusatzprotokolls zur EMRK als Verpflichtung der Vertragsstaaten und nicht als persönliches Recht formuliert. Dennoch ist in der Rechtsprechung des EGMR[16] und in der Lit.[17] inzwischen anerkannt, dass es sich nicht nur um eine institutionelle Gewährleistung, sondern um ein **subjektives Recht** handelt. Auch insoweit ist für Art. 39 Abs. 2 EGRC die Kongruenzregel des Art. 52 Abs. 3 S. 1 EGRC zu beachten. Wie Art. 3 des Zusatzprotokolls zur EMRK ist deshalb **auch Art. 39 Abs. 1 EGRC i. V. m. Art. 39 Abs. 2 EGRC** im Sinne eines subjektiven Rechts auf geheime und freie Wahlen auszulegen.[18] Inhaltlich geht der Gewährleistungsumfang noch darüber hinaus („allgemein und unmittelbar"), was aber nach Art. 52 Abs. 3 S. 2 EGRC

5042

---

[12] Abrufbar unter https://www.europarl.europa.eu/factsheets/de/sheet/21/das-europaische-parlament-wahlmodalitaten (letzter Abruf 30.9.2023); ausführlich dazu *Huber*, in: Grabenwarter, § 24 Rn. 12 ff.

[13] Neubekanntmachung des Zusatzprotokolls vom 20.3.1952 (BGBl. 1956 II, S. 1879, 1880) in einer sprachlich überarbeiteten deutschen Übersetzung in der ab 1.6.2010 geltenden Fassung (BGBl. 2010 II, S. 1198, 1218 f.).

[14] EGMR, Urt. vom 18.2.1999, Nr. 24833/94 (Rn. 45 ff.), NJW 1999, 3107 (3109) – Matthews/Vereinigtes Königreich. Ausführlich dazu *Winkler*, EuGRZ 2001, 18 (19 ff.).

[15] *Grabenwarter/Pabel*, § 23 Rn. 110 (für den mit dem Wortlaut des Art. 39 Abs. 2 EGRC übereinstimmenden Art. II-99 Abs. 2 VE); a. A. *Wolf*, ZEuS 2003, 379 (393 f.) im Hinblick auf die Letztentscheidungskompetenz des demokratisch nicht direkt legitimierten Rates.

[16] EGMR, Urt. vom 2.3.1987, Nr. 9267/81 (Rn. 50 f.), Ser. A 113 – Mathieu-Mohin u. Clerfayt/Belgien; Urt. vom 11.6.2002, Nr. 25144/94 u. a. (Rn. 31), RJD 2002-IV – Sadak u. a./Türkei.

[17] *Grabenwarter/Pabel*, § 23 Rn. 108; *Jarass/Kment*, § 35 Rn. 10.

[18] So auch *Jarass/Kment*, § 35 Rn. 10.

ausdrücklich zulässig ist. Insoweit genügen Art. 39 Abs. 1 und Abs. 2 EGRC den Anforderungen des **Art. 52 Abs. 3 EGRC**.

4. Primärrecht

a) Ausgangspunkt: Unterschiedliches Wahlrecht der Mitgliedstaaten

5043 Ursprünglich enthielt das Primärrecht in Art. 190 EG nur Regelungen zum Verfahren bei Wahlen zum Europäischen Parlament. Aufgrund der Ermächtigung in Art. 190 Abs. 4 EG erließ der Rat **1976** den **Direktwahlakt**[19] als Ausführungsbestimmung.[20] Darin war jedoch keine Regelung über das aktive und passive **Wahlrecht** zum Europäischen Parlament enthalten. Dieses war **ausschließlich auf der Ebene der Mitgliedstaaten** normiert, sodass das Wahlrecht von Unionsbürgern mit Wohnsitz in einem Mitgliedstaat, dessen Staatsangehörigkeit sie nicht besaßen, in den einzelnen Mitgliedstaaten unterschiedlich geregelt war. Ein Teil der Mitgliedstaaten beschränkte das aktive Wahlrecht auf die eigenen Staatsangehörigen, während in anderen Mitgliedstaaten auch Angehörige anderer Mitgliedstaaten wahlberechtigt waren.[21] Das passive Wahlrecht war fast in allen Mitgliedstaaten auf die eigenen Staatsangehörigen beschränkt.[22]

b) Gleichbehandlungsgebot des Art. 22 Abs. 2 AEUV

5044 Diese Ungleichbehandlung innerhalb der Gemeinschaft wurde durch die Regelung des **Art. 19 Abs. 2 EG** beseitigt. Nach dieser durch den Vertrag von Maastricht aufgenommenen Vorschrift[23] – nunmehr in Art. 22 Abs. 2 AEUV – hat jeder Unionsbürger mit Wohnsitz in einem Mitgliedstaat, dessen Staatsangehörigkeit er nicht besitzt, in dem Mitgliedstaat, in dem er seinen Wohnsitz hat, das **aktive und passive Wahlrecht** bei den Wahlen zum Europäischen Parlament. Dabei gelten für ihn **dieselben Bedingungen wie für die Angehörigen des jeweiligen Mitgliedstaates**. Die nähere Ausgestaltung der Gleichbehandlung obliegt gem. Art. 22 Abs. 2 S. 2 AEUV sekundärrechtlichen Regelungen. In diesen können auch Ausnahme-

---

[19] Beschl. 76/787/EGKS, EWG, Euratom der im Rat vereinigten Vertreter der Mitgliedstaaten über den Akt zur Einführung allgemeiner unmittelbarer Wahlen der Abgeordneten der Versammlung vom 20.9.1976 (Direktwahlakt), ABl. 1976 L 278 S. 1 (dort nur die Beschlussfassung), zuletzt geändert durch Beschl. des Rates 2002/772/EG, Euratom vom 25.6.2002 und 23.9.2002, ABl. 2002 L 283, S. 1. Die vom Verfasser bereinigte Fassung des Beschl. ist abgedruckt bei *Hölscheidt*, in: Grabitz/Hilf/Nettesheim, vor der Kommentierung zu Art. 223 AEUV; Unstimmigkeiten bleiben jedoch; s. auch die konsolidierte Fassung des Direktwahlakts, abgedruckt im Zweiten Bericht Duff Dok. EP A7–0027/2012, S. 10.
[20] Näher dazu u. Rn. 5048 ff.
[21] *Haag*, in: v. der Groeben/Schwarze/Hatje, Art. 22 AEUV Rn. 1, 5; *Huber*, in: Grabenwarter, § 24 Rn. 21.
[22] *Haag*, in: v. der Groeben/Schwarze/Hatje, Art. 22 AEUV Rn. 5.
[23] Damaliger Art. 8b EG.

§ 1 Wahlrechte

regelungen vorgesehen werden, wenn dies aufgrund besonderer Probleme eines Mitgliedstaates gerechtfertigt ist.[24]

c) Keine Regelung des Wahlrechts im Herkunftsstaat

Art. 22 Abs. 2 AEUV regelt nur den Fall, dass ein Unionsbürger in einem Mitgliedstaat wohnt, dessen Staatsangehörigkeit er nicht besitzt und sieht für diesen Fall einen Gleichbehandlungsanspruch mit den Angehörigen dieses Staates vor. Jede Unionsbürgerin und jeder Unionsbürger hat auch ein Wahlrecht in ihrem bzw. seinem Herkunftsstaat,[25] nur ist dieser „Normalfall" nicht Gegenstand des Art. 22 Abs. 2 AEUV, sondern in den Wahlgesetzen der einzelnen Mitgliedstaaten geregelt. 5045

d) Zulässigkeit eines Wahlrechts für Nicht-Unionsbürger

In Art. 22 Abs. 2 sowie auch in Art. 20 Abs. 2 lit. b) AEUV ist nur von einem Wahlrecht der Unionsbürgerinnen und Unionsbürger die Rede. Doch hat der EuGH im Rahmen einer Vertragsverletzungsklage gegen das Vereinigte Königreich festgestellt, dass das **Wahlrecht** zum Europäischen Parlament **nicht auf Unionsbürger** i. S. d. Art. 20 AEUV, also auf Staatsangehörige der Mitgliedstaaten **beschränkt** ist.[26] Spanien hatte geltend gemacht, dass die Einräumung des Wahlrechts an Bürgerinnen und Bürger des Commonwealth mit Wohnsitz in Gibraltar, die nicht britische Staatsangehörige sind, vertragswidrig sei.[27] Darin werde das aktive und passive Wahlrecht auf Unionsbürgerinnen und Unionsbürger beschränkt. 5046

Diese Argumentation lehnte der EuGH ab. Der Regelungsgehalt des Art. 22 Abs. 2 AEUV beschränke sich auf ein Diskriminierungsverbot.[28] Auch die anderen Regelungen in Art. 14 EUV und im Wahlrechtsakt enthielten keine verbindlichen Vorgaben darüber, wem das aktive und passive Wahlrecht für die Wahlen zum Europäischen Parlament zustehe. Der in diesen Vorschriften nicht näher definierte Begriff des „Volks" könne in den Mitgliedstaaten unterschiedliche Bedeutungen 5047

---

[24] Näher zu den sekundärrechtlichen Regelungen durch die RL 93/109/EG, zuletzt geändert durch ABl. 2013 L 26, S. 27, u. Rn. 5058 ff.

[25] Deshalb müssen Maßnahmen ergriffen werden, um Doppelwahlen bzw. -kandidaturen zu verhindern, vgl. 7. Erwägungsgrund RL 93/109/EG, Art. 4 Abs. 1 S. 2, Abs. 2 RL 93/109/EG, zuletzt geändert durch RL 2013/1/EU, ABl. 2013 L 26, S. 27.

[26] EuGH, Rs. C-145/04, ECLI:EU:C:2006:543 (Rn. 78) – Spanien/Vereinigtes Königreich.

[27] Die Einräumung des Wahlrechts zum Europäischen Parlament an die Bewohnenden Gibraltars unabhängig von ihrer britischen Staatsangehörigkeit war eine Konsequenz des *Matthews*-Urteils des EGMR. Der EGMR hatte das Fehlen eines Wahlrechts der Einwohner von Gibraltar zum Europäischen Parlament als Verstoß gegen das in Art. 3 des Zusatzprotokolls zur EMRK verankerte Recht auf freie Wahlen zu den gesetzgebenden Körperschaften bewertet, vgl. EGMR Urt. vom 18.2.1999, Nr. 24833/94 (Rn. 39), NJW 1999, 3107 (3109) – Matthews/Vereinigtes Königreich. Dazu auch o. Rn. 5041 f.

[28] EuGH, Rs. C-145/04, ECLI:EU:C:2006:543 (Rn. 66, Rn. 76) – Spanien/Vereinigtes Königreich.

haben.²⁹ Art. 223 Abs. 1 AEUV sieht den einstimmigen Erlass europaweiter Bestimmungen vor.³⁰ Weiter ist die Verleihung von Rechten im AEUV nicht notwendig an die Unionsbürgerschaft geknüpft, noch nicht einmal an die Staatsangehörigkeit eines Mitgliedstaates, so das Petitionsrecht nach Art. 227 AEUV oder das Recht gem. Art. 228 AEUV, eine Beschwerde an den Bürgerbeauftragten zu richten.³¹ Insgesamt verstößt deshalb bislang ein Mitgliedstaat nicht gegen den AEUV, wenn er **Personen**, die eine **enge Verbindung** zu ihm aufweisen, das aktive und passive **Wahlrecht** zuerkenne.³²

5. Regelungen des Sekundärrechts

a) Direktwahlakt 1976

aa) Rechtsnatur

5048 Eine Einordnung des Beschlusses zur Direktwahl zum Europäischen Parlament³³ in die gemeinschaftsrechtliche Normenhierarchie ist nicht möglich. Der Rat hat durch die Bezeichnung als „Akt" eine terminologische Festlegung vermieden.³⁴ Dieser Direktwahlakt stellt **kein Sekundärrecht im eigentlichen Sinne** dar. In der europarechtlichen Terminologie umfasst Sekundärrecht alle Rechtsakte, die von den Organen auf der Grundlage der Verträge erlassen werden.³⁵ Zwar beruht der Direktwahlakt auf der Vorgängervorschrift des heutigen Art. 223 Abs. 1 AEUV. Jedoch

---

²⁹ EuGH, Rs. C-145/04, ECLI:EU:C:2006:543 (Rn. 71) – Spanien/Vereinigtes Königreich. Krit. dazu *Dörr*, in: FS für Rengeling, 2008, S. 205 (211), der eine Ausdehnung des Wahlrechts über den Kreis der Unionsbürgerinnen und Unionsbürger hinaus dogmatisch mit einer Auslegung des Art. 19 Abs. 2, 189, 190 EG im Lichte des Art. 3 Zusatzprotokoll zur EMRK begründen will.
³⁰ Näher o. Rn. 5040.
³¹ EuGH, Rs. C-145/04, ECLI:EU:C:2006:543 (Rn. 73) – Spanien/Vereinigtes Königreich.
³² EuGH, Rs. C-145/04, ECLI:EU:C:2006:543 (Rn. 78) – Spanien/Vereinigtes Königreich.
³³ Beschl. 76/787/EGKS, EWG, Euratom der im Rat vereinigten Vertretenden der Mitgliedstaaten über den Akt zur Einführung allgemeiner unmittelbarer Wahlen der Abgeordneten der Versammlung vom 20.9.1976 (Direktwahlakt), ABl. 1976 L 278, S. 1 (dort nur die Beschlussfassung), zuletzt geändert durch Beschl. des Rates 2002/772/EG, Euratom vom 25.6.2002 und 23.9.2002, ABl. 2002 L 283, S. 1. Die vom Verfasser bereinigte Fassung des Beschl. ist abgedruckt bei *Hölscheidt*, in: Grabitz/Hilf/Nettesheim, vor der Kommentierung zu Art. 223 AEUV; Unstimmigkeiten bleiben jedoch; s. auch die konsolidierte Fassung des Direktwahlakts, abgedruckt im Zweiten Bericht Duff Dok. EP A7–0027/2012, S. 10.
³⁴ *Bieber/Haag*, in: v. der Groeben/Schwarze/Hatje, Art. 223 AEUV Rn. 12; *Hölscheidt*, in: Grabitz/Hilf/Nettesheim, Art. 223 AEUV Rn. 19. Zu weiteren Besonderheiten *Hilf*, in: Ress (Hrsg.), Souveränitätsverständnis in den Europäischen Gemeinschaften, 1980, S. 21 (26).
³⁵ Vgl. *Streinz*, Europarecht, Rn. 4.

wurde er in einem besonderen Verfahren erlassen, und zwar im Wege der Ratifizierung durch die Parlamente der Mitgliedstaaten. Dieses Vorgehen rechtfertigt die Einordnung als **völkerrechtlichen Vertrag**.[36]

In der Normenhierarchie rangiert der Direktwahlakt gleichwohl nicht auf der Ebene des Primärrechts, da er die vertraglichen Grundlagen nicht ändert, sondern in Zusammenhang mit der Ermächtigung durch eine Vertragsnorm steht. Insoweit stellt er einen **Rechtsakt sui generis** dar, der normenhierarchisch **auf der Ebene des Sekundärrechts** einzuordnen ist.[37]

5049

bb) Bedeutung und Regelungsgehalt

Durch den Direktwahlakt wurde das Verfahren zur Wahl der Abgeordneten des Europäischen Parlaments entscheidend geändert. An die Stelle der Entsendung aus den nationalen Parlamenten[38] trat die **unmittelbare Wahl durch die Bevölkerung** der Mitgliedstaaten.

5050

Allerdings enthält der Direktwahlakt keine umfassende Regelung des Wahlverfahrens, sondern legt lediglich **Grundlinien** fest. Dazu gehören etwa die **Wahlgrundsätze** der Allgemeinheit, der Unmittelbarkeit, der Freiheit und der Geheimheit oder Unvereinbarkeitsregeln. Die **Ausgestaltung** des Wahlverfahrens im Einzelnen obliegt jedoch nach wie vor den **Mitgliedstaaten**.[39] Erst Art. 223 Abs. 1 AEUV sieht eine europaweite Regelung vor.[40]

5051

cc) Vertragskonformität

Der ursprüngliche Wortlaut des Art. 190 Abs. 4 EG forderte, dass die Wahlen nach einem einheitlichen Verfahren in allen Mitgliedstaaten stattfinden sollten. Diese Zielvorgabe wurde durch den Vertrag von Amsterdam dahin gehend geändert, dass ein Wahlverfahren im Einklang mit den allen Mitgliedstaaten gemeinsamen

5052

---

[36] Vgl. EGMR, Urt. vom 18.2.1999, Nr. 24833/94 (Rn. 33), NJW 1999, 3107 (3108) – Matthews/Vereinigtes Königreich: kein gewöhnlicher Gemeinschaftsrechtsakt, sondern ein im Rahmen der Gemeinschaftsrechtsordnung abgeschlossener Vertrag; diesem folgend BVerfGE 104, 214 (219): keine auf der Grundlage vertraglicher Ermächtigung ergangene Handlung der Organe der Gemeinschaft, sondern ratifizierungsbedürftiger völkerrechtlicher Vertrag zwischen den Mitgliedstaaten im Anwendungsbereich des EG-Vertrags.
[37] So auch *Schreiber*, NVwZ 2004, 21 (24); *Hölscheidt*, in: Grabitz/Hilf/Nettesheim, Art. 223 AEUV Rn. 19 spricht von einem „gemischten Rechtsakt"; *Huber*, in Streinz, Art. 14 EUV Rn. 59 geht von einer „Zwitterstellung" zwischen einem echten unionalen Rechtsakt und einer völkerrechtlichen Vereinbarung aus.
[38] Art. 138 Abs. 1 EWGV.
[39] Art. 8 Abs. 1 Direktwahlakt.
[40] S. o. Rn. 5040.

Grundsätzen stattfindet. Die Verpflichtung zur Schaffung eines einheitlichen Wahlverfahrens wurde damit (vorerst) aufgegeben.[41] Diese Fassung findet sich weiterhin in Art. 223 Abs. 1 AEUV.

5053 Doch war schon vor der Erweiterung des Wortlauts des Art. 190 Abs. 4 EG anerkannt, dass die Verwirklichung eines Vertragsziels stufenweise erreicht werden darf und der Direktwahlakt als erste Stufe für eine gewisse Zeit ausreicht.[42] Erst recht bestehen nach der Absenkung der Anforderungen in Art. 223 Abs. 1 AEUV keine Bedenken gegen die Vertragskonformität des Direktwahlakts EG.[43] Teile von ihm gingen in Art. 14 EUV ein und sind nach der Lex-posterior-Regel gegenstandslos.[44] Das gilt nicht für seine Regelungen zum Wahlverfahren und zur Stellung der Abgeordneten.[45]

dd) Änderungen durch den Beschluss 2002/772/EG

5054 Durch den am 1.4.2004 in Kraft getretenen Beschluss 2002/772/EG[46] wurde der Direktwahlakt in wesentlichen Punkten geändert.[47] Nunmehr schreibt Art. 1 Abs. 1 des Wahlrechtsakts für alle Mitgliedstaaten einheitlich das Verhältniswahlrecht vor. Eine Mindestschwelle für die Sitzvergabe ist zwar zulässig, darf aber 5 % der abgegebenen Stimmen nicht überschreiten (Art. 2A). Auch in der geänderten Fassung bestimmt sich das Wahlverfahren nach den mitgliedstaatlichen Vorschriften, doch dürfen diese das **Verhältniswahlsystem** insgesamt nicht in Frage stellen (Art. 7). Durch diese Änderungen wurde das Wahlrecht zum Europäischen Parlament in einem wesentlichen Punkt vereinheitlicht und stellt einen wichtigen Schritt hin zu einem homogenen System dar.[48]

---

[41] *Schreiber*, NVwZ 2004, 21 (25) bewertet dies als einen faktischen Verzicht auf ein einheitliches europäisches Wahlrecht.

[42] *Bieber/Haag*, in: v. der Groeben/Schwarze, Art. 223 Rn. 8; *Hölscheidt*, in: Grabitz/Hilf/Nettesheim, Art. 223 AEUV Rn. 20.

[43] *Hölscheidt*, in: Grabitz/Hilf/Nettesheim, Art. 223 AEUV Rn. 20.

[44] *Hölscheidt*, in: Grabitz/Hilf/Nettesheim, Art. 223 AEUV Rn. 20; *Huber*, in: Streinz, Art. 14 EUV Rn. 60.

[45] *Huber*, in: Streinz, Art. 14 EUV Rn. 60 unter Verweis auf Art. 223 AEUV Rn. 4 ff.

[46] Beschl. des Rates vom 25.6.2002 und 23.9.2002 zur Änderung des Akts zur Einführung allgemeiner unmittelbarer Wahlen der Abgeordneten des Europäischen Parlaments im Anhang zum Beschl. 76/787/EGKS, EWG, Euratom, 2002/772/EG, Euratom, ABl. 2002 L 283, S. 1. Die vom Verfasser bereinigte Fassung des Beschl. von 1976 ist abgedruckt bei *Hölscheidt*, in: Grabitz/Hilf/Nettesheim, vor der Kommentierung zu Art. 223 AEUV; Unstimmigkeiten bleiben jedoch; s. auch die konsolidierte Fassung des Direktwahlakts, abgedruckt im Zweiten Bericht Duff Dok. EP A7–0027/2012, S. 10.

[47] Nach Art. 3 tritt der Beschl. im Folgemonat nach der Annahme durch die Mitgliedstaaten nach den jeweiligen verfassungsrechtlichen Bestimmungen in Kraft. Laut Mitteilung der Kommission, Wahlen zum Europäischen Parlament im Jahr 2004, KOM (2006) 790 endg., Ziff. 2.5. war der Änderungsbeschl. zum 1.4.2004 wirksam.

[48] *Hölscheidt*, in: Grabitz/Hilf/Nettesheim, Art. 223 AEUV Rn. 25.

ee) Weitere Änderungen

Nachdem die gegen Ende der siebten Wahlperiode im Europaparlament diskutierten Änderungen zur Reform des Direktwahlaktes[49] nicht weiterverfolgt wurden, beschloss der Rat am 13.7.2018 nach Zustimmung des Europaparlaments vom 4.7.2018 eine **Änderung des Direktwahlaktes (DWA-18)** als „gemischter Rechtsakt" nach Art. 223 Abs. 1 UAbs. 2 S. 1 AEUV, statt den Direktwahlakt aufzuheben und auf der genannten Grundlage vollständig neue Bestimmungen zu beschließen.[50] Inhaltlich hervorzuheben ist eine Mindestschwelle für die Sitzvergabe nach Art. 3 Abs. 2 DWA-2018. Danach legen die Mitgliedstaaten mit Listenwahl für Wahlkreise, in denen es mehr als 35 Sitze gibt, eine Mindestschwelle für die Sitzvergabe von mindestens 2 % und höchstens 5 % der abgegebenen gültigen Stimmen in dem betreffenden Wahlkreis fest. Das gilt auch für Mitgliedstaaten mit einem einzigen Wahlkreis. Betroffen sind allerdings nur Deutschland und Spanien.[51]

5055

Dabei hat das **BVerfG** noch nicht lange entschieden, dass die Einführung einer **Sperrklausel von 3 % für das Europaparlament verfassungswidrig** ist,[52] nachdem es zuvor bereits eine Sperrklausel von 5 % am GG scheitern ließ.[53] Deshalb kann auch eine niedrigere 2 %-Sperrklausel nicht durch einfaches Gesetz eingeführt werden, sondern auch in Umsetzung des DWA-2018 nur mittels Verfassungsänderung realisiert werden. Schließlich hat das BVerfG verschiedene Sperrklauseln bezogen auf die Wahlen zum Europaparlament als der Verfassung zuwiderlaufend angesehen. Dementsprechend war die **DWA-Reform** nach Art. 23 Abs. 1 S. 3, Art. 79 S. 2 GG als **verfassungsändernder Rechtsakt** zu ratifizieren.[54] Dies erfolgte am 15.6.2023 im Bundestag und am 7.7.2023 im Bundesrat.

5056

Weiter stellt sich die Frage, ob dieses Ratifikationsgesetz auch der **Ewigkeitsgarantie des Art. 79 Abs. 3 GG** entsprechen muss. Diese schützt indes lediglich die Grundsätze der Staatsstrukturprinzipien, nicht aber einzelne Ausprägungen und damit auch nicht vor moderaten Sperrklauseln zwischen 2 und 5 %.[55] Allein der Zusammenhang der durch Sperrklauseln berührten Wahlrechtsgleichheit mit dem Demokratieprinzip und der darin vorausgesetzten Legalität der Bürgerinnen und Bürger[56] genügt dafür noch **nicht**, handelt es sich doch dadurch nicht automatisch bereits um den Verfassungskern, der die Ewigkeitsgarantie des Art. 79 Abs. 3 GG konstituiert. Damit

5057

---

[49] S. *Huber*, in: Streinz, Art. 14 EUV Rn. 10.
[50] Dies als vorzugswürdig ansehend *Hölscheidt*, in: Grabitz/Hilf/Nettesheim, Art. 223 AEUV Rn. 28.
[51] *Hölscheidt*, in: Grabitz/Hilf/Nettesheim, Art. 223 AEUV Rn. 28.
[52] BVerfGE 135, 259.
[53] BVerfGE 129, 300 (317 ff.).
[54] *Heinig*, DVBl 2016, 1141 (1145); *Kotzur/Heidrich*, ZEuS 2014, 259 (272); *Hölscheidt*, in: Grabitz/Hilf/Nettesheim, Art. 223 AEUV Rn. 29; offen *Will*, NJW 2014, 1421 (1424).
[55] *Heinig*, DVBl 2016, 1141 (1146 f.); *Hölscheidt*, in: Grabitz/Hilf/Nettesheim, Art. 223 AEUV Rn. 29a; wohl auch *Wernsmann*, JZ 2014, 23 (28).
[56] BVerfGE 129, 300 (317, 319).

konnte Deutschland dem DWA-2018 zustimmen, ohne Art. 79 Abs. 3 GG zu verletzen.[57] Der **DWA-2018** soll aber **erst ab der Europawahl 2029** eingreifen. Die Zustimmungen Spaniens und Zyperns stehen ohnehin noch aus.

b) RL 93/109/EG

5058   Die RL 93/109/EG[58] hat die in Art. 19 Abs. 2 EG/22 Abs. 2 und auch Art. 20 Abs. 2 lit. b) AEUV garantierte Inländergleichbehandlung näher ausgestaltet.

aa) Aktives Wahlrecht

5059   Nach Art. 4 RL 93/109/EG kann das aktive Wahlrecht alternativ entweder im Wohnsitzstaat oder im Herkunftsstaat ausgeübt werden. Die RL 93/109/EG geht dabei von dem **Grundsatz** aus, dass es im **Herkunftsstaat** ausgeübt wird. Denn soll es im **Wohnsitzstaat** ausgeübt werden, so muss dies **ausdrücklich erklärt** werden (Art. 8 Abs. 1 RL 93/109/EG). Besteht im Wohnsitzstaat **Wahlpflicht**, so gilt dies auch für die Angehörigen anderer Mitgliedstaaten, die erklärt haben, ihr aktives Wahlrecht dort ausüben zu wollen (Art. 8 Abs. 2 RL 93/109/EG).

5060   Für die Ausübung des Wahlrechts ist die **Eintragung in das Wählerverzeichnis** des Wohnsitzstaates Voraussetzung. Die Eintragung erfolgt dabei unter denselben Voraussetzungen, wie sie für die nationalen aktiv Wahlberechtigten gelten (Art. 9 Abs. 2 RL 93/109/EG). Darüber hinaus kann der Wohnsitzstaat zusätzliche Nachweise verlangen (Art. 9 Abs. 3 RL 93/109/EG). Dazu gehört auch die Erklärung, dass die aktiv wahlberechtigte Person in ihrem Herkunftsstaat ihr Wahlrecht nicht verloren hat (Art. 9 Abs. 3 lit. a) RL 93/109/EG). Das kann der Wohnsitzstaat auch überprüfen (Art. 7 RL 93/109/EG).

bb) Passives Wahlrecht

5061   Für das passive Wahlrecht gilt nach Art. 4 Abs. 2 RL 93/109/EG die Beschränkung, dass innerhalb der Gemeinschaft die **Kandidatur nur in einem Mitgliedstaat** zulässig ist. Bei einer Kandidatur sind über die von den national passiv Wahlberechtigten einzureichenden Unterlagen hinaus weitere Nachweise erforderlich, so etwa eine Erklärung des Herkunftsstaates, dass die passiv wahlberechtigte Person in diesem Mitgliedstaat ihr passives Wahlrecht nicht verloren hat bzw. dass ein solcher Verlust nicht bekannt ist (s. Art. 10 Abs. 1 S. 2 RL 93/109/EG).

---

[57] *Hölscheidt*, in: Grabitz/Hilf/Nettesheim, Art. 223 AEUV Rn. 29a a. E. Das dagegen gerichtete Organstreitverfahren (2 BvE 6/23) und die dagegen erhobene Verfassungsbeschwerde (2 BvR 994/23) wurden mit Entscheidung vom 6.2.2024 unzulässig verworfen.

[58] Des Rates vom 6.12.1993 über die Einzelheiten der Ausübung des aktiven und passiven Wahlrechts bei den Wahlen zum Europäischen Parlament für Unionsbürgerinnen und Unionsbürger mit Wohnsitz in einem Mitgliedstaat, dessen Staatsangehörigkeit sie nicht besitzen, ABl. 1993 L 329, S. 34, zuletzt geändert durch RL 2013/1/EU, ABl. 2013 L 26, S. 27.

cc) Ausnahmeregelungen

Die RL 93/109/EG enthält auch eine in Art. 19 Abs. 2 S. 2 a. E. EG/22 Abs. 2 S. 2 a. E. AEUV erlaubte Ausnahmeregelung für Mitgliedstaaten, bei denen die Gewährung des Wahlrechts an Angehörige anderer Mitgliedstaaten zu besonderen Problemen führt. Nach Art. 14 Abs. 1 RL 93/109/EG dürfen die Mitgliedstaaten, in denen der Anteil der wahlberechtigten Unionsbürgerinnen und Unionsbürger, die nicht die Staatsangehörigkeit dieses Staates besitzen, 20 % der wahlberechtigten Bürgerinnen und Bürger dieses Mitgliedstaats übersteigt, besondere Einschränkungen vorsehen.[59] Das aktive und passive Wahlrecht kann dann gem. Art. 14 Abs. 1 lit. a) und b) RL 93/109/EG an eine Mindestwohndauer in diesem Mitgliedstaat geknüpft werden.

5062

6. Nationales Recht

Die RL 93/109/EG wurde durch das Dritte Gesetz zur Änderung des Europawahlgesetzes[60] sowie die Zweite Verordnung zur Änderung der Europawahlordnung[61] in deutsches Recht umgesetzt. Nach § 6 Abs. 3 EuWG ist die Wahlberechtigung von Unionsbürgerinnen und Unionsbürgern mit Wohnsitz in der Bundesrepublik an die Voraussetzung geknüpft, dass sie sich am Wahltag seit mindestens drei Monaten in der Bundesrepublik oder einem anderen Mitgliedstaat gewöhnlich aufhalten. Damit hat der deutsche Gesetzgeber die für die eigenen Staatsangehörigen geltenden Bedingungen in Anwendung des Gleichbehandlungsgrundsatzes zulässigerweise auf die anderen Unionsbürgerinnen und Unionsbürger ausgedehnt.[62]

5063

7. Bedeutung der Wahlen zum Europäischen Parlament

a) Legitimationsfunktion

Ausgehend davon, dass die Unionsbürgerinnen und Unionsbürger ein geeignetes Legitimationssubjekt sind,[63] vermittelt die Direktwahl des Europäischen Parlaments

5064

---

[59] Mit dieser Regelung wird die besondere Situation Luxemburgs berücksichtigt, das einen besonders hohen Anteil an Unionsbürgerinnen und Unionsbürgern aufweist (im Jahre 2000 betrug dieser 33 % der Gesamtbevölkerung), vgl. *Hobe*, in: Stern/Sachs, Art. 39 Rn. 26.
[60] BGBl. I 1994 S. 419, zuletzt geändert durch BGBl. 2023 I Nr. 11; näher dazu *Schreiber*, NVwZ 2004, 21 (27 f.).
[61] BGBl. I 1994 S. 544, zuletzt geändert durch BGBl. 2019 I S. 834.
[62] Näher dazu *Dürig*, NVwZ 1994, 1180 ff.
[63] Vgl. dazu *Heintzen*, ZEuS 2000, 377 (379); zweifelnd *Dörr*, in: FS für Rengeling, 2008, S. 205 (213), der im Hinblick auf die *Gibraltar*-Entscheidung des EuGH (dazu o. Rn. 5046 ff.), wonach die Mitgliedstaaten auch Nicht-Unionsbürgerinnen und Nicht-Unionsbürgern das Wahlrecht zum Europäischen Parlament einräumen können, befürchtet, die Unionsbürgerin bzw. der Unionsbürger sei als Legitimationssubjekt abhandengekommen.

durch die Unionsbürgerinnen und Unionsbürger der Union unabhängig von ihrem Wohnsitz **unmittelbar demokratische Legitimation**.[64] Nach Art. 10 Abs. 1 EUV beruht die Arbeitsweise der Union auf der **repräsentativen Demokratie**, nach Art. 10 Abs. 2 EUV sind die Bürgerinnen und Bürger auf Unionsebene unmittelbar im Europäischen Parlament vertreten, wobei aber Art. 14 Abs. 2 UAbs. 1 S. 3 EUV immer noch die Mitgliedstaaten als Zumessungsgrundlage benennt.

5065   Auch wenn man aufgrund des Fehlens eines europäischen Wahlkörpers[65] auf die Bürgerinnen und Bürger der einzelnen Mitgliedstaaten als Legitimationssubjekt abstellt, kommt dem Europäischen Parlament innerhalb der anderen an der Gesetzgebung beteiligten Organe eine **singuläre Stellung** zu. Weder der Rat[66] noch die Kommission können eine vergleichbare direkte Legitimation vorweisen.[67] Mittlerweile wurde das **Europäische Parlament** durch die erstmals ausdrücklich eingeräumten Befugnisse nach Art. 14 Abs. 1 EUV **erheblich aufgewertet** und nationalen Parlamenten angenähert: Gesetzgebung gemeinsam mit dem Rat; Haushaltsbefugnisse; politische Kontrolle und Beratung; Wahl des Kommissionspräsidierenden.[68] Soweit noch Unterschiede bestehen, unterscheidet sich auch die Struktur der Union weiterhin von derjenigen der Mitgliedstaaten.[69]

b) Integrationsfunktion

5066   Die Einführung des Rechts auf Teilnahme der Unionsbürgerinnen und Unionsbürger an den Wahlen zum Europäischen Parlament unabhängig vom Wohnort zielte auf eine **Verbesserung der Integration der Unionsbürgerinnen und Unionsbürger im Wohnsitzstaat** ab.[70] Diese Maßnahme erscheint auch grundsätzlich geeignet, weil sie die Unionsbürgerin und den Unionsbürger von dem Zwang befreit, zur Wahrnehmung ihrer bzw. seiner politischen Rechte in Bezug auf das Europäische Parlament in ihren bzw. seinen Herkunftsstaat zu reisen. Es erlaubt ihr bzw. ihm die

---

[64] Das BVerfG hat in seiner *Maastricht*-Entscheidung festgestellt, dass die (mittelbare) demokratische Legitimation in der Union notwendig durch die nationalen Parlamente erfolgen müsse. Zunehmend könne aber auch das durch die Bürgerinnen und Bürger der Mitgliedstaaten gewählte Parlament diese vermitteln, vgl. BVerfGE 89, 155 (185 f.). Damit sieht das Gericht aber die Bürgerinnen und Bürger der Mitgliedstaaten und damit letztlich die Völker der Mitgliedstaaten als Legitimationssubjekte an.

[65] S. diesen Begriff bei *Ress*, ZEuS 1999, 219 (221), der in der Einräumung des Wahlrechts zum Europäischen Parlament im Wohnsitzstaat unabhängig von der Staatsangehörigkeit einen ersten Schritt in Richtung eines europäischen Wahlkörpers sieht.

[66] In Art. 10 Abs. 2 EUV nach dem Europäischen Parlament genannt.

[67] *Ress*, ZEuS 1999, 219 (221).

[68] Näher *Frenz*, NvWZ 2013, 1059 ff.

[69] Vgl. EGMR, Urt. vom 18.2.1999, Nr. 24833/94 (Rn. 48), NJW 1999, 3107 (3109) – Matthews/Vereinigtes Königreich.

[70] Vgl. 3. und 4. Erwägungsgrund RL 93/109/EG, ABl. 1993 L 329, S. 34, zuletzt geändert durch RL 2013/1/EU, ABl. 2013 L 26, S. 27.

Teilnahme an einem Aspekt des politischen Lebens im Wohnsitzstaat, der seinerseits ein wichtiges Element des europäischen Integrationsprozesses darstellt.[71]

c) Praktische Bedeutung

Die Wahlbeteiligung bei den Wahlen zum Europäischen Parlament ist bislang geringer ausgefallen als die zu den nationalen Parlamenten, wenngleich die Wahl 2013[72] insoweit erhebliche Besserung brachte.[73] **5067**

Auch die praktische **Bedeutung des Wahlrechts im Wohnsitzstaat** ist bislang **gering**.[74] Denn zum einen ist die Anzahl der Unionsbürgerinnen und Unionsbürger, die nicht in ihrem Herkunftsstaat wohnen, noch immer recht klein. Zum anderen nehmen von diesen nur **relativ wenige** ihr Recht in Anspruch, **im Wohnsitzstaat** auch zu **wählen**.[75] Insgesamt sind starke soziale Bewegungen zu Themen wie Klimawandel, Wirtschaft und Besteuerung, Rassismus und Gleichstellung entstanden, die europaweite und sogar weltweite Synergien schaffen konnten und das Interesse an politischem Engagement bewiesen.[76] Verwirklicht wurde der Kommissionsvorschlag, dass jede der europäischen Parteien ihre kandidierende Person für das Amt der Kommissionspräsidentin bzw. des Kommissionspräsidenten benennen soll und dass die Wahlen in allen Mitgliedstaaten am gleichen Tag abgehalten werden. Dadurch sollte eine höhere Wahlbeteiligung erreicht werden.[77] **5068**

II. Aktives und passives Wahlrecht zum Europäischen Parlament in allen Mitgliedstaaten (Art. 39 Abs. 1 EGRC)

1. Grundrechtsträger

Grundrechtsberechtigt sind die **Unionsbürgerinnen und Unionsbürger mit Wohnsitz in einem Mitgliedstaat**. Das Merkmal des Wohnsitzes wird weder in Art. 39 Abs. 1 EGRC noch in den primärrechtlichen Vorschriften näher definiert. **5069**

---

[71] *Haag*, in: v. der Groeben/Schwarze/Hatje, Art. 22 EUV Rn. 16.

[72] Ausführlich *Hrbek*, integration 2019, 167 (171 ff.) mit einer nach Mitgliedstaaten aufgeschlüsselten Übersicht über die Wahlbeteiligung.

[73] S. *Hölscheidt*, in: Grabitz/Hilf/Nettesheim, Art. 223 AEUV Rn. 44: Die Wahlbeteiligung in Deutschland steigt seit 2009 (2009 – 43 %, 2014 – 48 %, 2019 – 61 %), bleibt aber hinter der Beteiligung an der Bundestagswahl zurück: 2017 76 % und 2021 ca. 77 %.

[74] Vgl. dazu die Mitteilung der Kommission über die Teilnahme von Bürgerinnen und Bürgern der Europäischen Union an den Wahlen zum Europäischen Parlament im Wohnsitzmitgliedstaat (RL 93/109/EG), KOM (2010) 605 endg., Ziff. 2.4.

[75] S. *Haag*, in: v. der Groeben/Schwarze/Hatje, Art. 22 Rn. 19. Pressemitteilung vom 19.6.2020 – Bericht der Kommission über die Europawahlen 2019, abrufbar unter https://ec.europa.eu/commission/presscorner/detail/de/ip_20_1123 (letzter Abruf: 30.9.2023).

[76] Bericht über die Unionsbürgerschaft 2020, COM (2020) 730 final.

[77] *Haag*, in: v. der Groeben/Schwarze/Hatje, Art. 22 AEUV Rn. 19.

Insoweit kommt den **Mitgliedstaaten** ein **Gestaltungsspielraum** zu. Allerdings dürfen dabei an die Angehörigen anderer Mitgliedstaaten keine höheren Anforderungen gestellt werden als an die eigenen Staatsangehörigen.[78] **Weitere Anforderungen** an die Berechtigten werden in Art. 39 EGRC nicht gestellt, sie sind Gegenstand des **Sekundärrechts** und werden darin dem **Wahlrecht der Mitgliedstaaten** zugewiesen.[79] Dazu gehört etwa ein Wahlmindestalter. Juristische Personen sind aus Art. 39 Abs. 1 EGRC nicht berechtigt.[80]

2. Schutzbereich

a) Mögliche Bandbreite

5070   Der Wortlaut des Art. 39 Abs. 1 EGRC ist nicht eindeutig. Für den Inhalt der Gewährleistung gibt es verschiedene Auslegungsmöglichkeiten. Zum einen könnte man den Gehalt des Art. 39 Abs. 1 EGRC auf ein **Gleichbehandlungsgebot** reduziert sehen. Dann resultierte aus dieser Regelung kein eigenständiges Wahlrecht, vielmehr wäre es lediglich ein spezielles Diskriminierungsverbot, das eine Gleichbehandlung mit den Staatsangehörigen des Wohnsitzstaates bei der Ausübung des Wahlrechts fordert. Möglich wäre aber auch eine Auslegung als **selbstständige Gewährleistung eines aktiven und passiven Wahlrechts** zum Europäischen Parlament im Wohnsitzstaat. Die weiteste denkbare Auslegung schließt darüber hinaus auch ein Wahlrecht im Herkunftsstaat ein.

b) Keine Gewährleistung eines Wahlrechts auch im Herkunftsstaat

5071   Der Wortlaut spricht unmittelbar nur vom Wahlrecht der Unionsbürgerinnen und Unionsbürger mit Wohnsitz in einem Mitgliedstaat. Am Ende wird klargestellt, dass für die Unionsbürgerinnen und Unionsbürger dabei dieselben Bedingungen gelten müssen wie für die Angehörigen des jeweiligen Mitgliedstaates. Dieser Zusatz entfaltet nur dann einen eigenen Bedeutungsgehalt, wenn die Vorschrift sich nicht auch auf die Unionsbürgerinnen und Unionsbürger bezieht, die auch die Staatsangehörigkeit des Staates besitzen, in dem sie wohnen. Denn für Unionsbürgerinnen und Unionsbürger mit Wohnsitz im Herkunftsstaat ist dieser Zusatz überflüssig.

5072   Dieses Ergebnis wird durch den Wortlaut des **Art. 22 Abs. 2 AEUV** bestätigt, der nach dem Willen des Konvents inhaltlich unverändert in die Charta übernommen werden sollte.[81] Auch Art. **52 Abs. 2 EGRC** ordnet ein Verständnis des Art. 39

---

[78] *Haratsch*, in: Heselhaus/Nowak, § 51 Rn. 27; *Jarass/Kment*, § 35 Rn. 6 f., 28.

[79] Art. 3 lit. b) RL 93/109/EG, ABl. 1993 L 329, S. 34, zuletzt geändert durch RL 2013/1/EU, ABl. 2013 L 26, S. 27.

[80] *Jarass/Kment*, § 35 Rn. 6.

[81] *Barriga*, Die Entstehung der Charta der Grundrechte der Europäischen Union, 2003, S. 134; *Magiera*, in: Meyer/Hölscheidt, Art. 39 Rn. 10.

§ 1 Wahlrechte

Abs. 1 EGRC an, das an der Vorschrift des 22 Abs. 2 AEUV und deren Anwendungsbereich orientiert ist.

Eine weitergehende Auslegung des Art. 39 Abs. 1 EGRC als umfassendes Grundrecht zur Teilnahme an den Wahlen zum Europäischen Parlament lässt sich durch einen Rückgriff auf **Art. 14 Abs. 3 EUV**, dem früheren Art. 190 Abs. 1 EG,[82] nur begründen,[83] wenn diese Vorschrift eine von dem Verweis in Art. 52 Abs. 2 EGRC erfasste Bezugsnorm darstellt.[84] Hierfür müsste er selbst ein Wahlrecht enthalten. Art. 14 EUV ist eine organrechtliche Vorschrift, in der die Zusammensetzung des Europäischen Parlaments und der Status der Abgeordneten festgelegt wird bzw. zu dessen Ausgestaltung ermächtigt wird (Abs. 2). Er beinhaltet auch in Abs. 3 **keine Gewährleistung eines Wahlrechts zugunsten der Unionsbürger**, sondern setzt ein solches vielmehr voraus. Deshalb kann er zur Auslegung des Art. 39 Abs. 1 EGRC als umfassendes Wahlgrundrecht nicht herangezogen werden.

5073

Somit kann **Art. 39 Abs. 1 EGRC kein Wahlrecht für Unionsbürger mit Wohnsitz im Herkunftsstaat** entnommen werden. Vielmehr ist sein Regelungsgehalt auf die **Gleichbehandlung von Unionsbürgerinnen und Unionsbürgern mit Wohnsitz in einem Mitgliedstaat** ausgerichtet, **dessen Staatsangehörigkeit sie nicht besitzen**.[85]

5074

c) Beschränkung auf gleichheitsrechtliche Gehalte

Weiterhin ist der Schutzbereich daraufhin zu prüfen, ob er lediglich ein Recht auf Inländergleichbehandlung beinhaltet oder darüber hinaus auch freiheitsrechtliche Gehalte aufweist und insoweit als ausdrückliche Einräumung des aktiven und passiven Wahlrechts zum Europäischen Parlament im Wohnsitzstaat zu verstehen ist. In den Erwägungsgründen der RL 93/109/EG[86] wird der frühere Art. 19 Abs. 2 EG, der heutige **Art. 22 Abs. 2 AEUV**, ausschließlich als Anwendung der Grundsätze der Nichtdiskriminierung und der Freizügigkeit beschrieben.[87] Diese Vorschrift ziele vor allem darauf ab, die **mitgliedstaatliche Anknüpfung des Wahlrechts an die Staatsangehörigkeit aufzuheben**.[88] Auch der EuGH hat den Bedeutungsgehalt des Art. 22 Abs. 2 AEUV ausdrücklich auf ein **Diskriminierungsverbot** beschränkt.[89] Systematisch wirkt Art. 39 Abs. 1 EGRC damit in dem

5075

---

[82] S. *Magiera*, in Meyer/Hölscheidt, Art. 39 Rn. 11.
[83] Dafür *Magiera*, in: Meyer/Hölscheidt, Art. 39 Rn. 11.
[84] Allgemein zum Umfang der Verweisung in Art. 52 Abs. 2 EGRC o. Rn. 219 ff.
[85] So auch *Jarass/Kment*, § 35 Rn. 6; *Hobe*, in: Stern/Sachs, Art. 39 Rn. 21; a. A. *Kluth*, in: Calliess/Ruffert, Art. 39 GRCh Rn. 3; *Haratsch*, in: Heselhaus/Nowak, § 51 Rn. 8: Garantie des Wahlrechts für alle Unionsbürgerinnen und Unionsbürger unabhängig von der Staatsangehörigkeit.
[86] ABl. 1993 L 329, S. 34, zuletzt geändert durch RL 2013/1/EU des Rates vom 20.12.2012, ABl. 2013 L 26, S. 27.
[87] 3. Erwägungsgrund RL 93/109/EG, zuletzt geändert durch RL 2013/1/EU des Rates vom 20.12.2012, ABl. 2013 L 26, S. 27.
[88] 4. Erwägungsgrund RL 93/109/EG, zuletzt geändert durch RL 2013/1/EU des Rates vom 20.12.2012, ABl. 2013 L 26, S. 27.
[89] EuGH, Rs. C-145/04, ECLI:EU:C:2006:543 (Rn. 66, 76) – Spanien/Vereinigtes Königreich.

mit „Bürgerrechte" überschriebenen Titel V der Charta ein wenig als Fremdkörper, doch relativiert sich dieser Eindruck im Hinblick auf **Art. 39 Abs. 2 EGRC**, in dem nicht nur Wahlrechtsgrundsätze verankert sind, sondern **subjektive Wahlrechte** garantiert werden.[90] Im Hinblick auf diese Gehalte des Art. 39 Abs. 2 EGRC ist eine **Auslegung des Art. 39 Abs. 1 EGRC als Freiheitsrecht überflüssig** und auch systematisch nicht überzeugend.

5076 Insgesamt ist Art. 39 Abs. 1 EGRC deshalb als **reines Gleichheitsgrundrecht** zu verstehen. Es gebietet, Unionsbürgerinnen und Unionsbürger bei der Ausübung ihres aktiven und passiven Wahlrechts zum Europäischen Parlament im Wohnsitzstaat mit den Angehörigen dieses Staates gleich zu behandeln.

d) Schutzumfang

5077 Das Gleichbehandlungsgebot gilt nicht nur für den Wahlakt selbst, sondern im Hinblick auf das Schutzgut des passiven Wahlrechts für das gesamte Verfahren, also von der Kandidierendenaufstellung über den Wahlkampf bis hin zur Ausübung des Mandats.[91]

3. Ungleichbehandlung und Rechtfertigung

5078 Eine Beeinträchtigung liegt vor, wenn eine Unionsbürgerin oder ein Unionsbürger in dem Wohnsitzstaat, dessen Staatsangehörigkeit sie bzw. er nicht besitzt, bei den Wahlen zum Europäischen Parlament schlechter behandelt wird als die Angehörigen dieses Staates. Sie bzw. er muss bei der Ausübung des **aktiven Wahlrechts** wie etwa hinsichtlich des Wahlmindestalters oder des Verlusts des Wahlrechts denselben Bedingungen unterliegen. Gleiches gilt für das **passive Wahlrecht**. So müssen hier für die Staatsangehörigen wie für die EU-ausländischen Personen etwa dieselben Unvereinbarkeitsregelungen eingreifen.

5079 Gem. **Art. 52 Abs. 2 EGRC** erfolgt die Ausübung des Art. 39 Abs. 1 EGRC im Rahmen der in **Art. 22 Abs. 2 AEUV** festgelegten Bedingungen und Grenzen. Diese **Bedingungen** wurden **in der RL 93/109/EG** näher ausgestaltet. Darin findet sich auch eine **Ausnahmeregelung**, die ausdrücklich eine Ungleichbehandlung erlaubt. Nach Art. 14 Abs. 1 RL 93/109/EG darf ein Mitgliedstaat, in dem der Anteil an Unionsbürgerinnen und Unionsbürgern im Wahlalter, die dort ihren Wohnsitz haben, ohne gleichzeitig Staatsangehörige dieses Staates zu sein, 20 % aller wahlberechtigten Bürgerinnen und Bürger überschreitet, das aktive und passive Wahlrecht einschränken. Nach Art. 14 Abs. 1 lit. a) RL 93/109/EG darf die Ausübung des aktiven Wahlrechts daran geknüpft werden, dass die Unionsbürgerin oder der Unionsbürger für eine **Mindestzeit**, die höchstens fünf Jahre betragen darf, ihren

---

[90] Näher dazu u. Rn. 5084 ff.
[91] S. *Jarass/Kment*, § 35 Rn. 5; *Hobe*, in: Stern/Sachs, Art. 39 Rn. 28; *Magiera*, in: Meyer/Hölscheidt, Art. 39 Rn. 14.

§ 1 Wahlrechte

bzw. seinen Wohnsitz in dem jeweiligen Mitgliedstaat hatte. Für die Ausübung des passiven Wahlrechts darf diese Zeitspanne höchstens zehn Jahre betragen (Art. 14 Abs. 1 lit. b) RL 93/109/EG).

Hier erscheint eine Rechtfertigung möglich im Hinblick auf die nach wie vor bestehende Rückkopplung des Wahlrechts an die Mitgliedstaaten. Denn auch nach dem Lissaboner Reformvertrag sollen die Abgeordneten Vertretende der Unionsbürgerinnen und Unionsbürger der Mitgliedstaaten sein.[92] Insoweit erscheint es zulässig, dass Mitgliedstaaten, die über einen hohen Anteil an Unionsbürgerinnen und Unionsbürgern verfügen, die nicht die Staatsangehörigkeit des Wohnsitzstaates besitzen, als Voraussetzung für das Wahlrecht eine besondere Verbundenheit mit dem Wohnsitzstaat fordern. Wird diese Rückbindung an die Mitgliedstaaten aufgeweicht, geht aber auch dieser Rechtfertigungsgrund verloren.

5080

4. Vertragskonformität

Die Meinungen über die Verankerung des Wohnsitzprinzips im heutigen Art. 22 Abs. 2 AEUV waren geteilt. Einerseits wurde die Regelung als Abbau möglicher Diskriminierungen und damit als Beitrag zu größerer Wahlrechtsgleichheit begrüßt.[93] Auch wurde sie als erster Schritt für die Etablierung eines europäischen Wahlvolkes bewertet,[94] während sich nach Art. 189 EG das Europäische Parlament aus Vertreterinnen und Vertretern der Völker der in der Gemeinschaft zusammengeschlossenen Staaten zusammen setzte.[95] Der EuGH hat aber schon in der Rechtssache *Spanien/Vereinigtes Königreich* klargestellt, dass sich aus der Verwendung des Begriffes „Volk" keine eindeutigen Schlussfolgerungen ziehen lassen. Denn er sei weder im Vertrag definiert, noch ergebe sich eine einheitliche Bedeutung aus dessen Gebrauch in den Mitgliedstaaten.[96] Unabhängig davon war in Art. 189 EG nicht festgelegt, dass Wählende und Gewählte die Staatsangehörigkeit desselben Mitgliedstaates haben müssen.[97] Vielmehr konnte der Verweis auf die Völker Europas auch so verstanden werden, dass die Abgeordneten grundsätzlich Vertreterinnen und Vertreter aller Völker sind und nicht nur die Interessen des Volkes vertreten, von dem sie gewählt wurden.[98] Von diesem Ausgangspunkt fügt sich

5081

---

[92] Vgl. Art. 14 Abs. 2 UAbs. 1 S. 3 EUV: „Die Bürgerinnen und Bürger sind im Europäischen Parlament degressiv proportional, mindestens jedoch mit sechs Mitgliedern je Mitgliedstaat vertreten."
[93] *Haag*, in: v. der Groeben/Schwarze/Hatje, Art. 22 AEUV Rn. 16.
[94] *Ress*, ZEuS 1999, 219 (221).
[95] S. demgegenüber Art. 14 Abs. 2 UAbs. 1 S. 1 EUV: „Das Europäische Parlament setzt sich aus Vertretern der Unionsbürgerinnen und Unionsbürger zusammen." Dazu u. Rn. 5082.
[96] EuGH, Rs. C-145/04, ECLI:EU:C:2006:543 (Rn. 71) – Spanien/Vereinigtes Königreich; bestätigt in Rs. C-300/04, ECLI:EU:C:2006:545 (Rn. 44) – Eman u. Sevinger.
[97] *Haag*, in: v. der Groeben/Schwarze/Hatje, Art. 22 AEUV Rn. 16.
[98] *Haag*, in: v. der Groeben/Schwarze/Hatje, Art. 22 AEUV Rn. 16.

die Gewährung des Wahlrechts im Wohnsitzstaat problemlos ein bzw. erscheint sogar als notwendige Konsequenz.

5082 Diese Gewährung des Wahlrechts im Wohnsitzstaat ist jedenfalls die Folge von **Art. 14 Abs. 2 UAbs. 1 EUV**, wonach sich das **Europäische Parlament aus Vertreterinnen und Vertetern der Unionsbürgerinnen und Unionsbürger zusammen** setzt: Dadurch wird dem Unionsbürgerwahlrecht genauer Rechnung getragen.[99] Parallel dazu formuliert Art. 14 Abs. 3 EUV zu den Wahlrechtsgrundsätzen: „Die Mitglieder des Europäischen Parlaments werden in allgemeiner, unmittelbarer, freier und geheimer Wahl ... gewählt." In Art. 190 Abs. 1 EG war demgegenüber von den „Abgeordneten der Völker der in der Gemeinschaft vereinigten Staaten im Europäischen Parlament" die Rede. Der Reformvertrag zielte insoweit darauf ab, die noch bestehende Anknüpfung an die Bürgerinnen und Bürger der Mitgliedstaaten aufzugeben. An ihre Stelle sollten die Unionsbürgerinnen und Unionsbürger als Legitimationssubjekt treten. Dies erscheint als ein Schritt hin zur Etablierung eines europäischen Wahlkörpers.[100] Doch erforderte dies auch eine Änderung der Wahlmodalitäten. Indes soll auch nach Art. 14 Abs. 2 UAbs. 1 S. 3 EUV die Anknüpfung an Wahlakte in den einzelnen Mitgliedstaaten und die Zusammensetzung des Parlaments aus Vertretenden der Mitgliedstaaten unverändert bleiben.[101]

5. Prüfungsschema zu Art. 39 Abs. 1 EGRC

5083 **1. Schutzbereich**
  a) Begünstigte: Unionsbürgerin und Unionsbürger mit Wohnsitz in anderem Mitgliedstaat als dem der Staatsangehörigkeit
  b) nur Gleichheits-, kein Freiheitsrecht
  c) keine Gewährleistung eines Wahlrechts im Herkunftsstaat
  d) weiter Schutzumfang: gesamtes Wahlverfahren bis Ausübung Mandat

2. Ungleichbehandlung
Vergleichsmaßstab: Staatsangehörige Wohnsitzstaat

3. Rechtfertigung
  a) wegen Art. 52 Abs. 2 EGRC sekundärrechtliche Ausgestaltung maßgeblich; z. B. Art. 14 Abs. 1 RL 93/109/EG
  b) Verhältnismäßigkeit

---

[99] *Haag*, in: v. der Groeben/Schwarze/Hatje, Art. 22 AEUV Rn. 16; krit. *Huber*, in: Grabenwarter, § 24 Rn. 23 ff.
[100] Zu diesem Begriff s. bereits o. Rn. 5064.
[101] S. auch o. Rn. 5064.

§ 1 Wahlrechte 713

III. Wahlrechtsgrundsätze (Art. 39 Abs. 2 EGRC)

1. Kongruenz mit den Anforderungen der EMRK

Nach Art. 39 Abs. 2 EGRC werden die Mitglieder des Europäischen Parlaments in allgemeiner, unmittelbarer, freier und geheimer Wahl gewählt. Damit ging die Gewährleistung der Charta über das Primärrecht hinaus, während Art. 14 Abs. 3 EUV gleich lautet. Denn in Art. 190 Abs. 1 EG waren nur die Allgemeinheit und Unmittelbarkeit der Wahl festgelegt. Nach **Art. 223 Abs. 1 UAbs. 1 AEUV** erstellt das Europäische Parlament einen Entwurf der erforderlichen Bestimmungen nur für die allgemeine unmittelbare Wahl seiner Mitglieder nach einem einheitlichen Verfahren in allen Mitgliedstaaten oder im Einklang mit den allen Mitgliedstaaten gemeinsamen Grundsätzen, während Art. 14 Abs. 3 EUV weitere Wahlrechtsgrundsätze benennt und damit voraussetzt. Ohnehin ist und war die Einhaltung der Grundsätze der Freiheit und Geheimheit der Wahl auch schon vor der Charta gängige Wahlpraxis, die durch die Charta lediglich aufgenommen wurde. Gleichzeitig erfüllt die Charta damit die wegen **Art. 52 Abs. 3 S. 1 EGRC** zu beachtenden Anforderungen von Art. 3 des Zusatzprotokolls zur EMRK, der dazu verpflichtet, freie und geheime Wahlen abzuhalten.[102] Auch der Direktwahlakt[103] enthielt ursprünglich nur die beiden Grundsätze der allgemeinen und unmittelbaren Wahl, wurde aber durch den Ratsbeschluss 2002/772/EG, Euratom[104] nach dem Vorbild der EGRC geändert.

5084

2. Gewährleistung eines subjektiven Rechts

Die Verwendung des Begriffs der Wahlrechtsgrundsätze[105] könnte darauf hindeuten, dass es sich hierbei auch im dogmatischen Sinne lediglich um Grundsätze[106] und gerade nicht um subjektive Rechte handelt. Für die Auslegung sind aber die systematische Stellung unter den starken Bürgerrechten sowie die Kongruenzklausel des Art. 52 Abs. 3 EGRC zu beachten, wonach den Chartarechten die gleiche Bedeutung und Tragweite zukommt wie den entsprechenden Normen der Konvention. Trotz der Formulierung als objektiver Pflicht besitzt **Art. 3 des Zusatzpro-**

5085

---

[102] Zur Anwendbarkeit dieser Vorschrift auf die Wahlen zum Europäischen Parlament bereits o. Rn. 5041 f.
[103] Beschl. 76/787/EGKS, EWG, Euratom, ABl. 1976 L 278 S. 1.
[104] ABl. 2002 L 283, S. 1, die vom Verfasser bereinigte Fassung des Beschl. ist abgedruckt bei *Hölscheidt*, in: Grabitz/Hilf/Nettesheim, vor der Kommentierung zu Art. 223 AEUV; Unstimmigkeiten bleiben jedoch; s. auch die konsolidierte Fassung des Direktwahlakts, abgedruckt im Zweiten Bericht Duff Dok. EP A7–0027/2012, S. 10; s. dazu o. Rn. 5054.
[105] Vgl. Erläuterungen zur Charta der Grundrechte, ABl. 2007 C 303, S. 17 (28): „Art. 39 Absatz 2 gibt die Grundprinzipien für die Durchführung von Wahlen in einem demokratischen System wieder."
[106] *Schmittmann*, Rechte und Grundsätze in der Grundrechtecharta, 2007, S. 44 ff., 81 ff.; ausführlich dazu allgemein o. Rn. 783 ff.

tokolls zur EMRK subjektiv-rechtlichen Charakter,[107] sodass auch Art. 39 Abs. 2 EGRC als Gewährleistung subjektiver Wahlrechte auszulegen ist.[108]

3. Grundrechtsträger

5086 Träger des Grundrechts sind die **Unionsbürgerinnen und Unionsbürger** und somit die Staatsangehörigen der Mitgliedstaaten. Fraglich ist, inwieweit sich politische Parteien auf Art. 39 Abs. 2 EGRC berufen können.[109] Nach dem Wortlaut ist Art. 39 Abs. 2 EGRC auf **natürliche Personen** beschränkt.

4. Schutzbereich, Beeinträchtigung und Rechtfertigung

a) Allgemeine Wahl

5087 Der Grundsatz der Allgemeinheit der Wahl gewährleistet, dass **alle Unionsbürgerinnen und Unionsbürger wählen** können **und gewählt** werden dürfen.[110] Insoweit handelt es sich um ein **Teilhaberecht**.[111] Das Wahlrecht muss von allen gleichermaßen unabhängig von Wohnort oder Geschlecht ausgeübt werden können. Damit hat diese Teilgewährleistung auch **gleichheitsrechtlichen Charakter**.[112]

5088 **Ausnahmen** sind **aus zwingenden Gründen** zulässig. Hieran sind die Beschränkungen zu messen, die in den nationalen Wahlgesetzen für die Wahlen zum Europäischen Parlament enthalten sind. Maßstab ist insoweit Art. 52 Abs. 1 EGRC. Art. 3 des Zusatzprotokolls zur EMRK verbrieft nur die geheime und freie Wahl und Art. 14 Abs. 3 EUV setzt eine Wahl voraus, gewährleistet sie aber nicht selbst. Art. 20 Abs. 2 lit. b) AEUV geht darüber ebenfalls nicht hinaus. Mögliche Einschränkungen sind etwa die Festlegung eines Mindestwahlalters[113] oder der Entzug

---

[107] EGMR, Urt. vom 2.3.1987, Nr. 9267/81 (Rn. 50 f.), Ser. A 113 – Mathieu-Mohin u. Clerfayt/Belgien; Urt. vom 11.6.2002, Nr. 25144/94 u. a. (Rn. 31), RJD 2002-IV – Sadak u. a./Türkei; *Grabenwarter/Pabel*, § 23 Rn. 108.

[108] *Jarass/Kment*, § 35 Rn. 10; s. dazu bereits o. Rn. 5042.

[109] Im deutschen Verfassungsrecht sind die Parteien als Träger der grundrechtsgleichen Rechte aus Art. 38 Abs. 1 S. 1 GG anerkannt, vgl. nur Trute, in: v. Münch/Kunig, GGK II, Art. 38 Rn. 30.

[110] *Hobe*, in: Stern/Sachs, Art. 39 Rn. 28; *Hölscheidt*, in: Grabitz/Hilf/Nettesheim, Art. 223 AEUV Rn. 37; *Wendel*, in: Grabenwarter, § 23 Rn. 149.

[111] Allgemein zu Grundrechten als Teilhaberechten o. Rn. 398 ff.

[112] *Jarass/Kment*, § 35 Rn. 14, s. bereits o. Rn. 5044.

[113] Gem. § 6 Abs. 1 S. 1 Nr. 1 EuWG beträgt das Mindestwahlalter 18 Jahre.

des Wahlrechts bei schweren Straftaten,[114] nicht mehr der Verlust durch die Anordnung einer Betreuung.[115]

Dabei ist es Folge der mitgliedstaatsbezogenen Durchführung der Wahl, dass die **Allgemeinheit nur in dem jeweiligen Mitgliedstaat** gewährleistet sein muss. Insoweit stellt es keinen Verstoß gegen diesen Grundsatz dar, dass etwa das **Wahlalter** in den Mitgliedstaaten **unterschiedlich** ist.[116] Ändert sich nach der Wahl die Zusammensetzung der Wahlberechtigten in einem Mitgliedstaat so wie in Deutschland aufgrund der Wiedervereinigung, berührt dies die Rechtmäßigkeit der Mandate der bereits gewählten Abgeordneten nicht.[117]

5089

b) Unmittelbare Wahl

Die Unmittelbarkeit der Wahl setzt voraus, dass die **Abgeordneten** des Europäischen Parlaments **unmittelbar durch die Wählenden bestimmt** werden.[118] Die Zuordnung der abgegebenen Stimme zu einem Wahlkandidierenden muss also ohne eine dazwischengeschaltete Instanz erfolgen.[119] Dies ist auch bei einer Listenwahl der Fall. Zwar kann hier die abgegebene Stimme nicht direkt einem bestimmten Kandidierenden zugeordnet werden, doch ist die gewählte Person in Abhängigkeit von dem Wahlerfolg der anderen Listenkandidierenden bestimmbar.[120]

5090

Dagegen ist der Grundsatz der **Unmittelbarkeit verletzt**, wenn in den Wahlvorgang wie etwa bei den Präsidentschaftswahlen in den USA **Wahlmänner und -frauen** zwischengeschaltet sind oder aber die Abgeordneten durch ein Wahlgremium gewählt werden. Deshalb wäre auch eine Entsendung der Abgeordneten durch

5091

---

[114] Vgl. § 6a Abs. 1 und Abs. 2 Nr. 1 EuWG i. V. m. § 45 Abs. 1 und Abs. 5 StGB (Verlust des passiven Wahlrechts durch Richterspruch bei Verurteilung wegen eines Verbrechens bzw. des aktiven Wahlrechts, wenn die Strafnorm dies ausdrücklich erlaubt).

[115] BVerfGE 151, 152: „Art. 6a Abs. 1 Nr. 2 und 3 EuWG ist [...] für die neunte Wahl der Abgeordneten des Europäischen Parlaments aus der Bundesrepublik Deutschland (vgl. BGBl I 2018 S. 1646) für nicht anwendbar zu erklären." Art. 6 Abs. 4 EuWG regelt in S. 3 neu: „Eine Ausübung des Wahlrechts durch einen Vertreter anstelle des Wahlberechtigten ist unzulässig." Art. 6 Abs. 4a EuWG wurde neu eingefügt: „Ein Wahlberechtigter, der des Lesens unkundig oder wegen einer Behinderung an der Abgabe seiner Stimme gehindert ist, kann sich hierzu der Hilfe einer anderen Person bedienen. Die Hilfeleistung ist auf technische Hilfe bei der Kundgabe einer von dem Wahlberechtigten selbst getroffenen und geäußerten Wahlentscheidung beschränkt. Unzulässig ist eine Hilfeleistung, die unter missbräuchlicher Einflussnahme erfolgt, die selbstbestimmte Willensbildung oder Entscheidung des Wahlberechtigten ersetzt oder verändert oder wenn ein Interessenkonflikt der Hilfsperson besteht."

[116] *Jarass/Kment*, § 35 Rn. 14.

[117] Eine Wahlanfechtung mit der Begründung, dass die Mandate der deutschen Abgeordneten nach der Wiedervereinigung wegen des Verstoßes gegen den Grundsatz der Allgemeinheit der Wahl nichtig seien, hielt der Gerichtshof nicht für zulässig, vgl. EuGH, Rs. C-25/92, ECLI:EU:C:1993:32 (Rn. 12 ff.) – *Miethke*.

[118] *Jarass/Kment*, § 35 Rn. 16.

[119] *Hobe*, in: Stern/Sachs, Art. 39 Rn. 32.

[120] *Jarass/Kment*, § 35 Rn. 21; *Magiera*, in: Meyer/Hölscheidt, Art. 39 Rn. 26.

die nationalen Parlamente unzulässig, wie dies in der Gemeinschaft bis zur ersten Direktwahl 1979 der Fall war. **Durchbrochen** wurde dieser Grundsatz bislang im Zusammenhang mit **neuen Beitritten innerhalb der Wahlperiode**. Dieser zeitlich begrenzte Verstoß ist aber aufgrund der besonderen Situation, die eine Entsendung aufgrund von Wahlen nicht zuließ und eine Durchführung von Neuwahlen unverhältnismäßig machte, hinzunehmen.[121] Keinen Verstoß stellte es auch dar, als der Bundestag nach der Wiedervereinigung als Vertretende der neuen Bundesländer Beobachtende in das Europäische Parlament entsandte. Da sie keinen Abgeordnetenstatus hatten, war auf sie der Unmittelbarkeitsgrundsatz nicht anwendbar.[122] Entsprechendes gilt für die zeitlich begrenzte Entsendung von Beobachtenden aus anderen nationalen Parlamenten von Staaten, die schon Mitglied der EU waren, indes noch nicht die Gelegenheit hatten, Wahlen zum Europäischen Parlament abzuhalten.[123] Aus Kroatien wurde das siebte Europäische Parlament um zwölf Parlamentarier ergänzt, die zuvor Beobachtende waren.[124]

c) Freie Wahl

aa) Umfassende Freiheit vor Zwang

5092 Bei dem Grundsatz der Freiheit der Wahl sind zwei Aspekte zu unterscheiden. Zum einen schützt er vor jeder rechtlichen oder faktischen Beeinträchtigung der **Entscheidungsfreiheit beim Wahlvorgang**. Insbesondere darf **kein Zwang** zur Wahl eines bestimmten Kandidierenden oder einer bestimmten Partei ausgeübt werden. Zum anderen setzt eine freie Wahlentscheidung voraus, dass überhaupt eine **Auswahl zwischen mehreren Kandidierenden** getroffen werden kann.[125]

bb) Freiheit, nicht zu wählen

5093 Fraglich ist, ob die in einigen Mitgliedstaaten bestehende **Wahlpflicht**[126] mit der Wahlfreiheit vereinbar ist. Insoweit ist zunächst zu prüfen, ob die Wahlpflicht überhaupt in den Schutzbereich dieses Grundsatzes eingreift. Dies wiederum ist nur dann der Fall, wenn die Wahlfreiheit auch das Recht umfasst, von diesem Recht gerade keinen Gebrauch zu machen. Für die anderen Grundrechte wie etwa die

---

[121] *Hobe*, in: Stern/Sachs, Art. 39 Rn. 32; *Magiera*, in: Meyer/Hölscheidt, Art. 39 Rn. 25.
[122] *Kaufmann-Bühler*, in: Lenz/Borchardt, Art. 14 EUV Rn. 25; *Hobe*, in: Stern/Sachs, Art. 39 Rn. 34.
[123] *Hobe*, in: Stern/Sachs, Art. 39 Rn. 34.
[124] *Kaufmann-Bühler*, in: Lenz/Borchardt, Art. 14 EUV Rn. 21.
[125] *Bieber*, in: v. der Groeben/Schwarze/Hatje, Art. 14 EUV Rn. 63.
[126] In fünf Mitgliedstaaten (Belgien, Bulgarien, Luxemburg, Zypern und Griechenland) besteht Wahlpflicht, die sowohl für inländische Personen als auch für registrierte EU-ausländische Personen gilt, abrufbar unter https://www.europarl.europa.eu/factsheets/de/sheet/21/das-europaische-parlament-wahlmodalitaten (letzter Abruf: 30.9.2023).

Meinungsfreiheit ist eine solche **negative Dimension anerkannt**.[127] Das Wahlrecht und die Meinungsfreiheit sind eng miteinander verknüpft.[128] Denn auch die Wahlentscheidung ist das Ergebnis eines Meinungsbildungsprozesses bzw. dessen Kundgabe. Insoweit umfasst das Recht der Freiheit der Wahl gem. Art. 39 Abs. 2 EGRC auch das Recht, nicht zu wählen.

cc) Rechtfertigung der Wahlpflicht

Somit stellt die in einigen Mitgliedstaaten auch für die Wahlen zum Europäischen Parlament statuierte Wahlpflicht eine Beeinträchtigung des Art. 39 Abs. 2 EGRC dar. Nach Art. 52 Abs. 2 EGRC sind die Grenzen maßgeblich, die der Vertrag für entsprechende Gewährleistungen des Primärrechts setzt. Nach Art. 14 Abs. 3 EUV werden die Mitglieder des Europäischen Parlaments in allgemeiner, unmittelbarer, freier und geheimer Wahl gewählt, ohne dass aber Grenzen festgelegt werden. **Art. 8 Abs. 2 RL 93/109/EG**[129] überträgt in Anwendung des Grundsatzes der Inländergleichbehandlung die in einem Mitgliedstaat bestehende Wahlpflicht auch auf die Unionsbürgerinnen und Unionsbürger, die in diesem Land ihr Wahlrecht ausüben wollen. Damit wird in der RL 93/109/EG zwar unmittelbar nur die Wahlpflicht auf alle dort wählenden Unionsbürgerinnen und Unionsbürger übertragen, doch liegt dem eine **grundsätzliche Anerkennung der Wahlpflicht als einzelstaatliche Einschränkung** der Wahlfreiheit voraus.[130]

5094

Da durch Art. 39 Abs. 2 EGRC in erster Linie die Mitgliedstaaten gebunden werden, weil sie die Wahlen zum Europäischen Parlament jedenfalls bis zu einer europaweiten Regelung nach Art. 223 AEUV[131] auf der Grundlage ihres nationalen Wahlrechts durchführen, können sie diese auch durch nationale Rechtsvorschriften wie die Wahlgesetze einschränken.[132] Das Erfordernis einer **normativen Grundlage** ergibt sich jedenfalls aus der Lückenfunktion nach Art. 52 Abs. 1 EGRC.[133] Als ein die Wahlpflicht rechtfertigendes Gemeinwohlinteresse kann etwa das Ziel herangezogen werden, durch eine hohe Wahlbeteiligung ein zu Mehrheitsentscheidungen fähiges Parlament zu bilden, das zur Vertretung der Unionsbürgerinnen und Unionsbürger in der Lage ist.[134] Somit stellt die in einigen Mitgliedstaaten verankerte Wahlpflicht eine gerechtfertigte Einschränkung des Grundsatzes der Wahlfreiheit

5095

---

[127] Vgl. Teilband I Rn. 2132. Zur negativen Seite der deutschen Grundrechte ausführlich *Hellermann*, Die sogenannte negative Seite der Freiheitsrechte, 1993, S. 20 ff., 54 ff., 89 ff.
[128] Zum Zusammenhang von Art. 38 Abs. 1 GG und Art. 5 Abs. 1 GG *Frenz*, ZRP 1994, 91 (91 f.) sowie ausführlich *ders.*, Rechtstheorie 24 (1993), 513 (527 f.).
[129] ABl. 1993 L 329, S. 34, zuletzt geändert durch RL 2013/1/EU, ABl. 2013 L 26, S. 27.
[130] *Haratsch*, in: Heselhaus/Nowak, § 51 Rn. 35; *Hobe*, in: Stern/Sachs, Art. 39 Rn. 24.
[131] S. o. Rn. 5040.
[132] Vgl. *Jarass/Kment*, § 6 Rn. 29.
[133] S. Teilband I Rn. 653 ff.
[134] Vgl. dazu *Frenz*, ZRP 1994, 91 (94).

dar.[135] Die **EMRK** hat die **Wahlpflicht** schon **nicht** als **Eingriff in die Wahlfreiheit** bewertet, da Art. 3 des Zusatzprotokolls zur EMRK nicht die Freiheit zu wählen, sondern die Freiheit der Wahlentscheidung garantiere.[136]

d) Geheime Wahl

5096 Eine geheime Wahl erfordert, dass die einzelne Person ihre Wahlentscheidung so treffen kann, dass **Dritte keine Kenntnis** davon erhalten können[137] und daran ggf. negative Konsequenzen knüpfen. Damit sichert dieser Grundsatz letztlich die Freiheit der Wahlentscheidung.[138] Ein Verstoß läge etwa dann vor, wenn die Wahllokale nicht über Vorrichtungen gegen eine Einsichtnahme in die Wahlunterlagen verfügen.[139] Ein Rechtfertigungsgrund für Beeinträchtigungen dieses Grundsatzes ist nicht erkennbar.

e) Keine Gewährleistung der Wahlgleichheit

5097 Der Grundsatz der Wahlgleichheit fordert für das aktive Wahlrecht den **gleichen Zählwert** und den **gleichen Erfolgswert** der abgegebenen Stimmen. Für das passive Wahlrecht garantiert er die Chancengleichheit der Wahlbewerbenden.[140] Eine Gewährleistung der Gleichheit der Wahl fehlt in Art. 39 Abs. 2 EGRC ebenso wie auf der Ebene des Primärrechts bzw. den Ausführungsregelungen. Dies spiegelt den Umstand wider, dass eine **Erfolgswertgleichheit** bei den **Wahlen zum Europäischen Parlament** nach dem geltenden Verfahren **nicht gewährleistet** ist. Zum einen führt die Regelung des Wahlverfahrens durch die Mitgliedstaaten und die daraus resultierende Anwendung unterschiedlicher Wahlsysteme zu einem unterschiedlichen Erfolgswert der abgegebenen Stimmen. Zum anderen ist die in dem Verteilungsschlüssel des Art. 14 Abs. 2 UAbs. 1 EUV festgelegte Anzahl der Abgeordneten, die in einem Mitgliedstaat höchstens bzw. mindestens gewählt werden, nicht proportional zu dessen Größe. Die Unionsbürgerinnen und Unionsbürger sollen nach Art. 14 Abs. 2 UAbs. 1 S. 3 EUV im Europäischen Parlament degressiv

---

[135] So im Ergebnis ohne nähere Erläuterung der Rechtfertigungsgründe auch *Jarass/Kment*, § 35 Rn. 17, 21; *Bieber*, in: v. der Groeben/Schwarze/Hatje, Art. 14 EUV Rn. 63; unklar *Magiera*, in: Meyer/Hölscheidt, Art. 39 Rn. 27 (unvereinbar) und Rn. 17 (Wahlpflicht aufgrund Art. 8 RL 93/109/EG, ABl. 1993 L 329, S. 34).

[136] EKMR, Entsch. vom 22.4.1965, Nr. 1718/62, YB 8 (1965), 168 (172 f.) – X./Österreich; krit. *Grabenwarter/Pabel*, § 23 Rn. 118, die es dogmatisch für überzeugender halten, hier von einer gerechtfertigten Einschränkung auszugehen.

[137] *Bieber*, in: v. der Groeben/Schwarze/Hatje, Art. 14 EUV Rn. 65; *Hölscheidt*, in: Grabitz/Hilf/Nettesheim, Art. 14 EUV Rn. 73; *Jarass/Kment*, § 35 Rn. 18.

[138] *Jarass/Kment*, § 35 Rn. 18.

[139] *Bieber*, in: v. der Groeben/Schwarze/Hatje, Art. 14 EUV Rn. 65.

[140] *Hobe*, in: Stern/Sachs, Art. 39 Rn. 45; *Magiera*, in: Meyer/Hölscheidt, Art. 39 Rn. 29.

§ 1 Wahlrechte   719

proportional, mindestens aber mit sechs Abgeordneten je Mitgliedstaat vertreten sein. Danach sind die größeren Staaten im Verhältnis zu den kleineren mit weniger Abgeordneten vertreten.

Gleichwohl wird in Teilen der Lit. von der Geltung eines europarechtlichen Grundsatzes der Wahlrechtsgleichheit ausgegangen. Dies wird aus dem Demokratieprinzip (Art. 2 EUV), aus dem Gleichheitsgrundsatz (Art. 18 AEUV) und auch aus Art. 3 des Zusatzprotokolls zur EMRK hergeleitet.[141] Darin ist zwar auch nur die Abhaltung freier und geheimer Wahlen garantiert. Jedoch wird aus dem Zusammenhang mit dem Diskriminierungsverbot des Art. 14 EMRK auch ein Gebot der Wahlrechtsgleichheit gefolgert.[142]   5098

Soweit für diese Argumentation die Rechtsprechung des **EGMR** herangezogen wird, hat der Gerichtshof aus Art. 3 des Zusatzprotokolls zur EMRK ursprünglich gerade keine Erfolgswertgleichheit der Stimmen bzw. eine Erfolgschancengleichheit aller Kandidierenden abgeleitet. Er hat lediglich festgestellt, dass **alle Bürger** bei der Ausübung ihres aktiven und passiven Wahlrechts **gleichzubehandeln** sind.[143] Dieser Aspekt gehört jedoch in den Schutzbereich des **Grundsatzes der Allgemeinheit der Wahl** und ist keine Ausprägung des Grundsatzes der Wahlgleichheit.   5099

Zwar muss nach einem späteren Judikat jeder Wählende die Möglichkeit haben, mit seiner Stimme das Wahlergebnis und damit die Zusammensetzung des Parlaments zu beeinflussen.[144] Daraus folgt die mögliche Erfolgsbeeinflussung, aber nicht notwendig in gleicher Weise. Es muss nicht jede Stimme die gleiche Auswirkung auf das Wahlergebnis haben; es müssen auch nicht alle Kandidierenden gleiche Siegeschancen besitzen.[145] Es ist mit der EMRK vereinbar, wenn es bei der Wahl auch so genannte „verlorene" Stimmen gibt.[146]   5100

Bei einer Betrachtung der Verfassungen der Mitgliedstaaten[147] kann angesichts der stark unterschiedlichen Anforderungen und Wahlsysteme schwerlich von einem einheitlichen Grundsatz gesprochen werden.[148] Schließlich kann durch den Rückgriff auf allgemeine Grundsätze nicht eine bewusste Entscheidung des Primärrechts,   5101

---

[141] *Jarass/Kment*, § 35 Rn. 15; *Magiera*, in: Meyer/Hölscheidt, Art. 39 Rn. 21, 31; *Huber*, in: Streinz, Art. 14 EUV Rn. 77; *Bieber*, in: v. der Groeben/Schwarze/Hatje, Art. 14 EUV Rn. 64; *Lenz*, Ein einheitliches Wahlverfahren für die Wahl des Europäischen Parlaments, 1995, S. 121 ff., 143 ff., 247 ff.
[142] *Hölscheidt*, in: Grabitz/Hilf/Nettesheim, Art. 14 EUV Rn. 74; *Huber*, in: Streinz, Art. 14 EUV Rn. 77.
[143] EGMR, Urt. vom 2.3.1987, Nr. 9267/81 (Rn. 54), Ser. A 113 – Mathieu-Mohin u. Clerfayt/Belgien.
[144] EGMR, Urt. vom 13.10.2015, Nr. 48555/10 u. a (Rn. 148) – Riza u. a./Bulgarien.
[145] *Grabenwarter/Pabel*, § 23 Rn. 113.
[146] EGMR, Urt. vom 2.3.1987, Nr. 9267/81 (Rn. 54), Ser. A 113 – Mathieu-Mohin u. Clerfayt/Belgien.
[147] Daraus die Wahlgleichheit ableitend etwa *Huber*, in: Streinz, Art. 14 EUV Rn. 77.
[148] Insoweit sieht *Huber*, in: Streinz, Art. 14 EUV Rn. 77 auch nur ein allerdings nicht näher konkretisiertes „Mindestniveau" bzw. einen „Kern von Wahlrechtsgleichheit" gesichert.

nämlich auf eine Verankerung des Grundsatzes der Wahlgleichheit zu verzichten, verdrängt werden. Art. 9 EUV[149] verlangt die Gleichheit allgemein und nicht spezifisch die Wahlgleichheit. Insgesamt ist damit festzustellen, dass **weder die EGRC noch das primäre Unionsrecht den Grundsatz der Wahlrechtsgleichheit** gewährleisten.[150]

5. Prüfungsschema zu Art. 39 Abs. 2 EGRC

5102 1. **Schutzbereich**
a) Grundrechtsträger: Unionsbürgerinnen und Unionsbürger
b) subjektiv-rechtliche Gewährleistung von Wahlrechten
c) Allgemeinheit der Wahl: alle Unionsbürgerinnen und Unionsbürger dürfen wählen/gewählt werden
d) Unmittelbarkeit der Wahl: Bestimmung der Abgeordneten unmittelbar durch Wahlen ohne dazwischengeschaltete Instanz
e) Freiheit der Wahl: keine rechtliche oder faktische Beeinträchtigung; auch negative Dimension (Freiheit, nicht zu wählen)
f) Geheimheit der Wahl: Schutz vor Kenntnisnahme durch Dritte
g) nicht: Gleichheit der Wahl, sodass Disproportionalität der Abgeordneten pro Mitgliedstaat unbeachtlich

2. **Beeinträchtigung**
a) Allgemeinheit: z. B. Mindestwahlalter
b) Unmittelbarkeit: z. B. Wahlmänner- und frauen
c) Wahlfreiheit: in einigen Mitgliedstaaten vorgesehene Wahlpflicht
d) Geheimheit: z. B. Fehlen von Wahlkabinen

3. **Rechtfertigung**
a) über Art. 52 Abs. 2 EGRC primärrechtliche Ausgestaltung maßgeblich; Verweis auf Sekundärrecht: Ausgestaltung in Wahlgesetzen der Mitgliedstaaten
b) Verhältnismäßigkeit (bezogen auf Gemeinwohlinteresse der Union) z. B. für Wahlpflicht: Gemeinwohlinteresse an mehrheitsfähigem Parlament

---

[149] Darauf verweisen *Jarass/Kment*, § 35 Rn. 15.
[150] Vgl. auch *Hobe*, in: Stern/Sachs, Art. 39 Rn. 47, der die Existenz eines europäischen Wahlrechtsprinzips der Gleichheit der Wahl für „sehr zweifelhaft" hält; so auch *Kaufmann-Bühler*, in: Lenz/Borchardt, Art. 14 EUV Rn. 23; anders *Jarass/Kment*, § 35 Rn. 15.

B. Kommunalwahlrecht (Art. 40 EGRC)

I. Grundlagen

1. Genese

Die Formulierung des Art. 40 EGRC ist an die des Art. 19 Abs. 1 EG, des heutigen **Art. 22 Abs. 1 AEUV, angelehnt**. Der **Wortlaut** wurde **lediglich vereinfacht**, der Verweis auf die sekundärrechtliche Ausgestaltung weggelassen. Eine Änderung des rechtlichen Gehalts ist damit nicht verbunden.[151] Da das kommunale Wahlrecht bereits Bestandteil des Primärrechts war, erfolgte die Eingliederung in die Charta ohne große Diskussionen.

5103

Auseinandersetzungen gab es aber zu der Frage, ob über die Unionsbürgerinnen und Unionsbürger hinaus auch anderen ausländischen Personen das kommunale Wahlrecht eingeräumt werden sollte. Dies wurde mit dem Hinweis abgelehnt, dem Konvent stehe es nicht zu, über das nur Unionsbürgerinnen und Unionsbürger berechtigende geltende Primärrecht hinaus Rechte zu schaffen.[152]

5104

2. Primärrecht

Im Zusammenhang mit dem dauerhaften Zuzug von ausländischen Arbeitskräften entstand schon in den siebziger Jahren die Idee eines kommunalen Wahlrechts für Bürger der Europäischen Gemeinschaft.[153] Das nunmehr in Art. 22 Abs. 1 AEUV verankerte kommunale Wahlrecht wurde aber erst im Zuge der Einführung der Unionsbürgerschaft durch den Vertrag von Maastricht aufgenommen[154] und stellte anders als das Wahlrecht zum Europäischen Parlament eine **echte Neuerung** dar. Damit wurde den Unionsbürgerinnen und Unionsbürgern eine neue Dimension politischer Teilhabe eröffnet, die nicht auf Partizipation auf Gemeinschaftsebene ausgerichtet war, sondern auf **Mitwirkung an der Ausübung nationaler Hoheitsgewalt**.[155]

5105

Diese Teilhabe wurde nicht unmittelbar durch den Vertrag eingeräumt. Die Mitgliedstaaten wurden vielmehr verpflichtet, diese durch entsprechende Normsetzung zu ermöglichen.[156] Nach Art. 22 Abs. 1 AEUV hat jede Unionsbürgerin und

5106

---

[151] *Hobe*, in: Stern/Sachs, Art. 39 Rn. 3.
[152] *Bernsdorff/Borowsky*, Die Charta der Grundrechte der Europäischen Union, 2002, S. 202, 314; so i. E. auch *Hobe*, in: Stern/Sachs, Art. 39 Rn. 2.
[153] Vgl. zur Entstehungsgeschichte *Schunda*, Das Wahlrecht von Unionsbürgern bei Kommunalwahlen in Deutschland, 2003, S. 17 ff.
[154] Damaliger Art. 8b Abs. 1 EG.
[155] *Degen*, DÖV 1993, 749 (753); *Schrapper*, DVBl 1995, 1167 (1168).
[156] Je nach Staatsaufbau und Verteilung der Gesetzgebungskompetenzen konnten die Mitgliedstaaten diese Verpflichtung nicht selbst umsetzen. So musste etwa in Deutschland die Umsetzung durch die Bundesländer erfolgen. Dazu u. Rn. 5121 ff.

jeder Unionsbürger mit Wohnsitz in einem Mitgliedstaat, dessen Staatsangehörigkeit sie bzw. er nicht besitzt, in dem Mitgliedstaat, in dem sie bzw. er seinen Wohnsitz hat, das aktive und passive Wahlrecht bei Kommunalwahlen, wobei für sie bzw. ihn dieselben Bedingungen gelten wie für die Angehörigen des jeweiligen Mitgliedstaates. Die nähere Ausgestaltung dieser Gleichbehandlung erfolgt nach Art. 22 Abs. 1 S. 2 AEUV durch das Sekundärrecht.

3. Sekundärrecht

a) Bedeutung

5107 Die Ausgestaltung erfolgte durch die **RL 94/80/EG**,[157] die als vertraglich vorgesehene notwendige Ausgestaltung von 22 Abs. 1 AEUV wegen Art. 52 Abs. 2 EGRC **bei der Auslegung** des Art. 40 EGRC **zu beachten** ist.[158] Die Richtlinie verfolgte nicht das Ziel, die Wahlrechtsordnungen der Mitgliedstaaten zu harmonisieren. Vielmehr wollte sie die Bedingung der Staatsangehörigkeit als Voraussetzung für die Gewährung des kommunalen Wahlrechts aufheben.[159] Bei der Ausgestaltung des Wahlrechts verblieb deshalb für die zuständigen **Gesetzgebungsorgane** ein gewisser **Spielraum**.

b) Begriff der Kommunalwahl

aa) Bestimmung eines Vertretungsorgans auf der Grundstufe

5108 Der in Art. 22 Abs. 1 AEUV verwendete Begriff der **Kommunalwahl** wird **in Art. 2 Abs. 1 lit. b) RL 94/80/EG** näher definiert. Dies war notwendig, weil die Kommunalverwaltung der Mitgliedstaaten sehr unterschiedlich strukturiert ist und deshalb auch der Begriff der Kommunalwahl keinen identischen Gehalt aufweist. Diese Unterschiede erforderten eine einheitliche Terminologie.

5109 Nach Art. 2 Abs. 1 lit. b) RL 94/80/EG müssen **Kommunalwahlen allgemeine, unmittelbare Wahlen** sein. Sie müssen auf die Bestimmung eines Vertretungsorgans abzielen und, falls das nationale Recht dies so regelt, auch den Leitenden und die Mitglieder eines daneben bestehenden Exekutivorgans bestimmen.

5110 **Bezugsobjekt** ist dabei eine **lokale Gebietskörperschaft der Grundstufe**. Art. 2 Abs. 1 lit. a) RL 94/80/EG definiert diese als Verwaltungseinheiten, die nach Maßgabe der einzelstaatlichen Vorschriften in allgemeiner, unmittelbarer Wahl

---

[157] Des Rates vom 19.12.1994 über die Einzelheiten der Ausübung des aktiven und passiven Wahlrechts bei den Kommunalwahlen für Unionsbürgerinnen und Unionsbürger mit Wohnsitz in einem Mitgliedstaat, dessen Staatsangehörigkeit sie nicht besitzen, ABl. 1994 L 368, S. 38, zuletzt geändert durch RL 2013/19/EU, ABl. 2013 L 158, S. 231.
[158] S. Teilband I Rn. 557 sowie u. Rn. 5441 ff. m. w. N. auch zur Gegenansicht.
[159] 4. Erwägungsgrund RL 94/80/EG.

gewählte Organe besitzen und auf der Grundstufe der politischen und administrativen Organisation für die Verwaltung bestimmter lokaler Angelegenheiten unter eigener Verantwortung zuständig sind. Im Anhang der RL 94/80/EG ist für jeden Mitgliedstaat festgelegt, welche Körperschaften dazu gehören. In **Deutschland** handelt es sich namentlich um die **kreisfreien Städte, Stadtkreise, Kreise und Gemeinden.**[160]

bb) Keine Einbeziehung kommunaler Abstimmungen

Unter den Begriff der Wahlen können die in zahlreichen Gemeinde- und Kreisordnungen vorgesehenen Abstimmungen in Form von **Bürgerentscheiden nicht** subsumiert werden, da sie nicht der Bestimmung von Mandatsträgern dienen, sondern der Entscheidung von Sachfragen.[161] Europarechtlich sind die Landesgesetzgeber zwar nicht daran gehindert, entsprechende Regelungen einzuführen,[162] doch ist in der Lit. umstritten, ob dies mit deutschem Verfassungsrecht vereinbar ist.[163]   5111

c) Voraussetzungen für die Ausübung des Wahlrechts

Art. 3 RL 94/80/EG regelt die Voraussetzungen für die Ausübung des aktiven und passiven Kommunalwahlrechts. Die betreffende Person muss **Unionsbürger** sein (Art. 3 lit. a) RL 94/80/EG). Im Übrigen richtet sich die Wahlberechtigung nach den **Vorschriften**, die im Wohnsitzstaat **für die eigenen Staatsangehörigen** gelten (Art. 3 lit. b) RL 94/80/EG).   5112

In vielen Mitgliedstaaten ist es üblich, das Wahlrecht an eine **Mindestwohndauer** im jeweiligen Staatsgebiet und der jeweiligen Gebietskörperschaft zu knüpfen. Diese Regelungen sollen verhindern, dass eine Wohnsitznahme nur erfolgt, um das Stimmrecht ausüben zu können.[164] Diese Regelungen werden durch Art. 4 Abs. 1 und Abs. 3 RL 94/80/EG **ausdrücklich erlaubt**, ohne dass die Richtlinie selbst eine Mindestaufenthaltsdauer statuiert.   5113

---

[160] Hinzu kommen noch die Bezirke in den Stadtstaaten Berlin und Hamburg sowie die Stadtgemeinde Bremen. Es fehlen höhere Kommunalverbände wie etwa die bayerischen Bezirke oder die Verbandsgemeinden in Rheinland-Pfalz. Für Letztere wird eine analoge Anwendung vertreten, da sie Aufgaben wahrnehmen, die in anderen Bundesländern den Städten und Kreisen zugewiesen sind, vgl. *Schrapper*, DVBl 1995, 1167 (1170); *Hasselbach*, ZG 1997, 49 (52 f.) sowie *Pieroth/Schmülling*, DVBl 1998, 365 (366).
[161] *Kluth*, in: Calliess/Ruffert, Art. 22 AEUV Rn. 11; *Schrapper*, DVBl 1995, 1167 (1170); *Pieroth/Schmülling*, DVBl 1998, 365 (367); a. A. *Huber*, in: Grabenwarter, § 24 Rn. 31.
[162] Vgl. etwa §§ 26, 21 Abs. 2 GO NRW i. V. m. § 7 KWahlG NRW.
[163] Teilweise wird darin ein Verstoß gegen Art. 20 Abs. 2 S. 2 GG gesehen, so *Burkholz*, DÖV 1995, 816 ff.; a. A. *Engelken*, NVwZ 1995, 432 ff.; *Zuleeg*, in: FS für Schefold, 2001, S. 117 (123).
[164] *Kluth*, in: Calliess/Ruffert, Art. 22 AEUV Rn. 12.

5114   Nach Art. 7 Abs. 1 RL 94/80/EG ist die **Eintragung in das Wählerverzeichnis** von der Abgabe einer entsprechenden **Willenserklärung** abhängig.[165] In Mitgliedstaaten ohne Wahlpflicht kann die Eintragung gem. Art. 7 Abs. 3 RL 94/80/EG auch **von Amts wegen** vorgenommen werden.

d) Einschränkungen des passiven Wahlrechts

5115   Zwar gilt auch für das passive Wahlrecht gem. Art. 9 Abs. 1 RL 94/80/EG der Grundsatz der Gleichbehandlung. Jedoch ist hier eine Reihe von Durchbrechungen vorgesehen. So können die Mitgliedstaaten für Kandidaten aus anderen Mitgliedstaaten einen **Ausschluss von der Wählbarkeit** vorsehen, wenn ein solcher **nach dem Recht des Herkunftsstaates** angeordnet ist. Damit sollte der politischen Bedeutung des Amtes eines kommunalen Mandatsträgers Rechnung getragen werden.[166]

e) Beschränkungen für kommunale Leitungsämter

5116   Eine spezifische Einschränkung des passiven Wahlrechts erlaubt Art. 5 Abs. 3 RL 94/80/EG. Danach **dürfen** die Mitgliedstaaten die **Wählbarkeit in exekutive Leitungsfunktionen an** die Voraussetzung der **Staatsangehörigkeit des Wohnsitzstaates knüpfen**. Dies gilt auch für die vertretungsweise Wahrnehmung (Art. 5 Abs. 3 UAbs. 2 RL 94/80/EG). Aus der Vorschrift selbst geht nicht hervor, ob diese Ausschlussmöglichkeit nur für die Direktwahl in solche Ämter oder auch für die mittelbare Wahl aus der Mitte eines kommunalen Vertretungsorgans heraus eingreift. Art. 1 Abs. 1 macht i. V. m. Art. 2 Abs. 1 lit. b) RL 94/80/EG deutlich, dass diese Option **nur für die unmittelbar durch die Kommunalwahlen besetzten Leitungsämter** gilt. Für **Intraorganwahlen** sind die Mitgliedstaaten deshalb bei der Abfassung entsprechender kommunalverfassungs- bzw. beamtenrechtlicher Regelungen sogar völlig **frei**.[167]

5117   Von der vorgesehenen Ausschlussmöglichkeit haben die Bundesländer **Bayern** und **Sachsen** Gebrauch gemacht. Nach Art. 39 BayGLKrWG ist zur Landrätin bzw. zum Landrat oder Bürgermeisterin bzw. Bürgermeister nur wählbar, wer Deutsche bzw. Deutscher i. S. d. Art. 116 GG ist. Gleiches gilt gem. §§ 45, 49 Abs. 1 SächsGemO in Sachsen.

5118   In Teilen der Lit. wird die Regelung des Art. 5 Abs. 3 RL 94/80/EG teilweise als **Verstoß gegen Art. 22 Abs. 1 AEUV** bewertet. Sie stelle eine Ausnahmeregelung im Sinne dieser primärrechtlichen Ermächtigungsnorm dar, ohne dass die erforder-

---

[165] Darin liegt eine Ungleichbehandlung mit den inländischen Personen, die von Amts wegen in die Wählerverzeichnisse aufgenommen werden. Deshalb wird die Vereinbarkeit dieser Regelung mit Art. 22 Abs. 1 AEUV teilweise bezweifelt, vgl. *Hasselbach*, ZG 1997, 49 (54).
[166] Vgl. 8. Erwägungsgrund RL 94/80/EG.
[167] *Schrapper*, DVBl 1995, 1167 (1171).

liche Sondersituation in dem Mitgliedstaat vorliege.[168] Der BayVerfGH hat diese Sonderlage darin gesehen, dass die Ämter der Bürgermeisterin bzw. des Bürgermeisters oder Landrätin bzw. Landrats mit der Ausübung staatlicher Exekutivgewalt verbunden sind.[169] Damit erscheint die Situation parallel zu den Ausnahmeklauseln für die Personenfreizügigkeit, die dort mit einem solchen Tatbestand genannt sind.[170] Indes knüpft weder Art. 5 Abs. 3 RL 94/80/EG selbst an eine solche Sonderlage an noch liegt eine solche im Hinblick auf die Bürgermeister- bzw. Landratswahlen in Bayern und Sachsen im Vergleich zu anderen Mitgliedstaaten vor.[171] Die RL 94/80/EG selbst behandelt Art. 5 Abs. 3 gar nicht als Ausnahmeregelung. Nach Wortlaut und Systematik wird von der Ermächtigung in Art. 22 Abs. 1 AEUV nur in Art. 12 RL 94/80/EG Gebrauch gemacht.

Inhaltlich stellt aber auch **Art. 5 Abs. 3 RL 94/80/EG** eine **Ausnahme** von der Gleichbehandlung beim kommunalen Wahlrecht dar.[172] Denn wenn Unionsbürgerinnen und Unionsbürger von der Wahl zu bestimmten kommunalen Ämtern ausgeschlossen sind, werden sie im Verhältnis zu den Staatsangehörigen des Wohnsitzstaates ungleich behandelt. Obwohl also erhebliche Zweifel an der Rechtmäßigkeit dieser Regelung angebracht sind, wird sie **mangels** eines bislang fehlenden **Verdikts des EuGH** in der Praxis **als wirksam behandelt**.[173]

5119

f) Ausnahmeregelung

Nach Art. 12 RL 94/80/EG sind Beschränkungen des Wahlrechts bei einem **Anteil von mehr als 20 % Unionsbürgerinnen und Unionsbürgern im Wahlalter** in einem Mitgliedstaat zulässig. Diese Vorschrift ist parallel zu Art. 14 RL 93/109/EG,[174] die als Vorbild diente.[175] Damit wird dem hohen Anteil an Unionsbürgerinnen und Unionsbürgern in Luxemburg Rechnung getragen. Art. 12 Abs. 1 lit. a) und b) RL 93/109/EG erlauben es, das aktive und passive Wahlrecht von einer Mindestaufenthaltsdauer abhängig zu machen.

5120

---

[168] *Hasselbach*, ZG 1997, 49 (56 f.); *Pieroth/Schmülling*, DVBl 1998, 365 (367).
[169] BayVerfGH, BayVBl. 1997, 495 (497).
[170] Dazu näher m. w. N. *Frenz*, Europarecht 1, Rn. 1640 ff., 2372 ff.
[171] *Pieroth/Schmülling*, DVBl 1998, 365 (367).
[172] Es ist auch fraglich, ob ein solcher Ausschluss überhaupt von dem Begriff der Ausnahmeregelung in Art. 22 Abs. 1 AEUV gedeckt ist. Abl. *Degen*, DÖV 1993, 749 (756), der darunter nur abw. Sonderregelungen für die Modalitäten der Wahlrechtsausübung fassen will.
[173] So *Pieroth/Schmülling*, DVBl 1998, 365 (368).
[174] ABl. 1993 L 329, S. 34.
[175] *Schrapper*, DVBl 1995, 1167 (1171).

4. Umsetzung auf der nationalen Ebene

a) Umsetzung durch die Länder

5121 Richtlinien richten sich gem. Art. 288 Abs. 3 AEUV an die Mitgliedstaaten. Diese Vorschrift regelt aber nicht, welche Organe innerhalb des Mitgliedstaates die Umsetzung konkret vornehmen. Dies hängt von den jeweiligen **innerstaatlichen Kompetenzvorschriften** ab. In Deutschland fällt gem. **Art. 30, 70 Abs. 1 GG** die Gestaltung des Kommunalwahlrechts in die ausschließliche Gesetzgebungskompetenz der Länder. Insoweit war der Bund verpflichtet, für eine fristgerechte und richtlinienkonforme Umsetzung der RL 94/80/EG[176] durch die Länder zu sorgen.[177] Alle Bundesländer haben entsprechende Regelungen in ihre Kommunalwahlgesetze aufgenommen.[178] Von der Möglichkeit, die Wählbarkeit in kommunale Spitzenämter auf deutsche Staatsangehörige zu beschränken, haben Bayern[179] und Sachsen[180] Gebrauch gemacht.[181]

b) Verfassungsrechtliche Voraussetzungen

5122 Dem Inkrafttreten der RL 94/80/EG über Kommunalwahlen im Januar 1995 war in Deutschland eine lebhafte Diskussion um die Einführung eines Kommunalwahlrechts für Ausländer vorausgegangen.[182] Das **BVerfG** entschied diesen Streit und erklärte 1990 die Einführung des kommunalen Ausländerwahlrechts in Schleswig-Holstein[183] und in Hamburg[184] für verfassungswidrig.[185] Danach ist der Volksbegriff in Art. 20 Abs. 2 S. 1 GG und Art. 28 Abs. 1 S. 2 GG gleich und umfasst nur die deutschen Staatsangehörigen. Es sei eben dieses Volk, das nach Art. 20

---

[176] ABl. 1994 L 368, S. 38, zuletzt geändert durch RL 2013/19/EU, ABl. 2013 L 158, S. 231.

[177] EuGH, Rs. C-96/81, ECLI:EU:C:1982:192 (Rn. 12) – Kommission/Niederlande; Rs. C-97/81, ECLI:EU:C:1982:193 (Rn. 12) – Kommission/Niederlande; Rs. C-227–230/85, ECLI:EU:C:1988:6 (Rn. 9) – Kommission/Belgien.

[178] Vgl. den Überblick bei *Schunda*, Das Wahlrecht von Unionsbürgern bei Kommunalwahlen in Deutschland, 2003, S. 282 ff.

[179] Art. 39 Abs. 1 BayGLKrWG.

[180] § 49 Abs. 1 SächsGemO.

[181] Dies wird in Teilen der Lit. für unionsrechtswidrig gehalten, näher dazu o. Rn. 5118 f.

[182] Vgl. die Literaturnachweise bei *Schunda*, Das Wahlrecht von Unionsbürgern bei Kommunalwahlen in Deutschland, 2003, S. 108 f.

[183] Dieses sollte aus Gründen der Gegenseitigkeit allerdings auf die Angehörigen der Staaten Dänemark, Irland, Niederlande, Norwegen, Schweden und Schweiz beschränkt sein, vgl. den Gesetzeswortlaut bei BVerfGE 83, 37 (39).

[184] Gegenstand war konkret das Ausländerwahlrecht zu den Bezirksversammlungen des Stadtstaats Hamburg.

[185] BVerfGE 83, 37 (50 ff.) – Schleswig-Holstein; 83, 60 (71 ff.) – Hamburg. Das in Bremen eingeführte Ausländerwahlrecht wurde nach der Entscheidung des BVerfG vom Bremischen Staatsgerichtshof für verfassungswidrig erklärt, StGH Bremen, DVBl 1991, 1075.

Abs. 2 S. 2 GG in Wahlen und Abstimmungen Staatsgewalt ausübe.[186] In einem obiter dictum hat das BVerfG aber angemerkt, dass dies die Einführung eines Kommunalwahlrechts für ausländische Personen auf europäischer Ebene nicht ausschließe. Insoweit sei eine **Verfassungsänderung** erforderlich, der Art. 79 Abs. 3 GG nicht entgegenstehe.[187]

In Reaktion auf diese Entscheidung des BVerfG und auch, um die Unterzeichnung des Maastrichter Vertrages verfassungsrechtlich abzusichern, wurde 1992 **Art. 28 Abs. 1 S. 3 GG** aufgenommen.[188] Danach sind bei Wahlen in Kreisen und Gemeinden auch Personen, die die Staatsangehörigkeit eines Mitgliedstaates der Europäischen Gemeinschaft besitzen, nach Maßgabe des Rechts der Europäischen Gemeinschaft wahlberechtigt und wählbar.

5123

5. Bedeutung

a) Entkoppelung von Staatsangehörigkeit und Wahlrecht

Seit der **französischen Revolution** und insbesondere seit dem Ende des 19. Jahrhunderts hat sich eine **Verknüpfung des Wahlrechts mit der Staatsangehörigkeit** herausgebildet.[189] Das politische Teilhaberecht wurde an die Voraussetzung geknüpft, dass die einzelne Person auch durch das Band der Staatsangehörigkeit mit dem jeweiligen Staat verknüpft war. Ausländische Personen waren damit von diesem Recht ausgeschlossen.

5124

Dieses Regelungssystem wurde durch die **Einführung des Kommunalwahlrechts für Unionsbürgerinnen und Unionsbürger** durchbrochen. Dieser Schritt wurde als historische Neuerung[190] und gleichzeitig als **Kernstück der Unionsbürgerschaft** bewertet.[191] Bei näherer Betrachtung relativiert sich die Bedeutung dieser Veränderung ein Stück weit. Denn die **Anknüpfung des Wahlrechts** an die Staatsangehörigkeit wird nicht völlig aufgegeben, sondern **auf** eine **andere Ebene**, nämlich die der Unionsbürgerschaft, **verschoben**.[192] Die Änderung besteht also

5125

---

[186] BVerfGE 83, 37 (53 ff.).

[187] BVerfGE 83, 37 (59). Dies wird vom BVerfG allerdings nur apodiktisch festgestellt und nicht näher hergeleitet. Zur Kritik daran vgl. *Stöcker*, Der Staat 30 (1991), 259 (260 f.); *Dreier*, in: ders., GG, Art. 20 II Rn. 42; *v. Simson/Schwarze*, Europäische Integration und Grundgesetz, 1992, S. 44 f., 55; *Zuleeg*, in: FS für Schefold, 2001, S. 117 (119).

[188] Vgl. Gesetz zur Änderung des Grundgesetzes vom 21.12.1992, BGBl. 1992 I S. 2086.

[189] *Schönberger*, Unionsbürger, 2005, S. 433 f., *Quaritsch*, DÖV 1983, 1 (1); *Hobe*, Der Staat 32 (1993), 245 (251 ff.).

[190] *Schunda*, Das Wahlrecht von Unionsbürgern bei Kommunalwahlen in Deutschland, 2003, S. 51; *Hasselbach*, ZG 1997, 49 (49).

[191] *Degen*, DÖV 1993, 749 (753); *Schrapper*, DVBl 1995, 1167 (1168); *Pieroth/Schmülling*, DVBl 1998, 365 ff.

[192] *Schönberger*, Unionsbürger, 2005, S. 434, 437 ff.

darin, dass nicht mehr die Staatsangehörigkeit des Wohnsitzstaates erforderlich ist, sondern die **Staatsangehörigkeit eines Mitgliedstaates der Union ausreicht**.

b) Veränderung des nationalen Legitimationssubjekts?

5126 Teilweise wurde als Folge der Einführung des Kommunalwahlrechts für Unionsbürgerinnen und Unionsbürger eine Veränderung des Begriffes des Staatsvolks i. S. d. Art. 20 Abs. 2 S. 1 GG festgestellt.[193] Das Legitimationssubjekt ist nach dieser Auffassung nicht mehr das sich aus den deutschen Staatsangehörigen zusammensetzende Staatsvolk, sondern wird erweitert um die wahlberechtigten Unionsbürgerinnen und Unionsbürger.

5127 Dagegen wird eingewandt, dass eine solche Änderung im Rahmen einer Änderung des Wortlauts sichtbar gemacht worden wäre.[194] Der **Volksbegriff** sei **unverändert** geblieben, **geändert** habe sich jedoch das Alleinstellungsmerkmal des Volkes als **Legitimationssubjekt** im Rahmen des Demokratieprinzips **auf kommunaler Ebene**. Hier werde die Staatsgewalt nicht mehr nur durch das deutsche Staatsvolk legitimiert, sondern auch durch die wahlberechtigten Unionsbürgerinnen und Unionsbürger.[195]

5128 Berücksichtigt man die zentrale Bedeutung, die dem Begriff des Staatsvolks in der Rechsprechung des BVerfG zum Demokratieprinzip zukommt,[196] so spricht dies **gegen** einen **Verfassungswandel**,[197] der sich nicht im Wortlaut ausdrückt, sondern nur durch eine Änderung des kommunalen Wahlrechts ausgelöst wurde.[198]

c) Verbesserte Integration

5129 Die Einräumung von politischen Teilhaberechten ist neben der Ermöglichung der Schaffung einer Existenzgrundlage durch berufliche Tätigkeit ein wichtiger Beitrag zur **verbesserten Integration im Wohnsitzstaat**.[199] Damit wird **mittelbar auch** das **Freizügigkeitsrecht gefördert**, da ein Umstand, der von seiner Ausübung abhalten könnte, beseitigt wurde.

d) Geringe praktische Bedeutung

5130 Der praktische Stellenwert des Kommunalwahlrechts steht zu der dargelegten Einordnung in einem deutlichen Gegensatz. Denn die Wahlbeteiligung der Unions-

---

[193] *Hobe*, Der Staat 32 (1993), 245 (262).
[194] *Schönberger*, Unionsbürger, 2005, S. 453; *Burkholz*, DÖV 1995, 816 (818).
[195] *Schönberger*, Unionsbürger, 2005, S. 453; so auch *Dreier*, in: ders., GG-Kommentar, Art. 28 II Rn. 69.
[196] S. dazu Rn. 5122.
[197] Zu diesem Begriff *Böckenförde*, in: FS für Lerche, 1993, S. 1 (3 ff.).
[198] Dagegen bereits *Quaritsch*, DÖV 1983, 1 (4).
[199] *Schunda*, Das Wahlrecht von Unionsbürgern bei Kommunalwahlen in Deutschland, 2003, S. 56.

bürgerinnen und Unionsbürger liegt deutlich unter derjenigen der Angehörigen des jeweiligen Mitgliedstaates.[200] Gleiches gilt für das passive Wahlrecht.[201] Als Gründe sind u. a. ein immer noch bestehendes Informationsdefizit und auch eine noch nicht ausreichende Integration in den Wohnsitzstaat zu nennen.[202]

II. Schutzbereich

1. Grundrechtsträger

Das Recht aus Art. 40 EGRC steht allen **Unionsbürgerinnen und Unionsbürgern mit Wohnsitz in einem Mitgliedstaat** zu. Grundrechtsträger sind danach natürliche Personen, juristische Personen werden nicht umfasst. Die Voraussetzungen des Wohnsitzes werden durch das nationale Recht festgelegt, ebenso wie weitere Wahlvoraussetzungen wie etwa ein Wahlmindestalter.

5131

2. Gewährleistungsumfang

a) Gleichbehandlungsrecht

Art. 40 EGRC ist wortgleich zu Art. 39 Abs. 1 EGRC formuliert. Wie dieser gewährt er lediglich ein **Recht auf Inländergleichbehandlung, nicht** aber ein **originäres Recht auf Teilnahme** an Kommunalwahlen. Dies ergibt sich zum einen aus dem letzten Satzteil des Art. 40 EGRC selbst sowie aus der primärrechtlichen Entsprechungsnorm des Art. 22 Abs. 1 AEUV. Zum anderen geht davon auch die RL 94/80/EG aus, die Art. 22 Abs. 1 AEUV ausdrücklich als Anwendung des Gleichbehandlungsgrundsatzes sieht. Nach Art. 1 Abs. 1 RL 94/80/EG regelt die Richtlinie die Einzelheiten, nach denen die Unionsbürgerinnen und Unionsbürger im Wohnsitzstaat ihr Wahlrecht ausüben können. Danach geht die Richtlinie von der einzelstaatlichen Einräumung des Wahlrechts aus, ohne selbst ein solches zu gewähren. Insoweit sind auch diejenigen Unionsbürgerinnen und Unionsbürger nicht vom Schutzbereich des Art. 40 Abs. 1 EGRC erfasst, die Staatsangehörige des Staates sind, in dem sie ihren Wohnsitz haben.[203]

5132

---

[200] *Hobe*, in: Stern/Sachs, Art. 40 Rn. 18; *Schunda*, Das Wahlrecht von Unionsbürgern bei Kommunalwahlen in Deutschland, 2003, S. 368 ff.
[201] *Schunda*, Das Wahlrecht von Unionsbürgern bei Kommunalwahlen in Deutschland, 2003, S. 374 ff.
[202] *Schunda*, Das Wahlrecht von Unionsbürgern bei Kommunalwahlen in Deutschland, 2003, S. 371, 373. Insoweit zeigt sich, dass zwischen dem Wahlrecht und der Integration im Wohnsitzstaat eine Wechselbeziehung besteht, also das Wahlrecht eine Integration zwar verbessern bzw. beschleunigen kann, aber dessen Wahrnehmung auch eine bereits erfolgte Integration voraussetzt.
[203] *Jarass/Kment*, § 35 Rn. 27 und bereits o. Rn. 5071 ff.

b) Kommunalwahlen

5133 Das Recht des Art. 40 EGRC bezieht sich auf Kommunalwahlen. Dieser Begriff ist in Art. 2 Abs. 1 RL 94/80/EG[204] näher definiert.[205] **Kommunen** sind danach lokale Gebietskörperschaften der Grundstufe, die für die Verwaltung bestimmter örtlicher Angelegenheiten eigenverantwortlich zuständig sind und eigene Organe besitzen. Kommunalwahlen sind **allgemeine und unmittelbare Wahlen**, die darauf abzielen, **Mitglieder von Vertretungskörperschaften** oder **Leiter bzw. Mitglieder** eines **Exekutivorgans** dieser lokalen Gebietskörperschaft zu bestimmen.[206] Insoweit werden nur Abstimmungen über Personen für die Besetzung von Ämtern, nicht aber Abstimmungen über Sachfragen erfasst.[207] Der **Schutz** bezieht sich auch hier **von der Wahlvorbereitung über den Wahlakt bis zur Mandatsausübung**.[208]

3. Beeinträchtigung und Rechtfertigung

5134 Eine Beeinträchtigung liegt vor, wenn **eine Unionsbürgerin bzw. ein Unionsbürger** bei Kommunalwahlen in dem Staat, in dem sie bzw. er seinen **Wohnsitz** hat, ohne dessen Staatsangehörigkeit zu besitzen, **schlechter behandelt** wird **als** die **Staatsangehörigen dieses Staates** mit Wohnsitz dort. Dies setzt zunächst voraus, dass allen zu gleichen Bedingungen das aktive und passive Kommunalwahlrecht eingeräumt wird.[209]

5135 Art. 52 Abs. 2 EGRC verweist für die Chartarechte, die eine Entsprechung im Vertrag finden, auf die dort festgelegten Bedingungen und Grenzen. Danach sind für die Auslegung und Einschränkung des Art. 40 EGRC die Regelungen des Art. 22 Abs. 1 AEUV und die darauf beruhenden Ausgestaltungsregelungen zu beachten. Eine **Einschränkung** des passiven Wahlrechts findet sich in **Art. 5 Abs. 3 RL 94/80/EG**, wonach die Mitgliedstaaten das Amt des **Leitenden, des Stellvertretenden oder** des **Mitglieds eines Exekutivorgans** den **eigenen Staatsangehörigen** vorbehalten können.[210] Dies lässt sich dadurch rechtfertigen, dass die Kommunalwahl die Mitwirkung bei örtlichen Angelegenheiten sichern soll, nicht aber die **Teilnahme bei der Ausübung der Staatsgewalt** im Wohnsitzstaat. Diese Tätigkeiten sind auch nach Maßgabe des Art. 45 Abs. 4 AEUV den eigenen Staatsangehörigen

---

[204] Des Rates vom 19.12.1994 über die Einzelheiten der Ausübung des aktiven und passiven Wahlrechts bei den Kommunalwahlen für Unionsbürger mit Wohnsitz in einem Mitgliedstaat, dessen Staatsangehörigkeit sie nicht besitzen, ABl. 1994 L 368, S. 38, zuletzt geändert durch RL 2013/19/EU, ABl. 2013 L 158, S. 231.

[205] S. o. Rn. 5108 ff.

[206] S. dazu bereits Rn. 5116 ff.

[207] *Jarass/Kment*, § 35 Rn. 26; *Kluth*, in: Calliess/Ruffert, Art. 40 EGRC Rn. 5; *Magiera*, in: Meyer/Hölscheidt, Art. 40 Rn. 16.

[208] S. dazu bereits Rn. 5077.

[209] *Jarass/Kment*, § 35 Rn. 28.

[210] Zu den Zweifeln an der Vereinbarkeit dieser Regelung mit dem Primärrecht s. o. Rn. 5118 f.

der Mitgliedstaaten vorbehalten.[211] Eine weitere Einschränkung erlaubt **Art. 12 RL 94/80/EG** für Mitgliedstaaten mit einem besonders hohen Anteil ausländischer Unionsbürgerinnen und Unionsbürger. Diese können das kommunale Wahlrecht an eine verlängerte Mindestaufenthaltsdauer knüpfen.[212]

III. Prüfungsschema zu Art. 40 EGRC

1. Schutzbereich   5136
  a) Begünstigte: Unionsbürgerinnen und Unionsbürger mit Wohnsitz in anderem Mitgliedstaat als dem der Staatsangehörigkeit
  b) parallel zu Art. 39 Abs. 1 EGRC nur Gleichbehandlungsrecht
  c) Kommunalwahlbegriff:

  aa) Wahl gerichtet auf Bestimmung Vertretungsorgan
  bb) lokale Gebietskörperschaft der Grundstufe

2. Ungleichbehandlung
Vergleichsmaßstab: Staatsangehörige des Wohnsitzstaates (Beispiel: Mitgliedschaft in Exekutivorgan Staatsangehörigen des Wohnsitzstaates vorbehalten)

3. Rechtfertigung
  a) über Art. 52 Abs. 2 EGRC

  • für Ausschluss von kommunalen Leitungsämtern Rechtfertigung durch Sonderstatus mitgliedstaatlicher öffentlicher Verwaltung in Art. 45 Abs. 4 AEUV anerkannt
  • sekundärrechtliche Einschränkungen durch RL 94/80/EG zu beachten

  b) Verhältnismäßigkeit

§ 2 Das Recht auf eine gute Verwaltung

A. Grundlagen

I. Entwicklungsgeschichte

Das in Art. 41 EGRC verankerte Recht auf eine gute Verwaltung ist inhaltlich nicht   5137
neu, sondern hat im Wesentlichen die Rechtsprechung des EuGH aufgenommen, die **Grundsätze einer guten Verwaltung** entwickelt hat.[213] Dass diese Grundsätze in

---

[211] *Magiera*, in: Meyer/Hölscheidt, Art. 40 Rn. 17.
[212] Zur Rechtfertigung s. o. Rn. 5079 f.
[213] S. dazu im Einzelnen u. Rn. 5178 ff.

einem eigenständigen Grundrecht zusammengefasst wurden, ist wesentlich auf die Initiative des damaligen Europäischen Bürgerbeauftragten *Södermann* zurückzuführen.[214] Diese wurde im Konvent mit breiter Zustimmung aufgenommen.[215] Die systematisch missglückte Stellung des Art. 41 EGRC im Titel der Unionsbürgerrechte rührt daher, dass ursprünglich der Kreis der Berechtigten auf Personen mit Wohnsitz in einem Mitgliedstaat beschränkt werden sollte.[216] Die dann vorgenommene Ausgestaltung als **Jedermann-Recht** wurde nicht mehr mit einer Änderung der Stellung innerhalb der Charta verknüpft.[217]

II. Struktur des Art. 41 EGRC

5138 Das Recht auf eine gute Verwaltung ist in **vier Absätze** untergliedert, wobei die ersten zwei Absätze zusammen zu lesen sind. Diese beiden gewähren ein allgemeines Recht auf gute Verwaltung, während Absatz 3 einen Haftungsanspruch und Absatz 4 als Korrespondenzrecht eine Sprachengarantie beinhalten.[218] Nach der Grundnorm des Art. 41 Abs. 1 EGRC umfasst das Recht auf eine gute Verwaltung das Recht einer jeden Person, dass ihre Angelegenheiten von den Organen, Einrichtungen und sonstigen Stellen der Union unparteiisch, gerecht und innerhalb einer angemessenen Frist behandelt werden. Art. 41 Abs. 2 EGRC nennt Anwendungsbeispiele dieses Grundsatzes. Dabei ergibt sich bereits aus dem Wortlaut, dass diese Aufzählung nicht abschließend ist.[219]

---

[214] Vgl. dazu dessen Rede vor dem Konvent am 2.2.2000, CHARTE 4131/00 CONTRIB 26 (Datum des Dokuments 17.2.2000 nach *Bernsdorff/Borowsky*, Die Charta der Grundrechte der Europäischen Union, 2002, S. 110).

[215] Kein einziger Abänderungsantrag war auf die gänzliche Streichung des Art. 41 EGRC gerichtet, vgl. *Barriga*, Die Entstehung der Charta der Grundrechte der Europäischen Union, 2003, S. 137.

[216] CHARTE 4170/00 CONVENT 17; *Barriga*, Die Entstehung der Charta der Grundrechte der Europäischen Union, 2003, S. 137.

[217] CHARTE 4284/00 CONVENT 28; *Barriga*, Die Entstehung der Charta der Grundrechte der Europäischen Union, 2003, S. 137.

[218] S. *Magiera*, in: Meyer/Hölscheidt, Art. 41 Rn. 1 ff. sowie ebenso *Folz*, in: Vedder/Heintschel v. Heinegg, Art. 41 EGRC Rn. 2 – 7.

[219] Vgl. Art. 41 Abs. 2 EGRC: „Dieses Recht umfasst insbesondere ...", *Galetta/Grzeszick*, in: Stern/Sachs, Art. 41 Rn. 7, 14. Die Öffnung des Wortlauts des Art. 41 Abs. 2 EGRC durch das Wort „insbesondere" war im Konvent umstritten, vgl. *Bernsdorff/Borowsky*, Die Charta der Grundrechte der Europäischen Union, 2002, S. 315.

III. Vergleichbare Regelungen auf anderen Normebenen

1. Primärrecht

Das in Art. 41 EGRC verankerte Recht auf eine gute Verwaltung ist in weiten Teilen nicht neu.[220] Vielmehr gibt es Vorbildnormen im Primärrecht. So findet die in Art. 41 Abs. 3 EGRC geregelte Amtshaftung ihre Entsprechung in Art. 340 Abs. 2 AEUV. Gleiches gilt für die Sprachengarantie des Art. 41 Abs. 4 EGRC, die in Art. 24 Abs. 4 AEUV geregelt ist. Auch das Begründungserfordernis des Art. 41 Abs. 2 lit. c) EGRC besteht für Rechtsakte bereits nach dem Primärrecht gem. Art. 296 Abs. 2 AEUV.

5139

Für die Grundnorm des Art. 41 Abs. 2 EGRC findet sich im AEUV zwar keine normative Entsprechung, doch haben die Unionsgerichte in ihrer Rechtsprechung den Grundsatz einer guten Verwaltung anerkannt und ausgeformt.[221] Wirklich **neu** und ohne Vorbild ist jedoch die Garantie des **Art. 41 Abs. 1 EGRC**, soweit sie jedem ein **Recht auf gerechte Behandlung** seiner **Angelegenheiten** gewährt.[222]

5140

2. EMRK

Ein Recht auf gute Verwaltung ist in der EMRK nicht enthalten. In **Art. 6 Abs. 1 EMRK** ist jedoch das Recht auf ein **faires Verfahren** in zivilrechtlichen oder strafrechtlichen Verfahren verankert. Über den Wortlaut hinaus wird diese Garantie auch **auf den Bereich des öffentlichen Rechts ausgedehnt**.[223] Darüber hinaus wird diesem Recht, das nach seinem Wortlaut nur den Zugang zum Gericht und die Ausgestaltung des gerichtlichen Verfahrens behandelt, auch **Maßstabswirkung für vorgeschaltete Verwaltungsverfahren** beigemessen.[224] Damit besteht eine **Parallele zum Recht auf ein faires Verfahren als Bestandteil des Rechts auf eine gute Verwaltung**.[225]

5141

---

[220] *Galetta*, EuR 2007, 57 (59). Nachfolgend wird nur auf die wesentlichen Regelwerke Bezug genommen. Zu weiteren Quellen wie den Empfehlungen des Europarats, der OECD oder dem IPbpR vgl. *Pfeffer*, Das Recht auf eine gute Verwaltung, 2006, S. 60 ff. Umfassend zur Entwicklung *Classen*, Gute Verwaltung im Recht der Europäischen Union, 2008.

[221] Dazu sogleich Rn. 5147 ff.

[222] *Grzeszick*, EuR 2006, 161 (166, 176); *Lais*, ZEuS 2002, 447 (462) weist darauf hin, dass in keiner der Entscheidungen der Europäischen Gerichte, auf die der Konvent zur Interpretation des Art. 41 EGRC verwies, der Begriff der gerechten Entscheidung zu finden ist.

[223] *Schwarze*, EuGRZ 1993, 377 ff.

[224] EGMR, Urt. vom 25.2.1993, Nr. 10828/84 (Rn. 41 ff.), ÖJZ 1993, 532 (532 f.) – Funke/Frankreich; *Grabenwarter/Pabel*, in: Dörr/Grote/Marauhn, Kap. 14 Rn. 18; *Schwarze*, EuGRZ 1993, 377 ff.

[225] Vgl. dazu u. Rn. 5169 ff.

3. Der Europäische Kodex für gute Verwaltungspraxis

5142 Der Europäische Kodex für gute Verwaltungspraxis geht auf eine **Initiative des Europäischen Bürgerbeauftragten** zurück, der **1998** eine Untersuchung einleitete, inwieweit in den Gemeinschaftsorganen und -einrichtungen Maßstäbe für eine gute Verwaltungspraxis existieren. Als Reaktion auf das Ergebnis, dass solche gemeinsame Regeln nicht existierten, formulierte er einen Musterkodex und forderte die jeweiligen Behörden auf, entsprechende Vorschriften zu erlassen. Das Ziel, einen einheitlichen Handlungsmaßstab für das Verwaltungshandeln auf Gemeinschaftsebene zu errichten, ist noch nicht erreicht worden. Weder haben alle Organe und Einrichtungen einen Kodex verabschiedet noch entsprechen die vorhandenen Regelwerke dem Musterentwurf.

5143 Die Kommission hat einen eigenen „**Kodex für gute Verwaltungspraxis** in den Beziehungen der Bediensteten der Europäischen Kommission zur Öffentlichkeit" erlassen.[226] Das Parlament hat einen „Leitfaden für die Pflichten der Beamten und Bediensteten des Europäischen Parlaments (**Verhaltenskodex**)" entwickelt[227] und gleichzeitig im Rahmen einer Entschließung die Kommission aufgefordert, einen Verordnungsvorschlag für einen Kodex für gute Verwaltungspraxis vorzulegen.[228] Der Gerichtshof hat einen Verhaltenskodex für die Mitglieder der europäischen Gerichte angenommen, der aber speziell auf die Anforderungen an eine richterliche Tätigkeit ausgerichtet ist.[229] Der Rat hat bislang noch keinen Kodex vorgelegt. Im Gegensatz dazu stehen die **europäischen Einrichtungen**, die fast sämtlich den **Musterkodex** übernommen haben.[230]

5144 Die bislang erlassenen Kodizes unterscheiden sich nicht nur inhaltlich, sondern auch in ihrer Rechtswirkung. So kommt allen Kodizes, die dem Musterentwurf folgen, **Außenwirkung** zu, die **Regelwerke** der **Kommission** und des **Parlaments** hingegen entfalten grundsätzlich nur **Innenwirkung**.[231]

5145 Der **Europäische Bürgerbeauftragte** hat zuletzt **2005** einen **Kodex für gute Verwaltungspraxis** veröffentlicht,[232] der Maßstäbe formuliert, nach denen die Mitarbeiter der Gemeinschaft bei der Wahrnehmung von Verwaltungsaufgaben

---

[226] Veröffentlicht als Anhang zu Beschl. 2000/633/EG, EGKS, Euratom der Kommission vom 17.10.2000 zur Änderung ihrer Geschäftsordnung, ABl. 2000 L 267, S. 63. Er wurde zusammen mit der Geschäftsordnung der Kommission – wiederum als Anhang – neu verkündet, ABl. 2000 L 308, S. 26.

[227] ABl. 2000 C 97, S. 1.

[228] ABl. 2002 C 72 E, S. 331. Die darin enthaltenen Änderungsvorschläge finden sich weitestgehend in dem zuletzt veröffentlichten Kodex des Bürgerbeauftragten wieder, s. dazu sogleich Rn. 5145.

[229] ABl. 2007 C 223, S. 1.

[230] Eine Übersicht findet sich bei *Martínez Soria*, EuR 2001, 682 (684, Fn. 16).

[231] Zu Ansätzen einer Außenwirkung nach dem Grundsatz der Selbstbindung der Verwaltung *Martínez Soria*, EuR 2001, 682 (700 f.).

[232] Abrufbar unter https://www.ombudsman.europa.eu/de/publication/de/3510 (letzter Abruf: 30.9.2023).

handeln sollen.²³³ Er enthält die **Grundsätze der guten Verwaltung, wie** sie **in Art. 41 EGRC** formuliert sind,²³⁴ geht aber noch **darüber hinaus**. So enthält er in Art. 4 ausdrücklich den Grundsatz der Gesetzmäßigkeit der Verwaltung und in Art. 6 den Grundsatz der Verhältnismäßigkeit, die in der EGRC in Art. 52 Abs. 1 niedergelegt sind. Nur schwer bestimmbar ist demgegenüber das Höflichkeitsgebot des Art. 12, wonach die Beamtin und der Beamte sich in den Beziehungen zur Öffentlichkeit dienstleistungsorientiert, korrekt, höflich und zugänglich verhalten soll.

Mit dem Kodex für eine gute Verwaltungspraxis steht ein geeignetes Instrument zur Verfügung, dem ausformungsbedürftigen Recht auf gute Verwaltung des Art. 41 EGRC zur praktischen Anwendung und Wirksamkeit zu verhelfen.²³⁵ Ob und wann dieses auch tatsächlich eingesetzt wird, bleibt abzuwarten.²³⁶ Das EuG hat nämlich diesem Kodex jegliche rechtliche Bindungswirkung abgesprochen.²³⁷

5146

B. Das allgemeine Recht auf eine gute Verwaltung (Art. 41 Abs. 1 EGRC)

I. Berechtigte

1. Menschenrecht

Nach Art. 41 Abs. 1 EGRC hat jeder Mensch ein Recht darauf, dass seine Angelegenheiten von den Organen, Einrichtungen und sonstigen Stellen der Union unparteiisch, gerecht und innerhalb einer angemessenen Frist behandelt werden. Nach diesem Wortlaut wie dem der anderen Absätze des Art. 41 EGRC wird jede Person berechtigt. Damit ist dieses Grundrecht nicht auf Unionsbürgerinnen und Unionsbürger oder Personen mit Wohnsitz in der Union beschränkt, sondern als Menschenrecht ausgestaltet. Darin liegt zwar ein gewisser Widerspruch zur systematischen

5147

---

[233] *Martínez Soria*, EuR 2001, 682 (688). Art. 2 ist noch weiter gefasst: „Der Kodex gilt für alle Beamtinnen und Beamten und sonstigen Bediensteten, ..., in ihren Beziehungen zur Öffentlichkeit."

[234] Z. B. Art. 8 – Unparteilichkeit und Unabhängigkeit; Art. 11 – Fairness; Art. 16 – Recht auf Anhörung und Abgabe von Erklärungen; Art. 18 – Verpflichtung zur Begründung von Entscheidungen.

[235] *Lais*, ZEuS 2002, 447 (480); *Grzeszick*, EuR 2006, 161 (177 f.), der darauf hinweist, dass der Kodex zwar noch nicht rechtsverbindlich ist, aber schon zur Auslegung des Art. 41 EGRC herangezogen werden kann.

[236] Von Seiten der Kommission sind bislang keine Initiativen in diese Richtung erkennbar. In ihrem Weißbuch „Gutes Regieren" nimmt sie jedenfalls keinen Bezug zum Kodex für gute Verwaltung, vgl. Europäische Kommission, Europäisches Regieren – Ein Weissbuch, KOM (2001) 428 endg. (auch ABl. 2001 C 287, S. 1). Zur Kritik daran vgl. *Lais*, ZEuS 2002, 447 (480).

[237] EuG, Rs. T-132/06, ECLI:EU:T:2007:113 (Rn. 73) – Gorostiaga Atxalandabas/Parlament; Rs. T-121/08, ECLI:EU:T:2010:183 (Rn. 90) – PC-Ware Information Technologies/Kommission.

Stellung des Art. 41 EGRC innerhalb des „Bürgerrechte"-Titels.[238] Indes schließt bereits der originäre Geltungsanspruch der Gewährleistung als **allgemeines Verfahrensgrundrecht** einen engeren Berechtigtenkreis aus.[239]

2. Juristische Personen

5148 Unter den ursprünglich in der EGRC gewählten Begriff der Person lassen sich nicht nur natürliche, sondern auch juristische Personen fassen. Der mit dem Verfassungsentwurf gewählte Wortlaut „jeder Mensch" macht den Charakter als Menschenrecht deutlich, ohne den Kreis der Berechtigten notwendig zu verengen. Die Charta enthält keine allgemeine Regelung über die Grundrechtsberechtigung juristischer Personen.[240] In Art. 42–44 EGRC sind sie allerdings ausdrücklich als Berechtigte erwähnt. Auch in der Rechtsprechung des EuGH war die Grundrechtsfähigkeit juristischer Personen schon vor Erlass der Charta anerkannt.[241]

5149 Im Hinblick darauf können sich juristische Personen, wie etwa **Unternehmen**, die nicht aus natürlichen Personen bestehen, **auf Art. 41 EGRC** berufen.[242] Dafür spricht auch, dass die in Art. 43 EGRC juristischen Personen ausdrücklich eingeräumte Beschwerdemöglichkeit ansonsten ihres Hauptanwendungsbereichs beraubt würde.[243] Diese Argumentation greift zwar gleichermaßen für **juristische Personen** des privaten wie **des öffentlichen Rechts**. Doch wird die Grundrechtsberechtigung Letzterer **nur mit Einschränkungen** und unter Hinweis auf eine noch ausstehende rechtsdogmatische Aufarbeitung bejaht.[244] Dabei wird auch auf die nach deutschem Verfassungsrecht unter bestimmten Voraussetzungen, nämlich bei Vorliegen einer

---

[238] Vgl. *Rengeling/Szczekalla*, Rn. 1093. Dazu bereits o. Rn. 5137.

[239] So ausdrücklich für das Recht auf gute Verwaltung *Pernice*, DVBl 2000, 847 (856); *Rengeling/Szczekalla*, Rn. 1093 („Verfahrensfairness ist ein Jedermannsrecht"); *Weber*, NJW 2000, 537 (542) – allgemein für Verfahrensgrundrechte.

[240] Anders Art. 19 Abs. 3 GG, wonach die deutschen Grundrechte auch für inländische juristische Personen gelten, soweit sie ihrem Wesen nach auf diese anwendbar sind.

[241] EuGH, Rs. C-11/70, ECLI:EU:C:1970:114 (Rn. 4 ff.) – Internationale Handelsgesellschaft; Rs. C-265/87, ECLI:EU:C:1989:303 (Rn. 15 ff.) – Schräder. Der EuGH hat die Grundrechtsberechtigung juristischer Personen hier allerdings nur konkludent anerkannt, indem er die Grundrechte als Prüfungsmaßstab herangezogen hat.

[242] Vgl. *Schwarze*, EuZW 2001, 517 (518); *Pfeffer*, Das Recht auf eine gute Verwaltung, 2006, S. 110 f.

[243] *Lais*, ZEuS 2002, 447 (460 f.).

[244] Vgl. *Kühling*, in: v. Bogdandy (Hrsg.), Europäisches Verfassungsrecht, 2003, S. 612 f.; speziell für Art. 41 EGRC; *Jarass/Kment*, § 36 Rn. 8; *Pfeffer*, Das Recht auf eine gute Verwaltung, 2006, S. 112.

§ 2 Das Recht auf eine gute Verwaltung   737

„grundrechtstypischen Gefährdungslage", anerkannte Grundrechtsberechtigung juristischer Personen des öffentlichen Rechts[245] verwiesen.[246]

Die **Mitgliedstaaten** können sich dagegen **nicht** auf Art. 41 EGRC berufen.[247]   5150
Sie sind schon vom Wortsinn her nicht vom Schutzbereich dieses Grundrechts erfasst, das auf „Menschen" als Berechtigte beschränkt ist.[248] Diese können sich aber auf den Grundsatz der ordnungsgemäßen Verwaltung berufen.[249]

3. Beschränkung auf eigene Angelegenheiten

Das Recht des Art. 41 Abs. 1 EGRC wird allerdings auf die jeweils eigenen   5151
Angelegenheiten eines Menschen beschränkt. Insoweit wird eine **spezifische Beziehung zwischen** der **Person** und der **Verwaltungsangelegenheit** gefordert. Diese Anforderung ist jedenfalls hinsichtlich der **Adressaten** und damit der Personen erfüllt, an die eine Verwaltungsentscheidung gerichtet wird.[250] Darüber hinaus ist fraglich, wie weit der Kreis der Berechtigten nach diesem Kriterium zu ziehen ist.

In Betracht kommt die **Einbeziehung „Dritter"**, die zwar nicht Adressaten einer   5152
bevorstehenden Verwaltungsentscheidung sind, aber dennoch von ihr betroffen werden. Als Indiz für diese Betroffenheit könnte die Zulassung des Dritten zum Verwaltungsverfahren bzw. sein Anspruch auf Zulassung herangezogen werden.[251] Für eine solche Ausdehnung sprechen Regelungen im Rahmen des Wettbewerbsrechts, die bereits eine Einbeziehung Dritter im Verwaltungsverfahren vorsehen. So werden nicht unmittelbar am Verwaltungsverfahren beteiligten Unternehmen Anhörungsrechte eingeräumt, soweit sie ein hinreichendes Interesse darlegen.[252] Für eine Einbeziehung von **Verbänden**, die Allgemeinbelange verfolgen, fehlen vergleichbare Ansätze, die eine Ausdehnung des Rechts aus Art. 41 EGRC auf diese Gruppe rechtfertigen könnten.[253]

---

[245] Vgl. BVerfGE 45, 63 (79); 61, 82 (105); *Ernst*, in: v. Münch/Kunig, GGK I, Art. 19 Rn. 76.
[246] *Kühling*, in: v. Bogdandy (Hrsg.), Europäisches Verfassungsrecht, 2003, S. 612.
[247] Anders *Jarass/Kment*, § 36 Rn. 8: unter bestimmten Umständen.
[248] *Bauer*, Das Recht auf eine gute Verwaltung im Europäischen Gemeinschaftsrecht, 2002, S. 141; *Galetta/Grzeszick*, in: Stern/Sachs, Art. 41 Rn. 30; a. A. *Jarass/Kment*, § 36 Rn. 8 (allerdings nur andeutungsweise und ohne nähere Begründung).
[249] *Bauer*, Das Recht auf eine gute Verwaltung im Europäischen Gemeinschaftsrecht, 2002, S. 110; *Galetta/Grzeszick*, in: Stern/Sachs, Art. 41 Rn. 30; vgl. EuGH, Rs. C-48 u. 66/90, ECLI:EU:C:1992:63 (Rn. 44 ff.) – Niederlande u. a./Kommission; Rs. C-288/96, ECLI:EU:C:2000:537 (Rn. 99 f.) – Deutschland/Kommission; Rs. C-521/15, Rn. 90, 98 – Spanien/Rat.
[250] *Jarass/Kment*, § 36 Rn. 7.
[251] *Jarass/Kment*, § 36 Rn. 7; vgl. insoweit § 13 Abs. 2 VwVfG.
[252] Vgl. Art. 27 Abs. 3 VO (EG) Nr. 1/2003 (ABl. 2003 L 1, S. 1, zuletzt geändert durch VO (EG) 487/2009, ABl. 2009 L 148, S. 1).
[253] ABl. EuGH, Rs. C-170/89, ECLI:EU:C:1991:450 (Rn. 19) – BEUC; *Jarass/Kment*, § 36 Rn. 7.

II. Verpflichtete

1. Organe

5153 Nach Art. 41 Abs. 1 EGRC sind die Organe, Einrichtungen und sonstige Stellen der Union durch das Grundrecht verpflichtet. Diese Formulierung stimmt mit der in Art. 51 EGRC überein. Gemeint sind damit jedenfalls die Organe i. S. v. Art. 13 Abs. 1 EUV, also das Europäische Parlament, der Rat, die Kommission, der Gerichtshof, die Europäische Zentralbank und der Rechnungshof.[254] Mit Inkrafttreten des Reformvertrags von Lissabon wird der Kreis der Organe gem. Art. 13 EUV um die Europäische Zentralbank, den Europäischen Rat, das EuG und die Fachgerichte[255] erweitert.

2. Einrichtungen und sonstige Stellen

5154 Um entsprechend der Intention des Art. 51 Abs. 1 S. 1 EGRC eine **möglichst umfassende Bindung** zu erreichen, ist der Kreis der Einrichtungen und sonstigen Stellen **weit** zu ziehen. Dies macht auch eine genauere Zuordnung bzw. Abgrenzung entbehrlich.[256] Zu den Verpflichteten gehören insoweit über die vorstehend genannten Organe hinaus die Ausschüsse, namentlich der Wirtschafts- und Sozialausschuss sowie der Ausschuss der Regionen, die Europäische Investitionsbank, Europol sowie die Agenturen und sonstige Ämter.[257]

3. Mitgliedstaaten

5155 Im Wortlaut des Art. 41 EGRC werden die Mitgliedstaaten als Verpflichtete nicht eigens erwähnt. Nach Art. 51 EGRC gelten die Rechte der Charta ausdrücklich auch für die Mitgliedstaaten, allerdings nach dem Wortlaut nur beschränkt auf die Durchführung des Rechts der Union.[258] Damit wird auch die **mittelbare Durchführung des Unionsrechts** durch die Mitgliedstaaten erfasst, sodass die Mitgliedstaaten auch bei der Anwendung von nationalem Recht, das in Ausführung unionsrechtlicher Vorschriften erlassen oder dabei auch nur angewendet wird, dem Recht auf eine gute Verwaltung nach Art. 41 EGRC unterliegen müssten.

---

[254] *Lais*, ZEuS 2002, 447 (456), die allerdings auch noch die jetzt in Art. 300 Abs. 1 AEUV erwähnten Ausschüsse, den Wirtschafts- und Sozialausschuss sowie den Ausschuss der Regionen hinzuzählt. Ausführlich dazu o. Rn. 242 ff.

[255] Nach Art. 19 EUV umfasst der Gerichtshof der Europäischen Union als Sammelbegriff den Gerichtshof, das Gericht Erster Instanz und die Fachgerichte.

[256] S. dazu Teilband I Rn. 244.

[257] S. bereits Teilband I Rn. 244.

[258] Zur Bindung der Mitgliedstaaten durch die Grundrechte allgemein Rn. 268 ff.

§ 2 Das Recht auf eine gute Verwaltung

Allerdings greift Art. 41 Abs. 1 EGRC explizit den auf die Organe und Einrichtungen der Union bezogenen Satzteil des Art. 51 Abs. 1 EGRC auf, während andere Grundrechte zu den Verpflichteten keine Aussage treffen. Wegen dieser **begrenzten Formulierung** gilt daher **Art. 41 EGRC nicht für die Mitgliedstaaten**, auch wenn sie Unionsrecht vollziehen und daher eigentlich als „verlängerter Arm"[259] der Union und somit im weiteren Sinne als deren Organe handeln.[260] Insoweit wird der Anwendungsbereich des Art. 51 Abs. 1 EGRC eingeschränkt.[261] Diese Begrenzung hat ihren Sinn darin, dass die Durchführung des Unionsrechts den Mitgliedstaaten obliegt und diese weiterhin für die Organisation ihrer Verwaltung zuständig bleiben. Diese darf nur im Ergebnis die Anwendung und Einhaltung des Unionsrechts nicht vereiteln.[262] Das Recht auf eine gute Verwaltung sorgt zwar ebenfalls für eine effektive Durchführung. Die **auf die Verwaltung bezogenen Verfahrensrechte** sind aber **weitgehend nationaler Natur**, wenn nicht spezifisches Unionsrecht ausdrückliche Vorgaben macht.

5156

Dass **Art. 41 EGRC spezifisch** die **europäische Ebene** im Visier hat, zeigen auch seine Absätze 3 und 4. Auch hier werden die Mitgliedstaaten ausdrücklich nicht als Verpflichtete genannt. Der zu Art. 41 Abs. 3 EGRC parallele Art. 340 Abs. 2 AEUV bezieht sich nicht auf die nationale Ebene; insoweit besteht das richterrechtlich entwickelte Institut der gemeinschaftsrechtlichen Staatshaftung.[263] Die Sprachengarantie richtet sich nur gegen die Organe der Union.

5157

Die in Art. 41 Abs. 1 und Abs. 2 EGRC gewährleisteten Standards sind allerdings **regelmäßig auch in den nationalen Rechtsordnungen** enthalten, **ebenso** ein **Haftungsanspruch** bei Schäden durch Staatshandeln. Daher sind die praktischen Unterschiede nicht gravierend, wenn man die Geltung von Art. 41 EGRC nicht auf die mitgliedstaatliche Durchführung von Unionsrecht erstreckt. Diese wird ohnehin zumindest insoweit von europarechtlichen Verfahrensstandards erfasst, als andernfalls die wirksame Durchführung von Unionsrecht nicht sichergestellt ist. Das gilt zumal dann, wenn Sekundärrecht ausdrücklich entsprechende Verfahrensstandards etwa für Genehmigungsverfahren festschreibt. Rechtsgrundlage ist dann diese spezielle Regelung oder allgemein Art. 4 Abs. 3 EUV.[264]

5158

---

[259] *Jürgensen/Schlünder*, AöR 121 (1996), 200 (212).
[260] *Guletta/Grzeszick*, in: Stern/Sachs, Art. 41 Rn. 18; *Kanska*, ELJ 2004, 296 (309 f.); wohl auch *Lais*, ZeuS 2002, 447 (458).
[261] A.A. *Bauer*, Das Recht auf eine gute Verwaltung im Europäischen Gemeinschaftsrecht, 2002, S. 142; *Galetta*, EuR 2007, 57 (79 f.).
[262] S. auch EuGH, Rs. C-205–215/82, ECLI:EU:C:1983:233 (Rn. 19) – Deutsche Milchkontor.
[263] Grundlegend EuGH, Rs. C-6 u. 9/90, ECLI:EU:C:1991:428 (Rn. 31 ff.) – Francovich.
[264] Vgl. *Lais*, ZEuS 2002, 447 (458).

III. Anwendungsbereich

5159 Eine explizite Einschränkung auf den Bereich der **Verwaltung** enthält die Vorschrift nicht. Diese ergibt sich aber zum einen aus der Überschrift und auch aus der Gewährleistung des Art. 41 Abs. 2 lit. c) EGRC, in der ausdrücklich die Verwaltung verpflichtet wird. Darüber hinaus folgt diese Begrenzung auch aus der Genese der Vorschrift als **Rezeption der Rechtsprechung** der Gemeinschaftsgerichte **zu den Grundsätzen der guten und ordnungsgemäßen Verwaltung**.[265]

5160 Auf der Grundlage dieser Beschränkung des Anwendungsbereichs müsste die Berechtigung aus Art. 41 Abs. 1 EGRC auf Verwaltungstätigkeiten begrenzt werden, im Bereich von Rechtsprechung und Gesetzgebung wäre sie dagegen nicht anwendbar. Doch ist diese Dreiteilung der staatlichen Gewalt auf der Ebene des Unionsrechts nicht ohne weiteres anwendbar. Die Aufgliederung der staatlichen Gewalt entsprechend dem Gewaltenteilungsgrundsatz in Legislative und Exekutive findet auf europäischer Ebene keine unmittelbare Entsprechung.[266] Insoweit kann zur Bestimmung des **Begriffs der Verwaltung** nicht (nur) auf das **handelnde Organ** abgestellt werden, sondern es muss auch die **Art der Tätigkeit** berücksichtigt werden.[267]

5161 Ein Definitionsansatz für Verwaltung auf europäischer Ebene geht dahin, darunter den **Vollzug oder** die **Aktualisierung europarechtlicher Regelungen im Einzelfall** zu verstehen.[268] Die Judikatur geht sogar noch darüber hinaus. Darin wird die Anwendung des Grundsatzes einer guten Verwaltung nicht vom Vorliegen einer Verwaltungstätigkeit abhängig gemacht. Vielmehr wird entscheidend darauf abgestellt, wie konkret das Verwaltungsrechtsverhältnis zwischen dem jeweiligen Gemeinschaftsorgan und dem Bürger ausgestaltet ist.[269] Auf der Grundlage dieses Maßstabs werden **auch Verordnungen, die einen Bürger unmittelbar und individuell betreffen** können, als administrative Durchführungsmaßnahme verstanden und deshalb am Grundsatz der guten Verwaltung geprüft.[270]

5162 Es ist davon auszugehen, dass bei der Normierung des Art. 41 EGRC dieser weitreichende Anwendungsbereich des Rechts auf eine gute Verwaltung, wie er in der Rechtsprechung entwickelt wurde, übernommen werden sollte. Danach ist bei der Auslegung dieses Grundrechts von einem **weiten Anwendungsbereich** auszugehen, der **nicht auf** den Bereich **originärer Verwaltungstätigkeit** beschränkt ist.[271]

---

[265] *Galetta/Grzeszick*, in: Stern/Sachs, Art. 41 Rn. 9.

[266] Vgl. *Schwarze*, Europäisches Verwaltungsrecht, S. 22.

[267] *Kanska*, ELJ 2004, 296 (310).

[268] *Galetta/Grzeszick*, in: Stern/Sachs, Art. 41 Rn. 24.

[269] *Bauer*, Das Recht auf eine gute Verwaltung im Europäischen Gemeinschaftsrecht, 2002, S. 18 f.

[270] EuGH, Rs. C-81/72, ECLI:EU:C:1973:60 (Rn. 10) – Kommission/Rat; Rs. C-170/89, ECLI:EU:C:1991:450 (Rn. 25) – BEUC; EuG, Rs. T-167/94, ECLI:EU:T:1997:195 (Rn. 73) – Nölle.

[271] *Galetta/Grzeszick*, in: Stern/Sachs, Art. 41 Rn. 22 in Bezug auf Art. 41 Abs. 2 und 3 ERGRC.

§ 2 Das Recht auf eine gute Verwaltung   741

IV. Unparteiische Behandlung

1. Gewährleistungsinhalt

Die Gewährleistung des Art. 41 Abs. 1 EGRC ist in einzelne Elemente aufgegliedert. 5163
Dazu gehört das **Recht auf eine unparteiische Behandlung**. Nach dem Wortlaut
zeigt sich eine Parallele zu der in Titel VI unter der Überschrift „Justizielle Rechte"
enthaltenen Gewährleistung des Art. 47 Abs. 2 EGRC auf ein unparteiisches Gericht. Trotz dieser Gemeinsamkeit ist jedoch aufgrund der systematischen Stellung
von einer eigenständigen Bedeutung der Regelungen für das Verwaltungsverfahren
auszugehen.[272]

Der Grundsatz auf unparteiische Behandlung wurde von der Rechtsprechung der 5164
Gemeinschaftsgerichte als **allgemeiner Grundsatz des Verwaltungsverfahrens**
näher ausgeformt. Art. 41 Abs. 1 EGRC hat diese Rechtsprechung rezipiert, sodass
auf sie bei der Auslegung dieses Rechts zurückgegriffen werden kann.[273] Umgekehrt wirkt Art. 41 Abs. 1 EGRC bereits auf die Rechtsprechung zurück und wurde
vom EuG schon früh ausdrücklich mit herangezogen, um die Existenz eines Anspruchs auf unparteiische Behandlung zu begründen.[274]

Danach setzt eine unparteiische Entscheidung im Verwaltungsverfahren **zu-** 5165
nächst die **Ermittlung aller Tatsachen** voraus, die sich auf die Entscheidung
auswirken können.[275] Dies soll sicherstellen, dass ggf. **auch** Informationen **zur**
Entlastung der Betroffenen ermittelt werden.[276]

Auch der Kodex für gute Verwaltung enthält in den Art. 8 und 11 ein Gebot der 5166
Unparteilichkeit. In Art. 8 wird dargelegt, dass dies im Sinne eines Verbots von
Willkür oder Bevorzugung zu verstehen ist.

2. Beeinträchtigungen und Rechtfertigung

Das Recht auf unparteiische Behandlung ist dann verletzt, wenn die **Entscheidung** 5167
durch eine **befangene Person** getroffen wird. Die Befangenheit kann sich dabei
etwa durch familiäre oder persönliche Beziehungen oder finanzielle Interessen der

---

[272] *Galetta/Grzeszick*, in: Stern/Sachs, Art. 41 Rn. 38; dafür auch *Bullinger*, in: FS für Brohm, 2002, S. 25 (29 f.).
[273] Vgl. Erläuterungen zur Charta der Grundrechte, ABl. 2007 C 303, S. 17 (28).
[274] EuG, Rs. T-54/99, ECLI:EU:T:2002:20 (333, Rn. 48) – max.mobil Telekommunikation: Pflicht zur unparteiischen Behandlung einer Beschwerde gem. Art. 106 Abs. 3 AEUV durch die Kommission.
[275] EuGH, Rs. C-255/90 P, ECLI:EU:C:1992:153 (Rn. 7) – Burban; EuG, Rs. T-73/95, ECLI:EU: T:1997:39 (Rn. 32) – Oliveira; Rs. T-231/97, ECLI:EU:T:1999:146 (Rn. 41) – New Europe Consulting; vgl. auch EuG, Rs. T-54/99, ECLI:EU:T:2002:20 (Rn. 49) – max.mobil Telekommunikation.
[276] EuGH, Rs. C-255/90 P, ECLI:EU:C:1992:153 (Rn. 7) – Burban.

mit der Entscheidung befassten Person ergeben.[277] Eine **Rechtfertigung** für eine bevorzugte Behandlung kann nur aus expliziten Vorschriften folgen, wie etwa solchen zur **Bevorzugung weiblicher oder behinderter Bewerbender** im Rahmen von Einstellungsverfahren der Union.[278]

5168   Ein **Verstoß** gegen das Unparteilichkeitsgebot kann verschiedene Folgen haben. Zum einen ist die **getroffene Entscheidung aufzuheben**, da regelmäßig nicht auszuschließen ist, dass sich der Umstand der Befangenheit auf den Inhalt der Entscheidung ausgewirkt hat. Zum anderen wird die **befangene Person von der Entscheidung auszuschließen** und eine unbefangene Person mit der Entscheidung zu betrauen sein.[279]

V. Gerechte Behandlung

5169   Weiterhin hat jeder nach Art. 41 Abs. 1 EGRC ein **Recht auf gerechte Behandlung** seiner Angelegenheiten. Auch dieser Begriff wird in Art. 41 EGRC nicht näher erläutert. In den Entscheidungen der europäischen Gerichte, auf die der Konvent zur Erläuterung des Art. 41 EGRC verwiesen hat, wird er überhaupt nicht erwähnt.[280] Insoweit handelt es sich um einen neuen, ausfüllungsbedürftigen Begriff.[281]

5170   Der Kodex für eine gute Verwaltungspraxis enthält in Art. 11 als Handlungsmaßstab für die europäischen Beamtinnen und Beamten, dass diese unparteiisch, fair und vernünftig handeln sollen. Soweit hier ein „**faires**" bzw. „**vernünftiges" Verhalten** angemahnt wird, ist damit inhaltlich wohl dasselbe gemeint wie mit „gerechter Behandlung".[282] Mit dieser terminologischen Kongruenz ist aber noch keine inhaltliche Ausfüllung verbunden.

5171   Das **Gebot der Fairness** findet sich auch im Titel über justizielle Rechte in Art. 47 Abs. 2 EGRC wieder. Darin wird das Recht auf ein faires gerichtliches Verfahren garantiert. Die Rechtsprechung hat als wesentliche Elemente dieser Gewährleistung den **Grundsatz des rechtlichen Gehörs** und der **Chancengleichheit** benannt.[283] Obwohl die justiziellen Rechte und die Garantien im Rahmen des Verwaltungsverfahrens selbstständig nebeneinander stehen, erscheint es doch mög-

---

[277] *Kanska*, ELJ 2004, 296 (313).

[278] Vgl. Art. 1d Nr. 2 VO (EWG, Euratom, EGKS) Nr. 259/68 (Beamtenstatut) des Rates zur Festlegung des Statuts der Beamtinnen und Beamten der Europäischen Gemeinschaften und der Beschäftigungsbedingungen für die sonstigen Bediensteten dieser Gemeinschaften sowie zur Einführung von Sondermaßnahmen, die vorübergehend auf die Beamtinnen und Beamten der Kommission anwendbar sind, ABl. 1968 L 56, S. 1, zuletzt geändert durch VO (EU) Nr. 2016/1611, ABl. 2016 L 242, S. 1.

[279] Vgl. §§ 20, 21 VwVfG.

[280] *Lais*, ZEuS 2002, 447 (462).

[281] *Galetta/Grzeszick*, in: Stern/Sachs, Art. 41 Rn. 55; *Galetta*, EuR 2007, 57 (61).

[282] *Galetta/Grzeszick*, in: Stern/Sachs, Art. 41 Rn. 59 unter Hinweis auf die englische Fassung des Art. 11, die „fairly and reasonably" lautet.

[283] Ausführlich dazu u. Rn. 5661 ff.

lich, Parallelen zu ziehen. Die gerechte Behandlung der Angelegenheiten beinhaltet danach die Verpflichtung, rechtliches Gehör zu gewährleisten und **keine willkürliche Bevorzugung bzw. Benachteiligung** vorzunehmen. Genau diese Anforderungen sind aber auch in der Verpflichtung der unparteiischen Behandlung nach Art. 41 Abs. 1 EGRC sowie im Rahmen des Art. 41 Abs. 2 lit. a) EGRC enthalten, der ausdrücklich das Recht auf rechtliches Gehör festschreibt. Insoweit hat die Gewährleistung einer gerechten Behandlung **keinen eigenständigen materiellen Gehalt**,[284] sondern ist als **Verbindung der anderen Gewährleistungen** des Art. 41 Abs. 1 EGRC zu sehen.[285]

VI. Behandlung innerhalb angemessener Frist

1. Gewährleistungsinhalt

Bei dieser Anforderung handelt es sich um einen Grundsatz des Verwaltungsverfahrens, der ebenfalls als ungeschriebener Rechtsgrundsatz in der Rechtsprechung der europäischen Gerichte anerkannt war, bevor er in der Charta schriftlich niedergelegt wurde.[286] *GA Jacobs* hat bei der Prüfung dieses Grundsatzes einleitend festgestellt, „dass eine langsame Verwaltung eine schlechte Verwaltung ist".[287]

5172

Es lässt sich differenzieren zwischen der **Dauer eines gesamten Verwaltungsverfahrens** und der Dauer **der einzelnen Verfahrensschritte**. Das Gebot, in angemessener Frist zu agieren, bezieht sich auf beide Elemente. Bereits der Begriff der Angemessenheit macht deutlich, dass hier **keine feste zeitliche Vorgabe** gemacht werden kann. Vielmehr ist die **zulässige Verfahrensdauer abhängig vom jeweiligen Einzelfall**.[288] Beeinflussende Faktoren können etwa die Komplexität des Verfahrens, das Verhalten der Beteiligten im Laufe des Verfahrens sowie seine Bedeutung für die Beteiligten sein.[289]

5173

---

[284] *Heselhaus*, in: ders./Nowak, § 61 Rn. 44 f.

[285] *Pfeffer*, Das Recht auf eine gute Verwaltung, 2006, S. 113 ff.; s. aber *Kanska*, ELJ 2004, 296 (312).

[286] EuGH, Rs. C-282/95 P, ECLI:EU:C:1997:159 (Rn. 37 f.) – Guérin Automobiles; EuG, Rs. T-213/95 u. 18/96, ECLI:EU:T:1997:157 (Rn. 55 f.) – SCK u. FNK; Rs. T-228/97, ECLI:EU:T:1999:246 (Rn. 276) – Irish Sugar; Rs. T-67/01, ECLI:EU:T:2004:3 (Rn. 36) – JCB Service.

[287] *GA Jacobs*, EuGH, Rs. C-270/99, ECLI:EU:C:2001:639 (Rn. 40) – Z.

[288] EuG, Rs. T-213/95 u. 18/96, ECLI:EU:T:1997:157 (Rn. 58) – SCK u. FNK; Rs. T-73/95, ECLI:EU:T:1997:39 (Rn. 45) – Oliveira; *Kanska*, ELJ 2004, 296 (313); Rs. T-267/07, ECLI:EU:T:2013:305 (Rn. 62) – Italien/Kommission; *Lais*, ZEuS 2002, 447 (463 f.).

[289] EuG, Rs. T-213/95 u. 18/96, ECLI:EU:T:1997:157 (Rn. 57) – SCK u. FNK; Rs. T-267/07, ECLI:EU:T:2013:305 (Rn. 62) – Italien/Kommission.

5174   In **Art. 17** des **Kodexes für gute Verwaltung** ist eine Frist von zwei Monaten enthalten.[290] Im Primärrecht enthält **Art. 265 Abs. 2 S. 2 AEUV** für die Untätigkeitsklage als Zulässigkeitsvoraussetzung eine Untätigkeit des zu verklagenden Organs von **zwei Monaten**. Es erscheint jedoch zu weitgehend, daraus einen generellen Maßstab für das Merkmal der Angemessenheit abzuleiten.[291] Art. 17 des Kodex bezieht sich auf das Handeln der einzelnen Beamtinnen und Beamten und hat nicht die Verwaltungsverfahren im Blick. Auch Art. 265 Abs. 2 AEUV verfolgt eine **andere Stoßrichtung**. Das Statuieren einer **starren Frist**, innerhalb derer die Sachbehandlung noch angemessen und nicht verspätet erscheint, **widerspricht der einzelfallbezogenen Betrachtungsweise**, die dieser Grundsatz erfordert. Denn auch eine Verfahrensdauer von weniger als zwei Monaten kann im Einzelfall etwa bei einfach gelagerten Sachverhalten unangemessen sein.

5175   **Praktisch relevant** wird der Grundsatz der Behandlung in angemessener Frist insbesondere, wenn von der das Verfahren abschließenden Entscheidung **weitere Dispositionen** wie etwa Investitionsbeschlüsse oder die wirtschaftliche Kalkulation der Betroffenen **abhängen**.[292] Ein weiteres Anwendungsgebiet ist das **Beamtenrecht**. Hier hat das EuG festgestellt, dass das **verspätete Erstellen von dienstlichen Beurteilungen** einen Verstoß gegen den Grundsatz der ordnungsgemäßen Verwaltung darstellt.[293] Schließlich greift das Gebot der Zügigkeit auch im Zusammenhang mit dem **Erlass bzw. der Aufhebung belastender Maßnahmen**.[294] Auch hier haben die Betroffenen ein schützenswertes Interesse daran, schnell zu erfahren, ob eine belastende Maßnahme erlassen wird bzw. Bestand haben wird oder nicht.

2. Beeinträchtigungen und Rechtfertigung

5176   Ist im Einzelfall die angemessene Frist überschritten, so ist zu prüfen, inwieweit diese **Verzögerung gerechtfertigt** werden kann. Die Rechtsprechung erkennt das Bestehen von Rechtfertigungsgründen grundsätzlich an, ohne dies aber näher zu erläutern.[295] Dies liegt möglicherweise daran, dass potenzielle Rechtfertigungsgründe wie die Komplexität des Verfahrens oder mangelnde Kooperationsbereitschaft der Verfahrensbeteiligten **bereits** auf der **Ebene der Angemessenheitsprüfung** berücksichtigt werden. Insoweit erscheint fraglich, ob neben den Aspekten der Angemessenheit überhaupt eigenständige Rechtfertigungsgründe existieren. Darü-

---

[290] „Der Beamte stellt sicher, dass über jedes Ersuchen bzw. jede Beschwerde an das Organ innerhalb einer angemessenen Frist, … auf keinen Fall später als zwei Monate nach dem Datum des Eingangs entschieden wird."
[291] So aber *Galetta/Grzeszick*, in: Stern/Sachs, Art. 41 Rn. 52.
[292] *Bauer*, Das Recht auf gute Verwaltung im Europäischen Gemeinschaftsrecht, 2002, S. 35; EuGH, Rs. C-1 u. 14/57, ECLI:EU:C:1957:13 (233 f.) – Société des usines à tubes de la Sarre.
[293] EuGH, Rs. C-173/82 u. a., ECLI:EU:C:1986:54 (Rn. 34) – Castille; EuG, Rs. T-73/89, ECLI:EU:T:1990:65 (Rn. 34 f.) – Barbi.
[294] EuG, Rs. T-83/91, ECLI:EU:T:1994:246 (Rn. 245) – Tetra Pak.
[295] EuGH, Rs. C-223/85, ECLI:EU:C:1987:502 (Rn. 14) – RSV.

ber hinaus ist eine **verspätete Entscheidung** nach der Rechtsprechung der europäischen Gerichte **nur rechtswidrig, wenn** die Verzögerung die **Verteidigungsmöglichkeiten der Betroffenen beeinträchtigt** hat. Nur dann kann sie sich nach dieser Rechtsprechung auf die Entscheidung ausgewirkt haben,[296] was aber i. d. R. nicht der Fall sein dürfte. Insoweit schwächt diese Verknüpfung des Grundrechts auf angemessene Verfahrensdauer mit den Verteidigungsrechten die Effektivität dieser Gewährleistung und verkennt auch deren eigenständigen Charakter.[297]

VII. Art. 41 Abs. 1 und Abs. 2 EGRC als einheitliches Grundrecht

Insgesamt lassen sich die verwaltungsverfahrensrechtlichen Ausformungen des Rechts auf eine gute Verwaltung im Rahmen der Gewährleistungen des Art. 41 Abs. 1 und 2 EGRC nicht strikt voneinander trennen, sondern sie überlappen und ergänzen sich teilweise. Dabei legt Art. 41 Abs. 1 EGRC den Anwendungsbereich fest und fasst zusammen, was unter ordnungsgemäßer Verwaltung zu verstehen ist, während Art. 41 Abs. 2 EGRC konkrete Einzelgehalte formuliert. Insoweit sind Art. 41 Abs. 1 und 2 EGRC nicht als getrennte Gewährleistungen zu lesen, sondern als einheitliches Grundrecht.[298]

5177

C. Einzelne Rechte auf eine gute Verwaltung

I. Rechtliches Gehör (Art. 41 Abs. 2 lit. a) EGRC)

1. Gewährleistungsinhalt

a) Kodifizierung eines allgemeinen Grundsatzes

Art. 41 Abs. 2 lit. a) EGRC gewährt jeder Person das **Recht gehört zu werden, bevor** ihr gegenüber eine für sie **nachteilige individuelle Maßnahme** getroffen wird. Dieser Anspruch auf rechtliches Gehör ist für das Kartellverfahrensrecht sekundärrechtlich ausdrücklich geregelt.[299] Als allgemeiner Grundsatz des gemeinschaftsrechtlichen Verwaltungsverfahrens war er bislang noch nicht normiert. Al-

5178

---

[296] EuG, Rs. T-67/01, ECLI:EU:T:2004:3 (Rn. 40, 44) – JCB Service.

[297] Vgl. *Nehl*, Europäisches Verwaltungsverfahren und Gemeinschaftsverfassung, 2002, S. 381 f.; abl. auch *Pfeffer*, Das Recht auf eine gute Verwaltung, 2006, S. 134 ff.

[298] So die Terminologie bei *Jarass/Kment*, § 36 Rn. 1, 3.

[299] Vgl. Art. 27 Abs. 1 VO (EG) Nr. 1/2003 (ABl. 2003 L 1, S. 1, zuletzt geändert durch VO (EG) Nr. 487/2009, ABl. 2009 L 148, S. 1); Art. 10 ff. VO (EG) Nr. 773/2004 (ABl. 2004 L 123, S. 18).

lerdings erkennt der EuGH den Grundsatz des rechtlichen Gehörs schon seit langem als ungeschriebenen Rechtsgrundsatz des Gemeinschaftsrechts an.[300]

b) Ausprägungen

5179 Das Recht auf rechtliches Gehör greift für das gesamte **Verwaltungsverfahren** und lässt sich je nach Stand des Verfahrens in bestimmte **Teilgewährleistungen** aufgliedern. So beinhaltet es zunächst das Recht, **über** die **Verfahrenseröffnung informiert** zu werden.[301] Neben dieser Tatsache muss die Behörde **alle tatsächlichen und rechtlichen Gesichtspunkte offen legen**, die zu dem Verfahren geführt haben, und auch darlegen, zu welcher nachteiligen Verwaltungsentscheidung dies führen könnte.[302] Weiter ist die betreffende Person berechtigt, zu allen von der Verwaltungsbehörde angeführten Tatsachen und rechtlichen Schlussfolgerungen **Stellung zu nehmen**.[303] Schließlich hat die betroffene Person ein **Recht auf Berücksichtigung** ihrer Stellungnahme bei der von der Verwaltungsbehörde zu treffenden Entscheidung.[304]

c) Bei nachteiligen Maßnahmen

5180 Diese **Verfahrensrechte** kann **nur** die **von einer nachteiligen individuellen Maßnahme betroffene Person** für sich beanspruchen. Als solche kommt jede Entscheidung mit Regelungscharakter, aber **auch** ein **Realakt** in Betracht. Nachteilig ist eine Maßnahme dann, wenn sie die finanziellen oder sonstigen Interessen der betroffenen Person nachteilig berührt.[305] Bei Maßnahmen mit **Doppelcharakter** ist der **Schwerpunkt** der Regelung zu ermitteln.[306]

5181 Im Zentrum der Rechtsprechung des EuGH standen zunächst nur Verfahren, die zu **finanziellen Sanktionen** wie Geldbußen oder Zwangsgeldern führen konnten.[307] Dann aber hat er die Geltung des **Grundsatzes des rechtlichen Gehörs in allen Verfahren anerkannt**, die zu einer für die betroffene Person beschwerenden Maßnahme führen können, und zwar auch dann, wenn eine ausdrückliche Regelung

---

[300] EuGH, Rs. C-85/76, ECLI:EU:C:1979:36 (Rn. 9) – Hoffmann-La Roche; Rs. C-48 u. 66/90, ECLI:EU:C:1992:63 (Rn. 44) – Niederlande u. a./Kommission; Rs. C-135/92, ECLI:EU:C:1994:267 (Rn. 39) – Fiskano; Rs. C-32/95 P, ECLI:EU:C:1996:402 (Rn. 21) – Lisrestal; Rs. C-276/12, ECLI:EU:C:2013:678 (Rn. 38) – Sabou; Rs. C-383/13 PPU, ECLI:EU:C:2013:533 (Rn. 32) – G. und R.
[301] *Schwarze*, Europäisches Verwaltungsrecht, S. 1285 f.
[302] EuGH, Rs. C-49/88, ECLI:EU:C:1991:276 (Rn. 15 ff.) – Al Jubail Fertilizer.
[303] EuGH, Rs. C-322/81, ECLI:EU:C:1983:313 (Rn. 7) – Michelin; Rs. C-135/92, ECLI:EU:C:1994:267 (Rn. 40) – Fiskano; EuG, Rs. T-613/97, ECLI:EU:T:2006:150 (Rn. 85) – Ufex u. a.
[304] EuGH, Rs. C-315/99 P, ECLI:EU:C:2001:391 (Rn. 31 f.) – Ismeri Europa.
[305] *Kanska*, ELJ 2004, 296 (316).
[306] *Jarass/Kment*, § 36 Rn. 13.
[307] EuGH, Rs. C-85/76, ECLI:EU:C:1979:36 (Rn. 9) – Hoffmann-La Roche.

fehlt.³⁰⁸ Die betroffene Person und somit grundrechtsinhabende Person ist die Adressatin der späteren Verwaltungsentscheidung, einzelne Vorschriften räumen aber ausdrücklich Dritten Anhörungsrechte ein.³⁰⁹

Auch der **Kodex für gute Verwaltungspraxis** enthält in **Art. 16** ein Recht auf Anhörung und Abgabe von Erklärungen. 5182

2. Beeinträchtigungen und Rechtfertigung

Das Recht auf rechtliches Gehör ist nicht schrankenlos gewährleistet. Zwar sieht der Wortlaut von Art. 41 Abs. 2 EGRC **keine ausdrückliche Schrankenregelung** vor, doch ist anerkannt, dass dieses Recht nicht in allen Fällen gleich gewährleistet sein muss und dass es unter bestimmten Umständen auch ganz entfallen kann. Insoweit lässt sich differenzieren zwischen den Fällen, in denen eine Anhörungspflicht entfällt, und dem Vorliegen ungeschriebener Rechtfertigungsgründe. 5183

Eine **Anhörungspflicht entfällt wegen Unmöglichkeit**, wenn die betroffene Person nicht erreicht werden kann oder wenn sie selbst den Zugang von Mitteilungen unmöglich macht.³¹⁰ Auch gibt es Verwaltungsmaßnahmen, deren **Eingriffscharakter** so **unwesentlich** ist, dass eine Anhörung entbehrlich erscheint.³¹¹ Wegen der Umgehungsgefahr ist eine solche Einstufung aber zurückhaltend zu treffen. 5184

In bestimmten Fällen kann es zulässig sein, von der Gewährung rechtlichen Gehörs abzusehen. Dazu gehört etwa, wenn der **Verwaltungsakt unaufschiebbar** ist³¹² oder durch die Anhörung der **Entscheidungszweck vereitelt** würde.³¹³ Auch wenn die **Vernichtung von Beweismitteln droht**, kann von der Information und Äußerungsmöglichkeit der betroffenen Person abgesehen werden.³¹⁴ Diese Ausnahmefälle lassen sich als Fälle eines **entgegenstehenden zwingenden öffentlichen Interesses** zusammenfassen.³¹⁵ 5185

---

³⁰⁸EuGH, Rs. C-48 u. 66/90, ECLI:EU:C:1992:63 (Rn. 44) – Niederlande u. a./Kommission; Rs. C-32/95 P, ECLI:EU:C:1996:402 (Rn. 21) – Lisrestal.
³⁰⁹Art. 27 Abs. 3 VO (EG) Nr. 1/2003 (ABl. 2003 L 1, S. 1, zuletzt geändert durch VO (EG) Nr. 487/2009, ABl. 2009 L 148, S. 1); Art. 18 Abs. 4 FKVO (EG) Nr. 139/2004 (ABl. 2004 L 24, S. 1); s. dazu bereits o. Rn. 5178.
³¹⁰Vgl. dazu *Lais*, ZEuS 2002, 447 (465); *Mader*, Verteidigungsrechte im Europäischen Gemeinschaftsverwaltungsverfahren, 2006, S. 282.
³¹¹EuGH, Rs. C-33 u. 75/79, ECLI:EU:C:1980:139 (Rn. 25) – Kuhner.
³¹²Das sind Fälle der Eilbedürftigkeit bzw. des Vorliegens von „Gefahr im Verzug". *Mader*, Verteidigungsrechte im Europäischen Gemeinschaftsverwaltungsverfahren, 2006, S. 281 macht hier die Einschränkung, dass die Eilbedürftigkeit nicht durch die Behörde selbst verursacht sein darf.
³¹³*GA Warner*, EuGH, Rs. C-136/79, ECLI:EU:C:1980:169 (2068 f.) – National Panasonic.
³¹⁴*GA Warner*, EuGH, Rs. C-136/79, ECLI:EU:C:1980:169 (2068) – National Panasonic.
³¹⁵Insoweit besteht eine Parallele zu § 28 Abs. 3 VwVfG, wonach eine Anhörung unterbleibt, wenn ihr ein zwingendes öffentliches Interesse entgegensteht.

5186 Wurde von einer Anhörung abgesehen, obwohl kein rechtfertigender Grund vorliegt, so ist die betreffende Maßnahme grundsätzlich rechtswidrig und aufzuheben. Eine **Heilung** dieses **Verfahrensfehlers bis zum Abschluss des Verwaltungsverfahrens** ist aber **möglich**.[316] Eine Heilung im Gerichtsverfahren ist dagegen abzulehnen.[317] Eine **Aufhebung** der **Entscheidung** wegen unterbliebener Anhörung kann allerdings nur unter der weiteren Voraussetzung beansprucht werden, dass das Verfahren ohne diesen Verfahrensfehler zu einem **anderen Ergebnis** hätte führen können.[318]

II. Recht auf Akteneinsicht (Art. 41 Abs. 2 lit. b) EGRC)

1. Gewährleistungsinhalt

a) Personenbezogene Akten

5187 Das in Art. 41 Abs. 2 lit. b) EGRC gewährte Recht einer jeden Person auf Zugang zu den sie betreffenden Akten ist von dem allgemeinen Recht auf Dokumentenzugang aus Art. 42 EGRC zu unterscheiden.[319] Das Akteneinsichtsrecht nach Art. 41 Abs. 2 EGRC ist beschränkt auf die eine Person betreffenden Akten und verlangt insoweit eine **spezifische Beziehung der Person** zu dem jeweiligen **Dokument**.

b) Potenziell zu verwendende Akten

5188 Nach der Rechtsprechung des EuGH soll das Akteneinsichtsrecht verhindern, dass die Behörde ihre Entscheidung auf Unterlagen und Beweise stützt, in die die betroffene Person nicht Einsicht nehmen konnte.[320] Damit dient dieser Grundsatz der **Waffengleichheit** zwischen der Verwaltung und der betroffenen Person. Problematisch ist allerdings, dass die Verwaltung die Möglichkeit hat, den Umfang des Rechts auf Akteneinsicht zu steuern. Denn hinsichtlich der Unterlagen, auf die sie ihre Entscheidung nicht stützen will, braucht sie nach dem oben genannten Grundsatz keine Einsicht zu gewähren. Doch ist nicht auszuschließen, dass eben diese Unterlagen ihre Entscheidung zuungunsten der betroffenen Person beeinflussen.[321] Gegen diese Konsequenz wendet sich das EuG und fordert insoweit einen **Zugang**

---

[316] EuGH, Rs. C-107/82, ECLI:EU:C:1983:293 (Rn. 29) – AEG.

[317] EuGH, Rs. C-204 u. a./00 P, ECLI:EU:C:2004:6 (Rn. 104) – Aalborg Portland; *Mader*, Verteidigungsrechte im Europäischen Gemeinschaftsverwaltungsverfahren, 2006, S. 368 f.

[318] Vgl. EuGH, Rs. C-301/87, ECLI:EU:C:1990:67 (Rn. 36) – Frankreich/Kommission; Rs. C-315/99 P, ECLI:EU:C:2001:391 (Rn. 34) – Ismeri Europa.

[319] Dazu näher u. Rn. 5242 ff.

[320] EuGH, Rs. C-322/81, ECLI:EU:C:1983:313 (Rn. 7 f.) – Michelin; Rs. C-85/76, ECLI:EU:C:1979:36 (Rn. 14) – Hoffmann-La Roche.

[321] Vgl. *Lais*, ZEuS 2002, 447 (467).

§ 2 Das Recht auf eine gute Verwaltung

zu allen Akten, die **potenziell verwendet** werden können. Insoweit ist eine **Gleichheit des Informationsstandes** zu fordern.[322]

c) *Adressatinnen, Adressaten und Dritte*

Problematisch ist auch, inwieweit das Akteneinsichtsrecht nur von Adressatinnen und Adressaten einer Verwaltungsmaßnahme beansprucht werden kann oder ob dieses auch Nicht-Adressatinnen und Nicht-Adressaten zusteht. **Bislang** hat der **EuGH** das Akteneinsichtsrecht als ein solches **Adressatenrecht** verstanden.[323] Demgegenüber vertritt das **EuG** eine sehr viel **weitere Auslegung**. So hat das Gericht es als einen Verstoß gegen den Grundsatz der ordnungsgemäßen Verwaltung bezeichnet, dass die Kommission in einem Verfahren zur Vergabe öffentlicher Lieferaufträge Personen, die nicht Adressatin bzw. Adressat der Maßnahme waren, den Zugang zu Dokumenten verweigert hat.[324]   5189

Versteht man Art. 41 Abs. 1 und Abs. 2 EGRC als einheitliches Grundrecht, so muss der Kreis der Berechtigten grundsätzlich parallel liegen. Soweit man also den Begriff der **eigenen Angelegenheiten** wie hier weit versteht und **auch** die Angelegenheiten **von Nicht-Adressatinnen und Nicht-Adressaten** miteinbezieht, müssen diese auch zum Berechtigtenkreis der Einzelgewährleistung des Art. 41 Abs. 2 lit. b) EGRC gehören. So wird eine in einem Vergabeverfahren bietende Person möglicherweise in ihren Rechten beeinträchtigt, wenn sie nicht den Zuschlag erhält. **Gleichzustellen** ist daher insbesondere, wenn eine **Person Adressatin bzw. Adressat einer** für sie **negativen Entscheidung hätte sein müssen**, um hinreichend informiert zu werden und so ihre Rechte wahrnehmen zu können. Ihre fehlende Berechtigung würde daher den Zweck der Waffengleichheit gerade vereiteln.   5190

2. Beeinträchtigungen und Rechtfertigung

a) *Geschriebene Schranken*

Art. 41 Abs. 2 lit. b) EGRC gewährt das Recht auf Akteneinsicht nicht unbeschränkt, sondern nur „unter Wahrung des berechtigten Interesses der Vertraulichkeit sowie des Berufs- und Geschäftsgeheimnisses". Diese Schrankenregelung wird allerdings nicht näher erläutert.   5191

Vom allgemeinen Wortgebrauch ausgehend sind **vertrauliche Informationen** solche, die nur einem begrenzten Personenkreis bekannt sind und die von der empfangenden Person nicht an Dritte weitergegeben werden sollen. Allerdings kann es nicht ausreichen, wenn die Information etwa von einer dritten Person, die sie an die Verwaltung weitergeleitet hat, als „vertraulich" bezeichnet wird. Nach   5192

---

[322] EuG, Rs. T-30/91, ECLI:EU:T:1995:115 (Rn. 83) – Solvay.
[323] Vgl. EuGH, Rs. C-322/81, ECLI:EU:C:1983:313 (Rn. 7) – Michelin; Rs. C-310/93 P, ECLI:EU:C:1995:101 (Rn. 21) – BPB Industries.
[324] EuG, Rs. T-40/01, ECLI:EU:T:2002:288 (Rn. 22 ff.) – Scan Office Design.

dem Wortlaut des Art. 41 Abs. 2 lit. b) EGRC ist nämlich ein legitimes Interesse der Vertraulichkeit erforderlich. Danach muss es sich auch inhaltlich um eine Information handeln, bei der ein **schützenswertes Interesse** daran besteht, dass sie **nicht weitergegeben** wird. Dies kann etwa bei personenbezogenen Daten Dritter oder aber bei Berufs- oder Geschäftsgeheimnissen der Fall sein.[325] Dazu gehört hingegen etwa nicht die Mitteilung eines Zuschlags im Vergabeverfahren unter Ausschluss der Konkurrenz.

5193 Im Primärrecht ist in Art. 339 AEUV eine Pflicht zur Geheimhaltung verankert. Danach sind die Mitglieder der Organe, die Mitglieder der Ausschüsse sowie die Beamtinnen und Beamten und sonstigen Bediensteten der Union verpflichtet, Auskünfte, die ihrem Wesen nach auch nach Beendigung ihrer Amtstätigkeit unter das Berufsgeheimnis fallen, nicht preiszugeben. Unter das Berufsgeheimnis fallen Informationen gemäß dieser Vorschrift dann, wenn sie nur einem begrenzten Personenkreis bekannt sind, sie der verpflichteten Person in amtlicher oder beruflicher Eigenschaft bekannt geworden sind, dem Auskunftgeber oder einer dritten Person durch deren Offenlegung ein ernsthafter Nachteil entstehen kann[326] und auch unter Berücksichtigung der Interessen an einer Weitergabe die Geheimhaltung objektiv geboten ist.[327] Dazu hat das EuG auch die Information über die Höhe einer Geldbuße gerechnet, zumindest solange diese noch nicht verhängt wurde.[328]

5194 Die Auslegung des Art. 41 Abs. 2 lit. b) EGRC kann sich an Art. 339 AEUV orientieren. In der EGRC wird neben dem **Berufs-** auch das **Geschäftsgeheimnis** genannt. Letzteres kann in Anlehnung an die Definition des Berufsgeheimnisses als im Zusammenhang mit einem Geschäftsbetrieb stehende Tatsache umschrieben werden, an deren Geheimhaltung die geschäftsinhabende Person ein berechtigtes Interesse hat.[329]

5195 Bei näherer Betrachtung zeigt sich, dass die im Wortlaut des Art. 41 Abs. 2 lit. b) EGRC angelegte Trennung zwischen den Schutzgütern der Vertraulichkeit, des Berufs- und des Geschäftsgeheimnisses nicht möglich ist. Diese **Tatbestandselemente** sind miteinander **verwoben**, sodass dem **Merkmal der Vertraulichkeit kaum eigenständige Bedeutung** zukommt. Vielmehr ist das vertraulich, was unter den Begriff des Berufs- oder Geschäftsgeheimnisses gefasst werden kann. Weiterhin können sich auch die Begriffe des Berufs- und Geschäftsgeheimnisses überlappen.

5196 In jedem Fall ist das **Geheimhaltungsinteresse mit dem Interesse an der Akteneinsicht** abzuwägen.[330] Weiterhin darf der Schutz der Geheimhaltungsinte-

---

[325] Vgl. dazu die parallelen Schrankenregelungen für das Recht auf Zugang zu Dokumenten nach der TransparenzVO (EG) Nr. 1049/2001 (ABl. 2001 L 145, S. 43) u. Rn. 5308 ff.
[326] EuG, Rs. T-198/03, ECLI:EU:T:2006:136 (Rn. 71) – Bank Austria Creditanstalt/Kommission; Rs. T-474/04, ECLI:EU:T:2007:306 (Rn. 64) – Pergan/Kommission.
[327] *Wegener*, in: Calliess/Ruffert, Art. 339 AEUV Rn. 2.
[328] EuG, Rs. T-62/98, ECLI:EU:T:2000:180 (Rn. 281) – Volkswagen.
[329] Vgl. dazu u. Rn. 5310 f.
[330] EuG, Rs. T-30/91, ECLI:EU:T:1995:115 (Rn. 88) – Solvay.

ressen **nicht s**o weit gehen, dass dem Recht auf **Aktenzugang** sein **wesentlicher Inhalt genommen** wird.[331]

b) Ungeschriebene Schranken

Teilweise wird auf das **Effizienzprinzip** als ungeschriebene Schranke des Rechts auf Aktenzugang zurückgegriffen.[332] Sie schafft indes weit reichende Einschränkungsmöglichkeiten und darf deshalb nur mit **äußerster Zurückhaltung** angewendet werden. Das EuG hat deshalb betont, dass eine leistungsfähige Verwaltung praktische und rechtliche Schwierigkeiten der Akteneinsicht grundsätzlich überwinden muss.[333] Eine Grenze wird allerdings gesehen, wenn die **Ermittlungen** durch die Gewährung der Akteneinsicht **gefährdet** würden.[334] 5197

Auch eine zu Unrecht verweigerte Akteneinsicht kann nur dann zur Rechtswidrigkeit der getroffenen Maßnahme führen, wenn nicht ausgeschlossen werden kann, dass dieser **Verfahrensfehler** sich **auf die Entscheidung ausgewirkt** hat, etwa weil bestimmte **Unterlagen nicht zur Verteidigung herangezogen** werden konnten.[335] 5198

III. Pflicht zur Begründung (Art. 41 Abs. 2 lit. c) EGRC)

1. Gewährleistungsinhalt

Als weiteres Element des Rechts auf eine gute Verwaltung verpflichtet Art. 41 Abs. 2 lit. c) EGRC die Verwaltung dazu, ihre Entscheidungen zu begründen. Auch hierzu findet sich zwar mit **Art. 296 Abs. 2 AEUV** im Primärrecht eine Regelung, wonach Richtlinien, Verordnungen und Entscheidungen bzw. Rechtsakte[336] mit Gründen zu versehen sind. Diese primärrechtliche Verpflichtung **betrifft** aber **nicht alle Akte der Verwaltung** und enthält auch **keine** näheren **Angaben zu Inhalt und Umfang** der Begründungspflicht. Doch kann auf die Rechtsprechung der Gemeinschaftsgerichte zurückgegriffen werden, in der die Pflicht zur Begründung näher ausgeformt wurde. 5199

Der EuGH hat die Anforderungen an die Begründungspflicht auf der Grundlage von Sinn und Zweck dieses Grundsatzes entwickelt. Die **Begründung** muss deshalb **so** ausgestaltet sein, dass eine **richterliche Nachprüfung des erlassenen Rechtsakts möglich** ist. Weiterhin muss **für** die **betroffene Person erkennbar** sein, **ob** die 5200

---

[331] EuGH, Rs. C-264/82, ECLI:EU:C:1985:119 (Rn. 29) – Timex.
[332] Vgl. *Gornig/Trüe*, JZ 2000, 395 (406).
[333] EuG, Rs. T-30/91, ECLI:EU:T:1995:115 (Rn. 102) – Solvay.
[334] *Gornig/Trüe*, JZ 2000, 446 (448); *Lais*, ZEuS 2002, 447 (468).
[335] EuG, Rs. T-30/91, ECLI:EU:T:1995:115 (Rn. 103) – Solvay; Rs. T-36/91, ECLI:EU:T:1995:118 (Rn. 78) – ICI.
[336] So die Formulierung in Art. 296 Abs. 2 AEUV. Zu den neuen Begrifflichkeiten *Streinz/Ohler/Herrmann*, Der Vertrag von Lissabon zur Reform der EU, 3. Aufl. 2010, S. 96 ff.

Entscheidung rechtmäßig oder aber mit einem Fehler behaftet ist, der die Anfechtung ermöglicht.[337] Insoweit muss die Verwaltung die **tragenden tatsächlichen und rechtlichen Erwägungen** für ihre Entscheidung darlegen. Nicht erforderlich ist es dagegen, alle potenziell einschlägigen Gesichtspunkte zu nennen.[338]

5201 Den **Umfang** der Begründung hat der EuGH **von** der **Rechtsnatur des jeweiligen Rechtsaktes** und dem **Interesse der betroffenen Person** an der Begründung **abhängig** gemacht.[339] So hat er an die Begründung individueller Rechtsakte höhere Anforderungen gestellt als an die Begründung normativer Rechtsakte wie Richtlinien oder Verordnungen. Weiterhin steigen die Anforderungen mit der **Intensität der Auswirkungen** des konkreten Rechtsakts für die einzelne Person.[340] Allerdings müssen Erwägungen, die der einzelnen Person **im Laufe des Verwaltungsverfahrens bekannt** geworden sind, **nicht nochmals in der Begründung** der das Verfahren abschließenden Entscheidung bekannt gegeben werden.[341]

2. Beeinträchtigungen und Rechtfertigung

a) Begrenzte Anerkennung

5202 Gegen das Gebot zur **Begründung** wird verstoßen, wenn diese entweder ganz **fehlt** oder aber **inhaltliche Mängel** aufweist.[342] Wann ein solcher Mangel vorliegt, kann nicht auf der Grundlage von Art. 41 Abs. 2 lit. c) EGRC entschieden werden. Diese Vorschrift enthält keine inhaltlichen Vorgaben für eine Begründung. Aus der oben dargelegten Rechtsprechung ergibt sich, dass die Anforderungen an eine Begründung im Einzelfall differieren können. Bei der Prüfung eines Begründungsmangels sind deshalb die **konkreten Umstände des Einzelfalls** zu berücksichtigen.

5203 Art. 41 Abs. 2 lit. c) EGRC enthält auch keine Regelung, wonach eine Begründung entbehrlich sein kann. Jedoch ist anerkannt, dass die **Begründungspflicht durch Geheimhaltungsinteressen Dritter eingeschränkt** werden kann.[343] Die Grenze ist aber dort zu ziehen, wo sie ausgehöhlt würde.[344] Weiterhin hat die

---

[337] EuGH, Rs. C-203/85, ECLI:EU:C:1986:269 (Rn. 10) – Nicolet; EuG, Rs. T-44/90, ECLI:EU:T:1992:5 (Rn. 42) – La Cinq; Rs. T-46/92, ECLI:EU:T:1994:267 (Rn. 19) – Scottish Football; s. auch EuG, Rs. T-54/99, ECLI:EU:T:2002:20 (Rn. 78) – max.mobil Telekommunikation.

[338] EuGH, Rs. C-203/85, ECLI:EU:C:1986:269 (Rn. 10) – Nicolet.

[339] EuGH, Rs. C-33 u. 75/79, ECLI:EU:C:1980:139 (Rn. 14) – Kuhner; Rs. C-367/95 P, ECLI:EU:C:1998:154 (Rn. 63) – Sytraval; Rs. C-417/11 P, ECLI:EU:C:2012:718 (Rn. 53) – Bamba; Rs. C-493/17, ECLI:EU:C:2018:1000 (Rn. 30) – Weiss u. a.; s. auch EuG, Rs. T-613/97, ECLI:EU:T:2006:150 (Rn. 66) – Ufex u. a.

[340] EuGH, Rs. C-367/95 P, ECLI:EU:C:1998:154 (Rn. 63) – Sytraval.

[341] EuG, Rs. T-46/92, ECLI:EU:T:1994:267 (Rn. 20) – Scottish Football; Rs. T-54/99, ECLI:EU:T:2002:20 (Rn. 79) – max.mobil Telekommunikation.

[342] EuGH, Rs. C-18/57, ECLI:EU:C:1959:6 (115) – I. Nold KG.

[343] EuGH, Rs. C-254/95 P, ECLI:EU:C:1996:276 (Rn. 24) – Innamorati.

[344] EuGH, Rs. C-296 u. 318/82, ECLI:EU:C:1985:113 (Rn. 27) – Niederlande u. a./Kommission.

§ 2 Das Recht auf eine gute Verwaltung

Rechtsprechung Ausnahmen von der Begründungspflicht zugelassen, soweit **außergewöhnliche Umstände** vorliegen, die das Fehlen einer Begründung im Einzelfall nicht als Verstoß erscheinen lassen, der eine Aufhebung des Rechtsakts rechtfertigt.[345] An das Vorliegen solcher Umstände wurden keine besonders strengen Anforderungen gestellt. So hat das EuG einen solchen Ausnahmefall angenommen, wenn **noch keine einschlägige Rechtsprechung ergangen** war, die den festgestellten Fehler als Begründungsverstoß bewertet hat.[346] **Indes** besteht die **Begründungspflicht unabhängig von** einer **Anerkennung durch** die **Rechtsprechung**. Ansonsten liefe sie bei mangelnder Anfechtung durch vorherige Betroffene leer.

b) Nachschieben von Gründen

Nicht einheitlich ist die Rechtsprechung in der Frage, ob ein Begründungsfehler durch ein Nachschieben von Gründen im Gerichtsverfahren noch geheilt werden kann. Der EuGH hat in einer älteren Entscheidung eine Heilung für zulässig erklärt.[347] In jüngerer Zeit haben die **europäischen Gerichte** ein Nachschieben von Gründen grundsätzlich **abgelehnt**.[348] Die Begründungspflicht soll der betroffenen Person schon zum Zeitpunkt des Erlasses der Entscheidung eine rechtliche Überprüfung ermöglichen. Dies dient in erster Linie dem Schutz der Interessen des Betroffenen, kann sich aber auch zugunsten der Verwaltung auswirken, indem sie Akzeptanz für Entscheidungen schafft und eine gerichtliche Überprüfung gerade überflüssig macht. Insoweit **widerspricht** ein Nachschieben von Gründen dem **Zweck der Begründungspflicht**. Unproblematisch sind dagegen orthografische oder grammatikalische Berichtigungen. Diese sind ohne weiteres auch noch nach Erlass des Rechtsakts zulässig.[349]

5204

c) Fehlerfolgen

Hinsichtlich der Rechtsfolgen von Begründungsfehlern ist die Rechtsprechung des EuGH nicht einheitlich. Zum einen hat er entschieden, dass Begründungsfehler zur

5205

---

[345] EuG, Rs. T-295/94, ECLI:EU:T:1998:88 (Rn. 172 ff.) – Buchmann; Rs. T-11/91, ECLI:EU:T:1992:20 (Rn. 85 f.) – Schloh.
[346] EuG, Rs. T-295/94, ECLI:EU:T:1998:88 (Rn. 172) – Buchmann.
[347] EuGH, Rs. C-85/76, ECLI:EU:C:1979:36 (Rn. 14 f.) – Hoffmann-La Roche.
[348] EuGH, Rs. C-353/01 P, ECLI:EU:C:2004:42 (Rn. 32) – Mattila; Rs. C-189 u. a./02 P, ECLI:EU:C:2005:408 (Rn. 463) – Dansk Rørindustrie u. a.; EuG, Rs. T-613/97, ECLI:EU:T:2006:150 (Rn. 67 f.) – Ufex u. a.; Rs. T-501/13, ECLI:EU:T:2016:161 (Rn. 61) – Karl-May-Verlag GmbH; früher schon in EuGH, Rs. C-195/80, ECLI:EU:C:1981:284 (Rn. 22) – Michel. So auch *Krajewski/Rösslein*, in: Grabitz/Hilf/Nettesheim, Art. 296 AEUV Rn. 43; *Calliess*, in: Calliess/Ruffert, Art. 296 AEUV Rn. 20.
[349] Vgl. EuGH, Rs. C-131/86, ECLI:EU:C:1988:86 (935, Rn. 37 f.) – Vereinigtes Königreich/Rat; so auch *Geismann*, in: v. der Groeben/Schwarze/Hatje, Art. 296 AEUV Rn. 10.

Rechtswidrigkeit und Aufhebung der Entscheidung führen.[350] In einer anderen Entscheidung hat er die Aufhebung an die Bedingung geknüpft, dass sich der **Begründungsfehler** auf die Entscheidung **ausgewirkt** hat. Ist die Entscheidung materiell richtig und wäre die neu zu treffende Entscheidung mangels Ermessensspielraum mit der aufgehobenen identisch, soll die Entscheidung nicht aufzuheben sein.[351] In der Lit. wird aus rechtsstaatlichen Gründen und zur Sanktionierung von Verstößen gegen die Begründungspflicht eine Aufhebung befürwortet.[352] Dagegen sprechen allerdings **Effizienzerwägungen** sowie das Fehlen eines schützenswerten Interesses der betroffenen Person.[353] Wäre dieselbe **Entscheidung nochmals zu erlassen**, stellt deshalb ein Begründungsmangel **keinen Aufhebungsgrund** dar.

5206 Auch der **Kodex für** eine **gute Verwaltungspraxis** enthält in **Art. 18 Abs. 1** eine Verpflichtung zur Begründung von Entscheidungen, die sich nachteilig auf Einzelne auswirken kann.

IV. Weitere Gehalte eines Rechts auf eine gute Verwaltung

1. Angelegte Weiterung und ihre Probleme

5207 Die Gewährleistung eines Rechts auf eine gute Verwaltung nach Art. 41 Abs. 1 und 2 EGRC ist auf eine weitere inhaltliche Ausformung angelegt.[354] Dies ist bedingt durch die Verwendung unbestimmter Rechtsbegriffe sowie den Wortlaut des Art. 41 Abs. 2 EGRC („insbesondere"), der deutlich macht, dass die **Aufzählung** der einzelnen Gehalte **nicht abschließend** ist. Insoweit hat die Ausformung, die bislang durch die europäischen Gerichte stattgefunden hat, keinen abschließenden Charakter, sondern ist **entwicklungsoffen**.

5208 Indes darf dieser Umstand **nicht** als Freibrief missverstanden werden, Art. 41 EGRC **unbegrenzt** mit weiteren Gehalten aufzuladen. Dieses Grundrecht würde dann konturenlos und wäre nicht mehr zu handhaben.[355] Daher bedarf es einer **Rückführbarkeit auf** den **Zweck** und vorzugsweise auf genannte Gehalte. Hinzu kommt, dass sich damit das Problem der Abgrenzung zu anderen Gewährleistungen[356] verschärft, was der Effektivität eines Grundrechts eher schadet als nützt. Insoweit sind die weiteren Gehalte, die bislang in der Lit. aus dem Recht auf eine

---

[350]EuGH, Rs. C-158/80, ECLI:EU:C:1981:163 (Rn. 27) – Rewe; Rs. C-137/92 P, ECLI:EU:C:1994:247 (Rn. 48) – BASF u. a.

[351]EuGH, Rs. C-117/81, ECLI:EU:C:1983:191 (Rn. 7) – Geist.

[352]*Krajewski/Rösslein*, in: Grabitz/Hilf/Nettesheim, Art. 296 AEUV Rn. 41; *Calliess*, in: Calliess/Ruffert, Art. 296 AEUV Rn. 25.

[353]*Krajewski/Rösslein*, in: Grabitz/Hilf/Nettesheim, Art. 296 AEUV Rn. 41.

[354]*Kanska*, ELJ 2004, 296 (322).

[355]*Jarass/Kment*, § 36 Rn. 25 warnt insoweit vor einer Mutation des Art. 41 EGRC zum „Supergrundrecht".

[356]Dazu u. Rn. 5235 ff.

§ 2 Das Recht auf eine gute Verwaltung 755

gute Verwaltung abgeleitet werden, daraufhin zu untersuchen, ob sie nicht einer spezielleren Gewährleistung zuzuordnen sind oder aber bereits von den in Art. 41 Abs. 1 und 2 EGRC ausdrücklich formulierten Gehalten erfasst werden.

2. Recht auf anwaltliche Beratung

Auch wenn es im Wortlaut nicht ausdrücklich angesprochen ist, wird das Recht, sich durch eine Anwältin oder einen Anwalt beraten und unterstützen zu lassen, auch als durch Art. 41 EGRC garantiert angesehen.[357] Jedoch ist zu fragen, ob dieses Recht nicht ausschließlich der spezielleren Gewährleistung des **Art. 47 Abs. 2 S. 2 EGRC** zuzuordnen ist. Dort ist ausdrücklich das Recht verankert, sich beraten, verteidigen und vertreten zu lassen. Dieses Recht gilt für alle gerichtlichen Verfahren, also nicht nur für das Strafverfahren,[358] sondern auch im zivil- und verwaltungsgerichtlichen Verfahren.[359] **Für das Verwaltungsverfahren greift** diese Regelung freilich **nicht**. 5209

Zwar könnte diese Garantie des Art. 47 Abs. 2 S. 2 EGRC auch auf das dem verwaltungsgerichtlichen Verfahren vorangehende Verwaltungsverfahren auszudehnen sein. Indes mündet nicht jedes Verwaltungsverfahren in ein gerichtliches Verfahren. Auch ein Verwaltungsverfahren kann rechtlich oder tatsächlich so schwierig sein, dass die betroffene Person ein Bedürfnis nach anwaltlichem Beistand hat, unabhängig davon, ob sich ein gerichtliches Verfahren anschließt oder nicht. Insoweit ist es sachlich gerechtfertigt und verstößt nicht gegen den Spezialitätsgrundsatz, aus **Art. 41 EGRC** ein **eigenes Recht auf anwaltliche Beratung** herzuleiten.[360] 5210

3. „Nemo tenetur"-Grundsatz

Weiter wird aus Art. 41 EGRC das Recht abgeleitet, sich nicht selbst belasten zu müssen.[361] Der „nemo tenetur"-Grundsatz ist ein originär **strafprozessualer Grundsatz**, der zwar in den Art. 47 und 48 EGRC auch nicht ausdrücklich gewährleistet wird, aber als Voraussetzung für ein faires Verfahren **aus** dem Zusammenspiel von **Art. 47 Abs. 2 EGRC i. V. m. Art. 48 Abs. 1 EGRC** hergeleitet wird.[362] Das EuG hat ihn für **kartellrechtliche Verfahren** angewandt, in denen strafähnliche Sanktionen in Form von Bußgeldern drohen. Zwar lehnte das Gericht die Anerkennung eines umfassenden Aussageverweigerungsrechts ab. Gleichzeitig stellte es 5211

---

[357] *Jarass/Kment*, § 36 Rn. 27; *Kanska*, ELJ 2004, 296 (316).
[358] Dafür enthält Art. 48 Abs. 2 EGRC eine spezielle Regelung.
[359] *Alber*, in: Stern/Sachs, Art. 47 Rn. 156.
[360] Ein solches Recht ist auch im deutschen Verwaltungsverfahrensrecht ausdrücklich verankert, vgl. § 14 VwVfG.
[361] *Kanska*, ELJ 2004, 296 (316); im Ergebnis auch *Jarass/Kment*, § 36 Rn. 29.
[362] *Eser/Kubiciel*, in: Meyer/Hölscheidt, Art. 48 Rn. 12; vgl. dazu u. Rn. 5724 ff.

aber klar, dass die Kommission ein Unternehmen nicht zur Erteilung von Antworten verpflichten darf, durch die es Zuwiderhandlungen eingestehen müsste, für welche die Kommission beweispflichtig ist.[363] Auch in der Lit. wird mit ähnlicher Begründung eine **Anwendung der strafprozessualen Garantien auch auf** das **Verwaltungsverfahren** befürwortet.[364]

5212   Soweit in dem jeweiligen Verwaltungsverfahren **strafähnliche Sanktionen** drohen, kann eine Anwendung des „nemo tenetur"-Grundsatzes auch im Verwaltungsverfahren gerechtfertigt sein.[365] Insoweit bietet **Art. 47 Abs. 2 i. V. m. Art. 48 EGRC** aber die **speziellere Rechtsgrundlage**. Eine Verankerung in Art. 41 EGRC ist deshalb nicht erforderlich[366] und dogmatisch im Hinblick auf den **Spezialitätsgrundsatz** abzulehnen.

4. Unschuldsvermutung

5213   Auch der Grundsatz, bis zum rechtsförmlich erbrachten Beweis der Schuld als unschuldig zu gelten, wird teilweise als Ausprägung des Rechts auf gute Verwaltung unter Art. 41 EGRC gefasst.[367] Doch auch diese Weiterung ist im Hinblick auf die **speziellere Gewährleistung des Art. 48 Abs. 1 EGRC**, die auch für Verwaltungssanktionen eingreift,[368] abzulehnen. Das EuG hat in seiner jüngeren Rechtsprechung die **Unschuldsvermutung im Kartellverfahren** angewandt und die Geltung dieses Grundsatzes für das Kartellverfahren nicht aus dem Recht auf gute Verwaltung, sondern ausdrücklich aus Art. 47 EGRC[369] abgeleitet. Im Hinblick auf die Art und Schwere der im Kartellverfahren verhängten Sanktionen gelte der Grundsatz der Unschuldsvermutung auch in Verfahren wegen der Verletzung von Wettbewerbsregeln, in denen Geldbußen oder Zwangsgelder verhängt werden können.[370]

---

[363] S. EuG, Rs. T-305/94 u. a., ECLI:EU:T:1999:80 (Rn. 445 ff.) – Limburgse Vinyl Maatschappij u. a.

[364] So für die Unschuldsvermutung *Schwarze*, EuZW 2003, 261 (264 ff.); *Szczekalla*, in: Heselhaus/Nowak, § 56 Rn. 4, 23; *Eser/Kubiciel*, in: Meyer/Hölscheidt, Art. 48 Rn. 13. Dazu nachfolgend Rn. 5213.

[365] Grundlegend EuGH, Rs. C-374/87, ECLI:EU:C:1989:387 – Orkem; Rs. C-204 u. a./00 P, ECLI:EU:C:2003:83 – Aalborg Portland; Rs. C-501/11, ECLI:EU:C:2013:522 – Schindler Holding; Rs. C-95/15 P, ECLI:EU:C:2017:125 – Paraffinwachs.

[366] A.A. *Pfeffer*, Das Recht auf eine gute Verwaltung, 2006, S. 191 f. Dabei übersieht sie die Möglichkeit der Anwendung der Art. 47 Abs. 2 i. V. m. Art. 48 EGRC auf das Verwaltungsverfahren.

[367] *Pfeffer*, Das Recht auf eine gute Verwaltung, 2006, S. 195.

[368] Näher dazu Rn. 5701 ff.

[369] Bei diesem Zitat handelt es sich wohl um ein Versehen, denn die Unschuldsvermutung ist in Art. 48 Abs. 1 EGRC enthalten.

[370] EuG, Rs. T-67 u. a./00, ECLI:EU:T:2004:221 (Rn. 178) – JFE Engineering u. a.

5. Pflicht zu sorgfältiger Verwaltung

Schließlich wird aus Art. 41 EGRC auch die Pflicht zu sorgfältiger Verwaltung abgeleitet.[371] Dabei wird auf die Rechtsprechung des EuG verwiesen, das eine solche Pflicht bereits als grundlegenden Bestandteil einer guten Verwaltung anerkannt habe.[372] Aus den genannten Entscheidungen lässt sich aber nicht ableiten, dass eine Pflicht zu sorgfältiger Verwaltung von dem Grundsatz der ordnungsgemäßen Verwaltung als separate Gewährleistung umfasst wird. In den genannten Entscheidungen wird eine Pflicht zu sorgfältiger Verwaltung überhaupt nicht formuliert. Soweit sie genannt wird, steht sie im **Zusammenhang mit dem Recht auf rechtliches Gehör**[373] oder aber mit der **Pflicht zur unparteiischen Behandlung**.[374] Insoweit ist eine Pflicht zu sorgfältiger Verwaltung als eigenständiger Bestandteil des Rechts auf gute Verwaltung abzulehnen. Vielmehr ergibt sich die Pflicht zur sorgfältigen Ermittlung aller entscheidungsrelevanten Tatsachen aus der Pflicht zur unparteiischen Behandlung sowie aus dem Recht auf rechtliches Gehör.[375]

5214

D. *Haftungsregelung*

I. Parallelität mit Art. 340 Abs. 2 AEUV

Art. 41 Abs. 3 EGRC nimmt die Regelung des Art. 340 Abs. 2 AEUV auf. Danach haftet die Union für den durch die Organe und Bediensteten in Ausübung ihrer Amtstätigkeit verursachten Schaden nach den allgemeinen Rechtsgrundsätzen, die den Rechtsordnungen der Mitgliedstaaten gemeinsam sind. Die Chartanorm formuliert ausdrücklich einen entsprechenden Anspruch, der einer Person zusteht. Art. 340 Abs. 2 AEUV enthält dagegen keinen Hinweis auf den Kreis der Anspruchsberechtigten.[376] Mit der Inkorporierung der Haftungsregelung in Art. 41 EGRC wollte der Konvent deutlich machen, dass ein Verstoß gegen die darin verankerten Garantien auch mit Schadensersatzpflichten sanktioniert wird.[377] Diese Stellung steht auch in Einklang mit der Rechtsprechung des EuGH, der die **Wiedergutmachung von**

5215

---

[371] *Jarass/Kment*, § 36 Rn. 28; *Pfeffer*, Das Recht auf eine gute Verwaltung, 2006, S. 177 ff. (Recht auf sorgfältige und unparteiische Untersuchung).

[372] *Kanska*, ELJ 2004, 296 (322) unter Hinweis auf EuG, Rs. T-73/95, ECLI:EU:T:1997:39 (Rn. 32) – Oliveira; Rs. T-231/97, ECLI:EU:T:1999:146 (Rn. 39, 41) – New Europe Consulting.

[373] EuG, Rs. T-231/97, ECLI:EU:T:1999:146 (Rn. 39, 41) – New Europe Consulting.

[374] Vgl. EuGH, Rs. C-269/90, ECLI:EU:C:1991:438 (Rn. 14) – TU München; EuG, Rs. T-167/94, ECLI:EU:T:1997:195 (Rn. 73) – Nölle.

[375] S. o. Rn. 5165 sowie 5179.

[376] Dazu näher u. Rn. 5217 f.

[377] *Bernsdorff/Borowsky*, Die Charta der Grundrechte der Europäischen Union, 2002, S. 316, vgl. auch *Magiera*, in: Meyer/Hölscheidt, Art. 41 Rn. 18.

Fehlern und Versäumnissen der Verwaltung als einen allgemeinen Grundsatz guter Verwaltungsführung bewertet hat.[378]

5216 Art. 41 Abs. 3 EGRC und Art. 340 Abs. 2 AEUV regeln die Haftung nur unvollständig. Im Wortlaut werden lediglich die Voraussetzungen Handeln eines Organs oder eines Bediensteten, Handeln im Rahmen einer Amtstätigkeit und Verursachung eines Schadens aufgeführt. Im Übrigen verweist die Grundrechtsvorschrift ebenso wie das primärrechtliche Vorbild auf die allgemeinen **Rechtsgrundsätze der Mitgliedstaaten**. Insoweit wird nicht das Haftungsrecht der Mitgliedstaaten rezipiert. Vielmehr enthält diese Formulierung einen **Auftrag an den Gerichtshof**, im Rahmen richterlicher Rechtsfortbildung den **Haftungstatbestand zu entwickeln**.[379] Diesem Auftrag entsprechend hat der EuGH auf der Grundlage des Art. 340 Abs. 2 AEUV und seiner Vorgänger die außervertragliche Haftung ausgeformt.[380] Auf diese Grundsätze kann zur Auslegung des Art. 41 Abs. 3 EGRC zurückgegriffen werden. So hat der EuGH inzwischen aus Art. 340 Abs. 2 AEUV Ansprüche wegen ungerechtfertigter Bereicherung hergeleitet.[381]

II. Anspruchsberechtigte

5217 Nach Art. 41 Abs. 3 EGRC ist ausdrücklich jede Person berechtigt, einen Schadensersatzanspruch geltend zu machen. Art. 340 Abs. 2 AEUV enthält dagegen keine Anhaltspunkte zum Kreis der Berechtigten. Doch auch im Rahmen dieser Norm ist anerkannt, dass alle **natürlichen und juristischen Personen** anspruchsberechtigt sein können. Es ist nicht erforderlich, dass die jeweilige Person Angehörige eines Mitgliedstaates oder darin ansässig ist. Insoweit können **auch** Angehörige von Drittstaaten bzw. in Drittstaaten ansässige Unternehmen Inhaberin bzw. Inhaber des Anspruchs sein.[382]

5218 Ob eine Personenvereinigung als juristische Person berechtigt ist, bestimmt sich allein nach dem Recht des Sitzstaates.[383] Die Rechtsprechung hat noch nicht ent-

---

[378] EuGH, Rs. C-55/70, ECLI:EU:C:1971:50 (Rn. 18 f.) – Reinarz.

[379] *Jacob/Kottmann*, in: Grabitz/Hilf/Nettesheim, Art. 340 AEUV Rn. 31; *Ruffert*, in: Calliess/Ruffert, Art. 340 AEUV Rn. 5; *Lais*, ZEuS 2002, 447 (471).

[380] St. Rspr., EuGH, Rs. C-4/69, ECLI:EU:C:1971:40 (Rn. 10) – Lütticke; Rs. C-153/73, ECLI:EU:C:1974:70 (Rn. 3) – Holtz & Willemsen; Rs. C-49/79, ECLI:EU:C:1980:64 (Rn. 7) – Pool; Rs. C-308/87, ECLI:EU:C:1994:38 (Rn. 6) – Grifoni; Rs. C-59/83, ECLI:EU:C:1984:380 (Rn. 10) – Biovilac; Rs. C-281/84, ECLI:EU:C:1987:3 (Rn. 17) – Zuckerfabrik Bedburg; Rs. C-50/86, ECLI:EU:C:1987:527 (Rn. 9) – Grands Moulins de Paris; Rs. C-55/90, ECLI:EU:C:1992:168 (Rn. 19) – Cato; Rs. C-257/90, ECLI:EU:C:1993:8 (Rn. 33) – Italsolar; Rs. C-146/91, ECLI:EU:C:1994:329 (Rn. 19) – KYDEP.

[381] EuGH C-575/18 P, ECLI:EU:C:2020:530 (Rn. 81 f.) – Tschechische Republik; *Jacob/Kottmann*, in: Grabitz/Hilf/Nettesheim, Art. 340 AEUV Rn. 40.

[382] Vgl. EuGH, Rs. C-145/83, ECLI:EU:C:1985:448 – Adams; Rs. C-182/91, ECLI:EU:C:1993:165 – Forafrique. Auf die Anspruchsberechtigung wurde hier allerdings nicht ausdrücklich eingegangen.

[383] Vgl. EuG, Rs. T-390/94, ECLI:EU:T:1997:51 (Rn. 34) – Schröder u. a.

schieden, ob die Mitgliedstaaten selbst anspruchsberechtigt sein können. Dafür spricht, dass der AEUV auf eine Ausschöpfung des eigenen Rechtsschutzsystems angelegt ist.[384]

III. Anspruchsverpflichtete

Passivlegitimiert ist nach dem Wortlaut des Art. 41 Abs. 3 EGRC die **Union**, vertreten durch das **Organ**, das die **Haftung ausgelöst** hat.[385] Mit Inkrafttreten des Lissabonner Reformvertrags ist die Rechtspersönlichkeit „EU" gem. Art. 1 Abs. 3, Art. 47 EUV, Art. 335 AEUV an die Stelle der Gemeinschaft getreten.[386] Vor dieser Verschmelzung hatte der EuGH auf der Grundlage von Art. 17 Abs. 1 Satz 1 des EuGH eine verfahrensrechtliche Lösung gewählt. Er hat nicht die Gemeinschaft bzw. die Union, sondern das jeweils handelnde Organ als Partei des Rechtsstreits behandelt.[387]

5219

IV. Handeln einer bediensteten Person oder eines Organs

Die außervertragliche Haftung setzt zunächst voraus, dass Bedienstete oder Organe in Ausübung ihrer **Amtstätigkeit** eine Norm des Europarechts verletzen. Die Handelnden müssen also Bedienstete oder Organe der Union sein. Der Begriff der **Organe** ist allerdings nicht mit dem in Art. 13 EUV identisch,[388] sondern wird weiter gefasst. Darunter fallen auch **alle durch den Vertrag geschaffenen Einrichtungen**, die berechtigt sind, „im Namen und für Rechnung" der Union zu handeln.[389]

5220

Bei den **Bediensteten** muss es sich nicht notwendig um Beamtinnen und Beamte handeln. Von diesem Begriff sind vielmehr alle umfasst, die in einem **Beschäftigungsverhältnis** zur **Union** stehen oder derer sich die Union zur Erfüllung ihrer Aufgaben bedient.[390]

5221

---

[384] *Jacob/Kottmann*, in: Grabitz/Hilf/Nettesheim, Art. 340 AEUV Rn. 40 unter Verweis auf Art. 344 AEUV.

[385] Ausdrücklich aus neuerer Zeit EuGH, Rs. C-150/17 P, ECLI:EU:C:2018:1014 (Rn. 33) – EU/Kendrion; *Ruffert*, in: Calliess/Ruffert, Art. 340 AEUV Rn. 10.

[386] Vgl. dazu *Streinz/Ohler/Herrmann*, Der Vertrag von Lissabon zur Reform der EU, 3. Aufl. 2010, S. 50 f.

[387] EuGH, Rs. C-104/89 u. 37/90, ECLI:EU:C:2000:38 (Rn. 8 f.) – Mulder; Rs. C-146/91, ECLI:EU:C:1994:329 (Rn. 1) – KYDEP.

[388] EuGH, Rs. C-370/89, ECLI:EU:C:1992:482 (Rn. 15 f.) – SGEEM u. Etroy.

[389] *Lais*, ZEuS 2002, 447 (473). Ausführlich zur Organqualität anhand von Beispielen *Jacob/Kottmann*, in: Grabitz/Hilf/Nettesheim, Art. 340 AEUV Rn. 69 ff.

[390] *Jacob/Kottmann*, in: Grabitz/Hilf/Nettesheim, Art. 340 AEUV Rn. 71; *Detterbeck*, AöR 125 (2000), 202 (209); *Lais*, ZEuS 2002, 447 (473).

V. Handeln in Ausübung einer Amtstätigkeit

5222 Es muss ein Handeln in Ausübung einer Amtstätigkeit vorliegen.[391] Der Gerichtshof fasst unter diese Tatbestandsvoraussetzung **jedes Handeln**, das sich aufgrund einer unmittelbaren inneren Beziehung notwendig **aus** den **Aufgaben der Organe** ergibt.[392] Dieses Handeln ist in einem umfassenden Sinne zu verstehen. Es erfasst **Realakte** ebenso wie **Rechtsakte**,[393] kann in einem **Tun** oder in einem **Unterlassen** bestehen. Letzteres wird allerdings nur dann relevant, wenn eine Pflicht zum Tätigwerden bestand.[394]

VI. Rechtsverletzung

1. Handlungsunrecht

5223 Das Handeln kann in Form eines Einzelakts, eines Realakts oder eines sonstigen faktischen Verhaltens vorliegen. Dieses **Handeln** muss rechtswidrig sein. Ein bloßer Verstoß gegen (höherrangiges) Europarecht reicht jedoch nicht aus. Vielmehr muss es sich bei der verletzten Norm um eine **Schutznorm** handeln. Das setzt voraus, dass sie nicht nur im Interesse der Allgemeinheit besteht, sondern mindestens auch individualschützenden Charakter hat.[395] Indes reichen hier anders als nach deutschem Verständnis[396] bloße **Rechtsreflexe** aus.[397] Als solche Schutznormen haben der EuGH und das EuG etwa EU-Bestimmungen zur **Arbeitssicherheit**,[398] das **Eigentum**,[399] den Grundsatz der **Verhältnismäßigkeit**[400] sowie die **Grundsätze ordentlicher Verwaltung**[401] anerkannt. Diese Schutznormen können dem ungeschriebenen Recht angehören oder als geschriebene Normen sowohl im Primärrecht als auch im Sekundärrecht verankert sein.

---

[391] Teilweise wird vertreten, dass sich diese Voraussetzung nur auf die Bediensteten bezieht, *Jacob/Kottmann*, in: Grabitz/Hilf/Nettesheim, Art. 340 AEUV Rn. 72 f.

[392] EuGH, Rs. C-9/69, ECLI:EU:C:1969:37 (Rn. 5/11) – Sayag: ohne ausdrückliche Erwähnung einer Pflicht zum Handeln.

[393] Zu der Haftung für Rechtsakte s. sogleich Rn. 5224 f.

[394] EuGH, Rs. C-68/95, ECLI:EU:C:1996:452 (Rn. 38 ff.) – T.Port.

[395] EuGH, Rs. C-5/66 u. a., ECLI:EU:C:1967:31 (354 f.) – Kampffmeyer u. a.; Rs. C-5/71, ECLI:EU:C:1971:116 (Rn. 11) – Schöppenstedt; Rs. C-104/89 u. 37/90, ECLI:EU:C:2000:38 (Rn. 12) – Mulder.

[396] Vgl. *Wahl/Schütz*, in: Schoch/Schneider, VwGO, § 42 Abs. 2 Rn. 45.

[397] EuGH, Rs. C-5/66 u. a., ECLI:EU:C:1967:31 (354 f.) – Kampffmeyer u. a.

[398] EuGH, Rs. C-308/87, ECLI:EU:C:1990:134 (Rn. 8) – Grifoni.

[399] EuGH, Rs. C-281/84, ECLI:EU:C:1987:3 (Rn. 25 ff.) – Zuckerfabrik Bedburg.

[400] EuGH, Rs. C-281/84, ECLI:EU:C:1987:3 (Rn. 35 ff.) – Zuckerfabrik Bedburg.

[401] EuG, Rs. T-575/93, ECLI:EU:T:1996:1 (Rn. 85 ff.) – Koelman; Rs. T-231/97, ECLI:EU:T:1999:146 (Rn. 38 ff.) – New Europe Consulting.

2. Normatives Unrecht

Bei den Anforderungen an die Rechtswidrigkeit differenziert die Rechtsprechung zwischen administrativem Handeln und normativem Handeln, das zu der Schutznormverletzung führt. Bei **administrativem Handeln** reicht die **Normverletzung** aus, ohne dass es auf den Rang der verletzten Norm ankommt. Bei **normativem Unrecht** hat der EuGH im Zusammenhang mit Normen, die wirtschaftspolitische Entscheidungen enthalten, eine „**hinreichend qualifizierte Verletzung** einer dem Schutz der einzelnen Person dienenden höherrangigen Schutznorm"[402] gefordert. Die Formulierung taucht seit der Rechtssache Bergaderm[403] kaum noch auf;[404] das EuG bezeichnet sie als obsolet.[405] Vielmehr weist die „Höherrangigkeit" nur auf die unionsrechtliche Normenhierarchie hin und bildet kein zusätzliches Kriterium, so dann die verletzte Norm keine besondere „Wertigkeit" besitzen muss.[406]

5224

Hintergrund der zusätzlichen Haftungsbegrenzung durch eine hinreichend qualifizierte Verletzung bei normativem Handeln ist, dass der Gerichtshof den **Beurteilungs- und Ermessensspielraum** der Unionsorgane durch drohende Schadensersatzansprüche nicht übermäßig einschränken wollte.[407] Daher ist diese Rechtsprechung zu verallgemeinern und nicht auf Normen mit wirtschaftspolitischen Entscheidungen begrenzt. Eine hinreichend qualifizierte Verletzung liegt dann vor, wenn die handelnde Person die Grenzen ihrer **Befugnisse offenkundig und erheblich überschritten** hat.[408] Dies ist dann der Fall, wenn eine klar abgrenzbare Gruppe von Personen betroffen ist und der Schaden über das hinausgeht, was bei einer Tätigkeit in dem betroffenen Wirtschaftszweig zu erwarten ist.[409]

5225

---

[402] St. Rspr. seit EuGH, Rs. C-5/71, ECLI:EU:C:1971:116 (Rn. 11) – Schöppenstedt; Rs. C-152/88, ECLI:EU:C:1990:259 (Rn. 25) – Sofrimport; EuG, Rs. T-120/89, ECLI:EU:T:1996:161 (Rn. 74) mwN – Peine-Salzgitter; vgl. die Nachweise bei *Jacob/Kottmann*, in: Grabitz/Hilf/Nettesheim, Art. 340 AEUV Rn. 87.

[403] EuGH, Rs. C-352/98 P, ECLI:EU:C:2000:361 – Bergaderm und Goupil.

[404] *Lageard*, in: Lenz/Borchardt, Art. 340 AEUV Rn. 15.

[405] EuG, Rs. T-47/03, ECLI:EU:T:2007:207 (Rn. 234) – Sison.

[406] *Herdegen*, Die Haftung der Europäischen Wirtschaftsgemeinschaft für fehlerhafte Rechtsetzungsakte, 1983, S. 122 ff.; *Lenaerts/Maselis/Gutman*, EU Procedural Law, 2015, S. 517 Rn. 11.49 m. w. N.; *Ruffert*, in: Calliess/Ruffert, Art. 340 AEUV Rn. 17; a. A. *GA Tesauro*, EuGH, Rs. C-46 u. 48/93, ECLI:EU:C:1996:79 (Rn. 76) – Brasserie du Pêcheur.

[407] *Detterbeck*, AöR 125 (2000), 202 (214) unter Verweis auf EuGH, Rs. C-9 u. 11/71, ECLI:EU:C:1972:52 (Rn. 28/34) – Cie d'approvisionnement; Rs. C-74/74, ECLI:EU:C:1975:59 (Rn. 19/23) – Comptoir National Technique Agricole (CNTA); s. auch Rs. C-83/76 u. a., ECLI:EU:C:1978:113 (Rn. 6) – HNL.

[408] EuGH, Rs. C-83/76 u. a., ECLI:EU:C:1978:113 (Rn. 6) – HNL.

[409] EuGH, Rs. C-238/78, ECLI:EU:C:1979:226 (Rn. 11) – Ireks-Arkady; Rs. C-261 u. 262/78, ECLI:EU:C:1982:329 (Rn. 14) – Interquell Stärke-Chemie; Rs. C-104/89 u. 37/90, ECLI:EU:C:2000:38 (Rn. 16 f.) – Mulder.

3. Haftung ohne Handlungsunrecht

a) Haftung für rechtmäßiges Handeln

5226 Für einen Schadensersatzanspruch auch für rechtmäßiges Handeln der Organe hat das EuG dargelegt, welche Voraussetzungen ein solcher Anspruch haben könnte.[410] Dazu gehört als zentrales Kriterium das **Vorliegen eines Sonderopfers**, d. h. eines besonderen und außergewöhnlichen Schadens.[411] Als weitere Haftungsvoraussetzung hat das Gericht das **Fehlen eines allgemeinen wirtschaftlichen Interesses** genannt.[412] Dementsprechend hat der EuGH eine Haftung für rechtmäßiges Rechtsetzungshandeln abgelehnt.[413] Es bleibt aber das Verwaltungshandeln.

b) Gefährdungshaftung

5227 Zum Bestehen einer Gefährdungshaftung auf der Grundlage von Art. 340 Abs. 2 AEUV hat der EuGH bislang noch keine Aussage gemacht.[414] In der Lit. wird nicht ausgeschlossen, dass unter Rückgriff auf die Regelung des Art. 28 EAG[415] das Bestehen eines entsprechenden allgemeinen Rechtsgrundsatzes anerkannt werden könnte.[416]

VII. Schaden

5228 Die Rechtsverletzung muss einen Schaden verursachen. Schaden ist grundsätzlich **jeder Nachteil**, den die betroffene Person **an** ihrem **Vermögen oder** ihren **sonstigen**

---

[410] EuG, Rs. T-184/95, ECLI:EU:T:1998:74 (Rn. 59 ff.) – Dorsch Consult; Rs. T-196/99, ECLI:EU:T:2001:281 (Rn. 171) – Area Cova; Rs. T-99/98, ECLI:EU:T:2003:181 (Rn. 60) – Hameico; Rs. T-195/00, ECLI:EU:T:2003:111 (Rn. 161) – Travelex Global; Rs. T-481/08, ECLI:EU:T:2010:32 (Rn. 88) – Alisei. Das Gericht hat die Voraussetzungen eines Schadensersatzes nur hypothetisch geprüft; *Haack*, EuR 1999, 395 (397 ff.). Dies wird aber als Hinweis auf eine grds. Anerkennung dieser Haftung verstanden, vgl. *Jacob/Kottmann*, in: Grabitz/Hilf/Nettesheim, Art. 340 AEUV Rn. 106.

[411] EuG, Rs. T-184/95, ECLI:EU:T:1998:74 (Rn. 59, 76) – Dorsch Consult. Zu diesem Merkmal im Rahmen des enteignenden Eingriffs des deutschen Staatshaftungsrechts, vgl. *Frenz*, Öffentliches Recht, Rn. 1570 ff.

[412] EuG, Rs. T-184/95, ECLI:EU:T:1998:74 (Rn. 80) – Dorsch Consult.

[413] EuGH, verb. Rs. C-120 u. 121/06 P, ECLI:EU:C:2008:476 (Rn. 169 ff.) – FIAMM; ebenso durch EuG, Rs. T-102/13, ECLI:EU:T:2014:1064 (Rn. 117) – Heli-Flight; *Ruffert*, in: Calliess/Ruffert, Art. 340 AEUV Rn. 24.

[414] Vgl. EuGH, Rs. C-326/86 u. 66/88, ECLI:EU:C:1989:282 (Rn. 9 ff.) – Francesconi u. a.

[415] Darin ist eine Gefährdungshaftung vorgesehen für Schäden, die aus der unbefugten Verwendung von unveröffentlichten oder geheimgehaltenen Patenten etc. entstehen, wenn dies im Zusammenhang mit der Erfüllung von Mitteilungspflichten an die Kommission geschieht.

[416] So *Augsberg*, in: v. der Groeben/Schwarze/Hatje, Art. 340 AEUV Rn. 58; *Jacob/Kottmann*, in: Grabitz/Hilf/Nettesheim, Art. 340 AEUV Rn. 109; offengelassen bei *Detterbeck*, AöR 125 (2000), 202 (223).

rechtlich geschützten Gütern erleidet.[417] Dazu gehören auch **immaterielle Schäden**[418] und **entgangener Gewinn**, soweit dieser bereits hinreichend konkret war und **nicht** eine **bloße Gewinnchance** darstellte.[419] Inwieweit der Schadensersatz neben Geldersatz auch **Naturalrestitution oder Folgenbeseitigung** umfassen kann, ist von der Rechtsprechung nicht einheitlich entschieden worden.[420] Nach dem EuG kann aus Art. 340 Abs. 2 AEUV der Union jede Art des Schadensausgleichs unter Einschluss einer Naturalrestitution auferlegt werden.[421] Demgegenüber kann die Abgabe einer Erklärung durch die Unionsorgane nicht verlangt werden.[422] In der Lit. ist dies umstritten.[423] Für die größere Reichweite spricht, dass Schadensersatz die **eingetretenen Nachteile möglichst weitgehend neutralisieren** soll.[424] Dieses Anliegen müsste vor allem die nunmehrige grundrechtliche Gewährleistung haben.

VIII. Kausalität

Schließlich muss das rechtswidrige Handeln **für den Schadenseintritt** kausal gewesen sein. Insoweit ist ein **ursächlicher Zusammenhang** erforderlich.[425] Entscheidend dafür ist die **objektive Vorhersehbarkeit des Schadenseintritts**.[426] Der **Kausalzusammenhang** kann allerdings durch das Verhalten der geschädigten Person selbst oder einer dritten Person **unterbrochen** werden, sodass die ursprünglich in Gang gesetzte Kausalkette nicht mehr in dem eingetretenen Schaden wirksam

5229

---

[417] EuGH, Rs. C-40/75, ECLI:EU:C:1976:4 (Rn. 4 ff.) – Produits Bertrand; *Jacob/Kottmann*, in: Grabitz/Hilf/Nettesheim, Art. 340 AEUV Rn. 110; *Detterbeck*, AöR 125 (2000), 202 (216).

[418] EuGH, Rs. C-7/56 u. a., ECLI:EU:C:1957:7 (134 f.) – Algera; Rs. C-169/83 u. 136/84, ECLI:EU:C:1986:371 (Rn. 18) – Leussink-Brummelhuis.

[419] EuGH, Rs. C-5/66 u. a., ECLI:EU:C:1967:31 (359) – Kampffmeyer u. a.

[420] *Gellermann*, in: Rengeling/Middeke/Gellermann, Rechtsschutz in der Europäischen Union, 3. Aufl. 2014, § 9 Rn. 44.

[421] EuG, Rs. T-19/07, ECLI:EU:T:2010:526 (Rn. 121) – Systran SA.

[422] EuGH, Rs. C-53/84, ECLI:EU:C:1985:449 (Rn. 18) – Adams.

[423] Dafür *Augsberg*, in: v. der Groeben/Schwarze/Hatje, Art. 340 AEUV Rn. 60; *Böhm*, in: Schulze/Janssen/Kadelbach, Europarecht, § 12 Rn. 45; *Detterbeck*, AöR 125 (2000), 202 (217); *Ossenbühl/Cornils*, Staatshaftungsrecht, S. 731; dagegen *Gellermann*, in: Rengeling/Middeke/Gellermann, Rechtsschutz in der Europäischen Union, 3. Aufl. 2014, § 9 Rn. 44; *Gellermann*, in: Streinz, Art. 340 AEUV Rn. 30.

[424] Vgl. *Frenz*, Die Staatshaftung in den Beleihungstatbeständen, 1992, S. 87 ff. auch m. w. N. zur herrschenden Gegenansicht bei der Staatshaftung nach Art. 34 GG, § 839 BGB.

[425] EuGH, Rs. C-55/90, ECLI:EU:C:1992:168 (Rn. 18) – Cato. Z.T. wird enger auch ein unmittelbarer ursächlicher Zusammenhang gefordert, vgl. EuGH, Rs. C-64/76 u. a., ECLI:EU:C:1979:223 (Rn. 21) – Dumortier frères; Rs. C-331/05 P, ECLI:EU:C:2007:390 (Rn. 23) – Internationaler Hilfsfonds; EuG, Rs. T-333/01, ECLI:EU:T:2003:32 (Rn. 32) – Meyer; Rs. T-3/00 und 337/04, ECLI:EU:T:2007:357 (Rn. 292) – Pitsiorlas; Rs. T-452/05, ECLI:EU:T:2010:167 (Rn. 166) – Belgian Sewing Thread.

[426] *Detterbeck*, AöR 125 (2000), 202 (216) unter Hinweis auf *GA Roemer*, EuGH, Rs. C-63–69/72, ECLI:EU:C:1973:95 (1271) – Werhahn, der ausdrücklich auf die Adäquanztheorie abstellt.

wird.⁴²⁷ Dies kann z. B. dann der Fall sein, wenn die geschädigte Person bewusst ein **Risiko in Kauf genommen** hat, das sich in dem konkret eingetretenen Schaden realisiert hat. Ein Kausalzusammenhang wird auch dann abgelehnt, wenn der **Schaden in gleicher Weise ohne das Handeln der europäischen Organe** eingetreten wäre.⁴²⁸

IX. Kein Verschuldenserfordernis

5230 Ein Verschulden einer bediensteten Person oder ein Organverschulden ist keine notwendige Haftungsvoraussetzung.⁴²⁹ Vielmehr reicht eine Rechtsverletzung aus, die den genannten Kriterien entspricht. Jedoch kann ein **Mitverschulden** der geschädigten Person den **Ersatzanspruch mindern** oder sogar ganz **ausschließen**.⁴³⁰ Dieses kann etwa darin bestehen, dass die geschädigte Person es unterlässt, **zumutbare Rechtsbehelfe** des europäischen oder des nationalen Rechts einzulegen.⁴³¹

E. Sprachengarantie

5231 Nach der Sprachengarantie⁴³² des Art. 41 Abs. 4 EGRC kann jede Person sich in einer der Sprachen der Verträge an die Organe der Union wenden und muss eine **Antwort in derselben Sprache** erhalten. Diese Vorschrift ist **fast wortgleich mit** der des **Art. 24 Abs. 4 AEUV**, der sich wiederum aus einer sekundärrechtlichen Vorschrift entwickelt hat. Bereits Art. 2 VO Nr. 1 zur Regelung der Sprachenfrage⁴³³ räumte das Recht ein, Schriftstücke an die Organe der Gemeinschaft in einer der damals noch vier Amtssprachen⁴³⁴ abzufassen. Die Organe wurden darin ver-

---

⁴²⁷ EuGH, Rs. C-182/91, ECLI:EU:C:1993:165 (Rn. 21 f.) – Forafrique; *v. Bogdandy*, in: Grabitz/Hilf, Art. 288 AEUV Rn. 106.

⁴²⁸ EuG, Rs. T-572/93, ECLI:EU:T:1995:131 (Rn. 65) – Odigitria.

⁴²⁹ *Jacob/Kottmann*, in: Grabitz/Hilf/Nettesheim, Art. 340 AEUV Rn. 119; *Detterbeck*, AöR 125 (2000), 202 (219); a. A. *Schwarze*, Europäisches Verwaltungsrecht, S. 499 f., der für eine verschuldensabhängige Haftung eintritt, bei der aber die Rechtswidrigkeit die Schuld indiziert.

⁴³⁰ EuGH, Rs. C-145/83, ECLI:EU:C:1985:448 (Rn. 53 ff.) – Adams; Rs. C-308/87 Slg 1990, I-1203, (insbes. Rn. 17 f.) – Grifoni.

⁴³¹ *Gellermann*, in: Rengeling/Middeke/Gellermann, Rechtsschutz in der Europäischen Union, 3. Aufl. 2014, § 9 Rn. 45.

⁴³² Zu weiteren für das Recht aus Art. 41 Abs. 4 EGRC verwendeten Bezeichnungen vgl. *Pfeffer*, Das Recht auf eine gute Verwaltung, 2006, S. 212.

⁴³³ VO Nr. 1 zur Regelung der Sprachenfrage für die Europäische Wirtschaftsgemeinschaft, ABl. 1958 Nr. 17, S. 385, zuletzt geändert durch VO (EU) Nr. 517/2013, ABl. 2013 L 158, S. 1.

⁴³⁴ S. nunmehr Art. 55 EUV. In 2013 war diese Zahl auf 24 Amtssprachen angewachsen. Zu den damit verbundenen Problemen s. die Beiträge bei *R. Fischer*, Herausforderungen der Sprachenvielfalt der Europäischen Union, 2007, S. 44 ff.

§ 2 Das Recht auf eine gute Verwaltung

pflichtet, in derselben Sprache zu antworten. Ein Unterschied ergibt sich allerdings im Hinblick auf den Kreis der Berechtigten. Während **Art. 41 Abs. 4 EGRC** dieses Recht **allen Personen** einräumt, beschränkt die primärrechtliche Vorschrift des Art. 24 Abs. 4 AEUV es auf die Unionsbürgerinnen und Unionsbürger. Die VO Nr. 1 zur Regelung der Sprachenfrage wiederum ist weiter gefasst und berechtigt alle der Hoheitsgewalt eines der Mitgliedstaaten unterliegende Personen.

Gem. Art. 52 Abs. 2 EGRC sind für den Gehalt der Grundrechte die für parallele primärrechtliche Gewährleistungen geltenden Bedingungen und Grenzen maßgeblich. Insoweit wird der Kreis der Berechtigten **durch Art. 24 Abs. 4 AEUV auf** die **Unionsbürgerinnen und Unionsbürger eingeschränkt**.[435] Allerdings führt die an die personelle Reichweite der nationalen Hoheitsgewalt anknüpfende und damit **weiter reichende Regelung in Art. 2 VO Nr. 1 zur Regelung der Sprachenfrage** dazu, dass diese Einschränkung in der Praxis kaum von Bedeutung ist.[436]

5232

Die **Mitgliedstaaten** sind schon nach dem Wortlaut aus dieser Gewährleistung **nicht verpflichtet. Allerdings** gibt es **sekundärrechtlich** davon abweichende Regelungen, wie z. B. Art. 84 Abs. 4 S. 1 WanderarbeitnehmerVO Nr. 1408/71,[437] wonach die Behörden, Träger und Gerichte eines Mitgliedstaates die bei ihnen eingereichten Anträge und sonstigen Schriften nicht deshalb zurückweisen dürfen, weil sie in der Amtssprache eines anderen Mitgliedstaates abgefasst sind.

5233

Wie sich aus der weiten Formulierung ergibt, greift die Garantie des Art. 41 Abs. 4 EGRC inhaltlich **nicht nur im Rahmen von Auskunftsbegehren**,[438] sondern bei jedwedem „Sich-Wenden" an ein Organ der Union.[439] Erfasst werden insoweit etwa **Anfragen**, **Anträge**, **Begehren**, **Stellungnahmen** oder **Beschwerden**.[440] Gleichzeitig macht Art. 41 Abs. 4 EGRC aber keinerlei Vorgaben, wie die Antwort inhaltlich ausgestaltet sein muss.[441] Maßstäbe finden sich etwa in den

5234

---

[435] *Huber*, in: Grabenwarter, § 24 Rn. 108; *Jarass/Kment*, § 36 Rn. 38; *Klatt*, in: v. der Groeben/Schwarze/Hatje, Art. 41 EGRC Rn. 18; a. A. *Magiera*, in: Meyer/Hölscheidt, Art. 41 Rn. 8; *Streinz*, in: ders., Art. 41 GR-Charta Rn. 17 unter Rückgriff auf die VO Nr. 1 zur Regelung der Sprachenfrage (ABl. 1958 Nr. 17, S. 385, geändert durch VO (EU) Nr. 517/2013, ABl. 2013 L 158, S. 1). Diese kann zur Auslegung des Art. 41 Abs. 4 EGRC aber nicht herangezogen werden, da Art. 52 Abs. 2 EGRC insoweit nur die Regelungen paralleler Rechte in den Verträgen in Bezug nimmt. Dazu gehört die VO Nr. 1 nicht, da sie auf der Grundlage der organrechtlichen Regelung des Art. 342 AEUV ergangen ist.

[436] So auch *Jarass/Kment*, § 36 Rn. 38.

[437] Des Rates vom 14.6.1971 zur Anwendung der Systeme der sozialen Sicherheit auf Arbeitnehmer und deren Familienangehörige, die innerhalb der Gemeinschaft zu- und abwandern (WanderarbeitnehmerVO, ABl. 1971 L 149, S. 2, zuletzt geändert durch VO (EG) Nr. 592/2008, ABl. 2008 L 177, S. 1).

[438] So aber *Kaufmann-Bühler*, in: Lenz/Borchardt, Art. 24 AEUV Rn. 5 f.

[439] *Lais*, ZeuS 2002, 447 (475); *Galetta/Grzeszick*, in: Stern/Sachs, Art. 41 Rn. 98.

[440] *Jarass/Kment*, § 36 Rn. 37; *Hatje*, in: Schwarze/Becker/Hatje/Schoo, Art. 24 AEUV Rn. 5; *Lais*, ZeuS 2002, 447 (475).

[441] *Hatje*, in: Schwarze/Becker/Hatje/Schoo, Art. 24 AEUV Rn. 5; *Lais*, ZeuS 2002, 447 (475); *Galetta/Grzeszick*, in: Stern/Sachs, Art. 41 Rn. 98.

Vorschriften zum Dokumentenzugang.[442] Insoweit gewährt Art. 41 Abs. 4 EGRC **keinen Anspruch auf inhaltliche Befassung** mit dem Begehren.[443]

F. Abgrenzung zu anderen Grundrechten

I. Allgemeines Recht auf Dokumentenzugang (Art. 42 EGRC)

5235 Das in Art. 41 Abs. 2 lit. b) EGRC verankerte Recht einer jeden Person auf Zugang zu den sie betreffenden Akten ist nicht deckungsgleich mit dem Recht auf Dokumentenzugang in **Art. 42 EGRC**. Während das Recht aus Art. 41 Abs. 2 EGRC nur Einsicht in die eine bestimmte Person betreffenden Akten gewährt und insoweit eine spezifische Beziehung der Person zu den Akten voraussetzt, ist das allgemeine Dokumentenzugangsrecht **nicht an den Nachweis eines spezifischen Interesses geknüpft**.[444] Das Zugangsrecht des Art. 42 EGRC wird teilweise als besondere Ausprägung des enger ausgestalteten Rechts auf gute Verwaltung in Art. 41 EGRC betrachtet.[445] Umgekehrt könnte in Art. 42 EGRC eine subsidiäre Gewährleistung liegen, der die bereichsspezifischen Regelungen und so auch Art. 41 EGRC als leges speciales vorgehen.[446] Jedoch ist angesichts der spezifischen Zwecke des allgemeinen Dokumentenzugangsrechts und der fehlenden Möglichkeit, Beschränkungen des einen Rechts durch Geltendmachen des anderen zu unterlaufen, mit dem EuG von einer **grundsätzlichen Parallelität** der beiden Gewährleistungen auszugehen.[447]

II. Justizielle Grundrechte (Art. 47 Abs. 2 EGRC)

5236 Es bestehen einige Parallelen zwischen den Gewährleistungen im Rahmen des Rechts auf eine gute Verwaltung in Art. 41 EGRC und den justiziellen Garantien aus Art. 47 Abs. 2 EGRC. Darin ist jeder Person das Recht garantiert, dass ihre Sache vor einem unabhängigen, unparteiischen Gericht in einem fairen Verfahren in angemessener Zeit

---

[442] S. dazu ausführlich u. Rn. 5242 ff.
[443] *Jarass/Kment*, § 36 Rn. 39; *Hatje*, in: Schwarze/Becker/Hatje/Schoo, Art. 24 AEUV Rn. 5; weitergehend *Haag*, in: v. der Groeben/Schwarze/Hatje, Art. 24 AEUV Rn. 9 (Anspruch auf prüfende Kenntnisnahme).
[444] Vgl. Art. 6 Abs. 1 S. 2 TransparenzVO (EG) Nr. 1049/2001 (ABl. 2001 L 145, S. 43).
[445] *Schöbener*, in: Stern/Sachs, Art. 42 Rn. 9; *Calliess*, EuZW 2001, 261 (264) sieht demgegenüber zwischen Art. 41 EGRC und Art. 42 EGRC einen Widerspruch.
[446] So früher *Jarass*, § 37 Rn. 4; nunmehr für Kumulativität *Jarass/Kment*, § 37 Rn. 3.
[447] EuG, Rs. T-92/98, ECLI:EU:T:1999:308 (3542 f., Rn. 44 f.) – Interporc II; a. A. wohl *Nehl*, Europäisches Verwaltungsverfahren und Gemeinschaftsverfassung, 2002, S. 264 ff., der deshalb de lege ferenda einen einheitlichen Informationsanspruch gegenüber der Gemeinschaftsgewalt fordert. Näher zu dem Konkurrenzproblem u. Rn. 5254 ff.

verhandelt wird. Dies entspricht dem Wortlaut des Art. 41 Abs. 1 EGRC, der eine unparteiische und innerhalb angemessener Zeit erfolgende Behandlung vorschreibt. Die Elemente des fairen Verfahrens wie Gewährung rechtlichen Gehörs, Akteneinsicht und die Begründungspflicht finden sich in Art. 41 Abs. 2 EGRC.

Aus dieser Kongruenz könnte der Schluss gezogen werden, dass **Art. 41 Abs. 1 und 2 EGRC** eigentlich überflüssige Ausformungen des Art. 47 EGRC für das Verwaltungsverfahren darstellen. Dies um so mehr, als den justiziellen Garantien Vorwirkungen für das einem Gerichtsverfahren vorausgehende Verwaltungsverfahren beigemessen werden.[448] Ein solches Verständnis würde die Bedeutung des Rechts auf eine gute Verwaltung auf ein Recht auf ein gerichtsähnliches Verwaltungsverfahren reduzieren. Dies würde der **weitergehenden Intention** der Vorschrift, wie sie in der Überschrift zum Ausdruck kommt, nämlich eine materiell gute, effektive Verwaltung zu gewährleisten,[449] nicht gerecht. Insoweit sind die **beiden Gewährleistungen** grundsätzlich **getrennt voneinander** zu sehen.[450] Eine Konkurrenz im Sinne einer gleichzeitigen Anwendbarkeit ergibt sich im Hinblick auf die unterschiedlichen Anwendungsbereiche Verwaltungsverfahren bzw. Gerichtsverfahren grundsätzlich nicht.

5237

Nur soweit die Garantie des wirksamen Rechtsbehelfs in **Art. 47 Abs. 1 EGRC Vorwirkungen für ein vorangeschaltetes Verwaltungsverfahren** entfaltet, kann es überhaupt zu dieser Anwendungskonkurrenz kommen. Der EuGH hat aus der Gewährleistung effektiven Rechtsschutzes solche Vorwirkungen angenommen. Die betroffene Person eines Rechtsakts habe vor Erhebung der Klage das Recht, von der Verwaltung die Begründung der Entscheidung zu erfahren.[451] Kommt es also im Anschluss an ein Verwaltungsverfahren zu einem Gerichtsverfahren, so kann die betroffene Person sich im Hinblick auf einen Begründungsmangel sowohl auf Art. 41 Abs. 2 als auch auf Art. 47 Abs. 1 EGRC berufen. Diese Gewährleistungen sind nebeneinander anwendbar und damit **kumulativ**.

5238

G. Prüfungsschemata zu Art. 41 EGRC

I. Prüfungsschema zu Art. 41 Abs. 1, Abs. 2 EGRC

1. Schutzbereich

5239

a) einheitliches Grundrecht: Zusammenfassung ordnungsgemäßer Verwaltung (Art. 41 Abs. 1 EGRC)
b) konkrete Einzelgehalte (Art. 41 Abs. 2 EGRC)
c) Grundrechtsträger: Menschenrecht; auch juristische Personen Beschränkung auf „eigene Angelegenheiten" (Adressatinnen, Adressaten, betroffene Dritte)

---

[448] Vgl. EuGH, Rs. C-249/88, ECLI:EU:C:1991:121 (Rn. 25) – Kommission/Belgien.
[449] *Bullinger*, in: FS für Brohm, 2002, S. 25 (29 f.).
[450] *Galetta/Grzeszick*, in: Stern/Sachs, Art. 41 Rn. 38.
[451] EuGH, Rs. C-249/88, ECLI:EU:C:1991:121 (Rn. 25) – Kommission/Belgien.

d) Verpflichtete: Organe, Einrichtungen und sonstige Stellen der Union, nicht: Mitgliedstaaten
e) Beschränkung auf „Verwaltungstätigkeit", weit auszulegen, nationales Drei-Gewalten-Schema nicht anwendbar
f) Gewährleistungsinhalt:

   aa) Behandlung von Verwaltungsangelegenheiten
   - unparteiisch: umfassende Ermittlung aller entscheidungsrelevanten Tatsachen
   - gerecht: ohne eigenständigen materiellen Gehalt
   - innerhalb angemessener Frist
   - Einzelfallbetrachtung: Komplexität, Verhalten der Beteiligten, Bedeutung

   bb) Anforderung an Entscheidung/Entscheidungsfindung
   - unter Gewährung rechtlichen Gehörs (nur bei nachteiliger Entscheidung: Offenlegen rechtlicher Gesichtspunkte, Möglichkeit der Stellungnahme)
   - Recht auf Akteneinsicht nicht kongruent mit Recht auf Dokumentenzugang: spezifische Beziehung zum Dokument erforderlich; auch Nicht-Adressatinnen, Nicht-Adressaten (str.)
   - mit Begründung: muss richterliche Überprüfung ermöglichen; Umfang einzelfallabhängig (Adressatenkreis, Auswirkungen)

   cc) weitere Gehalte
   - Recht auf anwaltliche Beratung
   - nicht: „nemo tenetur"-Grundsatz, weil Art. 47 Abs. 2 i. V. m. Art. 48 EGRC lex specialis
   - nicht: Unschuldsvermutung, weil Art. 48 Abs. 1 lex specialis
   - nicht: Pflicht zu sorgfältiger Behandlung, bereits in unparteiischer Behandlung bzw. im Recht auf rechtliches Gehör enthalten

2. Beeinträchtigung und Rechtfertigung
a) Recht auf unparteiische Behandlung
   Rechtfertigung: ausdrücklich verankerte Bevorzugung
   (Frauen, Menschen mit Behinderung)
b) verspätete Entscheidung

   aa) nur relevant, wenn Verteidigung beeinträchtigt
   bb) wohl keine eigene Rechtfertigung, bereits in Merkmal der Angemessenheit enthalten

c) rechtliches Gehör

   aa) entfällt bei Unmöglichkeit; Zugangsvereitelung
   bb) ungeschriebener Rechtfertigungsgrund: entgegenstehendes öffentliches Interesse

d) Akteneinsicht
   aa) geschriebener Rechtfertigungsgrund: Vertraulichkeit schützt Berufs- und Geschäftsgeheimnis
   bb) aber Abwägung: keine Beeinträchtigung Wesensgehalt
   cc) ungeschriebener Rechtfertigungsgrund: Effizienzprinzip (eng auszulegen)
e) Begründungspflicht
   aa) Heilung? Nachschieben von Gründen (str.)
   bb) ungeschriebener Rechtfertigungsgrund: Geheimhaltungsinteresse Dritter, außergewöhnliche Gründe

3. Folgen eines Verstoßes
Aufheben der Entscheidung
Einschränkung: nur, wenn Fehler sich auf Entscheidung ausgewirkt hat

II. Prüfungsschema zu Art. 41 Abs. 3 EGRC

1. Schutzbereich   5240
a) Grundrechtsträger: jede natürliche und juristische Person
b) Verpflichteter: Union
c) Gewährleistungsgehalt: Anspruch auf Schadensersatz gemäß den richterrechtlichen Grundsätzen des EuGH
   Tatbestandsvoraussetzungen:

   aa) Handeln einer/eines Bediensteten/Organs
   bb) „in Ausübung einer Amtstätigkeit" umfasst jedes Handeln im Rahmen der Aufgaben der Organe
   cc) Rechtsverletzung
   - Handlungsunrecht: Verstoß gegen unionsrechtliche Schutznorm
   - normatives Unrecht: qualifizierte Verletzung zu wahrender Schutznorm
   - Haftung für rechtmäßiges Handeln: nicht bei Rechtsetzung
   - Gefährdungshaftung: in Rechtsprechung bislang nicht anerkannt

   dd) Schaden: jeder Nachteil an Vermögen oder rechtlich geschützten Gütern
   ee) Kausalität nicht: bei Unterbrechung Kausalzusammenhang; wenn Schaden ohnehin eingetreten wäre
   ff) kein Verschuldenserfordernis
   gg) Minderung des Schadensersatzanspruchs durch mitwirkendes Verschulden

2. Beeinträchtigung
Behinderung der Geltendmachung Schadensersatzanspruch

3. Rechtfertigung
kein Rechtfertigungsgrund ersichtlich

III. Prüfungsschema zu Art. 41 Abs. 4 EGRC

5241   **1. Schutzbereich**
a) Grundrechtsträger: Unionsbürgerinnen und Unionsbürger (Einschränkung durch Art. 24 Abs. 4 AEUV)
b) Verpflichteter: Organe der Union, nicht: Mitgliedstaaten
c) Gewährleistungsgehalt:

   aa) weit auszulegen, alle Anfragen, Stellungnahmen, Anträge etc.
   bb) in einer Sprache gem. Art. 55 EUV
   cc) Antwort in derselben Sprache
   dd) kein Anspruch auf inhaltliche Befassung

2. Beeinträchtigung
a) Nichtannahme des Begehrens, obwohl in Vertragssprache verfasst
b) keine Beantwortung
c) Antwort nicht in gewählter Sprache

3. Rechtfertigung
Einschränkung durch Gesetz (Art. 52 Abs. 1 EGRC)

4. Schranken
Verhältnismäßigkeit

§ 3 Zugang zu Dokumenten

A. *Rechtliche Rahmenbedingungen*

I. Zugang zu Dokumenten nach dem EGRC und dem AEUV

1. Dokumentenzugang nach dem Reformvertrag von Lissabon

5242   Durch den Lissabonner Reformvertrag hat das Recht auf Zugang zu Dokumenten einen anderen Platz im Nachfolgevertrag des EG, dem AEUV, bekommen. Es ist jetzt bei den **allgemeinen Bestimmungen** im Rahmen des Titel II **in Art. 15 Abs. 3 AEUV** verankert. Das **Zugangsrecht** selbst ist **im Kern unverändert**. Änderungen erfolgten aber zum einen in Anlehnung an den Wortlaut des parallelen Grundrechts aus Art. 42 EGRC. So wird der Kreis der Verpflichteten auf „die Organe, Einrichtungen und sonstigen Stellen der Union" ausgedehnt. Weiterhin wird klargestellt, dass der Zugang unabhängig ist von der Form der für die Dokumente verwendeten Träger. Eine weitere Änderung zeigt sich im Rahmen der Verordnungsermächtigung. Diese gilt abweichend von Art. 255 Abs. 2 EG nicht mehr allein für den Rat, vielmehr müssen nach Art. 15 Abs. 3 UAbs. 2 AEUV **Rat und Parlament gemeinsam Grundsätze und Einschränkungen des Zugangsrechts im ordentlichen Gesetzgebungsverfahren** festlegen. Art. 15 Abs. 3 UAbs. 4 AEUV beschränkt die Verpflichtung des Gerichtshofs der Europäischen Union, der Europäischen Zentralbank und der Europäischen Investitionsbank auf die Wahrnehmung von Verwaltungsaufgaben. Damit werden die **Rechtsprechungstätigkeit** des Gerichtshofs sowie die **währungs- und investitionspolitische Tätigkeit** der Europäischen Banken vom Zugangsrecht zur Wahrung der Unabhängigkeit dieser Organe **ausgenommen**.

Neu ist die Verankerung eines **allgemeinen Transparenzgrundsatzes** in **Art. 15 Abs. 1 AEUV**. Ebenfalls neu ist die primärrechtliche Verankerung des Öffentlichkeitsgrundsatzes für die Sitzungen des Europäischen Parlaments[452] und der Beratungen bzw. Abstimmungen des Rates über Gesetzgebungsakte.[453] Beide Bestimmungen wurden wörtlich aus Art. I-50 Abs. 1 und 2 VE übernommen.

5243

2. Art. 15 Abs. 3 AEUV als Maßstab

Nach Art. 42 EGRC haben alle Unionsbürgerinnen und Unionsbürger sowie jede natürliche oder juristische Person mit Wohnsitz oder satzungsmäßigem Sitz in einem Mitgliedstaat das Recht auf Zugang zu den Dokumenten der Organe, Einrichtungen und sonstigen Stellen der Union. Nach Art. 255 Abs. 1 EG richtete sich dieses Recht nur auf Dokumente des Europäischen Parlaments, des Rates und der Kommission. Die durch den Reformvertrag von Lissabon geänderte Nachfolgevorschrift des Art. 15 Abs. 3 UAbs. 1 AEUV glich den Kreis der Verpflichteten der Grundrechtsgewährleistung an. Auch auf Seiten der Berechtigten erfolgte eine Anpassung an den Wortlaut des Art. 42 EGRC. In Bezug auf die Berechtigung juristischer Personen wird nunmehr auf deren „satzungsmäßigen" Sitz in einem Mitgliedstaat abgestellt. Im Grundrechtekonvent wurde noch diskutiert, ob der Kreis der Zugangsberechtigten sowie der Verpflichteten über die Gewährleistung des Art. 255 EG hinaus erweitert werden sollte. Die überwiegende Auffassung lehnte eine Ausdehnung unter Hinweis auf den begrenzten Auftrag des Konvents jedoch ab.[454]

5244

Das Recht auf Zugang zu Dokumenten wird gem. **Art. 15 Abs. 3 UAbs. 2 und 3 AEUV** nur vorbehaltlich der Grundsätze und Bedingungen gewährt, die im Sekundärrecht bzw. in den Geschäftsordnungen der Organe festgelegt sind. Damit enthält

5245

---

[452] Zuvor war bereits in Art. 96 Abs. 2 der GeschOEP die Öffentlichkeit der parlamentarischen Aussprachen festgelegt.

[453] Der Rat hatte in Art. 8, 9 seiner GeschO (Beschl. des Rates vom 15.9.2006 zur Festlegung seiner Geschäftsordnung, 2006/683/EG, ABl. 2006 L 285, S. 47) Regelungen zur Öffentlichkeit getroffen. Nach Art. 9 waren die Abstimmungen über Gesetzgebungsakte nur öffentlich zugänglich zu machen. Ob dies dem Öffentlichkeitsprinzip des Art. 15 Abs. 2 AEUV genügte, erschien zweifelhaft. Denn der Grundsatz der Öffentlichkeit ist gleichbedeutend mit öffentlicher Zugänglichkeit, wie dies auch für die Beratungen gem. Art. 8 GeschORat vorgesehen ist. Dementsprechend wurde diese Geschäftsordnung aufgehoben mit Wirkung vom 1.12.2009 durch Art. 1 Beschl. vom 1.12.2009, RatsGO 2009, ABl. 2009 L 325, S. 35, ber. ABl. 2010 L 55, S. 83. Art. 8 und 9 der RatsGO 2009 wurden entsprechend angepasst.

[454] *Barriga*, Die Entstehung der Charta der Grundrechte der Europäischen Union, 2003, S. 139 f.; *Magiera*, in: Meyer/Hölscheidt, Art. 42 Rn. 4 f.

die primärrechtliche Gewährleistung einen **Ausgestaltungs- und Beschränkungsvorbehalt**. Diese Grundsätze und Bedingungen, die für das primärrechtliche Zugangsrecht zu Dokumenten gelten, wurden mit der **TransparenzVO (EG) Nr. 1049/2001**[455] konkretisiert. Danach wird der **Zugang nur auf Antrag** gewährt[456] und erst nach Abwägung mit möglicherweise entgegenstehenden öffentlichen oder privaten Interessen.[457]

3. Subjektiv-rechtlicher Gehalt des Art. 15 Abs. 3 AEUV

a) Art. 15 Abs. 3 UAbs. 1 AEUV

5246 Nach Auffassung des EuG fehlte es Art. 15 Abs. 3 AEUV an der erforderlichen Unbedingtheit, die nach der Rechtsprechung des EuGH Voraussetzung für die **unmittelbare Anwendbarkeit** einer Norm des AEUV ist.[458] Im Hinblick auf Art. 15 Abs. 3 UAbs. 2 und 3 AEUV hänge die Durchführung des Dokumentenzugangs vom Erlass weiterer Maßnahmen ab, sodass Art. 15 Abs. 3 AEUV insoweit nicht unbedingt sei. Vielmehr sei die Festlegung der allgemeinen Grundsätze und der Einschränkungen dem Rat und jetzt auch dem Europäischen Parlament im Rahmen seines gesetzgeberischen Ermessens anvertraut.[459] Nach dem Wortlaut des Art. 15 Abs. 3 UAbs. 2 AEUV müssen nicht nur Bedingungen und Beschränkungen, sondern gerade die allgemeinen Grundsätze der Rechtsgewährung vom Rat und jetzt auch vom Europäischen Parlament festgelegt werden.[460] Die Gegenansicht verweist auf den Wortlaut des Art. 15 Abs. 3 UAbs. 1 AEUV, der ausdrücklich ein Recht auf Zugang zu Dokumenten einräume.[461]

---

[455] Des Europäischen Parlaments und des Rates vom 30.5.2001 über den Zugang der Öffentlichkeit zu Dokumenten des Europäischen Parlaments, des Rates und der Kommission (TransparenzVO), ABl. 2001 L 145, S. 43. Es existiert keine einheitliche Terminologie, teilweise wird auch die Bezeichnung InformationszugangsVO verwendet, vgl. *Wegener*, in: Calliess/Ruffert, Art. 15 AEUV Rn. 5.

[456] Art. 6 TransparenzVO (EG) Nr. 1049/2001.

[457] Vgl. Art. 4 TransparenzVO (EG) Nr. 1049/2001.

[458] EuG, Rs. T-191/99, ECLI:EU:T:2001:284 (Rn. 34 f.) – Petrie u. a. unter Verweis auf EuGH, Rs. C-26/62, ECLI:EU:C:1963:1 (25) – Van Gend & Loos.

[459] Durch diese Konkretisierung wurde Art. 255 EG überhaupt erst anwendbar, vgl. EuG, Rs. T-191/99, ECLI:EU:T:2001:284 (Rn. 35) – Petrie u. a.

[460] So *Schöbener*, in: Stern/Sachs, Art. 42 Rn. 5; *Gellermann*, in: Streinz, Art. 15 AEUV Rn. 10; *Krajewski/Rösslein*, in: Grabitz/Hilf/Nettesheim, Art. 15 AEUV Rn. 37.

[461] *Bröhmer*, Transparenz als Verfassungsprinzip, 2004, S. 340; ausführlich *Riemann*, Die Transparenz der Europäischen Union, 2004, S. 104 ff., 114; den subjektiv-rechtlichen Charakter ohne nähere Begründung ebenfalls bejahend *Zerdick*, in: Lenz/Borchardt, Art. 15 AEUV Rn. 11; *Hofstötter*, in: v. der Groeben/Schwarze/Hatje, Art. 15 AEUV Rn. 23 f.; *Wegener*, in: Calliess/Ruffert, Art. 15 AEUV Rn. 1; *Wendel*, in: Grabenwarter, § 23 Rn. 191.

Nach der Rechtsprechung des EuGH[462] setzt die unmittelbare Anwendbarkeit und die Ableitung subjektiver Rechte aus einer Vertragsvorschrift voraus, dass eine Norm eine klare und unbedingte, nicht von weiteren Ausführungsmaßnahmen abhängige Verpflichtung begründet. Dies ist bei **Art. 15 Abs. 3 AEUV** der Fall. Der Vorbehalt in Art. 15 Abs. 3 UAbs. 2 AEUV, wonach die allgemeinen Grundsätze und Einschränkungen einem Sekundärrechtsakt vorbehalten sind, steht dem nicht entgegen. Die Vorschrift verfügt als solche über einen **klaren Anspruchsinhalt** und benennt **Anspruchsinhaberinnen und -inhaber sowie Anspruchsverpflichtete**.[463] Angesichts der Einräumung des sekundärrechtlichen Anspruchs in Art. 2 Abs. 1 TransparenzVO (EG) Nr. 1049/2001[464] ist diese Diskussion ohnehin nur noch von theoretischer Bedeutung.[465]

5247

b) Das Recht auf Dokumentenzugang als ungeschriebener Rechtsgrundsatz

Zum Teil wurde unabhängig von einer positivrechtlichen Normierung ein allgemein anerkannter Grundsatz im Gemeinschaftsrecht angenommen, wonach jeder den Anspruch auf Zugang zu Dokumenten hat.[466] Daraus wurden auch Rückschlüsse auf die Qualität des Art. 15 Abs. 3 AEUV als Grundrecht[467] bzw. subjektives Recht[468] gezogen. Der EuGH hat diese auch von Seiten der Generalanwälte[469] vertretene Auffassung bislang nicht aufgenommen.[470] Diese Diskussion erscheint allerdings nach der Verankerung eines primärrechtlichen Zugangsanspruchs in Art. 42 EGRC ohne praktische Relevanz.[471]

5248

---

[462] EuGH, Rs. C-26/62, ECLI:EU:C:1962:42 (25) – Van Gend & Loos; Rs. C-57/65, ECLI:EU:C:1966:34 (266) – Lütticke.

[463] Vgl. die Auslegung der Norm bei *Riemann*, Die Transparenz der Europäischen Union, 2004, S. 104 ff.

[464] ABl. 2001 L 145, S. 43.

[465] *Wegener*, in: Calliess/Ruffert, Art. 15 AEUV Rn. 11 mit Fn. 39.

[466] Zum Diskussionsstand *Meltzian*, Das Recht der Öffentlichkeit auf Zugang zu Dokumenten der Gemeinschaftsorgane, 2004, S. 313 ff.

[467] *Castenholz*, Informationszugangsfreiheit im Gemeinschaftsrecht, 2004, S. 136 f. Für eine entsprechende verfassungsrechtliche Einordnung auch *GA Maduro*, EuGH, Rs. C-64/05 P, ECLI:EU:C:2007:433 (Rn. 37 ff.) – Schweden/Kommission sowie Schlussantrag zu EuGH, Rs. C-39 u. 52/05 P, ECLI:EU:C:2007:721 (Rn. 32) – Schweden u. Turco/Rat.

[468] *Castenholz*, Informationszugangsfreiheit im Gemeinschaftsrecht, 2004, S. 136 f. (aus dem Charakter als Grundrecht folgt subjektive Rechtsverbürgung); *Zerdick*, in: Lenz/Borchardt, Art. 15 AEUV Rn. 11 („individueller primärrechtlicher Rechtsanspruch auf Zugang zu Dokumenten").

[469] Auch *GA Léger*, EuGH, Rs. C-353/99 P, ECLI:EU:C:2001:661 (Rn. 55, 59) – Hautala unter Verweis auf *GA Tesauro*, EuGH, Rs. C-58/94, ECLI:EU:C:1996:171 (Rn. 19) – Niederlande/Rat.

[470] EuGH, Rs. C-58/94, ECLI:EU:C:1996:171 (Rn. 37) – Niederlande/Rat; Rs. C-41/00 P, ECLI:EU:C:2003:125 (Rn. 56 f.) – Interporc.

[471] *Riemann*, Die Transparenz der Europäischen Union, 2004, S. 123, der allerdings aus Art. 42 EGRC ableitet, dass Art. 15 Abs. 3 AEUV der Rang einer grundrechtlichen Gewährleistung zukommt, a. a. O., S. 129.

4. Kongruenz

5249 Die Gewährleistung des Art. 42 EGRC ist mit Art. 15 Abs. 3 AEUV auch als Recht im Vertrag verankert. Damit greift die Kongruenzklausel des Art. 52 Abs. 2 EGRC, wonach die Gewährleistung des Art. 42 EGRC in dem Umfang des parallelen Rechts des Art. 15 Abs. 3 AEUV ausgeübt wird. Der Ausgestaltungsvorbehalt des Art. 15 Abs. 3 UAbs. 2 und 3 AEUV gilt insoweit auch für das Recht aus Art. 42 EGRC, sodass für dessen Inhalt und Reichweite die sekundärrechtliche Ausformung maßgeblich ist.[472] Deshalb muss sich eine Darstellung des Art. 42 EGRC maßgeblich an dem Gehalt des Art. 15 Abs. 3 AEUV und insbesondere dessen sekundärrechtlicher Konkretisierung orientieren.[473]

5. Abgrenzung zu anderen Zugangsrechten

a) Grundrechtsgewährleistungen

5250 Auch das Recht auf eine gute Verwaltung enthält in **Art. 41 Abs. 2 lit. b) EGRC** ein **Recht auf Aktenzugang**.[474] Dieses Recht besteht aber nur im Hinblick auf die die antragstellende Person betreffenden Akten und ist somit abweichend von der Gewährleistung des Art. 42 EGRC thematisch begrenzt. Es umfasst nicht einen Gesamtbestand an Akten, sondern **erfordert** einen **personalen Bezug**. Das bedeutet zwar nicht, dass die Akte die antragstellende Person primär betreffen muss, es kann sich auch um eine Akte mit primärem Bezug zu einer dritten Person handeln. Es muss sich aber überhaupt ein Bezug zu der antragstellenden Person herstellen lassen.[475]

5251 Ein **Recht auf Akteneinsicht** besteht auch im Zusammenhang mit der Gewährleistung des **Art. 47 Abs. 1 EGRC**, der jeder Person garantiert, gegen Rechtsverletzungen einen **wirksamen gerichtlichen Rechtsbehelf** einlegen zu können.[476] Diese Garantie impliziert auch das Recht, **vor Erhebung** einer **Klage** die **Begründung** der Entscheidung erfahren zu können.[477]

---

[472] *Schöbener*, in: Stern/Sachs, Art. 42 Rn. 8; *Bartelt/Zeitler*, EuR 2003, 487 (501); *Riemann*, Die Transparenz der Europäischen Union, 2004, S. 125 f.; *Wewers*, Das Zugangsrecht zu Dokumenten in der europäischen Rechtsordnung, 2003, S. 225.
[473] Ausführlich dazu Rn. 5260 ff.
[474] Dazu bereits o. Rn. 5187 ff.
[475] *Jarass/Kment*, § 36 Rn. 16; *Klatt*, in: v. der Groeben/Schwarze/Hatje, Art. 41 GRCh Rn. 14; *Schöbener*, in: Stern/Sachs, Art. 42 Rn. 9.
[476] *Alber*, in: Stern/Sachs, Art. 47 Rn. 18.
[477] EuGH, Rs. C-249/88, ECLI:EU:C:1991:121 (Rn. 25) – Kommission/Belgien; *Alber*, in: Stern/Sachs, Art. 47 Rn. 63.

§ 3 Zugang zu Dokumenten

Weiterhin wird ein Akteneinsichtsrecht auch im Zusammenhang mit dem Recht auf **rechtliches Gehör** als Bestandteil des Rechts auf ein faires Verfahren gem. Art. 47 Abs. 2 EGRC gesehen.[478]

5252

b) Sekundärrecht

Neben der TransparenzVO (EG) Nr. 1049/2001,[479] die ein allgemeines Akteneinsichtsrecht regelt, bestehen auf sekundärrechtlicher Ebene im Rahmen des **Kartellverfahrensrechts** bereichsspezifische Akteneinsichtsrechte. Diese sind Bestandteil des Rechts auf rechtliches Gehör und dienen der „Waffengleichheit" zwischen der Kommission und den Beteiligten des europarechtlichen Verwaltungsverfahrens.[480] So gewähren etwa Art. 27 Abs. 2 VO (EG) Nr. 1/2003[481] sowie Art. 15 VO (EG) Nr. 773/2004[482] den Beteiligten eines Kartellverfahrens das Recht auf Akteneinsicht.[483] **Interne Unterlagen** der Kommission sind von diesem Recht anders als in der TransparenzVO (EG) Nr. 1049/2001 jedoch grundsätzlich **ausgenommen**. Damit reicht das allgemeine Akteneinsichtsrecht der **TransparenzVO (EG) Nr. 1049/2001** prima facie **weiter** als das bereichsspezifische Akteneinsichtsrecht im Kartellverfahren.

5253

c) Konkurrenzen

Das Verhältnis der unterschiedlichen, sich teilweise überschneidenden Gewährleistungen zueinander ist nicht geregelt.[484] Das allgemeine Akteneinsichtsrecht des **Art. 42 EGRC** beinhaltet **keine grundsätzliche Einschränkung**, weder im Hinblick auf den berechtigten Personenkreis noch auf den Inhalt der Dokumente. Dennoch wird das Zugangsrecht des Art. 42 EGRC teilweise als besondere Ausprägung des enger ausgestalteten Rechts auf gute Verwaltung in Art. 41 EGRC betrachtet.[485] Umgekehrt könnte Art. 42 EGRC eine subsidiäre Gewährleistung

5254

---

[478] Dazu u. Rn. 5662.
[479] ABl. 2001 L 145, S. 43.
[480] *Frenz*, Europarecht 2, Rn. 277; *Schöbener*, in: Stern/Sachs, Art. 42 Rn. 9.
[481] Des Rates vom 16.12.2002 zur Durchführung der in den Art. 81 und 82 des Vertrages niedergelegten Wettbewerbsregeln, ABl. 2003 L 1, S. 1, zuletzt geändert durch ABl. 2009 L 148, S. 1.
[482] Der Kommission vom 7.4.2004 über die Durchführung von Verfahren auf der Grundlage der Art. 81 und 82 EG-Vertrag durch die Kommission, ABl. 2004 L 123, S. 18, zuletzt geändert durch ABl. 2015 L 208, S. 3.
[483] Näher dazu *Frenz*, Europarecht 2, Rn. 2710 ff.
[484] Vgl. Grünbuch „Recht auf Zugang der Öffentlichkeit zu Dokumenten im Besitz der Organe der Europäischen Gemeinschaft. Ein Überblick", KOM (2007) 185 endg., Ziff. 1.4.: „Das Verhältnis zwischen öffentlichem und bevorzugtem Zugang muss geklärt werden, um ein einheitliches Vorgehen zu gewährleisten".
[485] *Schöbener*, in: Stern/Sachs, Art. 42 Rn. 9. *Calliess*, EuZW 2001, 261 (264) sieht demgegenüber zwischen Art. 41 EGRC und Art. 42 EGRC einen Widerspruch.

darstellen, der die bereichsspezifischen Regelungen als leges speciales vorgehen.[486] Das EuG geht demgegenüber von einem Nebeneinander der verschiedenen Zugangsgewährleistungen aus.[487]

5255 Weder die EGRC noch Art. 15 Abs. 3 AEUV bzw. die sekundärrechtliche Ausgestaltung durch die TransparenzVO (EG) Nr. 1049/2001[488] treffen eine Konkurrenzregelung für das Verhältnis der verschiedenen Dokumentenzugangsrechte. Insoweit könnte ein Rangverhältnis sich nur aus den allgemeinen Grundsätzen wie der Lex-specialis-Regel ergeben. Doch auch daraus lässt sich vorliegend **keine Subsidiarität** des allgemeinen Zugangsrechts gem. Art. 42 EGRC herleiten. Denn das **allgemeine Dokumentenzugangsrecht** verfolgt **spezifische Zwecke**,[489] die nicht deckungsgleich mit denen besonderer Zugangsrechte sind. Ein Unterlaufen spezieller Zugangsregelungen durch Geltendmachen des allgemeinen Zugangsrechts erscheint angesichts der differenzierten Ausnahmeregelungen in der TransparenzVO (EG) Nr. 1049/2001 ausgeschlossen. Insoweit ist davon auszugehen, dass die **unterschiedlichen Regelungen** grundsätzlich **nebeneinander** anwendbar sind.[490]

II. Zugang zu Dokumenten nach nationalem Recht

5256 Dieses allgemeine Recht auf Zugang zu Dokumenten war dem deutschen Recht lange Zeit fremd. Daraus ergibt sich eine geteilte Rechtsordnung für die europäische und die hiesige nationale Ebene. Diese Unterschiede schlagen auf die europäische Ebene durch, wenn es um die Weigerung Deutschlands geht, von ihm stammende Dokumente von Unionsorganen herausgeben zu lassen. Dabei zählen nämlich die nationalen Zugangsregelungen.[491]

5257 Im **Grundgesetz** ist **kein Recht auf Zugang zu Verwaltungsdokumenten** enthalten. Das in Art. 5 Abs. 1 S. 1 HS. 2 GG verankerte Recht auf Informationsfreiheit gewährt jedem „das Recht, sich ungehindert aus allgemein zugänglichen Quellen zu unterrichten". Allgemein zugänglich ist eine Informationsquelle, wenn sie geeignet und bestimmt ist, der Allgemeinheit Informationen zu beschaffen.[492] Zu diesen allgemein zugänglichen Quellen gehören nach herrschender Auffassung nicht von staatlichen Behörden verwaltete Informationen wie etwa Behördenakten.[493] Die Rechtsprechung hat unmittelbar aus der Verfassung **nur in besonderen Einzel-**

---

[486] So früher *Jarass*, § 37 Rn. 4 sowie nunmehr *Jarass/Kment*, § 37 Rn. 3: kumulativ.
[487] EuG, Rs. T-92/98, ECLI:EU:T:1999:308 (Rn. 44 f.) – Interporc II.
[488] ABl. 2001 L 145, S. 43.
[489] Ausführlich dazu *Riemann*, Die Transparenz der Europäischen Union, 2004, S. 40 ff.
[490] So auch *Riemann*, Die Transparenz der Europäischen Union, 2004, S. 270 f.
[491] S. sogleich Rn. 5258 f.
[492] BVerfGE 21, 1 (83 f.); 90, 27 (32); 103, 44 (60); 145, 365 (372).
[493] BVerfG, NJW 1986, 1243; BVerwGE 47, 247 (252); 61, 15 (22); *Wendt*, in: v. Münch/Kunig, GGK I, Art. 5 Rn. 53; *Schoch*, Die Verwaltung 2002, 149 (152 f.); a. A. *Scherzberg*, Die Öffentlichkeit der Verwaltung, 2000, S. 378 ff.

§ 3 Zugang zu Dokumenten

fällen Akteneinsichtsrechte hergeleitet, so etwa aus Art. 12 Abs. 1 GG i. V. m. Art. 19 Abs. 4 GG im Zusammenhang mit der Erteilung einer Genehmigung nach dem PBefG.[494]

Auf einfachgesetzlicher Ebene wurde in Umsetzung der UmweltinformationsRL 90/313/EWG[495] durch das **Umweltinformationsgesetz** (UIG) 1994[496] zunächst nur ein bereichsspezifischer Informationsanspruch geschaffen. Danach hat jeder Anspruch auf freien Zugang zu Informationen über die Umwelt, die bei einer Behörde vorhanden sind.[497] Nach dem Erlass der zweiten UmweltinformationsRL 2003/4/EG[498] musste auch das UIG angepasst werden,[499] das bereits zuvor mehrfach novelliert worden war,[500] und auch später erfolgten Modifikationen.[501] Der Informationsanspruch selbst ist unverändert geblieben. Allerdings richtet er sich im Gegensatz zu der Vorgängerregelung nur noch gegen informationspflichtige Stellen des Bundes.[502]

5258

Auf einfachgesetzlicher Ebene existierte ein allgemeines Akteneinsichtsrecht lange Zeit nur nach den **Verwaltungsverfahrensgesetzen** des Bundes und der Länder.[503] Dieses ist allerdings auf die an einem Verwaltungsverfahren Beteiligten und auf die Unterlagen beschränkt, deren Kenntnis zur Geltendmachung oder Verteidigung der rechtlichen Interessen erforderlich ist.[504] Nunmehr gewähren die

5259

---

[494] BVerwG, NVwZ 2003, 1114 (1115).

[495] Des Rates vom 7.6.1990 über den freien Zugang zu Informationen über die Umwelt (UmweltinformationsRL), ABl. 1990 L 158, S. 56.

[496] Gesetz zur Umsetzung der RL 90/313/EWG des Rates vom 7.6.1990 über den freien Zugang zu Informationen über die Umwelt vom 8.7.1994, BGBl. I 1994, S. 1490.

[497] Vgl. § 4 Abs. 1 UIG (1994).

[498] Des Europäischen Parlaments und des Rates vom 28.1.2003 über den Zugang der Öffentlichkeit zu Umweltinformationen und zur Aufhebung der RL 90/313/EWG des Rates (UmweltinformationsRL), ABl. 2003 L 41, S. 26.

[499] Art. 1 Gesetz zur Neugestaltung des Umweltinformationsgesetzes und zur Änderung der Rechtsgrundlagen zum Emissionshandel vom 22.12.2004, BGBl. I S. 3704.

[500] Dazu näher *Griebel*, Die verfahrensrechtliche Absicherung von Informationsfreiheitsrechten in rechtsvergleichender Sicht, 2007, S. 56 ff.; zur aktuellen Fassung s. *Schütte/Winkler*, ZUR 2014, 437 (439).

[501] Inzwischen gibt es das Umweltinformationsgesetz in der Fassung der Bekanntmachung vom 27.10.2014, BGBl. I 2014, S. 1643, zuletzt geändert durch Art. 2 G zur Änderung des UmweltschadensG, des UmweltinformationsG und weiterer umweltrechtlicher Vorschriften vom 25.2.2021, BGBl. I 2021, S. 306. Zur neueren Fassung s. *Schütte/Winkler*, ZUR 2014, 437 (439).

[502] Hintergrund war, dass die Regierung im Anschluss an das Urteil des BVerfG, NJW 2003, 41 die Auffassung vertrat, dass für eine weitergehende Regelung die erforderliche Gesetzgebungskompetenz fehlte, vgl. dazu *Griebel*, Die verfahrensrechtliche Absicherung von Informationsfreiheitsrechten in rechtsvergleichender Sicht, 2007, S. 59 f.

[503] *Schoch*, Die Verwaltung 2002, 149 ff. bescheinigte der deutschen Rechtsordnung insoweit im internationalen Vergleich den Status eines „Entwicklungslandes".

[504] Vgl. nur § 29 VwVfG. Gem. § 1 Abs. 3 IFG tritt das IFG nicht hinter die Regelungen des VwVfG zurück, vielmehr gelten beide Regelungen nebeneinander.

Informationsfreiheitsgesetze einzelner **Bundesländer**[505] sowie das zum 1.1.2006 in Kraft getretene **Informationsfreiheitsgesetz des Bundes** (IFG)[506] einen **allgemeinen**, d. h. unabhängig von besonderen Voraussetzungen bestehenden **Anspruch auf Zugang zu amtlichen Informationen**.[507] Bis zum Inkrafttreten des IFG war Deutschland von den damals 25 Staaten der Europäischen Union fast der einzige Mitgliedstaat – abgesehen von Österreich und Luxemburg –, der kein allgemeines Zugangsrecht der Bürgerinnen und Bürger zu Unterlagen der Verwaltung kannte.[508] Dieses Recht kann aber zum Schutz gegenläufiger Interessen, wie etwa Geheimhaltungs- oder Datenschutzinteressen eingeschränkt bzw. ganz ausgeschlossen werden.[509]

III. Europäisches Sekundärrecht – die TransparenzVO (EG) Nr. 1049/2001

1. Entwicklungsgeschichte

5260   Am Anfang der Entwicklung hin zu einem umfassenden Aktenzugangsrecht auf der Ebene der Gemeinschaft stand die bereichsspezifische **UmweltinformationsRL 90/313/EWG**.[510] Diese gewährte allerdings nur ein Zugangsrecht zu den bei mitgliedstaatlichen Behörden auf nationaler, regionaler oder lokaler Ebene vorhandenen Umweltdaten.[511] In der Schlussakte des Maastrichter Vertrages vom 7.2.1992 findet sich die Empfehlung, einen Bericht über Maßnahmen vorzulegen, um die den Organen vorliegenden Informationen der Öffentlichkeit besser zugänglich zu machen.[512] Diese Forderung mündete 1993 in den zwischen Rat und Kommission vereinbarten „Verhaltenskodex 93/730/EG für den Zugang der Öffentlichkeit zu

---

[505] Vgl. nur Gesetz über die Freiheit des Zugangs zu Informationen für das Land Nordrhein-Westfalen (Informationsfreiheitsgesetz Nordrhein-Westfalen) vom 27.11.2001, GV NRW, S. 806. Weiterhin bestehen z.Zt. in 13 weiteren Bundesländern vergleichbare Regelungen, zuletzt wurde im Oktober 2019 in Thüringen ein sog. Transparenzgesetz verabschiedet (GVBl. 2019, S. 373). Bisher fehlen Landesgesetze noch in Bayern, Niedersachsen und Sachsen, s. z. B. bei beck-online unter „IFG".

[506] Krit. dazu *Kloepfer/v. Lewinski*, DVBl 2005, 1277 ff.

[507] Dieses allgemeine Zugangsrecht wird durch bereichsspezifische Regelungen wie durch die Neubekanntmachung des Verbraucherinformationsgesetzes (VIG) vom 5.11.2007 (BGBl. I 2007, S. 2558) in der seit dem 1.9.2012 geltenden Fassung (BGBl. I 2012, S. 2166, ber. S. 2725), zuletzt geändert durch Art. 8 G vom 27.7.2021 (BGBl. 2021 I S. 3046), festgelegt; krit. dazu aus gesetzessystematischen Erwägungen *Sydow*, NVwZ 2008, 481 (483); s. für einen krit. Überblick über die verschiedenen Regelungen *Rossi*, ZRP 2014, 201.

[508] Vgl. die Nachweise bei *Masing*, VVDStRL 63 (2004), 377 (381, Fn. 3).

[509] Vgl. §§ 3-6 IFG.

[510] Des Rates vom 7.6.1990 über den freien Zugang zu Informationen über die Umwelt, ABl. 1990 L 158, S. 56, aufgehoben durch UmweltinformationsRL 2003/4/EG, ABl. 2003 L 41, S. 26.

[511] Vgl. Art. 1, 2 lit. a) und b) RL 90/313/EWG.

[512] Erklärung zum Recht auf Zugang zu Informationen zum Vertrag von Maastricht.

Rats- und Kommissionsdokumenten".[513] Auf dieser Grundlage erließen die beiden Organe Ausführungsbeschlüsse,[514] in denen sie der Öffentlichkeit einen grundsätzlich freien, nur durch bestimmte Ausnahmeregelungen beschränkten Zugang zu den Dokumenten des jeweiligen Organs gewährten.[515] Diesem Beispiel ist dann auch das Parlament gefolgt.[516]

Durch den Amsterdamer Vertrag wurde mit Art. 255 EG (jetzt Art. 15 Abs. 3 AEUV) das Recht auf Zugang zu den Dokumenten der Gemeinschaftsorgane auf der Ebene des Primärrechts verankert.[517] In Umsetzung des Rechtsetzungsauftrags des Art. 255 Abs. 2 EG (jetzt Art. 15 Abs. 3 UAbs. 2 AEUV) wurde schließlich die **TransparenzVO (EG) Nr. 1049/2001**[518] erlassen.

5261

Mit dem Grünbuch „Recht auf Zugang der Öffentlichkeit zu Dokumenten im Besitz der Organe der Europäischen Organe – Ein Überblick" vom 18.4.2007 hat die Kommission eine öffentliche Konsultation mit dem Ziel initiiert, Änderungsvorschläge zur TransparenzVO (EG) Nr. 1049/2001 zu erarbeiten. Diese sollen eine weiter verbesserte Transparenz ermöglichen, bisher ergangene Rechtsprechung aufnehmen und auch die Anwendung des Abkommens von Århus[519] auf die Organe und Einrichtungen der Europäischen Gemeinschaft regeln.[520] Am 30.4.2008 hat die Kommission den Entwurf für eine neue Transparenzverordnung (TransparenzVO-E)

5262

---

[513] ABl. 1993 L 340, S. 41. Zur detaillierten Vorgeschichte dieses Kodexes vgl. EuGH, Rs. C-58/94, ECLI:EU:C:1996:171 (2189, Rn. 2 ff.) – Niederlande/Rat.

[514] Beschl. 93/731/EG des Rates vom 20.12.1993 über den Zugang der Öffentlichkeit zu Ratsdokumenten, ABl. L 340, S. 43; Beschl. 94/90/EGKS, EG, Euratom der Kommission vom 8.2.1994 über den Zugang der Öffentlichkeit zu der der Kommission vorliegenden Dokumenten, ABl. 1994 L 46, S. 58.

[515] Die mit formalen Fehlern bzw. dem Fehlen einer Rechtsgrundlage begründete Nichtigkeitsklage der niederländischen Regierung gegen den Kodex und den Beschl. des Rates hat der EuGH zurückgewiesen, Rs. C-58/94, ECLI:EU:C:1996:171 (Rn. 27, 37 ff.) – Niederlande/Rat.

[516] Beschl. 97/632/EGKS, EG, Euratom des Europäischen Parlaments vom 10.7.1997 über den Zugang zur Öffentlichkeit zu den Dokumenten des Europäischen Parlaments, ABl. 1997 L 263, S. 1.

[517] Zur Entwicklungsgeschichte dieser primärrechtlichen Gewährleistung vgl. *Partsch*, NJW 2001, 3154 (3155); *Bartelt/Zeitler*, EuR 2003, 487 ff.

[518] Des Europäischen Parlaments und des Rates vom 30.5.2001 über den Zugang der Öffentlichkeit zu Dokumenten des Europäischen Parlaments, des Rates und der Kommission (TransparenzVO), ABl. 2001 L 145, S. 43.

[519] Übereinkommen vom 25.6.1998 über den Zugang zu Informationen, die Öffentlichkeitsbeteiligung an Entscheidungsverfahren und den Zugang zu Gerichten in Umweltangelegenheiten („Århus-Übereinkommen"), (deutsche Fassung des Ubereinkommens im gleichnamigen Gesetz, BGBl. II 2006, S. 1251). Hier war das Verhältnis zur neuen VO (EG) Nr. 1367/2006 des Europäischen Parlaments und des Rates vom 6.9.2006 über die Anwendung der Bestimmungen des Übereinkommens von Århus auf Organe und Einrichtungen der Gemeinschaft (in Kraft seit 28.6.2007), ABl. 2006 L 264, S. 13, zu klären.

[520] S. Grünbuch „Recht auf Zugang der Öffentlichkeit zu Dokumenten im Besitz der Organe der Europäischen Gemeinschaft – Ein Überblick", KOM (2007) 185 endg., Einführung, Ziff. 2, Ziff. 6.

vorgelegt.[521] In diesem Entwurf sind u. a. zwei wichtige Entscheidungen des EuGH[522] bzw. des EuG[523] zu Fragen des Dokumentenzugangs verarbeitet.[524] Später folgte ein weiterer Vorschlag mit Ausdehnung des Anwendungsbereichs auf alle Organe, Einrichtungen und sonstige Stellen der EU,[525] der sich noch im ordentlichen Gesetzgebungsverfahren befindet, das der Rat blockierte.[526] Mitgliedstaaten hatten Änderungsvorschläge und ihre Urheberschaft durfte vom Rat nicht geheim gehalten werden.[527] Es konnte also keine Einigkeit erzielt werden. Vielmehr gab es Gegenvorschläge, unter anderem der im Rahmen des Europäischen Parlaments ausgearbeitete Cashman-Bericht.[528] Es ist also schwierig, einheitliche EU-Standards für den Dokumentenzugang festzulegen.[529]

2. Die TransparenzVO (EG) Nr. 1049/2001 als Ausgestaltungsnorm

5263   Die Kongruenzklausel des Art. 52 Abs. 2 EGRC verweist zwar in erster Linie auf die in den Verträgen „festgelegten Bedingungen und Grenzen". Wird in der maßgeblichen Bezugsvorschrift wie hier dem Art. 15 Abs. 3 AEUV weiter auf sekundärrechtliche Ausgestaltungsnormen verwiesen, so sind diese **entscheidender Maßstab** für den Inhalt der grundrechtlichen Gewährleistung. Damit wird die grundrechtliche Gewährleistung **allerdings nicht zur Disposition des sekundär-**

---

[521] Vorschlag für eine VO des Europäischen Parlaments und des Rates über den Zugang der Öffentlichkeit zu Dokumenten des Europäischen Parlaments, des Rates und der Kommission (TransparenzVO-E), KOM (2008) 229 endg.

[522] EuGH, Rs. C-64/05 P, ECLI:EU:C:2007:802 – IFAW Internationaler Tierschutzfonds, s. dazu näher Rn. 5277.

[523] EuG, Rs. T-194/04, ECLI:EU:T:2007:334 – Bavarian Lager; s. dazu näher Rn. 5305 f.

[524] Auf weitere wesentliche Änderungsvorschläge wird nachfolgend hingewiesen.

[525] Europäische Kommission, KOM (2011) 137. Insbesondere geht es um die Anpassung an den erweiterten Adressatenkreis.

[526] *Wegener*, in: Calliess/Ruffert, Art. 15 AEUV Rn. 10.

[527] EuG, Rs. T-233/09 ECLI:EU:T:2011:105 – Access Info Europe/Rat, bestätigt durch EuGH, Rs. C-280/11 P, ECLI:EU:C:2013:671 – Rat/Access Info Europe.

[528] Bericht des Europäischen Parlaments über den Vorschlag für eine Verordnung des Europäischen Parlaments und des Rates über den Zugang der Öffentlichkeit zu Dokumenten des Europäischen Parlaments, des Rates und der Kommission vom 29.11.2011, abrufbar unter http://www.statewatch.org/news/2011/nov/ep-access-to-eu-docs-revised-position.pdf (letzter Abruf: 30.9.2023). S. weiter *Heselhaus*, in: Pechstein/Nowak/Häde, Frankfurter Kommentar, Art. 15 AEUV Rn. 7.

[529] *Koppensteiner*, EuR 2014, 594; zum Stand Bericht der Kommission über die Anwendung der VO (EG) Nr. 1049/2001 über den Zugang der Öffentlichkeit zu Dokumenten des Europäischen Parlaments, des Rates und der Kommission im Jahr 2020, 11317/21, abrufbar unter https://www.parlament.gv.at/PAKT/EU/XXVII/EU/07/39/EU_73915/imfname_11093517.pdf (letzter Abruf: 30.9.2023), S. 8 ff.

rechtlichen **Normgebers** gestellt, da die Vorschriften der TransparenzVO (EG) Nr. 1049/2001 ihrerseits mit der ranghöheren Norm des Art. 15 AEUV vereinbar sein müssen.[530]

B. Schutzbereich

I. Zugangsberechtigte

Art. 42 EGRC gewährt allen Unionsbürgerinnen und Unionsbürgern sowie jeder natürlichen oder juristischen Person mit Wohnsitz oder satzungsmäßigem Sitz in einem Mitgliedstaat das Zugangsrecht. Art. 15 Abs. 3 UAbs. 1 AEUV und Art. 2 Abs. 1 TransparenzVO (EG) Nr. 1049/2001[531] wiederholen diesen Kreis der Berechtigten fast wortgleich. Damit ist das Zugangsrecht einerseits nicht auf Unionsbürgerinnen und Unionsbürger beschränkt, da dieses Recht **auch innerhalb der Union ansässigen Drittstaatsangehörigen** zukommt. Andererseits ist **nicht erforderlich**, dass die **Unionsbürgerin oder der Unionsbürger in** einem **Mitgliedstaat ansässig** ist. Damit wird der Zugang faktisch einer nicht näher eingegrenzten Öffentlichkeit eröffnet, da **jeder**, der diese ohnehin schon weiten Voraussetzungen nicht erfüllt, eine **berechtigte Person einschalten** kann.[532] Darüber hinaus steht es nach Art. 2 Abs. 2 TransparenzVO (EG) Nr. 1049/2001 im Ermessen der Organe, auch nicht nach Art. 2 Abs. 1 TransparenzVO (EG) Nr. 1049/2001 Berechtigten Zugang zu gewähren.   5264

Berechtigt sind auch **juristische Personen**. Bei der Auslegung des Begriffes der juristischen Person darf kein mitgliedstaatliches Begriffsverständnis zugrunde gelegt werden. Vielmehr ist er als **eigenständiger europarechtlicher Begriff** zu verstehen. Entsprechend dem Ziel, einer möglichst breiten Öffentlichkeit einen Dokumentenzugang zu verschaffen,[533] reicht ein **gewisser Organisationsgrad** aus, damit eine **Personengesellschaft** oder sonstige Vereinigung sich auf Art. 2 Abs. 1 VO (EG) Nr. 1049/2001 berufen kann.[534]   5265

Für die Organe untereinander greift das Dokumentenzugangsrecht aus Art. 2 Abs. 1 TransparenzVO (EG) Nr. 1049/2001 nicht. Doch bestehen hier spezielle Regelungen über Auskunftspflichten wie etwa Art. 230 Abs. 2 AEUV, wonach die   5266

---

[530] Vgl. zum Verhältnis der Arbeitnehmerfreizügigkeit und Ausführungsverordnungen EuGH, Rs. C-24/75, ECLI:EU:C:1975:129 (1160, Rn. 11/13) – Petroni; Rs. C-93/81, ECLI:EU:C:1982:89 (Rn. 9) – Knoeller; *Wegener*, in: Calliess/Ruffert, Art. 15 AEUV Rn. 11; *Riemann*, Die Transparenz der Europäischen Union, 2004, S. 104.

[531] ABl. 2001 L 145, S. 43.

[532] *Riemann*, Die Transparenz der Europäischen Union, 2004, S. 153 f. weist darauf hin, dass in der Praxis eine Kontrolle der Zugangsberechtigung nicht stattfinde.

[533] S. 4. Begründungserwägung der TransparenzVO (EG) Nr. 1049/2001.

[534] Eine Berechtigung öffentlich-rechtlicher Körperschaften grds. abl. *Schöbener*, in: Stern/Sachs, Art. 42 Rn. 17.

Kommission mündlich oder schriftlich auf die ihr vom Europäischen Parlament oder von dessen Mitgliedern gestellten Fragen antworten muss.

5267 Die **Mitgliedstaaten** sind nicht aus Art. 2 Abs. 1 TransparenzVO (EG) Nr. 1049/2001 berechtigt. Für sie ergibt sich ein **Informationsanspruch** aus Art. 4 Abs. 3 EUV. Der darin verankerte **Grundsatz der loyalen Zusammenarbeit** wirkt entgegen dem Wortlaut nicht nur im Verhältnis der Organe zu den Mitgliedstaaten, sondern auch im umgekehrten Verhältnis.[535]

II. Zugangsverpflichtete

5268 Das Zugangsrecht richtete sich gem. Art. 255 Abs. 1 EG an das Europäische Parlament, den Rat und die Kommission. Der Wortlaut der Nachfolgevorschrift des Art. 15 Abs. 3 UAbs. 1 AEUV sowie des Art. 42 EGRC gehen darüber hinaus. Hier werden **alle Organe, Einrichtungen und sonstigen Stellen der Union** verpflichtet. Dies entspricht der Regelung des Art. II-102 VE, der bereits einen solchen weiten Kreis von Verpflichteten vorsah.

5269 **Art. 2 Abs. 1 TransparenzVO (EG) Nr. 1049/2001**[536] spricht demgegenüber lediglich von den Organen als Verpflichtete. Doch bereits in den Begründungserwägungen wird eine Anwendung der Grundsätze auch durch die Einrichtungen empfohlen.[537] Das Parlament, der Rat und die Kommission haben die Geltung der TransparenzVO (EG) Nr. 1049/2001 schon länger auf die ihnen nachgeordneten Einrichtungen wie z. B. die Agentur für Flugsicherheit ausgedehnt.[538] Der Ausschuss der Regionen und der Europäische Wirtschafts- und Sozialausschuss sind diesem Beispiel gefolgt.[539] Insoweit entspricht der Anwendungsbereich der TransparenzVO (EG) Nr. 1049/2001 praktisch fast schon den Anforderungen des Art. 42 EGRC und Art. 15 Abs. 3 UAbs. 1 AEUV. Unabhängig davon ist die TransparenzVO (EG) Nr. 1049/2001 mit Inkrafttreten des Reformvertrags entsprechend dem Vorrang des Primärrechts sowie der Charta erweiternd auszulegen, sodass neben den Organen dann auch die Einrichtungen und sonstigen Stellen verpflichtet sind – einschließlich der diesen zugeordneten Arbeitsgruppen und Ausschüssen.[540] Allerdings limitiert Art. 15 Abs. 3 UAbs. 4 EUV den Zugangsanspruch gegen den

---

[535] EuGH, Rs. C-36 u. 37/97, ECLI:EU:C:1998:499 (Rn. 30) – Kellinghusen u. Ketelsen; Rs. C-94/00, ECLI:EU:C:2002:603 (Rn. 31) – Roquettes Frères III; Rs. C-339/00, ECLI:EU:C:2003:545 (Rn. 72) – Irland/Kommission; *Kahl*, in: Calliess/Ruffert, Art. 4 EUV Rn. 109.

[536] ABl. 2001 L 145, S. 43.

[537] Vgl. 8. Begründungserwägung: „Um die vollständige Anwendung dieser Verordnung auf alle Tätigkeiten der Union zu gewährleisten, sollten alle von den Organen geschaffenen Einrichtungen die ... Grundsätze anwenden." Diese Überlegung haben sich das Parlament, der Rat und die Kommission in einer Gemeinsamen Erklärung zur TransparenzVO (EG) Nr. 1049/2001 zu eigen gemacht, ABl. 2001 L 173, S. 5.

[538] S. Voen (EG) Nr. 1641–1655/2003, ABl. 2003 L 245, S. 1 ff.

[539] Beschl. Nr. 64/2003, ABl. 2003 L 160, S. 96; Beschl. Nr. 603/2003, ABl. 2003 L 205, S. 19.

[540] *Wegener*, in: Calliess/Ruffert, Art. 15 AEUV Rn. 15.

Gerichtshof, die Europäische Zentralbank und die Europäische Investitionsbank auf Verwaltungsaufgaben.[541] Dadurch ist der Kernbereich der Aufgaben, nämlich die Rechtsprechung und die Finanzpolitik, ausgenommen[542] – entgegen dem weiten Transparenzansatz des Informationzugangs.[543]

III. Gegenstand des Zugangsrechts

1. Dokumente der Organe

Nach Art. 15 Abs. 3 AEUV richtet sich der Zugangsanspruch auf die Dokumente der Organe, Einrichtungen und sonstigen Stellen der Union. Art. 3 lit. a) TransparenzVO (EG) Nr. 1049/2001[544] definiert diese als „Inhalte unabhängig von der Form des Datenträgers (auf Papier oder in elektronischer Form, Ton-, Bild- oder audiovisuelles Material), die einen Sachverhalt im Zusammenhang mit den Politiken, Maßnahmen oder Entscheidungen aus dem Zuständigkeitsbereich des Organs betreffen". Der Dokumentenbegriff der TransparenzVO (EG) Nr. 1049/2001 passt sich damit der technischen Entwicklung an und stellt die **auf irgendeinem Datenträger erfasste Information** in den Vordergrund. Damit richtet sich der Anspruch letztlich auf die in irgendeiner Form dokumentierte Information.[545] Art. 42 EGRC und Art. 15 Abs. 3 AEUV nehmen diese Klarstellung in ihren Wortlaut auf und gewähren einen Zugang zu „Dokumenten ..., unabhängig von der Form der für diese Dokumente verwendeten Träger". 5270

Das bedeutet gleichzeitig, dass der Zugangsanspruch auf die in Dokumenten enthaltenen **Informationen** beschränkt ist, die zum Zeitpunkt der Antragstellung bereits vorhanden sind. Es besteht deshalb **keine Pflicht** der Organe, **Informationen** 5271

---

[541] S. den Beschluss des Gerichtshofs vom 26.11.2019 (ABl. 2020 C 45, S. 2) sowie den Beschluss der EZB vom 4.3.2004 (2004/258/EG, ABl. 2004 L 80, S. 42). In Abgrenzungsfragen für Dokumente zum internen Gebrauch, der Rechtsberatung und der Entscheidungsprozesse, EuGH, Rs. C-442/18 P, ECLI:EU:C:2019:1117 – Espírito Santo Financial/EZB; EuG, Rs. T-798/17, ECLI:EU:T:2019:154 – De Masi und Varoufakis/EZB; EuGH, Rs. C-342/19 P, ECLI:EU:C:2020:1035 (Rn. 34 ff.) – De Masi und Varoufakis/EZB.

[542] Vgl. EuGH, Rs. C-514 u. a./07 P, ECLI:EU:C:2010:541 (Rn. 77 ff.) – Schweden/API und Kommission; *Krajewski/Rösslein*, in: Grabitz/Hilf/Nettesheim, EU, Art. 15 AEUV Rn. 90.

[543] *Wegener*, in: Callies/Ruffert, Art. 15 AEUV Rn. 15 unter Verweis auf EuGH, Rs. C-39 u. 52/05 P, ECLI:EU:C:2008:374 (Rn. 45, 59) – Schweden und Turco/Rat; Rs. C-57/16 P, EU:C:2018:660 (Rn. 75) – ClientEarth/Kommission; Rs. C-178/18 P, ECLI:EU:C:2020:24 (Rn. 50) – MSD Animal Health Innovation and Intervet International/EMA.

[544] ABl. 2001 L 145, S. 43.

[545] EuGH, Rs. C-353/99 P, ECLI:EU:C:2001:661 (Rn. 26) – Hautala; im Anschluss an EuG, Rs. T-14/98, ECLI:EU:T:1999:157 (Rn. 87) – Hautala; *Wegener*, in: Calliess/Ruffert, Art. 15 AEUV Rn. 17; *Castenholz*, Informationszugangsfreiheit im Gemeinschaftsrecht, 2004, S. 151; *Riemann*, Die Transparenz der Europäischen Union, 2004, S. 138; abw. wohl *Bartelt/Zeitler*, EuR 2003, 487 (491 f.), die den Anspruch auf das Dokument als solches beschränkt sehen.

erst zu beschaffen.[546] Auch kann aus dem Dokumentenzugangsrecht kein Anspruch auf die Erteilung von Auskünften abgeleitet werden.[547]

5272 Soweit die Legaldefinition des Art. 3 lit. a) TransparenzVO (EG) Nr. 1049/2001 voraussetzt, dass es sich bei den Inhalten der Dokumente um solche aus dem Zuständigkeitsbereich des jeweiligen Organs handeln muss, bedeutet dies nicht, dass **Dokumente außerhalb des jeweiligen Zuständigkeitsbereichs** nicht dem Zugangsanspruch unterliegen. Gerade im Hinblick auf solche Dokumente kann das Zugangsrecht eine **Kontrollfunktion** entfalten.[548] Gegen eine restriktive Auslegung spricht auch der Wortlaut des Art. 2 Abs. 3 TransparenzVO (EG) Nr. 1049/2001, nach dem Dokumente aus **allen Tätigkeitsbereichen der Union** dem Zugangsrecht unterliegen.[549] Durch dieses Kriterium werden lediglich rein private Dokumente vom Zugangsrecht ausgenommen.[550]

2. Dokumente Dritter

5273 Art. 42 EGRC und Art. 15 Abs. 3 AEUV differenzieren nicht nach der urhebenden Person der Dokumente und sind daher offen. **Art. 2 Abs. 3 TransparenzVO (EG) Nr. 1049/2001** erstreckt dagegen den Zugangsanspruch ausdrücklich auch auf Dokumente, die bei einem Organ „eingegangen" sind, also auf Dokumente Dritter. Nach der Definition des Art. 3 lit. b) TransparenzVO (EG) Nr. 1049/2001 sind „Dritte" alle natürlichen und juristischen Personen und Einrichtungen außerhalb des betreffenden Organs, einschließlich der Mitgliedstaaten, der anderen Gemeinschafts- oder Nicht-Gemeinschaftsorgane und -einrichtungen und der Drittländer. Dies stellt eine wesentliche Neuerung im Vergleich zu der vor Erlass der TransparenzVO (EG) Nr. 1049/2001 bestehenden Rechtslage dar. Nach den Vorgängervorschriften musste eine antragstellende Person, die Zugang zu Dokumenten begehrte, die von Dritten stammten, direkt bei diesen Zugang beantragen.[551]

---

[546] *Wegener*, in: Calliess/Ruffert, Art. 15 AEUV Rn. 17; *Riemann*, Die Transparenz der Europäischen Union, 2004, S. 137; *Bartelt/Zeitler*, EuR 2003, 487 (492).

[547] EuG, Rs. T-106/99, ECLI:EU:T:1999:272 (Rn. 33, 35) – Meyer.

[548] *Riemann*, Die Transparenz der Europäischen Union, 2004, S. 136 unter Hinweis auf EuG, Rs. T-92/98, ECLI:EU:T:1999:308 (Rn. 39, 43) – Interporc.

[549] *Wegener*, in: Calliess/Ruffert, Art. 15 AEUV Rn. 17 unter Hinweis auf Art. 2 Abs. 3 TransparenzVO (EG) Nr. 1049/2001: „Diese Verordnung gilt für alle **Dokumente eines Organs**, das heißt Dokumente aus allen Tätigkeitsbereichen der Union, die von dem Organ erstellt wurden oder bei ihm eingegangen sind und sich in seinem Besitz befinden."

[550] *Riemann*, Die Transparenz in der Europäischen Union, 2004, S. 136.

[551] Vgl. Art. 2 Abs. 2 des Beschl. 93/731/EG des Rates vom 20.12.1993 über den Zugang der Öffentlichkeit zu Ratsdokumenten, ABl. 1993 L 340, S. 43; Art. 1 i. V. m. dem Anhang des Beschl. 94/90/EGKS, EG, Euratom der Kommission vom 8.2.1994 über den Zugang der Öffentlichkeit zu den der Kommission vorliegenden Dokumenten, ABl. 1994 L 46, S. 58; Art. 2 Abs. 3 des Beschl. 97/632/EGKS, EG, Euratom des Europäischen Parlaments vom 10.7.1997 über den Zugang zur Öffentlichkeit zu den Dokumenten des Europäischen Parlaments, ABl. 1997 L 263, S. 1.

§ 3 Zugang zu Dokumenten

Auch wenn die vormalige Urheberregel durch die TransparenzVO (EG) Nr. 1049/2001 aufgehoben wurde,[552] sind **Dritte** im Hinblick auf ihre Dokumente **nicht völlig rechtlos** gestellt. Ihre Interessen werden berücksichtigt, wobei die TransparenzVO (EG) Nr. 1049/2001 zwischen den Mitgliedstaaten und sonstigen Dritten unterscheidet.

5274

a) Mitgliedstaaten als Urheber

Nach Art. 4 Abs. 5 TransparenzVO (EG) Nr. 1049/2001 kann ein Mitgliedstaat das jeweilige europäische Organ ersuchen, ein aus diesem Mitgliedstaat stammendes Dokument nicht ohne seine **vorherige Zustimmung** zu verbreiten. Nach diesem Wortlaut könnte den Mitgliedstaaten ein das Organ bindendes Einspruchsrecht zustehen. Zwar spricht die Formulierung des „Ersuchens" zunächst eher für eine Auslegung als rein verfahrensmäßige Garantie, die den Mitgliedstaaten erlaubt, um eine Nichtweiterleitung zu bitten. Dem steht die Wendung „nicht ohne seine vorherige Zustimmung" gegenüber, die für das Verständnis als echtes Vetorecht spricht, das Rückwirkungen auf die Auslegung des „Ersuchens" im Sinne einer an das Organ gerichteten Erklärung hat.[553]

5275

Nach dieser Auslegung wäre die Weigerung des Mitgliedstaates, das von ihm stammende Dokument zu verbreiten, demnach für das Organ gem. Art. 4 Abs. 5 TransparenzVO (EG) Nr. 1049/2001 verbindlich.[554] Das entsprach auch der Rechtsprechung des **EuG**, wonach die Regelung des Art. 4 Abs. 5 TransparenzVO (EG) Nr. 1049/2001 den **Zweck** hat, den **nationalen Zugangsregelungen Geltung zu verschaffen**. Danach dürfen die Mitgliedstaaten anhand der nationalen Regelungen entscheiden, ob ein von ihnen stammendes Dokument verbreitet werden darf.[555] Dabei sind sie nicht verpflichtet, ihre Ablehnung gegenüber dem Organ zu begründen. In der Folge besteht umgekehrt auch keine Pflicht des Organs, die Berechtigung der Weigerung wegen eines entgegenstehenden öffentlichen Interesses zu prüfen.[556] Dies ist allein Aufgabe der nationalen Verwaltungsbehörden und -gerichte.[557]

5276

---

[552] Zur Diskussion um die Rechtmäßigkeit dieser Änderung vgl. *Riemann*, Die Transparenz der Europäischen Union, 2004, S. 142 ff.

[553] Demgegenüber hält *Riemann*, Die Transparenz der Europäischen Union, 2004, S. 148 f. den Wortlaut im Hinblick auf die scheinbar sich widersprechenden Formulierungen nicht für ergiebig; ähnlich *Castenholz*, Informationszugangsfreiheit im Gemeinschaftsrecht, 2004, S. 181.

[554] *Schöbener*, in: Stern/Sachs, Art. 42 Rn. 11; *Wegener*, in: Calliess/Ruffert, Art. 15 AEUV Rn. 21; *Riemann*, Die Transparenz der Europäischen Union, 2004, S. 149.

[555] EuG, Rs. T-76/02, ECLI:EU:T:2003:235 (Rn. 41) – Messina; Rs. T-168/02, ECLI:EU:T:2004:346 (Rn. 58) – IFAW Internationaler Tierschutzfonds; Rs. T-187/03, ECLI:EU:T:2005:108 (Rn. 34) – Sippacercola.

[556] EuG, Rs. T-168/02, ECLI:EU:T:2004:346 (Rn. 59) – IFAW Internationaler Tierschutzfonds/ Kommission.

[557] EuG, Rs. T-168/02, ECLI:EU:T:2004:346 (Rn. 61) – IFAW Internationaler Tierschutzfonds/ Kommission.

5277 Doch hat der **EuGH** sich dieser Rechtsprechung und der zugrunde liegenden Auslegung des Art. 4 Abs. 5 TransparenzVO (EG) Nr. 1049/2001 ausdrücklich entgegengestellt. In der Rechtssache *IFAW Internationaler Tierschutzfonds* hat der Gerichtshof die Entscheidung des EuG für nichtig erklärt.[558] Zwar sei aufgrund des Art. 4 Abs. 5 TransparenzVO (EG) Nr. 1049/2001 für die Verbreitung von Dokumenten, die aus einem Mitgliedstaat stammen, die vorherige Zustimmung des jeweiligen Mitgliedstaates erforderlich.[559] Doch könne dieses **Zustimmungserfordernis nicht** als **allgemeines und unbedingtes Vetorecht** ausgelegt werden, das im Belieben des Mitgliedstaates stehe und auch keiner Begründung bedürfe. Ein solches Verständnis des Zustimmungserfordernisses sei mit den Zielen der TransparenzVO (EG) Nr. 1049/2001 nicht vereinbar.[560] Die **praktische Wirksamkeit des Zugangsrechts** würde **erheblich geschmälert**, wenn seine Verwirklichung von der Herkunft des Dokuments und der jeweiligen mitgliedstaatlichen Politik bzw. den einschlägigen nationalen Regelungen abhängig wäre.[561] Außerdem würde damit zumindest teilweise die **Urheberregel** wieder eingeführt, die der Gemeinschaftsgesetzgeber gerade **abgeschafft** habe.[562] Der EuGH fordert im Rahmen des Art. 4 Abs. 5 TransparenzVO (EG) Nr. 1049/2001 von Seiten des **Mitgliedstaates** eine auf die Ausnahmeregelungen der Art. 4 Abs. 1–3 TransparenzVO (EG) Nr. 1049/2001 gestützte **Begründung für den Widerspruch** gegen die Verbreitung eines von ihm stammenden Dokuments. In diesem Fall ist das Unionsorgan verpflichtet, einen entsprechenden **Antrag zurückzuweisen**,[563] soweit die **Ablehnung zu Recht** erfolgt ist.[564] Trotz eines Widerspruchs muss es dagegen Zugang gewähren, wenn der Mitgliedstaat diesen trotz einer ausdrücklichen Aufforderung nicht noch nachträglich begründet und auch das Organ selbst der Auffassung ist, dass keine Ausnahmeregelung eingreift.[565]

b) Sonstige Dritte als Urheberinnen bzw. Urheber

5278 Handelt es sich bei dem Urheber eines Dokuments nicht um einen Mitgliedstaat, so ist er gem. Art. 4 Abs. 4 TransparenzVO (EG) Nr. 1049/2001 nur dann zu kon-

---

[558] EuGH, Rs. C-64/05 P, ECLI:EU:C:2007:802 (Rn. 100) – IFAW Internationaler Tierschutzfonds.
[559] EuGH, Rs. C-64/05 P, ECLI:EU:C:2007:802 (Rn. 43 ff.) – IFAW Internationaler Tierschutzfonds.
[560] EuGH, Rs. C-64/05 P, ECLI:EU:C:2007:802 (Rn. 58) – IFAW Internationaler Tierschutzfonds.
[561] EuGH, Rs. C-64/05 P, ECLI:EU:C:2007:802 (Rn. 60 ff.) – IFAW Internationaler Tierschutzfonds.
[562] EuGH, Rs. C-64/05 P, ECLI:EU:C:2007:802 (Rn. 56, 59) – IFAW Internationaler Tierschutzfonds.
[563] EuGH, Rs. C-64/05 P, ECLI:EU:C:2007:802 (Rn. 90) – IFAW Internationaler Tierschutzfonds.
[564] Dem Unionsorgan steht hier eine eigene Prüfungskompetenz auf Begründetheit des Widerspruchs zu. Dies ergibt sich aus der Formulierung des EuGH, dass sowohl das Gemeinschaftsorgan als auch der Mitgliedstaat an dem Entscheidungsprozess beteiligt sind, vgl. EuGH, Rs. C-64/05 P, ECLI:EU:C:2007:802 (Rn. 93) – IFAW Internationaler Tierschutzfonds.
[565] EuGH, Rs. C-64/05 P, ECLI:EU:C:2007:802 (Rn. 88) – IFAW Internationaler Tierschutzfonds.

sultieren, wenn das ersuchte Organ weitere Auskünfte braucht, um beurteilen zu können, ob das Dokument verbreitet werden muss oder ob eine der Ausnahmeregelungen des Art. 4 Abs. 1 oder Abs. 2 TransparenzVO (EG) Nr. 1049/2001[566] vorliegt. Diese Vorschrift macht die Privilegierung der Mitgliedstaaten gegenüber den sonstigen Dritten besonders deutlich. Zum einen müssen diese Dritten **von dem Organ lediglich konsultiert** werden, zum anderen dient diese Konsultation lediglich der **Information** und **nicht der Ermittlung der Haltung** zur Freigabe der Dokumente.

C. Beeinträchtigung und Rechtfertigung

I. System

Durch die Gewährung von Zugang zu Dokumenten werden häufig rechtlich geschützte Interessen privater Dritter, aber auch der Allgemeinheit berührt. Insoweit sind Normen erforderlich, die die **konfligierenden Interessen zum Ausgleich bringen**. Fällt die Abwägung zugunsten der entgegenstehenden privaten oder öffentlichen Interessen aus, muss das Zugangsrecht zurücktreten und wird insoweit eingeschränkt. 5279

Die Beschränkungen des Zugangsrechts sind vollständig auf der Ebene des Sekundärrechts geregelt. Während Art. 42 EGRC hierzu überhaupt keine Aussage trifft, enthält Art. 15 Abs. 3 UAbs. 2 AEUV den Auftrag an den Rat und auch an das Europäische Parlament, „die allgemeinen Grundsätze und die aufgrund öffentlicher oder privater Interessen geltenden Einschränkungen" zu regeln. Nach Art. 15 Abs. 3 UAbs. 2 AEUV haben Parlament und Rat gemeinsam diese Ausgestaltungsregelungen durch Verordnungen im ordentlichen Gesetzgebungsverfahren festzulegen. Wegen der **Kongruenzklausel des Art. 52 Abs. 2 EGRC** statuieren trotz fehlender Schrankenregelung in Art. 42 EGRC die **sekundärrechtlichen Vorschriften** auch für dieses Grundrecht die **maßgeblichen Rechtfertigungstatbestände**.[567] 5280

Die wesentlichen Schrankenregelungen sind in **Art. 4 Abs. 1–3 TransparenzVO (EG) Nr. 1049/2001**[568] zusammengefasst. Dabei lässt sich zunächst unterscheiden zwischen Art. 4 Abs. 1 und 2 TransparenzVO (EG) Nr. 1049/2001. Art. 4 Abs. 1 TransparenzVO (EG) Nr. 1049/2001 schützt in lit. a) ausgewählte **öffentliche Interessen** und in lit. b) die **Privatsphäre** sowie die **Integrität der einzelnen Person**, ohne dass eine **Abwägung** mit anderen Interessen vorgenommen wird. Es handelt sich daher um **absolute Verweigerungsgründe**.[569] Dagegen berücksichtigt Art. 4 Abs. 2 TransparenzVO (EG) Nr. 1049/2001 umfassend sowohl **öffentliche** als 5281

---

[566] S. dazu ausführlich u. Rn. 5286 ff.
[567] Vgl. Teilband I Rn. 557 sowie u. 5442 f.
[568] ABl. 2001 L 145, S. 43.
[569] So *Schöbener*, in: Stern/Sachs, Art. 42 Rn. 13.

auch **private Interessen** und sieht eine **Abwägung** mit entgegenstehenden öffentlichen Interessen vor. Überwiegen diese, so sind die betroffenen Dokumente zu veröffentlichen, auch wenn die Voraussetzungen der Ausnahmeregelung im Übrigen erfüllt sind. Damit handelt es sich um **relative Verweigerungsgründe**.

5282 Art. 4 Abs. 3 TransparenzVO (EG) Nr. 1049/2001 behandelt „**interne**" **Dokumente**, die jedoch auch **zu veröffentlichen** sind, wenn ein **überwiegendes öffentliches Interesse** daran besteht. Auch sie bilden daher relative Verweigerungsgründe.[570]

5283 Außerhalb der eigentlichen Ausnahmevorschrift des Art. 4 TransparenzVO (EG) Nr. 1049/2001 regelt schließlich Art. 9 TransparenzVO (EG) Nr. 1049/2001 die Behandlung von „**sensiblen**" **Dokumenten**.

II. Konkreter Prüfungsmaßstab

5284 Die Prüfung des **Zugangsantrags** und der dem Zugang **entgegenstehenden Ausnahmeregelungen** muss konkret erfolgen. Insoweit ist es nicht ausreichend, dass das Dokument, zu dem Zugang begehrt wird, ein durch eine Ausnahmeregelung **geschütztes Interesse** berührt. Vielmehr muss dieses durch die Zugangsentscheidung **konkret beeinträchtigt** sein, eine bloß hypothetische Beeinträchtigung reicht nicht aus. Dies muss auch aus der Begründung der Entscheidung über das Zugangsbegehren hervorgehen.[571] Eine solche konkrete und individuelle Prüfung kann aber entbehrlich sein, wenn aufgrund der Umstände des Einzelfalls **offenkundig** ist, dass die begehrten Dokumente von einer **Ausnahmeregelung** erfasst sind **oder** aber **offensichtlich Zugang** zu gewähren ist.[572]

III. Teilweiser Zugang

5285 Nach Art. 4 Abs. 6 TransparenzVO (EG) Nr. 1049/2001 ist ein teilweiser Zugang zu einem Dokument zu gewähren, wenn nur **bestimmte Teile eines Dokuments** einer **Ausnahmeregelung** unterliegen. Diese Regelung nimmt die Rechtsprechung des EuG[573] und des EuGH[574] auf, die aus dem **Verhältnismäßigkeitsgrundsatz** einen Anspruch auf einen teilweisen Zugang abgeleitet haben. Insoweit kann das jeweilige Organ verpflichtet sein, die durch eine Ausnahmeregelung geschützten Teile eines

---

[570] *Schöbener*, in: Stern/Sachs, Art. 42 Rn. 13.

[571] EuGH, Rs. C-576/12 P, ECLI:EU:C:2013:777 (Rn. 45) – Jurašinović/Rat; EuG, Rs. T-188/98, ECLI:EU:T:2000:101 (Rn. 37 f.) – Kuijer; Rs. T-2/03, ECLI:EU:T:2005:1251 (Rn. 69, 72) – Verein für Konsumenteninformation; Rs. T-391/03 u. 70/04, ECLI:EU:T:2006:190 (Rn. 115) – Franchet u. Byk.

[572] EuG, Rs. T-36/04, ECLI:EU:T:2007:258 (Rn. 58) – Association de la Presse Internationale.

[573] S. EuG, Rs. T-14/98, ECLI:EU:T:1999:157 (Rn. 85 ff.) – Hautala; Rs. T-188/98, ECLI:EU:T:2000:101 (Rn. 54 f.) – Kuijer; Rs. T-123/99, ECLI:EU:T:2000:230 (Rn. 44) – JT's Corporation.

[574] EuGH, Rs. C-353/99 P, ECLI:EU:C:2001:661 (Rn. 27 ff.) – Hautala.

§ 3 Zugang zu Dokumenten

Dokuments **unkenntlich** zu machen und dann Zugang zu gewähren. Das Verhältnismäßigkeitsprinzip begrenzt aber gleichzeitig auch den Aufwand, den das jeweilige Organ zur Gewährung des teilweisen Zugangs betreiben muss.[575]

IV. Öffentliches Interesse

Nach Art. 4 Abs. 1 lit. a) TransparenzVO (EG) Nr. 1049/2001[576] verweigern die Organe den Zugang zu einem Dokument, durch dessen Verbreitung der Schutz des öffentlichen Interesses beeinträchtigt würde. Nachfolgend werden dann einzelne konkrete Schutzgüter im Rahmen dieses öffentlichen Interesses aufgezählt.

5286

1. Ermessensspielraum

Die in **Art. 4 Abs. 1 lit. a) TransparenzVO (EG)** Nr. 1049/2001 geschützten öffentlichen Interessen sind besonders **sensibler Natur** und von einiger Tragweite. Deshalb ist die Entscheidung über den Zugang zu solchen Dokumenten **komplex** und im Einzelnen schwierig zu treffen. Bei der Feststellung, ob die Freigabe eines Dokuments öffentliche Interessen i. S. d. Art. 4 Abs. 1 TransparenzVO (EG) Nr. 1049/2001 berührt, bedarf das jeweilige Organ insoweit eines **weiten Ermessensspielraums**.[577] Die gerichtliche Rechtmäßigkeitskontrolle beschränkt sich darauf, ob die Verfahrensvorschriften und das Begründungserfordernis eingehalten worden sind, der zutreffende Sachverhalt zugrunde gelegt wurde, die Tatsachenwürdigung nicht unter einem offensichtlichen Fehler leidet und kein Ermessensmissbrauch vorliegt.[578]

5287

2. Die öffentliche Sicherheit

Der Begriff der öffentlichen Sicherheit wird in Art. 4 Abs. 1 lit. a) 1. Spiegelstrich TransparenzVO (EG) Nr. 1049/2001 nicht definiert. Da es sich um einen Begriff des Unionrechts handelt, muss er **selbstständig ausgelegt** werden. Ein Rückgriff auf die Definition nach deutschem Polizei- und Ordnungsrecht ist insoweit nicht zulässig.[579]

5288

---

[575] Vgl. EuG, Rs. T-14/98, ECLI:EU:T:1999:157 (Rn. 85 ff.) – Hautala; EuGH, Rs. C-353/99 P, ECLI:EU:C:2001:661 (Rn. 30) – Hautala.
[576] ABl. 2001 L 145, S. 43.
[577] EuGH, Rs. C-266/05 P, ECLI:EU:C:2007:75 (Rn. 34 f.) – Sison; zuvor schon EuG, Rs. T-110/03 u. a., ECLI:EU:T:2005:143 (Rn. 46) – Sison.
[578] EuGH, Rs. C-266/05 P, ECLI:EU:C:2007:75 (Rn. 34) – Sison; zuvor schon EuG, Rs. T-110/03 u. a., ECLI:EU:T:2005:143 (Rn. 47) – Sison.
[579] *Frenz*, Europarecht 1, Rn. 1085 u. 3759; *Ehlers*, in: ders. (Hrsg.), Europäische Grundrechte und Grundfreiheiten, 2014, § 7 Rn. 85, 113.

5289   Der EuGH hat den Begriff der „öffentlichen Sicherheit" als Rechtfertigungsgrund für eine Einschränkung der **Grundfreiheiten** näher ausgeformt. Danach ist dieses Schutzgut berührt, wenn eine **tatsächliche und hinreichend schwere Gefährdung** vorliegt, die ein **Grundinteresse der Gesellschaft** berührt.[580] Als ein solches Grundinteresse hat der EuGH die Grundversorgung mit Dienstleistungen von strategischer Bedeutung oder allgemeinem Interesse wie etwa mit Erdölprodukten, Elektrizität oder Telekommunikationsdienstleistungen anerkannt.[581] Darüber hinaus hat der Gerichtshof zwischen der **inneren und** der **äußeren Sicherheit** differenziert.[582] Die innere Sicherheit umfasst die Existenz des Staates und seiner Einrichtungen sowie die Notwendigkeiten für das Überleben der Bevölkerung.[583] Demgegenüber bezieht sich die äußere Sicherheit auf äußere militärische Bedrohungen oder Störungen der auswärtigen Beziehungen sowie des friedlichen Zusammenlebens der Völker.[584] Das EuG hat diese vom EuGH entwickelten Grundsätze **auf die Einschränkung des Dokumentenzugangsrechts übertragen**.[585] Gleichzeitig hat es einen weiteren Aspekt der inneren Sicherheit hinzugefügt. Danach kann der Zugang zu einem Dokument auch verweigert werden, wenn dadurch unmittelbar die **Bemühungen von Behörden behindert** würden, **Straftaten zu vereiteln**.[586]

5290   Auch wenn die **äußere Sicherheit** nach der Rechtsprechung des EuGH von dem Begriff der öffentlichen Sicherheit mit umfasst wird, so wird sie in Art. 4 Abs. 1 lit. a) 2. Spiegelstrich TransparenzVO (EG) Nr. 1049/2001 **in der speziellen Untergruppe „Verteidigung und militärische Belange"** erfasst.

5291   Der – nicht verabschiedete – TransparenzVO-E[587] fasst unter den Begriff der öffentlichen Sicherheit auch die Sicherheit natürlicher und juristischer Personen. Bei einer gravierenden Gefährdung geht es um das Überleben der Bevölkerung, im Übrigen ggf. um die Vereitelung von Straftaten, wobei die Behörden nicht behindert werden dürfen,[588] sodass insoweit in der geltenden Fassung ein breites Feld erfasst ist.

---

[580] EuGH, Rs. C-36/75, ECLI:EU:C:1975:137 (Rn. 26/28) – Rutili; Rs. C-54/99, ECLI:EU:C:2000:124 (Rn. 17) – Eglise de Scientologie; Rs. C-463/00, ECLI:EU:C:2003:272 (Rn. 72) – Goldene Aktien IV (Kommission/Spanien).

[581] EuGH, Rs. C-483/99, ECLI:EU:C:2002:327 (Rn. 47) – Goldene Aktien II (Kommission/Frankreich); Rs. C-503/99, ECLI:EU:C:2002:328 (Rn. 46) – Goldene Aktien III (Kommission/Belgien). Zu dieser „Goldene Aktien"-Rspr. näher *Frenz*, Europarecht 1, Rn. 3716.

[582] EuGH, Rs. C-367/89, ECLI:EU:C:1991:376 (Rn. 22) – Richardt.

[583] EuGH, Rs. C-367/89, ECLI:EU:C:1991:376 (Rn. 22) – Richardt; Rs. C-70/94, ECLI:EU:C:1995:328 (Rn. 25) – Werner Industrieausrüstungen.

[584] EuGH, Rs. C-70/94, ECLI:EU:C:1995:328 (Rn. 26 f.) – Werner Industrieausrüstungen.

[585] EuG, Rs. T-174/95, ECLI:EU:T:1998:127 (Rn. 121) – Svenska Journalistförbundet.

[586] EuG, Rs. T-174/95, ECLI:EU:T:1998:127 (Rn. 121) – Svenska Journalistförbundet.

[587] Vorschlag für eine VO des Europäischen Parlaments und des Rates über den Zugang der Öffentlichkeit zu Dokumenten des Europäischen Parlaments, des Rates und der Kommission (TransparenzVO-E), KOM (2008) 229 endg.

[588] S. vorstehend Rn. 5289.

3. Verteidigung und militärische Belange

Die Ausnahmeregelung des Art. 4 Abs. 1 lit. a) 2. Spiegelstrich TransparenzVO (EG) Nr. 1049/2001 steht vor dem Hintergrund eines noch jungen Tätigkeitsbereichs der Europäischen Union, der Europäischen Verteidigungs- und Sicherheitspolitik. In Art. 24 Abs. 2 EUV ist die Zielsetzung der Europäischen Union verankert, eine **gemeinsame Außen- und Sicherheitspolitik** zu erarbeiten und zu verwirklichen. Nach Art. 42 Abs. 2 UAbs. 1 EUV gehört dazu auch die schrittweise Erarbeitung einer **gemeinsamen Verteidigungspolitik**, die, einen entsprechenden Beschluss des Europäischen Rates vorausgesetzt, auch zu einer gemeinsamen Verteidigung führen könnte. Diese Regelungen waren Grundlage für die Einrichtung einer „Schnellen Europäischen Eingreiftruppe", die zwischenzeitlich Militäroperationen durchgeführt hat.[589]

5292

Da die Ausnahmeregelung zugunsten der Verteidigung und der militärischen Belange ein speziell geregelter Unterfall der Ausnahme zugunsten der öffentlichen Sicherheit darstellt, ist auch für diese zu fordern, dass eine **tatsächliche und hinreichend schwere Beeinträchtigung des Schutzguts** droht. Insoweit kann der Dokumentenzugang unter Rückgriff auf diese Fallgruppe nur dann verweigert werden, wenn **operative Informationen über Ausrüstung und Stationierung von Truppen oder verteidigungspolitische Strategien** enthalten sind. Politische Standpunkte und verwaltungstechnische Entscheidungen sind dagegen als nicht geheimhaltungsbedürftig einzustufen.[590]

5293

4. Internationale Beziehungen

Zu den internationalen Beziehungen i. S. d. Art. 4 Abs. 1 lit. a) 3. Spiegelstrich TransparenzVO (EG) Nr. 1049/2001 gehören der außenpolitische Teil der Gemeinsamen Außen- und Sicherheitspolitik der Union sowie die internationalen Beziehungen der Union als Völkerrechtssubjekt. Insoweit werden jedoch nur die **Beziehungen zu Drittstaaten** und die **Zusammenarbeit mit internationalen Organisationen** erfasst, nicht dagegen die Binnenbeziehungen zu den Mitgliedstaaten.[591]

5294

Dem Rat kommt bei der Beurteilung der Frage, ob die Veröffentlichung eines Dokuments die internationalen Beziehungen der Europäischen Union beeinträchtigen würde, ein **Ermessensspielraum** zu.[592] Diese Beurteilung wird deshalb nur

5295

---

[589] Näher dazu *Kielmansegg*, EuR 2006, 182 (184).
[590] Vgl. diese Differenzierung bei *Riemann*, Die Transparenz der Europäischen Union, 2004, S. 170 f.
[591] *Riemann*, Die Transparenz der Europäischen Union, 2004, S. 171.
[592] EuGH, Rs. C-350/12 P, ECLI:EU:C:2014:2039 (Rn. 63) – Rat der Europäischen Union/Sophie in 't Veld; EuG, Rs. T-14/98, ECLI:EU:T:1999:157 (Rn. 71) – Hautala; Rs. T-211/00, ECLI:EU:T:2002:30 (Rn. 53) – Kuijer II.

eingeschränkt auf das Vorliegen von Ermessensfehlern überprüft.[593] So genügte dem EuG eine **Befürchtung** des Rates, **Formulierungen in einem Bericht über die Menschenrechtslage** in einem Drittstaat könnten zu **Spannungen mit** einigen **Staaten** führen.[594]

5296 Allerdings reicht hier die theoretische Möglichkeit nicht aus. Vielmehr muss das Organ nach Analyse des konkreten Dokuments zu dem Schluss kommen, dass die **Beziehungen zu einem anderen Staat gefährdet** werden könnten.[595] Aber auch eine solche Beurteilung schließt eine Veröffentlichung der Dokumente **nicht** aus, **wenn** kritische Bewertungen bereits in anderen offiziellen Dokumenten der Union enthalten waren[596] oder die **Beziehungen** zu dem betreffenden Staat **wegen** der in dem Dokument angesprochenen **Probleme bereits belastet** sind.[597] Etwas **anderes** hat allerdings zu gelten, wenn die Bewertungen in dem Dokument insoweit deutlich über die bisherigen hinausreichen und ihre **Veröffentlichung „Öl ins Feuer gießen"** und so die Beziehungen erheblich belasten würde.

5. Finanz-, Währungs- oder Wirtschaftspolitik

5297 Die Ausnahmeregelung des Art. 4 Abs. 1 lit. a) 4. Spiegelstrich TransparenzVO (EG) Nr. 1049/2001 greift thematisch sehr weit, beinhaltet sie doch wesentliche Tätigkeitsfelder der Union. Da die **Ausnahmeregelungen** für den Zugang zu Dokumenten grundsätzlich **eng auszulegen** sind,[598] können davon nicht alle Dokumente mit irgendeinem Bezug zu diesen Gebieten erfasst sein.[599] Die Wirtschafts- und Währungspolitik ist Gegenstand von Titel VIII des AEUV. Nach Art. 127 ff. AEUV ist es ein wesentliches Ziel der durch die EZB und die nationalen Zentralbanken getragenen **Währungspolitik**, **Preisstabilität** zu gewährleisten. Deshalb

---

[593] EuGH, Rs. C-350/12 P, ECLI:EU:C:2014:2039 (Rn. 63) – Rat der Europäischen Union/Sophie in 't Veld; EuG, Rs. T-14/98, ECLI:EU:T:1999:157 (Rn. 72) – Hautala; Rs. T-211/00, ECLI:EU:T:2002:30 (Rn. 53) – Kuijer II.

[594] EuG, Rs. T-14/98, ECLI:EU:T:1999:157 (Rn. 73) – Hautala.

[595] EuG, Rs. T-211/00, ECLI:EU:T:2002:30 (Rn. 60 f.) – Kuijer II.

[596] EuG, Rs. T-211/00, ECLI:EU:T:2002:30 (Rn. 66) – Kuijer II.

[597] EuG, Rs. T-211/00, ECLI:EU:T:2002:30 (Rn. 66) – Kuijer II.

[598] EuGH, Rs. C-178/18 P, ECLI:EU:C:2020:24 (Rn. 53) – MSD Animal Health Innovation and Intervet International/EMA; Rs. C-175/18 P, ECLI:EU:C:2020:23 (Rn. 56) – PTC Therapeutics International/EMA; Rs. C-57/16 P, ECLI:EU:C:2018:660 (Rn. 78) – ClientEarth/Kommission; Rs. C-174 u. 189/98 P, ECLI:EU:C:2000:1 (Rn. 27) – Niederlande u. van der Wal/Kommission; EuG, Rs. T-105/95, ECLI:EU:T:1997:26 (Rn. 56) – WWF UK; Rs. T-124/96, ECLI:EU:T:1998:25 (Rn. 49) – Interporc I; Rs. T-92/98, ECLI:EU:T:1999:308 (Rn. 38) – Interporc II; Rs. T-211/00, ECLI:EU:T:2002:30 (Rn. 55) – Kuijer II; Rs. T-391/03 u. 70/04, ECLI:EU:T:2006:190 (Rn. 84) – Franchet u. Byk; *Wegener*, in: Calliess/Ruffert, Art. 15 AEUV Rn. 25; *Riemann*, Die Transparenz der Europäischen Union, 2004, S. 162 f.

[599] *Castenholz*, Informationszugangsfreiheit im Gemeinschaftsrecht, 2004, S. 160 f.

§ 3 Zugang zu Dokumenten

werden im Wesentlichen **Dokumente der Zentralbank geschützt**, so weit sie **Gegenstand von Spekulationen** sein können.[600]

Der Begriff der **Finanzpolitik** ist im Rahmen der Politiken der Union in keinem eigenen Titel aufgeführt. Im Verhaltenskodex 1993 war eine Ausnahme zum Schutz der finanziellen Interessen der Gemeinschaft enthalten.[601] In Art. 325 AEUV ist die Bekämpfung von Betrügereien und sonstigen rechtswidrigen Handlungen zum Nachteil der finanziellen Interessen der Union geregelt. Zur Finanzpolitik gehören demnach alle Tätigkeiten, die dem **Schutz der finanziellen Interessen der Union** dienen. Insoweit darf die Herausgabe von Dokumenten auf der Grundlage dieser Ausnahme verweigert werden, wenn die darin enthaltenen Informationen zu **finanziellen Nachteilen** für die Union etwa durch **Einnahmeverluste** oder **betrügerische Handlungen** führen könnten.[602]

5298

Neben der europäischen Finanz-, Währungs- oder Wirtschaftspolitik sind auch die **entsprechenden Tätigkeiten der Mitgliedstaaten** auf diesen Gebieten von der Ausnahmeregelung erfasst. Allerdings war die praktische Bedeutung der Vorschrift bislang gering, da die Rechtsprechung den Mitgliedstaaten bis zur Entscheidung *IFAW Internationaler Tierschutzfonds* ein nicht näher zu begründendes Vetorecht[603] eingeräumt hat.[604]

5299

Der TransparenzVO-E fügte im Anschluss an diese Interessen neu den Schutz der Umwelt hinzu und führt als Beispiel den **Schutz seltener Tierarten** an. Damit sollte die Transparenzverordnung an das Århus-Abkommen[605] angepasst werden.[606] Indes lebt der **Umwelt- und Klimaschutz im Übrigen** gerade von **Transparenz**.

5300

V. Privatsphäre und Integrität des Einzelnen

Neben den öffentlichen Interessen kann der Dokumentenzugang auch unter Hinweis auf bestimmte private Interessen verweigert werden. Art. 4 Abs. 1 lit. b) TransparenzVO (EG) Nr. 1049/2001[607] nennt hier den Schutz der Privatsphäre und der Integrität der einzelnen Person. Der **Schutz der Privatsphäre** ist auch in **Art. 8 EMRK** verankert. Unter diesem Oberbegriff werden die Einzelrechte auf Achtung

5301

---

[600] *Riemann*, Die Transparenz der Europäischen Union, 2004, S. 174.

[601] Vgl. Verhaltenskodex für den Zugang der Öffentlichkeit zu Rats- und Kommissionsdokumenten, ABl. 1993 L 340, S. 41. Darin waren diese allerdings unzutreffend nicht den öffentlichen Interessen zugeordnet, sondern wurden gleichrangig neben privaten Interessen aufgeführt.

[602] *Riemann*, Die Transparenz der Europäischen Union, 2004, S. 175.

[603] S. Rn. 5275 ff.

[604] S. diese Einschätzung bei *Riemann*, Die Transparenz der Europäischen Union, 2004, S. 175 f.

[605] Übereinkommen vom 25.6.1998 über den Zugang zu Informationen, die Öffentlichkeitsbeteiligung an Entscheidungsverfahren und den Zugang zu Gerichten in Umweltangelegenheiten („Århus-Übereinkommen") (deutsche Fassung des Übereinkommens im gleichnamigen Gesetz, BGBl. II 2006, S. 1251).

[606] KOM (2008) 229 endg., Ziff. 3.3.

[607] ABl. 2001 L 145, S. 43.

des Privat- und Familienlebens, der Wohnung und der Korrespondenz zusammengefasst. Die EGRC enthält in Art. 7 eine fast gleich lautende Gewährleistung.[608]

5302 Das zweite Schutzgut der **Integrität** hat kein Vorbild in der EMRK oder im AEUV. Einzig die VO (EWG, Euratom, EGKS) Nr. 259/68 (Beamtenstatut)[609] verwendet in Art. 27 im Rahmen der Anforderungen an die Beamtinnen und Beamten diesen Begriff.[610] Nach der allgemeinen Wortbedeutung meint Integrität Makellosigkeit, Unbescholtenheit oder Unverletzlichkeit.[611]

5303 Die Bedeutung dieses Schutzguts erschließt sich besser, wenn man den weiteren Wortlaut der Ausnahmeregelung des Art. 4 Abs. 1 lit. b) TransparenzVO (EG) Nr. 1049/2001 mit einbezieht. Danach wird der Schutz der Privatsphäre und der Integrität insbesondere gemäß den Rechtsvorschriften der Gemeinschaft über den **Schutz personenbezogener Daten** verwirklicht. Insoweit wird im Zusammenhang mit dem Schutzgut der Integrität das Interesse der einzelnen Person geschützt, mit bestimmten Daten nicht in Zusammenhang gebracht zu werden. Ein Anwendungsfall wäre etwa der **Informantenschutz**, d. h. das Interesse, nicht als Quelle einer bestimmten Information bekannt zu werden, weil der Informantin bzw. dem Informanten sonst Schaden droht.[612] Dazu könnte **aber** auch das Interesse gehören, **nicht als Inhaberin bzw. Inhaber eines bestimmten Amtes** oder einer Position **bekannt** zu sein. Bei dem Schutzgut der Integrität steht somit nicht die Qualität der Daten im Vordergrund, sondern die Beziehung einer Person zu bestimmten Daten.

5304 Für die Verwirklichung dieses Schutzes verweist Art. 4 Abs. 1 lit. b) TransparenzVO (EG) Nr. 1049/2001 auf die gemeinschaftsrechtlichen **Datenschutzvorschriften**. Insoweit sind mittlerweile im Wesentlichen[613] die Datenschutz-Grundverordnung (DSGVO) (EU) Nr. 2016/679[614] und die DatenschutzVO (EG) Nr. 45/

---

[608] S. dazu o. Rn. 1368 ff. Darin ist das Recht auf Achtung der Korrespondenz zu einem Recht auf Achtung der Kommunikation umformuliert, ohne dass dadurch eine Änderung des Schutzbereichs eingetreten ist, vgl. *Böhringer/Marauhn*, in: Dörr/Grote/Marauhn, Kap. 16 Rn. 9.

[609] Des Rates zur Festlegung des Statuts der Beamten der Europäischen Gemeinschaften und der Beschäftigungsbedingungen für die sonstigen Bediensteten dieser Gemeinschaften sowie zur Einführung von Sondermaßnahmen, die vorübergehend auf die Beamten der Kommission anwendbar sind, vom 29.2.1968, ABl. 1968 L 56, S. 1, zuletzt geändert durch VO (EU) Nr. 2016/1611, ABl. 2016 L 242, S. 1.

[610] Danach ist bei der Einstellung darauf zu achten, dass die Beamtinnen und Beamten in Bezug auf Befähigung, Leistung und Integrität höchsten Ansprüchen genügen.

[611] Vgl. Duden, Das Fremdwörterbuch, 12. Aufl. 2020.

[612] Diesen Aspekt bei *Riemann*, Die Transparenz der Europäischen Union, 2004, S. 177 f.

[613] Zu weiteren einschlägigen Rechtsakten vgl. Rn. 1622 ff.

[614] Des Europäischen Parlaments und des Rates vom 27.4.2016 zum Schutz natürlicher Personen bei der Verarbeitung personenbezogener Daten, zum freien Datenverkehr und zur Aufhebung der RL 95/46/EG (DSGVO), ABl. 2016 L 119, S. 1.

§ 3 Zugang zu Dokumenten

2001[615] VO (EU) Nr. 2018/1725 zum Schutz personenbezogener Daten,[616] die maßgebliche Grundlage für die Beurteilung, ob der Zugang zu einem Dokument wegen des Schutzes der Privatsphäre oder der Integrität einer einzelnen Person verweigert werden darf.[617] Allerdings lässt die TransparenzVO (EG) Nr. 1049/2001 offen, wie das Zusammenspiel mit den europarechtlichen Datenschutznormen im Einzelnen aussieht. Diesem datenschutzrechtlichen Anhaltspunkt ist eine Abwägung bereits inhärent. Sie muss daher insoweit auch im Rahmen von Art. 4 Abs. 1 TransparenzVO (EG) Nr. 1049/2001 mit seinen im Ansatz absoluten Verweigerungsgründen vorgenommen werden. Im Ergebnis muss deshalb eine **Abwägung** vorgenommen werden zwischen dem **Recht der Allgemeinheit auf Zugang zu Dokumenten** und den **Rechtsgütern**, die durch die **europarechtlichen Datenschutzregelungen** geschützt werden. Da es sich hierbei um gleichrangige Rechtsgüter handelt, muss ein Maßstab gefunden werden, der eine Gewichtung dieser Interessen erlaubt. Ein Vorschlag geht dahin, die Schutzbedürftigkeit vom Sozialbezug der Information abhängig zu machen. **Je höher** der **Sozialbezug** ist, **desto weniger** Gewicht kommt danach dem **Geheimhaltungsinteresse** im Rahmen der Abwägung zu.[618]

Das EuG liest die in Art. 4 Abs. 1 lit. b) TransparenzVO (EG) Nr. 1049/2001 enthaltene Ausnahmeregelung in die VO (EU) Nr. 2018/1725 hinein.[619] Schon in einer früheren Entscheidung hat es keine abstrakte Abwägung der durch die jeweiligen Vorschriften geschützten Rechtsgüter vorgenommen, sondern die Regelungen unmittelbar miteinander verknüpft.

5305

Die Privatsphäre und die **Integrität der einzelnen Person** werden nach dem Wortlaut des Art. 4 Abs. 1 lit. b) TransparenzVO (EG) Nr. 1049/2001 „insbesondere" nach den datenschutzrechtlichen Vorschriften geschützt. D.h. der Schutz wird **nicht nur durch das Datenschutzrecht** gewährleistet. Dies kann vor allem in Bereichen relevant werden, in denen das Europarecht und damit auch die datenschutzrechtlichen Regelungen nicht anwendbar sind. Insoweit kommt etwa eine Bindung an die innerhalb der Union anerkannten Grundrechte in Betracht.[620] Dabei ist der Begriff des „Privatlebens" ein weit gefasster offener Begriff, der nicht erschöpfend definiert werden kann.[621] Insoweit ist näher auf den Gehalt von

5306

---

[615] Des Europäischen Parlaments und des Rates vom 18.12.2000 zum Schutz natürlicher Personen bei der Verarbeitung personenbezogener Daten durch die Organe und Einrichtungen der Gemeinschaft und zum freien Datenverkehr, ABl. 2001 L 8, S. 1.
[616] Des Europäischen Parlaments und des Rates vom 23.10.2018 zum Schutz natürlicher Personen bei der Verarbeitung personenbezogener Daten durch die Organe, Einrichtungen und sonstigen Stellen der Union, zum freien Datenverkehr und zur Aufhebung der VO (EG) Nr. 45/2001 und des Beschlusses Nr. 1247/2002/EG, ABl. 2018 L 295, S. 39.
[617] Ausführlich zum europarechtlichen Datenschutz o. Rn. 1622 ff.
[618] *Riemann*, Transparenz in der Europäischen Union, 2004, S. 186 unter Hinweis auf BVerfGE 65, 1 (43 ff.).
[619] EuG, Rs. T-506/21, ECLI:EU:T:2022:225 (Rn. 21 ff.) – Saure/Kommission.
[620] *Riemann*, Transparenz in der Europäischen Union, 2004, S. 187 unter Hinweis auf Art. 6 EUV.
[621] EuG, Rs. T-194/04, ECLI:EU:T:2007:334 (Rn. 114) – Bavarian Lager.

Art. 7 EGRC zurückzugreifen. Ein Verstoß setzt voraus, dass ein Eingriff in das Privatleben vorliegt, der nicht gerechtfertigt ist. Ein möglicher Rechtfertigungsgrund ist in Art. 4 Abs. 1 lit. b) TransparenzVO (EG) 1049/2001 formuliert.[622] In dem zu entscheidenden Fall hat das EuG aber bereits einen Eingriff in die Privatsphäre abgelehnt. Es wurde die Bekanntgabe der Namen von Teilnehmenden eines Treffens mit Kommissionsvertreterinnen und -vertretern im Zusammenhang mit einem Vertragsverletzungsverfahren gegen zwei Mitgliedstaaten begehrt. Das EuG betonte zunächst, dass nicht alle personenbezogenen Daten ihrer Art nach geeignet sind, die Privatsphäre der betroffenen Person zu beeinträchtigen.[623] So sei auch die **Privatsphäre** der **bei der Besprechung** anwesenden Personen gar **nicht** berührt gewesen. Denn sie hätten nur als **Vertreterinnen bzw. Vertreter bestimmter Organisationen** und nicht im eigenen Namen teilgenommen und auch die auf dem Treffen gefassten Beschlüsse hätten nur Wirkungen für die vertretenen Körperschaften und nicht für die Teilnehmenden persönlich entfaltet.[624] Deshalb kam das EuG zu dem Ergebnis, dass die Kommission die Bekanntgabe der Namen der Teilnehmerinnen und Teilnehmer nicht unter Hinweis auf deren Privatsphäre verweigern durfte.

5307 Dementsprechend wollte die Kommission in ihrem TransparenzVO-E[625] die Ausnahmeregelung des Art. 4 Abs. 1 lit. b) TransparenzVO (EG) Nr. 1049/2001 streichen und durch einen neuen Art. 4 Abs. 5 ersetzen. Danach sollen die **Namen, Titel und Funktionen von Inhaberinnen und Inhabern öffentlicher Ämter**, von Beamtinnen und Beamten und Interessenvertreterinnen und -vertretern im Zusammenhang mit ihrer Berufstätigkeit **grundsätzlich offengelegt** werden, wenn im konkreten Fall keine Schädigung der Person zu befürchten ist. Andere personenbezogenen Daten sollen nach den datenschutzrechtlichen Vorschriften offenzulegen sein. Diese Abgrenzung kann bereits jetzt zugrunde gelegt werden.

VI. Geschäftliche Interessen und geistiges Eigentum

5308 Während die in Art. 4 Abs. 1 TransparenzVO (EG) Nr. 1049/2001[626] aufgeführten Ausnahmeregelungen keine Interessenabwägung vorsehen, kann unter Rückgriff auf die Ausnahmen des Art. 4 Abs. 2 TransparenzVO (EG) Nr. 1049/2001 der Dokumentenzugang nur verweigert werden, wenn nicht ein überwiegendes öffentliches Interesse an der Verbreitung besteht. Zu diesen Ausnahmen gehört gem. Art. 4 Abs. 2 1. Spiegelstrich TransparenzVO (EG) Nr. 1049/2001 der Schutz der geschäftlichen Interessen einer natürlichen oder juristischen Person einschließlich des geistigen Eigentums.

---

[622] EuG, Rs. T-194/04, ECLI:EU:T:2007:334 (Rn. 115) – Bavarian Lager.
[623] EuG, Rs. T-194/04, ECLI:EU:T:2007:334 (Rn. 118 f.) – Bavarian Lager.
[624] EuG, Rs. T-194/04, ECLI:EU:T:2007:334 (Rn. 125 f.) – Bavarian Lager.
[625] KOM (2008) 229 endg.
[626] ABl. 2001 L 145, S. 43.

1. Geschäftliche Interessen

Der Wortlaut dieser Regelung ist im Vergleich zu der vorherigen Formulierung „Schutz des Geschäfts- und Industriegeheimnisses" weiter gefasst.[627] Doch muss damit nicht notwendig eine weitere Beschränkung des Zugangsrechts einhergehen,[628] da nach wie vor Geschäftsgeheimnisse den wesentlichen Anwendungsfall bilden werden.[629] Dies hat auch Rückwirkungen auf die Anerkennung sonstiger geschäftlicher Interessen als schützenswerte Belange.

5309

Zwar ist auch im Primärrecht der Schutz von **Geschäftsgeheimnissen** insbesondere in Art. 339 AEUV verankert, doch gibt es keinen spezifisch primärrechtlichen Begriff des Geschäftsgeheimnisses. Allerdings bestimmt die Geheimnisschutz-RL (EU) 2016/943 in Art. 2 Nr. 1 den Begriff des Geschäftsgeheimnisses, umgesetzt in § 2 Nr. 1 des Gesetzes zum Schutz von Geschäftsgeheimnissen (GeschGehG).[630] Nach bisheriger Rechtslage musste es muss sich insoweit um eine in Zusammenhang mit einem Geschäftsbetrieb stehende, nicht offenkundige Tatsache handeln, an deren Geheimhaltung die betriebsinhabende Person ein berechtigtes wirtschaftliches Interesse hat und die nach ihrem bekundeten oder erkennbaren Willen auch geheim bleiben soll. **Auf** diesen **Geheimhaltungswillen** kommt es **nicht mehr** an.[631] Nach Art. 2 Nr. 1 Geheimnisschutz-RL (EU) 2016/943 bilden Informationen ein Geschäftsgeheimnis, die alle nachstehenden Kriterien erfüllen. (a) sie sind in dem Sinne geheim, dass sie weder in ihrer Gesamtheit noch in der genauen Anordnung und Zusammensetzung ihrer Bestandteile den Personen in den Kreisen, die üblicherweise mit dieser Art von Informationen umgehen, allgemein bekannt oder ohne weiteres zugänglich sind, (b) sie sind von kommerziellem Wert, weil sie geheim sind, (c) sie sind Gegenstand von den Umständen entsprechenden angemessenen Geheimhaltungsmaßnahmen durch die Person, die die rechtmäßige Kontrolle über die Informationen besitzt.[632] **Typische** Beispielsfälle bleiben etwa **Herstellungskosten, Marktanteile, Kundendateien** oder die **interne Organisation** eines Unternehmens.[633] Der praktisch wichtigste Anwendungsbereich dieser Ausnahmevor-

5310

---

[627] Vgl. die Formulierung im Verhaltenskodex 93/730/EG für den Zugang der Öffentlichkeit zu Rats- und Kommissionsdokumenten, ABl. 1993 L 340, S. 41.
[628] So aber die Befürchtung von *Wägenbaur*, EuZW 2001, 680 (683).
[629] *Riemann*, Die Transparenz in der Europäischen Union, 2004, S. 188; im Ergebnis auch *Castenholz*, Informationszugangsfreiheit im Gemeinschaftsrecht, 2004, S. 164.
[630] BGBl. I 2019, S. 466.
[631] *Köhler*, in: ders./Bornkamm/Feddersen, UWG, § 2 GeschGehG Rn. 20 mit weiteren Aspekten; s. die vergleichende Gegenüberstellung bei *Rody*, Der Begriff und die Rechtsnatur von Geschäfts- und Betriebsgeheimnissen unter Berücksichtigung der Geheimnisschutz-Richtlinie 2019, 50 ff.; s. auch *Harte-Bavendamm*, in: Ohly/Kalbfus/Harte-Bavendamm Rn. 9 ff.
[632] So die Definition der Rspr. bei *Köhler*, in: ders./Bornkamm/Feddersen, UWG, § 2 GeschGehG Rn. 16; s. auch BGH, GRUR 1955, 424 (425); GRUR 2003, 356 (358).
[633] Weitere Beispiele bei *Riemann*, Die Transparenz in der Europäischen Union, 2004, S. 189 sowie bei *Köhler*, in: ders./Bornkamm/Feddersen, UWG, § 2 GeschGehG Rn. 19.

schrift dürfte im Zusammenhang mit dem Wettbewerbsrecht bestehen, da die Kommission in ihrer Funktion als Kontrollorgan über zahlreiche unternehmensbezogene Informationen verfügt.[634]

5311 Neben der Wahrung von Geschäftsgeheimnissen sind entsprechend dem weiten Wortlaut des Art. 4 Abs. 2 1. Spiegelstrich TransparenzVO (EG) Nr. 1049/2001 auch **andere geschäftliche Interessen** denkbar, die das Zugangsrecht einschränken. Entsprechend dem Charakter als Ausnahmeregelung ist bei der Auslegung dieses Begriffs ein enger Maßstab anzulegen. Auch hier muss das **private Geheimhaltungsinteresse das allgemeine Zugangsinteresse überwiegen**, sodass nicht jeder irgendwie geartete geschäftliche Nachteil ausreicht. Vielmehr muss das **Interesse ähnlich gewichtig wie** ein **Geschäftsgeheimnis** sein.[635]

5312 Bei Vorliegen eines schützenswerten geschäftlichen Interesses ist zu prüfen, ob nicht ein öffentliches Interesse an der Gewährung des Zugangs besteht, dem Vorrang vor dem privaten Interesse einzuräumen ist. Ein solches **überwiegendes öffentliches Interesse** könnte etwa die **Volksgesundheit**, der **Umweltschutz** oder die **Versorgungssicherheit** sein.[636]

2. Geistiges Eigentum

5313 Mit der Erwähnung des geistigen Eigentums wurde ein **neues Schutzgut** in den Ausnahmetatbestand des Art. 4 Abs. 2 1. Spiegelstrich TransparenzVO (EG) Nr. 1049/2001 aufgenommen. Grund dafür könnte sein, dass die Urheberregel[637] aufgegeben wurde und das Zugangsrecht sich **auch auf Dokumente Dritter** bezieht, für die potenziell Urheberrechte beansprucht werden können. Das geistige Eigentum umfasst neben dem **literarischen** und dem **künstlerischen Eigentum** das **Patent-** und **Markenrecht** sowie die verwandten Schutzrechte.[638]

5314 Relevant werden diese Schutzrechte dann, wenn sie durch die Weitergabe von Dokumenten verletzt werden können. Dies ist bei Patent- und Markenrechten nicht der Fall.[639] Auch im Hinblick auf Urheberrechte ist nicht erkennbar, inwieweit diese verletzt werden könnten. Zum einen dürften die den Organen vorliegenden Doku-

---

[634] Zu den Befugnissen der Kommission im Kartellverfahren s. *Frenz*, Europarecht 2, Rn. 2487 ff.
[635] *Riemann*, Transparenz in der Europäischen Union, 2004, S. 191 nennt als Anwendungsfall die Geheimhaltung von Beschwerden kleinerer Unternehmen über größere marktbeherrschende, soweit bei Bekanntwerden Vergeltungsmaßnahmen zu befürchten wären (unter Hinweis auf die Mitteilung der Kommission über interne Verfahrensvorschriften für die Behandlung von Anträgen auf Akteneinsicht in Fällen einer Anwendung der Art. 85 und 86 EG, der Art. 65 und 66 EGKS und der VO (EWG) Nr. 4064/89 des Rates, ABl. 1997 C 23, S. 3, Abschnitt II.D.2).
[636] Vgl. *Riemann*, Transparenz in der Europäischen Union, 2004, S. 192.
[637] S. dazu o. Rn. 5273 f.
[638] Erläuterungen zur Charta der Grundrechte, ABl. 2007 C 303, S. 17 (23).
[639] Denn eingetragene Patente und Marken sowie die dazugehörigen Akten sind für die Öffentlichkeit ohnehin zugänglich, vgl. § 31 Abs. 1 PatG; § 62 Abs. 2, 3 MarkenG.

mente regelmäßig schon nicht dem Urheberrechtsschutz unterliegen.[640] Zum anderen ist die **behördliche Weitergabe von einzelnen Kopien** urheberrechtlich geschützter Werke **erlaubt**.[641] Für die Vervielfältigung freigegebener Dokumente durch Dritte schließlich trifft Art. 16 TransparenzVO (EG) Nr. 1049/2001 eine eigene Regelung, wonach entgegenstehende urheberrechtliche Bestimmungen unberührt bleiben. Insoweit erscheint der **Anwendungsbereich** dieser Ausnahmeregelung einstweilen **noch offen**.[642]

VII. Gerichtsverfahren und Rechtsberatung

In der Ausnahmeregelung des Art. 4 Abs. 2 2. Spiegelstrich TransparenzVO (EG) Nr. 1049/2001[643] werden die Bereiche des Gerichtsverfahrens und der Rechtsberatung zusammengefasst. Sie hat den im Verhaltenskodex 93/730/EG[644] vorgesehenen Ausnahmegrund der „Rechtspflege" abgelöst. 5315

1. Gerichtsverfahren

Die Ausnahme zum Schutz des Gerichtsverfahrens soll das Recht der Parteien schützen, ihre Interessen unabhängig von jeder äußeren Beeinflussung insbesondere durch die Öffentlichkeit zu vertreten.[645] Sie kann zum einen in Verfahren vor nationalen Gerichten, zum anderen in Verfahren vor den europäischen Gerichten relevant werden. 5316

Für das Verfahren vor den **nationalen Gerichten** ist das jeweilige Organ zuständiger Entscheidungsträger über den Zugang zu Dokumenten, die Gegenstand dieses gerichtlichen Verfahrens sind. Allerdings ist materielle Entscheidungsgrundlage das jeweilige nationale Prozessrecht, über dessen Inhalt sich das jeweilige Organ bei dem zuständigen Gericht im Zweifelsfall erkundigen muss.[646] Insoweit differenziert der Gerichtshof zwischen der verfahrensrechtlichen Frage der Entscheidungszuständigkeit und der **materiellen Rechtsgrundlage** für diese Entschei- 5317

---

[640] Gem. § 2 Abs. 2 UrhG werden nur „persönliche geistige Schöpfungen" als urheberrechtliche Werke geschützt.
[641] Vgl. §§ 45 Abs. 1, 53 Abs. 1 UrhG.
[642] *Riemann*, Die Transparenz der Europäischen Union, 2004, S. 194 f. Dies mag der Grund sein, warum dieses Schutzgut in der Lit. vielfach nicht näher behandelt wird, vgl. *Wägenbaur*, EuZW 2001, 680 (683); *Castenholz*, Informationszugangsfreiheit im Gemeinschaftsrecht, 2004, S. 164 f.
[643] ABl. 2001 L 145, S. 43.
[644] ABl. 1993 L 340, S. 41.
[645] EuG, Rs. T-174/95, ECLI:EU:T:1998:127 (Rn. 136) – Svenska Journalistförbundet.
[646] EuGH, Rs. C-174 u. 189/98 P, ECLI:EU:C:2000:1 (Rn. 17 ff., 28) – Niederlande u. van der Wal/Kommission.

dung.⁶⁴⁷ Letztere sieht er in dem anwendbaren **nationalen Prozessrecht**, das durch das europarechtliche Dokumentenzugangsrecht **nicht verändert** wird.

5318 Indes sind nicht alle **Dokumente**, die im Zusammenhang mit einem **Gerichtsverfahren bei einem europäischen Gericht** erstellt wurden, vom Zugangsrecht ausgenommen. Vielmehr kann die Ausnahmeregelung nur für solche Dokumente beansprucht werden, die das **Organ speziell für das Gerichtsverfahren erstellt** hat, nicht aber für solche, die im vorangegangenen Verwaltungsverfahren entstanden sind.⁶⁴⁸ Insoweit gehören zu den grundsätzlich geschützten Dokumenten **Schriftsätze**, **interne Schriftstücke**, die auf die Bearbeitung des anhängigen Verfahrens bezogen sind, sowie **verfahrensbezogene Korrespondenz** mit Rechtsbeiständen.⁶⁴⁹

5319 Nach dem TransparenzVO-E sollte diese Ausnahmeregelung um Schiedsgerichts- und Streitbeilegungsverfahren erweitert werden.⁶⁵⁰ Auch insoweit besteht die Interessenlage der Verfahrensführung unabhängig von der Öffentlichkeit.

2. Rechtsberatung

5320 Neben dem Gerichtsverfahren ist die Rechtsberatung ein selbstständiger Schutzgegenstand, der durch die TransparenzVO (EG) Nr. 1049/2001 neu eingefügt wurde. Hintergrund war eine Rechtsprechung, die ein **besonderes Schutzbedürfnis zugunsten einer unabhängigen Rechtsberatung** anerkannt hat.⁶⁵¹ Erfolgt die Rechtsberatung im Rahmen eines gerichtlichen Verfahrens, können sich Überschneidungen zwischen den Schutzgegenständen ergeben.⁶⁵²

5321 Vom Ausnahmetatbestand zum Schutz der Rechtsberatung sind **alle Dokumente** erfasst, die das **Verhältnis** der **Anwältin bzw. des Anwalts zu** ihrer/seiner **Mandantin** bzw. ihrem/seinem **Mandanten** betreffen.⁶⁵³ Aber auch die Rechtsberatung der Organe durch **interne juristische Dienste** fällt in den Anwendungsbereich dieser Vorschrift.⁶⁵⁴ Denn würde der Inhalt der Rechtsberatung öffentlich, könnten Zweifel an der Rechtmäßigkeit etwa eines Rechtsakts entstehen, die dessen all-

---

⁶⁴⁷ Das EuG hatte im Ausgangsverfahren für die Dauer des Gerichtsverfahrens eine Entscheidungskompetenz der nationalen Gerichte angenommen und somit ein Zusammenfallen von Entscheidungskompetenz und Rechtsgrundlage auf der nationalen Ebene vertreten, vgl. EuG, Rs. T-83/96, ECLI:EU:T:1998:59 (Rn. 51 f.) – van der Wal.
⁶⁴⁸ EuG, Rs. T-92/98, ECLI:EU:T:1999:308 (Rn. 42) – Interporc II; Rs. T-391/03 u. 70/04, ECLI:EU:T:2006:190 (Rn. 91) – Franchet u. Byk.
⁶⁴⁹ EuG, Rs. T-92/98, ECLI:EU:T:1999:308 (Rn. 41) – Interporc II.
⁶⁵⁰ KOM (2008) 229 endg., Ziff. 3.3.
⁶⁵¹ EuG, Rs. T-610/97 R, ECLI:EU:T:1998:48 (Rn. 46) – Carlsen.
⁶⁵² Vgl. EuG, Rs. T-92/98, ECLI:EU:T:1999:308 (Rn. 41) – Interporc II.
⁶⁵³ EuGH, Rs. C-155/79, ECLI:EU:C:1982:157 (Rn. 18 ff.) – AM&S.
⁶⁵⁴ EuG, Rs. T-84/03, ECLI:EU:T:2004:339 (Rn. 61 f.) – Turco.

gemeine Akzeptanz schwächen würden.[655] Auch könnten die juristischen Dienste bei Bekanntwerden ihrer rechtlichen Stellungnahmen durch äußere Einflussnahme in ihrer Unabhängigkeit beeinträchtigt werden.[656]

3. Dauer des Schutzes

Der Schutz des Gerichtsverfahrens ist allerdings auf seine Dauer begrenzt. Während des Verfahrens geht es um eine **Abschirmung der Rechtsprechungstätigkeit vor der Öffentlichkeit**.[657] Deren Einbeziehung mag zwar die Argumente der Parteien schärfen.[658] Indes erfolgt dann eine darauf gerichtete, andere und damit wohl weniger sachliche Darlegung.

5322

Ist das **Verfahren durch eine rechtskräftige Entscheidung abgeschlossen** worden, gibt es **keinen Grund** mehr, die **Einsicht** in die für das Verfahren erstellten Dokumente zu **verweigern**.[659] Das EuG hat darüber hinaus innerhalb des noch anhängigen Gerichtsverfahrens differenziert. **Bis** zum **Abschluss der mündlichen Verhandlung** unterliegen danach Schriftsätze umfassend dem Weigerungsrecht, erst nach diesem Zeitpunkt muss das Organ prüfen, ob das angeforderte Dokument freigegeben werden kann oder ob seine Freigabe das Gerichtsverfahren beeinträchtigen würde.[660]

5323

Der **EuGH** eröffnete den **Zugang umfassend nach Abschluss des Verfahrens**, und zwar bezogen auf einen Antrag bei der **Kommission**, die Schriftsätze eines Mitgliedstaates zugänglich zu machen:[661] Zwar erscheint für diese Entscheidung der EuGH als Herr des Gerichtsverfahrens prädestiniert; geht es doch auch insoweit um eine Abwägung zu Schäden für eine der Parteien und ein faires Verfahren.[662] Dieses **Verfahren** ist aber gerade vorbei und die **Schriftsätze** finden sich in ihrem wesentlichen Gehalt in dem **Urteil** wieder.[663] Daher spricht auch nichts mehr dagegen, diese Unterlagen über die Kommission zu erlangen; diese **Umgehung** ist rechtlich

5324

---

[655] S. EuG, Rs. T-610/97 R, ECLI:EU:T:1998:48 (Rn. 45 ff.) – Carlsen; Rs. T-44/97, ECLI:EU:T:2000:258 (Rn. 47 f.) – Ghignone; Rs. T-84/03, ECLI:EU:T:2004:339 (Rn. 77 f.) – Turco.
[656] EuG, Rs. T-84/03, ECLI:EU:T:2004:339 (Rn. 79) – Turco.
[657] EuGH, Rs. C-514 u. a./07 P, ECLI:EU:C:2010:541 (Rn. 93 ff.) – Schweden/API und Kommission.
[658] *Koppensteiner*, EuR 2022, 711 (723); bereits *ders.*, EuR 2014, 583 (596); s. auch *ders.*, DÖV 2022, 21.
[659] *Riemann*, Die Transparenz der Europäischen Union, 2004, S. 203.
[660] EuG, Rs. T-36/04, ECLI:EU:T:2007:258 (Rn. 77 ff., 82) – Association de la Presse Internationale.
[661] EuGH, Rs. C-213/15 P, ECLI:EU:C:2017:563 – Kommission/Breyer.
[662] *GA Maduro*, EuGH, Rs. C-514 u. a./07 P, ECLI:EU:C:2009:592 (Rn. 15) – Schweden/API und Kommission.
[663] EuGH, Rs. C-213/15 P, ECLI:EU:C:2017:563 (Rn. 56) – Kommission/Breyer.

zulässig.[664] Das kann aber nur für die offiziellen Schriftsätze und nicht etwa für interne Vermerke gelten.

5325 Diese zeitliche Begrenzung greift nicht für die Rechtsberatung durch die juristischen Dienste, jedenfalls soweit sie Rechtsakte mit allgemeiner Geltung betrifft. Die **Veröffentlichung eines internen Meinungsaustauschs** über die Rechtmäßigkeit eines europäischen Rechtsaktes würde die Akzeptanz der jeweiligen Rechtsakte und damit die Stabilität der europäischen Rechtsordnung insgesamt **beeinträchtigen.**[665] Aber auch für die **Unabhängigkeit der Rechtsberatung** können sich **Beeinträchtigungen** ergeben, wenn klar ist, das nach Prozessende eine Veröffentlichung etwa von anwaltlichen Ratschlägen und Einschätzungen erfolgen kann.

VIII. Inspektions-, Untersuchungs- und Audittätigkeiten

5326 Die Ausnahmeregelung des Art. 4 Abs. 2 3. Spiegelstrich TransparenzVO (EG) Nr. 1049/2001 betrifft im Wesentlichen die **Arbeit der Kommission** etwa im Rahmen von **Vertragsverletzungsverfahren**, der **Fusionskontrolle**, im **Beihilferecht** oder bei Untersuchungen des Amtes für Betrugsbekämpfung (**OLAF**).[666]

5327 Unstreitig greift diese Ausnahmeregelung ein, **solange** die jeweilige **Untersuchungstätigkeit andauert** und der Zugang zu diesen Dokumenten den Abschluss der Untersuchung gefährden könnte.[667] Fraglich ist, ob auch **nach Abschluss der Untersuchung** eine Berufung auf die Ausnahmeregelung des Art. 4 Abs. 2 3. Spiegelstrich TransparenzVO (EG) Nr. 1049/2001 möglich ist. Der Zweck von Untersuchungstätigkeiten kann es durchaus erfordern, die Einsichtnahme in darüber angefertigte Dokumente zu verweigern. So könnten daraus **Rückschlüsse für künftige Untersuchungen** gezogen werden, mit der Folge, dass etwa betroffene Unternehmen sich entsprechend präparieren und dadurch den Zweck der künftigen Untersuchung vereiteln.[668] Zudem werden **generell Einschätzungen** und Anlässe für eine Untersuchungstätigkeit **offener** dargelegt, **wenn keine spätere Offenlegung** durch Information der Öffentlichkeit erfolgen kann; insoweit kann ein internes Dokument zur Vorbereitung einer Entscheidung vorliegen, das nach Art. 4 Abs. 3 TransparenzVO (EG) Nr. 1049/2001 nicht zugänglich gemacht werden darf. Indes wurde ggf. eine Einschätzung auch die betreffende Person gegenüber abgegeben. Vor diesem Hintergrund ist der Anwendungszeitraum des Art. 4 Abs. 2 3. Spiegel-

---

[664] *Koppensteiner*, EuR 2022, 711 (724 f.).
[665] Dies kann es rechtfertigen, auch den Zugang zu einem bereits 20 Jahre alten Gutachten zu verweigern, vgl. EuG, Rs. T-610/97 R, ECLI:EU:T:1998:48 (Rn. 50) – Carlsen.
[666] Vgl. Grünbuch „Recht auf Zugang der Öffentlichkeit zu Dokumenten im Besitz der Organe der Europäischen Gemeinschaft. Ein Überblick", KOM (2007) 185 endg., Ziff. 1.2.; Bericht der Kommission über die Anwendung der Grundsätze der VO (EG) Nr. 1049/2001 über den Zugang der Öffentlichkeit zu Dokumenten des Europäischen Parlaments, des Rates und der Kommission, KOM (2004) 45 endg., Ziff. 3.4.3.
[667] *Riemann*, Die Transparenz der Europäischen Union, 2004, S. 204.
[668] Vgl. *Riemann*, Die Transparenz der Europäischen Union, 2004, S. 204.

§ 3 Zugang zu Dokumenten

strich TransparenzVO (EG) Nr. 1049/2001 auch über den Abschluss der jeweiligen Untersuchung hinaus auszudehnen.

Inwieweit der Abschluss der eigentlichen Untersuchungstätigkeit eine Zäsur darstellt, die ein darüber hinausgehendes Eingreifen der Ausnahmeregelung von besonderen Voraussetzungen abhängig macht, hat die Rechtsprechung für die einem Vertragsverletzungsverfahren vorangehenden Untersuchungstätigkeiten der Kommission näher dargelegt. Danach kann es gerechtfertigt sein, auch nach Abschluss des Vorverfahrens[669] den Zugang zu solchen Dokumenten zu verweigern, die zu einem Vertragsverletzungsverfahren führen könnten. Begründet hat das EuG dies mit der **Vertraulichkeit**, die die Mitgliedstaaten von der Kommission erwarten dürften. Denn die Untersuchungen im Bereich von Vertragsverletzungen setzten zwischen den Beteiligten ein Klima des Vertrauens voraus, das es ermöglicht, auch zu einer einvernehmlichen Lösung zu kommen.[670] Dieser Schutz endet nicht mit dem Abschluss der Untersuchungen, sondern besteht auch dann noch, wenn seither einige Zeit verstrichen ist.[671]

5328

Diesen Schutzzeitraum hat das Gericht zeitlich noch weiter ausgedehnt. Danach kann die Kommission sich auch noch nach Eröffnung des **Vertragsverletzungsverfahrens** auf die Ausnahmeregelung des Art. 4 Abs. 2 3. Spiegelstrich TransparenzVO (EG) Nr. 1049/2001 berufen, denn auch zu diesem Zeitpunkt ist eine **gütliche Einigung noch möglich**, die aber Vertraulichkeit voraussetzt.[672] Die Kommission hat in Reaktion auf diese Rechtsprechung interne Leitlinien für die Behandlung von Zugangsanträgen zu Dokumenten verfasst, die im Rahmen eines Vertragsverletzungsverfahrens erstellt wurden.[673]

5329

Das EuG hat der zeitlichen Ausdehnung der Ausnahmeregelung des Art. 4 Abs. 2 3. Spiegelstrich TransparenzVO (EG) Nr. 1049/2001 allerdings auch Grenzen gesetzt. Der Schutz darf nicht pauschal so lange eingreifen, wie die im Anschluss an das Untersuchungsverfahren zu ergreifenden Folgemaßnahmen noch nicht bestimmt sind. Sonst wird der Dokumentenzugang von der Schnelligkeit und Sorgfalt der befassten Verwaltungsstellen abhängig.[674] Deshalb hat das EuG die **Schutzdauer nach Abschluss der Untersuchungen** auf eine **angemessene Frist** begrenzt, innerhalb derer die zuständigen Verwaltungsstellen über die Folgemaßnahmen entscheiden müssen. Doch hat es noch keine konkreten Maßstäbe zur Bestimmung der Angemessenheit entwickelt.[675]

5330

---

[669] Zum verfahrensrechtlichen Ablauf des Vertragsverletzungsverfahrens näher *Cremer*, in: Calliess/Ruffert, Art. 258 AEUV Rn. 5 ff.
[670] EuG, Rs. T-105/95, ECLI:EU:T:1997:26 (Rn. 63) – WWF UK.
[671] EuG, Rs. T-105/95, ECLI:EU:T:1997:26 (Rn. 63) – WWF UK.
[672] EuG, Rs. T-191/99, ECLI:EU:T:2001:284 (Rn. 68) – Petrie u. a.
[673] Internes Arbeitsdokument der Kommission „Zugang der Öffentlichkeit zu Dokumenten in Bezug auf Vertragsverletzungsverfahren" vom 28.2.2003, SEK (2003) 260, S. 3.
[674] EuG, Rs. T-391/03 u. 70/04, ECLI:EU:T:2006:190 (Rn. 111) – Franchet u. Byk.
[675] EuG, Rs. T-391/03 u. 70/04, ECLI:EU:T:2006:190 (Rn. 123) – Franchet u. Byk.

IX. Überwiegendes öffentliches Interesse

5331 Eine Gemeinsamkeit der Ausnahmeregelungen des Art. 4 Abs. 2 TransparenzVO (EG) Nr. 1049/2001[676] ist, dass ein Dokumentenzugang trotz Eingreifens einer Ausnahmeregelung zu gewähren ist, wenn ein überwiegendes öffentliches Interesse an der Verbreitung besteht.

5332 Dieses Kriterium begründet systematisch betrachtet eine **Ausnahme von der Ausnahme**.[677] Daraus ergibt sich auch, dass dieses überwiegende öffentliche Interesse keines sein kann, das bereits im Rahmen der Ausnahmeregelung berücksichtigt wurde. Insoweit **genügt** das **allgemeine öffentliche Interesse an Transparenz** gerade **nicht**, denn dieses war bereits Bestandteil der Abwägung.[678] Vielmehr muss es sich um ein **spezifisches öffentliches Interesse** handeln, welches das durch die Ausnahmevorschrift geschützte Interesse überwiegt. Auf dieser Grundlage hat das EuG zwischen allgemeinen und privaten Interessen differenziert. Handelt es sich bei dem geltend gemachten Interesse um ein solches, das die Antragstellerin bzw. den Antragsteller persönlich betrifft, so ist es als **privates Interesse nicht** zu berücksichtigen.[679] Dies entspricht der Auffassung der Kommission, nach der das Interesse einer Einzelperson in keinem Fall eine Ausnahmeregelung überwinden kann.[680]

X. Interne Dokumente

5333 Nach Art. 4 Abs. 3 UAbs. 1 TransparenzVO (EG) Nr. 1049/2001[681] kann der Zugang zu einem Dokument verweigert werden, wenn es von einem Organ für den **internen Gebrauch** erstellt wurde oder bei ihm eingegangen ist und sich auf eine Angelegenheit bezieht, zu der noch kein Beschluss gefasst wurde. Damit dient diese Ausnahme dem **Schutz der Entscheidungsfreiheit der Organe**, die durch den Zugang der Öffentlichkeit zu Dokumenten zum internen Gebrauch beeinträchtigt werden könnte. Ein Dokument hat dann internen Charakter, wenn es nur für den Gebrauch innerhalb des Organs zur Vorbereitung von Entscheidungen erstellt wurde.[682] Dazu gehören etwa **Stellungnahmen**, **Aktennotizen** oder **Diskussionspapie-**

---

[676] ABl. 2001 L 145, S. 43.

[677] Vgl. diese Formulierung im Bericht der Kommission über die Anwendung der Grundsätze der VO (EG) Nr. 1049/2001 über den Zugang der Öffentlichkeit zu Dokumenten des Europäischen Parlaments, des Rates und der Kommission, KOM (2004) 45 endg., Ziff. 3.4.5.

[678] Riemann, Die Transparenz der Europäischen Union, 2004, S. 159.

[679] EuG, Rs. T-391/03 u. 70/04, ECLI:EU:T:2006:190 (Rn. 137 f.) – Franchet u. Byk. Gegenstand des Verfahrens war die Klage zweier ehemaliger Mitglieder von Eurostat, die Zugang zu Untersuchungsberichten von OLAF über Eurostat begehrten. Diese Berichte hatten zu einem Disziplinarverfahren gegen die Kläger geführt.

[680] Vgl. Bericht der Kommission über die Anwendung der Grundsätze der VO (EG) Nr. 1049/2001 über den Zugang der Öffentlichkeit zu Dokumenten des Europäischen Parlaments, des Rates und der Kommission, KOM (2004) 45 endg., Ziff. 3.4.5.

[681] ABl. 2001 L 145, S. 43.

[682] Riemann, Die Transparenz der Europäischen Union, 2004, S. 213.

§ 3 Zugang zu Dokumenten

re. Hat aber ein Organ einem anderen seinen Vorschlag übermittelt, ist der Entscheidungsprozess dieses Organs abgeschlossen und das Dokument kein internes mehr. Insoweit schützt diese Regelung **nur organinterne Entscheidungsprozesse**, nicht europainterne.[683] Dies **widerspricht** dem **interinstitutionellen Charakter von Entscheidungen auf europäischer Ebene**.[684]

In Art. 4 Abs. 3 UAbs. 2 TransparenzVO (EG) Nr. 1049/2001 werden auch Dokumente geschützt, die sich auf eine Entscheidung beziehen, die bereits getroffen wurde. Der Gehalt dieser Norm erschließt sich nicht ohne weiteres, da **Schutzgut** nach dem klaren Wortlaut auch hier der **Entscheidungsprozess des jeweiligen Organs** ist, der aber schon abgeschlossen ist. Insoweit bleibt als Schutzgut nur die **Entscheidungsfreiheit** in Bezug auf **künftige Entscheidungen**,[685] was aber den Anwendungsbereich sehr unscharf werden lässt. Hinzu kommt die **Unbefangenheit** der **Äußerungen** im internen Bereich, wenn ausgeschlossen ist, dass diese, wenn auch später, nach außen dringen. Auch dadurch wird der Entscheidungsprozess betroffen. 5334

Abweichend von den übrigen Ausnahmeregelungen setzt die Zugangsverweigerung innerhalb des Art. 4 Abs. 3 TransparenzVO (EG) Nr. 1049/2001 eine **ernstliche Beeinträchtigung des Schutzguts** voraus. Allerdings erscheint es schwierig, Kriterien zu entwickeln, nach denen dieser unterschiedliche Grad der Beeinträchtigung festgestellt werden kann.[686] 5335

Als Korrektiv fungiert auch hier das **überwiegende öffentliche Interesse**, das ein **Zugangsrecht** trotz Vorliegens des Ausnahmetatbestands **begründen** kann.[687] 5336

XI. Zeitlich begrenzte Anwendbarkeit der Ausnahmen

Gem. Art. 4 Abs. 7 S. 2 TransparenzVO (EG) Nr. 1049/2001 gelten die Ausnahmeregelungen der Art. 4 Abs. 1–3 TransparenzVO (EG) Nr. 1049/2001 **maximal** für einen Zeitraum von **30 Jahren**. Diese Schutzdauer gilt jedoch **nicht absolut**, sondern kann für einzelne Ausnahmegründe auch durchbrochen werden. 5337

---

[683] *Riemann*, Die Transparenz der Europäischen Union, 2004, S. 213.

[684] Vgl. Bericht der Kommission über die Anwendung der Grundsätze der VO (EG) Nr. 1049/2001 über den Zugang der Öffentlichkeit zu Dokumenten des Europäischen Parlaments, des Rates und der Kommission, KOM (2004) 45 endg., Ziff. 3.4.4.

[685] *Castenholz*, Informationszugangsfreiheit im Gemeinschaftsrecht, 2004, S. 176; *Riemann*, Die Transparenz der Europäischen Union, 2004, S. 215; *Bröhmer*, Transparenz als Verfassungsprinzip, 2004, S. 352; abl. *Bock*, DÖV 2002, 556 (559).

[686] Die Kommission hat dies zutreffend als „allzu abstrakte Übung" bezeichnet, vgl. den Bericht der Kommission über die Anwendung der Grundsätze der VO (EG) Nr. 1049/2001 über den Zugang der Öffentlichkeit zu Dokumenten des Europäischen Parlaments, des Rates und der Kommission, KOM (2004) 45 endg., Ziff. 3.4.4.

[687] Näher o. Rn. 5331 f.

XII. Sensible Dokumente

5338 Eine Sonderregelung gilt nach Art. 9 TransparenzVO (EG) Nr. 1049/2001[688] für sensible Dokumente. Dabei handelt es sich nicht um eine Ausnahme vom Zugangsrecht, wie auch bereits an der Stellung außerhalb des Art. 4 TransparenzVO (EG) Nr. 1049/2001 deutlich wird. Vielmehr gestattet sie den **Zugang zu sensiblen Dokumenten** gem. Art. 9 Abs. 3 TransparenzVO (EG) Nr. 1049/2001 **nur mit Zustimmung der Urheberin bzw. des Urhebers**.

5339 Sensible Dokumente sind nach der Begriffsbestimmung des Art. 9 Abs. 1 TransparenzVO (EG) Nr. 1049/2001 solche, die gemäß den Bestimmungen der betreffenden Organe zum **Schutz grundlegender Interessen** der Europäischen Union oder eines oder mehrerer Mitgliedstaaten in den in Art. 4 Abs. 1 lit. a) TransparenzVO (EG) Nr. 1049/2001 genannten Bereichen, insbesondere **öffentliche Sicherheit, Verteidigung und militärische Belange** als „très secret/top secret", „secret" oder „confidentiel/confidential" eingestuft sind.[689] Als mögliche Urheber solcher Dokumente werden die Organe, die von diesen geschaffenen Einrichtungen, die Mitgliedstaaten, Drittländer und internationale Organisationen genannt.

5340 Doch reicht die Einstufung als sensibles Dokument noch nicht aus, den Zugang zu verweigern. Vielmehr sorgt die Anknüpfung an die Ausnahmeregelung des Art. 4 Abs. 1 lit. a) TransparenzVO (EG) Nr. 1049/2001 für einen Gleichlauf mit den darin geregelten Ausnahmetatbeständen. Denn das **Organ**, an das der Zugangsantrag gerichtet wird, **prüft**, inwieweit die **Klassifizierung für den Schutz der in Art. 4 Abs. 1 lit. a) TransparenzVO (EG) Nr. 1049/2001 genannten Interessen erforderlich** ist.[690] Daher ist der Schutz von Geheimhaltungsinteressen in Art. 9 angesichts der Regelungen in Art. 4 Abs. 1 eigentlich überflüssig. Ihre Existenz lässt sich aber mit ihrer Entstehungsgeschichte als Reaktion auf das Geheimhaltungsbedürfnis der NATO für die im Rahmen der Zusammenarbeit zwischen NATO und Europäischer Union übermittelten Dokumente erklären.[691]

---

[688] ABl. 2001 L 145, S. 43.

[689] Vgl. zu den Anforderungen an die Vergabe dieser Geheimhaltungsstufen den Beschl. 2001/264/ EG des Rates vom 19.3.2001 über die Annahme der Sicherheitsvorschriften des Rates, ABl. 2001 L 101, S. 1, Anhang Teil II, Abschnitt II.

[690] *Castenholz*, Informationszugangsfreiheit im Gemeinschaftsrecht, 2004, S. 183; *Riemann*, Die Transparenz der Europäischen Union, 2004, S. 227; a. A. *Partsch*, NJW 2001, 3154 (3157), der den Verweis auf Art. 4 Abs. 1 lit. a) TransparenzVO (EG) Nr. 1049/2001 rein formal versteht.

[691] Vor der Aufnahme in die TransparenzVO (EG) Nr. 1049/2001 existierte lediglich der sog. Solana-Beschl. (Beschl. des Generalsekretärs des Rates/Hohen Vertreters für die Gemeinsame Außen- und Sicherheitspolitik vom 27.7.2000 über die im Generalsekretariat des Rates anzuwendenden Maßnahmen zum Schutz der als Verschlusssachen einzustufenden Informationen, ABl. 2000 C 239, S. 1); vgl. näher dazu *Riemann*, Die Transparenz der Europäischen Union, 2004, S. 221 f.

XIII. Ungeschriebene Ausnahmen?

1. Effizienz der Verwaltung

Die Rechtsprechung hat im Zusammenhang mit dem Recht auf teilweisen Zugang festgestellt, dass das Organ den **Zugang** zu Dokumenten **verweigern** kann, wenn die Herstellung einer **geschwärzten Fassung mit unverhältnismäßigem Aufwand** verbunden wäre.[692] Doch kann aus dieser Rechtsprechung kein allgemeiner Grundsatz abgeleitet werden, dass das Dokumentenzugangsrecht durch eine Art Effizienzprinzip der Verwaltung begrenzt wird. Zum einen ist diese Rechtsprechung auf den Fall der teilweisen Zugangsgewährung beschränkt. Zum anderen ergibt sich dies auch aus Art. 6 Abs. 3, Art. 7 Abs. 3 und Art. 8 Abs. 2 TransparenzVO (EG) Nr. 1049/2001.[693] Darin sind Regelungen enthalten für Anträge auf Zugang zu besonders umfangreichen Dokumenten bzw. zu einer sehr großen Anzahl von Dokumenten. Für diese Fälle ist vorgesehen, dass die Antragstellerin bzw. der Antragsteller und das jeweilige Organ gemeinsam nach einer angemessenen Lösung suchen bzw. es werden verlängerte Bearbeitungsfristen eingeräumt. Ein Recht auf Zugangsverweigerung wegen Unverhältnismäßigkeit des Arbeitsaufwands wird gerade nicht eingeräumt. Insoweit besteht **keine ungeschriebene Schranke** des Dokumentenzugangsrechts **aus Effizienzgesichtspunkten**.[694]

5341

2. Rechtsmissbrauch

Weiterhin könnte das Zugangsrecht unter dem Gesichtspunkt des Rechtsmissbrauchs eingeschränkt werden.[695] Dazu könnte etwa der Fall zu zählen sein, wenn die **Antragstellerin bzw. der Antragsteller über** die in dem begehrten Dokument enthaltenen **Informationen** bereits **verfügt**. Doch hat das EuG klargestellt, dass auf Seiten der antragstellenden Person im Rahmen des allgemeinen Dokumentenzugangsrechts kein schutzwürdiges Interesse am Zugang vorliegen muss. Die **Motive der Antragstellerin bzw. des Antragstellers** sind deshalb im Rahmen der TransparenzVO (EG) Nr. 1049/2001 ohne Belang und können insoweit auch **nicht zur Begründung eines Rechtsmissbrauchs** herangezogen werden.[696] Auch wenn man im Rahmen des Rechtsmissbrauchs auf das Vorliegen eines subjektiven Ele-

5342

---

[692] EuG, Rs. T-14/98, ECLI:EU:T:1999:157 (Rn. 89) – Hautala; EuGH, Rs. C-353/99 P, ECLI:EU:C:2001:661 (Rn. 30) – Hautala. S. dazu bereits o. Rn. 5285.
[693] ABl. 2001 L 145, S. 43.
[694] *Riemann*, Die Transparenz der Europäischen Union, 2004, S. 230 f.
[695] Vgl. dazu auch *Riemann*, Die Transparenz der Europäischen Union, 2004, S. 231 f.
[696] Deshalb muss die antragstellende Person ihren Antrag weder begründen noch muss sie ein berechtigtes Interesse nachweisen, vgl. Art. 6 Abs. 1 S. 2 TransparenzVO (EG) Nr. 1049/2001.

ments verzichtet,[697] kann dieser Grundsatz nicht zu einer Einschränkung des Dokumentenzugangsrechts herangezogen werden. Denn das allgemeine Recht auf **Dokumentenzugang** soll durch Transparenz für eine größere Legitimität, Effizienz und Verantwortung der Verwaltung gegenüber der Bürgerin bzw. dem Bürger sorgen und verfolgt insoweit primär **überindividuelle Zwecke**.[698] Deshalb ist kein Raum für die Überlegung, ob die Geltendmachung des Rechts bezogen auf die einzelne Bürgerin bzw. den einzelnen Bürger sich als unangemessen und deshalb rechtsmissbräuchlich darstellt.

XIV. Verfahren

5343 Gem. Art. 2 Abs. 4 TransparenzVO (EG) Nr. 1049/2001[699] wird der Zugangsanspruch entweder auf **schriftlichen Antrag** oder direkt in **elektronischer Form** oder über ein Register verwirklicht. Die direkten Zugangsmöglichkeiten ersparen das Durchführen eines Verwaltungsverfahrens und ermöglichen damit der einzelnen Person einen schnellen Zugriff.

5344 **Zugangsanträge** sind gem. Art. 6 Abs. 1 TransparenzVO (EG) Nr. 1049/2001 in **schriftlicher Form** in einer der in Art. 55 EUV aufgeführten Sprachen zu stellen. Die antragstellende Person muss ihren Antrag **nicht begründen oder ein berechtigtes Interesse nachweisen** (Art. 6 Abs. 1 S. 2 TransparenzVO (EG) Nr. 1049/2001). Obwohl damit die Schwelle zur Antragstellung im Sinne einer verbesserten Transparenz sehr niedrig ist, wird das Zugangsrecht nach wie vor in erster Linie von Insidern geltend gemacht.[700]

5345 **Binnen 15 Arbeitstagen** muss das Organ der antragstellenden Person entweder **Zugang** zu dem begehrten Dokument gewähren oder sie schriftlich über die **Gründe für die Verweigerung** des Zugangs informieren (Art. 7 Abs. 1 TransparenzVO (EG) Nr. 1049/2001). Binnen 15 Tagen nach Eingang des Ablehnungsschreibens kann die Antragstellerin bzw. der Antragsteller einen Zweitantrag stellen und um **Überprüfung der Ablehnung** bitten. Dieser **Zweitantrag** erinnert zwar an das Widerspruchsverfahren im deutschen Verwaltungsverfahrensrecht, doch steht nach dem EuG der Charakter als Rechtsbehelf nicht im Vordergrund. Vielmehr soll das Organ zu einer **erneuten Prüfung** veranlasst werden.[701]

5346 Wird die Frist zur Stellung des Zweitantrags versäumt, so führt dies nicht zur Bestandskraft der Ablehnung mit der Folge, dass eine erneute Antragstellung aus-

---

[697] Vgl. dazu *Ottersbach*, Rechtsmißbrauch bei den Grundfreiheiten des Europäischen Binnenmarktes, 2001, S. 35 ff.
[698] Vgl. Erwägungsgrund der TransparenzVO (EG) Nr. 1049/2001.
[699] ABl. 2001 L 145, S. 43.
[700] Im Grünbuch der Kommission „Recht auf Zugang der Öffentlichkeit zu Dokumenten im Besitz der Organe der Europäischen Gemeinschaft. Ein Überblick", KOM (2007) 185 endg., Ziff. 1.1. werden Wirtschaftsakteure, Anwaltskanzleien, Vertreter von Nichtregierungsorganisationen und Wissenschaftler als Hauptantragsteller genannt.
[701] EuG, Rs. T-83/96, ECLI:EU:T:1998:59 (Rn. 64) – van der Wal.

§ 3 Zugang zu Dokumenten

geschlossen ist. Vielmehr kann die Antragstellerin bzw. der Antragsteller einen **erneuten Erstantrag** stellen.[702] Wenn das Organ auf den Erstantrag nicht innerhalb der Frist reagiert, kann die Antragstellerin bzw. der Antragsteller einen Zweitantrag stellen (Art. 7 Abs. 4 TransparenzVO (EG) Nr. 1049/2001).

Wird der **Zweitantrag abschlägig** beschieden, kann die Antragstellerin bzw. der Antragsteller **Nichtigkeitsklage** gem. Art. 263 AEUV und/oder gem. Art. 228 AEUV **Beschwerde beim Europäischen Bürgerbeauftragten** erheben.[703] Auf diese Möglichkeit ist die antragstellende Person auch **hinzuweisen** (Art. 8 Abs. 1 S. 3 TransparenzVO (EG) Nr. 1049/2001).[704] Das **gleiche Recht** hat sie, wenn das **Organ** innerhalb der Frist **nicht reagiert** (Art. 8 Abs. 3 TransparenzVO (EG) Nr. 1049/2001).

5347

D. Prüfungsschema zu Art. 42 EGRC

1. Schutzbereich
a) maßgeblich ist sekundärrechtliche Ausgestaltung durch TransparenzVO (EG) Nr. 1049/2001 (Art. 52 Abs. 2 EGRC)
b) Grundrechtsträger: Unionsbürgerinnen und Unionsbürger, alle natürlichen und juristischen Personen mit (Wohn-)Sitz in Mitgliedstaat
c) Verpflichtete: Organe, Einrichtungen sonstige Stellen
d) Gewährleistungsinhalt

  aa) Zugang zu Dokumenten, d. h. jeder auf Datenträger erfassten Information
  bb) auch Dokumente Dritter; Mitgliedstaaten privilegiert: Zugangsverweigerung nur zulässig, wenn Ausnahmegrund vorliegt

2. Beeinträchtigung
Verweigerung des Zugangs

3. Rechtfertigung
a) öffentliches Interesse (Art. 4 Abs. 1 lit. a) TransparenzVO (EG) Nr. 1049/2001):

  aa) öffentliche Sicherheit
  bb) Verteidigung, militärische Belange
  cc) internationale Beziehungen
  dd) Finanz-, Wirtschafts- und Währungspolitik

5348

---

[702] *Riemann*, Die Transparenz der Europäischen Union, 2004, S. 235.
[703] Ausführlich zu beiden Rechtsbehelfen *Riemann*, Die Transparenz der Europäischen Union, 2004, S. 252 ff.
[704] Ein Versäumen dieser Belehrung hat aber keine Rechtsfolgen, insbes. hat sie keine Auswirkungen auf die Klagefrist im Rahmen der Nichtigkeitsklage, vgl. EuGH, Rs. C-153/98 P, ECLI:EU:C:1999:123 (Rn. 3 ff.) – Guérin Automobiles.

b) private Interessen (Art. 4 Abs. 1 lit. b) TransparenzVO (EG) Nr. 1049/2001) Schutz der Privatsphäre, Integrität des Einzelnen
c) Abwägung öffentliche/private Schutzinteressen – überwiegendes öffentliches Interesse (Art. 4 Abs. 2 TransparenzVO (EG) Nr. 1049/2001): Zugang zu gewähren, wenn öffentliches Interesse Schutzinteresse überwiegt

    aa) geschäftliche Interessen
    bb) geistiges Eigentum
    cc) Gerichtsverfahren und Rechtsberatung
    dd) Inspektions-, Untersuchungs- und Audittätigkeiten

d) interne Dokumente (Art. 4 Abs. 3 TransparenzVO (EG) Nr. 1049/2001): Schutz von Entscheidungsprozessen; Zugang zu gewähren, wenn überwiegendes öffentliches Interesse
e) sensible Dokumente: nur mit Zustimmung des Urhebers (aber nicht bindend, Prüfung am Maßstab des Art. 4 Abs. 1 lit. a) TransparenzVO (EG) Nr. 1049/2001)
f) ungeschriebene Rechtfertigungsgründe?

    aa) nicht: Effizienz der Verwaltung
    bb) nicht: Rechtsmissbrauch

§ 4 Der Bürgerbeauftragte

A. Grundlagen

I. Entwicklungsgeschichte

5349 Art. 43 EGRC gewährt das Recht, den Europäischen Bürgerbeauftragten mit Missständen zu befassen, die bei Unionsorganen außerhalb der Rechtsprechung auftreten. Eine **Vorreiterfunktion** für die Institution des **Ombudsmanns** kommt den **skandinavischen Ländern** zu, die für dieses Amt schon eine längere Tradition aufweisen. Denn Schweden hatte bereits 1809 einen Justizombudsman eingeführt, später errichteten Finnland (1919), Norwegen (1952) und Dänemark (1953) vergleichbare Einrichtungen.[705] Diesem Beispiel folgend wurde seit Beginn der 1970er-Jahre in vielen Mitgliedstaaten der Union das Amt des Ombudsmanns geschaffen.[706]

5350 Auf diesen Einrichtungen der Mitgliedstaaten basierte die Idee der Einführung eines Ombudsmanns auf europäischer Ebene.[707] Auf Initiative Spaniens und Däne-

---

[705] *Strempel*, DÖV 1996, 241 (242); ausführlich zur Entwicklungsgeschichte *Meese*, Das Petitionsrecht, 2000, S. 123 ff.
[706] *Guckelberger*, DÖV 2003, 829 (834).
[707] Ausführlich hierzu *Meese*, Das Petitionsrecht, 2000, S. 141 ff.

§ 4 Der Bürgerbeauftragte

marks[708] wurde die Institution des Europäischen Bürgerbeauftragten durch den Vertrag von Maastricht eingeführt und ist seither im heutigen Art. 228 AEUV[709] verankert. Während das Europäische Parlament sich gegen die Einführung eines Bürgerbeauftragten ausgesprochen hatte,[710] war seine Verankerung in der EGRC im Konvent nicht umstritten.[711] Abweichend vom Präsidiumsvorschlag, der ein Jedermann-Recht vorsah, wurde aber der Kreis der Berechtigten parallel zur Formulierung in Art. 228 Abs. 1 AEUV ausgestaltet. Die Regelung des Zuschnitts des Bürgerbeauftragten erfolgt auf der Basis von Art. 228 Abs. 4 AEUV in Form einer Verordnung des Europäischen Parlaments. Dieses erließ bereits einen Beschluss. Die **VO 2021/1163**[712] enthält die Regelungen und **allgemeinen Bedingungen für die Ausübung der Aufgaben** des Bürgerbeauftragten[713] und wurde im vom Ausschuss des Europäischen Parlaments für konstitutionelle Fragen vorgelegten Entwurf für die Anpassung des Statuts an die aktuellen Rahmenbedingungen durch den Rat bestätigt.[714] Zusätzliche Bestimmungen enthält der Beschluss des Europäischen Bürgerbeauftragten über die Annahme von Durchführungsbestimmungen[715] sowie Art. 231–233 GeschO-EP.[716]

II. Zweck und Bedeutung

1. Verschiedene Funktionen

Die Institution des Bürgerbeauftragten soll zunächst **Transparenz und Bürgernähe der europäischen Organe** fördern.[717] Gleichzeitig soll er eine **Kontrollfunktion** für das Parlament[718] ausüben und der **Bürgerin** bzw. dem **Bürger** eine **Alternative**

5351

---

[708] *Feik*, Zugang zu EU-Dokumenten, 2002, S. 203 f.
[709] Darüber hinaus wurde es auch in die Verweisungsnorm des Art. 24 Abs. 3 AEUV aufgenommen.
[710] Es befürchtete eine Beeinträchtigung der Stellung des parlamentarischen Petitionsausschusses, vgl. Entschließung des Europäischen Parlaments zu den Beratungen des Petitionsausschußes (Ziff. 11), ABl. 1991 C 183, S. 448.
[711] *Barriga*, Die Entstehung der Charta der Grundrechte der Europäischen Union, 2003, S. 140.
[712] ABl. 2021 L 253, S. 1.
[713] ABl. 1994 L 113, S. 15, geändert durch ABl. 2002 L 92, S. 13 und durch ABl. 2008 L 189, S. 25.
[714] Legislative Entschließung des Europäischen Parlaments vom 12.2.2019 über den Entwurf einer Verordnung des Europäischen Parlaments zur Festlegung der Regelungen und allgemeinen Bedingungen für die Ausübung der Aufgaben des Bürgerbeauftragten (Statut des Europäischen Bürgerbeauftragten) und zur Aufhebung des Beschlusses 94/262/EGKS, EG, Euratom (2018/2080(INL) – 2019/0900(APP).
[715] ABl. 2016 C 321, S. 1.
[716] *Guckelberger*, in: Heselhaus/Nowak, § 54 Rn. 3.
[717] *Kluth*, in: Calliess/Ruffert, Art. 228 AEUV Rn. 1.
[718] *Hölscheidt*, in: Grabitz/Hilf/Nettesheim, Art. 228 AEUV Rn. 6; *Guckelberger*, in: Heselhaus/Nowak, § 54 Rn. 8.

zu einer Klage bei einem europäischen Gericht eröffnen.[719] Insoweit dient er auch dem subjektiven Rechtsschutz.[720] Schließlich wird ihm auch eine **Reformfunktion** beigemessen: Er kann mit seinen Erkenntnissen, die er im Rahmen seiner Untersuchungen gewonnen hat, auf bestehende Mängel der Gesetzeslage oder Rechtsanwendung aufmerksam machen.[721]

2. Unterschiedliche Bewertung

5352 Die Bedeutung des Bürgerbeauftragten wird unterschiedlich bewertet. Einerseits wird angesichts niedriger Fallzahlen und der wenigen Konstellationen, in denen tatsächlich Untersuchungen eingeleitet wurden,[722] seine praktische Bedeutung als gering eingeschätzt.[723] Unter Hinweis auf die Möglichkeiten des gerichtlichen Rechtsschutzes und des Petitionsrechts wird sogar seine **Daseinsberechtigung in Frage gestellt**.[724]

5353 Andererseits wird die Bedeutung des damaligen Bürgerrechtsbeauftragten für die Aufnahme eines Rechts auf eine gute Verwaltung in die Grundrechtecharta hervorgehoben.[725] Weiter soll die **Beschwerde beim Bürgerrechtsbeauftragten** eine sinnvolle **Ergänzung zum gerichtlichen Rechtsschutz** darstellen, weil sie zum einen flexiblere Problemlösungen bietet und zum anderen ein Tätigwerden auch in den Fällen ermöglicht, für die kein gerichtlicher Rechtsschutz vorgesehen ist.[726] Da der EuGH individuelle **Klimaschutzklagen** schon für unzulässig hielt,[727] könnte insoweit ein Aktionsfeld des Bürgerbeauftragten liegen, und dies in einem elementaren Bereich für Alle.

5354 Schließlich stellt der Bürgerbeauftragte eine wichtige **Institution für eine Annäherung zwischen Bürgerinnen bzw. Bürgern und** der **Union** dar.[728] Indes sind bislang Gesetzgebung, politische Maßnahmen und EuGH-Judikatur angenommen.[729] Da dies nur für Letztere explizit festgelegt ist, kann an eine Erweiterung

---

[719] EuG, Rs. T-209/00, ECLI:EU:T:2002:94 (Rn. 65) – Lamberts/Bürgerbeauftragter; Rs. T-193/04, ECLI:EU:T:2006:292 (Rn. 128) – Tillack.

[720] *Guckelberger*, in: Heselhaus/Nowak, § 54 Rn. 8 – s. dort auch zu weiteren Funktionen; *Guckelberger*, DÖV 2003, 829 (834).

[721] *Guckelberger*, in: Heselhaus/Nowak, § 54 Rn. 11; *Hamers*, Der Petitionsausschuß des Europäischen Parlaments und der Europäische Bürgerbeauftragte, 1999, S. 119.

[722] Zur Statistik vgl. die Zahlen der Jahre 2003–2019 bei *Hölscheidt*, in: Grabitz/Hilf/Nettesheim, Art. 228 AEUV Rn. 34.

[723] *Hölscheidt*, in: Grabitz/Hilf/Nettesheim, Art. 228 AEUV Rn. 39.

[724] *Hölscheidt*, in: Grabitz/Hilf/Nettesheim, Art. 228 AEUV Rn. 39.

[725] *Guckelberger*, DÖV 2003, 829 (835).

[726] *Strempel*, DÖV 1996, 241 (245 f.).

[727] EuGH, Rs. C-565/19 P, ECLI:EU:C:2021:252 – Carvalho.

[728] *Guckelberger*, in: Heselhaus/Nowak, § 54 Rn. 7; *Guckelberger*, DÖV 2003, 829 (838).

[729] S. nachfolgende Rn. 5356.

der Tätigkeitsbereiche auf die **Gesetzgebung** gedacht werden. Der Bürgerbeauftragte kann ohnehin nur auf Missstände hinweisen und Maßnahmen anstoßen – etwa zugunsten des Klimaschutzes. Um die Stellung des Bürgerbeauftragten zu stärken, wird teilweise eine Ausdehnung seiner Zuständigkeit auf den Vollzug des **Unionsrechts** durch die Mitgliedstaaten vorgeschlagen. Damit könnte dem Rechtsschutzbedürfnis der Bürgerinnen und Bürger entsprochen werden.[730]

III. Ausgestaltung in Art. 43 EGRC

Art. 43 EGRC gewährt den Unionsbürgerinnen und Unionsbürgern sowie jeder natürlichen oder juristischen Person mit Wohnsitz oder satzungsmäßigem Sitz in einem Mitgliedstaat das Recht, den Bürgerbeauftragten im Fall von Missständen bei der Tätigkeit der Organe und Einrichtungen und sonstigen Stellen der Union zu befassen. Dies gilt allerdings nicht für die Rechtsprechungstätigkeit des EuGH.[731]

Das Recht zur Anrufung des Bürgerbeauftragten wird damit nicht auf den Kreis der Unionsbürgerinnen und Unionsbürger beschränkt, gleichzeitig bleiben aber Drittstaatsangehörige, die keinen Wohnsitz in der Union haben, außen vor. Ausdrücklich ausgenommen vom Zuständigkeitsbereich ist zwar nur die Rechtsprechungstätigkeit des EuGH, doch gilt dies ebenso für den Bereich der Gesetzgebung und der politischen Maßnahmen.[732] Insoweit beschränkt sich der **Aufgabenbereich des Bürgerbeauftragten** auf die **verwaltende Tätigkeit der europäischen Organe und Einrichtungen**.[733]

5355

5356

IV. Weitere Vorschriften auf anderen Normebenen

1. Primärrecht

Das Amt des Bürgerbeauftragten ist in Art. 24 Abs. 3 AEUV und in Art. 195 EG/228 AEUV angesprochen. Dabei stellt Art. 24 AEUV lediglich eine Verweisungsnorm dar, die auf die Inhaltsnorm des Art. 228 AEUV Bezug nimmt. Art. 228 Abs. 4 AEUV sieht eine Verordnungsermächtigung des Parlaments mit Stellungnahme der Kommission und Zustimmung des Rates vor.

5357

---

[730] *Feik*, Zugang zu EU-Dokumenten, 2002, S. 268.
[731] Zur Reichweite dieser Bereichsausnahme *Magiera*, in: Meyer/Hölscheidt, Art. 43 Rn. 9 sowie näher u. Rn. 5376 f.
[732] *Guckelberger*, DÖV 2003, 829 (835); dazu u. Rn. 5380.
[733] *Kluth*, in: Calliess/Ruffert, Art. 228 AEUV Rn. 6 f.; *Guckelberger*, DÖV 2003, 829 (835).

2. Geschäftsordnung des Parlaments

5358 In der Geschäftsordnung des Parlaments (GeschOEP) sind in den Art. 231 ff. Regelungen zum Bürgerbeauftragten enthalten. Als Regelungen aufgrund des Selbstorganisationsrechts ohne vertragliche Grundlage können sie das Beschwerderecht nicht inhaltlich ausgestalten oder beschränken (Art. 52 Abs. 2 EGRC).

3. Statut des Bürgerbeauftragten

5359 Das Statut des Bürgerbeauftragten ist ein Synonym für die „Regelungen und allgemeinen Bedingungen für die Ausübung der Aufgaben des Bürgerbeauftragten".[734] Es enthält **Regelungen zum Verfahren und zur Stellung des Bürgerbeauftragten**. Es beruht auf der Ermächtigung in Art. 228 Abs. 4 AEUV in einer neuen Fassung, wonach das Europäische Parlament allgemeine Regelungen und Bedingungen für die Ausübung des Amtes erlässt.[735]

B. *Das Amt des Bürgerbeauftragten*

I. Wahl und Amtsenthebung

5360 Gem. Art. 228 Abs. 2 AEUV wird der Bürgerbeauftragte nach jeder Wahl des Europäischen Parlaments für die Dauer einer Wahlperiode gewählt. Dies erfolgt nach Art. 233 Abs. 2 S. 3 GeschOEP **in geheimer Abstimmung**. Eine **Wiederernennung** ist gem. Art. 228 Abs. 2 S. 2 AEUV zulässig. Erfüllt er die Voraussetzungen für die Ausübung seines Amtes nicht mehr oder hat er eine schwere Verfehlung begangen, kann der Bürgerbeauftragte auf Antrag des Europäischen Parlaments durch den EuGH seines Amtes enthoben werden (Art. 233 GeschOEP i. V. m. 228 Abs. 2 UAbs. 2 AEUV).

II. Stellung

5361 Der Bürgerbeauftragte übt gem. Art. 228 Abs. 3 AEUV sein Amt in **völliger Unabhängigkeit** aus. Er darf bei der Erfüllung seiner Pflichten von keiner Stelle Anweisungen anfordern oder entgegennehmen. Weiterhin darf er während seiner Amtszeit keine andere entgeltliche oder unentgeltliche Berufstätigkeit ausüben.

---

[734] VO (EU, Euratom) 2021/1163 des Europäischen Parlaments vom 24.6.2021 zur Festlegung der Regelungen und allgemeinen Bedingungen für die Ausübung der Aufgaben des Bürgerbeauftragten (Statut des Europäischen Bürgerbeauftragten) und zur Aufhebung des Beschlusses 94/262/EGKS, EG, Euratom, ABl. 2021 L 253, S. 1.

[735] S. vorstehend Rn. 5357.

§ 4 Der Bürgerbeauftragte

Auch wenn der Bürgerbeauftragte vom Parlament gewählt wird, so ist er doch von diesem unabhängig. Weil er nur organisatorisch mit dem **Parlament** verbunden ist, können **Fehler** des Bürgerbeauftragten bei der Ausübung seiner Aufgaben diesem **nicht zugerechnet** werden.[736]

5362

III. Verfahren

1. Ablauf

Nach Art. 228 Abs. 1 AEUV wird der Bürgerbeauftragte entweder **von sich** aus tätig oder aufgrund von **Beschwerden**, die ihm unmittelbar oder über ein Mitglied des Parlaments zugehen. Es liegt dann in seinem **Ermessen**, welche **Untersuchungen** er durchführt.[737] Eine **Ausnahme** gilt nur für Sachverhalte, die Gegenstand eines **Gerichtsverfahrens** sind oder waren (Art. 228 Abs. 1 UAbs. 2 S. 1 AEUV). Hier sind ihm eigene Untersuchungen verwehrt.

5363

Führt der Bürgerbeauftragte Untersuchungen durch, so sind andere **europäische Stellen** sowie die **Mitgliedstaaten** zur **Kooperation** verpflichtet.[738] Diese beinhaltet die Erteilung von Auskünften, den Zugang zu Unterlagen oder die Erteilung von Aussagegenehmigungen von Bediensteten. Im **Streitfall** kann der Bürgerbeauftragte nur das **Parlament um eine Klageerhebung ersuchen**, ein eigenes Klagerecht besitzt er nicht.[739]

5364

Stellt der Bürgerbeauftragte einen **Missstand** fest, so **teilt** er dies der jeweiligen **Institution mit**. Diese ist dann verpflichtet, innerhalb von drei Monaten eine **Stellungnahme** zu übermitteln (Art. 228 Abs. 1 UAbs. 2 S. 2 AEUV). Darüber hinaus muss sie den **gerügten Zustand abstellen**. Anschließend legt der Bürgerbeauftragte dem Parlament und der gerügten Stelle einen **Bericht** vor. Der Beschwerdeführende wird über das Ergebnis der Untersuchung unterrichtet. Der Bürgerbeauftragte legt dem Parlament gem. Art. 228 Abs. 1 UAbs. 3 AEUV jährlich einen Bericht über die Ergebnisse seiner Untersuchungen vor.

5365

2. Form und Frist

Weder Art. 43 EGRC noch Art. 228 AEUV enthalten besondere Form- oder Fristvorschriften für die Einlegung der Beschwerde beim Bürgerbeauftragten. Regelungen hierzu finden sich in Art. 2 des Statuts des Europäischen Bürgerbeauftragten. So

5366

---

[736] EuG, Rs. T-209/00, ECLI:EU:T:2002:94 (Rn. 17 f.) – Lamberts/Bürgerbeauftragter.
[737] EuGH, Rs. C-234/02 P, ECLI:EU:C:2004:174 (Rn. 50) – Bürgerbeauftragter/Lamberts.
[738] Dies ergibt sich bereits aus Art. 228 Abs. UAbs. 2 AEUV, *Kluth*, in: Calliess/Ruffert, Art. 228 AEUV Rn. 11.
[739] *Hamers*, Der Petitionsausschuß des Europäischen Parlaments und der Europäische Bürgerbeauftragte, 1999, S. 215 ff. Dieser weist zu Recht darauf hin, dass die Klagemöglichkeiten beschränkt sind. In Betracht kommt lediglich eine Untätigkeitsklage gem. Art. 265 AEUV, allerdings nur, solange keine ausdrückliche Ablehnung vorliegt.

bestimmt Art. 2 Abs. 3 S. 1 des Statuts des Europäischen Bürgerbeauftragten (VO (EU, Euratom) Nr. 2021/1163), dass eine **Beschwerde innerhalb von zwei Jahren** ab dem Zeitpunkt eingelegt werden muss, zu dem die beschwerdeführende Person Kenntnis von dem der Beschwerde zugrunde liegenden Sachverhalt erhalten hat. Diese Frist gilt allerdings nicht für Untersuchungen, die der Bürgerbeauftragte aus eigener Initiative eingeleitet hat. Auch ist diese Frist **nicht bindend**. Es liegt im Ermessen des Bürgerbeauftragten, ob er eine verfristete Beschwerde annimmt oder unter Hinweis auf die Verfristung ablehnt.[740]

5367 Eine **besondere Form** ist **nicht** einzuhalten. Die Beschwerde kann entweder unmittelbar beim Bürgerbeauftragten oder bei einem Mitglied des Parlaments eingelegt werden. Nach Art. 2 Abs. 2 S. 1 des Statuts ist lediglich erforderlich, dass der Gegenstand der Beschwerde und die Person der Beschwerdeführerin bzw. des Beschwerdeführers aus der Beschwerde erkennbar sind. Auch wenn diese Möglichkeit weder im Statut noch in Art. 228 AEUV ausdrücklich erwähnt ist, so ist anerkannt, dass auch Sammelbeschwerden eingelegt werden dürfen.[741]

3. Vorherige administrative Schritte

5368 Art. 2 Abs. 3 S. 2 des Statuts des Bürgerbeauftragten fordert, dass der Beschwerde geeignete administrative Schritte bei den betroffenen Einrichtungen vorausgegangen sind. Hierbei muss keine besondere Form eingehalten werden. Es reicht irgendeine Form der **Kontaktaufnahme** aus, die es der betroffenen Stelle ermöglicht, sich vorab mit dem Sachverhalt, der die Beschwerde veranlasst hat, zu befassen.[742]

IV. Rechtsschutz

5369 Es gibt es **keine Möglichkeit**, die **Tätigkeit des Bürgerbeauftragten** oder seine Entscheidungen **unmittelbar gerichtlich überprüfen** zu lassen. Die Zulässigkeit von Klagen scheitert bereits daran, dass er nicht zu den in Art. 263 AEUV bzw. Art. 265 AEUV aufgezählten Organen gehört. Eine gerichtliche Prüfung kann lediglich **inzident** im Rahmen einer **Schadensersatzklage** erfolgen. Dies hat der EuGH ausdrücklich festgestellt. Die Tatsache, dass der Bürgerbeauftragte dem Parlament gegenüber berichtspflichtig ist und das Parlament Amtsverfehlungen durch ein Amtsenthebungsverfahren sanktionieren kann, steht danach einer gerichtlichen Überprüfung seines Handelns im Rahmen einer Schadensersatzklage nicht entgegen.[743] Zwar ist die gerichtliche **Kontrolle** im Hinblick auf das weite Ermessen

---

[740] *Guckelberger*, in: Heselhaus/Nowak, § 54 Rn. 23.
[741] *Haag*, in: v. der Groeben/Schwarze/Hatje, Art. 228 AEUV Rn. 42; *Hölscheidt*, in: Grabitz/Hilf/Nettesheim, Art. 228 AEUV Rn. 10.
[742] *Meese*, Das Petitionsrecht, 2000, S. 216 f.
[743] EuGH, Rs. C-234/02 P, ECLI:EU:C:2004:174 (Rn. 44 ff.) – Bürgerbeauftragter/Lamberts; Rs. C-337/15 P, ECLI:EU:C:2017:256 (Rn. 30 f.) – Bürgerbeauftragter/Staelen.

des Bürgerbeauftragten **beschränkt**, doch kann nicht ausgeschlossen werden, dass eine Bürgerin oder ein Bürger unter ganz ungewöhnlichen Umständen nachzuweisen vermag, dass der Bürgerbeauftragte einen hinreichend qualifizierten Verstoß gegen das Europarecht begangen hat, der einen Schaden verursacht hat.[744]

C. Befassungsanspruch

I. Grundrechtsträger

Gegen den Europäischen Bürgerbeauftragten besteht ein Anspruch, sich mit Missständen zu befassen. Die Geltendmachung des Art. 43 EGRC ist nicht auf **Unionsbürgerinnen und Unionsbürger** beschränkt. Auch **natürliche und juristische Personen mit Wohnsitz oder satzungsmäßigem Sitz in einem Mitgliedstaat** können den Bürgerbeauftragten anrufen. Für den Wohnort kommt es auf die **tatsächlichen Verhältnisse**, nicht auf seine juristische Begründung entsprechend den Meldevorschriften des jeweiligen Mitgliedstaates an.[745] Erforderlich ist aber, dass die Person sich **nicht nur vorübergehend**, also nicht etwa nur zu touristischen Zwecken in einem Mitgliedstaat aufhält.[746]   5370

Eine Altersbeschränkung für natürliche Personen besteht nicht. Deshalb sind **auch Minderjährige** berechtigt, eine Beschwerde einzulegen. Die einzelne Person muss lediglich in der Lage sein, sein Anliegen in verständlicher und den Zulässigkeitsvoraussetzungen entsprechender Weise vorzubringen.[747] Eine persönliche Betroffenheit der Beschwerdeführerin bzw. des Beschwerdeführers ist nicht erforderlich; auch so genannte **Popularbeschwerden** sind deshalb vom Schutzbereich des Art. 43 EGRC erfasst.[748]   5371

Da der Wortlaut nicht zwischen juristischen Personen des Privatrechts und solchen des öffentlichen Rechts differenziert, sind grundsätzlich **auch juristische Personen des öffentlichen Rechts** aus Art. 43 EGRC berechtigt. Dazu gehören auch **Gemeinden**.[749] Die Mitgliedstaaten scheiden dagegen bereits vom Wortlaut aus   5372

---

[744] EuGH, Rs. C-234/02 P, ECLI:EU:C:2004:174 (Rn. 52) – Bürgerbeauftragter/Lamberts; Rs. C-337/15 P, ECLI:EU:C:2017:256 (Rn. 41) – Bürgerbeauftragter/Staelen.

[745] Nur das Abstellen auf die tatsächlichen Verhältnisse sichert insoweit eine einheitliche Betrachtungsweise, vgl. *Guckelberger*, in: Heselhaus/Nowak, § 53 Rn. 15.

[746] *Haag*, in: v. der Groeben/Schwarze/Hatje, Art. 227 AEUV Rn. 10.

[747] *Krings*, in: Stern/Sachs, Art. 43 Rn. 13.

[748] *Krings*, in: Stern/Sachs, Art. 43 Rn. 14; *Kluth*, in: Calliess/Ruffert, Art. 228 AEUV Rn. 9. Allerdings sind gem. Art. 2 Abs. 3 S. 2 des Statuts des Europäischen Bürgerbeauftragten vor Einlegen der Beschwerde geeignete administrative Schritte bei der jeweiligen Stelle vorzunehmen.

[749] Zwar passt die Formulierung des „satzungsmäßigen Sitzes" für Gemeinden nicht, doch rechtfertigt der Zweck, Lücken im unionsrechtlichen Rechtsschutz zu schließen, eine erweiternde Auslegung, s. *Guckelberger*, DÖV 2003, 829 (832, 835); a. A. *Krings*, in: Stern/Sachs, Art. 43 Rn. 12.

dem Kreis der Berechtigten aus, der bei den juristischen Personen einen Sitz „in einem Mitgliedstaat" voraussetzt.[750] Gleichzustellen sind die Bundesländer, da ihnen teilweise Staatsqualität zukommt. Schließlich sind Beschwerden von nicht in einem Mitgliedstaat ansässigen Drittstaatsangehörigen unzulässig. Jedoch kann der **Bürgerbeauftragte Beschwerden** von solchen Personen **aus eigener Initiative nachgehen**.[751]

II. Verpflichtete

5373 Hier ist zwischen zwei unterschiedlichen Gehalten zu differenzieren. Zum einen wird aus Art. 43 EGRC unmittelbar der Bürgerbeauftragte in einem leistungsrechtlichen Sinne verpflichtet: Er muss die Beschwerden entgegennehmen und sich **mit zulässigen Beschwerden** auch **inhaltlich befassen**.[752] Die Entscheidung über die Einleitung einer Untersuchung ist von dem **Leistungsrecht** allerdings nicht erfasst. Ob und in welchem Umfang eine **Untersuchung** durchgeführt wird, steht im **Ermessen des Bürgerbeauftragten**.[753] Zum anderen sind die **Organe und Einrichtungen** verpflichtet, eine **Stellungnahme** an den Bürgerbeauftragten zu übermitteln und festgestellte **Missstände abzustellen**.

5374 In einem abwehrrechtlichen Sinne werden die Organe und Einrichtungen sowie die Mitgliedstaaten verpflichtet, die **Einreichung einer Eingabe nicht** zu **erschweren** oder zu behindern bzw. Nachteile daran zu knüpfen.[754]

III. Betroffene Tätigkeiten

1. Tun und Unterlassen

5375 Die Beschwerde muss sich gem. Art. 43 EGRC auf **Missstände bei der Tätigkeit der Organe und Einrichtungen der Union** beziehen. Eine „Tätigkeit" setzt dabei nicht notwendig ein aktives Tun voraus, es reicht **auch ein Unterlassen**.[755] Dieses bildet das Gegenstück. Zudem sollen die Organe und Einrichtungen nicht dafür belohnt werden, dass sie nichts tun. Erfasst wird die Tätigkeit aller Organe, die gem. Art. 13 EUV Aufgaben der Union wahrnehmen. Dazu gehören gem. Art. 13 EUV das Parlament, der Rat, die Kommission, der Gerichtshof und der Rechnungshof

---

[750] *Guckelberger*, DÖV 2003, 829 (832, 835).

[751] Vgl. Art. 228 Abs. 1 UAbs. 2 S. 1 1. Alt. AEUV; *Guckelberger*, DÖV 2003, 829 (835); *Meese*, Das Petitionsrecht, 2000, S. 178.

[752] *Krings*, in: Stern/Sachs, Art. 43 Rn. 15, 20; *Guckelberger*, DÖV 2003, 829 (835).

[753] *Krings*, in: Stern/Sachs, Art. 43 Rn. 20; *Guckelberger*, DÖV 2003, 829 (835).

[754] *Krings*, in: Stern/Sachs, Art. 43 Rn. 19; *Guckelberger*, DÖV 2003, 829 (835).

[755] *Magiera*, in: Meyer/Hölscheidt, Art. 43 Rn. 9; *Krings*, in: Stern/Sachs, Art. 43 Rn. 17.

ebenso wie der Europäische Rat, die Europäische Zentralbank und die neben dem Gerichtshof bestehenden europäischen Gerichte.

2. Ausnahme für die Rechtsprechung

Soweit die **Rechtsprechungstätigkeit des „Gerichtshofs der Europäischen Union"** als zulässiger Beschwerdegegenstand ausgeschlossen wird, erfasst diese Bereichsausnahme nicht nur den EuGH selbst. Dies ergibt sich aus der Reichweite des Begriffes, explizit definiert in Art. 19 Abs. 1 EUV, die bei der Auslegung von Art. 43 EGRC mitberücksichtigt werden muss.[756] Danach umfasst der „Gerichtshof der Europäischen Union" den EuGH, das EuG und die Fachgerichte.[757]

5376

Nicht von der Ausnahme erfasst ist dagegen die **Gerichtsverwaltung**. Deren Tätigkeit unterliegt deshalb einer Überprüfung durch den Bürgerrechtsbeauftragten.[758]

5377

3. Umfassende Einbeziehung der Verwaltung auf Unionsebene

Durch die Begrenzung auf die Tätigkeit der Organe der Union wird auch das Handeln der Mitgliedstaaten und von deren Organen nicht vom Zuständigkeitsbereich des Bürgerbeauftragten erfasst.[759] Eine weitere Ausnahme enthält Art. 228 AEUV hinsichtlich von Sachverhalten, die Gegenstand eines Gerichtsverfahrens sind oder waren.

5378

Zu den ebenfalls explizit von Art. 43 EGRC erfassten Einrichtungen der Union gehören **alle Stellen auf Unionsebene**, unabhängig davon, ob sie im Vertragsrecht oder im Sekundärrecht verankert sind, wie etwa der Wirtschafts- und Sozialausschuss oder die Europäische Zentralbank.

5379

Nach dem Wortlaut des Art. 43 EGRC beschäftigt sich der Bürgerbeauftragte mit Missständen auf Unionsebene. In anderen Textfassungen wird an dieser Stelle deutlicher von „maladministration" oder „mauvaise administration" gesprochen.[760] Daraus wird deutlich, dass sein Aufgabenbereich auf die **verwaltende Tätigkeit** der europäischen Organe und Einrichtungen beschränkt ist. Neben der Rechtsprechung,

5380

---

[756] *Jarass/Kment*, § 37 Rn. 17.

[757] Vgl. Art. 19 Abs. 1 EUV. Als Fachgericht bestand das Gericht für den öffentlichen Dienst der Europäischen Union (auf der Grundlage des Ratsbeschl. vom 2.11.2004, Pressemitteilung des Rates Nr. 88/04, das aber 2016 aufgelöst wurde); seine noch laufenden Rechtssachen wurden dem EuG überstellt, abrufbar unter https://www.bpb.de/kurz-knapp/lexika/kosmos-weltalmanach/333938/gerichtshof-der-eu/ (letzter Abruf: 30.9.2023).

[758] *Kluth*, in: Calliess/Ruffert, Art. 228 AEUV Rn. 6; *Jarass/Kment*, § 37 Rn. 17; *Krings*, in: Stern/Sachs, Art. 43 Rn. 16.

[759] *Meese*, Das Petitionsrecht, 2000, S. 196.

[760] *Guckelberger*, DÖV 2003, 829 (835).

die ausdrücklich **ausgenommen** ist, fallen damit auch die **Gesetzgebung und politische Maßnahmen** aus dem Kontrollbereich heraus.[761]

4. Missstände

5381 Bislang hat sich noch keine Definition herausgebildet, was unter einem Missstand zu verstehen ist. Nach einer auch in der Lit. anerkannten Umschreibung der Bürgerbeauftragten liegt ein solcher vor, wenn eine **Stelle gegen** die für sie geltenden **verbindlichen Regeln und Grundsätze** handelt.[762] Zusätzlich gibt es den **Kodex für eine gute Verwaltungspraxis** als **Prüfungsmaßstab**.[763] Damit ist der Begriff des Missstands **weit** zu verstehen und erfasst neben rechtswidrigem Verhalten auch **Verstöße gegen den Grundsatz der ordnungsgemäßen Verwaltung**.[764]

D. Beeinträchtigungen und Rechtfertigung

5382 Das Recht aus Art. 43 EGRC kann zum einen beeinträchtigt werden, wenn der Bürgerbeauftragte eine **Beschwerde nicht prüft**.[765] Zum anderen kann das Recht durch die Organe oder Einrichtungen beeinträchtigt werden, wenn sie die Einreichung einer **Beschwerde behindern** oder **Nachteile** daran knüpfen.[766]

5383 Wegen Art. 52 Abs. 2 EGRC wird das Beschwerderecht durch die Bedingungen und Grenzen eingeschränkt, die im Primärrecht selbst und in Regelungen auf der Grundlage primärrechtlicher Ermächtigungen verankert sind. Das entsprechend der Ermächtigung des Art. 228 Abs. 4 AEUV erlassene Statut des Bürgerbeauftragten sieht solche Begrenzungen vor, wie etwa die Zweijahresfrist oder das Erfordernis vorheriger administrativer Schritte bei den jeweiligen Stellen.[767]

---

[761] *Magiera*, in: Meyer/Hölscheidt, Art. 43 Rn. 11; *Krings*, in: Stern/Sachs, Art. 43 Rn. 18; *Guckelberger*, DÖV 2003, 829 (835).

[762] Jahresbericht des Bürgerbeauftragten 1998, ABl. 1999 C 300, S. 1 (12); *Krings*, in: Stern/Sachs, Art. 43 Rn. 18; *Guckelberger*, DÖV 2003, 829 (835); *Magiera*, in: Meyer/Hölscheidt, Art. 43 Rn. 11; zuletzt Europäische Ombudsstelle, Jahresbericht 2020.

[763] Europäische Ombudsstelle, Der Europäische Kodex für gute Verwaltungspraxis, 2015.

[764] *Magiera*, in: Meyer/Hölscheidt, Art. 43 Rn. 11; *Guckelberger*, DÖV 2003, 829 (835 f.); s. auch EuG, Rs. T-193/04, ECLI:EU:T:2006:2925 (Rn. 128) – Tillack, das darauf hinweist, dass aus der Feststellung eines Missstands nicht notwendig das Vorliegen eines Rechtsverstoßes abgeleitet werden kann.

[765] *Jarass/Kment*, § 37 Rn. 20.

[766] *Jarass/Kment*, § 37 Rn. 21.

[767] S. dazu bereits o. Rn. 5368.

E. Prüfungsschema zu Art. 43 EGRC

1. Schutzbereich   5384
a) Grundrechtsträger:

- Unionsbürgerinnen und Unionsbürger
- natürliche und juristische Personen mit (Wohn-)Sitz in Mitgliedstaat
- nicht: Mitgliedstaaten und Bundesländer

b) Verpflichtete:

    aa) Bürgerbeauftragter (leistungsrechtliche Dimension)
    bb) Organe, Einrichtungen; Mitgliedstaaten (abwehrrechtliche Dimension)

c) Gewährleistungsgehalt: Beschwerde über

    aa) „Missstände" bei Organen/Einrichtungen = rechtswidriges Verhalten; Verstöße gegen Grundsatz der ordnungsgemäßen Verwaltung
    bb) durch verwaltende Tätigkeit
    cc) ausgenommen Rechtsprechung; Gesetzgebung; politische Maßnahmen

2. Beeinträchtigung
a) durch Bürgerbeauftragten: Nichtprüfung Beschwerde
b) durch Organe/Einrichtungen: Behindern einer Beschwerde, Benachteiligung der Beschwerdeführerin bzw. des Beschwerdeführers

3. Rechtfertigung
a) über Art. 52 Abs. 2 EGRC Geltung der Bedingungen/Grenzen des Primärrechts
b) Beschränkungen aus Statut des Bürgerbeauftragten (Zweijahresfrist, vorherige administrative Schritte)

§ 5 Petitionsrecht

A. Grundlagen

I. Entwicklungsgeschichte

Die Ursprünge des Petitionsrechts reichen bis in die Anfangszeit der Europäischen   5385
Gemeinschaft zurück.[768] Es wurde aber erst durch den Vertrag von Maastricht in den
EG eingefügt,[769] nachdem es zuvor nur in der Geschäftsordnung des Europäischen
Parlaments verankert war. Im Kern war das Petitionsrecht im Konvent zur Aus-

---

[768] Bereits in der Geschäftsordnung der Gemeinsamen Versammlung der EGKS war die Behandlung von Petitionen vorgesehen, vgl. dazu ausführlich *Meese*, Das Petitionsrecht, 2000, S. 32 ff.
[769] Und zwar in Art. 194 EG und in der Verweisungsnorm des Art. 21 Abs. 1 EG.

arbeitung der EGRC nicht umstritten.[770] **Diskutiert** wurde lediglich die **Petitionsbefugnis juristischer Personen**.[771]

II. Zweck und Bedeutung

5386   Dem Petitionsrecht werden drei verschiedene Funktionen beigemessen. Zunächst dient es dem **außergerichtlichen Rechtsschutz**.[772] Weiterhin ist es als **parlamentarisches Kontrollinstrument** zu sehen.[773] Schließlich stärkt es die **demokratische Funktion** des Parlaments als Bindeglied zwischen der einzelnen Unionsbürgerin bzw. dem einzelnen Unionsbürger und der europäischen Ebene.[774]

5387   Zu diesen durchaus wichtigen Funktionen steht die praktische Bedeutung des Petitionsrechts in einem gewissen Widerspruch. So ist die Anzahl der Petitionen an das Europäische Parlament in der Vergangenheit in der 8. Legislaturperiode sogar um die Hälfte gesunken.[775]

III. Ausgestaltung in Art. 44 EGRC

5388   Nach Art. 44 EGRC haben die **Unionsbürgerinnen und Unionsbürger** sowie jede **natürliche oder juristische Person mit Wohnsitz** oder **satzungsmäßigem Sitz** in einem Mitgliedstaat das Recht, eine Petition an das Europäische Parlament zu richten. Bis auf den berechtigten Personenkreis und der Nennung des Rechtes selbst enthält diese Vorschrift damit keine weiteren Aussagen zum Petitionsrecht. Wegen Art. 52 Abs. 2 EGRC ist aber die Ausgestaltung im AEUV und im sonstigen Europarecht unterhalb der Primärrechtsebene[776] zu beachten.[777]

---

[770] *Barriga*, Die Entstehung der Charta der Grundrechte der Europäischen Union, 2003, S. 141; *Hölscheidt*, EuR 2002, 440 (444).

[771] Ausführlich zur Genese *Hölscheidt*, EuR 2002, 440 (443 f.).

[772] *Guckelberger*, in: Heselhaus/Nowak, § 53 Rn. 7; *Hölscheidt*, in: Grabitz/Hilf/Nettesheim, Art. 227 AEUV Rn. 4.

[773] *Guckelberger*, in: Heselhaus/Nowak, § 53 Rn. 5 spricht hier von einer „demokratischen Bedeutung"; *Hölscheidt*, in: Grabitz/Hilf/Nettesheim, Art. 227 AEUV Rn. 4; *Meese*, Das Petitionsrecht, 2000, S. 51 ff.; *Barth*, Bürgerbeauftragter und Petitionsrecht im Prozess der europäischen Verfassungsgebung, 2004, S. 195 f.; a. A. *Vitzthum*, Petitionsrecht und Volksvertretung, 1985, S. 52 ff.: nur „funktionelle Nähe zur Kontrollaufgabe".

[774] *Guckelberger*, in: Heselhaus/Nowak, § 53 Rn. 5; *Meese*, Das Petitionsrecht, 2000, S. 55 ff.; *Barth*, Bürgerbeauftragter und Petitionsrecht im Prozess der europäischen Verfassungsgebung, 2004, S. 192 ff.

[775] *Guckelberger*; in: Heselhaus/Nowak, § 53 Rn. 9, abrufbar unter https://www.europarl.europa.eu/RegData/etudes/STUD/2019/621917/IPOL_STU(2019)621917_DE.pdf (letzter Abruf: 30.9.2023).

[776] S. m. w. N. näher u. Rn. 5442 f.

[777] Zur Ausgestaltung in der GeschOEP s. sogleich Rn. 5392.

§ 5 Petitionsrecht

Das Petitionsrecht in der EGRC ist anders als etwa das Recht nach Art. 17 GG nicht als „Jedermann"-Recht ausgestaltet. Vielmehr ist es auf Unionsbürgerinnen, Unionsbürger und Personen mit Wohnsitz in einem Mitgliedstaat beschränkt. **Drittstaatsangehörige**, die **keinen Wohnsitz** in der Union haben, sind damit **ausgeschlossen**. Das ausdrücklich auch juristischen Personen eingeräumte Petitionsrecht ist in der Praxis bedeutungslos, da die Anzahl von Petitionen aus diesem Berechtigtenkreis ohnehin gering ist und sich **Unternehmen bevorzugt an die Kommission** wenden.[778]

5389

IV. Weitere Vorschriften auf anderen Normebenen

1. Primärrecht

Nach Art. 227 AEUV kann jede Bürgerin bzw. jeder Bürger der Union sowie jede natürliche oder juristische Person mit Wohnort oder satzungsmäßigem Sitz in einem Mitgliedstaat allein oder zusammen mit anderen Bürgerinnen und Bürgern oder Personen in Angelegenheiten, die in die Tätigkeitsbereiche der Union fallen und die ihn oder sie unmittelbar betreffen, eine Petition an das Europäische Parlament richten. Weitere Erwähnung findet das Petitionsrecht in der **Verweisungsnorm** des **Art. 24 Abs. 2 AEUV**.

5390

Der Berechtigtenkreis ist hier identisch mit dem in Art. 44 EGRC. **Abweichungen** bestehen aber hinsichtlich **der Einschränkungen**, dass der Gegenstand der Petition die Petentin bzw. den **Petenten unmittelbar betreffen** und in den Tätigkeitsbereich der Union fallen muss. Im Hinblick auf die Kongruenzklausel des **Art. 52 Abs. 2 EGRC** sind diese Anforderungen bei der Auslegung des Art. 44 EGRC zu beachten.

5391

2. Geschäftsordnung des Parlaments

Die Behandlung von Petitionen ist eine auch in vielen Mitgliedstaaten dem Parlament zugewiesene Aufgabe. Daraus erklärt sich, dass die wesentlichen Ausgestaltungsregelungen in Art. 226 – 230 GeschOEP enthalten sind. Hierin sind die Voraussetzungen einer Petition und die Einzelheiten ihrer Behandlung durch den Petitionsausschuss geregelt. Die Vorschriften der GeschOEP stellen allerdings **keine** aufgrund von Art. 52 Abs. 2 EGRC **relevanten Ausübungsregelungen**[779] des Art. 44 EGRC dar, weil sie keine Grundlage im Primärrecht haben. Eine Erweiterung der in Art. 44 EGRC bzw. in Art. 227 AEUV garantierten Rechte ist aber

5392

---

[778] *Hölscheidt*, EuR 2002, 440 (441).
[779] Näher u. Rn. 5442 f.

zulässig.[780] Das gilt auch für die Guidelines zur Behandlung von Petitionen[781] von Dezember 2015 als living instrument.[782]

V. Verfahren

5393 Das Petitionsverfahren ist weder in Art. 44 EGRC noch in Art. 227 AEUV geregelt. Auch enthält das Primärrecht anders als in Art. 228 Abs. 4 AEUV für den Bürgerrechtsbeauftragten keine Ermächtigung für den Erlass von Durchführungsregeln. Eine rechtliche Grundlage ist aber auch nicht erforderlich, da dem **Parlament** insoweit eine **originäre Regelungskompetenz aus** seinem **Selbstorganisationsrecht** zukommt.[783]

1. Verfahrensgliederung

5394 Nach Art. 226 ff. GeschOEP ist das Verfahren in drei Teile gegliedert. Zunächst wird die **Zulässigkeit** der Petition **geprüft**, und zwar durch ein spezielles Gremium, den **Petitionsausschuss** (Art. 226 Abs. 10 UAbs. 1 GeschOEP).[784] Wird die Petition für zulässig erachtet, schließt sich die **inhaltliche Bearbeitung** an. Zu diesem Zweck kann der Ausschuss etwa den Petenten anhören oder allgemeine Anhörungen ansetzen oder ein schriftliches Verfahren wählen (Art. 227 Abs. 1 GeschOEP). Häufig ist auch die Kooperation von Unionsorganen wie etwa der Kommission erforderlich, die das Parlament um Auskünfte oder die Vorlage von Akten ersuchen kann (Art. 227 Abs. 5 GeschOEP). Besondere Befugnisse wie etwa ein Akteneinsichtsrecht stehen dem Parlament nicht zu. Jedoch kann sich eine Mitwirkungspflicht aus der Kooperationspflicht oder dem Grundsatz der Unionstreue ergeben.[785]

5395 Nach Abschluss der Prüfung wird die **Petentin** bzw. der **Petent** über die geplanten Beschlüsse und die Gründe **unterrichtet** (Art. 227 Abs. 8 GeschOEP): nicht

---

[780] S. dazu auch u. Rn. 5401.

[781] Guidelines Committee on Petitions, December 2015, Update January 2018, PE575.044v02-00, abrufbar unter https://www.europarl.europa.eu/RegData/publications/divers/2015/575044/EP-PE_DV(2015)575044_XL.pdf (letzter Abruf. 30.9.2023).

[782] *Guckelberger*, in: Heselhaus/Nowak, § 53 Rn. 2.

[783] *Guckelberger*, in: Heselhaus/Nowak, § 53 Rn. 2; *Meese*, Das Petitionsrecht, 2000, S. 47.

[784] Näher *Meese*, Das Petitionsrecht, 2000, S. 90 ff.

[785] *Haag*, in: v. der Groeben/Schwarze/Hatje, Art. 228 AEUV Rn. 46. Abzulehnen ist das von *Meese*, Das Petitionsrecht, 2000, S. 102 f. auf der Grundlage der „implied-powers-Lehre" (jedem Organ kommen die Kompetenzen zu, die es zur Erfüllung der ihm übertragenen Kompetenzen braucht) abgeleitete Petitionsinformationsrecht des Parlaments. Es ist mit dem Grundsatz der begrenzten Einzelermächtigung nicht vereinbar. Zudem dürfte dieses Recht dem Parlament nicht mehr verschaffen, als es bereits auf Basis der Kooperationspflicht einfordern kann.

§ 5 Petitionsrecht

mehr notwendig durch den Parlamentspräsidenten. Nach Art. 227 Abs. 7 UAbs. 1 GeschOEP unterrichtet der Ausschuss das Parlament jährlich über das Ergebnis seiner Beratungen.[786]

2. Form und Frist

Weder Art. 44 EGRC noch Art. 227 AEUV statuieren Anforderungen an die Form einer Petition. Doch ist es zur praktischen Durchführung des Petitionsverfahrens erforderlich, dass das Begehren **schriftlich**[787] in einer der Amtssprachen formuliert wird.[788] Darüber hinaus muss die **Urheberin** bzw. der **Urheber** der Petition **erkennbar** sein, damit ihre bzw. seine Petitionsberechtigung geprüft werden kann.[789] Insoweit müssen der Name und der Wohnsitz angegeben werden.[790] Fristerfordernisse bestehen nicht.

5396

VI. Rechtsschutz

Aus dem Petitionsrecht kommt der Petentin bzw. dem Petenten auch ein **Anspruch auf Bescheidung** ihrer bzw. seiner Petition zu.[791] Lehnt der Petitionsausschuss eine Petition als unzulässig ab, so kann die Petentin bzw. der Petent dagegen eine **Nichtigkeitsklage** gem. Art. 263 AEUV erheben. Bleibt das Parlament nach Einlegen einer Petition untätig, so steht der Petentin bzw. dem Petenten die **Untätigkeitsklage** gem. Art. 265 AEUV offen.

5397

B. Schutzbereich

I. Petitionsberechtigte

Parallel zum Beschwerderecht aus Art. 43 EGRC ist das Petitionsrecht nach Art. 44 EGRC nicht auf Unionsbürgerinnen und Unionsbürger beschränkt. Vielmehr reicht

5398

---

[786] Das Parlament bewertet die Arbeit des Petitionsausschusses auf der Grundlage der Jahresberichte, vgl. *Haag*, in: v. der Groeben/Schwarze/Hatje, Art. 227 AEUV Rn. 20.
[787] Diesem Erfordernis genügt es, wenn die Petitionen auf dem Postweg oder über das Petitionsportal eingereicht werden, Petitionen per Fax, per E-Mail oder auf anderem Wege werden nicht bearbeitet, s. *Guckelberger*, in: Heselhaus/Nowak, § 53 Rn. 25; *Meese*, Das Petitionsrecht, 2000, S. 89.
[788] Das Schriftformerfordernis wird darüber hinaus auch aus dem in den Mitgliedstaaten geltenden Grundsatz der Schriftlichkeit der Petition hergeleitet, vgl. *Meese*, Das Petitionsrecht, 2000, S. 88.
[789] *Guckelberger*, in: Heselhaus/Nowak, § 53 Rn. 25; *Haag*, in: v. der Groeben/Schwarze/Hatje, Art. 227 AEUV Rn. 17; *Meese*, Das Petitionsrecht, 2000, S. 88.
[790] Dies entspricht den Anforderungen in Art. 226 Abs. 2 GeschOEP.
[791] S. dazu Rn. 5403.

ein **Wohnsitz**[792] bzw. **satzungsmäßiger Sitz in einem Mitgliedstaat** aus. Insoweit steht das Petitionsrecht auch Drittstaatsangehörigen offen. Für diese fordert das Europäische Parlament als ungeschriebene Voraussetzung das Kriterium des **rechtmäßigen Aufenthalts**.[793] Die Anwendung dieses Kriteriums im Rahmen des Art. 44 EGRC erscheint im Hinblick auf Art. 52 Abs. 2 EGRC problematisch, da insoweit mindestens eine Festlegung aufgrund des AEUV erforderlich erscheint. Indes lässt sich die Anwendung dieses Erfordernisses damit begründen, dass ein **rechtswidriger Aufenthalt**, der jederzeit durch die Behörden des Mitgliedstaates beendet werden kann, **nicht** ausreicht, um die durch die Tatbestandsvoraussetzung des Wohnsitzes zum Ausdruck kommende grundsätzlich **notwendige Beziehung zwischen** der **Petentin** bzw. dem **Petenten** und der **Union** zu begründen.[794] Damit handelt es sich insoweit um keinen wirklichen Wohnsitz.

5399   Auch für Petitionen besteht **kein Mindestalter**. Die Petentin bzw. der Petent muss lediglich in der Lage sein, ihr bzw. sein Anliegen verständlich zu formulieren.[795] Im Übrigen können die gesetzlichen Vertreterinnen und Verteter von Minderjährigen für sie Petitionen einlegen.[796] Abweichend von Art. 228 AEUV setzt Art. 227 AEUV für die Petition eine **unmittelbare Betroffenheit** der Petentin bzw. des Petenten voraus. Diese ist aber **nicht gleichbedeutend mit** dem Erfordernis eines **rechtlichen Interesses**. Vielmehr wird es als ausreichend erachtet, wenn die Angelegenheit für die Petentin bzw. den Petenten in objektiver und nachvollziehbarer Weise von nicht ganz unerheblicher Bedeutung ist.[797] Für eine solche weite Auslegung spricht, dass zum einen der Ausschluss einer Popularpetition die Beschränkung auf eine individuelle Betroffenheit gefordert hätte und zum anderen eine Petitionsausübung zusammen mit anderen Bürgerinnen und Bürgern, wie sie Art. 227 AEUV ausdrücklich erlaubt, dann nur noch nur in engen Ausnahmefällen zulässig wäre.[798] Dieses Verständnis entspricht auch der Praxis des Europäischen Parlaments.[799] Der Wortlaut des Art. 44 EGRC fordert zwar kein Petitionsinteresse, doch sind die Anforderungen des Art. 227 AEUV gem. Art. 52 Abs. 2 EGRC auch für die Grundrechtsgewährleistung zu beachten.

---

[792] Hier sind die tatsächlichen Verhältnisse maßgeblich, s. dazu schon im Zusammenhang mit Art. 43 EGRC Rn. 5370.

[793] Entschließung vom 12.7.1995, ABl. 1995 C 249, S. 71 lit. b).

[794] Für den Wegfall dieses Kriteriums zur Verbesserung des Rechtsschutzes gerade für Flüchtlinge und Asylbewerber *Meese*, Das Petitionsrecht, 2000, S. 74 f.

[795] *Haag*, in: v. der Groeben/Schwarze/Hatje, Art. 227 AEUV Rn. 10; *Guckelberger*, in: Heselhaus/Nowak, § 53 Rn. 16.

[796] *Guckelberger*, in: Heselhaus/Nowak, § 53 Rn. 16.

[797] So *Haag*, in: v. der Groeben/Schwarze/Hatje, Art. 227 AEUV Rn. 15; zust. *Guckelberger*, in: Heselhaus/Nowak, § 53 Rn. 23.

[798] *Meese*, Das Petitionsrecht, 2000, S. 87.

[799] Vgl. Entschließung des Europäischen Parlaments zu den Beratungen des Petitionsausschußes 1994–95, ABl. 1995 C 249, S. 71: „ernstzunehmende tatsächliche Besorgnis des Petenten hinsichtlich des Petitionsgegenstandes".

Juristische Personen mit satzungsmäßigem Sitz in einem Mitgliedstaat sind nach Art. 44 EGRC ohne Einschränkungen petitionsberechtigt. Von diesem weiten Wortlaut sind **auch juristische Personen des öffentlichen Rechts** erfasst.[800] Für eine Petitionsberechtigung spricht auch, dass diese der Union nicht als Hoheitsträger gegenüberstehen, sondern als Ausführende bzw. Betroffene des Unionsrechts. Damit sind sie in einer den Bürgerinnen und Bürgern vergleichbaren Position.[801]

Auch wenn eine **Petitionsberechtigung fehlt**, kann das **Europäische Parlament** sich der Petition im Rahmen seines **Selbstorganisationsrechts** annehmen. Allerdings besteht in diesem Fall weder ein Anspruch der Petentin bzw. des Petenten auf Prüfung noch eine Verpflichtung der anderen Einrichtungen bzw. der Mitgliedstaaten zur Mitwirkung.[802]

5400

5401

II. Petitionsadressat und seine Pflichten

Alleiniger Petitionsadressat nach Art. 44 EGRC ist das Europäische Parlament. Beschwerden, die nicht an das **Parlament in seiner Gesamtheit**, sondern **an einzelne Abgeordnete**, Ausschüsse oder Fraktionen gerichtet werden, sind darauf zu prüfen, ob sie als Petitionen **ausgelegt** werden können.[803]

Die Petentin bzw. der Petent hat gegen das Europäische Parlament einen Anspruch auf **Entgegennahme, inhaltliche Prüfung und Bescheidung** der Petition.[804] Dieses Recht und die damit korrespondierende **Pflicht** des Europäischen Parlaments sind zwar nicht ausdrücklich in Art. 44 EGRC verankert, doch ergibt sie sich aus dem Sinn und Zweck der Vorschrift. Das Petitionsrecht wäre sonst praktisch funktionslos und lediglich eine spezielle Ausprägung des Meinungsäußerungsrechts.[805] Einen **Anspruch auf Abhilfe** beinhaltet das Petitionsrecht auch bei einer begründeten Beschwerde indes nicht.[806]

Abwehrrechtlich schützt das **Petitionsrecht** die Vorbereitung und das Einlegen einer Beschwerde. Insoweit **schützt** es sowohl **vor unmittelbaren Behinderungen** durch die europäischen Einrichtungen und die Mitgliedstaaten als auch **vor Benachteiligung** wegen der Ausübung des Petitionsrechts.[807]

5402

5403

5404

---

[800] Eine dem Art. 19 Abs. 3 GG vergleichbare Beschränkung auf Grundrechte, die wesensmäßig auf die juristische Person anwendbar sind, existiert in der EGRC nicht.

[801] S. *Guckelberger*, in: Heselhaus/Nowak, § 53 Rn. 17; *Meese*, Das Petitionsrecht, 2000, S. 75 f.

[802] Vgl. *Guckelberger*, in: Heselhaus/Nowak, § 53 Rn. 11; *Meese*, Das Petitionsrecht, 2000, S. 77 f.

[803] *Guckelberger*, in: Heselhaus/Nowak, § 53 Rn. 4; *Meese*, Das Petitionsrecht, 2000, S. 79.

[804] *Haag*, in: v. der Groeben/Schwarze/Hatje, Art. 227 AEUV Rn. 8; *Guckelberger*, DÖV 2003, 829 (831); *Meese*, Das Petitionsrecht, 2000, S. 68 f.

[805] *Haag*, in: v. der Groeben/Schwarze/Hatje, Art. 227 AEUV Rn. 8; mit weiteren Argumenten *Meese*, Das Petitionsrecht, 2000, S. 68 f.

[806] *Haag*, in: v. der Groeben/Schwarze/Hatje, Art. 227 AEUV Rn. 9; *Meese*, Das Petitionsrecht, 2000, S. 69.

[807] *Haag*, in: v. der Groeben/Schwarze/Hatje, Art. 227 AEUV Rn. 7; *Guckelberger*, DÖV 2003, 829 (831); *Meese*, Das Petitionsrecht, 2000, S. 68.

5405 Schließlich obliegt den anderen **europäischen Organen** und den **Mitgliedstaaten** aus dem Petitionsrecht i. V. m. dem Grundsatz der Organtreue (Art. 13 Abs. 1 EUV) bzw. der Unionstreue (Art. 4 Abs. 3 EUV) eine **Pflicht zur Unterstützung des Petitionsausschusses**, soweit dieser auf Mithilfe angewiesen ist.[808]

III. Reichweite

1. Tätigkeitsbereich der Union

5406 Der Petition muss ein **zulässiger Petitionsgegenstand** zugrundeliegen. Hierzu trifft Art. 44 EGRC keine Aussage. Art. 227 AEUV nimmt dagegen eine Einschränkung auf Angelegenheiten vor, die in die Tätigkeitsbereiche der Union fallen. Dazu gehören alle Tätigkeitsbereiche der Union und damit auch die zur Integration in die einheitliche Union vorgesehenen GASP einschließlich der schrittweisen Festlegung einer gemeinsamen Verteidigung (Art. 24 Abs. 1 EUV).

5407 Auch nach Art. 226 Abs. 1 GeschOEP erstreckt sich das Petitionsrecht auf den gesamten Tätigkeitsbereich der Europäischen Union. Diese Ausweitung des Rechts aus Art. 227 AEUV ist im Hinblick auf das Befassungs- und Selbstorganisationsrecht des Parlaments zulässig. Das Primärrecht gewährt ein subjektiv-öffentliches Recht gegenüber dem Parlament. Dieses hindert das Europäische Parlament aber nicht daran, über diese Gewährleistung hinauszugehen und sich auch solcher Eingaben anzunehmen, auf deren Prüfung kein Anspruch besteht. Für die Reichweite des Art. 44 EGRC ist entsprechend der Kongruenzklausel des Art. 52 Abs. 2 EGRC hier nur die primärrechtliche Regelung maßgeblich.[809]

5408 Anders als das Beschwerderecht zum Bürgerbeauftragten ist das **Petitionsrecht nicht auf Missstände** in der Verwaltung durch Organe und Einrichtungen beschränkt. Es kann sich auch auf die Ebene der **Mitgliedstaaten** erstrecken, sofern deren Handeln **innerhalb** eines **Tätigkeitsbereichs der Union** stattfindet.[810] Im Hinblick auf die fehlende thematische Begrenzung können Petitionen sich **auch auf** die Bereiche **Gesetzgebung** und **Politik** beziehen.[811]

---

[808] *Guckelberger*, in: Heselhaus/Nowak, § 53 Rn. 34; *Meese*, Das Petitionsrecht, 2000, S. 69.

[809] Zudem entfaltet die GeschOEP als Innenrecht des Parlaments ohnehin keine Außenwirkung, vgl. *Barth*, Bürgerbeauftragter und Petitionsrecht im Prozess der europäischen Verfassungsgebung, 2004, S. 146.

[810] *Guckelberger*, in: Heselhaus/Nowak, § 53 Rn. 21; *Meese*, Das Petitionsrecht, 2000, S. 83; *Guckelberger*, DÖV 2003, 829 (832).

[811] *Magiera*, in: Meyer/Hölscheidt, Art. 44 Rn. 10; *Hamers*, Der Petitionsausschuß des Europäischen Parlaments und der Europäische Bürgerbeauftragte, 1999, S. 92.

2. Einschränkung zugunsten der Judikative

Eine Einschränkung ist allerdings für den Bereich der Rechtsprechung zu machen. Die in Art. 228 Abs. 1 und 2 AEUV ausdrücklich geregelte Bereichsausnahme ist auf das Petitionsrecht übertragbar. Denn auch für das Petitionsrecht gilt, dass es die **Unabhängigkeit der Justiz**, die sowohl auf Unionsebene als auch auf der Ebene der Mitgliedstaaten als rechtsstaatlicher Grundsatz anerkannt ist,[812] nicht beeinträchtigen darf.[813] Insoweit ist eine Petition unzulässig, mit der die Beeinflussung, Änderung oder Aufhebung der richterlichen Entscheidung eines europäischen oder eines mitgliedstaatlichen Gerichts begehrt wird.[814] Ist konkret eine Beeinträchtigung der Rechtsprechungsbefugnisse **nicht** zu befürchten, wie etwa im Bereich der **Justizverwaltung**, greift die Bereichsausnahme nicht.[815]

5409

C. Beeinträchtigungen und Rechtfertigung

Das Petitionsrecht kann in unterschiedlicher Hinsicht beeinträchtigt werden: Zunächst dadurch, dass das Europäische Parlament die **Petition nicht entgegennimmt, nicht inhaltlich prüft oder nicht bescheidet**.[816] Weiterhin dadurch, dass die anderen Organe und Einrichtungen sowie die Mitgliedstaaten ihren **Mitwirkungspflichten** gegenüber dem Petitionsausschuss **nicht nachkommen**.[817] Schließlich sind auch **Behinderungen oder Benachteiligungen der Petentin bzw. des Petenten** denkbar.[818]

5410

Einschränkungsmöglichkeiten sind weder in Art. 44 EGRC noch in Art. 227 AEUV vorgesehen. Insoweit kommt analog zu den Grundfreiheiten eine Einschränkung durch den **ungeschriebenen Rechtfertigungsgrund „zwingender objektiver Gründe des Allgemeinwohls"** in Betracht. Da das Petitionsrecht bereits in Art. 227 AEUV verankert ist, greift **Art. 52 Abs. 2 EGRC** ein. Art. 52 Abs. 1 EGRC wirkt nach hier vertretener Position insoweit nicht beschränkend.[819]

5411

---

[812] Vgl. dazu im Zusammenhang mit Art. 47 Abs. 2 EGRC u. Rn. 5645 ff.
[813] *Barth*, Bürgerbeauftragter und Petitionsrecht im Prozess der europäischen Verfassungsgebung, 2004, S. 147.
[814] *Magiera*, in: Meyer/Hölscheidt, Art. 44 Rn. 10; *Hamers*, Der Petitionsausschuß des Europäischen Parlaments und der Europäische Bürgerbeauftragte, 1999, S. 92 f.; *Meese*, Das Petitionsrecht, 2000, S. 84 f.
[815] *Meese*, Das Petitionsrecht, 2000, S. 85; *Hamers*, Der Petitionsausschuß des Europäischen Parlaments und der Europäische Bürgerbeauftragte, 1999, S. 93.
[816] *Guckelberger*, in: Heselhaus/Nowak, § 53 Rn. 31; *Jarass/Kment*, § 37 Rn. 32.
[817] *Guckelberger*, in: Heselhaus/Nowak, § 53 Rn. 34; *Jarass/Kment*, § 37 Rn. 32.
[818] *Jarass/Kment*, § 37 Rn. 32; s. bereits o. Rn. 5404.
[819] S. o. Rn. 639, 642 ff.

D. Abgrenzung zur Beschwerde beim Bürgerbeauftragten

I. Kein Vorrangverhältnis

5412 Ein Vergleich zwischen den Voraussetzungen einer Petition an das Europäische Parlament und einer Beschwerde beim Bürgerbeauftragten zeigt einen wesentlichen Unterschied.[820] Während Petitionen sämtliche europäischen Angelegenheiten und auch das Handeln der Mitgliedstaaten mit Unionsbezug zum Gegenstand haben können, ist der **Zuständigkeitsbereich des Bürgerbeauftragten enger**. Er ist darauf beschränkt, Missstände im Rahmen der Verwaltungstätigkeit der Organe und Einrichtungen der Union zu untersuchen. Es bleibt aber ein weiter Bereich, der Gegenstand sowohl einer Petition als auch einer Beschwerde beim Bürgerbeauftragten sein kann. Da weder in der EGRC noch im AEUV eine Vorschrift enthalten ist, nach der einer der beiden Möglichkeiten ein Vorrang zukommt, hat der Einzelne die Wahl, an wen er sich wendet. **Beide Optionen** sind also **nebeneinander anwendbar**.[821]

II. Praktische Kooperation

5413 In der Praxis kooperieren beide Institutionen miteinander, um sicherzustellen, dass die jeweils geeignetere Stelle sich mit der Eingabe befasst. Grundlage dafür ist eine **Übereinkunft** zwischen dem Petitionsausschuss und dem Bürgerbeauftragten über die gegenseitige Überweisung von Petitionen und Beschwerden.[822]

E. Prüfungsschema zu Art. 44 EGRC

5414   **1. Schutzbereich**
      a) Grundrechtsträger: Unionsbürgerinnen und Unionsbürger; natürliche und juristische Personen mit (Wohn-)Sitz in Mitgliedstaat
      b) Verpflichtete: Europäisches Parlament

---

[820] Zu weiteren Unterschieden s. *Meese*, Das Petitionsrecht, 2000, S. 307 ff.; *Hamers*, Der Petitionsausschuß des Europäischen Parlaments und der Europäische Bürgerbeauftragte, 1999, S. 255 ff.

[821] *Guckelberger*, in: Heselhaus/Nowak, § 54 Rn. 36; wohl auch *Jarass/Kment*, § 37 Rn. 27; *Guckelberger*, DÖV 2003, 829 (837 f.); *Meese*, Das Petitionsrecht, 2000, S. 305; *Hamers*, Der Petitionsausschuß des Europäischen Parlaments und der Europäische Bürgerbeauftragte, 1999, S. 234.

[822] Erstmals erwähnt im Jahresbericht des Europäischen Bürgerbeauftragten 1995, S. 28 f. (Ziff. 2.2.1.). Näher dazu *Meese*, Das Petitionsrecht, 2000, S. 321 f.

c) Gewährleistungsgehalt:
   aa) zulässiger Petitionsgegenstand: alle Angelegenheiten im Tätigkeitsbereich der Union; ausgenommen Rechtsprechung analog Art. 228 AEUV
   bb) Recht auf Entgegennahme; inhaltliche Prüfung und Bescheidung (leistungsrechtliche Dimension)
   cc) Vorbereitung und Einlegen der Petition geschützt (abwehrrechtliche Dimension)

2. Eingriff
a) Nichtannahme, Nichtprüfung, Nichtbescheidung durch das Europäische Parlament
b) Verletzung von Mitwirkungspflichten durch Organe/Mitgliedstaaten
c) Behinderung/Benachteiligung der Petentin bzw. des Petenten

3. Rechtfertigung
a) keine geschriebenen Rechtfertigungsgründe
b) ungeschriebener Rechtfertigungsgrund: zwingende Gründe des Allgemeinwohls

§ 6 Freizügigkeit und Aufenthaltsrecht

A. *Rechtliche Rahmenbedingungen*

I. Die Freizügigkeitsregelung nach dem Reformvertrag von Lissabon

In Art. 21 AEUV wurde im Wesentlichen die Regelung des Art. 18 EG aufgenommen. Eine Abweichung erfolgte lediglich im Rahmen des Art. 21 Abs. 3 AEUV. Danach hat der Rat im Zusammenhang mit der Freizügigkeit auch im Bereich der sozialen Sicherheit oder des sozialen Schutzes eine Gesetzgebungskompetenz, vorausgesetzt an anderer Stelle sind keine Befugnisse vorgesehen. Eine solche Annexkompetenz war nach Art. 18 Abs. 3 EG ausdrücklich ausgeschlossen.

5415

II. Die Freizügigkeit nach der EGRC und dem AEUV

Nach Art. 45 Abs. 1 EGRC haben alle Unionsbürgerinnen und Unionsbürger das Recht, sich im Hoheitsgebiet der Mitgliedstaaten frei zu bewegen und aufzuhalten. Diese Gewährleistung findet sich wortgleich in Art. 21 Abs. 1 AEUV, der dieses Recht allerdings nur vorbehaltlich der im AEUV und in den Durchführungsvorschriften vorgesehenen Beschränkungen und Bedingungen gewährt. Teilweise wird unter Hinweis auf diesen Vorbehalt ein **subjektiv-rechtlicher Charakter** des Art. 21 AEUV abgelehnt.[823] Doch zeigt sich an Art. 21 Abs. 2 AEUV, der den

5416

---

[823] *Pechstein/Bunk*, EuGRZ 1997, 547 (547); *Degen*, DÖV 1993, 749 (752).

Erlass weiterer Vorschriften lediglich zur Erleichterung der Ausübung des Freizügigkeitsrechts zulässt, dass insoweit das Bestehen eines unmittelbar geltenden Rechts vorausgesetzt wird.[824] Auch nach dem EuGH steht dieser Regelungsvorbehalt der unmittelbaren Wirkung nicht entgegen, da er der vollen gerichtlichen Kontrolle unterliegt.[825]

III. Kongruenzregel

5417 Während also das Recht auf Freizügigkeit und freien Aufenthalt in Art. 45 EGRC vorbehaltlos gewährleistet ist, enthält **Art. 21 Abs. 1 AEUV** einen **Regelungsvorbehalt**. Daraus resultiert jedoch kein unterschiedlicher Gewährleistungsumfang der beiden Freizügigkeitsregelungen. Dies ergibt sich aus der Kongruenzregel des **Art. 52 Abs. 2 EGRC**, nach der die Chartarechte, die parallel auch im AEUV begründet sind, im selben Umfang gewährt werden, d. h. innerhalb der dort genannten Bedingungen und Grenzen. Insoweit ist das in Art. 45 Abs. 1 EGRC gewährleistete Recht deckungsgleich mit demjenigen, welches in Art. 21 Abs. 1 AEUV festgelegt ist.[826] Deshalb ist nachfolgend maßgeblich auf die neuere Rechtsprechung und Lit. zu Umfang und Reichweite des Art. 21 AEUV[827] und die Ausformungen im Sekundärrecht[828] abzustellen.

B. Schutzbereich

I. Beschränkung auf Unionsbürgerinnen und Unionsbürger

1. Natürliche Personen

5418 Gem. Art. 45 Abs. 1 EGRC steht das Recht auf freie Bewegung und Aufenthalt allen Unionsbürgern zu. Nach Art. 20 Abs. 1 S. 2 AEUV ist Unionsbürgerin bzw. Unionsbürger, wer die Staatsangehörigkeit eines Mitgliedstaates besitzt. Diese An-

---

[824] *GA Cosmas*, EuGH, Rs. C-378/97, ECLI:EU:C:1999:439 (Rn. 88 ff.) – Wijsenbeek; *Kluth*, in: Calliess/Ruffert, Art. 21 AEUV Rn. 19; *Nettesheim*, in: Grabitz/Hilf/Nettesheim, Art. 21 AEUV Rn. 14; *Frenz*, Europarecht 1, Rn. 4033.

[825] S. EuGH, Rs. C-413/99, ECLI:EU:C:2002:493 (Rn. 84 ff.) – Baumbast u. R.; Rs. C-408/03, ECLI:EU:C:2006:192 (Rn. 34) – Kommission/Belgien.

[826] *Schöbener*, in: Stern/Sachs, Art. 45 Rn. 3 f.

[827] Dazu bereits *Frenz*, Europarecht 1, Rn. 4016 ff.

[828] *Bühler*, Einschränkung von Grundrechten nach der Europäischen Grundrechtecharta, 2005, S. 277 f.; *Dorf*, JZ 2005, 126 (128) – am Beispiel des Unionsbürgerwahlrechts; a. A. *Jarass/Kment*, § 38 Rn. 1 Fn. 2, der sekundärrechtliche Regelungen von der Verweisung des Art. 52 Abs. 2 EGRC ausnimmt. Zu der Ausgestaltung durch die FreizügigkeitsRL 2004/38/EG ausführlich u. Rn. 5445 ff.

knüpfung an die Statusvorschrift des Art. 20 AEUV macht deutlich, dass der persönliche Schutzbereich auf **natürliche Personen beschränkt** ist.[829] Dass auch juristische Personen und Personengesellschaften vom Schutzbereich umfasst werden,[830] ist mit dem Wortlaut des Art. 45 Abs. 1 EGRC nicht vereinbar. Darüber hinaus besteht für eine solche weite Auslegung auch kein Bedürfnis.[831] Für juristische Personen und Personengesellschaften sind Freizügigkeitsrechte regelmäßig nur im Zusammenhang mit wirtschaftlicher Betätigung von Interesse. Dann aber greifen die besonderen Freizügigkeitsgewährleistungen als Annex der Personenverkehrsfreiheiten der Art. 49 ff. AEUV und Art. 56 ff. AEUV ein.

Auch **minderjährige Kinder** können sich auf Art. 21 AEUV berufen, selbst wenn sie noch nicht in der Lage sind, selbstständig von diesem Recht Gebrauch zu machen. Weder nach seinem Wortlaut noch aus seinen Zielen kann Art. 21 AEUV erst ab einem bestimmten Mindestalter geltend gemacht werden.[832] Mit Art. 21 AEUV verbunden ist die **grundrechtliche Fundierung des sozialen Existenzminimus** aus Art. 1 u. a. EGRC zur Unterhaltung der Familie bei Ausübung der allgemeinen Freizügigkeit und bei Anerkennung eines Aufenthaltsrechts: Daraus erwächst der für einen solchen Anspruch notwendige Unionsrechtsbezug.[833]

5419

2. Drittstaatsangehörige

Besitzt die Unionsbürgerin bzw. der Unionsbürger neben der Staatsangehörigkeit eines Mitgliedstaates auch die eines Drittstaats, so ist dies im Rahmen des Art. 45 Abs. 1 EGRC unschädlich. **Drittstaatsangehörigen**, die sich **rechtmäßig in einem Mitgliedstaat** aufhalten, kann gem. Art. 45 Abs. 2 EGRC **auf der Grundlage des AEUV** Freizügigkeit und Aufenthaltsfreiheit gewährt werden.

5420

Im Grundrechtekonvent wurde ursprünglich über eine Erstreckung der Gewährleistung auch auf Drittstaatsangehörige diskutiert, doch entschied man sich für eine parallele Ausgestaltung zu **Art. 21 AEUV**. Insoweit ist Art. 45 Abs. 2 EGRC ein überflüssiger Hinweis auf die Regelungen im Rahmen des AEUV. Doch wurde der Erwähnung der Drittstaatsangehörigen politische Signalwirkung beigemessen.[834]

5421

Regelungen über die Freizügigkeit und die Aufenthaltsfreiheit von **Drittstaatsangehörigen** sind zum einen auf der **Grundlage** der **Art. 77 AEUV** und **78 AEUV**

5422

---

[829] *Magiera*, in: Meyer/Hölscheidt, Art. 45 Rn. 7; *Kubicki*, EuR 2006, 489 (490).
[830] *Schöbener*, in: Stern/Sachs, Art. 45 Rn. 16; *Wollenschläger*, Grundfreiheit ohne Markt, 2007, S. 148.
[831] In diese Richtung auch *Hatje*, in: Schwarze/Becker/Hatje/Schoo, Art. 21 AEUV Rn. 14.
[832] EuGH, Rs. C-200/02, ECLI:EU:C:2004:639 (Rn. 20) – Zhu u. Chen; Rs. C-76/05, ECLI:EU:C:2007:492 (Rn. 90) – Schwarz u. Gootjes-Schwarz. Diese Frage wird in der deutschen Grundrechtsdogmatik unter dem Stichwort der „Grundrechtsmündigkeit" diskutiert.
[833] EuGH, Rs. C-709/20, ECLI:EU:C:2021:602 (Rn. 87) – CG; näher u. Rn. 5572.
[834] *Barriga*, Die Entstehung der Charta der Grundrechte der Europäischen Union, 2003, S. 142.

erlassen worden.[835] Zum anderen existieren auf der Grundlage von Art. 21 AEUV besondere Aufenthalts- und Freizügigkeitsregelungen für die Familienangehörigen von Unionsbürgerinnen und Unionsbürgern.[836]

II. Freie Bewegung und freier Aufenthalt

1. Einheitliches Grundrecht der Freizügigkeit

5423 Nach dem Wortlaut des Art. 45 Abs. 1 EGRC haben alle Unionsbürgerinnen und Unionsbürger das Recht, sich im Hoheitsgebiet der Mitgliedstaaten frei zu bewegen und aufzuhalten. Der Begriff „**Hoheitsgebiet**" verweist auf den **Geltungsbereich des Vertrags** gem. Art. 52 Abs. 1 EUV[837] und nicht auf den völkerrechtlichen Begriff.[838] Dies ergibt sich mittelbar aus **Art. 51 Abs. 1 S. 1 EGRC**, wonach die EGRC ausschließlich bei der Durchführung des Rechts der Union gilt.

5424 Art. 45 Abs. 2 EGRC unterscheidet, wie schon die Artikelüberschrift, zwischen Freizügigkeit und Aufenthaltsfreiheit und verwendet den Begriff der Freizügigkeit damit enger, als dies etwa in Art. 11 GG der Fall ist.[839] In dem deutschen Grundrecht bildet die Freizügigkeit den Oberbegriff für die Teilgewährleistungen der Bewegungs- und der Aufenthaltsfreiheit.[840] In Art. 45 Abs. 2 EGRC steht die **Freizügigkeit** dagegen **nur** für die **Bewegungsfreiheit**. Da diese aber **mit dem Aufenthaltsrecht enge Berührungspunkte** hat und oft beide Freiheiten ineinander übergehen, handelt es sich letztlich um ein **einheitliches Grundrecht der Freizügigkeit**.[841]

2. Geschützte Bestandteile

5425 Geschützt sind zum einen die **Einreise** in einen anderen Mitgliedstaat und gleichzeitig auch die damit verbundene **Ausreise** aus dem Heimatstaat.[842] Zum anderen sind **Bewegung und Aufenthalt innerhalb des Zielstaates** vom Schutzbereich

---

[835] Zum Grundrecht auf Asyl näher Rn. 1297 ff.
[836] Vgl. etwa Art. 6 Abs. 2 RL 2004/38/EG, ABl. 2004 I 158, S. 77 (Recht auf Aufenthalt bis zu drei Monaten für Familienangehörige einer Unionsbürgerin bzw. eines Unionsbürgers); näher dazu u. Rn. 5448 ff.
[837] *Jarass/Kment*, § 38 Rn. 7; *Klatt*, in: v. der Groeben/Schwarze/Hatje, Art. 45 EGRC Rn. 5; *Schöbener*, in: Stern/Sachs, Art. 45 Rn. 12.
[838] A.A. (für den Anwendungsbereich des Art. 21 AEUV) *Nettesheim*, in: Grabitz/Hilf/Nettesheim, Art. 21 Rn. 19, nunmehr aber auch unter Verweis auf Art. 52 EUV iVm Art. 355 AEUV.
[839] S. dazu auch *Scheuing*, EuR 2003, 744 (745).
[840] Vgl. nur *Kunig/Graf v. Kielmansegg*, in: v. Münch/Kunig, GGK I, Art. 11 Rn. 27 ff.
[841] *Schöbener*, in: Stern/Sachs, Art. 45 Rn. 5.
[842] *Jarass/Kment*, § 38 Rn. 6.

erfasst.⁸⁴³ Dazu gehört die vorübergehende oder auch dauerhafte Verlegung des Wohnsitzes in einen anderen Mitgliedstaat ebenso wie das begrenzte Verweilen etwa für Ausbildungszwecke.⁸⁴⁴

3. Bewegungsfreiheit

Durch die Teilgewährleistung der Bewegungsfreiheit wird nicht jeder Fortbewegungsvorgang geschützt. Vielmehr muss der **Fortbewegung** eine **gewisse Bedeutung** zukommen, sie muss **etwa** einen **Ortswechsel** beinhalten.⁸⁴⁵ Zur Geltendmachung des Aufenthaltsrechts ist nach der Rechtsprechung des EuGH allerdings ein tatsächlicher **Grenzübertritt nicht erforderlich**. So hat der Gerichtshof den **Erwerb** der irischen **Staatsbürgerschaft** eines Kindes chinesischer Eltern in der Rechtssache *Zhu und Chen* ausreichen lassen, um für das Kind den Schutzbereich des Art. 21 AEUV zu eröffnen. Das Geltendmachen des Rechts aus Art. 21 AEUV setzt danach nicht voraus, dass die Unionsbürgerin bzw. der Unionsbürger tatsächlich von Mitgliedstaat zu Mitgliedstaat gereist ist.⁸⁴⁶ Die für die Anwendbarkeit der Personenverkehrsfreiheiten erforderliche Grenzüberschreitung hat der EuGH im Fall des Art. 21 AEUV durch die bloße Tatsache einer mitgliedstaatlichen Staatsangehörigkeit ersetzt.⁸⁴⁷

5426

Ähnlich hat der EuGH im Fall eines in Belgien ansässigen Ehepaares entschieden, das den Nachnamen seiner Kinder wie in Spanien, dem Herkunftsstaat der Ehefrau üblich, aus den Nachnamen beider Elternteile zusammensetzen wollte. Für die Eröffnung des Schutzbereichs des Art. 21 AEUV hat es der Gerichtshof ausreichen lassen, dass die Kinder die **Staatsbürgerschaft eines anderen Mitgliedstaates** besaßen.⁸⁴⁸ Fest etabliert ist daher ein Bezug zum Unionsrecht für Personen, die Angehörige eines Mitgliedstaats sind und sich rechtmäßig im Hoheitsgebiet eines anderen Mitgliedstaats aufhalten.⁸⁴⁹ Auch bei der Frage eines sozialen Familienexistenzminimums war dies der Ansatzpunkt, wobei sich der rechtmäßige Aufenthalt aus der Anerkennung eines solchen Rechts durch einen Mitgliedstaat ergab, obwohl der EU sekundärrechtliche Voraussetzungen nicht vorlagen.⁸⁵⁰

5427

---

⁸⁴³ *Jarass/Kment*, § 38 Rn. 6 f.

⁸⁴⁴ *Schöbener*, in: Stern/Sachs, Art. 45 Rn. 13; *Jarass/Kment*, § 38 Rn. 7.

⁸⁴⁵ *Bode*, Europarechtliche Gleichbehandlungsansprüche Studierender und ihre Auswirkungen in den Mitgliedstaaten, 2005, S. 214; zur Diskussion um die Eingrenzung des Schutzbereichs des deutschen Grundrechts aus Art. 11 GG vgl. *Kunig/Graf v. Kielmansegg*, in: v. Münch/Kunig, GGK I, Art. 11 Rn. 29 ff.

⁸⁴⁶ EuGH, Rs. C-200/02, ECLI:EU:C:2004:639 (Rn. 18 f.) – Zhu u. Chen.

⁸⁴⁷ *Kubicki*, EuR 2006, 489 (493) sieht darin ein Hervorheben der eigenständigen Bedeutung des Art. 21 AEUV.

⁸⁴⁸ EuGH, Rs. C-148/02, ECLI:EU:C:2003:539 (Rn. 27) – Garcia Avello.

⁸⁴⁹ EuGH, Rs. C-541/15, ECLI:EU:C:2017:432 (Rn. 34) – Freitag.

⁸⁵⁰ EuGH, Rs. C-709/20, ECLI:EU:C:2021:602 (Rn. 87 f.) – CG.

4. Wahrnehmung in der EU

5428   Der Wortlaut des Art. 45 EGRC beschränkt die Rechte auf eine Wahrnehmung im Hoheitsgebiet der Mitgliedstaaten. Demnach ist die **Ausreise aus dem Unionsgebiet nicht geschützt**.[851] Hingegen ist die **Einreise aus** einem **Drittstaat** in einen **Mitgliedstaat** vom Schutzbereich **erfasst**. Denn sie ist nach einem Aufenthalt in einem Drittstaat etwa im Rahmen einer Urlaubsreise notwendige Voraussetzung für die Wahrnehmung des Freizügigkeitsrechts innerhalb des Gebietes der EU.[852]

III. Zusammenwirken mit Art. 18 AEUV

1. Entwicklung der Rechtsprechung

5429   Der EuGH hat den Anwendungsbereich des Art. 21 AEUV durch eine Verknüpfung mit dem allgemeinen Diskriminierungsverbot des Art. 18 AEUV ausgedehnt. Am Anfang dieser Ausweitung standen die Entscheidungen *Martinéz Sala* und *Grzelczyk*. Hierin hat der Gerichtshof Unionsbürgerinnen und Unionsbürgern ein **Teilhaberecht an den Sozialleistungen** anderer Mitgliedstaaten zugesprochen, allerdings nicht im Sinne eines generellen Anspruchs auf Sozialleistungen. In der Rechtssache *Martinéz Sala* hat der EuGH es als Verstoß gegen Art. 18 AEUV gewertet, dass Ausländer für den Bezug von Leistungen nach dem BErzGG andere Voraussetzungen erfüllen müssen als Inländerinnen und Inländer.[853] „Türöffner" für eine Anwendung des Art. 18 AEUV, der eine Fallkonstellation mit Bezug zum Anwendungsbereich des Vertrages voraussetzt, waren die WanderarbeitnehmerVO (EWG) Nr. 1408/71[854] und die Unionsbürgerschaft. Das Freizügigkeitsrecht wurde (noch) nicht herangezogen.

5430   In der Rechtssache *Grzelczyk* griff der Gerichtshof ausdrücklich auf Art. 21 AEUV zurück, um den Anwendungsbereich des Art. 18 AEUV zu öffnen. Er wertete jede Ausübung der Grundfreiheiten einschließlich des **Rechts aus Art. 21 AEUV** als **Situation**, die in den sachlichen Anwendungsbereich des **allgemeinen Diskriminierungsverbots** fällt. Deshalb muss eine studierende Person, die sich zum Studium in einem anderen Mitgliedstaat rechtmäßig aufhält, dort unter denselben Bedingungen Sozialhilfe erhalten wie die Studierenden des Aufnahmestaats.[855] Gleichzeitig ist es nach dem EuGH jedoch zulässig, wegen der Inanspruchnahme

---

[851] *Jarass/Kment*, § 38 Rn. 6.
[852] So auch *Jarass/Kment*, § 38 Rn. 6.
[853] EuGH, Rs. C-85/96, ECLI:EU:C:1998:217 (Rn. 63 ff.) – Martinéz Sala.
[854] Des Rates vom 14.6.1971 zur Anwendung der Systeme der sozialen Sicherheit auf Arbeitnehmerinnen und Arbeitnehmer und deren Familien, die innerhalb der Gemeinschaft zu- und abwandern (WanderarbeitnehmerVO), ABl. 1971 L 149, S. 2, zuletzt geändert durch VO (EG) Nr. 592/2008, ABl. 2008 L 177, S. 1.
[855] EuGH, Rs. C-184/99, ECLI:EU:C:2001:458 (Rn. 46) – Grzelczyk.

von Sozialhilfe den Aufenthalt der studierenden Person zu beenden. Dies bedarf jedoch einer Einzelfallprüfung und kann nicht automatische Folge des Sozialhilfebezugs sein.[856]

Das Aufenthaltsrecht aus Art. 21 AEUV kann sogar ausgeschlossen sein, wenn eine **Person nicht** über **ausreichende Existenzmittel** verfügt. Damit erhebt der EuGH die sekundärrechtlich verankerte Voraussetzung ausreichender Existenzmittel zur möglichen Voraussetzung für das Bestehen des Rechts aus Art. 21 AEUV. Es kann dann ausgeschlossen werden, wie der EuGH im *CG*-Urteil entschied.[857] Das obliegt aber den Mitgliedstaaten. Schließen diese die Unionsbürgerinnen und Unionsbürger wegen nicht ausreichender Aufenthaltsdauer und damit mangelnder Integration entsprechend dem EU-Sekundärrecht von Sozialleistungen aus, liegt hier kein Verstoß gegen Art. 21 AEUV vor. Erkennen sie allerdings ein Aufenthaltsrecht an, auch wenn die durch EU-Sekundärrecht aufgestellten Bedingungen nicht gegeben sind, muss dieses Recht etwa für Sozialleistungen zugrunde gelegt werden. Daher ist dann ein grundrechtlicher Anspruch auf Wahrung des sozialen Existenzminimums einzuhalten. Der **unionsrechtliche Bezug** ergibt sich allein daraus, dass die Person die **Staatsangehörigkeit eines anderen Mitgliedstaates** hat und das allgemeine Freizügigkeitsrecht in Rede steht.[858]

5431

Aus Entscheidungen des EuGH ist teilweise ein Recht der Unionsbürgerinnen und Unionsbürger auf vollständige Gleichstellung mit den Staatsangehörigen des jeweiligen Aufnahmestaats abgeleitet worden.[859] Andere haben die Rechtsprechung des EuGH kritisiert. Im Blickfeld stand hier vor allem die Begründung für die Anwendung des Art. 18 AEUV[860] sowie das Außerachtlassen sekundärrechtlicher Regelungen.[861] Umgekehrt wird die weite Anwendung des Art. 18 AEUV als notwendige Folge der fehlenden Zweckgebundenheit des Freizügigkeitsrechts betrachtet.[862] Ein vermittelnder Ansatz geht dahin, den Anwendungsbereich des Art. 18 AEUV i. V. m. Art. 21 AEUV durch das Erfordernis einer spezifischen Beeinträchtigung des Freizügigkeitsrechts zu beschränken. So soll der Anwendungsbereich des Art. 18 AEUV nur eröffnet sein, wenn die Beeinträchtigung eines grundrechtlich geschützten Interesses im Aufnahmestaat vorliegt, die geeignet ist, die Unionsbürgerin bzw. den Unionsbürger von der Ausübung seines Freizügigkeitsrechts abzuhalten.[863]

5432

---

[856] EuGH, Rs. C-184/99, ECLI:EU:C:2001:458 (Rn. 42 f.) – Grzelczyk.
[857] EuGH, Rs. C-709/20, ECLI:EU:C:2021:602 (Rn. 65 ff., 76 ff.) – CG.
[858] EuGH, Rs. C-709/20, ECLI:EU:C:2021:602 (Rn. 87 ff.) – CG.
[859] *Nettesheim*, in: Grabitz/Hilf/Nettesheim, Art. 21 AEUV Rn. 2; *Pechstein/Bunk*, EuGRZ 1997, 547 (553); *Borchardt*, NJW 2000, 2057 (2060); *Scheuing*, EuR 2003, 744 (785 f.); *Staeglich*, ZEuS 2003, 485 (515 f.)
[860] *Bode*, EuZW 2003, 552 (556 f.); *dies.*, EuZW 2005, 279 (280); *Sander*, DVBl 2005, 1014 (1018).
[861] *Bode*, EuZW 2005, 279 (281); *Hailbronner*, NJW 2004, 2185 (2186 f.).
[862] So *Kubicki*, EuR 2006, 489 (501 f.).
[863] Vgl. *v. Papp*, Die Integrationswirkung von Grundrechten in der Europäischen Gemeinschaft, 2007, S. 160 ff., 192 ff.

2. Spezifischer Gewährleistungsgehalt und Vorrang des Art. 21 AEUV

5433 Der Schutzbereich des Art. 21 AEUV ist im Vergleich zu den Personenverkehrsfreiheiten offen und von wirtschaftlicher Betätigung losgelöst. Diese Offenheit bedeutet aber nicht, dass sämtliche Vorgänge, die in irgendeinem Zusammenhang mit der Ausübung des Freizügigkeitsrechts stehen, von Art. 21 AEUV umfasst werden. Auch eine Verknüpfung mit dem allgemeinen Diskriminierungsverbot aus Art. 18 AEUV kann diese thematische Begrenzung sowie den Unterschied zu den wirtschaftsbezogenen Grundfreiheiten nicht überspielen. Ein genereller **Anspruch auf vollständige Gleichbehandlung** mit den Staatsangehörigen des Aufnahmestaates kann deshalb aus Art. 21 AEUV nicht abgeleitet werden.[864]

5434 Vielmehr ist zu **differenzieren**. Der Herkunftsstaat darf an die Wahrnehmung des Freizügigkeitsrechts keine negativen Folgen knüpfen. Im Verhältnis zum Aufnahmestaat **verbietet** das **Art. 21 AEUV** innewohnende spezielle Diskriminierungsverbot eine **Schlechterstellung** gegenüber den eigenen Staatsangehörigen, soweit **der spezifische Gewährleistungsgehalt des Freizügigkeitsrechts** betroffen ist. Die Gewährung von **Sozialleistungen** ist davon **nicht** erfasst. Für die wirtschaftlichen Grundlagen der Ausübung des Freizügigkeitsrechts muss die jeweilige Unionsbürgerin bzw. der jeweilige Unionsbürger grundsätzlich selbst sorgen.[865] Etwas anderes gilt nur bei einer vollen Integration, nicht aber zur Gewährleistung eines Mindesteinkommens bzw. eines bedingungslosen Grundeinkommen.[866] Wird allerdings das soziale Existenzminium tangiert, kann aus den Grundrechten ein Leistungsanspruch gegen den Aufenthaltsstaat folgen – aber begründet durch ein bestehendes anerkanntes Aufenthaltsrecht. Dieses ist also Voraussetzung, ansonsten hätte die Leistung verweigert werden dürfen.[867] Zudem ging es nur um eine unabdingbare Basisleistung, die nicht aus Art. 21 AEUV folgte, sondern aus grundrechtlichen Basisgewährleistungen, an erster Stelle Art. 1 EGRC.[868]

5435 Das allgemeine Diskriminierungsverbot des Art. 18 AEUV ist gegenüber **speziellen Diskriminierungsverboten**, wie sie etwa in den **Grundfreiheiten** enthalten sind, subsidiär.[869] Dies gilt **auch im Hinblick auf das Freizügigkeitsrecht** aus Art. 21 AEUV. Da dieses Recht selbst und unmittelbar gegen Diskriminierungen

---

[864] So schon *Frenz*, Europarecht 1, Rn. 4108 ff.; *Bode*, Europarechtliche Gleichbehandlungsansprüche Studierender und ihre Auswirkungen in den Mitgliedstaaten, 2005, S. 255 f.

[865] Dies schließt eine darüber hinausgehende Regelung im Sekundärrecht allerdings nicht aus. So gewährt die FreizügigkeitsRL 2004/38/EG in Art. 24 Abs. 1 i. V. m. Art. 24 Abs. 2 einen Anspruch auf Sozialleistungen für die Unionsbürgerinnen und Unionsbürger mit Daueraufenthaltsrecht, näher dazu u. Rn. 5509 ff.

[866] *Nettesheim*, in: Grabitz/Hilf/Nettesheim, Art. 21 AEUV Rn. 4.

[867] EuGH, Rs. C-709/20, ECLI:EU:C:2021:602 (Rn. 87) – CG.

[868] EuGH, Rs. C-709/20, ECLI:EU:C:2021:602 (Rn. 89, 92) – CG.

[869] *Frenz*, Europarecht 1, Rn. 3919.

bei Ausübung der Freizügigkeit schützt,[870] ist es gegenüber dem allgemeinen Diskriminierungsverbot lex specialis.[871] Deshalb ist ein Rückgriff auf das allgemeine Diskriminierungsverbot des Art. 18 AEUV schon aus Subsidiaritätsgründen gesperrt.[872]

IV. Anwendung auch auf Inlandssachverhalte

1. Kongruenz mit den Grundfreiheiten?

Ob die Gewährleistung des Art. 45 EGRC auch bei Maßnahmen eines Mitgliedstaates gegenüber seinen eigenen Staatsangehörigen eingreift, ist umstritten. Art. 45 EGRC solle kein von den mitgliedstaatlichen Bürgerrechten unabhängiges Recht auf Bewegung und Aufenthalt begründen.[873] Weiterhin wird eine Parallele zu den Grundfreiheiten gezogen, die einen grenzüberschreitenden Bezug erforderten, welcher in den Inlandsfällen fehle.[874] Diese Argumentation setzt eine Kongruenz von Art. 45 EGRC und den Grundfreiheiten voraus, ohne geklärt zu haben, inwieweit diese überhaupt gegeben ist. Aus Art. 52 Abs. 2 EGRC folgt nur, dass der Inhalt des Rechts aus Art. 45 EGRC sich am Gehalt des Bürgerrechts aus Art. 21 AEUV orientiert.

5436

Anders als bei den Personenverkehrsfreiheiten ist dem **Wortlaut von Art. 45 EGRC das Erfordernis eines grenzüberschreitenden Bezugs nicht zu entnehmen**.[875] Vielmehr sind die Unionsbürgerinnen und Unionsbürger ohne weitere Einschränkung als Berechtigte genannt, deren freie Bewegung und freier Aufenthalt im Hoheitsgebiet aller Mitgliedsstaaten und nicht nur im Hoheitsgebiet eines anderen Mitgliedstaates geschützt ist. Dass das allgemeine Freizügigkeitsrecht des Art. 21 AEUV im Verhältnis zu den speziellen Personenverkehrsfreiheiten subsidiär ist und nur dann eingreift, wenn eine spezielle wirtschaftliche Zwecksetzung fehlt, spricht nicht notwendig gegen eine Anwendung des Art. 45 EGRC auch auf Inlandssach-

5437

---

[870] Vgl. EuGH, Rs. C-224/98, ECLI:EU:C:2002:432 (Rn. 30) – D'Hoop; *Frenz*, Europarecht 1, Rn. 4106. Gegen den Rückgriff auf die grundfreiheitlichen Kategorien des Diskriminierungs- und des Beschränkungsverbots *Kubicki*, EuR 2006, 489 (494 f.).

[871] A.A. *Kluth*, in: Calliess/Ruffert, Art. 21 AEUV Rn. 7, der das allgemeine Diskriminierungsverbot für anwendbar hält, weil Art. 21 AEUV selbst die Inländerinnen- und Inländergleichbehandlung nicht ausdrücklich anordnet.

[872] A.A. *Wollenschläger*, Grundfreiheit ohne Markt, 2007, S. 231 ff.; *Kokott*, in: FS für Tomuschat, 2006, S. 207 (217 ff.).

[873] *Schöbener*, in: Stern/Sachs, Art. 45 Rn. 17.

[874] *Kadelbach*, in: Ehlers (Hrsg.), Europäische Grundrechte und Grundfreiheiten, 2014, § 26 Rn. 41.

[875] Vgl. Art. 49 Abs. 1 AEUV: „Die Beschränkungen der freien Niederlassung von Staatsangehörigen eines Mitgliedstaates im Hoheitsgebiet eines anderen Mitgliedstaates sind nach Maßgabe der folgenden Bestimmungen verboten"; Art. 56 Abs. 1 AEUV: „Die Beschränkungen des freien Dienstleistungsverkehrs innerhalb der Union für Angehörige der Mitgliedstaaten, die in einem anderen Staat als dem des Leistungsempfängers ansässig sind, sind nach Maßgabe der folgenden Bestimmungen verboten."

verhalte. Ein Wertungswiderspruch liegt hierin nicht.[876] Subsidiäre Gewährleistungen sind typischerweise weitergehend als die speziellen Ausformungen; das bedingt ihr **Auffangcharakter**.[877]

2. Beschränkung von Art. 21 AEUV auf grenzüberschreitende Sachverhalte nach dem EuGH

5438 Der EuGH beschränkt den Schutzbereich des Freizügigkeitsrechts aus Art. 21 AEUV allerdings auf grenzüberschreitende Sachverhalte, d. h. auf **Bewegung und Aufenthalt** in einem **anderen** als dem **Staat**, dessen Staatsangehörigkeit die jeweilige Unionsbürgerin bzw. der jeweilige Unionsbürger besitzt.[878] Im Zusammenhang mit der **Unionsbürgerschaft** hat der Gerichtshof festgestellt, dass diese **nicht bezweckt**, den sachlichen Anwendungsbereich des **Vertrages auf interne Sachverhalte** auszudehnen, die keinerlei Bezug zum Unionsrecht aufweisen.[879] Bei der Bejahung dieses Unionsrechtsbezugs verfährt der EuGH allerdings eher großzügig. So hat er einen solchen allein aufgrund eines **Wohnsitzes** in einem **anderen Mitgliedstaat** angenommen, obwohl die Union für das einschlägige Rechtsgebiet keine Zuständigkeit besaß.[880]

5439 Die Einschränkung auf grenzüberschreitende Sachverhalte hat der **EuGH** mithin von den Grundfreiheiten auf die Unionsbürgerrechte übertragen. In der Konsequenz hat er **Bewegung und Aufenthalt in dem Mitgliedstaat, dessen Staatsangehörigkeit** die jeweilige Unionsbürgerin bzw. der jeweilige Unionsbürger besitzt, ausdrücklich aus dem Schutzbereich des Art. 21 AEUV **ausgenommen**. Hintergrund war die Klage eines deutschen Staatsangehörigen gegen die steuerliche Nichtberücksichtigung von Unterhaltsleistungen, die er an seine in Österreich lebende geschiedene Ehefrau zahlte.[881] Der Kläger wollte diese als Sonderausgaben von seinem steuerpflichtigen Einkommen absetzen. Nach deutschem Steuerrecht war die Geltendmachung dieser Zahlungen als Sonderausgaben an eine Bescheinigung der Steuerbehörden des Wohnsitzstaates der Unterhaltsempfängerin bzw. des Unterhaltsempfängers geknüpft. Nach österreichischem Recht waren Unterhaltsleistungen

---

[876] So aber *Kadelbach*, in: Ehlers (Hrsg.), Europäische Grundrechte und Grundfreiheiten, 2014, § 26 Rn. 41.

[877] Vgl. dazu das Konkurrenzverhältnis der deutschen Grundrechte aus Art. 12 GG und Art. 11 GG. So werden beruflich bedingte Residenzpflichten dem Art. 12 als Spezialregelung zugeordnet, *Jarass*, in: Jarass/Pieroth, Art. 12 Rn. 18; *Scholz*, in: Dürig/Herzog/Scholz, GG, Art. 12 Rn. 200 f.

[878] EuGH, Rs. C-709/20, ECLI:EU:C:2021:602 (Rn. 84) – CG.

[879] EuGH, Rs. C-148/02, ECLI:EU:C:2003:539 (Rn. 26) – Garcia Avello; Rs. C-64 u. 65/96, ECLI:EU:C:1997:285 (Rn. 23) – Uecker u. Jacquet; Rs. C-370/13, ECLI:EU:C:2014:2033 (Rn. 32) – Teisseyre und Teisseyre.

[880] EuGH, Rs. C-148/02, ECLI:EU:C:2003:539 (Rn. 25, 27) – Garcia Avello; Rs. C-398/19, ECLI:EU:C:2020:1032 (Rn. 29) – Generalstaatsanwaltschaft Berlin; Rs. C-541/15, ECLI:EU:C:2017:432 (Rn. 34) – Freitag.

[881] EuGH, Rs. C-403/03, ECLI:EU:C:2005:446 – Schempp.

jedoch nicht steuerpflichtig und auch nicht abzugsfähig, sodass der Kläger die erforderliche Bescheinigung nicht vorlegen konnte. Zwar hat der EuGH den Umzug der geschiedenen Ehefrau nach Österreich im Rahmen der Prüfung des Art. 18 AEUV als ausreichenden Unionsrechtsbezug gewertet und insoweit das Vorliegen eines rein internen Sachverhalts verneint.[882] Jedoch hat der Gerichtshof klargestellt, dass der Kläger sich auf Art. 21 AEUV nicht berufen könne, da sein Recht, sich in anderen Mitgliedstaaten frei zu bewegen und aufzuhalten, durch die einschlägige steuerliche Regelung nicht beeinträchtigt werde.[883]

Allerdings hat der EuGH diese Einschränkung des Schutzbereichs des Art. 21 AEUV bislang nicht näher begründet. Doch sprechen sowohl der Wortlaut des Art. 21 AEUV als auch die Anknüpfung des Freizügigkeitsrechts an die Unionsbürgerschaft gegen eine Beschränkung des Schutzbereichs auf grenzüberschreitende Sachverhalte.[884] Aus diesen Gründen ist gegen den EuGH davon auszugehen, dass **Art. 45 EGRC auch bei Inlandssachverhalten** eingreift, d. h. im Verhältnis eines Mitgliedstaates zu seinen eigenen Staatsangehörigen.[885] Im Zusammenhang mit der Unionsbürgerschaft hat der EuGH festgestellt, dass diese nicht bezweckt, den sachlichen Anwendungsbereich des Vertrags auf interne Sachverhalte auszudehnen, die keinerlei Bezug zum Unionsrecht aufweisen.[886] Immerhin hat der EuGH im Urteil Zambrano einen „Kernbestand der Rechte" angenommen, die ihnen der Unionsbürgerstatus verleiht.[887] Zu diesen Unionsbürgerrechten gehört nach dem Urteil McCarthy auch Art. 21 AEUV.[888] Ein **Kernbestand an Rechten** ist also unabdingbar und kann daher nicht davon abhängen, ob ein Inlands- oder Auslandssachverhalt vorliegt.[889]

5440

V. Einbeziehung sekundärrechtlicher Ausgestaltungen

Art. 21 AEUV gewährt das Recht auf freie Bewegung und Aufenthalt **vorbehaltlich der im Vertrag und in den Durchführungsvorschriften vorgesehenen Beschrän-**

5441

---

[882] EuGH, Rs. C-403/03, ECLI:EU:C:2005:446 (Rn. 22 ff.) – Schempp.
[883] EuGH, Rs. C-403/03, ECLI:EU:C:2005:446 (Rn. 43) – Schempp; s. auch Rn. 5555.
[884] *Frenz*, Europarecht 1, Rn. 4039.
[885] *Hatje*, in: Schwarze/Becker/Hatje/Schoo, Art. 21 AEUV Rn. 9; wohl auch *Nettesheim*, in: Grabitz/Hilf/Nettesheim, Art. 21 AEUV Rn. 20; Schulz, Freizügigkeit für Unionsbürger, 1997, S. 82 ff.; *Borchardt*, NJW 2000, 2057 (2059); *Scheuing*, EuR 2003, 744 (768); *Ziekow*, in: Dörr (Hrsg.), Ein Rechtslehrer in Berlin, 2004, S. 101 (112); *Haag*, in: v. der Groeben/Schwarze/Hatje, Art. 21 AEUV Rn. 28.
[886] U. a. EuGH, Rs. C-499/06, ECLI:EU:C:2008:300 (Rn. 25) – Nerkowska.
[887] EuGH, Rs. C-34/09, ECLI:EU:C:2011:124 (Rn. 42) – Gerardo Ruiz Zambrano unter Verweis bereits auf EuGH, Rs. C-135/08, ECLI:EU:C:2010:104 (Rn. 42) – Rottman; Rs. C-165/14, ECLI:EU:C:2016:675 (Rn. 71, 74) – Rendón Marín; Rs. C-451 u. 532/19, ECLI:EU:C:2022:354 (Rn. 45) – Subdelegación del Gobierno en Toledo.
[888] EuGH, Rs. C-434/09, ECLI:EU:C:2011:277 (Rn. 48) – McCarthy.
[889] *Frenz*, Europarecht 1, Rn. 4039.

kungen und Bedingungen. Damit sind die Vorschriften des Sekundärrechts angesprochen. Soweit hierin Bedingungen für die Ausübung des Freizügigkeitsrechts festgelegt sind, wie etwa das Vorhandensein ausreichender Existenzmittel und ausreichenden Krankenversicherungsschutzes,[890] stellt sich die Frage, inwieweit diese Bedingungen auch im Rahmen des Art. 45 Abs. 1 EGRC relevant sind.

5442 Nach der Kongruenzregel des **Art. 52 Abs. 2 EGRC** erfolgt die Ausübung der durch die Charta anerkannten Rechte, die im AEUV begründet sind, im Rahmen der darin, also in der jeweiligen Entsprechungsnorm des AEUV, festgelegten Bedingungen und Grenzen. Nicht eindeutig ist, wie dieser Verweis im Hinblick auf Ausgestaltungsvorschriften des Sekundärrechts auszulegen ist. Geht man von einer engen Auslegung aus, verweist der Wortlaut nur auf die im Vertrag selbst, also primärrechtlich, begründeten Regelungen. Ausgestaltungen durch Richtlinien oder Verordnungen würden durch diesen Verweis nicht miterfasst und wären für die Bestimmung des Schutzbereichs des Art. 45 Abs. 1 EGRC nicht von Bedeutung.[891]

5443 Versteht man den Verweis in einem umfassenden Sinne, dann ist er nicht auf die primärrechtlichen Regelungen beschränkt, sondern erfasst die Verweisungsnorm als Ganzes. Dann sind aber die Ausgestaltungen durch das Sekundärrecht mit einzubeziehen.[892]

5444 Das Freizügigkeitsrecht des **Art. 21 AEUV** wird **maßgeblich durch Sekundärrecht ausgestaltet**. D.h. inwieweit Unionsbürgerinnen sowie Unionsbürger und ihre Familienangehörigen zu Einreise und Aufenthalt in anderen Mitgliedstaaten berechtigt sind, ergibt sich nicht bereits aus dem Primärrecht, sondern aus sekundärrechtlichen Vorschriften wie der FreizügigkeitsRL 2004/38/EG.[893] Bestimmt sich der Gehalt eines Rechts aber erst aus der Zusammenschau seiner rechtlichen Ausgestaltung,[894] so muss eine Kongruenzregelung wie die des **Art. 52 Abs. 2 EGRC** diese **Ausgestaltung mit einbeziehen**.[895] Demnach ist bei der Bestimmung der Reichweite des Art. 45 EGRC auch das auf der Grundlage des Art. 21 AEUV erlassene Sekundärrecht zu berücksichtigen.

---

[890] Art. 7 Abs. 1 lit. b) FreizügigkeitsRL 2004/38/EG, ABl. 2004 L 158, S. 77; EuGH, Rs. C-709/20, ECLI:EU:C:2021:602 (Rn. 76 f.) – CG.

[891] *Blanke*, in: Stern/Sachs, Art. 15 Rn. 57.

[892] *Rengeling/Szczekalla*, Rn. 1136; *Streinz*, in: ders., Art. 45 GR-Charta Rn. 1; *Kluth*, in: Calliess/Ruffert, Art. 21 AEUV Rn. 1; *Schöbener*, in: Stern/Sachs, Art. 45 Rn. 39 ff.

[893] ABl. 2004 L 158, S. 77, berichtigt durch ABl. 2004 L 229, S. 35. Ausführlich hierzu sogleich Rn. 5445 ff.

[894] Hier lässt sich eine Parallele zu Art. 14 Abs. 1 S. 2 GG ziehen, der ebenfalls einen Ausgestaltungsvorbehalt durch rangniedrigeres einfaches Gesetzesrecht enthält, vgl. dazu *Bryde/Wallrabenstein*, in: v. Münch/Kunig, GGK I, Art. 14 Rn. 87 ff. Im Unterschied zur Gewährleistung des Art. 21 AEUV ist Art. 14 GG allerdings auf eine Ausgestaltung durch den einfachen Gesetzgeber angewiesen.

[895] *Krämer/Ladenburger*, in: Stern/Sachs, Art. 52 Rn. 60 ff.

C. Sekundärrechtliche Konkretisierung durch die FreizügigkeitsRL 2004/38/EG

I. Systematik

Die RL 2004/38/EG[896] über das Recht der Unionsbürgerinnen, Unionsbürger und ihrer Familienangehörigen, sich im Hoheitsgebiet der Mitgliedstaaten frei zu bewegen und aufzuhalten, hat das zuvor bestehende bereichsspezifische Sekundärrecht[897] abgelöst und regelt die Freizügigkeit der Unionsbürgerinnen und Unionsbürger in einem einheitlichen Rechtsakt.[898] Damit sorgt sie für Transparenz innerhalb des Sekundärrechts,[899] das zuvor von Unübersichtlichkeit geprägt war. Die FreizügigkeitsRL 2004/38/EG unterscheidet jedoch weiterhin zwischen erwerbstätigen und nichterwerbstätigen Unionsbürgerinnen und Unionsbürgern. Ein **einheitlicher Unionsbürgerstatus** besteht somit auch auf der Grundlage der Neuregelung **nicht**.[900]

5445

Die FreizügigkeitsRL 2004/38/EG teilt den **aufenthaltsrechtlichen Status in drei Stufen** ein. Jede Unionsbürgerin und jeder Unionsbürger im Besitz eines Personalausweises oder Reisepasses darf sich in jedem Mitgliedstaat drei Monate lang aufhalten, ohne weitere Voraussetzungen erfüllen zu müssen. Ein Aufenthalt über diese drei Monate hinaus setzt das Vorhandensein ausreichender Existenzmittel und einer umfassenden Krankenversicherung voraus.

5446

Auf der dritten Stufe führt die FreizügigkeitsRL 2004/38/EG ein bislang nicht bestehendes **Daueraufenthaltsrecht** ein, das jede Unionsbürgerin und jedem Unionsbürger nach fünf Jahren ununterbrochenem rechtmäßigem Aufenthalt im Aufnahmestaat zusteht. Mit diesem abgesicherten Aufenthaltsstatus will die FreizügigkeitsRL 2004/38/EG die Integration der Unionsbürgerinnen und Unionsbürger stärken, die sich entschlossen haben, dauerhaft in einem anderen Mitgliedstaat zu leben.[901] Dies wird zusätzlich unterstützt durch ein Gleichbehandlungsrecht, das die daueraufenthaltsberechtigten Unionsbürgerinnen und Unionsbürger mit den Angehörigen des Aufnahmestaates weitgehend gleichstellt.

5447

---

[896] Des Europäischen Parlaments und des Rates vom 29.4.2004 über das Recht der Unionsbürgerinnen bzw. Unionsbürger und ihrer Familienangehörigen, sich im Hoheitsgebiet der Mitgliedstaaten frei zu bewegen und aufzuhalten, zur Änderung der VO Nr. 1612/68 (EWG) und zur Aufhebung der RL 64/221/EWG, 68/360/EWG, 72/194/EWG, 73/148/EWG, 75/34/EWG, 75/35/EWG, 90/364/EWG, 90/365/EWG und 93/96/EWG (FreizügigkeitsRL), ABl. 2004 L 158, S. 77, berichtigt durch ABl. 2004 L 229, S. 35.
[897] Näher *Frenz*, Europarecht 1, Rn. 2436 ff., 3203 ff.; 4181 ff.
[898] Vgl. 4. Erwägungsgrund FreizügigkeitsRL 2004/38/EG.
[899] *Groß*, ZAR 2006, 61 ff.
[900] *Groß*, ZAR 2006, 61 ff.; *Hailbronner*, ZAR 2004, 259 ff.
[901] 17. und 18. Erwägungsgrund FreizügigkeitsRL 2004/38/EG.

II. Berechtigte

5448 Die FreizügigkeitsRL 2004/38/EG[902] richtet sich an Unionsbürgerinnen sowie Unionsbürger und deren Familienangehörige. Unionsbürgerin bzw. Unionsbürger ist nach der Begriffsbestimmung in Art. 2 Nr. 1 FreizügigkeitsRL 2004/38/EG jede Person mit der Staatsangehörigkeit eines Mitgliedstaates.

1. Erweiterung auf Lebenspartner

a) Grundsätzliche Erstreckung

5449 Zu den Familienangehörigen zählen neben den Ehegattinnen und Ehegatten von Unionsbürgerinnen und Unionsbürgern (Art. 2 Nr. 2 lit. a) FreizügigkeitsRL 2004/38/EG) auch die Lebenspartnerinnen und Lebenspartner (Art. 2 Nr. 2 lit. b) FreizügigkeitsRL 2004/38/EG). Dies gilt aber nur unter der einschränkenden Voraussetzung, dass nach den Rechtsvorschriften eines Mitgliedstaates eine eingetragene Partnerschaft besteht, die rechtlich der Ehe gleichgestellt ist, und etwaige rechtliche Bedingungen des Aufnahmemitgliedstaates erfüllt sind (Art. 2 Nr. 2 lit. b) FreizügigkeitsRL 2004/38/EG). Diese Erweiterung des Kreises der Familienangehörigen auch auf nicht eheliche Lebenspartnerinnen und Lebenspartner entspricht einer Forderung der Kommission.[903]

b) Nichteheliche Lebensgemeinschaften

5450 Nach deutschem Recht besteht **keine Möglichkeit**, eine nicht eheliche Lebensgemeinschaft von Mann und Frau **einzutragen**, auch ist sie einer Ehe rechtlich nicht gleichgestellt.[904] Bei der Umsetzung der FreizügigkeitsRL 2004/38/EG in deutsches Recht mussten nicht eheliche Lebenspartnerinnen und Lebenspartner deshalb **nicht** in den Kreis der Familienangehörigen **einbezogen** werden.[905]

c) Gleichgeschlechtliche Lebenspartnerinnen und Lebenspartner

5451 Fraglich ist, ob gleichgeschlechtliche Lebenspartnerinnen und Lebenspartner gem. Art. 2 Nr. 2 lit. b) FreizügigkeitsRL 2004/38/EG als Familienangehörige eingestuft

---

[902] ABl. 2004 L 158, S. 77, berichtigt durch ABl. 2004 L 229, S. 35.

[903] Vgl. Vorschlag für eine RL des Europäischen Parlaments und des Rates über das Recht der Unionsbürgerinnen bzw. Unionsbürger und ihrer Familienangehörigen, sich im Hoheitsgebiet der Mitgliedstaaten frei zu bewegen und aufzuhalten, KOM (2001) 257 endg., Erläuterung Ziff. 2 zu Art. 2.

[904] Sie wird lediglich in einzelnen gesetzlichen Regelungen der Ehe gleichgestellt, vgl. etwa § 563 Abs. 1 BGB – Gesetzliches Eintrittsrecht der Lebenspartnerin bzw. des Lebenspartners in Mietverhältnis.

[905] *Hailbronner*, ZAR 2004, 259 (264).

werden müssen. Dem Wortlaut der FreizügigkeitsRL 2004/38/EG ist nicht zu entnehmen, ob diese Vorschrift sich nur auf nicht eheliche Lebensgemeinschaften von Partnerinnen und Partnern verschiedenen Geschlechts oder auch auf gleichgeschlechtliche Partnerschaften bezieht. Der **Kommissionsvorschlag**, der Grundlage für die FreizügigkeitsRL 2004/38/EG war, hatte schon nach seinem Wortlaut **nur Lebenspartnerschaften von Männern und Frauen** im Blick.[906] Dies wird bestätigt durch die Erläuterungen des Richtlinienvorschlags, in denen die Kommission auf den gesellschaftlichen Wandel und die steigende Anzahl nicht verheirateter Paare („**de-facto-Paare**") hinweist.[907] Dieses Verständnis ist auch der FreizügigkeitsRL 2004/38/EG zugrundezulegen.

Unabhängig davon besteht nach dem deutschen LPartG nicht mehr die Möglichkeit der Eintragung gleichgeschlechtlicher Lebenspartnerschaften (s. § 1 LPartG). 5452

d) Lebenspartnerinnen und Lebenspartner außerhalb der Ehe gleichgestellter Gemeinschaften

Für die (verschiedengeschlechtlichen) Lebenspartnerschaften, die die strengen Voraussetzungen des Art. 2 Nr. 2 lit. b) FreizügigkeitsRL 2004/38/EG nicht erfüllen, statuiert Art. 3 Abs. 2 lit. b) FreizügigkeitsRL 2004/38/EG ein Erleichterungsgebot. Danach sollen die Aufnahmemitgliedstaaten nach Maßgabe ihrer innerstaatlichen Rechtsvorschriften Einreise und Aufenthalt von Lebenspartnerinnen und Lebenspartnern erleichtern. 5453

Allerdings beschränkt die FreizügigkeitsRL 2004/38/EG dieses Gebot auf die Lebenspartnerinnen bzw. Lebenspartner, „mit denen der Unionsbürger eine ordnungsgemäß bescheinigte dauerhafte Beziehung eingegangen ist". Dies setzt voraus, dass in dem jeweiligen Mitgliedstaat ein entsprechendes Verfahren geschaffen wurde. Soweit die Rechtsfigur einer **eingetragenen nicht ehelichen Lebenspartnerschaft** existiert, umfasst diese auch die Lebenspartnerschaft i. S. d. Art. 3 Abs. 2 lit. b) FreizügigkeitsRL 2004/38/EG. 5454

e) Gesetzgebungsauftrag?

Fraglich ist, ob für Mitgliedstaaten, die außer der Ehe keine andere staatlich anerkannte Partnerschaft zwischen Männern und Frauen kennen, wie etwa Deutschland, aus Art. 3 Abs. 2 lit. b) FreizügigkeitsRL 2004/38/EG ein Gesetzgebungsauftrag zur Einführung einer staatlichen Anerkennung nicht ehelicher Partnerschaften abzuleiten ist.[908] Zwar hat die FreizügigkeitsRL 2004/38/EG es sich zum Ziel 5455

---

[906] Vgl. Art. 2 Abs. 2 lit. b) Vorschlag zu einer FreizügigkeitsRL, KOM (2001) 257 endg., wonach zu den „Familienangehörigen" auch die ledigen Lebenspartnerinnen bzw. Lebenspartner gehören, sofern die Rechtsvorschriften des Aufnahmemitgliedstaates die Gleichstellung unverheirateter und verheirateter Paare vorsehen und die darin vorgesehenen Bedingungen erfüllt sind.
[907] Ziff. 2 der Erläuterungen zu Art. 2 des RL-Vorschlags, KOM (2001) 257 endg.
[908] So *Hailbronner*, ZAR 2004, 259 (263).

gesetzt, die Einheit der Familie im weiteren Sinne zu schützen und deshalb auch für Personen, die zwar keine Familienangehörigen der Unionsbürgerin bzw. des Unionsbürgers sind, aber dennoch in einer Nähebeziehung zu ihr bzw. ihm stehen, die Einreise in andere Mitgliedstaaten und den Aufenthalt dort zu erleichtern.[909] Doch geht es **zu weit**, daraus einen **Gesetzgebungsauftrag** abzuleiten. Wäre eine entsprechende Rechtsänderung in den Mitgliedstaaten gewollt, hätte die FreizügigkeitsRL 2004/38/EG dies ausdrücklich formulieren können.

2. Weitere Familienangehörige

5456 Weiterhin gehören zu den Familienangehörigen **Kinder** des Unionsbürgers und seines Ehegatten bzw. seines Lebenspartners, wenn sie unter 21 Jahre alt sind. Jenseits dieser Altersgrenze zählen Kinder zu den Familienangehörigen, wenn ihnen von dem Unionsbürger oder dessen Lebenspartner Unterhalt gewährt wird (Art. 2 Nr. 2 lit. c) FreizügigkeitsRL 2004/38/EG).

5457 Schließlich sind auch die **Eltern** des Unionsbürgers bzw. seines Ehegatten oder Lebenspartners „Familienangehörige" i. S. d. FreizügigkeitsRL 2004/38/EG, wenn ihnen Unterhalt gewährt wird (Art. 2 Nr. 2 lit. d)).

5458 **Einreise und Aufenthalt anderer Familienangehöriger** müssen durch die Mitgliedstaaten **lediglich erleichtert** werden. Und dies nur dann, wenn die Unionsbürgerin bzw. der Unionsbürger diesen im Herkunftsland **Unterhalt gewährt** hat oder mit ihnen in **häuslicher Gemeinschaft** gelebt hat. Dies gilt auch Familienangehörigen gegenüber, die aus schwerwiegenden gesundheitlichen Gründen die **Pflege** der Unionsbürgerin bzw. des Unionsbürgers zwingend brauchen (Art. 3 Abs. 2 UAbs. 1 lit. a) FreizügigkeitsRL 2004/38/EG).

3. Folgen von Tod oder Wegzug des Unionsbürgers

5459 Bei Tod oder Wegzug der Unionsbürgerin bzw. des Unionsbürgers differenziert die Richtlinie zwischen solchen Familienangehörigen, die selbst Unionsbürgerin bzw. Unionsbürger sind, und solchen, die die Staatsangehörigkeit eines Drittstaates besitzen. Für das Aufenthaltsrecht von **Familienangehörigen mit der Staatsangehörigkeit eines Mitgliedstaates** sind **Tod oder Wegzug** der Unionsbürgerin bzw. des Unionsbürgers aufenthaltsrechtlich **ohne Bedeutung**, da sie ein selbstständiges Aufenthaltsrecht besitzen, das nicht an den Status der Unionsbürgerin bzw. des Unionsbürgers anknüpft (Art. 12 Abs. 1 UAbs. 1 FreizügigkeitsRL 2004/38/EG).

5460 Für **Familienangehörige mit der Staatsangehörigkeit eines Drittstaats** führt der **Tod** der Unionsbürgerin bzw. des Unionsbürgers dann **nicht zum Verlust des abgeleiteten Aufenthaltsrechts**, wenn sie sich vor dem **Tod mindestens ein Jahr** lang im Aufnahmemitgliedstaat als Familienangehörige aufgehalten haben (Art. 12

---

[909] 6. Erwägungsgrund FreizügigkeitsRL 2004/38/EG.

Abs. 2 UAbs. 1 FreizügigkeitsRL 2004/38/EG). Daraus resultiert jedoch kein Recht auf Daueraufenthalt; dieser ist vielmehr an eigenständige Voraussetzungen gebunden.[910]

Eine Ausnahme macht die FreizügigkeitsRL 2004/38/EG in Art. 12 Abs. 3 im Hinblick auf die **Kinder** einer verstorbenen oder weggezogenen Unionsbürgerin bzw. eines Unionsbürgers und dem zurückgebliebenen, das elterliche Sorgerecht wahrnehmenden Elternteil. Unabhängig von ihrer Staatsangehörigkeit dürfen die Kinder und der verbliebene Elternteil im Aufnahmemitgliedstaat bleiben, wenn die Kinder sich dort aufhalten und in einer **Bildungseinrichtung zu Ausbildungszwecken** eingeschrieben sind. Dieses Aufenthaltsrecht ist nicht konkret zeitlich begrenzt, gilt aber nur bis zum Abschluss der Ausbildung.

5461

4. Scheidung/Aufhebung der Ehe bzw. der eingetragenen Partnerschaft

Parallel zur Regelung bei **Tod oder Wegzug der Unionsbürgerin bzw. des Unionsbürgers wirkt sich** auch die Scheidung oder Aufhebung der Ehe oder die Beendigung der eingetragenen Partnerschaft mit einer Unionsbürgerin bzw. einem Unionsbürger auf das Aufenthaltsrecht seiner Familienangehörigen **nicht aus, wenn** diese **selbst auch Staatsangehörige eines Mitgliedstaates** sind.

5462

Sind die **Familienangehörigen Angehörige eines Drittstaats**, so führt die Scheidung oder Aufhebung der Ehe oder die Beendigung der eingetragenen Partnerschaft nur unter bestimmten Voraussetzungen **nicht** zum **Verlust des Aufenthaltsrechts**. Dabei ist es ausreichend, **wenn** eine der **vier Alternativen** vorliegt, die in der FreizügigkeitsRL 2004/38/EG genannt sind. Gem. Art. 13 Abs. 2 UAbs. 1 lit. a) FreizügigkeitsRL 2004/38/EG ist insoweit erforderlich, dass die Ehe oder eingetragene Partnerschaft bis zur Einleitung des gerichtlichen Scheidungs- oder Aufhebungsverfahrens oder bis zur Beendigung der eingetragenen Partnerschaft **mindestens drei Jahre bestanden** hat, davon mindestens ein Jahr im Aufenthaltsstaat. Durch diese Vorschrift zur Mindestdauer der Ehe oder Partnerschaft soll der Anreiz, aus aufenthaltsrechtlichen Gründen eine Scheinehe einzugehen, gesenkt werden.[911]

5463

Nach der weiteren Alternative des Art. 13 Abs. 2 UAbs. 1 lit. b) FreizügigkeitsRL 2004/38/EG wird das Aufenthaltsrecht auch nicht beendet, wenn der Ehegattin bzw. dem Ehegatten oder der Lebenspartnerin bzw. dem Lebenspartner mit Drittstaatsangehörigkeit aufgrund einer Vereinbarung der Ehegattinnen und Ehegatten oder Lebenspartnerinnen und Lebenspartner oder durch gerichtliche Entscheidung das **Sorgerecht für die Kinder** der Unionsbürgerin bzw. des Unionsbürgers übertragen wird. In einer weiteren Untergruppe sind die Fälle erfasst, in denen die Fortdauer des Aufenthalts aufgrund **besonderer Umstände** erforderlich ist. In Art. 13 Abs. 2 UAbs. 1 lit. c)

5464

---

[910] S. näher dazu u. Rn. 5481 ff.
[911] Vgl. 28. Erwägungsgrund FreizügigkeitsRL 2004/38/EG.

FreizügigkeitsRL 2004/38/EG werden als Anwendungsbeispiel die Opfer häuslicher Gewalt während der Ehe oder der eingetragenen Partnerschaft genannt.

5465 Schließlich darf auch dann die Beendigung der Ehe oder eingetragener Partnerschaft nicht zum Verlust des Aufenthaltsrechts führen, wenn der Ehegattin bzw. dem Ehegatten oder Lebenspartnerin bzw. Lebenspartner mit Drittstaatsangehörigkeit aufgrund der Vereinbarung der Ehegattinnen und Ehegatten oder Lebenspartnerinnen und Lebenspartner oder durch gerichtliche Entscheidung das **Recht zum persönlichen Umgang mit dem minderjährigen Kind** zugesprochen wird, sofern das Gericht zu der Auffassung gelangt ist, dass der Umgang – solange er für nötig erachtet wird – ausschließlich im Aufnahmemitgliedstaat erfolgen darf (Art. 13 Abs. 2 UAbs. 1 lit. d) FreizügigkeitsRL 2004/38/EG).

5466 Durch diese Regelungen, die dem Familienangehörigen ein von der Unionsbürgerin bzw. dem Unionsbürger unabhängiges Aufenthaltsrecht vermitteln, soll der **Schutz des Familienlebens** sichergestellt werden und auch der Familienangehörige selbst einen gewissen rechtlich geschützten Status erhalten, wenn er sich schon im Aufnahmestaat aufhält.[912] Wäre der Aufenthaltsstatus allein an das Verbleiben der Unionsbürgerin bzw. des Unionsbürgers im Aufnahmestaat geknüpft, würde dies eine enorme Unsicherheit für die Familienangehörigen bedeuten mit entsprechenden Rückwirkungen auf das Freizügigkeitsrecht der Unionsbürgerinnen und Unionsbürger und den Anreiz, davon Gebrauch zu machen.

III. Aufenthaltsrecht bis zu drei Monaten Dauer

5467 Gem. Art. 5 Abs. 1 UAbs. 1 FreizügigkeitsRL 2004/38/EG[913] müssen alle Mitgliedstaaten den Unionsbürgerinnen und Unionsbürgern, die einen gültigen Personalausweis oder Reisepass mit sich führen, und deren Familienangehörigen, die nicht die Staatsangehörigkeit eines Mitgliedstaates besitzen und einen gültigen Reisepass mit sich führen, die **Einreise gestatten**. Es darf weder ein Visum noch eine gleichartige Formalität verlangt werden (Art. 5 Abs. 1 UAbs. 2 FreizügigkeitsRL 2004/38/EG).

5468 Nach der Einreise hat jede Unionsbürgerin bzw. jeder Unionsbürger in jedem anderen Mitgliedstaat ein **Aufenthaltsrecht von bis zu drei Monaten** Dauer. Dazu muss sie bzw. er **keine weiteren Bedingungen oder Formalitäten** erfüllen, außer dem Besitz eines gültigen Personalausweises oder Reisepasses (Art. 6 Abs. 1 FreizügigkeitsRL 2004/38/EG). Dieses Aufenthaltsrecht gilt auch für Familienangehörige, die nicht die Staatsangehörigkeit eines Mitgliedstaates besitzen, und die Unionsbürgerin bzw. den Unionsbürger begleiten oder ihr bzw. ihm nachziehen. Sie müssen lediglich im Besitz eines gültigen Reisepasses sein (Art. 6 Abs. 2 FreizügigkeitsRL 2004/38/EG). Im Hinblick auf dieses zeitlich begrenzte Aufenthaltsrecht haben die Familienangehörigen eine von der Unionsbürgerin bzw. dem Unions-

---

[912] Vgl. 15. Erwägungsgrund FreizügigkeitsRL 2004/38/EG.
[913] ABl. 2004 L 158, S. 77, berichtigt durch ABl. 2004 L 229, S. 35.

bürger abgeleitete Rechtsposition, die von keinen weiteren Voraussetzungen abhängig ist, und inhaltlich dem Recht der Unionsbürgerin bzw. des Unionsbürgers voll entspricht.

IV. Aufenthaltsrecht von über drei Monaten Dauer

Nach Art. 7 FreizügigkeitsRL 2004/38/EG[914] besteht für Unionsbürgerinnen und Unionsbürger unter bestimmten Voraussetzungen auch ein Recht auf Aufenthalt für mehr als drei Monate. Der längere Zeitraum wird nicht weiter zeitlich begrenzt, stellt aber noch kein Recht auf Daueraufenthalt dar. Dieses ist vielmehr in Art. 16 FreizügigkeitsRL 2004/38/EG im Rahmen eines eigenen Kapitels geregelt. Hinsichtlich der Voraussetzungen differenziert Art. 7 Abs. 1 FreizügigkeitsRL 2004/38/EG zwischen vier Alternativen. Diese Regelungen sollen sicherstellen, dass die Unionsbürgerin bzw. der Unionsbürger sich selbst und ihre bzw. seine Familienangehörigen versorgen kann und nicht auf die Sozialsysteme des Aufnahmestaats zurückgreifen muss.[915]

5469

Das Aufenthaltsrecht von über drei Monaten steht einer Unionsbürgerin bzw. einem Unionsbürger zu, wenn sie bzw. er **Arbeitnehmerin bzw. Arbeitnehmer oder Selbstständige bzw. Selbstständiger** im Aufnahmemitgliedstaat ist (Art. 7 Abs. 1 lit. a) FreizügigkeitsRL 2004/38/EG).[916] Weiterhin besteht es unabhängig von einer Erwerbstätigkeit dann, wenn sie bzw. er für sich und ihre bzw. seine Familienangehörigen über **ausreichende Existenzmittel** verfügt, sodass sie während ihres Aufenthalts keine Sozialhilfeleistungen in Anspruch nehmen müssen. Darüber hinaus muss sie bzw. er für sich und ihre bzw. seine Familie über einen **ausreichenden Krankenversicherungsschutz** im aufnehmenden Mitgliedstaat verfügen (Art. 7 Abs. 1 lit. b) FreizügigkeitsRL 2004/38/EG).

5470

Auch wenn eine Unionsbürgerin bzw. ein Unionsbürger sich zu **Ausbildungszwecken**[917] im Aufnahmemitgliedstaat aufhält, steht ihr bzw. ihm ein solches Aufenthaltsrecht zu, wenn sie bzw. er über einen umfassenden Krankenversicherungsschutz im Aufnahmemitgliedstaat verfügt und der zuständigen Behörde durch Erklärung oder ein vergleichbares Mittel glaubhaft macht, dass sie bzw. er sich und ihre bzw. seine Familienangehörigen unterhalten kann (Art. 7 Abs. 1 lit. c) 1. und 2. Spiegelstrich FreizügigkeitsRL 2004/38/EG). Diese Vorschrift ist den Regelungen der RL 93/96/EWG über das Aufenthaltsrecht der Studierenden[918] nachgebildet,

5471

---

[914] ABl. 2004 L 158, S. 77, berichtigt durch ABl. 2004 L 229, S. 35.
[915] Vgl. 10. Erwägungsgrund FreizügigkeitsRL 2004/38/EG.
[916] Die Erwerbstätigeneigenschaft wird in bestimmten Fällen auch dann als fortbestehend betrachtet, wenn die Unionsbürgerin bzw. der Unionsbürger nicht mehr als Arbeitnehmerin bzw. Arbeitnehmer oder Selbstständige bzw. Selbstständiger tätig ist, wie z. B. bei Krankheit oder Arbeitslosigkeit (Art. 7 Abs. 3 lit. a)-d) FreizügigkeitsRL 2004/38/EG).
[917] Dabei muss die Ausbildung den Hauptzweck des Aufenthalts darstellen (Art. 7 Abs. 1 lit. c) 1. Spiegelstrich FreizügigkeitsRL 2004/38/EG).
[918] Des Rates vom 29.10.1993 über das Aufenthaltsrecht der Studierenden, ABl. 1993 L 317, S. 59.

die durch die FreizügigkeitsRL 2004/38/EG abgelöst wurde. Allerdings beschränkte die RL 93/96/EWG das Aufenthaltsrecht ausdrücklich auf Studierende,[919] während die Formulierung der FreizügigkeitsRL 2004/38/EG weiter gefasst ist und **alle Unionsbürgerinnen und Unionsbürger** umfasst, die eine Ausbildung einschließlich einer **Berufsausbildung** in einem anderen Mitgliedstaat absolvieren.

5472 Schließlich steht das Aufenthaltsrecht als abgeleitete Rechtsposition auch den **begleitenden oder nachziehenden Familienangehörigen** einer Unionsbürgerin bzw. eines Unionsbürgers zu, die bzw. der eine der genannten Alternativen erfüllt (Art. 7 Abs. 1 lit. d) FreizügigkeitsRL 2004/38/EG). Dies gilt auch für Familienangehörige, die nicht die Staatsangehörigkeit eines Mitgliedstaates besitzen (Art. 7 Abs. 2 FreizügigkeitsRL 2004/38/EG). Hält die Unionsbürgerin bzw. der Unionsbürger sich jedoch zur Ausbildung im Aufnahmestaat auf, so gelten hinsichtlich der Familienangehörigen verschärfte Bedingungen. Ein Aufenthaltsrecht als Familienangehörige steht in diesem Fall nur der Ehegattin bzw. dem Ehegatten, der eingetragenen Lebenspartnerin bzw. dem eingetragenen Lebenspartner und den Kindern zu, denen Unterhalt gewährt wird. Hinsichtlich der Verwandten der Unionsbürgerin bzw. des Unionsbürgers und seines Ehegatten oder eingetragenen Lebenspartners in gerader aufsteigender Linie, denen die Unionsbürgerin bzw. der Unionsbürger Unterhalt gewährt, trifft die Mitgliedstaaten lediglich eine Pflicht, die Einreise und den Aufenthalt zu erleichtern (Art. 7 Abs. 4 FreizügigkeitsRL 2004/38/EG).

5473 Familienangehörigen, denen ein Aufenthaltsrecht zusteht, haben auch als Drittstaatsangehörige das Recht, im Aufnahmestaat eine Erwerbstätigkeit als Arbeitnehmerin bzw. Arbeitnehmer oder Selbstständige bzw. Selbstständiger aufzunehmen (Art. 23 FreizügigkeitsRL 2004/38/EG).

V. Beendigung des Aufenthalts

1. System

5474 Die FreizügigkeitsRL 2004/38/EG[920] enthält **keinen Katalog von Beendigungsgründen**, Art. 14 FreizügigkeitsRL 2004/38/EG formuliert vielmehr umgekehrt notwendige Bedingungen zur Aufrechterhaltung des Aufenthaltsrechts. Die FreizügigkeitsRL 2004/38/EG differenziert insoweit zwischen dem Aufenthaltsrecht bis zu einer Dauer von drei Monaten nach Art. 6 FreizügigkeitsRL 2004/38/EG und dem Aufenthaltsrecht mit einer Dauer von mehr als drei Monaten nach Art. 7, 12 und 13 FreizügigkeitsRL 2004/38/EG. Eine Sonderregelung trifft die FreizügigkeitsRL 2004/38/EG für **Arbeitnehmerinnen, Arbeitnehmer, und Selbstständige** sowie **Arbeitsuchende**. Gem. Art. 14 Abs. 4 FreizügigkeitsRL 2004/38/EG darf die Inanspruchnahme von **Sozialleistungen** diesen privilegierten Unionsbürgerinnen und Unionsbürgern gegenüber **nicht** als **Begründung für aufenthaltsbeendende**

---

[919] Vgl. Art. 1 RL 93/96/EWG.
[920] ABl. 2004 L 158, S. 77; berichtigt durch ABl. 2004 L 229, S. 35.

§ 6 Freizügigkeit und Aufenthaltsrecht

Maßnahmen herangezogen werden. Diese Personen dürfen außer aus Gründen der öffentlichen Ordnung, Sicherheit oder Gesundheit vom Aufnahmestaat grundsätzlich nicht ausgewiesen werden.

2. Aufenthalt bis zu drei Monaten

Nach Art. 14 Abs. 1 FreizügigkeitsRL 2004/38/EG steht den Unionsbürgerinnen und Unionsbürgern und ihren Familienangehörigen das Aufenthaltsrecht nach Art. 6 FreizügigkeitsRL 2004/38/EG zu, solange sie die **Sozialhilfeleistungen des Aufnahmemitgliedstaates nicht unangemessen in Anspruch nehmen**.

Diese Regelung, insbesondere der unbestimmte Rechtsbegriff der unangemessenen Inanspruchnahme, lässt den Mitgliedstaaten einigen Spielraum zum Erlass von Ausführungsvorschriften. Dieser Spielraum wird durch Art. 14 Abs. 3 FreizügigkeitsRL 2004/38/EG jedoch dahin gehend eingeschränkt, dass die Inanspruchnahme von Sozialleistungen **nicht automatisch**, d. h. ohne nähere Einzelfallprüfung zur **Ausweisung** einer Unionsbürgerin bzw. eines Unionsbürgers führen darf. Damit nimmt die FreizügigkeitsRL 2004/38/EG die Rechtsprechung des EuGH in der Sache *Grzelczyk*[921] auf. Gegenstand dieses Verfahrens war die Frage, ob es mit Art. 21 AEUV vereinbar ist, den Anspruch auf Sozialhilfeleistungen auf diejenigen Angehörigen anderer Mitgliedstaaten zu beschränken, die dem Arbeitnehmerbegriff der EU-FreizügigkeitsVO unterfallen, während diese Einschränkung für die eigenen Staatsangehörigen nicht gilt.

Der EuGH hat unter Rückgriff auf das allgemeine Diskriminierungsverbot des Art. 18 AEUV entschieden, dass ein Mitgliedstaat die Gewährung einer beitragsunabhängigen Sozialleistung an die Angehörigen eines anderen Mitgliedstaates nicht von strengeren Voraussetzungen abhängig machen darf, als dies bei den eigenen Staatsangehörigen der Fall ist.[922] Gleichzeitig hat er festgestellt, dass die Inanspruchnahme von Sozialleistungen in einem anderen Mitgliedstaat zwar Anknüpfungspunkt sein kann, das Aufenthaltsrecht einer Unionsbürgerin bzw. eines Unionsbürgers zu beenden. Dies dürfte jedoch keine automatische Folge sein.[923]

Unabhängig von der Regelung des Art. 14 Abs. 3 FreizügigkeitsRL 2004/38/EG ist es bereits mit dem Wortlaut des Art. 14 Abs. 1 FreizügigkeitsRL 2004/38/EG unvereinbar, die Inanspruchnahme von Sozialleistungen als solches als Ausweisungsgrund heranzuziehen. Erst die unangemessene Inanspruchnahme von Sozialleistungen kann danach den Verlust des Aufenthaltsrechts nach sich ziehen. Der Begriff der **Unangemessenheit** impliziert jedoch eine **nähere Prüfung der kon-**

5475

5476

5477

5478

---

[921] EuGH, Rs. C-184/99, ECLI:EU:C:2001:458 – Grzelczyk.
[922] EuGH, Rs. C-184/99, ECLI:EU:C:2001:458 (Rn. 29 f., 46) – Grzelczyk.
[923] EuGH, Rs. C-184/99, ECLI:EU:C:2001:458 (Rn. 42 f.) – Grzelczyk. So auch EuGH, Rs. C-408/03, ECLI:EU:C:2006:192 (Rn. 67 ff.) – Kommission/Belgien: Ausweisung ohne weitere Prüfung tastet Aufenthaltsrecht aus Art. 21 AEUV in seinem Wesensgehalt an. Daraus folgt aber kein Anspruch auf Sozialleistungen aus Art. 21 Abs. 1 i. V. m. Art. 18 Abs. 1 AEUV selbst, *Frenz*, Europarecht 1, Rn. 4116; *ders.*, JA 2007, 4 (8 ff.).

kreten Umstände und schließt deshalb einen Automatismus aus. In den Begründungserwägungen nennt die FreizügigkeitsRL 2004/38/EG als relevante Gesichtspunkte die voraussichtliche Dauer des Sozialleistungsbezugs, die Dauer des bisherigen Aufenthalts im Aufnahmestaat, die persönlichen Umstände und die Höhe der gewährten Sozialleistung.[924]

5479 **Im Übrigen** überlässt die FreizügigkeitsRL 2004/38/EG es jedoch den **Mitgliedstaaten festzulegen**, unter welchen Voraussetzungen im Einzelnen das Aufenthaltsrecht einer Unionsbürgerin bzw. eines Unionsbürgers und ihrer bzw. seiner Familienangehörigen beendet werden kann. Der Zielsetzung der FreizügigkeitsRL 2004/38/EG, das Aufenthalts- und Freizügigkeitsrecht der Unionsbürgerinnen und Unionsbürger zu vereinheitlichen und zu verstärken,[925] hätte es allerdings mehr entsprochen, die Beendigungsgründe auf der Ebene des Sekundärrechts zu regeln.[926]

3. Aufenthalt von mehr als drei Monaten Dauer

5480 Nach Art. 14 Abs. 2 UAbs. 2 S. 1 FreizügigkeitsRL 2044/38/EG besteht das **Aufenthaltsrecht** nach Art. 7, 12 und 13 FreizügigkeitsRL 2004/38/EG, **solange** die Unionsbürgerinnen und Unionsbürger und ihre Familienangehörigen die dort genannten Voraussetzungen erfüllen, d. h. solange sie über **ausreichende Existenzmittel** und **umfassenden Krankenversicherungsschutz** verfügen.[927] Auch hier fehlt eine Regelung, unter welchen konkreten Voraussetzungen dieser Aufenthalt von den Mitgliedstaaten beendet werden kann.

VI. Recht auf Daueraufenthalt

1. Neuerung

5481 Ohne Vorbild in einer der bereichsspezifischen Vorgängerregelungen ist das Recht auf Daueraufenthalt gem. Art. 16 ff. FreizügigkeitsRL 2004/38/EG. Motiv dieser Regelung ist, den Unionsbürgerinnen und Unionsbürgern, die beschlossen haben, sich dauerhaft in einem anderen Mitgliedstaat niederzulassen, eine **bessere Integra-**

---

[924] 16. Begründungserwägung. Auch hier liegt die FreizügigkeitsRL 2004/38/EG parallel zur Argumentation des EuGH, Rs. C-184/99, ECLI:EU:C:2001:458 (6245, Rn. 44) – Grzelczyk. Der Gerichtshof leitet aus der früheren RL 93/96 (ABl. 1993 L 317, S. 59; aufgehoben durch die FreizügigkeitsRL 2004/38/EG, ABl. 2004 L 158, S. 77) eine finanzielle Solidarität des Aufnahmestaates mit den Unionsbürgern ab, deren finanzielle Schwierigkeiten nur vorübergehender Natur sind.
[925] 3. Erwägungsgrund FreizügigkeitsRL 2004/38/EG.
[926] Vgl. die Kritik bei *Hailbronner*, ZAR 2004, 259 (265); *ders.*, JZ 2005, 1138 (1142).
[927] Dies gilt nicht für Unionsbürgerinnen bzw. Unionsbürger mit Arbeitnehmer- oder Selbstständigeneigenschaft, die als solche ein primärrechtlich verankertes Aufenthaltsrecht haben (Art. 45 Abs. 1, 49, 56 f. AEUV), vgl. Art. 7 Abs. 1 lit. a) FreizügigkeitsRL 2004/38/EG.

tion in den Aufnahmestaat zu ermöglichen und dadurch mittelbar auch die Unionsbürgerschaft als solches und den sozialen Zusammenhalt in der Union zu stärken.[928]

2. Grundsatz: Fünf Jahre ununterbrochener Aufenthalt

Das Recht auf Daueraufenthalt steht gem. Art. 16 Abs. 1 UAbs. 1 S. 1 FreizügigkeitsRL 2004/38/EG jeder Unionsbürgerin und jedem Unionsbürger zu, die bzw. der sich fünf Jahre lang ununterbrochen rechtmäßig im Aufnahmemitgliedstaat aufgehalten hat. Diese **Mindestaufenthaltszeit** wird nicht durch jede Abwesenheit unterbrochen. In Art. 16 Abs. 3 FreizügigkeitsRL 2004/38/EG wird näher erläutert, in welchem Umfang Aufenthalte in anderen Staaten unschädlich sind und sie deshalb auf die Aufenthaltsdauer im Aufnahmestaat nicht angerechnet werden. Grundsätzlich sind unabhängig von ihrem Grund **vorübergehende Abwesenheiten** von insgesamt bis zu sechs Monaten im Jahr **unschädlich**. Darüber hinausgehende längere Abwesenheiten sind zulässig, wenn sie zur Erfüllung militärischer Pflichten dienen. Hier lässt die FreizügigkeitsRL 2004/38/EG allerdings offen, bis zu welcher Höchstgrenze in diesem Fall eine Abwesenheit unschädlich ist. Die Mitgliedstaaten haben insoweit einen Gestaltungsspielraum.

5482

Ununterbrochen darf eine Unionsbürgerin bzw. ein Unionsbürger ohne Anrechnung auf die Mindestaufenthaltsdauer nur **höchstens zwölf Monate vom Aufnahmestaat abwesend** sein, und dies auch nur aus **bestimmten privilegierten Gründen**. Dazu gehören Schwangerschaft und Geburt, schwere Krankheit, Studium oder Berufsausbildung oder die berufliche Entsendung in einen anderen Mitgliedstaat oder einen Drittstaat. Ist das Recht auf Daueraufenthalt einmal erworben, führt nur eine Abwesenheit von mehr als zwei aufeinanderfolgenden Jahren zu seinem Verlust (Art. 16 Abs. 4 FreizügigkeitsRL 2004/38/EG).[929] Allerdings unterbricht jede rechtmäßig vollstreckte Ausweisungsverfügung gem. Art. 21 FreizügigkeitsRL 2004/38/EG den Aufenthalt.

5483

Die FreizügigkeitsRL 2004/38/EG erläutert das Tatbestandsmerkmal der **Rechtmäßigkeit des Aufenthalts** in Art. 16 Abs. 1 nicht näher. Eine Auslegungsmöglichkeit wäre, die Tatbestandsvoraussetzungen der einzelnen Aufenthaltsregelungen heranzuziehen und die Rechtmäßigkeit des Aufenthalts an deren Vorliegen zu knüpfen. Dies stünde jedoch in Widerspruch zur Regelungssystematik der FreizügigkeitsRL 2004/38/EG. Danach ist das Bestehen des Aufenthaltsrechts unterhalb des Rechts auf Daueraufenthalt zwar an das Vorliegen bestimmter Tatbestandsvoraussetzungen geknüpft. Deren Fehlen führt jedoch nicht notwendig zur Ausweisung der Unionsbürgerin bzw. des Unionsbürgers. So schließt Art. 15 Abs. 2 FreizügigkeitsRL 2004/38/EG aus, eine Ausweisungsverfügung auf das Ungültigwerden des Personalausweises oder Reisepasses zu stützen. Demgegenüber kann das

5484

---

[928] 17. Erwägungsgrund FreizügigkeitsRL 2004/38/EG.
[929] Auch das Recht auf Daueraufenthalt kann unter engen Voraussetzungen durch Ausweisung beendet werden (Art. 27 ff. FreizügigkeitsRL 2004/38/EG), s. u. Rn. 5494 ff.

Fehlen ausreichender Existenzmittel im Rahmen des Art. 7 FreizügigkeitsRL 2004/38/EG zwar zur **Grundlage** einer **Ausweisung** gemacht werden, einen **Automatismus** lässt aber Art. 14 Abs. 3 FreizügigkeitsRL 2004/38/EG **nicht** zu. Eine Anknüpfung des Rechtmäßigkeitsmerkmals an die Tatbestandsvoraussetzungen der einzelnen Aufenthaltsregelungen scheidet insoweit aus.[930]

5485 Daher bleibt nur eine Anknüpfung an das Vorliegen einer Ausweisungsverfügung. Der Aufenthalt einer Unionsbürgerin bzw. eines Unionsbürgers ist dann **rechtmäßig**, solange **keine bestandskräftige Ausweisungsverfügung** gegen sie bzw. ihn ergangen und die darin festgelegte **Ausreisefrist nicht abgelaufen** ist.[931] Dies bestätigt auch der 17. Erwägungsgrund der FreizügigkeitsRL 2004/38/EG, der das Recht auf Daueraufenthalt an einen fünfjährigen Aufenthalt im Aufnahmestaat und das Fehlen einer Ausweisungsmaßnahme knüpft.

3. Privilegierungen zugunsten von Arbeitnehmerinnen und Arbeitnehmern sowie Selbstständigen

5486 Arbeitnehmerinnen und Arbeitnehmer oder Selbstständige, die im Aufnahmestaat aus dem Erwerbsleben ausgeschieden sind, können das Recht auf Daueraufenthalt auch schon vor Ablauf der Fünfjahresfrist erwerben. Die FreizügigkeitsRL 2004/38/EG nennt hier drei Ausnahmetatbestände.

5487 Gem. Art. 17 Abs. 1 S. 1 lit. a) UAbs. 1 FreizügigkeitsRL 2004/38/EG sind zum einen Arbeitnehmerinnen und Arbeitnehmer oder Selbstständige privilegiert, die zum Zeitpunkt des Ausscheidens aus dem Erwerbsleben das gesetzlich festgelegte Alter erreicht haben, um im Aufnahmemitgliedstaat einen **Rentenanspruch** geltend zu machen. **Selbstständige**, die nach den Vorschriften des Aufnahmemitgliedstaates keinen Anspruch auf Altersrente haben, erwerben das Recht auf Daueraufenthalt, wenn sie das **60. Lebensjahr vollendet** haben (Art. 17 Abs. 1 S. 1 lit. a) UAbs. 2 FreizügigkeitsRL 2004/38/EG). Daneben erfasst die Privilegierung des Art. 17 Abs. 1 S. 1 lit. a) UAbs. 1 FreizügigkeitsRL 2004/38/EG auch Arbeitnehmerinnen und Arbeitnehmer, die in den **Vorruhestand** treten, die vorherige Erwerbstätigkeit in dem Aufnahmemitgliedstaat mindestens die letzten 12 Monate ausgeübt haben und sich dort seit mindestens drei Jahren ununterbrochen aufhalten. Unabhängig von der Dauer der Erwerbstätigkeit und des bisherigen Aufenthalts im Aufnahmestaat erwerben diejenigen Arbeitnehmerinnen, Arbeitnehmer und Selbstständigen ein Recht auf Daueraufenthalt, deren Ehegattin bzw. Ehegatte oder Lebenspartnerin bzw. Lebenspartner die Staatsangehörigkeit des Aufnahmestaats besitzt bzw. besaß und diese durch die Eheschließung mit der Unionsbürgerin bzw. dem Unionsbürger verloren hat (Art. 17 Abs. 2 FreizügigkeitsRL 2004/38/EG).

---

[930] In diese Richtung auch *Schönberger*, Unionsbürger, 2005, S. 378 (gegen die Anknüpfung an fehlende Existenzmittel als Rechtmäßigkeitsvoraussetzung).
[931] Ähnlich *Hailbronner*, ZAR 2004, 299 (304), der an „rechtmäßig aufenthaltsbeendende Maßnahmen" anknüpft.

Eine weitere Gruppe bilden gem. Art. 17 Abs. 1 S. 1 lit. b) UAbs. 1 Freizügig- 5488
keitsRL 2004/38/EG diejenigen Arbeitnehmerinnen und Arbeitnehmer oder Selbstständigen, die sich seit mindestens **zwei Jahren ununterbrochen im Aufnahmemitgliedstaat** aufgehalten und ihre **Erwerbstätigkeit** wegen einer **dauernden Arbeitsunfähigkeit aufgegeben** haben. Die Anforderung der Mindestaufenthaltsdauer entfällt allerdings dann, wenn die Arbeitsunfähigkeit auf eine Art und Weise (Arbeitsunfall oder Berufskrankheit) eingetreten ist, die einen Rentenanspruch begründet, der mindestens teilweise zulasten einer Versicherungsträgerin bzw. eines Versicherungsträgers im Aufnahmemitgliedstaat geht (Art. 17 Abs. 1 S. 1 lit. b) UAbs. 2 FreizügigkeitsRL 2004/38/EG). Auf die Zeit der Erwerbstätigkeit werden Zeiten unfreiwilliger Arbeitslosigkeit, die vom zuständigen Arbeitsamt ordnungsgemäß festgestellt wurden, vom Willen der betroffenen Person unabhängige Arbeitsunterbrechungen sowie krankheits- oder unfallbedingte Fehlzeiten oder Unterbrechungen angerechnet (Art. 17 Abs. 1 S. 2 FreizügigkeitsRL 2004/38/EG). Auch im Rahmen dieses Privilegierungstatbestands entfallen die Erwerbsvoraussetzungen der Dauer der Erwerbstätigkeit und der Mindestaufenthaltsdauer, wenn die Ehegattin bzw. der Ehegatte oder Lebenspartnerin bzw. Lebenspartner der Unionsbürgerin bzw. des Unionsbürgers die Staatsangehörigkeit des Aufnahmestaats besitzt bzw. durch die Eheschließung verloren hat (Art. 17 Abs. 2 FreizügigkeitsRL 2004/38/EG).

Die dritte Gruppe umfasst Arbeitnehmerinnen, Arbeitnehmer und Selbstständige, 5489
die nach drei Jahren ununterbrochener Erwerbstätigkeit und ununterbrochenem Aufenthalt im Aufnahmemitgliedstaat eine **Erwerbstätigkeit in einem anderen Mitgliedstaat** ausüben, ihren **Wohnsitz im Aufnahmemitgliedstaat** jedoch **beibehalten** und i. d. R. jeden Tag, mindestens aber einmal in der Woche dorthin zurückkehren (Art. 17 Abs. 1 S. 1 lit. c) UAbs. 1 FreizügigkeitsRL 2004/38/EG).

4. Daueraufenthaltsrecht von Familienangehörigen

Grundsätzlich haben auch **Familienangehörige**, die **Drittstaatsangehörige** sind, 5490
ein von dem Status der Unionsbürgerin bzw. des Unionsbürgers abgeleitetes Daueraufenthaltsrecht im Aufnahmestaat, wenn sie sich **fünf Jahre lang ununterbrochen mit** der Unionsbürgerin bzw. dem **Unionsbürger** dort aufgehalten haben (Art. 16 Abs. 2 FreizügigkeitsRL 2004/38/EG). Die Privilegierung zugunsten von Arbeitnehmerinnen, Arbeitnehmern und Selbstständigen greift auch für deren Familienangehörige, sodass diese unabhängig von ihrer Staatsangehörigkeit ein abgeleitetes Daueraufenthaltsrecht erwerben, wenn die Voraussetzungen des Art. 17 Abs. 1 FreizügigkeitsRL 2004/38/EG erfüllt sind (Art. 17 Abs. 3 FreizügigkeitsRL 2004/ 38/EG).

Stirbt die **Arbeitnehmerin** bzw. der **Arbeitnehmer oder Selbstständige**, bevor 5491
sie bzw. er gem. Art. 17 Abs. 1 FreizügigkeitsRL 2004/38/EG das Recht auf Daueraufenthalt erworben hat, so verlieren die Familienangehörigen nicht auto-

matisch auch die Chance auf einen dauerhaften Aufenthaltsstatus.[932] Die FreizügigkeitsRL 2004/38/EG verleiht ihnen vielmehr unter drei alternativen Voraussetzungen das **Recht auf Daueraufenthalt** sogar vor Ablauf der Fünfjahresfrist. Dies setzt gem. Art. 17 Abs. 4 lit. a) FreizügigkeitsRL 2004/38/EG entweder voraus, dass die Arbeitnehmerin bzw. der Arbeitnehmer oder Selbstständige sich zum Zeitpunkt ihres bzw. seines Todes **seit zwei Jahren im Hoheitsgebiet** dieses Mitgliedstaates ununterbrochen aufgehalten hat. Weiterhin erwerben Familienangehörige ein Recht auf Daueraufenthalt, wenn der **Tod infolge eines Arbeitsunfalls oder** einer **Berufskrankheit** eingetreten ist (Art. 17 Abs. 4 lit. b) FreizügigkeitsRL 2004/38/EG). Schließlich steht der überlebenden Ehegattin bzw. dem überlebenden Ehegatten ein Daueraufenthaltsrecht zu, wenn sie bzw. er die **Staatsangehörigkeit** des Aufnahmestaates **durch** die **Eheschließung** mit der verstorbenen Arbeitnehmerin bzw. dem verstorbenen Arbeitnehmer oder Selbstständigen **verloren** hat (Art. 17 Abs. 4 lit. c) FreizügigkeitsRL 2004/38/EG).

5492 Auch Familienangehörige von Unionsbürgerinnen und Unionsbürgern aus Drittstaaten, die nicht nach Art. 17 FreizügigkeitsRL 2004/38/EG privilegiert sind, können trotz Tod der Unionsbürgerin bzw. des Unionsbürgers oder Scheidung der Ehe bzw. Aufhebung der Partnerschaft ein Recht auf Daueraufenthalt erwerben. Gem. Art. 18 FreizügigkeitsRL 2004/38/EG setzt dies voraus, dass sie sich rechtmäßig fünf Jahre lang mit der Unionsbürgerin bzw. dem Unionsbürger ununterbrochen im Aufnahmestaat aufgehalten haben.

5. Verlust des Daueraufenthaltsrechts

5493 Das Daueraufenthaltsrecht besteht grundsätzlich zeitlich unbegrenzt. Allerdings ist sein Fortbestehen gem. Art. 16 Abs. 4 FreizügigkeitsRL 2004/38/EG an die negative Bedingung geknüpft, dass die **berechtigte Person** nicht **länger als zwei aufeinanderfolgende Jahre vom Aufnahmestaat abwesend** ist. Auch im Rahmen dieser Regelung sind Abwesenheiten aus den in Art. 16 Abs. 3 FreizügigkeitsRL 2004/38/EG genannten Gründen und im danach zulässigen Umfang unschädlich.

VII. Beschränkungen des Aufenthaltsrechts und Ausweisung

1. Allgemeine Grundsätze

5494 Art. 27 Abs. 1 FreizügigkeitsRL 2004/38/EG[933] legt allgemeine Grundsätze fest, die bei Beschränkungen der Freizügigkeit und des Aufenthalts von Unionsbürgerinnen und Unionsbürgern zu beachten sind. Nach Art. 27 Abs. 1 S. 1 FreizügigkeitsRL

---

[932] Der 15. Erwägungsgrund FreizügigkeitsRL 2004/38/EG begründet dies mit dem Schutz des Familienlebens und der Menschenwürde.
[933] ABl. 2004 L 158, S. 77, berichtigt durch ABl. 2004 L 229, S. 35.

2004/38/EG dürfen die Mitgliedstaaten die Freizügigkeit und das Aufenthaltsrecht von Unionsbürgerinnen und Unionsbürgern und ihren Familienangehörigen aus Gründen der **öffentlichen Ordnung, Sicherheit oder Gesundheit** beschränken. Diese **Schrankentrias** ist für die Personenverkehrsfreiheiten auf der Ebene des Primärrechts als geschriebener Rechtfertigungsgrund verankert.[934] Insoweit können die Mitgliedstaaten bei Ausfüllung dieses Vorbehalts auf die Rechtsprechung des EuGH zurückgreifen.[935] Art. 27 Abs. 1 S. 2 FreizügigkeitsRL 2004/38/EG enthält eine Art **Missbrauchsverbot** hinsichtlich dieser Einschränkungen und legt fest, dass eine Beschränkung der Freizügigkeit aus wirtschaftlichen Interessen nicht zulässig ist. Den Mitgliedstaaten ist es daher verwehrt, unter Hinweis auf die Funktionsfähigkeit ihrer Sozialsysteme mittellose Unionsbürgerinnen und Unionsbürger auszuweisen mit der Begründung, es liege eine Gefährdung der öffentlichen Ordnung vor.

In Art. 27 Abs. 2 UAbs. 1 S. 1 FreizügigkeitsRL 2004/38/EG wird weiterhin festgelegt, dass die Annahme einer Gefährdung der öffentlichen Ordnung oder Sicherheit ausschließlich an das **persönliche Verhalten** der betroffenen Person geknüpft werden darf. In Art. 27 Abs. 2 UAbs. 2 S. 1 FreizügigkeitsRL 2004/38/EG wird diese Einschränkung dahin gehend konkretisiert, dass das persönliche Verhalten eine **tatsächliche, gegenwärtige und erhebliche Gefahr** für ein Grundinteresse der Gesellschaft darstellen muss. Auch dies entspricht der fest etablierten Rechtsprechung des EuGH zu den Grundfreiheiten.[936]

5495

Generalpräventive und vom Einzelfall losgelöste Überlegungen dürfen deshalb bei die Freizügigkeit von Unionsbürgerinnen und Unionsbürgern einschränkenden Maßnahmen **nicht** zugrunde gelegt werden.[937] Danach dürfte eine Ausweisung nicht allein auf die Mitgliedschaft in einer als extremistisch eingestuften Vereinigung gestützt werden, wenn der Aufnahmestaat keine konkreten Anhaltspunkte etwa dafür hat, dass die betroffene Person zur Durchsetzung ihrer politischen Ziele auch Gewalt anwenden wird.[938] Deshalb **reicht** auch eine **strafrechtliche Verurteilung als solche** zur Begründung einer gegenwärtigen Gefahr **nicht aus** (Art. 27 Abs. 2 UAbs. 1 S. 2 FreizügigkeitsRL 2004/38/EG).[939]

5496

---

[934] Für die Arbeitnehmerfreizügigkeit in Art. 45 Abs. 3 AEUV; für die Niederlassungsfreiheit in Art. 52 Abs. 1 AEUV; für die Dienstleistungsfreiheit in Art. 55 i. V. m. Art. 62 i. v. m. Art. 52 AEUV.

[935] Dazu ausführlich *Frenz*, Europarecht 1, Rn. 2004 ff., 2573 ff., 3296 ff.

[936] EuGH, Rs. C-30/77, ECLI:EU:C:1977:172 (Rn. 33/35) – Bouchereau; Rs. C-137/09, ECLI:EU:C:2010:774 (Rn. 62) – Josemans; Rs. C-304/14, ECLI:EU:C:2016:674 (Rn. 38) – CS; näher *Frenz*, Europarecht 1, Rn. 2014 ff. m. w. N.

[937] EuGH, Rs. C-67/74, ECLI:EU:C:1975:34 (Rn. 6 f.) – Bonsignore; Rs. C-441/02, ECLI:EU:C:2006:253 (Rn. 93) – Kommission/Deutschland.

[938] Vgl. EuGH, Rs. C-41/74, ECLI:EU:C:1974:133 (Rn. 17) – Van Duyn.

[939] Bereits EuGH, Rs. C-30/77, ECLI:EU:C:1977:172 (Rn. 27/28) – Bouchereau. Insoweit sind Unionsbürgerinnen bzw. Unionsbürger und ihre Familienangehörigen im Vergleich zu Nicht-Unionsbürgerinnen und Nicht-Unionsbürgern allerdings nicht so privilegiert, wie es auf den ersten Blick scheinen mag. Auch gegenüber Nicht-Unionsbürgerinnen und Nicht-Unionsbürgern stellt nicht jede strafrechtliche Verurteilung einen Ausweisungsgrund dar. Nach § 54 Abs. 2 Nr. 2 AufenthG wiegt erst bei einer strafrechtlichen Verurteilung wegen einer vorsätzlichen Tat zu einer Freiheitsstrafe, die nicht zur Bewährung ausgesetzt ist, das Ausweisungsinteresse besonders schwer. Dazu auch sogleich bei Rn. 5501 f.

2. Differenzierter Ausweisungsschutz

a) System

5497 In Art. 28 FreizügigkeitsRL 2004/38/EG wird konkretisiert, unter welchen Voraussetzungen die Ausweisung von Unionsbürgerinnen und Unionsbürgern und ihren Familienangehörigen zulässig ist. Dabei lassen sich **drei verschiedene Schutzstufen** unterscheiden, die steigende Anforderungen an den jeweiligen Ausweisungsgrund stellen. Als Ausweisungsgründe kommen aus der Schrankentrias nur Gründe der öffentlichen Ordnung und Sicherheit in Betracht.

b) Schutz der Gesundheit

5498 **Aus Gründen des Schutzes der Gesundheit** dürfen **lediglich aufenthalts- und freizügigkeitsbeschränkende Maßnahmen** wie etwa eine Absonderung angeordnet werden.[940] In Art. 29 FreizügigkeitsRL 2004/38/EG wird näher konkretisiert, welche Krankheiten solche beschränkenden Maßnahmen rechtfertigen können. Erforderlich ist insoweit ein **epidemisches Potenzial i. S. d. WHO wie Covid-19**.[941] Im Übrigen gehören dazu sonstige **durch Infektionserreger oder Parasiten übertragbare Krankheiten**, soweit der Aufnahmestaat dagegen **Schutzmaßnahmen zugunsten seiner Staatsangehörigen** trifft. Diese Einschränkung ergibt sich aus dem **Gleichbehandlungsgrundsatz**. Nur Krankheiten, die eine Beschränkung der Freizügigkeit der eigenen Staatsangehörigen rechtfertigen, dürfen als Grundlage für einschränkende Maßnahmen gegen Unionsbürgerinnen und Unionsbürger anderer Mitgliedstaaten herangezogen werden.

5499 Weiterhin verbietet es Art. 29 Abs. 2 FreizügigkeitsRL 2004/38/EG, Krankheiten, die erst nach Ablauf von drei Monaten nach Einreise auftreten, als Ausweisungsgrund heranzuziehen. Diese Regelung erscheint überflüssig, da nach der Systematik des Art. 28 FreizügigkeitsRL 2004/38/EG Gründe des Gesundheitsschutzes eine Ausweisung generell nicht tragen können. Dies ergibt sich auch aus dem Verhältnismäßigkeitsprinzip. Denn eine Ausweisung ist zum Schutz vor Ausbreitung einer Krankheit nicht das erforderliche Mittel, die Verhängung einer Absonderung bzw. Quarantäne ist hier ein milderes Mittel zur Erreichung dieses Zwecks.

---

[940] Vgl. § 30 InfektionsschutzG, der bei bestimmten ansteckenden Krankheiten eine Absonderung der Erkrankten in Krankenhäusern oder anderen geeigneten Einrichtungen vorschreibt.
[941] Abrufbar unter https://www.cep.eu/fileadmin/user_upload/cep.eu/Studien/cepInput_Einschraenkungen_fuer_Grenzgaenger_im_Binnenmarkt_wegen_COVID-19/cepInput_Eingeschraenkte_Freizuegigkeit_aufgrund_der_COVID-19-Pandemie.pdf (letzter Abruf: 30.9.2023).

c) Öffentliche Sicherheit und Ordnung

aa) Unionsbürgerinnen und Unionsbürger ohne Daueraufenthaltsrecht

Auf der untersten Schutzstufe stehen die Unionsbürgerinnen und Unionsbürger ohne Daueraufenthaltsrecht. Hier kann gem. Art. 28 Abs. 1 FreizügigkeitsRL 2004/38/EG eine Ausweisung aus Gründen der **öffentlichen Sicherheit und Ordnung** zulässig sein. Die unbestimmten **Rechtsbegriffe** der öffentlichen Sicherheit und Ordnung sind solche **des Unionsrechts** und deshalb autonom auszulegen. Ein Rückgriff auf die Auslegung dieser Begriffe im deutschen Polizei- und Ordnungsrecht ist unzulässig.[942] Der EuGH hat im Zusammenhang mit den Personenverkehrsfreiheiten diese Begriffe näher ausgeformt. Danach umfasst die öffentliche Ordnung **Interessen von fundamentaler Bedeutung**, die ein **Grundinteresse der Gesellschaft** berühren.[943] Welche dies konkret sind, kann aber von Land zu Land differieren. Insoweit gesteht der EuGH den **Mitgliedstaaten** einen gewissen **Beurteilungsspielraum** zu. Allerdings ist auch insoweit das Diskriminierungsverbot zu wahren: Es dürfen an die Angehörigen anderer Mitgliedstaaten insoweit keine strengeren Anforderungen gestellt werden als an die eigenen.[944]

5500

Im Anwendungsbereich der Freizügigkeit gehört zu diesen im Rahmen des Schutzguts der öffentlichen Ordnung geschützten Grundinteressen sicherlich die **Verhütung von Straftaten**. Da gem. Art. 27 Abs. 2 UAbs. 2 S. 2 FreizügigkeitsRL 2004/38/EG generalpräventive Überlegungen als Begründung ausscheiden, kann nur eine im **persönlichen Verhalten** der Unionsbürgerin bzw. des Unionsbürgers liegende **Gefährdung der Rechtsordnung** als Ausweisungsgrund herangezogen werden. Gleichzeitig muss es sich um **Straftaten von einigem Gewicht** handeln. Insoweit dürfen Unionsbürgerinnen und Unionsbürger vom nationalen Recht nicht schlechter behandelt werden als Angehörige von Drittstaaten. Dies würde der Zielsetzung der FreizügigkeitsRL 2004/38/EG widersprechen, Unionsbürgerinnen und Unionbürger aufenthaltsrechtlich gegenüber Drittstaatsangehörigen zu privilegieren.[945]

5501

Das deutsche Recht fordert in § 54 Abs. 2 Nr. 2 AufenthG für ein besonders schwerwiegendes Ausweisungsinteresse bei (nicht der FreizügigkeitsRL 2004/38/EG unterfallenden) Drittstaatsangehörigen, dass eine Verurteilung zu einer **Freiheitsstrafe ohne Aussetzung zur Bewährung** vorliegen muss. An dieser Regelung muss sich eine deutsche Umsetzung der FreizügigkeitsRL 2004/38/EG als **Untergrenze** orientieren.[946]

5502

---

[942] *Frenz*, Europarecht 1, Rn. 1085 u. 3759; *Ehlers*, in: ders. (Hrsg.), Europäische Grundrechte und Grundfreiheiten, 2014, § 7 Rn. 113.

[943] EuGH, Rs. C-30/77, ECLI:EU:C:1977:172 (Rn. 33/35) – Bouchereau; Rs. C-54/99, ECLI:EU:C:2000:124 (Rn. 17) – Eglise de Scientologie; Rs. C-36/02, ECLI:EU:C:2004:614 (Rn. 30) – Omega; Rs. C-304/14, ECLI:EU:C:2016:674 (Rn. 38) – CS; Rs. C-331 u. 366/16, ECLI:EU:C:2018:296 (Rn. 41) – K.

[944] *Frenz*, Europarecht 1, Rn. 3759 f.

[945] Vgl. 1. und 2. Erwägungsgrund FreizügigkeitsRL 2004/38/EG.

[946] Zur Umsetzung der FreizügigkeitsRL 2004/38/EG in deutsches Recht s. u. Rn. 5521 ff.

5503 Die öffentliche Sicherheit schützt als ein Teilbereich der öffentlichen Ordnung die **äußere und innere Sicherheit eines Staates**. Diese ist etwa beeinträchtigt, wenn **wichtige öffentliche Einrichtungen und Dienste gefährdet** sind.[947]

5504 Art. 28 Abs. 1 FreizügigkeitsRL 2004/38/EG fordert im Rahmen der **Verhältnismäßigkeitsprüfung** ausdrücklich eine Abwägung der Interessen des Aufenthaltsstaats mit den Interessen der jeweiligen Unionsbürgerin bzw. des jeweiligen Unionsbürgers an der Fortdauer des Aufenthaltsrechts. Als berücksichtigungsfähig auf Seiten der betroffenen Person nennt die FreizügigkeitsRL 2004/38/EG die bisherige Dauer des Aufenthalts im Aufnahmestaat, das Alter der betroffenen Person, den Gesundheitszustand, die familiäre und wirtschaftliche Lage, ihre soziale und kulturelle Integration im Aufnahmemitgliedstaat und das Ausmaß der Bindungen zum Heimatstaat.

bb) Unionsbürgerinnen und Unionsbürger mit Daueraufenthaltsrecht

5505 Einen stärkeren Ausweisungsschutz genießen die Unionsbürgerinnen und Unionsbürger mit Daueraufenthaltsrecht. Sie dürfen gem. Art. 28 Abs. 2 FreizügigkeitsRL 2004/38/EG **nur aus schwerwiegenden Gründen der öffentlichen Sicherheit und Ordnung ausgewiesen** werden. Grundsätzlich kann die besondere Schwere der Beeinträchtigung sowohl mit dem Ausmaß der Beeinträchtigung als auch auf der Schutzgutseite mit dessen besonderer Bedeutung begründet werden. Doch wird gem. Art. 27 Abs. 2 UAbs. 2 S. 1 FreizügigkeitsRL 2004/38/EG generell – also auch schon auf der ersten Schutzstufe des Art. 28 Abs. 1 FreizügigkeitsRL 2004/38/EG – eine erhebliche Gefährdung eines der Schutzgüter der öffentlichen Sicherheit und Ordnung für eine Ausweisung vorausgesetzt. Insoweit kann sich der besondere Ausweisungsschutz im Rahmen des Art. 28 Abs. 2 FreizügigkeitsRL 2004/38/EG **nur aus** der **Beeinträchtigung eines höherwertigen** und deshalb mit einer höheren Strafandrohung bewehrten **Schutzgutes** ergeben.

cc) Stärkste Schutzstufe

5506 Auf der dritten und stärksten Schutzstufe stehen Unionsbürgerinnen und Unionsbürger, die in den letzten **zehn Jahren** ihren **Aufenthalt im Aufnahmemitgliedstaat** gehabt haben (Art. 28 Abs. 3 lit. a) FreizügigkeitsRL 2004/38/EG) oder die **minderjährig** sind, es sei denn, die Ausweisung ist nach dem Übereinkommen der Vereinten Nationen vom 20.11.1989 über die Rechte des Kindes[948] zum Wohle des Kindes notwendig (Art. 28 Abs. 3 lit. b) FreizügigkeitsRL 2004/38/EG). Eine Ausweisung ist diesen Unionsbürgerinnen und Unionsbürgern gegenüber gem.

---

[947] EuGH, Rs. C-72/83, ECLI:EU:C:1984:256 (Rn. 34) – Campus Oil; Rs. C-463/00, ECLI:EU:C:2003:272 (Rn. 71 f.) – Goldene Aktien IV (Kommission/Spanien); Rs. C-105–107/12, ECLI:EU:C:2013:677 (Rn. 59, 63) – Essent u. a.

[948] UN-Kinderrechtskonvention, UN-Dokument mit der Nr. A/RES/44/25; s. dazu ausführlich o. Rn. 3906 ff.

§ 6 Freizügigkeit und Aufenthaltsrecht

Art. 28 Abs. 3 FreizügigkeitsRL 2004/38/EG nur zulässig, wenn **zwingende Gründe der öffentlichen Sicherheit** vorliegen, die von den Mitgliedstaaten in den jeweiligen Umsetzungsgesetzen festgelegt wurden. Angesichts der hohen Anforderungen auf den ersten beiden Schutzstufen verengt sich der Anwendungsbereich für diese Stufe auf **Fälle schwerster Kriminalität**. Insoweit müssen **besonders hohe Strafen** drohen oder aber besonders sensible Deliktsgruppen wie **terroristische Straftaten** oder **Staatsschutzdelikte** vorliegen.[949]

3. Verwaltungsverfahren und Rechtsschutz

Art. 30 und 31 FreizügigkeitsRL 2004/38/EG enthalten Regelungen zu Verwaltungsverfahren und gerichtlichem Rechtsschutz bei aufenthalts- und freizügigkeitsbeschränkenden Maßnahmen. In Art. 30 Abs. 1 FreizügigkeitsRL 2004/38/EG ist festgelegt, dass **Entscheidungen schriftlich** und in einer nachvollziehbaren Weise mitgeteilt werden müssen. Die eine beschränkende Maßnahme tragenden **Gründe** sind regelmäßig **genau und umfassend** mitzuteilen. Der Bescheid muss auch Informationen über einen eventuell einzulegenden Rechtsbehelf enthalten. Die **Ausreisefrist** muss außer in dringenden Fällen mindestens **einen Monat** ab dem Erhalt des Bescheides betragen (Art. 30 Abs. 3 S. 2 FreizügigkeitsRL 2004/38/EG). Weiterhin müssen die Betroffenen einen **gerichtlichen Rechtsbehelf** einlegen können, aufgrund dessen die Rechtmäßigkeit der Entscheidung einschließlich der zugrunde liegenden Tatsachen überprüft wird (Art. 31 Abs. 1 FreizügigkeitsRL 2004/38/EG).

5507

Diese Garantien gelten bei Maßnahmen, die von den Mitgliedstaaten im Falle von Rechtsmissbrauch oder Betrug verhängt werden (Art. 35 S. 1 FreizügigkcitsRL 2004/38/EG).[950]

5508

VIII. Gleichbehandlung

In Art. 24 Abs. 1 S. 1 wiederholt die FreizügigkeitsRL 2004/38/EG[951] ausdrücklich, was bereits auf der Grundlage des allgemeinen Diskriminierungsverbots nach Art. 18 AEUV gilt. Danach haben die Unionsbürgerinnen und Unionsbürger, die sich aufgrund der FreizügigkeitsRL 2004/38/EG in einem Aufnahmemitgliedstaat aufhalten, im Anwendungsbereich des Vertrages den **Anspruch auf die gleiche Behandlung** wie die Staatsangehörigen dieses Mitgliedstaates.

5509

In Art. 24 Abs. 2 FreizügigkeitsRL 2004/38/EG wird dieser Anspruch allerdings eingeschränkt und klargestellt, dass daraus **keine Verpflichtung** des Aufnahme-

5510

---

[949] So auch *Groß*, ZAR 2006, 61 (64).
[950] Die FreizügigkeitsRL 2004/38/EG nennt hier Verweigerung der Einreise, Aufhebung oder Widerruf von Aufenthaltsrechten.
[951] ABl. 2004 L 158, S. 77, berichtigt durch ABl. 2004 L 229, S. 35.

staats erwächst, Unionsbürgerinnen und Unionsbürgern während der ersten drei Monate des Aufenthalts einen Anspruch auf **Sozialhilfe** oder vor Erwerb des Rechts auf Daueraufenthalt Studien- oder Berufsausbildungsbeihilfen zu gewähren.[952] Ausgenommen sind hier nur Arbeitnehmerinnen, Arbeitnehmer, Selbstständige, diesen gleichgestellte Personen und deren Familienangehörige. Diesen gegenüber besteht schon in den ersten drei Aufenthaltsmonaten und gem. Art. 24 Abs. 2 i. V. m. Art. 14 Abs. 4 lit. b) FreizügigkeitsRL 2004/38/EG auch darüber hinaus[953] die Verpflichtung zur Gewährung von Sozialleistungen.

5511   Diese Regelung erscheint widersprüchlich im Hinblick auf Art. 7 Abs. 1 FreizügigkeitsRL 2004/38/EG, der für das Bestehen eines **Aufenthaltsrechts über die ersten drei Monate hinaus** das Vorhandensein **ausreichender Existenzmittel** verlangt. Damit soll sichergestellt werden, dass die jeweiligen Unionsbürgerinnen und Unionsbürger im Aufnahmestaat gerade keine Sozialhilfe in Anspruch nehmen müssen. Insoweit knüpft die FreizügigkeitsRL 2004/38/EG das Aufenthaltsrecht der Unionsbürgerinnen und Unionsbürger einerseits an ausreichende finanzielle Mittel, um eine Belastung der Haushalte der Aufnahmestaaten auszuschließen. Andererseits gewährt sie auf der Basis der Inländergleichbehandlung einen Anspruch auf Sozialhilfe gegen den Aufnahmestaat und befördert damit eine Belastung der Haushalte durch Sozialhilfeaufwendungen.[954]

5512   Zwar kann der Aufnahmestaat gegen eine Unionsbürgerin bzw. einen Unionsbürger, die bzw. der die Voraussetzungen des Art. 7 Abs. 1 FreizügigkeitsRL 2004/38/EG nicht mehr erfüllt, **aufenthaltsbeendende Maßnahmen** ergreifen und insoweit den Erwerb des Daueraufenthaltsrechts einer langfristig sozialhilfebedürftigen Unionsbürgerin bzw. Unionsbürgers verhindern. Der **Vorrang von Art. 7 RL 2004/38/EG** lässt sich auch dogmatisch herstellen, weil **Art. 24 RL 2004/38/EG** unter

---

[952] A.A. *Hailbronner*, ZAR 2004, 259 (261), der Art. 24 Abs. 2 FreizügigkeitsRL 2004/38/EG so auslegt, dass die Mitgliedstaaten überhaupt nicht verpflichtet sind, anderen als Arbeitnehmerinnen und Arbeitnehmern oder Selbstständigen einen Anspruch auf Sozialhilfe zu gewähren. Diese Auslegung widerspricht jedoch dem klaren Wortlaut der Regelung, die den Gleichbehandlungsanspruch des Art. 24 Abs. 1 FreizügigkeitsRL 2004/38/EG insoweit nur für die ersten drei Monate des Aufenthalts aussetzt; ebenso *Schönberger*, Unionsbürger, 2005, S. 370 mit Fn. 244; *Egger*, in: FS für Hablitzel, 2005, S. 95 (113).

[953] Diese Vorschrift privilegiert Unionsbürgerinnen und Unionsbürger, die zum Zwecke der Arbeitssuche eingereist sind und insoweit die Arbeitnehmereigenschaft noch nicht besitzen. Besteht eine begründete Aussicht, eingestellt zu werden, haben diese Unionsbürgerinnen und Unionsbürger für den gesamten Zeitraum der Arbeitssuche einen Anspruch auf Inländergleichbehandlung, d. h. etwa auf Sozialhilfe, auch über die ersten drei Monate des Aufenthalts hinaus. Offen bleibt allerdings, auf welche Tatsachen der Unionsbürgerinnen und Unionsbürger die begründete Aussicht auf Einstellung gestützt werden.

[954] Vgl. dazu auch *Schönberger*, Unionsbürger, 2005, S. 374 f., der den Widerspruch durch die Möglichkeit der Mitgliedstaaten, das Aufenthaltsrecht bei Inanspruchnahme von Sozialhilfe zu beenden, ausgeräumt sieht; in diese Richtung auch *Bode*, Europarechtliche Gleichbehandlungsansprüche Studierender und ihre Auswirkungen in den Mitgliedstaaten, 2005, S. 368. *Wollenschläger*, Grundfreiheit ohne Markt, 2007, S. 277 sieht keinen Widerspruch, weil die FreizügigkeitsRL 2004/38/EG Aufenthaltsrecht und Sozialhilfeberechtigung eben nicht synchronisiert habe.

dem **Vorbehalt spezifischer sekundärrechtlicher Bestimmungen** steht,[955] zu denen auch Art. 7 FreizügigkeitsRL 2004/38/EG gehört. Dennoch bleibt der Eindruck, dass die FreizügigkeitsRL 2004/38/EG insoweit mit der einen Hand wieder nimmt, was sie zuvor mit der anderen gegeben hat. Gesetzgebungstechnisch wäre insoweit eine Regelung **vorzugswürdig** gewesen, die einen **Sozialhilfeanspruch** der Unionsbürgerin bzw. des Unionsbürgers **vor Erwerb des Daueraufenthaltsrechts ganz ausschließt**.[956] Bei Zuerkennung eines Aufenthaltsrechts durch einen Mitgliedstaat besteht allerdings ein grundrechtlicher Anspruch auf Gewährleistung des sozialen Existenzminimums auch der Familienangehörigen aus Art. 1 u. a. EGRC.[957]

IX. Verwaltungsformalitäten

1. Meldepflicht

Gem. Art. 6 Abs. 1 FreizügigkeitsRL 2004/38/EG[958] muss eine Unionsbürgerin bzw. ein Unionsbürger für einen Aufenthalt in einem anderen Mitgliedstaat von **bis zu drei Monaten** keine weiteren Bedingungen oder Formalitäten erfüllen. Allerdings **kann** der **Aufnahmestaat** gem. Art. 5 Abs. 5 S. 1 FreizügigkeitsRL 2004/38/EG eine **Meldepflicht statuieren**. Diese Meldepflicht kann auch sanktionsbewehrt sein.

5513

2. Anmeldebescheinigung

Für einen **Aufenthalt von mehr als drei Monaten** können die Mitgliedstaaten verlangen, dass die Unionsbürgerin bzw. der Unionsbürger sich bei den zuständigen Behörden anmeldet und eine Anmeldebescheinigung ausstellen lässt. Dabei sind die Angaben, die von Seiten der Mitgliedstaaten für die Anmeldebescheinigung gefordert werden dürfen, unterschiedlich, je nach Status der Unionsbürgerin bzw. des Unionsbürgers. Handelt es sich um Arbeitnehmerinnen bzw. Arbeitnehmer oder Selbstständige, darf gem. Art. 8 Abs. 3 1. Spiegelstrich i. V. m. Art. 7 Abs. 1 lit. a) FreizügigkeitsRL 2004/38/EG nur ein Ausweisdokument und ein Nachweis über die

5514

---

[955] *Frenz*, JA 2007, 4 (8).
[956] So lautete auch der ursprüngliche Kommissionsvorschlag für Art. 21 Abs. 2 FreizügigkeitsRL, vgl. KOM (2001) 257 endg.: „In Abweichung von Abs. 1 ist der Aufnahmemitgliedstaat jedoch nicht gehalten anderen Personen ... das Recht auf gesetzliche Sozialhilfe ... zu gewähren, bevor sie das Recht auf Daueraufenthalt erworben haben."
[957] EuGH, Rs. C-709/20, ECLI:EU:C:2021:602 (Rn. 87 ff.) – CG.
[958] ABl. 2004 L 158, S. 77, berichtigt durch ABl. 2004 L 229, S. 35.

Berufstätigkeit verlangt werden. Eine **spezielle Aufenthaltserlaubnis** wird dagegen **nicht mehr** benötigt.[959]

5515 Von nicht erwerbstätigen Unionsbürgerinnen und Unionsbürgern darf ein gültiges Ausweisdokument und der Nachweis ausreichender Existenzmittel sowie eines umfassenden Krankenversicherungsschutzes gefordert werden (Art. 8 Abs. 3 2. Spiegelstrich i. V. m. Art. 7 Abs. 1 lit. b) FreizügigkeitsRL 2004/38/EG). Dabei dürfen die Mitgliedstaaten keinen für alle Unionsbürgerinnen und Unionsbürger gleichen Mindestbetrag für die **Existenzmittel** festlegen. Vielmehr muss dieser **an der persönlichen Situation der betroffenen Person ausgerichtet** sein. Gem. Art. 8 Abs. 4 S. 2 FreizügigkeitsRL 2004/38/EG darf dieser Betrag jedoch **nicht höher** angesetzt sein **als** der Schwellenbetrag, ab dem der Aufnahmestaat seinen Staatsangehörigen **Sozialhilfe** gewährt bzw. er darf nicht über der **Mindestrente** der Sozialversicherung des Aufnahmestaats liegen.

5516 Von Unionsbürgerinnen und Unionsbürgern, die sich zu **Ausbildungszwecken** in dem Aufnahmestaat aufhalten, darf die Ausstellung der Anmeldebescheinigung von der Vorlage eines Ausweisdokuments, einer Bescheinigung über die Einschreibung bei der Ausbildungseinrichtung und eines Nachweises über die Krankenversicherung abhängig gemacht werden. Ausreichende Existenzmittel können diese Unionsbürgerinnen und Unionsbürger durch eine persönliche Erklärung oder ein gleichwertiges Mittel nachweisen. Die Mitgliedstaaten dürfen insoweit **keinen bestimmten Existenzmittelbetrag** festlegen (Art. 8 Abs. 3 3. Spiegelstrich FreizügigkeitsRL 2004/38/EG).

5517 Bei den Familienangehörigen differenziert die FreizügigkeitsRL 2004/38/EG zwischen denen, die selbst auch Unionsbürgerinnen bzw. Unionsbürger sind, und denjenigen, die Staatsangehörige eines Drittstaates sind. Familienangehörige, die selbst auch die Unionsbürgerschaft besitzen, müssen nur ein Ausweisdokument sowie den Nachweis über ihren Status als Familienangehörige vorlegen (Art. 8 Abs. 5 FreizügigkeitsRL 2004/38/EG).

3. Aufenthaltskarte

5518 **Familienangehörige**, die **Staatsangehörige eines Drittstaats** sind, müssen eine Aufenthaltskarte beantragen, wenn sie sich **länger als drei Monate in einem Mitgliedstaat** aufhalten wollen (Art. 9 Abs. 1 FreizügigkeitsRL 2004/38/EG). Die Ausstellung dieser Aufenthaltskarte wird von den Mitgliedstaaten an die Vorlage bestimmter Dokumente geknüpft. Der Drittstaatsangehörige muss einen „gültigen" Reisepass vorlegen (Art. 10 Abs. 2 lit. a) FreizügigkeitsRL 2004/38/EG). Weiterhin sind eine Bescheinigung über das Bestehen einer familiären bzw. verwandtschaftlichen Beziehung oder einer eingetragenen Partnerschaft sowie die Anmeldebescheinigung der Unionsbürgerin bzw. des Unionsbürgers, die bzw. den sie begleiten oder

---

[959] So aber z. B. noch nach Art. 2 Abs. 1 RL 93/96/EWG (Aufenthaltsrecht für Studenten, ABl. 1993 L 317, S. 59, aufgehoben durch die FreizügigkeitsRL 2004/38/EG, ABl. 2004 L 158, S. 77).

§ 6 Freizügigkeit und Aufenthaltsrecht

dem sie nachziehen, erforderlich (Art. 10 Abs. 2 lit. b)-d) FreizügigkeitsRL 2004/38/ EG). Soweit die Betroffenen keine Familienangehörigen sind, die Unionsbürgerin bzw. der Unionsbürger ihnen aber nach Maßgabe des Art. 3 Abs. 2 UAbs. 1 lit. a) FreizügigkeitsRL 2004/38/EG **Unterhalt gewährt**, so muss dies durch ein behördliches **Dokument** des Herkunftsstaates nachgewiesen werden. Eine solche Nachweispflicht besteht auch hinsichtlich des **Bestehens einer dauerhaften Partnerschaft** i. S. d. Art. 3 Abs. 2 UAbs. 1 lit. b) FreizügigkeitsRL 2004/38/EG.

Die **Aufenthaltskarte** gilt gem. Art. 11 Abs. 1 FreizügigkeitsRL 2004/38/EG **maximal fünf Jahre ab Ausstellungsdatum**. Ihre Gültigkeit ist grundsätzlich an den Aufenthalt im Aufnahmestaat geknüpft. Vorübergehende Abwesenheiten lassen die Gültigkeit jedoch unberührt. Art. 11 Abs. 2 FreizügigkeitsRL 2004/38/EG legt hier analog zu Art. 16 Abs. 3 FreizügigkeitsRL 2004/38/EG (Kontinuität des Aufenthalts vor Erwerb des Daueraufenthaltsrechts) Fristen und Gründe fest, bei deren Vorliegen eine Abwesenheit unschädlich ist.

5519

4. Bescheinigung des Daueraufenthalts

Die Aufnahmestaaten stellen den Unionsbürgerinnen und Unionsbürgern mit Daueraufenthaltsrecht auf Antrag ein Dokument aus, das dieses Recht bescheinigt (Art. 19 Abs. 1 FreizügigkeitsRL 2004/38/EG). Für drittstaatsangehörige Familienmitglieder von Unionsbürgerinnen und Unionsbürgern besteht die Pflicht, **vor Ablauf der Aufenthaltskarte** eine Daueraufenthaltskarte zu beantragen, die ihr Daueraufenthaltsrecht bescheinigt (Art. 20 Abs. 2 S. 1 FreizügigkeitsRL 2004/38/EG).

5520

X. Umsetzung in deutsches Recht

1. Ergangene Regelungen

In Deutschland gilt für die Einreise und den Aufenthalt von Unionsbürgerinnen und Unionsbürgern und ihren Familienangehörigen seit dem 1.1.2005 das Gesetz über die allgemeine Freizügigkeit von Unionsbürgerinnen und Unionsbürgern (FreizügG/EU),[960] welches zuletzt durch Art. 4 Gesetz zur Verbesserung der Rückführung vom 21.2.2024[961] geändert wurde. Die Einreise und der Aufenthalt von nicht privilegierten Drittstaatsangehörigen werden durch das ebenfalls am 1.1.2005 in Kraft getre-

5521

---

[960] Vom Bundestag mit Zustimmung des Bundesrates beschlossen als Art. 2 des ZuwanderungsG vom 30.7.2004, BGBl. I S. 1950.
[961] BGBl. I Nr. 5 vom 26.2.2024, S. 11.

tene Gesetz über den Aufenthalt, die Erwerbstätigkeit und die Integration von Ausländerinnen und Ausländern im Bundesgebiet (AufenthG)[962] geregelt.

5522 Das FreizügG/EU war keine Umsetzung der FreizügigkeitsRL 2004/38/EG im eigentlichen Sinne, da das FreizügG/EU sich bereits im Gesetzgebungsverfahren befand, als die FreizügigkeitsRL 2004/38/EG erlassen wurde. Dies erklärt, warum das Gesetz so kurz nach seinem Inkrafttreten wieder geändert wurde. Es bestanden noch Umsetzungslücken, die nachgebessert werden mussten.[963]

2. Die ersten drei Monate des Aufenthalts

5523 Das FreizügG/EU weist inzwischen eine der FreizügigkeitsRL 2004/38/EG vergleichbare Abstufung des Aufenthaltsstatus von den ersten drei Monaten bis hin zu einem Daueraufenthaltsrecht auf. § 2 Abs. 5 S. 1 FreizügG/EU regelt den Aufenthalt von bis zu 3 Monaten. Auch das FreizügG/EU bestimmt ein voraussetzungslos gewährtes Aufenthaltsrecht, für erwerbstätige Unionsbürgerinnen und Unionsbürger (§ 2 Abs. 2 Nr. 1–3 FreizügG/EU), Dienstleistungsempfängerinnen und Dienstleistungsempfänger (§ 2 Abs. 2 Nr. 4 FreizügG/EU) und deren Familienangehörige (§ 3 Abs. 1 FreizügG/EU). § 3a FreizügG/EU regelt den Aufenthalt nahestehender Personen.

5524 Eine Sonderregelung gilt für **nicht erwerbstätige Unionsbürgerinnen und Unionsbürger und ihre Familienangehörigen** (§ 4 FreizügG/EU). Diese werden **aufenthaltsrechtlich schlechter gestellt**. Sie müssen vom ersten Tag ihres Aufenthalts an über ausreichenden Krankenversicherungsschutz und ausreichende Existenzmittel verfügen. Ist die bzw. der nicht erwerbstätige Unionsbürgerin bzw. Unionsbürger eine studierende Person, wird zusätzlich der Kreis der Familienangehörigen, denen ein abgeleitetes Aufenthaltsrecht zusteht, eingeschränkt. Zu den Familienangehörigen zählen dann nur noch die Ehegattin, der Ehegatte, die **Lebenspartnerin** bzw. der **Lebenspartner** (§ 4 S. 2 FreizügG/EU) und **ihre bzw. seine Kinder**, denen Unterhalt gewährt wird.

5525 Die FreizügigkeitsRL 2004/38/EG sieht eine solche Schlechterstellung nicht erwerbstätiger Unionsbürgerinnen und Unionsbürger in den ersten drei Monaten des Aufenthalts nicht vor.[964] Damit entspricht diese Regelung des FreizügG/EU

---

[962] AufenthG in der Fassung der Bekanntmachung vom 25.2.2008, BGBl. I S. 162, zuletzt geändert durch Art. 4a Gesetz zur Regelung eines Sofortzuschlages und einer Einmalzahlung in den sozialen Mindestsicherungssystemen sowie zur Änd. des FinanzausgleichsG und weiterer Gesetze vom 23.5.2022, BGBl. I S. 760.
[963] Ausführlich dazu *Frenz/Kühl*, ZESAR 2007, 315 ff.
[964] Die Einschränkung des Kreises der aufenthaltsberechtigten Familienangehörigen bei Studierenden sowie Absolventinnen und Absolventen einer sonstigen Ausbildung statuiert die FreizügigkeitsRL 2004/38/EG erst für den Aufenthalt über drei Monate hinaus (vgl. Art. 7 Abs. 4).

§ 6 Freizügigkeit und Aufenthaltsrecht

nicht den Vorgaben der FreizügigkeitsRL 2004/38/EG und muss entsprechend geändert werden.[965]

3. Daueraufenthaltsrecht

a) Unionsbürgerinnen, Unionsbürger, Familienangehörige und nahestehende Personen

Das FreizügG/EU sieht in § 4a Abs. 1 für Unionsbürgerinnen und Unionsbürger, ihre Familienangehörigen und nahestehende Personen, die Inhaberin bzw. Inhaber eines Rechts nach § 3a Abs. 1 sind, die nicht Unionsbürgerin bzw. Unionsbürger sind, **nach fünf Jahren rechtmäßigen Aufenthalts** in Deutschland ein **Recht auf Daueraufenthalt** vor. Hier hatte das FreizügG/EU die Regelung des Art. 16 FreizügigkeitsRL 2004/38/EG bereits vorweggenommen. Zielsetzung war es, Unionsbürgerinnen und Unionsbürgern entsprechend ihrer zunehmenden Integration in Deutschland und der parallel dazu schwächer werdenden Anbindung an den Herkunftsstaat einen **gesteigerten Schutz vor Aufenthaltsbeendigung** zu gewähren.[966] Dies entspricht der Intention der FreizügigkeitsRL 2004/38/EG.[967]

5526

Allerdings beschränkte das FreizügG/EU dieses Daueraufenthaltsrecht auf die Unionsbürgerin bzw. den Unionsbürger, ihre bzw. seine Ehegattin, ihren bzw. seinen Ehegatten, Lebenspartnerin bzw. Lebenspartner und die unterhaltsberechtigten Kinder. Demgegenüber fasst die FreizügigkeitsRL 2004/38/EG den Kreis der begünstigten Familienangehörigen weiter und gewährt es allen Familienangehörigen i. S. d. Legaldefinition in Art. 2 Nr. 2 FreizügigkeitsRL 2004/38/EG.[968] Den insoweit bestehenden Änderungsbedarf hat die Neufassung aufgenommen und der FreizügigkeitsRL 2004/38/EG angepasst.

5527

b) Nach Beendigung der Erwerbstätigkeit bzw. bei voller Erwerbsminderung

Das Recht zum Daueraufenthalt steht Erwerbstätigen abweichend von der Fünf-Jahres-Regel gem. § 4a Abs. 2 FreizügG/EU auch nach dem altersbedingten Ausscheiden aus dem Erwerbsleben bzw. bei voller Erwerbsunfähigkeit zu. Hier hat das FreizügG/EU die Regelung des Art. 17 FreizügigkeitsRL 2004/38/EG übernommen.

5528

---

[965] So auch *Groß*, ZAR 2006, 61 (63), der gleichzeitig auf eine großzügige Verwaltungspraxis der Ausländerbehörden hinweist, die i. d. R. erst nach Ablauf von drei Monaten tätig werden. Zu den Aufenthaltsrechten von Unionsbürgerinnen und Unionsbürgern unabhängig von einer Änderung des FreizügG/EU unmittelbar aus der FreizügigkeitsRL 2004/38/EG s. näher u. Rn. 5536 ff.
[966] Vgl. die Begründung des Regierungsentwurfs in BT-Drucks. 15/420 S. 103.
[967] So die 24. Begründungserwägung FreizügigkeitsRL 2004/38/EG: „Daher sollte der Schutz vor Ausweisung in dem Maße zunehmen, wie die Unionsbürger und ihre Familienangehörigen in den Aufnahmestaat stärker integriert sind."
[968] S. dazu o. Rn. 5449 ff.

4. Ausweisungsschutz

5529 Das FreizügG/EU differenziert zwischen dem Verlust des Aufenthaltsrechts und der daraus resultierenden Ausreisepflicht. Gem. § 6 Abs. 1 S. 1 FreizügG/EU kann dieser Rechtsverlust nur aus Gründen der öffentlichen Ordnung, Sicherheit oder Gesundheit festgestellt werden.[969] Bei dem letzten Grund muss es sich nach § 6 Abs. 1 S. 3 und 4 FreizügG/EU entsprechend der EU-FreizügigkeitsRL um Krankheiten mit epidemischem Potenzial im Sinne der einschlägigen Rechtsinstrumente der Weltgesundheitsorganisation und sonstige übertragbare, durch Infektionserreger oder Parasiten verursachte Krankheiten handeln, sofern gegen diese Krankheiten Maßnahmen im Bundesgebiet getroffen werden. Dabei bleiben Krankheiten, die nach Ablauf einer Frist von drei Monaten ab dem Zeitpunkt der Einreise auftreten, außen vor. In § 6 Abs. 2 FreizügG/EU wird näher dargestellt, wann eine strafrechtliche Verurteilung eine Gefahr für die öffentliche Ordnung darstellen kann. Danach genügt eine Verurteilung als solche nicht. Vielmehr muss das zugrunde liegende **Verhalten** eine **tatsächliche und hinreichend schwere Gefährdung eines gesellschaftlichen Grundinteresses** darstellen. Diese Formulierung ist fast wortgleich mit Art. 27 Abs. 2 FreizügigkeitsRL 2004/38/EG.

5530 Auch im Hinblick auf den erhöhten Ausweisungsschutz Daueraufenthaltsberechtigter entspricht das FreizügG/EU den Anforderungen der FreizügigkeitsRL 2004/38/EG. Gem. § 6 Abs. 4 des Gesetzes kann der **Verlust des Daueraufenthaltsrechts nur aus schwerwiegenden Gründen** festgestellt werden. Dies entspricht der Regelung des Art. 28 Abs. 2 FreizügigkeitsRL 2004/38/EG.

5531 Die dritte Stufe des in der FreizügigkeitsRL 2004/38/EG vorgesehenen Ausweisungsschutzes fehlte ursprünglich in § 6 FreizügG/EU.[970] In der seit August 2007 gültigen Fassung des FreizügG/EU ist in § 6 Abs. 5 ein dem Art. 28 Abs. 3 FreizügigkeitsRL 2004/38/EG entsprechender Ausweisungsschutz **nach** einem **Aufenthalt von mehr als zehn Jahren** bzw. bei **Minderjährigkeit** vorgesehen. Auf dieser Schutzstufe **erlischt** das **Aufenthaltsrecht nur bei Vorliegen zwingender Gründe der öffentlichen Sicherheit**. Solche können gem. § 6 Abs. 5 S. 3 FreizügG/EU nur eingreifen, wenn die betroffene Person wegen einer oder mehreren vorsätzlichen Straftaten rechtskräftig zu einer **Freiheits- oder Jugendstrafe** von mindestens **fünf Jahren** verurteilt oder bei der letzten rechtskräftigen Verurteilung **Sicherungsverwahrung** angeordnet wurde, wenn die **Sicherheit** der Bundesrepublik Deutschland betroffen ist oder wenn von der betroffenen Person eine **terroristische Gefahr** ausgeht.

---

[969] Der Gesetzeswortlaut verweist hier ausdrücklich auf die Schrankentrias der Art. 45 Abs. 3 AEUV, 52 Abs. 1 AEUV.
[970] Vgl. *Frenz/Kühl*, ZESAR 2007, 315 (324).

5. Aufenthaltsrecht Familienangehöriger

Gem. § 3 Abs. 1 FreizügG/EU haben die Familienangehörigen, soweit ihnen nicht als Unionsbürgerin bzw. Unionsbürger ein **eigenes Aufenthaltsrecht** aus § 2 FreizügG/EU zukommt, ein abgeleitetes Aufenthaltsrecht. Dieses erlischt gem. § 3 Abs. 2 FreizügG/EU für Familienangehörige auch nicht mit dem Tod der Unionsbürgerin bzw. des Unionsbürgers. Voraussetzung ist insoweit, dass sich die familienangehörige Person vor dem Tod der Unionsbürgerin bzw. des Unionsbürgers seit mindestens einem Jahr in Deutschland aufgehalten hat (§ 3 lit. a) FreizügG/EU). Ist die familienangehörige Person nicht erwerbstätig, muss sie über **ausreichende Existenzmittel** und über ausreichenden **Krankenversicherungsschutz** verfügen (§ 3 Abs. 2 FreizügG/EU). 5532

Diese Regelung entspricht den Anforderungen des Art. 12 Abs. 2 FreizügigkeitsRL 2004/38/EG. Gleiches gilt im Hinblick auf § 3 Abs. 3 FreizügG/EU, wonach seit 2007 einem Elternteil, das die elterliche Sorge für ein Kind wahrnimmt, bis zum Abschluss einer bereits begonnen Ausbildung ein Aufenthaltsrecht zusteht. 5533

Ebenfalls noch in das FreizügG/EU eingearbeitet werden musste die Regelung des § 3 Abs. 4 nach Maßgabe des Art. 13 FreizügigkeitsRL 2004/38/EG, wonach auch **Drittstaatsangehörigen nach Scheidung oder Aufhebung einer Ehe** unter bestimmten Voraussetzungen ein Aufenthaltsrecht zukommen kann.[971] 5534

6. Verfahrensrecht

Auch in verfahrensrechtlicher Hinsicht korrespondiert das FreizügG/EU mit den Vorgaben der FreizügigkeitsRL 2004/38/EG. In § 5 Abs. 5 FreizügG/EU sind auch Bescheinigungen über den Daueraufenthalt vorgesehen (vgl. Art. 19, 20 FreizügigkeitsRL 2004/38/EG). Nach dem neuen § 5 Abs. 7 FreizügG/EU stellt die zuständige Behörde bei Verleihung des Rechts nach § 3a Abs. 1 eine Aufenthaltskarte für nahestehende Personen, die nicht Unionsbürgerinnen bzw. Unionsbürger sind, aus, die fünf Jahre gültig sein soll. Die Rechtsinhaberinnen bzw. Rechtsinhaber dürfen eine Erwerbstätigkeit ausüben. 5535

XI. Unmittelbare Wirkung der FreizügigkeitsRL 2004/38/EG

Der Vergleich von FreizügG/EU mit der FreizügigkeitsRL 2004/38/EG[972] zeigt, dass das FreizügG/EU nunmehr den Vorgaben durch die FreizügigkeitsRL 2004/38/EG entspricht. Auch die Aufenthaltsberechtigung nichterwerbstätiger Unionsbürgerinnen und Unionsbürger während der ersten drei Monate wurde inzwischen in § 2 Abs. 5 FreizügG/EU ordnungsgemäß umgesetzt. Sollten sich (wieder) Defizite 5536

---

[971] Zu den Voraussetzungen s. näher o. Rn. 5462 ff.
[972] ABl. 2004 L 158, S. 77, berichtigt durch ABl. 2004 L 229, S. 35.

ergeben, stellt sich die Frage, inwieweit die nicht umgesetzte Regelung der FreizügigkeitsRL 2004/38/EG unabhängig von einer Umsetzung unmittelbar gilt. Die FreizügigkeitsRL 2004/38/EG gilt vorbehaltlos und erfordert keine weiteren Maßnahmen der Mitgliedstaaten. Auch ist sie in weiten Teilen keine bloße Zielvorgabe, sondern regelt detailliert die Voraussetzungen etwa für das Bestehen von Aufenthaltsrechten und definiert einzelne Begriffe. Den Mitgliedstaaten verbleibt kein Umsetzungsspielraum. Deshalb ist für die Regelungen, bei denen ein Umsetzungsdefizit besteht, eine unmittelbare Wirkung zu bejahen. Insoweit können die Unionsbürgerinnen und Unionsbürger und ihre Familienangehörigen seit dem 1.5.2006 diese Rechte unmittelbar aus der FreizügigkeitsRL 2004/38/EG ableiten.[973]

D. Abgrenzung zu anderen Vorschriften

I. Die besonderen Personenverkehrsfreiheiten des AEUV

5537 Das Recht, sich im Rahmen der Arbeitssuche in einem anderen Mitgliedstaat frei zu bewegen, dort aufzuhalten und auch nach Beendigung der Beschäftigung dort zu bleiben, ist nach Maßgabe des Art. 45 Abs. 3 lit. b)-d) AEUV von der Arbeitnehmerfreizügigkeit mit umfasst.[974] Vergleichbare Freizügigkeitsrechte bestehen im Zusammenhang mit der Ausübung der Dienstleistungs- und der Niederlassungsfreiheit.[975] Damit bestehen auf der Ebene der Personenverkehrsfreiheiten eng **mit** der jeweiligen **wirtschaftlichen Betätigung verknüpfte Freizügigkeitsrechte**, die **zu** der allgemeinen Gewährleistung des **Art. 21 AEUV** in einem **Spezialitätsverhältnis** stehen.[976] Dem Recht aus Art. 21 AEUV kommt lediglich Auffangcharakter zu, die speziellen Gewährleistungen gehen vor.[977] Art. 21 AEUV auch im Anwendungsbereich der besonderen Personenverkehrsfreiheiten als selbstständige Grund-

---

[973] So auch *Groß*, ZAR 2006, 61 (64).
[974] Näher dazu *Frenz*, Europarecht 1, Rn. 1691 ff.
[975] Vgl. dazu die FreizügigkeitsRL 2004/38/EG, ABl. 2004 L 158, S. 77, berichtigt durch ABl. 2004 L 229, S. 35. S. *Frenz*, Europarecht 1, Rn. 2436 ff. (zur Niederlassungsfreiheit) sowie Rn. 3203 ff. (zur Dienstleistungsfreiheit).
[976] Vgl. zum Verhältnis des Art. 21 AEUV zur Arbeitnehmerfreizügigkeit EuGH, Rs. C-589/10, ECLI:EU:C:2013:303 (Rn. 67) – Wencel; Rs. C-100/01, ECLI:EU:C:2002:712 (Rn. 26) – Olazabal; Rs. C-520/04, ECLI:EU:C:2006:703 (Rn. 13) – Turpeinen; Art. 21 AEUV und die Dienstleistungsfreiheit: Rs. C-92/01, ECLI:EU:C:2003:72 (Rn. 18) – Stylianakis; Rs. C-76/05, ECLI:EU:C:2007:492 (Rn. 34) – Schwarz u. Gootjes-Schwarz; Art. 21 AEUV und die Niederlassungsfreiheit: Rs. C-193/94, ECLI:EU:C:1996:70 (Rn. 22) – Skanavi u. Chryssanthakopoulos.
[977] *Kluth*, in: Calliess/Ruffert, Art. 21 AEUV Rn. 21; *Hatje*, in: Schwarze/Becker/Hatje/Schoo, Art. 21 AEUV Rn. 18; *Nettesheim*, in: Grabitz/Hilf/Nettesheim, Art. 21 AEUV Rn. 15, 46; *Frenz*, Europarecht 1, Rn. 4023 f.; *Scheuing*, EuR 2003, 744 (763 f.); *Dörr*, in: FS für Rengeling, 2008, S. 205 (210).

freiheit zu sehen,⁹⁷⁸ widerspricht dem klaren Wortlaut des Art. 45 Abs. 3 lit. b)-d) AEUV. Das Spezialitätsverhältnis ist insoweit primärrechtlich festgelegt und kann nicht unter Hinweis auf die besondere Bedeutung der Unionsbürgerschaft überspielt werden.

Dieser systematischen Beziehung zum Trotz hat der EuGH vereinzelt auf eine nähere Prüfung der speziellen Grundfreiheiten verzichtet und stattdessen bzw. parallel auf das jedenfalls einschlägige allgemeine Freizügigkeitsrecht aus Art. 21 AEUV abgestellt.⁹⁷⁹ Dieses Vorgehen erspart die häufig schwierige Abgrenzung, welche der Personenverkehrsfreiheiten überhaupt betroffen ist. Im Hinblick darauf wurde für Art. 21 AEUV eine Entwicklung zum Hauptfreizügigkeitsrecht vermutet.⁹⁸⁰ In seiner Rechtsprechung hat der **Gerichtshof** allerdings das **Spezialitätsverhältnis betont** und eine Prüfung der allgemeinen Freizügigkeitsgewährleistung aus Art. 21 AEUV deshalb abgelehnt.⁹⁸¹ Die genannten Entscheidungen dürften daher eher als Einzelfallrechtsprechung zu werten sein, aus der noch keine generelle Tendenz gegen die subsidiäre Bedeutung des Art. 21 AEUV abgeleitet werden kann.

5538

Entsprechendes hat dann auch für Art. 45 EGRC zu gelten. Ansonsten würde über dieses nahezu gleichlautende Grundrecht die begrenzte Bedeutung von Art. 21 AEUV im Verhältnis zu den Grundfreiheiten umgangen. Allerdings sind die Freizügigkeits- und Aufenthaltsrechte auf der Basis der Grundfreiheiten ohnehin stärker, sodass es für die davon Begünstigten des Rückgriffs auf Art. 21 AEUV oder Art. 45 EGRC gar nicht bedarf. Die FreizügigkeitsRL 2004/38/EG⁹⁸² führt beide Ausprägungen zu einer einheitlichen Freizügigkeitsregelung zusammen und trägt dabei den unterschiedlichen Intensitäten für Arbeitnehmerinnen und Arbeitnehmer und Selbstständige sowie deren Familienangehörige einerseits und sonstige Unionsbürgerinnen und Unionsbürger andererseits Rechnung.

5539

Soweit also bestimmte Handlungen thematisch sowohl unter das Freizügigkeitsrecht als auch unter eine bestimmte **Personenverkehrsfreiheit** fallen können, sind schon auf der Ebene des **Schutzbereichs** die Handlungen **aus** dem Anwendungsbereich von **Art. 21 AEUV** und **Art. 45 EGRC auszunehmen**, die durch eine Personenverkehrsfreiheit geschützt sind.⁹⁸³

5540

---

⁹⁷⁸ So *Schöbener*, in: Stern/Sachs, Art. 45 Rn. 15 unter Hinweis auf die Schlussanträge des *GA La Pergola*, EuGH, Rs. C-85/96, ECLI:EU:C:1998:217 (Rn. 18) – Martinéz Sala; *GA Cosmas*, EuGH, Rs. C-378/97, ECLI:EU:C:1999:439 (Rn. 84 f.) – Wijsenbeek.
⁹⁷⁹ Vgl. EuGH, Rs. C-274/96, ECLI:EU:C:1998:563 (Rn. 15 ff.) – Bickel u. Franz; Rs. C-135/99, ECLI:EU:C:2000:647 (Rn. 33 ff.) – Elsen.
⁹⁸⁰ So *Scheuing*, EuR 2003, 744 (764 ff.).
⁹⁸¹ EuGH, Rs. C-60/00, ECLI:EU:C:2002:434 (Rn. 39) – Carpenter; nur auf das Spezialitätsverhältnis hinweisend Rs. C-293/03, ECLI:EU:C:2004:821 (Rn. 33) – Gregorio My/ONP; Rs. C-520/04, ECLI:EU:C:2006:703 (Rn. 13) – Turpeinen.
⁹⁸² ABl. 2004 L 158, S. 77, berichtigt durch ABl. 2004 L 229, S. 35.
⁹⁸³ Zum Schutzbereich der Personenverkehrsfreiheiten ausführlich *Frenz*, Europarecht 1, Rn. 1311 ff. (Arbeitnehmerfreizügigkeit), 2130 ff. (Niederlassungsfreiheit), 2950 ff. (Dienstleistungsfreiheit).

II. Art. 15 Abs. 2 EGRC

5541 Art. 15 Abs. 2 EGRC gewährt allen Unionsbürgerinnen und Unionsbürgern die Freiheit, in jedem Mitgliedstaat Arbeit zu suchen, zu arbeiten, sich niederzulassen oder Dienstleistungen zu erbringen. Der **Gewährleistungsgehalt** ist somit **deckungsgleich mit** den in Art. 45 AEUV, Art. 49 AEUV und Art. 56 ff. AEUV geregelten Grundfreiheiten. Auch hier könnte sich die Frage nach dem Verhältnis zur allgemeinen Freizügigkeitsgewährleistung des Art. 45 EGRC bzw. 21 AEUV stellen. **Art. 52 Abs. 2 EGRC** verweist für die Auslegung dieser Vorschrift auf die Personenverkehrsfreiheiten des AEUV. Insoweit fehlt es dieser Vorschrift an einem eigenständigen, von dem AEUV abweichenden Regelungsgehalt.[984] Die Kongruenz gilt deshalb auch für das Verhältnis zu Art. 45 EG bzw. Art. 21 AEUV. Einer **gesonderten Abgrenzung** zur allgemeinen Freizügigkeitsgewährleistung **bedarf es** somit **nicht**.

E. Beeinträchtigungen

I. Bandbreite

5542 Beeinträchtigungen des Rechts aus Art. 45 EGRC bzw. Art. 21 AEUV[985] sind in vielfältiger Weise und mit unterschiedlicher Intensität denkbar. Die Spannweite reicht von der **Verweigerung der Einreise** in einen Mitgliedstaat, **Beschränkungen der Bewegungsfreiheit** im Aufenthaltsstaat bis hin zu Regelungen, die zwar die Freizügigkeit nicht unmittelbar behindern, aber den **Aufenthalt** in einem anderen Mitgliedstaat **mit bestimmten Rechtsfolgen** verknüpfen, die die Unionsbürgerin bzw. den Unionsbürger von der Ausübung ihres bzw. seines Rechts abhalten können. Entsprechend dem durch den EuGH statuierten Grundsatz, den **Schutzbereich** des Art. 21 AEUV **weit** auszulegen, **Abweichungen** dagegen **eng**,[986] stellen alle staatlichen Maßnahmen, die das Recht auf Aufenthalt und Bewegung einschränken oder aufheben, einen Eingriff dar. Dazu gehören grundsätzlich **auch** Regelungen, die lediglich die **Ausübung des Freizügigkeitsrechts** betreffen.[987]

---

[984] *Blanke*, in: Stern/Sachs, Art. 15 Rn. 55 f.; *Streinz*, in: ders. Art. 15 GR-Charta Rn. 14; *Jarass/Kment*, § 20 Rn. 20 unter Verweis auf die Erläuterungen zur Charta der Grundrechte, ABl. 2007 C 303, S. 17 (23).
[985] Da sich die bisherige Rspr. auf Art. 21 AEUV bezog, wird im Folgenden nur dieses Recht angeführt. Die Ausführungen beziehen sich aber auch auf den nahezu inhaltsgleichen Art. 45 EGRC.
[986] EuGH, Rs. C-357/98, ECLI:EU:C:2000:604 (Rn. 24) – Yiadom; Rs. C-482 u. 493/01, ECLI:EU:C:2004:262 (Rn. 65) – Orfanopoulos u. Oliveri; Rs. C-165/14, ECLI:EU:C:2016:675 (Rn. 58) – Rendón Marín.
[987] So auch *Kubicki*, EuR 2006, 489 (492), der dies auf den Grundsatz der praktischen Wirksamkeit („effet utile") stützt.

II. Grenzkontrollen

1. Nach dem allgemeinen Freizügigkeitsrecht

Innerstaatliche oder auch sekundärrechtliche Regelungen statuieren eine Obliegenheit zum **Besitzen** und eventuell auch **Vorzeigen von Ausweispapieren**. So setzt etwa die FreizügigkeitsRL 2004/38/EG für das Recht auf Einreise in Art. 5 Abs. 1 und in Art. 6 Abs. 1 auch für den weiteren Aufenthalt voraus, dass die Unionsbürgerin bzw. der Unionsbürger einen gültigen Personalausweis oder Reisepass mit sich führt. Gem. § 8 S. 1 Nr. 1 FreizügG/EU sind Unionsbürgerinnen und Unionsbürger und ihre Familienangehörigen verpflichtet, bei der Einreise nach Deutschland einen **Pass oder Passersatz mit sich zu führen und** einer zuständigen Beamtin bzw. einem zuständigen Beamten **auf Verlangen** zur Prüfung **auszuhändigen**. Diese Verpflichtung soll **keinen Eingriff** in Art. 21 AEUV darstellen, **weil** es regelmäßig an einer **Ungleichbehandlung fehle**, wenn die eigenen Staatsangehörigen vergleichbaren Verpflichtungen unterliegen.[988]

5543

Diese Argumentation vermengt den Schutzbereich des Art. 21 AEUV mit Elementen des Art. 18 AEUV und **reduziert** dadurch **Art. 21 AEUV auf ein Diskriminierungsverbot**. Dabei kann sie sich auf die Entscheidung des EuGH in der Rechtssache *Wijsenbeek* stützen. Der Gerichtshof machte darin die Verletzung des Art. 21 AEUV durch eine nationale Ausweispflicht davon abhängig, ob die an einen Verstoß geknüpften Sanktionen mit denen für innerstaatliche Vergehen vergleichbar sind und ob sie dem Verhältnismäßigkeitsgrundsatz genügen.[989]

5544

Dabei verlangte der EuGH schon für die Ausübung des Rechts aus Art. 21 AEUV **den Beleg** der jeweiligen Unionsbürgerin bzw. des jeweiligen Unionsbürgers, dass sie bzw. er die **Staatsangehörigkeit eines Mitgliedstaates** besitzt und deshalb überhaupt Berechtigte bzw. Berechtigter ist.[990] Diese Überlegung stellt das Vorliegen eines Eingriffs eher in Frage, da sie nahe legt, zwischen der Prüfung der **Ausübungsvoraussetzungen** und einem Eingriff zu differenzieren.[991]

5545

Grenzkontrollen wirken sich **nicht nachteilig** auf die **Ausübung des Freizügigkeitsrechts** aus Art. 21 AEUV aus.[992] Die dadurch verursachte vorübergehende Verzögerung der Fortbewegung stellt **keine relevante Beeinträchtigung** dar.[993] Grenzkontrollen und die Pflicht zur Vorlage eines Ausweises bewirken als solche

5546

---

[988] *Schöbener*, in: Stern/Sachs, Art. 45 Rn. 20.
[989] EuGH, Rs. C-387/97, ECLI:EU:C:2000:356 (Rn. 45) – Wijsenbeek.
[990] EuGH, Rs. C-387/97, ECLI:EU:C:2000:356 (Rn. 42) – Wijsenbeek; Rs. C-215/03, ECLI:EU:C:2005:95 (Rn. 49, 54) – Salah Oulane (für Aufenthaltsrecht aus Art. 56 AEUV).
[991] Demgegenüber stellte *GA Cosmas* ausdrücklich das Vorliegen eines Eingriffs fest, vgl. Schlussanträge EuGH, Rs. C-378/97, ECLI:EU:C:2000:356 (Rn. 102) – Wijsenbeek.
[992] *Kluth*, in: Calliess/Ruffert, Art. 21 AEUV Rn. 6.
[993] *Pechstein/Bunk*, EuGRZ 1997, 547 (552).

daher keinen Eingriff in den Schutzbereich des Art. 21 AEUV.⁹⁹⁴ Bei den an die fehlende Vorlage eines Ausweises anknüpfenden **Sanktionen** haben die Mitgliedstaaten allerdings das Recht aus Art. 21 AEUV und den Grundsatz der **Verhältnismäßigkeit** zu beachten, da solche Sanktionen relevante Beeinträchtigungen bilden und nicht nur den Status als berechtigte Unionsbürgerin bzw. berechtigter Unionsbürger prüfen. So verstößt es gegen das Freizügigkeitsrecht und den Verhältnismäßigkeitsgrundsatz, eine Unionsbürgerin bzw. einen Unionsbürger, die ihre bzw. der seine Unionsbürgerschaft nicht durch ein Ausweisdokument nachweisen kann, in Abschiebehaft zu nehmen.⁹⁹⁵

2. Nach dem Schengener Grenzkodex

5547 Allerdings sind Sanktionen wegen verweigertem Vorzeigen eines Reisepasses gänzlich problematisch, da nach dem **Schengener Grenzkodex** im Allgemeinen **keine Personenkontrollen mehr** erfolgen dürfen. Diese Absenz bildet „die größte Errungenschaft der EU" in Gestalt der Schaffung eines Raums ohne Binnengrenzen und darf **nur ausnahmsweise** wieder verschwinden:⁹⁹⁶ Bei einer **ernsthaften Bedrohung der öffentlichen Ordnung** oder der **inneren Sicherheit** dürfen **Kontrollen** eingeführt werden, aber **höchstens für sechs Monate** und damit vorübergehend. Dieser Zeitraum genügt für nationale Maßnahmen, um einer Bedrohung etwa in Gestalt einer starken Migrationswelle zu begegnen. Daher ist eine **Verlängerung** ausgeschlossen, außer eine **neue ernsthafte Bedrohung** taucht auf; diese muss sich indes von der originären Bedrohung unterscheiden.⁹⁹⁷ Nur bei einer **Gefährdung des Funktionierens des Schengen-Raums insgesamt** – wie durch die **Corona-Pandemie** – greifen die Empfehlungen des Rates bei außergewöhnlichen Umständen: Dann dürfen die Mitgliedstaaten **Grenzkontrollen bis zu zwei Jahre** wieder einführen.

III. Aufenthaltsbeschränkungen

5548 Aufenthaltsbeschränkungen können aus Gründen des Gesundheitsschutzes angeordnet werden. So sieht § 30 IfSG bei bestimmten ansteckenden Krankheiten eine Absonderung der Erkrankten in Krankenhäusern vor. Hinzu kommen häusliche Isolationen, Betretungsverbote und Aufenthaltsbeschränkungen (§§ 28 ff. IfSG). Diese Maßnahmen können auch gegen Unionsbürgerinnen und Unionsbürger aus

---

⁹⁹⁴ *Frenz*, Europarecht 1, Rn. 4061; a. A. *GA Cosmas*, EuGH, Rs. C-387/97, ECLI:EU:C:2000:356 (Rn. 99 ff.) – Wijsenbeek; s. *Jarass/Kment*, § 38 Rn. 9 (zu Art. 45 EGRC); *Scheuing*, EuR 2003, 744 (779).
⁹⁹⁵ EuGH, Rs. C-215/03, ECLI:EU:C:2005:95 (Rn. 40) – Salah Oulane.
⁹⁹⁶ EuGH, Rs. C-368/20, ECLI:EU:C:2022:298 (Rn. 2) – Landespolizeidirektion Steiermark.
⁹⁹⁷ EuGH, Rs. C-368/20, ECLI:EU:C:2022:298 (Rn. 2) – Landespolizeidirektion Steiermark.

§ 6 Freizügigkeit und Aufenthaltsrecht

anderen Mitgliedstaaten angeordnet werden und dadurch ihr Recht auf freie Bewegung und Aufenthalt einschränken.[998] Ein Anwendungsfall war die **Corona-Pandemie**.

IV. Nachteilige Auswirkungen der Ausübung des Freizügigkeitsrechts

Nach dem EuGH schützt das Freizügigkeitsrecht auch davor, an einen Auslandsaufenthalt negative Folgen zu knüpfen.[999] Insoweit ist zwar nicht die Freizügigkeit als solche beeinträchtigt, doch sind die damit verbundenen **Belastungen geeignet**, die **einzelne Person** von der Ausübung ihres Freizügigkeitsrechts **abzuhalten**. Dies ist in **zwei Konstellationen** denkbar. Zum einen dergestalt, dass ein Mitgliedstaat **Angehörige anderer Mitgliedstaaten im Vergleich zu eigenen Staatsangehörigen schlechter behandelt**. Zum anderen gibt es Fälle, in denen Mitgliedstaaten eigene Staatsangehörige, die von ihrer Freizügigkeit Gebrauch gemacht haben, schlechter behandeln als diejenigen, die im Heimatstaat bleiben.

Die erste Fallgruppe behandelt der EuGH regelmäßig als Fälle **unzulässiger Diskriminierung wegen der Staatsangehörigkeit**, wobei Art. 21 AEUV dogmatisch als Türöffner fungiert, um Art. 18 AEUV als Prüfungsmaßstab heranziehen zu können.[1000] Zu der zweiten Gruppe gehören die Fälle, in denen **Unionsbürgerinnen und Unionsbürger Nachteile** erleiden, weil sie von ihrem **Recht aus Art. 12 AEUV** Gebrauch gemacht haben.

In diesem Zusammenhang hat der Gerichtshof es für unzulässig erklärt, die Berechnung der Pfändungsfreigrenze vom Wohnsitz der Schuldnerin bzw. des Schuldners abhängig zu machen mit der Folge, dass die bzw. der **in einem anderen Mitgliedstaat ansässige Schuldnerin bzw. Schuldner** einen **geringeren Freibetrag** geltend machen kann.[1001] Betroffen war ein finnischer Staatsangehöriger, der nach Spanien ausgewandert war. Seine Rente war wegen einer in seinem Heimatstaat bestehenden Verbindlichkeit gepfändet worden. Nach finnischem Recht wurden Steuern, die nicht in Finnland abgeführt wurden, bei der Berechnung der Pfändungsfreigrenze nicht berücksichtigt. Dies hatte zur Folge, dass ein höherer Betrag gepfändet werden durfte. Der betroffene Unionsbürger wurde damit von seinem Heimatstaat wegen seines Wohnsitzes in einem anderen Mitgliedstaat schlechter behandelt, als wenn er von seinem Freizügigkeitsrecht keinen Gebrauch gemacht hätte.[1002] Dies hat der EuGH als Eingriff in Art. 21 AEUV gewertet. Denn das Freizügigkeitsrecht könne seine volle Wirkung nicht entfalten, wenn Staats-

5549

5550

5551

---

[998] Vgl. Art. 29 FreizügigkeitsRL 2004/38/EG. Dazu bereits o. Rn. 5498 f.
[999] EuGH, Rs. C-224/98, ECLI:EU:C:2002:432 (Rn. 30) – D'Hoop.
[1000] S. dazu ausführlich o. Rn. 5429 ff.
[1001] EuGH, Rs. C-224/02, ECLI:EU:C:2004:273 – Pusa.
[1002] EuGH, Rs. C-224/02, ECLI:EU:C:2004:273 (Rn. 18) – Pusa.

angehörige eines Mitgliedstaates von der Wahrnehmung dieses Rechts durch nachteilige Regelungen im Heimatstaat abgehalten werden könnten.[1003]

5552 Gleiches gilt für die **Schlechterstellung von Absolvierenden einer Schule eines anderen Mitgliedstaates**. Es bildet daher einen unzulässigen Eingriff in Art. 21 AEUV, wenn die Gewährung bestimmter Hilfen an Hochschulabsolvierenden daran geknüpft wird, dass der Schulabschluss im gewährenden Mitgliedstaat erlangt wurde. Zu überprüfen war eine belgische Regelung, wonach Überbrückungsgeld nach Abschluss des Studiums nur gewährt wurde, wenn die betroffene Person ihren Schulabschluss an einer belgischen Schule gemacht hat.[1004]

5553 Auch bei der Regelung der **staatlichen Förderung einer Ausbildung im Ausland** haben die Mitgliedstaaten die Garantie des Art. 21 AEUV zu beachten. So hat der EuGH entschieden, dass die Fördervoraussetzungen für eine Ausbildung im Ausland nach dem deutschen BaFöG einen Eingriff in Art. 21 AEUV darstellen.[1005] Die angegriffenen Regelungen knüpften die Förderung an ein vorangegangenes Studium im Inland von mindestens einem Jahr Dauer. Beim **Pendeln zur Ausbildung an eine ausländische Ausbildungsstätte** machten sie die Förderung davon abhängig, dass die Auszubildende bzw. der Auszubildende im Inland einen **dauerhaften Wohnsitz** hat, der nicht nur zu Ausbildungszwecken begründet wurde. Diese Fördervoraussetzungen hat der Gerichtshof als Einschränkung des Rechts aus Art. 21 AEUV bewertet, weil sie geeignet sind, die Unionsbürgerinnen und Unionsbürger davon abzuhalten, einer Ausbildung in einem anderen Mitgliedstaat nachzugehen.[1006]

5554 Weitergehend ist der **Schutzbereich** des Art. 21 AEUV nach der Rechtsprechung des EuGH **auch** eröffnet, **wenn von** diesem **Recht aktuell gar kein Gebrauch gemacht wurde**, d. h. die Unionsbürgerin bzw. der Unionsbürger nicht tatsächlich in einen anderen Mitgliedstaat gereist ist.[1007] Allerdings reicht nicht jeder irgendwie vermittelte Nachteil aus. So hat der Gerichtshof eine Beeinträchtigung abgelehnt, wenn ein Familienmitglied von dem Freizügigkeitsrecht Gebrauch gemacht hat und dies negative Auswirkungen auf eine Unionsbürgerin bzw. einen Unionsbürger hatte.[1008] Hintergrund dieser Entscheidung war der Fall eines deutschen Staatsangehörigen, dessen geschiedene Ehefrau in Österreich lebte. Der Ehemann konnte die geleisteten Unterhaltszahlungen nicht als Sonderausgaben steuerlich geltend machen, weil in Österreich Unterhaltsleistungen nicht der Steuerpflicht unterlagen, an die das deutsche Steuerrecht die Abzugsfähigkeit knüpfte. Diese steuerliche

---

[1003] EuGH, Rs. C-224/02, ECLI:EU:C:2004:273 (Rn. 19) – Pusa.
[1004] EuGH, Rs. C-224/98, ECLI:EU:C:2002:432 (Rn. 30 ff.) – D'Hoop.
[1005] EuGH, Rs. C-11 u. 12/06, ECLI:EU:C:2007:174 (Rn. 25 ff.) – Morgan u. Bucher.
[1006] EuGH, Rs. C-11 u. 12/06, ECLI:EU:C:2007:174 (Rn. 30) – Morgan u. Bucher.
[1007] EuGH, Rs. C-200/02, ECLI:EU:C:2004:639 (Rn. 18 f.) – Zhu u. Chen unter Verweis auf Rs. C-148/02, ECLI:EU:C:2003:539 (Rn. 21) – Garcia Avello: zu Art. 20 AEUV.
[1008] EuGH, Rs. C-403/03, ECLI:EU:C:2005:446 – Schempp.

Regelung des anderen Mitgliedstaates hindert den unterhaltspflichtigen Ehemann indes nicht, von seinem Recht aus Art. 21 AEUV Gebrauch zu machen.[1009]

Auch wenn die oder der Betroffene selbst ihren bzw. seinen Wohnsitz in einen anderen Mitgliedstaat verlagert hätte und damit steuerliche Nachteile verbunden wären, soll dies keine Beeinträchtigung des Art. 21 AEUV darstellen. Denn der AEUV garantiere den Unionsbürgerinnen und Unionsbürgern nicht, dass die Verlagerung ihrer Tätigkeiten in einen anderen Mitgliedstaat steuerlich neutral bleibt.[1010] Dem ist zuzustimmen, soweit damit die **Existenz unterschiedlicher Steuersätze innerhalb der Union** angesprochen wird; davor bietet Art. 21 AEUV keinen Schutz. Jedoch können **steuerliche Verschlechterungen**, die der Heimatstaat an den **Wohnsitzwechsel knüpft**, in erheblichem Maße **von** einem **Umzug** in ein anderes Land **abhalten**, zumal im Alter, wenn die dafür getroffene Vorsorge anders besteuert wird. Deshalb sind **Ruhegehaltsempfängerinnen und Ruhegehaltsempfänger**, die ihren Wohnsitz **in einem anderen Mitgliedstaat** als dem auszahlenden begründet haben, **wie** die **Ruhegehaltsempfängerinnen und Ruhegehaltsempfänger**, die **in dem auszahlenden Mitgliedstaat** wohnen, zu behandeln. Eine unterschiedliche Besteuerung abhängig vom Wohnsitz der Ruhegehaltsempfängerin bzw. des Ruhegehaltsempfängers ist mit Art. 21 AEUV nicht vereinbar.[1011] Etwas **anderes** gilt allerdings **bei Steuererleichterungen** bei einem Umzug: Würden diese nicht gewährt, könnte dies von einem Umzug abhalten und beschränkt daher das allgemeine Freizügigkeitsrecht.

5555

V. Ausweisung

Durch die Ausweisung wird die Beendigung des Aufenthalts vorbereitet. Damit wird massiv in das Aufenthaltsrecht von Unionsbürgerinnen und Unionsbürgern eingegriffen. Eine **strafrechtliche Verurteilung allein** bildet allerdings **keine ausreichende Grundlage** für eine Ausweisung.[1012] Die FreizügigkeitsRL 2004/38/EG[1013] hat die entsprechende Rechtsprechung aufgenommen und die Voraussetzungen und Schranken einer Ausweisung in Art. 27 ff. im Einzelnen geregelt.[1014]

5556

[1009] EuGH, Rs. C-403/03, ECLI:EU:C:2005:446 (Rn. 43) – Schempp. S. näher u. Rn. 5439.
[1010] EuGH, Rs. C-403/03, ECLI.EU.C.2005.446 (Rn. 45) – Schempp.
[1011] EuGH, Rs. C-520/04, ECLI:EU:C:2006:703 (Rn. 32 ff.) – Turpeinen mit der Einschränkung, dass das Ruhegehalt die gesamten oder nahezu die gesamten Einkünfte ausmacht.
[1012] EuGH, Rs. C-482 u. 493/01, ECLI:EU:C:2004:262 (Rn. 92 ff.) – Orfanopoulos u. Oliveri. Vgl. zu den Grundfreiheiten näher *Frenz*, Europarecht 1, Rn. 2032 f. m. w. N.
[1013] ABl. 2004 L 158, S. 77, berichtigt durch ABl. 2004 L 229, S. 35.
[1014] S. dazu ausführlich o. Rn. 5494 ff.

VI. Verbot der Ein- oder Ausreise

5557 Ein Ein- oder Ausreiseverbot stellt die **stärkste Beschränkung** des Rechts aus Art. 21 Abs. 1 AEUV dar.[1015] Damit wird die Ausübung des Rechts bereits im Ansatz unmöglich gemacht. Insoweit sind an die **Rechtfertigung** solcher Eingriffe **besonders hohe Anforderungen** zu stellen.

F. Schranken

5558 Das Recht auf freie Bewegung und freien Aufenthalt wird in Art. 21 Abs. 1 AEUV nur vorbehaltlich der im Vertrag und in den Durchführungsvorschriften vorgesehenen Beschränkungen und Bedingungen gewährleistet. Der Wortlaut legt es nahe, den Verweis auf mögliche Beschränkungen als Schrankenvorbehalt und die Bedingungen als Ausgestaltungsvorbehalt zu verstehen. Diese **Differenzierung** wird vielfach nicht vorgenommen; vielmehr wird von einem allgemeinen Schrankenvorbehalt ausgegangen.[1016] In der Rechtsprechung des EuGH spielt diese Unterscheidung ebenfalls keine Rolle.[1017] Jedoch lassen gerade die Regelungen der FreizügigkeitsRL 2004/38/EG,[1018] aber auch die Judikatur des EuGH durchaus eine Differenzierung entsprechend dem Wortlaut des Art. 21 Abs. 1 AEUV und damit auch des praktisch identischen Art. 45 Abs. 1 EGRC zu.

I. Ausübungsbedingungen

5559 Auf der Ebene des Sekundärrechts knüpft Art. 7 Abs. 1 lit. b) FreizügigkeitsRL 2004/38/EG das Recht auf Aufenthalt über drei Monate an die Bedingung, dass die Unionsbürgerin bzw. der Unionsbürger über **ausreichende Existenzmittel** und **ausreichenden Krankenversicherungsschutz** verfügt.[1019] Diese Regelung ist keine Voraussetzung für das Bestehen des Aufenthaltsrechts, das allein an die Unionsbürgerschaft geknüpft ist, sondern stellt eine Ausübungsregelung dar. Liegt

---

[1015] Vgl. EuGH, Rs. C-357/98, ECLI:EU:C:2000:604 – Yiadom. In diesem Fall wurde das Einreiseverbot allerdings erst nach erfolgter Einreise ausgesprochen.

[1016] *Kluth*, in: Calliess/Ruffert, Art. 21 AEUV Rn. 23.

[1017] EuGH, Rs. C-356/98, ECLI:EU:C:2000:200 (Rn. 30) – Kaba; Rs. C-456/02, ECLI:EU:C:2004:488 (Rn. 32 f.) – Trojani.

[1018] ABl. 2004 L 158, S. 77, berichtigt durch ABl. 2004 L 229, S. 35.

[1019] Die Vorschrift erlaubt keine Differenzierung nach der Herkunft der finanziellen Mittel. Deshalb darf ein Aufenthaltsstaat nicht fordern, dass der Unionsbürger selbst über die Mittel verfügt, so EuGH, Rs. C-200/02, ECLI:EU:C:2004:639 (Rn. 30, 33) – Zhu u. Chen. Bei einer Finanzierung durch Dritte darf eine Anerkennung nicht an das Bestehen einer rechtlichen Verpflichtung geknüpft werden, vgl. EuGH, Rs. C-408/03, ECLI:EU:C:2006:192 (Rn. 46 ff.) – Kommission/Belgien – beide Entscheidungen noch zur Vorgängervorschrift RL 90/364/EWG, ABl. 1990 L 180, S. 26.

diese Voraussetzung in der Person einer Unionsbürgerin bzw. eines Unionsbürgers **nicht (mehr)** vor, **kann** der jeweilige Mitgliedstaat sein Aufenthaltsrecht durch **Ausweisung** beenden. Die FreizügigkeitsRL 2004/38/EG spricht insoweit auch von Bedingungen, die zu erfüllen sind.[1020]

II. Beschränkungen aus Gründen der öffentlichen Sicherheit, Ordnung oder Gesundheit

Neben Ausübungsregeln enthält die **FreizügigkeitsRL 2004/38/EG in Art. 27 ff.** auch Beschränkungen aus Gründen der öffentlichen Ordnung, Sicherheit oder Gesundheit,[1021] die eine **Ausweisung rechtfertigen** können. Somit enthält das Sekundärrecht neben Ausübungsregelungen auch Beschränkungen des Rechts aus Art. 21 Abs. 1 AEUV und gestaltet damit einen **ordre-public-Vorbehalt** aus. Zwar ist diese Schranke in Art. 21 AEUV anders als in den Grundfreiheiten nicht ausdrücklich enthalten. Doch ist der ordre-public-Vorbehalt als **ungeschriebene Schranke** anerkannt, die auch Beschränkungen des Art. 21 AEUV rechtfertigen kann.[1022]

5560

III. Ungeschriebene Rechtfertigungsgründe

Neben den in der FreizügigkeitsRL 2004/38/EG ausdrücklich geregelten Beschränkungen sind in der Rechtsprechung des EuGH für das Recht aus Art. 21 AEUV auch ungeschriebene Rechtfertigungsgründe anerkannt. Im Zusammenhang mit der Einschränkung der Grundfreiheiten hat der EuGH den ungeschriebenen Rechtfertigungsgrund der zwingenden Gründe des Allgemeinwohls entwickelt.[1023] In seiner Rechtsprechung zu Art. 21 AEUV hat er bislang darauf nicht unmittelbar Bezug genommen. Auch beschränkt er eine Rechtfertigung nicht durchgehend auf Gründe des Allgemeinwohls. Teilweise lässt er **allgemein objektive Gründe** ausreichen. So hat er im Falle von Unionsbürgerinnen und Unionsbürgern, die von ihrem Freizügigkeitsrecht Gebrauch gemacht hatten und die deshalb im Heimatstaat Nachteile hinnehmen mussten, diesen Rechtfertigungsgrund herangezogen. Für Regelungen zur Berechnung der Pfändungsfreigrenze einer in einem anderen Mitgliedstaat versteuerten Rente hat der EuGH als Rechtfertigungsvoraussetzung festgelegt, dass sie auf objektiven, **von der Staatsangehörigkeit der betroffenen Person unabhängi-**

5561

[1020] Vgl. Art. 6 Abs. 1 FreizügigkeitsRL 2004/38/EG, wonach eine Unionsbürgerin bzw. ein Unionsbürger für einen Aufenthalt von bis zu drei Monaten „lediglich im Besitz eines gültigen Personalausweises oder Reisepasses sein muss und ansonsten keine weiteren Bedingungen zu erfüllen oder Formalitäten zu erledigen braucht".

[1021] Vgl. die gleichlautende Überschrift des Kap. VI der FreizügigkeitsRL 2004/38/EG. Ausführlich dazu o. Rn. 5494 ff.

[1022] *Frenz*, Europarecht 1, Rn. 4153 f.; *Schöbener*, in: Stern/Sachs, Art. 45 Rn. 30; *Scheuing*, EuR 2003, 744 (768 f.); zurückhaltend *Kokott*, in: FS für Tomuschat, 2006, S. 207 (221).

[1023] *Frenz*, Europarecht 1, Rn. 535 ff., 559 ff.

gen Erwägungen beruhen und in einem **angemessenen Verhältnis** zu einem legitimen, nach nationalem Recht verfolgten Zweck stehen.[1024] Auch im Fall der Leistung von Überbrückungsgeld nach Abschluss des Studiums hat der Gerichtshof eine Rechtfertigung von Eingriffen in das Freizügigkeitsrecht bei Vorliegen objektiver Gründe und bei Einhaltung des Verhältnismäßigkeitsprinzips grundsätzlich bejaht.[1025]

5562 In anderen Fällen hat der EuGH enger formuliert und das Vorliegen **berechtigter Interessen der Mitgliedstaaten** gefordert. So hat er die in der früheren RL 90/364/EWG[1026] festgelegten Aufenthaltsbedingungen als Umsetzung des Grundsatzes verstanden, dass die Wahrnehmung des Aufenthaltsrechts der Unionsbürgerinnen und Unionsbürger von den berechtigten Interessen der Mitgliedstaaten abhängig gemacht werden kann.[1027] Zur Rechtfertigung der Fördervoraussetzungen einer Ausbildung im Ausland nach dem deutschen BaFöG hat der Gerichtshof das Vorliegen **objektiver Erwägungen des Allgemeininteresses** gefordert.[1028] Als ein solches Allgemeininteresse, das Einschränkungen des Freizügigkeitsrechts rechtfertigen kann, hat der EuGH grundsätzlich **übermäßige Belastungen** anerkannt, **die das gesamte Fördersystem in Frage stellen**.[1029] Dies könne es rechtfertigen, die Förderung auf Auszubildende zu beschränken, die sich in dem gewährenden Staat ausreichend integriert haben.[1030] Auch im Zusammenhang mit einer Regelung der niederländischen Kriegsopferentschädigung hat der Gerichtshof eine Rechtfertigung am Maßstab objektiver Erwägungen des Allgemeininteresses geprüft.[1031]

5563 Angesichts der uneinheitlichen Terminologie und der fehlenden Bezugnahme auf die Rechtsprechung zu den Grundfreiheiten wird teilweise in Frage gestellt, inwieweit es sich hierbei um den für die Grundfreiheiten anerkannten ungeschriebenen Rechtfertigungsgrund der (zwingenden) Gründe des Allgemeininteresses handelt oder ob der EuGH vielmehr einen eigenständigen Rechtfertigungsgrund entwickeln

---

[1024] EuGH, Rs. C-224/02, ECLI:EU:C:2004:273 (Rn. 20) – Pusa; Rs. C-209/03, ECLI:EU:C:2005:169 (Rn. 54) – Bidar; Rs. C-520/04, ECLI:EU:C:2006:703 (Rn. 32) – Turpeinen – zur ungleichen Besteuerung des Ruhegehalts abhängig vom Wohnsitz.

[1025] EuGH, Rs. C-224/98, ECLI:EU:C:2002:432 (Rn. 36) – D'Hoop.

[1026] Des Rates vom 28.6.1990 über das Aufenthaltsrecht, ABl. 1990 L 180, S. 26, aufgehoben durch die FreizügigkeitsRL 2004/38/EG, ABl. 2004 L 158, S. 77.

[1027] EuGH, Rs. C-413/99, ECLI:EU:C:2002:493 (Rn. 90) – Baumbast u. R.; Rs. C-200/02, ECLI:EU:C:2004:639 (Rn. 18 f.) – Zhu u. Chen.

[1028] EuGH, Rs. C-11 u. 12/06, ECLI:EU:C:2007:626 (Rn. 33) – Morgan u. Bucher.

[1029] EuGH, Rs. C-11 u. 12/06, ECLI:EU:C:2007:626 (Rn. 43 ff.) – Morgan u. Bucher, unter Verweis auf Rs. C-209/03, ECLI:EU:C:2005:169 (Rn. 56 f.) – Bidar. Auf diesen Rechtfertigungsgrund verweist der EuGH ebenfalls in Rs. C-76/05, ECLI:EU:C:2007:492 (Rn. 96) – Schwarz u. Gootjes-Schwarz.

[1030] EuGH, Rs. C-11 u. 12/06, ECLI:EU:C:2007:626 (Rn. 44 ff.) – Morgan u. Bucher. Diese in der Rs. *Bidar* angestellte Überlegung passt nicht auf diesen Sachverhalt. Sie wurde in der Rs. *Bidar* entwickelt vor dem Hintergrund der Gewährung von Ausbildungsbeihilfen an ausländische Studierende. In der Rs. *Morgan u. Bucher* waren die Klägerinnen des Ausgangsverfahrens jedoch beide deutsche Staatsangehörige.

[1031] EuGH, Rs. C-192/05, ECLI:EU:C:2006:676 (Rn. 33 ff.) – Tas Hagen u. Tas.

will.¹⁰³² Zwar hat der EuGH bislang keine ausdrückliche Parallele zu seiner im Rahmen der Grundfreiheiten entwickelten Rechtsprechung gezogen. Doch zeigen seine Formulierungen, dass er Art. 21 AEUV als **Grundfreiheit** einordnet.¹⁰³³ In der Rechtssache *Yiadom* hat der EuGH dieses Recht sogar ausdrücklich als Grundfreiheit bezeichnet.¹⁰³⁴ Diese vom Gerichtshof selbst konstatierte Nähe zu den Grundfreiheiten rechtfertigt es, den für diese entwickelten ungeschriebenen Rechtfertigungsgrund auch für das Recht aus Art. 21 AEUV heranzuziehen.¹⁰³⁵

IV. Beschränkungen durch neues Sekundärrecht

Nach Art. 21 Abs. 2 AEUV können das Europäische Parlament und der Rat Vorschriften erlassen, die die **Ausübung des allgemeinen Aufenthalts- und Freizügigkeitsrechts** erleichtern. Diese Ausrichtung ergibt sich zudem aus dem Rückbezug auf Art. 21 Abs. 1 AEUV; worin die Bewegungs- und Aufenthaltsfreiheit gewährleistet wird, wenn auch unter den Beschränkungen und Bedingungen in den Durchführungsvorschriften. Diese dürfen indes die gewährleistete Freiheit nicht im Nachhinein aushöhlen. Die Stärke der Gewährleistung zeigt auch das EuGH-Urteil, das aus dem Bezug zum allgemeinen Freizügigkeitsrechts einen Anspruch auf das soziale Existenzminimum ableitete, auch wenn die Koppelung eines längeren Aufenthaltsrechts an hinreichende Mittel für den Lebensunterhalt gebilligt wurden.¹⁰³⁶ Diese Regelung ist aber vorhanden und knüpft das Aufenthaltsrecht an Bedingungen.¹⁰³⁷ Diese erleichternde Funktion schließt zum einen Art. 21 Abs. 2 AEUV als Grundlage einschränkender Vorschriften aus. Zum anderen wird damit der sekundärrechtlich erreichte Stand des Freizügigkeits- und Aufenthaltsrechts festgeschrieben.¹⁰³⁸

5564

Das bedeutet allerdings nicht, dass damit der Kreis der ausgestaltenden bzw. beschränkenden Regelungen auf den Stand bei Einfügen dieses Rechts in den Vertrag eingefroren wird.¹⁰³⁹ Art. 21 Abs. 1 AEUV kann aber schon deshalb nicht

5565

---

¹⁰³²*Kubicki*, EuR 2006, 489 (497).
¹⁰³³ „In den sachlichen Anwendungsbereich des Gemeinschaftsrechts fallen u. a. Situationen, in denen es um die Ausübung der im EG-Vertrag garantierten Grundfreiheiten geht, namentlich der in Art. 18 EG verliehenen Freiheit, ...", vgl. EuGH, Rs. C-224/98, ECLI:EU:C:2002:432 (Rn. 29) – D'Hoop; Rs. C-148/02, ECLI:EU:C:2003:539 (Rn. 24) – Garcia Avello; Rs. C-224/02, ECLI:EU:C:2004:273 (Rn. 17) – Pusa; Rs. C-520/04, ECLI:EU:C:2006:703 (Rn. 19) – Turpeinen.
¹⁰³⁴ EuGH, Rs. C-357/98, ECLI:EU:C:2000:604 (Rn. 25) – Yiadom.
¹⁰³⁵ Vgl. *Scheuing*, EuR 2003, 744 (778 ff.); *Bode*, Europarechtliche Gleichbehandlungsansprüche Studierender und ihre Auswirkungen in den Mitgliedstaaten, 2005, S. 227 f.; *Obwexer*, EuZW 2002, 56 (58); *Schöbener*, in: Stern/Sachs, Art. 45 Rn. 26.
¹⁰³⁶ EuGH, Rs. C-709/20, ECLI:EU:C:2021:602 – CG.
¹⁰³⁷ S. u. Rn. 5572.
¹⁰³⁸ *Frenz*, Europarecht 1, Rn. 4176; *Kaufmann-Bühler*, in: Lenz/Borchardt, Art. 21 AEUV Rn. 5; *Hatje*, in: Schwarze/Becker/Hatje/Schoo, Art. 21 AEUV Rn. 19 f.
¹⁰³⁹ *Nettesheim*, in: Grabitz/Hilf/Nettesheim, Art. 21 AEUV Rn. 9.

als Rechtsgrundlage für neue Beschränkungen dienen, weil er **keine konkrete Befugnis** enthält.[1040] Darüber hinaus stünde dies in Widerspruch zum erleichternden Regelungsgehalt des Art. 21 Abs. 2 AEUV.[1041] Der Erlass neuer einzelner Beschränkungen auf einer anderen vertraglichen Rechtsgrundlage ist dagegen zulässig, soweit dadurch der erreichte Standard der Freizügigkeitsrechte insgesamt nicht beeinträchtigt wird.[1042]

G. Rechtfertigungsschranken

I. Verhältnismäßigkeit

5566 Die wohl **wichtigste Schranke** für Eingriffe ist der Grundsatz der Verhältnismäßigkeit. Dies zeigt sich auch an der Rechtsprechung des EuGH zum Recht aus Art. 21 AEUV. Es lassen sich vier Prüfungsstufen unterscheiden: Die nationale Regelung muss einen legitimen Zweck verfolgen. Zur Erreichung dieses Zwecks muss sie geeignet und erforderlich sein. Schließlich muss die gewählte Regelung auch ein angemessenes Mittel zur Erreichung des angestrebten Zieles sein.[1043]

5567 In den Rechtssachen *Pusa*[1044] und *D'Hoop*[1045] hat der Gerichtshof die streitigen mitgliedstaatlichen Regelungen auf verschiedenen Ebenen der Verhältnismäßigkeitsprüfung scheitern lassen. Im Urteil *Pusa* hat er die streitige nationale Regelung zur Ermittlung der **Pfändungsfreigrenze** als unverhältnismäßigen, weil zur Erreichung des angestrebten Zwecks nicht geeigneten Eingriff in das Recht aus Art. 21 AEUV gewertet. Die konkrete vollstreckungsrechtliche Vorschrift berücksichtigte nur die Besteuerung von zu pfändenden Einkünften im Heimatstaat, ließ aber die **Besteuerung in einem anderen Mitgliedstaat unberücksichtigt**. Dies führte im konkreten Fall dazu, dass der Pfändungsfreibetrag des Schuldners mit Wohnsitz in einem anderen Mitgliedstaat niedriger ausfiel, als wenn er in seinem Heimatstaat wohnen geblieben wäre und nicht von seinem Recht aus Art. 21 AEUV Gebrauch gemacht hätte. Eine Rechtfertigung dieses Eingriffs in Art. 21 AEUV lehnte der Gerichtshof ab. Die Nichtberücksichtigung einer in einem anderen Mitgliedstaat erhobenen Steuer **widerspricht** schon dem **Zweck** der Gewährung eines Pfändungsfreibetrags, nämlich der **Sicherung des Existenzminimums**.[1046] Der EuGH bewertete es deshalb als Verstoß gegen den Verhältnismäßigkeitsgrundsatz, dass die

---

[1040] A.A. *Kluth*, in: Calliess/Ruffert, Art. 21 AEUV Rn. 26.

[1041] *Schöbener*, in: Stern/Sachs, Art. 45 Rn. 27.

[1042] *Frenz*, Europarecht 1, Rn. 4176; *Bode*, Europarechtliche Gleichbehandlungsansprüche Studierender und ihre Auswirkungen in den Mitgliedstaaten, 2005, S. 229.

[1043] *Frenz*, Europarecht 1, Rn. 587 ff.

[1044] EuGH, Rs. C-224/02, ECLI:EU:C:2004:273 – Pusa.

[1045] EuGH, Rs. C-224/98, ECLI:EU:C:2002:432 – D'Hoop.

[1046] EuGH, Rs. C-224/02, ECLI:EU:C:2004:273 (Rn. 34) – Pusa.

angegriffene Regelung den angestrebten Zweck der Sicherung des Existenzminimums bei in einem anderen Mitgliedstaat ansässigen und deshalb dort steuerpflichtigen Schuldnerinnen und Schuldnern nicht erreichen konnte und insoweit zur Erreichung dieses Zwecks ungeeignet war. Auch die Regelung des **BAföG**, wonach die Förderung eines Studiums im Ausland **von** einem **vorherigen einjährigen Studium im Inland abhängig** ist, hat der Gerichtshof als **ungeeignetes Mittel** abgelehnt. Diese Voraussetzung ist nicht geeignet, ein bestimmtes Maß an Integration in die Gesellschaft des fördernden Mitgliedstaates sicherzustellen.[1047]

In der Rechtssache *D'Hoop* lehnte der Gerichtshof es als unverhältnismäßig ab, die Gewährung von Überbrückungsgeld an Schulabgängerinnen und Schulabgänger davon abhängig zu machen, dass der **Schulabschluss in** dem die **Leistung gewährenden Mitgliedstaat** erlangt wurde. Denn zur Erreichung des mit dieser Regelung beabsichtigten Zwecks, einen Zusammenhang zwischen dem Schulabgänger und dem betroffenen räumlichen Arbeitsmarkt sicherzustellen, ist dies **nicht erforderlich**. Der Ort des Schulabschlusses ist nicht notwendig der Beweis für eine Verbundenheit zu dem jeweiligen örtlichen Arbeitsmarkt. Außerdem werden damit andere Aspekte als Nachweis ausgeschlossen. Damit geht diese Regelung über das zur Erreichung des angestrebten Ziels Erforderliche hinaus.[1048] Hier scheiterte eine Rechtfertigung somit auf der dritten Prüfungsstufe am Erforderlichkeitsmerkmal.

5568

In einem von der Kommission gegen Belgien angestrengten Vertragsverletzungsverfahren hatte der Gerichtshof eine belgische Regelung zu überprüfen, wonach die **nicht fristgerechte Vorlage** der erforderlichen **Nachweise** für die Erteilung einer **Aufenthaltsgenehmigung** automatisch den Erlass einer **Ausweisungsverfügung** zur Folge hatte. Hierin sah der EuGH einen unverhältnismäßigen Eingriff in das Recht aus Art. 21 AEUV. Konkret bewertete er es als **unverhältnismäßig im engeren Sinne**, an ein bloßes Fristversäumnis eine solch schwere Sanktion zu knüpfen.[1049] Diese Grundsätze sind nach **Art. 52 Abs. 2 EGRC** auf das Grundrecht des Art. 45 Abs. 1 EGRC zu übertragen. **Art. 52 Abs. 1 S. 2 EGRC** ordnet jedenfalls die Einhaltung des Verhältnismäßigkeitsgrundsatzes als Grenze für Einschränkungen ausdrücklich an.[1050]

5569

II. Wesensgehalt

Auch bei Vorliegen eines Rechtfertigungsgrundes darf eine Regelung nicht dazu führen, dass das Recht auf Aufenthalt und freie Bewegung ausgehöhlt wird. Der Wesensgehalt des Rechts aus Art. 21 AEUV darf nicht angetastet werden.[1051] Diesen Wesensgehalt sah der Gerichtshof etwa durch eine belgische Regelung

5570

[1047] EuGH, Rs. C-11 u. 12/06, ECLI:EU:C:2007:626 (Rn. 46) – Morgan u. Bucher.
[1048] EuGH, Rs. C-224/98, ECLI:EU:C:2002:432 (Rn. 39) – D'Hoop.
[1049] EuGH, Rs. C-408/03, ECLI:EU:C:2006:192 (Rn. 70) – Kommission/Belgien.
[1050] S. o. Rn. 639, 641 ff.
[1051] *Frenz*, Europarecht 1, Rn. 566 ff.; *Magiera*, in: Streinz, Art. 21 AEUV Rn. 24.

berührt, die an ein **Fristversäumnis** bei der Beantragung einer Aufenthaltserlaubnis den Erlass einer **Ausweisungsverfügung** knüpfte.[1052] Dieser Ansatz ist als Grenze nach Art. 52 Abs. 2 EGRC zu übertragen. Jedenfalls muss nach Art. 52 Abs. 1 S. 1 EGRC jede Einschränkung der in der Charta anerkannten Rechte deren wesentlichen Gehalt achten.[1053] Damit wird der Wesensgehalt des Art. 45 EGRC ausdrücklich geschützt.

III. Grundrechte

5571 Für die Grundfreiheiten ist anerkannt, dass sie nur dann wirksam eingeschränkt werden können, wenn die konkreten Regelungen mit dem europäischen Primärrecht vereinbar sind. Insoweit stellen auch die **Grundrechte** eine **Rechtfertigungsschranke** dar.[1054]

5572 Inwieweit diese Schranke auch für das Recht aus Art. 21 AEUV gilt, hat der EuGH im Urteil *CG* deutlich gemacht. Aus Art. 1 EGRC u. a. folgt die Gewährleistung des **sozialen Existenzminimums auch für alle Familienangehörigen**, sobald die allgemeine Freizügigkeit einschlägig ist.[1055] Zwar hat der Gerichtshof schon in der Rechtssache *Carpenter* das Grundrecht auf Achtung des Familienlebens als Rechtfertigungsschranke für Eingriffe in die Freizügigkeit eines Unionsbürgers anerkannt.[1056] Doch war Grundlage dieses Freizügigkeitsrechts nicht Art. 21 AEUV, sondern die Dienstleistungsfreiheit aus Art. 49 EG.[1057] Die Parallelen zwischen Art. 21 AEUV und den Grundfreiheiten, die auch der Gerichtshof anerkannt hat, sprechen generell für eine Anwendung dieser Schranke auch auf das Freizügigkeitsrecht.[1058] Übertragen auf das Grundrecht aus Art. 45 EGRC müssen Einschränkungen dieses Grundrechts mit den anderen durch die Charta gewährleisteten Grundrechten vereinbar sein.

[1052] EuGH, Rs. C-408/03, ECLI:EU:C:2006:192 (Rn. 68) – Kommission/Belgien. S. dazu bereits o. im Zusammenhang mit dem Verhältnismäßigkeitsprinzip Rn. 5569.

[1053] S. o. Rn. 773, 778.

[1054] Vgl. EuGH, Rs. C-260/89, ECLI:EU:C:1991:254 (Rn. 43 f.) – ERT; Rs. C-368/95, ECLI:EU:C:1997:325 (Rn. 24) – Familiapress; Rs. C-60/00, ECLI:EU:C:2002:434 (Rn. 40) – Carpenter; *Frenz*, Europarecht 1, Rn. 566 ff.; *Ehlers*, in: ders. (Hrsg.), Europäische Grundrechte und Grundfreiheiten, 2014, § 7 Rn. 109.

[1055] EuGH, Rs. C-709/20, ECLI:EU:C:2021:602 (Rn. 87 ff.) – CG.

[1056] Allgemein zu Grundrechten als Schranken Rn. 491 ff.

[1057] EuGH, Rs. C-60/00, ECLI:EU:C:2002:434 (Rn. 40 ff.) – Carpenter. Gegenstand der Vorlage war die Rechtmäßigkeit der Ausweisung einer drittstaatsangehörigen Ehefrau, die der Gerichtshof am Maßstab der Dienstleistungsfreiheit des Ehemanns prüfte. Er sah die Freizügigkeit des Ehemanns durch die Ausweisung als beeinträchtigt an, weil seine beiden Kinder dann nicht mehr durch seine Ehefrau versorgt werden könnten.

[1058] So auch *Kubicki*, EuR 2006, 489 (497 f.).

H. Prüfungsschema zu Art. 45 EGRC

1. Schutzbereich 5573
a) Grundrechtsträger: Unionsbürgerinnen und Unionsbürger; nicht: juristische Personen
b) Gewährleistungsgehalt
   aa) freie Bewegung und freier Aufenthalt in allen Mitgliedstaaten, einschließlich Einreise, Ausreise
   bb) EuGH: i. V. m. Art. 18 AEUV Recht auf Gleichbehandlung mit Angehörigen des Aufnahmestaates (str.)
   cc) auch gegenüber eigenen Staatsangehörigen? ablehnend EuGH: nur bei grenzüberschreitenden Sachverhalten
   dd) Einbeziehung sekundärrechtlicher Ausübungsbedingungen (Art. 52 Abs. 2 EGRC); wesentlich: FreizügigkeitsRL 2004/38/EG

2. Eingriff
alle staatlichen Maßnahmen, die die Ausübung des Freizügigkeitsrechts unmittelbar oder mittelbar erschweren, einschränken oder aufheben

3. Rechtfertigung
a) geschriebene Rechtfertigungsgründe: FreizügigkeitsRL 2004/38/EG
b) ungeschriebene Rechtfertigungsgründe: analog zu den Grundfreiheiten „zwingende Gründe des Allgemeinwohls"

4. Schranken
a) Verhältnismäßigkeit
b) Wesensgehalt
c) Grundrechte

§ 7 Diplomatischer und konsularischer Schutz

A. Dreifacher Bezug

Nach **Art. 46 EGRC** genießen die Unionsbürgerinnen und Unionsbürger im Hoheitsgebiet eines Drittlandes, in dem der Mitgliedstaat, dessen Staatsangehörigkeit sie besitzen, nicht vertreten ist, den **Schutz der diplomatischen und konsularischen Stellen eines jeden Mitgliedstaates** unter denselben Bedingungen wie Staatsangehörige dieses Staates. Bereits der Wortlaut macht deutlich, dass diese Regelung sich im Spannungsfeld von Europa-, Völker- und nationalem Recht befindet. 5574

Zunächst wird die Rechtsstellung der einzelnen Person durch das nationale Recht des Staates geprägt, dessen Staatsangehörigkeit sie besitzt. Sind die betroffenen Personen Unionsbürgerinnen und Unionsbürger, erwächst ihnen daraus ein **besonderer europarechtlich ausgeformter Status**, der die **nationale Ebene überlagert**. 5575

Begibt die Unionsbürgerin bzw. der Unionsbürger sich in einen Drittstaat, kommt eine weitere Regelungsebene hinzu, nämlich die des **Völkerrechts**. Denn die Ausformung der Rechte und des Schutzes von Individuen im Ausland gehört zur originären Regelungsmaterie des Völkerrechts. Bei einem solchen Aufeinandertreffen verschiedener Normebenen können Konflikte auftreten, die im Rahmen der Auslegung zu lösen sind.

B. Genese

5576   Die Idee, eine gemeinsame Verantwortung aller Mitgliedstaaten für alle Unionsbürgerinnen und Unionsbürger im Sinne einer Solidargemeinschaft zu statuieren, spiegelt sich bereits in Entschließungen der 1980er-Jahre über die Einführung eines gemeinsamen Passes wider.[1059] Die Aufnahme einer Regelung zum diplomatischen und konsularischen Schutz der Unionsbürgerinnen und Unionsbürger erfolgte aber erst durch den **Vertrag von Maastricht**.[1060] Diese findet sich inhaltsgleich nach der Änderung durch den Vertrag von Amsterdam in Art. 20 EG und nunmehr nach dem Vertrag von Lissabon in Art. 23 AEUV. Die Regelung wurde vom Konvent ohne inhaltliche Diskussion in Art. 46 EGRC aufgenommen.[1061]

C. Regelungen auf anderen Normebenen

I. Reformvertrag von Lissabon

5577   Im Lissabonner Reformvertrag wurde die Regelung des Art. 20 EG im Wesentlichen unverändert in Art. 23 AEUV und auch in Art. 20 Abs. 2 lit. c) AEUV übernommen. Allerdings ist in Art. 23 Abs. 1 AEUV nicht mehr von der Vereinbarung „notwendiger Regeln" die Rede, sondern danach treffen die Mitgliedstaaten die „notwendigen Vorkehrungen", um den Schutz der Angehörigen anderer Mitgliedstaaten gewährleisten zu können. Insoweit werden in Art. 23 Abs. 1 AEUV mehr die praktischen Voraussetzungen angesprochen. Neu ist die in Art. 23 Abs. 2 AEUV verankerte Kompetenz des Rates, nach Anhörung des Europäischen Parlaments Richtlinien zwecks Koordinierung und Kooperation der Mitgliedstaaten zu erlassen. Durch die Verankerung dieser **Gesetzgebungskompetenz** wird der Rat das von der

---

[1059] Entschließung des Rates vom 23.6.1981 zur Einführung eines nach einheitlichem Muster gestalteten Passes (ABl. 1981 C 241 S. 1), ergänzt durch Entschließungen vom 30.6.1982 (ABl. 1982 C 179, S. 1) und vom 14.7.1986 (ABl. 1986 C 185, S. 1).
[1060] Vgl. den damaligen Art. 8c EG.
[1061] *Magiera*, in: Meyer/Hölscheidt, Art. 46 Rn. 2.

Kommission festgestellte **Regelungsdefizit** im Bereich des diplomatischen und konsularischen Schutzes beheben können.[1062]

II. AEUV

Schon nach Art. 20 S. 1 EG genoß jede Unionsbürgerion bzw. jeder Unionsbürger im Hoheitsgebiet eines dritten Landes, in dem der Mitgliedstaat, dessen Staatsangehörigkeit sie bzw. er besitzt, nicht vertreten ist, den diplomatischen und konsularischen Schutz eines jeden Mitgliedstaates unter denselben Bedingungen wie Staatsangehörige dieses Staates. Auch wenn der Wortlaut dem des Art. 46 EGRC sehr ähnlich ist, weichen die Formulierungen der deutschen Fassung in einem Punkt voneinander ab. So gewährt Art. 20 EG wie auch **Art. 23 AEUV** den Unionsbürgerinnen und Unionsbürgern den **diplomatischen und konsularischen Schutz eines jeden Mitgliedstaates**, während Art. 46 EGRC den Schutz durch die diplomatischen und konsularischen Stellen vorsieht. Die weite Formulierung der primärrechtlichen Regelung wird teilweise zur Grundlage einer sehr weiten Auslegung auch des Art. 46 EGRC genommen.[1063] In jedem Fall muss die Regelung des Art. 23 Abs. 1 S. 1 AEUV wegen der Kongruenzregel des Art. 52 Abs. 2 EGRC bei der Auslegung des Art. 46 EGRC berücksichtigt werden.

5578

III. Vereinbarungen der Mitgliedstaaten

Nach Art. 23 Abs. 1 S. 2 AEUV vereinbaren die Mitgliedstaaten die notwendigen Regeln und leiten die für diesen Schutz erforderlichen internationalen Verhandlungen ein. Die vereinbarten **Durchführungsbestimmungen konkretisieren die Handlungspflichten** und sorgen für ein **abgestimmtes Vorgehen der Mitgliedstaaten in Drittländern**. Dazu gehören etwa die **Leitlinien** der Mitgliedstaaten für das gemeinsame Vorgehen bei Notfällen ihrer Staatsangehörigen in Drittstaaten vom 1.7.1993.[1064] Darin wurde festgelegt, dass sich die Staatsangehörigen eines Mitgliedstaates, der in einem Drittland nicht vertreten ist, in Notfällen wie Tod, Unfall, Krankheit oder Festnahme an die Vertretung eines anderen Mitgliedstaates wenden können.

5579

[1062] Vgl. dazu die Mitteilung der Kommission an das europäische Parlament, den Rat, den Europäischen Wirtschafts- und Sozialausschuss und den Ausschuss der Regionen. Der Beitrag der Europäischen Union zur Gewährleistung eines wirksamen konsularischen Schutzes in Drittländern, Aktionsplan 2007–2009, KOM (2007) 767 endg., Ziff. 2.
[1063] Näher dazu u. Rn. 5602.
[1064] Zitiert in KOM (93) 702 endg., S. 7.

5580 Diese Leitlinien wurden in drei Rechtsakten konkretisiert. Dabei handelt es sich mittlerweile[1065] um die RL (EU) 2015/637 des Rates vom 20.4.2015 über Koordinierungs- und Kooperationsmaßnahmen zur Erleichterung des konsularischen Schutzes von nicht vertretenen Unionsbürgerinnen und Unionsbürgern in Drittländern und zur Aufhebung des Beschlusses 95/553/EG[1066] und den im September 2022 veröffentlichten Bericht über die Umsetzung und Anwendung der Richtlinie zum konsularischen Schutz.[1067] Weiter hat der Rat eine Richtlinie zu einem EU-Rückkehrausweis verabschiedet.[1068] Mit der Richtlinie werden die Bestimmungen für den EU-Rückkehrausweis, sein Format und seine Sicherheitsmerkmale aktualisiert. Die Formalitäten für nicht vertretene Unionsbürgerinnen und -bürger in Drittländern werden vereinfacht.[1069]

IV. Initiativen zur Verbesserung des Schutzes

5581 Die Kommission hat verschiedene Initiativen ergriffen, um den konsularischen Schutz von EU-Bürgerinnen und EU-Bürgern in Drittländern zu verbessern.[1070] Am 8.12.2022 hat die Kommission die erforderlichen technischen Einzelheiten des EU-Notfalldokuments für Reisen angenommen.[1071] Dieses Notfalldokument wird den Bürgerinnen und Bürgern ab Dezember 2025 zur Verfügung stehen. Es wird aus

---

[1065] S. ursprünglich den nach völkerrechtlichen Beschl. 95/553/EG der im Rat vereinigten Vertreter der Regierungen der Mitgliedstaaten vom 19.12.1995 über den Schutz der Bürger der europäischen Union durch die diplomatischen und konsularischen Vertretungen (sog. „Schutz-Beschl."), ABl. 1995 L 315, S. 73. Dieser ist nach Abschluss der Gesetzgebungsverfahren in den Mitgliedstaaten im Mai 2002 in Kraft getreten (so die Kommission im vierten Bericht über die Unionsbürgerschaft KOM (2004) 695 endg., Ziff. 3.4.). Aufgehoben mit Wirkung vom 1.5.2018 durch Art. 18 RL (EU) 2015/637 über konsularischen Schutz von EU-Bürgern vom 20.4.2015 (ABl. 2015 L 106, S. 1).
[1066] ABl. 2015 L 106, S. 1.
[1067] KOM (2022) 437 final, Bericht der Kommission an das Europäische Parlament und den Rat über die Umsetzung und Anwendung der RL (EU) 2015/637, abrufbar unter https://commission.europa.eu/system/files/2022-09/1_2_196921_impl_rep_cons_de_0.pdf (letzter Abruf: 30.9.2023). Deutschland hat die RL (EU) 2015/637 im April 2018 durch die Einfügung des § 9a in das Konsulargesetz umgesetzt, vgl. BGBl. I 2018, S. 478.
[1068] RL (EU) 2019/997 des Rates vom 18.6.2019 zur Festlegung eines EU-Rückkehrausweises und zur Aufhebung des Beschlusses 96/409/GASP, ABl. 2019 L 163, S. 1.
[1069] S. dazu auch die Pressemitteilung vom 18.6.2019, abrufbar unter https://www.consilium.europa.eu/de/press/press-releases/2019/06/18/council-adopts-directive-for-an-eu-emergency-travel-document/ (letzter Abruf: 30.9.2023); Beschl. 96/409/GASP der im Rat vereinigten Vertreter der Regierungen der Mitgliedstaaten vom 25.6.1996 zur Ausarbeitung eines Rückkehrausweises, ABl. 1996 L 168, S. 4.
[1070] Vgl. Mitteilung der Kommission an das Europäische Parlament und den Rat, Konsularischer Schutz der EU-Bürger in Drittstaaten: Sachstand und Entwicklungsperspektiven, KOM (2011) 149 endg.
[1071] Vgl. die Pressemitteilung vom 31.5.2018 unter https://ec.europa.eu/commission/presscorner/detail/en/MEX_18_4003 mit der Überschrift „Commission proposes to make access to emergency travel documents faster and more secure for EU citizens".

einem Aufkleber und einem Heft in Passgröße bestehen.[1072] Parallel dazu wird die Kommission weiterhin Zustimmungsklauseln in bilaterale Abkommen mit Drittländern aufnehmen und aushandeln, um sicherzustellen, dass diese Länder damit einverstanden sind, dass vertretene EU-Mitgliedstaaten nicht vertretenen EU-Bürgerinnen und EU-Bürgern Hilfe gewähren.

V. EMRK

In der EMRK ist an keiner Stelle ein ausdrückliches Recht der Angehörigen der Vertragsstaaten auf **diplomatischen Schutz** durch ihren Heimatstaat gegenüber einem Drittstaat verankert. Ein solcher Anspruch könnte sich aber aus der **Schutzpflichtdimension der einzelnen Konventionsrechte** ergeben.[1073] Allerdings hat die Rechtsprechung des EKMR bzw. des EGMR gefordert, dass zwischen der **Verletzung im Drittstaat** und dem **Handeln des Konventionsstaats** ein **Zurechnungszusammenhang** bestehen muss.[1074] Eine generelle Verpflichtung der Konventionsstaaten, die EMRK-Rechte gegenüber Drittstaaten durchzusetzen, wurde nicht anerkannt.[1075] Insoweit besteht **kein Anspruch auf diplomatischen Schutz auf der Ebene der EMRK**.[1076]

5582

Auch aus der Entscheidung des EGMR im Fall *Ilascu* kann ein solcher Anspruch nicht abgeleitet werden. Zwar hat der EGMR hier festgestellt, dass ein Konventionsstaat die Konventionsrechte seiner Bürgerinnen und Bürger gegen einen schädigenden Staat durch geeignete Maßnahmen schützen muss.[1077] Als Beispiele hat er juristische, wirtschaftliche und auch diplomatische Maßnahmen genannt. Gleichzeitig hat der EGMR aber betont, dass den **Staaten** ein **Ermessensspielraum** zusteht, über die konkret **am besten geeignete Maßnahme** zu entscheiden.[1078] Daher kann aus dieser Entscheidung nicht abgeleitet werden, dass der EGMR nunmehr einen Anspruch auf diplomatischen Schutz auf der Grundlage der EMRK bejaht.[1079]

5583

[1072] Abrufbar unter https://commission.europa.eu/strategy-and-policy/policies/justice-and-fundamental-rights/eu-citizenship/consular-protection_de (letzter Abruf: 30.9.2023).
[1073] *Giegerich*, in: Dörr/Grote/Marauhn, Kap. 26 Rn. 65; *Storost*, Diplomatischer Schutz durch EG und EU?, 2005, S. 223 f.
[1074] EKMR, Entsch. vom 12.4.1996, Nr. 25045/94 – Dobberstein/Deutschland; EGMR, Urt. vom 21.11.2001, Nr. 35763/97 (Rn. 35 ff.), EuGRZ 2002, 403 (404 f.) – Al-Adsani/Vereinigtes Königreich.
[1075] Zusammenfassend *Storost*, Diplomatischer Schutz durch EG und EU?, 2005, S. 222 ff.
[1076] *Giegerich*, in: Dürig/Herzog/Scholz, GG, Art. 16 Abs. 1 Rn. 202; *Storost*, Diplomatischer Schutz durch EG und EU?, 2005, S. 226.
[1077] EGMR, Urt. vom 8.7.2004, Nr. 48787/99 (Rn. 331), NJW 2005, 1849 (1851) – Ilaşcu u. a./Moldawien u. Russland.
[1078] EGMR, Urt. vom 8.7.2004, Nr. 48787/99 (Rn. 334), NJW 2005, 1849 (1852) – Ilaşcu u. a./Moldawien u. Russland.
[1079] A.A. wohl *Krieger*, in: Dörr/Grote/Marauhn, Kap. 6 Rn. 57.

D. Praktische Relevanz

5584   Die praktische Bedeutung der Gewährleistung in Art. 46 EGRC ist **erheblich**. Dies ist bedingt durch die weiter zunehmenden **Reiseaktivitäten** der Unionsbürgerinnen und Unionsbürger in Drittstaaten und die steigende Anzahl von Bürgerinnen und Bürgern, die ihren **Wohnsitz** in Drittländer verlegen, ebenso durch die zunehmende Bereitschaft zu **Auslandsinvestitionen**.[1080] Die Anzahl der Vertretungen der Mitgliedstaaten in Drittländern hält mit dieser Entwicklung nicht Schritt. Zurzeit gibt es nur drei Staaten, in denen alle Mitgliedstaaten der Europäischen Union vertreten sind, und zwar die USA, Russland und die Volksrepublik China.[1081]

E. Personelle Reichweite

I. Berechtigte

1. Natürliche Personen

5585   Aus Art. 46 EGRC sind zunächst alle Unionsbürgerinnen und Unionsbürger, also natürliche Personen mit der Staatsangehörigkeit eines Mitgliedstaates berechtigt.

5586   Die Anknüpfung an das grundsätzlich eine klare Zuordnung ermöglichende Merkmal der Staatsangehörigkeit kann problematisch werden, wenn die einzelne Person über mehr als eine Staatsangehörigkeit verfügt. Bei Mehrstaatern kann sich im Rahmen des Art. 46 EGRC das Problem stellen, dass diplomatischer Schutz gegen einen Drittstaat begehrt wird, mit dem die Unionsbürgerin bzw. der Unionsbürger ebenfalls durch das Band der Staatsangehörigkeit verbunden ist. In der völkerrechtlichen Diskussion wurden zwei Lösungsmöglichkeiten entwickelt. Art. 4 der Haager Konvention[1082] sieht für diesen Fall einen Ausschluss des diplomatischen Schutzes vor. Diese Regelung wurde als Ausdruck völkerrechtlichen Gewohnheitsrechts gewertet und deshalb auch auf Fälle angewendet, in denen die beteiligten Staaten nicht zu den Unterzeichnerstaaten der Konvention gehören.[1083]

[1080] *Hobe*, in: Stern/Sachs, Art. 46 Rn. 9; S. bereits Grünbuch „Der diplomatische und konsularische Schutz des Unionsbürgers in Drittländern", KOM (2006) 712 endg., Ziff. 1.5. (auch ABl. 2007 C 30, S. 8).

[1081] Abrufbar unter https://www.consilium.europa.eu/de/policies/consular-protection/ (letzter Abruf: 30.9.2023). Vgl. bereits Grünbuch „Der diplomatische und konsularische Schutz des Unionsbürgers in Drittländern", KOM (2006) 712 endg., Ziff. 1.5. (auch ABl. 2007 C 30, S. 8).

[1082] Vom 12.4.1930.

[1083] Vgl. *Hailbronner*, in: Stein (Hrsg.), Der diplomatische Schutz im Völker- und Europarecht, 1996, S. 27 (30 ff.), bes. S. 35: Hintergrund ist die Vorstellung, dass alle Staaten gleichermaßen souverän sind und dass in diese Souveränität durch eine Schutzgewährung gegenüber einem eigenen Staatsangehörigen nicht eingegriffen werden darf.

Gegen diesen Ausschluss wird ein Wandel des Völkerrechts geltend gemacht, auf die effektive bzw. dominante Staatsangehörigkeit abzustellen. Danach ist die Gewährung **diplomatischen Schutzes** auch **gegen einen Heimatstaat einer Mehrstaaterin bzw. eines Mehrstaaters** zulässig, wenn zu dem schutzausübenden Staat die **engeren Beziehungen** bestehen, etwa weil die betroffene Person dort seinen ständigen Wohnsitz hat.[1084] Dafür sprechen die zunehmenden staatenübergreifenden Verflechtungen, welche das klassische Souveränitätsargument überlagern: Der effektive Schutz der Betroffenen geht dem formalen Schutz der Staatssouveränität vor.

5587

Im Falle von Unionsbürgerinnen und Unionsbürgern, die auch über die Staatsangehörigkeit eines Drittstaates verfügt, kann die Berechtigung aus **Art. 46 EGRC** zwar nach der klassischen, erstgenannten Konzeption völkerrechtlich eingeschränkt sein. Allerdings **berechtigt** diese Vorschrift **alle** Unionsbürgerinnen und Unionsbürger, ohne Mehrstaaterinnen und Mehrstaater auszunehmen. Deshalb sind grundsätzlich auch alle von der Schutzwirkung umfasst. Insoweit zählt jedenfalls in diesem Rahmen die **effektive Staatsangehörigkeit**, ohne dass daran überhöhte Anforderungen gestellt werden können, um möglichst niemanden schutzlos zu stellen.[1085]

5588

2. Juristische Personen

Es ist umstritten, ob über den Wortlaut hinaus sich auch juristische Personen auf dieses Grundrecht berufen können. Dagegen wird eingewandt, dass die ausdrückliche Berechtigung juristischer Personen in anderen Grundrechten im Umkehrschluss gegen eine Berechtigung juristischer Personen aus Art. 46 EGRC spreche.[1086] Dieses systematische Argument ist nicht ohne weiteres zu widerlegen. Hinzu kommt, dass nach der **Definition** des **Art. 20 Abs. 1 S. 2 AEUV** der Begriff der Unionsbürgerin bzw. des Unionsbürgers auf **natürliche Personen** beschränkt ist und eine Ausdehnung des Berechtigtenkreises sich damit auch über diese Regelung hinwegsetzen muss.

5589

Dennoch ist ein Ausschluss juristischer Personen aus dem Kreis der Berechtigten nicht zwingend. Der systematischen Argumentation kann nämlich eine teleologische entgegengestellt werden, die für eine Einbeziehung juristischer Personen spricht. Die Regelung des **Art. 46 EGRC knüpft** mit den Begriffen des diplomatischen und konsularischen Schutzes **an völkerrechtliche Kategorien an**, die deshalb auch bei seiner Auslegung zu berücksichtigen sind.[1087] Nach allgemeiner Auffassung im

5590

[1084] *Hailbronner*, in: Stein (Hrsg.), Der diplomatische Schutz im Völker- und Europarecht, 1996, S. 27 (31 f.; 34 f.).
[1085] Vgl. *Bungenberg*, in: Heselhaus/Nowak, § 52 Rn. 18.
[1086] *Magiera*, in: Meyer/Hölscheidt, Art. 46 Rn. 9; *Hatje*, in: Schwarze/Becker/Hatje/Schoo, Art. 23 AEUV Rn. 3 f.
[1087] Vgl. *Rengeling/Szczekalla*, Rn. 1145.

Völkerrecht können aber **auch juristische Personen** diplomatischen und konsularischen Schutz in Anspruch nehmen.[1088]

5591 Da das **Gefährdungspotenzial** für diese **mindestens ebenso groß** ist wie für natürliche Personen, spricht eine an Sinn und Zweck des Art. 46 EGRC orientierte Auslegung für eine Einbeziehung juristischer Personen in den Kreis der Berechtigten.[1089] Das gilt zumal vor dem Hintergrund vermehrter Auslandsinvestitionen. Diese sind vor allem im Rohstoffbereich notwendig, um die notwendigen Grundlagen für den Klimaschutz sicherzustellen. Daher ist die **Absicherung von Rohstoffinvestitionen** im Ausland auch **Ausdruck** eines **wirksamen Klimaschutzes**, wie ihn Art. 1 bis 3 EGRC verlangen. Da diese Investitionen vor allem von juristischen Personen kommen, sind Letztere in Art. 46 EGRC einzubeziehen.

II. Verpflichtete

5592 Adressatinnen bzw. Adressaten des Grundrechts sind die **Mitgliedstaaten** und ihre **diplomatischen und konsularischen Stellen**. Teilweise wird darüber hinaus auch die Union als Verpflichtete angesehen.[1090] Indes wurde trotz eines entsprechenden Vorschlags der Kommission die Union nicht in Art. 23 AEUV als Verpflichtete aufgenommen.[1091] Auch verfügt sie nicht über die erforderlichen Auslandsvertretungen, um vor Ort unmittelbar Unterstützung zu leisten, so wie das von Art. 46 EGRC intendiert ist.[1092]

5593 **Gegen** die Ableitung einer **Schutzverpflichtung der Union** aus Art. 23 AEUV spricht auch Art. 25 AEUV. Das hier geregelte spezifische Verfahren für die Fortentwicklung der Unionsbürgerschaft liefe leer, wenn bereits aus Art. 23 AEUV eine solche Kompetenz abgeleitet werden könnte.[1093] Die Frage nach der Existenz eines **allgemeinen Rechtsgrundsatzes**, nach dem eine **Schutzpflicht der Union** besteht,[1094] ist unabhängig von der Vorschrift des Art. 46 EGRC zu beantworten und kann deshalb auch nichts zu dessen Auslegung beitragen. Für eine solche

---

[1088] Vgl. den Wortlaut des Art. 5 Wiener Übereinkommen über konsularische Beziehungen vom 24.4.1963 (WÜK), BGBl. II 1969 S. 1587. Danach gehört es u. a. zu den konsularischen Aufgaben den Angehörigen des Entsendestaates, und zwar sowohl natürlichen als auch juristischen Personen, Hilfe und Beistand zu leisten (Art. 5 lit. e) WÜK).

[1089] *Rengeling/Szczekalla*, Rn. 1145; *Hobe*, in: Stern/Sachs, Art. 46 Rn. 30; *Obwexer*, ecolex 1996, 323 (326); *Szczekalla*, EuR 1999, 325 ff.

[1090] *Jarass/Kment*, § 39 Rn. 3.

[1091] *Magiera*, in: Meyer/Hölscheidt, Art. 46 Rn. 12; *Storost*, Diplomatischer Schutz durch EG und EU?, 2005, S. 45 ff.

[1092] *Hobe*, in: Stern/Sachs, Art. 46 Rn. 32; *Kadelbach*, in: Ehlers (Hrsg.), Europäische Grundrechte und Grundfreiheiten, 2014, § 26 Rn. 78.

[1093] *Storost*, Diplomatischer Schutz durch EG und EU?, 2005, S. 46 f.

[1094] Ausführlich dazu *Szczekalla*, EuR 1999, 325 (333 ff.); *Storost*, Diplomatischer Schutz durch EG und EU?, 2005, S. 227 ff.

Schutzverpflichtung im **Rohstoffbereich zugunsten** dort **investierender** (juristischer) **Personen** spricht der notwendige **effektive Klimaschutz** vor allem aus Art. 1 bis 3 EGRC.

F. Gewährleistungsinhalt

I. Inländerinnen- und Inländergleichbehandlung

Art. 46 EGRC setzt zunächst voraus, dass die Unionsbürgerin bzw. der Unionsbürger sich in einem Drittstaat aufhält, in dem der Mitgliedstaat, dessen Staatsangehörigkeit sie bzw. er besitzt, nicht vertreten ist. Dann besteht ein **Schutzanspruch durch** die diplomatischen und konsularischen Stellen eines **in dem Drittstaat vertretenen Mitgliedstaates** unter denselben Bedingungen, wie er Staatsangehörigen dieses anderen Mitgliedstaates gewährt wird. Damit statuiert Art. 46 EGRC ein Gebot der Inländergleichbehandlung.[1095] Dies bedeutet, dass es keinen durch das Grundrecht festgelegten Schutzstandard gibt, sondern es besteht nur die Pflicht, den **Schutz** zu gewähren, der **in dem jeweiligen Mitgliedstaat festgelegt** ist. 5594

Die **Garantie des Art. 46 EGRC ist damit an das jeweilige innerstaatliche Recht gekoppelt**, das nicht einheitlich ist. Soweit hier eine Schutzpflicht anerkannt wird, schlägt dies auf das Recht aus Art. 46 EGRC durch. Für das deutsche Recht hat das **BVerfG** aus der Schutzpflichtdimension der Grundrechte ein **subjektives Recht auf diplomatischen und konsularischen Schutz** zugunsten deutscher Staatsangehöriger hergeleitet.[1096] Allerdings ist dieses Recht nicht auf ein konkretes Handeln gerichtet, vielmehr kommt den staatlichen Stellen im außenpolitischen Bereich ein **weites Ermessen** darüber zu, ob und wie sie tätig werden wollen.[1097] Gibt es in dem jeweiligen Mitgliedstaat keine rechtlichen Regeln über den konsularischen oder diplomatischen Schutz, so ist die **tatsächliche Praxis** entscheidend.[1098] 5595

Auch soweit ein Mitgliedstaat Angehörigen eines anderen Mitgliedstaates besonderen Schutz gewährt, der über das hinausgeht, was den eigenen Staatsangehörigen gewährt wird, können sich die Angehörigen der anderen Mitgliedstaaten nicht darauf berufen. Es gibt **kein Prinzip der Meistbegünstigung**.[1099] 5596

[1095] *Hobe*, in: Stern/Sachs, Art. 46 Rn. 13; *Rengeling/Szczekalla*, Rn. 1152; *Storost*, Diplomatischer Schutz durch EG und EU?, 2005, S. 221 f.; *Ruffert*, AVR 35 (1997), 460 (472) – zu Art. 8c EGV.
[1096] BVerfGE 55, 349 (364 f.).
[1097] BVerfGE 55, 349 (364 f.).
[1098] *Hobe*, in: Stern/Sachs, Art. 46 Rn. 17.
[1099] *Hobe*, in: Stern/Sachs, Art. 46 Rn. 16.

II. Art des Schutzes

1. Völkerrechtliche Begriffe

5597 Nach dem Wortlaut des Art. 46 EGRC genießen die Unionsbürgerinnen und Unionsbürger den Schutz der diplomatischen und konsularischen Stellen der anderen Mitgliedstaaten. Die genaue Bestimmung des Anspruchsinhalts setzt zunächst eine Klärung voraus, welchen Schutz konsularische und diplomatische Stellen gewähren können. Diese Frage berührt das Verhältnis der Staaten untereinander, weshalb das **Völkerrecht als Maßstab** heranzuziehen ist.

5598 Die Reichweite und der Inhalt konsularischen Schutzes ist in **Art. 5** Wiener Übereinkommen über konsularische Beziehungen (**WÜK**) vom 24.4.1963[1100] beschrieben. Dazu gehören etwa das **Ausstellen von Ausweisen**, die **Leistung von Hilfe in Notsituationen**, die **Unterstützung** in familien- und erbrechtlichen Angelegenheiten oder die **Vertretung vor Gericht**. Diese Aufgaben kann ein Staat auch stellvertretend für einen anderen Staat wahrnehmen, wenn der Empfangsstaat keinen Einspruch erhebt.[1101]

5599 **Diplomatischer** Schutz umfasst zum einen die **Hilfe** zugunsten der eigenen Staatsangehörigen durch diplomatische und konsularische Organe.[1102] Zum anderen beinhaltet er nach völkerrechtlicher Praxis das Recht eines Staates, gegenüber dritten Staaten **Ansprüche** aus der **Verletzung völkerrechtlicher Regeln** zulasten seiner Staatsangehörigen geltend zu machen.[1103] Der Schwerpunkt liegt dabei in der Geltendmachung von Schadensersatzansprüchen wegen der **Unterschreitung** des gewohnheitsrechtlich anerkannten **Mindeststandards** beim Schutz einer Person und ihres Eigentums.[1104] Die Geltendmachung eines solchen Anspruchs durch einen **dritten Staat** – wie im Fall des Art. 46 EGRC – setzt allerdings das **Einverständnis des Schädigerstaates** voraus.

2. Rückwirkungen auf den Schutzgehalt von Art. 46 EGRC

5600 Weil Art. 46 EGRC von dem Schutz „der diplomatischen und konsularischen Stellen" spricht und diplomatischer Schutz durch einen Drittstaat das Einverständnis des Schädigerstaates voraussetzt, bezieht sich sein Gehalt **nur** auf die **Schutzmaßnahmen**, die **ohne Weiteres** durch die Vertretung im jeweiligen Land gewährt

---

[1100] BGBl. II 1969, S. 1585 ff.

[1101] Art. 8 WÜK.

[1102] Art. 3 Abs. 1 lit. b) Wiener Übereinkommen über diplomatische Beziehungen (WÜD) vom 18.4.1961, BGBl. II 1964 S. 959 ff.

[1103] IGH, Urt. vom 6.4.1955 (Nottebohm), ICJ Rep. 1955, 4 (24); *Hailbronner*, in: Vitzthum, Völkerrecht, 3. Abschnitt Rn. 110; *Kadelbach*, in: v. Bogdandy/Bast (Hrsg.), Europäisches Verfassungsrecht, 2009, S. 611 (634).

[1104] *Kadelbach*, in: v. Bogdandy/Bast (Hrsg.), Europäisches Verfassungsrecht, 2009, S. 611 (634).

werden können.¹¹⁰⁵ Denn es ist davon auszugehen, dass Art. 46 EGRC nur einen Anspruch formulieren wollte, der durch die Mitgliedstaaten auch grundsätzlich erfüllbar ist. Damit erfasst Art. 46 EGRC nur solche Schutzmaßnahmen, die durch diplomatische oder konsularische Vertretungen zugunsten der Staatsangehörigen anderer Mitgliedstaaten gewährt werden können. Die Geltendmachung von Ansprüchen wegen der Verletzung von Völkerrecht ist deshalb nicht erfasst.¹¹⁰⁶ Das gilt aber nur insoweit, als nicht der Schädigerstaat sein Einverständnis offensichtlich gibt. Dann kann der Schutzanspruch ohne weiteres verwirklicht werden.

Im **Bereich des Klimaschutzes** besteht für dessen **effektive Verwirklichung** die **Notwendigkeit** der **Geltendmachung**, wenn etwa Investitionen in Rohstoffvorhaben völkerrechtswidrig enteignet werden: Dann können solche Investitionen nur dadurch gesichert werden, dass alle möglichen Schutzansprüche geltend gemacht werden und auch auf das Einverständnis des Schädigerstaates dafür gedrungen wird. Dadurch fühlen sich auch andere investierende Personen sicherer. Müssen sie davon ausgehen, dass sie keinen umfassenden diplomatischen Schutz erlangen, werden sie zurückhaltender oder gar nicht investieren – im Gegensatz zum notwendigen Klimaschutz. Dieser verlangt daher einen möglichst **umfassenden diplomatischen Schutz**. 5601

3. Erweiterung durch Art. 23 S. 1 AEUV?

Der Wortlaut des Art. 23 S. 1 AEUV ist im Hinblick auf den Schutzumfang weiter als der des Art. 46 EGRC. Danach kommt jeder Unionsbürgerin bzw. jedem Unionsbürger der diplomatische und konsularische Schutz eines jeden Mitgliedstaates zu. Das spricht für einen weiten Schutzumfang, der neben unmittelbaren Hilfen zugunsten der jeweiligen Staatsbürgerin und des jeweiligen Staatsbürgers auch Maßnahmen gegenüber dem Aufenthaltsstaat umfasst. Dieser Schutzumfang könnte über die Kongruenzklausel des **Art. 52 Abs. 2 EGRC** auch für Art. 46 EGRC relevant werden.¹¹⁰⁷ 5602

Jedoch ist gerade umstritten, ob Art. 23 S. 1 AEUV in einem solchen weiten Sinne oder in einem institutionellen Sinne zu verstehen ist. Die Bedeutung des weiten deutschen Wortlauts relativiert sich beim Blick auf die **anderen sprachlichen Fassungen** des AEUV.¹¹⁰⁸ So ist in der englischen Fassung von „protection by the diplomatic or consular authorities" die Rede. Sie bezieht sich damit ausdrücklich auf die Institutionen. Auch der französischen Fassung liegt ein **institutionelles** 5603

---

¹¹⁰⁵ Sog. institutionelle Deutung, vgl. diesen Begriff bei *Kluth*, in: Calliess/Ruffert, Art. 23 AEUV Rn. 7; s. aber *Ruffert*, AVR 35 (1997), 459 (465), der auch diplomatischen Schutz im engeren Sinne darunter fasst, da auch diese Maßnahmen einen „institutionellen Bezug" zu einer Auslandsvertretung haben.
¹¹⁰⁶ A.A. *Magiera*, in: Meyer/Hölscheidt, Art. 46 Rn. 7.
¹¹⁰⁷ So auch *Rengeling/Szczekalla*, Rn. 1147.
¹¹⁰⁸ *Kadelbach*, in: v. Bogdandy/Bast (Hrsg.), Europäisches Verfassungsrecht, 2009, S. 611 (634).

Verständnis zugrunde. Sie spricht von „protection de la part des autorités diplomatiques et consulaires".

5604 Von den Befürwortenden einer weiten Auslegung wird deshalb maßgeblich Art. 23 Abs. 1 S. 2 AEUV angeführt, wonach die Mitgliedstaaten die notwendigen Regeln vereinbaren und die für den Schutz erforderlichen **internationalen Verhandlungen** einleiten. Solche Verhandlungen seien bei einem engen Verständnis, das nur unmittelbaren Schutz im Drittstaat umfasse, nicht erforderlich.[1109] Indes ist dieses Argument nicht zwingend. Denn auch Hilfestellungen zugunsten anderer Staatsbürgerinnen und Staatsbürger kann widersprochen werden;[1110] dieser Widerspruch kann durch Verhandlungen vermieden werden.[1111]

III. Unmittelbare Anwendbarkeit

5605 Der Wortlaut des Art. 46 EGRC spricht zwar nicht ausdrücklich von einem Recht. Jedoch ergibt sich aus der systematischen Stellung der Gewährleistung im Titel über die Bürgerrechte, dass den Unionsbürgerinnen und Unionsbürgern ein **Anspruch** auf diplomatischen und konsularischen Schutz zukommen soll.[1112]

5606 Gegen den Anspruchscharakter kann auch nicht eingewandt werden, dass es an der erforderlichen unmittelbaren Anwendbarkeit der Norm fehle.[1113] Denn Art. 46 EGRC erfüllt die Voraussetzungen, die der EuGH insoweit aufgestellt hat.[1114] Das Grundrecht besitzt einen **rechtlich klaren Gehalt**, der zwar nicht unumstritten ist, sich aber durch Auslegung ermitteln lässt.[1115] Auch ist seine Anwendbarkeit nicht von dem Erlass weiterer Vorschriften abhängig. Die Regeln und Verhandlungen i. S. d. Art. 23 Abs. 1 S. 2 AEUV schaffen nicht erst die Voraussetzungen, um Art. 46 EGRC zur Anwendung zu bringen, sondern sie dienen der verfahrensmäßigen Ausgestaltung und Abstimmung mit Drittstaaten.[1116]

[1109] *Stein*, in: ders. (Hrsg.), Der diplomatische Schutz im Völker- und Europarecht, 1996, S. 97 (99); *Magiera*, in: Meyer/Hölscheidt, Art. 46 Rn. 7.

[1110] Vgl. Art. 8 WÜK.

[1111] *Hobe*, in: Stern/Sachs, Art. 46 Rn. 21.

[1112] *Szczekalla*, EuR 1999, 325 (328); a. A. *Obwexer*, ecolex 1996, 323 (327 f.).

[1113] So aber *Kadelbach*, in: v. Bogdandy/Bast (Hrsg.), Europäisches Verfassungsrecht, 2009, S. 611 (635).

[1114] Vgl. nur EuGH, Rs. C-57/65, ECLI:EU:C:1966:34 (266) – Lütticke; näher dazu *Frenz*, Europarecht 1, Rn. 92 ff.

[1115] *Hobe*, in: Stern/Sachs, Art. 46 Rn. 26; *Szczekalla*, EuR 1999, 325 (327).

[1116] *Hobe*, in: Stern/Sachs, Art. 46 Rn. 27; *Magiera*, in: Meyer/Hölscheidt, Art. 46 Rn. 11; *Hatje*, in: Schwarze/Becker/Hatje/Schoo, Art. 23 AEUV Rn. 12.

G. Beeinträchtigung und Rechtfertigung

I. Beeinträchtigung

Art. 46 EGRC vermittelt kein Recht auf einen bestimmten Schutz, sondern lediglich ein Recht auf Inländergleichbehandlung.[1117] Deshalb wird das Grundrecht **nicht durch** die **Verweigerung** diplomatischen und konsularischen Schutzes **allein beeinträchtigt**. Entscheidend ist, ob die **Unionsbürgerin bzw. der Unionsbürger in der konkreten Situation schlechter gestellt** wird **als** die **Staatsangehörigen des jeweiligen Mitgliedstaates**. Nur im Falle einer Schlechterstellung liegt eine Beeinträchtigung des Grundrechts vor.[1118] Dies wäre etwa der Fall, wenn ein Mitgliedstaat einer Unionsbürgerin bzw. einem Unionsbürger für die Ausstellung eines Rückkehrausweises Gebühren berechnen würde, die er von seinen eigenen Staatsangehörigen nicht verlangt.

5607

II. Rechtfertigung

Da Art. 46 EGRC seinem Charakter nach ein Gleichbehandlungsrecht ist, kommt grundsätzlich eine Rechtfertigung bei **Vorliegen objektiver Gründe** in Betracht.[1119] Allerdings unterliegen diese einer **strengen Verhältnismäßigkeitsprüfung**.

5608

Die **Gebührenpflichtigkeit von Rückkehrausweisen** nur für Angehörige anderer Mitgliedstaaten dürfte deshalb unzulässig sein, da schon kein objektiver Grund für die Ungleichbehandlung ersichtlich ist. Die Refinanzierung des Verwaltungsaufwands durch Steuermittel ist auch bei den eigenen Staatsangehörigen nicht gesichert, denn zumindest nach deutschem Recht ist regelmäßig entscheidender Anknüpfungspunkt für die Steuerpflichtigkeit im Inland der Wohnsitz bzw. der gewöhnliche Aufenthalt und nicht die Staatsangehörigkeit.[1120]

5609

H. Prüfungsschema zu Art. 46 EGRC

1. Schutzbereich
a) Grundrechtsträger: Unionsbürgerinnen und Unionsbürger; bei Mehrstaaterinnen und Mehrstaatern Anknüpfen an effektive Staatsangehörigkeit; juristische Personen (str.)

5610

[1117] S. o. Rn. 5594 ff.
[1118] *Jarass/Kment*, § 39 Rn. 8.
[1119] Vgl. zur Rechtfertigung von Eingriffen in das allgemeine Diskriminierungsverbot des Art. 21 Abs. 2 EGRC Rn. 3759.
[1120] Vgl. § 1 Abs. 1 S. 1 EStG.

b) Verpflichtete: Mitgliedstaaten, nicht: Union (aber Schutzverpflichtung für Rohstoffe aus Klimaschutz nach Art. 1-3 EGRC)
c) Gewährleistungsinhalt:
   aa) Gleichbehandlungsanspruch auf Schutz nach im jeweiligen Mitgliedstaat üblichen Umfang; Maßstab: rechtliche Regeln; subsidiär tatsächliche Praxis
   bb) Art des Schutzes: Schutzmaßnahmen im Drittstaat; nicht generell Maßnahmen gegen andere Staaten wg. Verletzung Völkerrecht
   cc) Schutz von Investitionen in Rohstoffvorhaben als Ausdruck des Klimaschutzes

2. Beeinträchtigung
nur bei Ungleichbehandlung mit Staatsangehörigen des jeweiligen Mitgliedstaates

3. Rechtfertigung
objektive Gründe für Ungleichbehandlung

4. Schranken
Verhältnismäßigkeit

Kapitel 5
Justizielle Grundrechte

§ 1 Gesteigerte Bedeutung seit dem Lissabonner Vertrag

Der Bereich der **Justiz** ist eine der **traditionellen nationalen Domänen**. Indes schreitet die **Einbeziehung** auch der **mitgliedstaatlichen Gerichte und Justizbehörden immer weiter** voran. Erstere bilden schon seit langem europäische Gerichte im funktionellen Sinn, wenn es um die Geltendmachung subjektiver Rechte aus dem Unionsrecht geht.[1] Zunächst sah Art. 65 EG die **justizielle Zusammenarbeit in Zivilsachen** als Gemeinschaftspolitik mit Möglichkeiten der Beschlussfassung nach Art. 67 EG vor. Art. 81 AEUV baute diese Regelung weiter aus und bezieht auch explizit einen effektiven Zugang zum Recht (Abs. 2 lit. e) ein. Für Maßnahmen im Kontext des **Familienrechts mit grenzüberschreitendem Bezug** müssen nach Art. 81 Abs. 3 UAbs. 3 AEUV alle nationalen Parlamente zustimmen; diese haben also ein absolutes Vetorecht.[2] Gleichwohl handelt es sich um eine **unionsrechtliche Maßnahme**, sodass materiell insbesondere die justiziellen EU-Grundrechte zu wahren sind. Sie prägen auch die Auslegung beschlossener Rechtsakte sowie deren Ausführung.

5611

Die **justizielle Zusammenarbeit in Strafsachen** war in Art. 31 EU als Bereich gemeinsamen Vorgehens vorgesehen. Art. 82 f. AEUV sehen nun **Gesetzgebungsmaßnahmen der Union** selbst vor, insbesondere um die Kooperation zwischen nationalen Behörden zu stärken und Mindeststandards festzulegen,[3] ohne damit nationale Unterschiede einzuebnen: Die Mitgliedstaaten können weiterhin ein höheres Schutzniveau für den Einzelnen beibehalten oder einführen (Art. 82 Abs. 2 Uabs. 3 AEUV). Insoweit gelten dann die nationalen Grundrechte, für die unionsrechtlichen Vorgaben indes die europäischen.

5612

---

[1] S. Teilband I Rn. 834 ff.
[2] *Fischer*, Der Vertrag von Lissabon, 2008, S. 235.
[3] Näher u. Rn. 5694 ff.

§ 2 Effektiver Rechtsschutz

A. Grundkonzeption

I. Gewährleistungsinhalt

5613   Art. 47 EGRC enthält das Grundrecht auf effektiven Rechtsschutz. Es handelt sich dabei um ein **Recht akzessorischer Art**, das an eine Verletzung anderer Rechte anknüpft.[4] Das Recht auf effektiven Rechtsschutz **kann** also **niemals weitergehen als die zu überprüfende Verletzung subjektiver Rechte**. Allerdings hat es durchaus eine gleichwertige Bedeutung, laufen doch die anderen Grundrechte weitgehend leer, wenn sie nicht wirksam gerichtlich durchgesetzt werden können. Daher handelt es sich um kein bloßes „Annexgrundrecht".

5614   In verschiedenen Ausprägungen wird gewährleistet, dass tatsächliche oder potenzielle Verletzungen subjektiver Unionsrechte gerichtlicher Kontrolle unterliegen. Unter dem Begriff des **effektiven Rechtsschutzes** befinden sich dabei nicht nur die **Kernaussagen** der Absätze von **Art. 47 EGRC**. Vielmehr sind auch die rechtsstaatlichen Ausprägungen des **Grundsatzes des fairen Verfahrens** erfasst.[5]

II. Anlehnung an die EMRK

5615   Art. 47 Abs. 1 EGRC basiert auf Art. 13 EMRK, geht freilich weiter; Art. 47 Abs. 2 EGRC liegt Art. 6 EMRK zugrunde. Zwar wurden EMRK-Vorschriften vom Konvent wörtlich als Grundlage angeführt,[6] jedoch in der Charta modifiziert aufgenommen.[7] Art. 47 Abs. 3 EGRC fußt im Wesentlichen auf der **Rechtsprechung des EGMR**. Als zentrale Entscheidungen sind *Golder*[8] und insbesondere *Airey*[9] zu nennen.

III. Systematik von Art. 47 EGRC

5616   Ob Art. 47 Abs. 1 und 2 EGRC als einheitliches Grundrecht zu verstehen sind,[10] ist nicht nur rein dogmatischer Natur, sondern betrifft im Kern die Frage, ob Art. 47

---

[4] *Nowak*, in: Heselhaus/Nowak, § 55 Rn. 27.
[5] S. u. Rn. 5658 ff.
[6] Erläuterungen zur Charta der Grundrechte, ABl. 2007 C 303, S. 17 (29, 30, 34).
[7] S. nur Rn. 5619 f.
[8] EGMR, Urt. vom 21.2.1975, Nr. 4451/70 (Rn. 34), EuGRZ 1975, 91 (95 f.) – Golder/Vereinigtes Königreich.
[9] EGMR, Urt. vom 9.10.1979, Nr. 6289/73 (Rn. 26), EuGRZ 1979, 626 (628 f.) – Airey/Irland.
[10] So *Jarass/Kment*, § 40 Rn. 2; *Alber*, in: Stern/Sachs, Art. 47 Rn. 93; *Blanke*, in: Calliess/Ruffert, Art. 47 GRCh Rn. 2.

Abs. 2 EGRC unabhängig von Absatz 1 zu betrachten ist. Dann gilt das Recht auf ein unparteiisches Gericht sowie ein faires Verfahren im Anwendungsbereich des gesamten Unionsrechts, andernfalls nur in Bezug auf die Verletzung von subjektivem Unionsrecht.

Für das einheitliche Verständnis der Absätze 1 und 2 wird angeführt, die Natur als „Grundrecht" gebiete, Art. 47 Abs. 2 EGRC auf die Verletzung von subjektiven Rechten des Unionsrechts zu beschränken.[11] Indes handelt es sich um **kein einheitliches Grundrecht**. Die verschiedenen Absätze sind vielmehr auf unterschiedliche Gewährleistungen in der EMRK zurückzuführen.[12] Auch die Überschrift des Artikels deutet eher auf die Unabhängigkeit der Absätze hin.[13] Zwar fehlt der Union eine ausdrückliche Kompetenz zur Angleichung der mitgliedstaatlichen Prozessordnungen. Jedoch entspricht Art. 47 Abs. 2 EGRC den allgemeinen Rechtsgrundsätzen, wie sie sich aus den Prozessrechten der Mitgliedstaaten ableiten lassen.[14]

5617

Vor allem kann es nicht bezweckt gewesen sein, dass im Einzelfall für diejenigen, die nationale Rechte einklagen möchten, ungünstigere Verfahrensregeln Anwendung finden als auf diejenigen, die vergleichbare europarechtliche Ansprüche geltend machen.[15] Somit sind die **ersten beiden Absätze des Art. 47 EGRC unabhängig voneinander** zu verstehen. Aus Gründen der Klarheit wäre es freilich wünschenswert gewesen, dies auch durch getrennte Artikel kenntlich zu machen.

5618

B. Der gerichtliche Rechtsschutz nach Art. 47 Abs. 1 EGRC

I. Vergleich zu Art. 13 EMRK

Art. 13 EMRK gewährleistet das Recht auf eine **wirksame Beschwerde vor einer innerstaatlichen Instanz**. Demgegenüber fasst Art. 47 Abs. 1 EGRC seine Garantie weiter. Zunächst gibt er über das bloße Beschwerderecht hinaus einen Anspruch auf einen Rechtsbehelf. Dieser ist nicht auf eine auch ggf. nur vorgerichtliche Stelle zu verweisen, sondern muss bei einem Gericht eingelegt werden können. Die EGRC verzichtet dabei auf das Attribut der „Innerstaatlichkeit". Damit werden auch die europäischen Gerichte von Art. 47 Abs. 1 EGRC erfasst.

5619

Eine weitere, markante Differenz ist der Bezug auf die verletzten Rechte. Während Art. 13 EMRK den effektiven Rechtsschutz bei der Verletzung von **konventionsrechtlichen Garantien** vorsieht, schützt die Grundrechtecharta durch das Unionsrecht garantierte Rechte oder Freiheiten.

5620

---

[11] *Jarass/Kment*, § 40 Rn. 2.
[12] S. o. Rn. 5615.
[13] Vgl. *Jarass/Kment*, § 40 Rn. 2.
[14] *Alber*, in: Stern/Sachs, Art. 47 Rn. 93.
[15] *Alber*, in: Stern/Sachs, Art. 47 Rn. 93.

II. Persönlicher Geltungsbereich

5621 Den Anspruch auf einen wirksamen Rechtsbehelf hat „jede Person". Damit wird er nicht nur Unionsbürgerinnen und -bürgern gewährleistet.[16] Außerdem ist die Garantie nicht natürlichen Personen vorbehalten. **Auch juristische Personen**, selbst solche des öffentlichen Rechts, können sich grundsätzlich darauf berufen.[17]

5622 Dabei ist jedoch die Einschränkung aufgrund der akzessorischen Natur des Rechts auf einen effektiven Rechtsschutz zu beachten. Gerügt werden kann **nur die Verletzung von Rechten und Freiheiten**, die das **Unionsrecht** gewährt. Der effektive Rechtsschutz für juristische Personen und Drittstaatsangehörige reicht daher nur so weit, wie das Unionsrecht für sie subjektive Rechte vorsieht.

III. Verletzung von Rechten und Freiheiten

1. Qualität der Rechte

a) Durch das Unionsrecht garantierte Rechte und Freiheiten

5623 Zentrale Voraussetzung von Art. 47 Abs. 1 EGRC ist die Verletzung von Rechten oder Freiheiten. Die Norm bezieht sich nicht auf unbestimmte Kategorien an Rechten und spezifiziert nur insoweit, als es sich um Rechte und Freiheiten handeln muss, die durch das Unionsrecht selbst garantiert sind. **Freiheiten** sind von ihrer Substanz her **Rechte** und bilden somit deren **Unterfall**.[18]

5624 Rechten muss Rechtsqualität im engeren Sinne zukommen; sie müssen also **verbindlich** sein. Allgemein wird dies **bei bloßen Grundsätzen verneint**.[19] Daraus ergibt sich die hohe praktische Bedeutung der Unterscheidung zwischen konkreten, individuell einforderbaren Grundrechten und bloßen Grundsätzen, wie sie vor allem im Bereich der solidarischen bzw. sozialen Grundrechte auftauchen.

5625 Die Gewährleistungen der EGRC wurden mit Inkrafttreten des Lissabonner Vertrags nach Art. 6 Abs. 2 EUV formal den vertraglichen Gewährleistungen gleichgestellt und damit voll rechtsverbindlich. Deshalb stellt sich a priori nicht mehr das generelle Problem einer bloßen Grundsatzqualität der Grundrechte. Sie sind daher, soweit sie nach der EGRC über bloße Grundsätze hinausreichen, nach Art. 47 Abs. 1 EGRC individuell gerichtlich einforderbar. Das galt aber unabhängig

---

[16] EuGH, Rs. C-98/79, ECLI:EU:C:1980:69 (Rn. 2) – Pecastaing.

[17] *Pabel*, in: Grabenwarter, § 25 Rn. 7 f.; *Blanke*, in: Calliess/Ruffert, Art. 47 GRCh Rn. 5.

[18] *Jarass/Kment*, § 40 Rn. 6; *Blanke*, in: Calliess/Ruffert, Art. 47 GRCh Rn. 7.

[19] Schon *Alber*, in: Tettinger/Stern, 2006, Art. 47 Rn. 17; *Jarass/Kment*, § 40 Rn. 6; *Blanke*, in: Calliess/Ruffert, Art. 47 GRCh Rn. 7.

§ 2 Effektiver Rechtsschutz

von einer solchen Festschreibung und damit auch vor dem Inkrafttreten des Lissabonner Vertrages,[20] da die Grundrechte durch die EGRC nur konkretisiert wurden.[21]

Überdies gilt die Garantie des Art. 47 Abs. 1 EGRC für die Verletzung aller sonstigen „durch das Unionsrecht garantierten Rechte". Hinter dieser Formulierung verbergen sich zunächst das **Primär- und Sekundärrecht** sowie die Union bindende **völkerrechtliche Verträge**.[22] Doch auch solches **mitgliedstaatliches Recht**, das seinerseits **Unionsrecht umsetzt**, wird in Bezug genommen. Wichtig ist dies insbesondere für die nationalstaatliche Umsetzung von Richtlinien nach Art. 288 Abs. 3 AEUV.

5626

b) Subjektive Rechte

Nur solche Rechte können von der einzelnen Person nach Art. 47 Abs. 1 EGRC vor Gericht eingefordert werden, die als „subjektive Rechte" zu verstehen sind. Inwieweit eine Norm subjektive Rechte gewährt, richtet sich danach, wessen Schutz sie zu dienen bezweckt.[23] Damit können zunächst die Erwägungen zur **Schutznormlehre**[24] herangezogen werden. Da es sich um eine europarechtliche Norm handelt, zählen die **Maßstäbe auf EU-Ebene**. Dabei geht es nicht so sehr um die Eingrenzung eines bestimmten Personenkreises und die spezifische Ausrichtung auf den Individualschutz. Vielmehr steht außerhalb der Grundrechte oft der **Schutz eines bestimmten Gutes im Vordergrund,** woraus gleichwohl – wenn auch nur indirekt – die einzelne Person profitiert. Auf Umweltrichtlinien trifft das des Öfteren zu; es genügt etwa der bezweckte Schutz der Volksgesundheit.[25] Ist eine Bestimmung inhaltlich unbedingt und hinreichend genau, aber im nationalen Recht nicht (adäquat) umgesetzt, muss sie individuell eingefordert werden können. Damit sind die Anforderungen an subjektive Rechte i. S. v. **Art. 47 Abs. 1 EGRC weniger streng**, nämlich hinsichtlich eines **abgrenzbaren Personenkreises**, aber auch der **Intensität des Schutzzwecks**.[26]

5627

---

[20] Ebenso für die Rechtslage vor dem EUV *Jarass/Kment*, § 40 Rn. 6; *Eser/Kubiciel*, in: Meyer/Hölscheidt, Art. 47 Rn. 18; *Blanke*, in: Calliess/Ruffert, Art. 47 GRCh Rn. 7.
[21] S. Teilband I Rn. 9, 14.
[22] *Jarass/Kment*, § 40 Rn. 6.
[23] S. dazu EuGH, Rs. C-178 u. a./94, ECLI:EU:C:1996:375 (Rn. 35 f.) – Dillenkofer; Rs. C-222/02, ECLI:EU:C:2004:606 (Rn. 40, 43, 46) – Paul.
[24] Dazu *Wahl*, in: Schoch/Schneider, VwGO, Vorbem. zu § 42 Abs. 2 Rn. 94 ff.
[25] EuGH, Rs. C-58/89, ECLI:EU:C:1991:391 (Rn. 14) – Kommission/Deutschland für die GewässerschutzRL.
[26] *Jarass/Kment*, § 40 Rn. 8.

2. Verletzung

a) Verursachung

5628 Art. 47 Abs. 1 EGRC setzt voraus, dass ein durch das Unionsrecht garantiertes subjektives Recht verletzt worden ist. Verursacher der Verletzung können zunächst die Organe und die Einrichtungen der Union sowie deren Bedienstete bei der Ausübung ihres Amtes sein. Soweit sie Unionsrecht ausüben, kommen auch die Mitgliedstaaten und ihre Stellen in Betracht.

5629 Entsprechend dem offenen Wortlaut von Art. 47 EGRC sind nicht nur **Verletzungen durch die öffentliche Gewalt**, sondern auch **durch Privatpersonen** relevant, soweit diese der Bindung an das Unionsrecht unterliegen. Damit unterscheidet sich die Gewährleistung signifikant von den Vorgaben in Art. 19 Abs. 4 GG, der sich auf die öffentliche Gewalt bezieht.[27]

5630 Die **Form der Verletzungshandlung** ist grundsätzlich **unbeachtlich**. Es kommen also auch rein **tatsächliche Handlungen** in Betracht. Insbesondere kann eine anfechtbare Verletzung nicht einfach dadurch ausgeschlossen werden, dass eine Handlung wie die Verhängung von Einzelhaft zulasten einer/eines Gefangenen zur internen Verwaltungsmaßnahme deklariert wird.[28]

5631 Im nationalen Recht sind allerdings individuelle gerichtliche Schutzansprüche gegen die Legislative und Judikative nicht unproblematisch. Bei **Legislativakten** wird auf die Normenkontrolle verwiesen. Der Schutz gegen richterliche Akte wird weitgehend unter dem griffigen Merksatz „Rechtsschutz durch den Richter, nicht gegen den Richter"[29] abgelehnt.[30] Auch wenn hiergegen vermehrt Stimmen laut werden,[31] kann dieser Streit für die europäische Ebene außer Betracht bleiben. Jedenfalls für den Sekundärrechtsschutz hat der EuGH unzweideutig zum Ausdruck gebracht, dass **judikatives Unrecht** unter dem Aspekt des effektiven Rechtsschutzes zu außervertraglicher Haftung führt. Schon im Urteil *Köbler* führt der EuGH aus: „In Anbetracht der entscheidenden Rolle, die die Judikative beim Schutz der dem Einzelnen aufgrund gemeinschaftsrechtlicher Bestimmungen zustehenden Rechte spielt, wäre die volle Wirksamkeit dieser Bestimmungen beeinträchtigt, wenn der Einzelne unter bestimmten Voraussetzungen dann keine Entschädigung erlangen könnte, wenn seine Rechte durch einen Verstoß gegen das Gemeinschaftsrecht verletzt werden, der einer Entscheidung eines letztinstanzlichen Gerichts eines Mitgliedstaats zuzurechnen ist."[32]

---

[27] *Alber*, in: Stern/Sachs, Art. 47 Rn. 30; *Jarass/Kment*, § 40 Rn. 10.

[28] EGMR, Urt. vom 4.7.2006, Nr. 59450/00 (Rn. 161, 165 f.), EuGRZ 2007, 141 (147) – Ramirez Sanchez (Carlos)/Frankreich.

[29] *Schmidt-Aßmann*, in: Dürig/Herzog/Scholz, GG, Art. 19 Abs. 4 Rn. 96 mit Verweis auf die Formulierung in der Erstbearbeitung von *Dürig*, in: Maunz/Dürig, GG, Art. 19 Abs. 4 Rn. 17.

[30] BVerfGE 22, 106 (110); 49, 329 (340); 65, 76 (90); 107, 395 (403 f.).

[31] *Huber*, in: v. Mangoldt/Klein/Stark, GG, Art. 19 Abs. 4 Rn. 440 ff.; *Schulze-Fielitz*, in: Dreier, GG-Kommentar, Art. 19 IV Rn. 49; *Ernst*, in: v. Münch/Kunig, GGK I, Art. 19 Rn. 133 ff.; grundlegend *Voßkuhle*, Rechtsschutz gegen den Richter, 1993, S. 176 ff.

[32] EuGH, Rs. C-224/01, ECLI:EU:C:2003:513 (Rn. 33) – Köbler.

§ 2 Effektiver Rechtsschutz

Sind die Hürden für diesen Schadensersatzanspruch auch groß,[33] so ist die durch den EuGH aufgezeigte grundsätzliche Möglichkeit des **Sekundärrechtsschutzes gegen Judikativakte zu bejahen**. Sie entspricht dem völkerrechtlichen Prinzip, den Staat und seine ihm zurechenbaren Gewalten als Einheit zu sehen. Überdies können auch aus Erwägungen der Rechtskraft von Urteilen keine widersprechenden Argumente hergeleitet werden, stellt der Zuspruch eines Schadensersatzanspruches die Rechtskraft des Urteils doch nicht in Frage.[34] **5632**

Art. 47 EGRC bezieht sich damit auf **sämtliche öffentliche Gewalten**. Jedoch besteht nur bei Exekutivakten durchgehend ein unmittelbarer Rechtsschutz, während sonst regelmäßig eine inzidente oder eben sekundärrechtliche Überprüfung der Gewährleistung effektiven Rechtsschutzes genügt. Gegen Legislativakte unmittelbar bestehen individuelle Rechtsbehelfe nur bei unmittelbarer rechtlicher Betroffenheit.[35] Das gilt trotz der Erweiterung auf Rechtsakte mit Verordnungscharakter ohne Durchführungsmaßnahmen auch nach Art. 263 Abs. 4 AEUV.[36] **5633**

b) Behauptung

Art. 47 Abs. 1 EGRC setzt nach seinem Wortlaut voraus, dass Rechte „verletzt worden sind". Diese Verletzung soll allerdings durch einen Rechtsbehelf erst festgestellt werden. Sie möchte der **Einzelne** geklärt wissen. Es reicht daher aus, dass er **sich in seinen Rechten verletzt sieht**. Eine Scheinbehauptung erfüllt diese Vorgabe aber nicht; sie muss hinreichend substanziiert werden. Deshalb genügt die Behauptung einer Rechtsverletzung, soweit diese wenigstens möglich erscheint, d. h. die Verletzung in schlüssiger Weise vorgetragen wird.[37] **5634**

IV. Gerichtliche Kontrolle

1. Gerichtseigenschaft

Während Art. 13 EMRK nur eine innerstaatliche Beschwerdeinstanz verlangt, die lediglich bei zivil- und strafrechtlichen Verfahren ein Gericht sein muss, sieht Art. 47 Abs. 1 EGRC einen wirksamen Rechtsbehelf bei einem Gericht vor.[38] **5635**

Gerichte i. S. d. Art. 47 Abs. 1 EGRC bilden alle **ständigen Einrichtungen**, die **obligatorisch über Rechtsfragen in** einem **streitigen Verfahren** zu entscheiden **5636**

---

[33] Der Nachweis des hinreichend qualifizierten Verstoßes, aber auch des unmittelbar kausalen Schadens misslingt häufig.
[34] EuGH, Rs. C-224/01, ECLI:EU:C:2003:513 (Rn. 38) – Köbler.
[35] EuG, Rs. T-598/97, ECLI:EU:T:2002:52 (Rn. 44 ff.) – BSC Footwear Supplies; näher auch zur Entwicklung *Frenz*, Europarecht 5, Rn. 2904 ff. und o. Rn. 877 ff.
[36] *Frenz*, Europarecht 5, Rn. 2940.
[37] *Blanke*, in: Calliess/Ruffert, Art. 47 GRCh Rn. 7; *Alber*, in: Stern/Sachs, Art. 47 Rn. 32.
[38] S. o. Rn. 5619.

haben, durch Gesetz errichtet und unabhängig sind.[39] Die Charta beschränkt den gerichtlichen Rechtsschutz nicht auf diese Verfahrensarten und erfasst überdies auch inter- und supranationale, hier vornehmlich europäische Gerichte.

2. Rechtsbehelf

a) Rechtsbehelfseigenschaft

5637 Die in Art. 47 Abs. 1 EGRC verlangten **Rechtsbehelfe** werden nicht näher vorgegeben. Die Charta überlässt also die **Ausgestaltung** den **Mitgliedstaaten** bzw. der **EU**. **Primärrechtsschutz** ist gegenüber bloßen kompensatorischen Rechtsbehelfen vorzugswürdig, aber **nicht zwingend**.[40] Bei der **Entschädigung** ist freilich auf eine **angemessene Höhe** zu achten.[41] Auch eine Kombination mehrerer Rechtsbehelfe ist denkbar.[42] Das **System** muss allerdings derart konzipiert sein, dass eine **effektive Durchsetzung der gewährleisteten Rechte** möglich ist.

b) Wirksamkeit

5638 Gem. Art. 47 Abs. 1 EGRC ist die „Wirksamkeit" des Rechtsbehelfs erforderlich. Damit ist nicht etwa gemeint, man könne den Rechtsbehelf nur im Falle seines Erfolges einlegen.[43] Es soll auch keine „Erfolgsgarantie" gegeben werden.[44] Die Wirksamkeit bezieht sich auf die **mögliche Durchsetzung der geschützten Rechte**; diese müssen **tatsächlich verfolgt** werden können. Die behauptete Rechtsverletzung oder deren Fortdauer muss verhindert, einer bereits geschehenen Rechtsverletzung angemessen abgeholfen werden.[45] Damit ist nicht notwendig ein eigenständiger Rechtsbehelf gefordert, so wenn in anderen, nicht weniger günstig ausgestalteten Rechtsbehelfen eine Prüfung als Vorfrage vorgesehen ist.[46]

---

[39] Dazu *GA Alber*, EuGH, Rs. C-63/01, ECLI:EU:C:2003:650 (Rn. 89) – Evans; Rs. C-17/00, ECLI:EU:C:2001:651 (Rn. 9 ff.) – De Coster; *Jarass/Kment*, § 40 Rn. 24; näher u. Rn. 5645 ff.

[40] EGMR, Urt. vom 8.6.2006, Nr. 75529/01 (Rn. 98 ff.), NJW 2006, 2389 (2390) – Sürmeli/Deutschland auch zum Folgenden.

[41] EGMR, Urt. vom 8.6.2006, Nr. 75529/01 (Rn. 113 f.), NJW 2006, 2389 (2392) – Sürmeli/Deutschland; Urt. vom 11.1.2007, Nr. 20027/02 (Rn. 67 ff.), NVwZ 2008, 289 (290 f.) – Herbst/Deutschland.

[42] EGMR, Urt. vom 4.7.2006, Nr. 59450/00 (Rn. 159), EuGRZ 2007, 141 (147) – Ramirez Sanchez (Carlos)/Frankreich.

[43] *Alber*, in: Stern/Sachs, Art. 47 Rn. 62.

[44] Vgl. *Eser/Kubiciel*, in: Meyer/Hölscheidt, Art. 47 Rn. 19.

[45] EGMR, Urt. vom 8.6.2006, Nr. 75529/01 (Rn. 98 f.), NJW 2006, 2389 (2390) – Sürmeli/Deutschland.

[46] EuGH, Rs. C-432/05, ECLI:EU:C:2007:163 (Rn. 47) – Unibet.

Die Rechtsbehelfsgarantie bildet gleichsam den Schlussstein. Der **Rechtsbehelf** 5639
muss daher zunächst bei möglichen Rechtsverletzungen **zugänglich** sein.[47] Weitergehend muss er **bei Zulässigkeit und Begründetheit Erfolg** haben, mithin die
geltend gemachte Rechtsverletzung beheben.

Besondere Bedeutung haben die klagebezogenen Zulässigkeitsvoraussetzungen 5640
und insbesondere die **Ausgestaltung der Klagebefugnis**. In dem Spannungsverhältnis zwischen dem Bedürfnis der einzelnen Person nach Rechtsschutz und der
Vermeidung von Popularklagen müssen Kriterien gefunden werden, die einen Ausgleich zwischen den widerstreitenden Interessen bilden und die Zulässigkeit des
Rechtsbehelfs nicht zu weitgreifend ausschließen.

c) Einstweiliger Rechtsschutz

Dem Erfordernis der Wirksamkeit eines gerichtlichen Rechtsbehelfs wird nur dann 5641
genügt, wenn dieser im Bedarfsfall auch als einstweiliger Rechtsschutz gewährt
wird. Nur wenn es der Grundrechtsträgerin und dem Grundrechtsträger möglich ist,
bei drohendem Zeitablauf vorläufig Schutz durch die Gerichte zu erlangen, ist dieser
Rechtsschutz auch als effektiv und wirksam zu erachten.[48] Bestehender einstweiliger Rechtschutz muss daher ggf. modifiziert oder, soweit nicht vorhanden, überhaupt geschaffen werden.[49]

C. Recht auf ein gerichtliches und faires Verfahren nach Art. 47 Abs. 2 EGRC

Art. 47 Abs. 2 EGRC stellt umfassend Vorgaben für die Gerichtseigenschaft und das 5642
Verfahren auf und gibt in S. 2 das Recht, sich effektiv verteidigen zu können.

I. Verfahrensgegenstand

Wird Art. 47 Abs. 2 EGRC unabhängig vom ersten Absatz gelesen,[50] erfasst er mit 5643
seiner Formulierung „ihre Sache" alle Verfahrensgegenstände und nicht nur solche,
die einen Rechtsbehelf nach Art. 47 Abs. 1 EGRC vorsehen.

---

[47] S. auch u. Rn. 5655 ff.
[48] Näher EuGH, Rs. C-432/05, ECLI:EU:C:2007:163 (Rn. 72 f.) – Unibet.
[49] EuGH, Rs. C-208/90, ECLI:EU:C:1991:333 (Rn. 23) – Emmott; Rs. C-213/89, ECLI:EU:C:1990:257 (Rn. 20 f.) – Factortame u. a.
[50] O. Rn. 5616 ff.

II. Das Gericht

5644 Art. 47 Abs. 2 S. 1 EGRC verlangt, dass der Verfahrensgegenstand vor ein unabhängiges, unparteiisches und zuvor durch Gesetz errichtetes Gericht gelangt.

1. Unabhängigkeit

5645 Die Voraussetzung der Unabhängigkeit des Gerichts bedeutet primär, dass das Gericht **nicht weisungsgebunden** gegenüber sonstigen staatlichen und europäischen Stellen ist.[51] Damit verbunden ist die **grundsätzliche Unabsetzbarkeit**, die zwar kein Amt auf Lebenszeit erfordert, wohl aber eine gewisse Dauer, die Instabilität und versteckte Abhängigkeiten vermeidet.[52]

5646 Letztlich jedoch betrifft die Unabhängigkeit nicht nur den eigentlichen Bestand des Gerichts, sondern setzt **schon** früher, bei der **Ernennung** ein. Soll auch sonst ausgeschlossen werden, dass Weisungen insbesondere durch die Exekutive möglich sind, so ist eine Ernennung durch diese allerdings unproblematisch.[53] Die Gewaltenteilung ist erst dann **verletzt**, wenn die **Willensbildung** und der **Status** der Richterschaft **durch organisatorische Regelungen beeinflusst** werden können, wobei bereits das äußere Erscheinungsbild relevant ist.[54]

5647 **Auch gegenüber** der **Legislative ist** die Unabhängigkeit der Gerichte zu wahren. So darf auch das Parlament nicht durch eine Einzelfallentscheidung in ein anhängiges Verfahren eingreifen.[55]

5648 Schließlich muss die **Unabhängigkeit** auch **gegenüber** den **Prozessparteien** bestehen. Die Möglichkeit des Ausschlusses und der Ablehnung von Richtern und Richterinnen aufgrund mangelnder Neutralität trägt diesem Umstand Rechnung.[56] Gerade in dieser Relation gestaltet sich die Abgrenzung zur Parteilichkeit schwierig.

2. Unparteilichkeit

5649 Das Gericht muss überdies unparteiisch sein. Diese Vorgabe der **Unvoreingenommenheit** des Gerichts steht im engen Zusammenhang mit seiner Unabhängigkeit;

---

[51] *Blanke*, in: Calliess/Ruffert, Art. 47 GRCh Rn. 13; *Pabel*, in: Grabenwarter, § 25 Rn. 56.
[52] EGMR, Urt. vom 28.6.1984, Nr. 7819 u. 7878/77 (Rn. 80), EuGRZ 1985, 534 (540) – Campbell u. Fell/Vereinigtes Königreich; *Grabenwarter/Pabel*, § 24 Rn. 34; *Pabel*, in: Grabenwarter, § 25 Rn. 57.
[53] *Eser/Kubiciel*, in: Meyer/Hölscheidt, Art. 47 Rn. 33 f.
[54] *Nowak*, in: Heselhaus/Nowak, § 57 Rn. 32 f.; *Jarass/Kment*, § 40 Rn. 21.
[55] S. EGMR, Urt. vom 9.12.1994, Nr. 13427/87 (Rn. 49), ÖJZ 1995, 432 (433) – Stran Greek Refineries/Griechenland.
[56] EGMR, Urt. vom 30.11.1987, Nr. 8950/80 (Rn. 53), ÖJZ 1988, 220 (220) – H./Belgien; *Grabenwarter/Pabel*, in: Dörr/Grote/Marauhn, Kap. 14 Rn. 69.

diese ist eine denklogische Voraussetzung für die Unparteilichkeit.⁵⁷ Auch hierin spiegelt sich das Recht der Betroffenen wider, darauf vertrauen zu können, dass das Gericht unbeeinflusst über den Rechtsstreit entscheidet. Daher bedarf es normativer Verankerung. Nur dann kann die Unparteilichkeit des Gerichts vermutet werden.⁵⁸

Das Erfordernis der Unparteilichkeit gilt nicht nur für das Gericht insgesamt, sondern auch für **jede einzelne rechtsprechende Person** eines Spruchkörpers. Demgemäß besteht die Besorgnis der Befangenheit schon dann, wenn eine einzige rechtsprechende Person des Kollegialorgans befangen ist. Diese darf nicht nach der persönlichen Überzeugung und ihrem Verhalten parteilich sein (**subjektive Prüfung**). Zudem muss sie ausreichende Garantien bieten, um jeden berechtigten Zweifel an ihrer Unparteilichkeit auszuschließen (**objektive Prüfung**).⁵⁹ Es handelt sich um eine selbstständige Verfahrensvoraussetzung.⁶⁰ 5650

Bis zum Beweis des Gegenteils ist die persönliche Unvoreingenommenheit zu vermuten.⁶¹ Dieser **Vermutungsregel** liegt der Gedanke zugrunde, dass Urteilen eine endgültige Bindungskraft zukommt, sofern sie nicht durch ein höheres Gericht aufgehoben werden.⁶² Ist die **subjektive Befangenheit** in der Person der Richterin oder des Richters näher zu untersuchen, muss das **Verhalten in** seiner **Gesamtheit** beurteilt werden, um eine Befangenheit zu begründen.⁶³ 5651

Eine **objektive Parteilichkeit**, die sich auf die interne Organisation eines Gerichts oder aber auf ihre sonstige Aufgabenverteilung rückbezieht, mag noch durch Abweichung vom üblichen Verfahrensablauf verhältnismäßig leicht darzulegen sein.⁶⁴ 5652

Vom Ansatz her stellt sich jeweils die Frage, ob für eine vernünftig denkende Person dem **äußeren Anschein** nach **Zweifel an** der **Objektivität** des Gerichts aufkommen.⁶⁵ Objektiv begründete und damit berechtigte Zweifel können z. B. entstehen, wenn **rechtsprechende Personen in den Medien über den Fall** berichten und die Erfolgsaussichten kommentieren.⁶⁶ Oder sie stehen in einer besonderen Beziehung persönlicher oder professioneller Art zu einer Partei, mag diese positiv 5653

---

⁵⁷ *Grabenwarter/Pabel*, in: Dörr/Grote/Marauhn, Kap. 14 Rn. 54.
⁵⁸ *Grabenwarter/Pabel*, § 24 Rn. 42; *Pabel*, in: Grabenwarter, § 25 Rn. 58.
⁵⁹ Dazu EGMR, Urt. vom 10.8.2006, Nr. 75737/01 (Rn. 38), NJW 2007, 3553 (3554) – Schwarzenberger/Deutschland.
⁶⁰ *Grabenwarter/Pabel*, § 24 Rn. 42.
⁶¹ S. EGMR, Urt. vom 24.5.1989, Nr. 10486/83 (Rn. 47), EuGRZ 1993, 122 (127) – Hauschildt/Dänemark; auch Urt. vom 1.10.1982, Nr. 8692/79 (Rn. 30), EuGRZ 1985, 301 (303) – Piersack/Belgien; *Grabenwarter/Pabel*, § 24 Rn. 42.
⁶² *Grabenwarter/Pabel*, in: Dörr/Grote/Marauhn, Kap. 14 Rn. 57.
⁶³ EKMR, Entsch. vom 21.3.1975, Nr. 5574/72, DR 3, 10 (11 ff., 17) – X./Vereinigtes Königreich.
⁶⁴ Vgl. *Grabenwarter/Pabel*, § 24 Rn. 48.
⁶⁵ EGMR, Urt. vom 6.6.2000, Nr. 34130/96 (Rn. 42), RJD 2000-VI – Morel/Frankreich; *Jarass/Kment*, § 40 Rn. 21.
⁶⁶ EGMR, Urt. vom 28.11.2002, Nr. 58442/00 (Rn. 47) – Lavents/Lettland.

oder negativ sein,[67] oder sie machen in einem strafrechtlichen Verfahren gegen eine Person mit anderer Staatsangehörigkeit **rassistische Witze** oder Anmerkungen.[68] Es genügt hingegen nicht allein, wenn eine rechtsprechende Person in einem früheren Urteil gegen eine Mittäterin oder einen Mittäter der nun zu verurteilenden Person schon zu Letzterer Feststellungen über deren Verhalten – nicht aber zu deren Schuld – getroffen hat.[69]

3. Durch Gesetz errichtet

5654 Das Gericht muss nach Art. 47 Abs. 2 S. 1 EGRC **zuvor** durch Gesetz errichtet sein. A priori **ausgeschlossen** sind damit **ad-hoc-Gerichte** oder **sonstige Ausnahmegerichte**.[70] Die Regelung erschöpft sich jedoch nicht in dem Recht auf die gesetzliche rechtsprechende Person, sondern enthält auch den Hinweis, dass die Ausgestaltung dem Gesetzgeber überlassen ist.[71] Dieser muss die Errichtung, die Zuständigkeiten sowie den organisatorischen Rahmen festlegen. Dass dies „zuvor" geschehen muss, ist wohl als generelle Vorgabe zu verstehen, die sich nicht auf die konkrete Rechtssache bezieht; gemeint ist ein bereits errichtetes Gericht.[72]

III. Zugang

5655 Zum Teil in Überschneidung oder aber auch aufgrund begrifflicher Unschärfe als Synonym zum Anspruch auf rechtliches Gehör verwendet, steht das Recht auf Zugang zu dem Gericht in der oben dargelegten Ausgestaltung.

5656 Dieses Recht untersteht dem **Vorbehalt verhältnismäßiger Einschränkung**, wird mithin nicht absolut gewährt.[73] Beschränkungen finden sich insbesondere in **Zulässigkeitsvoraussetzungen**. Diese sind auf ihre Zwecksetzung hin zu untersuchen. Verhältnismäßige Beschränkungen z. B. auf der Ebene der Klagebefugnis oder des

---

[67] EGMR, Urt. vom 17.6.2003, Nr. 62435/00 (Rn. 21 ff.), RJD 2003-VII – Pescador Valero/Spanien.
[68] EGMR, Urt. vom 9.5.2000, Nr. 34129/96 (Rn. 34), RJD 2000-V – Sander/Vereinigtes Königreich; vgl. mit weiteren Nachweisen *Harrendorf/König/Voigt*, in: Meyer-Ladewig/Nettesheim/v. Raumer, EMRK, Art. 6 Rn. 74 ff.
[69] S. EGMR, Urt. vom 10.8.2006, Nr. 75737/01 (Rn. 41 ff.), NJW 2007, 3553 (3554) – Schwarzenberger/Deutschland.
[70] Zu den höchst restriktiv zu handhabenden Ausnahmen EGMR, Urt. vom 8.7.1986, Nr. 9006/80 u. a. (Rn. 194-203), Ser. A 102 – Lithgow u. a./Vereinigtes Königreich.
[71] *Eser/Kubiciel*, in: Meyer/Hölscheidt, Art. 47 Rn. 33.
[72] *Alber*, in: Stern/Sachs, Art. 47 Rn. 107 f.
[73] S. EGMR, Urt. vom 28.10.1998, Nr. 23452/94 (Rn. 147), Rep. 1998-VIII – Osman/Vereinigtes Königreich; Urt. vom 21.9.1994, Nr. 17101/90 (Rn. 65), ÖJZ 1995, 436 (438 f.) – Fayed/Vereinigtes Königreich; *Grabenwarter/Struth*, in: Ehlers (Hrsg.), Europäische Grundrechte und Grundfreiheiten, 2014, § 6 Rn. 47.

§ 2 Effektiver Rechtsschutz

Rechtsschutzbedürfnisses sind **Ausschlusskriterien für rechtsmissbräuchliche oder gar querulatorische Klagen**. Der Anwaltszwang dient der Sicherung eines gewissen Verfahrensstandards zum Schutz öffentlicher Interessen, aber auch der Prozessparteien selbst[74] und kann daher ebenfalls eine zulässige Vorgabe sein.

Zu kurze Fristen, auch Rechtsmittelfristen, beschränken das Recht auf Zugang zu einem Gericht und sind daher **unzulässig**. Immunitäten sind differenziert auf ihre Verhältnismäßigkeit zu prüfen. Die „klassischen" Immunitäten sind i. d. R. als angemessen zu erachten.[75]

5657

IV. Faires Verfahren

1. Grundlage und Reichweite

Das von Art. 47 Abs. 2 EGRC ausdrücklich geforderte faire Verfahren („fair hearing"/„entendue équitablement") ist in einem umfassenden Sinne zu verstehen. Den Normzweck bildet der **Schutz vor Willkür**. Jedoch wird diese Garantie nicht durch die EGRC selbst konkretisiert. Vielmehr hat die **Rechtsprechung** den Grundsatz des fairen Verfahrens ausgestaltet und so die **verschiedenen Ausprägungen des Rechtsstaatsprinzips** im Rahmen des Gerichtsverfahrens dargelegt.

5658

Auf das Rechtsstaatsprinzip rückführbar, müssen die Ausprägungen des fairen Verfahrens auch schon im Stadium der **Voruntersuchungen** berücksichtigt werden. Sie sind mithin dem gesamten Verfahrensgang im weiteren Sinne als einzuhaltende Prinzipien zugrunde zu legen.[76] Allerdings gelten sie jedenfalls **in vollem Umfang** nur im gerichtlichen **Verfahren zur eigentlichen Hauptsache**, nicht etwa im Rahmen vorgelagerter einstweiliger Anordnungen oder vorläufiger Maßnahmen oder bloßer sichernder Arrestbefehle, ohne dass über bestimmte Ansprüche oder Verpflichtungen oder Strafen und damit auch die infrage stehende „Sache" i. S. v. Art. 47 Abs. 2 EGRC abschließend entschieden wird.[77]

5659

Die Zulässigkeit von **Beweismitteln** selbst wird zwar nicht erfasst, wohl aber, ob ihre **Erlangung und Verwendung** das **Verfahren** insgesamt **unfair** macht.[78] Das gilt insbesondere dann, wenn ihre **Gewinnung gegen das Verbot unmenschlicher oder erniedrigender Behandlung** als elementaren Grundsatz verstößt, wie dies der EGMR bei einem Einsatz von Brechmitteln bejaht hat.[79] Erfolgt allerdings nach

5660

---

[74] *Weth*, in: Musielak/Voit, ZPO, § 78 Rn. 1.

[75] Zu den völkerrechtlichen Immunitäten s. EGMR, Urt. vom 18.2.1999, Nr. 26083/94 (Rn. 59 ff.), NJW 1999, 1173 (1174) – Waite u. Kennedy/Deutschland. Vgl. zum Ganzen ausführlich *Grabenwarter/Pabel*, in: Dörr/Grote/Marauhn, Kap. 14 Rn. 76 ff.

[76] *Kokott*, AöR 121 (1996), 599 (619).

[77] S. EGMR, Urt. vom 18.9.2006, Nr. 26315/03, EuGRZ 2007, 170 (172 f.) – Dogmoch/Deutschland.

[78] EGMR, Urt. vom 11.7.2006, Nr. 54810/00 (Rn. 94 f.), NJW 2006, 3117 (3122) – Jalloh/Deutschland.

[79] EGMR, Urt. vom 11.7.2006, Nr. 54810/00 (Rn. 98 ff.), NJW 2006, 3117 (3122 f.) – Jalloh/Deutschland; s. auch u. Rn. 5101 f. zum „nemo tenetur"-Grundsatz.

einer solchen Behandlung ein **freiwilliges Geständnis mit demselben Inhalt**, ist dieses **verwertbar**. Das gilt sogar, wenn zuvor ein Geständnis durch Androhung vorsätzlicher Zufügung von Schmerzen erlangt wurde, worin ebenfalls eine unmenschliche Behandlung und bei Realisierung sogar eine Folter liegt,[80] und die auf dieser Basis gefundenen Beweismittel verwendet wurden – allerdings nur unterstützend, um die Glaubwürdigkeit des zweiten, freiwilligen Geständnisses zu überprüfen.[81] Ansonsten begründet die Verwertung von Beweismitteln, die durch Zwang erlangt wurden, eine starke Vermutung dafür, dass das Verfahren als Ganzes unfair gewesen ist.[82] Zudem kann das freiwillige Geständnis nur verwertet werden, wenn zuvor eindeutig klargestellt wurde, dass das „unfreiwillige" Geständnis nicht verwertbar ist und damit nicht zählt.

2. Anspruch auf rechtliches Gehör

5661 Besondere Bedeutung als Ausprägung eines fairen Verfahrens hat der Anspruch auf rechtliches Gehör erlangt,[83] der sich in mehrere Unterpunkte gliedert. Erst aus ihnen ergibt sich der nähere Gehalt.

a) Information

5662 Zunächst müssen Betroffene Kenntnis von gegen sie gerichtete Verfahren erlangen.[84] Dazu gehört auch, dass vor der mündlichen Verhandlung über etwaige Beweismittel informiert und ggf. ein Akteneinsichtsrechts gewährt wird.[85]

b) Recht auf Stellungnahme

5663 Der betroffenen Person muss ein Recht gegeben sein, sich **zu den Beweismitteln, Schriftsätzen und sonstigen Anträgen** zu **äußern**.[86] Demgemäß muss sie sich sowohl in tatsächlicher als auch in rechtlicher Hinsicht äußern und Beweise für ihre

---

[80] S. Teilband I Rn. 1182.

[81] EGMR, Urt. vom 30.6.2008, Nr. 22978/05 – Gäfgen/Deutschland; s. auch u. Rn. 5682.

[82] EGMR, Urt. vom 30.6.2008, Nr. 22978/05 – Gäfgen/Deutschland.

[83] EuGH, Rs. C-174 u. 189/98 P, ECLI:EU:C:2000:1 (Rn. 14) – Niederlande und van der Wal/Kommission; Rs. C-338/00 P, ECLI:EU:C:2003:473 (Rn. 106 ff.) – Volkswagen/Kommission; EGMR, Urt. vom 27.10.1993, Nr. 14448/88 (Rn. 33), NJW 1995, 1413 (1413 f.) – Dombo Beheer B.V./Niederlande.

[84] EGMR, Urt. vom 22.7.2003, Nr. 39647 u. 40461/98 (Rn. 49 ff.) – Edwards u. Lewis/Vereinigtes Königreich; s. auch EGMR (GK), Urt. vom 27.10.2004, Nr. 39647 u. 40461/98 (Rn. 47 f.), RJD 2004-X – Edwards u. Lewis/Vereinigtes Königreich.

[85] EGMR, Urt. vom 18.5.2004, Nr. 67972/01 (Rn. 61 ff.), RJD 2004-IV – Somogyi/Italien.

[86] EuGH, Rs. C-276/01, ECLI:EU:C:2003:228 (Rn. 77) – Steffensen. Gerade hinsichtlich dieses Aspekts können sich Überschneidungen zur Chancen- und Waffengleichheit ergeben, vgl. *Pache*, EuGRZ 2000, 601 (603 f.).

Darlegung anbringen dürfen. So muss sie die Echtheit eines Beweismittels ebenso wie seine rechtmäßige Gewinnung in Zweifel ziehen und einer entsprechenden Verwertung widersprechen können.[87]

Problematisch wird dieser Gesichtspunkt, wenn Generalanwälten das **Recht des Schlussantrags** zusteht, woraufhin sich die oder der Betroffene nicht mehr äußern darf. Der EGMR sah im Fall *Vermeulen/Belgien*[88] einen Verstoß gegen Art. 6 Abs. 1 EMRK darin, dass der Staatsanwaltschaft am belgischen Kassationsgerichtshof nicht nur die letzte Stellungnahme ohne Erwiderungsmöglichkeit seitens der betroffenen Person zukommt, sondern auch Vertretende der Staatsanwaltschaft bei den Beratungen des Gerichts teilnehmen.

5664

In dem Fall *Emesa Sugar*[89] vor dem EuGH nahmen die Beschwerdeführenden auf diese Rechtsprechung Bezug und trugen vor, dass auch vor dem EuGH eine Erwiderung der Parteien auf die Schlussanträge der Generalanwälte nicht möglich ist. Indes unterstehen die **Generalanwälte** – konzeptionell im Unterschied zu vielen mitgliedstaatlichen Gerichtsverfassungen – nicht einer Staatsanwaltschaft. Ihre Position ist von **Unparteilichkeit** geprägt.[90] Die **Schlussanträge** sind demgemäß **nicht** als **Stellungnahme**, sondern als Ende der Verhandlung und Beginn der gerichtlichen Beratungsphase zu werten.[91] Daher verneinte der EuGH zu Recht einen Verstoß gegen den Grundsatz der Gewährung rechtlichen Gehörs.

5665

c) Berücksichtigung

Das Gericht muss die Stellungnahmen der Beteiligten berücksichtigen, d. h. **zur Kenntnis nehmen** und **bei der Entscheidung in Erwägung ziehen**, was jedoch selbstredend keine Bindung an die Stellungnahmen impliziert.[92]

5666

Der Anspruch auf rechtliches Gehör bezieht sich allerdings nicht auf alles, was die Parteien vortragen; vielmehr muss nur das berücksichtigt werden, was sich als **urteilsrelevant** erweisen mag.[93] So formuliert der EuGH: „Der Anspruch auf rechtliches Gehör in einem gerichtlichen Verfahren bedeutet nicht, dass der Richter auf das gesamte Vorbringen sämtlicher Parteien eingehen muss. Der Richter hat nach der Anhörung der Parteien und der Würdigung der Beweismittel über den Klageantrag zu entscheiden und seine Entscheidung zu begründen."[94] Hieraus wird deutlich, dass Ausführungen, die erkennbar nicht zur Entscheidungsfindung beitragen, auch nicht berücksichtigt werden müssen.

5667

---

[87] EGMR, Urt. vom 11.7.2006, Nr. 54810/00 (Rn. 96), NJW 2006, 3117 (3122) – Jalloh/Deutschland.
[88] EGMR, Urt. vom 20.2.1996, Nr. 19075/91 (Rn. 33), ÖJZ 1996, 673 (674) – Vermeulen/Belgien.
[89] EuGH, Rs. C-17/98, ECLI:EU:C:2000:70 – Emesa Sugar.
[90] S. zur Stellung des 1. Generalanwalts *Szpunar*, EuZW 2022, 1139 ff.
[91] EuGH, Rs. C-17/98, ECLI:EU:C:2000:70 (Rn. 11 ff.) – Emesa Sugar.
[92] *Jarass/Kment*, § 40 Rn. 38.
[93] *Alber*, in: Stern/Sachs, Art. 47 Rn. 113 ff.
[94] EuGH, Rs. C-221/97 P, ECLI:EU:C:1998:597 (Rn. 24) – Schröder u. a.

d) Einschränkungen

5668 Unter gewissen Umständen kann der Anspruch auf rechtliches Gehör eingeschränkt werden. Es muss sich dabei um **bedeutende Güter** handeln, namentlich das Interesse der nationalen Sicherheit sowie den Schutz von Personen.[95] Aufgrund dieser Schutzgüter kann auch insbesondere im einstweiligen Rechtsschutz eine Verkürzung des Anspruchs auf rechtliches Gehör stattfinden.

3. Waffen- und Chancengleichheit

5669 Weiteres Herzstück der Ausprägungen des rechtlichen Gehörs stellt die Waffen- und Chancengleichheit dar.[96] Die **Prozessparteien** sind prinzipiell **gleichgestellt** und müssen demnach **gleichbehandelt** werden. Ihnen muss gleichermaßen die Möglichkeit der Kenntnisnahme und der Darlegung gegeben werden, d. h. keiner Partei darf zum Nachteil der jeweils anderen Rechte gewährt oder vorenthalten werden. In diesem Zusammenhang besteht eine **Fürsorgepflicht des Gerichts**, Hinweise und Belehrungen zu erteilen, insbesondere wenn Beteiligte nicht imstande sind, ihre Rechte hinreichend wahrzunehmen.[97]

5670 **Ausnahmen** dieses Grundsatzes können sich z. B. aufgrund von **öffentlichen Interessen** ergeben. Insgesamt sind diese jedoch nur mit großer Vorsicht anzunehmen und **restriktiv** zu handhaben.

V. Öffentlichkeit und Mündlichkeit der Verhandlungen

5671 Die Verfahren sollen grundsätzlich öffentlich in mündlicher Verhandlung stattfinden. Auch das Kriterium der Öffentlichkeit dient der **Transparenz** der zu findenden Entscheidungen. Wird auf die **Mündlichkeit** der Verhandlung verzichtet, so impliziert dies gerade auch, dass die **Verhandlung** nicht allen zugänglich und damit nicht **öffentlich** ist. Möglich ist dies jedoch, sofern auf die mündliche Verhandlung **ordnungsgemäß verzichtet** wurde.

5672 Art. 47 Abs. 2 S. 1 EGRC verlangt expressis verbis die Voraussetzung der Öffentlichkeit nur in Bezug auf die Verhandlung und unterscheidet sich somit vordergründig von Art. 6 Abs. 1 S. 2 EMRK, der die öffentliche Verkündung des Urteils vorsieht. Jedoch wird nach dem auf Transparenz gerichteten Sinn und Zweck der Norm kein Ausschluss der Öffentlichkeit von der Entscheidungsverkündung gewollt gewesen sein. Vielmehr fordert auch Art. 47 Abs. 2 EGRC, wenngleich in verkürzter Formulierung, eine **öffentliche Urteilsverkündung**.[98]

---

[95] *Jarass/Kment*, § 40 Rn. 39.
[96] EuGH, Rs. C-13/99 P, ECLI:EU:C:2000:329 (Rn. 32 ff.) – TEAM; EGMR, Urt. vom 22.2.1996, Nr. 17358/90 (Rn. 47), ÖJZ 1996, 430 (431) – Bulut/Österreich.
[97] *Jarass/Kment*, § 40 Rn. 40; *Eser/Kubiciel*, in: Meyer/Hölscheidt, Art. 47 Rn. 37.
[98] *Pabel*, in: Grabenwarter, § 25 Rn. 69 ff.; *Eser/Kubiciel*, in: Meyer/Hölscheidt, Art. 47 Rn. 38.

Einschränkungen der Öffentlichkeit können jedoch für das Verfahren durchaus notwendig werden. Auch die Verfahrensordnung des Gerichtshofs geht grundsätzlich von dieser Möglichkeit aus (Art. 79 EuGHVfO[99]). Die Gründe für die Einschränkbarkeit sind aus dem nationalen Recht bekannt und müssen auch auf europarechtlicher Ebene zu rechtfertigen sein. Anerkannte Interessen sind z. B. solche der Rechtspflege, aber auch des Jugendschutzes oder der Wahrung von Privatsphäre.[100]

5673

VI. Angemessene Frist

Das Verfahren muss gem. Art. 47 Abs. 2 S. 1 EGRC in einer „angemessenen Frist" durchgeführt werden. Dahinter verbirgt sich die Vorgabe, dass nur eine zügige auch eine effiziente Durchführung des Verfahrens ist, ein Grundgedanke, der in anderen Rechtskreisen mit dem prägnanten Ausdruck **„Justice delayed is justice denied"** erfasst wird.

5674

Wann aber ein Verfahren als unangemessen lang zu erachten ist, lässt sich nicht abstrakt bestimmen. Vielmehr muss **fallbezogen gewertet**[101] werden, wobei die Natur,[102] Bedeutung[103] und Komplexität[104] des Rechtsstreits, insbesondere etwaige Beweisaufnahmen, und das Parteiverhalten als Parameter einzubeziehen sind.[105] Richter haben aber auch dann für eine Verfahrensbeschleunigung zu sorgen, wenn das betroffene Verfahren wie im deutschen Zivilprozess durch die Parteien bestimmt wird oder sich ein oder mehrere Sachverständige als notwendig erweisen[106] oder der Ausgang anderer Verfahren abgewartet wird.[107]

5675

---

[99] Verfahrensordnung des Gerichtshofs (EuGHVfO) vom 25.9.2012, ABl. 2012 L 265, S. 1, zuletzt geändert durch Art. 1 EuGHVfO-Änd. vom 26.11.2019, ABl. 2019 L 316, S. 103.
[100] Ausführlich dazu *Grabenwarter/Pabel*, § 24 Rn. 86 ff.
[101] *Pabel*, in: Grabenwarter, § 25 Rn. 73.
[102] Besonders zügig ist über das Sorgerecht für Kinder, Personenstands- und Vaterschaftsfeststellung sowie Arbeitskonflikte zu entscheiden, EGMR, Urt. vom 8.6.2006, Nr. 75529/01 (Rn. 133), NJW 2006, 2389 (2393) – Sürmeli/Deutschland; Urt. vom 11.1.2007, Nr. 20027/02 (Rn. 80), NVwZ 2008, 289 (291) – Herbst/Deutschland jeweils m. w. N.
[103] EGMR, Urt. vom 16.9.1996, Nr. 20024/92 (Rn. 61), EuGRZ 1996, 514 (520) – Süßmann/Deutschland; Urt. vom 27.7.2000, Nr. 33379/96 (Rn. 46), NJW 2001, 213 (214) – Klein/Deutschland; Urt. vom 14.6.2004, Nr. 53084/99 (Rn. 56) – Kormacheva/Russland.
[104] EGMR, Urt. vom 31.5.2001, Nr. 37591/97 (Rn. 40), NJW 2002, 2856 (2857) – Metzger/Deutschland.
[105] EGMR, Urt. vom 5.10.2006, Nr. 66491/01 (Rn. 56), EuGRZ 2007, 268 (271) – Gräßer/Deutschland; Urt. vom 11.1.2007, Nr. 20027/02 (Rn. 75), NVwZ 2008, 289 (291) – Herbst/Deutschland. Zum Ganzen ausführlich *Grabenwarter/Pabel*, § 24 Rn. 81 ff.
[106] EGMR, Urt. vom 8.6.2006, Nr. 75529/01 (Rn. 129 ff.), NJW 2006, 2389 (2393) – Sürmeli/Deutschland.
[107] EGMR, Urt. vom 11.1.2007, Nr. 20027/02 (Rn. 78), NVwZ 2008, 289 (291) – Herbst/Deutschland.

5676 So erachtete der EGMR eine Verfassungsbeschwerde von fast sieben Jahren sowie ein Strafverfahren von neun Jahren als zu lang,[108] ebenso über 16,[109] 18[110] oder gar über 28 Jahre[111] dauernde Zivilgerichtsverfahren. Auch der EuGH schloss sich dieser Einzelfallbetrachtung unter Berücksichtigung der genannten Kriterien an.[112]

VII. Begründungserfordernis

5677 **Belastende Entscheidungen** sind **zu begründen**.[113] Der betroffenen Person muss deutlich werden, welche **Erwägungen** das Gericht **dem Urteil zugrunde** legt. Es handelt sich bei der Begründungspflicht um ein Formerfordernis, das zwar von den Aspekten materieller Rechtmäßigkeitsvoraussetzungen, insbesondere der sachlichen Richtigkeit und inneren Stimmigkeit, zu unterscheiden ist. Die Interpendenz ist dennoch nicht zu unterschätzen. Nur eine begründete Entscheidung bietet der betroffenen Person die **Transparenz**, die sie zur **Überprüfung etwaiger Rechtmäßigkeitsdefizite** im Übrigen benötigt. Demgemäß erscheint es auch logisch, dass dem Begründungserfordernis mehr und mehr **individualschützende Bedeutung** zugemessen wird.[114]

5678 Damit einhergehend **verschärfen sich** zunehmend die **Vorgaben für** eine rechtmäßige **Begründung**. Gerade im Bereich verfahrensbeendender Kommissionsentscheidungen, z. B. in Wettbewerbssachen, zeigt sich dies.[115] Der konkrete Umfang der Begründungspflicht richtet sich jedoch nach dem Einzelfall. Im Rahmen von Kommissionsentscheidungen wird stets gefordert, die **Tatsachen** und **rechtlichen Erwägungen** darzulegen. Intensität und Umfang bestimmen sich aber durch weitere Parameter, so z. B. ob eine ständige Entscheidungspraxis der Kommission fortgesetzt wird[116] oder auch im Kontext der gerichtlichen Entscheidung umfangreiche Kenntnis auf Seiten der Adressierten besteht.[117]

---

[108] EGMR, Urt. vom 8.1.2004, Nr. 47169/99 (Rn. 52), NJW 2005, 41 (43) – Voggenreiter/Deutschland; zum Ganzen *Jarass/Kment*, § 40 Rn. 46; allgemein auch *Ottaviano*, Der Anspruch auf rechtzeitigen Rechtsschutz im Gemeinschaftsprozessrecht, 2008.

[109] EGMR, Urt. vom 8.6.2006, Nr. 75529/01, NJW 2006, 2389 – Sürmeli/Deutschland.

[110] EGMR, Urt. vom 11.1.2007, Nr. 20027/02, NVwZ 2008, 289 – Herbst/Deutschland.

[111] EGMR, Urt. vom 5.10.2006, Nr. 66491/01, EuGRZ 2007, 268 – Gräßer/Deutschland.

[112] Erstmalig EuGH, Rs. C-185/95 P, ECLI:EU:C:1998:608 (Rn. 20 ff.) – Baustahlgewebe/Kommission.

[113] S. EGMR, Urt. vom 19.12.2006, Nr. 14385/04 (Rn. 109), NJW 2007, 3409 (3410) – Oferta Plus/Moldau.

[114] *Nowak*, in: Heselhaus/Nowak, § 57 Rn. 53 f.

[115] S. EuGH, Rs. C-15/98 u. 105/99, ECLI:EU:C:2000:570 (Rn. 65 ff.) – Italien u. Sardegna Lines/Kommission; Rs. C-46/87 u. 227/88, ECLI:EU:C:1989:337 (Rn. 41) – Hoechst; EuG, Rs. T-228 u. 233/99, ECLI:EU:T:2003:57 (Rn. 286 ff.) – Westdeutsche Landesbank Girozentrale u. a.

[116] EuGH, Rs. C-156/98, ECLI:EU:C:2000:467 (Rn. 105) – Deutschland/Kommission.

[117] *Nowak*, in: Heselhaus/Nowak, § 57 Rn. 53.

§ 2 Effektiver Rechtsschutz

VIII. Gerichtliche Kontrolldichte

Ein effektiver Rechtsschutz kann nur dann gewährleistet werden, wenn der **Rechtsstreit Gegenstand einer angemessenen gerichtlichen Überprüfung** wird. Weder in tatsächlicher noch in rechtlicher Hinsicht dürfen Aspekte, die in Relation zu europarechtlichen Rechten und Rechtspositionen stehen, einer gerichtlichen Prüfung entzogen sein.[118] Die gerichtliche Kontrollbefugnis, aber auch -pflicht erschöpft sich nicht in einer bloßen Willkürkontrolle.[119]

5679

Auf europäischer Ebene wird hier zum Teil die bloße Evidenzkontrolle moniert.[120] Im deutschen Recht mag man die eingeschränkte Kontrolldichte bei bestimmten verwaltungsgerichtlichen Entscheidungen[121] anführen;[122] sie beruht aber regelmäßig auf sachlich begründeten Kriterien, insbesondere beschränkten Beurteilungsmöglichkeiten der Gerichte. Das gilt auch in grundrechtlich relevanten Feldern. Bei ihnen muss ein **gegenläufiges Verfassungsgut** bestehen, um die **richterliche Kontrolldichte zu beschränken**.[123]

5680

IX. Verteidigung und Vertretung

In Satz 2 sieht Art. 47 Abs. 2 EGRC vor, dass sich jede Person beraten, verteidigen und vertreten lassen kann. Obwohl als allgemeiner Rechtsgrundsatz anerkannt, findet sich zu dieser Gewährleistung keine Entsprechung in der EMRK.[124] In deren Rahmen wird es allerdings aus Art. 6 abgeleitet.[125] Die EGRC hat demgegenüber sogar eine **teilweise Doppelung** der Garantie **in Art. 48 Abs. 2 EGRC** angenommen.[126]

5681

Das Recht auf Verteidigung und Vertretung muss **nicht zwingend anwaltlich** wahrgenommen werden, jedoch können die nationalen Gesetzgeber insoweit Einschränkungen festlegen.[127] Jedenfalls besteht das **Recht auf** einen **Rechtsanwalt**

5682

---

[118] *Nowak*, in: Heselhaus/Nowak, § 57 Rn. 54.
[119] S. EuGH, Rs. C-92/00, ECLI:EU:C:2002:379 (Rn. 63) – HI; Rs. C-94/00, ECLI:EU:C:2002:603 – Roquette Frères III.
[120] *Nowak*, in: Heselhaus/Nowak, § 57 Rn. 53, § 34 Rn. 53.
[121] Als Fallgruppen seien beispielhaft Prüfungsentscheidungen oder beamtenrechtliche Beurteilungen genannt.
[122] *Nowak*, in: Heselhaus/Nowak, § 57 Rn. 53.
[123] S. BVerfGE 84, 34 (49 ff.); 88, 40 (56); BVerwGE 91, 211 (217), 91, 262 (265 ff.); näher m. w. N. *Frenz*, Das Verursacherprinzip im Öffentlichen Recht, 1997, S. 87 ff.
[124] *Eser/Kubiciel*, in: Meyer/Hölscheidt, Art. 47 Rn. 40.
[125] S. EGMR, Urt. vom 19.12.2006, Nr. 14385/04 (Rn. 145), NJW 2007, 3409 (3411) – Oferta Plus/Moldau.
[126] S. u. Rn. 5730 ff.
[127] *Jarass/Kment*, § 40 Rn. 48; *Pabel*, in: Grabenwarter, § 25 Rn. 75 ff.

sowohl in Zivil- als auch in Strafsachen.[128] Dabei müssen die Verteidigungsrechte wirksam wahrgenommen werden. Durch sie muss auf das Verfahren eingewirkt werden können. Die **Unabhängigkeit** des Rechtsanwalts ist dabei zu wahren. Das schließt im Allgemeinen den **Zwang** zu einer **Zusammenarbeit** mit und eine Informationsübermittlung an Behörden aus. Eine Ausnahme besteht aber dann, **wenn** diese **Kooperation** nicht durch das Gerichtsverfahren ausgelöst wird und damit **außerhalb des Rechts auf ein faires Verfahren** anzusiedeln ist, sondern in einem **sachlichen Kontext** steht, der durch die Materie bedingt ist, so bei finanziellen Transaktionen, um eine Geldwäsche zu verhindern; daraus ergibt sich zugleich eine Rechtfertigung.[129]

5683 Insbesondere dürfen **Verteidigungsrechte nicht ausgeschlossen** werden, etwa **durch** die Anwendung oder Androhung von **Zwang**. Indes können die Verteidigungsrechte noch wahrgenommen werden, wenn später ein freiwilliges Geständnis erfolgt und nur zu dessen Flankierung die durch Zwang erlangten Beweismittel eingesetzt werden.[130] Unmöglich ist hingegen eine wirksame Verteidigung im Falle einer Trennscheibe ohne Öffnung, sodass keine Schriftstücke zwischen Verteidigung und Mandantschaft ausgetauscht werden können.[131] Darüber hinaus müssen **Gespräche** zwischen beiden **vertraulich** sein. Hier liegt ein Kernstück der wirksamen Interessenvertretung. Daran fehlt es schon dann, wenn eine auf **vernünftige Gründe gestützte Überzeugung** entstehen kann, dass ein Gespräch abgehört wird. Ein **freies Gespräch wird** nämlich schon dann unvermeidlich **verhindert** und nicht nur, wenn es tatsächlich abgehört oder belauscht wird.[132]

X. Folgen der Verletzung von Verfahrensvorschriften

5684 Welche Konsequenzen die verfahrensrechtlichen Verletzungen nach sich ziehen, ist in der Rechtsprechung des EuGH noch nicht abstrakt festgelegt worden.[133] Abzulesen ist den Urteilen des EuGH jedoch, dass im Rahmen einer **Billigkeitsentscheidung** Rechtsfolgen gefunden werden, die einzelfallabhängig auf den Verstoß reagieren.[134] So kann beispielsweise das Obsiegen der in ihren Verfahrensrechten

---

[128] EuGH, Rs. C-305/05, NJW 2007, 2387, ECLI:EU:C:2007:383 (2388, Rn. 31) – Ordre des barreaux francophones et germanophone m. w. N. aus der EGMR-Rspr.

[129] EuGH, Rs. C-305/05, NJW 2007, 2387, ECLI:EU:C:2007:383 (2389, Rn. 32 ff.) – Ordre des barreaux francophones et germanophone m. w. N. aus der EGMR-Rspr.

[130] S. dazu EGMR, Urt. vom 30.6.2008, Nr. 22978/05 – Gäfgen/Deutschland; bereits o. Rn. 5660.

[131] EGMR, Urt. vom 19.12.2006, Nr. 14385/04 (Rn. 152 f.), NJW 2007, 3409 (3411) – Oferta Plus/Moldau.

[132] S. EGMR, Urt. vom 19.12.2006, Nr. 14385/04 (Rn. 147), NJW 2007, 3409 (3411) – Oferta Plus/Moldau.

[133] *Pache*, EuGRZ 2000, 601 (606).

[134] EuGH, Rs. C-185/95 P, ECLI:EU:C:1998:608 – Baustahlgewebe/Kommission; *GA Léger*, Rs. C- 185/95 P, ECLI:EU:C:1998:608 (Rn. 63 ff.) – Baustahlgewebe/Kommission.

verletzten Partei fingiert werden, oder es können gar Entschädigungsansprüche entstehen.¹³⁵

D. Recht auf Prozesskostenhilfe

I. Überblick und Herleitung

In einem direkten Zusammenhang zu dem Ziel der **Waffengleichheit** als Ausprägung des wirksamen Rechtsschutzes steht der **Anspruch auf Prozesskostenhilfe** nach **Art. 47 Abs. 3 EGRC**. Auf der Ebene der EMRK ist dieser Anspruch nicht normiert, wird jedoch nach der Rechtsprechung des EGMR ebenso als gewährleistet angenommen,¹³⁶ auch wenn eine explizite Ableitung aus dem Recht auf effektiven Rechtsschutz soweit ersichtlich noch aussteht.¹³⁷ Trotz dieses Verhältnisses der Prozesskostenhilfe als ggf. wohl unabdingbare Voraussetzung für einen effektiven Rechtsschutz gibt es in den Mitgliedstaaten keine einheitlichen Regelungen.

5685

Die relevante Rechtsprechung des EGMR wird schon durch die Fälle *Golder*¹³⁸ und insbesondere *Airey*¹³⁹ begründet. In dem zweiten Fall machte die irische Beschwerdeführerin geltend, sie habe mangels Prozesskostenhilfe keinen Anwalt finden können, der sie vor dem High Court vertrat. Obwohl für die Klage auf gerichtliche Trennung kein Anwaltszwang bestand, entschied das Gericht, dass weder rechtliche Alternativen, z. B. ein beurkundungsbedürftiger Vertrag über die Trennung „von Tisch und Bett", noch ein Vertreten ihrer Sache in eigener Person für Frau Airey dem Recht auf Zugang zu einem Gericht Genüge leisten. Zwar betonte der EGMR die **mangelnde Verallgemeinerungsfähigkeit**, hob jedoch hervor, dass es Fallkonstellationen gibt, in denen die **fehlende Finanzierung eines Prozessvertreters** mit den daraus resultierenden Konsequenzen **Art. 6 Abs. 1 EMRK** verletzt.¹⁴⁰

5686

II. Inhalt der Gewährleistung

Die in Art. 47 Abs. 3 EGRC erfasste Prozesskostenhilfe („legal aid"/„aide juris-dictionelle") erfasst unter Zugrundelegung eines extensiven Verständnisses nicht nur

5687

---

¹³⁵ *Schlette*, EuGRZ 1999, 369 (371 f.); *Pache*, EuGRZ 2000, 601 (606).
¹³⁶ EGMR, Urt. vom 15.2.2005, Nr. 68416/01, NJW 2006, 1255 – Steel u. Mor-ris/Vereinigtes Königreich im Einzelfall auf der Basis von Art. 6 Abs. 1 EMRK. unentgeltliche Hilfe eines Anwalts für den Rechtsschutzsuchenden, wenn anders kein wirksamer Zugang zu Gericht gewährleistet.
¹³⁷ *Pabel*, in: Grabenwarter, § 25 Rn. 60; *Nowak*, in: Heselhaus/Nowak, § 55 Rn. 30 ff.
¹³⁸ EGMR, Urt. vom 21.2.1975, Nr. 4451/70 (Rn. 34), EuGRZ 1975, 91 (95 f.) – Golder/Vereinigtes Königreich.
¹³⁹ EGMR, Urt. vom 9.10.1979, Nr. 6289/73 (Rn. 26), EuGRZ 1979, 626 (628 f.) – Airey/Irland.
¹⁴⁰ EGMR, Urt. vom 9.10.1979, Nr. 6289/73 (Rn. 26), EuGRZ 1979, 626 (628 f.) – Airey/Irland.

die **Kostenübernahme**, sondern **auch** die **Bereitstellung einer (Pflicht-)Verteidigung**, also insgesamt die Kosten, die für eine sachgemäße Rechtsverfolgung erforderlich sind.

5688 Die Gewährung ist **in allen Verfahrensarten** möglich, nicht nur in Strafverfahren.[141] Der Wortlaut von Art. 47 Abs. 3 EGRC spezifiziert bzw. beschränkt insoweit nicht. Die einzelnen Voraussetzungen werden der mitgliedstaatlichen Ausgestaltung überlassen. Die Mitgliedstaaten müssen dabei unter anderem die EG-Richtlinie für grenzüberschreitende Prozesskostenhilfe RL 2003/8/EG[142] berücksichtigen, die in wesentlichen Teilen in nationales Recht umzusetzen war.

5689 Zu gewähren ist die **Prozesskostenhilfe, wenn** die **Erfolgsaussichten der Rechtsverfolgung nicht offensichtlich negativ** ausfallen.[143] Weitere Voraussetzung ist gem. Art. 47 Abs. 3 EGRC, dass die Person „nicht über ausreichende Mittel" verfügt. Eine dem üblicherweise gleichgesetzte „**Bedürftigkeit**" ist allerdings **in Relation zu** den **Kosten des gesamten Verfahrens** zu sehen, d. h. es wird nicht statisch der Zugang des Gerichts betrachtet, sondern darüber hinaus die Prozessdauer in die Bewertung miteinbezogen.[144]

5690 **Zumeist** ist die **Feststellung**, dass **Prozesskostenhilfe** gewährt wurde, als „**Anhängsel**" der Entscheidung zu sehen.[145] Selten nur sind die Ausführungen dazu an prominenter Stelle. Ein solcher Fall stellte etwa *Steel und Morris/Großbritannien*[146] vor dem EGMR dar. Die Beschwerdeführenden waren in England wegen der Verbreitung von Flugblättern, die sich gegen eine Fast Food-Kette richteten, von dieser mit einem neun Jahre dauernden Schadensersatzprozess überzogen worden. Während ihnen keine Prozesskostenhilfe gewährt worden war, hatte die Fast Food-Kette zur gerichtlichen Verfolgung ihrer Ansprüche etwa 15 Mio. Euro zur Verfügung.[147] Der EGMR sah hierin eine Verletzung von Art. 6 Abs. 1 EMRK.[148]

5691 Auch wenn die Prozesskostenhilfe nicht als „sozialrechtliche Wohltat"[149] verstanden werden darf, wohnt ihr dennoch ein **sozialer Charakter** inne. Aufgrund der starken **inhaltlichen Bindung zu der gerichtlichen Verwirklichung** der sonstigen Freiheiten und Rechte erscheint die Verortung unter den justiziellen Garantien gleichwohl sachgemäß.

---

[141] *Alber*, in: Stern/Sachs, Art. 47 Rn. 160.

[142] Des Rates vom 27.1.2003 zur Verbesserung des Zugangs zum Recht bei Streitsachen mit grenzüberschreitendem Bezug durch Festlegung gemeinsamer Mindestvorschriften für die Prozesskostenhilfe in derartigen Streitsachen, ABl. 2003 L 26, S. 41.

[143] *Blanke*, in: Calliess/Ruffert, Art. 47 GRCh Rn. 20.

[144] *Alber*, in: Stern/Sachs, Art. 47 Rn. 161 ff.

[145] Vgl. EGMR, Urt. vom 26.2.2004, Nr. 74969/01 (Rn. 69), NJW 2004, 3397 (3401) – Görgülü/Deutschland.

[146] EGMR, Urt. vom 15.2.2005, Nr. 68416/01 (Rn. 48 ff.), NJW 2006, 1255 (1255 f.) – Steel u. Morris/Vereinigtes Königreich.

[147] *Alber*, in: Stern/Sachs, Art. 47 Rn. 167.

[148] EGMR, Urt. vom 15.2.2005, Nr. 68416/01 (Rn. 60), NJW 2006, 1255 (1256) – Steel u. Morris/Vereinigtes Königreich.

[149] Vgl. *Rengeling/Szczekalla*, Rn. 1185.

E. Prüfungsschema zu Art. 47 EGRC

1. Schutzbereich 5692
a) kein einheitliches Grundrecht, sondern selbstständige Gewährleistungen
b) Abs. 1: gerichtlicher Rechtsschutz durch wirksamen Rechtsbehelf für subjektive Rechte, deren Verletzung schlüssig behauptet
c) Abs. 2: gerichtliches und faires Verfahren, öffentlich in angemessener Frist (Anspruch auf rechtliches Gehör; Waffen- und Chancengleichheit; Verteidigung und Vertretung)
d) Abs. 3: Prozesskostenhilfe, wenn nicht offensichtlich negative Erfolgsaussichten und Bedarf entsprechend Verfahrenskosten

2. Beeinträchtigung
unfaires Verfahren z. B. bei Gewinnung von Beweismitteln durch unmenschliche Behandlung (Brechmittel, Androhung von Zwang) und Verwertung, außer nur untergeordnete Bedeutung bei späterem freiwilligem Geständnis

3. Rechtfertigung
Nur ausnahmsweise: z. B. im Interesse der nationalen Sicherheit, zum Schutz von Personen bzw. Privatsphäre

§ 3 Strafverfolgung

A. Relevanz

Zwar obliegen die **Strafverfolgung** sowie Art und Ausmaß strafrechtlicher **Sanktionen**[150] weitestgehend den **Mitgliedstaaten**, und zwar auf der Basis ihres nationalen Rechts. Indes sind darin **wirksame, abschreckende und verhältnismäßige Sanktionen** vorzusehen, soweit nur so **europarechtliche Vorschriften** in vollem Umfang **wirksam gewährleistet** werden können.[151] Der Ansatz dafür ist aber materiell-rechtlich, etwa im Umweltschutz mit seinem besonderen Querschnittscharakter nach Art. 11 AEUV,[152] nicht aber eine genuin strafrechtliche Regelungsbefugnis.[153] Weitergehend ist eine **justizielle Zusammenarbeit in Strafsachen** etabliert, und zwar seit dem Lissabonner Reformvertrag vollständig innerhalb der internen Politiken und Maßnahmen der Union und nicht mehr im Rahmen eines

5693

---

[150] EuGH, Rs. C-440/05, ECLI:EU:C:2007:625 (Rn. 66) – Kommission/Rat.
[151] EuGH, Rs. C-440/05, ECLI:EU:C:2007:625 (Rn. 70) – Kommission/Rat.
[152] EuGH, Rs. C-440/05, ECLI:EU:C:2007:625 (Rn. 59) – Kommission/Rat.
[153] V. Danwitz, DVBl 2008, 537 (542).

bloßen gemeinsamen Vorgehens nach dem EU wie bis dato.[154] Art. 82 Abs. 1 lit. d) AEUV sieht Maßnahmen für die Zusammenarbeit zwischen den Justizbehörden oder entsprechenden Stellen der Mitgliedstaaten im Rahmen der Strafverfolgung sowie des Vollzugs und der Vollstreckung von Entscheidungen vor, Art. 82 Abs. 2 S. 1 AEUV Mindestvorschriften für die polizeiliche und justizielle Zusammenarbeit in Strafsachen mit grenzüberschreitender Dimension. Insoweit ist etwa die **Unschuldsvermutung** nach Art. 48 Abs. 1 EGRC **elementar**.

5694 Weiter sind **Mindeststandards bei Straftaten und Strafen** in Bereichen besonders schwerer Kriminalität wie Terrorismus, Menschenhandel, sexuelle Ausbeutung vorgesehen (**Art. 83 AEUV**; teilweise auch schon in Art. 31 lit. d) EU). Hierbei ist dann auf die **Gesetzmäßigkeit** und die **Verhältnismäßigkeit** im Zusammenhang mit Straftaten und Strafen nach **Art. 49 EGRC** zu achten.

5695 Zudem geht es nach **Art. 82 AEUV** um die **gegenseitige Anerkennung von Urteilen und gerichtlichen Entscheidungen**. Gerade dabei ist elementar, dass sie Mindeststandards genügen. Diese ergeben sich maßgeblich aus der EGRC. Darüber hinaus ermöglicht **Art. 82 Abs. 2 AEUV Mindestvorschriften durch Richtlinien**, u. a. für die Zulässigkeit von Beweismitteln, die Rechte der einzelnen Person im Strafverfahren und spezifische Aspekte des Strafverfahrens, um die gegenseitige Anerkennung gerichtlicher Urteile und Entscheidungen und der polizeilichen und justiziellen Zusammenarbeit in Strafsachen mit grenzüberschreitender Dimension zu erleichtern. Auch wenn solche seit Inkrafttreten des Lissabonner Vertrages möglichen Richtlinien über die Basisrechte nach der EGRC hinausgehen, müssen sie diese wahren und sich daher **an den Grundrechten messen** lassen.

B. *Unschuldsvermutung*

I. Herleitung

5696 Während im deutschen **Recht die Unschuldsvermutung** – trotz unstrittiger Anerkennung – nicht niedergeschrieben ist, findet sie sich in der EGRC **in Art. 48 Abs. 1 EGRC ausdrücklich**. Damit geht die Charta nicht nur mit der EMRK (Art. 6 Abs. 2 EMRK),[155] sondern auch mit diversen Verfassungen der Mitgliedstaaten konform. Ebenso ist die Unschuldsvermutung auf völkerrechtlicher Ebene in Verträgen (z. B. Art. 14 Abs. 2 IPbpR[156]) und Proklamationen (z. B. Art. 11 Abs. 1 der Allgemeinen Erklärung der Menschenrechte[157]) explizit aufgenommen.

---

[154] S. noch Art. 31 EU.

[155] Dazu *Stuckenberg*, Untersuchungen zur Unschuldsvermutung, 1997, S. 415 ff.

[156] BGBl. II 1973 S. 1534.

[157] Am 10.12.1948 von der UN-Generalversammlung genehmigt und verkündet (Resolution 217 (A) III, abrufbar unter www.unric.org oder www.un.org (letzter Abruf: 30.9.2023)), heute als Völkergewohnheitsrecht anerkannt.

§ 3 Strafverfolgung

Die Herleitung ist trotz der Verbürgung in Art. 48 Abs. 1 EGRC nicht abschließend geklärt. Wie schon bezüglich Art. 6 Abs. 2 EMRK und auf nationaler Ebene mangels schriftlicher Fixierung kommt eine formelle Verankerung unmittelbar im **Rechtsstaatsprinzip**[158] oder eine Ableitung mit materieller Schwerpunktsetzung in der **Menschenwürde**[159] in Betracht. Ferner wurden der Grundsatz der Verhältnismäßigkeit, das allgemeine Persönlichkeitsrecht[160] sowie das Schuldprinzip,[161] also ihrerseits abgeleitete Prinzipien, als Anknüpfungspunkte für die Unschuldsvermutung genannt.[162]

5697

Ungeachtet dessen stand oder steht die Geltung der Unschuldsvermutung als solche außer Frage. Auch die europäischen Gerichte sehen sie als **allgemeinen Rechtsgrundsatz** und verleihen ihr damit primärrechtliche Rangstellung. Sind die Herleitungsansätze auch wegen Art. 48 Abs. 1 EGRC zur Erklärung der Gewährleistung als solcher nicht zwingend notwendig, so kommt ihnen dann eine nicht unbedeutende Stellung zu, wenn es um eine extensive Auslegung und somit über den Wortlaut hinausgehende Funktionen geht.[163] Insoweit bestärkt aber die systematische Stellung von Art. 48 EGRC unter den Justizgrundrechten die Rückführung der Unschuldsvermutung in erster Linie auf das Rechtsstaatsprinzip.

5698

II. Gewährleistung

Gem. Art. 48 Abs. 1 EGRC gilt jede angeklagte Person bis zum rechtsförmlich erbrachten Beweis seiner Schuld als unschuldig. In der ursprünglichen EGRC hieß es „angeklagte Person". Die Unschuldsvermutung wurde dadurch inhaltlich nicht geändert.

5699

1. Strafrechtliches Verfahren

Zwar rekurrieren Art. 48 Abs. 1 und 2 EGRC schon aufgrund ihres Bezugs auf Angeklagte beide auf Strafverfahren, jedoch gilt die **Unschuldsvermutung nicht nur bei strafprozessualen Verfahren**, d. h. bei solchen, die auf die Verhängung einer Kriminalstrafe hinauslaufen können. Über den Wortlaut hinaus ist die Geltung auf diejenigen Verfahren zu erstrecken, die einen **strafähnlichen Charakter** haben,

5700

---

[158] BVerfGE 19, 342 (347); 74, 358 (370 f.); 82, 106 (114).
[159] S. *Meyer*, in: FS für Tröndle, 1989, S. 61 (62); *Vogler*, in: FS für Kleinknecht, 1985, S. 429 (436).
[160] *Kühl*, Unschuldsvermutung, Freispruch und Einstellung, 1983, S. 20; *Stürner*, JZ 1980, 1 (3).
[161] *Frister*, Schuldprinzip, Verbot der Verdachtsstrafe und Unschuldsvermutung als materielle Grundprinzipien des Strafrechts, 1988, S. 84, 89 ff.; *ders.*, Jura 1988, 360.
[162] Zum Ganzen *Eser/Kubiciel*, in: Meyer/Hölscheidt, Art. 48 Rn. 5.
[163] *Szczekalla*, in: Heselhaus/Nowak, § 56 Rn. 2.

also vor allem das **Ordnungswidrigkeitenrecht**.[164] Auch hier können Geldbußen und Zwangsgelder als strafähnliche Sanktionen für die Unschuldsvermutung relevant werden, nicht zuletzt, um eine Umgehung zu vermeiden.[165]

5701 Problematischer sind dagegen **Verwaltungssanktionen**. Die europäischen Organe differenzieren hier. So wird bei der **Abwicklung von Subventionen** der **strafrechtsähnliche Sanktionscharakter verneint**,[166] da im Vordergrund der Gedanke der Restitution steht[167] und auch weitere Sanktionen wie der Verfall einer Kaution oder der Ausschluss von Beihilfen letztlich der Einhaltung des Beihilferechts dienen.[168] Bei **wettbewerbs- und kartellrechtlichen Fällen** kann indes eine die **Unschuldsvermutung** auf den Plan rufende Sanktion auch nach Ansicht von Kommission und EuGH bzw. EuG vorliegen.[169] Dies lässt sich durch eine Analyse der Art und Schwere der Zuwiderhandlungen einerseits und der Sanktionen andererseits erklären.[170]

5702 Demgegenüber wird im Schrifttum ausgehend von dem strafähnlichen Charakter der mitunter **drakonischen Bußgelder** befürwortet, die **Unschuldsvermutung umfassender** gelten zu lassen.[171] Der Verweis der europäischen Gerichte auf andere Rechtsgrundsätze, so z. B. „nemo tenetur"[172] oder das Verhältnismäßigkeitsprinzip, mag zwar mitunter nicht immer ein gleichwertiges Schutzniveau bieten. Schutzlos sind die Betroffenen indes nicht gestellt. Überdies beinhalten die beihilferechtlichen Fallgestaltungen regelmäßig die Rückabwicklung von Subventionen und damit ein Verfahren, auf das sich die Betroffenen durch die Annahme eingelassen haben und das dem Ziel dient, einen europarechtswidrigen Zustand aufzuheben.[173]

5703 Demgemäß ist es zwar durchaus sachgerecht, **Verwaltungssanktionen auf** ihre **Zielsetzung** hin zu **untersuchen** und bei restitutiven oder gar präventiven Zwecken den strafähnlichen Charakter zu verneinen. Indes ist auch die **Höhe der Sanktionen** in den Blick zu nehmen. Diese hat mittlerweile bei Kartellbußgeldern ein Ausmaß erreicht, das den präventiven Charakter faktisch in den Hintergrund treten lässt. Der EGMR prüft diese kartellrechtlichen Sanktionen mittlerweile an **strafrechtlichen**

---

[164] EGMR, Urt. vom 21.2.1984, Nr. 8544/79 (Rn. 53), NJW 1985, 1273 (1274) – Öztürk/Deutschland; *Eser/Kubiciel*, in: Meyer/Hölscheidt, Art. 48 Rn. 13; *Pabel*, in: Grabenwarter, § 25 Rn. 5.
[165] *Szczekalla*, in: Heselhaus/Nowak, § 56 Rn. 4.
[166] *Jarass/Kment*, § 41 Rn. 6; *Pabel*, in: Grabenwarter, § 25 Rn. 7.
[167] Zur Berechnung näher *Frenz*, Europarecht 3, Rn. 1840 ff.
[168] S. EuGH, Rs. C-210/00, ECLI:EU:C:2002:440 (Rn. 35 ff.) – Käserei Champignon Hofmeister.
[169] EuGH, Rs. C-199/92 P, ECLI:EU:C:1999:358 (Rn. 149 f.) – Hüls; EuG, Rs. T-67 u. a./00, ECLI:EU:T:2004:221 (Rn. 178) – JFE Engineering u. a.; Rs. T-112/98, ECLI:EU:T:2001:61 (Rn. 77) – Mannesmannröhren-Werke.
[170] EuGH, Rs. C-199/92 P, ECLI:EU:C:1999:358 (Rn. 150) – Hüls.
[171] *Schwarze*, EuZW 2003, 261 (264 ff.); *Szczekalla*, in: Heselhaus/Nowak, § 56 Rn. 4, 24; *Eser/Kubiciel*, in: Meyer/Hölscheidt, Art. 48 Rn. 13.
[172] EuG, Rs. T-112/98, ECLI:EU:T:2001:61 (Rn. 77) – Mannesmannröhren-Werke; ausführlich dazu *Pabel*, in: Grabenwarter, § 25 Rn. 20 ff.
[173] So auch *Jarass/Kment*, § 41 Rn. 5.

§ 3 Strafverfolgung

Maßstäben.[174] Konsequenterweise ist auch ein Verbotsirrtum zu bejahen.[175] Der EuGH prüft den Grundsatz der persönlichen Verantwortlichkeit.[176] Die Bußgelder im Kartellverfahren bilden nach Art. 23 Abs. 5 VO (EG) Nr. 1/2003[177] zwar explizit nur verwaltungsrechtliche Sanktionen ohne strafrechtlichen Charakter, welche wie die Rückabwicklung von Beihilfen der Neutralisierung einer Wettbewerbsverfälschung dienen. Jedoch dominieren inzwischen strafrechtliche Maßstäbe, sodass die Unschuldsvermutung eingreifen muss.

2. Angeklagte Person

Jedoch nicht nur hinsichtlich des Verfahrens, sondern auch in subjektiver Hinsicht sind Erwägungen über den Wortlaut der Norm hinaus notwendig. Spricht Art. 48 Abs. 1 EGRC auch vom Angeklagten, hat diese Bezeichnung keine den Verfahrensabschnitt oder Status der Betroffenen festlegende Funktion, wie dies z. B. im deutschen Strafprozessrecht der Fall ist (vgl. § 157 StPO). Vielmehr gilt die **Unschuldsvermutung auch für Beschuldigte** und setzt damit keine bereits erhobene Anklage im eigentlichen Sinne voraus.[178]

5704

3. Geltung als „unschuldig"

Bis zum rechtsförmlich erbrachten Beweis gelten die Betroffenen als „unschuldig". Dies bedeutet, dass sich **antizipierte Schuldurteile**, also Schuldvorwegnahmen und Verdachtsstrafen, **verbieten**. Vielmehr ist unter Beachtung der Beweislast die Schuld der Angeklagten zu ermitteln. Die Beweisführung obliegt dem Staat. In Zweifelsfällen muss ein Freispruch erfolgen („**in dubio pro reo**"). Hinter dieser vermeintlich einfachen Vermutungswirkung verbirgt sich jedoch eine Reihe von Problemen.

5705

a) Sicherungsmaßnahmen

Am schwierigsten erscheinen Sicherungsmaßnahmen im Hinblick auf die Unschuldsvermutung. Vielfach wird gerade hier ein **innerer Widerspruch** gesehen, wären doch **Zwangsmaßnahmen gegenüber einer unschuldigen Person** gerade

5706

---

[174] EGMR, Urt. vom 27.9.2011, Nr. 43509/08 (Rn. 38 ff.) – Menarini/Italien.
[175] Dafür *GA Kokott*, EuGH, Rs. C-681/11, ECLI:EU:C:2013:126 (Rn. 41 ff.); *Frenz*, Europarecht 2, Rn. 3035 ff.
[176] EuGH, Rs. C-628/10 u 14/11 P, ECLI:EU:C:2012:479 (Rn. 42) – Alliance One.
[177] Des Rates vom 16.12.2002 zur Durchführung der in den Art. 81 und 82 des Vertrags niedergelegten Wettbewerbsregeln, ABl. 2003 L 1, S. 1, zuletzt geändert durch VO (EG) Nr. 487/2009, ABl. 2009 L 148, S. 1.
[178] Dazu EGMR, Urt. vom 21.12.2000, Nr. 34720/97 (Rn. 41), RJD 2000-XII – Heaney u. McGuinness/Irland.

nicht gerechtfertigt.[179] Dies betrifft zunächst **Ermittlungsmaßnahmen** wie z. B. Durchsuchungen und Beschlagnahmen, die bei entsprechendem Tatverdacht durchgeführt werden.

5707 Insbesondere bei der **Untersuchungshaft**, einem intensiven Eingriff in einen sehr sensiblen Schutzbereich, verschärft sich das Spannungsfeld der Problematik. Die etwaige Verletzung der Unschuldsvermutung ist auf einer ersten Ebene nach dem Grund der Anordnung der Untersuchungshaft zu bewerten. So fehlt es bei dem Haftgrund der **Flucht- und Verdunkelungsgefahr** regelmäßig an einem Schuldvorwurf, während dieser bei **Wiederholungsgefahr** oder gar besonderer Tatschwere unzweifelhaft mitschwingt.[180]

5708 In diesen, aber auch in den bereits zu Anfang genannten Fallgruppen muss eine **Abwägung** stattfinden, die den sensiblen Schutzbereich der Unschuldsvermutung mit den kollidierenden Gütern ins Verhältnis setzt. So soll die Untersuchungshaft nur in **äußerst restriktiv** anzunehmenden Fällen allein auf den Haftgrund der Tatschwere oder der Wiederholungsgefahr abgestützt werden können. Demgegenüber lässt Art. 5 Abs. 1 lit. c) EMRK eine solche alternative Abstützung für Einschränkungen des Rechts auf Freiheit zu.[181]

5709 Darüber kann die ebenfalls in der **EMRK** verankerte Unschuldsvermutung schwerlich hinausgehen, enthält sie doch insoweit **keine spezifische Regelung**. Die **rechtfertigenden Gründe** für eine Untersuchungshaft werden daher im Rahmen des **Rechts auf Freiheit** benannt; sie gelten **auch für die EGRC**.[182] Die Unschuldsvermutung kann sie deshalb nicht gänzlich ausschließen; sie kann auch mit ihnen versöhnt werden: Die Untersuchungshaft als solche lässt die Unschuldsvermutung nicht entfallen. Vorgelagert wird höchstens die Anordnung der Untersuchungshaft und damit die in Art. 5 Abs. 1 lit. c) EMRK vorgegebene Notwendigkeit durch die Unschuldsvermutung zusätzlich geprägt, um Wertungswidersprüche zu vermeiden. Daher sind auch andere Ermittlungsmaßnahmen und Zwangseingriffe zu dulden, so sie verhältnismäßig sind.

b) Auslagenerstattung und Entschädigung nach Untersuchungshaft

5710 Nicht selten stehen kostenrechtliche Fälle in Konflikt mit der Unschuldsvermutung. Führt das Verfahren zu einem Freispruch aus Mangel an Beweisen oder wird es aus Gründen der Verjährung eingestellt, so stellt sich die Frage nach der Erstattung von Auslagen und Entschädigung für erlittene Untersuchungshaft. Virulent wird dies, wenn bei fehlender Verurteilung **bleibende Verdachtsmomente** in einer negativen

---

[179] Zu diesem „Grunddilemma" *Eser/Kubiciel*, in: Meyer/Hölscheidt, Art. 48 Rn. 2, 6.

[180] *Stuckenberg*, Untersuchungen zur Unschuldsvermutung, 1997, S. 108 ff., 563 f.; *Szczekalla*, in: Heselhaus/Nowak, § 56 Rn. 7.

[181] Vgl. zu diesem Teilband I Rn. 1256.

[182] Zu den Haftgründen der Tatschwere und der Wiederholungsgefahr *Frowein/Peukert*, Art. 5 Rn. 117; *Szczekalla*, in: Heselhaus/Nowak, § 56 Rn. 7, der die staatliche Schutzpflicht für das Opfer alleine nicht ausreichen lassen will; im Übrigen s. o. Rn. 1256.

Kostenentscheidung formuliert sind.¹⁸³ Der EGMR sieht eine **Verletzung** der **Unschuldsvermutung** jedoch erst dann als gegeben an, wenn die Formulierung eine Verdichtung der Verdachtsmomente hin zu einer Überzeugung der Schuld offen legt („**conviction in disguise**").¹⁸⁴

Anordnungen von Untersuchungshaft beruhen immer auf Verdachtsmomenten, die täuschen können. So wie die Untersuchungshaft als solche nicht der Unschuldsvermutung widerspricht, trifft dies nicht für die mit ihr einhergehenden Begleitumstände zu. Dazu gehören auch Begründungen für **abschlägige Kostenentscheidungen**, zumal diese rechtsstaatlich geboten sind. Diese **Begründung** kann nur **in den vorliegenden Verdachtsmomenten** bestehen, **ohne dass** damit ein **Schuldvorwurf** verbunden sein muss. Mag damit das Verfassen der Entscheidung zu einem Drahtseilakt der widerstreitenden Interessen werden, müssen nicht etwa zur Vermeidung des Dilemmas **in allen Zweifelsfällen Auslagen erstattet** und Haftentschädigungen gewährt werden.¹⁸⁵

5711

c) Auswirkungen zwischen Privaten

aa) Mittelbare Drittwirkung

Der Unschuldsvermutung kommt zunächst keine (direkte) Drittwirkung zu.¹⁸⁶ Mittelbar kann diese jedoch eingreifen, wenn der Staat unbewiesenen Schuldzuweisungen Vorschub leistet.¹⁸⁷ Da die Unschuldsvermutung nicht nur für die zuständige Richterschaft gilt,¹⁸⁸ sondern für sämtliche öffentliche Stellen, müssen **alle** staatlichen und unionsrechtlichen **Organe und Organwalter Zurückhaltung und Objektivität bei öffentlichen Aussagen** wahren.

5712

Schwerlich beherrschbar sind jedoch **reißerische Presseberichte**, in denen Angeklagte bereits vorab als Täter gebrandmarkt werden. Aufgrund der zwar schwerlich zu beweisenden, aber jedenfalls nach der allgemeinen Lebenserfahrung nicht abwegigen Beeinflussungswirkung auf die Richterschaft wird aus dem Prinzip der Unschuldsvermutung zum Teil eine **Schutzpflicht des Staates** hergeleitet, dafür Sorge zu tragen, dass sich die **Berichterstattung über anhängige Verfahren innerhalb der gebotenen Sachlichkeit** hält.¹⁸⁹

5713

---

¹⁸³ Vgl. *Szczekalla*, in: Heselhaus/Nowak, § 56 Rn. 8.
¹⁸⁴ S. EGMR, Urt. vom 25.8.1987, Nr. 9912/82 (Rn. 58 ff.), EuGRZ 1987, 399 (402 f.) – Lutz/Deutschland; Urt. vom 25.8.1987, Nr. 10300/83 (Rn. 34 ff.), EuGRZ 1987, 410 (413 f.) – Nölkenbockhoff/Deutschland.
¹⁸⁵ So aber *Szczekalla*, in: Heselhaus/Nowak, § 56 Rn. 8.
¹⁸⁶ *Alber*, in: Stern/Sachs, Art. 48 Rn. 4.
¹⁸⁷ *Eser/Kubiciel*, in: Meyer/Hölscheidt, Art. 48 Rn. 21.
¹⁸⁸ So aber noch EKMR, Ber. vom 30.3.1963, Nr. 788/60, YB 6 (1963), 742 (782 ff.) – Österreich/Italien.
¹⁸⁹ S. *Frowein/Peukert*, Art. 6 Rn. 269 f.; *Grabenwarter/Pabel*, in: Dörr/Grote/Marauhn, Kap. 14 Rn. 172.

5714 Indes haben **staatliche Organe kaum** einen **Einfluss**. Sie können nur einen insoweit mäßigenden rechtlichen Rahmen schaffen. So müssen insbesondere durch einstweilige Verfügungen und Unterlassungs- sowie Schadensersatzklagen **Privaten gerichtliche Möglichkeiten** eingeräumt werden, sich **gegen Beschuldigungen** zu wehren.[190]

bb) Zivilrechtliche Verantwortlichkeit

5715 In scheinbarem Zusammenhang mit der Unschuldsvermutung steht auch die zivilrechtliche Schadensersatzpflicht. Aufgrund der unterschiedlichen Beweisregeln hinsichtlich Beweismaß und Beweislastverteilung kann **trotz** eines **strafrechtlichen Freispruchs** ein **zivilrechtlicher Anspruch** des Opfers gegen die zuvor Angeklagten geltend gemacht und sogar zugesprochen werden.[191] Indes ist die zivilgerichtliche Entscheidung über die **Schadensersatzpflicht** von einer **strafrechtlichen Ahndung getrennt** zu bewerten und zu begründen.[192]

cc) Arbeits- und sozialrechtliche Fälle

5716 Im Übrigen ist vielfach die **arbeitsrechtliche Verdachtskündigung** problematisch. Bei dem Verdacht einer **Straftat** steht dem Arbeitgeber unter gewissen Umständen das Recht auf eine Kündigung zu. Das BAG wendet hierbei die Unschuldsvermutung lediglich eingegrenzt an.[193] Den Arbeitnehmerinnen und Arbeitnehmern muss die **Gelegenheit** einer **Anhörung** gegeben worden sein. Seine Schuld muss jedoch nicht mit letzter Sicherheit festgestellt werden, soweit hinreichende Verdachtsmomente die Kündigung rechtfertigen. Jedoch legitimieren die Anklageerhebung und Eröffnung des Hauptverfahrens für sich allein keine Verdachtskündigung; es bedarf der eigenständigen Würdigung der Verdachtsmomente durch die Arbeitgeberseite.[194] Diese stützt ihre Kündigung nicht auf eine bestimmte Schuld, sondern auf ein Verhalten, das ihr schadet, vor allem, wenn Wiederholung droht, und von dem sie sich auch in der Öffentlichkeit distanzieren will, um seine Reputation zu wahren.

5717 Auch im **Sozialrecht** können Ansprüche aufgrund von Tatvorwürfen verneint werden, denen strafprozessual mit der **Unschuldsvermutung** zu begegnen ist.[195]

---

[190] *Gounalakis*, NJW 2016, 737 ff.

[191] S. EGMR, Urt. vom 11.2.2003, Nr. 34964/97 (Rn. 36 ff.), RJD 2003-II – Ringvold/Norwegen; Urt. vom 11.2.2003, Nr. 56568/00 (Rn. 39 ff.), RJD 2003-II – Y./Norwegen; *Szczekalla*, in: Heselhaus/Nowak, § 56 Rn. 18.

[192] Hinsichtlich eines dementsprechenden Verstoßes gegen Art. 6 Abs. 2 EMRK EGMR, Urt. vom 11.2.2003, Nr. 56568/00 (Rn. 41), RJD 2003-II – Y./Norwegen.

[193] BAG, NJW 2006, 252 (253 f.); NZA 2004, 919.

[194] *Fuhlrott*, GWR 2017, 383 ff.

[195] S. BVerwGE 118, 109 (110 f.); LSG Nordrhein-Westfalen, Beschl. vom 10.10.2006 – Az.: L 19 B 54/06 AS.

§ 3 Strafverfolgung

d) Bewährungswiderruf

Während die Vollstreckung der Freiheitsstrafe nach der rechtskräftigen Verurteilung prinzipiell die Unschuldsvermutung nicht berührt,[196] beschäftigte sich die Rechtsprechung eingehend mit dem Problem, die Bewährung vor der rechtskräftigen Verurteilung der Anlasstat zu widerrufen.[197] Nach der Rechtsprechung des BVerfG richtet sich die – grundsätzlich anerkannte – Zulässigkeit des Widerrufs danach, ob das Gericht von der Begehung der Tat überzeugt ist.[198]

5718

Der **EGMR** erkennt ebenfalls grundsätzlich die **Möglichkeit des Widerrufs** an, macht sie jedoch, ähnlich wie bei den abschlägigen Entscheidungen zur Auslagenerstattung und Haftentschädigung,[199] von der Formulierung abhängig.[200]

5719

e) Erweiterter Verfall

Eine Sonderkonstellation stellt der erweiterte Verfall dar, § 73d StGB. Hierbei gehen **Gegenstände** mit der Rechtskraft der entsprechenden gerichtlichen Anordnung **in das Eigentum des Staates über** (Verfall), wenn Umstände die Annahme rechtfertigen, dass diese Gegenstände **für rechtswidrige Taten verwendet oder aus ihnen erlangt** worden sind. Das BVerfG hat die Norm für verfassungsgemäß erachtet.[201] Die Unschuldsvermutung wird nach ihm deswegen nicht berührt, weil es sich beim Verfall und erweiterten Verfall um **präventiv-ordnende, nicht** dagegen repressiv-vergeltende und **strafähnliche Maßnahmen** handelt. Auch hier zeigt sich, dass bei der Beurteilung die Zielsetzung auf ihre Pönalität hin genau untersucht werden muss.

5720

4. Rechtsförmlich erbrachter Beweis

Nach Art. 48 Abs. 1 EGRC endet die Unschuldsvermutung mit dem rechtsförmlich erbrachten Beweis der Schuld. Diese Norm weicht damit von der Formulierung des Art. 6 Abs. 2 EMRK ab, der den „gesetzlichen Beweis" als ausreichend vorgibt. Mag auch eine inhaltliche Divergenz nicht gewollt gewesen sein, so kann nach dem insoweit missverständlichen Wortlaut der konventionsrechtlichen Vorschrift die Widerlegung der Unschuldsvermutung durchaus früher eintreten, nämlich dann, wenn die gesetzlichen Tatbestandsmerkmale objektiv und beweisbar vorliegen.

5721

---

[196] Zu Ausnahmen bei der Ablehnung von Hafterleichterung *Szczekalla*, in: Heselhaus/Nowak, § 56 Rn. 13 f.
[197] *Geppert*, Jura 1993, 160 (162 ff.).
[198] BVerfG, NJW 2005, 817.
[199] S. o. Rn. 5710 f.
[200] EGMR, Urt. vom 3.10.2002, Nr. 37568/97 (Rn. 53 ff., 65), NJW 2004, 43 (44 f.) – Böhmer/Deutschland; vgl. *Szczekalla*, in: Heselhaus/Nowak, § 56 Rn. 9 f.
[201] BVerfGE 110, 1.

5722 Demgegenüber macht die „Rechtsförmlichkeit" in Art. 48 Abs. 1 EGRC unzweifelhaft ein **rechtsstaatliches Nachweisverfahren** erforderlich und legt damit den Zeitpunkt auf den Eintritt der **Rechtskraft des Schuldspruchs**.[202] Für **Bußgeldbescheide** bzw. die **strafähnlichen Verwaltungssanktionen** ist die Vermutung mit **Rechtskraft der Maßnahme** widerlegt.[203]

5723 Die klarere Formulierung des Art. 48 Abs. 1 EGRC hat demgemäß auch den weiteren Vorteil, dass sie den **Schuldnachweis** unstrittig nicht der Strafrichterschaft vorbehält,[204] sondern zweckmäßig der **jeweils zuständigen Instanz** zuweist.[205] Dies vermeidet systemwidrige und verfahrenstechnisch umständliche Inzidentprüfungen.

5. „Nemo tenetur"-Grundsatz

a) Inhalt

5724 Nicht zu unterschätzen ist der Zusammenhang zwischen der Unschuldsvermutung und dem „nemo tenetur"-Grundsatz. Dieser wird aus dem Zusammenspiel des fairen Verfahrens gem. Art. 47 Abs. 2 EGRC und der Unschuldsvermutung nach Art. 48 Abs. 1 EGRC hergeleitet.[206] Er gibt der **betroffenen Person** das **Recht zu schweigen** und sich **nicht selbst zu beschuldigen**. Die Behörden dürfen keinen Zwang oder Druck ausüben, der dazu führte, dass sich die beschuldigte Person selbst belasten müsste.

5725 Hieraus erklärt sich auch die Herleitung des „nemo tenetur"-Grundsatzes: Ein von der beschuldigten Person **durch Zwang erlangtes Beweismittel widerspricht** dem Recht auf ein **faires Verfahren** und soll daher nicht die Unschuldsvermutung widerlegen können. Das gilt auch bei kartellrechtlichen Bußgeldverfahren,[207] an die mittlerweile strafrechtliche Maßstäbe angelegt werden.[208] Auch bei Auskunftsverlangen im Rahmen von Fusionskontrollverfahren gilt das **Selbstbelastungsverbot**.[209]

5726 Die **Garantie gegen Selbstinkriminierung** gilt jedoch **nicht absolut**.[210] Unter bestimmten Umständen dürfen nachteilige Schlüsse aus dem Schweigen der ange-

---

[202] *Eser/Kubiciel*, in: Meyer/Hölscheidt, Art. 48 Rn. 19.
[203] *Szczekalla*, in: Heselhaus/Nowak, § 56 Rn. 23 f.
[204] So für Art. 6 Abs. 2 EMRK *Vogler*, in: FS für Kleinknecht, 1989, S. 429 (438).
[205] *Eser/Kubiciel*, in: Meyer/Hölscheidt, Art. 48 Rn. 20.
[206] *Eser/Kubiciel*, in: Meyer/Hölscheidt, Art. 48 Rn. 12.
[207] *Frenz*, Europarecht 2, Rn. 2471.
[208] S. o. Rn. 5703.
[209] Näher *Frenz*, Europarecht 2, Rn. 3923 ff. unter Verweis auf EGMR, Urt. vom 3.5.2001, Nr. 31827/96 (Rn. 64 ff., 71) – J. B./Schweiz gegen EuGH, Rs. C-301/04 P, ECLI:EU:C:2006:432 (Rn. 42) – SGL Carbon.
[210] Dazu EGMR, Urt. vom 21.12.2000, Nr. 34720/97 (Rn. 47), RJD 2000-XII – Heaney u. McGuinness/Irland.

klagten Person gezogen werden, ohne dass darin eine Verletzung der Garantie gesehen werden muss.[211] Dies gilt insbesondere für die Fallgruppe des so genannten **Teilschweigens**, wenn eine beschuldigte Person zu bestimmten Punkten innerhalb eines einheitlichen Geschehens schweigt. Dabei sind nachteilige Rückschlüsse dann berechtigt, wenn nach den Umständen Äußerungen zu diesem Punkt zu erwarten gewesen wären, andere mögliche Ursachen des Verschweigens ausgeschlossen werden können und die gemachten Angaben nicht ersichtlich fragmentarischer Natur sind.[212]

b) Erweiterung des Anwendungsbereichs

Der EGMR hat den „nemo tenetur"-Grundsatz auch auf **Fälle des absoluten Zwangs** angewendet.[213] So sei die zwangsweise **Verabreichung von Brechmitteln** durch Einführung einer Nasensonde an diesem Grundsatz zu messen. Der Gerichtshof begründet sein Vorgehen, insbesondere in Abgrenzung zum Fall *Saunders/ Vereinigtes Königreich*,[214] damit, dass es sich nicht um Beweismittel handelt, die den normalen Körperfunktionen entsprechen, sondern die aufgrund einer künstlich bewirkten pathologischen Reaktion hervorgebracht werden.[215]

5727

Mögen die Erwägungen zur besonders sensiblen Abwägung bei derart weitreichenden Eingriffen auch im Ergebnis in die richtige Richtung weisen, so erscheint demgegenüber der Bezug auf den **„nemo tenetur"-Grundsatz verfehlt**. Er verkennt, dass sich der Grundsatz auf das Verbot bezieht, jemanden durch vis compulsiva oder gewisse Täuschungen zu einer aktiven Überführung seiner eigenen Person zu zwingen. Das betrifft etwa die Androhung oder Zufügung von Schmerzen.[216] Willensgesteuerte aktive Mitwirkungshandlungen sind jedoch nach der Verabreichung von Brechmitteln gerade nicht möglich.[217] Strukturell greift der „nemo tenetur"-Grundsatz für den vorliegenden Fall damit gerade nicht.

5728

---

[211] EGMR, Urt. vom 8.2.1996, Nr. 18731/91 (Rn. 50 ff.), EuGRZ 1996, 587 (590) – John Murray/ Vereinigtes Königreich; *Grabenwarter/Pabel*, § 24 Rn. 138.
[212] BGH, NJW 2002, 2260.
[213] EGMR, Urt. vom 11.7.2006, Nr. 54810/00 (Rn. 108), NJW 2006, 3117 (3123) – Jalloh/ Deutschland.
[214] EGMR, Urt. vom 17.12.1996, Nr. 19187/91, ÖJZ 1998, 32 (32 f.) – Saunders/Vereinigtes Königreich.
[215] EGMR, Urt. vom 11.7.2006, Nr. 54810/00 (Rn. 109 ff.), NJW 2006, 3117 (3123 f.) – Jalloh/ Deutschland. S. auch o. Rn. 5660 im Rahmen der Gewinnung und Verwendung von Beweismitteln und den Auswirkungen auf ein faires Verfahren.
[216] S. o. Rn. 5660 zum Fall *Gäfgen*.
[217] So auch *Schuhr*, NJW 2006, 3538 (3541).

C. Verteidigungsrechte

I. Grundkonzeption und Stellung

5729 Gem. Art. 48 Abs. 2 EGRC sind die Verteidigungsrechte jeder angeklagten Person zu achten. Die Grundrechtecharta unterscheidet sich in ihrer Gewährleistung von Art. 6 Abs. 3 EMRK insofern, als sie deutlich kürzer formuliert ist und auf die beispielhafte Aufzählung in Form von Mindestgarantien verzichtet. Mit Leben gefüllt wird die Chartavorschrift durch die Rechtstraditionen der Mitgliedstaaten, aber – und hier zeigt sich ein prägnanter Fall von Art. 52 Abs. 3 EGRC-, die in der **EMRK** dargelegten **Ausprägungen** sind als **Mindeststandard** ebenso dem **Art. 48 Abs. 2 EGRC** zugrunde zu legen.

5730 Als **lex specialis** für die **Strafverfahren** steht die Vorschrift damit im Verhältnis zu **Art. 47 Abs. 2 S. 2 EGRC**. Viele der zu dieser Garantie festgestellten Vorgaben sind **auch auf Art. 48 Abs. 2 EGRC zu übertragen**.[218]

II. Anklage wegen einer Straftat

5731 Dem Wortlaut nach impliziert die Norm, es bedürfe einer „Anklage". Doch auch im Rahmen von Art. 48 Abs. 2 EGRC ist das weite Verständnis dieses Begriffes in zweierlei Hinsicht anzulegen.[219]

5732 Zum einen muss nicht förmlich Anklage erhoben worden sein. Vielmehr genügt schon der **Status der Beschuldigung**, wie ihn beispielsweise **§ 157 StPO** enthält. Zum anderen muss sich die **Anklage** (im weiteren Sinne) nicht auf eine Kriminalstrafe beziehen. Nach dem materiellen Strafbegriff ist der Anwendungsbereich mithin **auch auf die strafähnliche Sanktion** zu erstrecken.[220]

III. Verletzung der Verteidigungsrechte

1. Mögliche Kausalität

5733 Ein Verstoß gegen die in Art. 48 Abs. 2 EGRC gewährleisteten Verteidigungsrechte ist bereits dann anzunehmen, wenn es möglich ist, dass die Nichtbeachtung zu einer (negativen) Beeinflussung der Entscheidung führen konnte.[221] Wurde etwa ein entlastendes Schriftstück nicht übermittelt, muss das betroffene Unternehmen nur nachweisen, dass das Unterbleiben seiner Offenlegung den Verfahrensablauf und den Inhalt der Entscheidung der Kommission zu Ungunsten dieses Unternehmens

---

[218] S. o. Rn. 5681 ff.
[219] Vgl. o. Rn. 5701 ff., 5705.
[220] *Jarass/Kment*, § 41 Rn. 18.
[221] EuGH, Rs. C-204 u. a./00 P, ECLI:EU:C:2004:6 (Rn. 74) – Aalborg Portland.

§ 3 Strafverfolgung

beeinflussen konnte[222] oder dass es der Wahrung der Interessen dieses Unternehmens im Verwaltungsverfahren schaden oder diese Interessenwahrung erschweren konnte.[223]

Zugleich bedeutet diese Vorgabe der Kausalität jedoch auch, dass die Verteidigungsrechte nur dann einen relevanten Verstoß erfahren, wenn die **Entscheidung des Gerichts im Wesentlichen auf** einem solchen **Umstand** fußt oder eine bessere Verteidigungsmöglichkeit unter Beachtung der Verteidigungsrechte dargelegt werden kann.[224]

5734

2. Ausprägungen der Verteidigungsrechte

Bereits die Lektüre des **Art. 6 Abs. 3 EMRK** gibt einen guten Eindruck davon, welche **Verteidigungsrechte auch Art. 48 Abs. 2 EGRC** umfassen soll. Der angeklagten Person muss, ggf. durch Dolmetschen, die Möglichkeit eingeräumt werden, in möglichst kurzer Zeit über die Beschuldigungen gegen sie **informiert** zu werden. Ihr muss die **Gelegenheit zur Vorbereitung** auf ihre **Verteidigung** gegeben werden, ggf. auch mit Hilfe eines Verteidigers ihrer Wahl oder aber eines unentgeltlich zu stellenden Beistands.

5735

Für die Verteidigung selbst gilt neben dem **Recht auf Stellungnahme**, dass der betroffenen Person **Fragen an die belastungsbezeugende Person** erlaubt sein müssen und entlastungsbezeugende Personen unter äquivalenten Bedingungen wie Belastungsbezeugende zuzulassen sind.

5736

3. Rechtfertigung

Gerechtfertigt können Verstöße nur in **gesetzlich geregelten Fällen** sein, die einen **Ausgleich für die betroffene Person** vorsehen. Die erforderliche **Verhältnismäßigkeitsprüfung** orientiert sich dabei im Wesentlichen an zwei Parametern. Zum einen sind **Einschränkungen** im Ordnungswidrigkeiten- und Verwaltungsverfahrensrecht **mit** seinen **strafähnlichen Sanktionen** weitergehender möglich als im sensiblen Bereich des Strafrechts. Zum anderen ist das Ausmaß der Beeinträch-

5737

---

[222] EuG, Urt. vom 30.9.2009, Rs. T-161/05, ECLI:EU:T:2009:366 (Rn. 166) – Hoechst/Kommission m. w. N.

[223] EuG, Urt. vom 30.3.2022, Rs. T-324/17, ECLI:EU:T:2022:175 (Rn. 97) – SAS Cargo Group u. a./Kommission unter Verweis auf EuGH, Rs. C-239 u. a./11 P, ECLI:EU:C:2013:866 (Rn. 368) – Siemens u. a./Kommission.

[224] EuGH, Rs. C-204 u. a./00 P, ECLI:EU:C:2004:6 (Rn. 71) – Aalborg Portland; *Jarass/Kment*, § 41 Rn. 21.

tigung mit dem kollidierenden Interesse ins Verhältnis zu setzen, wobei die Intensität der Belastung zu berücksichtigen ist.[225]

D. Gesetzmäßigkeit (Art. 49 Abs. 1, 2 EGRC)

I. Charakter, Bestandteile und Vorläufer

5738 Die **Gesetzmäßigkeit** wird in Art. 49 Abs. 1, 2 EGRC als **wesentliche Voraussetzung zur Bestrafung** normiert. Da der Schwerpunkt nicht in einer verfahrensrechtlichen Garantie liegt, handelt es sich weniger um ein Prozessgrundrecht im eigentlichen Sinne, sondern primär um ein **subjektives Abwehrrecht**. Es wird auf nationaler Ebene als ein „Mehr" gegenüber der sonst üblichen Bezeichnung als bloß „grundrechtsgleiches Recht" verstanden.[226]

5739 Unter der „Gesetzlichkeit" verbergen sich mehrere Gesichtspunkte, die allesamt der Berechenbarkeit der Strafgesetzgebung und -justiz dienen.[227] Im Wesentlichen unterfallen damit das Erfordernis einer gesetzlichen Grundlage für verbotene Handlungen und ihre Strafe, das Bestimmtheitsgebot („**nulla poena sine lege certa**"), das Analogieverbot („**nulla poena sine lege stricta**") und das Rückwirkungsverbot („**nulla poena sine lege praevia**") den Vorgaben des Art. 49 Abs. 1, 2 EGRC.

5740 Das Erfordernis der Gesetzmäßigkeit wird von EuGH und EuG als **allgemeiner Grundsatz** des Unionsrechts angesehen, der in den Verfassungstraditionen der Mitgliedstaaten wurzelt.[228] Geschriebene Vorgaben finden sich z. T. in der EMRK, z. T. im IPbpR.[229] So entspricht Art. 49 Abs. 1 EGRC Art. 7 Abs. 1 EMRK sowie Art. 15 Abs. 1 IPbpR, wobei nur in Letzterem der Aspekt der milderen Strafe aufgegriffen wurde. Art. 7 Abs. 2 EMRK und Art. 15 Abs. 2 IPbpR enthalten die Strafbarkeit nach internationalem Recht und stellen damit die Vorläufer der Ausnahmeklausel in Art. 49 Abs. 2 EGRC dar.

---

[225] S. EGMR, Urt. vom 20.12.2001, Nr. 33900/96 (Rn. 22 f.), NJW 2003, 2893 (2894) – P.S./Deutschland; auch Urt. vom 15.6.1992, Nr. 12433/86 (Rn. 49), NJW 1992, 3088 (3089) – Lüdi/Schweiz; *Jarass/Kment*, § 41 Rn. 23.

[226] *Nolte/Aust*, in: v. Mangoldt/Klein/Starck, GG, Art. 103 Rn. 102, 183.

[227] *Kadelbach*, in: Dörr/Grote/Marauhn, Kap. 15 Rn. 9.

[228] EuGH, Rs. C-303/05, DVBl 2007, 897, ECLI:EU:C:2007:261 (Rn. 49) – Europäischer Haftbefehl; EuG, Rs. T-279/02, ECLI:EU:T:2006:103 (Rn. 66 f.) – Degussa AG; Rs. T-15/99, ECLI:EU:T:2002:71 (Rn. 108, nicht abgedruckt) – Brugg Rohrsysteme.

[229] BGBl. II 1973 S. 1534.

§ 3 Strafverfolgung 935

II. Gesetzmäßigkeit

1. Inhalt

Die Vorgabe der Gesetzmäßigkeit als Grundsatz dient der Berechenbarkeit der Gesetzgebung und der Strafjustiz.[230] Im deutschen Recht ist der Grundgedanke der Gesetzmäßigkeit selbstverständlich enthalten, jedoch insoweit modifiziert und letztlich noch **intensiviert**, als **Art. 103 Abs. 2 GG** eine **Gesetzlichkeit**, d. h. eine gesetzliche Bestimmung zur Tatzeit, fordert.[231] Wesentlicher Unterschied ist damit, dass es nach dem Grundgesetz fernab der in den Regelungsbereich des Art. 25 GG fallenden völkerrechtlichen Vorschriften einer geschriebenen Rechtsgrundlage für die Bestrafung bedarf,[232] während die **EGRC** mit materieller Schwerpunktsetzung auf das „Recht" abstellt. 5741

Dieser Unterschied erklärt sich zunächst aus dem Geltungsbereich der Charta. Das common law des Vereinigten Königreichs wie auch noch Irlands und Maltas etwa sieht im Wesentlichen keine geschriebenen Rechtsnormen vor. Doch auch hier ließen sich durch die Kontinuität des Case Law Straftatbestände und die entsprechenden Rechtsfolgen eruieren, die dem Gesetzmäßigkeitserfordernis genügen.[233] 5742

2. Ausnahmeklausel des Art. 49 Abs. 2 EGRC

Art. 49 Abs. 2 EGRC stellt klar, dass nicht ausgeschlossen sein soll, eine Person zu verurteilen und zu bestrafen, wenn das in Frage stehende Verhalten zur Tatzeit „nach allgemeinen, von der Gesamtheit der Nationen anerkannten Grundsätzen strafbar" war. 5743

Wie eingangs skizziert, stützt sich die Regelung auf **Art. 7 Abs. 2 EMRK** und Art. 15 Abs. 2 IPbpR.[234] Den Unterschieden im Wortlaut der Vorschriften[235] kommt indes keine praktische Bedeutung zu.[236] 5744

Die Vorschrift des Art. 7 Abs. 2 EMRK war noch unter dem **Eindruck der Nürnberger Prozesse** entstanden, sah man sich doch im Rechtfertigungszwang gegenüber behaupteter rückwirkender Strafbarerklärung.[237] 5745

---

[230] *Kadelbach*, in: Dörr/Grote/Marauhn, Kap. 15 Rn. 9.
[231] Vgl. § 1 StGB.
[232] Für Freiheitsstrafen ist überdies der Parlamentsvorbehalt in Art. 104 Abs. 1 GG zu beachten.
[233] EGMR, Urt. vom 26.4.1979, Nr. 6538/74 (Rn. 47), EuGRZ 1979, 386 (387) – Sunday Times/Vereinigtes Königreich (Nr. 1).
[234] BGBl. II 1973 S. 1534.
[235] Strafbarkeit „nach den von den zivilisierten Völkern allgemein anerkannten Rechtsgrundsätzen", Art. 7 Abs. 2 EMRK, bzw. „nach den von der Völkergemeinschaft anerkannten allgemeinen Rechtsgrundsätzen", Art. 15 Abs. 2 IPbpR.
[236] Erläuterungen zur Charta der Grundrechte, ABl. 2007 C 303, S. 17 (31); *Eser/Kubiciel*, in: Meyer/Hölscheidt, Art. 49 Rn. 20.
[237] *Frowein/Peukert*, Art. 7 Rn. 11.

5746 Auch in jüngerer Zeit rückte die Problematik wieder in den Fokus der Rechtsprechung. Für Deutschland stellte sich die Problematik im Rahmen der Strafverfahren gegen die so genannten **Mauerschützen**, die unter Bezug auf positivierte Rechtfertigungsgründe des DDR-Rechts auf Flüchtlinge schossen. Dabei wurden sowohl die Taten der ausführenden Mauerschützen als auch der Befehlsgebenden im Hintergrund juristisch aufgearbeitet. In der dazu angestrengten Verfassungsbeschwerde führte das BVerfG aus: „Das strikte Rückwirkungsverbot des Art. 103 Abs. 2 GG findet seine rechtsstaatliche Rechtfertigung in der besonderen Vertrauensgrundlage, welche die Strafgesetze tragen, wenn sie von einem an die Grundrechte gebundenen demokratischen Gesetzgeber erlassen werden. An einer solchen **besonderen Vertrauensgrundlage fehlt** es, wenn der Träger der Staatsmacht für den Bereich schwersten kriminellen Unrechts die Strafbarkeit durch Rechtfertigungsgründe ausschließt, indem er über die geschriebenen Normen hinaus zu solchem Unrecht auffordert, es begünstigt und so die in der Völkerrechtsgemeinschaft allgemein anerkannten Menschenrechte in schwerwiegender Weise missachtet."[238]

5747 Der EGMR schloss sich im Wesentlichen dieser Sichtweise auf der Grundlage von Art. 7 EMRK an.[239] In dem Erschießen von ergriffenen oder verwundeten Fluchtwilligen liegt danach auch ein **Verstoß gegen die allgemeinen, von der Gesamtheit der Nationen anerkannten Grundsätze** i. S. d. Art. 49 Abs. 2 EGRC.

III. Bestimmtheitsgebot

5748 Das Bestimmtheitsgebot sieht das Erfordernis vor, die unter Strafe gestellte **Tat sowie** das **Ausmaß des Strafmaßes hinreichend konkret zu umschreiben**, sodass es der Einzelperson möglich ist, sich über die Folgen ihres Tuns einen vorsehbaren Eindruck zu verschaffen.[240] Überdies wird so die Einheitlichkeit der Rechtsanwendung gewährleistet.[241] Allerdings kann **innerhalb verschiedener Straftaten durchaus differenziert** werden, ohne dass ein Verstoß gegen den Grundsatz der Gleichheit und der Nichtdiskriminierung vorliegt. Dies hat der EuGH im Hinblick darauf entschieden, dass eine Übergabe an andere Staaten ohne Prüfung der beiderseitigen Strafbarkeit, ob also die Tat nicht nur nach dem Recht des Ausstellungsmitgliedstaates, sondern auch nach dem Recht des Vollstreckungsmitgliedstaates

---

[238] BVerfGE 95, 96 (96, 130 ff.).
[239] S. EGMR, Urt. vom 22.3.2001, Nr. 34044/96 u. a. (Rn. 87), NJW 2001, 3035 (3040) – Streletz, Keßler u. Krenz/Deutschland.
[240] EuGH, Rs. C-172/89, ECLI:EU:C:1990:457 (Rn. 9) – Vandemoortele NV.
[241] *Eser/Kubiciel*, in: Meyer/Hölscheidt, Art. 49 Rn. 22.

§ 3 Strafverfolgung

eine Straftat darstellt, nach dem Rahmenbeschluss über den Europäischen Haftbefehl[242] nur für 32 Straftaten vorgesehen war.[243]

1. Tatbestand

Bereits für die Legislative besteht die Maßgabe, die **Gesetze** so zu fassen, dass aus ihnen erkennbar ist, welches Verhalten unter Strafe gestellt wird. Für den Tatbestand bedeutet dies, dass die **Verhaltenserwartung klar formuliert** sein muss. Dass diese Voraussetzung jedoch nur mit geschriebenem Recht erfüllt werden kann, ist nicht zwingend. Im **common law findet** eine **Verlagerung auf die Judikative** statt. Dort gilt das Bestimmtheitsgebot bezüglich der strafrechtsbewährten Verhaltensweisen und ihrer Konsequenzen vornehmlich für das so genannte **case law**, d. h. Tatbestände und Rechtsfolgen müssen sich aufgrund der Rechtsprechung klar ermitteln lassen.[244]

5749

Problematisch sind vielmehr **Generalklauseln, unbestimmte Rechtsbegriffe**,[245] normative Tatbestandsmerkmale sowie **gesetzliche Vermutungen**.[246] Sie gehören jedoch zur gängigen und aus Verallgemeinerungsgründen auch **unabdingbaren Gesetzestechnik**. Es liegt daher **kein Verstoß** gegen das Bestimmtheitsgebot vor, **soweit** – ggf. unter Heranziehung des Regelungskontextes und der Rechtsprechung – ein **überwiegend einheitliches Normverständnis** mit der sprachlichen Fassung gegeben ist.[247] Dabei kann sogar die Einholung von Beratung durch kundige Stellen noch innerhalb der Grenzen des Zumutbaren liegen.[248] Die etwaigen Grauzonen („grey areas at the fringes of the definition")[249] bleiben dennoch ein nicht unproblematisches Spannungsfeld zwischen der Praktibilität und Anwendbarkeit von Normen und der Vorhersehbarkeit der Strafe.

5750

---

[242] Rahmenbeschl. 2002/584/JI des Rates vom 13.6.2002 über den Europäischen Haftbefehl und die Übergabeverfahren zwischen den Mitgliedstaaten, ABl. 2002 L 190, S. 1.
[243] EuGH, Rs. C-303/05, ECLI:EU:C:2007:261 (901, Rn. 57 f.) – Europäischer Haftbefehl. S. auch sogleich Rn. 5751.
[244] EGMR, Urt. vom 22.11.1995, Nr. 20166/92 (Rn. 41 ff.), ÖJZ 1996, 356 (357) – S.W./Vereinigtes Königreich; auch Urt. vom 22.11.1995, Nr. 20190/92 (Rn. 39 ff.), Ser. A 335-C – C.R./Vereinigtes Königreich; *Frowein/Peukert*, Art. 7 Rn. 4.
[245] S. dazu EGMR, Urt. vom 24.5.1988, Nr. 10737/84 (Rn. 29), NJW 1989, 379 (379) – Müller u. a./Schweiz; Urt. vom 25.5.1993, Nr. 14307/88 (Rn. 40, 52), ÖJZ 1994, 59 (61) – Kokkinakis/Griechenland.
[246] EKMR, Entsch. vom 9.4.1996, Nr. 25399/94 – H. M.A./Spanien.
[247] EGMR, Urt. vom 15.11.1996, Nr. 17862/91 (Rn. 32 ff.), EuGRZ 1999, 193 (197 f.) – Cantoni/Frankreich; auch Urt. vom 25.3.1985, Nr. 8734/79 (Rn. 47), NJW 1985, 2885 (2886) – Barthold/Deutschland; *Kadelbach*, in: Dörr/Grote/Marauhn, Kap. 15 Rn. 24.
[248] EGMR, Urt. vom 8.7.1999, Nr. 23536 u. 24408/94 (Rn. 37), NJW 2001, 1995 (1996) – Başkaya u. Okçuoğlu/Türkei.
[249] EGMR, Urt. vom 15.11.1996, Nr. 17862/91 (Rn. 32), EuGRZ 1999, 193 (197) – Cantoni/Frankreich.

2. Rechtsfolgen

5751 Auch die **Strafrahmenzumessung** unterliegt dem **Bestimmtheitsgebot**,[250] wobei die **Vorgaben weniger streng** sind als bei der Fassung des Tatbestandes. Regelmäßig entsteht hier auch ein geringeres Konfliktpotenzial. Auf nationaler Ebene stellte das BVerfG jedoch fest, § 43a StGB a. F., der dem Gericht bei bestimmten Straftatbeständen die Möglichkeit einräumte, neben einer mindestens zweijährigen Freiheitsstrafe auf Zahlung eines nur durch den Wert des Tätervermögens begrenzten Geldbetrags zu erkennen, entspreche nicht dem Bestimmtheitsgebot gem. Art. 103 Abs. 2 GG.[251] Durch den **Europäischen Haftbefehl** wird die Strafbarkeit in anderen Mitgliedstaaten erleichtert, weil diesen Straffällige leichter übergeben werden können. Für 32 aufgelistete Straftaten ist nicht mehr eine Prüfung der beiderseitigen Strafbarkeit im Ausstellungs- und im Vollstreckungsmitgliedstaat zwingend.[252] Da damit eine Sicherung gegen eine strafrechtliche Verurteilung in einem anderen Staat verloren geht, müssen auch die davon **betroffenen Straftaten hinreichend bestimmt** sein. Die Auflistung trifft keine abschließende Bestimmung, sondern Art. 2 Abs. 2 des Rahmenbeschlusses zum Europäischen Haftbefehl[253] verlangt, dass sie im Ausstellungsmitgliedstaat mit einer Freiheitsstrafe oder einer freiheitsentziehenden Maßregel der Sicherung im Höchstmaß von mindestens drei Jahren bedroht sind. Indes ergibt sich daraus eindeutig, welche Straftaten jeweils betroffen sind. Damit genügt die **Bestimmbarkeit nach dem Recht des Ausstellungsmitgliedstaates**, war doch auch keine Rechtsangleichung angestrebt.[254]

IV. Analogieverbot

5752 Unter Analogie versteht man die Übertragung einer (für einen oder mehrere untereinander ähnliche Tatbestände bestehenden) gesetzlichen Vorschrift auf einen gesetzlich nicht geregelten Einzelfall, die im Wege richterlicher Rechtsfortbildung zur Auffindung und Ausfüllung von (planwidrigen und nicht schon durch Auslegung schließbaren) Regelungslücken vorgenommen wird.[255] Das Analogieverbot richtet sich damit im Wesentlichen an die rechtsanwendende Person. Es **untersagt**, dass **strafbegründend oder -erweiternd ein Verhalten für strafbar erklärt** wird, das **nicht unter** einen **Tatbestand** subsumiert werden kann, sei er nun geschrieben oder

---

[250] EuGH, Rs. C-303/05, ECLI:EU:C:2007:261 (Rn. 50) – Europäischer Haftbefehl.
[251] BVerfGE 105, 135 (152).
[252] S. bereits vorstehend Rn. 5749 a. E.
[253] Rahmenbeschl. 2002/584/JI des Rates vom 13.6.2002 über den Europäischen Haftbefehl und die Übergabeverfahren zwischen den Mitgliedstaaten, ABl. 2002 L 190, S. 1.
[254] EuGH, Rs. C-303/05, ECLI:EU:C:2007:261 (Rn. 51 ff.) – Europäischer Haftbefehl; abl. *Schmahl*, DVBl 2007, 1463 (1468).
[255] *Hecker*, in: Schönke/Schröder, StGB, § 1 Rn. 25.

§ 3 Strafverfolgung

durch das Case Law zu ermitteln.²⁵⁶ **Auch** für **Rechtsfolgen** scheiden Analogiebildungen aus, d. h. das im Strafrahmen vorgesehene Höchstmaß darf nicht überschritten werden.

Dem **Verbot unterfällt** bereits die **extensive Auslegung von Strafnormen**. Mit der schon im Rahmen von Art. 7 EMRK vorgenommenen Wertung werden so weitere Graubereiche, hier in der Abgrenzung zwischen Auslegung und Analogie, verringert. 5753

Nicht vom Analogieverbot erfasst sind indes **Analogien zugunsten des Täters**. So ist es zulässig, Strafmilderungs- oder -aufhebungsgründe analog zu erweitern oder auch zu begründen, sodass es zu einer Einschränkung oder Milderung der Strafbarkeit bzw. Strafe kommt.²⁵⁷ 5754

V. Rückwirkungsverbot

1. Einordnung

Das Rückwirkungsverbot nach Art. 49 Abs. 1 S. 1 EGRC bezieht sich auf die notwendige Strafbarkeit einer Handlung oder Unterlassung zum Zeitpunkt der Begehung sowohl auf das innerstaatliche als auch auf das internationale Recht. In einem der beiden Rechtskreise muss die Strafbarkeit normiert gewesen sein. Dieses Rückwirkungsverbot ist Ausdruck der **Rechtssicherheit** und des **Vertrauensschutzes**. Mit ihm soll zunächst das Vertrauen der Einzelperson davor geschützt werden, strafrechtlich wegen einer Tat belangt zu werden, die zum Begehungszeitpunkt nicht oder nicht unter der speziellen Androhung strafbar war. 5755

Schon früh hat der EuGH die Geltung des Rückwirkungsgebots **anerkannt**.²⁵⁸ Jedoch blieb die dogmatische Einordnung insoweit problematisch, als diesem Verbot Eigenständigkeit teilweise nicht zuerkannt und stattdessen vielmehr auf die Konkretisierungsfunktion der ihm zugrunde liegenden Prinzipien abgestellt wurde.²⁵⁹ Allerdings wird regelmäßig auf das Bestehen eines solchen allgemeinen Rechtsgrundsatzes des Gemeinschaftsrechts verwiesen.²⁶⁰ 5756

---

²⁵⁶ *Eser/Kubiciel*, in: Meyer/Hölscheidt, Art. 49 Rn. 25.

²⁵⁷ *Eser/Kubiciel*, in: Meyer/Hölscheidt, Art. 49 Rn. 28.

²⁵⁸ EuGH, Rs. C-98/78, ECLI:EU:C:1979:14 (Rn. 20) – Racke.

²⁵⁹ S. EuGH, Rs. C-98/78, ECLI:EU:C:1979:14 (Rn. 20) – Racke; Rs. C-99/78, ECLI:EU:C:1979:15 (Rn. 8) – Decker.

²⁶⁰ Dazu EuGH, Rs. C-63/83, ECLI:EU:C:1984:255 (2718, Rn. 22) – Regina; EuG, Rs. T-15/99, ECLI:EU:T:2002:71 (Rn. 108) – Brugg Rohrsysteme GmbH/Kommission; EuGH, Rs. C-3/06 P, ECLI:EU:C:2007:88 (Rn. 87) – Groupe Danone. Ausführlich mit grundrechtlicher Herleitung o. Rn. 3443 ff.

2. Nulla poena sine lege

a) Anwendungsbereich und Inhalt

5757 Kern des Rückwirkungsverbots im Strafrecht ist der Grundsatz nulla poena sine lege – **keine Strafe ohne Gesetz**. Anknüpfungspunkt sind dabei zunächst Kriminalstrafen. Ein Verhalten darf nicht nachträglich als strafbar normiert werden, auch nicht in Erweiterung bereits bestehender Straftatbestände. Zudem muss die **Sanktionierung** derjenigen entsprechen, die zum Zeitpunkt der Zuwiderhandlung gesetzlich vorgesehen war.[261] Grundlage der Sanktionierung sind die **allgemeinen Strafbarkeitsvoraussetzungen**. Sie werden daher notwendig ebenfalls von der „nulla poena"-Vorgabe erfasst. Daher wäre auch beispielsweise eine **nachträgliche Beschränkung** von **Rechtfertigungsgründen unzulässig**.[262]

5758 Jedoch ist der „nulla poena"-Grundsatz nicht nur auf Kriminalstrafen im engeren Sinne zu beziehen. Der im Strafrecht gebotene Schutz gilt auch für Vorschriften, die nachteilig auf das Vermögen eines Rechtssubjekts einwirken.[263] Dies bedeutet, dass auch **Disziplinarstrafen** und **Geldbußen** im Ordnungswidrigkeitenrecht dieser Vorgabe unterfallen.[264]

5759 Vom Rückwirkungsverbot **nicht** erfasst ist das **Strafverfahrensrecht**, d. h. das Gerichtsverfassungs- und Strafprozessrecht.[265] Auch auf den **Strafvollzug** bezieht sich das Rückwirkungsverbot nicht, sodass grundsätzlich ebenso nach der Verurteilung eintretende Rechtsänderungen berücksichtigt werden können.[266]

5760 Überraschen mag indes, dass die Regelung der **Verjährung** ebenso dem **Verfahrensrecht** zugeordnet wird, sodass auch hier das Rückwirkungsverbot nicht als einschlägig erachtet wird.[267] Dies erklärt sich daraus, dass die Verjährung die Verfolgbarkeit einer Tat, nicht indes die eigentliche Strafbarkeit betrifft.

b) Adressat

5761 Der Grundsatz bindet zunächst den **Gesetzgeber**. Er darf nicht ein Verhalten nachträglich unter Strafe stellen. Mehr aber noch als das Gesetzmäßigkeits- und Bestimmtheitserfordernis richtet sich das Rückwirkungsgebot auch an die **rechtsanwendende Person**, vornehmlich die Richterin bzw. den Richter. Problematisch war in diesem Zusammenhang früher, ob Richterrecht ebenfalls den „nulla poena"-Grundsatz zu beachten hat.

---

[261] EuG, Rs. T-329/01, ECLI:EU:T:2006:268 (Rn. 38) – Archer Daniels Midland.

[262] *Eser/Kubiciel*, in: Meyer/Hölscheidt, Art. 49 Rn. 31.

[263] Anders aber noch *GA Ruiz-Jarabo*, EuGH, Rs. C-387/97, ECLI:EU:C:2000:356 (Rn. 84) – Kommission/Griechenland.

[264] *Eser/Kubiciel*, in: Meyer/Hölscheidt, Art. 49 Rn. 30.

[265] EKMR, Entsch. vom 14.4.1989, Nr. 14099/88 – Gillies/Vereinigtes Königreich; *Kadelbach*, in: Dörr/Grote/Marauhn, Kap. 15 Rn. 35.

[266] *Kadelbach*, in: Dörr/Grote/Marauhn, Kap. 15 Rn. 37.

[267] *Kadelbach*, in: Dörr/Grote/Marauhn, Kap. 15 Rn. 36.

§ 3 Strafverfolgung

Per definitionem beschäftigt sich die Rechtsprechung regelmäßig mit in der **5762** Vergangenheit liegenden Sachverhalten. Die Problematik ist vielmehr in der Frage verortet, inwieweit rückwirkend die Rechtsprechung verändert werden kann. In der Entscheidung *Dansk Rørindustri u. a.*[268] hat der EuGH diesbezüglich jedoch klar Stellung bezogen. Danach darf das Gebot selbstverständlich nicht soweit einschränken, dass eine „schrittweise Klärung der Vorschriften über die strafrechtliche Verantwortlichkeit" untersagt" ist. Maßstab für die richterliche Auslegung ist vielmehr das Kriterium der „Vorhersehbarkeit". Das heißt, für die Einzelperson muss das **Ergebnis der Auslegung**, wie es **zum Zeitpunkt der Begehung der Tat in** der Rechtsprechung zu der in Frage stehenden Norm vertreten wurde, **hinreichend vorhersehbar gewesen** sein.[269]

Oftmals ergibt sich das **Verhaltensgebot** – auch unter Einhaltung des Bestimmt- **5763** heitsgebots – erst **aus der Einheit zwischen der geschriebenen Norm und ihrer Anwendung** nach der richterlichen Auslegungspraxis. Demgemäß ist diese Judikatur des Gerichtshofs nicht nur unter dem Gesichtspunkt des Vertrauensschutzes zu begrüßen.[270]

c) Beschränkungen

Der „nulla poena"-Grundsatz gilt **absolut**. Nur auf diese Weise kann die Einzel- **5764** person ihr Verhalten so ausrichten, dass sie nicht mit den sensibel in ihre Rechte eingreifenden Instrumentarien des Strafrechts in Berührung kommt.

Eine Einschränkung muss indes gemacht werden. Ausnahmsweise kann nämlich **5765** sogar ein **Rückwirkungsgebot** bestehen. **Art. 49 Abs. 1 S. 3 EGRC** normiert dieses selbst.[271] **Mildere Strafen**, die erst **nach** der **Begehung einer Straftat** verhängt werden, sind rückwirkend anzuwenden. Hierin liegt auch kein systemimmanenter Verstoß gegen das Analogieverbot. Wollte man ein analoges Vorgehen annehmen, so läge hierin dennoch keine Verletzung des Analogieverbots; Analogien zugunsten der angeklagten Person sind zulässig.

3. Echte und unechte Rückwirkung

Art. 49 Abs. 1, 2 EGRC lässt sich dem Wortlaut und seiner systematischen Stellung **5766** nach ein **Rückwirkungsverbot nur für strafrechtliche Normen** entnehmen. Aus den **Grundsätzen des Vertrauensschutzes und der Rechtssicherheit** sowie den Grundrechten lässt sich jedoch eine **weitere Ausprägung des Rückwirkungsver-

---

[268] Dazu EuGH, Rs. C-189 u. a./02 P, ECLI:EU:C:2005:408 (Rn. 217 ff.) – Dansk Rørindustri u. a.
[269] EuGH, Rs. C-189 u. a./02 P, ECLI:EU:C:2005:408 (Rn. 218) – Dansk Rørindustri u. a.; Rs. C-3/06 P, ECLI:EU:C:2007:88 (Rn. 89) – Groupe Danone; EuG, Rs. T-324/17, ECLI:EU:T:2022:175 (Rn. 420) – SAS Cargo Group u. a./Kommission.
[270] Vgl. *Eser/Kubiciel*, in: Meyer/Hölscheidt, Art. 49 Rn. 32.
[271] Ausführlich dazu s. u. Rn. 5770 ff.

bots jenseits der strafrechtlichen Materie herleiten. Während die Rückwirkung für Strafgesetze unzulässig ist, gibt es hier Fälle, in denen eine Zulässigkeit grundsätzlich oder ausnahmsweise zu bejahen sein kann. Dabei wird die Zulässigkeit im Wesentlichen an der **Unterscheidung zwischen echter und unechter Rückwirkung** orientiert.[272] Das **BVerfG** hat in seinen Entscheidungen insbesondere zur Steuergesetzgebung an diese Differenzierung unterschiedliche Folgen geknüpft, wie der Vertrauensschutz zu berücksichtigen ist.[273] Von diesen Grundsätzen können auch auf der Ebene des Europarechts Anleihen genommen werden.[274] Letztlich **stimmt** die **Bewertung des EuGH** mit ihnen **überein**.[275]

4. Wettbewerbspolitik der Kommission

5767 Auch dieses allgemeine Rückwirkungsverbot erfasst nicht nur den Erlass von Rechtsakten im eigentlichen Sinne, sondern ebenso das Verwaltungshandeln. Häufig Gegenstand europäischer Entscheidungen wurde daher der Erlass von Leitlinien der Kommission im Rahmen der Wettbewerbspolitik. Aus sich heraus fehlt es den **Leitlinien** an Normcharakter, doch Rechtswirkungen ergeben sich durch Erlass und Veröffentlichung in Form einer **Selbstbindung der Kommission**.[276] Die europäischen Organe müssen damit hinsichtlich ihrer Geldbußenpraxis das **Rückwirkungsgebot** beachten, binden Erlass, Veröffentlichung und Anwendung von Verhaltensnormen doch das Ermessen, sodass von „Recht" i. S. d. das Rückwirkungsverbot statuierenden Normen zu sprechen ist. Daher ist es letztlich gleichgültig, ob man den Geldbußen strafähnlichen Charakter zumisst[277] und sie deshalb dem auf Strafen bezogenen Grundsatz „nulla poena sine lege" unterstellt[278] oder wegen ihrer verwaltungs- und wettbewerbsrechtlichen Ausrichtung[279] lediglich an den allgemei-

---

[272] In anderer Terminologie, aber weitergehender unter Zugrundelegung gleicher Fallgruppen spricht man auch von tatbestandlicher Rückanknüpfung und Rückwirkung von Rechtsfolgen.
[273] Ausführlich BVerfGE 72, 200 (244 ff.).
[274] Vgl. EuGH, Rs. C-487/01 u. 7/02, ECLI:EU:C:2004:263 (Rn. 58 ff.) – Gemeente Leusden u. Holin Groep BV.
[275] Ausführlich o. Rn. 3443 ff.
[276] EuG, Rs. T-329/01, ECLI:EU:T:2006:268 (Rn. 39 ff.) – Archer Daniels Midland; näher *Frenz*, Europarecht 2, Rn. 1190 f. sowie zum Ganzen *Brohm*, Die „Mitteilungen" der Kommission im europäischen Verwaltungs- und Wirtschaftsraum, 2012, S. 181 ff.
[277] Daher strafrechtliche Maßstäbe heranziehend EGMR, Urt. vom 27.9.2011, Nr. 43509/08 (Rn. 38 ff.) – Menorini/Italien; *GA Kokott*, EuGH, Rs. C-681/11, ECLI:EU:C:2013:126 (Rn. 41 ff.) – Schenker; *Frenz*, EWS 2013, 209 ff. u. 272 f.; krit. zu EuGH, Rs. C-681/11, ECLI:EU:C:2013:404 – Schenker.
[278] Dahin *Jarass/Kment*, § 42 Rn. 5 unter Bezug auf EuG, Rs. T-17/99, ECLI:EU:T:2002:73 (Rn. 110 f.) – Ke Kelit; Rs. T-23/99, ECLI:EU:T:2002:75 (Rn. 219 f.) – LR AF 1998.
[279] So im Ausgangspunkt nach Art. 23 Abs. 5 VO (EG) Nr. 1/2003; zur weiteren Entwicklung *Frenz*, Europarecht 2, Rn. 2887 ff.: nur noch formal Verwaltungssanktionen.

§ 3 Strafverfolgung   943

nen rechtsstaatlichen Grundsätzen misst.²⁸⁰ Da eine **tatbestandliche Rückanknüpfung** und damit eine echte Rückwirkung grundsätzlich – wenn auch nicht durchgehend – **ausgeschlossen** ist, sind die Ergebnisse regelmäßig identisch.

VI. Grundsatz des milderen Gesetzes (Art. 49 Abs. 1 S. 3 EGRC)

Art. 49 Abs. 1 S. 3 EGRC bestimmt, dass eine mildere Strafe zu verhängen ist, wenn diese nach der Begehung der Tat durch Gesetz eingeführt wurde. Einen Vorläufer findet diese Regelung in Art. 15 Abs. 1 S. 3 IPbpR.²⁸¹ Auch das deutsche Recht kennt eine ähnliche Vorschrift in **§ 2 Abs. 3 StGB**. Jedoch sieht diese Norm ihrem Wortlaut nach vor, das mildeste „Gesetz" anzuwenden, also nicht nur, die mildeste „Strafe" zu verhängen. Allerdings ist auch Art. 49 Abs. 1 S. 3 EGRC so zu verstehen, dass **jegliche Täterinnen oder Täter begünstigende Gesetzesänderung nach Begehung** der Tat und vor der letztinstanzlichen Entscheidung **zu berücksichtigen ist**.²⁸² Nur so wird der Grundsatz des milderen Gesetzes umfassend verwirklicht.   5768

Die Bewertung, inwieweit ein Gesetz **milder** ist, erfolgt durch eine **konkrete Einzelfallbetrachtung anhand des gesamten Rechtszustands**.²⁸³ Dabei werden nicht nur die einschlägigen Normen alter und neuer Fassung im Ganzen verglichen. Vielmehr sind die für den speziellen Fall die Strafandrohung betreffenden Voraussetzungen umfassend zu berücksichtigen. Dabei können auch nur zwischenzeitlich in Geltung befindliche Gesetze Anwendung finden.²⁸⁴   5769

Auch wenn die **EMRK keine vergleichbare Regelung** enthält, war ein entsprechender Weg der mildesten Strafe bzw. des mildesten Gesetzes auch hier nie versperrt. Analogien zugunsten der Täterin bzw. des Täters sind vom Analogieverbot nicht erfasst.   5770

Auf **sekundärrechtlicher Ebene**, dann allerdings mit Hinblick auf verwaltungsrechtliche Sanktionen, ist der Gedanke bereits aufgegriffen und explizit normiert worden.²⁸⁵   5771

---

²⁸⁰ S. EuG, Rs. T-23/99, ECLI:EU:T:2002:75 (Rn. 220) – LR AF 1998, zwar unter Hinweis auf den Sanktionscharakter, aber in ausdrücklicher Analogie zum Urteil *Michelin* (EuGH, Rs. C-322/81, ECLI:EU:C:1983:313 (Rn. 7)), das die im Verwaltungsverfahren zu beachtenden Grundsätze für die Verhängung einer Geldbuße wegen eines Wettbewerbsverstoßes heranzieht.
²⁸¹ BGBl. II 1973 S. 1534.
²⁸² *Eser/Kubiciel*, in: Meyer/Hölscheidt, Art. 49 Rn. 36.
²⁸³ *Hecker*, in: Schönke/Schröder, StGB, § 2 Rn. 28.
²⁸⁴ Zum Ganzen im deutschen Recht *Hecker*, in: Schönke/Schröder, StGB, § 2 Rn. 14 ff.
²⁸⁵ Art. 2 Abs. 2 S. 2 VO (EG, Euratom) Nr. 2988/95 des Rates vom 18.12.1995 über den Schutz der finanziellen Interessen der Europäischen Gemeinschaften, ABl. 1995 L 312, S. 1, zuletzt geändert durch VO (EG) Nr. 1233/2007, ABl. 2007 L 279, S. 10. Vgl. dazu auch EuGH, Rs. C-295/02, ECLI:EU:C:2004:400 (Rn. 53 ff.) – Gerken.

E. Verhältnismäßigkeit (Art. 49 Abs. 3 EGRC)

I. Überblick

1. Quellen

5772 Gem. Art. 49 Abs. 3 EGRC darf das Strafmaß gegenüber der Straftat nicht unverhältnismäßig sein. Das Gebot der **Verhältnismäßigkeit des Strafmaßes** hat keinen geschriebenen Vorläufer. Jedoch ist es in der Judikatur der Gemeinschaftsgerichte, aber auch aller Mitgliedstaaten anerkannt.[286] Hergeleitet wird das Verhältnismäßigkeitsprinzip im Strafrecht regelmäßig aus dem **Rechtsstaatsprinzip** und dem **Grundrecht der persönlichen Freiheit**.[287]

5773 Art. 49 Abs. 3 EGRC normiert hierbei einen **Spezialfall** des allgemeinen Prinzips, das bei jeder Einschränkung von Grundrechten zu beachten und zu wahren ist.[288] Gerade bei der Sanktionierung von strafbarem Verhalten wird jedoch in besonders sensible Schutzbereiche eingegriffen, sodass die besondere Aufnahme in den Kanon der justiziellen Grundrechte passt. In deren Rahmen hat es freilich teilweise einen besonderen Gehalt.

2. Inhalt und Anwendungsbereich

5774 Die Ausgestaltung des Verhältnismäßigkeitsprinzips aus Art. 49 Abs. 3 EGRC ist ähnlich wie bei dem allgemein gültigen Rechtsgrundsatz. Die Maßnahme ist auf ihre **legitime Zwecksetzung** zu prüfen und muss darauf bezogen **erforderlich, geeignet** und **angemessen** sein.[289]

5775 Diese Vorgaben folgen aus Art. 49 Abs. 3 EGRC, wenn es um **repressive Strafen** geht. Liegt der Schwerpunkt dagegen in der **Prävention**, so insbesondere bei schuldunabhängigen Maßnahmen zur Sicherung und Besserung, ist die Norm **nicht** einschlägig.[290] **Strafähnliche Maßnahmen** dürften demgegenüber mit Hinblick auf ihre Auswirkungen bei entsprechender Eingriffsintensität **erfasst** sein. Jedoch wird die Problematik in Randbereichen dadurch entschärft, dass **stets** jedenfalls das **allgemeine Verhältnismäßigkeitsprinzip** Anwendung findet. Das gilt auch für **Kartellbußgelder**, die zwar wegen ihrer mittlerweile erreichten Höhe an strafrechtlichen Maßstäben gemessen werden.[291] Indes kann **Art. 49 Abs. 3 EGRC** wegen seiner **expliziten Beschränkung auf das Strafmaß bei einer Straftat** nicht

---

[286] *Eser/Kubiciel*, in: Meyer/Hölscheidt, Art. 49 Rn. 5, 38; vgl. zum allgemeinen Verhältnismäßigkeitsprinzip *Szczekalla*, in: Heselhaus/Nowak, § 10 Rn. 41 ff.
[287] BVerfGE 19, 342 (349 f.).
[288] *Jarass/Kment*, § 42 Rn. 15.
[289] Vgl. s. o. Rn. 703 ff.
[290] *Jarass/Kment*, § 42 Rn. 16.
[291] EGMR, Urt. vom 27.9.2011, Nr. 43509/08 (Rn. 38 ff.) – Menarini/Italien.

§ 3 Strafverfolgung

herangezogen werden. Schließlich handelt es sich im Ausgangspunkt immer noch um Verwaltungssanktionen. Daher kann nur der **allgemeine Verhältnismäßigkeitsgrundsatz** eingreifen, der aber insoweit dieselben Parameter hat, wenn auch wettbewerbsrechtlich ausgerichtet: Ansatzpunkte für Kartellbußgelder sind neben dem Umsatz die **Dauer** und die **Schwere der Zuwiderhandlung**, anzupassen nach den jeweiligen Umständen, zu denen erschwerende Regelbeispiele und umgekehrt mildernde unternehmerische Verhaltensweisen wie Fahrlässigkeit und geringe Beteiligung gehören.[292] Damit muss also auch das „Strafmaß" zur „Straftat" passen. Zwecke sind Abschreckung und Prävention.[293] Hierzu sind die **Kartellbußgelder so hoch** festzusetzen, **dass** diese Zwecke erreicht und **Wettbewerbsverstöße weniger** begangen **sowie** in ihren Auswirkungen möglichst **neutralisiert** werden.[294]

II. Ebene der Gesetzgebung

Das Verhältnismäßigkeitsprinzip erlegt dem Gesetzgeber auf, ein Verhalten hinsichtlich des „Ob" und „Wie" nur insoweit zu sanktionieren, als dies zum Schutz des betroffenen Rechtsguts erforderlich, geeignet und angemessen ist.[295] 5776

Vielfach wird auf das „**Gebot sinn- und maßvollen Strafens**" verwiesen.[296] Zentral ist dabei die Idee, dass die gesetzlich vorgesehene Sanktionierung auf der einen Seite mit den Verfassungsprinzipien in Einklang steht und auf der anderen Seite der zuständigen Instanz Strafrahmen an die Hand gibt, die dem individuellen Unrechts- und Schuldgehalt gerecht werden. 5777

In der deutschen Verfassungsrechtsprechung ist in diesem Zusammenhang an prominenter Stelle insbesondere die Entscheidung zur absoluten Strafandrohung zu nennen.[297] In ihr stellt das BVerfG die **Verfassungsmäßigkeit der lebenslangen Freiheitsstrafe** fest. Vor allem für die Mordmerkmale der Heimtücke und der Verdeckungsabsicht fehlt es an einem Verstoß gegen die Verfassung, wenn Auslegung und Anwendung restriktiv nach Maßgabe des Verhältnismäßigkeitsprinzips vorgenommen werden. 5778

III. Ebene der Gesetzesanwendung

Bei der Gesetzesanwendung, also im konkreten Einzelfall, ist zu prüfen, ob die Strafe der gesetzlichen Zielsetzung zufolge erforderlich, geeignet und im engeren 5779

---

[292] Leitlinien für das Verfahren zur Festsetzung von Geldbußen ABl. 2006 C 210, S. 2.
[293] Im Einzelnen *Frenz*, Europarecht 2, Rn. 2949 ff.
[294] *Frenz*, Europarecht 2, Rn. 2972 ff.
[295] *Eser/Kubiciel*, in: Meyer/Hölscheidt, Art. 49 Rn. 39.
[296] Vgl. *Eser/Kubiciel*, in: Meyer/Hölscheidt, Art. 49 Rn. 39.
[297] BVerfGE 45, 187.

Sinne verhältnismäßig ist. **Abzuwägen** sind die zu **schützenden Rechtsgüter mit** der **Intensität und Schwere der Beschränkung** der Rechte des **Betroffenen**.

F. Verbot der Doppelbestrafung – „ne bis in idem" (Art. 50 EGRC)

I. Überblick und Quellen

5780 Das Verbot der Doppelbestrafung, auch Prinzip „ne bis in idem" genannt, greift in das **Spannungsverhältnis zwischen materieller Gerechtigkeit und Rechtssicherheit** und zieht nach Erledigung des staatlichen Strafanspruchs die formale Entscheidung zugunsten der Rechtssicherheit vor.[298]

5781 Das Doppelbestrafungsverbot wurde mit der EGRC nicht völlig neu geschaffen. Unstreitig wird „ne bis in idem" als **allgemeine Regel des Völkerrechts** angesehen[299] und auch auf europäischer Ebene ist das Prinzip als **Grundsatz des Gemeinschaftsrechts** zu werten und bereits früh in Urteilen des EuGH explizit anerkannt worden.[300] Diese bezogen sich denn auch auf wettbewerbliche Bußgelder. Für sie ist daher dieser Grundsatz fest anerkannt.[301] Er gilt damit unabhängig von einer Erweiterung von Art. 50 EGRC über Straftaten hinaus auch für Sanktionen im Verwaltungsverfahren ohne strafrechtlichen Charakter.[302] Damit hängt das Eingreifen im Kartellrecht nicht davon ab, dass die dortigen Bußgelder aufgrund ihrer Höhe mittlerweile an strafrechtlichen Maßstäben gemessen werden.[303] **Art. 50 EGRC** ist zwar ausdrücklich **auf Straftaten** beschränkt und kann daher nicht direkt auf **Verwaltungssanktionen** erstreckt werden, welche **Kartellbußgelder** nach Art. 23 Abs. 5 VO 1/2003 immer noch bilden. Allerdings hat der EGMR zu Art. 6 und 7 EMRK einen weiten Strafrechtsbegriff unter Einschluss der Ordnungswidrigkeiten und Verwaltungssanktionen entwickelt[304] und auch das EuG hat Art. 6 EMRK in Kartellsachen herangezogen.[305]

5782 Vertraglich aufgenommen wurde der Grundsatz „ne bis in idem" in Art. 14 Abs. 7 IPbpR[306] und in Art. 4 des Protokolls Nr. 7 zur EMRK. Diese Rechtsquellen haben

---

[298] *Kadelbach*, in: Dörr/Grote/Marauhn, Kap. 29 Rn. 4.

[299] BVerfGE 75, 1 (23).

[300] S. EuGH, Rs. C-18 u. 35/65, ECLI:EU:C:1967:6 – Gutmann; Rs. C-14/68, ECLI:EU:C:1969:4 – Walt Wilhelm; Rs. C-289/04 P, ECLI:EU:C:2006:431 (Rn. 50) – Showa Denko KK; Rs. C-238/99 u. a. P, ECLI:EU:C:2002:582 (Rn. 59) – Limburgse Vinyl Maatschappij.

[301] *Frenz*, Europarecht 2, Rn. 2919 ff.

[302] Vgl. o. Rn. 5701 ff., 5733.

[303] EGMR, Urt. vom 27.9.2011, Nr. 43509/08 (Rn. 38 ff.) – Menarini/Italien; *Frenz*, EWS 2013, 209 ff. u. 272 ff.; anders EuGH, Rs. C-681/11, ECLI:EU:C:2013:404 – Schenker.

[304] *Nehl*, in: Heselhaus/Nowak, § 62 Rn. 6.

[305] EuG, Rs. T-138/07, ECLI:EU:T:2011:362 (Rn. 49 ff.) – Schindler.

[306] BGBl. II 1973 S. 1534.

jedoch gemein, nur ein innerstaatliches Doppelbestrafungsverbot zu enthalten; die Einmaligkeit der Bestrafung hat ihren Bezugspunkt nur in einer erfolgten Aburteilung derselben Tat im Inland.[307] Diese vom BVerfG explizit aufgestellte Aussage entspricht auch dem Verständnis, das Art. 103 Abs. 3 GG zugrunde gelegt wird: Das Doppelbestrafungsverbot ist hiernach ebenfalls nur auf eine innerstaatliche Aburteilung zu beziehen.[308]

Art. 50 EGRC erweitert demgegenüber seinen Anwendungsbereich grenzüberschreitend, sodass ein **transnationales Doppelbestrafungsverbot** vorliegt.[309] Mag dieses rechtsordnungsexterne Mehrfachbestrafungsverbot auch völkerrechtlich nicht abgesichert sein, so ist die staatenübergreifende Idee dennoch kein absolutes Novum. Schon **Art. 54 SDÜ**[310] geht von einem Doppelbestrafungsverbot mit transnationalem Bezug aus.[311]

5783

II. Gewährleistungsinhalt

1. Straftat

Das Doppelbestrafungsverbot knüpft an „dieselbe Straftat" an. Da es allerdings an einer Definition des Tatbegriffs in der Charta selbst fehlt, ist diese nicht unproblematisch.

5784

Im deutschen Strafrecht herrscht der **prozessuale Tatbegriff** vor, dem zufolge die Tat einen nach allgemeiner Lebensanschauung einheitlichen historischen Vorgang bildet.[312] Abgestellt wird damit nicht nur auf das verwirklichte Delikt, sondern das **gesamte Verhalten** der widergesetzlich handelnden Person. Nicht alle **Rechtsordnungen der Mitgliedstaaten** verfolgen diesen Ansatz, sondern werten in einem normativen Sinne bereits den **abgeurteilten Deliktstatbestand** als „Tat".[313]

5785

Kollisionsfälle treten dann auf, wenn verschiedene Ansätze von Mitgliedstaaten aufeinander treffen. Dem könnte man mit einem einheitlichen „europäischen Tat-

5786

---

[307] BVerfGE 75, 1 (18 ff.); *Jung*, in: FS für Schüler-Springorum, 1993, S. 493 (497 f.); *Hecker*, StV 2001, 306 ff.
[308] BVerfGE 12, 62 (66); 75, 1 (15).
[309] S. auch u. Rn. 5807 ff.
[310] Schengener Durchführungsübereinkommen – SDÜ – Übereinkommen zur Durchführung des Übereinkommens von Schengen vom 14.6.1985 zwischen den Regierungen der Staaten der Benelux-Wirtschaftsunion, der Bundesrepublik Deutschland und der Französischen Republik betreffend den schrittweisen Abbau der Kontrollen an den gemeinsamen Grenzen vom 19.6.1990, BGBl. II 1993 S. 1013; zum SDÜ sowie aus rechtsvergleichender und -politischer Perspektive *Jagla*, Auf dem Weg zu einem zwischenstaatlichen ne bis in idem im Rahmen der Europäischen Union, 2007.
[311] EuGH, Rs. C-187 u. 385/01, ECLI:EU:C:2003:87 – Gözütok u. Brügge. Dazu ausführlich *Hecker*, StV 2001, 306 ff.
[312] *Tiemann*, in: Karlsruher Kommentar, StPO, § 264 Rn. 5 ff.
[313] *Eser/Kubiciel*, in: Meyer/Hölscheidt, Art. 50 Rn. 10.

begriff" begegnen. Die Rechtsprechung von EGMR und EuGH ist z. T. jedoch uneinheitlich.

5787 Der EGMR hat lange keine klare Linie erkennen lassen.[314] Wurde die strafrechtliche Beurteilung zunächst außen vor gelassen,[315] so definierte der EGMR im Folgenden die „strafbare Handlung" durch Gegenüberstellung zur Idealkonkurrenz.[316] Seit der Entscheidung *Fischer*[317] schien sich jedoch die Tendenz ableiten zu lassen, einen von diesen konträren Punkten losgelösten Weg gehen zu wollen. Das Doppelbestrafungsverbot war demnach berührt, wenn die Straftatbestände im Wesentlichen identische Bestandteile haben („offences containing the same essential elements").[318]

5788 In der Sache *Zolotukhin/Russland* sah der **EGMR** im Interesse der Rechtssicherheit und der Effektivität des durch Art. 4 des Protokolls Nr. 7. zur EMRK gebotenen Grundrechtsschutzes die rechtliche Qualifizierung der Tat als ein zu restriktives Kriterium an und hob entsprechend der EuGH-Judikatur auf das Verbot einer strafrechtlichen Doppelverfolgung oder -aburteilung ab, und zwar mit Bezug auf „denselben oder **im Wesentlichen identischen Sachverhalt**" („identical facts or facts which are substantially the same"). Danach liegt eine Identität der materiellen Tat vor, wenn es sich um einen Komplex konkreter, in zeitlicher und räumlicher Hinsicht unlösbar miteinander verbundener und denselben Beklagten betreffender Umstände („facts which constitute a set of concrete factual circumstances involving the same defendant and inextricably linked together in time and space") handelt.[319]

5789 Nach der **Lit.** knüpft die EMRK an das **prozessuale Verständnis** an, sodass nicht nur der Urteilstenor, sondern der Zusammenhang der gesamten Entscheidung zu berücksichtigen ist, um festzustellen, welcher Lebenssachverhalt dem früheren Verfahren zugrunde gelegt wurde.[320]

5790 Unter Rückgriff auf die EGRC weist die Judikatur des EuGH, soweit ersichtlich, nur wenige Äußerungen auf. Im Urteil *Aalborg Portland* wurde auf die **Identität des Sachverhalts** abgestellt, aufgegliedert in die Aspekte des **Zuwiderhandelns** und des **Rechtsguts**.[321]

---

[314] Zu der Rechtsprechungsentwicklung insgesamt *Nehl*, in: Heselhaus/Nowak, § 62 Rn. 6.
[315] EGMR, Urt. vom 23.10.1995, Nr. 15963/90 (Rn. 55), ÖJZ 1995, 954 (955) – Gradinger/Österreich.
[316] EGMR, Urt. vom 30.7.1998, Nr. 25711/94 (Rn. 26), ÖJZ 1999, 77 (78) – Oliveira/Schweiz.
[317] EGMR, Urt. vom 29.5.2001, Nr. 37950/97 (Rn. 20 ff.), ÖJZ 2001, 657 (658) – Franz Fischer/Österreich; vgl. Urt. vom 6.6.2002, Nr. 38237/97 (Rn. 24 ff.) – Sailer/Österreich; Urt. vom 30.5.2002, Nr. 38275/97 (Rn. 24 ff.), ÖJZ 2003, 476 (476 f.) – W.F./Österreich.
[318] EGMR, Urt. vom 29.5.2001, Nr. 37950/97 (Rn. 31), ÖJZ 2001, 657 (659) – Franz Fischer/Österreich.
[319] EGMR, Urt. vom 10.2.2009, Nr. 14939/03 (Rn. 78 ff.) – Zolotukhin/Russland; *Nehl*, in: Heselhaus/Nowak, § 62 Rn. 6.
[320] *Frowein/Peukert*, Art. 6 Rn. 280 Art. 4 des 7. ZP, Rn. 2.
[321] EuGH, Rs. C-204 u. a./00 P, ECLI:EU:C:2004:6 (Rn. 338 ff.) – Aalborg Portland.

§ 3 Strafverfolgung

Der Gerichtshof hat, wie in der darauf verweisenden EGMR-Entscheidung deutlich wurde, in weiteren Urteilen zu Art. 54 SDÜ[322] entschieden, dass der Tatbegriff materiell, d. h. sachverhaltsbezogen und nicht nach einer rechtlichen Qualifizierung zu ermitteln sei.[323] Die **materiellen Taten** müssen danach einen **Komplex von Tatsachen** darstellen, die in zeitlicher und räumlicher Hinsicht sowie nach ihrem Zweck unlösbar miteinander verbunden sind. Ein bloßer einheitlicher Vorsatz genügt nicht, sondern es ist eine **untrennbare objektive Verbindung** erforderlich.[324] Die Einzelprüfung obliegt den nationalen Gerichten. Dabei hebt der EuGH jedoch hervor, dass diese Auslegung gerade auf dem gegenüber Art. 50 EGRC **divergierenden Wortlaut** basiert.[325] Während **Art. 54 SDÜ** von „derselben Tat" spricht, verwendet die EGRC in Art. 50 den Begriff „derselben Straftat". Der Formulierung des **Art. 50 EGRC** ist also gemäß der Rechtsprechung des EuGH und z. T. im Umkehrschluss zu den Aussagen bezüglich Art. 54 SDÜ zu entnehmen, dass die rechtliche Qualifizierung in die Feststellung über das Vorliegen derselben Tat, genauer, **derselben Straftat** mit einzubeziehen ist.

5791

Damit ist eine Vermeidung der angelegten Kollisionen dennoch nicht erreicht. Allerdings wird man mit den weiterführenden Überlegungen zu Art. 54 SDÜ auch hier zu letztlich sachgerechten Ergebnissen kommen. Der EuGH spricht von einem **gegenseitigen Vertrauen der Vertragsstaaten in** ihre jeweiligen **Strafjustizsysteme** und der Akzeptanz des in den anderen Vertragsstaaten geltenden Strafrechts, auch wenn die Durchführung seines eigenen nationalen Rechts zu einer anderen Lösung führen würde.[326]

5792

Die Lit. konkretisiert dies insoweit, als sie hierin eine **Definitionsmacht** über den Verfahrensgegenstand und den Umfang der Erledigungswirkung des **Erstverfolgerstaates** sieht.[327] Auch für Art. 50 EGRC dürfte keine andere Wertung geboten sein.

5793

2. Aburteilung

a) Strafrechtliche Aburteilung

Art. 50 EGRC setzt zunächst voraus, dass der Betroffene rechtskräftig verurteilt oder freigesprochen wurde. Das verlangt unter Rückbezug auf Art. 4 des Protokolls Nr. 7

5794

---

[322] BGBl. II 1993 S. 1013.

[323] EuGH, Rs. C-436/04, ECLI:EU:C:2006:165 (Rn. 27) – Van Esbroeck; ebenso Rs. C-467/04, ECLI:EU:C:2006:610 (Rn. 54) – Gasparini u. a.; Rs. C-150/05, ECLI:EU:C:2006:614 (Rn. 48) – Van Straaten; Rs. C-367/05, ECLI:EU:C:2007:444 (Rn. 26) – Kraaijenbrink.

[324] EuGH, Rs. C-367/05, ECLI:EU:C:2007:444 (Rn. 27 ff.) – Kraaijenbrink.

[325] EuGH, Rs. C-436/04, ECLI:EU:C:2006:165 (Rn. 28) – Van Esbroeck.

[326] EuGH, Rs. C-486/14, ECLI:EU:C:2016:483 (Rn. 33 ff.) – Kossowski; Rs. C-436/04, ECLI:EU:C:2006:165 (Rn. 39) – Van Esbroeck; Rs. C-187 u. 385/01, ECLI:EU:C:2003:87 (Rn. 33) – Gözütok u. Brügge.

[327] *Hecker*, StV 2001, 306 (309).

zur EMRK³²⁸ eine **abschließende Entscheidung in einem strafrechtlichen Verfahren**.³²⁹

5795 Im Rahmen der entsprechenden Gewährleistung im Protokoll Nr. 7 zur EMRK wird auch der **strafrechtlichen Sanktionierung** ein weites Begriffsverständnis zugrunde gelegt.³³⁰ Wenn auch die Erläuterungen des Konvents eher eine restriktivere Auslegung nahe legen,³³¹ so ist doch durch die EuGH-Entscheidungen zu den Verfahrensgarantien ein **extensives Verständnis** zu befürworten.³³²

5796 Neben einer Aburteilung in einem strafrechtlichen Verfahren kommen daher **auch** solche in **beamtenrechtlichen Disziplinarverfahren**,³³³ in **Ordnungswidrigkeiten-**³³⁴ **und in kartellrechtlichen Geldbußenverfahren**³³⁵ in Betracht. Gerade für das Ordnungswidrigkeitenrecht wird jedoch in besonderer Deutlichkeit hervorgehoben, dass eine Verurteilung nur relevant ist, wenn die verhängte Sanktion angesichts ihrer Schwere als strafrechtlich zu werten ist.³³⁶

b) Rechtskraft

5797 Wie einleitend dargestellt, geht Art. 50 EGRC von einer rechtskräftigen Aburteilung aus. Im Zusammenhang mit der Rechtskraft ergeben sich jedoch Probleme.

aa) Urteile

5798 Hinsichtlich von Urteilen lässt sich der Rechtsprechung des EuGH entnehmen, dass es eines **Sachurteils**, d. h. einer materiellen Entscheidung im eigentlichen Sinne bedarf, um den Grundsatz „ne bis in idem" anwendbar zu machen. Erfolgt die **Nichtigerklärung aus rein formellen Gründen**, so stellt sie **keinen Freispruch**

---

[328] Protokoll Nr. 7 zur Konvention zum Schutze der Menschenrechte und Grundfreiheiten vom 22.11.1984, von Deutschland zwar gezeichnet, aber bisher nicht ratifiziert: zum Verfahrensstand siehe BT-Drs. 20/427, 20. Wahlperiode, 13.1.2022, Unterrichtung durch die Bundesregierung Bericht der Bundesregierung zum Stand der Unterzeichnung und Ratifizierung europäischer Abkommen und Konventionen durch die Bundesrepublik Deutschland für den Zeitraum März 2019 bis Februar 2021, S. 6 (Abschnitt III), abrufbar unter https://dserver.bundestag.de/btd/20/004/2000427.pdf (letzter Abruf: 30.9.2023).

[329] EGMR, Urt. vom 29.5.2001, Nr. 37950/97 (Rn. 22), ÖJZ 2001, 657 (658) – Franz Fischer/Österreich; Urt. vom 23.10.1995, Nr. 15963/90 (Rn. 53), ÖJZ 1995, 954 (955) – Gradinger/Österreich.

[330] *Nehl*, in: Heselhaus/Nowak, § 62 Rn. 11.

[331] Erläuterungen des Präsidiums des Grundrechtekonvents vom 7.12.2000, CHARTE 4473/00 CONVENT 49, S. 45 („durch ein Strafgericht verhängte Strafen").

[332] *Nehl*, in: Heselhaus/Nowak, § 62 Rn. 11.

[333] EuG, Rs. T-333/99, ECLI:EU:T:2001:251 (Rn. 149 ff.) – X/EZB.

[334] EGMR, Urt. vom 21.2.1984, Nr. 8544/79 (Rn. 50 ff.), NJW, 1985, 1273 (1273 f.) – Öztürk/Deutschland.

[335] EuGH, Rs. C-238/99 u. a. P, ECLI:EU:C:2002:582 (Rn. 59 ff,) – Limburgse Vinyl Maatschappij.

[336] *Frowein/Peukert*, Art. 6 Rn. 280? Art. 4 des 7. ZP Rn. 2.

im strafrechtlichen Sinne dar.[337] Nur eine neue sachliche Würdigung und denklogisch eine vorhergehende materielle Auseinandersetzung lösen das Doppelbestrafungsverbot aus. Dagegen **reicht** ein bloßes **Prozessurteil nicht** aus.

bb) Einstellung

Problematisch sind überdies die Fälle der Einstellung des Verfahrens durch eine Strafverfolgungsbehörde. Zum Teil wird den **staatsanwaltlichen Einstellungsverfügungen** die abschließende Wirkung der Entscheidung abgesprochen und lediglich bei gerichtlichen Einstellungen eine Sperrwirkung anerkannt.[338] Im Zusammenhang mit dem Doppelbestrafungsverbot nach Art. 54 SDÜ[339] hat der EuGH jedoch mittlerweile festgestellt, dass ein **Strafklageverbrauch** auch dann anzunehmen ist, wenn die **Staatsanwaltschaft ohne gerichtliches Tätigwerden die Einstellung des Verfahrens verfügt**, nachdem der Beschuldigte festgelegte **Auflagen erfüllt** hat, deren Nichterfüllung Ahndung erfahren hätte.[340] Eine „rechtskräftige Aburteilung" kann daher auch in einer Einstellung durch Behörden der Strafrechtspflege erwirkt werden, so eine sachliche Prüfung stattfindet.

5799

cc) Sonderfälle mit Bezug zur deutschen Rechtsprechung

In Belgien besteht die Besonderheit, einem Steuerstrafverfahren zu entgehen, wenn man sich einem **finanzbehördlichen Vergleich**, einer so genannten **transactie**, unterwirft, die im Regelfall zur Nachzahlung des hinterzogenen Betrages sowie eines weiteren Aufschlags verpflichtet.[341] Diese im nationalen Recht zum Strafklageverbrauch führende „transactie" stellte nach Ansicht des LG Hamburg[342] in Deutschland ein Verfolgungshindernis dar, während das OLG Hamburg[343] zu einer gegenteiligen Ansicht gelangte. Die zu Art. 54 SDÜ von den Gerichten vorgenommenen Erwägungen lassen sich auch heute auf die Frage der Einschlägigkeit von Art. 50 EGRC übertragen.[344] Angesichts der **weiten Auslegung** schon des **Rechtskraftbegriffs** können **nach** einer „**transactie" keine weiteren Steuerstrafverfahren** hinsichtlich derselben Hinterziehung erfolgen. Dieses Ergebnis erscheint umso folgerichtiger, als es mit der zusätzlichen **Geldzahlung** im Rahmen des verwaltungsrechtlichen Vergleichs eine Entsprechung zu den Erwägungen der auflagenbewährten Einstellung mit Sachentscheidung findet.

5800

---

[337] EuGH, Rs. C-238/99 u. a. P, ECLI:EU:C:2002:582 (Rn. 61 f.) – Limburgse Vinyl Maatschappij.
[338] *Eser/Kubiciel*, in: Meyer/Hölscheidt, Art. 50 Rn. 8.
[339] BGBl. II 1993 S. 1013.
[340] EuGH, Rs. C-187 u. 385/01, ECLI:EU:C:2003:87 (Rn. 27 ff.) – Gözütok u. Brügge.
[341] Vgl. mit Erwägungen zu Art. 54 SDÜ (BGBl. II 1993 S. 1013) *Hecker*, StV 2001, 306 (308).
[342] LG Hamburg, wistra 1995, 358 (358); wistra 1996, 359 (361).
[343] OLG Hamburg, wistra 1996, 193 (194 f.).
[344] S. o. Rn. 5796.

5801 Eine weitere Fallkonstellation bilden die Diskrepanzen zwischen der österreichischen und deutschen Ahndung von **Trunkenheitsfahrten**. Während diese in **Österreich** von einer weisungsfreien Verwaltungsbehörde, der Bezirkshauptmannschaft, mit einem **Straferkenntnis als Verwaltungsübertretung** geahndet werden, stellen sie in Deutschland Straftaten nach § 316 StGB dar.[345] Aufgrund der abschließenden Verfahrenserledigung durch die Bezirkshauptmannschaft tritt auch hier ein **Strafklageverbrauch** ein.

dd) Zusammenfassung

5802 Insgesamt lässt sich also festhalten, dass das **entscheidende Kriterium** der Rechtskraft i. S. v. Art. 50 EGRC die vorangegangene **sachliche Würdigung** ist. Die Vorgabe ist daher nicht wie im deutschen Recht, sondern als **abschließende materielle Beurteilung** der zuständigen Instanz in der Strafrechtspflege zu verstehen.

3. Räumlicher Anwendungsbereich

a) In dem Gebiet der Union

5803 Art. 50 EGRC bezieht sich nicht nur auf die Aburteilung durch inländische Gerichte, sondern erweitert seinen Bezugspunkt grenzüberschreitend.[346] Damit will er nicht ausschließlich transnationale Fälle erfassen. Vielmehr ergibt sich aus der Auslegung und dem Zusammenhang mit Art. 52 Abs. 3 i. V. m. Art. 4 des Protokolls Nr. 7 zur EMRK,[347] dass **auch** die **nationalen Fälle** einer bereits erfolgten Aburteilung unter den Anwendungsbereich von Art. 50 EGRC fallen.

5804 Diese transnationale Erweiterung findet ihrerseits ihre Grenze in dem Gebiet der Union. **Nur innerhalb der Union** greift durch einen Freispruch oder eine Verurteilung das durch Art. 50 EGRC garantierte Verbot der Doppelbestrafung.[348] Dies stellte das EuG explizit in den verbundenen Rechtssachen *Tokai Carbon Co. Ltd. u. a.* fest, bei denen die Klägerinnen vortrugen, die Kommission habe gegen den Grundsatz „ne bis in idem" verstoßen, indem sie Kartellverfahren von amerikanischen und kanadischen Kartellbehörden unberücksichtigt gelassen habe. Nach der Wiedergabe des Fehlens einer völkerrechtlichen Grundlage für das transnationale Doppelbestrafungsverbot stellt das EuG fest, dass für die Anwendung eines solchen jenseits der Grenzen der Union, d. h. im Verhältnis zu Drittstaaten, Abkommen vorliegen müssen wie z. B. das Durchführungsübereinkommen für den Schengener

---

[345] Vgl. mit Erwägungen zu Art. 54 SDÜ (BGBl. II 1993 S. 1013) *Hecker*, StV 2001, 306 (308).
[346] S. o. Rn. 5785.
[347] Protokoll Nr. 7 zur Konvention zum Schutze der Menschenrechte und Grundfreiheiten vom 22.11.1984, von Deutschland gegenwärtig noch nicht ratifiziert.
[348] EuG, Rs. T-236 u. a./01, ECLI:EU:T:2004:118 (Rn. 137) – Tokai Carbon.

Raum (SDÜ).³⁴⁹ Art. 50 EGRC gibt jedenfalls die Garantie des „ne bis in idem" nicht für drittstaatliche Aburteilungen außerhalb des Gebiets der Union.

b) Erstreckung

Der transnationale Bezug führt zunächst zu einer horizontalen Erstreckung, d. h. er betrifft die **mitgliedstaatlichen Gerichtsbarkeiten untereinander**.³⁵⁰ Weiterhin findet eine vertikale Erstreckung statt, die das **Verhältnis der nationalen Gerichte zu den Unionsgerichten** erfasst. 5805

Das Doppelbestrafungsverbot in vertikaler Hinsicht wird insbesondere im **europäischen Kartellrecht** virulent. Bei Kartellverstößen, die mehrere Mitgliedstaaten betreffen, liegt es in der Struktur der nationalen Behördenzuständigkeiten, dass eine gewisse **Doppelschichtigkeit** der Kartellverfahren besteht, die sich letztlich nicht völlig vermeiden lässt.³⁵¹ Jedenfalls erfolgt eine **Anrechnung bereits verhängter Bußgelder**.³⁵² Art. 3 Abs. 3 VO (EG) Nr. 1/2003³⁵³ ermöglicht parallele Bußgeldverfahren und schließt sie nur aus, wenn sie nicht nur denselben Sachverhalt betreffen, sondern auch gleichen Zielen dienen.³⁵⁴ 5806

4. Beeinträchtigungen und Rechtfertigung

a) Absolutes Verfahrenshindernis

Das Doppelbestrafungsverbot stellt ein **absolutes Verfahrenshindernis** dar. Dabei setzt der Wortlaut des Art. 50 EGRC jedoch im Unterschied zu Art. 103 Abs. 3 GG nicht erst bei einer erneuten Bestrafung an. Vielmehr ist bereits eine erneute Strafverfolgung ausgeschlossen. 5807

Das Verbot ist i. S. d. **Erledigungsprinzips**, nicht lediglich des Anrechnungsprinzips zu verstehen. Folglich reicht es nicht aus, wenn eine Strafverfolgung und Aburteilung im Gebiet der Union bei der Sanktionierung i. S. v. § 51 Abs. 3 StGB angerechnet und damit im Strafrahmen berücksichtigt wird. Zwar wird man die Norm auch auf Verurteilungen in Drittstaaten weiterhin anwenden können, aber das Anrechnungsprinzip ist durch Art. 50 EGRC bei Aburteilungen im Gebiet der 5808

---

³⁴⁹ Es erfolgt noch nicht einmal eine Anrechnung der verhängten Bußgelder aus Billigkeitsgründen, *Frenz*, Europarecht 2, Rn. 2934 ff. m. w. N.
³⁵⁰ *Nehl*, in: Heselhaus/Nowak, § 62 Rn. 19.
³⁵¹ Zum Ganzen *Nehl*, in: Heselhaus/Nowak, § 62 Rn. 21 ff.
³⁵² EuG, Rs. T-236 u. a./01, ECLI:EU:T:2004:118 (Rn. 134 ff.) – Tokai Carbon.
³⁵³ Des Rates vom 16.12.2002 zur Durchführung der in den Art. 81 und 82 des Vertrags niedergelegten Wettbewerbsregeln, ABl. 2003 L 1, S. 1, zuletzt geändert durch VO (EG) Nr. 487/2009, ABl. 2009 L 148, S. 1.
³⁵⁴ *Frenz*, Europarecht 2, Rn. 2920 ff.

EU-Mitgliedstaaten ausgeschlossen.[355] Eine **erneute Strafverfolgung und Aburteilung** ist **nicht möglich**.

b) Beeinträchtigungen

5809 Für Art. 50 EGRC relevante Beeinträchtigungen liegen vor, wenn innerhalb der Union wegen ein und derselben strafbewehrten Handlung eine **mehrfache strafrechtliche Verfolgung und Aburteilung** stattfindet. Eine Rechtfertigung solcher Beeinträchtigungen kommt nur in restriktiv zu handhabenden Ausnahmefällen in Betracht.

5810 Für die erneute Aburteilung in demselben Mitgliedstaat kann die **Beschränkung** des **Art. 4 Abs. 2 des Protokolls Nr. 7 zur EMRK**[356] herangezogen werden.[357] Liegen **neue oder neu bekannt gewordenen Tatsachen** vor oder weist das **vorausgegangene Verfahren schwere**, den Ausgang des Verfahrens berührende **Mängel** auf, so ist die Wiederaufnahme des Verfahrens nach dem Gesetz und dem Strafverfahrensrecht des betreffenden Staates nicht ausgeschlossen.

5811 Demgegenüber soll bei **transnationalen Fällen** innerhalb des Unionsgebiets eine **Beschränkung** des Grundsatzes „ne bis in idem" dann **möglich** sein, wenn die Voraussetzungen des **Art. 52 Abs. 1 EGRC** erfüllt sind.[358] Wesentliche Vorgaben für die Beschränkung sind die **gesetzliche Verankerung** und die **Verhältnismäßigkeit**, insbesondere ihre Erforderlichkeit und die gemeinwohldienende Zielsetzung.

G. *Übersicht zu strafrechtlichen Garantien*

5812 1. **Unschuldsvermutung, Art. 48 Abs. 1 EGRC**

   a) auch bei Ordnungswidrigkeiten, z. T. Verwaltungssanktionen v.a. in Wettbewerbssachen (str.)
   b) keine oder beschränkte Auswirkungen auf Zivil- und Arbeitsrecht (Verdachtskündigung) schon für beschuldigte Person

2. **Verteidigungsrechte, Art. 48 Abs. 2 EGRC**

   a) Verletzung nur bei möglichem negativem Einfluss auf Entscheidung
   b) Rechtfertigung bei Verhältnismäßigkeit

---

[355] *Eser/Kubiciel*, in: Meyer/Hölscheidt, Art. 50 Rn. 11.
[356] Protokoll Nr. 7 zur Konvention zum Schutze der Menschenrechte und Grundfreiheiten vom 22.11.1984, von Deutschland gegenwärtig noch nicht ratifiziert.
[357] Erläuterungen zur Charta der Grundrechte, ABl. 2007 C 303 S. 17 (31); *Jarass/Kment*, § 42 Rn. 29.
[358] Erläuterungen zur Charta der Grundrechte, ABl. 2007 C 303 S. 17 (31); *Jarass/Kment*, § 42 Rn. 31.

3. **Gesetzmäßigkeit, Art. 49 Abs. 1, 2 EGRC**
   a) Bestimmtheitsgebot
   b) Analogieverbot
   c) Rückwirkungsverbot, v. a. „nulla poena sine lege"
   d) Grundsatz des milderen Gesetzes
4. **Verhältnismäßigkeit, Art. 49 Abs. 3 EGRC**
5. **„ne bis in idem", Art. 50 EGRC**

Literatur

Dieses Verzeichnis umfasst die Teilbände 4/I und 4/II.

Ader, Thorsten/Schoenthal, Max: Der Zugang zu Informationen über staatliches Handeln, insbesondere aus Sicht der Medien, IRIS plus 2005-02, S. 2 ff.
Alber, Siegbert: Die Selbstbindung der europäischen Organe an die Charta der Grundrechte, EuGRZ 2001, S. 349 ff.
Alber, Siegbert/Widmaier, Ulrich: Die EU-Charta der Grundrechte und ihre Auswirkungen auf die Rechtsprechung. Zu den Beziehungen zwischen EuGH und EGMR, EuGRZ 2000, S. 497 ff.
Alexy, Robert: Theorie der Grundrechte, Baden-Baden 1985.
Allkemper, Ludwig: Der Rechtsschutz des einzelnen nach dem EG-Vertrag: Ein Beitrag zu einer allgemeinen Grundrechtsdogmatik, Baden-Baden 1995.
Alston, Philip (Hrsg.): The EU and Human Rights, Oxford/New York 1999.
Altermann, Kolja: Ermittlungspflichten der Staaten aus der Europäischen Menschenrechtskonvention, Baden-Baden 2006.
Altmeyer, Sabine: Vertrauensschutz im Recht der Europäischen Union und im deutschen Recht. Analyse und Vergleich anhand der Rechtsprechung des EuGH und der deutschen Fachgerichte, Baden-Baden 2003.
Appel, Ingo: Staatliche Zukunfts- und Entwicklungsvorsorge: Zum Wandel der Dogmatik des Öffentlichen Rechts am Beispiel des Konzepts der nachhaltigen Entwicklung im Umweltrecht, Tübingen 2005.
Arnauld, Andreas von: Theorie und Methode des Grundrechtsschutzes in Europa – am Beispiel des Grundsatzes der Verhältnismäßigkeit, EuR Beiheft 1, 2008, S. 41 ff.
Arnim, Dorothee von: Der Standort der EU-Grundrechtecharta in der Grundrechtsarchitektur Europas, Frankfurt a.M. u.a. 2006.
Ashiagbor, Diamond: Economic and Social Rights in the European Charter of Fundamental Rights, EHRLR 2004, S. 62 ff.
Aubel, Tobias: Das Menschenwürde-Argument im Polizei- und Ordnungsrecht, Die Verwaltung 2004, S. 229 ff.
Bader, Johann: Gleichbehandlung von Kopftuch und Nonnenhabit?, NVwZ 2006, S. 1333 ff.
Badura, Peter: Staatsrecht: Systematische Erläuterung des Grundgesetzes für die Bundesrepublik Deutschland, 7. Aufl., München 2018; zit.: Badura, Staatsrecht.
Baer, Susanne: Grundrechte ante portas, ZRP 2000, S. 361 ff.
Bahlmann, Kai: Der Grundrechtsschutz in der Europäischen Gemeinschaft – Wege der Verwirklichung, EuR 1982, S. 1 ff.

Balz, Manfred: Heterologe künstliche Samenübertragung beim Menschen: Das Grundrecht auf Leben und die Hirntodkonzeption, Tübingen 1980.
Barriga, Stefan: Die Entstehung der Charta der Grundrechte der Europäischen Union. Eine Analyse der Arbeiten im Konvent und kompetenzrechtlicher Fragen, Baden-Baden 2003.
Bartelt, Sandra/Zeitler, Helge E.: Zugang zu Dokumenten der EU, EuR 2003, S. 487 ff.
Barth, Eckhard: Bürgerbeauftragter und Petitionsrecht im Prozess der europäischen Verfassungsgebung, Tübingen 2004.
Bast, Jürgen: Grundbegriffe der Handlungsformen der EU. Entwickelt am Beschluss als praxisgenerierter Handlungsform des Unions- und Gemeinschaftsrechts, Berlin u.a. 2006.
Bauer, Hartmut: Die Verwirkung von Nachbarrechten im öffentlichen Baurecht, Die Verwaltung 1990, S. 211 ff.
Bauer, Hartmut/Kahl, Wolfgang: Europäische Unionsbürger als Träger von Deutschen-Grundrechten?, JZ 1995, S. 1077 ff.
Bauer, Jobst-Hubertus/Göpfert, Burkard/Krieger, Steffen: AGG – Allgemeines Gleichbehandlungsgesetz – Kommentar, München 2007; zit.: Bauer/Göpfert/Krieger, AGG.
Bauer, Jobst-Hubertus/Krieger, Steffen: Das Orakel von Luxemburg: Altersgrenzen für Arbeitsverhältnisse zulässig – oder doch nicht?, NJW 2007, S. 3672 ff.
Bauer, Ralf: Das Recht auf eine gute Verwaltung im Europäischen Gemeinschaftsrecht, Frankfurt a.M. 2002.
Baum, Marius: Der Schutz verfassungsmäßiger Rechte im englischen common law: Eine Untersuchung unter besonderer Berücksichtigung der jüngeren Entwicklung des Verwaltungsrechts und des Human Right Act 1998, Baden-Baden 2004.
Baur, Jürgen F./Pritzsche, Kai/Pooschke, Sebastian: „Ownership Unbundling" von Energienetzen und der europäische Schutz des Eigentums, DVBl 2008, S. 483 ff.
Bausback, Winfried: Religions- und Weltanschauungsfreiheit als Gemeinschaftsgrundrecht, EuR 2000, S. 261 ff.
Beaucamp, Guido: Das Konzept der zukunftsfähigen Entwicklung im Recht: Untersuchungen zur völkerrechtlichen, europarechtlichen, verfassungsrechtlichen und verwaltungsrechtlichen Relevanz eines neuen politischen Leitbildes, Tübingen 2002.
Becker, Ulrich: Unionsbürgerschaft und soziale Rechte: Zur Anwendung des Diskriminierungsverbots zugunsten von Unionsbürgern in der neueren Rechtsprechung des EuGH, ZESAR 2002, S. 8 ff.
Becker-Schwarze, Kathrin: Steuerungsmöglichkeiten des Kartellrechts bei umweltschützenden Unternehmenskooperationen: Das Beispiel der Verpackungsverordnung, Baden-Baden 1997.
Becker-Schwarze, Kathrin/Köck, Wolfgang/Kupka, Thomas/Schwanenflügel, Matthias von (Hrsg.): Wandel der Handlungsformen im öffentlichen Recht, Stuttgart u.a. 1991; zit.: Bearbeiter, in: Becker-Schwarze/Köck/Kupka/v. Schwanenflügel (Hrsg.), Wandel der Handlungsformen im öffentlichen Recht, 1991.
Behrens, Peter/Koch, Hans-Joachim (Hrsg.): Umweltschutz in der Europäischen Gemeinschaft: Spannungsfelder zwischen nationalem Recht und europäischem Gemeinschaftsrecht, Baden-Baden 1991; zit.: Bearbeiter, in: Behrens/Koch (Hrsg.), Umweltschutz in der Europäischen Gemeinschaft, 1991.
Berg, Werner: Gesundheitsschutz als Aufgabe der EU. Die Erklärung der Menschen- und Bürgerrechte von 1789-91 in den Debatten der Nationalversammlung, Baden-Baden 1997.
Berger, Kathrin: Das Werberecht der elektronischen Medien, IRIS plus 2005-06, S. 2 ff.
Berka, Walter: Kommunikationsfreiheit in Österreich, Informationsfreiheit, Freiheit der Meinungsäußerung und Zensurverbot im Überblick, EuGRZ 1982, S. 413 ff.
——— Die Kommunikationsfreiheit sowie Informationsfreiheit, Freiheit der Meinungsäußerung, Pressefreiheit und Zensurverbot, in: Machacek/Pahr/Stadler (Hrsg.), Grund- und Menschenrechte in Österreich, Bd. II, 1992, S. 393 ff.
Berninghausen, Birgit: Die Europäisierung des Vertrauensschutzes: Eine rechtsvergleichende Untersuchung am Beispiel der Rückforderung rechtswidriger Leistungen nach § 48 VwVfG, Frankfurt a.M. 1998.

Bernsdorff, Norbert: Die Charta der Grundrechte der Europäischen Union – Notwendigkeit, Prozess und Auswirkungen, NdsVBl. 2001, S. 177 ff.
——— Soziale Grundrechte in der Charta der Grundrechte der Europäischen Union. Diskussionsstand und Konzept, VSSR 2001, S. 1 ff.
Bernsdorff, Norbert/Borowsky, Martin: Die Charta der Grundrechte der Europäischen Union. Handreichungen und Sitzungsprotokolle, Baden-Baden 2002.
Berramdane, Abdelkhaleq: Les limites de la protection juridictionelle dans le cadre du titre VI du traité sur l'Union européenne, Revue du droit de l'Union européenne 2007, S. 433 ff.
Besselink, Leonard F.M.: Entrapped by the Maximum Standard: On Fundamental Rights, Pluralism and Subsidiarity in the European Union, CMLR 1998, S. 629 ff.
Bieback, Karl-Jürgen: Sozialstaatsprinzip und Grundrechte, EuGRZ 1985, S. 657 ff.
Bieber, Roland: Solidarität als Verfassungsprinzip der Europäischen Union, in: v. Bogdandy/Kadelbach (Hrsg.), Solidarität und Europäische Integration, 2002, S. 41 ff.
Bienert, Claus-Peter: Die Kontrolle mitgliedstaatlichen Handelns anhand der Gemeinschaftsgrundrechte, Göttingen 2001.
Birk, Axel: Das Prinzip des unverfälschten Wettbewerbs und seine Bedeutung im europäischen Gemeinschaftsrecht, Baden-Baden 2000.
——— Die Konkurrentenklage im EG-Wettbewerbsrecht, EWS 2003, S. 159 ff.
Birk, Rolf: Arbeitsrechtliche Neuerungen in der revidierten Europäischen Sozialcharta von 1996, in: FS für Söllner, München 2000, S. 137 ff.
——— Soziale Sicherheit und Europäische Sozialcharta, in: FS für Baron von Maydell, Neuwied 2002, S. 27 ff.
——— Arbeitskampf und Europarecht, in: Oetker/Preis/Rieble (Hrsg.), 50 Jahre Bundesarbeitsgericht, 2004, S. 1165 ff.
Blank, Michael (Hrsg.): Soziale Grundrechte in der Europäischen Grundrechtscharta, Frankfurt a.M. 2002; zit.: Bearbeiter, in: Blank (Hrsg.), Soziale Grundrechte in der Europäischen Grundrechtscharta, 2002.
Blankenagel, Alexander: Verfassungsmäßigkeit einer gesetzlichen Impfpflicht gegen Corona?, JZ 2022, S. 267 ff.
Bleckmann, Albert: Von der individuellen Religionsfreiheit des Art. 9 EMRK zum Selbstbestimmungsrecht der Kirchen: Ansätze zu einem „Europäischen Staatskirchenrecht", Köln u.a. 1995.
——— Europarecht. Das Recht der Europäischen Union und der Europäischen Gemeinschaften, 6. Aufl., Köln u.a. 1997; zit.: Bleckmann, Europarecht.
Blum, Nikolaus: Die Gedanken-, Gewissens- und Religionsfreiheit nach Art. 9 der Europäischen Menschenrechtskonvention, Berlin 1990.
Bock, Wolfgang: Das für alle geltende Gesetz und die kirchliche Selbstbestimmung, Tübingen 1996.
Bock, Yves: Ein Sieg für die Transparenz? Die neue Verordnung über den Zugang der Öffentlichkeit zu Dokumenten der EU, DÖV 2002, S. 556 ff.
Böhm, Monika/ van Leeuwen, Lara/Hall-Waldhauser, Alexandra: Impfpflicht im Gesundheitssektor, JA 2022, S. 479 ff.
Böckenförde, Ernst-Wolfgang: Staat, Gesellschaft, Freiheit: Studien zur Staatstheorie und zum Verfassungsrecht, Frankfurt a. M. 1976.
——— Grundrechte als Grundsatznormen zur gegenwärtigen Lage der Grundrechtsdogmatik, Der Staat 29 (1990), S. 1 ff.
——— Anmerkungen zum Begriff Verfassungswandel, in: FS für Lerche, München 1993, S. 1 ff.
Böckenförde-Wunderlich, Barbara: Präimplantationsdiagnostik als Rechtsproblem: Ärztliches Standesrecht, Embryonenschutzgesetz, Verfassung, Tübingen 2002.
Bode, Stephanie: Von der Freizügigkeit zur sozialen Gleichstellung aller Unionsbürger?, EuZW 2003, S. 552 ff.
——— Europarechtliche Gleichbehandlungsansprüche Studierender und ihre Auswirkungen in den Mitgliedstaaten, Baden-Baden 2005.

―――― Urteilsanmerkung zu EuGH, Rs. C-209/03, EuZW 2005, 276 ff. – Bidar, EuZW 2005, S. 279 ff.
Bogdandy, Armin von (Hrsg.): Grundrechtsgemeinschaft als Integrationsziel? Grundrechte und das Wesen der Europäischen Union, JZ 2001, S. 157 ff.
Bogdandy, Armin von/Bast Jürgen: Europäisches Verfassungsrecht, Berlin 2009; zit.: Bearbeiter, in: v. Bogdandy/Bast (Hrsg.), Europäisches Verfassungsrecht, 2009.
Bogdandy, Armin von/Kadelbach, Stefan (Hrsg.): Solidarität und Europäische Integration. Kolloquium zum 65. Geburtstag von Manfred Zuleeg, Baden-Baden 2002; zit.: Bearbeiter, in: v. Bogdandy/Kadelbach (Hrsg.), Solidarität und Europäische Integration, 2002.
Borchardt, Klaus-Dieter: Der Grundsatz des Vertrauensschutzes im europäischen Gemeinschaftsrecht, Kehl u.a. 1988.
―――― Vertrauensschutz im europäischen Gemeinschaftsrecht, EuGRZ 1988, S. 309 ff.
―――― Der sozialrechtliche Gehalt der Unionsbürgerschaft, NJW 2000, S. 2057 ff.
―――― Unionsbürgerschaft und soziale Ansprüche, in: v. Bogdandy/Kadelbach (Hrsg.), Solidarität und Europäische Integration, 2002, S. 9 ff.
Borowski, Martin: Grundrechte als Prinzipien, 3. Aufl., Baden-Baden 2018.
Borrmann, Alexandra: Der Schutz der Berufsfreiheit im deutschen Verfassungsrecht und im europäischen Gemeinschaftsrecht: Eine rechtsvergleichende Studie, Berlin 2002.
Braig, Katharina F.: Umweltschutz durch die Europäische Menschenrechtskonvention, Basel 2013.
Braig, Katharina F./Ehlers-Hofherr, Angela: Diese andere Potenzielle Katastrophe: Wie kann der EGMR dazu beitragen, die Klimakrise einzudämmen?, NuR 2020, S. 589 ff.
Brandt, Edmund: Altlastenrecht, Heidelberg 1993.
Brandt, Edmund/Lange, Holger: Kostentragung bei der Altlastensanierung, UPR 1987, S. 11 ff.
Breier, Siegfried: Die Bedeutung der umweltrechtlichen Querschnittsklausel des Art. 130r Abs. 2 S. 2 EWG-Vertrag für die Verwirklichung des europäischen Binnenmarktes, NuR 1992, S. 174 ff.
Breitenmoser, Stephan: Der Schutz der Privatsphäre gemäß Art. 8 EMRK: Das Recht auf Achtung des Privat- und Familienlebens, der Wohnung und des Briefverkehrs, Basel 1986.
Brenner, Michael: Staat und Religion, VVDStRL 59 (2000), S. 264 ff.
―――― Die Agenturen im Recht der Europäischen Union – Segen oder Fluch?, in: FS für Rengeling, Köln u.a. 2008, S. 193 ff.
Breuer, Marten: „Wasch mir den Pelz, aber mach mich nicht nass!" Das zweite Gutachten des EuGH zum EMRK-Beitritt der Europäischen Union, EuR 2015, S. 330 ff.
Breuer, Rüdiger: Rechtsprobleme der Altlasten, NVwZ 1987, S. 751 ff.
―――― Klimaschutz durch Gerichte?, NVwZ 2022, S. 1233 ff.
Brigola, Alexander: 70 Jahre EuGH: Eine Gratulationsreise des freien Warenverkehrs durch sieben Nationen und Dekaden, EuZW 2022, S. 1168 ff.
Britz, Gabriele: Kooperativer Grundrechtsschutz in der EU – Aktuelle Entwicklungen im Lichte neuerer Rechtsprechung des BVerfG, NJW 2021, S. 1489.
Brohm, Markus: Die „Mitteilungen" der Kommission im Europäischen Verwaltungs- und Wirtschaftsraum, Baden-Baden 2012.
Brohm, Winfried: Soziale Grundrechte und Staatszielbestimmungen in der Verfassung. Zu den gegenwärtig diskutierten Änderungen des Grundgesetzes, JZ 1994, S. 213 ff.
Bröhmer, Jürgen (Hrsg.): Der Grundrechtsschutz in Europa, Baden-Baden 2002; zit.: Bearbeiter, in: Bröhmer (Hrsg.), Der Grundrechtsschutz in Europa, 2002.
―――― Transparenz als Verfassungsprinzip, Tübingen 2004.
―――― Zulässige Untersagung eines Tötungsspiels – Omega Spielhallen- und Automatenaufstellungs GmbH/Oberbürgermeisterin der Bundesstadt Bonn, EuZW 2004, S. 755 ff.
―――― Die Bosphorus-Entscheidung des Europäischen Gerichtshofs für Menschenrechte. Der Schutz der Grund- und Menschenrechte in der EU und das Verhältnis zur EMRK, EuZW 2006, S. 71 ff.
Brugger, Winfried: Vom unbedingten Verbot der Folter zum bedingten Recht auf Folter?, JZ 2000, S. 165 ff.

Bruha, Thomas/Nowak, Carsten/Petzold, Hans A. (Hrsg.): Grundrechtsschutz für Unternehmen im europäischen Binnenmarkt, Baden-Baden 2004; zit.: Bearbeiter, in: Bruha/Nowak/Petzold (Hrsg.), Grundrechtsschutz für Unternehmen im europäischen Binnenmarkt, 2004.
Brunner, Georg: Die Problematik der sozialen Grundrechte, Tübingen 1971.
Bücker, Andreas: Die Rosella-Entscheidung des EuGH zu gewerkschaftlichen Maßnahmen gegen Standortverlagerungen: der Vorhang zu und viele Fragen offen, NZA 2008, S. 212 ff.
Bühler, Margit: Einschränkung von Grundrechten nach der Europäischen Grundrechtecharta, Berlin 2005.
Bullinger, Martin: Das Recht auf eine gute Verwaltung nach der Grundrechtecharta der EU, in: FS für Brohm, München 2002, S. 25 ff.
Bumke, Ulrike: Zur Problematik frauenspezifischer Fluchtgründe – dargestellt am Beispiel der Genitalverstümmelung, NVwZ 2002, S. 423 ff.
Bungenberg, Marc: Das Sportwettenmonopol zwischen deutschem und europäischem Wirtschaftsverfassungsrecht, DVBl 2007, S. 1405 ff.
—— Vergaberecht im Wettbewerb der Systeme: Eine rechtsebenenübergreifende Analyse des Vergaberechts, Tübingen 2007.
Burgi, Martin: Verwaltungsprozess und Europarecht: Eine systematische Darstellung, München 1996.
—— Verwalten durch öffentliche Unternehmen im europäischen Institutionenwettbewerb, VerwArch. 2002, S. 255 ff.
—— Die Rechtsstellung der Unternehmen in Emissionshandelssystemen, NJW 2003, S. 2486 ff.
—— Vom Grundrecht auf Sicherheit zum Grundrecht auf Opferschutz, in: FS für Isensee, Heidelberg 2007, S. 655 ff.
Burkholz, Bernhard: Teilnahme von Unionsbürgern an kommunalen Bürgerentscheiden?, DÖV 1995, S. 816 ff.
Busse, Christian: Eine kritische Würdigung der Präambel der Europäischen Grundrechtecharta, EuGRZ 2002, S. 559 ff.
Callewaert, Johan: Die EMRK und die EU-Grundrechtecharta. Bestandsaufnahme einer Harmonisierung auf halbem Weg, EuGRZ 2003, S. 198 ff.
Calliess, Christian: Ansatzpunkte für eine umweltverträgliche Verkehrspolitik im europäischen Binnenmarkt – unter besonderer Berücksichtigung des Art. 130r Abs. 2 S. 3 EVG, ZAU 1994, S. 322 ff.
—— Zwischen staatlicher Souveränität und europäischer Effektivität: Zum Beurteilungsspielraum der Vertragsstaaten im Rahmen des Art. 10 EMRK, EuGRZ 1996, S. 293 ff.
—— Die neue Querschnittsklausel des Art. 6 ex 3c EGV als Instrument zur Umsetzung des Grundsatzes der nachhaltigen Entwicklung, DVBl 1998, S. 559 ff.
—— Ansätze zur Subjektivierung von Gemeinwohlbelangen im Völkerrecht – das Beispiel des Umweltschutzes, ZUR 2000, S. 246 ff.
—— Die Charta der Grundrechte der Europäischen Union – Fragen der Konzeption, Kompetenz und Verbindlichkeit, EuZW 2001, S. 261 ff.
—— Rechtsstaat und Umweltstaat, Tübingen 2001.
—— Europa als Wertegemeinschaft – Integration und Identität durch europäisches Verfassungsrecht, JZ 2004, S. 1033 ff.
—— Das Demokratieprinzip im europäischen Staaten- und Verfassungsverbund: Eine Analyse mit Blick auf den Konventsentwurf für einen Europäischen Verfassungsvertrag, in: FS für Ress, Köln u.a. 2005, S. 399 ff.
—— Grundlagen, Grenzen und Perspektiven europäischen Richterrechts, NJW 2005, S. 929 ff.
—— Europäischer Grundrechtsschutz durch den EuGH – Rückblick und Ausblick, EuZW 2022, S. 1159 f.
Calliess, Christian/Ruffert, Matthias: EUV/AEUV. Das Verfassungsrecht der Europäischen Union mit Europäischer Grundrechtecharta, 6. Aufl., München 2022, zit.: Bearbeiter, in: Calliess/Ruffert.
Canaris, Claus-Wilhelm: Grundrechte und Privatrecht, AcP 184 (1984), S. 201 ff.

Caspar, Johannes: Die EU-Charta der Grundrechte und das Bildungsrecht, RdJB 2001, S. 165 ff.
Castenholz, Frank: Informationszugangsfreiheit im Gemeinschaftsrecht, Baden-Baden 2004.
Chryssogonos, Kostas: Der europäische Verfassungsvertrag: Renaissance der oktroyierten Verfassung?, in: FS für Schneider, Baden-Baden 2008, S. 449 ff.
Chwolik-Lanfermann, Ellen: Grundrechtsschutz in der Europäischen Union: Bestand, Tendenzen und Entwicklungen, Frankfurt a.M. u.a. 1994.
——— Braucht die Europäische Union einen Grundrechtskatalog?, ZRP 1995, S. 126 ff.
Cirkel, Johannes: Die Bindung der Mitgliedstaaten an die Gemeinschaftsgrundrechte, Baden-Baden 2000.
Classen, Claus D.: Die Ableitung von Schutzpflichten des Gesetzgebers aus Freiheitsrechten – ein Vergleich von deutschem und französischem Verfassungsrecht sowie der Europäischen Menschenrechtskonvention, JöR 36 (1987), S. 29 ff.
——— Anmerkung zum Beschluss des BVerfG vom 7.6.2000 zur Prüfung der Verfassungsmäßigkeit der Bananenmarktordnung, JZ 2000, S. 1155 ff.
Classen, Kai-Dieter: Gute Verwaltung im Recht der Europäischen Union. Eine Untersuchung zu Herkunft, Entstehung und Bedeutung des Art. 41 Abs. 1 und 2 der Europäischen Grundrechtecharta, Berlin 2008.
Commichau, Gerhard: Die Entwicklung der Menschen- und Bürgerrechte von 1776 bis zur Gegenwart, 6. Aufl., Göttingen 1998.
Cremer, Hans-Joachim: Der Schutz vor den Auslandsfolgen aufenthaltsbeendender Maßnahmen: Zugleich ein Beitrag zur Bestimmung der Reichweite grundrechtlicher Verantwortung für die Folgewirkungen deutscher Hoheitsakte, Baden-Baden 1994.
——— Zur Bindungswirkung von EGMR-Urteilen: Anmerkung zum Görgülü-Beschluss des BVerfG vom 14.10.2004 – EuGRZ 2004, 741, EuGRZ 2004, S. 683 ff.
Cremer, Wolfram: Der programmierte Verfassungskonflikt: Zur Bindung der Mitgliedstaaten an die Charta der Grundrechte der Europäischen Union nach dem Konventsentwurf für eine Europäische Verfassung, NVwZ 2003, S. 1452 ff.
——— Gemeinschaftsrecht und deutsches Verwaltungsprozessrecht – zum dezentralen Rechtsschutz gegenüber EG-Sekundärrecht, Die Verwaltung 2004, S. 165 ff.
——— Grundrechtsverpflichtete und Grundrechtsdimensionen nach der Charta der Grundrechte der Europäischen Union, EuGRZ 2011, S. 545 ff.
Crones, Christian: Selbstbindungen der Verwaltung im Europäischen Gemeinschaftsrecht: Eine Analyse der Rechtsprechung von EuGH und EuG zur ermessensbeschränkenden Wirkung von Gleichheitssatz und Vertrauensschutzprinzip auf Gemeinschaftsebene vor rechtsvergleichendem Hintergrund, Baden-Baden 1997.
Crones, Luisa: Grundrechtlicher Schutz von juristischen Personen im europäischen Gemeinschaftsrecht: eine rechtsvergleichende Untersuchung zum persönlichen Anwendungsbereich der Grundfreiheiten und der Gemeinschaftsgrundrechte, Baden-Baden 2002.
Daiber, Birgit: Neue Hürden für den EU-Beitritt zur EMRK?, EuR 2021, S. 596 ff.
Danwitz, Thomas von: Verwaltungsrechtliches System und europäische Integration, Tübingen 1996.
——— Eigentumsschutz in Europa und im Wirtschaftsvölkerrecht, in: v. Danwitz/Depenheuer/Engel, Bericht zur Lage des Eigentums, 2002, S. 215 ff.
——— Der Grundsatz der Verhältnismäßigkeit im Gemeinschaftsrecht, EWS 2003, S. 393 ff.
——— Richtungsentscheidungen des Verfassungsvertrags für die Europäische Union – Versuch einer ersten Bewertung, ZG 2005, S. 1 ff.
——— Aktuelle Fragen der Grundrechte, des Umwelt- und Rechtsschutzes in der Europäischen Union, DVBl 2008, S. 537 ff.
——— Grundrechtliche Freiheit und Zeitalter des Terrorismus – eine europäische Perspektive, in: FS für Rengeling, Köln u.a. 2008, S. 511 ff.
——— Perspektiven einer Veränderung für das Vorabentscheidungsverfahren, DVBl 2023, Editorial Heft 15.

Danwitz, Thomas von/Depenheuer, Otto/Engel, Christoph: Bericht zur Lage des Eigentums, Berlin u.a. 2002; zit.: Bearbeiter, in: v. Danwitz/Depenheuer/Engel, Bericht zur Lage des Eigentums.
Danwitz, Thomas von/Paraschas, Katherina: A Fresh Start for the Charter Fundamental Questions on the Application of the European Charter of Fundamental Rights, FordhamIntLJ 2017, S. 1397 ff.
Danwitz, Thomas von/Röder, Sonja: Vorüberlegungen zu einer Schutzbereichslehre der europäischen Charta-Grundrechte, in: Stern/Tettinger (Hrsg.), Die Europäische Grundrechte-Charta im wertenden Verfassungsvergleich, 2005, S. 31 ff.
Däubler, Wolfgang: Der Widerruf von Verwaltungsakten im Recht der europäischen Gemeinschaften, NJW 1965, S. 1646 ff.
——— Neue Grundsätze im Arbeitskampf? Zur Entscheidung des Ministerkomitees des Europarats, AuR 1998, S. 144 ff.
——— Die Koalitionsfreiheit im EG-Recht, in: FS für Hanau, Köln 1999, S. 489 ff.
——— EU-Grundrechte-Charta und kollektives Arbeitsrecht, AuR 2001, S. 380 ff.
Dauck, Kirsten/Nowak, Carsten: Das Recht auf unionsweite, bestmögliche medizinische Versorgung, EuR 2001, S. 741 ff.
De Ruyt, Jean: L'Acte unique européen, 2. Aufl., Brüssel 1989.
de Salvia, Michele/Villiger, Mark E. (Hrsg.): The Birth of the European Human Rights Law: Liber Amicorum Carl Aage Nørgaard, Baden-Baden 1998; zit.: Bearbeiter, in: de Salvia/Villiger (Hrsg.), The Birth of the European Human Rights Law, 1998.
de Wall, Heinrich: Neue Entwicklungen im Europäischen Staatskirchenrecht, ZevKR 2002, S. 205 ff.
Dederer, Hans-Georg: Menschenwürde des Embryo in vitro? Der Kristallisationspunkt der Bioethik-Debatte am Beispiel des therapeutischen Klonens, AöR 127 (2002), S. 1 ff.
Degen, Manfred: Die Unionsbürgerschaft nach dem Vertrag über die europäische Union unter besonderer Berücksichtigung des Wahlrechts, DÖV 1993, S. 749 ff.
Deinert, Olaf: Partizipation europäischer Sozialpartner an der Gemeinschaftsrechtsetzung, RdA 2004, S. 211 ff.
Demmke, Christoph/Haibach, Georg: Die Rolle der Komitologieausschüsse bei der Durchführung des Gemeinschaftsrechts und in der Rechtsprechung des EuGH, DÖV 1997, S. 710 ff.
Denninger, Erhard: Verfassungsrechtliche Fragen des Ausstiegs aus der Nutzung der Kernenergie zur Stromerzeugung, Baden-Baden 2000.
Depenheuer, Otto: Wie sicher ist verfassungsrechtlich die Rente? – Vom liberalen zum solidarischen Eigentumsbegriff, AöR 120 (1995), S. 417 ff.
Determann, Lothar: Kommunikationsfreiheit im Internet. Freiheitsrechte und gesetzliche Beschränkungen, Baden-Baden 1999.
Detterbeck, Steffen: Haftung der Europäischen Gemeinschaft und gemeinschaftsrechtlicher Staatshaftungsanspruch, AöR 125 (2000), S. 202 ff.
Deutscher Bundestag (Hrsg.): Die Charta der Grundrechte der Europäischen Union. Berichte und Dokumentationen mit einer Einleitung von Jürgen Meyer und Markus Engels, Opladen 2001; zit.: Bearbeiter, in: Deutscher Bundestag (Hrsg.), Die Charta der Grundrechte der Europäischen Union, 2001.
Di Fabio, Udo: Der Ausstieg aus der wirtschaftlichen Nutzung der Kernenergie. Europarechtliche und verfassungsrechtliche Vorgaben, Köln u.a. 1999.
——— Eine europäische Charta. Auf dem Weg zur Unionsverfassung, JZ 2000, S. 737 ff.
Dieball, Heike: Gleichstellung der Geschlechter im Erwerbsleben – neue Vorgaben des EG-Vertrages, EuR 2000, S. 274 ff.
Diercks, Kerstin: Soziale Grundrechte der neuen Landesverfassungen – Ein Fortschritt in der deutschen Verfassungsentwicklung?, LKV 1996, S. 231 ff.
Dietlein, Johannes: Die Lehre von den grundrechtlichen Schutzpflichten, Berlin 1992.
——— Das Untermaßverbot. Bestandsaufnahme und Entwicklungschancen einer neuen Rechtsfigur, ZG 1995, S. 131 ff.

Dijk, Pieter van/Hoof, Fried van/Rijn, Arjen van/Zwaak, Leo: Theory and Practice of the European Convention on Human Rights, 5. Aufl., Cambridge u.a. 2018

Dimmel, Nikolaus: Grundrechte und Grundsicherung, zur Bedeutung der sozialen Grundrechte in der Grundrechtecharta der Europäischen Union für die Entwicklung der sozialen Sicherheit in Österreich, in: Matscher (Hrsg.), Europäisches Grundrechtsverständnis, 2003, S. 219 ff.

Dopplinger, Lorenz: An den Grenzen der Grundrechte – Zur extraterritorialen Grundrechtsbindung des Staates nach der EMRK, EuGRZ 2021, S. 359 ff.

Dorf, Yvonne: Zur Interpretation der Grundrechtecharta, JZ 2005, S. 126 ff.

Dörfler, Reinhard: Die Vereinbarkeit sozialer Grundrechte mit dem Grundgesetz der Bundesrepublik Deutschland, Erlangen/Nürnberg 1978.

Dorfmann, Julia: Soziale Gewährleistungen in der Charta der Grundrechte der Europäischen Union, Magisterarbeit Universität des Saarlandes, 2002.

Dörr, Oliver: Der europäisierte Rechtsschutzauftrag deutscher Gerichte: Art. 19 Abs. 4 GG unter dem Einfluß des europäischen Unionsrechts, Tübingen 2003.

——— Ein Rechtslehrer in Berlin. Symposium für Albrecht Randelzhofer, Berlin/New York 2004; zit.: Bearbeiter, in: Dörr (Hrsg.), Ein Rechtslehrer in Berlin, 2004.

——— Die Unionsbürgerschaft zwischen Auffanggrundfreiheit und demokratischer Legitimation, in: FS für Rengeling, Köln u.a. 2008, S. 205 ff.

Dörr, Oliver/Grote, Rainer/Marauhn, Thilo (Hrsg.): EMRK/GG: Konkordanzkommentar zum europäischen und deutschen Grundrechtsschutz, 3. Aufl., Tübingen 2022; zit.: Bearbeiter, in: Dörr/Grote/Marauhn.

Dörr, Oliver/Lenz, Christofer: Europäischer Verwaltungsrechtsschutz, 2. Aufl., Baden-Baden 2019.

Dreier, Horst: Dimensionen der Grundrechte, Hannover 1993.

——— (Hrsg.): Grundgesetz-Kommentar, Bd. II, 3. Aufl., Tübingen 2018; zit.: Bearbeiter, in: Dreier, GG-Kommentar.

Dröge, Cordula: Positive Verpflichtungen der Staaten in der Europäischen Menschenrechtskonvention, Berlin u.a. 2003.

Dujmovits, Elisabeth: Die EU-Grundrechtecharta und das Medizinrecht, RdM 2001, S. 72 ff.

Dürig, Günter: Der Grundrechtssatz von der Menschenwürde. Entwurf eines praktikablen Wertsystems der Grundrechte aus GG Art. 1 Abs. 1 i. V. m. Art. 19 Abs. 2, AöR 81 (1956), S. 117 ff.

Dürig, Günter/Herzog, Roman/Scholz, Rupert: Grundgesetz. Kommentar, Stand: Mai 2023, München; zit.: Bearbeiter, in: Dürig/Herzog/Scholz, GG.

Dürig, Markus: Das neue Wahlrecht für Unionsbürger bei den Wahlen zum Europäischen Parlament, NVwZ 1994, S. 1180 ff.

Duschanek, Alfred/Griller, Stefan (Hrsg.): Grundrechte für Europa. Die Europäische Union nach Nizza, Wien u.a. 2002; zit.: Bearbeiter, in: Duschanek/Griller (Hrsg.), Grundrechte für Europa, 2002.

Düwell, Franz J.: Das IAO Übereinkommen Nr. 182 zur Beseitigung der schlimmsten Formen der Kinderarbeit, NZA 2000, S. 308 ff.

Ebsen, Ingwer: Das EG-Wettbewerbsrecht und die deutsche Sozialversicherung, in: v. Bogdandy/Kadelbach (Hrsg.), Solidarität und Europäische Integration, 2002, S. 21 ff.

Edenharter, Andrea: Grundrechtsschutz in föderalen Mehrebenensystemen, Tübingen 2018.

——— Rechtliche Implikationen eines Verbots der Vollverschleierung – EMRK, Deutschland, Schweiz, JZ 2018, S. 971 ff.

Egger, Johann: Die neue Aufenthaltsrichtlinie der EU, in: FS für Hablitzel, Berlin 2005, S. 95 ff.

Ehle, Dirk: Die Einbeziehung des Umweltschutzes in das europäische Kartellrecht: eine Untersuchung zu Art. 85 EGV unter besonderer Berücksichtigung kooperativer abfallrechtlicher Rücknahme- und Verwertungssysteme, Köln u.a. 1997.

Ehlers, Dirk: Die Europäische Menschenrechtskonvention, Jura 2000, S. 372 ff.

——— (Hrsg.): Europäische Grundrechte und Grundfreiheiten, 4. Aufl., Berlin 2015; zit.: Bearbeiter, in: Ehlers (Hrsg.), Europäische Grundrechte und Grundfreiheiten, 2015.

Ehrmann, Markus/Greinacher, Dominik: Aktuelle Probleme des Emissionshandels, RdE 2006, S. 97 ff.

Eichenhofer, Eberhard: Reform des Sozialstaats – von der Arbeitnehmerversicherung zur Einwohnersicherung?, RdA 2003, S. 264 ff.

Eickmeier, Sylvia: Eine europäische Charta der Grundrechte. Bericht über das gemeinsame Forum des Bundesministeriums der Justiz und der Vertretung der Europäischen Kommission in Deutschland, DVBl 1999, S. 1026 ff.

Eisner, Carolin: Die Schrankenregelung der Grundrechtecharta der Europäischen Union: Gefahr oder Fortschritt für den Grundrechtsschutz in Europa?, Baden-Baden 2005.

Elephteriades, Pavlos Z.: The Future of Environmental Rights in the European Union, in: Alston (Hrsg.), The EU and Human Rights, 1999, S. 529 ff.

Emmerich, Volker/Lange, Knut Werner: Kartellrecht, 15. Aufl., München 2021.

Emmerich-Fritsche, Angelika: Der Grundsatz der Verhältnismäßigkeit als Direktive und Schranke der EG-Rechtsetzung, Berlin 2000.

Enders, Christoph: Die Menschenwürde und ihr Schutz vor gentechnologischer Gefährdung, EuGRZ 1986, S. 241 ff.

——— Die Menschenwürde in der Verfassungsordnung: Zur Dogmatik von Art. 1 GG, Tübingen 1997.

Endres, Alfred/Rehbinder, Eckard/Schwarze, Jürgen (Hrsg.): Umweltzertifikate und Kompensationslösungen aus ökonomischer und juristischer Sicht, Bonn 1994; zit.: Bearbeiter, in: Endres/Rehbinder/Schwarze (Hrsg.), Umweltzertifikate und Kompensationslösungen aus ökonomischer und juristischer Sicht, 2004.

Engel, Christoph: Privater Rundfunk vor der Europäischen Menschenrechtskonvention, Baden-Baden 1993.

——— Einwirkungen des europäischen Menschenrechtsschutzes auf Meinungsäußerungsfreiheit und Pressefreiheit – insbesondere auf die Einführung von innerer Pressefreiheit, AfP 1994, S. 1 ff.

Engel, Daniel: Der Beitritt der Europäischen Union zur EMRK – Vom defizitären Kooperationsverhältnis zum umfassenden EMRK-Rechtsschutz durch den EGMR?, Tübingen 2015.

Engelken, Klaas: Einbeziehung der Unionsbürger in kommunale Abstimmungen (Bürgerentscheide, Bürgerbegehren)?, NVwZ 1995, S. 432 ff.

Engels, Markus: Die sozialen Rechte in der Europäischen Grundrechtecharta, in: Unteilbarkeit auf Europäisch, 2001, S. 7 ff.

——— Soziale Grundrechte in der Europäischen Grundrechtecharta, in: Frank/Jenichen/Rosemann (Hrsg.), Soziale Menschenrechte – die vergessenen Rechte?, 2001, S. 77 ff.

Engels, Stefan/Jürgens, Uwe: Auswirkungen der EGMR-Rechtsprechung zum Privatsphärenschutz, NJW 2007, S. 2517 ff.

Ennulat, Mark: Datenschutzrechtliche Verpflichtungen der Gemeinschaftsorgane und -einrichtungen, Frankfurt a.M. u.a. 2008.

Ennuschat, Jörg: Behördliche Nachschau in Geschäftsräumen und die Unverletzlichkeit der Wohnung gem. Art. 13 GG, AöR 127 (2002), S. 252 ff.

Epiney, Astrid: Umweltrechtliche Querschnittsklausel und freier Warenverkehr: Die Einbeziehung umweltpolitischer Belange über die Beschränkung der Grundfreiheit, NuR 1995, S. 497 ff.

——— Unmittelbare Anwendbarkeit und objektive Wirkung von Richtlinien – zur Entscheidung des EuGH vom 11.8.1995 – Rs. C-431/92, DVBl 1996, S. 409 ff.

——— Umweltrecht in der Europäischen Union, 4. Aufl., Baden-Baden u.a. 2019.

Epiney, Astrid/Freiermuth Abt, Marianne: Das Recht der Gleichstellung von Mann und Frau in der EU, Baden-Baden 2003.

Epping, Volker: Die Verfassung Europas?, JZ 2003, S. 821 ff.

Erbguth, Wilfried: Durch Akzeptanz vermittelte Gemeinwohlziele? – anhand BVerfG, Beschl. v. 23.3.2022 – a BvR 1187/17, DVBl 2023, S. 133 ff.

Erbguth, Wilfried/Stollmann, Frank: Die Bindung der Verwaltung an die FFH-Richtlinie, DVBl 1997, S. 453 ff.

Erichsen, Hans-Uwe: Grundrechtliche Schutzpflichten in der Rechtsprechung des Bundesverfassungsgerichts, Jura 1997, S. 85 ff.

Erichsen, Hans-Uwe/Buchwald, Andrea: Die Aufhebung von gemeinschaftsrechtserheblichen Einzelfallentscheidungen durch Organe der EG und deutsche Behörden, Jura 1995, S. 84 ff.

Erichsen, Hans-Uwe/Frenz, Walter: Examensklausur Öffentliches Recht: Bedarfszulassung von „Kassenärzten", Jura 1995, S. 542 ff.

Evans, Carolyn: Freedom of Religion under the European Convention on Human Rights, Oxford 2001.

Everling, Ulrich: Eigentumsordnung und Wirtschaftsordnung in der Europäischen Gemeinschaft, in: FS für Raiser, Tübingen 1974, S. 379 ff.

——— Umweltschutz durch Gemeinschaftsrecht in der Rechtsprechung des EuGH, in: Behrens/Koch (Hrsg.), Umweltschutz in der Europäischen Gemeinschaft, 1991, S. 29 ff.

——— Richterliche Rechtsfortbildung in der Europäischen Gemeinschaft, JZ 2000, S. 217 ff.

——— Durch die Grundrechtecharta zurück zu Solange I?, EuZW 2003, S. 225 ff.

——— Zur Europäischen Grundrechte-Charta und ihren sozialen Rechten, in: GS für Heinze, München 2005, S. 157 ff.

Fahrenhorst, Irene: Fortpflanzungstechnologien und Europäische Menschenrechtskonvention, EuGRZ 1988, S. 125 ff.

——— Familienrecht und Europäische Menschenrechtskonvention: Das Ehe- und Familienrecht der Bundesrepublik Deutschland und seine Vereinbarkeit mit der Europäischen Konvention zum Schutz der Menschenrechte und Grundfreiheiten – dargestellt anhand von ausgewählten Beispielen, Paderborn 1994.

Faßbender, Kurt: Der grundrechtliche Schutz der Werbefreiheit in Deutschland und in Europa, GRUR Int. 2006, S. 965 ff.

——— Der Klima-Beschluss des BVerfG – Inhalte, Folgen und offene Fragen, NJW 2021, S. 2085 ff.

Fastenrath, Ulrich: Inländerdiskriminierung. Zum Gleichbehandlungsgebot beim Zusammenwirken mehrerer (Teil)rechtsordnungen im vertikal gegliederten und international integrierten Staat, JZ 1987, S. 170 ff.

Fawcett, James E.S.: The Application of the European Convention on Human Rights, 2. Aufl., Oxford 1987.

Feddersen, Christoph: Anmerkung zu EuGH, Urt. vom 22.10.2002 – Rs. C-94/00 – (Mitwirkung nationaler Gerichte bei EG-kartellrechtlichen Durchsuchungen und Beschlagnahmen), EuZW 2003, S. 22 ff.

Feik, Rudolf: Zugang zu EU-Dokumenten. Demokratie durch Transparenz, Wien/Graz 2002.

Feise, Carolin: Medienfreiheit und Medienvielfalt gem. Art. 11 Abs. 2 der Europäischen Grundrechtecharta. Regelungsgehalt und Auswirkungen der Vorschrift auf den Rundfunk, Baden-Baden 2005.

Feldhaus, Gerhard/Schmitt, Otto A.: Kausalitätsprobleme im öffentlich-rechtlichen Umweltschutz – Luftreinhaltung, WiVerw 1984, S. 1 ff.

Fezer, Karl-Heinz/Grosshardt, Holger R.: Die Buchpreisbindung im Europäischen Binnenmarkt. Zur gemeinschaftsrechtlichen Legitimierung der Preisbindung für Verlagserzeugnisse, RIW 1991, S. 141 ff.

Fiedler, Wilfried: Staat und Religion, VVDStRL 59 (2000), S. 199 ff.

Fischbach, Marc: Le Conseil de l'Europe et la Charte des droits fondamentaux de l'Union européenne, RUDH 2000, S. 7 ff.

Fischer, Klemens H.: Der Vertrag von Lissabon. Text und Kommentar zum Europäischen Reformvertrag, Baden-Baden 2008.

Fischer, Robert: Das Demokratiedefizit bei der Rechtsetzung durch die Europäische Gemeinschaft, Münster 2001.

Fischer, Roswitha (Hrsg.): Herausforderungen der Sprachenvielfalt in der Europäischen Union, Baden-Baden 2007.

Fischinger, Philipp S.: Der Grundrechtsverzicht, JuS 2007, S. 808.

Fleischer, Holger/Schoppe, Bastian: Squeeze out und Eigentumsgarantie der Europäischen Menschenrechtskonvention, Der Konzern 2006, S. 329 ff.

Fluck, Jürgen: Die „Legalisierungswirkung" von Genehmigungen als ein Zentralproblem öffentlich-rechtlicher Haftung für Altlasten, VerwArch. 1988, S. 406 ff.
Fortunato, Sérgio Fernandes: Internationaler Schutz der Familie am Beispiel der Europäischen Sozialcharta, EuR 2008, S. 27 ff.
Frahm, Katharina/Gebauer, Jochen: Patent auf Leben? – Der Luxemburger Gerichtshof und die Biopatent-Richtlinie, EuR 2002, S. 78 ff.
Frank, Thomas/Jenichen, Anne/Rosemann, Nils (Hrsg.): Soziale Menschenrechte – die vergessenen Rechte? Zur Unteilbarkeit der Menschenrechte – ein interdisziplinärer Überblick, Berlin 2001; zit.: Bearbeiter, in: Frank/Jenichen/Rosemann (Hrsg.), Soziale Menschenrechte – die vergessenen Rechte?, 2001.
Frank, Will: Klimahaftung der Energiekonzerne, RdE 2021, S. 305 ff.
Franz, Hannah: Anmerkung zu einem Urteil des EuGH vom 22.11.2022 (C-69/21)- Abschiebung im Zusammenhang mit Schmerzpatienten und medizinischem Cannabis, NVwZ 2023, S. 405 ff.
Franzen, Martin/Roth, Christian: Die Rechtsprechung des Europäischen Gerichtshofs im Arbeitsrecht im Jahr 2017, EuZA 2018, S. 187 ff.
Frenz, Walter: Die Staatshaftung in den Beleihungstatbeständen, Berlin 1992.
——— Die Zugehörigkeit der demokratischen Teilhabe zur gesellschaftlichen Sphäre, Rechtstheorie 24 (1993), S. 513 ff.
——— Eine begrenzte Gesetzgebungskompetenz des Bundesverfassungsgerichts im Gefüge der Gewaltenteilung, ZG 1993, S. 248 ff.
——— Die Grundrechtsberechtigung juristischer Personen des öffentlichen Rechts bei grundrechtssichernder Tätigkeit, VerwArch. 1994, S. 22 ff.
——— Die Verfassungsmäßigkeit von Zahlungspflichten bis ans Lebensende, JR 1994, S. 92 ff.
——— Wahlrecht – Wahlpflicht?, ZRP 1994, S. 91 ff.
——— Die Verfassungsbeschwerde als Verfahren zur Durchsetzung gemeinschaftsrechtlich verliehener Rechte, DÖV 1995, S. 414 ff.
——— Grundgesetzliche Rechtsschutzgarantie gegen europäische Rechtsakte?, Der Staat 34 (1995), S. 586 ff.
——— Subjektiv-öffentliche Rechte aus Gemeinschaftsrecht vor deutschen Verwaltungsgerichten, DVBl 1995, S. 408 ff.
——— Das Verursacherprinzip im Öffentlichen Recht. Zur Verteilung von individueller und staatlicher Verantwortung, Berlin 1997.
——— Europäisches Umweltrecht, München 1997.
——— Nationalstaatlicher Umweltschutz und EG-Wettbewerbsfreiheit. Beschränkungen und ihre Rechtfertigung durch den Umweltschutz als eigenständigen Rechtfertigungsgrund im Lichte des Subsidiaritätsprinzips, Köln u.a. 1997.
——— Nachhaltige Entwicklung nach dem Grundgesetz, in: Hendler/Marburger/Reinhardt/ Schröder (Hrsg.), Jahrbuch des Umwelt- und Technikrechts 1999, S. 37 ff.
——— Sustainable Development durch Raumplanung, Berlin 2000.
——— Außenkompetenzen der Europäischen Gemeinschaften und der Mitgliedstaaten im Umweltbereich, Berlin 2001.
——— Bergrecht und Nachhaltige Entwicklung, Berlin 2001.
——— Selbstverpflichtungen der Wirtschaft, Tübingen 2001.
——— Europarechtliche Perspektiven kommunaler Dienste – Am Beispiel der Abfallwirtschaft, DÖV 2002, S. 1028 ff.
——— Grundfreiheiten und Grundrechte, EuR 2002, S. 603 ff.
——— Freiwillige Unternehmensleistungen und spätere Inpflichtnahme. Gemeinschaftsrechtliche Grenzen eines Emissionshandels und nationale Umsetzungsspielräume, VerwArch. 2003, S. 345 ff.
——— Freiheitsbeschränkungen durch Grundrechte. Europäische Grundrechte als Rechtfertigungsgründe im Rahmen der Grundfreiheiten, EWS 2005, S. 15 ff.
——— Menschenwürde und Dienstleistungsfreiheit, NVwZ 2005, S. 48 ff.

―――― Richtlinie bergbauliche Abfälle und EuGH-Rechtsprechung, in: Frenz/Schink (Hrsg.), Die Abfallwirtschaft im normgeberischen Dauergriff, 2005, S. 117 ff.
―――― Verpflichtungen Privater durch Richtlinien und Grundfreiheiten, EWS 2005, S. 104 ff.
―――― Die Verhältnismäßigkeit von Steuern, GewArch. 2006, S. 282 ff.
―――― Emissionshandel – Rückblick und Ausblick, ZUR 2006, S. 393 ff.
―――― Handwerkliche Qualifikation und EU-Recht: eine Untersuchung zu den Auswirkungen der Berufsanerkennungs- und der Dienstleistungsrichtlinie vor dem Hintergrund der Grundfreiheiten, Alfeld 2006.
―――― Bestandsschutz im Emissionshandel, RdE 2007, S. 65 ff.
―――― Die Studierendenfreizügigkeit in Europa, JA 2007, S. 4 ff.
―――― Grenzen der Quersubventionierung durch Gemeinschaftsrecht, EWS 2007, S. 211 ff.
―――― Grundfragen der Niederlassungs- und Dienstleistungsfreiheit im neuen Gewande, GewArch. 2007, S. 98 ff.
―――― Handbuch Europarecht Bd. 5: Wirkungen und Rechtsschutz, Berlin u.a. 2010; zit.: Frenz, Europarecht 5.
―――― Menschenwürde und Persönlichkeit versus Opferschutz und Fahndungserfolg, NVwZ 2007, S. 631 ff.
―――― Prägung des grundgesetzlichen Übermaßverbotes durch Europarecht? Nationale Relevanz der Inländerdiskriminierung?, JZ 2007, S. 343 ff.
―――― Unterschwellenvergaben, VergabeR 2007, S. 1 ff.
―――― Erweiterung der Berufsfreiheit – bei gleichzeitiger Aushölung? Am Beispiel der erhöhten Besteuerung von Biokraftstoffen, in: FS für Stober, Köln/München 2008, S. 243 ff.
―――― Emissionshandelsrecht, 3. Aufl., Berlin u. a. 2012.
―――― Handbuch Europarecht Bd. 1: Europäische Grundfreiheiten, 2. Aufl., Berlin u.a. 2012; zit.: Frenz, Europarecht 1.
―――― Konkretisierte Abwägung zwischen Pressefreiheit und Persönlichkeitsschutz, NJW 2012, S. 1039 ff.
―――― Die Verfassungskonformität der 3-Prozent-Klausel für Europawahlen, NvWZ 2013, S. 1059 ff.
―――― Kartellrechtlicher Verbotsirrtum, EWS 2013, S. 209 ff.
―――― Kartellrechtlicher Verbotsirrtum – definitiv ausgeschlossen?, EWS 2013, S. 272 ff.
―――― Handbuch Europarecht Bd. 2: Europäisches Kartellrecht, 2. Aufl. Berlin u.a. 2015; zit.: Frenz, Europarecht 2.
―――― Terrorismus und Menschenwürde, DÖV 2015, S. 36 ff.
―――― Faktische Durchsetzung der Tariftreue?, VergabeR 2017, S. 434 ff.
―――― EU-Finanzsolidarität!, EWS 2018, Erste Seite.
―――― Vergaberecht – EU und national, Berlin 2018.
―――― Anm. zu EuGH, Urt. v. 29.07.2019 – C-476/17 – Sampling, DVBl 2019, S. 1471 ff.
―――― Grundfragen des Beihilferechts nach dem EEG-Urteil des EuGH vom 28.3.19, EuR 2019, S. 400 ff.
―――― Anmerkung DVBl zu EuGH C-311/18: Schrems II, DVBl 2020, S. 1270 ff.
―――― Beihilfenverbot und Grundrechte: Klimaschutz und Corona, EWS 2020, S. 129 ff.
―――― Corona-Lockerungen zwischen Stringenz und Effizienz, GewArch 2020, S. 246 ff.
―――― Klimaeuroparecht zwischen Green Deal und Europa, EuR 2020, S. 605 ff.
―――― Klimaschutz und Menschenwürde, UPR 2020, S. 1.
―――― Anmerkung zu BVerfG, Beschl. V. 15.04.2021 – 2 BvR 547/21 – Kein weiterer Stopp für den EU-Coronafonds, DVBl 2021, S. 1085.
―――― Anmerkung: Enge Grenzen der Vorratsdatenspeicherung und Folgen für eine erweiterte Corona-Warnapp, DVBl 2021, S. 173 ff.
―――― Doch keine Braunkohleausstiegsentschädigung? – Die Eröffnung des förmlichen Beihilfeverfahrens gegen das KVBG, UPR 2021, S. 166 ff.
―――― Handbuch Europarecht Bd. 3: Beihilferecht, 2. Aufl., Berlin u.a. 2021; zit.: Frenz, Europarecht 3.

——— Klimagrundrecht – Klimaschutzpflichten als Grundrechtsvoraussetzungsschutz nach Klimabeschluss und Jahrhunderthochwasser, DÖV 2021, S. 715 ff.
——— Klimahaftung der Energiekonzerne?, RdE 2021, S. 67 ff.
——— Staatlicher Schutz vor Infektionsrisiko, DVBl 2021, S. 834 ff.
——— Anmerkung zu EuGH, Große Kammer, Urt. v. 15.07.2021 – C-804/18, C-341/19 – Kopftuchverbot als Diskriminierung?, DVBl 2022, S. 231 ff.
——— EU-Umweltgrundrecht im Zeichen von Klimaschutz und Energiekrise – Gaspipeline statt vermehrter Braunkohleverstromung?, EWS 2022, S. 247 ff.
——— (Hrsg.): Gesamtkommentar Klimaschutzrecht: EU-Klimagesetz, KSG Bund und NRW, BEHG, Steuerrecht, Querschnittsthemen, 2. Aufl., Berlin 2022.
——— Haftung für Hochwasser- und Klimaschäden, ZNER 2022, S. 115 ff.
——— Klimaschutz als Rohstoffsicherung nach dem Russland-Ukraine-Krieg, DVBl 2022, S. 561 ff.
——— Klimaschutz und EU-Grundrechte, EuR 2022, S. 3 ff.
——— Öffentliches Recht. Eine nach Anspruchszielen geordnete Darstellung zur Examensvorbereitung, 9. Aufl., München 2022.
——— EU-Grundrechtsgeltung für Oligarchen, EWS 2023, S. 187 ff.
——— EU-„Heizungsgesetz": eigentumsrechtliche und soziale Grenzen des Klimaschutzes, EuR 2023, S. 417 ff.
——— EU-Klimagrundpflichten, EWS 2023, S. 84 ff.
——— Grundzüge des Klimaschutzrechts, 3. Aufl., Berlin 2023.
——— Rohstoffbeihilfen, EWS 2023, S. 121 ff.
——— Reform des EU-Emissionshandels, NuR 2023, S. 175 ff.
——— Staatliche Rohstoffaktivitäten und Europarecht, EuR 2023, S. 238 ff.
——— Unternehmensabgabe für staatliche Rohstoffsicherung und Verfassungsrecht, BB 2023, S. 585 ff.
——— Unternehmerische Klimahaftung, IWRZ 2023, S. 17 ff.
——— Wettbewerb um Rohstoffe – privat und staatlich, WRP 2023, S. 273 ff.
Frenz, Walter/Kühl, Andrea: Die Freizügigkeitsrichtlinie und ihre defizitäre Umsetzung ins deutsche Recht, ZESAR 2007, S. 315 ff.
Frenz, Walter/Schink, Alexander (Hrsg.): Die Abfallwirtschaft im normgeberischen Dauergriff, Berlin 2005; zit.: Bearbeiter, in: Frenz/Schink (Hrsg.), Die Abfallwirtschaft im normgeberischen Dauergriff, 2005.
Frenz, Walter/Unnerstall, Herwig: Nachhaltige Entwicklung im Europarecht, Baden-Baden 1999.
Fries, Sybilla: Die Grundrechtsbindung der Mitgliedstaaten nach dem Gemeinschaftsrecht, München 2002.
Frister, Helmut: Schuldprinzip, Verbot der Verdachtsstrafe und Unschuldsvermutung als materielle Grundprinzipien des Strafrechts, Berlin 1988.
——— Zur Bedeutung der Unschuldsvermutung (Art 6 II MRK) und zum Problem „gerichtskundiger" Tatsachen – BGH – Urt. vom 30.10.1986 – 4 StR 499/86, Jura 1988, S. 356 ff.
Frowein, Jochen Abr.: Religionsfreiheit und internationaler Menschenrechtsschutz, in: Grote/Marauhn (Hrsg.), Religionsfreiheit zwischen individueller Selbstbestimmung, Minderheitenschutz und Staatskirchenrecht, 2001, S. 73 ff.
——— Abr./Peukert, Wolfgang: Europäische Menschenrechtskonvention: EMRK-Kommentar, 3. Aufl., Kehl u.a. 2009; zit.: Frowein/Peukert.
——— Abr./Zimmermann, Andreas: Der völkerrechtliche Rahmen für die Reform des deutschen Asylrechts. Gutachten im Auftrag des Bundesministeriums der Justiz erstattet vom Max-Planck-Institut für Ausländisches Öffentliches Recht und Völkerrecht, Heidelberg/Köln 1993, BAnz. Nr. 45 (1993) Beilage Nr. 42a.
Fuchs, Maximilian: Luxemburg locuta – causa finita – quaestio non soluta – Dienstleistungsfreiheit und Sozialversicherung in der Rechtsprechung des Europäischen Gerichtshofs, NZS 2002, S. 337 ff.
——— Koordinierung oder Harmonisierung des europäischen Sozialrechts, ZIAS 2003, S. 379 ff.

───── Das neue Recht der Auslandskrankenbehandlung, NSZ 2004, S. 225 ff.
───── (Hrsg.): Europäisches Sozialrecht, 4. Aufl., Baden-Baden 2005; zit.: Bearbeiter, in: Fuchs.
Fuhlrott, Michael: Anklageerhebung und Eröffnung des Hauptverfahrens rechtfertigen für sich allein keine Verdachtskündigung (Urteilsanmerkung zu BAG v. 27.06.2017, 9 AZR 576/15), GWR 2017, S. 383 ff.
Funk, Bernd-Christian: Die sozialen Grundrechte der Grundrechtscharta vor dem Hintergrund des EG-Rechtsbestandes und im Vergleich zur Europäischen Sozialcharta, in: Duschanek/Griller (Hrsg.), Grundrechte für Europa, 2002, S. 39 ff.
Funke-Kaiser, Michael: Europarecht im deutschen Verwaltungsprozess (20): Asyl- und Flüchtlingsrecht, Zweiter Teil, VBlBW. 2002, S. 457 ff.
Fuß, Ernst-Werner: Der Schutz des Vertrauens auf Rechtskontinuität im deutschen Verfassungsrecht und europäischen Gemeinschaftsrecht, in: FS für Kutscher, Baden-Baden 1981, S. 201 ff.
Galetta, Diana-Urania: Inhalt und Bedeutung des europäischen Rechts auf eine gute Verwaltung, EuR 2007, S. 57 ff.
───── Le champ d'application de l'article 41 de la Charte des droits fondamentaux de l'Union européenne sur le droit à une bonne administration, à propos des arrêts Cicala et M, RTDE 2013, S. 77 ff.
Gas, Tonio: Die Verfassungswidrigkeit des Europäischen Haftbefehlsgesetzes – gebotener Grundrechtsschutz oder euroskeptische Überfrachtung?, EuR 2006, S. 285 ff.
───── Mangold und die Folgen, EuZW 2007, S. 713 ff.
Gassner, Ulrich: Richtlinien mit Doppelwirkung, in: Liber amicorum Thomas Oppermann 2001, S. 503 ff.
Gärditz, Klaus F., in: GfU (Hrsg), Dokumentation zur 1. Digitalen Sondertagung der Gesellschaft für Umweltrecht e.V. 2022, S. 73 ff.
Gebauer, Katharina: Parallele Grund- und Menschenrechtsschutzsysteme in Europa? Ein Vergleich der Europäischen Menschenrechtskonvention und des Straßburger Gerichtshofs mit dem Grundrechtsschutz in der Europäischen Gemeinschaft und dem Luxemburger Gerichtshof, Berlin 2007.
Gebauer, Peer: Zur Grundlage des absoluten Folterverbots, NVwZ 2004, S. 1405 ff.
Geddert-Steinacher, Tatjana: Menschenwürde als Verfassungsbegriff, Berlin 1990.
Geerlings, Jörg: Der Europäische Verfassungsprozess nach den gescheiterten Referenden in Frankreich und den Niederlanden, DVBl 2006, S. 129 ff.
Geesmann, Rainer: Soziale Grundrechte im deutschen und französischen Verfassungsrecht und in der Charta der Grundrechte der Europäischen Union. Eine rechtsvergleichende Untersuchung zu den Wirkdimensionen sozialer Grundrechte, Frankfurt a.M. 2005.
Geiger, Willi: Menschenrecht und Menschenbild in der Verfassung der Bundesrepublik Deutschland, in: FS für Faller, München 1984, S. 3 ff.
Geiger, Rudolf/Khan, Daniel-Erasmus/Kotzur, Markus/Kirchmair, Lando (Hrsg.): EUV/AEUV, 7. Aufl., München 2023, zit.: Bearbeiter, in: Geiger/Khan/Kotzur/Kirchmair.
Gelinsky, Katja: Der Schutz des Eigentums gemäß Art. 1 des Ersten Zusatzprotokolls zur Europäischen Menschenrechtskonvention: Eine Analyse der Rechtsprechung der Straßburger Organe, Berlin 1996.
Gellermann, Martin: Auflösung von Normwidersprüchen zwischen europäischem und nationalem Recht. Zu den Folgen der Gemeinschaftswidrigkeit der Übergangsvorschrift des § 22 UVPG, DÖV 1996, S. 433 ff.
Geppert, Klaus: Grundlegendes und Aktuelles zur Unschuldsvermutung des Art. 6 Abs. 2 der Europäischen Menschenrechtskonvention, Jura 1993, S. 160 ff.
Gerards, Regine: Die Europäische Menschenrechtskonvention im Konstitutionalisierungsprozess einer gemeineuropäischen Grundrechtsordnung, Frankfurt a.M. 2007.
Gerkrath, Jörg: Die Bedingungen der Demokratie in der Europäischen Union. Ein französischer Standpunkt, EuGRZ 2006, S. 371 ff.

Germann, Michael: Die Urteile des Europäischen Gerichtshofs über Kopftuchverbote in privaten Arbeitsverhältnissen – Anmerkung zu den Urteilen des EuGH vom 14.3.2017 in den Rechtssachen C-157/15 und C-188/15, EuR 2018, S. 235 ff.

Gersdorf, Hubertus: Funktionen der Gemeinschaftsgrundrechte im Lichte des Solange II-Beschlusses des Bundesverfassungsgerichts, AöR 119 (1994), S. 400 ff.

Geurtz, Petra: Der Grundsatz des Vertrauensschutzes bei der Aufhebung von Verwaltungsakten im deutschen, französischen und europäischen Recht – Wechselwirkungen zwischen europäischem und nationalem Recht, Bonn 1997.

Giesberts, Ludger/Hilf, Juliane: Handel mit Emissionszertifikaten, Köln u.a. 2002.

Giesen, Richard/Kersten, Jens: Der Arbeitskampf in der digitalisierten Arbeitswelt, NZA 2018, S. 1 ff.

Gilsdorf, Peter: Vertrauensschutz, Bestandsschutz und Rückwirkungsbegrenzung im Gemeinschaftsrecht, RIW 1983, S. 22 ff.

Golsong, Heribert/Karl, Wolfram/Miehsler, Herbert/Petzold, Herbert/Riedel, Eibe/Rogge, Kersten (Hrsg.): Internationaler Kommentar zur Europäischen Menschenrechtskonvention, Stand: 12/2020.

Gounalakis, Georgios: Geldentschädigung bei vorverurteilenden Äußerungen durch Medien oder Justiz, NJW 2016, S. 737 ff.

Gornig, Gilbert/Trüe, Christiane: Die Rechtsprechung des EuGH und des EuG zum Europäischen Verwaltungsrecht – Teil 1-3, JZ 2000, S. 395 ff., 446 ff., 501 ff.

Görres-Gesellschaft/Verlag Herder (Hrsg.): Staatslexikon, 8. Aufl., Berlin 2018.

Götz, Volkmar: Grundpflichten als verfassungsrechtliche Dimension, VVDStRL 41 (1983), S. 7 ff.

——— Europäische Gesetzgebung durch Richtlinien – Zusammenwirken von Gemeinschaft und Staat, NJW 1992, S. 1849 ff.

Gourdet, Sascha: Europäischer Grundrechtsschutz. Die Anwendung der Unionsgrundrechte in den Mitgliedstaaten der Europäischen Union und ihr Verhältnis zu den nationalen Grundrechten, Baden-Baden 2021.

Grabenwarter, Christoph: Filmkunst im Spannungsfeld zwischen Freiheit der Meinungsäußerung und Religionsfreiheit. Anmerkung zum Urteil des Europäischen Gerichtshofs für Menschenrechte vom 20.9.1994 im Fall Otto-Preminger-Institut, ZaöRV 1995, S. 128 ff.

——— (Hrsg.): Kontinuität und Wandel der EMRK. Studien zur Europäischen Menschenrechtskonvention, Kehl u.a. 1998; zit.: Bearbeiter, in: Grabenwarter (Hrsg.), Kontinuität und Wandel der EMRK, 1998.

——— Die Charta der Grundrechte für die Europäische Union, DVBl 2001, S. 1 ff.

——— (Hrsg.): Europäischer Grundrechteschutz, Bd. 2 Enzyklopädie Europarecht, 2. Aufl., Baden-Baden 2022; zit.: Bearbeiter, in: Grabenwarter.

——— Europäisches und nationales Verfassungsrecht, VVDStRL 60 (2001), S. 290 ff.

——— Verfassung und Informationsgesellschaft, in: Österreichische Juristenkommission (Hrsg.), Grundrechte in der Informationsgesellschaft, 2001, S. 48 ff.

——— Die Menschenrechtskonvention und Grundrechte-Charta in der europäischen Verfassungsentwicklung, in: FS für Steinberger, Berlin u.a. 2002, S. 1129 ff.

——— TV-Werbung für Printmedien und Art. 10 EMRK, ÖZW 2002, S. 1 ff.

——— Die korporative Religionsfreiheit nach der Menschenrechtskonvention, in: FS für Rüfner, Berlin 2003, S. 147 ff.

——— Auf dem Weg in die Grundrechtsgemeinschaft?, EuGRZ 2004, S. 563 ff.

——— Medienfreiheit und Bildnisschutz nach der Menschenrechtskonvention, in: FS für Ress, Köln u.a. 2005, S. 979 ff.

Grabenwarter, Christoph/Pabel, Katharina: Europäische Menschenrechtskonvention, 7. Aufl., München 2021; zit.: Grabenwarter/Pabel.

Grabenwarter, Christoph/Struth, Katharina: Das französische Verbot der Vollverschleierung, EuGRZ 2015, S. 1 ff.

────── Grundrechtsschutz in der Rechtsprechung des EuGH und des EGMR, in: Stern/Tettinger (Hrsg.), Die Europäische Grundrechte-Charta im wertenden Verfassungsvergleich, 2005, S. 81 ff.

Grabitz, Eberhard: Abfall im Gemeinschaftsrecht, in: FS für Sendler, München 1991, S. 443 ff.

Grabitz, Eberhard/Hilf, Meinhard/Nettesheim, Martin (Hrsg.): Das Recht der Europäischen Union. Kommentar, Stand: Januar 2023, München; zit.: Bearbeiter, in: Grabitz/Hilf/Nettesheim.

Grabitz, Eberhard/Zacker, Christian: Die neuen Umweltkompetenzen der EWG, NVwZ 1989, S. 297 ff.

Gragl, Paul: Der rechtliche Status der EMRK innerhalb des Unionsrechts. Zu den Auswirkungen auf die Rechtsautonomie der Europäischen Union nach ihrem Beitritt zur EMRK, ZEuS 2011, S. 409 ff.

Greaves, Rosa: The Nature and Binding Effect of Decisions under Art. 189 EC, ELRev 21 (1996), S. 3 ff.

Griebel, Thomas: Die verfahrensrechtliche Absicherung von Informationsfreiheitsrechten in rechtsvergleichender Sicht. Eine Betrachtung der Rechtslage in Schweden, den USA, Deutschland und der Europäischen Union, Berlin 2007.

Griller, Stefan: Der Anwendungsbereich der Grundrechtecharta und das Verhältnis zu sonstigen Gemeinschaftsrechten, Rechten aus der EMRK und zu verfassungsgesetzlich gewährleisteten Rechten, in: Duschanek/Griller (Hrsg.), Grundrechte für Europa, 2002, S. 131 ff.

Grimm, Dieter: Soziale Grundrechte für Europa, in: Güntert/Kaufmann/Krolzik (Hrsg.), Freie Wohlfahrtspflege und europäische Integration, 2002, S. 13 ff.

Groeben, Hans v. der/Schwarze, Jürgen/Hatje, Armin: Europäisches Unionsrecht – Vertrag über die Europäische Union, Vertrag über die Arbeitsweise der Europäischen Union, Charta der Grundrechte der Europäischen Union, 7. Aufl., Baden-Baden 2015.

Groß, Helene: Das Gesetz über die allgemeine Freizügigkeit von Unionsbürgern, ZAR 2005, S. 81 ff.

────── Die Umsetzung der EU-Freizügigkeitsrichtlinie im deutschen Recht, ZAR 2006, S. 61 ff.

Groß, Thomas: Europäische Grundrechte als Vorgaben für das Einwanderungs- und Asylrecht, KJ 2001, S. 100 ff.

────── Die Ableitung von Klimaschutzmaßnahmen aus grundrechtlichen Schutzpflichten, NVwZ 2020, S. 337 ff.

Grote, Rainer/Marauhn, Thilo (Hrsg.): Religionsfreiheit zwischen individueller Selbstbestimmung, Minderheitenschutz und Staatskirchenrecht – Völker- und verfassungsrechtliche Perspektiven, Berlin u.a. 2001; zit.: Bearbeiter, in: Grote/Marauhn (Hrsg.), Religionsfreiheit zwischen individueller Selbstbestimmung, Minderheitenschutz und Staatskirchenrecht, 2001.

Grüneberg, Christian (Hrsg.): Bürgerliches Gesetzbuch – Kommentar, 81. Aufl., München 2022.

Grzeszick, Bernd: Die Kirchenerklärung zur Schlußakte des Vertrags von Amsterdam: Europäischer Text, völkerrechtliche Verbindlichkeit, staatskirchenrechtlicher Inhalt, ZevKR 48 (2003), S. 284 ff.

────── Das Grundrecht auf eine gute Verwaltung – Strukturen und Perspektiven des Charta-Grundrechts auf eine gute Verwaltung, EuR 2006, S. 161 ff.

Guckelberger, Annette: Das Petitionsrecht zum Europäischen Parlament sowie das Recht zur Anrufung des Europäischen Bürgerbeauftragten im Europa der Bürger, DÖV 2003, S. 829 ff.

Gundel, Jörg: Nationale Programmquoten im Rundfunk: Vereinbar mit den Grundfreiheiten und der Rundfunkfreiheit des Gemeinschaftsrechts?, ZUM 1998, S. 1002 ff.

────── Rechtsschutzlücken im Gemeinschaftsrecht? Der Fall des Sekundärrechts ohne nationale Vollzugsakte, VerwArch. 2001, S. 81 ff.

────── Das Verbot der ideellen Rundfunkwerbung auf dem Prüfstand der EMRK. Anmerkungen zu zwei neueren Entscheidungen des EGMR, ZUM 2005, S. 345 ff.

────── Die neue Gestalt der Nichtigkeitsklage nach dem Vertrag von Lissabon: Die Weichenstellungen der ersten Urteile zu Direktklagen Einzelner gegen normative EU-Rechtsakte, EWS 2012, S. 65 ff.

―――― Der Schutz der unternehmerischen Freiheit durch die EU-Grundrechtecharta, ZHR 2016, S. 323 ff.
Günter, Johannes: Berufsfreiheit und Eigentum in der Europäischen Union: Eine rechtsvergleichende Studie, Heidelberg 1998.
Güntert, Bernhard J./Kaufmann, Franz-Xaver/Krolzik, Udo (Hrsg.): Freie Wohlfahrtspflege und europäische Integration, Gütersloh 2002; zit.: Bearbeiter, in: Güntert/Kaufmann/ Krolzik (Hrsg.), Freie Wohlfahrtspflege und europäische Integration, 2002.
Gusy, Christoph: Der Schutz der Privatsphäre in Art. 8 EMRK, DVR 1984, S. 289 ff.
―――― Zur Bedeutung von Art. 3 EMRK im Ausländerrecht, ZAR 1993, S. 63 ff.
Güttler, Dagmar: Umweltschutz und freier Warenverkehr, BayVBl. 2002, S. 225 ff.
Haaf, Johannes/Müller, Luise/Neuhann, Esther/Wolf, Markus (Hrsg.): Die Grundlagen der Menschenrechte – Moralisch, politisch oder sozial?, Baden-Baden 2023.
Häberle, Peter: Menschenwürde und Verfassung am Beispiel von Art. 2 Abs. 1 Verf. Griechenland 1975, Rechtstheorie 11 (1980), S. 389 ff.
―――― Das Menschenbild im Verfassungsstaat, 4. Aufl., Berlin 2008.
Häfner, Gerald/Strawe, Christoph/Zuegg, Robert: In der Auseinandersetzung um eine Charta der Grundrechte der Europäischen Union, ZRP 2000, S. 365 ff.
Hailbronner, Kay: Diplomatischer Schutz bei mehrfacher Staatsangehörigkeit, in: Stein (Hrsg.), Der diplomatische Schutz im Völker- und Europarecht, 1996, S. 27 ff.
―――― Die sozialrechtliche Gleichbehandlung von Drittstaatsangehörigen – ein menschenrechtliches Postulat?, JZ 1997, S. 397 ff.
―――― Geschlechtsspezifische Fluchtgründe, die Genfer Flüchtlingskonvention und das deutsche Asylrecht, ZAR 1998, S. 152 ff.
―――― Art. 3 EMRK – ein neues europäisches Konzept der Schutzgewährung?, DÖV 1999, S. 617 ff.
―――― Immigration and Asylum Law and Policy of the European Union, Den Haag 2000.
―――― Die Unionsbürgerrichtlinie und der ordre public, ZAR 2004, S. 299 ff.
―――― Die Unionsbürgerschaft und das Ende rationaler Jurisprudenz durch den EuGH?, NJW 2004, S. 2185 ff.
―――― Neue Richtlinie zur Freizügigkeit der Unionsbürger, ZAR 2004, S. 259 ff.
―――― Unionsbürgerschaft und Zugang zu den Sozialsystemen?, JZ 2005, S. 1138 ff.
Hamers, Antonius: Der Petitionsausschuss des Europäischen Parlaments und der Europäische Bürgerbeauftragte, Pfaffenweiler 1999.
Hammer-Strnad, Eva: Das Bestimmtheitsgebot als allgemeiner Rechtsgrundsatz des Europäischen Gemeinschaftsrechts, Hamburg 1999.
Hanau, Peter/Steinmeyer, Heinz-Dietrich/Wank, Rolf: Handbuch des europäischen Arbeits- und Sozialrechts, München 2002; zit.: Bearbeiter, in: Hanau/Steinmeyer/Wank, Handbuch des europäischen Arbeits- und Sozialrechts, 2002.
Hannich, Rolf (Hrsg.): Karlsruher Kommentar zur Strafprozessordnung: StPO mit GVG EGGVG und EMRK, 9. Aufl., München 2023.
Haratsch, Andreas: Zur Dogmatik von Rücknahme und Widerruf von Rechtsakten der europäischen Gemeinschaft, EuR 1998, S. 387 ff.
―――― Verweisungstechnik und gemeinschaftsgerichtete EG-Richtlinien. Anmerkungen zum neuen Datenschutzartikel des EG-Vertrages, EuR 2000, S. 42 ff.
Haratsch, Andreas/Koenig, Christian/Pechstein, Matthias: Europarecht, 13. Aufl., Tübingen 2023.
Harings, Lothar/Classen, Kai-Dieter: Europäische Informationsverwaltung durch behördliche Risikoanalyse. Regelungs- und Rechtsschutzdefizite beim internationalen Informationsaustausch am Beispiel des AEO-Informationssystems – zugleich Erwägungen zu einem unternehmensbezogenen Datenschutz, EuZW 2008, S. 295 ff.
Haß, Solveig: Die Urteile des Europäischen Gerichtshofs für Menschenrechte. Charakter, Bindungswirkung und Durchsetzung, Frankfurt a.M. 2006.
Hasselbach, Kai: Europäisches Kommunalwahlrecht. Zur Umsetzung des EG-Richtlinie über das Kommunalwahlrecht der Unionsbürger in den EU-Mitgliedstaaten, ZG 1997, S. 49 ff.

Haßmann, Holger: Embryonenschutz im Spannungsfeld internationaler Menschenrechte, staatlicher Grundrechte und nationaler Regelungsmodelle zur Embryonenforschung, Berlin u.a. 2003.
Hausmann, Ute/Friedrich-Ebert-Stiftung (Hrsg.): Unteilbarkeit auf Europäisch – Signal weltweit? Soziale Menschenrechte in der Europäischen Grundrechtecharta, Bonn 2001; zit.: Bearbeiter, in: Unteilbarkeit auf Europäisch, 2001.
Hatje, Armin: Parteiverbote und Europarecht. Zu den rechtlichen Grenzen politischer Toleranz im europäischen Verfassungsverbund, DVBl 2005, S. 261 ff.
——— Rechtssicherheit im europäischen Verwaltungsbund, in: FS für Rengeling, Köln u.a. 2008, S. 249 ff.
Heck, Daniel: Rechtsschutz gegen durch EG-Richtlinien determiniertes Gesetzesrecht, NVwZ 2008, S. 523 ff.
Hecker, Bernd: Das Prinzip „Ne bis idem" im Schengener Rechtsraum, StV 2001, S. 306 ff.
Hecker, Wolfgang: „Ehe für alle" – Zur aktuellen Entscheidung des österreichischen Verfassungsgerichtshofs und der Rechtslage in Deutschland, NVwZ 2018, S. 621 ff.
Hector, Pascal: Die Charta der Grundrechte der Europäischen Union, in: Bröhmer (Hrsg.), Der Grundrechtsschutz in Europa, 2002, S. 180 ff.
——— Der europäische Verfassungsprozess – rechtliche Wege aus der Krise, ZEuS 2006, S. 465 ff.
Heer-Reißmann, Christine: Straßburg oder Luxemburg? – Der EGMR zum Grundrechtsschutz bei Verordnungen der EG in der Rechtssache Bosphorus, NJW 2006, S. 192 ff.
——— Die Letztentscheidungskompetenz des Europäischen Gerichtshofes für Menschenrechte in Europa. Eine Untersuchung zum Verhältnis von EGMR und EuGH in Menschenrechtsfragen unter Berücksichtigung des Verhältnisses des BVerfG zum EuGH, Frankfurt a.M. u.a. 2008.
Heidenhain, Martin: Der richtige Weg zur Rückforderung einer gemeinschaftswidrigen Beihilfe, EuZW 2005, S. 660 ff.
Heinig, Hans M.: Speerklausel im Direktwahlakt: Darf der Deutsche Bundestag zustimmen?, DVBl 2016, S. 1141 ff.
Heinig, Hans M./Walter, Christian (Hrsg.): Staatskirchenrecht oder Religionsverfassungsrecht? Ein begriffspolitischer Grundsatzstreit, Tübingen 2007; zit.: Bearbeiter, in: Heinig/Walter (Hrsg.), Staatskirchenrecht oder Religionsverfassungsrecht?, 2007.
Heintzen, Markus: Die „Herrschaft" über die Europäischen Gemeinschaftsverträge – Bundesverfassungsgericht und Europäischer Gerichtshof auf Konfliktkurs?, AöR 119 (1994), S. 564 ff.
——— Die Kirchen im Recht der Europäischen Union, in: FS für Listl, Berlin 1999, S. 29 ff.
——— Die Legitimation des Europäischen Parlaments, ZEuS 2000, S. 377 ff.
Hellermann, Johannes: Die sogenannte negative Seite der Freiheitsrechte, Berlin 1993.
Hendler, Reinhard/Marburger, Peter/Reinhardt, Michael/Schröder, Meinhard (Hrsg.): Jahrbuch des Umwelt- und Technikrechts 1999, Berlin 1999; zit.: Bearbeiter, in: Hendler/Marburger/Reinhardt/Schröder (Hrsg.), Jahrbuch des Umwelt- und Technikrechts 1999.
Henke, Jörg: EuGH und Umweltschutz: die Auswirkungen der Rechtsprechung des Gerichtshofs der Europäischen Gemeinschaften auf das Umweltschutzrecht in Europa, München 1992.
Herdegen, Matthias: Die Haftung der Europäischen Wirtschaftsgemeinschaft für fehlerhafte Rechtsetzungsakte, Berlin/München 1983.
——— Die Menschenwürde im Fluß des bioethischen Diskurses, JZ 2001, S. 773 ff.
——— Völkerrecht, 22. Aufl., München 2023.
Heringa, Aalt-Willem/Verhey, Luc: WEU-Charter: Text and Structure, MJ 2001, S. 11 ff.
Hermes, Georg: Das Grundrecht auf Schutz von Leben und Gesundheit: Schutzpflicht und Schutzanspruch aus Art. 2 Abs. 2 S. 1 GG, Heidelberg 1987.
——— Die Wirkung behördlicher Genehmigungen: Privates Risiko oder staatliche (Mit-)Verantwortung bei veränderter Sachlage?, in: Becker-Schwarze/Köck/Kupka/von Schwanenflügel (Hrsg.), Wandel der Handlungsformen im öffentlichen Recht, 1991, S. 187 ff.
Hermes, Georg/Walther, Susanne: Schwangerschaftsabbruch zwischen Recht und Unrecht. Das zweite Abtreibungsurteil des BVerfG und seine Folgen, NJW 1993, S. 2337 ff.
Herrmann, Nikolaus: Flächensanierung als Rechtsproblem, Baden-Baden 1989.

Heselhaus, Sebastian: Die Straßburger Springprozession zum Schutz der Umwelt. Ökologische Menschenrechte nach den Hatton-Entscheidungen des Europäischen Gerichtshofes für Menschenrechte, EuGRZ 2005, S. 549 ff.
Heselhaus, Sebastian/Nowak, Carsten (Hrsg.): Handbuch der Europäischen Grundrechte, 1. Aufl., München u.a. 2007; zit.: Bearbeiter, in: Heselhaus/Nowak, 1. Aufl. 2007.
─── (Hrsg.): Handbuch der Europäischen Grundrechte, 2. Aufl., München u.a. 2020; zit.: Bearbeiter, in: Heselhaus/Nowak.
Hesse, Konrad: Verfassungsrecht und Privatrecht, Heidelberg 1988.
Heukels, Ton: Intertemporales Gemeinschaftsrecht: Rückwirkung, Sofortwirkung und Rechtsschutz in der Rechtsprechung des Gerichtshofes der Europäischen Gemeinschaften, Baden-Baden 1990.
Hilf, Meinhard: Völkerrechtliche und gemeinschaftsrechtliche Elemente des Beschlusses vom 20.9.1976 im Lichte des Souveränitätsdenkens in der EG, in: Ress (Hrsg.), Souveränitätsverständnis in den Europäischen Gemeinschaften, 1980, S. 21 ff.
─── Europäische Union und nationale Identitäten der Mitgliedstaaten, in: GS für Grabitz, München 1995, S. 157 ff.
Hilf, Meinhard/Classen, Claus-Dieter: Der Vorbehalt des Gesetzes im Recht der Europäischen Union. Erosionsprozesse des Verfassungsstaates, in: FS für Selmer, Berlin 2004, S. 71 ff.
Hilf, Meinhard/Hörmann, Saskia: Der Grundrechtsschutz von Unternehmen im europäischen Verfassungsverbund, NJW 2003, S. 1 ff.
Hilf, Meinhard/Willms, Benno: Gerichtshof der Europäischen Gemeinschaften. Rechtsprechungsbericht, 2. Quartal 1987 (Nr. 67-136), EuGRZ 1989, S. 189 ff.
Hillgruber, Christian: Staat und Religion, DVBl 1999, S. 1155 ff.
Hillgruber, Christian/Jestaedt, Matthias: Die Europäische Menschenrechtskonvention und der Schutz nationaler Minderheiten, Bonn 1993.
Hilpold, Peter: Der Schutz sozialer Grundrechte in der Europäischen Union, in: FS für Pernthaler, Wien u.a. 2005, S. 167 ff.
Hirsch, Günter: Soziale Grundrechte in der Europäischen Grundrechtscharta, in: Blank (Hrsg.), Soziale Grundrechte in der Europäischen Grundrechtscharta, 2002, S. 9 ff.
─── Die Aufnahme der Grundrechtecharta in den Verfassungsvertrag, in: Schwarze (Hrsg.), Verfassungsentwurf der Europäischen Union, 2004, S. 111 ff.
─── Erwartungen der gerichtlichen Praxis an einen Gemeinsamen Referenzrahmen für ein Europäisches Vertragsrecht, ZIP 2007, S. 937 ff.
Hobe, Stephan: Die Unionsbürgerschaft nach dem Vertrag von Maastricht. Auf dem Weg zum europäischen Bundesstaat?, Der Staat 32 (1993), S. 245 ff.
─── Das Staatsvolk nach dem Grundgesetz, JZ 1994, S. 191 ff.
─── Menschenrecht auf Umweltschutz? Bestand und Begründungsmöglichkeiten, ZUR 1994, S. 15 ff.
─── Bedingungen, Verfahren und Chancen europäischer Verfassungsgebung: Zur Arbeit des Brüsseler Verfassungskonvents, EuR 2003, S. 1 ff.
Hobe, Stephan/Fremuth, Michael L.: Europarecht, 11. Aufl., München 2023.
Hochbaum, Ingo: Der Begriff der Kultur im Maastrichter und Amsterdamer Vertrag, BayVBl. 1997, S. 680 ff.
Hochhuth, Martin: Schatten über der Meinungsfreiheit. Der „Babycaust"-Beschluss des BVerfG bricht mit der „Vermutung für die Zulässigkeit der freien Rede". Anmerkung zu BVerfG, Ber. vom 24.5.2006 – 1 BvR 49/00 u.a, NJW 2007, S. 192 ff.
Hoerster, Norbert: Ethik des Embryonenschutzes: Ein rechtsphilosophischer Essay, Stuttgart 2002.
Hoffmann-Remy, Ulrich: Die Möglichkeiten der Grundrechtseinschränkung nach Art. 8-11 Abs. 2 der Europäischen Menschenrechtskonvention: Dargestellt anhand von Beispielsfällen aus der Rechtsprechung der Konventionsorgane und nationaler Gerichte, Berlin 1976.
Hoffmann-Riem, Wolfgang: Kohärenz europäischer und nationaler Grundrechte, EuGRZ 2002, S. 473 ff.

Hoffmeister, Frank: Art. 10 EMRK in der Rechtsprechung des Europäischen Gerichtshofs für Menschenrechte 1994–1999, EuGRZ 2000, S. 358 ff.

Höfling, Wolfram: Die Unantastbarkeit der Menschenwürde. Annäherungen an einen schwierigen Verfassungsrechtssatz, JuS 1995, S. 857 ff.

——— Reprogenetik und Verfassungsrecht, Köln 2001.

Hofmann, Andreas/Neuhöfer, Stefan: Das „Corona"-Virus und die allgemeine Impfpflicht, NVwZ 2022, S. 19 ff.

Hofmann, Hasso: Biotechnik, Gentherapie, Genmanipulation – Wissenschaft im rechtsfreien Raum?, JZ 1986, S. 253 ff.

——— Die versprochene Menschenwürde, AöR 118 (1993), S. 353 ff.

Hofmann, Herwig: Normenhierachien im Europäischen Gemeinschaftsrecht, Berlin 2000.

Hofmann, Rainer: Die Freiheit des Informationsflusses zwischen Bürger und Staat, in: Hofmann/Marko/Merli/Wiederin (Hrsg.), Information, Medien und Demokratie, 1997, S. 3 ff.

——— Zurück zu Solange II! Zum Bananenmarktordnungs-Beschluss des Bundesverfassungsgerichts, in: FS für Steinberger, Berlin u.a. 2002, S. 1207 ff.

Hofmann, Rainer/Marko, Joseph/Merli, Franz/Wiederin, Ewald (Hrsg.): Informationen, Medien und Demokratie – Ein europäischer Rechtsvergleich, Wien 1997; zit.: Bearbeiter, in: Hofmann/Marko/Merli/Wiederin (Hrsg.), Informationen, Medien und Demokratie, 1997.

Hofmann, Thomas: Buchpreisbindung auf dem Prüfstand des Europarechts. Bleibt in Deutschland alles beim Alten?, GRUR 2000, S. 555 ff.

Holoubek, Michael: Grundrechtliche Gewährleistungspflichten: Ein Beitrag zu einer allgemeinen Grundrechtsdogmatik, Wien u.a. 1997.

——— Die liberalen Rechte der Grundrechtscharta im Vergleich zur europäischen Menschenrechtskonvention, in: Duschanek/Griller (Hrsg.), Grundrechte für Europa, 2002, S. 26 ff.

——— Medienfreiheit in der Europäischen Menschenrechtskonvention, AfP 2003, S. 193 ff.

Honer, Mathias: Fortgeschrittenenhausarbeit – Öffentliches Recht: Europarecht und Grundrechte – Zuckerreiche Ernährung führt zu Übergewicht!, JuS-Extra 2017, S. 21 ff.

Hölscheidt, Sven: Die Ausgestaltung des Petitionsrechts in der EU-Grundrechtecharta, EuR 2002, S. 440 ff.

Hölscheidt, Sven/Mund, Eva: Religionen und Kirchen im europäischen Verfassungsverbund, EuR 2003, S. 1083 ff.

Holznagel, Bernd: Rundfunkrecht in Europa: auf dem Weg zu einem Gemeinrecht europäischer Rundfunkordnungen, Tübingen 1996.

Hoppe, Werner: Von Schwierigkeiten der Europarechtsanpassung deutschen Verwaltungsrechts, in: FS für Rengeling, Köln u.a. 2008, S. 263 ff.

Hösch, Ulrich: Eigentum und Freiheit: ein Beitrag zur inhaltlichen Bestimmung der Gewährleistung des Eigentums durch Art. 14 Abs. 1 Satz 1 GG, Tübingen 2000.

Hövelberndt, Andreas: Ehe, Familie und Erziehungsrecht als Thema internationaler Regelungen zum Schutze der Menschenrechte, der Verfassungen der EU-Mitgliedstaaten und der deutschen Bundesländer, FPR 2004, S. 117 ff.

Hrbek, Rudolf: Europawahl 2019: neue politische Konstellationen für die Wahlperiode 2019–2024, Integration 2019, S. 167 ff.

Huber, Peter M.: Das Kooperationsverhältnis zwischen BVerfG und EuGH in Grundrechtsfragen. Die Bananenmarktordnung und das Grundgesetz, EuZW 1997, S. 517 ff.

——— Beihilfen (Art. 87, 88 EGV 1999) und Vertrauensschutz im Gemeinschaftsrecht und im nationalen Verwaltungsrecht, KritV 1999, S. 359 ff.

——— Auslegung und Anwendung der Charta der Grundrechte, NJW 2011, S. 2385 ff.

Ibing, Stefan: Die Einschränkung der Europäischen Grundrechte durch Gemeinschaftsrecht: Anwendbarkeit der Einschränkungsvoraussetzungen der EMRK und der Europäischen Grundrechte-Charta auf Gemeinschaftsrechtsakte, Baden-Baden 2006.

Iliopoulos-Strangas, Julia: Die Freiheit der Medien in einer künftigen europäischen Verfassung, in: Stern/Prütting (Hrsg.), Kultur- und Medienpolitik im Kontext des Entwurfs einer europäischen Verfassung, 2005, S. 27 ff.

Indlekofer, Manuel/Engel, Daniel: Solange II revisited: Die „Michaud"-Entscheidung des EGMR und der Beitritt der EU zur EMRK, ZEuS 2015, S. 75 ff.
Ipsen, Hans P.: Europäisches Gemeinschaftsrecht, Tübingen 1972.
Irmscher, Tobias H.: Einzelhaft und Folterverbot – die Carlos-Entscheidung des EGMR, EuGRZ 2007, S. 135 ff.
Isensee, Josef: Verfassung ohne soziale Grundrechte. Ein Wesenszug des Grundgesetzes, Der Staat 19 (1980), S. 367 ff.
–––––– Das Grundrecht auf Sicherheit: zu den Schutzpflichten des freiheitlichen Verfassungsstaates, Berlin 1983.
–––––– Das staatliche Gewaltmonopol als Grundlage und Grenze der Grundrechte. Der Vorbehalt der Friedlichkeit als Kriterium des Grundrechtstatbestandes und der Schutzpflicht, in: FS für Sendler, München 1991, S. 39 ff.
Isensee, Josef/Kirchhof, Paul (Hrsg.): Handbuch des Staatsrechts, 3. Aufl., Heidelberg 2010 ff.; zit.: Bearbeiter, in: Isensee/Kirchhof, HStR.
Jacobs, Matthias: Aktuelle Entwicklungen im deutschen und europäischen Antidiskriminierungsrecht, RdA 2018, S. 263 ff.
Jagla, Susanne Fee: Auf dem Weg zu einem zwischenstaatlichen ne bis in idem im Rahmen der Europäischen Union, Frankfurt a.M. u.a. 2007.
Jahns-Böhm, Jutta/Breier, Siegfried: Die umweltrechtliche Querschnittsklausel des Art. 130r II 2 EWGV. Eine Untersuchung am Beispiel der Güterkraftverkehrspolitik der Europäischen Gemeinschaft, EuZW 1992, S. 49 ff.
Jarass, Hans D.: Grundrechte als Wertentscheidungen bzw. objektivrechtliche Prinzipien in der Rechtsprechung des Bundesverfassungsgerichts, AöR 110 (1985), S. 363 ff.
–––––– Der grundrechtliche Eigentumsschutz im EU-Recht, NVwZ 2006, S. 1089 ff.
–––––– Das Recht auf eine gute Verwaltung, insb. auf ein faires Verwaltungsverfahren, in: Festschrift für Wolf-Rüdiger Schenke, 2011, S. 849 ff.
–––––– Die Bindung der Mitgliedstaaten an die EU-Grundrechte, NVwZ 2012, S. 457 ff.
–––––– Zum Verhältnis von Grundrechtecharta und sonstigem Recht, EuR 2013, S. 29 ff.
–––––– Die Bedeutung der Unionsgrundrechte unter Privaten, ZEuP 2017, S. 310 ff.
–––––– EGRC, 4. Aufl., München 2021; zit.: Jarass.
Jarass, Hans D./Beljin, Sasa: Grenzen der Privatbelastung durch unmittelbar wirkende Richtlinien, EuR 2004, S. 714 ff.
Jarass, Hans D./Kment, Martin: EU-Grundrechte, 2. Aufl., München 2019, zit.: Jarass/Kment.
Jarass, Hans D./Pieroth, Bodo: Grundgesetz für die Bundesrepublik Deutschland, 16. Aufl., München 2020; zit.: Bearbeiter, in: Jarass/Pieroth.
Jestaedt, Matthias: Diskriminierungsschutz und Privatautonomie, VVDStRL 64 (2005), S. 298 ff.
Jung, Heike: Zur „Internationalisierung" des Grundsatzes „ne bis in idem", in: FS für Schüler-Springorum, Köln 1993, S. 493 ff.
Junker, Abbo: Die Rechtsprechung des EuGH zum europäischen Arbeitsrecht im Jahr 2017, RIW 2019, S. 19 ff.
Jürgensen, Thomas/Schlünder, Irene: EG-Grundrechtsschutz gegenüber Maßnahmen der Mitgliedstaaten, AöR 121 (1996), S. 200 ff.
Kadelbach, Stefan: Allgemeines Verwaltungsrecht unter europäischem Einfluß, Tübingen 1999.
–––––– Unionsbürgerschaft, in: von Bogdandy/Bast (Hrsg.), Europäisches Verfassungsrecht, 2003, S. 539 ff.
Kadelbach, Stefan/Parhisi, Parinas (Hrsg.): Die Freiheit der Religion im europäischen Verfassungsrecht, Baden-Baden 2007.
Kadelbach, Stefan/Petersen, Niels: Europäische Grundrechte als Schranken der Grundfreiheiten. Anmerkung zum EuGH-Urteil in der Rs. C-112/00, Schmidberger/Republik Österreich (Brennerblockade), EuGRZ 2003, S. 693 ff.
Kahl, Wolfgang: Umweltprinzip und Gemeinschaftsrecht: eine Untersuchung zur Rechtsidee des „bestmöglichen Umweltschutzes" im EWG-Vertrag, Heidelberg 1993.

― Der Nachhaltigkeitsgrundsatz im System der Prinzipien des Umweltrechts, in: Geburtstagsschrift für R. Schmidt, Tübingen 2002, S. 111 ff.
― Die Kompetenzen der EU in der Energiepolitik nach Lissabon, EuR 2009, S. 601 ff.
Kahl, Wolfgang/Waldhoff, Christian/Walter, Christian (Hrsg.): Bonner Kommentar zum Grundgesetz, Stand: August 2023, Heidelberg.
Kämmerer, Jörn A.: Die Urteile „Kadi" und „Yusuf" des EuG und ihre Folgen, EuR 2008, Beiheft 1, S. 65 ff.
Kanitz, Ralf M./Wendel, Mattias: Gemeinschaftsrechtlich gebotene Grenzen der Bestandskraftdurchbrechung im europäischen Verwaltungsverfahren? Zur Frage prozessualer Vorbedingungen und zeitlicher Schranken der Überprüfungspflicht bestandkräftiger Verwaltungsakte, EuZW 2008, S. 231 ff.
Kanska, Klara: Towards administrative human rights in the EU. Impact of the charter of fundamental rights, ELJ 2004, S. 296 ff.
Karpenstein, Ulrich/Mayer, Franz: Konvention zum Schutz der Menschenrechte und Grundfreiheiten: EMRK, 3. Aufl., München 2022; zit.: Bearbeiter, in: Karpenstein/Mayer.
Kenntner, Markus: Die Schrankenbestimmungen der EU-Grundrechtecharta – Grundrechte ohne Schutzwirkung?, ZRP 2000, S. 423 ff.
Kersten, Jens: Das Klonen von Menschen: Eine verfassungs-, europa- und völkerrechtliche Kritik, Tübingen 2004.
Keser, Marco: Verhältnismäßigkeitsprinzip und Binnenmarktrechtsetzung – zur Kosten-Nutzen-Analyse als Ausprägung des Grundsatzes der Verhältnismäßigkeit in der Binnenmarktrechtsetzung zum Gesundheitsschutz, in: Bruha/Nowak/Petzold (Hrsg.), Grundrechtsschutz für Unternehmen im europäischen Binnenmarkt, 2004, S. 139 ff.
Kielmansegg, Sebastian Graf: Die verteidigungspolitischen Kompetenzen der Europäischen Union, EuR 2006, S. 182 ff.
Kingreen, Thorsten: Theorie und Dogmatik der Grundrechte im europäischen Verfassungsrecht, EuGRZ 2004, S. 570 ff.
Kingreen, Thorsten/Poscher Ralf: Grundrechte. Staatsrecht II, 38. Aufl., Heidelberg 2022.
Kingreen, Thorsten/Störmer, Rainer: Die subjektiv-öffentlichen Rechte des primären Gemeinschaftsrechts, EuR 1998, S. 263 ff.
Kischel, Uwe: Zur Dogmatik des Gleichheitssatzes in der Europäischen Union, EuGRZ 1997, S. 1 ff.
― Die Kontrolle der Verhältnismäßigkeit durch den Europäischen Gerichtshof, EuR 2000, S. 380 ff.
Klein, Eckart: Das Verhältnis zwischen dem Grundrechtsschutz durch die Organe der Europäischen Menschenrechtskonvention und der Europäischen Gemeinschaften, Überlegungen de lege ferenda, in: Mosler/Bernhardt/Hilf (Hrsg.), Grundrechtsschutz in Europa, 1977, S. 160 ff.
― Grundrechtliche Schutzpflicht des Staates, NJW 1989, S. 1633 ff.
― Should the binding effect of the judgements of the European Court of Human Rights be extended?, in: Mahoney/Matscher/Petzold/Wildhaber (Hrsg.), Protecting Human Rights, 2000, S. 705 ff.
Klein, Hans H.: Die grundrechtliche Schutzpflicht, DVBl 1994, S. 489 ff.
Klein, Oliver: Parteiverbotsverfahren vor dem Europäischen Gerichtshof für Menschenrechte, ZRP 2001, S. 397 ff.
Klein, Tonio: Schleierhaftes vom EuGH? – Wie zwei Urteile die Kopftuchdebatte in Deutschland beeinflussen, NVwZ 2017, S. 920 ff.
Kley-Struller, Andreas: Der Schutz der Umwelt durch die Europäische Menschenrechtskonvention, EuGRZ 1995, S. 507 ff.
Kloepfer, Michael: Grundrechte als Entstehenssicherung und Bestandsschutz, München 1970.
― Die Verantwortlichkeit für Altlasten im öffentlichen Recht – dargestellt am Problem der Deponiesanierung, NuR 1987, S. 7 ff.
― Technikverbot durch gesetzgeberisches Unterlassen? Zur Entscheidung des VGH Kassel vom 6.11.1989, in: FS für Lerche, München 1993, S. 755 ff.

––––––– „Innere Pressefreiheit" und Tendenzschutz im Lichte des Artikels 10 der Europäischen Konvention zum Schutz der Menschenrechte und Grundfreiheiten, Berlin 1996.
Kloepfer, Michael/Lewinski, Kai von: Das Informationsfreiheitsgesetz des Bundes (IFG), DVBl 2005, S. 1277 ff.
Klos, Christian: Deutschlands Verhältnis zur Genfer Flüchtlingskonvention und zur Europäischen Menschenrechtskonvention, ZAR 2000, S. 202 ff.
Klugmann, Marcel: Europäische Menschenrechtskonvention und antiterroristische Maßnahmen: Eine Untersuchung der Rechtsprechung des Europäischen Gerichtshofes für Menschenrechte am Beispiel des Nordirland- und des Kurdenkonfliktes, Frankfurt a.M. u.a. 2002.
Kment, Martin: Die europäische Gesundheitspolitik und ihre Funktion als Querschnittsaufgabe – Eine Untersuchung des Art. 152 Abs. 1 UAbs. 1 EGV, EuR 2007, S. 275 ff.
Knecht, Matthias H.: Die Charta der Grundrechte der Europäischen Union. Eine Würdigung der Entstehung und rechtsvergleichende grundrechtsdogmatische Analyse, Stuttgart 2005.
Knöll, Ralf: Die Charta der Grundrechte der Europäischen Union – Inhalte, Bewertung und Ausblick, NVwZ 2001, S. 392 ff.
Koch, Hans-Joachim: Der Atomausstieg und der verfassungsrechtliche Schutz des Eigentums, NJW 2000, S. 1529 ff.
Koch, Thorsten: Die europäischen politischen Parteien und ihre Finanzierung, in: FS für Rengeling, Köln u.a. 2008, S. 307 ff.
Koch, Hans-Joachim/Rubel, Rüdiger/Heselhaus, Sebastian/Hofmann, Ekkehard: Allgemeines Verwaltungsrecht, 4. Aufl., München 2023.
Koenig, Christian: Die Europäische Sozialunion als Bewährungsprobe der supranationalen Gerichtsbarkeit, EuR 1994, S. 175 ff.
Koenig, Christian/Kühling, Jürgen: Der Streit um die neue Tabakproduktrichtlinie – Ist der Gemeinschaftsgesetzgeber bei seinem Kampf gegen den Tabakkonsum einmal mehr im Konflikt mit Gemeinschaftsgrundrechten und Kompetenzbestimmungen?, EWS 2002, S. 12 ff.
Köhler, Helmut/Bornkamm, Joachim/Feddersen, Jörn: Gesetz gegen den unlauteren Wettbewerb: UWG, 40. Aufl., München 2022; zit.: Bearbeiter, in: Köhler/Bornkamm/Feddersen.
Kokott, Juliane: Die dogmatische Einordnung der Begriffe „Störer" und „Anscheinsstörer" in einer zunehmend technisierten Gesellschaft, DVBl 1992, S. 749 ff.
––––––– Der Grundrechtsschutz im europäischen Gemeinschaftsrecht, AöR 121 (1996), S. 599 ff.
––––––– Die Freizügigkeit der Unionsbürger als neue Grundfreiheit, in: FS für Tomuschat, Kehl 2006, S. 207 ff.
Kokott, Juliane/Dervisopoulos, Ioanna/Henze, Thomas: Aktuelle Fragen des Rechtsschutzes durch die Gemeinschaftsgerichte, EuGRZ 2008, S. 10 ff.
Kokott, Juliane/Henze, Thomas/Sobotta, Christoph: Die Pflicht zur Vorlage an den europäischen Gerichtshof und die Folgen ihrer Verletzung, JZ 2006, S. 633 ff.
Kolonovits, Dieter: Meinungsfreiheit und Blasphemie in der jüngeren Rechtsprechung des EGMR, in: Grabenwarter (Hrsg.), Kontinuität und Wandel der EMRK, 1998, S. 169 ff.
König, Doris: Das Problem der Inländerdiskriminierung – Abschied von Reinheitsgebot, Nachtbackverbot und Meisterprüfung?, AöR 118 (1993), S. 591 ff.
––––––– Der Schutz der Religionsfreiheit im europäischen und deutschen Recht, in: Kadelbach/Parhisi (Hrsg.), Die Freiheit der Religion im europäischen Verfassungsrecht, 2007, S. 123 ff.
Kopp, Ferdinand: Das Menschenbild im Recht und in der Rechtswissenschaft, in: FS für Obermayer, München 1986, S. 53 ff.
Koppensteiner, Franz: Die Transparenzverordnung im Wandel der Zeit, EuR 2014, S. 583 ff.
––––––– Black Box EuGH?, EuR 2022, S. 711 ff.
––––––– Unionsrechtliches Dokumentenzugangsrecht und staatliche Informationsfreiheit: Zwei Parallelen, die sich niemals treffen?, DÖV 2022, S. 21.
Kotulla, Michael (Hrsg.): Bundes-Immissionsschutzgesetz. Kommentar und Vorschriftensammlung, Stand: Januar 2022, Stuttgart; zit.: Bearbeiter, in: Kotulla, BImSchG.
Kotzur, Markus: Die Ziele der Union: Verfassungsidentität und Gemeinschaftsidee, DÖV 2005, S. 313 ff.

―――― Eine Bewährungsprobe für die Europäische Grundrechtsgemeinschaft – Zur Entscheidung des EuG in der Rs. Yusuf u.a. gegen Rat (EuGRZ 2005, S. 592 ff.), EuGRZ 2006, S. 19 ff.

Kotzur Markus/Heidrich Felix: Ein (Bären-)Dienst an der Europäischen Demokratie? Zur Aufhebung der Drei-Prozent-Speerklausel im Europawahlrecht, ZEuS 2014, S. 259 ff.

Kraft, Dennis/Meister, Johannes: Rechtsprobleme virtueller Sit-ins, MMR 2003, S. 366 ff.

Krämer, Ludwig: Einheitliche Europäische Akte und Umweltschutz: Überlegungen zu einigen neuen Bestimmungen im Gemeinschaftsrecht, in: Rengeling (Hrsg.), Europäisches Umweltrecht und europäische Umweltpolitik, 1988, S. 137 ff.

―――― Die Integrierung umweltpolitischer Erfordernisse in die gemeinschaftliche Wettbewerbspolitik, in: Rengeling (Hrsg.), Umweltschutz und andere Politiken der Europäischen Gemeinschaft, 1993, S. 47 ff.

―――― Das „hohe Schutzniveau" für die Umwelt im EG-Vertrag. Industrielle Norm oder politische Vorgabe?, ZUR 1997, S. 303 ff.

Krüger, Hans-Christian/Polakiewicz, Jörg: Vorschläge für ein kohärentes System des Menschenrechtsschutzes in Europa. Europäische Menschenrechtskonvention und EU-Grundrechtscharta, EuGRZ 2001, S. 92 ff.

Kubicki, Philipp: Die subjektivrechtliche Komponente der Unionsbürgerschaft, EuR 2006, S. 489 ff.

Kübler, Johanna: Die Säulen der Europäischen Union: Einheitliche Grundrechte? Zur Grundrechtsdivergenz zwischen der ersten und dritten Säule am Beispiel des Datenschutzes, Baden-Baden 2002.

Kugelmann, Dieter: Der Schutz privater Individualkommunikation nach der EMRK, EuGRZ 2003, S. 16 ff.

―――― Die streitbare Demokratie nach der EMRK. Politische Parteien und Gottesstaat: Das Urteil des EGMR zur Auflösung der Wohlfahrtspartei in der Türkei, EuGRZ 2003, S. 533 ff.

Kühl, Kristian: Unschuldsvermutung, Freispruch und Einstellung, Köln u.a. 1983.

Kühl, Martin: Rechtsbeziehungen bei privater Arbeitsvermittlung, NZS 2004, S. 568 ff.

Kühling, Jürgen: Grundrechtskontrolle durch den EuGH: Kommunikationsfreiheit und Pluralismussicherung im Gemeinschaftsrecht. Zugleich eine Besprechung des Familiapress-Urteils des EuGH, EuGRZ 1997, S. 296 ff.

―――― Die Kommunikationsfreiheit als Europäisches Gemeinschaftsgrundrecht, Berlin 1999.

―――― Staatliche Handlungspflichten zur Sicherung der Grundfreiheiten, NJW 1999, S. 403 ff.

Kummer, Pierre M.: Umsetzungsanforderungen der neuen arbeitsrechtlichen Antidiskriminierungsrichtlinie (RL 2000/78/EG), Frankfurt a.M. 2003.

Kutscheidt, Ernst: Die Neuregelung der Abfallvermeidungs- und -beseitigungspflicht bei industriellen Betrieben, NVwZ 1986, S. 622 ff.

Lackhoff, Klaus: Die Niederlassungsfreiheit des EGV – nur ein Gleichheits- oder auch ein Freiheitsrecht?, Berlin 2000.

Ladenburger, Clemens: Das Verhältnis der Grundrechtecharta zum mitgliedstaatlichen Recht: Einige Anmerkungen zum Anwendungsbereich, zur Tragweite und zur Auslegung der Rechte und Grundsätze der Charta, in: Stern/Tettinger (Hrsg.), Europäische Verfassung im Werden, 2006, S. 83 ff.

Lais, Martina: Das Recht auf eine gute Verwaltung unter besonderer Berücksichtigung der Rechtsprechung des Europäischen Gerichtshofs, ZEuS 2002, S. 447 ff.

Larenz, Karl/Canaris, Claus-Wilhelm: Methodenlehre der Rechtswissenschaft, 3. Aufl., Berlin u.a. 1995.

Lecheler, Helmut: Der Europäische Gerichtshof und die allgemeinen Rechtsgrundsätze, Berlin 1971.

Leible, Stefan/Terhechte, Jörg Philipp: Europäisches Rechtsschutz- und Verfahrensrecht, 2. Aufl., Baden- Baden 2021; zit.: Bearbeiter, in: Leible/Terhechte.

Leisner, Walter G.: Der Meistertitel im Handwerk – (weiter) ein Zwang? – Bliche und verfassungsrechtliche Probleme. Bemerkungen zu einem neuen Beschluss des Bundesverfassungsgerichts (BvR vom 5.12.2005 – 1 BvR 1730/02), GewArch. 2006, S. 393 ff.

Lemmens, Paul: The Relation between the Charter of Fundamental Rights of the European Union and the European Convention on Human Rights – Substantive Aspects, MJ 2001, S. 49 ff.
Lenaerts, Koen: Die EU-Grundrechtecharta: Anwendbarkeit und Auslegung, EuR 2012, S. 3 ff.
Lenaerts, Koen/Maselis, Ignace/Gutman, Kathleen: EU Procedural Law, Oxford 2015.
Lenz, Carl O.: Der europäische Grundrechtsstandard in der Rechtsprechung des Europäischen Gerichtshofes, EuGRZ 1993, S. 585 ff.
——— Ein Grundrechtskatalog für die Europäische Gemeinschaft?, NJW 1997, S. 3289 ff.
Lenz Carl O./Borchardt, Klaus-Dieter: EU- Verträge Kommentar: EUV – AEUV – GRCh, 6. Aufl., Köln 2012.
Lenz, Christofer: Ein einheitliches Verfahren für die Wahl des Europäischen Parlaments, Baden-Baden 1995.
——— Anmerkung zu: EGMR, Urt. vom 18.2.1999 – 24833/94 – (Wahlen zum Europäischen Parlament), EuZW 1999, S. 311 ff.
Lenz, Sebastian/Staeglich, Simone: Kein Rechtsschutz gegen EG-Verordnungen? Europäische Rechtsschutzdefizite und ihr Ausgleich durch die Feststellungsklage nach § 43 I VwGO, NVwZ 2004, S. 1421 ff.
Lerche, Peter: Übermaß und Verfassungsrecht: Zur Bindung des Gesetzgebers an die Grundsätze der Verhältnismäßigkeit und der Erforderlichkeit, Köln u.a. 1961.
——— Verfassungsrechtliche Aspekte der Gentechnologie, in: Lukes/Scholz (Hrsg.), Rechtsfragen der Gentechnologie, 1986, S. 88 ff.
——— Verfassungsmäßige Ordnung (Art. 2 Abs. 1 GG) und Gemeinschaftsrecht. Ausgewählte Fragen, in: FS für Schmitt-Glaeser, Berlin 2003, S. 41 ff.
Lindner, Josef F.: EU-Grundrechtscharta – Weniger Rechte für Bürger?, BayVBl. 2001, S. 523 ff.
——— Grundrechtsschutz in Europa – System einer Kollisionsdogmatik, EuR 2007, S. 160 ff.
——— Verfassungswidrigkeit des Verbotes aktiver Sterbehilfe?, NStZ 2020, S. 505 ff.
Lörcher, Klaus: Soziale Grundrechte in der EU-Grundrechtecharta, AuR 2000, S. 241 ff.
——— Rechte der Arbeitnehmerinnen und Arbeitnehmer in der Europäischen Grundrechtecharta, in: Unteilbarkeit auf Europäisch, 2001, S. 37 ff.
——— Der Europäische Gewerkschaftsbund (EGB) und seine Beteiligung am europäischen Arbeitsrecht, NZA 2003, S. 184 ff.
Lorz, Ralph A.: Autonomie und Bindung der Rechtsetzung in gestuften Rechtsordnungen, DVBl 2006, S. 1061 ff.
Losch, Bernhard/Radau, Wiltrud Chr.: Die soziale Verfassungsaufgabe der Europäischen Union, NVwZ 2003, S. 1440 ff.
Luchterhandt, Otto: Grundpflichten als Verfassungsproblem in Deutschland: Geschichtliche Entwicklung und Grundpflichten unter dem Grundgesetz, Berlin 1988.
Lücke, Jörg: Soziale Grundrechte als Staatszielbestimmungen und Gesetzgebungsaufträge, AöR 107 (1982), S. 15 ff.
Ludwigs, Markus: Kooperativer Grundrechtsschutz zwischen EuGH, BVerfG und EGMR, EuGRZ 2014, S. 273 ff.
Lukes, Rudolf/Scholz, Rupert (Hrsg.): Rechtsfragen der Gentechnologie, Köln u.a. 1986; zit.: Bearbeiter, in: Lukes/Scholz (Hrsg.), Rechtsfragen der Gentechnologie, 1986.
Lutter, Marcus/Hommelhoff, Peter/Teichmann, Christian (Hrsg.): SE-Kommentar: SE-VO, SEAG, SEBG, Arbeitsrecht, Konzernrecht, Steuerrecht, 2. Aufl., Köln 2015; zit.: Bearbeiter, in: Lutter/Hommelhoff/Teichmann, SE-Kommentar.
MacDonald, Ronald St./Matscher, Franz/Petzold, Herbert (Hrsg.): The European System for the Protection of Human Rights, Dordrecht u.a. 1993.
Machacek, Rudolf/Pahr, Willibald/Stadler, Gerhard (Hrsg.): Grund- und Menschenrechte in Österreich, Bd. II, Kehl 1992; zit.: Bearbeiter, in: Machacek/Pahr/Stadler (Hrsg.), Grund- und Menschenrechte in Österreich, Bd. II.
Mader, Oliver: Verteidigungsrechte im Europäischen Gemeinschaftsverwaltungsverfahren, Baden-Baden 2006.

Mager, Ute: Die Bedeutung der Grundrechte für das Binnenmarktziel – der zweite Verfassungsabschnitt auf dem Prüfstand des Binnenmarktkonzepts, EuR 2004, Beiheft 3, S. 41 ff.

Magiera, Siegfried: Die Grundrechtecharta der Europäischen Union, DÖV 2000, S. 1017 ff.

Mahlmann, Maximilian: Die Grundrechtscharta der Europäischen Union, ZEuS 2000, S. 419 ff.

Mahoney, Paul/Matscher, Franz/Petzold, Herbert/Wildhaber, Luzius (Hrsg.): Protecting Human Rights: The European Perspective. Studies in Memory of Rolv Ryssdal, Köln u.a. 2000; zit.: Bearbeiter, in: Mahoney/Matscher/Petzold/Wildhaber (Hrsg.), Protecting Human Rights.

Maierhöfer, Christian: Jagdduldungszwang und Europäische Menschenrechtskonvention – Das Urteil Hermann und seine Folgen, NVwZ 2012, S. 1521

Malzahn, Bettina M.: Bedeutung und Reichweite des Eigentumsschutzes in der Europäischen Menschenrechtskonvention, Frankfurt a.M. 2007.

Mangold, Anna Katharina/Payandeh, Mehrdad: Diskriminierungsschutz und unternehmerische Freiheit im Unionsrecht. Anmerkungen zu den Urteilen des EuGH v. 14.3.2017 in den Rs. C-157/15 (Achbita) und C-188/15 (Bougnaoui), EuR 2017, S. 700 ff.

Mangoldt, Herrmann von/Klein, Friedrich/Starck, Christian: Kommentar zum Grundgesetz: GG, 7. Aufl., München 2018; zit.: Bearbeiter, in: von Mangoldt/Klein/Starck, GG.

Mann, Thomas/Ripke, Stefan: Überlegungen zur Existenz und Reichweite eines Gemeinschaftsgrundrechts der Versammlungsfreiheit, EuGRZ 2004, S. 125 ff.

Marauhn, Thilo: Die wirtschaftliche Vereinigungsfreiheit zwischen menschenrechtlicher Gewährleistung und privatrechtlicher Ausgestaltung. Zur Bedeutung von Art. 11 EMRK für das kollektive Arbeitsrecht und das Gesellschaftsrecht, RabelsZ 1999, S. 538 ff.

―――― Das Grundrecht auf Zugang zu den Leistungen der sozialen Sicherheit – Anmerkungen zur Normkategorie der sozialen Grundrechte, in: Matscher (Hrsg.), Erweitertes Grundrechtsverständnis, 2003, S. 247 ff.

Martens, Wolfgang: Immissionsschutzrecht und Polizeirecht, DVBl 1981, S. 597 ff.

Martínez Soria, José: Die Kodizes für gute Verwaltungspraxis – ein Beitrag zur Kodifikation des Verwaltungsverfahrensrechts der EG, EuR 2001, S. 682 ff.

―――― Die Unionsbürgerschaft und der Zugang zu sozialen Vergünstigungen, JZ 2002, S. 643 ff.

Masing, Johannes: Transparente Verwaltung: Konturen eines Informationsverwaltungsrechts, VVDStRL 63 (2004), S. 377 ff.

―――― Vorrang des Europarechts bei umsetzungsgebundenen Rechtsakten, NJW 2006, S. 264 ff.

Matscher, Franz (Hrsg.): Erweitertes Grundrechtsverständnis, internationale Rechtsprechung und nationale Entwicklungen – EGMR, EuGH, Österreich, Deutschland, Schweiz, Kehl u.a. 2003; zit.: Bearbeiter, in: Matscher (Hrsg.), Erweitertes Grundrechtsverständnis, 2003.

Maus, Moritz: Der grundrechtliche Schutz des Privaten im europäischen Recht, Frankfurt a.M. 2007.

Mayer, Franz C.: Grundrechtsschutz gegen europäische Rechtsakte durch das BVerfG: Zur Verfassungsmäßigkeit der Bananenmarktordnung, EuZW 2000, S. 685 ff.

―――― Der Vertrag von Lissabon und die Grundrechte, EuR 2009, Beiheft 1, S. 87 ff.

Mayer, Franz C./Wendel, Mattias/Lenski, Edgar: Der Vorrang des Europarechts in Frankreich. Zugleich Anmerkung zur Entscheidung des französischen Conseil d'Etat vom 8.2.2007 (Arcelor u.a.), EuR 2008, S. 63 ff.

Medicus, Dieter: Der Grundsatz der Verhältnismäßigkeit im Privatrecht, AcP 192 (1992), S. 35 ff.

Meese, Jon M.: Das Petitionsrecht beim Europäischen Parlament und das Beschwerderecht beim Bürgerbeauftragten der Europäischen Union, Frankfurt a.M. 2000; zit.: Meese, Das Petitionsrecht, 2000.

Mehrbrey, Kim L.: Verfassungsrechtliche Grenzen eines Marktes handelbarer Emissionsrechte: Untersuchung eines sogenannten marktwirtschaftlichen Umweltschutzinstruments – dargestellt am Beispiel der Luftreinhaltung, Berlin 2003.

Meltzian, Daniel: Das Recht der Öffentlichkeit auf Zugang zu Dokumenten der Gemeinschaftsorgane, Berlin 2004.

Merli, Franz: Medien und Demokratie, in: Hofmann/Marko/Merli/Wiederin (Hrsg.), Information, Medien und Demokratie, 1997, S. 31 ff.

Merten, Detlef: Grundpflichten im Verfassungssystem der Bundesrepublik Deutschland, BayVBl. 1978, S. 554 ff.

Merten, Jan O.: Folterverbot und Grundrechtsdogmatik – Zugleich ein Beitrag zur aktuellen Diskussion um die Menschenwürde, JR 2003, S. 404 ff.

Meyer, Jürgen: Kultur- und Medienpolitik im Europäischen Grundrechte- und Verfassungskonvent, in: Stern/Prütting (Hrsg.), Kultur- und Medienpolitik im Kontext des Entwurfs einer Europäischen Verfassung, 2005, S. 13 ff.

——— (Hrsg.): Charta der Grundrechte der Europäischen Union, 2. Aufl., Baden-Baden 2006; zit.: Bearbeiter, in: Meyer.

Meyer, Jürgen/Engels, Markus: Aufnahme von sozialen Grundrechten in die Europäische Grundrechtecharta?, ZRP 2000, S. 368 ff.

——— Die Charta der Grundrechte der Europäischen Union. Eine Einführung, in: Deutscher Bundestag (Hrsg.), Die Charta der Grundrechte der Europäischen Union, Opladen 2001, S. 7 ff.

Meyer, Jürgen/Hölscheidt, Sven: Die Europäische Verfassung des Europäischen Konvents, EuZW 2003, S. 613 ff.

——— (Hrsg.): Charta der Grundrechte der Europäischen Union, 5. Aufl., Baden-Baden 2019; zit.: Bearbeiter, in: Meyer/Hölscheidt.

Meyer, Karlheinz: Grenzen der Unschuldsvermutung, in: FS für Tröndle, Berlin 1989, S. 61 ff.

Meyer-Ladewig, Jens: Right to Liberty and Security, in: De Salvia/Villiger (Hrsg.), The Birth of the European Human Rights Law, 1998, S. 127 ff.

——— Das Umweltrecht in der Rechtsprechung des Europäischen Gerichtshofs für Menschenrechte, NVwZ 2007, S. 25 ff.

Meyer-Ladewig, Jens/Nettesheim, Martin/von Raumer, Stefan (Hrsg.): EMRK – Europäische Menschenrechtskonvention, 5. Aufl., Baden-Baden 2023; zit.: Bearbeiter, in: Meyer-Ladewig/Nettesheim/von Raumer, EMRK.

Michels, Gabriele: Vertrauensschutz beim Vollzug von Gemeinschaftsrecht und bei der Rückforderung rechtswidriger Beihilfen, Frankfurt a.M. 1997.

Michl, Fabian: Eigentumsgesetzgebung im Lichte des Grundgesetzes und der Europäischen Menschenrechtskonvention: Ein Beitrag zum Eigentumsschutz im europäischen Grundrechtsverbund, JZ 2013, S. 504.

Middeke, Andreas: Nationaler Umweltschutz im Binnenmarkt: Rechtliche Möglichkeiten und Grenzen umweltrelevanter Alleingänge im Verhältnis zum freien Warenverkehr, Köln u.a. 1994.

Middendorf, Max T.: Amtshaftung und Gemeinschaftsrecht. Vertrauensschutz im Spannungsfeld von Gemeinschaftsrecht und nationalem Staatshaftungsrecht, Köln u.a. 2001.

Milczewski, Christine von: Der grundrechtliche Schutz des Eigentums im europäischen Gemeinschaftsrecht, Frankfurt a.M. 1994.

Mittelberger, Philipp: Der Eigentumsschutz nach Art. 1 des Ersten Zusatzprotokolls zur EMRK im Lichte der Rechtsprechung der Straßburger Organe, Bern 2000.

——— Die Rechtsprechung des ständigen Europäischen Gerichtshofs für Menschenrechte zum Eigentumsschutz. Bilanz nach den ersten zwei Jahren (Nov. 1998 bis April 2001), EuGRZ 2001, S. 364 ff.

Mohn, Astrid S.: Der Gleichheitssatz im Gemeinschaftsrecht: Differenzierungen im europäischen Gemeinschaftsrecht und ihre Vereinbarkeit mit dem Gleichheitssatz, Kehl u.a. 1990.

Möllers, Christoph: Durchführung des Gemeinschaftsrechts. Vertragliche Dogmatik und theoretische Implikationen, EuR 2002, S. 483 ff.

——— Gewaltengliederung: Legitimation und Dogmatik im nationalen und internationalen Rechtsvergleich, Tübingen 2005.

Molthagen, Julia: Das Verhältnis der EU-Grundrechte zur EMRK: Eine Untersuchung unter besonderer Berücksichtigung der Charta der Grundrechte der EU, Hamburg 2003.

Moshnyagul, Natalya: Zum Eigentumsschutz im Sinne der EMRK im ukrainischen und russischen Recht: Eine rechtsvergleichende Untersuchung zu Modellen des Eigentumsschutzes, Frankfurt a.M. 2007.

Mosler, Herrmann/Bernhardt, Rudolf/Hilf, Meinhard (Hrsg.): Grundrechtsschutz in Europa. Europäische Menschenrechts-Konvention und Europäische Gemeinschaften, Berlin u.a. 1977; zit.: Bearbeiter, in: Mosler/Bernhardt/Hilf (Hrsg.), Grundrechtsschutz in Europa, 1977.

Möstl, Markus: Die staatliche Garantie für die öffentliche Sicherheit und Ordnung: Sicherheitsgewährleistung im Verfassungsstaat, im Bundesstaat und in der Europäischen Union, Tübingen 2002.

――― Grenzen der Rechtsangleichung im europäischen Binnenmarkt. Kompetenzielle, grundfreiheitliche und grundrechtliche Schranken des Gemeinschaftsgesetzgebers, EuR 2002, S. 318 ff.

Muckel, Stefan: Religiöse Freiheit und staatliche Letztentscheidung: Die verfassungsrechtlichen Garantien religiöser Freiheit unter veränderten gesellschaftlichen Verhältnissen, Berlin 1997.

――― Die Rechtsstellung der Kirchen und Religionsgemeinschaften nach dem Vertrag über eine Verfassung für Europa, DÖV 2005, S. 191 ff.

Mückl, Stefan: Religions- und Weltanschauungsfreiheit im Europarecht: Vorgetragen am 9.3.2001, Heidelberg 2002.

Müggenborg, Hans-Jürgen/Duikers, Jan: Die Direktwirkung von Richtlinien der EU im Immissionsschutzrecht, NVwZ 2007, S. 623 ff.

Müller-Michaels, Olaf: Grundrechtlicher Eigentumsschutz in der Europäischen Union. Das Eigentumsgrundrecht in der Rechtsordnung der EU, in der EMRK und in den Verfassungen Deutschlands, Italiens und Irlands, Berlin 1997.

Müller-Terpitz, Ralf: Der Schutz des pränatalen Lebens: Eine verfassungs-, völker- und gemeinschaftsrechtliche Statusbetrachtung an der Schwelle zum biomedizinischen Zeitalter, Tübingen 2007.

Münch, Ingo von/Kunig, Philip: Grundgesetz-Kommentar, 7. Aufl., München 2021; zit.: Bearbeiter, in: von Münch/Kunig, GGK.

Murswiek, Dieter: Privater Nutzen und Gemeinwohl im Umweltrecht. Zu den überindividuellen Voraussetzungen der individuellen Freiheit, DVBl 1994, S. 77 ff.

Murswiek, Dietrich: Die staatliche Verantwortung für die Risiken der Technik: Verfassungsrechtliche Grundlagen und immissionsschutzrechtliche Ausformung, Berlin 1985.

――― „Nachhaltigkeit" – Probleme der rechtlichen Umsetzung eines umweltpolitischen Leitbildes, NuR 2002, S. 641 ff.

Musielak, Hans J./Voit, Wolfgang (Hrsg.): Kommentar zur Zivilprozessordnung, 19. Aufl., München 2022; zit.: Bearbeiter, in: Musielak/Voit, ZPO.

Nawiasky, Hans: Die Grundgedanken des Grundgesetzes für die Bundesrepublik Deutschland: Systematische Darstellung und kritische Würdigung, Stuttgart/Köln 1950.

Nehl, Hanns P.: Europäisches Verwaltungsverfahren und Gemeinschaftsverfassung: Eine Studie gemeinschaftsrechtlicher Verfahrensgrundsätze unter besonderer Berücksichtigung „mehrstufiger" Verwaltungsverfahren, Berlin 2002.

Nettesheim, Martin: Grundrechtliche Prüfdichte durch den EuGH, EuZW 1995, S. 106 ff.

――― Das Kulturverfassungsrecht der Europäischen Union, JZ 2002, S. 157 ff.

――― Die Charta der Grundrechte der Europäischen Union: Eine verfassungstheoretische Kritik, Integration 25 (2002), S. 35 ff.

――― Die Zulässigkeit von Verfassungsbeschwerden und Richtervorlagen nach Art. 23 GG, NVwZ 2002, S. 932 ff.

――― Effektive Rechtsschutzgewährleistung im arbeitsteiligen System europäischen Rechtsschutzes, JZ 2002, S. 928 ff.

Nicolai, Andrea: Neue Regeln für Massenentlassungen?, NZA 2005, S. 206 ff.

Nicolaysen, Gert: Der Streit zwischen dem deutschen Bundesverfassungsgericht und dem Europäischen Gerichtshof, EuR 2000, S. 495 ff.

――― Europarecht I. Die europäische Integrationsverfassung, 2. Aufl., Baden-Baden 2002; zit.: Nicolaysen, Europarecht I.

Nolte, Georg: Werbefreiheit und Europäische Menschenrechtskonvention, RabelsZ 1999, S. 507 ff.

Nordemann, Jan Bernd: Anmerkung zu EuGH, Urteil vom 27. März 2014 – C-314/12 – UPC Telekabel Wien GmbH/Constantin Film Verleih GmbH, Wega Filmproduktionsgesellschaft mbH („Kino.to"), ZUM 2014, S. 499.

Notthoff, Martin: Grundrechte in der Europäischen Gemeinschaft – Herleitung, Gewährleistungsintensität und Einschränkungsmöglichkeiten europäischer Grundrechte am Beispiel der Berufsfreiheit, RIW 1995, S. 541 ff.

Nowak, Carsten: Konkurrentenschutz in der EG: Interdependenz des gemeinschaftlichen und mitgliedstaatlichen Rechtsschutzes von Konkurrenten, Baden-Baden 1997.

——— Grundrechtlicher Drittschutz im EG-Beihilfenkontrollverfahren, DVBl 2000, S. 20 ff.

——— Zur grundfreiheitlichen Inanspruchnahme von Gesundheitsleistungen im europäischen Binnenmarkt. Zugleich Anmerkung zu EuGH, Urt. vom 13.5.2003 – Rs. C-385/99, EuR 2003, S. 644 ff.

——— (Hrsg.): Konsolidierung und Entwicklungsperspektiven des Europäischen Umweltrechts, 2015.

Nowak, Carsten/Schnitzler, Jörg: Erweiterte Rechtfertigungsmöglichkeiten für mitgliedstaatliche Beschränkungen der EG-Grundfreiheiten – Genereller Rechtsprechungswandel oder Sonderweg im Bereich der sozialen Sicherheit?, EuZW 2000, S. 627 ff.

Obwexer, Walter: Das Recht der Unionsbürger auf diplomatischen und konsularischen Schutz, ecolex 1996, S. 323 ff.

——— EuGH: Sozialhilfe für Student aus anderem Mitgliedstaat, EuZW 2002, S. 56 ff.

Oetker, Hartmut/Maultzsch, Felix: Vertragliche Schuldverhältnisse, 5. Aufl., Berlin u.a. 2018.

Oetker, Hartmut/Preis, Ulrich/Rieble, Volker (Hrsg.): 50 Jahre Bundesarbeitsgericht, München 2004.

Ohler, Christoph: Die Verhängung von smart sanctions durch den UN-Sicherheitsrat – eine Herausforderung für das Gemeinschaftsrecht, EuR 2006, S. 848 ff.

Ohly, Ansgar: Harmonisierung des Persönlichkeitsrechts durch den Europäischen Gerichtshof für Menschenrechte? Rechtsvergleichende Anmerkung zum Urteil in der Sache von Hannover/ Deutschland, GRUR Int. 2004, S. 902 ff.

Oppermann, Thomas: Eine Verfassung für die Europäische Union. Der Verfassungsentwurf des Europäischen Konvents (2. Teil), DVBl 2003, S. 1234 ff.

——— Konzeption und Struktur des Verfassungsentwurfs des Europäischen Konvents – unter Berücksichtigung der Regierungskonferenz 2003, in: Schwarze (Hrsg.), Der Verfassungsentwurf des Europäischen Konvents, 2004, S. 23 ff.

——— Die Berliner Erklärung vom 25.3.2007 – Instrument zur „Erneuerung der politischen Gestalt Europas", in: FS für Rengeling, Köln u.a. 2008, S. 609 ff.

——— Die Europäische Union von Lissabon, DVBl 2008, S. 473 ff.

——— Europäische Verfassung – ein Unwort? Eine merkwürdige und aufschlussreiche Debatte, in: FS für Hirsch, München 2008, S. 149 ff.

Orfanidis, Dimitrios: Eigentumsproblematik und Mitbestimmung hinsichtlich der Europäischen Verfassung, Frankfurt a.M. u.a. 2006.

Orth, Erika E.: Ein Grundrecht auf Umweltschutz in Europa? Eine rechtsdogmatische Einordnung des Art. 37 GRC, Frankfurt a.M. u.a. 2007.

Ossenbühl, Fritz: Zur Haftung des Gesamtrechtsnachfolgers für Altlasten, Baden-Baden 1995.

——— Verfassungsrechtliche Fragen eines Ausstiegs aus der friedlichen Nutzung der Kernenergie, AöR 124 (1999), S. 1 ff.

Ossenbühl, Fritz/Cornils, Matthias: Staatshaftungsrecht, 6. Aufl., München 2013.

Ost, Emanuel: Europarecht vor dem Bundesverfassungsgericht. Verfahrensrechtliche Probleme der Befassung des Bundesverfassungsgerichts mit dem europäischen Gemeinschaftsrecht, NVwZ 2001, S. 399 ff.

Österreichische Juristenkommission (Hrsg.): Grundrechte in der Informationsgesellschaft, Wien 2001; zit.: Bearbeiter, in: Österreichische Juristenkommission (Hrsg.), Grundrechte in der Informationsgesellschaft, 2001.

Ottaviano, Marco: Der Anspruch auf rechtzeitigen Rechtsschutz im Gemeinschaftsprozessrecht, Tübingen 2008.
Ottersbach, Katrin: Rechtsmißbrauch bei den Grundfreiheiten des Europäischen Binnenmarktes, Baden-Baden 2001.
Pabel, Katharina: Parteiverbote auf dem europäischen Prüfstand, ZaöRV 2003, S. 921 ff.
Pache, Eckhard: Der Grundsatz des fairen gerichtlichen Verfahrens auf europäischer Ebene, EuGRZ 2000, S. 601 ff.
––––– Die Europäische Grundrechtscharta – ein Rückschritt für den Grundrechtsschutz in Europa?, EuR 2001, S. 475 ff.
Pache, Eckhard/Rösch, Franziska: Der Vertrag von Lissabon, NVwZ 2008, S. 473 ff.
Palme, Christoph E.: Nationale Umweltpolitik in der EG: Zur Rolle des Art. 100a IV im Rahmen einer Europäischen Umweltgemeinschaft, Berlin 1992.
Palm-Risse, Martina: Völkerrechtlicher Schutz von Ehe und Familie, Baden-Baden 1990.
Papier, Hans-Jürgen: Altlasten und polizeiliche Störerhaftung, DVBl 1985, S. 873 ff.
––––– Altlasten und polizeirechtliche Störerhaftung, Köln u.a. 1985.
––––– Die Verantwortlichkeit für Altlasten im öffentlichen Recht, NVwZ 1986, S. 256 ff.
––––– Umsetzung und Wirkung der Entscheidungen des Europäischen Gerichtshofes für Menschenrechte aus der Perspektive der nationalen deutschen Gerichte, EuGRZ 2006, S. 1 ff.
Papp, Konstanze von: Die Integrationswirkung von Grundrechten in der Europäischen Gemeinschaft. Die Rolle der Gemeinschaftsgrundrechte bei der Verwirklichung der Grundfreiheiten und des allgemeinen Freizügigkeitsrechts, Baden-Baden 2007.
Partsch, Christoph J.: Die neue Transparenzverordnung (EG) Nr. 1049/2001, NJW 2001, S. 3154 ff.
Pauly, Walter: Strukturfragen des unionsrechtlichen Grundrechtsschutzes. Zur konstitutionellen Bedeutung von Art. F Abs. 2 EUV, EuR 1998, S. 242 ff.
Pechstein, Matthias: Das Kohärenzgebot als entscheidende Integrationsdimension der EU, EuR 1995, S. 247 ff.
Pechstein, Matthias/Bunk, Artur: Das Aufenthaltsrecht als Auffangrecht, EuGRZ 1997, S. 547 ff.
Pechstein, Matthias/Nowak, Carsten/Häde, Ulrich (Hrsg.): Frankfurter Kommentar zur EUV, GRC und AEUV, Tübingen 2017; zit.: Bearbeiter, in: Pechstein/Nowak/Häde.
Peers, Steve (Hrsg.): Taking Rights away? Limitations and Derogations, in: Peers (Hrsg.), The European Union Charter of Fundamental Rights, 2004, S. 141 ff.
––––– The European Union Charter of Fundamental Rights, Oxford u.a. 2004; zit.: Bearbeiter, in: Peers (Hrsg.), The European Union Charter of Fundamental Rights, 2004.
Peine, Franz-Joseph: Die Legalisierungswirkung, JZ 1990, S. 201 ff.
Penski, Ulrich/Elsner, Bernd R.: Eigentumsgewährleistung und Berufsfreiheit als Gemeinschaftsgrundrechte in der Rechtsprechung des Europäischen Gerichtshofs, DÖV 2001, S. 265 ff.
Pernice, Ingolf: Kompetenzordnung und Handlungsbefugnisse der Europäischen Gemeinschaft auf dem Gebiet des Umwelt- und Technikrechts, Die Verwaltung 1989, S. 1 ff.
––––– Auswirkungen des europäischen Binnenmarktes auf das Umweltrecht – Gemeinschafts (verfassungs-)rechtliche Grundlagen, NVwZ 1990, S. 201 ff.
––––– Gemeinschaftsverfassung und Grundrechtsschutz – Grundlagen, Bestand und Perspektiven, NJW 1990, S. 2409 ff.
––––– Eine Grundrechte-Charta für die Europäische Union, DVBl 2000, S. 847 ff.
Peters, Anne: Einführung in die Europäische Menschenrechtskonvention, München 2003.
Peters, Anne/Altwicker, Tillmann: Europäische Menschenrechtskonvention, 2. Aufl., München 2019.
Pfeffer, Kristin: Das Recht auf eine gute Verwaltung. Art. II-101 der Grundrechtecharta des Vertrages über eine Verfassung für Europa, Baden-Baden 2006.
Philipp, Otmar: Strafrecht: Jahresbericht zur Betrugsbekämpfung 2019, EuZW 2021, S. 699 ff.
Philippi, Nina: Divergenzen im Grundrechtsschutz zwischen EuGH und EGMR, ZEuS 2000, S. 97 ff.
––––– Die Charta der Grundrechte der Europäischen Union – Entstehung, Inhalt und Konsequenzen für den Grundrechtsschutz in Europa, Baden-Baden 2002.

Pielow, Johann-Christian: Grundstrukturen öffentlicher Versorgung: Vorgaben des europäischen Gemeinschaftsrechts sowie des französischen und des deutschen Rechts unter besonderer Berücksichtigung der Elektrizitätswirtschaft, Tübingen 2001.
Pielow, Johann-Christian/Ehlers, Eckart: Rechtsfragen zum „Ownership Unbundling", IR 2007, S. 259 ff.
Pieroth, Bodo: Rückwirkung und Übergangsrecht: Verfassungsrechtliche Maßstäbe für intertemporale Gesetzgebung, Berlin 1981.
Pieroth, Bodo/Schmülling, Markus: Die Umsetzung der Richtlinie des Rates zum Kommunalwahlrecht der Unionsbürger in den deutschen Ländern, DVBl 1998, S. 365 ff.
Pießkalla, Michael: Unmittelbare Drittwirkung der Grundfreiheiten des EG-Vertrages bei Boykottaufrufen durch Gewerkschaften, NZA 2007, S. 1144 ff.
─── Die Kommissionsvorschläge zum „full ownership unbundling" des Strom- und Gasversorgungssektors im Lichte der Eigentumsneutralität des EG-Vertrags (Art. 295 EG), EuZW 2008, S. 199 ff.
Pietsch, Jörg: Das Schrankenregime der EU-Grundrechtecharta: Dogmatik und Bewertung auf der Grundlage einer Prinzipientheorie der Rechte, Baden-Baden 2005.
Pietzcker, Jost: Mitverantwortung des Staates, Verantwortung des Bürgers, JZ 1985, S. 209 ff.
─── Die Schutznormlehre, Verständnisse und Missverständnisse, in: FS für Isensee, Heidelberg 2007, S. 577 ff.
Pitschas, Rainer: Europäische Grundrechte-Charta und soziale Grundrechte, VSSR 2000, S. 207 ff.
Pösl, Michael: Das Verbot der Folter in Art. 3 EMRK, Baden-Baden 2015.
Portwood, Timothy G.: Competition Law and the Environment, London 1994.
Poscher, Ralf: Die Würde des Menschen ist unantastbar, JZ 2004, S. 756 ff.
Preis, Ulrich/Morgenbrodt, Kai: Sozialpolitik: Diskriminierung / Religion / Kopftuch, ZESAR 2017, S. 309 ff.
Prepeluh, Urska: Die Entwicklung der Margin of Appreciation-Doktrin im Hinblick auf die Pressefreiheit, ZaöRV 2001, S. 771 ff.
Preu, Peter: Freiheitsgefährdung durch die Lehre von den grundrechtlichen Schutzpflichten. Überlegungen aus Anlaß des Gentechnikanlagen-Beschlusses des Hessischen Verwaltungsgerichtshofs, JZ 1991, S. 265 ff.
Prevedourou, Eugénie: Der Grundsatz des Vertrauensschutzes im französischen Recht, eine unzutreffende Übertragung?, RED 1999, S. 1155 ff.
Quaritsch, Helmut: Staatsangehörigkeit und Wahlrecht. Zum Problem des Ausländer-Wahlrechts, DÖV 1983, S. 1 ff.
Quasdorf, Peter: Dogmatik der Grundrechte der Europäischen Union, Frankfurt a.M. u.a. 2001.
Rabe, Hans-Jürgen: Zur Metamorphose des Europäischen Verfassungsvertrags, NJW 2007, S. 3153 ff.
Randelzhofer, Albrecht/Wilke, Dieter: Die Duldung als Form flexiblen Verwaltungshandelns – dargestellt an einem Fall des Wasserrechts, Berlin 1981.
Rau, Markus/Schorkopf, Frank: Der EuGH und die Menschenwürde, NJW 2002, S. 2448 ff.
Rauschning, Dieter: Ein internationales Menschenrecht auf Schutz der Umwelt?, in: FS für Weber, Berlin 1974, S. 719 ff.
Rebhahn, Robert: Das kollektive Arbeitsrecht im Rechtsvergleich, NZA 2001, S. 763 ff.
─── Abfindung statt Kündigungsschutz? – Rechtsvergleich und Regelungsmodelle, RdA 2002, S. 272 ff.
─── Überlegung zur Bedeutung der Charta der Grundrechte der EU für den Streik und für die kollektive Rechtsgestaltung, in: GS für Heinze, München 2005, S. 649 ff.
Rehbinder, Eckard: Übertragbare Emissionszertifikate aus juristischer Sicht, in: Endres/ Rehbinder/ Schwarze, Umweltzertifikate und Kompensationslösungen aus ökonomischer und juristischer Sicht, 1994, S. 92 ff.
Rehder, Stefan: Gott spielen: Im Supermarkt der Gentechnik, München 2007.
Reich, Marilla: Ordnungsverfügungen im Rahmen der Bewältigung des Altlastenproblems, Münster 1990.

Reichegger, Heidi: Auswirkungen der Richtlinie 2000/78/EG auf das kirchliche Arbeitsrecht unter Berücksichtigung von Gemeinschaftsgrundrechten als Auslegungsmaxime, Frankfurt a.M. u.a. 2005.

Reinhardt, Michael: Die Eingriffsbefugnisse der Wasserbehörden bei der Sanierung von Altlasten, Bonn 1989.

Reininghaus, Eva: Eingriffe in das Eigentumsrecht nach Artikel 1 des Zusatzprotokolls zur EMRK: Eingriffe in das Recht auf Achtung des Eigentums und ihre Zulässigkeitsvoraussetzungen, Berlin 2002.

Rengeling, Hans-Werner: Europäisches Gemeinschaftsrecht und nationaler Rechtsschutz (unter besonderer Berücksichtigung der Rechtsprechung des Europäischen Gerichtshofs und deutscher Gerichte), in: GS für Sasse I, Baden-Baden 1981, S. 197 ff.

——— Der Grundrechtsschutz in der Europäischen Gemeinschaft und die Überprüfung der Gesetzgebung, DVBl 1982, S. 140 ff.

——— (Hrsg.): Europäisches Umweltrecht und europäische Umweltpolitik: Referate und Diskussionsberichte der Tagung des Arbeitskreises Europäische Integration e.V. in Osnabrück vom 5.-7.2.1987, Köln u.a. 1988; zit.: Bearbeiter, in: Rengeling (Hrsg.), Europäisches Umweltrecht und europäische Umweltpolitik, 1988.

——— Grundrechtsschutz in der Europäischen Gemeinschaft: Bestandsaufnahme und Analyse der Rechtsprechung des Europäischen Gerichtshofs zum Schutz der Grundrechte als allgemeine Rechtsgrundsätze, München 1993.

——— (Hrsg.): Umweltschutz und andere Politiken der Europäischen Gemeinschaft. Erste Osnabrücker Gespräche zum deutschen und europäischen Umweltrecht, Köln u.a. 1993; zit.: Bearbeiter, in: Rengeling (Hrsg.), Umweltschutz und andere Politiken der Europäischen Gemeinschaft, 1993.

——— Brauchen wir die Verfassungsbeschwerde auf Gemeinschaftsebene? Zur Effektuierung des Individualrechtsschutzes gegen grundrechtsverletzende Gemeinschaftsnormen, in: FS für Everling, Baden-Baden 1995, S. 1187 ff.

——— (Hrsg.): Handbuch zum europäischen und deutschen Umweltrecht: Eine systematische Darstellung des europäischen Umweltrechts mit seinen Auswirkungen auf das deutsche Recht und mit rechtspolitischen Perspektiven, 2. Aufl., Köln u.a. 2003; zit.: Bearbeiter, in: Rengeling (Hrsg.), Handbuch zum europäischen und deutschen Umweltrecht, 2. Aufl. 2003.

——— Die wirtschaftsbezogenen Grundrechte in der Europäischen Sozialcharta, DVBl 2004, S. 453 ff.

——— Die wirtschaftsbezogenen Grundrechte in der Grundrechtecharta, in: Schwarze (Hrsg.), Der Verfassungsentwurf des Europäischen Konvents, 2004, S. 331 ff.

Rengeling, Hans-Werner/Middeke, Andreas/Gellermann, Martin (Hrsg.): Handbuch des Rechtsschutzes in der Europäischen Union, 3. Aufl., München 2014; zit.: Rengeling/ Middeke/Gellermann, Rechtsschutz in der Europäischen Union, 3. Aufl. 2014.

Rengeling, Hans-Werner/Szczekalla, Peter: Grundrechte in der Europäischen Union. Charta der Grundrechte und Allgemeine Rechtsgrundsätze, Köln u.a. 2004; zit.: Rengeling/ Szczekalla.

Rennert, Klaus: Bestandskraft rechtswidriger Verwaltungsakte und Gemeinschaftsrecht, DVBl 2007, S. 400 ff.

Ress, Georg (Hrsg.): Souveränitätsverständnis in den Europäischen Gemeinschaften, Baden-Baden 1980; zit.: Bearbeiter, in: Ress (Hrsg.), Souveränitätsverständnis in den Europäischen Gemeinschaften, 1980.

——— Die Zulässigkeit von Kulturbeihilfen in der Europäischen Union, in: GS für Grabitz, München 1995, S. 595 ff.

——— Wirkung und Beachtung der Urteile und Entscheidungen der Straßburger Konventionsorgane, EuGRZ 1996, S. 350 ff.

——— Menschenrechte, europäisches Gemeinschaftsrecht und nationales Verfassungsrecht, in: FS für Winkler, Wien 1997, S. 897 ff.

——— Das Europäische Parlament als Gesetzgeber. Der Blickpunkt der Europäischen Menschenrechtskonvention, ZEuS 1999, S. 219 ff.

Ress, Georg/Ukrow, Jörg: Neue Aspekte des Grundrechtsschutzes in der Europäischen Gemeinschaft. Anmerkungen zum Hoechst-Urteil des EuGH, EuZW 1990, S. 499 ff.
Richter, Christian: Verfassungsmäßigkeit einer allgemeinen Impfpflicht gegen das SARS-CoV-2, NVwZ 2022, S. 204 ff.
Rieckhoff, Henning: Der Vorbehalt des Gesetzes im Europarecht, Tübingen 2007.
Riegel, Reinhard: Die Einwirkung des europäischen Gemeinschaftsrechts auf die Eigentumsordnung der Mitgliedstaaten. Zugleich ein Beitrag zur Auslegung von Art. 222 EWGV, RIW 1979, S. 744 ff.
Riemann, Frank: Die Transparenz der Europäischen Union. Das neue Recht auf Zugang zu Dokumenten von Parlament, Rat und Kommission, Berlin 2004.
Riesenhuber, Karl: Europäisches Vertragsrecht, 2. Aufl., Berlin 2006.
Rixen, Stephan: Lebensschutz am Lebensende: Das Grundrecht auf Leben und die Hirntodkonzeption, Berlin 1999.
Robbers, Gerhard: Sicherheit als Menschenrecht: Aspekte der Geschichte, Begründung und Wirkung einer Grundrechtsfunktion, Baden-Baden 1987.
——— Religionsfreiheit in Europa, in: FS für Listl, Berlin 1999, S. 201 ff.
——— Staat und Religion, VVDStRL 59 (2000), S. 231 ff.
——— Religionsrechtliche Gehalte der Europäischen Grundrechtecharta, in: FS für Maurer, München 2001, S. 425 ff.
Robert, Jacques/Duffar, Jean: Droits de l'homme et libertés fondamentales, 2. Aufl., Paris 1996.
Rody, Yasamin: Der Begriff und die Rechtsnatur von Geschäfts- und Betriebsgeheimnissen unter Berücksichtigung der Geheimnisschutz-Richtlinie, Baden- Baden 2019.
Rohleder, Kristin: Grundrechtsschutz im europäischen Mehrebenen-System, Baden Baden 2009.
Röder, Sonja: Der Gesetzesvorbehalt der Charta der Grundrechte der Union im Lichte einer europäischen Wesentlichkeitstheorie, Baden-Baden 2007.
Rosenkranz, Frank: Die Beschränkunge der Rückwirkung von Entscheidungen des Europäischen Gerichtshofs, Tübingen 2015, S. 240.
Rossi, Matthias: Das Diskriminierungsverbot nach Art. 12 EGV, EuR 2000, S. 197 ff.
Roßnagel, Alexander/Scheuer, Alexander: Das europäische Medienrecht, MMR 2005, S. 271 ff.
Royla, Pascal/Lackhoff, Klaus: Die innerstaatliche Beachtlichkeit von EG-Richtlinien und das Gesetzmäßigkeitsprinzip, DVBl 1998, S. 1116 ff.
Ruffert, Matthias: Die Mitgliedstaaten der Europäischen Gemeinschaft als Verpflichtete der Gemeinschaftsgrundrechte, EuGRZ 1995, S. 518 ff.
——— Diplomatischer und konsularischer Schutz zwischen Völker- und Europarecht. Bemerkungen zu Art. 8c EGV, AVR 35 (1997), S. 460 ff.
——— Schlüsselfragen der Europäischen Verfassung der Zukunft – Grundrechte – Institutionen – Kompetenzen – Ratifizierung, EuR 2004, S. 165 ff.
Rüfner, Wolfgang: Religion und Kirchen vor der Europäischen Verfassung, in: FS für Ress, Köln u.a. 2005, S. 757 ff.
Sachs, Michael (Hrsg.): Grundgesetz. Kommentar, 9. Aufl., München 2021; zit.: Bearbeiter, in: Sachs, GG.
Säcker, Jürgen/Rixecker, Roland/Oetker, Hartmut/Limperg, Bettina (Hrsg.): Münchener Kommentar zum Bürgerlichen Gesetzbuch, 9. Aufl., München 2021, zit.: Bearbeiter, in: Münchener Kommentar zum BGB.
Sacksofsky, Ute: Religion und Emanzipation – (k)ein Widerspruch?, in: Kadelbach/Parhisi (Hrsg.), Die Freiheit der Religion im europäischen Verfassungsrecht, 2007, S. 111 ff.
Sagan, Adam: Unionaler Diskriminierungsschutz gegen Kopftuchverbote am Arbeitsplatz, EuZW 2017, S. 457 ff.
Sander, Florian: Die Unionsbürgerschaft als Türöffner zu mitgliedstaatlichen Sozialversicherungssystemen?, DVBl 2005, S. 1014 ff.
Sandhu, Aqilah: Das EU-Antidiskriminierungsgesetz zwischen ökonomischer und sozialer Integration: Zu den Grenzen unternehmerischer Freiheit – Anmerkung zu EuGH, Rs. C-188/15 ("Bougnaoui") und C-157/15 ("Achbita"), KJ 2017, S. 517 ff.

Sasse, Christoph: Der Schutz der Grundrechte in den Europäischen Gemeinschaften und seine Lücken, in: Mosler/Bernhardt/Hilf (Hrsg.), Grundrechtsschutz in Europa, 1977, S. 51 ff.

Sattler, Andreas: Allgemeiner Gleichheitssatz und spezielle Gleichheitssätze in der Rechtsprechung des Europäischen Gerichtshofs, in: FS für Rauschning, Köln u.a. 2001, S. 251 ff.

Sauer, Heiko: Die Umsetzung von EGMR-Urteilen in Deutschland – Verpflichtungen der Rechtspraxis, NJW 2023, S. 2073 ff.

——— „Solange" geht in Altersteilzeit – Der unbedingte Vorrang der Menschenwürde vor dem Unionsrecht, NJW 2016, S. 1134 ff.

Sebastian, Sascha: „Vivre ensemble" und das Recht ein Außenseiter zu sein – Zur möglichen integrationspolitischen Bedeutung der Entscheidung des EGMR zum Verbot der Vollverschleierung, ZAR 2017, S. 153 ff.

Schaller, Werner: Die EU-Mitgliedstaaten als Verpflichtungsadressaten der Gemeinschaftsgrundrechte, Baden-Baden 2003.

——— Das Verhältnis von EMRK und deutscher Rechtsordnung vor und nach dem Beitritt der EU zur EMRK, EuR 2006, S. 656 ff.

Schaller, Werner: Verkaufsmodalitäten und Gemeinschaftsgrundrechte. Anmerkung zu EuGH, Urt. vom 25.3.2004 – Rs. C-71/02, JZ 2005, S. 193 ff.

Scharnhoop, Hermann: Zur Revision des § 18 Atomgesetz. Eine Bestandsaufnahme zum Problem der nachträglichen Belastung begünstigender Verwaltungsakte im industriellen Sicherheitsrecht, DVBl 1975, S. 157 ff.

Schenke, Wolf-Rüdiger: Die Verfassungswidrigkeit des § 14 III LuftSiG, NJW 2006, S. 736 ff.

Scherzberg, Arno: „Objektiver" Grundrechtsschutz und subjektives Grundrecht – Überlegungen zu Neukonzeption des grundrechtlichen Abwehrrechts, DVBl 1989, S. 1128 ff.

——— Die Öffentlichkeit der Verwaltung, Baden-Baden 2000.

Scheuing, Dieter H.: Umweltschutz auf der Grundlage der Einheitlichen Europäischen Akte, EuR 1989, S. 152 ff.

——— Europäisierung des Verwaltungsrechts. Zum mitgliedstaatlichen Verwaltungsvollzug des EG-Rechts am Beispiel der Rückforderung gemeinschaftswidriger Beihilfen, Die Verwaltung 2001, S. 107 ff.

——— Regulierung und Marktfreiheit im Europäischen Umweltrecht, in: von Bogdandy/Kadelbach (Hrsg.), Solidarität und Europäische Integration, 2002, S. 53 ff.

——— Freizügigkeit als Unionsbürgerrecht, EuR 2003, S. 744 ff.

——— Zur Grundrechtsbindung der EU-Mitgliedstaaten, EuR 2005, S. 162 ff.

Scheyli, Martin: Die Abgrenzung zwischen ideellen und kommerziellen Informationsgehalten als Bemessungsgrundlage der „margin of appreciation" im Rahmen von Art. 10 EMRK. Anmerkung zum Urteil des EGMR vom 5.11.2002 im Fall Demuth vs. Schweiz, EuGRZ 2003, S. 455 ff.

Schickhardt, Bernhard: Die Erklärung der Menschen- und Bürgerrechte von 1789-91 in den Debatten der Nationalversammlung, Berlin 1931.

Schildknecht, Urs: Grundrechtsschranken in der Europäischen Gemeinschaft: Eine Untersuchung der Rechtsprechung des Europäischen Gerichtshofes, Frankfurt a.M. u.a. 2000.

Schilling, Theodor: Der EuGH, das Eigentum und das deutsche Recht. Anmerkungen zum materiellen Teil des Urteils des EuGH vom 21.2.1991 in den verb. Rs. C-143/88 und C-92/89, EuZW 1991, S. 310 ff.

——— Gleichheitssatz und Inländerdiskriminierung, JZ 1994, S. 8 ff.

——— Bestand und allgemeine Lehren der bürgerschützenden allgemeinen Rechtsgrundsätze des Gemeinschaftsrechts, EuGRZ 2000, S. 3 ff.

Schindler, Dierk: Die Kollision von Grundfreiheiten und Gemeinschaftsgrundrechten: Entwurf eines Kollisionsmodells unter Zusammenführung der Schutzpflichten- und der Drittwirkungslehre, Berlin 2001.

Schink, Alexander: Grenzen der Störerhaftung bei der Sanierung von Altlasten, VerwArch. 1991, S. 357 ff.

Schlette, Volker: Der Anspruch auf Rechtsschutz innerhalb angemessener Frist – Ein neues Prozeßgrundrecht auf EG-Ebene. Zum Urteil des EuGH vom 17.12.1998, Baustahlgewebe GmbH/Kommission, EuGRZ 1999, S. 369 ff.
Schliesky, Utz: Digitale Ethik und Recht, NJW 2019, 3692 ff.
Schlink, Bernhard: Freiheit durch Eingriffsabwehr – Rekonstruktion der klassischen Grundrechtsfunktion, EuGRZ 1984, S. 457 ff.
Schlockermann, Michael: Rechtssicherheit als Vertrauensschutz in der Rechtsprechung des EuGH, München 1984.
Schmahl, Stefanie: Die Vergemeinschaftung der Asyl- und Flüchtlingspolitik, ZAR 2001, S. 3 ff.
――― Effektiver Rechtsschutz gegen targeted sanctions des UN-Sicherheitsrats?, EuR 2006, S. 566 ff.
――― Der Europäische Haftbefehl vor dem EuGH: Des Rechtsstreits letzter Teil?, DVBl 2007, S. 1463 ff.
――― Grundrechtsschutz im Dreieck von EU, EMRK und nationalem Verfassungsrecht, EuR 2008, Beiheft 1, S. 7 ff.
Schmalenbach, Kirsten: Normentheorie vs. Terrorismus: Der Vorrang des UN-Rechts vor EU-Recht, JZ 2006, S. 349 ff.
Schmidt am Busch, Birgit: Die neuen Bestimmungen zur Gleichstellung von Frauen und Männern im EG-Vertrag, BayVBl. 2000, S. 737 ff.
Schmidt, Karsten: Handelsrecht, 6. Aufl., Köln u.a. 2014.
Schmidt, Laura V.: Der Schutz der Menschenwürde als „Fundament" der EU-Grundrechtscharta unter besonderer Berücksichtigung der Rechte auf Leben und Unversehrtheit, ZEuS 2002, S. 631 ff.
Schmidt-Aßmann, Eberhard: Verwaltungskooperation und Verwaltungskooperationsrecht in der Europäischen Gemeinschaft, EuR 1996, S. 270 ff.
Schmidt-Preuß, Matthias: Atomausstieg und Eigentum, NJW 2000, S. 1524 ff.
――― Der Wandel der Energiewirtschaft vor dem Hintergrund der europäischen Eigentumsordnung, EuR 2006, S. 463 ff.
Schmittmann, Georg J.: Rechte und Grundsätze in der Grundrechtecharta, Köln u.a. 2007.
Schmittmann, Michael/Luedtke, Astrid: Die Medienfreiheit in der europäischen Grundrechtecharta, AfP 2000, S. 533 ff.
Schmitz, Thomas: Die EU-Grundrechtecharta aus grundrechtsdogmatischer und grundrechtstheoretischer Sicht, JZ 2001, S. 833 ff.
――― Die Grundrechtecharta als Teil der Verfassung der Europäischen Union, EuR 2004, S. 691 ff.
Schneider, Hartmut: Die öffentliche Ordnung als Schranke der Grundfreiheiten im EG-Vertrag, Baden-Baden 1998.
Schneider, Siegbert: Altlastensanierung zwischen Verursacher- und Gemeinlastprinzip, Köln 1989.
Schöbener, Burkhard: Die unternehmerische Freiheit in der Europäischen Grundrechtecharta: Ein Wirtschaftsgrundrecht zwischen Formelkompromiss und Gewährleistungseffizienz, in: GS für Tettinger, Köln 2007, S. 159 ff.
Schoch, Friedrich: Informationsfreiheitsgesetz für die Bundesrepublik Deutschland, Die Verwaltung 2002, S. 149 ff.
Schoch, Friedrich/Schneider, Jens-Peter: Verwaltungsrecht VwGO – Kommentar, Stand: März 2023, München; Zit.: Schoch/Schneider.
Schohe, Gerrit: Das Urteil Bosphorus: Zum Unbehagen gegenüber dem Grundrechtsschutz durch die Gemeinschaft, EuZW 2006, S. 33 ff.
Scholz, Rupert: Zur Europäischen Grundrechtecharta, in: FS für Maurer, München 2001, S. 993 ff.
Schönberger, Christoph: Unionsbürger: Europas föderales Bürgerrecht in vergleichender Sicht, Tübingen 2005.
Schönke, Adolf/Schröder, Horst: Strafgesetzbuch. Kommentar, 30. Aufl., München 2006; zit.: Bearbeiter, in: Schönke/Schröder, StGB.

Schorkopf, Frank: Anmerkung zum Gutachten 2/13 des EuGH vom 18.12.2014 – Zum Beitritt der Europäischen Union zur EMRK, JZ 2015, S. 781 ff.
Schrader, Christian: Altlastensanierung nach dem Verursacherprinzip? Rechtsfragen der Kostenübernahme vor dem Hintergrund der Legalisierungswirkung von Genehmigungen, Berlin 1988.
Schrapper, Ludger: Die Richtlinie 94/80/EG zum aktiven und passiven Kommunalwahlrecht für Unionsbürger. Entstehung, Regelungsgehalt, Umsetzungsfragen, DVBl 1995, S. 1167 ff.
Schreiber, Wolfgang: Die Wahl zum Europäischen Parlament in der Bundesrepublik Deutschland, NVwZ 2004, S. 21 ff.
Schröder, Meinhard: Die Berücksichtigung des Umweltschutzes in der gemeinsamen Agrarpolitik der Europäischen Union, NuR 1995, S. 117 ff.
―――― Wirkungen der Grundrechtecharta in der europäischen Rechtsordnung, JZ 2002, S. 849 ff.
―――― Die Wirkkraft der Unionsgrundrechte bei Sachverhalten mit internationalem Bezug, in: FS für Rengeling, Köln u.a. 2008, S. 619 ff.
Schroeder, Werner: Die Sicherung eines hohen Schutzniveaus für Gesundheits-, Umwelt- und Verbraucherschutz im europäischen Binnenmarkt, DVBl 2002, S. 213 ff.
Schubert, Inti: Europol und der virtuelle Verdacht. Die Suspendierung des Rechts auf informationelle Selbstbestimmung, Frankfurt a.M. u.a. 2008.
Schubert, Thure: Der gemeinsame Markt als Rechtsbegriff – Die allgemeine Wirtschaftsfreiheit des EG-Vertrages, München 1999.
Schütte, Peter/Winkler, Martin: Aktuelle Entwicklungen im Bundesumweltrecht, ZUR 2014, S. 437 ff.
Schuhr, Jan C.: Brechmitteleinsatz als unmenschliche und erniedrigende Behandlung, NJW 2006, S. 3538 ff.
Schulte, Bernd: Nochmals: „Wird es einen europäischen Sozialstaat geben?", ZIAS 2003, S. 391 ff.
Schulz, Guido: Freizügigkeit für Unionsbürger, Frankfurt a.M. u.a. 1997.
Schulz, Stephan: Ehe und Familie in Europa, ZRP 2001, S. 477 ff.
Schulz, Wolfgang: Medienkonvergenz light – Zur neuen Europäischen Richtlinie über audiovisuelle Mediendienste, EuZW 2008, S. 107 ff.
Schunda, Regine: Das Wahlrecht von Unionsbürgern bei Kommunalwahlen in Deutschland, Frankfurt a.M. u.a. 2003.
Schwarz, Kyrill-Alexander: Vertrauensschutz als Verfassungsprinzip: Eine Analyse des nationalen Rechts, des Gemeinschaftsrechts und der Beziehungen zwischen beiden Rechtskreisen, Baden-Baden 2002.
Schwarze, Jürgen: Der Beitrag des Europarates zur Entwicklung von Rechtsschutz und Verfahrensgarantien im Verwaltungsrecht, EuGRZ 1993, S. 377 ff.
―――― Auf dem Weg zu einer europäischen Verfassung – Wechselwirkungen zwischen europäischem und nationalem Verfassungsrecht, DVBl 1999, S. 1677 ff.
―――― (Hrsg.): EU-Kommentar, Baden-Baden 2000; zit.: Bearbeiter, in: Schwarze.
―――― Medienfreiheit und Medienvielfalt im Europäischen Gemeinschaftsrecht, ZUM 2000, S. 779 ff.
―――― Medienfreiheit und Medienvielfalt im Europäischen Gemeinschaftsrecht, in: Schwarze/Hesse (Hrsg.), Rundfunk und Fernsehen im digitalen Zeitalter, 2000, S. 87 ff.
―――― Der Grundrechtsschutz für Unternehmen in der Europäischen Union, EuZW 2001, S. 517 ff.
―――― Die Medien in der europäischen Verfassungsreform, AfP 2003, S. 209 ff.
―――― Ein pragmatischer Verfassungsentwurf – Analyse und Bewertung des vom Europäischen Verfassungskonvent vorgelegten Entwurfs eines Vertrags über eine Verfassung für Europa, EuR 2003, S. 535 ff.
―――― Rechtsstaatliche Grenzen der gesetzlichen und richterlichen Qualifikation von Verwaltungssanktionen im europäischen Gemeinschaftsrecht, EuZW 2003, S. 261 ff.
―――― (Hrsg.): Der Verfassungsentwurf des Europäischen Konvents: Verfassungsrechtliche Grundstrukturen und wirtschaftsverfassungsrechtliches Konzept, Baden-Baden 2004; zit.: Bearbeiter, in: Schwarze (Hrsg.), Der Verfassungsentwurf des Europäischen Konvents, 2004.

―――― Der Europäische Verfassungsvertrag, JZ 2005, S. 1130 ff.
―――― Europäisches Verwaltungsrecht. Entstehung und Entwicklung im Rahmen der Europäischen Gemeinschaft, 2. Aufl., Baden-Baden 2005.
―――― Europäisches Wirtschaftsrecht, Baden-Baden 2007.
―――― Dimensionen des Rechtsgrundsatzes der Verhältnismäßigkeit, in: FS für Rengeling, Köln u.a. 2008, S. 633 ff.
Schwarze, Jürgen/Becker, Ulrich/Hatje, Armin/Schoo, Johann (Hrsg.): EU-Kommentar, 4. Aufl., Baden-Baden 2019, zit.: Bearbeiter, in: Schwarze/Becker/Hatje/Schoo.
Schwarze, Jürgen/Hesse, Albrecht (Hrsg.): Rundfunk und Fernsehen im digitalen Zeitalter. Die Sicherung von Medienfreiheit und Medienvielfalt im deutschen und europäischen Recht, Baden-Baden 2000.
Schwintowski, Hans-Peter: Auf dem Wege zu einem Europäischen Zivilgesetzbuch, JZ 2002, S. 205 ff.
Seibert, Max-Jürgen: Die Bindungswirkung von Verwaltungsakten, Baden-Baden 1989.
―――― Altlasten in der verwaltungsgerichtlichen Rechtsprechung, DVBl 1992, S. 664 ff.
Seidel, Gerd: Handbuch der Grund- und Menschenrechte auf staatlicher, europäischer und universeller Ebene: Eine vergleichende Darstellung der Grund- und Menschenrechte des deutschen Grundgesetzes, der Europäischen Menschenrechtskonvention von 1950 und des Internationalen Pakts über bürgerliche und politische Rechte von 1966 sowie der Entscheidungspraxis des Bundesverfassungsgerichts und der zuständigen Vertragsorgane, Baden-Baden 1996.
Seidel, Martin: Pro futuro: Kraft Gemeinschaftsrechts Vorrang des höheren einzelstaatlichen Grundrechtsschutzes?, EuZW 2003, S. 97 ff.
Seifert, Jens: Problemkreise des Grundrechtsverzichts, Jura 2007, S. 99.
Selmer, Peter: Der Begriff der Verursachung im allgemeinen Polizei- und Ordnungsrecht, JuS 1992, S. 97 ff.
―――― Die Gewährleistung des unabdingbaren Grundrechtsstandards durch den EuGH: Zum „Kooperationsverhältnis" zwischen BVerfG und EuGH am Beispiel des Rechtsschutzes gegen die Bananenmarkt-Verordnung, Baden-Baden 1998.
―――― Die Medien- und Informationsfreiheit in der Charta der Grundrechte der Europäischen Union, EuR 2002, Beiheft 3, S. 29 ff.
Siemen, Birte: Grundrechtsschutz durch Richtlinien. Die Fälle Österreichischer Rundfunk u.a. und Lindqvist. Anmerkung zu: EuGH, Urt. vom 20.5.2003 – verb. Rs. C-465/00, 138/01, 139/01, EuR 2004, S. 306 ff.
Sigeman, Tore: Die Rolle des Arbeitsrechts in der Europäischen Einigung, RdA 2003, S. 18 ff.
Simson, Werner von/Schwarze, Jürgen: Europäische Integration und Grundgesetz. Maastricht und die Folgen für das deutsche Verfassungsrecht, Berlin/New York 1992.
Sinder, Rike: Menschenrechte für das Anthropozän?: Klimaklagen vor dem Europäischen Gerichtshof für Menschenrechte, NuR 2023, S. 315 ff.
Skouris, Vassilios: Das Verhältnis von Grundfreiheiten und Grundrechten im europäischen Gemeinschaftsrecht, DÖV 2006, S. 89 ff.
Sodan, Helge: EU-Osterweiterung und soziale Sicherungssysteme, JZ 2002, S. 53 ff.
Stadler, Rupert: Die Berufsfreiheit in der Europäischen Gemeinschaft, München 1980.
Staeglich, Simone: Rechte und Pflichten aus der Unionsbürgerschaft, ZEuS 2003, S. 485 ff.
Stampe, Michèle: Das Verbot der indirekten Diskriminierung wegen des Geschlechts: Konzept, Tatbestand, verfassungsrechtliche Zuordnung unter besonderer Berücksichtigung der amerikanischen und europäischen Rechtsentwicklung, Zürich 2001.
Starck, Christian: Ein Grundrechtskatalog für die Europäischen Gemeinschaften, EuGRZ 1981, S. 545 ff.
―――― Ist die finanzielle Förderung der Forschung an embryonalen Stammzellen durch die Europäische Gemeinschaft rechtlich zulässig?, EuR 2006, S. 1 ff.
Starke, Christian Paul: Die Anwendbarkeit der Europäischen Grundrechtecharta auf rein nationale Gesetzgebungsakte, DVBl 2017, S. 721 ff.

Stein, Torsten (Hrsg.): Der diplomatische Schutz im Völker- und Europarecht, Baden-Baden 1996; zit.: Bearbeiter, in: Stein (Hrsg.), Der diplomatische Schutz im Völker- und Europarecht, 1996.
――――― Die Regelung des diplomatischen Schutzes im Vertrag über die Europäische Union, in: Stein (Hrsg.), Der diplomatische Schutz im Völker- und Europarecht, 1996, S. 97 ff.
――――― Gut gemeint. Bemerkungen zur Charta der Grundrechte der Europäischen Union, in: FS für Steinberger, Berlin u.a. 2002, S. 1425 ff.
――――― Anmerkung zu EuGH, Urt. vom 12.12.2006 – Rs. C-380/03 – (Gescheiterte Klage Deutschlands gegen Tabakwerberichtlinie), EuZW 2007, S. 54 ff.
Steiner, Anna-Zoe: Die außervertragliche Haftung der Europäischen Union nach Art. 340 Abs. 2 AEUV für rechtswidriges Verhalten, Tübingen 2015, S. 51.
Steinbach, Armin/Grund, Sebastian: Der EU-Corona-Aufbaufonds – nächste Etappe in die Fiskal- und Transferunion?, NJW 2023, S. 405 ff.
Steinbarth, Sebastian: Individualschutz gegen Maßnahmen der EG zur Bekämpfung des internationalen Terrorismus, ZEuS 2006, S. 269 ff.
Steinberg, Rudolf: Verfassungsrechtlicher Umweltschutz durch Grundrechte und Staatszielbestimmung, NJW 1996, S. 1985 ff.
――――― Vom Staatskirchenrecht zu einem zeitgemäßen Religionsrecht, Baden-Baden 2021.
Stelkens, Paul/Bonk, Heinz J./Sachs, Michael (Hrsg.): Verwaltungsverfahrensgesetz – Kommentar, 10. Aufl., München 2023; zit.: Bearbeiter, in: Stelkens/Bonk/Sachs, VwVfG.
Stender-Vorwachs, Jutta/Theißen, Natalia: Die Revision der Fernsehrichtlinie. Ist die Revision eine Reform?, ZUM 2006, S. 362 ff.
Stern, Klaus: Das Staatsrecht der Bundesrepublik Deutschland, 1. Aufl. f., München 1980 ff.; zit.: Stern, Staatsrecht.
――――― Der allgemeine Privatsphärenschutz durch das Grundgesetz und seine Parallelen im internationalen und europäischen Recht, in: FS für Ress, Köln u.a. 2005, S. 1259 ff.
Stern, Klaus/Prütting, Hanns (Hrsg.): Kultur- und Medienpolitik im Kontext des Entwurfs einer europäischen Verfassung, München 2005; zit.: Bearbeiter, in: Stern/Prütting (Hrsg.), Kultur- und Medienpolitik im Kontext des Entwurfs einer europäischen Verfassung, 2005.
Stern, Klaus/Sachs, Michael (Hrsg.): Europäische Grundrechte-Charta GRCh – Kommentar, München 2016, zit.: *Bearbeiter*, in: Stern/Sachs.
Stern, Klaus/Sodan, Helge/Möstl, Markus: Das Staatsrecht der Bundesrepublik Deutschland im europäischen Staatenverbund, 2. Aufl., München 2022; zit.: Bearbeiter, in: Stern/Sodan/Möstl, Staatsrecht.
Stern, Klaus/Tettinger, Peter J. (Hrsg.): Die Europäische Grundrechte-Charta im wertenden Verfassungsvergleich, Berlin 2005; zit.: Bearbeiter, in: Stern/Tettinger (Hrsg.), Die Europäische Grundrechte-Charta im wertenden Verfassungsvergleich, 2005.
――――― (Hrsg.): Europäische Verfassung im Werden, Berlin 2006; zit.: Bearbeiter, in: Stern/Tettinger (Hrsg.), Europäische Verfassung im Werden, 2006.
Stieglitz, Edgar: Allgemeine Lehren im Grundrechtsverständnis nach der EMRK und der Grundrechtsjudikatur des EuGH: Zur Nutzbarmachung konventionsrechtlicher Grundrechtsdogmatik im Bereich der Gemeinschaftsgrundrechte, Baden-Baden 2002.
Stock, Martin: Medienfreiheit in der EU nur „geachtet" (Art. 11 Grundrechtecharta). Ein Plädoyer für Nachbesserungen im Verfassungskonvent, EuR 2002, S. 566 ff.
Stöcker, Hans A.: Der Binnen- und der Außenaspekt der Volkssouveränität, Der Staat 30 (1991), S. 259 ff.
Storm, Peter-Christian: Nachhaltiges Deutschland: Wege zu einer dauerhaft nachhaltigen Entwicklung, 2. Aufl., Berlin 1998.
Storost, Christian: Diplomatischer Schutz durch EG und EU?, Berlin 2005.
Storr, Stefan: Die Vorschläge der EU-Kommission zur Verschärfung der Unbundling-Vorschriften im Energiesektor, EuZW 2007, S. 232 ff.
Streinz, Rudolf (Hrsg.): Bundesverfassungsgerichtlicher Grundrechtsschutz und Europäisches Gemeinschaftsrecht: Die Überprüfung grundrechtsbeschränkender deutscher Begründungs- und

Vollzugsakte von Europäischem Gemeinschaftsrecht durch das Bundesverfassungsgericht, Baden-Baden 1989.
——— EUV/AEUV, Vertrag über die Europäische Union, Vertrag über die Arbeitsweise der Europäischen Union, Charta der Grundrechte der Europäischen Union, 3. Aufl., München 2018; zit.: Bearbeiter, in: Streinz.
——— Anmerkung zum Urteil des EuGH, Rs. C-66/04 – Großbritannien und Nordirland/Parlament und Rat, JuS 2006, S. 446 ff.
——— Europarecht, 3. Aufl., Heidelberg 2008.
ders, Rudolf/Ohler, Christoph/Herrmann, Christoph: Der Vertrag von Lissabon zur Reform der EU. Einführung mit Synopse, 3. Aufl., München 2010.
Strempel, Rüdiger: Ombudsmann für Europa – Zu Institution und Funktion des europäischen Bürgerbeauftragten, DÖV 1996, S. 241 ff.
Striewe, Peter: Rechtsprobleme der Altlastenbeseitigung, ZfW 1986, S. 273 ff.
Stroetmann, Clemens: Einführung: „Umweltschutz und andere Politiken der Europäischen Gemeinschaften", in: Rengeling (Hrsg.), Umweltschutz und andere Politiken der Europäischen Gemeinschaft, 1993, S. 1 ff.
Strunz, Manuel: Strukturen des Grundrechtsschutzes der Europäischen Union in ihrer Entwicklung, Baden-Baden 2006.
Stuckenberg, Carl-Friedrich: Untersuchungen zur Unschuldsvermutung, Berlin/New York 1997.
Stürmer, Rolf: „Fair Trial" und öffentliche Meinung. Zugleich eine Besprechung der Sunday-Times-Entscheidung des Europäischen Gerichtshofes für Menschenrechte, JZ 1980, S. 1 ff.
Suerbaum, Joachim: Die Schutzpflichtdimension der Gemeinschaftsgrundrechte, EuR 2003, S. 390 ff.
Suhr, Dieter: Entfaltung der Menschen durch die Menschen: Zur Grundrechtsdogmatik der Persönlichkeitsentfaltung, der Ausübungsgemeinschaften und des Eigentums, Berlin 1976.
——— Die Freiheit vom staatlichen Eingriff als Freiheit zum privaten Eingriff? Kritik der Freiheitsdogmatik am Beispiel des Passivraucherproblems, JZ 1980, S. 166 ff.
Spickhoff, Andreas: Medizinrecht, 4. Aufl., München 2022; zit.: Bearbeiter, in: Spickhoff.
Svarez, Carl G.: Vorträge über Recht und Staat, Köln/Opladen 1960.
Sydow, Gernot: Parlamentssuprematie und Rule of Law, Tübingen 2005.
——— Informationsgesetzbuch häppchenweise, NVwZ 2008, S. 481 ff.
Szczekalla, Peter: Grundfreiheitliche Schutzpflichten – eine „neue" Funktion der Grundfreiheiten des Gemeinschaftsrechts. Zugleich Besprechung von EuGH, Urteil vom 9.12.1997 – Rs. C-265/95 (Kommission/Frankreich), DVBl 1998, S. 219 ff.
——— Die Pflicht der Gemeinschaft und der Mitgliedstaaten zum diplomatischen und konsularischen Schutz, EuR 1999, S. 325 ff.
——— Grundrechte für Europa – Die Europäische Union nach Nizza, DVBl 2001, S. 345 ff.
——— Die sogenannten grundrechtlichen Schutzpflichten im deutschen und europäischen Recht: Inhalt und Reichweite einer „gemeineuropäischen Grundrechtsfunktion", Berlin 2002.
——— Freiheit im Europäischen Verfassungsverbund – Allgemeine Rechtsgrundsätze zwischen Instrumentalisierung und Auflösung, DVBl 2005, S. 286 ff.
Szpunar, Maciej: The Advocate General in the judicial architecture of the EU Court of Justice, EuZW 2022, S. 1139 ff.
Tettinger, Peter J.: Zur Grundrechtsberechtigung von Energieversorgungsunternehmen, in: FS für Börner, Köln u.a. 1992, S. 625 ff.
——— Die Charta der Grundrechte der Europäischen Union, NJW 2001, S. 1010 ff.
Tettinger, Peter J./Geerlings, Jörg: Der Schutz von Ehe und Familie in Europa nach der Rechtsprechung des EuGH und des EGMR, in: Stern/Tettinger (Hrsg.), Die Europäische Grundrechte-Charta im wertenden Verfassungsvergleich, 2005, S. 125 ff.
——— Ehe und Familie in der europäischen Grundrechtsordnung, EuR 2005, S. 419 ff.
Tettinger, Peter J./Stern, Klaus (Hrsg.): Europäische Grundrechte-Charta, Kölner Gemeinschaftskommentar, München 2006; zit.: Bearbeiter, in: Tettinger/Stern.

Thiel, Michael: Europa 1992 – Grundrechtlicher Eigentumsschutz im EG-Recht, JuS 1991, S. 274 ff.
Thiele, Carmen: Einwanderung im Europäischen Gemeinschaftsrecht – Familienzusammenführung und Daueraufenthalt von Drittstaatsangehörigen, EuR 2007, S. 419 ff.
Thym, Daniel: Freundliche Übernahme, oder: die Macht des „ersten Wortes" – „Recht auf Vergessen" als Paradigmenwechsel, JZ 2020, S. 1017 ff.
Tinnefeld, Marie-Theres: Medienfreiheit im Spannungsdreieck Datenschutz, Zensur, Manipulation, MMR 5 (2004), S. XXVII ff.
Tödtmann, Ulrich: Die Kündigung des Arbeitsverhältnisses – Ein Überblick über die Rechtslage in Deutschland, anderen europäischen Ländern und den USA, NZA 2003, S. 1187 ff.
Tomuschat, Christian: Freedom of Association, in: MacDonald/Matscher/Petzold (Hrsg.), The European System for the Protection of Human Rights, 1993, S. 493 ff.
——— Die Europäische Union und ihre völkerrechtliche Bindung, EuGRZ 2007, S. 1 ff.
——— Der Streit um die Auslegungshoheit: Die Autonomie der EU als Heiliger Gral. Das EuGH-Gutachten gegen den Beitritt der EU zur EMRK, EuGRZ 2015, S. 133 ff.
Trechsel, Stefan: Die Garantie der persönlichen Freiheit (Art. 5 EMRK) in der Straßburger Rechtsprechung, EuGRZ 1980, S. 514 ff.
Triantafyllou, Dimitris: Vom Vertrags- zum Gesetzesvorbehalt: Beitrag zum positiven Rechtsmäßigkeitsprinzip in der EG, Baden-Baden 1996.
——— The European Charter of Fundamental Rights and the „Rule of Law": Restricting Fundamental Rights by Reference, CMLR 2002, S. 53 ff.
Tuengerthal, Hansjürgen: Zur Umsetzung von EG-Richtlinien und staatengerichteten EG-Entscheidungen in deutsches Recht und Überprüfung der Umsetzung der Fleischhygienegebührenrechtsakte der EG, Frankfurt a.M. u.a. 2003.
Uerpmann-Wittzack, Robert: Doppelter Grundrechtsschutz für die zukünftige Europäische Union, DÖV 2005, S. 152 ff.
Unfried, Eva: Die Freiheits- und Sicherheitsrechte nach Art. 5 EMRK: Ein Vergleich mit der Strafprozessordnung im Hinblick auf die Auswirkungen der Konventionsrechte auf die deutsche Strafrechtsprechung, Berlin 2006.
Unruh, Peter: Zur Dogmatik der grundrechtlichen Schutzpflichten, Berlin 1996.
Uwer, Dirk: Medienkonzentration und Pluralismussicherung im Lichte des europäischen Menschenrechts der Pressefreiheit, Baden-Baden 1998.
Vedder, Christoph: Ein neuer gesetzlicher Richter? Zum Beschluß des BVerfG vom 22.10.1986, NJW 1987, S. 526 ff.
Vedder, Christoph/Heintschel von Heinegg, Wolf (Hrsg.): Europäisches Unionsrecht, 2. Aufl., Baden-Baden 2018.
Villiger, Mark E.: Handbuch der Europäischen Menschenrechtskonvention (EMRK): Unter besonderer Berücksichtigung der schweizerischen Rechtslage, 2. Aufl., Zürich 1999.
Vitzthum, Wolfgang Graf: Die Menschenwürde als Verfassungsbegriff, JZ 1985, S. 201 ff.
——— Petitionsrecht und Volksvertretung, Rheinbreitbach 1985.
——— Gentechnologie und Menschenwürdeargument, ZRP 1987, S. 33 ff.
——— (Hrsg.): Völkerrecht, 3. Aufl., Berlin 2004; zit.: Bearbeiter, in: Vitzthum, Völkerrecht.
Vogel, Joachim: Europäischer Haftbefehl und deutsches Verfassungsrecht, JZ 2005, S. 801 ff.
Vögler, Michael: Rückforderung vertraglich gewährter Subventionen ohne Rechtsgrundlage? Zum Warnow-Werft-Beschluss des OVG Berlin-Brandenburg vom 7.11.2005, NVwZ 2007, S. 294 ff.
Vogler, Theo: Die strafschärfende Verwertung strafbarer Vor- und Nachtaten bei der Strafzumessung und die Unschuldsvermutung (Art. 6 Abs. 2 EMRK), in: FS für Kleinknecht, München 1985, S. 429 ff.
Vogt, Matthias: Die Entscheidung als Handlungsform des Europäischen Gemeinschaftsrechts, Tübingen 2005.
Völker, Stefan: Passive Dienstleistungsfreiheit im Europäischen Gemeinschaftsrecht, Berlin 1990.

Vöneky, Silja/Peters, Niels: Der rechtliche Status des menschlichen extrakorporalen Embryos: Das Recht der Europäischen Union, EuR 2006, S. 340 ff.

Vorwerk, Axel: Die umweltpolitischen Kompetenzen der Europäischen Gemeinschaft und ihrer Mitgliedstaaten nach Inkrafttreten der EEA, München 1990.

Voßkuhle, Andreas: Rechtsschutz gegen den Richter: Zur Integration der Dritten Gewalt in das verfassungsrechtliche Kontrollsystem vor dem Hintergrund des Art. 19 Abs. 4 GG, München 1993.

Wachinger, Friedrich W.: Das Versammlungsrecht nach der Europäischen Menschenrechtskonvention, Saarbrücken 1975.

Wägenbaur, Bertrand: Der Zugang zu EU-Dokumenten – Transparenz zum Anfassen, EuZW 2001, S. 680 ff.

Wagner, Hellmut: Gibt es ein Grundrecht der Wissenschaftsfreiheit im europäischen Gemeinschaftsrecht?, DÖV 1999, S. 129 ff.

Wagner, Stephan: Kopftuch in Beschäftigungsverhältnissen – Zu den Auswirkungen der EuGH-Urteile in den Rechtssachen Achbita u. a. (Rs. C-157/15) und Bougnaoui u. a. (Rs. C-188/15) auf den nationalen Grundrechtsschutz, EuR 2018, S. 724 ff.

Wahl, Rainer/Masing, Johannes: Schutz durch Eingriff, JZ 1990, S. 553 ff.

Waldhoff, Christian: Kirchliche Selbstbestimmung und Europarecht, JZ 2003, S. 978 ff.

――― Staatskirchenrecht oder Religionsverfassungsrecht – Einwirkungen des Völker- und Europarechts, in: Heinig/Walter (Hrsg.), Staatskirchenrecht oder Religionsverfassungsrecht?, 2007, S. 251 ff.

Walter, Christian: Grundrechtsschutz gegen Hoheitsakte internationaler Organisationen. Überlegungen zur Präzisierung und Fortentwicklung der Dogmatik des Maastricht-Urteils des Bundesverfassungsgerichts, AöR 129 (2004), S. 39 ff.

Wasmeier, Martin: Umweltabgaben und Europarecht. Schranken des staatlichen Handlungsspielraumes bei der Erhebung öffentlicher Abgaben im Interesse des Umweltschutzes, München 1995.

Wassermann, Rudolf: Ist die Justiz auf dem rechten Auge blind?, NJW 1994, S. 833 ff.

Weber, Albrecht: Die Grundrechte im europäischen Beamtenrecht, ZBR 1978, S. 326 ff.

――― Rechtsfragen der Durchführung des Gemeinschaftsrechts in der Bundesrepublik, Köln u.a. 1987.

――― Die Europäische Grundrechtscharta – auf dem Weg zu einer europäischen Verfassung, NJW 2000, S. 537 ff.

――― Einheit und Vielfalt der europäischen Grundrechtsordnung(en) – Zur Inkorporation der Grundrechtecharta in einen europäischen Verfassungsentwurf, DVBl 2003, S. 220 ff.

――― Vom Verfassungsvertrag zum Vertrag von Lissabon, EuZW 2008, S. 7 ff.

Weber, Hermann: Die Religionsfreiheit im nationalen und internationalen Verständnis, ZevKR 2000, S. 109 ff.

――― Die individuelle und kollektive Religionsfreiheit im europäischen Recht einschließlich ihres Rechtsschutzes, ZevKR 2002, S. 265 ff.

Weber, Stefan: Anrechnung von mittelbaren Enteignungsvorteilen – Zur Entschädigungspflicht des Art. 1 Abs. 1 des 1. ZP EMRK, in: Bröhmer (Hrsg.), Der Grundrechtsschutz in Europa, 2002, S. 109 ff.

Weber-Dürler, Beatrice: Vertrauensschutz im Öffentlichen Recht, Basel u.a. 1983.

Weidemann, Clemens: Emissionserlaubnis zwischen Markt und Plan. Rechtsstaatsrelevante Probleme des Emissionshandels, DVBl 2004, S. 727 ff.

――― Solange II hoch 3? Inzidentkontrolle innerstaatlicher Normen, NVwZ 2006, S. 623 ff.

Weiss, Manfred: Grundrechte-Charta der EU auf für Arbeitnehmer?, AuR 2001, S. 374 ff.

――― Arbeitnehmermitwirkung in Europa, NZA 2003, S. 177 ff.

Weiß, Regina: Das Gesetz im Sinne der Europäischen Menschenrechtskonvention, Berlin 1996.

Weiß, Wolfgang: Öffentliche Unternehmen und EGV, EuR 2003, S. 165 ff.

Wernsmann, Rainer: Bindung Privater an Diskriminierungsverbote durch Gemeinschaftsrecht, JZ 2005, S. 224 ff.

―――― Verfassungsfragen der Drei-Prozent-Sperrklausel im Europawahlrecht, JZ 2014, S. 23 ff.
Westphal, Dietrich: Die neue EG-Richtlinie zur Vorratsdatenspeicherung – Privatsphäre und Unternehmerfreiheit unter Sicherheitsdruck, EuZW 2006, S. 555 ff.
Wetter, Irmgard: Die Grundrechtscharta des Europäischen Gerichtshofes: Die Konkretisierung der gemeinschaftlichen Grundrechte durch die Rechtsprechung des EuGH zu den allgemeinen Rechtsgrundsätzen, Frankfurt a.M. u.a. 1998.
Wewers, Johannes: Das Zugangsrecht zu Dokumenten in der europäischen Rechtsordnung. Die Entwicklung eines Rechts auf Transparenz zugunsten des Unionsbürgers und seine Einordnung in die Strukturprinzipien des Gemeinschaftsrechts, Frankfurt a.M. 2003.
Whittle, Richard: The Framework Directive for Equal Treatment in Employment and Occupation: an Analysis from a Disability Rights Perspective, ELR 2002, S. 303 ff.
Wickel, Martin: Bestandsschutz im Umweltrecht. Entwicklung einer einheitlichen Bestandsschutzkonzeption für genehmigte Anlagen, Baden-Baden 1996.
Widmaier, Ulrich/Alber, Siegbert/Kluth, Winfried: Gewissensfreiheit und gesellschaftsbezogene Verantwortung, Halle 2019.
Wiedemann, Herbert/Thüsing, Gregor: Der Schutz älterer Arbeitnehmer und die Umsetzung der Richtlinie 2000/78/EG, NZA 2002, S. 1234 ff.
Wiederin, Ewald: Privatsphäre und Überwachungsstaat: Sicherheitspolizeiliche und nachrichtendienstliche Datenermittlungen im Lichte des Art. 8 EMRK und der Art. 9-10a StGG, Wien 2003.
Wiegand, Bodo: Bestmöglicher Umweltschutz als Aufgabe der Europäischen Gemeinschaften. Zur Bedeutung des Gemeinschaftszieles Umweltschutz für die Europäische Integration, DVBl 1993, S. 533 ff.
Wiesner, Peter M.: Ist das Europäische Zivilgesetzbuch noch zu stoppen?, DB 2005, S. 871 ff.
Wiethoff, Jan H.: Das konzeptionelle Verhältnis von EuGH und EGMR: Unter besonderer Berücksichtigung der aktuellen Verfassungsentwicklung der Europäischen Union, Baden-Baden 2008.
Wildhaber, Luzius: Soziale Grundrechte, in: GS für Imboden, Berlin/New York 1972, S. 371 ff.
―――― Politische Parteien, Demokratie und Art. 11 EMRK, in: FS für Schefold, Baden-Baden 2001, S. 257 ff.
Will, Martin: Nichtigkeit der Drei-Prozent-Speerklausel bei Europawahlen, NJW 2014, S. 1421 ff.
Winkler, Roland: Die Grundrechte der Europäischen Union: System und allgemeine Grundrechtslehren, Wien/New York 2006.
Winkler, Sebastian: Der EGMR zum innerstaatlich und gemeinschaftsrechtlich (RL 65/65/EWG) definierten Arzneimittelbegriff beim Apothekenmonopol. Ein Paradigmenwechsel in Straßburg. Anmerkung zum Urteil Cantoni gegen Frankreich, EuGRZ 1999, S. 181 ff.
―――― Der Beitritt der Europäischen Gemeinschaften zur Europäischen Menschenrechtskonvention, Baden-Baden 2000.
―――― Der Europäische Gerichtshof für Menschenrechte, das Europäische Parlament und der Schutz der Konventionsgrundrechte im Europäischen Gemeinschaftsrecht. Anmerkung zum EGMR-Urteil im Fall Matthews/Vereinigtes Königreich, EuGRZ 2001, S. 18 ff.
Winter, Gerd: Not fit for purpose. Die Klagebefugnis vor dem Europäischen Gericht angesichts allgemeiner Gefahren, EuR 2022, S. 367 ff.
Wipfelder, Hans-Jürgen: Die verfassungsrechtliche Kodifizierung sozialer Grundrechte, ZRP 1986, S. 140 ff.
Wittinger, Michaela: Anonyme Geburt, endlich Klarheit? – Anmerkung zu EGMR, Urt. vom 13.2.2003 – 42326/98, NJW 2003, S. 2138 ff.
Wittreck, Fabian: Menschenwürde und Folterverbot. Zum Dogma von der ausnahmslosen Unabwägbarkeit des Art. 1 Abs. 1 GG, DÖV 2003, S. 873 ff.
Wolf, Sebastian: Das Demokratiedefizit der Europäischen Union aus Sicht der Europäischen Menschenrechtskonvention, ZEuS 2003, S. 379 ff.
Wolff, Hans J./Bachof, Otto/Stober, Rolf/Kluth, Winfried: Verwaltungsrecht, Bd. 1, 13. Aufl., München 2017; zit.: Wolff/Bachof/Stober/Kluth, Verwaltungsrecht 1.

Wölker, Ulrich: Rechtsschutz Privater gegenüber dem europäischen Gesetzgeber, DÖV 2003, S. 570 ff.
Wollenschläger, Ferdinand: Urteilsanmerkung zu EuGH, Rs. C-456/02 (EuZW 2005, 307 ff.) – Trojani, EuZW 2005, S. 309 ff.
―――― Die unternehmerische Freiheit (Art. 16 GRCh) als grundrechtlicher Pfeiler der EU-Wirtschaftsverfassung – Konturen in der Charta-Rechtsprechung des EuGH, EuZW 2015, S. 285 ff.
―――― Grundfreiheit ohne Markt: Die Herausbildung der Unionsbürgerschaft im unionsrechtlichen Freizügigkeitsregime, Tübingen 2007.
World Commission on Environment and Development: Our Common Future, Oxford u.a. 1987.
Wuermeling, Joachim: Die Tragische: Zum weiteren Schicksal der EU-Verfassung, ZRP 2005, S. 149 ff.
Wunderlich, Nina: Das Grundrecht der Berufsfreiheit im Europäischen Gemeinschaftsrecht: Der Schutz der Wirtschaftsteilnehmer gegenüber Eingriffen der Gemeinschaft in ihre berufliche Freiheit, Baden-Baden 2000.
Zachert, Ulrich: Auf dem Weg zu europäischen Arbeitnehmergrundrechten, NZA 2000, S. 621 ff.
―――― Die Arbeitnehmergrundrechte in einer Europäischen Grundrechtecharta, NZA 2001, S. 1041 ff.
Ziehm, Hanno: Die Störerverantwortlichkeit für Boden- und Wasserverunreinigungen: Ein Beitrag zur Haftung für sogenannte Altlasten, Berlin 1992.
Ziekow, Jan: Die Freizügigkeit des Unionsbürgers, in: Dörr (Hrsg.), Ein Rechtslehrer in Berlin, 2004, S. 101 ff.
Zimmerling, Jürgen/Beplat, Heiko J.: Gehören soziale Grundrechte in die Grundrechtscharta der Europäischen Union?, DVP 2001, S. 3 ff.
Zimmermann, Andreas: Die Charta der Grundrechte der Europäischen Union zwischen Gemeinschaftsrecht, Grundgesetz und EMRK: Entstehung, normative Bedeutung und Wirkung der EU-Grundrechtcharta im gesamteuropäischen Verfassungsraum, Baden-Baden 2002.
Zuleeg, Manfred: Vorbehaltene Kompetenzen der Mitgliedstaaten der Europäischen Gemeinschaft auf dem Gebiet des Umweltschutzes, NVwZ 1987, S. 280 ff.
―――― Rechtsstaatliche Rahmenbedingungen des Binnenmarktes Europa aus Gemeinschaftssicht, Bitburger Gespräche, Jahrbuch 1990, S. 13 ff.
―――― Der Schutz sozialer Rechte in der Rechtsordnung der Europäischen Gemeinschaft, EuGRZ 1992, S. 329 ff.
―――― Umweltschutz in der Rechtsprechung des Europäischen Gerichtshofs, NJW 1993, S. 31 ff.
―――― Zum Verhältnis nationaler und europäischer Grundrechte. Funktionen einer EU-Charta der Grundrechte, EuGRZ 2000, S. 511 ff.
―――― Kommunalwahlrecht für Unionsbürger, in: FS für Schefold, Baden-Baden 2001, S. 117 ff.

Stichwortverzeichnis

Zahlen und Indexbegriffe
12. UN-Nachhaltigkeitsziel 32, 57
13. UN-Nachhaltigkeitsziel 99, 175

A
Abgabepflichten 10, 99, 132, 133
abschließende Verpflichtungen 220
Abstammung 293
Aburteilung, strafrechtliche 949
Abwägung 750
acquis communautaire 634
ad-hoc-Gericht 910
Adoptiveltern 362
Adressatenrecht 749
AEUV 260
Agrarbereich 220
Agrarmarktordnung 31
Agrarpolitik, europäische 262, 263
Agrarsektor 46, 50
Akte, erfasste 749
Akteneinsicht 774
Aktennotiz 804
Aktien 120, 136, 143
Akzeptanz 209, 244
allgemeine Diskriminierungsverbote 288
Allgemeine Erklärung der Menschenrechte 265, 500, 520, 552
Allgemeine Gleichheit vor dem Gesetz 263
allgemeinen Gleichheitsgrundsatz 265
allgemeiner Gleichbehandlungsgrundsatz 584
allgemeiner Gleichheitsgrundsatz 265

allgemeiner Gleichheitssatz 257, 261
allgemeines Diskriminierungsverbot 257, 258, 261, 265, 332
allgemeines Gleichheitsgebot 258
Alter 297
ältere Menschen 367, 372
Altersdiskriminierung 282
Altmark 643
Analogieverbot 934, 938
Anerkennung von Urteilen 922
Angeklagte 925
angemessene Arbeitsbedingungen 498
Angonese 302
Anhörungsrechte 434
Anknüpfung an Primärrecht 750
Anmeldebescheinigung 863
Anspruch
 auf einen Rechtsbehelf 901
 auf Prozesskostenhilfe 919
Anspruch auf Schutz und Fürsorge 353
Anteilseigentum 120
Anwartschaft 137
Anzeigepflicht 47
Arbeitgeberleistungen 573
Arbeitnehmer 425
arbeitnehmerähnliche Personen 457
Arbeitnehmerbegriff 425
Arbeitnehmerfreizügigkeit 22, 25
Arbeitnehmervertreter 427
Arbeitsbedingungen, angemessen 498
Arbeitsbedingungen, Art. 156 AEUV 502
Arbeitsbedingungen, gerecht 498
Arbeitsbedingungen, würdig 513

Arbeitskampf 443
Arbeitskampf, Zweck 463
Arbeitsschutzrahmenrichtlinie 504
Arbeitsvermittlungsdienst 470, 479
Arbeitszeitrichtlinie 505
Armut 607
Art. 20a GG 650
ärztliche Versorgung 611
Audittätigkeit 802
Aufenthalt
    freier 834
    von mehr als drei Monaten Dauer 852
Aufenthaltsbeschränkung 874
Aufenthaltskarte 864
Aufenthaltsrecht
    bis zu drei Monaten Dauer 848
    Familienangehöriger 869
    von über drei Monaten Dauer 849
Aufenthaltsrechte 587
Aufenthaltswechsel 590
Aufsichtsrat 427
ausdrücklicher Vorbehalt 238
Auskünfte 226
Auslagenerstattung 926
Auslandsinvestition 890
Ausrichtung auf Unionsziele 217
Außenhandelsfreiheit 80
außerhalb der entsprechenden Nation 295
Aussperrung 463
Ausweisung 856, 877
Ausweitung der Frauenerwerbstätigkeit 325
Ausweisungsschutz 860, 868
Auswirkung, nachteilige der Ausübung 875
Autonomie der Mitgliedstaaten 68

B
Bahnstreiks 640
Baufreiheit 118, 124, 135
Beamtenrecht 447
Beamtenstatut 447
Bedürftigkeit 607
Befassungsanspruch 817
Befreiung von der Sozialversicherungspflicht
    geringfügige
    Beschäftigungsverhältnisse 337
Befristung 174, 215
Begründungserfordernis 916
Begründungspflicht 751
Behandlung
    gerechte 742
    innerhalb angemessener Frist 743
behindertengerechte Arbeitsplätze 384

behindertengerechtes Wohnen 383
Behinderung 296, 381
Beihilfen 195, 199
Beihilfenverbot 642
Bekämpfung der Corona-Pandemie 620, 623
Bekämpfung des Klimawandels 656
Bekämpfung von Armut 607
Bekämpfung von sozialer Ausgrenzung 607
Belange, militärische 791
Belästigungen 334
Benachteiligung 271
Benachteiligung von Frauen in der
    Arbeitswelt 341
berechtigtes Vertrauen 216
berufliche Bildung 472
berufliche Grundausbildung 519
berufliche Eingliederung 472
Berufsanerkennungs RL 28
Berufsausübung 11, 27, 28, 35, 48
Berufsausübungsfreiheit 4, 13, 30, 53
Berufsbegriff 14
berufsbezogener Vertrauensschutz 191
Berufsfreiheit 7, 8, 12, 13, 23, 24,
    30, 37, 53, 64
    Aushöhlung 62
    Maß der Antastung 27
    Merkmale 14
    negative 32, 33
    Persönlichkeitsbezug 79, 86
    Schutz des Erwerbs 10
    umfassender Schutz 14
Berufs- und Geschäftsgeheimnis 750
Berufswahl 27, 44
    Rückwirkung 28
Berufswahlfreiheit 4, 47, 48
Berufszulassungsschranke 26
Beschaffung von Impfstoffen 624
Beschäftigungsentwicklung 434
Beschäftigungssituation 434
Beschäftigungsstruktur 434
Bescheinigung des Daueraufenthalts 865
Beschwerde vor einer innerstaatlichen
    Instanz 901
Besitz 120, 135
besondere Diskriminierungsverbote 258,
    261, 288
besonderes Diskriminierungsverbot 257
Besserstellung der (herkömmlichen) Ehe 298
Bestandsschutz 121, 189, 208, 248
Bestimmtheitsgebot 934, 936
bestmöglicher Umweltschutz 663
betriebsbezogene Rechte 414
Betriebsgeheimnisse 84

Betriebsorganisation 93
Betriebsräte 459
Bewährungswiderruf 929
Bewegung, freie 834
Beweis
    rechtsförmlich erbrachter 929
Beweismittel 911
Bewertungsunsicherheiten 238
Beziehung
    internationale 791
Bildung 297
Billigkeitsentscheidung 918
Biodiversität 662
Brundtland-Kommission 664
Bürgerbeauftragte, europäische 810
Bußgeld im Kartellverfahren 925
BVerfG-Klimabeschluss 650

C
CG 837
Chancengerechtigkeit 296
Chancengleichheit 8, 914
CO_2-Emissionen 180
CO_2-Minderungsmaßnahmen 179
conviction in disguise 927
CO_2-Reduktion 57
Corona-Krise 423
Corona-Pandemie 874, 875
COVID-19 620, 630

D
Darlegungslast 97
Daseinsvorsorge 638
Daueraufenthalt 852
Daueraufenthaltsrecht 867
    von Familienangehörigen 855
Dekarbonisierung 252, 654
Deliktsrecht
    Ansprüche 120
Dialekte 294, 321
Dienstleistungen, gemeinwohlbezogen 633
Dienstleistungen von allgemeinem
    wirtschaftlichem Interesse 637
Dienstleistungsfreiheit 25
DienstleistungsRL 28
dingliche Rechte 119
diplomatischer Schutz 891, 894
diskriminierende Entlassungen 489
Diskriminierung 24, 257, 283
Diskriminierungsmerkmale 290, 311

Diskriminierungsverbot 38, 265
Diskriminierungsverbote 256, 278
Diskriminierung wegen der
    Bildung 298
Diskussionspapier 805
Disziplinarstrafe 940
Dokument
    der Organe 783
    Dritter 784
    internes 804
    sensibles 806
Dokumentationspflicht 47
Dokumentenzugang 770
Dokumentenzugangsrecht,
    allgemeines 776
Doppelbestrafungsverbot 946
Doppelbestrafungsverbot, transnationales 947
Dreiklang Ökonomie-Soziales-Ökologie 397
Drittstaatsangehörige 18, 20, 38, 41–43,
    595, 833
Duldung 206, 231
Durchsetzung des Vertrauensschutzes 247

E
echte Rückwirkung 217, 246
echte Rückwirkung von Normen 248
economic interests 141
effet utile 664
Effizienz der Verwaltung 807
Effizienzprinzip 751
Egenberger 283, 284, 301, 310
Eigeninitiative 210
Eigentum
    Enteignung 144
    faktische Enteignung 145
    formelle Enteignung 144
    geistiges 128, 798
    Privatnützigkeit 185
    rechtmäßiger Erwerb 138
    Zuordnungsfunktion 134, 135
Eigentumsbegriff 112, 116
    weite Auslegung 117
Eigentumsentziehung 144
Eigentumsfreiheit
    Schutz des Erworbenen 10
Eigentumspositionen
    vorhandene 117
Eigentumsrecht 102
    Brückenfunktion 64
Eigentumsschutz 115
Ein- und Ausfuhrbeschränkungen 92

eingerichteter und ausgeübter Gewerbebetrieb 126, 127, 170, 192
Eingliederung älterer Menschen 374
Einigung
   gütliche 803
Einschränkung der Öffentlichkeit 915
Eintritt in das Arbeitsleben 519
Eltern 362
Eltern aus Drittstaaten 362
Elternurlaub 533, 546
Emissionshandel 48, 75, 673
Emissionshandelssystem 61
Emissionshandelzertifikate 125
Empfehlungen 45
Energiebereich 189
Energiepolitik 656
Energiepreisdeckel 556
Enteignung 146, 149, 183
Enteignungsschutz 143
Entlassung, ungerechtfertigt 481
Entschädigung 180
   nach Untersuchungshaft 926
Entschädigungsmodalitäten 158
Entscheidungsprozess, organintern 805
Enttäuschung des Vertrauens 234
Erbengemeinschaft 121
ererbte Gene 293
Erhöhung laufender Betriebskosten 212
Ermittlungsmaßnahme 926
Ernennung 908
Ersatz von Gewinnen 252
Erwartungen 250
   rechtlich gesicherte 120
Erwartung von Vorteilen 219
Erwerb durch Erworbenes 10
Erwerbsverbote 140
Erzeugungsvorschriften 93
Erziehungsurlaub 336
ESC 388
ethnische Herkunft 293
ethnische Teilgruppe 295
Etikettierungsvorschriften 93
EU-Emissionshandel 60
EU-Klimagesetz 656
EU-Klimapaket 556
Europäischer Betriebsrat 418
Europäischer Kodex für gute Verwaltungspraxis 734
Europäisches Fürsorgeabkommen 584
Europäisches Übereinkommen
   über die Ausübung von Kinderrechten 348
evidente Ungeeignetheit 56
Evidenzkontrolle 917
Existenzminimum 604, 608
Existenzmittel, ausreichende 837, 878
Existenzsicherungsansprüche 296
Explosion der Brennstoffpreise 433

F
faktische Enteignung 145
Familie, Begriff 551
Familienbegriff 557
Familienexistenzminimum, soziales 835
Familienleistungen 551
Familienrecht mit grenzüberschreitendem Bezug 899
Familien- und Berufsleben 533
Familie, Verfassungen der Mitgliedstaaten 553
Fit for 55 175
flächendeckende Versorgung 644
Flucht- und Verdunkelungsgefahr 926
Förderung von Frauen 337
formelle Enteignung 144
Freiberuf 16
freiberuflich tätige Personen 74
freier Wettbewerb 8, 64
Freiheitsverwirklichung 653
FreizügG/EU 865
Freizügigkeit 834
   und Aufenthaltsrecht 831
Freizügigkeitsregelung 831
Freizügigkeitsrichtlinie 587
Freizügigkeitsverordnung 586
Frist, angemessene 915
Fünf Jahre ununterbrochener Aufenthalt 853
Fürsorge 353
Fürsorgepflicht des Gerichts 914

G
Garantie gegen Selbstinkriminierung 930
Gaslieferanten 647
GASP 93
Gasversorgung trotz Engpässen 640
GCSGA 389
Gebot sinn- und maßvollen Strafens 945
Geburt 296, 334
Geheimhaltungsinteresse 795
Gehör, rechtliches 912
geistiges Eigentum 105, 116, 128
Gemeinsame Agrarorganisationen 219
gemeinsame Erbanlage 292
gemeinwohlbezogene Dienstleistungen 633

Gemeinwohlziele 94, 154, 178
gender mainstreaming 324
Gender-Richtlinien 90
Genehmigung 147, 173, 174, 209, 211
Generalanwalt 913
genetische Merkmale 293
gerechte Arbeitsbedingungen 498
gerechter Lohn 514
Gericht 905, 908
Gerichtseigenschaft 905
Gerichtsverfahren 799
Geschäftsgeheimnis 797
Geschäftstätigkeit 75
Geschlecht 292
geschlechtsspezifische Ungleichbehandlung 337
Gesetz über die allgemeine Freizügigkeit von Unionsbürgerinnen und Unionsbürgern 865
Gesetzesbindung der Verwaltung 232
Gesetzmäßigkeit 934, 935
Gesetzmäßigkeit der Verwaltung 245
Geständnis, freiwilliges 912
Gesundheitsschutz 55, 611
Gesundheitsschutz, Sicherstellung 629
Gesundheitsschutzniveau, hohes 611, 629
Gesundheitsvorsorge 611, 625
Gesundheitsvorsorge, präventive Maßnahmen 625
Gewerbe 47
Gewerbebegriff 74
gewerbliche Tätigkeit 16
Gewerkschaften 458
gewerkschaftliche Zusammenschlüsse 453
Gewinnerzielungsabsicht 16
Gleichbehandlung 582
Gleichbehandlung, Drittstaatsangehörige 582, 595
Gleichbehandlung, Grundrechtsträger 593
Gleichbehandlungsanspruch 41
Gleichbehandlungsgebot 582
Gleichbehandlungsgrundsatz 90
Gleichbehandlung unterschiedlicher Sachverhalte 274
gleichgeschlechtliche Beziehungen 557
Gleichheit im Unrecht 271
Gleichheitsgebot 257
Gleichheitsrechte 43, 256
Gleichheitsrechte und soziale Rechte 255
Gleichheit von Frauen und Männern 292
Gleichheit von Männern und Frauen 323
Gleichstellungsanspruch 38
Gleichstellungsgebot für Frauen und Männer 333
Goodwill 126, 127

Green Deal 656
Green Steel 170
Grenzkontrolle 873
grenzüberschreitender Bezug 9, 20
Grundfreiheiten 44
  personenbezogene 37
grundrechtliche Schutzpflicht 9, 75
Grundrechtsqualität 404
grundrechtstypische Gefährdungslage 71, 115
Grundsatz
  des milderen Gesetzes 943
Grundsatz bestmöglicher Kulturentfaltung 316
Grundsatz der Gesetzmäßigkeit 250
Grundsatz der Gleichbehandlung 265
Grundsatz der nachhaltigen Entwicklung 660, 664
Grundsatz der persönlichen Verantwortlichkeit 925
Grundsatz der Rechtssicherheit 189
Grundsatz des milderen Gesetzes 943
Grundsatz unverfälschten Wettbewerbs 82
Grundstücksenteignung 120
Grzelczyk 836, 851

H
Handelsfreiheit 79
Hartz IV 480
Hautfarbe 292
Homosexuelle 333
Honorare 120
Hull-Formel 143

I
Immobilien 118
Impfstoff gegen Corona 620
Individuelle Arbeitnehmerrechte 470
in dubio pro reo 925
Informantenschutz 794
Informationspflichten 94, 434
Information, vertrauliche 749
Inländerdiskriminierung 6
Inländergleichbehandlung 893
Inlandssachverhalt 839
Interesse
  geschäftliches 797
  öffentliches an Transparenz 804
  öffentliches 789
Internationale Arbeitsorganisation 520
Internationaler Pakt über wirtschaftliche, soziale und kulturelle Rechte 35

Investition in Rohstoffvorhaben 895
Inzidentprüfung 558
irreversibler Schaden 56

J
Jagdrecht 136, 169
Jagd- und Fischereirechte 120
Jugendarbeitsschutz 522
Jugendliche, Altersgrenze 529
Junktim-Klausel 148
Justice delayed is justice denied 915
Justiz 899

K
kapitalintensive Investitionen 189
Kapitalverkehrsfreiheit 37
Kartellbußgeld 944
Katalonien 295
Kennenmüssen einer fehlerhaften
    Vertrauensgrundlage 235
Kenntnis 61
Kenntnis einer fehlerhaften
    Vertrauensgrundlage 235
Kennzeichnungs- und Registerpflichten 77
Kinder als Grundrechtsträger 352
Kinderarbeit, generelles Verbot 527
Kinderarbeit, Verbot 517
Kindergärten 359
Kinderhandel 351
Kinderrechtskonvention 522
kinderspezifische Angelegenheiten 357
Kindertagesstätten 359
Kinder- und Jugendschutz Arbeitsleben 519
Kindesmeinung 350
Kindeswohl 358
Kirchenerklärung zum Amsterdamer
    Vertrag 316
Klimaneutralität 657
Klimapaket Fit for 55 220
Klimaschutz 29, 57, 60, 63, 75, 99, 163, 175,
    178, 180, 209, 220, 230, 238, 244, 250
    Anpassungen 241
    effektiver 210
    Pflichten 100
    Regelungen 31
    Schutz für Rohstoffinvestitionen 895
klimaschutzbedingte Verhaltensänderungen 190
Klimaschutzgebot 650
Klimawandel 397
klimawandelbedingte Gefährdungen 669
Kollektivmaßnahmen 438, 439

Kollektivvereinbarungen 444
Kollektivverhandlungen 438
Kollektivverhandlungen, Tarifverträge 460
Kölner Mandat 411
kommunale Energieversorgungsunternehmen
    115
Konfiskation 144, 168
konkrete Dispositionen 221
Kontrahierungszwang 91
Kontrolldichte, gerichtliche 917
Kontrolle, gerichtliche 905
Konvention Nr. 138 521
Kopftuchverbot 76, 97
Krankenversicherungsschutz, ausreichender 878
Kreislaufwirtschaft 662
Kultur 316
kulturelle Aspekte 316
Kundenstamm 126, 127
Kündigung 334
Kündigungsschutz 488
Kündigungsschutztatbestände 485
Kurzformel der europäischen
    Integrationsidee 303

L
langfristige Investitionsentscheidungen 230
Laval 443
Legalisierungswirkung von Genehmigungen
    209
Leihe 136

M
Markenrechte 129
Marktordnung 128, 188
Marktorganisation 30, 237
Marktregulierungen 10
Marktwirtschaft 64
Maßnahme, strafähnliche 944
materielle Gleichheit 296
medizinische Leistungen im
    EU-Ausland 622
Mehrheitskulturen 316
Mehrstaater 891
Meinungsäußerung von Kindern 350
Meldepflicht 863
Menschen mit Behinderung 381
menschenwürdiges Dasein 608
Minderheiten 295, 322
Minderheitenschutz 249, 294
Minderheitenschutzrecht 315, 322
Minderheitskulturen 316, 320

Mindestgarantiegehalt Art. 30 EGRC 495
Missstand 820
Mitteilungen 230
mittelbare Beeinträchtigungen 44
mittelbare Diskriminierung 300
mittelbare Grundrechtsbeeinträchtigung 47
Mitwirkungspflichten 235
Mobilien 118
Monopolgefahren 100
Multiplikatoreffekt 57, 99
Mündlichkeit der Verhandlungen 914
Mutter, GG 539
Mutterschaft 543
Mutterschaft, Definition 545
Mutterschaft, Leistungen der Sozialversicherung 543
Mutterschaftsurlaub 340, 533, 545
Mutterschutzrichtlinie 506
Muttersprache 294

N
Nachforschungen 236
nachhaltige Industrialisierung 53
nachhaltige Ressourcenbewirtschaftung 653
nachhaltiges Konsum- und Produktionsverhalten 53
Nachhaltigkeitsgrundsatz 665
Nachtarbeitsverbot für Schwangere 336
nationale Minderheit 295
natürliche Ressourcen 662
natürliche Umwelt 655
ne bis in idem 946
nemo tenetur 924
Nemo tenetur-Grundsatz 930
Nichtdiskriminierung 278
nichteheliche Lebensgemeinschaften 557
Nichterneuerung eines befristeten Vertrags 334
Niederlassungsfreiheit 25, 87
nulla poena sine lege 223, 940
nulla poena sine lege certa 934
nulla poena sine lege praevia 934
nulla poena sine lege stricta 934
Nutzungsrechte 119, 135
Nutzungsregelungen 124, 165, 177, 181, 183

O
öffentliche Gesundheit 175
Ombudsmann 810
Optimierungsgebot 629
Organisations- und Willensbildungsautonomie 89
Ownership Unbundling 163

P
Palacios 303
Patentrechte 129
Pensionsanspruch 122
Personelles Substrat 74
personenbezogene Merkmale 291
personengebundene Merkmale 291
Personenkontrolle 874
Personenverkehrsfreiheit 37
persönliche Beziehung zu den Eltern 361
Petitionsberechtigte 825
Petitionsberechtigung 827
Petitionsrecht 821
Pflichten zur Nachforschung 236
(Pflicht-)Verteidigung 920
Pflicht zur Solidarität 407
Pkw-Maut 260, 280
Pluralität der Religionen 320
politische Anschauung 294
Popularbeschwerde 817
positive Diskriminierung 338
Preisfestlegungsfreiheit 78
Prinzip der Bestenauslese 298
Prinzip der Rechtssicherheit 193
Privatautonomie 78
Private Forderungsrechte 119
producta sceleris 139
Produktionsbeschränkungen 92, 98, 99
   qualitative 170
   quantitative 170
Produktionsquoten 92
Produktionsverfahren 47
Produktionsvorschriften 93
Produktkennzeichnung 681
Prozesskostenhilfe 919
Prügelstrafen 352
psychische Krankheiten 625

Q
qualifizierte Erwartung 227
Querschnittsklausel 674
Quotierungen 10

R
Rasse 292
Rassendiskriminierung 292
Rassisch motivierte Diskriminierungen 299
REACH-Verordnung 229

Recht
  auf Aktenzugang 774
  auf Dokumentenzugang 773
  auf effektiven Rechtsschutz 900
  auf eine gute Verwaltung 745
  auf Stellungnahme 912
Recht auf Arbeit 390
Recht auf Daueraufenthalt 588
Recht auf Fürsorge 583
Recht auf Grundversorgung 619
Recht auf Kollektivverhandlungen 439
Recht auf soziale Unterstützung 603
Recht auf Unterstützung für die
  Wohnung 604
Recht auf Wohnung 602
rechtmäßiger Wohnsitz in EU 591
Rechtsbehelf 906
Rechtsbehelfsgarantie 907
Rechtsberatung 800
Rechtsgrundverweisung 37
Rechtsmissbrauch 807
Rechtsschutz
  effektiver 900
  einstweiliger 907
  gerichtlicher 901
Rechtsstaatsprinzip 194, 911
rechtswidrige Eigentumsnutzung 151
Rechtswidriges tatsächliches
  Verwaltungshandeln 232
Recht zu arbeiten 3, 14
Reichensteuer 296
Reiseaktivität 890
relatives Diskriminierungsverbot 272, 298, 304
Religion 294
Religionen 314
Religionsfreiheit 77, 97
Religionsgemeinschaften 300
Religion und Weltanschauung 320
Rentenalter 373
Rentenanwartschaften 122
Risikoverantwortlichkeit 180
Rohstoffgewinnungsrecht 146
Rohstofflieferengpässe 662
Rückbewirkung von Rechtsfolgen 249
Rückkehr an den Arbeitsplatz 334
Rückkehrausweis 897
Rücknahme 197
rückwirkende Aufhebung von rechtmäßigen
  Einzelakten 248
Rückwirkung 941
Rückwirkungsverbot 194, 934, 939
Rückwirkung von Gesetzen 215
Russland-Ukraine-Krieg 638

S
Sampling 129
Schadensersatz 248, 251
Schadensersatz Gleichheitssatz 277
Schengener Grenzkodex 874
Schlechterstellung von Absolvierenden einer
  Schule 876
Schuldprinzip 923
schuldrechtliche Forderungen 119
Schuldurteil, antizipiertes 925
Schulen 359
Schulpflicht 529
Schutz
  konsularischer 885
  vor Willkür 911
Schutzbedürftigkeit von Kindern 351
Schutz der Familie 550
schützenswertes Vertrauen 60
Schutz Jugendlicher am Arbeitsplatz 517
Schutznormlehre 903
Schutzverpflichtung im Rohstoffbereich 893
Schutz wohlerworbener Rechte 189
schutzwürdiges Vertrauen 223
Schwangerschaft 334
Schwanger- und Mutterschaft 340
SDG 9 53
SDG 12 32, 53
SDG 13 53
sekundärrechtliche Altersregelungen 371
Sekundärrechtsschutz gegen Judikativakte 905
Sekundärrohstoffe 93, 170
Selbstbestimmung am Lebensende 620
Selbstbindung der Verwaltung 231, 273
selbstständige Tätigkeit 74
sexuelle Ausrichtung 297
sexuelle Übergriffe 352
sichere Rechtsposition 220
Sicherheit
  äußere 790
  innere 790
  öffentliche 789
Sicherungsmaßnahme 925
solidarische Gemeinschaft 407
solidarische Rechte 405
Solidarität 387
Solidarität in der EU 405
sonstige Anschauung 294
Sorgfaltsanforderungen 240
Sozialcharta 389
soziale Gleichbehandlung 382
soziale Grundrechte 68, 387
Soziale Grundrechte, allgemein 392
Soziale Grundrechte, Dogmatik 410

Soziale Grundrechte, Funktionen 409
Soziale Grundrechte, GG 393
Soziale Grundrechte, Kompetenzen 413
Soziale Grundrechte, Leistungsrechte 409
Soziale Grundrechte, Mitgliedstaaten 394
soziale Herkunft 293
sozialer Dialog 445
Soziale Rechte, außerhalb Titel IV 400
Soziale Rechte, Titel IV 400
Soziale Risiken 574
Sozialer Schutz 559
sozialer und territorialer Zusammenhalt 643
soziale Sicherheit 559
soziale Sicherheit, Begriff 572
soziale Unterstützung 559, 600
Soziale Vergünstigungen 591
Sozialhilfe 560
Sozialklausel 397
Sozialstaatsprinzip 604
Sozialversicherungsansprüche 122
Sozialversicherungssysteme 562, 573
Sprache 294
Sprachen 314
Staatsangehörigkeit 298
  effektive 891
Staatsunternehmen 647
starre Quoten 338
steigende Energiepreise 556
Stelle, konsularische 892
Stellungnahme 804
Steuerpflicht 133
Stigmatisierung von vermögenden
  Personen 296
Straftat 947
Strafverfolgung 921
Streik 462
Streik der Müllabfuhr 640
Streikgarantie 439
Streikrecht 439, 442
Streiks 439, 442
Subventionen 99, 124
Sustainable Development 53, 664
systemimmanente Unsicherheiten 237

T
Tarifgemeinschaft deutscher Länder 459
Tarifverhandlungen 439
Tarifverträge 452
Tarifvertragsrecht 444
tatsächliche Gleichstellung 341
territorialer Zusammenhalt 644
transactie 951

transnationale Konzerne 429
Transparenzgrundsatz 771
TransparenzVO (EG) Nr. 1049/2001 778
Transportverbote 171
Transsexuelle 292, 333
Trennung des Kindes 364
Trunkenheitsfahrt 952
typische Frauenberufe 341

U
Übergangsfristen 59, 232
Übergangsregelungen 128, 220, 221, 237,
  248–250
Übergriffe in Familien 355
Überproduktion 92
umfassendes Diskriminierungsverbot
  290, 291
umsichtige und besonnene
  wirtschaftsteilnehmende Person
  218, 219
Umweltaktionsprogramm 657
Umweltinformationsgesetz (UIG) 777
Umweltschutz 51, 55, 96, 175, 648
Umweltschutzniveau, hohes 648
Umweltziele und Wirtschaft 673
Unabhängigkeit 908
  der Rechtsberatung 802
Unabhängigkeit als Teilstaat 295
unechte Rückwirkung 218, 249
ungerechtfertigte Entlassung 481
Ungewissheiten 669
Ungleichbehandlung 267
Ungleichbehandlung durch gleichen
  Hoheitsträger 270
Ungleichbehandlungen aufgrund der
  Sprache 299
Ungleichbehandlung vergleichbarer
  Sachverhalte 257
Ungleichbehandlung wegen des
  Alters 297
Ungültigkeit der Unionsregelung 247
Unionsbürger 594
Unionsbürgerinnen und Unionsbürger 20, 43
Unionsinteresse 242
Unionsrechtswidrigkeit 197
UN-Kinderrechtskonvention 344, 345
unlautere Wettbewerbspraktiken 100
unmittelbare Drittwirkung 38, 43
UN-Nachhaltigkeitsziele 53, 57
Unparteilichkeit 908
Unrecht, judikatives 904
Unschuldsvermutung 922, 923

unsichere Tatsachengrundlage 658
unsichere Vertrauensgrundlage 243
Unternehmen 21, 30
　gemeinnützige 73
　gemischtwirtschaftliche 22
　Gründung 76
　öffentliche 22, 71, 113–115
　Organisationsfreiheit 76
　Planung 77
　private 71, 114
　Substanzwerte 126
Unternehmensniederlassung
　Gründung 87
Unternehmerfreiheit 65
unternehmerische Betätigung 72
　Aufnahme 76
unternehmerische Freiheit 4, 9, 46, 68, 71
　Wirtschaftsbezug 79, 86
unternehmerische Tätigkeit
　Bedeutung für europäischen
　　Binnenmarkt 64
　Unternehmensgefährdung 100
unternehmerisch tätige Personen 21
Unterrichtung 431
Unterrichtungsrechte 434
Unterrichtung und Anhörung der
　Arbeitnehmer 414
Unterscheidung zwischen Voll- und
　Teilzeitarbeit 335
Unterstützung wirtschaftlich schwacher
　Haushalte 556
Untersuchungshaft 926
Untersuchungstätigkeit 802
Unvoreingenommenheit, persönliche 909
Urheberrecht 51, 129
Urteil Egenberger 310
Urteilsverkündung, öffentliche 914
Urteil zur Pkw-Maut 280

V
Venire contra factum proprium 231
Verabreichung von Brechmitteln 931
Verantwortlichkeit, zivilrechtliche 928
verantwortungsvolles Produktionsverhalten 57
Verbesserung der Umweltqualität 648
Verbot
　der Ein- oder Ausreise 878
　unmenschlicher oder erniedrigender
　　Behandlung 911
Verbot von Kinderarbeit 517
Verbraucherkreditverträge 90
Verbraucherschutz, Sekundärrecht 680

Verbraucherschutz, Sicherstellung 688
Verbraucherschutz 51, 96, 175, 677
Verbraucherschutzniveau, hohes 682
Verbrauchsgüterkauf 90
Verdachtskündigung, arbeitsrechtliche 928
Verdichtung der Rechtsposition 220
Vereinbarkeit von Familien- und
　Berufsleben 533
Verfahren
　faires 907, 911
　gerichtliches 912
Verfall 929
Verfügungsrecht 137
Vergleich, finanzbehördlicher 951
Vergleich der Sachverhalte 268
Vergünstigungen für das unterrepräsentierte
　Geschlecht 336, 341
Vergütungsansprüche 120
Verhältnismäßigkeit des Strafmaßes 944
Verknappung 212
Verlagsrechte 129
verlässliche Investitionsbedingungen 230
verlässliche Regulierung 250
Verlust des Daueraufenthaltsrechts 856
Vermietung 136
Vermittlungserfolg 479
Vermögen 295, 300
Veröffentlichung eines internen
　Meinungsaustauschs 802
Versorgungsknappheit bei Gas 640
Verteidigung 791, 917
Verteidigungsrecht 918, 932
Verteuerung 212
Vertragsfreiheit 78–80
Vertrauensbildendes Verhalten der
　europäischen Organe 221
Vertrauensschutz 29, 191, 192, 207,
　212, 251
Vertrauenstatbestand 206, 222, 234
Vertraulichkeit 803
Vertretung 917
Verwahrlosung 355
Verwaltungspraxis 232
Verwaltungssanktion 924
Verweigerung der Einstellung 334
Verwirkung 207, 231
Verzögerungen der Ausbildung 337
Vielfalt der Kulturen 314, 319
Vielfalt der Religionen 320
Vielfalt der Sprachen 321
Viking 443
Volksgesundheit 51, 95
Vorbehaltseigentum 119

Vorbildrolle der EU 57
vorhersehbare Änderungen 235
Vorkaufsrechte 120
vorläufige Maßnahmen 238
Vorrangregelung für Frauen 338
vorübergehender Aufenthalt 594
Voruntersuchung 911

W
Waffengleichheit 919
Wahrung des sozialen Existenzminimus 837
Wallonische Abfälle 672
Wanderarbeitnehmer 565, 585
WanderarbeitnehmerVO 836
Warenverkehrsfreiheit 37
Warnungen 45
weiche Quoten 338
Weltanschauung 294
Weltanschauungsgemeinschaften 321
Werbefreiheit 83
Wesensgehalt 95, 166
Wesensgehaltsgarantie 62
Wettbewerb 64
Wettbewerbsfreiheit 8, 9, 81, 83, 91, 191, 196
Wettbewerbsrecht 100
Wettbewerbsregeln 114
Widerruf 146, 173
Widerrufsvorbehalt 174
Wiederholungsgefahr 926
Wiener Übereinkommen über konsularische Beziehungen 894
Windparks 209
wirtschaftliche Betätigung 7
wirtschaftliche Betätigungsfreiheit 11

wirtschaftliche Bewegungsfreiheit 115
wirtschaftliche Tätigkeit 15, 118
  zeitliche Begrenzung 46
wirtschaftsbezogene Grundrechte, Trias 64
wirtschaftsbezogenes Sekundärrecht 23
Wirtschaftseigentum 115
Wirtschaftsreformen 160
Wirtschaftstätigkeit 75
Wirtschaftsteilnehmende 21, 30, 60
Witz, rassistischer 910
wöchentliche Höchstarbeitszeit 515
Wohl des Kindes 359
Wohlergehen 354
Wohnsitzprinzip 592
WÜK 894
Würde des Menschen im Arbeitsleben 426

Z
Zertifikatskauf 47
Zieldreieck der nachhaltigen Entwicklung 665
Zugang
  zu Dokumenten 770
  zu Dokumenten nach nationalem Recht 776
Zugang zur Gesundheitsvorsorge 621
zukunftsbezogene Rechtsänderungen 249
Zusagen 225
Zusammenarbeit, justizielle
  in Strafsachen 899
  in Zivilsachen 899
Zwangsbevorratung 647
Zwangsmaßnahme 925
Zwitter 292, 333

Milton Keynes UK
Ingram Content Group UK Ltd.
UKHW051126160424
441081UK00005B/93

9 783662 685785